LAROUSSE

DIZIONARIO
Tascabile

ITALIANO
INGLESE

INGLESE
ITALIANO

D0036387

LAROUSSE

Per la presente edizione
For this edition

Francesca Logi, Janice McNeillie, Donald Watt

Per l'edizione precedente
For the previous edition

Pat Bulhosen, Roberta Colla, Silvia Dafarra, Valerie Grundy, Iain Halliday,
Helen Hyde, Jill Leatherbarrow, Francesca Logi, Stefano Longo,
Sinda López, Roberta Martignon-Burgholte, Debora Mazza,
Janice McNeillie, Debra Nicol, Gill Philip, Elizabeth Potter, Delia Prosperi,
Annamaria Rubino, Loredana Riu, Donald Watt, Valentina Turri

© Larousse 2007

ISBN 978-2-0354-2102-9
Houghton Mifflin Company, Boston

LAROUSSE

Pocket
DICTIONARY

**ITALIAN
ENGLISH**
—————
**ENGLISH
ITALIAN**

LAROUSSE

Premessa

Il presente dizionario italiano-inglese costituisce uno strumento ideale per l'apprendimento della lingua inglese. Esso fornisce delle informazioni immediate e precise sull'uso corrente del inglese e dell'italiano, nella loro forma scritta e orale, e sui quesiti che possono emergere durante l'acquisizione di tali lingue.

Con più di 55 000 parole ed espressioni e oltre 80 000 traduzioni, e con numerose abbreviazioni e nomi propri questo dizionario permette al lettore italiano di comprendere una molteplicità di testi inglesi.

Grazie alla strutturazione chiara degli articoli e alla presenza di indicatori semantici, i nostri lettori saranno in grado di identificare con facilità la traduzione desiderata. Inoltre, la presenza di costruzioni grammaticali, locuzioni ed espressioni idiomatiche permette di applicare correttamente le diverse formulazioni nella lingua straniera.

l'Editore

Preface

This dictionary has been designed as a reliable and user-friendly tool for use in all language situations. It provides accurate and up-to-date information on written and spoken Italian and English as they are used today.

Its 55,000 words and phrases and 80,000 translations give you access to Italian texts of all types. The dictionary aims to be as comprehensive as possible in a book of this size, and includes many proper names and abbreviations, as well as a selection of the most common terms from computing, business and current affairs.

Carefully constructed entries and a clear page design help you to find the translation that you are looking for fast. Examples (from basic constructions and common phrases to idioms) have been included to help put a word in context and give a clear picture of how it is used.

The Publisher

Abbreviazioni

Abbreviations

abbreviazione	*abbr*	abbreviation
aeronautica	AERON	aeronautics
aggettivo	*adj*	adjective
amministrazione	ADMIN	administration
avverbio	*adv*	adverb
aggettivo	*agg*	adjective
agricoltura	AGRIC	agriculture
amministrazione	AMMIN	administration
anatomia	ANAT	anatomy
archeologia	ARCHEOL	archeology
architettura	ARCHIT	architecture
articolo determinativo	*art det*	definite article
articolo indeterminativo	*art indet*	indefinite article
astrologia	ASTROL	astrology
astronomia	ASTRON	astronomy
inglese australiano	*Austr*	Australian English
automobilismo	AUTO/AUT	automobiles, cars
verbo ausiliare	*aux vb*	auxiliary verb
avverbio	*avv*	adverb
biologia	BIOL	biology
botanica	BOT	botany
inglese canadese	*Can*	Canadian English
chimica	CHIM/CHEM	chemistry
cinema	CINE/CIN	cinema
commercio	COMM	commerce
composto	*comp*	compound
comparativo	*compar*	comparative
informatica	COMPUT	computing
congiunzione	*conj/cong*	conjunction
continuo	*cont*	continuous
cucina, culinaria	CULIN	cooking
davanti	*dav*	before
dimostrativo	*dim*	demonstrative
diritto	DIR	juridical, legal
economia	ECON	economy
edilizia	EDIL	building trade
elettronica	ELETTRON/ ELECTRON	electronics
esclamazione	*esclam/exclam*	exclamation
eufemistico	*eufem/euph*	euphemism
femminile	*f*	feminine
familiare	*fam*	informal
farmacia	FARM	pharmaceuticals
ferrovia	FERR	railways
figurato	*fig*	figurative
filosofia	FILOS	philosophy
finanza	FIN	finance
fisica	FIS	physics
formale	*form/fml*	formal
fotografia	FOTO	photography
calcio	FTBL	football
generalmente	*gen*	generally
geografia	GEO/GEOG	geography
geologia	GEOL	geology

Abbreviazioni

Abbreviations

geometria	GEOM	geometry
grammatica	GRAM/GRAMM	grammar
storia	HIST	history
scherzoso	*hum*	humorous
industria	INDUST	industry
familiare	*inf*	informal
informatica	INFORM	information technology
inseparabile	*insep*	inseparable
interrogativo	*interr*	interrogative
invariabile	*inv*	invariable
inglese irlandese	*Ir*	Irish English
ironico	*iron/iro*	ironic
diritto	JUR	juridical, legal
letterale	*lett/litt*	literal
letterario	*letter*	literary
letteratura	LETTER	literature
linguistica	LING	linguistics
letteratura	LIT	literature
locuzione	*loc*	phrase
maschile	*m*	masculine
matematica	MAT/MATHS	mathematics
medicina	MED	medicine
meteorologia	METEO/METEOR	meteorology
sostantivo maschile e femminile	*mf*	masculine and feminine noun
militare	MIL	military
mitologia	MITOL/MYTH	mythology
musica	MUS	music
sostantivo	*n*	noun
nautica	NAUT	nautical, maritime
numerale	*num*	numeral
offensivo	*offens*	offensive
	o.s.	oneself
spregiativo	*pej*	pejorative
fotografia	PHOT	photography
locuzione	*phr*	phrase
fisica	PHYS	physics
plurale	*pl*	plural
politica	POLIT/POL	politics
possessivo	*poss*	possessive
participio passato	*pp*	past participle
preposizione	*prep*	preposition
passato	*pt*	past tense
pronome	*pron*	pronoun
letteralmente	*propr*	literally
psicologia	PSICO/PSYCHOL	psychology
qualcosa	*qc*	
qualcuno	*qn*	
marchio registrato	®	registered trademark
religione	RELIG	religion
sostantivo	*s*	noun
	sb	somebody
scherzoso	*scherz*	humorous
scuola	SCOL	school

Abbreviazioni

Abbreviations

inglese scozzese	*Scot*	Scottish English
separabile	*sep*	separable
sostantivo femminile	*sf*	feminine noun
singolare	*sg*	singular
gergo	*sl*	slang
sostantivo maschile	*sm*	masculine noun
sostantivo maschile e femminile	*smf*	masculine and feminine noun
soggetto	*sogg/subj*	subject
spregiativo	*spreg*	pejorative
	sthg	something
superlativo	*superl*	superlative
tecnica, tecnologia	TECNOL/TECH	technology
telecomunicazioni	TELECOM/TELEC	telecommunications
teatro	THEAT	theatre
tipografia	TIPO	typography
incontabile	U	uncountable
televisione	TV	television
università	UNIV	university
inglese americano	US	American English
inglese britannico	UK	British English
verbo ausiliare	*v aus*	auxiliary verb
verbo intransitivo	*vi*	intransitive verb
verbo impersonale	*v impers*	impersonal verb
verbo intransitivo pronominale	*vip*	intransitive pronominal verb
verbo riflessivo	*vr*	reflexive verb
verbo transitivo	*vt*	transitive verb
volgare	*volg/vulg*	vulgar
zoologia	ZOOL	zoology
equivalenza culturale	≈	cultural equivalent

Trascrizione Fonetica

Phonetic Transcription

Vocali italiane

[a]	pane, casa
[e]	verde, entrare
[ɛ]	letto, pezzo
[i]	vino, isola
[o]	monte, pozzo
[ɔ]	corpo, sciocco
[u]	una, cultura

English vowels

[ɪ]	pit, big
[e]	pet, tend
[æ]	pat, bag, mad
[ʌ]	run, cut
[ɒ]	pot, log
[ʊ]	put, full
[ə]	mother, suppose
[iː]	bean, weed
[ɑː]	barn, car, laugh
[ɔː]	born, lawn
[uː]	loop, loose
[ɜː]	burn, learn, bird

English diphthongs

[e]	bay, late, great
[a]	buy, light, aisle
[ɔ]	boy, foil
[əʊ]	no, road, blow
[aʊ]	now, shout, town
[ɪə]	peer, fierce, idea
[eə]	pair, bear, share
[ʊə]	poor, sure, tour

Semivocali

Semi-vowels

ieri, viola	[j]	you, spaniel
fuori, guasto	[w]	wet, why, twin

Consonanti

Consonants

porta, sapore	[p]	pop, people
barca, libro	[b]	bottle, bib
torre, patata	[t]	train, tip
dare, odore	[d]	dog, did
cane, chiesa	[k]	come, kitchen
gara, ghiro	[g]	gag, great
cena, ciao	[tʃ]	chain, wretched
gente, gioco	[dʒ]	jet, fridge
fine, afa	[f]	fib, physical
vero, ovvio	[v]	vine, livid
	[θ]	think, fifth
	[ð]	this, with
stella, casa	[s]	seal, peace
sdraio, rosa	[z]	zip, his

scimmia, a**sc**ia	[ʃ]	**sh**eep, ma**ch**ine
	[ʒ]	u**s**ual, mea**s**ure
	[h]	**h**ow, per**h**aps
mamma, a**m**ico	[m]	**m**etal, co**mb**
notte, an**n**o	[n]	**n**ight, di**nn**er
	[ŋ]	su**ng**, parki**ng**
gnocchi, o**gn**i	[ɲ]	
lana, pol**l**o	[l]	**l**ittle, he**lp**
gli, fi**gl**io	[ʎ]	
re, do**r**ato	[r]	**r**ight, ca**rr**y

I simboli ['] e [ˌ] indicano rispettivamente un accento primario e uno secondario nella sillaba seguente.

The symbol ['] precedes a syllable carrying primary stress and the symbol [ˌ] precedes a syllable carrying secondary stress.

L'accento nelle voci italiane è signalato da un punto sotto la vocale accentata (c**a**mera, val**i**gia), ad eccezione delle parole con l'accento sull'ultima sillaba, per le quali l'ortografia italiana prevede l'accento grafico (città, perché).

The position of the tonic stress in Italian is indicated by a dot immediately beneath the accented vowel on Italian headwords (c**a**mera, val**i**gia). No dot is given on those words which end in an accented vowel, as Italian spelling allows for a written accent in these cases (città, perché).

ITALIANO-INGLESE
ITALIAN-ENGLISH

a¹, A *sm o sf inv* a, A.

a² (*anche* **ad** *dav vocale; dav art det diventa* **al, allo, alla, all', ai, agli, alle**) *prep* - **1.** [complemento di termine] to; **a chi l'hai prestato?** who did you lend it to?; **dare qc a qn** to give sthg to sb, to give sb sthg; **dire (qc) a qn** to say (sthg) to sb, to tell sb (sthg); **l'ha detto a tutti** he told everyone; **dicevi a me?** were you talking *o* speaking to me?; **hanno rubato la bici a Marina** Marina's had her bike stolen; **chiedere qc a qn** to ask sb for sthg; **chiederò l'indirizzo alla segretaria** I'll ask the secretary for the address; **puoi chiedere a Marco di andarci** you can ask Marco to go; **pensare a qn/qc** to think about sb/sthg - **2.** [stato in luogo - in generale] at; **i bambini sono a scuola** the children are at school; **stiamo a casa stasera** we're staying in this evening; **essere al mare** to be at the seaside; **la piscina è a due chilometri da qui** the swimming pool is two kilometres from here; [- con nomi di città, paesi] in; **abito a Torino** I live in Turin; **sono a Roma per lavoro** I'm in Rome on business - **3.** [moto a luogo] to; **vado a scuola in autobus** I go to school by bus; **torno a Roma** I'm going back to Rome; **andiamo a letto** let's go to bed; **mi porti allo stadio?** will you take me to the stadium?; **andare al mare** to go to the seaside - **4.** [temporale - riferito a ore, giorni festivi] at; **c'è un volo alle 8.30** there's a flight at 8.30; **a Capodanno/Natale/Pasqua** at New Year/Christmas/Easter; **a domani!** see you tomorrow!; [- riferito a mesi, parti della giornata] in; **al mattino** in the morning; **a settembre** in September - **5.** [modo, mezzo]: **dire qc a voce alta** to say sthg out loud; **giocare a calcio** to play football; **battere qc a macchina** to type sthg; **fare qc alla perfezione** to do sthg perfectly; **fatto a mano** handmade; **vestire alla moda** to dress fashionably; **andare a cavallo** to ride; **a piedi** on foot; **andare a piedi** to walk; **a caso** at random - **6.** [genere, caratteristica]: **letti a castello** bunk beds; **locomotiva a vapore** steam engine; **carne alla griglia** grilled meat; **cotoletta alla milanese** Milanese veal cutlet; **un vestito a fiori** a flowery dress; **una camicia a quadretti** a check *o* checked shirt; **naso all'insù** turned-up nose; **pentola a pressione** pressure cooker; **riscaldamento a gas** gas central heating - **7.** [con prezzi]: **comprare qc a metà prezzo** to buy sthg half price; **vendono questi CD a 10 euro** these CDs cost 10 euros - **8.** [valore distributivo]: **50 km all'ora** 50 km per *o* an hour; **5 euro al chilo/al metro** 5 euros a kilo/a metre; **due volte al giorno/al mese/all'anno** twice a day/a month/a year; **essere pagato a ore** to be paid by the hour; **a due a due** two by two - **9.** [davanti a infinito] to, and *fam*; **andiamo a vedere la mostra** let's go to see the exhibition; **vengo a trovarti** I'll come to *o* and see you; **provare a fare qc** to try to *o* and do sthg; **stare a guardare** to stand and watch; **pensare a fare qc** to see to sthg.

A - **1.** (*abbr di* **Austria**) A - **2.** (*abbr di* **ampere**) A - **3.** (*abbr di* **autostrada**) ≃ M *UK*.

A.A. ⬦ *smpl o sf inv* (*abbr di* **Alcolisti Anonimi**) AA. ⬦ (*abbr di* **Anno Accademico**) school year.

AA.VV. (*abbr di* **Autori Vari**) various authors.

abbagliante *agg* dazzling. ◆ **abbaglianti** *smpl* full beam (*U*) *UK*, high beams *US*.

abbagliare [21] *vt* to dazzle.

abbaiare [20] *vi* to bark.

abbandonare [6] vt - **1.** [persona, luogo] to leave; **abbandonare la nave** to abandon ship - **2.** [attività] to give up; [gara, gioco] to withdraw from - **3.** [lasciar cadere]: **abbandonare la testa sul cuscino** to let one's head fall onto the pillow.

abbandonato, a agg abandoned, deserted.

abbandono sm - **1.** [di coniuge, famiglia] abandonment - **2.** [di terreno, casa]: **in abbandono** deserted - **3.** [di gara] withdrawal; [di incarico] abandonment.

abbassare [6] vt - **1.** [gen] to lower - **2.** [far scendere - finestrino] to wind down; [- leva] to press down - **3.** [diminuire - volume, radio, TV] to turn down; [- prezzi] to reduce; **abbassare i fari (della macchina)** to dip UK o dim US one's headlights. ◆ **abbassarsi** ◇ vip to fall; **con l'età, la vista mi si è abbassata** my eyesight has got worse as I've got older. ◇ vr - **1.** [chinarsi] to bend down - **2.** [umiliarsi]: **abbassarsi a fare qc** to lower o.s. to do sthg.

abbasso esclam: **abbasso qn/qc!** down with sb/sthg!

abbastanza avv - **1.** [a sufficienza] enough; **averne abbastanza di qn/qc** to have had enough of sb/sthg - **2.** [alquanto] quite, rather.

abbattere [7] vt - **1.** [albero] to cut down; [muro, edificio, ostacolo] to knock down; [aereo] to shoot down - **2.** [regime, prezzi] to bring down - **3.** [animale] to put down - **4.** [deprimere] to depress. ◆ **abbattersi** vip - **1.** [cadere]: **abbattersi su qn/qc** to strike sb/sthg - **2.** [deprimersi] to become depressed.

abbazia sf abbey.

abbellire [9] vt to make beautiful.

abbia etc ▷ avere.

abbigliamento sm clothes pl, clothing (U).

abbinamento sm combination; **l'abbinamento di un vino rosso con l'aragosta è insolito** it's unusual to serve red wine with lobster.

abbinare [6] vt - **1.** [gen] to match; **vorrei comprare una maglia da abbinare a questi pantaloni** I want to buy a sweater to go with these trousers esp UK o pants US - **2.** [spettacolo]: **abbinare qc a qc** to tie sthg in with sthg.

abboccare [15] vi - **1.** [pesce] to bite; **abboccare all'amo** to rise to o swallow the bait - **2.** [farsi ingannare] to rise to o swallow the bait.

abbonamento sm [a rivista, tv, telefono] subscription; [a autobus, stadio, teatro] season ticket.

abbonare [6] vt - **1.** [condonare]: **abbonare qc a qn** [cifra, debito] to let sb off sthg; [mancanza, errore] to forgive sb sthg - **2.** [esame, punto]:

abbonare qc a qn to credit sb with sthg - **3.** [a rivista, palestra]: **abbonare qc a qn** to take out a subscription for sb to sthg. ◆ **abbonarsi** vr: **abbonarsi (a qc)** to take out a subscription (to sthg); **abbonarsi al telefono** to have a telephone put in.

abbonato, a sm, f [a rivista, tv, telefono] subscriber; [a autobus, stadio, teatro] season ticket holder.

abbondante agg - **1.** [piogge, nevicata] heavy; [raccolto] good; [porzione] large; **un chilo/un'ora abbondante** just over a kilo/an hour - **2.** [vestito] too big (non dav sostantivo).

abbondanza sf abundance; **in abbondanza** in abundance; **abbiamo cibo in abbondanza** we have plenty of food.

abbondare [6] vi - **1.** [esserci in quantità] to abound; **i posti di lavoro per gli informatici abbondano** there are lots of jobs for computer people - **2.** [avere in quantità]: **abbondare di qc** to have a lot of sthg.

abbordare [6] vt - **1.** [nave] to go alongside - **2.** [persona] to come up to - **3.** [argomento] to broach.

abbottonare [6] vt to button (up); **abbottonarsi la giacca/i pantaloni** to button (up) one's jacket/one's trousers esp UK o pants US. ◆ **abbottonarsi** ◇ vip to button (up). ◇ vr to do o.s. up, to do one's buttons up.

abbottonatura sf buttons pl; **una giacca con l'abbottonatura da donna/da uomo** a jacket that does up on the woman's/man's side.

abbozzare [6] vt - **1.** [quadro] to sketch out; [statua] to rough-hew - **2.** [idea, teoria] to outline - **3.** [sorriso, saluto] to give a hint of.

abbracciare [17] vt - **1.** [gen] to hug, to embrace - **2.** [includere] to cover. ◆ **abbracciarsi** vr to hug, to embrace.

abbraccio sm [gen] hug, embrace; [in lettere]: **un abbraccio** love (from).

abbreviare [20] vt - **1.** [gen] to abbreviate - **2.** [percorso, discorso] to shorten.

abbreviazione sf abbreviation.

abbronzare [6] vt to tan. ◆ **abbronzarsi** vip to get a tan.

abbronzato, a agg tanned UK, tan US.

abbrustolire [9] vt [pane] to toast; [nocciole] to roast; [polenta] to grill UK, to broil US.

abbuffarsi [6] vr fam: **abbuffarsi (di qc)** to stuff o.s. (with sthg).

abbuonare = **abbonare**.

abdicare [15] vi to abdicate.

abete sm fir.

ABI ['abi] ⬦ *sm inv* BANCA (*abbr di* **Associazione Bancaria Italiana**) ≈ sort code. ⬦ INFORM (*abbr di* **Application Binary Interface**) ABI.

abile *agg* - **1.** [bravo – artigiano, operaio] skilled; [- sciatore] skilful *UK o* skillful *US*; **essere abile in qc/nel fare qc** to be skilled at sthg/at doing sthg - **2.** [riuscito] clever - **3.** [idoneo]: **abile a qc** fit for sthg.

abilità *sf* [bravura] skill; [capacità] ability.

abilitato, a *agg* qualified.

abisso *sm* - **1.** [voragine] abyss - **2.** [differenza] huge gulf; **tra le tue idee e le mie c'è un abisso** our ideas are poles apart.

abitacolo *sm* passenger compartment.

abitante *smf* inhabitant.

abitare [6] ⬦ *vi* to live; **dove abiti?** where do you live? ⬦ *vt* [appartamento, quartiere] to live in.

abitato, a *agg* populated. ⬥ **abitato** *sm* built-up area.

abitazione *sf* house.

abito *sm* - **1.** [da donna] dress; **abito da sera** evening dress; **abito da sposa** wedding dress - **2.** [da uomo] suit; **abito scuro** formal dress. ⬥ **abiti** *smpl* clothes *pl*, clothing *(U)*.

abituale *agg* [cortesia] usual; [cliente] regular.

abituare [6] *vt*: **abituare qn a (fare) qc** to get sb used to (doing) sthg. ⬥ **abituarsi** *vr*: **abituarsi a (fare) qc** to get used to (doing) sthg.

abituato, a *agg*: **essere abituato a (fare) qc** to be used to (doing) sthg.

abitudinario, a *agg* set in one's ways *(non dav sostantivo)*.

abitudine *sf* habit; **brutta abitudine** bad habit; **cambiare le abitudini** to change one's ways; **avere l'abitudine di fare qc** to be in the habit of doing sthg; **prendere l'abitudine di fare qc** to get into the habit of doing sthg; **per abitudine** out of habit.

abolire [9] *vt* - **1.** [annullare] to abolish - **2.** [rinunciare a] to cut out.

abortire [9] *vi* - **1.** [donna - volontariamente] to have an abortion; [- involontariamente] to have a miscarriage, to miscarry - **2.** [fallire] to fail.

aborto *sm* [volontario] abortion; [involontario] miscarriage.

abruzzese ⬦ *agg* of *o* from the Abruzzi. ⬦ *smf* person from the Abruzzi.

Abruzzo *sm*: **l'Abruzzo** the Abruzzi.

ABS [abi'esse] *sm* (*abbr di* **anti-lock braking system**) ABS.

abside *sf* apse.

abusare [6] *vi*: **abusare di qc** [pazienza] to take advantage of sthg; [potere] to abuse sthg; **abusare di qn** [sessualmente] to abuse sb; **abusare di alcol/cibo** to drink/eat too much.

abusivo, a ⬦ *agg* - **1.** [posteggiatore] unauthorized; [tassista] unlicensed *UK*, unlicenced *US* - **2.** [attività] illegal. ⬦ *sm, f* unauthorized person.

abuso *sm* - **1.** [di farmaci] abuse; **abuso di alcol/sostanze stupefacenti** alcohol/drug abuse - **2.** [reato]: **abusi sessuali** sexual abuse *(U)*.

a.c. (*abbr di* **anno corrente**) current year.

a.C. (*abbr di* **avanti Cristo**) BC.

acca, che *sf* h, aitch; **non capire un'acca** not to understand a thing.

accademia *sf* academy; **Accademia di Belle Arti** art school; **Accademia militare** military academy.

accademico, a, ci, che ⬦ *agg* - **1.** [universitario] academic - **2.** [di accademia] of an academy (*non dav sostantivo*). ⬦ *sm, f* [membro di accademia] academician.

accadere [84] *vi* to happen.

accaduto *sm*: **raccontare l'accaduto** to tell what happened.

accalappiare [20] *vt* to catch.

accaldato, a *agg* hot.

accampamento *sm* - **1.** [militare] camp, encampment - **2.** [di zingari, profughi] camp.

accampare [6] *vt* [diritti] to assert; [pretese] to put forward; [scuse] to make. ⬥ **accamparsi** *vr* - **1.** [truppe] to pitch camp; [campeggiatori] to camp - **2.** [zingari, profughi] to set up camp - **3.** [sistemarsi] to camp out.

accanirsi [9] *vip* - **1.** [infierire]: **accanirsi contro qn/qc** to attack sb/sthg violently - **2.** [persistere]: **accanirsi in qc/a fare qc** to persevere with sthg/in doing sthg.

accanito, a *agg* - **1.** [rivalità, nemico] bitter; [sostenitore] fervent - **2.** [difesa] impassioned; [discussione] heated - **3.** [giocatore] keen; **un fumatore accanito** a chain smoker.

accanto ⬦ *avv* near, nearby; **abita qui accanto** he lives near here *o* nearby. ⬦ *agg inv* next; **la casa accanto** the house next door. ⬥ **accanto a** *prep* next to, beside.

accantonare [6] *vt* - **1.** [abbandonare - progetto, idea] to shelve; [- argomento] to set aside - **2.** [accumulare] to put aside.

accappatoio *sm* bathrobe, dressing gown.

accarezzare [6] *vt* [persona] to caress; [capelli, animale] to stroke.

accartocciato, a *agg* curled up.

accatastare [6] *vt* to stack.

accattivare [6] *vt*: **accattivarsi qn** to win sb over; **accattivarsi qc** to win sthg.

accavallare [6] *vt*: accavallare le gambe to cross one's legs.

accecare [15] *vt* to blind.

accedere [7] *vi*: accedere a qc [luogo] to go into sthg; [carriera, studi] to be admitted to sthg.

accelerare [6] ◇ *vt* - **1.** [affrettare]: **accelerare il passo** to quicken one's pace - **2.** [velocizzare] to speed up. ◇ *vi* to accelerate.

acceleratore *sm* accelerator.

accelerazione *sf* acceleration.

accendere [43] *vt* - **1.** [fuoco, sigaretta] to light; [luce, tv] to switch on, to turn on. ◆ **accendersi** *vip* [apparecchio elettrico] to come on; [motore] to start.

accendino *sm* (cigarette) lighter.

accennare [6] ◇ *vt* - **1.** [sorriso, saluto] to give a hint of - **2.** [canzone - cantare] to sing a few notes of; [- suonare] to play a few notes of. ◇ *vi* - **1.** [far segno]: **accennare a qn di fare qc** to signal o make a sign to sb to do sthg; **accennare di sì/no** to nod/shake one's head - **2.** [parlare]: **accennare a qc** to allude to sthg; **come ti ho già accennato** as I mentioned to you - **3.** [dare segno di]: **accennare a fare qc** to look like doing sthg.

accenno *sm* - **1.** [allusione] allusion - **2.** [abbozzo] hint - **3.** [indizio] sign.

accensione *sf* - **1.** [di apparecchio] switching on, turning on; **il riscaldamento ha l'accensione automatica** the heating comes on automatically - **2.** [di veicolo] ignition.

accentare [6] *vt* [parlando] to stress; [scrivendo] to put an accent on.

accentato, a *agg* stressed.

accento *sm* - **1.** [pronuncia] accent - **2.** LING stress; **accento acuto** acute (accent); **accento circonflesso** circumflex (accent); **accento grave** grave (accent); **l'accento cade sulla penultima sillaba** the stress falls on the second-last syllable.

accentrare [6] *vt* to centralize. ◆ **accentrarsi** *vip* to be centralized.

accentuare [6] *vt* - **1.** [gen] to accentuate - **2.** [sottolineare] to stress, to emphasize. ◆ **accentuarsi** *vip* [divario] to become more marked; [crisi] to get worse.

accerchiare [20] *vt* to surround.

accertamento *sm* [gen] check; MED examination.

accertare [6] *vt* to check; **accertare l'entità dei danni** to ascertain the extent of the damage. ◆ **accertarsi** *vr*: accertarsi di qc to make sure of sthg; **accertarsi che** to make sure (that).

accesi *etc* ▷ **accendere**.

acceso, a ◇ *pp* ▷ **accendere**. ◇ *agg* - **1.** [discussione, dibattito] heated - **2.** [colore] bright.

accessibile *agg* - **1.** [gen] accessible - **2.** [persona] approachable - **3.** [prezzo] affordable.

accesso *sm* - **1.** [azione] access; **di facile accesso** (easily) accessible; **di difficile accesso** hard to get to; **dare accesso a qc** to give o allow access to sthg; **'divieto d'accesso'** 'no entry' - **2.** [luogo] entrance - **3.** [attacco] fit.

accessorio, a *agg* of secondary importance (non dav sostantivo). ◆ **accessorio** *sm* accessory.

accetta *sf* hatchet.

accettare [6] *vt* - **1.** [gen] to accept; **accettare di fare qc** to agree to do sthg - **2.** [gradire] to take.

accettazione *sf* - **1.** [di eredità, donazione] acceptance - **2.** [sportello] reception; **(banco) accettazione bagagli** check-in.

accezione *sf* meaning.

acchiappare [6] *vt* - **1.** [afferrare] to grab - **2.** [raggiungere] to catch.

acciacco, chi *sm* ailment; **è pieno di acciacchi** he's got a lot of aches and pains.

acciaio *sm* steel; **d'acciaio** (made of) steel; **acciaio inossidabile** stainless steel.

accidentale *agg* accidental.

accidente *sm* - **1.** [colpo] heart attack; **per poco mi prende un accidente!** I nearly had a heart attack!; **ti venisse o prendesse un accidente!** damn you! - **2.** *fam* [niente]: **un accidente** a damn thing; **non capisco/vedo/sento un accidente** I can't understand/see/hear a damn thing!; **non vale un accidente!** it's not worth a damn!; **non fa un accidente!** she does damn all!

accidenti *esclam* - **1.** [per rabbia] damn! - **2.** [per meraviglia] wow!

accingersi [49] *vip*: accingersi a qc/a fare qc to get ready for sthg/to do sthg.

acciuffare [76] *vt* - **1.** [afferrare] to catch - **2.** [arrestare] to nab.

acciuga, ghe *sf* anchovy.

acclamare [6] *vt* to acclaim.

accludere [31] *vt*: accludere qc (a qc) to enclose sthg (with sthg).

accogliente *agg* welcoming.

accoglienza *sf* welcome.

accogliere [86] *vt* - **1.** [gen] to welcome - **2.** [contenere] to accommodate, to hold.

accollare [6] *vt*: accollare qc a qn to saddle sb with sthg; **accollarsi qc** to shoulder sthg.

accollato, a *agg* - **1.** [maglione, abito] high-necked - **2.** [scarpa] high-fronted.

accoltellare [6] *vt* to stab.

accomiatarsi [6] *vr* to take one's leave.

accomodare [6] *vt* - **1.** [riparare] to repair - **2.** [riordinare] to arrange; **accomodare i libri sullo scaffale** to put the books back on the shelf; **accomodare la biancheria nell'armadio** to put the linen away in the cupboard *UK o* closet *esp US* - **3.** [risolvere] to settle. ► **accomodarsi** *vr* - **1.** [sedersi] to sit down; **si accomodi!** [si sieda] sit down!; [entri] come in! - **2.** [accordarsi] to come to an agreement.

accompagnare [23] *vt* - **1.** [andare] to go with, to accompany *fml*; [venire] to come with, to accompany *fml*; **accompagnare qn a casa/alla stazione/dal medico** to take sb home/to the station/to the doctor's - **2.** [porta, cancello] to close *o* shut gently *o* quietly - **3.**: **accompagnare qn con lo sguardo** to follow sb with one's eyes - **4.** [unire a]: **accompagnare qc con qc** to accompany sthg with sthg; **accompagnare un regalo con un biglietino** to enclose a card with a present - **5.** MUS to accompany.

accompagnatore, trice *sm, f* - **1.** [compagno] companion; **un accompagnatore per la festa** a date for the party - **2.** [guida]: **accompagnatore turistico** holiday rep *UK*, courier *UK dated*, tour guide *US* - **3.** MUS accompanist.

accomunare [6] *vt* to unite.

acconciatura *sf* - **1.** [pettinatura] hairstyle - **2.** [ornamento] headdress.

accondiscendere [43] *vi*: **accondiscendere (a qc)** to consent (to sthg).

acconsentire [8] *vi*: **acconsentire (a qc)** to agree (to sthg).

accontentare [6] *vt* to please. ► **accontentarsi** *vip*: **bisogna accontentarsi** you need to be happy with what you've got; **accontentarsi di qc** to be pleased with sthg; **mi accontento di poco** I'm easily pleased.

acconto *sm* deposit; **in acconto** on account.

accoppiare [20] *vt* to breed. ► **accoppiarsi** *vr* to mate.

accorciare [17] *vt* - **1.** [in lunghezza] to shorten, to take up; **accorciare la strada** to take a short cut; **accorciare le distanze** *fig* to narrow the gap - **2.** [in durata] to cut short. ► **accorciarsi** *vip* to get shorter.

accordare [6] *vt* - **1.** [strumento] to tune - **2.** [concedere] to grant. ► **accordarsi** *vr* to come to an agreement; **accordarsi (con qn) su qc** to come to an agreement on sthg (with sb).

accordo *sm* - **1.** [gen] agreement; **andare d'accordo (con qn)** to get on (with sb); **essere d'accordo (con qn)** to agree *o* be in agreement (with sb); **mettersi d'accordo (con qn)** to come to an agreement (with sb); **d'accordo!** OK!; **di comune accordo** by mutual consent - **2.** [consenso] agreement, consent - **3.** MUS chord.

accorgersi [46] *vip*: **accorgersi di qn/qc** to notice sb/sthg; **accorgersi che** to notice (that); **mi ha fatto male senza accorgersene** he hurt me without realizing (it); **quando sarai vecchio te ne accorgerai!** when you're old, you'll understand!

accorgo *etc* ▷ **accorgersi.**

accorrere [65] *vi* to run up.

accorto, a ◇ *pp* ▷ **accorgersi.** ◇ *agg* [prudente] cautious; [perspicace] shrewd; **non sei stato molto accorto a lasciare i bagagli incustoditi** it was rather careless of you to leave the luggage unattended.

accostamento *sm* combination.

accostare [6] ◇ *vt* to come up to; **accostare qc a qn/qc** to move sthg closer to sb/sthg; **accostare l'orecchio alla parete** to put one's ear to the wall; **accostare l'auto al marciapiede** to pull the car in to the kerb *UK o* curb *US*; **accostare la porta** [verso di sé] to pull the door to; [lontano da sé] to push the door to. ◇ *vi* to pull in. ► **accostarsi** *vr*: **accostarsi a qn/ qc** to come closer to sb/sthg.

accovacciarsi [17] *vr* to crouch (down).

accreditare [6] *vt* to credit; **accreditare qc su qc** to credit sthg to sthg.

accredito *sm* credit.

accrescere [27] *vt* to increase. ► **accrescersi** *vip* [traffico] to increase; [società] to grow.

accudire [9] ◇ *vt* to take care of. ◇ *vi*: **accudire a qc** to look after sthg.

accumulare [6] *vt* [denaro] to accumulate, to amass; [esperienza] to gain; [prove] to gather. ► **accumularsi** *vip* to pile up.

accurato, a *agg* - **1.** [ricerca, indagine] careful - **2.** [artigiano, lavoratore] meticulous.

accusa *sf* - **1.** [attribuzione di colpa] accusation - **2.** [imputazione] charge; **formulare** *o* **intentare un'accusa** to bring a charge; **essere in stato d'accusa** to have been formally charged; **capo d'accusa** charge, count - **3.** [magistrato]: **l'accusa, la pubblica accusa** the prosecution.

accusare [6] *vt* - **1.** [criticare]: **accusare qn di (fare) qc** to accuse sb of (doing) sthg - **2.** [incolpare]: **accusare qn di (aver fatto) qc** [gen] to accuse sb of (having done) sthg; DIR to charge sb with (having done) sthg - **3.** [lamentare] to complain of; [lasciar trasparire] to show signs of - 4. [notificare]: **accusare ricevuta di qc** to acknowledge receipt of sthg. ◆ **accusarsi** vr - 1. [se stesso] to accuse o.s. - 2. [l'un l'altro] to accuse each other.

accusato, a sm, f accused.

acerbo, a agg unripe.

aceto sm vinegar.

acetone sm nail polish remover, nail varnish remover UK.

ACI ['atʃi] ◇ sm (abbr di **Automobile Club d'Italia**) ≃ AA UK, ≃ RAC UK, ≃ AAA US. ◇ sf (abbr di **Azione Cattolica Italiana**) Italian Catholic Action.

acidità sf CHIM acidity; **acidità di stomaco** heartburn.

acido, a agg - 1. [gen] sour - 2. CHIM acid. ◆ **acido** sm acid; **farsi d'acido** gergo droga to drop acid.

acino sm: **acino (d'uva)** grape.

acne sf acne.

acqua sf water; **acqua dolce** fresh water; **acqua salata** o **salmastra** salt water; **acqua alta** high tide, high water; **acque territoriali** territorial waters; **acqua di colonia** (eau de) cologne; **acqua ossigenata** hydrogen peroxide; **acqua tonica** tonic water; **essere con** o **avere l'acqua alla gola** [non avere tempo] to be pressed for time; [essere in difficoltà] to be in a tight corner.

acquaforte (pl acqueforti) sf etching.

acquaio sm (kitchen) sink.

acquamarina (pl acquemarine) ◇ sf aquamarine. ◇ agg inv aquamarine.

acquaragia sf turpentine, white spirit UK.

acquarello sm = **acquerello**.

acquario sm aquarium. ◆ **Acquario** sm ASTROL Aquarius; **essere dell'Acquario** to be (an) Aquarius o Aquarian.

acquatico, a, ci, che agg - 1. [animale, pianta] aquatic - 2. [sport] water (dav sostantivo).

acquavite sf eau-de-vie.

acquazzone sm downpour.

acquedotto sm aqueduct; **acquedotto romano** Roman aqueduct.

acqueo, a agg ▷ **vapore**.

acquerello sm watercolour UK, watercolor US.

acquirente smf buyer.

acquisire [9] vt [proprietà, diritto] to acquire; [cittadinanza] to acquire, to obtain.

acquistare [6] vt - 1. [comprare] to purchase - 2. [ottenere] to gain - 3. [assumere] to assume.

acquisto sm - 1. [gen] purchase; **fare acquisti** to shop; **ti faccio vedere i miei acquisti** I'll show you what I've bought - 2. fig [persona] acquisition.

acquolina sf: **ho l'acquolina in bocca** my mouth is watering.

acrilico, a, ci, che agg & sm acrylic.

acrobata, i, e smf acrobat.

acrobazia sf acrobatics pl.

acuire [9] vt [odio, disagio, desiderio] to increase; [contrasto, crisi, sintomi] to make worse. ◆ **acuirsi** vip to get worse.

aculeo sm - 1. [di riccio, istrice] spine; [di vespa, ape] sting UK, stinger US - 2. [di pianta] prickle.

acustica sf - 1. [scienza] acoustics (U) - 2. [qualità] acoustics pl.

acustico, a, ci, che agg - 1. [gen] acoustic; **apparecchio acustico** hearing aid - 2. ANAT auditory.

acuto, a agg - 1. [gen] sharp - 2. MED & MAT acute - 3. [desiderio] strong - 4. [vista] keen - 5. [suono, voce] high-pitched - 6. ▷ **accento**.

ad prep ▷ **a**.

adagiare [18] vt to lay. ◆ **adagiarsi** vr: **adagiarsi sul letto/sul divano/sull'erba** to lie down on the bed/on the sofa/on the grass; **adagiarsi in poltrona** to sink into an armchair.

adagio ◇ avv - 1. [senza fretta] slowly - 2. [con cautela] carefully. ◇ sm MUS adagio.

adattabile agg adaptable.

adattamento sm - 1. [gen] adaptation - 2. [trasformazione] conversion.

adattare [6] vt [trasformare - stanza] to convert; [- romanzo] to adapt. ◆ **adattarsi** ◇ vr: **adattarsi (a qc)** [adeguarsi] to adapt (to sthg); [rassegnarsi] to make do (with sthg). ◇ vip [essere adatto]: **adattarsi a qn/qc** to suit sb/sth.

adattatore sm ELETTR adapter, adaptor.

adatto, a agg: **adatto (a qn/qc)** [idoneo] suitable (for sb/sthg); [ideale] right (for sb/sthg).

addebitare [6] vt: **addebitare (qc a qn)** to debit (sb with sthg).

addebito sm [azione] debiting; [somma] debit.

addentare [6] vt to sink one's teeth into.

addentrarsi [6] vip: **addentrarsi in qc** [in foresta, palazzo] to enter sthg; [in particolari, analisi] to go into sthg.

addestramento sm training.

addestrare [6] vt to train.

addetto, a ◇ agg: **addetto (a qc)** responsible (for sthg). ◇ sm, f - 1. [responsabile] person responsible; **'vietato l'ingresso ai non addetti ai lavori** 'authorized personnel only' - 2. [di ambasciata] attaché.

addio <> *esclam* goodbye!; **addio vacanze! bang goes my/your** *etc* **holiday** *UK o* vacation *US!* <> *sm (pl* **addii)** goodbye, farewell; **d'addio** farewell *(dav sostantivo)*.

addirittura *avv* even; **addirittura?** really?

addirsi [100] *vip:* **addirsi a qn/qc** to suit sb/sthg.

additivo *sm* additive.

addizionare [6] *vt:* **addizionare qc a qc** to add sthg to sthg.

addizione *sf* addition; **fare un'addizione** to do a sum.

addobbi *smpl* decorations.

addolcire [9] *vt* - 1. [persona, parole] to soften - 2. [bibita] to sweeten.

addolorato, a *agg* sorry.

addome *sm* abdomen.

addomesticato, a *agg* domesticated, tame.

addominale *agg* abdominal. ◆ **addominali** *smpl* - 1. [muscoli] abdominals, abs *fam* - 2. [esercizi] abdominal exercises, abs exercises *fam*.

addormentare [6] *vt* - 1. [bambino] to get (off) to sleep - 2. [paziente] to put under. ◆ **addormentarsi** *vip* - 1. [persona] to go to sleep, to fall asleep - 2. [gamba, piede] to go to sleep.

addormentato, a *agg* - 1. [assopito] asleep *(non dav sostantivo)*, sleeping *(dav sostantivo)* - 2. [poco intraprendente] slow.

addossare [6] *vt* - 1.: **addossare qc a qc** [appoggiare] to lean sthg against sthg - 2. [attribuire]: **addossare qc a qn** [colpa] to put sthg on sb; [responsabilità, spese] to saddle sb with sthg.

addosso *avv* - 1. [indumento, oggetto] on; **avere addosso qc** to have sthg on; **non aveva niente addosso** he had nothing on, he wasn't wearing anything; **ho addosso tre maglie** I'm wearing three sweaters; **non ho addosso molti soldi** I don't have much money on me; **mettersi addosso qc** to put sthg on - 2. [in corpo]: **avere i brividi/la febbre addosso** to have the shivers/a temperature; **avere addosso una grande tristezza/agitazione** to be very sad/upset. ◆ **addosso a** *prep* - 1. [sopra a] on - 2. [contro]: **andare/finire/venire addosso a** [persona, animale] to run over; [vettura, palo] to crash into - 3. [vicino a] very close to.

addurre [95] *vt* to adduce.

adeguare [6] *vt* to adjust; **adeguare qc a qc** to bring sthg into line with sthg. ◆ **adeguarsi** *vr:* **adeguarsi (a qc)** to adjust (to sthg).

adeguato, a *agg* - 1. [proporzionato] adequate - 2. [appropriato] suitable, appropriate.

adempiere, adempire [110] *vi:* **adempiere a qc** [obbligo] to fulfil *UK o* fulfill *US* sthg; [compito, dovere] to carry out sthg; [promessa] to keep sthg.

adenoidi *sfpl* adenoids.

aderente *agg* - 1. [abito] tight-fitting - 2. [conforme]: **aderente a qc** close to sthg.

aderire [9] *vi:* **aderire a qc** [corpo, superficie] to stick to sthg; [partito] to join sthg; [iniziativa] to support sthg; [richiesta] to comply with sthg; **l'abito non deve aderire troppo** the dress mustn't be too clingy; **i pneumatici larghi aderiscono meglio alla strada** wide tyres hold the road better.

adesione *sf* - 1. [a idea, programma] support; [a partito] membership - 2. [contatto] adhesion.

adesivo, a *agg* - 1. [etichetta] sticky - 2. [sostanza] adhesive. ◆ **adesivo** *sm* - 1. [etichetta] sticker - 2. [colla] adhesive.

adesso *avv* - 1. [in questo istante, enfatico] now; **da adesso in poi** from now on; **per adesso** for now, for the moment; **e adesso che facciamo?** now what do we do?; **adesso basta!** that's enough!, enough already! *esp US* - 2. [in questo periodo] at the moment; **i giovani di adesso** young people today - 3. [poco fa] just now - 4. [fra poco] any minute *o* moment (now). ◆ **adesso che** *cong* now (that).

adiacente *agg:* **adiacente (a qc)** adjacent (to sthg).

adibire [9] *vt:* **adibire qc a qc** to use sthg as sthg; **adibire qn a qc** to assign sb to sthg.

adito *sm:* **dare adito a qc** to give rise to sthg.

adocchiare [20] *vt* - 1. [notare] to spot - 2. [con desiderio] to eye.

adolescente <> *agg* adolescent; **ha due figli adolescenti** she has two teenage sons. <> *smf* adolescent, teenager.

adolescenza *sf* adolescence.

adoperare [6] *vt* to use. ◆ **adoperarsi** *vr* to do one's best.

adorabile *agg* adorable.

adorare [6] *vt* - 1. [gen] to adore - 2. RELIG to adore, to worship.

adorazione *sf* - 1. [per divinità] adoration, worship; **l'adorazione del Sole** sun worship; **l'adorazione dei Magi** the Adoration of the Magi - 2. [amore] adoration.

adornare [6] *vt*: adornare qc di o con qc to adorn sthg with sthg.

adottare [6] *vt* to adopt.

adottivo, a *agg* - **1.** [figlio, patria] adopted - **2.** [genitori] adoptive.

adozione *sf* adoption.

adriatico, a, ci, che *agg*   Adriatic. **◆ Adriatico** *sm*: l'Adriatico, il Mar Adriatico the Adriatic (Sea).

adulare [6] *vt* to flatter.

adulterio *sm* adultery.

adulto, a ⟨⟩ *agg* adult, grown-up. ⟨⟩ *sm, f* adult.

adunata *sf* - **1.** MIL muster - **2.** [riunione] meeting.

AEM [ae'ɛmme] (*abbr di* **Azienda Energetica Municipale**) *sf* Public Energy Board.

aerare [6] *vt* to air.

aerazione *sf* airing.

aereo, a *agg* - **1.** [gen] air (*dav sostantivo*); per via aerea [lettera] by airmail - **2.** [attacco] air (*dav sostantivo*), aerial - **3.** [cavo] overhead (*dav sostantivo*) - **4.** [fotografia, veduta] aerial. **◆ aereo** *sm* plane.

aerobica *sf* aerobics (U).

aeronautica *sf* - **1.** [scienza] aeronautics (U) - **2.** [organismo]: l'aeronautica civile civil aviation; l'aeronautica militare the airforce.

aeronautico, a, ci, che *agg* [accademia, ingegneria] aeronautical; [industria] aeronautics (*dav sostantivo*).

aeroplano *sm* plane, aeroplane *UK*, airplane *US*.

aeroporto *sm* airport.

aerosol *sm inv* - **1.** [sospensione] aerosol; [terapia] nebulization - **2.** [contenitore] inhaler.

aerospaziale *agg* aerospace (*dav sostantivo*).

afa *sf* sultriness, closeness.

affabile *agg* affable.

affaccendato, a *agg* busy.

affacciarsi [17] ⟨⟩ *vr* to show o.s., to appear; affacciarsi alla finestra to appear at o come to the window; affacciarsi al balcone to appear on o come onto the balcony. ⟨⟩ *vip*: affacciarsi su qc to look onto sthg.

affamato, a ⟨⟩ *agg* hungry. ⟨⟩ *sm, f* hungry person.

affannare [6] *vt*: affannare il respiro a qn to leave sb breathless. **◆ affannarsi** *vr* - **1.** [sforzarsi - fisicamente] to exert o.s.; [- mentalmente] to do one's utmost - **2.** [preoccuparsi] to worry.

affare *sm* - **1.** [operazione economica] deal - **2.** [occasione] bargain - **3.** [questione] affair,

matter - **4.** *fam* [faccenda] business, thing; farsi gli affari propri to mind one's own business - **5.** *fam* [oggetto] thing. **◆ affari** *smpl* business (U).

affascinante *agg* [gen] fascinating; [sorriso] charming.

affascinare [6] *vt* to fascinate.

affaticare [15] *vt* to tire; affaticare la vista to strain one's eyes. **◆ affaticarsi** *vr* - **1.** [stancarsi] to tire o.s. - **2.** [sforzarsi] to go to a lot of trouble.

affatto *avv* - **1.** [rafforzativo]: non... affatto not... at all - **2.** [nelle risposte]: (niente) affatto not at all.

affermare [6] *vt* - **1.** [dichiarare] to declare; ha affermato di aver visto Mario giovedì she said that she'd seen Mario on Thursday - **2.** [dire di sì] to agree; affermò con un cenno del capo he nodded in agreement - **3.** [diritto] to assert. **◆ affermarsi** *vr* - **1.** [persona] to make one's mark - **2.** [moda, idea] to catch on.

affermativo, a *agg* affirmative.

affermazione *sf* - **1.** [dichiarazione, frase affermativa] statement - **2.** [di persona] success - **3.** [di teoria, moda] establishment - **4.** [di diritto] assertion.

afferrare [6] *vt* - **1.** [prendere] to grab - **2.** [cogliere] to seize - **3.** [capire - concetto] to grasp; [- nome] to catch. **◆ afferrarsi** *vr*: afferrarsi a qn/qc to grab hold of sb/sthg.

affettato, a *agg* - **1.** [a fette] sliced - **2.** [ostentato] affected. **◆ affettato** *sm* cold meat, cold cuts *pl esp US*.

affetto, a *agg*: affetto da qc suffering from sthg. **◆ affetto** *sm* affection; gli affetti familiari one's loved ones.

affettuoso, a *agg* affectionate; saluti affettuosi [in lettere] love (from).

affezionarsi [6] *vip*: affezionarsi a qn/qc to become o grow fond of sb/sthg.

affiancare [15] *vt* - **1.** [avvicinare - sedie] to place side by side; [- auto] to draw alongside - **2.** [aiutare] to help.

affiatato, a *agg* close; una squadra affiatata a team that works well together.

affidabile *agg* reliable.

affidamento *sm* - **1.** [fiducia]: dare affidamento to inspire confidence; fare affidamento su qn/qc to rely on sb/sthg - **2.** [di minore] fostering.

affidare [6] *vt*: affidare qn/qc a qn/qc [bambino, cane] to leave sb/sthg with sb/sthg; devo trovare qualcuno a cui affidare la casa durante le vacanze I have to find someone to look after the house while I'm on holiday; affidare una scelta al caso to leave a choice to chance; **affidare qc a qn** [incarico, compito] to entrust sthg to sb; [ruolo] to assign sthg to sb. ◆ **affidarsi** *vr*: **affidarsi a qn/qc** to rely on sb/sthg.

affiggere [51] *vt* to put up.

affilato, a *agg* - **1.** [coltello, lama] sharp - **2.** [naso, viso] thin.

affinché *cong* (+ *congiuntivo*) so that, in order that.

affine *agg* [sostanza, idea, metodo] similar; [disciplina, scienza] related.

affinità *sf inv* [somiglianza] similarity; [simpatia] affinity.

affiorare [6] *vi* to emerge.

affissi *etc* ▷ **affiggere**.

affisso, a *pp* ▷ **affiggere**.

affittare [6] *vt* - **1.** [dare in affitto – casa] to rent (out), to let *esp UK*; [- auto, apparecchiatura] to rent (out), to hire (out) *UK*; **'affittasi'** 'to let *esp UK*', 'for rent *US*' - **2.** [prendere in affitto - casa] to rent; [- auto, apparecchiatura] to rent, to hire *UK*.

affitto *sm* - **1.** [locazione – di casa] rental, letting *esp UK*; [- di auto, apparecchiatura] rental, hire *UK*; **essere in affitto** to be renting; **prendere qc in affitto** [casa] to rent sthg; [auto, apparecchiatura] to rent sthg, to hire sthg *UK*; **dare qc in affitto** [casa] to rent sthg (out), to let sthg *esp UK*; [auto, apparecchiatura] to rent sthg (out), to hire sthg (out) *UK* - **2.** [somma] rent.

affluente *sm* tributary.

affluire [9] *vi* - **1.** [acqua] to flow; **affluire a/ in qc** to flow into sthg - **2.** [sangue]: **affluire a qc** to flow to sthg - **3.** [gente]: **affluire a qc** to flock to sthg; **affluire (in qc)** [gente, merce] to pour o flood in (to sthg).

afflusso *sm* - **1.** [di acqua, sangue] flow - **2.** [di capitali, merci] influx - **3.** [di gente] flood.

aff.mo (*abbr di* **affezionatissimo**) [nelle lettere] loving.

affogare [16] ◇ *vi* - **1.** [annegare] to drown - **2.** [essere sovraccarico]: **affogare in qc** to be up to one's eyes in sthg. ◇ *vt* to drown.

affogato, a *agg* ▷ **uovo**. ◆ **affogato** *sm*: **un affogato al caffè/al cognac** an ice cream with coffee/cognac poured over it.

affollato, a *agg* crowded.

affondare [6] ◇ *vt* - **1.** [mandare a fondo] to sink - **2.** [far penetrare]: **affondare qc in qc** to stick sthg into sthg. ◇ *vi* - **1.** [colare a picco] to sink - **2.** [sprofondare]: **affondare in qc** to sink into sthg.

affrancare [15] *vt* [lettera, pacco - con francobollo] to stamp; [- meccanicamente] to frank.

affrancatura *sf* - **1.** [francobolli] postage - **2.** [atto - con francobollo] stamping; [- meccanicamente] franking.

affresco, schi *sm* fresco.

affrettare [6] *vt* - **1.** [accelerare] to speed up; **affrettare il passo** to quicken one's pace - **2.** [anticipare] to bring forward. ◆ **affrettarsi** *vr*: **affrettarsi (a fare qc)** to hurry (to do sthg).

affrontare [6] *vt* - **1.** [pericolo, rischio, morte] to face; [malattia, disgrazia, paura] to cope with; [freddo] to brave - **2.** [spese, argomento, ostacolo] to deal with - **3.** [persona] to confront. ◆ **affrontarsi** *vr* to confront each other.

affronto *sm* insult.

affumicato, a *agg* - **1.** [gen] smoked - **2.** [lenti, occhiali] tinted.

affusolato, a *agg* tapering.

Afghanistan *sm*: **l'Afghanistan** Afghanistan.

AFI ['afi] (*abbr di* **Alfabeto Fonetico Internazionale**) *sm* IPA.

afoso, a *agg* sultry.

Africa *sf*: **l'Africa** Africa.

africano, a *agg* & *sm, f* African.

afroamericano, a *agg* & *sm, f* African American.

afta *sf* (mouth) ulcer.

agata *sf* agate.

agenda *sf* - **1.** [diario] diary *esp UK*, appointment book *US*; **agenda elettronica** electronic organizer - **2.** [di riunione] agenda.

agente *smf* - **1.** [guardia]: **agente (di polizia)** police officer, policeman (policewoman *f*) - **2.** [di attore, cantante] agent - **3.** [incaricato]: **agente di cambio** stockbroker; **agente immobiliare** estate agent *UK*, real estate agent *US*, Realtor® *US*; **agente segreto** secret agent. ◆ **agenti** *smpl*: **agenti atmosferici** elements.

agenzia *sf* - **1.** [impresa] agency; **agenzia immobiliare** estate agent's *UK*, real estate agency *US*; **agenzia di viaggi** travel agency - **2.** [comunicato] dispatch - **3.** [succursale] branch.

agevolare [6] *vt* - **1.** [attività, compito] to make easier - **2.** [persona]: **agevolare qn (in qc)** to help sb (with sthg).

agganciare [17] *vt* - **1.** [collegare]: **agganciare qc (a qc)** [gen] to hook sthg (onto sthg); [vagone] to couple sthg (to sthg); [rimorchio] to hitch sthg (to sthg) - **2.** *fam* [entrare in contatto con] to pick up; [fermare] to corner.

aggancio *sm* - **1.** [meccanismo] coupling - **2.** [relazione] contact.

aggeggio sm - 1. [oggetto inutile] gadget - 2. [oggetto sconosciuto] contraption.

aggettivo sm adjective.

agghiacciante agg chilling.

aggiornamento sm [di testo, libro] updating; [di insegnanti] updating of skills; **corso di aggiornamento** refresher course.

aggiornare [6] vt - 1. [opera, testo] to update - 2. [mettere al corrente] to bring up to date - 3. [rinviare] to postpone. ► **aggiornarsi** vr to keep up to date.

aggiornato, a agg - 1. [revisionato] updated - 2. [al passo con i tempi] up-to-date; **tenere aggiornato qn (su qc)** to keep sb up-to-date (on o with sthg).

aggirare [6] vt - 1. [evitare - difficoltà, ostacolo] to get around; [- argomento] to avoid - 2. [circondare] to surround. ► **aggirarsi** vip - 1. [vagare] to go o wander around - 2. [valore]: **aggirarsi su qc** to be around sthg.

aggiudicare [15] vt [premio] to award; [all'asta] to sell, to knock down; **aggiudicato! sold!; aggiudicarsi qc** [premio, posto] to win sthg; [all'asta] to obtain sthg.

aggiungere [49] vt to add; **aggiungere qc (a qc)** to add sthg (to sthg). ► **aggiungersi** vip to be added.

aggiunta sf addition; **in aggiunta** in addition.

aggiunto, a pp ▷ **aggiungere**.

aggiustare [6] vt - 1. [riparare] to repair, to mend UK - 2. [sistemare - giacca] to alter; [- cravatta, cappello] to straighten; [- capelli] to tidy - 3. [regolare] to adjust. ► **aggiustarsi** ◇ vr to come to an agreement. ◇ vip to sort itself out.

agglomerato sm - 1. [materiale]: **agglomerato (di legno)** chipboard - 2. [insieme] conglomeration; **agglomerato urbano** built-up area.

aggrapparsi [6] vr: **aggrapparsi a qc** [appiglio] to catch hold of sthg; [speranza, illusione] to cling to sthg.

aggravare [6] vt to aggravate, to make worse. ► **aggravarsi** vip to get worse.

aggraziato, a agg [movimenti] graceful; [modi] nice; [corpo, viso] attractive.

aggredire [9] vt to attack.

aggregare [16] vt - 1. [unire] to unite - 2. [annettere] to annex. ► **aggregarsi** vr: **aggregarsi a qn/qc** to join sb/sthg.

aggressione sf [gen] attack; **aggressione a mano armata** assault with a deadly weapon.

aggressivo, a agg aggressive.

aggressore, aggreditrice ◇ agg aggressor (dav sostantivo). ◇ sm, f attacker.

aggrinzire [9] vt = **raggrinzire**.

agguantare [6] vt to grab.

agguato sm - 1. [imboscata] ambush; **cadere in un agguato** to walk into an ambush; **tendere un agguato a qn** to set (up) o lay an ambush for sb - 2. [trappola] trap; **cadere in un agguato** to fall into a trap; **tendere un agguato a qn** to set o lay a trap for sb; **essere in agguato** [pericolo] to be lurking in the wings; **stare in agguato** [persona] to lie in ambush.

agiato, a agg - 1. [vita] easy - 2. [persona] well-off.

agile agg [persona, corpo] agile; [dita] nimble.

agilità sf agility.

agio sm: **a proprio agio** at (one's) ease. ► **agi** smpl luxury (U).

agire [9] vi - 1. [passare all'atto pratico] to act - 2. [comportarsi] to behave - 3. [avere effetto] to have an effect.

agitare [6] vt - 1. [scuotere - bottiglia, medicinale] to shake; [- mano, fazzoletto] to wave; [- coda] to wag - 2. [turbare - persona] to upset; [- mente] to trouble; [- sonno] to disturb. ► **agitarsi** vr - 1. [muoversi - mare] to get rough; [- persona che dorme] to toss and turn - 2. [preoccuparsi]: **agitarsi (per qc)** to get worked up (about sthg).

agitato, a agg - 1. [inquieto] nervous - 2. [mare] rough.

agitazione sf - 1. [inquietudine] agitation; **essere o stare in agitazione** to be upset; **mettere qn in agitazione** to upset sb - 2. [protesta] industrial action UK, job action US.

agli = a + gli.

aglio sm garlic.

agnello sm - 1. [animale, carne] lamb - 2. [pelle] lambskin.

agnolotti smpl type of ravioli.

ago, aghi sm - 1. [gen] needle - 2. [da maglia] (knitting) needle - 3. [di bilancia] pointer.

agonia sf - 1. MED death throes pl; **essere in agonia** to be in one's death throes - 2. [tormento] agony.

agonistico, a, ci, che agg competitive.

agopuntura sf acupuncture.

agosto sm August; vedi anche **settembre**.

agraria sf agriculture.

agricolo, a agg agricultural, farm (dav sostantivo).

agricoltore, trice sm, f farmer.

agricoltura sf agriculture, farming.

agrifoglio sm holly.

agriturismo sm - 1. [tipo di vacanza] farm holidays pl UK, farm vacations pl US - 2. [luogo] holiday farm UK, vacation farm US.

agro, a agg sour.

agrodolce ◇ *agg* [sapore, gusto] bitter-sweet; [salsa] sweet-and-sour. ◇ *sm*: **in agrodolce** sweet-and-sour.

agrume *sm* - 1. [pianta] citrus - 2. [frutto] citrus fruit.

aguzzare [6] *vt* - 1. [appuntire] to sharpen - 2. [stimolare]: **aguzzare l'ingegno** to sharpen one's wits; **aguzzare le orecchie** to prick up one's ears; **aguzzare la vista** to look more closely.

aguzzo, a *agg* [ferro, chiodo] sharp; [mento, naso, viso] pointed.

ai = **a** + **i**.

AI (*abbr di* **Aeronautica Italiana**) Italian Air-force.

AIACE [a'jatʃe] (*abbr di* **Associazione Italiana Amici del Cinema d'Essai**) *sf* Italian Association of Friends of Experimental Cinema.

AIDS ['aids] (*abbr di* **Acquired Immune Deficiency Syndrome**) *sm* AIDS (U).

aiòla *sf* = **aiuola**.

AIRE ['aire] (*abbr di* **Anagrafe degli Italiani Residenti all'Estero**) *sf* Registry of Italians Resident Abroad.

aiuola, aiòla *sf* flowerbed.

aiutante *smf* [gen] assistant.

aiutare [6] *vt* - 1. [soccorrere] to help; **aiutare qn a fare qc** to help sb (to) do sthg - 2. [facilitare] to aid. ◆ **aiutarsi** *vr* [l'un l'altro] to help each other.

aiuto ◇ *sm* - 1. [soccorso] help; **essere di aiuto a qn** to be of help to sb; **chiamare in aiuto qn** to call sb for help; **accorrere/venire in aiuto di qn** to rush/come to sb's aid - 2. [assistente] assistant. ◇ *esclam* help!

al = **a** + **il**.

ala *sf* - 1. [gen] wing - 2. [di persone] line - 3. [giocatore] winger.

alabastro *sm* alabaster.

alano *sm* Great Dane.

alba *sf* dawn; **all'alba** at dawn.

albanese ◇ *agg* & *smf* Albanian. ◇ *sm* [lingua] Albanian.

Albania *sf*: **l'Albania** Albania.

alberato, a *agg* [viale, strada] tree-lined; [giardino] planted with trees *(non dav sostantivo)*.

albergo, ghi *sm* hotel; **albergo diurno** public toilets open during the day for people to have a shower, bath, shave etc.

albero *sm* - 1. [gen] tree; **albero di Natale** Christmas tree; **albero genealogico** family tree - 2. NAUT: **albero maestro** mainmast.

albicòcca, che *sf* apricot.

albicòcco, chi *sm* apricot (tree).

albino, a *agg* & *sm, f* albino.

albo *sm* - 1. [registro] register - 2. [tabella] noticeboard *esp UK*, bulletin board *US*.

album *sm inv* album; **album da disegno** sketchbook.

albume *sm* albumen.

alce *sm* elk, moose.

alcol *sm inv* alcohol; **alcol etilico** ethyl alcohol, ethanol.

alcòlico, a, ci, che *agg* [bevanda] alcoholic; [gradazione] alcohol *(dav sostantivo)*. ◆ **alcolico** *sm* alcoholic drink; **non bevo alcolici** I don't drink (alcohol).

alcolista, i, e *smf* alcoholic.

alcolizzato, a *agg* & *sm, f* alcoholic.

alcool *sm* = **alcol**.

alcuno, a (*alcun dav sm che comincia per vocale, h o consonante; alcuno dav sm che comincia per s + consonante, gn, ps, x, y, z; alcuna dav sf che comincia per consonante; può diventare alcun' dav sf che comincia per vocale o h*) ◇ *agg indef* [in frasi negative]: **non... alcuno** no; **non c'è alcun bisogno che tu venga** there's no need for you to come; **senza alcun dubbio** without a doubt. ◇ *pron indef lett* [in frasi negative]: **non... alcuno** not... any. ◆ **alcuni, alcune** ◇ *agg indef pl* some; **ho da sbrigare alcune cose** I have some things to do. ◇ *pron indef pl* - 1. [gen] some; **alcuni di loro** some of them; **dei suoi libri, alcuni mi piacciono, altri no** I like some of his books, but not others - 2. [alcune persone] some people; **alcuni di noi/voi/loro** some of us/you/them.

alfabètico, a, ci, che *agg* alphabetical.

alfabeto *sm* alphabet; **alfabeto fonetico internazionale** International Phonetic Alphabet; **alfabeto Morse** Morse code.

alga, ghe *sf* [di acqua dolce] weed; [di mare] seaweed.

algebra *sf* - 1. [scienza] algebra - 2. *fam* [cosa complicata] double-dutch.

Algeria *sf*: **l'Algeria** Algeria.

algerino, a *agg* & *sm, f* Algerian.

aliante *sm* glider.

alibi *sm inv* - 1. DIR alibi - 2. [giustificazione] excuse.

alice *sf* anchovy.

alieno, a *sm, f* alien.

alimentare¹ [6] *agg* food *(dav sostantivo)*; **generi alimentari** foodstuffs; **regime alimentare** diet. ◆ **alimentari** ◇ *smpl* [alimenti] foodstuffs. ◇ *sm* [negozio] food shop, grocer's *UK*, grocery store *US*.

alimentare[2] [6] *vt* - **1.** [gen] to feed - **2.** [macchina] to power. ➔ **alimentarsi** *vr*: alimentarsi di qc to live on sthg.

alimentatore *sm* feeder.

alimentazione *sf* - **1.** [nutrimento] diet - **2.** [di energia] supply.

alimento *sm* food. ➔ **alimenti** *smpl* DIR maintenance (U) UK, alimony (U) US.

aliscafo *sm* hydrofoil.

alito *sm* breath; avere l'alito cattivo to have bad breath.

all' = a + l'.

alla = a + la.

allacciare [17] *vt* - **1.** [cintura, vestito] to fasten; allacciarsi il cappotto to fasten one's coat; allacciarsi le scarpe to tie one's laces - **2.** [collegare] to connect - **3.** [amicizia] to start (up).

allagamento *sm* [atto] flooding; [effetto] flood.

allagare [16] *vt* to flood. ➔ **allagarsi** *vip* to flood.

allargare [16] *vt* - **1.** [ingrandire - stanza] to enlarge; [- strada, entrata] to widen; [- abito, giacca, pantaloni] to let out - **2.** [divaricare] to spread - **3.** *fig* [ampliare] to broaden; allargare la sfera delle amicizie to widen one's circle of friends; allargare il diritto di voto to extend the right to vote. ➔ **allargarsi** *vip* - **1.** [ingrandirsi - spiaggia, valle, strada] to widen (out); [- foro, buco, passaggio] to get bigger - **2.** *fig* [ampliarsi] to expand - **3.** [diffondersi] to spread.

allarmare [6] *vt* to alarm. ➔ **allarmarsi** *vr* to get alarmed.

allarme *sm* alarm; dare l'allarme to sound the alarm; allarme antincendio fire alarm; mettere in allarme qn to alarm sb.

allattare [6] *vt* [bambino] to (breast-)feed; [animale] to suckle.

alle = a + le.

alleanza *sf* alliance.

allearsi [24] *vr* to form an alliance; allearsi a o con qn to ally o.s. with sb, to form an alliance with sb; allearsi contro qn to form an alliance against sb.

alleg. (*abbr di allegato*) - **1.** [a lettera] encl. - **2.** [a e-mail] attachment.

allegare [16] *vt*: allegare qc (a qc) [a lettera] to enclose sthg (with sthg); [a e-mail] to attach sthg (to sthg).

allegato *sm* enclosure; in allegato [a lettera] enclosed; [a e-mail] attached.

alleggerire [9] *vt* - **1.** [rendere leggero – peso, carico] to lighten; [- valigia, pacco] to make lighter; alleggerire qn di qc *scherz* [derubare] to relieve sb of sthg - **2.** [rendere facile] to make easier - **3.** [rendere tollerabile] to ease.

allegoria *sf* allegory.

allegria *sf* cheerfulness; abbiamo trascorso una serata in allegria we had a really lovely evening.

allegro, a *agg* - **1.** [persona, carattere, musica] cheerful - **2.** [colore] bright - **3.** *eufem* [ubriaco] tipsy, merry UK. ➔ **allegro** *sm* MUS allegro.

allenamento *sm* - **1.** [esercizio] practice; tenersi in allenamento to keep in practice - **2.** SPORT training.

allenare [6] *vt* - **1.** SPORT to train - **2.** [memoria, mente]: allenare qc (a qc/a fare qc) to train sthg (in sthg/to do sthg). ➔ **allenarsi** *vr* - **1.** SPORT to train - **2.** [abituarsi]: allenarsi (in qc) to practise UK (sthg), to practice US (sthg).

allenatore, trice *sm, f* trainer.

allentare [6] *vt* - **1.** [corda, presa] to loosen - **2.** [disciplina] to relax; [tensione] to reduce. ➔ **allentarsi** *vip* to work loose.

allergia *sf* allergy.

allergico, a, ci, che *agg*: allergico (a qc) allergic (to sthg).

allerta ◇ *sf avv*: stare allerta to be on the alert. ◇ *sf inv* alert; dare l'allerta to sound the alert; in stato di allerta on alert.

allestimento *sm* mounting; in allestimento in preparation; 'vetrina in allestimento' 'window being dressed'.

allestire [9] *vt* [festa] to organize; [mostra] to mount; [spettacolo] to stage; [vetrina] to dress.

allettante *agg* attractive.

allevamento *sm* - **1.** [di bestiame, cavalli] breeding, rearing; [di polli, pesci] farming; pollo d'allevamento battery hen - **2.** [impianto] farm.

allevare [6] *vt* - **1.** [bestiame, cavalli] to breed, to rear; [polli, pesci] to farm - **2.** [bambino] to bring up, to raise.

allevatore, trice *sm, f* [di bestiame, cavalli] breeder; [di polli, pesci] farmer.

allibito, a *agg* stunned.

allievo, a *sm, f* - **1.** [scolaro] pupil, student - **2.** MIL: allievo ufficiale officer cadet.

alligatore *sm* alligator.

allineare [24] *vt* - **1.** [schierare] to line up - **2.** TIPO to justify - **3.** [adeguare] to adjust. ➔ **allinearsi** *vr* - **1.** [mettersi in fila] to line up - **2.** [adeguarsi]: allinearsi (a qc) to fall into line (with sthg).

allo = a + lo.

allodola *sf* lark, skylark.

alloggiare [18] ◇ *vt* - **1.** [ospitare] to put up - **2.** [MIL - in caserma] to quarter; [- in casa privata] to billet. ◇ *vi* to stay.

alloggio *sm* - **1.** [ricovero] accommodation *esp UK*, accommodations *pl US* - **2.** [appartamento] apartment, flat *UK*.

allontanamento *sm* removal.

allontanare [6] *vt* - **1.** [mettere lontano] to take away; **allontanare qn/qc da qn/qc** to take sb/sthg away from sb/sthg - **2.** [licenziare] to dismiss - **3.** [da scuola - temporaneamente] to exclude; [- permanentemente] to expel - **4.** [mandare via] to chase away. ◆ **allontanarsi** *vr* - **1.**: **allontanarsi (da qc)** [scostarsi] to stand back (from sthg) - **2.** [assentarsi] to go away; **mi allontano solo un attimo** I'll be back in a minute.

allora ◇ *avv* then; **da allora (in poi)** since then, from that moment on; **fin da allora** from that moment. ◇ *cong* - **1.** [in tal caso] then - **2.** [dunque] well then, so; **il capo si arrabbierà - e allora?** the boss will be angry – so what?

alloro *sm* [pianta] laurel, bay tree; [foglia] bay leaf.

alluce *sm* big toe.

allucinazione *sf* hallucination.

alludere [31] *vi*: **alludere a qn/qc** to allude to sb/sthg, to refer to sb/sthg.

alluminio *sm* aluminium *UK*, aluminum *US*.

allungare [16] *vt* - **1.** [aumentare la lunghezza di – racconto, articolo, discorso] to make longer; [- abito, cappotto, pantaloni] to let down; [- tavolo] to extend; [- sedile] to recline; **allungare il passo** to lengthen one's stride - **2.** [aumentare la durata di – vita] to prolong; [- spettacolo, vacanza] to extend; **allungare la strada** to go the long way around *o* round *UK* - **3.** [stendere] to stretch out; **allungare le mani addosso a qn** *fig* to feel sb up, to touch sb up *UK* - **4.** [diluire] to dilute - **5.** *fam* [porgere] to pass; **mi allungheresti il sale?** would you pass (me) the salt? - **6.** *fam* [schiaffo] to give; **gli ha allungato un ceffone** she gave him a slap. ◆ **allungarsi** ◇ *vip* - **1.** [gen] to get longer - **2.** [riunione] to overrun. ◇ *vr fam* [stendersi] to stretch out.

allusione *sf* allusion, hint; **fare allusione a qn/qc** to allude *o* refer to sb/sthg.

alluvione *sf* flood.

almeno *avv* - **1.** [come minimo] at least - **2.** [magari]: **se almeno** if only.

alogeno, a *agg* ▷ **lampada**.

alone *sm* - **1.** [di sole, luna] halo - **2.** [di fiamma, lampada] glow - **3.** *fig* [aureola] aura, air - **4.** [su stoffa] ring.

alpeggio *sm* mountain pasture.

Alpi *sfpl*: **le Alpi** the Alps.

alpinista, i, e *smf* mountaineer, climber.

alpino, a *agg* Alpine. ◆ **alpino** *sm* MIL member of the Italian Alpine troops.

alquanto *avv* somewhat, rather.

alt ◇ *esclam* [comando] stop!; MIL halt! ◇ *sm inv* stop, halt.

altalena *sf* [gioco – con funi] swing; [- asse in bilico] seesaw, teeter totter *US*; **andare in altalena** to go on the swings/seesaw.

altare *sm* altar.

alterare [6] *vt* - **1.** [modificare]: **alterare qc** [cibi] to let sthg spoil; [colori] to fade sthg - **2.** [contraffare] to alter. ◆ **alterarsi** *vip* - **1.** [rovinarsi - gen] to deteriorate; [- latte, burro] to spoil, to go off *esp UK* - **2.** [irritarsi] to get angry.

alternare [6] *vt* to alternate. ◆ **alternarsi** *vr*: **alternarsi (a qc)** to alternate (with sthg).

alternativa *sf* alternative.

alternato, a *agg* ▷ **corrente**.

alterno, a *agg* - **1.** [movimento, ritmo] alternating - **2.** [mutevole] changeable; **le alterne vicende di qc** the ups and downs of sthg; **a giorni alterni** on alternate days, every other day.

altero, a *agg* - **1.** [fiero] proud - **2.** [sprezzante] haughty.

altezza *sf* - **1.** [gen] height - **2.** [prossimità]: **all'altezza di qc** near sthg; **devi svoltare all'altezza del municipio** you have to turn off at the town hall; **la nave è affondata all'altezza delle Seychelles** the ship sank off the Seychelles - **3.** [livello]: **essere all'altezza di qn** to be the equal of sb; **essere all'altezza di qc** to be equal to sthg; **sei sicuro di essere all'altezza del compito?** are you sure you're up to the job? ◆ **Altezza** *sf*: **Sua Altezza** His/Her/ Your Highness.

altipiano *sm* = **altopiano**.

altitudine *sf* altitude.

alto, a *agg* - **1.** [rispetto a piano] high - **2.** [persona, albero, edificio] tall - **3.** [profondo] deep; **alto mare** open sea - **4.** [voce] loud; [volume] high - **5.** [tessuto] wide; **un pezzo di stoffa lungo 3 metri e alto 150 cm** a piece of material 3 metres long and 150 cm wide - **6.** [settentrionale] northern; **l'alta Italia** Northern Italy - **7.** [fiume] upper; **l'alto Po** the upper reaches of the Po - **8.** [importante, grande] high; **alta stagione** high *o* peak season; **alta tensione** ELETTR high tension *o* voltage. ◆ **alto** ◇ *sm* top; **guardare in alto** to look up; **puntare verso l'alto** to point upwards. ◇ *avv* high.

Alto Adige *sm*: **l'Alto Adige** the Alto Adige.

altoatesino, a ⬦ *agg* of *o* from the Alto Adige. ⬦ *sm, f* person from the Alto Adige.

altoparlante *sm* [in luoghi pubblici] loudspeaker; [di apparecchio stereo] speaker.

altopiano (*pl* altopiani), **altipiano** (*pl* altipiani) *sm* plateau.

altrettanto ⬦ *agg indef* [con singolare] as much; [con plurale] as many. ⬦ *pron indef* - 1. [la stessa cosa] the same; **buon Natale! –** (**grazie), altrettanto!** Merry Christmas! – (thank you), same to you! - 2. [la stessa quantità] the same (amount), the same (number); **lui ha tre figli e io altrettanto** he has three children and so do I. ⬦ *avv* equally; **si sono tutti comportati altrettanto male** they all behaved equally badly; **è alta altrettanto quanto la sua amica** she's as tall as her friend; **tu sei convinto, ma io non ne sono altrettanto sicura** you're convinced, but I'm not so sure.

altri *pron indef* - 1. [un'altra persona] someone *o* somebody else; **non c'è altri che lui di cui mi fidi** I don't trust anyone but him, I trust no one but him - 2. [qualcuno] someone *o* somebody else, other people *pl*.

altrimenti *avv* - 1. [in altro modo] otherwise; **non potevamo fare altrimenti** we couldn't do anything else - 2. [in caso contrario] otherwise, or else.

altro, a ⬦ *agg indef* - 1. [diverso]: **un altro, un'altra** another; **ho bisogno di un'altra giacca** I need another jacket; **un altro giorno** another day; **un'altra volta** [non questa] another time; **ha un altro modello?** have you got any other styles?; **prova a pettinarti in un altro modo** try doing your hair another way; **altri, altre** other; **posso farle vedere altre cose** I can show you some other things - 2. [supplementare]: **un altro, un'altra** another; **un altro caffè?** another coffee?; **un'altra volta** [di nuovo] again; **altro, altra** some more; **vuoi altra pasta?** do you want some more pasta?; **altri, altre** (some) more; **sono sorti altri problemi** more problems have come up; **altre quattro tazze** four more cups, another four cups - 3. [rimanente] other - 4. [nel tempo] last; **l'altra settimana** last week; **l'altr'anno** last year; **l'altro giorno** the other day; **l'altro ieri** the day before yesterday; **domani l'altro** the day after tomorrow; **d'altra parte** on the other hand. ⬦ *pron indef* - 1. [diverso, rimanente]: **l'altro, l'altra** the other one; **gli altri, le altre** the others; **un altro, un'altra** a different one; **il mio ragazzo si vede con un'altra** my boyfriend is seeing someone else; **altri, altre** others; **ne ha altri/altre?** have you got any others?; **gli altri** [la gente] other people - 2. [supplementare]: **un altro, un'altra** another one; **altri, altre: ce ne sono altri?** are there any more?; **non prender-**

ne altre! don't take any more! ⬦ **altro** *sm*: **(desidera) altro?** do you want anything else?; **non c'è altro da fare** there's nothing else to be done; **non fa altro che lamentarsi** he does nothing but complain; **è tutt'altro che sciocco** he's anything but stupid; **più che altro** more than anything else; **se non altro** at least; **senz'altro** certainly; **tra l'altro** among other things.

altroché *esclam* definitely!

altronde ➤ d'altronde *avv* on the other hand.

altrove *avv* somewhere else, elsewhere.

altrui *agg poss inv* other people's (*dav sostantivo*).

altruista, i, e ⬦ *smf* altruist. ⬦ *agg* altruistic.

altura *sf* height.

alunno, a *sm, f* pupil.

alveare *sm* (bee) hive.

alzacristallo *sm* window winder *UK*, window regulator *US*; **alzacristalli elettrici** electric windows.

alzare [6] *vt* - 1. [gen] to raise; **alzare le spalle** to shrug one's shoulders - 2. [oggetto] to lift - 3. [vela] to hoist - 4. [costruire] to erect. ➤ **alzarsi** ⬦ *vr* [persona] to get up. ⬦ *vip* - 1. [fiume, sole] to rise - 2. [vento] to get up.

a.m. (*abbr di* ante meridiem) am.

AM [a'emme] - 1. (*abbr di* Aeronautica Militare) (Italian) Airforce - 2. (*abbr di* Amplitude Modulation) AM.

amaca, che *sf* hammock.

amalfitano, a *agg* of *o* from Amalfi; **la costiera amalfitana** the Amalfi coast.

amalgamare [6] *vt* - 1. [impastare] to mix - 2. *fig* [mettere insieme] to unite. ➤ **amalgamarsi** *vr* - 1. [sostanze] to mix - 2. [persone, culture] to become unified.

amante ⬦ *agg*: **amante di qc** fond of sthg; **le persone amanti della buona tavola** lovers of good food. ⬦ *smf* lover.

amare [6] *vt* - 1. [gen] to love - 2. [essere appassionato di] to like, to love; **sai che non amo le rose** you know I don't like roses; **amare fare qc** to love doing sthg. ➤ **amarsi** *vr* to love each other.

amarena *sf* sour black cherry.

amaretto *sm* - 1. [biscotto] amaretto (biscuit *UK o* cookie *US*) - 2. [liquore] amaretto (liqueur).

amarezza *sf* bitterness.

amaro, a *agg* - 1. [gen] bitter - 2. [senza zucchero] without sugar (*non dav sostantivo*);

cioccolato amaro dark o plain *UK* chocolate. ◆ **amaro** *sm* - **1.** [sapore] bitter taste - **2.** [liquore] bitters *pl*.

Amazzonia *sf*: l'Amazzonia Amazonia.

ambasciata *sf* - **1.** [luogo] embassy - **2.** [messaggio] message.

ambasciatore, trice *sm, f* - **1.** [persona] ambassador - **2.** [messaggero] messenger.

ambedue ◇ *agg num inv*: ambedue le mani/i figli both hands/children. ◇ *pron inv* both.

ambientale *agg* environmental.

ambientalista, i, e *agg* & *smf* environmentalist.

ambientare [6] *vt* to set. ◆ **ambientarsi** *vr* to settle in.

ambiente ◇ *sm* - **1.** [gen] environment - **2.** [circolo] sphere; **negli ambienti politici** in political circles; **ambienti bene informati** well-informed sources - **3.** [stanza] room. ◇ *agg inv* ▷ **temperatura**.

ambiguità *sf inv* ambiguity.

ambiguo, a *agg* ambiguous.

ambire [9] ◇ *vt* to aspire to. ◇ *vi*: ambire a qc to aspire to sthg.

ambito *sm* sphere; l'ambito familiare the family circle.

ambizione *sf* ambition.

ambizioso, a *agg* ambitious.

ambo ◇ *agg num inv*: ambo le mani/i lati both hands/sides. ◇ *sm* double.

ambra *sf* amber.

ambulante *agg* travelling *UK*, traveling *US*.

ambulanza *sf* ambulance.

ambulatorio *sm* MED surgery *UK*, office *US*; ambulatorio dentistico dentist's surgery *UK* o office *US*.

Amburgo *sf* Hamburg.

America *sf*: l'America America; l'America Centrale Central America; l'America del Nord o settentrionale North America; l'America del Sud o meridionale South America; l'America latina Latin America; le Americhe the Americas.

americano, a *agg* & *sm, f* American. ◆ **americano** *sm* [lingua] American English.

amfetamina *sf* amphetamine.

amichevole ◇ *agg* friendly. ◇ *sf* SPORT a game that is not part of an official competition friendly *UK*.

amicizia *sf* - **1.** [legame] friendship; fare amicizia con qn to make friends with sb - **2.** [persona] friend.

amico, a, ci, che ◇ *agg* friendly. ◇ *sm, f* - **1.** [gen] friend - **2.** [amante] boyfriend (girlfriend *f*).

amido *sm* starch.

ammaccare [15] *vt* [auto] to dent; [frutta] to bruise. ◆ **ammaccarsi** *vip* [auto] to get dented; [frutta] to get bruised.

ammalarsi [6] *vip*: ammalarsi (di qc) to fall o become ill o sick (with sthg).

ammalato, a ◇ *agg* ill, sick. ◇ *sm, f* [gen] sick person; [in ospedale] patient.

ammaraggio *sm* [di aereo, idrovolante] landing; [di navicella spaziale] splashdown.

ammassare [6] *vt* - **1.** [mettere insieme] to pile (up) - **2.** [accumulare] to amass. ◆ **ammassarsi** *vip* - **1.** [radunarsi] to crowd together - **2.** [accumularsi] to pile up.

ammasso *sm* - **1.** [mucchio] pile, heap - **2.** *spreg* [accozzaglia] load.

ammattire [9] *vi* to go mad; fare ammattire qn to drive sb mad.

ammazzacaffè *sm inv* after-dinner drink.

ammazzare [6] *vt* to kill. ◆ **ammazzarsi** *vr* to kill o.s.; ammazzarsi di lavoro to work o.s. to death.

ammenda *sf* [pena] fine.

ammesso, a *pp* ▷ **ammettere**. ◆ **ammesso che** *cong* (+ *congiuntivo*) assuming that.

ammettere [71] *vt* - **1.** [gen] to admit; ammetto di aver sbagliato I admit (that) I made a mistake - **2.** [accogliere] to receive - **3.** [permettere] to allow - **4.** [supporre] to assume.

amministrare [6] *vt* - **1.** [patrimonio, beni, sacramento] to administer - **2.** POLIT & COMM to run - **3.** [dosare] to ration.

amministrativo, a *agg* administrative.

amministratore, trice *sm, f* - **1.** [di beni, patrimonio] administrator - **2.** [di condominio] manager - **3.** [di società]: **amministratore delegato** managing director.

amministrazione *sf* - **1.** [gen] administration; l'amministrazione pubblica the civil service - **2.** [di società] running - **3.** [uffici] administrative offices *pl*.

ammiraglio *sm* MIL admiral.

ammirare [6] *vt* to admire.

ammiratore, trice *sm, f* admirer.

ammirazione *sf* admiration.

ammissione *sf* admission; esame di ammissione entrance exam.

ammobiliato, a *agg* furnished.

ammodernare [6] *vt* to modernize.

ammollo *sm*: lasciare/mettere qc in ammollo to leave/put sthg to soak.

ammoniaca *sf* ammonia.

ammonire [9] *vt* - **1.** [mettere in guardia] to warn; DIR to caution - **2.** [rimproverare] to reprimand - **3.** SPORT to show a yellow card to, to book *UK*.

ammonizione *sf* - **1.** [rimprovero] reprimand - **2.** SPORT yellow card, booking *UK* - **3.** DIR caution; [al lavoro] warning.

ammontare [6] *vi*: ammontare a qc to amount to sthg.

ammorbidente *sm* fabric softener.

ammorbidire [9] *vt* [gen] to soften. ◆ **ammorbidirsi** *vr* [gen] to soften.

ammortare [6] *vt* - **1.** [spesa] to write off; [bene] to write off the cost of - **2.** [debito] to pay off - **3.** FIN to amortize.

ammortizzare [6] *vt* - **1.** [attutire] to cushion - **2.** FIN = ammortare.

ammortizzatore *sm* AUTO shock absorber.

ammucchiare [20] *vt* to pile up. ◆ **ammucchiarsi** *vip* to pile up.

ammuffire [9] *vi* to go mouldy *UK* o moldy *US*.

amnesia *sf* amnesia.

amnistia *sf* amnesty.

amo *sm* hook.

amore *sm* - **1.** [gen] love; fare l'amore (con qn) to make love (with sb) - **2.** [persona innamorata] darling; [meraviglia]: quel vestito è un amore that dress is gorgeous. ◆ **amori** *smpl* love affairs *pl*.

amorino *sm* cupid.

amoroso, a *agg* - **1.** [affettuoso] loving - **2.** [sentimentale] love *(dav sostantivo)*.

ampere *sm inv* amp, ampere.

ampiamente *avv* - **1.** [abbondantemente] at great length - **2.** [di gran lunga] far, well.

ampiezza *sf* - **1.** [gen & MAT] size - **2.** [di fenomeno, danni] scale.

ampio, a *agg* - **1.** [grande - stanza, campo] large; [- strada] wide; [- vestito] loose - **2.** [numeroso] ample - **3.** *fig* [esteso] wide; un uomo dalle ampie vedute a broadminded man.

ampliare [20] *vt* - **1.** [ingrandire - casa] to extend; [- strada] to widen - **2.** *fig* [accrescere - cultura] to increase; [- mente] to broaden; ampliare le proprie conoscenze to widen one's knowledge.

amplificare [15] *vt* - **1.** [suono] to amplify - **2.** [notizia, fatti] to exaggerate.

amplificatore *sm* amplifier.

amputare [6] *vt* to amputate.

Amsterdam *sf* Amsterdam.

anabbagliante *agg* AUTO dipped *UK*, on low beams *(non dav sostantivo) US*. ◆ **anabbaglianti** *smpl* dipped headlights *UK*, (headlights on) low beams *US*.

anagrafe *sf* - **1.** [archivio] register of births, marriages and deaths *UK*, vital records *pl US* - **2.** [ufficio] registry o register office *UK*, Division of Vital Records *US*.

anagrafico, a, ci, che *agg*: dati anagrafici personal data; ufficio anagrafico registry o register office *UK*, Division of Vital Records *US*.

analcolico, a, ci, che *agg* nonalcoholic; bibite analcoliche soft drinks. ◆ **analcolico** *sm* soft drink.

analfabeta, i, e ◇ *agg* illiterate. ◇ *smf* illiterate.

analgesico, a, ci, che *agg* painkilling *(dav sostantivo)*; MED analgesic. ◆ **analgesico** *sm* [gen] painkiller; MED analgesic.

analisi *sf inv* - **1.** [gen & PSICO] analysis; essere in analisi to be in analysis - **2.** MED test; analisi del sangue blood test.

analista, i, e *smf* [gen & PSICO] analyst.

analizzare [6] *vt* [gen] to analyse *UK*, to analyze *US*; [impronte digitali] to check.

anallergico, a, ci, che *agg* hypoallergenic.

analogia *sf* - **1.** [relazione] analogy; per analogia by analogy - **2.** [cosa affine] similarity.

analogico, a, ci, che *agg* TECNOL analog, analogue *UK*.

analogo, a, ghi, ghe *agg* analogous.

ananas *sm inv* pineapple.

anarchico, a, ci, che ◇ *agg* [movimento, idee] anarchist *(dav sostantivo)*; [comportamento, spirito] anarchic. ◇ *sm, f* anarchist.

ANAS ['anas] *(abbr di Azienda Nazionale Autonoma delle Strade) sf Italian national highways agency.*

anatomico, a, ci, che *agg* - **1.** [studio] anatomical - **2.** [sedia, plantare] orthopaedic *UK*, orthopedic *US*.

anatra *sf* [gen] duck; [maschio] drake.

anatroccolo *sm* duckling.

anca, che *sf* hip.

anche *cong* - **1.** [pure] too, as well; vengo anch'io I'm coming too; gli ho telefonato ieri - anch'io I phoned him yesterday - me too; ha anche una casa al mare he's got a house by the sea as well; gioca a golf e anche a tennis he plays golf and tennis too - **2.** [neppure]: anche... non not... either; anche Maria non potrà venire Maria can't come either; anche la misura più grande non mi va bene the larger size doesn't fit me either - **3.** [persino] even;

anche se even if; **anche volendo/potendo** even if I wanted to/could; **ha lavorato anche troppo** she worked too hard, if anything; **potrebbe anche succedere** you never know: it might happen.

ancora[1] *sf* anchor; **gettare/levare l'ancora** to drop/weigh anchor.

ancora[2] ◇ *avv* - **1.** [di nuovo] again; **dai, prova ancora** come on, try again - **2.** [tuttora] still; **ho ancora fame** I'm still hungry - **3.** [fino ad ora]: **non... ancora** not... yet, still... not; **non ho ancora finito** I haven't finished yet, I still haven't finished; **sei pronto? - non ancora** are you ready? - not yet - **4.** [in più] more; **quante volte devo dirtelo ancora?** how many more times do I have to tell you?; **ne vuoi ancora?** would you like some more?; **ancora due ore e siamo arrivati** another two hours *o* two more hours and we'll be there. ◇ *cong* even; **il film è stato ancora più interessante di quanto mi aspettassi** the film *esp UK o* movie *esp US* was even more interesting than I expected.

ancorato, a *agg* - **1.** [ormeggiato] anchored; **restare ancorato** to ride at anchor - **2.** [attaccato]: **essere ancorato a qc** [palo] to be anchored to sthg; *fig* to cling to sthg.

andamento *sm* - **1.** [progresso – di mercato, affari] trend; [- di malattia] progress, course; [- a scuola] progress; **com'è il suo andamento scolastico?** how is he getting on at school? - **2.** [portamento] walk.

andare [11] ◇ *vi* - **1.** [muoversi] to go; **andare di fretta/piano** to go quickly/slowly; **andare a piedi** to walk; **andare in bici/in macchina/in aereo/in autobus** to go by bike/by car/by plane/by bus; **andare a casa** to go home; **andare a scuola** to go to school; **andare in vacanza** to go on holiday *UK o* vacation *US*; **andare all'estero** to go abroad; **andare a caccia/a pesca** to go hunting/fishing; **andare a Napoli/in Francia** to go to Naples/to France; **andare a sciare/nuotare/ballare** to go skiing/swimming/dancing; **scusi, per andare alla stazione?** excuse me, which way is the station?; **andarsene** to leave; **se ne sono andati senza pagare** they left without paying; **vattene!** go away! - **2.** [procedere]: **ciao, come va?** hi, how are you?; **come vanno le cose?** how are things? - **3.** [piacere]: **il suo modo di fare non mi va** I don't like the way he behaves; **non mi va che si parli male dei miei amici** I don't like people saying nasty things about my friends - **4.** [aver voglia]: **ti andrebbe un caffè?** do you feel like *o* fancy *esp UK* a coffee?; **non mi va di mangiare** I don't feel like eating - **5.** [essere collocato] to go; **dove va la spazzatura?** where does the rubbish *esp UK o*

garbage *US* go? - **6.** [con participio passato]: **il burro va conservato in frigo** butter should be kept in the fridge; **andare perso** to get lost - **7.** [con gerundio]: **la malattia va peggiorando** the illness is getting worse; **va dicendo in giro che...** he goes around saying (that)...; **andare bene** [come misura] to fit (sb); [come accordo] to be OK (for sb); **queste scarpe (mi) vanno bene** these shoes fit (me); **(ti) va bene se passo a prenderti alle due?** is it OK if I come and pick you up at two?; **andare via** [partire] to leave; [macchia] to come out. ◇ *sm*: **a lungo andare** in the long run.

andata *sf* - **1.** [percorso] outward journey, journey there; **all'andata ho impiegato due ore** it took me two hours to get there; **viaggio di andata** outward journey, journey there; **biglietto di andata** single *UK o* one-way *US* ticket - **2.** [biglietto] single (ticket) *UK*, one-way (ticket) *US*; **andata e ritorno** return (ticket) *UK*, round-trip (ticket) *US*.

andatura *sf* - **1.** [modo di camminare] walk - **2.** [velocità] speed.

andazzo *sm spreg*: **non mi piace l'andazzo che hai preso** I don't like the way you're behaving; **ha preso l'andazzo di rientrare alle tre di notte** she's started coming home at three in the morning; **se si continua con questo andazzo, la ditta chiuderà** if things go on like this, the firm will close down.

Ande *sfpl*: **le Ande** the Andes.

Andorra *sf* Andorra.

androne *sm* (entrance) hall.

aneddoto *sm* anecdote.

anello *sm* - **1.** [gioiello, forma] ring; **anello di fidanzamento** engagement ring; **una pista ad anello** a circular track - **2.** [di catena] link.
➤ **anelli** *smpl* SPORT rings *pl*.

anemia *sf* anaemia *UK*, anemia *US*.

anemico, a, ci, che *agg* anaemic *UK*, anemic *US*.

anestesia *sf* anaesthesia *UK*, anesthesia *US*; **sotto anestesia** under anaesthetic *UK o* anesthetic *US*; **anestesia locale/totale** local/general anaesthetic *UK o* anesthetic *US*.

anestetico, a, ci, che *agg* anaesthetic *UK*, anesthetic *US*.

anfibio, a *agg* amphibious. ➤ **anfibio** *sm* amphibian. ➤ **anfibi** *smpl* waterproof boots *pl*.

anfiteatro *sm* - **1.** [edificio] amphitheatre *UK*, amphitheater *US* - **2.** [sala - di teatro] amphitheatre *UK*, amphitheater *US*; [- di università] lecture hall *o* theatre *UK*.

anfora *sf* amphora.

angelo *sm fig* angel; **angelo custode** guardian angel.

angina *sf* MED tonsillitis; **angina pectoris** angina.

anglofono, a ⬦ *agg* English-speaking. ⬦ *sm, f* English-speaker.

anglosassone *agg* Anglo-Saxon.

angolare *agg* - 1. [gen] angular - 2. [armadio] corner *(dav sostantivo)*.

angolazione *sf* angle.

angolo *sm* - 1. [gen] corner; **angolo cottura** kitchen area; **fare angolo con qc** [strada] to run into sthg; **all'angolo (tra** o **fra)** on the corner (of) - 2. MAT angle; **angolo retto/acuto/ottuso** right/acute/obtuse angle.

angora *sf*: **d'angora** angora; **lana d'angora** angora (wool).

angoscia, sce *sf* - 1. [condizione] worry, anguish; **mettere** o **dare angoscia a qn** to upset sb - 2. [causa di ansia] fear.

angosciare [19] *vt* to distress; **la sua presenza mi angoscia** his being here upsets me; **il terrore/la paura lo angosciava** terror/fear gripped him; **essere angosciato da qn/qc** to be stressed out by sb/sthg. ◆ **angosciarsi** *vip*: **angosciarsi (per qc)** to worry (about sthg).

anguilla *sf* eel.

anguria *sf* watermelon.

angustiare [20] *vt* to distress. ◆ **angustiarsi** *vip* to worry.

anice *sm* - 1. [pianta] anise - 2. [seme] aniseed - 3. [liquore] anisette.

anidride *sf* anhydride; **anidride carbonica** carbon dioxide.

anima *sf* - 1. [gen] soul; **anima e corpo** [completamente] body and soul; **un'anima buona/gentile** a good/kind soul; **un paesino di cento anime** a village of a hundred people; **anima gemella** soulmate; **non c'è anima viva** there isn't a soul - 2. *fig* [parte interna] inside.

animale ⬦ *sm* animal. ⬦ *agg* animal *(dav sostantivo)*.

animalista, i, e ⬦ *agg* animal rights *(dav sostantivo)*. ⬦ *smf* animal rights activist.

animare [6] *vt* - 1. [ravvivare - festa, dibattito, discussione] to liven up; [- sguardo] to light up - 2. [stimolare] to motivate. ◆ **animarsi** *vip* - 1. [ravvivarsi] to liven up - 2. [accalorarsi] to become animated.

animatamente *avv* animatedly.

animato, a *agg* - 1. [vivace] lively - 2. [vivente]: **essere animato** living being - 3. ⮕ **cartone**.

animatore, trice *sm, f* [intrattenitore - di villaggio turistico, colonia] activities organizer; [- di festa] organizer; [- di gruppo, incontro] leader.

animelle *sfpl* sweetbreads *pl*.

animo *sm* - 1. [mente] mind; **mettersi l'animo in pace** to set one's mind at rest - 2. [coraggio] heart, courage; **farsi animo** to take heart; **perdersi d'animo** to lose heart - 3. [indole] character.

anitra *sf* = **anatra**.

annacquato, a *agg* watered down.

annaffiare [20] *vt* [piante, giardino] to water; [persona] to soak; [pietanza] to wash down.

annaffiatoio *sm* watering can.

annata *sf* year; **vino d'annata** vintage wine.

annebbiare [20] *vt* - 1. [confondere] to cloud - 2. [vista] to blur. ◆ **annebbiarsi** *vip* - 1. [vista] to become blurred - 2. [mente] to become clouded.

annegamento *sm* drowning.

annegare [16] ⬦ *vt* to drown. ⬦ *vi* - 1. [morire] to drown - 2. *fig* [sprofondare]: **annegare nei debiti** to be up to one's eyes in debt *fam*; **annegare nell'oro** to be rolling in it *fam*.

annerire [9] ⬦ *vt* to blacken. ⬦ *vi* to become black. ◆ **annerirsi** *vip* to become black.

annesso, a ⬦ *pp* ⮕ **annettere**. ⬦ *agg* - 1. [a Stato] annexed - 2. [a edificio] attached - 3. [allegato] enclosed. ◆ **annessi** *smpl* - 1. [documenti] supporting documents o documentation *(U)* - 2. [di edificio] outbuildings; **con tutti gli annessi e connessi** with one thing and another.

annettere [67] *vt* - 1. [regione, Stato] to annexe - 2. [documento]: **annettere qc (a qc)** to enclose sthg (with sthg).

annientare [6] *vt* [gen] to destroy; [forze nemiche] to annihilate.

anniversario *sm* anniversary; **anniversario di matrimonio** wedding anniversary.

anno *sm* year; **l'anno prossimo/scorso** next/last year; **buon anno!** Happy New Year!; **un anno/due anni fa** one year/two years ago; **anno accademico** academic year; **anno scolastico** school year; **anno luce** light year. ◆ **anni** *smpl* years of age; **quanti anni hai?** how old are you?; **ho vent'anni** I'm twenty; **si è sposato a cinquant'anni** he got married at fifty; **oggi compio gli anni** it's my birthday today; **oggi compio trent'anni** I'm thirty today.

annodare [6] *vt* - **1.** [corda, filo] to knot - **2.** [relazione] to establish - **3.** [cravatta] to tie, to knot; [sciarpa, lacci] to tie.

annoiare [20] *vt* to bore. ← **annoiarsi** *vip* to get bored; **ci siamo annoiati tutta la sera** we were bored all evening.

annotare [6] *vt* to note down.

annotazione *sf* note.

annuale *agg* annual, yearly.

annuario *sm* yearbook.

annuire [9] *vi* to nod.

annullare [6] *vt* - **1.** [gen] to cancel - **2.** [dichiarare nullo - matrimonio] to annul; [- sentenza] to quash; [- gol] to disallow; [- gara, partita] to declare void - **3.** [vanificare - sforzi] to frustrate; [- effetti] to nullify.

annunciare [17] *vt* - **1.** [gen] to announce - **2.** [far presagire] to be a sign of.

annunciatore, trice *sm, f* announcer.

Annunciazione *sf*: **l'Annunciazione** the Annunciation.

annuncio *sm* - **1.** [comunicazione] announcement; **dare un annuncio** to make an announcement - **2.** [notizia] piece of news - **3.** [inserzione] advertisement; **mettere un annuncio su qc** to place an advertisement *o* advert *UK* in sthg.

annuo, a *agg* annual, yearly.

annusare [6] *vt* - **1.** [fiutare - sogg: persona] to smell; [- sogg: cane] to sniff - **2.** [intuire] to smell.

ano *sm* anus.

anomalo, a *agg* anomalous.

anonimato *sm* anonymity; **agire nell'anonimato** to act anonymously; **mantenere l'anonimato** to remain anonymous.

anonimo, a *agg* - **1.** [senza nome] anonymous - **2.** [insignificante] nondescript. ← **anonimo** *sm* - **1.** [autore] anonymous author/composer/artist etc - **2.** [opera] anonymous work.

anoressia *sf* anorexia.

anoressico, a, ci, che *agg & sm, f* anorexic.

anormale ⟨⟩ *agg* - **1.** [inconsueto] abnormal - **2.** [persona] subnormal *offens.* ⟨⟩ *smf* subnormal person *offens.*

anormalità *sf inv* abnormality.

ansa *sf* - **1.** [di fiume] bend - **2.** [manico] handle.

ANSA ['ansa] (*abbr di* **Agenzia Nazionale Stampa Associata**) *sf* Italian News Agency.

ansia *sf* - **1.** [gen & PSICO] anxiety; **essere *o* stare in ansia (per qn/qc)** to be worried (about sb/sthg) - **2.** [impazienza] impatience.

ansimare [6] *vi* to pant.

ansioso, a *agg* - **1.** [pieno di ansia] anxious - **2.** [impaziente]: **essere ansioso di fare qc** to be eager to do sthg.

anta *sf* [di porta] panel; [di armadio] door; [di finestra] shutter.

antagonista, i, e ⟨⟩ *agg* - **1.** [contrastante] opposing - **2.** [rivale - squadra] opposing, rival; [- paese] rival. ⟨⟩ *smf* opponent.

antartico, a, ci, che *agg* Antarctic; **il circolo polare antartico** the Antarctic Circle. ← **Antartico** *sm*: **l'Antartico** [continente] the Antarctic; **l'(Oceano) Antartico** the Antarctic (Ocean).

Antartide *sf*: **l'Antartide** Antarctica.

antecedente *agg*: **antecedente (a qc)** preceding (sthg). ← **antecedenti** *smpl* antecedents.

antenato, a *sm, f* ancestor.

antenna *sf* - **1.** [di insetto] antenna - **2.** [di TV, radio] aerial *UK*, antenna *US*; **antenna parabolica** satellite dish.

anteporre [96] *vt*: **anteporre qc a qc** to put sthg before sthg.

anteprima *sf* preview; **dare un film in anteprima** to preview a film *esp UK o* movie *esp US*; **vedere qc in anteprima** to see a preview of sthg; **dare una notizia in anteprima** to break a piece of news; **sapere qc in anteprima** to have advance knowledge of sthg.

anteriore *agg* - **1.** [davanti] front (*dav sostantivo*) - **2.** [precedente] previous; **anteriore a qc** prior to *o* before sthg.

antiabbaglianti *smpl* dipped headlights *UK*, (headlights on) low beams *US*.

antiallergico, a, ci, che *agg* antiallergic. ← **antiallergico** *sm* antiallergic drug.

antiatomico, a, ci, che *agg* ▷ **rifugio**.

antibiotico, a, ci, che *agg & sm* antibiotic.

anticamente *avv* in ancient times.

anticamera *sf* anteroom.

antichità *sf inv* - **1.** [passato] antiquity - **2.** [oggetto - pezzo d'antiquariato] antique; [- vestigia romane, greche] antiquity.

anticipare [6] ⟨⟩ *vt* - **1.** [precedere]: **anticipare qn** to beat sb to it - **2.** [prevedere] to anticipate - **3.** [fare prima] to bring forward - **4.** [somma] to advance; **mi puoi anticipare 50 euro per la traduzione?** can you pay me 50 euros in advance for the translation? - **5.** [comunicare prima] to give advance notice of. ⟨⟩ *vi* to come early.

anticipato, a *agg* early; **tre mesi di affitto anticipato** three months' rent in advance.

anticipazione *sf* forecast.

anticipo sm - **1.** [di denaro] advance - **2.** [di orario]: **il treno è arrivato con un anticipo di cinque minuti** the train got in five minutes early; **ho finito con un'ora di anticipo** I finished an hour early; **in anticipo** [partire, arrivare, essere] early; [pagare, riscuotere] in advance.

anticoncezionale agg & sm contraceptive.

anticonformista, i, e agg & smf nonconformist.

anticorpo sm antibody.

antidepressivo, a agg antidepressant. ◆ **antidepressivo** sm antidepressant.

antidolorifico, a, ci, che agg painkilling (dav sostantivo), analgesic. ◆ **antidolorifico** sm painkiller, analgesic.

antidoto sm antidote.

antidroga agg inv [operazioni] antidrug (dav sostantivo); [legge] drugs (dav sostantivo); **squadra antidroga** drug squad; **cane antidroga** sniffer dog; **centro antidroga** drug rehabilitation centre UK o center US.

antifascista, i, e agg & smf antifascist.

antifurto ◇ agg inv antitheft (dav sostantivo); **allarme antifurto** burglar alarm. ◇ sm alarm.

antigienico, a, ci, che agg unhygienic.

Antille sfpl: **le Antille** the Antilles; **le Antille olandesi** the Netherlands Antilles.

antilope sf antelope.

antimafia agg inv anti-Mafia (dav sostantivo).

antincendio agg inv fire (dav sostantivo).

antinebbia ◇ agg inv fog (dav sostantivo). ◇ smpl fog lights.

antinfluenzale agg flu (dav sostantivo).

antinquinamento agg inv antipollution (dav sostantivo).

antinucleare agg antinuclear.

antiorario agg ▷ **senso**.

antipasto sm hors d'oeuvre, starter UK; **antipasto di mare** seafood hors d'oeuvres; **antipasto di terra** cold meat and pickle hors d'oeuvres.

antipatia sf dislike, antipathy.

antipatico, a, ci, che ◇ agg unpleasant; **essere antipatico a qn** to be disliked by sb; **se tu sapessi quanto mi è antipatico!** if you knew how much I dislike him! ◇ sm, f unpleasant person; **fare l'antipatico** to be unpleasant.

antipodi smpl: **essere agli antipodi** [sulla Terra] to be on the other side of the world; [idee, personalità] to be diametrically opposed.

antipopolare agg antidemocratic.

antiproiettile agg inv bulletproof.

antiquariato sm - **1.** [attività] antiques trade - **2.** [oggetti] antiques pl; **d'antiquariato** antique; **pezzi** o **oggetti d'antiquariato** antiques.

antiquario, a sm, f antique(s) dealer.

antiquato, a agg antiquated.

antiruggine ◇ agg inv antirust (dav sostantivo), rustproof. ◇ sm inv rustproofing.

antirughe agg inv antiwrinkle (dav sostantivo).

antisemita, i, e ◇ agg anti-Semitic. ◇ smf anti-Semite.

antisettico, a, ci, che agg antiseptic. ◆ **antisettico** sm antiseptic.

antisindacale agg antiunion.

antisociale agg antisocial.

antistaminico, a, ci, che agg antihistamine. ◆ **antistaminico** sm antihistamine.

antistante agg: **antistante (a) qc** in front of sthg.

antitesi sf antithesis; **in antitesi** opposite.

antitetanica sf tetanus injection.

antitetico, a, ci, che agg antithetic(al).

antitrust [anti'trast] agg inv antimonopoly UK (dav sostantivo), antitrust US (dav sostantivo).

antivigilia sf: **l'antivigilia di qc** (the day) two days before sthg; **l'antivigilia di Natale** the day before Christmas Eve.

antivipera agg inv viper (dav sostantivo).

antivirale agg antiviral.

antivirus ◇ agg inv INFORM antivirus (dav sostantivo). ◇ sm inv INFORM antivirus (software).

antologia sf - **1.** [di racconti] anthology - **2.** [di brani musicali] compilation.

antonomasia sf: **per antonomasia** par excellence.

antracite sf anthracite.

antropologia sf anthropology.

antropologo, a, gi, ghe sm, f anthropologist.

anulare sm ring.

anzi cong - **1.** [o meglio] or rather - **2.** [al contrario] on the contrary.

anzianità sf inv: **anzianità (di servizio)** length of service, seniority; **per anzianità** on the basis of length of service.

anziano, a ◇ agg - **1.** [di età] elderly - **2.** [di grado] senior. ◇ sm, f elderly person; **gli anziani** the elderly.

anziché cong [piuttosto che] rather than; [invece di] instead of.

anzitempo avv lett prematurely.

anzitutto *avv* first of all.

aorta *sf* aorta.

Aosta *sf* Aosta.

apache [a'paʃ] *smf inv* Apache.

apartheid [apar'taid] *sm inv* apartheid.

apartitico, a, ci, che *agg* non-party *(dav sostantivo)*.

apatia *sf* apathy.

apatico, a, ci, che *agg* apathetic.

ape *sf* bee; **ape regina** queen bee.

aperitivo *sm* aperitif.

apertamente *avv* openly; **diglielo apertamente che così non va** tell him straight that this is no good.

aperto, a ◇ *pp* ▷ **aprire**. ◇ *agg* - **1.** [gen] open; **aperto al pubblico** open to the public; **in aperta campagna** in open country; **in mare aperto** in the open sea; **essere aperto a qc** to be open to sthg - **2.** [rubinetto] running. ◆ **aperto** *sm*: **all'aperto** [vivere, mangiare, dormire] outdoors; [spettacolo, cinema] open-air.

apertura *sf* - **1.** [gen] opening - **2.** [di iscrizioni, trattative] start - **3.** [ampiezza]: **apertura mentale** open-mindedness - **4.** FOTO aperture.

APEX ['apeks] *(abbr di Advance Purchase Excursion) agg inv* APEX.

apice *sm* peak; **essere all'apice di qc** to be at the height of sthg.

apicoltore, trice *sm, f* beekeeper.

apnea *sf* apnoea *UK*, apnea *US*; **andare in apnea** to hold one's breath; **immersione in apnea** diving without breathing apparatus.

apocalisse, apocalissi *sf* - **1.** [disastro] apocalypse - **2.** RELIG: **l'Apocalisse** [fine del mondo] the Apocalypse; [libro della Bibbia] (the Book of) Revelation.

apolide ◇ *agg* stateless. ◇ *smf* stateless person.

apologia *sf* praise.

apoplettico, a, ci, che *agg* apoplectic; **colpo apoplettico** apoplectic fit.

apostolo *sm* - **1.** RELIG apostle - **2.** *fig* [sostenitore] advocate.

apostrofare [6] *vt* - **1.** [interrogare] to address - **2.** GRAMM to write with an apostrophe.

apostrofo *sm* apostrophe.

apoteosi *sf inv* glorification.

appagare [16] *vt* [desiderio, curiosità, fame] to satisfy; [sogno] to fulfil *UK*, to fulfill *US*; [sete] to quench.

appallottolare [6] *vt* [foglio, carta, fazzoletto] to roll up into a ball; [creta, mollica] to roll into a ball.

appaltare [6] *vt* [prendere in appalto] to contract to do; [dare in appalto] to put out to contract.

appalto *sm* contract; **gara di appalto** call for tenders; **dare qc in appalto** to put sthg out to contract; **prendere qc in appalto** to contract to do sthg.

appannaggio *sm* - **1.** [compenso] annuity - **2.** *fig* [privilegio] prerogative.

appannare [6] *vt* to steam up. ◆ **appannarsi** *vip* - **1.** [vetro, specchio] to steam up - **2.** [vista] to get blurry.

apparato *sm* - **1.** ANAT system; **apparato circolatorio/digerente/respiratorio** circulatory/digestive/respiratory system - **2.** [strutture – burocratico] machinery; [- politico, militare, bellico] machine; **apparato scenico** set - **3.** [impianto, attrezzatura] equipment.

apparecchiare [20] *vt*: **apparecchiare (la tavola)** to set o lay *esp UK* the table.

apparecchio *sm* - **1.** [congegno] device, piece of equipment; **apparecchio fotografico** camera; **apparecchio (telefonico)** telephone; **apparecchio televisivo** television o TV (set); **apparecchio radiofonico** radio (set) - **2.** MED brace *UK*, braces *pl US*; **apparecchio acustico** hearing aid - **3.** [aereo] aircraft.

apparente *agg* apparent.

apparentemente *avv* apparently.

apparenza *sf* appearance; **all'apparenza** to all appearances; **in apparenza** seemingly; **in apparenza sembrava tutto stabilito** on the face of it everything seemed settled; **si è mantenuto calmo, almeno in apparenza** he kept his cool, or at least he seemed to; **l'apparenza inganna** appearances can be deceptive *UK* o deceiving *US*; **badare/guardare all'apparenza** to go by appearances; **salvare le apparenze** to keep up appearances.

apparire [105] *vi* - **1.** [comparire] to appear; **apparire in sogno** to appear in a dream - **2.** [sembrare] to appear, to seem.

appariscente *agg* [abito, colori] loud, garish; [trucco] heavy; [donna] striking.

apparizione *sf* [comparsa] appearance; RELIG vision; [fantasma] apparition.

apparso, a *pp* ▷ **apparire**.

appartamento *sm* apartment, flat *UK*.

appartenente *smf*: **appartenente (a qc)** member (of sthg).

appartenenza *sf*: **appartenenza (a qc)** membership (of sthg *UK* o in sthg *US*).

appartenere [93] *vi*: **appartenere a qn/qc** to belong to sb/sthg.

appassionare [6] *vt* to enthral *UK*, to enthrall *US*. ◆ **appassionarsi** *vip*: appassionarsi a qc to develop a passion for sthg.

appassionato, a ◇ *agg* - **1.** [bacio] passionate; [parole, frasi] impassioned; **uno sguardo appassionato** a look of passion - **2.** [persona]: **essere appassionato di qc** to be enthusiastic about *o* keen on *esp UK* sthg. ◇ *sm, f*: **un appassionato di sport** a sports fan; **un appassionato di musica** a music lover; **un appassionato di cucina** a cookery enthusiast.

appassire [9] *vi* - **1.** [fiore] to wither - **2.** [bellezza] to fade.

appellarsi [6] *vip* to appeal; **appellarsi contro qc** DIR to appeal against sthg; **appellarsi a qn/qc** *fig* to appeal to sb/sthg.

appellativo *sm* nickname.

appello *sm* - **1.** [gen & DIR] appeal; **fare appello (contro qc)** to appeal (against sthg); **andare** *o* **ricorrere in appello** to appeal; **fare appello a qn/qc** to appeal to sb/sthg; **dovrai fare appello a tutte le tue forze** you'll have to call upon all your strength - **2.** [elenco] roll call; **fare l'appello** SCOL to call *o* take the register *UK* *o* roll *US* - **3.** [sessione d'esame] exam session.

appena ◇ *avv* - **1.** [a fatica] hardly; **appena in tempo** just in time - **2.** [soltanto] only - **3.** [da poco] just. ◇ *cong*: **(non) appena** as soon as.

appendere [43] *vt* to hang up; **appendere qc a qc** to hang sthg (up) on sthg; [a parete, gancio] to hang sthg (up) on sthg; [a soffitto] to hang sthg from sthg. ◆ **appendersi** *vr*: appendersi a qc to hang on to sthg.

appendiabiti *sm inv* [a stelo] coatstand; [a muro] peg.

appendice *sf* appendix.

appendicite *sf* appendicitis.

Appennini *smpl*: **gli Appennini** the Apennines.

appesantire [9] *vt* - **1.** [borsa] to weigh down; [carico] to make heavier - **2.** [intorpidire]: **appesantire lo stomaco** to lie heavy on the *o* sb's stomach; **appesantire la testa a qn** to make sb feel sleepy. ◆ **appesantirsi** *vip* - **1.** [caricarsi] to weigh o.s. down - **2.** *fig* [ingrassare] to put on weight.

appeso, a *pp* ▷ **appendere**.

appestare [6] *vt* [stanza] to stink out; [aria] to make stink.

appetito *sm* appetite; **avere/non avere appetito** to have an/no appetite; **perdere l'appetito** to lose one's appetite; **stimolare** *o* **stuzzicare l'appetito** to whet the appetite; **essere di buon appetito** to have a good *o* hearty appetite; **mangiare con appetito** to tuck in;

buon appetito! [detto dal cameriere] enjoy your meal, enjoy *esp US*; [detto dal commensale] bon appétit.

appetitoso, a *agg* appetizing.

appezzamento *sm* plot.

appianare [6] *vt* - **1.** [livellare] to level - **2.** *fig* [eliminare] to smooth over. ◆ **appianarsi** *vip* to sort itself out.

appiattire [9] *vt* - **1.** [schiacciare] to flatten - **2.** *fig* [livellare] to even out. ◆ **appiattirsi** ◇ *vr* [schiacciarsi] to flatten o.s. ◇ *vip* [salari] to even out; [grafico, curva] to flatten.

appiccare [15] *vt*: appiccare il fuoco a qc to set fire to sthg, to set sthg on fire.

appiccicare [15] ◇ *vt* to stick on; **appiccicare qc su** *o* **a qc** to stick sthg on sthg. ◇ *vi* to be sticky; **una sostanza che appiccica** a sticky substance. ◆ **appiccicarsi** *vr* - **1.** [incollarsi] to stick; **si sono appiccicate tutte le pagine** all the pages have stuck together; **appiccicarsi a qc** to stick to sthg - **2.** *fam* [imporsi] to cling.

appiccicoso, a *agg* - **1.** [attaccaticcio] sticky - **2.** *fig* [assillante] clinging.

appiedato, a *agg* without transport *esp UK* *o* transportation *esp US* (non dav sostantivo).

appieno *avv* fully.

appigliarsi [21] *vr* - **1.**: appigliarsi a qn/qc to grab hold of sb/sthg - **2.** *fig*: appigliarsi a qc [pretesto] to seize on sthg.

appiglio *sm* - **1.** [appoggio] hold - **2.** *fig* [pretesto] excuse.

appioppare [6] *vt fam*: appioppare qc a qn [calcio, ceffone, soprannome] to give sb sthg; [multa] to slap sthg on sb; [merce avariata] to palm sthg off on sb.

appisolarsi [6] *vr* to nod *o* doze off.

applaudire [10] *vt* to applaud, to clap.

applauso *sm* applause; **applauso a scena aperta** applause in the middle of a performance.

applicabile *agg*: applicabile (a qn/qc) applicable (to sb/sthg).

applicare [15] *vt* - **1.** [gen] to apply; [attaccare] to put on - **2.** [attuare] to enforce. ◆ **applicarsi** *vr*: applicarsi (a qc) to apply o.s. (to sthg).

applicazione *sf* - **1.** [gen & INFORM] application - **2.** [di legge, pena] enforcement - **3.** [decorazione] appliqué.

applique [ap'plik] *sf inv* wall light.

appoggiare [18] *vt* - **1.** [accostare] to lean; **appoggiare qc a qc** to lean sthg against sthg; **appoggiare qc su qc** [per riposare] to lay sthg on sthg; [posare] to put sthg on sthg - **2.** [sostenere] to support. ◆ **appoggiarsi** *vr* - **1.** [reggersi]: **appoggiarsi a qn/qc** to lean on sb/sthg - **2.** [ricorrere]: **appoggiarsi a qn** to rely on sb - **3.** [fondarsi]: **appoggiarsi su qc** to rely on sthg.

appoggiatesta *sm inv* headrest.

appoggio *sm* - **1.** [fisico] support; **fare da appoggio a qn/qc** to act as a support for sb/sthg - **2.** [protezione] supporter; **ha appoggi al Ministero** he has connections in the Ministry.

apporre [96] *vt form* [visto, timbro] to affix; [firma] to affix, to append; **apporre la firma a un documento** to sign a document; **apporre i sigilli ad un appartamento dopo un delitto** to seal off an apartment after a crime.

apportare [6] *vt* - **1.** [recare]: **apportare qc (a qc)** [cambiamento, modifica, miglioramento] to make sthg (to sthg); [danni] to cause sthg (to sthg) - **2.** DIR to adduce.

apporto *sm* contribution; **dare un apporto a qc** to make a contribution to sthg.

appositamente *avv* specially.

apposito, a *agg* appropriate.

apposta ◇ *avv* - **1.** [deliberatamente]: **dire/fare qc apposta** to do/say sthg deliberately o intentionally o on purpose - **2.** [espressamente]: **apposta per qn/qc** specially for sb/sthg; **apposta per fare qc** specially to do sthg; **neanche** o **nemmeno a farlo apposta** as luck would have it. ◇ *agg inv* special.

appostamento *sm* - **1.** [agguato] ambush; **fare/preparare un appostamento** to lay/prepare an ambush; **stare in appostamento** to lie in ambush - **2.** MIL post.

appostare [6] *vt* to lie in wait for. ◆ **appostarsi** *vr* to lie in wait.

apposto, a *pp* ▷ **apporre**.

apprendere [43] *vt* to learn; **abbiamo appena appreso la notizia della sua morte** we've just heard the news of his death.

apprendimento *sm* learning.

apprendista, i, e *smf* apprentice.

apprendistato *sm* apprenticeship; **fare un apprendistato** to serve an o one's apprenticeship.

apprensione *sf* apprehension; **essere** o **stare in apprensione** to worry, to be worried.

apprensivo, a ◇ *agg* anxious. ◇ *sm, f* worrier.

appreso, a *pp* ▷ **apprendere**.

appresso ◇ *agg inv* following. ◇ *prep* - **1.** [con sé]: **portarsi appresso qn/qc** to take sb/sthg with one - **2.** [dietro]: **andare appresso a qn** [seguire] to follow sb; [corteggiare] to chase (after) sb.

apprestarsi [6] *vr*: **apprestarsi a fare qc** to get ready to do sthg.

appretto *sm* starch.

apprezzabile *agg* - **1.** [meritevole] significant - **2.** [rilevante] appreciable.

apprezzamento *sm* - **1.** [commento negativo] comment - **2.** ECON appreciation.

apprezzare [6] *vt* - **1.** [gradire] to appreciate - **2.** [stimare] to regard highly.

approccio *sm* approach; **l'approccio con la chimica è stato disastroso** he got off to a disastrous start with chemistry; **ha tentato un primo approccio in discoteca** he first tried to pick her up at the club.

approdare [6] *vi* - **1.** [raggiungere il porto] to put in - **2.** [ottenere]: **approdare a qc** [al successo] to achieve sthg; [alla verità] to get to sthg; **approdare al matrimonio/divorzio** to (finally) get married/divorced; **non approdare a nulla** [persona] to achieve nothing; [progetto] to come to nothing.

approdo *sm* - **1.** [atto] landing - **2.** [luogo] landing place.

approfittare [6] *vi*: **approfittare di qn/qc** to take advantage of sb/sthg. ◆ **approfittarsi** *vip*: **approfittarsi di qn/qc** to take advantage of sb/sthg.

approfondire [9] *vt*: **approfondire qc** to go into sthg in depth. ◆ **approfondirsi** *vip* to deepen.

appropriarsi [20] *vip*: **appropriarsi di qc** [beni] to appropriate sthg; [denaro] to embezzle sthg; [diritto, titolo] to usurp sthg; [fama, successo] to secure sthg.

appropriato, a *agg* appropriate, suitable; **appropriato a qc** appropriate o suitable for sthg.

approssimarsi [6] ◇ *vr*: **approssimarsi a qc** to go near sthg. ◇ *vip* to approach.

approssimativo, a *agg* - **1.** [quasi esatto - calcolo, conto, misura] rough, approximate; [- risultato, cifra] approximate - **2.** [impreciso] vague.

approvare [6] *vt* - **1.** [gradire] to approve of - **2.** [proposta, progetto] to approve; **approvare il bilancio** to approve the budget; **approvare una legge** to pass a bill.

approvazione *sf* - **1.** [consenso] approval - **2.** [di legge] passing; [del bilancio] adoption.

approvvigionamento *sm* supply, provision; **fare approvvigionamento** to take in supplies; **gli approvvigionamenti scarseggiano** supplies are running out.

approvvigionare [6] *vt* to supply. ◆ **approvvigionarsi** *vr*: **approvvigionarsi di qc** to lay in supplies of sthg.

appuntamento *sm* [di lavoro, affari] appointment; [amoroso] date; **darsi appuntamento** to arrange to meet (each other); **dare (un) ap-**

puntamento a qn to give sb an appointment; **prendere (un) appuntamento (da qn)** to make an appointment (with sb); **su appuntamento** by appointment.

appuntare [6] *vt* - **1.** [fissare - medaglia, spilla] to pin; [- nota] to pin up - **2.** [prendere appunti] to note down - **3.** [fare la punta a] to sharpen.

appuntato *sm* corporal.

appuntire [9] *vt* to sharpen.

appuntito, a *agg* [matita] sharp; [ramo, naso, mento, viso] pointed.

appunto <> *sm* - **1.** [annotazione] note; **prendere appunti** to take notes - **2.** [rimprovero] reproach; **muovere** *o* **fare un appunto a qn** to reproach sb. <> *avv* - **1.** [proprio] just; **per l'appunto** just - **2.** [nelle risposte] exactly.

appurare [6] *vt* [fatto, situazione, notizia] to check out; [verità] to ascertain.

apribile *agg* able to be opened; **tettuccio apribile** sunroof.

apribottiglie *sm inv* bottle-opener.

aprile *sm* - **1.** April - **2.** ⊳ **pesce**; *vedi anche* **settembre**.

a priori *agg* & *avv* a priori.

aprire [98] <> *vt* - **1.** [gen] to open - **2.** [rubinetto] to turn on - **3.** [iniziare & INFORM] to start; **aprire il fuoco** to open fire; **aprire una sessione** INFORM to log on. <> *vi* to open. ◆ **aprirsi** <> *vip* [porta] to open; [rubinetto] to turn on. <> *vr*: **aprirsi (con qn)** to open up (to sb).

apriscatole *sm inv* can-opener, tin-opener UK.

aquila *sf* - **1.** [uccello] eagle; **aquila di mare** [uccello] sea eagle; [pesce] eagle ray - **2.** [genio]: **non essere un'aquila** to be no Einstein.

aquilone *sm* kite.

A.R. (*abbr di* **Avviso di Ricevimento** *o* **di Riscossione**) notice of receipt or collection.

A/R (*abbr di* **Andata e Ritorno**) return *UK*, round-trip *US*.

arabesco, schi *sm* - **1.** [decorazione] arabesque - **2.** *fig* [ghirigoro] flourish.

Arabia *sf*: **l'Arabia** Arabia; **l'Arabia Saudita** Saudi Arabia.

arabo, a <> *agg* [paese, popolo] Arab; [lingua, cucina] Arabic. <> *sm, f* [persona] Arab. ◆ **arabo** *sm* [lingua] Arabic; **parlare arabo** [essere incomprensibile] to talk double-dutch; **per me, parlano arabo** it's all Greek to me.

arachide *sf* peanut.

aragosta *sf* lobster.

aranceto *sm* orange grove.

arancia, ce *sf* orange.

aranciata *sf* orangeade.

arancio <> *sm* - **1.** [pianta] orange (tree) - **2.** [frutto, colore] orange; **arancio amaro** Seville orange. <> *agg inv* orange.

arancione *agg* & *sm* bright orange.

arare [6] *vt* to plough *UK*, to plow *US*.

aratro *sm* plough *UK*, plow *US*.

arazzo *sm* tapestry.

arbitrare [6] *vt* - **1.** [incontro - di calcio, pugilato] to referee; [- di tennis] to umpire - **2.** [controversia] to arbitrate.

arbitrario, a *agg* arbitrary.

arbitro *sm* - **1.** [SPORT - nel calcio, pugilato] referee; [- nel tennis] umpire - **2.** DIR arbitrator.

arbusto *sm* shrub, bush.

arcaico, a, ci, che *agg* archaic.

arcangelo *sm* archangel.

arcata *sf* arch.

Arch. (*abbr di* **Architetto**) *title used before the name of an architect.*

archeologia *sf* archaeology, archeology *US*.

archeologico, a, ci, che *agg* archaeological, archeological *US*.

archeologo, a, gi, ghe *sm, f* archaeologist, archeologist *US*.

architetto *sm* architect.

architettonico, a, ci, che *agg* architectural.

architettura *sf* architecture.

archiviare [20] *vt* - **1.** [documento] to file - **2.** DIR [istruttoria] to dismiss; [caso] to drop - **3.** *fig* [accantonare] to let drop.

archivio *sm* archives *pl*.

ARCI ['artʃi] (*abbr di* **Associazione Ricreativa Culturale Italiana**) *sf* Italian Culture and Recreation Association.

arcipelago, ghi *sm* archipelago.

arcivescovo *sm* archbishop.

arco, chi *sm* - **1.** ARCHIT arch; **arco di trionfo** triumphal arch - **2.** MIL & MUS bow - **3.** [periodo] period; **nell'arco di qc** in the space of sthg - **4.** MAT arc. ◆ **archi** *smpl* strings; **quintetto d'archi** string quintet.

arcobaleno *sm* rainbow.

arcuare [6] *vt* [schiena] to arch; [bastone] to bend.

ardente *agg* [fuoco, sole] blazing; [amore] ardent.

ardere [34] <> *vt* to burn. <> *vi lett* to burn; **ardere di qc** to burn with sthg; [rabbia, sdegno] to seethe with sthg.

ardire [9] <> *vi* to dare; **ardire (di) fare qc** to dare (to) do sthg. <> *sm* boldness; **avere l'ardire di fare qc** to be bold enough to do sthg.

ardito, a *agg* - **1.** [coraggioso, originale] daring - **2.** [sfrontato] impudent, cheeky *UK*.

ardore *sm* ardour *UK*, ardor *US*; **l'ardore della passione** the heat of passion; **desiderare qc con ardore** to fervently wish sthg.

arduo, a *agg* difficult.

area *sf* area; **area ciclonica/anticiclonica** area of high/low pressure; **area sismica** earthquake zone; **area euro** euro zone; **area di servizio** service area *UK* o plaza *US*, (motorway) services *pl UK*; **area di rigore** penalty area o box *UK*.

arena *sf* - **1.** [anfiteatro] arena - **2.** [per corride] bullring.

arenarsi [6] *vip* - **1.** [nave] to run aground - **2.** *fig* [bloccarsi] to grind to a halt.

argentato, a *agg* - **1.** [coperto d'argento] silver-plated - **2.** [color argento] silver, silvery.

argenteria *sf* silver, silverware.

Argentina *sf*: **l'Argentina** Argentina.

argentino, a *agg* & *sm, f* Argentinian *UK*, Argentinean *US*.

argento *sm* silver; **d'argento** silver.

argilla *sf* clay.

argine *sm* [di fiume] bank; **rompere gli argini** to burst its banks.

argomento *sm* - **1.** [soggetto] subject - **2.** [spiegazione] argument.

arguire [9] *vt*: **arguire qc (da qc)** to deduce sthg (from sthg).

arguto, a *agg* witty.

aria *sf* - **1.** [gen] air; **prendere una boccata d'aria** to get a breath of (fresh) air; **cambiare l'aria nella stanza** to let some fresh air into the room; **aria condizionata** air conditioning; **a mezz'aria** in midair; **all'aria aperta** in the open air; **mandare all'aria qc** [far fallire] to spoil o ruin sthg; **avere un'aria stanca/pensierosa** to look tired/thoughtful; **darsi delle arie** to put on airs - **2.** [melodia] air, tune; [di opera] aria.

arido, a *agg* - **1.** [regione] arid; [clima] dry - **2.** [persona] cold.

arieggiare [18] *vt* to air.

ariete *sm* [animale] ram. ◆ **Ariete** *sm* ASTROL Aries; **essere dell'Ariete** to be (an) Aries.

aringa, ghe *sf* herring.

aristocratico, a, ci, che ◇ *agg* aristocratic. ◇ *sm, f* aristocrat.

aristocrazia *sf* aristocracy.

aritmetica *sf* arithmetic.

aritmetico, a, ci, che *agg* arithmetical.

arma, i *sf* - **1.** [gen] weapon; **arma del delitto** murder weapon; **arma da fuoco** firearm; **arma impropria** object used as a weapon; **arma**

a doppio taglio double-edged sword; **essere alle prime armi** to be a novice; **un insegnante/medico alle prime armi** a new teacher/doctor - **2.** [esercito] force - **3.** ▷ **porto.**

armadietto *sm* - **1.** [per medicinali] cabinet - **2.** [di spogliatoio] locker.

armadio *sm* [gen] cupboard *UK*, closet *esp US*; [per abiti] wardrobe; **armadio a muro** fitted o built-in wardrobe *UK* closet *esp US*.

armare [6] *vt* - **1.** [fornire di armi] to arm - **2.** [attrezzare] to fit out. ◆ **armarsi** *vr* to arm; **armarsi di qc** to arm o.s. with sthg; **armarsi di coraggio** to summon up one's courage; **armarsi di pazienza** to be patient.

armato, a *agg* - **1.** [gen] armed - **2.** ▷ **cemento** - **3.** ▷ **rapina.**

armatore *sm* shipowner.

armatura *sf* - **1.** [protezione] armour *(U) UK*, armor *(U) US*, suit of armour *UK* o armor *US* - **2.** [sostegno] framework.

Armenia *sf*: **l'Armenia** Armenia.

armistizio *sm* armistice.

armonia *sf* harmony.

armonica, che *sf* harmonica; **armonica a bocca** mouthorgan.

armonico, a, ci, che *agg* - **1.** MUS harmonic - **2.** [equilibrato] harmonious.

armonioso, a *agg* - **1.** [gen] harmonious - **2.** [fisico] well-proportioned; [movimenti] graceful.

arnese *sm* - **1.** [attrezzo] tool - **2.** *fam* [cosa strana] thingy, thingamajig.

Arno *sm*: **l'Arno** the Arno.

aroma, i *sm* aroma. ◆ **aromi** *smpl* herbs and spices; **aromi naturali/artificiali** natural/artificial flavourings *UK* o flavorings *US*.

aromaterapia *sf* aromatherapy.

aromatico, a, ci, che *agg* [sostanza] aromatic; [vino] spiced; **erba aromatica** (aromatic) herb; **pianta aromatica** aromatic (plant).

arpa *sf* harp.

arrabattarsi [6] *vip* to do one's best.

arrabbiare [20] *vi*: **fare arrabbiare qn** to make sb angry. ◆ **arrabbiarsi** *vip* to get angry.

arrabbiato, a *agg* - **1.** [in collera]: **arrabbiato (con qn)** angry (with sb) - **2.** CULIN: **all'arrabbiata** *in a spicy sauce.*

arrampicare [15] *vi* to climb. ◆ **arrampicarsi** *vip* to climb (up); **arrampicarsi su qc** [montagna] to climb sthg; [scala] to climb (up) sthg; [sedia, tavolo] to climb (up) onto sthg.

arrangiamento *sm* arrangement.

arrangiare [18] *vt* - **1.** [gen & MUS] to arrange; **arrangiare le cose** to sort things out

- 2. [mettere insieme] to rustle up *fam*, to whip up *fam*. ◆ **arrangiarsi** *vip* **- 1.** [cavarsela] to get by, to manage **- 2.** [accordarsi] to come to an agreement **- 3.** [sistemarsi] to make the best of it.

arredamento *sm* **- 1.** [attività] furnishing; [arte] interior design **- 2.** [mobili] furniture.

arredare [6] *vt* to furnish.

arredatore, trice *sm, f* interior designer.

arrendersi [43] *vip* **- 1.** [al nemico] to surrender **- 2.** [alla polizia] to give o.s. up, to surrender **- 3.** *fig* [cedere] to give in.

arrestare [6] *vt* **- 1.** [criminale] to arrest; **arrestare qn per qc** to arrest sb for sthg **- 2.** [veicolo, emorragia] to stop **- 3.** [attività, processo] to halt. ◆ **arrestarsi** *vr* to stop.

arresto *sm* **- 1.** [gen] stopping **- 2.** DIR & MED arrest; **in arresto** under arrest; **dichiarare qn in arresto** to put sb under arrest; **arresto cardiaco** cardiac arrest.

arretrare [6] *vi* to move back.

arretrato, a *agg* **- 1.** [in ritardo – bolletta, conto, corrispondenza] outstanding; [- pagamento] overdue; [- affitto, numero di rivista] back *(dav sostantivo)*; **lavoro arretrato** backlog of work **- 2.** [sottosviluppato] backward **- 3.** [mentalità, idee] out-of-date. ◆ **arretrato** *sm* back number *o* issue. ◆ **arretrati** *smpl* [di affitto] arrears; [di stipendio] back pay *(U)*.

arricchire [9] *vt* to enrich; **arricchire qc di qc** to add sthg to sthg; **abbiamo arricchito la nostra biblioteca di due nuovi libri** we have added two new books to our library. ◆ **arricchirsi** *vr* to get rich; **arricchirsi di qc** to be enriched with sthg.

arricciare [17] *vt* **- 1.** [capelli] to curl, to make curly **- 2.** [abito] to gather **- 3.** *fig* [corrugare]: **arricciare il naso** to turn up one's nose. ◆ **arricciarsi** *vip* to curl.

arringa, ghe *sf* DIR address.

arrischiare [20] *vt* to hazard, to venture. ◆ **arrischiarsi** *vip* to dare; **arrischiarsi a fare qc** to dare (to) do sthg.

arrivare [6] *vi* **- 1.** [giungere] to arrive; **sei pronta? – eccomi, arrivo!** are you ready? – I'm just coming!; **è arrivato il momento di fare qc** the time has come to do sthg; **arrivare a *o* in qc** [lavoro, teatro, città] to arrive at sthg, to get to sthg; [in paese] to arrive in sthg; **arrivare a casa** to get home; **arrivare primo/ultimo** to come in *o* finish first/last; **le sue terre arrivano fino al fiume** his land extends as far as the river; **arrivare al traguardo** to reach the finishing *esp UK o* finish *US* line **- 2.** [raggiungere]: **arrivare a qc** to reach sthg **- 3.** [spingersi, azzardarsi]: **arrivare a (fare) qc** to go so far as

(to do) sthg **- 4.**: **arrivarci** [toccare] to be able to reach it; [capire] to be able to understand it.

arrivederci *esclam* goodbye!

arrivederla *esclam* goodbye!

arrivista, i, e *smf* [sul lavoro] careerist; [nella società] social climber.

arrivo *sm* **- 1.** [venuta] arrival; **prima del tuo arrivo** before you got here; **essere in arrivo** [treno] to be arriving *o* coming in; [aereo] to be arriving *o* landing **- 2.** [traguardo] finish. ◆ **arrivi** *smpl* **- 1.** [merci] stock *(U) (that has just come in)* **- 2.** [in stazione, aeroporto] arrivals *pl* **- 3.** [orari] arrivals board *(sing)*.

arrogante ⬦ *agg* arrogant. ⬦ *smf* arrogant person.

arroganza *sf* arrogance.

arrogare [16] *vt*: **arrogarsi qc** [diritto] to assume sthg; [merito] to take *o* claim sthg; [titolo] to claim sthg.

arrossarsi [6] *vip* to go *o* turn red.

arrossire [9] *vi* to blush.

arrostire [9] *vt* [al forno, allo spiedo] to roast; [ai ferri] to grill *UK*, to broil *US*; [sulla brace] to barbecue.

arrosto *agg inv* & *sm* roast.

arrotolare [6] *vt* to roll up.

arrotondare [6] *vt* **- 1.** [numero, somma] to round off; **costerebbe 25,08 euro, ma possiamo arrotondare a 25** it costs 25.08 euros, but we can call it 25; **arrotondare lo stipendio** *fig* to supplement one's salary **- 2.** [forma, oggetto] to make round; [angolo] to round off.

arroventato, a *agg* red-hot.

arruffato, a *agg* ruffled.

arrugginire [9] ⬦ *vi* to rust (up), to get rusty. ⬦ *vt* **- 1.** [metallo] to rust **- 2.** *fig* [indebolire - cervello, memoria] to make rusty; [- muscoli] to make stiff. ◆ **arrugginirsi** *vip* **- 1.** [metallo] to rust (up), to get rusty **- 2.** [perdere agilità - cervello, memoria, persona] to get rusty; [- muscoli] to get stiff.

arruolare [6] *vt* [giovani] to conscript, to draft *US*; [volontari] to enlist. ◆ **arruolarsi** *vr* to join up, to enlist.

arsenale *sm* **- 1.** [marittimo] dockyard **- 2.** [militare] arsenal.

arsenico *sm* arsenic.

art. *(abbr di* **articolo**) art.

arte *sf* art; **arti marziali** martial arts; **le belle arti** the fine arts; **arte drammatica** dramatic art, drama; **arti figurative** visual arts; **avere l'arte di fare qc** to have the knack of doing sthg.

artefatto, a *agg* **- 1.** [non genuino] adulterated **- 2.** [affettato] artificial.

artèria *sf* artery.

arterioscleròsi, arterioscleròsi *sf* [gen] hardening of the arteries; MED arteriosclerosis.

àrtico, a, ci, che *agg* Arctic; **il circolo polare artico** the Arctic Circle; **il Mar Glaciale Artico,** l'**Oceano Artico** the Arctic Ocean. ◆ **Artico** *sm*: l'**Artico** the Arctic.

articolàre [6] *vt* - **1.** [pronunciare] to articulate - **2.** [suddividere] to divide. ◆ **articolarsi** *vip*: **articolarsi in qc** to be divided into sthg.

articolàto, a *agg* - **1.** [in più parti] structured - **2.** [snodato] articulated.

articolazióne *sf* - **1.** ANAT joint - **2.** [di meccanismo] articulated joint.

artìcolo *sm* - **1.** [gen & LING] article; **articolo determinativo/indeterminativo** definite/indefinite article - **2.** [prodotto] item, article; **articoli sportivi/in pelle** sports *UK* o sporting *US*/leather goods; **articoli da regalo** gifts.

Àrtide *sf*: l'**Artide** the Arctic.

artificiàle *agg* artificial; **fuochi artificiali** fireworks; **allattamento artificiale** bottle-feeding.

artifìcio *sm* - **1.** [espediente] device - **2.** [astuzia] trick - **3.** [affettazione] affectation - **4.** ▷ **fuoco.**

artigianàle *agg* - **1.** [non industriale] handmade - **2.** [alla buona] rough and ready.

artigianàto *sm* - **1.** [attività] craft industry - **2.** [prodotti] crafts *pl*, handicrafts *pl* - **3.** [categoria] craft workers *pl*.

artigiàno, a ◇ *agg* craft *(dav sostantivo)*. ◇ *sm, f* craftsperson, craftsman (craftswoman *f*).

artìglio *sm* claw.

artìsta, i, e *smf* artist.

artìstico, a, ci, che *agg* artistic.

àrto *sm* limb.

artrìte *sf* arthritis.

artròsi *sf inv* osteoarthritis.

ascèlla *sf* armpit.

ascendènte ◇ *agg* [scala & MUS] ascending; [movimento] upward; [fase] ascendant. ◇ *sm* - **1.** ASTROL ascendant - **2.** [influenza] influence.

ascensióne *sf* ascent. ◆ **Ascensióne** *sf*: l'**Ascensione** the Ascension.

ascensóre *sm* lift *UK*, elevator *US*.

ascèsso *sm* abscess.

àscia *(pl* **asce)** *sf* [grande] axe, ax *US*; [piccola] hatchet.

asciugacapélli *sm inv* hairdryer.

asciugamàno *sm* towel.

asciugàre [16] *vt* - **1.** [piatti, pavimento] to dry; **asciugarsi le mani/i capelli** to dry one's

hands/hair - **2.** [sudore, lacrime] to wipe away. ◆ **asciugarsi** ◇ *vr* to dry o.s. ◇ *vip* to dry.

asciugatrìce *sf* dryer, tumble-dryer *UK*.

asciùtto, a *agg* - **1.** [gen] dry - **2.** [snello] lean.

ascoltàre [6] *vt* to listen to.

ascoltatóre, trìce *sm, f* listener.

ascólto *sm* - **1.** [di radio]: **mettersi in ascolto** to tune in; **essere/stare in ascolto** to be listening - **2.** [retta]: **dare ascolto a** [consiglio, persona] to listen to; [pettegolezzo] to listen to, to pay attention to.

asfàlto *sm* asphalt.

asfissiàre [20] ◇ *vt* - **1.** [uccidere] to asphyxiate - **2.** [opprimere] to suffocate - **3.** [ossessionare] to drive mad. ◇ *vi* [morire] to suffocate, to asphyxiate.

Àsia *sf*: l'**Asia** Asia; l'**Asia Minore** Asia Minor.

asiàtico, a, ci, che *agg* & *sm, f* Asian.

asìlo *sm* - **1.** [per bambini]: **asilo (d'infanzia)** nursery (school), pre-school *US*; **asilo nido** crèche *UK*, day nursery *UK*, day care center *US* - **2.** [rifugio] asylum; **asilo politico** political asylum.

àsino *sm* - **1.** [animale] donkey, ass - **2.** [persona] ass.

ASL ['azl] *(abbr di* **Azienda Sanitaria Locale)** *sf inv* Local Health Department.

àsma *sf* asthma.

àsola *sf* buttonhole.

aspàrago *sm* asparagus *(U)*.

aspettàre [6] ◇ *vt* - **1.** [attendere] to wait for; **farsi aspettare** to keep people waiting; **fare aspettare qn** to keep sb waiting; **aspettare un bambino** to be expecting (a baby) - **2.** [prevedere] to expect; **aspettarsi qc** to expect sthg. ◇ *vi* [attendere] to wait; **aspetta un momento** wait a moment; **è un'ora che aspetto** I've been waiting for an hour.

aspettatìva *sf* - **1.** [speranza] expectation - **2.** [congedo] leave (of absence).

aspètto *sm* - **1.** [apparenza] appearance - **2.** [punto di vista] aspect.

aspiránte ◇ *agg* aspiring. ◇ *smf* applicant.

aspirapólvere *sm inv* vacuum cleaner, Hoover®; **passare l'aspirapolvere** to vacuum, to hoover *UK*.

aspiràre [6] ◇ *vi*: **aspirare a qc** to aspire to sthg; **aspirare a fare qc** to aim to do sthg. ◇ *vt* to breathe in, to inhale.

aspiratóre *sm* extractor fan.

aspirìna *sf* aspirin.

asportare [6] *vt* - 1. [portar via] to take away; **piatti da asportare** takeaway *(U) UK*, takeout *(U) US* - 2. MED to remove.

asporto *sm* removal; **da asporto** [pizza] takeaway *UK*, takeout *US*.

asprigno, a *agg* sharp.

aspro, a *agg* - 1. [sapore] bitter - 2. [odore] pungent - 3. [clima, risposta] harsh - 4. [superficie] rough - 5. [paesaggio] rugged.

Aspromonte *sm*: **l'Aspromonte** Aspromonte.

assaggiare [18] *vt* to taste.

assaggio *sm* - 1. [piccola quantità]: **un assaggio** a taste - 2. [degustazione] tasting - 3. [dimostrazione] sample.

assai *avv* [con verbo] much, a lot; [con aggettivo] very.

assalire [104] *vt* - 1. [fisicamente] to attack - 2. [verbalmente] to lay into - 3. [sopraffare] to assail.

assalitore, trice *sm, f* attacker.

assaltare [6] *vt* [banca] to raid; [treno] to hold up.

assaltatore, trice *sm, f* robber.

assalto *sm* [a banca] raid; [a treno] hold-up; **prendere d'assalto qc** [banca] to raid sthg; [treno] to hold up sthg; *fig* to storm sthg; **i voli per la Grecia sono stati presi d'assalto dai turisti** flights to Greece have been snapped up by tourists; **la folla ha preso d'assalto i posti a sedere** the crowd made a mad dash for seats.

assaporare [6] *vt* to savour *UK*, to savor *US*.

assassinare [6] *vt* [gen] to murder; [personaggio famoso] to assassinate.

assassinio *sm* [gen] murder; [di personaggio famoso] assassination.

assassino, a *sm, f* [gen] murderer; [di personaggio famoso] assassin.

asse ◇ *sf* board; **asse da stiro** ironing board. ◇ *sm* - 1. [gen] axis - 2. TECNOL axle.

assecondare [6] *vt* - 1. [persona]: **assecondare qn (in qc)** to pander to sb (in sthg) - 2. [capriccio, richiesta] to indulge.

assediare [20] *vt* - 1. [gen] to besiege - 2. [circondare - sogg: folla] to crowd around; [- sogg: acqua, neve] to cut off.

assedio *sm* - 1. [di città, fabbrica] siege; **cingere d'assedio** to besiege - 2. *fig* [aggressione]: **usciamo dal retro per evitare l'assedio dei giornalisti** let's go out the back way to avoid the mob of reporters.

assegnare [23] *vt* - 1. [attribuire]: **assegnare qc (a qn)** [premio] to present *o* award sthg (to sb); [compiti, incarico] to assign (sb) sthg; [rendita] to award sthg (to sb) - 2. [impiegato]: **assegnare qn a qc** to assign *o* transfer sb to sthg.

assegnazione *sf* - 1. [di premio] presentation, awarding - 2. [di rendita] awarding - 3. [di incarico] assignment - 4. [di persona] transfer.

assegno *sm* - 1. BANCA: **assegno (bancario)** cheque *UK*, check *US*; **assegno in bianco** blank cheque *UK o* check *US*; **assegno circolare** bank draft; **assegno a vuoto** bad cheque *UK o* check *US* - 2. [sussidio]: **assegni familiari** child benefit *(U) UK*.

assemblare [6] *vt* to assemble.

assemblea *sf* - 1. [riunione] meeting - 2. [organo] assembly.

assembrarsi [6] *vip* to gather.

assennato, a *agg* sensible.

assenso *sm* - 1. [approvazione] approval, assent - 2. DIR consent.

assentarsi [6] *vip* to be away *o* absent.

assente ◇ *agg* - 1. [mancante] absent - 2. [distratto - espressione, sguardo] vacant; [- persona] distracted. ◇ *smf* absentee.

assentire [8] *vi*: **assentire (a qc)** to agree (to sthg).

assenza *sf* absence; **fare molte assenze** to be absent a lot; **in assenza di qn** in the absence of sb.

asserire [9] *vi* to assert.

assessorato *sm* - 1. [carica] councillorship *UK*, councilorship *US*; **gli hanno conferito l'assessorato al trasporto** they put him in charge of local transport *esp UK o* transportation *esp US* on the council - 2. [ente] council department.

assessore *sm* councillor *UK*, councilor *US*.

assestamento *sm* - 1. [gen] settlement - 2. [di situazione]: **la situazione è in via di assestamento** things are finally settling down.

assestare [6] *vt* - 1. [mettere] to plant - 2. [dare] to land. ➤ **assestarsi** *vip* - 1. [gen] to settle - 2. [situazione] to settle down.

assetato, a *agg* - 1. [con sete] thirsty - 2. [avido]: **assetato di qc** longing for sthg; **assetato di potere/denaro/vendetta** hungry for power/money/revenge; **assetato di sangue** bloodthirsty.

assetto *sm* - 1. [organizzazione] structure - 2. [disposizione] arrangement.

assicurare [6] *vt* - 1. [auto, casa]: **assicurare qc (contro qc)** to insure sthg (against sthg) - 2. [garantire] to secure, to ensure; **assicurare qc a qn** [garantire] to assure *o* guarantee sb sthg; [promettere] to assure sb of sthg; **assicurare a qn che** to assure sb that; **assicurarsi qc** to guarantee o.s. sthg - 3. [legare] to secure.

◆ **assicurarsi** ◇ *vr* to insure o.s., to take out insurance. ◇ *vip* to make sure; **assicurarsi di qc** to make sure of sthg; **assicurarsi di fare qc** to make sure (that) one does sthg; **assicurati di chiudere bene la porta** make sure you close the door properly.

assicurata *sf* registered letter.

assicurato, a *agg* - **1.** [auto, persona] insured - **2.** [lettera] registered - **3.** [garantito] assured.

assicuratore, trice ◇ *agg* insurance *(dav sostantivo)*. ◇ *sm, f* insurance agent.

assicurazione *sf* - **1.** [contratto] insurance; **assicurazione furto/incendio** theft/fire insurance; **assicurazione sulla vita** life insurance *o* assurance *UK* - **2.** [garanzia] assurance - **3.** [compagnia] insurance company.

assiderare [6] *vt & vi* to freeze. ◆ **assiderarsi** *vip* - **1.** MED to die of exposure - **2.** [infreddolirsi] to freeze.

assiduamente *avv* - **1.** [studiare] diligently - **2.** [frequentare] regularly.

assiduo, a *agg* - **1.** [studente] diligent - **2.** [attività] assiduous - **3.** [visitatore, lettore] regular.

assieme *avv* together. ◆ **assieme a** *prep* with.

assillare [6] *vt* to torment.

assillo *sm* worry.

assimilare [6] *vt* to assimilate.

assise ▷ **corte**.

assistente *smf* - **1.** [aiutante] assistant; **assistente universitario** assistant lecturer *UK o* professor *US*; **assistente di volo** flight attendant - **2.** [in qualifiche]: **assistente sociale** social worker.

assistenza *sf* - **1.** [aiuto] assistance; **prestare assistenza ai feriti** to attend to the wounded - **2.** [servizio] service; **assistenza sociale** social work - **3.** [consulenza] service; **assistenza tecnica** technical service.

assistere [66] ◇ *vt* - **1.** [malato, ferito] to look after, to take care of - **2.** [aiutare] to assist. ◇ *vi*: **assistere a qc** [spettacolo, manifestazione] to attend sthg; [incidente, crimine] to witness sthg.

asso *sm* ace; **in chimica è un asso** he's great at chemistry; **un asso del volante/ciclismo** an ace driver/cyclist; **piantare qn in asso** to leave sb in the lurch.

associare [17] *vt* - **1.** [mettere in relazione] to associate; **associare qc a o con qc** to associate sthg with sthg - **2.** [rendere membro]: **associare qn a qc** [club, partito] to make sb a member of sthg; [ditta] to make sb a partner in sthg. ◆ **associarsi** *vr* - **1.** [diventare socio]: **associarsi (con qn)** to go into partnership (with sb) - **2.** [iscriversi]: **associarsi a qc** to become a

member of sthg - **3.** [condividere]: **associarsi a qn** to join (with) sb; **associarsi a qc** to support sthg.

associazione *sf* association.

assodare [6] *vt* to establish.

assolto, a *pp* ▷ **assolvere**.

assolutamente *avv* - **1.** [totalmente] absolutely; **assolutamente no** certainly not; **ho assolutamente bisogno di una vacanza** I really need a holiday *UK o* vacation *US* - **2.** [ad ogni costo] simply.

assoluto, a *agg* - **1.** [gen] absolute; **in assoluto** without (a) doubt - **2.** [urgente]: **avere un assoluto bisogno di fare qc** to really need to do sthg - **3.** [POLIT - potere, monarchia] absolute; [- governo, regime] totalitarian.

assoluzione *sf* - **1.** DIR acquittal - **2.** RELIG absolution.

assolvere [74] *vt* - **1.** [imputato] to acquit - **2.** RELIG to absolve - **3.** [dovere] to perform.

assomigliare [21] *vi*: **assomigliare a qn/qc** to look like sb/sthg. ◆ **assomigliarsi** *vr* to be alike.

assonnato, a *agg* sleepy.

assorbente ◇ *agg* absorbent. ◇ *sm*: **assorbente (igienico)** sanitary towel *UK o* napkin *US*; **assorbente interno** tampon.

assorbire [10] *vt* - **1.** [liquido] to absorb - **2.** [richiedere] to take up.

assordare [6] *vt* to deafen.

assortimento *sm* assortment.

assortito, a *agg* - **1.** [caramelle, cioccolatini] assorted - **2.** [combinato]: **ben/male assortito** well/ill matched.

assuefare [13] *vt*: **assuefare qc a qc** to get sthg used to sthg, to accustom sthg to sthg. ◆ **assuefarsi** *vr*: **assuefarsi a qc** [droga] to become addicted to sthg.

assumere [61] *vt* - **1.** [gen] to assume - **2.** [ingaggiare] to take on, to hire - **3.** [accollarsi]: **assumersi qc** [responsabilità, colpa, merito] to take sthg; [incarico] to take on sthg - **4.** [farmaco] to take.

assunto, a *pp* ▷ **assumere**.

assunzione *sf* employment. ◆ **Assunzione** *sf*: **l'Assunzione** the Assumption.

assurdità *sf inv* absurdity; **non dire assurdità!** don't talk nonsense!

assurdo, a *agg* absurd.

asta *sf* - **1.** [palo & SPORT] pole - **2.** [degli occhiali] arm - **3.** [vendita] auction; **mettere qc all'asta** to put sthg up for auction; **vendere qc all'asta** to sell sthg at auction.

astemio, a ◇ *agg* teetotal. ◇ *sm, f* teetotaller *UK*, teetotaler *US*.

astenersi [93] *vr* - 1. [non votare] to abstain - 2. [non fare uso]: **astenersi da qc** to keep off sthg; **astenersi dal fumo** to keep off cigarettes - 3. [trattenersi]: **astenersi da qc/dal fare qc** to refrain from sthg/from doing sthg.

asterisco, schi *sm* asterisk.

astice *sm* lobster.

astigmatico, a, ci, che ⬦ *agg* astigmatic. ⬦ *sm, f* person with astigmatism.

astio *sm* resentment.

astratto, a *agg* abstract; **in astratto** in the abstract.

astro *sm* star.

astrologia *sf* astrology.

astrologo, a, gi, ghe *sm, f* astrologer.

astronauta, i, e *smf* astronaut.

astronave *sf* spaceship.

astronomia *sf* astronomy.

astronomico, a, ci, che *agg* astronomical.

astuccio *sm* [per gioielli] box, case; [per occhiali, strumento musicale] case; [per matite] pencil case; [per trucco] makeup bag.

astuto, a *agg* - 1. [persona] astute - 2. [idea, trovata] clever.

astuzia *sf* - 1. [scaltrezza] astuteness - 2. [trucco] trick.

Atene *sf* Athens *(sing)*.

ateneo *sm* university.

ateo, a *agg* & *sm, f* atheist.

atipico, a, ci, che *agg* atypical.

atlante *sm* atlas; **atlante geografico** atlas.

atlantico, a, ci, che *agg* Atlantic. ⬦ **Atlantico** *sm*: **l'(Oceano) Atlantico** the Atlantic (Ocean).

atleta, i, e *smf* athlete.

atletica *sf* athletics *(U) UK*, track and field *(U) US*.

atletico, a, ci, che *agg* athletic.

ATM *(abbr di* **Azienda Tranviaria Municipale)** *sf inv* Municipal Tram Board.

atmosfera *sf* atmosphere; **atmosfera terrestre** Earth's atmosphere.

atmosferico, a, ci, che *agg* atmospheric.

atollo *sm* atoll.

atomico, a, ci, che *agg* - 1. [nucleare] nuclear - 2. FIS & CHIM atomic.

atomizzatore *sm* [di acqua, lacca] spray; [di profumo] atomizer.

atomo *sm* atom.

atrio *sm* [di albergo, palazzo] foyer, lobby; [di stazione, aeroporto] concourse.

atroce *agg* - 1. [gen] dreadful, terrible; **uno spettacolo atroce** an awful sight; **fare una fine atroce** to come to a terrible end - 2. [delitto] heinous.

atrocità *sf inv* [orrore] atrocity; [efferatezza] heinousness.

atrofizzare [6] *vt* - 1. MED to atrophy - 2. fig [indebolire] to wither. ⬦ **atrofizzarsi** *vip* - 1. fig [indebolirsi] to shrivel up - 2. MED to atrophy.

attaccabrighe *smf inv fam* troublemaker.

attaccante *smf* CALCIO forward.

attaccapanni *sm inv* [a muro] hook, peg; [mobile] coat stand, hall stand *UK*, hall tree *US*.

attaccare [15] ⬦ *vt* - 1. [far aderire] to attach - 2. [incollare – francobollo, etichetta] to stick on; [- manifesto] to stick up; **attaccare qc a qc** to stick sthg onto sthg; **attaccare qc sull'album** to stick sthg in(to) the album - 3. [cucire]: **attaccare qc (a qc)** to sew sthg on (sthg) - 4. [appendere]: **attaccare qc (a qc)** to hang sthg up (on sthg) - 5. [malattia]: **attaccare qc a qn** to give sthg to sb - 6. [iniziare] to start; **attaccare discorso con qn** to strike up a conversation with sb - 7. [criticare, assalire] to attack. ⬦ *vi* - 1. [incollare] to stick - 2. [squadra, esercito] to attack - 3. [cominciare]: **attaccare a fare qc** to start doing sthg. ⬦ **attaccarsi** ⬦ *vr* - 1.: **attaccarsi a qc** [ramo, speranza] to cling to sthg; [pretesto, scusa] to seize on sthg - 2. [affezionarsi]: **attaccarsi a qn** to get attached to sb.

attaccatura *sf* - 1. [punto di unione] join; **attaccatura dei capelli** hairline; **attaccatura della manica** armhole - 2. [atto] sewing on.

attacco, chi *sm* - 1. [gen] attack; **essere in attacco** to be attacking - 2. MED attack, fit; **attacco cardiaco** heart attack - 3. [di sci] binding - 4. [di lampadina] socket.

attanagliare [21] *vt* - 1. [stringere] to grip - 2. [tormentare] to gnaw at.

attardarsi [6] *vip* to stay late; **attardarsi a fare qc** to stay behind to do sthg.

attecchire [9] *vi* - 1. [pianta] to take root - 2. [usanza] to catch on.

atteggiamento *sm* attitude.

atteggiarsi [18] *vr*: **atteggiarsi a vittima/vamp/eroe** to play the victim/vamp/hero.

attempato, a *agg* elderly.

attendere [43] *vt* to wait for; **quanto dobbiamo attendere ancora?** how much longer do we have to wait?; **attenda!** [al telefono] please hold!; **attendere che qn faccia qc** to wait for sb to do sthg; **attendere di fare qc** to wait to do sthg.

attendibile *agg* [notizia, scusa, prova] credible; [fonte, testimone] reliable.

attenersi [93] *vr*: attenersi a qc to stick to sthg.

attentamente *avv* carefully.

attentare [6] *vi*: attentare a qc to attack sthg; attentare alla vita di qn to make an attempt on sb's life.

attentato *sm* attack; attentato terroristico terrorist attack.

attentatore, trice *sm, f* attacker.

attenti ⟨⟩ *esclam* attention! ⟨⟩ *sm*: stare/mettersi sull'attenti to stand at/to attention.

attento, a *agg* - 1. [concentrato] attentive; stare attento (a qc) to pay attention (to sthg) - 2. [all'erta]: (stai) attento! (be) careful!; stare attento a qn/qc to watch out for sb/sthg; stare attento a non fare qc to be careful not to do sthg; 'attenti al cane' 'beware of the dog' - 3. [accurato] careful.

attenuante ⟨⟩ *agg* DIR extenuating. ⟨⟩ *sf* - 1. [scusa] excuse - 2. DIR: concedere le attenuanti to make allowances for extenuating circumstances.

attenuare [6] *vt* [suono, odore] to reduce; [dolore] to ease. ◆ **attenuarsi** *vip* to ease.

attenzione ⟨⟩ *sf* - 1. [concentrazione] attention; fare attenzione (a qn/qc) to pay attention (to sb/sthg) - 2. [cautela]: fare attenzione (a qn/qc) to be careful (of sb/sthg); fai attenzione alle scale be careful of o mind UK the stairs; fai attenzione a quel tipo watch yourself with that guy. ⟨⟩ *esclam* look out! ◆ **attenzioni** *sfpl* kindness (U); coprire o colmare qn di attenzioni to be very kind to sb.

atterraggio *sm* landing; atterraggio di fortuna emergency landing.

atterrare [6] ⟨⟩ *vi* to land. ⟨⟩ *vt* - 1. [stendere] to knock down - 2. *fig* [prostrare] to floor.

attesa *sf* wait; essere o rimanere in attesa (di qn/qc) to wait (for sb/sthg); nell'attesa in the meanwhile; essere in (dolce) attesa to be expecting.

attesi *etc* ▷ attendere.

atteso, a ⟨⟩ *pp* ▷ attendere. ⟨⟩ *agg* [ospite] eagerly awaited; [premio, promozione] long-awaited.

attestare [6] *vt* form to certify.

attestato *sm* certificate; attestato di frequenza certificate of attendance.

attico *sm* penthouse.

attiguo, a *agg*: attiguo (a qc) adjacent (to sthg).

attillato, a *agg* tailored.

attimo *sm* moment; (aspetta) un attimo just a moment; in un attimo in an instant; un attimo di pace a minute's o a moment's peace; un attimo di pazienza a little patience.

attinente *agg* pertinent; attinente a qc relating to sthg.

attinenza *sf* connection.

attingere [49] *vt* - 1. [acqua] to draw - 2. [notizie, dati] to obtain.

attinto, a *pp* ▷ attingere.

attirare [6] *vt* - 1. [interessare] to appeal to - 2. [attrarre a sé] to attract; attirare lo sguardo di qn to attract o draw sb's eye; attirarsi l'antipatia di qn to make o.s. unpopular with sb; attirarsi un sacco di problemi to make a lot of problems for o.s.

attitudine *sf* aptitude; avere attitudine a o per qc to have an aptitude for sthg.

attivare [6] *vt* - 1. [far funzionare] to activate - 2. [iniziare] to initiate.

attivazione *sf* activation.

attivista, i, e *smf* activist.

attività *sf inv* - 1. [occupazione – lavorativa] occupation; [- sportiva, culturale] activity; [- commerciale] business; svolgere un'attività to have a job; essere in attività [funzionare] to be in operation - 2. [in bilancio] asset; attività e passività assets and liabilities - 3. GEOL: in attività [vulcano] active.

attivo, a *agg* - 1. [gen & GRAMM] active - 2. [bilancio] credit *(dav sostantivo)*. ◆ **attivo** *sm* [capitale] assets *pl*; [guadagni] credit balance; in attivo in credit.

attizzare [6] *vt* - 1. [fuoco] to poke - 2. [odio, gelosia] to stir up.

attizzatoio *sm* poker.

atto *sm* - 1. [gen] act; atti osceni DIR indecent exposure - 2. [momento]: all'atto di qc at the time of sthg; all'atto della consegna on delivery; nell'atto di fare qc in the act of doing sthg - 3. [cenno]: fare l'atto di fare qc to make (as if) to do sthg; non ho nemmeno fatto l'atto di parlare I haven't even opened my mouth - 4. [realizzazione]: essere in atto to be in progress; mettere in atto qc to put sthg into action - 5. [documento] deed; dare atto (a qn) di qc to admit sthg (to sb); prendere atto di qc to note sthg.

attonito, a *agg* astonished.

attorcigliare [21] *vt* to twist. ◆ **attorcigliarsi** ⟨⟩ *vr*: attorcigliarsi intorno a qc to wind o.s. around sthg. ⟨⟩ *vip* to get twisted.

attore, trice *sm, f* actor (actress f).

attorniare [20] *vt* to surround. ◆ **attorniarsi** *vr*: attorniarsi di amici/parenti to surround o.s. with friends/relatives.

attorno *avv* [intorno] around. ◆ **attorno a** *prep* - 1. [intorno a] around; **stare attorno a qn** to pester sb - 2. [circa] about.

attraccare [15] <> *vt* to dock; **attraccare qc a qc** to moor sth to sth. <> *vi* to dock; **attraccare a qc** to moor to sth.

attracco, chi *sm* - 1. [manovra] docking - 2. [luogo] dock.

attraente *agg* attractive.

attrarre [97] *vt* - 1. [gen] to attract; **un sorriso che attrae** an attractive smile - 2. [idea] to appeal to; **la proposta non mi attrae affatto** the suggestion doesn't appeal to me at all.

attrattiva *sf* appeal. ◆ **attrattive** *sfpl* attractions.

attraversamento *sm* - 1. [luogo]: **attraversamento pedonale** pedestrian crossing *UK*, crosswalk *US* - 2. [azione] crossing.

attraversare [6] *vt* - 1. [percorrere] to cross; **attraversare la strada** to cross the road - 2. [trascorrere] to go through.

attraverso *prep* - 1. [da parte a parte] across - 2. [per mezzo di] through.

attrazione *sf* attraction; **attrazione magnetica** magnetic attraction; **la sua danza è l'attrazione del varietà** her dance is the highlight of the show.

attrezzare [6] *vt* to fit out, to equip. ◆ **attrezzarsi** *vr* to prepare o.s.

attrezzatura *sf* equipment (U).

attrezzo *sm* tool; **attrezzi da lavoro** work tools. ◆ **attrezzi** *smpl* SPORT apparatus.

attribuire [9] *vt* - 1. [gen]: **attribuire qc a qn/ qc** to attribute sth to sb/sth - 2. [assegnare]: **attribuire qc a qn/qc** to award sth to sb/ sth.

attributo *sm* attribute.

attribuzione *sf* - 1. [gen] attribution - 2. [di premio, punteggio] awarding.

attrice *sf* ⊳ **attore**.

attrito *sm* friction.

attuabile *agg* practicable.

attuale *agg* - 1. [presente] current - 2. [moderno] topical.

attualità *sf inv* - 1. [vicende] current affairs *pl*; **d'attualità** topical - 2. [modernità] topicality.

attualizzare [6] *vt* to make topical.

attualmente *avv* at present.

attuare [6] *vt* to put into operation. ◆ **attuarsi** *vip* to come about.

attuazione *sf* carrying out.

attutire [9] *vt* [dolore] to ease; [colpo] to soften; [rumore] to muffle. ◆ **attutirsi** *vip* to die down.

audace *agg* - 1. [arrischiato] risky - 2. [provocante] daring - 3. [coraggioso] fearless.

audacia *sf* - 1. [rischio] boldness - 2. [coraggio] fearlessness.

audience ['ɔdjens] *sf* audience.

audioleso, a <> *agg* hearing impaired. <> *sm, f* person with hearing impairment.

audiovisivo, a *agg* audiovisual. ◆ **audiovisivi** *smpl* audiovisual aids.

Auditel (*abbr di* audience televisiva) *sm* organization that monitors the size of television audiences.

auditorio *sm* auditorium.

audizione *sf* audition; **fare un'audizione** to audition.

auge *sf*: **in auge** in fashion; **essere/tornare in auge** to be in/come back into fashion.

augurale *agg*: **una cartolina augurale** a greetings *UK* o greeting *US* card.

augurare [6] *vt*: **augurare qc a qn** to wish sb sth; **non auguro a nessuno una tale sofferenza** I wouldn't wish such suffering on anyone; **mi auguro di non essermi sbagliato** I hope (that) I haven't made a mistake.

augurio *sm* - 1. [desiderio] wish; **auguri** best wishes; **fare gli auguri a qn** to wish sb happy Christmas/happy birthday etc; **tanti auguri!** happy birthday! - 2. [presagio]: **essere di buon/cattivo augurio** to be a good/bad omen.

aula *sf* - 1. [di scuola] classroom; [dell'università] lecture hall o room o theatre *UK*; **aula magna** great hall - 2. [di tribunale] courtroom; **aula bunker** a maximum-security courtroom where the most important political and criminal trials are held - 3. [di Parlamento] hall.

aumentare [6] <> *vt* - 1. [accrescere - numero, quantità] to increase; [- prezzi, salari] to put up, to increase; [- volume] to turn up - 2. [nel lavoro a maglia] to increase. <> *vi* - 1. [in quantità] to increase - 2. [in numero] to increase, to go up - 3. [di prezzo] to go up.

aumento *sm* increase; **avere/chiedere/dare a qn un aumento** to get/ask for/give sb a rise *UK* o raise *US*.

aureola *sf* halo.

auricolare *sm* earpiece.

aurora *sf* dawn; **aurora boreale** aurora borealis.

auscultare [6] *vt*: **auscultare qn** to listen to sb's chest.

ausiliare *agg* & *sm* auxiliary.

ausiliario, a *agg* auxiliary.

auspicare [15] *vt form* to wish; **auspicare il successo a qn** to wish sb success.

auspicio *sm*: essere di buon/cattivo auspicio to be good/bad luck.

austerità *sf inv* - **1.** [gen] austerity - **2.** [nel parlare] severity; **con austerità** severely.

austero, a *agg* austere.

australe *agg* southern.

Australia *sf*: l'Australia Australia.

australiano, a *agg* & *sm, f* Australian.

Austria *sf*: l'Austria Austria.

austriaco, a, ci, che *agg* & *sm, f* Austrian.

aut aut *sm inv* ultimatum; **dare l'aut aut a qn** to give sb an ultimatum.

autenticare [15] *vt* to authenticate.

autenticazione *sf* authentication.

autenticità *sf* authenticity.

autentico, a, ci, che *agg* - **1.** [quadro, mobile, documento] authentic, genuine - **2.** [fatto, notizia] real - **3.** [sentimento] genuine.

autismo *sm* autism.

autista, i, e *smf* - **1.** [di autoveicolo] driver - **2.** PSICO person with autism.

autistico, a, ci, che *agg* autistic.

auto *sf inv* car; **viaggiare in auto** to go by car; **auto blindata** armoured *UK* o armored *US* car; **auto blu** ≃ official car; **auto civetta** unmarked police car.

autoabbronzante ◇ *agg* self-tanning. ◇ *sm* self-tanning cream o lotion.

autoadesivo, a *agg* sticky. ◆ **autoadesivo** *sm* sticker.

autoambulanza *sf* ambulance.

autoarticolato *sm* articulated lorry *UK*, semi *US*, tractor-trailer *US*.

autobiografia *sf* autobiography.

autobiografico, a, ci, che *agg* autobiographical.

autobotte *sf* tanker.

autobus *sm inv* bus.

autocarro *sm* lorry *UK*, truck *US*.

autocertificazione *sf* self-certification.

autocisterna *sf* tanker.

autocommiserazione *sf* self-pity.

autocontrollo *sm* self-control.

autocritica, che *sf* self-criticism.

autodidatta, i, e *smf* self-taught man (self-taught woman *f*).

autodifesa *sf* self-defence *UK*, self-defense *US*.

autodromo *sm* racetrack.

autofficina *sf* garage.

autofocus ◇ *agg inv* with automatic focus *(non dav sostantivo)*. ◇ *sm inv* automatic focus.

autogestione *sf* self-management.

autogol *sm inv* own goal.

autografo, a *agg* autographed. ◆ **autografo** *sm* autograph.

autogrill® *sm inv* motorway *UK* o highway *US* restaurant.

autoinvitarsi [6] *vr* to invite o.s. along.

autolavaggio *sm* car wash.

autolesionismo *sm* PSICO self-harm; *fig* self-destructive behaviour *UK* o behavior *US*.

autolesionista, i, e *smf* PSICO self-harmer; *fig* self-destructive person.

automa, i *sm* automaton.

automaticamente *avv* automatically.

automatico, a, ci, che *agg* automatic. ◆ **automatico** *sm* press stud *UK*, snap *US*.

automatizzare [6] *vt* to automate.

automazione *sf* automation.

automezzo *sm* motor vehicle.

automobile *sf* car; **automobile da corsa** racing car, race car *US*.

automobilismo *sm* - **1.** SPORT motor racing *UK*, auto racing *US* - **2.** [industria] motor industry.

automobilista, i, e *smf* motorist.

automobilistico, a, ci, che *agg* motor *(dav sostantivo)*.

automotrice *sf* railcar.

autonoleggio *sm* car rental o hire *UK*.

autonomia *sf* - **1.** [libertà] independence - **2.** [distanza] operating range; [tempo] operating period; **autonomia di volo** flight range - **3.** [amministrativa] autonomy.

autonomo, a *agg* - **1.** [non subordinato - sindacato] independent; [- lavoratore] self-employed - **2.** [amministrazione] autonomous.

autoparco, chi *sm* - **1.** [parcheggio] car park *UK*, parking lot *US* - **2.** [automezzi] car pool.

autopsia *sf* autopsy.

autoradio *sf inv* car radio.

autore, trice *sm, f* - **1.** [pittore] painter; [scultore] sculptor; [compositore] composer - **2.** [scrittore] author - **3.** [esecutore] perpetrator.

autorevole *agg* - **1.** [competente] authoritative - **2.** [importante] influential.

autorimessa *sf* garage.

autorità ◇ *sf inv* - **1.** [potere] authority; **agire d'autorità** to act with authority - **2.** [persona competente]: **essere un'autorità (in qc)** to be an authority (on sthg). ◇ *sfpl*: **le autorità** the authorities.

autoritario, a *agg* authoritarian.

autoritratto *sm* self-portrait.

autorizzare [6] *vt* - **1.** [concedere] to authorize; **autorizzare qn a fare qc** to authorize sb to do sthg - **2.** [giustificare]: **autorizzare qn a (fare) qc** to mean that sb can do sthg; **questo non ti autorizza a fare altrettanto** this doesn't mean you can do the same.

autorizzazione *sf* authorization; **autorizzazione a procedere** DIR authorization to proceed.

autosalone *sm* car showroom.

autoscatto *sm* self-timer.

autoscontro *sm* bumper cars *pl*, dodgems *pl UK*.

autoscuola *sf* driving school.

autostop *sm* hitch-hiking; **fare l'autostop** to hitch-hike.

autostoppista, i, e *smf* hitch-hiker.

autostrada *sf* motorway *UK*, highway *US*, freeway *US*.

autostradale *agg* motorway *(dav sostantivo) UK*, highway *(dav sostantivo) US*, freeway *(dav sostantivo) US*.

autosufficiente *agg* self-sufficient.

autosuggestione *sf* autosuggestion.

autotrasporto *sm* road haulage *UK*, haulage *US*.

autotreno *sm* lorry with trailer *UK*, trailer truck *US*.

Autovelox® *sm inv* speed camera *UK*, speed enforcement camera *US*.

autovettura *sf* car.

autrice *sf* ⊳ **autore**.

autunnale *agg* autumn *(dav sostantivo) esp UK*, fall *(dav sostantivo) US*.

autunno *sm* autumn *esp UK*, fall *US*.

avallare [6] *vt* - **1.** [progetto] to back - **2.** FIN to guarantee.

avambraccio *sm* forearm.

avance [a'vans] *sf inv* advances *pl*.

avanguardia *sf* - **1.** [in arte, letteratura]: **all'avanguardia** avant-garde; **d'avanguardia** avant-garde - **2.** MIL vanguard.

avanscoperta *sf*: **mandare qn/andare in avanscoperta** to send sb/go to reconnoitre.

avanti ⊳ *avv* - **1.** [davanti] forward; **guardare avanti** to look ahead; **andare avanti** [precedere] to go ahead; [continuare] to go on; **essere avanti** [orologio] to be fast; **correre avanti e indietro** to run around; **essere avanti in qc** [in attività] to be making good progress with sthg; **farsi avanti** [prendere l'iniziativa] to put o.s. forward; **più avanti** [in tempo] later [in spazio] farther on; [in tempo] later - **2.** [poi]: **d'ora o da qui in avanti** from now on. ⊳ *esclam* - **1.** [invito a entrare] come in! - **2.** [esortazione] come on!

avantieri *avv* the day before yesterday.

avanzare [6] ⊳ *vi* - **1.** [su territorio] to advance; **avanzare negli anni** to be getting on in years - **2.** [in attività] to progress; **avanzare di grado o posto** to be promoted - **3.** [restare & MAT] to be left over. ⊳ *vt* to put forward.

avanzata *sf* advance.

avanzato, a *agg* - **1.** [gen] advanced - **2.** [età] in età avanzata getting on in years.

avanzo *sm* - **1.** [rimanenza – di cibo] leftovers *pl*; [- di stoffa] remnant; **essercene d'avanzo** to be more than enough; **avanzo di galera** jailbird - **2.** MAT remainder - **3.** COMM surplus.

avaria *sf* breakdown; **essere in avaria** to have broken down.

avariato, a *agg* [merce] damaged; [cibo] rotten.

avarizia *sf* avarice.

avaro, a ⊳ *agg* stingy; **avaro di qc** stingy with sthg. ⊳ *sm, f* miser.

avena *sf* oats *pl*.

avere [2] ⊳ *vt* - **1.** [cose materiali] to have (got); **avere la macchina/il computer/il cellulare** to have a car/a computer/a mobile phone *esp UK* o cellphone *esp US*; **non ho niente da mangiare/da bere** I haven't got anything to eat/to drink; **non ho soldi** I haven't got any money, I don't have any money; **hai da accendere?** have you got a light? - **2.** [cose non materiali] to have (got); **ha due fratelli** he has o she's got two brothers; **hanno molte amicizie** they have o they've got a lot of friends - **3.** [come caratteristica] to have (got); **avere i capelli scuri/biondi** to have dark/blond hair; **avere molta immaginazione** to have a good imagination; **ha la barba** he has o he's got a beard; **ha una bella voce** she has o she's got a lovely voice - **4.** [tenere] to have; **avere in mano** to hold - **5.** [portare addosso] to wear; **aveva una giacca scura** she was wearing a dark jacket - **6.** [ricevere] to get; **avere un premio/una promozione** to get a prize/a promotion; **avere notizie da qn** to hear from sb - **7.** [sentire, provare]: **avere l'influenza/la febbre** to have the flu/a temperature; **che cos'hai?** what's the matter?; **avere caldo/freddo** to o feel hot/cold; **avere fame/sonno** to be o feel hungry/sleepy; **avere mal di testa** to have a headache - **8.** [età] to be; **quanti anni hai?** how old are you?; **ho 18 anni** I'm 18; **ha tre anni più di me** she's three years older than me; **ha la mia età** he's the same age as me - **9.** [impegno] to have (got); **domani ho una riunione** I have o I've got a meeting tomorrow; **ho da fare** I have o I've got things to do; **avere da fare qc** [dovere] to have to do sthg; **avere a che fare con qn/qc** to have something to do with sb/sthg; **avercela con qn** to be angry with sb; **ne avrò ancora per mezz'ora** it'll take me another half an hour; **quanti ne abbiamo oggi?** what's the date today? ◇ *v aus:* **ho finito** I've finished; **ha aspettato due ore** she waited (for) two hours; **ti hanno telefonato?** did they phone you? ◆ **averi** *smpl* wealth *(U)*; **possedere moltissimi averi** to be very wealthy.

aviazione *sf* aviation; **aviazione civile** civil aviation; **aviazione militare** airforce.

avicoltura *sf* [di pollame] poultry farming; [di uccelli] bird breeding.

avidità *sf:* **avidità (di qc)** [denaro, ricchezza] greed (for sthg); [gloria, successo, conoscenza] thirst (for sthg); **mangiare con avidità** to eat greedily.

avido, a *agg* greedy; **avido di qc** [denaro] greedy for sthg; [conoscenza] eager for sthg.

AVIS ['avis] *(abbr di* **Associazione Volontari Italiani del Sangue)** *sf* Italian Blood Donors' Association.

avo, a *sm, f* ancestor.

avocado *sm inv* - 1. [pianta] avocado (tree) - 2. [frutto] avocado (pear).

avorio *agg inv & sm* ivory.

avuto, a *pp* ▷ **avere**.

Avv. *(abbr di* **Avvocato)** *title used before the name of a lawyer.*

avvalersi [91] *vip:* **avvalersi di qn/qc** to avail o.s. of sb/sthg.

avvallamento *sm* - 1. [buca] depression; **una strada piena di avvallamenti** a road full of potholes - 2. [cedimento] subsidence.

avvalorare [6] *vt* to bear out.

avvampare [6] *vi* [per il caldo, lo sforzo] to redden; [per la rabbia] to flare up; [per la vergogna] to blush.

avvantaggiare [18] *vt* to favour *UK*, to favor *US*. ◆ **avvantaggiarsi** *vr* - 1. [portarsi avanti] to get ahead - 2. [essere in vantaggio] to be ahead - 3. [beneficiare]: **avvantaggiarsi di qc** to take advantage of sthg.

avveduto, a *agg* prudent.

avvelenamento *sm* poisoning.

avvelenare [6] *vt* - 1. [persona, animale] to poison - 2. [rendere velenoso - cibo, bevanda] to poison, to add poison to; [- aria, fiume] to pollute - 3. *fig:* **avvelenare l'esistenza a qn** to make sb's life a misery.

avvenimento *sm* event.

avvenire [109] ◇ *sm* future; **in** *o* **per l'avvenire** in future. ◇ *vi* to happen.

avventato, a *agg* rash.

avvento *sm* advent. ◆ **Avvento** *sm:* **l'Avvento** Advent.

avventura *sf* - 1. [gen] adventure; **avere spirito d'avventura** to be adventurous - 2. [relazione amorosa] fling; **l'avventura di una notte** a one-night stand.

avventuroso, a *agg* adventurous.

avvenuto, a *pp* ▷ **avvenire**.

avverarsi [6] *vip* to come true.

avverbio *sm* adverb.

avversario, a ◇ *agg* opposing *(dav sostantivo).* ◇ *sm, f* [in un gioco, in politica] opponent; [in guerra] adversary; [in amore] rival.

avversione *sf* aversion; **nutrire un'avversione per qn/qc** to have a dislike for sb/sthg.

avversità *sf inv* adversity.

avverso, a *agg* adverse.

avvertenza *sf* care *(U)*; **avere l'avvertenza di fare qc** to take care to do sthg. ◆ **avvertenze** *sfpl:* **avvertenze (per l'uso** *o* **d'uso)** instructions (for use).

avvertimento *sm* warning.

avvertire [8] *vt* - 1. [informare]: **avvertire qn (di qc)** to let sb know (sthg), to inform sb (of sthg) - 2. [mettere in guardia, ammonire] to warn - 3. [sentire - dolore, disagio] to feel; [- rumore] to hear; [- odore] to notice; [- pericolo] to sense.

avviare [22] *vt* - 1. [gen] to start (up) - 2. [indirizzare]: **avviare qn a qc** to point sb towards sthg. ◆ **avviarsi** *vip* - 1. [incamminarsi] to set off - 2. *fig* [avvicinarsi]: **avviarsi alla fine** to be drawing to an end.

avvicendarsi [6] *vr* to take (it in) turns.

avvicinamento *sm* - 1. [trasferimento - di soldato] posting nearer home; [- in un lavoro] transfer nearer home - 2. [convergenza] rapprochement - 3. [di truppe] approach.

avvicinare [6] *vt* - 1. [spostare vicino a]: **avvicinare qc a qn/qc** to bring sthg closer to sb/sthg - 2. [andare vicino a] to approach; **uno sconosciuto mi ha avvicinato per la strada** a stranger came up to me in the street - 3. [conoscere] to get to know. ◆ **avvicinarsi** *vip* - 1. [essere vicino] to approach, to draw near; **avvicinarsi a qc** to get closer to sthg, to approach sthg - 2. [andare, venire vicino] to come closer; **avvicinarsi a qn/qc** to come/go up to sb/sthg.

avvilito, a *agg* discouraged.

avvincente *agg* enthralling.

avvio, ii *sm* start.

avvisare [6] *vt* - 1. [informare]: **avvisare qn (di qc)** to let sb know (about sthg) - 2. [mettere in guardia] to warn.

avviso *sm* - 1. [comunicazione] notice - 2. [opinione]: **a mio avviso** in my opinion; **restare del proprio avviso** not to change one's mind.

avvistare [6] *vt* to sight.

avvitare [6] *vt* [gen] to screw; [vite, lampadina] to screw in; [tappo] to screw on.

avvocato, essa *sm, f* [gen] lawyer, attorney *US*; [nei tribunali di grado inferiore] solicitor *UK*; [nei tribunali di grado superiore] barrister *UK*.

avvolgere [48] *vt* - 1. [coprire] to wrap - 2. [circondare] to envelop - 3. [arrotolare] to wind; **avvolgere qc su/intorno a qc** to wind sthg around sthg.

avvolgibile *sm* (roller) blind *UK*, window shade *US*.

avvolto, a *pp* ▷ **avvolgere**.

avvoltoio *sm* vulture.

azalea *sf* azalea.

azienda *sf* company; **azienda di soggiorno e turismo** tourist board; **azienda agricola** farm.

aziendale *agg* company *(dav sostantivo)*.

azionare [6] *vt* to operate.

azionario, a *agg* share *(dav sostantivo)*, stock *(dav sostantivo)*; **mercato azionario** stock market.

azione *sf* - 1. [gen] action; **buona azione** good deed; **cattiva azione** wrongful act; **avere il coraggio delle proprie azioni** to have the courage of one's convictions; **entrare in azione** to come into operation - 2. [titolo] share, stock - 3. [iniziativa] campaign - 4. [causa] suit; **promuovere un'azione legale** to file a (law) suit - 5. [operazione] operation; **azione di sabotaggio** act of sabotage.

azionista, i, e *smf* shareholder *esp UK*, stockholder *esp US*.

azoto *sm* nitrogen.

azzannare [6] *vt* to maul.

azzardare [6] *vt* to hazard, to risk. ◆ **azzardarsi** *vip*: **azzardarsi a fare qc** to dare (to) do sthg.

azzardo *sm* risk; **gioco d'azzardo** game of chance; **giocare d'azzardo** to gamble.

azzeccare [15] *vt* to guess.

azzerare [6] *vt* - 1. [dispositivo] to reset, to clear - 2. *fig* [annullare] to cancel (out).

Azzorre *sfpl*: **le Azzorre** the Azores.

azzuffarsi [6] *vr* to come to blows.

azzurro, a *agg* blue. ◆ **azzurro** *sm* blue. ◆ **Azzurri** *smpl*: **gli Azzurri** the Italian team.

b¹, B *sm o sf inv* b, B.

b² *(abbr di* **bar)** METEO bar.

B *(abbr di* **Belgio)** B.

babà *sm inv* rum baba.

babbo *sm* dad, daddy; **babbo Natale** Santa Claus, Father Christmas *UK*.

babbuino *sm* baboon.

babordo *sm* port (side).

baby-sitter [bɛbi'sitter] *smf inv* babysitter; **fare il** o **la baby-sitter** to babysit.

bacato, a *agg* - 1. [frutto] worm-eaten - 2. *fig* [cervello, mente] twisted.

bacca, che *sf* berry.

baccalà *sm inv* - 1. [pesce] salt cod - 2. *fig* [persona] dummy.

baccano *sm* racket; **fare baccano** to make a racket.

baccello *sm* pod.

bacchetta *sf* - 1. [di direttore d'orchestra] baton - 2. [di maestro] cane - 3. [di fata]: **bacchetta magica** magic wand - 4. [per batteria] drumstick - 5. [per mangiare] chopstick.

bacheca, che *sf* - 1. [mobile] display case - 2. [per avvisi] noticeboard *esp UK*, bulletin board *US*.

baciare [17] *vt* to kiss. ◆ **baciarsi** *vr* to kiss (each other).

bacinella *sf* [gen] bowl; [per negativi, strumenti chirurgici] tray.

bacino *sm* - 1. [conca] basin - 2. ANAT pelvis - 3. [giacimento] field.

bacio *sm* kiss.

baco, chi *sm* - 1. [verme] worm; **baco da seta** silkworm - 2. [di computer] virus.

bada *sf*: **tenere a bada qn** to keep an eye on sb.

badante *smf* (professional) carer *UK*, caregiver *US*.

badare [6] *vi* - 1. [accudire]: **badare a qn/qc** to look after sb/sthg - 2. [interessarsi]: **badare ai fatti propri** to mind one's own business - 3. [fare attenzione] to be careful, to mind *esp UK*; **bada di non sporcarti** be careful o mind *esp UK* you don't get dirty - 4. [dare importanza]: **non badare a qn/qc** not to care about sb/sthg; **non badare a quello che dice** don't take any notice of what he says.

badia *sf* = **abbazia**.

baffo *sm*: (un paio di) baffi [di persona] a moustache *UK* o mustache *US*; [di animale] whiskers *pl*.

bagagliaio *sm* [di auto] boot *UK*, trunk *US*; [di treno] luggage van *UK*, baggage car *US*; [di aereo] hold; [deposito bagagli] left-luggage office *UK*, baggage room *US*.

bagaglio *sm* - 1. [valigie] luggage *(U)*, baggage *(U)* esp *US*; **un bagaglio** a piece of luggage; **fare/disfare i bagagli** to pack/unpack; **bagaglio a mano** hand baggage o luggage; **bagaglio in eccesso** excess baggage o luggage *UK* - 2. *fig* [patrimonio] store; **bagaglio culturale** education.

baggianata *sf fam* stupid thing; **dire/fare una baggianata** to say/do something stupid.

bagliore *sm* [del sole, dei fari] glare; [del fuoco, dello sguardo] glow; [del lampo] flash; **un bagliore di speranza** a ray of hope.

bagnante *smf* bather.

bagnare [23] *vt* - 1. [con acqua, liquido] to wet; [inzuppare] to soak; [inumidire] to moisten; [innaffiare] to water; **il sudore le bagnava la fronte** her forehead was bathed in sweat - 2. [lambire - fiume] to flow through; [- mare] to bathe. ◆ **bagnarsi** ⬦ *vr* to swim. ⬦ *vip* [con acqua, liquido] to get wet; [infradiciarsi] to get soaked.

bagnasciuga *sm inv* water's edge.

bagnato, a *agg* [gen] wet; [inzuppato] soaked; **bagnato di lacrime/sudore** bathed in tears/sweat.

bagnino, a *sm, f* lifeguard.

bagno *sm* - 1. [locale – a casa] bathroom; [- al bar, ristorante] toilet *UK*, bathroom *US*; **bagni pubblici** public baths; **bagno turco** Turkish bath - 2. [per lavarsi] bath *UK*, bathtub *US*; **fare** o **farsi il bagno** to take o have *UK* a bath; **bagno di fanghi** mudbath - 3. [al mare] swim; **fare il bagno** to go for a swim; **costume da bagno** [da donna] swimsuit, swimming costume *UK*; [da uomo] trunks *pl*, swimming trunks *pl UK*; **cuffia da bagno** swimming cap - 4. [ammollo]: **mettere/lasciare a bagno qc** to put/leave sthg to soak. ◆ **bagni** *smpl* [stabilimento balneare] private beach; [stabilimento termale] spa.

bagnomaria *sm*: **a bagnomaria** in a bain-marie.

bagnoschiuma *sm inv* bubble bath.

Bahamas *sfpl*: **le Bahamas** the Bahamas.

baia *sf* bay.

baita *sf* mountain hut.

balaustra *sf* balustrade.

balbettare [6] ⬦ *vi* to stammer. ⬦ *vt* to mumble.

balbuziente ⬦ *agg* stammering. ⬦ *smf* stammerer.

Balcani *smpl*: **i Balcani** the Balkans.

balcone *sm* balcony; **al balcone** on the balcony.

baldacchino *sm* canopy; **letto a baldacchino** four-poster (bed).

Baleari *sfpl*: **le Baleari** the Balearics; **le isole Baleari** the Balearic Islands.

balena *sf* whale.

balenare [114] *vi* to flash.

baleno *sm* - 1. [lampo] flash of lightning - 2. [attimo]: **in un baleno** in a flash.

balia[1] *sf* ant wet-nurse.

balia[2] *sf fig*: **in balia di qn/qc** at the mercy of sb/sthg; **essere** o **trovarsi in balia di se stesso** to be left to one's own devices.

balla *sf* - 1. [frottola] lie, rubbish *(U)* esp *UK*; **un sacco di balle** a pack of lies, a load of rubbish *esp UK* - 2. [di merce] bale.

ballare [6] ⬦ *vi* - 1. [danzare] to dance - 2. [traballare] to wobble. ⬦ *vt* [danzare] to dance.

ballerina *sf* - 1. [persona] dancer; **prima ballerina** prima ballerina; **ballerina classica** ballerina; **ballerina di fila** chorus girl - 2. [scarpa] court shoe *UK*, pump *US*.

ballerino *sm* dancer; **ballerino classico** ballet dancer.

balletto *sm* ballet.

ballo *sm* dance; **amare il ballo** to love dancing; **essere in ballo** [persona] to be involved; [cosa] to be at stake; **tirare in ballo qn** to involve sb; **tirare in ballo qc** to bring sthg up.

ballottaggio *sm* - 1. POLIT second ballot *UK*, runoff (election) *US* - 2. [nello sport] playoff.

balneare *agg* bathing (dav sostantivo); **stazione balneare** seaside resort.

balneazione *sf* bathing; **'divieto di balneazione'** 'no bathing'.

balsamico, a, ci, che *agg* - 1. [aria] balmy; [caramella, pomata] soothing - 2. ▷ **aceto**.

balsamo *sm* - 1. [per capelli] conditioner - 2. [medicamento] balm.

baltico, a, ci, che *agg* Baltic; **le Repubbliche Baltiche** the Baltic Republics. ◆ **Baltico** *sm*: **il (Mar) Baltico** the Baltic (Sea).

balza *sf* frill; **una gonna a balze** a frilly skirt.

balzare [6] *vi* to jump, to leap; **balzare in piedi** to leap to one's feet; **balzare su qc** to leap onto sthg; **balzare addosso a qn** to attack sb; **balzare a qc** *fig* [salire] to leap to sthg.

balzo *sm* - 1. [salto] jump, leap; **fare un balzo** to jump, to leap - 2. [rimbalzo] bounce - 3. [progresso] leap.

bambinaia *sf* nanny.

bambinata *sf* - **1.** [azione puerile] childish prank; **fare una bambinata** to play a prank - **2.** [discorso puerile] childish nonsense.

bambino, a *sm, f* [gen] child, (little) boy ((little) girl *f*); [piccolo] baby; **fare il bambino** to be childish.

bambola *sf* doll.

bambù *sm inv* bamboo.

banale *agg* - **1.** [poco originale - commento, film] banal; [- persona] dull - **2.** [futile] trivial - **3.** [non grave] common.

banalità *sf inv* - **1.** [luogo comune] platitude - **2.** [mediocrità] banality.

banana *sf* banana.

banano *sm* banana tree.

banca, che *sf* - **1.** [gen] bank; **lavorare in banca** to work in a bank; **andare in banca** to go to the bank; **impiegato di banca** bank clerk; **banca del sangue** blood bank - **2.** INFORM: **banca dati** database.

bancarella *sf* stall.

bancario, a <> *agg* bank *(dav sostantivo)*; **tecnica bancaria** banking. <> *sm, f* bank employee.

bancarotta *sf* bankruptcy; **andare in** *o* **fare bancarotta** to go bankrupt; **dichiarare bancarotta** to declare bankruptcy.

banchettare [6] *vi* to feast.

banchetto *sm* - **1.** [pranzo] banquet - **2.** [bancarella] stall.

banchiere, a *sm, f* banker.

banchina *sf* - **1.** [al porto] quay, wharf - **2.** [di strada - per pedoni] footpath, sidewalk *US*; [- per ciclisti] cycle path.

banco, chi *sm* - **1.** [a scuola] desk - **2.** [di negozio] counter; [di bar] bar; **servizio al banco** counter service; **sotto banco** under the table *o* counter - **3.** [di chiesa] pew - **4.** [di tribunale]: **banco degli imputati** dock - **5.** [tavolo] bench; **banco da lavoro** workbench - **6.** [banca, al gioco, di nebbia] bank; **banco dei pegni** pawnshop; **tener banco** to hold court - **7.** [di pesci] shoal.

Bancomat® <> *agg inv* ATM *(dav sostantivo)*, cash-machine *(dav sostantivo) esp UK*, cashpoint *(dav sostantivo) UK*. <> *sm inv* - **1.** [tessera] cash card *esp UK*, ATM card *US*; **carta** *o* **Bancomat?** credit or debit card? - **2.** [sportello] ATM, cash machine *esp UK*, cashpoint *UK*.

bancone *sm* counter.

banconota *sf* banknote, bill *US*.

banda *sf* - **1.** [musicale] band; RADIO: **banda di frequenza** frequency band; INFORM: **banda larga** broadband - **2.** [gruppo] gang; **banda armata** armed gang - **3.** [striscia] strip.

bandiera *sf* flag; **bandiera a mezz'asta** flag at half mast.

bandire [9] *vt* - **1.** [concorso] to announce - **2.** [esiliare] to banish.

bandito *sm* bandit.

bando *sm* - **1.** [annuncio] (public) notice; **bando di concorso** notice of competition - **2.** [divieto]: **bando alle chiacchiere!** (that's) enough chat!; **mettere al bando qc** to ban sthg.

bar *sm inv* bar.

bara *sf* coffin.

baracca, che *sf* hut, shack.

baraccone *sm* booth; **baracconi** funfair *(sing) UK*, amusement park *(sing) US*.

barare [6] *vi* to cheat.

baratro *sm* abyss.

barattare [6] *vt*: **barattare qc con qc** [dischi, vestiti] to swap sthg for sthg, to trade sthg for sthg; [merce] to barter sthg for sthg.

baratto *sm* [di merce] barter; [di dischi, vestiti] swap, trade *esp US*.

barattolo *sm* [di vetro, terracotta] jar; [di plastica] pot; [di latta] can, tin *UK*.

barba *sf* - **1.** [peli] beard; **farsi la barba** to shave - **2.** [cosa noiosa] bore; **che barba!** what a bore! - **3.**: **farla in barba a qn** [ingannarlo] to fool sb.

barbabietola *sf* beetroot *UK*, beet *US*; **barbabietola da zucchero** sugar beet.

barbarico, a, ci, che *agg* - **1.** STORIA barbarian *(dav sostantivo)* - **2.** [crudele] barbaric.

barbaro, a <> *agg* - **1.** STORIA barbarian *(dav sostantivo)* - **2.** [crudele] barbaric - **3.** [rozzo] barbarous. <> *sm, f* STORIA barbarian.

barbecue [barbe'kju, 'barbekju] *sm inv* barbecue.

barbiere *sm* - **1.** [persona] barber - **2.** [negozio] barber's (shop) *UK*, barber shop *US*.

barbiturico *sm* barbiturate.

barboncino *sm* poodle.

barbone, a *sm, f* tramp. ◆ **barbone** *sm* poodle.

barboso, a *agg fam* boring.

barca, che *sf* - **1.** [imbarcazione] boat; **barca a vela** sailing boat *UK*, sailboat *US*; **andare in barca** [per via mare] to go by boat; SPORT [- a vela] to go sailing; [- a remi] to go rowing - **2.** *fig* [mucchio]: **una barca di soldi** tons of money.

Barcellona *sf* Barcelona.

barcollare [6] *vi* - **1.** [traballare] to stagger - **2.** [essere in crisi] to totter.

barcone *sm* barge.

barella *sf* stretcher.

Bari *sf* Bari.

baricentro *sm* centre *UK o* center *US* of gravity.

barile *sm* barrel.

barista, i, e *sm, f* - **1.** [proprietario] bar owner - **2.** [cameriere] barman (barmaid *f*), bartender *esp US*.

baritono *sm* baritone.

barman *sm inv* barman, bartender *esp US*.

baro *sm* cardsharp.

barocco, a, chi, che *agg* baroque. ◆ **barocco** *sm*: **il barocco** the Baroque (period).

barolo *sm* Barolo.

barometro *sm* barometer.

barone, essa *sm, f* baron (baroness *f*).

barra *sf* - **1.** [leva] bar; **barra spaziatrice** [di tastiera] space bar - **2.** [del timone] tiller - **3.** TIPO slash.

barricare [15] *vt* to barricade. ◆ **barricarsi** *vr*: **barricarsi in qc** to shut o.s. up in sthg.

barricata *sf* barricade; **essere dall'altra parte della barricata** *fig* to be on the other side of the fence.

barriera *sf* - **1.** [gen] barrier; **barriera architettonica** physical obstacle *(preventing disabled access to a building)*; **barriera corallina** coral reef - **2.** [di calciatori] wall.

barrito *sm* trumpeting.

baruffa *sf* quarrel, row *UK*; **far baruffa con qn** to quarrel *o* row *UK* with sb.

barzelletta *sf* joke.

basare [6] *vt*: **basare qc su qc** to base sthg on sthg. ◆ **basarsi** *vr*: **basarsi su qc** [argomento, fatti, prove] to be based on sthg; [persona] to base one's arguments on sthg.

basco, a, schi, sche *agg* & *sm, f* Basque. ◆ **basco** *sm* - **1.** [lingua] Basque - **2.** [berretto] beret.

base ⬦ *agg inv* basic; **campo base** base camp. ⬦ *sf* - **1.** [gen & MIL] base - **2.** [principio, fondamento, elemento principale] basis; **gettare le basi per qc** to lay the basis *o* foundation for sthg; **alla base di qc** at the root of sthg; **di base** basic; **in base a/sulla base di qc** according to sthg; **base dell'alimentazione** staple food; **a base di carne/aglio/frutta** meat-/garlic-/fruit-based.

baseball ['bɛzbol] *sm* baseball.

basette *sfpl* sideburns, sideboards *UK*.

basilare *agg* fundamental.

basilica, che *sf* basilica.

Basilicata *sf*: **la Basilicata** Basilicata.

basilico *sm* basil.

basket *sm* basketball.

bassifondi *smpl* slums.

basso, a *agg* - **1.** [gen] low; **a voce bassa** in a low voice - **2.** [persona] short. ◆ **basso** ⬦ *sm* - **1.** [parte inferiore] bottom; **in basso** [sul fondo] at the bottom; [verso il fondo] down; **più in basso** lower *o* further down; **quello in basso a destra foto è mio padre** the one on the bottom right of the photo is my father; **guardare in basso** to look down - **2.** MUS bass. ⬦ *avv* low; **volare basso** to fly low.

bassorilievo *sm* bas-relief.

bassotto *sm* dachshund.

basta ⬦ *esclam* (that's) enough! ⬦ *cong* so long as; **venite pure, basta non arriviate prima delle 5** do come, so long as you don't arrive before 5; **basta che** (+ congiuntivo) provided (that); **domani andremo alla spiaggia, basta che non piova** tomorrow we'll go to the beach, provided it doesn't rain.

bastardo, a ⬦ *agg* - **1.** *spreg* [illegittimo] bastard - **2.** [cane] mongrel *(dav sostantivo)*. ⬦ *sm, f* - **1.** *spreg* [persona] bastard - **2.** [cane] mongrel.

bastare [6] ⬦ *vi* - **1.** [essere sufficiente]: **bastare (a qn)** to be enough (for sb) - **2.** [durare]: **bastare (a qn)** to last (sb). ⬦ *vi impers* to be enough; **basta aspettare un po'** you only need to wait a while; **bastava dirmelo e sarei venuto a prenderti in macchina** you only had to say and I'd have come and picked you up in the car; **basta che tu lo dica** you only have to say so.

bastimento *sm* - **1.** [nave] ship - **2.** [contenuto] shipload.

bastione *sm* bastion.

bastonare [6] *vt* to beat *(with a stick)*.

bastonata *sf* blow *(with a stick)*; **prendere qn a bastonate** to give sb a beating.

bastoncino *sm* - **1.** [bacchettina] stick, rod - **2.** [da sci] ski pole. ◆ **bastoncini di pesce**® *smpl* fish fingers *UK*, fish sticks *US*.

bastone *sm* - **1.** [per appoggiarsi] stick; **bastone da montagna** walking stick; **bastone da passeggio** walking stick, cane; **mettere i bastoni fra le ruote a qn** to put a spoke in sb's wheel - **2.** [pane] baguette, French stick *UK*.

batosta *sf* - **1.** [sconfitta in competizione] beating - **2.** [danno, disgrazia] blow.

battaglia *sf* battle; **battaglia navale** [gioco] battleships *(U)*.

battaglione *sm* battalion.

battello *sm* boat.

battente ◇ *agg*: **pioggia battente** driving rain. ◇ *sm* shutter; **porta a due battenti** double door; **chiudere i battenti** *fig* [fallire] to shut up shop.

battere [7] ◇ *vt* - **1.** [colpire] to hit; **battere la testa** to bang one's head; **battevo i denti (dal freddo)** my teeth were chattering (with cold); **battere le mani** to clap one's hands; **in un batter d'occhio** in the twinkling of an eye - **2.** [dattilografare]: **battere qc (al computer)** to type o key sthg (on the computer) - **3.** [percorrere] to scour - **4.** [sconfiggere, superare] to beat - **5.** [nel calcio, rugby] to kick; **battere un fallo laterale** to take a throw-in. ◇ *vi* - **1.** [pioggia, sole] to beat down - **2.** [cuore, polso] to beat. ➤ **battersi** *vip* to fight; **battersi per qc** to fight for sthg.

batteria *sf* - **1.** [gen] battery - **2.** MUS drums *pl* - **3.** SPORT heat. ➤ **batteria da cucina** *sf* pots and pans *pl*.

batterio *sm* bacterium.

batterista, i o e *smf* drummer.

battesimo *sm* - **1.** RELIG baptism; **tenere qn a battesimo** to stand (as) godfather (godmother *f*) to sb - **2.** [di nave] naming.

battezzare [6] *vt* - **1.** RELIG to baptize - **2.** [soprannominare] to nickname - **3.** [chiamare] to name.

battibaleno *sm*: **in un battibaleno** in a flash.

battibecco, chi *sm* squabble.

batticuore *sm* - **1.** [palpitazioni] palpitations *pl* - **2.** *fig* [ansia] anxiety; **avere il batticuore** to be very anxious; **far venire il batticuore a qn** to make sb very anxious.

battigia, g(i)e *sf* shore.

battipanni *sm inv* carpet beater.

battiscopa *sm inv* skirting (board) *UK*, baseboard *US*.

battistero *sm* baptistry.

battistrada *sm inv* [di pneumatico] tread.

battitappeto *sm inv* (upright) vacuum cleaner; **passare il battitappeto** to vacuum, to hoover *UK*.

battito *sm* - **1.** [pulsazioni] beat; **battito (cardiaco)** heartbeat - **2.** [della pioggia] pattering; [dell'orologio] ticking.

battitore, trice *sm, f* [nel baseball] batter; [nel cricket] batsman (batswoman *f*).

battuta *sf* - **1.** [spiritosaggine] witticism; **fare una battuta** to make a witty remark - **2.** TEATRO line; **non perdere una battuta** *fig* not to miss a word - **3.** MUS bar; **subire una battuta d'arresto** [affari, progetto] to be in the doldrums; **alle prime battute** [impresa, proget-to] in its infancy - **4.** [caccia] beating - **5.** [retata] search - **6.** [SPORT - nel tennis] service; [- nel baseball] strike - **7.** [in dattilografia] key stroke.

battuto, a *agg* beaten; **una strada molto battuta** a well-trodden path. ➤ **battuto** *sm* CULIN mirepoix.

batuffolo *sm* wad.

baule *sm* - **1.** [valigione] trunk - **2.** [bagagliaio] boot *UK*, trunk *US*.

bauxite *sf* bauxite.

bava *sf* - **1.** [saliva – di persona] dribble; [- di animale] slobber; [- di cane idrofobo] foam; [- di lumaca] slime; **avere la bava alla bocca** *fig* to be foaming at the mouth - **2.** [soffio] breath; **bava di vento** breath of wind.

bavaglino *sm* bib.

bavaglio *sm* gag; **mettere il bavaglio a qn/qc** to gag sb/sthg.

bavero *sm* collar.

bazar *sm inv* bazaar.

bazzecola *sf* trifle.

bazzicare [15] ◇ *vt* to hang around. ◇ *vi* to hang out *fam*.

BCE (*abbr di* **Banca Centrale Europea**) *sf* ECB.

bearsi [24] *vip*: **bearsi di qc** to delight in sthg; **bearsi a fare qc** to delight in doing sthg.

beatificare [15] *vt* to beatify.

beato, a *agg* - **1.** [felice] blissful - **2.** [fortunato] lucky; **beato te/lui!** lucky you/him!

beauty-case [bjuti'kejs] *sm inv* make-up case.

bebè *sm inv* baby.

beccare [15] *vt* - **1.** [ferire col becco] to peck - **2.** [prendere col becco] to peck at - **3.** *fam*: **beccarsi qc** [un raffreddore, una malattia] to catch; [un ceffone, un giallo] to get - **4.** *fam* [sorprendere] to nab. ➤ **beccarsi** *vr* to peck (at) each other.

becchino, a *sm, f* gravedigger.

becco, chi *sm* - **1.** [di uccello] beak - **2.** *fam spreg* [bocca] mouth; **chiudere il becco** to shut one's trap; **mettere il becco in qc** [interferire] to poke one's nose in sthg - **3.** [caprone] billy-goat; **non aver il becco di un quattrino** to be (flat) broke.

beccuccio *sm* [di teiera] spout; [di caraffa, lattiera] lip.

beduino, a *agg* & *sm, f* Bedouin.

Befana *sf*: **la Befana** Epiphany, *6th January, an Italian national holiday.* ➤ **befana** *sf* - **1.** [personaggio] *an old woman who is believed to come down the chimney during the night of January 5th like Santa Claus* - **2.** *spreg* [donna brutta] hag.

beffa *sf* prank; **fare una beffa a qn** to play a prank on sb; **farsi beffe di qn/qc** to make fun of sb/sthg.

beffare [6] *vt* to laugh at. ◆ **beffarsi** *vip*: **beffarsi di qn/qc** to laugh at sb/sthg.

bega, ghe *sf* [litigio] quarrel; [pasticcio] trouble; **bega amorosa** lovers' quarrel; **cacciarsi in una bega** to get into trouble.

begli ▷ **bello**.

begonia *sf* begonia.

bei ▷ **bello**.

beige ['bɛʒ] *agg inv* & *sm inv* beige.

bel ▷ **bello**.

belare [6] *vi* to bleat.

belga, gi, ghe ◇ *agg* - 1. [persona] Belgian - 2. [insalata]: **insalata belga** chicory *UK*, endive *US*. ◇ *smf* Belgian.

Belgio *sm*: **il Belgio** Belgium.

Belgrado *sf* Belgrade.

bella *sf* - 1. [copia] clean copy, fair copy *UK* - 2. [spareggio]: **la bella** the decider - 3. = **bello**.

bellezza *sf* - 1. [gen] beauty; **che bellezza!** fantastic!; **chiudere** *o* **finire in bellezza** to round it all off - 2.: **la bellezza di qc** a good sthg; **l'ho pagato la bellezza di 2.000 euro** I paid over 2,000 euros for it. ◆ **bellezze naturali** *sfpl* natural beauty (*U*).

bellico, a, ci, che *agg* war (*dav sostantivo*).

bello, a (**bel** (*pl* **bei**) *dav sm che comincia per consonante*; **bello** (*pl* **begli**) *dav sm che comincia per s + consonante, gn, ps, x, y, z;* **bell'** (*pl m* **begli**) *dav sm o sf che comincia per vocale o h*) ◇ *agg* - 1. [donna, bambino, paesaggio, oggetto] beautiful, lovely; [uomo] handsome, good-looking; **farsi bello** to make o.s. look nice; **belle arti** fine arts - 2. [buono] good; **un bel film** a good film *esp UK* o movie *esp US*; **un bel lavoro** a good job; **un bel voto** a good o high mark o grade - 3. [notevole, grande] considerable; **tremila euro è una bella cifra!** three thousand euros is a considerable sum of money!; **c'è una bella differenza!** there's quite a difference! - 4. [rafforzativo]: **un bel niente** absolutely nothing; **nel bel mezzo del concerto** right in the middle of the concert; **un bel giorno** one fine day; **un furto bell'e buono** daylight robbery; **una bugia bell'e buona** an outright lie - 5. *iron* [brutto, cattivo]: **bella figura mi hai fatto fare!** you made me look a complete idiot!; **bell'amico sei!** a fine friend you are!; **questa è bella!** that's rich! - 6. [moralmente] fine, good; **un bel gesto** a fine gesture - 7. [tempo, stagione] fine, lovely; **una bella giornata** a fine o lovely day; **bella stagione** spring and summer. ◇ *sm, f* [persona avvenente]: **Mario è il bello del quartiere**

Mario is the best-looking boy in the neighbourhood; **Lucia era la bella della scuola** Lucia was the prettiest girl in the school. ◆ **bello** *sm* - 1. [bellezza] beauty - 2. [sereno]: **oggi fa bello** the weather's nice o fine today; **il tempo si è rimesso al bello** the weather has improved; **che bello!** [evviva] great!; **cosa fai di bello?** what have you been doing with yourself?; **il bello è che** the best thing o the best of it is (that); **sul più bello** at the crucial moment.

belva *sf* - 1. [animale] wild beast - 2. [persona feroce] animal.

belvedere *sm inv* viewpoint.

bemolle *sm* MUS flat.

benché *cong* (+ *congiuntivo*) although; **il benché minimo** the slightest.

benda *sf* - 1. [fasciatura] bandage - 2. [per gli occhi] blindfold.

bendare [6] *vt* - 1. [occhi] to blindfold - 2. [ferita, braccio] to bandage.

bendisposto, a *agg* well disposed.

bene ◇ *sm* - 1. [concetto morale] good - 2. [vantaggio, beneficio] good thing; **è un bene che se ne siano accorti subito** it's a good thing they realized straight away; **a fin di bene** for the best; **lo dico per il tuo bene** I'm saying it for your own good - 3. [amore]: **voler bene a qn** to love sb; **volersi bene** to love each other - 4. DIR property (*U*); **bene immobile** property, real estate *esp US* - 5. ECON goods *pl* - 6.: **beni** [patrimonio] property (*U*). ◇ *avv* - 1. [in modo soddisfacente] well; **lo conosco benissimo** I know him very well; **chiudi bene la porta** shut the door properly - 2. [nel modo giusto] well; **faresti bene ad andarci** you ought to go; **hai fatto bene** you did the right thing - 3. [in buona salute]: **stare/sentirsi bene** to be/feel well; **come stai? - bene, grazie, e tu?** how are you? - well, thanks, and you? - 4. [a proprio agio]: **stare bene: oggi in spiaggia si stava benissimo** it was so nice on the beach today - 5. [esteticamente]: **stare bene** to look good; **stare bene a qn** to suit sb - 6. [rafforzativo]: **sai bene che** you know very well (that); **lo credo bene** I'm not surprised; **ben tre volte** no fewer than three times; **spero bene che** I really hope (that); **di bene in meglio** better and better; **ti sta bene!** serves you right!; **va bene** [d'accordo] OK. ◇ *agg inv* wealthy.

benedettino, a *agg* & *sm, f* Benedictine.

benedetto, a ◇ *pp* ▷ **benedire**. ◇ *agg* - 1. [sacro] holy - 2. [dannato] blessed *eufem*.

benedire [101] *vt* to bless; **mandare qn a farsi benedire** *fam* to tell sb to go to hell.

benedizione *sf* - **1.** [atto] blessing - **2.** [funzione] benediction.

beneducato, a *agg* well-mannered.

beneficenza *sf* charity; **di beneficenza** charity *(dav sostantivo)*; **in beneficenza** to charity; **istituto di beneficenza** charity, charitable organization.

beneficiare [17] *vi*: **beneficiare di qc** to benefit from sthg; **beneficiare di una sovvenzione** to be awarded a grant.

beneficio *sm*: **trarre beneficio da qc** to derive benefit from sthg; **con beneficio di inventario** *fig* [con riserva] with reservations.

benefico, a, ci, che *agg* - **1.** [cura, risultati] beneficial - **2.** [ente] charitable.

Benelux, BENELUX ['beneluks] *(abbr di* BElgique, NEderland, LUXembourg) *sm*: **il Benelux** Benelux.

benessere *sm* - **1.** [salute] wellbeing; **centro benessere** spa - **2.** [agiatezza] affluence; **la società del benessere** the affluent society.

benestante <> *agg* well-to-do, well-off. <> *smf*: **essere un benestante** to be well-off; **i benestanti** the well-off.

benevolo, a *agg* benevolent.

benfatto, a *agg* - **1.** [lavoro] good; [mobile] well-made - **2.** [corpo, persona]: **una donna benfatta** a woman with a good figure.

beniamino, a *sm, f* favourite *UK*, favorite *US*; **il beniamino della maestra** the teacher's pet.

benigno, a *agg* - **1.** [tumore] benign - **2.** [critica] favourable *UK*, favorable *US* - **3.** [sguardo, sorriso] benevolent.

benintenzionato, a *agg*: **benintenzionato (verso qn)** well-meaning (towards sb); **è benintenzionata** she means well.

beninteso *avv* of course.

benpensante *smf* conformist.

benservito *sm*: **dare il benservito a qn** to fire sb, to give sb the sack *UK*.

bensì *cong* but (rather).

benvenuto, a <> *agg* welcome. <> *sm, f*: **essere il benvenuto/la benvenuta** to be welcome. ◆ **benvenuto** *sm*: **dare il benvenuto a qn** to welcome sb.

benvisto, a *agg* well-regarded.

benvolere [119] *vt*: **farsi benvolere da qn** to win sb's affection; **prendere a benvolere qn** to take (a liking) to sb.

benvoluto, a <> *pp* ⊳ **benvolere**. <> *agg* loved, well-liked.

benzina *sf* petrol *UK*, gasoline *US*, gas *US*; **fare benzina** to get petrol *UK* o gas *US*; **restare** o **rimanere senza benzina** to run out of petrol *UK* o gas *US*; **benzina super** premium (petrol *UK* o gasoline *US*); **benzina verde** o **senza piombo** unleaded o lead-free petrol *UK* o gasoline *US*.

benzinaio, a <> *sm, f* petrol- pump *UK* o gas-pump *US* attendant. ◆ **benzinaio** *sm* petrol *UK* o gas *US* station.

bere [79] <> *vt* - **1.** [acqua, vino, caffè] to drink; **vuoi qualcosa da bere?** would you like a drink?; **pagare da bere a qn** to buy sb a drink; **pago da bere a tutti!** the drinks are on me! - **2.** [consumare] to guzzle - **3.** *fam* [credere] to swallow; **darla a bere a qn** to take sb in. <> *vi* to drink. <> *sm* drink; **darsi al bere** to turn to drink.

bergamasco, a, schi, sche <> *agg* of o from Bergamo. <> *sm, f* person from Bergamo.

bergamotto *sm* bergamot.

berlina *sf* [automobile] saloon (car) *UK*, sedan *US*; **mettere alla berlina qn** to make fun of sb.

Berlino *sf* Berlin; **Berlino est/ovest** East/West Berlin.

Bermuda *sfpl*: **le (isole) Bermuda** Bermuda *(sing)*; **il triangolo delle Bermuda** the Bermuda triangle. ◆ **bermuda** *smpl* Bermuda shorts, Bermudas; **in bermuda** in Bermuda shorts o Bermudas.

bernoccolo *sm* - **1.** [bozza] bump; **farsi un bernoccolo** to get a bump - **2.** [attitudine] flair; **avere il bernoccolo di qc** to have a flair o bent for sthg.

berretto *sm* cap.

berrò *etc* ⊳ **bere**.

bersagliere *sm* bersagliere, *Italian infantry soldier with a distinctive plumed hat.*

bersaglio *sm* - **1.** [gen] target - **2.** [di critiche] object; [di scherzi] butt.

besciamella *sf* béchamel (sauce).

bestemmiare [20] <> *vi*: **bestemmiare (contro qn)** to swear (at sb). <> *vt* to curse.

bestia *sf* - **1.** [animale] beast; **andare in bestia** [arrabbiarsi] to fly into a rage; **bestia rara** oddball; **bestia nera** bête noire - **2.** *fam* [stupido] fool; **che bestia!** what a fool!

bestiale *agg* - **1.** [violenza, ferocia] brutish - **2.** [intensissimo] terrible - **3.** *fam* [fantastico] awesome.

bestialità *sf inv* idiotic thing.

bestiame *sm* [gen] livestock; [bovino] cattle *pl*.

bettola *sf spreg* dive.

betulla *sf* birch.

beva *etc* ⊳ **bere**.

bevanda *sf* drink, beverage.

beverone *sm* - **1.** [per animali] bran mash - **2.** [medicina] brew.

bevessi *etc* ▷ **bere**.

bevevo *etc* ▷ **bere**.

beviamo ▷ **bere**.

bevibile *agg* drinkable.

bevitore, trice *sm, f* drinker; **un gran bevitore** a heavy drinker.

bevo *etc* ▷ **bere**.

bevuta *sf* drink; **farsi una (bella) bevuta** to have a drink.

bevuto, a ⬦ *pp* ▷ **bere**. ⬦ *agg fam* drunk.

bevvi *etc* ▷ **bere**.

biada *sf* fodder.

biancheria *sf* linen; **biancheria intima** underwear.

bianchetto *sm* - **1.** [liquido correttore] correction fluid, Tippex® *UK*, whiteout *US* - **2.** [per scarpe] whitener.

bianco, a, chi, che ⬦ *agg* - **1.** [gen] white - **2.** [non scritto] blank. ⬦ *sm, f* [persona] white. ◆ **bianco** *sm* - **1.** [colore] white; **in bianco e nero** black-and-white; **bianco dell'uovo** egg white - **2.** [non scritto]: **in bianco** blank; [cibo]: **mangiare in bianco** to be on a plain diet; **riso/pesce/pasta in bianco** plain boiled rice/fish/pasta.

biancospino *sm* hawthorn.

biasimare [6] *vt* [persona] to blame; [condotta, azione] to condemn.

Bibbia *sf* Bible.

biberon *sm inv* (baby's) bottle.

bibita *sf* drink.

biblico, a, ci, che *agg* biblical.

bibliografico, a, ci, che *agg* bibliographical.

biblioteca, che *sf* - **1.** [edificio] library - **2.** [mobile] bookcase.

bibliotecario, a *sm, f* librarian.

BIC (*abbr di* **Bank International Code**) *sm inv* BIC.

bicamerale *agg* - **1.** [sistema] bicameral, two-chamber *(dav sostantivo)* - **2.** [commissione] bicameral.

bicameralismo *sm* bicameral system.

bicarbonato *sm*: **bicarbonato (di sodio)** bicarbonate (of soda), sodium bicarbonate.

bicchiere *sm* glass; **bicchiere di latte** glass of milk; **bicchiere di vino** wine glass.

bicentenario *sm* bicentenary *UK*, bicentennial *US*.

bici *sf inv fam* bike.

bicicletta *sf* bicycle, bike; **andare in bicicletta** [abilità] to ride a bicycle; [metodo di trasporto] to cycle; **bicicletta da corsa** racing bike.

bicipite *sm* biceps.

bicolore *agg* two-tone *(dav sostantivo)*.

bidè, bidet [bi'dɛ, bi'de] *sm inv* bidet.

bidello, a *sm, f* [di scuola] caretaker *esp UK*, janitor *US & Scotland*; [di università] porter.

bidone *sm* - **1.** [recipiente] drum; **bidone della spazzatura** dustbin *UK*, trash can *US*; **bidone del latte** churn - **2.** *fam* [imbroglio] swindle; **prendersi un bidone** to be taken for a ride; **fare o tirare un bidone a qn** to cheat o do *UK* sb - **3.** *fam* [macchina] banger *UK*, clunker *US* - **4.** *fam*: **fare il bidone a qn** to stand sb up.

bidonville [bidon'vil] *sf inv* shanty town.

biella *sf* connecting rod.

Bielorussia *sf*: **la Bielorussia** Belarus.

biennale *agg* - **1.** [che dura 2 anni] two-year *(dav sostantivo)* - **2.** [ogni 2 anni] two-yearly, biennial; **la manifestazione è biennale** the event takes place every two years. ◆ **Biennale** *sf*: **la Biennale di Venezia** the Venice Arts Festival.

biennio *sm* - **1.** [periodo] two-year period; **nell'ultimo biennio** over the past two years - **2.** [corso scolastico] *the first two years of secondary school for pupils between 14 and 16 years of age*.

bietola *sf* [foglie] (Swiss) chard; [radice] beetroot *UK*, beet *US*.

bifamiliare ⬦ *agg* two-family *(dav sostantivo)*. ⬦ *sf* two-family residence.

biforcarsi [15] *vip* to fork.

big [big] *smf inv* [dello spettacolo] star; [dell'industria] big shot.

bigamia *sf* bigamy.

BIGE ['bidʒe] (*abbr di* **Billet Individuel Groupe Étudiant**) *sm inv* FERR Individual Group Student Ticket.

bigiotteria *sf* - **1.** [gioielli] costume jewellery *UK* o jewelry *US* - **2.** [negozio] (costume) jewellery shop *UK*, (costume) jewelry store *US*.

biglia *sf* = **bilia**.

bigliardo *sm* = **biliardo**.

bigliettaio, a *sm, f* [in treno] ticket inspector; [in autobus] conductor; [in cinema, teatro] box-office attendant.

biglietteria *sf* [gen] ticket office; [di teatro, cinema] box office.

biglietto *sm* - **1.** [di viaggio, d'ingresso] ticket; **fare il biglietto** to get one's ticket; **biglietto di sola andata** single (ticket) *UK*, one-way (ticket) *US*; **biglietto di andata e ritorno** return (ticket) *UK*, round-trip (ticket) *US*; **biglietto aperto** open ticket; **biglietto della lotteria** lottery ticket; **biglietto omaggio** complimentary ticket - **2.** [d'auguri, d'invito] card; **biglietto da visita** visiting *UK o* calling *US* card - **3.** [banconota] (bank)note, bill *US* - **4.** [nota] note.

bignè *sm inv* cream puff.

bigodino *sm* roller.

bigotto, a ◇ *agg* bigoted. ◇ *sm, f* bigot.

bikini ® *sm inv* bikini.

bilancia, ce *sf* - **1.** [elettronica, da cucina] scales *pl*; [a due piatti] pair of scales; [di precisione] balance; **mettere due cose sulla bilancia** to weigh things up - **2.** [in economia]: **bilancia commerciale** balance of trade; **bilancia dei pagamenti** balance of payments. ➤ **Bilancia** *sf* ASTROL Libra; **essere della Bilancia** to be (a) Libra *o* Libran.

bilanciare [17] *vt* - **1.** [tenere in equilibrio] to even out - **2.** [pareggiare] to balance. ➤ **bilanciarsi** *vr* to balance.

bilanciere *sm* - **1.** [attrezzo sportivo] bar - **2.** [di orologio] balance wheel.

bilancio *sm* - **1.** [in contabilità – cifre] balance; [- documento] balance sheet; **fare** *o* **chiudere il bilancio** to draw up the balance sheet; **far quadrare il bilancio** to balance the books; **chiudere il bilancio in attivo/passivo** to make a profit/loss; **bilancio consuntivo** final balance; **bilancio preventivo** budget; **bilancio familiare/aziendale/statale** family/company/state budget - **2.** [valutazione]: **fare il bilancio di qc** to take stock of sthg.

bilaterale *agg* bilateral.

bilia *sf* - **1.** [di vetro] marble - **2.** [da biliardo] billiard ball.

biliardo *sm* - **1.** [gioco] billiards (*U*); **stecca/tavolo/sala da biliardo** billiard cue/table/hall - **2.** [tavolo] billiard table.

bilico *sm*: **in bilico** in the balance; **essere** *o* **stare in bilico** to be balanced; **essere in bilico tra la vita e la morte** to be hovering between life and death.

bilingue *agg* bilingual.

bilione *sm* [mille milioni] (one *o* a) billion; [milione di milioni] (one *o* a) trillion.

bilocale *sm* two-room apartment *o* flat *UK*.

bimbo, a *sm, f* child, little boy (little girl *f*).

bimestrale *agg* - **1.** [durata] two-month (*dav sostantivo*) - **2.** [ricorrenza] bimonthly.

bimestre *sm* two-month period.

binario, a *agg* binary. ➤ **binario** *sm* [rotaie] (railway) track *o* line *UK*, (railroad) track *o* line *US*; [marciapiede] platform; **binario morto** dead-end track.

bingo *sm* bingo.

binocolo *sm* binoculars *pl*.

binomio *sm* - **1.** MAT binomial - **2.** [coppia] pair.

bioagricoltura *sf* organic farming.

biochimica *sf* biochemistry.

biodegradabile *agg* biodegradable.

bioetica *sf* bioethics (*U*).

biofisica *sf* biophysics (*U*).

biografia *sf* - **1.** [storia] life story - **2.** [opera] biography.

biografico, a, ci, che *agg* biographical.

biologia *sf* biology.

biologico, a, ci, che *agg* - **1.** [scienza, ciclo] biological - **2.** [coltivazione, alimento] organic.

biologo, a, gi, ghe *sm, f* biologist.

biondo, a ◇ *agg* [uomo, ragazzo] blond; [donna, ragazza] blonde. ◇ *sm, f* [uomo, ragazzo] blond man/boy; [donna, ragazza] blonde (woman/girl).

bionico, a, ci, che *agg* bionic.

biopsia *sf* biopsy.

biossido *sm*: **biossido di carbonio** carbon dioxide.

biotecnologia *sf* biotechnology.

bioterrorismo *sm* bioterrorism.

bipede *agg* biped.

biposto *sm* two-seater.

birbante *smf* scamp.

birbone, a *sm, f* rogue.

birichinata *sf* practical joke.

birichino, a ◇ *agg* naughty. ◇ *sm, f* naughty boy (naughty girl *f*).

birillo *sm* skittle *UK*, (bowling) pin *US*. ➤ **birilli** *smpl a game similar to bowling skittles (U) UK*.

biro ® *sf inv* (ballpoint) pen, biro ® *UK*; **scrivere a biro** to write in (ballpoint) pen *o* biro *UK*.

birra *sf* beer; **birra analcolica** nonalcoholic beer, near beer *US fam*; **birra chiara** lager; **birra rossa** bitter *esp UK*; **birra scura** stout; **birra alla spina** draught *UK o* draft *US* beer.

birreria *sf* - **1.** [locale] ≃ bar, ≃ pub *esp UK* - **2.** [fabbrica] brewery.

bis ◇ *esclam* encore! ◇ *sm inv* encore; **fare il bis** [in spettacolo] to do an encore; [di cibo] to have seconds.

bisbetico, a, ci, che *agg* grumpy, grouchy.

bisbigliare [21] *vt & vi* to whisper.

bisbiglio[1] *sm* whisper.

bisbiglio[2], **ii** *sm* whispering.

bisca, sche *sf*: **bisca (clandestina)** gambling den.

biscia, sce *sf* grass snake.

biscottato, a *agg* ▷ **fetta**.

biscotto *sm* biscuit *UK*, cookie *esp US*.

biscroma *sf* MUS demisemiquaver *UK*, thirty-second note *US*.

bisessuale *agg* & *smf* bisexual.

bisestile *agg* ▷ **anno**.

bisettimanale *agg* twice-weekly.

bisnonno, a *sm, f* great-grandparent, great-grandfather (great-grandmother *f*).

bisognare [111] *vi impers*: bisogna stare attenti you must pay attention; bisogna che tu venga you must come; bisogna partire we've got to leave; bisogna dirglielo he must be told; bisognava essere lì per crederci you had to have been there to believe it; non bisogna dimenticarlo you shouldn't forget it.

bisogno *sm* - 1. [gen] need; aver bisogno di qn/qc to need sb/sthg, to be in need of sb/sthg; aver bisogno di fare qc to need to do sthg; c'è bisogno di un certificato di residenza a certificate of residence is required; non c'è bisogno di gridare! there's no need to shout!; sentire il bisogno di fare qc to feel the need to do sthg; in caso di bisogno in case of need - 2. *eufem* [necessità corporale]: avere un bisogno urgente to need to go desperately; fare i bisogni [animale] to do its business.

bisognoso, a *agg* - 1.: bisognoso di qc [affetto, consigli] in need of sthg - 2. [povero] needy.

bisonte *sm* bison.

bistecca, che *sf* steak.

bistecchiera *sf* grill *UK* o broiler *US* pan.

bisticciare [17] *vi* to bicker. ◆ **bisticciarsi** *vr* to bicker.

bisticcio *sm* quarrel.

bisturi *sm inv* scalpel.

bit [bit] *sm inv* INFORM bit.

bitorzolo *sm* bump.

bitter *sm inv* bitters *pl*.

bitume *sm* bitumen.

bivaccare [15] *vi* to bivouac.

bivio *sm* - 1. [biforcazione] fork (in the road) - 2. [momento decisivo] crossroads *(sing)*.

bizantino, a *agg* Byzantine.

bizza *sf*: fare le bizze to throw a tantrum.

bizzarro, a *agg* weird.

bizzeffe ◆ **a bizzeffe** *avv* in abundance; locali del genere ce ne sono a bizzeffe places like that are ten a penny *UK* o a dime a dozen *esp US*.

blackout [blɛk'kawut] *sm inv* blackout.

blando, a *agg* mild, gentle.

blasfemo, a *agg* blasphemous.

blasone *sm* coat of arms.

blaterare [6] ◇ *vi spreg* to blather, to blether *UK*. ◇ *vt* to blather o blether *UK* (about).

blazer ['blɛzer] *sm inv* blazer.

bleffare [6] *vi* = **bluffare**.

blindato, a *agg* - 1. [auto, mezzo] armoured *UK*, armored *US* - 2. [camera, porta]: camera blindata strongroom; porta blindata reinforced door - 3. [vetro] bulletproof.

blitz [blits] *sm inv* - 1. [militare] blitz - 2. [di polizia] raid.

bloccare [15] *vt* - 1. [gen] to block - 2. [isolare] to cut off; paesi bloccati dalla neve snowbound villages; sono rimasta bloccata in casa dalla neve I was snowed in at home - 3. [immobilizzare - porta, freni] to jam; [- deliberatamente] to immobilize - 4. [mantenere inalterato] to freeze - 5. [carta di credito] to cancel; [assegno] to stop. ◆ **bloccarsi** *vip* - 1. [fermarsi - motore] to stall; [- freni, porta] to jam; [- ascensore] to get stuck - 2. [per emozione] to freeze.

bloccaruota *agg* ▷ **ceppo**.

bloccasterzo *sm inv* steering lock.

blocchetto *sm* - 1. [per appunti] notebook - 2. [per ricevute] book; blocchetto delle ricevute receipt book.

blocco, chi *sm* - 1. [pezzo] block; in blocco [comprare, vendere] in bulk; [considerare] as a whole; [condannare] en masse; [rileggere] en bloc - 2. [quaderno] pad; blocco di carta da lettere writing pad - 3. [limite] freeze - 4. AUTO: blocco motore engine block - 5. MED: blocco renale kidney failure - 6. ▷ **posto**. ◆ **blocchi di partenza** *smpl* SPORT starting blocks.

bloc-notes *sm inv* note pad.

blu ◇ *agg inv* dark-blue. ◇ *sm inv* dark blue.

blue-jeans [blu'dʒins] *smpl* (blue) jeans.

blues [bluz] *sm inv* MUS blues *(U)*.

bluffare, bleffare [6] *vi* to bluff.

blusa *sf* blouse.

b/n *(abbr di* bianco e nero*)* b/w.

boa ◇ *sm inv* boa (constrictor). ◇ *sf* buoy.

boato *sm* [di folla] roar; [di tuono] rumble.

bob [bɔb] *sm inv* - 1. [slitta] bobsled, bobsleigh *UK* - 2. [sport] bobsledding, bobsleighing *UK*.

bobina *sf* reel, spool.

bocca, che *sf* mouth; restare a bocca aperta to be taken aback; essere di bocca buona [mangiare di tutto] to eat anything; non aprir bocca not to open one's mouth; in bocca al lupo! good luck! ◆ **bocca di leone** *sf* snapdragon.

boccaccia, ce *sf* grimace; fare le boccacce to pull o make faces.

boccaglio *sm* mouthpiece.

boccale *sm* [recipiente] jug; [da birra] mug.

boccaporto *sm* hatch.

boccata *sf*: prendere una boccata d'aria to go out for a breath of (fresh) air.

boccetta *sf* small bottle. **boccette** *sfpl* a game similar to boules played on a billiard table.

boccheggiare [18] *vi* to gasp.

bocchettone *sm* inlet.

bocchino *sm* - 1. [per sigaretta] cigarette holder - 2. [di strumento] mouthpiece.

boccia, ce *sf* bowl. **bocce** *sfpl* boules (U).

bocciare [17] *vt* - 1. [proposta, candidatura] to reject - 2. [studente] to fail.

bocciolo *sm* bud.

boccolo *sm* curl.

bocconcino *sm* small ball of fresh mozzarella.

boccone *sm* mouthful; **in un boccone** in one gulp; **buttar giù** o **mangiare un boccone** to have a quick bite.

bocconi *avv* face down; **cadere bocconi** to fall flat on one's face.

body *sm inv* - 1. [intimo] body (stocking) - 2. [sportivo] leotard.

boia ◇ *sm inv* executioner. ◇ *agg inv fam*: **fa un freddo/caldo boia** it's freezing cold/boiling hot; **avere una fame boia** to be starving to death.

boiata *sf fam* nonsense (U), garbage (U), rubbish (U) *esp UK*.

boicottare [6] *vt* to boycott.

boiler *sm inv* water heater.

bolgia, ge *sf* chaos.

Bolivia *sf*: la Bolivia Bolivia.

bolla *sf* - 1. [d'aria, sapone] bubble; **finire in una bolla di sapone** to come to nothing - 2. [vescica] blister - 3. [documento]: **bolla di accompagnamento** waybill; **bolla di consegna** delivery note; **bolla di spedizione** consignment note.

bollare [6] *vt* - 1. [documento, pacco] to stamp - 2. [giudicare] to brand.

bollato, a *agg* ▷ **carta.**

bollente *agg* boiling (hot).

bolletta *sf* [fattura] bill; **bolletta della luce** electricity bill; **essere** o **trovarsi in bolletta** to be (flat) broke.

bollettino *sm* - 1. [notiziario] report - 2. [modulo] form; **bollettino di versamento** paying-in slip *UK*, deposit slip *US*; **bollettino di spedizione** consignment note.

bollino *sm* coupon; **bollino verde** *certificate confirming that a vehicle conforms to exhaust emission standards.*

bollire [8] *vi & vt* to boil.

bollito *sm* ≃ boiled beef.

bollitore *sm* [per acqua] kettle; [per latte] milk pan; TECNOL boiler.

bollitura *sf* boiling.

bollo *sm* stamp; **bollo postale** postmark.

Bologna *sf* Bologna.

Bolzano *sf* Bolzano.

bomba *sf* - 1. [ordigno] bomb; **sei stato una bomba!** you were sensational!; **bomba atomica** atom *esp UK* o atomic *esp US* bomb; **bomba H** H-bomb; **bomba a mano** hand grenade; **bomba a orologeria** time bomb - 2. [argomento]: **tornare a bomba** to get back to the point.

bombardamento *sm* bombing, bombardment.

bombardare [6] *vt* - 1. [città, postazione nemica] to bombard - 2. [subissare]: **bombardare qn di qc** [domande, accuse] to bombard sb with sthg.

bombato, a *agg* rounded.

bomber *sm inv* - 1. [nel calcio] goal scorer - 2. [giubbotto]: **bomber (jacket)** bomber (jacket).

bombetta *sf* bowler (hat) *UK*, derby *US*.

bombola *sf* cylinder.

bomboletta *sf* spray.

bombolone *sm* - 1. [dolce] *doughnut filled with pastry cream* - 2. [bombola] cylinder.

bomboniera *sf box of sugared almonds given at a first communion or wedding.*

bonaccia, ce *sf* dead calm.

bonaccione, a *sm, f* easy-going person.

bonario, a *agg* good-natured.

bonifica, che *sf* - 1. [di terreno paludoso] reclamation - 2. [di campo minato] mine-clearing.

bonificare [15] *vt* - 1. [palude] to reclaim - 2. [da mine] to clear of mines.

bonifico *sm* BANCA credit transfer; COMM discount.

bonsai *sm inv* bonsai.

bontà *sf inv* - 1. [di persona] goodness - 2. [di merce] quality - 3. [sapore gradevole]: **che bontà!** it's delicious! - 4. [cosa buona] treat.

boom [bum] *sm inv* - 1. [economico] boom - 2. [popolarità] craze.

boomerang ['bumeran(g)] *sm inv* boomerang.

bora *sf* bora, *cold northerly wind of the Adriatic.*

borbottare [6] *vt & vi* to mutter.

borbottio, ii *sm* muttering.

borchia *sf* - 1. [per abbigliamento] stud - 2. [per tappezzeria] upholsterer's nail.

bordare [6] *vt* to hem.

bordeaux [bor'do] ◇ *agg inv* Bordeaux. ◇ *sm inv* [colore] maroon.

bordello *sm* - 1. [postribolo] brothel - 2. *fam* [fracasso] racket; **fare bordello** to make a racket - 3. *fam* [disordine] mess.

bordo *sm* - 1. [margine] edge - 2. [guarnizione] border - 3.: **a bordo (di qc)** [mezzo di trasporto] aboard *o* on board (sthg); **salire a bordo di una nave/un aereo** to (go on) board a ship/a plane; **salire a bordo di un'auto** to get in(to) a car.

boreale *agg* northern.

borgata *sf* - 1. [in campagna] hamlet - 2. [in città] working-class suburb.

borghese ◇ *agg* - 1. [classe, famiglia] middle-class; [conformismo, pregiudizio] bourgeois - 2. [civile] civilian; **in borghese** in civilian clothes, in civvies *fam*; **agente** *o* **poliziotto in borghese** plain-clothes policeman. ◇ *smf* [gen] middle-class person; [conformista] bourgeois.

borghesia *sf* bourgeoisie, middle class; **alta/piccola borghesia** upper-middle/lower-middle class.

borgo, ghi *sm* village.

boria *sf* arrogance.

borlotto *sm* borlotti bean.

borotalco®, **chi** *sm* talcum powder.

borraccia, ce *sf* water bottle.

borsa *sf* - 1. [contenitore] bag; **borsa dell'acqua calda** hot-water bottle; **borsa del ghiaccio** ice pack; **borsa frigo** *o* **termica** coolbag *UK*, coolbox *UK*, cooler *US* - 2. [da signora] handbag, purse *US* - 3. [sussidio]: **borsa di studio** (student) grant *UK*, scholarship *US* - 4. [rigonfiamento]: **avere le borse sotto gli occhi** to have bags under one's eyes. ◆ **Borsa** *sf* FIN Stock Exchange; **Borsa telematica** computerized stock exchange; **Borsa valori** Stock Exchange; **giocare in Borsa** to speculate on the Stock Exchange.

borsaiolo, a *sm, f* pickpocket.

borsellino *sm* purse *UK*, wallet *US*.

borsello *sm* (man's) handbag *o* purse *US*.

borsetta *sf* handbag, purse *US*; **borsetta da sera** evening bag.

borsino *sm* trading desk.

borsista, i, e *smf* grant *UK* *o* scholarship *US* holder.

boscaglia *sf* brush (U).

boschetto *sm* grove.

bosco, schi *sm* wood.

Bosnia *sf*: **la Bosnia (Erzegovina)** Bosnia (and Herzegovina).

bosniaco, a, ci, che *agg* & *sm, f* Bosnian.

bosso *sm* [albero] box (tree); [legno] box (wood).

bossolo *sm* cartridge case.

BOT [bɔt] (*abbr di* **Buono Ordinario del Tesoro**) *sm inv* FIN Treasury Bond.

botanica *sf* botany.

botanico, a, ci, che ◇ *agg* - 1. botanic, botanical - 2. ▷ **giardino**. ◇ *sm, f* botanist.

botola *sf* trapdoor.

Botox® *sm inv* Botox®.

botta *sf* - 1. *fig* blow - 2. [rumore] bang; **a botta e risposta** cut-and-thrust. ◆ **botte** *sfpl* blows; **riempire qn di botte** to beat up sb; **dare un sacco di botte a qn** to give sb a good thrashing *o* hiding; **fare a botte** to come to blows.

botte *sf* barrel; **essere in una botte di ferro** *fig* to be as safe as houses; **volere la botte piena e la moglie ubriaca** *fig* to want to have one's cake and eat it *UK* o and eat it too *US*.

bottega, ghe *sf* - 1. [negozio] shop *esp UK*, store *esp US*; [laboratorio artigiano] workshop - 2. *fam* [patta] fly *esp US*, flies *pl UK*; **avere la bottega aperta** to have one's fly open *esp US* o flies undone *UK*.

botteghino *sm* - 1. [di teatro] box office - 2. [di stadio] ticket office - 3. [del lotto] lottery office.

bottiglia *sf* bottle; **bottiglia di vino** bottle of wine; **bottiglia da vino** wine bottle.

bottiglione *sm* large bottle.

bottino *sm* - 1. [di rapina] loot - 2. [di guerra] booty - 3. [pozzo nero] cesspool.

botto *sm* [fragore] bang; **di botto** suddenly. ◆ **botti** *smpl* firecrackers.

bottone *sm* button; **bottone automatico** press stud *UK*, snap *US*; **attaccare un bottone a qn** *fig* to buttonhole sb.

botulino *sm* Botox®.

bouquet [bu'kɛ, bu'ke] *sm inv* bouquet.

boutique [bu'tik] *sf inv* boutique.

bovino, a *agg* bovine; **carne bovina** beef; **allevamento bovino** cattle rearing. ◆ **bovino** *sm* cow; **bovini** cattle *pl*.

box [bɔks] *sm inv* - 1. [garage] garage - 2. [nell'automobilismo] pit - 3. [per cavalli] horsebox *UK*, horse trailer *US* - 4. [per bambini] playpen - 5. [loc]: **box doccia** shower cubicle.

boxe [bɔks] *sf* boxing.

boxer ⟨⟩ *sm inv* [cane] boxer. ⟨⟩ *smpl* [mutande] boxer shorts, boxers.

boy scout [bɔis'kaut] *sm inv* Boy Scout, Scout *UK*.

bozza *sf* - 1. [abbozzo] draft - 2. TIPO proof.

bozzetto *sm* sketch.

BR (*abbr di* **Brigate Rosse**) *sfpl* Red Brigades (*Italian terrorist group*).

braccare [15] *vt fig* to hunt.

braccetto *sm*: **a braccetto** arm in arm; **prendere a braccetto qn** to take sb by the arm.

bracciale *sm* - 1. [monile] bracelet - 2. [di riconoscimento] armband - 3. [salvagente] waterwing, armband *UK*.

braccialetto *sm* bracelet.

bracciante *smf* (day) labourer *UK* o laborer *US*.

bracciata *sf* stroke.

braccio *sm* - 1. (*fpl* **braccia**) [arto] arm; **in braccio** in one's arms; **il braccio destro di qn** *fig* sb's right-hand man; **braccio di ferro** *fig* trial of strength - 2. (*mpl* **bracci**) [di edificio, carcere] wing; **il braccio della morte** death row - 3. (*mpl* **bracci**) [di gru, leva] arm - 4. (*mpl* **bracci**) [stretto]: **braccio di mare** strait; **braccio di terra** isthmus.

bracciolo *sm* - 1. [di poltrona] arm - 2. [salvagente] waterwing, armband *UK*.

brace *sf* embers *pl*; **alla brace** CULIN grilled; **cuocere qc alla brace** to grill sthg.

braciola *sf* CULIN chop.

bradipo *sm* sloth.

brado *agg*: **allo stato brado** in the wild o natural state.

Braille® ['brail] *agg inv* & *sm* Braille.

brama *sf* yearning; **brama di qn/qc** yearning for sb/sthg; **brama di fare qc** yearning to do sthg.

bramare [6] *vt* to yearn for; **bramare di fare qc** to yearn to do sthg.

branca, che *sf* branch.

branchia *sf* ZOOL gill.

branco, chi *sm* - 1. [di cani, lupi] pack - 2. *spreg* [di persone] bunch; **un branco di imbecilli** a bunch of idiots.

brancolare [6] *vi* to grope; **brancolare nel buio** *fig* to grope in the dark.

branda *sf* camp bed *UK*, cot *US*.

brandello *sm* shred; **a brandelli** in shreds; **fare qc a brandelli** to tear sthg to shreds.

brandina *sf* camp bed *UK*, cot *US*.

brandy ['brendi] *sm inv* brandy.

brano *sm* passage.

branzino *sm* sea bass.

brasato, a *agg* braised. ◆ **brasato** *sm* braised beef.

Brasile *sm*: **il Brasile** Brazil.

brasiliano, a *agg* & *sm, f* Brazilian.

bravo, a ⟨⟩ *agg* good; **fare il bravo** to be a good boy; **da bravo** like a good boy. ⟨⟩ *esclam* well done!

bravura *sf* skill; **un pezzo di bravura** a bravura piece.

break [brek] ⟨⟩ *sm inv* [pausa] break. ⟨⟩ *esclam* [nel pugilato] break!

breccia, ce *sf* [varco] breach; **far breccia nel cuore di qn** *fig* to find the way to sb's heart; **essere sulla breccia** *fig* to be going strong.

bresaola *sf* bresaola, *air-dried salted beef fillet served in thin slices*.

bretella *sf* - 1. [strada] slip road *UK*, ramp *US* - 2. [spallina] strap. ◆ **bretelle** *sfpl* [per pantaloni] braces *UK*, suspenders *US*.

breve *agg* brief; **a breve distanza (da)** not far (from); **sarò breve** I'll be brief; **per farla breve** to cut a long story short; **in breve** in brief; **a breve (termine)** short-term.

brevettare [6] *vt* to patent.

brevetto *sm* - 1. [di invenzione, scoperta] patent - 2. [abilitazione]: **brevetto da pilota** pilot's licence *UK* o license *US*; **brevetto sportivo** sports certificate; **brevetto di nuoto** swimming certificate.

brevità *sf* brevity.

brezza *sf* breeze.

bricco, chi *sm* jug; **bricco del latte** milk jug; **bricco del caffè** coffeepot.

briciola *sf* - 1. [di pane, biscotti] crumb - 2. *fig* [parte minima]: **briciole** scraps.

briciolo *sm*: **non avere un briciolo di qc** not to have an ounce of sthg.

bricolage [briko'laʒ] *sm* do-it-yourself, DIY *UK*.

briga, ghe *sf* - 1. [problema] problem; **non voglio brighe** I don't want any trouble; **darsi** o **prendersi la briga di fare qc** to take the trouble to do sthg - 2. [lite]: **attaccar briga** to start a quarrel.

brigadiere *sm* ≃ sergeant.

brigante *sm* brigand.

brigata *sf* - 1. [compagnia] gang - 2. MIL brigade; **le Brigate Rosse** POLIT the Red Brigades (*Italian terrorist group*).

brigatista, i, e *smf* POLIT *member of the Red Brigades*.

briglia *sf* rein; **a briglia sciolta** *fig* without restraint.

brillante ⟨⟩ agg - **1.** [luce, colore] bright; [superficie, specchio, moneta] shiny; [gioiello] sparkling - **2.** [persona, conversazione] witty - **3.** [idea, carriera] brilliant - **4.** [attore] comic; **commedia brillante** light comedy. ⟨⟩ sm diamond.

brillantina sf brilliantine.

brillare [6] ⟨⟩ vi - **1.** [splendere] to shine - **2.** fig [distinguersi]: **brillare per qc** to be noted for sthg - **3.** [esplodere] to go off. ⟨⟩ vt to set off.

brillo, a agg fam tipsy.

brina sf (hoar-)frost.

brindare [6] vi: **brindare a qn/qc** to drink to o toast sb/sthg.

brindisi sm inv toast; **fare un brindisi a qn/qc** to drink a toast to sb/sthg.

brioche [bri'ɔʃ] sf inv brioche.

briscola sf - **1.** [gioco] type of card game - **2.** [seme] trumps pl.

britannico, a, ci, che ⟨⟩ agg British; **le Isole Britanniche** the British Isles. ⟨⟩ sm, f British person, Briton form; **i britannici** the British.

brivido sm [di freddo, febbre] shiver; [di ribrezzo] shudder; [di piacere, paura] thrill; **avere i brividi** to have the shivers; **dare** o **far venire i brividi a qn** to give sb the shivers.

brizzolato, a agg [barba, capelli] grizzled; [persona] grey- haired UK, gray-haired US.

brocca, che sf jug.

broccato sm brocade.

broccolo sm broccoli (U).

brochure [broʃ'ʃur] sf inv brochure.

brodo sm [pietanza] broth; [per cucinare] stock; **brodo ristretto** consommé; **tutto fa brodo** fig it's all grist to the mill; **andare in brodo di giuggiole** fig to go into raptures.

broker ['brɔkər] smf inv - **1.** FIN broker - **2.** [intermediario]: **broker di assicurazioni** insurance broker.

bromuro sm bromide.

bronchite sf bronchitis.

broncio sm: **fare il broncio (a qn)** to sulk (with sb).

brontolare [6] vi - **1.** [lagnarsi] to grumble - **2.** [stomaco] to rumble.

bronzo sm bronze.

brossura sf: **in brossura** paperback.

brucare [15] vt to nibble at.

bruciapelo ⟶ **a bruciapelo** avv point-blank.

bruciare [17] ⟨⟩ vt - **1.** [gen] to burn; [edificio] to burn down; **bruciarsi un dito/una ma-** no/la lingua to burn one's finger/hand/tongue; **bruciare dal sole** sunburned, sunburnt; **bruciare le tappe** to forge ahead - **2.** [col ferro da stiro] to scorch. ⟨⟩ vi - **1.** [gen] to burn; [foresta, edificio] to be on fire - **2.** [sole, sabbia] to be burning. ⟶ **bruciarsi** ⟨⟩ vr to burn o.s. ⟨⟩ vip - **1.** [sugo, arrosto, torta] to burn - **2.** [lampadina, fusibile] to blow.

bruciato, a agg - **1.** [dal fuoco] burned, burnt - **2.** [dal sole - pelle] (sun)burned, (sun)burnt; [- capelli] bleached; [- campagna, campo] parched. ⟶ **bruciato** sm burning; **odore di bruciato** smell of burning; **sapore di bruciato** burned o burnt taste.

bruciatura sf burn; **farsi una bruciatura** to burn o.s.

bruciore sm burning sensation; **bruciore di stomaco** heartburn.

bruco, chi sm [di insetto] grub; [di farfalla] caterpillar.

brufolo sm pimple, spot UK.

brughiera sf moor.

brulicante agg: **brulicante di qc** swarming with sthg.

brulicare [15] vi: **brulicare di qc** to swarm with sthg.

brulichio sm swarming.

brullo, a agg bare.

bruno, a ⟨⟩ agg [occhi] brown; [capelli] brown, dark; [carnagione] dark; [persona] dark(-haired). ⟨⟩ sm, f [uomo] dark-haired man; [donna] brunette.

bruscamente avv - **1.** [di colpo] suddenly - **2.** [in malo modo] abruptly.

bruschetta sf bruschetta, toasted bread rubbed with garlic and drizzled with olive oil.

brusco, a, schi, sche agg - **1.** [tono, modi] abrupt - **2.** [frenata, movimento] sudden.

brusio, ii sm [di voci] buzz; [di insetti] buzzing.

brutale agg - **1.** [gen] brutal - **2.** [forza, istinto] brute (dav sostantivo).

brutalità sf inv brutality.

brutta sf rough copy o draft; **in brutta** in rough.

brutto, a ⟨⟩ agg - **1.** [persona, lineamenti, oggetto] ugly - **2.** [notizia, esperienza, tempo, stagione] bad - **3.** [malattia, ferita] nasty; **vedersela brutta** to think one's time has come - **4.** [vizio, abitudine] nasty, bad - **5.** [imbroglione, bugiardo] rotten. ⟨⟩ sm, f ugly person. ⟶ **brutto** sm - **1.** [aspetto negativo]: **il brutto è che** the problem is (that) - **2.** [maltempo]: **il tempo vol-**

ge al brutto the weather's taking a turn for the worse; **oggi fa brutto** the weather's bad today.

Bruxelles [bruk'sɛl, brus'sɛl] sf Brussels.

BSE (abbr di Bovine Spongiform Encephalopathy) sf BSE.

buca, che sf [fosso, in golf] hole; [in biliardo] pocket; **buca delle lettere** letterbox UK, mailbox US; **buca del suggeritore** prompter's box.

bucaneve sm inv snowdrop.

bucare [15] vt to make a hole in; **bucare il biglietto** [obliterare] to punch the ticket; **bucare (una gomma)** to get a puncture (in a tyre UK o tire US). ◆ **bucarsi** ⬥ vr - 1. [pungersi] to prick o.s. - 2. gergo droga [drogarsi] to mainline. ⬥ vip [forarsi] to get a puncture.

Bucarest sf Bucharest.

bucatini smpl bucatini, long pasta tubes.

bucato, a agg [scarpa] with a hole in it; [gomma] punctured. ◆ **bucato** sm laundry, washing UK; **fare il bucato** to do the laundry o washing UK.

buccia, ce sf [di banana, pesca, patata, salame] skin; [di arancia] peel; [di mela] peel, skin.

bucherellato, a agg full of holes.

buco, chi sm - 1. [gen] hole; **buco della serratura** keyhole; **fare un buco nell'acqua** to draw a blank; **avere un buco nello stomaco** to be starving; **il buco nell'ozono** the hole in the ozone layer - 2. gergo droga [di eroina] fix - 3. [casa] cramped little house; [parcheggio] parking space.

bucolico, a, ci, che agg bucolic.

Budapest sf Budapest.

buddismo sm Buddhism.

buddista, i, e agg & smf Buddhist.

budella sfpl fam intestine; **fare rivoltare le budella a qn** to turn sb's stomach.

budget ['baʤet] sm inv budget.

budino sm pudding.

bue (pl buoi) sm ox.

bufalo, a sm, f - 1. buffalo - 2. ⊳ **mozzarella**. ◆ **bufala** sf scherz howler.

bufera sf storm.

buffet [buf'fɛ] sm inv buffet.

buffetto sm pat.

buffo, a agg - 1. [comico] funny - 2. [strano] funny, strange.

buffone, a sm, f - 1. [persona poco seria] fool - 2. [giullare] jester.

bug [bag] sm inv INFORM bug.

bugia sf - 1. [menzogna] lie - 2. [portacandela] candle holder.

bugiardino sm instructions pl.

bugiardo, a ⬥ agg lying. ⬥ sm, f liar.

buio, a agg dark. ◆ **buio** sm dark; **fare buio** to become o go dark; **buio pesto** pitch dark; **al buio** in the dark; **tenere qn al buio di qc** fig to keep sb in the dark about sthg.

bulbo sm - 1. BOT bulb - 2. ANAT: **bulbo oculare** eyeball.

Bulgaria sf: **la Bulgaria** Bulgaria.

bulimia sf bulimia.

bulldog sm inv bulldog.

bulldozer sm inv bulldozer.

bullo, a sm, f bully.

bullone sm bolt.

bunker ['bunker] ⬥ sm inv bunker. ⬥ agg inv: **aula bunker** a maximum-security courtroom where the most important political and criminal trials are held.

buonafede sf - 1. [onestà] good faith - 2. [fiducia] trust.

buonanotte ⬥ sf good night; **dare la buonanotte (a qn)** to say good night (to sb). ⬥ esclam good night!

buonasera esclam good evening!

buondì esclam [di mattina] good morning!; [di pomeriggio] good afternoon!

buongiorno ⬥ sm [di mattina] good morning; [di pomeriggio] good afternoon; **dare il buongiorno (a qn)** to say good morning/good afternoon (to sb). ⬥ esclam [di mattina] good morning!; [di pomeriggio] good afternoon!

buongrado ◆ **di buongrado** avv willingly.

buongustaio, a sm, f gourmet.

buongusto sm good taste.

buono, a (buon dav sm che comincia per vocale o consonante + vocale, l o r; buono dav sm che comincia per s + consonante, z, x, gn, ps) ⬥ agg - 1. [di alta qualità] good; **un buon ristorante/voto/film** a good restaurant/mark o grade/film esp UK o movie esp US; **la buona cucina** good food - 2. [gradevole] nice; **una buona notizia** good news (U); **che buono!** lovely; **buono questo caffè!** nice coffee! - 3. [cortese, gentile] good; **buone maniere** good manners; **essere buono con qn** to be kind to sb - 4. [tranquillo, calmo]: **stare buono** to be good - 5. [bravo, abile] good - 6. [efficace, funzionante] good; **avere una vista buona/un buon udito** to have good eyesight/hearing; **in buono stato** in good condition - 7. [valido, accettabile - ragione, idea] good; [- biglietto] valid - 8. [conveniente, vantaggioso]: **il momento buono/l'occasione buona** the right moment/occasion; **fare un buon prezzo a qn** to give sb a good price; **a buon mercato** cheap; **buono a sapersi** that's good to know - 9. [rispettabile] good; **la buona società** polite society - **10.** [negli auguri]: **buon appetito!** enjoy your meal!; **buon compleanno!** happy birthday!; **buon Natale!** happy *o* merry Christmas!; **fate buon viaggio!** have a good trip! - **11.** [rafforzativo] good; **di buon mattino** early in the morning; **ci vorrà un'ora buona** it'll take at least an hour; **alla buona** simple. <> *sm, f* [persona] goody *UK fam*, good guy *US fam*; **i buoni e i cattivi** the goodies and the baddies *UK fam*, the good guys and the bad guys *US fam*. ◆ **buono** *sm* - **1.** [aspetto positivo] good thing; **ha di buono che...** the good thing about him/her etc is (that)... - **2.** [coupon] coupon; **buono omaggio** free gift voucher; **buono pasto** *a voucher from one's employer for buying food* luncheon voucher *UK*; **buono sconto** money-off coupon - **3.** ECON bond; **buono del Tesoro** Treasury bond.

buonsenso, buon senso *sm* common sense.

buonumore *sm* good mood; **di buonumore** in a good mood.

burattino *sm* puppet.

burbero, a *agg* surly.

burlarsi [6] *vip*: **burlarsi di qn/qc** to make fun of sb/sthg.

burocratico, a, ci, che *agg* bureaucratic.

burocrazia *sf* bureaucracy.

burrasca, sche *sf* - **1.** [tempesta] storm - **2.** [litigio] row - **3.** [scompiglio] crisis.

burrascoso, a *agg* - **1.** [mare, tempo, discussione, lite] stormy - **2.** [passato, vita] turbulent.

burro *sm* butter; **burro di arachidi** peanut butter; **burro di cacao** cocoa butter.

burrone *sm* ravine.

buscare [15] *vt fam* to get; **buscarsi qc** to get sthg; **buscarle** to get a hiding.

bussare [6] *vi* to knock.

bussola *sf* compass; **perdere la bussola** *fig* to lose one's cool.

busta *sf* envelope; **busta a finestra** window envelope; **busta paga** pay packet *UK*, paycheck *US*.

bustarella *sf* bribe.

bustina *sf* sachet; **bustina di tè** teabag.

busto *sm* - **1.** [tronco, statua] bust; **a mezzo busto** half-length - **2.** [corsetto] corset.

butano *sm* butane.

buttafuori *smf inv* bouncer.

buttare [6] *vt* - **1.** [lanciare] to throw; **buttare fuori qn** to throw sb out; **buttare qc a qn** to throw sb sthg, to throw sthg to sb; **buttare la pasta** to put the pasta in (the water); **buttare all'aria qc** [stanza] to turn sthg upside down; [piani, progetti] to ruin sthg - **2.** [eliminare]: **but-**

tare via qc to throw sthg away; **roba da buttare** rubbish *esp UK*, trash *US*. ◆ **buttare giù** *vt* - **1.** [edificio, muro] to knock down - **2.** [boccone, medicina] to swallow - **3.** [appunti, note] to jot down - **4.** [indebolire] to debilitate - **5.** [avvilire] to get down. ◆ **buttarsi** *vr* - **1.** [lanciarsi] to throw o.s.; **buttarsi giù** [demoralizzarsi] to lose heart - **2.** [tentare, rischiare] to give it a go.

butterato, a *agg* pockmarked.

c, C *sm o sf inv* c, C.

C (*abbr di* Celsius) C.

ca. (*abbr di circa*) c., ca.

c.a. (*abbr di corrente anno*) current year.

CAB [kab] (*abbr di* Codice di Avviamento Bancario*) *sm inv* Bank Code.

cabaret [kaba're, kaba're] *sm inv* cabaret.

cabina *sf* - **1.** [di nave] cabin - **2.** [in spiaggia] beach hut - **3.** [di autocarro, treno] cab. ◆ **cabina telefonica** *sf* telephone box *UK o* booth *US*.

cabinato *sm* cabin cruiser.

cabinovia *sf* cableway.

cablaggio *sm* wiring.

cabrio <> *agg inv* convertible. <> *sm o sf inv* convertible.

cabriolet [kabrjo'lɛ, kabrjo'le] *sm inv* convertible, cabriolet.

cacao *sm* - **1.** [pianta] cacao - **2.** [polvere] cocoa.

cacare [15] *vi* = cagare.

cacca, che *volg sf* shit.

caccia, ce *sf* - **1.** [alla volpe, al cinghiale] hunt; [di volatili] shoot; **andare a caccia** to go hunting; **caccia grossa** big-game hunting - **2.** [inseguimento] pursuit; **dare la caccia a qn** to hunt sb; **caccia all'uomo** manhunt - **3.** [ricerca] search; **essere a caccia di qc** to be looking for sthg; **andare a caccia di guai** to look for trouble; **caccia al tesoro** treasure hunt. ◆ **caccia** *sm inv* fighter (plane).

cacciagione *sf* game.

cacciare [17] <> *vt* - **1.** [animali] to hunt - **2.** [mandare via] to throw out - **3.** *fam* [mettere] to put - **4.** *fam* [tirar fuori] to get out

- 5. [emettere] to let out. <> *vi* [andare a caccia] to go hunting. **◆ cacciarsi** *vr fam* **- 1.** [nascondersi] to hide o.s. **- 2.** [mettersi] to end up.

cacciatora *sf*: pollo/coniglio alla cacciatora chicken/rabbit chasseur.

cacciatore, trice *sm, f* hunter; **cacciatore di frodo** poacher; **cacciatore di teste** headhunter.

cacciavite *sm* screwdriver; **cacciavite a stella** Phillips screwdriver®.

cacciucco, chi *sm* fish soup.

cachemire ['kaʃmir] *sm inv* cashmere.

cachet [kaʃ'ʃɛ] *sm inv* **- 1.** [compressa] tablet **- 2.** [compenso] fee **- 3.** [tintura] colour *UK* o color *US* rinse.

cachi <> *agg inv* [colore] khaki. <> *sm inv* **- 1.** [colore] khaki **- 2.** [pianta, frutto] persimmon.

cacio *sm region* cheese.

cactus *sm inv* cactus.

cadavere *sm* corpse.

caddi *etc* ▷ **cadere**.

cadente *agg* [edificio] crumbling.

cadenza *sf* **- 1.** [inflessione] intonation **- 2.** [passo] pace **- 3.** *MUS* cadenza.

cadere [84] *vi* **- 1.** [gen] to fall; **far cadere qn/qc** to knock sb/sthg over **- 2.** [aereo] to crash **- 3.** [crollare] to fall down **- 4.** [staccarsi - capelli, denti] to fall out; [- foglie] to fall **- 5.** [abito]: **cadere bene** to hang well **- 6.** [al telefono]: **è caduta la linea** I/you *etc* have been cut off **- 7.** [capitare]: **cadere a proposito** to come at the right time.

cadrò *etc* ▷ **cadere**.

caduta *sf* **- 1.** [gen] fall; **'caduta massi'** 'falling rocks' **- 2.** [di capelli] loss.

caduto, a <> *pp* ▷ **cadere**. <> *agg* fallen. **◆ caduto** *sm* fallen soldier; **i caduti** the fallen.

caffè *sm inv* **- 1.** [grani, bevanda] coffee; **caffè macinato** ground coffee; **caffè solubile** instant coffee; **caffè corretto** liqueur coffee; **caffè espresso** espresso (coffee); **caffè lungo** weak espresso; **caffè macchiato** espresso with a dash of milk; **caffè d'orzo** barley coffee; **caffè ristretto** extra strong espresso **- 2.** [bar] café.

caffeina *sf* caffeine.

caffelatte, caffellatte *sm inv* white coffee.

caffetteria *sf* coffee bar.

caffettiera *sf* **- 1.** [per fare il caffè] coffeemaker **- 2.** [bricco] coffeepot.

cafone, a <> *agg spreg* boorish. <> *sm, f* boor.

cagare, cacare [15] *vi volg* to shit; **cagarsi sotto** o **addosso** [aver paura] to shit o.s.

cagliare [21] *vi* & *vt* to curdle.

Cagliari *sf* Cagliari.

cagna *sf* ZOOL bitch.

cagnara *sf fam* din.

CAI ['kai] (*abbr di* Club Alpino Italiano) *sm* Italian Alpine Club.

CAI-post [kai'pɔst] (*abbr di* Corriere accelerato internazionale postale) *sm* ≃ Special Delivery.

Cairo *sf*: **Il Cairo** Cairo.

cala *sf* inlet.

calabrese *agg* & *smf* Calabrian.

Calabria *sf*: **la Calabria** Calabria.

calabrone *sm* hornet.

calamaio *sm* inkpot.

calamaretto *sm* squid.

calamaro *sm* squid.

calamita *sf* magnet.

calamità *sf inv* calamity; **calamità naturale** natural disaster.

calare [6] <> *vt* **- 1.** [gen] to lower **- 2.** [nel lavoro a maglia] to decrease. <> *vi* **- 1.** [gen] to fall; **calare di peso** to lose weight **- 2.** [vista] to get worse; [voce] to get lower. **◆ calarsi** *vr* [scendere] to lower o.s.

calca *sf* crowd.

calcagna *sfpl*: **avere qn alle calcagna** to have sb at one's heels.

calcagno *sm* heel.

calcare [6] <> *sm* **- 1.** [roccia] limestone **- 2.** [deposito] limescale. <> *vt* **- 1.** [calpestare]: **calcare le scene** [recitare] to tread the boards; **calcare le orme di qn** to follow in sb's footsteps **- 2.** [premere] to press; **calcare la mano** [esagerare] to go too far.

calcareo, a *agg* calcareous.

calce <> *sf* lime. <> *sm*: **in calce (a qc)** at the bottom (of sthg).

calcestruzzo *sm* concrete.

calcetto *sm* **- 1.** [gioco] table football *UK*, foosball *US* **- 2.** [sport] five-a-side soccer o football *UK*.

calciare [17] *vt* to kick.

calciatore, trice *sm, f* soccer player, footballer *UK*, football player *UK*.

calcificarsi [15] *vip* to calcify.

calcinaccio *sm* **- 1.** [intonaco] piece of plaster **- 2.** [rovine] rubble.

calcio *sm* **- 1.** [pedata] kick; **dare** o **tirare un calcio a qn/qc** to kick sb/sthg, to give sb/sthg a kick; **prendere qn/qc a calci** to kick sb/sthg **- 2.** [sport] soccer, football *UK*; **calcio d'angolo**

corner kick; **calcio d'inizio** kick-off; **calcio di punizione** free kick; **calcio di rigore** penalty (kick) - **3.** [di arma] butt - **4.** CHIM calcium.

calcio-balilla *sm inv* table football *UK*, foosball *US*.

calcistico, a, ci, che *agg* soccer *(dav sostantivo)*, football *(dav sostantivo) UK*.

calco, chi *sm* - **1.** [gen] cast - **2.** [disegno copiato] tracing - **3.** LING calque.

calcolare [6] *vt* - **1.** [fare un calcolo, prevedere] to calculate - **2.** [valutare] to evaluate - **3.** [includere] to include.

calcolatore, trice *agg* calculating.

calcolatrice *sf* calculator.

calcolo *sm* - **1.** MAT & MED calculus; **calcolo delle probabilità** probability theory; **calcolo renale** kidney stone - **2.** [valutazione] calculation; **per calcolo** out of self-interest.

caldaia *sf* boiler.

caldarrosta *sf* roast chestnut.

caldo, a *agg* [gen] warm; [intenso] hot; **piatti freddi e caldi** hot and cold dishes. ◆ **caldo** *sm* [calore] heat; **oggi è** o **fa caldo** [piacevolmente] it's warm today; [esageratamente] it's hot today; **ho caldo** [piacevolmente] I'm warm; [esageratamente] I'm hot; **questo cappotto tiene caldo** this coat is warm; **tenere in caldo qc** [cena] to keep sthg warm; **qualcosa di caldo** [cibo, bevanda] something hot; **non mi fa né caldo né freddo** I don't care either way; **a caldo** in the heat of the moment.

caleidoscopio *sm* kaleidoscope.

calendario *sm* calendar.

calesse *sm* gig.

calibrato, a *agg* - **1.** [risposta, discorso] measured - **2.** [taglia] made-to-measure.

calibro *sm* - **1.** *fig* [di arma] calibre *UK*, caliber *US*; **di grosso calibro** [autorevole] leading *(dav sostantivo)* - **2.** [strumento] callipers *pl UK*, calipers *pl US*.

calice *sm* - **1.** [bicchiere] goblet; RELIG chalice - **2.** [di fiore] calyx.

californiano, a *agg & sm, f* Californian.

caligine *sf* [fumo] smog; [nebbia] fog.

call center [kɔl'sɛntɛr] *sm inv* call centre *UK*, call center *US*.

calligrafia *sf* handwriting; **avere una bella/brutta calligrafia** to have good/bad handwriting.

callista, i, e *smf* chiropodist *esp UK*, podiatrist *esp US*.

callo *sm* [sui piedi] corn; [sulle mani] callus; **fare il callo a qc** to get used to sthg; **pestare i calli a qn** to tread on sb's toes.

calma *sf* - **1.** [quiete] quiet - **2.** [serenità] calm; **con calma** at one's own speed.

calmante ◇ *agg* soothing. ◇ *sm* - **1.** [analgesico] painkiller - **2.** [sedativo] sedative.

calmare [6] *vt* - **1.** [dolore] to lessen - **2.** [persona] to calm down. ◆ **calmarsi** *vip* - **1.** [persona] to calm down; **calmati!** calm down! - **2.** [dolore] to lessen - **3.** [mare] to become calm; [vento] to drop.

calmo, a *agg* calm; **stare calmo** to stay o keep calm.

calo *sm* - **1.** [di prezzi, valore] fall; **essere in calo** to be falling - **2.** [di vista, di udito] loss; **calo di pressione** drop in blood pressure.

calore *sm* - **1.** [gen] heat - **2.** [entusiasmo] enthusiasm - **3.** ZOOL: **essere in calore** to be on *UK* o in *US* heat; **andare in calore** to come on *UK* o go into *US* heat.

caloria *sf* calorie.

calorico, a, ci, che *agg* calorific.

calorifero *sm* radiator.

caloroso, a *agg* - **1.** [applauso, accoglienza] warm - **2.** [non freddoloso]: **essere caloroso** not to feel the cold.

calotta *sf* cap.

calpestare [6] *vt* - **1.** [erba] to trample; **'vietato calpestare le aiuole'** 'keep off the grass' - **2.** [diritti] to trample on.

calunnia *sf* slander.

calura *sf* heat.

calvinista, i, e *agg & smf* Calvinist.

calvo, a ◇ *agg* bald. ◇ *sm, f* bald person.

calza *sf* - **1.** [da donna] stocking; **calza della Befana** a *stocking full of presents left by the "Befana", on January 6th for all good Italian children*; **calza elastica** support stocking - **2.** [calzettone] sock - **3.**: **fare la calza** [lavorare a maglia] to knit. ◆ **calze** *sfpl* [collant] tights *pl UK*, pantyhose *(U) US*.

calzamaglia *(pl* **calzemaglie** *o* **calzamaglie)** *sf* - **1.** [di ballerini] leotard - **2.** [di lana] tights *pl*.

calzante ◇ *agg* suitable. ◇ *sm* shoehorn.

calzare [6] ◇ *vt* [guanti, scarpe] to wear. ◇ *vi* [indumento, scarpe] to fit; **calzare a pennello** [indumento] to fit like a glove; [esempio, definizione] to be exactly right.

calzascarpe *sm inv* shoehorn.

calzatura *sf* footwear *(U)*.

calzettone *sm* thick sock.

calzino *sm* sock.

calzolaio, a *sm, f* - **1.** [che fa scarpe] shoemaker - **2.** [che ripara scarpe] cobbler.

calzoncini *smpl* shorts *pl*.

calzone sm - 1. [gamba dei pantaloni] trouser UK o pants US leg - 2. [pizza] calzone, folded-over pizza. ◆ **calzoni** smpl [pantaloni] trousers esp UK, pants US.

camaleonte sm chameleon.

cambiale sf - 1. [ordine di pagamento] bill of exchange - 2. [promessa di pagamento] promissory note.

cambiamento sm change.

cambiare [20] ◇ vt - 1. [gen] to change; **cambiarsi le calze** to change one's socks; **cambiare casa** to move house; **cambiare idea** to change one's mind - 2. [valuta] to exchange. ◇ vi [modificarsi] to change. ◆ **cambiarsi** vr [di abito] to change, to get changed.

cambio sm - 1. [sostituzione] change; **dare il cambio a qn** to take over from sb; **fare a cambio (con qn/qc)** to swap (with sb/sthg); **in cambio (di qc)** in exchange (for sthg) - 2. [di valuta] exchange - 3. [meccanismo] gears pl; **cambio automatico** automatic transmission UK o shift US.

Cambogia sf: **la Cambogia** Cambodia.

camelia sf camellia.

camera sf - 1. [per dormire] bedroom; **camera ammobiliata** furnished room; **camera a due letti** twin o twin-bedded UK room; **camera da letto** bedroom; **camera matrimoniale** o **doppia** double room; **camera degli ospiti** guest room; **camera singola** single room - 2. [stanza]: **camera ardente** chapel of rest UK, viewing parlor US; **camera blindata** strongroom; **camera di decompressione** decompression chamber; **camera a gas** chamber; **camera oscura** darkroom - 3. TECNOL: **camera d'aria** [di pneumatico] inner tube. ◆ **Camera** sf - 1. [ente] Chamber; **Camera di Commercio** Chamber of Commerce - 2. POLIT: **Camera dei Deputati** ≃ House of Commons UK, ≃ House of Representatives US; **le Camere** [del Parlamento] both Houses.

cameraman ['kameramen] sm inv cameraman.

camerata sf [in colonia] dormitory; [per militari] barracks (sing).

cameriere, a sm, f - 1. [in ristorante, hotel] waiter (waitress f) - 2. [domestico] servant.

camerino sm dressing room.

camice sm white coat.

camicetta sf blouse.

camicia sf shirt; **camicia di forza** straitjacket; **camicia da notte** nightdress; **nascere con la camicia** to be born lucky; **sudare sette camicie** to sweat blood; **Camicie nere** STORIA Black Shirts.

caminetto sm fireplace.

camino sm - 1. [in salotto] fireplace - 2. [ciminiera, canna fumaria] chimney.

camion sm inv truck, lorry UK.

camionista, i, e smf truck o lorry UK driver.

cammello ◇ sm - 1. [animale] camel - 2. [stoffa] camelhair. ◇ agg inv [colore] camel.

cammeo sm cameo.

camminare [6] vi - 1. [andare a piedi] to walk - 2. [funzionare] to work.

camminata sf walk; **fare una camminata** to go for a walk.

camminatore, trice sm, f walker.

cammino sm walk; **mettersi in cammino** to set off.

camomilla sf - 1. [pianta] camomile - 2. [infuso] camomile tea.

camorra sf Camorra, Southern Italian Mafia.

camoscio sm - 1. [animale] chamois - 2. [pelle] suede.

campagna sf - 1. [luogo] countryside; **andare/vivere in campagna** to go to/live in the country - 2. [azione] campaign; **campagna acquisti** CALCIO transfer season; **campagna elettorale** election campaign; **campagna pubblicitaria** advertising campaign; **campagna stampa** press campaign.

campagnolo, a ◇ agg rustic. ◇ sm, f peasant.

campale agg - 1. [giornata] hard - 2. [battaglia, scontro] hard-fought.

campana sf - 1. [di chiesa] bell; **sentire l'altra campana** o **tutte e due le campane** to hear both sides - 2. [calotta]: **campana di vetro** [per soprammobili] bell jar; **tenere qn sotto una campana di vetro** to mollycoddle sb; **stare in campana** to keep an eye open.

campanella sf - 1. [di scuola] bell - 2. [fiore] bluebell.

campanello sm bell; **campanello d'allarme** fig warning sign.

Campania sf: **la Campania** Campania.

campanile sm bell tower.

campanilismo sm parochialism.

campano, a ◇ agg of o from Campania. ◇ sm, f person from Campania.

campanula sf campanula.

campare [6] vi fam to survive; **campare d'aria** to live on nothing; **campa cavallo!** don't hold your breath!

campeggiare [18] vi - 1. [in tenda] to camp - 2. [spiccare] to stand out.

campeggiatore, trice sm, f camper.

campeggio *sm* - 1. [impianto] campsite *UK*, campground *US* - 2. [attività] camping; **andare in campeggio** to go camping.

camper *sm inv* camper, camper van *UK*.

campestre <> *agg* country *(dav sostantivo)*. <> *sf* cross-country race.

Campidoglio *sm*: **il Campidoglio** the Campidoglio.

camping ['kɛmpin(g)] *sm inv* campsite *UK*, campground *US*.

campionario, a *agg*: **fiera campionaria** trade fair. ◆ **campionario** *sm* set of samples.

campionato *sm* championship.

campione, essa *sm, f* - 1. [atleta] champion - 2. [genio] ace. ◆ **campione** *sm* [di merce, sondaggio] sample; **campione gratuito** free sample.

campo *sm* - 1. [gen] field; **campo minato** minefield; **campo magnetico** magnetic field - 2. [per attività sportive]: **campo base** [in alpinismo] base camp; **campo di calcio** football pitch *UK*, soccer field *US*; **campo da golf** golf course; **campo sportivo** sports field; **campo da tennis** tennis court - 3. [accampamento]: **campo di concentramento** concentration camp; **campo profughi** refugee camp.

camposanto *sm* cemetery.

campus *sm inv* campus.

camuffare [6] *vt* to disguise. ◆ **camuffarsi** *vr*: **camuffarsi (da qc)** to disguise o.s. (as sthg).

Canada *sm*: **il Canada** Canada.

canadese <> *agg & sm, f* Canadian. <> *sf* ridge tent.

canaglia *sf scherz* rascal.

canale *sm* - 1. [gen] channel; **canali di distribuzione** distribution channels - 2. [artificiale] canal; **Canal Grande** Grand Canal.

canalizzare [6] *vt* to channel.

canapa *sf* - 1. [pianta, tessuto] hemp - 2. [droga]: **canapa indiana** marijuana, cannabis.

Canarie *sfpl*: **le isole Canarie** the Canary Islands; **le Canarie** the Canaries.

canarino *sm* canary.

canasta *sf* canasta.

cancellare [6] *vt* - 1. [togliere - con gomma] to erase, to rub out *UK*; [- con tratto di penna] to cross out; [- con tasto del computer] to delete - 2. [annullare] to cancel - 3. *fig* [far sparire]: **cancellare qn/qc (da qc)** to wipe sb/sthg (from sthg). ◆ **cancellarsi** *vip* [scomparire] to disappear.

cancellata *sf* railing.

cancellazione *sf* cancellation.

cancelleria *sf* - 1. [materiale per scrivere] stationery - 2. [ufficio] chancellery.

cancelliere *sm* - 1. [di tribunale] clerk - 2. [primo ministro] chancellor.

cancellino *sm* blackboard duster *UK* o eraser *US*.

cancello *sm* gate.

cancerogeno, a *agg* carcinogenic.

cancrena *sf* gangrene; **andare in cancrena** to become gangrenous.

cancro *sm* [malattia] cancer. ◆ **Cancro** *sm* ASTROL Cancer; **essere del Cancro** to be (a) Cancer.

candeggiare [18] *vt* to bleach.

candeggina *sf* bleach.

candeggio *sm* bleaching.

candela *sf* - 1. [per illuminare] candle; **reggere la candela** *fig* to be a gooseberry *UK* o fifth wheel *US* - 2. [di motore] spark plug - 3. [in ginnastica] shoulder stand.

candelabro *sm* candelabra.

candelina *sf* (cake) candle; **spegnere le candeline** to blow out the candles.

candelotto *sm*: **candelotto di dinamite** stick of dynamite; **candelotto fumogeno** smoke bomb; **candelotto lacrimogeno** tear gas canister.

candidare [6] *vt*: **candidare qn (a qc)** to put sb forward as a candidate (for sthg). ◆ **candidarsi** *vr*: **candidarsi (a qc)** to run o stand *UK* (for sthg).

candidato, a *sm, f* candidate.

candidatura *sf* candidacy.

candido, a *agg* - 1. [bianco] snow-white - 2. [puro] pure - 3. [sincero] candid; [ingenuo] naive.

candito, a *agg* candied. ◆ **candito** *sm* candied fruit.

candore *sm* - 1. [bianco] whiteness - 2. [ingenuità] candour *UK*, candor *US*.

cane <> *sm* - 1. [animale] dog; **cane da caccia** hunting dog; **cane per ciechi** guide dog *UK*, Seeing Eye Dog® *US*; **cane da guardia** guard dog; **cane lupo** German shepherd, Alsatian *UK*; **cane poliziotto** police dog; **cane da slitta** husky; **solo come un cane** all alone; **non c'era un cane** there wasn't a living soul; **cani e porci** *spreg* all and sundry; **da cani** terrible; **stare da cani** to be ill *UK* o sick *US*; **un lavoro da cani** a terrible mess; **can che abbaia non morde** his/her bark is worse than his/her bite; **menare il can per l'aia** to beat around o about *UK* the bush - 2. *spreg* [persona] good-for-nothing - 3. [di pistola] hammer. <> *agg inv fam* terrible.

canestro sm basket; **fare canestro** to make o shoot a basket.

canfora sf camphor.

cangiante agg iridescent; **seta cangiante** shot silk.

canguro sm kangaroo.

canicola sf intense heat.

canile sm - **1.** [cuccia per cani] kennel, doghouse US - **2.** [asilo per cani] kennel, kennels pl UK; **canile municipale** dog pound.

canino, a agg - **1.** [dente] canine - **2.** [mostra] dog (dav sostantivo). ➤ **canino** sm [dente] canine.

canna sf - **1.** [pianta] reed; **canna da zucchero** sugar cane - **2.** [bastone] stick; **canna da pesca** fishing rod - **3.** [di fucile] barrel - **4.** [di camino]: **canna fumaria** chimney flue - **5.** [di bicicletta] crossbar; **portare qn in canna** to carry sb on the crossbar - **6.** gergo droga [spinello] joint; **farsi una canna** to roll o.s. a joint - **7.** [di organo] pipe.

cannella sf cinnamon.

cannelloni smpl cannelloni (U).

canneto sm reed bed.

cannibale smf cannibal.

cannocchiale sm telescope.

cannolo sm: cannolo siciliano pastry filled with ricotta, candied fruit, and chocolate chips.

cannonata sf - **1.** [colpo di cannone] cannon shot - **2.** [cosa straordinaria] knockout.

cannone sm cannon.

cannuccia, ce sf straw.

canoa sf canoe.

canone sm - **1.** [pagamento] rent; **canone d'abbonamento TV** TV licence UK - **2.** [regola] rule - **3.** MUS canon.

canonica, che sf presbytery.

canonico, a, ci, che agg canonical.

canoro, a agg singing (dav sostantivo).

canotta sf = **canottiera**.

canottaggio sm rowing.

canottiera sf vest UK, undershirt US.

canotto sm dinghy; **canotto pneumatico** rubber dinghy; **canotto di salvataggio** lifeboat.

canovaccio sm - **1.** [strofinaccio] cloth - **2.** [trama] plot.

cantante smf singer.

cantare [6] ◇ vi [persona, uccello] to sing; [gallo] to crow; [grillo, cicala] to chirp. ◇ vt - **1.** [canzone] to sing - **2.** [dichiarare]: **cantare vittoria** to claim victory.

cantautore, trice sm, f singer-songwriter.

canticchiare [20] vt & vi to hum.

cantiere sm yard; **cantiere edile** building site; **cantiere navale** shipyard, dockyard; **in cantiere** fig on the drawing board.

cantilena sf - **1.** [lagna] complaint - **2.** [filastrocca] lullaby.

cantina sf - **1.** [ripostiglio] cellar - **2.** [azienda vinicola] vineyard; **cantina sociale** wine cooperative - **3.** [osteria] wine bar.

canto sm - **1.** [tecnica, esecuzione] singing - **2.** [canzone] song - **3.** [di uccello] song; [di gallo] crowing; [di grillo, cicala] chirping - **4.** [poesia] poem - **5.** [parte di poema] canto - **6.** [parte]: **d'altro canto** on the other hand; **dal canto mio** as far as I'm concerned.

cantonata sf fig: **prendere una cantonata** to slip up.

cantone sm - **1.** [distretto] canton; **il Canton Ticino** the Ticino canton - **2.** [angolo] corner.

cantuccio sm - **1.** [angolino] corner; **stare in un cantuccio** fig to keep to o.s. - **2.** [biscotto] cantuccio, hard almond biscuit.

canzonare [6] vt to make fun of.

canzone sf song.

caos sm - **1.** [disordine] chaos - **2.** [rumore] din.

caotico, a, ci, che agg chaotic.

CAP [kap] (abbr di Codice di Avviamento Postale) sm inv postcode UK, zip code US.

capace agg - **1.** [gen] capable; **capace di fare qc** able to do sthg; **essere capace di (fare) qc** fam [avere il coraggio] to be capable of (doing) sthg; **capace di intendere e di volere** in full possession of one's faculties - **2.** [capiente] capacious.

capacità sf inv - **1.** [capienza] capacity - **2.** [abilità] ability.

capacitarsi [6] vip: **non riuscire a capacitarsi di qc** to be unable to understand sthg.

capanna sf hut.

capannello sm group.

capannone sm shed.

caparbio, a agg stubborn.

caparra sf deposit.

capatina sf: **fare una capatina in un luogo/da qn** to pop somewhere/in on sb.

capellini smpl capellini, thin spaghetti.

capello sm - **1.** [in testa] hair; **non torcere un capello a qn** not to lay a finger on sb; **spaccare il capello in quattro** to split hairs - **2.** [capigliatura]: **capelli** hair (U); **averne fin sopra i capelli** to have had it up to here; **fare rizzare i capelli a qn** to make sb's hair stand on end - **3.** [pasta]: **capelli d'angelo** angel hair (U).

capellone sm ant hippy.

capelluto, a agg ▷ **cuoio**.

capestro <> *sm* [forca] noose. <> *agg inv spreg* [legge] harsh; [contratto] restrictive.

capezzale *sm* bedside.

capezzolo *sm* nipple.

capiente *agg* capacious.

capigliatura *sf* hair *(U)*.

capillare <> *agg* - **1.** [minuzioso] detailed - **2.** [diffuso] widespread - **3.** [vaso] capillary. <> *sm* capillary.

capire [9] *vt* [comprendere] to understand; **capirai!** big deal!; **non capirci niente** not to be able to make head or tails of it; **si capisce** of course. ◆ **capirsi** *vr* [intendersi] to understand each other.

capitale <> *agg* - **1.** [importanza, differenza] fundamental - **2.** [peccato, vizio] deadly; **pena capitale** capital punishment; **sentenza capitale** death sentence. <> *sf* [città] capital. <> *sm* - **1.** [denaro] capital; **capitale azionario** share capital; **capitale circolante** working capital; **capitale di rischio** risk capital; **capitale sociale** (capital) stock - **2.** [patrimonio] fortune; **un capitale** *fig* [moltissimo] a fortune.

capitalismo *sm* capitalism.

capitaneria *sf*: **capitaneria di porto** harbour *UK* o harbor *US* master's office.

capitano *sm* captain; **capitano di lungo corso** master mariner.

capitare [6] *vi* - **1.** [accadere]: **capitare (a qn)** to happen (to sb); **(sono) cose che capitano** these things happen - **2.** [arrivare] to turn up; **capitare fra le mani a qn** to fall into sb's hands; **capitare a proposito/a sproposito** to turn up at the right/wrong time; **capitare bene/male** to be in luck/out of luck.

capitello *sm* ARCHIT capital.

capitolare [6] *vi* to capitulate.

capitolino, a *agg* Capitoline.

capitolo *sm* chapter.

capitombolo *sm* tumble; **fare un capitombolo** to take a tumble.

capitone *sm* eel.

capo <> *agg inv* [redattore, ispettore] chief *(dav sostantivo)*. <> *sm* - **1.** [persona – di reparto, organizzazione] head; [- di governo] head, leader; [- di ufficio, impresa] head, boss; [- di partito, movimento, banda] leader; [- di tribù] chief; **essere a capo di qc** to be at the head of sthg; **Capo di Stato** Head of State; **capo storico** founder - **2.** [testa] head; **senza né capo né coda** nonsensical; **fra capo e collo** out of the blue; **da capo a piedi** from head to foot - **3.** [inizio]: **andare a capo** to begin a new paragraph; **punto e a capo** full stop *UK* o period *US*, new paragraph; **ricominciare da capo** to start again - **4.** [fine]: **venire a capo di qc** to get

to the end of sthg; **in capo al mondo** to the ends of the earth; **in capo a un mese/anno** in a month/year - **5.** [indumento] item - **6.** [promontorio] cape. ◆ **capo d'accusa** *sm* DIR charge.

capobanda *(mpl* capibanda, *fpl* capobanda) *smf* ringleader.

capocchia *sf* head.

Capodanno *sm* New Year.

capofamiglia *(mpl* capifamiglia, *fpl* capofamiglia) *smf* head of the family.

capofitto ◆ **a capofitto** *avv* headlong.

capogiro *sm* dizzy spell; **da capogiro** *fig* [cifre] staggering; [prezzi] exorbitant.

capogruppo *(mpl* capigruppo, *fpl* capogruppo) *smf* group leader.

capolavoro *sm* masterpiece.

capolinea *sm inv* terminus; **fare capolinea a qc** to terminate at sthg.

capolino *sm*: **fare capolino** to peep out.

capolista *(mpl* capilista, *fpl* capolista) <> *smf* [candidato] chief candidate. <> *sf* [squadra] top team.

capoluogo *(pl* capoluoghi o capiluoghi) *sm* capital.

caporale *sm* corporal.

caporeparto *(mpl* capireparto, *fpl* caporeparto) *smf* [in fabbrica] foreman (forewoman *f*); [in azienda, grande magazzino] head of department; [in ospedale] charge *UK* o head *US* nurse.

caposala *(mpl* capisala, *fpl* caposala) *smf* charge *UK* o head *US* nurse.

caposquadra *(mpl* capisquadra, *fpl* caposquadra) *smf* [di operai] foreman (forewoman *f*); [di atleti] team captain.

capostazione *(mpl* capistazione, *fpl* capostazione) *smf* station master.

capostipite *smf* ancestor.

capotavola *(mpl* capitavola, *fpl* capotavola) *smf* head of the table; **sedere a capotavola** to sit at the head of the table.

capote [ka'pɔt] *sf inv* soft top, hood *UK*.

capoufficio *(mpl* capiufficio, *fpl* capoufficio) *smf* office manager.

capoverso *sm* - **1.** [inizio] beginning - **2.** [paragrafo] paragraph - **3.** [comma] section.

capovolgere [48] *vt* - **1.** [bicchiere] to knock over; [barca] to capsize - **2.** [situazione] to reverse. ◆ **capovolgersi** *vip* - **1.** [auto] to overturn; [barca] to capsize - **2.** [situazione, classifica, ruoli] to be reversed.

capovolsi *etc* ▷ **capovolgere**.

capovolto, a *pp* ▷ **capovolgere**.

cappa <> sf - **1.** [di fumo, nebbia] blanket - **2.** [di camino, cucina] chimney - **3.** [mantello] cloak; **di cappa e spada** swashbuckling. <> sm o sf inv [lettera] k, K.

cappella sf - **1.** [chiesetta] chapel - **2.** mfam [errore] cock-up UK, blooper US.

cappellano sm chaplain.

cappelliera sf hatbox.

cappello sm - **1.** [copricapo] hat; **far tanto di cappello a qn/qc** to take one's hat off to sb/ sthg - **2.** [di fungo] cap - **3.** [introduzione] introduction.

cappero sm [per condimento] caper. ◆ **capperi** esclam wow!

cappio sm noose.

cappone sm capon.

cappottare [6] vi to overturn.

cappotto sm - **1.** [soprabito] coat - **2.** [a carte]: **fare cappotto** to win the grand slam.

cappuccino sm cappuccino.

cappuccio sm - **1.** [copricapo] hood - **2.** [di penna] cap - **3.** [cappuccino] cappuccino.

capra sf goat; **salvare capra e cavoli** to have one's cake and eat it UK o and eat it too US.

caprese sf salad of mozzarella, tomatoes, and basil.

capretto sm [animale] kid.

Capri sf Capri.

capriccio sm - **1.** [bizza] tantrum; **fare i capricci** to have a temper tantrum - **2.** [voglia]: **togliersi** o **levarsi un capriccio** to indulge a whim - **3.** [avventura amorosa] passing fancy - **4.** [bizzaria - della sorte] quirk; [- della natura, del tempo] freak.

capriccioso, a agg - **1.** [persona] capricious - **2.** [tempo] changeable. ◆ **capricciosa** sf pizza with ham, artichoke hearts, mushrooms, and olives.

Capricorno sm ASTROL Capricorn; **essere del Capricorno** to be (a) Capricorn.

caprifoglio sm honeysuckle.

caprino, a agg goat's (dav sostantivo). ◆ **caprino** sm goat's cheese.

capriola sf somersault; **fare le capriole** to turn somersaults.

capriolo sm roe deer.

capro sm: **capro espiatorio** scapegoat.

capsula sf - **1.** [di medicinale] capsule - **2.** [di dente] crown - **3.**: **capsula (spaziale)** (space) capsule.

captare [6] vt to pick up.

CAR [kar] (abbr di **Centro Addestramento Reclute**) sm inv basic training camp, boot camp.

carabina sf rifle.

carabiniere sm carabiniere, member of the Italian military police.

caraffa sf carafe.

Caraibi smpl: **i Caraibi** the Caribbean (sing); **il mar dei Caraibi** the Caribbean (Sea).

caramella sf sweet UK, (piece of) candy US.

caramellato, a agg caramelized; **mela caramellata** toffee o candy US apple.

caramello sm caramel.

carato sm [di oro] carat UK, karat US; [di pietra preziosa] carat.

carattere sm character; **in carattere corsivo** in italic type.

caratteriale <> agg (psychologically) disturbed. <> smf (psychologically) disturbed person.

caratteristica, che sf characteristic.

caratteristico, a, ci, che agg characteristic.

caratterizzare [6] vt to characterize.

caravan sm inv caravan UK, trailer US.

carboidrato sm carbohydrate.

carboncino sm charcoal.

carbone sm coal; **a carbone** [stufa, riscaldamento] coal (dav sostantivo); **carbone vegetale** charcoal; **stare sui carboni ardenti** to be like a cat on hot bricks UK o on a hot tin roof US.

carbonio sm CHIM carbon.

carbonizzato, a agg [corpo, resti] charred; [albero, foresta] carbonized.

carburante sm fuel.

carburare [6] vi - **1.** [motore] to fire - **2.** fam [persona] to be firing on all cylinders.

carburatore sm carburettor UK, carburetor US.

carcassa sf - **1.** [di animale] carcass - **2.** [rottame] wreck.

carcerato, a sm, f prisoner.

carcerazione sf imprisonment; **carcerazione preventiva** remand.

carcere (fpl **carceri**) sm - **1.** [edificio] prison; **carcere di massima sicurezza** maximum-security prison - **2.** [pena] imprisonment.

carciofino sm: **carciofino sott'olio** artichoke in oil.

carciofo sm artichoke.

cardellino sm goldfinch.

cardiaco, a, ci, che agg cardiac, heart (dav sostantivo).

cardinale <> agg [fondamentale] cardinal. <> sm [prelato] cardinal.

cardine sm - **1.** [di porta, finestra] hinge - **2.** [di dottrina, tesi] basis.

cardiochirurgo, ghi o **gi** sm heart surgeon.

cardiologo, a, gi, ghe sm, f cardiologist.

cardo sm thistle.

carente agg: carente di qc lacking in sthg.

carenza sf lack; **carenza vitaminica** vitamin deficiency.

carestia sf famine.

carezza sf caress.

carezzare [6] vt = **accarezzare**.

cariato, a agg decayed.

carica, che sf - 1. [incarico] position; **essere/entrare/restare in carica** to be in/come into/remain in office; **il campione in carica** the reigning champion; **le più alte cariche** [posizioni] the top jobs; [persone] the top people - 2. [di orologio, giocattolo] winding up; **dare la carica all'orologio** to wind up the clock; **mettere in carica un telefonino** to charge a mobile phone esp UK o cellphone esp US - 3. [energia] energy - 4. [assalto] charge; **tornare alla carica** to persist - 5. [in calcio, rugby] tackle.

caricabatteria sm inv battery charger.

caricare [15] vt - 1. [gen] to load; **caricare un programma** to load a program - 2. [persone, passeggeri] to pick up - 3. [orologio] to wind up - 4. [oberare]: **caricare qn di qc** to overload sb with sthg - 5. [assaltare, ricaricare] to charge - 6. [nel calcio, rugby] to tackle. ◆ **caricarsi** vr - 1.: caricarsi di qc [pacchi, borse] to load o.s. with sthg; [lavoro, impegni] to overload o.s. with sthg - 2. [psicologicamente] to psych o.s. up.

caricatura sf caricature.

carico, a, chi, che agg - 1. [veicolo]: **carico (di qn/qc)** loaded (with sb/sthg) - 2. [persona]: **carico di qc** [pacchi, borse] loaded with sthg; [debiti, lavoro] overloaded with sthg - 3. [arma] loaded; [orologio] wound up; [batteria, telefonino] charged - 4. [colore, tè, caffè] strong. ◆ **carico** sm - 1. [operazione] loading - 2. [merce] load - 3. [spesa]: **essere a carico di qn** to be at sb's expense.

carie sf inv: **carie (dentaria)** [gen] (tooth) decay; MED (dental) caries.

carillon [kari'jɔn, kari'ɔn] sm inv musical UK o music esp US box.

carino, a agg - 1. [esteticamente] pretty - 2. [divertente] funny - 3. [gentile] kind.

carismatico, a, ci, che agg charismatic.

carità sf [elemosina] charity; **fare la carità a qn** to give sb charity; **per carità!** for heaven's sake!

carminio agg inv carmine.

carnagione sf complexion.

carnale agg ▷ **violenza**.

carne sf - 1. [alimento] meat; **carne bianca** white meat; **carne rossa** red meat; **non essere né carne né pesce** to be neither fish nor fowl - 2. [muscolatura] flesh; **essere bene in carne** to be plump; **in carne e ossa** in person.

carneficina sf massacre.

carnevale sm carnival.

carnivoro, a agg - 1. [animale] carnivorous - 2. ▷ **pianta**.

carnoso, a agg - 1. [labbra] fleshy - 2. [frutto, foglia] succulent.

caro, a agg - 1. [amato]: **caro (a qn)** dear (to sb); **Cara Marta** [in lettera] Dear Marta; **(tanti) cari saluti** [in lettera] best wishes - 2. [articolo, negozio] expensive, dear UK. ◆ **caro** avv dearly.

carogna sf - 1. [animale morto] carcass - 2. fam spreg [persona] swine.

carosello sm whirl.

carota sf carrot.

carovana sf - 1. [di beduini] caravan - 2. [del circo] caravan UK, wagon US.

carovita sm high cost of living.

carpa sf carp.

Carpazi smpl: **i Carpazi** the Carpathians.

carpentiere sm carpenter.

carponi avv on all fours.

carrabile agg ▷ **passo**.

carraio agg ▷ **passo**.

carreggiata sf carriageway UK, highway US.

carrello sm - 1. [per spesa, vivande, bagagli] trolley UK, cart US - 2. [di aereo] undercarriage.

carriera sf career; **fare carriera** to become successful.

carriola sf - 1. [attrezzo] wheelbarrow - 2. [contenuto] barrowload.

carro sm - 1. [veicolo] cart; **carro armato** tank; **carro attrezzi** breakdown truck o lorry UK, tow truck US; **carro funebre** hearse - 2. [contenuto] cartload.

carrozza sf - 1. [con cavalli] carriage - 2. [di treno] carriage UK, car US.

carrozzella sf - 1. [per neonati] pram UK, baby carriage US - 2. [per invalidi] wheelchair.

carrozzeria sf - 1. [di auto] bodywork - 2. [officina] body shop.

carrozziere sm - 1. [persona] panel beater UK, auto bodyworker US - 2. [officina] body shop.

carrozzina sf pram UK, baby carriage US.

carrozzone sm caravan UK, wagon US.

carrucola sf pulley.

carta *sf* - **1.** [gen] paper; **carta da lettere** writing paper; **carta bollata** *o* **da bollo** stamped paper; **carta libera** unstamped paper; **carta da regalo** wrapping paper; **carta da pacchi** brown paper; **carta da parati** wallpaper; **carta velina** tissue paper; **carta di giornale** newsprint; **carta oleata** greaseproof *UK* *o* waxed *US* paper; **carta igienica** toilet paper; **carta (assorbente) da cucina** kitchen roll *o* paper *UK*, paper towels *pl US*; **carta vetrata** sandpaper; **carta di credito** credit card; **carta di addebito** *o* **debito** debit card; **carta assegni** cheque guarantee card; **carta SIM** SIM card; **carta d'identità** identity card; **carta d'imbarco** boarding card; **carta verde** *international car insurance document* green card *UK*; **avere (tutte) le carte in regola per fare qc** *fig* to have everything necessary for doing sthg; **dare carta bianca a qn** to give sb carte blanche *o* a free hand; **fare carte false** to go to any lengths - **2.** [mappa]: **carta (geografica)** map; **carta nautica** nautical chart; **carta stradale** [di regione] road map; [di città] street map - **3.** [da gioco] card; **giocare a carte** to play cards; **cambiare le carte in tavola** to move the goalposts; **mettere le carte in tavola** to lay one's cards on the table.

cartacarbone *sf* carbon paper.

cartaccia, ce *sf* waste paper.

cartapesta *sf* papier mâché.

cartella *sf* - **1.** [di cartoncino, plastica] folder - **2.** INFORM file - **3.** [borsa] briefcase - **4.** [documentazione]: **cartella clinica** medical records *pl.*

cartellino *sm* - **1.** [del prezzo] price tag - **2.** [di presenza] time card; **timbrare il cartellino** [in entrata] to clock in *o* on; [in uscita] to clock out *o* off - **3.** [nel calcio]: **cartellino giallo** yellow card; **cartellino rosso** red card.

cartello *sm* - **1.** [avviso] notice, sign - **2.** [su strada] sign; **cartello stradale** road sign - **3.** [di protesta] placard - **4.** ECON cartel.

cartellone *sm* - **1.** [pubblicitario] poster - **2.** [teatrale] bill; **in cartellone** on the bill.

cartilagine *sf* cartilage.

cartina *sf* - **1.** [geografica] map - **2.** [per sigarette] cigarette paper.

cartoccio *sm* paper cone; **al cartoccio** wrapped in foil.

cartoleria *sf* stationer's *UK*, stationery store *US.*

cartolibreria *sf* bookshop and stationer's *UK*, book and stationery store *US.*

cartolina *sf* postcard; **cartolina postale** stamped postcard; **cartolina precetto** *o* **rosa** call-up papers *pl UK*, draft card *US.*

cartoncino *sm* card.

cartone *sm* cardboard. ◆ **cartone animato** *sm* cartoon.

cartuccia, ce *sf* cartridge.

casa *sf* - **1.** [costruzione, abitazione] house; **a casa di qn** at sb's house; **casa popolare** council house *UK*, public housing unit *US*; **la Casa Bianca** the White House - **2.** [con valore emotivo] home; **fatto in casa** CULIN homemade - **3.** [famiglia] home, family; **metter su casa** to set up home - **4.** [stirpe] house, family; **la casa Savoia** the House of Savoy; **la casa reale** the Royal Family - **5.** [azienda]: **casa editrice** publisher, publishing house; **casa discografica** record company - **6.** [istituzione]: **casa di cura** nursing home; **casa di riposo** rest home, old folks' *o* people's home - **7.** [ristorante] house; **vino della casa** house wine.

casacca, che *sf* coat.

casaccio ◆ **a casaccio** *avv* [agire] at random; [parlare] without thinking.

casale *sm* farmhouse.

casalinga, ghe *sf* housewife, homemaker *esp US.*

casalingo, a, ghi, ghe *agg* - **1.** [pietanza, cucina] homemade - **2.** [persona] stay-at-home. ◆ **casalinghi** *smpl* household appliances.

casato *sm* family.

cascare [15] *vi* - **1.** [cadere] to fall; **cascare dal letto/da una scala** to fall out of bed/off a ladder; **cascare dal sonno** *fig* to be half-asleep; **caschi il mondo** whatever happens; **non casca il mondo** it's not the end of the world; **cascarci** to fall for it - **2.** [capitare]: **cascare bene/male** to be lucky/unlucky.

cascata *sf* waterfall.

cascatore, trice *smf* stunt man (stunt woman *f*).

caschetto *sm* bob; **capelli a caschetto** bob.

cascina *sf* farmhouse.

casco, schi *sm* - **1.** [per motociclista] (crash) helmet; [per ciclista] (bicycle) helmet; [per operaio] hard hat; [per pugile] helmet - **2.** [dal parrucchiere] (hair) dryer - **3.** [di banane] bunch. ◆ **caschi blu** *smpl*: **i caschi blu** the blue berets.

caseggiato *sm* block of flats *UK*, apartment building *US.*

caseificio *sm* dairy *(where cheese is made).*

casella *sf* - **1.** [quadretto] box - **2.** [di scacchiera] square - **3.** [compartimento] pigeonhole; **casella postale** P.O. box, post office box - **4.**: **casella di posta elettronica** mailbox.

casello *sm* - **1.** [in ferrovia] signalman's box *UK*, signal tower *US* - **2.** [in autostrada] tollbooth.

caserma *sf* - **1.** [di soldati] barracks *(sing)* - **2.** [dei carabinieri] police station - **3.** [dei vigili del fuoco] fire station.

casino *sm* *mfam* - **1.** [disordine] mess - **2.** [chiasso] racket - **3.** [pasticcio] cock-up *UK*, blooper *US* - **4.**: **un casino di** a lot of; **mi piace un casino** I like it a lot - **5.** [bordello] brothel.

casinò *sm inv* casino.

caso *sm* - **1.** [gen] case; **non è il caso di preoc-cuparsi** there's no need to worry; **fa al caso mio/tuo** it's just what I/you need; **caso limi-te** extreme case - **2.** [eventualità] possibility; **in caso contrario** otherwise; **in caso di qc** in case of sthg; **in nessun caso** under no circum-stances; **in ogni caso** in any case, anyway; **in tal caso** in that case; **metti** *o* **mettiamo il caso che** (+ *congiuntivo*) suppose that; **nel caso che** (+ *congiuntivo*) in case; **per caso** by chance - **3.** [coincidenza, destino] chance; **a caso** at ran-dom; **fare caso a qn/qc** to pay attention to sb/ sthg; **guarda caso** funnily enough; **per (puro) caso** by (pure) chance.

casolare *sm* cottage.

casomai <> *cong* if (by chance). <> *avv* perhaps.

Caspio *sm*: **il (Mar) Caspio** the Caspian (Sea).

caspita *esclam* heavens!

cassa *sf* - **1.** [recipiente] box - **2.** [di orologio] case - **3.** [in banca] window; **cassa automati-ca prelievi** ATM, cash machine *esp UK*; **cassa continua** night safe *UK* *o* depository *US* - **4.** [di supermercato] checkout; [di negozio, bar] cash register, till *UK* - **5.** [somma] cash; **piccola cassa** petty cash; **fare cassa comune** to keep a kitty - **6.** [banca] bank - **7.** [di stereo]: **cassa (acusti-ca)** speaker. ◆ **cassa integrazione (sala-ri)** *sf* redundancy *UK* *o* severance *US* fund. ◆ **cassa toracica** *sf* [gen] ribcage; ANAT thoracic cavity.

cassaforte *(pl* **casseforti)** *sf* safe.

cassapanca *(pl* **cassapanche** *o* **cassepanche)** *sf* chest.

cassata *sf* - **1.** [dolce]: **cassata (alla siciliana)** cassata, *ice-cream gateau* - **2.** [gelato] cassata, tutti frutti.

casseruola *sf* casserole.

cassetta *sf* - **1.** [contenitore] box; **cassetta del-le lettere** letterbox *UK*, mailbox *US*; **cassetta postale** postbox *UK*, letterbox *UK*, mailbox *US*; **cassetta di sicurezza** safety-deposit box *esp UK*, safe-deposit box *esp US* - **2.** [nastro magnetico] cassette, tape.

cassettiera *sf* chest of drawers, dresser *US*.

cassetto *sm* drawer.

cassiere, a *sm, f* cashier.

cassonetto *sm* - **1.** [per rifiuti] wheelie bin *UK*, trash can (on wheels) *US* - **2.** [di finestra] box.

casta *sf* caste.

castagna *sf* (Spanish *o* sweet) chestnut; **ca-stagna d'India** chestnut, conker; **prendere qn in castagna** to catch sb in the act.

castagnaccio *sm* chestnut cake.

castagno *sm* chestnut.

castano, a *agg* [capelli] chestnut.

castello *sm* castle; **castello di carte** *fig* house of cards; **castello di sabbia** sandcastle; **castelli in aria** castles in the air.

castigo, ghi *sm* punishment; **è in castigo** he is being punished; **mettere qn in castigo** to punish sb.

castoro *sm* - **1.** [animale] beaver - **2.** [pelliccia] beaver (fur).

castrare [6] *vt* to neuter.

casual ['keʒwal, 'keʒwəl] <> *agg inv* casu-al. <> *avv* casually.

casuale *agg* chance.

casualmente *avv* by chance.

cat. (*abbr di* **categoria**) category.

cataclisma, i *sm* cataclysm.

catacomba *sf* catacomb.

catalitico, a, ci, che *agg* ▷ **marmitta**.

catalizzatore *sm* - **1.** AUTO catalytic convert-er - **2.** [di idea, evento] catalyst.

catalogare [16] *vt* to catalogue *UK*, to cata-log *US*.

catalogo, ghi *sm* catalogue *UK*, catalog *US*.

catamarano *sm* catamaran.

catapecchia *sf* hovel.

catarifrangente *sm* reflector.

catarro *sm* catarrh.

catasta *sf* pile.

catasto *sm* - **1.** [inventario] land register - **2.** [ufficio] land registry *UK* *o* office *US*.

catastrofe *sf* catastrophe.

catastrofico, a, ci, che *agg* catastrophic.

catechismo *sm* catechism.

categoria *sf* - **1.** [tipo] type, category - **2.** [di albergo] class; **di prima/seconda/terza catego-ria** first/second/third class - **3.** [professionale] profession; **la categoria dei medici** the med-ical profession - **4.** [nello sport] category, class.

categorico, a, ci, che *agg* categorical.

catena *sf* chain; **catene (da neve)** snow chains; **catena alimentare** food chain; **cate-na del freddo** cold chain; **catena di montag-gio** assembly line; **catena montuosa** moun-tain range.

catenaccio sm - **1.** [chiavistello] bolt - **2.** SPORT defensive game.

catenina sf chain.

cateratta sf MED cataract.

catetere sm catheter.

catinella sf basin; **piovere a catinelle** to pour o bucket down UK with rain.

catino sm bowl.

catorcio sm fam old banger UK o clunker US.

catrame sm tar.

cattedra sf - **1.** [mobile] desk - **2.** [incarico] chair.

cattedrale sf cathedral.

cattiveria sf - **1.** [qualità] nastiness - **2.** [azione] nasty action - **3.** [parole] nasty thing.

cattività sf captivity.

cattivo, a ◇ agg - **1.** [gen] bad; **farsi una cattiva fama** to get a bad reputation - **2.** [malvagio] bad, evil - **3.** [odore, sapore] bad, nasty. ◇ sm, f - **1.** [moralmente] bad person; **fare il cattivo** [bambino] to be naughty - **2.** [nei film] villain.

Cattolica sf: **la Cattolica** the Cattolica University.

cattolicesimo sm (Roman) Catholicism.

cattolico, a, ci, che agg & sm, f (Roman) Catholic.

cattura sf capture; **mandato** o **ordine di cattura** arrest warrant.

catturare [6] vt to capture.

Caucaso, Caucaso sm: **il Caucaso** the Caucasus.

cauccìù sm inv rubber.

causa sf - **1.** [motivo, ideale] cause; **a causa di qc** because of sthg; **a causa di qn** because of sb; **per cause di forza maggiore** for reasons of force majeure - **2.** [processo] trial; **fare causa a qn** to take sb to court.

causare [6] vt to cause.

caustico, a, ci, che agg CHIM caustic.

cautela sf - **1.** [prudenza] caution - **2.** [accorgimento]: **prendere le dovute cautele** to take the necessary precautions.

cautelare [6] ◇ agg precautionary, ▷ **custodia**. ◇ vt to protect. ◆ **cautelarsi** vr: **cautelarsi (da qc)** to protect o.s. (from sthg).

cauterizzare [6] vt to cauterize.

cauto, a agg cautious.

cauzione sf deposit.

Cav. (abbr di **Cavaliere**) title given to Italian knight.

cava sf quarry.

cavalcare [15] vt & vi to ride.

cavalcavia sm inv flyover UK, overpass US.

cavaliere sm - **1.** [medievale, onorificenza] knight - **2.** [accompagnatore] escort.

cavalleria sf - **1.** [corpo armato] cavalry - **2.** [buone maniere] chivalry.

cavalletta sf grasshopper.

cavalletto sm - **1.** [per tavola] trestle - **2.** [di pittore] easel - **3.** [treppiede] tripod.

cavallo sm - **1.** [animale, attrezzo] horse; **a cavallo di qc** astride sthg; **un movimento artistico a cavallo di due secoli** an artistic movement straddling two centuries; **essere a cavallo** fig to be home and dry UK, to be home free US - **2.** [di motore]: **cavallo (vapore)** horsepower - **3.** [negli scacchi] knight - **4.** [di pantaloni] crotch.

cavalluccio sm: **cavalluccio marino** seahorse; **a cavalluccio** piggyback.

cavare [6] vt [dente] to pull; [marmo] to quarry; [metallo] to extract; **cavarsela** to manage, to get by; **cavarsi gli occhi sui libri** to read too much.

cavatappi sm inv corkscrew.

caverna sf cave.

cavia sf fig guinea pig.

caviale sm caviar.

caviglia sf ankle.

cavità sf inv cavity.

cavo, a agg hollow. ◆ **cavo** sm - **1.** [gen] cable; **via cavo** cable - **2.** ANAT cavity.

cavolata sf fam - **1.** [idiozia] stupid thing - **2.** [inezia] unimportant thing.

cavoletto sm: **cavoletto di Bruxelles** Brussels sprout.

cavolfiore sm cauliflower.

cavolo sm - **1.** [verdura] cabbage - **2.** fam [niente]: **non me ne importa un cavolo!** I don't give a damn!; **non c'entra un cavolo con la discussione** it's got nothing to do with what we're talking about - **3.** fam [idiozia]: **che cavolo dici/fai?** what the hell are you saying/doing?

cazzata sm volg - **1.** [idiozia] damn stupid thing; **dire cazzate** to talk crap - **2.** [inezia] nothing at all.

cazzo sm volg - **1.** [pene] dick - **2.** [niente]: **non fare/capire un cazzo** not to do/understand a damn thing - **3.** [idiozia]: **che cazzo dici/fai?** what the fuck are you saying/doing? ◆ **cazzi** smpl volg [affari]: **quello che faccio sono cazzi miei** what I do is my (own) fucking business; **perché non ti fai i cazzi tuoi?** why don't you mind your own fucking business?

cazzotto sm fam punch.

cc - 1. (*abbr di* centimetro cubo) cc - 2. (*abbr di* carbon copy) cc.

c.c. (*abbr di* corrente continua) DC.

c/c (*abbr di* conto corrente) current *UK o* checking *US* account.

CC - 1. (*abbr di* Carabinieri) Carabinieri, *Italian military police* - 2. (*abbr di* Corpo Consolare) Consular Corps.

Ccn (*abbr di* copia per conoscenza nascosta) *sf* Bcc (*blind carbon copy*).

CD [tʃid'di] <> *sm inv* (*abbr di* Compact Disc) CD. <> (*abbr di* Corpo Diplomatico) CD.

CDN (*abbr di* Canada) CDN.

CD-ROM [tʃid'di'rɔm] (*abbr di* Compact Disc-Read Only Memory) *sm inv* CD-ROM; **è uscito il dizionario in CD-ROM** the dictionary has come out on CD-ROM.

ce ▷ **ci**.

CE (*abbr di* Consiglio d'Europa) *sm* Council of Europe.

cece *sm* chickpea, garbanzo *US*.

cecità *sf* - 1. [fisica] blindness - 2. [ignoranza] blindness (to the facts).

ceco, a, chi, che <> *agg* Czech; **la Repubblica Ceca** the Czech Republic. <> *sm, f* [persona] Czech. ◆ **ceco** *sm* [lingua] Czech.

Cecoslovacchia *sf*: **la Cecoslovacchia** STORIA Czechoslovakia.

CED [tʃed] (*abbr di* Centro Elaborazione Dati) *sm inv* data-processing centre *UK o* center *US*.

cedere [7] <> *vt*: **cedere qc (a qn)** [lasciare] to give (sb) sthg; [trasferire] to transfer sthg (to sb). <> *vi* - 1. [arrendersi]: **cedere (a qn/qc)** to give in (to sb/sthg) - 2. [crollare] to collapse.

cediglia *sf* cedilla.

cedro *sm* - 1. [legno, albero] cedar - 2. [frutto, albero] citron.

CEE ['tʃee] (*abbr di* Comunità Economica Europea) *sf* STORIA EEC.

ceffone *sm* slap.

celare [6] *vt* to conceal.

celebrare [6] *vt* - 1. [festa, messa] to celebrate; [matrimonio, funerale] to officiate at - 2. [esaltare] to sing the praises of.

celebrazione *sf* celebration.

celebre *agg* famous.

celebrità *sf inv* celebrity.

celere *agg* quick.

celeste *agg* - 1. [colore] sky *o* light blue - 2. [del cielo] celestial - 3. [di Dio] heavenly.

celibe *agg* single.

cella *sf* [gen] cell.

cellophane® ['tʃɛllofan]® *sm* cellophane®.

cellula *sf* - 1. BIOL cell - 2. TECNOL: **cellula fotoelettrica** photoelectric cell.

cellulare <> *agg* - 1. BIOL cell (*dav sostantivo*) - 2. [telefono] cellular, mobile *UK*. <> *sm* - 1. [telefonino] mobile (phone) *UK*, cell(phone) *US* - 2. [furgone] police van *UK o* wagon *US*.

cellulite *sf* cellulite.

Celsius *agg inv* Celsius.

celtico, a, ci, che *agg* Celtic. ◆ **celtico** *sm* [lingua] Celtic.

cemento *sm* - 1. [per costruzioni] cement; **cemento armato** reinforced concrete - 2. [per denti] amalgam.

cena *sf* dinner.

cenare [6] *vi* to have dinner.

cencio *sm* rag.

cenere *sf* ash. ◆ **ceneri** *sfpl* ashes.

cenno *sm* - 1. [gesto - gen] sign, signal; [- con la testa] nod; [- con la mano] wave; [- con l'occhio] wink - 2. [informazione] mention; **non fare cenno a o di qc** not to mention sthg - 3. [indizio] sign.

cenone *sm* special meal on Christmas Eve or New Year's Eve.

censimento *sm* census.

censurare [6] *vt* to censor.

centenario, a *agg* - 1. [albero, edificio] hundred-year-old (*dav sostantivo*) - 2. [ricorrenza] centenary *esp UK*, centennial *esp US*. ◆ **centenario** *sm* [anniversario] centenary *esp UK*, centennial *esp US*. ◆ **centenario, a** *sm, f* [persona] centenarian.

centennale *agg* - 1. [esistenza, guerra] hundred-year-long (*dav sostantivo*) - 2. [ricorrenza] centenary *esp UK*, centennial *esp US*.

centennio *sm* century.

centerbe *sm inv* herb liqueur.

centesimo, a *agg num & sm, f* hundredth. ◆ **centesimo** *sm* - 1. [frazione] hundredth - 2. [di moneta] cent; *vedi anche* **sesto**.

centigrado, a *agg* centigrade.

centilitro *sm* centilitre *UK*, centiliter *US*.

centimetro *sm* - 1. [unità di misura] centimetre *UK*, centimeter *US* - 2. [nastro] measuring tape.

centinaio, a *sm* - 1. [cento] hundred - 2. [circa cento]: **un centinaio (di qc)** about a hundred (sthg); **centinaia di qc** hundreds of sthg; **a centinaia** by the hundred.

cento <> *agg num inv* - 1. [in numero esatto] a *o* one hundred; **per cento** per cent; **al cento per cento** a *o* one hundred per cent - 2. [moltissimi] a hundred. <> *sm inv* a *o* one hundred; *vedi anche* **sei**.

centododici *sm* emergency number (112) for the carabinieri, ≃ 999 UK, ≃ 911 US.

centomila ⟨⟩ *agg num inv* - **1.** [in numero esatto] a o one hundred thousand - **2.** [moltissimi] a thousand. ⟨⟩ *sm inv* a o one hundred thousand; *vedi anche* **sei**.

centotredici *sm* emergency telephone number (113), ≃ 999 UK, ≃ 911 US.

centrale ⟨⟩ *agg* central. ⟨⟩ *sf* head office; **centrale di polizia** police headquarters; **centrale telefonica** telephone exchange.

centralinista, i, e *smf* switchboard operator.

centralino *sm* switchboard.

centralizzare [6] *vt* to centralize.

centralizzato, a *agg* centralized; **riscaldamento centralizzato** central heating.

centrare [6] *vt* - **1.** [colpire] to hit - **2.** [individuare] to identify - **3.** [mettere al centro] to centre UK, to center US.

centrifugare [16] *vt* to spin, to spin-dry UK.

centro *sm* - **1.** [gen] centre UK, center US; **fare centro** [in bersaglio] to hit the bull's-eye; [indovinare] to guess right o correctly; **centro abitato** built-up area; **centro commerciale** shopping centre UK o center US; **centro di gravità** centre UK o center US of gravity; **centro storico** old town - **2.** [di problema, questione] heart.

ceppo *sm* - **1.** [di albero] stump - **2.** [pezzo di legno] block of wood - **3.** [stirpe] family. ◆ **ceppi** *smpl*: **ceppi (bloccaruote)** wheel clamps UK, Denver boots US.

cera *sf* - **1.** [per lucidare] polish - **2.** [di candela] wax.

ceramica, che *sf* - **1.** [materiale] ceramics (U) - **2.** [oggetto] piece of ceramics.

cerato, a *agg* waxed.

cerbiatto, a *sm, f* fawn.

cerca *sf*: **essere/andare in cerca di qn/qc** to be/go looking for sb/sthg.

cercare [15] ⟨⟩ *vt* to look for. ⟨⟩ *vi*: **cercare di fare qc** to try to do sthg.

cerchia *sf* circle.

cerchietto *sm*: **cerchietto (per capelli)** (hair)band.

cerchio *sm* - **1.** [gen] circle - **2.** [di botte, gioco] hoop - **3.** [di ruota] rim.

cereale *sm* cereal. ◆ **cereali** *smpl* (breakfast) cereal (sing).

cerebrale *agg* cerebral; **emorragia cerebrale** brain haemorrhage UK o hemorrhage US; **cellula cerebrale** brain cell.

ceretta *sf* wax; **farsi la ceretta alle gambe** to wax one's legs.

cerimonia *sf* ceremony. ◆ **cerimonie** *sfpl* ceremony (U).

cerino *sm* wax match.

cernia *sf* ZOOL grouper.

cerniera *sf* - **1.** [di porta, sportello] hinge - **2.** [di vestito, borsa]: **cerniera (lampo)** zip UK, zipper US.

cerotto *sm* Band-Aid®, plaster UK.

certamente *avv* certainly.

certezza *sf* certainty.

certificato *sm* certificate; **certificato medico** doctor's o medical certificate.

certo, a ⟨⟩ *agg* - **1.** [indubbio] certain - **2.** [convinto] sure, certain; **essere certo di qc** to be sure about sthg. ⟨⟩ *agg indef* - **1.** [qualche, tale] certain; **certi amici miei** some friends of mine; **un certo signor Rossi** a (certain) Mr Rossi - **2.** [così grande] such big; **ha certi piedi!** she's got such big feet! ◆ **certo** ⟨⟩ *avv* - **1.** [sicuramente] certainly; **di certo** of course - **2.** [in risposta] of course; **no di certo** of course not, certainly not; **sei proprio sicuro? - certo che sì!** are you really sure? - of course I am!; **non sarai mica ubriaco? - certo che no!** you're not drunk, are you? - of course I'm not! ⟨⟩ *sm* [cosa sicura] certainty. ◆ **certi** *pron indef pl* [alcune persone] some (people).

certosa *sf* - **1.** [monastero] charterhouse - **2.** [formaggio] type of soft cheese.

cerume *sm* (ear) wax.

cervello *sm* - **1.** ANAT brain - **2.** [intelligenza] brains *pl* - **3.** [persona] brain.

Cervino *sm*: **il Cervino** the Matterhorn.

cervo, a *sm, f* - **1.** [mammifero] deer, stag (doe f) - **2.**: **cervo volante** stag beetle.

cesareo, a *agg* caesarean UK, cesarean US; **taglio cesareo** caesarean UK o cesarean US section; **parto cesareo** caesarean UK o cesarean US birth.

cesoie *sfpl* shears.

cespuglio *sm* bush.

cessare [6] ⟨⟩ *vt* to stop, to end. ⟨⟩ *vi* to stop; **cessare di fare qc** to stop doing sthg.

cessione *sf* transfer.

cesso *sm* mfam - **1.** [gabinetto] bog UK, can US - **2.** [cosa orrenda] piece of crap.

cesta *sf* basket.

cestino *sm* - **1.** [piccolo cesto] basket - **2.** [per rifiuti] wastepaper basket UK, wastebasket US - **3.** INFORM recycle bin.

cesto *sm* basket.

ceto *sm* class.

cetriolino *sm*: **cetriolino (sottaceto)** (pickled) gherkin.

cetriolo *sm* cucumber.

cfr. *(abbr di* **confronta)** cf.

CGIL *(abbr di* **Confederazione Generale Italiana del Lavoro)** *sf* left-wing Italian Trade Union federation.

CH *(abbr di* **Svizzera)** CH.

champagne [ʃamˈpaɲ] *sm inv* champagne.

charter ['tʃarter] ◇ *agg inv* charter *(dav sostantivo)*. ◇ *sm inv* charter (plane).

chat [tʃat] *sf inv* INFORM chat.

chattare [tʃatˈtare] *vi* INFORM to chat.

che ◇ *pron rel* - **1.** [soggetto - persona] who, that *fam*; [- cosa, animale] that, which; **il dottore che mi ha visitato** the doctor who examined me; **la macchina che è in garage** the car (that's) in the garage; **il che** which - **2.** [oggetto - persona] who, whom *form*, that *fam*; [- cosa, animale] that, which; **la ragazza che hai conosciuto** the girl (who) you met; **il treno che abbiamo perso** the train (that) we missed; **quello che** what; **non dire a nessuno quello che ti ho detto** don't tell anyone what I told you - **3.** *fam* [in cui] that; **la sera che siamo usciti** the evening (that) we went out. ◇ *pron interr*: **che (cosa)?** what?; **che (cosa) ne pensi?** what do you think of it?; **a che (cosa) pensi?** what are you thinking about?; **che (cosa) ti succede?** what's the matter?; **non so che (cosa) fare** I don't know what to do; **che cos'è?** what is it? ◇ *pron escl*: **ma che (cosa) dici!** what are you saying!; **grazie! - non c'è di che!** thanks! - don't mention it! *o* it's a pleasure! ◇ *pron indef*: **quella donna ha un che di strano** there's something funny about that woman; **un ristorante con un che di esotico** a restaurant with an exotic feel; **ha un certo non so che** there's something about him/her/it; **la festa non è stata un gran che** the party wasn't much good. ◇ *agg interr* [in generale] what?; **che ora è?** what's the time?; **che giorno è oggi?** what's the date today?; **che tipo è il tuo amico?** what's your friend like?; [di numero limitato] which?; **in che mese sei nato?** which month were you born (in)?; **che libro vuoi, questo *o* quello?** which book do you want, this one or that one? ◇ *agg escl* what; **che strana idea!** what a strange idea!; **che bello!** how lovely!; **che tardi!** it's so late! ◇ *cong* - **1.** [dichiarativa] that; **è difficile che venga** he's/she's unlikely to come; **sai che non è vero** you know (that) it's not true - **2.** [causale] that; **sono contenta che sia partito** I'm glad (that) he's gone - **3.** [consecutiva] that; **sono così stanca che non mi reggo in piedi** I'm so tired (that) I can hardly stand - **4.** [temporale]: **è già un anno che è partito** it's already a year since he left; **è un po' che non lo vedo** I haven't seen him for a while; **sono entrata che la lezione era già cominciata** when I arrived the lesson had already started - **5.** [concessiva, imperativa]: **che faccia pure come crede** he can do as he likes - **6.** [in paragoni] than; **c'è più acqua che vino** there's more water than wine; **è più bello che mai** he's better looking than ever; **preferisco uscire che stare in casa** I prefer going out to staying in - **7.** [in alternative]: **che tu venga *o* no, per me è lo stesso** it's all the same to me whether you come or not - **8.** [con valore limitativo]: **che io sappia** as far as I know; **non fa che guardare la tv** he does nothing but watch TV, all he does is watch TV.

check-point [tʃɛkˈpɔɪnt] *sm inv* check-point.

chef [ʃɛf] *sm inv* chef.

cherubino *sm* cherub.

chi ◇ *pron interr* - **1.** [soggetto] who?; **chi è?** who is it?; **chi è stato?** who was it?; **non so chi sia** I don't know who it is; **chi di loro è il tuo insegnante?** which one (of them) is your teacher? - **2.** [oggetto] who, whom *form*; **chi hai incontrato alla festa?** who did you see at the party?; **dimmi chi hai visto ieri** tell me who you saw yesterday; **guarda chi si vede!** look who's here! - **3.** [dopo preposizione] who, whom *form*; **su chi puoi contare?** who can you count on?; **di chi hai paura?** who are you afraid of?; **di chi è questo ombrello?** whose is this umbrella?; **scusi, con chi parlo?** sorry, who's speaking?; **non so a chi rivolgermi** I don't know who to ask; **a chi lo dici!** you're telling me! ◇ *pron rel* - **1.** [colui che] whoever; **chi non vuol venire lo dica subito** if anyone doesn't want to come, they should say so at once; **'chi rompe paga'** 'all breakages must be paid for' - **2.** [qualcuno che] anyone; **è un problema trovare chi se ne occupi** it's difficult to find anyone who will deal with it; **non apro la porta a chi non conosco** I don't open the door to anyone I don't know; **c'è ancora chi crede alle sue storie** there are still some people who believe his stories - **3.** [chiunque] whoever; **può venire chi vuole** anyone who wants to can come; **vado in giro con chi mi pare** I'll go out with whoever I like. ◇ *pron indef*: **chi... chi...** some... others...

chiacchierare [6] *vi* - **1.** [discorrere] to chat; [parlottare] to chatter - **2.** [spettegolare] to gossip.

chiacchiere *sfpl* - **1.** [conversazione] chit-chat *(U)*; **fare due *o* quattro chiacchiere** to have a chat - **2.** [dicerie] gossip *(U)*.

chiacchierone, a ◇ *agg* - **1.** [loquace] chatty - **2.** [pettegolo] gossipy. ◇ *sm, f* - **1.** [persona loquace] chatterbox - **2.** [pettegolo] gossip.

chiamare [6] *vt* **- 1.** [far venire] to call **- 2.** [telefonare] to call, to phone; **appena arrivo, ti chiamo** I'll call you as soon as I arrive **- 3.** [svegliare] to call, to wake **- 4.** [metter nome a] to call, to name **- 5.** [definire] to call; **e chiamalo scemo!** you can hardly call him stupid! **- 6.** DIR to summons. ◆ **chiamarsi** *vip* **- 1.** [aver nome]: **come ti chiami?** what's your name?; **si chiama Maria** her name's Maria, she's called Maria **- 2.** [voler dire]: **questa sì che si chiama onestà** that's what you call honesty.

chiamata *sf* call; **fare una chiamata** to make a call.

chianti *sm inv* Chianti.

chiappe *fam sfpl* buttocks.

chiara *sf fam* (egg) white.

chiaramente *avv* clearly.

chiarezza *sf* clarity.

chiarificare [15] *vt* to clarify.

chiarimento *sm* clarification.

chiarire [9] *vt* **- 1.** [spiegare] to clarify; **chiarirsi le idee** to get things clear in one's head **- 2.** [risolvere] to solve. ◆ **chiarirsi** *vip* [situazione] to become clear.

Chiar.mo (*abbr di* Chiarissimo) *title given to university lecturers.*

chiaro, a *agg* **- 1.** [tenue - colore, mobile, occhi] light; [- capelli, pelle] fair **- 2.** [luminoso] bright **- 3.** [comprensibile] clear; **sono stato chiaro?** do I make myself clear?; **chiaro?** is that clear? **- 4.** [deciso] outright **- 5.** [limpido] clear. ◆ **chiaro** ⟨⟩ *sm* **- 1.**: **far chiaro** [albeggiare] to get light; **chiaro di luna** moonlight; **al chiaro di luna** [romanticamente] by moonlight **- 2.**: **mettere in chiaro qc** [chiarire] to make sthg (quite) clear **- 3.** [colore]: **vestirsi di chiaro** to wear light colours. ⟨⟩ *avv* **- 1.** [francamente] clearly; **parlarsi chiaro** to speak frankly **- 2.**: **chiaro e tondo** [dire] straight out.

chiarore *sm* **- 1.** [luce debole] glimmer **- 2.** [luminosità] light.

chiaroscuro (*pl* chiaroscuri) *sm* chiaroscuro.

chiasso *sm* [frastuono] racket; **fare chiasso** [rumore] to make a racket; [scalpore] to cause a stir.

chiassoso, a *agg* **- 1.** [rumoroso] noisy **- 2.** [vistoso] gaudy.

chiatta *sf* barge.

chiave ⟨⟩ *sf* **- 1.** [serratura] key; **chiudere (qc) a chiave** to lock (sthg); **prezzo chiavi in mano** [di auto] on-the-road price; [di casa, impianto] all-in price; **chiave d'accensione** ignition key **- 2.** [arnese] spanner *UK*, wrench *US*; **chiave inglese** monkey wrench; **chiave a stella** wrench **- 3.** [elemento importante] key **- 4.**: **in chiave moderna/marxista** [dal punto di vista] in

modern/Marxist terms **- 5.** MUS: **chiave di basso/di violino** bass/treble clef. ⟨⟩ *agg inv* [determinante] key.

chiavetta *sf* [di meccanismo] key; [di orologio] winder.

chiavistello *sm* bolt.

chiazza *sf* **- 1.** [sulla pelle] blotch **- 2.** [macchia] mark, stain.

chic [ʃik] *agg inv* chic.

chicchirichì ⟨⟩ *esclam* cock-a-doodle-doo! ⟨⟩ *sm inv* crow.

chicco, chi *sm* **- 1.** [di cereale] grain; [di caffè] bean **- 2.** [acino]: **chicco d'uva** grape **- 3.** [di grandine] hailstone.

chiedere [29] ⟨⟩ *vt* **- 1.** [per avere] to ask for; **chiedere qc a qn** to ask sb for sthg; **chiedere a qn di fare qc** to ask sb to do sthg; **chiedere scusa (a qn)** to apologize (to sb); **chiedere il divorzio** to file for divorce **- 2.** [per informarsi] to ask **- 3.** [far pagare] to ask, to charge **- 4.**: **chiedersi qc** to wonder sthg. ⟨⟩ *vi*: **chiedere di qn** [per informarsi] to ask after sb; [chiamare] to ask for sb.

chierichetto *sm* altar boy.

chiesa *sf* church.

chiesi *etc* ⟶ **chiedere**.

chiesto, a *pp* ⟶ **chiedere**.

chiglia *sf* keel.

chignon [ʃiɲ'ɲɔn] *sm inv* bun, chignon.

chilo *sm* kilo.

chilogrammo *sm* kilogram.

chilometraggio *sm* ≃ mileage.

chilometrico, a, ci, che *agg* **- 1.** [percorso, calcolo] in kilometres *UK* o kilometers *US* **- 2.** [lunghissimo] endless.

chilometro *sm* kilometre *UK*, kilometer *US*.

chilowatt *sm inv* = **kilowatt**.

chimica *sf* chemistry.

chimico, a, ci, che ⟨⟩ *agg* chemical. ⟨⟩ *sm, f* chemist.

chimono *sm inv* = **kimono**.

china *sf* **- 1.** [inchiostro] Indian *UK* o India *US* ink **- 2.** [liquore] *drink made from cinchona bark* **- 3.** [pendio] slope.

chinare [6] *vt* to lower. ◆ **chinarsi** *vr* to bend down.

chincaglieria *sf* trinkets *pl*.

chino, a *agg* bent, bowed.

chinotto *sm bitter orange drink.*

chioccia, ce *sf* broody hen.

chiocciola *sf* **- 1.** [animale] snail **- 2.** INFORM at (sign), @.

chiodo *sm* **- 1.** [da piantare] nail; **essere magro come un chiodo** to be as thin as a rake **- 2.** [per alpinismo] piton - **3.** [giaccone] studded leather jacket - **4.**: **chiodo fisso** obsession. ➤ **chiodo di garofano** *sm* clove.

chioma *sf* - **1.** [capelli] hair - **2.** [di albero] foliage - **3.** [di cometa] tail.

chiosco, schi *sm* - **1.** [edicola] kiosk; [bancarella] stall - **2.** [gazebo] summerhouse.

chiostro *sm* cloister.

chiromante *smf* [che legge la mano] palm reader, palmist; [che legge le carte] fortuneteller.

chiroterapia *sf* chiropractic.

chirurgia *sf* surgery; **chirurgia plastica** plastic surgery.

chirurgico, a, ci, che *agg* surgical.

chirurgo, ghi *o* **gi** *sm* surgeon.

chissà *avv* who knows; **chissà chi/come** who knows who/how.

chitarra *sf* guitar.

chitarrista, i, e *smf* guitarist.

chiudere [31] <> *vt* - **1.** [gen] to close, to shut; **chiudere qc a chiave** to lock sthg; **chiudere un occhio (su qc)** to turn a blind eye (to sthg); **non chiudere occhio** not to sleep a wink; **chiudi il becco!** *fam* shut up! - **2.** [gas, acqua] to switch *o* turn off - **3.** [strada] to close (off) - **4.** [cessare l'attività di] to close (down) - **5.** [concludere] to end, to close. <> *vi* - **1.** [gen] to close, to shut - **2.** [rubinetto] to turn off - **3.** [cessare l'attività] to close (down) - **4.**: **chiudere con qn/qc** to finish with sb/sthg. ➤ **chiudersi** <> *vr* [isolarsi] to shut o.s. away. <> *vip* - **1.** [porta] to close, to shut - **2.** [valigia, cassetto, ferita] to close.

chiunque <> *pron indef* anyone; **chiunque altro** anyone else. <> *pron rel* (+ *congiuntivo*) whoever.

chiusi *etc* ➤ **chiudere**.

chiuso, a <> *pp* ➤ **chiudere**. <> *agg* - **1.** [non aperto] closed, shut; **chiuso a chiave** locked - **2.** [bloccato] closed - **3.** [rubinetto, manopola] turned off - **4.** [concluso] closed, ended - **5.** [riservato] reserved. ➤ **chiuso** *sm*: **al chiuso** [dentro] indoors.

chiusura *sf* - **1.** [di cancello – atto] closing; [- congegno] lock; **chiusura centralizzata** central locking - **2.** [di attività – temporanea] closing; [- definitiva] closure; **chiusura infrasettimanale** midweek closing; **orario di chiusura** closing time - **3.** [conclusione] end.

ci (*diventa* **ce** *dav* **lo, la, li, le, ne**) <> *pron pers* - **1.** [complemento oggetto] us; **eccoci** here we are - **2.** [complemento di termine] us; **ci presti la macchina?** will you lend us the car?; **ci sembra che...** we think (that...); **ci piacciono tutti** we like them all; **ce li darà domani** he's going

to give them to us tomorrow; **ce ne hanno parlato** they spoke to us about it - **3.** [nei riflessivi, pronominali]: **ci siamo proprio divertiti** we really enjoyed ourselves; **ci siamo già vestiti** we're already dressed; **fermiamoci un attimo** let's stop for a moment; **ci amiamo** we love each other. <> *pron dim* - **1.** [riferito a cosa]: **non ci ho fatto caso** I didn't notice; **non c'entra niente** that's got nothing to do with it; **ci penso io** I'll do it; **contaci!** you bet!; **io ci sto** [sono d'accordo] I agree; **non ci credo** I don't believe it; **non ci vedo** I can't see - **2.** [riferito a persona]: **Mario? non ci puoi fare affidamento** Mario? you can't rely on him; **ci penso io ai bambini** I'll see to the children. <> *avv* - **1.** [qui] here; **ci sono già stato** I've been here before; **ci vengo spesso** I come here often - **2.** [lì] there; **ci sono già stato** I've been there before; **ci vado spesso** I go there often; **c'è** there is; **c'è nessuno?** is anyone home?; **ci sono** there are - **3.** [moto per luogo]: **ci passa l'autostrada** the motorway *UK* o highway *US* goes over it; **non ci passa mai nessuno** no one ever comes this way/goes that way; **c'era una volta...** once upon a time...

C.I. (*abbr di* **Carta d'Identità**) ID (card).

ciabatta *sf* - **1.** [pantofola] slipper - **2.** [pane] ciabatta.

ciabattino *sm region* cobbler.

ciac [tʃak] <> *esclam* CINE action! <> *sm inv* CINE clapperboard *UK*, clapboard *US*.

cialda *sf* wafer.

ciambella *sf* - **1.** [dolce] doughnut, donut *esp US* - **2.** [salvagente] life belt.

ciance *sfpl* chit-chat (U).

cianfrusaglie *sfpl* junk (U).

cianotico, a, ci, che *agg* - **1.** MED cyanotic - **2.** [livido] livid.

cianuro *sm* cyanide.

ciao *esclam* - **1.** [all'arrivo] hi!; [alla partenza] bye! - **2.** [in lettera] bye (for now)!

ciarlatano, a *sm, f* charlatan.

ciascuno, a <> *agg indef* each, every. <> *pron indef* - **1.** [tutti] everyone - **2.** [partitivo]: **ciascuno di** each of; **ciascuno di noi/voi/loro** each of us/you/them - **3.** [distributivo]: **(per) ciascuno** each.

cibernetica *sf* cybernetics (U).

ciberspazio *sm* cyberspace.

cibo *sm* food; **cibo per cani/gatti** dog/cat food.

cicala *sf* cicada.

cicalino *sm* pager, beeper.

cicatrice *sf* scar.

cicatrizzarsi [6] *vip* to form a scar.

cicca, che sf - 1. [mozzicone] (cigarette) butt, cigarette end UK; **non valere una cicca** to be useless - 2. fam [sigaretta] smoke, fag UK - 3. fam [gomma da masticare] piece of gum.

cicchetto sm fam - 1. [bicchierino] drink - 2. [sgridata] telling-off, ticking-off UK.

ciccia sf fam - 1. [carne] meat - 2. [grasso] fat.

ciccione, a fam ⟨⟩ agg fat. ⟨⟩ sm, f fatty.

cicerone sm guide; **fare da cicerone a qn** to show sb around.

ciclabile agg ⟪ **pista**.

Cicladi sfpl: **le (isole) Cicladi** the Cyclades.

ciclamino sm cyclamen.

ciclico, a, ci, che agg cyclic(al).

ciclismo sm bicycling, cycling esp UK.

ciclista, i, e smf bicyclist, cyclist esp UK.

ciclo sm - 1. [gen] cycle - 2. [serie] series.

ciclomotore sm moped.

ciclone sm cyclone.

ciclostilato, a agg & sm duplicate.

cicogna sf stork; **è arrivata la cicogna** the stork has paid a visit.

cicoria sf chicory.

CID [t∫id] (abbr di **Convenzione di Indennizzo Diretto**) sm inv ≃ claims form.

ciecamente avv blindly.

cieco, a, chi, che ⟨⟩ agg blind; **alla cieca** blindly; **cieco come una talpa** as blind as a bat. ⟨⟩ sm, f blind person.

cielo sm - 1. [gen] sky; **toccare il cielo con un dito** to walk on air; **non stare né in cielo né in terra** to be completely absurd - 2. RELIG heaven.

CIF [t∫if] (abbr di **Cost Insurance Freight**) COMM c.i.f., CIF.

cifra sf - 1. [numero] figure; **fare cifra tonda** to make it a round figure - 2. [somma] amount - 3. [codice] code, cipher - 4. fam: **una cifra** a considerable amount. ◆ **cifre** sfpl [monogramma] initials.

cifrato, a agg - 1. [messaggio] coded, in cipher (non dav sostantivo) - 2. [fazzoletto] monogrammed.

ciglio sm - 1. (fpl **ciglia**) [di occhi] eyelash; **senza batter ciglio** without batting an eye o eyelid UK - 2. (mpl **cigli**) [di strada] edge.

cigno sm swan.

cigolare [6] vi to squeak.

cigolio, ii sm [rumore] squeak; [azione] squeaking.

Cile sm: **il Cile** Chile.

cilecca sf: **fare cilecca** to misfire.

cileno, a agg & sm, f Chilean.

ciliegia, gie o **ge** sf cherry.

ciliegina sf glacé cherry.

ciliegio sm - 1. [albero] cherry (tree) - 2. [legno] cherry (wood).

cilindrata sf - 1. [di motore] (cubic) capacity; **auto di grossa/piccola cilindrata** car with a powerful/not very powerful engine - 2. [macchina] car.

cilindro sm - 1. [gen] cylinder - 2. [cappello] top hat.

cima sf - 1. [di edificio, albero] top; [vetta] peak; **in cima (a qc)** at the top (of sthg); **da cima a fondo** [leggere] from cover to cover, from start to finish; [pulire, perquisire] from top to bottom - 2. NAUT rope - 3. fam [persona] genius.

cimelio sm - 1. [oggetto storico] relic - 2. [ricordo] heirloom.

cimentarsi [6] vr: **cimentarsi con qn** [gareggiare] to compete with sb; **cimentarsi in qc** [gara, concorso] to put o.s. to the test in sthg.

cimice sf bug.

ciminiera sf chimney stack UK, smokestack US.

cimitero sm cemetery; **cimitero di automobili** scrapyard.

cimurro sm distemper.

Cina sf: **la Cina** China.

cincillà sm inv chinchilla.

cincin esclam cheers!

cine sm inv fam cinema, films pl esp UK, movies pl esp US.

cineasta, i, e smf - 1. person in films esp UK o in the movies esp US - 2. [regista] filmmaker esp UK, moviemaker US.

Cinecittà sf Cinecittà, main Italian film and TV studio.

cinefilo, a sm, f film esp UK o movie esp US buff.

cinema sm inv - 1. [arte, industria] cinema, films pl esp UK, movies pl esp US; **cinema d'essai** experimental cinema - 2. [sala] cinema esp UK, movie theater US; **andare al cinema** to go to the cinema UK o movies esp US.

cinematografico, a, ci, che agg film (dav sostantivo) esp UK, movie (dav sostantivo) esp US.

cinepresa sf cine-camera UK, movie camera US.

cinese ⟨⟩ agg Chinese; **la Repubblica Popolare Cinese** the People's Republic of China. ⟨⟩ smf [persona] Chinese man (Chinese woman f); **i cinesi** the Chinese. ⟨⟩ sm [lingua] Chinese.

cingere [49] vt - 1. [città] to surround; **cingere qc d'assedio** to besiege sthg - 2. [vita] to encircle.

cinghia *sf* - 1. [gen] belt; **cinghia di trasmissione** drive belt; **tirare la cinghia** *fig* to tighten one's belt - 2. [di zaino] strap.

cinghiale *sm* - 1. [animale, carne] (wild) boar - 2. [pelle] pigskin.

cingolato, a *agg* Caterpillar®–tracked *(dav sostantivo)*. ◆ **cingolato** *sm* Caterpillar®.

cinguettare [6] *vi* to chirp.

cinico, a, ci, che ⟨⟩ *agg* cynical. ⟨⟩ *sm, f* cynic.

ciniglia *sf* chenille.

cinismo *sm* cynicism.

cinofilo, a *sm, f* dog-lover.

cinquanta *agg num inv* & *sm inv* fifty; **gli anni cinquanta** the Fifties; *vedi anche* **sei**.

cinquantennale *sm* fiftieth anniversary.

cinquantesimo, a *agg num* & *sm, f* fiftieth. ◆ **cinquantesimo** *sm* [frazione] fiftieth; *vedi anche* **sesto**.

cinquantina *sf* - 1. [quantità]: **una cinquantina (di qc)** about fifty (sthg) - 2. [età] fifty: **avere una cinquantina d'anni** to be about fifty (years old), to be in one's fifties; **essere sulla cinquantina** to be about fifty (years old).

cinque *agg num inv* & *sm inv* five; *vedi anche* **sei**.

Cinquecento *sm*: **il Cinquecento** the sixteenth century.

cinquemila *agg num inv* & *sm inv* five thousand; *vedi anche* **sei**.

cinta *sf*: **cinta (muraria)** city walls *pl*.

cinto, a *pp* ⟶ **cingere**.

cintola *sf* belt.

cintura *sf* - 1. [accessorio] belt - 2.: **cintura (di sicurezza)** seatbelt, safety belt; **allacciare la cintura** to fasten one's seatbelt - 3. [nelle arti marziali]: **cintura nera** black belt.

cinturino *sm* strap.

cinturone *sm* (gun)belt.

ciò *pron dim* that; **ciò che** what; **e con ciò?** so what?

ciocca, che *sf* lock.

cioccolata *sf* - 1. [alimento] chocolate - 2. [bevanda] hot chocolate.

cioccolatino *sm* chocolate.

cioccolato *sm* chocolate; **cioccolato amaro** *o* **fondente** dark *o* plain *UK* chocolate; **cioccolato al latte** milk chocolate.

cioè ⟨⟩ *cong* - 1. [per spiegare] that is, i.e. - 2. [per correggere] I/you *etc* mean; **l'ho visto ieri, cioè no, l'altro ieri** I saw him yesterday, no, I mean the day before yesterday. ⟨⟩ *avv* [per spiegare] that is.

ciondolare [6] *vi* - 1. [bighellonare] to hang out - 2. [oscillare] to swing.

ciondolo *sm* pendant.

ciondoloni *avv*: **con le braccia/gambe ciondoloni** with one's arms/legs dangling.

ciononostante *avv* nevertheless.

ciotola *sf* - 1. [contenitore] bowl - 2. [contenuto] bowlful.

ciottolo *sm* pebble.

cipolla *sf* - 1. [commestibile] onion - 2. [di fiore] bulb.

cipresso *sm* - 1. [albero] cypress - 2. [legno] cypress (wood).

cipria *sf* face powder.

Cipro *sm* Cyprus.

circa ⟨⟩ *avv* [pressappoco] about, around. ⟨⟩ *prep* [a proposito] regarding.

circo, chi *sm* circus.

circolare [6] ⟨⟩ *vi* - 1. [persone, idee, notizie] to go around - 2. [automezzi] to go - 3. [sangue] to circulate - 4. [soldi] to be in circulation. ⟨⟩ *agg* - 1. [rotondo] circular - 2. ⟶ **assegno**. ⟨⟩ *sf* - 1. AMMIN circular - 2. [linea di autobus] circle line.

circolazione *sf* - 1. [di auto] traffic; **circolazione stradale** (road) traffic - 2. [di moneta, merce, sangue] circulation; **mettere qc in circolazione** [moneta] to put sthg into circulation; [voci] to spread sthg; **togliere qc dalla circolazione** to take sthg out of circulation; **sparire dalla circolazione** *fig* [persona] to disappear from circulation.

circolo *sm* - 1. GEOM circle - 2. [associazione] club; **circolo letterario** literary society *o* circle - 3.: **entrare in circolo** ANAT to enter the bloodstream - 4.: **circolo polare artico/antartico** Arctic/Antarctic Circle. ◆ **circolo vizioso** *sm* vicious circle. ◆ **circoli** *smpl* [ambiente] circles.

circoncisione *sf* circumcision.

circondare [6] *vt* to surround. ◆ **circondarsi** *vr*: **circondarsi di qn/qc** to surround o.s. with sb/sthg.

circonferenza *sf* circumference.

circonvallazione *sf* ring road *UK*, beltway *US*.

circoscritto, a ⟨⟩ *pp* ⟶ **circoscrivere**. ⟨⟩ *agg* - 1. [problema, fenomeno] localized - 2. [zona] limited - 3. GEOM circumscribed.

circoscrivere [73] *vt* - 1. [incendio, epidemia] to contain - 2. GEOM to circumscribe.

circoscrizione *sf* AMMIN district; **circoscrizione elettorale** constituency.

circospetto, a *agg* circumspect.

circostante *agg* surrounding.

circostanza *sf* - 1. [gen] circumstance; **circostanza aggravante/attenuante** aggravating/

mitigating circumstance - **2.** [occasione] occasion; **parole di circostanza** perfunctory words.

circuire [9] *vt* to take in.

circuito *sm* circuit; **circuito chiuso** closed circuit; **circuito integrato** integrated circuit; **circuito di prova** test circuit.

circumnavigare [16] *vt* to circumnavigate.

cirillico, a, ci, che *agg* Cyrillic.

cirrosi *sf inv* cirrhosis; **cirrosi epatica** cirrhosis (of the liver).

Cisgiordania *sf*: **la Cisgiordania** the West Bank.

CISL [t ʃizl] (*abbr di* **Confederazione Italiana Sindacati Lavoratori**) *sf* centre-right Italian Trade Union federation.

ciste *sf* = **cisti**.

cisterna ⟨⟩ *sf* [in edificio] tank. ⟨⟩ *agg inv*: **nave cisterna** [per petrolio] tanker; [per acqua] water-supply ship; **camion cisterna** tanker (truck o lorry *UK*).

cisti *sf inv* cyst.

cistifellea *sf* gall bladder; **calcolo alla cistifellea** gallstone.

cistite *sf* cystitis.

citare [6] *vt* - **1.** [autore, testo] to cite - **2.** [indicare]: **citare qn/qc a modello** o **ad esempio** to cite sb/sthg as an example - **3.** [come testimone] to summon - **4.** [fare causa a] to summons; **citare qn/qc per danni** to sue sb/sthg for damages.

citazione *sf* - **1.** [di testo, autore] quotation - **2.** [come testimone] summons (*sing*) - **3.** [per danni] suing.

citofonare [6] *vi* to call on the entryphone® *UK* o intercom *US*.

citofono *sm* [di appartamento] entryphone® *UK*, intercom *US*; [in uffici] intercom.

città *sf inv* - **1.** [grande centro abitato] city - **2.** [cittadina] town - **3.** [quartiere] (part of) town; **la città santa** the Holy City; **città mercato** shopping centre *UK* o center *US*, (shopping) mall; **città satellite** satellite town; **città universitaria** university campus. ◆ **Città del Capo** *sf* Cape Town. ◆ **Città del Messico** *sf* Mexico City. ◆ **Città del Vaticano** *sf*: **la Città del Vaticano** the Vatican City.

cittadinanza *sf* - **1.** [abitanti] citizens *pl* - **2.** DIR citizenship.

cittadino, a ⟨⟩ *agg* [di città grande] city (*dav sostantivo*); [di città piccola] town (*dav sostantivo*). ⟨⟩ *sm, f* - **1.** [di città] inhabitant - **2.** [di Stato] citizen.

ciuccio *sm* dummy *UK*, pacifier *US*.

ciuco, chi *sm region* ass.

ciuffo *sm* [di capelli, pelo, piume, erba] tuft.

civetta *sf* - **1.** [uccello] owl - **2.** [donna] flirt; **fare la civetta (con qc)** to flirt (with sb).

civico, a, ci, che *agg* - **1.** [di città] municipal; **centro civico** civic centre *UK* o center *US* - **2.** [di cittadino] civic; **educazione civica** citizenship *UK*, civics (*sing*) esp *US*.

civile ⟨⟩ *agg* - **1.** [gen] civil - **2.** [non militare] civilian - **3.** [civilizzato] civilized - **4.** [educato] courteous. ⟨⟩ *sm* [non militare] civilian.

civilizzare [6] *vt* to civilize. ◆ **civilizzarsi** *vr* to become civilized.

civiltà *sf inv* - **1.** [gen] civilization - **2.** [educazione] courtesy; **con civiltà** in a civilized manner.

cl (*abbr di* **centilitro**) cl.

clacson *sm inv* horn; **suonare il clacson** to sound the o one's horn.

clamore *sm* - **1.** [scalpore] uproar; **suscitare** o **destare clamore** to cause an uproar - **2.** [frastuono] noise.

clamoroso, a *agg* [sconfitta, successo] resounding; [applausi] thunderous; [notizia, processo] sensational.

clan *sm inv* clan.

clandestinamente *avv* secretly; **imbarcarsi clandestinamente** to stow away; **importare clandestinamente** [gen] to import illegally; [di contrabbando] to smuggle in.

clandestinità *sf* - **1.** [qualità] secrecy - **2.** [pratica] hiding; **vivere nella clandestinità** to live in hiding; **entrare in clandestinità** to go underground o into hiding.

clandestino, a ⟨⟩ *agg* clandestine, underground (*dav sostantivo*); **passeggero clandestino** stowaway. ⟨⟩ *sm, f* stowaway.

clarinetto *sm* clarinet.

classe *sf* - **1.** [gen] class; **di (gran) classe** with class (*non dav sostantivo*), classy; **classe dirigente** ruling class - **2.** [SCOL - grado] year *UK*, grade *US*; [- alunni] class; [- aula] class(room).

classico, a, ci, che *agg* - **1.** [letteratura, autore, arte] classical; **musica classica** classical music - **2.** [tipico, sobrio] classic. ◆ **classico** *sm* - **1.** [opera] classic - **2.**: **è un classico** that's typical.

classifica, che *sf* [graduatoria] list; [risultato sportivo] placings *pl*; [di canzoni] charts *pl*; **primo in classifica** MUS number one (in the charts); CALCIO top of the league; **classifica del campionato** CALCIO league table.

classificare [15] *vt* - **1.** [valutare] to mark, to grade *esp US* - **2.** [catalogare] to classify. ◆ **classificarsi** *vr* - **1.** [ottenere un piazzamento] to come; **classificarsi primo/secondo**

to come first/second - **2.** [qualificarsi] to qualify; **classificarsi per le semifinali** to qualify for the semifinals.

classificatore *sm* - **1.** [cartella] loose-leaf file - **2.** [mobiletto] filing cabinet.

classificazione *sf* - **1.** [catalogazione] classification - **2.** [valutazione] marking, grading *esp* US.

clausola *sf* clause.

claustrofobia *sf* claustrophobia.

clausura *sf* - **1.** RELIG enclosure; **suora di clausura** nun belonging to an enclosed order - **2.** [solitudine] seclusion; **fare una vita di clausura** to lead a cloistered life.

clava *sf* - **1.** [bastone] club - **2.** [attrezzo ginnico] Indian club.

clavicembalo *sm* harpsichord.

clavicola *sf* [gen] collarbone; MED clavicle.

claxon *sm inv* = **clacson**.

clemente *agg* - **1.** [indulgente] lenient; **clemente (verso qn)** lenient (with sb) - **2.** [mite] mild.

clementina *sf* clementine.

clemenza *sf* - **1.** [indulgenza] leniency - **2.** [mitezza] mildness.

cleptomane *smf* kleptomaniac.

clero *sm* clergy.

clessidra *sf* [a sabbia] hourglass; [ad acqua] water clock.

clic [klik] <> *esclam* click! <> *sm inv* click; **fare clic/doppio clic (su qc)** to click/double-click (on sthg).

cliccare [15] *vi* INFORM: **cliccare (su qc)** to click (on sthg).

cliché [kliʃ'ʃe] *sm inv* cliché.

cliente *smf* [gen] customer; [di albergo] guest; [di professionista] client; **è un cliente fisso di questo bar** he's a regular at this bar.

clientela *sf* [di bar, negozio] customers *pl*; [di albergo] guests *pl*; [di professionista, negozio elegante] clientele.

clima, i *sm fig* climate.

climatico, a, ci, che *agg* climatic.

climatizzatore *sm* air conditioner.

clinica, che *sf* clinic.

clinico, a, ci, che *agg* clinical; **cartella clinica** medical records *pl*.

clip [klip] <> *sf inv* clip; **orecchini con o a clip** clip-on earrings. <> *sm inv* [video] clip.

clistere *sm* - **1.** [operazione] enema - **2.** [strumento] enema (syringe).

clitoride *sm o sf* clitoris.

clonare [6] *vt* to clone.

clone *sm* clone.

cloro *sm* chlorine.

clorofilla *sf* chlorophyll.

cloroformio *sm* chloroform.

club [klab, klɛb] *sm inv* club.

cm (*abbr di* centimetro) cm.

c.m. (*abbr di* corrente mese) inst.

CM (*abbr di* Circolare Ministeriale) ministerial circular.

CNR (*abbr di* Consiglio Nazionale delle Ricerche) *sm* national council for research.

c/o (*abbr di* care of) c/o.

coabitare [6] *vi* to live together; **coabitare con qn** to live with sb.

coagulare [6] *vt & vi* [sangue] to coagulate, to clot; [latte] to curdle. ◆ **coagularsi** *vip* [sangue] to coagulate, to clot; [latte] to curdle.

coalizione *sf* coalition.

coalizzare [6] *vt*: **coalizzare le forze** to join forces *(in a coalition).* ◆ **coalizzarsi** *vr* to form a coalition; **coalizzarsi contro qn** to unite against sb.

cobalto *sm* cobalt.

COBAS ['kɔbas] (*abbr di* Comitati di base) *smpl* trade-union organizations set up in opposition to traditional unions.

cobra *sm inv* cobra.

coca *sf* [cocaina] coke. ◆ **coca**® (*pl* coche) *sf* Coke®.

Coca-Cola® *sf* Coca Cola®.

cocaina *sf* cocaine.

cocainomane *smf* cocaine addict, cokehead *fam*.

coccarda *sf* cockade.

coccige, coccige *sm* [gen] tailbone; MED coccyx.

coccinella *sf* ladybird UK, ladybug US.

coccio *sm* - **1.** [terracotta] earthenware *(U)* - **2.** [frammento] piece of broken pottery.

cocciuto, a *agg* stubborn.

cocco, chi *sm* coconut palm; **noce di cocco** coconut; **latte di cocco** coconut milk. ◆ **cocco, a, chi, che** *sm, f fam* [di genitore] darling; [di professore] pet.

coccodrillo *sm* - **1.** [animale] crocodile - **2.** [pelle] crocodile (skin).

coccolare [6] *vt* to cuddle.

coccoloni *avv*: **stare coccoloni** to be squatting.

cocevo *etc* ▷ **cuocere**.

cocker ['kɔker] *sm inv* cocker spaniel.

cocktail ['kɔktel] *sm inv* - **1.** [bevanda, miscuglio] cocktail - **2.** [festa] cocktail party. ◆ **cocktail di scampi** *sm inv* prawn UK o shrimp US cocktail.

cocomero *sm* watermelon.

coda sf - **1.** [di animale, aereo, cometa] tail; [di abito da sposa] train; **in coda a** [treno] at the rear of; **coda di cavallo** [pettinatura] ponytail; **pianoforte a coda** grand piano; **vagone di coda** rear coach UK o car US; **fanale di coda** rear light; **avere la coda di paglia** fig to have a guilty conscience; **andarsene con la coda tra le gambe** fig to go away with one's tail between one's legs; **(guardare qn/qc) con la coda dell'occhio** (to look at sb/sthg) out of the corner of one's eye - **2.** [fila - di persone] queue esp UK, line US; [- di auto] tailback UK, backup US; **fare la coda** to queue (up) esp UK, to stand in line US; **mettersi in coda** to join a queue esp UK, to get in line US. ◆ **coda di rospo** sf [pesce] monkfish tail.

codardo, a ◇ agg cowardly. ◇ sm, f coward.

cod. civ. (abbr di codice civile) civil code.

codesto, a lett & region ◇ agg dim [questo] this; [quello] that. ◇ pron dim [questo] this one; [quello] that one.

codice sm - **1.** [gen] code; **codice a barre** bar code; **codice civile** civil code; **codice fiscale** tax code; **codice genetico** genetic code; **codice penale** penal code; **codice PIN** PIN number; **codice (di avviamento) postale** postcode UK, zip code US; **codice della strada** highway code UK, motor vehicle laws pl US - **2.** [manoscritto] codex.

codificare [15] vt - **1.** [messaggi, dati, informazioni] to encode - **2.** [leggi] to codify.

codino sm pigtail.

coercitivo, a agg coercive.

coerente agg coherent; **essere coerente** to be consistent.

coerenza sf - **1.** [di teoria, ragionamento] coherence - **2.** [di persona] consistency.

coetaneo, a ◇ agg: **essere coetaneo (di qn)** to be the same age (as sb). ◇ sm, f contemporary.

cofanetto sm - **1.** [per gioielli] (jewellery UK o jewelry US) box - **2.** [in editoria]: **in cofanetto** as a boxed set.

cofano sm [di auto] bonnet UK, hood US.

cogli = con + gli.

cogliere [86] vt - **1.** [frutto, fiore] to pick - **2.** [opportunità, occasione] to take - **3.** [significato, importanza] to grasp - **4.** [sorprendere] to catch; **cogliere qn sul fatto/in flagrante** to catch sb in the act/red-handed; **cogliere qn in fallo** to catch sb out; **essere colto da malore** to be taken ill.

coglione, a sm, f volg dickhead. ◆ **coglioni** smpl: **rompere i coglioni (a qn)** to be a pain in the arse UK o ass esp US (to sb).

cognac, cognac sm inv cognac.

cognato, a sm, f brother-in-law (sister-in-law f).

cognizione sf - **1.** [nozione] knowledge; **perdere la cognizione del tempo** to lose all notion of time - **2.** [competenza]: **con cognizione di causa** with full knowledge of the facts.

cognome sm surname, last name; **cognome da ragazza** maiden name.

coi = con + i.

coincidenza sf - **1.** [caso fortuito] coincidence - **2.** [corrispondenza, mezzo pubblico] connection; **treno in coincidenza (per qc)** connection (for sthg), connecting train (for sthg).

coincidere [30] vi: **coincidere (con qc)** to coincide (with sthg).

coinciso, a pp ▷ **coincidere.**

coinquilino, a sm, f fellow tenant.

coinvolgere [48] vt - **1.** [far partecipare]: **coinvolgere qn in qc** [scandalo, lite] to implicate o involve sb in sthg; [progetto, iniziativa] to involve sb in sthg - **2.** [emotivamente] to involve.

coinvolgimento sm: **coinvolgimento (in qc)** involvement (in sthg).

coinvolsi etc ▷ **coinvolgere.**

coinvolto, a pp ▷ **coinvolgere.**

coito sm coitus; **coito interrotto** coitus interruptus.

col = con + il.

colapasta sm inv colander.

colare [6] ◇ vt [brodo, olio] to strain; **colare la pasta** to drain pasta. ◇ vi - **1.** [liquido] to drip - **2.** [cera, formaggio] to run - **3.** [contenitore] to leak - **4.** [nave]: **colare a picco** to go straight to the bottom.

colata sf - **1.** [di cemento] casting - **2.** [di lava] flow.

colazione sf [prima colazione] breakfast; [seconda colazione] lunch; **fare colazione** [prima colazione] to (have) breakfast; [seconda colazione] to (have) lunch; **colazione continentale** Continental breakfast; **colazione all'inglese** English breakfast.

colei pron dim lett: **colei che** the one who, the woman who.

colera sm cholera.

colesterolo sm cholesterol.

colf (abbr di collaboratrice familiare) sf inv domestic (help).

colgo etc ▷ **cogliere.**

colica, che sf colic.

colino sm strainer.

coll' = con + l'.

colla[1] ['kɔlla] sf glue. ◆ **colla di pesce** sf isinglass.

colla² ['kɔlla] = **con + la**.

collaborare [6] *vi* - **1.** [lavorare] to work together; **collaborare a qc (con qc)** to contribute to sthg (with sthg) - **2.** [confessare] to co-operate; **collaborare con la giustizia** to turn Queen's *UK* o State's *US* evidence - **3.** POLIT to collaborate.

collaboratore, trice *sm, f* [gen] partner; [di giornale, progetto] contributor; POLIT collaborator; **collaboratore esterno** freelancer; **collaboratore di giustizia** supergrass *UK*, deep throat *US*; **collaboratrice familiare** domestic (help).

collaborazione *sf* - **1.** [partecipazione] partnership - **2.** [lavoro] collaboration; **in collaborazione con** in collaboration with.

collage [kol'laʒ] *sm inv* collage.

collagene *sm* collagen.

collana *sf* - **1.** [gioiello] necklace - **2.** [di libri] series.

collant [kol'lan] *sm inv* tights *pl UK*, panty hose *pl US*.

collare *sm* - **1.** [per cane, gatto] collar - **2.** [di prete] dog collar.

collasso *sm* collapse; **collasso cardiaco** heart failure.

collaterale *agg* collateral; **danni collaterali** collateral damage (U); **effetti collaterali** side effects.

collaudare [6] *vt* to test.

collaudo *sm* [azione] testing (U); [controllo] test; **fare il collaudo di qc** to test sthg; **volo/giro di collaudo** test flight/run.

colle¹ ['kɔlle] *sm* hill.

colle² ['kɔlle] = **con + le**.

collega, ghi, ghe *smf* colleague, co-worker.

collegamento *sm* - **1.** [gen] connection; **mettere qc in collegamento con qc** to link sthg with sthg - **2.** TELECOM link, connection; **in collegamento via satellite** via satellite link - **3.** [INFORM - icona] shortcut; [- in Internet] link.

collegare [16] *vt* to connect. ◆ **collegarsi** *vr* TELECOM: **collegarsi con Internet** to connect to the Internet; **ci colleghiamo ora con il nostro corrispondente a Washington** now we go over to our Washington correspondent.

collegiale ◇ *agg* [ente, seduta] joint *(dav sostantivo)*; **organo collegiale** corporate body. ◇ *sm, f* - **1.** [allievo] boarder - **2.** [persona timida] schoolboy (schoolgirl *f*).

collegio *sm* - **1.** [istituzione, edificio] boarding school - **2.** [organo] association. ◆ **collegio elettorale** *sm* constituency.

collera *sf* anger; **andare in collera** to get angry; **essere in collera con qn** to be angry with o at sb.

colletta *sf* collection; **fare una colletta per qn** to have a collection for sb.

collettività *sf* community.

collettivo, a *agg* collective; **società in nome collettivo** partnership.

colletto *sm* collar. ◆ **colletti bianchi** *smpl* white-collar workers.

collezionare [6] *vt* - **1.** [francobolli, opere d'arte] to collect - **2.** [successi, sconfitte] to notch up.

collezione *sf* collection; **fare collezione di qc** to collect sthg.

collezionista, i, e *smf* collector.

collie ['kɔlli] *sm inv* collie.

collimare [6] *vi* to coincide.

collina *sf* - **1.** [altura] hill - **2.** [zona] hills *pl*; **una città di collina** a hill town.

collinoso, a *agg* hilly.

collirio *sm* eyedrops *pl*.

collisione *sf* collision; **entrare in collisione (con qc)** to collide (with sthg).

collo¹ ['kɔllo] *sm* - **1.** [di persona, bottiglia, abito] neck; **a collo alto** [maglia, maglione] high-necked *(dav sostantivo)*; **fino al collo** *fig* up to one's neck - **2.** [pacco] package, parcel *esp UK*. ◆ **collo del piede** *sm* instep. ◆ **collo dell'utero** *sm* neck of the womb.

collo² ['kɔllo] = **con + lo**.

collocamento *sm* - **1.** [sistemazione] placing; **collocamento a riposo** retirement - **2.** ▷ **ufficio**.

collocare [15] *vt* - **1.** [oggetti, mobili] to place - **2.**: **collocare a riposo qn** to retire sb. ◆ **collocarsi** *vip* to position o.s.

colloquiale *agg* colloquial.

colloquio *sm* - **1.** [conversazione] talk - **2.**: **colloquio (di lavoro)** interview - **3.** [esame] oral exam. ◆ **colloqui** *smpl* SCOL parent-teacher meetings.

collutorio *sm* mouthwash.

colluttazione *sf* scuffle.

colmare [6] *vt* - **1.** [recipiente, persona]: **colmare qc (di qc)** to fill sthg up (with sthg); **colmare qn di qc** to overwhelm sb with sthg - **2.** [lacuna, divario] to fill.

colmo, a *agg*: **colmo (di qc)** full (of sthg). ◆ **colmo** *sm* *fig* height; **è il colmo!** that beats everything!

colomba *sf* - **1.** [uccello] dove - **2.** [dolce]: **colomba (pasquale)** dove-shaped cake eaten at Easter.

Colombia *sf*: **la Colombia** Colombia.

colombiano, a agg & sm, f Colombian.

colonia sf - 1. [territorio] colony - 2. [di vacanza] camp.

coloniale agg colonial.

colonna sf - 1. [gen] column - 2. [di persone, automezzi] long line; **stare in colonna** to be in a tailback UK o backup US. ◆ **colonna sonora** sf soundtrack. ◆ **colonna vertebrale** sf spinal column.

colonnato sm colonnade.

colonnello sm colonel.

colorante sm colouring UK, coloring US.

colorare [6] vt [tessuto,capelli] to colour UK, to color US; [disegno] to colour in UK, to color in US.

colore sm - 1. [tinta] colour UK, color US; a colori [televisione, film] colour *(dav sostantivo)* UK, color *(dav sostantivo)* US; di colore [persona] of colour UK o color US *(non dav sostantivo)*; dirne di tutti i colori a qn to lay into sb; combinarne di tutti i colori to get up to all sorts of mischief - 2. [sostanza] paint; **colori ad olio** oil paints.

colorito sm complexion.

coloro pron dim: coloro che [soggetto] those who; [complemento] those who o whom form.

colossale agg colossal.

Colosseo sm: il Colosseo the Coliseum.

colosso sm - 1. [uomo grosso, statua] colossus - 2. [persona, azienda importante] giant.

colpa sf - 1. [responsabilità] fault; è tutta colpa sua it's all his fault; dare la colpa a qn/qc (di qc) to blame sb/sthg (for sthg); sentirsi in colpa to feel guilty; per colpa di qn/qc because of sb/sthg - 2. [peccato] sin.

colpevole ◇ agg: colpevole (di qc) guilty (of sthg). ◇ smf culprit.

colpevolezza sf guilt.

colpevolizzare [6] vt: colpevolizzare qn to make sb feel guilty. ◆ **colpevolizzarsi** vr to blame o.s.

colpire [9] vt - 1. [gen] to hit, to strike; colpire qn con un pugno/uno schiaffo/un calcio to punch/slap/kick sb - 2. [impressionare] to strike.

colpo sm - 1. [attacco fisico] blow; colpo basso fig blow below the belt - 2. [interesse]: far colpo su qn to be a hit with sb - 3. [spavento] fright; far prendere un colpo a qn to give sb a heart attack - 4. [danno, dolore]: un duro colpo (per qn/a qc) a (severe) blow (for sb/to sthg) - 5. [di arma da fuoco] shot; colpo di grazia fig coup de grâce; così vai a colpo sicuro this way you can't go wrong - 6. [evento improvviso]: morire sul colpo to die instantly; col-

po di fortuna stroke of luck; colpo di fulmine love at first sight; colpo di scena TEATRO coup de théâtre; fig sudden turn of events; colpo di stato coup (d'état); colpo di testa CALCIO header; fig impulse; di colpo suddenly - 7. fam [malore]: colpo (apoplettico) (apoplectic) fit; colpo d'aria chill; colpo di sole sunstroke - 8. [azione veloce]: un colpo di ferro/di straccio/di scopa a quick iron/dust/ sweep; dare un colpo di spugna al passato to erase the past completely; colpo di telefono (phone) call; colpo di vento gust (of wind) - 9. [rapina] raid. ◆ **colpi di sole** smpl highlights.

colposo, a agg ▷ omicidio.

coltellata sf - 1. [colpo] stab wound - 2. [dolore] painful blow.

coltello sm knife; coltello da cucina kitchen knife; coltello a serramanico flick knife UK, switchblade US; avere il coltello dalla parte del manico fig to have the whip hand.

coltivare [6] vt - 1. [terreno, amicizia, interessi] to cultivate - 2. [grano, frutta] to grow.

coltivato, a agg cultivated.

coltivatore, trice sm, f farmer; coltivatore diretto small farmer.

coltivazione sf - 1. [attività] farming; coltivazione biologica/intensiva organic/intensive farming - 2. [raccolto] crop.

colto¹, a ['kɔlto, a] pp ▷ cogliere.

colto², a ['kɔlto, a] agg cultured.

coltre sf blanket.

coltura sf cultivation; coltura intensiva intensive cultivation.

colui pron dim lett: colui che the one who, the man who.

coma sm inv coma; essere/entrare in coma to be in/go into a coma; coma irreversibile irreversible coma; coma profondo deep coma.

comandamento sm commandment.

comandante smf - 1. [di esercito] commander; [di reggimento] commanding officer - 2. [di nave, aereo] captain.

comandare [6] ◇ vi [avere autorità] to be in charge. ◇ vt - 1. [avere il comando di] to be in command of; comandare qn a bacchetta to rule sb with a rod of iron - 2. [ordinare] to order.

comando sm - 1. [guida, ordine] command; essere al comando di qc [esercito] to be in command of sthg; [industria, compagnia] to be in charge of sthg - 2. [congegno] control; comando a distanza remote control.

combaciare [17] vi - 1. [oggetti] to fit together - 2. [idee] to coincide.

combàttere [7] ⬦ *vt* - **1.** [malattia, corruzione, ignoranza] to combat, to fight - **2.** [guerra, battaglia] to fight. ⬦ *vi* to fight.

combattimento *sm* - **1.** [battaglia] combat; **morire in combattimento** to die in combat - **2.** [di pugilato] match; **mettere qn fuori combattimento** *fig* to knock sb out - **3.** [fra animali] fight; **gallo/cane da combattimento** fighting cock/dog.

combattùto, a *agg* - **1.** [indeciso] torn - **2.** [gara, partita] hard-fought; [scelta] difficult.

combinàre [6] *vt* - **1.** [unire] to combine - **2.** [fare] to get up to; **combinare un bel guaio** o **pasticcio** to make a mess of things; **combinarne una delle sue** to get up to one's usual tricks; **non ho combinato niente** I've not managed to get anything done - **3.** [incontro, matrimonio] to organize; [affare] to conclude.

➤ **combinarsi** *vip fam* [conciarsi]: **come ti sei combinato?** what do you look like?

combinazióne *sf* - **1.** [di cassaforte] combination - **2.** [coincidenza] coincidence; **che combinazione!** what a coincidence!; **per combinazione** by chance.

combustìbile ⬦ *agg* combustible. ⬦ *sm* fuel.

combustióne *sf* combustion.

cóme ⬦ *avv* - **1.** [comparativo - con aggettivo, avverbio] as; [- davanti a sostantivo, pronome] like; **è alta come me** she's the same height as me; **è testardo come un mulo** he's (as) stubborn as a mule; **come sempre** as always; **fai come me** do as I do; **si comporta come un bambino** he behaves like a child; **mia figlia è come me** my daughter is like me; **dormire come un ghiro** to sleep like a log - **2.** [in qualità di] as; **lavora come guida turistica** she works as a tourist guide; **lo puoi usare come fax** o **come telefono** you can use it as a fax or as a phone - **3.** [per esempio] such as; **mi piacciono i colori accesi come il rosso** I like bright colours such as red - **4.** [interrogativo] how; **come stai?** how are you?; **mi ha spiegato come lo ha conosciuto** she told me how she met him; **non so come fare** I don't know what to do; **come sarebbe a dire?** what do you mean?; **come mai?** why?, how come?; **come? pardon?**, sorry? - **5.** [in esclamazioni]: **sai come mi piace il cioccolato!** you know how (much) I love chocolate!; **com'è bello!** he's so handsome!; **come mi dispiace!** I'm so sorry! ⬦ *cong* - **1.** [comparativa]: **è meglio di come lo immaginavo** it's better than I expected; **vieni vestito così come sei** come (dressed) as you are; **non è caldo come pensavo** it's not as hot as I thought - **2.** [modale] as; **devi fare come ti ho detto** you have to do as I told you; **tutto è andato come avevo previsto** everything

went as I expected; **come se** (+ *congiuntivo*) as if; **come se niente fosse** as if nothing had happened - **3.** [temporale] as soon as; **come l'ho saputo, ti ho telefonato** I phoned you as soon as I found out - **4.** [incidentale]: **come sai** as you know; **come ti ho detto** as I told you.

COMECON ['kɔmekon] (*abbr di* Council for Mutual Economic Aid) *sm* COMECON.

comèta *sf* comet.

còmico, a, ci, che ⬦ *agg* - **1.** [divertente] comical - **2.** [genere] comic. ⬦ *sm, f* [professione] comedian.

cominciàre [17] ⬦ *vt* to begin, to start; **cominciare a fare qc** to begin doing o to do sthg. ⬦ *vi* to begin, to start.

comitàto *sm* committee.

comitìva *sf* party; **in comitiva** in o as a group.

comìzio *sm* rally; **comizio elettorale** election rally.

Comm. (*abbr di* Commendatore) *title given to the holder of an Italian order of chivalry.*

còmma, i *sm* subsection.

commèdia *sf* - **1.** [opera - gen] play; [- comica] comedy - **2.** [genere] comedy; **commedia musicale** musical - **3.** [finzione] play-acting; **fare la commedia** to play-act.

commemoràre [6] *vt* to commemorate.

commentàre [6] *vt* - **1.** [esprimere un parere su] to comment on, to give an opinion on; [radio, televisione] to commentate on - **2.** [testo, brano - oralmente] to comment on; [- per iscritto] to annotate, to write a commentary on.

commènto *sm* - **1.** [opinione] comment; [radio, TV] commentary - **2.** [spiegazione]: **commento (a qc)** commentary (on sthg).

commerciàle *agg* - **1.** [settore, lettera] commercial, business (*dav sostantivo*) - **2.** [libro, film, televisione, radio] commercial.

commercialìsta, i, e *smf* accountant.

commercializzàre [6] *vt* to market.

commerciànte *smf* - **1.** [negoziante] shopkeeper *esp UK*, storekeeper *US* - **2.** [mercante] dealer, trader.

commerciàre [17] *vi*: **commerciare in qc** to deal o trade in sthg; **commerciare con qn** to do business with sb.

commèrcio *sm* - **1.** [settore] commerce - **2.** [attività] trade; **commercio al minuto/all'ingrosso** retail/wholesale trade - **3.** [vendita]: **mettere in/ritirare dal commercio** to put on/take off the market; **essere in/fuori commercio** to be/not to be on the market.

commèssa *sf* - **1.** [ordinazione] order - **2.** ▷ **commesso**.

commesso, a ◇ *pp* ▷ **commettere**. ◇ *sm, f* - 1. [in negozio] shop assistant *UK*, sales clerk *US*; **commesso viaggiatore** travelling *UK* o traveling *US* salesman - 2. [di banca, tribunale] clerk.

commestibile *agg* edible. ◆ **commestibili** *smpl* foodstuffs.

commettere [71] *vt* to commit; **commettere un errore** to make a mistake.

commiato *sm* farewell; **prendere commiato da qn/qc** to take one's leave of sb/sthg.

commiserare [6] *vt* to feel sorry for.

commiserazione *sf* - 1. [pietà] sympathy - 2. [disprezzo] pity.

commissariato *sm*: **commissariato (di polizia)** police station.

commissario, a *sm, f* - 1. [funzionario]: **commissario (di polizia)** ≃ (police) superintendent *UK* o captain *US* - 2. SCOL: **commissario (d'esame)** examiner - 3. SPORT: **commissario tecnico** coach.

commissionare [6] *vt* to commission.

commissione *sf* - 1. [gruppo] committee; **commissione permanente** standing committee; **commissione parlamentare** parliamentary *UK* o Congressional *US* commission; **commissione d'esame** SCOL examining board; **commissione d'inchiesta** committee of inquiry - 2. [cosa da fare] errand - 3. [incarico]: **su commissione** to order - 4. [somma] commission; **commissione bancaria** bank charge.

commosso, a ◇ *pp* ▷ **commuovere**. ◇ *agg* moved.

commovente *agg* moving.

commozione *sf* emotion. ◆ **commozione cerebrale** *sf* concussion.

commuovere [76] *vt* to move. ◆ **commuoversi** *vip* to be moved.

commutare [6] *vt* to commute.

Como *sf* Como; **il lago di Como** Lake Como.

comò *sm inv* chest of drawers, dresser *US*, bureau *US*.

comodino *sm* bedside table.

comodità *sf inv* - 1. [gen] comfort - 2. [vantaggio] convenience.

comodo, a *agg* - 1. [gen] comfortable; **mettersi comodo** to make o.s. comfortable; **stia comodo!** don't get up! - 2. [vantaggioso] handy - 3. [conveniente] convenient - 4. [facile] easy - 5. [senza fretta]: **prendersela comoda** to take it easy. ◆ **comodo** *sm* - 1. [calma]: **con comodo** at one's leisure; **fare** o **prendersela con comodo** [senza affrettarsi] to take one's time; [senza preoccuparsi] to take it easy - 2. [vantaggio]: **far comodo (a qn)** to

come in handy (for sb); **fare il proprio comodo** to do as one pleases; **di comodo** convenient *(dav sostantivo)*.

compact disc *sm inv* compact disc.

compagnia *sf* - 1. [gen] company; **far compagnia a qn** to keep sb company; **di compagnia** sociable; **in compagnia (di qn)** in (sb's) company; **compagnia di bandiera** national airline - 2. [gruppo] group; **frequentare delle brutte compagnie** to keep bad company.

compagno, a *sm, f* - 1. [amico] companion; **compagno di viaggio** travelling *UK* o traveling *US* companion; **compagno di scuola** schoolmate; **compagno di classe** classmate; **compagno di giochi** playmate - 2. [convivente] partner - 3. [comunista] comrade - 4. [di squadra] teammate.

compaio *etc* ▷ **comparire**.

comparare [6] *vt* to compare.

comparire [105] *vi* to appear.

comparizione *sf* ▷ **mandato**.

comparsa *sf* - 1. [attore - CINE] extra; TEATRO walk-on - 2. [apparizione] appearance; **fare una breve comparsa a qc** to put in a brief appearance at sthg.

comparso, a *pp* ▷ **comparire**.

compartimento *sm* - 1. [gen] compartment; **compartimento stagno** watertight compartment - 2. [distretto] district.

comparvi *etc* ▷ **comparire**.

compassione *sf* [pena] compassion; **provare** o **avere compassione per qn** to feel sorry o pity for sb; **far compassione (a qn)** to arouse (sb's) pity; **mi fa compassione** I feel sorry for him.

compasso *sm* (pair of) compasses *pl*.

compatibile *agg* compatible.

compatire [9] *vt* - 1. [compiangere] to feel sorry for - 2. [tollerare] to make allowances for.

compatto, a *agg* - 1. [roccia, terreno] solid - 2. [massa, folla] dense; [gruppo] close-knit - 3. [solidale] united.

compensare [6] *vt* - 1. [bilanciare] to make up for - 2. [ripagare] to pay for; **compensare qn di qc** *fig* to pay sb back for sthg. ◆ **compensarsi** *vr* to balance each other out.

compensato *sm* plywood.

compenso *sm* - 1. [retribuzione] payment - 2. [premio] compensation; **in compenso** [in cambio] as compensation; [d'altra parte] on the other hand.

comperare [6] *vt* = **comprare**.

compere *sfpl*: **far compere** to go shopping.

competente *agg* [gen] competent; [esperto] qualified.

competenza sf - **1.** [preparazione] competence - **2.** [spettanza]: **essere di competenza di qn** to be sb's job o responsibility - **3.** [autorità] jurisdiction.

competere [123] vi - **1.** [gen] to compete - **2.** [spettare]: **competere a qn** to be sb's job o responsibility.

competitivo, a agg competitive.

competizione sf - **1.** [rivalità] competition - **2.** [gara] competition, contest.

compiacere [87] vt to please. ◆ **compiacersi** vip: **compiacersi con qn di** o **per qc** to congratulate sb on sthg.

compiacimento sm pleasure.

compiaciuto, a ◇ pp ▷ **compiacere.** ◇ agg satisfied.

compiangere [49] vt to pity.

compiere [110] vt - **1.** [fare] to carry out - **2.** [finire] to complete; **quando compi gli anni?** when's your birthday?; **ieri ho compiuto 18 anni** I was 18 yesterday. ◆ **compiersi** vip [avverarsi] to come true.

compilare [6] vt - **1.** [riempire] to fill in o out - **2.** [redigere] to compile.

compimento sm: **portare a compimento qc** to bring sthg to an end.

compire [110] vi = **compiere.**

compito¹ sm - **1.** [dovere] duty - **2.** [incarico] task - **3.** SCOL: **compito (in classe)** (class) test. ◆ **compiti** smpl SCOL homework (U).

compito², a agg well-mannered.

compiuto, a ◇ pp ▷ **compiere.** ◇ agg completed; **ha 15 anni compiuti** she has turned 15.

compleanno sm birthday.

complementare agg - **1.** [angolo, colore] complementary - **2.** [esame, materia] subsidiary.

complemento sm GRAMM complement; **complemento oggetto** o **diretto** direct object; **complemento indiretto** indirect object.

complessato, a agg hung-up.

complessità sf complexity.

complessivamente avv - **1.** [in tutto] altogether - **2.** [nell'insieme] all in all.

complessivo, a agg overall.

complesso, a agg [complicato] complex. ◆ **complesso** sm - **1.** [fissazione] complex, hang-up; **complesso di inferiorità** inferiority complex - **2.** [gruppo musicale] group - **3.** [insieme]: **in** o **nel complesso** all in all - **4.** [ospedaliero, industriale] complex; **complesso residenziale** housing estate UK o development US.

completamente avv completely.

completare [6] vt to complete.

completo, a agg - **1.** [tutto esaurito] full (up) - **2.** [totale] complete - **3.** [finito] completed - **4.** [dettagliato, integrale] full - **5.** [corredato]: **completo di qc** complete with sthg. ◆ **completo** sm - **1.** [formale] suit; [sportivo] outfit - **2.**: **essere al completo** [tutto esaurito] to be full (up); **si è presentata con la famiglia al completo** she showed up with her whole family.

complicare [15] vt to complicate; **complicarsi la vita** to make one's life complicated. ◆ **complicarsi** vip to get complicated.

complicato, a agg complicated.

complicazione sf - **1.** [difficoltà] problem - **2.** [peggioramento] complication.

complice ◇ agg [sguardo, gesto] knowing. ◇ smf [corresponsabile] accomplice.

complicità sf - **1.** [partecipazione] complicity - **2.** [aiuto] help - **3.** [intesa] understanding.

complimentarsi [6] vip: **complimentarsi con qn per qc** to compliment sb on sthg.

complimento sm compliment; **complimenti!** well done! ◆ **complimenti** smpl ceremony (U); **non fare complimenti** not to stand on ceremony; **senza complimenti! prenda ancora un po' di formaggio** go ahead! have a little more cheese; **dell'altro vino? - no, grazie, senza complimenti** some more wine? - no, really, thanks all the same.

complottare [6] vi - **1.** [congiurare]: **complottare contro qn/qc** to plot against sb/sthg - **2.** [confabulare] to plot.

complotto sm plot.

componente ◇ smf [membro] member. ◇ sm [ingrediente] component (part). ◇ sf [caratteristica] feature.

componibile agg modular.

componimento sm - **1.** [tema] composition - **2.** [poetico] poem.

comporre [96] vt - **1.** [scrivere] to compose - **2.** [formare]: **essere composto di** o **da qn/qc** to be made up of sb/sthg - **3.** [numero di telefono] to dial. ◆ **comporsi** vip [essere formato]: **comporsi di qc** to be made up of sthg.

comportamento sm behaviour UK, behavior US.

comportare [6] vt [implicare] to imply. ◆ **comportarsi** vip [agire] to behave.

compositore, trice sm, f composer.

composizione sf - **1.** [gen] composition - **2.** [insieme]: **composizione floreale** flower arrangement.

composto, a ◇ pp ▷ **comporre.** ◇ agg - **1.** [atteggiamento] composed - **2.** [posizione]: **stare/sedersi composto** to stand/sit properly - **3.** GRAMM compound (dav sostantivo). ◆ **composto** sm [chimico] compound.

comprare [6] *vt* - **1.** [acquistare] to buy - **2.** [corrompere] to buy (off).

compratore, trice *sm, f* buyer.

compravendita *sf* purchase.

comprendere [43] *vt* - **1.** [capire] to understand - **2.** [includere] to include.

comprensibile *agg* comprehensible.

comprensione *sf* understanding.

comprensivo, a *agg* - **1.** [indulgente] understanding - **2.** [che include]: **comprensivo di qc** inclusive of sthg.

compreso, a ◇ *pp* ▷ **comprendere.** ◇ *agg* included; **tutto compreso** all-inclusive *(dav sostantivo)*, all included *(non dav sostantivo)*.

compressa *sf* tablet, pill; **in compresse** in tablet form.

comprimere [63] *vt* to compress.

compromesso, a *pp* ▷ **compromettere.** ◆ **compromesso** *sm* - **1.** [accordo] compromise - **2.** [contratto] preliminary contract *(in house purchase)*.

compromettere [71] *vt* to compromise. ◆ **compromettersi** *vr* to compromise o.s.

comproprietà *sf* co-ownership.

computer [kom'pjuter] *sm inv* computer; **computer portatile** laptop (computer).

computerizzato, a *agg* computerized.

comunale *agg* - **1.** [imposta, strada] municipal - **2.** [impiegato] council *(dav sostantivo)*.

comune ◇ *agg* - **1.** [usuale] common; **non comune** unusual - **2.** [ordinario] ordinary - **3.** [di tutti] communal - **4.** [di gruppo di persone] mutual - **5.** GRAMM common. ◇ *sm* - **1.** [condivisione]: **essere in comune** to be shared; **mettere qc in comune** to pool sthg; **avere qc in comune (con qn/qc)** to have sthg in common (with sb/sthg) - **2.** [norma]: **fuori del comune** out of the ordinary - **3.** [ente] town o city council - **4.** [sede] town hall. ◇ *sf* [comunità] commune.

comunicare [15] ◇ *vt* to communicate; **comunicare qc a qn** to inform sb of o about sthg. ◇ *vi* to communicate.

comunicato *sm* announcement; **comunicato stampa** press release; **comunicato ufficiale** communiqué.

comunicazione *sf* - **1.** [collegamento] communication; **mettere in comunicazione qc (con qc)** to connect sthg (with sthg); **mettersi in comunicazione con qn/qc** to get in contact with sb/sthg - **2.** [telefonata] call - **3.** [comunicato] message.

comunione *sf* - **1.** [sacramento] communion; **fare la comunione** to take communion;

la **(prima) comunione** First Communion - **2.** DIR community; **comunione dei beni** joint estate *UK*, community property *US*.

comunismo *sm* Communism.

comunista, i, e *agg* & *smf* Communist.

comunità *sf inv* - **1.** [collettività] community - **2.** [organizzazione] group; **comunità terapeutica** therapeutic community; **comunità per tossicodipendenti** drug rehabilitation centre *UK* o center *US* - **3.** [gruppo] community. ◆ **Comunità Economica Europea** *sf* STORIA European Economic Community.

comunitario, a *agg* STORIA EC *(dav sostantivo)*.

comunque ◇ *avv* [in ogni modo, conclusivo] anyway. ◇ *cong* - **1.** [in qualunque modo] however - **2.** [tuttavia] all the same.

con *(dav art det può diventare col, collo, colla, coll', coi, cogli, colle)* *prep* - **1.** [compagnia, relazione]: **stare con qn** to be with sb; **vuole stare con la mamma** he wants to be with his mum *UK* o mom *US*; **sta con Lucia da tre anni** he's been with Lucia for three years; **uscire con qn** to go out with sb; **essere sposato con qn** to be married to sb; **parlare con qn** to talk to sb; **essere gentile/scortese con qn** to be nice/rude to sb - **2.** [mezzo] with; **attaccalo con la colla** stick it with glue; **sono venuto con l'aereo/la macchina/il treno** I came by plane/by car/by train; **ho condito la pasta con molto sugo** I put a lot of sauce on the pasta; **prendere qc con le mani** to take hold of sthg - **3.** [modo]: **con grande rapidità** very quickly; **studiare con impegno** to study hard; **fai pure con calma** take your time; **lo farò con piacere!** I'll be glad to do it! - **4.** [caratteristica] with; **una ragazza coi capelli biondi** a girl with blond hair; **una casa con un grande balcone** a house with a big balcony; **cioccolata con panna** hot chocolate with cream.

conato *sm*: **conato (di vomito)** retch.

conca, che *sf* valley.

concavo, a *agg* concave.

concedere [40] *vt* to grant; **concedere a qn di fare qc** to allow sb to do sthg; **concedersi qc** to allow o.s. sthg.

concentramento *sm* - **1.** MIL concentration - **2.** ▷ **campo.**

concentrare [6] *vt* [energie, persone, merci] to concentrate. ◆ **concentrarsi** ◇ *vr* [mentalmente] to concentrate. ◇ *vip* [riunirsi] to gather.

concentrato, a *agg* - **1.** [assorto] absorbed - **2.** [condensato] concentrated. ◆ **concentrato** *sm*: **concentrato di pomodoro** tomato puree.

concentrazione *sf* concentration.

concentrico, a, ci, che agg concentric.

concepibile agg conceivable.

concepire [9] vt to conceive.

concernere [123] vt to concern.

concerto sm - **1.** [spettacolo] concert - **2.** [composizione musicale] concerto.

concessi etc ▷ **concedere**.

concessionario, a agg: venditore concessionario agent, dealer; ditta o società concessionaria agency. ◆ **concessionario** sm agent, dealer.

concessione sf concession.

concesso, a pp ▷ **concedere**.

concetto sm - **1.** [nozione] concept - **2.** [opinione] idea.

concezione sf - **1.** [concetto] idea - **2.** [ideazione] conception.

conchiglia sf ZOOL shell.

conciare [17] vt - **1.** [pelli] to tan - **2.** [sciupare] to ruin - **3.** [malmenare] to knock around; conciare qn per le feste to beat sb black and blue. ◆ **conciarsi** vr - **1.** [sporcarsi] to get filthy - **2.** [vestirsi male] to dress badly.

conciliante agg conciliatory.

conciliare [20] vt - **1.** [favorire] to induce - **2.** [armonizzare] to reconcile - **3.** [multa] to pay on the spot. ◆ **conciliarsi** vip [andare d'accordo] to be compatible.

concilio sm RELIG council.

concime sm - **1.** [chimico] fertilizer - **2.** [letame] manure.

concisione sf conciseness.

conciso, a agg concise.

concitato, a agg excited.

concittadino, a sm, f fellow townsman (fellow townswoman f).

concludere [31] vt - **1.** [finire] to finish - **2.** [affare] to strike - **3.** [combinare] to achieve - **4.** [dedurre] to conclude. ◆ **concludersi** vip [finire] to end.

conclusione sf conclusion; in conclusione in the end.

concluso, a pp ▷ **concludere**.

concordanza sf - **1.** [corrispondenza] concordance - **2.** GRAMM agreement.

concordare [6] ◇ vt - **1.** [stabilire] to agree upon - **2.** GRAMM: concordare qc (con qc) to make sthg agree (with sthg). ◇ vi - **1.** [essere d'accordo] to be in agreement - **2.** [coincidere] to tally - **3.** GRAMM to agree.

concorde agg in agreement (non dav sostantivo).

concordia sf agreement.

concorrente ◇ agg [ditta] competing (dav sostantivo). ◇ smf - **1.** SPORT & COMM competitor - **2.** [in concorso] candidate.

concorrenza sf competition; fare concorrenza (a qn) to compete (with sb).

concorrere [65] vi - **1.** [competere] to compete; concorrere a qc [cattedra] to apply for sthg; [gara] to compete in sthg; [concorso] to take part in sthg - **2.** [contribuire] to contribute.

concorso, a pp ▷ **concorrere**. ◆ **concorso** sm - **1.** [esame] competitive examination - **2.** [gara] competition; concorso di bellezza beauty contest; concorso a premi prize competition; fuori concorso out of competition - **3.** [affluenza] crowd - **4.** SPORT contest; concorso ippico horse show - **5.** DIR: concorso di colpa contributory negligence.

concretamente avv in real terms.

concreto, a agg - **1.** [gen] concrete - **2.** [persona] practical. ◆ **concreto** sm: in concreto in reality; venire al concreto to get down to the nitty-gritty.

condanna sf - **1.** DIR sentence; condanna a morte death sentence - **2.** [disapprovazione] condemnation.

condannare [6] vt - **1.** DIR: condannare qn (a qc) to sentence sb (to sthg); condannare qn per qc to convict sb of sthg - **2.** [disapprovare] to condemn - **3.** [costringere] to doom.

condannato, a sm, f convict.

condensare [6] vt to condense. ◆ **condensarsi** vip to condense.

condimento sm - **1.** [per insalata] dressing - **2.** [sugo] sauce.

condire [9] vt - **1.** [insalata] to dress - **2.** [pasta] to stir the sauce into.

condiscendente agg - **1.** [arrendevole] indulgent - **2.** [indulgente] patronizing.

condividere [30] vt to share.

condizionale ◇ agg GRAMM conditional. ◇ sm GRAMM conditional. ◇ sf DIR suspended sentence.

condizionamento sm - **1.** [psicologico] conditioning - **2.**: condizionamento d'aria air conditioning.

condizionare [6] vt to condition.

condizionatore sm: condizionatore (d'aria) air conditioner.

condizione sf condition; condizioni di vendita/pagamento conditions of sale/purchase; a condizione che (+ congiuntivo) on condition that; non essere in condizione di fare qc not to be in any position to do sthg.

condoglianze *sfpl* condolences; **fare le (proprie) condoglianze a qn** to offer one's condolences to sb.

condominiale *agg* - 1. [del condominio] communal - 2. [dei condomini] flat owners' *(dav sostantivo)* UK, condominium owners' *(dav sostantivo)* US.

condominio *sm* (jointly owned) block of flats UK, condominium US.

condomino, a *sm, f* flat owner UK, condominium owner US.

condonare [6] *vt* DIR to remit.

condono *sm* - 1. [di pena] pardon - 2. [di irregolarità]: **condono edilizio** amnesty for infringement of building regulations; **condono fiscale** tax amnesty.

condotta *sf* - 1. [contegno] conduct - 2. [di medico] practice - 3. [tubature] pipes *pl*.

condotto, a *pp* ⊳ **condurre.** ◆ **condotto** *sm* - 1. [tubatura] pipe - 2. ANAT duct.

conducente *smf* driver.

conduco *etc* ⊳ **condurre.**

condurre [95] ◇ *vt* - 1. [dirigere] to run - 2. [accompagnare] to take - 3. [trasportare] to conduct - 4. [effettuare] to carry out - 5. [spingere]: **condurre qn a qc** [a vittoria] to lead sb to sthg; [a rovina] to bring sb to sthg; [a disperazione, suicidio] to drive sb to sthg - 6. [trasmissione] to host, to present UK - 7. [vita] to lead. ◇ *vi* to lead.

condussi *etc* ⊳ **condurre.**

conduttore, trice *sm, f* - 1. [guidatore] driver - 2. [presentatore] host, presenter UK. ◆ **conduttore** *sm* FIS conductor.

conduttura *sf* plumbing.

conduzione *sf* - 1. [gestione] management - 2. [di trasmissione] hosting, presentation UK.

confarsi [13] *vip lett*: **confarsi a qn/qc** to suit sb/sthg.

confederazione *sf* confederation.

conferenza *sf* - 1. [discorso] lecture; **tenere una conferenza (su qc)** to give a lecture (on sthg) - 2. [riunione] conference; **conferenza stampa** press conference; **conferenza al vertice** summit (conference).

conferire [9] ◇ *vt* - 1. [incarico, laurea, titolo] to award - 2. [aspetto] to lend. ◇ *vi*: **conferire con qn** [parlare] to confer with sb.

conferma *sf* confirmation.

confermare [6] *vt* to confirm.

confessare [6] *vt* - 1. [delitto] to confess to - 2. [riconoscere] to confess, to admit - 3. [RELIG - persona] to hear the confession of; [- peccato] to confess. ◆ **confessarsi** *vr* RELIG to confess.

confessione *sf* - 1. [gen] confession - 2. [fede] denomination.

confessore *sm* confessor.

confetto *sm* sugared almond.

confezionare [6] *vt* - 1. [incartare] to wrap - 2. [imballare] to package - 3. [cucire] to make.

confezionato, a *agg* - 1. [impacchettato] packaged - 2. [cucito] made; **confezionato a mano** handmade; **confezionato su misura** made-to-measure.

confezione *sf* - 1. [pacco] pack; **confezione omaggio** gift pack; **confezione regalo** gift wrap; **confezione risparmio/famiglia** economy/family pack - 2. [imballaggio] box - 3. [di abito] making-up. ◆ **confezioni** *sfpl* [abiti] garments; **confezioni da uomo** menswear (U); **confezioni per signora** womenswear (U).

conficcare [15] *vt*: **conficcare qc in qc** [chiodo, palo] to drive sthg into sthg; [unghie] to dig sthg into sthg. ◆ **conficcarsi** *vip*: **conficcarsi in qc** to embed itself in sthg.

confidare [6] ◇ *vt* to confide; **confidare qc a qn** to tell sb sthg in confidence. ◇ *vi*: **confidare in qn/qc** to rely on sb/sthg. ◆ **confidarsi** *vip*: **confidarsi con qn** to confide in sb.

confidente *sm, f* - 1. [amico] confidant (confidante *f*) - 2. [informatore] informer.

confidenza *sf* - 1. [familiarità] intimacy; **dare confidenza a qn** to be familiar with sb; **prendersi delle o troppe confidenze** to take liberties - 2. [rivelazione] secret; **fare una confidenza a qn** to let sb in on a secret - 3. [dimestichezza] knowledge; **prendere confidenza con qc** to get to know sthg.

confidenziale *agg* - 1. [riservato] confidential - 2. [cordiale] friendly.

configurare [6] *vt* INFORM to configure. ◆ **configurarsi** *vip* to take shape.

configurazione *sf* - 1. INFORM configuration - 2. [di terreno] contour.

confinare [6] ◇ *vi*: **confinare con qc** to border on sthg; **i nostri terreni non confinano** our lands do not adjoin. ◇ *vt* to confine.

Confindustria [kɔnfin'dustrja] *(abbr di Confederazione generale dell'industria italiana) sf* Italian industrial employers' confederation.

confine *sm* - 1. [tra Stati] border - 2. *fig* [tra terreni] boundary; **senza confini** without bounds.

confisca, sche *sf* confiscation.

confiscare [15] *vt* to confiscate.

conflitto *sm* conflict; **essere in conflitto (con qn)** to be in dispute (with sb); **essere in conflitto (con qc)** to clash (with sthg); **conflitto a fuoco** gun battle.

confluire [9] *vi* - 1. [fiumi] to meet; **il Tanaro confluisce nel Po** the Tanaro flows into the Po - 2. [fondersi] to come together.

confondere [44] *vt* - 1. [scambiare] to confuse; **confondere qn/qc con qn/qc** to mistake sb/sthg for sb/sthg - 2. [mescolare] to mix o muddle up; **confondere le idee (a qn)** to get (sb) confused - 3. [turbare] to fluster - 4. [imbarazzare] to embarrass. ◆ **confondersi** *vip* - 1. [sbagliarsi] to get confused - 2. [tra la folla] to mingle - 3. [turbarsi] to get flustered.

conformarsi [6] *vr* to conform; **conformarsi (a qc)** to comply (with sthg).

conforme *agg*: **conforme a qc** [simile] similar to sthg; [corrispondente] consistent with sthg.

conformista, i, e *smf* conformist.

conformità *sf* conformity; **in conformità a qc** in accordance with sthg.

confortare [6] *vt* to comfort.

confortevole *agg* comfortable.

conforto *sm* comfort; **dare conforto a qn to** comfort sb.

confrontare [6] *vt* to compare; **confrontare qc con qc** to compare sthg to o with sthg. ◆ **confrontarsi** *vr* - 1. [scontrarsi] to clash - 2. [discutere] to contend.

confronto *sm* - 1. [paragone] comparison; **mettere qn/qc a confronto (con qn/qc)** to compare sb/sthg (to o with sb/sthg); **senza confronto** unparalleled; **in confronto (a qn/ qc)** in comparison (to o with sb/sthg) - 2. DIR [discussione] confrontation; **mettere a confronto qn** [testimoni] to confront sb; **confronto all'americana** identity parade UK, line-up US. ◆ **confronti** *smpl*: **nei miei/tuoi confronti** towards me/you.

confusi *etc* ▷ **confondere**.

confusionario, a *sm, f*: **essere un confusionario** to be messy.

confusione *sf* - 1. [gen] confusion; **fare confusione** [confondersi] to get muddled up - 2. [disordine] mess; **fare confusione** to make a mess - 3. [chiasso] noise; **fare confusione** to make a noise.

confuso, a ◇ *pp* ▷ **confondere**. ◇ *agg* - 1. [poco chiaro] confused - 2. [indistinto] vague - 3. [imbarazzato] embarrassed.

confutare [6] *vt* to refute.

congedare [6] *vt* - 1. [salutare] to say goodbye to - 2. MIL to discharge. ◆ **congedarsi** *vr* - 1. [salutare] to say goodbye - 2. MIL to be discharged.

congedo *sm* - 1. [gen] leave; **visita di congedo** farewell visit - 2. MIL discharge.

congegno *sm* - 1. [meccanismo] mechanism - 2. [dispositivo] device.

congelamento *sm* - 1. [raffreddamento] freezing - 2. [blocco] impasse - 3. MED frostbite.

congelare [6] *vt* to freeze. ◆ **congelarsi** *vip* - 1. [liquidi] to freeze - 2. [prender freddo] to freeze, to get frozen.

congelato, a *agg* frozen.

congelatore *sm* freezer.

congeniale *agg*: **essere congeniale a qn** to be congenial to sb; **un lavoro che le è congeniale** a job she likes.

congenito, a *agg* congenital.

congestionato, a *agg* - 1. [strada] congested; [linea telefonica] jammed - 2. [paonazzo] flushed.

congestione *sf* congestion.

congettura *sf* conjecture.

congiungere [49] *vt* - 1. [collegare] to connect - 2. [mettere insieme] to join.

congiungimento *sm* union.

congiuntivite *sf* conjunctivitis.

congiuntivo, a *agg* subjunctive.

congiunto, a *pp* ▷ **congiungere**.

congiuntura *sf* slump.

congiunzione *sf* GRAMM conjunction.

congiura *sf* POLIT conspiracy.

conglomerare [6] *vt* to conglomerate. ◆ **conglomerarsi** *vip* to conglomerate.

Congo *sm*: **il Congo** the Congo.

congratularsi [6] *vip*: **congratularsi con qn (per qc)** to congratulate sb (on sthg).

congratulazioni ◇ *sfpl* congratulations; **fare le congratulazioni a qn (per qc)** to congratulate sb (on sthg). ◇ *esclam* congratulations!

congregare [6] *vt* to congregate. ◆ **congregarsi** *vip* to congregate.

congregazione *sf* congregation.

congresso *sm* conference.

congruente *agg* consistent.

congruo, a *agg* fair.

CONI [ˈkɔni] (*abbr di* **Comitato Olimpico Nazionale Italiano**) *sm* Italian National Olympic Committee.

coniare [20] *vt* - 1. [moneta] to mint - 2. [frase] to coin.

conico, a, ci, che *agg* conical.

coniglio *sm* - 1. [animale] rabbit - 2. [vigliacco] chicken.

coniugale *agg* - 1. [vita] married - 2. [diritti] marital.

coniugare [16] *vt* GRAMM to conjugate. ◆ **coniugarsi** *vip* GRAMM to conjugate.

coniugato, a *agg* married.

coniugazione *sf* GRAMM conjugation.

coniuge *smf* spouse; **i coniugi** husband and wife; **i coniugi Bersani** Mr and Mrs Bersani.

connazionale ⬦ *agg* from the same country *(non dav sostantivo)*. ⬦ *smf* fellow countryman (fellow countrywoman *f*).

connessione *sf* connection.

connesso, a ⬦ *pp* ▷ **connettere**. ⬦ *agg* connected.

connettere [67] *vt* - 1. [gen] to connect - 2. [ragionare] to think straight. ◆ **connettersi** *vr* INFORM to be connected.

connotati *smpl* features; **rispondere ai connotati** to answer the description; **cambiare i connotati a qn** *scherz* to smash sb's face in.

cono *sm* cone; **cono gelato** ice-cream cone.

conobbi *etc* ▷ **conoscere**.

conoscente *smf* acquaintance.

conoscenza *sf* - 1. [gen] knowledge; **venire a conoscenza di qc** to come to hear of sthg; **fare la conoscenza di qn** to make sb's acquaintance - 2. [amico] acquaintance - 3. [coscienza] consciousness; **perdere conoscenza** to lose consciousness.

conoscere [27] *vt* to know; **conoscere qn di vista** to know sb by sight; **far conoscere qn a qn** to introduce sb to sb. ◆ **conoscersi** *vr* - 1. [se stessi] to know o.s. - 2. [essere amici] to know each other - 3. [incontrarsi] to meet.

conosciuto, a ⬦ *pp* ▷ **conoscere**. ⬦ *agg* well-known.

conquista *sf* - 1. [gen] conquest - 2. [di diritto, potere] achievement - 3. [progresso] breakthrough.

conquistare [6] *vt* - 1. [territorio] to conquer; [castello] to capture - 2. [ottenere] to win - 3. [affascinare, far innamorare] to win over.

conquistatore, trice ⬦ *agg* conquering. ⬦ *sm, f* MIL conqueror. ◆ **conquistatore** *sm* [seduttore] lady-killer.

consacrare [6] *vt* - 1. [chiesa] to consecrate - 2. [dedicare]: **consacrare qc a qn/qc** to devote sthg to sb/sthg. ◆ **consacrarsi** *vip*: **consacrarsi a qn/qc** to devote o.s. to sb/sthg.

consapevole *agg*: **consapevole (di qc)** aware (of sthg).

consapevolezza *sf* awareness.

consciamente *avv* consciously.

conscio, a *agg*: **conscio (di qc)** conscious (of sthg).

consecutivo, a *agg* - 1. [seguente] consecutive - 2. [ininterrotto] running *(non dav sostantivo)*.

consegna *sf* - 1. [di merce] delivery; **consegna a domicilio** home delivery - 2. [custodia]: **lasciare in consegna qc a qn** to entrust sb

with sthg; **prendere in consegna qc** to be entrusted with sthg - 3. [MIL - ordine] orders *pl*; [- punizione] confinement to barracks.

consegnare [23] *vt* - 1. [merce]: **consegnare qc a qn** to deliver sthg to sb - 2. [in custodia]: **consegnare qn/qc a qn** to hand sb/sthg over to sb - 3. MIL to confine to barracks.

conseguente *agg* - 1. [derivante da] consequent - 2. [coerente] consistent.

conseguenza *sf* consequence; **di conseguenza** as a result.

conseguire [8] ⬦ *vt* [vittoria, promozione] to achieve; [diploma, laurea] to get. ⬦ *vi*: **ne segue che...** it follows that...

consenso *sm* - 1. [permesso] consent - 2. [concordanza] consensus.

consentire [8] *vt* to allow; **consentire a qn di fare qc** to allow sb to do sthg.

conserto, a *agg*: **(a) braccia conserte** (with) arms folded.

conserva *sf* - 1. [di pomodoro] purée - 2. [di frutta] preserve.

conservante *sm* preservative.

conservare [6] *vt* - 1. [alimento] to preserve - 2. [custodire] to keep - 3. [mantenere] to still have. ◆ **conservarsi** *vip* - 1. [alimento] to keep - 2. [persona]: **conservarsi in buona salute/in forze** to keep fit/strong.

conservatore, trice ⬦ *agg* [partito] Conservative, Tory *UK*; [tendenza] conservative. ⬦ *sm, f* [non progressista] conservative.

conservatorio *sm* conservatoire, school of music.

conservazione *sf* - 1. [di alimenti] preservation; **a lunga conservazione** UHT, long-life *(dav sostantivo) UK* - 2. [di monumenti] conservation.

considerare [6] *vt* - 1. [gen] to consider; **considerato che** considering (that); **lo considero un buon amico** I consider him (to be) a good friend - 2. [stimare]: **io considero molto Marco** I think a lot of *o* very highly of Marco; **tutta la classe lo considerava poco** the whole class didn't think much of him - 3. [vagliare] to weigh up; **tutto considerato** all things considered. ◆ **considerarsi** *vr* to consider o.s.

considerazione *sf* - 1. [gen] consideration; **prendere in considerazione qc** to take sthg into consideration - 2. [commento] comment.

considerevole *agg* considerable.

consigliare [21] *vt* - 1. [gen] to advise; **consigliare a qn (di fare qc)** to advise sb (to do sthg) - 2. [ristorante, spettacolo] to recommend. ◆ **consigliarsi** *vip*: **consigliarsi con qn** to consult sb.

consiglio sm - **1.** [suggerimento] advice - **2.** [assemblea] council; **consiglio d'amministrazione** board of directors; **consiglio di classe** staff meeting (involving all the teachers of a particular class); **consiglio comunale** local council; **consiglio di fabbrica** works committee; **il Consiglio dei Ministri** Council of Ministers; **consiglio provinciale** county council; **consiglio regionale** regional council; **Consiglio Nazionale delle Ricerche** National Research Council; **Consiglio Superiore della Magistratura** Magistrates' Governing Council.

consistente agg - **1.** [resistente] firm - **2.** [notevole] substantial - **3.** [fondato] well-founded.

consistenza sf - **1.** [di stoffa] firmness - **2.** [di cibo, crema, impasto] consistency - **3.** [fondatezza] foundation.

consistere [66] vi - **1.** [essere basato]: **consistere in qc/nel fare qc** to consist of sthg/of doing sthg - **2.** [essere composto]: **consistere di qc** to be made up of sthg.

consolare [6] ⬦ agg consular. ⬦ vt to console. ➧ **consolarsi** vip to console o.s.

consolato sm consulate.

consolazione sf consolation.

console[1] sm consul.

console[2] [kon'sɔl] sf inv console.

consolidare [6] vt - **1.** [struttura, ponte] to reinforce - **2.** [istituzione] to strengthen - **3.** [conoscenza] to consolidate. ➧ **consolidarsi** vip [rafforzarsi] to consolidate.

consonante sf consonant.

consono, a agg: **consono a qc** in keeping with sthg.

consorte ⬦ smf spouse. ⬦ agg ▷ **principe.**

consorzio sm consortium.

constatare [6] vt to ascertain.

constatazione sf assertion.

consueto, a agg usual. ➧ **consueto** sm usual; **di consueto** usually; **come di consueto** as usual.

consuetudine sf custom.

consulente smf consultant; **consulente aziendale** business consultant.

consulenza sf consultancy.

consultare [6] vt to consult. ➧ **consultarsi** ⬦ vip: **consultarsi con qn** to consult sb. ⬦ vr to confer.

consultazione sf consultation; **opera di consultazione** reference book.

consultorio sm clinic; **consultorio (familiare)** ≃ Family Planning Clinic.

consumare [6] vt - **1.** [scarpe] to wear out; [tacchi] to wear down; [gomiti, ginocchia] to wear through - **2.** [utilizzare] to consume

- **3.** [mangiare] to eat; [bere] to drink; **'da consumarsi preferibilmente entro...'** 'best before...' - **4.** [matrimonio] to consummate. ➧ **consumarsi** vip - **1.** [vestiti] to wear out; [combustibili] to burn; [pile] to run out - **2.** [svolgersi] to unfold.

consumatore, trice sm, f consumer.

consumazione sf [da bere] drink; [da mangiare] snack.

consumismo sm consumerism.

consumo sm consumption; **beni** o **generi di consumo** consumer goods.

consuntivo, a agg [bilancio] final (dav sostantivo). ➧ **consuntivo** sm final balance; **fare il consuntivo di qc** to take stock of sthg.

contabile smf accountant.

contabilità sf inv - **1.** [conti] accounts pl; **tenere la contabilità** to keep the books, to do the accounts - **2.** [disciplina] accountancy - **3.** [ufficio] accounts (department).

contachilometri sm inv ≃ mileometer UK, odometer US.

contadino, a ⬦ agg farming (dav sostantivo). ⬦ sm, f farmer.

contagiare [18] vt to infect.

contagio sm infection.

contagioso, a agg - **1.** [gen] contagious - **2.** [infettivo] infectious.

contagocce sm inv dropper; **dare qc col contagocce** fig to give sthg little by little.

container [kon'tɛiner, kon'tainer] sm inv container.

contaminare [6] vt to contaminate; **contaminare qc con qc** to contaminate sthg with sthg.

contante ⬦ agg: **denaro contante** cash. ⬦ sm cash; **in contanti** in cash.

contare [6] ⬦ vt - **1.** [gen] to count; **senza contare...** not counting...; **contare i giorni/le ore** fig to count the days/the hours - **2.** [prevedere]: **contare di fare qc** to intend to do sthg. ⬦ vi to count; **contare su qn/qc** to count on sb/sthg.

contascatti sm inv unit counter.

contato, a agg limited; **avere il denaro contato** [poco] to have very little money; [esatto] to have the right money; **avere i minuti contati** not to have a minute to spare.

contatore sm meter.

contattare [6] vt to contact.

contatto sm contact; **mettersi in contatto con qn** to get in touch with sb; **mettere qn in contatto con qn** to put sb in touch with sb;

prendere contatto con qn to make contact with sb; **a contatto (con qc)** in contact (with sthg).

conte, essa sm, f count (countess f).

conteggio sm count; **fare il conteggio di qc** to calculate sthg.

contegno sm composure; **darsi un contegno** to compose o.s.

contemplare [6] vt - **1.** [ammirare] to gaze at - **2.** [prevedere] to provide for.

contemplazione sf contemplation.

contempo ► **nel contempo** avv meanwhile.

contemporaneamente avv at the same time.

contemporaneo, a ◇ agg - **1.** [gen] contemporary - **2.** [simultaneo] simultaneous. ◇ sm, f contemporary.

contendere [43] vt: **contendere qc a qn** to compete with sb for sthg. ► **contendersi** vr: **contendersi qc** to compete for sthg.

contenere [93] vt - **1.** [gen] to contain - **2.** [accogliere] to hold. ► **contenersi** vr to contain o.s.

contenitore sm container.

contentezza sf happiness.

contento, a agg - **1.** [soddisfatto]: **essere contento di qc** to be pleased with sthg; **fare contento qn** to please sb - **2.** [lieto] happy; **essere contento di fare qc** to be glad to do sthg.

contenuto sm - **1.** [di borsa, frigo] contents pl - **2.** [di lettera, libro] content.

conteso, a ◇ pp ▷ **contendere**. ◇ agg sought-after.

contestare [6] vt - **1.** [affermazione, tesi] to contest - **2.** [società, istituzioni] to challenge.

contestatore, trice sm, f protester.

contestazione sf - **1.** [movimento] protest - **2.** [reclamo - di bolletta] notification; [- di merce] complaint.

contesto sm context.

contiguo, a agg adjoining; **contiguo a qc** adjacent o next to sthg.

continentale ◇ agg continental. ◇ smf mainlander.

continente sm - **1.** GEO continent - **2.** [terraferma] mainland; **vivere in continente** to live on the mainland.

contingente ◇ agg contingent; **fattori contingenti** unforeseen circumstances. ◇ sm MIL contingent; **contingente di leva** call-up UK, draft US.

continuamente avv - **1.** [ininterrottamente] continuously - **2.** [spesso] continually.

continuare [6] ◇ vt [studi, progetto, lavoro] to continue (with), to carry on (with); [viaggio] to continue. ◇ vi to continue; **continuare a fare qc** to continue doing sthg, to carry on doing sthg.

continuazione sf continuation; **la continuazione di un romanzo** the sequel to a novel; **in continuazione** continuously.

continuo, a agg [ininterrotto] continuous; [che si ripete] continual.

conto sm - **1.** [calcolo] calculation; **fare il conto (di qc)** to calculate (sthg); **perdere il conto** to lose count; **conto alla rovescia** countdown - **2.** [di ristorante] bill esp UK, check US; [di albergo] bill - **3.** [bancario, postale] account; **conto corrente** current account UK, checking account US; **conto corrente postale** post office account - **4.** [valutazione]: **tener conto di qc** to take sthg into account o consideration; **a conti fatti** all things considered; **in fin dei conti** after all - **5.** [affidamento]: **fare conto su qn/qc** to count on sb/sthg; **agire per conto di qn** to act on sb's behalf; **per conto mio** [secondo me] as far as I'm concerned; **per conto mio/tuo** [senza aiuto] on my/your own; **sul conto di qn** about sb; **fare i conti con qn** [vedersela] to have it out with sb; **rendere conto di qc (a qn)** to be accountable (to sb) for sthg; **rendersi conto (di qc)** to realize (sthg).

contorcersi [25] vr to contort o.s.; **contorcersi dalle risa** to double up with laughter; **contorcersi per il dolore** to writhe in pain.

contorno sm - **1.** [profilo] outline - **2.** CULIN side dish.

contorto, a agg - **1.** [ramo, tronco] twisted - **2.** [ragionamento, stile] tortuous; [carattere] twisted, warped.

contrabbandare [6] vt to smuggle.

contrabbando sm contraband; **di contrabbando** contraband.

contrabbasso sm (double) bass.

contraccambiare [20] vt to repay; **contraccambiare un favore** to return a favour UK o favor US.

contraccettivo sm contraceptive.

contraccezione sf contraception.

contraccolpo sm - **1.** [urto] rebound; [di arma da fuoco] recoil - **2.** [conseguenza] repercussion.

contraddetto, a pp ▷ **contraddire**.

contraddire [102] vt to contradict. ► **contraddirsi** vr - **1.** [se stesso] to contradict o.s. - **2.** [l'un l'altro] to contradict each other.

contraddistinguere [72] vt to distinguish. ► **contraddistinguersi** vip to stand out.

contraddistinto, a *pp* ▷ **contraddistinguere.**

contraddittorio, a *agg* - **1.** [opposto] contradictory - **2.** [sentimenti] conflicting; [comportamento] inconsistent.

contraddizione *sf* contradiction; **cadere in contraddizione** to contradict o.s.; **spirito di contraddizione** argumentativeness.

contraffare [13] *vt* [banconote, firma, quadri] to forge; [voce] to disguise; [cibo, vino] to adulterate.

contraffatto, a *pp* ▷ **contraffare.**

contraggo *etc* ▷ **contrarre.**

contralto *sm* contralto.

contrappeso *sm* counterbalance; **fare da contrappeso a qc** to offset sthg.

contrapporre [96] *vt*: **contrapporre qc a qc** to set sthg against sthg. ◆ **contrapporsi** *vr* to clash; **punti di vista che si contrappongono** opposing o contrasting points of view.

contrariamente *avv*: **contrariamente a** contrary to; **contrariamente al solito** just for once.

contrariare [20] *vt* to annoy.

contrarietà *sf inv* - **1.** [avversità] setback - **2.** [avversione] aversion.

contrario, a *agg* - **1.** [discorde] opposing; **essere contrario a qc** to be against sthg; **in caso contrario** otherwise - **2.** [opposto] opposite. ◆ **contrario** *sm* opposite; **al contrario** on the contrary; **avere qualcosa in contrario** to have an objection; **hai qualcosa in contrario se invito anche lui alla festa?** do you have any objection if I invite him to the party, too?; **non ho niente in contrario** I have no objection.

contrarre [97] *vt* - **1.** [gen] to contract - **2.** [viso] to tense. ◆ **contrarsi** *vip* to contract.

contrassegnare [23] *vt* to mark.

contrassegno *sm* mark; **pagare/spedire in contrassegno** to pay/send C.O.D.

contrastante *agg* contrasting.

contrastare [6] ◇ *vt* to hinder. ◇ *vi* to clash; **contrastare con qc** to clash with sthg.

contrasto *sm* - **1.** [gen] contrast - **2.** SPORT tackle.

contrattaccare [15] *vt* to counterattack.

contrattacco, chi *sm* counterattack; **passare al contrattacco** to fight back.

contrattare [6] *vt* to negotiate.

contrattempo *sm* hitch.

contratto, a ◇ *pp* ▷ **contrarre.** ◇ *agg* tense. ◆ **contratto** *sm* contract; **contratto di acquisto** purchase agreement; **contratto di affitto** o **locazione** lease; **contrat-**to collettivo di lavoro collective agreement; **contratto di formazione e lavoro** work and training contract.

contrattuale *agg* contractual; **forza contrattuale** bargaining power.

contravvenzione *sf* - **1.** [violazione] infringement; **essere in contravvenzione** to be in breach of the law - **2.** [multa] fine; **elevare un contravvenzione a qn** to fine sb.

contrazione *sf* contraction.

contribuente *smf* taxpayer.

contribuire [9] *vi*: **contribuire (a qc)** to contribute (to sthg); **contribuire a fare qc** to help (to) do sthg.

contributo *sm* contribution; **dare il proprio contributo a qc** to make one's contribution to sthg; **contributi previdenziali** ≃ national insurance *UK* o welfare *US* contributions; **contributi sindacali** trade *UK* o labor *US* union dues.

contrito, a *agg* contrite.

contro ◇ *prep* - **1.** [gen] against; **contro di me/te** against me/you; **pasticche contro la tosse** throat lozenges; **assicurazione contro il furto e l'incendio** fire and theft insurance; **voltarsi contro il muro** to turn and face the wall - **2.** [lanciare, puntare] at; [urtare, sbattere] into. ◇ *avv* against. ◇ *sm inv* ▷ **pro.**

controbattere [7] *vt* to rebut.

controcorrente *avv* [in un fiume] upstream; [nel mare] against the tide; **andare controcorrente** *fig* to swim against the tide.

controfigura *sf* [gen] double; [acrobatica] stuntman (stuntwoman *f*); **essere la controfigura di qn** to be sb's double.

controindicato, a *agg* [gen] not recommended *(non dav sostantivo)*; MED contraindicated.

controindicazione *sf* MED contraindication.

controllare [6] *vt* - **1.** [verificare] to check - **2.** [sorvegliare] to watch - **3.** [dominare] to control. ◆ **controllarsi** *vr* to control o.s.

controllo *sm* - **1.** [gen] control; **la situazione è sotto controllo** the situation is under control; **tenere sotto controllo qn/qc** to keep an eye on sb/sthg; **controllo delle nascite** birth control - **2.** [esame] check; **controllo bagagli** baggage check; **controllo passaporti** passport control; **controllo qualità** quality control.

controllore *sm* - **1.** [su autobus, treno] ticket inspector - **2.** AERON: **controllore di volo** air-traffic controller.

controluce *sm*: **(in) controluce** against the light.

contromano *avv*: guidare *o* circolare contromano [in corsia sbagliata] to drive on the wrong side of the road; [in un senso unico] to drive the wrong way up a one-way street.

contropiede *sm*: azione di contropiede sudden counterattack; prendere qn in contropiede to wrong-foot sb.

controsenso *sm* nonsense.

controvento *avv* against the wind.

controversia *sf* controversy; controversia sindacale industrial dispute.

controverso, a *agg* controversial.

controvoglia *avv*: fare qc controvoglia to do sthg reluctantly *o* unwillingly.

contundente *agg* ⬡➤ corpo.

contusione *sf* [gen] bruise; MED contusion.

contuso, a ◇ *agg* bruised. ◇ *sm, f*: i contusi the (slightly) injured.

convalescente *agg* & *smf* convalescent.

convalescenza *sf* convalescence; essere in convalescenza to be convalescing.

convalida *sf* - 1. [di nomina, provvedimento] validation - 2. [di biglietto] stamping.

convalidare [6] *vt* - 1. [nomina, provvedimento] to validate - 2. [biglietto] to stamp.

convegno *sm* convention, meeting.

conveniente *agg* - 1. [vantaggioso - prezzo] cheap; [- affare] profitable - 2. [adeguato] suitable.

convenienza *sf* - 1. [vantaggio] advantage; fare qc per convenienza to do sthg out of self-interest - 2. [di prezzo] cheapness; [di affare] profit.

convenire [109] ◇ *vt* - 1. [ammettere] to admit - 2. [concordare] to agree (upon). ◇ *vi* - 1. [essere consigliabile] to be advisable; conviene a qn fare qc it is advisable for sb to do sthg; conviene andarsene we'd/you'd etc better go; non ti conviene dirglielo you shouldn't tell him - 2. [essere vantaggioso] to be worthwhile; conviene a qn fare qc it is worth sb's while doing sthg - 3. [costare di meno] to be cheaper - 4. [essere d'accordo]: convenire (con qn) (su qc) to agree (with sb) (upon sthg) - 5. [riunirsi] to gather.

convento *sm* [di suore] convent; [di frati] monastery.

convenuto, a ◇ *pp* ➤ convenire. ◇ *agg* agreed.

convenzionale *agg* - 1. [poco originale] conventional - 2. [concordato] agreed.

convenzionato, a *agg* - 1. [medico, ospedale] *belonging to the state health care system*, ≈ NHS *(dav sostantivo)* UK; [ristorante, negozio] *operating under a special agreement with a company or service* - 2. [prezzo] fixed.

convenzione *sf* - 1. [patto] agreement - 2. [norma accettata] convention. ◆ convenzioni *sfpl* conventions.

convergenza *sf* convergence.

convergere [125] *vi* to converge.

conversare [6] *vi* to converse.

conversazione *sf* conversation; far conversazione to make conversation; conversazione (telefonica) (telephone) conversation.

conversione *sf* conversion; conversione ad U U-turn.

convertire [10] *vt*: convertire qn (a qc) to convert sb (to sthg). ◆ convertirsi *vr*: convertirsi (a qc) to convert (to sthg).

convesso, a *agg* convex.

convincente *agg* convincing.

convincere [26] *vt* - 1. [persuadere] to convince; convincere qn a fare qc to convince sb to do sthg; convincere qn di qc to convince sb of sthg - 2.: non convincere [lasciare perplesso] to leave unconvinced. ◆ convincersi *vr*: convincersi a fare qc to make up one's mind to do sthg; convincersi di qc to convince o.s. of sthg.

convinto, a ◇ *pp* ➤ convincere. ◇ *agg* - 1. [deciso] confirmed - 2. [sicuro] sure - 3. [persuaso] convinced.

convinzione *sf* conviction.

convivente *smf* partner.

convivenza *sf* cohabitation; dopo una convivenza di 15 anni after living together for 15 years.

convivere [83] *vi* - 1. [abitare insieme] to live together, to cohabit *form* - 2. [abituarsi a]: convivere con qc to live with sthg.

convocare [15] *vt* - 1. [riunione] to call; [parlamento] to convene - 2. [in tribunale] to summon; [ad una riunione] to call in; convocare un giocatore to select a player.

convocazione *sf* - 1. [di assemblea] calling; [di parlamento] convening - 2. [di giocatori, candidati] selection - 3. [riunione]: assemblea in prima/seconda convocazione first/second round of meetings.

convogliare [21] *vt* to channel.

convoglio *sm* - 1. [di automezzi] convoy - 2. [treno]: convoglio (ferroviario) train.

convulsioni *smpl* MED convulsions.

cookie ['kʊki] *sminv* INFORM cookie.

COOP ['kɔɔp] (*abbr di* Cooperativa di consumo Italia) *sf inv* Co-op.

cooperare [6] *vi*: cooperare (con qn) (a qc) to cooperate (with sb) (on sthg).

cooperativa *sf* cooperative.

cooperazione *sf* cooperation.

coordinamento *sm* coordination.

coordinare [6] *vt* to coordinate.

coordinate *sfpl* coordinates; **coordinate bancarie** bank details.

coordinatore, trice *sm, f* coordinator; **coordinatore (di classe)** class teacher.

coordinazione *sf* coordination.

Copenaghen *sf* Copenhagen.

coperchio *sm* [gen] cover; [di pentola, barattolo] lid.

coperta *sf* - 1. [di letto] blanket - 2. [di nave] deck.

copertina *sf* cover; **in copertina** on the cover.

coperto, a <> *pp* ⊳ **coprire**. <> *agg* - 1. [gen]: **coperto (da qc)** covered (by sthg); **coperto di qc** covered in sthg - 2. [persona] wrapped up *(non dav sostantivo)* - 3. [luogo] indoor *(dav sostantivo)* - 4. [cielo, tempo] overcast - 5. [assegno] covered. ◆ **coperto** *sm* - 1. [al ristorante] cover charge - 2. [posto a tavola] place setting - 3. [luogo]: **al coperto** under cover; **mettersi al coperto** to take cover; **essere al coperto** to be safe.

copertone *sm* tyre *UK*, tire *US*.

copertura *sf* - 1. [gen] cover; **fuoco di copertura** covering fire; **copertura assicurativa** insurance cover *UK* o coverage *US*; **copertura (finanziaria)** (financial) backing - 2. [di assegno] sufficient funds *pl* - 3. [di tetto] roofing.

copia *sf* - 1. [gen] copy; **bella copia** clean o fair *UK* copy; **brutta copia** rough copy - 2. [di persona] spitting image.

copiare [20] *vt* to copy; **copiare qc (da qn/qc)** to copy sthg (from sb/sthg).

copilota, i, e *smf* copilot.

copione *sm* - 1. [sceneggiatura] script - 2. [parte] lines *pl*.

coppa *sf* - 1. [gen] cup - 2. [contenitore - per vino, champagne] glass; [- per gelato, frutta] bowl - 3. [contenuto - di vino, champagne] glass(ful); [- di gelato, frutta] bowl(ful) - 4. AUTO: **coppa dell'olio** sump *UK*, oil pan *US*.

coppetta *sf* - 1. [contenitore] bowl - 2. [gelato] tub.

coppia *sf* - 1. [di sposi, fidanzati] couple; **coppia di fatto** couple *(living together, but not married)*; **fare coppia fissa** to go steady - 2. [due] pair; **in coppia, a coppie** in pairs.

coprente *agg* [fondotinta] concealing; [calze] opaque.

coprifuoco, chi *sm* curfew.

copriletto *sm* bedspread.

coprire [98] *vt* - 1. [gen] to cover; **coprire qn/qc con qc** to cover sb/sthg with sthg - 2. [riempire]: **coprire qn di qc** to shower sb with sthg;

coprire qc di qc to cover sthg with sthg - 3. [tracce, difetti, errori] to cover; [suono, voce] to drown out - 4. [proteggere] to shield; [carica] to hold. ◆ **coprirsi** <> *vr* - 1. [vestirsi] to wrap (o.s.) up; **coprirsi con qc** to wrap o.s. (up) in sthg; **coprirsi di ridicolo** to make a fool of o.s. - 2. [difendersi] to cover o.s. <> *vip* - 1. [cielo] to cloud over - 2. [riempirsi]: **coprirsi di qc** to become covered in sthg.

copyright [kɔpi'rait] *sm inv* copyright.

coque [kɔk] ⊳ **uovo**.

coraggio *sm* - 1. [temerarietà] courage; **lottare** o **combattere con coraggio** to fight courageously - 2. [forza] nerve; **coraggio!** [per rincuorare] chin up!; [per incitare] come on!; **farsi coraggio** to pluck up courage; **fatti coraggio!** cheer up!; **avere il coraggio delle proprie azioni** to have the courage of one's convictions - 3. [sfacciataggine] nerve, cheek *UK*.

coraggioso, a *agg* brave, courageous.

corallo *sm* coral.

Corano *sm*: **il Corano** the Koran.

corazza *sf* - 1. [di soldato] armour *UK*, armor *US* - 2. [di animale] carapace.

corda *sf* - 1. [gen] rope; **dar corda a qn** *fig* to encourage sb; **tenere qn sulla corda** [in sospeso] to keep sb on tenterhooks; **tagliare la corda** *fig* to slip away; **essere giù di corda** *fig* to be down in the mouth; **mettere qn alle corde** [alle strette] to put sb on the spot; **scarpe di corda** espadrilles - 2. [per pacco, di strumento] string - 3. ANAT: **corde vocali** vocal cords; **corda dorsale** spinal cord.

cordata *sf* - 1. [di alpinisti] roped party - 2. [di politici] consortium; [di imprenditori] cartel.

cordiale <> *agg* warm; **cordiali saluti** kind regards. <> *sm* cordial.

cordialità *sf* warmth.

cordialmente *avv* warmly.

cordless *sm inv* cordless phone.

cordoglio *sm* grief.

cordone *sm* - 1. [gen] cord; **cordone ombelicale** umbilical cord - 2. [sbarramento] cordon; **cordone sanitario** cordon sanitaire.

Corea *sf*: **la Corea** Korea; **la Corea del Nord** North Korea; **la Corea del Sud** South Korea.

coreano, a *agg* & *sm, f* Korean. ◆ **coreano** *sm* [lingua] Korean.

coreografia *sf* choreography.

coreografo, a *sm, f* choreographer.

coriaceo, a *agg* hard.

coriandolo *sm* coriander *UK*, cilantro *US*. ◆ **coriandoli** *smpl* confetti *(U)*.

coricare [15] *vt* to lay. ◆ **coricarsi** *vip* to go to bed.

corista, i, e *smf* [di una chiesa] choir member; [di uno spettacolo] chorus member.

corna *sfpl* ⊳ **corno**.

cornamusa *sf* bagpipes *pl*.

cornea *sf* cornea.

cornetta *sf* - 1. [di telefono] receiver - 2. [strumento] cornet.

cornetto *sm* - 1. [gelato] cone - 2. [pasta] croissant.

cornice *sf* - 1. [telaio] frame; **mettere qc in cornice** to frame sthg - 2. [sfondo] setting.

cornicione *sm* cornice.

corno *sm* - 1. (*fpl* **corna**) [gen] horn; [di cervo] antler - 2. (*mpl* **corni**) [strumento] horn; **non me ne importa un corno** I don't give a damn; **non vale un corno!** it's worthless!; **un corno!** no way! ◆ **corna** *sfpl fam* - 1. [scongiuri]: **facciamo le corna** touch wood - 2. [tradimento]: **fare** *o* **mettere le corna a qn** to be unfaithful to sb.

cornuto, a ◇ *agg* - 1. [animale] horned - 2. *fam offens* [persona - tradito] betrayed; [- maledetto] damned. ◇ *sm, f fam offens* [tradito] betrayed man (betrayed woman *f*); [insulto] bastard.

coro *sm* - 1. [gen] chorus; **in coro** all together - 2. RELIG & ARCHIT choir.

corolla *sf* corolla.

corona *sf* - 1. [di re, regina] crown - 2. [ghirlanda] garland; [serto] wreath; **corona di spine** crown of thorns; **corona funebre** (funeral) wreath - 3. [moneta - svedese] krona; [- danese, norvegese] krone - 4. [di rosario] rosary.

coronamento *sm* [di sogno] realization; [di carriera] crowning achievement; [di impresa] achievement.

coronare [6] *vt* [premiare] to crown; [realizzare] to realize; [compiere] to achieve.

coronarie *sfpl* coronary arteries.

corpetto *sm* bodice.

corpo *sm* - 1. [gen] body; **corpo a corpo** hand to hand; **un corpo a corpo** a hand-to-hand fight; **buttarsi a corpo morto in qc** to throw o.s. wholeheartedly into sthg; **corpo celeste** heavenly body; **corpo contundente** blunt instrument; **corpo del reato** material evidence - 2. [categoria] staff; **corpo di ballo** corps de ballet - 3. MIL corps - 4. [consistenza]: **prendere corpo** to take shape - 5. *fam* [pancia] stomach; **andare di corpo** to have a bowel movement.

corporatura *sf* build.

corporazione *sf* - 1. [medievale] guild - 2. [categoria] association.

corporeo, a *agg* bodily.

corredare [6] *vt*: **corredare qc di qc** to equip sthg with sthg.

corredo *sm* trousseau.

correggere [50] *vt* - 1. [gen] to correct - 2. [caffè] to lace.

corrente ◇ *agg* current. ◇ *sm*: **essere al corrente (di qc)** to be well-informed (about sthg); **mettere qn al corrente (di qc)** to put sb in the picture (about sthg); **tenere qn al corrente (di qc)** to keep sb informed (about sthg). ◇ *sf* - 1. [gen] current; [fornitura elettrica] power - 2. [di aria]: **corrente (d'aria)** draught *UK*, draft *US* - 3. [moda] trend - 4. [movimento] movement.

correntemente *avv* - 1. [bene] fluently - 2. [di solito] commonly.

correre [65] ◇ *vi* - 1. [gen] to run - 2. [in auto, moto] to go fast - 3. [affrettarsi] to rush; **correre a fare qc** to hurry and do sthg - 4. [con la mente, la fantasia] to fly; **correre alle conclusioni** to jump to conclusions - 5. [circolare] to go around; **corre voce** rumour has it - 6. [tempo]: **con i tempi che corrono** in times like these - 7. [gareggiare] to race - 8. [sorvolare]: **lasciar correre** to let be - 9. [parole, botte] to fly. ◇ *vt* to run.

corressi *etc* ⊳ **correggere**.

correttamente *avv* correctly.

correttezza *sf* - 1. [di comportamento] politeness - 2. [precisione] accuracy - 3. [linguistica] correctness.

correttivo, a *agg* - 1. [ginnastica] remedial - 2. [misure, manovre] corrective.

corretto, a ◇ *pp* ⊳ **correggere**. ◇ *agg* - 1. [gen] correct; **politicamente corretto** politically correct - 2. [caffè] laced; **un caffè corretto alla grappa** a coffee laced with grappa.

correttore, trice *sm, f*: **correttore di bozze** proofreader. ◆ **correttore** *sm* - 1. [cosmetico] concealer - 2. [di computer]: **correttore ortografico** spellchecker - 3. [per inchiostro] correction fluid.

correzione *sf* correction; **correzione di bozze** proofreading.

corrida *sf* corrida.

corridoio *sm* corridor.

corridore *sm* [automobilista] racing driver; [a piedi] runner; [cavallo] racehorse.

corriera *sf* coach.

corriere *sm* - 1. [ditta] courier - 2. [persona] messenger; **corriere della droga** drug runner.

corrimano *sm* handrail.

corrispettivo *sm* - 1. [equivalente] equivalent - 2. [compenso] compensation.

corrispondente ◇ *agg* corresponding. ◇ *smf* correspondent.

corrispondenza sf - 1. [lettere, posta] correspondence, mail, post UK; **essere in corrispondenza con qn** to be in correspondence with sb; **ufficio corrispondenza e pacchi** post office; **corso per corrispondenza** correspondence course; **vendita per corrispondenza** mail order - 2. [correlazione] relation - 3. [servizio giornalistico] report.

corrispondere [42] <> vt - 1. [contraccambiare] to return - 2. [pagare] to pay. <> vi - 1. [coincidere] to coincide - 2. [equivalere]: **corrispondere a qc** to be the equivalent of sthg - 3. [essere all'altezza]: **corrispondere a qc** to meet sthg - 4. [scrivere] to correspond.

corrisposto, a <> pp ▷ **corrispondere**. <> agg - 1. [contraccambiato] reciprocated - 2. [pagato] paid.

corrodere [36] vt [metallo] to corrode; [pietra] to erode.

corrompere [64] vt - 1. [comprare] to bribe - 2. [moralmente] to corrupt.

corrosione sf [di ferro] corrosion; [di pietra] erosion.

corrosivo, a agg - 1. [sostanza] corrosive - 2. [mordace] biting.

corroso, a <> pp ▷ **corrodere**. <> agg corroded.

corrotto, a <> pp ▷ **corrompere**. <> agg corrupt.

corrugare [16] vt to wrinkle; **corrugare la fronte** o **le sopracciglia** to frown.

corruzione sf - 1. [morale] corruption; **corruzione di minorenne** corruption of a minor - 2. [con denaro] bribery; **corruzione di pubblico ufficiale** bribery of a civil servant.

corsa sf - 1. [andatura] run; **che corsa!** what a rush!; **fare una corsa** to dash; **di corsa** [in fretta] in a rush; **andare di corsa** to rush - 2. [gara] race - 3. [movimento]: **in corsa** moving - 4. [di mezzo pubblico] journey; **l'ultima corsa è a mezzanotte** the last bus is at midnight.

corsi etc ▷ **correre**.

corsia sf - 1. [gen] lane; **corsia d'emergenza** hard shoulder UK, shoulder US; **corsia preferenziale** bus and taxi lane; **corsia di sorpasso** outside lane UK, overtaking lane UK, passing lane US - 2. [di ospedale] ward.

Corsica sf: **la Corsica** Corsica.

corsivo, a agg italic. ◆ **corsivo** sm italics pl.

corso¹, a [ˈkorso, a] pp ▷ **correre**. ◆ **corso** sm - 1. [gen] course; **essere in corso** to be in progress; **anno/mese in corso** present year/month; **nel corso di qc** during sthg; **studente fuori corso** student who has not finished his or her course within the ex-

pected time; **corso d'acqua** watercourse - 2. [strada principale] main street - 3. [classi] class - 4. [orientamento] direction - 5. [validità]: **fuori corso** no longer in circulation.

corso², a [ˈkorso, a] agg & sm, f Corsican.

corte sf - 1. [gen] court; **corte d'appello** court of appeal; **corte d'assise** court of assizes; **corte di cassazione** court of cassation; **corte dei Conti** institution that acts as a public finance watchdog and ensures the government acts within the law; **corte costituzionale** constitutional court (which regulates laws passed by the government); **corte marziale** court martial - 2. [corteggiamento] courtship; **fare la corte a qn** to court sb.

corteccia, ce sf bark.

corteggiare [18] vt to court.

corteo sm procession.

cortese agg polite.

cortesia sf - 1. [gentilezza] politeness; **comportarsi con grande cortesia** to behave very politely; **per cortesia** please - 2. [favore] favour UK, favor US; **fare** o **usare una cortesia a qn** to do sb a favour UK o favor US.

cortigiano, a sm, f courtier.

cortile sm [di casa, condominio] courtyard; [di scuola] playground.

cortina sf [barriera] screen; [alla finestra] curtain; **cortina di ferro** fig Iron Curtain; **cortina fumogena** smokescreen.

corto, a agg - 1. [gen] short - 2. [scarso] poor; **avere la vista corta** fig to be shortsighted; **essere a corto di qc** to be short of sthg. ◆ **corto** <> sm - 1. short-circuit; **andare in corto** to short - 2. fam CINE short. <> avv ▷ **tagliare**.

cortocircuito sm short-circuit.

cortometraggio sm short.

corvo sm raven, crow.

cosa <> sf - 1. [gen] thing; **(sono) cose che capitano** these things happen; **fra una cosa e l'altra** what with one thing and another; **a cose fatte** after the event - 2. [questione, affare] matter; **come vanno le cose?** how are things? - 3. [opera] work. <> pron interr [che cosa] what; **cosa c'è?** what is it? ◆ **cose** sfpl things.

coscia, sce sf - 1. [di persona] thigh - 2. CULIN leg.

cosciente agg - 1. [gen] conscious - 2. [consapevole]: **cosciente (di qc)** aware (of sthg).

coscienza sf - 1. [consapevolezza] awareness; **avere coscienza di qc** to be aware of sthg - 2. [senso morale] conscience; **avere la coscienza pulita/sporca** to have a clear/guilty conscience; **secondo coscienza** according to one's principles - **3.** [scrupolosità] conscientiousness; **lavorare con coscienza** to work conscientiously - **4.** [sincerità] honesty.

coscienzioso, a *agg* - **1.** [persona] conscientious - **2.** [lavoro] careful.

così ⬦ *avv* - **1.** [in questo modo] like this/that; **così me l'hanno raccontato** that's what they told me; **così così** so so; **basta così!** [è sufficiente] that's enough!; [con insofferenza] that will do!; **proprio così!** exactly!; **e così via** and so forth - **2.** [talmente] so; **è così giovane!** he's so young! ⬦ *agg inv* [siffatto] such. ⬦ *cong* - **1.** [perciò, talmente] so - **2.** [nel modo]: **così come** as; **non è così facile come sembra** it isn't as easy as it looks.

cosicché *cong* - **1.** [perciò] so - **2.** [affinché] so that.

cosiddetto, a *agg* so-called.

cosmetico, a, ci, che *agg* cosmetic. ◆ **cosmetico** *sm* cosmetic; **cosmetici** makeup *(U)*.

cosmico, a, ci, che *agg* [raggi, energia] cosmic; [leggi] universal.

cosmo *sm* cosmos.

cosmopolita, i, e *agg & smf* cosmopolitan.

cospargere [53] *vt*: **cospargere qc di qc** [oggetti] to scatter sthg (all) over sthg; [liquidi, polvere] to sprinkle sthg with sthg.

cosparso, a ⬦ *pp* ▷ **cospargere**. ⬦ *agg*: **cosparso di qc** covered in sthg.

cospetto *sm*: **al cospetto di qn** in the presence of sb.

cospicuo, a *agg* considerable.

cospirazione *sf* conspiracy.

cossi *etc* ▷ **cuocere**.

costa *sf* coast. ◆ **Costa d'Avorio** *sf*: **la Costa d'Avorio** the Ivory Coast. ◆ **Costa Azzurra** *sf*: **la Costa Azzurra** the Côte d'Azur.

costante ⬦ *agg* - **1.** [valore] constant - **2.** [attività] consistent - **3.** [desiderio, sentimento] enduring - **4.** [persona] steadfast. ⬦ *sf* - **1.** [caratteristica] constant feature - **2.** MAT & FIS constant.

costantemente *avv* constantly.

costanza *sf* perseverance.

costare [6] *vi* - **1.** [avere un prezzo] to cost; **costare un occhio della testa** to cost an arm and a leg; **costare caro a qn** to cost sb dearly - **2.** [essere costoso] to be expensive - **3.** [richiedere] to take; **costare la vita a qn** to cost sb his/her life; **costi quel che costi** whatever it takes.

Costa Rica *sf*: **la Costa Rica** Costa Rica.

costata *sf* chop.

costato *sm* chest.

costeggiare [18] *vt* - **1.** [fiancheggiare] to skirt - **2.** [navigare] to sail along.

costellazione *sf* constellation.

costiero, a *agg* coastal.

costina *sf* pork chop.

costipato, a *agg* - **1.** [stitico] constipated - **2.** [raffreddato]: **essere costipato** to have a cold.

costituire [9] *vt* - **1.** [fondare] to set up - **2.** [formare] to make up - **3.** [rappresentare] to constitute. ◆ **costituirsi** ⬦ *vr* [criminale]: **costituirsi (a qn)** to turn o.s. in (to sb). ⬦ *vip* [formarsi] to form.

costituzione *sf* - **1.** [fondazione] establishment; **impresa di nuova costituzione** newly established enterprise - **2.** [fisico] constitution. ◆ **Costituzione** *sf*: **la Costituzione** the Constitution.

costo *sm* - **1.** [spesa] cost - **2.** [rischio, fatica]: **a costo di qc** at the cost of sthg; **a ogni** *o* **qualunque costo, a tutti i costi** at all costs.

costola *sf* ANAT rib.

costoletta *sf* cutlet.

costoso, a *agg* expensive.

costretto, a ⬦ *pp* ▷ **costringere**. ⬦ *agg*: **costretto (a fare qc)** obliged (to do sthg).

costringere [57] *vt*: **costringere qn (a fare qc)** to force sb (to do sthg); **costringere qn a qc** to force sb into sthg.

costruire [9] *vt* - **1.** [gen] to build - **2.** [assemblare] to manufacture.

costruzione *sf* - **1.** [attività] construction, building - **2.** [edilizia] building - **3.** [fabbricazione] manufacture.

costume *sm* - **1.** [abito] costume; **costume (da bagno)** [da donna] swimsuit; [da uomo] trunks - **2.** [consuetudine] custom.

cotechino *sm* *a large pork sausage, generally eaten with lentils at New Year.*

cotoletta *sf* cutlet.

cotone *sm* cotton; **cotone (idrofilo)** cotton wool *UK*, cotton *US*.

cotto, a ⬦ *pp* ▷ **cuocere**. ⬦ *agg* CULIN cooked; **ben cotto** [bistecca] well done.

Cotton fioc® *sm inv* cotton bud *UK*, Q-tip® *US*.

cottura *sf* CULIN cooking; **cottura in umido** stewing.

covare [6] *vt* - **1.** [uovo] to sit on - **2.** [malattia] to be going down with - **3.** [rancore] to harbour *UK*, to harbor *US*.

covo *sm* - **1.** [di formiche, vipere] nest; [di talpa] hole - **2.** [nascondiglio] hideout; [ritrovo] haunt.

cozza *sf* mussel.

cozzare [6] *vi*: **cozzare contro qc** to crash into sthg.

c.p. (*abbr di* **casella postale**) PO Box.

cracker ['krɛkər] *sm inv* cracker.

crampo *sm* [alla gamba, mano] cramp; [allo stomaco] cramps *pl*.

cranio *sm* - 1. [gen] skull - 2. ANAT cranium.

cratere *sm* crater.

cravatta *sf* tie, necktie *US*.

creare [24] *vt* - 1. [gen] to create - 2. [suscitare] to give rise to. ◆ **crearsi** *vip* to arise.

creativo, a ◇ *agg* creative. ◇ *sm, f* creative type.

creatore, trice *sm, f* creator; **creatore di moda** fashion designer.

creatura *sf* - 1. [essere vivente] creature - 2. [bambino] little one *o* thing.

creazione *sf* - 1. [gen] creation - 2. [fondazione] setting up.

crebbi *etc* ➲ **crescere**.

credente *smf* RELIG believer.

credenza *sf* - 1. [leggenda] belief - 2. [nella cucina] dresser *UK*, hutch *US*; [nella sala da pranzo] sideboard.

credere [7] ◇ *vt* - 1. [ritenere vero] to believe; **lo credo (bene)!** I can (well) believe it! - 2. [giudicare, supporre] to think; **lo credevo più furbo** I thought he was smarter than that; **credevamo che tu fossi già partito** we thought you'd already left. ◇ *vi* - 1. [avere fede] **credere in sb/sthg** to believe in sb/sthg - 2. [fidarsi] **credere a qn/qc** to believe sb/sthg. ◆ **credersi** *vr*: **si crede una persona importante** she thinks she's an important person; **ma chi ti credi di essere?** just who do you think you are?

credibilità *sf* credibility.

credito *sm* - 1. COMM & SCOL credit; **fare credito (a qn)** to give (sb) credit; **a credito** on credit - 2. [reputazione] reputation; [commerciale] standing.

creditore, trice *sm, f* creditor.

crema *sf* - 1. [gelato] vanilla - 2. [in pasticceria] custard; **crema pasticciera** pastry cream, confectioners' custard *UK* - 3. [passato] purée - 4. [pomata] cream; **crema da barba** shaving cream; **crema idratante** moisturizing cream.

cremazione *sf* cremation.

crème caramel [krɛmˈkaramel] *sm o sf inv* crème caramel.

crepa *sf* crack.

crepaccio *sm* - 1. [in roccia] fissure - 2. [in ghiacciaio] crevasse.

crepare [6] *vi fam* [morire] to kick the bucket; **sto crepando di fame** I'm starving; **crepare dal ridere** to die laughing; **crepare di rabbia/ di invidia** to be consumed with anger/jealousy. ◆ **creparsi** *vip* to crack.

crêpe [ˈkrɛp] *sf inv* crepe, pancake *UK*.

crepuscolo *sm* dusk, twilight.

crescere [27] ◇ *vt* to bring up, to raise. ◇ *vi* - 1. [gen] to grow; **farsi crescere la barba/i capelli** to grow a beard/one's hair - 2. [diventare adulto] to grow up - 3. [aumentare] to increase.

crescita *sf* - 1. [sviluppo] growth - 2. [aumento] increase.

cresciuto, a *pp* ➲ **crescere**.

cresima *sf* confirmation.

crespo, a *agg* frizzy.

cresta *sf* - 1. [gen] crest - 2. [cuffia] cap.

creta *sf* clay. ◆ **Creta** *sf* Crete.

cretinata *sf* - 1. [stupidaggine] stupid thing; **dire cretinate** to talk nonsense - 2. *fam* [cosa di poco conto] trifle; [cosa facile] piece of cake.

cretino, a ◇ *agg* stupid. ◇ *sm, f* idiot.

CRI (*abbr di* Croce Rossa Italiana) Italian Red Cross.

cric *sm inv* AUTO jack.

criceto *sm* hamster.

criminale *agg* & *smf* criminal.

criminalità *sf* crime.

crimine *sm* crime.

crine *sm* horsehair.

criniera *sf* mane.

cripta *sf* crypt.

crisantemo *sm* chrysanthemum.

crisi *sf inv* - 1. [fase difficile] crisis; **crisi di governo** government crisis - 2. [attacco] fit.

cristallino, a *agg* crystal-clear.

cristallo *sm* - 1. [gen] crystal; **cristalli liquidi** liquid crystal (*U*) - 2. [lastra] (plate) glass; [di auto] window.

cristianesimo *sm* Christianity.

cristiano, a *agg* & *sm, f* Christian.

cristo, a *sm, f fam* poor thing. ◆ **Cristo** *sm* Christ.

criterio *sm* - 1. [regola] criterion - 2. [buon senso] common sense.

critica, che *sf* - 1. [gen] criticism - 2. [esame] critique - 3. [recensione] review - 4. [critici] critics *pl*.

criticare [15] *vt* [biasimare] to criticize.

critico, a, ci, che ◇ *agg* critical. ◇ *sm, f* critic.

croato, a ◇ *agg* Croatian. ◇ *sm, f* Croat. ◆ **croato** *sm* [lingua] Croatian.

Croazia *sf*: **la Croazia** Croatia.

croccante ◇ *agg* [biscotto] crunchy; [pane] crusty. ◇ *sm* almond brittle.

crocchetta *sf* - 1. [di carne, patate] croquette - 2. [per cani, gatti] biscuit.

croce *sf* - 1. [gen & RELIG] cross; **Gesù in croce** Jesus on the cross - 2. ➲ **testa**. ◆ **Croce Rossa** *sf*: **la Croce Rossa** the Red Cross.

crocevia *sm inv* crossroads *(sing)*.

crociata *sf fig* & STORIA crusade.

crociera *sf* cruise; **velocità/altezza di crociera** cruising speed/altitude.

crocifisso *sm* crucifix.

crollare [6] *vi* - **1.** [edificio, persona] to collapse - **2.** [prezzo, titolo] to crash.

crollo *sm* - **1.** [di edificio] collapse - **2.** [di prezzi] crash - **3.** [rovina] downfall.

cromato, a *agg* chrome-plated.

cromo *sm* chrome.

cromosoma, i *sm* chromosome.

cronaca, che *sf* - **1.** [di giornale] news *(U)*; **cronaca nera** crime news - **2.** [di partita] commentary - **3.** [resoconto] account.

cronico, a, ci, che *agg* chronic.

cronista, i, e *smf* reporter.

cronologico, a, ci, che *agg* chronological.

cronometrare [6] *vt* to time.

cronometro *sm* - **1.** [orologio] chronometer - **2.** SPORT stopwatch.

crosta *sf* - **1.** [strato esterno] crust; **crosta di formaggio** cheese rind - **2.** [di ferita] scab - **3.** *spreg* [quadro] daub.

crostaceo *sm* crustacean.

crostata *sf* tart.

crostino *sm* - **1.** [antipasto] *small piece of toast with a topping served as a starter* - **2.** [per minestra] crouton.

croupier [kru'pje] *sm inv* croupier.

cruciale *agg* crucial.

cruciverba *sm inv* crossword.

crudele *agg* cruel.

crudeltà *sf inv* - **1.** [ferocia] cruelty - **2.** [azione] act of cruelty.

crudo, a *agg* - **1.** [non cotto] raw - **2.** [poco cotto] underdone - **3.** [linguaggio, parole] crude.

cruna *sf* eye *(of a needle)*.

crusca *sf* bran.

cruscotto *sm* dashboard.

CSM *(abbr di* **Consiglio Superiore della Magistratura)** *sm* Council of Magistrates.

C.so *(abbr di* **corso)** ≃ Ave., ≃ Avenue.

CT *(abbr di* **Commissario Tecnico)** *sm inv* national coach.

CTS *(abbr di* **Centro Turistico Studentesco e Giovanile)** *sm* Student and Young People's Travel Centre.

Cuba *sf* Cuba.

cubano, a *agg* & *sm, f* Cuban. ◆ **cubano** *sm* Havana (cigar).

cubetto *sm* [di marmo] block; [di verdura] cube; **tagliare qc a cubetti** to dice sthg; **cubetto di ghiaccio** ice cube.

cubo ◇ *agg* cubic. ◇ *sm* - **1.** GEOM cube - **2.** [oggetto] block - **3.** [in discoteca] stage - **4.** MAT: **elevare un numero al cubo** to cube a number.

cuccetta *sf* - **1.** [di treno] couchette - **2.** [di nave] bunk.

cucchiaiata *sf* spoonful.

cucchiaino *sm* - **1.** [posata] teaspoon - **2.** [quantità] teaspoon(ful).

cucchiaio *sm* - **1.** [posata] spoon - **2.** [quantità] spoon(ful).

cuccia, ce *sf* - **1.** [giaciglio] dog basket - **2.** [in giardino] kennel, doghouse *US*.

cucciolo, a *sm, f* [di cane] puppy; [di leone, foca] cub; [di gatto] kitten.

cucina *sf* - **1.** [locale] kitchen - **2.** [mobili] kitchen units *pl* - **3.** [attività] cooking; [arte] cookery; **libro di cucina** cookbook, cookery book *UK* - **4.** [vivande] food - **5.** [elettrodomestico]: **cucina (elettrica/a gas)** (electric/gas) stove *o* cooker *UK*.

cucinare [6] *vt* & *vi* to cook.

cucinino *sm* kitchenette.

cucire [99] ◇ *vt* - **1.** [orlo, tasca] to sew - **2.** [confezionare] to make - **3.** [ferita] to put stitches in. ◇ *vi* to sew.

cucito, a *agg* sewn; **cucito a mano** hand-stitched. ◆ **cucito** *sm* sewing.

cucitrice *sf* stapler.

cucitura *sf* stitching.

cucù *sm inv* cuckoo.

cuculo, cuculo *sm* cuckoo.

cuffia *sf* - **1.** [da infermiera, commessa] cap - **2.** [impermeabile]: **cuffia (da bagno)** [per piscina] swimming cap; [per doccia] shower cap - **3.** [auricolare] headphones *pl* - **4.** [per bambini] bonnet.

cugino, a *sm, f* cousin.

cui *pron rel* - **1.** [con preposizione]: **la persona a cui ho chiesto** the person I asked; **la ragazza con cui esco** the girl I'm going out with; **la città in cui sono nato** the city I was born in *o* where I was born; **il libro di cui ti ho parlato** the book I told you about; **il motivo per cui ti telefono** the reason I'm phoning you - **2.** [complemento di termine]: **la persona cui ho chiesto aiuto** the person I asked for help - **3.** [tra articolo e sostantivo] whose; **la città il cui nome mi sfugge** the city whose name escapes me; **un autore le cui opere sono note ovunque** an author whose books are known everywhere. ◆ **per cui** *cong* so.

culinario, a *agg* culinary.

culla *sf* cradle.

culminante *agg* culminating.

culmine *sm* peak; **al culmine di qc** at the height of sthg.

culo *sm volg* - **1.** [sedere] arse *UK*, ass *esp US* - **2.** [fortuna] luck.

culto *sm* - **1.** [religione] religion - **2.** [rispetto] devotion.

cultura *sf* culture.

culturale *agg* cultural.

culturismo *sm* body building.

cumulativo, a *agg* - **1.** [biglietto] group *(dav sostantivo)* - **2.** [prezzo] inclusive.

cumulo *sm* - **1.** [mucchio] pile; **un cumulo di bugie** a pack of lies - **2.** METEO cumulus.

cunetta *sf* bump.

cuocere [89] <> *vt* - **1.** [cucinare] to cook; **cuocere al forno** [pane] to bake; [carne] to roast; **cuocere qc a fuoco lento** to simmer sthg; **cuocere qc al vapore** to steam sthg; **cuocere qc in padella** to fry sthg - **2.** [mattone, ceramica] to fire. <> *vi* to cook. ➤ **cuocersi** *vip* to cook.

cuocevo *etc* ▷ **cuocere**.

cuoco, a, chi, che *sm, f* - **1.** [in ristorante] chef - **2.** [non professionista] cook.

cuoio *sm* - **1.** [pelle conciata] leather - **2.** ANAT: **cuoio capelluto** scalp.

cuore *sm* heart; **di (tutto) cuore** with all one's heart; **senza cuore** heartless; **avere a cuore qc** to want sthg badly; **stare a cuore a qn** to be dear to sb's heart; **nel cuore della notte** in the middle of the night. ➤ **cuori** *smpl* [nelle carte] hearts.

cupo, a *agg* - **1.** [colore] dark; [cielo, giornata] overcast - **2.** [persona, espressione] gloomy - **3.** [rumore, suono] deep.

cupola *sf* dome.

cura *sf* - **1.** [gen] care; **prendersi** *o* **avere cura di qn/qc** to look after sb/sthg; **"fragile: maneggiare con cura"** "fragile: handle with care"; **a cura di qn** [libro] edited by sb - **2.** [trattamento] treatment; **cura dimagrante** diet - **3.** [rimedio] cure.

curare [6] *vt* - **1.** [trattare] to treat - **2.** [guarire] to cure - **3.** [occuparsi di] to look after - **4.** [pubblicazione] to edit. ➤ **curarsi** <> *vr* to have medical treatment. <> *vip*: **non curarsi di qn/qc** to take no notice of sb/sthg.

curcuma *sf* turmeric.

curdo, a <> *agg* Kurdish. <> *sm, f* Kurd. ➤ **curdo** *sm* [lingua] Kurdish.

curiosare [6] *vi* - **1.** [osservare] to browse - **2.** [frugare] to root around.

curiosità *sf inv* - **1.** [gen] curiosity; **suscitare curiosità** to arouse interest - **2.** [dubbio] question; **togliere una curiosità a qn** to clear sthg up for sb.

curioso, a <> *agg* - **1.** [indagatore] inquisitive - **2.** [indiscreto] nosy - **3.** [strano] strange. <> *sm, f* [ficcanaso] nosy parker; [spettatore] onlooker.

curriculum (vitae) *sm inv* CV *UK*, curriculum vitae *UK*, résumé *US*.

cursore *sm* INFORM cursor.

curva *sf* - **1.** MAT curve - **2.** [di strada] bend.

curvare [6] <> *vt* to bend. <> *vi* - **1.** [automobile] to turn - **2.** [strada] to bend. ➤ **curvarsi** <> *vr* [piegarsi] to bend down. <> *vip* [sbarra, schiena] to bend; [ripiano] to sag.

curvo, a *agg* - **1.** [linea, superficie] curved - **2.** [piegato] bent.

cuscino *sm* - **1.** [per sofà] cushion - **2.** [guanciale] pillow.

custode *smf* - **1.** [di museo] keeper - **2.** [di scuola] caretaker *esp UK*, janitor *US* - **3.** [di condominio] concierge.

custodia *sf* - **1.** [cura] protection; **dare** *o* **affidare qc in custodia a qn** to entrust sthg to sb *o* to sb's care - **2.** [astuccio] case.

custodire [9] *vt* - **1.** [conservare] to keep - **2.** [prigioniero] to guard.

cutaneo, a *agg* skin *(dav sostantivo)*.

CV - **1.** (*abbr di* **Cavallo Vapore**) hp - **2.** (*abbr di* **Curriculum vitae**) CV *UK*, résumé *US*.

cyberspazio [siber'spatsjo] *sm* = **ciberspazio**.

cyclette® [si'klɛt] *sf inv* exercise bike.

CZ (*abbr di* **Repubblica Ceca**) CZ.

d, D *sm o sf inv* d, D.

D (*abbr di* **Germania**) D.

da (*dav art det diventa* **dal, dallo, dalla, dall', dai, dagli, dalle**) *prep* - **1.** [moto da luogo] from; **da dove vieni?** [origine] where are you from?; [provenienza] where have you been?; **è partito da Napoli** he left from Naples; **ricevere una lettera da un amico** to get a letter from a friend; **scendere dall'autobus** to get off the bus; **uscire dall'ufficio** to leave the office - **2.** [moto a luogo] to; **andare dal medico/parrucchiere** to go to the doctor's/the hairdresser's; **posso venire da te oggi?** can I come to your house today?; **da che parte vai?** which way are you going? - **3.** [stato in luogo] at; **ho appuntamento dal dentista** I've got an appointment at the dentist's; **sono tutti qui da me** everyone's here at my house; **abito da una zia** I live with an aunt; **non lo vedo da nessuna parte** I can't see it anywhere - **4.** [moto per luogo] through; **è entrato dall'ingresso principale** he came in (through) the main entrance; **il treno passa da Roma** the train goes through o via Rome; **è uscito da quella parte** he went out that way - **5.** [con verbi passivi] by; **il viaggio è pagato dalla ditta** the trip is paid for by the firm - **6.** [separazione] from; **essere lontano da casa** to be a long way from home; **abito a 3 km da qui** I live 3 km from here; **isolarsi da tutti** to cut o.s. off from everyone - **7.** [tempo - durata] for; [- nel passato] since; [- nel futuro] from; **aspetto da ore** I've been waiting (for) hours; **lavoro qui da 3 anni** I've been working here (for) 3 years; **da quant'è che sei qui?** how long have you been here (for)?; **non lo vedo da ieri** I haven't seen him since yesterday; **comincerò da domani** I'm starting tomorrow; **d'ora in poi** from now on; **dal mattino alla sera** from morning to night - **8.** [ruolo, condizione] as; **fare da guida a qn** to act as a guide for sb; **da bambino ero timido** I was shy as a child; **fare da madre/padre a qn** to be (like) a mother/father to sb; **da grande farò il pompiere** when I grow up I'm going to be a firefighter - **9.** [modo] like; **trattare qn da amico** to treat sb like a friend; **comportarsi da eroe/vigliacco/stupido** to behave like a hero/a coward/an idiot; **da solo** alone; **far da sé** to do it o.s. - **10.** [causa]: **piangere dalla gioia** to weep for joy; **tremare dal freddo** to tremble with cold; **morire dal ridere** to die laughing - **11.** [caratteristica]: **abiti da uomo** men's clothing; **la ragazza dagli occhi verdi** the girl with green eyes - **12.** [con misura, valore]: **una bottiglia da un litro** a one-litre bottle; **un tesserino da 10 corse** a ten-journey ticket; **una stanza da 100 euro a notte** a room that costs 100 euros a night; **contare da uno a cento** to count from one to a hundred; **lavoro dalle otto alle due** I work from eight till two; **ragazzi dai 10 ai 18 anni** young people from 10 to 18 - **13.** [fine, scopo]: **abito da sera** evening dress; **macchina da scrivere** typewriter - **14.** [con valore consecutivo] to; **qualcosa da mangiare/leggere** something to eat/read; **essere stanco da morire** to be dead tired.

dà ▷ **dare.**

daccapo, da capo *avv* from the beginning, over again; **siamo daccapo con queste storie** here we go again!

dado *sm* - **1.** [da gioco] dice; **tirare i dadi** to throw the dice - **2.** [da brodo] stock cube - **3.** [pezzetto] cube; **tagliare qc a dadi** to dice sthg - **4.** [di vite] nut.

daffare *sm inv*: **avere un gran daffare** to have a lot to do.

dagli = da + gli.

dai¹ = da + i.

dai² *esclam* come on (now)!

daino *sm* - **1.** [animale] deer, buck (doe *f*) - **2.** [pelle] deerskin.

dal = da + il.

dalia *sf* dahlia.

dall' = da + l'.

dalla = da + la.

dalle = da + le.

dallo = da + lo.

daltonico, a, ci, che *agg* colour-blind *UK*, color-blind *US*.

d'altronde *avv* however, on the other hand.

dama *sf* - **1.** [nobildonna] lady; **dama di compagnia** lady-in-waiting - **2.** [nel ballo] (dance) partner - **3.** [gioco] draughts *(U) UK*, checkers *(U) US* - **4.** [pedina vincente] king; **fare dama** to crown a piece.

damigella *sf* bridesmaid; **damigella d'onore** maid of honour *UK* o honor *US*.

damigiana *sf* demijohn.

DAMS [dams] (*abbr di* **Discipline delle Arti, della Musica e dello Spettacolo**) *sm UNIV* faculty of music and the performing arts.

danaro *sm* = **denaro.**

dancing ['dɛnsɪn(g)] *sm inv* dance hall.

danese ◇ *agg* Danish. ◇ *smf* [persona] Dane. ◇ *sm* [lingua] Danish.

Danimarca *sf*: **la Danimarca** Denmark.

dannare [6] *vt*: **far dannare qn** to drive sb mad.

dannato, a ◇ *agg* - **1.** [imprecazione] wretched - **2.** [condannato] damned. ◇ *sm, f*: **i dannati** the damned; **strillare come un dannato** to scream like a madman.

danneggiare [18] *vt* to damage. ◆ **danneggiarsi** ◇ *vr* to do o.s. harm. ◇ *vip* to be damaged.

danno ◇ ▷ **dare.** ◇ *sm* damage; **chiedere i danni** to claim for damages. ◆ **ai danni di** *prep* against.

dannoso, a *agg* harmful.

Danubio *sm*: **il Danubio** the Danube.

danza *sf* - **1.** [gen] dance; **danza classica** ballet; **danza moderna** modern dance; **danza del ventre** belly dancing - **2.** [il danzare] dancing.

danzante *agg* ▷ **serata**.

danzare [6] *vi & vt* to dance.

danzatore, **trice** *sm, f* dancer.

dappertutto *avv* everywhere.

dappoco, da poco *agg inv* - 1. [senza valore] worthless - 2. [incapace] incompetent - 3. [senza importanza] minor.

dapprima *avv* at first.

dare [12] ◇ *vt* - 1. [gen] to give; **dare qc a qn** to give sb sthg, to give sthg to sb; **dare uno schiaffo/un calcio a qn** to slap/kick sb; **dare fiducia a qn** to put one's faith in sb - 2. [somministrare] to give, to administer - 3. [produrre] to produce, to yield - 4. [organizzare] to organize; **dare una festa** to throw a party - 5. [applicare]: **dare qc a qc** to apply sthg to sthg; **dare il lucido alle scarpe** to polish one's shoes; **dare fuoco a qc** to set fire to sthg - 6. [attribuire]: **dare due mesi di vita a qn** to give sb two months to live; **quanti anni le dai?** how old do you think she is? - 7. [considerare]: **dare qc per certo** to think sthg is a foregone conclusion; **dare qc per scontato** to take sthg for granted - 8. [trasmettere] to show - 9. [augurare]: **dare il buongiorno/la buonanotte a qn** to say good morning/goodnight to sb; **darsi da fare** to get on with it; **dare inizio a qc** to begin sthg. ◇ *vi* - 1. [guardare]: **dare su qc** to overlook sthg - 2. [tendere]: **dare** *o* **su qc** to be verging on sthg; **dare contro a qn** to criticize sb; **darci dentro** to get down to it. ◆ **darsi** ◇ *vr* - 1. [dedicarsi]: **darsi a qc** to devote o.s. to sthg; **darsi all'alcol** to take to drinking - 2. [scambiarsi] to exchange; **darsi il cambio** to take (it in) turns; **darsi del lei/del tu** to address each other as "lei"/"tu" - 3. [considerarsi]: **darsi per vinto** to give in. ◇ *vip*: **si dà il caso che...** (+ *congiuntivo*) it (just) so happens that...; **può darsi** perhaps, maybe; **può darsi di sì/di no** I/you/he etc might/ might not.

darsena *sf* dockyard.

data *sf* date; **data di nascita** date of birth; **data di scadenza** use-by *UK* o expiration *US* date; **di vecchia data** long-standing.

database [data'beiz] *sm inv* database.

datare [6] ◇ *vt* to date. ◇ *vi*: **a datare da** as from.

datato, a *agg* dated.

dativo *sm* GRAMM dative.

dato, a ◇ *pp* ▷ **dare**. ◇ *agg* - 1. [momento] given (*dav sostantivo*); [ordine] set - 2. [considerato]: **date le circostanze** given *o* under the circumstances; **dato che** given (that). ◆ **dato** *sm* a piece of information; **i**

dati INFORM data; **dati anagrafici** personal details; **essere un dato di fatto (che)** to be a fact (that).

datore, **trice** *sm, f*: **datore di lavoro** employer.

dattero *sm* date.

dattilografo, a *sm, f* typist.

dattiloscritto, a *agg* typed.

davanti ◇ *avv* [di fronte] in front; [nella parte anteriore] at the front. ◇ *agg inv* [anteriore] front (*dav sostantivo*). ◇ *sm inv* [parte anteriore] front. ◆ **davanti a** *prep* - 1. [di fronte a] opposite - 2. [in presenza di] in front of.

davanzale *sm* windowsill.

davanzo, d'avanzo *avv* more than enough; **ce n'è davanzo** there is plenty.

davvero *avv* really; **davvero?** really?; **fare/ dire qc per davvero** to do/say sthg in earnest.

day hospital [dei'ɔspital] *sm* day hospital.

d.C. (*abbr di* **dopo Cristo**) AD.

dea *sf* goddess.

debba *etc* ▷ **dovere**.

debellare [6] *vt* to wipe out.

debitamente *avv* properly.

debito, a *agg* (all) due; **a tempo debito** in due course. ◆ **debito** *sm* debt; **debito pubblico** national debt.

debitore, **trice** *sm, f* debtor; **essere debitore a qn di qc** to owe sb sthg.

debole ◇ *agg* - 1. [gen] weak; **essere debole di memoria** to have a poor memory - 2. [fioco] faint. ◇ *smf*: **essere un debole** to be weak; **i deboli** the weak. ◇ *sm*: **avere un debole per qn/qc** to have a weakness for sb/ sthg.

debolezza *sf* weakness.

debuttante ◇ *agg* TEATRO novice. ◇ *smf* TEATRO newcomer.

debuttare [6] *vi* to make one's debut.

debutto *sm* debut.

decadente *agg* decadent.

decadere [84] *vi* - 1. [andare in declino] to decline - 2. DIR: **decadere da qc** to lose sthg.

decaduto, a *agg* - 1. [civiltà, tradizione] extinct - 2. [nobile] impoverished.

decaffeinato, a *agg* decaffeinated. ◆ **decaffeinato** *sm* decaffeinated coffee.

decalogo, ghi *sm* handbook.

decantare [6] ◇ *vt* to extol. ◇ *vi* to decant.

decapitare [6] *vt* to decapitate.

decapottabile, decappottabile *agg* convertible.

decathlon ['dɛkatlon] *sm* decathlon.

deceduto, a *agg* deceased.

decelerare [6] <> *vt* to slow down. <> *vi* to decelerate.

decennale <> *agg* - **1.** [accordo, contratto] ten-year *(dav sostantivo)* - **2.** [ricorrenza] ten-yearly *(dav sostantivo)*. <> *sm* tenth anniversary.

decennio *sm* decade.

decente *agg* decent.

decentemente *avv* - **1.** [dignitosamente] decently - **2.** [accettabilmente] satisfactorily.

decentrare [6] *vt* - **1.** [allontanare] to move away from the centre *UK* o center *US (of a city/town)* - **2.** [amministrazione] to decentralize.

decesso *sm form* death.

decibel, decibel *sm inv* decibel.

decidere [30] *vt* - **1.** [gen] to decide; **decidere di fare qc** to decide to do sthg; **decidere che** to decide (that) - **2.** [fissare, scegliere] to decide on. **◆ decidersi** *vip*: **decidersi (a fare qc)** to make up one's mind (to do sthg).

decifrare [6] *vt* - **1.** [codice] to decode - **2.** [scrittura] to decipher.

decigrammo *sm* decigram.

decilitro *sm* decilitre *UK*, deciliter *US*.

decimale *agg* & *sm* decimal.

decimare [6] *vt* to decimate.

decimetro *sm* decimetre *UK*, decimeter *US*.

decimo, a *agg num* & *sm, f* tenth. **◆ decimo** *sm* [frazione] tenth; *vedi anche* **sesto**.

decina *sf* - **1.** [dieci] ten - **2.** [circa dieci]: **una decina (di qc)** about ten (sthg); **decine di qc** dozens of sthg; **a decine** by the dozen.

decisamente *avv* - **1.** [indiscutibilmente] definitely - **2.** [fermamente] firmly - **3.** [rafforzativo] absolutely.

decisi *etc* ▷ **decidere**.

decisione *sf* - **1.** [gen] decision; **prendere una decisione** to make o take a decision; **la decisione di un tribunale** a court ruling - **2.** [fermezza] resolve.

decisivo, a *agg* decisive.

deciso, a <> *pp* ▷ **decidere**. <> *agg* resolute.

declinare [6] *vt* - **1.** [invito] to decline - **2.** [offerta] to reject - **3.** [responsabilità] to disclaim - **4.** *form* [dichiarare] to declare.

declinazione *sf* GRAMM declension.

declino *sm* decline; **essere in declino** to be in decline.

decodificatore *sm* TV decoder.

decollare [6] *vi* to take off.

decolleté [dekol'te, dekol'tɛ] <> *agg inv* low-cut. <> *sm inv* - **1.** [scollatura] low neckline - **2.** [abito] low-cut dress - **3.** [parte del corpo] cleavage.

decollo *sm* take-off.

decolorare [6] *vt* to bleach.

decomporsi [96] *vip* to decompose.

decomposizione *sf* decomposition.

decongestionare [6] *vt* - **1.** MED to decongest - **2.** [strade] to ease traffic congestion in; **decongestionare il traffico** to ease traffic congestion.

decorare [6] *vt* to decorate.

decorativo, a *agg* decorative.

decoratore, trice *sm, f* - **1.** [di interni] decorator - **2.** [di scena] set designer.

decorazione *sf* decoration.

decoro *sm* decorum.

decoroso, a *agg* [abitazione, stipendio, trattamento] decent; [comportamento, discorso] dignified.

decorrenza *sf form*: **con decorrenza da** with effect from.

decorrere [65] *vi form* to come into effect; **a decorrere da** with effect from.

decorso, a *pp* ▷ **decorrere**. **◆ decorso** *sm* course.

decotto *sm* infusion.

decremento *sm* decline.

decrepito, a *agg* - **1.** [uomo, vecchio] decrepit - **2.** [casa, muro] dilapidated.

decrescente *agg* [ordine] descending *(dav sostantivo)*; [valore] decreasing; **la luna in fase decrescente** the waning moon.

decrescere [27] *vi* to go down.

decretare [6] *vt* to decree; **decretare lo stato d'emergenza** to declare a state of emergency.

decreto *sm* DIR decree; **decreto di citazione** summons *(sing)*; **decreto ingiuntivo** injunction; **decreto di nomina** act of appointment; **decreto legge** law by decree.

dedica, che *sf* dedication.

dedicare [15] *vt*: **dedicare qc a qn** [canzone, tempio] to dedicate sthg to sb; [piazza, edificio] to name sthg after o for *US* sb; **dedicare qc a qn/qc** to devote sthg to sb/sthg. **◆ dedicarsi** *vr*: **dedicarsi a qn/qc** to devote o.s. to sb/sthg.

dedito, a *agg*: **essere dedito a qc** [studio, lavoro] to be dedicated to sthg; [alcol, gioco] to be addicted to sthg.

dedizione *sf* [a studio, lavoro] dedication; [a famiglia, casa] devotion.

dedotto, a *pp* ▷ **dedurre**.

deduco etc ▷ **dedurre**.

dedurre [95] vt - 1. [concludere]: **dedurre qc (da qc)** to deduce stg (from sthg); **dedurre che** to deduce (that) - 2. [detrarre]: **dedurre qc (da qc)** to deduct sthg (from sthg).

dedussi etc ▷ **dedurre**.

deduzione sf deduction.

default [de'fɔlt] sm inv INFORM default.

defecare [15] vi form to defecate.

defezione sf defection.

deficiente smf idiot.

deficienza sf deficiency.

deficit sm inv - 1. [eccedenza passiva] deficit; **essere in deficit** to be in deficit - 2. [perdita] loss.

deficitario, a agg FIN showing a loss (non dav sostantivo).

defilarsi [6] vr to slip away.

défilé sm inv fashion show.

definire [9] vt - 1. [gen] to define - 2. [concludere] to conclude.

definitivamente avv definitively.

definitivo, a agg definitive; **in definitiva** all in all.

definito, a agg defined.

definizione sf - 1. [gen] definition; **ad alta definizione** high-definition - 2. [risoluzione] resolution.

deflagrazione sf explosion.

deflettore sm [finestrino] quarter-light UK, vent glass US.

defluire [9] vi - 1. [liquidi] to subside - 2. [folla] to stream.

deflusso sm - 1. [di marea] ebb tide - 2. [di folla, traffico] flow.

deformante agg - 1. [malattia] deforming - 2. [lente, specchio] distorting.

deformare [6] vt - 1. [deturpare] to disfigure - 2. [alterare] to deform - 3. [distorcere] to distort. ◆ **deformarsi** vip to become deformed.

deformazione sf - 1. [alterazione] deformation; **deformazione professionale** professional bias - 2. [travisamento] distortion.

deforme agg misshapen.

defraudare [6] vt: **defraudare qn di qc** [avere] to defraud sb of sthg; [diritto] to deprive sb of sthg.

defunto, a agg & sm, f deceased.

degenerare [6] vi: **degenerare (in qc)** to degenerate (into sthg).

degenerazione sf degeneration.

degenere agg degenerate.

degenza sf: **degenza (ospedaliera)** stay (in hospital UK o the hospital US).

degli = **di** + **gli**.

deglutire [9] vt to swallow.

degnare [23] vt: **non degnare qn di qc** not to think sb worthy of sthg. ◆ **degnarsi** vip: **degnarsi di fare qc** to lower o.s. to do sthg.

degno, a agg: **degno di qn/qc** worthy of sb/sthg; **degno di fare qc** worthy of doing sthg.

degradante agg degrading.

degradare [6] vt - 1. [moralmente] to degrade - 2. MIL to demote. ◆ **degradarsi** ⟨⟩ vr [avvilirsi] to demean o.s. ⟨⟩ vip [deteriorarsi] to deteriorate.

degrado sm deterioration.

degustare [6] vt to taste.

degustazione sf tasting.

dei[1] [dei] = **di** + **i**.

dei[2] ['dɛi] smpl ▷ **dio**.

del = **di** + **il**.

delatore, trice sm, f informer.

delega, ghe sf proxy, delegate; **fare** o **dare la delega a qn** to delegate sb.

delegare [16] vt: **delegare qn (a fare qc)** to delegate sb (to do sthg); **delegare qc a qn** to delegate sthg to sb.

delegato, a ⟨⟩ agg: **delegato (a fare qc)** delegated (to do sthg). ⟨⟩ sm, f delegate.

delegazione sf delegation.

deleterio, a agg detrimental.

delfino sm - 1. [animale] dolphin - 2. [nel nuoto] butterfly (stroke).

delibera sf resolution.

deliberare [6] ⟨⟩ vt to deliberate on. ⟨⟩ vi form: **deliberare (su qc)** to deliberate (on sthg).

deliberatamente avv deliberately.

delicatamente avv gently.

delicatezza sf - 1. [gen] delicacy - 2. [tatto] tact; **parlare con delicatezza** to be tactful.

delicato, a agg - 1. [gen] delicate - 2. [premuroso] considerate.

delimitare [6] vt - 1. [terreno, territorio] to mark off - 2. [funzioni] to define.

delineare [24] vt - 1. [definire] to outline - 2. [disegnare] to sketch. ◆ **delinearsi** vip to appear.

delinquente smf - 1. [criminale] criminal - 2. [persona disonesta] delinquent.

delinquenza sf crime; **delinquenza minorile** juvenile delinquency.

delirare [6] vi - 1. MED to be delirious - 2. [sragionare] to talk nonsense - 3. [esaltarsi]: **delirare per qn/qc** to rave about sb/sthg.

delirio sm - 1. MED delirium; **essere/cadere in preda al delirio** to be/to become delirious; **delirio di grandezza** delusions pl of grandeur;

delirio di persecuzione persecution complex - **2.** [esaltazione] frenzy; **in delirio** in raptures; **andare in delirio** to go into raptures; **mandare in delirio qn** to send sb into raptures.

delitto *sm* - **1.** [gen] crime - **2.** [omicidio] murder.

delizia *sf* - **1.** [leccornia] treat - **2.** [piacere] delight.

delizioso, a *agg* - **1.** [squisito] delicious - **2.** [gentile] lovely - **3.** [piacevole] delightful.

della = di + la.

delle = di + le.

dello = di + lo.

delta *sm inv* delta.

deltaplano *sm* - **1.** [velivolo] hang-glider - **2.** [sport] hang-gliding.

deludere [31] *vt* to disappoint.

delusione *sf* - **1.** [disappunto] disappointment - **2.** [persona, cosa] let-down, disappointment.

deluso, a <> *pp* ▷ **deludere**. <> *agg* disappointed.

demagogico, a, ci, che *agg* demagogic.

demanio *sm* - **1.** [beni] state property - **2.** [amministrazione] state property department.

demarcare [15] *vt* to demarcate.

demarcazione *sf*: **linea di demarcazione** demarcation line.

demente <> *agg* demented. <> *smf* lunatic.

demenza *sf* dementia; **demenza senile** senile dementia.

demenziale *agg* - **1.** PSICO demential - **2.** [assurdo] crazy.

democratico, a, ci, che <> *agg* - **1.** [regime, partito] democratic - **2.** [aperto] informal. <> *sm, f* democrat.

democrazia *sf* democracy.

demografico, a, ci, che *agg* - **1.** [studio, indagine] demographic - **2.** [incremento] population *(dav sostantivo)*.

demolire [9] *vt* - **1.** [gen] to demolish - **2.** [avversario] to crush.

demolizione *sf* demolition.

demone *sm* - **1.** [gen] demon - **2.** *lett* [diavolo] devil.

demonio *sm* devil.

demoralizzare [6] *vt* to demoralize. ◆ **demoralizzarsi** *vip* to get demoralized.

demordere [34] *vi*: **non demordere (da qc)** not to give up (on sthg).

demotivato, a *agg* demotivated.

denaro *sm* money. ◆ **denari** *smpl* [nelle carte] diamonds.

denaturato, a *agg* ▷ **alcol**.

denigrare [6] *vt* to denigrate.

denominare [6] *vt* to call.

denominatore *sm* MAT denominator; **denominatore comune** *fig* common denominator.

denominazione *sf* - **1.** [atto] denomination - **2.** [nome] name; **denominazione di origine controllata** [di vino] guarantee of origin.

denotare [6] *vt* to denote.

densità *sf inv* density; **densità di popolazione** population density.

denso, a *agg* - **1.** [nebbia, fumo] thick - **2.** [ricco]: **denso di qc** rich in sthg.

dentario, a *agg* dental.

dentatura *sf* teeth *pl*.

dente *sm* tooth; **dente del giudizio** wisdom tooth; **dente di o da latte** milk tooth; **mettere i denti** to cut one's teeth; **al dente** CULIN al dente; **battevo i denti** my teeth were chattering; **mettere qc sotto i denti** to have sthg to eat; **stringere i denti** [tener duro] to grit one's teeth. ◆ **dente di leone** *sm* dandelion.

dentiera *sf* false teeth *pl*, dentures *pl*.

dentifricio *sm* toothpaste.

dentista, i, e *smf* dentist.

dentro <> *avv* - **1.** [gen] inside; **da dentro** from inside; **qui/lì dentro** in here/there - **2.** [all'interno] indoors. <> *prep*: **dentro (a) qc** [all'interno] in sthg; **darci dentro** *fam* to give everything; **dentro di sé** [nell'intimo] inside o.s.; **pensare dentro di sé** to think to o.s.

denuclearizzato, a *agg* denuclearized.

denudare [6] *vt* - **1.** [persona] to strip - **2.** [parte del corpo] to expose. ◆ **denudarsi** *vr* to strip off.

denuncia, ce *sf* - **1.** [di reato] charge; **sporgere denuncia contro qn/qc** to take legal action against sb/sthg - **2.** [notifica] declaration; **denuncia dei redditi** tax return.

denunciare [17] *vt* - **1.** [reato, criminale] to report; [reddito] to declare - **2.** [nascita] to register - **3.** [far conoscere] to denounce.

denutrito, a *agg* malnourished.

deodorante *sm* [per il corpo] deodorant; [per ambienti] air freshener.

deontologia *sf* ethics *(U)*.

deperibile *agg* perishable.

deperire [9] *vi* - **1.** [alimenti] to perish - **2.** [persona] to become run down.

depilare [6] *vt* [ascelle, gambe - con cera] to wax; [- con rasoio] to shave; [sopracciglia] to pluck. ◆ **depilarsi** *vr* to shave o.s.

depilazione *sf* [di ascelle, gambe - con cera] waxing; [- con rasoio] shaving; [di sopracciglia] plucking.

depistaggio *sm* sidetracking.

depistare [6] *vt* to sidetrack.

dépliant [depli'an] *sm inv* brochure.

deplorevole *agg* deplorable.

deporre [96] ⟷ *vt* - **1.** [posare] to put (down); **deporre le armi** *fig* [arrendersi] to lay down one's arms - **2.** [uova] to lay - **3.** [spodestare] to depose - **4.** DIR to testify; **deporre il falso** to commit perjury. ⟷ *vi* DIR to testify.

deportare [6] *vt* to deport.

deportato, a *sm, f* deportee.

depositare [6] *vt* - **1.** [gen] to deposit - **2.** [marchio] to register. ◆ **depositarsi** *vip* to settle.

deposito *sm* - **1.** [gen] deposit; **dare/ricevere qc in deposito** to deposit/receive sthg; **deposito bancario** deposit - **2.** [atto] depositing - **3.** [magazzino] warehouse; **deposito bagagli** left-luggage office *UK*, baggage room *US*; **deposito delle armi/munizioni** arms/munitions depot - **4.** [rimessa] garage.

deposizione *sf* - **1.** [dichiarazione] statement - **2.** [da una carica] removal; [dal trono] deposition.

deposto, a *pp* ⟿ **deporre**.

depravato, a ⟷ *agg* depraved. ⟷ *sm, f* depraved person.

deprecabile *agg* disgraceful.

depredare [6] *vt* - **1.** [derubare]: **depredare qn (di qc)** to rob sb (of sthg) - **2.** [saccheggiare] to plunder.

depressione *sf* depression.

depresso, a ⟷ *pp* ⟿ **deprimere**. ⟷ *agg* depressed.

deprezzamento *sm* depreciation.

deprezzare [6] *vt* - **1.** [merce, proprietà] to reduce the price of - **2.** [persona, opera] to depreciate. ◆ **deprezzarsi** *vip* to depreciate.

deprimente *agg* depressing.

deprimere [63] *vt* to depress. ◆ **deprimersi** *vip* to get depressed.

depurare [6] *vt* to purify.

depuratore *sm* purification plant.

deputato, a *sm, f* ≃ Member of Parliament *UK*, ≃ Congressman (Congresswoman *f*) *US*.

deragliare [21] *vi* to be derailed.

derapare [6] *vi* - **1.** [nell'automobilismo] to skid - **2.** [nello sci] to sideslip.

derattizzazione *sf* rat extermination.

derby *sm inv* - **1.** [fra squadre] *a game between two teams from the same town* (local) derby *UK* - **2.** [nell'ippica] derby.

deretano *sm eufem* & *scherz* derrière, behind.

deridere [30] *vt* to make fun of.

deriso, a *pp* ⟿ **deridere**.

derisorio, a *agg* derisive.

deriva *sf* - **1.** [spostamento] drift; **andare alla deriva** [imbarcazione] to drift; *fig* [persona, evento] to go to the dogs - **2.** [imbarcazione] dinghy - **3.** [chiglia] keel.

derivare [6] ⟷ *vi*: **derivare da qc** [conclusione, certezza] to stem from sthg; [acqua, fiume] to rise from sthg; [lingua, termine] to be derived from sthg. ⟷ *vt*: **derivare qc (da qc)** [conclusione, certezza] to get sthg (from sthg); [acqua] to divert sthg (from sthg).

derivata *sf* MAT derivative.

derivato, a *agg* - **1.** [acque] diverted - **2.** [lingua, vocabolo] derived - **3.** ECON derivative. ◆ **derivato** *sm* - **1.** CHIM derivative, by-product - **2.** LING & ECON derivative.

derivazione *sf* - **1.** [di acque, fiume] diversion - **2.** LING derivation - **3.** TELECOM extension.

dermatologo, a, gi, ghe *sm, f* dermatologist.

deroga, ghe *sf* DIR dispensation; **in deroga a qc** as an exception to sthg.

derogare [16] *vi* DIR: **derogare a qc** to deviate from sthg.

derrate *sfpl* produce *(U)*; **derrate alimentari** foodstuffs.

derubare [6] *vt* to rob; **derubare qn di qc** to rob sb of sthg.

descrittivo, a *agg* descriptive.

descritto, a *pp* ⟿ **descrivere**.

descrivere [73] *vt* to describe.

descrizione *sf* description.

deserto, a *agg* deserted. ◆ **deserto** *sm* desert.

desiderare [6] *vt* - **1.** [gen] to want; **far desiderare qc a qn** to keep sb waiting for sthg; **lasciare a desiderare** to leave a lot to be desired - **2.** [in negozio, ristorante]: **desidera?** what would you like?

desiderio *sm* - **1.** [voglia] desire, longing - **2.** [sessuale] desire - **3.** [sogno] wish.

desideroso, a *agg*: **essere desideroso di qc/fare qc** to be eager for sthg/to do sthg.

designare [23] *vt* - **1.** [incarico] to designate - **2.** [data, termine] to fix.

desinenza *sf* LING ending.

desistere [66] *vi*: **desistere (da qc/dal fare qc)** to give up (on sthg/on doing sthg).

desolato, a *agg* - **1.** [terra, paesaggio] desolate - **2.** [spiacente, afflitto] sorry; **sono desolato di averti offeso** I am sorry I offended you; **essere desolato per qc** to be sorry for sthg.

desolazione *sf* desolation.

despota, i, e *smf* despot.

dessert [des'ser] *sm inv* dessert.

destabilizzare [6] *vt* to destabilize.

destare [6] *vt* - **1.** [suscitare] to arouse - **2.** *lett* [svegliare] to awaken.

deste ▷ **dare**.

destinare [6] *vt* - **1.** [lettera, critica]: **destinare qc a qn** to address sthg to sb - **2.** [mezzi, contributi]: **essere destinato a qc** to be destined for sthg - **3.**: **destinare qn a qc/a fare qc** to destine sb for sthg/to do sthg.

destinatario, a *sm, f* recipient.

destinazione *sf* - **1.** [meta] destination; **arrivare a destinazione** to reach one's destination; **con destinazione Roma/Parigi** destination Rome/Paris - **2.** [sede] posting - **3.** [uso] allocation.

destino *sm* destiny, fate.

destituire [9] *vt* to dismiss.

destra *sf* - **1.** [gen] right; **a destra** on the right; **alla destra di qn** on sb's right; **tenere la destra** to keep right - **2.** POLIT right(-wing); **la destra** the right.

destreggiarsi [18] *vip* to cope.

destro, a *agg* right.

desumere [61] *vt*: **desumere qc da qc** to gather sthg from sthg; **desumere informazioni da un giornale** to get information from a newspaper.

desunto, a *pp* ▷ **desumere**.

detective [de'tektiv] *smf inv* detective; **detective privato** private detective.

deteinato, a *agg* detanninated.

detenere [93] *vt* to hold.

detentore, trice *sm, f* holder.

detenuto, a ◇ *pp* ▷ **detenere**. ◇ *sm, f* prisoner.

detenzione *sf* - **1.** [possesso] possession - **2.** [incarcerazione] imprisonment.

detergente ◇ *agg* cleansing. ◇ *sm* [per la pelle] cleanser; [per piatti, pavimenti] detergent.

deteriorare [6] *vt* to damage. ◆ **deteriorarsi** *vip* to deteriorate.

determinante *agg* determining.

determinare [6] *vt* - **1.** [causare] to cause - **2.** [stabilire] to determine.

determinativo, a *agg* GRAMM definite *(dav sostantivo)*.

determinato, a *agg* - **1.** [definito] particular - **2.** [deciso] determined; **essere determinato a fare qc** to be determined to do sthg.

determinazione *sf* - **1.** [volontà] determination - **2.** [definizione] definition.

detersivo *sm* detergent.

detestare [6] *vt* to detest; **detestare fare qc** to hate doing sthg. ◆ **detestarsi** *vr* to loathe each other.

detrarre [97] *vt* to deduct.

dettagliato, a *agg* detailed.

dettaglio *sm* - **1.** [particolare] detail - **2.** [di merce]: **al dettaglio** retail.

dettare [6] *vt* to dictate.

dettato *sm* dictation.

detto, a ◇ *pp* ▷ **dire**. ◇ *agg* [già nominato] aforementioned. ◆ **detto** *sm* saying.

deva *etc* ▷ **dovere**.

devastare [6] *vt* - **1.** [distruggere] to devastate - **2.** [alterare] to ruin; [deturpare] to ravage.

deviare [22] ◇ *vi* [cambiare direzione] to turn; [per vedere qc] to make a detour; [per evitare qc] to swerve; **deviare da qc** [strada] to turn off sthg; *fig* to deviate from sthg. ◇ *vt* [gen] to divert; [palla] to deflect; **deviare il discorso (su qc)** to change the subject (to sthg).

deviazione *sf* [del traffico] diversion; [percorso alternativo] detour.

devo *etc* ▷ **dovere**.

devoto, a *agg* - **1.** RELIG devout - **2.** [affezionato] devoted.

dg *(abbr di decigrammo)* dg.

di *(dav art det diventa del, dello, della, dell', dei, degli, delle)* *prep* - **1.** [appartenenza]: **il libro di Marco** Marco's book; **la porta della camera** the door of the room; **i giorni della settimana** the days of the week - **2.** [parentela, relazione]: **la zia del bambino** the child's aunt; **l'amico di Luisa** Luisa's friend - **3.** [autore]: **un quadro di Giotto** a painting by Giotto; **le opere di Dante** the works of Dante - **4.** [argomento]: **un libro di storia** a history book; **discutere di politica** to talk politics; **parlare di qn/qc** to talk about sb/sthg - **5.** [contenuto] of; **una bottiglia di vino** a bottle of wine; **un chilo di arance** a kilo of oranges - **6.** [materiale]: **un vestito di lana** a wool *o* woollen *UK o* woolen *US* dress; **una statua di marmo** a marble statue - **7.** [partitivo] of; **uno di loro** one of them; **alcuni di noi** some of us; **qualcosa di interessante** something interesting - **8.** [articolo partitivo - affermativo] some; [- negativo, interrogativo] any; **vorrei del pane** I'd like some bread; **non ci sono rimasti dei dollari?** don't we have any dollars left?; **ha degli spiccioli?** have you got any change? - **9.** [dopo comparativo]: **sono più alto di te** I'm taller than you; **è meno difficile di quanto pensassi** it's less difficult than I thought; [dopo superlativo]: **il migliore di tutti** the best of all; **l'uomo più ricco del mondo** the richest man in the world - **10.** [tempo]: **d'estate/inverno** in summer/

winter; **di mattina** in the morning; **di giorno** during the day; **di giorno in giorno** from one day to the next; **di notte** at night; **lavorare di notte** to work nights; **di sabato** on Saturdays - **11.** [provenienza] from; **di dove sei?** where are you from?; **sono di Bologna** I'm from Bologna - **12.** [causa]: **urlare di dolore** to yell with pain; **morire di fame** to be dying of hunger; **morire di sonno** to be really tired; **soffrire di insonnia** to suffer from insomnia; **morire di vecchiaia** to die of old age - **13.** [caratteristica]: **un ragazzo di bassa statura** a short boy; **una maglia di un bel colore** a sweater in a pretty colour *UK* o color *US* - **14.** [con misure, numeri]: **un bambino di due anni** a two-year-old child; **una torre di 40 metri** a 40-metre *UK* o 40-meter *US* tower; **un film di due ore** a two-hour film *esp UK* o movie *esp US*; **una multa di 100 euro** a 100-euro fine - **15.** [con valore dichiarativo]: **mi ha detto di non aspettare** he told me not to wait; **pensavo di uscire** I thought I might go out; **capita di sbagliare** anyone can make a mistake; **mi sembra di conoscerlo** I feel as if I know him - **16.** [dopo aggettivo]: **pieno di qc** full of sthg; **privo di qc** without sthg; **ricco di qc** rich in sthg; **capace di fare qc** capable of doing sthg - **17.** [con nomi propri] of; **la città di Napoli** the city of Naples.

diabete *sm* diabetes (*U*).

diabetico, a, ci, che *agg & sm, f* diabetic.

diadema, i *sm* diadem.

diaframma, i *sm* diaphragm.

diagnosi *sf inv* diagnosis *(sing)*.

diagnosticare [15] *vt*: **diagnosticare qc a qn** to diagnose sb with sthg.

diagonale *agg & sf* diagonal.

diagramma, i *sm* diagram.

dialettale *agg* - **1.** [espressione] dialect *(dav sostantivo)* - **2.** [poesia, canzone] in dialect *(non dav sostantivo)*.

dialetto *sm* dialect.

dialisi *sf inv* dialysis *(sing)*.

dialogare [16] *vi*: **dialogare (con qn)** to talk (to sb).

dialogo, ghi *sm* dialogue, dialog *US*.

diamante *sm* diamond.

diametro *sm* diameter.

diamine *esclam* heck!; **ti sembra troppo caro? - diamine!** does it seem too expensive to you? – you bet!

diapositiva *sf* slide.

diario *sm* - **1.** [quaderno] diary - **2.** [registro]: **diario di classe** class register *UK* o roll *US*; **diario scolastico** homework diary.

diarrea *sf* diarrhoea *UK*, diarrhea *US*.

diavola *sf*: **alla diavola** CULIN devilled *UK*, deviled *US*.

diavolo *sm* - **1.** [demonio] devil - **2.** *fam* [in domande] devil; **dove diavolo eri finito?** where the devil did you get to?; **andare al diavolo** to go to hell.

dibattere [7] *vt* to debate. ◆ **dibattersi** *vr* to struggle.

dibattito *sm* debate.

dica *etc* ▷ **dire**.

dice *etc* ▷ **dire**.

dicembre *sm* December; *vedi anche* **settembre**.

dicendo *etc* ▷ **dire**.

diceria *sf* rumour *UK*, rumor *US*.

dicessi *etc* ▷ **dire**.

diceste *etc* ▷ **dire**.

dicevo *etc* ▷ **dire**.

dichiarare [6] *vt* - **1.** [annunciare] to declare; **l'accusato ha dichiarato di essere innocente** the accused has declared his innocence; **dichiarare guerra (a qn/qc)** to declare war (on sb/sthg) - **2.** [asserire] to state - **3.** [giudicare] to pronounce. ◆ **dichiararsi** *vr* - **1.** [dire di essere] to declare o.s.; **dichiararsi contrario a/ d'accordo con qc** to come out against/in favour *UK* o favor *US* of sthg - **2.** [a persona amata] to propose.

dichiarazione *sf* - **1.** [comunicazione ufficiale] declaration; **dichiarazione dei redditi** tax return - **2.** [asserzione] statement; **una dichiarazione alla stampa** a statement to the press.

dici *etc* ▷ **dire**.

diciannove *agg num inv & sm inv* nineteen; *vedi anche* **sei**.

diciannovesimo, a *agg num & sm, f* nineteenth. ◆ **diciannovesimo** *sm* [frazione] nineteenth; *vedi anche* **sesto**.

diciassette *agg num inv & sm inv* seventeen; *vedi anche* **sei**.

diciassettesimo, a *agg num & sm, f* seventeenth. ◆ **diciassettesimo** *sm* [frazione] seventeenth; *vedi anche* **sesto**.

diciottesimo, a *agg & sm, f* eighteenth. ◆ **diciottesimo** *sm* [frazione] eighteenth; *vedi anche* **sesto**.

diciotto *agg num inv & sm inv* eighteen; *vedi anche* **sei**.

dico *etc* ▷ **dire**.

didascalia *sf* - **1.** [di illustrazione] caption - **2.** [in film] subtitle.

didattico, a, ci, che *agg* teaching *(dav sostantivo)*.

didietro ⬦ *sm inv* - **1.** back, rear; **sul didietro della casa** at the back of the house - **2.** *fam* [sedere] rear, bottom. ⬦ *agg inv* back *(dav sostantivo)*, rear *(dav sostantivo)*.

dieci *agg num inv & sm inv* ten; *vedi anche* **sei**.

diecimila ⬦ *agg num inv* - **1.** [in numero esatto] ten thousand - **2.** [moltissimi] thousands of. ⬦ *sm inv* ten thousand.

diecina = decina.

diedi *etc* ⊳ **dare**.

dieresi *sf inv* diaeresis *(sing)* UK, dieresis *(sing)* US.

diesel ['dizel] ⬦ *agg inv* diesel *(dav sostantivo)*. ⬦ *sm inv* - **1.** [macchina] diesel - **2.** [motore] diesel engine.

diesis *sm inv* sharp.

dieta *sf* diet; **essere/mettersi a dieta** to be/go on a diet.

dietetico, a, ci, che *agg* - **1.** [alimentare] low-calorie - **2.** [dimagrante] low-calorie, diet *(dav sostantivo)*.

dietro ⬦ *avv* - **1.** [gen] behind; **lì/qui dietro** behind there/here - **2.** [nella parte posteriore] at the back; **lì/qui dietro** back there/here - **3.** [con sé] with one; **portarsi dietro qn/qc** to take sb/sthg with one. ⬦ *prep* - **1.** [nello spazio]: **dietro (a) qn/qc** behind sb/sthg; **dietro di me/te** behind me/you; **ridere dietro a qn** to laugh at sb; **stare dietro a qn** [aiutare] to look after sb; *fam* [fare la corte] to be after sb - **2.** [nel tempo] following; **uno dietro l'altro** one after another; **dietro richiesta di qn** on sb's request; **venduto dietro prescrizione medica** sold on prescription. ⬦ *agg inv* back *(dav sostantivo)*. ⬦ *sm inv* back.

difatti *cong* in fact.

difendere [43] *vt* - **1.** [gen] to defend - **2.** [proteggere] to protect; **difendere qn/qc da qn/qc** to protect sb/sthg from sb/sthg. ◆ **difendersi** *vr* - **1.** [gen] to defend o.s. - **2.** [proteggersi]: **difendersi (da qn/qc)** to protect o.s. (from sb/sthg) - **3.** *fam* [cavarsela] to get by.

difensiva *sf*: **stare sulla difensiva** to be on the defensive.

difensore ⬦ *agg* defending. ⬦ *sm* - **1.** [avvocato] defence UK o defense US counsel - **2.** SPORT defender.

difesa *sf* - **1.** [gen] defence UK, defense US; **accorrere in difesa di qn** to rush to sb's defence UK o defense US; **prendere le difese di qn** to side with sb; [avvocato difensore] defence UK o defense US counsel - **2.** [tutela] protection.

difesi *etc* ⊳ **difendere**.

difeso, a *pp* ⊳ **difendere**.

difetto *sm* [imperfezione] defect.

difettoso, a *agg* faulty.

diffamare [6] *vt* [oralmente] to slander; [per iscritto] to libel.

differente *agg* different.

differenza *sf* difference; **non fa (nessuna) differenza** it's all the same to me/her etc; **a differenza di qn/qc** unlike sb/sthg.

differire [9] ⬦ *vt* to defer. ⬦ *vi* to differ; **differire da qn/qc (per qc)** to differ from sb/sthg (in sthg).

differita *sf*: **in differita** TV & RADIO recorded.

difficile ⬦ *agg* - **1.** [gen] difficult - **2.** [persona, carattere] fussy - **3.** [improbabile] unlikely. ⬦ *sm* difficult thing.

difficilmente *avv* unlikely; **riusciremo difficilmente a venire** it's unlikely we'll be able to come.

difficoltà *sf inv* difficulty; **avere (delle) difficoltà a fare qc** to have difficulty doing sthg; **in difficoltà** in difficulties.

diffidare [6] ⬦ *vi*: **diffidare di qn/qc** not to trust sb/sthg. ⬦ *vt*: **diffidare qn dal fare qc** to warn sb against doing sthg.

diffidente *agg* wary; **è diffidente con o verso tutti** he doesn't trust anyone.

diffidenza *sf* distrust.

diffondere [44] *vt* [gen] to spread; [luce, calore] to diffuse. ◆ **diffondersi** *vip* [gen] to spread; [abitudine] to become common.

diffusi *etc* ⊳ **diffondere**.

diffusione *sf* - **1.** [di luce, calore] diffusion - **2.** [di notizia] spread; [di moda] popularity.

diffuso, a ⬦ *pp* ⊳ **diffondere**. ⬦ *agg* - **1.** [abitudine] widespread - **2.** [luce] diffused, soft.

diga, ghe *sf* dam.

digerente *agg* digestive *(dav sostantivo)*.

digerire [9] *vt* - **1.** [alimento] to digest - **2.** [notizia, evento] to take in.

digestione *sf* digestion.

digestivo, a *agg* digestive *(dav sostantivo)*. ◆ **digestivo** *sm* (digestive) liqueur.

digitale *agg* - **1.** TECNOL digital - **2.** ⊳ **impronta**.

digitare [6] *vt* to type.

digiuno, a *agg* fasting; **sono digiuno da ieri sera** I haven't eaten since last night. ◆ **digiuno** *sm* fast; **a digiuno** on an empty stomach; **essere a digiuno** to be fasting.

dignità *sf* dignity.

dignitoso, a *agg* - **1.** [nobile] dignified - **2.** [decoroso] respectable.

DIGOS ['digos] (*abbr di* **Divisione Investigazioni Generali e Operazioni Speciali**) *sf* ≃ Special Branch *UK*, ≃ Department of Homeland Security *US*.

dilagare [16] *vi* - **1.** [fenomeno] to spread - **2.** [fiume] to overflow.

dilatare [6] *vt* - **1.** [cavità] to dilate - **2.** [sostanza, materiale] to expand. ◆ **dilatarsi** *vip* - **1.** [cavità] to dilate - **2.** [sostanza, materiale] to expand.

dilazionare [6] *vt* to defer.

dilemma, i *sm* dilemma.

dilettante ◇ *agg* - **1.** [non professionista] amateur - **2.** [inesperto] unspecialized. ◇ *smf* amateur.

diligente *agg* - **1.** [persona] diligent - **2.** [lavoro] careful.

diluire [9] *vt* - **1.** [sciogliere] to dissolve - **2.** [liquido] to dilute - **3.** [vernice] to thin.

dilungarsi [16] *vip*: dilungarsi (in qc) to go on (about sthg).

diluviare [112] *vi impers* to pour.

diluvio *sm* downpour.

dimagrante *agg* weight-reducing, slimming (*dav sostantivo*) *UK*.

dimagrire [9] *vi* to lose weight.

dimensione *sf* - **1.** [gen] dimension - **2.** [grandezza] size - **3.** [importanza] proportion.

dimenticanza *sf* oversight.

dimenticare [15] *vt* to forget; dimenticarsi qc to forget sthg; dimenticare di fare qc to forget to do sthg. ◆ **dimenticarsi** *vip* to forget; dimenticarsi di qn/qc to forget about sb/sthg; dimenticarsi di fare qc to forget to do sthg.

dimesso, a *pp* ▷ **dimettere**.

dimettere [71] *vt* [da ospedale] to discharge. ◆ **dimettersi** *vr* to resign.

diminuire [9] ◇ *vi* to decrease. ◇ *vt* to reduce.

diminutivo *sm* diminutive.

diminuzione *sf* decrease.

dimissioni *sfpl* resignation (*sing*); dare *o* rassegnare le dimissioni to hand in one's notice.

dimora *sf* abode.

dimostrante *smf* demonstrator.

dimostrare [6] ◇ *vt* - **1.** [gen] to demonstrate - **2.** [esprimere] to show. ◇ *vi* to demonstrate. ◆ **dimostrarsi** *vr* to prove.

dimostrazione *sf* - **1.** [gen] demonstration - **2.** [espressione] show - **3.** [argomentazione] proof.

dinamico, a, ci, che *agg* - **1.** FIS dynamic - **2.** [attivo, energico] active, dynamic.

dinamite *sf* dynamite.

dinanzi *avv* ahead. ◆ **dinanzi a** *prep* in front of.

dinastia *sf* dynasty.

dinnanzi = dinanzi.

dinosauro *sm* dinosaur.

dintorni *smpl*: Firenze e dintorni Florence and the surrounding area; abito nei dintorni di Milano I live near Milan; i dintorni di Roma the outskirts of Rome; nei dintorni nearby.

dio (*pl* dei) *sm* god. ◆ **Dio** *sm* God; Dio mio! my God!

dipartimento *sm* department.

dipendente ◇ *agg* dependent; essere dipendente da qn/qc to be dependent on sb/sthg; personale dipendente employees *pl*; lavoro dipendente employment. ◇ *smf* employee.

dipendenza *sf* dependence; alle dipendenze di qn dependent on sb.

dipendere [43] *vi* - **1.**: dipendere da qn/qc [essere subordinato a] to depend on sb/sthg; [economicamente] to be dependent on sb/sthg; dipende! that depends! - **2.**: dipendere da qc [derivare da] to be due to sthg - **3.**: dipendere da qn [essere sotto l'autorità di] to report to sb; [spettare a] to be up to sb; dipende da te it's up to you; non dipende da me it's nothing to do with me.

dipesi *etc* ▷ **dipendere**.

dipeso, a *pp* ▷ **dipendere**.

dipingere [49] *vt* - **1.** [gen] to paint - **2.** [descrivere] to portray.

dipinsi *etc* ▷ **dipingere**.

dipinto, a *pp* ▷ **dipingere**. ◆ **dipinto** *sm* painting.

diploma, i *sm* [gen] diploma; SCOL ≃ A levels *pl UK*, (high-school) diploma *US*; UNIV degree (*in a vocational subject*); diploma di laurea university degree.

diplomare [6] *vt* to award a diploma to. ◆ **diplomarsi** *vip* [studente & SCOL] ≃ to get one's A levels *UK*, to graduate *US*; UNIV to graduate (*in a vocational subject*).

diplomatico, a, ci, che ◇ *agg* diplomatic. ◇ *sm, f* diplomat.

diplomato, a ◇ *agg* qualified; un infermiere diplomato a trained nurse. ◇ *sm, f* - **1.** [gen] qualified person - **2.** [studente & SCOL] ≃ person with A levels *UK*, (high-school) graduate *US*; UNIV graduate (*in a vocational subject*).

diplomazia *sf* - **1.** POLIT diplomatic service - **2.** [tatto] diplomacy.

dire [100] ⟨> vt - **1.** [affermare, pronunciare] to say; **ha detto che non ha nessuna intenzione di andarsene** she said she has no intention of leaving; **ha detto di essere innocente** he said he was innocent; **dire la propria opinione** to say what one thinks; **dire di sì/di no** to say yes/no; **e dire che...** to think (that)...; **per meglio dire** or rather; **non ha detto nemmeno grazie** he didn't even say thanks; **non ha detto una parola per tutta la cena** she didn't say a word all through dinner; **dire parolacce** to swear; **dire una poesia/le preghiere** to say a poem/one's prayers - **2.** [riferire, ordinare, suggerire]: **dire qc a qn** to tell sb sthg; **dire a qn di fare qc** to tell sb to do sthg - **3.** [far capire] to say; **questo dice molto sul tipo di persona che è** this says a lot about the kind of person he is; **dire qc a qn** to tell sb sthg; **ascolta quello che ti dice il cuore** listen to what your heart tells you; **dirla lunga su qc** to say a lot about sthg; **voler dire** [significare] to mean; **non capisco cosa voglia dire questa frase** I don't understand what this sentence means. ⟨> vi [parlare] to speak, to talk; **ehi, dico a voi!** hey, I'm talking to you!; **dire bene/male di qn** to speak well/ill of sb; **dire davvero** o **sul serio** to mean it; **diciamo** [cioè] let's say; **tanto per dire** for the sake of argument. ⟨> vi impers - **1.** [sembrare]: **si dice che... (+congiuntivo)** it seems (that)... - **2.** [in una lingua]: **come si dice 'casa' in francese?** what's the French for 'house'? ⟨> sm saying; **c'è una bella differenza tra il dire e il fare** there's a big difference between saying and doing; **hai un bel dire tu, ma chi è nei guai sono io** it's all very well for you to talk, but I'm the one who's in trouble.

directory sf inv INFORM directory.

diressi etc ▷ **dirigere**.

diretta sf live TV; **in diretta** live.

direttamente avv - **1.** [senza soste] straight; **vieni direttamente a casa mia** come straight to my house - **2.** [senza intermediari] directly.

direttiva sf [indicazione] instruction; [ordine di governo] directive.

direttivo, a agg executive.

diretto, a ⟨> pp ▷ **dirigere**. ⟨> agg - **1.** [gen] direct - **2.** [in direzione di]: **essere diretto a qc** to be going to sthg - **3.** [rivolto]: **diretto a qn/qc** addressed to sb/sthg - **4.** [esplicito] specific. ◆ **diretto** sm - **1.** [treno] through train - **2.** [colpo] jab.

direttore, trice sm, f - **1.** [di filiale] director; [di reparto] manager - **2.** [di quotidiano, rivista] editor - **3.** [di scuola elementare] head (teacher) UK, principal US - **4.** MUS: **direttore d'orchestra** conductor.

direzione sf - **1.** [senso] way, direction; **in che direzione vai?** which way are you going?; **abbiamo preso la direzione sbagliata** we went the wrong way - **2.** [di vento, carriera] direction - **3.** [di attività] direction, running; **affidare la direzione di qc a qn** to put sb in charge of sthg - **4.** [organo] management - **5.** [ufficio del direttore] director's office; [sede centrale] head office.

dirigente ⟨> agg ruling (dav sostantivo); **classe dirigente** ruling class. ⟨> smf manager.

dirigere [56] vt - **1.** [azienda] to run; [operazione] to be in charge of; [gruppo, partito] to lead; [giornale] to edit; [orchestra] to conduct; [traffico, film] to direct - **2.** [rivolgere]: **dirigere l'attenzione su** o **verso qn/qc** to turn one's attention to sb/sthg. ◆ **dirigersi** vr: **dirigersi a** o **verso qn/qc** to head for sb/sthg.

diritto, a agg - **1.** [in linea retta] straight - **2.** [verticale - schiena] straight; [- palo, muro] vertical. ◆ **diritto** ⟨> avv straight. ⟨> sm - **1.** [prerogativa] right; **avere il diritto di fare qc** to have the right to do sthg; **avere diritto a qc** to have a right to sthg; **diritti dell'uomo** human rights - **2.** [leggi] law; **studiare diritto** to study law - **3.** [lato principale] right side - **4.** SPORT forehand - **5.** [punto] plain. ◆ **diritti** smpl charges; **diritti d'autore** royalties.

diroccato, a agg ruined.

dirottare [6] ⟨> vt - **1.** [per terrorismo] to hijack - **2.** [per guasto, maltempo] to divert. ⟨> vi to change course.

disabile ⟨> agg disabled. ⟨> smf disabled person; **i disabili** people with disabilities.

disabilitare [6] vt to disable.

disabitato, a agg uninhabited.

disaccordo sm disagreement.

disagio sm - **1.** [incomodo] inconvenience; **trovarsi in condizione di disagio** to be in an awkward situation - **2.** [imbarazzo] discomfort; **essere** o **sentirsi a disagio** to be o to feel uncomfortable.

disapprovare [6] vt to disapprove of.

disappunto sm disappointment.

disarcionare [6] vt to unseat.

disarmare [6] vt to disarm.

disastrato, a ⟨> agg devastated; **area** o **zona disastrata** disaster area. ⟨> sm, f victim.

disastro sm disaster.

disastroso, a agg disastrous.

disattenzione sf - **1.** [caratteristica] carelessness; **fare degli errori di disattenzione** to make careless mistakes - **2.** [errore] mistake.

disattivare [6] *vt* [bomba] to defuse; [linea telefonica, allarme] to disconnect.

discapito *sm*: a discapito di qn/qc to sb's/sthg's cost.

discarica, che *sf* dump.

discendente *smf* descendant.

discendere [43] *vi* - 1. [avere origine]: discendere da qn to be descended from sb - 2. [scendere] to descend.

discesa *sf* - 1. [movimento] descent - 2. [pendio] slope; in discesa downhill *(dav sostantivo)*.

dischetto *sm* INFORM disk.

disciplina *sf* - 1. [norme] discipline - 2. [materia] subject - 3. SPORT event.

disciplinato, a *agg* - 1. [obbediente] disciplined - 2. [ordinato] orderly.

disco, schi *sm* - 1. [gen] disc *UK*, disk *US*; avere l'ernia del disco to have a slipped disc *UK* o disk *US*; disco orario parking disc showing the arrival time of a vehicle in areas with parking restrictions - 2. INFORM disk - 3. MUS record - 4. SPORT discus.

discografico, a, ci, che ◇ *agg* recording *(dav sostantivo)*, record *(dav sostantivo)*; una casa discografica a record company. ◇ *sm, f* record producer.

discolpare [6] *vt*: discolpare qn (da qc) to clear sb (of sthg). ◆ **discolparsi** *vr* to clear one's name.

discontinuo, a *agg* - 1. [interrotto] broken; [attività] interrupted; [pioggia] intermittent - 2. [incostante] erratic.

discorde *agg* conflicting.

discordia *sf* disagreement.

discorrere [65] *vi*: discorrere (di qc) to talk (about sthg).

discorso *pp* ▷ **discorrere**. ◆ **discorso** *sm* - 1. [gen] speech; fare un discorso to give o make a speech; discorso diretto/indiretto direct/indirect speech o discourse *US* - 2. [conversazione] conversation.

discostarsi [6] *vip*: discostarsi da qc to be different from sthg.

discoteca, che *sf* - 1. [locale] club, disco *ant*; andiamo in discoteca? shall we go clubbing? - 2. [raccolta] record collection.

discount ['dɪskaunt] *sm inv* discount store.

discrepanza *sf* - 1. [differenza] discrepancy - 2. [disaccordo] disagreement.

discretamente *avv* - 1. [con discrezione] discreetly - 2. [abbastanza] fairly - 3. [abbastanza bene] quite well.

discreto, a *agg* - 1. [riservato] discreet - 2. [modesto] modest - 3. [non importuno] reasonable - 4. [abbastanza buono] not bad, reasonable; è un discreto fotografo he's not a bad photographer; ho un discreto appetito I'm quite hungry.

discrezione *sf* - 1. [gen] discretion; a discrezione di qn at sb's discretion - 2. [moderazione] moderation; con discrezione in moderation.

discriminare [6] *vt* - 1. [distinguere] to distinguish - 2. [penalizzare] to discriminate against.

discriminazione *sf* - 1. [penalizzazione] discrimination - 2. [differenziazione] distinction.

discussi *etc* ▷ **discutere**.

discussione *sf* - 1. [dibattito] discussion - 2. [litigio] argument.

discusso, a ◇ *pp* ▷ **discutere**. ◇ *agg* controversial.

discutere [69] ◇ *vt* - 1. [dibattere] to discuss - 2. [contestare] to question. ◇ *vi* - 1. [dibattere] to talk; discutere di o su qc to discuss sthg; discutere sul prezzo to haggle - 2. [litigare] to argue.

disdetta *sf* - 1. [sfortuna] bad luck - 2. [annullamento] cancellation.

disdire [102] *vt* to cancel.

disegnare [23] *vt* - 1. [raffigurare] to draw - 2. [progettare] to design.

disegnatore, trice *sm, f* [gen] designer; [di fumetti] cartoonist; [tecnico, progettista] draughtsman (draughtswoman *f*) *UK*, draftsman (draftswoman *f*) *US*.

disegno *sm* - 1. [gen] drawing; fare un disegno to draw a picture; essere bravo nel disegno to be good at drawing - 2. [progetto] design; disegno di legge bill.

diseredare [6] *vt* to disinherit.

disertare [6] ◇ *vt* - 1. [abbandonare] to abandon - 2. [non frequentare] to miss. ◇ *vi* [soldato] to desert.

disertore, trice *sm, f* deserter.

disfare [13] *vt* [nodo] to undo; [orlo] to unpick; [letto] to strip. ◆ **disfarsi** ◇ *vip* to come undone. ◇ *vr*: disfarsi di qn/qc to get rid of sb/sthg.

disfatta *sf* defeat.

disfatto, a ◇ *pp* ▷ **disfare**. ◇ *agg* - 1. [nodo, orlo] undone - 2. [letto] unmade.

disfunzione *sf* MED dysfunction; disfunzione cardiaca/epatica heart/liver trouble.

disgelo *sm* thaw.

disgrazia *sf* - 1. [sfortuna] misfortune, bad luck; per mia/tua disgrazia unluckily for me/you - 2. [sciagura] accident.

disgraziato, a <> agg - **1.** [sfortunato] unlucky - **2.** [malvagio] wicked - **3.** [periodo, evento] ill-fated. <> sm, f - **1.** [persona sfortunata] wretch - **2.** [persona malvagia] scum.

disguido sm hitch.

disgustare [6] vt to disgust.

disgusto sm disgust.

disgustoso, a agg disgusting.

disilludere [31] vt to disappoint. ➤ **disilludersi** vip to become disillusioned.

disilluso, a pp ➢ **disilludere**.

disinfestazione sf disinfestation.

disinfettante agg & sm disinfectant.

disinfettare [6] vt to disinfect.

disinibito, a agg uninhibited.

disinnescare [15] vt to defuse.

disinnestare [6] vt to disengage.

disintegrare [6] vt to blow to pieces. ➤ **disintegrarsi** vip to disintegrate.

disinteressarsi [6] vip: disinteressarsi di qn/qc to take no interest in sb/sthg.

disinteressato, a agg - **1.** [noncurante] uninterested - **2.** [altruista] disinterested.

disintossicare [15] vt to detoxify, to detox fam. ➤ **disintossicarsi** vr to detoxify, to detox fam; disintossicarsi dalla droga/dall'alcol to come off drugs/alcohol.

disintossicazione sf detoxification, detox fam.

disinvolto, a agg confident.

dislessico, a, ci, che agg dyslexic.

dislivello sm - **1.** [differenza di altezza] difference in level - **2.** [diversità] gulf.

dislocare [15] vt [ufficio] to open; [personale] to station.

disobbediente agg = **disubbidiente**.

disobbedire [9] vi = **disubbidire**.

disoccupato, a <> agg unemployed. <> sm, f unemployed person; i disoccupati the unemployed.

disoccupazione sf unemployment.

disonestà sf dishonesty; comportarsi con disonestà to behave dishonestly.

disonesto, a agg dishonest.

disonore sm - **1.** [infamia] dishonour UK, dishonor US - **2.** [persona] disgrace.

disopra, di sopra <> avv upstairs. <> agg inv upstairs (dav sostantivo). <> sm inv top. ➤ **al disopra di** prep - **1.** [più in alto di] over - **2.** [superiore a] above.

disordinato, a agg - **1.** [gen] untidy - **2.** [idee, racconto] disorganized.

disordine sm mess; in disordine in a mess. ➤ **disordini** smpl disturbances.

disorganizzato, a agg disorganized.

disorientato, a agg disoriented, disorientated UK.

disossato, a agg boneless.

disotto, di sotto <> avv downstairs. <> agg inv downstairs (dav sostantivo); il piano disotto the floor below. <> sm inv [di mobile, auto] underneath. ➤ **al disotto di** prep - **1.** [più in basso di] below - **2.** [inferiore a] under; i bambini al disotto dei tre anni children under 3; la festa è stata al disotto delle mie aspettative the party didn't live up to my expectations.

disparato, a agg varied.

dispari agg inv odd; numero dispari odd number.

disparità sf inv difference; disparità di età age difference.

disparte ➤ **in disparte** avv on one's own; starsene/vivere in disparte to keep o.s. to o.s.

dispendio sm waste.

dispensa sf - **1.** [stanza] larder - **2.** [mobile] sideboard - **3.** [fascicolo] instalment UK, installment US; dispensa (universitaria) set of lecture notes.

dispensare [6] vt [esonerare]: dispensare qn da qc/dal fare qc to exempt sb from sthg/from doing sthg.

disperare [6] vi to despair; disperare di (fare) qc to give up hope of (doing) sthg. ➤ **disperarsi** vip to despair; disperarsi per qc to be in despair about sthg.

disperatamente avv - **1.** [sconsolatamente] inconsolably - **2.** [accanitamente] desperately.

disperato, a <> agg - **1.** [sconsolato]: essere disperato (per qc) to be in despair (over sthg) - **2.** [senza speranza - tentativo] desperate; [- condizioni] hopeless. <> sm, f - **1.** [infelice] wretch - **2.** [forsennato] madman (madwoman f).

disperazione sf - **1.** [sconforto] despair; per disperazione in desperation - **2.** [persona, cosa]: essere una disperazione to be the bane of one's life; sei la mia disperazione! I despair of you!

disperdere [33] vt - **1.** [spargliare - nemico, rifiuti] to scatter; [- folla] to disperse; [- famiglia] to split up - **2.** [consumare] to waste. ➤ **disperdersi** vip - **1.** [spargliarsi] to scatter - **2.** [calore] to escape - **3.** [sprecare energia] to waste one's energy.

dispersivo, a agg - **1.** [lavoro] unfocused - **2.** [persona] disorganized.

dispęrso, a ◇ *pp* ▷ **disperdere**.
◇ *agg* missing. ◇ *sm, f* missing person; **i
dispersi** those missing.

dispętto *sm*: **fare un dispetto/dei dispetti a
qn** to tease sb. ➡ **a dispetto di** *prep* despite.

dispettoso, a *agg* annoying.

dispiacére [7] ◇ *sm* - 1. [rammarico] regret; **provare dispiacere per qc** to regret sthg
- 2. [cruccio] problem. ◇ *vi* - 1. [causare rammarico]: **mi dispiace di non poter venire** I'm
sorry I can't come; **se ti ho offeso, mi dispiace
molto** I'm very sorry if I upset you - 2. [dare
fastidio]: **le dispiace se fumo?** do you mind if I
smoke?; **vi dispiace aspettare ancora qualche
minuto?** do you mind waiting another few
minutes?

dispiaciuto, a ◇ *pp* ▷ **dispiacere**.
◇ *agg* sorry; **sono molto dispiaciuto di non
poter venire** I'm very sorry I can't come.

disponibile *agg* - 1. [stanza, posto] available
- 2. [persona] helpful.

disponibilità *sf inv* - 1. [di stanza, denaro]
availability; [di persona] helpfulness; **una persona di grande disponibilità** a very helpful
person - 2. [denaro] cash.

dispọrre [96] ◇ *vt* to arrange. ◇ *vi*
- 1. [poter utilizzare]: **disporre di qn/qc** to have
sb/sthg (at one's disposal) - 2. [essere dotato]:
disporre di qc to have sthg. ➡ **disporsi** *vr*:
disporsi in fila/in cerchio to get into a line/a
circle.

dispositivo *sm* device.

disposizione *sf* - 1. [collocazione] arrangement - 2. [stato d'animo] mood - 3. [attitudine]
aptitude - 4. [facoltà di disporre]: **essere a disposizione di qn** to be at sb's disposal; **mettere
qc a disposizione di qn** to make sthg available
for sb - 5. [istruzione] instruction.

disposto, a ◇ *pp* ▷ **disporre**. ◇ *agg*:
essere disposto a fare qc to be willing to do
sthg.

disprezzare [6] *vt* - 1. [detestare] to despise
- 2. [non curarsi di] to scorn.

disprẹzzo *sm* - 1. [disdegno] contempt
- 2. [noncuranza] disregard.

disputa *sf* argument.

disputare [6] *vt* [gara] to take part in; **disputarsi qc** to compete for sthg.

disquisizione *sf* discussion.

dissanguare [6] *vt* - 1. [privare del sangue]: **la
ferita lo sta dissanguando** he's losing a lot
of blood because of the wound - 2. [rovinare]:
dissanguare qn to bleed sb dry. ➡ **dissanguarsi** *vip* to bleed o.s. dry.

disseminare [6] *vt* to scatter; **disseminare
qc di qc** to strew sthg with sthg.

dissęnso *sm form* - 1. [disapprovazione] dissent - 2. [contrasto] difference.

dissenteria *sf* dysentery.

dissestato, a *agg* - 1. [strada, terreno] uneven - 2. [azienda, economia] in difficulties
(non dav sostantivo).

dissetare [6] *vt* to quench the thirst of.
➡ **dissetarsi** *vr* to quench one's thirst.

dịssi *etc* ▷ **dire**.

dissidénte *agg* & *smf* dissident.

dissịdio *sm* disagreement; **dissidio di opinioni** difference of opinion.

dissimulare [6] *vt* to conceal; **non sono capace di dissimulare** I'm no good at pretending.

dissipare [6] *vt* - 1. [nebbia, fumo] to disperse; [dubbio, sospetto] to dispel - 2. [patrimonio] to squander. ➡ **dissiparsi** *vip* [nebbia,
fumo] to clear; [dubbio, sospetto] to be dispelled.

dissociare [17] *vt* [gen] to separate; [componenti] to isolate. ➡ **dissociarsi** *vr*: **dissociarsi da qc** to dissociate o.s. from sthg.

dissọlvere [74] *vt* - 1. [sciogliere] to dissolve
- 2. [disfare] to break up - 3. [disperdere - nebbia,
fumo] to disperse; [- dubbi, sospetti] to dispel.
➡ **dissolversi** *vip* [sciogliersi] to melt; [in
acqua] to dissolve.

dissuadére [32] *vt*: **dissuadere qn (dal fare
qc)** to dissuade sb (from doing sthg).

dissuạso, a *pp* ▷ **dissuadere**.

distạcco, chi *sm* - 1. [separazione] detachment; [allontanamento] parting, separation
- 2. [freddezza] aloofness - 3. SPORT gap; **un distacco di 15 punti** a 15-point lead.

distạnte ◇ *agg* - 1. [lontano] far; [distanziato]
l'uno dall'altro] far apart *(non dav sostantivo)*
- 2. [tono, maniera] distant. ◇ *avv* far away.

distạnza *sf* - 1. [spazio] distance - 2. [tempo]
gap - 3. [differenza] difference.

distanziare [20] *vt* - 1. [allontanare] to move
away; [mettere lontano l'uno dall'altro] to space
out - 2. [lasciare indietro] to leave behind.

distạre [124] *vi*: **dista un paio di chilometri
da qui** it's a couple of kilometres *UK* o kilometers *US* from here; **non dista molto (da casa mia)** it's not very far (from my house).

distẹndere [43] *vt* - 1. [allentare] to slacken
- 2. [spiegare - lenzuola] to spread; [- gambe]
to stretch (out) - 3. [far sdraiare] to lay (out).
➡ **distendersi** *vr* - 1. [sdraiarsi] to lie down
- 2. [rilassarsi] to relax.

distẹsa *sf* expanse.

disteso, a ◇ *pp* ▷ **distendere**. ◇ *agg* - **1.** [allungato] stretched out *(non dav sostantivo)* - **2.** [sdraiato] lying down *(non dav sostantivo)*.

distillato, a *agg* distilled.

distilleria *sf* distillery.

distinguere [72] *vt* - **1.** [gen]: **distinguere qn/qc da qn/qc** to distinguish sb/sthg from sb/sthg - **2.** [percepire] to make out. ◆ **distinguersi** *vip*: **distinguersi per qc** to stand out because of sthg; **i due gemelli si distinguono per il colore degli occhi** you can tell the twins apart by the colour *UK* o color *US* of their eyes.

distinsi *etc* ▷ **distinguere**.

distinta *sf* list; **distinta di versamento** paying-in *UK* o deposit *US* slip.

distintamente *avv* - **1.** [chiaramente] distinctly - **2.** [signorilmente] with distinction - **3.** [separatamente] individually.

distintivo, a *agg* distinctive. ◆ **distintivo** *sm* badge.

distinto, a ◇ *pp* ▷ **distinguere**. ◇ *agg* - **1.** [nitido, separato] distinct - **2.** [raffinato] distinguished - **3.** *form* [nelle lettere]: **distinti saluti** Yours faithfully *esp UK*, Yours truly *US*.

distinzione *sf* distinction; **fare una distinzione** to discriminate.

distogliere [86] *vt* - **1.** [allontanare]: **distogliere qc da qn/qc** to take sthg away from sb/sthg; **distogliere lo sguardo da qn/qc** to take one's eyes off sb/sthg; **distogliere il pensiero da qn/qc** to stop thinking about sb/sthg - **2.** [distrarre]: **distogliere qn da qc** to put sb off sthg.

distolto, a *pp* ▷ **distogliere**.

distorcere [25] *vt* - **1.** [falsare] to twist - **2.** [suono, immagine] to distort - **3.** [slogarsi]: **distorcersi il polso/la caviglia** to sprain one's wrist/ankle.

distorsione *sf* - **1.** [gen] distortion - **2.** MED sprain.

distorto, a *pp* ▷ **distorcere**.

distrarre [97] *vt* - **1.** [indirizzare altrove] to divert; **distrarre lo sguardo di qn** to distract sb's attention - **2.** [deconcentrare] to distract - **3.** [divertire] to amuse, to entertain. ◆ **distrarsi** *vr* - **1.** [da studio, occupazione] to get distracted - **2.** [svagarsi] to amuse o.s.

distratto, a ◇ *pp* ▷ **distrarre**. ◇ *agg* - **1.** [disattento] inattentive - **2.** [sbadato] absent-minded.

distrazione *sf* - **1.** [disattenzione] carelessness; **errori di distrazione** careless mistakes - **2.** [svago] amusement.

distretto *sm* - **1.** [circoscrizione] district - **2.** MIL recruiting office.

distribuire [9] *vt* - **1.** [gen] to distribute; **distribuire le carte** to deal the cards - **2.** [assegnare] to assign - **3.** [consegnare] to deliver - **4.** [dispensare] to dispense - **5.** [collocare] to arrange - **6.** [stendere] to spread.

distributore *sm* - **1.** [stazione di servizio]: **distributore (di benzina)** petrol station *UK*, gas station *US* - **2.** [apparecchio]: **distributore automatico** [di banconote] ATM, cash machine *esp UK*, cashpoint *UK*; [di biglietti] ticket machine; [di bibite, sigarette] vending machine.

distribuzione *sf* - **1.** [gen] distribution; **distribuzione cinematografica** film distribution *esp UK*, movie *esp US* o motion-picture *US* distribution; **grande distribuzione** large retail chains *pl* - **2.** [ripartizione] allocation.

districare [15] *vt* - **1.** [nodo, groviglio] to disentangle - **2.** [faccenda, problema] to sort out. ◆ **districarsi** *vr*: **districarsi da qc** to extricate o.s. from sthg.

distruggere [50] *vt* - **1.** [città, edificio] to destroy - **2.** [persona] to shatter.

distrussi *etc* ▷ **distruggere**.

distrutto, a ◇ *pp* ▷ **distruggere**. ◇ *agg* - **1.** [città, edificio] destroyed - **2.** [persona] shattered.

distruzione *sf* destruction.

disturbare [6] *vt* - **1.** [importunare] to disturb, to bother; **disturbo?** am I disturbing you?, is this a bad time?; **si prega di non disturbare** do not disturb - **2.** [ostacolare] to disturb. ◆ **disturbarsi** *vr* to bother; **non si disturbi!** please don't get up!; **non doveva disturbarsi!** you shouldn't have gone to all that trouble!; **disturbarsi a fare qc** to go to the trouble of doing sthg.

disturbo *sm* - **1.** [incomodo] inconvenience; **scusa il disturbo** sorry to disturb you; **prendersi il disturbo di fare qc** to take the trouble to do sthg; **togliere il disturbo** to make o.s. scarce - **2.** [malessere] disorder - **3.** TELECOM interference.

disubbidiente *agg* disobedient.

disubbidire [9] *vi* to disobey; **disubbidire a qn/qc** to disobey sb/sthg.

disuguale *agg* - **1.** [diverso] different - **2.** MAT unequal.

disumano, a *agg* - **1.** [gen] inhuman - **2.** [grido, urlo] heart-wrenching.

dita *stpl* ↳ **dito**.

ditale *sm* thimble.

ditalini *smpl* ditalini pasta *(U)*.

ditata *sf* fingermark.

dito (*fpl* dita) *sm* - 1. [di mano, guanto] finger; **non alzare un dito** fig not to lift a finger; **mettere il dito sulla piaga** fig to touch a sore spot - 2. [di piede] toe - 3. [misura] inch; **un dito di qc** a drop of sthg; **essere a un dito da qc** fig to be within an inch of sthg.

ditta *sf* firm, company.

dittatore, trice *sm, f* dictator.

dittatura *sf* dictatorship.

dittongo, ghi *sm* LING diphthong.

diurno, a *agg* [lavoro, turno] day (*dav sostantivo*); [servizio, programma] daytime (*dav sostantivo*); **spettacolo diurno** matinée.

diva *sf* ⊳ **divo**.

divano *sm* sofa; **divano letto** sofa bed.

divaricare [15] *vt* to open wide.

divario *sm* - 1. [divergenza] difference - 2. [distacco] gap.

divenire [109] *vi* to become.

diventare [6] *vi* [rancido, pallido] to turn, to go; [grande, magro, vecchio] to become, to get; **diventare madre/donna/medico** to become a mother/woman/doctor; **fare diventare matto qn** to drive sb crazy.

divenuto, a *pp* ⊳ **divenire**.

divergente *agg* - 1. [opinioni, idee] differing - 2. [linee, strade] diverging.

divergenza *sf* - 1. [di opinioni, idee] difference - 2. [allontanamento] divergence.

diversamente *avv* differently; **diversamente da qc** contrary to sthg.

diversificare [15] *vt* - 1. [rendere diverso] to make different; [variare] to diversify - 2. [distinguere] to distinguish between. ◆ **diversificarsi** *vip* [essere diverso] to differ; [variare] to diversify.

diversità *sf inv* - 1. [differenza] difference - 2. [molteplicità] diversity.

diversivo, a *agg* diversionary. ◆ **diversivo** *sm* diversion.

diverso, a ◇ *agg* different; **diverso da qn/qc** different from sb/sthg. ◇ *agg indef* several. ◆ **diversi** *pron indef pl* a number (of people), several (people).

divertente *agg* entertaining.

divertimento *sm* pastime; **buon divertimento!** enjoy yourself!, have fun!

divertire [8] *vt* [far ridere] to amuse; [intrattenere] to entertain. ◆ **divertirsi** *vr* [svagarsi] to enjoy o.s., to have a good time; **divertirsi a fare qc** to enjoy doing sthg; **divertirsi un mondo** to have a whale of a time.

dividere [30] *vt* - 1. [gen & MAT] to divide; **dividere una torta a metà** to cut a cake in half; **dividere il pane a fette** to cut the loaf into slices; **6 diviso 3 fa 2** 6 divided by 3 is 2; **di-**

videre qc in qc to divide sthg into sthg - 2. [distribuire, condividere] to share; **dividere qc con qn** to share sthg with sb - 3. [separare] to separate - 4. [porre in contrasto] to split. ◆ **dividersi** ◇ *vr* [coppia] to separate. ◇ *vip:* **dividersi in qc** to be divided into sthg.

divieto *sm* prohibition; **"divieto d'accesso"** "no entry"; **"divieto di sosta"** "no waiting".

divinità *sf inv* - 1. [dio] god - 2. [qualità] divinity.

divino, a *agg* divine.

divisa *sf* - 1. [militare] uniform - 2. [nello sport] strip UK, uniform US - 3. FIN: **divisa (estera)** (foreign) currency.

divisi *etc* ⊳ **dividere**.

divisione *sf* division.

diviso, a *pp* ⊳ **dividere**.

divo, a *sm, f* star.

divorare [6] *vt* [gen] to devour.

divorziare [20] *vi* to get divorced.

divorziato, a ◇ *agg* divorced. ◇ *sm, f* divorcé (divorcée f).

divorzio *sm* divorce; **chiedere il divorzio** to ask for a divorce.

divulgare [16] *vt* - 1. [notizia, segreto] to divulge, to spread - 2. [cultura, scienza] to popularize. ◆ **divulgarsi** *vip* to spread.

dizionario *sm* dictionary.

dizione *sf* pronunciation.

DJ [di'dʒei, di'ʒei] (*abbr di* Disk Jockey) *smf inv* DJ.

DK (*abbr di* Danimarca) DK.

dl (*abbr di* decilitro) dl.

D.L. (*abbr di* decreto legge) law by decree.

dm (*abbr di* decimetro) dm.

DNA (*abbr di* DeoxyriboNucleic Acid) *sm* DNA.

do ◇ ⊳ **dare**. ◇ *sm inv* MUS C; [in solfeggio] do, doh UK.

dobbiamo *etc* ⊳ **dovere**.

DOC [dɔk] (*abbr di* Denominazione di Origine Controllata) *agg inv* of guaranteed origin (*non dav sostantivo*).

doccia, ce *sf* shower; **fare la doccia** to take o have UK a shower.

docente ◇ *agg* teaching (*dav sostantivo*). ◇ *smf* lecturer UK, professor US.

DOCG (*abbr di* Denominazione di Origine Controllata e Garantita) *agg inv* of guaranteed origin and quality (*non dav sostantivo*).

docile *agg* docile.

documentare [6] *vt* - 1. [dimostrare] to back up - 2. [corredare] to accompany. ◆ **documentarsi** *vr:* **documentarsi su qc** to read up on sthg.

documentario, a agg documentary. ◆ **documentario** sm documentary.

documentazione sf documentation.

documento sm - **1.** [certificato] document - **2.** [testimonianza] testament. ◆ **documenti** smpl - **1.** [d'identità] proof (U) of identity - **2.** [carte] papers.

dodicesimo, a agg num & sm, f twelfth. ◆ **dodicesimo** sm [frazione] twelfth; vedi anche **sesto**.

dodici agg num inv & sm inv twelve; vedi anche **sei**.

dogana sf customs pl.

doganiere sm customs officer.

doglie sfpl labour (U) UK, labor (U) US; avere le doglie to be in labour UK o labor US.

dogma, i sm dogma.

dolce ◇ agg - **1.** [gen] sweet - **2.** [aggraziato] graceful - **3.** [gentile] nice - **4.** [non ripido] gentle - **5.** [temperato] mild - **6.** [gradito] pleasant. ◇ sm - **1.** [dessert] dessert - **2.** [torta] cake - **3.** [sapore] sweetness.

dolcemente avv gently.

dolcevita sm o sf inv rollneck sweater.

dolcezza sf - **1.** [gen] sweetness - **2.** [di sguardo, sentimento] pleasantness; [di clima] mildness - **3.** [gentilezza] kindness.

dolcificante ◇ agg sweetening. ◇ sm sweetener.

dolciumi smpl sweets UK, candy (U) US.

dolente agg - **1.** form [spiacente]: essere dolente di fare qc to regret to do sthg - **2.** [dolorante] sore.

dollaro sm dollar.

Dolomiti sfpl: le Dolomiti the Dolomites.

dolorante agg aching.

dolore sm - **1.** [fisico] pain; dolore di testa/denti/stomaco headache/toothache/stomachache - **2.** [morale] sorrow.

doloroso, a agg - **1.** [gen] painful - **2.** [pianto, lamento] sorrowful.

doloso, a agg DIR malicious; incendio doloso arson.

domanda sf - **1.** [gen] question; fare una domanda (a qn) to ask (sb) a question - **2.** [richiesta scritta] application; domanda di divorzio divorce petition; fare domanda per qc to apply for sthg - **3.** ECON demand.

domandare [6] ◇ vt - **1.** [per sapere]: domandare qc (a qn) to ask (sb) sthg; domandarsi qc to wonder sthg - **2.** [per ottenere]: domandare qc (a qn) to ask (sb) for sthg; domandare la parola to ask for the floor. ◇ vi: domandare di qn/qc [informarsi] to ask after sb/sthg;

mi domanda sempre del tuo lavoro he's always asking me about your job; domandare di qn [cercare] to ask for sb.

domani ◇ avv tomorrow; a domani! see you tomorrow! ◇ sm inv future; un domani some day.

domare [6] vt - **1.** [belva] to tame - **2.** [rivolta, incendio, ira] to quell.

domatore, trice sm, f tamer.

domattina avv tomorrow morning.

domenica, che sf Sunday; la domenica delle Palme Palm Sunday; vedi anche **sabato**.

domestico, a, ci, che ◇ agg domestic; faccende domestiche housework (U); animale domestico pet. ◇ sm, f servant.

domicilio sm - **1.** [abitazione] place of residence; consegna a domicilio home delivery; visita a domicilio home visit, house call; lavoro a domicilio homeworking - **2.** DIR domicile.

dominante agg dominant.

dominare [6] vt - **1.** [gen] to dominate - **2.** [soggiogare] to rule; dominare il mercato to control the market - **3.** [reprimere] to control. ◆ **dominarsi** vr to control o.s.

dominazione sf domination.

dominio sm - **1.** [supremazia] domination; essere di dominio pubblico [notizia] to be common knowledge - **2.** [controllo] control - **3.** [territorio] dominion.

domino sm dominoes (U).

don sm Father.

donare [6] ◇ vt: donare qc (a qn/qc) to give sthg (to sb/sthg), to give (sb/sthg) sthg; donare il sangue to give blood. ◇ vi: donare a qn to suit sb.

donatore, trice sm, f donor.

donazione sf donation.

dondolare [6] ◇ vt [gen] to swing; [culla, sedia] to rock; [testa] to nod. ◇ vi - **1.** [altalena] to swing; [barca] to rock - **2.** [dente] to wobble.

dondolo sm swing seat UK, glider US.

donna sf - **1.** [gen] woman; il ruolo della donna nella società women's role in society; da donna women's (dav sostantivo) - **2.** [compagna] girlfriend, woman fam - **3.** [domestica] cleaner; donna delle pulizie cleaner; donna di servizio maid - **4.** [nelle carte] queen.

dono sm - **1.** [gen] gift; fare dono di qc to make a gift of sthg; dare/offrire/ricevere qc in dono to give/offer/receive sthg as a gift o present - **2.** [regalo] gift, present.

dopo ◇ avv - **1.** [in seguito] afterwards esp UK, afterward US, later; un'ora/una setti-

mana/un mese dopo an hour/a week/a month later; **ti richiamo dopo** I'll call you back later; **poco dopo** shortly afterwards *esp UK o* afterward *US*, a little later; **subito dopo** straight after; **a dopo** see you later - **2.** [più in là] then; **c'è una chiesa e dopo la farmacia** there's a church and then the chemist's *UK o* drugstore *US*. ◇ *prep* after; **dopo di me/te** after me/you; **uno dopo l'altro** one after the other; **dopo cena/pranzo** after dinner/lunch; **abito subito dopo il municipio** I live just past the town hall. ◇ *cong* after; **puoi uscire solo dopo aver fatto i compiti** you can't go out till you've done your homework; **dopo mangiato vorrei riposarmi un attimo** after I've eaten, I'd like to have a nap. ◇ *agg inv* after *(non dav sostantivo)*; **il giorno/la settimana dopo** the next day/week, the day/week after; **il periodo dopo sarà il più difficile** the period after that will be the most difficult. ◇ *sm inv* future.

dopobạrba *sm inv* aftershave.

dopodiché *avv* after which.

dopodomạni *avv* & *sm inv* the day after tomorrow.

dopoguẹrra *sm inv* post-war years *pl*.

dopoprạnzo *avv* after lunch.

doposcì *smpl* après-ski boots.

doposcuọla *sm inv* after-school club *(providing additional teaching and extracurricular activities)*.

doposọle *sm inv* after-sun (lotion).

dopotụtto *avv* after all.

doppiạto, a *agg* CINE dubbed.

dọppio, a *agg* double; **parcheggiare in doppia fila** to double-park; **strada a doppia corsia** dual-carriageway *UK*, divided highway *US*; **doppio mento** double chin; **chiudere la porta a doppia mandata** to double-lock the door; **doppia copia** duplicate; **doppio senso** double meaning; **doppia vita** double life. ◆ **doppio** *sm* - **1.** [misura]: **il doppio (di qc)** twice as much (as sthg); **il doppio di sei è dodici** two times six is twelve - **2.** [nel tennis] doubles.

doppiofọndo (*pl* **doppifondi**) *sm* false bottom.

doppiopẹtto ◇ *agg inv* double-breasted. ◇ *sm inv* [giacca] double-breasted jacket; [abito] double-breasted suit.

dorạto, a *agg* - **1.** [rivestito d'oro] gold-plated - **2.** [colore] golden.

dormịre [8] ◇ *vi* - **1.** [riposare] to sleep; [essere addormentato] to be asleep; **andare a dormire** to go to bed; **non riuscire a dormire** not to be able to get to sleep - **2.** [essere inattivo] to dawdle. ◇ *vt*: **dormire un sonno tranquillo** to sleep peacefully; **dormire un sonno agitato** to toss and turn in one's sleep.

dọrso *sm* - **1.** [schiena] back - **2.** [di mano] back; [di piede] top - **3.** [di libro] spine - **4.** [nel nuoto] backstroke.

dosạre [6] *vt* - **1.** [medicinale] to measure out a dose of; [ingrediente] to measure out - **2.** [forze] to husband; [parole] to measure.

dọse *sf* - **1.** [gen & FARM] dose - **2.** [quantità esatta] amount - **3.** [quantità generica]: **una buona dose di coraggio/sfacciataggine** a good deal of courage/nerve.

dossier [dos'sje] *sm inv* dossier.

dọsso *sm* - **1.** [stradale] bump - **2.** [dorso]: **togliersi i vestiti di dosso** to take one's clothes off.

dotạto, a *agg* - **1.** [fornito]: **dotato di qc** [persona] blessed with sthg; [posto] equipped with sthg - **2.** [capace] gifted, talented.

dọte *sf* - **1.** [di sposa] dowry; **dare qc in dote a qn** to give sb sthg as a dowry - **2.** [qualità] gift, quality.

Dott. (*abbr di* **Dottore**) Dr.

dottorạto *sm* degree; **dottorato (di ricerca)** doctorate, PhD.

dottọre, ẹssa *sm, f* - **1.** [medico] doctor - **2.** [laureato] graduate.

dottrịna *sf* doctrine.

Dott.ssa (*abbr di* **Dottoressa**) Dr.

dọve ◇ *avv* where; **da dove vieni?** where do you come from?; **da dove** from where; **da dove abito, si vede il Monte Bianco** you can see Mont Blanc from where I live. ◇ *sm inv* where.

dovẹre[1] [3] *vt* - **1.** [avere l'obbligo di]: **dover fare qc** to have (got) to do sthg; **non devi dire niente a nessuno** you mustn't say anything to anyone; **come si deve** properly - **2.** [avere bisogno di]: **dover fare qc** to need to do sthg - **3.** [per indicare probabilità]: **deve essere impazzito** he must be mad; **devono essere già le cinque** it must be five o'clock by now; **deve essere successo qualcosa** something must have happened - **4.**: **dovere qc a qn** [essere debitore di] to owe sb sthg; **dovere qc a qn/qc** [derivare] to owe sthg to sb/sthg.

dovẹre[2] *sm* - **1.** [obbligo] duty; **ho il dovere di informare i miei superiori dell'accaduto** it is my duty to inform my superiors of what has happened - **2.** [cosa opportuna]: **aiutarti per me è un dovere** helping you is the right thing for me to do; **sentirsi in dovere (di fare qc)** to feel duty-bound (to do sthg).

dovrò *etc* ▷ **dovere**.

dovunque avv - **1.** (+ congiuntivo) [in qualsiasi luogo] wherever - **2.** [dappertutto] everywhere.

dovuto, a ◇ pp ▷ **dovere**. ◇ agg - **1.** [gen] due; **con il dovuto rispetto** with all due respect; **dovuto a qn/qc** due to sb/sthg - **2.** [somma] owing (non dav sostantivo), owed (non dav sostantivo). ◆ **dovuto** sm: **il dovuto** one's due.

dozzina sf dozen; **una dozzina di rose/uova** a dozen roses/eggs; **una dozzina (di qn/qc)** about a dozen (sb/sthg).

dracma sf drachma.

drago, ghi sm dragon.

dramma, i sm - **1.** TEATRO drama - **2.** [vicenda triste] tragedy.

drammatico, a, ci, che agg dramatic; **arte drammatica** dramatic art, drama; **scrittore** o **autore drammatico** dramatist; **attore drammatico** stage actor; **compagnia drammatica** theatre UK o theater US company.

drappo sm cloth.

drastico, a, ci, che agg drastic.

drenare [6] vt [gen & MED] to drain.

dritta sf - **1.** fam [informazione] tip - **2.** NAUT starboard.

dritto, a ◇ agg & avv = **diritto**. ◇ sm, f fam slyboots (sing).

droga, ghe sf drug; **la droga** drugs pl; **fare uso di droga** to take drugs, to be on drugs.

drogare [16] vt [persona, animale] to drug; [atleta, cavallo] to dope. ◆ **drogarsi** vr to take drugs, to be on drugs.

drogato, a sm, f drug addict.

drogheria sf grocer('s) (shop) UK, grocery (store) US.

dromedario sm dromedary.

DTP (abbr di Desk Top Publishing) sm INFORM DTP.

dubbio, a agg - **1.** [indefinibile] uncertain - **2.** [discutibile] dubious - **3.** [equivoco] ambiguous. ◆ **dubbio** sm - **1.** [gen] doubt; **essere in dubbio** to be in doubt; **mettere qc in dubbio** to doubt o question sthg; **avere il dubbio che...** (+ congiuntivo) to suspect (that)... - **2.** [punto oscuro] uncertainty.

dubitare [6] vi - **1.** [non credere possibile]: **dubitare che** (+ congiuntivo) to doubt (that) - **2.** [diffidare]: **dubitare di qn/qc** to have doubts about sb/sthg; **dubitare delle proprie forze** not to know one's own strength - **3.** [temere] to worry.

Dublino sf Dublin.

duca, essa, uchi, esse sm, f duke (duchess f).

due ◇ agg num inv - **1.** [in numero esatto] two; **due volte** twice, two times; **tagliare/rompere qc in due** to cut/break sthg in two; **mettersi in fila per due** to line up in twos - **2.** fam [pochi] a few; **facciamo due spaghetti** let's make some spaghetti; **ci siamo fatti due risate** we had a bit of a laugh; **essere a due passi (da qc)** to be a stone's throw away (from sthg); **fare due chiacchiere** to have a chat. ◇ sm inv [numero] two; vedi anche **sei**.

Duecento sm: **il Duecento** the thirteenth century.

duello sm duel.

duemila agg num inv & sm inv two thousand. ◆ **Duemila** sm: **il duemila** the year two thousand.

duepezzi sm inv - **1.** [costume] bikini - **2.** [abito] two-piece (suit).

duna sf dune.

dunque ◇ cong - **1.** [perciò] so, therefore - **2.** [allora] well. ◇ sm inv: **venire al dunque** to get o come to the point.

duomo sm cathedral.

duplicato sm - **1.** [di documento] copy - **2.** [di oggetto, chiave] duplicate.

duplice agg - **1.** [in due parti] dual, double - **2.** [doppio]: **in duplice copia** in duplicate.

duramente avv [rimproverare, punire] severely; [trattare] harshly.

durante prep during.

durare [6] ◇ vi to last. ◇ vt: **durare fatica (a fare qc)** to have trouble (doing sthg).

durata sf - **1.** [tempo] duration, length - **2.** [di pila] life; [di stoffa, scarpe] wear; **queste scarpe hanno fatto un'ottima durata** these shoes have worn very well.

duraturo, a agg lasting.

durevole agg lasting.

durezza sf - **1.** [di materiale] hardness - **2.** [di clima, carattere] harshness; **durezza d'animo** hard-heartedness.

duro, a ◇ agg - **1.** [gen & CHIM] hard - **2.** [persona, carne] tough; [tono, sguardo, parola] harsh. ◇ sm, f fam tough guy. ◆ **duro** avv hard; **tenere duro** to hang on in there.

durone sm [callo - della mano] callus; [- del piede] corn.

duttile agg - **1.** [materiale] ductile - **2.** [carattere] flexible.

DVD [divud'di] (abbr di Digital Video Disk) sm inv DVD; **in DVD** on DVD; **lettore DVD** DVD player.

e¹, E *sm o sf inv* e, E.

e² *(anche ed dav vocale) cong* - **1.** [gen] and; **e allora?** so what? - **2.** [insomma]: **e stai fermo un attimo!** just keep still a second!; **e basti!** that's enough! - **3.** [in addizioni] and, plus.

E - **1.** *(abbr di est)* E - **2.** *(abbr di Spagna)* E.

è ⊳ **essere**.

ebano *sm* ebony.

ebbe ⊳ **avere**.

ebbene *cong* - **1.** [allora] well (then) - **2.** [dunque] so.

ebbi *etc* ⊳ **avere**.

ebete ⟨⟩ *agg* idiotic. ⟨⟩ *smf* idiot.

ebraico, a, ci, che *agg* [popolo, religione] Jewish; [testo, scrittura, lingua] Hebrew. ◆ **ebraico** *sm* [lingua] Hebrew.

ebreo, a ⟨⟩ *agg* Jewish. ⟨⟩ *sm, f* Jewish person, Jewish man (Jewish woman *f*).

EC *(abbr di eurocity)* FERR Eurocity, *high-speed train running between major European cities.*

ecc. *(abbr di eccetera)* etc.

eccedente *agg & sm* excess.

eccedere [7] ⟨⟩ *vt* to exceed. ⟨⟩ *vi* to go too far, to overdo it; **eccedere nel bere/nel mangiare/nel parlare** to drink/eat/talk too much.

eccellente *agg* excellent.

eccellenza *sf* excellence; **per eccellenza** par excellence. ◆ **Eccellenza** *sf*: **Sua eccellenza** His Excellency.

eccellere [59] *vi*: **eccellere in qc** to excel at sthg; **eccellere su qn** to be better than sb.

eccelso, a ⟨⟩ *pp* ⊳ **eccellere**. ⟨⟩ *agg* exceptional.

eccentrico, a, ci, che *agg* eccentric; **un cappello eccentrico** a bizarre hat.

eccessivamente *avv* [bere, mangiare, fumare] too much; [severo, permissivo] excessively.

eccessivo, a *agg* excessive; **(ha fatto) un caldo/freddo eccessivo** (it was) extremely hot/cold.

eccesso *sm* excess; **eccesso di velocità** AUTO speeding; **bagaglio in eccesso** excess baggage; **alla festa c'erano dolci in eccesso** there were too many cakes at the party. ◆ **eccessi** *smpl* extremes; **una gelosia spinta agli eccessi** jealousy carried to extremes.

eccetera *avv* et cetera.

eccetto *prep* except (for). ◆ **eccetto che** *cong* [tranne] except; [a meno che] unless.

eccettuare [6] *vt* to exclude.

eccezionale *agg* - **1.** [speciale] special - **2.** [eccellente] exceptional.

eccezione *sf* exception; **fare un'eccezione** to make an exception; **a eccezione di qn/qc** with the exception of sb/sthg.

eccitante ⟨⟩ *agg* - **1.** [stimolante] exciting - **2.** [sessualmente] sexy - **3.** [sostanza] stimulating *(dav sostantivo)*. ⟨⟩ *sm* stimulant.

eccitare [6] *vt* - **1.** [gen] to excite, to make excited - **2.** [stimolare sessualmente] to arouse - **3.** [agitare - folla] to stir up; [- persona] to make nervous; [- fantasia, sensi] to stimulate. ◆ **eccitarsi** *vip* - **1.** [agitarsi] to get excited - **2.** [sessualmente] to become aroused.

eccitazione *sf* - **1.** [agitazione] excitement - **2.** [sessuale] arousal.

ecclesiastico, a, ci, che *agg* ecclesiastical. ◆ **ecclesiastico** *sm* clergyman.

ecco ⟨⟩ *avv* - **1.** [per indicare - qui] here's; [- là] there's; **eccomi!** here I am!; **eccolo!** [- cosa] here it is!; [- persona] here he is!; **ecco qui** [detto in un negozio] there you are - **2.** [per sottolineare] that's; **ecco che arriva** here she comes; **ecco da adesso ricomincia a lamentarsi** there he goes, moaning again. ⟨⟩ *esclam* look!

eccome *avv* and how.

ECG *(abbr di elettrocardiogramma)* *sm inv* ECG.

eclissi *sf inv* eclipse.

eco *(mpl echi, fpl eco)* *sm o sf* - **1.** [di suono] echo - **2.** [di fatto, notizia]: **destare una grande eco** to cause quite a stir.

ecografia *sf* ultrasound.

ecologia *sf* ecology.

ecologico, a, ci, che *agg* - **1.** [problema, disastro] ecological - **2.** [detersivo] environmentally friendly; [pelliccia] fake.

ecologista, i, e ⟨⟩ *agg* environmentalist *(dav sostantivo)*. ⟨⟩ *smf* - **1.** [esperto] ecologist - **2.** [sostenitore] environmentalist.

e-commerce [,i:'kɒmɜːs] *sm* e-commerce.

economia *sf* - **1.** [gen] economy; **vivere con grande economia** to live very frugally; **spendere senza economia** to spend freely; **fare economia** to make economies - **2.** [scienza] economics *(U)*; **economia politica** political economy. ◆ **economie** *sfpl* savings.

economico, a, ci, che *agg* - **1.** [dell'economia] economic - **2.** [poco costoso - prezzo, affitto] low; [- albergo] cheap, inexpensive; [- mezzo] economical.

economizzare [6] <> vt to save. <> vi: economizzare (su qc) to economize (on sthg).

ecosistema, i sm ecosystem.

ecstasy [ek'stazi] sf inv ecstasy.

Ecuador, Ecuador sm: l'Ecuador Ecuador.

eczema, i sm eczema.

ed cong = e.

ed. (abbr di edizione) ed.

edera sf ivy.

edicola sf newspaper stand o kiosk, newsstand.

edificare [15] vt - 1. [casa, città, società] to build - 2. [teoria] to construct.

edificio sm [costruzione] building.

edile agg building (dav sostantivo), construction (dav sostantivo).

edilizia sf building trade, construction industry.

edilizio, a agg building (dav sostantivo), construction (dav sostantivo).

edito, a agg published.

editore, trice <> agg publishing (dav sostantivo). <> sm, f publisher.

editoriale <> agg publishing (dav sostantivo). <> sm editorial, leader UK.

edizione sf - 1. [gen] edition; curare l'edizione di un libro to edit a book; un'edizione di duemila copie a print run of two thousand copies; edizione economica paperback; edizione tascabile pocket edition - 2. [settore] publishing - 3. [di manifestazione]: l'ultima edizione delle Olimpiadi the last Olympics.

educare [15] vt - 1. [allevare] to bring up, to raise; educare qn a qc to bring sb up o raise sb to do sthg - 2. [affinare - intelletto, voce] to train; [- palato] to educate; [- gusti] to refine - 3. [abituare]: educare qc a qc to accustom sthg to sthg.

educatamente avv politely.

educativo, a agg educational.

educato, a agg - 1. [persona] well-mannered, polite - 2. [maniere] polite - 3. [orecchio, voce] trained.

educazione sf - 1. [formazione] education; educazione fisica PE, physical education - 2. [buone maniere] (good) manners pl; comportarsi con educazione to be well-mannered.

effeminato, a agg effeminate.

effervescente agg effervescent.

effettivamente avv - 1. [realmente] really - 2. [in verità] actually.

effettivo, a agg - 1. [reale] real - 2. [docente, socio] permanent. ◆ **effettivo** sm [di esercito] strength; [di azienda] staff.

effetto sm - 1. [gen] effect; effetti collaterali [di farmaco] side effects; fare effetto to take effect - 2. [impressione] shock; che effetto vederlo dopo tanti anni! it was very strange to see him after all those years!; fare effetto (a qn) to shock (sb).

effettuare [6] vt - 1. [eseguire] to carry out - 2. [fermata] to make. ◆ **effettuarsi** vip to take place.

efficace agg effective.

efficacia sf - 1. [di metodo, farmaco] effectiveness - 2. [di legge] effect.

efficiente agg efficient.

efficienza sf efficiency.

effusione sf display of affection; con effusione warmly.

Egadi sfpl: le (isole) Egadi the Egadi islands.

Egeo sm: l'Egeo the Aegean; il Mar Egeo the Aegean Sea.

Egitto sm: l'Egitto Egypt.

egiziano, a agg & sm, f Egyptian.

egli pron pers form & lett he.

egocentrico, a, ci, che <> agg egocentric, self-centred UK, self-centered US. <> sm, f: è un egocentrico he's so self-centred UK o self-centered US.

egoismo sm [gen] selfishness; PSICO egoism.

egoista, i, e <> agg [gen] selfish; PSICO egoistic. <> smf [gen] selfish person; PSICO egoist.

Egr. (abbr di Egregio) [nelle lettere] Dear; Egr. Sig. Invernizzi Dear Mr Invernizzi.

eguaglianza sf = uguaglianza.

eguagliare [21] vt = uguagliare.

EI (abbr di Esercito Italiano) Italian Army.

eiaculazione sf ejaculation; eiaculazione precoce premature ejaculation.

elaborare [6] vt - 1. [formulare - legge, riforma] to frame; [- schema, teoria, idea] to work out - 2. [dati] to process.

elaborato, a agg elaborate. ◆ **elaborato** sm - 1. [compito] (exam) paper UK, exam US - 2. [tabulato] printout.

elaboratore sm: elaboratore (elettronico) computer.

elaborazione sf - 1. [ideazione] working out - 2. INFORM: elaborazione (elettronica dei) dati (electronic) data processing.

elasticità sf inv - 1. [proprietà] elasticity - 2. [agilità, adattabilità] flexibility.

elastico, a, ci, che agg - 1. [materiale, tessuto] elastic; [fascia] elasticated UK, elasticized US - 2. [fisico, orario, atteggiamento] flexible - 3. [mentalità] agile; [coscienza] easily salved;

[morale] lax. **◆ elastico** *sm* - **1.** [per abbigliamento] elastic - **2.** [di gomma] rubber *o* elastic *UK* band.

Elba *sf*: l'**(isola d')Elba** (the island of) Elba.

elefante *sm* elephant.

elegante *agg* - **1.** [persona, abito] elegant, stylish - **2.** [gesto, movimento] graceful - **3.** [risposta] deft.

eleganza *sf* - **1.** [di persona, abito] elegance, stylishness - **2.** [di gesto, movimento] grace.

eleggere [50] *vt* to elect.

elementare *agg* - **1.** [basilare, semplice] basic - **2.** [corso, livello] elementary; **fisica elementare** elementary physics - **3.** [istruzione] primary, elementary *US*; [insegnante, maestro] primary (school) *(dav sostantivo)*, elementary school *US (dav sostantivo)*; **scuola elementare** primary *o* elementary *US* school. **◆ elementari** *sfpl*: **le elementari** primary *o* elementary *US* school.

elemento *sm* - **1.** [gen] element; **elemento (chimico)** (chemical) element - **2.** [componente - di macchina, insieme, mobile] part; [- di cucina] unit; [- di espressione composta] part, element - **3.** [individuo] person; **gli elementi peggiori** the worst elements. **◆ elementi** *smpl* elements, rudiments, basic principles.

elemosina *sf* - **1.** [a povero] charity *(U)*, alms *pl ant*; **chiedere l'elemosina** to beg; **fare l'elemosina** to give to charity, to give alms *ant* - **2.** [nella messa] collection.

elencare [15] *vt* to list.

elenco, chi *sm* list; **elenco telefonico** telephone directory.

eletto, a ◇ *pp* ▷ **eleggere**. ◇ *sm, f* elected member.

elettorale *agg* electoral.

elettore, trice *sm, f* voter.

elettrauto *sm inv* - **1.** [persona] electrician *(for car electrics)* - **2.** [officina] *electrical repair shop for cars*.

elettricista, i, e *smf* electrician.

elettricità *sf inv* electricity.

elettrico, a, ci, che *agg* - **1.** FIS electrical - **2.** [apparecchio] electric.

elettrocardiogramma, i *sm* electrocardiogram.

elettrodomestico *sm* electrical appliance.

elettronica *sf* electronics *(U)*.

elettronico, a, ci, che *agg* electronic.

elevare [6] *vt* - **1.** [innalzare] to raise - **2.** [migliorare - condizioni sociali] to improve; [- tenore di vita] to raise - **3.** MAT: **elevare un numero al quadrato** to square a number.

elevato, a *agg* - **1.** [gen] high - **2.** [sentimenti] lofty.

elezione *sf* [nomina] election. **◆ elezioni** *sfpl* POLIT election *(sing)*; **elezioni politiche** general election *(sing)*.

elica, che *sf* - **1.** [di nave, aereo] propeller - **2.** [di ventilatore] blades *pl*.

elicottero *sm* helicopter.

eliminare [6] *vt* - **1.** [rimuovere - ostacolo, sospetto, macchia] to remove; [- errore, cause] to eliminate, to remove; [- dolore, sintomi] to get rid of - **2.** [escludere] to eliminate - **3.** [cibo, alcol] to cut out - **4.** [uccidere] to eliminate, to get rid of.

eliminazione *sf* - **1.** [gen] elimination - **2.** [di ostacolo] removal.

elitario, a *agg* elitist.

élite [e'lit] *sf inv* elite; **d'élite** elite.

ella *pron pers form & lett* she.

ellisse *sf* ellipse.

elmo *sm* helmet.

elogio *sm* - **1.** [discorso] eulogy; **elogio funebre** funeral oration - **2.** [lode] praise.

eloquente *agg* eloquent.

elvetico, a, ci, che *agg & sm, f* Swiss.

e-mail [i'mɛil] *sf inv* e-mail; **indirizzo e-mail** e-mail address.

emanare [6] ◇ *vt* - **1.** [profumo, calore] to give off; [luce] to give out - **2.** [legge, decreto] to enact. ◇ *vi* to come.

emancipato, a *agg* emancipated.

emarginato, a ◇ *agg* marginalized. ◇ *sm, f* marginalized person.

emarginazione *sf* marginalization.

ematoma, i *sm* [gen] bruise; MED haematoma *UK*, hematoma *US*.

embargo, ghi *sm* embargo.

emblema, i *sm* emblem.

embrione *sm* embryo.

emergenza *sf* emergency.

emergere [52] *vi* - **1.** [venire a galla] to surface - **2.** [risultare, venir fuori]: **emergere (da qc)** to emerge (from sthg) - **3.** [distinguersi] to stand out.

emersi *etc* ▷ **emergere**.

emerso, a *pp* ▷ **emergere**.

emesso, a *pp* ▷ **emettere**.

emettere [71] *vt* - **1.** [suono, radiazioni] to emit; [grido] to let out; [fumo, odore] to give off; [segnale] to transmit - **2.** [documento] to issue - **3.** [sentenza] to pass; [parere] to express.

emicrania *sf* migraine.

emigrare [6] *vi*: **emigrare (in)** to emigrate (to); **emigrare dalla campagna verso le città** to migrate from the country to the cities.

emigrato, a *agg & sm, f* emigrant.

Emilia *sf*: l'Emilia Romagna Emilia-Romagna.

emiliano, a ⬦ *agg* Emilian. ⬦ *sm, f* person from Emilia.

eminenza *sf*: eminenza grigia éminence grise. ◆ **Eminenza** *sf*: Sua Eminenza His/Your Eminence.

Emirati *smpl*: gli Emirati Arabi Uniti the United Arab Emirates.

emisfero *sm* hemisphere; emisfero australe/boreale southern/northern hemisphere.

emisi *etc* ▷ **emettere**.

emissione *sf* - 1. [di sostanza, suono] emission - 2. [di documento] issue - 3. [di sentenza] passing; [di parere] expression.

emittente *sf*: emittente (radiofonica/televisiva) (radio/television) station.

emofilia *sf* haemophilia *UK*, hemophilia *US*.

emorragia *sf* haemorrhage *UK*, hemorrhage *US*.

emorroidi *sfpl* haemorrhoids *UK*, hemorrhoids *US*, piles *fam*.

emotivo, a ⬦ *agg* emotional. ⬦ *sm, f* emotional person.

emozionante *agg* exciting.

emozionare [6] *vt* to make excited. ◆ **emozionarsi** *vip* [agitarsi] to get nervous; [commuoversi] to be moved.

emozione *sf* - 1. [gen] emotion - 2. [avventura] excitement.

empirico, a, ci, che *agg* empirical.

emporio *sm* general store.

enciclopedia *sf* encyclopedia.

endovena ⬦ *sf* intravenous injection. ⬦ *avv* intravenously.

ENEL ['enel] (*abbr di* Ente Nazionale per l'energia ELettrica) *sm* national electricity board.

energetico, a, ci, che *agg* - 1. [fonte, consumo] energy (*dav sostantivo*) - 2. [alimento] energy-giving; bevanda energetica energy drink.

energia *sf* energy; energia elettrica electrical energy *o* power.

enfasi *sf inv* - 1. [trasporto]: con enfasi pompously - 2. [importanza]: dare enfasi a qc to place emphasis on sthg.

enigma, i *sm* - 1. [indovinello] riddle - 2. [mistero] enigma, mystery.

enigmatico, a, ci, che *agg* enigmatic.

ennesimo, a *agg* umpteenth.

enorme *agg* enormous.

enoteca, che *sf* - 1. [vinaio] wine shop - 2. [locale] wine bar.

ENPA ['enpa] (*abbr di* Ente Nazionale Protezione Animali) *sm* ≃ RSPCA *UK*, ≃ ASPCA *US*.

ente *sm* body; ente pubblico public body.

entrambi, e *agg* & *pron* both.

entrare [6] *vi* [andare dentro] to go in; [venire dentro] to come in; entra! come in!; entri pure do come in; entrare in qc [stato, attività] to move into sthg; [trovare posto] to fit in *o* into sthg; [essere ammesso] to join sthg; entrare in casa to go in *o* indoors; entrare in acqua to go into the water; entrare in campo/in scena to come onto the field/stage; entrare in guerra to go to war; entrare in politica to go into politics; entrare a qn to fit sb; entrare a far parte di qc to join sthg.

entrata *sf* - 1. [azione, luogo] entrance; entrata libera admission free - 2. [ammissione, inizio] entry - 3. [incasso] income.

entro *prep* by; torno entro un'ora I'll be back in less than an hour.

entroterra *sm inv* hinterland.

entusiasmare [6] *vt* to fill with enthusiasm. ◆ **entusiasmarsi** *vip*: entusiasmarsi (per qc) to get excited (about sthg).

entusiasmo *sm* enthusiasm; con entusiasmo enthusiastically.

entusiasta, i, e ⬦ *agg*: entusiasta (di qc) enthusiastic (about sthg). ⬦ *smf* enthusiast.

enunciare [6] *vt form* to state.

enunciato *sm* utterance.

e/o *cong* and/or.

Eolie *sfpl*: le (isole) Eolie the Aeolian Islands.

epatite *sf*: epatite (virale) (viral) hepatitis (U).

epico, a, ci, che *agg* epic.

epidemia *sf* epidemic.

Epifania *sf* Epiphany.

epigrafe *sf* epigraph.

epilessia *sf* epilepsy.

epilettico, a, ci, che *agg* & *sm, f* epileptic.

episodio *sm* episode.

epoca, che *sf* - 1. [storica] era, period; d'epoca [mobile, costume] period (*dav sostantivo*); [auto] vintage (*dav sostantivo*) - 2. [di anno, vita] time.

eppure *cong* and yet.

equamente *avv* fairly.

equatore *sm* equator.

equatoriale *agg* equatorial.

equazione *sf* equation.

equestre *agg* equestrian.

equilibrare [6] *vt* to balance.

equilibrato, a agg - **1.** [spartizione, gara] even - **2.** [persona] well-balanced; [giudizio] balanced.

equilibrio sm - **1.** [nello spazio] balance - **2.** [proporzione] proportion - **3.** [di situazione] equilibrium - **4.** [di persona] (mental) equilibrium.

equino, a agg & sm equine.

equipaggiamento sm - **1.** [materiale] equipment - **2.** [operazione] equipping.

equipaggiare [18] vt to equip; **equipaggiare qn/qc di qc** to equip sb/sthg with sthg. ➤ **equipaggiarsi** vr: **equipaggiarsi (di qc)** to equip o.s. (with sthg).

equipaggio sm crew.

équipe [e'kip] sf inv team; **d'équipe** [lavoro] team (dav sostantivo).

equità sf fairness.

equitazione sf riding.

equivalente agg equivalent; **equivalente a qc** equivalent to sthg.

equivalere [91] vi: **equivalere a qc** to be equivalent to sthg. ➤ **equivalersi** vr to be equivalent; **le squadre si equivalgono** the teams are evenly matched.

equivalso, a pp ▷ **equivalere**.

equivocare [15] vi to misunderstand.

equivoco, a, ci, che agg - **1.** [ambiguo] ambiguous - **2.** [sospetto] suspicious. ➤ **equivoco** sm misunderstanding.

equo, a agg fair.

era ◇ ▷ **essere**. ◇ sf era.

ERASMUS [e'razmus] (abbr di EuRopean community Action Scheme for the Mobility of University Students) sm ERASMUS.

erba sf - **1.** [di prato] grass - **2.** [pianta] herb; **erba aromatica** (culinary) herb; **fare di ogni erba un fascio** to make sweeping generalizations - **3.** gergo droga [marijuana] grass.

erbaccia, ce sf weed.

erborista, i, e ◇ smf herbalist. ◇ sm herbalist's UK, herbalist store US.

erboristeria sf - **1.** [scienza] herbalism - **2.** [negozio] herbalist's UK, herbalist store US.

erede sm, f heir (heiress f).

eredità sf inv inheritance.

ereditare [6] vt to inherit.

ereditario, a agg hereditary.

eresia sf - **1.** [in religione] heresy - **2.** [sproposito] nonsense.

eressi etc ▷ **erigere**.

eretico, a, ci, che ◇ agg heretical. ◇ sm, f heretic.

eretto, a pp ▷ **erigere**.

erezione sf erection.

ergastolo sm life imprisonment.

ergonomico, a, ci, che agg ergonomic.

eri ▷ **essere**.

erigere [56] vt to erect.

eritema, i sm [gen] rash; MED erythema; **eritema solare** sunburn.

ermetico, a, ci, che agg [contenitore] airtight.

ernia sf hernia; **ernia del disco** slipped disc UK o disk US.

ero ▷ **essere**.

eroe sm hero.

eroico, a, ci, che agg - **1.** [impresa, persona] heroic - **2.** [poema] epic (dav sostantivo).

eroina sf - **1.** [gen] heroine - **2.** [droga] heroin.

eroismo sm - **1.** [qualità] heroism - **2.** [atto] heroic act, heroics pl.

erosione sf erosion.

erotico, a, ci, che agg erotic.

erotismo sm eroticism.

errare [6] vi [sbagliare] to be mistaken; **se non erro** if I'm not mistaken.

errato, a agg wrong.

erroneo, a agg erroneous.

errore sm mistake, error; **per errore** by mistake.

erta sf: **stare all'erta** to be on the alert.

eruttare [6] ◇ vt [lava, fiamme] to pour out. ◇ vi [vulcano] to erupt.

eruzione sf eruption.

es. (abbr di esempio): **ad** o **per es.** e.g.

esagerare [6] ◇ vt to exaggerate. ◇ vi: **esagerare (con qc)** to go too far (with sthg); **esagerare nel bere/mangiare/fumare** to drink/eat/smoke too much.

esagerato, a agg [gen] excessive; [prezzo] exorbitant.

esagerazione sf - **1.** [gen] exaggeration - **2.** [prezzo eccessivo]: **questo vestito mi è costato un'esagerazione** this dress cost me a fortune.

esalazione sf - **1.** [azione] exhalation - **2.** [di gas, odore] fumes pl.

esaltante agg exciting; **poco esaltante** terrible.

esaltare [6] vt - **1.** [lodare] to praise; [guerra] to glorify - **2.** [entusiasmare] to stir up; **la cucina cinese non mi esalta** Chinese food doesn't do much for me - **3.** [accentuare] to bring out.

esame sm - **1.** [valutazione] examination - **2.** [medico] test; **esame della vista** eye test - **3.** [prova] exam, examination; **dare un esa-**

me to take o sit UK an exam; **esame di maturità** ≃ A-levels pl UK, ≃ high school diploma US.

esaminare [6] vt - 1. [questione, prove, testo] to examine; [sangue, vista] to test - 2. [candidato] to interview.

esasperare [6] vt - 1. [irritare] to exasperate - 2. [accentuare] to exacerbate. ◆ **esasperarsi** vip - 1. [irritarsi] to get exasperated - 2. [accentuarsi] to be exacerbated.

esasperazione sf - 1. [irritazione] exasperation - 2. [eccesso] exacerbation.

esattamente avv exactly.

esattezza sf accuracy.

esatto, a agg - 1. [preciso] exact - 2. [corretto, in risposta] correct.

esauriente agg exhaustive.

esaurimento sm - 1. [fine] exhaustion - 2. MED: **esaurimento (nervoso)** (nervous) breakdown.

esaurire [9] vt - 1. [terminare] to finish up o off - 2. [indebolire, trattare a fondo] to exhaust. ◆ **esaurirsi** vip - 1. [finire] to run out - 2. [miniera] to be worked out; [sorgente] to dry up.

esaurito, a agg - 1. [merce] sold out - 2. [miniera] worked out; [sorgente] dried up - 3. [persona] exhausted.

esausto, a agg exhausted.

esca[1] ['eska] (pl esche) sf bait.

esca[2] ['eska] ⊳ uscire.

esce ⊳ uscire.

eschimese agg & smf Inuit.

esci ⊳ uscire.

esclamare [6] vt to exclaim.

esclamazione sf exclamation.

escludere [31] vt - 1. [persona] to exclude - 2. [possibilità] to rule out, to exclude.

esclusi etc ⊳ escludere.

esclusione sf exclusion; **a esclusione di qn/ qc** with the exception of sb/sthg, except (for) sb/sthg.

esclusiva sf exclusive o sole rights pl; **un'intervista in esclusiva** an exclusive interview; **vendere un prodotto in esclusiva** to be the sole agent for a product.

esclusivamente avv only.

esclusivo, a agg exclusive.

escluso, a ⋄ pp ⊳ escludere. ⋄ agg - 1. [lasciato fuori]: **siamo in venti, esclusi i bambini** there are twenty of us, excluding the children; **sentirsi escluso** to feel excluded; **IVA esclusa** exclusive of VAT - 2. [impossibile] out of the question.

esco etc ⊳ uscire.

escogitare [6] vt to think up.

escrementi smpl excrement (U).

escursione sf - 1. [gita] trip - 2. [in montagna] hike. ◆ **escursione termica** sf temperature range.

escursionista, i, e smf - 1. [gitante] tripper - 2. [alpinista] hiker.

esecutivo, a agg - 1. [fase] execution (dav sostantivo) - 2. [potere] executive. ◆ **esecutivo** sm: **l'esecutivo** [governo] the executive.

esecutore, trice sm, f - 1. [di ordini]: **è stato solo un esecutore** he was only taking orders - 2. [di delitto] perpetrator - 3. [di testamento] executor (executrix f) - 4. [di brano musicale] performer.

esecuzione sf - 1. [di lavoro] execution - 2. [di idea] putting into practice - 3. [di brano musicale, contratto] performance. ◆ **esecuzione capitale** sf execution.

eseguire [10] vt - 1. [lavoro, ordini] to carry out - 2. [manovra] to perform, to execute - 3. [brano musicale] to perform.

esempio sm example; **fare un esempio** to give an example; **ad o per esempio** for example; **dare il buon/cattivo esempio** to set a good/bad example.

esemplare ⋄ agg exemplary; **dare una punizione esemplare a qn** to make an example of sb. ⋄ sm - 1. [modello] model - 2. [campione] specimen - 3. [copia] copy.

esentare [6] vt: **esentare qn da qc** to exempt sb from sthg, to let sb off sthg.

esentasse agg inv tax-free, tax-exempt.

esente agg: **esente da qc** [dispensato da] exempt from sthg; [privo di] free from sthg.

esenzione sf exemption; **esenzione dalle imposte** tax exemption.

esequie sfpl form funeral ceremony (sing).

esercitare [6] vt - 1. [allenare] to exercise; **esercitare pressioni su qn** to put o exert pressure on sb - 2. [professione] to practise UK, to practice US. ◆ **esercitarsi** vr - 1. [gen] to practise UK, to practice US; **esercitarsi in qc** to practise UK o practice US sthg - 2. SPORT to train.

esercitazione sf - 1. SCOL test - 2. MIL exercise.

esercito sm army.

esercizio sm - 1. [gen] exercise - 2. [addestramento] practice; **essere fuori esercizio** to be out of practice; **tenersi in esercizio** to keep in practice - 3. [azienda] business - 4. [anno]: **esercizio (finanziario)** financial year.

esibire [9] vt - 1. [mostrare] to show - 2. [ostentare] to show off. ◆ **esibirsi** vr - 1. [attore] to perform - 2. [farsi notare] to show off.

esibizione *sf* - **1.** [spettacolo] performance - **2.** [ostentazione] showing off.

esibizionista, i, e *smf* - **1.** [vanitoso] show-off - **2.** [sessuale] exhibitionist, flasher *fam*.

esigente *agg* demanding.

esigenza *sf* need.

esigere [55] *vt* - **1.** [pretendere] to demand - **2.** [necessitare di] to need, to require.

esiguo, a *agg* tiny.

esile *agg* - **1.** [bambino] slight; [braccia, gambe] thin - **2.** [speranza, voce] faint.

esiliare [20] *vt*: esiliare qn da qc to exile sb from sthg.

esilio *sm* exile.

esistente *agg* - **1.** [presente] current - **2.** [reale] real.

esistenza *sf* - **1.** [vita] existence, life - **2.** [realtà] existence - **3.** [presenza] presence.

esistenziale *agg* existential.

esistere [66] *vi* - **1.** [esserci] to be; non esiste! I don't believe it! - **2.** [essere reale] to exist.

esistito, a *pp* ▷ **esistere**.

esitante *agg* hesitant.

esitare [6] *vi* to hesitate; esitare a fare qc to hesitate to do sthg; senza esitare without hesitating.

esitazione *sf* hesitation; senza esitazione without hesitation.

esito *sm* - **1.** [di iniziativa] outcome - **2.** [di esame, test] results *pl*.

esodo *sm* exodus.

esofago, gi *sm* oesophagus *UK*, esophagus *US*.

esonerare [6] *vt*: esonerare qn da qc to exempt sb from sthg.

esorbitante *agg* exorbitant.

esorcista, i, e *smf* exorcist.

esordiente ◇ *agg* making one's debut (*non dav sostantivo*), rookie (*dav sostantivo*) *fam*. ◇ *smf* newcomer.

esordio *sm* debut; essere agli esordi [attore] to be just starting out; [civiltà, attività] to be in its infancy.

esordire [9] *vi* - **1.** [in discorso] to begin - **2.** [in attività]: esordire in qc to start out in sthg.

esortare [6] *vt*: esortare qn a (fare) qc to urge sb to (do) sthg.

esortazione *sf* exhortation.

esotico, a, ci, che *agg* exotic.

espandere [41] *vt* [superficie, volume, mercato, industria] to expand; [terreno] to extend. ◆ **espandersi** *vr* to expand.

espansione *sf* expansion.

espansivo, a *agg* expansive.

espanso, a *pp* ▷ **espandere**.

espatriato, a *agg & sm, f* expatriate.

espatrio *sm* expatriation.

espediente *sm* expedient; vivere di espedienti to live by one's wits.

espellere [60] *vt* - **1.** [cacciare - alunno, socio] to expel; [- calciatore] to send off *UK*, to eject *US* - **2.** MED to eliminate.

esperienza *sf* - **1.** [gen] experience; avere esperienza con qn/in qc to have experience with sb/in sthg; avere esperienza di qn/qc to have experience of sb/sthg; fare un'esperienza to have an experience - **2.** [esperimento] experiment.

esperimento *sm* experiment.

esperto, a ◇ *agg*: esperto (in o di qc) expert (in o at sthg). ◇ *sm, f* expert.

espiare [22] *vt* [errore, colpa, delitto] to atone for; [pena] to serve.

espirare [6] *vi* to breathe out, to exhale.

esplicitamente *avv* explicitly.

esplicito, a *agg* explicit.

esplodere [37] ◇ *vi* - **1.** [bomba, persona] to explode - **2.** [protesta, rivolta] to break out; [caldo] to hit. ◇ *vt*: esplodere un colpo to fire a shot.

esplorare [6] *vt* to explore.

esploratore, trice *sm, f* explorer; giovani esploratori (boy) scouts.

esplosione *sf* - **1.** [di bomba] explosion; [di tubo] burst - **2.** [di violenza] explosion, outbreak; [di caldo] sudden arrival; [di rissa] outbreak; [di rabbia] explosion, outburst.

esplosivo, a *agg* explosive; una notizia esplosiva a bombshell. ◆ **esplosivo** *sm* explosive.

esploso, a *pp* ▷ **esplodere**.

esponente ◇ *smf* [rappresentante - di sindacato, partito] representative; [- di movimento artistico] exponent. ◇ *sm* MAT exponent.

espongo *etc* ▷ **esporre**.

esponi *etc* ▷ **esporre**.

esporre [96] *vt* - **1.** [mettere in mostra] to exhibit - **2.** FOTO to expose - **3.** [abbandonare]: esporre qn/qc a qc [a pericolo, ridicolo] to expose sb/sthg to sthg; [a critiche] to lay sb/sthg open to sthg - **4.** [comunicare - opinione, dubbi, riserve] to express; [- fatti] to state. ◆ **esporsi** *vr* - **1.**: esporsi a qc [a pericolo] to expose o.s. to sthg; [a critiche] to lay o.s. open to sthg - **2.** [compromettersi] to lay o.s. open to attack.

esportare [6] *vt* to export.

esportatore, trice ◇ *agg* export (*dav sostantivo*); paese esportatore di petrolio oil-exporting country. ◇ *sm, f* exporter.

esportazione *sf* export; **di esportazione** for export.

esposi *etc* ▷ **esporre**.

espositore, trice ◇ *agg* exhibiting *(dav sostantivo)*. ◇ *sm, f* exhibitor.

esposizione *sf* - 1. [messa in mostra] display - 2. [collezione] exhibition, exhibit *US* - 3. [a sole, vento] exposure - 4. [di edificio] aspect - 5. FOTO exposure - 6. [narrazione] exposition.

esposto, a ◇ *pp* ▷ **esporre**. ◇ *agg*: **esposto a nord/sud** north/south-facing.

espressamente *avv* - 1. [chiaramente] expressly - 2. [apposta] specially.

espressi *etc* ▷ **esprimere**.

espressione *sf* expression.

espressionismo *sm* expressionism.

espresso, a ◇ *pp* ▷ **esprimere**. ◇ *agg* [treno] express *(dav sostantivo)*; [caffè] espresso *(dav sostantivo)*; [piatto] made to order. ◆ **espresso** *sm* - 1. [treno] express - 2. [caffè] espresso - 3. [lettera] letter sent special delivery.

esprimere [63] *vt* to express. ◆ **esprimersi** *vip* to express o.s.

espropriare [20] *vt* to expropriate; **espropriare qn di qc** to dispossess sb of sthg.

espugnare [23] *vt* to take (by storm).

espulsi *etc* ▷ **espellere**.

espulsione *sf* [di alunno, socio] expulsion; [di giocatore] sending off *UK*, ejection *US*.

espulso, a *pp* ▷ **espellere**.

esquimese *smf* = **eschimese**.

essenza *sf* essence.

essenziale ◇ *agg* - 1. [fondamentale] essential - 2. [scarno] simple. ◇ *sm*: **l'essenziale** [cosa fondamentale] the most important thing; [oggetti indispensabili] the bare necessities *pl*.

essenzialmente *avv* basically, essentially.

essere [1] ◇ *vi* - 1. [trovarsi] to be; **essere a scuola/a casa** to be at school/at home; **essere in ufficio** to be at the office; **non sono mai stato a New York** I've never been to New York; **tra dieci minuti sono da te** I'll be with you in ten minutes; **essere in pensione** to be retired; **c'è/ci sono** there is/there are; **c'è ancora tempo** there's still time; **in questo albergo ci sono 20 camere** there are 20 rooms in this hotel; **non c'è** he's not there; **c'è qualcosa che non va?** is something wrong? - 2. [con aggettivo] to be; **essere alto/basso** to be tall/short; **essere stanco** to be tired; **essere italiano/straniero** to be Italian/foreign; **sei molto gentile** you're very kind - 3. [con sostantivo] to be; **siamo cugini** we're cousins; **sono sua moglie** I'm his wife; **sono un suo amico** I'm a friend of his; **sono avvocato/insegnante** I'm a lawyer/

teacher - 4. [con preposizione]: **queste cose sono da fare** these things have to be done; **quali sono i libri da leggere?** which books do we have to read?; **questi vestiti sono da portare in lavanderia** these clothes need to be taken to the dry cleaner's; **essere di qn** [appartenere a] to be sb's; **è tua questa giacca?** is this your jacket?; **di dove sei?** where are you from?; **sono di Milano** I'm from Milan; **essere contro qn/qc** to be against sb/sthg; **essere per qn/qc** to be in favour *UK* o favor *US* of sb/sthg; **siamo senza soldi** we've (got) no money - 5. [con data, ora] to be; **che ora è?** o **che ore sono?** what time is it?, what's the time?; **è l'una** it's one o'clock; **sono le otto** it's eight o'clock; **oggi è lunedì/il 5 dicembre** today is Monday/the 5th of December *UK* o December 5th *US* - 6. *fam* [con misura, prezzo] to be; [con peso] to weigh; **quant'è?** [quanto costa] how much is it?; **sono dieci euro** it's ten euros - 7. [accadere]: **quel che è stato è stato** what's done is done; **che sarà di lui?** what will become of him?; **come se niente fosse** as if nothing were happening; **siamo alle solite!** here we go again! ◇ *v aus* - 1. [attivo]: **è arrivata una lettera** a letter has arrived; **siamo partiti ora** we've just left; **sono tornati ora** they've just got back - 2. [passivo]: **essere venduto** to be sold; **essere considerato qc** to be considered sthg; **siamo stati imbrogliati!** we've been cheated!; **sono già stati informati** they've already been informed - 3. [in riflessivi]: **ti sei visto allo specchio?** have you seen yourself in the mirror?; **ci siamo parlati stamattina** we spoke (to each other) this morning; **mi sono appena alzato** I've just got up; **ci siamo già conosciuti** we've already met. ◇ *vi impers* [con aggettivo, avverbio]: **oggi è caldo/freddo** it's hot/cold today; **è presto/tardi** it's early/late; **non è giusto** it's not fair; **è così** that's the way it is; **è Natale** it's Christmas. ◇ *sm* - 1. [creatura]: **essere umano** human being; **essere vivente** living being - 2. *fam* [individuo] creature.

esso, essa, essi, esse *pron pers form* [cosa - soggetto] it; **essi, esse** they; [- dopo preposizione] it; **essi, esse** them.

est ◇ *sm* east; **a est** [andare] eastward(s), towards the east; [abitare] in the east; **a est di qc** east of sthg; **verso est** eastward(s), towards the east. ◇ *agg inv* east, eastern. ◆ **Est** *sm*: **l'Est** Eastern Europe.

estasi *sf inv* ecstasy; **andare in estasi** to go into ecstasies.

estate *sf* summer; **d'estate** in summer.

estendere [43] *vt* - 1. [ampliare - confini, proprietà] to extend; [- cultura, conoscenza] to broaden - 2. [applicare a]: **estendere qc a qn** to extend sthg to sb. ← **estendersi** *vip* - **1.** [ampliarsi] to extend - **2.** [propagarsi] to spread - **3.** [distendersi] to stretch.

estensione *sf* - **1.** [ampliamento - territoriale, commerciale] expansion; [- di conoscenza, cultura] broadening - **2.** [superficie] extent.

estenuante *agg* exhausting.

esteriore *agg* - **1.** [esterno] external - **2.** [apparente] superficial.

esternamente *avv* on the outside, outwardly.

esterno, a *agg* - **1.** [al di fuori - pareti, tubo, scala] external; [- aspetto] outer *(dav sostantivo)* - **2.** [alunno] day *(dav sostantivo)*. ← **esterno** *sm* outside; **all'esterno** (on the) outside. ← **esterni** *smpl* CINE location shots.

estero, a *agg* foreign. ← **estero** *sm*: **l'estero** foreign countries *pl*; **all'estero** abroad; **dall'estero** from abroad. ← **Esteri** *smpl*: **gli Esteri** Foreign Affairs.

esterrefatto, a *agg* astonished.

estesi *etc* ⊳ **estendere**.

esteso, a ⊳ *pp* ⊳ **estendere**. ⊳ *agg* vast; **per esteso** in full.

estetica *sf* - **1.** [gen] beauty - **2.** FILOS aesthetics *(U)*, esthetics *(U)* US.

esteticamente *avv* aesthetically, esthetically US.

estetico, a, ci, che *agg* - **1.** [gusto, senso] aesthetic, esthetic US - **2.** [bello] attractive - **3.** [trattamento] beauty *(dav sostantivo)* - **4.** [chirurgia] cosmetic.

estetista, i, e *smf* beautician.

estinguere [72] *vt* - **1.** [fuoco] to put out - **2.** [sete] to quench - **3.** [debito] to pay off. ← **estinguersi** *vip* - **1.** [fuoco] to go out - **2.** [odio, rivolta] to die away - **3.** [specie] to die out.

estinsi *etc* ⊳ **estinguere**.

estinto, a ⊳ *pp* ⊳ **estinguere**. ⊳ *agg* - **1.** [specie] extinct - **2.** [debito] paid off.

estintore *sm* extinguisher.

estinzione *sf* - **1.** [di incendio] putting out - **2.** [di specie] extinction - **3.** [di debito] paying off.

estivo, a *agg* summer *(dav sostantivo)*.

Estonia *sf*: **l'Estonia** Estonia.

estorcere [25] *vt* - **1.** [denaro] to extort - **2.** [promessa, confessione]: **estorcere qc a qn** to extract sthg from sb.

estorto, a ⊳ *pp* ⊳ **estorcere**.

estradizione *sf* extradition.

estraggo *etc* ⊳ **estrarre**.

estrai *etc* ⊳ **estrarre**.

estraneo, a ⊳ *agg* foreign; **le persone estranee non sono gradite** strangers are not welcome; **questo scrittore mi è del tutto estraneo** I don't know this writer at all; **essere estraneo a qc** to have no bearing on sthg. ⊳ *sm, f* stranger.

estrarre [97] *vt* - **1.** [tirare fuori] to pull out; **estrarre qc da qc** to take sthg out of sthg, to extract sthg from sthg; **estrarre un dente** to extract a tooth - **2.** [tirare a sorte] to draw.

estrassi *etc* ⊳ **estrarre**.

estratto, a ⊳ *pp* ⊳ **estrarre**. ← **estratto** *sm* - **1.** [gen] extract; **estratto di carne** meat extract - **2.** [documento]: **estratto di nascita/di matrimonio** birth/marriage certificate; **estratto conto** (bank) statement.

estrazione *sf* - **1.** [di dente, minerale] extraction - **2.** [sorteggio] draw - **3.** [origine]: **estrazione (sociale)** (social) class.

estremamente *avv* extremely.

estremista, i, e *agg & smf* extremist.

estremità ⊳ *sf inv* end. ⊳ *sfpl* extremities.

estremo, a *agg* extreme; **Estrema Unzione** Extreme Unction. ← **estremo** *sm* end; **andare da un estremo all'altro** to go from one extreme to the other. ← **estremi** *smpl* - **1.** [di documento] details - **2.** [di reato] grounds. ← **Estremo Oriente** *sm* Far East.

estrogeno *sm* oestrogen *UK*, estrogen *US*.

estromesso, a ⊳ *pp* ⊳ **estromettere**.

estromettere [71] *vt*: **estromettere qn (da qc)** to exclude sb (from sthg).

estroso, a *agg* creative.

estroverso, a *agg* extrovert.

estuario *sm* estuary.

esuberante *agg* - **1.** [vivace] exuberant - **2.** [eccedente] redundant.

esulare [6] *vi*: **esulare da qc** to go beyond sthg.

esule *smf* exile.

esultare [6] *vi* to rejoice.

età *sf inv* - **1.** [di persona, animale] age; **che età hai?** how old are you?; **non voglio dire la mia età** I don't want to say how old I am; **a che età hai cominciato a leggere?** how old were you when you learned to read?; **abbiamo la stessa età** we are the same age; **avere l'età per fare qc** to be old enough to do sthg; **qn della mia/tua** *etc* **età** sb my/your *etc* age; **avere una certa età** to be getting on; **un bambino in tenera età** a very young boy; **la maggiore età** legal age; **la terza età** the third age; **all'età di...** at the age of... - **2.** [epoca] Age; **l'età della pietra** the Stone Age.

etere *sm* - **1.** [spazio]: **via etere** on the airwaves - **2.** [sostanza] ether.

eternamente *avv* - **1.** [per sempre] eternally - **2.** [continuamente] always.

eternità *sf* - **1.** [tempo infinito] eternity - **2.** [tempo lunghissimo] ages *pl*.

eterno, a *agg* - **1.** [infinito] eternal; **in eterno** forever - **2.** [interminabile] never-ending - **3.** [incessante] endless.

eterogeneo, a *agg* heterogeneous.

eterosessuale *agg* & *smf* heterosexual.

etica, che *sf* ethics *(U)*; **etica professionale** professional ethics *(U)*.

etichetta *sf* - **1.** [gen] label - **2.** [buone maniere] etiquette.

etichettare [6] *vt* to label.

etico, a, ci, che *agg* ethical.

etimologia *sf* etymology.

Etiopia *sf*: **l'Etiopia** Ethiopia.

Etna *sm*: **l'Etna** Etna.

etnico, a *agg* ethnic.

etnografia *sf* ethnography.

etnologia *sf* ethnology.

etrusco, a, schi, sche *agg* Etruscan. ◆ **Etruschi** *smpl*: **gli Etruschi** the Etruscans.

ettaro *sm* hectare.

etto *sm* hundred grams *pl*.

ettogrammo *sm* hectogram.

ettolitro *sm* hectolitre *UK*, hectoliter *US*.

EU (*abbr di* **Europa**) EU.

eucalipto *sm* eucalyptus.

eucarestia, eucaristia *sf* Eucharist.

eufemismo *sm* euphemism.

euforico, a, ci, che *agg* euphoric.

EUR *sm* area of Rome with modern buildings.

euro *sm inv* euro.

eurodeputato, a *sm, f* MEP.

Eurolandia *sf* Euroland *(countries that use the euro)*.

Europa *sf*: **l'Europa** Europe.

europeo, a *agg* & *sm, f* European.

eutanasia *sf* euthanasia.

evacuare [6] *vt* & *vi* to evacuate.

evacuazione *sf* evacuation.

evadere [38] ◇ *vt* - **1.** [pratica] to deal with - **2.** [non pagare]: **evadere le tasse** to evade taxes. ◇ *vi*: **evadere (da qc)** to escape (from sthg).

evaporare [6] *vi* to evaporate.

evaporazione *sf* evaporation.

evasi *etc* ▷ **evadere**.

evasione *sf* - **1.** [da prigione] escape - **2.** [da realtà] escapism; **d'evasione** escapist - **3.** [di

pratica]: **occuparsi dell'evasione della corrispondenza** to take care of the correspondence. ◆ **evasione fiscale** *sf* tax evasion.

evasivo, a *agg* evasive.

evaso, a ◇ *pp* ▷ **evadere**. ◇ *agg* - **1.** [prigioniero] escaped *(dav sostantivo)* - **2.** [pratica] completed. ◇ *sm, f* escapee.

evenienza *sf*: **per ogni evenienza** for any eventuality; **nell'evenienza che non ci sia nessuno in casa** in case no one is at home.

evento *sm* event.

eventuale *agg* possible.

eventualità *sf inv* - **1.** [evento] eventuality; **un'eventualità imprevista** an unforeseen event; **nell'eventualità che...** in the (unlikely) event that... - **2.** [possibilità] possibility.

eventualmente *avv* if necessary.

eversivo, a *agg* subversive.

evidente *agg* - **1.** [alla vista] obvious - **2.** [certo] clear; **è evidente che...** it is clear (that)...

evidentemente *avv* obviously.

evidenza *sf*: **l'evidenza dei fatti non lascia dubbi** there is no possibility of doubt; **mettere qc in evidenza** to highlight sthg; **mettersi in evidenza** to show off.

evidenziare [20] *vt* to highlight.

evidenziatore *sm* highlighter.

evirare [6] *vt* to castrate.

evitare [6] *vt* to avoid; **evitare qc a qn** to spare sb sthg; **evitare di fare qc** to avoid doing sthg.

evocare [15] *vt* to evoke.

evoluto, a ◇ *pp* ▷ **evolvere**. ◇ *agg* fully-developed.

evoluzione *sf* - **1.** [gen] evolution - **2.** [cambiamento] development - **3.** [acrobazia] movement.

evolvere [75] *vip* to evolve.

evviva *esclam* hurray!

ex ◇ *agg inv* [marito, moglie] ex *(dav sostantivo)*; [collega, paese] former *(dav sostantivo)*. ◇ *smf inv fam* ex.

extra ◇ *agg inv* - **1.** [supplementare] extra - **2.** [sopraffino] very good. ◇ *sm inv* extra.

extracomunitario, a ◇ *agg* non-EU. ◇ *sm, f* non-EU citizen.

extrascolastico, a, ci, che *agg* extracurricular.

extraterrestre *agg* & *smf* extraterrestrial.

extravergine *agg* ▷ **olio**.

f, F *sm o sf inv* f, F.

F - 1. (*abbr di* Fahrenheit) F **- 2.** (*abbr di* Francia) F.

fa ◇ ▷ **fare.** ◇ *avv* ago; **un'ora fa** an hour ago. ◇ *sm inv* MUS F; [in solfeggio] fa, fah UK.

fabbrica, che *sf* factory.

fabbricante *smf* manufacturer.

fabbricare [15] *vt* **- 1.** [costruire] to build **- 2.** [produrre] to manufacture **- 3.** [inventare] to fabricate.

fabbricato *sm* building.

fabbro *sm* smith; **fabbro ferraio** blacksmith.

faccenda *sf* **- 1.** [questione] matter; **una brutta faccenda** a nasty business **- 2.** [commissione] job; **ho un paio di faccende da sbrigare** I've got a couple of things to do; **faccende (domestiche** *o* **di casa)** housework *(U)*.

facchino, a *sm, f* porter.

faccia *etc*[1] ▷ **fare.**

faccia[2]**, ce** *sf* **- 1.** [viso, lato] face; **lavarsi la faccia** to wash one's face; **faccia a faccia** [confronto] face to face (meeting) **- 2.** [espressione] expression; **fare una faccia** to pull a face **- 3.** [reputazione]: **salvare la faccia** to save face **- 4.** [sfrontatezza] nerve; **faccia tosta** nerve, cheek UK.

facciata *sf* **- 1.** [di casa, negozio] front; [di palazzo, cattedrale] facade, front **- 2.** [di foglio] side **- 3.** [apparenza] facade.

faccio *etc* ▷ **fare.**

facemmo *etc* ▷ **fare.**

facendo ▷ **fare.**

facessi *etc* ▷ **fare.**

facile *agg* **- 1.** [gen] easy **- 2.** [probabile] likely **- 3.** [affabile] easygoing.

facilità *sf* **- 1.** [semplicità] easiness **- 2.** [attitudine] facility.

facilitare [6] *vt* to make easier.

facilitazione *sf*: **facilitazione (di pagamento)** easy terms *pl*.

facilmente *avv* **- 1.** [gen] easily **- 2.** [probabilmente] probably.

facoltà *sf inv* **- 1.** [capacità] faculty **- 2.** [diritto] right **- 3.** [di università - corso di studi] faculty, department; [- luogo] department; **la facoltà di Legge** the law faculty *o* department.

facoltativo, a *agg* [esame, corso] optional; [fermata] request *(dav sostantivo)* UK, flag *(dav sostantivo)* US.

faggio *sm* beech.

fagiano *sm* pheasant.

fagiolino *sm* green bean.

fagiolo *sm* bean.

fagotto *sm* **- 1.** [pacco] bundle **- 2.** [strumento] bassoon.

fai ▷ **fare.**

fai da te *sm* do-it-yourself, DIY UK.

falce *sf* sickle, scythe.

falciatrice *sf* mower.

falco, chi *sm* **- 1.** [uccello] falcon **- 2.** [persona]: **sei proprio un falco!** you clever thing!

falegname *sm* carpenter.

falla *sf* leak.

fallimento *sm* **- 1.** [bancarotta] bankruptcy; **andare in fallimento** to go bankrupt; **mandare qn in fallimento** to bankrupt sb **- 2.** [insuccesso] failure.

fallire [9] ◇ *vt* to miss. ◇ *vi* to fail; **fallire in qc** to fail at sthg.

fallo *sm* **- 1.** [errore]: **cogliere qn in fallo** to catch sb red-handed **- 2.** SPORT foul **- 3.** [in tessuto] flaw **- 4.** [pene] phallus.

falò *sm inv* bonfire.

falsare [6] *vt* **- 1.** [fatti, dati] to falsify **- 2.** [voce, immagine] to distort.

falsificare [15] *vt* to forge.

falsità *sf inv* **- 1.** [mancanza di verità] falsity **- 2.** [bugia] falsehood **- 3.** [ipocrisia] falseness.

falso, a *agg* **- 1.** [non vero, ipocrita] false **- 2.** [sbagliato] wrong **- 3.** [non autentico - denaro, documento, firma] forged; [- quadro, oro, gioielli] fake. ◆ **falso** *sm* **- 1.** [informazione] falsehood; **giurare il falso** to commit perjury **- 2.** [oggetto, reato] forgery.

fama *sf* **- 1.** [celebrità] fame; **di fama mondiale** world-famous **- 2.** [reputazione] reputation; **godere di buona/cattiva fama** to have a good/bad reputation.

fame *sf* hunger; **avere fame** to be hungry.

famiglia *sf* family; **passare il Natale in famiglia** to spend Christmas with one's family.

familiare ◇ *agg* **- 1.** [di famiglia] family *(dav sostantivo)* **- 2.** [noto] familiar **- 3.** [linguaggio, tono] informal. ◇ *smf* relative. ◇ *sf* estate (car) UK, station wagon US.

familiarità *sf* **- 1.** [dimestichezza] familiarity; **avere familiarità con qc** to be familiar with sthg **- 2.** [confidenza] intimacy; **trattare qn con familiarità** to treat sb in a friendly way.

famoso, a *agg* famous.

fanale *sm* light.

fanatico, a, ci, che ◇ *agg* fanatical. ◇ *sm, f* fan, fanatic; **essere un fanatico di qc** [sport] to be mad about sthg; [pulizia] to be fanatical about sthg.

fanciullo, a *sm, f ant* child, boy (girl *f*).

fango *sm* mud. ◆ **fanghi** *smpl* mud baths.

fanno ▷ **fare**.

fannullone, a *sm, f* slacker.

fantascienza *sf* science fiction.

fantasia ◇ *sf* - 1. [immaginazione] imagination; **lavorare di fantasia** to fantasize - 2. [capriccio] idea - 3. [disegno] pattern. ◇ *agg inv* patterned.

fantasioso, a *agg* - 1. [estroso] imaginative - 2. [inverosimile] fantastic.

fantasma, i *sm* ghost.

fantasticare [15] ◇ *vt* to imagine. ◇ *vi* to daydream.

fantastico, a, ci, che *agg* - 1. [straordinario] fantastic - 2. [immaginario] fantastic, fantasy *(dav sostantivo)*.

fante *sm* - 1. [soldato] infantryman - 2. [nelle carte] jack.

fantino *sm* jockey.

fantoccio, a, ci, ce *sm, f* puppet.

FAO ['fao] *(abbr di Food and Agriculture Organization) sf* FAO.

farabutto, a *sm, f* crook.

faraglione *sm* GEOL stack.

faraona *sf* guinea fowl.

faraone *sm* Pharaoh.

farcito, a *agg* stuffed.

fard [fard] *sm inv* blusher *UK*, blush *US*.

fare¹ [13] ◇ *vt* - 1. [creare, produrre, cucinare] to make; **un'azienda che fa computer** a company that makes computers; **fare un libro/una poesia** to write a book/poem; **fare un quadro** to paint a picture - 2. [eseguire, compiere] to do; **fare un lavoro/un esperimento** to do a job/experiment; **avere da fare** to have something to do; **fare del bene/male** to do good/evil; **fare un favore a qn** to do sb a favour *UK* o favor *US*; **fare molto/poco** to do a lot/a little; **fare un viaggio** to go on a trip - 3. [emettere] to produce - 4. [in calcoli] to make; **due più due fa quattro** two plus two makes four - 5. *fam* [dire] to go - 6. [costare]: **quanto fa?** how much is it?; **fanno 20 euro** it's 20 euros - 7. [suscitare] to cause; **fare scalpore/scandalo** to cause a sensation/a scandal; **fare paura a qn** to scare sb; **mi fa proprio pena** I feel really sorry for him - 8. [con infinito]: **fare arrabbiare qn** to make sb angry; **fare perdere tempo a qn** to waste sb's time; **fare aspettare qn** to keep sb waiting; **fare vedere qc a qn** to show sb sthg; **far ridere** [essere di-

vertente] to be funny; [essere ridicolo] to be a joke - 9. [formare] to form; **le due strade fanno angolo** the two streets run into each other; **fare una curva** [strada, fiume] to bend - 10. [mestiere, incarico] to do; **che lavoro fai?** what do you do?, what's your job?; **fare il giudice/il traduttore** to be a judge/a translator; **fare da madre/assistente a qn** to be a mother/an assistant to sb - 11. [nominare]: **lo hanno fatto capitano della squadra** he was made team captain - 12. [rendere]: **ho fatto di questa stanza il mio studio** I've made this room (into) my office; **hai fatto della mia vita un inferno!** you've made my life hell! - 13. [procurarsi] to get; **fare il biglietto** [di treno, aereo] to get a ticket; **farsi degli amici/dei nemici** to make friends/enemies; **fare fortuna** to make one's fortune; **farsi qc** *fam* to get o.s. sthg - 14. [consumare]: **farsi qc** *fam* to have sthg; **ci facciamo una birra?** shall we have a beer? - 15. [giudicare]: **ti facevo più intelligente** I thought you were more intelligent; **farcela** [riuscire] to do it; **farcela a fare qc** to manage to do sthg; **fare il bagno** [al mare] to go for a swim; **farsi il bagno** [lavarsi] to take o have *UK* a bath; **farsi la barba** to shave; **fare festa** to celebrate; **fare un patto** to make a deal. ◇ *vi* - 1. [agire] to act; **fai come vuoi** do as you like; **darsi da fare** to get cracking - 2. [essere adatto]: **fare per qn** to suit sb; **il fumo fa male** smoking is bad for you; **la verdura e la frutta fanno bene** fruit and vegetables are good for you. ◇ *vi impers* - 1. [essere]: **fa caldo/freddo** it's hot/cold; **oggi fa brutto** the weather's horrible today - 2. [in espressioni temporali]: **fanno già due anni che...** it's now been 2 years since... ◆ **farsi** ◇ *vr* - 1. [rendersi] to become; **si è fatto prete/musulmano** he's become a priest/a Muslim; **farsi in quattro** to go out of one's way - 2. *gergo droga* [drogarsi] to do drugs. ◇ *vip* [diventare] to get, to become; **farsi grande** to grow tall; **farsi rosso/pallido in viso** to go red/pale; **si è fatto tardi** it's late.

fare² [13] *sm* - 1. [lavoro]: **avere un bel da fare** to have plenty to do - 2. [comportamento] manner.

faretto *sm* spotlight.

farfalla *sf* [insetto, nel nuoto] butterfly. ◆ **farfalle** *sfpl* [pasta] bows.

farfallino *sm* bow tie.

farina *sf* flour; **farina integrale** wholemeal *UK* o whole-wheat *US* flour; **non è farina del tuo sacco** this isn't your own work.

faringite *sf* [gen] sore throat; MED pharyngitis.

farmaceutico, a, ci, che *agg* pharmaceutical.

farmacia *sf* - 1. [scienza] pharmacy - 2. [negozio] pharmacy, chemist('s) *UK*.

farmacista, i, e ⬦ *smf* [persona] pharmacist, chemist *UK*. ⬦ *sm* [negozio] pharmacy, chemist('s) *UK*.

farmaco *sm* drug.

faro *sm* - 1. [per navi] lighthouse; [per aerei] landing light - 2. [riflettore] floodlight - 3. [di automobile] headlight.

farsa *sf* farce.

fascia, sce *sf* - 1. [di stoffa, carta] sash - 2. [benda] bandage; **fascia elastica** crêpe *UK* o elastic *esp US* bandage - 3. [per capelli] hairband - 4. [di territorio] strip - 5. [raggruppamento] band; **fascia oraria** time slot.

fasciare [19] ⬦ *vt* [bendare] to bandage. ⬦ *vi* [aderire] to cling.

fascicolo *sm* - 1. [pratica] file - 2. [di pubblicazione] issue.

fascino *sm* charm; **un uomo di grande fascino** a very attractive man.

fascismo *sm* fascism.

fascista, i, e *agg & smf* fascist.

fase *sf* - 1. [periodo, momento] phase, stage - 2. [di motore] stroke - 3. [di astri] phase.

fastidio *sm* - 1. [disturbo] bother; **dare fastidio** to be a nuisance; **dare fastidio a qn** to bother sb; **le dà fastidio se fumo?** do you mind if I smoke? - 2. [malessere] discomfort - 3. [irritazione]: **dare fastidio a qn** to annoy sb; **provare fastidio** to get annoyed. ➡ **fastidi** *smpl* trouble (U).

fastidioso, a *agg* annoying.

fata *sf* fairy.

fatale *agg* - 1. [mortale, gravissimo] fatal - 2. [decisivo] decisive - 3. [inevitabile] inevitable - 4. [sguardo] irresistible; **donna fatale** femme fatale.

fatalità *sf inv* - 1. [destino] fate - 2. [cosa inevitabile] misfortune.

fatica, che *sf* - 1. [sforzo] effort; **fare fatica (a fare qc)** to make an effort (to do sthg) - 2. [difficoltà]: **fare fatica a fare qc** to have trouble doing sthg; **a fatica** hardly.

faticare [15] *vi* - 1. [sforzarsi] to work hard - 2. [avere difficoltà]: **faticare a fare qc** to have trouble doing sthg.

faticosamente *avv* - 1. [lavorare] hard - 2. [riuscire] with difficulty.

faticoso, a *agg* tiring.

fato *sm* fate.

fatto, a *pp* ▷ **fare**. ➡ **fatto** *sm* - 1. [cosa certa] fact; **alla luce dei fatti** in light of the facts - 2. [avvenimento] event; **è accaduto un fatto strano** a strange thing happened; **fatto di cronaca** news item - 3. [questione]: **sono fat-**

ti miei it's my business; **farsi i fatti propri** to mind one's own business - 4. [azione] deed, act; **cogliere qn sul fatto** [in flagrante] to catch sb in the act; **in fatto di qc** when it comes to sthg; **fatto sta che...** [eppure] the fact is (that)...

fattore *sm* - 1. [elemento, in moltiplicazioni] factor - 2. [contadino] farmer.

fattoria *sf* - 1. [azienda] farm - 2. [casa] farmhouse.

fattorino, a *sm, f* courier.

fattura *sf* - 1. [ricevuta]: **fattura (commerciale)** invoice - 2. [lavorazione] workmanship.

fatturare [6] *vt* - 1. [incassare] to have a turnover of - 2. [mettere in fattura]: **fatturare qc a qn** to bill sb for sthg.

fatturato *sm* turnover.

fauna *sf* fauna.

fava *sf* broad *UK* o fava *US* bean.

favola *sf* fairy story.

favoloso, a *agg* fabulous.

favore *sm* - 1. [cortesia, simpatia] favour *UK*, favor *US*; **fare un favore a qn** to do sb a favour *UK* o favor *US*; **per favore** please; **per favore, mi passi il sale?** please could you pass the salt?; **godere del favore di qn** to be in favour *UK* o favor *US* with sb - 2. [aiuto] support; **a favore di** [terremotati] in aid of; [proposta, candidato] in favour *UK* o favor *US* of; **col favore della notte/delle tenebre** under cover of night/darkness.

favorevole *agg* favourable *UK*, favorable *US*; **essere favorevole a qc** to be in favour *UK* o favor *US* of sthg.

favorire [9] ⬦ *vt* - 1. [dare]: **favorisca il biglietto** please may I see your ticket? - 2. [promuovere] to encourage - 3. [avvantaggiare] to favour *UK*, to favor *US*. ⬦ *vi*: **vuoi favorire?** would you like to join us?

favorito, a *agg & sm, f* favourite *UK*, favorite *US*.

fax *sm inv* - 1. [documento] fax - 2. [apparecchio] fax (machine).

faxare [6] *vt* to fax.

fazione *sf* faction.

fazzoletto *sm* - 1. [da naso] handkerchief, hankie *fam*; **fazzoletto di carta** tissue, Kleenex®, paper handkerchief *UK*, paper hankie *UK fam* - 2. [foulard] headscarf.

febbraio *sm* February; *vedi anche* **settembre**.

febbre *sf* - 1. [corporea] temperature; **avere la febbre** to have a temperature; **misurare la febbre a qn** to take sb's temperature - 2. [ma-**

lattia, eccitazione] fever; **febbre da fieno** hay fever; **febbre gialla** yellow fever - **3.** *fam* [herpes] cold sore.

feccia, ce *sf* dregs *pl.*

feci[1] ▷ **fare.**

feci[2] *sfpl* [escrementi] faeces *UK*, feces *US*.

fecola *sf:* **fecola (di patate)** potato flour.

fecondare [6] *vt* - **1.** [ovulo, uovo] to fertilize - **2.** [rendere fertile] to make fertile.

fecondazione *sf* fertilization.

fede *sf* - **1.** [gen & RELIG] faith; **perdere/ritrovare la fede** to lose/regain one's faith - **2.** [fiducia] trust; **degno di fede** trustworthy; **aver fede (in qn/qc)** to have faith (in sb/sthg); **in buona/cattiva fede** in good/bad faith - **3.** [anello]: **fede (nuziale)** wedding ring - **4.** [testimonianza]: **far fede** to be proof - **5.** [osservanza]: **mantenere fede a qc** to keep faith with sthg.

fedele ◇ *agg* faithful. ◇ *smf* believer; **i fedeli** the faithful.

fedeltà *sf* [coniugale] fidelity; [verso la patria] loyalty.

federa *sf* pillowcase.

federale *agg* federal.

federazione *sf* federation.

fedina *sf:* **fedina (penale)** (criminal) record; **avere la fedina (penale) sporca** to have a (criminal) record; **avere la fedina (penale) pulita** to have a clean record.

feedback ['fidbɛk] *sm inv* INFORM feedback.

feeling ['filin(g)] *sm inv* [armonia] feeling.

fegato *sm* - **1.** [organo, carne] liver - **2.** [coraggio] guts *pl.*

felce *sf* fern.

felice *agg* - **1.** [contento] happy; **felice anno nuovo!** Happy New Year!; **felice di conoscerla!** pleased to meet you! - **2.** [adeguato] good; **un'espressione poco felice** an unfortunate choice of words.

felicemente *avv* happily.

felicità *sf* happiness.

felicitarsi [6] *vip:* **felicitarsi con qn (per qc)** to congratulate sb (on sthg).

felino, a *agg* feline. ◆ **felino** *sm* feline.

felpa *sf* - **1.** [maglia] sweatshirt - **2.** [tessuto] plush.

feltro *sm* felt.

femmina ◇ *sf* - **1.** [animale] female; [ragazza] girl - **2.** *spreg* [donna] female. ◇ *agg* female.

femminile *agg* - **1.** [genere, sostantivo] feminine; [sesso, comportamento, atteggiamento] female - **2.** [rivista, abbigliamento, squadra] women's *(dav sostantivo).*

femminista, i, e *agg* & *smf* feminist.

femore *sm* [gen] thighbone; MED femur.

fenomenale *agg* phenomenal.

fenomeno *sm* - **1.** [gen] phenomenon - **2.** *scherz* [persona strana] strange person.

feriale *agg* [orario] weekday *(dav sostantivo)*; **giorno feriale** working day *esp UK*, workday *esp US*; **settimana feriale** working week *esp UK*, workweek *esp US*; **periodo feriale** holiday *UK* o vacation *US* period.

ferie *sfpl* holiday *UK*, vacation *US*; **andare/essere in ferie** to go/be on holiday.

ferire [9] *vt* - **1.** [colpire] to injure - **2.** [addolorare] to hurt. ◆ **ferirsi** *vr* to hurt o.s.; **ferirsi ad una gamba** to hurt one's leg.

ferita *sf* - **1.** [gen] injury; [da arma da fuoco, da taglio] wound - **2.** *fig* [dispiacere] wound, hurt.

ferito, a ◇ *agg* [gen] injured; [da arma da fuoco, da taglio] wounded. ◇ *sm, f* [gen] injured person; [da arma da fuoco, da taglio] wounded person.

fermacapelli *sm inv* hair slide *UK*, barrette *US*.

fermaglio *sm* - **1.** [di braccialetto, collana] clasp - **2.** [per capelli] hair slide *UK*, barrette *US*.

fermamente *avv* firmly.

fermare [6] ◇ *vt* - **1.** [auto, treno, persona] to stop - **2.** [registratore, motore] to turn off - **3.** [processo] to block - **4.** [bottone] to sew on. ◇ *vi* to stop. ◆ **fermarsi** *vip* - **1.** [non muoversi] to keep still - **2.** [rimanere] to stay; **fermarsi a fare qc** to stay and do sthg - **3.** [arrestarsi] to stop; **fermarsi a fare qc** to stop and do sthg.

fermata *sf* [di treno, metropolitana] stop; **fermata (d'autobus)** bus stop.

fermento *sm* - **1.** [di vino, pane] yeast; **fermenti lattici** lactobacilli - **2.** [agitazione] ferment.

fermo, a *agg* - **1.** [immobile] still; **stare fermo** to keep still - **2.** [bloccato] stuck; **essere fermo a letto** to be stuck in bed; **la fabbrica è rimasta ferma per due giorni** the factory has been shut for two days; **ho l'orologio fermo** my watch has stopped - **3.** [sicuro] firm - **4.** [stabilito]: **fermo restando che...** as long as it is understood that... ◆ **fermo** *sm* - **1.** [dispositivo] catch - **2.** DIR custody.

feroce *agg* fierce, ferocious.

ferragosto *sm* August 15th holiday.

ferramenta ◇ *sf inv* [articoli] hardware. ◇ *sm inv* [negozio] hardware shop *UK* o store *US*.

ferrato, a *agg:* **essere ferrato in qc** to know all about sthg.

ferro sm - **1.** [materiale, minerale] iron; **toccare ferro** to touch wood - **2.** [da maglia]: **ferro (da calza)** (knitting) needle - **3.** [per stirare]: **ferro (da stiro)** iron - **4.** [per animale]: **ferro di cavallo** horseshoe. ◆ **ferri** smpl - **1.** [strumenti] tools; **i ferri del mestiere** the tools of the trade; **essere sotto i ferri del chirurgo** to be under the (surgeon's) knife - **2.** CULIN: **ai ferri** grilled.

ferrovia sf - **1.** [binari] railway UK, railroad US - **2.** [mezzo di trasporto] rail. ◆ **Ferrovie** sfpl: **le Ferrovie dello Stato** the Italian state-owned railways.

ferroviario, a agg [rete, orario, stazione] railway UK (dav sostantivo), railroad US (dav sostantivo); [biglietto] train (dav sostantivo).

fertile agg fertile.

fervido, a agg - **1.** [immaginazione] vivid; [attività] frantic - **2.** [affettuoso]: **fervidi auguri** warmest wishes.

fesa sf [di vitello, manzo] rump; [di tacchino] thigh.

fesseria sf fam stupid thing; **dire fesserie** to talk garbage o rubbish esp UK; **fare una fesseria** to do something stupid.

fesso, a fam ◇ agg stupid. ◇ sm, f idiot.

fessura sf crack.

festa sf - **1.** [ricorrenza] holiday; **le feste** [di Natale] the Christmas holidays; [di Pasqua] the Easter holidays; **buone feste** [a Natale] Merry o Happy Christmas; [a Pasqua] Happy Easter; **festa della donna** International Women's Day; **festa della mamma** Mother's Day; **festa del papà** Father's Day; **festa della Repubblica** national holiday on June 2nd celebrating the founding of the Italian Republic - **2.** [ricevimento] party; **dare una festa** to have a party; **festa di compleanno** birthday party - **3.** [gioia, esultanza]: **essere in festa** to be celebrating - **4.** [vacanza] holiday UK, vacation US.

festeggiamenti smpl celebrations.

festeggiare [18] vt - **1.** [avvenimento, ricorrenza] to celebrate - **2.** [persona] to have a celebration for.

festività sf inv public holiday.

festivo, a agg festive; **giorno festivo** holiday.

festone sm festoon.

feticcio sm fetish.

feto sm foetus UK, fetus US.

fetore sm stink.

fetta sf slice; **fetta biscottata** cracker, crispbread UK.

fettina sf - **1.** [bistecca] steak - **2.** [piccola fetta] small slice.

fettuccia, ce sf binding.

fettuccine sfpl [pasta] fettuccine (U).

feudale agg feudal.

feudo sm fief.

FF.AA. (abbr di Forze Armate) Armed Forces.

fiaba sf fairy tale.

fiacca, che sf weariness; **battere la fiacca** not to pull one's weight.

fiacco, a, chi, che agg - **1.** [persona] listless - **2.** [giornata] dull.

fiaccola sf torch.

fiaccolata sf torchlight procession.

fiala sf vial.

fiamma ◇ sf - **1.** [fuoco] flame; **andare in fiamme** to go up in flames; **dare qc alle fiamme** to set fire to sthg - **2.** [innamorato] boyfriend, (girlfriend f); **ex fiamma** old flame. ◇ agg inv: **rosso fiamma** flame-red. ◆ **Fiamme gialle** sfpl ≃ customs officers.

fiammante agg - **1.** [colore] flaming - **2.** [nuovissimo]: **nuovo fiammante** brand new.

fiammata sf blaze.

fiammifero sm match.

fiammingo, a, ghi, ghe ◇ agg Flemish. ◇ sm, f [persona] Fleming; **i fiamminghi** the Flemish. ◆ **fiammingo** sm [lingua] Flemish.

fiancheggiare [18] vt - **1.** [sogg: alberi] to line; [sogg: sentiero] to run along - **2.** [sostenere] to back.

fianco, chi sm side; **appoggiare le mani sui fianchi** to put one's hands on one's hips; **legarsi un grembiule ai fianchi** to tie an apron around one's waist; **al fianco di qn** [sedersi] next to sb; [solidale] by sb's side; **fianco a fianco** side by side; **a o di fianco** [accanto a] next door; **di fianco** [lateralmente] from the side.

fiasco, schi sm - **1.** [di vino] bottle - **2.** [insuccesso] fiasco; **fare fiasco** [fallire] to fail completely.

FIAT ['fiat] (abbr di Fabbrica Italiana Automobili Torino) sf inv - **1.** [azienda] FIAT - **2.** [automobile] Fiat.

fiatare [6] vi to say a word; **senza fiatare** without a murmur.

fiato sm breath; **rimanere senza fiato** [essere sbalordito] to be speechless; **(ri)prendere fiato** to get one's breath back; **(tutto) d'un fiato** [bere] all in one gulp; [parlare] without drawing breath; **avere il fiato grosso** to pant.

fibbia sf buckle.

fibra sf fibre UK, fiber US; **fibra ottica** optic fibre UK o fiber US; **fibra sintetica** synthetic fibres pl UK o fibers pl US. ◆ **fibre** sfpl [alimentari] fibre (U) UK, fiber (U) US.

ficcanaso smf inv nosy parker.

ficcare [15] *vt* - **1.** [conficcare] to knock - **2.** [mettere] to put; **ficcarsi in testa qc** to get sthg into one's head; **ficcare il naso in qc** to stick one's nose into sthg. ◆ **ficcarsi** ⬦ *vip* [oggetto] to get to; **dove si sono ficcate le chiavi?** where have the keys got to? ⬦ *vr* [persona]: **ficcarsi nei guai** to get o.s. into trouble.

fico, **chi** *sm* - **1.** [albero] fig (tree) - **2.** [frutto] fig; **fico d'India** prickly pear; **fico secco** dried fig; **non me ne importa un fico secco** I don't give a damn.

fiction ['fikʃon] *sf inv* TV series.

fidanzamento *sm* engagement.

fidanzarsi [6] *vr*: **fidanzarsi (con qn)** to get engaged (to sb).

fidanzato, **a** *sm, f* [promesso sposo] fiancé (fiancée *f*); [ragazzo, ragazza] boyfriend (girlfriend *f*), partner; **i fidanzati** the engaged couple.

fidarsi [6] *vip*: **fidarsi di qn/qc** to trust sb/sthg; **fidarsi è bene, non fidarsi è meglio** better safe than sorry.

fidato, **a** *agg* trusted.

fiducia *sf* trust; **avere fiducia in qn/qc** to have faith in sb/sthg; **persona di fiducia** trustworthy person; **incarico di fiducia** responsible position.

fiducioso, **a** *agg* confident; **essere fiducioso in qc** to have faith in sthg.

fienile *sm* hayloft.

fieno *sm* hay.

fiera *sf* - **1.** [esposizione, grande mostra] fair; **fiera di beneficenza** fundraiser; **fiera campionaria** trade fair - **2.** [belva] wild beast.

fiero, **a** *agg*: **fiero (di qn/qc)** proud (of sb/sthg).

fifa *sf fam* fear; **avere fifa (di qc)** to be scared (of sthg).

FIFA ['fifa] (*abbr di* Fédération Internationale des Football Associations) *sf* FIFA.

fifone, **a** *sm, f fam* wuss.

fig. (*abbr di* figura) fig.

figata *sf fam* beaut.

figliastro, **a** *sm, f* stepson (stepdaughter *f*).

figlio, **a** *sm, f* child, son (daughter *f*); **mio/suo figlio** my/his son; **figlio maggiore/minore** elder/younger son; **figlio di papà** *iron* spoiled brat; **figlio di puttana** *volg* son of a bitch; **figlio unico** only child. ◆ **figli** *smpl* [maschi e femmine] children.

figlioccio, **a**, **ci**, **ce** *sm, f* godchild, godson (goddaughter *f*).

figura *sf* - **1.** [gen] figure - **2.** [illustrazione] figure, illustration - **3.** [impressione]: **fare figura** to look good; **fare bella/brutta figura** to make a good/bad impression.

figuraccia, **ce** *sf* poor show.

figurare [6] ⬦ *vi* [apparire] to appear. ⬦ *vt* [immaginare]: **figurarsi qc** to imagine sthg; **si figuri/figurati!** [certo che no] of course not!; [prego] you're welcome!, don't mention it!

figurina *sf* - **1.** [adesiva] sticker - **2.** [statuetta] figurine.

figurino *sm* design.

fila *sf* - **1.** [di cose] line, row; **di fila** in succession *o* in a row - **2.** [di persone] queue *UK*, line *US*; **fare la fila** to queue *UK*, to stand in line *US*; **in fila indiana** in single file - **3.** [in cinema, teatro] row; **in prima fila** in the front row.

filanca® *sf material similar to stretch nylon*.

filante *agg* ⬦ **stella**.

filantropico, **a**, **ci**, **che** *agg* philanthropic.

filare [6] ⬦ *vt* [lana, cotone] to spin. ⬦ *vi* - **1.** [ragionamento, discorso] to hang together - **2.** [andare] to race along; **filare dritto** to behave (o.s.); **filarsela** to run away; **filare via** to dash (off) - **3.** [formaggio] to go stringy.

filarmonica, **che** *sf* philharmonic.

filastrocca, **che** *sf* nursery rhyme.

filatelia *sf* stamp collecting, philately *form*.

filato, **a** *agg* non-stop. ◆ **filato** *sm* thread.

file ['fail] *sm inv* INFORM file.

filetto *sm* [di carne, pesce] fillet; **bistecca di filetto** fillet steak.

filiale ⬦ *agg* filial. ⬦ *sf* [di azienda] branch.

filigrana *sf* - **1.** [lavorazione] filigree - **2.** [di banconota] watermark.

Filippine *sfpl*: **le (isole) Filippine** the Philippines.

film *sm inv* - **1.** [pellicola] film - **2.** [al cinema, in tv] film *esp UK*, movie *esp US*; **film giallo** thriller.

filmare [6] *vt* to film.

filmato *sm* short.

filo *sm* - **1.** [per cucire] thread - **2.** [di perle] string; **fil di ferro** wire; **filo interdentale** dental floss; **filo spinato** barbed *o* barb *US* wire; **essere appeso a un filo** to be hanging by a thread - **3.** [cavo] flex *UK*, cord *esp US* - **4.** [di lama, erba] blade - **5.** [piccola quantità]: **un filo di speranza** a ray of hope; **parlare con un filo di voce** to speak in a whisper - **6.** [di discorso]: **perdere il filo** to lose the thread; **filo conduttore** thread; **per filo e per segno** word for word; **fare il filo a qn** to be after sb.

filobus *sm inv* trolley bus.

filologia *sf* philology.

filone *sm* - **1.** [giacimento] seam - **2.** [di pane] *type of big long baguette* - **3.** [tendenza] tradition.

filosofia *sf* philosophy; **prendere qc con filosofia** to be philosophical about sthg.

filosofico, a, ci, che *agg* philosophical.

filosofo, a *sm, f* philosopher.

filtrare [6] <> *vt* - **1.** [liquido, aria] to filter - **2.** [informazioni] to screen. <> *vi* - **1.** [acqua] to come in - **2.** [informazioni] to leak out.

filtro *sm* - **1.** [dispositivo] filter; **filtro dell'aria** air filter; **filtro dell'olio** oil filter - **2.** [di sigaretta] filter tip.

fin ⊳ **fino**.

FIN [fin] *sf* - **1.** (*abbr di* **Federazione Italiana Nuoto**), *Italian swimming federation* - **2.** (*abbr di* **Finlandia**) FIN.

finale <> *agg* final. <> *sm* [di film, storia] ending; [di partita] final moments *pl*. <> *sf* finale.

finalista, i, e <> *agg* [squadre, concorrenti] in the final (*non dav sostantivo*); [candidati] on the final short list (*non dav sostantivo*). <> *smf* finalist.

finalità *sf inv* aim.

finalmente *avv* finally.

finanza *sf* finance; **alta finanza** high finance. ◆ **Finanza** *sf*: **la (Guardia di) Finanza** ≃ Customs and Excise *UK*, ≃ Customs Service *US*. ◆ **finanze** *sfpl* finances; **Ministero delle Finanze** ≃ Treasury.

finanziamento *sm* - **1.** [appoggio] financing - **2.** [somma] funds *pl*.

finanziare [20] *vt* to finance.

finanziaria *sf* - **1.** [società] investment company - **2.** [legge] finance act.

finanziario, a *agg* financial.

finanziatore, trice <> *agg* [ente] financing (*dav sostantivo*). <> *sm, f* financial backer.

finanziere *sm* - **1.** [d'alta finanza] financier - **2.** [guardia] customs officer.

finché *cong* - **1.** [fino al momento in cui] until; **rimarrò finché non avrò finito** I'll stay until I've finished - **2.** [fintantoché] as long as; **finché dura il bel tempo** as long as the good weather lasts.

fine <> *agg* - **1.** [linea, tessuto, capelli] fine - **2.** [udito, vista] sharp - **3.** [persona, gusto] refined - **4.** [congegno, regolazione] precise. <> *sf* [termine, morte, rovina] end; **mettere fine a qc** to put an end to sthg; **alla (fin) fine** in the end; **che fine hanno fatto le chiavi?** where have the keys got to?; **fare una brutta fine** to come to a bad end. <> *sm* - **1.** [scopo] end,

aim; **il fine giustifica i mezzi** the end justifies the means; **al fine di fare qc** in order to do sthg; **secondo fine** ulterior motive; **a fin di bene** for the best - **2.** [esito]: **andare a buon fine** to be successful. ◆ **fine settimana** *sm inv* weekend.

finestra *sf* window; **buttare i soldi dalla finestra** to throw money down the drain.

finestrino *sm* [di veicolo] window.

fingere [49] <> *vt* [simulare] to feign *form*; **fingere di fare qc** to pretend to do sthg. <> *vi* to act. ◆ **fingersi** *vr*: **fingersi qc** to pretend to be sthg.

finire [9] <> *vt* - **1.** [completare] to finish; **finire di fare qc** to finish doing sthg - **2.** [scorte, cibo] to finish (off); [soldi] to use up; **ho finito le sigarette** I've run out of cigarettes - **3.** [uccidere] to finish off - **4.** [smettere]: **finire di fare qc** to stop doing sthg; **finirla** to stop (it); **finirla di fare qc** to stop doing sthg. <> *vi* - **1.** [concludersi] to end; **finire per fare qc** to end up doing sthg; **finire bene/male** [racconto, situazione] to have a happy/sad ending; **finire male** [persona] to come to a bad end; **com'è andata a finire?** what happened in the end?; **finire in qc** [confusione, tragedia] to end in sthg; **finire con qc** to end with sthg - **2.** [esaurirsi] to run out - **3.** [andare] to end up; **finire in ospedale/prigione** to end up in hospital *UK* o the hospital *US*/prison. <> *sm* end.

finito, a *agg* finished; **farla finita (con qc)** to stop (sthg); **falla finita!** stop it!

finlandese <> *agg* Finnish. <> *smf* [persona] Finn. <> *sm* [lingua] Finnish.

Finlandia *sf*: **la Finlandia** Finland.

fino, a *agg* - **1.** [intelligente] quick - **2.** [oro, seta] pure. ◆ **fino** <> *prep* - **1.** [nello spazio]: **fin qui** up to here; **fino a qc** as far as sthg; **fino da qc** from as far away as sthg - **2.** [nel tempo]: **fino a qc** until sthg; **fino a quando?** until when?; **ho urlato fino a restare senza voce** I shouted until I was hoarse; **fin da allora** ever since; **fin dall'inizio** right from the start; **è stato appassionato di musica fin da piccolo** he's been interested in music ever since he was little. <> *avv*: **fin troppo** more than enough.

finocchio *sm* - **1.** [verdura] fennel - **2.** *fam offens* [omosessuale] queer.

finora *avv* so far, up to now.

finsi *etc* ⊳ **fingere**.

finta *sf* - **1.** [finzione]: **essere una finta** to be put on; **far finta (di fare qc)** to pretend (to do sthg); **far finta di niente** to pretend not to notice; **fare qc per finta** to pretend to do sthg - **2.** SPORT dummy *UK*, fake *US*.

finto, a ◇ pp ▷ **fingere.** ◇ agg
- 1. [barba, diamante, pelle] fake; [dente] false;
[fiore] artificial - 2. [dispiacere, allegria] pretend
(dav sostantivo).

finzione sf pretence UK, pretense US.

fiocco, chi sm - 1. [nodo] bow; **coi fiocchi** [eccellente] first-class - 2. [di neve] flake. ◆ **fiocchi d'avena** smpl oat flakes.

fiocina sf harpoon.

fioco, a, chi, che agg weak.

fionda sf [per giocare] catapult UK, slingshot US.

fioraio, a sm, f [persona] florist. ◆ **fioraio** sm [negozio] florist, florist's UK.

fiordaliso sm cornflower.

fiordilatte, fior di latte sm - 1. [gelato] type of ice cream made with milk, cream, and sugar - 2. [mozzarella] type of mozzarella made from cow's milk.

fiore sm - 1. [di pianta] flower; **in fiore** [albero, pianta] in flower; **a fiori** [tessuto] flowery - 2. [parte migliore]: **nel fiore degli anni** in one's prime; **il (fior) fiore di qc** the flower of sthg - 3. [superficie]: **a fior di qc** on the surface of sthg; **a fior di labbra** in a whisper - 4. [grande quantità]: **costare/guadagnare fior di quattrini** to cost/earn a fortune. ◆ **fiori** smpl [nelle carte] clubs.

fiorentina sf T-bone steak.

fiorentino, a agg & sm, f Florentine.

fioretto sm SPORT foil.

fiorino sm florin.

fiorire [9] vi - 1. [pianta] to flower; [giardino] to be in flower - 2. [economia, arte] to flourish.

fiorista, i, e ◇ smf [persona] florist. ◇ sm [negozio] florist, florist's UK.

fiotti smpl: **scorrere a o in fiotti** [sangue, acqua] to gush; **precipitarsi o accorrere a fiotti** [gente] to flock.

Firenze sf Florence.

firewall [] sm inv firewall.

firma sf - 1. [autografo] signature; **firma digitale** digital signature - 2. [marca] designer label.

firmamento sm firmament.

firmare [6] vt to sign.

fisarmonica, che sf accordion.

fiscale agg - 1. [del fisco] tax (dav sostantivo) - 2. [rigido] strict.

fischiare [20] ◇ vi to whistle; **mi fischiano le orecchie** fig my ears are burning. ◇ vt - 1. [artista, spettacolo] to boo - 2. SPORT to blow the whistle for - 3. [canzone, melodia] to whistle.

fischiettare [6] vt to whistle.

fischietto sm [strumento] whistle.

fischio, schi sm [suono, strumento] whistle.

fisco sm tax authorities pl.

fisica sf physics (U).

fisicamente avv physically.

fisico, a, ci, che ◇ agg physical. ◇ sm, f [studioso] physicist. ◆ **fisico** sm [corpo] physique.

fisiologico, a, ci, che agg physiological.

fisionomia sf features pl.

fisioterapia sf physiotherapy UK, physical therapy US.

fisioterapista, i, e smf physiotherapist UK, physical therapist US.

fissare [6] vt - 1. [rendere stabile, stabilire] to fix; **fissare qc su o a qc** [attaccare] to fix sthg onto sthg; **fissare qc su qn/qc** [sguardo, attenzione] to fix sthg on sb/sthg - 2. [scrutare] to stare at - 3. [prenotare] to book. ◆ **fissarsi** vip - 1. [stabilizzarsi] to settle - 2. [ostinarsi]: **fissarsi che...** to be convinced (that)...; **fissarsi con qc** to be obsessed with sthg; **fissarsi di fare qc** to set one's heart on doing sthg.

fissato, a ◇ agg: **essere fissato con qc** to be obsessed with sthg. ◇ sm, f freak fam.

fisso, a agg - 1. [attaccato, immutabile] fixed - 2. [stabile] regular.

fitness sf fitness; **fare fitness** to work out.

fitta sf sharp pain.

fittizio, a agg fictitious.

fitto, a agg - 1. [bosco, nebbia] thick, dense; [pioggia] heavy; [pettine] fine; **buio fitto** pitch dark - 2. [visite, interruzioni] frequent.

fiume ◇ sm - 1. [corso d'acqua] river - 2. [di parole, lacrime] torrent. ◇ agg inv long-drawn-out; **romanzo fiume** roman-fleuve.

fiuto sm - 1. [odorato] sense of smell - 2. [intuito]: **aver fiuto per qc** to have a nose for sthg.

flaccido, a agg flabby.

flacone sm bottle.

flagello sm scourge.

flagrante agg flagrant; **in flagrante** red-handed; **cogliere qn in flagrante** to catch sb red-handed.

flanella sf flannel.

flash [flɛʃ] ◇ agg inv: **notiziario flash** newsflash. ◇ sm inv FOTO flash.

flashback [flɛʃ'bɛk] sm inv flashback.

flautista, i, e smf flautist UK, flutist US.

flauto sm flute; **flauto traverso** transverse flute; **flauto dolce** recorder.

fleboclisi sf inv intravenous drip.

flemma sf calm; **con flemma** coolly.

flessibile agg flexible.

flessibilità sf flexibility.

flessione sf - **1.** [piegamento] bend; **flessione in avanti** forward bend - **2.** [diminuzione] decrease - **3.** [di parola, verbo] inflection.

flesso, a ⟨> pp ▷ **flettere**. ⟨> agg - **1.** [gamba, ginocchio] bent - **2.** [parola, verbo] inflected.

flessuoso, a agg - **1.** [corpo, ramo] flexible - **2.** [movimento] agile.

flettere [68] vt - **1.** [piegare] to bend - **2.** [declinare] to inflect. ◆ **flettersi** vr to bend (down).

flipper sm inv pinball.

flirt [flert] sm inv fling.

flirtare [6] [fler'tare] vi to flirt.

F.lli (abbr di **fratelli**) Bros.

flop [flop] sm inv flop.

floppy (disk) sm inv floppy (disk).

flora sf flora.

florido, a agg thriving, flourishing.

floscio, a, sci, sce agg - **1.** [molle e cascante] floppy - **2.** [fiacco] spineless.

flotta sf fleet.

fluente agg - **1.** [barba, capelli] flowing - **2.** [lingua] fluent.

fluido, a agg - **1.** [liquido] runny - **2.** [discorso, stile] fluid. ◆ **fluido** sm [liquido] fluid.

fluire [9] vi to flow.

fluorescente agg fluorescent.

fluoro sm fluoride.

flusso sm flow.

fluttuare [6] vi - **1.** [ondeggiare] to roll - **2.** [moneta, valore] to fluctuate.

fluviale agg river (dav sostantivo).

FM (abbr di **Frequency Modulation**) FM.

FMI (abbr di **Fondo Monetario Internazionale**) sm IMF.

FOB [fob] (abbr di **free on board**) agg COMM FOB.

fobia sf phobia.

foca, che sf seal.

focaccia, ce sf focaccia (flat salty bread made with olive oil); **focaccia genovese** sweet bread with sultanas.

focalizzare [6] vt - **1.** [gen] to focus - **2.** [problema, situazione] to focus on. ◆ **focalizzarsi** vr: **focalizzarsi su qc** to focus on sthg.

foce sf mouth.

focolaio sm [di epidemia, infezione] centre UK, center US; [di rivolta] breeding ground.

focolare sm - **1.** [di camino] hearth - **2.** [di caldaia] combustion chamber.

focoso, a agg fiery.

fodera sf [di vestito, valigia] lining; [di libro] (dust) jacket.

foderato, a agg [abito, cassetto] lined; [libro] covered.

foga sf ardour UK, ardor US.

foglia sf leaf; **mangiare la foglia** fig to smell a rat; **tremare come una foglia** [di freddo, paura] to shake like a leaf.

fogliame sm foliage.

foglietto sm slip of paper.

foglio sm - **1.** [gen] sheet - **2.** [documento] form; **foglio rosa** provisional licence UK, learner's permit US; **foglio di via** repatriation order. ◆ **foglio elettronico** sm INFORM spreadsheet.

fogna sf sewer.

fognatura sf sewers pl.

föhn [fɔn] sm inv = **fon**.

folata sf gust.

folcloristico, a, ci, che agg folk (dav sostantivo).

folgorante agg [cielo, luce] dazzling; [sguardo] withering; [idea, intuizione] brilliant.

folgorare [6] vt - **1.** [con fulmine] to strike with a lightning bolt; [con corrente elettrica] to electrocute - **2.** [con sguardo] to glare at.

folla sf crowd.

folle ⟨> agg - **1.** [pazzo] mad - **2.** [sconsiderato] crazy - **3.** AUTO: **in folle** in neutral. ⟨> smf madman (madwoman f).

follemente avv madly.

folletto sm elf.

follia sf - **1.** [stato mentale] madness; **alla follia** to distraction - **2.** [cosa assurda] act of madness; **fare follie** to have a good time.

folto, a agg - **1.** [capelli] thick - **2.** [schiera] large.

fon [fɔn] sm inv hairdryer.

fondale sm seabed.

fondamenta sfpl foundations.

fondamentale agg fundamental.

fondamentalmente avv - **1.** [nei fondamenti] fundamentally - **2.** [essenzialmente] essentially.

fondamento sm foundation.

fondare [6] vt - **1.** [istituire] to found - **2.** [basare] **fondare qc su qc** to base sthg on sthg. ◆ **fondarsi** vip: **fondarsi su qc** to be based on sthg.

fondato, a agg well-founded.

fondatore, trice sm, f founder.

fondazione sf foundation.

fondente agg ▷ **cioccolato**.

fondere [44] ⟨> vt - **1.** [rendere liquido - ghiaccio, cera] to melt; [- metallo] to smelt

- 2. [unire] to mix. ◇ *vi* to melt. ➤ **fondersi** ◇ *vip* to melt. ◇ *vr* [società] to merge; [colori] to combine.

fondina *sf* holster.

fondo, a *agg* deep; **a notte fonda** at dead of night. ➤ **fondo** *sm* **- 1.** [parte inferiore] bottom; **andare a fondo** [affondare] to sink; [rovinarsi] to go bust; **in fondo a qc** [contenitore] at the bottom of sthg **- 2.** [rimanenza] remainder; **fondo di caffè** coffee grounds *pl*; **fondo di magazzino** old stock *(U)* **- 3.** [estremità] end; **in fondo a qc** at the end of sthg **- 4.** [terreno] estate **- 5.** [parte più interna] depths *pl*; **a fondo** [conoscere, studiare] in depth **- 6.** [sfondo] background **- 7.** [denaro] fund; **fondo di cassa** kitty; **Fondo Monetario Internazionale** International Monetary Fund.

fondotinta *sm inv* foundation.

fonduta *sf* fondue.

fonetico, a, ci, che *agg* phonetic.

fontana *sf* fountain.

fonte ◇ *sf* **- 1.** [d'acqua] spring **- 2.** [di guadagno, informazioni, guai] source; **fonte di energia** energy source. ◇ *sm*: **fonte battesimale** font. ➤ **fonti** *sfpl* sources.

fontina *sf* fontina *(full-fat hard cheese)*.

footing ['futin(g)] *sm* jogging; **fare footing** to go jogging.

forare [6] *vt* **- 1.** [legno, carta] to pierce **- 2.** [pneumatico] to puncture. ➤ **forarsi** *vip* to burst.

forbici *sfpl* scissors.

forbicine *sfpl* nail scissors.

forca, che *sf* **- 1.** [attrezzo] pitchfork **- 2.** [patibolo] gallows *(sing)*.

forchetta *sf* fork; **essere una buona forchetta** *fig* to be a hearty eater.

forchettata *sf* forkful.

forcina *sf* hairpin.

foresta *sf* forest.

forestale *agg* forest *(dav sostantivo)*.

forestiero, a *sm, f* [straniero] foreigner; [estraneo] outsider.

forfait [for'fɛ] *sm inv* **- 1.** [prezzo fisso] fixed *o* set price **- 2.** [ritiro da gara]: **vincere per forfait** to win by default; **dare** *o* **dichiarare forfait** to drop out.

forfora *sf* dandruff.

forma ◇ *agg inv* ▷ **peso.** ◇ *sf* **- 1.** [aspetto, stato fisico] shape; **a forma di qc** in the shape of sthg; **sotto forma di qc** in the form of sthg; **essere in/fuori forma** [atleta] to be/not to be in *o* on *UK* form; **tenersi in forma** to keep fit **- 2.** [struttura] structure **- 3.** [prassi,

etichetta] form **- 4.**: **una forma di formaggio** a cheese **- 5.** [per scarpe] last **- 6.** [stampo] mould *UK*, mold *US*. ➤ **forme** *sfpl* curves.

formaggino *sm* cheese spread.

formaggio *sm* cheese.

formale *agg* formal.

formalità *sf inv* formality.

formalizzare [6] *vt* to formalize. ➤ **formalizzarsi** *vip* to be a stickler.

formalmente *avv* formally.

formare [6] *vt* **- 1.** [creare] to form **- 2.** [educare - giovani] to mould *UK*, to mold *US*; [- personale] to train. ➤ **formarsi** *vip* **- 1.** [gen] to form **- 2.** [studiare] to study.

format ['format] *sm inv* INFORM format.

formato, a *agg* **- 1.** [costituito]: **essere formato da qn/qc** to be made up of sb/sthg **- 2.** [sviluppato] formed. ➤ **formato** *sm* format; **formato famiglia** [confezione] family-size; **formato tessera** [fotografia] passport-size.

formattare [6] *vt* to format.

formazione *sf* **- 1.** [gen] formation **- 2.** [istruzione] education; **formazione professionale** vocational training.

formica¹, che *sf* ant.

formica®² *sf* formica.

formicaio *sm* **- 1.** [di formiche] anthill **- 2.** [di gente]: **oggi la spiaggia era un vero formicaio** the beach was heaving today.

formicolare [6] *vi* **- 1.**: **formicolare di qc** to swarm with sthg **- 2.** [piede, gamba] to have pins and needles.

formidabile *agg* **- 1.** [non comune] extraordinary **- 2.** [ottimo] wonderful.

formoso, a *agg* shapely.

formula *sf* formula. ➤ **Formula** *sf*: **Formula 1** Formula 1.

formulare [6] *vt* to formulate.

formulario *sm* **- 1.** [raccolta] formulary **- 2.** [modulo] form.

fornaio, a *sm, f* baker. ➤ **fornaio** *sm* bakery, baker's *UK*.

fornello *sm* burner, ring *esp UK*.

fornire [9] *vt*: **fornire qc a qn/qc, fornire qn/qc di qc** to supply sb/sthg with sthg. ➤ **fornirsi** *vr*: **fornirsi di qc** to stock up with sthg.

fornitore, trice ◇ *agg*: **una ditta fornitrice di qc** a company supplying sthg. ◇ *sm, f* supplier.

fornitura *sf* **- 1.** [azione] supply; **contratto di fornitura** supply contract **- 2.** [partita] supplies *pl*.

forno *sm* - 1. [per cuocere] oven; **al forno** [patate, pasta] baked; **forno a microonde** microwave (oven) - 2. [panetteria] bakery, baker's *UK* - 3. *fig* [stanza, città] oven.

foro *sm* - 1. [buco] hole - 2. [tribunale] court - 3. ARCHEOL forum.

forse <> *avv* - 1. [può darsi] perhaps, maybe; **forse sì** maybe *o* perhaps; **forse no** maybe *o* perhaps not - 2. [circa] about; **avrà forse quarant'anni** he must be about 40 - 3. [per caso]: **non è forse vero?** isn't it true then?; **hai forse paura?** you're not scared, are you? <> *sm inv* **if; essere in forse** to be doubtful.

forte <> *agg* - 1. [gen] strong; **è più forte di me** [abitudine, mania] I can't help myself; **essere forte di fianchi** to have big hips; **taglie forti** large sizes - 2. [dolore] bad - 3. [bravo] good; **essere forte in qc** to be good at sthg - 4. *fam* [simpatico, bello] great. <> *avv* - 1. [con violenza] strong - 2. [ad alto volume] loud - 3. [velocemente] fast; **andare forte** to go fast. <> *sm* - 1. [persona]: **la legge del più forte** the law of the jungle - 2. [abilità] forte; **essere il forte di qn** to be sb's strong point - 3. [fortezza] fort.

fortezza *sf* fortress.

fortificazione *sf* fortification.

fortino *sm* fort.

fortuito, a *agg* fortuitous.

fortuna *sf* - 1. [buona sorte] (good) luck; **avere/non avere fortuna (in qc)** to be/not to be lucky (in sthg); **portare fortuna** to bring luck; **per fortuna** luckily - 2. [ricchezza] fortune; **fare fortuna** to make one's fortune - 3.: **di fortuna** [improvvisato] improvised.

fortunatamente *avv* fortunately.

fortunato, a *agg* lucky, fortunate; **sei fortunato a non esserti fatto male** you're lucky not to have hurt yourself; **scegliere un momento fortunato** to pick a good moment.

foruncolo *sm* boil.

forza *sf* - 1. [fisica, psicologica] strength; **forza!** come on!; **farsi forza** to gather one's strength; **forza di volontà** willpower - 2. [violenza, della natura] force; **a forza** [con violenza] by force; **forza di gravità** force of gravity - 3. [potere] power; **forza lavoro** workforce - 4. DIR: **avere forza di legge** to have the force of law - 5. [unità di misura]: **vento forza 9** force 9 gale; **a forza di (fare) qc** by dint of (doing) sthg; **per forza** [a tutti i costi] at all costs; [ovviamente] obviously; **forza maggiore** force majeure. ◆ **forze** *sfpl* - 1. [vigore] strength (U); **recuperare le forze** to recover one's strength; **essere in forze** to have strength

- 2. [esercito] forces; **le forze armate** the armed forces; **le forze dell'ordine** the forces of law and order.

forzare [6] <> *vt* - 1. [costringere]: **forzare qn/qc (a fare qc)** to force sb/sthg (to do sthg) - 2. [voce, concentrazione] to strain; **forzare la mano a qn** to push sb - 3. [senso, interpretazione] to twist - 4. [passo, porta, serratura] to force - 5. [spingere]: **forzare qc su/in qc** to force sthg on/into sthg. <> *vi*: **forzare su qc** to press on sthg.

forzato, a *agg* - 1. [gen] forced - 2. [assenza, scelta] imposed; **lavori forzati** hard labour (U) *UK o* labor (U) *US*.

foschia *sf* mist.

fosfato *sm* phosphate.

fosforescente *agg* phosphorescent.

fosforo *sm* phosphorus.

fossa *sf* - 1. [buco] ditch; **fossa biologica** cesspit, cesspool - 2. [tomba] grave; **essere con *o* avere un piede nella fossa** *fig* to have one foot in the grave; **fossa comune** mass grave.

fossato *sm* moat.

fossetta *sf* dimple.

fossi *etc* ▷ **essere**.

fossile <> *agg* fossil *(dav sostantivo)*. <> *sm* fossil.

fossilizzarsi [6] *vip* to fossilize.

fosso *sm* ditch.

foste ▷ **essere**.

fosti ▷ **essere**.

foto *sf inv* photo.

fotocellula *sf* light sensor.

fotocopia *sf* photocopy.

fotocopiare [20] *vt* to photocopy.

fotocopiatrice *sf* photocopier.

fotogenico, a, ci, che *agg* photogenic.

fotografare [6] *vt* to photograph.

fotografia *sf* - 1. [procedimento, attività] photography - 2. [immagine] photograph; **fare *o* scattare una fotografia** to take a photograph.

fotografico, a, ci, che *agg* photographic.

fotografo *a sm, f* photographer.

fotomodello *a sm, f* model.

fotoromanzo *sm* picture story.

fototessera *sf* passport-size photograph.

fottere [7] *vt volg* - 1. [fare sesso con] to fuck - 2. [ingannare] to screw - 3. [rubare] to swipe. ◆ **fottersi** *vip volg*: **fottersene (di qn/qc)** not to give a fuck (about sb/sthg).

foulard [fu'lar] *sm inv* scarf.

fra *prep* = **tra**.

frac *sm inv* tails *pl*.

fracassare [6] *vt* to smash; **fracassarsi qc** to break sthg. ➤ **fracassarsi** *vip* to smash.

fracasso *sm* racket; **far fracasso** to make a racket.

fradicio, a, ci, ce o **cie** *agg* soaked.

fragile *agg* - **1.** [materiale, oggetto] fragile - **2.** [persona, salute] frail.

fragola *sf* strawberry.

fragore *sm* [di applausi, risata] roar; [di tuono] rumble; [di collisione] crash.

fragoroso, a *agg* [urto, applauso] deafening; [risata] loud.

fragrante *agg* fragrant.

fraintendere [43] *vt* to misunderstand.

frainteso, a *pp* ▷ **fraintendere**.

frammentario, a *agg* - **1.** [testo, documento] fragmentary - **2.** [discorso, ricordo] sketchy.

frammento *sm* fragment.

frana *sf* - **1.** [di terreno] landslide - **2.** [persona]: **essere una frana** to be hopeless.

franare [6] *vi* - **1.** [terreno] to slide down; [muro] to collapse - **2.** [speranza, convinzione] to come to nothing.

francamente *avv* frankly.

francese ◇ *agg* French. ◇ *smf* [persona] Frenchman (Frenchwoman *f*). ◇ *sm* [lingua] French.

franchezza *sf* frankness, openness; **parlare con franchezza** to speak frankly o openly.

Francia *sf*: **la Francia** France.

franco, a, chi, che *agg* - **1.** [sincero] frank - **2.** [esentasse] free; **farla franca** to get away with it - **3.** MIL: **franco tiratore** [soldato] sniper; *fig* [parlamentare] rebel. ➤ **franco** *sm* franc.

francobollo *sm* stamp.

frangente *sm* situation.

frangia, ge *sf* - **1.** [di tenda, scarpa, organizzazione] fringe - **2.** [di capelli] fringe *UK*, bangs *pl US*.

frantoio *sm* - **1.** [per le olive] olive press; [di pietra] crusher - **2.** [luogo] olive farm.

frantumare [6] *vt* to shatter. ➤ **frantumarsi** *vip* to shatter.

frantumi *smpl* pieces; **andare in frantumi** to break into pieces.

frappè *sm inv* milk shake.

frapporre [96] *vt* to place. ➤ **frapporsi** ◇ *vip* to place o.s. ◇ *vr* to intervene.

frapposto, a *pp* ▷ **frapporre**.

frasario *sm* [compendio di frasi] phrase book; [terminologia] terminology.

frase *sf* - **1.** [espressione] phrase; **frase fatta** cliché - **2.** GRAMM sentence.

frassino *sm* ash (tree).

frastagliato, a *agg* jagged.

frastornato, a *agg* dazed.

frastuono *sm* racket.

frate *sm* [religioso] monk; [laico] brother.

fratellanza *sf* cameraderie.

fratellastro *sm* [con un genitore in comune] half-brother; [figlio di patrigno, matrigna] step-brother.

fratello *sm* brother. ➤ **fratelli** *smpl* [maschi e femmine] brothers and sisters; **fratelli gemelli** twins; **fratelli siamesi** [gen] Siamese twins; MED conjoined twins.

fraterno, a *agg* brotherly.

frattaglie *sfpl* giblets.

frattanto *avv* in the meantime.

frattempo *sm*: **nel frattempo** in the meantime.

frattura *sf* - **1.** MED fracture - **2.** [contrasto] rift.

fratturare [6] *vt* to break; **fratturarsi qc** to break sthg; **mi sono fratturato un polso** I broke my wrist. ➤ **fratturarsi** *vip* to break.

fraudolento, a *agg* - **1.** [individuo] dishonest - **2.** [azione, comportamento] fraudulent.

frazione *sf* - **1.** [paese] hamlet - **2.** MAT fraction - **3.** [parte] part.

freccia, ce *sf* - **1.** [gen] arrow - **2.** AUTO: **freccia (di direzione)** indicator *esp UK*, turn signal *US*.

freddamente *avv* [con distacco] coldly; [a sangue freddo] cold-bloodedly.

freddare [6] *vt* - **1.** [entusiasmo] to dampen - **2.** [uccidere] to kill. ➤ **freddarsi** *vip* to get cold.

freddezza *sf* - **1.** [di temperatura, atteggiamento] coldness; **con molta freddezza** very coldly - **2.** [calma] level-headedness.

freddo, a *agg* cold; **a mente fredda ho riconsiderato le cose** when I had calmed down I thought about it again. ➤ **freddo** *sm* - **1.** [clima] cold - **2.** [sensazione]: **avere freddo** to be cold; **a freddo** [lavare] in cold water; [agire] calmly; [uccidere] in cold blood.

freddoloso, a *agg*: **essere freddoloso** to feel the cold easily.

free-climbing [fri'klaimbin(g)] *sm* free climbing.

free-lance [fri'lɛns] ◇ *agg inv* freelance. ◇ *smf inv* freelance(r).

freezer ['frizer] *sm inv* [congelatore] freezer; [scomparto interno] freezer compartment *UK*, freezer *esp US*.

fregare [16] *vt* - **1.** [strofinare, strusciare] to rub; **fregarsi gli occhi/le mani** to rub one's eyes/hands - **2.** *fam* [imbrogliare]: **fregare qn** to take sb for a ride - **3.** *fam*: **fregare qc a qn**

[rubare] to swipe sth from sb - **4.** *fam* [vincere] to beat. ◆ **fregarsi** *vip fam*: **fregarsene (di qn/qc)** not to care (about sb/sth).

fregatura *sf fam* - **1.** [imbroglio] rip-off - **2.** [delusione] letdown.

fremito *sm* shudder.

frenare [6] ◇ *vi* to brake. ◇ *vt* - **1.** [veicolo] to brake - **2.** [rabbia, entusiasmo] to curb. ◆ **frenarsi** *vr* to stop o.s.

frenata *sf* - **1.** [con veicolo]: **fare una frenata** to brake - **2.** [rallentamento] slowdown.

frenetico, a, ci, che *agg* hectic.

freno *sm* - **1.** [dispositivo] brake; **freno a mano** handbrake *UK*, **emergency brake** *US* - **2.** [inibizione] restraint; [autocontrollo] self-control; **mettere un freno a qc** to curb sth.

frequentare [6] *vt* - **1.** [gen] to go to - **2.** [corso] to go on - **3.** [persona, ambiente] to go around with. ◆ **frequentarsi** *vr* to go around together.

frequentato, a *agg* busy.

frequentatore, trice *sm, f* [gen] visitor; [abituale] regular; [di teatro] theatregoer *UK*, theatergoer *US*; [di cinema] cinemagoer *UK*, moviegoer *esp US*.

frequente *agg* frequent; **di frequente** frequently.

frequentemente *avv* frequently.

frequenza *sf* - **1.** [gen] frequency - **2.** [affluenza] attendance; **frequenza obbligatoria** [di corso] compulsory attendance - **3.** [di polso, cuore] rate.

freschezza *sf* - **1.** [di temperatura] coolness - **2.** [di alimento, pelle] freshness.

fresco, a, schi, sche *agg* - **1.** [per temperatura] cool - **2.** [alimento, fiore, pelle, mente] fresh - **3.** [recente] recent; [vernice] wet; **essere fresco di studi** to have just finished one's studies; **stai fresco!** you'll be lucky! ◆ **fresco** *sm* coolness; **oggi fa fresco** it's cool today; **mettere qc in fresco** to put sth in a cool place; **al fresco** [in luogo fresco] outdoors; [in prigione] in prison.

fretta *sf* - **1.** [premura]: **avere fretta (di fare qc)** to be in a hurry (to do sth); **mettere fretta a qn** to hurry sb; **essere** o **andare di fretta** to be in a hurry - **2.** [rapidità] haste; **in fretta** hurriedly; **in fretta e furia** in a real hurry.

frettoloso, a *agg* - **1.** [persona] in a hurry *(non dav sostantivo)* - **2.** [lavoro, passo] hurried.

friabile *agg* crumbly.

fricassea *sf* fricassee.

friggere [50] ◇ *vt* to fry. ◇ *vi* - **1.** [olio] to sizzle; [cibo] to fry - **2.** *fam* [essere impaziente] to seethe.

frigidità *sf* frigidity.

frigido, a *agg* frigid.

frignare [23] *vi* to whine.

frignone, a *sm, f* crybaby.

frigo ◇ *agg inv* ⊳ **borsa**. ◇ *sm inv* fridge; **mettere qc in frigo** to put sth in the fridge.

frigobar *sm inv* minibar.

frigorifero, a *agg* [impianto] refrigeration *(dav sostantivo)*; **cella frigorifera** cold store. ◆ **frigorifero** *sm* refrigerator.

frissi *etc* ⊳ **friggere**.

frittata *sf* omelette, omelet *US*.

frittella *sf* fritter.

fritto, a ◇ *pp* ⊳ **friggere**. ◇ *agg* - **1.** [patate, pesce] fried - **2.** [spacciato]: **essere fritto** to be dead meat. ◆ **fritto** *sm* fried food; **fritto di pesce** fried fish; **fritto misto** mixed fried fish.

friulano, a ◇ *agg* from Friuli. ◇ *sm, f* person from Friuli.

Friuli *sm*: **il Friuli Venezia-Giulia** Friuli Venezia-Giulia.

frivolo, a *agg* frivolous.

frizione *sf* - **1.** AUTO clutch - **2.** [massaggio] massage.

frizzante *agg* [bevanda] fizzy; [vino] sparkling.

frode *sf* fraud.

frollo, a *agg* ⊳ **pasta**.

frontale *agg* [osso, attacco] frontal; [lato] front *(dav sostantivo)*; [scontro] head-on.

fronte ◇ *sf* [di testa] forehead; **di fronte (a qn/qc)** opposite o in front (of sb/sth). ◇ *sm* front; **far fronte a qc** to face up to sth.

frontiera *sf* - **1.** [tra nazioni] border - **2.** [limite] frontier.

frottola *sf* lie; **raccontare frottole** to tell lies.

frugare [16] *vt* & *vi* to search.

frullare [6] *vt* to whisk.

frullato *sm* shake.

frumento *sm* wheat.

fruscio, ii *sm* [rumore - di gonna, seta, foglie] rustle; [- di registrazione] hiss; [- di telefono] crackling.

frusta *sf* - **1.** [per colpire] whip - **2.** [da cucina] whisk.

frustare [6] *vt* to whip.

frustino *sm* riding crop.

frustrante *agg* frustrating.

frustrazione *sf* frustration.

frutta *sf* - **1.** [frutti] fruit; **frutta candita** candied fruit; **frutta sciroppata** fruit in syrup; **frutta secca** dried fruit - **2.** [portata] dessert.

fruttare [6] *vt* to yield; **fruttare qc a qn** to earn sb sthg.

fruttivendolo, a *sm, f* (venditore) greengrocer *esp UK*, produce dealer *US*. ◆ **fruttivendolo** *sm* (negozio) greengrocer's *esp UK*, produce store *US*.

frutto *sm* fruit; **frutto tropicale** tropical fruit; **mangiare un frutto** to eat a piece of fruit. ◆ **frutti** *smpl* - 1. (frutta): **frutti di bosco** berries - 2. (molluschi): **frutti di mare** seafood *(U)* - 3. (utili) return *(sing)*.

FS (*abbr di* Ferrovie dello Stato) *sfpl Italian state-owned railways*.

f.to (*abbr di* firmato) signed.

fu ▷ **essere**.

fucilare [6] *vt* to shoot.

fucilata *sf* shot.

fucile *sm* gun; **fucile subacqueo** harpoon gun.

fucsia *agg inv & sf* fuchsia.

fuga, ghe *sf* - 1. (allontanamento) escape; **in fuga** on the run - 2. (fuoriuscita) leak; **fuga di gas** gas leak; **fuga di notizie** leak.

fuggiasco, a, schi, sche ◇ *agg* runaway (*dav sostantivo*). ◇ *sm, f* fugitive.

fuggire [8] ◇ *vi* to flee; **fuggire da qc** to escape from sthg. ◇ *vt* to avoid.

fuggitivo, a ◇ *agg* runaway (*dav sostantivo*). ◇ *sm, f* fugitive.

fui ▷ **essere**.

fulcro *sm* (di problema) heart.

fuliggine *sf* soot.

fulminare [6] *vt* - 1. (con fulmine) to strike with lightning; **che Dio mi fulmini se...** may God strike me dead if... - 2. (con scarica elettrica) to electrocute. ◆ **fulminarsi** *vip* to burn out.

fulmine *sm* (di temporale) lightning.

fulvo, a *agg* tawny.

fumare [6] ◇ *vt* to smoke. ◇ *vi* - 1. (persona) to smoke; **fumare come un turco** to smoke like a chimney; **"vietato fumare!"** "No Smoking!" - 2. (minestra) to steam; (legno) to give off smoke.

fumatore, trice *sm, f* smoker; **un fumatore accanito** a heavy smoker; **scompartimento per fumatori** smoking compartment.

fumetto *sm* - 1. (riquadro) speech bubble - 2. (racconto, giornale) comic; **a fumetti** cartoon (*dav sostantivo*).

fummo ▷ **essere**.

fumo *sm* - 1. (di combustione) smoke - 2. (vapore) steam - 3. (vizio) smoking - 4. (droga) dope. ◆ **fumi** *smpl*: **fumi dell'alcol** effects of alcohol.

fune *sf* (corda) rope; (di acciaio) cable; **tiro alla fune** tug-of-war.

funebre *agg* - 1. (funerario) funeral (*dav sostantivo*) - 2. (triste) gloomy.

funerale *sm* funeral; **avere una faccia da funerale** *fig* to have a long face.

fungere [49] *vi*: **fungere da qc** (agire come) to act as sthg; (servire come) to serve as sthg.

fungo, ghi *sm* - 1. (vegetale) mushroom; (velenoso) toadstool - 2. (forma): **fungo atomico** mushroom cloud - 3. (malattia) fungus.

funivia *sf* cable railway.

funsi *etc* ▷ **fungere**.

funto, a *pp* ▷ **fungere**.

funzionale *agg* - 1. (di funzionamento) functional - 2. (pratico) practical.

funzionare [6] *vi* to work; **funzionare da qc** to act as sthg.

funzionario, a *sm, f* official; **funzionario pubblico** government official.

funzione *sf* - 1. (gen & MAT) function; **essere in funzione** to be running o on; **mettere in funzione** to start - 2. (ruolo) role - 3. (religiosa) service; **in funzione di qc** (a seconda di) according to sthg.

fuoco, chi *sm* - 1. (fiamme) fire; **accendere il fuoco** to light the fire; **al fuoco!** fire!; **dare fuoco a qc** to set fire to sthg; **prendere fuoco** to catch fire - 2. (fornello): **mettere qc sul fuoco** to put sthg on the gas - 3. (spari): **aprire il fuoco** to open fire; **fare fuoco contro qn** to fire on sb - 4. FOTO: **mettere a fuoco qc** to get sthg in focus; **a fuoco fisso** automatic-focus (*dav sostantivo*). ◆ **fuochi** *smpl*: **fuochi d'artificio** fireworks.

fuorché ◇ *prep* except (for), apart from. ◇ *cong* except that.

fuori ◇ *avv* - 1. (all'esterno) outside, out; **in fuori** (pancia) sticking out; (occhi) protuberant; **tirar fuori qc** to produce sthg - 2. (in altro luogo) out; **cenare fuori** to eat out; **far fuori** (consumare) to use up; (eliminare) to get rid of. ◇ *prep* (all'esterno di) out of; **essere fuori casa** to be out (of the house); **finire fuori strada** to go off the road; **abitare fuori città** to live outside the city; **fuori di** o **da qc** out of sthg; **al di fuori di qn/qc** (eccetto) except (for) sb/sthg; **fuori luogo** uncalled for; **fuori uso** out of use; **essere fuori di sé** to be beside o.s.

fuoribordo ◇ *agg inv* outboard (*dav sostantivo*). ◇ *sm inv* - 1. (imbarcazione) speedboat - 2. (motore) outboard motor.

fuorigioco *sm inv* offside; **essere in fuorigioco** to be offside.

fuorilegge ◇ *agg inv* illegal. ◇ *smf inv* outlaw.

fuoripista *sm inv* off-piste skiing.

fuoristrada ◇ *agg inv* off-road *(dav sostantivo)*. ◇ *sm inv* off-road vehicle.

fuoriuscire [108] *vi*: fuoriuscire (da qc) to issue (from sthg).

fuorviare [22] *vt* - **1.** [ingannare] to mislead - **2.** [traviare] to lead astray.

furbizia *sf* cunning.

furbo, a ◇ *agg* smart. ◇ *sm, f* cunning person; **fare il furbo** to try to be clever.

furgone *sm* van.

furia *sf* - **1.** [collera] anger; **andare su tutte le furie** to go mad - **2.** [violenza] fury; **a furia di (fare) qc** by (doing) sthg - **3.** [fretta] hurry; **in fretta e furia** in a real hurry.

furibondo, a *agg*: furibondo (con qn/per qc) furious (with sb/about sthg).

furioso, a *agg* - **1.** [arrabbiato]: **furioso (con qn)** furious (with sb) - **2.** [violento] savage.

furono ▷ **essere**.

furore *sm* - **1.** [rabbia] fury - **2.** [impeto] violence - **3.** [esaltazione] fervour *UK*, fervor *US*.

furtivo, a *agg* furtive.

furto *sm* robbery; **furto con scasso** burglary.

fusa *sfpl*: **fare le fusa** to purr.

fuscello *sm* - **1.** [ramoscello] twig - **2.** [persona] rake.

fuseaux [fu'zo] *smpl* leggings.

fusi *etc* ▷ **fondere**.

fusibile *sm* fuse.

fusilli *smpl* fusilli (U), pasta spirals.

fusione *sf* - **1.** [di metallo, cera] melting - **2.** [di statua, moneta] casting - **3.** [di società, partiti] merger - **4.** [di suoni, colori] blending - **5.** FIS: fusione nucleare nuclear fusion.

fuso, a ◇ *pp* ▷ **fondere**. ◇ *agg* - **1.** [burro, formaggio] melted - **2.** *fam* [stralunato, stanco] out of it *(non dav sostantivo)*. ◆ **fuso** *sm* - **1.** [per filare] spindle - **2.** GEO: fuso orario time zone.

fustagno *sm* moleskin.

fustino *sm* box.

fusto *sm* - **1.** [di pianta] stalk; [di albero] trunk - **2.** [recipiente - di benzina, olio] drum; [- di birra, whisky] barrel.

futile *agg* futile.

futuro, a *agg* future *(dav sostantivo)*. ◆ **futuro** *sm* - **1.** [avvenire] future; **in futuro** in (the) future - **2.** GRAMM future (tense); **futuro anteriore** future perfect (tense).

g, G *sm o sf inv* g, G.

gabbia *sf* cage; **gabbia toracica** ribcage.

gabbiano *sm* seagull.

gabina *sf* = cabina.

gabinetto *sm* - **1.** [bagno] toilet *esp UK*, bathroom *US*; **andare al gabinetto** to use the toilet - **2.** [sanitario] toilet - **3.** [di medico] consulting room *UK*, office *US* - **4.** POLIT cabinet.

gadget ['gadʒet] *sm inv* gadget.

gaffe [gaf] *sf inv* gaffe; **fare una gaffe** to put one's foot in it.

gaio, a *agg* cheerful.

gala *sf*: **di gala** formal.

galà *sm inv* gala.

galante *agg* - **1.** [uomo] gallant - **2.** [appuntamento] romantic.

galassia *sf* galaxy.

galeotto, a *sm, f* convict.

galera *sf* prison.

galla *sf*: **a galla** floating; **stare a galla** to float; **venire a galla** to come to light.

galleggiante ◇ *agg* floating; **ponte galleggiante** pontoon bridge. ◇ *sm* - **1.** [boa] buoy - **2.** [di amo, rete] float - **3.** [imbarcazione] barge.

galleggiare [18] *vi* to float.

galleria *sf* - **1.** [traforo, sotterranea] tunnel - **2.** [all'interno di edificio] arcade - **3.** [d'arte] gallery - **4.** [in cinema, teatro] (dress) circle.

Galles *sm*: il Galles Wales.

gallese ◇ *agg* Welsh. ◇ *smf* [persona] Welshman (Welshwoman *f*); **i gallesi** the Welsh. ◇ *sm* [lingua] Welsh.

galletta *sf* cracker.

gallina *sf* hen; **brodo di gallina** chicken stock.

gallo *sm* cock *UK*, rooster *US*.

galoppare [6] *vi* to gallop.

galoppo *sm* gallop; **andare al galoppo** to gallop.

gamba *sf* - **1.** [gen] leg; **essere in gamba** to be on the ball; **prendere qc sotto gamba** to make light of sthg - **2.** [di lettera] stem.

gambaletto *sm* knee-high, popsock *UK*.

gamberetto *sm* shrimp.

gambero *sm* [di mare] prawn; [di fiume] crayfish.

gambo sm stem.

gamma sf range.

gancio sm hook; **gancio da traino** towbar.

gara sf - 1. [competizione] competition; [di velocità] race; **fare a gara** to compete - 2. COMM: **gara d'appalto** invitation to tender.

garage [ga'raʒ] sm inv garage.

garantire [9] vt to guarantee; **garantire qc a qn** to assure sb of sthg.

garanzia sf - 1. [gen] guarantee, warranty; **in garanzia** under guarantee o warranty - 2. [di prestito] security.

garbo sm good manners pl.

Garda sm: **il (lago di) Garda** Lake Garda.

gardenia sf gardenia.

gareggiare [18] vi to compete; **gareggiare (con qn) in qc** to compete (with sb) for sthg.

garganella sf: **bere a garganella** to drink from the bottle.

gargarismo sm gargling; **fare i gargarismi** to gargle.

garofano sm carnation.

garza sf gauze.

gas sm inv gas; **a gas** [cucina, riscaldamento] gas.

gasato, a agg - 1. [acqua, bibita] fizzy - 2. fam [presuntuoso] big-headed.

gasolio sm diesel.

gassato, a agg = **gasato**.

gassosa sf = **gazzosa**.

gassoso, a agg gaseous.

gastrico, a, ci, che agg gastric.

gastrite sf gastritis (U).

gastronomia sf - 1. [arte] gastronomy - 2. [negozio] delicatessen.

gatta sf (female) cat.

gattino sm, f kitten.

gatto sm [gen] cat; [maschio] tomcat; **essere come cani e gatti** to be at each other's throats; **gatto delle nevi** snowmobile.

gattoni avv on all fours.

gattopardo sm serval.

gazza sf magpie.

gazzella sf gazelle.

gazzetta sf gazette. ◆ **Gazzetta Ufficiale** sf Official Gazette.

gazzosa sf lemonade.

GB (abbr di Gran Bretagna) GB.

gel [dʒɛl] sm inv gel.

gelare [114] ◇ vt to freeze; fig to chill. ◇ vi to freeze (over). ◆ **gelarsi** vip to freeze; **mi si sono gelati i piedi** my feet are frozen.

gelataio, a sm, f ice-cream seller.

gelateria sf ice-cream shop UK o parlor US.

gelatina sf gelatine; **in gelatina** in jelly; **gelatina di frutta** jelly UK, Jell-O® US.

gelato, a agg - 1. [ghiacciato] frozen - 2. [freddo] freezing, frozen. ◆ **gelato** ◇ agg inv ice-cream (dav sostantivo). ◇ sm ice cream.

gelido, a agg - 1. [mani, temperatura] freezing - 2. [sguardo, parole] icy.

gelo sm - 1. [temperatura] frost - 2. [impressione] chill.

gelone sm chilblain.

gelosia sf - 1. [in coppia] jealousy - 2. [invidia] envy - 3. [persiana] shutter.

geloso, a agg - 1. [marito, amante] jealous - 2. [collega, amico]: **geloso (di qn/qc)** envious (of sb/sthg).

gelso sm mulberry.

gelsomino sm jasmine.

gemello, a ◇ agg twin (dav sostantivo). ◇ sm, f twin; **gemelli omozigoti/eterozigoti** identical/fraternal twins; **tre gemelli** triplets. ◆ **gemelli** smpl cufflinks. ◆ **Gemelli** smpl ASTROL Gemini; **essere dei Gemelli** to be (a) Gemini.

gemito sm groan.

gemma sf - 1. [di pianta] bud - 2. [pietra] gem.

gene sm gene.

genealogico, a, ci, che agg genealogical; **albero genealogico** family tree.

generale ◇ agg [gen] general; **in generale** in general, generally. ◇ sm MIL general.

generalità ◇ sf - 1. [caratteristica] universality - 2. [maggioranza] majority. ◇ sfpl particulars.

generalmente avv generally.

generare [6] vt - 1. [far nascere]: **generare un figlio** to have a child - 2. [riprodurre] to produce - 3. [produrre] to generate - 4. [suscitare] to arouse.

generazione sf - 1. [gen] generation - 2. [procreazione] procreation.

genere sm - 1. [tipo] kind - 2. [di animali, piante] genus - 3. [grammaticale] gender - 4. [di arte, letteratura] genre; **in genere** [abitualmente] generally; [per lo più] by and large. ◆ **generi** smpl goods; **generi alimentari** foodstuffs.

generico, a, ci, che agg - 1. [vago] generic, vague - 2.: **medico generico** GP, General Practitioner.

genero sm son-in-law.

generosità sf - 1. [magnanimità] generosity; **con generosità** generously - 2. [altruismo] unselfishness.

generoso, a agg - **1.** [gen] generous - **2.** [altruista] unselfish.

genetica sf genetics (U).

genetico, a, ci, che agg genetic.

gengiva sf gum.

geniale agg brilliant.

genio sm - **1.** [di fiaba] genie - **2.** [talento] gift; **avere il genio di qc** to have a gift for sthg - **3.** [persona] genius; **un genio della finanza** a financial genius - **4.** [organismo] Engineers pl.

genitale agg genital. ◆ **genitali** smpl genitals.

genitore sm parent.

gennaio sm January; vedi anche **settembre**.

Genova sf Genoa.

Gent. (abbr di Gentile) [nelle lettere] Dear.

gente sf people pl; **brava gente** nice people.

gentile agg - **1.** [cortese] kind, nice; **sei molto gentile ad accompagnarmi** it's very kind of you to come with me - **2.** [nelle lettere] Dear; **Gentili Signori** Dear Sirs; **Gentile Signora Rossi** Dear Mrs Rossi.

gentilezza sf kindness.

Gentilissimo, a agg [nelle lettere] Dear; **Gentilissimo Signor Rossi** Dear Mr Rossi.

gentilmente avv kindly.

Gent.mo, Gent.ma (abbr di **Gentilissimo, Gentilissima**) [nelle lettere] Dear.

genuino, a agg - **1.** [cibo, prodotto] natural - **2.** [sincero] genuine.

genziana sf gentian.

geografia sf geography.

geografico, a, ci, che agg geographical.

geologia sf geology.

geologo, a, gi, ghe sm, f geologist.

Geom. (abbr di **Geometra**) title used before the name of a surveyor.

geometra, i, e smf surveyor.

geometria sf geometry.

geometrico, a, ci, che agg geometrical.

Georgia sf: **la Georgia** Georgia.

geranio sm geranium.

gerarchia sf hierarchy.

gergale agg slang (dav sostantivo).

gergo, ghi sm slang.

Germania sf: **la Germania** Germany; **l'ex Germania dell'Est** (the) former East Germany.

germanico, a, ci, che agg Germanic.

germe sm germ.

germogliare [21] vi - **1.** [seme] to germinate, to sprout - **2.** [pianta] to bud.

germoglio sm - **1.** [piantina] shoot - **2.** [gemma] bud.

geroglifico sm hieroglyphic.

gerundio sm gerund.

Gerusalemme sf Jerusalem.

gesso sm - **1.** [gen] chalk - **2.** [ingessatura] plaster cast.

gesticolare [6] vi to gesticulate.

gestione sf management.

gestire [9] vt - **1.** [gen] to manage - **2.** [controllare] to control.

gesto sm gesture.

gestore, trice sm, f manager.

Gesù sm Jesus.

gesuita, i sm Jesuit.

gettare [6] vt - **1.** [lanciare] to throw; **gettare l'ancora** to drop anchor - **2.** [emettere] to emit; **gettare un urlo** to let out a yell. ◆ **gettare via** vt to throw away. ◆ **gettarsi** vr - **1.** [scagliarsi] to throw o.s. - **2.** [fiume] to flow.

getto sm jet.

gettone sm token.

geyser ['gaizer] sm inv geyser.

ghepardo sm cheetah.

ghette sfpl - **1.** [per bebé] rompers - **2.** [da montagna] breeches.

ghetto sm ghetto.

ghiacciaio sm glacier.

ghiacciare [113] ◇ vt to freeze. ◇ vi to freeze (over).

ghiacciato, a agg - **1.** [lago, strada] frozen - **2.** [freddo] freezing.

ghiaccio sm ice; **di ghiaccio** icy.

ghiacciolo sm - **1.** [in fontana, grotta] icicle - **2.** [gelato] ice lolly UK, Popsicle ® US.

ghiaia sf gravel.

ghianda sf acorn.

ghiandola sf gland.

ghiotto, a agg - **1.** [persona] greedy; **essere ghiotto di qc** to love sthg - **2.** [cibo] delicious.

ghirlanda sf garland.

ghiro sm dormouse.

ghisa sf cast iron.

già ◇ avv - **1.** [per fatto compiuto] already; **sono già andati via** they've already left; **è già tanto tempo che ci conosciamo** we've known each other for ages - **2.** [ex] formerly; **già che** since. ◇ esclam yes(, of course)!

giacca, che sf jacket; **giacca a vento** windcheater.

giacché cong since.

giaccio etc ▷ **giacere**.

giaccone sm (heavy) jacket.

giacere [87] *vi* to lie; **giacere a letto** to lie in bed.

giacimento *sm* deposit.

giacinto *sm* hyacinth.

giaciuto, a *pp* ⊳ **giacere**.

giacqui *etc* ⊳ **giacere**.

giada *sf* jade.

giaggiolo *sm* iris.

giaguaro *sm* jaguar.

giallo, a *agg* - 1. [di colore] yellow - 2. [romanzo, film] detective *(dav sostantivo)*. ➤ **giallo** *sm* - 1. [colore] yellow - 2. [romanzo, film] thriller - 3.: **giallo (dell'uovo)** yolk.

Giamaica *sf*: **la Giamaica** Jamaica.

Giappone *sm*: **il Giappone** Japan.

giapponese ◇ *agg* & *smf* Japanese. ◇ *sm* [lingua] Japanese.

giardinaggio *sm* gardening.

giardiniere, a *sm, f* gardener.

giardino *sm* - 1. [di casa] garden - 2. [parco]: **giardino botanico** botanic(al) garden; **giardini (pubblici)** park *(sing)*.

giarrettiera *sf* suspender *UK*, garter *US*.

giavellotto *sm* javelin; **il lancio del giavellotto** the javelin.

Gibilterra *sf* Gibraltar.

gigabyte ['gɪgəbaɪt] *sm inv* gigabyte.

gigante ◇ *agg* - 1. [enorme] huge - 2. [confezione, formato] jumbo *(dav sostantivo)*. ◇ *sm* giant; **fare passi da gigante** to advance by leaps and bounds.

gigantesco, a, schi, sche *agg* huge.

giglio *sm* lily.

gilè, gilet [dʒi'lɛ, dʒi'le] *sm inv* waistcoat *UK*, vest *US*.

gin *sm inv* gin.

ginecologo, a, gi, ghe *sm, f* gynaecologist *UK*, gynecologist *US*.

ginepro *sm* juniper.

Ginevra *sf* Geneva.

gingillarsi [6] *vip* - 1. [giocherellare] to fiddle - 2. [perdere tempo] to fool around.

ginnasio *sm* first two years of classics-based secondary school.

ginnasta, i, e *smf* gymnast.

ginnastica *sf* - 1. [esercizi] exercise; **fare ginnastica** to do some exercise; **ginnastica artistica** gymnastics *(U)* - 2. SCOL P.E., Physical Education.

ginocchiata *sf*: **dare una ginocchiata contro qc** to bang one's knee against sthg; **dare una ginocchiata a qn** to knee sb.

ginocchio *(mpl* **ginocchi**, *fpl* **ginocchia***)* *sm* knee; **in ginocchio** kneeling; **mettersi in ginocchio** to kneel down.

ginocchioni *avv* on one's knees.

giocare [15] ◇ *vi* [gen] to play; **giocare a carte/calcio** to play cards/soccer *o* football *UK*; **giocare in/fuori casa** to play at home/away. ◇ *vt* - 1. [partita, carta] to play - 2. [imbrogliare] to trick - 3. [scommettere] to gamble; **giocarsi qc** [scommettere] to bet sthg; [perdere] to lose sthg.

giocata *sf* - 1. [puntata] stakes *pl* - 2. [partita] game.

giocatore, trice *sm, f* - 1. [gen] player - 2. [scommettitore] gambler.

giocattolo *sm* toy.

gioco, chi *sm* - 1. [gen] game; **per gioco** for fun; **gioco di parole** pun; **gioco da tavolo** board game; **fare il gioco di qn** to play sb's game; **fare il doppio gioco con qn** to double-cross sb - 2. [scommessa] gambling; **essere in gioco** to be at stake; **gioco d'azzardo** gambling - 3. [di meccanismo] play. ➤ **Giochi** *smpl* Games; **i Giochi Olimpici** the Olympic Games.

giocoliere, a *sm, f* juggler.

gioia *sf* - 1. [contentezza] joy - 2. [gioiello] jewel - 3. [appellativo] darling.

gioielleria *sf* - 1. [arte] jewellery *UK o* jewelry *US* making - 2. [negozio] jeweller('s) *UK*, jeweler *US*.

gioielliere, a *sm, f* jeweller *UK*, jeweler *US*.

gioiello *sm* - 1. [ornamento] piece of jewellery *UK o* jewelry *US* - 2. [cosa bella] gem - 3. [persona] treasure.

gioire [9] *vi*: **gioire di/per qc** to be delighted at/about sthg.

Giordania *sf*: **la Giordania** Jordan.

giornalaio, a *sm, f* [negoziante] newsagent *UK*, newsdealer *US*. ➤ **giornalaio** *sm* [edicola] newsagent('s) *UK*, newsdealer *US*.

giornale *sm* - 1. [quotidiano] paper, newspaper - 2. [rivista] magazine - 3. [notiziario]: **giornale radio** news radio.

giornaliero, a *agg* - 1. [frequenza, volo] daily *(dav sostantivo)* - 2. [biglietto] day *(dav sostantivo)*. ➤ **giornaliero** *sm* [per sciare] day pass.

giornalino *sm* comic, comic book *esp US*.

giornalismo *sm* journalism.

giornalista, i, e *smf* journalist.

giornata *sf* day; **in giornata** today; **buona giornata!** have a nice day!; **giornata lavorativa** working day *esp UK*, workday *esp US*.

giorno *sm* [gen] day; **al giorno** *o* every day; **un giorno** *o* **l'altro** one of these days; **giorno**

feriale weekday; **giorno festivo** *Sunday or a public holiday*; **fare giorno** to get light; **di giorno** during the day; **al giorno d'oggi** nowadays.

giostra *sf* [di luna park] merry-go-round.

giovane ◇ *agg* young. ◇ *smf* young person, boy (girl *f*), young man (young woman *f*); **i giovani d'oggi** young people today; **da giovane** when I was/you were etc young.

giovanile *agg* youthful.

giovanotto *sm* young man.

giovare [6] ◇ *vi* [essere utile] to be useful; **giovare a qn/qc** to be good for sb/sthg. ◇ *vi impers* to be useful; **arrabbiarsi non giova** it's no use getting angry.

giovedì *sm inv* Thursday; **giovedì grasso** last Thursday before Lent; **giovedì santo** Maundy Thursday; *vedi anche* **sabato**.

gioventù *sf inv* - 1. [età] youth - 2. [giovani] young people *pl*.

giovinezza *sf* youth.

giraffa *sf* - 1. [animale] giraffe - 2. [per microfono] boom.

giramento *sm*: **giramento di testa** dizzy turn.

girandola *sf* - 1. [di fuochi d'artificio] Catherine wheel - 2. [giocattolo] (toy) windmill - 3. [banderuola] weather vane.

girare [6] ◇ *vt* - 1. [far ruotare] to turn; [occhi] to roll - 2. [percorrere] to go around; **abbiamo girato tutta la città** we went all around the town; **ha girato il mondo** he's been all over the world - 3. CINE & TV to film - 4. [assegno] to endorse - 5. [frase, discorso] to twist the meaning of. ◇ *vi* - 1. [ruotare] to turn; **girare attorno a qc** [fare il giro di] to go (all) around sthg; *fig* to skirt around sthg; **mi gira la testa** I feel dizzy - 2. [andare in giro - gen] to go around; [- in macchina] to drive around; [- a piedi] to walk around - 3. [voltare] to turn; **girare a destra/sinistra** to turn right/left - 4. [circolare] to change hands; **gira la voce che... ** rumour has it (that)... ➤ **girarsi** *vr* [voltarsi] to turn around.

girarrosto *sm* spit.

girasole *sm* sunflower.

girello *sm* - 1. [per bambini] baby walker - 2. [carne] topside *UK*, top round *US*.

girino *sm* tadpole.

giro *sm* - 1. [cerchio - di mura, alberi] ring; [- di corda] turn; [- di disco in vinile] revolution; **prendere in giro qn/qc** to make fun of sb/sthg; **giro di parole** circumlocution - 2. [movimento - di chiave] turn; [- di motore, pianeta] revolution; [- di pista] lap - 3. [percorso] trip; [medico] round; **fare il giro del mondo** to go around the world; **andare in giro** to go around; **fare il giro di qc** [edificio, piazza] to wander around sthg - 4. [circolazione] circulation; **essere in giro** [voce] to go around; **lasciare in giro qc** to leave sthg lying around - 5. [gara]: **il giro di Francia** the Tour de France; **il giro d'Italia** the Giro d'Italia - 6. [di persone] circle - 7. [di carte] hand; [di telefonate] series - 8. [periodo]: **nel giro di un mese/un giorno** in the space of a month/a day; **rispondere a stretto giro di posta** to answer by return of post *UK o* by return mail *US*. ➤ **giri** *smpl* [di motore] revolutions.

girocollo ◇ *agg inv* [maglia] crew-neck *(dav sostantivo)*. ◇ *sm inv* - 1. [scollatura] neck - 2. [maglia] crew-neck (sweater) - 3. [collana] necklace.

girone *sm* SPORT group; **girone di andata/ritorno** first/second half of the season.

gironzolare [6] *vi* to wander around.

girotondo *sm* ring-a-ring-o'roses *(U)*.

girovita *sm inv* waist (measurement).

gita *sf* trip; **gita scolastica** school trip.

gitano, a ◇ *agg* gypsy *(dav sostantivo)*. ◇ *sm, f* gypsy.

giù *avv* [in basso] down; **mettere giù qc** to put sthg down; **è giù che ti aspetta** he's downstairs waiting for you; **in giù** down, downward(s); **guardare in giù** to look down; **dai 30 anni in giù** aged 30 and under; **giù di lì** more or less; **giù per qc** down sthg; **essere giù** [di morale] to be down *o* low.

giubbotto *sm* jacket; **giubbotto salvagente** life-jacket.

giubileo *sm* jubilee.

giudicare [15] ◇ *vt* to judge; **giudicare qn colpevole/innocente** to find sb guilty/innocent. ◇ *vi* to judge.

giudice *sm* - 1. [gen] judge; **giudice istruttore** investigating judge - 2. SPORT: **giudice di gara** [nel tennis] umpire; [nel calcio] referee.

giudiziario, a *agg* judicial.

giudizio *sm* - 1. [parere] opinion - 2. [buon senso] common sense - 3. [processo] trial - 4. [decisione] verdict.

giugno *sm* June; *vedi anche* **settembre**.

giungere [49] *vi* to reach; **giungere a qc** to reach sthg.

giungla *sf* jungle.

giunsi *etc* ▷ **giungere**.

giunto, a *pp* ▷ **giungere**. ➤ **giunto** *sm* joint.

giuramento *sm* oath.

giurare [6] *vt* - **1.** [promettere] to swear; **giurare di fare qc** to promise to do sthg - **2.** [sostenere]: **giurare (a qn) che** to swear (to sb) that.

giurato, a *sm, f* - **1.** [di processo] juror, member of the jury - **2.** [di concorso] judge.

giuria *sf* - **1.** [di processo] jury - **2.** [di concorso] panel.

giuridico, a, ci, che *agg* legal.

giurisdizione *sf* jurisdiction.

giustamente *avv* rightly.

giustificare [15] *vt* - **1.** [spiegare, legittimare] to justify - **2.** [scusare] to excuse - **3.** AMMIN to account for - **4.** TIPO to justify. ◆ **giustificarsi** *vr* to justify o.s.; **giustificarsi per il ritardo** to explain why one is late.

giustificazione *sf* - **1.** [spiegazione] excuse - **2.** TIPO justification.

giustizia *sf* justice; **palazzo di ~** Law Courts *pl*.

giustiziare [20] *vt* to execute.

giusto, a *agg* - **1.** [preciso, adeguato, vero] right; **la salsa è giusta di sale** the sauce has the right amount of salt - **2.** [equo] fair; **una giusta causa** a just cause. ◆ **giusto** ⬦ *avv* - **1.** [esattamente] correctly - **2.** [per l'appunto, appena] just; **si parlava giusto di te** we were just talking about you; **dico bene? - giusto!** am I right? – of course! ⬦ *sm*: **chiedere il giusto** to ask for what is fair; **pagare il giusto** to pay a fair price.

gladiolo *sm* gladiolus.

glande *sm* glans *(sing)*.

glassa *sf* icing, frosting *US*.

gli ⬦ *art det* ⬡ **il**. ⬦ *pron pers* - **1.** [a lui] him; **gli ho fatto un regalo** I gave him a present; **gli parlerò** I'll speak o talk to him; **mandagli un'e-mail** send him an email - **2.** [riferito a una cosa] it - **3.** [riferito ad animale] it, him - **4.** [a loro] them - **5.** *(seguito da* **lo, la, li, le, ne)*: **glielo, gliela, glieli, gliele, gliene**: **gliel'avevo detto** I told him/her/them; **glielo dirò** I'll tell him/her/them; **gliela compro** I'll buy it for him/her/them; **gliene hai parlato?** have you spoken to him/her/them about it?

gliela ⬡ **gli**.

gliele ⬡ **gli**.

glieli ⬡ **gli**.

glielo ⬡ **gli**.

gliene ⬡ **gli**.

globale *agg* - **1.** [complessivo] overall - **2.** [mondiale] global.

globalizzazione *sf* globalization.

globo *sm* globe; **globo oculare** eyeball.

globulo *sm*: **globulo bianco** white blood cell; **globulo rosso** red blood cell.

gloria *sf* - **1.** [fama] glory - **2.** [persona] star; **una gloria nazionale** a national treasure. ◆ **Gloria** *sm inv* [preghiera] Gloria.

glorificare [6] *vt* to glorify.

glossario *sm* glossary.

gluteo *sm* buttock.

gnocchi *smpl* gnocchi *pl*.

gnomo *sm* gnome.

gnorri *smf inv*: **fare lo gnorri** to play dumb.

goal [gɔl] *sm inv* = **gol**.

gobba *sf* - **1.** [deformazione, di cammello] hump - **2.** [protuberanza] bump.

gobbo, a ⬦ *agg* hunchbacked. ⬦ *sm, f* hunchback.

goccia, ce *sf* drop. ◆ **gocce** *sfpl* - **1.** [pioggia] drops (of rain) - **2.** [medicinale] drops.

goccio *sm* drop.

gocciolare [6] *vi* - **1.** [uscire da] to leak - **2.** [cadere a gocce] to drip.

godere [78] ⬦ *vi* - **1.** *fam* [sessualmente] to come - **2.**: **godere di qc** to enjoy sthg. ⬦ *vt* to enjoy; **godersi qc** to enjoy sthg.

goduria *sf scherz* bliss.

goffo, a *agg* - **1.** [persona] clumsy - **2.** [maniera, comportamento] awkward.

gol *sm inv* goal.

gola *sf* - **1.** ANAT throat; **mal di gola** sore throat; **avere un nodo alla gola** to have a lump in one's throat - **2.** [golosità] greed - **3.** [valle] gorge.

golf ⬦ *sm inv* [maglione] sweater; [con bottoni] cardigan. ⬦ *sm* SPORT golf; **giocare a golf** to play golf.

golfo *sm* gulf. ◆ **Golfo Persico** *sm* Persian Gulf.

golosità *sf inv* - **1.** [caratteristica] greed - **2.** [leccornia] delicacy.

goloso, a ⬦ *agg* greedy. ⬦ *sm, f*: **è proprio un goloso!** he's so greedy!

gomitata *sf*: **dare una gomitata a qn** to elbow sb.

gomito *sm* elbow.

gomitolo *sm* ball.

gomma *sf* - **1.** [materiale] rubber - **2.** [per matita, penna]: **gomma (da cancellare)** rubber *UK*, eraser *esp US* - **3.** [pneumatico] tyre *UK*, tire *US* - **4.** [chewing-gum]: **gomma (da masticare)** chewing gum.

gommapiuma® *(pl* **gommepiume***)* *sf* foam rubber.

gommista, i *sm* tyre *UK* o tire *US* dealer.

gommone *sm* dinghy.

gondola *sf* gondola.

gonfiare [20] *vt* - **1.** [palloncino, gomma] to inflate, to blow up - **2.** [addome]: **i legumi gon-**

fiano lo stomaco pulses make you feel bloated - **3.** [spesa] to inflate; [notizia] to exaggerate. ◆ **gonfiarsi** *vip* to swell.

gonfio, a *agg* - **1.** [palloncino, pneumatico] inflated - **2.** [occhi] puffy - **3.** [stomaco, pancia] bloated - **4.** [mani, piedi] swollen - **5.** [portafoglio, tasca] full.

gonna *sf* skirt.

gorgonzola *sm inv* Gorgonzola.

gorilla *sm inv* - **1.** [scimmia] gorilla - **2.** [guardia del corpo] bodyguard.

gotico, a, ci, che *agg* Gothic. ◆ **gotico** *sm* Gothic.

gotta *sf* gout.

governare [6] *vt* - **1.** [dirigere] to govern - **2.** [guidare] to steer - **3.** [amministrare] to run.

governatore, trice *sm, f* governor.

governo *sm* government.

GPL (*abbr di* Gas Propano Liquido) *sm* LPG.

gr. (*abbr di* grammo) gm, g.

GR (*abbr di* Grecia) GR.

gracchiare [20] *vi* [corvo] to caw; [rana] to croak.

gracile *agg* [di aspetto] slender; [di salute] delicate.

gradatamente *avv* gradually.

gradazione *sf* - **1.** [per gradi]: **in gradazione** by degrees - **2.** [di colori] gradation - **3.** [alcolica] strength; **un vino/una birra di bassa gradazione** a low-alcohol wine/beer.

gradevole *agg* pleasant.

gradinata *sf* - **1.** [scalinata] flight of steps - **2.** [in stadio] terraces *pl* UK, bleachers *pl* US; [in anfiteatro] tiers *pl*.

gradino *sm* step.

gradire [9] *vt* - **1.** [accettare] to accept (with pleasure) - **2.** [desiderare]: **gradite un caffè?** would you like a coffee?; **gradiremmo una vostra risposta al più presto** we would appreciate your prompt reply.

gradito, a *agg* welcome.

grado *sm* - **1.** [gen] degree; **grado centigrado** degree centigrade; **ustioni di terzo grado** third degree burns; **cugini di secondo grado** second cousins - **2.** [di bevanda alcolica] proof; **quanti gradi ha questa birra?** what's the alcohol content of this beer? - **3.** [livello] level - **4.** [rango] rank - **5.** [condizione]: **essere in grado di fare qc** to be able to do sthg.

graduale *agg* gradual.

graduato, a *agg* [scala, misurino, lente] graduated; [esercizio] graded.

graduatoria *sf* list.

graffetta *sf* - **1.** [per carta - fermaglio] paper clip; [- punto metallico] staple - **2.** [per ferita] clip.

graffiare [20] *vt* to scratch. ◆ **graffiarsi** *vr* - **1.** [se stesso] to scratch o.s. - **2.** [l'un l'altro] to scratch each other.

graffio *sm* scratch.

graffito *sm* graffiti (*U*).

grafia *sf* - **1.** [calligrafia] handwriting; **ha una grafia illeggibile** her handwriting is illegible - **2.** [ortografia] spelling.

grafica, che *sf* graphics *pl*.

grafico, a, ci, che ◇ *agg* - **1.** [relativo a scrittura] written - **2.** [relativo all'arte] graphic - **3.** [relativo a diagramma] in graph form. ◇ *sm, f* graphic designer. ◆ **grafico** *sm* graph.

graminacee *sfpl* grasses.

grammatica, che *sf* grammar.

grammaticale *agg* grammatical.

grammo *sm* gram.

gran *agg* ▷ **grande**.

grana ◇ *sf* - **1.** [gen] grain - **2.** *fam* [guaio] problem; **avere delle grane con** to be in trouble with - **3.** *fam* [soldi] cash; **uno con la grana** a guy who's loaded. ◇ *sm inv* [formaggio] *a type of cheese similar to Parmesan*.

granatina *sf* - **1.** [sciroppo] grenadine - **2.** [bibita] iced drink.

Gran Bretagna *sf*: **la Gran Bretagna** (Great) Britain.

granché ◇ *pron*: **non essere un granché** not to be much good. ◇ *avv* much; **non mi è piaciuto granché** I didn't like it much.

granchio *sm* [crostaceo] crab.

grandangolo *sm* FOTO wide-angle lens.

grande (*può diventare* **gran** *dav a* sm *e* sf *che cominciano per consonante*) ◇ *agg* - **1.** [vasto, numeroso] big, large; **quant'è grande l'appartamento?** how big is the apartment *o* flat UK?; **una taglia più grande** a larger size; **la piscina era meno grande di quanto pensassi** the pool was smaller than I thought; **una gran folla** a big *o* large crowd - **2.** [alto] tall; **un tipo grande e grosso** a tall, well-built man - **3.** [intenso, eccellente, importante] great; **con mia grande sorpresa** to my great surprise; **un grande poeta** a great poet; **il gran giorno** the big day - **4.** [di età] big, grown-up; **i suoi figli ormai sono grandi** her children are grown-up; **i bambini più grandi** the older children; **sei grande abbastanza per capirlo da solo** you're big *o* old enough to understand it on your own; **mia sorella è più grande di me di nove mesi** my sister is nine months older than me - **5.** [con funzione rafforzativa]: **una**

gran bella donna a very beautiful woman; **un gran bugiardo/mangione/chiacchierone** a terrible liar/a big eater/a terrible chatterbox. ◇ *sm* - **1.** [adulto] adult, grown-up; **da grande** when I/you *etc* grow up; **cosa farai da grande?** what are you going to do when you grow up? - **2.** [personaggio famoso] great man (great woman *f*); **i grandi** the greats.

grandezza *sf* - **1.** [dimensioni] size; **a grandezza naturale** life-sized - **2.** [prestigio] grandeur - **3.** FIS & MAT quantity.

grandinare [114] *vi impers* to hail.

grandine *sf* hail.

grandioso, a *agg* magnificent.

granello *sm* grain; **un granello di pepe** a peppercorn.

granita *sf* granita, water ice.

granito *sm* granite.

grano *sm* - **1.** [gen] grain; **grano di pepe** peppercorn - **2.** [cereale] wheat; **farina di grano duro** strong flour.

granoturco *sm* = **granturco**.

gran premio *sm* Grand Prix.

granturco, chi *sm* maize *UK*, corn *US*.

grappa *sf* grappa.

grappolo *sm* bunch; **un grappolo d'uva** a bunch of grapes.

grassetto *sm* TIPO bold.

grasso, a *agg* - **1.** [persona, animale] fat - **2.** [capelli, pelle] greasy - **3.** [pesce] oily; [carne] fatty. ➡ **grasso** *sm* - **1.** [gen] fat - **2.** [sporcizia] grease.

grata *sf* grating.

gratificare [15] *vt*: **un lavoro che gratifica** a rewarding job; **faccio volontariato perché mi gratifica** I do voluntary work because I find it rewarding.

gratinato, a *agg* au gratin *(non dav sostantivo)*.

gratis *avv* [senza pagare] free; [senza guadagnare] for nothing; **siamo entrati gratis** we got in free.

gratitudine *sf* gratitude.

grato, a *agg*: **essere grato a qn (di** o **per qc)** to be grateful to sb (for sthg).

grattacielo *sm* skyscraper.

gratta e vinci *sm inv* scratch card.

grattare [6] *vt* - **1.** [gen] to scratch; **grattare via** [vernice] to scrape off - **2.** [grattugiare] to grate. ➡ **grattarsi** *vr* to scratch.

grattugiare [18] *vt* to grate.

gratuito, a *agg* - **1.** [senza pagamento] free - **2.** [senza motivo] gratuitous.

grave *agg* - **1.** [malattia, pericolo] serious; [malato] seriously ill - **2.** [intenso] severe - **3.** [accento] grave *(dav sostantivo)* - **4.** MUS low.

gravidanza *sf* pregnancy.

gravità *sf inv* - **1.** [di malattia, situazione] seriousness - **2.** FIS: **(forza di) gravità** (force of) gravity.

grazia *sf* - **1.** [leggiadria] grace - **2.** [benevolenza]: **entrare/essere nelle grazie di qn** to get into/be in sb's good books - **3.** DIR pardon; **ministero di grazia e giustizia** ministry of justice.

grazie ◇ *esclam* - **1.** [per riconoscenza] thank you!, thanks!; **mille/molte grazie!** thank you very much! - **2.** [in risposta]: **sì, grazie!** yes please!; **no, grazie!** no thanks! - **3.** *iron* [ovviamente] what do you expect? ◇ *sm* thanks *pl*. ➡ **grazie a** *prep* thanks to.

grazioso, a *agg* charming.

Grecia *sf*: **la Grecia** Greece; **la Magna Grecia** Magna Graecia.

greco, a, ci, che ◇ *agg* Greek. ◇ *sm, f* Greek. ➡ **greco** *sm* [lingua] Greek.

gregge *(fpl* greggi) *sm* herd, flock.

grembiule *sm* - **1.** [da cucina] apron - **2.** [per commesso, scolaro] overall *UK*, work coat *US*.

grembo *sm* [di persona seduta] lap.

grezzo, a *agg* rough.

gridare [6] ◇ *vi* to shout. ◇ *vt* to shout (out).

grido *sm* - **1.** *(fpl* grida) [di persona] shout - **2.** *(mpl* gridi) [di animale] cry.

griffe ['grif] *sf inv* (designer) label.

grigio, a, gi, ge o **gie** *agg* - **1.** [di colore] grey, gray *US* - **2.** [monotono] boring. ➡ **grigio** *sm* grey, gray *US*.

griglia *sf* grill; **alla griglia** grilled.

grigliata *sf* - **1.** [operazione] barbecue - **2.** [piatto] grill.

grilletto *sm* trigger.

grillo *sm* - **1.** [insetto] cricket - **2.** [ghiribizzo] whim; **gli è saltato il grillo di sposarsi** he's taken it into his head to get married; **avere dei grilli per la testa** to have some strange ideas.

grinta *sf* grit.

grinza *sf* [di abiti] crease.

grinzoso, a *agg* - **1.** [pelle] wrinkled - **2.** [tessuto] creased.

grissino *sm* bread stick.

Groenlandia *sf*: **la Groenlandia** Greenland.

grondaia *sf* gutter.

grondare [6] ◇ *vi* - **1.** [colare] to pour - **2.** [essere zuppo]: **grondare di qc** to be dripping with sthg. ◇ *vt* to drip with.

groppa *sf* back.

groppo *sm*: avere un groppo alla gola *fig* to have a lump in one's throat.

grossista *sm* wholesaler.

grosso, a *agg* - 1. [dimensioni] big - 2. [spessore] thick - 3. [robusto] well-built - 4. [importante] important; **un grosso affare** an important deal; **un pezzo grosso** a big shot; **un grosso impatto** a huge impact - 5. [grave] serious - 6. [mare] rough - 7. [fiato]: **avere il fiato grosso** to be short of breath. ◆ **di grosso** *avv*: **sbagliarsi di grosso** to be completely wrong.

grossolano, a *agg* - 1. [modi, persona] coarse - 2. [errore] huge - 3. [lavoro, rifinitura] shoddy.

grossomodo, grosso modo *avv* roughly; **sarà alto grossomodo come te** he's roughly the same height as you.

grotta *sf* cave.

groviera *sm o sf inv* = **gruviera**.

groviglio *sm* tangle.

gru *sf inv* crane.

gruccia, ce *sf* - 1. [stampella] crutch - 2. [per abiti] hanger.

grugnire [9] *vi* to grunt.

grumo *sm* - 1. [di sangue] clot - 2. [in salsa, polenta] lump.

gruppo *sm* group; **dividersi in gruppi** to divide (up) into groups; **un gruppo di pressione** a pressure group; **il gruppo FIAT** the FIAT group; **gruppo sanguigno** blood group *UK o* type *esp US*.

gruviera *sm o sf inv* gruyère.

GSM (*abbr di* Global System for Mobile communications) *sm inv & agg inv* TELECOM GSM.

GT (*abbr di* Gran Turismo) *agg inv* GT (*dav sostantivo*).

guadagnare [23] *vt* - 1. [con lavoro] to earn - 2. [ottenere] to gain; **guadagnare tempo** to save time - 3. [meritare - medaglia, premio] to win; [- stima] to earn, to win.

guadagno *sm* earnings *pl*.

guaina *sf* sheath.

guaio *sm* - 1. [situazione difficile] trouble (*U*); **essere/ficcarsi nei guai** to be in/get into trouble; **mi trovo in un brutto guaio** I'm in terrible trouble - 2. [danno] problem; **combinare un guaio o (dei) guai** to get into a mess; **che guaio!** what a nuisance! ◆ **guai** *esclam*: **attento al vaso, che se ti cade guai!** watch the vase, because if it falls, you're in trouble!; **guai a te!** you'll be in trouble!

guaire [9] *vi* to whine.

guancia, ce *sf* cheek.

guanciale *sm* pillow.

guanto *sm* glove; **guanti di gomma** rubber gloves; **guanti da forno** oven mitts *o* gloves *UK*.

guantone *sm* boxing glove.

guardacaccia, guardiacaccia *sm inv* gamekeeper.

guardacoste, guardiacoste *sm inv* - 1. [imbarcazione] coastguard patrol vessel - 2. [agente] coastguard.

guardare [6] ◇ *vt* - 1. [osservare - oggetto, paesaggio] to look at; [- cosa o persona in movimento, film, partita] to watch; **guardare le vetrine** to go window-shopping; **guardare la tv** to watch TV; **guarda caso** by chance - 2. [sorvegliare - prigioniero] to guard; [- posto] to keep a watch on; [- bagagli] to keep an eye on; [- bambino] to look after. ◇ *vi* - 1. [badare]: **guarda di chiudere bene la porta** make sure you shut the door properly - 2. [considerare]: **guardare a qn/qc** to look on sb/sthg; **ho sempre guardato a lui come a un amico** I've always looked on him as a friend; **guardare al futuro** to look to the future - 3. [dare su]: **guardare verso o su qc** to look onto sthg; **guardare a o verso ovest/nord** to face west/north. ◆ **guardarsi** *vr* - 1. [se stesso] to look at o.s.; **guardarsi allo specchio** to look at o.s. in the mirror - 2. [proteggersi]: **guardarsi da qn/qc** to beware of sb/sthg; **guardarsi (bene) dal fare qc** to make sure not to do sthg - 3. [l'un l'altro] to look at each other.

guardaroba *sm inv* - 1. [gen] wardrobe *UK*, closet *esp US* - 2. [in discoteca, teatro] cloakroom *o* coatroom *US*.

guardia *sf* - 1. [gen] guard; **montare la guardia** to keep guard; **fare la guardia** to be on guard; **essere di guardia** to be on guard duty; **fare la guardia a qc** to guard sthg; **guardia del corpo** bodyguard; **cane da guardia** guard dog; **guardia medica** emergency doctor service - 2. [corpo armato] *military body responsible for enforcing the law*; **guardia di finanza** Customs and Excise *UK*, Customs Service *US*; **guardia svizzera** Swiss guard - 3. [difesa]: **stare in guardia** to be careful; **mettere qn in guardia contro qn/qc** to warn sb about sb/sthg.

guardiacaccia *sm inv* = **guardacaccia**.

guardiacoste *sm inv* = **guardacoste**.

guardiano, a *sm, f* [di villa] caretaker; [di museo] attendant; [di zoo, faro] keeper.

guardrail [gard'reil, gward'reil] *sm inv* crash barrier.

guarigione *sf* recovery.

guarire [9] ◇ *vt* [gen] to cure; **guarire qn (da qc)** to cure sb (of sthg). ◇ *vi* - 1. [persona, animale]: **guarire (da qc)** to recover (from sthg) - **2.** [malattia] to clear up; [ferita] to heal (up).

guarnizione *sf* - **1.** [di gomma] washer - **2.** [per tessuto] trim - **3.** [di pietanza] garnish.

guastafeste *smf inv* party pooper.

guastare [6] *vt* - **1.** [oggetto] to break - **2.** [sorpresa, atmosfera, cibo] to spoil. ◆ **guastarsi** *vip* - **1.** [orologio, TV] to break; [macchina, ascensore] to break down - **2.** [pesce, carne] to go rotten *o* off *UK*; [frutta] to go bad - **3.** [tempo] to break.

guasto, a *agg* - **1.** [rotto] out of order - **2.** [frutta, pesce] rotten. ◆ **guasto** *sm* breakdown; **guasto al motore** engine failure.

Guatemala *sm*: **il Guatemala** Guatemala.

guerra *sf fig* war; **dichiarare guerra a qn** to declare war on sb; **la prima/seconda guerra mondiale** World War I/II, the First/Second World War *esp UK*; **guerra contro la corruzione** war on corruption.

guerriero, a *sm, f* warrior.

guerriglia *sf* guerrilla warfare.

guerrigliero, a *sm, f* guerrilla.

gufo *sm* owl.

guglia *sf* [gen] spire.

guida *sf* - **1.** [libro, persona] guide; **guida di Londra** guide to London; **guida telefonica** phone book; **guida turistica** [libro] guide book; [persona] guide - **2.** [comando] leadership; **sotto la guida di** under the leadership of - **3.** AUTO driving; **prendere lezioni di guida** to take driving lessons - **4.** [strumentazione] drive; **guida a destra/sinistra** right-hand/left-hand drive - **5.** [scanalatura] runner, guide rail.

guidare [6] *vt* - **1.** [veicolo] to drive - **2.** [accompagnare] to guide, to take - **3.** [capeggiare] to lead - **4.** [consigliare] to guide.

guidatore, trice *sm, f* driver.

Guinea *sf*: **la Guinea** Guinea.

guinzaglio *sm* lead *esp UK*, leash *esp US*.

guscio *sm* - **1.** [gen] shell - **2.** [di piselli, fave] pod.

gustare [6] *vt* - **1.** [assaggiare] to try, to taste - **2.** [assaporare] to enjoy - **3.** [apprezzare]: **gustarsi qc** to enjoy sthg.

gusto *sm* - **1.** [sapore] taste, flavour *UK*, flavor *US* - **2.** [di gelato] flavour *US*, flavor *US* - **3.** [senso, preferenza] taste - **4.** [piacere]: **non c'è gusto a parlare con te** it's no fun talking to you; **che gusto ci trovi** *o* **provi?** what do you get out of it?; **prenderci gusto** to get a taste for it - **5.** [raffinatezza] (good) taste.

gustoso, a *agg* tasty.

gutturale *agg* guttural.

h¹, H *sm o sf inv* h, H.

h² - **1.** (*abbr di* **ora**) h, hr - **2.** (*abbr di* **altezza**) h, ht.

H (*abbr di* **Ungheria**) H.

ha - **1.** ⊳ **avere** - **2.** *abbr di* **ettaro**.

habitat *sm inv* habitat.

hai ⊳ **avere**.

handicap *sm inv* - **1.** [invalidità] disability; **i portatori di handicap** people with disabilities - **2.** [svantaggio & SPORT] handicap.

handicappato, a ◇ *agg* disabled. ◇ *sm, f* disabled person; **gli handicappati** people with disabilities.

hanno ⊳ **avere**.

hard disk [hard'disk] *sm inv* hard disk.

herpes *sm inv* herpes (*U*).

hi-fi [ai'fai] *sm inv* hi-fi.

hippy *agg inv* & *smf inv* hippy.

HIV (*abbr di* **Human Immuno-deficiency Virus**) HIV.

ho ⊳ **avere**.

hobby *sm inv* hobby.

hockey *sm inv* hockey *UK*, field hockey *US*; **hockey su ghiaccio** ice hockey *UK*, hockey *US*.

hostess *sf inv* air hostess *ant*, (air) stewardess *ant*.

hotel *sm inv* hotel.

HTML (*abbr di* **HyperText Markup Language**) *sm* INFORM HTML.

HW (*abbr di* **hardware**) hardware.

i¹, I *sm o sf inv* i, I.

i² ⊳ **il**.

I (*abbr di* **Italia**) I.

ibrido, a *agg* hybrid.

IC (*abbr di* **Intercity**) FERR intercity *UK*.

iceberg ['aizberg] *sm inv* iceberg.

icona *sf* icon.

ictus *sm inv* stroke.

Iddio sm God.

idea sf - 1. [gen] idea; **non avere la più pallida idea di qc** not to have the slightest idea about sthg; **neanche per idea!** no chance! - 2. [impressione] feeling; **farsi un'idea di qn/qc** to get an idea of sb/sthg - 3. [opinione] opinion; **cambiare idea** to change one's mind.

ideale agg & sm ideal.

idealista, i, e smf idealist.

ideare [24] vt to come up with, to devise.

identico, a, ci, che agg identical; **identico a qn/qc** the same as sb/sthg.

identificare [15] vt - 1. [riconoscere] to identify - 2. [determinare] to establish. ◆ **identificarsi** vr: **identificarsi con qn** to identify with sb.

identificazione sf - 1. [di cadavere] identification. - 2. [determinazione] determination - 3. [immedesimazione] empathy.

identikit sm inv identikit® UK, composite US.

identità sf inv identity.

ideologia sf ideology.

idioma, i sm idiom.

idiota, i, e smf idiot.

idiozia sf - 1. [stupidità] stupidity - 2. [cosa stupida] nonsense.

idolo sm idol.

idoneo, a agg: **idoneo (a qc)** suitable (for sthg); **essere idoneo al servizio militare** to be fit for military service.

idrante sm hydrant.

idratante agg moisturizing.

idratare [6] vt to moisturize.

idraulico, a, ci, che agg hydraulic. ◆ **idraulico** sm plumber.

idrico, a, ci, che agg water (dav sostantivo).

idroelettrico, a, ci, che agg hydroelectric.

idrofilo, a agg ▷ **cotone**.

idrogeno sm hydrogen.

idromassaggio sm - 1. [massaggio] hydromassage - 2. [impianto] whirlpool.

idrosolubile agg water-soluble.

iella sf fam bad luck.

iena sf hyena.

ieri ◇ avv yesterday; **l'altro ieri** the day before yesterday; **ieri mattina/pomeriggio** yesterday morning/afternoon. ◇ sm yesterday.

Iesolo sf Jesolo.

igiene sf - 1. [pulizia] hygiene, cleanliness; **l'igiene del corpo** personal hygiene - 2. [salute] health.

igienico, a, ci, che agg hygienic; **norme igieniche** health regulations; **carta igienica** toilet paper; **impianto igienico** sanitary fittings pl.

igloo [i'glu] sm inv igloo.

ignobile agg despicable.

ignorante ◇ agg - 1. [senza istruzione] ignorant - 2. [senza nozioni]: **essere ignorante in (fatto di) qc** to know nothing about sthg - 3. [incompetente] incompetent - 4. fam [maleducato] rude. ◇ smf - 1. [non istruito] ignoramus - 2. fam [maleducato] oaf.

ignoranza sf - 1. [gen] ignorance - 2. [maleducazione] bad manners pl.

ignorare [6] vt - 1. [non sapere] not to know; **ignorare che (+ congiuntivo)** not to know (that) - 2. [non curarsi di] to ignore.

ignoto, a ◇ agg unknown. ◇ sm, f unknown person.

il, la, i, le (lo if gli dav sm che comincia per s + consonante, gn, ps, x, y, z; **l'** mpl gli, fpl le dav sm o sf che comincia per vocale o h) art det - 1. [con nomi comuni] the; **il lago** the lake; **la finestra** the window; **lo studente** the student; **lo yacht** the yacht; **l'arbitro** the referee; **l'hotel** the hotel; **l'isola** the island; **i giornali** the newspapers; **gli amici** the friends; **le ragazze** the girls - 2. [con nomi astratti o generici]: **adoro la musica** I love music; **l'amore è importante** love is important; **la vita** life; **preferisco il caffè** I prefer coffee - 3. [con titoli e professioni]: **il signor/la signora Pollini** Mr/Mrs Pollini; **il presidente della Repubblica** the President of the Republic; **il dottor Marchi** Dr Marchi; **fare il medico/l'operaio** to be a doctor/a manual worker - 4. [con nomi geografici]: **il Po** the Po; **le Dolomiti** the Dolomites; **l'Italia** Italy - 5. [con parti del corpo]: **si è rotto il naso** he's broken his nose; **lavarsi le mani** to wash one's hands; **ha i capelli biondi** she has blond hair - 6. [indica parentela]: **non va d'accordo con il padre** he doesn't get on with his father; **vive con la sorella** she lives with her sister - 7. [indica il tempo cronologico]: **la primavera scorsa** last spring; **il 2007** 2007; **il 29 dicembre** the 29th of December; **dopo le tre** after three (o'clock); **il sabato** [tutti i sabati] on Saturdays, on Saturday; [quel sabato] on Saturday; **la sera** in the evening - 8. [con malattie]: **ho il raffreddore** I've got a cold; **mi è venuta l'influenza** I've caught (the) flu - 9. [distributivo] a, an; **100 km l'ora** 100 km an hour; **costano 3 euro l'uno/il chilo** they cost 3 euros each/a chilo - 10. [con collettivi]: **entrambi i fratelli** both brothers; **tutto il vino** all the wine; **tutti i giorni** every day; **tutti gli uomini** all men - 11. [con percentuali e numerali]: **vale il doppio** it's worth double; **costa la**

metà it costs half; **il 20 per cento** 20 per cent - **12.** [con i possessivi]: **le mie scarpe** my shoes; **il loro negozio** their shop; **il suo lavoro** his/her job - **13.** [con nomi di personaggi famosi]: **un film con la Loren** a film *esp UK* o movie *esp US* with Sofia Loren; **il Petrarca** Petrarch; **l'Ariosto** Ariosto.

ilarità *sf* hilarity.

ill. (*abbr di* **illustrazione**) ill.

illecito, a *agg* [atto, mezzo] illicit; [guadagno, commercio] illegal.

illegale *agg* [azione] illegal; [arresto, procedimento] unlawful.

illegalmente *avv* illegally.

illeggibile *agg* illegible.

illegittimo, a *agg* - **1.** [figlio] illegitimate - **2.** [supposizione] arbitrary; [pretesa] unjustified.

illimitato, a *agg* unlimited.

Ill.mo (*abbr di* **Illustrissimo**) [nelle lettere] *term of respect used in addresses*.

illogico, a, ci, che *agg* illogical.

illudere [31] *vt* to fool. ◆ **illudersi** *vr* to fool o.s.

illuminare [6] *vt* - **1.** [rischiarare] to light - **2.** [sguardo, viso] to light up.

illuminazione *sf* lighting.

Illuminismo *sm* Enlightenment.

illusione *sf* - **1.** [apparenza] illusion - **2.** [speranza] false hope; **farsi illusioni** to fool o.s.

illusionista, i, e *smf* conjurer.

illuso, a ◇ *pp* ▷ **illudere**. ◇ *sm, f* fool; **sei un povero illuso** you're kidding yourself.

illustrare [6] *vt* to illustrate.

illustrazione *sf* illustration.

illustre *agg* eminent.

imballaggio *sm* packing.

imballare [6] *vt* to pack.

imbalsamato, a *agg* [animale] stuffed.

imbarazzante *agg* embarrassing.

imbarazzare [6] *vt* to embarrass. ◆ **imbarazzarsi** *vip* to get embarrassed.

imbarazzato, a *agg* embarrassed.

imbarazzo *sm* - **1.** [disagio] embarrassment; **mettere qn in imbarazzo** to embarrass sb - **2.** [perplessità]: **avere l'imbarazzo della scelta** to have an embarrassment of riches, to be spoilt for choice *UK*.

imbarcare [15] *vt* - **1.** [passeggeri] to board; [merci] to load - **2.**: **imbarcare acqua** to ship water. ◆ **imbarcarsi** *vr* - **1.** [salire a bordo]: **imbarcarsi (su qc)** to board (sthg); **imbarcarsi per una crociera** to set off on a cruise - **2.** [avventurarsi]: **imbarcarsi in qc** to embark on sthg.

imbarcazione *sf* boat.

imbarco, chi *sm* - **1.** [di merci] loading - **2.** [di passeggeri] boarding.

imbastire [9] *vt* to tack.

imbattersi [7] *vip*: **imbattersi in qn/qc** to run into sb/sthg.

imbavagliare [21] *vt* to gag.

imbecille *smf* idiot.

imbellire [9] ◇ *vt* to make more beautiful; **questa pettinatura ti imbellisce** this hairstyle makes you look prettier. ◇ *vi* to become more beautiful. ◆ **imbellirsi** *vip* to become more beautiful.

imbestialire [9] *vi*: **fare imbestialire qn** to drive sb mad. ◆ **imbestialirsi** *vip* to go mad.

imbevuto, a *agg*: **imbevuto di qc** soaked in sthg.

imbiancare [15] *vt* - **1.** [verniciare - con pittura] to paint; [- con bianco di calce] to whitewash - **2.** [rendere bianco] to turn white; **la farina gli imbiancava il viso** his face was white with flour.

imbianchino, a *sm, f* painter (and decorator *UK*).

imbizzarrirsi [9] *vip* to shy.

imboccare [15] *vt* - **1.** [persona] to feed - **2.** [strada] to get onto; [galleria] to enter.

imboccatura *sf* - **1.** [di contenitore] opening - **2.** [di strumento musicale] mouthpiece.

imbocco, chi *sm* entrance.

imboscare [15] *vt* to hide. ◆ **imboscarsi** *vr* to disappear.

imboscata *sf* ambush.

imbottigliare [21] *vt* to bottle.

imbottigliato, a *agg*: **rimanere imbottigliato** to be stuck (in traffic).

imbottire [9] *vt* - **1.** [gen] to fill; **imbottire qc di qc** to fill sthg with sthg - **2.** [materasso] to stuff; [giacca] to pad. ◆ **imbottirsi** *vip* - **1.** [coprirsi] to cover o.s. up - **2.** [rimpinzarsi] to stuff o.s.

imbottitura *sf* [gen] stuffing; [di giacca] padding.

imbracatura *sf* sling.

imbranato, a ◇ *agg* clumsy. ◇ *sm, f* clumsy person, klutz *esp US*.

imbrattare [6] *vt* to dirty; **imbrattare qc di qc** to get sthg on sthg; **ha imbrattato la camicia di sangue** he got blood on his shirt. ◆ **imbrattarsi** *vr* to get o.s. dirty; **imbrattarsi di fango** to get muddy.

imbroccare [15] *vt* to guess.

imbrogliare [21] *vt* - **1.** [truffare] to swindle, to cheat - **2.** [mescolare] to mix up; [aggroviglia-

re] to tangle; **imbrogliare le carte** to shuffle (the cards) - 3. [complicare] to confuse.
  ◆ **imbrogliarsi** *vip* - 1. [mescolarsi] to become tangled - 2. [complicarsi] to become confused.

imbroglio *sm* - 1. [truffa] swindle - 2. [groviglio] tangle - 3. [faccenda] mess.

imbroglione, a *sm, f* cheat.

imbronciato, a *agg* sulky.

imbruttire [9] ◇ *vt* to make uglier. ◇ *vi* to become uglier. ◆ **imbruttirsi** *vip* to become uglier.

imbucare [15] *vt* - 1. [lettera] to post *UK*, to mail *esp US* - 2. [palla - nel golf] to hole; [- nel biliardo] to pot.

imburrare [6] *vt* to butter.

imbuto *sm* funnel.

imitare [6] *vt* - 1. [prendere a modello] to imitate - 2. [riprodurre] to mimic - 3. [contraffare] to fake.

imitatore, trice *sm, f* impersonator.

imitazione *sf* - 1. [gen] imitation - 2. [di persona] impersonation.

immagazzinare [6] *vt* - 1. [merce] to store - 2. [nozioni] to store up.

immaginare [6] *vt* - 1. [raffigurarsi] to imagine; **imaginarsi qc** to imagine sthg; **s'immagini!** don't mention it! - 2. [ideare] to conceive - 3. [supporre] to think.

immaginario, a *agg* imaginary.

immaginazione *sf* - 1. [facoltà] imagination - 2. [cosa immaginata] fantasy.

immagine *sf* - 1. [gen] image; **immagine virtuale** virtual image; **è l'immagine della salute** she's the picture of health - 2. [di libro] picture.

immancabile *agg* - 1. [solito] usual - 2. [inevitabile] inevitable.

immancabilmente *avv* unfailingly.

immane *agg* enormous.

immatricolazione *sf* - 1. [di veicolo] registration - 2. [di studente] enrolment *UK*, enrollment *US*.

immaturo, a *agg* immature.

immedesimarsi [6] *vr:* **immedesimarsi (in qc)** to identify (with sthg).

immediatamente *avv* immediately.

immediato, a *agg* - 1. [reazione, imbarco] immediate; [intervento, pagamento] prompt - 2. [diretto] direct; **nelle immediate vicinanze** in the immediate vicinity. ◆ **immediato** *sm:* **nell'immediato** in the immediate future.

immensità *sf* - 1. [caratteristica] vastness - 2. [grande quantità]: **un'immensità di qc** a huge number of sthg.

immenso, a *agg* - 1. [molto grande] huge - 2. [molto intenso] intense.

immergere [52] *vt:* **immergere qc in qc** [tuffare] to immerse sthg in sthg; [conficcare] to drive sthg into sthg; **immergere qn in qc** *fig* [sprofondare] to plunge sb into sthg. ◆ **immergersi** *vr* - 1. [in acqua] to dive - 2. [dedicarsi completamente]: **immergersi in qc** to immerse o.s. in sthg.

immeritato, a *agg* undeserved.

immersione *sf* - 1. [sottomarino] submersion; **linea di immersione** water-line - 2. [sport] diving.

immerso, a *pp* ▷ **immergere**.

immettere [71] ◇ *vt* to introduce. ◇ *vi:* **immettere in qc** to lead into sthg. ◆ **immettersi** *vr:* **immettersi in qc** to get into *o* onto sthg.

immigrato, a *sm, f* immigrant.

immigrazione *sf* immigration.

imminente *agg* imminent.

immischiare [20] *vt:* **immischiare qn in qc** to involve sb in sthg. ◆ **immischiarsi** *vip:* **immischiarsi (in qc)** to meddle (in sthg).

immissione *sf* introduction; **l'immissione dei dati** data entry.

immobile *agg* - 1. still - 2. ▷ **bene**. ◆ **immobili** *smpl* property (*U*), real estate (*U*) *esp US*.

immobiliare ◇ *agg* property (*dav sostantivo*); **società immobiliare** property company. ◇ *sf* estate agency *UK*, real estate agency *US*.

immobilizzare [6] *vt* [gen] to immobilize.

immondizia *sf* rubbish *esp UK*, garbage *esp US*.

immorale *agg* immoral.

immortalare [6] *vt* - 1. [perpetuare] to immortalize - 2. *scherz* [fotografare] to immortalize on film.

immortale *agg* immortal.

immotivato, a *agg* unjustified.

immune *agg* MED immune.

immunità *sf inv* MED & DIR immunity.

immunizzare [6] *vt* to immunize. ◆ **immunizzarsi** *vr* to become immune.

immutabile *agg* unchangeable.

immutato, a *agg* unchanged.

impacchettare [6] *vt* to wrap up.

impacciato, a *agg* - 1. [impedito, goffo] awkward - 2. [imbarazzato] embarrassed.

impaccio *sm* - 1. [imbarazzo] embarrassment; **trarsi d'impaccio** to get o.s. out of trouble - 2. [ostacolo] problem; **essere d'impaccio a qn** to hamper sb.

impacco, chi sm compress.

impadronirsi [9] vip: **impadronirsi di qc** [appropriarsi] to seize sthg; [imparare bene] to master sthg.

impaginazione sf - 1. TIPO make-up - 2. INFORM page layout.

impalcatura sf EDIL scaffolding.

impallidire [9] vi - 1. [sbiancare] to turn pale - 2. [perdere valore] to pale into insignificance.

impanato, a agg in breadcrumbs (non dav sostantivo).

impappinarsi [6] vip to get flustered.

imparare [6] vt to learn; **imparare a fare qc** to learn (how) to do sthg; **imparare qc a proprie spese** to learn sthg the hard way.

impartire [9] vt: **impartire qc (a qn)** to give (sb) sthg.

imparziale agg impartial.

impassibile agg impassive.

impastare [6] vt [colori, ingredienti] to mix; [pane] to knead.

impasto sm - 1. [azione - di cemento, colori] mixing; [- di pane] kneading - 2. [amalgama - di cemento, colori] mixture; [- di pane] dough - 3. fig [miscuglio] mix.

impatto sm impact.

impaurire [9] vt to frighten. ◆ **impaurirsi** vip to become frightened.

impaziente agg impatient; **essere impaziente di fare qc** to be eager to do sthg.

impazienza sf - 1. [desiderio]: **aspettare qc con impazienza** to look forward to sthg - 2. [insofferenza] impatience.

impazzire [9] vi - 1. [diventare pazzo] to go mad - 2. [di desiderio, dolore]: **far impazzire qn** to drive sb mad; **impazzire per qn/qc** to be mad about sb/sthg - 3. [strumento] to go haywire.

impeccabile agg impeccable.

impedimento sm problem; **salvo impedimenti** barring obstacles.

impedire [9] vt - 1. [rendere impossibile] to prevent; **impedire a qn/qc di fare qc** to prevent o stop sb/sthg (from) doing sthg; **impedire che qn faccia qc** to prevent o stop sb/sthg (from) doing sthg - 2. [rendere difficile] to impede.

impegnare [23] vt - 1. [dare in pegno] to pawn - 2. [occupare] to keep busy. ◆ **impegnarsi** vr - 1. [vincolarsi] to commit o.s.; **impegnarsi a fare qc** to undertake to do sthg - 2. [sforzarsi] to make an effort; **impegnarsi in qc** to make an effort with sthg.

impegnativo, a agg demanding.

impegnato, a agg - 1. [occupato] busy - 2. [militante] committed.

impegno sm - 1. [promessa] promise - 2. [incombenza, militanza] commitment - 3. [dedizione] determination; **studiare/lavorare con impegno** to study/work hard.

impensabile agg inconceivable.

impensierire [9] vt to worry. ◆ **impensierirsi** vip to worry.

imperativo, a agg imperative. ◆ **imperativo** sm imperative.

imperatore, trice sm, f emperor (empress f).

impercettibile agg imperceptible.

imperdonabile agg unforgivable.

imperfetto, a agg - 1. [difettoso - lavoro] flawed; [- meccanismo] faulty - 2. GRAMM imperfect. ◆ **imperfetto** sm GRAMM imperfect.

imperfezione sf - 1. [caratteristica] imperfection - 2. [difetto] flaw.

imperiale agg imperial.

impermeabile ⬦ agg waterproof. ⬦ sm raincoat.

impero sm empire.

impersonale agg - 1. [gen] impersonal - 2. [banale] banal.

impersonare [6] vt - 1. [interpretare] to play - 2. [rappresentare] to represent.

imperterrito, a agg: **continuare imperterrito (a fare qc)** to carry on (doing sthg) undaunted.

impertinente ⬦ agg impertinent. ⬦ smf impertinent person; **sei un impertinente! you've got a nerve o cheek UK!**

imperversare [6] vi - 1. [infuriare] to rage - 2. scherz [essere diffuso] to be all the rage.

impeto sm - 1. [violenza] force - 2. [slancio] fit; [veemenza] vehemence.

impetuoso, a agg - 1. [violento - attacco] violent; [- corrente, vento] strong - 2. [focoso] impetuous.

impianto sm - 1. [processo] setting up - 2. [attrezzature] equipment (U); **impianto elettrico** (electrical) wiring; **impianti di risalita** ski-lifts; **impianto di riscaldamento** heating system - 3. MED implant.

impiastricciare [17] vt: **impiastricciare qc di qc** to smear sthg with sthg.

impiccare [15] vt to hang. ◆ **impiccarsi** vr to hang o.s.

impicciare [17] vt to get in the way. ◆ **impicciarsi** vip: **impicciarsi di qc** to meddle in sthg.

impiccione, a sm, f nosy parker.

impiegare [16] vt - 1. [adoperare] to use - 2. [metterci] to take - 3. [assumere] to take on.

impiegato, a sm, f employee; **impiegato statale** civil servant.

impiego, ghi sm - 1. [uso] use - 2. [occupazione] employment; [posto] job.

impietosire [9] vt to move to pity. ◆ **impietosirsi** vip to be moved to pity.

impigliare [21] vt to catch. ◆ **impigliarsi** vip to get caught.

implementare [6] vt to implement.

implicare [15] vt - 1. [comportare] to imply - 2. [coinvolgere] to involve.

implicato, a agg: **rimanere implicato in qc** to be implicated in sthg.

implicazione sf - 1. [gen] implication - 2. [coinvolgimento] involvement.

implicito, a agg implicit.

implorare [6] vt - 1. [chiedere] to ask - 2. [supplicare] to implore.

impolverato, a agg dusty.

imponente agg - 1. [persona] big - 2. [edificio] imposing.

imporre [96] vt - 1. [far rispettare, far subire]: **imporre qc a qn** to impose sthg on sb - 2. [ordinare]: **imporre a qn di fare qc** to force sb to do sthg - 3. [richiedere] to require. ◆ **imporsi** ◇ vr - 1. [farsi valere]: **imporsi (su qn)** to assert o.s. (with sb) - 2. [avere successo] to be successful. ◇ vip [essere necessario] to be called for.

importante ◇ agg - 1. [gen] important - 2. [solenne] formal. ◇ sm: **l'importante** the (most) important thing.

importanza sf - 1. [rilevanza] importance; **avere importanza (per qn)** to matter (to sb) - 2. [considerazione]: **dare importanza a qn/qc** to pay attention to sb/sthg.

importare [6] ◇ vt [merce, moda] to import. ◇ vi [stare a cuore]: **importare a qn** to matter to sb. ◇ vi impers: **non importa** it doesn't matter; **non me ne importa (niente)** I don't care (at all).

importazione sf importation; **prodotti d'importazione** imported goods. ◆ **importazioni** sfpl imports.

importo sm - 1. [valore] amount - 2. [denaro] sum of money.

importunare [6] vt to bother.

imposizione sf - 1. [azione] imposition - 2. [ordine] order - 3. [tributo] tax.

impossessarsi [6] vip: **impossessarsi di qc** [appropriarsi] to take possession of sthg; [imparare bene] to master sthg.

impossibile ◇ agg impossible. ◇ sm: **fare o tentare l'impossibile** to do one's utmost.

impossibilitato, a agg: **essere impossibilitato a fare qc** to be unable to do sthg.

imposta sf - 1. [tassa] tax; **imposta sul valore aggiunto** value added tax - 2. [persiana] shutter.

impostare [6] vt - 1. [gen] to set up; **impostare una pagina** to lay out a page - 2. [dati, problema] to formulate.

impostazione sf - 1. [struttura] structure - 2. INFORM setup; **l'impostazione di una pagina** the layout of a page - 3. [di dati, calcolo] formulation.

imposto, a pp ▷ **imporre**.

impostore, a sm, f impostor.

impotente agg - 1. [incapace] helpless - 2. MED impotent.

impoverire [9] vt - 1. [terreno] to overwork - 2. [persona] to impoverish. ◆ **impoverirsi** vip - 1. [terreno] to be overworked - 2. [persona] to become poor.

impratichirsi [9] vip to practise UK, to practice US; **impratichirsi a fare qc** to practise UK o practice US doing sthg.

imprecare [15] vi: **imprecare (contro qn/qc)** to curse (sb/sthg).

imprecisione sf inaccuracy.

impreciso, a agg - 1. [inaccurato] inaccurate - 2. [vago] vague.

impregnato, a agg: **impregnato di qc** [acqua, fumo] impregnated with sthg; [pregiudizi, idee] filled with sthg.

imprenditore, trice sm, f entrepreneur, businessman (businesswoman f); **imprenditore agricolo** farmer.

impreparato, a agg: **impreparato (a qc)** unprepared (for sthg).

impresa sf - 1. [azione] venture - 2. [ditta] firm, business; **impresa di pompe funebri** undertaker's.

impresario, a sm, f - 1. [imprenditore] entrepreneur; **impresario edile** building contractor - 2. TEATRO: **impresario teatrale** theatrical impresario.

impressionante agg - 1. [perturbante] shocking - 2. [eccezionale - memoria] impressive; [- bellezza] striking.

impressionare [6] vt - 1. [turbare] to shock - 2. [fare impressione su] to impress. ◆ **impressionarsi** vip to be shocked.

impressione sf - 1. [gen] impression - 2. [turbamento] shock; **la vista del sangue mi fa impressione** I can't stand the sight of blood.

impressionismo sm Impressionism.

impresso, a pp ▷ **imprimere**.

imprevedibile agg unpredictable.

imprevisto, a agg unforeseen. ◆ **imprevisto** sm unforeseen event.

imprigionare [6] *vt* - **1.** [mettere in prigione] to put in prison - **2.** [intrappolare] to imprison.

imprimere [63] *vt* - **1.** [segno, orma] to leave - **2.** [ricordo] to fix. ◆ **imprimersi** *vip* to remain engraved; **imprimersi qc in mente** to get sthg into one's head.

improbabile *agg* unlikely.

impronta *sf* - **1.** [segno] mark; **impronte digitali** fingerprints - **2.** [calco] mould *UK*, mold *US*.

improprio, a *agg* - **1.** [inadatto] improper - **2.** [sbagliato] incorrect.

improvvisamente *avv* suddenly.

improvvisare [6] *vt* to improvise. ◆ **improvvisarsi** *vr* to turn o.s. into.

improvvisazione *sf* improvisation.

improvviso, a *agg* sudden; **all'improvviso** suddenly.

imprudente ◇ *agg* irresponsible. ◇ *smf* irresponsible person; **è un imprudente** he's so irresponsible.

imprudenza *sf* - **1.** [caratteristica] irresponsibility; **agire con imprudenza** to act irresponsibly - **2.** [azione] **commettere un'imprudenza** to do something irresponsible.

impugnare [23] *vt* [afferrare] to grip.

impugnatura *sf* handle.

impulsivamente *avv* impulsively.

impulsivo, a *agg* impulsive.

impulso *sm* impulse; **agire d'impulso** to act on impulse; **dare l'impulso a qc** COMM to boost sthg.

impuntarsi [6] *vip*: **impuntarsi (a fare qc)** to dig one's heels in (about doing sthg).

impurità *sf inv* impurity.

impuro, a *agg* impure.

imputare [6] *vt* - **1.** [attribuire] **imputare qc a qn/qc** to put sthg down to sb's/sthg - **2.** [accusare]: **imputare qn di qc** to accuse sb of sthg.

imputato, a *sm, f* accused.

in *(dav art det diventa* **nel, nello, nella, nell', nei, negli, nelle)** *prep* - **1.** [stato in luogo] in; **vivere in Italia** to live in Italy; **abitare in campagna/città** to live in the country/in town; **essere in casa** to be at home; **l'ho lasciato in macchina/nella borsa** I left it in the car/in my bag; **in tutto il mondo** in the whole world - **2.** [moto a luogo] to; [dentro] into; **andare in Italia** to go to Italy; **andare in campagna** to go to the country; **entrare in casa** to go into the house; **entrare in macchina** to get into the car - **3.** [moto per luogo] in; **passeggiare in giardino** to walk in the garden; **hanno viaggiato in tutta Europa** they've travelled all over Europe - **4.** [temporale] in; **in primavera** in spring; **in maggio** in May; **nel 2007** in 2007;

nel pomeriggio in the afternoon - **5.** [durata] in; **l'ho fatto in cinque minuti** I did it in five minutes; **in due giorni/settimane/mesi** in two days/weeks/months; **in tutta la vita** in one's whole life; **in giornata** today - **6.** [modo] in; **in silenzio** in silence; **sono ancora in pigiama** I'm still in my pyjamas *UK* o pajamas *US*; **parlare in italiano** to speak Italian; **è dottore in legge** he has a law degree; **essere bravo in qc** to be good at sthg - **10.** [fine, scopo]: **ho speso un capitale in libri** I spent a fortune on books; **correre in aiuto di qn** to rush to sb's aid; **dare in omaggio** to give away; **ricevere in premio** to get as a prize - **11.** [valore distributivo]: **siamo partiti in tre** three of us went; **in tutto sono 15 euro** that's 15 euros altogether - **12.** [trasformazione]: **cambiare dollari in euro** to change dollars into euros; **trasformarsi in un mostro** to turn into a monster.

inabile *agg*: **inabile a qc** unfit for sthg.

inaccessibile *agg* - **1.** [luogo] inaccessible - **2.** [persona] unapproachable - **3.** [concetto, mistero] incomprehensible.

inaccettabile *agg* unacceptable.

inadatto, a *agg*: **inadatto (a qn/qc)** unsuitable (for sb/sthg).

inadeguato, a *agg*: **inadeguato (a qc)** inadequate (for sthg).

inagibile *agg* [edificio] unfit for use; [casa] uninhabitable, unfit for human habitation.

inalare [6] *vt* to inhale.

inalazione *sf* inhalation. ◆ **inalazioni** *sfpl* MED inhalation *(sing)*.

inammissibile *agg* - **1.** [non valido] inadmissible - **2.** [inaccettabile] unacceptable.

inappagato, a *agg* unfulfilled.

inappetenza *sf* loss of appetite.

inarcare [15] *vt* to bend; **inarcare la schiena** to arch one's back; **inarcare le sopracciglia** to raise one's eyebrows. ◆ **inarcarsi** *vip* to bend.

inaridire [9] *vt* - **1.** [gen] to dry up - **2.** [persona, mente] to shrivel. ◆ **inaridirsi** *vip* to dry up.

inaspettatamente *avv* unexpectedly.

inaspettato, a *agg* unexpected.

inasprire [9] *vt* - **1.** [accentuare] to exacerbate - **2.** [inacidire] to embitter. ◆ **inasprirsi**

vip - **1.** [vino] to go sour - **2.** [conflitto] to worsen - **3.** [carattere, persona] to become embittered.

inattendibile *agg* unreliable.

inatteso, a *agg* unexpected.

inattività *sf* - **1.** [gen] inactivity - **2.** [vulcano] dormancy.

inattivo, a *agg* - **1.** [persona] inactive - **2.** [vulcano] dormant.

inaudito, a *agg* unheard-of.

inaugurare [6] *vt* - **1.** [ospedale, mostra] to open; **una festa per inaugurare la nuova casa** a house-warming (party) - **2.** [iniziare] to inaugurate.

inaugurazione *sf* - **1.** [apertura] opening - **2.** [cerimonia] inauguration.

inavvertenza *sf* - **1.** [mancanza di attenzione]: **per inavvertenza** without thinking - **2.** [atto incauto] oversight; **commettere un'inavvertenza** to be careless.

inavvertitamente *avv* accidentally.

incagliarsi [21] *vip* to run aground.

incalcolabile *agg* incalculable.

incallito, a *agg* [fumatore, bevitore] inveterate; [scapolo] confirmed.

incalzare [6] ⋄ *vt* to press; **incalzare qn to be hot on sb's heels.** ⋄ *vi* [pericolo] to be imminent; [tempo, necessità] to press.

incamminarsi [6] *vip* to set off.

incanalare [6] *vt* to channel. ◆ **incanalarsi** *vip* to converge.

incandescente *agg* incandescent.

incantare [6] *vt* to enchant. ◆ **incantarsi** *vip* - **1.** [rimanere ammirato] to be spellbound; [perdere la concentrazione] to go off into a daydream - **2.** [meccanismo] to get stuck.

incantesimo *sm* spell; **fare un incantesimo** to cast a spell.

incantevole *agg* enchanting, charming.

incanto *sm* - **1.** [magia] spell - **2.** [meraviglia]: **essere un incanto** to be lovely; **d'incanto** [a meraviglia] perfectly.

incapace ⋄ *agg* incompetent; **incapace di fare qc** incapable of doing sthg. ⋄ *smf* incompetent.

incapacità *sf inv* incompetence.

incappare [6] *vi*: **incappare in qn/qc** to run into sb/sthg.

incapsulare [6] *vt* - **1.** [bottiglia] to put a cap on - **2.** [dente] to cap.

incarcerare [6] *vt* to imprison.

incaricare [15] *vt*: **incaricare qn di (fare) qc** to entrust sb with (doing) sthg. ◆ **incaricarsi** *vip*: **incaricarsi di (fare) qc** to see to (doing) sthg.

incaricato, a ⋄ *agg* responsible. ⋄ *sm, f* person responsible.

incarico, chi *sm* - **1.** [compito] job - **2.** [di professore] appointment.

incarnirsi [9] *vip* [unghia] to become ingrowing *UK* o ingrown *US*.

incartare [6] *vt* to wrap (up).

incasinato, a *agg fam* [persona] messed-up; [giornata] awful.

incassare [6] *vt* - **1.** [riscuotere] to cash - **2.** [subire] to take - **3.** [incastrare] to fit in.

incasso *sm* - **1.** [riscossione] cashing; **sportello per l'incasso** cash desk - **2.** [somma] takings *pl*.

incastonare [6] *vt* [gemma] to set.

incastrare [6] *vt* - **1.** [combaciare] to fit (together) - **2.** [persona] to set up. ◆ **incastrarsi** *vip* - **1.** [combinarsi] to fit - **2.** [bloccarsi] to get stuck.

incatenare [6] *vt* to chain (up).

incauto, a *agg* rash.

incavo, incavo *sm* hollow.

incavolarsi [6] *vip fam* to lose one's temper.

incavolato, a *agg fam* annoyed.

incazzarsi [6] *vip volg* to get pissed off.

incazzato, a *agg volg* pissed off.

incendiare [20] *vt* to set fire to. ◆ **incendiarsi** *vip* to catch fire.

incendio *sm* fire; **incendio doloso** arson.

incenerire [9] *vt* - **1.** [bruciare] to incinerate - **2.** *fig* [fulminare]: **incenerire qn con uno sguardo** to give sb a withering look. ◆ **incenerirsi** *vip* to be reduced to ashes.

incenso *sm* incense.

incentivare [6] *vt* to stimulate, to boost.

incentivo *sm* incentive.

inceppare [6] *vt* to hamper. ◆ **incepparsi** *vip* to jam.

incerata *sf* - **1.** [tessuto] oilcloth; [telo] tarpaulin - **2.** [indumento] oilskins *pl*.

incertezza *sf* - **1.** [caratteristica] uncertainty - **2.** [dubbio] doubt, uncertainty.

incerto, a *agg* - **1.** [dubbio] uncertain, doubtful - **2.** [dubbioso] doubtful, dubious - **3.** [malsicuro] hesitant - **4.** [vago] indistinct. ◆ **incerti** *smpl* uncertainties; **incerti del mestiere** occupational hazards.

incessante *agg* incessant.

incesto *sm* incest.

incetta *sf*: **fare incetta di qc** to stock up on sthg.

inchiesta *sf* - **1.** [statistica, di mercato] survey - **2.** [giudiziaria] inquiry, investigation - **3.** [giornalistica] report.

inchinare [6] vt [testa, fronte] to bow. ◆ **inchinarsi** vip [chinarsi] to bend down; [fare una riverenza] to bow.

inchino sm bow; fare un inchino to bow.

inchiodare [6] ◇ vt - 1. [con chiodi] to nail - 2. [bloccare]: inchiodare qn to keep sb stuck. ◇ vi fam [frenare] to slam on the brakes.

inchiostro sm ink.

inciampare [6] vi to trip (up); inciampare in qc to trip over sthg.

incidente sm - 1. [infortunio] accident; incidente d'auto car accident o crash; incidente aereo plane crash - 2. [fatto spiacevole] incident.

incidenza sf effect, impact.

incidere [30] ◇ vt - 1. [tagliare] to cut open; [ascesso, foruncolo] to lance - 2. [scolpire] to carve; incidere qc su qc to engrave sthg on sthg - 3. [registrare] to record. ◇ vi [pesare]: incidere su qc to have an effect on sthg, to impact on sthg.

incinta agg pregnant; rimanere incinta to get pregnant.

incirca ◆ all'incirca avv about.

incisione sf - 1. [taglio] incision - 2. [tecnica, quadro] engraving - 3. [decorazione] intaglio - 4. [registrazione] recording.

incisivo, a agg [discorso, stile] incisive. ◆ **incisivo** sm [dente] incisor.

inciso, a pp ▷ incidere.

incitare [6] vt: incitare a fare qc to urge sb to do sthg; incitare qn alla calma/allo studio to urge sb to be calm/to study.

incivile ◇ agg - 1. [popolazione, legge] barbaric - 2. [maleducato] rude. ◇ smf rude person.

inclinare [6] vt to tilt. ◆ **inclinarsi** vip to tilt.

inclinato, a agg sloping.

inclinazione sf - 1. [di piano, superficie] slope, inclination - 2. [predisposizione] inclination.

incline agg: essere incline a fare qc to be inclined to do sthg; essere incline a qc to be given to sthg.

includere [31] vt to include.

inclusivo, a agg: inclusivo di qc inclusive of sthg.

incluso, a ◇ pp ▷ includere. ◇ agg included (non dav sostantivo), including (dav sostantivo).

incoerenza sf inconsistency.

incognita sf - 1. MAT unknown (quantity) - 2. [cosa imprevedibile] uncertainty.

incognito sm: in incognito incognito.

incollare [6] vt - 1. [attaccare] to stick - 2. INFORM to paste. ◆ **incollarsi** vip to stick.

incolore agg colourless UK, colorless US.

incolpare [6] vt: incolpare qn (di qc) to blame sb (for sthg).

incolume agg unhurt.

incombente agg imminent.

incombenza sf task.

incominciare [17] ◇ vt to begin, to start; incominciare a fare qc to begin o start to do sthg, to begin o start doing sthg. ◇ vi to begin, to start.

incomodare [6] vt to trouble. ◆ **incomodarsi** vr to put o.s. out.

incomparabile agg incomparable.

incompatibile agg incompatible.

incompetente ◇ agg incompetent. ◇ smf incompetent.

incompiuto, a agg unfinished.

incompleto, a agg incomplete.

incomprensibile agg incomprehensible.

incomprensione sf - 1. [caratteristica] lack of understanding - 2. [malinteso] misunderstanding.

incompreso, a agg misunderstood.

inconcepibile agg inconceivable.

inconfondibile agg unmistakable.

inconfutabile agg irrefutable.

inconsapevole agg unaware.

inconsciamente avv without realising (it).

inconscio, a agg & sm unconscious.

inconsistente agg [accusa, teoria] flimsy; [patrimonio] tiny.

inconsueto, a agg unusual.

incontentabile agg demanding.

incontestabile agg indisputable.

incontinente agg incontinent.

incontrare [6] vt - 1. [persona] to meet - 2. [problema, difficoltà, squadra] to come up against - 3. [favore] to meet with. ◆ **incontrarsi** vip: incontrarsi con qn to meet sb. ◇ vr to meet.

incontrario ◆ all'incontrario avv [in senso inverso] the other way around; [il davanti dietro] back to front; [a rovescio] inside out; [sottosopra] upside down.

incontro sm - 1. [tra persone] meeting - 2. [gara, partita] game, match esp UK. ◆ **incontro a** prep toward(s); andare/venire incontro a qn [camminare] to go/come to meet sb; andare incontro a qc [a difficoltà] to meet with sthg; venire incontro a qn [fare un compromesso] to meet sb halfway.

inconveniente sm - 1. [ostacolo] problem - 2. [svantaggio] drawback.

incoraggiante *agg* encouraging.

incoraggiare [18] *vt* to encourage; **incoraggiare qn a fare qc** to encourage sb to do sthg.

incorniciare [17] *vt* to frame.

incoronazione *sf* coronation.

incorporare [6] *vt* - 1. [mescolare] to incorporate - 2. [includere]: **incorporare qc in qc** to incorporate sthg into sthg - 3. [assorbire] to take in.

incorreggibile *agg* [persona, difetto] incorrigible; [romantico, ottimista] incurable.

incorrere [65] *vi*: **incorrere in qc** to run into sthg; **incorrere in una condanna** to incur a sentence.

incorso, a *pp* ⊳ **incorrere**.

incosciente ◇ *agg* - 1. [svenuto] unconscious - 2. [irresponsabile] irresponsible; [spericolato] reckless. ◇ *smf* reckless person.

incostante *agg* [carattere, persona] fickle; [rendimento] inconsistent.

incredibile *agg* incredible.

incredulo, a *agg* incredulous.

incrementare [6] *vt* to increase.

incremento *sm* increase.

incriminare [6] *vt* to charge.

incrinare [6] *vt* - 1. [vetro, piatto] to crack - 2. [rapporto] to ruin. ◆ **incrinarsi** *vip* - 1. [vetro, vaso] to crack - 2. [rapporto] to deteriorate.

incrociare [17] *vt* - 1. [gen] to cross; [braccia] to fold - 2. [persona] to meet. ◆ **incrociarsi** *vr* - 1. [strade] to cross - 2. [incontrarsi] to meet - 3. [razze] to be crossed.

incrocio *sm* - 1. [intersezione] crossroads *(sing)*, junction - 2. [accoppiamento] crossing - 3. [via di mezzo] cross.

incubatrice *sf* incubator.

incubazione *sf* incubation.

incubo *sm* nightmare.

incurabile *agg* incurable.

incurante *agg*: **incurante di qc** heedless of sthg.

incuriosire [9] *vt* to intrigue. ◆ **incuriosirsi** *vip* to become curious.

incursione *sf* raid.

incusso, a *pp* ⊳ **incutere**.

incutere [69] *vt* to inspire; **incutere qc a qn** to inspire sb with sthg.

indaco *agg inv* & *sm* indigo.

indaffarato, a *agg* busy.

indagare [16] ◇ *vt* to investigate. ◇ *vi*: **indagare (su qc)** to investigate (sthg).

indagine *sf* - 1. [ricerca] research; **indagine di mercato** market survey - 2. [inchiesta] investigation.

indebitarsi [6] *vr* to get into debt.

indebito, a *agg* undeserved, unjust; **appropriazione indebita** embezzlement.

indebolire [9] *vt* to weaken. ◆ **indebolirsi** *vip* to get weaker.

indecente *agg* indecent.

indecenza *sf* - 1. [caratteristica] indecency - 2. [cosa vergognosa] disgrace.

indeciso, a *agg* - 1. [esitante] indecisive - 2. [irrisolto] undecided.

indefinito, a *agg* - 1. [gen] indefinite - 2. [irrisolto] unsolved.

indelebile *agg* indelible.

indenne *agg* unscathed.

indennità *sf inv* - 1. [compenso] compensation; **indennità di trasferta** travel allowance - 2. [sussidio] benefit; **indennità di disoccupazione** unemployment benefit *UK* o benefits *pl US*.

indennizzo *sm* compensation.

indesiderato, a *agg* unwelcome.

indeterminativo, a *agg* [articolo] indefinite.

indeterminato, a *agg* unspecified, indefinite.

indetto, a *pp* ⊳ **indire**.

India *sf*: **l'India** India.

indiano, a *agg* & *sm, f* - 1. [dell'India] Indian; **l'oceano Indiano** the Indian Ocean - 2. [d'America] Native American.

indicare [15] *vt* - 1. [mostrare] to show; [col dito] to point at - 2. [consigliare] to recommend - 3. [rivelare] to indicate.

indicativo, a *agg* - 1. [gen] indicative - 2. [approssimativo] approximate. ◆ **indicativo** *sm* - 1. GRAMM indicative - 2. [telefonico] code.

indicato, a *agg* suitable.

indicazione *sf* - 1. [informazione] piece of information - 2. [cartello] sign. ◆ **indicazioni** *sfpl* directions.

indice *sm* - 1. [dito] index finger - 2. [dispositivo] pointer - 3. [segno] sign - 4. [di libro, produzione, costo della vita] index - 5. BORSA: **indice di Borsa** Stock Exchange Index.

indietro *avv* back; **essere indietro** [orologio] to be slow; [con lavoro] to be behind; **all'indietro** backward(s).

indifeso, a *agg* - 1. [postazione] undefended - 2. [persona] helpless.

indifferente ◇ *agg* - 1. [insensibile]: **indifferente (a qn/qc)** indifferent (to sb/sthg) - 2. [senza importanza] unimportant; **per me è**

indifferente it's all the same to me. <> *smf*: **fare l'indifferente** to behave as if nothing has happened.

indifferenza *sf* indifference.

indigeno, a <> *agg* indigenous. <> *sm, f* native; **gli indigeni** the indigenous inhabitants.

indigestione *sf* [mal di pancia] indigestion; [scorpacciata] overindulgence.

indigesto, a *agg* indigestible.

indignazione *sf* indignation.

indimenticabile *agg* unforgettable.

indio, a (*mpl* **indios**) *agg* & *sm, f* Native Central or South American.

indipendente *agg* - 1. [libero]: **indipendente (da qn/qc)** independent (of sb/sthg) - 2. [fatto, evento]: **indipendente da qn/qc** unconnected with sb/sthg.

indipendentemente *avv*: **indipendentemente da qn/qc** independently of sb/sthg; **partirò indipendentemente da te/da quello che fai tu** I'm going on my own/regardless of what you do.

indipendenza *sf* independence.

indire [102] *vt* to call.

indirettamente *avv* indirectly.

indiretto, a *agg* indirect.

indirizzare [6] *vt* - 1. [busta, lettera] to address - 2. [dirigere] to direct - 3. [mandare]: **indirizzare qc a qn** to send sthg to sb.

indirizzo *sm* - 1. [di persona] address; **indirizzo e-mail** e-mail address - 2. [orientamento] trend.

indisciplinato, a *agg* undisciplined.

indiscreto, a *agg* indiscreet.

indiscriminato, a *agg* indiscriminate.

indiscutibile *agg* indisputable.

indispensabile <> *agg* indispensable. <> *sm*: **guadagnare appena l'indispensabile per vivere** to earn just enough to live; **prendere solo lo stretto indispensabile** to take only the bare essentials.

indispettire [9] *vt* to annoy. ◆ **indispettirsi** *vip* to get annoyed.

indisposto, a *agg* indisposed.

indistintamente *avv* - 1. [senza distinzioni] without distinction; **tutti indistintamente** all and sundry - 2. [confusamente] indistinctly.

indisturbato, a *agg* undisturbed.

indivia *sf* endive.

individuale *agg* individual.

individualmente *avv* individually.

individuare [6] *vt* to identify.

individuo *sm* individual.

indiziare [20] *vt*: **indiziare qn (per qc)** to suspect sb (of sthg).

indizio *sm* - 1. [gen] clue; **indizi** evidence (*U*) - 2. [segno] sign.

indole *sf* nature.

indolenzito, a *agg* aching.

indolore *agg* painless.

indomani *sm*: **l'indomani** the next day.

Indonesia *sf*: **l'Indonesia** Indonesia.

indossare [6] *vt* - 1. [portare] to wear - 2. [infilarsi] to put on.

indossatore, trice *sm, f* model.

indotto, a *pp* ▷ **indurre**.

indovinare [6] *vt* - 1. [intuire] to guess; **tirare a indovinare** to take a guess - 2. [azzeccare] to hit upon.

indovinello *sm* riddle.

indovino, a *sm, f* fortune-teller.

indubbiamente *avv* without doubt.

indubbio, a *agg* undoubted.

induco *etc* ▷ **indurre**.

indulgente *agg* indulgent.

indumento *sm* garment; **indumenti intimi** underwear (*U*).

indurire [9] *vt* [sostanza] to harden. ◆ **indurirsi** *vip* [sostanza] to go hard.

indurre [95] *vt*: **indurre qn a fare qc** to persuade sb to do sthg.

indussi *etc* ▷ **indurre**.

industria *sf* - 1. [attività] industry - 2. [stabilimento] factory.

industriale <> *agg* industrial. <> *smf* industrialist.

industrializzato, a *agg* industrialized.

inedito, a *agg* - 1. [non pubblicato] unpublished - 2. [nuovo] new.

inefficiente *agg* inefficient.

ineguaglianza *sf* inequality.

inequivocabile *agg* unequivocal.

inerente *agg*: **inerente (a qc)** inherent (in sthg).

inerme *agg* defenceless *UK*, defenseless *US*.

inerzia *sf* - 1. [inattività] inactivity - 2. FIS inertia.

inesattezza *sf* inaccuracy.

inesatto, a *agg* - 1. [impreciso] inaccurate - 2. [sbagliato] incorrect.

inesistente *agg* non-existent.

inesperienza *sf* inexperience.

inesperto, a *agg* inexperienced.

inestimabile *agg* inestimable.

inetto, a *agg* [incapace] incompetent.

inevitabile ⬦ *agg* inevitable; **rischio inevitabile** unavoidable risk. ⬦ *sm*: **l'inevitabile** the inevitable.

inevitabilmente *avv* inevitably.

inezia *sf* trifle; **costare un'inezia** to cost next to nothing.

infallibile *agg* - **1.** [persona] infallible - **2.** [metodo, soluzione] foolproof.

infamia *sf* - **1.** [vergogna] shame; **coprire qn d'infamia** to bring shame on sb - **2.** [cosa vergognosa] shameful thing.

infangare [16] *vt* - **1.** [sporcare] to cover with mud - **2.** [disonorare] to drag through the mud. ➤ **infangarsi** *vr* to get muddy.

infantile *agg* - **1.** [per bambini] children's *(dav sostantivo)*; [da bambini] childhood *(dav sostantivo)*; [innocente, puro] childlike; **malattie infantili** childhood diseases; **psicologia infantile** child psychology; **asilo infantile** nursery - **2.** [immaturo] childish, infantile.

infanzia *sf* childhood; **amici/ricordi di infanzia** childhood friends/memories.

infarinare [6] *vt* to flour.

infarto *sm* heart attack.

infastidire [9] *vt* - **1.** [disturbare] to bother - **2.** [irritare] to annoy. ➤ **infastidirsi** *vip* to get annoyed.

infaticabile *agg* tireless.

infatti *cong* - **1.** in fact - **2.** [esclamazione] exactly!

infatuarsi [6] *vip*: **infatuarsi di qn** to become infatuated with sb; **infatuarsi di qc** to get hooked on sthg.

infatuazione *sf* infatuation.

infedele *agg* - **1.** [adultero] unfaithful - **2.** [sleale] disloyal - **3.** [inesatto] inaccurate.

infelice *agg* - **1.** [triste] unhappy - **2.** [malriuscito, inopportuno] unfortunate - **3.** [sfavorevole] unfavourable *UK*, unfavorable *US*.

infelicità *sf* unhappiness.

inferiore ⬦ *agg* - **1.** [sottostante, minore] lower; **la parte inferiore** the lower part; **il piano inferiore** the floor below; **inferiore a qc** below sthg; **inferiore alla media** below average - **2.** [peggiore] **inferiore (a qn/qc)** inferior (to sb/sthg); **inferiore alle aspettative** below expectations. ⬦ *smf* inferior.

inferiorità *sf* inferiority.

inferire [9] *vt* [perdita] to inflict; **inferire un colpo a qn/qc** to hit sb/sthg.

infermeria *sf* [ambulatorio] infirmary; [di scuola] sickroom.

infermiere, a *sm, f* nurse.

infermità *sf inv* illness; **infermità mentale** mental illness.

infernale *agg* - **1.** [creatura, tormento] hellish - **2.** [diabolico] devilish - **3.** [insopportabile] dreadful.

inferno *sm* - **1.** RELIG hell; **mandare qn all'inferno** to tell sb to go to hell - **2.** [tormento] (living) hell.

inferriata *sf* grating.

infertilità *sf* infertility.

inferto, a *pp* ▷ **inferire**.

infervorare [6] *vt* to stir up. ➤ **infervorarsi** *vip* to get worked up.

infestare [6] *vt* - **1.** [insetti, pirana, pirati] to infest - **2.** [ortiche] to overrun - **3.** [fantasmi] to haunt.

infettare [6] *vt* - **1.** [ferita] to infect - **2.** [acqua, aria] to pollute - **3.** [società] to afflict. ➤ **infettarsi** *vip* to become infected.

infettivo, a *agg* infectious.

infetto, a *agg* - **1.** [ferita] infected - **2.** [acqua, aria] polluted.

infezione *sf* infection; **fare infezione** to become infected.

infiammabile *agg* inflammable.

infiammare [6] *vt* - **1.** MED: **infiammare qc** to make sthg inflamed - **2.** [dar fuoco a] to set fire to. ➤ **infiammarsi** *vip* - **1.** MED to become inflamed - **2.** [incendiarsi] to catch fire.

infiammazione *sf* inflammation.

infierire [9] *vi* - **1.** [accanirsi]: **infierire (su qn)** to attack (sb) - **2.** [imperversare] to rage.

infiggere [51] *vt*: **infiggere qc in qc** [conficcare] to drive sthg into sthg; [nella mente, memoria] to fix sthg in sthg.

infilare [6] *vt* - **1.** [far passare attraverso] to thread - **2.** [introdurre] to put; **infilare qc in qc** to put sthg into sthg - **3.** [indossare] to put on; **infilarsi qc** to put sthg on - **4.** [infilzare] to skewer - **5.** [azzeccare]: **non ne ha infilata una!** he didn't get one right!; **ha infilato tre vittorie consecutive** he won three games in a row. ➤ **infilarsi** *vr* [introdursi]: **infilarsi tra la folla** to mingle with the crowd; **infilarsi sotto le coperte** to slip into bed; **infilarsi in qc** [lista, commissione] to manage to get o.s. onto sthg.

infiltrarsi [6] *vip* - **1.** [umidità, fumo] to infiltrarsi **(in qc)** to seep (into sthg) - **2.** [spia, informatore]: **infiltrarsi in qc** to infiltrate sthg.

infilzare [6] *vt* [sullo spiedo] to skewer; [con la spada] to run through. ➤ **infilzarsi** *vr* to stab o.s.

infimo, a *agg* very low; **un locale infimo** a dive.

infine *avv* - **1.** [alla fine] finally - **2.** [insomma] well then.

infinità *sf* - **1.** [qualità] infinity - **2.** [grande quantità]: **un'infinità di qc** an infinite number of sthg.

infinitamente *avv* infinitely; **mi dispiace infinitamente** I'm extremely sorry.

infinito, a *agg* - **1.** [gen] infinite; **grazie infinite** thank you very much; **una quantità infinita** an enormous quantity - **2.** GRAMM infinitive. ◆ **infinito** *sm* - **1.** [immensità]: **l'infinito** the infinite; **all'infinito** forever - **2.** MAT infinity - **3.** GRAMM infinitive.

infischiarsi [20] *vip fam*: **infischiarsi di qn/qc** not to give a damn about sb/sthg; **me ne infischio!** I couldn't care less!

infisso, a *pp* ▷ **infiggere**. ◆ **infisso** *sm* [di porta, finestra] frame.

inflazione *sf* - **1.** ECON inflation - **2.** [proliferazione] plethora.

inflessibile *agg* [carattere, persona] inflexible.

infliggere [50] *vt* to inflict; **infliggere una multa** to impose a fine.

inflitto, a *pp* ▷ **infliggere**.

influente *agg* influential.

influenza *sf* - **1.** [influsso, prestigio] influence; **avere influenza su qn/qc** to have (an) influence on sb/sthg; **essere/agire sotto l'influenza di qc** to be/act under the influence of sthg - **2.** [malattia] flu.

influenzare [6] *vt* to influence.

influire [9] *vi*: **influire su qc** to affect sthg.

influsso *sm* influence.

infondere [44] *vt*: **infondere qc (in qn)** to inspire sthg (in sb).

inforcare [15] *vt* - **1.** [paglia, fieno] to fork - **2.** [occhiali] to put on - **3.** [bicicletta, motocicletta] to get on.

informale *agg* informal.

informare [6] *vt* [far sapere a]: **informare qn (di qc)** to tell sb (about sthg); **informateci al più presto** let us know as soon as possible. ◆ **informarsi** *vip* [prendere informazioni]: **informarsi (su qn/qc)** to find out (about sb/sthg); **informarsi bene** to do one's research.

informatica *sf* IT, information technology.

informatico, a, ci, che ◇ *agg* computer *(dav sostantivo)*. ◇ *sm, f* computer scientist.

informato, a *agg* well-informed; **tenere qn informato (su qc)** to keep sb informed (about sthg); **tenersi informato** to keep up to date.

informazione *sf* - **1.** [gen] information *(U)*; **un'informazione** a piece of information; **chiedere un'informazione** to ask for information - **2.** INFORM: **scienza dell'informazione** computer science.

infortunarsi [6] *vip* to injure o.s.

infortunio *sm* accident; **infortunio sul lavoro** accident at work.

infossato, a *agg* sunken.

infradito *sm o sf inv* flip-flop, thong *US*.

infrangere [49] *vt* - **1.** [vaso, vetro] to smash - **2.** [legge, promessa] to break.

infrangibile *agg* unbreakable.

infranto, a *pp* ▷ **infrangere**.

infrarosso, a *agg* infrared. ◆ **infrarossi** *smpl*: **a infrarossi** infrared.

infrastruttura *sf* - **1.** [servizi pubblici] facilities *pl* - **2.** [impianti] infrastructure.

infrazione *sf* [violazione] offence *UK*, offense *US*; **infrazione di una regola** infringement of a rule; **infrazione al codice stradale** driving offence *UK o* offense *US*.

infreddolito, a *agg* cold.

infuori ◇ *agg inv* - **1.** [denti] protruding - **2.** [occhi] bulging. ◇ *avv* out; **sporgere all'infuori** to stick out. ◆ **all'infuori di** *prep* except.

infuriare [20] *vi* to rage. ◆ **infuriarsi** *vip* to fly into a rage.

infuso, a *pp* ▷ **infondere**. ◆ **infuso** *sm* infusion.

Ing. *(abbr di Ingegnere)* *title used before the name of an engineer.*

ingaggiare [18] *vt* - **1.** [arruolare] to recruit - **2.** [contrattare] to hire - **3.** [intraprendere] to engage in.

ingaggio *sm* [di attore, manodopera] employment; [di squadra, giocatore] signing.

ingannare [6] *vt* - **1.** [imbrogliare] to cheat - **2.** [indurre in errore] to deceive - **3.** [deludere] to disappoint - **4.** [far passare]: **ingannare qc** to make sthg pass; **ingannare il tempo** to pass the time. ◆ **ingannarsi** *vip* to be mistaken.

inganno *sm* - **1.** [imbroglio] deception - **2.** [errore] illusion; **trarre qn in inganno** to deceive sb.

ingarbugliato, a *agg* - **1.** [fili] tangled - **2.** [faccenda] complicated - **3.** [discorso, frase] garbled.

ingegnarsi [23] *vip*: **ingegnarsi (a fare qc)** to try hard (to do sthg); **ingegnarsi per vivere** to make do.

ingegnere *sm* engineer.

ingegneria *sf* [gen] engineering.

ingegno *sm* - **1.** [facoltà] intelligence - **2.** [persona] great mind.

ingegnoso, a *agg* ingenious.

ingente *agg* huge.

ingenuità *sf inv* - **1.** [innocenza] candour *UK*, candor *US* - **2.** [sprovedutezza] naivety - **3.** [atto]: **dire/commettere un'ingenuità** to say/do sthg naive.

ingenuo, a ◇ *agg* - **1.** [candido] candid - **2.** [semplicissimo, quasi banale] ingenuous - **3.** [innocente] naive - **4.** [sprovveduto] gullible. ◇ *sm, f* naive person; **è un ingenuo!** he's so naive!; **fare l'ingenuo** to play the innocent.

ingerire [9] *vt* to swallow.

ingessare [6] *vt* to put in plaster.

ingessatura *sf* plaster cast.

Inghilterra *sf*: **l'Inghilterra** England.

inghiottire [10] *vt* - **1.** [deglutire, tollerare] to swallow - **2.** [consumare] to swallow (up).

ingigantire [9] *vt* to exaggerate. ◆ **ingigantirsi** *vip* to become enormous.

inginocchiarsi [20] *vip* to kneel (down).

ingiù *avv* down; **all'ingiù** down.

ingiuria *sf* - **1.** [gen] insult; **recare ingiuria a qn** to insult sb; **ricevere un'ingiuria** to be insulted - **2.** [danno] damage.

ingiustamente *avv* unjustly.

ingiustificato, a *agg* unjustified.

ingiustizia *sf* injustice; **è un'ingiustizia!** it's not fair!

ingiusto, a *agg* unfair.

inglese ◇ *agg* English. ◇ *smf* [persona] Englishman (Englishwoman *f*); **gli inglesi** the English. ◇ *sm* [lingua] English.

ingoiare [20] *vt* - **1.** [inghiottire] to swallow - **2.** [sopportare] to put up with.

ingolfare [6] *vt* to flood. ◆ **ingolfarsi** *vip* [motore] to flood.

ingombrante *agg* - **1.** [oggetto] bulky - **2.** [ospite, personaggio] intrusive.

ingombro, a *agg*: **ingombro di qc** crammed with sthg.

ingordo, a ◇ *agg*: **ingordo (di qc)** greedy (for sthg). ◇ *sm, f* glutton.

ingorgo, ghi *sm* - **1.** [di tubo, scarico] blockage - **2.** [di traffico] traffic jam.

ingozzare [6] *vt* - **1.** [far mangiare] to stuff - **2.** [tranguiare] to gobble up. ◆ **ingozzarsi** *vr*: **ingozzarsi (di qc)** to stuff o.s. (with sthg).

ingranaggio *sm* - **1.** [meccanismo] gear - **2.** [funzionamento] workings *pl*.

ingranare [6] ◇ *vt* [marcia] to engage. ◇ *vi* - **1.** [marcia] to engage - **2.** [rendere] to get on; **oggi non ingrano** I can't settle (down) today.

ingrandimento *sm* - **1.** [di ditta, edificio] expansion - **2.** [di immagine, fotografia] enlargement - **3.** [in ottica] magnification; **lente di ingrandimento** magnifying glass.

ingrandire [9] *vt* - **1.** [locale, impresa] to extend - **2.** [immagine] to enlarge - **3.** [in ottica] to magnify - **4.** [esagerare] to exaggerate. ◆ **ingrandirsi** *vip* - **1.** [crescere] to grow - **2.** [espandersi] to expand.

ingrassare [6] ◇ *vt* - **1.** [animali] to fatten up - **2.** [motore, ingranaggio] to grease. ◇ *vi* [diventare grasso] to put on weight; **fare ingrassare** to be fattening.

ingratitudine *sf* ingratitude.

ingrato, a ◇ *agg* - **1.** [persona] ungrateful - **2.** [compito, lavoro] thankless. ◇ *sm, f* ingrate.

ingraziare [20] *vt*: **ingraziarsi qn** to ingratiate o.s. with sb.

ingrediente *sm* ingredient.

ingresso *sm* - **1.** [porta] entrance; [vano] (entrance) hall; **ingresso principale** main entrance; **ingresso laterale** side entrance; **ingresso di servizio** service entrance, tradesmen's o tradesman's entrance - **2.** [entrata solenne] entry - **3.** [facoltà di entrare] entry, admission; **"vietato l'ingresso"** "no entry"; **ingresso a pagamento** paid admission; **ingresso libero** free admission.

ingrossare [6] ◇ *vt* - **1.** [gen] to increase; **ingrossare le file di** to swell the ranks of - **2.** [corso d'acqua] to swell - **3.** [fegato, milza] to enlarge - **4.** [nell'aspetto]: **ingrossare qn** to make sb look fatter. ◇ *vi* - **1.** [fiume] to swell - **2.** [persona] to put on weight. ◆ **ingrossarsi** *vip* - **1.** [fiume] to swell - **2.** [persona] to put on weight.

ingrosso ◆ **all'ingrosso** *avv* wholesale; **vendere/comprare all'ingrosso** to sell/buy wholesale.

inguaribile *agg* incurable.

inguine *sm* groin.

inibire [9] *vt* to inhibit.

inibizione *sf* inhibition.

iniettare [6] *vt* to inject; **iniettarsi qc** to inject (o.s. with) sthg.

iniezione *sf* injection.

inimicare [15] *vt*: **inimicarsi qn** to fall out with sb.

ininterrottamente *avv* continuously.

ininterrotto, a *agg* continuous.

iniziale ◇ *agg* initial; **stipendio iniziale** starting salary. ◇ *sf* [di parola] initial. ◆ **iniziali** *sfpl* [di nome] initials.

inizialmente *avv* initially.

iniziare [20] ◇ *vt* - **1.** [cominciare] to start, to begin; **iniziare a fare qc** to start o begin to do sthg, to start o begin doing sthg - **2.** [introdurre a]: **iniziare qn a qc** [rito, religione] to initiate sb into sthg; [scrittura, droga] to introduce sb to sthg. <> vi [cominciare] to start, to begin.

iniziativa sf initiative; **prendere l'iniziativa (di fare qc)** to take the initiative (and do sthg).

inizio sm start, beginning; **avere inizio** to start, to begin; **dare inizio a qc** to start o begin sthg; **all'inizio (di qc)** at the start o beginning (of sthg).

innaffiare [20] vt = **annaffiare**.

innalzare [6] vt - 1. [gen] to raise - 2. [edificare] to build. ◆ **innalzarsi** vr & vip to rise.

innamorarsi [6] <> vr to fall in love (with each other). <> vip - 1. [provare amore]: **innamorarsi (di qn)** to fall in love (with sb) - 2. [appassionarsi]: **innamorarsi di qc** to fall in love with sthg.

innamorato, a <> agg - 1. [di persona] in love (non dav sostantivo); **essere innamorato cotto (di qn)** to be madly in love (with sb) - 2. [di cosa]: **innamorato di qc** crazy about sthg. <> sm, f boyfriend (girlfriend f).

innanzi lett <> avv - 1. [avanti] ahead; **farsi innanzi** to step forward - 2. [in seguito]: **d'ora innanzi** from now on. <> agg inv [precedente] previous. <> prep: **innanzi a qn/qc** before sb/sthg.

innanzitutto avv first of all.

innato, a agg innate.

innervosire [9] vt [irritare] to annoy; [turbare] to make nervous. ◆ **innervosirsi** vip to get annoyed.

innescare [15] vt - 1. [bomba] to prime - 2. [reazione] to trigger off.

inno sm hymn; **inno nazionale** national anthem.

innocente <> agg innocent. <> smf - 1. [non colpevole] innocent person - 2. [bambino] innocent.

innocenza sf innocence.

innocuo, a agg harmless.

innovativo, a agg innovative.

inodoro, inodore agg [fiore] scentless; [gas] odourless UK, odorless US; [pomata] unperfumed.

inoffensivo, a agg - 1. [domanda, parole] inoffensive - 2. [persona, animale] harmless.

inoltrare [6] vt - 1. form [trasmettere - pratica, domanda, richiesta] to submit; [- reclamo] to lodge - 2. [spedire] to forward, to send on. ◆ **inoltrarsi** vip: **inoltrarsi in qc** to enter sthg.

inoltrato, a agg: **a notte/sera/stagione inoltrata** late at night/in the evening/in the season.

inoltre avv moreover.

inondazione sf flood.

inopportuno, a agg [intervento, visita] inopportune; [frase, domanda] inappropriate.

inorganico, a, ci, che agg - 1. CHIM inorganic - 2. [disomogeneo - progetto] unsystematic; [- racconto, discorso] disjointed.

inorridire [9] <> vt to horrify. <> vi to be horrified.

inosservato, a agg - 1. [non notato] unobserved, unnoticed; **passare inosservato** to go unnoticed - 2. [non rispettato] not observed.

inossidabile agg [acciaio] stainless.

INPS [inps] (abbr di Istituto Nazionale Previdenza Sociale) sm Italian national insurance agency.

inquadrare [6] vt - 1. [gen] to frame - 2. [problema, situazione] to put in context.

inquadratura sf shot.

inquietante agg worrying.

inquieto, a agg - 1. [agitato] restless - 2. [preoccupato] worried.

inquietudine sf worry, anxiety.

inquilino, a sm, f tenant.

inquinamento sm [di aria, acqua] pollution.

inquinare [6] vt [aria, ambiente] to pollute.

inquisire [9] <> vt to investigate. <> vi: **inquisire su qn/qc** to investigate sb/sthg.

insaccati smpl sausages.

insalata sf - 1. [pianta] lettuce - 2. CULIN salad; **insalata di frutta** fruit salad - 3. [mescolanza] mess.

insanguinare [6] vt to stain with blood.

insaponare [6] vt - 1. [mani, viso] to soap - 2. [bucato, panni] to wash. ◆ **insaponarsi** vr to soap o.s.

insapore agg tasteless.

insaputa sf: **all'insaputa di qn** without sb's knowledge.

insecchire [9] vt & vi to wither.

insediamento sm - 1. [in carica] installation - 2. GEO settlement.

insediare [20] vt [in carica] to install. ◆ **insediarsi** vip - 1. [sindaco, vescovo] to take office - 2. [stabilirsi] to settle.

insegna sf - 1. [di locale, negozio] sign; **insegna luminosa** o **al neon** neon sign; **insegna stradale** road sign - 2. [stemma - di città, organizzazione] emblem; [- di famiglia] coat of arms - 3. MIL colours pl UK, colors pl US - 4. [grado, dignità] insignia pl.

insegnamento sm - 1. [attività] teaching - 2. [precetto] lesson.

insegnante <> *agg* teaching *(dav sostantivo)*. <> *smf* teacher; **insegnante di matematica** maths *UK* o math *US* teacher.

insegnare [23] *vt* - **1.** [gen] to teach; **insegnare qc a qn** to teach sb sthg; **insegnare a qn a fare qc** to teach sb (how) to do sthg; **gli ha insegnato a guidare** she taught him to drive - **2.** [indicare] to show; **insegnare la strada a qn** to show sb the way.

inseguire [8] *vt* - **1.** [ladro, nemico] to chase - **2.** [sogno, speranza] to pursue.

inseguitore, trice *sm, f* pursuer.

insenatura *sf* inlet.

insensato, a *agg* silly.

insensibile *agg* - **1.** [arto, nervo] numb; **essere insensibile a qc** [al dolore, freddo] to be insensitive to sthg - **2.** [indifferente] insensitive; **essere insensibile a qc** to be insensitive to sthg - **3.** [impercettibile] imperceptible.

inseparabile *agg* inseparable.

inserire [9] *vt* - **1.** [introdurre]: **inserire qc in qc** [cassetta, spina] to insert sthg in o into sthg, to put sthg in o into sthg; [scheda, documento] to put sthg in o into sthg - **2.** [includere]: **inserire qc in qc** to insert sthg in sthg. <> **inserirsi** *vip*: **inserirsi in qc** [congiungersi] to fit into sthg; [introdursi] to get into sthg; **inserirsi in classe/in ufficio** to fit into well in class/at work.

inserto *sm* - **1.** [di rivista] supplement - **2.** [di film] clip - **3.** [in abito] panel.

inserzione *sf* - **1.** [atto] insertion - **2.** [annuncio] advertisement.

insetticida, i *sm* insecticide.

insetto *sm* insect.

insicurezza *sf* - **1.** [di persona, carattere] lack of confidence - **2.** [di situazione] insecurity.

insicuro, a <> *agg* - **1.** [persona] insecure - **2.** [situazione, risposta] uncertain. <> *sm, f* insecure person; **è un insicuro** he is so insecure.

insidia *sf* - **1.** [agguato] trap - **2.** [pericolo] danger.

insieme *avv* - **1.** [gen] together - **2.** [congiuntamente]: **mettere insieme qc** [risparmi, idee] to pool sthg; **mettere insieme un gruppo/delle persone** to put a group/people together; **tutto insieme** all together - **3.** [nel contempo] at the same time. <> **insieme a** <> *prep* - **1.** [assieme a] with - **2.** [contemporaneamente] at the same time as. <> *sm* - **1.** MAT set - **2.** [di fattori, ragioni] combination; **nell'insieme** on the whole; **considerare qc nell'insieme** to consider sthg as a whole - **3.** [completo] outfit.

insignificante *agg* - **1.** [gen] insignificant - **2.** [persona] unremarkable.

insinuare [6] *vt* - **1.** [introdurre]: **insinuare qc in qc** to slip sthg inside sthg - **2.** [sospetto, dubbio]: **insinuare qc in qn** to instil *UK* o instill *US* sthg in sb - **3.** [sottintendere] to insinuate, to imply. <> **insinuarsi** <> *vr* [introdursi] to slip in. <> *vip* - **1.** [penetrare]: **il mare si insinua nella costa** the sea comes deep inland - **2.** [dubbio, sospetto] to creep in.

insinuazione *sf* insinuation.

insipido, a *agg* - **1.** [cibo] tasteless - **2.** [insignificante] dull.

insistente *agg* - **1.** [importuno] insistent - **2.** [persistente] persistent.

insistere [66] *vi* to insist; **insistere su qc** to insist on sthg; **insistere nel fare qc** to persist in doing sthg.

insoddisfatto, a *agg* - **1.** [persona] dissatisfied - **2.** [bisogno, desiderio] unsatisfied.

insofferente *agg* impatient; **è insofferente alle critiche** he can't take criticism.

insolazione *sf* sunstroke; **prendersi un'insolazione** to get sunstroke.

insolente *agg* insolent.

insolito, a *agg* unusual.

insolubile *agg* insoluble.

insomma <> *avv* - **1.** [in conclusione] in short - **2.** [così così] OK. <> *esclam* come on!

insonne *agg* sleepless; **il caffè mi rende insonne** coffee keeps me awake.

insonnia *sf* insomnia.

insopportabile *agg* unbearable.

insorgere [46] *vi* - **1.** [complicazioni, difficoltà] to arise; [infezione] to develop - **2.** [ribellarsi]: **insorgere (contro qn/qc)** to rise up (against sb/sthg).

insorto, a <> *pp* ⊳ **insorgere**. <> *sm, f* insurgent.

insospettabile *agg* - **1.** [persona] above suspicion *(non dav sostantivo)* - **2.** [impensato] unsuspected.

insospettire [9] *vt* to make suspicious. <> **insospettirsi** *vip* to become suspicious.

insperato, a *agg* unhoped-for.

inspiegabile *agg* inexplicable.

inspirare [6] *vt* to breathe in, to inhale.

instabile *agg* - **1.** [carico, ponte] unstable; [carattere] fickle - **2.** [umore, tempo] changeable.

installare [6] *vt* to install. <> **installarsi** *vip* to settle in.

installazione *sf* installation.

instaurare [6] *vt* - **1.** [regime] to establish, to set up - **2.** [avviare - processo di riforma] to introduce; [- abitudine] to start; [- rapporto] to develop. <> **instaurarsi** *vip* - **1.** [regime] to be established, to be set up - **2.** [avere inizio - moda] to be introduced; [- rapporto] to develop.

insù avv: **all'insù** up, upward(s); **avere il naso all'insù** to have a turned-up nose.

insuccesso sm failure.

insufficiente ◇ agg - **1.** [scarso] insufficient, inadequate - **2.** SCOL unsatisfactory. ◇ sm fail UK, failing grade US.

insufficienza sf - **1.** [scarsità] shortage - **2.** [difetto] inadequacy - **3.** [voto] fail UK, failing grade US - **4.** MED insufficiency.

insulina sf insulin.

insulso, a agg inane.

insultare [6] vt to insult.

insulto sm - **1.** [gen] insult - **2.** [alla decenza] affront.

insuperabile agg - **1.** [insormontabile] insuperable, insurmountable - **2.** [eccellente - artista, interprete] incomparable; [- prodotto, qualità] unbeatable.

insurrezione sf insurrection, uprising.

intaccare [15] vt - **1.** [consumare] to dip into - **2.** [sogg: acido, ruggine] to eat into; [sogg: infezione, malattia, scandalo] to damage - **3.** [incidere] to cut into.

intaglio sm - **1.** [arte, oggetto] carving - **2.** [taglio] notch.

intanto avv - **1.** [nel frattempo] meanwhile, in the meantime - **2.** [invece] yet - **3.** [perlomeno] at least. ◆ **intanto che** cong while.

intarsiato, a agg inlaid.

intasato, a agg - **1.** [scarico] blocked - **2.** [strada] congested.

intascare [15] vt to pocket.

intatto, a agg - **1.** [gen] intact - **2.** [paesaggio, natura] unspoiled.

integrale ◇ agg - **1.** [intero]: **somma integrale** full amount; **abbronzatura integrale** all-over tan; **edizione integrale** unabridged edition; **un film in versione integrale** an uncut version of a film esp UK o movie esp US - **2.** [alimento] wholemeal UK, whole wheat US. ◇ sm MAT integral.

integrare [6] vt - **1.** [completare] to bring up to full strength; **integrare qc con qc** to supplement sthg with sthg - **2.** [inserire]: **integrare qn in qc** to integrate sb into sthg. ◆ **integrarsi** vr - **1.** [adattarsi]: **integrarsi (in qc)** to integrate o become integrated (into sthg) - **2.** [completarsi] to complement each other.

integro, a agg - **1.** [intatto] intact - **2.** [onesto] honest.

intelletto sm - **1.** [mente] intellect, mind - **2.** [intelligenza] intelligence.

intellettuale agg & smf intellectual.

intelligente agg intelligent.

intelligenza sf intelligence.

intemperie sfpl: **le intemperie** the elements.

intendere [43] vt - **1.** [capire] to understand - **2.** [volere]: **intendere fare qc** to intend o mean to do sthg - **3.** [udire] to hear - **4.** [dare un senso a] to mean. ◆ **intendersi** ◇ vr [essere d'accordo] to understand each other; **non ci siamo intesi** we misunderstood each other; **intendiamoci bene** let's be absolutely clear; **si intendono benissimo** they get on really well; **intendersi su qc** to agree on o about sthg. ◇ vip: **intendersi di qc** to know all about sthg.

intenditore, trice sm, f expert.

intensamente avv [desiderare, amare, odiare] intensely; [lavorare, studiare, pensare] hard.

intensificare [15] vt to increase. ◆ **intensificarsi** vip to increase.

intensità sf intensity.

intensivo, a agg intensive.

intenso, a agg - **1.** [gen] intense; [suono] loud; [pioggia] heavy - **2.** [giornata, vita] busy.

intento, a agg intent; **essere intento a qc** to be intent on sthg; **essere intento a fare qc** to be busy doing sthg. ◆ **intento** sm aim; **con l'intento di fare qc** with the aim of doing sthg.

intenzionale agg intentional, deliberate.

intenzionato, a agg: **essere intenzionato a fare qc** to intend to do sthg.

intenzione sf intention; **aver (l')intenzione di fare qc** to intend to do sthg, to have the intention of doing sthg.

interamente avv entirely, completely.

interattivo, a agg interactive.

intercedere [7] vi: **intercedere presso qn (per qc)** to intercede with sb (for sthg).

intercesso pp ▷ **intercedere**.

intercettare [6] vt to intercept.

intercontinentale agg intercontinental.

intercorrere [65] vi - **1.** [periodo] to elapse - **2.** [rapporto] to exist.

intercorso, a pp ▷ **intercorrere**.

interdentale agg ▷ **filo**.

interdetto, a ◇ pp ▷ **interdire**. ◇ agg dumbfounded, taken aback (non dav sostantivo).

interdire [102] vt to ban, to prohibit; **interdire qc a qn** to forbid sthg to sb.

interessamento sm - **1.** [interesse] interest - **2.** [intervento] intervention.

interessante agg interesting.

interessare [6] ◇ vt - **1.** [incuriosire] to interest; **interessare qn a qc** to interest sb in sthg - **2.** [riguardare] to affect, to concern.

◇ *vi* [importare]: **interessare a qn** to interest sb; **grazie, non mi interessa** thanks, but I'm not interested. ◆ **interessarsi** *vip* - **1.** [provare interesse]: **interessarsi a qc** to show interest in sthg; **interessarsi di qc** to be interested in sthg - **2.** [occuparsi]: **interessarsi di qn/qc** to take care of sb/sthg; **interessati degli affari tuoi!** mind your own business!

interessato, a ◇ *agg* - **1.** [incuriosito]: **interessato (a qc)** interested (in sthg) - **2.** [avido] self-interested - **3.** [in causa] concerned. ◇ *sm, f* [parte in causa] person concerned.

interesse *sm* - **1.** [gen] interest; **interesse per qc** interest in sthg; **interesse semplice/composto** simple/compound interest; **per interesse** out of self-interest - **2.** ▷ **tasso**.

interfaccia, ce *sf* interface.

interferenza *sf* interference.

interferire [9] *vi*: **interferire (in qc)** to interfere (in sthg).

interiezione *sf* interjection.

interim ◆ **ad interim** ◇ *avv* temporarily. ◇ *agg inv* [ministro] interim *(dav sostantivo)*; [carica] temporary.

interiora *sfpl* [organi] entrails; CULIN offal *(U)*.

interiore *agg* - **1.** [interno] inside *(dav sostantivo)* - **2.** [spirituale] inner *(dav sostantivo)*.

interlinea *sf* spacing; **interlinea semplice/doppia** single/double spacing.

interlocutore, trice *sm, f* - **1.** [partecipante] speaker - **2.** [controparte] person one is talking to.

intermediario, a ◇ *agg* intermediary. ◇ *sm, f* intermediary, go-between.

intermedio, a *agg* intermediate.

intermezzo *sm* - **1.** [intervallo] interlude - **2.** MUS intermezzo.

interminabile *agg* interminable, endless.

intermittente *agg* intermittent.

internauta, i, e *smf* Internet user, surfer.

internazionale *agg* international.

Internet ◇ *sm inv* Internet; **navigare in o su Internet** to surf the Internet. ◇ *agg inv* Internet *(dav sostantivo)*.

interno, a *agg* - **1.** [parte, tasca] inside *(dav sostantivo)*; [parete, scala, portone, cortile, organo] internal; [lato] inner *(dav sostantivo)* - **2.**: **membro interno** ≃ internal examiner; **alunno interno** boarder - **3.** GEO inland - **4.** [nazionale] domestic - **5.** [intimo] inner *(dav sostantivo)*. ◆ **interno** *sm* - **1.** [parte dentro] inside; **all'interno** inside - **2.** [di abito] lining - **3.** GEO interior - **4.** [di edificio] apartment, flat *UK* - **5.** TELECOM extension. ◆ **Interni** *smpl*: **gli**

Interni the Interior; **ministro/ministero degli Interni** Home Secretary/Office *UK*, Secretary/Department of the Interior *US*.

intero, a *agg* - **1.** [completo - somma, cifra, quantità] whole, entire; [- prezzo] full - **2.** [intatto] intact. ◆ **intero** *sm*: **per intero** [scrivere] in full.

interpellare [6] *vt* - **1.** [gen] to ask; [specialista, esperto] to consult - **2.** POLIT: **interpellare il governo** to question the government.

interpretare [6] *vt* - **1.** [spiegare, intendere] to interpret; **male interpretare qc** to misinterpret sthg - **2.** [rappresentare] to represent - **3.** [CINE, TEATRO - commedia, film] to appear in; [- ruolo, personaggio] to play - **4.** MUS to perform.

interpretariato *sm* interpreting.

interpretazione *sf* - **1.** [gen] interpretation - **2.** CINE, TEATRO & MUS performance; [di personaggio] portrayal.

interprete *smf* - **1.** [commentatore, traduttore] interpreter; **fare da interprete a qn** to act as interpreter for sb - **2.** [attore, musicista] performer.

interrogare [16] *vt* - **1.** [sospetto] to interrogate; [testimone] to question - **2.** SCOL to test.

interrogativo, a *agg* - **1.** [sguardo, gesto] questioning - **2.** GRAMM interrogative.

interrogatorio *sm* interrogation; **fare un interrogatorio a qn** to cross-examine sb; **un interrogatorio di terzo grado** the third degree.

interrogazione *sf* - **1.** SCOL (oral) test - **2.** INFORM query.

interrompere [64] *vt* - **1.** [sospendere] to have a break from; **interrompere le trattative/i negoziati** to break off talks/negotiations - **2.** [impedire di parlare a] to interrupt. ◆ **interrompersi** *vip* to stop.

interrotto, a *pp* ▷ **interrompere**.

interruttore *sm* switch.

interruzione *sf* - **1.** [gen] interruption - **2.** [di trattative, studi] suspension; **fare un'interruzione** to have a break; **interruzione della corrente** power cut *UK* o outage *US*.

intersecare [15] *vt* to intersect. ◆ **intersecarsi** *vr* to intersect.

interurbana *sf* long-distance call.

interurbano, a *agg* long-distance.

intervallo *sm* - **1.** [pausa] break; TEATRO interval; SPORT half-time - **2.** [periodo, spazio] gap - **3.** [di valori] range.

intervenire [109] *vi* - 1. [gen]: **intervenire (in qc)** to intervene (in sthg) - 2. [partecipare]: **intervenire a qc** to take part in sthg - 3. [parlare] to speak - 4. MED to operate.

intervento *sm* - 1. [intromissione] intervention; **intervento falloso** SPORT foul - 2. [partecipazione] presence - 3. [discorso] talk - 4. MED: **intervento (chirurgico)** (surgical) operation.

intervenuto, a *pp* ⊳ **intervenire**.

intervista *sf* interview; **fare un'intervista (a qn)** to interview (sb).

intervistare [6] *vt* to interview.

intesa *sf* - 1. [accordo] agreement - 2. [affiatamento] understanding.

intesi *etc* ⊳ **intendere**.

inteso, a ◇ *pp* ⊳ **intendere**. ◇ *agg* [convenuto]: **resta** o **rimane inteso che** it is agreed o understood that; **(siamo) intesi** (that's) agreed.

intestare [6] *vt* - 1. [busta, lettera] to address - 2. [bene, conto]: **intestare qc a qn** to put sthg in sb's name; **intestare un assegno (a qn)** to make a cheque UK o check US out (to sb).

intestazione *sf* - 1. [azione] registration - 2. [dicitura - di lettera] letterheading; [- di libro] title.

intestinale *agg* intestinal.

intestino, a *agg* domestic; **guerra intestina** civil war. ◆ **intestino** *sm* intestine; **intestino tenue/crasso** small/large intestine.

intimamente *avv* - 1. [conoscere] intimately - 2. [nell'intimo] absolutely - 3. [strettamente] closely.

intimare [6] *vt*: **intimare a qn di fare qc** to order sb to do sthg; **intimare l'alt** to order a halt.

intimidazione *sf* intimidation.

intimidire [9] *vt* - 1. [mettere a disagio]: **intimidire qn** to make sb nervous - 2. [minacciare] to intimidate.

intimità *sf* - 1. [sfera privata] privacy - 2. [confidenza] intimacy; **essere in intimità con qn** to be close to sb.

intimo, a ◇ *agg* - 1. [amico] close - 2. [cerimonia] private - 3. ANAT: **parti intime** private parts - 4. [convinzione, affetti] deep - 5. ⊳ **biancheria**. ◇ *sm, f* close friend. ◆ **intimo** *sm* [interno] heart.

intingere [49] *vt* to dip.

intinto, a *pp* ⊳ **intingere**.

intitolare [6] *vt* - 1. [libro, canzone] to call, to title, to entitle - 2.: **intitolare qc a qn** [strada, monumento] to name sthg after UK o for US sb; [chiesa] to dedicate sthg to sb. ◆ **intitolarsi** *vip* to be called.

intollerabile *agg* intolerable, unbearable.

intolleranza *sf* intolerance.

intonaco *sm* plaster.

intonare [6] *vt* - 1. [armonizzare] to match - 2. [canzone, nota] to sing. ◆ **intonarsi** *vip* to match, to go together; **intonarsi con qc** to go with sthg.

intonato, a *agg* - 1. [persona]: **essere intonato** to sing in tune - 2. [in armonia] matching *(dav sostantivo)*; **una cravatta intonata con il vestito** a tie that goes with the suit.

intonazione *sf* intonation.

intontito, a *agg* dazed; **sono ancora un po' intontito** I'm not quite with it yet.

intoppo *sm* hitch.

intorno ◇ *avv* around. ◇ *agg inv* surrounding *(dav sostantivo)*. ◆ **intorno a** *prep* - 1. [gen] around - 2. [riguardo a] about.

intorpidire [9] *vt* - 1. [mani, piedi] to numb - 2. [mente, cervello] to dull. ◆ **intorpidirsi** *vip* - 1. [persona] to feel dozy - 2. [mani, piedi] to go to sleep - 3. [mente, cervello] to slow down.

intossicazione *sf* poisoning.

intralciare [17] *vt* to hinder.

intramontabile *agg* [cantante, moda] timeless.

intramuscolare ◇ *agg* intramuscular. ◇ *sf* intramuscular injection.

intransigente *agg* intransigent; **essere intransigente con qn** to be hard on sb.

intransitivo, a *agg* intransitive.

intrappolare [6] *vt* to trap.

intraprendente *agg* - 1. [ingegnoso] enterprising - 2. [audace] forward.

intraprendere [43] *vt* to start.

intrapreso, a *pp* ⊳ **intraprendere**.

intrattenere [93] *vt* - 1. [persona] to entertain - 2. [rapporto] to maintain. ◆ **intrattenersi** *vip* - 1. [divertirsi] to entertain o.s. - 2. [parlare] to speak.

intrattenimento *sm* entertainment.

intravedere [82] *vt* - 1. [scorgere] to catch a glimpse of - 2. [presagire] to foresee.

intravisto, a *pp* ⊳ **intravedere**.

intreccio *sm* - 1. [di capelli, corde - azione] plaiting *esp UK*, braiding *esp US*; [- risultato] plait *esp UK*, braid *esp US* - 2. [di tessuto] weave - 3. [di storia] plot.

intricato, a *agg* - 1. [aggrovigliato] tangled - 2. [complicato] involved.

intrigo, ghi *sm* - 1. [macchinazione] intrigue - 2. [brutta situazione] mess.

intrinseco, a, ci, che *agg* intrinsic.

introdurre [95] *vt* - 1. [mettere dentro]: **introdurre qc in qc** to put sthg into sthg - 2. [presentare, avviare] to introduce; **introdurre qn a qc** to introduce sb to sthg. ◆ **introdursi** *vr*: **introdursi in** to get into.

introduttivo, a *agg* introductory.

introduzione *sf* - **1.** [gen] introduction - **2.** [inserimento] insertion.

intromesso, a *pp* ▷ **intromettersi**.

intromettersi [71] *vr* - **1.** [mettersi in mezzo] to intervene - **2.** [immischiarsi]: **intromettersi (in qc)** to interfere (in sthg).

introvabile *agg* [irrintracciabile] nowhere to be found *(non dav sostantivo)*; [non disponibile] unobtainable.

introverso, a *agg* introverted.

intrusione *sf* interference.

intruso, a *sm, f* [gen] intruder; [a riunione, festa] gatecrasher.

intuire [9] *vt* to guess.

intuito *sm* intuition; **per intuito** intuitively.

intuizione *sf* - **1.** [intuito] intuition - **2.** [presentimento] feeling.

inumazione *sf* interment.

inumidire [9] *vt* to moisten, to dampen. ◆ **inumidirsi** *vip* to get moist o damp.

inutile *agg* useless; **è inutile (fare qc)** it's pointless (doing sthg).

inutilmente *avv* in vain.

invadente ◇ *agg* intrusive. ◇ *smf* busybody.

invadere [38] *vt* - **1.** [occupare] to invade - **2.** [diffondersi in] to spread throughout - **3.** [sogg: acqua] to flood.

invalidità *sf inv* - **1.** DIR invalidity - **2.** MED disability.

invalido, a ◇ *agg* - **1.** [non valido] invalid - **2.** [handicappato] disabled. ◇ *sm, f*: **gli invalidi** people with disabilities.

invano *avv* in vain.

invariabilmente *avv* invariably.

invariato, a *agg* unchanged.

invasi *etc* ▷ **invadere**.

invasione *sf* - **1.** [occupazione] invasion - **2.** [diffusione] spread.

invaso, a *pp* ▷ **invadere**.

invasore ◇ *agg* invading *(dav sostantivo)*. ◇ *sm* invader.

invecchiare [20] ◇ *vi* - **1.** [diventare vecchio] to get older; [d'aspetto] to look older - **2.** [stagionarsi] to age. ◇ *vt* [persona] to age.

invece *avv* instead; **vorrei venire con te, invece devo restare qui** I'd love to come with you, but I have to stay here instead. ◆ **invece di** *prep*: **invece di (fare) qc** instead of (doing) sthg.

inveire [9] *vi*: **inveire (contro qn/qc)** to shout (at sb/sthg).

inventare [6] *vt* - **1.** [strumento, metodo] to invent - **2.** [storia, scusa] to make up.

inventario *sm* - **1.** COMM inventory - **2.** *fig* [elenco] list.

inventiva *sf* creativity.

inventore, trice *sm, f* inventor.

invenzione *sf* - **1.** [gen] invention - **2.** [cosa immaginaria] fiction - **3.** [bugia] lie.

invernale *agg* winter *(dav sostantivo)*.

inverno *sm* winter; **d'inverno** in (the) winter.

inverosimile *agg* unlikely.

inversione *sf* - **1.** [di direzione] complete change; **fare inversione** to turn back; **inversione a U** U-turn - **2.** [in sequenza] inversion.

inverso, a *agg* - **1.** [contrario] opposite; **in ordine inverso** in reverse order - **2.** MAT inverse. ◆ **inverso** *sm* opposite; **essere all'inverso** [gen] to be the wrong way around; [quadro] to be upside down; [maglia] to be back to front.

invertebrato, a *agg & sm* invertebrate.

invertire [10] *vt* - **1.** [in direzione] to reverse - **2.** [in sequenza] to invert.

investigare [16] ◇ *vt* to investigate. ◇ *vi*: **investigare (su qn/qc)** to investigate (sb/sthg).

investigatore, trice *sm, f* investigator; **investigatore privato** private detective o investigator.

investimento *sm* - **1.** [gen] investment - **2.** [incidente] accident.

investire [8] *vt* - **1.** [persona, animale] to run over, to knock over; [veicolo] to crash into - **2.** [denaro, mezzi, risorse] to invest.

inviare [22] *vt* to send.

inviato, a *sm, f* - **1.** [delegato] envoy - **2.** [giornalista]: **inviato (speciale)** (special) correspondent.

invidia *sf* envy.

invidiare [20] *vt* to envy.

invidioso, a ◇ *agg*: **invidioso (di qn/qc)** envious (of sb/sthg). ◇ *sm, f* envious person.

invincibile *agg* - **1.** [imbattibile] invincible, unbeatable - **2.** [incontrollabile] unconquerable.

invio *sm* - **1.** [di messaggeri, truppe] dispatch - **2.** [di lettera, pacco] posting *UK*, mailing *esp US* - **3.** [di merce] shipment - **4.** INFORM: **(tasto d') invio** return (key).

invisibile *agg* - **1.** [non visibile] invisible - **2.** [piccolissimo] tiny.

invitare [6] *vt* - **1.** [a festa, casa]: **invitare qn (a qc)** to invite sb (to sthg) - **2.** [invogliare]: **invitare a (fare) qc** to be conducive to (doing) sthg - **3.** [esortare]: **invitare qn a fare qc** to ask o request sb to do sthg.

invitato, a *sm, f* guest.

invito *sm* - 1. [a festa, cena] invitation - 2. [richiamo] attraction - 3. [esortazione] request.

invocare [15] *vt* - 1. [chiamare] to call for - 2. [chiedere] to beg for - 3. [appellarsi a] to invoke.

involontario, a *agg* [errore, offesa] unintentional; [gesto] involuntary.

involtino *sm* slice of meat rolled up around a filling.

involucro *sm* wrapping.

inzuppare [6] *vt* - 1. [impregnare] to soak - 2. [immergere] to dunk. ➤ **inzupparsi** *vip* to get soaked.

io ⬦ *pron pers* - 1. [gen] I; **lo faccio io** I'll do it; **voglio venire anch'io** I want to come too; **io stesso** I myself; **l'ho visto ~ stesso** I saw it myself - 2. [enfatico] me; **sono io** it's me; **anch'io me too.** ⬦ *sm*: **l'Io** the ego.

iodio *sm* iodine.

iogurt *sm inv* = **yogurt**.

ionico, a, ci, che *agg* GEO & STORIA Ionian.

Ionio *sm*: **lo Ionio, il Mar Ionio** the Ionian Sea.

ipermercato *sm* hypermarket.

ipertensione *sf* hypertension.

ipnosi *sf* hypnosis.

ipnotizzare [6] *vt* to hypnotize.

ipocrisia *sf* hypocrisy.

ipocrita, i, e ⬦ *agg* hypocritical. ⬦ *smf* hypocrite.

ipoteca, che *sf* mortgage.

ipotesi *sf inv* - 1. [supposizione] theory - 2. [di teorema] hypothesis - 3. [eventualità] possibility.

ipotizzare [6] *vt* to assume.

ippico, a, ci, che *agg* horse *(dav sostantivo)*.

ippodromo *sm* racecourse.

ippopotamo *sm* hippopotamus.

ira *sf* anger; **avere uno scatto** *o* **un accesso d'ira** to be in a rage.

Irak, Iraq *sm*: **l'Irak** Iraq.

Iran *sm*: **l'Iran** Iran.

irascibile *agg* irascible.

iride *sf* - 1. [arcobaleno] rainbow - 2. ANAT & BOT iris.

iris *sf inv* BOT iris.

IRL (*abbr di* Irlanda) IRL.

Irlanda *sf*: **l'Irlanda** Ireland; **l'Irlanda del Nord** Northern Ireland.

irlandese ⬦ *agg* Irish. ⬦ *smf* Irishman (Irishwoman *f*); **gli irlandesi** the Irish.

ironia *sf* irony.

ironico, a, ci, che *agg* ironic.

IRPEF ['irpef] (*abbr di* Imposta sul Reddito delle PErsone Fisiche) *sf* personal income tax.

irrazionale *agg* irrational.

irreale *agg* unreal; **un mondo irreale** a fantasy world.

irrealistico, a, ci, che *agg* unrealistic.

irrecuperabile *agg* - 1. [perso] irrecoverable - 2. [inutilizzabile] beyond repair *(non dav sostantivo)*.

irregolare *agg* - 1. [gen] irregular - 2. [superficie] uneven - 3. [incostante] intermittent.

irregolarità *sf inv* - 1. [gen] irregularity - 2. [di superficie] unevenness - 3. [incostanza]: **con irregolarità** intermittently.

irregolarmente *avv* intermittently.

irremovibile *agg* unyielding; **essere irremovibile** to stick to one's guns.

irreparabile *agg* irreparable; **perdita irreparabile** irrecoverable loss.

irreperibile *agg* - 1. [introvabile] untraceable - 2. [non contattabile] uncontactable.

irrequieto, a *agg* - 1. [agitato] uneasy, restless - 2. [vivace] lively.

irresistibile *agg* irresistible.

irresponsabile ⬦ *agg* irresponsible. ⬦ *smf* irresponsible person; **agire da irresponsabile** to act irresponsibly.

irreversibile *agg* [gen] irreversible; [malattia] incurable.

irriconoscibile *agg* unrecognizable.

irrigazione *sf* irrigation.

irrigidire [9] *vt* - 1. [muscolo, corpo] to stiffen - 2. [pena] to make harsher. ➤ **irrigidirsi** *vip* - 1. [muscolo, corpo] to stiffen - 2. [clima] to grow colder - 3. [ostinarsi]: **irrigidirsi in qc** to refuse to budge on sthg.

irrilevante *agg* - 1. [insignificante] insignificant - 2. [non pertinente] irrelevant.

irrimediabile *agg* irreparable.

irripetibile *agg* unrepeatable.

irrisorio, a *agg* - 1. [troppo basso] derisory - 2. [molto basso] trifling.

irritabile *agg* - 1. [persona, temperamento] irritable - 2. [pelle] sensitive.

irritante *agg* - 1. [persona, comportamento] irritating - 2. [sostanza, liquido] irritant *(dav sostantivo)*.

irritare [6] *vt* to irritate. ➤ **irritarsi** *vip* - 1. [innervosirsi] to get irritated - 2. [infiammarsi] to become irritated *o* sore.

irritato, a *agg* - 1. [stizzito] irritated - 2. [infiammato] irritated, sore.

irritazione *sf* irritation.

irrobustire [9] *vt* to strengthen. ➤ **irrobustirsi** *vip* to become stronger.

irruzione *sf* - **1.** [entrata]: **fare irruzione** to burst in; **fare irruzione in qc** to burst into sthg - **2.** [attacco] raid.

irto, a *agg* - **1.** [ispido] bristly - **2.**: **irto di qc** *fig* bristling with sthg.

iscritto, a ◇ *pp* ▷ **iscrivere**. ◇ *sm, f* [a scuola, corso] student; [a esame, concorso] candidate; [a gara] competitor. ◆ **iscritto** *sm*: **per iscritto** in writing.

iscrivere [73] *vt* - **1.** [registrare]: **iscrivere qn (a qc)** to enrol *UK* o enroll *US* sb (at/in/on sthg) - **2.** [lastra] to engrave; [pietra] to carve. ◆ **iscriversi** *vr*: **iscriversi (a qc)** [scuola] to enrol *UK* o enroll *US* (at sthg); [corso] to enrol *UK* o enroll *US* (on sthg); [partito, associazione] to join (sthg); [gara, concorso] to enter (sthg).

iscrizione *sf* - **1.** [registrazione] enrolment *UK*, enrollment *US* - **2.** [scritta] inscription.

ISDN *(abbr di* **Integrated Services Digital Network***) agg inv* TELECOM ISDN.

ISEF ['izef] *(abbr di* **Istituto Superiore di Educazione Fisica***) sm* physical education college.

Islam *sm* Islam.

islamico, a, ci, che *agg* Islamic.

Islanda *sf*: **l'Islanda** Iceland.

islandese ◇ *agg* Icelandic. ◇ *smf* [persona] Icelander. ◇ *sm* [lingua] Icelandic.

ISO ['izo] *(abbr di* **International Standards Organization***) sm inv* ISO.

isola *sf* - **1.** [gen] island - **2.** [isolato]: **isola pedonale** pedestrian precinct *UK*, pedestrian mall *US* - **3.** [piattaforma]: **isola spartitraffico** traffic island.

isolamento *sm* - **1.** [segregazione] isolation - **2.** [protezione] insulation.

isolante ◇ *agg* - **1.** [materiale, sostanza] insulating *(dav sostantivo)* - **2.** ▷ **nastro**. ◇ *sm* insulating tape.

isolare [6] *vt* - **1.** [gen] to isolate, to cut off; **la polizia ha isolato il quartiere** the police have cordoned off the area - **2.** [da freddo, rumore] to insulate. ◆ **isolarsi** *vip*: **isolarsi (da qn/ qc)** to isolate o.s. (from sb/sthg), to cut o.s. off (from sb/sthg).

isolato, a *agg* isolated. ◆ **isolato** *sm* block.

ispanico, a, ci, che *agg* Hispanic.

ispessire [9] *vt* to thicken. ◆ **ispessirsi** *vip* to get thicker.

ispettore, trice *sm, f* inspector; **ispettore di polizia** police inspector.

ispezionare [6] *vt* to inspect.

ispezione *sf* - **1.** [verifica] check - **2.** [controllo ufficiale] inspection.

ispido, a *agg* bristly.

ispirare [6] *vt* [suscitare] to inspire; **è una proposta che mi ispira poco** I'm not very keen on the idea. ◆ **ispirarsi** *vip*: **ispirarsi a qc** [trarre spunto] to draw inspiration from sthg; [conformarsi] to follow sthg.

ispirazione *sf* - **1.** [impulso creativo] inspiration - **2.** [impulso improvviso] bright idea - **3.** [orientamento]: **di ispirazione cubista/ marxista** cubist/Marxist-inspired.

Israele *sm* Israel.

israeliano, a *agg* & *sm, f* Israeli.

issare [6] *vt* - **1.** [vela, bandiera] to raise - **2.** [carico, peso] to lift.

istantanea *sf* snapshot, snap *UK*.

istantaneo, a *agg* - **1.** [immediato] instantaneous - **2.** [solubile] instant.

istante *sm* moment, instant; **tra un istante** in a moment o an instant; **all'istante** immediately.

ISTAT ['istat] *(abbr di* **Istituto Centrale di Statistica***) sm* central institute of statistics.

isterico, a, ci, che ◇ *agg* hysterical; **crisi isterica** fit of hysterics. ◇ *sm, f* [gen] hysterical type; PSICO hysteric.

istigare [16] *vt*: **istigare qn a (fare) qc** to incite sb to (do) sthg.

istintivamente *avv* instinctively.

istintivo, a *agg* - **1.** [gesto, reazione] instinctive - **2.** [persona, carattere] impulsive.

istinto *sm* instinct; **d'istinto** instinctively.

istituire [9] *vt* - **1.** [gen] to establish - **2.** [costituire] to set up.

istituto *sm* - **1.** [gen] institute; **istituto tecnico** technical high school; **istituto di bellezza** beauty parlour *UK* o parlor *US* - **2.** DIR institution.

istitutore, trice *sm, f* - **1.** [fondatore] founder - **2.** [insegnante] tutor.

istituzionale *agg* institutional.

istituzione *sf* - **1.** [creazione] foundation - **2.** [organismo] institute - **3.** [ordinamento] institution. ◆ **istituzioni** *sfpl* institutions.

istmo *sm* isthmus.

istradare [6] *vt* - **1.** [traffico] to direct - **2.** *fig* [indirizzare]: **istradare qn in** o **verso qc** to set sb on his/her way to sthg.

istrice *sm* porcupine.

istruire [9] *vt* - **1.** [educare]: **istruire qn (in qc)** to teach sb (sthg) - **2.** [dare indicazioni a]: **istruire qn su qc** to help sb with sthg.

istruito, a *agg* educated.

istruttivo, a *agg* educational.

istruttore, trice ◇ *agg* ▷ **giudice**. ◇ *sm, f* instructor; **istruttore di sci** skiing instructor; **istruttore di guida** driving instructor.

istruzione *sf* education. ◆ **istruzioni** *sfpl* instructions, directions; **istruzioni (per l'uso)** instructions.

ITALGAS [ital'gas] (*abbr di* **Società Italiana per il Gas**) *sf* Italian gas company.

Italia *sf*: **l'Italia** Italy; **l'Italia centrale** central Italy; **l'Italia del Nord** *o* **settentrionale** northern Italy; **l'Italia del Sud** *o* **meridionale** southern Italy.

italiano, a *agg* & *sm, f* Italian. ◆ **italiano** *sm* [lingua] Italian.

iter *sm inv* procedure.

itinerante *agg* travelling (*dav sostantivo*) UK, traveling (*dav sostantivo*) US.

itinerario *sm* route, itinerary; **itinerario turistico** tourist route.

ITIS ['itis] (*abbr di* **Istituto Tecnico Industriale Statale**) *sm inv* technical and industrial high school.

Iugoslavia *sf*: **la Iugoslavia** Yugoslavia; **l'ex Iugoslavia** ex-Yugoslavia.

iugoslavo, a *agg* & *sm, f* Yugoslavian.

iuta *sf* jute.

IVA ['iva] (*abbr di* **Imposta sul Valore Aggiunto**) *sf* - **1.** VAT - **2.** ▷ **partita**.

j, J *sm o sf inv* j, J.

jack [dʒɛk] *sm inv* jack.

Jacuzzi® [ja'kutstsi] *sf inv* Jacuzzi®.

jazz [dʒɛts, dʒaz, dʒɛz] *sm* & *agg inv* jazz.

jazzista, i, e [dʒɛts'tsista] *smf* jazz musician.

jeans [dʒins] ◇ *smpl* [pantaloni] jeans. ◇ *sm inv* [tessuto] denim.

Jeep® [dʒip] *sf inv* Jeep®.

jogging ['dʒɔggin(g)] *sm* jogging; **fare jogging** to go jogging.

jolly ['dʒɔlli] *sm inv* joker.

judo ['dʒudɔ] *sm* judo.

Jugoslavia *sf* = **Iugoslavia**.

jugoslavo, a = **iugoslavo**.

jukebox [dʒub'bɔks] *sm inv* jukebox.

juniores [ju'njɔres] ◇ *agg inv* SPORT junior (*dav sostantivo*). ◇ *smpl* SPORT juniors.

k, K *sm o sf inv* k, K.

karaoke *sm inv* - **1.** [attività] karaoke - **2.** [locale] karaoke bar.

karatè, karate *sm* karate.

Kenia *sm*: **il Kenia** Kenya.

kg (*abbr di* **kilogrammo**) kg.

killer *smf inv* killer, hit man (hit woman *f*).

kilobit [kilo'bit] *sm inv* kilobit.

kilobyte [kilo'bait] *sm inv* kilobyte.

kilowatt ['kilovat] *sm inv* kilowatt.

kimono, chimono *sm inv* - **1.** [abito] kimono - **2.** [per judo, karate] suit.

kit [kit] *sm inv* kit.

kitesurf ['kaitsɔrf] *sm inv* kitesurfing.

kiwi ['kiwi] *sm inv* - **1.** [frutto] kiwi (fruit) - **2.** [uccello] kiwi.

kleenex® ['klineks] *sm inv* Kleenex®, tissue.

kmq (*abbr di* **kilometro quadrato**) sq km.

k.o. (*abbr di* **knock-out**) *avv* [nel pugilato]: **mettere qn k.o.** to KO sb.

koala *sm inv* koala (bear).

Kosovo *sm*: **il Kosovo** Kosovo.

krapfen ['krapfen] *sm inv* doughnut, donut *esp* US.

Kuwait [ku'vait, ku'wait, ku'wɛit, ku'weit] *sm*: **il Kuwait** Kuwait.

K-way® [ki'wɛj, kei'wei] *sm inv* windcheater, cagoule UK.

l¹, L *sm o sf inv* l, L.

l² - **1.** (*abbr di* **litro**) l - **2.** (*abbr di* **legge**) law.

L ◇ *sf inv* (*abbr di* **large**) L. ◇ (*abbr di* **Lussemburgo**) L.

la¹ (*dav vocale o h* **l'**) ◇ *art det* ▷ **il**. ◇ *pron pers* - **1.** [persona] her; **la conosco bene** I know her well; **salutala** say hello to her - **2.** [animale] it, her; [cosa] it; **condiscila bene** season it well - **3.** [forma di cortesia] you; **la vedo preoccupata** you seem worried.

la² *sm inv* MUS A; [in solfeggio] la, lah *UK*.

là *avv* there; **il libro è là: vai a prenderlo** the book's there: go and get it; **eccolo là** there it/he is; **là dentro/fuori/sopra/sotto** in/out/over/under there; **di là** [nella stanza accanto] next door; [moto da luogo] from there; [moto per luogo] that way; **vai subito via di là!** get away from there at once!; **proviamo a passare di là** let's try going that way; **al di là di qc** on the other side of sthg; **quello/quella là** that one.

labbro *sm* - **1.** (*fpl* **labbra**) [di bocca] lip - **2.** (*fpl* **labbra**) [di vagina] labium - **3.** (*mpl* **labbri**) [orlo] edge.

labirinto *sm* [gen] labyrinth; [di siepi] maze.

laboratorio *sm* - **1.** [di ricerca] laboratory, lab *fam*; **laboratorio di analisi** test laboratory; **laboratorio linguistico** language laboratory - **2.** [di artigiano] workshop.

laborioso, a *agg* - **1.** [faticoso] laborious, difficult - **2.** [giornata, vita] busy - **3.** [persona, popolo] hard-working.

labrador *sm inv* Labrador.

lacca, che *sf* - **1.** [per capelli] hairspray - **2.** [per mobili] varnish.

laccato, a *agg* - **1.** [mobile] varnished - **2.** [unghie] painted.

laccio *sm* lace.

lacerare [6] *vt* - **1.** [strappare] to tear - **2.** [straziare] to pierce; **lacerato dai dubbi/rimorsi** tormented with doubt/remorse. ◆ **lacerarsi** *vip* to tear.

lacero, a *agg* [veste, abito] torn.

lacrima *sf* tear; **in lacrime** in tears; **far venire le lacrime agli occhi a qn** to make sb's eyes water.

lacrimare [6] *vi* [occhi] to water.

lacrimogeno, a *agg*: **gas lacrimogeno** tear gas. ◆ **lacrimogeno** *sm* tear gas canister.

lacuna *sf* gap.

ladro, a *sm, f* thief.

lager ['lager] *sm inv* concentration camp.

laggiù *avv* down there.

lagna *sf fam* - **1.** [lamento] moaning - **2.** [persona, discorso] bore.

lagnarsi [23] *vip*: **lagnarsi (di** *o* **per qc)** to moan (about sthg), to complain (about sthg).

lago, ghi *sm* - **1.** GEO lake; **il lago di Garda** Lake Garda - **2.** [grande quantità] pool.

laguna *sf* laguna.

L'Aia *sf* the Hague.

laico, a, ci, che ◇ *agg* secular, lay (*dav sostantivo*). ◇ *sm, f* layman (laywoman *f*).

lama ◇ *sf* blade. ◇ *sm inv* - **1.** ZOOL llama - **2.** RELIG lama.

lamentare [6] *vt* - **1.** [male, dolore]: **lamentare qc** to complain of *o* about sthg - **2.** [compiangere] to lament. ◆ **lamentarsi** *vip* - **1.** [emettere lamenti] to moan - **2.** [protestare]: **lamentarsi (di qn/qc)** to complain (about *o* of sb/sthg).

lamentela *sf* complaint.

lamento *sm* moan.

lametta *sf* razor-blade.

lamiera *sf* sheet metal.

lamina *sf* - **1.** [lastra sottile] plate - **2.** [di sci] runner.

laminato, a *agg* - **1.** [metallo] laminated - **2.** [tessuto] lamé. ◆ **laminato** *sm* laminate.

lampada *sf* - **1.** [per illuminare] lamp; **lampada alogena** halogen lamp; **lampada al neon** neon light; **lampada da tavolo** table lamp - **2.** [per abbronzarsi]: **lampada (abbronzante)** sunlamp.

lampadario *sm* chandelier.

lampadina *sf* - **1.** [di lampada] (light) bulb - **2.** [torcia]: **lampadina (tascabile)** torch *UK*, flashlight *US*.

lampante *agg* clear, obvious.

lampeggiante *agg* flashing.

lampeggiare [116] ◇ *vi* to flash. ◇ *vi impers*: **lampeggia** there's lightning.

lampeggiatore *sm* - **1.** [di macchina] indicator *esp UK*, turn signal *US* - **2.** [di ambulanza] flashing light.

lampione *sm* street light *o* lamp.

lampo ◇ *sm* - **1.** [fulmine] flash of lightning - **2.** [bagliore] flash - **3.** [breve periodo]: **fare qc in un lampo** to do sthg in a flash; **avere un lampo di genio** to have a stroke of genius. ◇ *agg inv* - **1.** [rapidissimo] lightning (*dav sostantivo*); **visita lampo** flying visit - **2.**: **cerniera** *o* **chiusura lampo** zip fastener *UK*, zipper *US*. ◇ *sf inv* zip *UK*, zipper *US*.

lampone *sm* raspberry, Bronx cheer *US fam*.

lana *sf* [gen] wool; **pura lana vergine** pure new wool; **lana di cammello/capra** camel/goat hair; **lana d'acciaio** steel *o* wire *UK* wool; **lana di vetro** fibreglass *UK*, fiberglass *US*.

lancetta *sf* [di orologio] hand; [di strumento] needle.

lancia, ce *sf* - **1.** [arma] spear - **2.** [imbarcazione] launch.

lanciare [17] *vt* - **1.** [scagliare] to throw, to hurl - **2.**: **lanciare l'auto a tutta velocità** to drive off at high speed - **3.** [occhiata] to cast; [sfida] to hurl - **4.** [urlo, grido] to let out - **5.** [attore, prodotto] to launch - **6.** INFORM to start up.

◆ **lanciarsi** vr - **1.** [saltare] to jump - **2.** [avventarsi] to hurl o.s. - **3.** [cimentarsi]: **lanciarsi in qc** to throw o.s. into sthg.

lancinante agg [dolore] shooting.

lancio sm - **1.** [di palla, sasso, dadi] throw - **2.** [in atletica]: **lancio del disco** (throwing the) discus - **3.** [con paracadute, parapendio] jump - **4.** [di prodotto, attore, siluro, astronave] launch.

languido, a agg languid.

languore sm hunger pangs pl.

lanterna sf lantern.

lapide sf - **1.** [sepolcrale] tombstone, gravestone - **2.** [commemorativa] plaque.

lapis sm inv pencil.

Lapponia sf: **la Lapponia** Lapland.

lardo sm [di maiale] bacon fat served sliced as a cold meat.

largamente avv widely.

larghezza sf - **1.** [misura] width, breadth - **2.** [abbondanza] wealth.

largo, a, ghi, ghe agg - **1.** [gen] wide - **2.** [indumenti] big, loose; **essere** o **andare largo a qn** to be too big for sb - **3.** [abbondante] ample.

laringe sf larynx.

larva sf - **1.** ZOOL larva - **2.** [persona] skeleton.

lasagne sfpl lasagne; **lasagne al forno** lasagne.

lasciapassare sm inv pass, permit.

lasciare [19] vt - **1.** [gen] to leave; **lasciare la luce accesa** to leave the light on; **lasciare qc a qn** to leave sthg to sb; **lasciare in pace qn** to leave sb in peace; **lasciare qn da solo** to leave sb alone; **lasciar stare qn/qc** to leave sb/sthg alone; **lasciare a desiderare** to leave something to be desired; **lasciare qc da parte** [non considerare] to leave sth out o aside - **2.** [mollare] to let go (of); **non lasciarmi la mano!** don't let go (of) my hand! - **3.** [dare]: **lasciare qc a qn** to give sb sthg; **lasciare la scelta a qn** to give sb the choice - **4.** [permettere]: **lasciare qn fare qc, lasciare che qn faccia qc** to let sb do sthg; **lascia perdere!** forget it! ◆ **lasciarsi** vr - **1.** [separarsi] to split up - **2.** [abbandonarsi]: **lasciarsi andare** to let o.s. go.

lassativo, a agg laxative. ◆ **lassativo** sm laxative.

lassù avv up there; **di lassù** from up there.

lastra sf - **1.** [pezzo - di metallo, pietra] slab; [- di vetro, ghiaccio] sheet - **2.** fam [radiografia] X-ray.

laterale agg side (dav sostantivo); **strada** o **via laterale** side road o street.

latino, a ◇ agg - **1.** [nell'antichità - lingua] Latin; [- civiltà, popolo] Roman - **2.** [d'oggi] Latin. ◇ sm, f (ancient) Roman. ◆ **latino** sm [lingua] Latin.

latino-americano, a agg & sm, f Latin-American.

latitante ◇ agg on the run (non dav sostantivo). ◇ smf fugitive.

latitudine sf latitude. ◆ **latitudini** sfpl latitudes.

lato sm - **1.** [gen] side; **a** o **di lato di qn/qc** next to sb/sthg - **2.** [aspetto] aspect; **da un lato** from one perspective; **da un lato... dall'altro...** on the one hand..., on the other (hand)...

latrato sm barking.

latta sf - **1.** [materiale] tin - **2.** [recipiente] can, tin UK.

lattaio, a sm, f milkman (milkwoman f). ◆ **lattaio** sm a shop that sells milk, butter, cream etc.

lattante smf - **1.** [neonato] a baby not yet on solids - **2.** [persona inesperta] novice.

latte sm - **1.** [gen] milk; **latte intero** whole milk; **latte a lunga conservazione** UHT o long-life UK milk; **latte parzialmente scremato** semi-skimmed milk; **latte scremato** o **magro scremato** o **skim** US milk; **latte di cocco** coconut milk; **latte di mandorle** almond milk - **2.** [cosmetico]: **latte detergente** cleanser.

latteria sf a shop that sells milk, butter, cream etc.

latticini smpl dairy products.

lattina sf can.

lattuga, ghe sf lettuce.

laurea sf degree.

laureando, a sm, f final year student UK, senior US.

laurearsi [24] vip to graduate; **laurearsi in biologia** to get a degree in biology.

laureato, a ◇ agg: **essere laureato (in qc)** to have a degree (in sthg). ◇ sm, f graduate.

lava sf lava.

lavabile agg washable; **lavabile in lavatrice** machine washable.

lavabo sm washbasin.

lavaggio sm washing; **fare il lavaggio del cervello a qn** to brainwash sb; **lavaggio a secco** dry cleaning.

lavagna sf [nera] blackboard; [bianca] whiteboard.

lavanda sf - **1.** [pianta] lavender - **2.** MED: **fare la lavanda gastrica a qn** to pump sb's stomach.

lavanderia sf laundry; **lavanderia automatica** o **a gettone** launderette, Laundromat® US.

lavandino sm [della cucina] sink; [del bagno] washbasin.

lavare [6] vt to wash; **lavare i piatti** to wash the dishes, to do the washing-up UK; **lavare a mano** to wash by hand; **lavare a secco** to dry clean; **lavarsi le mani/i capelli** to wash one's hands/hair; **lavarsi i denti** to clean o brush one's teeth. ◆ **lavarsi** vr to wash.

lavastoviglie sf inv dishwasher.

lavatrice sf washing machine.

lavello sm sink.

lavorare [6] ◇ vi - 1. [persona] to work; **lavorare in banca/in fabbrica** to work in a bank/in a factory; **lavorare a qc** to work on sthg; **lavorare a maglia** o **ai ferri** to knit - 2. [negozio, ditta] to do business; **lavorare molto** to do good business. ◇ vt [trattare] to work; **lavorare la terra** to work the land.

lavorativo, a agg working (dav sostantivo); **giornata lavorativa** working day esp UK, workday esp US.

lavorato, a agg decorated.

lavoratore, trice sm, f worker; **lavoratore dipendente** employee.

lavorazione sf working.

lavoro sm - 1. [gen] work; **lavoro manuale** manual work; **mettersi al lavoro** to start work; **lavoro nero** black economy; **tavolo/stanza da lavoro** work table/workroom; **lavori di artigianato locale** local handicrafts - 2. [impiego] job; **che lavoro fai?** what do you do?; **vado al lavoro in bicicletta** I go to work by bicycle; **è al lavoro fino alle sette** he's at work till seven. ◆ **lavori** smpl - 1. [di ristrutturazione] (building) work (U); 'lavori in corso' 'roadworks ahead UK', 'roadwork ahead US' - 2. [faccende]: **lavori di casa** o **domestici** housework (U).

Lazio sm: **il Lazio** Lazio.

le ◇ art det ▷ **il**. ◇ pron pers - 1. [complemento oggetto] them; **le conosco bene** I know them well; **salutale** say hello to them; **lavale a mano** wash them by hand - 2. [complemento di termine - a lei] her; [- a animale] it, her; [- a cosa] it; **le parlerò** I'll speak to her - 3. [forma di cortesia] you; **le dà fastidio se fumo?** do you mind if I smoke?

leader ['lider] smf inv leader.

leale agg loyal.

lealtà sf loyalty.

lebbra sf leprosy.

lecca lecca sm inv lollipop.

leccare [15] vt to lick.

lecito, a agg permissible; **se mi è lecito** if I may.

lega, ghe sf - 1. [associazione] league - 2. [metallo] alloy.

legale ◇ agg legal. ◇ sm, f lawyer.

legalità sf legality.

legalmente avv legally.

legame sm - 1. [vincolo] bond - 2. [nesso] connection.

legamento sm ligament.

legare [16] ◇ vt to tie (up). ◇ vi - 1. [andare d'accordo] to get on - 2. [intonarsi] to fit in. ◆ **legarsi** vip to commit (o.s.).

legenda sf [su carta geografica] legend, key.

legge sf law; **a norma** o **ai termini di legge** in accordance with the law; **essere fuori legge** to be outlawed; **per legge** by law.

leggenda sf legend.

leggendario, a agg legendary.

leggere [50] vt - 1. [testo] to read - 2. [intuire] to see.

leggerezza sf - 1. [scarso peso] lightness - 2. [agilità] agility - 3. [superficialità] thoughtlessness; **commettere una leggerezza** to be thoughtless.

leggermente avv slightly.

leggero, a agg - 1. [gen] light - 2. [poco concentrato - caffè, tè] weak; [- vino] light - 3. [piccolo, non forte] slight; **una leggera pioggia** light rain - 4. [frivolo] frivolous; **prendere qc alla leggera** not to take sthg seriously - 5. ▷ **atletica**.

leggibile agg legible.

legislativo, a agg legislative.

legislazione sf legislation.

legittimo, a agg - 1. DIR legal; **legittima difesa** self-defence UK, self-defense US - 2. [lecito] legitimate.

legna sf firewood; **far legna** [raccoglierla] to gather firewood; [tagliarla] to chop firewood.

legname sm lumber US, timber UK.

legno sm wood; **di** o **in legno** wooden.

legumi smpl pulses.

lei ◇ pron pers - 1. [terza persona - soggetto] she; [- complemento oggetto, dopo preposizione] her; **è lei** it's her; **lei stessa** she herself - 2. [forma di cortesia] you; **io sto bene, e lei?** I'm fine, how are you? ◇ sm: **dare del lei a qn** not to be on first name terms with sb.

lembo sm - 1. [orlo] hem - 2. [zona]: **lembo di terra** strip of land.

lentamente avv slowly.

lente sf lens; **lente d'ingrandimento** magnifying glass. ◆ **lenti** sfpl [occhiali] glasses; [a contatto] lenses; **lenti a contatto** contact lenses.

lentezza sf slowness; **con lentezza** slowly.

lenticchia sf lentil.

lentiggini sfpl freckles.

lento, a agg slow; camminare con passo lento to walk slowly; essere lento in qc/nel fare qc to be slow at sthg/at doing sthg. ◆ **lento** sm slow dance.

lenza sf (fishing) line.

lenzuolo, a sm sheet; un lenzuolo a una piazza/a due piazze a single/double sheet.

leone sm lion. ◆ **Leone** sm ASTROL Leo; essere del Leone to be (a) Leo.

leonessa sf lioness.

leopardo sm leopard.

lepre sf hare.

lesbica, che sf lesbian.

lesione sf - 1. [fisica] injury - 2. [morale] damage.

lessare [6] vt to boil.

lessi etc ⬧ **leggere**.

lessico sm vocabulary.

lesso, a agg boiled. ◆ **lesso** sm boiled meat.

letale agg lethal.

letame sm manure.

letargo sm: andare in letargo to go into hibernation; essere in letargo to hibernate.

lettera sf letter; tradurre qc alla lettera to translate sthg word for word; fare qc alla lettera to do sthg to the letter; lettera raccomandata recorded delivery; per lettera by letter. ◆ **lettere** sfpl arts; lettere classiche classics (U); lettere moderne arts.

letteralmente avv literally.

letterario, a agg literary.

letterato, a sm, f scholar.

letteratura sf literature.

lettino sm - 1. [per bambini] cot UK, crib US - 2. [del medico] couch - 3. [per abbronzarsi]: lettino (solare) sunbed.

letto, a pp ⬧ **leggere**. ◆ **letto** ⬧ sm bed; andare a letto to go to bed; andare a letto con qn to go to bed with sb; letto a castello bunk bed; letto matrimoniale o a due piazze double bed; letto singolo o a una piazza single bed. ⬧ agg inv - 1. ⬧ **divano** - 2. ⬧ **vagone**.

Lettonia sf: la Lettonia Latvia.

lettore, trice sm, f - 1. [di libri, giornali] reader - 2. [insegnante] assistant. ◆ **lettore** sm: lettore CD CD player; lettore DVD DVD player.

lettura sf - 1. [attività] reading - 2. [testo] book.

leucemia sf leukaemia UK, leukemia US.

leva sf - 1. [in fisica, meccanica] lever; leva del cambio AUTO gear lever o stick UK; fare leva su qc [sentimento] to play on sthg - 2. MIL conscription.

levante sm east.

levare [6] vt - 1. [gen] to take off; levarsi i pantaloni to take off one's trousers esp UK o pants US - 2. [macchia] to remove - 3. [alzare] to lift; levare l'ancora to weigh anchor. ◆ **levarsi** ⬧ vip [sole] to come up; [vento] to get up. ⬧ vr [spostarsi] to get away.

levatoio agg ⬧ **ponte**.

lezione sf lesson; una lezione di matematica a maths UK o math US lesson; dare/prendere lezioni to give/have lessons; dare una lezione a qn [punire] to teach sb a lesson.

li pron pers them; li conosco bene I know them well; salutali say hello to them; li ho già letti I've already read them.

lì avv there; è lì vicino a te it's there next to you; lì dentro/fuori/sopra/sotto in/out/over/under there; di o da lì [moto da luogo] from there; [moto per luogo] that way; vieni via di o da lì come away from there; di o da lì non si passa you can't get through that way; di lì a pochi giorni a few days later; lì per lì at first; essere lì lì per fare qc to be about to do sthg; quello/quella lì that one.

libanese agg & smf Lebanese.

Libano sm: il Libano the Lebanon.

libellula sf dragonfly.

liberale agg & smf liberal.

liberamente avv freely.

liberare [6] vt - 1. [gen] to release; liberare qn/qc da qc to set sb/sthg free from sthg - 2. [da oppressione, tormento] to liberate; liberare qn/qc da qn/qc to free sb/sthg from sb/sthg - 3. [sgomberare] to empty; libera il tavolo dai libri clear the books off the table. ◆ **liberarsi** ⬧ vr to get free; liberare di o da qn/qc to free o.s. of sb/sthg. ⬧ vip - 1. [luogo] to become available - 2. [gas] to escape.

liberatore, trice ⬧ agg: una guerra liberatrice a war of liberation; un esercito liberatore an army of liberation. ⬧ sm, f liberator.

liberazione sf - 1. [di prigionieri] freeing; [di schiavi] emancipation - 2. [di paese] liberation. ◆ **Liberazione** sf STORIA: la Liberazione Liberation.

libero, a agg - 1. [gen] free; essere libero di fare qc to be free to do sthg; essere libero da qc to be free of sthg; libero professionista freelance, freelancer - 2. [esente]: libero da qc [imposte] free from sthg - 3. [senza legami] unattached - 4. [senza attrezzature - spiaggia] public; [- campeggio] free. ◆ **libero** sm CALCIO sweeper.

libertà *sf inv* freedom; **libertà di stampa** freedom of the press; **mettere/rimettere qn in libertà** to release sb; **prendersi delle libertà con qn** to take liberties with sb.

Libia *sf*: **la Libia** Libya.

libraio, **a** *sm, f* bookseller.

libreria *sf* - **1.** [negozio] bookshop *esp UK*, bookstore *esp US* - **2.** [mobile] bookcase.

libretto *sm* - **1.** [opuscolo] booklet; **libretto d'istruzioni** instruction booklet - **2.** [documento]: **libretto di circolazione** logbook *UK*, registration *US*; **libretto di risparmio** savings book; **libretto universitario** *record of exam marks* - **3.** [blocchetto]: **libretto degli assegni** chequebook *UK*, checkbook *US*.

libro *sm* book; **libro di cucina** cookbook, cookery book *UK*; **libro giallo** thriller; **libro tascabile** paperback; **libro di testo** textbook; **libro cassa** cash book; **libri contabili** (account) books.

liceale <> *agg* secondary-school *(dav sostantivo) esp UK*, high-school *(dav sostantivo) esp US*. <> *smf* secondary-school *esp UK* o high-school *esp US* student.

licenza *sf* - **1.** MIL leave; **andare in licenza** to go on leave - **2.** [autorizzazione] licence *UK*, license *US* - **3.** [diploma]: **licenza media** *school-leaving certificate given at about 14*.

licenziamento *sm* [gen] dismissal; [per mancanza di lavoro] layoff, redundancy *UK*.

licenziare [20] *vt* [dipendente] to lay off, to make redundant *UK*. **licenziarsi** *vr* to resign.

liceo *sm* - **1.** [scuola] *type of secondary school for children between 14 and 18*; **liceo artistico** *secondary school specializing in art*; **liceo linguistico** language college - **2.** [edificio] school.

Liechtenstein [liktens'tain] *sm*: **il Liechtenstein** Liechtenstein.

lieto, **a** *agg* happy; **essere lieto di fare qc** to be happy to do sthg; **lieto di conoscerla!** pleased to meet you!; **una lieta notizia** good news *(U)*; **a lieto fine** with a happy ending.

lieve *agg* - **1.** [come peso] light - **2.** [impercettibile] slight.

lievemente *avv* [impercettibilmente] slightly.

lievitare [6] *vi* to rise.

lievito *sm* yeast; **lievito di birra** brewer's yeast.

ligure *agg* & *smf* Ligurian.

Liguria *sf*: **la Liguria** Liguria.

lilla *agg inv* lilac.

lima *sf* file.

limare [6] *vt* to file; **limarsi le unghie** to file one's nails.

limetta *sf* - **1.** [per unghie] nailfile - **2.** [agrume] lime.

limitare [6] *vt* - **1.** [ridurre] to restrict - **2.** [proprietà, terreno] to form o mark the boundary of. **limitarsi** *vr*: **limitarsi in qc** to cut down on sthg; **limitarsi a fare qc** to limit o.s. to doing sthg; **si limitò a dire che non era d'accordo** he just said he didn't agree.

limitato, **a** *agg* limited; **persone di mentalità limitata** narrow-minded people.

limitazione *sf* - **1.** [riduzione] reduction - **2.** [restrizione] restriction.

limite <> *sm* - **1.** [confine] edge - **2.** [termine] limit; **essere al limite della sopportazione** to be at the end of one's tether; **limite di tempo** deadline; **limite di velocità** speed limit; **al limite** if the worst comes to the worst - **3.** [difetto] failing. <> *agg inv* ▷ **caso.**

limonata *sf* - **1.** [spremuta] lemonade - **2.** [confezionata] lemonade *UK*, lemon-flavored soda *US*.

limone *sm* - **1.** [frutto] lemon - **2.** [albero] lemon (tree).

limpido, **a** *agg* - **1.** [gen] clear - **2.** [sincero] straightforward.

linea *sf* - **1.** [gen] line; **in linea d'aria** as the crow flies; **linea d'arrivo** finishing *esp UK* o finish *US* line; **essere in linea con qc** to toe the line regarding sthg; **essere in prima linea** [soldato] to be in the front line; **volo di linea** scheduled flight; **attendere in linea** TELECOM to hold the line; **essere in linea** to be on the phone - **2.** [nei termometri]: **avere qualche linea di febbre** to have a slight temperature - **3.** [corporatura] figure - **4.** [di prodotti] range; **a grandi linee** with broad strokes; **ha illustrato il progetto a grandi linee** he outlined the project; **in linea di massima** as a rule.

lineamenti *smpl* features.

lineare *agg* - **1.** [rettilineo] linear - **2.** [chiaro] straightforward.

lineetta *sf* hyphen.

linfa *sf* - **1.** BOT sap - **2.** MED lymph.

lingotto *sm* ingot.

lingua *sf* - **1.** ANAT tongue; **avere qc sulla punta della lingua** to have sthg on the tip of one's tongue - **2.** [linguaggio] language; **lingua madre** mother tongue. **lingue** *sfpl* (modern) languages.

linguaggio *sm* language.

linguetta *sf* [di scarpa] tongue; [di busta] flap.

linguistico, **a**, **ci**, **che** *agg* linguistic.

lino *sm* - **1.** [pianta] flax - **2.** [stoffa] linen.

liofilizzato, **a** *agg* freeze-dried.

liquame *sm* liquid sewage.

liquefare [13] *vt* to melt. ◆ **liquefarsi** *vip* to melt.

liquidare [6] *vt* - **1.** [conto, debito] to pay - **2.** [creditore, dipendente] to pay off - **3.** [svendere] to sell off - **4.** [risolvere] to solve - **5.** [sbarazzarsi di] to get rid of - **6.** [uccidere] to kill off - **7.** [vincere] to finish off.

liquidazione *sf* - **1.** [saldo] payment - **2.** [indennità] severance pay, redundancy pay *UK* - **3.** [svendita] clearance sale.

liquido, a ◇ *agg* liquid. ◇ *sm* liquid. ◆ **liquidi** *smpl* [contante] cash (*U*).

liquirizia *sf* liquorice *UK*, licorice *US*.

liquore *sm* liqueur.

lira *sf* - **1.** [unità monetaria] lira - **2.** [strumento] lyre.

lirica, che *sf* opera.

lirico, a, ci, che *agg* - **1.** [poetico] lyric - **2.** MUS opera (*dav sostantivo*), operatic.

Lisbona *sf* Lisbon.

lisca, sche *sf* - **1.** [di pesce] fishbone - **2.** *fam* [difetto] lisp.

lisciare [19] *vt* - **1.** [levigare] to smooth - **2.** [pelo, capelli] to stroke. ◆ **lisciarsi** *vr* [animale] to clean itself.

liscio, a, sci, sce *agg* - **1.** [superficie] smooth - **2.** [capelli, whisky] straight; **passarla liscia** to get away with it.

liso, a *agg* worn.

lista *sf* list; **lista d'attesa** waiting *o* wait *US* list; **lista di nozze** wedding list; **lista della spesa** shopping list.

listino *sm*: **listino (prezzi)** price list.

lite *sf* - **1.** [bisticcio] argument - **2.** [causa civile] lawsuit.

litigare [16] *vi* [discutere] to argue, to fight; [rompere i rapporti] to fall out.

litigio *sm* quarrel.

litorale *sm* coast.

litro *sm* litre *UK*, liter *US*.

Lituania *sf*: **la Lituania** Lithuania.

liturgia *sf* liturgy.

livellare [6] *vt* - **1.** [spianare] to level - **2.** [uniformare] to level off.

livello *sm* - **1.** [gen] level; **sul/sotto il livello del mare** above/below sea level; **livello di guardia** danger level - **2.** [rango] rank - **3.** [qualità] standard.

livido, a *agg* - **1.** [per contusione] black and blue; [per freddo] blue; **un occhio livido** a black eye - **2.** [per turbamento] pale - **3.** [cupo] leaden. ◆ **livido** *sm* bruise.

lo (*dav vocale o h l'*) ◇ *art det* ⊳ **il**. ◇ *pron pers* - **1.** [persona] him; **lo conosco be-**ne I know him well; **salutalo** say hello to him - **2.** [animale] him, it; [cosa] it; **non lo so** I don't know; **fallo subito** do it at once.

lobo *sm* lobe.

locale ◇ *agg* local. ◇ *sm* - **1.** [bar, ristorante] place; **locale notturno** (night)club - **2.** [stanza] room.

località *sf inv* resort.

localizzare [6] *vt* - **1.** [individuare] to locate - **2.** [circoscrivere] to confine. ◆ **localizzarsi** *vip* to be restricted.

localmente *avv* locally.

locanda *sf* inn.

locandina *sf* poster.

locazione *sf*: **dare (qc) in locazione** to rent *o* let *esp UK* (sthg); **prendere qc in locazione** to rent sthg.

locomotiva *sf* engine.

lodare [6] *vt* to praise; **lodare qn per qc** to praise sb for sthg.

lode *sf* - **1.** [elogio] praise - **2.** [preghiera] hymn of praise - **3.** [in voto] *highest possible mark*.

lodevole *agg* praiseworthy.

logaritmo *sm* logarithm.

loggia, ge *sf* loggia.

loggione *sm* gallery.

logica, che *sf* logic.

logicamente *avv* obviously.

logico, a, ci, che *agg* logical; **è logico che si sia offeso** it's not surprising he was offended.

logistico, a, ci, che *agg* logistic.

logopedista, i, e *smf* speech therapist.

logorare [6] *vt* - **1.** [gen] to wear out - **2.** [vista, salute] to damage. ◆ **logorarsi** *vip* to wear out.

logoro, a *agg* worn out.

lombaggine *sf* lumbago.

Lombardia *sf*: **la Lombardia** Lombardy.

lombardo, a *agg* & *sm, f* Lombard.

lombata *sf* loin.

lombrico, chi *sm* earthworm.

Londra *sf* London.

longevità *sf* longevity.

longilineo, a *agg* long-limbed.

longitudinale *agg* longitudinal.

longitudine *sf* longitude.

lontanamente *avv* vaguely; **non ci penso neanche lontanamente** I'm not even remotely thinking about it.

lontananza *sf* - **1.** [distanza]: **in lontananza** in the distance - **2.** [assenza] absence.

lontano, a *agg* - **1.** [gen] distant; **la stazione non è lontana da qui** the station isn't far from here; **è lontana casa tua?** is your house far from here?, is it far to your house?; **paesi/tempi lontani** far-off lands/times; **stare lontano da qn/qc** to keep away from sb/sthg; **in un lontano futuro** in the distant future; **siamo parenti alla lontana** we are distantly related - **2.** [estraneo]: **essere lontano dal pensare** o **dall'immaginare qc** to be far from thinking sthg; **tenere qn lontano da qc** to keep sb away from sthg - **3.** [vago] remote - **4.** [diverso] different. ◆ **lontano** *avv*: **abita molto lontano** she lives a long way away; **Roma è più lontano** Rome is farther away; **quanto è lontano?** how far is it?; **da lontano** [da luogo distante] from far away; [in lontananza] from a distance.

lontra *sf* otter.

loquace *agg* chatty.

lordo, a *agg* gross. ◆ **lordo** *sm* - **1.** [peso] gross weight - **2.** [importo] gross amount; **al lordo di qc** including sthg.

loro ⟨⟩ *pron pers* - **1.** [soggetto] they; **sono loro** it's them; **loro stessi/stesse** they themselves; **loro due** those two - **2.** [complemento oggetto] them - **3.** *form* [complemento di termine] them; **parlerò loro** I'll speak to them - **4.** [dopo preposizione] them; **di loro non mi fido** I don't trust them; **vengo con loro** I'll come with them; **se fossi in loro** if I were o was them. ⟨⟩ *agg poss inv* their; **la loro auto** their car; **i loro bambini** their children; **un loro amico** a friend of theirs; **a casa loro** at their house. ⟨⟩ *pron poss inv*: **il loro, la loro, i loro, le loro** theirs; **qual è la loro?** which one is theirs?; **devono sempre dire la loro** they always have to have their say; **ne hanno fatta una delle loro** they've done it again.

losco, a, schi, sche *agg* dubious.

lotta *sf* - **1.** [gen] fight - **2.** [zuffa] struggle - **3.** SPORT: **lotta libera** wrestling.

lottare [6] *vi* - **1.** [gen] to fight - **2.** SPORT to wrestle - **3.**: **lottare con** o **contro qc** [sonno, paura] to fight (against) sthg.

lottatore, trice *sm, f* wrestler.

lotteria *sf* lottery; **lotteria di beneficenza** charity lottery.

lotto *sm* - **1.** [gioco] lottery - **2.** [terreno] plot - **3.** [di merce] lot.

lozione *sf* lotion.

LP (*abbr di* Long Playing) *sm inv* LP.

lubrificante *sm* lubricant.

lubrificare [15] *vt* to lubricate.

lucchetto *sm* padlock.

luccicare [15] *vi* to glitter.

luccio *sm* ZOOL pike.

lucciola *sf* firefly.

luce *sf* light; **fare luce su qc** [illuminare] to shine a light on sthg; [svelare] to shed light on sthg; **riportare alla luce** to recover; **dare alla luce** to give birth to; **alla luce di qc** in the light of sthg; **accendere/spegnere la luce** to turn o switch on/off the light; **a luci rosse** [film] adult; [locale] red-light; **luci di posizione** [dell'auto] sidelights *UK*, parking lights *US*; **mettersi in buona/cattiva luce** to show o.s. in a good/bad light.

lucente *agg* - **1.** [gen] shining - **2.** [occhi] bright.

lucernario *sm* skylight.

lucertola *sf* - **1.** [animale] lizard - **2.** [pelle] lizard skin.

lucidalabbra *sm inv* lipgloss.

lucidare [6] *vt* to polish.

lucidatrice *sf* floor polisher.

lucidità *sf* - **1.** [acutezza] clarity - **2.** [consapevolezza] lucidity.

lucido, a *agg* - **1.** [brillante] shining, shiny - **2.** [consapevole] lucid - **3.** [acuto] clear. ◆ **lucido** *sm* - **1.** [lucentezza] shine - **2.** [sostanza] polish; **lucido da scarpe** shoe polish - **3.** [foglio] transparency.

lucro *sm*: **fare qc a scopo di lucro** to do sthg for gain.

luglio *sm* July; *vedi anche* **settembre**.

lugubre *agg* gloomy.

lui *pron pers* - **1.** [soggetto] he; **lui chi è?** who's he?; **è lui** it's him; **lui stesso** he himself - **2.** [complemento oggetto] him - **3.** [dopo preposizione] him; **chiedi a lui** ask him; **se fossi in lui** if I were o was him.

lumaca, che *sf* - **1.** [chiocciola, persona] snail - **2.** [mollusco] slug.

lume *sm* - **1.** [lampada] lamp - **2.** [illuminazione]: **a lume di candela** by candlelight.

luminare *sm* luminary.

lumino *sm* candle.

luminoso, a *agg* - **1.** [gen] bright - **2.** [quadrante] luminous.

luna *sf* moon; **luna calante** waning moon; **luna crescente** waxing moon; **luna piena** full moon. ◆ **luna di miele** *sf* honeymoon. ◆ **luna park** *sm inv* fairground.

lunatico, a, ci, che *agg* moody.

lunedì *sm* Monday; *vedi anche* **sabato**.

lunghezza *sf* - **1.** [gen] length - **2.** FIS: **lunghezza d'onda** wavelength.

lungo, a, ghi, ghe *agg* - **1.** [gen] long; **per lungo** lengthwise, lengthways; **a lungo** for a long time; **a lungo andare, alla lunga** in the long run; **a lunga conservazione** UHT, long-life (*dav sostantivo*) *UK* - **2.** *fam* [lento] slow

- **3.** [diluito - caffè] weak; [- brodo] thin.
◆ **lungo** *prep* - **1.** [gen] along - **2.** [durante] during.

lungomare *sm* seafront.

lunotto *sm* rear window.

luogo, ghi *sm* - **1.** [gen] place; **luogo pubblico** public place; **luogo di nascita** place of birth - **2.** [punto preciso] site; **luogo del delitto** scene of the crime; **fuori luogo** out of place; **aver luogo** to take place; **dar luogo a qc** to give rise to sthg; **in primo luogo** in the first place; **luogo comune** commonplace.

lupo, a *sm, f* wolf; **lupo mannaro** werewolf.

luppolo *sm* BOT hop.

lurido, a *agg* filthy.

lusinga, ghe *sf* flattery.

lusingare [16] *vt* to flatter.

lussazione *sf* [di caviglia] sprain; [di spalla] dislocation.

lussemburghese ⬦ *agg* of o from Luxembourg *(non dav sostantivo).* ⬦ *smf* Luxembourger.

Lussemburgo ⬦ *sm* [stato]: **il Lussemburgo** Luxembourg. ⬦ *sf* [città] Luxembourg.

lusso *sm* luxury; **di lusso** luxury *(dav sostantivo).*

lussuoso, a *agg* luxurious.

lustrare [6] *vt* - **1.** [lucidare] to polish - **2.** [pulire] to clean.

lustrino *sm* sequin.

luterano, a *agg* & *sm, f* Lutheran.

lutto *sm* - **1.** [gen] mourning; **essere in lutto** to be in mourning - **2.** [evento] loss.

m¹, M *sm* o *sf inv* m, M.

m² *(abbr di* **metro)** m.

M *(abbr di* **medium)** *sf inv* M.

ma ⬦ *cong* - **1.** [gen] but; **sembra facile ma non lo è** it seems easy, but it isn't - **2.** [enfatico]: **ma no!** of course not!; **sei sicuro? - ma sì!** are you sure? - of course I am!; **ma insomma!** for goodness' sake!; **ma davvero!** really! ⬦ *sm inv* but.

macabro, a *agg* macabre.

macché *esclam* come off it!

maccheroni *smpl* macaroni *(U).*

macchia *sf* - **1.** [traccia] stain - **2.** [chiazza naturale] patch.

macchiare [20] *vt* - **1.** [sporcare]: **macchiare qc (di qc)** to stain sthg (with sthg) - **2.** [caffè] to add some milk to - **3.** [disonorare] to tarnish. ◆ **macchiarsi** *vip* - **1.** [sporcarsi]: **macchiarsi (di qc)** to become stained (with sthg) - **2.** [essere colpevole]: **macchiarsi di un delitto** to be guilty of a crime.

macchiato, a *agg* - **1.** [sporco] stained - **2.** ▷ **caffè.** ◆ **macchiato** *sm* [caffè] espresso with a dash of milk.

macchina *sf* - **1.** [congegno] machine; **a macchina** machine-made; **macchina da cucire** sewing machine; **macchina da scrivere** typewriter; **macchina fotografica** camera - **2.** [automobile] car - **3.** [idraulica, a vapore] engine; **macchina a vapore** steam engine.

macchinare [6] *vt* to plot.

macchinario *sm* machinery.

macchinetta *sf*: **macchinetta del caffè** (espresso) coffee machine.

macchinista, i, e *smf* - **1.** [di locomotiva] train driver *UK*, engineer *US* - **2.** [di nave] engineer.

macedone *agg* & *smf* Macedonian.

macedonia *sf* fruit salad. ◆ **Macedonia** *sf*: **la Macedonia** Macedonia.

macellaio, a *sm, f* [negoziante] butcher. ◆ **macellaio** *sm* [negozio] butcher's shop, butcher's *UK*.

macellare [6] *vt* to slaughter, to butcher.

macelleria *sf* butcher's shop, butcher's *UK*.

macello *sm* - **1.** [mattatoio] slaughterhouse, abattoir *UK* - **2.** *fam* [disastro] mess.

macerie *sfpl* rubble *(U).*

macigno *sm* rock.

macina *sf* millstone.

macinacaffè *sm inv* coffee grinder.

macinapepe *sm inv* peppermill.

macinare [6] *vt* - **1.** [grano, granoturco, pepe] to mill; [caffè] to grind; [olive] to crush - **2.** [carne] to mince *UK*, to grind *US*.

macinino *sm* - **1.** [macinacaffè] coffee grinder - **2.** *scherz* [automobile] heap, (old) banger *UK*, clunker *US*.

macrobiotico, a, ci, che *agg* macrobiotic.

Madagascar *sm*: **il Madagascar** Madagascar.

Madonna *sf* Madonna.

madonnaro, a *sm, f* pavement *UK* o sidewalk *US* artist.

madornale *agg* huge.

madre *sf* mother; **madre natura** mother nature.

madrelingua ⬦ *sf* mother tongue; **di madrelingua** mother-tongue. ⬦ *agg inv* & *smf inv* native speaker.

madreperla *sf* mother-of-pearl.

Madrid *sf* Madrid.

madrina *sf* - **1.** [di battesimo] godmother - **2.** [di inaugurazione] patron.

maestà *sf inv* - **1.** [grandezza] majesty - **2.** [appellativo]: **(Sua) Maestà** (His/Her/Your) Majesty.

maestoso, a *agg* majestic.

maestra *sf* ⬦ **maestro**.

maestrale *sm* mistral.

maestro, a ⬦ *sm, f* - **1.** [di scuola] teacher; **maestra d'asilo** nursery teacher - **2.** [di disciplina] instructor - **3.** [persona abile, artigiano] master; **da maestro** [eccellente] masterly - **4.** [modello] role model - **5.** [musicista] maestro. ⬦ *agg* main *(dav sostantivo)*.

mafia *sf* Mafia.

mafioso, a ⬦ *agg* mafia *(dav sostantivo)*. ⬦ *sm, f* mafioso.

magari ⬦ *cong* if only. ⬦ *esclam* I wish! ⬦ *avv* - **1.** [forse] perhaps - **2.** [eventualmente] then.

magazziniere, a *smf* warehouseman (warehousewoman *f*).

magazzino *sm* warehouse; **grande magazzino** department store.

maggio *sm* May; **il primo maggio** May Day; *vedi anche* **settembre**.

maggiolino *sm* - **1.** [insetto] beetle - **2.** [autovettura] Beetle®.

maggiorana *sf* marjoram.

maggioranza *sf* - **1.** [gen] majority; **maggioranza assoluta** absolute majority - **2.** [coalizione] majority coalition.

maggiorazione *sf* surcharge.

maggiordomo *sm* butler.

maggiore ⬦ *agg* - **1.** [in comparativi - di età] older; [- per grandezza, numero, importanza] greater; **la maggiore età** the age of majority - **2.** [in superlativi - di età] eldest; [- per grandezza, numero, importanza] greatest; **la maggior parte di** most of - **3.** MUS major. ⬦ *smf* [il più vecchio]: **il/la maggiore** the eldest. ⬦ *sm* MIL major.

maggiorenne *agg* & *smf* adult.

maggiormente *avv* more.

magi *smpl*: **i (re) magi** the Magi, the Three Wise Men.

magia *sf* - **1.** [arte, fascino] magic; **magia nera** black magic - **2.** [incantesimo] spell.

magico, a, ci, che *agg* - **1.** [di magia] magic - **2.** [straordinario, suggestivo] magical.

magistero *sm* UNIV [fino al 1995]: **(facoltà di) magistero** education faculty.

magistrale *agg* masterly. ◆ **magistrali** *sfpl* secondary school for training students as primary teachers.

magistrato *sm* magistrate.

magistratura *sf* magistrature.

maglia *sf* - **1.** [golf] pullover - **2.** [canottiera] vest *UK*, undershirt *US* - **3.** [punto] stitch; **lavorare a maglia** to knit - **4.** [tessuto] jersey - **5.** [anello - di catena] ring; [- di rete] mesh.

maglieria *sf* knitwear; **maglieria intima** underwear.

maglietta *sf* T-shirt.

maglione *sm* pullover.

magnesio *sm* magnesium.

magnete *sm* magnet.

magnetico, a, ci, che *agg* magnetic.

magnificamente *avv* magnificently.

magnifico, a, ci, che *agg* magnificent.

magnolia *sf* magnolia.

mago, a, ghi, ghe *sm, f* - **1.** [in fiabe] wizard (witch *f*) - **2.** [indovino] fortune-teller - **3.** [prestigiatore] magician - **4.** [persona abile] wizard.

Magreb *sm*: **il Magreb** the Maghreb.

magrebino, a *agg* & *sm, f* Maghrebi.

magrezza *sf* thinness.

magro, a *agg* - **1.** [scarno] thin - **2.** [formaggio] low-fat; [carne] lean - **3.** [scarso] scant.

mah *esclam* well!

maharajàh [mara'(d)ʒa] *sm inv* maharajah.

mai *avv* - **1.** [in nessun tempo, in nessun caso] never; **mai più** never again; **più che mai** more than ever; **caso mai** if necessary - **2.** [come risposta] never! - **3.** [già] ever; **l'ha mai visto?** have you ever seen it?; **non l'ho mai fatto** I have never done it before.

maiale *sm* [animale] pig; *fig* pig; [carne] pork.

maiolica, che *sf* majolica.

maionese *sf* mayonnaise.

Maiorca *sf* Majorca.

mais *sm* maize *UK*, corn *US*.

maiuscola *sf* capital letter.

maiuscolo, a *agg* [carattere] capital *(dav sostantivo)*. ◆ **maiuscolo** *sm* capital letters *pl*.

mal = **male**.

malafede *sf* bad faith; **in malafede** in bad faith.

malalingua *(pl* **malelingue)** *sf* gossip.

malamente *avv* badly; **rispondere malamente** to answer back.

malandato, a *agg* [in cattivo stato] shabby; [in cattiva salute] in poor health.

malanno sm illness; **prendersi un malanno** to fall ill.

malapena ➧ **a malapena** avv barely.

malato, a ⬦ agg - **1.** [persona] ill, sick; **essere malato di qc** to be ill with sthg; **malato di mente** mentally ill - **2.** [pianta, parte del corpo] sick. ⬦ sm, f patient; **malato terminale** terminally ill patient.

malattia sf - **1.** [gen] illness; **malattia mentale** mental illness; **malattia venerea** sexually transmitted disease - **2.** [di animali, piante] disease - **3.** [vizio] addiction.

malavita sf - **1.** [delinquenza] crime - **2.** [delinquenti] criminals pl.

malavoglia sf: **di malavoglia** unwillingly.

Malaysia [mala'izja] sf = **Malesia**.

malcapitato, a agg & sm, f unfortunate.

malconcio, a, ci, ce agg: **essere malconcio** to be the worse for wear.

malcontento sm discontent.

maldestro, a agg clumsy.

maldicenza sf - **1.** [abitudine] gossiping (U) - **2.** [pettegolezzo] gossip (U).

maldisposto, a agg: **essere maldisposto verso qn/qc** to be prejudiced against sb/sthg.

Maldive sfpl: **le Maldive** the Maldives.

male ⬦ sm - **1.** [concetto morale] evil - **2.** [danno] mistake; **fare del male a qn** to do sb harm; **che male c'è?** what's the harm?; **non c'è nulla di male** there's no harm in it - **3.** [malattia] illness; **mal d'aria** air sickness; **mal d'auto** car sickness; **mal di denti** toothache; **mal di mare** sea sickness; **mal di testa** headache - **4.** [sofferenza] pain; **fare male to hurt; come va? – non c'è male** how are you? – not too bad; **andare a male** [alimento] to go bad o off UK. ⬦ avv - **1.** [gen] badly; **andare male** to go badly; **trattare male qn** to treat sb badly - **2.** [in modo sbagliato] incorrectly; **capire male** to misunderstand; **fare male** to do the wrong thing - **3.** [in cattiva salute]: **stare male** to be ill o sick; **sentirsi male** to feel ill o sick US - **4.** [in modo sgradevole]: **stare male** to feel bad; **rimanerci** o **restarci male** to be upset - **5.** [esteticamente]: **stare male a qn** not to suit sb; **di male in peggio** from bad to worse; **il film non era male** the film esp UK o movie esp US wasn't bad.

maledetto, a ⬦ pp ⬅ **maledire**. ⬦ agg - **1.** [dannato] damned - **2.** [sventurato] awful - **3.** fam [insopportabile, come ingiuria] damn, bloody UK.

maledire [101] vt to curse.

maledizione ⬦ sf curse. ⬦ esclam damn!

maleducato, a ⬦ agg rude. ⬦ sm, f rude person; **comportarsi da maleducato** to be rude.

maleducazione sf rudeness.

malefico, a, ci, che agg evil.

malese ⬦ agg & smf Malay. ⬦ sm [lingua] Malay.

Malesia, Malaysia sf: **la Malesia** Malaysia.

malessere sm - **1.** [malore] slight illness; **avere un lieve malessere** to feel slightly unwell - **2.** [disagio] malaise.

malfamato, a agg infamous.

malfatto, a agg - **1.** [lavoro] badly done; [oggetto] badly made - **2.** [persona, gambe] deformed.

malfermo, a agg - **1.** [vacillante] unsteady - **2.** [salute] delicate - **3.** [proposito] shaky.

malformazione sf deformity.

malgrado ⬦ cong even though. ⬦ prep in spite of, despite; **mio/suo etc malgrado** against my/his etc will.

Mali sm: **il Mali** Mali.

malignità sf inv - **1.** [caratteristica] malice - **2.** [insinuazione] malicious remark.

maligno, a agg - **1.** [perfido] malicious - **2.** ⬅ **tumore.**

malinconia sf melancholy; **far venire la malinconia a qn** to make sb feel melancholy.

malinconico, a, ci, che agg gloomy, melancholic.

malincuore ➧ **a malincuore** avv reluctantly.

malintenzionato, a ⬦ agg malicious. ⬦ sm, f person with malicious intentions.

malinteso sm misunderstanding.

malizia sf - **1.** [cattiveria] malice - **2.** [impertinenza] impertinence, cheek UK - **3.** [allusività] flirtatiousness; **guardare qn con malizia** to give sb the eye; **è ancora senza malizia** she's still innocent - **4.** [trucco] trick.

maliziosamente avv - **1.** [con cattiveria] maliciously - **2.** [con allusività] flirtatiously.

malizioso, a agg - **1.** [cattivo] malicious - **2.** [impertinente] impertinent, cheeky UK - **3.** [allusivo] flirtatious.

malmenare [6] vt to beat up.

malo, a agg: **in malo modo** badly; **rispondere in malo modo** to answer back rudely.

malora sf: **andare in malora** to fail; **della malora** fam [terribile] awful; **fa un freddo della malora** it's damn cold.

malore sm sudden illness.

malridotto, a agg [automobile] in a bad state (non dav sostantivo); [vestito] shabby; [persona] run down (non dav sostantivo).

malsano, a *agg* - 1. [gen] unhealthy - 2. [cagionevole] sickly.

maltempo *sm* bad weather.

maltese <> *agg* & *smf* Maltese. <> *sm* [lingua] Maltese.

malto *sm* malt.

maltrattare [6] *vt* - 1. [persona, animale] to ill-treat - 2. [oggetto] to mistreat.

malumore *sm* - 1. [cattivo umore] bad mood; **di malumore** in a bad mood - 2. [rancore] bad feeling - 3. [malcontento] discontent.

malvagio, a *agg* wicked.

malvisto, a *agg*: **essere malvisto da qn** to be disliked by sb.

malvivente *smf* criminal.

malvolentieri *avv* unwillingly.

mamma *sf* [persona] mum *UK*, mom *US*; [animale] mother.

mammella *sf* [di donna] breast; [di mucca] udder.

mammifero *sm* mammal.

mammut *sm inv* mammoth.

Man [man] *sf*: **l'isola di Man** the Isle of Man.

manager *smf inv* manager.

mancante *agg* - 1. [assente] missing - 2. [privo]: **mancante di qc** lacking in sthg, without sthg.

mancanza *sf* - 1. [carenza - di soldi, acqua] shortage; [- di rispetto, affetto] lack - 2. [assenza] absence; **sentire la mancanza di qn/qc** to miss sb/sthg - 3. [errore] mistake.

mancare [15] <> *vi* - 1. [non esserci] to be missing; **manca il tempo per finire** there isn't time to finish; **gli manca il coraggio** he doesn't have the courage; **mi manca il fiato** I can't breathe; **ci mancava anche questo** that's all we need - 2. [essere privo]: **mancare di qc** to lack sthg; **manca un po' di sale** it needs a little salt - 3. [sentire l'assenza di]: **mi mancano gli amici** I miss my friends - 4. [distare]: **mancano tre chilometri/due ore** there are three kilometres *UK* o kilometers *US*/two hours to go; **manca poco** [tempo] it won't be long; [spazio] it isn't far; **c'è mancato poco che finisse sotto il tram** he almost ended up under the tram - 5. *eufem* [morire] to die - 6. [venir meno]: **mancare a qc** [a promessa] to break sthg; [a impegno] to fail in sthg; **mancare di rispetto (a qn)** to be disrespectful (to sb) - 7. [svenire]: **sentirsi mancare** to faint. <> *vt* to miss.

mancato, a *agg* [fatto] unsuccessful; **mancato pagamento** non-payment; **un'occasione mancata** a missed opportunity.

manche [manʃ] *sf inv* - 1. [nello sport] round - 2. [nei giochi di carte] hand.

mancia, ce *sf* [a cameriere] tip.

manciata *sf* handful.

mancino, a *agg* - 1. [persona] left-handed - 2. [sleale]: **colpo** o **tiro mancino** dirty trick.

manco *avv fam* - 1. [nemmeno] not even - 2.: **manco per idea** o **sogno** not on your life.

mandarancio *sm* clementine.

mandare [6] *vt* - 1. [gen] to send; **mandare qc a qn** to send sthg to sb, to send sb sthg; **mandare qn a fare qc** to send sb to do sthg; **mandare a chiamare qn** to send for sb; **mandare qn al diavolo** o **a quel paese** to tell sb to go to hell - 2. [emettere - odore] to give off; [- luce] to give out; **mandare qc avanti** [cassetta, pellicola] to fast-forward sthg; **mandare qc indietro** [cassetta, pellicola] to rewind sthg; **mandare giù qc** [cibo] to gulp sthg down; [offesa] to swallow sthg; **mandare via qn** to send sb away.

mandarino *sm* mandarin.

mandato *sm* - 1. [incarico] task - 2. DIR: **mandato di arresto** arrest warrant; **mandato di perquisizione** search warrant.

mandibola *sf* jaw.

mandolino *sm* mandolin.

mandorla *sf* almond.

mandorlo *sm* almond (tree).

mandria *sf* herd.

maneggevole *agg* easy to use.

maneggiare [18] *vt* - 1. [gen] to handle - 2. [usare] to use.

maneggio *sm* - 1. [scuola] riding school - 2. [intrigo] scheming - 3. [uso] handling.

manesco, a, schi, sche *agg* rough.

manetta *sf* knob; **a manetta** [motore] at full throttle; [radio] (at) full blast. ◆ **manette** *sfpl* handcuffs; **mettere le manette a qn** to handcuff sb.

manganello *sm* baton.

mangereccio, a, ci, ce *agg* edible.

mangiacassette *sm inv* cassette player.

mangianastri *sm inv* cassette player.

mangiare [18] <> *vt* - 1. [ingerire] to eat; **fare da mangiare** to cook; **dar da mangiare a qn** to feed sb; **mangiare in bianco** to eat plain food - 2. [corrodere] to eat away - 3. [nei giochi] to take; **mangiarsi le parole** to mumble; **mangiarsi le unghie** to bite one's nails. <> *sm* food.

mangiata *sf* blowout; **farsi una mangiata (di qc)** to stuff o.s. (with sthg).

mangime *sm* [per bestiame] feed; [per pesci] food.

mango, ghi *sm* mango.

80

mania sf - **1.** [ossessione] mania; **mania di grandezza** delusions pl of grandeur; **mania di persecuzione** persecution mania - **2.** [passione] passion.

maniaco, a, ci, che sm, f - **1.** [bruto] maniac - **2.** [fanatico] fan; **essere un maniaco di qc** to be obsessed with sthg.

manica, che sf - **1.** [di indumento] sleeve; **maniche corte/lunghe** with short/long sleeves; **a mezze maniche** with short sleeves; **rimboccarsi** o **tirarsi su le maniche** to roll up one's sleeves - **2.** spreg [gruppo] gang. ◆ **Manica** sf: **il canale della Manica** the English Channel.

manichino sm dummy.

manico sm handle.

manicomio sm - **1.** [ospedale psichiatrico] psychiatric hospital - **2.** [luogo caotico] madhouse.

manicure [mani'kyr] ◇ sf inv manicure. ◇ smf inv manicurist.

maniera sf [modo] way; **in maniera che** (+ congiuntivo) so that; **in maniera da fare qc** in order to do sthg. ◆ **maniere** sfpl manners; **belle** o **buone maniere** good manners; **cattive maniere** bad manners.

manifattura sf - **1.** [lavorazione] manufacture - **2.** [stabilimento] factory.

manifestante smf demonstrator.

manifestare [6] ◇ vt to show. ◇ vi to demonstrate. ◆ **manifestarsi** vip to appear.

manifestazione sf - **1.** [gen] demonstration - **2.** [spettacolo] event.

manifesto, a agg obvious. ◆ **manifesto** sm - **1.** [gen] poster - **2.** [programma] manifesto.

maniglia sf handle.

manipolare [6] vt - **1.** [lavorare] to work - **2.** [falsare, influenzare] to manipulate.

mano (pl **mani**) sf - **1.** [gen] hand; **a mano** by hand; **fatto a mano** handmade; **lavare a mano** to handwash; **a mano armata** armed; **a mano libera** freehand; **dare una mano a qn** to give sb a hand; **avere** o **tenere qc in mano** to be holding sthg; **prendere qn per mano** to take sb by the hand; **avere qc per le mani** fig to have sthg in hand; **darsi la mano** to shake hands; **mano nella mano** hand in hand; **venire alle mani** to come to blows; **di seconda mano** secondhand - **2.** [di vernice] coat.

manodopera sf labour UK, labor US.

manomettere [71] vt to tamper with.

manopola sf - **1.** [pomello] knob - **2.** [rivestimento] grip - **3.** [su autobus] strap.

manoscritto, a agg handwritten. ◆ **manoscritto** sm manuscript.

manovale sm labourer UK, laborer US.

manovella sf handle.

manovra sf - **1.** [gen] manoeuvre UK, maneuver US; **fare manovra** to manoeuvre UK, to maneuver US - **2.** [stratagemma] trick.

manovrare [6] ◇ vt - **1.** [gen] to manoeuvre UK, to maneuver US - **2.** [azionare] to operate - **3.** [influenzare] to manipulate. ◇ vi - **1.** [fare manovra] to manoeuvre UK, to maneuver US - **2.** [tramare] to scheme.

mansarda sf attic.

mansione sf duty.

mansueto, a agg docile.

mantella sf cape.

mantello sm - **1.** [indumento] cloak - **2.** [coltre] blanket - **3.** [pelo] coat.

mantenere [93] vt - **1.** [conservare, rispettare] to keep - **2.** [provvedere al sostentamento di] to support. ◆ **mantenersi** ◇ vip to remain. ◇ vr - **1.** [sostentarsi] to support o.s. - **2.** [conservarsi]: **mantenersi in forma** to keep in shape.

mantenimento sm maintenance.

manto sm - **1.** [mantello] cloak - **2.** [strato] layer - **3.** [coltre] blanket.

Mantova sf Mantua.

mantovana sf - **1.** [del tetto] bargeboard - **2.** [delle tende] pelmet UK, valance US.

mantovano, a agg & sm, f Mantuan.

manuale ◇ agg manual. ◇ sm [d'uso] manual; [di studio] textbook.

manualità sf dexterity.

manualmente avv manually.

manubrio sm [di bicicletta] handlebars pl.

manufacturing [manu'fakturin] sm inv manufacturing.

manufatto sm handmade article.

manutenzione sf maintenance.

manzo sm - **1.** [bovino] bullock - **2.** [carne] beef.

mappa sf - **1.** [planimetria] map - **2.** [schema] chart.

mappamondo sm - **1.** [in piano] map of the world - **2.** [globo] globe.

marachella sf trick.

marameo esclam: **fare marameo a qn** to thumb one's nose at sb.

marasma, i sm - **1.** MED marasmus - **2.** [caos] chaos.

maratona sf - **1.** [gen] marathon - **2.** [scarpinata] trek.

marca, che sf - **1.** [marchio] logo - **2.** [prodotto] brand; **di marca** branded - **3.** [ricevuta] receipt - **4.** [francobollo]: **marca da bollo** stamp needed for official documents.

marcare [15] vt - **1.** [contrassegnare] to mark - **2.** [evidenziare] to highlight - **3.** [SPORT - gol] to score; [- avversario] to mark.

marcato, a agg marked.

Marche sfpl: **le Marche** the Marches.

marchese, a sm, f marquis (marchioness f).

marchiare [20] vt to brand.

marchigiano, a <> agg of o from the Marches (non dav sostantivo). <> sm, f person from the Marches.

marchingegno sm - **1.** [congegno] contraption - **2.** [espediente] ruse.

marchio sm mark; **marchio di fabbrica** trademark; **marchio registrato** registered trademark.

marcia, ce sf - **1.** [gen] march; **mettersi in marcia** to set off - **2.** SPORT walk - **3.** [di vettura] gear; **fare marcia indietro** [in auto] to reverse; fig to back out.

marciapiede sm - **1.** [in strada] pavement UK, sidewalk US - **2.** [di stazione ferroviaria] platform.

marciare [17] vi - **1.** [camminare] to march - **2.** SPORT to walk - **3.** [veicolo] to travel - **4.** [funzionare] to work.

marcio, a, ci, ce agg - **1.** [gen] rotten - **2.** [degenerato] corrupt. ◆ **marcio** sm - **1.** [sostanza avariata] decay; **sa di marcio** it tastes bad - **2.** [corruzione] corruption.

marcire [9] vi to rot.

marco, chi sm [moneta] mark.

mare sm - **1.** [massa d'acqua] sea; **aria di mare** sea air; **in alto mare** far out to sea; **mare grosso** heavy seas pl - **2.** [grande quantità]: **un mare di qc** a lot of sthg.

marea sf - **1.** [fenomeno] tide; **alta/bassa marea** high/low tide - **2.** [di fango] sea - **3.** [grande quantità]: **una marea di qc** a lot of sthg.

mareggiata sf rough seas pl.

maremoto sm seaquake.

maresciallo sm warrant officer.

margarina sf margarine.

margherita sf - **1.** [fiore] daisy - **2.** [pizza] margherita.

marginale agg marginal.

margine sm - **1.** [bordo] edge; **ai margini della società** on the fringes of society - **2.** [di foglio] margin; **a o in margine** in the margin - **3.** [quantità]: **un margine di spesa giornaliera** a daily spending limit; **un buon margine di**

tempo a good amount of time; **un buon margine di denaro** a good sum of money; **margine di errore** margin of error.

marijuana [marju'wana] sf marijuana.

marina sf - **1.** [flotta] navy - **2.** [piccolo porto] marina.

marinaio sm sailor.

marinare [6] vt CULIN to marinate; **marinare (la scuola)** to play truant.

marinaro, a agg - **1.** [marino] maritime; **località marinara** seaside town - **2.** [marinaresco] sailor's (dav sostantivo).

marino, a agg [fauna, flora] marine; [ambiente] seaside (dav sostantivo); [acque] sea (dav sostantivo).

marionetta sf puppet.

marito sm husband.

marittimo, a agg maritime (dav sostantivo).

marketing sm marketing; **ricerca di marketing** market research.

marmellata sf jam; **marmellata di fragole** strawberry jam; **marmellata d'arance** marmalade.

marmitta sf AUTO silencer UK, muffler US; **marmitta catalitica** catalytic converter.

marmo sm - **1.** [roccia] marble; **di marmo** marble - **2.** [scultura] marble sculpture - **3.** [lastra] marble top.

marmotta sf marmot.

marocchino, a agg & sm, f Moroccan. ◆ **marocchino** sm - **1.** [cuoio] morocco (leather) - **2.** [bevanda] type of coffee similar to cappuccino.

Marocco sm: **il Marocco** Morocco.

marrone <> agg brown. <> sm - **1.** [colore] brown - **2.** [castagna] chestnut.

marron glacé [mar(r)ongla(s)'se] sm inv marron glacé.

marsala sm inv Marsala.

marsupio sm - **1.** ZOOL pouch - **2.** [per trasportare bebè] (baby) sling - **3.** [borsello] bum bag UK, fanny pack US.

martedì sm inv Tuesday; **martedì grasso** Shrove Tuesday UK, Mardi Gras US; vedi anche **sabato**.

martellare [6] <> vt - **1.** [battere] to hammer - **2.** [picchiare] to pound - **3.** [incalzare] to bombard. <> vi to throb.

martellata sf hammer blow.

martello sm hammer; **martello pneumatico** pneumatic drill UK, jackhammer US.

Martinica sf: **la Martinica** Martinique.

martire smf martyr.

marxismo sm Marxism.

marzapane *sm* marzipan.

marziano, a *agg* & *sm, f* [extraterrestre] Martian.

marzo *sm* March; *vedi anche* **settembre**.

mascalzone, a *sm, f* [imbroglione] cheat; [persona immorale] pig.

mascara *sm inv* mascara.

mascarpone *sm* mascarpone.

mascella *sf* jaw.

maschera *sf* - 1. [gen] mask - 2. [travestimento]: **essere/mettersi in maschera** to be in/put on fancy dress - 3. [protezione]: **maschera antigas** gas mask; **maschera subacquea** diving mask - 4. [in cinema, teatro] usher (usherette *f*).

mascherare [6] *vt fig* to mask. ◆ **mascherarsi** *vr*: **mascherarsi (da qn/qc)** to dress up (as sb/sthg).

mascherato, a *agg* - 1. [viso] masked - 2. [travestito] in fancy dress (*non dav sostantivo*) - 3. [ballo] fancy dress (*dav sostantivo*).

maschile ◇ *agg* - 1. [di uomo] male - 2. [per uomini] men's (*dav sostantivo*) - 3. GRAMM masculine. ◇ *sm* GRAMM masculine.

maschilista, i, e *agg* & *smf* sexist.

maschio ◇ *agg* - 1. BIOL male - 2. [virile] masculine. ◇ *sm* male.

mascolinità *sf* masculinity.

masochista, i, e *smf* masochist.

massa *sf* - 1. [gen] mass; **di massa** mass (*dav sostantivo*) - 2. [grande quantità] lot; **in massa** en masse - 3. ELETTR earth *UK*, ground *US*; **collegare** *o* **mettere la massa** to earth *UK*, to ground *US*.

massacrare [6] *vt* - 1. [trucidare] to massacre - 2. [malmenare] to beat - 3. [rovinare] to ruin - 4. [stancare] to kill.

massacro *sm* - 1. [strage] massacre - 2. [disastro] disaster.

massaggiare [18] *vt* to massage.

massaggiatore, trice *sm, f* masseur (masseuse *f*).

massaggio *sm* massage; **massaggio cardiaco** cardiac massage.

massiccio, a, ci, ce *agg* - 1. [pieno] solid - 2. [robusto] stocky - 3. [consistente] huge. ◆ **massiccio** *sm* massif.

massima *sf* - 1. [principio] maxim - 2. [motto] saying - 3. [temperatura] maximum (temperature).

massimo, a *agg* - 1. [il più grande] maximum (*dav sostantivo*) - 2. [molto grande] greatest. ◆ **massimo** *sm*: **il massimo** [il grado più alto] the maximum; [il meglio] the greatest; **dare il massimo** to give one's all; **al massimo** [al grado più alto] on maximum; [tutt'al più] at (the) most; **usufruire al massimo di qc** to take full advantage of sthg.

mass media [mas'midja, mas'mɛdja] *smpl* mass media.

masso *sm* boulder.

masticare [15] *vt* - 1. [cibo] to chew - 2. [conoscere poco] to have a smattering of.

mastino *sm* mastiff.

masturbare [6] *vt* to masturbate. ◆ **masturbarsi** *vr* to masturbate.

matassa *sf* [di fili] skein.

matematica *sf* mathematics (*U*), maths (*U*) *UK*, math (*U*) *US*.

matematico, a, ci, che ◇ *agg* - 1. [della matematica] mathematical - 2. [sicuro] certain; **la certezza matematica** mathematical certainty. ◇ *sm, f* mathematician.

materassino *sm* - 1. [tappeto] mat - 2. [gonfiabile] air-bed.

materasso *sm* mattress.

materia *sf* - 1. [sostanza] matter - 2. [disciplina, argomento] subject.

materiale ◇ *agg* - 1. [gen] material; **non ho il tempo materiale** I haven't physically got the time - 2. [poco spirituale] materialistic. ◇ *sm* material.

materialmente *avv*: **essere materialmente impossibile** to be physically impossible.

maternità *sf inv* - 1. [condizione] motherhood - 2. [reparto] maternity ward - 3. [congedo] maternity leave.

materno, a *agg* - 1. [affetto] motherly, maternal; **latte materno** mother's milk - 2. [parente, eredità] maternal - 3. [lingua, paese] mother (*dav sostantivo*) - 4. ▷ **scuola**.

matita *sf* - 1. [per scrivere] pencil; **a matita** in pencil; **matite colorate** coloured *UK* o colored *US* pencils - 2. [cosmetico]: **matita per le labbra** lipliner; **matita per gli occhi** eyeliner.

matrice *sf* - 1. MAT matrix - 2. [originale] original - 3. [di assegno, ricevuta] stub.

matricola *sf* - 1. [registro d'iscrizione] enrolment *UK*, enrollment *US* - 2. [numero] (registration) number - 3. [studente] fresher *UK*, freshman *US* - 4. [militare] new recruit.

matrigna *sf* stepmother.

matrimoniale *agg* - 1. [di matrimonio] marriage (*dav sostantivo*); **pubblicazioni matrimoniali** banns; **anello matrimoniale** wedding ring; **vita matrimoniale** married life - 2. ▷ **letto**.

matrimonio *sm* - 1. [gen] marriage - 2. [cerimonia] wedding; **pranzo di matrimonio** wedding breakfast.

mattacchione, a *sm, f* joker.

mattarello *sm* = **matterello**.

mattatoio *sm* slaughterhouse, abattoir *UK*.

matterello *sm* rolling pin.

mattina *sf* morning; **lavoro solo la mattina** I only work mornings; **la o di mattina** in the morning; **di prima mattina** early in the morning.

mattinata *sf* morning; **in mattinata** during the morning.

mattiniero, a *agg*: **una persona mattiniera** an early riser.

mattino *sm* morning; **al mattino** in the morning; **di buon mattino** early (in the morning).

matto, a ◇ *agg* - 1. [gen] mad, crazy; **andare matto per qc** to be mad about sthg; **da matti** [moltissimo] a lot - 2. [enorme] great; **avere una paura matta di qc** to be terrified of sthg; **avere una voglia matta di qc/di fare qc** to be dying for sthg/to do sthg. ◇ *sm, f* - 1. [malato] madman (madwoman *f*) - 2. [tipo stravagante] lunatic.

mattone ◇ *sm* brick. ◇ *agg inv* brick red.

mattonella *sf* - 1. [piastrella] tile - 2. [gelato] block of ice cream.

mattutino, a *agg* morning *(dav sostantivo)*.

maturare [6] ◇ *vi* - 1. [frutto] to ripen - 2. [persona, interessi] to mature - 3. [foruncolo] to come to a head. ◇ *vt* [proposito, decisione] to reach.

maturità *sf inv* - 1. [gen] maturity - 2. [diploma] *school leaving exam*.

maturo, a *agg* - 1. [frutto, tempi, epoca] ripe - 2. [assennato, adulto] mature.

Maurizio *sm* Mauritius.

mazza *sf* - 1. [bastone] club - 2. [martello] sledgehammer - 3. SPORT: **mazza da baseball** baseball bat; **mazza da golf** golf club.

mazzo *sm* - 1. [di fiori, chiavi] bunch - 2. [di carte] pack *esp UK*, deck *esp US*; **farsi il mazzo** *fam* to slog one's guts out.

mc *(abbr di metro cubo)* cubic metre *UK* o meter *US*.

me *pron pers* me; **parlava a me** he was talking to me; **se tu fossi in me** if you were me; **secondo me** in my opinion; ▷ **mi**.

MEC ['mɛk] *(abbr di Mercato Comune Europeo) sm* STORIA Common Market.

mecca *sf* mecca. ◆ **Mecca** *sf*: **La Mecca** Mecca.

meccanica, che *sf* - 1. [scienza] mechanics (U) - 2. [svolgimento] sequence - 3. [congegni] mechanism.

meccanicamente *avv* - 1. [con mezzi meccanici] mechanically - 2. [senza riflettere] automatically.

meccanico, a, ci, che *agg*   mechanical. ◆ **meccanico** *sm* mechanic.

meccanismo *sm* - 1. [gen] mechanism; **meccanismo di difesa** defence *UK* o defense *US* mechanism - 2. [procedure] process.

mèche [mɛʃ] *sf inv* highlight.

medaglia *sf* - 1. [ornamento] medallion - 2. [premio] medal; **medaglia d'oro/d'argento** [oggetto] gold/silver medal; [atleta] gold/silver medallist.

medaglione *sm* - 1. [gioiello] locket - 2. CULIN & ARCHIT medallion.

medesimo, a ◇ *agg dim* - 1. [gen] same - 2. [rafforzativo] myself/yourself *etc.* ◇ *pron dim* [per identità] same one.

media *sf* - 1. MAT mean; **media aritmetica** arithmetic mean - 2. [valore dominante, voto] average; **in media** on average; **media oraria** hourly average. ◆ **medie** *sfpl school for 11 to 13 year olds*.

mediale *agg* media *(dav sostantivo)*.

mediamente *avv* on average.

mediante *prep* by, via; **mediante Internet** on the Internet.

mediatico, a, ci, che *agg*   media *(dav sostantivo)*.

mediatore, trice *sm, f* - 1. [intermediario] mediator - 2. COMM middleman.

medicamento *sm* medication.

medicare [15] *vt* - 1. [ferita] to dress - 2. [ferito] to treat. ◆ **medicarsi** *vr* to be treated.

medicina *sf* medicine; **medicina legale** forensic medicine.

medicinale ◇ *agg* medicinal. ◇ *sm* medicine.

medico, a, ci, che *agg* medical; **studio medico** doctor's surgery *UK* o office *US*. ◆ **medico** *sm* doctor; **andare dal medico** to go to the doctor; **consultare un medico** to go to see a doctor; **fare il medico** to be a doctor; **medico generico** o **di famiglia** family doctor, GP; **medico di guardia** doctor on call.

medievale *agg* medieval.

medio, a *agg* - 1. [gen] average - 2. [taglia] medium; **c'è l'ha la taglia media?** have you got this in a medium? - 3. [centrale] middle *(dav sostantivo)*; *vedi anche* **oriente**. ◆ **medio** *sm* middle finger.

mediocre *agg* mediocre.

mediocrità *sf* mediocrity.

medioevale *agg* = **medievale**.

Medioevo *sm* Middle Ages *pl*.

mediorientale *agg* Middle Eastern.

meditare [6] <> *vt* - 1. [progettare] to plot - 2. [considerare] to consider. <> *vi* - 1. [pensare] to ponder - 2. [fare meditazione] to meditate.

meditazione *sf* - 1. [riflessione] reflection - 2. [esercizio] meditation.

mediterraneo, a *agg* Mediterranean. ◆ **Mediterraneo** *sm*: **il (Mar) Mediterraneo** the Mediterranean (Sea).

medusa *sf* jellyfish.

meeting ['mitin] *sm inv* meeting.

megafono *sm* megaphone.

megahertz ['mɛgaɛrts] *sm inv* megahertz.

meglio <> *avv* - 1. [comparativo] better; **andare meglio** to be better; **stare meglio** [di salute] to be *o* feel better; [di aspetto] to look better; **meglio di** better than; **o per meglio dire** *o* rather - 2. [superlativo] best; **è la cosa che mi riesce meglio** it's the thing I do best; **le persone meglio vestite** the best dressed people; **meglio possibile** as best you/he etc can. <> *agg inv* - 1. [migliore] better; **meglio di qn/qc** better than sb/sthg; **la tua macchina è meglio della mia** your car is better than mine; **in mancanza di meglio** for want of anything better; **niente/qualcosa di meglio** nothing/something better; **alla bell'e meglio** as well as I/he etc could - 2. [in costruzioni impersonali] better; **è meglio rimanere qui** it's better to stay here; **è meglio che te lo dica** it's better if I tell you. <> *sm* best; **ha buttato via il meglio** he threw away the best part; **fare del proprio meglio** to do one's best; **agire per il meglio** to act for the best; **è il meglio che posso fare** it's the best I can do. <> *sf*: **avere la meglio** to come off best; **avere la meglio su qn** to get the better of sb.

mela *sf* apple.

melagrana *sf* pomegranate.

melanzana *sf* aubergine *UK*, eggplant *US*.

Melbourne ['mɛlburn] *sf* Melbourne.

melma *sf* slime.

melo *sm* apple (tree).

melodia *sf* tune.

melodioso, a *agg* tuneful.

melodramma, i *sm* - 1. [situazione esagerata] melodrama - 2. MUS opera.

melodrammatico, a, ci, che *agg* - 1. [esagerato] melodramatic - 2. MUS operatic.

melograno *sm* pomegranate (tree).

melone *sm* melon.

membrana *sf* membrane.

membro *sm* member. ◆ **membra** *sfpl* limbs.

memoria *sf* memory; **perdere la memoria** to lose one's memory; **imparare/sapere qc a memoria** to learn/know sthg by heart; **in memoria di qn** in memory of sb; **memoria tampone** buffer. ◆ **memorie** *sfpl* memoirs.

memorizzare [6] *vt* - 1. [ricordare] to memorize - 2. INFORM to store.

menare [6] *vt* - 1. *lett* [condurre] to lead; **menarla per le lunghe** to drag it out - 2. [picchiare] to beat up. ◆ **menarsi** *vr* to lay into each other.

mendicante *smf* beggar.

mendicare [15] <> *vt* to beg for. <> *vi* to beg.

menefreghista, i, e *smf* person who couldn't care less.

meningi *sfpl* meninges; **spremersi le meningi** to rack one's brains.

meningite *sf* meningitis (*U*).

menisco, schi *sm* meniscus.

meno <> *avv* - 1. [in comparativi] less; **di meno** less; **meno di** less than - 2. [in superlativi] least; **la camera meno cara** the least expensive room; **i lavori meno faticosi** the least tiring jobs; **di meno** least; **il meno possibile** as little as possible - 3. [in correlazione] the less; **meno lo vedo, meglio sto** the less I see him, the happier I am; **giorno più, giorno meno** one day more, one day less - 4. [no]: **o meno** or not - 5. [nell'ora]: **le nove meno un quarto** a quarter to nine - 6. [nelle sottrazioni] minus, take away - 7. [nelle temperature, nei voti scolastici] minus; **mi ha dato dieci euro in** *o* **di meno** he gave me ten euros too little; **meno male** thank goodness; **non essere da meno (di qn)** not to be outdone (by sb); **non vuole essere da meno** he doesn't want to be outdone; **fare a meno di qn/qc** to do without sb/sthg; **non poter fare a meno di fare qc** not to be able to help doing sthg; **non potevo fare a meno di urlare** I couldn't help yelling. <> *agg inv* [in comparativi] less; [in correlazioni] fewer; **ho meno tempo del solito** I've got less time than usual; **oggi c'è meno gente** there are fewer people today. <> *prep* except; **c'erano tutti meno lei** everyone was there except her; **meno che** except. <> *sm inv* - 1. [la cosa minore] least; **era il meno che ti potesse succedere** you were asking for it - 2. [in matematica] minus sign. ◆ **a meno che** *cong* (+ congiuntivo) unless; **vengo, a meno che non piova** I'll come, unless it rains. ◆ **a meno di** *cong* unless; **non credo di andare, a meno di non finire molto prima del previsto** I don't think I'll go, unless I finish much sooner than I expect.

menopausa *sf* menopause.

mensa *sf* canteen.

mensile ⬦ *agg* monthly. ⬦ *sm* monthly (magazine).

mensilmente *avv* monthly.

mensola *sf* - **1.** [ripiano] shelf - **2.** ARCHIT bracket.

menta *sf* - **1.** [gen] mint; **menta piperita** peppermint - **2.** [sciroppo] peppermint syrup.

mentale *agg* mental.

mentalità *sf inv* mentality.

mentalmente *avv* mentally.

mente *sf* - **1.** [gen] mind - **2.** [memoria]: **venire in mente a qn** to occur to sb; **passare di mente a qn** to slip sb's mind; **tenere a mente qc** to bear sthg in mind - **3.** [intenzione]: **avere in mente di fare qc** to be thinking of doing sthg.

mentire [10] *vi* to lie.

mento *sm* chin.

mentre ⬦ *cong* - **1.** [quando] while - **2.** [invece] whereas. ⬦ *sm*: **in quel mentre** at that moment.

menu *sm inv* menu; **menu turistico** set menu; **menu a tendina** drop-down menu.

menzionare [6] *vt* to mention.

menzogna *sf* lie.

meraviglia *sf* - **1.** [stupore] astonishment - **2.** [cosa, persona] wonder. ⬥ **a meraviglia** *avv* very well.

meravigliare [21] *vt* to amaze. ⬥ **meravigliarsi** *vip* to be amazed; **meravigliarsi di qn** to be surprised at sb.

meraviglioso, a *agg* wonderful.

mercante *sm* merchant; **mercante d'arte** art dealer.

mercantile ⬦ *agg* commercial. ⬦ *sm* merchant ship.

mercatino *sm* street market; **mercatino dell'usato** *o* **delle pulci** flea market.

mercato *sm* market; **mercato coperto** covered market; **mercato nero** black market; **a buon mercato** cheap; **Mercato Comune Europeo** STORIA Common Market.

merce *sf* goods *pl*.

mercenario, a, i, ie ⬦ *agg* mercenary. ⬦ *sm* mercenary.

merceria *sf* - **1.** [articoli] haberdashery *(U)* UK, notions *pl* US - **2.** [negozio] haberdasher's UK, notions store US.

mercoledì *sm inv* Wednesday; **mercoledì delle Ceneri** Ash Wednesday; *vedi anche* **sabato**.

mercurio *sm* mercury. ⬥ **Mercurio** *sm* Mercury.

merda ⬦ *sf volg* shit. ⬦ *esclam* shit!

merenda *sf* afternoon snack.

meridionale ⬦ *agg* southern. ⬦ *smf* southerner.

meridione *sm* South. ⬥ **Meridione** *sm*: **il Meridione** the South of Italy.

meringa, ghe *sf* meringue.

meringata *sf* meringue-based dessert.

meritare [6] ⬦ *vt* to deserve; **merita di essere trattato bene** he deserves to be treated well; **meritarsi qc** to deserve sthg. ⬦ *vi impers* to be worth it; **non merita che io mi preoccupi di loro** it's not worth my worrying about them.

merito *sm* - **1.** [responsabilità] credit; **per merito di qn** thanks to sb - **2.** [virtù] virtue; **in merito a qc** with regard to sthg.

merletto *sm* lace.

merlo *sm* blackbird.

merluzzo *sm* cod.

meschinità *sf inv* - **1.** [grettezza] pettiness - **2.** [cosa gretta] mean thing.

meschino, a *agg* - **1.** [gen] mean - **2.** [misero] miserable.

mescolanza *sf* mixture.

mescolare [6] *vt* - **1.** [gen] to mix - **2.** [rimestare] to stir - **3.** [mettere in disordine] to mix up; **mescolare le carte** to shuffle. ⬥ **mescolarsi** *vip* - **1.** [mischiarsi] to mix - **2.** [disordinarsi] to get mixed up - **3.** [persone] to mingle.

mese *sm* month.

messa *sf*: **messa a fuoco** focusing; **messa in piega** set; **farsi fare la messa in piega** to get one's hair set; **messa a punto** [di progetto] finalization; [di motore] tuning; INFORM debugging. ⬥ **Messa** *sf* Mass.

messaggero, a *sm, f* messenger.

messaggino *sm* text (message); **mandare un messaggino a qn** to text sb.

messaggio *sm* message; **messaggio pubblicitario** advertisement.

Messia *sm inv*: **il Messia** the Messiah.

messicano, a *agg* & *sm, f* Mexican.

Messico *sm*: **il Messico** Mexico.

Messina *sf* Messina.

messinscena *sf* - **1.** TEATRO production - **2.** [finzione] sham.

messo, a *pp* ⬲ **mettere**.

mestiere *sm* - **1.** [lavoro] job; **che mestiere fa?** what's his job? - **2.** [conoscenza] craft; **i trucchi del mestiere** the tricks of the trade.

mestolo *sm* ladle.

mestruazione *sf* menstruation; **avere le mestruazioni** to have one's period.

meta *sf* - **1.** [destinazione] destination - **2.** [scopo] goal - **3.** [nel rugby] try.

metà *sf inv* - 1. [parte] half; **fare a metà (con qn)** to go halves (with sb) - 2. [punto di mezzo] middle; **tagliare qc a metà** to cut sthg in two; **a metà del libro/della pagina** halfway through the book/down the page; **a metà strada** halfway.

metabolismo *sm* metabolism.

metafora *sf* metaphor.

metallico, a, ci, che *agg* - 1. [fatto di metallo] metal - 2. [suono, voce] metallic.

metallo *sm* metal; **di metallo** metal.

metamorfosi *sf inv* metamorphosis *(sing)*.

metano *sm* methane.

meteo *sm inv* (weather) forecast.

meteora *sf* meteor.

meteorologia *sf* meteorology.

meteorologico, a, ci, che *agg* weather *(dav sostantivo)*, meteorological.

meticcio, a, ci, ce *sm, f* person of mixed race.

meticoloso, a *agg* meticulous.

metodico, a, ci, che *agg* methodical.

metodo *sm* - 1. [gen] method; **con metodo** methodically - 2. [manuale] tutor.

metrica, che *sf* prosody.

metro ◇ *sm* - 1. [unità di misura] metre *UK*, meter *US*; **metro cubo** cubic metre *UK* o meter *US*; **metro quadrato** o **quadro** square metre *UK* o meter *US* - 2. [strumento - di legno, metallo] ruler; [- a nastro] tape-measure - 3. [criterio] yardstick - 4. [in poesia] metre *UK*, meter *US*. ◇ *sf inv* underground *UK*, tube *UK*, subway *US*.

metropoli *sf inv* metropolis *(sing)*.

metropolitana *sf* underground *UK*, tube *UK*, subway *US*; **metropolitana leggera** light railway *UK* o rail *US*.

metropolitano, a *agg* metropolitan.

mettere [71] *vt* - 1. [collocare, inserire] to put; **mettere qc in qc** to put sthg into sthg; **guarda dove metti i piedi!** watch where you're putting your feet!; **mettere un bambino a letto** to put a child to bed; **mettersi le mani in tasca** to put one's hands in one's pockets; **mettere un chiodo nel muro** to bang a nail into the wall; **metta una firma qui** sign here; **mettere un annuncio sul giornale** to put an ad in the newspaper; **lo metta sul mio conto, per favore** put it on my bill, please - 2. [installare] to connect up - 3. [suscitare]: **mettere paura a qn** to frighten sb; **mettere allegria/malinconia a qn** to make sb (feel) happy/sad - 4. [indossare] to put on; **non ho niente da mettere!** I haven't got a thing to wear!; **mettersi la cravatta/le scarpe** to put one's tie/shoes on - 5. [disco] to play - 6. [sveglia] to set - 7. [impie-

gare]: **ci ho messo tre giorni** [tempo] it took me three days; **mettercela tutta** to do one's best - 8. [supporre]: **metti** o **mettiamo (il caso) che...** just suppose (that)... - 9. [avviare]: **mettere su qc** [attività commerciale, famiglia] to start sthg; [spettacolo teatrale] to put on sthg; [casa] to set sthg up. ◆ **mettersi** ◇ *vr* - 1. [in una posizione - in piedi] to stand; [- seduto] to sit; **mettersi a letto** to go to bed; **mettersi a sedere** to sit down; **mettersi a tavola** to sit down (to eat) - 2. [vestirsi]: **mettersi in pigiama** to put on one's pyjamas *UK* o pajamas *US* - 3. [iniziare]: **mettersi a fare qc** to start doing sthg - 4. [unirsi]: **mettersi in società con qn** to set up a company with sb; **mettersi con qn** [fidanzarsi] to start going out with sb. ◇ *vip* - 1. [situazione, faccenda] to turn out; **mettersi bene/male** to turn out well/badly - 2. [tempo]: **mettersi al bello/brutto** to turn out nice/nasty; **mettersi a piovere** to start to rain.

mezza *sf fam* half past twelve.

mezzacartuccia, ce *sf* second-rater.

mezzaluna *(pl* **mezzelune)** *sf* - 1. [luna] half moon - 2. [arnese da cucina] mezzaluna, *curved blade with two handles for chopping herbs.*

mezzanotte *(pl* **mezzenotti)** *sf* midnight.

mezz'aria ◆ **a mezz'aria** *avv* in mid-air.

mezz'asta ◆ **a mezz'asta** *avv* at half mast.

mezzo, a *agg* - 1. [metà] half (a); **mezzo chilo** half a kilo; **mezza cipolla** half an onion; **mezza giornata** half-day - 2. [dopo numerale] a half; **due litri e mezzo** two and a half litres *UK* o liters *US*; **ha quattro anni e mezzo** she's four and a half - 3. [nelle ore]: **l'una e mezzo** o **mezza** half-past one - 4. [con aggettivo] half; **mezzo vuoto** half empty; **mezzo addormentato** half asleep - 5. [intermedio]: **di mezza età** middle-aged; **di mezza stagione** mid-season - 6. *fam* [quasi totale] a bit of a; **ho un mezzo impegno con Tina** I've sort of arranged to meet Tina. ◆ **mezzo** *sm* - 1. [metà] half; **fare a mezzo (con qn)** to go halves (with sb) - 2. [parte centrale]: **in mezzo a** in the middle of; **andarci di mezzo** to suffer for it; **levarsi** o **togliersi di mezzo** to get out of the way - 3. [strumento, procedimento] means *(sing)*; **tentare ogni mezzo** to try every way; **mezzi di ricerca** research methods; **con mezzi leciti e illeciti** by fair means or foul; **per mezzo di qc** by means of sthg; **per mezzo di qn/qc** through sb/sthg - 4. [veicolo]: **mezzo (di trasporto)** means *(sing)* of transport *esp UK* o transportation *esp US*; **mezzi pubblici** public transport *UK* o transportation *US*. ◆ **mezzi** *smpl* means.

mezzogiorno *sm* - 1. [ora] midday - 2. [sud] South. ◆ **Mezzogiorno** *sm*: il Mezzogiorno Southern Italy.

mezzora, mezz'ora *sf* half an hour, half hour.

mg (*abbr di* milligrammo) mg.

mi[1] (*diventa* me *dav* lo, la, li, le, ne) *pron pers* - 1. [complemento oggetto] me; **mi capisci?** do you understand me?; **mi sentite?** can you hear me?; **eccomi** here I am - 2. [complemento di termine] me; **mi presti la macchina?** will you lend me the car?; **non mi piace** I don't like him/her/it; **mi sembra che...** I think (that)...; **me lo presti?** will you lend it to me?; **me ne hanno parlato** they spoke to me about it - 3. [nei riflessivi, pronominali]: **vado a vestirmi** I'm going to get dressed; **non mi ricordo** I don't remember; **mi vergogno** I'm embarrassed.

mi[2] *sm* MUS E; [in solfeggio] mi.

MI (*abbr di* Milano) MI.

mia ⊳ **mio.**

miagolare [6] *vi* to miaow UK, to meow US.

mica *avv fam* - 1. [per negazione] at all; **il libro non mi è mica piaciuto** I didn't like the book at all; **mica me l'hai detto che venivano** you didn't tell me they were coming; **mica tanto** not much; **mica male!** not bad at all! - 2. [per caso] by any chance.

miccia, ce *sf* fuse.

michetta *sf* (bread) roll.

micidiale *agg* - 1. [mortale] lethal - 2. [dannoso] harmful.

micio, a, ci, cie *o* **ce** *sm, f fam* pussy.

microbo *sm* germ.

microfilm *sm inv* microfilm.

microfono *sm* microphone.

microrganismo *sm* microorganism.

microscopico, a, ci, che *agg* microscopic.

microscopio *sm* microscope.

midolla *sf* soft part (of loaf).

midollo *sm* ANAT marrow; **midollo spinale** spinal cord.

mie ⊳ **mio.**

miei ⊳ **mio.**

miele *sm* honey.

mietere [7] *vt* - 1. [tagliare] to harvest - 2. [uccidere] to claim - 3. [raccogliere] to reap.

mietitura *sf* - 1. [gen] harvest - 2. [periodo] harvest-time.

migliaio (*fpl* migliaia) *sm* - 1. [mille] thousand - 2. [circa mille]: **un migliaio (di qc)** about a thousand (sthg); **migliaia di qc** thousands of sthg; **a migliaia** in their thousands.

miglio (*fpl* miglia) *sm* - 1. [unità di misura] mile; **miglio marino** *o* **nautico** nautical mile - 2. [pianta] millet.

miglioramento *sm* improvement.

migliorare [6] ⟷ *vt* to improve. ⟷ *vi* - 1. [diventare migliore] to improve - 2. [stare meglio] to get better.

migliore ⟷ *agg* - 1. [comparativo] better; **migliore di qn/qc** better than sb/sthg - 2. [superlativo] best; **il mio migliore amico** my best friend; **è la cosa migliore** it's the best thing (to do); **nel miglior modo possibile** in the best way possible; **nella migliore delle ipotesi** if all goes well. ⟷ *smf* best; **vinca il migliore** may the best man win.

mignolo *sm* [di mano] little finger, pinkie *fam*; [di piede] little toe.

migrare [6] *vi* to migrate.

migrazione *sf* migration.

mila *agg num pl* ⊳ **mille.**

milanese ⟷ *agg* Milanese; **risotto alla milanese** risotto with saffron; **cotoletta alla milanese** Wiener schnitzel. ⟷ *smf* Milanese. ⟷ *sf* [cotoletta] Wiener schnitzel.

Milano *sf* Milan.

miliardario, a ⟷ *agg* worth millions (*non dav sostantivo*). ⟷ *sm, f* multimillionaire.

miliardesimo, a ⟷ *agg num* billionth. ⟷ *sm, f* billionth person. ◆ **miliardesimo** *sm* [frazione] billionth.

miliardo *sm* [cifra] billion; **un miliardo (di qc)** [in numero esatto] a *o* one billion (sthg); [moltissimi] a billion (sthg).

milionario, a ⟷ *agg* - 1. [persona] worth a million (*non dav sostantivo*) - 2. [vincita] worth millions (*non dav sostantivo*). ⟷ *sm, f* millionaire.

milione *sm* million; **un milione (di qc)** [in numero esatto] a *o* one million (sthg); [moltissimi] a million (sthg).

milionesimo, a ⟷ *agg num* millionth. ⟷ *sm, f* millionth person. ◆ **milionesimo** *sm* [frazione] millionth.

militare [6] ⟷ *agg* military. ⟷ *sm* soldier; **fare il militare** to do one's military service. ⟷ *vi* to be active.

milite *sm lett* soldier; **milite ignoto** unknown soldier.

mille (*pl* mila) ⟷ *agg num* - 1. [numero esatto] a *o* one thousand - 2. [moltissimi] a thousand. ⟷ *sm inv* a *o* one thousand; *vedi anche* **sei.**

millenario, a *agg* - 1. [di mille anni] thousand-year-old (*dav sostantivo*) - 2. [ogni mille anni] millennial.

millennio *sm* millennium.

millepiẹdi *sm inv* millipede.

millẹsimo, a ◇ *agg num* thousandth. ◇ *sm, f* thousandth person. ◆ **millesimo** *sm* [frazione] thousandth.

milligrạmmo *sm* milligram.

millilitro *sm* millilitre *UK*, milliliter *US*.

millimetro *sm* millimetre *UK*, millimeter *US*.

milza *sf* spleen.

mimạre [6] *vt* to mimic.

mimetizzạre [6] *vt* to camouflage. ◆ **mimetizzạrsi** *vip* - **1.** [soldato] to camouflage o.s. - **2.** [animale] to camouflage itself.

mịmo, a *sm, f* mime (artist). ◆ **mimo** *sm* mime.

mimọsa *sf* mimosa.

min - **1.** (*abbr di minuto*) min. - **2.** (*abbr di minimo, minima*) min.

Min. - **1.** (*abbr di Ministro*) Min. - **2.** (*abbr di Ministero*) Min.

mịna *sf* - **1.** [esplosiva] mine; **mina antiuomo** antipersonnel mine; **mina vagante** *fig* time bomb - **2.** [di matita] lead.

minạccia, ce *sf* threat.

minacciạre [17] *vt* to threaten; **minacciare qn di qc** to threaten sb with sthg; **minacciare di fare qc** to threaten to do sthg.

minacciọso, a *agg* threatening.

minạre [6] *vt* - **1.** [terreno, roccia] to mine - **2.** [danneggiare] to undermine.

minatọre *sm* miner.

minatọrio, a *agg* threatening.

minerạle ◇ *agg* - **1.** mineral - **2.** ▷ **acqua.** ◇ *sm* mineral. ◇ *sf fam* mineral water.

minẹstra *sf* soup.

minestrọne *sm* minestrone.

mịni *agg inv* mini. ◆ **mini** *sf inv* mini(skirt).

miniatụra *sf* - **1.** [dipinto] miniature - **2.** [proporzione ridotta]: **in miniatura** in miniature; **una casa in miniatura** a miniature house.

minibụs *sm inv* minibus.

miniẹra *sf* mine.

minigọlf *sm inv* mini-golf course.

minigọnna *sf* miniskirt.

mịnima *sf* minimum.

mịnimo, a *agg* - **1.** [il più basso] minimum (*dav sostantivo*), lowest - **2.** [il più piccolo - sforzo, tempo] minimum (*dav sostantivo*); [- dubbio] slightest (*dav sostantivo*); **non avere la minima idea di qc** not to have the slightest idea about sthg - **3.** [molto piccolo] very small. ◆ **minimo** *sm* - **1.**: **il minimo** [il grado più basso] the minimum; [la cosa più piccola] the least;

condannare qn al minimo della pena to give sb the minimum sentence; **era il minimo che potessi fare!** it was the least I could do!; **al minimo** [volume, gas] very low; **come minimo** [almeno] at least; **un minimo di qc** a tiny bit of sthg - **2.** [di motore] idling speed.

ministẹro *sm* - **1.** [settore del governo] ministry *UK*, department - *US*; **Ministero degli Esteri** Ministry for Foreign Affairs, ≃ Foreign Office *UK*, ≃ State Department *US*; **Ministero dell'Interno** Ministry of the Interior, ≃ Home Office *UK*, ≃ Department of the Interior *US*; **Ministero dell'Economia e delle Finanze** Ministry of Finance, ≃ Treasury *UK*, ≃ Treasury Department *US*; **Ministero di Grazia e Giustizia** Ministry of Justice, ≃ Lord Chancellor's Department *UK*, ≃ Department of Justice *US,*, - **2.** [governo] government.

minịstro *sm* minister; **primo ministro** prime minister.

minorạnza *sf* minority; **essere in minoranza** to be in the minority.

Minọrca *sf* Minorca.

minọre ◇ *agg* - **1.** [in comparativi - di età] younger; [- per grandezza, numero] smaller; [- per importanza] lesser; **una pena minore** a lesser punishment - **2.** [in superlativi -] youngest; [- per grandezza, numero] smallest; [- per importanza] least; **le opere minori del Manzoni** Manzoni's minor works; **è il male minore** it's the lesser of two evils; **nel minor tempo possibile** in the shortest time possible - **3.** MUS minor. ◇ *smf* - **1.** [il più giovane]: **il/la minore** [di due] the younger; [di più di due] the youngest - **2.** [minorenne] minor.

minorẹnne ◇ *agg* under age. ◇ *smf* minor.

minụscola *sf* small letter.

minụscolo, a *agg* - **1.** [carattere] small - **2.** [piccolissimo] tiny.

minụto, a *agg* - **1.** [piccolo] tiny - **2.** [gracile] frail - **3.** [fine] fine - **4.** [particolareggiato - descrizione] detailed; [- dettagli] minute - **5.** COMM: **al minuto** retail. ◆ **minuto** *sm* minute; **minuto primo** minute; **minuto secondo** second; **a minuti** any minute (now); **in** *o* **tra un minuto** in a minute.

mịo, mịa, miẹi, mịe ◇ *agg poss* my; **il mio lavoro** my job; **i miei occhiali** my glasses; **questo è mio?** is this one mine?; **mio padre** my father; **i miei genitori** my parents; **un mio amico** a friend of mine; **a casa mia** [moto a luogo] to my house; [stato in luogo] at my house. ◇ *pron poss*: **il mio, la mia, i miei, le mie** mine; **qual è il mio/la mia?** which one's mine?; **i miei** [genitori] my parents; **ho detto la mia** I've said my piece; **ne ho fatta una delle mie!** I've done it again!

miope *agg* [gen] short-sighted, nearsighted *US*; MED myopic.

mira *sf* aim; **avere una buona/un'ottima mira** to be a good/an excellent shot; **prendere la mira** to take aim.

miracolo *sm* miracle; **per miracolo** miraculously.

miracoloso, a *agg* - 1. [inspiegabile] miraculous - 2. [efficace] miracle *(dav sostantivo)*.

miraggio *sm fig* mirage.

mirare [6] *vi* to aim; **mirare a (fare) qc** to aim at (doing) sthg.

mirino *sm* - 1. [di arma] sights *pl* - 2. [di macchina fotografica] viewfinder; [di cannocchiale] eyepiece.

mirtillo *sm* blueberry, bilberry *UK*.

mirto *sm* myrtle.

miscela *sf* - 1. [carburante] mixture - 2. [di caffè] blend.

mischiare [6] *vt* to mix. ◆ **mischiarsi** *vr* to mingle.

miscuglio *sm* mixture.

mise ⊳ **mettere**.

miserabile ◇ *agg* - 1. [povero, scarso] miserable - 2. [spregevole] contemptible. ◇ *smf* wretch.

miseria *sf* - 1. [povertà] poverty - 2. [somma esigua]: **costare/guadagnare una miseria** to cost/earn next to nothing.

misericordia *sf* mercy.

misero, a *agg* - 1. [povero] miserable - 2. [infelice] wretched - 3. [scarso] paltry.

misi ⊳ **mettere**.

missile *sm* missile.

missionario, a *agg & sm, f* missionary.

missione *sf* mission.

misteriosamente *avv* mysteriously.

misterioso, a *agg* - 1. [sconosciuto] mysterious - 2. [sospetto] suspicious.

mistero *sm* mystery.

mistico, a, ci, che ◇ *agg* mystical. ◇ *sm, f* mystic.

misto, a *agg* mixed. ◆ **misto** *sm* mixture.

misura *sf* - 1. [dimensione, taglia] size; **che misura ha o porta?** what size are you?, what's your size?; **prendere le misure a qn** [misurare] to take sb's measurements; **su misura** [non in serie] made to measure - 2. [moderazione] moderation; **oltre misura** excessively - 3. [proporzione]: **in ugual misura** in equal measure; **nella misura in cui** insofar o inasmuch as - 4. [grandezza] measurement; **unità di misura** unit of measurement; **misura di lun-**

ghezza unit of length - 5. [provvedimento] measure; **prendere delle misure** to take steps; **misure di sicurezza** safety measures.

misurare [6] ◇ *vt* - 1. [calcolare - lunghezza] to measure; [- terreno] to survey; **misurare la temperatura a qn** to take sb's temperature - 2. [indossare] to try on. ◇ *vi* to measure.

misurazione *sf* [gen] measuring, measurement; [di terreno] surveying; [di vista] testing.

misurino *sm* measuring cup.

mite *agg* - 1. [pacifico] gentle - 2. [clemente] lenient - 3. [mansueto] tame - 4. [temperato] mild.

mitico, a, ci, che *agg* - 1. [leggendario] mythical - 2. [memorabile] legendary.

mito *sm* myth.

mitologico, a, ci, che *agg* mythological.

mitra ◇ *sm inv* submachine gun. ◇ *sf* mitre *UK*, miter *US*.

mitragliatrice *sf* machine gun.

mittente *smf* sender.

ml *(abbr di millilitro)* ml.

mm *(abbr di millimetro)* mm.

mobile ◇ *agg* movable. ◇ *sm* piece of furniture; **mobili** furniture *(U)*.

mobilia *sf* furniture *(U)*.

mobilio *sm* furniture *(U)*.

moca, che *sf* espresso machine.

mocassino *sm* moccasin.

moda *sf* fashion; **andare** o **essere di moda** to be in fashion; **passare di moda** to go out of fashion; **alla moda** fashionable; **vestirsi alla moda** to be fashionably dressed; **all'ultima moda** in the latest fashion; **fuori moda** unfashionable; **alta moda** haute couture.

modalità *sf inv* procedure; **modalità di pagamento** method of payment; **modalità d'uso** directions (for use).

modellare [6] *vt* to model.

modellino *sm* model.

modello ◇ *sm* model; **prendere qn a modello** to take sb as a model. ◇ *agg inv* model *(dav sostantivo)*. ◆ **modello, a** *sm, f* model.

moderare [6] *vt* to moderate. ◆ **moderarsi** *vr*: **moderarsi in qc** to show moderation in sthg.

moderatamente *avv* in moderation.

moderato, a *agg* - 1. [prezzo] reasonable - 2. [persona] moderate.

moderazione *sf* moderation.

modernizzare [6] *vt* to modernize. ◆ **modernizzarsi** *vr* to modernize.

moderno, a *agg* modern.

modestamente *avv* - 1. [in modo modesto] modestly - 2. [modestia a parte] in all modesty.

modestia sf modesty; **modestia a parte** in all modesty.

modesto, a agg modest.

modifica, che sf modification.

modificare [15] vt to modify. ◆ **modificarsi** vip to alter.

modificazione sf modification.

modo sm - 1. [maniera] way; **di** o **in modo che** (+ congiuntivo) so that; **in modo da fare qc** so as to do sthg; **in** o **ad ogni modo** anyway; **modo di dire** expression; **modo di fare** manner - 2. [mezzo] means (sing); **avere modo di fare qc** to have a chance o an opportunity to do sthg; **dare modo a qn di fare qc** to give sb the chance o opportunity to do sthg - 3. GRAMM mood. ◆ **modi** smpl manners.

modulo sm form; **modulo di iscrizione** enrolment UK o enrollment US form.

mogano sm mahogany.

moglie (pl mogli) sf wife.

moka sf = moca.

molare sm molar.

mole sf - 1. [massa] bulk - 2. [quantità] amount.

molecola sf molecule.

molestare [6] vt [infastidire] to annoy; [sessualmente] to molest.

molestia sf annoyance. ◆ **molestie** sfpl: **molestie sessuali** sexual harassment (U).

Molise sm: il Molise Molise.

molla sf - 1. [meccanismo] spring - 2. [stimolo] incentive.

mollare [6] ◇ vt - 1. [allentare - fune] to let go; [- ormeggi] to cast off, to slip; [- ancora] to slip; **mollare la presa** to let go - 2. fam [ceffone, sberla] to give - 3. fam [abbandonare - marito] to dump; [- lavoro, attività] to quit, to pack in esp UK. ◇ vi to give up.

molle agg soft.

molletta sf - 1. [per bucato] clothes peg UK, clothes pin US - 2. [per capelli] hairpin, hair grip UK, bobby pin US.

mollica, che sf [di pane] soft part (of loaf).

mollusco, schi sm mollusc UK, mollusk US.

molo sm pier, jetty.

molteplice agg multiple.

moltiplicare [15] vt - 1. MAT: **moltiplicare qc per qc** to multiply sthg by sthg - 2. [aumentare] to increase. ◆ **moltiplicarsi** vip - 1. [aumentare] to increase - 2. [riprodursi] to breed.

moltiplicazione sf multiplication.

moltitudine sf - 1. [folla] crowd - 2. [grande quantità]: **una moltitudine di qc** a large number of sthg.

molto, a ◇ agg indef - 1. [in grande quantità - in frasi affermative] a lot of, lots of; [- in frasi negative ed interrogative] much, a lot of; **ha molta esperienza** she's got a lot of experience; **c'è molta gente** there are lots of people there; **c'è molto traffico?** is there a lot of traffic?; **avere molta fame/sete** to be very hungry/thirsty; **avere molto sonno** to be very sleepy; **da molto tempo** for a long time; **non ho molto tempo/denaro** I haven't got much time/money - 2. [in gran numero]: **molti, molte** [in frasi affermative] a lot of, lots of; [in frasi negative ed interrogative] many, a lot of; **ho molte amiche** I've got lots of friends; **c'erano molti fiori** there were a lot of flowers; **non c'erano molti treni a quell'ora** there weren't many trains at that time; **hai fatto molti errori?** did you make many o a lot of mistakes? ◇ pron indef - 1. [una grande quantità] much, a lot - 2. [un grande numero] a lot, lots, many; **ne ho ancora molti** I've still got lots; **molti di noi/voi/loro** many of us/you/them - 3. [tanta gente] many people. ◆ **molto** avv - 1. [con verbi] a lot, much; **mi piace molto** I like it a lot; **di solito non dormo molto** I don't usually sleep much; **hai viaggiato molto quest'anno?** have you travelled much this year? - 2. [con aggettivi] very; **sono molto stanco** I'm very tired; **fa molto caldo** it's very hot; **è molto simpatica** she's very nice - 3. [con avverbi] very; **canta molto bene** she sings very well; **è molto presto/tardi** it's very early/late; **molto volentieri** gladly - 4. [con comparativi] much; **è molto meglio così** it's much better like this - 5. [temporale] a long time; **il film dura molto** the film esp UK o movie esp US lasts a long time; **ci vuole molto?** will it take long?; **è molto che non lo vedo** I haven't seen him for a long time; **fra non molto** shortly - 6. [distanza]: **c'è ancora molto?** is it far?

momentaneamente avv at the moment.

momentaneo, a agg [gioia, malessere] passing; [situazione] temporary.

momento sm - 1. [attimo] moment; **al momento** at the moment; **all'ultimo momento** at the last minute; **a momenti** [tra poco] in a moment; fam [quasi] nearly; **dal momento che** [dato che] since; **per il momento** for the moment, for now; **sul momento** at the moment, right now - 2. [circostanza] time; **attraversare un brutto momento** to go through a bad patch.

monaco, a, ci, che sm, f monk (nun f).

Monaco sf: Monaco (di Baviera) Munich; il Principato di Monaco (the Principality of) Monaco.

monarchia sf monarchy.

monastero sm [di monaci] monastery; [di monache] convent.

mondano, a agg fashionable.

mondiale agg world (dav sostantivo).
◆ **mondiali** smpl: **i mondiali** the World Cup.

mondo sm - 1. [gen] world; **il gran o bel mondo** high society; **mettere al mondo qn** to bring sb into the world; **venire al mondo** to come into the world - 2. [grande quantità]: **un mondo** [moltissimo] a great deal; **un mondo di qc** a lot of sthg; **ho un mondo di cose da dirti** I've got a lot to tell you; **ti voglio un mondo di bene!** I love you lots!

monello, a sm, f rascal.

moneta sf - 1. [di metallo] coin - 2. [valuta] currency - 3. [spiccioli] change.

mongolfiera sf hot-air balloon.

Mongolia sf: **la Mongolia** Mongolia.

mongolo, a agg & sm, f Mongolian, Mongol. ◆ **mongolo** [lingua] Mongolian.

monitor sm inv monitor.

monolocale sm studio (apartment), studio (flat) UK.

monologo, ghi sm monologue, monolog US.

monopattino sm scooter.

Monopoli® sm inv Monopoly®.

monopolio sm monopoly; **monopolio di Stato** state monopoly.

monossido sm: **monossido di carbonio** carbon monoxide.

monotonia sf monotony.

monotono, a agg monotonous.

monouso agg inv disposable.

monovolume sm o sf inv multi-purpose vehicle, MPV.

monsignore sm Monsignor.

montaggio sm - 1. [di macchina] assembly - 2. CINE editing.

montagna sf - 1. [monte] mountain; **montagne russe** roller coaster (sing) - 2. [regione]: **la montagna** the mountains pl; **di montagna** mountain (dav sostantivo); **andare in montagna** to go to the mountains; **trascorrere le vacanze in montagna** to spend one's holidays in the mountains.

montagnoso, a agg mountainous.

montano, a agg mountain (dav sostantivo).

montare [6] ◇ vt - 1. [cavalcare] to ride - 2. [salire] to go up - 3. [comporre] to assemble - 4. [incastonare] to set, to mount - 5. CULIN to beat, to whisk - 6. [esagerare] to exaggerate, to blow out of proportion - 7. [insuperbire]: **montare la testa a qn** to go to sb's head; **montarsi la testa** to get a big head - 8. [fecondare] to mount - 9. CINE to edit. ◇ vi - 1. [salire] to climb; **montare su un albero** to climb up a tree; **montare su una sedia** to climb onto a chair - 2.: **montare in treno/autobus** to get on a train/bus; **montare in macchina** to get in(to) a car; **montare a cavallo/in bicicletta** to get on a horse/bicycle - 3. [aumentare] to rise.

montatura sf - 1. [di occhiali] frames pl - 2. [di gioiello] setting, mount - 3. [messinscena] set-up.

monte sm - 1. [montagna] mountain - 2. [grande quantità] pile, heap - 3. [istituto]: **monte di pietà** pawnshop, pawnbroker's UK; **andare a monte** fig to fail, to flop; **mandare a monte qc** fig to call sthg off. ◆ **Monte Bianco** sm: **il Monte Bianco** Mont Blanc.

Montecatini sf: **le terme di Montecatini** the spas at Montecatini.

Montecitorio sm ≈ Parliament UK, ≈ Congress US.

Montenegro sm: **il Montenegro** Montenegro.

montepremi sm inv jackpot.

montgomery [mon'gɔmeri] sm inv duffel coat.

montone sm - 1. [animale] ram; [carne] mutton - 2. [cappotto] sheepskin jacket.

Montreal sf Montreal.

montuoso, a agg mountainous.

monumento sm monument.

moquette [mo'kɛt] sf inv (fitted) carpet.

mora sf - 1. [di rovo] blackberry - 2. [di gelso] mulberry - 3. [somma] charge for late payment.

morale ◇ agg moral; **schiaffo morale** humiliation. ◇ sf - 1. [scienza] ethics (U) - 2. [principi] morals pl - 3. [insegnamento] moral. ◇ sm spirits pl, morale; **essere giù di morale** to feel down o depressed.

moralista, i, e smf spreg moralist.

moralmente avv - 1. [onestamente] ethically - 2. [secondo la morale] morally - 3. [psicologicamente] emotionally.

morbidezza sf softness.

morbido, a agg soft.

morbillo sm measles (U).

morbo sm disease.

morboso, a agg morbid.

mordere [34] vt - 1. [gen] to bite - 2. [intaccare] to eat into.

morente agg - 1. [persona] dying - 2. [industria, istituzione] moribund.

morfina sf morphine.

moribondo, a ◇ agg dying. ◇ sm, f dying man (dying woman f).

morire [103] vi - 1. [gen] to die; **morire ammazzato** to be murdered; **morire di cancro/**

infarto to die of cancer/a heart attack; **mori-re di sete/freddo/noia** to be dying of thirst/cold/boredom; **morire dalle risate** to die laughing; **morire dalla voglia di fare qc** to be dying to do sthg; **da morire** incredibly; **fa un caldo da morire** it's boiling hot; **essere bello da morire** to be drop-dead gorgeous; **mi piace da morire** I really love it - 2. [svanire] to die (away), to fade.

mormorare [6] <> *vi* - 1. [bisbigliare] to whisper - 2. [lamentarsi] to murmur, to mutter - 3. [sparlare] to gossip. <> *vt*: **mormorare qc a qn** to whisper sthg to sb.

moro, a <> *agg* dark. <> *sm, f* dark-haired man (dark-haired woman *f*).

morsi ▷ **mordere**.

morsicare [15] *vt* to bite.

morso, a *pp* ▷ **mordere**. ◆ **morso** *sm* - 1. [gen] bite; **dare un morso a qn/qc** to bite sb/sthg - 2. [sensazione]: **sentiva il morso della gelosia** she was consumed by jealousy; **i morsi della fame** hunger pangs - 3. [di briglia] bit.

mortadella *sf* mortadella.

mortale <> *agg* - 1. [gen] mortal - 2. [angoscia, noia] dreadful. <> *smf* mortal.

mortalità *sf* mortality; **mortalità infantile** infant mortality.

mortalmente *avv* - 1. [gen] mortally - 2.: **annoiarsi mortalmente** to be bored to death.

mortaretto *sm* firecracker.

morte *sf* death; **in punto di morte** on one's death bed; **morte cerebrale** *o* **clinica** brain death; **ferire qn a morte** to wound sb fatally; **annoiarsi a morte** to be bored to death; **odiare qn a morte** to hate sb's guts *fam*.

mortificare [15] *vt* to mortify.

mortificato, a *agg* mortified.

morto, a <> *pp* ▷ **morire**. <> *agg* dead; **essere stanco morto** to be exhausted, to be dead tired; **la stagione morta** the low season. <> *sm, f* [defunto] dead man (dead woman *f*); **i morti** the dead.

mosaico *sm* mosaic.

mosca, sche *sf* fly. ◆ **Mosca** *sf* Moscow.

moscata *agg* ▷ **noce**. ◆ **moscato** *sm* muscatel.

moscerino *sm* midge, gnat.

moschea *sf* mosque.

moscio, a, sci, sce *agg* - 1. [floscio - capello] floppy; [- pelle, muscoli] flabby - 2. [avvilito] low - 3. [noioso] dull; **avere la erre moscia** *to be unable to pronounce one's r's properly*.

moscone *sm* - 1. [insetto] bluebottle - 2. [imbarcazione] pedal boat, pedalo *UK*.

moscovita, i, e *agg* & *smf* Muscovite.

mossa *sf* - 1. [movimento] movement - 2. [iniziativa, nei giochi] move; **darsi una mossa** *fam* [sbrigarsi] to get a move on.

mossi *etc* ▷ **muovere**.

mosso, a <> *pp* ▷ **muovere**. <> *agg* - 1. [mare] choppy - 2. [capelli] wavy - 3. [fotografia] blurred.

mostarda *sf* mustard; **mostarda di Cremona** *pickled candied fruit with mustard*.

mostra *sf* - 1. [sfoggio]: **mettere qc in mostra** to show off sthg; **mettersi in mostra** to show off - 2. [d'arte] exhibition, exhibit *US*; **Mostra del cinema di Venezia** Venice Film Festival - 3. [di animali] show.

mostrare [6] *vt*: **mostrare qc a qn** to show sb sthg, to show sthg to sb. ◆ **mostrarsi** *vr* to show o.s.

mostro *sm* - 1. [gen] monster - 2. [persona brutta]: **essere un mostro** to be hideous - 3. [persona dotata] whizz; **un mostro di intelligenza** a genius.

mostruosamente *avv* incredibly.

mostruoso, a *agg* - 1. [gen] monstrous - 2. [straordinario] incredible.

motel *sm inv* motel.

motivare [6] *vt* - 1. [spiegare] to explain - 2. [causare] to cause - 3. [stimolare] to motivate.

motivato, a *agg* - 1. [giustificato] justified - 2. [persona] motivated.

motivazione *sf* - 1. [ragione] motive - 2. [stimolo] motivation.

motivo *sm* - 1. [ragione] reason; **motivo di scandalo** cause for scandal - 2. [musica] tune - 3. [tema] theme - 4. [decorazione] pattern.

moto <> *sm* - 1. [movimento] motion; **mettere qc in moto** [avviare] to start sthg; [mobilitare] to set sthg in motion; **mettersi in moto** [partire] to set off *o* out; [adoperarsi] to get *o* set to work - 2. [esercizio] exercise - 3. [gesto] gesture - 4. [impulso] impulse. <> *sf inv* motorcycle, motorbike *UK*.

motocarro *sm* three-wheel van.

motocicletta *sf* motorcycle, motorbike *UK*.

motociclista, i, e *smf* motorcyclist, biker *fam*.

motocross *sm* motocross.

motonave *sf* motor vessel.

motore, trice *agg* - 1. [forza] driving *(dav sostantivo)* - 2. [nervo, muscolo] motor *(dav sostantivo)*. ◆ **motore** *sm* - 1. [macchina] engine; **a motore** motor *(dav sostantivo)* - 2. INFORM: **motore di ricerca** search engine.

motorino *sm* - 1. *fam* [ciclomotore] moped - 2. AUTO: **motorino d'avviamento** starter (motor).

motoscafo sm motorboat.

motto sm motto.

mountain bike [maunten'baik] sf inv mountain bike.

mouse ['maus] sm inv mouse.

movente sm motive.

movessi etc ▷ **muovere**.

movimentato, a agg [festa, serata] lively; [viaggio, vita] eventful; [incontro, discussione] animated.

movimento sm - **1.** [gen] movement - **2.** [spostamento] motion; **mettere qc in movimento** to set sthg in motion; **essere in movimento** to be on the go - **3.** [animazione] activity.

mozzafiato agg inv breathtaking.

mozzare [6] vt to cut off.

mozzarella sf mozzarella; **mozzarella di bufala** buffalo(-milk) mozzarella.

mozzicone sm [di sigaretta, candela] stub, end.

mozzo, a agg cut-off. ◆ **mozzo** sm NAUT cabin-boy.

mq (abbr di **metro quadrato**) sq. m.

MRSA [] (abbr di **Staphylococcus aureus meticillino-resistente**) sm inv MED MRSA (methicillin resistant Staphylococcus aureus).

mucca, che sf cow; **mucca pazza** mad cow disease.

mucchio sm: **un mucchio di qc** [cumulo] a pile of sthg; fig [grande quantità] a lot of sthg.

muco, chi sm mucus.

muffa sf mould UK, mold US; **fare la muffa** to go mouldy UK o moldy US.

muflone sm mouflon.

muggire [9] vi to moo, to low.

mughetto sm - **1.** [fiore] lily of the valley - **2.** MED thrush.

mulatto, a ◇ agg mixed-race. ◇ sm, f person of mixed race.

mulinello sm - **1.** [di acqua, vento] eddy - **2.** [di canna da pesca] reel.

mulino sm mill; **mulino a vento** windmill.

mulo, a sm, f mule.

multa sf fine.

multare [6] vt to fine.

multicolore agg multicoloured UK, multicolored US.

multietnico, a, ci, che agg multiethnic.

multilingue agg multilingual.

multimediale agg multimedia (dav sostantivo).

multinazionale agg & sf multinational.

multiplo, a agg multiple. ◆ **multiplo** sm multiple.

multiproprietà sf inv timesharing.

multirazziale agg multiracial.

multisala ◇ agg inv multiplex (dav sostantivo). ◇ sm inv multiplex.

multiuso agg inv multipurpose.

mummia sf [cadavere] mummy.

mungere [49] vt to milk.

municipale agg municipal, town (dav sostantivo), city (dav sostantivo).

municipio sm - **1.** [comune] town o city council - **2.** [edificio] town o city US hall.

munire [9] vt: **munire qn/qc di qc** to provide sb/sthg with sthg; **munire un documento di firma** to sign a document. ◆ **munirsi** vr: **munirsi di qc** to arm o.s. with sthg.

munizioni sfpl ammunition (U).

muoia etc ▷ **morire**.

muoio etc ▷ **morire**.

muovere [76] vt - **1.** [spostare] to move - **2.** [rivolgere] to make; **muovere guerra a qn** to wage war on sb. ◆ **muoversi** vr - **1.** [gen] to move - **2.** [affrettarsi] to get a move on, to hurry up.

muovessi etc ▷ **muovere**.

mura sfpl walls.

murale ◇ agg wall (dav sostantivo). ◇ sm (pl **murales**) mural.

murare [6] vt - **1.** [porta, finestra] to brick up - **2.** [gancio] to fix in a wall; [mensola] to fix to a wall - **3.** [persona] to wall up.

muratore sm bricklayer.

muratura sf masonry.

muro sm wall; **un muro di nebbia** a bank of fog.

muschio sm - **1.** [pianta] moss - **2.** [essenza] musk.

muscolare agg muscle (dav sostantivo).

muscolo sm muscle. ◆ **muscoli** smpl muscles; **è tutto muscoli e niente cervello** he's all brawn and no brains.

muscoloso, a agg muscular.

museo sm museum; **museo delle cere** waxworks (sing) UK, wax museum US.

museruola sf muzzle.

musica, che sf - **1.** [gen] music; **mettere qc in musica** to set sthg to music; **musica da ballo/da film** dance/film music; **musica da camera** chamber music; **musica leggera** easy listening - **2.** [cosa ripetitiva]: **ogni sera è sempre la solita musica** it's the same old story every evening; **cambiare musica** to change one's tune.

musicale agg musical.

musicista, i, e *smf* musician.

muso *sm* - 1. [di animale] muzzle - 2. *fam* scherz [faccia] face - 3. *fam* [broncio]: **fare o tenere il muso (a qn)** to be annoyed (with sb) - 4. [di aereo, automobile] nose.

mus(s)ulmano, a *agg* & *sm, f* Muslim.

muta *sf* - 1. [di uccello] moulting *UK*, molting *US*; [di rettile] shedding of skin - 2. [di cani] pack - 3. [tuta] wetsuit.

mutamento *sm* change.

mutande *sfpl* [da uomo] underpants, pants *UK*; [da donna] pants *UK*, knickers *UK*, panties *esp US*, underpants *US*.

mutandine *sfpl* [da donna] pants *UK*, knickers *UK*, panties *esp US*, underpants *US*; [da bambino] pants *UK*, underpants *US*.

mutare [6] <> *vt* to change; **mutare qc in qc** to change sthg into sthg. <> *vi* to change.

mutazione *sf* - 1. [cambiamento] change - 2. BIOL mutation.

mutilato, a <> *agg* - 1. [arto, corpo] mutilated - 2. [film, testo] butchered. <> *sm, f* disabled person.

mutismo *sm* - 1. MED mutism - 2. [silenzio] silence.

muto, a <> *agg* - 1. MED unable to speak *(non dav sostantivo)* - 2. [silenzioso] speechless - 3. [film] silent - 4. [consonante] silent; [vocale] mute. <> *sm, f* person who cannot speak.

mutua *sf* ≃ National Health Service *UK*, ≃ Medicaid *US*; **essere/mettersi in mutua** to be/go on sick leave.

mutuo, a *agg* mutual. ◆ **mutuo** *sm* [immobiliare] mortgage.

n, N *sm o sf inv* n, N.

n. - 1. *(abbr di nota)* n. - 2. *(abbr di numero)* no., No.

N - 1. *(abbr di nord)* N - 2. *(abbr di Norvegia)* N.

NA *(abbr di Napoli)* NA.

nacqui *etc* ⊳ **nascere**.

nafta *sf* - 1. [per riscaldamento] oil; [per motori] diesel oil - 2. CHIM naphtha.

naftalina *sf* mothballs *pl*.

naif *agg inv* naive.

nanna *sf* bye-byes *(U) UK*, bye-bye *US*; **fare la nanna** to sleep.

nano, a *agg* & *sm, f* dwarf.

napoletano, a *agg* & *sm, f* Neapolitan.

Napoli *sf* Naples.

narcisista, i, e *smf* narcissist.

narciso *sm* narcissus.

narcotico, a, ci, che <> *agg* narcotic. <> *sm* narcotic.

narcotraffico *sm* drug trade.

narice *sf* nostril.

narrare [6] <> *vt* to narrate, to tell. <> *vi*: **narrare di qn/qc** to tell the story of sb/sthg.

narrativa *sf* narrative.

narratore, trice *sm, f* - 1. [in romanzo, teatro] narrator - 2. [scrittore] writer.

narrazione *sf* - 1. [azione] narration - 2. [racconto] tale.

nasale *agg* nasal.

nascere [28] *vi* - 1. [bambino, animale] to be born - 2. [pianta, fiore] to come up - 3. [fiume, sole, luna] to rise - 4. *fig* [avere origine] to arise.

nascita *sf* - 1. [gen] birth; **dalla nascita** from birth; **di nascita** birth *(dav sostantivo)* - 2. [di pianta] emergence; [di fiore] budding.

nascondere [42] *vt* to hide. ◆ **nascondersi** <> *vr* to hide. <> *vip* to hide.

nascondiglio *sm* hiding place.

nascondino *sm* hide-and-seek, hide-and-go-seek *US*.

nascosi *etc* ⊳ **nascondere**.

nascosto, a <> *pp* ⊳ **nascondere**. <> *agg*: **tenere nascosto qc** to keep sthg hidden; **di nascosto** in secret.

nasello *sm* hake.

naso *sm* - 1. ANAT nose; **ficcare il naso in qc** *fig* to stick one's nose into sthg; **storcere il naso** *fig* to turn one's nose up - 2. [intuito]: **avere naso per qc** to have an instinct for sthg; **a naso** at a guess - 3. [di animale] nose, muzzle.

nastro *sm* - 1. [di tessuto] ribbon - 2. [di materiale vario] tape; **nastro adesivo** sticky tape *UK*, Sellotape ® *UK*, Scotch tape ® *US*; **nastro isolante** insulating tape; **nastro magnetico** magnetic tape; **nastro trasportatore** conveyor belt.

natale *agg* native, home *(dav sostantivo)*. ◆ **Natale** *sm* Christmas; **il pranzo/l'albero/ le vacanze di Natale** Christmas dinner/tree/ holidays; **buon Natale!** Happy *o* Merry Christmas!

natalizio, a *agg* Christmas *(dav sostantivo)*.

natica, che *sf* buttock.

Natività *sf inv* - 1. RELIG nativity - 2. ARTE nativity (scene).

nativo, a <> *agg* native; **essere nativo di Roma/della Sicilia** to be a native of Rome/Sicily. <> *sm, f* native.

nato, a *pp* ▷ **nascere**.

natura *sf* nature; **natura morta** still life; **di o per natura** by nature.

naturale *agg* - **1.** [gen] natural - **2.** [ovvio] obvious.

naturalmente *avv* - **1.** [gen] naturally - **2.** [come risposta] of course.

naufragare [16] *vi* - **1.** [nave] to be shipwrecked - **2.** [fallire] to fail, to go under.

naufragio *sm* - **1.** [di nave] shipwreck - **2.** [fallimento] failure.

naufrago, a, ghi, ghe *sm, f* shipwreck survivor.

nausea *sf* nausea; **avere la nausea** to feel sick.

nauseare [24] *vt* - **1.** [cibo]: **nauseare qn** to make sb feel sick - **2.** [spettacolo, discorso] to sicken, to nauseate.

nautica *sf* - **1.** [scienza] navigation - **2.** [pratica, sport] sailing.

nautico, a, ci, che *agg* nautical.

navale *agg* naval.

navata *sf* [centrale] nave; [laterale] aisle.

nave *sf* ship; **nave da guerra** warship.

navetta <> *sf* shuttle; **navetta spaziale** space shuttle. <> *agg inv*: **treno navetta** shuttle train.

navicella *sf*: **navicella spaziale** spaceship.

navigare [16] *vi* - **1.** [gen] to sail - **2.** INFORM to surf.

navigatore, trice *sm, f* navigator. ◆ **navigatore** *sm* [ufficiale] navigator.

navigazione *sf* navigation; **società di navigazione** shipping company.

nazionale <> *agg* national. <> *sf* - **1.** [squadra] national team - **2.** [strada] main road.

nazionalista, i, e *agg & smf* nationalist.

nazionalità *sf inv* nationality.

nazione *sf* nation. ◆ **Nazioni Unite** *sfpl*: **le Nazioni Unite** the United Nations.

nazismo *sm* Nazism.

nazista, i, e *agg & smf* Nazi.

ne <> *pron* - **1.** [riferito a persona]: **è un bravo ragazzo, ne apprezzo l'onestà** he's a good lad; I appreciate his honesty; **chi è quest'autrice? non ne ho mai sentito parlare** who is this author? I've never heard of her; **sono spariti, non ne hanno trovato traccia** they've vanished: no trace of them has been found - **2.** [riferito a cosa]: **non parliamone più** let's not mention it again; **non ne ho idea** I've no idea; **non ne capisco niente** I don't have a

clue; **ne deriva che…** it follows that…; **se ne deduce che…** one must conclude that…; **ho appena fatto il caffè: ne vuoi un po'?** I've just made some coffee, do you want some?; **ne vorrei due** I'd like two. <> *avv* [di là] from there; **ne veniamo proprio ora** we've just come from there; [con valore intensivo]: **se ne stava tutto solo** he was all on his own; **vattene** go away.

né *cong*: **né… né** neither… nor; **né l'uno né l'altro sono italiani** neither of them is Italian; **non voglio né il primo né il secondo** I don't want either a first or a second course; **non si è fatto né sentire né vedere** he hasn't been in touch at all.

neanche, nemmeno, neppure <> *avv* not even; **neanche io lo conosco** I don't know him either; **non ho mangiato – neanche io** I haven't eaten – neither have I *o* I haven't either; **neanche per idea** *o* **sogno** *o* **scherzo!** not on your life! <> *cong* not even; **neanche se** not even if.

nebbia *sf* fog.

necessariamente *avv* necessarily.

necessario, a *agg* necessary. ◆ **necessario** *sm*: **il necessario (per fare qc)** what is required (to do sthg); **lo stretto necessario** the bare essentials *pl*.

necessità *sf inv* - **1.** [bisogno] need - **2.** [cosa necessaria] necessity - **3.** [povertà]: **in (stato di) necessità** in need.

necrologio *sm* [annuncio breve] death announcement; [articolo] obituary.

negare [16] *vt* - **1.** [confutare] to deny; **ha negato di saperlo** he denied that he knew - **2.** [non concedere] to refuse.

negativamente *avv* - **1.** [con un no] in the negative - **2.** [sfavorevolmente] badly.

negativo, a <> *agg* negative. <> *sm* negative.

negato, a *agg* hopeless.

negazione *sf* - **1.** [confutazione] denial - **2.** [rifiuto] refusal - **3.** GRAMM negative.

negli = in + gli.

negligenza *sf* negligence.

negoziante *smf* [esercente] shopkeeper *esp UK*, storekeeper *US*; [commerciante] dealer, trader.

negoziato *sm* negotiation.

negozio *sm* shop, store *esp US*.

negro, a *agg & sm, f offens* negro *offens*.

nei = in + i.

nel = in + il.

nell' = in + l'.

nella = in + la.

nelle = in + le.

nello = in + lo.

nemico, a, ci, che ⬦ agg - **1.** [gen] enemy *(dav sostantivo)* - **2.** [dannoso] harmful. ⬦ sm, f enemy. ◆ **nemico** sm: **il nemico** the enemy.

nemmeno = neanche.

neo sm - **1.** [sulla pelle] mole - **2.** [difetto] flaw.

neoclassico, a, ci, che agg neoclassical.

neoliberismo sm neoliberalism.

neologismo sm neologism.

neon sm inv - **1.** [gas] neon - **2.** [lampada] neon light - **3.** [insegna] neon sign.

neonato, a ⬦ agg [bambino] newborn *(dav sostantivo)*, baby *(dav sostantivo)*. ⬦ sm, f newborn (baby).

neozelandese ⬦ agg New Zealand *(dav sostantivo)*. ⬦ smf New Zealander.

neppure = neanche.

neretto sm bold.

nero, a ⬦ agg - **1.** [gen] black - **2.** [scuro] dark - **3.** [arrabbiato] livid; **vedere tutto nero** *fig* to look on the bad side (of things). ⬦ sm, f black man (black woman f). ◆ **nero** sm - **1.** [colore] black; **nero di seppia** sepia - **2.** [non dichiarato]: **in nero** illegally; **essere pagati in nero** to be paid cash *o* cash in hand *UK*.

nervo sm - **1.** ANAT nerve; **dare ai** *o* **sui nervi a qn** to get on sb's nerves - **2.** *fam* [tendine] tendon.

nervosismo sm nervousness.

nervoso, a agg - **1.** [malattia] nervous; [fibra, centri] nerve *(dav sostantivo)* - **2.** [irritabile] irritable; [agitato] nervous. ◆ **nervoso** sm *fam*: **avere il nervoso** to be in a bad mood.

nespola sf medlar.

nesso sm connection.

nessuno, a *(dav sm che comincia per vocale, h o consonante* nessun; *dav sm che comincia per s + consonante, gn, ps, x, y, z* nessuno; *dav sf che comincia per consonante* nessuna; *dav sf che comincia per vocale o h* nessun') ⬦ agg indef - **1.** [neanche uno] no, not... any; **non ho nessuna fretta** I'm in no hurry, I'm not in any hurry; **da nessuna parte** nowhere; **in nessun caso** under no circumstances, (there's) no way *fam*; **non... nessuno** no, not... any; **non c'è nessun posto libero** there are no *o* there aren't any free seats; **non lo vedo da nessuna parte** I can't see him anywhere - **2.** [qualche]: **nessuna obiezione?** any objections? ⬦ pron indef - **1.** [neanche uno - riferito a persona] no one, nobody; [- riferito a cosa] none, not one; **nessuno è perfetto** no one's perfect; **c'è nessuno?** is anyone there?; **non... nessuno** no one, not... anyone; non

c'era nessuno there was no one there; **non ho visto nessuno** I didn't see anyone; **nessuno di noi/voi/loro** none of us/you/them; **nessuno dei due** neither (of them) - **2.** [qualcuno - riferito a persona] anyone; [- riferito a cosa] any; **è venuto nessuno?** did anyone come?

net [nɛt] sm inv [tennis] let.

nettare sm nectar.

nettezza sf: **nettezza urbana** refuse collection department *UK*, department of sanitation *US*.

netto, a agg - **1.** [gen] clear - **2.** [deciso] definite; **di netto** [con un colpo deciso] cleanly; **troncare di netto una conversazione/un rapporto** to break off a conversation/a relationship - **3.** [peso, guadagno] net; **al netto di qc** net of sthg.

neurologo, a, gi, ghe sm, f neurologist.

neutrale agg neutral.

neutro, a agg - **1.** [gen] neutral - **2.** [non colorato] clear - **3.** GRAMM neuter. ◆ **neutro** sm GRAMM neuter.

neve sf - **1.** [precipitazione] snow; **palla/pupazzo di neve** snowball/snowman; **scarponi/pneumatici da neve** snow boots/tyres *UK* o tires *US* - **2.** CULIN: **montare qc a neve** to beat sthg until stiff.

nevicare [117] *vi impers* to snow; **nevica** it's snowing.

nevischio sm sleet.

nevoso, a agg - **1.** [gen] snowy - **2.** [di neve] snow *(dav sostantivo)* - **3.** [innevato] snow-covered.

nevralgia sf neuralgia.

nevrotico, a, ci, che ⬦ agg - **1.** [gen] neurotic - **2.** [caotico] chaotic. ⬦ sm, f neurotic.

New York [njuˈjɔrk] sf New York; **lo Stato di New York** New York State.

newyorkese [njujorˈkese] ⬦ agg New York *(dav sostantivo)*. ⬦ smf New Yorker.

Niagara sm: **le cascate del Niagara** Niagara Falls.

Nicaragua sm: **il Nicaragua** Nicaragua.

nichel sm nickel.

nicotina sf nicotine.

nido sm - **1.** [gen] nest; **fare il nido** to make a nest - **2.** [asilo] nursery *UK*, day care center *US*.

niente ⬦ pron - **1.** [nessuna cosa] nothing; **senza niente** without anything; **niente può consolarla** nothing can console her; **per niente** [invano] for nothing; **grazie! - di niente!** thanks! – you're welcome!; **è una cosa da niente** [regalo] it's nothing special; [ferita] it's nothing - **2.** [con un'altra negazione]: **non... niente** nothing *(se il verbo inglese è usato in* *forma affermativa)*, anything *(se il verbo inglese è usato in forma negativa)*; **non ho niente in contrario** I've nothing against it; **non le piace niente** she doesn't like anything; **non mangia quasi niente** he hardly eats anything; **non faccio niente la domenica** I don't do anything on Sundays; **niente di niente** nothing at all; **non fa niente** [non importa] it doesn't matter; **non avere niente a che fare con qn/qc** not to have anything to do with sb/sthg; **non ci posso fare niente se il tempo è brutto** I can't help it if the weather's bad; **non farsi niente** not to hurt o.s. - **3.** [qualcosa] anything; **hai comprato niente?** did you buy anything?; **le serve niente?** do you need anything?; **non per niente, ma...** not to say I told you so, but... ⋄ *agg inv fam*: **non ha niente voglia di lavorare** he doesn't want to work at all; **niente paura!** don't worry! ⋄ *avv* at all; **non me ne importa niente** I don't care at all; **questo non c'entra niente** that's got nothing to do with it; **per niente** not at all; **nient'affatto** not at all; **niente male** not bad. ⋄ *sm*: **svanire nel niente** to disappear off the face of the earth; **basta un niente per farlo contento** it doesn't take much to make him happy; **un bel niente** nothing at all.

nientemeno *avv*: **nientemeno che** no less than.

Nilo *sm*: **il Nilo** the Nile.

ninnananna *(pl* ninnenanne) *sf* lullaby.

nipote *sm, f* - **1.** [di nonno] grandchild, grandson (granddaughter *f*) - **2.** [di zio] nephew (niece *f*).

nipponico, a, ci, che *agg* Japanese.

nitido, a *agg* - **1.** [gen] clear - **2.** [a fuoco] sharp.

nitrire [9] *vi* to neigh.

no ⋄ *avv* - **1.** [come risposta o esclamazione] no; **ti è piaciuto? – no, affatto** did you like it? – no, not at all; **verrà? – forse no** is she coming? – maybe not; **spero di no** I hope not; **credo di no** I don't think so; **preferisco di no** I'd rather not - **2.** [con alternativa] not; **ti piace o no?** do you like it or not? - **3.** [come richiesta di conferma]: **siamo d'accordo, no?** we're agreed then, are we?; **è italiano, no?** he's Italian, isn't he? - **4.** [contrapposto a sì]: **un giorno sì e un giorno no** on alternate days. ⋄ *sm inv* no. ⋄ *agg inv fam* bad.

nobile ⋄ *agg* - **1.** [gen] noble - **2.** [signorile] aristocratic. ⋄ *smf* noble; **i nobili** the nobility.

nobiltà *sf* nobility.

nocca, che *sf* knuckle.

nocciola ⋄ *sf* hazelnut. ⋄ *agg inv* [occhi] hazel; [maglione] tan.

nocciolina *sf*: **nocciolina americana** peanut.

nocciolo¹ *sm* - **1.** [di frutto] stone *UK*, pit *US* - **2.** *fig* [nodo]: **il nocciolo di una questione** the nub of a problem.

nocciolo² *sm* hazel.

noce ⋄ *sf* - **1.** [frutto] walnut; **noce di cocco** coconut; **noce moscata** nutmeg - **2.** [pezzetto]: **noce di burro** knob of butter. ⋄ *sm* - **1.** [albero] walnut (tree) - **2.** [legno] walnut.

nocevo *etc* ⮞ **nuocere**.

nociuto, a *pp* ⮞ **nuocere**.

nocivo, a *agg* harmful.

nocqui *etc* ⮞ **nuocere**.

nodo *sm* - **1.** [gen] knot; **fare/sciogliere un nodo** to tie/untie a knot - **2.** [punto fondamentale] heart.

noi *pron pers* - **1.** [soggetto] we; **siamo noi** it's us; **noi stessi/stesse** we ourselves; **noi due** the two of us - **2.** [complemento oggetto, dopo preposizione] us; **parla di noi** he's talking about us; **da noi** [nel nostro paese] in our country; [a casa nostra] at our house.

noia *sf* - **1.** [tedio] boredom - **2.** [persona, cosa noiosa] bore, pain; **che noia questo libro!** what a boring book! - **3.** [fastidio] nuisance; **dare noia a qn** to bother sb.

noioso, a *agg* - **1.** [tedioso] boring - **2.** [fastidioso] annoying.

noleggiare [18] *vt* - **1.** [prendere a nolo - auto] to rent, to hire *UK*; [- DVD] to rent - **2.** [dare a nolo] to rent (out), to hire (out) *UK*.

noleggio *sm* - **1.** [gen] rental, hire *UK*; **un'auto da noleggio** a rental o hire *UK* car; **prendere a noleggio qc** to rent sthg, to hire sthg *UK*; **dare a noleggio qc (a qn)** to rent o hire *UK* sthg out (to sb) - **2.** [negozio] hire centre *UK*, rental agency *US*; **un noleggio di auto** a car hire centre *UK*, a car rental agency *US*.

nolo *sm* [gen] rental, hire *UK*; **prendere a nolo qc** to rent sthg, to hire sthg *UK*; **dare a nolo qc (a qn)** to rent o hire *UK* sthg out (to sb).

nomade ⋄ *agg* nomadic. ⋄ *smf* nomad.

nome *sm* - **1.** [gen] name; **nome d'arte** pen name; **nome di battesimo** Christian name; **nome commerciale** trademark; **farsi un nome** to make a name for o.s. - **2.** [anagraficamente] full name - **3.** GRAMM noun. ◆ **a nome di** *prep* on behalf of. ◆ **in nome di** *prep* in the name of.

nomina *sf* appointment.

nominare [6] *vt* - **1.** [citare] to mention - **2.** [incaricare, eleggere] to appoint.

nominativo, a *agg* BANCA registered. ◆ **nominativo** *sm* name.

non *avv* - 1. [gen] not; **non piove** it isn't raining; **non ci credo** I don't believe it; **non vieni?** aren't you coming?; **non c'è nessuno** there's no one there; **ti stai annoiando, non è vero?** you're getting bored, aren't you?; **che cosa non darei per sapere com'è andata!** what wouldn't I give to know how it went! - 2. [come prefisso] non-; **i non credenti** non-believers; **non appena** as soon as; **non c'è di che!** don't mention it!

nonché *cong* - 1. [tanto più] let alone - 2. [e anche] as well as.

noncurante *agg* indifferent; **noncurante di qn/qc** heedless of sb/sthg.

nonna *sf* grandmother, granny *fam*.

nonno *sm* grandfather, grandad *UK fam*, granddad *US fam*. ◆ **nonni** *smpl* grandparents.

nono, a *agg num & sm, f* ninth. ◆ **nono** *sm* ninth; *vedi anche* **sesto**.

nonostante ◇ *prep* despite. ◇ *cong* (+ congiuntivo) even though.

non udente *smf eufem* hearing-impaired person.

non vedente *smf eufem* visually-impaired person, vision-impaired person *US*.

nord *sm & agg inv* north; **a nord di qc** north of sthg; **del nord** northern.

nordafricano, a *agg & sm, f* North African.

nordamericano, a *agg & sm, f* North American.

nord-est *sm* northeast.

nordico, a, ci, che *agg* Nordic.

nordoccidentale *agg* [versante, regione] northwestern; [venti, correnti] northwesterly.

nordorientale *agg* [versante, regione] northeastern; [venti, correnti] northeasterly.

nord-ovest *sm* northwest.

norma *sf* - 1. [regola] rule; **a norma di legge** in accordance with the law - 2. [istruzione, avvertenza] instruction, direction - 3. [abitudine] habit; **di norma** as a rule - 4. [media] norm.

normale ◇ *agg* - 1. [gen] normal - 2. [nella media] average. ◇ *sm* - 1. [comune]: **fuori dal normale** out of the ordinary - 2. [media] average.

normalità *sf* normality.

normalmente *avv* normally.

normanno, a *agg & sm, f* Norman.

norvegese ◇ *agg & smf* Norwegian. ◇ *sm* [lingua] Norwegian.

Norvegia *sf*: **la Norvegia** Norway.

nostalgia *sf* nostalgia; **avere nostalgia di qn/qc** to miss sb/sthg.

nostro, a ◇ *agg poss* our; **nostro zio** our uncle; **le nostre macchine** our cars; **un nostro amico** a friend of ours; **a casa nostra** [stato in luogo] at our house; [moto in luogo] to our house. ◇ *pron poss*: **il nostro, la nostra, i nostri, le nostre** ours; **qual è il nostro/la nostra?** which one is ours?; **quelli sono i nostri** those are ours; **vorremmo dire la nostra** we'd like to have our say; **ne abbiamo fatta una delle nostre!** we've done it again!

nota *sf* - 1. [gen] note; **prendere nota (di qc)** to make a note (of sthg); **nota tipica** hallmark; **nota a piè di pagina** footnote - 2. SCOL *a negative comment on the behaviour of a pupil* - 3. COMM: **nota spese** list of expenses.

notaio *sm* notary.

notare [6] *vt* - 1. [osservare] to notice - 2. [annotare] to note down.

notebook ['notbuk] *sm inv* notebook.

notevole *agg* - 1. [considerevole] considerable - 2. [pregevole] noteworthy.

notevolmente *avv* considerably.

notizia *sf* - 1. [informazione] news (U); **dare una notizia a qn** to give sb some news; **le ultime notizie** the latest news; **fare notizia** to be news - 2. [nozione] information (U).

notiziario *sm* news (U).

noto, a *agg* well-known; **è noto (a tutti) che...** everyone knows (that)...; **rendere noto qc a qn** to let sb know sthg...

notorietà *sf* [buona fama] fame; [cattiva fama] notoriety.

nottata *sf* night; **fare nottata** to stay up all night.

notte *sf* night; **la notte scorsa** last night; **martedì notte** on Tuesday night; **di notte** at night; **arrivare di notte** to arrive at night; **le tre/quattro di notte** three/four in the morning; **a notte fonda** in the middle of the night; **camicia da notte** nightshirt; **notte in bianco** sleepless night; **si fa notte** it's getting dark.

notturno, a *agg* night (dav sostantivo).

novanta *agg num inv & sm inv* ninety; **gli anni novanta** the nineties; *vedi anche* **sei**.

novantenne ◇ *agg* ninety-year-old (dav sostantivo). ◇ *smf* [di novanta anni] ninety-year-old; [sulla novantina] person in their nineties, nonagenarian *form*; *vedi anche* **sessantenne**.

novantesimo, a *agg num & sm, f* ninetieth. ◆ **novantesimo** *sm* [frazione] ninetieth; *vedi anche* **sesto**.

novantina *sf*: **una novantina (di qc)** about ninety (of sthg); *vedi anche* **sessantina**.

nove *agg num inv & sm inv* nine; *vedi anche* **sei**.

Novecento *sm*: **il Novecento** the twentieth century.

novello, a *agg* - **1.** [giovane]: **patate novelle** new potatoes; **carote novelle** baby carrots; **piselli novelli** early peas - **2.** [recente]: **i novelli sposi** the newlyweds.

novembre *sm* November; *vedi anche* **settembre**.

novemila *agg num inv* & *sm inv* nine thousand; *vedi anche* **sei**.

novità *sf inv* - **1.** [notizia] news *(U)*; **ci sono novità?** is there any news? - **2.** [cosa nuova] innovation; **le ultime novità della moda** the latest fashions - **3.** [originalità] originality.

nozione *sf* - **1.** [conoscenza] knowledge; **le prime nozioni** the basics - **2.** [concetto] concept.

nozze *sfpl* wedding *(sing)*; **nozze d'argento/d'oro** silver/golden wedding.

N.T. BANCA (*abbr di* Non Trasferibile) a/c payee only.

nube *sf* cloud.

nubifragio *sm* cloudburst.

nubile *agg* single.

nuca, che *sf* nape (of the neck).

nucleare *agg* nuclear.

nucleo *sm* nucleus; **nucleo familiare** family unit.

nudista, i, e *agg* & *smf* nudist.

nudo, a *agg* - **1.** [svestito] naked; **mettere a nudo qc** to lay sthg bare - **2.** [parete, braccia, piedi] bare. ◆ **nudo** *sm* [disegno] nude.

nulla = **niente**.

nullo, a *agg* - **1.** [non valido] invalid - **2.** SPORT tied, drawn *UK*.

numerale *agg* & *sm* numeral; **numerale cardinale** cardinal number; **numerale ordinale** ordinal number.

numerato, a *agg* numbered.

numerazione *sf* - **1.** [sequenza] numbering - **2.** [sistema] numbers *pl*.

numerico, a, ci, che *agg* numerical.

numero *sm* - **1.** [gen] number; **numero arabo/romano** Arabic/Roman numeral; **essere il numero uno** *fig* to be number one; **fare il numero** to dial the number; **sbagliare numero** to get the wrong number; **numero verde** Freefone® number *UK*, toll-free number *US*; **numero civico** house number; **fare numero** to make up the numbers; **dare i numeri** *fam* to lose one's marbles - **2.** [misura] size - **3.** [esibizione] routine - **4.** [edizione] number, issue. ◆ **numeri** *smpl*: **avere tutti i numeri (per fare qc)** to have what it takes (to do sthg).

numeroso, a *agg* [pubblico, famiglia, gruppo] large; [incidenti, proteste] numerous.

nuocere [88] *vi*: **nuocere a qn** to harm sb; **nuocere a qc** to damage sthg.

nuociuto, a *pp* ▷ **nuocere**.

nuora *sf* daughter-in-law.

nuotare [6] *vi* to swim.

nuotatore, trice *sm, f* swimmer.

nuoto *sm* swimming; **fare nuoto** to swim; **nuoto sincronizzato** synchronized swimming; **attraversare qc a nuoto** to swim across sthg.

nuovamente *avv* again.

Nuova Zelanda *sf*: **la Nuova Zelanda** New Zealand.

nuovo, a *agg* new; **come nuovo** as good as new; **le nuove generazioni** the youth of today; **quel nome/viso non mi è nuovo** I know that name/face; **il nuovo anno** the new year; **essere nuovo di qc** to be new to sthg. ◆ **nuovo** *sm*: **il nuovo** the new; **che c'è di nuovo?** what's new? ◆ **di nuovo** *avv* again.

nutriente *agg* - **1.** [cibo, sostanza] nutritious - **2.** [cosmetico] nourishing.

nutrimento *sm* nourishment.

nutrire [10] ◇ *vt* - **1.** [alimentare] to feed - **2.** [pelle] to nourish - **3.** [sentimenti] to harbour *UK*, to harbor *US*. ◇ *vi* [alimentare] to be nourishing. ◆ **nutrirsi** *vr*: **nutrirsi di qc** to eat sthg.

nutrizione *sf* [dieta] diet; [scienza] nutrition.

nuvola *sf* cloud; **cascare** o **cadere dalle nuvole** *fig* to be amazed.

nuvoloso, a *agg* cloudy.

nuziale *agg* wedding (*dav sostantivo*).

nylon® ['nailon] *sm inv* nylon.

o¹, O *sm o sf inv* o, O.

o² *cong* or; **o... o** either... or.

oasi *sf inv* oasis *(sing)*.

obbediente *agg* = **ubbidiente**.

obbedire [9] *vi* = **ubbidire**.

obbligare [16] *vt* [costringere]: **obbligare qn (a fare qc)** to force sb (to do sthg).

obbligato, a *agg* - **1.** [gen] obliged; **sentirsi obbligato verso qn** to feel obliged to sb - **2.** [fisso] unavoidable.

obbligatorio, a agg compulsory.

obbligazione sf FIN bond.

obbligo, ghi sm - **1.** [dovere] duty; **avere l'obbligo di fare qc** to be obliged to do sthg; **essere d'obbligo** to be required; **sentirsi in obbligo con** o **verso qn** to feel under an obligation to sb - **2.** ⊳ **scuola**.

obesità sf obesity.

obeso, a agg obese.

obiettare [6] vt to object; **non avere nulla da obiettare** to have no objection(s).

obiettivamente avv objectively.

obiettivo, a agg objective. ➤ **obiettivo** sm - **1.** [ottico] lens (sing) - **2.** [bersaglio] target - **3.** [scopo] objective; **obiettivi di vendita** sales targets.

obiettore sm: **obiettore di coscienza** conscientious objector.

obiezione sf objection.

obitorio sm morgue, mortuary UK.

obliquo, a agg oblique.

obliterare [6] vt to stamp.

oblò sm inv porthole.

oboe sm oboe.

oca (pl **oche**) sf - **1.** [animale] goose - **2.** [ragazza] nitwit.

occasionale agg - **1.** [bevitore, fumatore] occasional; [rapporti sessuali, lavoro] casual - **2.** [incontro] chance (dav sostantivo).

occasione sf - **1.** [opportunità] opportunity - **2.** [buon affare] bargain; **d'occasione** [affare] bargain; [usato] second-hand - **3.** [circostanza] occasion; **per l'occasione** for the occasion; **in occasione di qc** on the occasion of sthg - **4.** [motivo] cause.

occhiaie sfpl bags under one's eyes.

occhiali smpl [gen] glasses, spectacles form; [da motociclista, saldatore] goggles; **occhiali da vista** glasses, eyeglasses US; **occhiali da sole** sunglasses.

occhiata sf look; **dare un'occhiata a qn/qc** [in fretta] to have a look at sb/sthg; [controllare] to keep an eye on sb/sthg.

occhiello sm [di giacca] buttonhole; [di scarpa, borsa] eyelet.

occhio ⇔ sm eye; **a quattr'occhi** in private; **costare un occhio (della testa)** to cost an arm and a leg; **a occhio nudo** to o with the naked eye; **dare nell'occhio** to stand out; **tenere d'occhio qn/qc** to keep an eye on sb/sthg. ⇔ esclam fam look out!

occhiolino sm: **fare l'occhiolino a qn** to wink at sb.

occidentale ⇔ agg [gen] western; [vento] westerly, west (dav sostantivo). ⇔ smf [europeo e nordamericano] westerner.

occidente sm west; **a occidente di qc** west of sthg. ➤ **Occidente** sm: **l'Occidente** the West.

occlusione sf blockage; **occlusione intestinale** intestinal obstruction o blockage.

occorrente sm: **tutto l'occorrente** everything one needs.

occorrenza sf: **all'occorrenza** if need be.

occorrere [65] vi to be needed; **se ti occorre qualcosa, fammelo sapere** if you need anything, let me know; **occorre far presto** we/he/they etc must hurry up.

occorso, a pp ⊳ **occorrere**.

occupare [6] vt - **1.** [ingombrare] to take up - **2.** [abitare - legalmente] to live in; [- abusivamente] to squat in - **3.** [paese, fabbrica] to occupy - **4.** [posto a sedere] to occupy, to take - **5.** [carica] to hold - **6.** [impegnare - tempo] to spend; [- persona] to occupy. ➤ **occuparsi** vip - **1.** [interessarsi]: **occuparsi di qc** [per hobby] to be interested in sthg; [per lavoro] to deal with sthg; **di cosa ti occupi?** what line of business are you in? – finance - **2.** [prendersi cura]: **occuparsi di qn/qc** to look after sb/sthg - **3.** [impicciarsi]: **occuparsi di qc** to interfere in sthg.

occupato, a agg - **1.** [posto, sedia] taken, occupied; [bagno] occupied, engaged UK; [paese, fabbrica] occupied - **2.** [telefono, fax] engaged UK, busy esp US - **3.** [persona] busy.

occupazione sf - **1.** [gen] occupation - **2.** [lavoro] employment; **occupazione? – insegnante** occupation? – teacher.

Oceania sf: **l'Oceania** Oceania.

oceano sm ocean.

ocra agg inv & sm inv [colore] ochre.

oculare agg - **1.** [dell'occhio] eye (dav sostantivo), ocular - **2.** ⊳ **testimone**.

oculista, i, e smf ophthalmologist.

oda etc ⊳ **udire**.

ode ⇔ ⊳ **udire**. ⇔ sf ode.

odi ⊳ **udire**.

odiare [20] vt to hate. ➤ **odiarsi** vr - **1.** [reciproco] to hate each other - **2.** [se stesso] to hate o.s.

odierno, a agg form today's (dav sostantivo).

odio sm - **1.** [ostilità] hatred, hate - **2.** [insofferenza] hatred.

odioso, a agg odious.

odo etc ⊳ **udire**.

odontoiatra, i, e smf dentist, dental surgeon.

odontotecnico, a, ci, che ⟨⟩ *agg* [tecnica] dental. ⟨⟩ *sm, f* dental technician.

odorare [6] ⟨⟩ *vt* [annusare] to smell. ⟨⟩ *vi* [profumare] to smell; **odorare di qc** to smell of sthg.

odorato *sm* sense of smell.

odore *sm* [col naso] smell; **odore della preda** scent. ◆ **odori** *smpl* herbs.

offendere [43] *vt* [insultare] to offend, to insult; [ferire] to hurt. ◆ **offendersi** ⟨⟩ *vip* [risentirsi] to take offence UK o offense US. ⟨⟩ *vr* [ingiuriarsi] to insult each other.

offensivo, a *agg* offensive.

offerta *sf* - 1. [gen] offer; **in offerta (speciale)** on (special) offer UK, on sale US; **ricevere un'offerta di lavoro** to get a job offer; **offerte di lavoro** [negli annunci economici] (job) vacancies - 2. [donazione - in chiesa] offering, collection; [- a un'associazione umanitaria] donation.

offerto, a *pp* ⟩ **offrire**.

offesa *sf* [ingiuria] offence UK, offense US, insult.

offeso, a ⟨⟩ *pp* ⟩ **offendere**. ⟨⟩ *agg* offended.

officina *sf* - 1. [impianto] workshop - 2. [autofficina] garage.

offrire [98] *vt* - 1. [gen] to offer; **offrire qc a qn** to offer sb sthg, to offer sthg to sb - 2. [pagare] to pay for; **offro io** I'm paying, (it's) my treat - 3. [donare] to give. ◆ **offrirsi** *vr*: offrirsi di fare qc to offer to do sthg.

oggettività *sf* objectivity.

oggettivo, a *agg* objective.

oggetto *sm* - 1. [gen] object; **oggetti smarriti** [ufficio] lost property (U) UK, lost and found (U) US - 2. [tema] subject; **essere oggetto di qc** [di sentimento] to be the object of sthg - 3. [in lettere] re; **oggetto: invio documentazione** re: forwarding of documentation.

oggi ⟨⟩ *avv* - 1. [nel giorno] today; **quanti ne abbiamo oggi? – 29** what's the date today? – the 29th; **oggi pomeriggio** this afternoon; **oggi a un mese** a month from today; **da oggi in poi** from now on - 2. [oggigiorno] nowadays. ⟨⟩ *sm inv* - 1. [giorno] today; **il giornale di oggi** today's newspaper; **dall'oggi al domani** from one day to the next - 2. [epoca]: **di oggi** of today.

oggigiorno *avv* nowadays.

ogni *agg indef* - 1. [tutti] every, each; **ogni cosa** everything; **in ogni caso** in any case; **in o ad ogni modo** anyway; **ogni volta che** every time - 2. [qualsiasi] any, all; **ad ogni costo** at any price; **persone di ogni età** people of all ages - 3. [distributivo] every; **ogni tre giorni/**

ore/settimane every three days/hours/ weeks; **ogni tanto** every so often, now and then.

Ognissanti *sm inv* All Saints' Day.

ognuno, a *pron indef* [tutti] everyone, everybody; [ciascuno] each (one); **ognuno di: ognuno degli insegnanti** each teacher; **ognuno di noi/voi/loro** each of us/you/them.

okay [o'kɛi, ok'kɛi] ⟨⟩ *esclam* OK! ⟨⟩ *sm inv* OK; **dare l'okay a qc** to okay sthg; **dare l'okay a qn** to give sb the okay; **ricevere l'okay** to get the okay.

Olanda *sf*: **l'Olanda** Holland.

olandese ⟨⟩ *agg* Dutch. ⟨⟩ *smf* Dutchman (Dutchwoman f); **gli olandesi** the Dutch. ⟨⟩ *sm* [lingua] Dutch.

oleandro *sm* oleander.

olfatto *sm* sense of smell.

oliare [20] *vt* - 1. [teglia] to grease - 2. [lubrificare] to oil.

oligarchia *sf* oligarchy.

Olimpiadi *sfpl* Olympics, Olympic Games; **Olimpiadi invernali** Winter Olympics.

olimpico, a, ci, che *agg* Olympic.

olimpionico, a, ci, che ⟨⟩ *agg* Olympic. ⟨⟩ *sm, f* Olympic athlete.

olio *sm* oil; **olio di semi** vegetable oil; **olio d'oliva** olive oil; **olio extra vergine d'oliva** extra-virgin olive oil; **sott'olio** in oil; **olio solare** suntan oil; **olio di fegato di merluzzo** cod-liver oil; **olio santo** holy oil; **a olio** ARTE in oils.

oliva *sf* olive.

oliveto *sm* olive grove.

olivo *sm* = **ulivo**.

olmo *sm* elm.

olocausto *sm* holocaust.

ologramma, i *sm* hologram.

oltraggio *sm* insult.

oltre ⟨⟩ *avv* - 1. [nello spazio] farther, further - 2. [nel tempo] further. ⟨⟩ *prep* - 1. [al di là di] beyond - 2. [più di] more than, over - 3. [eccetto]: **oltre a qn/qc** apart from sb/sthg - 4. [in aggiunta]: **oltre a qn/qc** as well as sb/sthg; **oltre che** as well as.

oltrepassare [6] *vt* - 1. [passare al di là di] to go beyond - 2. [eccedere] to exceed; **oltrepassare i limiti** *fig* to go too far.

omaggio ⟨⟩ *sm* - 1. [dono] gift; [commerciale] free gift; **un omaggio floreale** a floral tribute; **dare/ricevere qc in omaggio** to present sthg/be presented with sthg; **in omaggio** as a free gift - 2. [ossequio] tribute, homage; **rendere omaggio a qn** to pay tribute o homage to sb. ⟨⟩ *agg inv*: **copia omaggio** complimentary copy; **confezione omaggio** gift pack.

ombelico, chi sm navel.

ombra sf - 1. [gen] shade; **all'ombra** in the shade; **all'ombra di qc** in the shade of sthg; **fare ombra a qn** to be in sb's light - 2. [sagoma] shadow; **ombre cinesi** shadow theatre; **non c'è ombra di dubbio** there isn't a shadow of a doubt.

ombrello sm umbrella.

ombrellone sm beach umbrella.

ombretto sm eyeshadow.

omelette [om'lɛt] sf inv omelette, omelet US.

omeopatia sf homeopathy.

omertà sf conspiracy of silence.

omesso, a pp ▷ **omettere.**

omettere [71] vt to omit; **omettere di fare qc** to omit to do sthg.

omicida, i, e ◇ smf murderer. ◇ agg [istinto] homicidal; [attacco, sguardo] murderous; **arma omicida** murder weapon.

omicidio sm murder, homicide US.

omissione sf omission.

omofobia sf homophobia.

omofobo, a agg homophobic.

omogeneizzato, a agg homogenized. ➤ **omogeneizzati** smpl baby food (U).

omogeneo, a agg homogeneous.

omologare [16] vt - 1. [uniformare] to standardize - 2. [rendere valido] to ratify.

omologato, a agg tested and validated.

omonimo, a ◇ agg of the same name (non dav sostantivo). ◇ sm, f namesake.

omosessuale agg & smf homosexual.

onda sf wave; **andare in onda** to go on the air, to be broadcast; **onda verde** synchronized traffic lights pl; **onde corte/medie/lunghe** short/medium/long wave (U).

ondata sf wave; **un'ondata di caldo** a heatwave; **un'ondata di qc** a wave of sthg.

ondeggiare [18] vi - 1. [bandiera, erba] to wave; [barca] to rock; [acqua] to ripple - 2. [barcollare] to sway.

ondulato, a agg [capelli] wavy; [cartone, lamiera] corrugated.

onere sm [responsabilità] burden.

onestà sf honesty; **in tutta onestà** in all honesty.

onestamente avv - 1. [in modo onesto] honestly - 2. [sinceramente] in all honesty.

onesto, a agg - 1. [irreprensibile] honest - 2. [equo] fair.

on line [on'lain] agg INFORM online.

onomastico sm name-day.

onorare [6] vt - 1. [ossequiare] to honour UK, to honor US - 2. form [adempiere - impegno] to

fulfil UK, to fulfill US; [- promessa] to keep - 3. form [nobilitare] to bring honour UK o honor US to.

onorario, a agg honorary. ➤ **onorario** sm fee.

onore sm - 1. [gen] honour UK, honor US; **rendere onore a qn/qc** to pay homage to sb/sthg - 2. [gloria] glory.

onorevole ◇ agg honourable UK, honorable US. ◇ smf ≃ Member of Parliament UK, ≃ Congressman (Congresswoman f) US.

onorificenza sf - 1. [carica, titolo] honour UK, honor US - 2. [decorazione] decoration.

ONU ['ɔnu] (abbr di **Organizzazione delle Nazioni Unite**) sf UN.

opaco, a, chi, che agg - 1. [non trasparente] opaque - 2. [non lucido] dull.

opale sm o sf opal.

opera sf - 1. [gen] work; **opera d'arte** work of art - 2. [atto] deed; **opere di beneficenza** charitable works; **essere opera di qn/qc** to be caused by sb/sthg - 3. MUS: **opera (lirica)** opera - 4. [teatro] opera (house) - 5. [istituzione] body.

operaio, a ◇ sm, f worker. ◇ agg [movimento, partito] workers' (dav sostantivo); **la classe operaia** the working class.

operare [6] ◇ vt - 1. [paziente] to operate on - 2. [modifica, controllo] to implement. ◇ vi [agire] to act. ➤ **operarsi** vip - 1. [verificarsi] to occur - 2. [paziente] to have an operation.

operativo, a agg operative.

operatore, trice sm, f - 1. INFORM operator; [televisivo] cameraman (camerawoman f) - 2. [addetto] employee - 3. ECON: **operatore di borsa** stockbroker.

operazione sf operation.

opinione sf opinion; **secondo la mia opinione** in my opinion; **essere dell'opinione che...** (+ congiuntivo) to believe (that)...; **l'opinione pubblica** public opinion; **avere una buona/cattiva opinione di qn** to have a good/bad opinion of sb.

oppio sm opium.

opporre [96] vt to put forward; **opporre resistenza (a qn/qc)** to offer resistance (to sb/sthg). ➤ **opporsi** vip to oppose.

opportunista, i, e smf opportunist.

opportunità sf inv chance, opportunity.

opportuno, a agg appropriate.

opposizione sf opposition; **l'opposizione** POLIT the opposition.

opposto, a ◇ pp ▷ **opporre.** ◇ agg opposite. ➤ **opposto** sm: **l'opposto** the opposite.

oppressione *sf* oppression.

oppresso, a ⬦ *pp* ▷ **opprimere**. ⬦ *agg* - **1.** [soggiogato] oppressed - **2.** [afflitto] overwhelmed.

opprimente *agg* - **1.** [clima] oppressive - **2.** [persona] overpowering.

opprimere [63] *vt* - **1.** [assillare] to pester - **2.** [sopraffare] to oppress - **3.** [sogg: clima] to suffocate.

oppure *cong* - **1.** [o] or - **2.** [altrimenti] otherwise.

optare [6] *vi*: optare per qc to opt for sthg.

opuscolo *sm* [informativo] booklet; [pubblicitario] brochure.

opzione *sf* option.

ora ⬦ *sf* - **1.** [unità di tempo] hour; **a ore** by the hour; **andare a 80 km all'ora** to drive at 80 km an hour - **2.** [tempo della giornata] time; **che ora è?** *o* **che ore sono?** what time is it?; **a che ora torni?** what time will you be back?; **ora legale** summer time *UK*, daylight saving time *US*; **ora locale** local time; **ora solare** solar time; **è ora di andare a letto** it's time to go to bed; **ora di pranzo** lunchtime; **ora di cena** dinnertime; **ora di punta** rush hour; **era ora!** about time!; **fare le ore piccole** to stay up very late *o* until the small hours; **non vedere l'ora di fare qc** to be looking forward to doing sthg - **3.** SCOL period. ⬦ *avv* - **1.** [adesso, poco fa] now; **d'ora in avanti** *o* **in poi** from now on; **ora come ora** right now; **per ora** for now - **2.** [tra poco] in a minute. ⬦ *cong*: ora che now (that).

orafo, a *sm, f* goldsmith.

orale ⬦ *agg* oral. ⬦ *sm* oral exam.

oramai *avv* = **ormai**.

orario, a *agg* hourly; **tabella oraria** timetable; **fuso orario** time zone; **fascia oraria** period. ➡ **orario** *sm* - **1.** [gen] time; **in orario** on time; **orario di apertura/chiusura** opening/closing time; **orario di lavoro** working hours *pl*; **orario di sportello** opening hours *pl*; **orario d'ufficio** office hours *pl* - **2.** [prospetto] timetable.

orata *sf* sea bream.

oratore, trice *sm, f* speaker.

orazione *sf* - **1.** [preghiera] prayer - **2.** [discorso] oration.

orbita *sf* - **1.** [traiettoria] orbit; **in orbita** in orbit - **2.** ANAT eye socket.

orbitare [6] *vi* to orbit.

orbo, a *agg* blind.

orchestra *sf* orchestra; **orchestra sinfonica** symphony orchestra.

orchidea *sf* orchid.

ordigno *sm* device.

ordinale *agg* & *sm* ordinal.

ordinamento *sm* - **1.** [scolastico] rules *pl*; [giuridico] system; [militare] code - **2.** [sequenza] order.

ordinare [6] *vt* - **1.** [gen] to order; **ordinare a qn di fare qc** to order sb to do sthg - **2.** [prescrivere]: **ordinare qc a qn** to prescribe sb sthg - **3.** [mettere in ordine] to tidy (up).

ordinario, a *agg* - **1.** [comune] ordinary - **2.** [scadente] mediocre. ➡ **ordinario** *sm* - **1.** [professore] professor, tenured professor *US* - **2.** [normalità]: **fuori dell'ordinario** extraordinary.

ordinatamente *avv* [disporre] tidily; [procedere] in an orderly fashion.

ordinato, a *agg* - **1.** [persona] neat, tidy *esp UK*; [stanza] neat *esp US*, tidy *esp UK* - **2.** [lavoro] neat.

ordinazione *sf* [richiesta] order; **su ordinazione** to order.

ordine *sm* - **1.** [gen] order; **ordine pubblico** public order; **in ordine** [in regola] in order; [persona] neat, tidy *esp UK*; [stanza] neat *esp US*, tidy *esp UK*; **mettere in ordine** [fogli] to put in order; [stanza] to tidy (up); **ordine del giorno** agenda; **all'ordine del giorno** commonplace; **ordine di pagamento** standing order *UK*, automatic withdrawal *US* - **2.** [professionale] association - **3.** [tipo] nature; **di prim'/quart'ordine** first-/fourth-rate.

orecchino *sm* earring.

orecchio (*mpl* orecchi, *fpl* orecchie) *sm* - **1.** [organo] ear - **2.** [udito] hearing - **3.** [inclinazione]: **avere orecchio** to have a good ear, to be musical; **non avere orecchio** to have no ear for music, to be tone deaf; **a orecchio** by ear.

orecchioni *smpl* mumps *(U)*.

orefice *smf* - **1.** [venditore] jeweller *UK*, jeweler *US* - **2.** [artigiano] goldsmith.

oreficeria *sf* - **1.** [arte] goldsmith's art - **2.** [negozio] jeweller's *UK*, jewelry store *US*.

orfano, a ⬦ *agg* orphan (*dav sostantivo*); **rimanere orfano** to be orphaned; **orfano di madre/padre** motherless/fatherless. ⬦ *sm, f* orphan.

orfanotrofio *sm* orphanage.

organico, a, ci, che *agg* - **1.** [gen] organic - **2.** [articolato] coherent. ➡ **organico** *sm* staff.

organismo *sm* - **1.** [essere vivente] organism - **2.** [ente, struttura] body.

organizzare [6] *vt* to organize. ➡ **organizzarsi** *vr* to organize o.s.

organizzato, a *agg* organized; **viaggio organizzato** package tour.

organizzatore, trice <> agg organizing (*dav sostantivo*). <> sm, f organizer.

organizzazione sf organization; **organizzazione sindacale** trade UK o labor US union.

organo sm - 1. ANAT & MUS organ - 2. [meccanismo] part - 3. [ente] body.

orgasmo sm orgasm.

orgoglio sm pride; **con orgoglio** proudly.

orgoglioso, a agg: **orgoglioso (di qn/qc)** proud (of sb/sthg).

orientale <> agg - 1. [gen] eastern - 2. [vento] easterly, east (*dav sostantivo*) - 3. [dell'Estremo Oriente] oriental. <> smf Eastern Asian, Oriental *offens*.

orientamento sm - 1. [posizione] position; **perdere l'orientamento** to lose one's bearings - 2. [indirizzo] orientation; **orientamento professionale** career o careers UK guidance.

orientare [6] vt - 1. [posizionare] to position - 2. [indirizzare] to guide. ◆ **orientarsi** vr - 1. [non perdersi] to get one's bearings - 2. [indirizzarsi]: **orientarsi verso qc** to go for sthg.

oriente sm east; **a oriente di qc** east of sthg. ◆ **Oriente** sm: **l'Oriente** the East; **l'Estremo Oriente** the Far East; **il Medio Oriente** the Middle East.

origano sm oregano.

originale agg & sm original.

originalità sf inv - 1. [autenticità] authenticity - 2. [novità] originality - 3. [eccentricità] eccentricity.

originariamente avv originally.

originario, a agg - 1. [proveniente]: **essere originario di** to be from - 2. [iniziale] original.

origine sf - 1. [gen] origin; **avere origine da qc** to originate from sthg; **dare origine a qc** to give rise to sthg; **in origine** originally - 2. [causa] cause.

origliare [21] vt to eavesdrop on.

orina sf = **urina**.

orinare [6] vi = **urinare**.

oriundo, a <> agg: **suo padre è oriundo dell'Inghilterra** his father is of English origin. <> sm, f: **oriundo italiano/francese** etc person of Italian/French etc descent.

orizzontale agg horizontal. ◆ **orizzontali** sfpl [definizioni] clues across; [soluzioni] across solutions.

orizzonte sm horizon.

orlo sm - 1. [di strada, burrone] edge; **essere sull'orlo di qc** [suicidio, pazzia] to be on the verge of sthg - 2. [di oggetto circolare] rim; **una tazza piena fino all'orlo** a cup full to the brim - 3. [di gonna, pantaloni] hem.

orma sf [di animale] track; [di persona] footprint; **seguire** o **calcare le orme di qn** fig to follow in sb's footsteps.

ormai avv - 1. [già] already - 2. [quasi] almost - 3. [a questo punto - nel presente] now; [- nel passato] by then.

ormeggiare [18] vt to moor.

ormeggio sm mooring. ◆ **ormeggi** smpl: **levare** o **mollare gli ormeggi** to weigh anchor.

ormone sm hormone.

ornamento sm ornament.

ornare [6] vt to decorate.

ornitologia sf ornithology.

oro <> sm gold; **in** o **d'oro** [oggetto] gold; **d'oro** [occasione] golden; **un ragazzo/una ragazza d'oro** a boy/girl in a million. <> agg inv golden.

orologeria sf - 1. watchmaker's - 2. ▷ **bomba**.

orologio sm [da muro] clock; [da polso] watch; **orologio al quarzo** quartz watch; **orologio biologico** biological clock.

oroscopo sm horoscope.

orrendo, a agg awful.

orribile agg awful.

orrore sm - 1. [ripugnanza] horror; **fare orrore a qn** to horrify sb - 2. [cosa brutta] eyesore.

orsa sf - 1. [animale] she-bear - 2. [costellazione]: **orsa maggiore** the Great Bear, Ursa Major; **orsa minore** the Little Bear, Ursa Minor.

orsacchiotto sm teddy (bear).

orso sm - 1. [animale] bear; **orso bianco** polar bear; **orso bruno** brown bear - 2. [persona] boor.

ortaggio sm vegetable.

ortensia sf hydrangea.

ortica, che sf nettle.

orticaria sf [gen] nettle rash; MED urticaria.

orto sm vegetable garden.

ortodosso, a agg orthodox.

ortografia sf spelling.

ortopedico, a, ci, che agg orthopaedic UK, orthopedic US. ◆ **ortopedico** sm - 1. [medico] orthopaedic UK o orthopedic US surgeon - 2. [tecnico] orthopaedic UK o orthopedic US specialist.

orzo sm barley.

osare [6] vt: **osare (fare qc)** to dare (to do sthg).

oscenità sf inv obscenity.

osceno, a agg obscene; **atti osceni** indecent exposure.

oscillare [6] vi - 1. [pendolo] to swing - 2. [valore, grandezza] to vary.

oscillazione sf - 1. [di pendolo] swinging - 2. [di valori] variation.

oscurare [6] *vt* to darken. ➤ **oscurarsi** *vip* - 1. [cielo] to grow dark - 2. [vista] to grow dim - 3. [corrucciarsi] to darken.

oscurità *sf* [buio] darkness.

oscuro, a *agg* - 1. [buio] dark - 2. [incomprensibile] obscure. ➤ **oscuro** *sm*: essere all'oscuro di qc to know nothing about sthg.

ospedale *sm* hospital.

ospedaliero, a *agg* hospital *(dav sostantivo)*.

ospitale *agg* - 1. [persona] hospitable - 2. [luogo] welcoming.

ospitalità *sf* hospitality.

ospitare [6] *vt* - 1. [invitare] to put up - 2. [contenere] to hold - 3. [custodire] to house.

ospite ⬦ *sm, f* - 1. [invitato] guest - 2. [padrone di casa] host (hostess *f*). ⬦ *agg* - 1. [ospitato] guest *(dav sostantivo)* - 2. [ospitante] host *(dav sostantivo)* - 3. SPORT visiting *(dav sostantivo)*.

ospizio *sm* (old people's) home.

ossa ▷ **osso**.

ossatura *sf* - 1. [ossa] bone structure - 2. [struttura] frame.

osseo, a *agg* [frattura, sistema] bone *(dav sostantivo)*; [parti] bony.

osservare [6] *vt* - 1. [esaminare] to look at - 2. [notare] to notice; fare osservare qc a qn to point out sthg to sb - 3. [silenzio, leggi] to observe.

osservatore, trice *sm, f* observer.

osservatorio *sm* observatory; osservatorio (astronomico) observatory; [ornitologia] hide *UK*, blind *US*.

osservazione *sf* - 1. [gen] observation; tenere qn in osservazione [in ospedale] to keep sb under observation - 2. [rimprovero] criticism.

ossessionare [6] *vt* - 1. [tormentare] to torment - 2. [assillare] to harrass.

ossessione *sf* - 1. [pensiero fisso] obsession; avere l'ossessione di qc to be obsessed by sthg - 2. [tormento] pain.

ossia *cong* that is.

ossidare [6] *vt* to oxidize. ➤ **ossidarsi** *vip* to oxidize.

ossidazione *sf* oxidization.

ossido *sm* oxide; ossido di carbonio carbon monoxide.

ossigenare [6] *vt* - 1. CHIM to oxygenate - 2. [decolorare] to bleach. ➤ **ossigenarsi** *vr* - 1. [schiarirsi] to bleach one's hair - 2. [respirare aria pura] to get some fresh air.

ossigeno *sm* oxygen.

osso *sm* - 1. (*fpl* ossa) ANAT bone; essere un osso duro *fig* to be a tough nut to crack - 2. (*mpl* ossi) [di bistecca, pollo] bone.

ostacolare [6] *vt* to hamper.

ostacolo *sm* - 1. [intralcio] obstacle, hindrance - 2. [in atletica] hurdle - 3. [impedimento] problem; essere di ostacolo a qn/qc to stand in the way of sb/sthg. ➤ **ostacoli** *smpl* hurdles.

ostaggio *sm* hostage; prendere qn in ostaggio to take sb hostage.

ostello *sm*: ostello (della gioventù) youth hostel.

ostentare [6] *vt* - 1. [sfoggiare] to show off - 2. [fingere] to feign.

osteria *sf* ≃ bar, ≃ pub *esp UK*.

ostetrica, che *sf* midwife.

ostetrico, a, ci, che ⬦ *agg* obstetric. ⬦ *sm, f* obstetrician.

ostia *sf* RELIG host.

ostico, a, ci, che *agg* difficult.

ostile *agg* hostile.

ostilità *sf inv* hostility. ➤ **ostilità** *sfpl*: le ostilità hostilities.

ostinarsi [6] *vip*: ostinarsi a fare qc to insist on doing sthg.

ostinato, a *agg* - 1. [persona] stubborn - 2. [atteggiamento, comportamento] obstinate; [ricerca, resistenza] dogged.

ostinazione *sf* [di carattere] obstinacy; [di atteggiamento] persistence.

ostrica, che *sf* oyster.

ostruire [9] *vt* to block. ➤ **ostruirsi** *vip* to become blocked.

otite *sf* [gen] ear infection; MED otitis.

Otranto *sf*: il canale di Otranto the Strait of Otranto.

ottagono *sm* octagon.

ottanta *agg num inv* & *sm inv* eighty; gli anni ottanta the Eighties; *vedi anche* **sei**.

ottantenne ⬦ *agg* eighty-year-old *(dav sostantivo)*. ⬦ *smf* [di ottanta anni] eighty-year-old; [sulla ottantina] person in their eighties, octogenarian *form*; *vedi anche* **sessantenne**.

ottantesimo, a *agg num* & *sm, f* eightieth. ➤ **ottantesimo** *sm* [frazione] eightieth; *vedi anche* **sesto**.

ottantina *sf* - 1. [quantità]: un'ottantina (di qc) about eighty (of sthg) - 2. [età]: avere una ottantina di anni to be about eighty (years old), to be in one's eighties; *vedi anche* **sessantina**.

ottavo, a *agg num* & *sm, f* eighth. ➤ **ottavo** *sm* [frazione] eighth; *vedi anche* **sesto**.

ottenere [93] *vt* - 1. [conseguire] to get; ottenere che qn faccia qc to get sb to do sthg; ottenere di fare qc to get to do sthg; ottenere la vittoria to win - 2. [ricavare] to obtain.

ottica, che *sf* - 1. [gen] optics *(U)* - 2. [punto di vista] point of view; **entrare nell'ottica di fare qc** to think about doing sthg.

ottico, a, ci, che <> *agg* - 1. ANAT optic - 2. FIS optical. <> *sm, f* [tecnico] optician. ➡ **ottico** *sm* [negozio] optician's.

ottimale *agg* optimum *(dav sostantivo)*.

ottimismo *sm* optimism.

ottimista, i, e <> *agg* optimistic. <> *smf* optimist.

ottimistico, a, ci, che *agg* optimistic.

ottimizzare [6] *vt* to optimize.

ottimo, a *agg & sm inv* excellent.

otto *agg num inv & sm inv* eight; *vedi anche* **sei**.

ottobre *sm* October; *vedi anche* **settembre**.

ottocentesco, a, schi, sche *agg* nineteenth-century.

Ottocento *sm*: **l'Ottocento** the nineteenth century.

ottone *sm* brass. ➡ **ottoni** *smpl* - 1. [oggetti] brasses - 2. MUS brass section *(sing)*.

otturare [6] *vt* - 1. [condotto] to block (up) - 2. [dente] to fill. ➡ **otturarsi** *vip* to become blocked (up).

otturazione *sf* - 1. [azione] blocking - 2. [di dente] filling.

ottuso, a *agg* - 1. [poco intelligente] slow - 2. GEOM obtuse.

ovaia *sf* ovary.

ovale *agg & sm* oval.

ovatta *sf* cotton wool *UK*, cotton *US*.

overdose *sf inv* overdose; **farsi un'overdose di qc** to overdose on sthg.

ovest *sm & agg inv* west; **a ovest di qc** west of sthg.

ovile *sm* fold.

ovino, a *agg* sheep *(dav sostantivo)*; **carne ovina** mutton. ➡ **ovino** *sm* sheep.

ovulazione *sf* ovulation.

ovulo *sm* - 1. ANAT ovum - 2. FARM pessary.

ovunque *avv* everywhere.

ovvero *cong form* that is.

ovviamente *avv* obviously.

ovviare [22] *vi*: **ovviare a qc** to get around sthg.

ovvio, a *agg* obvious.

oziare [20] *vi* to laze around.

ozio *sm* idleness.

ozioso, a *agg* - 1. [persona] idle - 2. [periodo] lazy.

ozono *sm* ozone.

p, P *sm o sf inv* p, P.

p. *(abbr di* **pagina)** p.

P - 1. *(abbr di* **parcheggio)** P - 2. *(abbr di* **principiante)** P *UK*, a green plate with a "P" indicating that a driver has only recently got their licence - 3. *(abbr di* **Portogallo)** P.

PA *(abbr di* **Palermo)** PA.

pacca, che *sf* slap.

pacchetto *sm* - 1. [confezionato] packet *UK*, package *US* - 2. [piccolo pacco] package, parcel *esp UK*; **fare un pacchetto** to wrap sthg up.

pacchia *sf fam* godsend; **che pacchia!** what a godsend!; **lavorare così è una vera pacchia** working like this is a breeze.

pacchiano, a *agg* tacky.

pacco, chi *sm* package, parcel *esp UK*; **pacco postale** package, parcel *esp UK*; **pacco regalo** giftwrapped package.

pace *sf* peace; **lasciare qn in pace** to leave sb alone; **fare la pace (con qn)** to make it up (with sb).

pacemaker [peis'mɛkər] *sm inv* pacemaker.

pachiderma, i *sm* pachyderm.

pacifico, a, ci, che *agg* - 1. [non bellicoso] peaceful - 2. [tranquillo] quiet. ➡ **Pacifico** <> *sm*: **il Pacifico** the Pacific. <> *agg*: **l'Oceano Pacifico** the Pacific Ocean.

pacifista, i, e *smf & agg* pacifist.

padella *sf* frying pan.

padiglione *sm* - 1. [edificio] block, wing - 2. [tenda] pavilion - 3. ANAT: **padiglione auricolare** auricle.

Padova *sf* Padua.

padre *sm* father.

padrenostro *sm inv* Our Father, Lord's Prayer.

padrino *sm* godfather.

padronanza *sf* - 1. [controllo] control - 2. [conoscenza] command.

padrone, a *sm, f* - 1. [proprietario] owner; **padrone di casa** [ospite] host (hostess *f*); [proprietario] landlord (landlady *f*) - 2. [in controllo]: **essere padrone di qc** [situazione] to be in control of sthg; [lingua] to have a good command of sthg; **(non) essere padrone di sé** to have (no) self-control.

paesaggio *sm* landscape.

paesano, a ⬦ *agg.* country *(dav sostantivo).* ⬦ *sm, f* villager.

paese *sm* - **1.** [nazione] country - **2.** [centro abitato] village - **3.** [territorio] land; **mandare qn a quel paese** *fam* to tell sb to go to hell.
➤ **Paesi Bassi** *smpl*: **i Paesi Bassi** the Netherlands *(sing).*

paffuto, a *agg* chubby.

paga, ghe *sf* pay.

pagamento *sm* payment; **a pagamento** subject to a charge.

pagano, a *agg* & *sm, f* pagan.

pagare [16] *vt* - **1.** [gen] to pay; **quanto l'hai pagato?** how much did you pay for it?; **pagare caro qc** to pay a lot for sthg; **farla pagare (cara) a qn** to make sb pay (dearly) - **2.** [offrire] to buy.

pagella *sf* report UK, report card US & Scotland.

pagina *sf* page. ➤ **Pagine Gialle®** *sfpl* Yellow Pages®.

paglia *sf* straw.

pagliaccio *sm* clown.

pagliaio *sm* haystack.

pagliuzza *sf* speck.

pagnotta *sf* loaf.

paia *etc* ⊳ **parere**.

paio *(fpl* paia*) sm* - **1.** [gen] pair - **2.** [alcuni]: **un paio di qn/qc** a couple of sb/sthg.

Pakistan *sm*: **il Pakistan** Pakistan.

pala *sf* - **1.** [attrezzo] shovel - **2.** [di elica, mulino] blade.

palata *sf* shovelful; **avere soldi a palate** to have lots of money.

palato *sm* palate.

palazzetto *sm*: **palazzetto dello sport** indoor sports arena.

palazzina *sf* villa.

palazzo *sm* - **1.** [condominio] block of flats UK, apartment building US - **2.** [villa] palace; **palazzo Chigi** *Italian prime minister's offices* - **3.** [centro]: **palazzo dei congressi** conference centre UK o center US; **palazzo dello sport** indoor sports arena - **4.** [corte] court; **palazzo di giustizia** law courts *pl.*

palco, chi *sm* - **1.** [pedana] platform - **2.** [palcoscenico] stage - **3.** [per spettatori] box.

palcoscenico *sm* stage.

Palermo *sf* Palermo.

palese *agg* obvious.

Palestina *sf*: **la Palestina** Palestine.

palestinese *agg* & *smf* Palestinian.

palestra *sf* gym.

paletta *sf* - **1.** [per lavori domestici] dustpan - **2.** [per bambini] spade - **3.** [per segnalare] signal.

paletto *sm* - **1.** [asta] post; [tenda] peg - **2.** [nello sci] post - **3.** [chiavistello] bolt.

palio *sm*: **essere in palio** to be up for grabs.

palizzata *sf* fence.

palla *sf* - **1.** [sfera] ball; **palla di neve** snowball; **prendere la palla al balzo** [occasione] to grab the chance - **2.** [di cannone] cannonball.
➤ **palle** *sfpl volg* balls; **che palle!** what a pain!

pallacanestro *sf* basketball.

pallamano *sf* handball.

pallanuoto *sf* water polo.

pallavolo *sf* volleyball.

palleggiare [18] *vi* [nel calcio] to practise UK o practice US with the ball; [nel tennis] to knock up.

pallido, a *agg* [gen] pale; **non avere la più pallida idea di qc** not to have the faintest idea about sthg.

pallina *sf* - **1.** [nello sport] ball - **2.** [bilia] marble.

pallino *sm* - **1.** [nello sport] ball - **2.** [proiettile] pellet - **3.** [mania]: **avere il pallino di qc** to be mad about sthg.

palloncino *sm* balloon.

pallone *sm* - **1.** [palla] ball; **pallone da calcio/rugby/pallacanestro** football/rugby ball/basketball; **essere un pallone gonfiato** to be full of o.s. - **2.** [il calcio] soccer, football UK.

pallore *sm* pallor.

palloso, a *agg fam* boring.

pallottola *sf* - **1.** [proiettile] bullet - **2.** [di carta] pellet.

palma *sf* palm.

palmo *sm* hand *(as a measure).*

palo *sm* - **1.** [asta] post; **palo della luce** lamppost - **2.** [nel calcio] goalpost.

palpare [6] *vt* - **1.** [gen] to feel - **2.** [accarezzare] to fondle.

palpebra *sf* eyelid.

palpitazione *sf* palpitation.

palude *sf* marsh.

palustre *agg* [area, zona] marshy; [vegetazione, uccello] marsh *(dav sostantivo).*

Panama ⬦ *sm*: **il Panama** Panama. ⬦ *sf* Panama City.

panca, che *sf* bench.

pancarré *sm inv* sliced bread.

pancetta *sf* bacon; **pancetta affumicata** smoked bacon.

panchina *sf* bench.

pancia, ce sf stomach; **mettere su pancia** to develop a paunch.

panciotto sm waistcoat UK, vest US.

pancreas sm inv pancreas (sing).

panda sm inv panda.

pane sm - 1. [alimento] bread; **pane a** o **in cassetta** sliced bread; **pane azzimo** unleavened bread; **pane integrale** o **nero** wholemeal UK o whole wheat US bread; **pane tostato** toast - 2. [pagnotta] loaf - 3. [sostentamento] food; **guadagnarsi il pane** to make a living - 4. [di burro] pat; [sapone] cake.

panetteria sf bakery, baker's UK.

panettiere, a sm, f baker. ◆ **panettiere** sm bakery, baker's UK.

panfilo sm yacht.

pangrattato sm breadcrumbs pl.

panico sm panic; **farsi prendere dal panico** to panic.

paniere sm basket.

panificio sm bakery, baker's UK.

panino sm - 1. [pagnottina] roll - 2. [imbottito] sandwich; **un panino al prosciutto/formaggio** a ham/cheese sandwich.

paninoteca, che sf sandwich bar.

panna sf cream; **panna (da cucina)** cream; **panna (montata)** whipped cream.

panne sf: **essere in panne** to be broken down; **rimanere in panne** to break down.

pannello sm - 1. [per edificio, mobile] panel; **pannello solare** solar panel - 2. [di apparecchio]: **pannello di controllo** control panel.

panno sm cloth. ◆ **panni** smpl clothes; **mettersi nei panni di qn** to put o.s. in sb's shoes.

pannocchia sf - 1. AGRIC corncob - 2. CULIN corn on the cob.

pannolino sm - 1. [per bambini] nappy UK, diaper US - 2. [per flusso mestruale] sanitary towel UK o napkin US.

panorama, i sm - 1. [veduta] view; **godersi/ammirare il panorama** to enjoy/admire the view - 2. [quadro d'insieme] panorama.

panoramica, che sf - 1. [descrizione] survey - 2. [strada] scenic road - 3. FOTO wide-angle shot.

panoramico, a, ci, che agg - 1. [vista, paesaggio] panoramic - 2. [esauriente] general; **una visione panoramica** an overview.

panpepato sm cake made with honey, candied fruit, almonds, and pepper.

pantalone sm trousers pl esp UK, pants pl US; **pantaloni corti** shorts.

pantano sm bog.

pantera sf panther.

pantofola sf slipper.

panzerotti smpl large fried ravioli filled with ham, cheese, and egg.

paonazzo, a agg purple.

papa, i sm Pope.

papà sm inv dad, daddy.

paparazzo sm paparazzo.

papavero sm poppy.

papera sf - 1. [errore] boob - 2. [uccello] ▷ **papero**.

papero, a sm, f gosling.

papilla sf: **papilla gustativa** taste bud.

papillon [papiˈjɔn, papiˈon] sm inv bow-tie.

pappa sf - 1. [per bambini] baby food - 2. [di api]: **pappa reale** royal jelly.

pappagallo sm - 1. [uccello, persona] parrot - 2. [per urinare] urine bottle.

pappare [6] vt fam to scoff UK, to scarf US.

paprica sf paprika.

par. (abbr di paragrafo) par.

parabola sf - 1. MAT parabola - 2. [di Gesù] parable.

parabrezza sm inv windscreen UK, windshield US.

paracadutare [6] vt to parachute. ◆ **paracadutarsi** vr to parachute.

paracadute sm inv parachute.

paracadutista, i, e smf parachutist.

paradiso sm paradise; **paradiso terrestre** earthly paradise.

paradossale agg paradoxical.

paradosso sm paradox.

parafango, ghi sm mudguard.

paraffina sf paraffin, paraffin wax UK.

parafulmine sm lightning conductor.

paraggi smpl: **nei paraggi** in the area.

paragonare [6] vt to compare; **paragonare qn/qc a** o **con qn/qc** to compare sb/sthg to o with sb/sthg. ◆ **paragonarsi** vr: **paragonarsi a** o **con qn** to compare o.s. to o with sb.

paragone sm comparison; **fare un paragone** to make a comparison; **a paragone di qn/qc** in comparison with sb/sthg; **non c'è paragone!** there's no comparison!

paragrafo sm paragraph.

paralisi sf inv paralysis.

paralitico, a, ci, che ◇ agg paralysed UK, paralyzed US. ◇ sm, f paralysed UK o paralyzed US person.

paralizzare [6] vt to paralyse UK, to paralyze US.

parallela sf - 1. [retta] parallel line - 2. [strada]: **una parallela di via Manzoni** a street that runs parallel to via Manzoni. ◆ **parallele** sfpl parallel bars.

parallelo, a agg parallel. ◆ **parallelo** sm parallel; **fare un parallelo (tra due cose)** to draw a parallel (between two things).

paramedico, a, ci, che agg paramedical. ◆ **paramedico** sm paramedic.

parametro sm parameter.

paranoico, a, ci, che agg & sm, f paranoid.

paranormale agg & sm paranormal.

paraocchi smpl blinkers UK, blinders US.

parapendio sm inv - 1. [sport] hang-gliding - 2. [paracadute] hang-glider.

parapetto sm - 1. [muretto] parapet - 2. [ringhiera] railing.

paraplegico, a, ci, che agg & sm, f paraplegic.

parare [6] ◇ vt - 1. [scansare] to parry; **parare il colpo** fig to take it - 2. [nel calcio] to save - 3. [addobbare] to decorate. ◇ vi: **dove vuoi andare a parare?** what are you driving at?

parasole sm inv - 1. [ombrello] parasol - 2. [di automobile] visor.

parassita, i, e ◇ agg parasitical. ◇ smf fig parasite. ◇ sm parasite.

parastatale ◇ agg state-controlled. ◇ smf employee of a state-controlled enterprise.

parata sf - 1. [nel calcio] save - 2. [in pugilato, scherma] parry - 3. MIL parade.

paraurti sm inv bumper.

paravento sm - 1. [mobile] screen - 2. fig [copertura] cover; **fare/servire da paravento (a qn/qc)** to be a cover (for sb/sthg).

parcella sf fee.

parcheggiare [18] vt to park; **parcheggiare in doppia fila** to double-park.

parcheggiatore, trice sm, f car-park UK o parking US attendant.

parcheggio sm - 1. [luogo] car park UK, parking lot US; **parcheggio incustodito** car park UK o parking lot US with no attendant; **parcheggio a pagamento** paying car park UK o parking lot US - 2. [sosta] parking; **'vietato il parcheggio'** 'no parking'.

parchimetro sm parking meter.

parco, chi sm - 1. [gen] park; **parco nazionale** national park; **parco dei divertimenti** funfair UK, carnival US - 2. [insieme di veicoli] car pool; **parco vetture** car pool, fleet (of cars); **parco macchine** [automobili] car pool, fleet (of cars); [macchinari] plant. ◆ **parco, a, chi, che** agg - 1. [sobrio] sober; **essere parco nel bere/mangiare** to be a moderate

drinker/eater; **essere parco nelle spese** to be thrifty - 2. [parsimonioso]: **essere parco di qc** to be sparing with sthg.

parecchio, a ◇ agg indef quite a lot of. ◇ pron indef quite a lot. ◆ **parecchi, e** ◇ agg several. ◇ pron [tanti] several; **parecchi di noi/voi** etc several of us/you etc; **eravamo in parecchi** there were quite a lot of us; **sono venuti in parecchi** quite a lot of people came. ◆ **parecchio** avv - 1. [molto] quite a lot; **costare/spendere parecchio** to cost/spend quite a lot; **manca ancora parecchio?** is there still far to go?; **parecchio geloso/stanco** rather jealous/tired - 2. [a lungo] quite a long time; **da parecchio** long; **è da parecchio che aspettate?** have you been waiting long?

pareggiare [18] ◇ vt - 1. [livellare] to level; **pareggiare la siepe** to trim the hedge - 2. [far quadrare] to balance. ◇ vi to tie, to draw UK.

pareggio sm SPORT tie, draw esp UK; **raggiungere il pareggio** to equalize UK, to tie the game US.

parente smf relative, relation; **parente stretto** close relative.

parentela sf - 1. [vincolo] relationship - 2. [familiari] relations pl.

parentesi sf inv - 1. [segno grafico] bracket UK, parenthesis esp UK; **tra parentesi** in brackets UK o parentheses esp UK; **parentesi graffe** curly brackets; **parentesi quadre** square brackets, brackets US; **parentesi tonde** round brackets UK, parentheses US - 2. [digressione] parenthesis; **fare una parentesi** to digress; **tra parentesi** by the way - 3. [intervallo] interlude.

parere [94] ◇ sm opinion; **essere del parere che... (+ congiuntivo)** to think (that)...; **cambiare parere** to change one's mind; **a mio/tuo** etc **parere** in my/your etc opinion. ◇ vi [apparire] to seem. ◇ vi impers - 1. [sembrare]: **pare che... (+ congiuntivo)** it seems (that)...; **mi pare che...** (+ congiuntivo) [credo che] I think (that)... - 2. [sembrare opportuno]: **lavora solo quando gli pare** he works only when he feels like it.

parete sf - 1. [muro] wall; **una parete in mattoni** a brick wall - 2. [di grotta, scatola] side - 3. [in alpinismo] face.

pari ◇ agg inv - 1. MAT even - 2. [uguale]: **pari (a qc)** equal (to sthg); **di pari passo** [contemporaneamente] at the same rate - 3. [in giochi, gare] equal; **la partita è finita pari** the game ended in a tie o draw esp UK; **ora siamo pari** fig now we're quits - 4. [superficie] even. ◇ sm - 1. [uguaglianza]: **in pari** [superficie] level; [aggiornato] all square - 2. [in scommesse] evens *(U) UK*, even odds *(U) US*. ◇ *avv* [alla lettera]: **pari pari** word for word. ◆ **alla pari** ◇ *agg*: **ragazza alla pari** au pair. ◇ *avv*: **stare alla pari** to work as an au pair.

Parigi *sf* Paris.

parità *sf inv* - 1. [uguaglianza] equality; **a parità di voti** with equal votes; **a parità di prezzo** at the same price - 2. [in punteggio] tie, draw *esp UK*; **chiudere/finire in parità** to end in a tie o draw *esp UK*.

parka *sm inv* parka.

parlamentare [6] ◇ *agg* parliamentary. ◇ *smf* MP *UK*, Member of Parliament *UK*, Congressman (Congresswoman *f*) *US*. ◇ *vi* to negotiate.

parlamento *sm* - 1. [istituzione] parliament; **il Parlamento Europeo** the European Parliament - 2. [edificio] parliament (building).

parlare [6] ◇ *vi* - 1. [articolare] to speak, to talk; **il bambino sta imparando a parlare** the baby is learning to talk; **parla più chiaramente!** speak more clearly! - 2. [comunicare] to speak; **chi parla?** [al telefono] who's speaking?; **parlare a qn/qc** to speak to sb/sthg; **parlare da solo** to talk to o.s. - 3. [discutere]: **parlare di qn/qc** to talk about sb/sthg; **parlare bene/male di qn/qc** to speak well/badly of sb/sthg; **parlare con qn (di qn/qc)** to talk to sb (about sb/sthg); **non se ne parla neanche!** no way! - 4. [trattare]: **parlare di qc** [sogg: persona] to talk about sthg; [sogg: poesia, libro] to be about sthg - 5. [confessare] to talk. ◇ *vt* [lingua] to speak; **scusi, parla italiano?** excuse me, do you speak Italian? ◆ **parlarsi** *vr* to talk to each other; **non si parlano più** they aren't on speaking terms any more.

parlato, a *agg* spoken. ◆ **parlato** *sm* spoken language.

Parma *sf* Parma.

parmigiano, a *agg*: **alla parmigiana** *cooked with tomatoes and Parmesan cheese*. ◆ **parmigiano** *sm*: **parmigiano (reggiano)** Parmesan.

parodia *sf* - 1. [caricatura] parody; **fare la parodia di qn** to take off sb - 2. [brutta copia] caricature.

parola *sf* - 1. [gen] word; **non capire una parola di qc** not to understand a word of sthg; **parola per parola** word for word; **mangiarsi le parole** to mumble; **rimangiarsi la parola** to eat one's words; **rivolgere la parola a** to address sb; **a parole** in theory; **dare la propria parola a qn** to give sb one's word; **l'ultima parola** the last word; **togliere la parola di bocca a qn** to take the words out of sb's mouth; **parola d'onore** word of honour *UK* o honor *US*; **non sono stato io, parola d'onore!** it wasn't

me, honest!; **credere a qn sulla parola** to take sb at his/her word; **parole crociate** crossword (*sing*) - 2. [espressione]: **parola d'ordine** password - 3. [facoltà di parlare] speech; **prendere la parola** to speak; **dare la parola a qn** to call upon sb to speak; **rimanere senza parole** to be speechless; **è una parola!** it's easier said than done! ◆ **parole** *sfpl* lyrics.

parolaccia, ce *sf* swear word; **dire parolacce** to swear.

parotite *sf* mumps *(U)*.

parquet [par'kɛ] *sm* parquet.

parrocchia *sf* - 1. [gen] parish - 2. [chiesa] parish church.

parrocchiano, a *sm, f* parishioner.

parroco *sm* [cattolico] (parish) priest; [protestante] vicar, minister.

parrucca, che *sf* wig.

parrucchiere, a *sm, f* [persona] hairdresser; [negozio] hairdresser's.

parsimonia *sf* - 1. [economia] thrift - 2. [moderazione] frugality; **con parsimonia** sparingly.

parsimonioso, a *agg* - 1. [persona] thrifty - 2. [vita, uso] economical.

parso, a *pp* ▷ **parere**.

parte *sf* - 1. [gen] part; **far parte di qc** to be part of sthg; **prendere parte a qc** to take part in sthg; **fare la propria parte** to do one's bit; **fare la parte di qn** to play the part of sb - 2. [luogo] area; **da queste parti** in this area; **da nessuna parte** nowhere; **da qualche parte** somewhere; **da un'altra parte** somewhere else - 3. [lato] side; **d'altra parte** on the other hand; **da una parte..., dall'altra...** on the one hand..., on the other (hand)... - 4. [direzione] way; **da che parte è andato?** which way did he go?; **da ogni parte** from all directions; **tanti saluti da parte di Rita** Rita says hello; **molto gentile da parte tua!** it's very kind of you!; **da parte mia** for my part; **essere dalla parte di qn** to be on sb's side; **mettere da parte qc** to put sthg aside. ◆ **a parte** ◇ *agg* different. ◇ *avv* separately; **mi può fare un pacco a parte?** could you make me a separate package? ◇ *prep* apart from.

partecipante ◇ *agg* [squadra, concorrente] participating. ◇ *smf* participant.

partecipare [6] ◇ *vi*: **partecipare a qc** [a un evento] to take part in sthg; [a un sentimento, spese, utili] to share sthg. ◇ *vt* to announce.

partecipazione *sf* - 1. [intervento] participation - 2. [solidarietà] solidarity - 3. [annuncio] announcement; **partecipazione di matrimonio** wedding invitation - 4. ECON holding.

partecipe *agg*: **essere partecipe di qc** [di segreto, colpa] to share sthg; [di gioia, dolore] to share in sthg.

parteggiare [18] *vi*: **parteggiare per qn/qc** to support sb/sthg.

partenza *sf* - **1.** [per viaggio] departure; **in partenza** [treno, aereo] departing - **2.** [in gara] start. ◆ **partenze** *sfpl* departures; **partenze nazionali/internazionali** domestic/international departures.

particella *sf* particle.

participio *sm* participle.

particolare ◇ *agg* - **1.** [specifico] particular - **2.** [speciale] special; **in particolare** in particular - **3.** [strano] peculiar. ◇ *sm* detail.

particolareggiato, a *agg* detailed.

particolarità *sf inv* - **1.** [condizione] peculiarity - **2.** [dettaglio] particular - **3.** [caratteristica] characteristic.

particolarmente *avv* particularly.

partigiano, a ◇ *agg* partisan. ◇ *sm, f* supporter.

partire [8] *vi* - **1.** [gen] to leave; **a che ora parti?** what time are you leaving?; **partire per affari** to go away on business; **partire da Roma/da casa** to leave from Rome/home; **partire per Roma/per l'Australia** to leave for Rome/for Australia; **partire in orario/in ritardo** to leave on time/late - **2.** [mettersi in moto] to start - **3.** [avere origine]: **partire da qc** to start from sthg; **a partire da oggi/da agosto/dal 15 marzo** (as) from today/August/March 15th - **4.** [colpo d'arma da fuoco]: **è partito un colpo** the gun went off - **5.** *fam* [rompersi] to go - **6.** *fam* [ubriacarsi] to get drunk.

partita *sf* - **1.** SPORT game, match *esp UK*; **partita amichevole** *a game that is not part of an official competition* friendly (match) *UK* - **2.** [di carte, gioco] game - **3.** [di merce] consignment.

partito *sm* - **1.** POLIT party - **2.** [decisione] decision - **3.** [persona]: **un buon partito** a good catch.

partitura *sf* MUS score.

parto *sm* birth; **parto cesareo** caesarean (birth) *UK*, cesarean (birth) *US*; **parto prematuro** premature birth.

partorire [9] *vt*: **partorire (qn/qc)** to give birth (to sb/sthg).

part-time [par'taim] ◇ *agg inv* part-time. ◇ *sm inv* part-time work. ◇ *avv* part-time.

parure [pa'ryr, pa'rur] *sf inv* set.

parvi *etc* ➤ **parere**.

parziale *agg* partial; **pagamento parziale** part payment.

parzialità *sf inv* partiality.

parzialmente *avv* - **1.** [in parte] partly; **latte parzialmente scremato** semi-skimmed milk - **2.** [senza obiettività] in a biased way.

pascolare [6] *vt & vi* to graze.

pascolo *sm* - **1.** [terreno] pasture - **2.** [attività] grazing.

Pasqua *sf* - **1.** [festa cristiana] Easter; **buona Pasqua!** happy Easter!; **quest'anno la Pasqua è alta/bassa** Easter is late/early this year - **2.** [festa ebraica] Passover.

pasquale *agg* Easter *(dav sostantivo)*.

Pasquetta *sf* Easter Monday.

pass [pas] *sm inv* pass.

passaggio *sm* - **1.** [luogo, brano] passage; **passaggio a livello** level *UK* o railroad *US* o grade *US* crossing; **passaggio pedonale** pedestrian crossing *UK*, crosswalk *UK* - **2.** [attraversamento] crossing - **3.** [spostamento] movement; **essere di passaggio** to be passing through - **4.** [su veicolo] lift, ride *esp US*; **dare un passaggio a qn** to give sb a lift o ride *esp US* - **5.** [transizione] change; **passaggio di proprietà** change of ownership - **6.** SPORT pass; **passaggio di testa** header.

passamontagna *sm inv* balaclava.

passante ◇ *smf* passer-by. ◇ *sm* [di cintura] loop.

passaparola *sm* - **1.** [gioco] Chinese whispers (U) *UK*, telephone *US* - **2.** [trasmissione di informazioni] word of mouth.

passaporto *sm* passport.

passare [6] ◇ *vi* - **1.** [transitare] to pass, to go past; **passiamo di là** let's go that way - **2.** [entrare] to come through - **3.** [uscire] to go through - **4.** [fare una sosta] to call (in) - **5.** [tempo, stato] to pass - **6.** [finire] to be over; **mi è passato il mal di testa** my headache's gone; **mi è passata la voglia** I've gone off the idea - **7.** [essere accettato] to be passed; **può passare** it'll do - **8.** [essere considerato]: **passare per** o **da** to be considered (as); **passare di mente** to slip one's mind; **passare di moda** to go out of fashion. ◇ *vt* - **1.** [trascorrere] to spend; **passarsela** to be getting on - **2.** [dare - sale, pane, palla] to pass; [- soldi, alimenti] to give - **3.** [al telefono]: **passare qn a qn** to put sb through to sb; **le passo subito il direttore** I'll put you straight through to the manager; **mi passi Angela?** can I speak to Angela? - **4.** [attraversare] to cross - **5.** [macinare] to purée - **6.** [strofinare]: **passare qc su qc** to wipe sthg with sthg; **passare un panno sui mobili** to wipe down the furniture - **7.** [vernice] to put; **passare una mano di vernice sulla parete** to give the wall a coat of paint; **passare la cera sul pavimento** to wax the floor - **8.** [superare] to pass; **passare un'esame** to pass an exam; **ha passato la cinquantina** she's in her fifties. <> sm: **il passare del tempo** the passage of time.

passata sf - 1. [di pomodoro] tomato sauce - 2. [lettura] **dare una passata al giornale** to glance at the newspaper - 3. [di vernice] coat; **dare una passata (di qc) a qc** to give sthg a coat (of sthg) - 4.: **dare una passata a qc** [con straccio] to wipe sthg; [con scopa] to sweep sthg; [con aspirapolvere] to vacuum o hoover *UK* sthg; [con spazzola] to brush sthg; [con ferro da stiro] to iron sthg.

passatempo sm pastime.

passato, a agg - 1. [trascorso] past; **il tempo passato** the past; **sono le tre passate** it's after three (o'clock) - 2. [precedente] last (*dav sostantivo*); **l'anno passato** last year; **l'estate passata** last summer - 3. [superato] outdated; **passato di moda** old-fashioned - 4. [non fresco] past his/her/its etc best (*non dav sostantivo*). ◆ **passato** sm - 1. [tempo trascorso] past; **in passato** in the past - 2. CULIN soup; **passato di verdura** vegetable soup - 3. GRAMM past; **passato prossimo** present perfect; **passato remoto** past historic.

passaverdura sm inv vegetable mill.

passeggero, a <> agg passing. <> sm, f passenger.

passeggiare [18] vi to walk.

passeggiata sf [giro] walk; **fare una passeggiata** to go for a walk; **passo (a) passo** step by step; **una passeggiata in bicicletta** a bicycle ride; **una passeggiata in macchina** a drive.

passeggino sm pushchair *UK*, stroller *US*.

passeggio sm: **andare a passeggio** to go for a walk.

passe-partout [paspar'tu] sm inv - 1. [chiave] master key - 2. [di quadro] passepartout.

passerella sf - 1. [ponte] footbridge; [di nave] gangway - 2. [per sfilata] catwalk, runway *US*.

passero sm sparrow.

passionale agg passionate.

passione sf - 1. [gen] passion; **avere la passione di qc** to have a passion for sthg - 2. RELIG: **la Passione** the Passion.

passivo, a agg - 1. [ruolo, atteggiamento] passive - 2. FIN debit (*dav sostantivo*) - 3. GRAMM passive. ◆ **passivo** sm GRAMM passive.

passo sm - 1. [gen] step; **fare due passi** fig to go for a little walk; **passo (a) passo** step by step; **essere a un passo da qc** [luogo] to be a stone's throw from sthg; [successo, vittoria] to be close to sthg; **fare un passo falso** [sbagliare] to make a false move; **fare il primo passo** fig to make the first move - 2. [andatura] pace;

tenere il passo to keep pace; **allungare il passo** [camminare più in fretta] to hurry up; **essere** o **stare al passo con i tempi** to keep abreast of the times; **a passo d'uomo** [in auto] at walking pace; **di questo passo** [in questo modo] at this rate - 3. [orma] footprint - 4. [rumore] footstep - 5. [passaggio] way; **cedere il passo (a qn)** to give way (to sb); **passo carraio** driveway - 6. [valico] pass - 7. [brano] passage - 8. TECNOL pitch.

pasta sf - 1. [piatto] pasta; **pasta al burro/al pesto** pasta with butter/with pesto; **pasta al forno** baked pasta - 2. [impasto] dough; **pasta frolla** shortcrust pastry *UK*, pie crust *US*; **pasta sfoglia** puff pastry - 3. [pasticcino] cake, pastry; **una pasta alla crema** a cream cake - 4. [sostanza pastosa] paste.

pastasciutta sf pasta *(U)*; **ci facciamo una pastasciutta?** shall we have some pasta?

pastello <> agg inv pastel. <> sm pastel; **pastello a cera** wax crayon.

pasticca, che sf [pastiglia] tablet; **pasticche per la tosse** cough drops o sweets *UK*.

pasticceria sf - 1. [negozio] cake shop, patisserie - 2. [dolci] cakes pl - 3. [arte] patisserie.

pasticciare [17] <> vt to make a mess of. <> vi to mess around.

pasticciere, a sm, f pastry chef.

pasticcino sm pastry, cake.

pasticcio sm - 1. [gen] mess; **essere** o **trovarsi nei pasticci** to be in trouble - 2. [pietanza] pie.

pasticcione, a sm, f: **essere un pasticcione** to be messy.

pastiera sf sweet Neapolitan tart filled with ricotta.

pastiglia sf - 1. [pasticca] tablet; **pastiglie per la tosse/la gola** cough/throat pastilles - 2. AUTO pad.

pasto sm meal; **fuori pasto** between meals.

pastore sm - 1. [di greggi] shepherd - 2. [sacerdote] minister - 3. ZOOL sheepdog; **pastore tedesco** German shepherd, Alsatian *UK*; **pastore belga** Belgian shepherd dog.

pastorizzato, a agg pasteurized.

patata sf potato; **patate fritte** fries, chips *UK*.

patatine sfpl - 1. [snack] crisps *UK*, chips *US* - 2. [patate fritte] chips *UK*, fries esp *US*.

pâté sm inv pâté; **pâté di fegato** liver pâté.

patente sf licence *UK*, license *US*; **patente (di guida)** driving licence *UK*, driver's license *US*; **l'esame della patente** driving test *UK*, driver's test *US*; **prendere la patente** to pass one's driving test *UK* o driver's test *US*.

paternale sf lecture.

paternalista, i, e ⟨⟩ *agg* paternalistic. ⟨⟩ *sm, f* paternalist.

paternità *sf inv* - 1. [condizione] fatherhood, paternity *form* - 2. [di attentato] responsibility.

paterno, a *agg* - 1. [gen] paternal - 2. [da padre] fatherly.

patetico, a, ci, che *agg* pathetic. ➡ **patetico** *sm*: cadere nel patetico to become (too) sentimental.

patina *sf* - 1. [su oggetto antico] patina - 2. [strato sottile] film.

patire [9] ⟨⟩ *vt* to suffer; **patire il freddo/il caldo** to suffer from the cold/the heat; **patire la fame/la sete** to suffer from hunger/thirst. ⟨⟩ *vi* [subire un danno] to suffer.

patito, a ⟨⟩ *agg* sickly. ⟨⟩ *sm, f*: **un patito di qc** a fan of sthg.

patologia *sf* pathology.

patologico, a, ci, che *agg* pathological.

patria *sf* - 1. [terra natale] (native) country - 2. [luogo di origine] birthplace, home.

patriarca, chi *sm* patriarch.

patrigno *sm* stepfather.

patrimoniale *agg* patrimonial; **rendita patrimoniale** income from property and investments.

patrimonio *sm* - 1. DIR property - 2. [capitale] fortune; **costare/spendere un patrimonio** to cost/spend a fortune - 3. [culturale, artistico] heritage - 4. BIOL: **patrimonio genetico** genetic inheritance.

patriota, i, e *smf* patriot.

patriottico, a, ci, che *agg* patriotic.

patrocinare [6] *vt* - 1. DIR to defend; **patrocinare una causa** to plead a case - 2. [promuovere] to support.

patrocinio *sm* - 1. DIR legal representation - 2. [protezione] support.

patrono, a *sm, f* patron (saint).

patta *sf* - 1. [di tasca] flap - 2. [di pantaloni] flies *pl UK*, fly *esp US*.

patteggiare [18] ⟨⟩ *vt* to negotiate. ⟨⟩ *vi* - 1. [trattare] to negotiate - 2. [scendere a patti] to reach agreement.

pattinaggio *sm* skating; **pattinaggio artistico** figure skating.

pattinare [6] *vi* [gen] to skate; [a rotelle] to roller-skate; [sul ghiaccio] to ice-skate.

pattinatore, trice *sm, f* skater.

pattino[1] *sm* skate; **pattino da ghiaccio** ice skate; **pattino a rotelle** roller skate.

pattino[2] *sm* twin-hulled rowing boat *UK* o rowboat *US*.

patto *sm* - 1. [accordo] pact; **fare un patto** to make a deal; **scendere/venire a patti (con qn/qc)** to come to terms (with sb/sthg); **stare ai patti** to keep to an agreement - 2. [condizione]: **a patto che... (+ congiuntivo)** on condition that...

pattuglia *sf* patrol; **essere di pattuglia** to be on patrol; **pattuglia stradale** traffic patrol.

pattugliare [21] *vt* to patrol.

pattuire [9] *vt* to agree (on).

pattumiera *sf* (rubbish) bin *UK*, garbage can *US*.

paura *sf* - 1. [gen] fear; **avere paura (di qn/qc)** to be afraid (of sb/sthg); **aver paura di fare qc** to be afraid of doing sthg; **fare o mettere paura a qn** to frighten sb - 2. [timore]: **ho paura che...** I'm afraid (that)...; **ho paura di sì/no** I'm afraid so/not; **per paura di fare qc** for fear of doing sthg.

pauroso, a *agg* - 1. [impaurito] fearful - 2. [spaventoso] frightening - 3. *fam* [sbalorditivo] incredible.

pausa *sf* - 1. [sosta] break; **fare una pausa** to have a break - 2. [in discorso, musica] pause.

pavimentazione *sf* road surface.

pavimento *sm* floor.

pavone *sm* peacock; **fare il pavone** to be full of o.s.

paziente [6] *vi* to be patient.

paziente ⟨⟩ *agg* - 1. [persona] patient - 2. [lavoro, ricerca] painstaking. ⟨⟩ *smf* patient.

pazientemente *avv* patiently.

pazienza ⟨⟩ *sf* patience; **avere pazienza** to be patient; **perdere la pazienza** to lose patience. ⟨⟩ *esclam* never mind!

pazzesco, a, chi, che *agg* - 1. [assurdo] crazy - 2. *fam* [straordinario] incredible; **avere una fame/sete pazzesca** to be incredibly hungry/thirsty; **essere di una bellezza/di una maleducazione pazzesca** to be incredibly beautiful/rude.

pazzia *sf* - 1. [malattia] madness - 2. [atto sconsiderato] crazy thing.

pazzo, a ⟨⟩ *agg* - 1. [malato] mad, insane - 2. [insensato] crazy; **innamorato pazzo** madly in love; **essere pazzo di qn** to be madly in love with sb; **andare pazzo per qc** to be crazy about sthg - 3. [velocità] insane. ⟨⟩ *sm, f* - 1. [malato] madman (madwoman *f*) - 2. [scriteriato] lunatic; **cose da pazzi!** it's madness!; **da pazzi** [moltissimo] like mad.

PD (*abbr di* Padova) PD.

PE (*abbr di* Pescara) PE.

peccare [15] *vi* - **1.** [nella religione] to sin - **2.** [sbagliare]: **peccare di qc** to be guilty of sthg.

peccato *sm* - **1.** [nella religione] sin - **2.** [come esclamazione]: **che peccato!** what a pity!

peccatore, trice *sm, f* sinner.

pece *sf* pitch.

Pechino *sf* Beijing.

pecora *sf* sheep; **pecora nera** *fig* black sheep.

peculiare *agg* peculiar.

peculiarità *sf inv* peculiarity.

pedaggio *sm* toll.

pedagogia *sf* education.

pedagogico, a, ci, che *agg* educational.

pedalare [6] *vi* to pedal.

pedale *sm* pedal.

pedalò *sm inv* pedal boat, pedalo *UK*.

pedana *sf* - **1.** [piattaforma] platform; **la pedana della cattedra** dais - **2.** [per la ginnastica] springboard.

pedata *sf* kick.

pediatra, i, e *smf* paediatrician *UK*, pediatrician *US*.

pediatrico, a, ci, che *agg* paediatric *UK*, pediatric *US*.

pedicure [pedi'kyr] ⬦ *smf inv* chiropodist *esp UK*, podiatrist *esp US*. ⬦ *sm inv fam* pedicure.

pedina *sf* [nella dama] piece.

pedinare [6] *vt* to tail.

pedofilia *sf* paedophilia *UK*, pedophilia *US*.

pedofilo, a *sm, f* paedophile *UK*, pedophile *US*.

pedonale *agg* pedestrian (*dav sostantivo*).

pedone *sm* - **1.** [persona] pedestrian - **2.** [negli scacchi] pawn.

peggio ⬦ *avv* - **1.** [comparativo] worse; **stare/sentirsi peggio** to be/feel worse; **peggio di** worse than; **o peggio** or worse; **peggio ancora** even worse - **2.** [superlativo] worst; **le star peggio vestite** the worst-dressed stars. ⬦ *agg inv* - **1.** [peggiore di]: **peggio di qn/qc** worse than sb/sthg - **2.** [in costruzioni impersonali]: **peggio per te** (it) serves you right; **alla peggio** at worst. ⬦ *sm* worst; **il peggio è che...** the worst thing is (that)...; **mettersi al peggio** to take a turn for the worse; **temere il peggio** to fear the worst. ⬦ *sf*: **avere il peggio** to come off worst.

peggioramento *sm* worsening.

peggiorare [6] ⬦ *vt* to make worse. ⬦ *vi* to get worse.

peggiore ⬦ *agg* - **1.** [comparativo] worse; **peggiore di qn/qc** worse than sb/sthg - **2.** [su-](perlativo) worst; **il suo peggior nemico** his worst enemy; **è la cosa peggiore** it's the worst thing; **nella peggiore delle ipotesi** if the worst comes to the worst. ⬦ *smf*: **il peggiore/la peggiore** the worst (one).

pegno *sm* - **1.** [garanzia]: **in pegno** as security - **2.** [prova] token - **3.** [nei giochi] forfeit.

pelare [6] *vt* - **1.** [sbucciare] to peel - **2.** [spelare] to skin; [pollo] to pluck - **3.** [privare dei soldi] to fleece.

pelato, a *agg* bald. ⬦ **pelati** *smpl* skinned tomatoes.

pelle *sf* - **1.** [gen] skin; **pelle d'oca** goose pimples *pl* - **2.** *fam* [vita] life - **3.** [conciata] leather.

pellegrinaggio *sm* pilgrimage.

pellegrino, a *sm, f* pilgrim.

pellerossa *smf inv* Red Indian *offens*.

pelletteria *sf* - **1.** [negozio] leather goods shop - **2.** [assortimento] leather goods *pl*.

pellicano *sm* pelican.

pelliccia, ce *sf* - **1.** [pelo] coat - **2.** [indumento] fur coat; **pelliccia ecologica** fake fur coat.

pellicola *sf* film; **~ trasparente** clingfilm *UK*, plastic wrap *US*.

pelo *sm* - **1.** [gen] hair - **2.** [manto] coat - **3.** [superficie] surface - **4.** [poco]: **un pelo** a touch; **per un pelo** by the skin of one's teeth.

peloso, a *agg* hairy.

peluche [pe'luʃ] *sm inv* - **1.** [stoffa] felt - **2.** [pupazzo] soft toy *UK*, stuffed animal *esp US*.

pena *sf* - **1.** [sofferenza] sorrow - **2.** [preoccupazione]: **essere** *o* **stare in pena (per qn)** to be anxious (about sb) - **3.** [fatica]: **valere la pena** to be worth the effort; **a mala pena** barely - **4.** [punizione] punishment; **pena di morte** death penalty - **5.** [compassione] pity; **fare pena** to be pitiful; **quel bambino mi fa molta pena** I feel really sorry for that child.

penale ⬦ *agg* criminal. ⬦ *sf* - **1.** [clausola] penalty clause - **2.** [somma] fine.

penalità *sf inv* - **1.** SPORT penalty - **2.** [sanzione] fine.

penalizzare [6] *vt* to penalize.

pendente *sm* pendant.

pendenza *sf* slope; **in pendenza** sloping.

pendere [7] *vi* - **1.** [essere inclinato] to slope; [stoffa] to hang down - **2.** [essere appeso]: **pendere da qc** to hang (down) from sthg - **3.** [propendere] to lean.

pendici *sfpl* slopes.

pendio, ii *sm* slope; **in pendio** sloping.

pendola *sf* pendulum clock.

pendolare *smf* commuter; **fare il pendolare** to commute.

pendolino® *sm* high-speed train.

pendolo *sm* pendulum.

pene *sm* penis.

penetrare [6] ⬦ *vi* - **1.** [lama, chiodo, esercito, luce] to penetrate - **2.** [introdursi di nascosto] to steal in. ⬦ *vt* to penetrate.

penisola *sf* peninsula.

penitenza *sf* - **1.** RELIG penance - **2.** [nei giochi] forfeit.

penitenziario *sm* prison, penitentiary *US*.

penna *sf* - **1.** [per scrivere] pen; **penna biro**® ballpoint (pen), Biro® *UK*; **penna a sfera** ballpoint (pen); **penna stilografica** fountain pen - **2.** [di uccello] feather.

pennarello *sm* [per disegnare] felt-tip (pen); [per lavagna] marker (pen).

pennello *sm* paintbrush; **a pennello** *fig* perfectly.

penombra *sf* half-light.

penoso, a *agg* - **1.** [doloroso] painful - **2.** [sgradevole] horrible - **3.** [brutto] awful.

pensare [6] ⬦ *vi* - **1.** [gen] to think; **pensare a qn/qc** to think of o about sb/sthg; **pensarci su** to think about it - **2.** [occuparsi]: **pensare a qc** to take care of sthg - **3.** [giudicare]: **pensare bene/male di qn** to think highly/badly of sb. ⬦ *vt* [immaginare] to think; **pensare che...** to think (that)...; **penso di sì/no** I think so/I don't think so; **pensare di fare qc** to think of doing sthg.

pensiero *sm* - **1.** [gen] thought - **2.** [preoccupazione] worry - **3.** [opinione] thoughts *pl* - **4.** [dono] present.

pensieroso, a *agg* thoughtful, pensive.

pensionante *smf* (paying) guest.

pensionato, a ⬦ *agg* retired. ⬦ *sm, f* pensioner. ◆ **pensionato** *sm* [per anziani] old people's home; [per studenti] hostel.

pensione *sf* - **1.** [sussidio] pension; **pensione di invalidità** disability pension - **2.** [condizione]: **andare in pensione** to retire; **mandare in pensione** to pension off; **essere in pensione** to be retired - **3.** [albergo] guest house - **4.** [vitto e alloggio]: **pensione completa** full board *esp UK*, American plan *US*; **mezza pensione** half board *UK*, modified American plan *US*.

Pentecoste *sf* Pentecost.

pentimento *sm* - **1.** [rimorso] remorse - **2.** [ripensamento] second thoughts *pl*.

pentirsi [8] *vip* - **1.** [provare rimorso] to repent - **2.** [rimpiangere]: **pentirsi di (aver fatto) qc** to regret (doing) sthg.

pentito, a *agg* repentant.

pentola *sf* saucepan; **pentola a pressione** pressure cooker.

penultimo, a ⬦ *agg* second-last, penultimate. ⬦ *sm, f* second-last person.

penuria *sf* shortage.

penzolare [6] *vi*: **penzolare da qc** to dangle from sthg.

pepe *sm* pepper.

peperoncino *sm* chilli *UK*, chili *US*.

peperone *sm* pepper, capsicum.

pepita *sf* nugget.

per *prep* - **1.** [destinazione, scopo] for; **una lettera per te** a letter for you; **fare qc per amore/i soldi** to do sthg for love/money; **lottare per la libertà** to fight for freedom; **equipaggiarsi per la montagna** to kit o.s. out for the mountains; **prepararsi per gli esami** to get ready for the exams; **un francobollo per l'Europa** a stamp for Europe; **per fare qc** to do sthg; **sono venuto per vederti** I came to see you - **2.** [in favore di] for; **per te farei qualsiasi cosa** I'd do anything for you - **3.** [moto per luogo]: **ti ho cercato per tutta la città** I looked for you all over town; **passeremo per Roma** we're going via Rome - **4.** [moto a luogo, destinazione] for; **il treno per Genova** the train for Genoa; **partire per Napoli** to leave for Naples - **5.** [durata] for; **per tutta la vita** for the whole of one's life; **resti per tanto tempo?** are you staying long?; **ha parlato per due ore** he spoke for two hours; **dirsi addio per sempre** to say goodbye for ever - **6.** [scadenza]: **sarò di ritorno per le cinque** I'll be back by five; **fare qc per tempo** to do sthg in good time - **7.** [mezzo, modo]: **gli ho parlato per telefono** I spoke to him on the phone; **comunichiamo per e-mail** we communicate by e-mail; **viaggiare per mare** to travel by sea; **per scherzo** as a joke; **per caso** by chance - **8.** [causa]: **piangere per la rabbia** to weep with rage; **viaggiare per lavoro** to travel on business; **per aver fatto qc** for having done sthg - **9.** [valore distributivo]: **entrare uno per volta** to come in one at a time; **uno per uno** one each; **mettersi in fila per due** to line up in pairs; **il venti per cento** twenty per cent - **10.** [ruolo, condizione] as; **non lo vorrei per collega** I wouldn't want him as a colleague - **11.** [prezzo] for; **lo ha venduto per 150 euro** he sold it for 150 euros - **12.** MAT times, multiplied by; **2 per 3 fa 6** 2 times 3 is 6 - **13.** [limitazione]: **per me, vi sbagliate** in my opinion, you're wrong; **per questa volta** just this once; **per ora** for now; **per poco non perdevo il treno** I almost missed the train - **14.** [con valore consecutivo]: **è troppo bello per essere vero** it's too good to be true.

pera *sf* pear.

peraltro avv [del resto] what's more; [tuttavia] nevertheless.

perbene ◇ agg inv respectable. ◇ avv properly.

percento avv ▷ **cento**.

percentuale sf - 1. [rapporto numerico] percentage - 2. [commissione] commission.

percepire [9] vt - 1. [ricevere] to receive - 2. [avvertire] to perceive.

percezione sf - 1. [sensoriale] perception - 2. [intuizione] feeling.

perché ◇ avv why; **perché non ci andiamo?** why don't we go?; **perché arrabbiarsi?** why get angry?; **perché no?** why not?; **chissà perché** who knows why; **ecco perché** that's why. ◇ cong - 1. [per il fatto che] because; **perché sì/no!** (just) because! - 2. (+congiuntivo) [affinché] so that - 3. (+congiuntivo) [cosicché]: **è troppo complicato perché si possa capire** it's too complicated for anyone to understand. ◇ sm inv [motivo]: **il perché** the reason; **senza un perché** for no reason.

perciò cong so.

percorrere [65] vt - 1. [strada] to go along; [distanza] to cover - 2. [regione] to travel.

percorso, a pp ▷ **percorrere**. ◆ **percorso** sm [tragitto] journey; [di autobus, tram] route.

percossa sf blow.

percosso, a pp ▷ **percuotere**.

percuotere [70] vt - 1. [malmenare] to hit - 2. [battere] to bang.

percussione sf MUS: **strumento a percussione** percussion instrument; **le percussioni** the percussion section (sing).

perdente ◇ agg losing. ◇ smf loser.

perdere [33] vt - 1. [gen] to lose; **perdere le tracce di qn/qc** to lose track of sb/sthg; **perdere il filo (di qc)** to lose the thread (of sthg) - 2. [tempo] to waste - 3. [acqua] to leak; [sangue] to lose - 4. [mezzo di trasporto, lezione] to miss; **perdere coscienza** o **i sensi** to lose consciousness; **perdere di vista qn/qc** to lose sight of sb/sthg; **perdere d'occhio qn/qc** to take one's eyes off sb/sthg; **perdere la pazienza** o **le staffe** to lose one's patience; **perdere terreno** to lose ground; **perdere la vita** to lose one's life. ◆ **perdersi** vip - 1. [smarrirsi] to get lost; **perdersi d'animo** to get downhearted - 2. [divagare] to get distracted - 3. [svanire] to fade.

perdita sf - 1. [gen] loss - 2. [spreco] waste - 3. [di acqua] leak; [di sangue] loss.

perdonare [6] vt - 1. [assolvere] to forgive; **perdonare qc a qn** to forgive sb sthg; **perdonare qn di** o **per qc** to forgive sb for sthg - 2. [scusare] to excuse.

perdono sm - 1. [gen] forgiveness; **chiedere perdono di qc** to apologize for sthg - 2. DIR pardon.

perduto, a agg - 1. [che non si ha più] lost - 2. [sprecato] wasted - 3. [spacciato] done for (non dav sostantivo).

perenne agg - 1. [eterno] everlasting - 2. [continuo] continual - 3. BOT perennial.

perennemente avv - 1. [eternamente] for ever - 2. [continuamente] always.

perfettamente avv - 1. [molto bene] perfectly - 2. [assolutamente] completely.

perfetto, a agg - 1. [ineccepibile, ottimo] perfect - 2. [assoluto, completo] complete.

perfezionare [6] vt to improve. ◆ **perfezionarsi** ◇ vip to improve. ◇ vr to specialize.

perfezione sf - 1. [eccellenza] perfection; **alla perfezione** perfectly - 2. [completamento] completion.

perfezionista, i, e smf perfectionist.

perfino avv even.

perforare [6] vt - 1. [da parte a parte] to pierce - 2. [in profondità] to drill.

pergolato sm pergola.

pericolante agg unsafe.

pericolo sm danger; **in pericolo** in danger; **essere in pericolo di vita** to be in grave danger; **essere fuori pericolo** to be out of danger.

pericoloso, a agg dangerous.

periferia sf suburbs pl.

periferico, a, ci, che agg suburban.

perimetro sm perimeter.

periodico, a, ci, che agg periodic. ◆ **periodico** sm periodical.

periodo sm - 1. [gen] period; **periodo di prova** trial period - 2. [stagione] season; **il periodo delle piogge** the rainy season.

perire [9] vi to perish.

perito, a sm, f - 1. [esperto] expert - 2. [tecnico diplomato]: **perito chimico** qualified chemist; **perito elettronico** electronics engineer; **perito agrario** agricultural expert.

peritonite sf peritonitis.

perizia sf examination.

perizoma, i sm thong.

perla sf pearl.

perlato, a agg - 1. [iridescente] pearly - 2. [trattato]: **orzo perlato** pearl barley.

perlina sf bead.

perlomeno *avv* at least.

perlopiù *avv* for the most part.

perlustrare [6] *vt* to search.

perlustrazione *sf* search; **in perlustrazione** on patrol.

permaloso, a *agg* touchy.

permanente ◇ *agg* permanent. ◇ *sf* perm, permanent *US*.

permanenza *sf* - **1.** [soggiorno] stay - **2.** [persistenza] persistence.

permesso, a ◇ *pp* ▷ **permettere**. ◇ *agg* - **1.** [consentito] allowed - **2.** [formula di cortesia]: **(è) permesso?** may *o* can I come in? ◆ **permesso** *sm* - **1.** [autorizzazione] permission; **chiedere il permesso di fare qc** to ask for permission to do sthg; **permesso di soggiorno** residence permit - **2.** [licenza] leave; **essere in permesso** to be on leave - **3.** [documento] permit.

permettere [71] *vt* - **1.** [autorizzare] to permit, to allow; **permettere a qn di fare qc** to permit sb to do sthg; **permettersi (di fare) qc** [osare] to dare (to do) sthg; [concedersi economicamente] to afford (to do) sthg - **2.** [in formule di cortesia]: **permette?** may I? - **3.** [rendere possibile] to permit.

permissivo, a *agg* permissive.

pernice *sf* partridge.

perno *sm* - **1.** [in meccanica] pin - **2.** [elemento fondamentale] linchpin.

pernottamento *sm* overnight stay.

pernottare [6] *vi* to stay the night.

pero *sm* pear tree.

però *cong* - **1.** [avversativo] but - **2.** [esprime sorpresa] well.

perpendicolare *agg & sf* perpendicular.

perpetua *sf* priest's housekeeper.

perpetuo, a *agg* - **1.** [incessante] perpetual - **2.** [eterno] everlasting.

perplessità *sf inv* - **1.** [indecisione] indecision - **2.** [dubbio] doubt.

perplesso, a *agg* puzzled.

perquisire [9] *vt* to search.

perquisizione *sf* search.

persecuzione *sf* persecution.

perseguire [8] *vt* - **1.** [voler conseguire] to pursue - **2.** DIR to prosecute.

perseguitare [6] *vt* to persecute.

perseverante *agg* persevering.

perseveranza *sf* perseverance.

perseverare [6] *vi*: **perseverare in qc** to persevere with sthg.

persiana *sf* shutter; **persiana avvolgibile** roller shutter *UK*, corrugated shutter *US*.

persiano, a *agg & sm, f* Persian.

Persico *agg* ▷ **golfo**.

persino *avv* = **perfino**.

persistente *agg* persistent.

persistere [66] *vi* - **1.** [ostinarsi] to persist - **2.** [durare] to linger.

perso, a ◇ *pp* ▷ **perdere**. ◇ *agg* - **1.** [sprecato] missed; **a tempo perso** in one's spare time - **2.** [smarrito] lost.

persona *sf* - **1.** [essere umano] person; **a persona** per person; **di** *o* **in persona** in person; **persona di fiducia** trustworthy person; **in prima persona** at first hand - **2.** [qualcuno] someone; [nessuno] no one - **3.** [aspetto fisico] appearance.

personaggio *sm* - **1.** [in romanzo, film] character - **2.** [personalità] figure.

personal computer ['personal kom'pjuter] *sm inv* personal computer.

personale ◇ *agg* personal. ◇ *sm* - **1.** [dipendenti] personnel; **personale di terra/di volo** ground/air crew - **2.** [corpo] figure. ◇ *sf* one-man (one-woman *f*) show.

personalità *sf inv* personality.

personalizzare [6] *vt* to personalize.

personalmente *avv* personally.

perspicace *agg* - **1.** [intelligente] sharp - **2.** [lungimirante] far-sighted.

persuadere [32] *vt* - **1.** [convincere] to persuade; **persuadere qn di qc** to persuade sb of sthg; **persuadere qn a fare qc** to persuade sb to do sthg - **2.** [soddisfare] to convince. ◆ **persuadersi** *vr* - **1.** [convincersi] to convince o.s. - **2.** [decidersi] to decide.

persuasi *etc* ▷ **persuadere**.

persuasione *sf* persuasion.

persuasivo, a *agg* persuasive.

persuaso, a ◇ *pp* ▷ **persuadere**. ◇ *agg* convinced.

pertanto *cong* therefore.

pertinente *agg* pertinent.

pertosse *sf* whooping cough.

perturbazione *sf* METEO storm.

Perù *sm*: **il Perù** Peru.

Perugia *sf* Perugia.

peruviano, a *agg & sm, f* Peruvian.

pervenire [109] *vi* to arrive; **far pervenire qc a qn** to send sthg to sb.

pervenuto, a *pp* ▷ **pervenire**.

perverso, a *agg* perverse.

pervertito, a *sm, f* pervert.

pesante *agg* - **1.** [gen] heavy - **2.** [spesso e caldo] warm - **3.** [lento] slow - **4.** [scorretto, violento] rough - **5.** [volgare] dirty.

pesare [6] ◇ *vt* - **1.** [con bilancia] to weigh - **2.** [valutare] to weigh up; **pesare le parole** to measure one's words. ◇ *vi* - **1.** [pacco, carico, persona] to weigh; **quanto pesa la valigia?** how much does the suitcase weigh?; **pesare un quintale** to weigh a ton - **2.** [essere fastidioso] to be a burden; **pesare a qn** to weigh on sb; **far pesare qc a qn** to make sthg weigh on sb - **3.** [poggiare] to rest; **pesare sulle spalle di qn** [dipendere da] to be dependent on sb - **4.** [influire] to have influence. ◆ **pesarsi** *vr* to weigh o.s.

pesca¹, sche ['peska] ◇ *sf* peach. ◇ *agg inv* peach.

pesca², sche ['peska] *sf* - **1.** [attività] fishing; **andare a pesca** to go fishing; **pesca subacquea** underwater fishing - **2.** [pescato] catch.

pescanoce (*pl* peschenoci) *sf* nectarine.

pescare [15] *vt* - **1.** [pesce] to fish - **2.** [raccogliere] to pick up - **3.** *fam* [trovare] to come across.

pescatore, trice *sm, f* fisherman (fisherwoman *f*).

pesce *sm* fish; **pesce rosso** goldfish; **pesce spada** swordfish; **prendere qn a pesci in faccia** *fam* to treat sb like dirt. ◆ **pesce d'aprile** *sm* April fool. ◆ **Pesci** *smpl* ASTROL Pisces; **essere dei Pesci** to be (a) Pisces.

pescecane (*pl* pescicani *o* pescecani) *sm fig* shark.

peschereccio *sm* fishing boat.

pescheria *sf* fishmonger's *esp UK*, fish market *US*.

pescivendolo, a *sm, f* fishmonger.

pesco, schi *sm* peach tree.

peso *sm* - **1.** [gen] weight; **peso forma** optimum weight; **peso lordo** gross weight; **peso netto** net weight; **essere di peso a qn** to be a burden on sb; **togliersi un peso dallo stomaco** *fig* to get a load off one's mind - **2.** [carico] load; **prendere/sollevare qn di peso** to lift someone up (bodily); **peso morto** dead weight - **3.** [importanza] relevance; **non dare peso a qc** to pay no heed to sthg.

pessimismo *sm* pessimism.

pessimista, i, e ◇ *agg* pessimistic. ◇ *smf* pessimist.

pessimo, a *agg* terrible.

pestare [6] *vt* - **1.** [calpestare] to tread on, to trample on - **2.** [frantumare] to crush - **3.** [picchiare] to beat up.

peste *sf* - **1.** [malattia] plague - **2.** [bimbo] pest.

pestello *sm* pestle.

pesto, a *agg* wrecked. ◆ **pesto** *sm* pesto; **al pesto** with pesto.

petalo *sm* petal.

petardo *sm* firecracker, banger *UK*.

petizione *sf* petition.

petroliera *sf* (oil) tanker.

petroliere *sm* oilman.

petrolifero, a *agg* oil (*dav sostantivo*).

petrolio *sm* oil; **petrolio greggio** *o* **grezzo** crude oil.

pettegolezzo *sm* gossip (*U*).

pettegolo, a ◇ *agg* gossipy. ◇ *sm, f* gossip.

pettinare [6] *vt* - **1.** [capelli, pelo] to comb; **pettinarsi i capelli** to comb *o* brush one's hair - **2.** [acconciare]: **pettinare qn** to do sb's hair. ◆ **pettinarsi** *vr* to comb *o* brush one's hair.

pettinatrice *sf ant* hairstylist.

pettinatura *sf* hairstyle.

pettine *sm* comb.

pettirosso *sm* robin.

petto *sm* - **1.** [torace] chest - **2.** [seno, carne] breast.

pettorale ◇ *agg* [gen] chest (*dav sostantivo*); MED pectoral. ◇ *sm* - **1.** [muscolo] pectoral muscle; **pettorali** pectorals, pecs *fam* - **2.** [di corridore] number.

petulante *agg* - **1.** [persona] annoying - **2.** [domande, atteggiamento] insistent.

pezza *sf* - **1.** [ritaglio] rag; **bambola di pezza** rag doll - **2.** [toppa, macchia] patch - **3.** [documento] voucher.

pezzente *smf* tramp.

pezzo *sm* - **1.** [gen] piece, bit; **un pezzo di legno/torta** a piece of wood/cake; **i pezzi degli scacchi** chess pieces; **fare a pezzi qn/qc** to pull sb/sthg to pieces; **cadere a pezzi** to fall to pieces; **essere a pezzi** [sfinito] to be shattered; **pezzo grosso** bigwig; **due pezzi** two-piece swimsuit - **2.** [di motore, congegno] part; **pezzo di ricambio** spare part - **3.** [banconota] note *esp UK*, bill *US* - **4.** [tratto di strada] way - **5.** [periodo] while; **è un pezzo che non ci vediamo** we haven't seen each other for a while.

PG (*abbr di* **Perugia**) PG.

pH *sm inv* pH.

phon [fɔn] *sm inv* = **fon**.

P.I. (*abbr di* **partita IVA**) VAT no.

piacere [87] ◇ *vi* - **1.** [risultare gradito]: **mi piace il tennis** I like tennis; **gli piace ballare** he likes dancing; **il libro non mi è piaciuto** I didn't like the book; **ti piacerebbe andare al cinema stasera?** would you like to go to the cinema *esp UK o* movies *esp US* tonight? - **2.** [risultare attraente]: **quel ragazzo mi piace molto** I really like *o* fancy *UK* that boy. ◇ *sm* - **1.** [gen] pleasure; **che piacere!** what a pleasure!; **con piacere!** with pleasure!; **fare piacere a qn** to please sb - **2.** [nelle presentazioni]: **piacere!** pleased to meet you! - **3.** [favore]: **fare un piacere a qn** to do sb a favour *UK o* favor *US*; **chiedere un piacere a qn** to ask a favour *UK* o favor *US* of sb; **per piacere** please - **4.** [volontà]: **a piacere** at will.

piacevole *agg* pleasant.

piacevolmente *avv* pleasantly.

piacimento *sm*: **a piacimento** at will.

piaciuto, a *pp* ▷ **piacere**.

piacqui *etc* ▷ **piacere**.

piaga, ghe *sf* - **1.** [ferita] sore - **2.** [flagello] scourge.

piagnucolare [6] *vi* to whimper.

piana *sf* plain.

pianeggiante *agg* flat.

pianerottolo *sm* landing.

pianeta, i *sm* planet.

piangere [49] ◇ *vi* to cry; **smettila di piangere!** stop crying!; **mi viene da piangere** I could weep; **scoppiare a piangere** to burst into tears; **piangere per qc** to cry for sthg; **piangere di gioia** to cry for joy; **piangere sul latte versato** *fig* to cry over spilt *UK* o spilled *US* milk. ◇ *vt* - **1.** [lacrime] to cry - **2.** [lamentare] to mourn; **piangere miseria** to plead poverty.

pianificare [15] *vt* to plan.

pianificazione *sf* planning; **pianificazione familiare** family planning.

pianista, i, e *smf* pianist.

piano, a *agg* flat. ◆ **piano** ◇ *avv* - **1.** [lentamente] slowly; **andarci piano con qc** *fam* to take it easy with sthg - **2.** [a basso volume] quietly - **3.**: **piano piano** [gradualmente] gradually; [silenziosamente] quietly. ◇ *sm* - **1.** [superficie] surface; **in piano** level; **piano di lavoro** workbench - **2.** GEOM plane - **3.** [livello, ambito] level - **4.** [di torta] tier; [di veicolo] deck; **autobus a due piani** double-decker bus - **5.** [di edificio] floor, storey *UK*, story *US*; **abito al primo piano** I live on the first *UK* o second *US* floor; **un grattacielo di venti piani** a twenty-storey *UK* o twenty-story *US* skyscraper; **piano rialzato** mezzanine - **6.** [inquadratura]: **primo/primissimo piano** close-up/extreme close-up; **di primo piano** *fig* prominent; **di secondo piano** *fig* secondary - **7.** [progetto] plan; **piano di studi** list of courses to be taken by a student - **8.** [pianoforte] piano.

piano-bar *sm inv* piano bar.

pianoforte *sm* piano; **pianoforte a coda** grand piano.

pianoterra *sm inv* ground *UK* o first *US* floor.

piansi *etc* ▷ **piangere**.

pianta *sf* - **1.** [vegetale] plant; **pianta carnivora** carnivorous plant - **2.** [del piede] sole - **3.** [disegno] plan; **in pianta stabile** permanently.

piantagione *sf* plantation.

piantare [6] *vt* - **1.** [coltivare] to plant - **2.** [conficcare]: **piantare qc in qc** to drive sthg into sthg - **3.** *fam* [abbandonare - fidanzato, moglie] to dump; [- lavoro] to quit, to pack in *esp UK*; **piantare in asso qn** to leave sb in the lurch - **4.**: **piantala!** cut it out!, stop it! ◆ **piantarsi** ◇ *vr* - **1.** [fermarsi] to stand - **2.** [lasciarsi] to split up. ◇ *vip*: **piantarsi in qn/qc** to stick into sb/sthg.

pianterreno *sm* ground *UK* o first *US* floor.

pianto, a *pp* ▷ **piangere**. ◆ **pianto** *sm* crying; **scoppiare in pianto** to burst into tears.

pianura *sf* GEO plain; **la Pianura Padana** the Po Valley.

piastra *sf* - **1.** [lastra, lamina] sheet - **2.** [fornello] hotplate - **3.** [griglia] grill - **4.** [di registrazione] tape deck.

piastrella *sf* tile.

piastrina *sf* - **1.** [di riconoscimento] tag - **2.** [nel sangue] platelet.

piattaforma *sf* platform; **piattaforma di lancio** launch pad; **piattaforma petrolifera** oil platform.

piattino *sm* [di tazza] saucer; [da dessert] (small) plate.

piatto, a *agg* flat. ◆ **piatto** *sm* - **1.** [recipiente] plate, dish; **piatto fondo** bowl, soup plate o bowl; **piatto piano** dinner plate; **piatto da dessert** dessert plate; **piatto della bilancia** scale pan - **2.** [vivanda] dish; **piatto del giorno** today's special; **piatto unico** one-course meal. ◆ **piatti** *smpl* cymbals.

piazza *sf* - **1.** [piazzale] square; **fare piazza pulita (di qc)** to make a clean sweep (of sthg); **mettere in piazza qc** *fig* to make sthg public; **Piazza Affari** the Italian Stock Exchange in Milan; **piazza d'armi** parade ground - **2.** [di letto]: **letto a una piazza** single bed; **letto a due piazze** double bed; **letto a una piazza e mezzo** small double bed - **3.** [mercato] market; **rovinare la piazza a qn** *fig* to put a spoke in sb's wheel *UK*, to throw a (monkey) wrench onto the works for sb *US*.

piazzale *sm* - **1.** [con panorama] (large) square - **2.** [di stazione] forecourt.

piazzare [6] *vt* - **1.** [mettere] to position - **2.** SPORT to land - **3.** [vendere] to sell. ◆ **piazzarsi** *vr* - **1.** [classificarsi] to be placed - **2.** [sistemarsi] to settle o.s.

piazzola *sf* - **1.** [su strada] lay-by *UK*, pull-off *US* - **2.** [in campeggio] space.

piccante *agg* - **1.** [sapore - salsa, peperoni] hot; [- formaggio] strong - **2.** [spinto] bawdy.

picche *sfpl* spades.

picchiare [20] <> vt to hit. <> vi - 1. [battere - dolcemente] to tap; [- forte] to beat - 2. fig [luce forte] to beat down. ◆ **picchiarsi** vr to fight.

picchio sm woodpecker.

piccino, a <> agg tiny. <> sm, f little one.

picciolo sm stalk.

piccione sm pigeon.

picco, chi sm - 1. [cima] peak; **a picco** vertically; **andare** o **colare a picco** to sink - 2. [valore massimo] peak.

piccolo, a <> agg - 1. [gen] small; **una piccola città** a small town; **un piccolo favore** a small favour UK o favor US; **un piccolo imprenditore** a small businessman; **c'è stato un piccolo malinteso** there was a bit of a misunderstanding - 2. [pausa] short - 3. [giovane] little, small - 4. **da piccolo** when I/he etc was little. ◆ **piccolo** sm baby.

piccone sm pick.

piccozza sf ice axe UK o ax US.

picnic sm inv picnic; **fare un picnic** to have a picnic.

pidocchio sm - 1. [insetto] louse - 2. [avaro] skinflint.

piede sm foot; **andare a piedi** to go on foot, to walk; **essere/stare in piedi** to be standing; **stare in piedi** fig [ragionamento] to stand up; **alzarsi in piedi** [movimento] to stand up; **reggersi in piedi** [posizione] to stand (up); **su due piedi** [sul momento] on the spot; **in punta di piedi** on tiptoe; **mettere piede in un luogo** to set foot in a place; **mettere in piedi qc** [allestire] to set sthg up; **essere ai piedi di qn** fig to be at sb's feet; **prendere piede** to gain ground; **levarsi** o **togliersi dai piedi** to get out of the way. ◆ **piede di porco** sm jemmy UK, jimmy US.

piedistallo sm pedestal.

piega, ghe sf - 1. [di tessuto, carta - intenzionale] fold; [- grinza] crease - 2. [di gonna] pleat; [di pantaloni] crease - 3. [ruga, grinza] wrinkle; **non fare una piega** [ragionamento] to be faultless - 4. [andamento]: **prendere una brutta** o **cattiva piega** to take a turn for the worse.

piegare [16] vt - 1. [gen] to bend - 2. [tessuto, carta] to fold (up) - 3. [domare] to subdue. ◆ **piegarsi** vip to buckle. <> vr - 1. [flettersi] to bend (down) - 2. [cedere] to give in; **piegarsi a qc** to yield to sthg.

pieghevole <> agg - 1. [sedia, tavolo] folding - 2. [flessibile] pliant. <> sm leaflet.

Piemonte sm: **il Piemonte** Piedmont.

piemontese agg & smf Piedmontese.

piena sf flood; **essere in piena** to be in spate.

pienamente avv completely; **sono pienamente d'accordo** I completely agree.

pieno, a agg full; **l'albergo è pieno** the hotel is full; **una strada piena di buche** a road full of holes; **a pieni voti** with full marks; **essere pieno zeppo** to be completely full; **essere pieno di sé** to be full of o.s.; **in pieno viso** full in the face; **in pieno** [totalmente] completely; **una persona piena di difetti/virtù/problemi** a person with a lot of faults/good points/problems. ◆ **pieno** sm - 1. [di carburante] full tank; **fare il pieno** to fill up - 2. [mezzo]: **nel pieno di qc** (right) in the middle of sthg.

piercing ['pirsin] sm inv piercing.

pietà sf inv pity; **fare pietà** fam to be awful. ◆ **Pietà** sf Pietà.

pietanza sf dish.

pietoso, a agg - 1. [gen] pitiful - 2. fam [brutto] awful.

pietra sf stone; **pietra miliare** fig milestone; **pietra pomice** pumice stone; **pietra dura** semiprecious stone; **pietra preziosa** precious stone.

pietroso, a agg stony.

piffero sm - 1. [strumento] pipe - 2. [suonatore] piper.

pigiama, i sm pyjamas pl UK, pajamas pl US.

pigiare [18] vt to press.

pigliare [21] vt fam to get; **chi dorme non piglia pesci** the early bird catches the worm.

pigna sf pine cone.

pignolo, a <> agg fussy. <> sm, f fusspot fam UK, fussbudget fam US.

pigolare [6] vi to chirp.

pigrizia sf laziness.

pigro, a agg lazy; **essere pigro nel lavoro/ nello studio** to be lazy about work/studying.

PIL [pil] (abbr di Prodotto Interno Lordo) sm ECON GDP.

pila sf - 1. [mucchio] pile - 2. [batteria] battery; **essere alimentato a pile** to run on batteries - 3. [torcia] torch UK, flashlight US.

pilastro sm pillar; **un pilastro della società** a pillar of society.

pile [pail] sm inv fleece.

pillola sf pill; **pillola (anticoncezionale)** (contraceptive) pill; **prendere/smettere la pillola** to take/stop taking the pill.

pilone sm - 1. [ponte, volta] pillar - 2. [per cavi] pylon.

pilota, i, e <> smf - 1. [di aereo, nave] pilot - 2. [di auto, moto] (racing) driver. <> agg inv pilot (dav sostantivo).

pilotaggio *sm*: cabina di pilotaggio flight deck.

pilotare [6] *vt* - 1. [guidare - aereo] to pilot; [- macchina] to drive; [- nave] to sail - 2. *fig* [manovrare] to rig.

piluccare [6] *vt* to pick at.

pinacoteca, che *sf* art gallery.

pineta *sf* pine forest.

ping-pong® *sm inv* table tennis; un tavolo/tavolino da ping-pong a table-tennis table.

pinguino *sm* penguin.

pinna *sf* - 1. ZOOL fin - 2. [di sub] flipper.

pino *sm* pine.

pinolo *sm* pine nut.

pinzare [6] *vt* to staple.

pinzatrice *sf* stapler.

pinze *sfpl* - 1. [attrezzo] pliers - 2. MED forceps.

pinzette *sfpl* tweezers.

pio, a *agg* - 1. [devoto] pious - 2. [caritatevole] charitable.

pioggia, ge *sf* - 1. [atmosferica] rain; pioggia acida acid rain - 2.: una pioggia di qc [grande quantità – di fiori, riso] a shower of sthg; [- di insulti] a hail of sthg.

piolo *sm* [paletto] peg; [di scala] rung.

piombare [6] ⬦ *vi* - 1. [cadere giù] to plunge - 2. *fig* [sprofondare]: piombare nel buio to be plunged into darkness; piombare nella miseria to be reduced to poverty; piombare nel sonno to fall fast asleep - 3. [avventarsi]: piombare su *o* addosso a qn/qc to swoop on sb/sthg - 4. [arrivare] to show up. ⬦ *vt* - 1. [sigillare] to seal - 2. [dente] to fill.

piombo *sm* - 1. [metallo] lead - 2. [peso] weight; a piombo plumb - 3. [sigillo] seal.

pioppo *sm* poplar.

piovana *agg*: acqua piovana rainwater.

piovere [118] ⬦ *vi impers* to rain; piove it's raining; piovere a catinelle to pour (down). ⬦ *vi* - 1. [gocciolare] to leak - 2. [cadere] to rain (down).

piovigginare [114] *vi impers* to drizzle.

piovoso, a *agg* rainy.

piovra *sf* octopus.

pipa *sf* pipe.

pipì *sf inv* pee; fare la pipì to pee; mi scappa la pipì! I have to pee!

pipistrello *sm* bat.

piramide *sf* pyramid.

pirata, i ⬦ *sm* [corsaro] pirate; pirata della strada hit-and-run driver; pirata informatico hacker. ⬦ *agg inv* pirate *(dav sostantivo)*.

pirateria *sf* piracy; pirateria informatica hacking.

Pirenei *smpl*: i Pirenei the Pyrenees.

pirite *sf* pyrites *(sing)*.

piroetta *sf* - 1. [nella danza] pirouette - 2. [capriola] somersault.

pirofila *sf* Pyrex® dish.

piromane *smf* pyromaniac.

piroscafo *sm* steamboat.

Pisa *sf* Pisa.

pisciare [19] *vi volg* to piss; pisciarsi addosso to wet o.s.

piscina *sf* swimming pool.

pisello *sm* pea.

pisolino *sm* nap; fare un pisolino to have a nap.

pista *sf* - 1. [gen] track; pista ciclabile cycle lane - 2. [da sci] (ski) run - 3. [spiazzo]: pista da ballo dance floor; pista di pattinaggio (skating) rink - 4. [di aeroporto] runway.

pistacchio *sm & agg inv* pistachio.

pistola *sf* - 1. [arma] pistol; un colpo di pistola a shot; pistola a tamburo revolver - 2. [attrezzo]: pistola a spruzzo spray gun.

pistone *sm* piston.

pitone *sm* python.

pittore, trice *sm, f* painter.

pittura *sf* painting.

pitturare [6] *vt* to paint.

più ⬦ *avv* - 1. [in comparativi] more; questo esercizio è più difficile this exercise is more difficult; quell'esercizio è più facile that exercise is easier; parla più forte speak up; la mia macchina è più vecchia della sua my car is older than his; io ho aspettato più di te I waited longer than you; di più more; l'ho pagato di più I paid more for it; più che mai more than ever - 2. [in superlativi] most; questa è la camera più cara this is the most expensive room; è il più bravo della classe he's the brightest in the class; cerca di finire il più presto possibile try to finish as quickly as possible; di più most; quella è la macchina che costa di più that's the car which costs the most; il più possibile as much as possible - 3. [in correlazione] the more; più ci pensi, peggio è the more you think about it, the worse it gets; più... più the more... the more; più lo leggo, più mi piace the more I read it, the more I like it; più... meno the more... the less; più ci penso e meno ho voglia di andarci the more I think about it, the less I want to go; giorno più, giorno meno one day more or less - 4. [con negazione]: non... più not... any more; non si vede più niente you can't see anything any more; non ha più vent'anni he's not twenty any more; mai più never again; non lo farò mai più I'll never do it again - 5. [nelle addizioni, nei voti scolastici] plus; in o

di più: mi ha dato 10 euro in o **di più** he gave me 10 euros too much; **ci vorranno tre uova in più** we'll need three more eggs; **più** o **meno** more or less; **né più né meno** no more, no less; **per di più** what's more. ◇ *agg inv* - **1.** [in quantità, numero maggiore] more - **2.** [diversi] several. ◇ *sm inv* - **1.** [cose] most; **il più delle volte** most of the time; **parlare del più e del meno** to chat about this and that - **2.** [persone]: **i più** most people - **3.** [in matematica] plus sign. ◇ *prep* plus.

piuma *sf* feather.

piumino *sm* - **1.** [giubbotto] padded jacket - **2.** [per cipria] powder puff - **3.** [per spolverare] feather duster.

piumone ® *sm* duvet *esp UK*, comforter *US*.

piuttosto *avv* - **1.** [più] rather; **prenderei piuttosto un caffè** I'd rather have a coffee - **2.** [abbastanza] quite - **3.** [invece] instead; **prendi piuttosto quello rosso** take the red one instead; **piuttosto che rather than**; **morirebbe piuttosto che ammettere di aver torto** he'd rather die than admit he's wrong.

pizza *sf* - **1.** [vivanda] pizza; **pizza al taglio** *pizza sold by the slice* - **2.** *fam* [noia] bore.

pizzaiolo, a *sm, f* pizza chef; **alla pizzaiola** *cooked with tomato, garlic, and oregano*.

pizzeria *sf* pizzeria.

pizzicare [15] ◇ *vt* - **1.** [con le dita] to pinch - **2.** *fam* [pungere - vespa, ape] to sting; [- zanzara, formica] to bite - **3.** *fam* [sorprendere] to nab - **4.** MUS to pluck. ◇ *vi* - **1.** [provare prurito] to itch - **2.** [essere piccante] to burn.

pizzico, chi *sm* - **1.** [gen] pinch - **2.** *fig* hint.

pizzicotto *sm* pinch.

pizzo *sm* - **1.** [merletto] lace - **2.** [barba] goatee.

PL (*abbr di Polonia*) PL.

placare [15] *vt* - **1.** [ammansire] to calm down - **2.** [attenuare] to alleviate; **placare la fame di qn** to satisfy sb's hunger; **placare la sete di qn** to quench sb's thirst. ◆ **placarsi** *vip* - **1.** [ammansirsi - persona] to calm down; [- emozione] to subside - **2.** [attenuarsi] to die down.

placca, che *sf* - **1.** [piastra] plate - **2.** [targhetta] plaque - **3.** MED: **placca (batterica)** (dental) plaque.

placcare [15] *vt* - **1.** [rivestire] to plate; **placcato in oro/argento** gold/silver-plated - **2.** [nel rugby] to tackle.

placenta *sf* placenta.

plagiare [18] *vt* - **1.** [imitare] to plagiarize - **2.** [soggiogare] to brainwash.

plagio *sm* - **1.** [imitazione] plagiarism - **2.** [assoggettamento] brainwashing.

planetario, a *agg* - **1.** [dei pianeti] planetary - **2.** [mondiale] worldwide. ◆ **planetario** *sm* planetarium.

plantare *sm* arch support.

plasma, i *sm* plasma; **TV/schermo al plasma** plasma TV/screen.

plasmare [6] *vt* to mould *UK*, to mold *US*.

plastica, che *sf* - **1.** [materiale] plastic - **2.** MED plastic surgery.

plastico, a, ci, che *agg* - **1.** plastic - **2.** ▷ **chirurgia**. ◆ **plastico** *sm* - **1.** [modello] model - **2.** [esplosivo]: **al plastico** plastic.

platano *sm* plane tree.

platea *sf* - **1.** [settore] stalls *pl UK*, orchestra *US* - **2.** [spettatori] audience.

plateale *agg* theatrical.

platino *sm* platinum.

platonico, a, ci, che *agg* platonic.

playboy [plɛi'bɔi] *sm inv* playboy.

plebeo, a *agg* - **1.** [popolano] working-class - **2.** *spreg* [volgare] crude.

plettro *sm* plectrum.

plico, chi *sm* envelope.

plotone *sm* platoon; **plotone di esecuzione** firing squad.

plurale *agg* & *sm* plural.

pluralità *sf inv* plurality.

pluriennale *agg* over many years *(non dav sostantivo)*.

plutonio *sm* plutonium.

PM (*abbr di Pubblico Ministero*) *smf inv* ≃ Crown Prosecution Service *UK*, ≃ district attorney's office *US*.

pneumatico ◇ *sm* tyre *UK*, tire *US*; **pneumatici da neve** snow tyres *UK* o tires *US*. ◇ *agg* inflatable.

PNL (*abbr di Prodotto Nazionale Lordo*) *sm* ECON GNP.

Po *sm*: **il Po** the Po.

po' = **poco**.

poco, a, chi, che ◇ *agg indef* - **1.** [in piccola quantità] not much; **ho poco tempo** I haven't got much time; **ho poca fame** I'm not very hungry; **c'era poco traffico** there wasn't much traffic; **poca gente** not many people - **2.** [in piccolo numero]: **pochi, poche** not many; **ci sono pochi negozi che lo vendono** not many shops sell it; **ho pochi soldi** I haven't got much money. ◇ *pron indef* - **1.** [una piccola quantità] not much; **ho comprato poco** I didn't buy much; **ci vuole poco a...** it doesn't take much to...; **poco** o **niente** hardly anything; **per poco** [quasi] almost; **per poco ti ammazzavi!** you were almost killed!; **per poco non cadevo** I almost fell - **2.** [un piccolo numero] (a) few; **siamo in pochi oggi** there are only a few of us today; **sono sopravvissuti in pochi** only a few people survived; **pochi di noi/voi/loro** a few of us/you/them.

◆ **poco** *avv* - 1. [con verbi] not much; **l'hanno pagato poco** they didn't pay much for it; **hai mangiato poco** you haven't eaten much - 2. [con aggettivi] not very; **poco educato** not very polite; **poco simpatico** not very nice; **la tua scrittura è poco comprensibile** your writing is not very legible - 3. [con avverbi]: **poco volentieri** unwillingly; **poco lontano** not far; **stare poco bene** to be unwell; **poco più che un bambino** not much more than a child; **poco dopo le sette** not much after seven; **una cosetta da poco** [regalo] a little something; **roba da poco** junk - 4. [temporale] not long; **la crisi durerà poco** the crisis won't last long; **sono rimasto poco** I didn't stay long; **poco dopo/prima** not long after/before; **sono arrivato/è cominciato da poco** I arrived/it started a little while ago; **lo conosco da poco** I've only known him for short time; **fra poco** soon - 5. [distanza] not far; **da casa mia all'ufficio c'è poco** it's not far from my house to the office.

◆ **un po'** ◇ *pron indef* a little, a bit *esp UK*; **ne vuoi ancora un po'?** do you want a little *o* a bit *esp UK* more?; **un po' di** a little of, a bit *esp UK*; **Luigi fa un po' di tutto** Luigi does a bit of everything. ◇ *avv* - 1. [gen] a little, a bit *esp UK*; **sono un po' stanco** I'm a little *o* a bit *esp UK* tired; **sta un po' meglio** she's a little *o* a bit *esp UK* better - 2. [temporale] a little while; **per un (bel) po'** for (quite) a while.

podio *sm* podium.

podista, **i**, **e** *smf* walker.

poema, **i** *sm* poem; **poema sinfonico** tone poem.

poesia *sf* - 1. [componimento] poem; **imparare a memoria una poesia** to learn a poem by heart - 2. [arte, produzione] poetry.

poeta, **essa** *sm*, *f* - 1. [autore] poet - 2. [romantico] dreamer.

poetico, **a**, **ci**, **che** *agg* poetic.

poggiare [18] ◇ *vt* to put. ◇ *vi*: **poggiare su qc** *lett* to rest on sthg; *fig* to be based on sthg.

poi *avv* - 1. [in seguito] then; **da... in poi** from... on; **da oggi in poi** from now on - 2. [più in là] then - 3. [inoltre] besides - 4. [alla fine] in the end; **e poi** and then - 5. [enfatico]: **questa poi! non me l'aspettavo proprio!** no! I really wasn't expecting that!; **no e poi no!** absolutely not!; **mai e poi mai lo farei** I would absolutely never do it.

poiché *cong* as, since.

pois [pwa] *sm inv*: **a pois** polka-dot.

poker *sm inv* - 1. [gioco] poker - 2. [combinazione] flush.

polacco, **a**, **chi**, **che** ◇ *agg* Polish. ◇ *sm*, *f* Pole. ◆ **polacco** *sm* [lingua] Polish.

polare *agg* - 1. GEO polar - 2. [gelido] arctic.

Polaroid® *sf inv* - 1. [macchina fotografica] Polaroid® camera - 2. [fotografia] Polaroid® (photo).

polemica, **che** *sf* - 1. [discussione] dispute - 2. [protesta] argument; **fare polemiche** to be argumentative.

polemico, **a**, **ci**, **che** *agg* - 1. [discorso, intervento] controversial - 2. [persona] argumentative.

policlinico *sm* general hospital.

poliglotta, **i**, **e** *agg* multilingual.

poligono *sm* - 1. GEOM polygon - 2. [edificio]: **poligono di tiro** rifle range.

Polinesia *sf*: **la Polinesia** Polynesia.

polio *sf* polio.

polipo *sm* - 1. [animale] octopus - 2. MED polyp.

polistirolo *sm* polystyrene.

politecnico *sm* university-level institution offering courses in engineering and architecture.

politica, **che** *sf* - 1. [attività] politics *(U)*; **fare politica** to be in politics - 2. [modo di governare, modo di agire] policy.

politico, **a**, **ci**, **che** ◇ *agg* political. ◇ *sm*, *f* politician.

polizia *sf*: **polizia (di Stato)** police; **agente di polizia** police officer; **polizia stradale** traffic police.

poliziesco, **a**, **schi**, **sche** *agg* detective *(dav sostantivo)*. ◆ **poliziesco** *sm* detective story.

poliziotto, **a** *sm*, *f* police officer.

polizza *sf*: **polizza assicurativa** *o* **di assicurazione** insurance policy.

pollaio *sm* henhouse.

pollame *sm* poultry.

pollice *sm* - 1. [dito] thumb; **girarsi i pollici** to twiddle one's thumbs - 2. [misura] inch.

polline *sm* pollen.

pollo *sm* - 1. [animale] chicken; **pollo ruspante** free-range chicken - 2. [ingenuo] idiot.

polmone *sm* lung.

polmonite *sf* pneumonia.

polo *sm* - 1. [gen] pole; **polo nord/sud** North/South Pole - 2. [centro]: **polo di attrazione** magnet - 3. [coalizione] grouping - 4. [sport] polo.

Polonia *sf*: **la Polonia** Poland.

polpa sf - 1. [di frutto] pulp, flesh - 2. [carne] (lean) meat; **polpa di granchio** crabmeat.

polpaccio sm calf.

polpastrello sm fingertip.

polpetta sf meatball.

polpettone sm [vivanda] meatloaf.

polpo sm octopus.

polsino sm cuff.

polso sm - 1. ANAT wrist - 2. [pulsazioni] pulse - 3. [fermezza] firmness.

poltiglia sf mush.

poltrona sf - 1. [sedia] armchair - 2. TEATRO seat.

poltrone, a sm, f lazybones (sing).

polvere sf - 1. [gen] dust; **fare la polvere** to dust - 2. [sostanza] powder; **in polvere** powdered; **polvere da sparo** gunpowder.

polverizzare [6] vt - 1. [nebulizzare] to nebulize - 2. [frantumare] to crush - 3. [annientare] to pulverize.

polverone sm cloud of dust.

polveroso, a agg dusty.

pomata sf ointment.

pomello sm - 1. [oggetto] knob - 2. [di guancia] cheek.

pomeridiano, a agg afternoon (dav sostantivo).

pomeriggio sm afternoon; **primo/tardo pomeriggio** early/late afternoon.

pomo sm - 1. [pomello] knob - 2.: **pomo d'Adamo** Adam's apple.

pomodoro sm tomato; **al pomodoro** tomato (dav sostantivo); **la pasta al pomodoro** pasta with tomato sauce.

pompa sf - 1. [gen] pump - 2. [distributore]: **pompa della benzina** petrol UK o gas US pump - 3. [sfarzo] pomp; **pompe funebri** undertaker's (sing).

pompare [6] vt - 1. [liquido, aria] to pump - 2. [gonfiare] to pump up - 3. [esagerare] to blow up.

pompelmo sm - 1. [frutto] grapefruit - 2. [albero] grapefruit (tree).

pompiere sm firefighter.

ponente sm west.

ponga etc ⊳ **porre**.

ponte sm - 1. EDIL & MED bridge - 2. [di nave] deck - 3. [impalcatura] scaffolding - 4. [vacanza] long weekend; **fare il ponte** to make a long weekend of it.

Pontefice sm pontiff.

pontile sm pier.

pop [pɔp] agg inv pop.

popolare [6] ⟨⟩ agg - 1. [gen] popular - 2. [di ceto basso] working-class - 3. [folcloristi-

co] folk (dav sostantivo). ⟨⟩ vt to populate.

◆ **popolarsi** vip - 1. [diventare popolato] to become populated - 2. [riempirsi] to fill up.

popolato, a agg populated.

popolazione sf - 1. [abitanti] population - 2. [cittadini] people pl - 3. STORIA people (sing).

popolo sm - 1. [cittadini] people pl; **il popolo ha il diritto di...** the people have the right to... - 2. [comunità] people (sing); **i popoli della Terra** the peoples of the world.

poppa sf - 1. [di nave] stern - 2. fam [mammella] boob.

poppata sf feed.

porcellana sf - 1. [materiale] porcelain, china - 2. [oggetto] piece of porcelain o china.

porcellino sm: **porcellino d'India** guinea pig.

porcello sm pig.

porcheria sf - 1. [cosa che sporca] dirt (U) - 2. [cibo] junk (food) - 3. [cosa brutta] trash (U), rubbish (U) esp UK - 4. [cosa sconcia] filth (U) - 5. [azione sleale] dirty trick.

porchetta sf roast pork.

porcile sm pigsty.

porcino sm cep.

porco sm - 1. [carne] pork - 2. fam [maiale] pig - 3. mfam [persona viziosa] pig, swine. ◆ **porco, a, ci, che** agg mfam [in esclamazioni] bloody UK, goddamn esp US.

porgere [46] vt to give.

porno ⟨⟩ agg inv porn (dav sostantivo). ⟨⟩ sm porn.

pornografia sf pornography.

pornografico, a, ci, che agg pornographic.

poro sm pore.

porre [96] vt - 1. [stabilire, creare - basi] to establish; [- freno, limite] to set; **porre a confronto due tesi** to compare two theories; **porre fine** o **termine a qc** to put an end to sthg - 2. [collocare] to put, to place - 3. [supporre] to suppose; **poniamo che...** (+ congiuntivo) let's suppose (that)...; **porre una domanda a qn** to ask sb a question; **porre un problema** to pose a problem.

porro sm - 1. [verdura] leek - 2. fam [verruca] wart.

porsi etc ⊳ **porgere**.

porta sf - 1. [gen] door; **mettere qn alla porta** to show sb the door; **porta di servizio** service entrance, tradesman's o tradesmen's entrance - 2. [di città, nello sci] gate; **Porta Portese** Roman flea market - 3. [nel calcio] goal.

portabagagli sm inv - 1. [struttura] roof UK o luggage US rack - 2. [bagagliaio] boot UK, trunk US - 3. [ripiano] luggage rack.

portacenere *sm inv* ashtray.

portachiavi *sm inv* keyring.

portadocumenti *sm inv* wallet.

portaerei *sf inv* aircraft carrier.

portafoglio *sm* - **1.** [custodia] wallet - **2.** [ministero] portfolio.

portafortuna ⬦ *agg inv* good luck *(dav sostantivo)*. ⬦ *sm inv* lucky charm.

portagioie *sm inv* jewellery *UK* o jewelry *US* box.

portamatite *sm inv* pencil case.

portamento *sm* posture; **avere un bel portamento** to carry o.s. well.

portamonete *sm inv* purse *UK*, change purse *US*.

portaoggetti *agg inv*: **vano** o **scomparto portaoggetti** glove compartment.

portaombrelli *sm inv* umbrella stand.

portapacchi *sm inv* carrier.

portapenne *sm inv* pencil case.

portare [6] *vt* - **1.** [trasportare] to carry; **portare via qn/qc (a qn)** [togliere] to take sb/sthg away (from sb) - **2.** [dare]: **portare qc a qn** to take o bring sthg to sb, to take o bring sb sthg - **3.** [prendere con sé]: **portarsi (dietro) qc/qn** to take sthg/sb (with one) - **4.** [accompagnare] to take; **portare il cane fuori** to take the dog for a walk - **5.** [fare arrivare] to lead; **dove porta questa strada?** where does this road lead?; **dove ci porterà tutto questo?** where will all this lead us?; **portare avanti qc** *fig* to continue sthg; **portare a termine qc** to conclude sthg - **6.** [produrre] to bring; **portare fortuna/sfortuna (a qn)** to bring (sb) good luck/bad luck - **7.** [addurre] to provide - **8.** [sostenere] to support - **9.** [avere indosso – vestiti, occhiali] to wear - **10.** [avere abitualmente – capelli, baffi] to have.

portariviste *sm inv* magazine rack.

portasci *sm inv* ski rack.

portata *sf* - **1.** [vivanda] course - **2.** [raggio d'azione] range; **a portata di mano** [a disposizione] to hand - **3.** [di veicolo] capacity - **4.** [importanza] significance - **5.**: **alla portata di qn** [concetto] within sb's grasp; [acquisto] within sb's means.

portatile ⬦ *agg* portable. ⬦ *sm* - **1.** [computer] laptop - **2.** [cellulare] mobile phone *esp UK*, cellphone *esp US*.

portato, a *agg* - **1.** [dotato]: **essere portato per qc** to have a talent for sthg - **2.** [propenso]: **essere portato a fare qc** to be inclined to do sthg.

portatore, trice *sm, f* BANCA: **al portatore** to the bearer; **portatore di handicap** disabled person.

portatovagliolo *sm* napkin ring.

portauovo *sm inv* egg cup.

portavoce *smf inv* spokesperson, spokesman (spokeswoman *f*).

portellone *sm* - **1.** [di nave, aereo] hatch - **2.** [di auto] hatch, tailgate *esp US*.

portento *sm* - **1.** [prodotto] marvel - **2.** [persona] whizz.

porticato *sm* colonnade.

portico *sm* portico. ➡ **portici** *smpl* arcade *(sing)*.

portiera *sf* - **1.** door - **2.** ▷ **portiere**.

portiere, a *sm, f* caretaker. ➡ **portiere** *sm* - **1.** [di albergo] porter - **2.** [nel calcio] goalkeeper.

portinaio, a *sm, f* caretaker.

portineria *sf* caretaker's lodge.

porto, a *pp* ▷ **porgere**. ➡ **porto** *sm* - **1.** [struttura, città, vino] port; **porto franco** COMM free port - **2.** [spesa] postage - **3.** [licenza]: **porto d'armi** gun licence *UK* o license *US*.

Portogallo *sm*: **il Portogallo** Portugal.

portoghese ⬦ *agg* & *smf* Portuguese. ⬦ *sm* [lingua] Portuguese.

portone *sm* main door.

porzione *sf* - **1.** [di cibo] portion, helping - **2.** [quota] part.

posa *sf* - **1.** [collocazione] laying - **2.** FOTO exposure - **3.** [posizione] position - **4.** [per foto, ritratto] posing; **mettersi in posa** to pose - **5.** [atteggiamento] pose.

posacenere *sm inv* ashtray.

posare [6] ⬦ *vt* to put. ⬦ *vi* - **1.**: **posare su qc** [appoggiarsi] to rest on sthg; [fondarsi] to be based on sthg - **2.** [per ritratto] to pose, to sit. ➡ **posarsi** *vip* to alight.

posata *sf* piece of cutlery *esp UK* o silverware *US*. ➡ **posate** *sfpl* cutlery (U) *esp UK*, silverware (U) *US*.

poscritto *sm* postscript.

posi *etc* ▷ **porre**.

positivo, a *agg* positive.

posizione *sf* - **1.** [gen] position; **prendere posizione** to take sides - **2.** [condizione economica]: **posizione sociale** social status.

posologia *sf* dose.

possa *etc* ▷ **potere**.

possedere [77] *vt* - **1.** [avere in proprietà] to own, to possess - **2.** [essere dotato di] to have - **3.** [dominare] to overcome.

possedimento *sm* possession.

possessivo, a *agg* possessive.

possesso *sm* possession; **entrare in possesso di qc** to come into possession of sthg.

possessore *sm* owner.

possiamo, possiate ⊳ **potere**.

possibile ⟨⟩ *agg* possible; **non è possibile!** [con contrarietà] that's impossible!; **prima o il più presto possibile** as soon as possible. ⟨⟩ *sm* - 1. [verosimile]: **andare al di là del possibile** to go beyond the bounds of possibility - 2. [fattibile]: **fare (tutto) il possibile** to do everything possible.

possibilità ⟨⟩ *sf inv* - 1. [attualità, opzione] possibility - 2. [opportunità] chance; **avere la possibilità di fare qc** to have the chance to do sthg. ⟨⟩ *sfpl* means.

possibilmente *avv* if possible.

posso *etc* ⊳ **potere**.

posta *sf* - 1. [gen] mail, post *UK*; **posta elettronica** e-mail; **posta prioritaria** first class (mail) - 2. [ufficio] post office - 3. [di gioco, scommessa] stake.

postagiro *sm* postal transfer, giro *UK*.

postale *agg* - 1. [delle Poste] postal, mail *(dav sostantivo)*, post *(dav sostantivo) UK* - 2. [spedito per posta] mail *(dav sostantivo)*, post *(dav sostantivo) UK*.

postazione *sf* - 1. MIL position - 2. TECNOL workstation.

postdatare [6] *vt* to postdate.

posteggiare [18] *vt* to park.

posteggio *sm* - 1. [parcheggio] car park *UK*, parking lot *US*; **posteggio custodito** car park *UK* o parking lot *US* with an attendant; **posteggio taxi** taxi rank *UK* o stand *US* - 2. [posto macchina] parking place.

poster *sm inv* poster.

posteri *smpl* descendants.

posteriore ⟨⟩ *agg* - 1. [didietro] back *(dav sostantivo)* - 2. [successivo] later. ⟨⟩ *sm eufem* backside, rear.

posticipare [6] *vt* to postpone.

postino, a *sm, f* postman (postwoman *f*).

posto, a *pp* ⊳ **porre**. ◆ **posto** *sm* - 1. [gen] place; **mettere a posto qc** [riporre] to put sthg back (in its place); [riordinare] to tidy sthg; **fuori posto** [oggetto] not in the right place; [persona] out of place; **al posto di qn/qc** [invece di] instead of sb/sthg; [nei panni di] in sb's/sthg's place; **a posto** [risolto] fine - 2. [spazio] space - 3. [individuale] seat; **prendere posto** [sedersi] to take a o one's seat; **tenere il posto a qn** to keep a seat o place for sb; **posto a sedere** seat; **posto in piedi** standing room *(U)*; **posti-letto** beds; **posto macchina** parking place - 4. [postazione]: **posto di blocco** road-block - 5. [impiego]: **posto (di lavoro)** job.

postumo, a *agg* posthumous. ◆ **postumi** *smpl* aftereffects; **i postumi di una sbornia** a hangover.

potabile *agg*: **acqua potabile** drinking water.

potare [6] *vt* to prune.

potente ⟨⟩ *agg* powerful. ⟨⟩ *sm* powerful person.

potenza *sf* power; **un motore di grande potenza** a very powerful engine; **le grandi potenze** the great powers.

potere[1] [4] *vi* - 1. [essere capace di] can, to be able to; **non posso venire prima delle cinque** I can't come before five; **Marco non potrà venire** Marco won't be able to come; **ho fatto quello che ho potuto** I did what I could; **mi puoi aprire la porta?** can you open the door for me?; **come hai potuto dire una cosa simile?** how could you say such a thing? - 2. [essere autorizzato a] can, to be allowed to; **posso entrare?** may o can I come in?; **posso fare quello che mi pare** I can do what I like - 3. [per esprimere eventualità] can; **tutto può accadere** anything can happen; **non può essere stato lui** it can't have been him; **non possono essere già qui!** they can't be here already!; **mi posso sbagliare** I may be wrong; **può darsi che** (+ congiuntivo) maybe, perhaps; **può darsi che mi sbagli** I may o might o could be wrong; **può darsi che abbia perso il treno** perhaps he's missed the train; **correre a più non posso** to run as fast as one can; **lavorare a più non posso** to work as hard as one can; **non poterne più (di qn/qc)** to have had enough (of sb/sthg).

potere[2] *sm* power; **impadronirsi del potere** to take power; **arrivare al potere** to come to power; **esercitare** o **detenere il potere** to hold power; **essere** o **stare al potere** to be in power; **potere legislativo** legislative power; **potere di acquisto** purchasing power; **in mio/tuo potere** in my/your power.

povero, a ⟨⟩ *agg* - 1. [gen] poor; **povero me!** oh dear! - 2. [disadorno] plain - 3. [carente]: **povero di qc** [scritto, testo] lacking in sthg; [dieta, cibo] low in sthg. ⟨⟩ *sm, f* poor person; **i poveri** the poor.

povertà *sf inv* - 1. [miseria] poverty - 2. [scarsità] lack.

pozza *sf* - 1. [d'acqua] puddle - 2. [di sangue, d'olio] pool.

pozzanghera *sf* puddle.

pozzo *sm* well; **pozzo petrolifero** oil well.

pp. (*abbr di* **pagine**) pp.

PR ⟨⟩ *sm inv* (*abbr di* **Procuratore della Repubblica**) ≃ Crown prosecutor *UK*, ≃ district attorney *US*. ⟨⟩ *smf inv* (*abbr di* **Public Relations**) PR.

Praga *sf* Prague.

pragmatico, a, ci, che *agg* pragmatic.

pranzare [6] *vi* to have lunch.

pranzo *sm* lunch; **pranzo di nozze** wedding reception; **prima di/dopo pranzo** before/after lunch.

prassi *sf inv* usual practice.

pratica, che *sf* - **1.** [azioni concrete] practice; **in pratica** in practice - **2.** [esperienza] experience; **fare pratica** to practise *UK*, to practice *US*; **avere pratica di qc** to have experience in *o* of sthg - **3.** [tirocinio] (practical) training; **fare pratica (presso un avvocato)** to finish one's training (working for a law firm), to do one's articles (at a law firm) *UK* - **4.** [abitudine] habit - **5.** [dossier] file.

praticamente *avv* - **1.** [in sostanza] basically - **2.** [quasi] practically.

praticante <> *agg* practising *UK*, practicing *US*. <> *smf* [tirocinante] trainee; [presso un avvocato] trainee, articled clerk *UK*.

praticare [15] *vt* - **1.** [gen] to practise *UK*, to practice *US* - **2.** [frequentare] to frequent - **3.** [fare] to do, to make.

praticità *sf* - **1.** [comodità] practicality - **2.** [senso pratico] common sense.

pratico, a, ci, che *agg* - **1.** [gen] practical - **2.** [esperto]: **pratico (di qc)** experienced (at *o* in sth).

prato *sm* - **1.** [in campagna] meadow - **2.** [giardino] lawn.

preavvisare [6] *vt*: **preavvisare qn (di qc)** to warn sb (about sthg), to give sb notice (of sthg).

preavviso *sm* notice; **fare qc senza preavviso** to do sthg without any warning; **un mese di preavviso** a month's notice.

precario, a <> *agg* - **1.** [instabile] precarious - **2.** [lavoratore] temporary. <> *sm, f* - **1.** [impiegato] worker on a short-term contract - **2.** [insegnante] teacher on a short-term contract.

precauzione *sf* - **1.** [cautela] caution - **2.** [misura] precaution.

precedente <> *agg* previous. <> *sm* precedent; **senza precedenti** without precedent, unprecedented; **precedenti penali** previous convictions.

precedenza *sf* - **1.** [passato]: **in precedenza** before - **2.** [priorità] precedence; **dare la precedenza a qn/qc** to give priority to sb/sthg - **3.** AUTO right of way; **dare la precedenza (a qn/qc)** to give way (to sb/sthg).

precedere [7] *vt* - **1.** [andare davanti] to go in front - **2.** [succedere prima] to precede.

precipitare [6] <> *vi* - **1.** [cadere] to fall - **2.** *fig* [ritrovarsi] to be plunged - **3.** [evolvere] to come to a head. <> *vt* to rush. ◆ **precipitarsi** <> *vip* to rush. <> *vr* to throw oneself.

precipitazione *sf* - **1.** METEO: **precipitazione (atmosferica)** precipitation - **2.** [fretta] haste; **con precipitazione** hastily.

precipitoso, a *agg* - **1.** [rapido] hurried - **2.** [impaziente] rash - **3.** [avventato] hasty.

precipizio *sm* precipice.

precisamente *avv* precisely.

precisare [6] *vt* - **1.** [definire] to clarify - **2.** [sottolineare] to explain.

precisazione *sf* clarification.

precisione *sf* precision; **di precisione** [strumento, arma] precision *(dav sostantivo)*.

preciso, a *agg* - **1.** [esatto] precise - **2.** [uguale] identical.

precludere [31] *vt*: **precludere qc a qn** [accesso] to keep sb out of sthg; [possibilità] to rule sthg out for sb; [diritto] to deny sb sthg; **precludersi qc** to deprive o.s. of sthg.

precluso, a *pp* ▷ **precludere**.

precoce *agg* premature.

preconcetto, a *agg* preconceived. ◆ **preconcetto** *sm* preconception.

precorrere [65] *vt*: **precorrere i tempi** to rush things.

precorso, a *pp* ▷ **precorrere**.

precotto, a *agg* pre-cooked.

preda *sf* - **1.** [animale] prey - **2.** [balìa]: **essere in preda all'ira/al rimorso** to be overwhelmed by anger/remorse; **essere in preda alle fiamme** to be overcome by the flames.

predecessore, a *sm, f* predecessor.

predetto, a <> *pp* ▷ **predire**. <> *agg* aforesaid.

predica, che *sf* - **1.** RELIG sermon - **2.** [ramanzina] lecture; **fare la predica a qn** to lecture sb.

predicativo, a *agg* predicative.

predicato *sm* predicate.

prediletto, a <> *pp* ▷ **prediligere**. <> *agg* favourite *UK*, favorite *US*.

predilezione *sf* preference.

prediligere [56] *vt* to prefer.

predire [102] *vt* to predict.

predisporre [96] *vt* to prepare.

predisposizione *sf* - **1.** [inclinazione]: **avere predisposizione a** *o* **per qc** [musica, pittura] to have an aptitude for sthg - **2.** [preparazione] preparation - **3.** MED predisposition.

predisposto, a <> *pp* ▷ **predisporre**. <> *agg* - **1.** [apparecchio] compatible; **predisposto per il collegamento a Internet** Internet-ready - **2.** [preparato, propenso] prepared - **3.** MED predisposed.

predominare [6] *vi* - **1.** [prevalere]: **predominare (su qc)** to predominate (over sthg) - **2.** [imporsi]: **predominare (su qn)** to dominate (sb).

predominio *sm* - **1.** [dominio] domination - **2.** [prevalenza] predominance.

preesistente *agg* pre-existing.

prefabbricato, a *agg* prefabricated. ◆ **prefabbricato** *sm* prefab, prefabricated building.

prefazione *sf* preface.

preferenza *sf* preference; **di preferenza** preferably.

preferibile *agg* preferable.

preferibilmente *avv* preferably.

preferire [9] *vt* to prefer; **preferire qn/qc (a qn/qc)** to prefer sb/sthg (to sb/sthg); **preferire fare qc** to prefer to do sthg; **preferire che qn faccia qc** to prefer sb to do sthg; **preferirei che tu restassi fuori da questa faccenda** I'd prefer you to stay out of this, I'd rather you stayed out of this; **preferire qc/fare qc piuttosto che...** to prefer sthg/to do sthg rather than...; **preferisco morire piuttosto che dirglielo** I'd rather die than tell him.

preferito, a *agg* favourite *UK*, favorite *US*. ◆ **preferiti** *smpl* INFORM favorites.

prefettura *sf* prefecture.

prefiggere [51] *vt*: **prefiggersi qc** to set o.s. sthg.

prefisso, a *pp* ▷ **prefiggere**. ◆ **prefisso** *sm* - **1.** TELECOM [dialling *UK* o area *US*] code - **2.** [di parola] prefix.

pregare [16] *vt* - **1.** RELIG: **pregare (per qn/qc)** to pray (for sb/sthg) - **2.** [scongiurare]: **pregare qn (di fare qc)** to beg sb (to do sthg); **ti prego, aiutami** please help me - **3.** [invitare]: **pregare qn di fare qc** to ask sb to do sthg; **la prego, si accomodi** please, sit down; **vi prego di chiudere la porta quando uscite** please close the door when you leave.

preghiera *sf* - **1.** [gen] prayer - **2.** [richiesta] request.

pregiato, a *agg* fine.

pregio *sm* - **1.** [qualità] quality - **2.** [valore] value.

pregiudicare [15] *vt* to jeopardize.

pregiudicato, a *sm, f* offender.

pregiudizio *sm* prejudice.

prego *esclam* - **1.** [come invito] please! - **2.** [come risposta] you're welcome!, not at all! - **3.** [come domanda] (I'm) sorry?

preistoria *sf* prehistory.

preistorico, a, ci, che *agg* prehistoric.

prelevamento *sm* withdrawal.

prelevare [6] *vt* - **1.** [denaro] to withdraw - **2.** MED to take.

prelibato, a *agg* delicious.

prelievo *sm* - **1.** [di denaro] withdrawal - **2.** MED sample.

preliminare *agg* preliminary. ◆ **preliminari** *smpl* preliminaries.

pré-maman [prema'man] ◇ *agg inv* maternity *(dav sostantivo)*. ◇ *sm inv* maternity dress.

prematuro, a *agg* premature.

premeditato, a *agg* premeditated.

premere [7] ◇ *vt* [schiacciare - pedale] to push; [- tasto, pulsante] to press; [- grilletto] to pull. ◇ *vi* - **1.** [schiacciare]: **premere su qc** to press (down on) sthg - **2.** [insistere]: **premere su qn** to put pressure on sb - **3.** [stare a cuore]: **premere a qn** to matter to sb.

premessa *sf* - **1.** [introduzione] introduction - **2.** [presupposto] premise.

premesso, a ◇ *pp* ▷ **premettere**. ◇ *agg*: **premesso che...** given (that)...

premettere [71] *vt* to start off by saying.

premiare [20] *vt* - **1.** [dare un premio a] to give a prize to - **2.** *fig* [ricompensare] to reward.

premiazione *sf* - **1.** [consegna] awarding of prizes - **2.** [cerimonia] prize-giving o awards ceremony.

premier *sm inv* premier.

preminente *agg* pre-eminent.

premio *sm* - **1.** [gen] prize; **premio Nobel** [premio] Nobel prize; [persona] Nobel prizewinner - **2.** *fig* [riconoscimento] reward - **3.** [di assicurazione] premium - **4.** [compenso in denaro] bonus.

premunirsi [9] *vr* - **1.** [dotarsi]: **premunirsi di qc** to obtain sthg in advance - **2.** [proteggersi]: **premunirsi contro qc** to protect o.s. from o against sthg.

premura *sf* - **1.** [fretta]: **aver premura (di fare qc)** to be in a hurry (to do sthg); **fare o mettere premura a qn** to hurry sb - **2.** [cura] care. ◆ **premure** *sfpl* attention (U).

premuroso, a *agg* attentive.

prendere [43] ◇ *vt* - **1.** [afferrare] to take; **prendere qn per mano/a braccetto** to take sb by the hand/arm; **prendere in braccio un bambino** to pick up a child - **2.** [catturare] to catch - **3.** [da mangiare, bere] to have; **cosa prendi?** what will you have? - **4.** [mezzo di trasporto] to take, to go by; **prendiamo la macchina?** shall we take the car? - **5.** [malattia] to catch, to get - **6.** [far pagare] to charge - **7.** [ottenere, ricevere] to get; **prendere lezioni** to have lessons; **prendere in affitto** to rent;

prendere in prestito to borrow; **prendere** o **lasciare** take it or leave it - **8.** [ritirare, prelevare] to get, to pick up - **9.** [scambiare]: **prendere qn per qn** to take sb for sb; **prenderla (bene/male)** [reagire] to take it (well/badly); **prendersela** [risentirsi] to take it personally; **prendersela con qn** [sfogarsi] to take it out on sb. ◇ **vi** - **1.** [colla, cemento] to set - **2.** [iniziare]: **prendere a fare qc** to begin doing sthg. ◆ **prendersi** *vr*: **prendersi a pugni** to start fighting.

prendisole *sm inv* sundress.

prenotare [6] *vt* to book. ◆ **prenotarsi** *vr* [per una visita] to make an appointment; [per un viaggio] to make a reservation.

prenotato, a *agg* [posto, tavolo] reserved; [camera, visita] booked.

prenotazione *sf* reservation, booking; **fare una prenotazione** to make a reservation.

preoccupare [6] *vt* to worry. ◆ **preoccuparsi** *vip* - **1.** [stare in ansia]: **preoccuparsi (per qn/qc)** to worry (about sb/sthg) - **2.** [occuparsi]: **preoccuparsi di (fare) qc** to see to (doing) sthg.

preoccupato, a *agg*: **preoccupato (per qn/qc)** worried (about sth/sth).

preoccupazione *sf* worry.

preparare [6] *vt* - **1.** [gen] to prepare, to get ready; **preparare la tavola** to set the table; **preparare il letto** to make the bed; **preparare la valigia** to pack a suitcase o bag - **2.** [cucinare] to make - **3.** [studiare] to study for - **4.** [addestrare]: **preparare qn a** o **per qc** to prepare sb for sthg - **5.** [mentalmente]: **preparare qn a qc** to prepare sb for sthg. ◆ **prepararsi** *vr* - **1.** [vestirsi] to get ready - **2.** [studiare, allenarsi]: **prepararsi (a** o **per qc)** [a esame, concorso] to study (for sthg); [a gara] to train (for sthg) - **3.** [predisporsi]: **prepararsi (a qc)** to prepare o.s. (for sthg).

preparativi *smpl* preparations.

preparato, a *agg* - **1.** [bravo] competent - **2.** [pronto]: **essere preparato (a qc)** to be ready (for sthg). ◆ **preparato** *sm* preparation.

preparazione *sf* - **1.** [livello]: **avere una buona/pessima preparazione** to be well/poorly qualified; **la squadra ha un'ottima preparazione atletica** the team is extremely fit - **2.** [addestramento] training - **3.** [allestimento] preparation.

preposizione *sf* preposition.

prepotente ◇ *agg* - **1.** [arrogante] arrogant - **2.** [irresistibile] pressing. ◇ *smf* bully.

prepotenza *sf* - **1.** [arroganza] arrogance - **2.** [azione] bullying.

prerogativa *sf* - **1.** [privilegio] prerogative - **2.** [caratteristica] quality.

presa *sf* - **1.** ELETTR socket, outlet *US* - **2.** [di tubo, condotto] outlet; **presa d'aria** air inlet - **3.** [stretta] grip, hold; **lasciare la presa** to let go; **allentare la presa** to loosen one's grip - **4.**: **far presa (su qc)** [sogg: colla, cemento] to stick (to sthg); **far presa su qn** [impressionare] to make an impression on sb - **5.** [conquista] capture - **6.** [pizzico] pinch - **7.** [nelle carte] trick; **essere alle prese con qc** to be struggling o grappling with sthg; **presa in giro** [beffa] joke.

presbite ◇ *agg* long-sighted *UK*, far-sighted *US*. ◇ *smf* long-sighted *UK* o far-sighted *US* person.

prescelto, a ◇ *agg* chosen. ◇ *sm, f* chosen person.

prescindere [45] *vi*: **prescindere da qc** to set sthg aside; **a prescindere da** regardless of.

prescritto, a *pp* ▷ **prescrivere**.

prescrivere [73] *vt* to prescribe.

prescrizione *sf* - **1.** [indicazioni - del medico] instructions *pl*; [- della chiesa] precepts *pl* - **2.** [di farmaco] prescription; **prescrizione medica** medical prescription.

preselezione *sf* preselection.

presentare [6] *vt* - **1.** [persona]: **presentare qn a qn** to introduce sb to sb - **2.** [spettacolo] to host, to present *UK* - **3.** [inoltrare] to submit - **4.** [illustrare] to launch - **5.** [mostrare] to show - **6.** [comportare] to pose, to present. ◆ **presentarsi** ◇ *vr* - **1.** [farsi conoscere] to introduce o.s. - **2.** [recarsi] to turn up - **3.** [farsi vedere]: **presentarsi bene** to look nice; **presentarsi male** to look a mess. ◇ *vip* - **1.** [capitare] to come up - **2.** [apparire] to seem.

presentatore, trice *sm, f* host, presenter *UK*.

presentazione *sf* - **1.** [gen] introduction - **2.** [di domanda, documenti] submission - **3.** [al pubblico] launch.

presente ◇ *agg* [gen] present; **essere presente (a qc)** to be present (at sthg); **aver presente qn/qc** to know sb/sthg; **far presente qc a qn** to point sthg out to sb; **tener presente qn/qc** to bear sb/sthg in mind. ◇ *smf*: **i presenti** those present. ◇ *sm* present.

presentimento *sm* feeling.

presenza *sf* - **1.** [gen] presence - **2.** [cospetto]: **in** o **alla presenza di qn** in sb's presence.

presepe, presepio *sm* Nativity scene.

preservare [6] *vt* - **1.** [conservare] to keep - **2.** [proteggere]: **preservare qn/qc da qc** to protect sb/sthg from sthg.

preservativo *sm* condom.

presi *etc* ▷ **prendere**.

preside *smf* head (teacher) *UK*, principal *US*.

presidente smf - **1.** [di comitato] chairman (chairwoman f) - **2.** [di società, associazione] president. ◆ **Presidente** sm POLIT: **il Presidente della Camera** ≃ the Speaker; **il Presidente del Consiglio (dei Ministri)** the Prime Minister; **il Presidente della Repubblica** the President of the Republic.

presidenza sf - **1.** [di Stato] presidency - **2.** [di ente, società] chairmanship; [di scuola] headship UK, post of principal US - **3.** [ufficio – in scuola] head's o head teacher's office UK, principal's office US.

presiedere [7] ◇ vt to chair. ◇ vi: **presiedere a qc** to be in charge of sthg.

presina sf pot holder.

preso, a ◇ pp ▷ **prendere**. ◇ agg engrossed.

pressapoco, pressappoco avv roughly.

pressare [6] vt - **1.** [schiacciare] to press - **2.** [incalzare] to pressurize.

pressione sf - **1.** [gen] pressure; **pressione atmosferica** atmospheric pressure; **fare pressione su qn** to put pressure on sb; **essere sotto pressione** to be under pressure - **2.** MED: **pressione (sanguigna)** blood pressure - **3.** [spinta] push.

presso prep - **1.** [ufficio, azienda]: **lavorare presso una ditta** to work for a firm; **informarsi presso un ufficio** to get information from an office - **2.** [a casa di] with; **abita presso i genitori** he lives with his parents; [indirizzo] c/o; **presso Mucci** c/o Mucci - **3.** [vicino a] near. ◆ **pressi** smpl: **nei pressi di** near.

pressoché avv almost.

prestabilito, a agg set.

prestampato, a agg pre-printed. ◆ **prestampato** sm (pre-printed) form.

prestante agg good-looking.

prestare [6] vt - **1.** [oggetto, denaro]: **prestare qc (a qn)** to lend (sb) sthg, to lend sthg (to sb); **farsi prestare qc (da qn)** to borrow sthg (from sb) - **2.** [dare]: **prestare attenzione a qn/qc** to pay attention to sb/sthg; **prestare servizio** to work; **prestare soccorso** to help. ◆ **prestarsi** ◇ vr to volunteer; **prestarsi a qc/a fare qc** to volunteer for sthg/to do sthg. ◇ vip: **prestarsi a qc** to be suitable for sthg.

prestazione sf - **1.** [gen] performance - **2.** [di servizio] provision.

prestigiatore, trice sm, f conjurer.

prestigio sm - **1.** [autorevolezza] prestige; **di prestigio** prestigious - **2.** [illusionismo]: **gioco di prestigio** conjuring trick.

prestigioso, a agg prestigious.

prestito sm - **1.** [cessione]: **prendere qc in prestito (da qn)** to borrow sthg (from sb); **dare qc in prestito (a qn)** to lend (sb) sthg, to lend sthg (to sb) - **2.** [denaro] loan.

presto avv - **1.** [in anticipo, di buon'ora] early - **2.** [entro breve] soon; **a presto** see you soon - **3.** [in fretta]: **far presto a fare qc** [sbrigarsi] to be quick to do sthg; [fare facilmente] to be quick doing sthg; **presto!** quick!

presumere [61] vt to presume.

presumibile agg likely.

presunto, a ◇ pp ▷ **presumere**. ◇ agg [ritenuto tale] presumed; [per sentito dire] alleged.

presuntuoso, a ◇ agg full of o.s. ◇ sm, f: **è un presuntuoso** he's full of himself.

presupporre [96] vt - **1.** [immaginare] to suppose - **2.** [implicare] to suggest.

presupposto, a pp ▷ **presupporre**. ◆ **presupposto** sm supposition.

prete sm priest.

pretendere [43] vt - **1.** [esigere] to expect; **pretendere di fare qc** to expect to do sthg; **pretendere che qn faccia qc** to expect sb to do sthg - **2.** [credere a torto]: **pretendere di aver sempre ragione** to think one is always right; **pretendere di essere qc** to consider o.s. (to be) sthg - **3.** [affermare]: **pretendere di fare qc** to claim to do sthg; **pretendere che... (+ congiuntivo)** to claim (that)...

pretenzioso, a agg pretentious.

pretesa sf - **1.** [richiesta, esigenza] demand; **avere molte pretese** to be demanding - **2.** [presunzione]: **avere la pretesa di fare qc** to claim to do sthg.

preteso, a pp ▷ **pretendere**.

pretesto sm pretext.

pretura sf - **1.** [sede] magistrates' UK o county US court - **2.** [organo] magistracy.

prevalente agg prevalent.

prevalenza sf prevalence; **in prevalenza** mainly.

prevalere [91] vi to prevail.

prevalso, a pp ▷ **prevalere**.

prevedere [82] vt - **1.** [sapere in anticipo] to predict - **2.** [immaginare] to expect; **prevedere di fare qc** to expect to do sthg - **3.** [stabilire] to state.

prevedibile agg predictable.

prevendita sf advance sale.

prevenire [109] vt - **1.** [evitare] to prevent - **2.** [anticipare] to anticipate.

preventivo, a agg - **1.** [per prevenzione] preventative - **2.** [di previsione] estimated. ◆ **preventivo** sm estimate.

prevenuto, a agg: **essere prevenuto contro** o **nei confronti di qn/qc** to be prejudiced against sb/sthg.

prevenzione sf - **1.** [difesa] prevention - **2.** [pregiudizio] prejudice.

previdente agg prudent.

previsione sf prediction; **previsioni del tempo** weather forecast (sing).

previsto, a pp ▷ **prevedere.** ◆ **previsto** sm: **più/meno del previsto** more/less than expected; **prima del/dopo il previsto** earlier/later than expected.

prezioso, a agg - **1.** [pregiato] precious - **2.** [utile] valuable. ◆ **preziosi** smpl valuables.

prezzemolo sm parsley; **essere come il prezzemolo** to turn up like a bad penny.

prezzo sm price; **prezzo fisso** fixed price; **prezzo unitario** unit price; **a prezzo di qc** at the cost of sthg.

prigione sf prison.

prigioniero, a ◇ agg captive; **far prigioniero qn** to take sb prisoner. ◇ sm, f prisoner.

prima ◇ sf - **1.** [spettacolo] premiere - **2.** [marcia] first gear - **3.** SCOL: **prima elementare** year 1 UK, first grade US - **4.** [classe] first class. ◇ avv - **1.** [in precedenza] before; **l'anno prima** the year before; **un'ora/tre giorni prima** an hour/three days before o earlier; **prima** o **poi** sooner or later - **2.** [in anticipo] earlier, sooner; **due ore/giorni prima** two hours/days early; **si paga prima** o **dopo?** do we pay before or after?; **informalo prima** tell him beforehand - **3.** [più in fretta] sooner; **fare prima** to finish sooner o earlier - **4.** [in successione] first. ◆ **prima di** prep before. ◆ **prima di** (+ infinito) cong before; **rifletti prima di parlare** think before you speak; **devo finire il lavoro prima di andare in palestra** I have to finish my work before going to the gym. ◆ **prima che** (+ congiuntivo) cong before.

primario, a agg primary. ◆ **primario** sm specialist, consultant UK.

primato sm - **1.** SPORT record - **2.** [artistico, letterario] pre-eminence.

primavera sf spring.

primaverile agg spring (dav sostantivo).

primeggiare [18] vi: **primeggiare in qc** to excel in sthg; **primeggiare su qn** to stand out from sb.

primitivo, a agg - **1.** [gen] primitive - **2.** [originario] original.

primizia sf early produce (U).

primo, a ◇ agg num - **1.** [gen] first; **arrivare** o **classificarsi primo** to come first; **prima cola-**zione breakfast; **per primo** first; **un albergo di prima categoria** a first-class hotel; **viaggiare in prima classe** to travel first class; **primo cittadino** [sindaco] mayor; **in un primo momento** at first; **nel primo pomeriggio** in the early afternoon; **di prima qualità** o **scelta** first o top class - **2.** [fondamentale] first, main. ◇ sm, f first; **chi è il primo?** who's first?; vedi anche **sesto.** ◆ **primo** ◇ sm - **1.** [giorno] first; **il primo (di) giugno** the first of June - **2.** [portata] first course. ◇ avv firstly. ◆ **primi** smpl: **i primi del mese/dell'anno** the beginning of the month/year.

primogenito, a sm, f first born.

primula sf primula.

principale ◇ agg main. ◇ smf boss.

principalmente avv mainly.

principe sm prince; **principe azzurro** Prince Charming; **principe consorte** Prince Consort. ◆ **principe di Galles** sm Prince of Wales.

principessa sf princess.

principiante smf beginner.

principio sm - **1.** [inizio] beginning, start; **dal principio** from the beginning o start - **2.** [fondamento, norma morale] principle.

priori ◆ **a priori** avv beforehand, a priori form.

priorità sf inv priority.

prioritario, a agg priority (dav sostantivo).

prisma, i sm GEOM prism.

privacy ['praivasi] sf privacy.

privare [6] vt: **privare qn di qc** to deprive sb of sthg; **privare qc di qc** to remove sthg from sthg. ◆ **privarsi** vr: **privarsi di qc** to deprive o.s. of sthg, to give up sthg.

privatamente avv privately.

privatizzare [6] vt to privatize.

privato, a agg private. ◆ **privato** sm [persona] private individual.

privilegiare [18] vt to favour UK, to favor US.

privilegiato, a ◇ agg privileged. ◇ sm, f privileged person.

privilegio sm privilege.

privo, a agg: **privo di qc** without sthg, lacking in sthg.

probabile agg likely, probable.

probabilità sf inv - **1.** [verosimiglianza] likelihood - **2.** [chance] chance - **3.** MAT probability.

probabilmente avv probably.

problema, i sm problem; **non c'è problema** no problem.

proboscide sf trunk.

procacciare [6] vt: **procacciarsi qc** to get sthg, to obtain sthg.

procacciatore, **trice** sm, f: **procacciatore d'affari** dealer.

procedere [7] vi - **1.** [camminare, continuare] to go on, to proceed - **2.** [svolgersi] to go - **3.** [iniziare]: **procedere a qc** to proceed with sthg.

procedimento sm - **1.** [metodo] procedure - **2.** [processo] proceedings pl.

procedura sf procedure.

processare [6] vt: **processare qn (per qc)** to try sb (for sthg).

processione sf procession.

processo sm - **1.** DIR trial - **2.** [svolgimento, metodo] process.

procinto sm: **essere in procinto di fare qc** to be (just) about to do sthg.

proclamare [6] vt - **1.** [dichiarare] to proclaim, to declare - **2.** [indire] to announce. ➝ **proclamarsi** vr to proclaim o.s., to declare o.s.

procura sf - **1.** [delega] proxy - **2.** [documento] power of attorney - **3.** [ente]: **procura (della Repubblica)** ≃ Crown Prosecution Service UK, ≃ district attorney's office US.

procurare [6] vt - **1.** [ottenere]: **procurare qc a qn** to get sthg for sb, to get sb sthg; **procurarsi qc** to get o.s. sthg - **2.** [causare]: **procurare dei guai a qn** to cause trouble for sb.

procuratore, **trice** sm, f: **procuratore (della Repubblica)** ≃ Crown prosecutor UK, ≃ district attorney US.

prodigio ◇ sm - **1.** [miracolo] wonder; **fare prodigi** to work wonders - **2.** [persona] prodigy. ◇ agg ▷ **bambino**.

prodotto, **a** pp ▷ **produrre**. ➝ **prodotto** sm - **1.** [gen] product; **prodotti di bellezza** beauty products - **2.** [agricolo] produce (U).

produrre [95] vt - **1.** [gen] to produce - **2.** [causare] to cause.

produttivo, **a** agg - **1.** [di produzione] production (dav sostantivo) - **2.** [fruttifero] productive.

produttore, **trice** ◇ agg producing; **un paese produttore di caffè** a coffee-producing country. ◇ sm, f producer.

produzione sf - **1.** [attività] production - **2.** [di artista] output.

Prof. (abbr di **Professore**) Prof.

profanare [6] vt to desecrate.

professionale agg - **1.** [gen] professional - **2.** [formazione] vocational.

professione sf profession.

professionista, **i**, **e** ◇ agg professional. ◇ smf - **1.** [gen] professional - **2.** [avvocato, architetto]: **libero professionista** self-employed professional.

professore, **professoressa** sm, f [insegnante] teacher; [titolare di cattedra universitaria] professor; [professore incaricato all'università] lecturer UK, professor US.

profeta, **profetessa** sm, f prophet.

profezia sf prophecy.

profilattico sm condom.

profilo sm - **1.** [contorno, descrizione] outline - **2.** [di viso, psicologico] profile; **di profilo** in profile - **3.** [bordatura] trim.

profiterole [profite'rɔl] sm inv profiterole.

profitto sm - **1.** [vantaggio] advantage; **trarre profitto da qc** to profit from sthg - **2.** ECON profit - **3.** [buon risultato]: **con profitto** successfully.

profondamente avv deeply.

profondità sf inv depth; **in profondità** deeply.

profondo, **a** agg - **1.** [gen] deep - **2.** [pensiero, discorso] profound - **3.** [dolore] intense.

Prof.ssa (abbr di **Professoressa**) Prof.

profugo, **a**, **ghi**, **ghe** sm, f refugee.

profumare [6] ◇ vt to make sthg smell nice. ◇ vi to smell nice. ➝ **profumarsi** vr to put on some perfume.

profumatamente avv handsomely.

profumato, **a** agg sweet-smelling.

profumeria sf perfumery (where cosmetics and inexpensive jewellery are also sold).

profumo sm - **1.** [odore] smell; **che buon profumo hai!** you smell nice! - **2.** [cosmetico] perfume.

progettare [6] vt - **1.** [immaginare] to plan; **progettare di fare qc** to plan to do sthg - **2.** [disegnare] to design.

progettazione sf [elaborazione] design; [di un lavoro] planning.

progetto sm - **1.** [programma, proposito] plan - **2.** [disegno] design; **progetto di massima** preliminary plan; **progetto esecutivo** in-depth plan.

prognosi sf inv MED prognosis (sing); **prognosi riservata** on the critical o danger UK list.

programma, **i** sm - **1.** [gen] programme UK, program US; **in programma** on the programme UK o program US; **fuori programma** unscheduled; **un programma televisivo/radiofonico** a TV/radio programme UK o program US - **2.** [scolastico] syllabus - **3.** [di lavoro] schedule - **4.** [proposito] plan; **avere in programma (di fare) qc** to be planning (to do) sthg; **hai programmi per stasera?** are you doing anything this evening? **- 5.** [informatico] program.

programmare [6] vt - **1.** [organizzare] to plan **- 2.** [congegno] to programme UK o program US **- 3.** INFORM to program.

programmatore, trice sm, f programmer.

programmazione sf - **1.** [pianificazione] planning **- 2.** [proiezione] showing; **in programmazione** showing now; **di prossima programmazione** coming soon.

progredire [9] vi to improve; **progredire in qc** to make progress in sthg.

progredito, a agg - **1.** [tecnica, metodo] advanced **- 2.** [paese, popolo] civilized.

progressione sf progression.

progressivo, a agg progressive.

progresso sm progress; **fare progressi (in qc)** to make progress (in sthg).

proibire [9] vt to ban; **proibire a qn di fare qc** to forbid sb to do sthg.

proibito, a agg forbidden.

proibizione sf ban.

proiettare [6] vt - **1.** [film, diapositiva] to show **- 2.** [luce, ombra] to cast **- 3.** [scagliare] to throw. ◆ **proiettarsi** vr to throw o.s. ◇ vip to be cast.

proiettile sm bullet.

proiettore sm - **1.** [per film, diapositive] projector **- 2.** [faro] headlight.

proiezione sf - **1.** [di film, diapositive] showing, projection **- 2.** [previsione] projection.

proletario, a ◇ agg working-class, proletarian. ◇ sm, f working-class person, proletarian.

proliferare [6] vi to proliferate.

pro loco sf inv (local) tourist board.

prologo, ghi sm prologue.

prolunga, ghe sf - **1.** [cavo] extension (cable UK o cord US) **- 2.** [di tavolo] leaf; [di scala] extension.

prolungamento sm extension.

prolungare [16] vt - **1.** [nello spazio] to extend **- 2.** [nel tempo] to prolong. ◆ **prolungarsi** vip to continue.

promemoria sm inv memo.

promessa sf - **1.** [impegno] promise; **fare/mantenere una promessa** to make/keep a promise; **mancare a una promessa** to break a promise **- 2.** [persona] up-and-coming star.

promesso, a pp ▷ **promettere**.

promettente agg promising.

promettere [71] vt - **1.** [garantire]: **promettere qc a qn** to promise sb sthg; **promettere di fare qc** to promise to do sthg **- 2.** [preannunciare] to be o look promising.

promontorio sm promontory.

promosso, a ◇ pp ▷ **promuovere**. ◇ agg successful.

promotore, trice ◇ agg organizing (dav sostantivo). ◇ sm, f organizer.

promozionale agg promotional.

promozione sf - **1.** [a scuola]: **conseguire** o **ottenere la promozione** to move up to the next class o grade US **- 2.** [sul lavoro, nello sport, nel commercio] promotion.

promuovere [76] vt - **1.** [a scuola] to move up to the next class o grade US **- 2.** [ad un grado superiore] to promote **- 3.** [favorire] to encourage **- 4.** [indire] to organize.

pronipote sm, f great-grandson (grand-daughter f).

pronome sm pronoun.

pronominale agg pronominal.

prontezza sf [mentale] readiness; [fisica] speed; **con prontezza** promptly.

pronto, a ◇ agg - **1.** [predisposto, disponibile] ready; **essere pronto a qc/a fare qc** to be ready for sthg/to do sthg **- 2.** [rapido] quick; **pronto intervento** emergency services pl; **pronto soccorso** first aid. ◇ esclam [al telefono] hello!

pronuncia, pronunzia sf - **1.** [di vocale, parola] pronunciation **- 2.** [parlata] accent.

pronunciare vt - **1.** [articolare] to pronounce **- 2.** [discorso] to give; [giuramento] to swear **- 3.** [sentenza, giudizio] to deliver. ◆ **pronunciarsi** vip: **pronunciarsi su qc** to state one's opinion about sthg; **pronunciarsi a favore/contro qc** to declare o.s. (to be) in favour UK o favor US of/against sthg.

pronunciato, a agg [chin] protruding; [naso] prominent.

propaganda sf propaganda.

propagare [16] vt to spread. ◆ **propagarsi** vip to spread.

propendere [43] vi: **propendere per qn/qc** to favour UK o favor US sb/sthg.

proporre [96] vt - **1.** [suggerire]: **proporre qc a qn** to propose sthg to sb; **proporre (a qn) di fare qc** to propose doing sthg (to sb) **- 2.** [prefiggersi]: **proporsi (di fare) qc** to decide (to do) sthg. ◆ **proporsi** vr to run, to stand UK.

proporzionale agg proportionate; **direttamente/inversamente proporzionale** directly/inversely proportionate.

proporzione *sf* - 1. [rapporto] proportion; **in proporzione a qc** in relation to sthg - 2.: **proporzioni** [dimensioni] size - 3. MAT ratio.

proposito *sm* - 1. [intenzione] intention; [scopo] aim; **buoni propositi** good intentions; **di proposito** [apposta] on purpose; [seriamente] in earnest - 2. [argomento] subject; **a proposito di qn/qc** regarding sb/sthg; **a proposito!** by the way!; **giungere** o **arrivare a proposito** to arrive just in time; **in proposito** on this subject.

proposizione *sf* clause; **proposizione principale** main clause; **proposizione subordinata** subordinate clause.

proposta *sf* - 1. [suggerimento] proposal - 2. [offerta] offer.

proposto, a *pp* ⊳ **proporre**.

proprietà *sf inv* - 1. [possesso] ownership (*U*); **'proprietà privata'** 'private property' - 2. [case, terreni, caratteristica] property - 3. [correttezza] propriety.

proprietario, a *sm, f* owner.

proprio, a ◇ *agg* - 1. [tipico] characteristic; **nome proprio** proper name - 2. [esatto] exact; **vero e proprio** real. ◇ *agg poss* own. ◇ *pron poss*: **il proprio, la propria, i propri, le proprie** one's own. ◆ **proprio** ◇ *avv* - 1. [precisamente] exactly; **~ ora** just now - 2. [veramente] really - 3. [rafforzativo]: **non... proprio** not... at all; **non mi va proprio di andare al cinema** I really don't feel like going to the cinema *esp UK* o movies *esp US*; **non ne sapevano proprio niente** they knew absolutely nothing about it. ◇ *sm*: **in proprio** for o by oneself.

proroga, ghe *sf* extension.

prorogare [16] *vt* to postpone.

prosa *sf* - 1. [letteratura] prose - 2. [teatro] theatre *UK*, theater *US*; **un attore di prosa** a theatre *UK* o theater *US* actor.

prosciutto *sm* ham; **prosciutto cotto** cooked ham; **prosciutto crudo** cured ham.

proseguimento *sm* continuation.

proseguire [8] *vt* & *vi* to continue.

prosperare [6] *vi* to prosper.

prosperoso, a *agg* - 1. [ricco] prosperous - 2. [formoso] curvaceous.

prospettiva *sf* - 1. [in disegno] perspective - 2. [punto di vista] viewpoint - 3. [possibilità] prospect.

prospetto *sm* - 1. [tabella] table - 2. [facciata] façade.

prossimità *sf inv* proximity; **in prossimità di qc** [gen] close to sthg; [in tempo] shortly before sthg.

prossimo, a *agg* - 1. [seguente] next - 2. [vicino nel tempo]: **essere prossimo a qc** to be close to sthg - 3. [parente] close. ◆ **prossimo** *sm*: **il prossimo** my/your etc neighbour *UK* o neighbor *US*; **si diverte a parlare male del prossimo** he enjoys badmouthing other people.

prostituirsi [9] *vr* to prostitute o.s.

prostituta *sf* prostitute.

prostituzione *sf* prostitution.

protagonista, i, e *sm, f* - 1. [attore] leading actor (actress *f*) - 2. [di evento] protagonist.

proteggere [50] *vt* to protect; **proteggere qc da qc** to protect sthg from sthg. ◆ **proteggersi** *vr*: **proteggersi da qc** to protect o.s. from sthg.

proteina *sf* protein.

protesi *sf inv* prosthesis (*sing*).

protesta *sf* protest.

protestante *agg* & *smf* Protestant.

protestare [6] *vi*: **protestare contro qc** to protest against sthg.

protettivo, a *agg* protective.

protetto, a ◇ *pp* ⊳ **proteggere**. ◇ *agg* protected. ◇ *sm, f* protégé (protégée *f*).

protettore, trice ◇ *agg* [santo] patron (*dav sostantivo*); **protettore di qc** [società] for the protection of sthg. ◇ *sm, f* - 1. [santo] patron saint - 2. [di prostituta] pimp.

protezione *sf* protection; **di protezione** protective.

protocollo *sm* - 1. [registro] record; **numero di protocollo** reference number - 2. INFORM [cerimoniale] protocol.

protrarre [97] *vt* - 1. [posticipare] to postpone - 2. [prolungare] to extend. ◆ **protrarsi** *vip* to go on.

protratto, a *pp* ⊳ **protrarre**.

protuberanza *sf* protuberance.

prova *sf* - 1. [dimostrazione, riprova] proof (*U*) - 2. [per accusa] evidence (*U*) - 3. [test, tentativo] try; **mettere alla prova qn/qc** to put sb/sthg to the test; **in prova** for a trial period - 4. [di spettacolo] rehearsal - 5. [esame] exam - 6. [esperimento] test - 7. [difficoltà] trial - 8. [gara] trials *pl* - 9. [d'abito] fitting.

provare [6] *vt* - 1. [abito, scarpe]: **provarsi qc** to try sthg on - 2. [testare] to test - 3. [sentire] to feel - 4. [dimostrare] to prove - 5. [sperimentare] to experience - 6. [spettacolo] to rehearse - 7. [far soffrire] to affect - 8. [tentare]: **provare (a fare qc)** to try (doing sthg); **provarci** *fam* [tentare] to give it a go - 9. [azzardarsi]: **provare a fare qc** to dare to do sthg.

provenienza sf origin; **il treno in provenienza da Venezia** the train from Venice.

provenire [109] vi: **provenire da qc** to come from sthg; **il treno proveniente da Bologna** the train from Bologna.

provenuto, a pp ▷ **provenire**.

proverbio sm proverb.

provetta sf test tube.

provider [pro'vaider] sm inv INFORM service provider.

provincia, ce sf - 1. [circoscrizione] province - 2. [ente] provincial government - 3. [piccoli centri] provinces pl.

provinciale ◇ agg provincial. ◇ sf main road.

provino sm - 1. [di film] screen test; [di spettacolo] audition - 2. [fotografia] contact print.

provocante agg provocative.

provocare [15] vt - 1. [causare] to cause - 2. [sfidare] to provoke.

provocazione sf provocation.

provolone sm provolone.

provvedere [82] vi: **provvedere a qc** to see to sthg; **provvedere a fare qc** to see to it that sthg is done.

provvedimento sm measure.

provvidenza sf providence.

provvisorio, a agg [gen] temporary; [governo] provisional.

provvista sf supply; **fare provvista di qc** to stock up on sthg.

provvisto, a ◇ pp ▷ **provvedere**. ◇ agg: **essere provvisto di qc** to have sthg.

prudente agg - 1. [cauto] cautious - 2. [assennato] sensible.

prudenza sf caution.

prudere [123] vi to itch; **mi prude il naso** my nose itches.

prugna sf plum; **prugna secca** prune.

prurito sm itch.

pseudonimo sm pseudonym.

psicanalisi sf psychoanalysis.

psicanalista, i, e smf psychoanalyst.

psiche sf psyche.

psichiatra, i, e smf psychiatrist.

psichiatria sf psychiatry.

psichiatrico, a, ci, che agg psychiatric.

psichico, a, ci, che agg mental.

psicofarmaco sm psychotropic drug.

psicologia sf psychology.

psicologico, a, ci, che agg psychological.

psicologo, a, gi, ghe sm, f psychologist.

psicosomatico, a, ci, che agg psychosomatic.

PT (abbr di **Poste e Telecomunicazioni**) Italian post and telecommunications service.

PTP (abbr di **Posto Telefonico Pubblico**) public telephone.

pubblicamente avv publicly, in public.

pubblicare [15] vt to publish.

pubblicazione sf publication. ◆ **pubblicazioni** sfpl: **pubblicazioni (di matrimonio)** (wedding) banns.

pubblicità sf inv - 1. [propaganda] publicity; **fare pubblicità a qn/qc** to promote sb/sthg - 2. [annuncio] advertisement, advert UK - 3. [attività] advertising.

pubblicitario, a ◇ agg advertising (dav sostantivo). ◇ sm, f advertising executive.

pubblico, a, ci, che agg - 1. [gen] public; **rendere pubblico qc** to make sthg public - 2. [statale] state (dav sostantivo); **Pubblico Ministero** ≃ Crown Prosecution Service UK, ≃ district attorney's office US; **pubblico ufficiale** public official. ◆ **pubblico** sm - 1. [spettatori] audience; **in pubblico** in public - 2. [utenti] public (U).

pube sm pubis (sing).

pudico, a, chi, che agg - 1. [casto] chaste - 2. [riservato] modest.

pudore sm decency; **senza pudore** shamelessly.

puerile agg spreg childish.

pugilato sm boxing.

pugile smf boxer.

Puglia sf: **la Puglia** Apulia.

pugliese agg & smf Apulian.

pugnalare [6] vt to stab.

pugnalata sf stab; **essere colpito da una pugnalata** to be stabbed.

pugnale sm dagger.

pugno sm - 1. [colpo] punch; **fare a pugni** [persone] to come to blows; [cose, colori] to clash; **prendere a pugni qn** to punch sb - 2. [mano chiusa] fist; **avere qc in pugno** [ottenerla] to have sthg within one's grasp - 3. [quantità] handful.

pulce sf flea.

pulcino sm chick.

puledro, a sm, f colt (filly f).

pulire [9] vt to clean; **pulirsi le mani/la faccia** to wash one's hands/one's face; **pulirsi il naso** to blow o wipe one's nose; **pulirsi le scarpe** to wipe one's feet.

pulito, a agg - 1. [gen] clean; **essere pulito** gergo malavita & gergo droga to be clean - 2. [onesto] honest. ◆ **pulito** sm: **non camminare sul pulito!** don't walk over the part that's been cleaned!; **che profumo di pulito!** it smells really clean!

pulitura sf cleaning; **pulitura a secco** dry cleaning.

pulizia sf - 1. [operazione - del locale, dei denti] cleaning; [- del viso] cleansing; **fare le pulizie** to do the cleaning - 2. [condizione] cleanliness; **pulizia personale** personal hygiene - 3. [eliminazione]: **far pulizia (di qc)** to clear (sthg) out.

pullman sm inv coach UK, bus US.

pullover sm inv pullover, sweater, jumper UK.

pulmino sm minibus.

pulpito sm pulpit.

pulsante sm button; **il pulsante per accendere/spegnere** the on/off switch.

pulsazione sf beat.

puma sm inv puma.

pungere [49] vt - 1. [sogg: vespa, ortica] to sting; [- zanzara] to bite; [- spina, ago] to prick - 2. [lana, ortica] to prickle. ◆ **pungersi** vr to prick o.s.

pungiglione sm sting UK, stinger US.

punire [9] vt - 1. [gen] to punish - 2. [penalizzare] to penalize.

punizione sf - 1. [castigo] punishment - 2. [nel calcio] free kick.

punta sf - 1. [della lingua, della dita, dell'iceberg] tip; [del coltello, della penna] point; [dei capelli] end; **in punta di piedi** on tiptoe; **a punta** pointed - 2. [del trapano] drill - 3. [piccola quantità]: **una punta di qc** a touch of sthg; **una punta di sale** a pinch of salt - 4. [livello più alto] peak.

puntare [6] ◇ vt - 1. [dito] to point; [arma] to aim - 2. [scommettere]: **puntare qc su qn/qc** to bet sthg on sb/sthg - 3. [piedi, gomiti] to plant - 4. [guardare fisso] to stare at. ◇ vi - 1. [aspirare] to aim; **puntare a qc** to aim for sthg - 2. [dirigersi]: **puntare su qc** to head for sthg.

puntata sf - 1. [episodio] episode; **a puntate** [pubblicazione] in instalments UK o installments US; **programma a puntate** series - 2. [scommessa] bet.

punteggiatura sf punctuation.

punteggio sm - 1. [di gara, gioco] score - 2. [di esame] mark, grade.

puntiglioso, a agg - 1. [pedante] fussy - 2. [ostinato] obstinate.

puntina sf - 1. [chiodino]: **puntina (da disegno)** drawing pin UK, thumbtack US - 2. [di giradischi] needle.

puntino sm [segno grafico] dot; **puntini di sospensione** (continuation) dots UK, suspension points US; **puntini puntini** [eccetera] dot dot dot; **fare qc a puntino** to do sthg properly; **arrivare a puntino** to arrive at just the right time; **cotto a puntino** done to a turn.

punto, a pp ▷ **pungere**. ◆ **punto** sm - 1. [gen] point; **punto cardinale** cardinal point; **punto di riferimento** point of reference; **essere sul punto di fare qc** to be about to do sthg; **essere a buon punto con qc** to have sthg well in hand; **mezzogiorno/le sette in punto** midday/seven o'clock exactly; **punto di incontro** meeting point; **punto vendita** sales outlet; **punto di vista** point of view; **venire al punto** to come to the point; **fino ad un certo punto** up to a certain point; **a tal punto che...** so much so that... - 2. [segno grafico] full stop UK, period US; [in indirizzi e-mail] dot; **due punti** colon; **punto esclamativo** exclamation mark o point US; **punto interrogativo** question mark; **punto e virgola** semicolon; **di punto in bianco** suddenly - 3. [riepilogo]: **fare il punto di qc** to recap sthg - 4. MED [in cucito] stitch.

puntuale agg - 1. [in orario] punctual; **arrivare puntuale** to arrive on time - 2. [preciso] exact.

puntualità sf punctuality.

puntualmente avv - 1. [in orario] on time - 2. [con precisione] precisely - 3. [regolarmente] regularly.

puntura sf fam - 1. [di zanzara] bite; [di vespa, d'ape] sting - 2. [iniezione] injection; **fare una puntura a qn** to give sb an injection.

può ▷ **potere**.

puoi ▷ **potere**.

pupazzo sm [fantoccio] puppet; [di peluche] soft toy UK, stuffed animal esp US; **pupazzo di neve** snowman.

pur = **pure**.

puramente avv purely.

purché cong (+ congiuntivo) provided (that).

pure ◇ avv - 1. [anche] also - 2. [concessivo]: **entri pure!** please come in! - 3. [rafforzativo] nevertheless; **te lo avevo pur detto di non farlo** I told you not to do it. ◇ cong - 1. [persino] even if; **pur volendo, non avrei i soldi per farlo** even if I wanted to, I wouldn't have the money to do it - 2. [allo scopo]: **pur di fare qc** (just) to do sthg.

purè sm inv purée; **purè di patate** mashed potatoes pl.

purezza sf - 1. [di sostanza] purity - 2. [di persona, animo] goodness.

purga, ghe sf laxative.

purgante agg & sm laxative.

purgatorio sm purgatory.

purificare [15] vt - 1. [sostanza, organismo] to purify - 2. [da colpa] to cleanse. ◆ **purificarsi** vip to become pure.

puritano, a <> *agg* puritanical. <> *sm, f* puritan.

puro, a *agg* - 1. [incontaminato] pure; **pura lana vergine** 100% pure wool - 2. [senza colpa] innocent - 3. [semplice - follia, caso] sheer; [- verità] plain.

purosangue *agg inv & sm inv* thoroughbred.

purtroppo *avv* unfortunately.

pus *sm* pus.

putrefarsi [13] *vip* [cadavere] to decompose; [carne, pesce] to rot.

putrefatto, a <> *pp* ▷ **putrefarsi.** <> *agg* [cadavere] decomposed; [carne, pesce] rotten.

putrefazione *sf* decomposition.

puttana *sf volg* - 1. *spreg* [prostituta] whore, prostitute - 2. [in imprecazioni] bloody hell! *UK*, son of a bitch! *esp US.*

puttanata *sf volg*: **sparare puttanate** to talk crap.

puzza *sf* - 1. [puzzo] stink - 2. *fig* [sentore] stench.

puzzare [6] *vi* - 1. [emanare puzzo] to stink; **puzzare di qc** to stink of sthg; **puzzare di bruciato** to smell of burning - 2. [sembrare sospetto] to seem odd.

puzzle ['pazol, 'pazel] *sm inv* jigsaw (puzzle).

puzzo *sm* stink.

puzzola *sf* polecat.

puzzolente *agg* smelly.

PZ (*abbr di Potenza*) PZ.

P.zza (*abbr di piazza*) Sq.

q¹, Q *sm o sf inv* q, Q.

q² (*abbr di quintale*) q.

qua *avv* here; **qua vicino** near here; **qua sopra** up here; **da o di qua** [moto da luogo] from here; [moto per luogo] here; [in questa stanza] in here; **al di qua di qc** on this side of sthg; **da un po' di tempo in qua** [fino ad oggi] for some time now; **da un anno in qua** for the last year.

quaderno *sm* [per scrivere] exercise book; [per appunti] notebook; **quaderno a righe/a quadretti** ruled/graph-paper o squared *UK* exercise book.

quadrante *sm* - 1. [di orologio] face - 2. [di cerchio, bussola] quadrant.

quadrare [6] *vi* - 1. [corrispondere] to balance - 2. [essere esatto] to agree - 3. [sembrare convincente]: **non mi quadra** it doesn't add up.

quadrato, a *agg* square. ◆ **quadrato** *sm* square; **al quadrato** squared.

quadretto *sm*: **a quadretti** [foglio] graph *(dav sostantivo)*, squared *UK*; [tessuto] checked.

quadrifoglio *sm* four-leaved *UK* o four-leaf *US* clover.

quadrimestre *sm* - 1. [quattro mesi] four month period - 2. SCOL term.

quadro, a *agg* - 1. square - 2. ▷ **parentesi.** ◆ **quadro** *sm* - 1. [dipinto] picture - 2. [descrizione] profile - 3. [contesto] context - 4. [tabella] table - 5. [pannello] panel - 6. [scena] scene - 7. [impiegato] manager. ◆ **quadri** *smpl* - 1. [motivo]: **a quadri** checked - 2. [nelle carte] diamonds.

quadrupede *sm* quadruped.

quadruplicare [15] *vt* to quadruple.

quadruplo, a *agg* quadruple, four times as big as. ◆ **quadruplo** *sm*: **il quadruplo** four times as much as.

quaggiù *avv* down here; **da quaggiù** from down here.

quaglia *sf* quail.

qualche *agg indef (sempre sing)* - 1. [alcuni - in frasi affermative] a few; [- in frasi interrogative] any; **restiamo solo qualche giorno** we're only staying a few days; **qualche dubbio/speranza** some doubts/hopes; **qualche volta** sometimes - 2. [uno - in frasi affermative] some; [- in frasi interrogative] any; **avrà trovato qualche scusa per non venire** he'll have found some excuse not to come; **da qualche parte** somewhere; **in qualche modo** somehow; **qualche giorno** one day - 3. [un certo] some; **per qualche tempo** for some time; **qualche cosa = qualcosa.**

qualcheduno, a = qualcuno.

qualcosa *pron indef* [una o più cose - in frasi affermative] something; [- in frasi interrogative] something, anything; **qualcosa di strano** something strange; **qualcosa da bere/leggere** something to drink/read; **qualcos'altro** something else; **c'è qualcosa che non va?** is something o anything the matter?

qualcuno, a *pron indef (sempre sing)* - 1. [uno - in frasi affermative] someone, somebody; [- in frasi interrogative] anyone, anybody; **qualcun'altro, qualcun'altra** [- persona] someone o somebody else; [- cosa] another one; **c'è qualcuno in casa?** is anyone home? - **2.** [alcuni] some; **qualcuno di noi** some of us - **3.** (solo m) [persona importante] someone, somebody.

quale ⬦ agg interr which. ⬦ agg rel - **1.** [ad esempio] such as; **scrittori quali Dante e Boccaccio** writers such as Dante and Boccaccio - **2.** [in qualità di] as. ⬦ pron interr which; **non so quali scegliere** I don't know which to choose. ⬦ pron rel: **il quale, la quale, i quali, le quali** [soggetto - persona] who; [soggetto - cosa] which; [dopo preposizione]: **l'ipotesi sulla quale è costruita la sua teoria** the hypothesis on which his theory is based; **ha tre fratelli, due dei quali sposati** she has three brothers, two of whom are married; **i ragazzi con i quali sono andato in montagna** the people I went to the mountains with o the people with whom I went to the mountains.

qualifica, che sf - **1.** [specializzazione] qualification - **2.** [mansione] position - **3.** [attributo] reputation.

qualificare [15] vt to describe. ⬥ **qualificarsi** vr - **1.** [in gare, concorsi]: **qualificarsi (per qc)** to qualify (for sthg) - **2.** [presentarsi] to introduce o.s.

qualificato, a agg - **1.** [specializzato] skilled - **2.** [competente] qualified.

qualificazione sf - **1.** [specializzazione] specialization - **2.** [in gare, concorsi] qualification - **3.** [definizione] classification.

qualità sf inv - **1.** [gen] quality; **di prima qualità** top quality; **di qualità** quality - **2.** [varietà] type; **in qualità di** as a.

qualora cong (+ congiuntivo) form if; **siamo pronti ad aiutarla, qualora ne avesse bisogno** we're here to help you, should you need it.

qualsiasi ⬦ agg indef inv - **1.** [ogni] any - **2.** [ordinario] ordinary. ⬦ agg rel inv whatever.

qualunque = qualsiasi.

quando ⬦ avv when; **da quando sei qui?** how long have you been here?; **da quando in qua** since when; **di quando sono queste foto?** when were these photos taken?; **per quando devo fare questa traduzione?** when do I have to do this translation for?; **di quando in quando** every so often, from time to time. ⬦ cong when; **da quando** since; **sono passati tre mesi da quando li ho visti** it's been three months since I saw them.

quantificare [15] vt to quantify, to put a figure on.

quantità sf inv - **1.** [misura] quantity - **2.** [abbondanza]: **una quantità di qc** a large amount of sthg.

quanto, a ⬦ agg interr - **1.** [quantità] how much; **quanto zucchero vuoi nel caffè?** how much sugar do you want in your coffee?; **quanto tempo ci hai messo a fare questo?** how long did it take you to do this?; **quanti giorni ti fermi?** how many days o how long are you staying?; **quanti anni hai?** how old are you? ⬦ agg rel - **1.** [quantità] as much; **mettici quanto tempo ci vuole** take as much time o as long as you need - **2.** [numero] as many; **resta quanti giorni vuoi** stay as many days o as long as you like. ⬦ agg escl: **quanto tempo è passato!** it's been such a long time!; **quanta fatica sprecata!** what a waste of energy!; **quanti dubbi ho avuto!** I was so doubtful! ⬦ pron interr - **1.** [quantità] how much; **quanto costa?** how much does it cost?; **quant'è?** [prezzo] how much is it? - **2.** [numero] how many; **quanti ne abbiamo oggi?** what's the date today?; **quanti hanno firmato la petizione?** how many people signed the petition? - **3.** [tempo] how long; **quanto ti fermi?** how long are you staying? - **4.** [distanza] how far; **quanto manca per arrivare?** how far is it? ⬦ pron rel - **1.** [quantità] as much as; **quanto ti pare** as much as you want; **ti ringrazio di quanto hai fatto per me** thank you for everything you've done for me; **per quanto ne so** as far as I know - **2.** [numero] as many as; **tutti quanti** everyone. ⬦ pron escl: **quanto è noiosa questa conferenza!** this lecture is so boring!; **quante me ne hanno dette!** they really went for me o had a go at me UK! ⬥ **quanto** avv - **1.** [interrogativo, esclamativo]: **quanto sei alto?** how tall are you?; **quanto sono stufa!** I'm so fed up!; **quanto ci siamo divertiti!** we had such a good time!; **quanto fumi?** how many (cigarettes) do you smoke (a day)? - **2.** [comparativo]: **lui lavora quasi quanto te** he works almost as much o as hard as you; **è alto quanto te** he's the same height as you; **aggiungere acqua quanto basta** add sufficient water; **quanto meno** at least; **quanto a qn/qc** as for sb/sthg; **a quanto pare** it seems. ⬥ **in quanto** ⬦ cong as, since. ⬦ avv as. ⬥ **per quanto** cong: **per quanto tu faccia** whatever you do; **per quanto mi sforzi** however hard I try.

quantomeno avv at least.

quaranta agg num inv & sm inv forty; **avere la febbre a quaranta** to have a raging temperature; vedi anche **sei.**

quarantenne ⬦ agg forty-year-old (dav sostantivo). ⬦ smf [di quaranta anni] forty-year-old; [di circa quaranta] person in their forties; vedi anche **sessantenne.**

quarantennio sm forty-year period.

quarantęsimo, a agg num & sm, f fortieth.
◆ **quarantesimo** sm [frazione] fortieth; vedi anche **sesto**.

quarantina sf - **1.** [quantità]: **una quarantina (di qc)** about forty (sthg) - **2.** [età]: **avere una quarantina d'anni** to be about forty (years old), to be in one's forties.

Quaręsima sf Lent.

quarta sf - **1.** SCOL year 4 UK, fourth grade US - **2.** [marcia] fourth (gear).

quartętto sm - **1.** MUS quartet - **2.** [gruppo] foursome.

quartięre sm - **1.** [di città] neighbourhood UK, neighborhood US; **quartiere residenziale** residential area - **2.: quartier generale** MIL General Headquarters; [di partito, azienda] headquarters.

quarto, a agg num & sm, f fourth.
◆ **quarto** sm - **1.** [frazione] quarter; **quarto d'ora** quarter of an hour; **le due e un quarto** (a) quarter past two UK, a quarter past o after two US; **le due meno un quarto** (a) quarter to two UK, a quarter to o of two US; **le due e tre quarti** (a) quarter to three UK, a quarter to o of three US; **un quarto di vino** a quarter-litre UK o quarter-liter US (bottle) of wine - **2.** SPORT: **quarti di finale** quarter finals; vedi anche **sesto**.

quarzo sm quartz; **orologio al quarzo** quartz watch/clock.

quasi ◇ avv - **1.** [gen] almost, nearly; **quasi mai** almost never - **2.** [forse] perhaps; **quasi quasi, oggi me ne sto a casa a riposarmi** I might just stay in today and rest - **3.** [come se fosse] almost. ◇ cong (+ congiuntivo) as if.

quassù avv up here; **da quassù** from up here.

quattordicenne ◇ agg fourteen-year-old (dav sostantivo). ◇ smf fourteen-year-old.

quattordicęsimo, a agg num & sm, f fourteenth. ◆ **quattordicesimo** sm [frazione] fourteenth; vedi anche **sesto**.

quattordici agg num inv & sm inv fourteen; vedi anche **sei**.

quattrino sm: **non avere un quattrino** to be penniless. ◆ **quattrini** smpl money (U).

quattro ◇ agg num inv - **1.** [in numero esatto] four - **2.** [pochi - con nomi non numerabili] little; [- con nomi numerabili] a few; **fare quattro passi** to go for a stroll; **fare quattro chiacchiere** to have a chat. ◇ sm inv four; **dirne quattro a qn** to give sb an earful; **farsi in quattro per qn/per fare qc** to bend over backward(s) for sb/to do sthg; vedi anche **sei**.
◆ **quattro per quattro** sm inv four-by-four.

quattrocchi ◆ **a quattrocchi** avv in private.

Quattrocento sm: **il Quattrocento** the fifteenth century.

quęgli ▷ **quello**.
quęi ▷ **quello**.

quello, a (quel (pl quei) dav sm che comincia per consonante; quello (pl quegli) dav sm che comincia per s + consonante, gn, ps, x, y, z; quell' (pl m quegli) dav sm o sf che comincia per vocale o h) ◇ agg that, those pl; vedi **quella casa?** can you see that house?; **guarda quei bambini** look at those children; **non mi piace quella gente** I don't like those people. ◇ pron dim - **1.** [cosa o persona lontana] that one, those ones pl; **il ristorante dove dobbiamo andare è quello** the restaurant we're going to is that one - **2.** [cosa o persona nota] the one, the ones pl; **vorrei la camicia bianca, non quella rossa** I'd like the white shirt, not the red one - **3.** [lui, lei, loro] he, she f, they pl; **e quella cosa viene a fare qui?** what's she doing here? - **4.** [seguito da pron relat] the one, the ones pl; **quello che** [ciò che] what; **faccio quello che posso** I do what I can.

quęrcia, ce sf oak.

questionario sm questionnaire.

questione sf - **1.** [problema] problem; **in questione** in question; **essere questione di qc** to be a matter of sthg - **2.** [controversia] dispute.

questo, a ◇ agg dim this, these pl; **in questo momento** at the moment; **di questi tempi** these days. ◇ pron dim - **1.** [cosa o persona vicina o nota] this one, these ones pl; **questo qui** o **qua** this one - **2.** [per riassumere] this; **questa è bella!** oh great!; **ci mancava anche questa!** that's all I/we etc need!

questura sf - **1.** [organo] police headquarters - **2.** [ufficio] main police station.

qui avv - **1.** [in questo posto, rafforzativo] here; **qui dietro/davanti/dentro/fuori** behind/in front of/in/out here; **ti aspetto qui fuori** I'll wait for you out here; **da** o **di qui** [moto da luogo] from here; [moto per luogo] by here; **qui vicino** nearby - **2.** [a questo punto] now; **di qui a domani** between now and tomorrow; **di qui a una settimana/un mese** a week/month from now.

quięte sf quiet; **trovare quiete** to find peace and quiet.

quięto, a agg - **1.** [fermo] still - **2.** [tranquillo] quiet.

quindi ◇ cong so. ◇ avv then.

quindicęnne ◇ agg fifteen-year-old (dav sostantivo). ◇ smf fifteen-year-old.

quindicęsimo, a agg num & sm, f fifteenth.
◆ **quindicesimo** sm [frazione] fifteenth; vedi anche **sesto**.

quindici *agg num inv* & *sm inv* fifteen; **quindici giorni** two weeks, a fortnight *UK*; *vedi anche* **sei**.

quindicina *sf* - **1.** [circa quindici]: **una quindicina (di qc)** about fifteen (sthg) - **2.** *fam* [mezzo mese] two weeks, fortnight *UK*.

quinta *sf* - **1.** SCOL year 5 *UK*, fifth grade *US* - **2.** [marcia] fifth (gear). **quinte** *sfpl*: **dietro le quinte** *fig* behind the scenes.

quintale *sm* 100 kilos *pl*, quintal.

quinto, a *agg num* & *sm, f* fifth. **quinto** *sm* [frazione] fifth; *vedi anche* **sesto**.

Quirinale *sm* [colle] Quirinal (hill); POLIT Italian President.

quiz [kwits] *sm inv* - **1.** [questionario] test - **2.** [programma] quiz show.

quota *sf* - **1.** [rata] instalment *UK*, installment *US*; [contributo] contribution; **se vuoi partecipare alla colletta, la quota è di 10 euro a testa** if you want to contribute to the collection, the amount is 10 euros each; **quota annua** annual fee; **quota di iscrizione** registration fee - **2.** [percentuale] percentage - **3.** [altitudine] altitude; **perdere/prendere quota** to lose/gain height.

quotidiano, a *agg* - **1.** [giornaliero] daily - **2.** [ordinario] everyday. **quotidiano** *sm* daily (newspaper).

quoziente *sm* - **1.** MAT quotient - **2.** [rapporto]: **quoziente di intelligenza** intelligence quotient.

r, R *sm o sf inv* r, R.

rabbia *sf* - **1.** [collera] anger - **2.** [stizza] frustration; **che rabbia!** how annoying!; **fare rabbia a qn** to annoy sb - **3.** [malattia] rabies *(U)*.

rabbioso, a *agg* - **1.** [cane] rabid - **2.** [furibondo - persona] angry; [- emozione, reazione] violent.

rabbrividire [9] *vi* to shiver.

raccapricciante *agg* terrifying.

raccattare [6] *vt* - **1.** [raccogliere - carta] to pick up; [- frutta] to gather, to pick - **2.** [mettere insieme] to scrape together.

racchetta *sf*: **racchetta da tennis** tennis racket; **racchetta da ping pong** table tennis bat; **racchetta da sci** ski stick.

racchiudere [31] *vt* to hold.

racchiuso, a *pp* ⊳ **racchiudere**.

raccogliere [86] *vt* - **1.** [prendere] to pick up - **2.** [cogliere] to pick; **raccogliere le messi** to bring in the harvest - **3.** [mettere insieme] to gather together; **chi si offre per raccogliere i soldi della colletta?** who's volunteering to do the collection? - **4.** [accettare] to accept; **non ho nessuna intenzione di raccogliere le tue provocazioni** I have no intention of responding to your taunts - **5.** [ottenere] to get. **raccogliersi** *vip* - **1.** [radunarsi] to gather together - **2.** [meditare] to concentrate.

raccoglitore *sm* file.

raccolta *sf* - **1.** [gen] collection; **fare la raccolta di qc** to collect sthg - **2.** [di frutta, verdura] picking, harvest.

raccolto, a ⊳ *pp* ⊳ **raccogliere**. ⊳ *agg* gathered together. **raccolto** *sm* harvest.

raccomandare [6] *vt* - **1.** [affidare]: **raccomandare qn/qc a qn** to entrust sb/sthg to sb - **2.** [favorire, consigliare] to recommend; **raccomandare a qn di fare qc** to advise sb to do sthg. **raccomandarsi** *vr*: **raccomandarsi a qn** to entrust o.s. to sb; **mi raccomando!** remember!

raccomandata *sf* registered letter.

raccomandato, a ⊳ *agg* registered. ⊳ *sm, f* a person with connections.

raccomandazione *sf* - **1.** [esortazione] advice *(U)* - **2.** [per lavoro] reference.

raccontare [6] ⊳ *vt* to tell; **raccontare qc a qn** to tell sb sthg. ⊳ *vi*: **raccontare di qn/qc** to tell of sb/sthg.

racconto *sm* - **1.** [narrazione] story - **2.** [novella] (short) story.

raccordo *sm* connection; **raccordo anulare** ring road *UK*, beltway *US*; **raccordo stradale/autostradale** (road/motorway *UK* o highway *US*) junction.

rachitico, a, ci, che *agg* weedy.

racimolare [6] *vt* to scrape together.

radar *sm inv* & *agg inv* radar.

raddoppiare [20] ⊳ *vt* - **1.** [duplicare] to double - **2.** [aumentare] to redouble. ⊳ *vi* to double.

raddrizzare [6] *vt* - **1.** [rendere dritto] to straighten - **2.** [correggere] to straighten out.

radere [35] *vt* - **1.** [tagliare] to shave off - **2.** [demolire]: **radere al suolo** to raze to the ground. **radersi** *vr fam* to shave.

radiare [20] *vt* [da scuola] to expel; [dall'albo professionale - medico] to strike off *UK*, to revoke the license of *US*; [avvocato] to disbar; [dall'esercito] to discharge.

radiatore sm radiator.

radiazione sf radiation (U); **radiazioni atomiche** atomic radiation (U).

radica sf brier.

radicale agg & smf radical.

radicalmente avv radically.

radicato, a agg deep-rooted.

radice sf root; **radice quadrata** square root.

radio ◇ sf inv - 1. [radiofonia] radio; **radio digitale** digital radio; **via radio** by radio - 2. [stazione] radio station. ◇ agg inv radio.

radioamatore, trice sm, f radio ham.

radioattività sf radioactivity.

radioattivo, a agg radioactive.

radiocronaca, che sf radio commentary.

radiocronista, i, e smf radio journalist.

radiofonico, a, ci, che agg radio.

radiografia sf X-ray.

radiologia sf radiology.

radioregistratore sm radio cassette recorder.

radioso, a agg - 1. [luminoso] bright - 2. [gioioso] radiant.

radiosveglia sf radio alarm clock.

radiotaxi sm inv radio taxi.

radiotrasmittente sf radio station.

rado, a agg - 1. [gen] thin; **avere i denti radi** to have gaps between one's teeth - 2. [non frequente] infrequent; **di rado** rarely.

radunare [6] vt - 1. [riunire] to gather together - 2. [accumulare] to collect. ➤ **radunarsi** vip to assemble.

raduno sm meeting.

radura sf clearing.

raffermo, a agg stale.

raffica, che sf - 1. [di vento] gust; [di pioggia] downpour; [di neve] flurry - 2. [di arma] burst - 3. [serie]: **una raffica di domande** a barrage of questions; **a raffica** one after the other.

raffigurare [6] vt - 1. [ritrarre] to depict - 2. [simboleggiare] to represent.

raffigurazione sf representation.

raffinatezza sf refinement.

raffinato, a agg refined.

rafforzare [6] vt - 1. [gen] to reinforce - 2. [irrobustire] to strengthen. ➤ **rafforzarsi** vip - 1. [irrobustirsi] to get stronger - 2. [intensificarsi] to increase.

raffreddamento sm - 1. [gen] cooling - 2. MED cold.

raffreddare [6] vt - 1. [freddare] to cool - 2. [attenuare] to dampen. ➤ **raffreddarsi** vip - 1. [freddarsi] to get cold - 2. [indebolirsi] to cool off - 3. [ammalarsi] to catch a cold.

raffreddato, a agg: **essere raffreddato** to have a cold.

raffreddore sm cold; **raffreddore da fieno** hay fever.

ragazza sf - 1. [donna giovane] girl; **ragazza alla pari** au pair - 2. [donna nubile] single woman; **cognome da ragazza** maiden name; **ragazza madre** single mother - 3. [innamorata] girlfriend.

ragazzo sm - 1. [ragazzino] boy - 2. [uomo giovane] young man - 3. [garzone] boy, lad UK ant - 4. [innamorato] boyfriend.

raggiante agg radiant; **raggiante di gioia** radiant with happiness.

raggio sm - 1. [di luce] ray - 2. GEOM radius - 3. [di ruota] spoke - 4. [zona] range; **nel raggio di un chilometro** within o over a one-kilometre UK o one-kilometer US radius. ➤ **raggi** smpl - 1. [radiazioni] rays; **raggi X** X-rays - 2. fam [radiografia] X-rays.

raggiungere [49] vt - 1. [affiancarsi a] to catch up with - 2. [arrivare a] to reach - 3. [ottenere] to achieve.

raggiunto, a pp ▷ raggiungere.

raggomitolare [6] vt to roll up. ➤ **raggomitolarsi** vr to curl up.

raggrinzire [9] vt to wrinkle. ➤ **raggrinzirsi** vip to shrivel up.

raggruppare [6] vt [in un gruppo] to gather together; [in più gruppi] to put into groups. ➤ **raggrupparsi** vip to group together.

ragionamento sm - 1. [processo] reasoning - 2. [argomentazione] argument.

ragionare [6] vi to think.

ragione sf - 1. [gen] reason - 2. [motivo giusto] right; **avere ragione** to be right; **dare ragione a qn** to recognize that sb is right; **a ragione** with good reason.

ragioneria sf - 1. [disciplina] accountancy - 2. [istituto] accountancy college.

ragionevole agg reasonable.

ragioniere, a sm, f accountant.

ragliare [21] vi to bray.

ragnatela sf - 1. [su muri esterni] (spider's) web; [in casa] cobweb - 2. fig [trama] web.

ragno sm spider.

ragù sm inv meat sauce.

raion, rayon sm rayon.

rallegrare [6] vt to cheer up. ➤ **rallegrarsi** vip - 1. [allietarsi] to cheer up - 2. [congratularsi]: **rallegrarsi con qn (per qc)** to congratulate sb (on sthg).

rallentamento sm - 1. [di velocità] slowing down - 2. [di intensità] slowdown.

rallentare [6] vt & vi to slow down.

rallentatore *sm*: al rallentatore in slow motion.

rally ['rɛlli] *sm inv* rally.

ramarro *sm* lizard.

ramato, a *agg* copper.

rame *sm* & *agg inv* copper.

ramificare [15] *vi* to grow branches. ◆ **ramificarsi** *vip* to branch out.

rammaricarsi [15] *vip*: rammaricarsi di o per qc to be sorry about sthg.

rammendare [6] *vt* to darn.

rammendo *sm* [attività] darning (U); [risultato] darn.

rammentare [6] *vt lett* to recall. ◆ **rammentarsi** *vip lett* to recall; rammentarsi di qn/qc to recall sb/sthg.

rammollito, a *sm, f* drip.

ramo *sm* - 1. [gen] branch - 2. [settore] field.

ramoscello *sm* twig.

rampa *sf* - 1. [salita] climb; rampa d'accesso slip road *UK*, on-ramp *US* - 2. [di scala] flight - 3. [in aeroporto] apron; rampa di lancio launching pad.

rampicante ◇ *agg* climbing (dav sostantivo). ◇ *sm* climbing plant.

rampone *sm* harpoon. ◆ **ramponi** *smpl* crampons.

rana *sf* - 1. [anfibio] frog - 2. SPORT breast stroke.

rancido, a *agg* rancid. ◆ **rancido** *sm* [sapore] rancid taste; [odore] rancid smell.

rancore *sm* resentment (U), grudge; nutriva nei suoi confronti un sordo rancore she secretly bore a grudge against him.

randagio, a, gi, ge o **gie** *agg* stray.

randello *sm* club.

rango, ghi *sm* rank; personaggio di alto/basso rango person of high/low rank.

rannicchiare [20] *vt*: rannicchiare le gambe to curl up one's legs. ◆ **rannicchiarsi** *vip* to curl up.

rannuvolare [6] ◇ *vt* - 1. [cielo] to cloud over - 2. [mente] to disturb. ◇ *vi impers* to cloud over. ◆ **rannuvolarsi** *vip* - 1. [cielo] to cloud over - 2. [espressione] to darken.

ranocchio *sm* frog.

rantolare [6] *vi* to have the death rattle.

rapa *sf* - 1. [pianta] turnip - 2. *fam scherz* [testa] nut.

rapace ◇ *agg* predatory; uccello rapace bird of prey. ◇ *sm* bird of prey.

rapanello *sm* = **ravanello**.

rapare [6] *vt fam* to crop. ◆ **raparsi** *vr fam* to have a shave.

rapidamente *avv* quickly.

rapidità *sf* speed.

rapido, a *agg* quick. ◆ **rapido** *sm* express.

rapimento *sm* kidnapping.

rapina *sf* robbery; rapina a mano armata armed robbery.

rapinare [6] *vt* - 1. [rubare] to steal - 2. [derubare]: rapinare qn di qc to rob sb of sthg.

rapinatore, trice *sm, f* robber.

rapire [9] *vt* to kidnap.

rapitore, trice *sm, f* kidnapper.

rappacificare [15] *vt* to make peace between. ◆ **rappacificarsi** ◇ *vr* to make up. ◇ *vip* to calm down.

rapporto *sm* - 1. [resoconto] report; fare rapporto to report; mettersi a rapporto a qn to ask to be seen by sb - 2. [legame] relation; avere un rapporto con qn to have a relationship with sb; rapporto sessuale sexual intercourse - 3. [nesso] relationship - 4. [quoziente] ratio.

rappresentante *smf* - 1. [delegato] representative - 2. [esponente] exponent - 3. COMM: rappresentante (di commercio) (sales) rep o representative.

rappresentanza *sf* [delega] delegation.

rappresentare [6] *vt* - 1. [gen] to represent - 2. [raffigurare] to depict - 3. [recitare] to perform.

rappresentativo, a *agg* representative.

rappresentazione *sf* - 1. [gen] representation - 2. [raffigurazione] depiction - 3. [spettacolo] performance.

rappreso, a *agg* congealed.

raptus *sm inv* fit.

raramente *avv* rarely.

rarità *sf inv* - 1. [gen] rarity - 2. [scarsezza] scarcity.

raro, a *agg* rare.

rasare [6] *vt* to shave; rasarsi le gambe/la testa to shave one's legs/head; rasare a zero to shave completely. ◆ **rasarsi** *vr* to shave.

rasato, a *agg* - 1. [raso] shaven - 2. [tessuto] smooth.

raschiare [20] *vt* - 1. [fregare - per ripulire] to rub; [- con carta vetrata] to sand - 2. [asportare] to scrape off.

rasente *prep* hugging; l'aereo volava rasente terra the plane hugged the ground; rasente a qc very close to sthg; passare rasente a qn/qc to pass very close to sb/sthg.

raso, a ◇ *pp* ▷ **radere**. ◇ *agg* - 1. [rasato] shaven - 2. [liscio] smooth - 3. [pieno] full to the brim *(non dav sostantivo)*. ◆ **raso** ◇ *sm* satin. ◇ *prep*: **raso terra** close to the ground.

rasoio *sm* razor; **rasoio elettrico** electric razor.

rassegnare [23] *vt*: **rassegnare le dimissioni** to hand in one's resignation. ◆ **rassegnarsi** *vip*: **rassegnarsi a qc** to resign o.s. to sthg.

rassegnato, a *agg* resigned.

rassegnazione *sf* resignation.

rasserenare [6] *vt* to cheer up. ◆ **rasserenarsi** *vip* - **1.** [tempo] to clear up - **2.** [persona] to cheer up.

rassicurare [6] *vt* to reassure. ◆ **rassicurarsi** *vip* to be reassured; **rassicurati** don't worry.

rassomiglianza *sf* similarity.

rassomigliare [21] *vi*: **rassomigliare a qn** to look like sb. ◆ **rassomigliarsi** *vr* to look like each other.

rastrellare [6] *vt* - **1.** [con rastrello] to rake - **2.** [controllare] to comb.

rastrello *sm* rake.

rata *sf* instalment *UK*, installment *US*; **a rate** in instalments *UK* o installments *US*.

ratifica, che *sf* confirmation.

ratificare [15] *vt* to confirm.

ratto *sm* [topo] rat.

rattristare [6] *vt* to sadden. ◆ **rattristarsi** *vip* to become sad.

rauco, a, chi, che *agg* hoarse.

ravanello *sm* radish.

Ravenna *sf* Ravenna.

ravioli *smpl* ravioli (U).

ravvicinare [6] *vt* - **1.** [accostare] to move together - **2.** [riconciliare] to bring together. ◆ **ravvicinarsi** *vr* [riappacificarsi] to make up.

ravvivare [6] *vt* - **1.** [vivacizzare] to liven up - **2.** [attizzare] to stoke. ◆ **ravvivarsi** *vip* to liven up.

razionale *agg* rational.

razionalmente *avv* rationally.

razione *sf* - **1.** [quantità fissa] ration - **2.** [porzione] portion.

razza *sf* - **1.** [di animali] breed; **di razza** [cane] pedigree; [cavallo] thoroughbred - **2.** [umana] race - **3.** *spreg* [specie] kind; **che razza di incosciente!** what a fool!

razzia *sf* raid; **fare razzia di qc** [accaparrarsi] to make inroads on sthg.

razziale *agg* racial.

razzismo *sm* racism.

razzista, i, e *agg* & *smf* racist.

razzo *sm* rocket; **razzo di segnalazione** flare.

re¹ [re] *sm inv* king; **essere il re di qc** to be the king of sthg; **i Re Magi** the Magi, the Three Wise Men.

re² [re] *sm inv* MUS D; [in solfeggio] re.

reagire [9] *vi*: **reagire (a qc)** to react (to sthg).

reale ◇ *agg* - **1.** [vero] real - **2.** [del re] royal. ◇ *smpl*: **i Reali** [re e regina] the king and queen.

realismo *sm* realism.

realista, i, e *agg* realistic.

realistico, a, ci, che *agg* realistic.

realizzare [6] *vt* - **1.** [progetto] to carry out; [sogno] to fulfil *UK*, to fullfill *US* - **2.** [nello sport] to score - **3.** [accorgersi] to realize. ◆ **realizzarsi** ◇ *vip* to come true. ◇ *vr* to be fulfilled.

realmente *avv* really.

realtà *sf inv* - **1.** [mondo reale] reality; **realtà virtuale** INFORM virtual reality - **2.** [veridicità] truth; **in realtà** in fact - **3.** [ambiente] situation.

reato *sm* crime.

reazione *sf* - **1.** [gen] reaction; **reazione a catena** *fig* chain reaction - **2.** TECNOL: **aereo/motore a reazione** jet aircraft/engine.

rebus *sm inv* - **1.** [in enigmistica] puzzle - **2.** [mistero] mystery.

recapito *sm* address; **recapito telefonico** contact number.

recare [15] *vt* - **1.** *lett* [gen] to bear - **2.** [causare] to cause. ◆ **recarsi** *vip* [andare] to go.

recente *agg* recent; **di recente** recently.

recentemente *avv* recently.

reception [re'sepʃon] *sf inv* reception desk, reception *UK*.

recinto *sm* - **1.** [area] enclosure - **2.** [struttura] fence.

recinzione *sf* fence.

recipiente *sm* container.

reciprocamente *avv* reciprocally; **aiutarsi reciprocamente** to help each other.

reciproco, a, ci, che *agg* reciprocal.

recita *sf* performance.

recitare [6] ◇ *vt* - **1.** [poesia, testo] to recite - **2.** CINE & TEATRO to act. ◇ *vi* to act.

reclamare [6] ◇ *vt* - **1.** [pretendere] to claim - **2.** [aver bisogno di] to call for. ◇ *vi* [lamentarsi] to complain.

reclamo *sm* complaint.

reclinabile *agg* reclining.

reclusione *sf* imprisonment.

recluso, a *agg* closed up.

recluta *sf* recruit.

reclutare [6] *vt* to recruit.

record <> *sm inv* record. <> *agg inv* record (*dav sostantivo*).

recuperare [6] *vt* - **1.** [riacquistare] to get back - **2.** [dal mare] to recover - **3.** [svantaggio] to recoup; **recuperare il tempo perduto** to make up for lost time - **4.** [riciclare] to recycle.

recupero *sm* recovery; **di recupero** [materiale] recycled; **tre minuti di recupero** [calcio] three minutes of injury time; **corso** *o* **lezioni di recupero** lessons to catch up.

redattore, trice *sm, f* - **1.** [di giornale] subeditor - **2.** [nell'editoria] editor.

redazione *sf* - **1.** [stesura] drafting - **2.** [redattori] editorial staff - **3.** [sede] editorial office.

redditizio, a *agg* lucrative.

reddito *sm* income; **dichiarazione** *o* **denuncia dei redditi** tax return.

redini *sfpl* reins.

reduce <> *agg*: **essere reduce da qc** to have survived sthg. <> *smf* veteran.

referendum *sm inv* referendum.

referenze *sfpl* references.

referto *sm* results *pl*.

refurtiva *sf* stolen property.

regalare [6] *vt* - **1.** [donare]: **regalare qc a qn** to give sb sthg - **2.** [dare a poco prezzo *o* gratis] to give away.

regalo <> *sm* present; **regalo di nozze/Natale/compleanno** wedding/Christmas/birthday present; **fare un regalo a qn** to give sb a present; **in regalo** as a present. <> *agg inv* gift (*dav sostantivo*).

reggere [50] <> *vt* - **1.** [gen] to hold - **2.** [tollerare] to stand; **reggere l'alcol** to hold one's drink. <> *vi* - **1.** [resistere]: **reggere a qc** [fisicamente] to stand sthg; [mentalmente] to bear sthg; **reggere al confronto** to bear comparison - **2.** [essere logico] to stand up. ◆ **reggersi** *vr* [in equilibrio] to stand; **reggersi in piedi** to stand up.

reggia, ge *sf* palace.

reggicalze *sm inv* suspenders *UK*, garters *US*.

reggimento *sm* regiment.

Reggio ◆ **Reggio Calabria** *sf* Reggio Calabria. ◆ **Reggio Emilia** *sf* Reggio Emilia.

reggiseno *sm* bra.

regia *sf* direction.

regime *sm* - **1.** POLIT regime - **2.** [dieta] diet - **3.** [andamento] speed.

regina <> *sf* queen; **essere la regina di qc** to be the queen of sthg. <> *agg* ▷ **ape**.

regionale *agg* regional.

regione *sf* region; **regione a statuto speciale** region with some political autonomy.

regista, i, e *smf* director.

registrare [6] *vt* - **1.** [gen] to record - **2.** [annotare - spese, guadagni] to note; [- nascita, contratto] to register.

registratore *sm* - **1.** [per suoni] tape recorder - **2.** [da calcolo]: **registratore di cassa** cash register.

registrazione *sf* - **1.** [gen] recording - **2.** [iscrizione] registration; [in libro contabile] entry.

registro *sm* - **1.** [gen] register - **2.** [per annotare] book; **registro di classe** class register *UK o* roll *US*.

regnare [23] *vi* to reign.

regno *sm* - **1.** [gen] kingdom; **regno animale/vegetale** animal/plant kingdom - **2.** [periodo] reign. ◆ **Regno Unito** *sm*: **il Regno Unito** the United Kingdom.

regola *sf* rule; **essere in regola** to be in order; **sei in regola con i pagamenti?** are you up to date with your payments?; **di regola** as a rule.

regolabile *agg* adjustable.

regolamento *sm* - **1.** [norme] regulations *pl* - **2.** [risoluzione]: **regolamento di conti** *fig* settling of scores.

regolare [6] <> *agg* regular. <> *vt* to regulate.

regolarità *sf* - **1.** [conformità]: **con regolarità** in an orderly way - **2.** [periodicità] regularity.

regolarizzare [6] *vt* to regularize.

regolarmente *avv* - **1.** [secondo le regole] properly - **2.** [a intervalli regolari] regularly.

regresso *sm* regression.

reintegrare [6] *vt* - **1.** [ricostituire] to replenish - **2.** [reinserire] to reintegrate. ◆ **reintegrarsi** *vr* [reinserirsi] to reintegrate.

reiterare [6] *vt form* to repeat.

relativamente *avv* relatively; **relativamente a qc** with regard to sthg.

relatività *sf* relativity.

relativo, a *agg* - **1.** [attinente] relevant; **relativo a qc** relating to sthg; **questa bolletta è relativa al mese di agosto** this bill relates to the month of August - **2.** [limitato] relative; **godere di una relativa salute** to be relatively healthy.

relax *sm* relaxation.

relazione *sf* - **1.** [tra fenomeni, eventi] connection; **in relazione a qc** with regard to sthg; **essere in relazione** to be connected - **2.** [tra persone] relationship; **avere una relazione con qn** to have an affair with sb - **3.** [resoconto] report.

religione *sf* religion.

religioso, a ◇ *agg* religious. ◇ *sm, f* monk (nun *f*).

reliquia *sf* relic.

relitto *sm* wreck.

remare [6] *vi* to row.

remissivo, a *agg* submissive.

remo *sm* oar; **barca a remi** rowing boat *UK*, row boat *US*.

remoto, a *agg* remote.

rendere [43] *vt* - 1. [restituire]: **rendere qc a qn** to give sthg back to sb - 2. [ricambiare]: **rendere qc a qn** to return sthg to sb - 3. [dare, rappresentare] to render; **rendere lode/onore/grazie a qn** to praise/honour *UK* o honor *US*/thank sb; **rendere un servizio a qn** to do sb a service; **rendere testimonianza al processo** to give evidence in court; **rendere conto (a qn) di qc** to account (to sb) for sthg; **rendersi conto di qc** to realize sthg; **rendere l'idea** to make o.s. clear - 4. [fruttare] to yield; **un'attività che rende bene** a very profitable business - 5. [far diventare] to make. ◆ **rendersi** ◇ *vr* [apparire] to make o.s.; **rendersi ridicolo/utile** to make o.s. ridiculous/useful. ◇ *vip* [diventare] to become.

rendimento *sm* - 1. [di attività] productivity - 2. [di investimento] yield - 3. [di persona, motore] performance.

rendita *sf* private income; **vivere di rendita** [senza lavorare] to live on private means.

rene *sm* kidney; **rene artificiale** artificial kidney.

reni *sfpl* small of the back *(sing)*.

renna *sf* reindeer.

Reno *sm*: **il Reno** the Rhine.

reparto *sm* - 1. [di negozio, azienda] department - 2. [di ospedale] ward - 3. MIL unit.

repentaglio *sm*: **mettere a repentaglio qc** to risk sthg.

reperibile *agg* [prodotto] available; [persona] contactable.

reperire [9] *vt* - 1. [somma, fondi] to raise - 2. [indizi, prove] to find.

reperto *sm* find.

repertorio *sm* - 1. [teatrale, musicale] repertoire - 2. [raccolta] directory.

replica, che *sf* - 1. [dramma, opera] performance; [programma televisivo] repeat - 2. [copia] copy - 3. [risposta] reply.

replicare [15] *vt* - 1. [spettacolo, concerto] to repeat - 2. [rispondere] to reply.

reporter *smf inv* reporter.

repressione *sf* repression.

represso, a *pp* ⊳ **reprimere**.

reprimere [63] *vt* to repress.

repubblica, che *sf* republic.

repubblicano, a *agg* & *sm, f* republican.

repulsione *sf* repulsion.

reputare [6] *vt* to consider. ◆ **reputarsi** *vr* to consider o.s.

reputazione *sf* reputation.

requisito *sm* requirement.

resa *sf* - 1. [in guerra] surrender - 2. [rendiconto]: **resa dei conti** *fig* final analysis - 3. [restituzione] return - 4. [rendimento - di un investimento, un prodotto] yield; [- di una macchina] output.

resi *etc* ⊳ **rendere**.

residente *agg* & *smf* resident.

residenza *sf* - 1. [gen] residence; **cambiare residenza** to change one's address; **avere la residenza a** to be resident in - 2. [soggiorno] stay.

residenziale *agg* residential.

residuo, a *agg* residual. ◆ **residuo** *sm* remains *pl*.

resina *sf* resin.

resistente *agg* strong; **colori resistenti** fast colours *UK* o colors *US*; **essere resistente a qc** to be resistant to sthg; **resistente al calore/freddo** heat-/cold-resistant; **resistente all'acqua/al fuoco** waterproof/fireproof.

resistenza *sf* - 1. [opposizione] resistance; **opporre/fare resistenza (a qn/qc)** to put up resistance (to sb/sthg) - 2. [all'usura, acqua, alta temperatura] resistance; [di un colore, una tintura] fastness; [di una materiale, struttura] strength - 3. [di individuo, atleta] stamina - 4. [ELETTR - elettrica] resistance; [- resistore] resistor; [- di un elettrodomestico] element.

resistere [66] *vi* - 1. [gen]: **resistere a qn/qc** to resist sb/sthg - 2. [sopportare] to hold out; **resistere a qc** to withstand sthg - 3. [perdurare] to endure; **una vernice che resiste a lungo** a durable paint.

reso, a *pp* ⊳ **rendere**.

resoconto *sm* report; **fare il resoconto di qc** to give a report on sthg.

respingere [49] *vt* - 1. [nemico, attacco] to repel - 2. [richiesta, proposta, invito] to turn down; [accusa, insinuazione] to reject - 3. [palla, pallone] to knock back; **respingere di testa** to head back - 4. [pretendente, innamorato] to reject - 5. [bocciare] to fail.

respinto, a ◇ *pp* ⊳ **respingere**. ◇ *sm, f*: **i respinti in francese** those who failed (in) French.

respirare [6] ◇ *vi* - 1. [inspirare, espirare] to breathe; **respirare con la bocca/il naso** to breathe through one's mouth/nose - 2. [stare in pace] to catch one's breath. ◇ *vt* - 1. [inalare] to breathe (in) - **2.** [percepire]: **si respira aria di festa/guai** celebration/trouble is in the air.

respirazione sf breathing; **respirazione artificiale** artificial respiration; **respirazione bocca a bocca** mouth-to-mouth resuscitation, kiss of life fam.

respiro sm - **1.** [fiato] breath; **trattenere il respiro** to hold one's breath - **2.** [tregua] respite.

responsabile ◇ agg - **1.** [gen] responsible; **essere responsabile di qc** to be responsible for sthg - **2.** [incaricato]: **essere responsabile di qc** to be in charge of sthg. ◇ smf - **1.** [incaricato] person in charge - **2.** [colpevole] person responsible.

responsabilità sf inv responsibility; **con responsabilità** responsibly; **prendersi la responsabilità di qc** to assume responsibility for sthg.

restare [6] vi - **1.** [trattenersi] to stay; **restare a pranzo/cena da qn** to stay for lunch/dinner with sb - **2.** [mantenersi] to remain - **3.** [ritrovarsi, avanzare] to be left; **restare intesi/d'accordo** to agree; **restare senza parole** to be left speechless; **resta ancora molto?** is it much farther o longer?

restaurare [6] vt to restore.

restauratore, trice sm, f restorer.

restauro sm - **1.** [tecnica] restoration - **2.** [lavoro] repair.

restituire [9] vt - **1.** [ridare]: **restituire qc a qn/qc** [oggetto, somma] to return sthg to sb/sthg; [libertà, forza] to restore sthg to sb/sthg - **2.** [ricambiare] to return; **mi restituì la visita/il favore** he returned my visit/the favour UK o favor US.

restituzione sf - **1.** [di oggetto, favore, visita] return - **2.** [di somma, prestito] repayment.

resto sm - **1.** [rimanenza]: **il resto (di qc)** the rest (of sthg); **del resto** what's more - **2.** [denaro] change - **3.** MAT remainder. ◆ **resti** smpl - **1.** [avanzi] leftovers - **2.** [rovine] remains.

restringere [57] vt - **1.** [abito] to take in - **2.** [spazio] to narrow - **3.** [limitare] to restrict. ◆ **restringersi** vip - **1.** [fiume, strada] to narrow - **2.** [tessuto] to shrink.

resurrezione sf = **risurrezione**.

resuscitare [6] vi = **risuscitare**.

rete sf - **1.** [gen] network; **rete stradale** road network; **essere in rete** to be online - **2.** [intreccio] net; **rete di recinzione** wire netting; **rete da pesca** fishing net - **3.** [calcio] goal; **segnare una rete** to score a goal - **4.** [di letto] (sprung) bed base.

reticolato sm - **1.** [recinzione] wire netting (U) - **2.** [di filo spinato] barbed o barb US wire (fence) - **3.** [tracciato] grid.

retina[1] sf retina.

retina[2] sf hairnet.

retino sm net.

retorico, a, ci, che agg rhetorical. ◆ **retorica** sf rhetoric.

retribuire [9] vt - **1.** [lavoratore] to pay - **2.** [lavoro] to pay for.

retribuzione sf pay; **aumento delle retribuzioni** (pay) rise UK, raise US.

retro sm inv back; **sul retro (di qc)** on the back (of sthg); **vedi retro** see over(leaf).

retrobottega sm inv back of the shop o store esp US.

retrocedere [40] ◇ vi - **1.** [indietreggiare] to move back - **2.** [in classifica] to be moved down a division to be relegated UK. ◇ vt - **1.** MIL to demote - **2.** SPORT to move down a division to relegate UK.

retrocesso, a pp ▷ **retrocedere**.

retromarcia, ce sf reverse; **fare retromarcia** to reverse.

retroscena ◇ sf inv TEATRO backstage. ◇ sm inv [di evento, situazione] behind-the-scenes activity.

retrovisore ◇ agg AUTO rear-view. ◇ sm [interno] rear-view mirror; [esterno] wing mirror UK, side mirror US.

retta sf - **1.** GEOM straight line - **2.** [ascolto]: **dar retta a qn/qc** to listen to sb/sthg - **3.** [quota] (charge for) board.

rettangolare agg rectangular.

rettangolo ◇ agg right-angled. ◇ sm rectangle.

rettifica, che sf - **1.** [correzione] correction - **2.** [su giornale] retraction.

rettificare [15] vt to correct.

rettile sm reptile.

rettilineo, a agg & sm straight; **rettilineo di arrivo** home straight UK o stretch esp US.

retto, a ◇ pp ▷ **reggere**. ◇ agg - **1.** [onesto] honest; **abbandonare la retta via** to stray from the straight and narrow - **2.** [diritto] straight. ◆ **retto** sm ANAT rectum.

rettore sm chancellor.

reumatismo sm rheumatism.

revisionare [6] vt - **1.** AUTO to service - **2.** [conti, bilancio] to audit - **3.** [testo] to revise.

revisione sf - **1.** [di macchina, motore] service - **2.** [di conti, bilancio] auditing - **3.** [di testo] revision; **revisione di bozze** proofreading.

revocare [15] *vt* - 1. [ordine, contratto] to revoke - 2. [funzionario] to remove; **revocare qn da una carica** to relieve sb of a post.

revolver *sm inv* revolver.

riabbracciare [17] *vt* [rivedere] to see again. ◆ **riabbracciarsi** *vr* [incontrare di nuovo] to meet again.

riabilitazione *sf* rehabilitation.

riabituarsi [6] *vr*: **riabituarsi a (fare) qc** to get used to (doing) sthg again.

riacquistare [6] *vt* - 1. [recuperare] to recover - 2. [ricomprare] to buy back.

riadattare [6] *vt* to alter. ◆ **riadattarsi** *vip*: **riadattarsi a qc/a fare qc** to readjust to sthg/to doing sthg.

riaddormentarsi [6] *vip* to fall asleep again.

riagganciare [17] *vt* - 1. [telefono] to hang up - 2. [scarponi, gonna] to refasten.

riaggiustare [6] *vt* to put right.

riallacciare [17] *vt* - 1. [scarpe] to do up again; **riallacciarsi la cintura/camicetta** to do up one's belt/blouse - 2. [linea, cavo] to reconnect - 3. [rapporto, amicizia] to resume.

rialzare [6] *vt* - 1. [gen] to raise - 2. [sollevare] to lift; **rialzare lo sguardo** to look up. ◆ **rialzarsi** *vr* [sollevarsi] to get up. ◇ *vip* [aumentare] to rise.

rialzato *agg* ⊳ **piano**.

rianimare [6] *vt* - 1. MED to resuscitate - 2. [ridare vigore a] to revive. ◆ **rianimarsi** *vip* - 1. [riprendere i sensi] to recover consciousness - 2. [farsi coraggio] to take heart.

rianimazione *sf* - 1. [pratica] resuscitation - 2. [reparto] intensive care.

riaperto, a *pp* ⊳ **riaprire**.

riapertura *sf* reopening.

riaprire [98] *vt* & *vi* to reopen. ◆ **riaprirsi** *vip* to reopen.

riascoltare [6] *vt* to listen to again.

riassumere [61] *vt* - 1. [brano, racconto] to summarize - 2. [carica] to resume - 3. [impiegato] to re-employ.

riassunto, a *pp* ⊳ **riassumere**. ◆ **riassunto** *sm* summary; **fare il riassunto di qc** to summarize sthg.

riattaccare [15] *vt* - 1. [gen] to reattach; **riattaccare qc a qc** [bottone] to sew sthg back on sthg; [manico] to stick sthg back on sthg; [quadro] to hang sthg back up on sthg - 2. *fam* [telefono] to hang up - 3. [ricominciare]: **riattaccare (a fare qc)** to start (doing sthg) again.

riattivare [6] *vt* - 1. [linea, comunicazioni] to reopen - 2. MED to stimulate.

riavvicinare [6] *vt* - 1. [oggetto]: **riavvicinare qc a qc** to bring sthg near sthg again - 2. [per-

sona]: **riavvicinare qn a qn/qc** to reconcile sb to sb/sthg. ◆ **riavvicinarsi** *vr* - 1. [tornare vicino]: **riavvicinarsi a qn/qc** to come back to sb/sthg - 2. [riconciliarsi] to make it up (with each other).

ribaltare [6] *vt* - 1. [oggetto] to overturn; **ribaltare il sedile di un'automobile** to fold down a car seat - 2. [situazione, risultato] to reverse. ◆ **ribaltarsi** *vip* to overturn.

ribasso *sm* reduction; **essere in ribasso** [prezzi, azioni] to be going down; *fig* [popolarità] to be on the decline.

ribattere [7] ◇ *vt* - 1. [confutare] to refute - 2. [ridigitare] to retype. ◇ *vi* [replicare] to retort; **ribattere su qc** to harp on about sthg; **ribattere (a qc)** to respond (to sthg).

ribellarsi [6] *vip*: **ribellarsi (a qn/qc)** to rebel (against sb/sthg).

ribelle ◇ *agg* - 1. [persona, carattere] rebellious - 2. [popolazione, soldato] rebel *(dav sostantivo)*. ◇ *smf* rebel.

ribellione *sf* rebellion.

ribes *sm inv* currant; **ribes nero** blackcurrant; **ribes rosso** redcurrant.

ribrezzo *sm* disgust; **fare ribrezzo a qn** to disgust sb.

ricadere [84] *vi* - 1. [cadere di nuovo] to fall again; **ricadere in qc** *fig* to fall back into sthg - 2. [scendere] to fall back - 3. [capelli, mantello] to fall - 4. [colpa, responsabilità]: **ricadere su qn** to fall on sb.

ricaduta *sf* relapse; **ricaduta radioattiva** (radioactive) fallout.

ricalcare [15] *vt* - 1. [disegno] to trace - 2. [imitare] to follow closely.

ricamare [6] *vt* to embroider.

ricambiare [20] *vt* - 1. [visita, saluto] to return - 2. [cambiare di nuovo] to change again.

ricambio *sm* change; **una camicia/dei calzini di ricambio** a change of shirt/socks, a spare shirt/spare socks; **parti o pezzi di ricambio** spare parts. ◆ **ricambi** *smpl* spares.

ricamo *sm* embroidery.

ricaricabile *agg* rechargeable.

ricaricare [15] *vt* - 1. [batterie] to recharge - 2. [arma, macchina fotografica] to reload; [orologio] to rewind; [penna] to refill.

ricattare [6] *vt* to blackmail.

ricattatore, trice *sm, f* blackmailer.

ricatto *sm* blackmail (*U*).

ricavare [6] *vt*: **ricavare qc da qc** [minerale, prodotto] to extract sthg from sthg; [notizia, insegnamento] to obtain sthg from sthg; [utile, profitto] to make sthg from sthg; [beneficio, vantaggio] to get sthg out of sthg.

ricavato *sm* proceeds *pl*.

ricavo sm proceeds pl.

ricchezza sf - 1. [materiale] wealth - 2. [interiore, di stoffa] richness - 3. [naturale] abundance; **ricchezze artistiche** artistic treasures.

riccio, a, ci, ce agg [capelli, pelo] curly; [persona] curly-haired. ◆ **riccio** sm - 1. [di capelli] curl - 2. ZOOL hedgehog; **riccio di mare** sea urchin - 3. [di castagna] chestnut husk.

ricciolo sm curl.

ricciuto, a agg [testa, barba] curly; [persona] curly-haired.

ricco, a, chi, che <> agg - 1. [facoltoso] rich; **è ricco sfondato** he's rolling in money - 2. [abbondante] abundant; **ricco di qc** rich in sthg - 3. [lussuoso] sumptuous. <> sm, f rich man (rich woman f); **i ricchi** the rich.

ricerca, che sf - 1. [di persona, cosa] search; **essere alla ricerca di qn/qc** to be in search of sb/sthg - 2. [medica, scientifica] research; **la ricerca su qc** research into sthg - 3. [scolastica] project.

ricercare [15] vt to search for.

ricercato, a <> agg - 1. [raffinato] refined - 2. [richiesto] sought-after - 3. [criminale] wanted. <> sm, f [criminale] wanted man (wanted woman f).

ricercatore, trice sm, f researcher.

ricetta sf - 1. CULIN recipe - 2. MED prescription - 3. [rimedio] remedy.

ricettatore, trice sm, f DIR receiver.

ricevere [7] vt - 1. [regalo, premio, lettera] to get, to receive form - 2. [schiaffo, colpo, impressione] to get - 3. [beneficio] to derive - 4. [ospite] to welcome - 5. [cliente, paziente] to see - 6. [segnale, immagine, trasmissione] to receive.

ricevimento sm - 1. [ammissione] admission - 2. [festa] reception.

ricevitore sm [di telefono] receiver.

ricevitoria sf: **ricevitoria del lotto** state lottery office.

ricevuta sf receipt; **ricevuta fiscale** tax receipt; **ricevuta di ritorno** advice of delivery; **ricevuta di versamento** receipt of payment.

richiamare [6] vt - 1. [gen] to recall; **richiamare alla mente qc** to remember sthg; **richiamare alla mente di qn** to remind sb of sthg - 2. [chiamare di nuovo] to call back - 3. [attirare] to attract; **richiamare l'attenzione** to attract attention - 4. [rimproverare] to reprimand.

richiamo sm - 1. [gen] recall - 2. [suono, gesto, attrazione] call - 3. [rimprovero] reprimand - 4. [vaccinazione] booster.

richiedere [29] vt - 1. [ridomandare] to ask again - 2. [chiedere] to request - 3. [fare domanda di] to apply for - 4. [necessitare di] to require, to demand - 5. [farsi ridare] to return.

richiesta sf - 1. [domanda] request; **a o su richiesta** on demand, by request; **a o su richiesta di qn** at sb's request; **a richiesta generale** by popular demand; **programma a richiesta** request show; **fermata a richiesta** request UK o flag US stop - 2. [domanda scritta] application - 3. [prezzo] asking price.

richiesto, a <> pp ▷ **richiedere**. <> agg [prodotto] in demand (non dav sostantivo); **molto/poco richiesto** in great/ little demand.

riciclare [6] vt - 1. [materiale] to recycle - 2. [personale] to redeploy - 3. [denaro] to launder.

ricollegare [16] vt - 1. [cavi, impianti] to reconnect - 2. [fatti, idee] to link. ◆ **ricollegarsi** vr - 1. [riferirsi]: **ricollegarsi a qc** to refer to sthg - 2. [collegarsi di nuovo]: **ricollegarsi con qc** to link up again with sthg.

ricominciare [17] vt & vi to begin again; **ricominciare a fare qc** to begin doing sthg again.

ricomparire [105] vi to reappear.

ricomparso, a pp ▷ **ricomparire**.

ricompensa sf reward.

ricompensare [6] vt - 1. [persona] to repay - 2. [lavoro, azione] to reward.

ricomporre [96] vt [rimettere insieme] to put together again. ◆ **ricomporsi** vr [calmarsi] to compose o.s.; [risistemarsi] to tidy o.s. up.

ricomposto, a pp ▷ **ricomporre**.

riconciliare [20] vt to reconcile. ◆ **riconciliarsi** vr to make (it) up.

riconciliazione sf reconciliation.

ricondotto, a pp ▷ **ricondurre**.

ricondurre [95] vt - 1. [condurre di nuovo - lì] to take back; [- qui] to bring back; **ricondurre qn alla ragione** to bring sb to his/her senses - 2. [attribuire]: **ricondurre qc a qc** to trace sthg back to sthg.

riconferma sf - 1. [rinnovo] reappointment - 2. [prova] confirmation.

riconoscente agg: **essere riconoscente a o verso qn** to be grateful to sb.

riconoscenza sf gratitude.

riconoscere [27] vt - 1. [gen] to recognize - 2. [distinguere] to distinguish - 3. [ammettere] to admit. ◆ **riconoscersi** vr [conoscersi a vicenda] to recognize each other.

riconoscimento sm - 1. [identificazione] identification; **segno di riconoscimento** distinguishing mark - 2. [ammissione] acknowledgement - 3. [apprezzamento] recognition.

riconosciuto, a <> pp ▷ **riconoscere**. <> agg acknowledged.

riconquistare [6] *vt* - **1.** [territorio, Stato] to reconquer - **2.** [riottenere] to win back.

riconsegnare [23] *vt* to return.

ricoperto, a ⟨⟩ *pp* ▷ **ricoprire**. ⟨⟩ *agg*: ricoperto di qc covered with o in sthg.

ricoprire [98] *vt* - **1.** [coprire] to cover - **2.** *fig* [riempire]: ricoprire qn di qc to lavish sthg on sb - **3.** [occupare] to occupy. ◆ **ricoprirsi** *vr*: ricoprirsi di qc to be covered with o in sthg.

ricordare [6] *vt* - **1.** [rammentare] to remember; ricordare qc a qn to remind sb about sthg; ricordarsi qn/qc to remember sb/sthg - **2.** [commemorare] to mention - **3.** [far pensare]: ricordare qn/qc a qn to remind sb of sb/sthg. ◆ **ricordarsi** *vip* [rammentarsi]: ricordarsi di qn/qc to remember sb/sthg; ricordarsi di fare qc to remember to do sthg.

ricordo *sm* - **1.** [memoria] memory - **2.** [oggetto - appartenuto a una persona] memento; [- legato a un luogo] souvenir.

ricorrente *agg* recurrent.

ricorrenza *sf* - **1.** [periodicità] recurrence - **2.** [celebrazione] anniversary.

ricorrere [65] *vi* - **1.** [data, anniversario] to be; oggi ricorre la festa del papà today is Father's Day - **2.** [presentarsi] to occur - **3.** [rivolgersi]: ricorrere a qn to turn to sb - **4.** [servirsi]: ricorrere a qc [violenza, minacce] to resort to sthg; [libro] to refer to sthg.

ricorso, a *pp* ▷ **ricorrere**. ◆ **ricorso** *sm* - **1.** [aiuto]: fare ricorso a qc to resort to sthg; fare ricorso a qn to turn to sb - **2.** DIR appeal; fare ricorso contro una sentenza to appeal against a sentence.

ricostruire [9] *vt* - **1.** [riedificare] to rebuild - **2.** [immaginare] to reconstruct.

ricoverare [6] *vt* [in ospedale] to admit. ◆ **ricoverarsi** *vip*: ricoverarsi in ospedale to go into hospital *UK* o the hospital *US*.

ricovero *sm* - **1.** [in ospedale] admission - **2.** [rifugio] shelter - **3.** [ospizio - per anziani, bambini] home; [- per senzatetto, profughi] hostel.

ricreazione *sf* [intervallo] break *UK*, recess *US*.

ricucire [99] *vt* - **1.** [rammendare] to sew (up), to mend - **2.** [ferita] to sew (up) - **3.** *fig* [ristabilire] to reestablish.

ricuperare [6] *vt* = recuperare.

ricupero *sm* = recupero.

ridare [12] *vt* - **1.** [dare di nuovo] to restore; ridare fiducia a qn in qc to restore sb's faith in sthg - **2.** [restituire] to give back.

ridere [30] *vi* - **1.** [mostrare allegria] to laugh; scoppiare a ridere to burst out laughing - **2.** [beffarsi]: ridere di qn/qc to laugh at sb/sthg.

ridetto, a *pp* ▷ **ridire**.

ridicolo, a *agg* ridiculous. ◆ **ridicolo** *sm* ridiculousness; cogliere il ridicolo di una situazione to see the funny side of a situation; il senso del ridicolo a sense of the ridiculous; mettere qn in ridicolo to ridicule sb.

ridimensionare [6] *vt* - **1.** [azienda] to streamline - **2.** [evento, problema] to put into perspective.

ridire [100] *vt* - **1.** [ripetere] to tell again - **2.** [riferire] to repeat - **3.** [obiettare]: avere o trovare da ridire (su qc) to find fault (with sthg).

ridosso ◆ **a ridosso di** *prep* next to.

ridotto, a ⟨⟩ *pp* ▷ **ridurre**. ⟨⟩ *agg* - **1.** [esiguo] small - **2.** [scontato] reduced.

ridurre [95] *vt* to reduce. ◆ **ridursi** *vip* - **1.** [in uno stato]: ridursi a (fare) qc [persona] to be reduced to (doing) sthg - **2.** [diminuire] to fall.

riduzione *sf* - **1.** [gen] reduction - **2.** [televisiva, teatrale, cinematografica] adaptation - **3.** [raccordo] connector.

rieducazione *sf* rehabilitation.

rielaborare [6] *vt* to revise.

riemergere [52] *vi fig* to resurface.

riemerso, a *pp* ▷ **riemergere**.

riempire [110] *vt* - **1.** [contenitore]: riempire qc (di qc) to fill sthg (with sthg) - **2.** [persona]: riempire qn di qc to lavish sthg on sb - **3.** [compilare] to fill in. ◆ **riempirsi** *vip* [colmarsi]: riempirsi (di qc) to fill up (with sthg).

rientrare [6] *vi* - **1.** [tornare - qui] to come back; [- lì] to go back - **2.** [costa] to curve inwards o inward *esp US*; [parete] to be recessed - **3.** [far parte]: rientrare in qc to be part of sthg - **4.** [recuperare denaro]: rientrare nelle spese to recover what one has spent.

rientro *sm* return.

riepilogo, ghi *sm* summary.

rifare [13] *vt* - **1.** [fare di nuovo] to redo - **2.** [riparare] to repair; [ricostruire] to rebuild - **3.** [imitare] to imitate. ◆ **rifarsi** *vip* - **1.** [ridiventare] to become again - **2.** [recuperare soldi] to make good; rifarsi di qc to recover sthg - **3.** [vendicarsi]: rifarsi di qc to get even for sthg; rifarsi su o con qn to take it out on sb - **4.** [riferirsi]: rifarsi a qc to draw on sthg.

rifatto, a ⟨⟩ *pp* ▷ **rifare**. ⟨⟩ *agg* redone.

riferimento *sm* reference; **in** *o* **con riferimento a qc** with reference to sthg; **fare riferimento a qn/qc** to refer to sb/sthg.

riferire [9] *vt* to report. ◆ **riferirsi** *vip* - 1.: **riferirsi a qn/qc** [richiamarsi] to refer to sb/sthg - 2. [riguardare]: **riferirsi a qc** to relate to sthg.

rifilare [6] *vt fam*: **rifilare qc a qn** to palm sthg off on sb; **rifilare una sberla a qn** to give sb a slap.

rifinire [9] *vt* to put the finishing touches to.

rifinitura *sf* - 1. [ritocco] finishing - 2. [guarnizione] trim.

rifiutare [6] *vt* - 1. [non accettare] to reject - 2. [non concedere] to refuse; **rifiutare di fare qc** to refuse to do sthg. ◆ **rifiutarsi** *vip*: **rifiutarsi di fare qc** to refuse to do sthg.

rifiuto *sm* - 1. [rinuncia] rejection - 2. [negazione] refusal. ◆ **rifiuti** *smpl* [spazzatura] rubbish *(U)* *esp UK*, garbage *(U)* *esp US*, trash *(U)* *US*.

riflesse *etc* ⊳ **riflettere**.

riflessione *sf* - 1. [gen] reflection - 2. [osservazione] remark.

riflessivo, a *agg* - 1. [ponderato] thoughtful - 2. GRAMM reflexive.

riflesso, a ◇ *pp* ⊳ **riflettere**. ◇ *agg* [luce, immagine] reflected. ◆ **riflesso** *sm* - 1. [riverbero] reflection - 2. [conseguenza] effect - 3. [reazione] reflex; **avere dei buoni riflessi** to have good reflexes.

riflettere [68] ◇ *vt* to reflect. ◇ *vi* [pensare]: **riflettere (su qc)** to reflect (on sthg). ◆ **riflettersi** *vr* - 1. [specchiarsi] to be reflected - 2. [ripercuotersi]: **riflettersi su qc** to have an effect on sthg.

riflettore *sm* [gen] spotlight; [in uno stadio] floodlight.

riflettuto, a *pp* ⊳ **riflettere**.

riforma *sf* reform.

riformare [6] *vt* - 1. [ricomporre] to re-form - 2. [modificare] to reform - 3. MIL to reject. ◆ **riformarsi** *vip* [formarsi di nuovo] to form again.

riformatorio *sm* community home *UK*, reform school *US*.

rifornimento *sm* [azione] supplying; **fare rifornimento di qc** [carburante] to fill up with sthg; [viveri, munizioni] to stock up on *o* with sthg. ◆ **rifornimenti** *smpl* [provviste] supplies.

rifornire [9] *vt* [provvedere]: **rifornire qn/qc di qc** to supply sb/sthg with sthg. ◆ **rifornirsi** *vr* [provvedersi]: **rifornirsi di qc** [cibo] to stock up on *o* with sthg; [benzina] to fill up with sthg.

rifugiarsi [18] *vip* - 1. [in luogo] to take refuge - 2. [in attività]: **rifugiarsi in qc** to seek refuge in sthg.

rifugiato, a *sm, f* refugee.

rifugio *sm* - 1. [riparo] shelter - 2. [di montagna] refuge - 3. [sollievo] comfort.

riga, ghe *sf* - 1. [gen] line; **a righe** lined; **scrivere due righe a qn** to drop sb a line - 2. [striscia] stripe; **a righe** striped - 3. [serie] row; **mettere/rimettere qn in riga** to bring sb/bring sb back into line - 4. [dei capelli] parting *UK*, part *US* - 5. [per disegno] ruler.

rigare [16] ◇ *vt* - 1. [graffiare] to scratch - 2. [attraversare] to furrow. ◇ *vi*: **rigare dritto** to toe the line.

rigettare [6] *vt* - 1. [gettare indietro] to throw up, to wash up - 2. [rifiutare] to reject - 3. *fam* [vomitare] to throw up. ◆ **rigettarsi** *vr* [ributtarsi] to throw o.s. again.

rigetto *sm* rejection.

righello *sm* ruler.

rigidità *sf* - 1. [di materiale, oggetto] stiffness, rigidity - 2. [di clima, stagione] harshness - 3. [severità] severity.

rigido, a *agg* - 1. [duro] rigid - 2. [irrigidito] stiff - 3. [freddissimo] harsh - 4. [severo] strict.

rigirare [6] ◇ *vt* - 1. [girare di nuovo] to turn (around) again - 2. [ripercorrere] to go around. ◇ *vi* [andare in giro] to go around; **gira e rigira** [alla fine] whichever way you look at it. ◆ **rigirarsi** *vr* - 1. [girarsi di nuovo] to turn around again - 2. [rivoltarsi]: **rigirarsi nel letto** to toss and turn (in bed).

riglioso, a *agg* flourishing.

rigonfiamento *sm* swelling.

rigore *sm* - 1. [austerità, severità] severity; **essere di rigore** to be de rigueur - 2. [scrupolosità] exactitude - 3. [freddo] rigours *pl UK*, rigors *pl US* - 4. SPORT penalty.

rigorosamente *avv* - 1. [severamente] strictly - 2. [scrupolosamente] rigorously.

rigoroso, a *agg* - 1. [severo] strict - 2. [preciso] rigorous.

riguadagnare [23] *vt* - 1. [recuperare - rispetto] to win back; [- tempo] to make up - 2. [raggiungere] to regain.

riguardare [6] *vt* - 1. [riferirsi a] to concern; **per quanto mi/ti riguarda** as far as I am/you are concerned - 2. [guardare di nuovo] to look at again. ◆ **riguardarsi** *vr* [stare attento] to look after o.s., to take care of o.s.

riguardo *sm* - 1. [cura] care; **avere riguardo di** *o* **per qn/qc** to take care of sb/sthg - 2. [rispetto] respect; **fare qc per riguardo** to do sthg out of respect; **di riguardo** distinguished.

◆ **riguardo a** *prep* regarding. ◆ **nei riguardi di** *prep*: **nei riguardi di qn/qc** as far as sb/sthg is concerned.

rigurgito *sm* MED regurgitation.

rilanciare [17] *vt* - **1.** [lanciare di nuovo] to throw back - **2.** [offrire di più] to raise; **rilanciare un'offerta** to make a higher bid - **3.** [recuperare] to relaunch.

rilasciare [19] *vt* - **1.** [certificato, ricevuta, autorizzazione] to issue; [intervista] to give - **2.** [prigioniero, ostaggio] to release.

rilascio *sm* - **1.** [liberazione] release - **2.** [consegna] issuing.

rilassare [6] *vt* to relax. ◆ **rilassarsi** *vr* to relax.

rilassato, a *agg* relaxed.

rilegare [16] *vt* to bind.

rileggere [50] *vt* - **1.** [leggere di nuovo] to re-read - **2.** [revisionare] to read through - **3.** [interpretare] to reinterpret.

riletto, a *pp* ▷ **rileggere**.

rilevante *agg* significant.

rilevare [6] *vt* - **1.** [evidenziare] to point out - **2.** [raccogliere] to obtain - **3.** [ricavare] to learn - **4.** [azienda] to take over.

rilievo *sm* - **1.** [importanza] significance; **dare rilievo a qc** to give emphasis to sthg; **mettere in rilievo qc** to emphasize sthg; **di rilievo** important - **2.** [sporgenza] bulge - **3.** GEO range.

rima *sf* rhyme; **fare rima** to rhyme.

rimandare [6] *vt* - **1.** [rinviare] to postpone - **2.** [bocciare] : **rimandare qn in inglese** to make sb retake *o* resit UK English - **3.** [fare riferimento] to refer - **4.** [restituire] to return - **5.** [far tornare] to send back.

rimanente ◇ *agg* remaining. ◇ *sm* rest.

rimanere [90] *vi* - **1.** [restare] to stay, to remain - **2.** [perdurare] to remain - **3.** [essere, diventare] to be (left); **rimanere incinta** to get pregnant; **rimanere** *o* **rimanerci secco** *fam* to drop dead - **4.** [esserci] to be left; **rimangono poche settimane a Pasqua** it's only a few weeks to Easter.

rimango *etc* ▷ **rimanere**.

rimarchevole *agg* remarkable.

rimarginare [6] *vt* to heal. ◆ **rimarginarsi** *vip* to heal.

rimasi *etc* ▷ **rimanere**.

rimasto, a *pp* ▷ **rimanere**.

rimbalzare [6] *vi* [palla] to bounce (off); [proiettile] to ricochet.

rimbambito, a ◇ *agg* senile. ◇ *sm, f* cretin.

rimboccare [15] *vt* to tuck in; **rimboccarsi le maniche** *fig* to roll up one's sleeves.

rimbombare [6] *vi* - **1.** [rumore] to resound - **2.** [luogo] to echo.

rimborsare [6] *vt* - **1.**: **rimborsare qc a qn** [spesa] to reimburse sb for sthg; [biglietto] to refund sthg to sb - **2.** [persona] to pay back.

rimborso *sm* refund; **rimborso spese** reimbursement of expenses.

rimediare [20] ◇ *vi* [riparare] to repair; **rimediare a qc** to put sthg right. ◇ *vt fam* [racimolare] to scrape up.

rimedio *sm* - **1.** [medicina] cure; **rimedi naturali** natural remedies - **2.** [soluzione] remedy; **porre rimedio a qc** to rectify sthg.

rimessa *sf* - **1.** [macchine] garage; [autobus] depot - **2.** SPORT: **rimessa in gioco** throw-in.

rimesso, a *pp* ▷ **rimettere**.

rimettere [71] *vt* - **1.** [mettere di nuovo] to put back; **rimettere in discussione qc** to discuss sthg (again); **rimettere piede in qc** to set foot in sthg again; **rimettere in piedi qc** *fig* to put sthg back on its feet - **2.** *fam* [perdere]: **rimetterci (qc)** to lose (sthg) - **3.** [affidare]: **rimettere una decisione a qn** to leave a decision to sb - **4.** *fam* [vomitare] to throw up; **mi viene da rimettere** I feel sick. ◆ **rimettersi** *vip* - **1.** [riprendere]: **rimettersi a (fare) qc** to start (doing) sthg again - **2.** [ristabilirsi]: **rimettersi da qc** to recover from sthg - **3.** [affidarsi]: **rimettersi a qn/qc** to rely on sb/sthg.

Rimini *sf* Rimini.

rimmel® *sm* mascara.

rimodernare [6] *vt* [casa] to modernize; [vestito] to remodel.

rimontare [6] *vi* to catch up.

rimorchiare [20] *vt* - **1.** [trainare] to tow - **2.** *mfam* [ragazza] to pick up.

rimorchio *sm* - **1.** [traino] towing - **2.** [veicolo] trailer.

rimosso, a *pp* ▷ **rimuovere**.

rimozione *sf* - **1.** [allontanamento] removal; 'rimozione forzata' 'towing away' - **2.** [destituzione] dismissal.

rimpatriare [20] ◇ *vi* to return to one's own country. ◇ *vt* to repatriate.

rimpiangere [49] *vt* to regret; **rimpiangere di non aver fatto qc** to regret not doing sthg.

rimpianto, a *pp* ▷ **rimpiangere**. ◆ **rimpianto** *sm* - **1.** [nostalgia] nostalgia - **2.** [pentimento] regret.

rimpiazzare [6] *vt* to replace; **rimpiazzare qn/qc con qn/qc** to replace sb/sthg with sb/sthg.

rimpicciolire [9] ◇ *vt* to shrink. ◇ *vi* to become smaller. ◆ **rimppicciolirsi** *vip* to shrink.

rimpinzare [6] *vt*: rimpinzare qn di qc to stuff sb with sthg. ► **rimpinzarsi** *vr*: rimpinzarsi di qc to stuff o.s. with sthg.

rimproverare [6] *vt* - **1.** [ammonire] to tell off; rimproverare qn per qc/di aver fatto qc to tell sb off for sthg/for doing sthg - **2.** [rinfacciare]: rimproverare qc a qn to reproach sb for sthg. ► **rimproverarsi** *vr* to reproach o.s.

rimprovero *sm* [sgridata] telling off; [ufficiale] reprimand.

rimuovere [76] *vt* - **1.** [portare via] to remove - **2.** *fig* [eliminare] to eliminate - **3.** [destituire] to dismiss.

rinascere [28] *vi* to revive.

Rinascimento *sm*: il Rinascimento the Renaissance.

rinato, a *pp* ▷ **rinascere**.

rincarare [6] ◇ *vt* to raise (the price of). ◇ *vi* to go up.

rincasare [6] *vi* to return home.

rinchiudere [31] *vt* to shut (up). ► **rinchiudersi** *vr* to shut o.s. (up).

rinchiuso, a *pp* ▷ **rinchiudere**.

rincorrere [65] *vt* - **1.** [inseguire] to chase - **2.** [perseguire] to pursue. ► **rincorrersi** *vr* [l'un l'altro] to chase each other.

rincorsa *sf*: prendere la rincorsa to take a run-up.

rincorso, a *pp* ▷ **rincorrere**.

rincrescere [27] *vi impers* [dispiacere]: mi rincresce I'm sorry.

rincresciuto, a *pp* ▷ **rincrescere**.

rincretinire [9] ◇ *vt* to drive crazy. ◇ *vi* to go crazy. ► **rincretinirsi** *vip* to go crazy.

rinfacciare [17] *vt*: rinfacciare qc a qn [colpa] to throw sthg in sb's face; [favore] to remind sb of sthg.

rinforzare [6] *vt* - **1.** [struttura] to reinforce - **2.** [fisico] to build up. ► **rinforzarsi** *vip* to become stronger.

rinforzo *sm* reinforcement. ► **rinforzi** *smpl* reinforcements.

rinfrescare [15] *vt* to cool (down). ► **rinfrescarsi** *vr* to freshen up.

rinfresco, schi *sm* reception.

rinfusa ► **alla rinfusa** *avv* any old how.

ringhiare [20] *vi* to growl.

ringhiera *sf* [parapetto] railing; [scale] banister.

ringiovanire [9] ◇ *vt* - **1.** [nell'aspetto]: ringiovanire qn to make sb look younger - **2.** [nello spirito]: ringiovanire qn to make sb feel younger. ◇ *vi* [nello spirito] to get younger again; [nell'aspetto] to look younger.

ringraziamento *sm* thanks *pl*.

ringraziare [20] *vt*: ringraziare qn per o di qc to thank sb for sthg; ti/la ringrazio! thank you!

rinnegare [16] *vt* - **1.** [persona] to disown - **2.** [principio] to deny.

rinnovamento *sm* [culturale] renewal; [di casa, negozio] renovation.

rinnovare [6] *vt* - **1.** [ripetere] to renew - **2.** [modernizzare - macchinari, guardaroba] to update; [- casa] to renovate. ► **rinnovarsi** *vip* - **1.** [modernizzarsi] to be updated - **2.** [ripetersi] to recur.

rinnovo *sm* - **1.** [riconferma] renewal - **2.** [aggiornamento] updating.

rinoceronte *sm* rhinoceros, rhino.

rinomato, a *agg* famous.

rintocco, chi *sm* chime.

rintracciare [17] *vt* to trace.

rinuncia, ce *sf* - **1.** [abbandono] withdrawal - **2.** [sacrificio] sacrifice.

rinunciare [17] *vi*: rinunciare a qc [rifiutare] to renounce sthg; [desistere] to give sthg up.

rinvenire [109] ◇ *vt* to discover. ◇ *vi* to come to.

rinvenuto, a *pp* ▷ **rinvenire**.

rinviare [22] *vt* - **1.** [differire] to postpone, to put off - **2.** [respingere] to return - **3.** [fare riferimento]: rinviare qn a qc to refer sb to sthg - **4.** [mandare di nuovo] to resend.

rinvio, ii *sm* - **1.** [proroga] postponement - **2.** [respinta] return; calcio di rinvio goal kick - **3.** [riferimento] cross-reference.

Rio de Janeiro [riodeʒa'neiro] *sf* Rio de Janeiro.

riordinare [6] *vt* - **1.** [rassettare] to tidy up; riordinare le idee to get one's ideas straight - **2.** [riorganizzare] to reorganize.

riorganizzare [6] *vt* to reorganize. ► **riorganizzarsi** *vr* to reorganize o.s.

ripagare [16] *vt* to repay; ripagare qn di o per qc to repay sb for sthg.

riparare [6] ◇ *vt* - **1.** [proteggere] to protect - **2.** [aggiustare] to repair - **3.** [rimediare] to make amends for. ◇ *vi* - **1.** [rimediare]: riparare a qc to make amends for sthg - **2.** [rifugiarsi] to shelter. ► **ripararsi** *vr*: ripararsi da qc [proteggersi] to protect o.s. from sthg; [in un posto] to shelter from sthg.

riparato, a *agg* sheltered.

riparazione *sf* - **1.** [aggiustatura] repair - **2.** [rimedio] amends *pl*.

riparlare [6] *vi*: riparlare di qc to discuss sthg again.

riparo *sm* shelter; mettersi al riparo (da qc) [pioggia] to shelter (from sthg); [rischio] to be covered (for sthg).

ripartire [8] <> *vi* [in viaggio] to leave again. <> *vt* - **1.** [suddividere] to divide - **2.** [assegnare] to share (out).

ripartizione *sf* - **1.** [suddivisione] division - **2.** [assegnazione] allocation.

ripassare [6] <> *vt* - **1.** [rivedere] to revise UK, to review US - **2.** [riattraversare] to recross - **3.** [passare sopra] to go over again; **ripassare la vernice su qc** to give sthg a second coat of paint. <> *vi* [ritornare] to come back; **passare e ripassare** to walk up and down.

ripensamento *sm* thought; **avere un ripensamento** to have second thoughts *pl*; **senza ripensamenti** with no hesitation.

ripensare [6] *vi* - **1.** [riflettere] **ripensare a qc** to think about sthg (again); **ripensarci** [ricredersi] to change one's mind - **2.** [ricordare] **ripensare a qn/qc** to think of sb/sthg.

ripercorrere [65] *vt* [strada, sentiero] to follow; [mentalmente] to go over (again).

ripercorso, a *pp* ▷ **ripercorrere**.

ripercussione *sf* repercussion.

ripetere [7] *vt* to repeat. ◆ **ripetersi** <> *vip* [fatto] to happen (again). <> *vr* [persona] to repeat o.s.

ripetitivo, a *agg* repetitive.

ripetizione *sf* repetition. ◆ **ripetizioni** *sfpl* private lessons.

ripiano *sm* shelf.

ripido, a *agg* steep.

ripiegare [16] <> *vt* to fold up. <> *vi*: **ripiegare su qc** to make do with sthg.

ripiego, ghi *sm* alternative; **scelta** *o* **soluzione di ripiego** fallback solution.

ripieno, a *agg* stuffed. ◆ **ripieno** *sm* filling, stuffing.

riporre [96] *vt* - **1.** [mettere a posto] to put back - **2.** [mettere via] to put away - **3.** [attribuire]: **riporre fiducia/speranza in qn** to place one's trust/hopes in sb.

riportare [6] *vt* - **1.** [ricondurre - lì] to take back; [- qui] to bring back - **2.** [riferire] to report - **3.** [riprodurre] to reproduce - **4.** [conseguire] to achieve; [soffrire] to suffer.

riposare [6] <> *vi* - **1.** [ristorarsi] to rest - **2.** [dormire] to sleep. <> *vt* to rest. ◆ **riposarsi** *vip* to rest.

riposo *sm* rest.

ripostiglio *sm* cupboard UK, closet *esp* US.

riposto, a *pp* ▷ **riporre**.

riprendere [43] <> *vt* - **1.** [prendere di nuovo] to take again; [catturare di nuovo] to recapture; [raccogliere di nuovo] to pick up again - **2.** [prendere indietro] to take back - **3.** [ricominciare] to start again - **4.** [riacquistare] to regain; **riprendere fiato** [respirare] to get one's breath back;

fig [riposarsi] to catch one's breath; **riprendere i sensi** to come to; **riprendere vita** to come back to life - **5.** [rimproverare] to reprimand - **6.** [riferirsi a] to re-examine - **7.** [filmare] to film, to shoot - **8.** [fotografare] to photograph. <> *vi* [ricominciare] to begin again; **riprendere a fare qc** to begin to do sthg again. ◆ **riprendersi** *vip* - **1.** [guarire] to recover; **riprendersi da qc** to recover from sthg - **2.** [correggersi] to correct o.s.

ripresa *sf* - **1.** [ripristino] resumption; **a più riprese** on several occasions, many times - **2.** [rifioritura] recovery - **3.** [CINE - azione] shooting; [- inquadratura] shot - **4.** AUTO acceleration (U) - **5.** [SPORT - nella boxe] round; [- nel calcio] second half.

ripreso, a *pp* ▷ **riprendere**.

ripristinare [6] *vt* to restore.

riprodotto, a *pp* ▷ **riprodurre**.

riprodurre [95] *vt* - **1.** [ricreare] to reproduce - **2.** [ritrarre] to portray. ◆ **riprodursi** *vip* [moltiplicarsi] to reproduce.

riproduzione *sf* reproduction.

ripromesso, a *pp* ▷ **ripromettere**.

ripromettere [71] *vt*: **ripromettersi di fare qc** to promise *o* resolve to do sthg.

riprovare [6] *vi*: **riprovare (a fare qc)** to try (to do sthg) again.

ripugnante *agg* repugnant.

ripulire [9] *vt* to clean (up). ◆ **ripulirsi** *vr* to clean o.s. up.

riquadro *sm* [spazio quadrato] square; [casella di testo] box.

risaia *sf* rice field.

risalire [104] <> *vt* - **1.** [ripercorrere] to go back up - **2.** [corso d'acqua] to go up; **risalire la corrente** to go upstream. <> *vi* - **1.** [prezzo, valore, livello] to go back up; [in macchina] to get back in; [a cavallo] to get back on - **2.** [scoprire]: **risalire a qn/qc** to trace sb/sthg - **3.** [avere origine]: **risalire a qc** to date back to sthg.

risaltare [6] *vi* to stand out.

risalto *sm* [visivo]: **mettere in risalto qc** to highlight sthg.

risanare [6] *vt* - **1.** [terreno] to reclaim - **2.** [città] to clean up - **3.** [bilancio] to balance; [economia, industria] to put back in the black.

risaputo, a *agg* well-known.

risarcimento *sm* compensation (U).

risarcire [9] *vt* - **1.** [danno] to repay - **2.** [persona]: **risarcire qn di qc** to pay compensation to sb for sthg.

risata *sf* laugh; **le risate** laughter (U).

riscaldamento *sm* - **1.** [azione] heating; **riscaldamento centralizzato** communal central heating - **2.** [ginnastica] warm-up.

riscaldare [6] *vt* - **1.** [scaldare di nuovo] to heat up - **2.** [scaldare] to warm. ◆ **riscaldarsi** ◇ *vip* - **1.** [diventare caldo] to heat up - **2.** [infervorarsi - persona] to get excited; [- dibattito] to warm up. ◇ *vr* to warm o.s.

riscatto *sm* - **1.** [somma] ransom - **2.** [di prigionieri, ostaggi] release; [di una nazione, di schiavi] liberation.

rischiare [20] *vt* to risk; **rischiare di fare qc** to risk doing sthg.

rischio *sm* risk; **a rischio** [rischioso] risky; [in pericolo] at risk.

rischioso, a *agg* [a rischio] risky; [pericoloso] dangerous.

risciacquo *sm* rinse.

riscontrare [6] *vt* to find.

riscontro *sm* - **1.** [conferma] confirmation; **trovare riscontro in qc** to be confirmed by sthg - **2.** [confronto] comparison - **3.** [controllo] check - **4.** [risposta] reply.

riscossione *sf* collection.

riscosso, a *pp* ▷ **riscuotere**.

riscuotere [70] *vt* - **1.** [incassare] to collect - **2.** [ottenere] to enjoy.

risentimento *sm* resentment (U).

risentire [8] ◇ *vi*: **risentire di qc** [soffrire] to feel the effect of sthg; [subire] to feel sthg. ◇ *vt* [patire] to feel. ◆ **risentirsi** ◇ *vip* [offendersi] to take offence UK o offense US. ◇ *vr* [l'un l'altro] to speak to each other again.

riserbo *sm* - **1.** [ritegno] self-restraint - **2.** [segretezza]: **tenere** o **mantenere il riserbo (su qc)** to remain tight-lipped (about sthg).

riserva *sf* - **1.** [gen] reservation; **con riserva** with reservations - **2.** [scorta] supply; **di riserva** extra, spare - **3.** AUTO: **essere in riserva** to be low on petrol UK o gas US - **4.** [naturalistica]: **riserva naturale** nature reserve - **5.** [di vino] reserve - **6.** SPORT reserve, substitute.

riservare [6] *vt* - **1.** [tenere da parte]: **riservare qc per qn/qc** to keep sthg for sb/sthg - **2.** [destinare]: **riservare qc a qn** to reserve sthg for sb; **riservarsi di fare qc** to allow o.s. the right to do sthg - **3.** [prenotare] to book.

riservatezza *sf* - **1.** [discrezione] discretion; [atteggiamento riservato] reserve - **2.** [segretezza] confidentiality.

riservato, a *agg* - **1.** [discreto] discreet; [chiuso] reserved - **2.** [segreto] confidential - **3.** [destinato]: **essere riservato a qn** to be reserved for sb - **4.** [prenotato] booked.

risi *etc* ▷ **ridere**.

risiedere [7] *vi* - **1.** [dimorare] to live - **2.** [consistere]: **risiedere in qc** to lie in sthg.

riso (*fpl* **risa**) *sm* laugh; **le risa** laughter (U). ◆ **riso** ◇ *pp* ▷ **ridere**. ◇ *sm* rice (U).

risollevare [6] *vt* - **1.** [confortare] to lift - **2.** [far rifiorire] to put back on its o their feet - **3.** [rialzare] to lift up again - **4.** [riproporre] to bring up again. ◆ **risollevarsi** *vr* - **1.** [rialzarsi - persona] to get up again; [- aereo] to take off again - **2.** [migliorare] to get back on one's feet.

risolsi *etc* ▷ **risolvere**.

risolto, a *pp* ▷ **risolvere**.

risoluto, a *agg* decisive; **risoluto a fare qc** determined to do sthg.

risoluzione *sf* - **1.** [decisione] decision - **2.** [soluzione] solution.

risolvere [74] *vt* - **1.** [questione] to resolve; [problema, equazione, mistero] to solve - **2.** [decidere]: **risolvere di fare qc** to resolve to do sthg. ◆ **risolversi** *vip* - **1.** [decidersi]: **risolversi a fare qc** to decide to do sthg - **2.** [concludersi] to end; **risolversi in qc** to turn into sthg.

risonanza *sf* - **1.** [clamore] interest; **avere** o **suscitare risonanza** to cause a stir - **2.** FIS resonance.

risorgere [46] *vi* - **1.** [ripresentarsi - questione, problema] to come up again; [- dubbi] to return - **2.** [rifiorire] to revive - **3.** [risuscitare] to rise again.

Risorgimento *sm*: **il Risorgimento** the Risorgimento.

risorsa *sf* resource; **risorse umane** human resources.

risorto, a *pp* ▷ **risorgere**.

risotto *sm* risotto.

risparmiare [20] *vt* - **1.** [gen] to save; **risparmiare qc a qn** to save sb (doing) sthg - **2.** [salvare] to spare; **risparmiare la vita a qn** to spare sb's life.

risparmio *sm* saving. ◆ **risparmi** *smpl* savings.

rispecchiare [20] *vt* to reflect. ◆ **rispecchiarsi** *vr*: **rispecchiarsi in qc** to be reflected in sthg.

rispettabile *agg* - **1.** [onesto] respectable - **2.** [considerevole] considerable.

rispettare [6] *vt* to respect. ◆ **rispettarsi** *vr* to respect each other.

rispettivamente *avv* respectively.

rispettivo, a *agg* respective.

rispetto *sm* - **1.** [gen] respect; **avere rispetto di** o **per qn** to respect sb; **avere rispetto di** o **per qc** to have some respect for sthg - **2.** [osservanza] observance. ◆ **rispetto a** *prep* - **1.** [relativamente a] with regard to - **2.** [a paragone di] compared to o with.

rispettoso, a *agg* respectful.

risplendere [123] *vi* to shine.

rispondere [42] ⟨⟩ *vi* - **1.** [gen]: **rispondere a qn/qc** to answer sb/sthg; **rispondere di sì/no** to answer yes/no; **rispondere (al telefono)** to answer (the phone) - **2.** [a lettera]: **rispondere a qc** to reply to sthg, to answer sthg - **3.**: **rispondere a qc** [annuncio] to reply to sthg; [appello] to answer sthg - **4.** [a saluto, cenno]: **rispondere a qc** to return sthg - **5.** [obbedire]: **rispondere a qc** to respond to sthg - **6.** [rendere conto]: **rispondere a qn di qc** to answer to sb for sthg - **7.** [a bisogni]: **rispondere a qc** to meet sthg - **8.** [alla verità]: **rispondere a qc** to correspond to sthg. ⟨⟩ *vt* to answer; **ha risposto che...** she replied (that)...

risposta *sf* - **1.** [a domanda] answer, reply - **2.** [reazione] response.

risposto, a *pp* ▷ **rispondere**.

rissa *sf* brawl.

ristabilire [9] *vt* to restore. ◆ **ristabilirsi** *vip* to recover.

ristampa *sf* - **1.** [processo] reprinting; **il libro è in ristampa** the book is being reprinted - **2.** [libro] reprint.

ristorante ⟨⟩ *sm* restaurant. ⟨⟩ *agg inv* ▷ **vagone**.

ristoratore, trice *sm, f* [professione] restaurateur; [fornitore esterno] caterer.

ristorazione *sf* catering.

ristretto, a ⟨⟩ *pp* ▷ **restringere**. ⟨⟩ *agg* - **1.** [gen] limited - **2.** [caffè] extra strong. ◆ **ristretto** *sm* [caffè] extra strong coffee.

ristrutturare [6] *vt* - **1.** [azienda] to restructure - **2.** [edificio] to renovate.

ristrutturazione *sf* [di azienda] restructuring; [di edificio] renovation.

risultare [6] *vi* - **1.** [derivare]: **risultare da qc** to be the result of sthg - **2.** [rivelarsi] to turn out - **3.** [essere noto]: **non mi risulta che sia stata trasferita** I wasn't aware (that) she had been transferred.

risultato *sm* result.

risuolare [6] *vt* to resole.

risuonare [6] *vi* to echo.

risurrezione *sf* resurrection.

risuscitare [6] ⟨⟩ *vi* RELIG to rise again. ⟨⟩ *vt* - **1.** RELIG to raise - **2.** *fig* [rendere attuale] to revive.

risvegliare [21] *vt* - **1.** [persona] to awaken - **2.** [sentimento] to reawaken - **3.** [interesse, curiosità] to revive. ◆ **risvegliarsi** *vip* to wake up.

risveglio *sm* awakening; **al risveglio** on waking up.

risvolto *sm* - **1.** [di giacca, cappotto] lapel - **2.** [di pantaloni] turn-up *UK*, cuff *US* - **3.** [di libro] inside flap - **4.** [conseguenza] consequence.

ritagliare [21] *vt* to cut out.

ritaglio *sm* clipping, cutting *UK*; **nei ritagli di tempo** in one's spare time.

ritardare [6] ⟨⟩ *vi* to be late; **ritardare di dieci minuti** to be ten minutes late. ⟨⟩ *vt* - **1.** [rimandare] to postpone - **2.** [rallentare] to delay.

ritardo *sm* - **1.** [nel tempo] delay; **essere/arrivare in ritardo** to be/arrive late - **2.** PSICO: **ritardo mentale** mental deficiency.

ritenere [93] *vt* - **1.** [considerare] to believe, to think; **ritengo di sì/no** I believe so/I don't believe so; **ritieni di aver ragione?** do you think you're right?; **ritenere opportuno fare qc** to think you/he/they etc had better do sthg; **ritenere che...** (+ *congiuntivo*) to believe (that)...; **ritengo che sia sulla cinquantina** I believe he's about fifty - **2.** [detrarre] to deduct.

ritentare [6] *vt* to try again.

ritenuta *sf* deduction.

ritirare [6] *vt* - **1.** [gen] to withdraw - **2.** [lanciare] to throw again - **3.** [tirare indietro] to pull back - **4.** [prendere - pacco] to pick up; [- soldi] to withdraw - **5.** [ritrattare] to take back. ◆ **ritirarsi** ⟨⟩ *vr*: **ritirarsi (da qc)** to withdraw (from sthg). ⟨⟩ *vip* - **1.** [restringersi] to shrink - **2.** [defluire] to recede.

ritirata *sf* retreat.

ritiro *sm* - **1.** [gen] withdrawal - **2.** [di merce, posta] collection - **3.** [isolamento] retreat; **la squadra di calcio è in ritiro** the soccer o football *UK* team is at training camp.

ritmo *sm* - **1.** [gen] rhythm - **2.** [di fenomeno] pace; [frequenza] rate.

rito *sm* - **1.** RELIG rite - **2.** [usanza] ritual, custom; **di rito** customary.

ritoccare [15] *vt* to touch up.

ritocco, chi *sm* [gen] finishing touch; [variazione] alteration.

ritornare [6] *vi* - **1.** [gen - qui] to come back; [- lì] to go back; **ritornare da qc** [- qui] to come back from sthg; [- lì] to go back from sthg; **ritornare in sé** to come to - **2.** [ridiventare] to become again - **3.** [ricomparire] to reappear.

ritornello *sm* refrain.

ritorno *sm* return; **al ritorno** on the way back; **essere di ritorno** to be back.

ritorto, a *pp* ▷ **ritorcersi**.

ritrarre [97] *vt* - **1.** [tirare indietro] to pull back - **2.** [riprodurre - in dipinto] to paint; [- in foto] to photograph - **3.** [rappresentare] to portray. ◆ **ritrarsi** *vip* [marea] to recede.

ritrattare [6] *vt* to retract; **l'imputato ha ritrattato** the accused has made a retraction.

ritratto, a *pp* ⊳ **ritrarre**. ◆ **ritratto** *sm* portrait; **un ritratto a olio** a portrait in oils; **fare il ritratto a qn** to do a portrait of sb.

ritroso, a *agg* shy. ◆ **a ritroso** *avv* backward(s).

ritrovamento *sm* finding.

ritrovare [6] *vt* - 1. [rinvenire] to find - 2. [incontrare] to meet - 3. [riconquistare] to recover. ◆ **ritrovarsi** ⟨⟩ *vr* [incontrarsi] to meet (up). ⟨⟩ *vip* - 1. [incontrarsi]: **ritrovarsi con qn** to meet (up with) sb - 2. [finire] to end up - 3. [raccapezzarsi] to see one's way.

ritrovo *sm* - 1. [luogo] meeting place - 2. [evento] reunion.

rituale ⟨⟩ *agg* - 1. RELIG ritual - 2. [abituale] customary. ⟨⟩ *sm* ritual.

riunione *sf* meeting. ◆ **Riunione** *sf*: **l'isola della Riunione** Réunion.

riunire [9] *vt* - 1. [raggruppare] to get together - 2. [riconciliare] to reunite. ◆ **riunirsi** ⟨⟩ *vr* [ritrovarsi] to be reunited. ⟨⟩ *vip* - 1. [incontrarsi] to meet - 2. [ricongiungersi]: **riunirsi a qn** to rejoin sb.

riuscire [108] *vi* - 1. [essere capace]: **riuscire a fare qc** to manage to do sthg; **non ci riesco** I can't do it - 2. [avere la possibilità]: **riuscire (a fare qc)** to be able to (do sthg) - 3. [avere successo]: **riuscire (a qn)** to turn out well (for sb); **riuscire bene/male** to turn out well/badly; **riuscire in qc** to do well in sthg.

riuscita *sf* success.

riva *sf* - 1. [di fiume] bank - 2. [di lago, mare] shore; **in riva al mare** on the seashore.

rivale *agg* & *smf* rival.

rivalità *sf inv* rivalry.

rivalutare [6] *vt* - 1. [ECON - stipendi] to raise; [- moneta] to revalue - 2. *fig* to give more credit to. ◆ **rivalutarsi** *vip* - 1. [moneta, bene] to increase in value - 2. [persona]: **rivalutarsi agli occhi di qn** to go up in sb's estimation.

rivedere [81] *vt* - 1. [gen] to see again - 2. [correggere] to revise - 3. [verificare] to check. ◆ **rivedersi** *vr* [incontrarsi] to see each other again.

rivelare [6] *vt* to reveal. ◆ **rivelarsi** *vr*: **rivelarsi (qc)** to show o.s. (to be sthg).

rivelazione *sf* revelation.

rivendere [7] *vt* - 1. [prodotti nuovi] to retail - 2. [oggetti usati] to resell.

rivendicare [15] *vt* - 1. [gen] to claim - 2. [riaffermare] to proclaim - 3. [attribuirsi] to claim responsibility for.

rivendicazione *sf* claim; **rivendicazioni sindacali** union demands.

rivendita *sf* shop, store *esp US*.

rivenditore, trice *sm, f* [persona] retailer. ◆ **rivenditore** *sm* [negozio] retailer; **rivenditore autorizzato** authorized dealer.

riverire [9] *vt* to respect.

riversare [6] *vt* - 1. [versare] to pour - 2. [concentrare]: **riversare qc su qn/qc** [amore, attenzioni] to lavish sthg on sb/sthg; **riversare qc su qc** [energie] to pour sthg into sthg. ◆ **riversarsi** *vip* [dirigersi] to pour.

rivestimento *sm* covering.

rivestire [8] *vt* - 1. [vestire] to dress again - 2. [ricoprire]: **rivestire qc di qc** to cover sthg with sthg - 3. [carica] to hold. ◆ **rivestirsi** *vr* [vestirsi] to get dressed again.

riviera *sf* coast; **la Riviera (ligure)** the Ligurian riviera; **la Riviera adriatica** the Adriatic riviera.

rivincita *sf* - 1. [partita] return game o match *esp UK* - 2. [rivalsa] revenge (U); **prendersi una rivincita** to get one's revenge.

rivissuto, a *pp* ⊳ **rivivere**.

rivista *sf* - 1. [giornale] magazine - 2. [spettacolo] revue.

rivisto, a *pp* ⊳ **rivedere**.

rivivere [83] ⟨⟩ *vt* to relive. ⟨⟩ *vi* - 1. [vivere di nuovo] to live again - 2. [prendere vigore] to come to life again.

rivolgere [48] *vt* - 1. [puntare]: **rivolgere qc contro** o **verso qn/qc** to point sthg at sb/sthg - 2. [indirizzare]: **rivolgere qc a qn** to address sthg to sb; **rivolgere la parola a qn** to speak to sb - 3. [occhi, sguardo] to turn. ◆ **rivolgersi** *vr* [indirizzarsi]: **rivolgersi a qn** [ricorrere] to turn to sb; [parlare] to speak to sb; **si prega rivolgersi all'ufficio** [per informazioni] please contact the office.

rivolta *sf* revolt.

rivoltante *agg* revolting.

rivoltare [6] *vt* - 1. [bistecca, pagina] to turn over; [insalata] to toss - 2. [maglione, guanto] to turn inside out - 3. [disgustare] to disgust; **rivoltare lo stomaco a qn** to turn sb's stomach.

rivoltella *sf* revolver.

rivolto, a *pp* ⊳ **rivolgere**.

rivoluzionare [6] *vt* [stravolgere] to turn upside down; [trasformare] to revolutionize.

rivoluzionario, a *agg* & *sm, f* revolutionary.

rivoluzione *sf* - 1. [gen] revolution - 2. [disordine] chaos (U).

Riyadh [ri'ad] *sf* Riyadh.

rizzare [6] *vt* - 1. [palo, tenda] to put up - 2. [pelo] to make stand on end. ◆ **rizzarsi**

◇ *vr* [persona - in piedi] to stand up; [- a sedere] to sit up. ◇ *vip* [capelli, peli] to stand on end; **mi si sono rizzati i capelli in testa** my hair stood on end.

RM *(abbr di Roma)* RM.

roast beef ['rɔzbif] *sm inv* roast beef.

roba *sf* - **1.** [possedimento] things *pl* - **2.** [cose] stuff *(U)*; **la roba da lavare/stirare** the laundry o washing *UK*/ironing; **roba da mangiare/bere** food/drink; **roba da matti!** it's sheer madness!

robot [ro'bo] *sm inv* robot.

robotica *sf* robotics *(U)*.

robusto, a *agg* - **1.** [persona - sano] sturdy; *eufem* [- grasso] plump - **2.** [fisico, costituzione] robust - **3.** [struttura, materiale] strong.

rocca, che *sf* - **1.** [fortezza] fortress - **2.** [per filare] distaff.

roccaforte *sf* - **1.** [fortezza] fortress - **2.** *fig* [centro] stronghold.

roccia, ce *sf* - **1.** GEOL rock - **2.** SPORT: **fare roccia** to go rock-climbing.

roccioso, a *agg* rocky; **le Montagne Rocciose** the Rocky Mountains.

rock [rɔk] ◇ *sm inv* rock (music). ◇ *agg inv* rock.

roco, a, chi, che *agg* hoarse.

rodaggio *sm* running in *UK*, breaking in *US*; **la macchina è in rodaggio** the car is being run in *UK* o broken in *US*.

Rodano *sm*: **il Rodano** the Rhone.

rodeo *sm inv* rodeo.

rodere [36] *vt* to gnaw. ◆ **rodersi** *vr*: **rodersi di rabbia/gelosia** to be consumed with rage/jealousy.

roditore *sm* rodent.

rododendro *sm* rhododendron.

rognone *sm* kidney.

rogo, ghi *sm* - **1.** [supplizio] stake - **2.** [incendio] blaze.

rollino *sm* = **rullino**.

Roma *sf* Rome.

romagnolo, a ◇ *agg* of o from Romagna. ◇ *sm, f* person from Romagna.

Romania *sf*: **la Romania** Romania.

romano, a ◇ *agg* - **1.** [gen] Roman - **2.** RELIG (Roman) Catholic. ◇ *sm, f* [persona] Roman; **gli antichi romani** the Ancient Romans.

romantico, a, ci, che *agg* - **1.** [gen] romantic - **2.** [del romanticismo] Romantic.

romanzo *sm* novel.

rombo *sm* - **1.** [di motore, cannone] rumble - **2.** GEOM rhombus - **3.** [pesce] turbot.

romeno, a = **rumeno**.

rompere [64] ◇ *vt* - **1.** [gen] to break; **rompersi una gamba/un braccio** to break one's leg/arm - **2.** [stoffa] to tear; [scarpe] to split - **3.** [rapporti umani] to break off; **rompere il ghiaccio** *fig* to break the ice; **rompere le scatole a qn** *fam* to annoy sb. ◇ *vi* - **1.** [litigare]: **rompere con qn** [fidanzato] to break up with sb; [famiglia, amici] to break away from sb - **2.** *fam* [scocciare] to be a pain. ◆ **rompersi** *vip* - **1.** [spaccarsi] to break - **2.** [guastarsi] to break (down).

rompiscatole *smf inv fam* pain in the neck.

rondine *sf* swallow.

ronzare [6] *vi* [insetto] to buzz; [motore] to hum.

ronzio, ii *sm* - **1.** [di insetti] buzzing - **2.** [di motore] hum.

rosa ◇ *sf* - **1.** [fiore] rose - **2.** [gruppo] list. ◇ *agg inv* [colore] pink. ◇ *sm inv* [colore] pink.

rosario *sm* rosary.

rosato, a *agg* - **1.** [colore] rose-coloured *UK*, rose-colored *US* - **2.** [vino] rosé.

rosi *etc* ➭ **rodere**.

rosicchiare [20] *vt* to gnaw (at).

rosmarino *sm* rosemary.

roso, a *pp* ➭ **rodere**.

rosolare [6] *vt* to brown.

rosolia *sf* German measles *(U)*.

rosone *sm* - **1.** ARCHIT rose window - **2.** [su soffitto] ceiling rose.

rospo *sm* - **1.** ZOOL toad - **2.** ➭ **sputare**.

rossetto *sm* lipstick.

rossiccio, a, ci, ce *agg* reddish.

rosso, a *agg* red; **diventare rosso** [persona] to go red. ◆ **rosso** *sm* - **1.** [gen] red; **andare/essere in rosso** BANCA to go into/to be in the red - **2.** [tuorlo] **il rosso (d'uovo)** (egg) yolk. ◆ **Rosso** *agg*: **il Mar Rosso** the Red Sea.

rossore *sm* flush.

rosticceria *sf* rotisserie.

rotaia *sf* rail. ◆ **rotaie** *sfpl* rails.

rotatoria *sf* roundabout *UK*, traffic circle *US*, rotary *US*.

rotazione *sf* rotation; **a rotazione** in turn.

roteare [24] ◇ *vi* [acrobata] to swing; [aquila] to wheel. ◇ *vt* to swing.

rotella *sf* - **1.** [di mobili, di pattini] caster - **2.** [di ingranaggio] wheel.

rotolare [6] *vi* [ruotare] to roll; [cadere] to fall. ◆ **rotolarsi** *vr* to roll.

rotolo *sm* - **1.** [gen] roll - **2.** [di corda, spago] ball; **andare a rotoli** to fall apart.

rotonda *sf* - **1.** [terrazza] terrace - **2.** [rotatoria] roundabout *UK*, traffic circle *US*, rotary *US*.

rotondità sf inv curves pl.

rotondo, a agg - **1.** [circolare] round - **2.** [paffuto] plump.

rotta sf [di nave, aereo] course; **fare rotta per Calcutta** to be bound for Calcutta; **essere in rotta con qn** to be on bad terms with sb.

rottame sm - **1.** [gen] wreck - **2.** [di metallo] scrap (U).

rotto, a ◇ pp ▷ **rompere**. ◇ agg - **1.** [gen] broken; [stoffa, giacca] torn, split - **2.** [auto] broken down.

rottura sf - **1.** [spaccatura] break - **2.** [guasto] breakdown - **3.** [di contratto, rapporti] breach - **4.** fam [seccatura] pain.

rotula sf kneecap.

roulette [ru'lɛt] sf inv roulette.

roulotte [ru'lɔt] sf inv caravan UK, trailer US.

round ['raund] sm inv round.

routine [ru'tin] sf inv routine; **di routine** routine.

rovente agg - **1.** [caldissimo] red-hot - **2.** fig [epoca] turbulent.

rovere sm - **1.** [pianta] thorn bush - **2.** [legno] oak.

rovescia sf - **1.: alla rovescia** [davanti di dietro] back to front; [con il dentro fuori] inside out; [con l'alto in basso] upside down - **2.** ▷ **conto**.

rovesciare [19] vt - **1.** [accidentalmente] to spill - **2.** [capovolgere] to capsize - **3.** [regime, governo] to overturn. ◆ **rovesciarsi** vip - **1.** [versarsi] to spill - **2.** [cadere] to fall over - **3.** [capovolgersi] to capsize - **4.** [riversarsi] to pour out.

rovesciata sf scissors kick.

rovescio, a, sci, sce agg [maglia] purl. ◆ **rovescio** sm - **1.** [lato] back; **il rovescio della medaglia** the other side of the coin - **2.** [temporale] shower - **3.** SPORT backhand; **a rovescio** [con l'alto in basso] upside down; [con il dentro fuori] inside out; [davanti di dietro] back to front.

rovina sf - **1.** [crollo] collapse; **andare/essere in rovina** to go to ruin/to be in ruins - **2.** [miseria] ruin; **mandare in rovina qn/qc** to ruin sb/sthg. ◆ **rovine** sfpl [ruderi] ruins.

rovinare [6] vt - **1.** [gen] to ruin - **2.** [festa, sorpresa] to spoil. ◆ **rovinarsi** vip - **1.** [sciuparsi] to get ruined - **2.** [finire in miseria] to lose all one's money.

rovinato, a agg - **1.** [gen] ruined - **2.** [nei guai] done for (non dav sostantivo).

rovo sm bramble.

rozzo, a agg rough.

rubare [6] vt & vi to steal; **rubare qc a qn** to steal sthg from sb; **rubare su qc** [imbrogliare] to cheat on sthg.

rubinetto sm tap UK, faucet US.

rubino sm ruby.

rubrica, che sf - **1.** [quaderno] address book; **rubrica (telefonica)** telephone number book - **2.** [sezione] section.

rucola, ruchetta sf rocket UK, arugula US.

rudere sm - **1.** [di edificio] ruin - **2.** [persona] wreck.

ruffiano, a sm, f creep; **fare il ruffiano** to creep.

ruga, ghe sf wrinkle.

rugby ['ragbi, 'rɛgbi] sm rugby.

ruggine sf [gen] rust; **fare la ruggine** to rust.

ruggire [9] vi to roar.

rugiada sf dew.

rugoso, a agg wrinkled.

rullino sm: **rullino (fotografico)** (roll of) film.

rullo sm - **1.** [suono] (drum) roll - **2.** [strumento] roller; **rullo compressore** steamroller.

rum sm inv rum.

rumeno, a, romeno, a agg & sm, f Romanian. ◆ **rumeno** sm [lingua] Romanian.

ruminante sm ruminant.

rumore sm - **1.** [suono] noise; **fare rumore** to make a noise - **2.** [scalpore] fuss; **fare molto rumore** to cause a stir.

rumoroso, a agg noisy.

ruolo sm - **1.** [gen] role, part - **2.** [posto fisso]: **di ruolo** permanent.

ruota sf - **1.** [di veicolo] wheel; **ruota di scorta** spare wheel - **2.** [oggetto circolare]: **ruota panoramica** [giostra] Ferris wheel - **3.** [nel lotto] lottery drum.

ruotare [6] ◇ vt to turn. ◇ vi: **ruotare intorno a qn/qc** to revolve around sb/sthg.

rupe sf cliff.

ruppi etc ▷ **rompere**.

rurale agg rural.

ruscello sm stream.

ruspa sf bulldozer.

ruspante agg free-range.

russare [6] vi to snore.

Russia sf: **la Russia** Russia.

russo, a agg & sm, f Russian. ◆ **russo** sm [lingua] Russian.

rustico, a, ci, che agg - **1.** [stile] rustic - **2.** [persona, modi] simple. ◆ **rustico** sm - **1.** [abitazione] cottage - **2.** [tortino] pie.

ruttare [6] vi to burp, to belch.

rutto sm burp, belch.

ruvido, a agg rough.

ruzzolare [6] vi to tumble.

S

s¹, S *sm o sf inv* s, S.

s² *(abbr di* secondo) sec.

S <> - 1. *(abbr di* sud) S - 2. *(abbr di* Svezia) S. <> *sf inv (abbr di* small) S.

S. *(abbr di* santo, santa) St.

sa ⊳ **sapere**.

sabato *sm* Saturday; **di** *o* **il sabato** on Saturdays; **sabato prossimo/scorso** next/last Saturday; **sabato mattina/pomeriggio/sera** on Saturday morning/afternoon/evening; **tutti i sabati** *o* **ogni sabato** every Saturday; **il giornale di sabato** Saturday's newspaper.

sabbia *sf* sand; **sabbie mobili** quicksand *(U)*.

sabbioso, a *agg* sandy.

sabotare [6] *vt* to sabotage.

sacca, che *sf* bag.

saccarina *sf* saccharin.

saccheggiare [18] *vt* to plunder.

sacchetto *sm* [gen] bag; [di riso, biscotti] packet *UK*, pack *US*.

sacco, chi *sm* - 1. [gen] bag; [di tela] sack; **sacco a pelo** sleeping bag - 2. *fam* [gran quantità]: **un sacco di qc** lots of sthg; **un sacco** [molto] a lot.

sacerdote, essa *sm, f* priest.

sacramento *sm* sacrament.

sacrestano *sm* = **sagrestano**.

sacrestia *sf* = **sagrestia**.

sacrificare [15] *vt* to sacrifice; **sacrificare qc a qc** to sacrifice sthg for sthg. ◆ **sacrificarsi** *vr* - 1. [fare sacrifici] to make sacrifices - 2. [immolarsi] to sacrifice o.s.

sacrificio *sm* sacrifice.

sacrilegio *sm* sacrilege.

sacro, a *agg* - 1. sacred - 2. ⊳ **osso**.

sadico, a, ci, che <> *agg* sadistic. <> *sm, f* sadist.

sadismo *sm* sadism.

sadomasochista, i, e *smf* sadomasochist.

safari *sm inv* safari.

saggezza *sf* wisdom.

saggio, a, gi, ge <> *agg* wise. <> *sm, f* sage. ◆ **saggio** *sm* - 1. [studio] essay - 2. [prova] example - 3. [spettacolo] display.

saggistica *sf* non-fiction.

Sagittario *sm* Sagittarius; **essere del Sagittario** to be (a) Sagittarius *o* a Sagittarian.

sagoma *sf* - 1. [forma] outline - 2. [modello] model - 3. *fam* [tipo divertente] character - 4. [bersaglio] target.

sagomato, a *agg* shaped.

sagra *sf* festival.

sagrestano, sacrestano *sm* sacristan.

sagrestia, sacrestia *sf* sacristy.

Sahara *sm*: il Sahara the Sahara.

sai ⊳ **sapere**.

saint-honoré [sɛntono'rɛ] *sf inv* gateau Saint-Honoré.

sala *sf* - 1. [in casa] sitting room; **sala da pranzo** dining room - 2. [di luogo pubblico, azienda] room, hall; **sala d'aspetto** *o* **d'attesa** waiting room; **sala (di) lettura** reading room; **sala riunioni** meeting room; **sala operatoria** operating theatre *UK* *o* theater *US* *o* room *US*; **sala parto** delivery room; **sala arrivi** arrivals hall; **sala partenze** departure lounge; **sala da ballo** dance hall; **sala giochi** amusement arcade; **sala macchine** engine room - 3. [di cinema]: **sala (cinematografica)** cinema *esp UK*, movie theater *US*; **un cinema con 12 sale** a 12-screen cinema *esp UK* *o* movie theater *US*.

salame *sm* - 1. [insaccato] salami - 2. [persona] moron.

salamoia *sf*: in **salamoia** in brine.

salare [6] *vt* to salt.

salario *sm* wages *pl*.

salatino *sm* cracker.

salato, a *agg* - 1. [con troppo sale] salty - 2. [con sale] salted - 3. [non dolce] savoury *UK*, savory *US* - 4. [caro] pricey; **pagare qc salato** to pay through the nose for sthg.

saldare [6] *vt* - 1. [metalli] to weld - 2. [debito, conto] to settle. ◆ **saldarsi** *vip* [osso] to knit.

saldatrice *sf* welder.

saldatura *sf* - 1. [operazione] welding - 2. [parte saldata] weld.

saldo, a *agg* solid. ◆ **saldo** *sm* - 1. [gen] balance - 2. [debito residuo] remainder. ◆ **saldi** *smpl* [svendita] sales.

sale *sm* salt; **sale fino/grosso** table/rock salt; **sotto sale** salted. ◆ **sali** *smpl*: **sali (ammoniacali)** smelling salts; **sali da bagno** bath salts; **sali minerali** mineral salts.

salga *etc* ⊳ **salire**.

salgo *etc* ⊳ **salire**.

salice *sm* willow; **salice piangente** weeping willow.

saliera *sf* salt cellar *UK* *o* shaker *US*.

salino, a *agg* saline.

salire [104] <> *vi* - 1. [andare su] to go up; [venire su] to come up - 2. [montare]: **salire (su qc)** [scala, albero] to climb up (sthg); [sull'autobus, sulla nave] to get on (sthg); **salire in** o **sul treno** to get on the train; **salire in macchina** to get in the car; **salire a bordo** to get on board; **salire al trono** to come to the throne - 3. [aumentare, alzarsi] to rise. <> vt: **salire le scale/i gradini** to go up the stairs/steps.

Salisburgo sf Salzburg.

salita sf - 1. [strada] hill - 2. [azione] ascent; **in salita** uphill.

saliva sf saliva.

salma sf corpse.

salmo sm psalm.

salmone sm salmon; **salmone affumicato** smoked salmon.

Salomone sfpl: **le (isole) Salomone** the Solomon Islands.

salone sm - 1. [sala] hall - 2. [fiera] show - 3. [negozio]: **salone di bellezza** beauty salon.

salopette [salo'pɛt] sf inv dungarees pl UK, overalls pl US.

salotto sm - 1. [stanza] living room - 2. [mobili] living room furniture - 3. [riunione] salon.

salpare [6] vi to set sail.

salsa sf - 1. [condimento] sauce - 2. [ballo] salsa.

salsedine sf salt.

salsiccia, ce sf sausage.

saltare [6] <> vt - 1. [oltrepassare] to jump (over) - 2. [omettere] to skip - 3. [cuocere] to sauté. <> vi - 1. [gen] to jump; **saltare in macchina** to jump in a car; **saltare in moto/bici** to jump on a motorcycle/bike; **salta su!** [macchina] jump in!; [moto, bici] jump on!; **saltare addosso a qn** [aggredire] to attack sb; **cosa ti salta in mente?** whatever are you thinking of?; **saltare agli occhi** to hit one in the face - 2.: **saltare fuori** [oggetto] to turn up; [verità] to come out - 3. [esplodere]: **far saltare** [mina] to explode; [ponte, macchina] to blow up; [cassaforte, fusibile] to blow; **saltare in aria** to blow up - 4. [essere annullato] to be cancelled - 5. [smettere di funzionare] to blow - 6. [schizzar via] to run.

saltellare [6] vi to hop.

saltello sm hop.

salto sm - 1. [balzo] jump; **fare** o **spiccare un salto** to jump; **un salto nel buio** fig a leap in the dark - 2. [miglioramento]: **salto di qualità** [gen] improvement; [carriera] step up the ladder - 3. [breve visita]: **fare un salto** to pop in - 4. SPORT: **salto in alto** high jump; **salto con l'asta** pole vault; **salto in lungo** long jump - 5. [dislivello] gap.

saltuario, a agg occasional.

salubre agg healthy, salubrious form.

salumeria sf delicatessen.

salumi smpl cold meats o cuts esp US.

salumiere, a sm, f [persona] delicatessen owner. <> **salumiere** sm [negozio] delicatessen.

salumificio sm cold meat factory.

salutare [6] <> agg healthy. <> vt - 1. [incontrandosi] to say hello to - 2. [andando via] to say goodbye to; **salutare qn (con la mano)** to wave to sb - 3. [dare i saluti a] to give one's regards to. <> **salutarsi** vr [incontrandosi] to say hello to each other; [andando via] to say goodbye to each other.

salute sf health; **avere una salute di ferro** to have a strong constitution; **far bene/male alla salute** to be good/bad for one's health; **salute!** [per starnuto] bless you!; [in brindisi] cheers!

saluto sm [incontrandosi] greeting; [andando via] farewell; **fare un cenno di saluto a qn** [con la testa] to nod to sb; [con la mano] to wave to sb; **saluti** best wishes, regards; **distinti saluti** Yours faithfully esp UK, Yours truly US.

salva sf: **sparare a salva** o **salve** to fire blanks.

salvadanaio sm piggy bank, money box esp UK.

salvagente <> sm [a ciambella] life buoy; [giubbotto] life jacket, life preserver US. <> agg inv > **giubbotto**.

salvaguardare [6] vt to safeguard, to protect.

salvaguardia sf protection; **a salvaguardia di qc** to protect sthg.

salvare [6] vt to save; **salvare la vita a qn** to save sb's life; **salvare qn da qc** to save sb from sthg; **salvare le apparenze** to keep up appearances. <> **salvarsi** vr to save o.s.

salvataggio sm rescue; **cintura di salvataggio** lifebelt.

salvatore, trice sm, f saviour UK, savior US.

salvavita® <> sm inv circuit breaker. <> agg inv life-saving.

salve esclam [arrivando] hello!, hi!; [andando via] bye!

salvezza sf salvation.

salvia sf sage.

salvietta sf - 1. [fazzoletto] tissue; **salviette umidificate** wet wipes - 2. [tovagliolo] napkin, serviette UK.

salvo, a agg - 1. [fuori pericolo] safe - 2. [indenne] undamaged - 3. [onore, reputazione] unharmed. <> **salvo** <> sm: **mettere qn in salvo** to lead sb to safety; **mettersi in salvo** to reach safety. <> prep - 1. [a meno di] barring; **salvo imprevisti** barring any unforeseen circumstances - **2.** [tranne] except (for); **accetto tutto, salvo che si parli alle mie spalle** I'll put up with anything except people talking behind my back; **sarò a casa per le sette, salvo che il treno sia in ritardo** I'll be home by seven, unless the train's late.

samba *sm o sf inv* samba.

Samoa *sf* Samoa.

san = **santo**.

sanare [6] *vt* - **1.** [gen] to heal - **2.** [debito, deficit] to make good.

sandalo *sm* - **1.** [calzatura] sandal - **2.** [albero, essenza] sandalwood.

sangue *sm* ANAT blood; **picchiare qn a sangue** to beat sb up badly; **ferire a sangue qn** to make sb bleed; **al sangue** [bistecca] rare; **farsi cattivo sangue** [prendersela] to get worked up; **a sangue freddo** in cold blood; **tra loro non corre buon sangue** there's bad blood between them.

sanguinare [6] *vi* to bleed.

sanguinoso, a *agg* bloody.

sanguisuga, ghe *sf* leech.

sanità *sf* [salute] health; [sistema sanitario] health service.

sanitario, a <> *agg* health *(dav sostantivo)*. <> *sm, f* doctor. ◆ **sanitari** *smpl* sanitary fittings.

San Marino *sf* San Marino.

sanno ▷ **sapere**.

sano, a *agg* - **1.** [gen] healthy; **sano di mente** sane; **sano e salvo** safe and sound - **2.** [integro] intact; **di sana pianta** [completamente] afresh, from scratch - **3.** [onesto] wholesome.

San Pietroburgo *sf* Saint Petersburg.

Santiago *sf* [in Cile] Santiago.

santità *sf* sanctity. ◆ **Santità** *sf*: Sua Santità Your/His Holiness.

santo, a <> *agg* - **1.** *(san dav a sm che comincia con consonante;* **santo** *dav a sm che comincia con s + consonante, gn, ps, x, y, z;* **sant'** *dav a sm o sf che comincia con vocale)* [appellativo] Saint; **il Santo Padre** the Holy Father; **San Pietro** [basilica] Saint Peter's; **San Silvestro** [giorno] New Year's Eve; **Santo Stefano** [giorno] Boxing Day *UK (day after Christmas Day)*; **San Valentino** [festa] (Saint) Valentine's Day - **2.** [buono] sainted - **3.** *fam* [rafforzativo]: **tutto il santo giorno** the whole blessed day; **lascialo dormire in santa pace!** let him sleep in peace!; **picchiare qn di santa ragione** to give sb a good hiding - **4.** *fam* [in esclamazioni]: **santa pazienza!** for heaven's sake!; **santo cielo!** good heavens! - **5.** [benedetto - acqua] holy;

[- ostia] sacred - **6.** [divino] holy; **la Santa Sede** the Holy See. <> *sm, f* saint; **i Santi** [festività] All Saints' Day; **santo patrono** patron saint.

Santo Domingo *sf* San Domingo.

santuario *sm* sanctuary.

sanzione *sf* sanction.

sapere [80] <> *vt* - **1.** [gen] to know; **che io sappia** as far as I know; **far sapere qc a qn** to let sb know (about) sthg; **non si sa mai** you never know; **non volerne sapere di qn/qc** not to want to have anything to do with sb/sthg - **2.** [scoprire] to find out; [sentire] to hear; **hai saputo di Cristina?** have you heard about Cristina?; **ho saputo che parti domani** I heard you're leaving tomorrow - **3.** [essere capace di]: **sapere fare qc** to be able to do sthg; **non so guidare** I can't drive; **scusi, sa dirmi dov'è la banca più vicina?** excuse me, can you tell me where the nearest bank is?; **saperci fare con qn** to have a way with sb - **4.** [lingua] to speak. <> *vi* - **1.** [avere sapore]: **sapere di qc** to taste of sthg; **non saper di niente** not to taste of anything - **2.** [avere odore]: **sapere di qc** to smell of sthg; **sapere di pulito** to smell clean. <> *sm*: **il sapere** knowledge.

sapiente <> *agg* - **1.** [abile] skilful *UK*, skillful *US* - **2.** [dotto] learned. <> *smf* [dotto] sage, wise man (wise woman *f*).

sapienza *sf* - **1.** [conoscenza] knowledge - **2.** [saggezza] wisdom. ◆ **Sapienza** *sf*: **la Sapienza** the Sapienza University in Rome.

sapone *sm* soap; **sapone da barba** shaving soap.

saponetta *sf* (bar of) soap.

sapore *sm* flavour *UK*, flavor *US*, taste; **questa pesca non ha nessun sapore** this peach doesn't taste of anything.

saporito, a *agg* - **1.** [gustoso] tasty - **2.** [salato] salty.

sarà ▷ **essere**.

saracinesca, sche *sf* (roller *UK* o corrugated *US*) shutter.

Sarajevo *sf* Sarajevo.

sarcasmo *sm* sarcasm; **parlare con sarcasmo** to speak sarcastically.

sarcastico, a, ci, che *agg* sarcastic.

sarcofago, gi o **ghi** *sm* sarcophagus.

Sardegna *sf*: **la Sardegna** Sardinia.

sardina *sf* sardine.

sardo, a *agg & sm, f* Sardinian.

sarebbe *etc* ▷ **essere**.

sarei ▷ **essere**.

saresti *etc* ▷ **essere**.

sarò ▷ **essere**.

sarta *sf* dressmaker.

sarto *sm* - **1.** [chi confeziona] tailor - **2.** [stilista] (fashion) designer.

sartoria *sf* - **1.** [laboratorio -] tailor's (shop); [- da donna] dressmaker's (shop); [- d'alta moda] fashion house - **2.** [attività - da uomo] tailoring; [- da donna] dressmaking; [- d'alta moda] couture.

sassata *sf*: tirare una sassata contro o a qn/qc to throw a stone at sb/sthg.

sasso *sm* - **1.** [masso] rock - **2.** [frammento] stone.

sassofono *sm* saxophone.

Satana *sm* Satan.

satellite ⟨⟩ *sm* satellite; **trasmettere/collegare via satellite** to send/link via satellite; **trasmissione/immagini via satellite** satellite transmission/pictures. ⟨⟩ *agg inv* satellite *(dav sostantivo)*.

satira *sf* satire.

satirico, a, ci, che *agg* satirical.

Saturno *sm* Saturn.

sauna *sf* sauna; **fare la sauna** to have a sauna.

sax *sm inv* sax.

saziare [20] *vt* to satisfy; **la polenta è un cibo che sazia molto** polenta is very filling.

sazio, a *agg* full; **essere sazio di qc** [pieno] to have had enough of sthg.

sbadato, a *agg* careless.

sbadigliare [21] *vi* to yawn.

sbadiglio *sm* yawn; **fare uno sbadiglio** to yawn.

sbafo *sm fam*: **a sbafo** by scrounging.

sbagliare [21] ⟨⟩ *vt* - **1.** [bersaglio, mira] to miss; [calcoli, risposte] to get wrong - **2.** [confondere]: **sbagliare qc** to get the wrong sthg; **sbagliare strada** to take the wrong road; **sbagliare numero** [al telefono] to have the wrong number. ⟨⟩ *vi* - **1.** [in giudizio, comportamento] to be wrong; **sbagliare di grosso** to be seriously mistaken; **se non sbaglio** if I'm not mistaken; **sbagliare a fare qc** to be wrong to do sthg - **2.** [operare] to make a mistake. ◆ **sbagliarsi** *vip* to be mistaken; **sbagliarsi di grosso** to be seriously mistaken.

sbagliato, a *agg* wrong.

sbaglio *sm* mistake; **per sbaglio** by mistake.

sballo *sm gergo giovani* [droga] high, trip; **che sballo!** wicked!

sbalordire [9] *vt* to stun.

sbalordito, a *agg* stunned.

sbalzare [6] *vt* to throw.

sbalzo *sm* sudden change.

sbandare [6] *vi* to skid. ◆ **sbandarsi** *vip* to disband.

sbandato, a *sm, f* mixed-up person.

sbaraglio *sm*: **andare o buttarsi allo sbaraglio** to go for broke; **mandare qn allo sbaraglio** to throw sb in at the deep end.

sbarazzare [6] *vt*: **sbarazzare una stanza/una tavola (da qc)** to clear a room/a table (of sthg); **sbarazzare qn da qc** to rid sb of sthg. ◆ **sbarazzarsi** *vr*: **sbarazzarsi di qn/qc** to get rid of sb/sthg.

sbarazzino, a *agg* cheeky *UK*, sassy *US*.

sbarcare [6] ⟨⟩ *vt* - **1.** [da imbarcazione - passeggeri] to disembark; [- merci] to unload - **2.** [da mezzo di trasporto] to set down; **sbarcare il lunario** to make ends meet. ⟨⟩ *vi* - **1.** [da imbarcazione] to disembark - **2.** [da mezzo di trasporto] to get off.

sbarco, chi *sm* - **1.** [di passeggeri] landing; [di merce] unloading - **2.** [militare] landing.

sbarra *sf* - **1.** [gen] bar; **alla sbarra** DIR to the bar - **2.** [per passaggio] barrier - **3.** [nella danza] barre.

sbarrare [6] *vt* - **1.** [sprangare] to bar - **2.** [ostacolare] to block; **sbarrare la strada a qn** to bar sb's way - **3.** [spalancare]: **sbarrare gli occhi** to open one's eyes wide.

sbattere [7] ⟨⟩ *vt* - **1.** [battere] to beat; **sbattere le palpebre** to blink - **2.** [scagliare] to slam - **3.** [mandare]: **sbattere in prigione qn** to throw sb into prison; **sbattere fuori qn** to throw sb out - **4.** [urtare] to bang. ⟨⟩ *vi* - **1.** [urtare] to smash - **2.** [muoversi] to bang.

sbattuto, a *agg* beaten.

sbavare [6] *vi* to dribble, to drool.

sbavatura *sf* - **1.** [di colore] smudge - **2.** [imperfezione] blemish.

sberla *sf* slap; **dare una sberla a qn** to slap sb; **prendere a sberle qn** to give sb a hiding.

sbiadito, a *agg* faded.

sbiancare [15] ⟨⟩ *vt* to whiten. ⟨⟩ *vi* to go pale.

sbieco, a, chi, che *agg* [linea] slanting; [muro] sloping; [stoffa] bias-cut; **di o per sbieco** on the slant; **guardare qn/qc di sbieco** to look askance at sb/sthg.

sbigottito, a *agg* stunned.

sbilanciare [17] *vt* to throw off balance. ◆ **sbilanciarsi** *vip* - **1.** [in equilibrio] to lose one's balance - **2.** [compromettersi] to commit o.s.

sbirciare [17] *vt* to peep at, to peek at.

sbloccare [6] *vt* - **1.** [da blocco] to release - **2.** [da impedimento] to start moving again - **3.** [da divieto] to free from controls. ◆ **sbloccarsi** *vip* to get moving again.

sboccare [15] *vi*: **sboccare in qc** [fiume] to flow into sthg; [strada] to lead (in)to sthg.

sboccato, a *agg* [persona] foul-mouthed; [linguaggio] foul.

sbocciare [17] *vi* to bloom.

sbocco, chi *sm* - **1.** [uscita - di fiume] mouth; [- di strada] end; **strada senza sbocco** dead end, cul-de-sac - **2.** [possibilità] option - **3.** [commerciale] outlet.

sbornia *sf fam*: **prendersi una sbornia** to get plastered.

sbottonare [6] *vt* to unbutton; **sbottonarsi la giacca** to unbutton one's jacket.

sbottonato, a *agg* unbuttoned.

sbracciarsi [17] *vip* to wave (one's arms about).

sbraitare [6] *vi* to shout; **sbraitare contro qn** to shout at sb.

sbranare [6] *vt* to tear to pieces.

sbriciolare [6] *vt* to crumble; **sbriciolare per terra** to get crumbs all over the floor. ◆ **sbriciolarsi** *vip* to crumble.

sbrigare [16] *vt* to deal with. ◆ **sbrigarsi** *vip* to hurry (up).

sbrigativo, a *agg* - **1.** [brusco] brusque - **2.** [superficiale] hasty.

sbrodolare [6] *vt* to dirty. ◆ **sbrodolarsi** *vr* to dirty o.s.; **ti sei tutto sbrodolato** you've spilt food all down yourself.

sbrogliare [21] *vt* - **1.** [disfare] to unravel - **2.** [risolvere] to solve; **sbrogliarsela** to sort o.s. out. ◆ **sbrogliarsi** *vr* to disentangle o.s.

sbronza *sf fam*: **prendersi una sbronza** to get plastered.

sbronzarsi [6] *vr fam* to get plastered.

sbronzo, a *agg fam* plastered.

sbruffone, a *sm, f* boaster; **fare lo sbruffone** to boast.

sbucare [15] *vi* - **1.** [da tana] to pop out - **2.** [comparire] to spring (out).

sbucciare [6] *vt* - **1.** [pelare - patata, frutto] to peel; [- piselli] to shell - **2.** [ferire] **sbucciarsi un ginocchio/un gomito** to graze one's knee/one's elbow.

sbuffare [6] *vi* [ansimare] to puff; [con impazienza] to snort.

scabroso, a *agg* risqué, indecent.

scacchiera *sf* [scacchi] chessboard; [dama] draughtboard *UK*, checkerboard *US*; **a scacchiera** checked, checkerboard *(dav sostantivo) US*.

scacciare [20] *vt* - **1.** [mandare via - persona] to throw out; [- animale] to chase away - **2.** [far passare] to dispel.

scacco, chi *sm* check; **scacco matto** checkmate; **dare scacco matto a qn** to checkmate

sb. ◆ **scacchi** *smpl* - **1.** [gioco] chess *(U)* - **2.** [pezzi] (chess) pieces - **3.** [quadri]: **a scacchi** checked.

scadente *agg* - **1.** [difettoso] shoddy - **2.** [preparazione] poor; [voto] unsatisfactory.

scadenza *sf* - **1.** [validità - di contratto, documento] expiry *UK*, expiration *US*; [- di cibo] use-by date *esp UK*, best-by date *US*; [- di medicine] expiration *US* o expiration *US* date; [termine] deadline - **2.** [pagamento] payment due date.

scadere [78] *vi* - **1.** [pagamento] to fall due - **2.** [validità] to expire - **3.** [in stima] to go down; **quel locale sta scadendo** that place is going downhill.

scaduto, a *agg* [documento] expired; [alimento, farmaco] past its use-by date *esp UK* o best-by date *US* (non dav sostantivo).

scaffale *sm* shelves *pl*.

scafo *sm* hull.

scagionare [6] *vt* to exonerate.

scaglia *sf* - **1.** [di pesce] scale - **2.** [frammento] flake; **scaglie di parmigiano** parmesan shavings.

scagliare [21] *vt* to hurl; **scagliare una freccia** to shoot an arrow. ◆ **scagliarsi** *vr*: **scagliarsi su** o **contro qn** to hurl o.s. at sb.

scaglione *sm* echelon; **a scaglioni** in groups.

scala *sf* - **1.** [in architettura] staircase; **cadere per le scale** to fall down the stairs; **scendere/salire le scale** to go downstairs/upstairs; **fare le scale** to go up o down the stairs; **scala antincendio** fire escape; **scala mobile** escalator - **2.** [trasportabile] ladder - **3.** MUS [gradazione] scale; **scala maggiore/minore** major/minor scale - **4.** [nelle carte] straight - **5.** [proporzione]: **disegno in scala** scale drawing; **questa cartina è in scala 1 a 100** this map is drawn to a scale of 1 to 100; **su vasta** o **larga scala** on a vast o large scale.

scalare [6] *vt* - **1.** [in alpinismo] to climb, to scale - **2.** [detrarre] to deduct.

scalatore, trice *sm, f* climber.

scaldabagno *sm* boiler, water heater.

scaldare [6] ◇ *vt* [rendere caldo] to heat, to warm (up). ◇ *vi* [dare calore] to give off heat. ◆ **scaldarsi** ◇ *vr* to warm (o.s.) up, to get warm. ◇ *vip* - **1.** [diventare caldo] to warm up, to get warm - **2.** [irritarsi] to get heated.

scaletta *sf* - **1.** [scala] stepladder - **2.** [di programma] schedule; [di punti] list.

scalinata *sf* [all'esterno] (flight of) steps *pl*; [all'interno] staircase.

scalino *sm* step.

scalmanarsi [6] *vip* to work up a sweat.

scalogna *sf fam* bad luck.

scaloppina *sf* cutlet, escalope *UK*, scallop *US*.

scalpello *sm* chisel.

scalpitare [6] *vi* to paw the ground.

scalpore *sm*: fare *o* suscitare scalpore to cause *o* create a stir.

scaltro, a *agg* [persona, comportamento] shrewd; [risposta] sharp.

scalzo, a *agg* barefoot; **camminare scalzo** to walk barefoot.

scambiare [20] *vt* - **1.** [confondere] to mistake - **2.** [sostituire] to take (by mistake) - **3.** [barattare] to exchange - **4.**: **scambiare due parole (con qn)** [dire] to speak briefly (with sb); [con tono serio] to have a word (with sb). ◆ **scambiarsi** *vr* [l'un l'altro] to exchange.

scambio *sm* - **1.** [confusione] mix-up - **2.** [cambio] exchange; **scambio culturale** cultural *o* language exchange - **3.** ECON trade; **il libero scambio** free trade.

scamiciato *sm* pinafore (dress) *UK*, jumper *US*.

scampagnata *sf* trip to the country.

scampare [6] ◇ *vt* [evitare] to avoid; **scamparla (bella)** to have a narrow escape. ◇ *vi*: **scampare da** *o* **a qc** to escape sthg.

scampo *sm* - **1.** [salvezza] safety; **via di scampo** way out - **2.** [crostaceo] langoustine, Dublin Bay prawn *UK*.

scampolo *sm* remnant.

scanalatura *sf* groove.

scandalizzare [6] *vt* to shock. ◆ **scandalizzarsi** *vip* to be shocked.

scandalo *sm* scandal.

scandaloso, a *agg* shocking, scandalous.

Scandinavia *sf*: **la Scandinavia** Scandinavia.

scandinavo, a, scandìnavo, a *agg & sm, f* Scandinavian.

scandire [9] *vt* - **1.** [tempo] to mark - **2.** [parole] to pronounce (properly), to articulate.

scanner *sm inv* INFORM scanner.

scansafatiche *smf inv* slacker.

scansare [6] *vt* - **1.** [colpo, pugno] to dodge - **2.** [difficoltà, fatica, persona] to avoid. ◆ **scansarsi** *vr* to get out of the way.

scantinato *sm* basement.

scapaccione *sm* slap on the back of the head.

scapito *sm*: **a scapito di qn/qc** at the expense of sb/sthg, to the detriment of sb/sthg.

scapola *sf* shoulder blade.

scapolo ◇ *agg* [uomo] single, unmarried. ◇ *sm* [non sposato] bachelor.

scappamento *sm* ▷ **tubo**.

scappare [6] *vi* - **1.** [di casa] to run away; [di prigione] to escape - **2.** [essere di fretta] to be off, to dash - **3.** [non trattenere] to slip out; **mi scappa da ridere** I can't help laughing; **mi scappa la pipì** I need a pee; **scappare di mano** to slip out of one's hand; **scappare di mente** to slip one's mind.

scappatoia *sf* way out.

scarabocchio *sm* - **1.** [macchia] scribble - **2.** [parola] scrawl.

scarafaggio *sm* cockroach.

scaramanzia *sf*: **per scaramanzia** (just) to be safe.

scaraventare [6] *vt* to fling, to hurl. ◆ **scaraventarsi** *vr* to fling o.s., to hurl o.s.

scarcerare [6] *vt* to release (from prison).

scardinare [6] *vt* to take off its hinges.

scarica, che *sf* - **1.** [corrente]: **scarica elettrica** electrical discharge - **2.** [evacuazione]: **scarica intestinale** bowel movement - **3.** [di colpi] rain - **4.** [grande quantità] hail.

scaricare [15] *vt* - **1.** [posare a terra - oggetti] to deposit; [- rifiuti] to dump - **2.** [merce, bagagli] to unload - **3.** [svuotare] to unload, to empty - **4.** [da Internet] to download - **5.** [sfogare] to let off - **6.** [addossare]: **scaricare qc su qn** to dump sthg on sb - **7.** [arma] to fire - **8.** *fam* [lasciare] to dump - **9.** [riversare] to discharge. ◆ **scaricarsi** *vip* - **1.** [batterie, orologio] to run down - **2.** [persona] to let off steam.

scarico, a, chi, che *agg* - **1.** [batteria, pila] dead, flat *esp UK* - **2.** [sveglia, orologio] run-down - **3.** [veicolo, arma] unloaded. ◆ **scarico** *sm* - **1.** [attività] unloading - **2.** [di rifiuti] dumping - **3.** [sostanze residue] waste; **scarichi industriali** industrial waste (*U*) - **4.** [convogliamento] draining - **5.** [dispositivo] waste pipe - **6.** [da Internet] downloading.

scarlattina *sf* scarlet fever.

scarlatto, a *agg* scarlet.

scarpa *sf* [calzatura] shoe; **scarpe col tacco alto/basso** high-/low-heeled shoes; **scarpe da ginnastica** *o* **da tennis** trainers *UK*, sneakers *esp US*.

scarpata *sf* steep slope.

scarpiera *sf* - **1.** [mobile - armadietto] shoe cupboard *UK* *o* closet *esp US*; [- aperto] shoe rack - **2.** [custodia] shoe bag.

scarpinata *sf fam* hike.

scarpone *sm* boot; **scarponi da sci** ski boots.

scarseggiare [18] *vi* - **1.** [essere scarso] to be in short supply - **2.** [avere in scarsità]: **scarseggiare di qc** to be short of sthg.

scarso, a *agg* - **1.** [non completo]: **tre metri scarsi** barely three metres *UK* *o* meters *US*

- **2.** [insufficiente] insufficient; **scarso di qc** short of sthg - **3.** [poco bravo]: **essere scarso in qc** to be poor at sthg.

scartare [6] *vt* - **1.** [buttare via] to throw away - **2.** [candidato, ipotesi, proposta] to reject - **3.** [pacco, caramella] to unwrap - **4.** [nel calcio] to shake off - **5.** [carta da gioco] to discard, to throw away.

scarto *sm* - **1.** [differenza] gap - **2.** [cosa scartata] reject; **di scarto** reject *(dav sostantivo)* - **3.** [movimento] swerve.

scartoffie *sfpl* paperwork *(U)*.

scassare [6] *vt fam* to wreck, to bust.
◆ **scassarsi** *vip fam* to get wrecked *o* bust.

scassato, a *agg* wrecked, bust.

scassinare [6] *vt* to break *o* force open.

scasso *sm* house-breaking, forced entry.

scatenare [6] *vt* - **1.** [provocare] to cause - **2.** [istigare] to stir up. ◆ **scatenarsi** *vip* - **1.** [persona] to go wild - **2.** [temporale] to rage - **3.** [rivolta] to be sparked off.

scatola *sf* - **1.** [di cartone, plastica, legno] box; [di metallo, latta] can, tin *UK*; **in scatola** canned, tinned *UK* - **2.** ANAT: **scatola cranica** cranium. ◆ **scatole** *sfpl fam*: **rompere le scatole a qn** to annoy sb.

scattante *agg* - **1.** [agile] nimble - **2.** [auto, motore] fast.

scattare [6] ◇ *vt* [fotografia] to take. ◇ *vi* - **1.** [saltare] to leap - **2.** [congegno] to go off - **3.** [avere inizio] to start.

scatto *sm* - **1.** [di congegno] click - **2.** [di telefono] unit - **3.** [fotografia] photo - **4.** [di atleta] spurt - **5.** [aumento] increase - **6.** [reazione] jump; **avere uno scatto di nervi** to go mad - **7.** [movimento brusco] jerk; **di scatto** suddenly.

scavalcare [6] *vt* - **1.** [superare] to climb over - **2.** [passare davanti a] to pass.

scavare [6] *vt* - **1.** *fig* to dig - **2.** [resti, città] to excavate - **3.** [legno, roccia] to hollow out.

scavo *sm* excavation. ◆ **scavi** *smpl* dig *(sing)*, excavation *(sing)*.

scegliere [86] *vt* to choose; **scegliere di fare qc** to choose to do sthg.

sceicco, chi *sm* sheik(h).

scelga *etc* ▷ **scegliere**.

scelgo *etc* ▷ **scegliere**.

scelsi *etc* ▷ **scegliere**.

scelta *sf* - **1.** [gen] choice; **dolce** *o* **frutta a scelta** choice of dessert or fruit - **2.** [assortimento] selection - **3.** [qualità]: **di prima/seconda scelta** first-/second-class - **4.** [raccolta] collection.

scelto, a ◇ *pp* ▷ **scegliere**. ◇ *agg* - **1.** [ottimo] first-class - **2.** [selezionato] selected.

scemata *sf* stupid thing.

scemenza *sf* - **1.** [inezia]: **essere una scemenza** to be nothing - **2.** [sciocchezza] stupid thing.

scemo, a ◇ *agg* stupid. ◇ *sm, f* fool, idiot.

scena *sf* - **1.** [gen] scene; **fare una scena madre** to make a scene - **2.** [palcoscenico] stage; **andare in scena** [spettacolo] to be staged; [compagnia] to take to the stage; **le scene** [attività teatrale] the stage - **3.** [finzione] pretence.

scenario *sm* - **1.** TEATRO & GEO scenery - **2.** [prospettiva, contesto] scenario.

scenata *sf* scene; **fare una scenata** to make a scene; **mi ha fatto una scenata** he gave me a really hard time.

scendere [43] ◇ *vt*: **scendere le scale/i gradini** to go down the stairs/the steps. ◇ *vi* - **1.** [andare giù] to go down; [venire giù] to come down; **scendere da qc** [andare giù] to go down from sthg; [venire giù] to come down from sthg - **2.**: **scendere (da qc)** [da treno, autobus] to get off (sthg); [da macchina] to get out (of sthg) - **3.** [diminuire] to go down, to fall - **4.** [strada] to go down.

sceneggiata *sf* - **1.** [messinscena] pretence - **2.** TEATRO: **sceneggiata napoletana** Neapolitan melodrama.

sceneggiato, a *agg* dramatized. ◆ **sceneggiato** *sm* dramatization.

sceneggiatura *sf* screenplay.

scenografia *sf* - **1.** [attività] CINE set design; TEATRO stage design - **2.** [scene] sets *pl*.

sceriffo *sm* sheriff.

scesi *etc* ▷ **scendere**.

sceso, a *pp* ▷ **scendere**.

scettico, a, ci, che *agg* sceptical *UK*, skeptical *US*.

scettro *sm* - **1.** [bastone] sceptre *UK*, scepter *US* - **2.** [potere] crown.

scheda *sf* - **1.** [modulo] form - **2.** SCOL: **scheda di valutazione** report *UK*, report card *US* - **3.** [per votare]: **scheda elettorale** ballot, ballot paper *UK* - **4.** INFORM card - **5.** [tessera]: **scheda telefonica** phonecard - **6.** [in giornale, libro] contents page.

schedare [6] *vt* - **1.** [catalogare - documento] to file; [- libro] to catalogue *UK*, to catalog *US* - **2.** [registrare] to keep a record on.

schedario *sm* - **1.** [archivio] card catalogue *UK* *o* catalog *US*, card index *UK* - **2.** [mobile] filing cabinet.

schedina *sf* coupon.

scheggia, ge *sf* splinter.

scheletro *sm* - 1. [del corpo] skeleton - 2. [struttura] framework.

schema, i *sm* - 1. [modello - di lavoro a maglia, a uncinetto] pattern; [- nella meccanica, bricolage] diagram - 2. [bozza] plan, outline.

schematico, a, ci, che *agg* - 1. [sintetico] schematic - 2. [rigido] rigid.

scherma *sf* fencing.

schermo *sm* - 1. [gen] screen - 2. [protezione] screen, shield; **schermo solare** [crema] sunscreen - 3. [dispositivo] shield.

scherno *sm* scorn.

scherzare [6] *vi* - 1. [gen] to joke - 2. [giocare] to play; **scherzare col fuoco** to play with fire.

scherzo *sm* - 1. [gen] joke; **fare uno scherzo a qn** to play a joke on sb; **scherzi a parte** joking aside; **per scherzo** as o for a joke; **brutto scherzo** [sorpresa spiacevole] dirty trick - 2. [cosa facile] child's play (U).

scherzoso, a *agg* - 1. [affermazione, tono] joking - 2. [persona] fun.

schiaccianoci *sm inv* nutcracker.

schiacciante *agg* overwhelming.

schiacciare [17] *vt* - 1. [gen] to crush; **schiacciarsi un dito** [nella porta] to jam one's finger; [con un martello] to crush one's finger - 2. [noci] to crack; [patate] to mash - 3. [premere] to press - 4. SPORT to smash; **schiacciare un pisolino** to take a nap. ◆ **schiacciarsi** *vip* to get squashed.

schiacciata *sf* - 1. SPORT smash - 2. [pane] focaccia.

schiacciato, a *agg* squashed.

schiaffeggiare [18] *vt* to slap.

schiaffo *sm* slap; **prendere a schiaffi qn** to slap sb.

schiamazzo *sm* noise; **schiamazzi notturni** disturbance o breach UK of the peace.

schiantare [6] *vt* to smash. ◆ **schiantarsi** *vip* to smash, to crash.

schianto *sm* - 1. [scontro] smash, crash - 2. [rumore] crash - 3. *fam* [meraviglia] stunner.

schiarire [9] *vt* [immagine] to make brighter; [capelli] to bleach, to lighten; **schiarirsi la voce** to clear one's throat. ◆ **schiarirsi** *vip* [cielo, tempo] to brighten (up).

schiavitù *sf* - 1. *fig* slavery - 2. [da vizio] addiction.

schiavo, a ◇ *agg* - 1. [non libero] enslaved - 2. [dipendente]: **essere schiavo di qn/qc** [famiglia, lavoro] to be tied down by sb/sthg; [vizio] to be addicted to sthg. ◇ *sm, f* STORIA slave.

schiena *sf* back.

schienale *sm* back.

schiera *sf* - 1. [gran numero] host - 2. MIL troops *pl*.

schieramento *sm* - 1. [raggruppamento] group - 2. [di truppe] formation - 3. [formazione] line-up.

schifato, a *agg* disgusted.

schifezza *sf* - 1. [cosa disgustosa] disgusting thing - 2. [cibo malsano] junk.

schifo *sm* - 1. [ribrezzo] disgust; **fare schifo** to be disgusting; **mi fa schifo** it makes me sick - 2. [cosa ripugnante] disgusting thing - 3. [cosa malriuscita] awful thing.

schifoso, a *agg* - 1. [gen] disgusting - 2. [pessimo] awful.

schioccare [15] *vt* [dita] to snap; [lingua] to click; [bacio] to plant.

schiudersi [31] *vip* to open.

schiuma *sf* - 1. [della birra, del latte] froth; [dell'acqua di cottura] scum; [del mare] foam - 2. [di sapone] bubbles *pl*, foam; **fare schiuma** to lather; **schiuma da barba** shaving foam.

schiuso, a *pp* ▷ **schiudersi**.

schivare [6] *vt* to dodge.

schivo, a *agg* shy.

schizofrenico, a, ci, che *agg* & *sm, f* schizophrenic.

schizzare [6] ◇ *vt* - 1. [gettare] to splash - 2. [sporcare]: **schizzare qn/qc di qc** to splash sb/sthg with sthg. ◇ *vi* - 1. [spruzzare] to spatter - 2. [scappare] to dash (off o away); **schizzare giù dal letto** to jump out of bed. ◆ **schizzarsi** *vip* [sporcarsi] to splash o.s.

schizzinoso, a *agg* fussy.

schizzo *sm* - 1. [macchia] stain - 2. [spruzzo] splash - 3. [disegno] sketch.

sci *sm inv* - 1. [sport] skiing; **sci alpino** downhill o Alpine skiing; **sci di fondo** cross-country skiing; **sci nautico** water skiing - 2. [attrezzo] ski.

scia *sf* - 1. [traccia] trail - 2. [di nave, aereo] wake.

sciacallo *sm* - 1. [animale] jackal - 2. *spreg* [persona] looter.

sciacquare [6] *vt* - 1. [pulire] to wash - 2. [togliere il sapone] to rinse.

sciacquo *sm*: **fare degli sciacqui** to gargle.

sciacquone *sm* flush; **tirare lo sciacquone** to flush the toilet.

sciagura *sf* - 1. [disgrazia] disaster - 2. [incidente] accident.

scialbo, a *agg* - 1. [insignificante] dull - 2. [pallido] pale.

scialle *sm* shawl.

scialuppa *sf* launch; **scialuppa di salvataggio** lifeboat.

sciame *sm* swarm.

sciare [22] *vi* to ski.

sciarpa *sf* scarf.

sciatica *sf* sciatica.

sciatore, trice *sm, f* skier.

sciatto, a *agg* slovenly.

scientifico, a, ci, che *agg* scientific.

scienza *sf* - **1.** [attività scientifica] science - **2.** [sapere] knowledge. ◆ **scienze** *sfpl* [materia] science (U); **scienze naturali** natural sciences; **scienze politiche** political science (U).

scienziato, a *sm, f* scientist.

scimmia *sf* [con coda] monkey; [più grande, senza coda] ape.

scimpanzè *sm inv* chimpanzee.

scintilla *sf* spark.

scintillante *agg* [occhi, bicchiere] sparkling; [pavimento, macchina, pentola] shining; [luce, stella] twinkling.

scioccare [15] *vt* to shock.

sciocchezza *sf* - **1.** [stupidaggine] nonsense (U) - **2.** [cosa facile] doddle *UK fam*, snap *US fam* - **3.** [inezia] nothing.

sciocco, a, chi, che ◇ *agg* silly. ◇ *sm, f* fool.

sciogliere [86] *vt* - **1.** [slegare - nodo, lacci] to untie, to undo; [- capelli] to untie, to let down - **2.** [liquefare] to melt - **3.** [contratto] to cancel; [società] to dissolve, to wind up - **4.** [cane, cavallo, persona] to untie - **5.** [seduta] to end; [manifestazione, corteo] to break up; [assemblea] to dissolve - **6.** [dubbio] to resolve; [enigma, mistero] to solve - **7.** [muscoli] to loosen up. ◆ **sciogliersi** ◇ *vr* [liberarsi]: **sciogliersi da qc** to slip sthg. ◇ *vip* - **1.** [nodo, lacci] to come untied *o* undone - **2.** [liquefarsi] to melt - **3.** [gruppo musicale] to split up; [società] to be dissolved, to be wound up.

sciolina *sf* wax (for skis).

sciolto, a ◇ *pp* ▷ **sciogliere**. ◇ *agg* - **1.** [agile] agile - **2.** [disinvolto] relaxed - **3.** [slegato] untied, undone - **4.** [sfuso] loose, by weight (non dav sostantivo).

scioperare [6] *vi* to strike.

sciopero *sm* strike; **fare sciopero** to go on strike; **sciopero della fame** hunger strike; **in sciopero** on strike.

sciovia *sf* ski lift.

sciovinista, i, e *agg* & *smf* chauvinist.

scippare [6] *vt* [persona] to mug; [borsa] to snatch, to steal.

scippo *sm* mugging.

scirocco *sm* sirocco.

sciroppo *sm* - **1.** [medicinale] medicine, mixture - **2.** [per bevande] syrup.

sciupare [6] *vt* - **1.** [rovinare] to spoil - **2.** [sprecare] to waste. ◆ **sciuparsi** *vip* - **1.** [fisico] to waste (away), to become thin - **2.** [rovinarsi - stoffa] to wear (out); [- mani, labbra] to get chapped.

scivolare [6] *vi* - **1.** [cadere] to fall - **2.** [scappare] to slip - **3.** [muoversi] to slide.

scivolo *sm* slide, chute.

scivolone *sm* - **1.** [caduta] (bad) fall - **2.** [errore] slip-up.

scivoloso, a *agg* slippery.

scoccare [15] ◇ *vt* - **1.** [ora] to strike - **2.** [freccia] to shoot. ◇ *vi* - **1.** [ora] to strike - **2.** [scintilla] to fly.

scocciare [17] *vt fam* [seccare] to annoy. ◆ **scocciarsi** *vip fam* - **1.** [stufarsi]: **scocciarsi di (fare) qc** to get fed up with (doing) sthg - **2.** [annoiarsi] to get bored - **3.** [seccarsi] to get annoyed.

scocciatura *sf fam* pain (in the neck).

scodella *sf* - **1.** [contenitore] bowl - **2.** [contenuto] bowl, bowlful.

scodinzolare [6] *vi* [cane] to wag its tail.

scogliera *sf* [roccia] rocks *pl*; [promontorio] cliff.

scoglio *sm* - **1.** [roccia] rock - **2.** [difficoltà] stumbling block.

scoiattolo *sm* squirrel.

scolapasta *sm inv* colander.

scolapiatti *sm inv* [superficie] draining board *UK*, drainer *UK*, drainboard *US*; [rastrelliera] plate rack *UK*, drainer *UK*.

scolaresca, sche *sf* [gruppo, classe] class; [scolari di una scuola] school.

scolaro, a *sm, f* schoolboy (schoolgirl *f*), schoolchild.

scolastico, a, ci, che *agg* - **1.** [libro, anno, gita, aula] school (dav sostantivo) - **2.** [programma] educational.

scoliosi *sf inv* scoliosis.

scollare [6] *vt* to unstick. ◆ **scollarsi** *vip* to come unstuck.

scollato, a *agg* [abito, blusa, donna] with a plunging neckline (non dav sostantivo).

scollatura *sf* neck, neckline.

scolorire [9] ◇ *vt* to fade. ◇ *vi* to fade. ◆ **scolorirsi** *vip* to fade.

scolpire [9] *vt* - **1.** [materiale, statua] to sculpt - **2.** [incidere] to carve - **3.** *fig* [imprimere] to imprint.

scolpito, a *agg* - **1.** [legno] carved; [marmo] sculpted - **2.** *fig* [impresso] imprinted.

scombro *sm* = **sgombro**.

scombussolàre [6] *vt* - **1.** [piani, vita] to turn upside down - **2.** [frastornare] to unsettle, to disorient.

scomméssa *sf* bet; **fare una scommessa** to make *o* place a bet.

scommésso, a *pp* ⊳ **scommettere**.

scommèttere [71] *vt* to bet; **scommetto che...** I bet (that)...

scomodàre [6] *vt* [disturbare] to inconvenience. ◆ **scomodàrsi** *vr* - **1.** [spostarsi] to get up - **2.** [disturbarsi] to put o.s. out.

scòmodo, a *agg* - **1.** [mobile, posizione] uncomfortable - **2.** [difficile] awkward.

scomparìre [105] *vi* - **1.** [sparire] to disappear - **2.** *eufem* [morire] to pass away.

scompàrsa *sf eufem* passing away.

scompàrso, a *pp* ⊳ **scomparire**.

scompartiménto *sm* compartment; **scompartimento stagno** watertight compartment.

scompàrto *sm* section.

scompigliàre [21] *vt* to mess up. ◆ **scompigliàrsi** *vip* to get messed up.

scompìglio *sm* consternation.

scompórre [96] *vt* - **1.** [suddividere] to divide - **2.** [capelli] to mess up; [abiti] to disturb. ◆ **scompórsi** *vip* [agitarsi] to lose one's composure.

scompósto, a ⊳ *pp* ⊳ **scomporre**. ⊳ *agg* - **1.** [in disordine] in a mess *(non dav sostantivo)* - **2.** [sconveniente] unseemly.

scòncio, a, ci, ce *agg* obscene. ◆ **scòncio** *sm* disgrace.

sconfìggere [50] *vt* - **1.** [nemico, avversario] to defeat - **2.** SPORT to defeat, to beat - **3.** [paura] to overcome - **4.** [malattia] to get over.

sconfinàre [6] *vi* - **1.** [oltrepassare i confini] to trespass - **2.** [varcare i limiti] to go too far.

sconfinàto, a *agg* boundless.

sconfìtta *sf* defeat.

sconfìtto, a ⊳ *pp* ⊳ **sconfiggere**. ⊳ *sm, f* [vinto] defeated person.

sconfòrto *sm* dejection.

scongelàre [6] *vt* to defrost. ◆ **scongelàrsi** *vip* to defrost.

scongiuràre [6] *vt* - **1.** [supplicare] to implore - **2.** [evitare] to ward off.

sconnèsso, a *agg* - **1.** [accidentato] uneven - **2.** [incongruente] disjointed.

sconosciùto, a ⊳ *agg* unknown. ⊳ *sm, f* stranger.

sconsideràto, a ⊳ *agg* - **1.** [gesto] rash - **2.** [persona] thoughtless. ⊳ *sm, f* [persona avventata] thoughtless person.

sconsigliàre [21] *vt*: **sconsigliare qc a qn** to advise sb against sthg; **sconsigliare a qn di fare qc** to advise sb not to do sthg.

scontàre [6] *vt* - **1.** [espiare] to serve - **2.** [prezzo, merce, prodotto] to discount.

scontàto, a *agg* - **1.** [meno caro] discounted - **2.** [prevedibile] predictable; **dare qc per scontato** to take sthg for granted.

scontènto, a *agg*: **scontento (di qc)** unhappy (with sthg). ◆ **scontènto** *sm* discontent.

scónto *sm* discount; **fare** *o* **praticare uno sconto** to give a discount.

scontràrsi [6] ⊳ *vr* - **1.** [veicoli] to collide - **2.** [combattersi, litigare] to clash. ⊳ *vip* - **1.** [veicolo]: **scontrarsi con qc** to collide with sthg - **2.** [combattere, litigare]: **scontrarsi con qn** to clash with sb.

scontrìno *sm*: **scontrino (fiscale)** (tax) receipt.

scóntro *sm* - **1.** [incidente d'auto] collision, crash - **2.** [combattimento] clash; **scontro a fuoco** shoot-out - **3.** [litigio] quarrel.

scontróso, a ⊳ *agg* [asociale] antisocial; [permaloso] touchy. ⊳ *sm, f* [asociale] antisocial person; [permaloso] touchy person.

sconvolgènte *agg* upsetting.

sconvólgere [48] *vt* - **1.** [devastare] to devastate - **2.** [turbare] to upset - **3.** [mandare all'aria] to upset, to ruin.

sconvòlto, a ⊳ *pp* ⊳ **sconvolgere**. ⊳ *agg* upset.

scópa *sf* - **1.** [per spazzare] broom - **2.** [gioco di carte] scopa, *Italian card game*.

scopàre [6] *vt* - **1.** [spazzare] to sweep - **2.** *volg* [fare sesso con] to fuck, to screw.

scopèrta *sf* discovery.

scopèrto, a ⊳ *pp* ⊳ **scoprire**. ⊳ *agg* - **1.** [pentola] uncovered, without a lid *(non dav sostantivo)* - **2.** [parte del corpo] bare - **3.** [BANCA - conto] overdrawn; [- assegno] uncovered.

scòpo *sm* aim; **allo scopo di fare qc** in order to do sthg.

scoppiàre [20] *vi* - **1.** [spaccarsi] to burst - **2.** [esplodere] to explode, to go off *fam* - **3.** [prorompere]: **scoppiare a piangere** to burst into tears; **scoppiare a ridere** to burst out laughing - **4.** [iniziare] to break out.

scoppiettàre [6] *vi* - **1.** [motore] to sputter - **2.** [legna, castagne] to crackle.

scòppio *sm* - **1.** [di tubatura, pallone] burst - **2.** [di bomba] explosion - **3.** [di guerra, risa, ira] outbreak - **4.** TECNOL: **motore a scoppio** internal combustion engine.

scoprire [98] *vt* - 1. [gen] to discover - 2. [parte del corpo] to expose. ◆ **scoprirsi** *vr* - 1. [spogliarsi] to take off one's clothes; [togliere le coperte] to throw off the bedclothes - 2. [rivelarsi] to show one's hand.

scoraggiare [18] *vt* to discourage. ◆ **scoraggiarsi** *vip* to get discouraged.

scorbutico, a, ci, che *agg* cantankerous.

scorciatoia *sf* short cut.

scorcio *sm* - 1. [vista] glimpse - 2. [periodo] close.

scordare [6] *vt* [dimenticare] to forget; [lasciare] to leave *(by mistake)*; scordarsi qc to forget sthg; ho scordato il portafoglio in macchina I've left my wallet in the car. ◆ **scordarsi** *vip* [dimenticarsi]: scordarsi di (fare) qc to forget (to do) sthg.

scoreggiare [6] *vi fam* to fart.

scorgere [46] *vt* to glimpse.

scoria *sf* [residuo minerale] slag; [di un vulcano] scoria; scorie radioattive nuclear waste *(U)*.

scorpacciata *sf* feast; farsi una scorpacciata di qc to gorge o.s. on sthg.

scorpione *sm* ZOOL scorpion. ◆ **Scorpione** *sm* ASTROL Scorpio; essere dello Scorpione to be (a) Scorpio.

scorrazzare [6] *vi* [a piedi] to run around; [in auto, moto] to drive around.

scorrere [65] ◇ *vi* - 1. [spostarsi] to run (smoothly) - 2. [fluido] to run, to flow - 3. [tempo] to fly. ◇ *vt* [leggere] to run o cast one's eye over sthg.

scorrettezza *sf* - 1. [atteggiamento] unfairness; con scorrettezza unfairly - 2. [atto scorretto] unfair act.

scorretto, a *agg* unfair.

scorrevole *agg* - 1. [porta] sliding *(dav sostantivo)* - 2. [stile] flowing.

scorso, a ◇ *pp* ▷ scorrere. ◇ *agg* last.

scorta *sf* - 1. [accompagnamento] escort - 2. [riserva] supply, stock; fare scorta di qc to stock up on sthg - 3. ▷ **ruota**.

scortare [6] *vt* to escort.

scortese *agg* rude.

scortesia *sf* - 1. [atteggiamento] rudeness - 2. [atto villano] rude action.

scorto, a *pp* ▷ scorgere.

scorza *sf* peel.

scosceso, a *agg* steep.

scossa *sf* - 1. [movimento]: scossa tellurica o di terremoto earth tremor - 2. ELETTR: scossa (elettrica) electric shock; prendere la scossa to get an electric shock - 3. [emozione] shock.

scossi *etc* ▷ scuotere.

scosso, a ◇ *pp* ▷ scuotere. ◇ *agg* shocked.

scostante *agg* off-putting.

scostare [6] *vt* to move aside. ◆ **scostarsi** *vr* to stand aside.

scotch[1] [skɔtʃ] *sm inv* [whisky] (Scotch) whisky *UK* o whiskey *US*, Scotch.

scotch®[2] [skɔtʃ] *sm inv* [nastro adesivo] Sellotape® *UK*, Scotch tape® *US*.

scottadito ◆ **a scottadito** *agg* piping hot.

scottare [6] ◇ *vt* [con fuoco, cosa calda] to burn; [con liquido caldo] to scald; scottarsi la lingua bevendo il caffè to burn one's tongue drinking coffee; scottarsi una mano con l'acqua bollente to scald one's hand with boiling water. ◇ *vi* - 1. [pentola, bevanda] to be extremely hot - 2. [sole] to be burning. ◆ **scottarsi** *vip* - 1. [al sole] to burn - 2. [con fuoco, oggetto] to burn o.s.; [con liquido] to scald o.s. - 3. *fig* [con esperienza] to get one's fingers burned.

scottatura *sf* - 1. [bruciatura] burn - 2. [esperienza negativa]: prendersi una scottatura to get one's fingers burned.

scotto, a *agg* overcooked.

scout [s'kaut] *smf inv* [ragazzo] (Boy) Scout; [ragazza] (Girl) Guide *UK*, (Girl) Scout *US*.

scovare [6] *vt* - 1. [animale, ladro] to flush out - 2. [novità] to discover.

Scozia *sf*: la Scozia Scotland.

scozzese ◇ *agg* Scottish. ◇ *smf* Scot, Scotsman (Scotswoman *f*); gli scozzesi the Scots.

screditare [6] *vt* to discredit. ◆ **screditarsi** *vip* to lose face.

scremato, a *agg* skimmed, skim *US*.

screpolato, a *agg* chapped.

screziato, a *agg* streaked.

scricchiolare [6] *vi* [legno, sedia] to creak.

scrissi *etc* ▷ scrivere.

scritta *sf* (piece of) writing.

scritto, a ◇ *pp* ▷ scrivere. ◇ *agg* written. ◆ **scritto** *sm* - 1. [opera] (piece of) writing - 2. [esame] written exam.

scrittore, trice *sm, f* writer.

scrittura *sf* - 1. [gen] writing; scrittura facilitata predictive texting - 2. [contratto] contract. ◆ **Scrittura** *sf*: la Sacra Scrittura the Scriptures *pl*.

scrivania *sf* (writing) desk.

scrivere [73] ◇ *vt* [gen] to write; [a macchina, computer] to type; scriversi qc to write sthg (down). ◇ *vi* [gen] to write; [a macchina, computer] to type.

scroccare [15] *vt fam* to scrounge.

scrofa *sf* - 1. [maiale] sow - 2. [cinghiale] female wild boar.

scrollare [6] *vt* [scuotere] to shake; **scrollare il capo** to shake one's head; **scrollare le spalle** to shrug one's shoulders; **scrollarsi un peso di dosso** *fig* to lighten one's load. ◆ **scrollarsi** *vip fig* to stir o.s.

scrosciare [19] *vi* to pour.

scroscio *sm* roar.

scrostare [6] *vt* [intonaco] to scrape off. ◆ **scrostarsi** *vip* - 1. [intonaco, vernice] to flake off - 2. [parete] to peel.

scrupolo *sm* - 1. [timore] scruple; **senza scrupoli** unscrupulous; **farsi (degli) scrupoli** to hold back - 2. [diligenza] great care.

scrupoloso, a *agg* - 1. [lavoratore] conscientious - 2. [lavoro] meticulous.

scrutinio *sm* - 1. [di scheda elettorale] ballot; **lo scrutinio delle schede** the counting of the votes - 2. SCOL assignment of marks o grades for the term.

scucire [99] *vt* - 1. [disfare] to unstitch - 2. *fam* [pagare] to fork out. ◆ **scucirsi** *vip* [disfarsi] to come apart.

scuderia *sf* [per cavalli] stable.

scudetto *sm* SPORT shield; **vincere lo scudetto** to win the championship.

scudo *sm* shield; **fare da scudo a qn** to shield sb.

sculacciare [17] *vt* to spank.

scultore, trice *sm, f* sculptor (sculptress *f*).

scultura *sf* sculpture.

scuola *sf* school; **scuola elementare** primary o elementary *US* school; **scuola guida** driving school; **scuola materna** nursery school; **scuola media** middle school (*for 11-13 year-olds*); **scuola superiore** secondary o high school; **scuola dell'obbligo** compulsory education.

scuotere [70] *vt fig* to shake; **scuotere la testa** to shake one's head; **scuotere qc di dosso** *fig* to shake sth off. ◆ **scuotersi** *vip* - 1. [agitarsi] to jump - 2. *fig* [risvegliarsi] to stir o.s.

scure *sf* axe, ax *US*.

scurire [9] *vt* to darken. ◆ **scurirsi** *vip* - 1. [gen] to darken, to get darker - 2. [rabbuiarsi]: **si scurì in volto** his face darkened.

scuro, a *agg* - 1. [gen] dark; **essere scuro di capelli** to be dark-haired; **essere scuro di carnagione** to have a dark complexion - 2. [acci-gliato] grim. ◆ **scuro** *sm* - 1. [tonalità cupa] dark colour *UK* o color *US* - 2. [imposta] shutter.

scurrile *agg* vulgar.

scusa *sf* - 1. [perdono] apology; **fare le proprie scuse** to make one's apologies; **chiedere scusa a qn (di qc)** to apologize to sb (for sthg) - 2. [motivazione, pretesto] excuse.

scusare [6] *vt* to excuse; **scusate il ritardo!** sorry for being late!; **(mi) scusi, mi può dire l'ora?** excuse me; can you tell me the time?; **scusami, non l'ho fatto apposta** I'm sorry; I didn't do it on purpose. ◆ **scusarsi** *vr* - 1. [chiedere scusa] to apologize; **scusarsi (con qn) di** o **per qc** to apologize (to sb) for sthg - 2. [giustificarsi] to find an excuse.

sdebitarsi [6] *vr* to repay; **sdebitarsi con qn per qc** to repay sb for sth.

sdegno *sm* [disprezzo] scorn; [indignazione] indignation.

sdoppiarsi [20] *vip*: **mi si è sdoppiata la vista** I'm seeing double.

sdraiare [20] *vt* to lay down. ◆ **sdraiarsi** *vr* to lie down.

sdraiato, a *agg* lying down (*non dav sostantivo*).

sdraio ◇ *sf inv* deckchair. ◇ *agg inv* ▷ **sedia**.

sdrammatizzare [6] *vt* to play down.

sdrucciolevole *agg* slippery.

se ◇ *pron pers* - 1. ▷ **si** - 2. ▷ **sé**. ◇ *cong* - 1. [condizionale] if; **se fossi in te/lui** *etc* if I were you/him *etc* - 2. [interrogativa indiretta, dubitativa] whether, if; **se mai** (+ *congiuntivo*) if ever; **se no** otherwise, or else.

sé *pron pers* - 1. [riferito a lui] himself; **pensa solo a se stesso** he only thinks of himself; [riferito a lei] herself - 2. [riferito a loro] themselves - 3. [impersonale] oneself; **tenere qc per sé** to keep sthg to oneself - 4. [riferito a cosa] itself; [riferito a cose] themselves.

sebbene *cong* (+ *congiuntivo*) although, (even) though.

sec. (*abbr di* **secolo**) c.

secca, che *sf* - 1. [rilievo sottomarino] bank - 2. [siccità]: **essere in secca** to be dry.

seccare [15] ◇ *vt* - 1. [asciugare] to dry - 2. [infastidire] to annoy; **ti seccherebbe abbassare la radio?** would you mind turning down the radio? ◇ *vi* [asciugarsi] to dry. ◆ **seccarsi** *vip* - 1. [asciugarsi - fiori] to wither; [- terra, fiume] to dry up; [- pelle] to become dry - 2. [risentirsi] to get annoyed.

seccato, a *agg* annoyed.

seccatore, trice *sm, f* [persona] nuisance.

seccatura *sf* [fastidio] nuisance.

secchiello *sm* - 1. [piccolo secchio]: **secchiello del ghiaccio** ice-bucket - 2. [giocattolo] bucket.

secchio *sm* bucket; **secchio della spazzatura** dustbin *UK*, garbage can *US*, trash can *US*.

secchione, a *sm, f fam* swot *UK*, grind *US*.

secco, a, chi, che *agg* - 1. [gen] dry; **avere la gola secca** to be thirsty - 2. [frutta, fiori] dried; [foglia] dead - 3. [magro] skinny - 4. [ordine, tono] brusque; [tiro, colpo] sharp; **rispondere con un no secco** to refuse point-blank. ◆ **secco** *sm* - 1. [asciutto]: **lavare a secco** to dry-clean - 2. [riva]: **tirare in secco** to beach.

secentesco *agg* = **seicentesco**.

secolo *sm* [gen] century; **un secolo** [molto tempo] ages *pl*.

seconda *sf* - 1. AUTO second (gear) - 2. SCOL year 2 *UK*, second grade *US* - 3. [classe viaggiatori] second class. ◆ **a seconda di** *prep* depending on.

secondario, a *agg* [scuola, istruzione] secondary; **scuola secondaria inferiore** *o* **di primo grado** ≃ middle school *(for 11-13 year-olds)*; **scuola secondaria superiore** *o* **di secondo grado** ≃ secondary *o* high school *(for 14-18 year-olds)*; **strada secondaria** minor road, B-road *UK*; **linea secondaria** branch line; **una questione secondaria** a matter of minor importance.

secondo, a ◇ *agg* second; **di seconda mano** secondhand; **merce di seconda scelta** seconds *pl*. ◇ *sm, f* [in serie] second; *vedi anche* **sesto**. ◆ **secondo** ◇ *sm* - 1. [tempo] second; **un secondo, arrivo!** just a second. I'm coming! - 2. [portata] main course. ◇ *prep* - 1. [conformemente a] in accordance with - 2. [stando a, in rapporto a] according to; **secondo me/te/lui** *etc* in my/your/his *etc* opinion - 3. [in base a] depending on.

secondogenito, a ◇ *agg* second(-born). ◇ *sm, f* second son (second daughter *f*).

sedano *sm* celery; **sedano rapa** celeriac.

sedativo, a *agg* sedative. ◆ **sedativo** *sm* sedative.

sede *sf* - 1. [di ente, istituzione – principale] (head) office; [- secondaria] (branch) office; **la sede del governo** the seat of government; **sede legale** DIR registered office - 2. [domicilio] residence - 3. RELIG see - 4. [di attività, manifestazione] venue.

sedentario, a *agg* sedentary.

sedere [77] ◇ *sm* [posteriore] bottom. ◇ *vi* [stare seduto] to sit; **mettersi a sedere** to sit down. ◆ **sedersi** *vip* to sit down.

sedia *sf* chair; **sedia a dondolo** rocking-chair; **sedia elettrica** electric chair; **sedia a rotelle** wheelchair; **sedia a sdraio** deckchair.

sedicenne ◇ *agg* sixteen-year-old *(dav sostantivo)*. ◇ *sm, f* sixteen-year-old boy (sixteen-year-old girl *f*).

sedicesimo, a *agg num* & *sm, f* sixteenth. ◆ **sedicesimo** *sm* sixteenth; *vedi anche* **sesto**.

sedici *agg num inv* & *sm inv* sixteen; *vedi anche* **sei**.

sedile *sm* seat.

sedotto, a *pp* ▷ **sedurre**.

seducente *agg* - 1. [attraente] seductive - 2. [allettante] tempting.

sedurre [95] *vt* - 1. [sessualmente] to seduce - 2. [affascinare] to tempt.

seduta *sf* [gen] session; **seduta stante** *fig* at once.

seduttore, trice *sm, f* seducer.

sega, ghe *sf* - 1. [attrezzo] saw; **sega elettrica** electric saw - 2. *volg* [masturbazione] hand job, wank *UK*; **farsi una sega** to have a wank *UK*, to jerk off *esp US*.

segale *sf* rye.

segare [16] *vt* - 1. [tagliare] to saw - 2. [stringere] to cut into.

segatura *sf* [frammenti] sawdust.

seggio *sm* - 1. [posto, carica] seat - 2. POLIT: **seggio (elettorale)** [locale] polling station; [persone] scrutineers *pl UK* ≃ board of elections *US*.

seggiola *sf* seat.

seggiolino *sm* - 1. [gen] seat - 2. AUTO car seat.

seggiolone *sm* high chair.

seggiovia *sf* chairlift.

segmento *sm* - 1. GEOM segment - 2. [parte di oggetto] piece.

segnalare [6] *vt* - 1. [con segnale] to signal - 2. [rendere noto] to report - 3. [raccomandare] to recommend.

segnalazione *sf* - 1. [segnale] signal; **segnalazioni stradali** road signs - 2. [comunicazione] report - 3. [raccomandazione] recommendation.

segnale *sm* - 1. [segno] signal; **segnale orario** time signal; **segnale stradale** road sign - 2. [dispositivo]: **segnale d'allarme** alarm (signal) - 3. [di telefono] tone; **segnale di libero** dialling *UK* *o* dial *US* tone; **segnale di occupato** engaged tone *UK*, busy signal *US*.

segnaletica, che *sf* signs *pl*; **segnaletica luminosa** traffic lights *pl*; **segnaletica verticale** traffic signs *pl*; **segnaletica orizzontale** road markings *pl*; **segnaletica ferroviaria** railway *UK* *o* railroad *US* signals *pl*.

segnalibro *sm* bookmark.

segnare [23] *vt* - 1. [gen] to mark - 2. [annotare] to note down - 3. [indicare - orologio, termometro] to say; [- evento, suono] to mark, to signal - 4. SPORT to score.

segno sm - 1. [gen] sign; **dare segni di qc** to show signs of sthg; **non dare segni di vita** to show no signs of life; **fare segno a qn di fare qc** to signal to sb to do sthg; **fare segno con la testa** to nod; **fare segno di sì/no** to nod/shake one's head; **segni di punteggiatura** punctuation marks; **segni algebrici** algebraic symbols; **segno zodiacale** sign of the Zodiac - 2. [attestazione] token; **in segno di qc** as a sign of sthg - 3. [marchio grafico] mark; **perdere/tenere il segno** to lose/keep one's place - 4. [traccia] mark, trace; **lasciare il segno** fig to leave one's mark; **segni particolari** distinguishing marks - 5. [bersaglio] target; **colpire nel segno** fig [indovinare] to make a lucky guess.

segretario, a sm, f secretary; **segretario di Stato** Secretary of State.

segreteria sf - 1. [ufficio] secretary's office - 2. [carica] secretariat - 3.: **segreteria telefonica** [apparecchio] answering machine; [servizio] answering service.

segreto, a agg secret; **tenere segreto qc** to keep sthg secret. ◆ **segreto** sm - 1. [gen] secret; **mantenere un segreto** to keep a secret; **in segreto** in secret - 2. [obbligo] secrecy; **segreto professionale** professional secrecy.

seguace smf follower.

seguente agg following.

seguire [8] ◇ vt - 1. [gen] to follow; **seguire la moda** to follow fashion - 2. [assistere] to supervise - 3. [corso] to take. ◇ vi [venire dopo] to follow.

seguitare [6] ◇ vt to continue. ◇ vi: **seguitare a fare qc** to continue doing sthg.

seguito sm - 1. [scorta] entourage - 2. [consenso] following - 3. [proseguimento] continuation; **di seguito** in a row; **in seguito** later (on) - 4. [conseguenza]: **avere (un) seguito** to have consequences.

sei ◇ ▷ **essere**. ◇ agg num inv six; **a pagina sei** on page six; **ha sei anni** he's six (years old). ◇ sm inv - 1. [gen] six; **contare fino a sei** to count up to six; **sei di noi/voi** six of us/you; **siamo (in) sei** there are six of us; **ce ne sono sei** there are six of them; **il sei di picche/quadri** the six of spades/diamonds - 2. [negli indirizzi] (number) six - 3. [nelle date] sixth; **il sei (di) agosto/febbraio** the sixth of August/February. ◇ sfpl [orai]: **le sei** six (o'clock); **sono le sei (di mattina/sera)** it's six (o'clock) (in the morning/the evening).

seicentesco, a, schi, sche agg seventeenth-century.

Seicento sm: **il Seicento** the seventeenth century.

seimila agg num inv & sm inv six thousand; vedi anche **sei**.

selezionare [6] vt to select.

self-service [sɛlfˈsɛrvis, sɛlˈsɛrvis] sm inv self-service (restaurant).

sella sf saddle.

sellino sm [di bici, moto] saddle.

selvaggina sf game.

selvaggio, a, gi, ge ◇ agg - 1. [animale, luogo, isola] wild - 2. [usanze, costumi] uncivilized - 3. [assassinio, repressione] savage. ◇ sm, f [primitivo] savage.

selvatico, a, ci, che agg wild.

semaforo sm traffic lights pl.

sembrare [6] ◇ vi [gen] to seem; [apparire] to look; **sembrare qn** to look like sb. ◇ vi impers [dare l'impressione] to seem; **mi sembra di sognare** I thought I was dreaming; **sembra che (+ congiuntivo)** it looks like; **sembra di sì/no** it seems so/not.

seme sm - 1. [di zucca, sesamo, girasole] seed; [di mela, pera] seed, pip UK; **frutta senza semi** seedless fruit - 2. [sperma] semen; **banca del seme** sperm bank - 3. [nelle carte] suit.

semestrale agg - 1. [corso] six-month (dav sostantivo) - 2. [pubblicazione, rata] six-monthly.

semestre sm six months pl, semester; **il primo semestre dell'anno** the first half of the year.

semicerchio sm semicircle.

semifinale sf semifinal.

semifreddo sm semifreddo, ice-cream dessert.

seminare [6] vt - 1. [terreno, grano] to sow - 2. [indumenti, oggetti] to scatter - 3. [odio, discordia] to spread - 4. fam [avversario, inseguitore] to shake off.

seminario sm - 1. [gen] seminar - 2. RELIG seminary.

seminterrato sm basement apartment o flat UK.

semioscurità sf semi-darkness.

semmai ◇ avv [se necessario] if necessary, if need be; [piuttosto] rather. ◇ cong (+ congiuntivo) [nel caso che] if ever; **semmai cambiassi idea** if you (should) ever change your mind.

semola sf [farina] semolina.

semolino sm semolina.

semplice agg - 1. [gen] simple; **soldato semplice** private; **marinaio semplice** ordinary seaman - 2. [persona, gente] unaffected - 3. [nodo, filo] single.

semplicemente avv simply.

semplicità sf simplicity; **con semplicità** simply.

semplificare [15] vt to simplify. ◆ **semplificarsi** vip to be simplified.

sempre avv - 1. [gen] always; **ti ho sempre voluto bene** I've always liked you; **per sempre** forever; **è così da sempre** it's always been that way; **sempre che...** (+ congiuntivo) provided (that)... - 2. [rafforzativo]: **sempre più bello/caro** more and more beautiful/expensive; **sempre meglio/peggio** better and better/worse and worse - 3. [ancora] still; **lavori sempre in quella ditta?** do you still work at that firm?

senape sf mustard.

Senato sm Senate.

senatore, trice sm, f senator; **senatore a vita** life senator.

Senna sf: **la Senna** the Seine.

sennò = se no.

seno sm - 1. [mammella, petto] breast; **allattare al seno** to breastfeed - 2. [ambito]: **in seno a qc** [famiglia, chiesa] in the bosom of sthg; [partito, commissione, organizzazione] within sthg - 3. MAT sine.

sensato, a agg sensible.

sensazionale agg sensational.

sensazione sf - 1. [mentale] feeling; [fisica] sensation - 2. [scalpore] sensation, stir; **fare sensazione** to cause a sensation.

sensibile agg - 1. [gen] sensitive; **troppo sensibile** oversensitive; **essere sensibile a qc** [musica, rimproveri, caldo, luce] to be sensitive to sthg; [lodi, complimenti] to be susceptible to sthg - 2. [considerevole] substantial.

sensibilità sf inv sensitivity; **perdere la sensibilità di una gamba** to lose the feeling in one's leg; **offendere la sensibilità di qn** to hurt sb's feelings.

sensibilmente avv [notevolmente] substantially.

senso sm - 1. [gen] sense; **buon senso** good sense; **il senso dell'orientamento** a sense of direction; **il senso dell'umorismo** a sense of humour UK o humor US - 2. [sensazione] feeling; **far senso** to be disgusting; **far senso a qn** to disgust sb; **senso di colpa** feeling of guilt - 3. [significato] meaning; **non avere senso** not to make sense; **doppio senso** double entendre; **in senso lato** in broad terms - 4. [direzione] direction; **strada a doppio senso** two-way street; **nel senso della lunghezza** lengthways, lengthwise; **in senso orario** clockwise; **in senso antiorario** anticlockwise UK, counterclockwise US; **a senso unico** AUTO one-way; **'senso vietato'** AUTO 'no entry' - 5. [modo] way; **in un certo senso** in a certain

sense. ◆ **sensi** smpl - 1. [gen] senses; **perdere i sensi** to lose consciousness; **la pace dei sensi** peace of mind - 2. AMMIN: **ai sensi di legge** in compliance with the law.

sensuale agg - 1. [uomo, donna] sensual - 2. [voce] sensuous.

sentenza sf DIR sentence.

sentenziare [20] ◇ vt DIR to pronounce; **sentenziare che** to rule that. ◇ vi [fare il saccente] to be sententious.

sentiero sm [gen] path.

sentimentale agg - 1. [rapporto] romantic; **vita sentimentale** love life - 2. [romantico, sdolcinato] sentimental.

sentimento sm - 1. [moto emotivo] feeling - 2. [affettività] sentiment; **con sentimento** sentimentally.

sentinella sf sentry; **essere di sentinella** to be on sentry duty.

sentire [8] ◇ vt - 1. [gen] to feel; **sentire freddo/sonno** to feel cold/sleepy; **sentire la mancanza di qn/qc** to miss sb/sthg; **me lo sentivo!** I knew it! - 2. [udire, venire a sapere] to hear; **sentirci bene/male** to hear well/badly; **sentir dire che...** to hear (that)... - 3. [ascoltare] to listen to; **stare a sentire qn** to listen to sb; **senti!/sentiamo!** listen! - 4. [consultare - dottore, avvocato] to see; [- parere] to get - 5. [con l'olfatto] to smell - 6. [con il gusto] to taste. ◇ vi: **sentire di qc** [odorare] to smell of sthg; **sentire di buono** to smell good. ◆ **sentirsi** vr to feel; **sentirsi bene/male** to feel well/unwell; **sentirsi svenire** to feel faint; **sentirsela di fare qc** to feel like doing sthg.

senza ◇ prep - 1. [mancante di] without; **senza di me/voi** etc without me/you etc; **rimanere senza qc** [pane, benzina, soldi] to run out of sthg; [lavoro, famiglia] to be left without sthg; **rimanere senza casa** to be left homeless; **senz'altro** of course; **senza dubbio** without a doubt; **senza speranza** hopeless; **senza conservanti/rischi** preservative-/risk-free; **senza scrupoli** unscrupulous; **senza complicazioni** uncomplicated - 2. [escludendo] not counting, excluding. ◇ cong without; **è partito senza pagare** he left without paying; **senza che** (+ congiuntivo) without; **senza che nessuno lo sapesse** without anyone knowing.

senzatetto smf inv homeless person; **i senzatetto** the homeless.

separare [6] vt - 1. [disunire] to separate; **separare qn/qc da qn/qc** to separate sb/sthg from sb/sthg - 2. [distinguere]: **separare qc da qc** to tell sthg from sthg - 3. [dividere] to divide; **separare qc da qc** to divide sthg from sthg. ◆ **separarsi** vr - 1. [coniugi] to split up, to separate; **separarsi da qn** to leave sb - 2. [soci, gruppo] to split up; **separarsi da qn** to leave sb.

separataménte *avv* separately.

separato, a *agg* - 1. [letti, conti] separate - 2. [coniugi] separated.

separazióne *sf* separation; **muro di separazione** dividing wall.

sepólto, a ⬦ *pp* ▷ **seppellire**. ⬦ *agg* [dimenticato]: **una faccenda morta e sepolta** a matter that's dead and buried.

sepoltura *sf* burial; **dare sepoltura a qn** to bury sb.

seppellire [106] *vt fig* to bury; **seppellire dei vecchi rancori** to bury the hatchet.

seppi *etc* ▷ **sapere**.

seppia ⬦ *agg inv* sepia. ⬦ *sf* ZOOL cuttlefish.

sequènza *sf* sequence.

sequestrare [6] *vt* - 1. [porre sotto sequestro] to impound; [requisire] to confiscate - 2. [per riscatto - persona] to kidnap; [- nave, aereo] to hijack.

sequèstro *sm* - 1. [di individuo]: **sequestro (di persona)** kidnapping - 2. [di beni] sequestration - 3. [di film, pubblicazione] impounding.

séra *sf* - 1. [dopo il tramonto] evening, night; **di sera** in the evening, at night - 2. [dopo cena] evening; **la sera** in the evening; **da sera** evening *(dav sostantivo)*.

serale *agg* evening *(dav sostantivo)*.

serata *sf* - 1. [sera] evening - 2. [ricevimento] party; **serata di gala** gala performance; **serata d'addio** farewell performance.

serbatoio *sm* - 1. [cisterna] tank - 2. [bacino artificiale] cistern.

Sèrbia *sf*: **la Serbia** Serbia.

sèrbo, a ⬦ *agg* Serbian. ⬦ *sm, f* Serb.

serbocroato, a *agg* & *sm, f* Serbo-Croat. ◆ **serbocroato** *sm* [lingua] Serbo-Croat.

serenata *sf* serenade; **fare la serenata a qn** to serenade sb.

serenità *sf inv* - 1. [calma] serenity - 2. [imparzialità] impartiality.

seréno, a *agg* serene. ◆ **sereno** *sm* [bel tempo] good weather.

sergènte *sm* MIL sergeant.

seriaménte *avv* - 1. [gen] seriously; **parli o dici seriamente?** are you serious?; **seriamente ferito/malato** seriously wounded/ill - 2. [comportarsi, agire] in a serious manner.

sèrie *sf inv* - 1. [gen] series *(sing)* - 2. [di francobolli, monete] set - 3. SPORT division; **serie A** [gen] first division; CALCIO ≃ Premier League o Premiership *(in England)*, ≃ Premier Divi-

sion *(in Scotland)*; **serie B** [gen] second division; CALCIO ≃ First Division *UK*; **di serie A/B** *fig* first-/second-class.

sèrio, a *agg* - 1. [gen] serious - 2. [affidabile] trustworthy. ◆ **serio** *sm*: **sul serio** seriously; **dire** o **parlare sul serio** to be serious, to mean it.

sèrpe *sf* snake.

serpènte *sm* - 1. [animale] snake; **serpente a sonagli** rattlesnake - 2. [pelle] snakeskin.

sèrra *sf* [fredda] greenhouse; [riscaldata] hothouse; **effetto serra** greenhouse effect.

serramànico ▷ **coltello**.

serrànda *sf* roller shutter *UK*, corrugated shutter *US*.

serrare [6] *vt* - 1. [porte, finestre] to close - 2. [pugni] to clench; [labbra] to purse - 3. [accelerare] to quicken - 4. [nemico] to close in on.

serratura *sf* lock.

server ['server] *sm inv* INFORM server.

servile *agg* servile.

servire [8] ⬦ *vt* [gen] to serve; **servire freddo/caldo** serve cold/hot. ⬦ *vi* - 1. [gen] to serve - 2. [essere utile]: **servire (a qn)** to be of use (to sb); **a che cosa serve?** what's the use?; **a che cosa serve questo pulsante?** what's this button for?; **a che cosa serve parlarne?** what's the use of talking about it?; **servire per fare qc** to be used for doing sthg; **non servire a niente** to be no use; **non serve a niente piangere** it's no use crying - 3. [fungere]: **servire da qc** to serve as sthg - 4. [occorrere]: **mi serve un cappotto nuovo** I need a new coat; **ti serve la macchina stasera?** do you need the car this evening? ◆ **servirsi** *vip* - 1. [a tavola]: **servirsi (di qc)** to help o.s. (to sthg) - 2. [fornirsi] to shop - 3. [adoperare]: **servirsi di qc** to make use of sthg; **servirsi di qn** [avvalersi di] to make use of sb; [sfruttare] to use sb.

servitù *sf* - 1. [condizione] servitude - 2. [personale] servants *pl*.

servizio *sm* - 1. [gen] service; **entrare in servizio** to start working; **prendere servizio** to come on duty; **essere di servizio** to be on duty; **essere fuori servizio** [agente] to be off duty; *fig* [telefono, autobus] to be out of order; **andare/essere a servizio** [come domestico] to go into/be in service; **servizio civile** community service; **servizio militare** military service - 2. [di piatti, posate, bicchieri] set; [da tè, da caffè] set, service - 3. [reportage] report; **servizio fotografico** photo feature; **servizio in diretta** live coverage - 4. [reparto] department. ◆ **servizi** *smpl* - 1. [bagno]: **servizi (igienici)** bathroom; **doppi servizi** two bathrooms - 2. ECON services; **settore dei servizi** service sector.

servo, a *sm, f ant* servant.

servosterzo *sm* power(-assisted) steering.

sesamo *sm* sesame.

sessanta ◇ *agg num inv* sixty; **gli anni Sessanta** the Sixties. ◇ *sm inv* sixty; *vedi anche* **sei**.

sessantenne ◇ *agg* sixty-year-old *(dav sostantivo)*; **essere sessantenne** to be about sixty (years old), to be in one's sixties. ◇ *smf* [di sessanta anni] sixty-year-old; [di circa sessanta anni] person in their sixties, sexagenarian *form*.

sessantesimo, a *agg num* & *sm, f* sixtieth. ➤ **sessantesimo** *sm* [frazione] sixtieth; *vedi anche* **sesto**.

sessantina *sf* - **1.** [quantità]: **una sessantina (di qc)** about sixty (sthg) - **2.** [età] sixty; **essere sulla sessantina** to be about sixty (years old), to be in one's sixties.

sessione *sf* session.

sesso *sm* - **1.** [gen] sex; **fare sesso** to have sex - **2.** [genitali] genitals *pl*.

sessuale *agg* [organi, educazione, vita] sex *(dav sostantivo)*; [caratteri, rapporto, attività] sexual.

sessuologo, a, gi, ghe *sm, f* sexologist.

sesto, a ◇ *agg num* sixth; **arrivare sesto** to finish sixth; **il sesto mese dell'anno** the sixth month of the year; **Enrico sesto** Henry the Sixth. ◇ *sm, f* sixth; **il sesto di nove figli** the sixth of nine children. ➤ **sesto** *sm* [frazione] sixth; **un sesto di ottanta** one-sixth of eighty; **un sesto degli intervistati** a sixth of those interviewed; **cinque sesti** five-sixths; **mettere in sesto qc** to put sthg in order; **rimettersi in sesto** to get back on one's feet.

set *sm inv* set.

seta *sf* silk; **una camicia di seta** a silk shirt.

setacciare [17] *vt* - **1.** [farina] to sieve, to sift - **2.** [zona] to comb.

setaccio *sm* sieve; **passare al setaccio qc** [farina] to sieve *o* sift sthg; [salsa] to sieve sthg; [proposte, informazioni] to sift through sthg; [zona] to comb sthg.

sete *sf* - **1.** [bisogno] thirst; **avere sete** to be thirsty - **2.** [desiderio]: **sete di qc** thirst for sthg.

setola *sf* bristle.

setta *sf* sect.

settanta ◇ *agg num inv* seventy; **gli anni Settanta** the Seventies. ◇ *sm inv* seventy; *vedi anche* **sei**.

settantenne ◇ *agg* seventy-year-old *(dav sostantivo)*. ◇ *smf* [di settanta anni] seventy-year-old; [di circa settanta anni] person in their seventies, septuagenarian *form*.

settantesimo, a *agg num* & *sm, f* seventieth. ➤ **settantesimo** *sm* [frazione] seventieth; *vedi anche* **sesto**.

settantina *sf* - **1.** [quantità]: **una settantina (di qc)** about seventy (sthg) - **2.** [età] seventy; **essere sulla settantina** to be about seventy (years old), to be in one's seventies.

sette *agg num* & *sm inv* seven; *vedi anche* **sei**.

settecentesco, a, schi, sche *agg* eighteenth-century.

Settecento *sm*: **il Settecento** the eighteenth century.

settembre *sm* September; **settembre prossimo/scorso** next/last September; **il mese di settembre** the month of September; **il primo/il dieci (di) settembre** the first/the tenth of September; **a fine settembre, alla fine di settembre** in late September; **a inizio settembre, all'inizio di settembre** in early September; **a settembre** in September; **a metà settembre** in mid-September; **in** *o* **di settembre** in September; **per settembre** by September.

settentrionale ◇ *agg* northern; **vento settentrionale** northerly wind. ◇ *smf* northerner.

settentrione *sm* north. ➤ **Settentrione** *sm*: **il Settentrione** [dell'Italia] the North.

settimana *sf* week; **settimana bianca** winter-sports holiday *UK o* vacation *US*.

settimanale *agg* & *sm* weekly.

settimo, a *agg num* & *sm, f* seventh; **essere al settimo cielo** to be in seventh heaven. ➤ **settimo** *sm* [frazione] seventh; *vedi anche* **sesto**.

setto *sm*: **setto nasale** nasal septum.

settore *sm* - **1.** [ambito] sector - **2.** [spazio] area.

severità *sf* severity, strictness; **con severità** severely.

severo, a *agg* - **1.** [intransigente] strict - **2.** [austero] severe.

sexy *agg inv* sexy.

sezione *sf* - **1.** [gen] section - **2.** [di ufficio] department; [a scuola] *class grouping that shares the same team of teachers.*

sfacciato, a ◇ *agg* impudent, cheeky *UK*. ◇ *sm, f* impudent *o* cheeky *UK* person; **sei veramente uno sfacciato!** you've got a real nerve *o* cheek *UK*!

sfamare [6] *vt*: **sfamare qn** [soddisfare la fame] to satisfy sb's hunger; [nutrire] to feed sb. ➤ **sfamarsi** *vr* to satisfy one's hunger.

sfarzo *sm* sumptuousness.

sfasciare [6] *vt* - **1.** [rompere] to wreck, to write off *UK* - **2.** [da bende] to unbandage.
◆ **sfasciarsi** *vip* [rompersi] to be wrecked, to be written off *UK*.

sfaticato, a *sm, f* idler.

sfavore *sm* disfavour *UK*, disfavor *US*; **a sfavore di qn** against sb.

sfavorevole *agg* unfavourable *UK*, unfavorable *US*; **essere sfavorevole a qc** to be opposed to sthg.

sfera *sf* sphere; **sfera di cristallo** crystal ball; **le alte sfere** the upper echelons.

sferico, a, ci, che *agg* spherical.

sfida *sf* - **1.** [invito] challenge; **lanciare una sfida a qn** to challenge sb - **2.** [provocazione]: **di sfida** defiant *(dav sostantivo)*.

sfidare [6] *vt* - **1.** [gen]: **sfidare qn (a qc)** to challenge sb (to sthg); **sfidare qn a carte/scacchi** to challenge sb to a game of cards/chess; **sfidare qn a fare qc** to challenge sb to do sthg - **2.** [affrontare] to brave.

sfiducia *sf* distrust; **avere sfiducia in qn/qc** to distrust sb/sthg; **voto di sfiducia** vote of no confidence.

sfiduciato, a *agg* discouraged.

sfiga *sf fam* bad luck; **che sfiga, ho perso di nuovo!** what a bummer! I've lost again!

sfigurare [6] ◇ *vt* [persona] to disfigure; [quadro, statua] to deface. ◇ *vi* to make a poor impression; **fare sfigurare qn** to show sb up.

sfilare [6] ◇ *vt* to take off; **sfilarsi i pantaloni/le scarpe** to slip one's trousers *esp UK o* pants *US*/shoes off. ◇ *vi* [truppe, manifestanti] to march; [carri] to parade; [modelle] to model.
◆ **sfilarsi** *vip* [uscire dal filo] to come unstrung; [calza] to run, to ladder *UK*.

sfilata *sf* parade; **sfilata (di moda)** fashion show.

sfinito, a *agg* worn out.

sfiorare [6] *vt* - **1.** [toccare - viso, guancia] to brush (against); [- acqua, cime di alberi] to skim; **il proiettile gli sfiorò il capo** the bullet grazed his head - **2.** [venire in mente a]: **il pensiero non mi ha nemmeno sfiorato** the thought didn't even cross my mind; **essere sfiorato da un sospetto** to have a slight suspicion - **3.** *fig* [andare vicino a] to be on the verge of.

sfiorire [9] *vi* - **1.** [fiore] to wither - **2.** [bellezza] to fade.

sfizio *sm*: **levarsi o togliersi uno sfizio** to satisfy a whim.

sfocato, a *agg* blurred.

sfociare [17] *vi*: **sfociare in qc** [fiume] to flow into sthg; [discussione] to develop into sthg.

sfoderare [6] *vt* - **1.** [sguainare] to draw - **2.** *fig* [mostrare] to show off.

sfoderato, a *agg* unlined.

sfogare [16] *vt* to vent, to unleash. ◆ **sfogarsi** *vip*: **sfogarsi (con qn)** to unburden o.s. (to sb); **sfogarsi su qn** to take it out on sb.

sfoggiare [18] *vt & vi* to show off.

sfogliare [21] *vt* to leaf through.

sfogo, ghi *sm* - **1.** [manifestazione] outlet - **2.** [apertura] vent - **3.** *fam* [cutaneo] rash.

sfollare [6] ◇ *vi* - **1.** [diradarsi - piazza, strada] to empty; [- gente, manifestanti] to disperse - **2.** [rifugiarsi] to be evacuated. ◇ *vt* [evacuare] to evacuate.

sfoltire [9] *vt* [capelli] to thin; [bosco] to thin out.

sfondare [6] ◇ *vt* - **1.** [sedia, barca, scatola] to knock the bottom out of; [scarpe] to wear through - **2.** [porta] to break down. ◇ *vi* [avere successo] to make a breakthrough.
◆ **sfondarsi** *vip* to give way.

sfondo *sm* - **1.** [di raffigurazione] background; **sullo sfondo** in the background - **2.** [di azione] setting.

sformato, a *agg* shapeless. ◆ **sformato** *sm* CULIN timbale.

sfornare [6] *vt* - **1.** [dal forno] to take out of the oven - **2.** [produrre] to churn out.

sfortuna *sf* bad luck; **portare sfortuna** to bring bad luck; **avere sfortuna** to be unlucky.

sfortunatamente *avv* unfortunately.

sfortunato, a *agg* - **1.** [sventurato] unlucky - **2.** [senza successo] unsuccessful.

sforzare [6] *vt* [voce, occhi] to strain.
◆ **sforzarsi** *vip*: **sforzarsi (di o a fare qc)** to force o.s. (to do sthg).

sforzo *sm* effort; **essere sotto sforzo** to be under stress; **bello sforzo!** you didn't exactly put yourself out!

sfracellare [6] *vt* to smash. ◆ **sfracellarsi** *vip* to crash.

sfrattare [6] *vt* to evict.

sfratto *sm* eviction; **dare lo sfratto a qn** to give sb notice to quit.

sfregare [16] ◇ *vt* - **1.** [strofinare] to rub - **2.** [graffiare] to scratch. ◇ *vi* [strisciare] to scrape.

sfregio *sm* [taglio] gash; [cicatrice] scar.

sfrenato, a *agg* unbridled.

sfrontato, a ◇ *agg* impudent, cheeky *UK*. ◇ *sm, f* impudent o cheeky *UK* person; **che sfrontato!** how impudent o cheeky *UK*!

sfruttamento *sm* exploitation.

sfruttare [6] *vt* - **1.** [risorse naturali] to work; [risorse personali] to make use of - **2.** [persona] to exploit - **3.** [situazione] to make the most of.

sfuggire [8] ◇ *vi* - **1.** [gen] to escape; **sfuggire a qn** to escape from sb; **sfuggire a qc** to escape (from) sthg; **non gli sfugge niente** he doesn't miss a thing - **2.** [inavvertitamente]: **sfuggire (di bocca)** to slip out; **sfuggire (di mano)** to slip out of one's hand(s); **sfuggire (di mente)** to slip one's mind. ◇ *vt* [evitare] to avoid.

sfuggita *sf*: **di sfuggita** in passing; **vedere di sfuggita** to catch a glimpse of.

sfumato, a *agg* hazy.

sfumatura *sf* - **1.** [di colore] shade - **2.** [di stato d'animo] hint.

sfuocato *agg* = **sfocato**.

sfuso, a *agg* [caramelle, cereali] loose; [vino] unbottled; [birra] draught *UK*, draft *US*.

sgabello *sm* stool.

sgabuzzino *sm* cupboard *UK*, closet *esp US*.

sgambetto *sm*: **fare lo sgambetto a qn** to trip sb (up).

sganciare [17] *vt* - **1.** [gancio] to unhook; [chiusura] to unfasten; [treno] to uncouple - **2.** [bomba] to drop - **3.** *fam* [sborsare] to fork out. ◆ **sganciarsi** *vip* - **1.** [gen] to come unhooked; [chiusura] to come unfastened; [treno] to come uncoupled - **2.** [da rapporto]: **sganciarsi da qn/qc** to cut loose from sb/sthg.

sgarbato, a *agg* rude.

sgarbo *sm*: **fare uno sgarbo a qn** to be rude to sb; **sopportare uno sgarbo** to put up with rudeness.

sghignazzare [6] *vi* to sneer.

sgocciolare [6] ◇ *vi* [cadere] to drip. ◇ *vt* - **1.** [far cadere] to drip - **2.** [vuotare] to drain.

sgombrare [6] *vt* to clear.

sgombro, a *agg* clear. ◆ **sgombro** *sm* mackerel.

sgonfiare [6] ◇ *vt* - **1.** [da aria] to deflate - **2.** [da gonfiore] to reduce the swelling in. ◇ *vi* [perdere gonfiore] to go down. ◆ **sgonfiarsi** *vip* [perdere gonfiore] to go down.

sgonfio, a *agg* - **1.** [senza aria] flat - **2.** [senza gonfiore] no longer swollen.

sgorgare [16] *vi* to gush out.

sgozzare [6] *vt* to cut the throat of.

sgradevole *agg* unpleasant.

sgranchire [9] *vt*: **sgranchirsi le gambe** to stretch one's legs.

sgranocchiare [20] *vt fam* to munch (on).

sgraziato, a *agg* clumsy.

sgretolare [6] *vt* to cause to crumble. ◆ **sgretolarsi** *vip* to crumble.

sgridare [6] *vt* to scold.

sgualcito, a *agg* crumpled.

sguardo *sm* - **1.** [occhiata] glance; **gettare** *o* **lanciare uno sguardo a qn** to glance at sb; **evitare lo sguardo di qn** to avoid sb's eyes; **dare uno sguardo a qc** to cast a glance over sthg - **2.** [espressione] expression - **3.** [occhi]: **abbassare/alzare lo sguardo** to look down/up; **fissare lo sguardo su qn** to stare at sb.

sguazzare [6] *vi* to splash (around).

sgusciare [19] ◇ *vt* [da guscio] to shell. ◇ *vi* [scivolare]: **sgusciare di mano** to slip out of one's hand; **sgusciare via** to slip away.

shampoo ['ʃampo] *sm inv* shampoo; **farsi lo shampoo** to shampoo one's hair.

shantung ['ʃantung] *sm inv* shantung.

shock [ʃɔk] *sm inv* shock; **essere sotto shock** to be in shock.

shockare [15] *vt* = **scioccare**.

si¹ *(diventa se dav* lo, la, li, le, ne*) pron pers* - **1.** [nei riflessivi, pronominali - riferito a lui, lei] himself, herself *f*; [- forma di cortesia] yourself; [- riferito a loro] themselves; [- riferito a cosa] itself; [- riferito a cose] themselves; [- impersonale] oneself; **Paolo si è divertito** Paolo enjoyed himself; **Anna si sta lavando** Anna's getting washed; **non si ricorda di niente** she doesn't remember anything; **si sbrighi!** hurry up! - **2.** [reciproco] each other; **si amano** they love each other; **si sono conosciuti a Roma** they met in Rome - **3.** [impersonale]: **si può sempre provare** you can always try; **si vede che è stanco** you can see he's tired; **si dice che...** they say (that)...; **si prega di non fumare** please do not smoke; **non si sa mai** you never know; **non se ne parla neanche!** you must be kidding! - **4.** [con valore passivo]: **questo libro si legge in fretta** this book is quick to read; **questi prodotti si trovano dappertutto** these products can be found everywhere.

si² *sm inv* MUS B; [in solfeggio] ti.

sì ◇ *avv* - **1.** [gen] yes; **vuoi il dolce? - sì, grazie** do you want some cake? – yes, please; **vi piace la casa nuova? - a me sì** do you like the new house? – yes, I do; **verrai con noi? - forse sì** will you come with us? – maybe I will; **credo/spero di sì** I think/hope so; **sembra di sì** it would seem so; **un giorno sì e l'altro no** every other day - **2.** [con valore enfatico]: **questo sì che mi piace!** I do like this one!; **questa sì che è bella!** that's a good one! ◇ *sm inv* - **1.** [assenso] yes - **2.** [voto favorevole] pro; **la legge è passata con centocinquanta sì e trenta no** the law was passed with 150 for and 30 against. ◇ *agg inv* good.

sia ◇ ▷ **essere**. ◇ *cong:* **sia... sia...** both... and...; **sia... che...** both... and...; **sia che** (+*congiuntivo*)... **sia che** (+*congiuntivo*)... whether... or...

siamese *agg* & *smf* Siamese; **fratelli/sorelle siamesi** Siamese twins.

siamo ▷ **essere**.

siano ▷ **essere**.

siate ▷ **essere**.

sicché *cong* (and) so.

siccità *sf* drought.

siccome *cong* as.

Sicilia *sf:* **la Sicilia** Sicily.

siciliano, a *agg* & *sm, f* Sicilian.

sicura *sf* [di arma] safety catch; [di portiera] safety lock.

sicuramente *avv* certainly.

sicurezza *sf* - **1.** [gen] security - **2.** [protezione] safety; **congegno/dispositivo di sicurezza** safety device - **3.** [padronanza] (self-)confidence - **4.** [certezza] certainty.

sicuro, a *agg* - **1.** [tranquillo] secure, safe - **2.** [non rischioso] safe - **3.** [certo] certain; **di sicuro** for sure - **4.** [deciso] confident; **con mano sicura** with a steady hand; **essere sicuro di sé** to be self-confident - **5.** [fondato] reliable. ➠ **sicuro** ◇ *avv* [nelle risposte] of course. ◇ *sm:* **essere/sentirsi al sicuro** to be/feel safe; **mettere qc al sicuro** to put sthg away (in a safe place).

sidro *sm* [di mele] cider *UK*, hard cider *US*.

siedo *etc* ▷ **sedere**.

Siena *sf* Siena.

siepe *sf* hedge.

siero *sm* - **1.** [gen] serum; **siero antivipera** snakebite serum - **2.** [del latte] whey.

sieropositivo, a ◇ *agg* HIV positive. ◇ *sm, f* HIV positive person.

siete ▷ **essere**.

Sig. (*abbr di* **Signore**) Mr.

sigaretta *sf* cigarette.

sigaro *sm* cigar.

Sigg. (*abbr di* **Signori**) Messrs.

sigillare [6] *vt* to seal.

sigla *sf* - **1.** [abbreviazione] acronym - **2.** [firma] initials *pl* - **3.** [musicale] theme *o* signature *UK* tune.

Sig.na (*abbr di* **Signorina**) Miss.

significare [15] *vt* to mean.

significativo, a *agg* significant.

significato *sm* - **1.** [gen] meaning - **2.** [importanza] significance; **avere un grande significato** to be very important; **privo di significato** meaningless.

signora *sf* - **1.** [donna sposata - davanti al nome] Mrs.; **come sta, signora Rossi?** how are you, Mrs. Rossi?; **ti presento la signora Muti** may I introduce you to Mrs. Muti - **2.** [senza nome] Madam; **scusi, signora** excuse me, excuse me, Madam *form* - **3.** [padrona di casa] mistress *ant* - **4.** [moglie] wife - **5.** [donna] woman, lady; **il bagno delle signore** the ladies' (toilet) *UK*, the ladies' room *US*; **signore e signori** ladies and gentlemen - **6.** [raffinata, ricca] lady.

signore (**signor** *dav a nomi propri o titoli*) *sm* - **1.** [uomo - davanti al nome] Mr.; **come sta, signor Bianchi?** how are you, Mr. Bianchi?; **le presento il signor Rossi** may I introduce you to Mr. Rossi; **signor presidente** Mr Chairman - **2.** [senza nome] Sir; **scusi, signore** excuse me, excuse me, Sir *form* - **3.** [raffinato] gentleman - **4.** [principe, ricco] lord; **il Signore** RELIG the Lord - **5.** [padrone di casa] master *ant*. ➠ **signori** *smpl* [uomo e donna] Sir, Madam; **prego, signori, accomodatevi** Sir, Madam, please take a seat; **i signori Rossi** Mr. and Mrs. Rossi; [uomini e donne] ladies and gentlemen.

signorina *sf* - **1.** [appellativo] Miss - **2.** [giovane donna] young lady - **3.** [nubile] single woman; **sono signorina** *ant* I'm not married.

Sig.ra (*abbr di* **Signora**) Mrs., Ms.

silenzio *sm* silence; **fare silenzio** to be quiet; **ascoltare in silenzio** to listen in silence; **stare in silenzio** to remain silent.

silenzioso, a *agg* silent.

silicone *sm* silicone.

sillaba *sf* syllable.

siluro *sm* torpedo.

simboleggiare [18] *vt* to symbolize.

simbolico, a, ci, che *agg* symbolic.

simbolo *sm* symbol.

simile ◇ *agg* - **1.** [analogo, somigliante] similar - **2.** [tale] **un'occasione simile** such an opportunity; **un comportamento simile** such behaviour *UK o* behavior *US*; **non ho mai visto niente di simile** I've never seen anything like it. ◇ *smf* [il prossimo] fellow being.

simmetrico, a, ci, che *agg* symmetrical.

simpatia *sf* - **1.** [inclinazione] affection - **2.** [intesa] understanding.

simpatico, a, ci, che *agg* - **1.** [persona] nice; **non mi è simpatico** I don't like him; **sta** *o* **riesce simpatica a tutti** everybody likes her - **2.** [luogo, serata] pleasant.

simulare [6] *vt* - **1.** [fingere] to feign - **2.** [riprodurre] to simulate.

simulazione *sf* - **1.** [finzione] pretence *UK*, pretense *US* - **2.** [con dispositivi] simulation.

simultaneo, a *agg* simultaneous.

sin *prep* = **sino**.

sinagoga, ghe *sf* synagogue.

sinceramente *avv* - **1.** [in modo autentico] sincerely - **2.** [francamente] frankly.

sincerità *sf* sincerity; **con sincerità** honestly.

sincero, a *agg* sincere; **essere sincero con qn** to be honest with sb.

sincronia *sf* synchronism.

sindacato *sm* (trade *UK* o labor *US*) union.

sindaco *sm* mayor.

Sindone *sf*: **la (Sacra) Sindone** the Turin Shroud.

sindrome *sf* syndrome.

sinfonia *sf* symphony.

Singapore *sf* Singapore.

singhiozzare [6] *vi* [piangere] to sob; [avere il singhiozzo] to hiccup.

singhiozzo *sm* - **1.** [singulto] hiccup; **avere il singhiozzo** to have (the) hiccups; **a singhiozzo** by fits and starts; **sciopero a singhiozzo** on-off strike - **2.** [di pianto] sob; **scoppiare in singhiozzi** to burst into tears.

singolare <> *agg* - **1.** [unico, eccezionale] remarkable - **2.** [bizzarro, strano] peculiar - **3.** GRAMM singular. <> *sm* - **1.** GRAMM singular - **2.** [nel tennis] singles (match); **i singolari femminili/maschili** the women's/men's singles.

singolo, a *agg* - **1.** [da solo] individual - **2.** [individuale] single. ◆ **singolo** *sm* - **1.** [individuo] individual - **2.** [nel tennis] singles (match).

sinistra *sf* - **1.** [gen] left; **alla sinistra di qn** to sb's left; **di sinistra** left-wing - **2.** [mano] left hand.

sinistro, a *agg* - **1.** [di sinistra] left - **2.** [minaccioso, inquietante] sinister. ◆ **sinistro** *sm* [incidente] accident.

sino *prep* = **fino**.

sinonimo, a *agg* synonymous. ◆ **sinonimo** *sm* synonym.

sintassi *sf inv* syntax.

sintesi *sf inv* - **1.** [fusione & CHIM] synthesis - **2.** [riassunto] summary; **in sintesi** in brief.

sintetico, a, ci, che *agg* - **1.** [artificiale] synthetic - **2.** [conciso] concise.

sintetizzare [6] *vt* [riassumere] to summarize.

sintomo *sm* symptom.

sintonia *sf* - **1.** RADIO tuning - **2.** [accordo]: **essere in sintonia (con qn)** to be on the same wavelength (as sb).

sinusite *sf* sinusitis.

sipario *sm* curtain.

Siracusa *sf* Syracuse.

sirena *sf* - **1.** [suono] siren - **2.** [creatura] mermaid.

Siria *sf*: **la Siria** Syria.

siriano, a *agg* & *sm, f* Syrian.

siringa, ghe *sf* - **1.** [per iniezioni] syringe - **2.** [in cucina] piping syringe *UK*, syringe *US*.

sisma, i *sm* earthquake.

sismico, a, ci, che *agg* - **1.** [fenomeno, movimento] seismic - **2.** [luogo] earthquake *(dav sostantivo)*.

sistema, i *sm* - **1.** [gen & INFORM] system; **sistema immunitario** immune system; **sistema solare** solar system; **sistema metrico decimale** metric system - **2.** [metodo] method.

sistemare [6] *vt* - **1.** [ordinare] to tidy (up); **sistemarsi i capelli/la cravatta** to tidy one's hair/straighten one's tie - **2.** [risolvere] to sort out - **3.** [alloggiare] to put up - **4.** [con lavoro] to find a job for - **5.** [con matrimonio] to fix (up) - **6.** *fam* [punire] to deal with. ◆ **sistemarsi** <> *vr* - **1.** [installarsi] to settle down; [temporaneamente] to stay - **2.** [con un lavoro] to get o.s. a job - **3.** [sposarsi] to marry. <> *vip* to sort itself out.

sistematico, a, ci, che *agg* systematic.

sistemazione *sf* - **1.** [disposizione, ordine] arrangement - **2.** [alloggio] accommodation *esp UK*, accommodations *US* - **3.** [impiego] job.

situazione *sf* situation.

ski-lift *sm inv* ski lift.

skipper *smf inv* skipper.

slacciare [17] *vt* to undo; **slacciarsi qc** to undo sthg. ◆ **slacciarsi** *vip* to come undone.

slalom *sm inv* slalom; **slalom gigante** giant slalom.

slanciato, a *agg* slim.

slancio *sm* - **1.** [balzo] leap; **prendere lo slancio** to take a run-up - **2.** [impeto] outburst; [passione] passion.

slash [slaʃ] *sm inv* (forward) slash.

slavina *sf* snowslide.

slavo, a *agg* & *sm, f* Slav.

sleale *agg* disloyal.

slegare [16] *vt* to untie. ◆ **slegarsi** *vip* to come undone.

slip [zlip] *smpl* [da uomo] underpants *pl*, pants *pl UK*; [da donna] pants *pl UK*, knickers *pl UK*, panties *pl esp US*, underpants *pl US*; [da bagno maschile] trunks *pl*; [da bagno femminile] bikini bottoms *pl*.

slitta *sf* sleigh.

slittare [6] *vi* - **1.** [veicolo, ruote] to skid - **2.** [data, evento] to be postponed.

slogan *sm inv* slogan.

slogare [16] *vt* [distorcere] to sprain; [lussare] to dislocate; **slogarsi la caviglia** to sprain one's ankle.

slogatura *sf* [distorsione] sprain; [lussazione] dislocation.

sloggiare [6] <> *vt* [truppe] to dislodge; [da casa] to evict. <> *vi* [andarsene] to clear out.

Slovacchia *sf*: **la Slovacchia** Slovakia.

slovacco, a, chi, che *agg & sm, f* Slovakian. ➙ **slovacco** *sm* [lingua] Slovakian.

Slovenia *sf*: **la Slovenia** Slovenia.

sloveno, a *agg & sm, f* Slovenian. ➙ **sloveno** *sm* [lingua] Slovenian.

smacchiare [20] *vt* to remove stains from.

smagliante *agg* - 1. [sorriso] dazzling - 2. [ottimo]: **essere in forma smagliante** to be in fine form - 3. [colore, tinta] bright.

smagliare [21] *vt* to run, to ladder *UK*. ➙ **smagliarsi** *vip* to run, to ladder *UK*.

smagliatura *sf* - 1. [della pelle] stretch mark - 2. [di calze, maglie] run, ladder *UK*.

smaltato, a *agg* [pentola] enamelled *UK*, enameled *US*; [ceramica] glazed.

smaltimento *sm* [di rifiuti] disposal; [di merce] sale; [di traffico] dispersal.

smaltire [9] *vt* - 1. [esaurire] to sell off - 2. [eliminare] to dispose of - 3. [placare] to get over - 4. [digerire] to digest; **smaltire la sbornia** to get over one's hangover.

smalto *sm* - 1. [gen] enamel - 2. [per unghie] nail polish, nail varnish *UK*.

smania *sf* - 1. [desiderio]: **smania di qc** craze for sthg - 2. [agitazione] restlessness; **avere la smania adosso** to be restless.

smantellare [6] *vt* - 1. [distruggere] to demolish - 2. [rimuovere] to dismantle.

smarrire [9] *vt* to lose. ➙ **smarrirsi** *vip* to get lost.

smascherare [6] *vt* to unmask.

smemorato, a <> *agg* absent-minded. <> *sm, f* scatterbrain.

smentire [9] *vt* - 1. [negare] to deny - 2. [ritrattare] to withdraw - 3. [rivelare infondato] to contradict. ➙ **smentirsi** *vr* to contradict o.s.

smentita *sf* denial; **dare la smentita ufficiale di qc** to officially deny sthg.

smeraldo *sm* emerald.

smesso, a <> *pp* ▷ **smettere**. <> *agg* cast-off.

smettere [71] <> *vt* - 1. [interrompere] to stop; **smettere o smetterla di fare qc** to stop doing sthg - 2. [indumento] to stop wearing. <> *vi* [cessare] to stop.

sminuire [9] *vt* to play down. ➙ **sminuirsi** *vr* to run o.s. down.

smistare [6] *vt* - 1. [distribuire] to sort out - 2. MIL to post - 3. FERR to shunt.

smisurato, a *agg* inordinate.

smodato, a *agg* excessive.

smog [zmɔg] *sm inv* smog.

smoking *sm inv* dinner jacket *UK*, tuxedo *US*.

smontare [6] <> *vt* - 1. [scomporre - apparecchio] to take apart; [- tenda] to take down - 2. *fig* [demolire] to demolish - 3. [demoralizzare] to dishearten. <> *vi* - 1. [scendere]: **smontare (da qc)** [cavallo, treno] to get off (sthg); [veicolo] to get out (of sthg) - 2. [staccare] to finish (work). ➙ **smontarsi** *vip* to lose heart.

smorfia *sf* - 1. [involontaria] grimace - 2. [boccaccia] funny face.

smorto, a *agg* - 1. [pallido] pale - 2. [sbiadito] dull.

smorzare [6] *vt* - 1. [attenuare] to soften - 2. [placare] to dampen; **smorzare la sete** to quench one's thirst. ➙ **smorzarsi** *vip* - 1. [attenuarsi] to grow fainter - 2. [placarsi] to die down.

smosso, a *pp* ▷ **smuovere**.

SMS ['esse'emme'esse] *sm inv* (*abbr di* Short Message Service) SMS; **inviare un SMS** to send a text.

smuovere [76] *vt* - 1. [gen] to move - 2. [rimescolare] to turn over - 3. [dissuadere] to dissuade - 4. [scuotere] to stir. ➙ **smuoversi** *vip* - 1. [dissuadersi] to be dissuaded - 2. [scuotersi]: **smuoversi da qc** to shake sthg off.

smussare [6] *vt* - 1. [arrotondare] to round off - 2. [addolcire, mitigare] to tone down.

snello, a *agg* slim.

sniffare [6] *vt gergo droga* to snort.

snob [znɔb] <> *agg inv* snobbish. <> *smf inv* snob.

snobbare [6] *vt* to avoid.

snodare [6] *vt* to untie. ➙ **snodarsi** *vip* - 1. [slegarsi] to come untied - 2. [articolarsi] to bend - 3. [strada, fiume] to wind.

snodato, a *agg* supple.

so ▷ **sapere**.

sobbalzare [6] *vi* - 1. [traballare] to jolt - 2. [trasalire] to jump, to start.

sobborgo, ghi *sm* suburb.

sobrio, a *agg* sober.

socchiudere [31] *vt* - 1. [porta, finestra] to leave ajar - 2. [occhi, labbra] to half-close.

socchiuso, a *pp* ▷ **socchiudere**.

soccombere [123] *vi* to succumb.

soccòrrere [65] *vt* to help.

soccorritore, **trice** *sm, f* rescuer.

soccórso, **a** *pp* ▷ **soccorrere**. ◆ **soccorso** *sm* - 1. [aiuto] help; **venire in soccorso di qn** to come to sb's aid; **soccorso stradale** breakdown service - 2. ▷ **pronto**. ◆ **soccorsi** *smpl* aid *(U)*.

sociàle *agg* social.

socialista, **i**, **e** *agg* & *smf* socialist.

società *sf inv* - 1. [comunità] society; **società sportiva** sports club; **società segreta** secret society - 2. [impresa] company; **società a responsabilità limitata** limited liability company, limited company *esp UK*; **società in nome collettivo** collective; **società per azioni** public limited company *UK*, joint-stock company *US*.

sociévole *agg* sociable.

sòcio, **a** *sm, f* - 1. [di società, impresa] partner - 2. [di associazione, circolo] member.

sociologìa *sf* sociology.

sociòlogo, **a**, **gi**, **ghe** *sm, f* sociologist.

sòda® *sf* soda.

soddisfacènte *agg* satisfactory.

soddisfàre [13] *vt* - 1. [gen] to satisfy - 2. [adempiere] to fulfil *UK*, to fulfill *US*.

soddisfàtto, **a** ◇ *pp* ▷ **soddisfare**. ◇ *agg* satisfied; **essere** o **mostrarsi soddisfatto di qc** to be satisfied with sthg.

soddisfazióne *sf* - 1. [appagamento] satisfaction - 2. [adempimento] fulfilment *UK*, fulfillment *US*.

sòdio *sm* sodium.

sòdo, **a** *agg* - 1. firm - 2. ▷ **uovo**. ◆ **sodo** ◇ *sm*: **venire al sodo** to get to the point. ◇ *avv* - 1. [gen] hard - 2. [dormire] soundly.

sofà *sm inv* sofa.

sofferènza *sf* suffering.

soffermàre [6] *vt* to turn. ◆ **soffermarsi** *vip* to stop; **soffermarsi su qc** to dwell (up) on sthg.

soffèrto, **a** ◇ *pp* ▷ **soffrire**. ◇ *agg* difficult.

soffiàre [20] ◇ *vt* - 1. [espellere] to blow; **soffiarsi il naso** to blow one's nose; **soffiare il vetro** to blow glass - 2. *fam* [sottrarre]: **soffiare qn/qc a qn** to steal sb/sthg from sb. ◇ *vi* to blow.

soffiàta *sf gergo malavìta* tip-off.

sòffice *agg* soft.

sòffio *sm* - 1. [fiato] puff - 2. [di vento - leggero] puff; [- violento] gust - 3. MED murmur.

soffìtta *sf* attic.

soffìtto *sm* ceiling.

soffocamènto *sm* suffocation.

soffocàre [15] ◇ *vt* - 1. [asfissiare] to suffocate - 2. [reprimere] to suppress. ◇ *vi* to suffocate.

soffrìre [10] ◇ *vt* - 1. [patire] to suffer - 2. [tollerare] to stand. ◇ *vi* to suffer; **soffrire di qc** to suffer from sthg.

sofisticàto, **a** *agg* sophisticated.

software ['sɔftwɛr] *sm inv* software.

soggettìvo, **a** *agg* subjective.

soggètto, **a** *agg*: **soggetto a qc** [autorità, dominazione] subject to sthg; [disturbi, malattie] prone to sthg. ◆ **soggetto** *sm* - 1. [argomento & GRAMM] subject - 2. *fam* [persona] piece of work - 3. MED patient.

soggezióne *sf* awkwardness; **mettere in soggezione qn** to make sb feel awkward.

sogghignàre [23] *vi* to sneer.

sogghìgno *sm* sneer.

soggiornàre [6] *vi* to stay.

soggiórno *sm* - 1. [permanenza] stay - 2. [stanza] living room.

soggiùngere [49] *vt* to add.

soggiùnto, **a** *pp* ▷ **soggiungere**.

sòglia *sf* threshold; **essere alle soglie di qc** to be on the threshold of sthg.

sògliola *sf* [pesce] sole.

sognàre [23] ◇ *vt* - 1. [nel sonno] to dream about; **questa notte ho sognato di volare** last night I dreamt I was flying - 2. [desiderare] to dream of; **sognare di fare qc** to dream of doing sthg - 3. [supporre] to imagine. ◇ *vi* to dream; **sognare a occhi aperti** to daydream.

sognatóre, **trice** *sm, f* dreamer.

sógno *sm* dream; **fare un sogno** to have a dream.

sòia *sf* soya, soy.

sol *sm inv* MUS G; [in solfeggio] so, soh *UK*.

solàio *sm* - 1. [soffitta] floor - 2. [sottotetto] attic.

solamènte *avv* only.

solàre *agg* - 1. [gen & TECNOL] solar - 2. [crema, lozione] sun *(dav sostantivo)*.

solarium [so'larjum] *sm inv* - 1. [terrazza] sun terrace - 2. [impianto] tanning salon, solarium *UK*.

solcàre [15] *vt* - 1. [terra, acqua] to plough *UK*, to furrow *US* - 2. [viso] to furrow.

sólco, **chi** *sm* - 1. [nel terreno, ruga] furrow; [di ruote] track - 2. [nell'acqua] wake; [nel cielo] vapour *UK* o vapor *US* trail.

soldàto *sm* soldier.

sòldo *sm*: **un soldo** a penny, a cent *US*. ◆ **soldi** *smpl* money *(U)*.

sóle *sm* sun; **prendere il sole** to sunbathe.

solenne agg - 1. [gen] solemn - 2. [clamoroso] incredible.

solidale agg united.

solidarietà sf solidarity.

solidificare [15] vt & vi to solidify. ◆ **solidificarsi** vip to solidify.

solido, a agg - 1. GEOM solid - 2. [robusto] sturdy - 3. [stabile, sicuro] sound. ◆ **solido** sm solid.

solista, i, e smf soloist.

solitario, a agg - 1. [persona] solitary - 2. [luogo] lonely. ◆ **solitario** sm - 1. [brillante] solitaire - 2. [gioco di carte] patience UK, solitaire US.

solito, a agg - 1. [usuale] usual - 2. [persona] same old (dav sostantivo). ◆ **solito** sm usual; al solito as usual; di solito usually.

solitudine sf solitude.

sollecitare [6] vt [interesse] to arouse; [pagamento, risposta] to press for; sollecitare qn (a fare qc) to press sb (to do sthg).

sollecito, a agg prompt. ◆ **sollecito** sm reminder.

solletico sm: soffrire il solletico to be ticklish; fare il solletico a qn to tickle sb.

sollevamento sm lifting; sollevamento pesi SPORT weightlifting.

sollevare [6] vt - 1. [gen] to relieve; sollevare qn da qc to relieve sb of sthg; sollevare il morale a qn to boost sb's morale - 2. [alzare] to lift - 3. [suscitare] to raise. ◆ **sollevarsi** vip - 1. [alzarsi] to rise - 2. [riprendersi] to recover - 3. [insorgere] to rise up.

sollevato, a agg relieved.

sollievo sm relief.

solo, a ◇ agg - 1. [gen] alone (non dav sostantivo sostantivo); da solo on one's own, by oneself - 2. [solamente, nessun altro che] only - 3. [unico] just one (dav sostantivo); una sola volta just once. ◇ sm, f only one. ◆ **solo** ◇ avv only. ◇ cong: solo che only.

solstizio sm solstice.

soltanto ◇ avv just. ◇ cong but.

solubile agg soluble; caffè solubile instant coffee.

soluzione sf solution.

solvente sm [gen] solvent; [per la vernice] thinner; [per unghie] nail polish o varnish UK remover.

Somalia sf: la Somalia Somalia.

somatico, a, ci, che agg somatic.

somiglianza sf resemblance.

somigliare [21] vi: somigliare a qn/qc to look like sb/sthg. ◆ **somigliarsi** vr to look like each other.

somma sf sum.

sommare [6] vt to add. ◆ **sommarsi** vip to be added.

sommario, a agg [schematico] brief; [non approfondito] sketchy. ◆ **sommario** sm [indice] (table of) contents pl; [di notizie] headlines pl.

sommergere [52] vt - 1. [ricoprire] to submerge - 2. [riempire]: sommergere qn/qc di qc to overload sb/sthg with sthg.

sommergibile sm submarine.

sommerso, a pp ▷ **sommergere**.

somministrare [6] vt to administer.

sommo, a agg - 1. [grado, cima] highest; [poeta, oratore] great; [sacerdote] high - 2. [grandissimo] greatest.

sommossa sf revolt.

sommozzatore, trice sm, f diver.

sonaglio sm - 1. [campanellino] bell - 2. [per bambini] rattle.

sonata sf sonata.

sonda sf - 1. [per perforare] drill - 2. [per esplorare] probe.

sondaggio sm survey; sondaggio d'opinione opinion poll.

sonnambulo, a sm, f sleepwalker; essere sonnambulo to sleepwalk.

sonnellino sm nap.

sonnifero sm sleeping pill.

sonno sm - 1. [stato fisiologico] sleep; essere nel pieno del sonno to be fast asleep; avere il sonno pesante/leggero to be a heavy/light sleeper - 2. [sensazione] sleepiness; avere sonno to be sleepy.

sonnolenza sf sleepiness; dare sonnolenza a qc to make sb feel sleepy.

sono ▷ **essere**.

sonorizzare [6] vt to add the soundtrack to.

sonoro, a agg - 1. [udibile] sonorous; TECNOL sound (dav sostantivo) - 2. [clamoroso] loud; applausi sonori thunderous applause (U) - 3. ▷ **colonna**.

sopportare [6] vt - 1. [sostenere] to take - 2. [subire] to put up with - 3. [resistere a] to tolerate - 4. [tollerare] to stand; non sopporto la sua maleducazione I can't stand his bad manners; non sopporta di essere messo da parte he can't stand being left out.

sopportazione sf - 1. [capacità] tolerance - 2. [sufficienza] forbearance.

soppressione sf - 1. [abolizione] abolition - 2. [uccisione] elimination.

soppresso, a *pp* ▷ **sopprimere**.

sopprimere [63] *vt* - **1.** [abolire] to abolish - **2.** [togliere] to remove - **3.** [uccidere - persona] to eliminate; [- animale] to put down.

sopra ◇ *avv* - **1.** [su] on top; **qui/lì sopra** on here/there; **da sopra** from above - **2.** [in testo] above; **come sopra illustrato** as shown above; **vedi sopra** see above. ◇ *prep* - **1.**: **sopra (a)** [a contatto] on; [non a contatto] above; [in cima a] on top of - **2.** [in altezza] above; **al di sopra di qc** beyond sthg; [di età, somma] over. ◆ **di sopra** ◇ *avv* upstairs. ◇ *agg* above (*dopo sostantivo*).

soprabito *sm* overcoat.

sopracciglio (*fpl* **sopracciglia**) *sm* eyebrow.

sopraffare [13] *vt* - **1.** [vincere] to overwhelm - **2.** [superare] to drown out.

sopraffatto, a *pp* ▷ **sopraffare**.

sopraggiungere [49] *vi* - **1.** [capitare] to come up - **2.** [arrivare] to come.

sopraggiunto, a *pp* ▷ **sopraggiungere**.

sopralluogo, ghi *sm* inspection.

soprammobile *sm* ornament.

soprannaturale ◇ *agg* supernatural. ◇ *sm*: **il soprannaturale** the supernatural.

soprannome *sm* nickname.

soprannominare [6] *vt* to nickname.

soprano *sm* soprano; **mezzo soprano** mezzo soprano.

soprappensiero *avv* [pensosamente] lost in thought; [distrattamente] absent-mindedly.

soprassalto ◆ **di soprassalto** *avv* with a start.

soprattutto *avv* [principalmente] above all; [specialmente] especially.

sopravvalutare [6] *vt* to overestimate. ◆ **sopravvalutarsi** *vr* to overrate o.s.

sopravvento *sm*: **avere/prendere il sopravvento** (**su qn/qc**) to prevail (over sb/sthg).

sopravvissuto, a ◇ *pp* ▷ **sopravvivere**. ◇ *sm, f* survivor.

sopravvivenza *sf* survival.

sopravvivere [83] *vi* - **1.** [scampare]: **sopravvivere (a qc)** to survive (sthg) - **2.** [mantenersi] to get by - **3.** [perdurare] to live on.

soprintendente *smf* [gen] superintendent; [museo] curator.

sopruso *sm* abuse of power.

soqquadro *sm*: **mettere qc a soqquadro** to turn sthg upside down.

sorbetto *sm* sorbet.

sorbire [9] *vt* - **1.** [sorseggiare] to sip - **2.** [sopportare] to put up with.

sorcio *sm fam* mouse.

sordina *sf* MUS mute.

sordo, a ◇ *agg* - **1.** [persona] deaf; **diventare sordo** to go deaf; **essere sordo come una campana** to be as deaf as a post; **dopo l'incidente è rimasto sordo** the accident left him deaf; **sordo a qc** [indifferente] deaf to sthg - **2.** [suono] dull. ◇ *sm, f* deaf person; **i sordi** the deaf.

sordomuto, a ◇ *agg* hearing and speech impaired, deaf and dumb *offens*. ◇ *sm, f* hearing and speech impaired person, deaf mute *offens*.

sorella *sf* sister.

sorellastra *sf* - **1.** [con un genitore in comune] half-sister - **2.** [figlia di patrigno, matrigna] stepsister.

sorgente *sf* - **1.** [gen] source - **2.** [d'acqua] spring.

sorgere [46] *vi* - **1.** [sole, luna] to rise - **2.** [ergersi] to stand - **3.** [presentarsi] to arise - **4.** [originarsi] to begin.

sorpassare [6] *vt* - **1.** [in altezza] to pass - **2.** [in velocità] to pass, to overtake *UK* - **3.** [in una qualità] to outdo.

sorpassato, a *agg* old-fashioned.

sorpasso *sm fig* & AUTO passing, overtaking *UK*; **effettuare un sorpasso** to pass, to overtake *UK*.

sorprendente *agg* surprising.

sorprendere [43] *vt* to surprise. ◆ **sorprendersi** *vip*: **sorprendersi di qn/qc** to be surprised by sb/sthg.

sorpresa *sf* surprise; **a sorpresa** [vincere] unexpectedly; **una festa a sorpresa** a surprise party; **di sorpresa** by surprise.

sorpreso, a *pp* ▷ **sorprendere**.

sorreggere [50] *vt* - **1.** [reggere] to prop up - **2.** [confortare] to sustain.

sorretto, a *pp* ▷ **sorreggere**.

sorridente *agg* smiling.

sorridere [30] *vi* - **1.** [ridere] to smile - **2.** [piacere]: **sorridere a qn** to appeal to sb.

sorriso *pp* ▷ **sorridere**. ◆ **sorriso** *sm* smile.

sorso *sm* [piccolo] sip; [grande] gulp.

sorta *sf* sort.

sorte *sf* fate; **estrarre** o **tirare a sorte** to draw lots.

sorteggio *sm* draw.

sorto, a *pp* ▷ **sorgere**.

sorvegliante *smf* [ai lavori] supervisor; [di edificio] caretaker *esp UK*, janitor *US & Scotland*.

sorveglianza *sf* [gen] supervision; [di polizia & MIL] surveillance.

sorvegliare [21] *vt* [controllare] to watch (over); [vigilare] to guard; [sogg: polizia & MIL] to keep under surveillance.

sorvolare [6] ◇ *vt* to fly over. ◇ *vi*: **sorvolare su qc** to skip sthg.

SOS [ɛsseo'ɛsse] (*abbr di* **Save Our Souls**) *sm inv* SOS.

sosia *smf inv* double.

sospendere [43] *vt* - 1. [gen] to suspend - 2. [appendere] to hang.

sospensione *sf* [gen] suspension; [di riunione] adjournment.

sospeso, a *pp* ▷ **sospendere**.

sospettare [6] ◇ *vt* to suspect; **sospettare qn di qc** to suspect sb of sthg. ◇ *vi*: **sospettare di qn/qc** to suspect sb/sthg.

sospetto, a ◇ *agg* - 1. [equivoco] suspicious - 2. [probabile] suspected. ◇ *sm, f* suspect. ◆ **sospetto** *sm* suspicion.

sospingere [49] *vt* to push.

sospinto, a *pp* ▷ **sospingere**.

sospirare [6] ◇ *vi* to sigh. ◇ *vt* to long for.

sospiro *sm* sigh; **tirare un sospiro di sollievo** to heave a sigh of relief.

sosta *sf* - 1. [fermata] stop - 2. [parcheggio] parking; **in sosta** parked; **'sosta vietata'** 'no parking' - 3. [interruzione] break.

sostantivo *sm* noun.

sostanza *sf* - 1. [gen] substance - 2. [valore] nourishment. ◆ **sostanze** *sfpl* wealth (*U*).

sostanzioso, a *agg* substantial.

sostare [6] *vi* to stop.

sostegno *sm* support.

sostenere [93] *vt* - 1. [gen] to support - 2. [affermare] to maintain - 3. [affrontare - colloquio] to have; [- esame] to take; [- attacco] to withstand; [- spese] to bear. ◆ **sostenersi** ◇ *vr* to support o.s. ◇ *vip* [stare dritto] to support o.s.

sostenitore, trice *sm, f* supporter.

sostituire [9] *vt* - 1. [gen] to replace - 2. [rimpiazzare] to substitute; **sostituire il rosso con il verde** to substitute the green for the red - 3. [fare le veci] to stand in for. ◆ **sostituirsi** *vip*: **sostituirsi a qn (in qc)** to replace sb (in sthg).

sostituto, a *sm, f* [vice] deputy; [provvisorio] substitute; [permanente] replacement.

sostituzione *sf* - 1. [cambio] replacement - 2. [rimpiazzo] substitution.

sottaceto ◇ *avv* in vinegar; **conservare sottaceto qc** to pickle sthg. ◇ *agg inv* pickled. ◆ **sottaceti** *smpl* pickles.

sottana *sf* [gonna] skirt; RELIG cassock.

sotterraneo, a *agg* underground. ◆ **sotterraneo** *sm* cellar.

sottile *agg* - 1. [fine] thin - 2. [snello] slender - 3. [acuto] perceptive - 4. [mordace] sharp.

sottilette ® *sfpl* cheese slices.

sottintendere [43] *vt* - 1. [gen] to imply - 2. [omettere] to understand.

sottinteso, a ◇ *pp* ▷ **sottintendere**. ◇ *agg* understood. ◆ **sottinteso** *sm* hint.

sotto ◇ *avv* - 1. [in basso] underneath; **qui/lì sotto** under here/there; **da sotto** from below - 2. [in testo] below; **vedi sotto** see below. ◇ *prep* - 1. [gen]: **sotto (a)** under - 2. [vicino] close to - 3. [durante] during; **sotto Natale** at Christmas (time) - 4. [più giù di] below; **al di sotto di qc** below sthg. ◆ **di sotto** ◇ *avv* downstairs. ◇ *agg* below (*dopo sostantivo*).

sottobraccio *avv* [camminare] arm in arm; [prendere] by the arm.

sottocchio *avv* in front of one; **ho qui sottocchio la tua pratica** I have your file here in front of me.

sottochiave *avv* under lock and key.

sottofondo *sm* - 1. [essenza] undercurrent - 2. CINE, TEATRO & TV background.

sottogamba *avv*: **prendere sottogamba qn/qc** to underestimate sb/sthg.

sottolineare [24] *vt* - 1. [segnare] to underline - 2. [ribadire] to emphasize - 3. [accentuare] to accentuate.

sottolio ◇ *avv* in oil. ◇ *agg inv* in oil (*non dav sostantivo*).

sottomano *avv* to hand.

sottomarca, che *sf* cheap brand.

sottomarino, a *agg* underwater. ◆ **sottomarino** *sm* submarine.

sottomesso, a *pp* ▷ **sottomettere**.

sottomettere [71] *vt* - 1. [assoggettare] to subjugate - 2. [presentare]: **sottomettere qc a qn/qc** to submit sthg to sb/sthg. ◆ **sottomettersi** *vip*: **sottomettersi a qn/qc** to submit to sb/sthg.

sottopassaggio *sm* - 1. [per veicoli] underpass - 2. [pedonale] subway UK, underpass US.

sottopeso *avv* underweight.

sottopiatto *sm* plate (*put under another plate*).

sottoporre [96] *vt* - 1. [costringere]: **sottoporre qn a qc** to subject sb to sthg - 2. [presentare]: **sottoporre qc a qn** to submit sthg to sb. ◆ **sottoporsi** *vip*: **sottoporsi a qc** to undergo sthg.

sottoposto, a ◇ *pp* ▷ **sottoporre**. ◇ *agg* exposed. ◇ *sm, f* subordinate.

sottoscala *sm inv* space under the stairs.

sottoscritto, a ◇ *pp* ▷ **sottoscrivere.** ◇ *agg* signed. ◇ *sm, f*: **il o io sottoscritto** AMMIN (l) the undersigned.

sottoscrivere [73] *vt* - **1.** [firmare] to sign - **2.** [appoggiare] to support.

sottosopra *avv* - **1.** [a soqquadro]: **mettere sottosopra qc** to turn sthg upside down - **2.** [in agitazione]: **mettere sottosopra qn** to upset sb; **sentirsi/essere sottosopra** to feel/be upset.

sottosuolo *sm* subsoil.

sottosviluppo *sm* underdevelopment.

sottoterra *avv* underground.

sottotetto *sm* attic.

sottotitolato, a *agg* subtitled.

sottotitolo *sm* - **1.** CINE subtitle - **2.** [in giornali] subheading.

sottovalutare [6] *vt* to underestimate. ➤ **sottovalutarsi** *vr* to underestimate o.s.

sottoveste *sf* slip.

sottovoce *avv* quietly.

sottovuoto *avv* & *agg inv* vacuum-packed.

sottrarre [97] *vt* - **1.** [trafugare] to steal - **2.** [salvare]: **sottrarre qn a qc** to save sb from sthg - **3.** MAT to subtract.

sottratto, a *pp* ▷ **sottrarre.**

sottrazione *sf* - **1.** MAT subtraction - **2.** [trafugamento] theft.

soul ['sɔl] *sm* & *agg inv* MUS soul.

souvenir [suve'nir] *sm inv* souvenir.

sovente *avv* often.

sovraccarico, a, chi, che *agg* - **1.** [stracarico] overloaded - **2.** *fig* [oberato]: **sovraccarico di qc** up to one's ears in sthg. ➤ **sovraccarico** *sm* [di merce, passeggeri] excess load; [di lavoro]: **avere un sovraccarico di lavoro** to be overloaded with work.

sovrano, a *agg* & *sm, f* sovereign.

sovrapporre [96] *vt* to place on top.

sovrapposto, a *pp* ▷ **sovrapporre.**

sovrapprezzo, soprapprezzo *sm* - **1.** [di beni] price increase - **2.** [di azioni] price over par.

sovrapproduzione, soprapproduzione *sf* overproduction.

sovrastare [6] *vt* - **1.** [nello spazio] to dominate - **2.** [superare] to be better than - **3.** [incombere] to hang over.

sovrastruttura *sf* superstructure.

sovrimpressione *sf*: **in sovrimpressione** superimposed.

sovrumano, a *agg* superhuman.

sovvenzione *sf* subsidy.

sovversivo, a *agg* & *sm, f* subversive.

sozzo, a *agg* dirty.

S.P. (*abbr di* **Strada Provinciale**) provincial road.

S.p.A. (*abbr di* **Società per Azioni**) *sf inv* plc *UK*, joint-stock company *US*.

spaccare [15] *vt* - **1.** [gen] to split - **2.** [vetro] to smash. ➤ **spaccarsi** *vip* - **1.** [rompersi] to break - **2.** [dividersi] to split.

spaccatura *sf* - **1.** [fenditura] crack - **2.** [scissione] split.

spacciare [17] *vt* - **1.** [contrabbandare - droga] to push; [- denaro falso] to circulate - **2.** [far passare]: **spacciare qc per qc** to pass sthg off as sthg. ➤ **spacciarsi** *vr*: **spacciarsi per qn/qc** to pass o.s. off as sb/sthg.

spacciato, a *agg* done for (*non dav sostantivo*).

spacciatore, trice *sm, f* [di droga] pusher; [di denaro falso] dealer.

spaccio *sm* - **1.** [negozio] shop, store *esp US* - **2.** [vendita illegale - di droga] pushing; [- di denaro falso] dealing.

spacco, chi *sm* split.

spaccone, a *sm, f* boaster.

spada *sf* sword.

spaghetti *smpl* spaghetti (*U*).

Spagna *sf*: **la Spagna** Spain.

spagnolo, a ◇ *agg* Spanish. ◇ *sm, f* [persona] Spaniard; **gli spagnoli** the Spanish. ➤ **spagnolo** *sm* [lingua] Spanish.

spago, ghi *sm* string.

spaiato, a *agg* unmatched; **uno spaiato** an odd one.

spalancare [15] *vt* to open wide. ➤ **spalancarsi** *vip* to burst open.

spalancato, a *agg* wide open.

spalare [6] *vt* to shovel.

spalla *sf* - **1.** [gen] shoulder; **dare le spalle a qn/qc** to have one's back to sb/sthg; **voltare le spalle a qn** [girarsi] to turn one's back to sb; [abbandonare] to turn one's back on sb; **alle spalle (di qn/qc)** [dietro] behind (sb/sthg); [da dietro] from behind (sb/sthg); **alle mie/tue/sue spalle** behind my/your/his back; **di spalle** from the back - **2.** [attore] straight man.

spalliera *sf* - **1.** [schienale] back - **2.** [del letto] headboard - **3.** [per la ginnastica] wall bars *pl*.

spallina *sf* - **1.** [militare] epaulette - **2.** [imbottitura] shoulder pad - **3.** [bretella] strap.

spalmare [6] *vt* to spread.

spam [spæm] *sm inv* INFORM spam.

spandere [7] *vt* to spread. ➤ **spandersi** *vip* to spread.

spanna *sf* [misura] span.

spanto, a *pp* ▷ **spandere.**

spappolare [6] *vt* [gen] to crush; [cuocere troppo] to make mushy. ◆ **spappolarsi** *vip* to become mushy.

sparare [6] ◇ *vi* to shoot; **sparare a qn/qc** to shoot at sb/sthg; **sparare a zero** *fig* to lash out. ◇ *vt* - **1.** [esplodere] to fire - **2.** [scagliare] to shoot. ◆ **spararsi** *vip* to shoot o.s.

sparatoria *sf* shoot-out; **ingaggiare una sparatoria con qn** to exchange shots with sb.

sparecchiare [20] *vt* to clear (away).

spargere [53] *vt* - **1.** [gen] to spread; **spargere la voce** to spread the word - **2.** [sparpagliare] to scatter; **spargere qc di qc** to scatter sthg on sthg - **3.** [versare] to pour; [rovesciare] to spill; **spargere sangue** to shed blood. ◆ **spargersi** *vip* - **1.** [gen] to spread - **2.** [sparpagliarsi] to scatter.

sparire [9] *vi* to disappear; **sparire dalla circolazione** to drop out of circulation.

sparizione *sf* disappearance.

sparlare [6] *vi*: **sparlare di qn** to run sb down.

sparo *sm* shot.

sparpagliare [21] *vt* to scatter. ◆ **sparpagliarsi** *vip* to scatter.

sparsi *etc* ▷ **spargere**.

sparso, a *pp* ▷ **spargere**.

spartire [9] *vt* to share (out); **spartire qc con qn** to share sthg with sb.

spartito *sm* MUS score.

spartitraffico *sm inv* central reservation UK, median strip US.

spartizione *sf* division.

spasimante *smf scherz* admirer.

spasmo *sm* spasm.

spasso *sm* - **1.** [divertimento] fun; **Roberto è uno spasso** Roberto's great fun - **2.** [passeggiata]: **andare a spasso** to go for a walk.

spatola *sf* spatula.

spaurito, a *agg* frightened.

spavaldo, a *agg* arrogant.

spaventare [6] *vt* to frighten. ◆ **spaventarsi** *vip* to be frightened; **spaventarsi di** o **per qc** to be frightened by sthg.

spaventato, a *agg* frightened.

spavento *sm* fear; **brutto/disordinato da fare spavento** horrendously ugly/messy; **prendersi uno spavento** to get a fright.

spaventoso, a *agg* - **1.** [pauroso] frightening - **2.** [tragico] awful - **3.** [enorme] incredible.

spaziale *agg* space (*dav sostantivo*).

spazientirsi [9] *vip* to lose (one's) patience.

spazio *sm* - **1.** [dimensione, cosmo] space - **2.** [posto] space, room; **fare spazio a qn/qc** to make room for sb/sthg; **dare** o **lasciare spazio a qn** *fig* to give sb some space - **3.** [area] distance.

spazioso, a *agg* spacious.

spazzaneve *sm inv* snowplough UK, snowplow US; **sciare** o **scendere a spazzaneve** to snowplough UK, to snowplow US.

spazzare [6] *vt* - **1.** [scopare] to sweep - **2.** [eliminare]: **spazzare via** to sweep away.

spazzatura *sf* rubbish *esp* UK, garbage *esp* US, trash US.

spazzino, a *sm, f* [pulizia strade] roadsweeper UK, streetsweeper US; [raccolta immondizie] refuse UK o garbage US collector.

spazzola *sf* - **1.** [oggetto] brush; **a spazzola** crew-cut - **2.** [del tergicristallo] blade.

spazzolare [6] *vt* to brush.

spazzolino *sm* brush; **spazzolino da denti** toothbrush.

specchiarsi [20] *vr* - **1.** [in specchio] to look at o.s. (in the mirror) - **2.** [riconoscersi] to see o.s.; **specchiarsi in qc** to identify with sthg.

specchietto *sm* - **1.** [da borsetta] mirror - **2.** [in auto]: **specchietto (retrovisore)** rearview mirror - **3.** [prospetto] table.

specchio *sm* - **1.** *fig* mirror - **2.** [sosia] image; **specchio d'acqua** pond.

speciale *agg* special.

specialista, i, e *smf* specialist.

specialità *sf inv* - **1.** [abilità] speciality UK, specialty US - **2.** [medica] specialty - **3.** [sportiva] discipline.

specializzato, a *agg* skilled.

specializzazione *sf* specialization.

specialmente *avv* especially.

specie ◇ *sf inv* - **1.** [tipo] kind; **una specie di** a kind of - **2.** BIOL species. ◇ *avv* especially.

specificare [15] *vt* to specify; **specificare meglio qc** to be more specific about sthg.

specifico, a, ci, che *agg* - **1.** [peculiare] particular - **2.** [preciso] specific.

speck [spɛk] *sm inv* type of smoked ham.

speculatore, trice *sm, f* speculator.

spedire [9] *vt* to send.

spedizione *sf* - **1.** [invio] sending; [di merce, pacco] dispatch - **2.** [viaggio] expedition.

spegnere [85] *vt* - **1.** [fuoco] to put out; **spegnere la candela con un soffio** to blow out the candle - **2.** [luce, TV] to switch o turn off - **3.** [entusiasmo] to stifle. ◆ **spegnersi** *vip* - **1.** [fuoco] to go out - **2.** [luce, apparecchio] to go off - **3.** [entusiasmo] to die out - **4.** *eufem* [morire] to pass away.

speleologo, a, gi, ghe *sm, f* potholer UK, spelunker US.

spellare [6] *vt* - **1.** [animale] to skin - **2.** [ferire]: **spellarsi la mano/il ginocchio** to graze one's hand/knee. ➤ **spellarsi** *vip* to peel.

spendere [43] *vt* - **1.** [pagare] to spend - **2.** [prodigare] to expend.

spengo *etc* ▷ **spegnere**.

spensi *etc* ▷ **spegnere**.

spensierato, a *agg* carefree.

spento, a ◇ *pp* ▷ **spegnere**. ◇ *agg* - **1.** [dispositivo] (switched) off *(non dav sostantivo)* - **2.** [colore] dull - **3.** [inespressivo] lifeless.

speranza *sf* hope.

sperare [6] ◇ *vt* to hope; **spero di sì/di no** I hope so/not. ◇ *vi*: **sperare in qc** to hope for sthg; **sperare in qn** to count on sb.

sperduto, a *agg* - **1.** [isolato] lonely - **2.** [spaesato] lost.

spericolato, a *agg* reckless.

sperimentale *agg* experimental.

sperimentare [6] *vt* - **1.** [tentare] to try (out) - **2.** [collaudare] to test - **3.** [vivere] to experience.

sperimentazione *sf* trial.

sperma, i *sm* sperm.

sperperare [6] *vt* to fritter away.

spesa *sf* - **1.** [gen] expense; **a spese di qn** at sb's expense; **spese** COMM expenses; **spese di trasferta** travel expenses; **spese bancarie/postali/telefoniche** bank/postal UK o mail *esp* US/telephone charges - **2.** [acquisto] purchase; **fare la spesa** to do the shopping; **fare spese** to go shopping.

spesi *etc* ▷ **spendere**.

speso, a *pp* ▷ **spendere**.

spesso, a *agg* thick. ➤ **spesso** *avv* often.

spessore *sm* thickness.

spettabile *agg*: **spettabile ditta...** Messrs...

spettacolo *sm* - **1.** [rappresentazione] show - **2.** [attività] show business - **3.** [vista] sight.

spettare [6] *vi*: **spettare a qn** DIR to be due to sb; [essere responsabilità di] to be up to sb.

spettatore, trice *sm, f* - **1.** [a uno spettacolo televisivo] viewer; [- del cinema, teatrale] member of the audience; **gli spettatori** the audience - **2.** [a un fatto] witness.

spettinato, a *agg* messy, untidy *esp* UK.

spettro *sm* - **1.** [fantasma] ghost - **2.** [minaccia] spectre UK, specter US - **3.** [diagramma & FIS] spectrum.

spezia *sf* spice.

spezzare [6] *vt* to break. ➤ **spezzarsi** *vip* to break.

spezzatino *sm* stew.

spia *sf* - **1.** [gen] spy; **fare la spia** to tell tales - **2.** [luce] warning light.

spiacente *agg* sorry.

spiacere [87] *vi* [causare rammarico]: **mi spiace** I'm sorry; **gli è molto spiaciuto di non poter venire** he's very sorry he can't come; [dare fastidio]: **le spiace se fumo?** do you mind if I smoke?; **vi spiace aspettare ancora qualche minuto?** do you mind waiting another few minutes?

spiacevole *agg* unpleasant.

spiaggia, ge *agg* beach.

spiare [22] *vt* - **1.** [di nascosto] to spy on - **2.** [analizzare] to analyse UK, to analyze US.

spiccare [15] ◇ *vt*: **spiccare un salto/balzo** to jump; **spiccare il volo** to fly off. ◇ *vi* to stand out.

spiccato, a *agg* strong.

spicchio *sm* - **1.** [di agrume] segment - **2.** [di aglio] clove.

spicciare [17] *vt* to finish off. ➤ **spicciarsi** *vip* to hurry up; **spicciarsi a fare qc** to hurry up and do sthg.

spiccio, a, ci, ce *agg* quick. ➤ **spicci** *smpl* (small) change *(U)*.

spicciolo *sm* (small) change *(U)*.

spiedino *sm* kebab UK, kabob US.

spiedo *sm* spit; **allo spiedo** on a spit.

spiegare [16] *vt* - **1.** [chiarire] to explain; **spiegare qc a qn** to explain sthg to sb; **mi hanno spiegato come funziona** they explained to me how it works - **2.** [distendere] to unfold - **3.** [schierare] to deploy. ➤ **spiegarsi** ◇ *vr* - **1.** [esprimersi] to explain o.s. - **2.** [l'un l'altro] to clear things up. ◇ *vip* [chiarirsi]: **ora si spiega il suo comportamento** that explains his behaviour.

spiegazione *sf* explanation.

spiegazzare [6] *vt* [foglio] to crumple; [abito] to crease. ➤ **spiegazzarsi** *vip* [foglio] to get crumpled; [abito] to get creased.

spietato, a *agg* - **1.** [crudele] ruthless - **2.** [corte] assiduous; [concorrenza] keen.

spiffero *sm* draught UK, draft US.

spiga, ghe *sf* ear.

spigliato, a *agg* self-confident.

spigolo *sm* corner.

spilla *sf* brooch; **spilla da balia** o **di sicurezza** safety pin.

spillo *sm* pin.

spina *sf* - **1.** [di fiore] thorn - **2.** [di animale] spine - **3.** [elettrica] plug - **4.** [lisca] bone - **5.** [in bar]: **alla spina** draught UK, draft US - **6.** ANAT: **spina dorsale** backbone.

spinaci *smpl* spinach *(U)*.

spinello *sm* joint.

spingere [49] ◇ *vt* - **1.** [gen] to push - **2.** [premere] to press - **3.** [indurre] to drive; [costringere] to push; **spingere qn a fare qc** to push sb into doing sthg. ◇ *vi* [premere] to push. ➡ **spingersi** ◇ *vip* [gen] to go. ◇ *vr* [l'un l'altro] to push each other.

spinsi *etc* ▷ **spingere**.

spinta *sf* - **1.** [forza] push; [pressione] pressure - **2.** [spintone] shove - **3.** [stimolo] incentive - **4.** ECON boost.

spinto, a ◇ *pp* ▷ **spingere**. ◇ *agg* risqué.

spintone *sm* shove.

spionaggio *sm* espionage; **spionaggio industriale** industrial espionage.

spioncino *sm* spy-hole.

spiraglio *sm* - **1.** [fessura] crack - **2.** [barlume] glimmer.

spirale *sf* - **1.** [gen & GEOM] spiral - **2.** [anticoncezionale] coil.

spirare [6] *vi* - **1.** [soffiare] to blow - **2.** [morire] to expire.

spirito *sm* - **1.** [mente] mind - **2.** [anima] soul - **3.** [fantasma] spirit - **4.** [morale] spirits *pl* - **5.** [umorismo] wit; **fare dello spirito su qc** to be witty about sthg - **6.** [inclinazione] attitude; **spirito d'iniziativa** initiative. ➡ **Spirito Santo** *sm* Holy Spirit.

spiritoso, a *agg* witty.

spirituale *agg* spiritual.

splendere [123] *vi* to shine.

splendido, a *agg* - **1.** [bellissimo] splendid - **2.** [ottimo] excellent.

splendore *sm* - **1.** [bellezza] beauty - **2.** [magnificenza] splendour *UK*, splendor *US*.

spogliare [21] *vt* - **1.** [svestire] to undress - **2.** [depredare] to strip; **spogliare qc di qc** to strip sthg of sthg. ➡ **spogliarsi** ◇ *vr* [svestirsi] to get undressed. ◇ *vip* - **1.** [privarsi]: **spogliarsi di qc** to give up sthg - **2.** [albero] to shed its leaves.

spogliarello *sm* striptease.

spogliatoio *sm* changing room.

spoglio, a *agg* bare.

spola *sf* shuttle; **fare la spola** to commute.

spolverare [6] *vt* to dust; **spolverare qc con qc** to dust sthg with sthg.

sponda *sf* - **1.** [di fiume] bank; [di lago] shore - **2.** [bordo] edge; [di biliardo] cushion.

sponsor *smf inv* sponsor.

spontaneamente *avv* - **1.** [volontariamente] of one's own free will - **2.** [disinvoltamente] spontaneously - **3.** [naturalmente] naturally.

spontaneo, a *agg* - **1.** [gen] spontaneous - **2.** [fenomeno] natural; [pianta] wild.

spopolare [6] ◇ *vt* to empty. ◇ *vi fam* to be a big hit. ➡ **spopolarsi** *vip* to become deserted.

sporadico, a, ci, che *agg* sporadic.

sporcaccione, a ◇ *agg* scruffy. ◇ *sm, f* - **1.** [sozzone] messy person - **2.** [depravato] [uomo] lecher; [donna] slut.

sporcare [15] *vt* to dirty; **sporcarsi qc** to get sthg dirty. ➡ **sporcarsi** *vr* to get dirty.

sporcizia *sf* - **1.** [condizione] dirtiness - **2.** [sudicume] dirt.

sporco, a, chi, che *agg* - **1.** [gen]: **sporco (di qc)** dirty (with sthg) - **2.** [disonesto, losco - persona, faccenda] shady; [- affare, denaro] dirty.

sporgente *agg* protruding.

sporgere [46] ◇ *vt* - **1.** [protendere] to stick out, to protrude - **2.** DIR: **sporgere denuncia contro qn/qc** to report sb/sthg. ◇ *vi* to jut out. ➡ **sporgersi** *vr* to lean (out).

sport [spɔrt] *sm inv* sport; **fare molto sport** to do a lot of sports *o* sport *UK*; **sport invernali** winter sports.

sportello *sm* - **1.** [di mobili, veicoli] door - **2.** [in uffici] counter; **sportello automatico** ATM, cash machine *esp UK* - **3.** [filiale] branch.

sportivo, a ◇ *agg* sports *(dav sostantivo)*. ◇ *sm, f* [praticante] sportsman (sportswoman *f*); [appassionato] (sports) fan.

sposa *sf* bride.

sposare [6] *vt* [gen] to marry. ➡ **sposarsi** *vr* to get married.

sposato, a *agg* married.

sposo *sm* (bride)groom. ➡ **sposi** *smpl* bride and groom.

spostamento *sm* - **1.** [rimozione, trasferimento] movement - **2.** [rinvio, anticipazione] change.

spostare [6] *vt* - **1.** [gen] to move - **2.** [rinviare, anticipare] to change. ➡ **spostarsi** *vr* & *vip* [gen] to move; [viaggiare] to go.

spot [spɔt] *sm inv* - **1.** [pubblicità] advertisement, commercial, advert *UK* - **2.** [riflettore] spotlight.

spranga, ghe *sf* - **1.** [di porta] bolt - **2.** [per colpire] iron bar.

sprangare [16] *vt* to bolt.

spray ◇ *sm inv* spray. ◇ *agg inv* spray *(dav sostantivo)*.

sprecare [15] *vt* to waste; **sprecare il fiato** to waste one's breath. ➡ **sprecarsi** *vip* - **1.** [buttarsi via] to waste one's time - **2.** *fam iron* [sforzarsi] to go out of one's way.

spreco, chi *sm* waste.

sprẹmere [7] *vt* to squeeze.

spremụta *sf*: spremuta d'arancia/di limone/di pompelmo freshly-squeezed orange/lemon/grapefruit juice.

sprigionạre [6] *vt* to give off. ► **sprigionarsi** *vip* to be released.

sprofondạre [6] *vi* - **1.** [gen] to sink - **2.** [crollare - edificio] to collapse; [- terreno] to subside.

sproporzionạto, a *agg* disproportionate, out of proportion *(non dav sostantivo)*.

spropọsito *sm* - **1.** [gesto, parola] blunder; **a sproposito** out of turn - **2.** *fam* [cifra] mint.

sprovvedụto, a <> *agg* naive. <> *sm, f* naive person.

sprovvịsto, a *agg*: sprovvisto di qc out of sthg; **prendere** *o* **cogliere qn alla sprovvista** to catch sb unawares.

spruzzạre [6] *vt* to spray. ► **spruzzarsi** *vr*: spruzzarsi (di qc) [profumo] to spray o.s. (with sthg); [fango, sangue] to get splattered (with sthg).

spruzzo *sm* spray.

spụgna *sf* - **1.** [per pulire] sponge - **2.** [tessuto] towelling *UK*, toweling *US*.

spụma *sf* - **1.** [schiuma] froth - **2.** CULIN mousse.

spumạnte *sm* sparkling wine.

spumọne *sm a frozen dessert made from beaten egg-whites.*

spuntạre [6] <> *vt* - **1.** [smussare] to blunt - **2.** [accorciare] to trim - **3.** [vincere]: **spuntarla** to have *o* get one's own way - **4.** [controllare] to mark (off). <> *vi* - **1.** [fiori, denti] to come through; [capelli] to start to grow; [sole] to come up - **2.** [sbucare] to appear.

spuntịno *sm* snack.

spụnto *sm* starting point; **prendere spunto da qc** to be inspired by sthg.

sputạre [6] <> *vt* to spit out; **sputare il rospo** *fam* to spit it out. <> *vi* to spit.

spụto *sm* spit.

squạdra *sf* - **1.** [sportiva] team, squad - **2.** [di lavoratori] team - **3.** [unità militare] squadron - **4.** [strumento] set square *UK*, triangle *US*.

squadrạre [6] *vt* - **1.** [regolare] to square off - **2.** [osservare] to look up and down.

squagliạre [21] *vt* to melt. ► **squagliarsi** *vip* - **1.** [sciogliersi] to melt - **2.** [svignarsela]: **squagliarsela** to slip away.

squalificạre [15] *vt* to disqualify.

squạllido, a *agg* - **1.** [misero] squalid - **2.** [spregevole] seedy.

squạlo *sm* shark.

squạma *sf* scale.

squarciạre [17] *vt* - **1.** [strappare] to rip; [lacerare] to rip through - **2.** [aprire] to rip open; [nuvole] to break through. ► **squarciarsi** *vip* to rip.

squạrcio *sm* - **1.** [strappo] rip; [ferita, apertura] gash; **provocare uno squarcio in qc** to rip a hole in sthg - **2.** [ritaglio] shred.

squartạre [6] *vt* to butcher.

squilibrạto, a <> *agg* - **1.** [carico, ripartizione] uneven; [dieta] unbalanced - **2.** [persona] deranged. <> *sm, f* deranged person.

squillạre [6] *vi* [campanello, telefono] to ring; [tromba] to blare.

squịllo <> *sm* [di tromba] blare; [di campanello, telefono] ring. <> *sf inv* call girl.

squisịto, a *agg* - **1.** [prelibato] delicious - **2.** [fine] exquisite.

srotolạre [6] *vt* to unroll.

stạbile <> *agg* - **1.** [gen] stable - **2.** [abitazione] permanent; [lavoro] steady; [relazione] long-term. <> *sm* building.

stabilimẹnto *sm* - **1.** [fabbrica] plant - **2.** [complesso] complex; **stabilimento balneare** private beach.

stabilịre [9] *vt* - **1.** [decretare, fissare] to set - **2.** [decidere] to agree - **3.** [dimora, sede] to establish. ► **stabilirsi** *vr* to settle.

stabilità *sf* stability.

stabilizzạre [6] *vt* to stabilize.

staccạre [6] <> *vt* - **1.** [togliere] to remove; [tirare giù] to take down; [tagliare] to cut off - **2.** [luce, telefono] to disconnect; [spina] to unplug - **3.** [distanziare] to leave behind. <> *vi* - **1.** *fam* [dal lavoro] to clock off - **2.** [risaltare] to stand out. ► **staccarsi** *vip* - **1.** [togliersi] to come off - **2.** [separarsi]: **staccarsi da qn** to leave sb - **3.** [scollegarsi] to be cut off.

staccionạta *sf* fence.

stạcco, chi *sm* - **1.** [intervallo] break - **2.** [contrasto] contrast - **3.** CINE scene change - **4.** SPORT take-off.

stạdio *sm* - **1.** [per gare] stadium - **2.** [fase] stage.

stạffa *sf* - **1.** [di sella] stirrup - **2.** [supporto] bracket.

staffẹtta *sf* relay (race).

stage [staʒ] *sm inv* work placement *UK*, internship *US*.

stagionạle <> *agg* seasonal. <> *smf* seasonal worker.

stagionạto, a *agg* mature.

stagiọne *sf* season; **la bella** *o* **buona stagione** spring and summer; **la brutta** *o* **cattiva stagione** autumn and winter.

stagịsta, i, e *smf* person on work placement *UK*, intern *US*.

stagnare [6] *vi* to stagnate.

stagno, a *agg* watertight; **a tenuta stagna** watertight. ◆ **stagno** *sm* - **1.** [palude] pond - **2.** CHIM tin.

stagnola *sf* tin foil.

stalagmite *sf* stalagmite.

stalattite *sf* stalactite.

stalla *sf* [per bovini] cowshed; [per cavalli] stable.

stallone *sm* - **1.** [cavallo] stallion - **2.** [uomo] stud.

stamattina, stamani *avv* this morning.

stambecco, chi *sm* ibex.

stampa *sf* - **1.** [tecnica & INFORM] printing - **2.** [giornali, giornalisti] press - **3.** [riproduzione] print.

stampante *sf* printer.

stampare [6] *vt* to print. ◆ **stamparsi** *vip* to imprint.

stampatello *sm* block capitals *pl*.

stampella *sf* crutch.

stampo *sm* - **1.** [per dolci] mould *UK*, mold *US* - **2.** [modello, matrice] die, mould *UK*, mold *US* - **3.** [genere] type.

stancare [6] *vt* - **1.** [fiaccare] to tire - **2.** [annoiare, infastidire] to weary. ◆ **stancarsi** *vip* - **1.** [affaticarsi] to get tired - **2.** [annoiarsi, seccarsi]: **stancarsi di qn/qc** to get tired of sb/sthg; **stancarsi di fare qc** to get tired of doing sthg.

stanchezza *sf* tiredness.

stanco, a, chi, che *agg* tired; **stanco morto** dead tired; **essere stanco di qn/qc** to be tired of sb/sthg; **essere stanco di fare qc** to be tired of doing sthg.

standard *sm inv* & *agg inv* standard.

stanga, ghe *sf* - **1.** [per porta, finestra] bar - **2.** [di carro] shaft.

stanghetta *sf* - **1.** [di occhiali] leg - **2.** MUS barline.

stanotte *avv* - **1.** [notte prossima] tonight - **2.** [notte passata] last night.

stantio, a, ii, ie *agg* stale.

stanza *sf* - **1.** [camera] room; **stanza da bagno** bathroom; **stanza da letto** bedroom - **2.** MIL: **essere di stanza** to be stationed.

stappare [6] *vt* to open.

stare [14] *vi* - **1.** [rimanere in un luogo] to stay - **2.** [essere] to be; **come stai?** how are you?; **stare a galla** to float; **stare a cavalcioni** to straddle - **3.** [abitare] to live - **4.** [spettare]: **stare a qn** to be up to sb - **5.** [continuativo]: **stare (+ gerundio): cosa state facendo?** what are you doing?; **stava dormendo** he was sleeping; **stare a fare qc: stavano a pescare quando sentirono...** they were fishing when they

heard... - **6.** [indica imminenza]: **stare per fare qc** to be about to do sthg - **7.**: **stare bene/male** [esteticamente] to look good/bad; [comportamento] to be right/wrong; **stare bene/male a qn** to suit/not suit sb; **stare a qn** to fit sb; **questa giacca non mi sta** this jacket doesn't fit (me); **la maglia mi sta grande** the sweater's too big for me - **8.**: **stare con qn** [abitare] to live with sb; [essere fidanzato] to be (going out) with sb - **9.**: **starci** [accettare] to be up for it; [entrarci] to fit.

starnutire [9] *vi* to sneeze.

starnuto *sm* sneeze.

stasera *avv* [serata] this evening; [dopocena] tonight.

statale ◇ *agg* [dello Stato - organo, scuola] state; [- impiego] public; [- bilancio] national. ◇ *smf* civil servant.

statico, a, ci, che *agg* static.

statistica, che *sf* - **1.** [disciplina] statistics *(U)* - **2.** [raccolta di dati] statistic.

statistico, a, ci, che *agg* statistical.

stato, a *pp* ▷ **essere, stare**. ◆ **stato** *sm* - **1.** [gen] state; **essere in stato interessante** *fig* to be expecting; **stato d'animo** state of mind; **stato di emergenza** state of emergency - **2.** DIR: **stato civile** marital status; **stato di famiglia** *document certifying the members of one's family* - **3.** MIL: **Stato Maggiore** Staff. ◆ **Stati Uniti** *smpl*: **gli Stati Uniti (d'America)** the United States (of America).

statua *sf* statue.

statunitense ◇ *agg* American, United States *(dav sostantivo)*. ◇ *smf* American.

statura *sf* height.

statuto *sm* [atto, legge] statute; [documento] charter.

stavolta *avv fam* this time.

stazionario, a *agg* [fermo] stationary; [invariato] unchanged.

stazione *sf* - **1.** [gen] station; **stazione degli autobus** bus station; **stazione ferroviaria** railway *UK* o railroad *US* station; **stazione radio** radio station; **stazione di servizio** service station - **2.** [località] resort; **stazione balneare** seaside resort; **stazione termale** spa resort; **stazione sciistica** ski resort.

stecca, che *sf* - **1.** [asticella] stick; [di ombrello] spoke; [di ventaglio] rib; **stecca da biliardo** billiard cue - **2.** MED splint - **3.** [stonatura]: **fare** o **prendere una stecca** to hit a wrong note - **4.** [di sigarette] carton.

steccato *sm* fence.

stella *sf* - **1.** [gen] star; **stella cadente** shooting star - **2.** BOT: **stella alpina** edelweiss - **3.** ZOOL: **stella marina** o **di mare** starfish.

stellato, a *agg* starry.

stelo *sm* - **1.** [gambo] stem; **uno stelo d'erba** a blade of grass - **2.** [asta] stand.

stemma, i *sm* coat-of-arms, emblem.

stendere [43] *vt* - **1.** [distendere] to stretch out - **2.** [sospendere] to hang out - **3.** [aprire, svolgere] to spread out - **4.** [spalmare, spianare] to spread; **stendere la pasta** to roll out the dough - **5.** [coricare] to lay down - **6.** *fam* [far cadere] to floor - **7.** [scrivere] to write out. **◆ stendersi ◇** *vr* [sdraiarsi] to lie down. **◇** *vip* [estendersi] to stretch out.

stenografare [6] *vt* to write in shorthand.

stentare [6] *vi* - **1.** [faticare]: **stentare a fare qc** to have trouble doing sthg - **2.** [per vivere] to struggle to make ends meet.

stento *sm* trouble. **◆ a stento** *avv*: **fare qc a stento** to be hardly able to do sthg; **riesce a stento a parlare** he can barely speak. **◆ stenti** *smpl* hardship *(U)*.

stereo *sm inv & agg inv* stereo.

stereotipo *sm* stereotype.

sterile *agg* - **1.** [gen] sterile - **2.** [terreno, pianta] barren - **3.** [discorso, iniziativa] fruitless.

sterilizzare [6] *vt* [persona, oggetto] to sterilize; [animale maschio] to neuter; [animale femmina] to spay.

sterlina *sf* pound.

sterminare [6] *vt* to exterminate.

sterminio *sm* extermination.

sterno *sm* sternum.

sterzare [6] *vi* to steer.

sterzo *sm* steering.

stesi *etc* ▷ **stendere**.

steso, a *pp* ▷ **stendere**.

stessi *etc* ▷ **stare**.

stesso, a ◇ *agg* - **1.** [identico] same; [preciso] very *(dav sostantivo)*; **lo faccio oggi stesso** I'll do it today - **2.** [rafforzativo] own; **l'ho visto con i miei stessi occhi** I saw it with my own eyes; **lui stesso** he himself. **◇** *pron*: **lo stesso, gli stessi** the same one, the same ones; **fa lo stesso** it's all the same, never mind.

stesura *sf* - **1.** [operazione] drawing up, drafting - **2.** [versione] draft.

stetoscopio *sm* stethoscope.

stetti *etc* ▷ **stare**.

stile *sm* - **1.** [gen] style - **2.** [nel nuoto] stroke; **stile libero** freestyle, (front) crawl.

stilista, i, e *smf* designer.

stilografica, che *sf* fountain pen.

stima *sf* - **1.** [valutazione] estimate - **2.** [rispetto] respect; **avere stima di qn** to respect sb.

stimare [6] *vt* - **1.** [casa, quadro, gioiello] to estimate, to give an estimate of - **2.** [rispettare] to think highly of.

stimolante ◇ *agg* stimulating. **◇** *sm* stimulant.

stimolare [6] *vt* to stimulate; **stimolare qn a fare qc** to spur sb on to do sthg.

stimolo *sm* stimulus; **lo stimolo della fame** hunger pangs *pl*.

stinco, chi *sm* shin.

stingere [49] *vi* [trasferire colore] to run; [perdere colore] to fade. **◆ stingersi** *vip* [trasferire colore] to run; [perdere colore] to fade.

stipendio *sm* [pagato ogni mese] salary; [pagato ogni settimana] wage.

stipite *sm* jamb.

stipulare [6] *vt* [patto, contratto, accordo] to draw up; [pace, tregua] to agree upon.

stirare [6] *vt* - **1.** [biancheria] to iron - **2.** [muscolo - allungare] to stretch; [- ferire] to pull.

stirpe *sf* family; **di nobile stirpe** of noble blood *o* birth.

stitichezza *sf* constipation.

stitico, a, ci, che *agg* constipated.

stiva *sf* hold.

stivale *sm* boot.

stizza *sf* pique; **un gesto di stizza** an angry gesture.

stoccafisso *sm* salted cod.

Stoccolma *sf* Stockholm.

stock [stɔk] *sm inv* stock.

stoffa *sf* material, fabric.

stola *sf* stole.

stomaco, ci *o* chi *sm* stomach; **mal di stomaco** stomachache; **dare allo stomaco** to turn one's stomach.

stonare [6] *vi* - **1.** [cantando] to sing out of tune - **2.** [contrastare] to clash.

stonato, a *agg* - **1.** [nel canto] tone-deaf - **2.** [strumento, canto] out-of-tune.

stop [stɔp] **◇** *sm inv* - **1.** [fanalino] stop light - **2.** [segnale] stop sign. **◇** *esclam* stop!

stoppino *sm* wick.

storcere [25] *vt* to twist; **si è storto una caviglia** he's twisted his ankle; **storcere il naso** *fig* to turn one's nose up. **◆ storcersi** *vip* to buckle.

stordire [9] *vt* - **1.** [gen] to stun - **2.** [sogg: rumore] to deafen - **3.** [sogg: droga, alcol] to befuddle. **◆ stordirsi** *vr* to dull one's senses.

storia *sf* - **1.** [era, materia] history; **passare alla storia** to go down in history - **2.** [racconto, faccenda] story; **sempre la solita storia** always the same old story - **3.** [bugia] fib; **raccontare**

delle storie to tell fibs - **4.** [relazione] affair. ➤ **storie** *sfpl*: **fare storie** to make a fuss.

storico, a, ci, che ◇ *agg* - **1.** [gen] historical - **2.** [vecchio, memorabile] historic. ◇ *sm, f* historian.

stormo *sm* flock.

storpiare [20] *vt* - **1.** [persona] to cripple - **2.** [parola] to mangle.

storta *sf* sprain; **prendere una storta** to twist one's ankle.

storto, a ◇ *pp* ➤ **storcere**. ◇ *agg* - **1.** [non dritto - riga, cravatta] crooked; [- quadro, parete] not straight *(non dav sostantivo)*; [- lamiera, chiodo] bent - **2.** [gambe] bandy - **3.** [occhi]: **avere gli occhi storti** to have a squint; **fare gli occhi storti** to go cross-eyed. ➤ **storto** *avv*: **guardare storto qn** to give sb a dirty look.

stoviglie *sfpl* crockery (U).

strabico, a, ci, che ◇ *agg* - **1.** [occhi]: **avere gli occhi strabici** to have a squint; **fare gli occhi strabici** to go cross-eyed - **2.** [persona] cross-eyed. ◇ *sm, f* person with a squint.

stracciare [17] *vt* to tear; **ha stracciato la lettera** she tore up the letter. ➤ **stracciarsi** *vip* to tear.

stracciatella *sf* - **1.** [gelato] *vanilla ice cream with grated chocolate* - **2.** [minestra] *soup with beaten egg and Parmesan*.

straccio *sm* - **1.** [gen] rag - **2.** [per pulire] cloth; **straccio per la polvere** duster - **3.** *fam* [persona]: **essere ridotto uno straccio** to be worn out.

straccione, a *sm, f* beggar.

strada *sf* - **1.** [in città] street; **per strada** [percorso] on the way; [in giro] around - **2.** [fuori città] road - **3.** [percorso] way; **tra qui e Rovigo ci sono 20 km di strada** Rovigo is 20 km from here - **4.** [varco]: **farsi strada** to make one's way.

stradale ◇ *agg* road *(dav sostantivo)*; **codice stradale** Highway Code *UK*, motor vehicle laws *pl US*. ◇ *sf*: **la stradale** the traffic police.

strafare [13] *vi* to overdo things.

straforo ➤ **di straforo** *avv* on the sly.

strafottente *agg* arrogant.

strage *sf* - **1.** [massacro] massacre; **fare strage di cuori** to be a heartbreaker - **2.** *fig* [disastro] disaster.

strambo, a *agg* weird.

strampalato, a *agg* - **1.** [persona] strange - **2.** [idee] crazy.

stranamente *avv* strangely.

strangolare [6] *vt* to strangle.

straniero, a ◇ *agg* foreign. ◇ *sm, f* foreigner.

strano, a *agg* strange.

straordinario, a *agg* - **1.** [gen] extraordinary - **2.** [in più] extra. ➤ **straordinario** *sm* overtime (U); **fare gli straordinari** to work overtime.

strapazzare [6] *vt* - **1.** [salute, nervi] to neglect - **2.** [vestiti, scarpe] to mistreat. ➤ **strapazzarsi** *vr* to tire o.s. out.

strapazzo *sm* [affaticamento] strain; **evitare gli strapazzi** to avoid stresses and strains; **essere uno strapazzo** to be a strain; **da strapazzo** [vecchio] old; [di qualità scarsa] third-rate.

strapieno, a *agg* overflowing.

strapiombo *sm* precipice; **a strapiombo** sheer.

strappare [6] *vt* - **1.** [togliere - foglie, vestiti] to tear off; [- erbacce] to pull up; [- foglio, pagina] to tear out; **strappare qc di mano a qn** to tear sthg out of sb's hands - **2.** [muscolo, carta] to tear - **3.** [promessa, concessione] to extract. ➤ **strapparsi** *vip* to get torn.

strappo *sm* - **1.** [gen] tear, rip; **uno strappo muscolare** a torn muscle - **2.** [eccezione]: **fare uno strappo alla regola** to make an exception (to the rule) - **3.** *fam* [passaggio]: **dare uno strappo a qn** to give sb a lift o ride *esp US*.

straripare [6] *vi* - **1.** [fiume] to burst its banks - **2.** [teatro, stadio]: **straripare di gente** to overflow (with people).

strascico, chi *sm* - **1.** [di abito] train - **2.** [conseguenza] aftereffect.

strass *sm inv* paste.

stratagemma, i *sm* trick.

strategia *sf* strategy.

strato *sm* - **1.** [gen] layer - **2.** [di vernice, colla] coat - **3.** [di roccia] layer, stratum - **4.** [di popolazione] (social) class. ➤ **a strati** *avv* in layers.

strattone *sm* yank; **dare uno strattone a qn** to give sb a tug.

stravagante *agg* eccentric.

stravedere [81] *vi*: **stravedere per qn** to dote on sb.

stravincere [26] *vi* to triumph.

stravinto, a *pp* ➤ **stravincere**.

stravisto *pp* ➤ **stravedere**.

stravolgere [48] *vt* - **1.** [progetto] to turn upside-down - **2.** [significato] to twist.

stravolto, a ◇ *pp* ➤ **stravolgere**. ◇ *agg* - **1.** [turbato] distraught - **2.** [stanco] exhausted.

strazio *sm* torture; **sei uno strazio!** you're a pain in the neck!

strega, ghe sf - 1. [maga] witch - 2. [donna cattiva] bitch - 3. [donna brutta] hag.

stregone sm [di tribù] witch doctor; [guaritore] shaman.

stremato, a agg worn-out.

stremo sm: essere allo stremo delle forze to have no strength left.

strepitoso, a agg sensational.

stress [strɛs] sm inv stress.

stressante agg - 1. [attività, situazione] stressful - 2. [persona] trying.

stressare [6] vt to put under stress.

stressato, a agg stressed.

stretta sf - 1. [azione] grip; dare una stretta a qc to tighten sthg; stretta di mano handshake; dare una stretta di mano a qn to shake hands with sb - 2. [situazione] mettere qn alle strette to put pressure on sb.

stretto, a ◇ pp ⊳ stringere. ◇ agg - 1. [spazio] narrow - 2. [abbigliamento, presa] tight; andare stretto to be too small; tenere qn/qc stretto to hold sb/sthg tight - 3. [legame, parente] close - 4. [osservanza] strict - 5. [accalcato] squashed. ◆ stretto sm GEO strait; lo stretto di Messina the Strait of Messina.

strettoia sf bottleneck.

stridere [7] vi - 1. [freni, civetta] to screech; [cicala, grillo] to chirp; [porta] to squeak; [maiale] to squeal - 2. [colore] to clash.

stridulo, a agg shrill.

strigliare [21] vt to groom.

strillare [6] ◇ vi - 1. [gridare] to scream, to shriek - 2. [parlare forte] to shout. ◇ vt to shout.

strillo sm shriek.

striminzito, a agg - 1. [abiti] skimpy - 2. [persona] skinny.

stringa, ghe sf - 1. [di scarpa] (shoe-)lace - 2. INFORM string.

stringere [57] ◇ vt - 1. [premere] to hold tight; stringere la mano a qn to shake sb's hand; stringere qn fra le braccia to hug sb - 2. [serrare] to squeeze; stringere il pugno to clench one's fist; stringere le labbra to purse one's lips; stringere i denti fig to clench one's teeth - 3. [patto] to make; stringere amicizia (con qn) to make friends (with sb) - 4. [abiti] to take in - 5. [vite] to tighten. ◇ vi - 1. [abiti, scarpe] to be tight - 2. [farla breve] to cut it short; il tempo stringe time's running out. ◆ stringersi ◇ vr to squeeze up. ◇ vip to shrink.

strinsi etc ⊳ stringere.

striscia, sce sf - 1. [di colore] stripe; strisce (pedonali) (pedestrian) crossing UK, cross-walk US; a strisce striped, stripy - 2. [di tessuto, carta] strip; una striscia di terra a strip of land - 3. [fumetto] comic strip.

strisciare [19] ◇ vt - 1. [trascinare] to drag - 2. [sfiorare] to graze. ◇ vi - 1. [animale] to creep; [serpente, verme] to slither - 2. fig [persona] to grovel.

striscio sm - 1. [segno] mark - 2. MED smear; striscio (vaginale) smear test UK, pap smear US. ◆ di striscio avv: colpire o prendere di striscio to graze.

striscione sm banner.

stritolare [6] vt - 1. [persona, piede, mano] to crush - 2. [sassi] to grind.

strizzare [6] vt - 1. [biancheria] to wring - 2. [chiudere] strizzare l'occhio a qn to wink at sb.

strofa sf verse.

strofinaccio sm tea UK o dish esp US towel.

strofinare [6] vt to rub; strofinarsi gli occhi to rub one's eyes. ◆ strofinarsi vr to rub (o.s.)

stroncare [15] vt - 1. [recidere - ramo] to break off; [- gamba] to break - 2. [reprimere] to crush - 3. [uccidere] essere stroncato da qc to be struck down by sthg - 4. [rovinare] to cut short - 5. [criticare] to slate.

stronzo, a sm, f volg bastard (bitch f).

stropicciare [17] vt to crease; stropicciarsi gli occhi to rub one's eyes. ◆ stropicciarsi vip to get creased.

strozzare [6] vt to strangle. ◆ strozzarsi vip to choke.

strozzino, a sm, f - 1. [usuraio] loan shark - 2. fig [approfittatore] extortionist.

struccare [15] vt to remove o to take off make-up from. ◆ struccarsi vr to remove o to take off one's make-up.

strumentale agg instrumental.

strumentazione sf instruments pl.

strumento sm - 1. fig [gen] tool; strumenti di precisione precision tools - 2. MUS instrument.

strusciare [19] vt to drag. ◆ strusciarsi vr [gatto] to rub o.s.; [persona] to press o.s.

strutto sm lard.

struttura sf - 1. [gen] structure - 2. [ente] organization - 3. [impianto] facility.

struzzo sm ostrich; fare lo struzzo fig to bury one's head in the sand.

stucco, chi sm - 1. [su parete] plaster; [per fessure] filler - 2. [decorazione] stucco work; restare di stucco to be left speechless.

studente, essa sm, f student; studente (universitario) (university) student; studente di medicina/di legge medical/law student.

studentesco, **a**, **schi**, **sche** agg student (dav sostantivo).

studiare [20] ⬦ vt - **1.** [materia] to study - **2.** [progettare] to work out - **3.** [imparare] to learn - **4.** [gesto, comportamento] to measure - **5.** [osservare] to watch. ⬦ vi to study.

studio sm - **1.** [gen] study - **2.** [ufficio] office; **studio legale** lawyer's office; **studio medico** (doctor's) surgery UK, (doctor's) office US - **3.** CINE studio. ◆ **studi** smpl studies.

studioso, **a** ⬦ agg studious. ⬦ sm, f academic; **uno studioso di letteratura greca** a Greek scholar.

stufa sf stove.

stufare [6] vt to tire; **mi hai stufato con le tue richieste** I'm fed up with your demands. ◆ **stufarsi** vip: **stufarsi (di qn/qc)** to get fed up (with sb/sthg); **stufarsi di fare qc** to get fed up with doing sthg.

stufato sm stew.

stufo, **a** agg fed up; **essere stufo di qn/qc** to be fed up with sb/sthg; **essere stufo di fare qc** to be fed up with doing sthg.

stuoia sf mat.

stupefacente ⬦ agg - **1.** [incredibile] unbelievable - **2.** [sostanza] narcotic. ⬦ sm drug, narcotic.

stupefatto, **a** agg stupefied.

stupendo, **a** agg stupendous.

stupidaggine sf - **1.** [cosa sciocca] nonsense (U), rubbish (U) esp UK - **2.** [azione] stupid o silly thing; **ho fatto una stupidaggine** I've done something stupid.

stupidità sf inv stupidity.

stupido, **a** ⬦ agg stupid. ⬦ sm, f idiot.

stupire [9] vt to astonish. ◆ **stupirsi** vip: **stupirsi (di qn/qc)** to be astonished (by sb/sthg); **mi stupisco di te!** you astonish me!

stupito, **a** agg astonished.

stupore sm astonishment.

stuprare [6] vt to rape.

stupro sm rape.

stuzzicadenti sm inv toothpick.

stuzzicare [15] vt - **1.** [infastidire] to tease - **2.** [stimolare - appetito] to whet; [- curiosità] to arouse - **3.** [toccare] to pick.

stuzzichino sm appetizer.

su (dav art det **sul**, **sullo**, **sulla**, **sull'**, **sui**, **sugli**, **sulle**) ⬦ prep - **1.** [stato in luogo] on; **le chiavi sono sul tavolo** the keys are on the table; **a duemila metri sul livello del mare** two thousand metres UK o meters US above sea level; **una casa sul mare** a house by the sea; **sul giornale** in the newspaper; **questa stanza dà sul giardino** this room looks onto the garden - **2.** [moto a luogo] on, onto; **vieni sulla terraz-**

za **come onto the terrace; salire sul treno/ sull'autobus** to get on the train/the bus; **salire su un albero/una collina** to climb a tree/a hill - **3.** [argomento] on, about; **un libro sulla vita di Napoleone** a book on o about the life of Napoleon - **4.** [tempo]: **sul tardo pomeriggio** late in the afternoon; **sul momento** at the time; **sul presto** early - **5.** [prezzo, misura] about, around; **costerà sui 200 euro** it should cost about 200 euros; **peserà sui tre chili** it must weigh around 3 kilos; **un uomo sulla quarantina** a man of about forty - **6.** [modo]: **su ordinazione** to order; **su appuntamento** by appointment; **su misura** [scarpe] handmade; [abiti] made to measure; **parlare sul serio** to be serious - **7.** [distributivo] out of; **5 studenti su 100** 5 students out of 100; **nove volte su dieci** nine times out of ten. ⬦ avv - **1.** [in alto] up; **che tempo fa su in montagna?** what's the weather like up in the mountains?; **tenere su le braccia/la testa** to hold one's arms/head up - **2.** [al piano di sopra] upstairs - **3.** [esortazione]: **su, sbrigatevi!** come on, hurry up!; **su con la vita!** cheer up!; **in su** [guardare] up; [con numeri] upwards; **dai dieci euro in su** from ten euros upwards; **su per le scale/la collina** up the stairs/the hill; **su per giù** more or less.

sub smf inv scuba diver; **fare il sub** to go scuba diving.

subacqueo, **a** ⬦ agg underwater. ⬦ sm, f scuba diver.

subbuglio sm - **1.** [agitazione] stir; **essere in subbuglio** to be in turmoil - **2.** [disordine] mess; **mettere qc in subbuglio** to turn sthg upside down.

subire [9] vt - **1.** [sopportare] to suffer; **subire una condanna** to be convicted - **2.** [essere sottoposto a] to undergo; **subire un processo** to stand trial.

subito avv - **1.** [immediatamente] immediately, straight away; **torno subito** I won't be a moment; **subito prima/dopo** just before/ straight after; **arrivò subito dopo la mia telefonata** he arrived straight after I called - **2.** [in poco tempo] very quickly.

sublime agg sublime.

subordinare [6] vt: **subordinare qc a qc** to put sthg before sthg; **subordina i propri interessi a quelli della famiglia** he puts his family's interests before his own.

subordinato, **a** ⬦ agg - **1.** [dipendente]: **essere subordinato a qc** to be dependent on sthg - **2.** GRAMM subordinate. ⬦ sm, f subordinate.

succedere [40] vi - **1.** [accadere] to happen - **2.** [prendere il posto]: **succedere a qn/qc** to succeed sb/sthg. ◆ **succedersi** vip to follow one another.

successione sf - 1. [di beni, proprietà] inheritance - 2. [in carica] succession - 3. [sequenza] sequence; **in successione** in sequence.

successivamente avv subsequently.

successivo, a agg next.

successo, a pp ⊳ **succedere**. ◆ **successo** sm - 1. [gen] success; **di successo** successful - 2. [canzone] hit.

successore sm successor.

succhiare [20] vt to suck.

succhiotto sm dummy UK, pacifier US.

succo, chi sm - 1. [spremuta] juice; **succo di frutta** fruit juice - 2. [di storia, discorso] essence.

succube agg: **essere succube di qn** to be dominated by sb.

succursale sf [di banca, ufficio postale] branch; [di scuola] annex, annexe UK.

sud ⋄ sm south; **a sud di qc** south of sthg. ⋄ agg inv south (dav sostantivo), southern.

Sudafrica sm: **il Sudafrica** South Africa.

sudafricano, a ⋄ agg South African; **la Repubblica Sudafricana** the Republic of South Africa. ⋄ sm, f South African.

Sudamerica sm: **il Sudamerica** South America.

Sudan sm: **il Sudan** (the) Sudan.

sudare [6] vi - 1. [traspirare] to sweat - 2. [faticare] to work hard.

sudato, a agg - 1. [bagnato] sweaty - 2. [ottenuto con fatica] hard-earned.

suddetto, a agg aforementioned.

suddito, a sm, f subject.

suddividere [30] vt to divide up, to subdivide.

suddiviso, a pp ⊳ **suddividere**.

sud-est sm south-east; **a sud-est di qc** south-east of sthg.

sudicio, a, ci, ce o **cie** agg dirty.

sudoccidentale agg [versante, regione] south-western; [venti, correnti] south-westerly.

sudore sm - 1. [del corpo] sweat - 2. [fatica] hard work.

sudorientale agg [versante, regione] south-eastern; [venti, correnti] south-easterly.

sud-ovest sm south-west; **a sud-ovest di qc** south-west of sthg.

Sudtirolo sm: **il Sudtirolo** the South Tyrol.

sue ⊳ **suo**.

Suez sf Suez; **il canale di Suez** the Suez Canal.

sufficiente agg - 1. [abbastanza, adeguato] sufficient - 2. SCOL: **voto sufficiente** pass.

sufficientemente avv sufficiently.

sufficienza sf - 1. [voto] pass - 2. [quantità sufficiente]: **a sufficienza** enough - 3. [presunzione] haughtiness.

suggerimento sm suggestion.

suggerire [9] vt - 1. [consigliare] to suggest - 2. [a scuola, a teatro] to prompt.

suggestivo, a agg - 1. [emozionante] evocative - 2. [interessante] thought-provoking.

sughero sm [materiale, oggetto] cork.

sugli = **su + gli**.

sugo, ghi sm - 1. [condimento] sauce - 2. [succo] juice - 3. [liquido di cottura - di carne] juices pl; [- di verdure] (cooking) liquid.

sui = **su + i**.

suicidarsi [6] vr to commit suicide.

suicidio sm suicide.

suino, a agg pig (dav sostantivo); **carne suina** pork. ◆ **suino** sm pig.

sul = **su + il**.

sull' = **su + l'**.

sulla = **su + la**.

sulle = **su + le**.

sullo = **su + lo**.

sunto sm summary, précis.

suo, sua, suoi, sue ⋄ agg poss - 1. [di lui] his; **la sua nuova casa** his new house; **questi sono suoi** these are his; **le sue sorelle** his sisters; **un suo amico** a friend of his; **a casa sua** [stato in luogo] at his house; [moto a luogo] to his house - 2. [di lei] her; **la sua nuova casa** her new house; **questi sono suoi** these are hers; **le sue sorelle** her sisters; **un suo amico** a friend of hers; **a casa sua** [stato in luogo] at her house; [moto a luogo] to her house - 3. [riferito a cosa] its; **la città e i suoi dintorni** the city and its surroundings - 4. [riferito ad animale] its, his (her f) - 5. [forma di cortesia] your; **sua sorella come sta?** how is your sister? - 6. [uso impersonale] one's. ⋄ pron poss - 1. [di lui, lei]: **il suo, la sua, i suoi, le sue** his (hers f); **qual è il suo?** which one's his/hers?; **i suoi** [genitori] his/her parents; **deve sempre dire la sua!** he/she always has to have his/her say!; **ne ha fatta una delle sue!** he's/she's done it again! - 2. [riferito a cosa]: **il suo, la sua, i suoi, le sue** its; **il suo è un sapore tipicamente mediterraneo** its is a typically Mediterranean flavour - 3. [riferito ad animale]: **il suo, la sua, i suoi, le sue** its, his (hers f) - 4. [forma di cortesia]: **il suo, la sua, i suoi, le sue** yours; **qual è il suo, signora?** which one's yours?; **i suoi** [genitori] your parents - 5. [uso impersonale] one's.

suocero, a sm, f father-in-law (mother-in-law f); **mio suocero** my father-in-law; **mia suocera** my mother-in-law; **i miei suoceri** my in-laws.

suoi

suoi ⊳ **suo**.

suola *sf* [di scarpa] sole.

suolo *sm* ground.

suonare [6] ⟷ *vt* - **1.** [strumento, brano musicale] to play - **2.** [congegno] to ring - **3.** [ora] to chime. ⟷ *vi* - **1.** [musicista] to play - **2.** [congegno] to ring - **3.** [campana] to chime.

suonatore, trice *sm, f* player.

suoneria *sf* ring tone.

suono *sm* sound.

suora *sf* nun; **suor Rita** sister Rita.

super *sf inv* premium.

superalcolico, a, ci, che *agg* alcoholic. ◆ **superalcolico** *sm* spirit.

superare [6] *vt* - **1.** [esame, concorso] to pass - **2.** [ostacolo, difficoltà] to overcome - **3.** [oltrepassare - aspettative] to exceed; [- confine, livello] to go beyond - **4.** [essere superiore a]: **superare qn in altezza/per intelligenza** to be taller/more intelligent than sb - **5.** [sorpassare] to pass, to overtake *UK*.

superato, a *agg* outdated.

superbia *sf* pride.

superbo, a *agg* - **1.** [arrogante, presuntuoso] proud - **2.** [grandioso] magnificent.

superficiale *agg* superficial.

superficialità *sf inv* superficiality.

superficie *sf* - **1.** [gen] surface - **2.** [area] area.

superfluo, a *agg* unnecessary. ◆ **superfluo** *sm* surplus.

superiora *sf* mother superior.

superiore ⟷ *agg* - **1.** [gen] superior; **superiore a qn/qc** better than sb/sthg; **essere superiore a qc** [indifferente] to be above sthg; **scuola superiore** secondary *o* high school; **istruzione superiore** higher education - **2.** [più in alto] upper *(dav sostantivo)* - **3.** [maggiore]: **superiore (a qc)** [prezzo, numero, temperatura] higher (than sthg); [età] older (than sthg). ⟷ *smf* superior. ◆ **superiori** *sfpl* secondary *o* high school.

superiorità *sf* superiority.

superlativo, a ⟷ *agg* superlative. ⟷ *sm* superlative.

supermercato *sm* supermarket.

superpotenza *sf* superpower.

superstite ⟷ *agg* surviving. ⟷ *smf* survivor.

superstizioso, a *agg* superstitious.

superstrada *sf* motorway *UK*, freeway *US*.

supervisione *sf* supervision.

supino, a *agg* (lying) on one's back *(non dav sostantivo)*, supine.

supplementare *agg* extra.

supplemento *sm* supplement.

supplente *smf* supply teacher *UK*, substitute teacher *US*.

supplenza *sf* temporary post.

supplica, che *sf* - **1.** [preghiera] prayer - **2.** [richiesta] plea.

supplicare [15] *vt* to beg; **supplicare qn di fare qc** to beg sb to do sthg.

supplizio *sm* torture.

supporre [96] *vt* to suppose.

supporto *sm* support.

supposizione *sf* supposition.

supposta *sf* suppository.

supposto, a *pp* ⊳ **supporre**.

supremazia *sf* supremacy.

supremo, a *agg* supreme.

surf ['sɛrf] *sm inv* - **1.** [sport] surfing - **2.** [tavola] surfboard.

surgelato, a *agg* frozen. ◆ **surgelato** *sm* frozen food.

suscettibile *agg* - **1.** [permaloso] sensitive - **2.** [soggetto]: **suscettibile di qc** capable of sthg.

suscitare [6] *vt* [scandalo, proteste, riso] to cause; [interesse] to spark.

susina *sf* plum.

susino *sm* plum tree.

sussidio *sm* aid.

sussistenza *sf* subsistence.

sussultare [6] *vi* - **1.** [persona] to jump - **2.** [terra, pavimento] to shake.

sussurrare [6] *vt* to whisper.

svago, ghi *sm* - **1.** [luogo di divertimento] place of entertainment - **2.** [divertimento] amusement.

svaligiare [18] *vt* [banca, negozio, ufficio, cassaforte] to rob; [casa] to burgle, to burglarize *US*.

svalutazione *sf* devaluation.

svanire [9] *vi* to disappear.

svantaggiato, a *agg* disadvantaged.

svantaggio *sm* - **1.** [gen] disadvantage - **2.** [distacco]: **avere quattro punti di svantaggio rispetto a qn/qc, essere in svantaggio di quattro punti su qn/qc** to be four points behind sb/sthg - **3.** [danno]: **a svantaggio di qc** to the detriment of sthg; **tornare a proprio svantaggio** to be to one's disadvantage.

svantaggioso, a *agg* disadvantageous.

svariato, a *agg* various.

svastica, che *sf* swastika.

svedese ⟷ *agg* Swedish. ⟷ *smf* [persona] Swede. ⟷ *sm* [lingua] Swedish.

sveglia *sf* - **1.** [orologio] alarm (clock) - **2.** [risveglio] waking-up time - **3.** MIL reveille.

svegliare [21] *vt* - **1.** [dal sonno] to wake - **2.** [scaltrire] to wake up. ◆ **svegliarsi** *vip* - **1.** [dal sonno] to wake (up) - **2.** [farsi furbo] to wake up.

sveglio, a *agg* - **1.** [non addormentato] awake - **2.** [intelligente] bright.

svelare [6] *vt* [segreto, intenzioni] to reveal; [mistero] to uncover.

svelto, a *agg* quick; **alla svelta** quickly.

svendita *sf* clearance sale; **in svendita** in a sale *UK*, on sale *US*.

svenire [109] *vi* to faint.

sventolare [6] *vt* & *vi* to wave.

sventura *sf* - **1.** [sfortuna] bad luck - **2.** [disgrazia] misfortune.

svenuto, a ◇ *pp* ▷ **svenire**. ◇ *agg* unconscious.

svestire [8] *vt* to undress. ◆ **svestirsi** *vr* to undress, to get undressed.

Svezia *sf*: **la Svezia** Sweden.

svezzare [6] *vt* to wean.

sviluppare [6] *vt* to develop. ◆ **svilupparsi** *vip* - **1.** [gen] to develop - **2.** [incendio, epidemia] to spread.

sviluppo *sm* - **1.** [gen] development - **2.** [di negativo] developing.

svincolarsi [6] *vr*: **svincolarsi (da qn/qc)** to escape (from sb/sthg).

svincolo *sm* junction.

svista *sf* oversight.

svitare [6] *vt* to unscrew. ◆ **svitarsi** *vip* to unscrew, to come unscrewed.

svitato, a ◇ *agg* - **1.** [allentato] unscrewed - **2.** *fam* [strambo] unhinged. ◇ *sm, f fam* nutcase.

Svizzera *sf*: **la Svizzera** Switzerland.

svizzero, a *agg* & *sm, f* Swiss.

svogliato, a *agg* - **1.** [privo d'interesse] lazy - **2.** [indolente] listless.

svolgere [48] *vt* - **1.** [lavoro, attività] to carry out - **2.** [tema, argomento] to develop - **3.** [matassa] to unravel; [gomitolo] to unwind. ◆ **svolgersi** *vip* - **1.** [accadere] to occur - **2.** [essere ambientato] to be set.

svolta *sf* - **1.** [cambiamento] change - **2.** [momento] turning-point - **3.** [curva] turn.

svoltare [6] *vi* to turn.

svolto, a *pp* ▷ **svolgere**.

svuotare [6] *vt* to empty.

t¹, T *sm o sf inv* t, T.

t² (*abbr di* **tonnellata**) t.

T (*abbr di* **tabaccheria**) tobacconist.

tabaccaio, a *sm, f* [persona] tobacconist. ◆ **tabaccaio** *sm* [negozio] tobacconist, tobacconist's.

tabaccheria *sf* tobacconist, tobacconist's.

tabacco, chi *sm* tobacco.

tabella *sf* - **1.** [prospetto] table, chart; **tabella di marcia** schedule - **2.** [listino]: **tabella dei prezzi** price list - **3.** [griglia] table.

tabellina *sf* (times) table.

tabellone *sm* - **1.** [per affissioni] hoarding *UK*, billboard *US* - **2.** [in stazione] board; **tabellone delle partenze/degli arrivi** departures/arrivals board - **3.** [in pallacanestro] backboard.

tabù *agg inv* & *sm inv* taboo.

tacca, che *sf* - **1.** [incisione] notch - **2.** [su display] bar.

taccagno, a ◇ *agg* stingy. ◇ *sm, f* skinflint.

tacchino *sm* turkey.

tacco, chi *sm* [di scarpa] heel; **con/senza tacco** with/without a heel; **tacchi a spillo** stiletto heels; **portare i tacchi** to wear (high) heels.

taccuino *sm* notebook.

tacere [87] ◇ *vi* - **1.** [rimanere zitto, non esprimersi] to say nothing - **2.** [smettere di parlare] to be quiet; **mettere qc a tacere** to hush sthg up - **3.** [non riferire]: **tacere su qc** to keep quiet about sthg. ◇ *vt* to keep quiet about.

tachicardia *sf* tachycardia.

taciturno, a *agg* taciturn.

tacqui *etc* ▷ **tacere**.

tafferuglio *sm* brawl.

taglia *sf* - **1.** [misura] size - **2.** [ricompensa] reward.

tagliacarte *sm inv* paper knife *UK*, letter opener *esp US*.

tagliando *sm* - **1.** [cedola] coupon - **2.** [su merce]: **tagliando di controllo** manufacturer and product details.

tagliare [21] ◇ *vt* - **1.** [gen] to cut; **tagliarsi i capelli** to get one's hair cut; **tagliarsi le unghie** to cut one's nails; **tagliar corto** to cut it short - **2.** [albero, foresta] to cut down - **3.** [braccio, gamba] to cut off, to amputate - **4.** [ferirsi]: **tagliarsi un dito/un piede** to cut one's finger/foot - **5.** [acqua, luce, gas, telefono] to cut off - **6.** [rifornimenti, forniture] to cut off, to stop - **7.** [escludere]: **tagliare fuori qn** to exclude sb - **8.** [attraversare] to cut through; **tagliare la strada a qn** to cut in in front of sb. $\diamond$ *vi* - **1.** [essere affilato] to cut - **2.** [prendere una scorciatoia]: **tagliare per qc** to cut through sthg. $\blacktriangleright$ **tagliarsi** $\diamond$ *vr* [ferirsi] to cut o.s. $\diamond$ *vip* [lacerarsi] to get torn.

tagliatelle *sfpl* tagliatelle (U).

tagliente *agg* - **1.** [affilato] sharp - **2.** [sarcastico] sharp, cutting.

taglio *sm* - **1.** [gen] cut; **dare un taglio a qc** to cut sthg short; **taglio cesareo** MED caesarean (section) *UK*, cesarean (section) *US* - **2.** [pezzo - di stoffa] length; [- di carne] cut, piece - **3.** [di banconote]: **di piccolo/grosso taglio** small-/large-denomination *(dav sostantivo)* - **4.** [di lama] edge.

tailandese, thailandese *agg, smf & sm* Thai.

Tailandia, Thailandia *sf*: **la Tailandia** Thailand.

tailleur [ta'jɛr, ta'jør] *sm inv* (woman's) suit.

talco, chi *sm* talc, talcum powder.

tale $\diamond$ *agg dim* - **1.** [di questo tipo] such; **in tal caso** in that case - **2.** [così grande] so; **fa un tale freddo!** it's so cold!; **tale... che... so... that...; è di una tale gentilezza che...** she's so kind that...; **tale... da... so... that...; fa un rumore tale da...** it's so noisy that... - **3.** [in paragoni]: **tale... tale...** like... like...; **tale madre tale figlia** like mother like daughter; **tale quale** just (the same) as. $\diamond$ *agg indef*: **un tal signor Marchi** a Mr Marchi; **il giorno tale all'ora tale** on such and such a day at such and such a time. $\diamond$ *pron indef* [persona]: **un tale, una tale** someone; **quel/quella tale** that man/woman; **il/la tal dei tali** such and such.

talento *sm* talent; **di talento** talented.

tallone *sm* heel.

talmente *avv* so.

talpa *sf* [animale, spia] mole.

talvolta *avv* sometimes.

tamburello *sm* - **1.** [strumento] tambourine - **2.** [gioco] *sport* played by two teams or the tambourine-shaped racket used in this sport.

tamburo *sm* - **1.** [strumento] drum - **2.** [di freno] brake drum - **3.** [di pistola] cylinder.

Tamigi *sm*: **il Tamigi** the Thames.

tamponamento *sm* crash; **tamponamento a catena** pile-up.

tamponare [6] *vt* - **1.** [urtare] to crash into - **2.** [ferita] to dab.

tampone *sm* - **1.** [per timbri] ink-pad - **2.** [assorbente interno] tampon - **3.** [per ferita] swab.

tana *sf* [di animale] lair.

tanfo *sm* (bad) smell.

tanga *sm inv* thong.

tangente $\diamond$ *agg* GEOM tangential. $\diamond$ *sf* - **1.** [mazzetta] bribe - **2.** GEOM tangent.

tangenziale *sf* [tutto intorno alla città] ringroad *UK*, beltway *US*; [per evitare la città] bypass.

tango, ghi *sm* tango.

tanica, che *sf* - **1.** [recipiente] tank - **2.** [contenuto] tank, tankful.

tanto, a $\diamond$ *agg indef* - **1.** [quantità] such a lot of, so much; **ho tanto lavoro** I've got so much work *o* such a lot of work; **lo conosco da tanto tempo** I've known him for such a long time *o* for ages; **ho tanta fame/tanto sonno** I'm so hungry/sleepy; **tanto ... da/che ... so much... that ... - 2.** [numero] such a lot of, so many; **ho tanti amici** I've got such a lot of friends; **ci sono tante cose da fare** there are so many things to do; **tanti ... da/che ... so many... that ...; tanti auguri!** [a Natale] Merry Christmas!; [per il compleanno] Happy Birthday! - **3.** [in paragoni]: **tanto... quanto ... as *o* so much... as ...; tanti... quanti ... as many... as ...** $\diamond$ *pron indef* - **1.** [quantità] such a lot; **(così) tanto ... da/che ...** so much... that ... - **2.** [numero] so many (people); **una ragazza come tante** a girl like so many others; **(così) tanti ... da/che ...** so many... that ...; **in tanti** a lot of people; **erano in tanti** there were a lot of people - **3.** [molta gente]: **tanti** many people - **4.** [in paragoni]: **tanto quanto** as much as; **tanti quanti** as many as - **5.** [quantità indeterminata] some; **un tanto** so much; **un tanto al mese** so much a month; **tanto vale** you/he/we *etc* might as well; **tanto vale che tu stia a casa** you might as well stay at home. $\blacklozenge$ **tanto** $\diamond$ *avv* - **1.** [con verbi] so much; **ti ringrazio tanto** thank you so much; **mi piace tanto** I like it/him *etc* so much - **2.** [con aggettivi *o* avverbi] so; **parlava tanto lentamente** he spoke so slowly; **tanto ... da/che ... so... that ...; è tanto grasso che...** he's so fat that...; **sono tanto sciocchi da crederci** they're silly enough to believe it; **tanto meglio!** all the better!; **tanto più che** especially since - **3.** [in paragoni]: **tanto... quanto ... as... as ...; non studia tanto quanto potrebbe** she doesn't study as much as she could; **era tanto bella quanto intelligente** she was as beautiful as she was intelligent - **4.** [temporale] for a long time; **non ci possiamo fermare tanto** we can't stay long; **hai aspettato tanto?** have you been waiting long? - **5.** [soltanto] just; **tanto**

per divertirsi just for fun; **tanto per cambiare** just for a change; **una volta tanto** once in a while. ◇ *cong* in any case.

tappa *sf* - **1.** [sosta] stop; **fare tappa** to stop off - **2.** [parte di percorso, gara] stage, leg - **3.** [momento importante] milestone.

tappare [6] *vt* [buco, falla] to plug; [bottiglia] to cork; [porta, finestra] to seal; **tapparsi il naso** to hold one's nose; **tapparsi le orecchie** to cover one's ears; **tapparsi gli occhi** to keep one's eyes closed. ◆ **tapparsi** ◇ *vr* [rinchiudersi]: **tapparsi in casa** to shut o.s. away (in one's house). ◇ *vip* [otturarsi] to get blocked.

tapparella *sf fam* (roller *UK* o corrugated *US*) shutter.

tappetino *sm* mat.

tappeto *sm* - **1.** [in casa - piccolo] rug; [- grande] carpet - **2.** [di fiori, foglie, neve] carpet - **3.** SPORT mat; **andare al tappeto** to go down.

tappezzare [6] *vt* [con foto, manifesti] to cover; [poltrona, divano] to upholster; **tappezzare qc di qc** to cover sthg with sthg.

tappezzeria *sf* - **1.** [carta da parati] wallpaper - **2.** [rivestimento] upholstery - **3.** [negozio] upholsterer.

tappo *sm* - **1.** [chiusura - di barattolo] lid; [- di bottiglia di vino] cork; [- di bottiglia d'acqua] stopper; [- di lavandino] plug - **2.** [di cerume] buildup - **3.** *scherz, spreg* [persona] shorty.

tara *sm* [peso] tare.

tarantola *sf* tarantula.

tardare [6] *vi* to be late; **tardare a fare qc** to delay doing sthg.

tardi *avv* late; **a più tardi** see you later; **al più tardi** at the latest; **fare tardi** to be late.

tardo, a *agg* - **1.** [avanzato] late - **2.** [persona] slow.

targa, ghe *sf* - **1.** [di veicolo] numberplate *UK*, license plate *US* - **2.** [placca] plaque.

targato, a *agg*: **la mia macchina è targata...** my car's registration number *UK* o license (plate) number *US* is...

targhetta *sf* [su porta] nameplate; [su valigia, indumento] name tag.

tariffa *sf* - **1.** [di trasporti] fare; [di telefono, elettricità] rate, tariff - **2.** [di professionista] fee.

tariffario, a *agg* price *(dav sostantivo)*.

tarlo *sm* woodworm.

tarma *sf* moth.

tartagliare [21] *vi* to stammer.

tartaro, a ◇ *agg* - **1.** [popolazione] Tartar - **2.** CULIN tartar; **salsa tartara** tartar sauce. ◇ *sm, f* [persona] Tartar. ◆ **tartaro** *sm* [dentario] tartar.

tartaruga, ghe *sf* - **1.** [animale] [di mare] turtle; [di terra] tortoise, turtle *US* - **2.** [materiale] tortoiseshell.

tartina *sf* canapé.

tartufo *sm* - **1.** [fungo] truffle - **2.** [gelato] *type of ice-cream dessert.*

tasca, sche *sf* - **1.** [di abito] pocket; **da tasca** pocket *(dav sostantivo)* - **2.** [di borsa] pocket, compartment.

tascabile ◇ *agg* pocket *(dav sostantivo)*. ◇ *sm* paperback.

taschino *sm* breast pocket.

tassa *sf* - **1.** [su servizi - tributo] tax; [- scolastica, universitaria] fee; [- postale] postage - **2.** *fam* [imposta] tax.

tassametro *sm* taxi meter.

tassare [6] *vt* to tax.

tassello *sm* - **1.** [per muro, mobile] wedge - **2.** *fig* [componente] strand.

tassì *sm inv* = **taxi**.

tassista, i, e *smf* taxi driver.

tasso *sm* - **1.** [gen] rate; **tasso di cambio** exchange rate; **tasso d'interesse** interest rate; **a tasso zero** interest-free - **2.** [livello] level - **3.** [animale] badger - **4.** [albero] yew.

tastare [6] *vt* to feel; **tastare il polso a qn** MED to take sb's pulse; **tastare il terreno** *fig* to test the water.

tastiera *sf* - **1.** [di pianoforte, computer] keyboard - **2.** [di telefono] keypad.

tasto *sm* - **1.** [di strumento, computer] key - **2.** [di telefono, ascensore] button - **3.** [argomento] subject.

tastoni *avv*: **andare (a) tastoni** to grope o feel one's way.

tattica, che *sf* - **1.** [strategia] tactic - **2.** SPORT & MIL tactics *pl*.

tattico, a, ci, che *agg* tactical.

tatto *sm* - **1.** [senso] touch - **2.** [delicatezza] tact.

tatuaggio *sm* tattoo.

tav. *(abbr di* **tavola)** plate, table.

taverna *sf* tavern.

tavola *sf* - **1.** [mobile] table; **essere a tavola** to be having a meal; **mettersi a tavola** to sit down to a meal; **tavola calda** café - **2.** [asse] board - **3.** [tabella] table - **4.** [illustrazione] table, figure - **5.** [lastra - di cioccolato] bar; [- di pietra] tablet.

tavoletta *sf* bar; **tavoletta di cioccolato** bar of chocolate.

tavolino *sm* [da studio, gioco] (small) table; [da salotto] coffee table.

tavolo *sm* table; **tavolo operatorio** operating table; **tavolo da ping pong** table tennis table.

tavolozza *sf* easel.

taxi *sm inv* taxi, cab.

tazza *sf* - **1.** [recipiente] cup - **2.** [contenuto] cup, cupful.

tazzina *sf* - **1.** [recipiente] coffee cup - **2.** [contenuto] small cupful.

te *pron pers* - **1.** you; **non parlavo con te** I wasn't talking to you; **se fossi in te** if I were you; **lo ha chiesto a te** he asked you; **secondo te che farà?** what do you think she'll do? - **2.** ▷ **ti.**

tè *sm inv* tea.

teatrale *agg* theatrical.

teatro *sm* - **1.** [gen] theatre *UK*, theater *US*; **teatro tenda** big tent, marquee *esp UK* - **2.** [opere] plays *pl*, dramatic works *pl* - **3.** *fig* [scenario] scene.

tecnica, che *sf* - **1.** [norme, metodo] technique - **2.** [tecnologia] technology.

tecnico, a, ci, che ◇ *agg* technical. ◆ *sm, f* - **1.** [specialista] technician - **2.** [allenatore] coach.

tecno *agg inv* & *sf inv* techno.

tecnologia *sf* technology.

tecnologico, a, ci, che *agg* technological.

tedesco, a, schi, sche *agg* & *sm, f* German. ◆ **tedesco** *sm* [lingua] German.

tegame *sm* pot.

teglia *sf* [per arrosti] roasting pan *o* tin *UK*; [per dolci] baking pan *o* tin *UK*.

tegola *sf* (roof) tile, slate.

teiera *sf* teapot.

tela *sf* - **1.** [gen] canvas; **tela cerata** oilcloth - **2.** [di ragno] spider's web.

telaio *sm* - **1.** [per tessere] loom - **2.** [per ricamare, di porta, finestra] frame - **3.** [di auto, bicicletta] chassis.

tele *sf fam* TV, telly *UK*.

telecamera *sf* television camera.

telecomandato, a *agg* remote-controlled.

telecomando *sm* remote control.

telecomunicazioni *sfpl* telecommunications.

teleconferenza *sf* teleconference.

telecronaca, che *sf* (TV) report.

telecronista, i, e *smf* commentator.

telefilm *sm inv* telefilm, TV film *UK*.

telefonare [6] ◇ *vi*: **telefonare (a qn)** to phone *o* telephone (sb). ◇ *vt* to phone, to telephone.

telefonata *sm* phone call, telephone call; **telefonata a carico del destinatario** reverse-charge call *UK*, collect call *US*.

telefonia *sf* telephony; **telefonia mobile** cellular *o* mobile *UK* telephony.

telefonico, a, ci, che *agg* telephone *(dav sostantivo)*.

telefonino *sm* mobile phone *esp UK*, mobile *UK*, cellphone *esp US*, cell *US*.

telefonista, i, e *smf* telephonist.

telefono *sm* [apparecchio] phone, telephone; **telefono a scheda** card phone *UK*; **telefono fisso** landline; **telefono cellulare** mobile phone *esp UK*, cellphone *esp US*.

telegiornale *sm* (television) news *(U)*.

telegrafo *sm* - **1.** [ufficio] telegraph office - **2.** [apparecchio] telegraph.

telegramma, i *sm* telegram.

telelavoro *sm* teleworking.

telematico, a, ci, che *agg* data communications *(dav sostantivo)*.

telenovela *(pl* telenovelas *o* telenovele*)* *sf* soap (opera).

teleobiettivo *sm* telephoto lens *(sing)*.

telepatia *sf* telepathy.

telescopio *sm* telescope.

telespettatore, trice *sm, f* viewer.

televendita *sf* home shopping.

Televideo *sm inv* ≃ teletext®.

televisione *sf* - **1.** *fam* [televisore] television *o* TV (set) - **2.** [programmi] television, TV - **3.** [organizzazione, tecnologia] television.

televisivo, a *agg* television *(dav sostantivo)*, TV *(dav sostantivo)*.

televisore *sm* television *o* TV set.

telo *sm*: **telo da mare** beach towel.

tema, i *sm* - **1.** [argomento] theme - **2.** SCOL essay.

temere [7] ◇ *vt* - **1.** [aver paura di] to fear - **2.** [non sopportare] not to be able to stand. ◇ *vi* [preoccuparsi]: **temere per qn/qc** to worry about sb/sthg.

tempera *sf* tempera.

temperamatite *sm inv* pencil sharpener.

temperamento *sm* - **1.** [carattere] temperament - **2.** [carattere forte] character.

temperare [6] *vt* [matita] to sharpen.

temperato, a *agg* - **1.** [clima, zona] temperate - **2.** [entusiasmo, linguaggio] moderate.

temperatura *sf* temperature; **a temperatura ambiente** at room temperature.

temperino *sm* - **1.** [coltellino] penknife, pocket knife - **2.** [temperamatite] pencil sharpener.

tempesta *sf* storm; **tempesta di neve** blizzard, snowstorm; **tempesta di sabbia** sandstorm.

tempestivo, a *agg* - **1.** [opportuno] timely - **2.** [rapido] speedy.

tempia *sf* ANAT temple.

tempio (*pl* templi) *sm fig* temple.

tempo *sm* - 1. [successione di istanti] time; a tempo perso in one's spare time; da quanto tempo manchi da Milano? how long have you been away from Milan?; da tempo non la vedevo più I hadn't seen her for some time; a tempo pieno full time; tempo libero spare time; non avere tempo not to have time; perdere tempo to waste time; tempo fa some time ago; in o per tempo in time; in tempo reale INFORM in real time; in tempo utile on time; un tempo once upon a time; al tempo stesso at the same time - 2. [atmosferico] weather; che tempo fa? what's the weather like? - 3. MUS time - 4. [di motore] stroke - 5. [di film]: primo/secondo tempo first/second part - 6. [di partita]: primo/secondo tempo first/second half; tempi supplementari extra time (U) UK, overtime (U) US - 7. GRAMM tense.

temporale ◇ *agg* temporal. ◇ *sm* storm.

temporaneo, a *agg* temporary.

tempra *sf* constitution.

tenace *agg* [persona, carattere] tenacious; [amicizia, odio] enduring.

tenacia *sf* tenacity.

tenaglie *sfpl* pincers.

tenda *sf* - 1. [di finestra] curtain - 2. [di terrazza, negozio] canopy - 3. [da campeggio] tent.

tendenza *sf* - 1. [inclinazione]: avere tendenza a o per qc to have an aptitude for sthg; avere tendenza a fare qc to have a tendency to do sthg - 2. [orientamento] tendency.

tendere [43] ◇ *vt* - 1. [distendere] to stretch; tendere una trappola a qn to set a trap for sb - 2. [sporgere] to stretch out; tendere le orecchie to prick up one's ears. ◇ *vi*: tendere a qc to tend towards sthg; tendere a fare qc to tend to do sthg.

tendine *sm* tendon.

tenebre *sfpl lett* darkness (U).

tenente *sm* lieutenant.

tenere [93] ◇ *vt* - 1. [reggere] to hold - 2. [mantenere, prendere, conservare] to keep - 3. [fare - conferenza, lezione] to give; [- discorso] to give, to make; [- riunione, assemblea] to hold - 4. [segreto] to keep; tenere fede a una promessa to keep a promise - 5. [strada] to hold; tenere la destra to keep to the right; tenere la rotta to keep on course. ◇ *vi* - 1. [resistere] to hold; tenere duro to hold on - 2. [dare importanza]: tenere a qn/qc to care about sb/sthg; tenere a fare qc to want to do sthg. ◆ **tenersi** *vr* - 1. [aggrapparsi]: tenersi (a qc) to hold on (to sthg) - 2. [mantenersi]: tenersi a disposizione to make o.s. available; tenersi aggiornato to keep up to date; tenersi pronto to be ready.

tenerezza *sf* tenderness. ◆ **tenerezze** *sfpl* affection (U).

tenero, a *agg* tender; in tenera età of a tender age.

tenga *etc* ▷ tenere.

tengo *etc* ▷ tenere.

tenni *etc* ▷ tenere.

tennis *sm* [gioco] tennis; da tennis tennis (dav sostantivo); tennis da tavolo table tennis.

tennista, i, e *smf* tennis player.

tenore *sm* - 1. [livello] tone; tenore di vita standard of living - 2. MUS tenor.

tensione *sf* - 1. [gen] tension - 2. ELETTR: alta/bassa tensione high/low voltage.

tentacolo *sm* tentacle.

tentare [6] *vt* - 1. [provare] to attempt; tentare di fare qc to try to do sthg - 2. [allettare] to tempt.

tentativo *sm* attempt.

tentazione *sf* temptation.

tentoni *avv*: procedere (a) tentoni to grope one's way.

tenue *agg* - 1. [chiaro] light - 2. [debole] slight - 3. ▷ intestino.

tenuta *sf* - 1. [di contenitore] capacity - 2. [aderenza]: tenuta di strada road holding - 3. [abbigliamento] clothes *pl* - 4. [podere] estate.

teologia *sf* theology.

teorema, i *sm* theorem.

teoria *sf* theory; in teoria in theory.

teorico, a, ci, che *agg* theoretical.

tepore *sm* warmth.

teppismo *sm* hooliganism.

teppista, i, e *smf* hooligan.

terapeutico, a, ci, che *agg* therapeutic.

terapia *sf* therapy, treatment; terapia intensiva intensive care.

terapista, i, e *smf* - 1. [psicoterapista] therapist - 2. [fisioterapista] physiotherapist UK, physical therapist US.

tergicristallo *sm* windscreen wiper UK, windshield wiper US.

tergiversare [6] *vi* to hum and haw.

termale *agg* - 1. [acqua, sorgente] thermal - 2. [stabilimento, cura] spa (dav sostantivo).

terme *sfpl* - 1. [stabilimento] thermal baths - 2. [sorgente naturale] springs.

termico, a, ci, che *agg* - 1. [energia, variazione, centrale] thermal - 2. [impianto] heating (dav sostantivo).

terminal *sm inv* [di aeroporto] terminal.

terminale ◇ *agg* - **1.** [finale] final - **2.** MED terminal; **i malati terminali** the terminally ill. ◇ *sm* terminal.

terminare [6] ◇ *vt* to finish. ◇ *vi* to end.

terminazione *sf* - **1.** [estremità]: **terminazione nervosa** nerve ending - **2.** GRAMM ending.

termine *sm* - **1.** [punto estremo] end - **2.** [scadenza] deadline; **a breve/medio/lungo termine** in the short/medium/long term - **3.** [vocabolo, elemento] term. ◆ **termini** *smpl* [modalità] terms; **ai termini di legge** by law; **essere in buoni termini (con qn)** to be on good terms (with sb).

terminologia *sf* terminology.

termite *sf* termite.

termometro *sm* thermometer.

termos *sm inv* = **thermos**.

termosifone *sm* radiator.

termostato *sm* thermostat.

terno *sm* [nel lotto] set of three winning numbers.

terra *sf* - **1.** [mondo] earth - **2.** [suolo] ground; **avere una gomma a terra** to have a flat tyre *UK* o tire *US*; **per terra** on the ground; **terra mediocre** - **3.** [sostanza] earth, soil - **4.** [terreno] land - **5.** [territorio] territory; **la Terra Santa** the Holy Land - **6.** [podere] piece of land - **7.** [terraferma] (dry) land - **8.** ELETTR earth *UK*, ground *US*. ◆ **Terra** *sf*: **la Terra** the Earth.

terracotta (*pl* **terrecotte**) *sf* terracotta.

terraferma *sf* dry land, terra firma.

terrazza *sf* EDIL & AGRIC terrace.

terrazzo *sm* balcony.

terremotato, a ◇ *agg* hit by an earthquake (*non dav sostantivo*). ◇ *sm, f* earthquake victim.

terremoto *sm* earthquake.

terreno, a *agg* - **1.** FILOS earthly - **2.** [piano] ground (*dav sostantivo*) *UK*, first (*dav sostantivo*) *US*; [livello] ground (*dav sostantivo*). ◆ **terreno** *sm* - **1.** [suolo] ground, land - **2.** [area] land - **3.** SPORT: **terreno di gioco** sports field.

terrestre *agg* - **1.** [della terra - crosta, superficie, rotazione] Earth's (*dav sostantivo*); [- magnetismo] terrestrial - **2.** [di terraferma] land (*dav sostantivo*).

terribile *agg* terrible.

terrificante *agg* terrifying.

terrina *sf* - **1.** [recipiente] bowl - **2.** [cibo] terrine.

territoriale *agg* territorial.

territorio *sm* territory.

terrore *sm* terror; **incutere terrore a qn** to strike terror into sb's heart.

terrorismo *sm* terrorism.

terrorista, i, e *smf* terrorist.

terrorizzare [6] *vt* to terrorize.

terza *sf* - **1.** AUTO third (gear) - **2.** SCOL year 3 *UK*, third grade *US*.

terzetto *sm* trio.

terziario, a *agg* ECON tertiary, service (*dav sostantivo*). ◆ **terziario** *sm* ECON tertiary o service sector.

terzo, a ◇ *agg num* third; **il Terzo mondo** the Third World *offens*; **la terza età** old age; **di terz'ordine** [scadente] third-rate. ◇ *sm, f* third. ◆ **terzo** *sm* - **1.** [frazione] third - **2.** [persona diversa] third party; *vedi anche* **sesto**. ◆ **terzi** *smpl* third party (*sing*).

terzultimo, a *agg* & *sm, f* third last.

teschio *sm* skull.

tesi *sf inv* - **1.** [teoria] thesis (*sing*) - **2.** UNIV: **tesi (di laurea)** (degree) dissertation.

teso, a ◇ *pp* ▷ **tendere**. ◇ *agg* - **1.** [tirato] tight - **2.** [nervoso] tense.

tesoro *sm* - **1.** [oggetti preziosi, risorsa naturale] treasure - **2.** [cassa statale] treasury - **3.** [persona cara] darling.

tessera *sf* - **1.** [documento] card - **2.** [di mosaico] tessera.

tessere [7] *vt* to weave.

tesserino *sm* pass.

tessile ◇ *agg* textile (*dav sostantivo*). ◇ *sm* - **1.** [industria] textile industry - **2.** [tessuto] textile, fabric.

tessuto *sm* - **1.** [stoffa] fabric - **2.** ANAT tissue.

test [tεst] *sm inv* test.

testa *sf* - **1.** [di persona, animale, fungo, vite] head; **mi gira la testa** my head is spinning; **dalla testa ai piedi** from head to toe; **testa d'aglio** head o bulb of garlic - **2.** [persona]: **a testa** a o per head - **3.** [mente] brain; **fare di testa propria** to do things one's own way; **mettersi in testa qc** to get sthg into one's head; **mettersi in testa di fare qc** to get it into one's head to do sthg; **montarsi la testa** to get bigheaded; **perdere la testa (per qn)** to lose one's head (over sb) - **4.** [parte iniziale - di corteo, processione] front, head; [- di treno, missile] head; **essere in testa (a qc)** SPORT to be in the lead (in sthg); **essere in testa alla classifica/alla hit parade** to be top of the league/of the charts; **essere in testa alla lista** to be (at the) top of the list; **essere in testa alla fila** to be at the front of the queue *esp UK* o line *US* - **5.** [di moneta] heads (*U*); **fare a testa e croce** to toss a coin.

testamento *sm* DIR will; **fare testamento** to make a will. ◆ **Testamento** *sm* RELIG: **l'Antico/il Nuovo Testamento** the Old/the New Testament.

testardo, a ◇ *agg* stubborn. ◇ *sm, f* stubborn person.

testare [6] *vt* to test.

testata *sf* - **1.** [colpo]: **dare una testata in/contro qc** to bang one's head on/against sthg; **dare una testata a qn** to headbutt sb - **2.** [titolo] title - **3.** [giornale] newspaper title.

teste *smf* witness.

testicolo *sm* testicle.

testimone ◇ *smf* [persona] witness; **testimone oculare** eye witness. ◇ *sm* SPORT baton.

testimonianza *sf* - **1.** [deposizione] testimony - **2.** [dimostrazione] demonstration.

testimoniare [20] ◇ *vt* - **1.** [dichiarare]: **testimoniare il vero** to tell the truth; **testimoniare il falso** to commit perjury; **testimoniare che...** to testify (that)...; **testimoniare di aver fatto qc** to testify to having done sthg - **2.** [dimostrare] to testify to. ◇ *vi* to testify; **testimoniare a favore di/contro qn** to testify for/against sb.

testo *sm* text; **far testo** to be authoritative.

testuggine *sf* [terrestre] tortoise, turtle *US*; [acquatica] turtle.

tetano *sm* tetanus.

tête-à-tête [tɛta'tɛt] *sm inv* tête-à-tête.

tetta *sf fam* tit.

tettarella *sf* - **1.** [di biberon] teat *UK*, nipple *US* - **2.** [succhiotto] dummy *UK*, pacifier *US*.

tetto *sm* - **1.** [di edificio, veicolo, casa] roof; **i senza tetto** the homeless - **2.** [limite] ceiling.

tettoia *sf* roof.

Tevere *sm*: **il Tevere** the Tiber.

TGV [teʒe've] (*abbr di Train à Grande Vitesse*) *sm inv* TGV, high-speed train.

thailandese = **tailandese**.

Thailandia *sf* = **Tailandia**.

thermos® *sm inv* Thermos®.

thriller *sm inv* thriller.

ti (*diventa te dav lo, la, li, le, ne*) *pron pers* - **1.** [complemento oggetto] you; **non ti sento** I can't hear you - **2.** [complemento di termine] (to) you; **te l'ho dato** I gave it to you; **te ne parlerò** I'll tell you about it - **3.** [nei riflessivi, pronominali] yourself; **ti sei divertito?** did you enjoy yourself?; **non ti muovere** don't move; **te ne ricordi?** do you remember it?

Tibet *sm*: **il Tibet** Tibet.

tic *sm inv* - **1.** MED tic - **2.** [abitudine] habit.

ticchettio, ii *sm* - **1.** [di orologio] ticking - **2.** [di pioggia] drumming - **3.** [dei tacchi] click-clack.

ticket *sm inv* - **1.** MED prescription charge *UK* o cost *US* - **2.** [buono]: **ticket (restaurant)** a voucher from one's employer for buying food luncheon voucher *UK*.

tiepido, a *agg* lukewarm.

tifare [6] *vi*: **tifare per qn/qc** to support sb/sthg.

tifo *sm* - **1.** MED typhoid - **2.** SPORT: **fare il tifo per qn/qc** to support sb/sthg.

tifone *sm* typhoon.

tifoso, a *sm, f* supporter.

tiglio *sm* lime (tree).

tigre *sf* tiger (tigress *f*).

tilt [tilt] *sm inv*: **andare/essere in tilt** [persona] to get/to have a mental block; [macchina] to go/to be on the blink.

timbrare [6] *vt* to stamp; **timbrare (il cartellino)** [a inizio lavoro] to clock on; [a fine lavoro] to clock off.

timbro *sm* - **1.** [strumento] stamp - **2.** [marchio - su atto, passaporto] stamp; [- postale] postmark - **3.** [di voce] timbre.

timidezza *sf* shyness.

timido, a ◇ *agg* shy. ◇ *sm, f* shy person.

timo *sm* thyme.

timone *sm* helm.

timore *sm* fear; **avere timore di qn/qc** to be afraid of sb/sthg.

timpano *sm* - **1.** [nell'orecchio - gen] eardrum; ANAT tympanum - **2.** MUS kettledrum.

tinello *sm* kitchen-diner.

tingere [49] *vt* to dye; **tingersi i capelli** to dye one's hair.

tino *sm* vat.

tinta *sf* - **1.** [tonalità] colour *UK*, color *US*; **in tinta** of the same colour *UK* o color *US*; **in o a tinta unita** plain - **2.** [colorante] dye.

tintarella *sf* tan, suntan.

tinteggiare [18] *vt* to paint.

tintinnare [6] *vi* to clink.

tintoria *sf* dry cleaner's.

tintura *sf* - **1.** [operazione] dyeing - **2.** [colorante]: **tintura per capelli** dye - **3.** [disinfettante]: **tintura di iodio** tincture of iodine.

tipicamente *avv* typically.

tipico, a, ci, che *agg* - **1.** [proprio]: **tipico (di qn/qc)** typical (of sb/sthg) - **2.** [regionale] local.

tipo ◇ *sm* - **1.** [genere] type; **scarpe tipo mocassino** mocassin-type shoes - **2.** [modello] type, model - **3.** [persona originale] character. ◇ *agg inv* typical. ◆ **tipo, a** *sm, f fam* man (woman *f*).

tipografia *sf* - **1.** [tecnica] typography - **2.** [officina] printer's.

tipologia *sf* [categoria] type.

tip tap [tip'tap] *sm inv* tap-dancing.

TIR [tir] (*abbr di* **Transports Internationaux Routiers**) *sm inv* HGV *UK*, semi *US*.

Tirana *sf* Tirana.

tiranno *sm* [governante] tyrant. ◆ **tiranno, a** *sm, f* [prepotente] tyrant.

tirare [6] ◇ *vt* - **1.** [trainare, tendere] to pull; **tirare fuori qc** [estrarre] to take sthg out; [menzionare] to come out with sthg; **tirare giù qc da qc** to get sthg down from sthg; **tirare su qn** [incoraggiare] to cheer sb up - **2.** [lanciare] to throw - **3.** [sferrare] to let fly with; **tirare un colpo** [sparare] to fire a shot - **4.** [tracciare] to draw; **tirare in ballo qn/qc** to drag sb/sthg in; **tirarla per le lunghe** to drag sthg out. ◇ *vi* - **1.** [proseguire]: **tirare avanti** to keep going; **tirare dritto** to keep on going - **2.** [soffiare] to blow - **3.** [camino, pipa] to draw - **4.** SPORT: **tirare di scherma** to fence; **tirare in porta** to shoot at goal; **tirare a indovinare** to guess. ◆ **tirarsi** *vr*: **tirarsi indietro** *fig* to back out; **tirarsi su** [alzarsi] to pick o.s. up; [farsi coraggio] to cheer up.

tirchio, a ◇ *agg* mean, stingy. ◇ *sm, f* miser.

tiro *sm* - **1.** [di arma] shooting; **tiro con l'arco** archery; **tiro a segno** shooting range - **2.** [lancio] throw; **tiro in porta** shot on goal - **3.** [trazione]: **da tiro** draught *UK*, draft *US*; **tiro alla fune** tug-of-war - **4.** *fam* [di sigaretta] drag - **5.** [azione]: **tiro mancino** dirty trick.

tirocinio *sm* training.

tiroide *sf* thyroid.

Tirolo *sm*: **il Tirolo** the Tyrol.

Tirreno *sm*: **il (Mar) Tirreno** the Tyrrhenian Sea.

tisana *sf* herbal tea.

titolare [6] ◇ *smf* - **1.** [di diritto, ufficio] holder - **2.** [proprietario] owner - **3.** SPORT first-team player. ◇ *vt* to give a title to.

titolo *sm* - **1.** [gen] title; **titoli di coda** closing credits; **titoli di testa** opening credits; **titolo di studio** SCOL academic qualification *UK*, (high-school) diploma *US*; UNIV degree, academic qualification *UK* - **2.** [FIN - in generale] security; [- azione] share.

tivù *sf inv* TV.

tizio, a *sm, f* person.

tizzone *sm* ember.

TN (*abbr di* **Trento**) TN.

TO (*abbr di* **Torino**) TO.

toast [tɔst] *sm inv* toasted sandwich.

toccare [15] ◇ *vt* - **1.** [gen] to touch - **2.** [trattare] to touch on. ◇ *vi* - **1.** [capitare]: **toccare a qn** to happen to sb - **2.** [spettare]: **toccare a qn** to be given to sb; **ora tocca a me parlare** it's my turn to speak now. ◆ **toccarsi** *vr* to touch.

tocco, chi *sm* - **1.** [gen] touch - **2.** [rintocco] peal.

tofu *sm inv* tofu.

togliere [86] *vt* - **1.** [rimuovere, eliminare] to remove; **togliersi dalla testa qn/qc** to forget about sb/sthg - **2.** [sfilare] to take off; **togliersi i vestiti/le scarpe** to take off one's clothes/ one's shoes - **3.** [privare]: **togliere qc a qn** to take sthg away from sb - **4.** [dedurre] to subtract, to take away - **5.** [liberare]: **togliere qn da qc** to get sb out of sthg. ◆ **togliersi** *vr* to move away; **togliersi dai piedi** o **di mezzo** to get out of the way.

toilette [twa'lɛt] *sf inv* - **1.** [bagno] bathroom, toilet *UK* - **2.** [mobiletto] dressing table.

tolga *etc* ▷ **togliere**.

tolgo *etc* ▷ **togliere**.

tollerante *agg*: **tollerante (con qn)** tolerant (of sb).

tolleranza *sf* - **1.** [gen] tolerance - **2.** [scarto] margin.

tollerare [6] *vt* - **1.** [subire, rispettare] to tolerate - **2.** [resistere a] to stand.

tolsi *etc* ▷ **togliere**.

tolto, a *pp* ▷ **togliere**.

tomaia *sf* upper.

tomba *sf* tomb.

tombino *sm* manhole.

tombola *sf* bingo; **fare tombola** to win at bingo.

tonaca, che *sf* habit.

tonalità *sf inv* - **1.** [sfumatura] shade - **2.** MUS tonality.

tondo, a *agg* - **1.** [gen] round; **in cifre tonde** in round figures - **2.** [paffuto] plump. ◆ **tondo** *sm* circle; **in tondo** in a circle.

tonfo *sm* thump.

tonico, a, ci, che *agg* toned. ◆ **tonico** *sm* - **1.** [cosmetico] toner - **2.** [farmaco] tonic.

tonificare [15] *vt* to tone.

tonnellata *sf* ton.

tonno *sm* tuna.

tono *sm* - **1.** [gen & MUS] tone; **rispondere a tono** to answer back; **essere giù di tono** to be out of sorts - **2.** [stile] style; **darsi un tono** to make an impression - **3.** [sfumatura] shade.

tonsille *sfpl* tonsils.

tonto, a ◇ *agg* stupid. ◇ *sm, f* idiot.

topazio *sm* topaz.

topless *sm inv* topless swimsuit.

topo *sm* mouse.

topografia *sf* topography.

toppa *sf* - 1. [pezza] patch - 2. [della serratura] keyhole.

torace *sm* [gen] chest; ANAT thorax.

torcere [25] *vt* to twist. ◆ **torcersi** *vr* to writhe.

torcia, ce *sf* torch; **torcia elettrica** torch UK, flashlight US.

torcicollo *sm* stiff neck.

tordo *sm* thrush.

torero, a *sm* bullfighter, toreador.

Torino *sf* Turin.

tormenta *sf* blizzard.

tormentare [6] *vt* to torment. ◆ **tormentarsi** *vr* to torment o.s.

tormento *sm* - 1. [gen] torment - 2. [fastidio] nuisance.

tornado *sm inv* tornado.

tornante *sm* hairpin bend UK o curve US.

tornare [6] *vi* - 1. [in un luogo]: **tornare (indietro)** [venire di nuovo] to come back, to return; [andare di nuovo] to go back, to return; **torna qui!** come back here!; **quando torni?** when will you be back?; **torno subito** I'll be right back - 2. [con la mente]: **tornare (indietro)** to go back; **tornare in sé** [riprendere conoscenza] to come to; [rinsavire] to come to one's senses; **tornare su qc** to go over sthg again - 3. [ripresentarsi] to come back - 4. [ricominciare]: **tornare a (fare) qc** to go back to (doing) sthg - 5. [ridiventare] to become again - 6. [riuscire] to be; **mi tornerebbe utile se mi dessi una mano** it'd be helpful if you gave me a hand - 7. [quadrare] to be right.

torneo *sm* tournament.

toro *sm* bull. ◆ **Toro** *sm* ASTROL Taurus; **essere del Toro** to be (a) Taurus o (a) Taurean.

Toronto *sf* Toronto.

torre *sf* - 1. [costruzione] tower; **torre di controllo** AERON control tower; **la torre di Pisa** the (Leaning) Tower of Pisa - 2. [negli scacchi] rook.

torrente *sm* torrent.

torrido, a *agg* torrid.

torrone *sm* nougat.

torsi *etc* ▷ **torcere**.

torso *sm* - 1. [di persona] torso, upper body; [statua] torso; **a torso nudo** bare-chested - 2. [di frutto] core.

torsolo *sm* core.

torta *sf* cake; **torta gelato** ice-cream cake; **torta salata** quiche.

tortellini *smpl* tortellini *(U)*.

tortino *sm* quiche.

torto, a *pp* ▷ **torcere**. ◆ **torto** *sm* - 1. [ingiustizia] wrong; **fare (un) torto a qn** to wrong sb - 2. [errore] mistake; **avere torto** to be wrong; **a torto** unjustly.

tortora *sf* turtledove.

tortuoso, a *agg* tortuous.

tortura *sf* torture.

torturare [6] *vt* to torture. ◆ **torturarsi** *vr* to torture o.s.

tosare [6] *vt* - 1. [pecore] to shear - 2. [erba] to mow.

Toscana *sf*: **la Toscana** Tuscany.

toscano, a *agg* & *sm, f* Tuscan.

tosse *sf* cough.

tossico, a, ci, che *agg* toxic.

tossicodipendente ◇ *agg* drug-addicted. ◇ *smf* drug addict.

tossicomane ◇ *agg* drug-addicted. ◇ *smf* drug addict.

tossina *sf* toxin.

tossire [9] *vi* to cough.

tostapane *sm inv* toaster.

tostare [6] *vt* - 1. [abbrustolire] to toast - 2. [torrefare] to roast.

totale ◇ *agg* - 1. [complessivo] total - 2. [assoluto] complete. ◇ *sm* total; **in totale** in total.

totalità *sf inv* - 1. [interezza] totality - 2. [insieme] entirety.

totalizzare [6] *vt* to total.

totalmente *avv* totally.

totano *sm* squid.

Totip *sm* horse racing pools.

totocalcio *sm* a gambling system based on predicting the results of soccer games football pools UK.

tour [tur] *sm inv* tour.

tournée [tur'ne, tur'nɛ] *sf inv* tour.

tovaglia *sf* tablecloth.

tovagliolo *sm* napkin, serviette UK; **tovagliolo di carta** paper napkin.

tozzo, a *agg* stocky. ◆ **tozzo** *sm*: **tozzo di pane** piece of bread.

TR *(abbr di* **Turchia***)* TR.

tra *prep* - 1. [in mezzo a due] between; **quale preferisci tra questi due?** which of these two do you prefer? - 2. [in mezzo a molti] among; **quale preferisci tra tutti?** which do you prefer out of all of them?; **tra noi/voi/loro** [due persone] between us/you/them; [più persone] among us/you/them; **che resti tra noi** keep it between ourselves; **detto tra noi** [me e te] between you and me; **parlare tra sé e sé**

to talk to oneself; **tenere qn tra le braccia** to hold sb in one's arms - **3.** [tempo] in; **arriveranno tra dieci minuti** they'll be here in ten minutes; **saremo di ritorno tra una settimana** we'll be back in a week; **li aspettavo tra le due e le tre** I was expecting them between two and three o'clock; **tra breve** o **non molto** soon, shortly - **4.** [distanza]: **tra due chilometri ci siamo** another two kilometres UK o kilometers US and we'll be there.

traballare [6] vi to wobble.

traboccare [15] vi to overflow; **traboccare di qc** to overflow with sthg.

trabocchetto sm trap.

traccia, ce sf - **1.** [impronta] track - **2.** [macchia] mark - **3.** [indizio, piccola quantità] trace; **essere sulle tracce di qn** to be on sb's tracks - **4.** [abbozzo] outline.

tracciare [17] vt - **1.** [delineare] to trace - **2.** [disegnare] to draw.

tracciato sm - **1.** [percorso] route - **2.** [di strumento] graph.

trachea sf [gen] windpipe; ANAT trachea.

tracolla sf - **1.** [striscia] shoulder strap; **a tracolla** over one's shoulder - **2.** [borsa] shoulder bag.

tracollo sm collapse.

tradimento sm betrayal; **a tradimento** by surprise.

tradire [9] vt - **1.** [ingannare] to betray - **2.** [partner] to be unfaithful to - **3.** [speranze, aspettative] to disappoint - **4.** [mancare] to fail - **5.** [rivelare] to betray, to give away. ◆ **tradirsi** vr to give o.s. away.

traditore, trice sm, f traitor.

tradizionale agg traditional.

tradizione sf tradition.

tradotto, a pp ⟥ **tradurre**.

tradurre [95] vt to translate.

traduttore, trice sm, f translator; **traduttore simultaneo** simultaneous interpreter.

traduzione sf translation; **traduzione simultanea** simultaneous interpreting.

trafelato, a agg out of breath.

trafficante smf dealer.

trafficare [15] ⟨⟩ vi - **1.**: **trafficare in qc** [commerciare – lecitamente] to deal in sthg; [illecitamente] to traffic in sthg - **2.** [affaccendarsi] to busy o.s. ⟨⟩ vt to traffic in.

traffico sm - **1.** [movimento] traffic - **2.** [commercio - lecito] trade; [- illecito] trafficking.

trafiggere [50] vt to run through.

trafitto, a pp ⟥ **trafiggere**.

traforo sm tunnel.

tragedia sf tragedy.

tragga etc ⟥ **trarre**.

traggo etc ⟥ **trarre**.

traghetto sm ferry.

tragico, a, ci, che agg tragic.

tragitto sm journey; **lungo il tragitto** on the way.

traguardo sm - **1.** [in una gara] finishing esp UK o finish US line - **2.** [obiettivo] goal.

trai etc ⟥ **trarre**.

traiettoria sf trajectory.

trainare [6] vt [auto] to tow; [carro] to pull.

traino sm - **1.** [di auto] towing; [di carro] pulling - **2.** [veicolo] trailer.

tralasciare [19] vt to omit; **tralasciare i particolari** to forget about the details; **raccontami tutto, senza tralasciare i particolari** tell me all about it, without leaving out any details.

tram [tram] sm inv tram.

trama sf - **1.** [gen] plot - **2.** [di un tessuto] weave.

tramandare [6] vt to hand down.

tramare [6] vt to plot.

tramezzino sm sandwich.

tramite ⟨⟩ sm: **fare da tramite** to act as an intermediary. ⟨⟩ prep [persona] through; [cosa] by means of.

tramontare [6] vi - **1.** [sole] to set - **2.** [svanire] to fade away.

tramonto sm sunset.

trampoli smpl stilts.

trampolino sm - **1.** [per tuffi] diving board - **2.** [per sci] ramp; **trampolino di lancio** fig launch pad.

tranciare [6] vt to chop off.

tranello sm trap.

tranne prep except; **tranne che** [fuorché] except for; (+ congiuntivo) [a meno che] unless; **andremo al mare tranne che piova** we'll go to the seaside unless it rains.

tranquillamente avv - **1.** [con calma] calmly - **2.** [senza difficoltà] easily.

tranquillante sm tranquillizer UK, tranquilizer US.

tranquillità sf [serenità] calm; [quiete] peace; **con tranquillità** calmly.

tranquillizzare [6] vt to reassure. ◆ **tranquillizzarsi** vip to calm down.

tranquillo, a agg - **1.** [gen] quiet - **2.** [non preoccupato] calm; **sta tranquillo!** don't worry! - **3.** [calmo] placid.

transalpino, a agg transalpine.

transatlantico, a, ci, che agg transatlantic.

transazione sf transaction.

transenna *sf* barrier.

transessuale *smf* transsexual.

transitare [6] *vi* to travel.

transitivo, a *agg* GRAMM transitive.

transito *sm* transit; **in transito** in transit.

transitorio, a *agg* temporary.

transizione *sf* transition; **governo di transizione** caretaker government.

trapanare [6] *vt* to drill.

trapano *sm* drill.

trapassare [6] *vt* to go through.

trapassato *sm* GRAMM: **trapassato prossimo** pluperfect; **trapassato remoto** past anterior.

trapelare [6] *vi fig* to leak out.

trapezio *sm* - **1.** GEOM trapezium *UK*, trapezoid *US* - **2.** [al circo] trapeze.

trapezista, i, e *smf* trapeze artist.

trapiantare [6] *vt* to transplant.

trapianto *sm* MED transplant.

trappola *sf* trap.

trapunta *sf* quilt.

trarre [97] *vt* - **1.** [portare]: **trarre qn in salvo** to rescue sb - **2.** [indurre]: **trarre qn in inganno** to deceive sb - **3.** [derivare] to derive; **trarre origine da qc** to have its origins in sthg.

trasalire [9] *vi* to jump.

trasandato, a *agg* scruffy.

trascinare [6] *vt* - **1.** [gen] to drag - **2.** [entusiasmare] to carry along. ◆ **trascinarsi** ◇ *vr* [persona] to crawl. ◇ *vip* [questione] to drag on.

trascorrere [65] ◇ *vt* to spend. ◇ *vi* to pass.

trascorso, a *pp* ▷ **trascorrere**. ◆ **trascorsi** *smpl* past *(U)*.

trascritto, a *pp* ▷ **trascrivere**.

trascrivere [73] *vt* to transcribe.

trascurare [6] *vt* - **1.** [casa, famiglia, lavoro] to neglect - **2.** [omettere] to overlook. ◆ **trascurarsi** *vr* to let o.s. go.

trasferibile *agg* transferable.

trasferimento *sm* transfer.

trasferire [9] *vt* to transfer. ◆ **trasferirsi** *vip* to move.

trasferta *sf* - **1.** [viaggio] transfer; [compenso] travel allowance; **essere in trasferta** to be away on business; **spese di trasferta** travel expenses - **2.** SPORT away game; **giocare in trasferta** to play away.

trasformare [6] *vt* - **1.** [mutare] to transform - **2.** FIS to convert. ◆ **trasformarsi** *vip* - **1.** [persona, paese] to transform - **2.** [embrione, larva]: **trasformarsi in qc** to turn into sthg - **3.** FIS to be converted.

trasformazione *sf* - **1.** [di prodotto, società] transformation - **2.** FIS conversion.

trasfusione *sf*: **trasfusione (di sangue)** (blood) transfusion.

trasgredire [9] ◇ *vt* to transgress; **trasgredire una legge** to break a law. ◇ *vi*: **trasgredire (a qc)** to disobey (sthg).

trasgressione *sf* transgression.

trasgressore, trasgreditrice *sm, f* transgressor; **i trasgressori verranno puniti a norma di legge** trespassers will be prosecuted.

traslocare [15] *vi* to move.

trasloco, chi *sm* move; **fare il trasloco** to move.

trasmesso, a *pp* ▷ **trasmettere**.

trasmettere [71] ◇ *vt* - **1.** [tramandare] to pass on - **2.** [inviare] to transmit - **3.** [diffondere] to broadcast. ◇ *vi* to broadcast. ◆ **trasmettersi** *vip* - **1.** [usanza] to be handed down - **2.** [malattia] to be passed on.

trasmissione *sf* - **1.** [alla radio, tv] programme - **2.** INFORM: **trasmissione dati** data transfer - **3.** [in meccanica] transmission.

trasmittente *agg* transmitting *(dav sostantivo)*. ◆ **trasmittente** *sf* [apparecchio] transmitter.

trasparente *agg* - **1.** [gen] clear - **2.** [carta] transparent; [abito, tessuto] see-through.

trasparenza *sf* transparency.

trasparire [105] *vi* - **1.** [apparire] to shine through - **2.** [manifestarsi]: **far trasparire qc** to betray sthg.

traspirare [6] *vi* to sweat, to perspire.

trasportare [6] *vt* - **1.** [merce, persone] to transport, to carry - **2.** [da emozione]: **lasciarsi trasportare da qc** to let o.s. be carried away by sthg.

trasportatore *sm* - **1.** [azienda] haulier *UK*, hauler *US* - **2.** [macchina] conveyer.

trasporto *sm* - **1.** [di merci, persone] transport, transportation - **2.** [passione] passion. ◆ **trasporti** *smpl* transport *(U)* esp *UK*, transportation *(U)* esp *US*.

trasversale *agg* [sbarra, taglio] transverse, cross *(dav sostantivo)*; [linea, retta] oblique.

trattamento *sm* - **1.** [gen] treatment - **2.** [pagamento] package.

trattare [6] ◇ *vt* - **1.** [gen] to treat; **trattare bene/male qn** to treat sb well/badly - **2.** [argomento, questione] to deal with - **3.** [negoziare] to negotiate. ◇ *vi* - **1.** [libro, film]: **trattare di qc** to deal with sthg - **2.** [negoziare] to deal - **3.** [essere]: **trattare di qc** to be about sthg; **di cosa si tratta?** what's it about? ◆ **trattarsi** *vr* to treat o.s.

trattativa *sf* negotiation. ◆ **trattative** *sfpl* negotiations.

trattato *sm* - 1. [accordo] treaty - 2. [scritto] treatise.

trattenere [93] *vt* - 1. [far rimanere] to keep; [tenere fermo] to hold back; **trattenere qn dal fare qc** to prevent sb from doing sthg - 2. [reprimere] to hold back - 3. [detrarre] to deduct. ◆ **trattenersi** ◇ *vip* to stay. ◇ *vr* to restrain o.s.; **trattenersi dal fare qc** to stop o.s. from doing sthg.

trattino *sm* hyphen.

tratto, a *pp* ▷ **trarre**. ◆ **tratto** *sm* - 1. [di penna, matita] stroke - 2. [aspetto] trait - 3. [parte] stretch - 4. [periodo]: **ad un tratto** [all'improvviso] suddenly; **a tratti** [ad intervalli] at moments. ◆ **tratti** *smpl* features.

trattore *sm* tractor.

trattoria *sf* restaurant.

trauma, i *sm* MED & PSICO trauma; **trauma cranico** head trauma.

traumatico, a, ci, che *agg* traumatic.

traumatizzare [6] *vt* to traumatize.

travaglio *sm* - 1. [sofferenza] travail - 2. MED labour *UK*, labor *US*.

travasare [6] *vt* [gen] to pour; [vino] to decant.

trave *sf* beam.

traversa *sf* - 1. [trave] crossbar - 2. [lenzuolo] draw sheet - 3. [strada] side road.

traversare [6] *vt* to cross.

traversata *sf* crossing.

traverso, a *agg* side (*dav sostantivo*); **per vie traverse** indirectly. ◆ **di traverso** *avv* sideways; **guardare qn di traverso** to look askance at sb.

travestimento *sm* disguise.

travestire [8] *vt* to disguise. ◆ **travestirsi** *vr* to disguise o.s.; **travestirsi da qc** to dress up as sthg.

travestito *sm* transvestite.

travolgere [48] *vt* - 1. [sogg: auto, treno] to run over; [sogg: vento, valanga] to sweep away - 2. *fig* [trascinare] to be carried away.

travolto, a *pp* ▷ **travolgere**.

trazione *sf* AUTO traction; **trazione anteriore/posteriore** front-wheel/rear-wheel drive.

tre *agg num inv* & *sm inv* three; *vedi anche* **sei**.

treccia, ce *sf* - 1. [gen] plait *esp UK*, braid *esp US* - 2. [motivo] cable.

Trecento *sm*: **il Trecento** the fourteenth century.

tredicenne ◇ *agg* thirteen-year-old (*dav sostantivo*). ◇ *smf* thirteen-year-old.

tredicesima *sf* Christmas bonus.

tredicesimo, a *agg num* & *sm, f* thirteenth. ◆ **tredicesimo** *sm* [frazione] thirteenth; *vedi anche* **sesto**.

tredici *agg num inv* & *sm inv* thirteen; *vedi anche* **sei**.

tregua *sf* - 1. [di ostilità] truce - 2. [pausa] respite; **senza tregua** non-stop.

tremare [6] *vi* - 1.: **tremare (di qc)** [rabbia, paura] to tremble (with sthg); [freddo, febbre] to shiver (with sthg); **tremare come una foglia** to shake like a leaf - 2. [temere] to shudder - 3. [oscillare] to shake.

tremendo, a *agg* terrible; **fa un caldo tremendo** it's terribly hot.

tremila *agg num inv* & *sm inv* three thousand; *vedi anche* **sei**.

Tremiti *sfpl*: **le (isole) Tremiti** the Tremiti Islands.

tremore *sm* tremor.

trenino *sm* model train.

treno *sm* - 1. FERR train; **prendere/perdere il treno** to catch/miss the train; **viaggiare in treno** to travel by train; **treno ad alta velocità** high-speed train; **treno intercity** *train running between major cities* intercity train *UK*; **treno locale** local train; **treno merci** freight *o* goods *UK* train; **treno rapido** fast train; **treno straordinario** special train - 2. [serie] series (*sing*).

trenta *agg num inv* & *sm inv* thirty; **gli anni Trenta** the 1930s; *vedi anche* **sei**.

trentenne ◇ *agg* thirty-year-old (*dav sostantivo*). ◇ *smf* [di trenta anni] thirty-year-old; [di circa trenta anni] person in their thirties; *vedi anche* **sessantenne**.

trentennio *sm* thirty-year period.

trentesimo, a *agg num* & *sm, f* thirtieth. ◆ **trentesimo** *sm* [frazione] thirtieth; *vedi anche* **sesto**.

trentina *sf* - 1. [quantità]: **una trentina (di qc)** about thirty (sthg) - 2. [età]: **avere una trentina d'anni** to be about thirty (years old), to be in one's thirties.

Trentino-Alto Adige *sm*: **il Trentino-Alto Adige** Trentino Alto Adige.

Trento *sf* Trento.

tresca, sche *sf* - 1. [intrigo] intrigue - 2. [amorosa] affair.

triangolare *agg* triangular.

triangolo *sm* triangle.

tribù *sf inv* tribe.

tribuna *sf* stand.

tribunale *sm* court; **tribunale dei minori** juvenile court.

tributo *sm* - **1.** [gen] tax - **2.** *fig* [prezzo] price - **3.** [omaggio] tribute.

tricheco, chi *sm* walrus.

triciclo *sm* tricycle.

tricolore ⬦ *agg* tricoloured UK, tricolored US. ⬦ *sm* tricolour UK, tricolor US; **il Tricolore** the Italian flag.

tridimensionale *agg* three-dimensional.

trielina *sf* trichloroethylene.

triennale *agg* triennial.

triennio *sm* three-year period.

Trieste *sf* Trieste.

trifoglio *sm* clover.

triglia *sf* mullet.

trillo *sm* ring.

trimestrale *agg* quarterly.

trimestre *sm* quarter.

trincea *sf* trench.

trinciare [17] *vt* [pollo] to chop; [tabacco] to shred.

Trinità *sf* Trinity; **la Santissima Trinità** the Holy Trinity.

trionfale *agg* triumphal.

trionfante *agg* triumphant.

trionfare [6] *vi* to triumph; **trionfare su qn/qc** to triumph over sb/sthg.

trionfo *sm* - **1.** [vittoria] victory - **2.** [successo] triumph; **portare qn in trionfo** to carry sb on one's shoulders.

triplicare [15] *vt* to treble. ⬤ **triplicarsi** *vip* to treble.

triplice *agg* triple.

triplo, a *agg* triple. ⬤ **triplo** *sm*: **il triplo (di qc)** three times as much (as sthg).

trippa *sf* tripe.

triste *agg* sad.

tristezza *sf* sadness.

tritare [6] *vt* [carne] to mince, to grind *esp* US; [cipolla, prezzemolo] to chop; [ghiaccio] to crush.

tritatutto *sm inv* food processor.

trito, a *agg* [carne] minced, ground *esp* US; **trito e ritrito** hackneyed; **è una storia trita e ritrita** it's the same old story. ⬤ **trito** *sm*: **un trito di cipolla** chopped onions.

triturare [6] *vt* [cibo] to crunch; [grano] to grind; [sassi, ghiaccio] to crush.

trivellare [6] *vt* to drill.

trofeo *sm* trophy.

troia *sf volg* whore.

tromba *sf* - **1.** [strumento] trumpet - **2.** [forma]: **tromba delle scale** stairwell; **tromba di Falloppio** Fallopian tube - **3.** METEO: **tromba d'aria** tornado.

trombettista, i, e *smf* trumpeter, trumpet player.

trombone *sm* trombone.

trombosi *sf inv* thrombosis.

troncare [15] *vt* - **1.** [ramo] to cut off; [pianta] to cut down; [cavo, fune] to cut through - **2.** [discorso, carriera] to cut short; [amicizia, relazione] to break off.

tronco, a, chi, che *agg* truncated. ⬤ **tronco** *sm* - **1.** [di persona, albero] trunk - **2.** GEOM: **tronco di cono/di piramide** truncated cone/pyramid - **3.** [tratto] section; **licenziare qn in tronco** to fire sb on the spot; **lasciare in tronco il discorso** to cut a conversation short.

trono *sm* throne.

tropicale *agg* tropical.

tropico *sm*: **tropico del Cancro/del Capricorno** Tropic of Cancer/Capricorn. ⬤ **tropici** *smpl*: **i tropici** the tropics.

troppo, a ⬦ *agg indef* - **1.** [quantità] too much; **troppa acqua** too much water - **2.** [numero] too many; **troppi biscotti** too many biscuits; **troppa gente** too many people. ⬦ *pron indef* - **1.** [quantità] too much; **fin troppo** far too much - **2.** [numero] too many; **eravamo in troppi** there were too many of us; **fin troppi** far too many. ⬤ **troppo** *avv* - **1.** [con aggettivi e avverbi] too; **non... troppo** not... very; **non mi sento troppo bene** I don't feel very well - **2.** [con verbi] too much; **ho mangiato troppo** I've eaten too much - **3.** [temporale] too long; **di troppo** too much; **ha bevuto un bicchierino di troppo** he's had a bit too much to drink; **essere di troppo** to be in the way.

trota *sf* trout.

trotto *sm* trot.

trottola *sf* (spinning) top.

troupe [trup] *sf inv* crew.

trousse [trus] *sf inv* - **1.** [astuccio] case; [per il trucco] bag - **2.** [borsetta] (evening) bag.

trovare [6] *vt* - **1.** [gen] to find; **non trovo gli occhiali** I can't find my glasses; **trovare moglie/lavoro** to find a wife/a job; **trovare qc per caso** to find sthg by chance; **trovare qn in casa** to find sb in; **sono passata da casa sua, ma non l'ho trovato** I called by his house but he wasn't in; **ha trovato la morte in un incidente aereo** he met his death in a plane crash; **trovare difficoltà** to come up against difficulties - **2.** [visitare]: **andare/venire a trovare qn** to go/

come and see sb - **3.** [aiuto, conforto] to find, to get - **4.** [sorprendere]: **trovare qn (a fare qc** *o* **che fa qc)** to catch sb (doing sthg); **se ti trovo un'altra volta a origliare dietro le porte...** if I find you listening behind the door again...; **l'ho trovato che frugava nella mia borsa** I found him going through my bag - **5.** [individuare] to identify - **6.** [ritenere] to find, to think; **la trovo molto attraente** I think she is very attractive; **come trovi questo vino?** what do you think of this wine?; **trovare qn colpevole/innocente** to find sb guilty/innocent; **trovo che...** I think (that)...; **trovo che hai sbagliato** I think you're mistaken - **7.** [riscontrare] to find, to discover; **ti trovo bene/dimagrita!** you look well/thinner! - **8.** [avere] to find; **trovare da ridire su tutto** to find fault with everything. ◆ **trovarsi** ◇ *vr* - **1.** [incontrarsi] to meet (up) - **2.** [concordare]: **trovarsi (su qc)** to agree (on sthg). ◇ *vip* - **1.** [stare] to be; **trovarsi bene/male** to be happy/unhappy; **come ti trovi nella nuova casa?** how are you getting on in the new house? - **2.** [finire per caso] to end up - **3.** [essere collocato] to be (located).

truccare [15] *vt* - **1.** [gen] to make up - **2.** [foto, documento] to tamper with - **3.** [carte] to mark; [dadi] to load - **4.** [risultati] to fix - **5.** [motore] to soup up. ◆ **truccarsi** *vr* to put on (one's) make-up; **truccarsi da qn/qc** to make o.s. up as sb/sthg.

trucco, chi *sm* - **1.** [maquillage] make-up (U) - **2.** [artificio, inganno] trick; **i trucchi del mestiere** the tricks of the trade.

truciolo *sm* - **1.** [di legno] shaving - **2.** [di carta] strip; [di paglia] wisp.

truffa *sf* - **1.** DIR fraud - **2.** [inganno] swindle; **ma questa è una truffa!** this is a rip-off!

truffare [6] *vt* to swindle.

truffatore, trice *sm, f* swindler, cheat.

truppa *sf* troop.

TS (*abbr di* **Trieste**) TS.

tu ◇ *pron pers* you; **sei stato tu?** was it you?; **fallo tu!** you do it!; **tu stesso/stessa** you yourself. ◇ *sm*: **dare del tu a qn** to address sb informally as "tu"; **trovarsi a tu per tu con qn** to come face to face with sb.

tuba *sf* - **1.** MUS tuba - **2.** [cappello] top hat.

tubatura *sf* pipe.

tubercolosi *sf inv* tuberculosis.

tubero *sm* tuber.

tubetto *sm* tube.

tubo *sm* - **1.** [gen] tube; [conduttura] pipe; [per annaffiare] hose; **tubo di scappamento** AUTO exhaust; **tubo di scarico** waste pipe - **2.** ANAT

duct; **tubo digerente** alimentary canal - **3.** *fam* [niente]: **un tubo** not a thing; **non ho capito un tubo** I didn't understand a thing.

tue ▷ **tuo.**

tuffare [6] *vt*: **tuffare qc in qc** to dip sthg in(to) sthg. ◆ **tuffarsi** *vr* - **1.** [immergersi] to dive - **2.** [lanciarsi] to launch - **3.** [dedicarsi]: **tuffarsi in qc** to throw o.s. into sthg.

tuffo *sm* - **1.** [in acqua] dive - **2.** [nel passato]: **fare un tuffo nel passato** to revisit the past.

tulipano *sm* tulip.

tulle *sm inv* tulle.

tumore *sm* tumour UK, tumor US; **tumore benigno/maligno** benign/malignant tumour UK *o* tumor US.

tumulto *sm* - **1.** [sommossa] revolt - **2.** [turbamento] turmoil.

tunica, che *sf* tunic.

Tunisia *sf*: **la Tunisia** Tunisia.

tunisino, a *agg* & *sm, f* Tunisian.

tunnel *sm inv* - **1.** [galleria] tunnel - **2.** [controllo] grip.

tuo, tua, tuoi, tue ◇ *agg poss* your; **la tua scuola** your school; **le tue scarpe** your shoes; **i tuoi fratelli** your brothers; **un tuo amico** a friend of yours; **a casa tua** [moto a luogo] to your house; [stato in luogo] at your house. ◇ *pron poss*: **il tuo, la tua, i tuoi, le tue** yours; **qual è il tuo?** which one's yours?; **i tuoi** [genitori] your parents; **devi sempre dire la tua** you always have to have your say; **ne hai fatta una delle tue!** you've done it again!

tuoi ▷ **tuo.**

tuono *sm* thunder (U); **un tuono** a clap of thunder.

tuorlo *sm* yolk.

turacciolo *sm* [gen] stopper; [di sughero] cork.

turare [6] *vt* - **1.** [bottiglia, fiasco - gen] to put a stopper in; [- con sughero] to put a cork in - **2.** [buco] to fill; [falla] to stop; **turarsi le orecchie** to cover one's ears.

turbamento *sm* [forte] agitation; [leggero] unease.

turbante *sm* turban.

turbare [6] *vt* to disturb. ◆ **turbarsi** *vip* to get upset.

turbina *sf* turbine.

turbine *sm* - **1.** [di vento] whirlwind; **un turbine di sabbia/neve/polvere** a flurry of sand/snow/dust - **2.** [di pensieri, ricordi] whirl.

turbolento, a *agg* - **1.** [persona, studente] unruly - **2.** [periodo, anni] turbulent.

turbolenza *sf* - **1.** [irrequietezza] unruliness - **2.** METEO turbulence.

turchese *agg* & *sm* o *sf* turquoise.

Turchia *sf*: la Turchia Turkey.

turchino, a *agg* deep blue.

turco, a, chi, che <> *agg* Turkish. <> *sm, f* [persona] Turk. ◆ **turco** *sm* [lingua] Turkish.

turismo *sm* tourism.

turista, i, e *smf* tourist.

turistico, a, ci, che *agg* tourist *(dav sostantivo)*; **operatore turistico/guida turistica** tour operator/guide.

turno *sm* - 1. [rotazione] turn; **turno dei servizi** shift rota; **fare a turno** to take it in turns; **è il mio/tuo turno (di fare qc)** it's my/your turn (to do sthg) - 2. [lavoro] shift; **fare i turni** to work shifts; **di turno** on duty; **turno di notte** night shift - 3. SPORT round.

tuta *sf* - 1. [per bambini] all-in-one *UK*, Babygro® *UK*, onesie *US* - 2. [da ginnastica, danza] leotard.

tutela *sf* - 1. [di minore, interdetto] guardianship - 2. [difesa] protection; **a tutela del verde/del consumatore** nature/consumer protection.

tutelare [6] *vt* to protect. ◆ **tutelarsi** *vr*: **tutelarsi contro qc** to protect o.s. against sthg.

tutina *sf* - 1. [per bambini] all-in-one *UK*, Babygro® *UK*, onesie *US* - 2. [da ginnastica, danza] leotard.

tuttavia *cong* nevertheless, however.

tutto, a <> *agg indef* - 1. [la totalità di] all; **tutto il vino** all the wine; **tutto l'anno** all year; **in tutto il mondo** all over the world; **in tutta Europa** in the whole of Europe; **tutti i presenti** all those present; **tutti e cinque** all five; **tutti e due** both - 2. [ogni] every; **tutti gli anni** every year; **in tutti i casi** in any case - 3. [completamente]: **è tutta colpa tua** it's all your fault; **è tutta sua madre** she's just like her mother - 4. [molto]: **era tutto sudato** he was all sweaty; **era tutta contenta** she was delighted; **sei tutto sporco** you're all dirty. <> *pron indef* - 1. [la totalità] all; **bevilo tutto** drink it all up; **in tutto** altogether; **tutti** [persone] everyone; **tutti erano d'accordo** everyone agreed; **tutti quanti** all; **tutti voi** all of you - 2. [ogni cosa] everything; **di tutto** [ogni genere di cosa] everything; **abbiamo provato di tutto per convincerlo** we tried everything to persuade him; **in tutto** altogether; **in tutto e per tutto** in every way; **tutto compreso** all included; **tutto esaurito** sold out; **tutto sommato** all things considered - 3. [qualunque cosa] anything; **è capace di tutto** he's capable of anything. ◆ **tutto** <> *avv*: **è tutto il contrario** it's just the opposite; **del tutto** completely; **tutt'al più** if the worst comes to the worst; **tutt'altro** not at all. <> *sm*: **il tutto** the whole lot; **tentare il tutto per tutto** to try everything.

tuttora *avv* still.

tutù *sm inv* tutu.

TV [ti'vu, tiv'vu] *(abbr di televisione)* *sf inv* - 1. [mezzo] TV; **cosa c'è alla TV?** what's on TV?; **TV digitale** digital TV - 2. [apparecchio] TV; **una TV a colori** a colour *UK* o color *US* TV - 3. [industria] TV; **lavorare alla TV** to work in TV; **le TV locali** local TV stations.

u, U *sm* o *sf inv* u, U.

ubbidiente *agg* obedient.

ubbidire [9] *vi* - 1. [adeguarsi] to obey; **ubbidisci!** do as you're told!; **ubbidire a qn/qc** to obey sb/sthg - 2. [rispondere] to respond; **ubbidire a qn/qc** to respond to sb/sthg.

ubriacare [15] *vt*: **ubriacare qn** [con vino, liquore] to get sb drunk; [frastornare] to make sb dizzy; **mi ha ubriacato di chiacchiere!** she talked so much she made my head spin! ◆ **ubriacarsi** *vip* to get drunk.

ubriachezza *sf* drunkenness.

ubriaco, a, chi, che *agg* & *sm, f* drunk; **ubriaco fradicio** blind drunk.

uccello *sm* bird; **uccello rapace** bird of prey.

uccidere [30] *vt* to kill. ◆ **uccidersi** *vr* to kill o.s.

uccisi *etc* ⊳ **uccidere**.

uccisione *sf* killing.

ucciso, a *pp* ⊳ **uccidere**.

Ucraina *sf*: l'Ucraina the Ukraine.

udienza *sf* - 1. [colloquio] audience - 2. DIR hearing.

udire [107] *vt* to hear.

udito *sm* hearing.

uditorio *sm* audience.

UE *(abbr di Unione Europea)* *sf* EU.

uffa *esclam* oof!, phew!; **uffa che noia!** oof, how boring!

ufficiale ⬦ *agg* official. ⬦ *sm* - **1.** [incaricato] official; **pubblico ufficiale** public official - **2.** MIL officer.

ufficializzare [6] *vt* to make official.

ufficialmente *avv* officially; **siete ufficialmente invitati** you are formally invited.

ufficio *sm* - **1.** [gen] office; **andare in ufficio** to go to the office; **è ancora in ufficio** he's still at the office; **ufficio di collocamento** jobcentre *UK*, unemployment office *US*; **ufficio informazioni** information office; **ufficio postale** post office; **d'ufficio** officially - **2.** [reparto] department, office - **3.** RELIG service; **ufficio funebre** funeral service.

Uffizi *smpl*: **gli Uffizi** the Uffizi Gallery *(sing)*.

ufo ◆ **a ufo** *avv* without paying; **mangiare a ufo** to scrounge something to eat; **vivere a ufo** to live by sponging.

UFO ['ufo] *(abbr di* **Unidentified Flying Object)** *sm inv* UFO.

ugola *sf* uvula.

uguaglianza *sf* equality; **segno di uguaglianza** equals o equal *US* sign.

uguagliare [21] *vt* - **1.** [raggiungere] to equal, to match; **uguagliare qn in qc** to match sb for sthg - **2.** SPORT to equal - **3.** [peso, dimensioni] to make equal - **4.** [livellare] to make level. ◆ **uguagliarsi** *vip* to be equal.

uguale ⬦ *agg* - **1.** [gen] equal - **2.** [identico] identical, the same; **uguale a qn/qc** the same as sb/sthg; **essere uguale per aspetto** to look the same; **per me/noi è uguale** it's all the same to me/us - **3.** [uniforme] even, unvarying. ⬦ *sm* equals o equal *US* sign. ⬦ *avv* *fam*: **costano uguale** they cost the same; **è alto uguale** he's the same height.

ugualmente *avv* - **1.** [in modo uguale] equally - **2.** [lo stesso] all the same.

ulcera *sf* ulcer.

ulivo *sm* olive tree.

ulteriore *agg* further.

ultimamente *avv* recently.

ultimare [6] *vt* to complete.

ultimatum *sm inv* ultimatum.

ultimo, a ⬦ *agg* - **1.** [gen] last; **l'ultimo treno** the last train; **l'ultimo piano** the top floor; **per l'ultima volta** for the last time; **arrivare** o **classificarsi ultimo** to come o be last; **all'ultimo momento/minuto** at the last moment/ minute - **2.** [ulteriore] final, last; **un'ultima possibilità** one last chance - **3.** [più recente - moda, notizia] latest; [- guerra] last; **negli ultimi tempi** recently; **negli ultimi giorni** in the last few days - **4.** [estremo] farthest. ⬦ *sm, f* - **1.** [per-

sona, cosa] last; **l'ultimo del mese** the last day of the month; **l'ultimo dell'anno** New Year's Eve - **2.** [momento]: **fino all'ultimo** to the last.

ultrasuono *sm* ultrasound.

ultraterreno, a *agg* unearthly.

ultravioletto, a *agg* ultraviolet. ◆ **ultravioletti** *smpl* ultraviolet rays.

ululare [6] *vi* to howl.

ululato *sm* howl.

umanità *sf* - **1.** [qualità] humanity - **2.** [uomini] humanity, mankind.

umanitario, a *agg* humanitarian.

umano, a *agg* - **1.** [gen] human - **2.** [comprensivo] humane.

Umbria *sf*: **l'Umbria** Umbria.

umbro, a *agg* & *sm, f* Umbrian.

umidificare [15] *vt* to humidify.

umidità *sf* - **1.** [condizione] damp - **2.** [vapore] humidity - **3.** [contenuto idrico] moisture.

umido, a *agg* - **1.** [clima, aria] humid - **2.** [terreno, abito] damp - **3.** [mani, fronte] wet, damp. ◆ **umido** *sm* - **1.** [umidità] damp - **2.** CULIN: **in umido** stewed.

umile *agg* - **1.** [gen] humble - **2.** [non superbo] humble, modest - **3.** [inferiore] menial.

umiliare [20] *vt* to humiliate. ◆ **umiliarsi** *vr* - **1.** [sottostimarsi] to humiliate o.s. - **2.** [sottomettersi] to demean o.s.

umiliazione *sf* humiliation.

umiltà *sf* humility; **confessò con umiltà di non sentirsi all'altezza del compito** he humbly admitted that he wasn't up to the task.

umore *sm* mood; **essere di buon/cattivo umore** to be in a good/bad mood.

umorismo *sm* (sense of) humour *UK* o humor *US*.

umoristico, a, ci, che *agg* - **1.** [spirito, vena] humorous, comic - **2.** [battuta, film] funny.

un ▷ **uno**.

un' ▷ **uno**.

una ▷ **uno**.

unanimità *sf* unanimity; **all'unanimità** unanimously.

uncinetto *sm* [strumento] crochet hook; [lavoro] crochet; **lavorare all'uncinetto** to crochet.

uncino *sm* hook.

undicenne ⬦ *agg* eleven-year-old *(dav sostantivo)*. ⬦ *smf* eleven-year-old.

undicesimo, a *agg num* & *sm, f* eleventh. ◆ **undicesimo** *sm* [frazione] eleventh; *vedi anche* **sesto**.

undici *agg num inv* & *sm inv* eleven; *vedi anche* **sei**.

ungere [49] *vt* - **1.** [teglia] to grease - **2.** [macchiare] to get greasy - **3.** [ingranaggio, ruota] to oil. ◆ **ungersi** *vr* - **1.** [macchiarsi] to get o.s. greasy - **2.** [spalmarsi] to oil o.s.

ungherese ◇ *agg* & *smf* Hungarian. ◇ *sm* [lingua] Hungarian.

unghia *sf* - **1.** [di persona] nail - **2.** [di animale - artiglio] claw; [- zoccolo] hoof.

unguento *sm* ointment.

unicamente *avv* only.

unico, a, ci, che ◇ *agg* - **1.** [singolo] only *(dav sostantivo)*, one *(dav sostantivo)*; **taglia unica** one size; **è l'unico modo per convincerlo** it's the only way to convince him - **2.** [di giornale, rivista]: **numero unico** special issue - **3.** [ineguagliabile] unique. ◇ *sm, f* only one.

unificare [15] *vt* - **1.** [riunire] to unite - **2.** TV: **a reti unificate** on all channels - **3.** [standardizzare] to standardize.

unificazione *sf* - **1.** [riunione] unification - **2.** [standardizzazione] standardization.

uniformare [6] *vt* - **1.** [adeguare]: **uniformare qc a qc** to make sthg conform to sthg - **2.** [rendere uguale] to even o level out. ◆ **uniformarsi** *vr*: **uniformarsi a qc** to conform to sthg.

uniforme ◇ *agg* - **1.** [gen] uniform - **2.** [stile, paesaggio] unvarying. ◇ *sf* uniform; **alta uniforme** full-dress uniform.

unione *sf* - **1.** [gen] union - **2.** [legame] relationship - **3.** [concordia, coesione] unity. ◆ **Unione Europea** *sf*: **l'Unione Europea** the European Union. ◆ **Unione Sovietica** *sf*: **l'ex Unione Sovietica** the former Soviet Union.

unire [9] *vt* - **1.** [pezzi, parti] to join; [ingredienti] to combine; [mettere accanto] to put together; **unire qc a qc** to join sthg to sthg - **2.** [persone] to unite - **3.** [collegare] to link. ◆ **unirsi** ◇ *vip*: **unirsi a qc** to be combined with sthg. ◇ *vr* - **1.** [associarsi] to unite - **2.** [congiungersi] to meet.

unità *sf inv* - **1.** [gen] unit; **unità di misura** unit of measurement; **unità monetaria** monetary unit; **unità centrale** central processing unit, CPU - **2.** [coesione] unity.

unitario, a *agg* - **1.** [tendente all'unità] unitary *(dav sostantivo)* - **2.** [unificato] joint *(dav sostantivo)* - **3.** [singolo] unit *(dav sostantivo)*.

unito, a *agg* close.

universale *agg* - **1.** [gen] universal - **2.** [attrezzo] multipurpose.

universalmente *avv* universally.

università *sf inv* university; **fare l'università** to go to university.

universitario, a ◇ *agg* university *(dav sostantivo)*. ◇ *sm, f* - **1.** [studente] (university) student - **2.** [professore] lecturer *UK*, professor *US*.

universo *sm* universe.

uno, a (**un** *dav sm che comincia per vocale, h o consonante;* **uno** *dav sm che comincia per s + consonante, gn, ps, x, y, z;* **una** *dav sf che comincia per consonante; generalmente* **un'** *dav sf che comincia per vocale o h)* ◇ *art indet* a *(con consonante)*, an *(con vocale)*; **uno studente** a student; **un tavolo** a table; **una donna** a woman; **un albero** a tree; **un'arancia** an orange; **un giorno ci andrò** I'll go there one day; **ho avuto una fortuna!** I was so lucky! ◇ *pron indef* - **1.** [uno qualunque] one; **uno dei miei libri** one of my books; **uno dei migliori** one of the best; **uno di noi/voi/loro** one of us/you/them; **l'un l'altro** each other, one another; **sanno tutto l'uno dell'altro** they know everything about each other; **l'uno e l'altro** both of them; **l'uno o l'altro** one or the other; **né l'uno né l'altro** neither of them; **gli uni con gli altri** one with another - **2.** [un tale] someone, somebody - **3.** [impersonale] you, one *form.* ◇ *agg num* one. ◆ **una** *sf* [ora]: **l'una** one o'clock. ◆ **uno** *sm* [numero] one; *vedi anche* **sei**.

unto, a ◇ *pp* ▷ **ungere**. ◇ *agg* - **1.** [sporco] greasy - **2.** [con olio] oiled; [con burro, margarina] greased. ◆ **unto** *sm* grease.

unzione *sf*: **l'estrema unzione** the last rites *pl*.

uomo (*pl* **uomini**) *sm* - **1.** [essere umano] man, mankind - **2.** [maschio, adulto] man; **uomo d'affari** businessman; **uomo di mondo** man of the world; **da uomo** [abiti] men's.

uovo (*fpl* **uova**) *sm* egg; **uovo affogato** poached egg; **uovo alla coque** soft-boiled egg; **uovo al tegame** fried egg; **uovo sodo** hard-boiled egg; **uovo strapazzato** scrambled egg. ◆ **uovo di Pasqua** *sm* Easter egg.

uragano *sm* hurricane.

uranio *sm* uranium.

urbano, a *agg* - **1.** [della città] urban - **2.** [dentro alla città] local.

urgente *agg* urgent.

urgentemente *avv* urgently.

urgenza *sf* - **1.** [caratteristica] urgency; **d'urgenza** urgently - **2.** [caso] emergency.

urina *sf* urine (U).

urinare [6] ◇ *vi* to urinate. ◇ *vt* to pass.

urlare [6] *vi* & *vt* to shout.

urlo *sm* - **1.** (*fpl* **urla**) [grido di persona] cry - **2.** (*fpl* **urla**) [del vento] howl - **3.** (*mpl* **urli**) [di animale] howl, cry - **4.** (*mpl* **urli**) [voce alta] yell.

urna *sf* - **1.** [vaso] urn; **urna cineraria** (cinerary) urn - **2.** [per votazioni] ballot box; **andare alle urne** [votare] to go to the polls.

urrà *esclam* hurray!

urtare [6] <> *vt* - **1.** [colpire] to hit - **2.** [irritare] to annoy. <> *vi*: **urtare contro qc** to crash into sthg. ◆ **urtarsi** *vr* to crash.

urto *sm* - **1.** [spinta] shove - **2.** [collisione] crash.

USA ['uza] (*abbr di* United States of America) *smpl*: **gli USA** the USA *(sing)*, the US *(sing)*.

usa e getta *agg inv* disposable.

usanza *sf* custom.

usare [6] <> *vt* - **1.** [adoperare] to use - **2.** [agire con]: **occorre usare molta prudenza/attenzione** you have to be very cautious/careful - **3.** [essere solito]: **mio nonno usava dire...** my granddad used to say...; **quest'anno si usa molto il rosa pink is in this year; a casa mia si usa fare l'albero di Natale il 13 dicembre** at home we always put up the Christmas tree on December the 13th *UK* o December 13th *US*. <> *vi* - **1.** [essere in uso] to be in use - **2.** [essere di moda] to be in.

usato, a *agg* second-hand. ◆ **usato** *sm* second-hand goods *pl*.

uscire [108] *vi* - **1.** [gen - andare] to go out; [- venire] to come out; **uscire dall'ospedale** to come out of hospital *UK* o the hospital *US*; **la macchina è uscita di strada** the car went off the road; **il treno uscì dai binari** the train came off the track - **2.** [essere in vendita] to come out - **3.** [essere sorteggiato] to come up - **4.** INFORM: **uscire da qc** to exit sthg.

uscita *sf* - **1.** [apertura] exit; [all'aeroporto] gate; **uscita di sicurezza** emergency exit - **2.** [azione]: **l'uscita degli spettatori dal cinema** when the audience come out of the cinema *esp UK* o movie theater *US* - **3.** [di prodotto] launch - **4.** [spesa] expenditure (*U*).

usignolo *sm* nightingale.

uso *sm* - **1.** [gen] use; **fuori uso** out of order - **2.** [usanza] usage; **essere d'uso (fare qc)** to be the custom (to do sthg).

ustionare [6] *vt* to burn. ◆ **ustionarsi** *vip* to get burned.

ustione *sf* burn.

usuale *agg* usual.

usura *sf* - **1.** [logoramento] wear (and tear) - **2.** [strozzinaggio] usury.

utensile *sm* [cucina] utensil; [attrezzo] tool.

utente *smf* user.

utero *sm* [gen] womb; MED uterus.

utile *agg* - **1.** [utilizzabile] useful - **2.** [persona] helpful; **rendersi utile** to make o.s. useful.

utilità *sf* - **1.** [efficacia] usefulness - **2.** [profitto] benefit.

utilizzare [6] *vt* to use.

utilizzo *sm* use.

uva *sf* grapes *pl*; **uva passa** raisins *pl*; **uva spina** gooseberries *pl*; **uva sultanina** sultanas *pl*.

UVA (*abbr di* Ultravioletto prossimo) *agg inv* UVA.

uvetta *sf* raisin.

v (*abbr di* velocità) v.

va ⊳ **andare**.

vacanza *sf* holiday *UK*, vacation *US*; **essere/andare in vacanza** to be on o go on holiday *UK* o vacation *US*; **le vacanze (estive)** the (summer) holidays *UK* o vacation *(sing) US*.

vacca, che *sf* cow.

vaccinare [6] *vt*: **vaccinare qn contro qc** to vaccinate sb against sthg.

vaccinazione *sf* vaccination.

vaccino, a *agg* cow's *(dav sostantivo)*. ◆ **vaccino** *sm* vaccine.

vacillare [6] *vi* - **1.** [barcollare] to stagger - **2.** [venir meno] to fail.

vada ⊳ **andare**.

vadano ⊳ **andare**.

vado ⊳ **andare**.

vagabondo, a *sm, f* tramp.

vagamente *avv* vaguely.

vagare [16] *vi* to wander.

vagina *sf* vagina.

vagito *sm* wail.

vaglia *sm inv* money o postal *UK* order.

vago, a, ghi, ghe *agg* vague. ◆ **vago** *sm*: **restare nel vago** to be non-committal.

vagone *sm* [per gente] carriage *UK*, car *US*; [per merci] (goods) wagon *UK*, freight car *US*; **vagone letto** sleeping car, sleeper; **vagone ristorante** dining o restaurant *UK* car.

vai ⊳ **andare**.

valanga, ghe *sf* - **1.** [massa di neve] avalanche - **2.** [grande quantità] flood.

valdostano, a <> *agg* from o of the Valle d'Aosta. <> *sm, f* person from the Valle d'Aosta.

valere [91] *vi* - **1.** [gen] to be worth - **2.** [essere valido] to be valid - **3.** [essere abile] to be good; **non valere niente** to be useless; **farsi valere** to assert o.s.; **tanto vale** one might as well; **uno vale l'altro** one's as good as the other; **valere la pena** to be worth it. ← **valersi** *vip*: **valersi di qc** to make use of sthg.

valga *etc* ▷ **valere**.

valico, chi *sm* - **1.** [azione] passage - **2.** [luogo] pass.

validità *sf* - **1.** [gen] validity; **avere validità di o per un anno** to be valid for one year - **2.** [di ragionamento, tesi] soundness.

valido, a *agg* - **1.** [gen] valid - **2.** [efficace] useful.

valigia, ge *o* **gie** *sf* suitcase; **fare/disfare le valigie** to pack/unpack; **fare le valigie** *fig* to pack one's bags.

vallata *sf* valley.

valle *sf* valley; **a valle** downstream.

valore *sm* - **1.** [gen] value; **di valore** [oggetti, merce] valuable - **2.** [di opera, persona] worth, merit; **di valore** significant; **mettere qc in valore** to make the most of sthg - **3.** [validità]: **avere valore** to be valid - **4.** [coraggio] valour *UK*, valor *US*. ← **valori** *smpl* - **1.** [gioielli] valuables - **2.** [titoli] stocks and shares.

valorizzare [6] *vt* - **1.** [accrescere il prezzo di] to increase the value of - **2.** [far apprezzare] to make the most of. ← **valorizzarsi** *vip* to increase in value.

valoroso, a *agg* brave.

valso, a *pp* ▷ **valere**.

valuta *sf* - **1.** [moneta] currency; **valuta estera** foreign currency - **2.** [in pagamento] date of (first) payment.

valutare [6] *vt* - **1.** [stabilire il prezzo di] to value - **2.** [apprezzare] to appreciate - **3.** [calcolare] to calculate - **4.** [analizzare] to weigh up - **5.** [giudicare] to assess.

valutazione *sf* - **1.** [gen] evaluation - **2.** [giudizio] assessment; **scheda di valutazione** report *UK*, report card *US*.

valvola *sf* valve; **valvola di sicurezza** safety valve.

valzer *sm inv* waltz.

vampata *sf* flush.

vampiro *sm* vampire.

vandalismo *sm* vandalism *(U)*.

vandalo, a *sm, f* vandal.

vanga, ghe *sf* spade.

vangelo *sm* - **1.** [fondamento] gospel - **2.** [verità] gospel (truth). ← **Vangelo** *sm* Gospel.

vanificare [15] *vt* to thwart.

vanità *sf inv* vanity.

vanitoso, a *agg* vain.

vanno ▷ **andare**.

vano, a *agg* vain. ← **vano** *sm* - **1.** [stanza] room - **2.** [apertura] opening - **3.** [cavità - pozzo, ascensore] shaft; [- scale] well; **vano portabagagli** boot *UK*, trunk *US*.

vantaggio *sm* - **1.** [gen] advantage - **2.** [in gara, partita] lead; **essere in vantaggio** to be in the lead.

vantaggioso, a *agg* favourable *UK*, favorable *US*.

vantare [6] *vt* - **1.** [lodare] to praise - **2.** [contare] to boast. ← **vantarsi** *vr* to show off; **vantarsi di (fare) qc** to boast about (doing) sthg.

vanvera ← **a vanvera** *avv* willy-nilly.

vapore <> *sm* - **1.** [di liquido] vapour *UK*, vapor *US* - **2.** [di acqua]: **vapore (acqueo)** steam; **a vapore** [macchina] steam *(dav sostantivo)*; **cuocere al vapore** to steam. <> *agg inv* ▷ **cavallo**. ← **vapori** *smpl* fumes.

vaporetto *sm* steamboat.

vaporoso, a *agg* - **1.** [abito, tessuto] gauzy - **2.** [capelli] fluffy.

varcare [15] *vt*: **varcare la soglia** to cross the threshold.

varco, chi *sm*: **aprirsi un varco** [tra la folla] to make one's way; [nella foresta] to open a path.

varechina *sf* bleach.

variabile *agg* & *sf* variable.

variante *sf* - **1.** [modifica] variation - **2.** LING variant.

variare [6] <> *vt* - **1.** [modificare] to change - **2.** [diversificare] to vary. <> *vi* - **1.** [modificarsi] to change - **2.** [essere diverso] to vary.

variato, a *agg* varied.

variazione *sf* variation; **variazione sul tema** *fig* variation on a theme.

varicella *sf* chickenpox.

varicosa *agg* ▷ **vena**.

varietà *sf inv* variety.

vario, a *agg* - **1.** [non uniforme] varied - **2.** [incostante] variable. ← **vari, varie** *agg pl* - **1.** [diversi] various - **2.** [numerosi] several.

variopinto, a *agg* multicoloured *UK*, multicolored *US*.

Varsavia *sf* Warsaw.

vasca, sche *sf* - **1.** [in giardino] pond; [cisterna] tank; [per bucato] tub; **vasca da bagno** bath tub, bath *UK* - **2.** [nel nuoto] length.

vaschetta *sf* tub.

vaselina *sf* vaseline.

vasetto *sm* jar.

vaso sm - 1. [per fiori] vase; [per piante]: **vaso (da fiori)** (flower) pot; **vaso da notte** chamber pot - 2. [barattolo] jar - 3. ANAT: **vasi sanguigni** blood vessels.

vassoio sm tray.

vasto, a agg - 1. [superficie] vast - 2. [cultura] wide.

vaticano, a agg Vatican. ◆ **Vaticano** sm: **il Vaticano** the Vatican; **la Città del Vaticano** the Vatican City.

ve ▷ **vi**.

VE (abbr di **Venezia**) VE.

vecchiaia sf old age.

vecchio, a ◇ agg - 1. [gen] old - 2. [stagionato] mature. ◇ sm, f old man (old woman f); **i vecchi** old o elderly people.

veci sfpl: **fare le veci di qn** to take sb's place.

vedente smf: **i non vedenti** eufem the visually-impaired, the vision-impaired US.

vedere [81] vt - 1. [gen] to see; **vederci** to see - 2. [esaminare] to look at; **farsi vedere dal medico** to be examined o seen by the doctor - 3. [incontrare] to meet; **vedere di fare qc** to try to do sthg; **non avere nulla a che vedere con qn/qc** to have nothing to do with sb/sthg; **cos'ha a che vedere con te?** what's it got to do with you? ◆ **vedersi** vr - 1. [se stesso] to look at o.s. - 2. [incontrarsi] to meet.

vedetta sf - 1. [gen] lookout; **essere di vedetta** to be on guard - 2. [imbarcazione] patrol boat.

vedova sf widow; **vedova nera** [ragno] black widow.

vedovo, a agg widowed. ◆ **vedovo** sm widower.

veduta sf view; **veduta aerea** aerial view. ◆ **vedute** sfpl views; **di vedute larghe/ristrette** broad-/narrow-minded.

vegetale ◇ agg - 1. [regno, specie] plant (dav sostantivo) - 2. [origine, sostanze, brodo] vegetable (dav sostantivo). ◇ sm vegetable.

vegetaliano, a agg & sm, f vegan.

vegetare [6] vi to vegetate.

vegetariano, a agg & sm, f vegetarian.

vegetazione sf vegetation.

vegeto agg ▷ **vivo**.

veglia sf - 1. [stato]: **essere tra il sonno e la veglia** to be half-asleep - 2. [periodo] vigil; **veglia funebre** wake.

vegliare [6] ◇ vi - 1. [stare sveglio] to stay awake - 2. [prendersi cura]: **vegliare su qn/qc** to watch over sb/sthg. ◇ vt to watch over.

veglione sm party; **il veglione di Capodanno** New Year's Eve party.

veicolo sm - 1. [mezzo di trasporto] vehicle - 2. [mezzo di diffusione] carrier.

vela sf - 1. [tela] sail - 2. SPORT sailing.

velare [6] vt - 1. [gen] to veil - 2. [celare] to conceal. ◆ **velarsi** vip to be veiled.

velato, a agg - 1. [gen] veiled - 2. [trasparente] sheer.

velcro® sm inv Velcro®.

veleno sm - 1. [sostanza] poison - 2. [astio] venom.

velenoso, a agg - 1. [gen] venomous - 2. [sostanza] poisonous.

veliero sm sailing ship.

velluto sm velvet; **velluto a coste** corduroy.

velo sm - 1. [gen] veil; **velo (da sposa)** (bridal) veil - 2. [tessuto] voile - 3. [strato] layer.

veloce ◇ agg - 1. [atleta, veicolo] fast - 2. [viaggio, attività] quick; **essere veloce nel fare qc** to be quick o fast at doing sthg. ◇ avv quickly.

velocemente avv quickly.

velocità sf inv speed.

vena sf vein; **vene varicose** varicose veins; **vena d'acqua** spring; **essere/sentirsi in vena di (fare) qc** to be/to feel in the mood for (doing) sthg.

venale agg mercenary.

venato, a agg veined.

vendemmia sf grape harvest.

vendere [7] ◇ vt - 1. [smerciare] to sell; **vendere qc a qn** to sell sthg to sb, to sell sb sthg - 2. [tradire] to betray. ◇ vi to sell; **vendere bene** to sell well.

vendetta sf revenge.

vendicare [15] vt to avenge. ◆ **vendicarsi** vr: **vendicarsi (di o per qc)** to take one's revenge (for sthg); **vendicarsi di qn** to get revenge on sb.

vendita sf sale; **vendita al dettaglio** o **al minuto** retail sales pl; **vendita all'ingrosso** wholesale sales pl; **essere in vendita** to be up for sale.

venditore, trice sm, f salesman (saleswoman f); **venditore ambulante** travelling salesman.

venerare [6] vt to worship.

venerdì sm inv Friday; **venerdì Santo** Good Friday; vedi anche **sabato**.

Venere sf Venus.

venereo agg ▷ **malattia**.

veneto, a agg & sm, f Venetian. ◆ **Veneto** sm: **il Veneto** Veneto.

Venezia sf Venice.

veneziana sf Venetian blind.

venga etc ▷ **venire**.

venire [109] ⬦ *vi* - **1.** [gen] to come; **far venire qn** [chiamare] to call sb - **2.** [riuscire] to turn out; **venire bene/male** to turn out well/badly - **3.** [costare] to cost - **4.** [manifestarsi] to get; **mi/gli** *etc* **viene da fare qc** I feel/he feels *etc* like doing sthg; **mi viene da vomitare** I feel sick - **5.** [in frasi passive] to be; **venire meno** [persona] to faint; [forze, coraggio] to fail. ⬦ *sm*: **andare e venire** coming and going.

ventaglio *sm* - **1.** [oggetto] fan - **2.** [gamma] range.

ventennale ⬦ *agg* - **1.** [in durata] twenty-year *(dav sostantivo)* - **2.** [ricorrenza] every twenty years *(non dav sostantivo)*. ⬦ *sm* twentieth anniversary.

ventenne ⬦ *agg* twenty-year-old *(dav sostantivo)*. ⬦ *smf* twenty-year-old.

ventennio *sm* twenty-year period.

ventesimo, a *agg num* & *sm, f* twentieth. ➤ **ventesimo** *sm* [frazione] twentieth; *vedi anche* **sesto**.

venti *agg num inv* & *sm inv* twenty; **gli anni Venti** the Twenties; *vedi anche* **sei**.

ventilato, a *agg* ventilated.

ventilatore *sm* fan.

ventina *sf* - **1.** [quantità]: **una ventina (di qc)** about twenty (sthg) - **2.** [età]: **avere una ventina d'anni** to be about twenty (years old), to be in one's twenties; *vedi anche* **sessantina**.

vento *sm* wind; **c'è vento** it's windy.

ventola *sf* fan.

ventosa *sf* - **1.** [oggetto] plunger - **2.** ZOOL sucker.

ventre *sm* belly, stomach.

ventriloquo, a ⬦ *agg*: **essere ventriloquo** to be a ventriloquist. ⬦ *sm, f* ventriloquist.

venturo, a *agg* next.

venuta *sf* arrival.

venuto, a *pp* ⊳ **venire**.

vera *sf* wedding ring.

veramente *avv* really.

veranda *sf* veranda.

verbale ⬦ *agg* verbal. ⬦ *sm* minutes *pl*; **mettere a verbale qc** to minute sthg.

verbo *sm* verb.

verde ⬦ *agg* - **1.** [gen] green - **2.** [acerbo] unripe. ⬦ *sm* green; **essere al verde** [senza soldi] to be broke. ⬦ *smf* POLIT green.

verdetto *sm* verdict.

verdura *sf* vegetables *pl*.

vergine *agg* virgin. ➤ **Vergine** *sf* - **1.** RELIG: **la Vergine** the Virgin - **2.** ASTROL Virgo; **essere della Vergine** to be (a) Virgo.

vergogna *sf* - **1.** [gen] shame - **2.** [imbarazzo] embarrassment.

vergognarsi [23] *vip* - **1.** [essere mortificato]: **vergognarsi di** *o* **per qc** to be ashamed of sthg; **vergognarsi di aver fatto qc** to be ashamed of having done sthg; **vergognarsi di qn** to be ashamed of sb - **2.** [imbarazzarsi] to be embarrassed; **vergognarsi a fare qc** to be (too) embarrassed to do sthg.

vergognoso, a *agg* - **1.** [deplorevole] shameful - **2.** [imbarazzato] embarrassed.

verifica, che *sf* check.

verificare [15] *vt* to check. ➤ **verificarsi** *vip* to happen.

verità *sf inv* truth; **dire la verità** to tell the truth.

verme *sm* worm; **verme solitario** tapeworm.

vermicelli *smpl* vermicelli *(U)*.

vernice *sf* [pittura] paint; [per legno] varnish; **'vernice fresca'** 'wet paint'.

verniciare [17] *vt* [pitturare] to paint; [legno] to varnish.

vero, a *agg* - **1.** [gen] true - **2.** [autentico] real; **vero e proprio** real. ➤ **vero** *sm* - **1.** [verità] truth; **a dire il vero** to tell the truth - **2.** [realtà]: **dal vero** from life.

Verona *sf* Verona.

verosimile *agg* probable.

verrò *etc* ⊳ **venire**.

verruca, che *sf* verruca.

versamento *sm* deposit.

versante *sm* side.

versare [6] *vt* - **1.** [mescere] to pour; [rovesciare] to spill - **2.** [denaro] to pay in. ➤ **versarsi** *vip* to spill.

versatile *agg* versatile.

versione *sf* - **1.** [gen] version - **2.** [traduzione] translation.

verso ⬦ *sm* - **1.** [in poesia] line - **2.** [grido] call - **3.** [imitazione]: **fare il verso a qn/qc** to imitate sb/sthg - **4.** [direzione] direction - **5.** [modo]: **non c'è verso** there is no way - **6.** [rovescio] back. ⬦ *prep* - **1.** [gen] toward(s); **verso le nove** at about nine (o'clock) - **2.** [nei confronti di] to; **verso di me/te** *etc* to me/you *etc*.

vertebra *sf* vertebra.

vertebrale *agg* ⊳ **colonna**.

verticale ⬦ *agg* vertical. ⬦ *sf* - **1.** [retta] vertical - **2.** [nei cruciverba] down; **9 verticale** 9 down - **3.** [in ginnastica] handstand.

vertice *sm* - **1.** [gen] peak; **essere al vertice** to be at the top - **2.** [dirigenza] top management - **3.** [riunione] summit - **4.** GEOM apex.

vertigine *sf* dizziness *(U)*; **soffrire di vertigini** to suffer from vertigo.

vescica, che *sf* - **1.** ANAT bladder - **2.** [bolla] blister.

vescovo sm bishop.

vespa sf wasp. ➤ **Vespa**® sf Vespa®.

vestaglia sm dressing gown, (bath)robe.

veste sf - 1. [vestito]: **le vesti** clothes - 2. [aspetto] touch; **dare una bella veste a qc** to give sthg a nice touch; **in veste di** (in one's capacity) as; **in veste ufficiale** in an official capacity.

vestire [8] <> vt - 1. [gen] to dress - 2. [indossare] to wear. <> vi to dress. ➤ **vestirsi** vr to dress, to get dressed.

vestito sm [da donna] dress; [da uomo] suit; **vestito da sposa** bridal gown; **vestiti** clothes. ➤ **vestito, a** agg dressed.

Vesuvio sm: **il Vesuvio** Vesuvius.

veterinario, a <> agg veterinary. <> sm, f vet, veterinarian US.

vetrata sf - 1. [di stanza] window - 2. [di chiesa] stained-glass window.

vetrina sf - 1. [di negozio] shop o store esp US window - 2. [mobile] display cabinet.

vetro sm - 1. [materiale] glass - 2. [lastra] (window) pane - 3. [frammento] piece of glass.

vetta sf - 1. [sommità] summit - 2. fig [vertice] top.

vettura sf - 1. [automobile] car - 2. [ferroviaria] carriage UK, car US.

vezzeggiativo, a agg diminutive. ➤ **vezzeggiativo** sm diminutive.

vi (diventa ve dav lo, la, li, le, ne) <> pron pers - 1. [complemento oggetto] you; **non vi sento** I can't hear you - 2. [complemento di termine] (to) you; **ve l'ho dato** I gave it to you; **ve ne parlerò** I'll speak o talk to you about it - 3. [nei riflessivi, pronominali] yourselves; **vi siete divertiti?** did you enjoy yourselves?; **fermatevi!** stop!; **non vi ricordate?** don't you remember? <> avv ▷ **ci**.

via <> sf - 1. [strada] street - 2. [percorso] route; **sulla via di casa** on the way home; **via di comunicazione** communication route - 3. [passaggio] passage; **via di scampo** o d'uscita way out; **dare via libera a qc** to give the go-ahead to sthg - 4. [mezzo] means (sing); **per via aerea/telefonica/terrestre** by air mail/by phone/by land; **via fax/satellite/e-mail** by fax/satellite/e-mail - 5. [modo] way; **per vie traverse** fig [ottenere] under the counter; [venire a sapere] on the grapevine - 6. MED: **per via orale/endovenosa** etc orally/intravenously etc - 7. ANAT tract; **in via eccezionale** exceptionally; **in via di guarigione** on the road to recovery; **paese in via di sviluppo** developing country; **per via di qc** because of sthg; **via via** gradually. <> avv [lontano] away. <> esclam - 1. [per scacciare] go away! - 2. [suvvia] come on! - 3. [in gare] go! <> sm inv start;

dare il via a qn/qc [nelle gare] to start sb/sthg off; **dare il via a qc** [iniziare] to set sthg off. ➤ **Via Lattea** sf Milky Way.

viabilità sf - 1. [transito] circulation; **la viabilità è interrotta** the road is closed to traffic - 2. [strade] road system.

viadotto sm viaduct.

viaggiare [18] vi to travel; **viaggiare in treno/auto/aereo** to travel by train/car/plane.

viaggiatore, trice sm, f passenger.

viaggio sm - 1. [lungo] journey; [breve] trip; **buon viaggio!** have a good trip!; **mettersi in viaggio** to set off - 2. [per mare, nello spazio] voyage.

viale sm avenue.

viavai sm inv hustle and bustle.

vibrare [6] vi - 1. [in vibrazione] to vibrate - 2. [fremere] to quiver.

vibrazione sf vibration.

vice smf inv deputy.

vicedirettore, trice sm, f deputy manager.

vicenda sf business. ➤ **a vicenda** avv [l'un l'altro] each other, one another.

vicepresidente smf vice-president.

viceversa avv - 1. [gen] vice versa - 2. [invece] but.

vicinanza sf - 1. [gen] closeness - 2. [affinità] similarity. ➤ **vicinanze** sfpl neighbourhood UK, neighborhood US; **nelle vicinanze di qc** near sthg.

vicinato sm - 1. [vicini] neighbours pl UK, neighbors pl US - 2. [luoghi] neighbourhood UK, neighborhood US.

vicino, a <> agg - 1. [nello spazio, nel tempo] near, close; **i loro compleanni sono vicini** their birthdays are close together; **vicino a qn/qc** near sb/sthg, close to sb/sthg; **siamo vicini a Natale** it's nearly Christmas - 2. [idealmente]: **essere vicino a qc** to be close to sthg - 3. [partecipe]: **essere o stare vicino a qn** to stand by sb - 4. [simile] close. <> sm, f neighbour UK, neighbor US. ➤ **vicino** avv close; **abito qui vicino** I live nearby; **da vicino** close up; **vicino a qn/qc** next to sb/sthg.

vicolo sm alley; **vicolo cieco** blind alley.

video <> sm inv - 1. [dispositivo] screen - 2. [videoclip] video. <> agg inv video.

videocamera sf video camera, camcorder.

videocassetta sf video (cassette).

videocitofono sm video entryphone® UK, video intercom US.

videogioco, chi sm video game.

videoregistratore sm video cassette recorder, video (recorder) UK, VCR esp US.

videotęca, che *sf* - **1.** [negozio] video shop *o* store *esp US* - **2.** [collezione] video collection.

Videotęl® *sm inv* ≃ teletext®.

vidi *etc* ▷ **vedere**.

Vięnna *sf* Vienna.

vietare [6] *vt* [gen] to forbid; **vietare a qn di fare qc** to forbid sb to do sthg; **vietare a qn qc** to forbid sb sthg; [ufficialmente] to ban; **vietare a qn di fare qc** to ban sb from doing sthg.

vietato, a *agg* forbidden; **'vietato calpestare le aiuole'** 'keep off the grass'; **'vietato l'accesso'** 'no entry'; **'vietato fumare'** 'no smoking'.

Vietnam *sm*: **il Vietnam** Vietnam.

vigilante *smf* security guard.

vigilanza *sf* [di polizia] surveillance; [di adulto] supervision.

vigilare [6] ◇ *vt* to supervise. ◇ *vi*: **vigilare su qn/qc** to look after sb/sthg.

vigile ◇ *agg* [persona] vigilant; [sguardo] watchful. ◇ *sm*: **vigile urbano** municipal policeman; **vigili del fuoco** fire brigade *(sing) UK o* department *(sing) US*.

vigilia *sf* - **1.** [di festa] eve; [di evento] day before - **2.** [periodo]: **alla vigilia di qc** in the run-up to sthg.

vigliacco, a, chi, che ◇ *agg* cowardly. ◇ *sm, f* coward.

vigna *sf* vineyard.

vignęto *sm* vineyard.

vignetta *sf* cartoon.

vigore *sm* - **1.** [fisico] strength - **2.** [trasporto] vigour *UK*, vigor *US*; **con vigore** vigorously - **3.** [validità]: **essere/entrare in vigore** to be in/to come into force.

vigoroso, a *agg* vigorous.

vile ◇ *agg* [vigliacco] cowardly; [meschino] contemptible. ◇ *smf* coward.

villa *sf* [in città] house; [al mare] villa.

villaggio *sm* village; **villaggio turistico** holiday *UK o* vacation *US* village.

villano, a ◇ *agg* rude. ◇ *sm, f* lout.

villeggiante *smf* holidaymaker *UK*, vacationer *US*.

villeggiatura *sf* holiday *UK*, vacation *US*; **andare/essere in villeggiatura** to go/be on holiday *UK o* vacation *US*.

villetta *sf* [in città] detached house; **villetta a schiera** terraced *UK o* row *US* house; [al mare] villa; [in campagna] cottage.

vimini *smpl* wicker (U).

vinavil, vinavil® *sm* vinyl glue.

vincere [26] ◇ *vt* - **1.** [gara, partita, premio] to win - **2.** [avversario] to beat - **3.** [sentimento, istinto] to overcome. ◇ *vi* to win.

vincita *sf* win.

vincitore, trice *sm, f* winner.

vincolo *sm* - **1.** [giuridico] obligation - **2.** [legame] tie.

vino *sm* wine; **vino bianco/rosso** white/red wine; **vin santo** vin santo.

vinsi *etc* ▷ **vincere**.

vinto, a ◇ *pp* ▷ **vincere**. ◇ *agg*: **darsi per vinto** to give in; **darla vinta a qn** to let sb have his/her way.

viola ◇ *sf* - **1.** [fiore] violet; **viola del pensiero** pansy - **2.** [strumento] viola. ◇ *sm inv* & *agg inv* violet.

violare [6] *vt* - **1.** [trasgredire] to contravene - **2.** [profanare] to violate - **3.** [invadere] to invade.

violazione *sf* violation.

violentare [6] *vt* to rape.

violentemente *avv* violently.

violento, a *agg* violent.

violenza *sf* violence; **violenza carnale** rape.

violetta *sf* wild violet.

violinista, i, e *smf* violinist.

violino *sm* violin.

violoncello *sm* cello.

viottolo *sm* lane.

vipera *sf* viper.

virale *agg* viral.

virare [6] *vi* to veer.

virgola *sf* - **1.** [in frase] comma - **2.** [in matematica] ≃ point.

virgolette *sfpl* quotation marks, inverted commas *UK*; **tra virgolette** in quotation marks *o* inverted commas *UK*.

virile *agg* virile.

virtù *sf inv* - **1.** [gen] virtue - **2.** [potere] power; **in** *o* **per virtù di qc** by virtue of sthg.

virtuale *agg* virtual.

virtuoso, a *agg* virtuous.

virus *sm inv* MED & INFORM virus.

viscere *sfpl* - **1.** [organi] entrails - **2.** [profondità] bowels.

vischio *sm* mistletoe.

viscido, a *agg* slimy.

viscosa *sf* viscose.

visibile *agg* - **1.** [con la vista] visible - **2.** [evidente] evident.

visibilità *sf* visibility.

visięra *sf* - **1.** [di berretto] peak - **2.** [di casco] visor.

visionare [6] *vt* to examine.

visionario, a *sm, f* visionary.

visione *sf* - **1.** [opinione] view - **2.** [esame]: **dare/prendere in visione qc** to show/examine sthg; **prendere visione di qc** to look sthg over

- **3.** [cinematografica] screening; **prima/seconda visione** new/old release; **prima visione televisiva** TV premiere - **4.** [allucinazione] vision.

visita *sf* - **1.** [a amico, parente] visit; **fare visita a qn** to pay sb a visit - **2.** [in un luogo] tour; **visita guidata** guided tour - **3.** [medica] examination; **visita di controllo** check-up.

visitare [6] *vt* - **1.** [luogo] to see - **2.** [paziente] to examine - **3.** [amico, parente] to visit.

visitatore, trice *sm, f* visitor.

visivo, a *agg* visual.

viso *sm* face.

visone *sm* mink.

vispo, a *agg* lively.

vissi *etc* ▷ **vivere**.

vissuto, a *pp* ▷ **vivere**.

vista *sf* - **1.** [facoltà] sight, eyesight; **in vista di qc** [vicino] within sight of sthg; [in previsione] in preparation for sthg; **essere in vista** to be in the offing; **a vista** exposed; **a vista d'occhio** [velocemente] before one's (very) eyes; **in vista** [noto] high-profile; [visibile] visible; **non lasciare i bagagli troppo in vista nella vettura** don't leave your luggage where it can be seen in the car - **2.** [visione] sight; **conoscere qn di vista** to know sb by sight; **perdere qn di vista** to lose touch with sb; **a prima vista** at first sight - **3.** [panorama] view.

visto, a ◇ *pp* ▷ **vedere**. ◇ *agg* given; **visto che** since. ◆ **visto** *sm* visa.

vistoso, a *agg* loud.

visuale *sf* view.

vita *sf* - **1.** [gen] life; **essere/rimanere in vita** to be alive/to live; **essere in fin di vita** to be on the point of death; **togliersi/perdere la vita** to take/to lose one's life; **a vita** for life; **in vita mia** in my life - **2.** [necessario per vivere] living; **il costo della vita** the cost of living - **3.** [cintura] waist.

vitale *agg* - **1.** [gen] vital - **2.** [dinamico] dynamic.

vitamina *sf* vitamin.

vite *sf* - **1.** [pianta] vine - **2.** [metallica] screw.

vitello *sm* - **1.** [animale] calf - **2.** [carne] veal - **3.** [pelle] calfskin.

viticoltore, trice *sm, f* wine-grower.

vitigno *sm* vine.

vittima *sf* victim; **essere o rimanere vittima di qc** to be a victim of sthg; **fare la vittima** to act the martyr.

vittimismo *sm* victimization.

vitto *sm* food; **vitto e alloggio** board and lodging.

vittoria *sf* victory. ◆ **Vittoria** *sf*: **il lago Vittoria** Lake Victoria.

vittorioso, a *agg* - **1.** [trionfatore] victorious - **2.** [trionfante] triumphant.

viva *esclam* long live...!

vivace *agg* - **1.** [dinamico] lively - **2.** [acuto] quick - **3.** [concitato] animated - **4.** [intenso] bright.

vivacità *sf* - **1.** [dinamicità] liveliness - **2.** [acutezza] sharpness - **3.** [aggressività] forcefulness - **4.** [luminosità] brightness.

vivaio *sm* - **1.** [di piante] nursery - **2.** [di pesci] farm.

vivanda *sf* food.

vivavoce *sm inv* [telefono fisso] speaker phone; [cellulare] hands-free facility.

vivente *agg* alive.

vivere [83] ◇ *vi* - **1.** [gen] to live; **vivere di qc** to live off sthg - **2.** [mantenersi] to live on - **3.** [durare] to live (on). ◇ *vt* - **1.** [condurre] to lead - **2.** [passare] to go through.

viveri *smpl* provisions.

vivo, a *agg* - **1.** [in vita] alive; **farsi vivo** to get in touch; **vivo e vegeto** alive and kicking - **2.** [brillante] bright - **3.** [profondo] deep - **4.** [vivace] lively. ◆ **vivo** *sm* - **1.** [essenza]: **entrare nel vivo di qc** to get to the heart of sthg; **pungere qn sul vivo** to cut sb to the quick - **2.** [realtà]: **dal vivo** live.

vivrò *etc* ▷ **vivere**.

viziare [20] *vt* to spoil.

viziato, a *agg* - **1.** [nell'educazione] spoiled, spoilt *UK* - **2.** [irrespirabile] stuffy.

vizio *sm* - **1.** [morale] vice - **2.** [dipendenza] addiction; **avere il vizio del fumo/dell'alcol** to be a heavy smoker/drinker - **3.** [brutta abitudine] bad habit.

vocabolario *sm* - **1.** [dizionario] dictionary - **2.** [lessico] vocabulary.

vocabolo *sm* word.

vocale ◇ *agg* vocal. ◇ *sf* vowel.

vocazione *sf* vocation.

voce *sf* - **1.** [umana] voice; **a voce alta/bassa** in a loud/low voice; **essere senza voce** to have lost one's voice; **fare la voce grossa** to raise one's voice; **a voce** in person - **2.** [diceria] rumour *UK*, rumor *US* - **3.** [verbale] form - **4.** [vocabolo, di lista] entry.

vodka *sf inv* vodka.

voga *sf*: **in voga** in vogue.

vogare [16] *vi* to row.

voglia[1] *sf* - **1.** [intenzione]: **avere voglia di fare qc** to feel like doing sthg - **2.** [desiderio] desire; **è tardi, mi è passata la voglia di mangiare** it's late; I don't feel like eating any more; **avere voglia di (fare) qc** to want (to do) sthg - **3.** [macchia] birthmark.

voglia *etc*[2] ▷ **volere**.

voi *pron pers* you; **siete voi** it's you; **voi stessi/stesse** you yourselves; **voi due** you two; **vengo con voi** I'll come with you; **da voi** at your house.

volante ◇ *agg* flying. ◇ *sm* steering wheel; **stare/mettersi al volante** to be at/to take the wheel. ◇ *sf* [vettura] police car; [polizia]: **la volante** *a rapid-reaction police unit* the flying squad *UK*.

volantino *sm* leaflet.

volare [6] *vi* to fly.

volatile *sm* bird.

volatilizzarsi [6] *vip* to vanish.

volenteroso, a *agg* diligent.

volentieri *avv* - 1. [con piacere] willingly - 2. [come risposta] gladly.

volere [5] ◇ *vt* - 1. [desiderare]: **se volete restare soli me ne vado** if you want to be alone, I'll go; **vorrei un chilo di mele** I'd like a kilo of apples; **vorrei che mi ascoltassi, quando ti parlo** I'd like you to listen when I'm talking to you; **come vuoi/volete** as you wish; **senza volere** [involontariamente] unintentionally - 2. [cercare] to want; **ti vogliono al telefono** you're wanted on the phone - 3. [in richieste]: **volete fare silenzio, per piacere?** will you be quiet, please? - 4. [esigere, pretendere] to want; **voglio sapere la verità** I want to know the truth; **vogliamo fatti, non parole** we want action, not words; **voglio che vi comportiate bene** I want you to behave yourselves; **come vuoi che finisca il lavoro se continui a disturbarlo?** how do you expect him to finish the work if you keep interrupting him? - 5. [consentire] to want; **suo padre non vuole che frequenti quei ragazzi** his father doesn't want him going around with those boys; **non ha voluto assolutamente vederlo** she flatly refused to see him - 6. [richiedere] to require; **la tradizione vuole che...** tradition requires that... - 7. [occorrere]: **volerci** to be needed; **un bel caffè è proprio quello che ci vuole** a nice coffee is just what's needed; **quanto ci vorrà da Siena a Pisa?** how long will it take from Siena to Pisa?; **ci vuole poco a farla arrabbiare** it doesn't take much to annoy her - 8. [significare]: **voler dire** to mean; **voglio/volevo dire** [cioè] I mean/I meant (to say). ◇ *sm* wishes *pl*.

Volga *sm*: **il Volga** the Volga.

volgare *agg* - 1. [scurrile] vulgar - 2. [banale] common.

volgarità *sf inv* - 1. [caratteristica] vulgarity - 2. [parola] vulgar word.

volgere [48] ◇ *vt* to turn. ◇ *vi* - 1. [dirigersi] to turn - 2. [avvicinarsi]: **volgere al termi-**

ne to draw to a close - 3. [tendere]: **il tempo volge al brutto** the weather is taking a turn for the worse; **la situazione volge al peggio** the situation is taking a turn for the worse; **un giallo che volge all'arancio** a yellow that is almost orange. ◆ **volgersi** *vr* to turn.

volli *etc* ▷ **volere**.

volo *sm* - 1. [gen] flight; **volo di andata/di ritorno** outward/return flight; **volo di linea** scheduled flight; **al volo** [nel lancio] in the air; [subito] immediately - 2. [movimento di veicolo] flying - 3. [caduta] fall.

volontà *sf inv* will; **a volontà** as much as one likes; **buona/cattiva volontà** good/bad will; **le ultime volontà (di qn)** the last will and testament (of sb).

volontariato *sm* voluntary work.

volontario, a ◇ *agg* voluntary. ◇ *sm, f* volunteer.

volpe *sf* - 1. [animale] fox - 2. [pelliccia] fox (fur).

volpino *sm* Pomeranian.

volsi *etc* ▷ **volgere**.

volta *sf* - 1. [gen] time; **una volta che** once; **una volta per tutte** once and for all; **una volta tanto** (just) for once; **c'era una volta** once upon a time; **una volta** [un tempo] once, formerly; [in un'occasione] once; **due volte** twice; **tre volte** three times; **a volte** sometimes; **di volta in volta** bit by bit; **di volta in volta ti spiegherò che cosa devi fare** I'll explain what you have to do as we go along - 2. [turno]: **a mia volta** in my turn; **alla** *o* **per volta** at a time - 3. [direzione]: **alla volta di** in the direction of - 4. ARCHIT vault. ◆ **Volta** *sm*: **il Volta** the Volta.

voltare [6] ◇ *vt* - 1. [rivolgere] to turn - 2. [rivoltare] to turn over; **voltare pagina** *fig* to turn over a new leaf - 3. [oltrepassare]: **voltare l'angolo** to turn the corner. ◇ *vi* to turn. ◆ **voltarsi** *vr* to turn.

volto[1], **a** ['vɔlto, a] *pp* ▷ **volgere**.

volto[2] ['volto] *sm* face.

volubile *agg* fickle.

volume *sm* - 1. [gen] volume; **a tutto volume** at full volume - 2. ECON: **volume d'affari** turnover.

voluminoso, a *agg* bulky.

volutamente *avv* deliberately.

voluto, a *agg* - 1. [desiderato] desired - 2. [fatto apposta] deliberate.

vomitare [6] ◇ *vt* to vomit. ◇ *vi* to be sick.

vomito *sm* vomit.

vongola *sf* clam.

vorace *agg* voracious.

voragine *sf* chasm.

vorrò *etc* ⊳ **volere**.

vortice *sm* whirl.

vostro, a ⬦ *agg poss* your; **la vostra auto** your car; **sono vostri?** are they yours?; **i vostri bambini** your children; **un vostro amico** a friend of yours; **a casa vostra** [moto a luogo] to your house; [stato in luogo] at your house. ⬦ *pron poss*: **il vostro, la vostra, i vostri, le vostre** yours; **qual è il vostro?** which one's yours?; **avete detto la vostra** you've had your say; **ne avete fatta una delle vostre!** you've done it again!

votare [6] ⬦ *vt* to vote for. ⬦ *vi* to vote.

votazione *sf* - 1. [elettorale] voting - 2. [scolastica] mark, grade.

voto *sm* - 1. [elettorale] vote; **mettere ai voti qc** to put sthg to the vote - 2. [scolastico] mark, grade - 3. [religioso] vow; **prendere i voti** to take one's vows.

vulcanico, a, ci, che *agg* volcanic.

vulcano *sm* volcano.

vulnerabile *agg* vulnerable.

vuoi ⊳ **volere**.

vuole ⊳ **volere**.

vuotare [6] *vt* to empty; **vuotare il sacco** *fig* to spill the beans. ◆ **vuotarsi** *vip* to empty.

vuoto, a *agg* empty. ◆ **vuoto** *sm* - 1. [gen] void; **vuoto d'aria** air pocket; **cadere/precipitare nel vuoto** to plummet downward; **ha spalancato la finestra e si è gettato nel vuoto** he threw the window open and jumped out; **a vuoto** in vain - 2. [spazio libero] space - 3. [recipiente] empty; **vuoto a rendere/perdere** returnable/non-returnable bottle.

webcam [wɛb'kam] *sf inv* webcam.

weekend [wi'kɛnd] *sm inv* weekend.

western ['wɛstern] ⬦ *agg inv* western, cowboy *(dav sostantivo)*. ⬦ *sm inv* western.

whisky ['wiski] *sm inv* whisky *UK*, whiskey *US*.

windsurf [wind'sɛrf, 'windsɛrf] *sm inv* - 1. [tavola] windsurfer, windsurfing board - 2. [sport] windsurfing.

würstel ['vurstel, vyrstel] *sm inv* frankfurter.

WWF [vu(v)vu'ɛffe] *(abbr di World Wildlife Fund) sm* WWF.

WWW [vuv(v)u(v)'vu] *(abbr di World Wide Web) sm* WWW.

x, X *sm o sf inv* x, X.

xenofobia *sf* xenophobia.

xilofono *sm* xylophone.

y, Y *sm o sf inv* y, Y.

yacht [jɔt] *sm inv* yacht.

yoga ⬦ *sm* yoga. ⬦ *agg inv* [maestro, centro] yoga *(dav sostantivo)*; [respirazione] yogic.

yogurt *sm inv* yoghurt, yogurt.

yo-yo® *sm inv* yo-yo.

w, W *sm o sf inv* w, W.

wafer ['vafer] *sm inv* wafer.

walkie-talkie [wɔlki'tɔlki] *sm inv* walkie-talkie.

Walkman® ['wɔlkmɛn] *sm inv* Walkman®.

Washington ['wɔʃʃinton] *sf* Washington.

water ['vater] *sm inv* toilet.

watt [vat] *sm inv* watt.

WC [vitʃ'tʃi, vutʃ'tʃi] *(abbr di Water closet) sm inv* WC.

web [wɛb] ⬦ *agg inv* web. ⬦ *sm inv* Web.

z, Z *sm o sf inv* z, Z.

zabaione, zabaglione *sm* dessert made of eggs, sugar, and Marsala.

zafferano *sm* saffron.

zaffiro, zaffiro *sm* sapphire.

Zagabria *sf* Zagreb.

zaino *sm* rucksack, backpack.

zampa *sf* [arto intero] leg; [parte che tocca terra - di cane, gatto] paw; [- di cavallo, pecora, bovino] hoof; [- di maiale] trotter; [- - di volatile] claw; **a quattro zampe** on all fours.

zampillare [6] *vi* to gush.

zampillo *sm* gush.

zampirone *sm* mosquito coil.

zampogna *sf* bagpipes *pl*.

zanna *sf* - **1**. [di elefante, bisonte] tusk - **2**. [di tigre, lupo] fang.

zanzara *sf* mosquito.

zanzariera *sf* mosquito net.

zappa *sf* hoe.

zappare [6] *vt* to hoe.

zattera *sf* raft.

zavorra *sf* ballast.

zebra *sf* zebra. ◆ **zebre** *sfpl* zebra crossing *UK*, crosswalk *UK*.

zecca, che *sf* - **1**. [parassita] tick - **2**. [officina] mint.

zecchino *sm* old gold coin.

zelo *sm* zeal.

zenzero *sm* ginger.

zeppa *sf* - **1**. [cuneo] wedge - **2**. [di scarpa] platform.

zeppo, a *agg*: zeppo (di qc) packed (with sthg).

zerbino *sm* doormat.

zero ⬦ *agg num inv* zero. ⬦ *sm inv* - **1**. [gen] zero; **sotto zero** below zero; **ricominciare** *o* **ripartire da zero** to start again from scratch - **2**. [SPORT - nel calcio] nothing, nil *UK*; [- nel tennis] love; **contare zero/meno di zero** to count for nothing/less than nothing; **sparare a zero su qn/qc** [criticare] to lay into sb/sthg.

zibellino *sm* sable.

zigano, a ⬦ *agg* gypsy *(dav sostantivo)*, gipsy *(dav sostantivo) UK*. ⬦ *sm, f* gypsy, gipsy *UK*.

zigomo *sm* cheekbone.

zigzag *sm inv* zigzag; **camminare a zigzag** to zigzag.

zimbello *sm* laughing stock.

zinco *sm* zinc.

zingaro, a ⬦ *agg* gypsy *(dav sostantivo)*, gipsy *(dav sostantivo) UK*. ⬦ *sm, f* gypsy, gipsy *UK*.

zio, zia, zii, zie *sm, f* uncle (aunt *f*). ◆ **zii** *smpl* [zio e zia] uncle and aunt.

zip [dʒip] *sf inv* zip *UK*, zipper *US*.

zippare *vt* to zip.

zitella *sf spreg* spinster.

zittire [9] ⬦ *vt* to silence. ⬦ *vi* to shut up.

zitto, a *agg* silent; **stare zitto** to keep quiet.

zizzania *sf*: mettere *o* seminare zizzania to stir up trouble.

zoccolo *sm* - **1**. [calzatura] clog - **2**. [di animale] hoof - **3**. [battiscopa] skirting (board) *UK*, baseboard *US*.

zodiaco *sm* zodiac.

zolfo *sm* sulphur, sulfur *US*.

zolla *sf* clod.

zolletta *sf*: zolletta (di zucchero) (sugar) lump.

zona *sf* - **1**. [gen] area - **2**. [di città] area, district; **di zona** area *(dav sostantivo)*, district *(dav sostantivo)*; **zona blu** parking meter zone; **zona disco** area where cars must display a cardboard clock showing time of arrival; **zona industriale** industrial estate *UK* o park *US*; **zona pedonale** pedestrian precinct *UK* o mall *US*.

zonzo *sm*: andare a zonzo to wander around.

zoo *sm inv* zoo.

zoologia *sf* zoology.

zoologico, a, ci, che *agg* - **1**. zoological - **2**. ▷ **giardino**.

zoppicare [15] *vi* to limp.

zoppo, a ⬦ *agg* lame. ⬦ *sm, f* lame person.

zucca, che *sf* - **1**. [ortaggio] pumpkin - **2**. *fam* [testa] nut.

zuccherato, a *agg* sweetened.

zuccheriera *sf* sugar bowl.

zucchero *sm* sugar; **zucchero a velo** icing sugar *UK*, confectioner's *o* powdered sugar *US*; **zucchero di canna** cane sugar; **zucchero filato** candyfloss *UK*, cotton candy *US*; **zucchero vanigliato** vanilla sugar.

zuccheroso, a *agg* rich in sugar.

zucchina *sf* = zucchino.

zucchino *sm* courgette *UK*, zucchini *US*.

zuffa *sf* fight.

zumare [6] ⬦ *vi*: zumare (su qn/qc) to zoom in (on sb/sthg). ⬦ *vt* to zoom in on.

zuppa *sf* soup. ◆ **zuppa inglese** *sf* trifle.

zuppo, a *agg*: zuppo (di qc) soaked (in sthg).

Zurigo *sf* Zurich.

Numerals/Aggettivi numerali

Cardinals numbers/Cardinali

zero	0	zero	twenty-five	25	venticinque
one	1	uno	twenty-six	26	ventisei
two	2	due	twenty-seven	27	ventisette
three	3	tre	twenty-eight	28	ventotto
four	4	quattro	twenty-nine	29	ventinove
five	5	cinque	thirty	30	trenta
six	6	sei	thirty-one	31	trentuno
seven	7	sette	thirty-two	32	trentadue
eight	8	otto	forty	40	quaranta
nine	9	nove	fifty	50	cinquanta
ten	10	dieci	sixty	60	sessanta
eleven	11	undici	seventy	70	settanta
twelve	12	dodici	eighty	80	ottanta
thirteen	13	tredici	ninety	90	novanta
fourteen	14	quattordici	one hundred	100	cento
fifteen	15	quindici	one hundred and one	101	centouno
sixteen	16	sedici	one hundred and ten	110	centodieci
seventeen	17	diciassette	two hundreds	200	duecento
eighteen	18	diciotto	one thousand	1 000	mille
nineteen	19	diciannove	one thousand and twenty	1 020	milleventi
twenty	20	venti			
twenty-one	21	ventuno	one thousand, five hundred and six	1 506	millecinquecentosei
twenty-two	22	ventidue			
twenty-three	23	ventitré	two thousand	2 000	duemila
twenty-four	24	ventiquattro	one million	1 000 000	un milione

Ordinal numbers/Ordinali

first	1st	1°	primo	fifteenth	15th	15°	quindicesimo
second	2nd	2°	secondo	sixteenth	16th	16°	sedicesimo
third	3rd	3°	terzo	seventeenth	17th	17°	diciassettesimo
fourth	4th	4°	quarto	eighteenth	18th	18°	diciottesimo
fifth	5th	5°	quinto	nineteenth	19th	19°	diciannovesimo
sixth	6th	6°	sesto	twentieth	20th	20°	ventesimo
seventh	7th	7°	settimo	twenty-first	21th	21°	ventunesimo
eighth	8th	8°	ottavo	twenty-second	22th	22°	ventiduesimo
ninth	9th	9°	nono	twenty-third	23th	23°	ventitreesimo
tenth	10th	10°	decimo	thirtieth	30th	30°	trentesimo
eleventh	11th	11°	undicesimo	one hundredth	100th	100°	centesimo
twelfth	12th	12°	dodicesimo	hundred and first	101th	101°	centunesimo
thirteenth	13th	13°	tredicesimo	two hundredth	200th	200°	duecentesimo
fourteenth	14th	14°	quattordicesimo	one thousandth	1 000th	1000°	millesimo

Mathematical values/Valori matematici

one half	**1/2**		un mezzo
two thirds	**2/3**		due terzi
one tenth	**1/10**		un decimo
one hundredth	**1/100**		un centesimo
(zero) point one	**0.1**	**0,1**	zero virgola uno
two point five	**2.5**	**2,5**	due virgola cinque
six point zero three	**6.03**	**6,03**	sei virgola zero tre
minus one	**-1**		meno uno

Mathematical operations/Le operazioni

eight plus two equals five	$8+2=10$	otto più due fa OR uguale dieci
nine minus three equals six	$9-3=6$	nove meno tre fa OR uguale sei
seven times three equals twenty-one/ seven multiplied by three equals twenty-one	$7 \times 3 = 21$	sette per tre (fa) ventuno
twenty divided by four equals five	$20 \div 4 = 5$	venti diviso quattro (fa) cinque
the square root of nine is three	$\sqrt{9} = 3$	la radice quadrata di nove è tre
five squared equals twenty-five	$5^2 = 25$	cinque al quadrato OR alla seconda fa venticinque

Weights and measures/Pesi e misure

Weight/Peso

milligram	**mg**	milligrammo		ounce	**oz**	oncia
gram	**g**	grammo		pound	**lb**	libra
hectogram	**hg**	etto(grammo)				
kilogram/kilo	**kg**	chilo(grammo)				
	q	quintale				
(metric) ton	**t**	tonnellata				

US: 1lb = 16.01oz = 0.454kg	**GB: 1g** = 0.035oz / 0.032oz
GB: 1lb = 11.99oz = 0.373kg	**GB: 1kg** = 2.202lb /2.680oz

2 pounds of minced meat
2 libre di carne macinata

500 milligram tablets
pillole da 500 milligrammi

Volume

cubic centimetre	**cm³**	centimetro cubo		cubic yard	**yd³**	iarda cubica
cubic metre	**m³**	metro cubo		cubic feet	**ft³**	piede cubico

1m³ = 1,307yd³/35,31ft³	**1ft³** = 0,037yd³/28,32m³

10 cubic metres of oxygen
10 metri cubi di ossigeno

Area/Superficie

square centimetre	cm²	centimetro quadrato
square metre	m²	metro quadrato
square kilometre	km²	chilometro quadrato
hectare	ha	ettaro (=10.000m²)

square foot	in²	pollice quadrato
square yard	ft²	piede quadrato
square mile	yd²	iarda quadrata
square mile	mi²	miglio quadrato

$1m^2 = 1,196yd^2$
$1km^2 = 0,386mi^2$

$1yd^2 = 0.836m^2$
$1mi^2 = 2590000km^2$

300 square metre villa
villa di 300 metri quadrati

a field of 100 square yards
un campo di 100 iarde quadrate

Length/Lunghezza

millimetre	mm	millimetro
centimetre	cm	centimetro
metre	m	metro
kilometre	km	chilometro

inch	in	pollice
foot	ft	piede
yard	yd	iarda
mile	mi	miglio

$1cm = 0,393in$
$1m = 1,093 yd/3,28ft$
$1km = 0,621mi$

$1in = 2.54cm$
$1ft = 0.304m$
$1m = 1.609km$

It's 200 feet high
È alto 200 piedi

2 kilometres of beach
2 chilometri di spiaggia

Capacity/Capacità

décilitre	dl	decilitro
litre	l	litro

ounce	oz	oncia
pint	pt	pinta
gallon	gal	gallone

GB: 1l = 1,759pt/0,22 gal
US: 1l = 0,264gal/2.11pt

GB: 1pt = 0.125gal = 0.56l
US: 1pt = 0.124gal = 0.47l

a 10 litre tank
un serbatoio da 10 litri

2 pints of milk
2 pinte di latte

Speed/Velocità

metres per second	m/s	metro(-i) al secondo
kilometres per hour	km/h	chilometro(-i) all'ora OR orario(-ri)
miles per hour	mph	miglia orarie

speed limit of 60 Km/h
limite di 60 chilometri all'ora

The time/Tempo

one second	1"	un secondo
one minute	1'	un minuto
one hour	1h	un'ora

Temperature/Temperatura

water boils at two hundred and twelve degrees	212F	100°	l'acqua bolle a 100 gradi
today it's fifty-five degrees	55F	12°	oggi ci sono dodici gradi
my temperature was one hundred and four	104F	40°	ho avuto la febbre a quaranta
the thermometer marks eighty-three point four degrees	83.4F	25,5°	il termometro segna venticinque gradi e mezzo

The date/La data

sixteenth of October nineteen seventy-five	16/10/1975		sedici ottobre (millenovecento)settantacinque
fourteen ninety-two	1492		millequattrocentonovantadue
two thousand and three	2003		duemilatre

the Seventies	70	'70	gli anni settanta
the sixteenth century	XVIˣ s.	'500	il cinquecento
the eighteenth century	XVIIIˣ s.	XVIII sec	il diciottesimo secolo

this morning	stamattina	the day before yesterday	l'altro ieri/ieri l'altro/avantieri
this evening	stasera		
today	oggi	the following day	l'indomani
tomorrow	domani	tomorrow afternoon	domani pomeriggio
the day after tomorrow	dopodomani	last night	ieri sera

What's the date today?
Che giorno è oggi?

It's the fifth of May.
Oggi è il 5 maggio.

In which year?
In che anno?

In nineteen twenty-three.
Nel 1923.

I was born in July.
Sono nato a luglio.

What's your date of birth?
Qual è la tua data di nascita?

The twenty-fifth of December is Christmas day.
Il venticinque dicembre è Natale.

Easter falls on the twentieth of April.
La Pasqua cade il venti aprile.

The time/L'ora

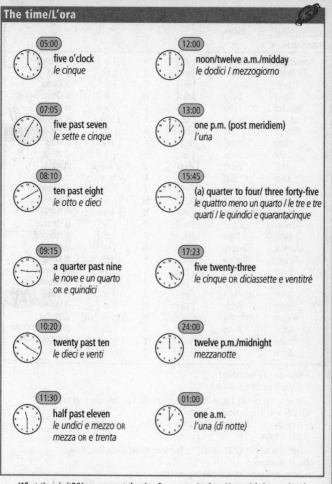

(05:00)
five o'clock
le cinque

(07:05)
five past seven
le sette e cinque

(08:10)
ten past eight
le otto e dieci

(09:15)
a quarter past nine
le nove e un quarto
OR *e quindici*

(10:20)
twenty past ten
le dieci e venti

(11:30)
half past eleven
le undici e mezzo OR
mezza OR *e trenta*

(12:00)
noon/twelve a.m./midday
le dodici / mezzogiorno

(13:00)
one p.m. (post meridiem)
l'una

(15:45)
(a) quarter to four/ three forty-five
le quattro meno un quarto / le tre e tre quarti / le quindici e quarantacinque

(17:23)
five twenty-three
le cinque OR *diciassette e ventitré*

(24:00)
twelve p.m./midnight
mezzanotte

(01:00)
one a.m.
l'una (di notte)

What time is it?/Have you got the time?
Che ore sono?/Sa l'ora?

It's one o'clock/It's ten to five.
È l'una/Sono le cinque meno dieci.

At what time?
A che ora?

At three/At tenish (around ten)
Alle tre. Verso le dieci

When?
Quando?

Half an hour ago.
Mezz'ora fa.

VI

Phonetic alphabets/L'alfabeto telefonico

International / Internazionale	NATO				
Amsterdam	Alpha	[eɪ]	A	[a]	di Ancona
Benjamin	Bravo	[bi:]	B	[bi]	di Bari
Charlie	Charlie	[si:]	C	[tʃi]	di Como
David	Delta	[di:]	D	[di]	di Domodossola
Edward	Echo	[i:]	E	[e]	di Empoli
Frederick	Foxtrot	[ef]	F	[ˈɛffe]	di Firenze
George	Golf	[dʒi:]	G	[dʒi]	di Genova
Harry	Hotel	[eɪtʃ]	H	[ˈakka]	di hotel
Isaac	India	[aɪ]	I	[i]	di Imola
Jack	Juliet	[dʒeɪ]	J	[ilˈlunga]	di jeans
King	Kilo	[keɪ]	K	[ˈkappa]	
Lucy	Lima	[el]	L	[ˈelle]	di Lucca
Mary	Mike	[em]	M	[ˈɛmme]	di Mantova
Nellie	November	[en]	N	[ˈɛnne]	di Napoli
Oliver	Oscar	[əʊ]	O	[ɔ]	di Otranto
Peter	Papa	[pi:]	P	[pi]	di Palermo
Queenie	Quebec	[kju:]	Q	[ku]	di quadro
Robert	Romeo	[ɑːʳ]	R	[ˈɛrre]	di Roma
Sugar	Sierra	[es]	S	[ˈɛsse]	di Savona
Tommy	Tango	[ti:]	T	[ti]	di Taranto
Uncle	Uniform	[ju:]	U	[u]	di Udine
Victor	Victor	[vi:]	V	[vi]	di Verona
William	Whiskey	[ˈdʌblju:]	W	[doppjavˈvu]	di Walter
Xmas	X-ray	[eks]	X	[iks]	di Craxi
Yellow	Yankee	[waɪ]	Y	[ˈipsilɔn]	di yacht
Zebra	Zulu	[zed]	Z	[ˈdzɛta]	di zebra

– How do you spell that?
– Può dirmi come si scrive?

– N as in November, I as in Italy, T as in Tommy, S as in Sugar, C as in Charlie and H as in House. Nitsch.
– N di Napoli, I di Imola, T di Taranto, S di Savona, C di Como e H di Hotel. Nitsch.

– Hello? Is this 0543 32 36 83? (o, five four, three; three, two, three, six, eight three)
– Sorry, you must have the wrong number.
– Pronto? È lo 0543 32 36 83? (zero, cinque, quattro, tre, trentadue, trentasei, ottantatré)
– No, ha sbagliato numero.

ENGLISH-ITALIAN
INGLESE-ITALIANO

a¹ (*pl* a's *or* as), **A** (*pl* A's *or* As) [eɪ] *n* [letter] a *m o f inv*, A *m o f inv*; **to get from A to B** andare da un punto a un altro. **◆ A** *n* - **1.** MUS la *m inv* - **2.** SCH voto *m* massimo.

a² (*weak form* [ə], *strong form* [eɪ], *before vowel* an *weak form* [æn], *strong form* [ən]) *indef art* - **1.** [gen] uno(una); **a boy/tree** un ragazzo/albero; **a mirror/tyre** uno specchio/ pneumatico; **a girl/house** una ragazza/casa; **a wing/wave** un'ala/onda; **a hundred/thousand pounds** cento/mille sterline - **2.** [referring to occupation] **she's a teacher** è insegnante, fa l'insegnante - **3.** [to express prices, ratios ETC] a; **£10 a person** 10 sterline a testa; **twice a week/month** due volte alla settimana/al mese; **50 km an hour** 50 km all'ora.

AA *n* - **1.** (*abbr of* **Automobile Association**), *Automobile Club britannico*, ≃ ACI *m* - **2.** (*abbr of* **Alcoholics Anonymous**) AA *f*.

AAA *n* (*abbr of* **American Automobile Association**), *Automobile Club statunitense*, ≃ ACI *m*.

AB *n* (*abbr of* **Bachelor of Arts**), *in America, (chi possiede una) laurea in materie umanistiche.*

aback [ə'bæk] *adv*: **to be taken aback (by sthg)** essere colto(a) alla sprovvista (da qc).

abandon [ə'bændən] ◇ *vt* abbandonare. ◇ *n* (*U*): **with abandon** con abbandono.

abashed [ə'bæʃt] *adj* imbarazzato(a).

abate [ə'beɪt] *vi fml* [storm, pain] calmarsi; [noise] affievolirsi.

abattoir ['æbətwɑːr] *n* UK mattatoio *m*.

abbey ['æbɪ] *n* abbazia *f*.

abbot ['æbət] *n* abate *m*.

abbreviate [ə'briːvɪeɪt] *vt* abbreviare.

abbreviation [ə,briːvɪ'eɪʃn] *n* abbreviazione *f*.

ABC *n* - **1.** [alphabet] alfabeto *m* - **2.** *fig* [basics]: **the ABC of** l'abbiccì di.

abdicate ['æbdɪkeɪt] ◇ *vi* abdicare. ◇ *vt* [responsibility] sottrarsi a.

abdomen ['æbdəmen] *n* addome *m*.

abduct [əb'dʌkt] *vt* rapire.

aberration [,æbə'reɪʃn] *n* aberrazione *f*.

abet [ə'bet] *vt* ▷ **aid**.

abeyance [ə'beɪəns] *n* (*U*) *fml*: **in abeyance** non vigente.

abhor [əb'hɔːr] *vt* aborrire.

abide [ə'baɪd] *vt* sopportare. **◆ abide by** *vt insep* rispettare.

ability [ə'bɪlətɪ] *n* - **1.** (*U*) [level of capability] capacità *f inv* - **2.** [skill, talent] dote *f*, talento *m*.

abject ['æbdʒekt] *adj* - **1.** [poverty, misery] nero(a) - **2.** [apology] umile - **3.** [failure] completo(a).

ablaze [ə'bleɪz] *adj* [on fire] in fiamme.

able ['eɪbl] *adj* - **1.** [capable]: **to be able to do sthg** poter fare qc, essere in grado di fare qc; **I was able to find it** sono riuscito a trovarlo - **2.** [accomplished, talented] capace, competente.

ably ['eɪblɪ] *adv* abilmente.

abnormal [æb'nɔːml] *adj* anormale.

aboard [ə'bɔːd] ◇ *adv* [on ship, plane] a bordo. ◇ *prep* [ship, plane] a bordo di; [bus, train] su.

abode [ə'bəʊd] *n fml*: **of no fixed abode** senza fissa dimora.

abolish [ə'bɒlɪʃ] *vt* abolire.

abolition [,æbə'lɪʃn] *n* abolizione *f*.

abominable [ə'bɒmɪnəbl] *adj* abominevole.

aborigine [,æbə'rɪdʒənɪ] *n* aborigeno australiano *m*, aborigena australiana *f*.

abort [ə'bɔːt] *vt* - 1. [pregnancy] interrompere - 2. *fig* [plan, mission] abbandonare - 3. COMPUT interrompere l'esecuzione di.

abortion [ə'bɔːʃn] *n* aborto *m*; **to have an abortion** abortire.

abortive [ə'bɔːtɪv] *adj* mancato(a).

abound [ə'baʊnd] *vi* - 1. [be plentiful] abbondare - 2. [be full]: **to abound with** OR **in sthg** abbondare di qc.

about [ə'baʊt] <> *adv* - 1. [approximately] circa; **about fifty/a hundred** circa cinquanta/cento; **at about five o'clock** intorno alle cinque - 2. *esp UK* [referring to place] di qua e di là; **to leave things lying about** lasciare le cose in giro; **to walk about** fare avanti e indietro; **to jump about** saltare qua e là - 3. [on the point of]: **to be about to do sthg** stare per fare qc. <> *prep* - 1. [relating to, concerning] su; **a film about Paris** un film su Parigi; **what is it about?** [gen] di che cosa si tratta?; [book, film] di cosa parla?; **to talk about sthg** parlare di qc - 2. [referring to place] in giro per; **to wander about the streets** andare in giro per le strade.

about-turn *esp UK*, **about-face** *esp US n fig* & MIL dietro front *m inv*.

above [ə'bʌv] <> *adv* - 1. [on top, higher up] sopra; **he lives in the flat above** abita al piano di sopra - 2. [in text] (qui) sopra - 3. [more, over] oltre; **children aged five and above** i bambini dai cinque anni in su. <> *prep* - 1. [on top of, higher up than] sopra - 2. [more than] oltre.
◆ **above all** *adv* soprattutto.

aboveboard [ə,bʌv'bɔːd] *adj* onesto(a).

abrasive [ə'breɪsɪv] *adj* - 1. [for cleaning] abrasivo(a) - 2. *fig* [rough, curt] brusco(a).

abreast [ə'brest] *adv* fianco a fianco.
◆ **abreast of** *prep*: **to keep abreast of sthg** tenersi al corrente di qc.

abridged [ə'brɪdʒd] *adj* ridotto(a).

abroad [ə'brɔːd] *adv* all'estero.

abrupt [ə'brʌpt] *adj* - 1. [sudden] improvviso(a) - 2. [brusque, rude] brusco(a).

abscess ['æbsɪs] *n* ascesso *m*.

abscond [əb'skɒnd] *vi* darsi alla latitanza.

abseil ['æbseɪl] *vi UK* calarsi (a corda doppia).

absence ['æbsəns] *n* - 1. [of person] assenza *f* - 2. [lack] mancanza *f*.

absent ['æbsənt] *adj* [not present] assente; **absent from** assente da.

absentee [,æbsən'tiː] *n* assente *mf*.

absent-minded *adj* distratto(a).

absolute ['æbsəluːt] *adj* - 1. [complete, utter] totale - 2. [totalitarian] assoluto(a).

absolutely ['æbsəluːtlɪ] <> *adv* [completely, utterly] assolutamente, completamente; **I'm absolutely sure** sono sicurissimo; **you're absolutely right** hai perfettamente ragione; **I absolutely refuse to believe it** mi rifiuto nel modo più assoluto di crederci. <> *excl* [expressing agreement] altroché!

absolve [əb'zɒlv] *vt* [free, clear]: **to absolve sb (from sthg)** assolvere qn (da qc).

absorb [əb'sɔːb] *vt* - 1. [soak up, take over] assorbire - 2. *fig* [learn] assimilare - 3. [interest]: **to be absorbed in sthg** essere concentrato(a) in qc.

absorbent [əb'sɔːbənt] *adj* assorbente.

abstain [əb'steɪn] *vi* astenersi; **to abstain from sthg** astenersi da qc.

abstention [əb'stenʃn] *n* astensione *f*.

abstract <> *adj* astratto(a). <> *n* riassunto *m*.

absurd [əb'sɜːd] *adj* assurdo(a).

abundant [ə'bʌndənt] *adj* abbondante.

abundantly [ə'bʌndəntlɪ] *adv* - 1. [extremely] abbondantemente - 2. [in large amounts] in abbondanza.

abuse <> *n* [ə'bjuːs] - 1. [offensive remarks] insulti *mpl* - 2. [maltreatment] abusi *mpl* - 3. [misuse] abuso *m*. <> *vt* [ə'bjuːz] - 1. [insult] insultare - 2. [maltreat, misuse] abusare di.

abusive [ə'bjuːsɪv] *adj* [person, behaviour] violento(a); [language] offensivo(a).

abysmal [ə'bɪzml] *adj* terribile.

abyss [ə'bɪs] *n* abisso *m*.

AC *n* (*abbr of* **alternating current**) corrente *f* alternata.

a/c (*abbr of* **account (current)**) c/c.

academic [,ækə'demɪk] <> *adj* - 1. [of college, university] universitario(a) - 2. [studious] studioso(a) - 3. [hypothetical] teorico(a). <> *n* [teacher, researcher] docente *mf* universitario, -a *f*.

academy [ə'kædəmɪ] *n* accademia *f*; **academy of music** conservatorio *m*.

accede [æk'siːd] *vi* - 1. *fml* [agree]: **to accede to sthg** acconsentire a qc - 2. [monarch]: **to accede to the throne** salire al trono.

accelerate [ək'seləreɪt] *vt* & *vi* accelerare.

acceleration [ək,selə'reɪʃn] *n* accelerazione *f*.

accelerator [ək'seləreɪtər] *n* acceleratore *m*.

accent ['æksent] *n* [when speaking, in writing] accento *m*.

accept [ək'sept] vt - **1.** [gen] accettare; **the telephone doesn't accept 5p coins** il telefono non prende monete da 5 penny - **2.** [admit] ammettere; **to accept that** ammettere che.

acceptable [ək'septəbl] adj accettabile.

acceptance [ək'septəns] n - **1.** [gen] accettazione f - **2.** [recognizing as satisfactory] approvazione f - **3.** [of person - as part of group] accettazione f; [- as member of club] ammissione f.

access ['ækses] n - **1.** [entry, way in] accesso m - **2.** [opportunity to use]: **to have access to sthg** avere a disposizione qc - **3.** [right to see]: **to have access to sb** avere il diritto di visitare qn.

accessible [ək'sesəbl] adj - **1.** [reachable, understandable] accessibile - **2.** [available] disponibile.

accessory [ək'sesərɪ] n - **1.** [extra part, device] accessorio m - **2.** LAW complice mf.

accident ['æksɪdənt] n - **1.** [gen] incidente m; **to have an accident** avere un incidente - **2.** (U) [chance]: **by accident** per caso.

accidental [,æksɪ'dentl] adj casuale.

accidentally [,æksɪ'dentəlɪ] adv - **1.** [drop, break] inavvertitamente - **2.** [meet, find] casualmente.

accident-prone adj soggetto(a) a incidenti.

acclaim [ə'kleɪm] <> n (U) plauso m. <> vt elogiare.

acclimatize, -ise UK [ə'klaɪmətaɪz], **acclimate** [ə'klaɪmət] US vi acclimatarsi; **to acclimatize to sthg** acclimatarsi a qc.

accommodate [ə'kɒmədeɪt] vt - **1.** [provide room for] ospitare, contenere - **2.** [oblige] venire incontro a.

accommodating [ə'kɒmədeɪtɪŋ] adj accomodante.

accommodation UK [ə,kɒmə'deɪʃn] n (U) [place to live] alloggio m.

accommodations US [ə,kɒmə'deɪʃnz] npl = **accommodation**.

accompany [ə'kʌmpənɪ] vt [go with, escort] accompagnare; **to accompany sb (on sthg)** MUS accompagnare qn (a qc).

accomplice [ə'kʌmplɪs] n complice mf.

accomplish [ə'kʌmplɪʃ] vt [mission] compiere.

accomplishment [ə'kʌmplɪʃmənt] n - **1.** [achievement, finishing] realizzazione f - **2.** [feat, deed] risultato m. ◆ **accomplishments** npl qualità fpl.

accord [ə'kɔ:d] n - **1.** [settlement] accordo m - **2.** [agreement, harmony]: **to do sthg of one's own accord** fare qc spontaneamente.

accordance [ə'kɔ:dəns] n: **in accordance with sthg** in conformità a qc.

accordingly [ə'kɔ:dɪŋlɪ] adv di conseguenza.

according to prep secondo; **to go according to plan** andare secondo i piani.

accordion [ə'kɔ:djən] n fisarmonica f.

accost [ə'kɒst] vt accostare.

account [ə'kaʊnt] n - **1.** [with bank, shop] conto m - **2.** [report] resoconto m; **to take account of sthg, to take sthg into account** tener conto di qc; **to be of no account** non avere importanza; **on no account** in nessun caso. ◆ **accounts** npl [of business] contabilità f (sing). ◆ **by all accounts** adv a dire di tutti. ◆ **on account of** prep a causa di. ◆ **account for** vt insep - **1.** [explain] giustificare - **2.** [represent] rappresentare - **3.** [establish whereabouts of]: **has everyone been accounted for?** manca qualcuno all'appello?

accountable [ə'kaʊntəbl] adj [responsible]: **accountable (for sb/sthg)** responsabile (per qn/qc).

accountancy [ə'kaʊntənsɪ] n contabilità f.

accountant [ə'kaʊntənt] n contabile mf.

accounts department n contabilità f.

accrue [ə'kru:] vi FIN maturare.

accumulate [ə'kju:mjʊleɪt] <> vt accumulare. <> vi accumularsi.

accuracy ['ækjʊrəsɪ] n - **1.** [truth, correctness] accuratezza f - **2.** [precision - of weapon, marksman] precisione f; [- of typing, figures, estimate] correttezza f.

accurate ['ækjʊrət] adj - **1.** [true, correct] accurato(a) - **2.** [precise - weapon, marksman] preciso(a); [- typist, figures, estimate] corretto(a).

accurately ['ækjʊrətlɪ] adv - **1.** [truthfully, correctly] accuratamente - **2.** [precisely - aim] con precisione; [- type, estimate] correttamente.

accusation [,ækju:'zeɪʃn] n accusa f.

accuse [ə'kju:z] vt: **to accuse sb of sthg/of doing sthg** accusare qn di qc/di fare qc.

accused [ə'kju:zd] n LAW: **the accused** l'imputato m, -a f.

accustomed [ə'kʌstəmd] adj: **to be accustomed to sthg/to doing sthg** essere abituato(a) a qc/a fare qc.

ace [eɪs] n - **1.** [playing card] asso m - **2.** TENNIS ace m inv; **to be within an ace of sthg** essere ad un soffio da qc.

ache [eɪk] <> n dolore m. <> vi - **1.** [be painful] far male - **2.** fig [want]: **to be aching for sthg/to do sthg** morire dalla voglia di qc/di fare qc.

achieve [ə'tʃiːv] *vt* [success, fame] raggiungere, ottenere; [goal, ambition] realizzare; [victory] conseguire.

achievement [ə'tʃiːvmənt] *n* [success] risultato *m*, successo *m*.

acid ['æsɪd] *< > adj* acido(a). *< > n* acido *m*.

acid rain *n* pioggia *f* acida.

acknowledge [ək'nɒlɪdʒ] *vt* - 1. [accept, admit] ammettere, riconoscere - 2. [recognize]: **to acknowledge sb as sthg** riconoscere qn come qc - 3. [letter]: **to acknowledge (receipt of) sthg** accusare ricevuta di qc - 4. [greet] salutare.

acknowledg(e)ment [ək'nɒlɪdʒmənt] *n* - 1. [acceptance] riconoscimento *m* - 2. [letter] notifica *f* di ricevimento - 3. [thanks, gratitude] riconoscenza *f*. ◆ **acknowledg(e)ments** *npl* [in book] ringraziamenti *mpl*.

acne ['æknɪ] *n* acne *f*.

acorn ['eɪkɔːn] *n* ghianda *f*.

acoustic [ə'kuːstɪk] *adj* acustico(a). ◆ **acoustics** *npl* [of room, auditorium] acustica *f (singolare)*.

acquaint [ə'kweɪnt] *vt*: **to acquaint sb with sthg** [information, method] mettere qn al corrente di qc; **to be acquainted with sb** conoscere qn.

acquaintance [ə'kweɪntəns] *n* conoscenza *f*.

acquire [ə'kwaɪər] *vt* - 1. [house, company, book, record] acquistare; [information, document] procurarsi - 2. [skill, knowledge] acquisire; [habit] prendere.

acquisitive [ə'kwɪzɪtɪv] *adj* [collector] avido(a): [society] materialista, consumista.

acquit [ə'kwɪt] *vt* - 1. LAW assolvere, prosciogliere - 2. [conduct]: **to acquit o.s. well/badly** cavarsela bene/male.

acquittal [ə'kwɪtl] *n* LAW assoluzione *f*, proscioglimento *m*.

acre ['eɪkər] *n* acro *m*.

acrid ['ækrɪd] *adj* - 1. [smoke, taste, smell] acre - 2. *fig* [words, remarks] pungente.

acrimonious [ˌækrɪ'məʊnjəs] *adj* acrimonioso(a).

acrobat ['ækrəbæt] *n* acrobata *mf*.

across [ə'krɒs] *< > adv* - 1. [from one side to the other] dall'altra parte; **she ran across to speak to him** attraversò di corsa per parlargli - 2. [in measurements]: **the river is 2 km across** il fiume misura 2 km di larghezza - 3. [in crossword]: **21 across** 21 orizzontale. *< > prep* - 1. [from one side to the other] da un lato all'altro di; **to run across the road** attraversare la strada di corsa; **there is a bridge across the**

river c'è un ponte sul fiume - 2. [on the other side of] dall'altra parte di. ◆ **across from** *prep* di fronte a.

acrylic [ə'krɪlɪk] *< > adj* acrilico(a). *< > n (U)* acrilico *m*.

act [ækt] *< > n* - 1. [action, deed] atto *m*, azione *f*; **to catch sb in the act of doing sthg** sorprendere qn nell'atto di fare qc - 2. LAW legge *f*, decreto *m* - 3. [of play, opera] atto *m*; [in cabaret *etc*] numero *m* - 4. *fig* [pretence] scena *f*; **to put on an act** fare la commedia; **to get one's act together** *inf* organizzarsi. *< > vi* - 1. [take action] agire - 2. [behave] comportarsi; **to act like/as if** comportarsi come/come se - 3. [in play, film] recitare - 4. *fig* [pretend] far finta - 5. [take effect] agire, fare effetto - 6. [fulfil function]: **to act as sthg** fare da qc. *< > vt* [role] recitare.

ACT *(abbr of American College Test) n in America, esame sostenuto al termine della scuola superiore.*

acting ['æktɪŋ] *< > adj*: **she's the acting director** fa le veci OR funzioni di direttore. *< > n (U)* - 1. [performance] interpretazione *f*, recitazione *f* - 2. [activity] recitazione *f*; **I enjoy acting** mi piace recitare - 3. [profession]: **he went into acting after university** dopo l'università ha intrapreso la carriera di attore.

action ['ækʃn] *n* - 1. *(U)* [fact of doing sthg] azione *f*; **to take action** agire, prendere provvedimenti; **to put sthg into action** mettere in atto qc; **in action** [person] in azione; [machine] in funzione; **out of action** [person] fuori combattimento; [machine] fuori uso - 2. [deed] azione *f*, atto *m* - 3. *(U)* [in battle, war] combattimento *m* - 4. LAW azione *f* legale.

action replay *n* UK replay *m* inv.

activate ['æktɪveɪt] *vt* attivare.

active ['æktɪv] *adj* - 1. [gen] attivo(a) - 2. [support, encouragement] concreto(a).

actively ['æktɪvlɪ] *adv* attivamente.

activity [æk'tɪvətɪ] *n* attività *f inv*. ◆ **activities** *npl* attività *f inv*.

actor ['æktər] *n* attore *m*, -trice *f*.

actress ['æktrɪs] *n* attrice *f*.

actual ['æktʃʊəl] *adj* [real] effettivo(a); [for emphasis] vero e proprio(vera e propria).

actually ['æktʃʊəlɪ] *adv* - 1. [really, in truth] veramente - 2. [by the way] a proposito.

acumen ['ækjʊmen] *n (U)*: **business acumen** senso *m* degli affari.

acupuncture ['ækjʊpʌŋktʃər] *n (U)* agopuntura *f*.

acute [ə'kjuːt] *adj* - 1. [severe – pain, anxiety] intenso(a); [- shortage, embarrassment] grave - 2. [perceptive] attento(a) - 3. [keen – sight] acuto(a); [- hearing, sense of smell] fine - **4.** LING: **e acute** e con l'accento acuto - **5.** MATHS: **acute angle** angolo acuto.

ad [æd] (*abbr of* **advertisement**) *n inf* pubblicità *f inv*.

AD (*abbr of* **Anno Domini**) d.C.

adamant ['ædəmənt] *adj* [determined]: **to be adamant (about sthg/that)** essere categorico(a) (su qc/sul fatto che).

Adam's apple ['ædəmz 'æpl] *n* pomo *m* d'Adamo.

adapt [ə'dæpt] <> *vt* adattare. <> *vi*: **to adapt to sthg** adattarsi a qc.

adaptable [ə'dæptəbl] *adj* adattabile.

adapter, adaptor [ə'dæptə*r*] *n* [for several plugs] presa *f* multipla; [for foreign plug] adattatore *m*.

add [æd] *vt* - **1.** [gen] aggiungere; **to add sthg to sthg** aggiungere qc a qc - **2.** [total] sommare, addizionare. ◆ **add on** *vt sep*: **to add sthg on (to sthg)** aggiungere qc (a qc). ◆ **add to** *vt insep* [increase] aumentare. ◆ **add up** *vt sep* [total up] sommare, addizionare. ◆ **add up to** *vt insep* [represent] equivalere.

adder ['ædə*r*] *n* vipera *f*.

addict ['ædɪkt] *n* - **1.** [taking drugs] tossicodipendente *mf* - **2.** *fig* [fan] fanatico *m*, -a *f*.

addicted [ə'dɪktɪd] *adj* - **1.** [to drug] tossicodipendente; **addicted to cocaine** cocainomane - **2.** *fig* [to exercise, food, TV]: **addicted (to sthg)** fanatico(a) (di qc).

addiction [ə'dɪkʃn] *n* (U) - **1.** [to drug] tossicodipendenza *f*; **addiction to tobacco** tabagismo *m* - **2.** *fig* [to exercise, food, TV]: **addiction (to sthg)** passione (per qc).

addictive [ə'dɪktɪv] *adj* - **1.** [drug, harmful substance]: **to be addictive** dare dipendenza - **2.** *fig* [exercise, food, TV]: **TV can be addictive** la TV può essere (come) una droga.

addition [ə'dɪʃn] *n* - **1.** (U) MATHS addizione *f* - **2.** [extra thing] aggiunta *f* - **3.**: **in addition** inoltre; **in addition to** in aggiunta a.

additional [ə'dɪʃənl] *adj* supplementare.

additive ['ædɪtɪv] *n* additivo *m*.

address [ə'dres] <> *n* - **1.** [location] indirizzo *m* - **2.** [speech] discorso *m*. <> *vt* - **1.** [letter, parcel] indirizzare - **2.** [give a speech to] tenere un discorso a - **3.** [speak to]: **to address sb as doctor/professor** rivolgersi a qn chiamandolo dottore/professore - **4.** [deal with] occuparsi di.

address book *n* rubrica *f*.

adenoids ['ædɪnɔɪdz] *npl* adenoidi *mpl*.

adept [ə'dept] *adj* [expert, highly skilled] abile; **to be adept at sthg/at doing sthg** essere esperto(a) in qc/nel fare qc.

adequate ['ædɪkwət] *adj* - **1.** [sufficient] sufficiente - **2.** [good enough] soddisfacente.

adhere [əd'hɪə*r*] *vi* - **1.** [stick]: **to adhere (to sthg)** aderire (a qc) - **2.** [observe]: **to adhere to sthg** attenersi a qc - **3.** [uphold]: **to adhere to sthg** rimanere fedele a qc.

adhesive [əd'hi:sɪv] <> *adj* adesivo(a). <> *n* adesivo *m*.

adhesive tape *n* nastro *m* adesivo.

adjacent [ə'dʒeɪsənt] *adj* adiacente; **adjacent to sthg** adiacente a qc.

adjective ['ædʒɪktɪv] *n* aggettivo *m*.

adjoining [ə'dʒɔɪnɪŋ] <> *adj* adiacente. <> *prep* adiacente a.

adjourn [ə'dʒɜ:n] <> *vt* [meeting] aggiornare. <> *vi* [stop temporarily] sospendere.

adjudicate [ə'dʒu:dɪkeɪt] *vi* [serve as judge in contest] fare da giudice; **to adjudicate on** OR **upon sthg** pronunciarsi su qc.

adjust [ə'dʒʌst] <> *vt* [machine, setting] regolare; [clothing] aggiustare. <> *vi*: **to adjust (to sthg)** adattarsi (a qc).

adjustable [ə'dʒʌstəbl] *adj* [machine, chair] regolabile.

adjustment [ə'dʒʌstmənt] *n* - **1.** [to heat, speed, machine] regolazione *f* - **2.** (U) [change of attitude] adattamento *m*; **adjustment to sthg** adattamento a qc.

ad lib [,æd'lɪb] <> *adj* [improvised] improvvisato(a). <> *adv* a braccio. <> *n* [improvised joke, remark] improvvisazione *f*. ◆ **ad-lib** *vi* improvvisare.

administer [əd'mɪnɪstə*r*] *vt* - **1.** [company, business] gestire - **2.** [justice] amministrare; [punishment] infliggere - **3.** [drug, medication] somministrare.

administration [əd,mɪnɪ'streɪʃn] *n* - **1.** (U) [gen] amministrazione *f* - **2.** (U) [of company, business] gestione *f* - **3.** [of punishment] imposizione *f*.

administrative [əd'mɪnɪstrətɪv] *adj* [job, work, staff] amministrativo(a).

admirable ['ædmərəbl] *adj* [work, effort, discipline] ammirevole.

admiral ['ædmərəl] *n* ammiraglio *m*.

admiration [,ædmə'reɪʃn] *n* ammirazione *f*.

admire [əd'maɪə*r*] *vt* ammirare; **to admire sb for sthg** ammirare qn per qc.

admirer [əd'maɪərə*r*] *n* ammiratore *m*, -trice *f*.

admission [əd'mɪʃn] n - 1. [gen] ammissione f; **to gain admission** essere OR venire ammesso(a) - 2. [cost of entrance] ingresso m.

admit [əd'mɪt] ◇ vt - 1. [acknowledge, confess] ammettere; **to admit that** ammettere che; **to admit doing sthg** ammettere di aver fatto qc; **to admit defeat** fig darsi per vinto(a) - 2. [allow to enter, join] far entrare, ammettere; '**admits two**' [on ticket] 'valido per due persone'; **to be admitted to hospital** UK OR **the hospital** US essere ricoverato(a) in ospedale; **to admit sb to sthg** far entrare qn in qc. ◇ vi: **to admit to sthg** ammettere qc.

admittance [əd'mɪtəns] n ammissione f; '**no admittance**' 'vietato l'ingresso'.

admittedly [əd'mɪtɪdlɪ] adv a dire il vero.

admonish [əd'mɒnɪʃ] vt fml ammonire.

ad nauseam [ˌæd'nɔːzɪæm] adv fino alla nausea.

ado [ə'duː] n: **without further** OR **more ado** senza indugiare oltre.

adolescence [ˌædə'lesns] n adolescenza f.

adolescent [ˌædə'lesnt] ◇ adj - 1. [teenage] adolescente - 2. pej [immature] puerile. ◇ n adolescente mf.

adopt [ə'dɒpt] vt - 1. [child, system, attitude] adottare - 2. [recommendation, suggestion] approvare.

adoption [ə'dɒpʃn] n - 1. [of child, system, attitude] adozione f - 2. [of recommendation, suggestion] approvazione f.

adore [ə'dɔːr] vt adorare.

adorn [ə'dɔːn] vt decorare.

adrenalin [ə'drenəlɪn] n adrenalina f.

Adriatic [ˌeɪdrɪ'ætɪk] n: **the Adriatic (Sea)** l'Adriatico m, il mare Adriatico.

adrift [ə'drɪft] ◇ adj [boat, ship] alla deriva. ◇ adv: **to go adrift** fig andare storto(a).

adult ['ædʌlt] ◇ adj - 1. [person, attitude] adulto(a) - 2. [book, film] per adulti. ◇ n adulto m, -a f.

adultery [ə'dʌltərɪ] n adulterio m.

advance [əd'vɑːns] ◇ n - 1. [physical movement] avanzamento m - 2. [improvement, progress] progresso m - 3. [money] anticipo m. ◇ comp [booking, payment] anticipato(a); **to give advance warning** avvisare in anticipo. ◇ vt - 1. [improve] migliorare - 2. [bring forward in time] anticipare - 3. [money]: **to advance sb sthg** anticipare qc a qn. ◇ vi - 1. [go forward] avanzare - 2. [improve] fare progressi. ◆ **advances** npl: **to make advances to sb** [sexual] fare delle avances a qn; [business] fare delle proposte a qn. ◆ **in advance** adv in anticipo.

advanced [əd'vɑːnst] adj - 1. [plan, stage] avanzato(a) - 2. [student, pupil] di livello avanzato.

advantage [əd'vɑːntɪdʒ] n vantaggio m; **to be to sb's advantage** essere vantaggioso(a) per qn; **to have** OR **hold the advantage (over sb)** essere avvantaggiato(a) (rispetto a qn); **to take advantage of sb/sthg** approfittare di qn/qc.

advent ['ædvənt] n avvento m. ◆ **Advent** n RELIG Avvento m.

adventure [əd'ventʃər] n avventura f; **to have no sense of adventure** non avere spirito d'avventura.

adventure playground n UK parco giochi dotato di strutture e corde per arrampicarsi, tunnel, ponti, ecc.

adventurous [əd'ventʃərəs] adj - 1. [person, life] avventuroso(a) - 2. [project] azzardato(a).

adverb ['ædvɜːb] n avverbio m.

adverse ['ædvɜːs] adj [conditions] sfavorevole; [criticism] negativo(a).

advert ['ædvɜːt] n UK = **advertisement**.

advertise ['ædvətaɪz] ◇ vt [job] mettere un'inserzione sul giornale per; [car, product] reclamizzare. ◇ vi [in newspaper, on TV, in shop window]: **to advertise for sb/sthg** cercare qn/qc tramite annuncio.

advertisement [UK əd'vɜːtɪsmənt, US ˌædvər'taɪzmənt] n - 1. [in newspaper, in shop window] annuncio m; [on TV] spot m inv - 2. fig [recommendation] pubblicità f inv.

advertiser ['ædvəˌtaɪzər] n [company] ditta f che fa pubblicità; [person] inserzionista mf.

advertising ['ædvətaɪzɪŋ] n pubblicità f inv.

advice [əd'vaɪs] n (U) consigli mpl; **a piece of advice** un consiglio; **to give sb advice** dare consigli a qn; **to take sb's advice** ascoltare i consigli di qn.

advisable [əd'vaɪzəbl] adj consigliabile.

advise [əd'vaɪz] ◇ vt - 1. [give advice to]: **to advise sb to do sthg** consigliare a qn di fare qc; **to advise sb against sthg** sconsigliare qc a qn; **to advise sb against doing sthg** sconsigliare a qn di fare qc - 2. [professionally]: **to advise sb on sthg** essere consulente di qn in materia di qc - 3. fml [inform] informare; **to advise sb of sthg** informare qn di qc. ◇ vi - 1. [give advice]: **to advise against sthg** sconsigliare qc; **to advise against doing sthg** sconsigliare di fare qc - 2. [act as adviser]: **to advise on sthg** essere consulente in materia di qc.

advisedly [əd'vaɪzɪdlɪ] adv con cognizione di causa.

adviser UK, **advisor** US [əd'vaɪzər] n consulente mf.

advisory [əd'vaɪzərɪ] adj [group, organization] consultivo(a).

advocate ◇ n ['ædvəkət] - 1. Scotland LAW avvocato m - 2. [supporter] fautore m, -trice f. ◇ vt ['ædvəkeɪt] [support] sostenere.

Aegean [i:'dʒi:ən] n: the Aegean (Sea) l'Egeo m, il Mar Egeo.

aeon UK, **eon** US ['i:ən] n - 1. GEOL era f - 2. fig eternità f.

aerial ['eərɪəl] ◇ adj aereo(a). ◇ n UK antenna f.

aerobics [eə'rəʊbɪks] n (U) aerobica f.

aerodynamic [,eərəʊdaɪ'næmɪk] adj aerodinamico(a). ◆ **aerodynamics** ◇ n (U) AERON aerodinamica f. ◇ npl [aerodynamic qualities] aerodinamica f (singolare).

aeroplane ['eərəpleɪn] UK, **airplane** US n aeroplano m.

aerosol ['eərəsɒl] n aerosol m inv.

aesthetic, esthetic US [i:s'θetɪk] adj estetico(a).

afar [ə'fɑːr] adv: from afar da lontano.

affable ['æfəbl] adj affabile.

affair [ə'feər] n - 1. [gen] cosa f - 2. [extramarital relationship] storia f.

affect [ə'fekt] vt - 1. [act upon] incidere su; [influence] influenzare - 2. [move emotionally] colpire - 3. [pretend, feign] simulare.

affection [ə'fekʃn] n affetto m.

affectionate [ə'fekʃənət] adj affettuoso(a).

affirm [ə'fɜːm] vt - 1. [declare] affermare - 2. [confirm] confermare.

affix [ə'fɪks] vt [stamp] incollare.

afflict [ə'flɪkt] vt affliggere; to be afflicted with sthg essere afflitto(a) da qc.

affluence ['æfluəns] n agiatezza f.

affluent ['æfluənt] adj agiato(a).

afford [ə'fɔːd] vt - 1. [gen]: to be able to afford sthg potersi permettere qc; we can't afford to let this happen non possiamo lasciare che una cosa del genere succeda - 2. [time]: to be able to afford the time (to do sthg) avere tempo (di fare qc) - 3. fml [provide, give] fornire.

affront [ə'frʌnt] ◇ n affronto m. ◇ vt fare un affronto a.

Afghanistan [æf'gænɪstæn] n Afghanistan m.

afield [ə'fiːld] adv: far afield molto lontano.

afloat [ə'fləʊt] adj - 1. [above water] a galla - 2. fig [out of debt]: to stay afloat stare a galla.

afoot [ə'fʊt] adj [present, happening]: to be afoot [plan] essere in preparazione; [rumour] essere in circolazione.

afraid [ə'freɪd] adj - 1. [frightened] impaurito(a); to be afraid (of sb/sthg) avere paura di qn/qc; to be afraid of doing OR to do sthg aver paura di fare qc - 2. [reluctant, apprehensive]: to be afraid of sthg temere qc - 3. [in apologies]: I'm afraid we can't come mi spiace, ma non possiamo venire; I'm afraid we've sold out spiacente, ma non ne abbiamo più; I'm afraid so/not temo di sì/di no.

afresh [ə'freʃ] adv [start] da capo; [consider] di nuovo.

Africa ['æfrɪkə] n Africa f.

African ['æfrɪkən] ◇ adj africano(a). ◇ n africano m, -a f.

aft [ɑːft] adv a poppa.

AFT (abbr of American Federation of Teachers) n sindacato statunitense degli insegnanti.

after ['ɑːftər] ◇ prep - 1. [gen] dopo; after you! dopo di lei! - 2. [in spite of] nonostante - 3. inf [in search of, looking for]: to be after sthg star cercando qc; to be after sb ricercare qn - 4. [with the name of] come - 5. [directed at sb moving away] dietro - 6. ART nello stile di - 7. US [telling the time]: it's twenty after three sono le tre e venti. ◇ adv dopo. ◇ conj dopo che; after he left university he became a writer dopo l'università è diventato scrittore. ◆ **afters** npl UK dolce m (sing). ◆ **after all** adv dopotutto.

aftereffects ['ɑːftərɪ,fekts] npl conseguenze fpl.

afterlife ['ɑːftəlaɪf] (pl -lives) n vita f ultraterrena.

aftermath ['ɑːftəmæθ] n conseguenze fpl.

afternoon [,ɑːftə'nuːn] n pomeriggio m; good afternoon buongiorno. ◆ **afternoons** adv esp US di pomeriggio.

after-sales service n servizio m assistenza clienti.

aftershave ['ɑːftəʃeɪv] n dopobarba m inv.

aftersun (lotion) [,ɑːftə'sʌn 'ləʊʃn] n (lozione f) doposole m inv.

aftertaste ['ɑːftəteɪst] n - 1. [of food, drink] retrogusto m - 2. fig [of unpleasant experience] gusto m.

afterthought ['ɑːftəθɔːt] n ripensamento m.

afterwards ['ɑːftəwədz], **afterward** ['æftərwərd] esp US adv dopo.

again [ə'gen] adv - 1. [gen] di nuovo; not... again non... più; again and again tante volte; all over again daccapo; time and again un mucchio di volte - 2. [asking for information to be repeated]: **where do you live again?** dove hai detto che abiti?; **sorry, what was that again?** scusa, come hai detto?; **half as much again** una volta e mezzo; **(twice) as much again** due volte tanto; **come again?** *inf* come?; **then** OR **there again** d'altra parte.

against [ə'genst] <> *prep* - 1. [gen] contro; **to be against sthg** essere contrario(a) a qc - 2. [in contrast to]: **as against** in contrapposizione a. <> *adv*: **are you in favour or against?** sei favorevole o contrario?

age [eɪdʒ] (*cont* ageing; *UK cont* aging; *US*) <> *n* - 1. [gen] età *f inv*; **what age are you?** quanti anni hai?; **to come of age** diventare maggiorenne; **to be under age** essere minorenne - 2. (*U*) [old age] anni *mpl* - 3. [of history] era *f*; **the Iron Age** l'età *f* del ferro. <> *vt* far invecchiare. <> *vi* invecchiare. ◆ **ages** *npl* [a long time]: **ages ago** un mucchio di tempo fa; **I haven't seen her for ages** sono secoli che non la vedo; **I've been waiting for ages** è da un'eternità che aspetto.

aged <> *adj* - 1. [eɪdʒd] [of the stated age]: **to be aged 30** avere 30 anni - 2. ['eɪdʒɪd] [very old] anziano(a). <> *npl* ['eɪdʒɪd]: **the aged** [the elderly] gli anziani *mpl*.

age group *n* fascia *f* d'età.

agency ['eɪdʒənsɪ] *n* agenzia *f*.

agenda [ə'dʒendə] (*pl* -s) *n* ordine *m* del giorno.

agent ['eɪdʒənt] *n* [person] agente *mf*.

aggravate ['ægrəveɪt] *vt* - 1. [situation, problem] aggravare; [injury] peggiorare - 2. [annoy] irritare.

aggregate ['ægrɪgət] <> *adj* complessivo(a). <> *n* [total] complesso *m*.

aggressive [ə'gresɪv] *adj* - 1. [person, campaign] aggressivo(a) - 2. [salesperson] intraprendente.

aggrieved [ə'gri:vd] *adj* risentito(a).

aghast [ə'gɑːst] *adj* [horrified]: **aghast (at sthg)** inorridito(a) (di fronte a qc).

agile [*UK* 'ædʒaɪl, *US* 'ædʒəl] *adj* agile.

agitate ['ædʒɪteɪt] <> *vt* - 1. [disturb, worry] mettere in agitazione - 2. [shake] agitare. <> *vi* [campaign actively]: **to agitate for/against sthg** fare una campagna per/contro qc.

AGM (*abbr of* annual general meeting) *n UK* assemblea *f* generale annuale.

agnostic [æg'nɒstɪk] <> *adj* agnostico(a). <> *n* agnostico *m*, -a *f*.

ago [ə'gəʊ] *adv* fa.

agog [ə'gɒg] *adj* eccitato(a); **to be all agog** essere in preda all'eccitazione.

agonizing ['ægənaɪzɪŋ] *adj* angosciante.

agony ['ægənɪ] *n* - 1. [physical pain] dolore *f* atroce; **to be in agony** soffrire atrocemente - 2. [mental pain] angoscia *f*; **to be in agony** essere angosciato(a).

agony aunt *n UK inf* chi tiene la rubrica della posta del cuore.

agree [ə'gri:] <> *vi* - 1. [concur] essere d'accordo; **to agree with sb/sthg** essere d'accordo con qn/qc; **to agree on sthg** accordarsi su qc; **to agree about sthg** essere d'accordo su qc - 2. [consent] acconsentire; **to agree to sthg** [price] accettare qc; [divorce] concedere qc - 3. [statements] coincidere - 4. [food]: **peppers don't agree with me** non digerisco i peperoni - 5. GRAM: **to agree (with)** concordare (con). <> *vt* - 1. [price, terms] accordarsi su - 2. [concur]: **to agree that** essere d'accordo che - 3.: **to agree to do sthg** [consent] accettare di fare qc; [arrange] mettersi d'accordo per fare qc - 4. [concede]: **to agree that** ammettere che.

agreeable [ə'grɪəbl] *adj* - 1. [weather, experience] piacevole - 2. [willing]: **to be agreeable to sthg** essere d'accordo con qc.

agreed [ə'gri:d] *adj*: **to be agreed on sthg** essere d'accordo con qc.

agreement [ə'gri:mənt] *n* - 1. [gen] accordo *m*; **to be in agreement with sb/sthg** essere d'accordo con qn/qc - 2. [consent] consenso *m* - 3. GRAM concordanza *f*.

agricultural [,ægrɪ'kʌltʃərəl] *adj* agricolo(a); **agricultural labourer** *UK* OR **laborer** *US* bracciante *mf*.

agriculture ['ægrɪkʌltʃər] *n* agricoltura *f*.

aground [ə'graʊnd] *adv*: **to run aground** arenarsi.

ahead [ə'hed] *adv* - 1. [in front] davanti; **right** OR **straight ahead** avanti diritto - 2. [forwards] avanti - 3. [indicating success]: **to get ahead** andare avanti - 4. [in time] nel futuro; **to think ahead** pensare al futuro; **to look ahead** guardare al futuro. ◆ **ahead of** *prep* - 1. [in front of] davanti a - 2. [in competition, game] in vantaggio su; **to be five points ahead of sb/sthg** avere cinque punti di vantaggio su qn/qc - 3. [better, more successful than] meglio di - 4. [in time] in anticipo rispetto a; **ahead of schedule** in anticipo sul programma.

aid [eɪd] *vt* - 1. [help] aiutare - 2. LAW: **to aid and abet** rendersi complice di.

AIDS, Aids [eɪdz] (*abbr of* acquired immune deficiency syndrome) <> *n* AIDS *m*. <> *comp*: **AIDS patient** malato *m*, -a *f* di AIDS.

ailing ['eɪlɪŋ] *adj* - 1. [ill] malato(a) - 2. *fig* [economy] in dissesto.

ailment ['eɪlmənt] *n* malanno *m*.

aim [eɪm] ◇ n - **1.** [objective] obiettivo m - **2.** [in firing gun, arrow] mira f; **to take aim at sthg** mirare a qc. ◇ vt - **1.** [gun, camera]: **to aim sthg at sb/sthg** puntare qc su qn/qc - **2.** [plan, programme]: **to be aimed at doing sthg** essere mirato(a) a fare qc - **3.** [remark, criticism]: **to be aimed at sb** essere diretto(a) a qn. ◇ vi - **1.** [point weapon] mirare; **to aim at sthg** mirare a qc - **2.** [intend]: **to aim at OR for sthg** mirare a qc; **to aim to do sthg** mirare a fare qc.

aimless ['eɪmlɪs] adj senza scopo.

ain't [eɪnt] inf abbr of **am not, are not, has not, have not, is not**.

air [eə^r] ◇ n - **1.** [gen] aria f; **to throw sthg into the air** lanciare qc in aria; **by air** [travel] in aereo; **to be (up) in the air** fig non essere ancora definito(a) - **2.** RADIO & TV: **to be on the air** essere in onda; **to clear the air** chiarire la situazione. ◇ comp aereo(a). ◇ vt - **1.** [washing] far prendere aria a - **2.** [room, bed] arieggiare - **3.** [feelings, opinions] esternare - **4.** [broadcast] trasmettere. ◇ vi [washing] prendere aria.

air bag n AUT airbag m inv.

airbase ['eəbeɪs] n base f aerea.

airbed ['eəbed] n UK materassino m gonfiabile.

airborne ['eəbɔ:n] adj - **1.** [troops, regiment] aerotrasportato(a) - **2.** [plane] in volo.

air-conditioned [eə^rkən'dɪʃnd] adj con l'aria condizionata.

air-conditioning [eə^rkən'dɪʃnɪŋ] n aria f condizionata.

aircraft ['eəkrɑːft] (pl aircraft) n velivolo m.

aircraft carrier n portaerei f inv.

airfield ['eəfiːld] n campo m d'aviazione.

airforce ['eəfɔːs] n aeronautica f militare.

air freshener [eə^r 'freʃənə^r] n deodorante m per ambienti.

airgun ['eəgʌn] n fucile m ad aria compressa.

air hostess ['eə,həʊstɪs] n dated hostess f.

airlift ['eəlɪft] ◇ n ponte m aereo. ◇ vt trasportare con un ponte aereo.

airline ['eəlaɪn] n compagnia f aerea.

airliner ['eəlaɪnə^r] n aereo m di linea.

airmail ['eəmeɪl] n posta f aerea; **by airmail** per posta aerea.

airplane ['eəpleɪn] n US = **aeroplane**.

airport ['eəpɔːt] n aeroporto m.

air raid n incursione f aerea.

air rifle n fucile m ad aria compressa.

airsick ['eəsɪk] adj: **to be airsick** soffrire di mal d'aria.

airspace ['eəspeɪs] n spazio m aereo.

air steward n assistente mf di volo.

airstrip ['eəstrɪp] n pista f d'atterraggio.

air terminal n terminal m inv (dell'aeroporto).

airtight ['eətaɪt] adj ermetico(a).

air-traffic controller n controllore m di volo.

airy ['eərɪ] adj - **1.** [room] arioso(a) - **2.** [notions, promises] futile - **3.** [nonchalant] noncurante.

aisle [aɪl] n - **1.** [in church] navata f - **2.** [in plane, theatre] corridoio m - **3.** [in supermarket] corsia f.

ajar [ə'dʒɑː^r] adj [door] socchiuso(a).

aka (abbr of also known as) alias.

akin [ə'kɪn] adj: **akin to sthg/to doing sthg** simile a qc/a fare qc.

à la carte adj & adv alla carta.

alacrity [ə'lækrətɪ] n fml alacrità f.

alarm [ə'lɑːm] ◇ n [device] allarme m; **to raise OR sound the alarm** dare OR suonare l'allarme. ◇ vt allarmare.

alarm clock n sveglia f.

alarming [ə'lɑːmɪŋ] adj [situation, problem] allarmante; [person] inquietante!

alas [ə'læs] excl liter ahimè!

Albania [æl'beɪnjə] n Albania f.

Albanian [æl'beɪnjən] ◇ adj albanese. ◇ n - **1.** [person] albanese mf - **2.** [language] albanese m.

albeit [ɔːl'biːɪt] conj fml benché, sebbene.

albino [æl'biːnəʊ] (pl -s) n albino m, -a f.

album ['ælbəm] n album m inv.

alcohol ['ælkəhɒl] n - **1.** [alcoholic drink] alcolico m - **2.** [chemical substance] alcol m.

alcoholic [,ælkə'hɒlɪk] ◇ adj [drink] alcolico(a); [person] alcolizzato(a). ◇ n alcolizzato m, -a f, alcolista mf.

alcove ['ælkəʊv] n alcova f.

ale [eɪl] n birra f.

alert [ə'lɜːt] ◇ adj - **1.** [vigilant] vigile - **2.** [perceptive] sveglio(a) - **3.** [aware]: **to be alert to sthg** essere cosciente di qc. ◇ n allerta f; **on the alert** [watchful] in guardia; MIL in stato di allerta. ◇ vt - **1.** [warn] mettere in allerta - **2.** [make aware]: **to alert sb to sthg** avvertire qn di qc.

A level (abbr of Advanced level) n UK SCH ≃ esame m di maturità.

alfresco [æl'freskəʊ] adj & adv all'aperto.

algae ['ældʒiː] npl alghe fpl.

algebra ['ældʒɪbrə] n algebra f.

Algeria [æl'dʒɪərɪə] n Algeria f.

alias [ˈeɪlɪəs] (pl -es) ◇ adv alias. ◇ n pseudonimo m.

alibi [ˈælɪbaɪ] n alibi m inv.

alien [ˈeɪljən] ◇ adj - 1. [foreign] straniero(a) - 2. [from outer space] extraterrestre - 3. [unfamiliar] estraneo(a). ◇ n - 1. [foreigner] straniero m, -a f - 2. [from outer space] alieno m, -a f, extraterrestre mf.

alienate [ˈeɪljəneɪt] vt alienare.

alight [əˈlaɪt] (pt & pp -ed OR alit) ◇ adj [on fire] in fiamme. ◇ vi fml - 1. [land] posarsi - 2. [from train, bus] scendere; **to alight from sthg** scendere da qc.

align [əˈlaɪn] vt [line up] allineare.

alike [əˈlaɪk] ◇ adj [two people, things] simile. ◇ adv [in a similar way] allo stesso modo; **to look alike** assomigliarsi.

alimony [ˈælɪmənɪ] n alimenti mpl.

alive [əˈlaɪv] adj - 1. [person, tradition] vivo(a) - 2. [active, lively] pieno(a) di vita; **to come alive** [story, description] prendere vita; [person, place] animarsi.

alkali [ˈælkəlaɪ] (pl -s OR -es) n alcali m.

all [ɔːl] ◇ adj - 1. (with sg or U) [the whole of] tutto(a); **all the food** tutto il cibo; **all day** tutto il giorno; **all night** tutta la notte; **all the time** in continuazione - 2. (with pl n) [every one of] tutti(e); **all the boxes** tutte le scatole; **all men** tutti gli uomini; **all three died** sono morti tutti e tre. ◇ pron - 1. (sg) [the whole amount] tutto(a); **she drank it all, she drank all of it** lo ha bevuto tutto - 2. (pl) [everybody, everything] tutti(e); **all of them came, they all came** sono venuti tutti - 3. (with superl): **he's the cleverest of all** è il più intelligente di tutti; **I like this one best of all** fra tutti preferisco questo; **hers was the best/worst essay of all** il suo componimento era il migliore/peggiore di tutti. ◇ adv - 1. [entirely] completamente; **I'd forgotten all about that** me n'ero completamente dimenticato; **all alone** tutto solo(tutta sola); **all told** [in total] tutto compreso - 2. [in sport, competitions]: **the score is two all** sono due pari - 3. (with compar): **all the more** tanto più; **to run all the faster** correre ancora più velocemente. ◆ **above all** adv ▷ **above**. ◆ **after all** adv ▷ **after**. ◆ **all but** adv quasi; **I had all but given up hope** avevo quasi perso la speranza. ◆ **all in all** adv tutto sommato. ◆ **at all** adv ▷ **at**. ◆ **in all** adv in tutto.

Allah [ˈælə] n Allah m.

all-around adj US = **all-round**.

allay [əˈleɪ] vt fml placare.

all clear n fig: **the all clear** [signal] il cessato pericolo; [go-ahead] il via libera m.

allegation [ˌælɪˈgeɪʃn] n accusa f.

allege [əˈledʒ] vt [claim] asserire; **he is alleged to have stolen the money** si presume che abbia rubato i soldi.

allegedly [əˈledʒɪdlɪ] adv a quanto si dice.

allergic [əˈlɜːdʒɪk] adj: **allergic (to sthg)** allergico(a) (a qc).

allergy [ˈælədʒɪ] n allergia f; **to have an allergy to sthg** essere allergico(a) a qc.

alleviate [əˈliːvɪeɪt] vt alleviare.

alley(way) [ˈælɪ(weɪ)] n vicolo m.

alliance [əˈlaɪəns] n alleanza f.

allied [ˈælaɪd] adj - 1. [powers, troops] alleato(a) - 2. [related] connesso(a), affine.

alligator [ˈælɪgeɪtər] (pl alligator OR -s) n alligatore m.

all-important adj fondamentale, cruciale.

all-in adj UK [price] tutto compreso. ◆ **all in** ◇ adj inf [tired] distrutto(a). ◇ adv UK [inclusive] tutto compreso.

all-night adj [shop, chemist's] aperto(a) tutta la notte; **an all-night party** una festa che dura tutta la notte.

allocate [ˈæləkeɪt] vt: **to allocate sthg to sb** [money, resources] destinare qc a qn; [task, tickets] assegnare qc a qn.

allot [əˈlɒt] vt [allocate - task, time] assegnare; [- money, resources] destinare.

allotment [əˈlɒtmənt] n - 1. UK [garden] orticello che il comune concede in affitto - 2. [sharing out - of tasks, time] assegnazione f; [- of money, resources] distribuzione f, assegnazione f - 3. [share] parte f, porzione f.

all-out adj totale.

allow [əˈlaʊ] vt - 1. [permit] permettere, consentire; **to allow sb to do sthg** permettere a qn di fare qc - 2. [goal] convalidare - 3. [allocate] assegnare, concedere - 4. [admit]: **to allow that** ammettere che. ◆ **allow for** vt insep tenere conto di.

allowance [əˈlaʊəns] n - 1. [grant] indennità f; **maternity allowance** assegno m di maternità - 2. US [pocket money] paghetta f - 3. [excuse]: **to make allowances for sb/sthg** scusare qn/qc.

alloy n [ˈælɔɪ] lega f.

all right ◇ adv - 1. [healthy]: **to feel all right** sentirsi bene; [unharmed]: **did you get home all right?** sei arrivato a casa senza problemi? - 2. inf [acceptably, satisfactorily] abbastanza bene; **to do/manage all right** cavarsela abbastanza bene - 3. inf [indicating agreement] va bene, d'accordo - 4. inf [certainly] proprio - 5. [do you understand?]: **all right?** d'accordo? - 6. [now then] allora. ◇ adj - 1.: **to be all right** [healthy] stare bene; [unharmed] essere sano e salvo(sana e salva) - 2. inf [acceptable, satisfactory] discreto(a); [never mind]: **sorry I'm late - that's all right** mi scuso per il ritardo - non importa - **3.** [permitted]: **is it all right if I make a phone call?** posso fare una telefonata?

all-round *UK*, **all-around** *US adj* [athlete, worker] completo(a).

all-terrain vehicle *n* fuoristrada *m inv*.

all-time *adj* [record, best] senza precedenti.

allude [ə'lu:d] *vi*: **to allude to sthg** alludere a qc.

alluring [ə'ljʊərɪŋ] *adj* attraente.

allusion [ə'lu:ʒn] *n* allusione *f*.

ally ⟨⟩ *n* ['ælaɪ] alleato *m*, -a *f*. ⟨⟩ *vt* [ə'laɪ]: **to ally o.s. with sb** allearsi con qn.

almighty [ɔ:l'maɪtɪ] *adj inf* [enormous] pazzesco(a).

almond ['ɑ:mənd] *n* mandorla *f*.

almost ['ɔ:lməʊst] *adv* quasi; **I almost missed the bus** per poco non perdevo l'autobus.

alms [ɑ:mz] *npl dated* elemosina *f (singolare)*.

aloft [ə'lɒft] *adv* [in the air] in alto.

alone [ə'ləʊn] ⟨⟩ *adj* [without others] solo(a). ⟨⟩ *adv* - **1.** [without others] da solo(a) - **2.** [only] soltanto - **3.** [untouched, unchanged]: **to leave sthg alone** lasciar stare qc; **leave me alone!** lasciami in pace! ◆ **let alone** *conj* per non parlare di, e tanto meno.

along [ə'lɒŋ] ⟨⟩ *adv* - **1.** [indicating movement forward or to]: **to go along** andare; **to stroll along** passeggiare - **2.** [with others]: **to take sb along** portare qn con sé; **he insisted on coming along** ha insistito per venire con noi. ⟨⟩ *prep* lungo. ◆ **all along** *adv* fin dall'inizio. ◆ **along with** *prep* insieme a.

alongside [ə,lɒŋ'saɪd] ⟨⟩ *prep* [together with] insieme a; [next to, beside] accanto a. ⟨⟩ *adv*: **the car drew alongside** l'auto si affiancò.

aloof [ə'lu:f] ⟨⟩ *adj* distante. ⟨⟩ *adv* a distanza; **to remain aloof (from sthg)** mantenere le distanze (da qc).

aloud [ə'laʊd] *adv* ad alta voce.

alphabet ['ælfəbet] *n* alfabeto *m*.

alphabetical [,ælfə'betɪkl] *adj* alfabetico(a).

Alps [ælps] *npl*: **the Alps** le Alpi.

already [ɔ:l'redɪ] *adv* già.

alright [,ɔ:l'raɪt] *adj & adv* = **all right**.

Alsatian [æl'seɪʃn] *n* [dog] pastore *m* tedesco.

also ['ɔ:lsəʊ] *adv* anche.

altar ['ɔ:ltər] *n* altare *m*.

alter ['ɔ:ltər] ⟨⟩ *vt* [plans] cambiare, modificare; [clothes] modificare. ⟨⟩ *vi* cambiare.

alteration [,ɔ:ltə'reɪʃn] *n* - **1.** [act of changing] modifica *f* - **2.** [change] cambiamento *m*, modifica *f*.

alternate ⟨⟩ *adj* [*UK* ɔ:l'tɜ:nət, *US* 'ɔ:ltərnət] alterno(a). ⟨⟩ *vt* ['ɔ:ltəneɪt] alternare. ⟨⟩ *vi* ['ɔ:ltəneɪt]: **to alternate (with)** alternarsi (con); **to alternate between sthg and sthg** oscillare tra qc e qc.

alternately [ɔ:l'tɜ:nətlɪ] *adv* - **1.** [alternatively] in alternativa - **2.** [by turns] alternativamente.

alternating current ['ɔ:ltəneɪtɪŋ 'kʌrənt] *n* ELEC corrente *f* alternata.

alternative [ɔ:l'tɜ:nətɪv] ⟨⟩ *adj* alternativo(a). ⟨⟩ *n* alternativa *f*; **an alternative to sb/sthg** un'alternativa a qn/qc; **to have no alternative (but to do sthg)** non avere altra scelta (che fare qc).

alternatively [ɔ:l'tɜ:nətɪvlɪ] *adv* in alternativa.

alternative medicine *n* medicina *f* alternativa.

alternator ['ɔ:ltəneɪtər] *n* ELEC alternatore *m*.

although [ɔ:l'ðəʊ] *conj* nonostante, anche se.

altitude ['æltɪtju:d] *n* altitudine *f*, quota *f*.

altogether [,ɔ:ltə'geðər] *adv* - **1.** [completely] del tutto - **2.** [in general] nel complesso - **3.** [in total] in tutto.

aluminium [,æljʊ'mɪnɪəm] *UK*, **aluminum** [ə'lu:mɪnəm] *US* ⟨⟩ *n* alluminio *m*. ⟨⟩ *comp* di alluminio.

always ['ɔ:lweɪz] *adv* sempre.

am [æm] *vb* ⟷ **be**.

a.m. (*abbr of ante meridiem*) a.m.

amalgamate [ə'mælgə,meɪt] ⟨⟩ *vt* fondere. ⟨⟩ *vi* fondersi.

amass [ə'mæs] *vt* [fortune, power, information] accumulare.

amateur ['æmətər] ⟨⟩ *adj* dilettante. ⟨⟩ *n* dilettante *mf*.

amateurish [,æmə'tɜ:rɪʃ] *adj pej* da dilettante.

amaze [ə'meɪz] *vt* stupire.

amazed [ə'meɪzd] *adj* stupito(a).

amazement [ə'meɪzmənt] *n* stupore *m*.

amazing [ə'meɪzɪŋ] *adj* incredibile.

Amazon ['æməzn] *n* - **1.** [river]: **the Amazon** il Rio delle Amazzoni - **2.** [region]: **the Amazon (Basin)** l'Amazzonia *f*; **the Amazon rainforest** la foresta amazzonica - **3.** [woman] amazzone *f*.

ambassador [æmˈbæsədər] *n* ambasciatore *m*, -trice *f*.

amber [ˈæmbər] *n* - **1.** [substance] ambra *f* - **2.** *UK* [colour of traffic light] giallo *m*.

ambiguous [æmˈbɪgjuəs] *adj* ambiguo(a).

ambition [æmˈbɪʃn] *n* ambizione *f*.

ambitious [æmˈbɪʃəs] *adj* ambizioso(a).

amble [ˈæmbl] *vi* camminare senza fretta.

ambulance [ˈæmbjʊləns] *n* ambulanza *f*.

ambush [ˈæmbʊʃ] ◇ *n* imboscata *f*, agguato *m*. ◇ *vt* [attack] tendere un'imboscata OR un agguato a.

amenable [əˈmiːnəbl] *adj*: **amenable to sthg** riconducibile a qc.

amend [əˈmend] *vt* [text] correggere; [law] emendare. ◆ **amends** *npl*: **to make amends (for sthg)** farsi perdonare (per qc).

amendment [əˈmendmənt] *n* [to text] correzione *f*; [to law] emendamento *m*.

amenities [əˈmiːnətɪz] *npl* [in town] *strutture ricreative, sportive, culturali ecc. intese a migliorare la qualità della vita*; [in building] comfort *m inv*.

America [əˈmerɪkə] *n* America *f*.

American [əˈmerɪkn] ◇ *adj* americano(a). ◇ *n* americano *m*, -a *f*.

American football *n UK* football *m* americano.

American Indian *n* indiano *m*, -a *f* d'America.

amiable [ˈeɪmjəbl] *adj* amabile.

amicable [ˈæmɪkəbl] *adj* amichevole.

amid(st) [əˈmɪd(st)] *prep fml* tra, fra.

amiss [əˈmɪs] ◇ *adj* [wrong]: **is there anything amiss?** c'è qualcosa che non va? ◇ *adv* [wrongly]: **to take sthg amiss** prendersela (a male) per qc.

ammonia [əˈməʊnjə] *n* ammoniaca *f*.

ammunition [ˌæmjʊˈnɪʃn] *n* - **1.** [bombs, bullets] munizioni *fpl* - **2.** *fig* [information, argument] argomenti *mpl*.

amnesia [æmˈniːzjə] *n* amnesia *f*.

amnesty [ˈæmnəstɪ] *n* - **1.** [pardon for prisoners] amnistia *f* - **2.** [period of time] *periodo in cui si possono consegnare alle autorità armi detenute illegalmente senza essere puniti*.

amok [əˈmɒk] *adv*: **to run amok** essere in preda a una furia omicida.

among(st) [əˈmʌŋ(st)] *prep* - **1.** [gen] tra, fra - **2.** [surrounded by, in middle of] in mezzo a, tra, fra.

amoral [ˌeɪˈmɒrəl] *adj* [person, behaviour] amorale.

amorous [ˈæmərəs] *adj* amoroso(a).

amount [əˈmaʊnt] *n* - **1.** [quantity] quantità *f* - **2.** [sum of money] somma *f*. ◆ **amount to** *vt insep* - **1.** [total] ammontare a - **2.** [be equivalent to] equivalere a.

amp *n* (*abbr of* **ampere**) A.

ampere [ˈæmpeər] *n* ampere *m inv*.

amphibious [æmˈfɪbɪəs] *adj* [animal, vehicle] anfibio(a).

ample [ˈæmpl] *adj* - **1.** [enough] più che sufficiente - **2.** [large - garment, room] ampio(a); [- bosom] abbondante.

amplifier [ˈæmplɪfaɪər] *n* amplificatore *m*.

amputate [ˈæmpjʊteɪt] *vt* & *vi* amputare.

Amsterdam [ˌæmstəˈdæm] *n* Amsterdam *f*.

amuck [əˈmʌk] *adv* = **amok**.

amuse [əˈmjuːz] *vt* - **1.** [cause to laugh, smile] divertire - **2.** [entertain] distrarre; **to amuse o.s. (by doing sthg)** distrarsi (facendo qc).

amused [əˈmjuːzd] *adj* - **1.** [entertained, delighted] divertito(a); **to be amused at** OR **by sthg** essere divertito(a) da qc - **2.** [occupied]: **to keep o.s. amused** divertirsi.

amusement [əˈmjuːzmənt] *n* divertimento *m*.

amusement arcade *n UK* sala *f* giochi.

amusement park *n* luna park *m inv*.

amusing [əˈmjuːzɪŋ] *adj* divertente.

an (*strong form* [æn], *weak form* [ən]) *indef art* ➣ **a²**.

anaemic *UK*, **anemic** *US* [əˈniːmɪk] *adj* anemico(a).

anaesthetic *UK*, **anesthetic** *US* [ˌænɪsˈθetɪk] *n* [substance] anestetico *m*; [effect] anestesia *f*; **under anaesthetic** sotto anestetico OR anestesia.

analogue *UK*, **analog** *US* [ˈænəlɒg] *adj* [watch, clock] analogico(a).

analogy [əˈnælədʒɪ] *n* [similarity] analogia *f*; **by analogy** per analogia.

analyse *UK*, **analyze** *US* [ˈænəlaɪz] *vt* analizzare.

analysis [əˈnæləsɪs] (*pl* **-lyses**) *n* analisi *f inv*.

analyst [ˈænəlɪst] *n* analista *mf*.

analytic(al) [ˌænəˈlɪtɪk(l)] *adj* [person, study, approach] analitico(a).

analyze *vt US* = **analyse**.

anarchist [ˈænəkɪst] *n* anarchico *m*, -a *f*.

anarchy [ˈænəkɪ] *n* anarchia *f*.

anathema [əˈnæθəmə] *n* anatema *m*.

anatomy [əˈnætəmɪ] *n* anatomia *f*.

ancestor [ˈænsestər] *n* antenato *m*, -a *f*.

anchor [ˈæŋkər] ◇ *n* - **1.** NAUT ancora *f*; **to drop/weigh anchor** gettare/levare l'ancora - **2.** *esp US* [TV – man] anchorman *m inv*; [- woman] anchorwoman *f inv.* <> *vt* - **1.** [secure] assicurare - **2.** *esp US* [programme] presentare. <> *vi* NAUT gettare l'ancora.

anchovy [*UK* 'æntʃəvɪ, *US* 'æntʃəʊvɪ] (*pl* anchovy OR -ies) *n* acciuga *f*.

ancient ['eɪnʃənt] *adj* - **1.** [dating from distant past] antico(a) - **2.** *hum* [very old] vecchissimo(a).

ancillary [æn'sɪlərɪ] *adj* [staff, workers, device] ausiliario(a).

and *(strong form* [ænd], *weak form* [ənd] [ən]*) conj* - **1.** [as well as, in addition to] e - **2.** [in numbers]: **one hundred and eighty** centottanta; **six and three-quarters** sei e tre quarti - **3.** *(with infinitive)* [in order to]: **to come and do sthg** venire a fare qc; **try and do sthg** cercare di fare qc; **wait and see!** aspetta e vedrai! ◆ **and all that** *adv* e tutto il resto. ◆ **and so on, and so forth** *adv* e così via.

Andes ['ændi:z] *npl*: **the Andes** le Ande.

Andorra [æn'dɔ:rə] *n* Andorra *f*.

anecdote ['ænɪkdəʊt] *n* aneddoto *m*.

anemic *adj US* = **anaemic**.

anesthetic *etc n US* = **anaesthetic**.

anew [ə'nju:] *adv* da capo.

angel ['eɪndʒəl] *n* angelo *m*.

anger ['æŋgər] <> *n* rabbia *f*. <> *vt* fare arrabbiare.

angina [æn'dʒaɪnə] *n* angina *f*.

angle ['æŋgl] *n* - **1.** [corner & MATHS] angolo *m* - **2.** [point of view] punto *m* di vista - **3.** [slope] inclinazione *f*; **at an angle** inclinato(a).

angler ['æŋglər] *n* pescatore *m*, -trice *f* (con la lenza).

Anglican ['æŋglɪkən] <> *adj* anglicano(a). <> *n* anglicano *m*, -a *f*.

angling ['æŋglɪŋ] *n* pesca *f* (con la lenza).

angry ['æŋgrɪ] *adj* [person, face] arrabbiato(a); [words] rabbioso(a); [quarrel] furioso(a); **to be angry (with sb)** essere arrabbiato(a) (con qn); **to get angry (with sb)** arrabbiarsi (con qn).

anguish ['æŋgwɪʃ] *n* angoscia *f*.

angular ['æŋgjʊlər] *adj* [face, jaw, body] spigoloso(a).

animal ['ænɪml] <> *adj* animale; **animal lover** amante *mf* degli animali. <> *n* - **1.** [living creature] animale *m* - **2.** *inf pej* [brutal person] animale *m*, bestia *f*.

animate ['ænɪmət] *adj* animato(a).

animated ['ænɪmeɪtɪd] *adj* animato(a).

aniseed ['ænɪsi:d] *n* anice *m*.

ankle ['æŋkl] <> *n* caviglia *f*. <> *comp*: **ankle socks** calzini *mpl* corti; **ankle boots** stivaletti *mpl*.

annex [æ'neks] <> *vt* annettere. <> *n esp US* = **annexe**.

annexe *UK*, **annex** *esp US* ['æneks] *n* [building] edificio *m* annesso.

annihilate [ə'naɪəleɪt] *vt* annientare.

anniversary [ˌænɪ'vɜ:sərɪ] *n* anniversario *m*.

announce [ə'naʊns] *vt* - **1.** [make public] annunciare - **2.** [state, declare] annunciare, dichiarare.

announcement [ə'naʊnsmənt] *n* annuncio *m*.

announcer [ə'naʊnsər] *n*: **(television/radio) announcer** annunciatore *m* (televisivo/radiofonico), annunciatrice *f* (televisiva/radiofonica).

annoy [ə'nɔɪ] *vt* seccare, dare fastidio a.

annoyance [ə'nɔɪəns] *n* seccatura *f*, fastidio *m*.

annoyed [ə'nɔɪd] *adj* seccato(a), arrabbiato(a); **to be annoyed at sthg/with sb** essere seccato(a) per qc/con qn; **to get annoyed** seccarsi, arrabbiarsi.

annoying [ə'nɔɪɪŋ] *adj* seccante, irritante.

annual ['ænjʊəl] <> *adj* annuale. <> *n* - **1.** [plant] pianta *f* annuale - **2.** [book] annuario *m*.

annual general meeting *n UK* riunione *f* generale annuale.

annul [ə'nʌl] *vt* annullare.

annulment [ə'nʌlmənt] *n* annullamento *m*.

annum ['ænəm] *n*: **per annum** all'anno.

anomaly [ə'nɒməlɪ] *n* anomalia *f*.

anonymous [ə'nɒnɪməs] *adj* anonimo(a).

anorak ['ænəræk] *n esp UK* giacca *f* a vento.

anorexia (nervosa) [ˌænə'reksɪə(-nɜ:'vəʊsə)] *n* anoressia *f* (nervosa).

anorexic [ˌænə'reksɪk] <> *adj* anoressico(a). <> *n* anoressico *m*, -a *f*.

another [ə'nʌðər] <> *adj* un altro, un'altra; **in another few minutes** ancora pochi minuti. <> *pron* un altro, un'altra; **one after another** uno dopo l'altro, una dopo l'altra; **one another** l'un l'altro, l'una l'altra.

answer ['ɑ:nsər] <> *n* - **1.** [reply, in test] risposta *f*; **in answer to sthg** in risposta a qc - **2.** [solution] risposta *f*, soluzione *f*. <> *vt* - **1.** [question, letter, advertisement] rispondere a - **2.** [respond to]: **to answer the door** aprire la porta; **to answer the phone** rispondere al telefono. <> *vi* [reply] rispondere. ◆ **answer back** <> *vt sep* rispondere (male) a. <> *vi* rispondere (male). ◆ **answer for** *vt insep* rispondere di.

answerable ['ɑ:nsərəbl] *adj*: **answerable (to sb/for sthg)** responsabile (verso qn/di qc).

answering machine ['ɑ:nsərɪŋ-] *n* segreteria *f* telefonica.

ant [ænt] *n* formica *f*.

antagonism [æn'tægənɪzm] *n* antagonismo *m*.

antagonize, -ise *UK* [æn'tægənaɪz] *vt* farsi nemico(a); **don't antagonize him!** non provocarlo!

Antarctic [æn'ɑ:ktɪk] <> *n*: **the Antarctic** l'Antartico *m*. <> *adj* antartico(a).

antelope ['æntɪləʊp] (*pl* **antelope** *OR* **-s**) *n* antilope *f*.

antenatal [,æntɪ'neɪtl] *adj UK* prenatale; **antenatal exercises** esercizi *mpl* di preparazione al parto.

antenatal clinic *n UK* ambulatorio *m* prenatale.

antenna [æn'tenə] *n* - **1.** (*pl* **-nae**) [of insect, lobster] antenna *f* - **2.** *US* [aerial] antenna *f*.

anthem ['ænθəm] *n* inno *m*.

anthology [æn'θɒlədʒɪ] *n* antologia *f*.

antibiotic [,æntɪbaɪ'ɒtɪk] *n* antibiotico *m*.

antibody ['æntɪ,bɒdɪ] *n* anticorpo *m*.

anticipate [æn'tɪsɪ,peɪt] *vt* - **1.** [question, problem] prevedere - **2.** [success] pregustare; [profits] aspettarsi - **3.** [preempt] precedere.

anticipation [æn,tɪsɪ'peɪʃn] *n* attesa *f*, aspettativa *f*; **in anticipation of** in previsione di.

anticlimax [,æntɪ'klaɪmæks] *n* delusione *f*.

anticlockwise [,æntɪ'klɒkwaɪz] *UK* <> *adj* [direction] antiorario(a). <> *adv* in senso antiorario.

antics ['æntɪks] *npl* buffonerie *fpl*.

anticyclone [,æntɪ'saɪkləʊn] *n* anticiclone *m*.

antidepressant [,æntɪdə'presnt] *n* antidepressivo *m*.

antidote ['æntɪdəʊt] *n*: **antidote (to sthg)** antidoto *m* (per qc).

antifreeze ['æntɪfri:z] *n* antigelo *m inv*.

antihistamine [,æntɪ'hɪstəmɪn] *n* antistaminico *m*.

antiperspirant [,æntɪ'pɜ:spərənt] *n* antitraspirante *m*.

antiquated ['æntɪkweɪtɪd] *adj* antiquato(a).

antique [æn'ti:k] <> *adj* [furniture, object] antico(a), d'antiquariato. <> *n* [furniture, object] pezzo *m* d'antiquariato.

antique shop *n* negozio *m* d'antiquariato.

anti-Semitism [,æntɪ'semɪtɪzm] *n* antisemitismo *m*.

antiseptic [,æntɪ'septɪk] <> *adj* antisettico(a). <> *n* antisettico *m*.

antisocial [,æntɪ'səʊʃl] *adj* [behaviour, working hours] antisociale; [person] asociale.

antlers ['æntləz] *npl* corna *fpl*.

anus ['eɪnəs] *n* ano *m*.

anvil ['ænvɪl] *n* incudine *f*.

anxiety [æŋ'zaɪətɪ] *n* - **1.** [worry] ansia *f*, inquietudine *f* - **2.** [cause of worry] preoccupazione *f* - **3.** [keenness] ansia *f*, impazienza *f*.

anxious ['æŋkʃəs] *adj* - **1.** [worried] ansioso(a), preoccupato(a); **to be anxious about sb/sthg** essere preoccupato per qn/qc - **2.** [keen]: **to be anxious to do sthg** essere impaziente di fare qc; **he was anxious that she shouldn't find out** ci teneva molto che lei non scoprisse nulla.

any ['enɪ] <> *adj* - **1.** *(with negative)*: **I don't speak any languages other than English** non parlo nessuna lingua se non l'inglese; **I haven't got any money** non ho soldi; **there isn't any coffee left** non c'è più caffè; **he never does any work** non lavora mai; **it won't do any good** non servirà a niente - **2.** *(with sg n)* [some] del(della); **is there any milk?** c'è del latte?; **can I be of any help?** posso essere d'aiuto?; *(with pl n)* dei(delle); **have you any cousins?** hai dei cugini? - **3.** [no matter which] qualsiasi; **any box will do** qualsiasi scatola va bene ⤑ **case**, **day**, **moment**, **rate**. <> *pron* - **1.** *(with negative)* nessuno(a); **I didn't buy any of them** non ne ho comprato nessuno - **2.** [some] qualcuno(a); **can any of you help me?** qualcuno di voi può aiutarmi?; **I need some matches: do you have any?** mi servono dei fiammiferi: ne hai? - **3.** [no matter which one or ones] uno(a) qualsiasi; **any of the books on the shelf** uno qualsiasi dei libri nello scaffale; **take any you like** prendi quello che vuoi. <> *adv* - **1.** *(with negative)* più; **I can't stand it any longer** non lo sopporto più - **2.** [some, a little] un po'; **do you want any more potatoes?** vuoi ancora delle *OR* un po' di patate?; **is that any better?** va un po' meglio?

anybody ['enɪ,bɒdɪ] *pron* = **anyone**.

anyhow ['enɪhaʊ] *adv* - **1.** [in spite of that] comunque - **2.** [carelessly] come capita - **3.** [returning to topic in conversation] ad ogni modo.

anyone ['enɪwʌn] *pron* - **1.** *(in negative statements)* nessuno; **there wasn't anyone there** non c'era nessuno - **2.** *(in questions)* qualcuno; **has anyone seen my book?** qualcuno ha visto il mio libro? - **3.** [any person] chiunque; **anyone could do it** lo saprebbe fare chiunque.

anyplace ['enɪpleɪs] *adv US* = **anywhere**.

anything ['enɪθɪŋ] *pron* - **1.** *(in negative statements)* niente; **I don't want anything for**

supper non voglio niente per cena - **2.** *(in questions)* qualcosa; **did you notice anything strange?** hai notato qualcosa di strano?; **will there be anything else?** [in shop] desidera altro? - **3.** [any object, event] qualunque cosa; **find something to sit on: anything will do** trova qualcosa per sederti: qualunque cosa va bene.

anyway ['enɪweɪ] *adv* ad ogni modo.

anywhere ['enɪweəʳ], **anyplace** *US adv* - **1.** *(in negative statements)* da nessuna parte; **I haven't seen him anywhere** non l'ho visto da nessuna parte - **2.** *(in questions)* da qualche parte; **have you seen my jacket anywhere?** hai visto da qualche parte la mia giacca? - **3.** [any place] dovunque; **anywhere would be better than here** dovunque sarebbe meglio che qui; **sit anywhere you like** siediti dove ti pare.

apart [ə'pɑːt] *adv* - **1.** [separated in space] in disparte; **we're living apart now** ora viviamo separati - **2.** [in several pieces] a pezzi; **to take sthg apart** smontare qc - **3.** [aside, excepted] a parte; **joking apart** scherzi a parte.
◆ **apart from** ◇ *prep* [except for] a parte, eccetto. ◇ *conj* [in addition to] oltre a, a parte.

apartheid [ə'pɑːtheɪt] *n* apartheid *f.*

apartment [ə'pɑːtmənt] *n esp US* appartamento *m.*

apartment building *n US* condominio *m.*

apathy ['æpəθɪ] *n* apatia *f.*

ape [eɪp] ◇ *n* scimmia *f.* ◇ *vt pej* [imitate] scimmiottare.

aperitif [əperə'tiːf] *n* aperitivo *m.*

aperture ['æpə,tjuəʳ] *n* apertura *f.*

apex ['eɪpeks] *(pl* -es *OR* apices*)* *n* apice *m.*

APEX ['eɪpeks] *(abbr of* advance purchase excursion*)* *n UK* (tariffa *f*) APEX *f.*

apices ['eɪpɪsiːz] *pl* ▷ **apex.**

apiece [ə'piːs] *adv* [each] l'uno, l'una.

apocalypse [æ'pɒkəlɪps] *n* apocalisse *f.*

apologetic [ə,pɒlə'dʒetɪk] *adj* [letter, tone] di scusa; [person] dispiaciuto(a); **to be apologetic about sthg** scusarsi di *OR* per qc.

apologize, -ise *UK* [ə'pɒlədʒaɪz] *vi* chiedere scusa; **to apologize to sb for sthg** scusarsi con qn di *OR* per qc.

apology [ə'pɒlədʒɪ] *n* scuse *fpl.*

apostle [ə'pɒsl] *n* apostolo *m.*

apostrophe [ə'pɒstrəfɪ] *n* apostrofo *m.*

appal *(UK)*, **appall** *US* [ə'pɔːl] *vt* far inorridire.

appalling [ə'pɔːlɪŋ] *adj* - **1.** [shocking] spaventoso(a) - **2.** *inf* [very bad] terribile.

apparatus [,æpə'reɪtəs] *(pl* **apparatus** *OR* -es*)* *n* [gen] apparato *m;* [in gym] attrezzatura *f.*

apparel [ə'pærəl] *n esp US* abbigliamento *m.*

apparent [ə'pærənt] *adj* - **1.** [evident] evidente - **2.** [seeming] apparente.

apparently [ə'pærəntlɪ] *adv* - **1.** [according to rumour] a quanto pare - **2.** [seemingly] apparentemente.

appeal [ə'piːl] ◇ *vi* - **1.** [gen] appellarsi; **to appeal to sb for sthg** appellarsi a qn per qc; **to appeal to sthg** appellarsi a qc; **to appeal against sthg** LAW appellarsi contro qc - **2.** [attract, interest]: **to appeal (to sb)** attirare (qn). ◇ *n* - **1.** [request & LAW] appello *m* - **2.** [charm, interest] fascino *m.*

appealing [ə'piːlɪŋ] *adj* attraente.

appear [ə'pɪəʳ] ◇ *vi* - **1.** [become visible] apparire - **2.** [come into being - book] uscire; [- fashion] comparire - **3.** [in play] recitare - **4.** LAW comparire. ◇ *vt* [seem]: **they appear to be fine** sembra che stiano bene; **it would appear that...** sembrerebbe che... (+ *congiuntivo).*

appearance [ə'pɪərəns] *n* - **1.** [arrival] comparsa *f;* **to make an appearance** comparire - **2.** [outward aspect] aspetto *m* - **3.** [in play, film, on TV] apparizione *f;* **first appearance** esordio *m.*

appease [ə'piːz] *vt* ammansire.

append [ə'pend] *vt fml:* **to append sthg (to sthg)** [gen] aggiungere qc (a qc); [signature] apporre qc (a qc).

appendices [ə'pendɪsiːz] *pl* ▷ **appendix.**

appendicitis [ə,pendɪ'saɪtɪs] *n* appendicite *f.*

appendix [ə'pendɪks] *(pl* -dixes *OR* -dices*)* *n* appendice *f;* **to have one's appendix out** *OR* **removed** farsi operare d'appendice.

appetite ['æpɪtaɪt] *n* - **1.** [for food] appetito *m;* **appetite for sthg** voglia di qc - **2.** *fig* [enthusiasm]: **appetite for sthg** desiderio *OR* voglia di qc.

appetizer, -iser *UK* ['æpɪtaɪzəʳ] *n* [food] antipasto *m;* [drink] aperitivo *m.*

appetizing, -ising *UK* ['æpɪtaɪzɪŋ] *adj* appetitoso(a).

applaud [ə'plɔːd] *vt & vi* applaudire.

applause [ə'plɔːz] *n (U)* applauso *m.*

apple ['æpl] *n* mela *f.*

apple tree *n* melo *m.*

appliance [ə'plaɪəns] *n* apparecchio *m;* **household appliance** elettrodomestico *m.*

applicable ['æplɪkəbl] *adj*: applicable (to sb/sthg) applicabile (a qn/qc).

applicant ['æplɪkənt] *n*: applicant for sthg [job] candidato *m*, -a *f* a qc; [state benefit] richiedente *mf* di qc.

application [ˌæplɪ'keɪʃn] *n* - 1. [gen] applicazione *f*; application (program) COMPUT applicazione *f* - 2. [for job, college, club] domanda *f*; application for sthg domanda di qc - 3. [use] impiego *m*.

application form *n* modulo *m* di domanda.

applied [ə'plaɪd] *adj* [science] applicato(a).

apply [ə'plaɪ] ⟷ *vt* - 1. [rule, skill, paint] applicare - 2. [brakes] azionare. ⟷ *vi* - 1. [for work, grant] fare domanda; to apply for sthg fare domanda di OR per qc; to apply to sb for sthg fare domanda a qn per qc - 2. [be relevant] valere; to apply to sb/sthg riguardare qn/qc.

appoint [ə'pɔɪnt] *vt* - 1. [to job, position] nominare; to appoint sb to sthg destinare qn a qc; to appoint sb (as) sthg: he was appointed as chairman è stato nominato presidente - 2. *fml* [time, place] designare.

appointment [ə'pɔɪntmənt] *n* - 1. (U) [to job, position] nomina *f* - 2. [job, position] posto *m* - 3. [with doctor, hairdresser, in business] appuntamento *m*; to have/make an appointment avere/prendere un appuntamento.

apportion [ə'pɔːʃn] *vt* [money] ripartire; [blame] attribuire.

appraisal [ə'preɪzl] *n* valutazione *f*.

appreciable [ə'priːʃəbl] *adj* notevole.

appreciate [ə'priːʃɪeɪt] ⟷ *vt* - 1. [value, be grateful for] apprezzare - 2. [recognize, understand] rendersi conto di. ⟷ *vi* [increase in value] rivalutarsi.

appreciation [əˌpriːʃɪ'eɪʃn] *n* - 1. [liking] gradimento *m* - 2. [recognition, understanding] comprensione *f* - 3. [gratitude] apprezzamento *m*.

appreciative [ə'priːʃjətɪv] *adj* [person] riconoscente; [audience] caloroso(a); [remark] di stima.

apprehensive [ˌæprɪ'hensɪv] *adj*: apprehensive (about sthg) apprensivo(a) (riguardo a qc).

apprentice [ə'prentɪs] *n* apprendista *mf*.

apprenticeship [ə'prentɪʃɪp] *n* apprendistato *m*.

approach [ə'prəʊtʃ] ⟷ *n* - 1. [arrival] arrivo *m* - 2. [way in, access] accesso *m* - 3. [method] approccio *m* - 4. [proposal]: to make an approach to sb fare un passo presso qn. ⟷ *vt* - 1. [come near to] avvicinarsi a - 2. COMM avvi-

cinare - 3. [speak to]: to approach sb about sthg rivolgersi a qn riguardo a qc - 4. [deal with] affrontare - 5. [approximate, reach] raggiungere. ⟷ *vi* [come near] avvicinarsi.

approachable [ə'prəʊtʃəbl] *adj* - 1. [person] alla mano, disponibile - 2. [place] accessibile.

appropriate ⟷ *adj* [ə'prəʊprɪət] [suitable] adatto(a). ⟷ *vt* [ə'prəʊprɪeɪt] - 1. [steal] appropriarsi di - 2. [allocate] stanziare.

approval [ə'pruːvl] *n* - 1. [liking, admiration] approvazione *f* - 2. [official agreement] benestare *m* inv - 3. COMM: on approval in prova.

approve [ə'pruːv] ⟷ *vi*: to approve (of sthg) approvare (qc); they don't approve (of him non lo vedono di buon occhio. ⟷ *vt* [ratify] approvare.

approx. [ə'prɒks] (*abbr of* **approximately**) circa.

approximate *adj* [ə'prɒksɪmət] approssimativo(a).

approximately [ə'prɒksɪmətlɪ] *adv* approssimativamente.

apricot ['eɪprɪkɒt] *n* albicocca *f*.

April ['eɪprəl] *n* aprile *m*, *see also* **September**.

April Fools' Day *n* il primo d'aprile.

apron ['eɪprən] *n* [clothing] grembiule *m*.

apt [æpt] *adj* - 1. [pertinent] appropriato(a) - 2. [likely]: to be apt to do sthg essere incline a fare qc.

aptitude ['æptɪtjuːd] *n* attitudine *f*; to have an aptitude for sthg avere attitudine per qc.

aptly ['æptlɪ] *adv* appropriatamente.

aqualung ['ækwəlʌŋ] *n* respiratore *m* subacqueo.

aquarium [ə'kweərɪəm] (*pl* -riums OR -ria) *n* acquario *m*.

Aquarius [ə'kweərɪəs] *n* [astrology] Acquario *m*; to be (an) Aquarius essere dell'Acquario.

aquatic [ə'kwætɪk] *adj* acquatico(a).

aqueduct ['ækwɪdʌkt] *n* acquedotto *m*.

Arab ['ærəb] ⟷ *adj* arabo(a). ⟷ *n* [person] arabo *m*, -a *f*.

Arabian [ə'reɪbjən] ⟷ *adj* arabico(a). ⟷ *n* arabo *m*, -a *f*.

Arabic ['ærəbɪk] ⟷ *adj* arabo(a). ⟷ *n* [language] arabo *m*.

Arabic numeral *n* numero *m* arabo.

arable ['ærəbl] *adj* arabile.

arbitrary ['ɑːbɪtrərɪ] *adj* arbitrario(a).

arbitration [ˌɑːbɪ'treɪʃn] *n* arbitrato *m*; to go to arbitration andare in arbitrato.

arcade [ɑ:'keɪd] *n* - **1.** [for shopping] galleria *f* *(fiancheggiata da negozi)* - **2.** [covered passage] porticato *m*.

arch [ɑ:tʃ] <> *adj* [tone, smile] malizioso(a). <> *n* - **1.** ARCHIT arco *m* - **2.** [of foot] arcata *f* plantare. <> *vt* [back] inarcare. <> *vi* [roof, sky] formare un arco; [eyebrow] inarcarsi.

archaeologist [,ɑ:kɪ'ɒlədʒɪst] *n* archeologo *m*, -a *f*.

archaeology [,ɑ:kɪ'ɒlədʒɪ] *n* archeologia *f*.

archaic [ɑ:'keɪɪk] *adj* arcaico(a).

archbishop [,ɑ:tʃ'bɪʃəp] *n* arcivescovo *m*.

archenemy [,ɑ:tʃ'enɪmɪ] *n* acerrimo, -a *f* nemico *m*, -a *f*.

archeology [,ɑ:kɪ'ɒlədʒɪ] *n* = **archaeology**.

archer ['ɑ:tʃər] *n* arciere *m*.

archery ['ɑ:tʃərɪ] *n* tiro *m* con l'arco.

archetypal [,ɑ:kɪ'taɪpl] *adj* tipico(a).

architect ['ɑ:kɪtekt] *n* - **1.** [of buildings] architetto *m* - **2.** *fig* [of plan, event] artefice *mf*.

architecture ['ɑ:kɪtektʃər] *n* architettura *f*.

archives ['ɑ:kaɪvz] *npl* archivi *mpl*.

archway ['ɑ:tʃweɪ] *n* arcata *f*.

Arctic ['ɑ:ktɪk] <> *adj* - **1.** GEOG artico(a) - **2.** *inf* [weather] polare; [room] gelido(a). <> *n*: **the Arctic** l'Artico *m*.

ardent ['ɑ:dənt] *adj* [supporter] fervente; [desire] ardente.

arduous ['ɑ:djʊəs] *adj* arduo(a).

are *(weak form* [ər], *strong form* [ɑ:ʳ]*)* *vb* ▷ **be**.

area ['eərɪə] *n* - **1.** [region] area *f*, zona *f* - **2.** *fig* [approximate size, number]: **in the area of** dell'ordine di - **3.** [surface size, designated space] area *f* - **4.** [of knowledge, interest, subject] campo *m*.

area code *n* US prefisso *m*.

arena [ə'ri:nə] *n* arena *f*.

aren't [ɑ:nt] *abbr of* **are not**.

Argentina [,ɑ:dʒən'ti:nə] *n* Argentina *f*.

Argentine ['ɑ:dʒəntaɪn], **Argentinian** ['ɑ:dʒən'tɪnɪən] <> *adj* argentino(a). <> *n* [person] argentino *m*, -a *f*.

arguably ['ɑ:gjʊəblɪ] *adv* probabilmente.

argue ['ɑ:gju:] <> *vi* - **1.** [quarrel]: **to argue (with sb about sthg)** litigare (con qn per qc) - **2.** [reason] discutere; **to argue for/against sthg** portare argomenti a favore di/contro qc. <> *vt* [case, point] sostenere; **to argue that** sostenere che.

argument ['ɑ:gjʊmənt] *n* - **1.** [quarrel] discussione *f*, litigio *m*; **to have an argument (with sb)** litigare (con qn) - **2.** [reason] argomento *m* - **3.** [reasoning] ragionamento *m*.

argumentative [,ɑ:gjʊ'mentətɪv] *adj* polemico(a).

arise [ə'raɪz] *(pt* **arose**, *pp* **arisen**) *vi* [difficulty, problem] sorgere; **to arise from sthg** derivare da qc; **if the need arises** in caso di bisogno; **when the opportunity arises** quando se ne presenta l'occasione.

aristocrat [*UK* 'ærɪstəkræt, *US* ə'rɪstəkræt] *n* aristocratico *m*, -a *f*.

arithmetic [ə'rɪθmətɪk] *n* aritmetica *f*.

ark [ɑ:k] *n* arca *f*.

arm [ɑ:m] <> *n* - **1.** [of person] braccio *m*; **arm in arm** a braccetto; **to keep sb at arm's length** *fig* tenere qn a distanza; **to twist sb's arm** *fig* forzare la mano a qn - **2.** [of garment] manica *f* - **3.** [of chair] bracciolo *m*. <> *vt* [with weapons] armare. ◆ **arms** *npl* [weapons] armi *fpl*; **arms control** controllo *m* degli armamenti; **to take up arms** prendere le armi; **to be up in arms (about sthg)** essere sul piede di guerra (per qc).

armaments ['ɑ:məmənts] *npl* armamenti *mpl*.

armband ['ɑ:mbænd] *n* fascia *f* al braccio.

armchair ['ɑ:mtʃeər] *n* poltrona *f*.

armed [ɑ:md] *adj* - **1.** [police, thieves] armato(a) - **2.** *fig* [with information]: **armed with sthg** armato(a) di qc.

armed forces *npl* forze *fpl* armate.

armhole ['ɑ:mhəʊl] *n* giromanica *f* *inv*.

armour *UK*, **armor** *US* ['ɑ:mər] *n* - **1.** [for person] armatura *f* - **2.** [for military vehicle] corazza *f*.

armoured car *UK*, **armored car** *US n* autoblinda *f*.

armoury *UK*, **armory** *US* ['ɑ:mərɪ] *n* [building] armeria *f*; [weapons, skills] armamentario *m*.

armpit ['ɑ:mpɪt] *n* ascella *f*.

armrest ['ɑ:mrest] *n* bracciolo *m*.

army ['ɑ:mɪ] *n* esercito *m*.

A road *n UK* ≃ strada *f* statale.

aroma [ə'rəʊmə] *n* aroma *m*.

arose [ə'rəʊz] *pt* ▷ **arise**.

around [ə'raʊnd] <> *adv* - **1.** [here and there, nearby] in giro; **to walk around** andare in giro; **is John around?** c'è John? - **2.** [on all sides, in circular movement] intorno; **to turn around** girarsi; **to look around** guardarsi intorno - **3.** [in existence] in circolazione; **to have been around** *inf* avere esperienza. <> *prep* - **1.** [encircling, near] intorno a; **around here** qui intorno, da queste parti - **2.** [through, throughout] per - **3.** [approximately] circa, intorno a.

arouse [ə'raʊz] *vt* - **1.** [excite - feeling] suscitare; [- person] eccitare - **2.** [wake] svegliare.

arrange [əˈreɪndʒ] vt - 1. [flowers, books, furniture] disporre, sistemare - 2. [event, meeting, party] organizzare; **to arrange to do sthg** organizzarsi per fare qc - 3. MUS arrangiare.

arrangement [əˈreɪndʒmənt] n - 1. [agreement] accordo m; **to come to an arrangement** arrivare ad un accordo - 2. [of objects] disposizione f - 3. MUS arrangiamento m. ◆ **arrangements** npl [preparations] preparativi mpl; [system]: **seating arrangements** disposizione f (singolare) dei posti.

array [əˈreɪ] ◇ n [of objects, people, ornaments] disposizione m. ◇ vt [ornaments] disporre.

arrears [əˈrɪəz] npl [money owed] arretrati mpl; **to be in arrears with the rent** essere in arretrato con l'affitto; **to be paid monthly in arrears** essere pagato(a) alla fine del mese.

arrest [əˈrest] ◇ n [by police] arresto m; **under arrest** in stato di arresto. ◇ vt - 1. [subj: police] arrestare - 2. fml [sb's attention] catturare - 3. fml [stop] arrestare, bloccare.

arrival [əˈraɪvl] n [at place] arrivo m; **late arrival** [of train, bus, mail] ritardo m; **new arrival** [person] nuovo arrivato m, nuova arrivata f; [baby] nuovo arrivo m.

arrive [əˈraɪv] vi - 1. [person, train, letter, moment] arrivare; **to arrive at a conclusion/decision** arrivare a una conclusione/decisione - 2. [baby] nascere.

arrogant [ˈærəgənt] adj arrogante.

arrow [ˈærəʊ] n freccia f.

arse UK [ɑːs], **ass** US [æs] n vulg culo m.

arsenic [ˈɑːsnɪk] n arsenico m.

arson [ˈɑːsn] n incendio m doloso.

art [ɑːt] ◇ n (U) arte f. ◇ comp [exhibition] d'arte; **art college** accademia f di Belle Arti; **art student** studente m, -essa f dell'accademia di Belle Arti. ◆ **arts** npl - 1. [humanities] lettere fpl - 2. [fine arts]: **the arts** le discipline fpl artistiche.

artefact [ˈɑːtɪfækt] n = **artifact**.

artery [ˈɑːtəri] n arteria f.

art gallery n galleria f d'arte.

arthritis [ɑːˈθraɪtɪs] n artrite f.

artichoke [ˈɑːtɪtʃəʊk] n carciofo m.

article [ˈɑːtɪkl] n articolo m.

articulate ◇ adj [ɑːˈtɪkjʊlət] [speech] chiaro(a); **to be articulate** [person] esprimersi bene. ◇ vt [ɑːˈtɪkjʊleɪt] formulare, esprimere.

articulated lorry [ɑːˈtɪkjʊleɪtɪd-] n UK autoarticolato m.

artifact [ˈɑːtɪfækt] n manufatto m.

artificial [ˌɑːtɪˈfɪʃl] adj artificiale.

artillery [ɑːˈtɪləri] n artiglieria f.

artist [ˈɑːtɪst] n artista mf.

artiste [ɑːˈtiːst] n artista mf.

artistic [ɑːˈtɪstɪk] adj artistico(a); **to be artistic** [person] avere talento artistico.

artistry [ˈɑːtɪstri] n abilità f inv artistica.

as (weak form [əz], strong form [æz]) ◇ conj - 1. [referring to time] mentre; **she rang (just) as I was leaving** ha telefonato (proprio) mentre stavo uscendo; **as time goes by** con il passare del tempo - 2. [referring to manner, way] come; **do as I say** fai come ti dico; **she's working too hard as it is** lavora già troppo - 3. [introducing a statement] come; **as you know,...** come sai,... - 4. [because] siccome; **as you weren't in, I left a message** siccome non c'eri, ho lasciato un messaggio. ◇ prep - 1. [referring to function, characteristic] da; **I'm speaking as your friend** ti parlo da amico; **he lived in Africa as a boy** da ragazzo è vissuto in Africa; **she works as a nurse** fa l'infermiera - 2. [referring to attitude, reaction] come; **she treats it as a game** lo prende come un gioco; **it came as a shock** è stato uno shock. ◇ adv (in comparisons): **I can run just as fast as him** corro veloce quanto lui; **mine is twice as big** il mio è grande il doppio; **he's as tall as I am** alto quanto me; **I've been studying Italian as long as she has** ho studiato l'italiano a lungo quanto lei; **as much as** tanto quanto(tanta quanta); **as many as** tanti quanti(tante quante); **as many chocolates as you want** tanti cioccolatini vuoi. ◆ **as for** prep per quanto riguarda. ◆ **as from, as of** prep a partire da. ◆ **as if, as though** conj come se; **he looked at me as if I were mad** mi ha guardato come se fossi matto; **it looks as if it will rain** sembra che stia per piovere. ◆ **as to** prep riguardo.

AS abbr of **American Samoa**.

a.s.a.p. (abbr of as soon as possible) appena possibile.

asbestos [æsˈbestəs] n amianto m.

ascend [əˈsend] ◇ vt [hill, staircase, ladder] salire su. ◇ vi salire.

ascendant [əˈsendənt] n: **to be in the ascendant** essere in ascesa.

ascent [əˈsent] n - 1. [climb] ascensione f, scalata f - 2. [upward slope] salita f - 3. (U) fig [progress] progresso m.

ascertain [ˌæsəˈteɪn] vt fml appurare.

ascribe [əˈskraɪb] vt: **to ascribe sthg to sb/sthg** attribuire qc a qn/qc.

ash [æʃ] n - 1. [from cigarette, fire] cenere f - 2. [tree] frassino m.

ashamed [əˈʃeɪmd] adj: **to be ashamed of sb/sthg** vergognarsi di qn/qc; **to be ashamed to do sthg** vergognarsi a fare qc.

ashore [ə'ʃɔːr] *adv* a terra.

ashtray ['æʃtreɪ] *n* portacenere *m inv.*

Ash Wednesday *n* mercoledì *m inv* delle Ceneri.

Asia [*UK* 'eɪʃə, *US* 'eɪʒə] *n* Asia *f.*

Asian [*UK* 'eɪʃn, *US* 'eɪʒn] <> *adj* asiatico(a). <> *n* asiatico *m*, -a *f.*

aside [ə'saɪd] <> *adv* - 1. [to one side] di lato; **to take sb aside** prendere qn da parte; **to move aside** scansarsi; **to move sthg aside** scansare qc; **to put sthg aside** mettere qc da parte - 2. [apart] a parte; **aside from** a parte. <> *n* - 1. [in play] a parte *m inv* - 2. [whispered remark] commento *m* sottovoce; [digression] osservazione *f* tra parentesi.

ask [ɑːsk] <> *vt* - 1. [enquire, request, set a price of] chiedere; **to ask a question** fare una domanda; **to ask sb sthg** chiedere qc a qn; **to ask sb for sthg** chiedere qc a qn; **to ask sb to do sthg** chiedere a qn di fare qc - 2. [invite] invitare; **to ask sb to dinner** invitare qn a cena; **to ask sb out** chiedere a qn di uscire. <> *vi* chiedere. ◆ **ask after** *vt insep* chiedere di. ◆ **ask for** *vt insep* - 1. [person] chiedere di - 2. [advice, money] chiedere.

askance [ə'skæns] *adv*: **to look askance at sb/sthg** guardare qn/qc di traverso.

askew [ə'skjuː] *adj* storto(a).

asking price ['ɑːskɪŋ-] *n* prezzo *m* richiesto.

asleep [ə'sliːp] *adj* addormentato(a); **to fall asleep** addormentarsi.

AS level (*abbr of* **Advanced Subsidiary level**) *n* esame sostenuto a metà del corso di studi della scuola superiore britannica.

asparagus [ə'spærəgəs] *n* asparago *m.*

aspect ['æspekt] *n* - 1. [facet, appearance] aspetto *m* - 2. [of building] esposizione *f.*

aspersions [ə'spɜːʃnz] *npl*: **to cast aspersions (on sthg)** denigrare (qc).

asphalt ['æsfælt] *n* asfalto *m.*

asphyxiate [əs'fɪksɪeɪt] *vt* asfissiare.

aspiration [ˌæspə'reɪʃn] *n* aspirazione *f.*

aspire [ə'spaɪər] *vi*: **to aspire to sthg/to do sthg** aspirare a qc/a fare qc.

aspirin ['æspərɪn] *n* aspirina *f.*

ass [æs] *n* - 1. [donkey] asino *m* - 2. *UK inf* [idiot] imbecille - 3. *US vulg* = **arse.**

assailant [ə'seɪlənt] *n* aggressore *m*, aggreditrice *f.*

assassin [ə'sæsɪn] *n* assassino *m*, -a *f.*

assassinate [ə'sæsɪneɪt] *vt* assassinare; **to be assassinated** essere assassinato(a).

assassination [əˌsæsɪ'neɪʃn] *n* assassinio *m.*

assault [ə'sɔːlt] <> *n* - 1. MIL assalto *m*; **assault on sthg** assalto a qc - 2. [physical attack] aggressione *f*; **assault on sb** aggressione a qn. <> *vt* [attack] aggredire.

assemble [ə'sembl] <> *vt* - 1. [gather] riunire - 2. [fit together] montare. <> *vi* [gather] riunirsi.

assembly [ə'semblɪ] *n* - 1. [meeting] assemblea *f* - 2. [law-making body] assemblea *f* parlamentare - 3. [fitting together] montaggio *f.*

assembly line *n* catena *f* di montaggio.

assent [ə'sent] <> *n* assenso *m.* <> *vi*: **to assent (to sthg)** acconsentire (a qc).

assert [ə'sɜːt] *vt* - 1. [fact, belief] sostenere - 2. [authority] far valere.

assertive [ə'sɜːtɪv] *adj*: **to be assertive** farsi valere.

assess [ə'ses] *vt* valutare.

assessment [ə'sesmənt] *n* valutazione *f.*

asset ['æset] *n* - 1. [valuable quality] vantaggio *m* - 2. [valuable person]: **to be an asset to sthg** essere un elemento prezioso per qc. ◆ **assets** *npl* COMM patrimonio *m* (*sing*).

assign [ə'saɪn] *vt* - 1. [allot, allocate]: **to assign sthg (to sb/sthg)** assegnare qc (a qn/qc) - 2. [appoint]: **to assign sb (to sthg/to do sthg)** incaricare qn (di qc/di fare qc).

assignment [ə'saɪnmənt] *n* - 1. [task] incarico *m* - 2. [allocation] assegnazione *f* - 3. SCH compito *m.*

assimilate [ə'sɪmɪleɪt] *vt* - 1. [ideas, food] assimilare - 2. [people]: **to assimilate sb (into sthg)** integrare qn (in qc).

assist [ə'sɪst] *vt* assistere, aiutare; **to assist sb with sthg/in doing sthg** aiutare qn in qc/a fare qc.

assistance [ə'sɪstəns] *n* aiuto *m*; **to be of assistance (to sb)** essere d'aiuto (a qn).

assistant [ə'sɪstənt] <> *n* - 1. [helper] assistente *mf* - 2. [in shop] commesso *m*, -a *f.* <> *comp*: **assistant manager** vicedirettore *m*, -trice *f.*

assistant referee *n* guardalinee *mf inv.*

associate <> *adj* [ə'səʊʃɪət] [member] associato(a). <> *n* [ə'səʊʃɪət] socio *m*, -a *f.* <> *vt* [ə'səʊʃɪeɪt] associare; **to associate sb/sthg with sb/sthg** associare qn/qc a qn/qc; **to be associated with** [person] avere a che fare con; [company, plan, opinion] essere connesso(a) a. <> *vi* [ə'səʊʃɪeɪt]: **to associate with sb** frequentare qn.

association [əˌsəʊsɪ'eɪʃn] *n* - 1. [organization] associazione *f* - 2. (*U*) [relationship] collaborazione *f*; **in association with sb/sthg** in collaborazione con qn/qc.

assorted [ə'sɔ:tɪd] *adj* [of various types] assortito(a); **available in assorted colours** disponibile in colori assortiti.

assortment [ə'sɔ:tmənt] *n* assortimento *m*.

assume [ə'sju:m] *vt* - 1. [suppose] presumere - 2. [power, attitude] assumere.

assumed name [ə'sju:md neɪm] *n* nome *m* falso; **under an assumed name** sotto falso nome.

assuming [ə'sju:mɪŋ] *conj* ammesso che (+ congiuntivo).

assumption [ə'sʌmpʃn] *n* [supposition] supposizione *f*, presupposto *m*.

assurance [ə'ʃʊərəns] *n* - 1. [promise, insurance] assicurazione *f*; **he gave me his personal assurance that...** mi ha assicurato personalmente che... - 2. (U) [confidence] sicurezza *f*.

assure [ə'ʃʊə] *vt* assicurare; **to assure sb of sthg** assicurare qc a qn; **to be assured of sthg** [be certain] essere certo(a) di qc.

assured [ə'ʃʊəd] *adj* sicuro(a).

asterisk ['æstərɪsk] *n* asterisco *m*.

asthma ['æsmə] *n* asma *f*.

astonish [ə'stɒnɪʃ] *vt* stupire.

astonished [ə'stɒnɪʃt] *adj* stupito(a).

astonishment [ə'stɒnɪʃmənt] *n* stupore *m*.

astound [ə'staʊnd] *vt* allibire.

astray [ə'streɪ] *adv*: **to go astray** smarrirsi; **to lead sb astray** *fig* traviare qn.

astride [ə'straɪd] ◇ *adv* a cavalcioni. ◇ *prep* a cavalcioni di.

astrology [ə'strɒlədʒɪ] *n* astrologia *f*.

astronaut ['æstrənɔ:t] *n* astronauta *mf*.

astronomical [,æstrə'nɒmɪkl] *adj* astronomico(a).

astronomy [ə'strɒnəmɪ] *n* astronomia *f*.

astute [ə'stju:t] *adj* astuto(a).

asylum [ə'saɪləm] *n* - 1. (U) [protection] asilo *m* - 2. *dated* [mental hospital] manicomio *m*.

at (*weak form* [ət], *strong form* [æt]) *prep* - 1. [indicating place, position] a; **at my father's** da mio padre, a casa di mio padre; **at home/school** a casa/scuola; **at work** al lavoro; **she was standing at the window** era in piedi vicino alla finestra; **there was a knock at the door** bussarono alla porta - 2. [indicating direction] verso; **to rush at sb/sthg** precipitarsi verso qn/qc; **to throw sthg at sb/sthg** tirare qc a qn/qc; **to shoot at sb/sthg** sparare a qn/qc; **to smile at sb** sorridere a qn; **to look at sb/sthg** guardare qn/qc - 3. [indicating a particular time] a; **at midnight/noon** a mezzanotte/mezzogiorno; **at eleven o'clock** alle undici; **at the weekend** durante il fine settimana; **at Christmas/Easter** a Natale/Pasqua; **at night** di notte - 4. [indicating age, speed, rate] a; **at 52 (years of**

age) a 52 anni; **at 100 mph** a 100 miglia all'ora - 5. [indicating price] a; **they sell at £50 a pair** sono in vendita a 50 sterline il paio - 6. [indicating particular state, condition]: **at peace/war** in pace/guerra; **at lunch/dinner** a pranzo/cena; **she's here at my invitation** è qui su mio invito - 7. (*after adjectives*): **amused/appalled/puzzled at sthg** divertito(a)/sconvolto(a)/intrigato(a) da qc; **delighted at sthg** molto contento(a) per qc; **to be good/bad at sthg** essere/non essere bravo(a) in qc. ◆ **at all** *adv* - 1. (*with negative*): **not at all** [when thanked] non c'è di che; [when answering a question] niente affatto; **she's not at all happy** non è affatto contenta - 2. [in the slightest]: **anything at all will do** va bene qualsiasi cosa; **do you know her at all?** la conosci?

ate [*UK* et, *US* eɪt] *pt* ⊳ **eat**.

atheist ['eɪθɪɪst] *n* ateo *m*, -a *f*.

Athens ['æθɪnz] *n* Atene *f*.

athlete ['æθli:t] *n* atleta *mf*.

athletic [æθ'letɪk] *adj* atletico(a). ◆ **athletics** *npl* atletica *f* (*sing*).

Atlantic [ət'læntɪk] ◇ *adj* atlantico(a). ◇ *n*: **the Atlantic (Ocean)** l'(Oceano *m*) Atlantico *m*.

atlas ['ætləs] *n* atlante *m*.

atmosphere ['ætmə,sfɪə] *n* - 1. [of planet, mood of place] atmosfera *f* - 2. [in room] aria *f*.

atmospheric [,ætməs'ferɪk] *adj* - 1. [relating to the atmosphere] atmosferico(a) - 2. [music] d'atmosfera; [film, play] ricco(a) di atmosfera.

atom ['ætəm] *n* atomo *m*.

atom bomb *n* bomba *f* atomica.

atomic [ə'tɒmɪk] *adj* atomico(a).

atone [ə'təʊn] *vi*: **to atone for sthg** espiare qc.

A to Z *n UK* stradario *m*.

atrocious [ə'trəʊʃəs] *adj* [behaviour, conditions] pessimo(a); [crime, suffering] atroce.

atrocity [ə'trɒsətɪ] *n* atrocità *f inv*.

attach [ə'tætʃ] *vt* - 1. [fasten]: **to attach sthg (to sthg)** attaccare qc (a qc) - 2. [importance, blame]: **to attach sthg (to sthg)** attribuire qc (a qc) - 3. [to email]: **to attach sthg (to sthg)** allegare qc (a qc).

attaché case *n* ventiquattrore *f inv*.

attached [ə'tætʃt] *adj* [fond]: **attached to sb/sthg** attaccato(a) a qn/qc.

attachment [ə'tætʃmənt] *n* - 1. [device] accessorio *m* - 2. [fondness]: **attachment (to sb/sthg)** attaccamento *m* (per qn/qc) - 3. [to email] allegato *m*.

attack [ə'tæk] ◇ *n* - 1. [physical, verbal]: **attack (on sb/sthg)** attacco *m* (a qn/qc) - 2. [of illness] accesso *m*. ⟨> *vt* - **1.** [physically, verbally] attaccare - **2.** [disease, infection] colpire - **3.** [deal with - job] cominciare; [- problem] affrontare. ⟨> *vi* attaccare.

attacker [ə'tækər] *n* - **1.** [assailant] assalitore *m*, -trice *f* - **2.** SPORT attaccante *mf*.

attain [ə'teɪn] *vt* raggiungere.

attainment [ə'teɪnmənt] *n* - **1.** (*U*) [act of achieving] raggiungimento *m* - **2.** [skill] acquisizione *f*.

attempt [ə'tempt] ⟨> *n*: attempt (at sthg) tentativo *m* (di qc); attempt on sb's life attentato alla vita di qn. ⟨> *vt* tentare; to attempt to do sthg tentare di fare qc; attempted murder tentato omicidio.

attend [ə'tend] ⟨> *vt* - **1.** [meeting, party] partecipare - **2.** [school, church] frequentare. ⟨> *vi* - **1.** [be present] essere presente - **2.** [pay attention]: to attend (to sthg) prestare attenzione (a qc). ◆ **attend to** *vt insep* occuparsi di.

attendance [ə'tendəns] *n* - **1.** [number of people present] affluenza *f* - **2.** (*U*) [presence] presenza *f*.

attendant [ə'tendənt] ⟨> *adj* [risk, problem] connesso(a). ⟨> *n* [at museum] custode *mf*; [at swimming pool] bagnino *m*, -a *f*; [at petrol station] benzinaio *m*, -a *f*.

attention [ə'tenʃn] ⟨> *n* - **1.** [gen] attenzione *f*; to attract sb's attention attirare l'attenzione di qn; to bring sthg to sb's attention, to draw sb's attention to sthg attirare l'attenzione di qn su qc; to pay attention to sb/sthg fare or prestare attenzione a qn/qc; for the attention of COMM alla cortese attenzione di - **2.** [medical] assistenza *f*. ⟨> *excl* MIL attenti!

attentive [ə'tentɪv] *adj* - **1.** [paying attention] attento(a) - **2.** [politely helpful] premuroso(a).

attic ['ætɪk] *n* soffitta *f*, solaio *m*.

attitude ['ætɪtjuːd] *n* - **1.** [way of thinking or acting] atteggiamento *m*; attitude to or towards sb/sthg atteggiamento verso qn/qc - **2.** [posture] posa *f*.

attn (*abbr of* for the attention of) c.a.

attorney [ə'tɜːnɪ] *n* US avvocato *m*.

attorney general (*pl* attorneys general) *n* UK ≃ Procuratore *m* Generale; US ≃ Ministro *m* di Grazia e Giustizia.

attract [ə'trækt] *vt* - **1.** [gen] attirare, attrarre - **2.** [support, criticism] attirare.

attraction [ə'trækʃn] *n* - **1.** (*U*) [liking, attractive thing] attrazione *f*; attraction to sb attrazione per qn - **2.** (*U*) [appeal, charm] attrattiva *f*.

attractive [ə'træktɪv] *adj* - **1.** [person, smile] attraente - **2.** [offer, idea] allettante; [investment] interessante.

attribute ⟨> *vt* [ə'trɪbjuːt]: to attribute sthg to sb/sthg attribuire qc a qn/qc. ⟨> *n* ['ætrɪbjuːt] qualità *f inv*.

aubergine ['əʊbəʒiːn] *n* UK melanzana *f*.

auburn ['ɔːbən] *adj* [hair] mogano (inv).

auction ['ɔːkʃn] ⟨> *n* asta *f*; at or by auction all'asta; to put sthg up for auction mettere qc all'asta. ⟨> *vt* vendere all'asta. ◆ **auction off** *vt sep* vendere all'asta.

auctioneer [ˌɔːkʃə'nɪər] *n* banditore *m*, -trice *f*.

audacious [ɔː'deɪʃəs] *adj* [daring] audace; [impudent] sfrontato(a).

audible ['ɔːdəbl] *adj* udibile.

audience ['ɔːdjəns] *n* - **1.** [of play, film, TV programme] pubblico *m* - **2.** [formal meeting] udienza *f*.

audiovisual ['ɔːdɪəʊˌvɪʒʊəl] *adj* audiovisivo(a).

audit ['ɔːdɪt] ⟨> *n* audit *m inv*. ⟨> *vt* [accounts] fare un audit di.

audition [ɔː'dɪʃn] *n* audizione *f*.

auditor ['ɔːdɪtər] *n* revisore *m* dei conti.

auditorium [ˌɔːdɪ'tɔːrɪəm] (*pl* -riums or -ria) *n* auditorium *m inv*.

augur ['ɔːgər] *vi*: to augur well/badly far presagire il meglio/il peggio.

August ['ɔːgəst] *n* agosto *m*, see also **September**.

aunt [ɑːnt] *n* zia *f*.

auntie, aunty ['ɑːntɪ] *n inf* zietta *f*.

au pair [ˌəʊ'peər] *n* ragazzo *m*, -a *f* alla pari.

aura ['ɔːrə] *n* aura *f*.

aural ['ɔːrəl] *adj* uditivo(a).

auspices ['ɔːspɪsɪz] *npl*: under the auspices of sotto l'egida di.

auspicious [ɔː'spɪʃəs] *adj* propizio(a).

Aussie ['ɒzɪ] *inf* ⟨> *adj* australiano(a). ⟨> *n* australiano *m*, -a *f*.

austere [ɒ'stɪər] *adj* austero(a).

austerity [ɒ'sterətɪ] *n* austerità *f inv*.

Australia [ɒ'streɪljə] *n* Australia *f*.

Australian [ɒ'streɪljən] ⟨> *adj* australiano(a). ⟨> *n* australiano *m*, -a *f*.

Austria ['ɒstrɪə] *n* Austria *f*.

Austrian ['ɒstrɪən] ⟨> *adj* austriaco(a). ⟨> *n* austriaco *m*, -a *f*.

authentic [ɔː'θentɪk] *adj* - **1.** [genuine] autentico(a) - **2.** [accurate] veritiero(a).

author ['ɔːθər] *n* autore *m*, -trice *f*.

authoritarian [ɔːˌθɒrɪˈteərɪən] *adj* autoritario(a).

authoritative [ɔːˈθɒrɪtətɪv] *adj* - **1.** [person, voice] autoritario(a) - **2.** [report] autorevole.

authority [ɔːˈθɒrətɪ] *n* - **1.** [official organization] ente *m* - **2.** (U) [power] autorità *f inv* - **3.** (U) [permission] autorizzazione *f* - **4.** [expert]: **authority (on sthg)** autorità *f inv* (riguardo qc). **➤ authorities** *npl*: **the authorities** le autorità *fpl*.

authorize, -ise *UK* [ˈɔːθəraɪz] *vt* autorizzare; **to authorize sb to do sthg** autorizzare qn a fare qc.

autistic [ɔːˈtɪstɪk] *adj* autistico(a).

auto [ˈɔːtəʊ] (*pl* **-s**) *n US* auto *f inv*.

autobiography [ˌɔːtəbaɪˈɒɡrəfɪ] *n* autobiografia *f*.

autocratic [ˌɔːtəˈkrætɪk] *adj* autocratico(a).

autograph [ˈɔːtəɡrɑːf] <> *n* autografo *m*. <> *vt* autografare.

automate [ˈɔːtəmeɪt] *vt* automatizzare.

automatic [ˌɔːtəˈmætɪk] <> *adj* automatico(a). <> *n* - **1.** [car] auto *f inv* con cambio automatico - **2.** [gun] automatica *f*.

automatically [ˌɔːtəˈmætɪklɪ] *adv* automaticamente.

automobile [ˈɔːtəməbiːl] *n US* automobile *f*.

autonomy [ɔːˈtɒnəmɪ] *n* autonomia *f*.

autopsy [ˈɔːtɒpsɪ] *n* autopsia *f*.

autumn [ˈɔːtəm] *n esp UK* autunno *m*.

auxiliary [ɔːɡˈzɪljərɪ] <> *adj* - **1.** [gen] ausiliario(a) - **2.** GRAM ausiliare. <> *n* - **1.** [medical worker] ausiliario *m*, -a *f* - **2.** [soldier] ausiliario *m*.

Av. (*abbr of* avenue) V.le.

avail [əˈveɪl] <> *n*: **to no avail** senza alcun risultato. <> *vt*: **to avail o.s. of sthg** servirsi di qc.

available [əˈveɪləbl] *adj* disponbile.

avalanche [ˈævəlɑːnʃ] *n* - **1.** [of snow] valanga *f* - **2.** *fig* [of complaints, phone calls, requests] valanga *f*.

avarice [ˈævərɪs] *n* avarizia *f*.

Ave. (*abbr of* avenue) V.le.

avenge [əˈvendʒ] *vt* vendicare.

avenue [ˈævənjuː] *n* viale *m*.

average [ˈævərɪdʒ] <> *adj* - **1.** [gen] medio(a) - **2.** *pej* [mediocre] mediocre. <> *n* - **1.** [mean] media *f*; **on average** in media - **2.** [normal amount] norma *f*. <> *vt* fare una media di. **➤ average out** *vi*: **to average out at** corrispondere in media a.

aversion [əˈvɜːʃn] *n* [dislike]: **aversion (to sthg)** avversione *f* (verso qc).

avert [əˈvɜːt] *vt* - **1.** [accident, disaster] evitare - **2.** [eyes, glance] distogliere.

aviary [ˈeɪvjərɪ] *n* voliera *f*.

avid [ˈævɪd] *adj* [reader] accanito(a); [collector, listener] appassionato(a); **avid for sthg** [wealth] avido(a) di qc.

avocado [ˌævəˈkɑːdəʊ] (*pl* **-s** OR **-es**) *n*: avocado (pear) avocado *m*.

avoid [əˈvɔɪd] *vt* evitare; **to avoid doing sthg** evitare di fare qc.

await [əˈweɪt] *vt* attendere.

awake [əˈweɪk] (*pt* **awoke** OR **awaked**, *pp* **awoken**) <> *adj* [not sleeping] sveglio(a). <> *vt* - **1.** [wake up] svegliare - **2.** [provoke - curiosity, suspicions] destare; [- memories, hope] risvegliare. <> *vi* [wake up] svegliarsi.

awakening [əˈweɪknɪŋ] *n* risveglio *m*.

award [əˈwɔːd] <> *n* [prize] premio *m*. <> *vt*: **to award sb sthg, to award sthg to sb** [prize] assegnare qc a qn; [free kick, penalty] concedere qc a qn; [compensation, mark] dare qc a qn.

aware [əˈweər] *adj* - **1.** [conscious]: **aware of sthg/that** conscio(a) di qc/del fatto che - **2.** [informed, sensitive] sensibilizzato(a); **to be aware of sthg** essere al corrente di qc.

awareness [əˈweənɪs] *n* coscienza *f*.

awash [əˈwɒʃ] *adj* - **1.** [with water] allagato(a); **awash with sthg** coperto(a) di qc - **2.** *fig* [with letters, tourists]: **awash with sthg** pieno(a) di qc.

away [əˈweɪ] <> *adv* - **1.** [gen] via; **away from via da**; **to be away on business** essere via per lavoro; **to drive away** allontanarsi in macchina; **to give sthg away** dar via qc; **to look away** volgere lo sguardo altrove; **to put sthg away** metter via qc; **to take sthg away** portar via qc; **to turn away** girarsi; **to walk away** andar via - **2.** [at a distance] lontano; **away from** lontano da; **we live 4 miles away from the city** abitiamo a 4 miglia dalla città - **3.** [in time]: **the exams are only two days away now** mancano solo due giorni agli esami - **4.** [continuously]: **he was singing/working away** cantava/lavorava senza sosta. <> *adj* SPORT ospite; **away game** partita *f* in trasferta.

awe [ɔː] *n* soggezione *f*; **to be in awe of sb** avere soggezione di qn.

awesome [ˈɔːsəm] *adj* [task, responsibility] enorme; [achievement] grandioso(a).

awful [ˈɔːfʊl] *adj* - **1.** [terrible] terribile; **I feel awful** mi sento malissimo - **2.** *inf* [very great]: **an awful lot of** un mucchio di.

awfully ['ɔ:flɪ] *adv inf* [very] tremendamente; **I'm awfully sorry** mi spiace enormemente; **that's awfully nice of you** è molto gentile da parte tua.

awkward ['ɔ:kwəd] *adj* - **1.** [clumsy] goffo(a), impacciato(a) - **2.** [embarrassed - person] imbarazzato(a); [- situation] imbarazzante - **3.** [uncooperative] difficile - **4.** [inconvenient] scomodo(a) - **5.** [difficult, delicate] delicato(a).

awning ['ɔ:nɪŋ] *n* - **1.** [of tent] veranda *f* - **2.** [of shop] tenda *f*.

awoke [ə'wəʊk] *pt* ⊳ **awake**.

awoken [ə'wəʊkn] *pp* ⊳ **awake**.

awry [ə'raɪ] ⟨⟩ *adj* [twisted] di traverso. ⟨⟩ *adv:* **to go awry** [wrong] andare storto(a).

axe *UK*, **ax** *US* [æks] ⟨⟩ *n* ascia *f*. ⟨⟩ *vt* [project] accantonare; [workforce] licenziare; [jobs, grants] tagliare.

axes ['æksi:z] *pl* ⊳ **axis**.

axis ['æksɪs] (*pl* **axes**) *n* asse *m*.

axle ['æksl] *n* semiasse *m*.

aye [aɪ] ⟨⟩ *adv* - **1.** *Scotland* sì - **2.** NAUT signorsì. ⟨⟩ *n* voto *m* favorevole.

Azores [ə'zɔ:z] *npl:* **the Azores** le Azzorre.

b (*pl* **b's** OR **bs**), **B** (*pl* **B's** OR **Bs**) [bi:] *n* [letter] b *m o f inv*, B *m o f inv.* ◆ **B** *n* MUS si *m*.

B & B *n abbr of* **bed and breakfast**.

BA *n* (*abbr of* **Bachelor of Arts**), *in Gran Bretagna, (chi possiede una) laurea in materie umanistiche.*

babble ['bæbl] ⟨⟩ *n* chiacchericcio *m*. ⟨⟩ *vi* [person] chiacchierare.

baboon [bə'bu:n] *n* babbuino *m*.

baby ['beɪbɪ] *n* - **1.** [child] bebè *m inv* - **2.** *pej* [feeble person] bambino *m*, -a *f* - **3.** *esp US inf* [term of affection] tesoro *m*.

baby buggy *n* - **1.** *UK* [foldable pushchair] passeggino *m* - **2.** *US* = **baby carriage**.

baby carriage *n US* carrozzina *f*.

baby food *n* omogeneizzati *mpl*.

baby-sit *vi* guardare i bambini.

baby-sitter ['beɪbɪ'sɪtə'] *n* babysitter *mf inv*.

bachelor ['bætʃələ'] *n* scapolo *m*.

Bachelor of Arts *n (chi possiede un) diploma di laurea in materie umanistiche.*

Bachelor of Science *n (chi possiede un) diploma di laurea in materie scientifiche.*

back [bæk] ⟨⟩ *adj* (*in compounds*) - **1.** [garden] sul retro; [legs] posteriore; [page] ultimo(a) - **2.** [rent, issue] arretrato(a). ⟨⟩ *adv* - **1.** [backwards] indietro; **to step/move back** farsi indietro; **to push back** respingere; **stand back !** state indietro! - **2.** [to former position or state]: **to go back to sleep** riaddormentarsi; **to send sthg back** rimandare indietro qc; **to be back (in fashion)** ritornare di moda; **I'll be back in an hour** sarò di ritorno tra un'ora; **I want my money back** rivoglio indietro i miei soldi - **3.** [in time]: **a few weeks back** qualche settimana fa; **I found out back in January** sono venuto a saperlo a gennaio; **to think back to sthg** ripensare a qc - **4.** [in reply, in return]: **to phone sb back** richiamare qn; **to pay sb back** restituire i soldi a qn. ⟨⟩ *n* - **1.** [of person] schiena *f*; [of animal] dorso *m*; **to do sthg behind sb's back** fare qc alle spalle di qn - **2.** [of envelope, cheque] retro *m*; **the back of the neck** la nuca *f*; **the back of the hand** il dorso *m* della mano - **3.** [of room, refrigerator] fondo *m*; [of chair] schienale *m*; [of car] dietro *m*; **at the back of, in back of** *US* dietro - **4.** SPORT difensore *m*. ⟨⟩ *vt* - **1.** [reverse] spostare a marcia indietro - **2.** [support] dare il proprio appoggio a - **3.** [bet on] puntare su. ⟨⟩ *vi* [person] camminare all'indietro; [car] andare a marcia indietro. ◆ **back to back** *adv* [stand] schiena contro schiena; [happen] uno(a) dopo l'altro(a). ◆ **back to front** *adv* all'incontrario. ◆ **back down** *vi* cedere. ◆ **back out** *vi* [of promise, arrangement] ritirarsi. ◆ **back up** ⟨⟩ *vt sep* - **1.** [person] appoggiare; [story] confermare; [claim] difendere - **2.** [reverse] spostare a marcia indietro - **3.** COMPUT fare il backup di. ⟨⟩ *vi* [reverse] fare marcia indietro.

backache ['bækeɪk] *n* mal *m* di schiena.

backbencher [,bæk'bentʃə'] *n UK* POL *parlamentare senza incarico di governo.*

backbone ['bækbəʊn] *n* - **1.** [spine] spina *f* dorsale - **2.** (U) *fig* [courage, force] fegato *m*; **he's got no backbone** è uno smidollato.

backcloth ['bæklθ] *n UK* = **backdrop**.

backdate [,bæk'deɪt] *vt* [contract, document] retrodatare; **a backdated increase in salary** un aumento di stipendio retroattivo.

back door *n* porta *f* sul retro.

backdrop ['bækdrɒp] *n* - **1.** THEAT fondale *m* - **2.** *fig* [background] sfondo *m*.

backfire [ˌbæk'faɪəʳ] *vi* - **1.** [motor vehicle] avere un ritorno di fiamma - **2.** [go wrong] avere effetto contrario; **to backfire on sb** ripercuotersi su qn.

backgammon ['bæk,gæmən] *n (U)* backgammon *m*.

background ['bækgraʊnd] *n* - **1.** [in picture, view] sfondo *m*; **in the background** [music] in sottofondo; [figure] in secondo piano - **2.** [of event, situation] scenario *m* - **3.** [upbringing] estrazione *f*.

backhand ['bækhænd] *n* rovescio *m*.

backhanded ['bækhændɪd] *adj* [compliment] a doppio senso.

backhander ['bækhændəʳ] *n UK inf* bustarella *f*.

backing ['bækɪŋ] *n* - **1.** *(U)* [support] supporto *m* - **2.** [lining] rivestimento *m*.

backing group *n* MUS coristi *mpl*.

backlash ['bæklæʃ] *n* reazione *f* violenta.

backlog ['bæklɒg] *n*: **backlog of work** mole *f* di lavoro arretrato.

back number *n* numero *m* arretrato.

backpack ['bækpæk] *n* zaino *m*.

back pay *n (U)* arretrati *mpl*.

back seat *n* [in car] sedile *m* posteriore; **to take a back seat** *fig* assumere una posizione di secondo piano.

backside [ˌbæk'saɪd] *n inf* didietro *m*.

backslash ['bækslæʃ] *n* COMPUT barra *f* obliqua inversa.

backstage [ˌbæk'steɪdʒ] *adv* dietro le quinte.

back street *n UK* vicolo *m*.

backstroke ['bækstrəʊk] *n* [in swimming] dorso *m*.

backup ['bækʌp] <> *adj* [plan, team] di riserva. <> *n* - **1.** [support] supporto *m* - **2.** COMPUT backup *m inv*.

backward ['bækwəd] <> *adj* - **1.** [directed towards the rear] all'indietro - **2.** *pej* [child] ritardato(a); [society] arretrato(a). <> *adv* = **backwards**.

backwards ['bækwədz], **backward** *adv* all'incontrario; **backwards and forwards** avanti e indietro.

backwater ['bæk,wɔːtəʳ] *n fig* area *f* arretrata; **a cultural backwater** un luogo culturalmente arretrato.

backyard [ˌbæk'jɑːd] *n* - **1.** *UK* [yard] cortile *m* sul retro - **2.** *US* [garden] giardino *m* sul retro.

bacon ['beɪkən] *n* pancetta *f*.

bacteria [bæk'tɪərɪə] *npl* batteri *mpl*.

bad [bæd] *(comp* **worse,** *superl* **worst)** <> *adj* - **1.** [unpleasant] cattivo(a); **bad weather** brutto tempo; **it's too bad he couldn't come** è un peccato che non sia potuto venire; **to be bad at sthg** non essere bravo(a) in qc - **2.** [unfavourable] negativo(a) - **3.** [unhealthy] malato(a) - **4.** [harmful] nocivo(a) - **5.** [severe] brutto(a) - **6.** [inadequate - light, actor, pay] scarso(a); [- work] scadente; **how are you? – not bad** come stai? – non c'è male; **that painting's not bad at all** quel quadro non è niente male - **7.** [guilty]: **I feel bad about letting her down** mi sento in colpa per averla delusa - **8.** [naughty - child] birichino(a); [- behaviour] scortese - **9.** [food, milk, meat] guasto(a); **to go bad** andare a male, guastarsi; **to smell bad** puzzare. <> *adv US* = **badly**.

baddy ['bædɪ] *(pl* **-ies)** *n UK inf* cattivo *m*, -a *f*.

badge [bædʒ] *n* - **1.** [metal, plastic, fabric] distintivo *m* - **2.** [on car] stemma *m*.

badger ['bædʒəʳ] <> *n* tasso *m*. <> *vt*: **to badger sb (to do sthg)** convincere qn (a fare qc) non dandogli pace.

badly ['bædlɪ] *(comp* **worse,** *superl* **worst)** *adv* - **1.** [gen] male; **to behave/sing badly** comportarsi/cantare male; **badly made clothes** abiti mal confezionati; **badly lit** mal illuminato - **2.** [severely] gravemente; **to be badly affected by sthg** essere gravemente colpito da qc - **3.** [very much]: **to be badly in need of sthg** avere assoluto bisogno di qc.

badly-off *adj* [poor] sul lastrico.

badminton ['bædmɪntən] *n* badminton *m*.

bad-tempered [bæd'tempəd] *adj* - **1.** [by nature] collerico(a) - **2.** [in a bad mood] di malumore.

baffle ['bæfl] *vt* lasciare perplesso(a).

bag [bæg] <> *n* - **1.** [container] borsa *f*; **paper/plastic bag** sacchetto *m* di carta/di plastica; **to pack one's bags** *fig* [leave] levare le tende - **2.** [handbag] borsetta *f*; [when travelling] sacca *f* - **3.** [bagful] sacchetto *m*. <> *vt UK inf* accaparrarsi. ◆ **bags** *npl* - **1.** [under eyes] borse *fpl* - **2.** [lots]: **bags of sthg** *UK inf* un mucchio di qc.

bagel ['beɪgəl] *n ciambellina di pane*.

baggage ['bægɪdʒ] *n (U)* bagagli *mpl*.

baggage reclaim *UK*, **baggage claim** *US* *n* ritiro *m* bagagli.

baggy ['bægɪ] *adj* [clothes, jeans] abbondante.

bagpipes ['bægpaɪps] *npl* cornamusa *f (sing)*.

baguette [bə'get] *n* baguette *f inv*, filone *m* di pane.

Bahamas [bə'hɑːməz] *npl*: **the Bahamas** le Bahamas.

bail [beɪl] *n* (U) LAW cauzione *f*; **on bail** su cauzione. ◆ **bail out** ◇ *vt sep* - **1.** [pay bail for] pagare la cauzione per - **2.** [rescue] togliere dai guai - **3.** [boat] sgottare. ◇ *vi* [from plane] lanciarsi col paracadute.

bailiff ['beɪlɪf] *n* ufficiale *m* giudiziario.

bait [beɪt] ◇ *n* (U) esca *f*. ◇ *vt* - **1.** [put bait on - hook] mettere l'esca su; [- mousetrap] mettere l'esca in - **2.** [tease, torment] stuzzicare.

bake [beɪk] *vt* & *vi* cuocere al forno.

baked beans ['beɪkt-] *npl* fagioli *mpl* in salsa di pomodoro.

baked potato ['beɪkt-] *n* patata *f* cotta al forno con la buccia.

baker ['beɪkər] *n* panettiere *m*, -a *f*, fornaio *m*, -a *f*; **baker's (shop)** panettiere *m*, fornaio *m*.

bakery ['beɪkəri] *n* panetteria *f*, panificio *m*.

baking ['beɪkɪŋ] *n* cottura *f* al forno.

balaclava (helmet) [bælə'klɑːvə 'helmɪt] *n* UK passamontagna *m inv*.

balance ['bæləns] ◇ *n* - **1.** [equilibrium] equilibrio *m*; **to keep one's balance** tenersi in equilibrio; **to lose one's balance** perdere l'equilibrio; **to throw** OR **knock sb off balance** far perdere l'equilibrio a qn - **2.** *fig* [counterweight] contrappeso *m* - **3.** *fig* [weight, force] peso *m*; **balance of evidence** peso *m* delle prove - **4.** [scales] bilancia *f* - **5.** [remainder] saldo *m* - **6.** [of bank account] estratto *m* conto. ◇ *vt* - **1.** [keep in balance] tenere in equilibrio - **2.** [compare]: **to balance sthg against sthg** compensare qc con qc - **3.** [in accounting]: **to balance the books/a budget** far quadrare i conti/il bilancio. ◇ *vi* - **1.** [maintain equilibrium] tenersi in equilibrio - **2.** [in accounting] quadrare. ◆ **on balance** *adv* tutto considerato.

balanced diet ['bælənst 'daɪət] *n* dieta *f* equilibrata.

balance of payments *n* bilancia *f* dei pagamenti.

balance of trade *n* bilancia *f* commerciale.

balance sheet *n* bilancio *m*.

balcony ['bælkənɪ] *n* - **1.** [on building] balcone *m* - **2.** [in theatre] galleria *f*.

bald [bɔːld] *adj* - **1.** [head, man] calvo(a) - **2.** [tyre] liscio(a) - **3.** *fig* [unadorned] chiaro(a).

bale [beɪl] *n* balla *f*. ◆ **bale out** UK ◇ *vt sep* [remove water from] sgottare. ◇ *vi* [from plane] lanciarsi col paracadute.

Balearic Islands [ˌbælɪ'ærɪk-], **Balearics** *npl*: **the Balearic Islands** le (isole) Baleari.

baleful ['beɪlful] *adj* [look] torvo(a).

balk [bɔːk] *vi*: **to balk (at sthg)** esitare (davanti a qc).

Balkans ['bɔːlkənz], **Balkan States** *npl*: **the Balkans** i Balcani.

ball [bɔːl] *n* - **1.** [gen] palla *f*; [football] pallone *m*; **she's really on the ball** sa davvero il fatto suo; **to play ball with sb** *fig* collaborare con qn - **2.** [of string] gomitolo *m* - **3.** [of foot] *parte anteriore della pianta del piede* - **4.** [dance] ballo *m*. ◆ **balls** *vulg* ◇ *n* (U) [nonsense] fesserie *fpl*. ◇ *npl* [testicles] palle *fpl*. ◇ *excl* merda!

ballad ['bæləd] *n* ballata *f*.

ballast ['bæləst] *n* (U) zavorra *f*.

ball bearing *n* cuscinetto *m* a sfera.

ball boy *n* raccattapalle *m inv*.

ballerina [ˌbælə'riːnə] *n* ballerina *f* (classica).

ballet ['bæleɪ] *n* - **1.** (U) [art of dance] danza *f* classica - **2.** [dance] balletto *m*.

ballet dancer *n* ballerino *m* (classico), ballerina *f* (classica).

ball game *n* - **1.** US [baseball match] partita *f* di baseball - **2.** *fig* [situation]: **it's a whole new ball game** *inf* è un altro paio di maniche.

balloon [bə'luːn] *n* - **1.** [toy] palloncino *m* - **2.** [hot-air balloon] mongolfiera *f* - **3.** [in comic strip] nuvoletta *f*.

ballot ['bælət] ◇ *n* - **1.** [voting paper] scheda *f* elettorale - **2.** [voting process] votazione *f* a scrutinio segreto; **second ballot** ballottaggio *m*. ◇ *vt* interpellare con votazione a scrutinio segreto.

ballot box *n* - **1.** [container] urna *f* elettorale - **2.** [voting process] votazioni *fpl*.

ballot paper *n* UK scheda *f* elettorale.

ball park *n* US stadio *m* di baseball.

ballpoint (pen) ['bɔːlpɔɪnt pen] *n* penna *f* a sfera.

ballroom ['bɔːlrum] *n* sala *f* da ballo.

ballroom dancing *n* (U) ballo *m* liscio.

balmy ['bɑːmɪ] *adj* balsamico(a).

balsawood ['bɒlsəwʊd] *n* balsa *f*.

Baltic ['bɔːltɪk] ◇ *adj* [port, coast] del Baltico. ◇ *n*: **the Baltic (Sea)** il (Mar) Baltico.

Baltic State *n* Repubblica *f* Baltica; **the Baltic States** le Repubbliche Baltiche.

bamboo [bæm'buː] *n* bambù *m*.

bamboozle [bæm'buːzl] *vt inf* abbindolare.

ban [bæn] ◇ *n* divieto *m*; **ban on sthg** divieto *m* di qc. ◇ *vt* vietare; **to ban sb from doing sthg** proibire a qn di fare qc.

banal [bə'nɑːl] *adj pej* banale.

banana [bə'nɑːnə] *n* banana *f*.

band [bænd] *n* - **1.** [musical group] gruppo *m*; **military band** banda *f* militare; **rock band** gruppo *m* rock - **2.** [gang] banda *f* - **3.** [strip, stripe] striscia *f* - **4.** [range] fascia *f*.
◆ **band together** *vi* mettersi insieme.

bandage ['bændɪdʒ] <> *n* benda *f*. <> *vt* bendare.

Band-Aid® ['bændeɪd] *n* cerotto *m*.

bandit ['bændɪt] *n* bandito *m*, -a *f*.

bandstand ['bændstænd] *n* nei giardini pubblici, padiglione coperto per l'orchestra.

bandwagon ['bændwægən] *n*: **to jump on the bandwagon** seguire la corrente.

bandy ['bændɪ] *adj* [legs] storto(a).
◆ **bandy about, bandy around** *vt sep* mettere in giro.

bang [bæŋ] <> *adv* UK [right]: **bang in the middle** proprio nel mezzo; **to be bang on** essere centrato(a); **to be bang on time** spaccare il secondo. <> *n* - **1.** [blow] colpo *m* - **2.** [loud noise] botto *m*. <> *vt* - **1.** [hit - knee, head, hand] sbattere, urtare; [- drum, desk, wall] picchiare su - **2.** [move noisily] sbattere. <> *vi* - **1.** [knock]: **to bang on sthg** picchiare su qc - **2.** [make a loud noise] fare rumore - **3.** [crash]: **to bang into sb/sthg** sbattere contro qn/qc. <> *excl* bang!
◆ **bangs** *npl* US frangia *f* (*sing*).

banger ['bæŋər] *n* UK - **1.** *inf* [sausage] salsiccia *f* - **2.** *inf* [old car] carretta *f* - **3.** [firework] petardo *m*.

bangle ['bæŋgl] *n* braccialetto *m* (rigido).

banish ['bænɪʃ] *vt* [exile] esiliare.

banister ['bænɪstər] *n* ringhiera *f*.

banisters ['bænɪstərz] *npl* = **banister**.

bank [bæŋk] <> *n* - **1.** [for money, blood, data] banca *f* - **2.** [of river, lake] sponda *f* - **3.** [of railway] massicciata *f* - **4.** [mass] banco *m*. <> *vt* [cheque] versare. <> *vi* - **1.** FIN: **to bank with sb** avere il conto presso qn - **2.** [plane] virare.
◆ **bank on** *vt insep* scommettere su.

bank account *n* conto *m* bancario.

bank balance *n* saldo *m* bancario.

bank card *n* = **banker's card**.

bank charges *npl* spese *fpl* bancarie.

bank draft *n* tratta *f*.

banker ['bæŋkər] *n* banchiere *m*, -a *f*.

banker's card *n* UK carta *f* assegni.

bank holiday *n* UK giornata festiva, di solito un lunedì, in cui banche, aziende e molti negozi chiudono.

banking ['bæŋkɪŋ] *n* attività *fpl* bancarie.

bank manager *n* direttore *m*, -trice *f* di banca.

bank note *n* banconota *f*.

bank rate *n* tasso *m* d'interesse.

bankrupt ['bæŋkrʌpt] *adj* [financially] fallito(a); **to go bankrupt** fallire.

bankruptcy ['bæŋkrəptsɪ] *n* fallimento *m*.

bank statement *n* estratto *m* conto.

banner ['bænər] *n* striscione *m*.

bannister ['bænɪstər] *n* = **banister**.

banquet ['bæŋkwɪt] *n* banchetto *m*.

banter ['bæntər] *n* (U) battute *fpl* bonarie.

bap [bæp] *n* UK panino *m* morbido.

baptism ['bæptɪzm] *n* battesimo *m*.

Baptist ['bæptɪst] *n* battista *mf*.

baptize, -ise UK [UK bæp'taɪz, US 'bæptaɪz] *vt* battezzare.

bar [bɑː] <> *n* - **1.** [block, slab – of chocolate] barretta *f*; [- of gold] lingotto *m*; **a bar of soap** una saponetta - **2.** [on door, window] sbarra *f*; **to be behind bars** essere dietro le sbarre - **3.** *fig* [obstacle] barriera *f* - **4.** [drinking place] bar *m inv* - **5.** [counter] bancone *m* - **6.** MUS battuta *f*. <> *vt* - **1.** [close with a bar] sprangare - **2.** [block] transennare; **to bar sb's way** bloccare la strada a qn - **3.** [ban] allontanare. <> *prep* [except] ad eccezione di; **she's the best singer around, bar none** è la cantante migliore, in assoluto. ◆ **Bar** *n* - **1.** UK: **the Bar** l'ordine *m* degli avvocati - **2.** US: **the Bar** [lawyers] l'ordine *m* degli avvocati; [profession] l'avvocatura *f*.

barbaric [bɑː'bærɪk] *adj pej* - **1.** [cruel] barbarico(a) - **2.** [uncivilized] barbaro(a).

barbecue ['bɑːbɪkjuː] *n* - **1.** [grill] griglia *f* - **2.** [party] grigliata *f*.

barbed wire *n* (U) filo *m* spinato.

barber ['bɑːbər] *n* barbiere *m*; **barber's (shop)** barbiere *m*; **to go to the barber's** andare dal barbiere.

barbiturate [bɑː'bɪtjurət] *n* barbiturico *m*.

bar code *n* codice *m* a barre.

bare [beər] <> *adj* - **1.** [feet, legs, body] nudo(a); [trees] spoglio(a); [landscape] brullo(a) - **2.** [facts, minimum] essenziale; **the bare necessities** lo stretto necessario; **the bare facts** i fatti nudi e crudi - **3.** [room, cupboard] vuoto(a). <> *vt* [reveal] scoprire; **to bare one's teeth** digrignare i denti.

barefaced ['beəfeɪst] *adj* spudorato(a).

barefoot(ed) [,beə'fut(ɪd)] <> *adj* scalzo(a). <> *adv* a piedi nudi.

barely ['beəlɪ] *adv* appena, a malapena.

bargain ['bɑːgɪn] <> *n* affare *m*; **into the bargain** per giunta. <> *vi* contrattare; **to bargain with sb for sthg** contrattare qc con qn.
◆ **bargain for, bargain on** *vt insep* aspettarsi.

barge [bɑːdʒ] <> *n* chiatta *f*. <> *vi inf*: **to barge past sb/sthg** farsi strada a gomitate su-

perando qn/qc. ◆ **barge in** vi [enter] fare
irruzione; **to barge in on sb** piombare da qn;
to barge in on sthg intromettersi in qc.

baritone ['bærɪtəʊn] n baritono m.

bark [bɑːk] ◇ n - **1.** [of dog] abbaio m - **2.** [on
tree] corteccia f. ◇ vi: **to bark (at sb/sthg)**
abbaiare (a qn/qc).

barley ['bɑːlɪ] n (U) orzo m.

barley sugar n UK zucchero m d'orzo.

barley water n UK (U) orzata f.

barmaid ['bɑːmeɪd] n barista f.

barman ['bɑːmən] (pl -men) n barista m.

barn [bɑːn] n fienile m.

barometer [bə'rɒmɪtər] n barometro m.

baron ['bærən] n barone m; **oil baron** magnate m del petrolio; **press baron** barone m
della stampa.

baroness ['bærənɪs] n baronessa f.

barrack ['bærək] vt UK fischiare. ◆ **barracks** npl caserma f (singolare).

barrage ['bærɑːʒ] n - **1.** [of firing] fuoco f di
sbarramento - **2.** [of questions] raffica f - **3.** UK
[dam] diga f di sbarramento.

barrel ['bærəl] n - **1.** [for beer, wine] botte f
- **2.** [for oil] barile m - **3.** [of gun] canna f.

barren ['bærən] adj - **1.** [unable to have chil-
dren] sterile - **2.** [unable to produce crops] ari-
do(a).

barricade [ˌbærɪ'keɪd] n barricata f.

barrier ['bærɪər] n fig [fence, wall] barriera f;
[at car park, level crossing] sbarra f.

barring ['bɑːrɪŋ] prep salvo.

barrister ['bærɪstər] n UK avvocato m (presso i tribunali di grado superiore).

barrow ['bærəʊ] n bancarella f.

bartender ['bɑːtendər] n US barista mf.

barter ['bɑːtər] ◇ n baratto m. ◇ vt barattare; **to barter sthg for sthg** barattare qc con
qc. ◇ vi fare baratti.

base [beɪs] ◇ n - **1.** [gen] base f; [of box,
crate] fondo m; [of mountain] piedi mpl
- **2.** [centre of activities] sede f. ◇ vt - **1.** [locate]:
to be based in Paris essere di stanza a Parigi;
a New York-based company una società con
sede a New York - **2.** [use as starting point]: **to
base sthg on** or **upon sthg** [gen] basare qc su
qc; [novel, play] imperniare qc su qc. ◇ adj
liter [dishonourable] ignobile.

baseball ['beɪsbɔːl] n (U) baseball m.

baseball cap n berretto m (da baseball).

basement ['beɪsmənt] n scantinato m.

base rate n tasso m base.

bases ['beɪsiːz] pl ▷ **basis**.

bash [bæʃ] inf ◇ n - **1.** [painful blow] botta f
- **2.** UK [attempt]: **to have a bash (at sthg)** pro-

vare (a fare qc). ◇ vt [car] sbattere; [person]
picchiare; **to bash sb on the head** dare una
botta in testa a qn; **to bash one's head** prendere una botta in testa.

bashful ['bæʃfʊl] adj timido(a).

basic ['beɪsɪk] adj [principle] fondamentale;
[problem] di fondo; [vocabulary, salary] di base;
[meal, accommodation] alla buona. ◆ **basics**
npl [rudiments] nozioni fpl fondamentali.

BASIC ['beɪsɪk] (abbr of Beginner's All-pur-
pose Symbolic Instruction Code) n BASIC m.

basically ['beɪsɪklɪ] adv sostanzialmente.

basil [UK 'bæzl, US 'beɪzl] n (U) basilico m.

basin ['beɪsn] n - **1.** UK [bowl, container] ciotola f; [for washing-up] bacinella f - **2.** [sink] lavandino m - **3.** GEOG bacino m.

basis ['beɪsɪs] (pl -bases) n base f; **on the
basis that** partendo dal presupposto che; **on
the basis of** sulla base di; **on a weekly/
monthly basis** settimanalmente/mensilmen-
te; **on a regular basis** regolarmente.

bask [bɑːsk] vi - **1.** [sunbathe]: **to bask in the
sun** crogiolarsi al sole - **2.** fig [take pleasure]: **to
bask in sthg** bearsi di qc.

basket ['bɑːskɪt] n cestino m.

basketball ['bɑːskɪtbɔːl] n (U) pallacanestro f, basket m.

bass drum [beɪs-] n grancassa f.

bass guitar [beɪs-] n (chitarra f) basso m.

bassoon [bə'suːn] n fagotto m.

bastard ['bɑːstəd] n - **1.** [illegitimate child] bastardo m, -a f - **2.** vulg pej [unpleasant person]
bastardo m, -a f, figlio m, -a f di puttana
- **3.** inf [person] poveretto m, -a f.

bastion ['bæstɪən] n fig roccaforte f.

bat [bæt] n - **1.** [animal] pipistrello m - **2.** [for
cricket, baseball] mazza f; [for table tennis] racchetta f; **to do sthg off one's own bat** UK inf
fare qc di testa propria.

batch [bætʃ] n - **1.** [of papers, letters] pila f
- **2.** [of work] lotto m - **3.** [of products] partita f
- **4.** [of people] gruppo m.

bated ['beɪtɪd] adj: **with bated breath** con il
fiato sospeso.

bath [bɑːθ] ◇ n - **1.** UK [bathtub] vasca f (da
bagno) - **2.** [act of washing] bagno m; **to have**
UK or **take a bath** fare il bagno. ◇ vt UK fare
il bagno a. ◆ **baths** npl UK dated piscina f
comunale.

bathe [beɪð] ◇ vt - **1.** [wound] lavare - **2.** fig:
to be bathed in sthg [tears] essere coperto(a)
di; [sweat] essere grondante di; [light] essere
inondato(a) di. ◇ vi - **1.** [swim] fare il bagno,
bagnarsi - **2.** US [take a bath] fare il bagno.

bathing ['beɪðɪŋ] n (U) balneazione f.

bathing cap n cuffia f da bagno.

bathing suit, bathing costume *UK dated* n costume *m* da bagno.

bathrobe ['bɑːθrəʊb] n - **1.** [made of towelling] accappatoio *m* - **2.** [dressing gown] vestaglia *f*.

bathroom ['bɑːθrʊm] n - **1.** [room with bath] bagno *m* - **2.** *US* [toilet] gabinetto *m*.

bath towel n telo *m* da bagno.

bathtub ['bɑːθtʌb] n *esp US* vasca *f* (da bagno).

baton ['bætən] n - **1.** [of conductor] bacchetta *f* - **2.** [in relay race] testimone *m* - **3.** *UK* [of policeman] manganello *m*, sfollagente *m*.

batsman ['bætsmən] (pl -men) n CRICKET battitore *m*.

battalion [bə'tæljən] n battaglione *m*.

batter ['bætər] <> n CULIN pastella *f*. <> vt [child, woman] picchiare. <> vi [beat] dare colpi.

battered ['bætəd] adj - **1.** [child, woman] maltrattato(a) - **2.** [car] sgangherato(a); [hat] sformato(a) - **3.** CULIN fritto(a) in pastella.

battery ['bætərɪ] n - **1.** ELEC pila *f* - **2.** [of guns] batteria *f*.

battle ['bætl] <> n - **1.** [in war] battaglia *f* - **2.** [struggle] lotta *f*; **battle for/against/with sthg** lotta per/contro/con qc; **that's half the battle** il più è fatto. <> vi [fight] lottare; **to battle for/against/with sthg** lottare per/contro/con qc.

battlefield ['bætlfiːld], **battleground** ['bætlgraʊnd] n MIL campo *m* di battaglia.

battlements ['bætlmənts] npl [of castle] merli *mpl*.

battleship ['bætlʃɪp] n nave *f* da guerra.

bauble ['bɔːbl] n pallina *f* per l'albero di Natale.

baulk [bɔːk] vi = **balk**.

bawdy ['bɔːdɪ] adj salace.

bawl [bɔːl] <> vt [shout] urlare. <> vi - **1.** [shout] urlare - **2.** [weep] piangere strillando.

bay [beɪ] n - **1.** GEOG baia *f* - **2.** [for loading] piazzola *f* di carico e scarico - **3.** [for parking] piazzola *f*; **to keep sb/sthg at bay** tenere a bada qn/qc.

bay leaf n foglia *f* d'alloro.

bay window n bovindo *m*.

bazaar [bə'zɑːr] n - **1.** [market] bazar *m inv* - **2.** *UK* [charity sale] vendita *f* di beneficenza.

BBC (abbr of **British Broadcasting Corporation**) n BBC *f*.

BC (abbr of **before Christ**) a.C.

Bcc [ˌbiːsiːˈsiː] n (abbr of **blind carbon copy**) Ccn *f* (copia per conoscenza nascosta).

be [biː] (pt was OR were, pp been) <> aux vb - **1.** (in combination with present participle: to form cont tense) stare; **what is he doing?** cosa sta facendo?; **it's snowing** nevica; **I'm leaving tomorrow** parto domani; **they've been promising reform for years** sono anni che promettono delle riforme - **2.** (in combination with pp: to form passive) essere; **to be loved** essere amato(a); **ten people have been killed** dieci persone sono rimaste uccise; **there was no one to be seen** non c'era nessuno - **3.** (in question tags): **it was fun, wasn't it?** è stato divertente, vero?; **she's pretty, isn't she?** è carina, non trovi?; **the meal was delicious, wasn't it?** il pranzo era squisito, no? - **4.** (followed by "to" + infin): **I'm to be promoted** avrò una promozione; **you're not to tell anyone** non lo devi dire a nessuno. <> cop vb - **1.** (with adj, n) essere; **to be a doctor/lawyer/plumber** essere medico/avvocato/idraulico; **she's intelligent/attractive** è intelligente/attraente; **I'm hot/cold** ho caldo/freddo; **be quiet/careful!** stai zitto/attento!; **1 and 1 are 2** 1 più 1 fa 2 - **2.** (referring to health) stare; **how are you?** come stai?; **I'm fine** sto bene; **she's better now** sta meglio ora - **3.** (referring to age): **how old are you?** quanti anni hai?; **I'm 20 (years old)** ho 20 anni - **4.** [cost] costare; **how much was it?** quanto è costato?; **that will be £10, please** fanno 10 sterline, per favore. <> vi - **1.** [exist] esserci; **be that as it may** comunque sia - **2.** [referring to place] essere; **where is the book?** - **it's on the table** dov'è il libro? - è sul tavolo; **Salerno is in Italy** Salerno è in Italia; **he will be here tomorrow** sarà qui domani - **3.** [referring to movement] essere; **where have you been?** dove sei stato?; **I've been to the cinema/to France/to the butcher's** sono stato al cinema/in Francia/dal macellaio. <> impers vb - **1.** [referring to time, dates] essere; **it's two o'clock** sono le due; **it's 17 February** è il 17 febbraio - **2.** [referring to distance] essere; **it's 5 km from here** è a 5 km da qui; **it's 3 km to the next town** la città più vicina è a 3 km - **3.** [referring to the weather]: **it's hot/cold** fa caldo/freddo; **it's windy** c'è vento - **4.** [for emphasis] essere; **it's me** sono io; **it's the milkman** è il lattaio.

beach [biːtʃ] <> n spiaggia *f*. <> vt [boat] portare in secca; [whale] tirare a riva.

beacon ['biːkən] n - **1.** [warning fire] falò *m inv* - **2.** [lighthouse] faro *m* - **3.** [radio beacon] radiofaro *m*.

bead [biːd] n - **1.** [of wood, glass] perlina *f* - **2.** [of sweat] goccia *f*.

beak [biːk] n [of bird] becco *m*.

beaker ['biːkər] n bicchiere *m* di plastica.

beam [bi:m] <> n - **1.** [of wood, concrete] trave f - **2.** [of light] fascio m - **3.** US AUT: **high/low beams** abbaglianti mpl/anabbaglianti mpl. <> vt [signal] trasmettere via radio; [news] mandare in onda. <> vi [smile] sorridere radiosamente.

bean [bi:n] n CULIN fagiolo m; **to be full of beans** inf essere pieno(a) d'energia; **to spill the beans** inf vuotare il sacco.

beanbag ['bi:nbæg] n [seat] poltrona f sacco.

beanshoot ['bi:nʃu:t], **beansprout** ['bi:nspraut] n germoglio m di soia.

bear [beəʳ] (pt **bore**, pp **borne**) <> n [animal] orso m, -a f. <> vt - **1.** [gen] portare - **2.** [sustain] reggere - **3.** [accept] assumersi - **4.** [tolerate] sopportare - **5.** [resentment, ill will] nutrire; [love] provare. <> vi - **1.** [turn]: **to bear right/left** prendere a destra/sinistra - **2.** [have effect]: **to bring pressure/influence to bear on sb** esercitare pressioni/un'influenza su qn. ◆ **bear down** vi: **to bear down on sb/sthg** dirigersi verso qn/qc. ◆ **bear out** vt sep [story, alibi] confermare. ◆ **bear up** vi reggere bene. ◆ **bear with** vt insep avere pazienza con; **can you bear with me for a moment?** le dispiace aspettare un attimo?

beard [biəd] n barba f.

bearer ['beərəʳ] n [gen & FIN] portatore m, -trice f; [of stretcher] lettighiere m, -a f; [of news] latore m, -trice f; [of passport] titolare mf; [of title] detentore m, -trice f.

bearing ['beərɪŋ] n - **1.** [connection]: **bearing (on sthg)** attinenza f (con qc) - **2.** [deportment] portamento m - **3.** TECH cuscinetto m - **4.** [on compass] direzione f; **to get/lose one's bearings** fig perdere l'orientamento.

beast [bi:st] n - **1.** [animal] bestia f - **2.** inf pej [person] bruto m.

beat [bi:t] (pt **beat**, pp **beaten**) <> n - **1.** [of drum] colpo m - **2.** [of heart, pulse, wings] battito m - **3.** MUS ritmo m; [measure] tempo m - **4.** [of policeman] ronda f. <> vt - **1.** [thing] dare colpi a; [person] picchiare; [drum] suonare; **to beat time** MUS battere il tempo - **2.** [defeat] battere, sconfiggere; **it beats me** inf non ne ho la più pallida idea - **3.** [be better than] essere meglio di - **4.** CULIN sbattere - **5.** [wings] battere; **beat it!** inf [go away] smamma! <> vi [rain, heart] battere. ◆ **beat off** vt sep [resist] respingere. ◆ **beat up** vt sep inf [person] malmenare.

beating ['bi:tɪŋ] n - **1.** [punishment] botte fpl - **2.** [defeat] sconfitta f.

beautiful ['bju:tɪful] adj bello(a).

beautifully ['bju:tɪflɪ] adv - **1.** [attractively - dressed] con molta eleganza; [- decorated] magnificamente - **2.** inf [very well] molto bene.

beauty ['bju:tɪ] n [quality, woman] bellezza f.

beauty parlour UK, **beauty parlor** US, **beauty salon** n istituto m di bellezza.

beauty spot n - **1.** [place] luogo m pittoresco - **2.** [on skin] neo m.

beaver ['bi:vəʳ] n castoro m.

became [bɪ'keɪm] pt ⊳ **become**.

because [bɪ'kɒz] conj perché. ◆ **because of** prep a causa di.

beck [bek] n: **to be at sb's beck and call** essere a completa disposizione f di qn.

beckon ['bekən] <> vt [make a signal to] fare cenno a. <> vi [signal]: **to beckon to sb** fare cenno a qn.

become [bɪ'kʌm] (pt **became**, pp **become**) vt diventare; **to become clear** spiegarsi; **to become quiet(er)** calmarsi; **to become irritated** arrabbiarsi.

becoming [bɪ'kʌmɪŋ] adj - **1.** [attractive] attraente; **a very becoming hat** un cappello che dona molto - **2.** [appropriate] decoroso(a).

bed [bed] n - **1.** [for sleeping, of sea, river] letto m; **to go to bed** andare a letto; **to go to bed with sb** euph andare a letto con qn - **2.** [flowerbed] aiuola f.

bed and breakfast n - **1.** [service] pernottamento e prima colazione mpl - **2.** [hotel] bed and breakfast m inv.

bedclothes ['bedkləʊðz] npl biancheria f da letto.

bedlam ['bedləm] n [chaos] pandemonio m.

bed linen n biancheria f da letto.

bedraggled [bɪ'drægld] adj [person, appearance] in disordine; [hair] arruffato(a).

bedridden ['bed,rɪdn] adj allettato(a).

bedroom ['bedrum] n camera f da letto.

bedside ['bedsaɪd] n capezzale m; **bedside light** lampada f da comodino.

bedside table n comodino m.

bedsit(ter) ['bedsɪt(əʳ)] n UK monolocale m.

bedsore ['bedsɔ:ʳ] n piaga f da decubito.

bedspread ['bedspred] n copriletto m.

bedtime ['bedtaɪm] n ora f di andare a letto.

bee [bi:] n ape f.

beech [bi:tʃ] n faggio m.

beef [bi:f] n manzo m.

beefburger ['bi:f,bɜ:gəʳ] n UK hamburger m inv.

beefsteak ['bi:f,steɪk] n bistecca f di manzo.

beehive ['bi:haɪv] *n* [for bees] alveare *m*.

beeline ['bi:laɪn] *n*: **to make a beeline for sb/sthg** *inf* andare direttamente da qn/a qc.

been [bi:n] *pp* ⊳ **be**.

beer [bɪəʳ] *n* birra *f*.

beer garden *n esp UK* terrazza *f* di pub.

beer mat *n UK* sottobicchiere *m*.

beet [bi:t] *n* - **1.** [sugar beet] barbabietola *f* da zucchero - **2.** *US* [beetroot] barbabietola *f* (rossa).

beetle ['bi:tl] *n* coleottero *m*.

beetroot ['bi:tru:t] *n UK* barbabietola *f* (rossa).

before [bɪ'fɔ:ʳ] ⋄ *adv* prima; **the year before** l'anno prima; **I've seen it before** l'ho già visto. ⋄ *prep* - **1.** [preceding in time] prima di - **2.** [in front of, in the presence of] davanti a; **we've a difficult task before us** ci aspetta un compito difficile. ⋄ *conj* prima di.

beforehand [bɪ'fɔ:hænd] *adv* in anticipo.

befriend [bɪ'frend] *vt* trattare da amico(a).

beg [beg] ⋄ *vt* - **1.** [money, food] mendicare - **2.** [favour, forgiveness, mercy] implorare; **to beg sb for sthg** supplicare qn per ottenere qc; **to beg sb to do sthg** supplicare qn di fare qc. ⋄ *vi* - **1.** [for money, food] mendicare; **to beg for sthg** mendicare qc - **2.** [for favour, forgiveness, mercy] implorare; **to beg for sthg** implorare qc.

began [bɪ'gæn] *pt* ⊳ **begin**.

beggar ['begəʳ] *n* accattone *m*, -a *f*.

begin [bɪ'gɪn] (*pt* **began**, *pp* **begun**, *cont* **-ning**) ⋄ *vt* iniziare, cominciare; **to begin doing** *OR* **to do sthg** iniziare a fare qc. ⋄ *vi* iniziare, cominciare; **to begin with,...** [at first] all'inizio,...; [as a preamble] tanto per cominciare,...

beginner [bɪ'gɪnəʳ] *n* principiante *mf*.

beginning [bɪ'gɪnɪŋ] *n* - **1.** [start] inizio *m*; **from the beginning** fin dall'inizio - **2.** [origin] origine *f*.

begrudge [bɪ'grʌdʒ] *vt* - **1.** [envy]: **to begrudge sb sthg** invidiare qc a qn - **2.** [give, do unwillingly]: **to begrudge doing sthg** fare qc controvoglia.

begun [bɪ'gʌn] *pp* ⊳ **begin**.

behalf [bɪ'hɑ:f] *n*: **on behalf of sb** *OR* **in behalf of sb** *US* per conto di qn.

behave [bɪ'heɪv] *vt & vi*: **to behave (o.s.)** [in a particular way] comportarsi; [in an acceptable way] comportarsi bene.

behaviour *UK*, **behavior** *US* [bɪ'heɪvjəʳ] *n* comportamento *m*.

behead [bɪ'hed] *vt* decapitare.

beheld [bɪ'held] *pt & pp* ⊳ **behold**.

behind [bɪ'haɪnd] ⋄ *prep* - **1.** [in space] dietro - **2.** [causing, responsible for] dietro - **3.** [in support of] con - **4.** [less successful than] indietro rispetto a - **5.** [in time]: **to be behind schedule** essere in ritardo sui piani; **the reason behind his behaviour** il motivo del suo comportamento; **the man behind the operation** l'uomo che tirava le fila dell'operazione; **we're behind you** hai il nostro appoggio; **he finished last, well behind the rest** è arrivato ultimo, nettamente staccato dagli altri. ⋄ *adv* - **1.** [at, in the back] dietro; **I'll follow on behind** ti seguo; **to leave sthg behind** dimenticare qc - **2.** [late]: **to remain behind** rimanere; **to be behind with sthg** essere indietro con qc, essere in ritardo con qc. ⋄ *n inf* [buttocks] dietro *m*.

behold [bɪ'həʊld] (*pt & pp* **beheld**) *vt liter* vedere.

beige [beɪʒ] ⋄ *adj* beige *(inv)*. ⋄ *n* beige *m inv*.

being ['bi:ɪŋ] *n* - **1.** [creature] essere *m* - **2.** *(U)* [state of existing]: **in being** esistente; **to come into being** nascere.

belated [bɪ'leɪtɪd] *adj* in ritardo.

belch [beltʃ] ⋄ *n* rutto *m*. ⋄ *vt* [smoke, fire] eruttare. ⋄ *vi* [person] ruttare.

beleaguered [bɪ'li:gəd] *adj* - **1.** MIL assediato(a) - **2.** *fig* [harassed] assillato(a).

Belgian ['beldʒən] ⋄ *adj* belga. ⋄ *n* belga *mf*.

Belgium ['beldʒəm] *n* Belgio *m*.

Belgrade [,bel'greɪd] *n* Belgrado *f*.

belief [bɪ'li:f] *n* - **1.** *(U)* [faith, certainty]: **belief (in sb/sthg)** fiducia *f* (in qn/qc) - **2.** [principle, opinion] convinzione *f*.

believe [bɪ'li:v] ⋄ *vt* - **1.** [think] credere, pensare - **2.** [person, statement] credere a; **believe it or not** strano ma vero. ⋄ *vi* - **1.** [be religious] credere - **2.** [know to exist]: **to believe in sb/sthg** [in God] credere in qn/qc; [in Father Christmas, fairies] credere a qn/qc - **3.** [know to be good]: **to believe in sb/sthg** [in person, policy] avere fiducia in qn/qc; [in freedom of speech, justice] credere in qn/qc.

believer [bɪ'li:vəʳ] *n* - **1.** RELIG fedele *mf* - **2.** [supporter]: **believer in sthg** sostenitore *m*, -trice *f* di qc.

belittle [bɪ'lɪtl] *vt* sminuire.

bell [bel] *n* [of church] campana *f*; [handbell, on door, on bike] campanello *m*.

belligerent [bɪ'lɪdʒərənt] *adj* - **1.** [at war] belligerante - **2.** [aggressive] bellicoso(a).

bellows ['beləʊz] *npl* mantice *m (singolare)*.

belly ['belɪ] *n inf* pancia *f*.

bellyache ['belɪeɪk] *inf n* [stomachache] mal *m* di pancia.

belly button *n inf* ombelico *m*.

belong [bɪ'lɒŋ] *vi* - 1. [be property]: **to belong to sb** appartenere a qn - 2. [be a member]: **to belong to sthg** far parte di qc - 3. [be in right place]: **that chair belongs here** quella sedia va qui; **I don't belong here** qui mi sento fuori posto.

belongings [bɪ'lɒŋɪŋz] *npl* effetti *mpl* personali.

beloved [bɪ'lʌv(ɪ)d] *adj* adorato(a).

below [bɪ'ləʊ] <> *adv* - 1. [gen] sotto; **they live on the floor below** abitano al piano di sotto; **children of five and below** bambini dai cinque anni in giù - 2. [in text] (qui) sotto - 3. NAUT sottocoperta. <> *prep* - 1. [at, to a lower position than] sotto - 2. [in rank, status]: **to be below sb in rank** essere di grado inferiore a qn - 3. [less than] al di sotto di.

belt [belt] <> *n* - 1. [for clothing] cintura *f* - 2. TECH cinghia *f*. <> *vt inf* [hit] menare.

beltway ['belt,weɪ] *n US* circonvallazione *f*.

bemused [bɪ'mju:zd] *adj* perplesso(a).

bench [bentʃ] *n* - 1. [seat] panchina *f*, panca *f* - 2. [in laboratory, workshop] banco *m* di lavoro - 3. UK POL seggio *m*.

benchmark ['bentʃ,mɑ:k] *n* [standard] punto *m* di riferimento; COMPUT benchmark *m inv*.

bend [bend] (*pt & pp* bent) <> *n* - 1. [in road] curva *f* - 2. [in river] ansa *f* - 3. [in pipe] gomito *m*; **round the bend** UK *inf* fuori di testa. <> *vt* piegare. <> *vi* - 1. [arm, leg] piegarsi, flettersi; [branch, tree] piegarsi - 2. [person] chinarsi - 3. [river, road] fare una curva. ◆ **bend down** *vi* chinarsi. ◆ **bend over** *vi* piegarsi; **to bend over backwards for sb** *inf* farsi in quattro per qn.

beneath [bɪ'ni:θ] <> *adv* [below] sotto. <> *prep* - 1. [under] sotto - 2. [unworthy of]: **to be beneath sb** essere indegno(a) di qn.

benefactor ['benɪfæktə*r*] *n* benefattore *m*, -trice *f*.

beneficial [,benɪ'fɪʃl] *adj* benefico(a); **beneficial to sb/sthg** vantaggioso(a) per qn/qc.

beneficiary [,benɪ'fɪʃərɪ] *n* beneficiario *m*, -a *f*.

benefit ['benɪfɪt] <> *n* - 1. [advantage] vantaggio *m*; **to be to sb's benefit, to be of benefit to sb** andare a vantaggio di qn; **for the benefit of** a beneficio di - 2. [good point] beneficio *m*, vantaggio *m* - 3. ADMIN [allowance of money] sussidio *m*, indennità *f inv*. <> *vt* giovare a. <> *vi*: **to benefit from sthg** trarre beneficio da qc.

Benelux ['benɪlʌks] *n* Benelux *m*.

benevolent [bɪ'nevələnt] *adj* [government] benefico(a); [grandparent] benevolo(a).

benign [bɪ'naɪn] *adj* - 1. [person, tumour] benigno(a) - 2. [influence] benefico(a) - 3. [climate] salubre.

bent [bent] <> *pt & pp* ⊳ **bend**. <> *adj* - 1. [wire, bar] piegato(a) - 2. [person, body] curvo(a) - 3. UK *inf* [dishonest] corrotto(a) - 4. [determined]: **to be bent on sthg** essere votato(a) a qc; **to be bent on doing sthg** essere determinato(a) a fare qc. <> *n* inclinazione *f*, disposizione *f*; **bent for sthg** inclinazione per qc.

bequeath [bɪ'kwi:ð] *vt* lasciare in eredità.

bequest [bɪ'kwest] *n* lascito *m*.

berate [bɪ'reɪt] *vt* redarguire.

bereaved [bɪ'ri:vd] (*pl* bereaved) <> *adj* in lutto. <> *npl*: **the bereaved** i familiari del defunto.

beret ['bereɪ] *n* berretto *m*.

berk [bɜ:k] *n UK inf* fesso *m*, -a *f*.

Berlin [bɜ:'lɪn] *n* Berlino *f*.

berm [bɜ:m] *n US* berma *f*.

Bermuda [bə'mju:də] *n* Bermuda *f*.

Bern [bɜ:n] *n* Berna *f*.

berry ['berɪ] *n* bacca *f*.

berserk [bə'zɜ:k] *adj*: **to go berserk** andare su tutte le furie.

berth [bɜ:θ] <> *n* - 1. [in harbour] ormeggio *m* - 2. [in ship, train] cuccetta *f*. <> *vi* [ship] entrare in porto.

beseech [bɪ'si:tʃ] (*pt & pp* besought OR beseeched) *vt liter* supplicare; **to beseech sb to do sthg** supplicare qn di fare qc.

beset [bɪ'set] (*pt & pp* beset) <> *adj*: **beset with** OR **by sthg** [doubts] assillato(a) da qc; [difficulties, risks] irto(a) di qc. <> *vt* affliggere.

beside [bɪ'saɪd] *prep* - 1. [next to] vicino a - 2. [compared with] in confronto a; **that's beside the point** questo non c'entra; **to be beside o.s. with sthg** [with anger] essere fuori di sé da qc; [with excitement, joy] non stare nella pelle da qc.

besides [bɪ'saɪdz] <> *adv* - 1. [moreover] per di più - 2. [in addition] inoltre; **and a lot more besides** e molto altro ancora. <> *prep* [in addition to] oltre a.

besiege [bɪ'si:dʒ] *vt* - 1. [town, fortress] assediare - 2. *fig* [trouble, annoy] assillare.

besotted [bɪ'sɒtɪd] *adj*: **besotted (with sb)** infatuato(a) (di qn).

besought [bɪ'sɔ:t] *pt & pp* ⊳ **beseech**.

best [best] <> *adj* [in quality] migliore. <> *adv* meglio; **which one did you like best?** quale ti è piaciuto di più? <> *n* - 1. [greatest effort or degree, most outstanding thing] meglio *m*; **to do one's best** fare del proprio meglio; **it's the best there is** è il meglio che c'è - 2. [most outstanding person] migliore *mf*; **even the best of us make mistakes** anche i migliori possono sbagliare; **to make the best of sthg** accontentarsi di qc; **it would be for the best if** sarebbe meglio se (+ *congiuntivo*); **all the best!** cari saluti. ➤ **at best** *adv* nel migliore dei casi.

best man *n* testimone *m* dello sposo.

bestow [bɪ'stəʊ] *vt fml*: **to bestow sthg on sb** [gift, praise] concedere qc a qn; [title] conferire qc a qn.

best-seller *n* best seller *m inv*.

bet [bet] (*pt* & *pp* **bet** OR **-ted**) ⬦ *n* - 1. [wager] scommessa *f* - 2. *fig* [prediction]: **it's a safe bet that** è facile che. ⬦ *vt* scommettere. ⬦ *vi* - 1. [gamble]: **to bet (on sthg)** scommettere (su qc) - 2. *fig* [predict]: **to bet on sthg** giurare su qc.

betray [bɪ'treɪ] *vt* tradire.

betrayal [bɪ'treɪəl] *n* [of person, country, trust] tradimento *m*.

better ['betər] ⬦ *adj* - 1. *(compar of good)* [in quality] migliore; **to get better** migliorare; **to get better and better** migliorare continuamente - 2. *(compar of well)* [in health]: **to be/feel better** [improved] stare/sentirsi meglio; [recovered] essere guarito(a). ⬦ *adv* - 1. *(compar of well)* [more proficiently, skilfully *etc*] meglio - 2. [indicating preference]: **I like it better** mi piace di più - 3. [indicating best course to take]: **I'd better leave** è meglio che vada. ⬦ *n* [best one] migliore *mf*; **which is the better of the two?** qual è il migliore tra i due?; **to get the better of sb** avere la meglio su qn. ⬦ *vt* migliorare; **to better o.s.** migliorare la propria condizione.

better off *adj* - 1. [financially]: **to be better off** stare meglio finanziariamente - 2. [in a better situation]: **you'd be better off going by bus** faresti meglio ad andarci in autobus.

betting ['betɪŋ] *n* - 1. [bets] scommesse *fpl* - 2. [odds] probabilità *fpl*.

betting shop *n* UK sala *f* corse.

between [bɪ'twi:n] ⬦ *prep* tra, fra. ⬦ *adv* - 1. [in space]: **(in) between** in mezzo - 2. [in time]: **(in) between** nell'intervallo.

beverage ['bevərɪdʒ] *n fml* bevanda *f*.

beware [bɪ'weər] *vi* stare attento(a); **to beware of sthg** guardarsi da qc; **beware of the dog** attenti al cane.

bewildered [bɪ'wɪldəd] *adj* sconcertato(a).

beyond [bɪ'jɒnd] ⬦ *prep* - 1. [in space] al di là da, oltre - 2. [in time] oltre, dopo - 3. [outside the range of] al di là di; **it is beyond my re-**

sponsibility esula dalle mie responsabilità. ⬦ *adv* - 1. [in space] più avanti - 2. [in time] oltre.

bias ['baɪəs] *n* - 1. [prejudice] pregiudizio *m* - 2. [tendency] taglio *m*.

biased ['baɪəst] *adj* [prejudiced] parziale; **to be biased towards sb/sthg** essere parziale verso qn/qc; **to be biased against sb/sthg** essere prevenuto nei confronti di qn/qc.

bib [bɪb] *n* bavaglino *m*.

Bible ['baɪbl] *n*: **the Bible** la Bibbia.

bicarbonate of soda [baɪ'kɑ:bənət-] *n* bicarbonato *m* (di sodio).

biceps ['baɪseps] (*pl* **biceps**) *n* bicipite *m*.

bicker ['bɪkər] *vi* bisticciare.

bicycle ['baɪsɪkl] ⬦ *n* bicicletta *f*. ⬦ *vi* andare in bicicletta.

bicycle path *n* percorso *m* ciclabile.

bicycle pump *n* pompa *f* per bicicletta.

bid [bɪd] ⬦ *n* - 1. [attempt] tentativo *m* - 2. [at auction] offerta *f* - 3. COMM offerta *f* (d'appalto). ⬦ *vt* (*pt* & *pp* **bid**) [at auction] offrire. ⬦ *vi* (*pt* & *pp* **bid**) - 1. [at auction]: **to bid (for sthg)** fare un'offerta (per qc) - 2. [tender]: **to bid for sthg** [contract] cercare di aggiudicarsi qc.

bidder ['bɪdər] *n* [at auction] offerente *mf*.

bidding ['bɪdɪŋ] *n* [at auction] offerta *f*.

bide [baɪd] *vt*: **to bide one's time** aspettare il momento giusto.

bifocals [,baɪ'fəʊklz] *npl* occhiali *mpl* con lenti bifocali.

big [bɪg] *adj* - 1. [in size, importance, generosity] grande - 2. [in amount, bulk] grande, grosso(a) - 3. [older] più grande - 4. [successful] famoso(a).

bigamy ['bɪgəmɪ] *n* (U) bigamia *f*.

big deal *inf* ⬦ *n*: **it's no big deal** non è importante; **what's the big deal?** qual è il problema? ⬦ *excl* capirai!

Big Dipper [-'dɪpər] *n* - 1. UK [rollercoaster] montagne *fpl* russe - 2. US ASTRON: **the Big Dipper** l'Orsa maggiore.

bigheaded [,bɪg'hedɪd] *adj inf* pieno(a) di sé.

bigot ['bɪgət] *n* intollerante *mf*.

bigoted ['bɪgətɪd] *adj* intollerante.

bigotry ['bɪgətrɪ] *n* (U) intolleranza *f*.

big time *n inf*: **to make the big time** sfondare.

big toe *n* alluce *m*.

big top *n* - 1. [circus] circo *m* - 2. [tent] tendone *m* da circo.

big wheel *n* UK [at fairground] ruota *f* panoramica.

bike [baɪk] *n inf* - **1**. [cycle] bici *f* - **2**. [motorcycle] moto *f*.

bikeway ['baɪkweɪ] *n US* pista *f* ciclabile.

bikini [bɪ'ki:nɪ] *n* bikini *m inv*.

bile [baɪl] *n* bile *f*.

bilingual [baɪ'lɪŋgwəl] *adj* bilingue.

bill [bɪl] <> *n* - **1**. [in restaurant, hotel] conto *m* - **2**. [for electricity, gas] bolletta *f*; **bill for sthg** fattura *f* per qc - **3**. [in parliament] disegno *m* di legge - **4**. [of show, concert] cartellone *m* - **5**. *US* [bank note] banconota *f* - **6**. [poster]: **'post OR stick no bills'** 'divieto *m* d'affissione' - **7**. [beak] becco *m*. <> *vt* [send a bill to]: **to bill sb (for sthg)** mandare a qn la fattura (per qc).

billboard ['bɪlbɔ:d] *n* cartellone *m* pubblicitario.

billet ['bɪlɪt] *n* acquartieramento *m*.

billfold ['bɪlfəʊld] *n US* portafoglio *m*.

billiards ['bɪljədz] *n (U)* biliardo *m (sing)*.

billion ['bɪljən] *.num* - **1**. [thousand million] miliardo *m* - **2**. *UK dated* [million million] trilione *m*.

bimbo ['bɪmbəʊ] (*pl* -s *OR* -es) *n inf pej* bellona *f* senza cervello.

bin [bɪn] *n* - **1**. *UK* [for rubbish] bidone *m* (della spazzatura) - **2**. [for grain] silo *m*.

bind [baɪnd] (*pt & pp* bound) *vt* - **1**. [tie up] legare - **2**. [unite] legare, unire - **3**. [bandage] fasciare - **4**. [book] rilegare - **5**. [constrain] vincolare.

binder ['baɪndər] *n* [cover] classificatore *m*.

binding ['baɪndɪŋ] <> *adj* vincolante. <> *n* [of book] rilegatura *f*.

binge [bɪndʒ] *inf* <> *n*: **to go on a binge** darsi ai bagordi. <> *vi*: **to binge on sthg** rimpinzarsi di qc.

bingo ['bɪŋgəʊ] *n* bingo *m*, tombola *f*.

binoculars [bɪ'nɒkjʊləz] *npl* binocolo *m (sing)*; **a pair of binoculars** un binocolo.

biochemistry [,baɪəʊ'kemɪstrɪ] *n (U)* biochimica *f*.

biodegradable [,baɪəʊdɪ'greɪdəbl] *adj* biodegradabile.

bioethics [,baɪəʊ'eθɪks] *n (U)* bioetica *f*.

biofuel ['baɪəfjʊəl] *n* biocarburante *m*.

biography [baɪ'ɒgrəfɪ] *n* biografia *f*.

biological [,baɪə'lɒdʒɪkl] *adj* biologico(a).

biological weapon *n* arma *f* biologica.

biology [baɪ'ɒlədʒɪ] *n (U)* biologia *f*.

biosphere ['baɪəʊ,sfɪər] *n* biosfera *f*.

biotech company ['baɪəʊtek 'kʌmpənɪ] *n* azienda *f* biotecnologica.

biotechnology [,baɪəʊtek'nɒlədʒɪ] *n (U)* biotecnologia *f*.

bioterrorism [,baɪəʊ'terərɪzm] *n* bioterrorismo *m*.

birch [bɜ:tʃ] *n* [tree] betulla *f*.

bird [bɜ:d] *n* - **1**. [creature] uccello *m* - **2**. *esp UK inf* [woman] ragazza *f*.

birdie ['bɜ:dɪ] *n* - **1**. *inf* [bird] uccellino *m* - **2**. [in golf] birdie *m inv*.

bird's-eye view *n* vista *f* dall'alto.

bird-watcher [-,wɒtʃər] *n* bird watcher *mf inv*.

Biro® ['baɪərəʊ] *n* biro® *f*.

birth [bɜ:θ] *n* [of baby, country, system] nascita *f*; **to give birth (to sb)** partorire (qn); **to give birth to sthg** *fig* dare inizio a qc.

birth certificate *n* certificato *m* di nascita.

birth control *n (U)* controllo *m* delle nascite.

birthday ['bɜ:θdeɪ] *n* compleanno *m*.

birthmark ['bɜ:θmɑ:k] *n* [on the skin] voglia *f*.

birthrate ['bɜ:θreɪt] *n* tasso *m* di natalità.

biscuit ['bɪskɪt] *n* - **1**. *UK* [thin dry cake] biscotto *m* - **2**. *US* [bread-like cake] panino *m* morbido.

bisect [baɪ'sekt] *vt* - **1**. GEOM bisecare - **2**. [cut in two] dividere in due.

bishop ['bɪʃəp] *n* - **1**. [in church] vescovo *m* - **2**. [in chess] alfiere *m*.

bison ['baɪsn] (*pl* bison *OR* -s) *n* bisonte *m*.

bit [bɪt] <> *pt* ▷ **bite**. <> *n* - **1**. [small piece] pezzo *m*; **bits and pieces** *UK* cose *fpl* varie; **to bits** a pezzi - **2**. [unspecified amount]: **a bit of** un po' di; **quite a bit of** un bel po' di - **3**. *esp UK inf* [short time]: **for a bit** per un po' - **4**. [of drill] punta *f* del trapano - **5**. [of bridle] morso *m* - **6**. COMPUT bit *m inv*. ◆ **a bit** *adv esp UK inf* un po'. ◆ **bit by bit** *adv UK inf* poco a poco.

bitch [bɪtʃ] *n* - **1**. [female dog] cagna *f* - **2**. *v inf pej* [unpleasant woman] stronza *f*.

bitchy ['bɪtʃɪ] *adj inf* maligno(a).

bite [baɪt] (*pt* bit, *pp* bitten) <> *n* - **1**. [act of biting] morso *m* - **2**. *inf* [food]: **a bite (to eat)** un boccone *m* - **3**. [of insect] puntura *f*. <> *vt* - **1**. [subj: person, animal] mordere; **to bite one's nails** mangiarsi le unghie - **2**. [subj: insect] pungere. <> *vi* - **1**. [animal, person] mordere; **to bite into sthg** addentare qc; **to bite off sthg** staccare con un morso qc - **2**. [insect] pungere - **3**. [grip] fare presa - **4**. *fig* [sanction, law] farsi sentire.

biting ['baɪtɪŋ] *adj* - **1**. [very cold] pungente - **2**. [caustic] mordace.

bitmap ['bɪtmæp] *n* COMPUT bitmap *m inv*.

bitten ['bɪtn] *pp* ▷ **bite**.

bitter ['bɪtər] ⟨> adj - **1.** [taste, coffee, disappointment] amaro(a) - **2.** [lemon, argument] aspro(a) - **3.** [icy] gelido(a) - **4.** [painful] amaro(a) - **5.** [resentful] amareggiato(a). ⟨> n UK [beer] birra f rossa.

bitter lemon n UK limonata f amara.

bitterness ['bɪtənɪs] n (U) - **1.** [of taste] amaro m - **2.** [of weather] rigidezza f - **3.** [resentment] amarezza f.

bizarre [bɪ'zɑːr] adj bizzarro(a).

blab [blæb] vi inf spiattellare.

black [blæk] ⟨> adj - **1.** [gen] nero(a) - **2.** [person] nero(a) - **3.** [without milk]: **black coffee** caffè (nero); **black tea** tè senza latte. ⟨> n - **1.** (U) [colour] nero m; **in black and white** [in writing] nero su bianco; **in the black** [solvent] in attivo - **2.** [person] nero m, -a f. ⟨> vt UK [boycott] boicottare. ◆ **black out** vi [faint] svenire.

blackberry ['blækbərɪ] n mora f (di rovo).

blackbird ['blækbɜːd] n merlo m.

blackboard ['blækbɔːd] n lavagna f.

blackcurrant [,blæk'kʌrənt] n ribes m inv nero.

blacken ['blækn] ⟨> vt [with colour, dirt] annerire. ⟨> vi [sky] incupirsi.

black eye n occhio m nero.

Black Forest n: **the Black Forest** la Foresta Nera.

blackhead ['blækhed] n punto m nero, comedone m.

black ice n (U) vetrato m.

blacklist ['blæklɪst] ⟨> n lista f nera. ⟨> vt mettere sulla lista nera.

blackmail ['blækmeɪl] ⟨> n (U) ricatto m. ⟨> vt ricattare.

black market n mercato m nero.

blackout ['blækaʊt] n - **1.** [in wartime] oscuramento m - **2.** [power cut] blackout m inv - **3.** [suppression of news] silenzio m stampa - **4.** [fainting fit] svenimento m.

black pudding n UK sanguinaccio m.

Black Sea n: **the Black Sea** il Mar Nero.

black sheep n pecora f nera.

blacksmith ['blæksmɪθ] n fabbro m ferraio.

black spot n UK [for road accidents] tratto di strada dove accadono molti incidenti.

bladder ['blædər] n vescica f.

blade [bleɪd] n - **1.** [of knife, saw] lama f - **2.** [of propeller] pala f - **3.** [of grass] filo m.

blame [bleɪm] ⟨> n (U) [responsibility] colpa f, responsabilità f inv; **to take the blame for sthg** assumersi la colpa di qc. ⟨> vt dare la colpa a; **to blame sthg on sb/sthg, to blame**

sb/sthg for sthg dare la colpa di qc a qn/qc; **to be to blame for sthg** essere responsabile di qc.

bland [blænd] adj - **1.** [person, style] insulso(a) - **2.** [food] insipido(a).

blank [blæŋk] ⟨> adj - **1.** [sheet of paper] bianco(a) - **2.** [wall] nudo(a) - **3.** [cassette] vergine - **4.** fig [look] assente; **my mind went blank** ho avuto un vuoto mentale. ⟨> n - **1.** [empty space] spazio m vuoto - **2.** [cartridge] cartuccia f a salve.

blank cheque UK, **blank check** US n - **1.** [money order] assegno m in bianco - **2.** fig [free hand] carta f bianca.

blanket ['blæŋkɪt] n - **1.** [bed cover] coperta f - **2.** [of snow] coltre f, manto m - **3.** [of fog] cappa f.

blare [bleər] vi - **1.** [siren] ululare - **2.** [radio] strepitare - **3.** [horn] strombazzare.

blasphemy ['blæsfəmɪ] n - **1.** [blasphemous utterance] bestemmia f - **2.** (U) [disrespect for God] atteggiamento m blasfemo.

blast [blɑːst] ⟨> n - **1.** [of bomb] esplosione f - **2.** [of air] raffica f - **3.** esp US inf: **to have a blast** divertirsi un sacco. ⟨> vt [hole, tunnel] scavare con esplosivi. ⟨> excl UK inf maledizione! ◆ **(at) full blast** adv - **1.** [at maximum volume] a tutto volume - **2.** [at maximum effort, speed] a tutto spiano.

blasted ['blɑːstɪd] adj inf [for emphasis] maledetto(a).

blast-off n (U) lancio m.

blatant ['bleɪtənt] adj spudorato(a).

blaze [bleɪz] ⟨> n - **1.** [fire] incendio m - **2.** fig [of colour, light] sfolgorio m. ⟨> vi - **1.** [fire] divampare - **2.** fig [with colour] risplendere; [with emotion] ardere.

blazer ['bleɪzər] n blazer m inv.

bleach [bliːtʃ] ⟨> n [chemical] candeggina f. ⟨> vt - **1.** [hair] decolorare - **2.** [clothes] candeggiare.

bleachers ['bliːtʃəz] npl US gradinate fpl.

bleak [bliːk] adj - **1.** [future] poco promettente - **2.** [place] desolato(a) - **3.** [weather] uggioso(a).

bleary-eyed [-'aɪd] adj con gli occhi appannati.

bleat [bliːt] ⟨> n [of sheep, goat] belato m. ⟨> vi - **1.** [sheep, goat] belare - **2.** fig [person speak] parlare con voce lagnosa; [- complain] lagnarsi.

bleed [bliːd] (pt & pp bled) ⟨> vt [drain] spurgare. ⟨> vi sanguinare.

bleeper ['bliːpər] n UK cercapersone m inv.

blemish ['blemɪʃ] n - 1. [flaw - on skin, surface, china] imperfezione f; [- on fruit] ammaccatura f - 2. fig [on name, reputation] macchia f.

blend [blend] <> n - 1. [of substances] miscela f - 2. fig [of ideas, qualities] combinazione f. <> vt [mix] mescolare; **to blend sthg with sthg** mescolare qc con qc. <> vi [colours, sounds] mescolarsi; **to blend with sthg** mescolarsi con qc.

blender ['blendər] n frullatore m.

bless [bles] (pt & pp -ed OR blest) vt RELIG benedire; **bless you!** [after sneezing] salute!; [thank you] grazie mille!

blessing ['blesɪŋ] n benedizione f.

blest [blest] pt & pp ⊳ **bless**.

blew [blu:] pt ⊳ **blow**.

blight [blaɪt] vt danneggiare.

blimey ['blaɪmɪ] excl UK inf accidenti!

blind [blaɪnd] <> adj - 1. [unsighted, unthinking] cieco(a) - 2. fig [unaware]: **to be blind to sthg** non vedere qc. <> n [for window] avvolgibile f. <> npl: **the blind** i ciechi. <> vt - 1. [make sightless - permanently] accecare, rendere cieco(a); [- temporarily] abbagliare, accecare - 2. fig [make unobservant] accecare; **to blind sb to sthg** non far vedere qc a qn.

blind alley n lit & fig vicolo m cieco.

blind date n appuntamento m al buio.

blinders ['blaɪndərz] npl US paraocchi m (sing).

blindfold ['blaɪndfəʊld] <> adv a occhi chiusi. <> n benda f (sugli occhi). <> vt bendare (gli occhi a).

blindingly ['blaɪndɪŋlɪ] adv [clearly]: **blindingly obvious** lampante.

blindly ['blaɪndlɪ] adv - 1. [unable to see] a tentoni - 2. [without information] alla cieca.

blindness ['blaɪndnɪs] n (U) lit & fig cecità f; **blindness to sthg** fig cecità f davanti a qc.

blind spot n - 1. [when driving] angolo m morto - 2. fig [inability to understand] blocco m mentale.

blink [blɪŋk] <> n: **on the blink** inf [machine] scassato(a). <> vt: **to blink one's eyes** sbattere le palpebre. <> vi - 1. [eyes] battere le palpebre - 2. [light] lampeggiare.

blinkered ['blɪŋkəd] adj - 1. [horse] col paraocchi - 2. fig [view, attitude] gretto(a).

blinkers ['blɪŋkəz] npl UK [for horse] paraocchi m (sing).

bliss [blɪs] n beatitudine f.

blissful ['blɪsfʊl] adj [day, experience] stupendo(a); [ignorance] beato(a).

blister ['blɪstər] <> n [on skin] vescica f. <> vi - 1. [skin] coprirsi di vesciche - 2. [paint] formare delle bolle.

blithely ['blaɪðlɪ] adv spensieratamente, con noncuranza.

blitz [blɪts] n MIL blitz m inv.

blizzard ['blɪzəd] n bufera f di neve.

bloated ['bləʊtɪd] adj gonfio(a).

blob [blɒb] n - 1. [drop] goccia f - 2. [shapeless thing] forma f indistinta.

block [blɒk] <> n - 1. [building]: **office block** palazzo m di uffici; **block of flats** UK caseggiato m - 2. [of ice, wood, stone] blocco m - 3. US [of buildings] isolato m - 4. [obstruction]: **mental block** blocco m mentale. <> vt - 1. [road, pipe] bloccare - 2. [view] impedire - 3. [hinder] ostacolare.

blockade [blɒ'keɪd] <> n blocco m (navale). <> vt bloccare.

blockage ['blɒkɪdʒ] n ostruzione f.

blockbuster ['blɒkbʌstər] n inf [film] successone m.

block capitals, block letters npl stampatello m (sing).

bloke [bləʊk] n UK inf tipo m, tizio m.

blond [blɒnd] adj [hair, man] biondo(a).

blonde [blɒnd] <> adj [hair, woman] biondo(a). <> n [woman] bionda f.

blood [blʌd] n sangue m; **in cold blood** a sangue freddo.

bloodbath ['blʌdbɑːθ] n bagno m di sangue.

blood cell n globulo m.

blood donor n donatore m, -trice f di sangue.

blood group UK, **blood type** esp US n gruppo m sanguigno.

bloodhound ['blʌdhaʊnd] n segugio m.

blood poisoning n setticemia f.

blood pressure n pressione f arteriosa; **to have high/low blood pressure** soffrire di ipertensione/ipotensione.

bloodshed ['blʌdʃed] n spargimento m di sangue.

bloodshot ['blʌdʃɒt] adj [eyes] iniettato(a) di sangue.

bloodstream ['blʌdstriːm] n sangue m.

blood test n analisi f inv del sangue.

bloodthirsty ['blʌd,θɜːstɪ] adj assetato(a) di sangue.

blood transfusion n trasfusione f (di sangue).

blood type n esp US = **blood group**.

bloody ['blʌdɪ] <> adj - 1. [war, conflict] cruento(a) - 2. [face, hands] insanguinato(a) - 3. UK inf [for emphasis] maledetto(a); **bloody**

hell! porca miseria! ◇ adv UK inf: **he's bloody useless** è assolutamente incapace; **it's a bloody good film** è un ottimo film.

bloody-minded [-'maɪndɪd] adj UK inf: **don't be so bloody-minded** non fare il bastian contrario.

bloom [bluːm] ◇ n [flower] fiore. ◇ vi [plant, tree] fiorire.

blooming ['bluːmɪŋ] ◇ adj UK inf [for emphasis] maledetto(a). ◇ adv UK inf: **that's just blooming marvellous!** fantastico!

blossom ['blɒsəm] ◇ n [of tree] fiori mpl; **in blossom** in fiore. ◇ vi - 1. [tree] fiorire - 2. fig [person] sbocciare.

blot [blɒt] ◇ n fig [of ink] macchia f; **to be a blot on the landscape** rovinare il paesaggio. ◇ vt - 1. [dry] asciugare (con carta assorbente) - 2. [spot with ink] macchiare. ◆ **blot out** vt sep - 1. [obscure] offuscare - 2. [erase] cancellare.

blotchy ['blɒtʃɪ] adj coperto(a) di macchie.

blotting paper ['blɒtɪŋ-] n carta f assorbente.

blouse [blauz] n camicetta f.

blow [bləʊ] (pt blew, pp blown) ◇ vi - 1. [wind, person] soffiare - 2. [move with wind]: **to blow off** volare via; **the door blew open/shut** il vento spalancò/chiuse la porta - 3. [fuse] saltare - 4. [whistle]: **didn't you hear the whistle blow?** non hai sentito il fischietto? ◇ vt - 1. [subj: wind] far volare - 2. [clear]: **to blow one's nose** soffiarsi il naso - 3. [horn, trumpet] suonare; **to blow a whistle** fischiare. ◇ n - 1. [hit] colpo m - 2. [shock] colpo m, batosta f. ◆ **blow away** vi [in wind] volare via. ◆ **blow out** vt sep spegnere (soffiando). ◇ vi - 1. [candle] spegnersi - 2. [tyre] scoppiare. ◆ **blow over** vi [storm, argument] calmarsi. ◆ **blow up** ◇ vt sep - 1. [inflate] gonfiare - 2. [with bomb] far saltare - 3. [enlarge] fare un ingrandimento di. ◇ vi [explode] esplodere.

blow-dry ◇ n piega f a fon. ◇ vt asciugare con il fon.

blowlamp ['bləʊlæmp] UK, **blowtorch** esp US n cannello m per saldare.

blown [bləʊn] pp ⯈ **blow**.

blowout ['bləʊaʊt] n [of tyre] scoppio m.

blowtorch ['bləʊtɔːtʃ] n esp US = **blowlamp**.

blubber ['blʌbər] ◇ n [of whale] grasso m. ◇ vi pej [weep] frignare.

bludgeon ['blʌdʒən] vt bastonare.

blue [bluː] ◇ adj - 1. [in colour - light-blue] azzurro(a); [- dark-blue] blu inv - 2. inf [sad] triste - 3. [pornographic] porno inv; **a blue joke**

una barzelletta spinta. ◇ n [light blue] azzurro m; [dark blue] blu m inv; **out of the blue** all'improvviso. ◆ **blues** npl: **the blues** [music] il blues; inf [sad feeling] la malinconia.

bluebell ['bluːbel] n giacinto m di bosco.

blueberry ['bluːbərɪ] n mirtillo m.

blue channel n: **the blue channel** UK all'aeroporto, uscita per chi arriva dalla Comunità Europea.

blue cheese n formaggio m venato.

blue-collar adj: **blue-collar worker** tuta f blu.

blue jeans npl esp US blue jeans mpl.

blueprint ['bluːprɪnt] n - 1. CONSTR cianografia f - 2. fig [plan, programme] progetto m.

bluff [blʌf] ◇ adj [person, manner] franco(a). ◇ n - 1. [deception] bluff m inv; **to call sb's bluff** far mettere le carte in tavola a qn - 2. [cliff] promontorio m a picco. ◇ vt: **to bluff one's way out of sthg** riuscire con un bluff a districarsi da qc. ◇ vi bluffare.

blunder ['blʌndər] ◇ n gaffe f inv. ◇ vi [make mistake] fare una gaffe.

blunt [blʌnt] ◇ adj - 1. [not sharp – knife] non affilato(a); [pencil] spuntato(a); **blunt instrument** corpo m contundente - 2. [forthright - person] schietto(a); [- manner, question] brusco(a). ◇ vt - 1. [knife] smussare - 2. fig [weaken] smorzare.

blur [blɜːr] ◇ n massa f confusa. ◇ vt - 1. [outline, photograph] sfocare - 2. [memory, vision] offuscare.

blurb [blɜːb] n inf [on book] risvolto m di copertina.

blurt [blɜːt] ◆ **blurt out** vt sep lasciarsi sfuggire.

blush [blʌʃ] ◇ n - 1. [from embarrassment] rossore m - 2. US [make-up] fard m inv. ◇ vi arrossire.

blusher ['blʌʃər] n UK fard m inv.

blustery ['blʌstərɪ] adj ventoso(a).

BO (abbr of body odour) n puzzo m di sudore.

boar [bɔːr] n - 1. [male pig] maiale m - 2. [wild pig] cinghiale m.

board [bɔːd] ◇ n - 1. [plank] asse f - 2. [for notices] bacheca f - 3. [for games] tavolo m; [for chess] scacchiera f - 4. [blackboard] lavagna f - 5. [of company] consiglio m; [of enquiry, examiners] commissione f; [of school] comitato m; **board of directors** consiglio m d'amministrazione - 6. UK [at hotel, guesthouse] vitto m; **board and lodging** vitto e alloggio; **full board** pensione completa f; **half board** mezza pensione f; **above board** regolare. ◇ vt [get onto] salire a bordo di. ◆ **across the board**

◇ *adj* generale. ◇ *adv* in modo generale.
◆ **on board** ◇ *adj* a bordo. ◇ *prep* a bordo di; **to take sthg on board** [knowledge] assimilare qc; [advice] accettare qc.
◆ **board up** *vt sep* chiudere con assi.

boarder ['bɔːdəʳ] *n* - **1.** [lodger] pensionante *mf* - **2.** *esp UK* [at school] interno *m*, -a *f*.

boarding card ['bɔːdɪŋ-] *n* carta *f* d'imbarco.

boarding house *n dated* pensione *f*.

boarding school ['bɔːdɪŋ-] *n* collegio *m*.

Board of Trade *n UK*: **the Board of Trade** il ministero del Commercio.

boardroom ['bɔːdrʊm] *n* sala *f* di consiglio.

boast [bəʊst] ◇ *n* vanto *m*. ◇ *vi* [show off]: **to boast (about sthg)** vantarsi (di qc).

boastful ['bəʊstfʊl] *adj* vanaglorioso(a).

boat [bəʊt] *n* [ship] imbarcazione *f*; [for rowing] barca *f* (a remi); [for sailing] barca *f* a vela; **by boat** in barca.

boater ['bəʊtəʳ] *n* [hat] paglietta *f*.

boatswain ['bəʊsn] *n* NAUT nostromo *m*.

bob [bɒb] ◇ *n* - **1.** [hairstyle] caschetto *m* - **2.** *UK inf dated* [shilling] scellino *m* - **3.** = **bobsleigh**. ◇ *vi* [boat, ship] ondeggiare.

bobbin ['bɒbɪn] *n* bobina *f*.

bobby ['bɒbɪ] *n UK inf* poliziotto *m* (di quartiere).

bobsleigh ['bɒbsleɪ] *UK*, **bobsled** ['bɒbsled] *US n* bob *m inv*.

bode [bəʊd] *vi liter*: **to bode well/ill (for sb/sthg)** essere di buon/cattivo augurio (per qn/qc).

bodily ['bɒdɪlɪ] ◇ *adj* [needs] corporale. ◇ *adv* [carry, lift] di peso.

body ['bɒdɪ] *n* - **1.** [of human, animal] corpo *m* - **2.** [corpse] cadavere *m* - **3.** [organization] organismo *m* - **4.** [of car] scocca *f* - **5.** [of plane] fusoliera *f* - **6.** [group] massa *f* - **7.** (U) [of wine] corposità *f* - **8.** (U) [of hair] volume *f* - **9.** *UK* [garment] body *m inv*.

body building *n* body building *m*, culturismo *m*.

bodyguard ['bɒdɪgɑːd] *n* guardia *f* del corpo.

body odour *UK*, **body odor** *US n* puzzo *m* di sudore.

body suit *n US* body *m inv*.

bodywork ['bɒdɪwɜːk] *n* [of car] carrozzeria *f*.

bog [bɒg] *n* - **1.** [marsh] pantano *m* - **2.** *UK inf* [toilet] cesso *m*.

bogged down [ˌbɒgd daʊn] *adj* - **1.**: **bogged down in sthg** [in problem, details, work] sommerso(a) da qc - **2.** [in mud, snow]: **bogged down (in sthg)** impantanato(a) (in qc).

boggle ['bɒgl] *vi*: **the mind boggles!** è pazzesco!

bog-standard *adj UK inf* ordinario(a).

bogus ['bəʊgəs] *adj* falso(a).

boil [bɔɪl] ◇ *n* - **1.** [on skin] foruncolo *m* - **2.** [boiling point]: **to bring sthg to the boil** portare a bollore qc; **to come to the boil** cominciare a bollire. ◇ *vt* far bollire. ◇ *vi* bollire. ◆ **boil down to** *vt insep fig* ridursi a. ◆ **boil over** *vi* - **1.** [liquid] traboccare durante l'ebollizione - **2.** *fig* [feelings] traboccare.

boiled ['bɔɪld] *adj* [rice] bollito(a); [potatoes, fish, chicken] lesso(a); **boiled egg** uovo *m* alla coque; **boiled sweet** *UK* caramella *f*.

boiler ['bɔɪləʳ] *n* caldaia *f*.

boiler suit *n UK* tuta *f* da lavoro.

boiling ['bɔɪlɪŋ] *adj* - **1.** [liquid] bollente - **2.** *inf* [weather] torrido(a); **it's boiling in here!** qua si muore dal caldo!; **I'm boiling (hot)!** sto scoppiando dal caldo!

boiling point *n* punto *m* di ebollizione.

boisterous ['bɔɪstərəs] *adj* [child, behaviour] turbolento(a).

bold [bəʊld] *adj* - **1.** [confident] audace - **2.** [lines, design] deciso(a) - **3.** [colour] vistoso(a) - **4.** TYPO: **bold type** OR **print** grassetto *m*.

bollard ['bɒlɑːd] *n UK* [on road] colonnina *f* spartitraffico.

bollocks ['bɒləks] *UK vulg* ◇ *npl* palle *fpl*. ◇ *excl* cazzate!

bolster ['bəʊlstəʳ] ◇ *n* [pillow] cuscino *m* cilindrico. ◇ *vt* [encourage] sostenere.

bolt [bəʊlt] ◇ *n* - **1.** [on door] chiavistello *m* - **2.** [type of screw] bullone *m*. ◇ *adv*: **to sit bolt upright** essere seduto(a) dritto(a) come un fuso. ◇ *vt* - **1.** [fasten together] imbullonare - **2.** [close] chiudere col chiavistello - **3.** [food] ingoiare. ◇ *vi* [run] scappare.

bomb [bɒm] ◇ *n* [explosive device] bomba *f*. ◇ *vt* [town] bombardare; [building] far saltare (in aria).

bombard [bɒmˈbɑːd] *vt fig* & MIL: **to bombard (with sthg)** bombardare (di qc).

bombastic [bɒmˈbæstɪk] *adj* ampolloso(a).

bomb disposal squad *n* squadra *f* artificieri.

bomber ['bɒməʳ] *n* - **1.** [plane] bombardiere *m* - **2.** [person] attentatore *m*, -trice *f*, dinamitardo(a).

bombing ['bɒmɪŋ] *n* attentato *m*.

bombshell ['bɒmʃel] *n fig* [unpleasant surprise] bomba *f*.

bona fide [ˌbəʊnəˈfaɪdɪ] *adj* [genuine] onesto(a).

bond [bɒnd] ⟨⟩ *n* - 1. [emotional link] legame *m* - 2. [binding promise] impegno *m* - 3. FIN obbligazione *f*. ⟨⟩ *vt* - 1. [glue]: **to bond sthg to sthg** incollare qc a qc - 2. *fig* [people] unire.

bone [bəʊn] ⟨⟩ *n* [gen] osso *m*; [of fish] lisca *f*, spina *f*. ⟨⟩ *vt* [fish] spinare; [chicken] disossare.

bone-dry *adj* perfettamente asciutto(a).

bone-idle *adj inf* sfaticato(a).

bonfire [ˈbɒn.faɪəʳ] *n* falò *m inv*.

bonfire night *n UK* la notte del 5 novembre, durante la quale, con fuochi d'artificio e falò, si commemora la sventata Congiura delle polveri del 1605.

bonk [bɒŋk] *vt & vi UK v inf* [have sex] scopare.

Bonn [bɒn] *n* Bonn *f*.

bonnet [ˈbɒnɪt] *n* - 1. *UK* [of car] cofano *m* - 2. [hat] cuffia *f*.

bonny [ˈbɒnɪ] *adj Scotland* bello(a).

bonus [ˈbəʊnəs] (*pl* -es) *n* - 1. [extra money] gratifica *f* - 2. *fig* [added treat] sovrappiù *m inv*.

bony [ˈbəʊnɪ] *adj* - 1. [person, hand, face] ossuto(a) - 2. [fish] pieno(a) di spine.

boo [buː] (*pl* -s) ⟨⟩ *excl* buuh! ⟨⟩ *n* grida *fpl* (di scherno). ⟨⟩ *vt & vi* fischiare.

boob [buːb] *n inf* [mistake] gaffe *f inv*. ◆ **boobs** *npl v inf* [woman's breasts] tette *fpl*.

booby trap [ˈbuːbɪ-] *n* - 1. [bomb] trappola *f* esplosiva - 2. *dated* [prank] scherzo *m*.

book [bʊk] ⟨⟩ *n* - 1. [for reading] libro *m* - 2. [of stamps, tickets, cheques] carnet *m inv*. ⟨⟩ *vt* - 1. [reserve] prenotare; **to be fully booked** essere al completo - 2. *inf* [subj: police] multare - 3. *UK* FTBL ammonire. ⟨⟩ *vi* prenotare. ◆ **books** *npl* COMM libri *mpl* contabili. ◆ **book up** *vt sep* [reserve] prenotare.

bookcase [ˈbʊkkeɪs] *n* libreria *f*.

bookie [ˈbʊkɪ] *n inf* allibratore *m*, -trice *f*, bookmaker *mf inv*.

booking [ˈbʊkɪŋ] *n* - 1. [reservation] prenotazione *f* - 2. *UK* FTBL ammonizione *f*.

booking office *n UK* biglietteria *f*.

bookkeeping [ˈbʊkˌkiːpɪŋ] *n* COMM contabilità *f*.

booklet [ˈbʊklɪt] *n* opuscolo *m*.

bookmaker [ˈbʊkˌmeɪkəʳ] *n* allibratore *m*, -trice *f*, bookmaker *mf inv*.

bookmark [ˈbʊkmɑːk] ⟨⟩ *n* [gen & COMPUT] segnalibro *m*. ⟨⟩ *vt* COMPUT mettere un segnalibro a.

bookseller [ˈbʊkˌseləʳ] *n* libraio *m*, -a *f*.

bookshelf [ˈbʊkʃelf] (*pl* -shelves) *n* mensola *f* per libri.

bookshop [ˈbʊkʃɒp] *esp UK*, **bookstore** [ˈbʊkstɔːʳ] *esp US n* libreria *f*.

book token *n UK* buono omaggio utilizzabile presso una libreria.

boom [buːm] ⟨⟩ *n* - 1. [loud noise] rimbombo *m* - 2. [increase] boom *m inv* - 3. NAUT boma *f* - 4. [for TV camera, microphone] giraffa *f*. ⟨⟩ *vi* - 1. [make noise] rimbombare - 2. [business, trade] essere in pieno boom.

boon [buːn] *n* benedizione *f*.

boost [buːst] ⟨⟩ *n* - 1. [increase] incremento *m* - 2. [improvement] spinta *f*. ⟨⟩ *vt* - 1. [increase] incrementare - 2. [popularity] aumentare; [spirits, morale] sollevare - 3. *US inf* [steal] fregare.

booster [ˈbuːstəʳ] *n* MED richiamo *m*.

boot [buːt] ⟨⟩ *n* - 1. [footwear - knee-length] stivale *m*; [- ankle-length] stivaletto *m*; [- for hiker, soldier] scarpone *m*; [- for sport] scarpa *f* - 2. *UK* [of car] bagagliaio *m*, portabagagli *m inv*. ⟨⟩ *vt* - 1. *inf* [kick - person] dare un calcio a; [- ball] dare un calcio a, calciare - 2. COMPUT inizializzare. ◆ **to boot** *adv* per giunta. ◆ **boot up** *vt* COMPUT inizializzare.

booth [buːð] *n* - 1. [at fair] baraccone *m* - 2. [for phoning, voting] cabina *f*.

booty [ˈbuːtɪ] *n liter* bottino *m*.

booze [buːz] *inf* ⟨⟩ *n* alcol *m*. ⟨⟩ *vi* bere alcolici.

bop [bɒp] *inf* ⟨⟩ *n UK dated* [disco, dance] ballo *m*. ⟨⟩ *vi UK dated* [dance] ballare.

border [ˈbɔːdəʳ] ⟨⟩ *n* - 1. [between countries] confine *m* - 2. [of fabric, plate, field] bordo *m*; [of lake] riva *f* - 3. [in garden] aiuola *f* (di bordura). ⟨⟩ *vt* - 1. [country] confinare con - 2. [edge] circondare. ◆ **border on** *vt insep* [verge on] essere ai limiti di.

borderline [ˈbɔːdəlaɪn] ⟨⟩ *adj* limite. ⟨⟩ *n fig* [uncertain division] limite *m*.

bore [bɔːʳ] ⟨⟩ *pt* ⟩ **bear**. ⟨⟩ *n* - 1. *pej* [tedious person, event] noia *f* - 2. [of gun] calibro *m*. ⟨⟩ *vt* - 1. [not interest] annoiare; **to bore sb stiff** OR **to tears** OR **to death** *inf* annoiare qn a morte - 2. [drill] perforare.

bored [bɔːd] *adj* annoiato(a); **to be bored with sthg** essere stufo(a) di qc.

boredom [ˈbɔːdəm] *n* noia *f*.

boring [ˈbɔːrɪŋ] *adj* noioso(a).

born [bɔːn] *adj* - 1. [given life] nato(a); **to be born** nascere - 2. [for emphasis]: **to be a born leader** essere un leader nato.

borne [bɔːn] *pp* ⟩ **bear**.

borough [ˈbʌrə] *n* comune *m*.

borrow ['bɒrəʊ] *vt* [property, money] prendere in prestito; **to borrow sthg from sb** prendere qc in prestito da qn.

Bosnia ['bɒznɪə] *n* Bosnia *f*.

Bosnian ['bɒznɪən] ◇ *adj* bosniaco(a). ◇ *n* bosniaco *m*, -a *f*.

bosom ['buzəm] *n* [of woman] seno *m*; **in the bosom of the family** in seno alla famiglia; **bosom friend** amico *m*, -a *f* del cuore.

boss [bɒs] ◇ *n* [of company, department, gang] capo *m*; [of mafia] boss *m inv*. ◇ *vt pej* tiranneggiare. ◆ **boss about** UK, **boss around** *vt sep pej* tiranneggiare.

bossy ['bɒsɪ] *adj* prepotente.

bosun ['bəʊsn] *n* = **boatswain**.

botany ['bɒtənɪ] *n* botanica *f*.

botch [bɒtʃ] ◆ **botch up** *vt sep inf* fare un pasticcio con.

both ◇ *adj* entrambi(e). ◇ *adv*: **both... and... sia... che...** ◇ *pron* entrambi(e); **both of us/you/them** entrambi(e), tutti(e) e due.

bother ['bɒðər] ◇ *vt* - **1.** [worry] preoccupare; **I/she etc can't be bothered to do it** UK *inf* non ho/ha *etc* nessuna voglia di farlo - **2.** [hurt, annoy] dare fastidio a. ◇ *vi* [trouble o.s.] disturbarsi; **to bother about sthg** preoccuparsi di qc; **to bother doing** OR **to do sthg** darsi la pena di fare qc. ◇ *n (U)* problema *m*; **it's no bother** non c'è problema; **I don't want to put you to any bother** non voglio crearti problemi. ◇ *excl* accidenti!

bothered ['bɒðəd] *adj* [worried] preoccupato(a); [annoyed] seccato(a).

Botox® ['bəʊtɒks] *n* Botox® *m inv*, botulino *m*.

bottle ['bɒtl] ◇ *n* - **1.** [container, quantity - of milk, wine] bottiglia *f*; [- of shampoo, medicine] flacone *m*; [- of perfume] bottiglietta *f*, boccetta *f* - **2.** [for baby] biberon *m inv* - **3.** *(U)* UK *inf* [courage] coraggio *m*. ◇ *vt* - **1.** [wine] imbottigliare - **2.** [fruit] mettere in barattolo. ◆ **bottle up** *vt sep* [feelings] reprimere.

bottle bank *n* UK contenitore *m* per la raccolta del vetro.

bottleneck ['bɒtlnek] *n* - **1.** [in traffic] ingorgo *m* - **2.** [in production] collo *m* di bottiglia.

bottle-opener *n* apribottiglie *m inv*.

bottom ['bɒtəm] ◇ *adj* - **1.** [lowest] in basso - **2.** [least successful] peggiore; **I was always bottom in physics** in fisica ero sempre l'ultimo della classe. ◇ *n* - **1.** [gen] fondo *m*; **at the bottom** in fondo; **at the bottom of** [sea, street, league] in fondo a; [mountain, hill] ai piedi di; **to start at the bottom** [in organization] cominciare dal basso - **2.** [buttocks] sedere *m* - **3.** [root, cause]: **to get to the bottom of sthg**

scoprire cosa c'è sotto qc. ◆ **bottom out** *vi* [prices, recession] raggiungere il livello più basso.

bottom line *n fig*: **the bottom line** il nocciolo della questione.

bough [baʊ] *n* ramo *m (principale)*.

bought [bɔːt] *pt & pp* ▷ **buy**.

boulder ['bəʊldər] *n* masso *m*.

bounce [baʊns] ◇ *vi* - **1.** [gen] rimbalzare; [light] riflettersi - **2.** [person]: **to bounce into the room** entrare di slancio nella stanza; **to bounce on sthg** saltare su qc - **3.** *inf* [cheque] essere scoperto(a). ◇ *vt* [ball] far rimbalzare. ◇ *n* [of ball] rimbalzo *m*.

bouncer ['baʊnsər] *n inf* [at club] buttafuori *mf inv*.

bound [baʊnd] ◇ *pt & pp* ▷ **bind**. ◇ *adj* - **1.** [certain]: **to be bound to do sthg**: **he's bound to win** vincerà di sicuro; **she's bound to see it** non può non vederlo - **2.** [forced, morally obliged]: **to be/feel bound by sthg** essere/sentirsi vincolato(a) da qc; **to be/feel bound to do sth** essere/sentirsi tenuto(a) a fare qc; **I'm bound to say** OR **admit** devo dire OR riconoscere - **3.** [en route]: **to be bound for** essere diretto(a) a. ◇ *n* [leap] salto *m*. ◆ **bounds** *npl* [limits] limiti *mpl*; **the area is out of bounds to visitors** nella zona non sono ammessi visitatori.

boundary ['baʊndərɪ] *n* confine *m*.

bourbon ['bɜːbən] *n* bourbon *m inv*.

bout [baʊt] *n* - **1.** [attack] attacco *m* - **2.** [session] periodo *m* - **3.** [boxing match] combattimento *m*.

bow[1] [baʊ] ◇ *n* - **1.** [action] inchino *m* - **2.** [front of ship] prua *f*. ◇ *vt* [lower] chinare. ◇ *vi* - **1.** [bend] fare un inchino - **2.** [defer]: **to bow to sthg** [pressure, sb's wishes] piegarsi a qc; [sb's knowledge] inchinarsi davanti a qc.

bow[2] [bəʊ] *n* - **1.** [weapon] arco *m*; [for musical instrument] archetto *m* - **2.** [knot] fiocco *m*.

bowels ['baʊəlz] *npl* - **1.** [intestines] intestino *m (singolare)* - **2.** *fig* [deepest part] viscere *fpl*.

bowl [bəʊl] ◇ *n* - **1.** [container – for fruit, ice-cream] coppetta *f*; [- for washing-up] bacinella *f*; [- for soup] scodella *f*; [- for salad] insalatiera *f* - **2.** [bowl-shaped part - of toilet] vaso *m*; [- of sink] vasca *f*; [- of pipe] fornello *m*. ◇ *vi & vt* [in cricket] lanciare. ◆ **bowls** *n (U)* bocce *fpl*. ◆ **bowl over** *vt sep* - **1.** [knock over] stendere - **2.** *fig* [surprise, impress] lasciare a bocca aperta.

bow-legged [bəʊ-] *adj* dalle gambe storte.

bowler ['bəʊlə'] n - 1. [in cricket] lanciatore m, -trice f - 2. [headgear]: **bowler (hat)** esp UK bombetta f.

bowling ['bəʊlɪŋ] n [game] bowling m.

bowling alley n - 1. [building] bowling m inv - 2. [alley] pista f da bowling.

bowling green n campo m da bocce (su erba).

bow tie [bəʊ-] n farfallino m, papillon m inv.

box [bɒks] <> n - 1. [container, contents] scatola f - 2. [in theatre] palco m - 3. [on form] casella f - 4. UK inf [television]: **the box** la tivù. <> vi [fight] fare pugilato.

boxer ['bɒksə'] n - 1. [fighter] pugile m - 2. [dog] boxer m inv.

boxer shorts npl boxer mpl.

boxing ['bɒksɪŋ] n (U) pugilato m, boxe f.

Boxing Day n il 26 dicembre, giorno festivo in Gran Bretagna, ≃ Santo Stefano m.

boxing glove n guantone m.

box office n biglietteria f.

boy [bɔɪ] <> n - 1. [young male] bambino m - 2. [adult male] ragazzo m - 3. [son] figlio m. <> excl: **(oh) boy!** inf caspita!

boycott ['bɔɪkɒt] <> n boicottaggio m. <> vt boicottare.

boyfriend ['bɔɪfrend] n ragazzo m.

boyish ['bɔɪɪʃ] adj - 1. [man] da ragazzino - 2. [woman] androgino(a).

bra [brɑ:] n reggiseno m.

brace [breɪs] <> n - 1. UK [on teeth] apparecchio m - 2. US [on leg] apparecchio m ortopedico. <> vt - 1. [steady, support]: **to brace o.s.** tenersi forte - 2. fig [mentally prepare]: **to brace o.s. (for sthg)** prepararsi (a qc). ◆ **braces** npl - 1. UK [for trousers] bretelle fpl - 2. US [on teeth] apparecchio m.

bracelet ['breɪslɪt] n braccialetto m.

bracken ['brækn] n (U) felce f.

bracket ['brækɪt] <> n - 1. [support] staffa f - 2. UK [parenthesis] parentesi f inv; **in brackets** tra parentesi - 3. [group] fascia f. <> vt [enclose in brackets] mettere tra parentesi.

brag [bræg] vi vantarsi.

braid [breɪd] <> n - 1. [on uniform] gallone m - 2. esp US [hairstyle] treccia f. <> vt esp US intrecciare.

brain [breɪn] n [organ] cervello m. ◆ **brains** npl [intelligence] cervello m.

brainchild ['breɪn,tʃaɪld] n creatura f.

brainwash ['breɪnwɒʃ] vt fare il lavaggio del cervello a.

brainwave ['breɪnweɪv] n UK [good idea] lampo m di genio.

brainy ['breɪnɪ] adj inf intelligente.

brake [breɪk] <> n freno m. <> vi frenare.

brake light n stop m inv, luce f d'arresto.

bramble ['bræmbl] n [bush] rovo m; [fruit] mora f.

bran [bræn] n (U) crusca f.

branch [brɑ:ntʃ] <> n - 1. [of tree, river, railway, subject] ramo m - 2. [of company, organization] filiale f; [of bank] agenzia f. <> vi [road] biforcarsi. ◆ **branch out** vi [person, company] diversificarsi; **to branch out into sthg** lanciarsi in qc.

brand [brænd] <> n - 1. COMM marca f - 2. fig [type, style] genere m. <> vt - 1. [cattle] marchiare - 2. fig [classify]: **to brand sb (as) sthg** bollare qn come qc.

brandish ['brændɪʃ] vt brandire.

brand name n marca f.

brand-new adj nuovo(a) di zecca.

brandy ['brændɪ] n brandy m inv.

brash [bræʃ] adj pej sguaiato(a).

brass [brɑ:s] n - 1. (U) [type of metal] ottone m - 2. MUS: **the brass** gli ottoni. ◆ **brasses** npl [ornaments] ottoni mpl.

brass band n banda f (orchestra).

brat [bræt] n inf pej moccioso m, -a f.

bravado [brə'vɑ:dəʊ] n (U) spacconate fpl.

brave [breɪv] <> adj coraggioso(a). <> n [warrior] guerriero m indiano (d'America). <> vt sfidare.

bravery ['breɪvərɪ] n (U) coraggio m.

brawl [brɔ:l] n rissa f.

brawn [brɔ:n] n (U) - 1. [muscle] muscoli mpl - 2. UK [meat] ≃ soppressata f.

bray [breɪ] vi [donkey] ragliare.

brazen ['breɪzn] adj sfacciato(a). ◆ **brazen out** vt sep: **to brazen it out** fare come se niente fosse.

brazier ['breɪzjə'] n braciere m.

Brazil [brə'zɪl] n Brasile m.

Brazilian [brə'zɪljən] <> adj brasiliano(a). <> n brasiliano m, -a f.

brazil nut n noce f del Brasile.

breach [bri:tʃ] <> n - 1. [of agreement, law] violazione f; [of confidence, trust] abuso m; **to be in breach of sthg** aver violato qc; **breach of contract** inadempienza f contrattuale - 2. [opening, gap] breccia f. <> vt - 1. [agreement, rules] violare; [contract] non adempiere a - 2. [make hole in] aprire una breccia in.

breach of the peace n UK turbamento m dell'ordine pubblico.

bread [bred] n [food] pane m; **bread and butter** [food] pane e burro; fig [main income] attività m che dà da campare.

bread bin *UK*, **bread box** *US* n cassetta f del pane.

breadcrumbs ['bredkrʌmz] npl pangrattato m *(singolare)*.

breadline ['bredlaɪn] n: **to be on the breadline** essere sulla soglia di povertà.

breadth [bredθ] n - 1. [in measurements] larghezza f - 2. *fig* [scope] portata f.

breadwinner ['bred,wɪnəʳ] n: **to be the breadwinner** mantenere la famiglia, portare a casa i soldi.

break [breɪk] (*pt* broke, *pp* broken) ⬦ n - 1. [gap, interruption]: **break in sth** [in clouds] squarcio m tra qc; [in transmission] interruzione f di qc - 2. [fracture] frattura f - 3. [pause, rest] pausa f; **to have a break** fare una pausa; **to have a break from sthg/from doing sthg** interrompere un attimo qc/di fare qc; **without a break** senza interruzione - 4. *UK* [at school] intervallo m, ricreazione f - 5. *inf* [luck, chance] opportunità f. ⬦ vt - 1. [gen] rompere; **to break one's leg** rompersi una gamba - 2. [interrupt] interrompere - 3. [fail to keep - rule, law] infrangere; [- promise] non mantenere; [- appointment] mancare a - 4. [record] battere, infrangere - 5. [tell]: **to break the news (of sthg to sb)** annunciare la notizia (di qc a qn). ⬦ vi - 1. [come to pieces, stop working] rompersi - 2. [pause] fare una pausa - 3. [weather] cambiare di colpo - 4. [escape]: **to break loose** OR **free** liberarsi - 5. [voice - with emotion] spezzarsi; [- at puberty] cambiare - 6. [become known] diffondersi; **to break even** chiudere in pareggio. ◆ **break away** vi [escape] scappare. ◆ **break down** ⬦ vt sep - 1. [destroy, demolish] buttare giù - 2. [analyse] scomporre. ⬦ vi - 1. [stop working] rompersi - 2. [end unsuccessfully] fallire - 3. [collapse, disintegrate] crollare - 4. [lose emotional control] crollare; **to break down in tears** sciogliersi in lacrime. ◆ **break in** ⬦ vi - 1. [enter by force] entrare con effrazione - 2. [interrupt] interrompere; **to break in on sb/sthg** interrompere qn/qc. ⬦ vt sep - 1. [horse] addestrare - 2. [person] insegnare a. ◆ **break into** vt insep - 1. [enter by force] entrare con effrazione in - 2. [begin suddenly]: **to break into song/applause/a run** mettersi di colpo a cantare/applaudire/correre. ◆ **break off** ⬦ vt sep - 1. [detach] staccare - 2. [put an end to] interrompere. ⬦ vi - 1. [become detached] staccarsi - 2. [stop talking] interrompersi. ◆ **break out** vi - 1. [begin suddenly] scoppiare - 2. [escape]: **to break out (of)** evadere (da). ◆ **break up** ⬦ vt sep - 1. [separate into smaller pieces] fare a pezzi - 2. [bring to an end] metter fine a. ⬦ vi - 1. [separate into smaller pieces] andare in pezzi - 2. [come to an end] finire; **the**

meeting broke up at 10 o'clock la riunione è terminata alle 10; **John and I have broken up** io e John ci siamo lasciati; **when do you break up for Christmas?** quando cominciano le vacanze di Natale? - 3. [crowd] disperdersi.

breakage ['breɪkɪdʒ] n danni mpl.

breakdown ['breɪkdaʊn] n - 1. [of car, train] guasto m; [of talks, in communication] interruzione f - 2. [nervous] esaurimento m (nervoso) - 3. [analysis] descrizione f dettagliata.

breakfast ['brekfəst] n (prima) colazione f.

break-in n furto m con scasso.

breakneck ['breɪknek] adj: **at breakneck speed** a rotta di collo.

breakthrough ['breɪkθruː] n svolta f, progresso m.

breakup ['breɪkʌp] n [of marriage] fine f; [of partnership] scioglimento m.

breast [brest] n [of woman] seno m; [of man, bird] petto m.

breast-feed ⬦ vt allattare. ⬦ vi - 1. [woman] allattare - 2. [baby] poppare.

breaststroke ['breststrəʊk] n (U) (nuoto m a) rana f; **to do the breaststroke** nuotare a rana.

breath [breθ] n - 1. (U) [air taken into lungs] fiato m; **bad breath** alito m cattivo; **out of breath** senza fiato; **to get one's breath back** riprendere fiato - 2. [act of breathing] respiro m.

breathalyze, -yse *UK* ['breθəlaɪz] vt fare l'alcoltest a.

breathe [briːð] ⬦ vi respirare. ⬦ vt [inhale] respirare. ◆ **breathe in** ⬦ vi [inhale] inspirare. ⬦ vt sep [inhale] respirare. ◆ **breathe out** vi [exhale] espirare.

breather ['briːðəʳ] n *inf* attimo m di respiro.

breathing ['briːðɪŋ] n (U) respirazione f.

breathless ['breθlɪs] adj - 1. [physically] senza fiato - 2. [with excitement] con il fiato sospeso.

breathtaking ['breθ,teɪkɪŋ] adj mozzafiato inv.

breed [briːd] (*pt* & *pp* bred [bred]) ⬦ n - 1. [of animal] razza f - 2. *fig* [sort, style] specie f inv. ⬦ vt - 1. [animals] allevare; [plants] coltivare - 2. *fig* [suspicion, contempt] generare. ⬦ vi [produce young] riprodursi.

breeding ['briːdɪŋ] n (U) - 1. [raising animals] allevamento m; [raising plants] coltivazione f - 2. [manners] educazione f.

breeze [briːz] n [light wind] brezza f.

breezy ['briːzɪ] adj - 1. [windy] ventilato(a) - 2. [cheerful] gioviale.

brevity ['brevɪtɪ] n brevità f.

brew [bru:] ⋄ vt [make - beer] fare; [- tea] lasciare in infusione. ⋄ vi - 1. [tea] essere in infusione - 2. [trouble, storm] prepararsi.

brewery ['bruərı] n fabbrica f di birra.

bribe [braıb] ⋄ n tangente f, bustarella f. ⋄ vt corrompere; **to bribe sb to do sthg** corrompere qn perché faccia qc.

bribery ['braıbərı] n (U) corruzione f.

brick [brık] n mattone m.

bricklayer ['brık,leıə'] n muratore m.

bridal ['braıdl] adj [dress] da sposa; [suite] nuziale.

bride [braıd] n sposa f.

bridegroom ['braıdgrom] n sposo m.

bridesmaid ['braıdzmeıd] n damigella f d'onore.

bridge [brıdʒ] ⋄ n - 1. [gen] ponte m - 2. [on ship] ponte m di comando - 3. [of nose] dorso m - 4. [card game] bridge m. ⋄ vt fig [gap] ridurre.

bridle ['braıdl] n briglia f.

bridle path n sentiero m per cavalli.

brief [bri:f] ⋄ adj - 1. [short] breve - 2. [revealing, skimpy] corto(a) - 3. [concise, to the point] breve, conciso(a); **in brief** in breve, in poche parole. ⋄ n - 1. LAW memoria f - 2. UK [instructions] disposizioni fpl. ⋄ vt: **to brief sb on sthg** [bring up to date] aggiornare qn su qc; [instruct] dare disposizioni a qn su qc. ◆ **briefs** npl [underwear] slip m.

briefcase ['bri:fkeıs] n ventiquattrore f inv.

briefing ['bri:fıŋ] n briefing m inv.

briefly ['bri:flı] adv - 1. [for a short time - stop, pause] brevemente; [- look] di sfuggita - 2. [concisely] in poche parole.

brigade [brı'geıd] n - 1. MIL brigata f - 2. [organization] associazione f.

brigadier [,brıgə'dıə'] n generale m di brigata.

bright [braıt] adj [light, sunlight] intenso(a); [room, smile] luminoso(a); [colour, eyes] vivace; [person, idea, future] brillante. ◆ **brights** npl US inf AUT abbaglianti mpl.

brighten ['braıtn] vi - 1. [become lighter] rischiararsi - 2. [become more cheerful – face, eyes] illuminarsi; [- mood] rasserenarsi. ◆ **brighten up** ⋄ vt sep ravvivare. ⋄ vi rasserenarsi.

brilliance ['brıljəns] n - 1. [cleverness] genialità f - 2. [of colour] vivacità f - 3. [of light] splendore m.

brilliant ['brıljənt] adj - 1. [clever] geniale - 2. [colour] vivace - 3. [light] splendente - 4. [very successful] brillante - 5. inf [wonderful, enjoyable] fantastico(a).

brim [brım] ⋄ n [of bowl, glass] orlo m; [of pool] bordo m; [of hat] tesa f. ⋄ vi: **to brim with sthg** essere pieno(a) di qc.

brine [braın] n (U) salamoia f; **tuna in brine** tonno al naturale.

bring [brıŋ] (pt & pp brought) vt - 1. [gen] portare - 2. [cause] portare, causare; **to bring sthg to an end** mettere fine a qc. ◆ **bring about** vt sep causare. ◆ **bring around** vt sep [make conscious] rianimare. ◆ **bring back** vt sep - 1. [come back with - library book] restituire; [- faulty goods] riportare indietro; [- souvenir, shopping] portare; [- person] riaccompagnare - 2. [reinstate] reintrodurre. ◆ **bring down** vt sep - 1. [cause to fall - plane, bird] abbattere; [- government] far cadere - 2. [reduce] abbassare. ◆ **bring forward** vt sep - 1. [in time] anticipare - 2. [in bookkeeping] riportare. ◆ **bring in** vt sep - 1. [introduce – law, legislation] introdurre; [- bill] presentare - 2. [earn - person] guadagnare; [- company] fatturare. ◆ **bring off** vt sep portare a termine. ◆ **bring out** vt sep - 1. [produce and sell] lanciare - 2. [reveal] tirar fuori. ◆ **bring round** UK, **bring to** vt sep = **bring around**. ◆ **bring up** vt sep - 1. [raise] allevare - 2. [mention] menzionare - 3. [vomit] vomitare.

brink [brıŋk] n: **on the brink of** sull'orlo di.

brisk [brısk] adj - 1. [walk, swim] rapido(a) - 2. [manner, tone] energico(a).

bristle ['brısl] ⋄ n - 1. [hair - of person] pelo m; [- of animal] setola f - 2. [on brush] setola f. ⋄ vi - 1. [stand up] rizzarsi - 2. [react angrily]: **to bristle (at sthg)** adombrarsi (per qc).

Britain ['brıtn] n Gran Bretagna f.

British ['brıtıʃ] ⋄ adj britannico(a). ⋄ npl: **the British** il popolo britannico, gli inglesi.

British Isles npl: **the British Isles** le Isole Britanniche.

Briton ['brıtn] n cittadino(a) britannico(a).

Brittany ['brıtənı] n Bretagna f.

brittle ['brıtl] adj fragile.

broach [brəʊtʃ] vt [subject] affrontare.

broad [brɔ:d] ⋄ adj - 1. [physically wide] largo(a); **a broad grin** un ampio sorriso - 2. [wide-ranging, extensive] ampio(a), vasto(a) - 3. [general, unspecific] generale - 4. [hint] chiaro(a), esplicito(a) - 5. [accent] marcato(a). ⋄ n US inf offens [woman] femmina f. ◆ **in broad daylight** adv in pieno giorno.

B road n UK ≃ strada f provinciale.

broadband ['brɔ:dbænd] n COMPUT ADSL f, banda f larga.

broad bean n UK fava f.

broadcast ['brɔːdkɑːst] (pt & pp **broadcast**) ◇ n trasmissione f. ◇ vt trasmettere.

broaden ['brɔːdn] ◇ vt - **1.** [make physically wider] allargare - **2.** [make more general, wide-ranging] estendere. ◇ vi [become physically wider] allargarsi.

broadly ['brɔːdlɪ] adv [generally] generalmente.

broadminded [,brɔːdˈmaɪndɪd] adj aperto(a).

broccoli ['brɒkəlɪ] n broccolo m.

brochure [UK 'brəʊʃər, US brəʊˈʃʊr] n dépliant m inv, opuscolo m.

broil [brɔɪl] vt US cuocere alla griglia.

broke [brəʊk] ◇ pt ⊳ **break**. ◇ adj inf [penniless] al verde.

broken ['brəʊkn] ◇ pp ⊳ **break**. ◇ adj - **1.** [damaged, not working] rotto(a) - **2.** [fractured] rotto(a), spezzato(a) - **3.** [interrupted - sleep] interrotto(a); [- journey] discontinuo(a); [- line, curve] spezzato(a) - **4.** [marriage] fallito(a); **she comes from a broken home** i suoi sono separati - **5.** [hesitant, inaccurate] stentato(a).

broker ['brəʊkər] n agente mf.

brolly ['brɒlɪ] n UK inf ombrello m.

bronchitis [brɒŋˈkaɪtɪs] n (U) bronchite f.

bronze [brɒnz] ◇ n [metal, sculpture] bronzo m. ◇ adj [bronze-coloured] color bronzo.

brooch [brəʊtʃ] n spilla f.

brood [bruːd] ◇ n [of animals] covata f, nidiata f. ◇ vi: **to brood (over** OR **about sthg)** rimuginare (qc).

brook [brʊk] n ruscello m.

broom [bruːm] n [brush] scopa f.

broomstick ['bruːmstɪk] n manico m di scopa.

Bros, bros (abbr of **brothers**) F.lli.

broth [brɒθ] n (U) brodo m.

brothel ['brɒθl] n bordello m.

brother ['brʌðər] n - **1.** [relative] fratello m - **2.** fig [associate, comrade] collega m - **3.** [monk] fratello m.

brother-in-law (pl **brothers-in-law**) n cognato m.

brought [brɔːt] pt & pp ⊳ **bring**.

brow [braʊ] n - **1.** [forehead] fronte f - **2.** [eyebrow] sopracciglio m - **3.** [of hill] cima f.

brown [braʊn] ◇ adj - **1.** [colour] marrone; [hair, eyes] castano(a); **brown bread** pane m integrale - **2.** [tanned] abbronzato(a). ◇ n [colour] marrone m inv. ◇ vt [food] rosolare.

Brownie (Guide) ['braʊnɪ-] n [member of the Girl Guides Association] coccinella f.

brown paper n (U) carta f da pacchi.

brown rice n (U) riso m integrale.

brown sugar n (U) zucchero m greggio.

browse [braʊz] ◇ vt COMPUT navigare. ◇ vi - **1.** [in shop] dare un'occhiata - **2.** [read]: **to browse through sthg** sfogliare qc - **3.** [graze] pascolare.

browser ['braʊzər] n COMPUT browser m inv.

bruise [bruːz] ◇ n [on person] livido m; [on fruit] ammaccatura f. ◇ vt - **1.** [leave a bruise on - knee, arms] farsi un livido su; [- fruit] ammaccare - **2.** fig [hurt, offend] ferire.

brunch [brʌntʃ] n brunch m inv.

brunette [bruːˈnet] n bruna f.

brunt [brʌnt] n: **to bear** OR **take the brunt of sthg** subire il peggio di qc.

brush [brʌʃ] ◇ n - **1.** [for hair] spazzola f; [for teeth] spazzolino m; [for painting] pennello m - **2.** [encounter]: **to have a brush with the law** OR **the police** avere noie fpl con la giustizia. ◇ vt - **1.** [clean with brush] spazzolare - **2.** [touch lightly] sfiorare. ◆ **brush aside** vt sep non tener conto di. ◆ **brush off** vt sep [dismiss] ignorare. ◆ **brush up** ◇ vt sep [revise] ripassare. ◇ vi: **to brush up on sthg** dare una ripassata a qc.

brush-off n inf: **to give sb the brush-off** snobbare qn.

brusque [bruːsk] adj brusco(a).

Brussels ['brʌslz] n Bruxelles f.

brussels sprout n cavoletto m di Bruxelles.

brutal ['bruːtl] adj brutale.

brute [bruːt] ◇ adj bruto(a). ◇ n - **1.** [large animal] bestia f - **2.** [bully] bruto m.

BSc (abbr of **Bachelor of Science**) n (chi possiede una) laurea in scienze.

bubble ['bʌbl] ◇ n bolla f. ◇ vi - **1.** [produce bubbles] fare le bolle - **2.** [make a bubbling sound] gorgogliare - **3.** fig [person]: **to bubble with sthg** traboccare di qc.

bubble bath n bagnoschiuma m inv.

bubble gum n (U) gomma f da masticare, chewing gum m inv.

bubblejet printer ['bʌbldʒet-] n stampante f a getto di inchiostro.

Bucharest [,buːkəˈrest] n Bucarest f.

buck [bʌk] ◇ n - **1.** [male animal] maschio m - **2.** esp US inf [dollar] dollaro m - **3.** inf [responsibility]: **to pass the buck** scaricare la responsabilità. ◇ vi [horse] scalciare. ◆ **buck up** inf vi - **1.** [cheer up] tirarsi su - **2.** UK dated [hurry up] darsi una mossa.

bucket ['bʌkɪt] n secchio m.

buckle ['bʌkl] ⬦ n fibbia f. ⬦ vt - 1. [fasten] allacciare - 2. [bend] piegare. ⬦ vi [bend] piegarsi.

bud [bʌd] ⬦ n bocciolo m, gemma f; to be in bud essere in boccio. ⬦ vi sbocciare, germogliare.

Budapest [,bju:də'pest] n Budapest f.

Buddha [UK 'budə, US 'bu:də] n Budda m.

Buddhism [UK 'budɪzm, US 'bu:dɪzm] n (U) buddismo m.

budding ['bʌdɪŋ] adj [writer, artist] in erba.

buddy ['bʌdɪ] n esp US inf [friend] amico m, -a f.

budge [bʌdʒ] ⬦ vt - 1. [move] spostare - 2. [change mind of] smuovere. ⬦ vi - 1. [move] spostarsi - 2. [change mind] smuoversi.

budgerigar ['bʌdʒərɪgɑ:ʳ] n pappagallino m.

budget ['bʌdʒɪt] ⬦ adj economico(a). ⬦ n budget m inv. ◆ **budget for** vt insep preventivare.

budgie ['bʌdʒɪ] n inf pappagallino m.

buff [bʌf] ⬦ adj [envelope] giallognolo(a). ⬦ n inf [expert] patito m, -a f.

buffalo ['bʌfələu] (pl buffalo, -es OR -s) n [wild ox] bufalo m; [bison] bisonte m.

buffer ['bʌfəʳ] n - 1. UK [for trains] respingente m - 2. [protection] protezione f - 3. COMPUT buffer m inv, memoria f di transito.

buffet[1] [UK 'bufeɪ, US bə'feɪ] n buffet m inv.

buffet[2] ['bʌfɪt] vt [physically] sferzare.

buffet car n ['bufeɪ-] n UK vagone m ristorante.

bug [bʌg] ⬦ n - 1. esp US [small insect] insetto m - 2. inf [germ] virus m, infezione f - 3. inf [listening device] cimice f - 4. COMPUT bug m inv. ⬦ vt inf - 1. [spy on - room] mettere microspie in; [- telephone] mettere sotto controllo - 2. esp US [annoy] scocciare.

bugger ['bʌgəʳ] UK v inf ⬦ n [person] stronzo m, -a f. ⬦ excl merda! ◆ **bugger off** vi: bugger off! vaffanculo!

buggy ['bʌgɪ] n - 1. UK [pushchair] passeggino m - 2. US [pram] carrozzina f.

bugle ['bju:gl] n tromba f.

build [bɪld] (pt & pp built) ⬦ vt - 1. [construct] costruire - 2. fig [form, create] formare. ⬦ n corporatura f. ◆ **build on** ⬦ vt insep [further] sviluppare. ⬦ vt sep [base on] basarsi su. ◆ **build up** ⬦ vt sep [strengthen] rafforzare. ⬦ vi [increase] aumentare. ◆ **build upon** vt insep & vt sep = build on.

builder ['bɪldəʳ] n costruttore m edile.

building ['bɪldɪŋ] n - 1. [structure] costruzione f, edificio m - 2. (U) [profession] edilizia f.

building and loan association n US istituto m di credito immobiliare.

building site n cantiere m edile.

building society n UK istituto m di credito immobiliare.

buildup ['bɪldʌp] n incremento m.

built [bɪlt] pt & pp ⯈ build.

built-in adj - 1. [wardrobe, cupboard] a muro; [oven, dishwasher] a incasso - 2. [inherent] incorporato(a).

built-up adj: built-up area centro m abitato.

bulb [bʌlb] n - 1. [for lamp] lampadina f - 2. [of plant] bulbo m.

Bulgaria [bʌl'geərɪə] n Bulgaria f.

Bulgarian [bʌl'geərɪən] ⬦ adj bulgaro(a). ⬦ n - 1. [person] bulgaro m, -a f - 2. [language] bulgaro m.

bulge [bʌldʒ] ⬦ n [lump] rigonfiamento m. ⬦ vi: to bulge (with sthg) straripare (di qc).

bulk [bʌlk] ⬦ n - 1. [mass] volume m, mole f - 2. [of person] mole f - 3. COMM: in bulk all'ingrosso - 4. [majority, most of]: the bulk of il grosso di. ⬦ adj all'ingrosso.

bulky ['bʌlkɪ] adj voluminoso(a).

bull [bul] n - 1. [male cow] toro m - 2. [male animal] maschio m.

bulldog ['buldog] n bulldog m inv.

bulldozer ['buldəuzəʳ] n bulldozer m inv.

bullet ['bulɪt] n [for gun] proiettile m, pallottola f.

bulletin ['bulətɪn] n bollettino m; news bulletin notiziario m.

bullet-proof adj antiproiettile inv.

bullfight ['bulfaɪt] n corrida f.

bullfighter ['bul,faɪtəʳ] n torero m, -a f.

bullfighting ['bul,faɪtɪŋ] n (U) corride fpl.

bullion ['buljən] n (U): gold/silver bullion oro m/argento m in lingotti.

bullock ['bulək] n manzo m.

bullring ['bulrɪŋ] n arena f (per corride).

bull's-eye n - 1. [target] centro m (del bersaglio) - 2. [shot] centro m; to hit OR score a bull's-eye far centro.

bully ['bulɪ] ⬦ n prepotente mf. ⬦ vt tiranneggiare; to bully sb into doing sthg forzare qn a fare qc.

bum [bʌm] n - 1. esp UK v inf [bottom] culo m - 2. US inf pej [tramp] barbone m, -a f.

bum bag n UK inf marsupio m (borsello).

bumblebee ['bʌmblbi:] n bombo m.

bump [bʌmp] ◇ n - 1. [lump - on head] bernoccolo m; [- in road] dosso m - 2. [knock, blow] colpo m - 3. [noise] tonfo m. ◇ vt [head, knee] sbattere; [car] andare a sbattere con. ◆ **bump into** vt insep [meet by chance]: **to bump into sb** imbattersi in qn.

bumper ['bʌmpər] ◇ adj eccezionale. ◇ n - 1. [on car] paraurti m inv - 2. US RAIL respingente m.

bumpy ['bʌmpɪ] adj - 1. [surface] accidentato(a) - 2. [ride, journey] pieno(a) di scossoni.

bun [bʌn] n - 1. UK [cake] panino m dolce - 2. [bread roll] panino m - 3. [hairstyle] chignon m inv.

bunch [bʌntʃ] ◇ n [of people] gruppo m; [of flowers, keys] mazzo m; [of grapes] grappolo m; [of bananas] casco m. ◇ vi raggrupparsi. ◆ **bunches** npl UK [hairstyle] codini mpl.

bundle ['bʌndl] ◇ n [of clothes] fagotto m; [of papers] fascio m; [of wood] fascina f. ◇ vt spingere a forza.

bung [bʌŋ] ◇ n tappo m. ◇ vt UK inf [put] buttare.

bungalow ['bʌŋɡələʊ] n bungalow m inv.

bungle ['bʌŋɡl] vt compromettere.

bunion ['bʌnjən] n durone m.

bunk [bʌŋk] n - 1. [bed] cuccetta f - 2. = **bunk bed**.

bunk bed n letto m a castello.

bunker ['bʌŋkər] n - 1. MIL & GOLF bunker m inv - 2. [for coal] carbonaia f.

bunny ['bʌnɪ] n: **bunny (rabbit)** inf coniglio m.

bunting ['bʌntɪŋ] n (U) [flags] bandierine fpl.

buoy [UK bɔɪ, US 'buːɪ] n boa f. ◆ **buoy up** vt sep incoraggiare.

buoyant ['bɔɪənt] adj - 1. [able to float] galleggiante - 2. [optimistic - person] esuberante; [- economy] fiorente.

burden ['bɜːdn] ◇ n - 1. [physical load] carico m - 2. fig [heavy responsibility] peso m; **a burden on sb** un peso per qn. ◇ vt: **to burden sb with sthg** fare carico a qn di qc.

bureau ['bjʊərəʊ] (pl -x) n - 1. [office, branch] agenzia f - 2. UK [desk] scrittoio m - 3. US [chest of drawers] cassettone m.

bureaucracy [bjʊə'rɒkrəsɪ] n burocrazia f.

bureau de change [,bjʊərəʊdə'ʃɒndʒ] (pl **bureaux de change**) n agenzia f di cambio.

bureaux ['bjʊərəʊz] pl ▷ **bureau**.

burger ['bɜːɡər] n [hamburger] hamburger m inv.

burglar ['bɜːɡlər] n scassinatore m, -trice f.

burglar alarm n antifurto m.

burglarize ['bɜːɡləraɪz] vt US = **burgle**.

burglary ['bɜːɡlərɪ] n furto m con scasso (in edificio).

burgle ['bɜːɡl], **burglarize** US vt svaligiare.

Burgundy ['bɜːɡəndɪ] n Borgogna f.

burial ['berɪəl] n sepoltura f.

burly ['bɜːlɪ] adj robusto(a).

Burma ['bɜːmə] n Birmania f.

burn [bɜːn] (pt & pp -ed OR burnt) ◇ vt - 1. [destroy by fire] bruciare, incendiare - 2. [overcook, use as fuel] bruciare - 3. [injure - gen] scottare, bruciare; [- more seriously] ustionare. ◇ vi - 1. [gen] bruciare - 2. [give out light, heat] essere acceso(a) - 3. [become sunburned] scottarsi. ◇ n - 1. [wound, injury - gen] scottatura f, bruciatura f; [- more serious] ustione f - 2. [mark] bruciatura f. ◆ **burn down** vt sep & vi [be destroyed by fire] bruciare completamente; [burn less brightly] estinguersi.

burner ['bɜːnər] n [on cooker] fornello m.

burnt [bɜːnt] pt & pp ▷ **burn**.

burp [bɜːp] inf ◇ n [gen] rutto m; [of baby] ruttino m. ◇ vi [gen] ruttare; [baby] fare il ruttino.

burrow ['bʌrəʊ] ◇ n tana f. ◇ vi - 1. [dig] scavare - 2. fig [search] frugare.

bursar ['bɜːsər] n economo m, -a f.

bursary ['bɜːsərɪ] n esp UK [scholarship, grant] borsa f di studio.

burst [bɜːst] (pt & pp burst) ◇ vi - 1. [tyre, balloon] scoppiare; [bag, dam] rompersi - 2. [explode] esplodere - 3. [go suddenly]: **they burst into the room** hanno fatto irruzione nella stanza; **he burst out of the study** si è precipitato fuori dallo studio. ◇ vt [tyre, balloon, abscess] far scoppiare; [dam] far cedere. ◇ n [of enthusiasm, energy] esplosione f; [of gunfire] raffica f; [of applause] scroscio m. ◆ **burst into** vt insep [begin suddenly]: **to burst into tears** scoppiare a piangere; **to burst into song** mettersi a cantare di colpo; **to burst into flames** prendere fuoco. ◆ **burst out** vt insep - 1. [say suddenly] esclamare - 2. [begin suddenly]: **to burst out laughing/crying** scoppiare a ridere/piangere.

bursting ['bɜːstɪŋ] adj - 1. [full] pieno(a) - 2. [with emotion]: **to be bursting with sthg** scoppiare di qc - 3. [eager]: **to be bursting to do sthg** morire dalla voglia di fare qc.

bury ['berɪ] vt - 1. [in ground] seppellire - 2. [hide - face, hands] nascondere, immergere; [- fact, feeling] nascondere; [- memory] seppellire; **she buried her face in her hands** ha nascosto il viso tra le mani.

bus [bʌs] *n* autobus *m inv*; **by bus** in autobus.

bush [buʃ] *n* - 1. [plant] cespuglio *m* - 2. [open country]: **the bush** la campagna; **to beat around** OR **about** UK **the bush** menare il can per l'aia.

bushy ['buʃi] *adj* folto(a).

business ['bɪznɪs] *n* - 1. (U) [commerce] affari *mpl*; **on business** per affari; **to mean business** *inf* fare sul serio; **to go out of business** fallire - 2. [company] impresa *f*, ditta *f* - 3. (U) [concern, study] compito *m*; **mind your own business!** *inf* fatti i fatti tuoi! - 4. [affair, matter] faccenda *f*, fatto *m*.

businesslike ['bɪznɪslaɪk] *adj* professionale.

businessman ['bɪznɪsmæn] (*pl* -**men**) *n* imprenditore *m*, uomo *m* d'affari.

business trip *n* viaggio *m* d'affari.

businesswoman ['bɪznɪs,wumən] (*pl* -**women**) *n* imprenditrice *f*, donna *f* d'affari.

busker ['bʌskər] *n* UK suonatore *m*, -trice *f* ambulante.

bus shelter *n* pensilina *f*.

bus station *n* stazione *f* degli autobus.

bus stop *n* fermata *f* dell'autobus.

bust [bʌst] (*pt* & *pp* **bust** OR -**ed**) ◇ *adj* inf - 1. [broken] scassato(a) - 2. [bankrupt]: **to go bust** fallire. ◇ *n* - 1. [bosom] petto *m*, busto *m* - 2. [statue] busto *m*. ◇ *vt* inf [break] scassare. ◇ *vi* inf scassarsi.

bustle ['bʌsl] ◇ *n* [activity] viavai *m*. ◇ *vi* [move quickly] affaccendarsi.

busy ['bɪzi] ◇ *adj* - 1. [active] occupato(a), indaffarato(a) - 2. [hectic - time] intenso(a); [- place] animato(a) - 3. [working, concentrating] impegnato(a), occupato(a); **to be busy doing sthg** essere occupato a fare qc - 4. *esp* US [engaged] occupato(a). ◇ *vt*: **to busy o.s. (doing sthg)** tenersi occupato (facendo qc).

busybody ['bɪzi,bɒdi] *n pej* ficcanaso *mf inv*.

busy signal *n* US TELEC segnale *m* di occupato.

but [bʌt] ◇ *conj* [introducing a contrasting statement] ma; **I'm sorry, but I don't agree** mi dispiace, ma non sono d'accordo; **but that's wonderful news!** ma questa è un'ottima notizia!; **we were poor but happy** eravamo poveri ma felici; **she owns not one but two houses** possiede non una, ma due case. ◇ *prep* tranne; **everyone was there but Jane** c'erano tutti tranne Jane; **we've had nothing but bad weather** abbiamo avuto sempre

tempo cattivo; **he has no one but himself to blame** può prendersela solo con se stesso. ◇ *adv fml*: **had I but known!** se solo l'avessi saputo!; **we can but try** possiamo sempre provare. ◆ **but for** *prep* se non fosse per.

butcher ['butʃər] ◇ *n lit & fig* macellaio *m*, -a *f*; **butcher's (shop)** macelleria *f*. ◇ *vt* - 1. [kill for meat] macellare - 2. *fig* [kill indiscriminately] massacrare.

butler ['bʌtlər] *n* maggiordomo *m*.

butt [bʌt] ◇ *n* - 1. [of cigarette, cigar] mozzicone *m* - 2. [of rifle] calcio *m* - 3. [for water] cisterna *f* - 4. [target] bersaglio *m* - 5. *esp* US *inf* [bottom] sedere *m*. ◇ *vt* [hit with head] dare una testata a. ◆ **butt in** *vi* [interrupt]: **to butt in on** [person] interrompere; [discussion] interferire in.

butter ['bʌtər] ◇ *n* burro *m*. ◇ *vt* imburrare.

buttercup ['bʌtəkʌp] *n* ranuncolo *m*.

butter dish *n* burriera *f*, portaburro *m*.

butterfly ['bʌtəflaɪ] *n* [insect, swimming style] farfalla *f*.

buttocks ['bʌtəks] *npl* natiche *fpl*.

button ['bʌtn] ◇ *n* - 1. [on clothes] bottone *m* - 2. [on machine] pulsante *m* - 3. US [badge] distintivo *m*. ◇ *vt* = **button up**. ◆ **button up** *vt sep* [fasten] abbottonare.

button mushroom *n* champignon *m inv*.

buttress ['bʌtrɪs] *n* contrafforte *m*.

buxom ['bʌksəm] *adj* [woman] formoso(a).

buy [baɪ] (*pt* & *pp* **bought**) ◇ *vt* - 1. [purchase] comprare, acquistare; **I'll buy you a drink** ti offro da bere; **to buy sthg from sb** comprare qc da qn - 2. *fig* [bribe] comprare. ◇ *n* acquisto *m*. ◆ **buy out** *vt sep* - 1. [in business] rilevare la quota di - 2. [from army] comprare l'esonero di; **to buy o.s. out** comprarsi l'esonero. ◆ **buy up** *vt sep* accaparrare.

buyer ['baɪər] *n* - 1. [purchaser] acquirente *mf* - 2. [profession] responsabile *mf* dell'ufficio acquisti.

buyout ['baɪaʊt] *n* buyout *m inv*.

buzz [bʌz] ◇ *n* [of insect, machinery] ronzio *m*; [of conversation] brusio *m*; **to give sb a buzz** *inf* dare un colpo di telefono a qn. ◇ *vi* - 1. [bee, plane, head] ronzare - 2. *fig* [place]: **to buzz (with sthg)** fervere (di qc). ◇ *vt* [on intercom] chiamare.

buzzer ['bʌzər] *n* [on clock] suoneria *f*; [on intercom] pulsante *m*.

buzzword ['bʌzwɜ:d] *n inf* termine *m* in voga.

by [baɪ] ◇ prep - **1.** [indicating cause, agent] da; **caused/written/killed by** causato/scritto/ucciso da; **a book by Dickens** un libro di Dickens - **2.** [indicating means, method, manner] per; **to take sb by the hand** prendere qn per mano; **to book by phone** prenotare per telefono; **to pay by credit card** pagare con carta di credito; **to travel by bus/train/plane/ship** viaggiare in autobus/treno/aereo/nave; **by doing sthg** facendo qc; **he got rich by buying property** si è arricchito acquistando immobili - **3.** [to explain a word or expression] con; **what do you mean by "all right"?** cosa vuoi dire con "all right"? - **4.** [beside, close to] vicino a; **she was sitting by the window** era seduta vicino alla finestra; **a holiday by the sea** una vacanza al mare - **5.** [past] davanti a; **to walk/pass/drive by sb/sthg** passare davanti a qn/qc - **6.** [via, through] da; **come in by the back door** entra dalla porta sul retro; **we came by Oxford** siamo passati da Oxford per venire - **7.** [at or before a particular time] entro; **I'll be there by eight** sarò lì entro le otto; **by 2002 it was all over** nel 2002 era tutto finito; **by now** ormai - **8.** [during]: **by day/night** di giorno/notte - **9.** [according to] secondo; **to play by the rules** giocare secondo le regole; **by law** per legge - **10.** [in arithmetic, measurements] per; **to divide/multiply 20 by 2** dividere/moltiplicare 20 per 2; **6 divided by 3 is 2** 6 diviso 3 fa 2 - **11.** [in quantities, amounts] a; **you can buy it by the metre** puoi comprarlo al metro; **we make them by the thousand(s)** li produciamo a migliaia; **to be paid by the day/week/month** essere pagato alla giornata/alla settimana/al mese; **prices were cut by 50%** i prezzi sono stati ridotti del 50% - **12.** [indicating gradual change]: **day by day** giorno dopo giorno; **one by one** uno ad uno; **little by little** poco a poco - **13.** [indicating nature or profession]: **by nature** di natura; **by profession/trade** di professione/mestiere. ◇ adv abbr of **go, pass,** etc. ➤ **by and large** adv per lo più. ➤ **(all) by oneself** ◇ adv da solo(a). ◇ adj tutto(a) solo(a); **I'm all by myself today** oggi sono tutto solo.

bye(-bye) [baɪ('baɪ)] excl inf ciao!, arrivederci!

byelaw ['baɪlɔ:] n = **bylaw**.

by-election n elezioni fpl suppletive.

bygone ['baɪgɒn] adj passato(a). ➤ **bygones** npl: **to let bygones be bygones** metterci una pietra sopra.

bylaw ['baɪlɔ:] n ordinanza f locale.

bypass ['baɪpɑ:s] ◇ n - **1.** [road] circonvallazione f - **2.** MED bypass m inv; **bypass (operation)** intervento m di bypass. ◇ vt - **1.** [place, issue, difficulty] evitare - **2.** [person] scavalcare.

by-product n - **1.** [product] sottoprodotto m - **2.** fig [consequence] conseguenza f.

bystander ['baɪˌstændər] n spettatore m, -trice f.

byte [baɪt] n COMPUT byte m inv.

byword ['baɪwɜ:d] n [symbol]: **to be a byword for sthg** essere sinonimo di qc.

c (pl **c's** OR **cs**), **C** (pl **C's** OR **Cs**) [si:] n [letter] c m o f inv, C m o f inv. ➤ **C** n - **1.** MUS do m inv - **2.** (abbr of **celsius, centigrade**) °C.

c., ca. (abbr of **circa**) ca.

CA abbr of **California**.

cab [kæb] n - **1.** [taxi] taxi m inv - **2.** [of truck] cabina f.

cabaret ['kæbəreɪ] n cabaret m inv.

cabbage ['kæbɪdʒ] n cavolo m.

cabin ['kæbɪn] n - **1.** [on ship, in aircraft] cabina f - **2.** [house] capanna f.

cabin crew n personale m di bordo.

cabinet ['kæbɪnɪt] n - **1.** [cupboard] armadietto m; **drinks cabinet** mobile m bar; **glass cabinet** vetrinetta f - **2.** POL gabinetto m, governo m.

cable ['keɪbl] ◇ n - **1.** [rope, electric] cavo m - **2.** [telegram] cablogramma m - **3.** TV = **cable television**. ◇ vt [telegraph - person] inviare un cablogramma a; [- news, money] inviare per cablogramma.

cable car n funivia f.

cable television, cable TV n televisione f via cavo.

cache [kæʃ] n - **1.** [store] deposito m nascosto - **2.** COMPUT memoria f cache.

cackle ['kækl] vi [hen, person] schiamazzare.

cactus ['kæktəs] (pl **-tuses** OR **-ti**) n cactus m inv.

cadet [kə'det] n [in police] cadetto m.

cadge [kædʒ] UK inf ◇ vt: **to cadge sthg (off** OR **from sb)** scroccare qc (a qn). ◇ vi: **to cadge off** OR **from sb** vivere sulle spalle di qn.

caesarean (section) *UK*, **cesarean (section)** *US* [si'zeərɪən 'sekʃn] *n* (taglio *m*) cesareo *m*.

cafe, café ['kæfeɪ] *n* bar *m inv*, caffè *m inv*.

cafeteria [,kæfɪ'tɪərɪə] *n* ristorante *m* self-service.

caffeine ['kæfi:n] *n* caffeina *f*.

cage [keɪdʒ] *n* gabbia *f*.

cagey ['keɪdʒɪ] (*comp* -ier, *superl* -iest) *adj inf* evasivo(a).

cagoule [kə'gu:l] *n UK* K-way® *m inv*.

cajole [kə'dʒəʊl] *vt* persuadere; **to cajole sb into doing sthg** persuadere qn a fare qc.

cake [keɪk] *n* - **1.** [type of sweet food] dolce *m*, torta *f*; **a piece of cake** *inf fig* un gioco da ragazzi - **2.** [of fish, potato] crocchetta *f* - **3.** [of soap] pezzo *m*.

caked [keɪkt] *adj*: **caked with sthg** incrostato(a) di qc.

calcium ['kælsɪəm] *n* CHEM calcio *m*.

calculate ['kælkjʊleɪt] *vt* - **1.** [work out] calcolare - **2.** [plan, intend] studiare; **to be calculated to do sthg** essere studiato(a) per fare qc.

calculating ['kælkjʊleɪtɪŋ] *adj pej* calcolatore(trice).

calculation [,kælkjʊ'leɪʃn] *n* MATHS calcolo *m*.

calculator ['kælkjʊleɪtər] *n* calcolatrice *f*.

calendar ['kælɪndər] *n* calendario *m*.

calf [kɑ:f] (*pl* calves) *n* - **1.** [young animal - cow] vitello *m*; [- elephant, whale] cucciolo *m* - **2.** [of leg] polpaccio *m*.

calibre *UK*, **caliber** *US* ['kælɪbər] *n* calibro *m*.

California [,kælɪ'fɔ:njə] *n* California *f*.

calipers *npl US* = **callipers**.

call [kɔ:l] ◇ *n* - **1.** [cry - of person] grido *m*; [- of animal, bird] richiamo *m* - **2.** [visit] visita *f*; **to pay a call on sb** fare visita a qn - **3.** [demand] richiesta *f*; **call for sthg** richiesta di qc; **there's no call for them** nessuno ne ha fatto richiesta - **4.** [summons] chiamata *f*; **on call** di guardia - **5.** [telephone call] chiamata *f*, telefonata *f*. ◇ *vt* - **1.** [name] chiamare; **I'm called Joan** mi chiamo Joan; **what's this thing called?** come si chiama questa cosa? - **2.** [describe as] definire; **he called me a liar** mi ha dato del bugiardo; **let's call it a round £10** diciamo 10 sterline tonde - **3.** [shout] chiamare, gridare - **4.** [telephone] chiamare, telefonare a - **5.** [summon] chiamare - **6.** [announce - flight] chiamare; [- meeting, strike, election] indire. ◇ *vi* - **1.** [shout] chiamare, gridare - **2.** [animal, bird] emettere gridi - **3.** [telephone] chiamare; **who's calling?** chi parla? - **4.** [visit] passare. ◆ **call back** ◇ *vt sep* richiamare. ◇ *vi* - **1.** [on phone] richiamare - **2.** [visit again] ripassare. ◆ **call for** *vt insep* - **1.** [collect] passare a prendere - **2.** [demand] richiedere; **this calls for a drink** qui ci vuole un brindisi. ◆ **call in** ◇ *vt sep* - **1.** [send for] chiamare - **2.** [goods, bank notes] ritirare; [overdraft, loan] esigere il pagamento di. ◇ *vi* passare. ◆ **call off** *vt sep* - **1.** [cancel] disdire, revocare - **2.** [order not to attack] richiamare. ◆ **call on** *vt insep* - **1.** [visit] passare a trovare - **2.** [ask]: **to call on sb to do sthg** domandare a qn di fare qc. ◆ **call out** ◇ *vt sep* - **1.** [order to help] fare intervenire - **2.** [cry out] gridare. ◇ *vi* [cry out] gridare. ◆ **call round** *vi UK* passare. ◆ **call up** *vt sep* - **1.** MIL chiamare alle armi - **2.** [on telephone] chiamare - **3.** COMPUT richiamare.

call box *n UK* cabina *f* telefonica.

call centre *UK*, **call center** *US n* call center *m inv*.

caller ['kɔ:lər] *n* - **1.** [visitor] visitatore *m*, -trice *f* - **2.** [on telephone] persona *f* che chiama; **I'm sorry, caller, but that number is engaged** mi dispiace, signore OR signora, il numero è occupato.

caller ID display, caller display *n* [on telephone] visualizzazione *f* del numero chiamante.

calling ['kɔ:lɪŋ] *n* vocazione *f*.

calling card *n US* biglietto *m* da visita.

callipers *UK*, **calipers** *US* ['kælɪpəz] *npl* - **1.** MATHS calibro *m* - **2.** MED apparecchio *m* ortopedico.

callous ['kæləs] *adj* [unkind] crudele.

callus ['kæləs] (*pl* -es) *n* callo *m*.

calm [kɑ:m] ◇ *adj* - **1.** [person, voice] calmo(a), tranquillo(a) - **2.** [weather, day, water] calmo(a). ◇ *n* (U) [peaceful state] calma *f*. ◇ *vt* calmare. ◆ **calm down** ◇ *vt sep* calmare. ◇ *vi* calmarsi.

Calor gas® ['kælər-] *n UK* (U) butano *m*.

calorie ['kælərɪ] *n* caloria *f*.

calves [kɑ:vz] *pl* ▷ **calf**.

Cambodia [kæm'bəʊdjə] *n* Cambogia *f*.

camcorder ['kæm,kɔ:dər] *n* videocamera *f*.

came [keɪm] *pt* ▷ **come**.

camel ['kæml] *n* [animal] cammello *m*.

cameo ['kæmɪəʊ] (*pl* -s) *n* cammeo *f*.

camera ['kæmərə] *n* macchina *f* fotografica; **television camera** telecamera *f*. ◆ **in camera** *adv fml* a porte chiuse.

cameraman ['kæmərəmæn] (*pl* -men) *n* cameraman *m inv*.

Cameroon [,kæmə'ru:n] *n* Cameroon *m*.

camouflage ['kæməflɑ:ʒ] ◇ *n* mimetizzazione *f*. ◇ *vt* mimetizzare.

camp [kæmp] ◇ *n* - **1.** [site for tents] accampamento *m*; **we pitched camp near the beach** abbiamo piantato le tende vicino alla spiaggia - **2.** [refugee, prison, army] campo *m* - **3.** [faction] campo *m*, fazione *f*. ◇ *vi* accamparsi.
◆ **camp out** *vi* accamparsi.

campaign [kæm'peɪn] ◇ *n* campagna *f*. ◇ *vi*: **to campaign (for/against sthg)** fare una campagna (a favore di/contro qc).

camp bed *n esp UK* brandina *f*.

camper ['kæmpər] *n* - **1.** [person] campeggiatore *m*, -trice *f* - **2.** [vehicle]: **camper (van)** camper *m inv*.

campground ['kæmpgraʊnd] *n US* campeggio *m*.

camping ['kæmpɪŋ] *n (U)* campeggio *m*; **to go camping** andare in campeggio.

camping site, campsite ['kæmpsaɪt] *n* campeggio *m*.

campus ['kæmpəs] (*pl* **-es**) *n* campus *m inv*, città *f inv* universitaria.

can[1] [kæn] (*pt & pp* **-ned**, *cont* **-ning**) ◇ *n* [container - for drink] lattina *f*; [- for food] scatoletta *f*; [- for oil] tanica *f*; [- for paint] barattolo *m*. ◇ *vt* inscatolare.

can[2] (*weak form* [kən], *strong form* [kæn], *conditional and preterite form* **could**; *negative form* **cannot** *and* **can't**) *modal vb* - **1.** [be able to] potere; **can you come to lunch?** puoi venire a pranzo?; **I can't** *OR* **cannot afford it** non me lo posso permettere; **can you see/hear something?** vedi/senti qualcosa? - **2.** [know how to] sapere; **I can play the piano** suono il piano; **I can speak French** parlo francese; **I can't cook** non so cucinare; **can you drive?** guidi?; **can you swim?** sai nuotare? - **3.** [indicating permission] potere; **you can use my car if you like** puoi usare la mia macchina se vuoi; **we can't wear jeans to work** non possiamo andare a lavorare in jeans - **4.** [in polite requests] potere; **can I speak to John, please?** posso parlare con John, per favore? - **5.** [indicating disbelief, puzzlement] potere; **what can she have done with it?** cosa può averne fatto?; **we can't just leave him here** non possiamo mica lasciarlo qui; **you can't be serious!** non dici sul serio! - **6.** [indicating possibility] potere; **I could see you tomorrow** potrei riceverla domani; **the flight could have been cancelled** il volo potrebbe essere stato soppresso.

Canada ['kænədə] *n* Canada *m*.

Canadian [kə'neɪdjən] ◇ *adj* canadese. ◇ *n* canadese *mf*.

canal [kə'næl] *n* [waterway] canale *m*.

Canaries [kə'neərɪz] *npl*: **the Canaries** le Canarie.

canary [kə'neərɪ] *n* canarino *m*.

cancel ['kænsl] (*UK & US pt & pp* **-ed**, *cont* **-ing**) *vt* - **1.** [call off - party, meeting, order] annullare, cancellare; [- contract, booking] disdire; [- train, flight] sopprimere - **2.** [invalidate - stamp, cheque] annullare; [- debt] cancellare. ◆ **cancel out** *vt sep* annullare; **they tend to cancel each other out** tendono ad annullarsi a vicenda.

cancellation [,kænsə'leɪʃn] *n* - **1.** [instance of cancelling] cancellazione *f* - **2.** *(U)* [act of cancelling] annullamento *m*.

cancer ['kænsər] *n* [disease] cancro *m*. ◆ **Cancer** *n* [astrology] Cancro *m*; **to be (a) Cancer** essere del Cancro.

candelabra [,kændɪ'lɑːbrə] *n* candelabro *m*.

candid ['kændɪd] *adj* franco(a).

candidate ['kændɪdət] *n* - **1.** [for job]: **candidate (for sthg)** candidato *m*, -a *f* (a qc) - **2.** [taking exam] candidato(a).

candle ['kændl] *n* candela *f*.

candlelight ['kændllaɪt] *n (U)* lume *m* di candela.

candlelit ['kændllɪt] *adj*: **a candlelit dinner** una cena a lume di candela.

candlestick ['kændlstɪk] *n* portacandele *m inv*.

candour *UK*, **candor** *US* ['kændər] *n (U)* franchezza *f*.

candy ['kændɪ] *n esp US* - **1.** *(U)* [confectionery] dolciumi *mpl* - **2.** [sweet] caramella *f*.

candy bar *n US* barretta *f* di cioccolata.

candy box *n US* scatola *f* di caramelle.

candyfloss ['kændɪflɒs] *UK n* zucchero *m* filato.

cane [keɪn] ◇ *n* - **1.** *(U)* [for making furniture] canna *f* (di bambù) - **2.** [walking stick] bastone *m* - **3.** [for supporting plant] canna *f* - **4.** *dated* [for punishment]: **to give s.o. the cane** punire qn con la bacchetta. ◇ *vt* picchiare con la bacchetta.

canine ['keɪnaɪn] ◇ *adj* canino(a). ◇ *n*: **canine (tooth)** canino *m*.

canister ['kænɪstər] *n* [for tea, coffee] barattolo *m*; [for film] custodia *f*; [for gas] bombola *f*; [for tear gas] candelotto *m*.

cannabis ['kænəbɪs] *n (U)* hashish *m inv*.

canned [kænd] *adj* [food] in scatola; [drink] in lattina.

cannibal ['kænɪbl] *n* cannibale *mf*.

cannon ['kænən] (*pl* **cannon** *OR* **-s**) *n* - **1.** [on ground] cannone *m* - **2.** [on aircraft] cannoncino *m*.

cannonball ['kænənbɔːl] *n* palla *f* da cannone.

cannot ['kænɒt] *fml vb* = **can²**.

canny ['kænɪ] *adj* abile.

canoe [kə'nu:] *n* canoa *f*.

canoeing [kə'nu:ɪŋ] *n* canottaggio *m*.

canon ['kænən] *n* - 1. [clergyman] canonico *m* - 2. [general principle] canone *m*.

can opener *n* apriscatole *m inv*.

canopy ['kænəpɪ] *n* - 1. [over bed, seat] baldacchino *m* - 2. [of trees, branches] tetto *m* di fronde.

can't [kɑ:nt] *abbr of* **cannot**.

cantaloup ['kæntəlu:p] *n* meloncino *m*.

cantankerous [kæn'tæŋkərəs] *adj* scontroso(a).

canteen [kæn'ti:n] *n* - 1. *esp UK* [restaurant] mensa *f* - 2. *UK* [box of cutlery] servizio *m* di posate.

canter ['kæntər] <> *n* piccolo galoppo *m*. <> *vi* andare al piccolo galoppo.

canvas ['kænvəs] *n* tela *f*.

canvass ['kænvəs] *vt* - 1. POL fare propaganda elettorale presso - 2. [investigate] sondare.

canyon ['kænjən] *n* canyon *m inv*.

cap [kæp] *vt* - 1. [cover top of] coprire - 2. [improve on]: **to cap it all** per coronare il tutto.

capability [ˌkeɪpə'bɪlətɪ] *n* - 1. [ability] capacità *f inv* - 2. MIL potenziale *m*.

capable ['keɪpəbl] *adj* [gen] capace; **to be capable of sthg/of doing sthg** essere capace di qc/di fare qc; **is he capable of murder?** è capace di uccidere?

capacity [kə'pæsɪtɪ] *n* - 1. [gen] capacità *f inv*; **capacity for sthg** predisposizione *f* per qc; **capacity for doing** OR **to do sthg** capacità di fare qc; **seating capacity** numero *m* di posti a sedere - 2. [position] qualità *f*; **in an advisory capacity** come consulente.

cape [keɪp] *n* - 1. GEOG capo *m* - 2. [cloak] cappa *f*.

caper ['keɪpər] *n* - 1. [food] cappero *m* - 2. *inf* [silly action] stupidata *f*; [dishonest action] intrallazzo *m*.

capita ['kæpɪtə] ⊳ **per capita**.

capital ['kæpɪtl] <> *adj* - 1. [letter] maiuscolo(a) - 2. [punishable by death] punibile con la pena capitale. <> *n* - 1. [of country, centre] capitale *f*; **capital (city)** capitale *f* - 2. TYPO: **capital (letter)** maiuscola *f* - 3. [money] capitale *m*; **to make capital (out) of sthg** *fig* trarre vantaggio da qc.

capital expenditure *n (U)* spese *fpl* in conto capitale.

capital gains tax *n* imposta *f* sulla plusvalenza.

capitalism ['kæpɪtəlɪzm] *n (U)* capitalismo *m*.

capitalist ['kæpɪtəlɪst] <> *adj* [based on capitalism] capitalista. <> *n* capitalista *mf*.

capitalize, -ise *UK* ['kæpɪtəlaɪz] *vi*: **to capitalize on sthg** [make most of] trarre vantaggio da qc.

capital punishment *n (U)* pena *f* capitale.

capitulate [kə'pɪtjuleɪt] *vi* MIL capitolare; **to capitulate (to sthg)** cedere (a qc).

Capricorn ['kæprɪkɔ:n] *n* [astrology] Capricorno *m*; **to be (a) Capricorn** essere del Capricorno.

capsize [kæp'saɪz] <> *vt* ribaltare. <> *vi* ribaltarsi.

capsule ['kæpsju:l] *n* capsula *f*.

captain ['kæptɪn] *n* - 1. [in army, navy] capitano *m* - 2. [of ship, airliner] comandante *m* - 3. [of sports team] capitano *m*.

caption ['kæpʃn] *n* didascalia *f*.

captivate ['kæptɪveɪt] *vt* accattivare.

captive ['kæptɪv] <> *adj* - 1. [person] prigioniero(a); [animal] in cattività - 2. *fig*: **captive audience** persone costrette ad assistere a qualcosa anche se non sono interessate; **captive market** mercato *m* senza concorrenza. <> *n* prigioniero *m*, -a *f*.

captor ['kæptər] *n* carceriere *m*, -a *f*.

capture ['kæptʃər] <> *vt* - 1. [take prisoner] catturare - 2. [market, votes] conquistare; [city] prendere; [interest, imagination] stimolare - 3. COMPUT inserire. <> *n (U)* [of person] cattura *f*; [of city] presa *f*.

car [kɑ:r] <> *n* - 1. [motor car] macchina *f*, auto *f inv* - 2. *US* [on train] vagone *m*, carrozza *f*. <> *comp* [industry] automobilistico(a); [accident, tyre] d'auto.

carafe [kə'ræf] *n* caraffa *f*.

car alarm *n* antifurto *m* d'auto.

caramel ['kærəmel] *n* caramello *m*.

carat ['kærət] *n UK* carato *m*.

caravan ['kærəvæn] *n* - 1. [vehicle - towed by horse] carro *m*; *UK* [- towed by car] roulotte *f inv* - 2. [travelling group] carovana *f*.

caravan site *n UK* campeggio *m* per roulotte.

carbohydrate [ˌkɑ:bəʊ'haɪdreɪt] *n* carboidrato *m*.

carbon ['kɑ:bən] *n (U)* CHEM carbonio *m*.

carbonated ['kɑ:bəneɪtɪd] *adj* gasato(a).

carbon copy *n* - 1. [document] copia *f* carbone *(inv)* - 2. *fig* [exact copy] copia *f*.

carbon dioxide [-daɪ'ɒksaɪd] *n (U)* diossido *m* di carbonio.

carbon monoxide [-mə'nɒksaɪd] *n* monossido *m* di carbonio.

carbon paper *n* carta *f* carbone *(inv)*.

car-boot sale *n* UK *vendita all'aperto di articoli usati, esposti da privati nei bagagliai delle loro auto.*

carburettor UK, **carburetor** US [,kɑ:bə'retər] *n* carburatore *m*.

carcass [kɑ:kəs] *n* carcassa *f*.

card [kɑ:d] *n* - 1. [playing card] carta *f* - 2. [for membership, library, identity] tessera *f*; **business card** biglietto *m* da visita - 3. [greetings card] biglietto *m* d'auguri - 4. [postcard] cartolina *f* - 5. COMPUT scheda *f* - 6. (U) [cardboard] cartone *m*. ◆ **cards** *npl* [game] carte *fpl*. ◆ **on the cards** UK, **in the cards** US *adv inf* probabile.

cardboard ['kɑ:dbɔ:d] ◇ *n* (U) cartone *m*. ◇ *comp* di cartone.

cardboard box *n* scatola *f* di cartone.

cardiac ['kɑ:dɪæk] *adj* cardiaco(a).

cardigan ['kɑ:dɪgən] *n* cardigan *m inv*.

cardinal ['kɑ:dɪnl] ◇ *adj* [virtue, rule] cardinale; [sin] capitale. ◇ *n* RELIG cardinale *m*.

card index *n* UK schedario *m*.

cardphone ['kɑ:dfəʊn] *n* telefono *m* a scheda.

card table *n* tavolino *m* da gioco.

care [keər] *vi* - 1. [be concerned]: **I really care** ci tengo davvero; **all he cares about is work** gli importa solo del lavoro - 2. [mind]: **I don't care either way** per me fa lo stesso; **I don't care what I look like** non me ne importa del mio aspetto. ◆ **care of** *prep* presso. ◆ **care for** *vt insep*: **does she still care for him?** ci tiene ancora a lui?; **would you care for a drink?** ti andrebbe di bere qualcosa?; **I don't much care for opera** l'opera non mi piace un granché.

career [kə'rɪər] ◇ *n* carriera *f*. ◇ *vi* andare a tutta velocità.

careers adviser *n* UK consulente *mf* di orientamento professionale.

carefree ['keəfri:] *adj* spensierato(a).

careful ['keəfʊl] *adj* - 1. [cautious] attento(a); **be careful!** stai attento!; **to be careful with sthg** essere attento(a) con qc; **to be careful to do sthg** fare attenzione a fare qc - 2. [thorough] accurato(a).

carefully ['keəflɪ] *adv* con attenzione.

careless ['keəlɪs] *adj* - 1. [inattentive] sbadato(a) - 2. [unconcerned] noncurante.

caress [kə'res] ◇ *n* carezza *f*. ◇ *vt* accarezzare.

caretaker ['keə,teɪkər] *n esp* UK custode *mf*.

car ferry *n* traghetto *m*.

cargo ['kɑ:gəʊ] *(pl* -es OR -s) *n* carico *m*.

car hire *n* UK (U) noleggio *m* d'auto.

Caribbean [UK kærɪ'bi:ən, US kə'rɪbɪən] *n* - 1. [sea]: **the Caribbean (Sea)** il Mar dei Caraibi - 2. [region]: **the Caribbean** i Caraibi.

caring ['keərɪŋ] *adj* premuroso(a).

carnage ['kɑ:nɪdʒ] *n* (U) carneficina *f*.

carnal ['kɑ:nl] *adj liter* carnale.

carnation [kɑ:'neɪʃn] *n* garofano *m*.

carnival ['kɑ:nɪvl] *n* - 1. [festive occasion] carnevale *m* - 2. US [fair] luna park *m inv*.

carnivorous [kɑ:'nɪvərəs] *adj* carnivoro(a).

carol ['kærəl] *n*: **(Christmas) carol** canto *m* natalizio.

carousel [,kærə'sel] *n* - 1. *esp* US [at fair] giostra *f* - 2. [at airport] nastro *m* trasportatore.

carp [kɑ:p] *(pl* carp OR -s) ◇ *n* carpa *f*. ◇ *vi*: **to carp (about sthg)** trovare da ridire (su qc).

car park *n* UK parcheggio *m*.

carpenter ['kɑ:pəntər] *n* [making wooden structures] carpentiere *m*, -a *f*; [making wooden objects] falegname *mf*.

carpentry ['kɑ:pəntrɪ] *n* (U) [making wooden structures] carpenteria *f*; [making wooden objects] falegnameria *f*.

carpet ['kɑ:pɪt] ◇ *n* [rug] tappeto *m*; [fitted] moquette *f inv*. ◇ *vt* [room, house] mettere la moquette in; [stairs] mettere la moquette su.

carpet sweeper [-'swi:pər] *n* battitappeto *m* meccanico.

car phone *n* telefono *m* in auto.

car radio *n* autoradio *f inv*.

car rental *n* US noleggio *m* d'auto.

carriage ['kærɪdʒ] *n* - 1. [horsedrawn vehicle] carrozza *f* - 2. UK [railway coach] vagone *m*, carrozza *f* - 3. (U) [transport of goods] trasporto *m*; **carriage paid** OR **free** UK porto franco.

carriageway ['kærɪdʒweɪ] *n* UK carreggiata *f*.

carrier ['kærɪər] *n* - 1. COMM corriere *m* - 2. [of disease] portatore *m*, -trice *f* - 3. UK = **carrier bag**.

carrier bag *n* UK sacchetto *m* (di plastica).

carrot ['kærət] *n* carota *f*.

carry ['kærɪ] ◇ *vt* - 1. [gen] portare - 2. [transport] trasportare - 3. [be equipped with] avere - 4. [involve] comportare - 5. [approve]: **the motion was carried by 56 votes to 43** la mozione è passata con 56 voti a favore e 43 contro - 6. MATHS riportare. ◇ *vi* [sound] arrivare. ◆ **carry away** *vt insep*: **to get carried away** farsi prendere la mano. ◆ **carry forward** *vt sep* riportare. ◆ **carry off** *vt sep* - 1. [make a success of] riuscire in; **to carry it off** riuscire, cavarsela - **2.** [win] portarsi a casa. ➡ **carry on** ◇ *vt insep* [continue]: **to carry on (doing) sthg** continuare (a fare) qc. ◇ *vi* - **1.** [continue]: **to carry on (with sthg)** continuare (con qc) - **2.** *inf* [make a fuss] fare scene. ➡ **carry out** *vt sep* - **1.** [order, plan, experiment] eseguire; [investigation] compiere - **2.** [promise] mantenere; [threat] mettere in atto. ➡ **carry through** *vt sep* [accomplish] realizzare.

carryall ['kærɪɔ:l] *n US* borsone *m*.

carrycot ['kærɪkɒt] *n UK* culla *f* portatile.

carry-out *n US & Scotland* piatto *m* da asporto.

carsick ['kɑː,sɪk] *adj*: **to be carsick** avere il mal d'auto.

cart [kɑːt] ◇ *n* - **1.** [vehicle] carro *m* - **2.** *US* [for shopping] (**shopping** OR **grocery**) **cart** carrello *m* (della spesa). ◇ *vt inf* portare; **to cart sthg around** portarsi dietro qc.

carton ['kɑːtn] *n* - **1.** [strong cardboard box] scatolone *m* - **2.** [for liquids] cartone *m*.

cartoon [kɑː'tuːn] *n* - **1.** [satirical drawing] vignetta *f* - **2.** [comic strip] fumetto *m* - **3.** [film] cartone *m* animato.

cartridge ['kɑːtrɪdʒ] *n* - **1.** [for gun, pen] cartuccia *f* - **2.** [for camera] caricatore *m*.

cartwheel ['kɑːtwiːl] *n* [movement] ruota *f*.

carve [kɑːv] ◇ *vt* - **1.** [shape, sculpt] scolpire - **2.** [slice] tagliare - **3.** [cut in surface] incidere. ◇ *vi* [slice meat] fare le porzioni. ➡ **carve out** *vt sep* [create, obtain] crearsi. ➡ **carve up** *vt sep* [divide] ripartire.

carving ['kɑːvɪŋ] *n* scultura *f*.

carving knife *n* trinciante *m*.

car wash *n* - **1.** [process] lavaggio *m* d'auto - **2.** [place] autolavaggio *m*.

case [keɪs] *n* - **1.** [gen] caso *m*; **this is the case** le cose stanno così; **in that case** in questo caso; **in which case** nel qual caso; **as** OR **whatever the case may be** a seconda dei casi; **in case of** in caso di - **2.** [argument] argomenti *mpl*; **case for/against sthg** argomenti a favore/contro qc - **3.** [trial, inquiry] causa *f* - **4.** [for glasses, violin, binoculars] custodia *f*; [for pencils, jewellery] astuccio *m* - **5.** *esp UK* [suitcase] valigia *f*. ➡ **in any case** *adv* in ogni caso. ➡ **in case** ◇ *conj* casomai (+ *congiuntivo*). ◇ *adv*: **(just) in case** per ogni evenienza.

cash [kæʃ] ◇ *n (U)* - **1.** [notes and coins] contanti *mpl*; **to pay (in) cash** pagare in contanti - **2.** *inf* [money] soldi *mpl* - **3.** [payment]: **cash in advance** pagamento *m* anticipato; **cash on delivery** pagamento *m* alla consegna. ◇ *vt* incassare.

cash and carry *n* cash-and-carry *m inv*.

cash box *n* cassetta *f* per contanti.

cash card *n esp UK* carta *f* per prelievo, Bancomat® *m inv*.

cash desk *n UK* cassa *f*.

cash dispenser [-dɪ'spensə*r*] *n UK* (sportello *m* del) Bancomat® *m inv*.

cashew (nut) ['kæʃuː nʌt] *n* anacardio *m*.

cashier [kæ'ʃɪə*r*] *n* cassiere *m*, -a *f*.

cash machine *n UK* = **cash dispenser**.

cashmere [kæʃ'mɪə*r*] *n (U)* cachemire *m*.

cashpoint ['kæʃpɔɪnt] *n UK* = **cash dispenser**.

cash register *n* registratore *m* di cassa.

casing ['keɪsɪŋ] *n* rivestimento *m*.

casino [kə'siːnəʊ] (*pl* -s) *n* casinò *m inv*.

cask [kɑːsk] *n* botte *f*.

casket ['kɑːskɪt] *n* - **1.** [for jewels] cofanetto *m* - **2.** *US* [coffin] bara *f*.

casserole ['kæsərəʊl] *n* - **1.** [stew] stufato *m* - **2.** [pan] casseruola *f*.

cassette [kæ'set] *n* cassetta *f*.

cassette player *n* lettore *m* di cassette.

cassette recorder *n* registratore *m* a cassetta.

cast [kɑːst] (*pt & pp* cast) ◇ *n* - **1.** [of play, film] cast *m inv* - **2.** MED ingessatura *f*; **to have one's leg in a cast** avere una gamba ingessata. ◇ *vt* - **1.** [eyes, glance] gettare; **to cast doubt on sthg** sollevare dei dubbi su qc - **2.** [light, shadow] proiettare - **3.** [throw] gettare - **4.** [choose for play, film]: **to cast an actor as sb** OR **in the role of sb** scegliere un attore per la parte di qn - **5.** POL: **to cast one's vote** votare - **6.** [metal] fondere. ➡ **cast aside** *vt sep* mettere da parte. ➡ **cast off** *vi* - **1.** NAUT mollare gli ormeggi - **2.** [in knitting] diminuire. ➡ **cast on** *vi* [in knitting] avvolgere.

castaway ['kɑːstəweɪ] *n* naufrago *m*, -a *f*.

caster ['kɑːstə*r*] *n* rotella *f*.

caster sugar *n (U) UK* zucchero *m* semolato.

casting vote ['kɑːstɪŋ vəʊt] *n* voto *m* decisivo.

cast iron *n (U)* ghisa *f*.

castle ['kɑːsl] *n* - **1.** [building] castello *m* - **2.** [in chess] torre *f*.

castor ['kɑːstə*r*] *n* = **caster**.

castrate [kæ'streɪt] *vt* castrare.

casual ['kæʒʊəl] *adj* - **1.** [relaxed, uninterested] noncurante - **2.** *pej* [offhand] irresponsabile - **3.** [visitor, work] occasionale; [remark] incidentale - **4.** [clothes] sportivo(a), casual *inv*.

casually ['kæʒʊəlɪ] *adv* - **1.** [in a relaxed manner, without interest] con noncuranza - **2.** [dress] in modo sportivo, casual.

casualty ['kæʒʊəltɪ] *n* - **1.** [dead person] morto *m*, -a *f*; [injured person] ferito *m*, -a *f* - **2.** *UK* = **casualty department**.

casualty department *n UK* pronto soccorso *m*.

cat [kæt] *n* - **1.** [domestic animal] gatto *m* - **2.** [wild animal] felino *m*.

catalogue *UK*, **catalog** *US* ['kætəlɒg] ⬭ *n* catalogo *m*. ⬭ *vt* [make official list of] catalogare.

catalyst ['kætəlɪst] *n* catalizzatore *m*.

catalytic converter [,kætə'lɪtɪk kən'vɜ:tər] *n* marmitta *f* catalitica.

catapult ['kætəpʌlt] ⬭ *n* - **1.** *UK* [hand-held] fionda *f* - **2.** [machine] catapulta *f*. ⬭ *vt* catapultare.

cataract ['kætərækt] *n* cataratta *f*.

catarrh [kə'tɑːr] *n (U)* catarro *m*.

catastrophe [kə'tæstrəfɪ] *n* catastrofe *f*.

catch [kætʃ] *(pt & pp caught)* ⬭ *vt* - **1.** [ball] afferrare - **2.** [person, animal, train, disease] prendere; **to catch the post** *UK* imbucare prima della levata della posta - **3.** [discover, surprise] sorprendere; **to catch sb doing sthg** sorprendere qn a fare qc - **4.** [hear clearly] sentire - **5.** [interest, imagination] risvegliare; [attention] attirare - **6.** [sight]: **to catch sight of sb/sthg**, **to catch a glimpse of sb/sthg** scorgere qn/qc - **7.** [hook, trap]: **I caught my finger in the door** mi sono chiuso un dito nella porta; **I caught my shirt on a hook** mi si è impigliata la camicia a un gancio - **8.** [light] essere illuminato(a) da - **9.** [strike] colpire. ⬭ *vi* - **1.** [become hooked] impigliarsi; [get stuck] incastrarsi - **2.** [start to burn] prendere. ⬭ *n* - **1.** [of ball] presa *f* - **2.** [of fish] pesca *f* - **3.** [fastener] chiusura *f* - **4.** [snag] trucco *m*. ◆ **catch on** *vi* - **1.** [become popular] prendere piede - **2.** *inf* [understand] imparare; **to catch on to sthg** rendersi conto di qc. ◆ **catch out** *vt sep* [trick] cogliere in fallo. ◆ **catch up** ⬭ *vt sep* - **1.** [come level with] raggiungere - **2.** [involve]: **to get caught up in sthg** farsi coinvolgere in qc. ⬭ *vi* recuperare; **to catch up on sthg** [sleep] recuperare qc; [work, reading] mettersi in pari con qc. ◆ **catch up with** *vt insep* - **1.** [get to same standard as] mettersi in pari con; [get to same place as] raggiungere - **2.** [catch, find] prendere.

catching ['kætʃɪŋ] *adj* contagioso(a).

catchment area ['kætʃmənt 'eərɪə] *n* bacino *m* d'utenza.

catchphrase ['kætʃfreɪz] *n* espressione *f* tipica.

catchy ['kætʃɪ] *adj* orecchiabile.

categorical [,kætɪ'gɒrɪkl] *adj* categorico(a).

categorically [,kætɪ'gɒrɪklɪ] *adv* categoricamente.

category ['kætəgərɪ] *n* categoria *f*.

cater ['keɪtər] *vi* provvedere alla ristorazione. ◆ **cater for** *vt insep UK* - **1.** [provide for - tastes, needs] soddisfare; [- people] rispondere alle esigenze di - **2.** [anticipate] prevedere. ◆ **cater to** *vt insep* soddisfare.

caterer ['keɪtərər] *n* responsabile *mf* del catering.

catering ['keɪtərɪŋ] *n* catering *m inv*.

caterpillar ['kætəpɪlər] *n* bruco *m*.

cathedral [kə'θiːdrəl] *n* cattedrale *f*.

Catholic ['kæθlɪk] ⬭ *adj* cattolico(a). ⬭ *n* cattolico *m*, -a *f f*. ◆ **catholic** *adj* [broad] eclettico(a).

cat litter *n* lettiera *f* del gatto.

Catseyes® ['kætsaɪz] *npl UK* catarifrangenti *mpl*.

cattle ['kætl] *npl* bestiame *m (sing)* (bovino).

catty ['kætɪ] *adj inf pej* maligno(a).

catwalk ['kætwɔːk] *n* passerella *f*.

caucus ['kɔːkəs] *n* - **1.** *US* POL vertice *m* di partito - **2.** *UK* POL fazione *f*.

caught [kɔːt] *pt & pp* ▷ **catch**.

cauliflower ['kɒlɪflaʊər] *n* cavolfiore *m*.

cause [kɔːz] ⬭ *n* - **1.** [gen] causa *f* - **2.** [grounds] motivo *m*; **cause for sthg** motivo di fare qc; **to have cause to do sthg** avere motivo di fare qc. ⬭ *vt* causare, provocare; **to cause sb to do sthg** far fare qc a qn; **to cause sthg to be done** far sì che qc sia fatto.

caustic ['kɔːstɪk] *adj* caustico(a).

caution ['kɔːʃn] ⬭ *n* - **1.** *(U)* [care] cautela *f*, prudenza *f* - **2.** [warning] avvertimento *f* - **3.** *UK* LAW ammonizione *f*. ⬭ *vt* - **1.** [warn]: **to caution sb against doing sthg** sconsigliare a qn di fare qc - **2.** *UK* LAW: **to caution sb** leggere a qn i suoi diritti; **to caution sb for sthg** ammonire qn per qc.

cautious ['kɔːʃəs] *adj* cauto(a).

cavalry ['kævlrɪ] *n (U)* cavalleria *f*.

cave [keɪv] *n* caverna *f*, grotta *f*. ◆ **cave in** *vi* [physically collapse] cedere.

caveman ['keɪvmæn] *(pl -men)* *n* cavernicolo *m*.

cavernous ['kævənəs] *adj* [room, building] immenso(a).

caviar(e) ['kævɪɑːr] *n (U)* caviale *m*.

cavity ['kævətɪ] *n* - **1.** [in object, structure, body] cavità *f inv* - **2.** [in tooth] carie *f inv*.

cavort [kə'vɔːt] *vi* saltellare.

CB n (abbr of Citizens' Band) banda f cittadina, radiofrequenze assegnate ad uso pubblico per comunicazioni private.

CBI (abbr of Confederation of British Industry) n confederazione britannica degli industriali, ≈ Confindustria f.

cc n - **1.** (abbr of cubic centimetre) cc. m, cm³ m - **2.** (abbr of carbon copy) cc. m, p.c. m

CD n (abbr of compact disc) CD m.

CD player n lettore m CD.

CD-R drive [,si:di:'ɑ:,draɪv] n unità f inv CD-R.

CD rewriter = CD-RW drive.

CD-ROM [,si:di:'rɒm] (abbr of compact disc read-only memory) n CD-ROM m inv.

CD-RW [,si:di:ɑ:'dʌblju:] (abbr of compact disc rewritable) n CD-RW m inv.

CD-RW drive n unità f inv CD-RW, masterizzatore m.

CD tower n CD tower f inv.

cease [si:s] fml vt & vi cessare; **to cease doing** OR **to do sthg** cessare di fare qc.

cease-fire n cessate il fuoco m inv.

ceaseless ['si:slɪs] adj fml incessante.

cedar (tree) ['si:dər tri:] n cedro m.

cedilla [sɪ'dɪlə] n cediglia f.

ceiling ['si:lɪŋ] n - **1.** [of room] soffitto m - **2.** [limit] tetto m (massimo).

celebrate ['selɪbreɪt] <> vt [mark with a celebration] festeggiare. <> vi festeggiare.

celebrated ['selɪbreɪtɪd] adj celebre.

celebration [,selɪ'breɪʃn] n festeggiamento m.

celebrity [sɪ'lebrətɪ] n [star] celebrità f inv.

celery ['selərɪ] n (U) sedano m.

celibate ['selɪbət] adj [man] celibe; [woman] nubile.

cell [sel] n - **1.** BIOL & POL cellula f - **2.** COMPUT cella f - **3.** US [cellphone] cellulare m.

cellar ['selər] n cantina f.

cello ['tʃeləʊ] (pl -s) n [instrument] violoncello m.

Cellophane® ['seləfeɪn] n (U) cellophane® m.

cellphone esp US ['selfəʊn], **cellular phone** n (telefono m) cellulare m.

Celsius ['selsɪəs] adj Celsius inv.

Celt [kelt] n celta mf.

Celtic ['keltɪk] <> adj celtico(a). <> n [language] celtico m.

cement [sɪ'ment] <> n (U) [for concrete] cemento m. <> vt fig [cover with cement] cementare.

cement mixer n betoniera f.

cemetery ['semɪtrɪ] n cimitero m.

censor ['sensər] <> n [of films, books, letters] censore m. <> vt [film, book, letter] censurare.

censorship ['sensəʃɪp] n (U) censura f.

censure ['senʃər] <> n (U) censura f. <> vt censurare.

census ['sensəs] (pl **censuses**) n censimento m.

cent [sent] n centesimo m.

centenary [sen'ti:nərɪ] esp UK, **centennial** esp US [sen'tenjəl] n centenario m.

center n, adj & vt US = **centre**.

centigrade ['sentɪgreɪd] adj centigrado(a).

centilitre UK, **centiliter** US ['sentɪ,li:tər] n centilitro m.

centimetre UK, **centimeter** US ['sentɪ,mi:tər] n centimetro m.

centipede ['sentɪpi:d] n millepiedi m inv.

central ['sentrəl] adj - **1.** [gen] centrale; **central London** il centro di Londra - **2.** [easily reached] vicino(a) al centro; **central for the station/the shops** vicino alla stazione/ai negozi.

Central America n America f centrale.

central heating n (U) [for block of flats] riscaldamento m centralizzato; [for single flat] riscaldamento m autonomo.

centralize, -ise UK ['sentrəlaɪz] vt centralizzare.

central locking [-'lɒkɪŋ] n chiusura f centralizzata.

central reservation n UK spartitraffico m inv.

centre UK, **center** US ['sentər] <> n [gen] centro m; **to be the centre of attention** essere al centro dell'attenzione; **centre of gravity** centro di gravità; **the centre** POL il centro. <> adj - **1.** [middle] centrale - **2.** POL di centro. <> vt [place centrally] centrare.

centre forward UK, **center forward** US n centravanti mf inv.

century ['sentʃʊrɪ] n - **1.** [gen] secolo m - **2.** CRICKET punteggio di 100 run.

ceramic [sɪ'ræmɪk] adj di ceramica.
➡ **ceramics** npl ceramiche fpl.

cereal ['sɪərɪəl] n - **1.** [crop] cereale m - **2.** (U) [breakfast food] cereali mpl.

ceremonial [,serɪ'məʊnjəl] <> adj [dress] da cerimonia; [occasion] solenne. <> n - **1.** [event] cerimonia f - **2.** [pomp, formality] cerimoniale m.

ceremony [UK 'serɪmənɪ, US 'serəməʊnɪ] n - **1.** [event] cerimonia f - **2.** (U) [pomp, formality] cerimonie fpl; **to stand on ceremony** fare complimenti.

certain ['sɜːtn] *adj* - 1. [gen] certo(a); **to be certain of sthg/of doing sthg** essere certo di qc/di fare qc; **he is certain to be late** arriverà sicuramente in ritardo; **to make certain (that)** assicurarsi che; **to make certain of sthg/of doing sthg** assicurarsi di qc/di fare qc; **that's for certain** è cosa certa, è certo; **to know sthg for certain, to know for certain that...** essere certo di qc, essere certo che...; **to a certain extent** fino a un certo punto - 2. [known, established] accertato(a).

certainly ['sɜːtnlɪ] *adv* [gen] certamente; [as reply] certo; **certainly not!** certo che no!

certainty ['sɜːtntɪ] *n* certezza *f*; **it's a certainty that...** è certo che...

certificate [sə'tɪfɪkət] *n* certificato *m*.

certified ['sɜːtɪfaɪd] *adj* - 1. [teacher] abilitato(a) - 2. [document] autenticato(a).

certified mail *n US* lettera *f* raccomandata.

certified public accountant *n US* ≃ commercialista *mf*.

certify ['sɜːtɪfaɪ] *vt* - 1. [declare true]: **to certify that...** certificare che... - 2. [declare insane]: **you should be certified!** ti dovrebbero rinchiudere!

cervical cancer [*UK* sə'vaɪkl-, *US* 'sɜːvɪkl-] *n* tumore *m* del collo dell'utero.

cervical smear *n UK* pap-test *m*.

cervix ['sɜːvɪks] (*pl* -**ices**) *n* collo *m* dell'utero.

cesarean (section) *n US* = **caesarean (section)**.

cesspit ['sespɪt], **cesspool** ['sespuːl] *n* pozzo *m* nero.

cf. (*abbr of* confer) cfr.

CFC (*abbr of* chlorofluorocarbon) *n* CFC *m*.

CGI (*abbr of* computer-generated images) *n* immagini generate al computer.

ch. (*abbr of* chapter) cap.

chafe [tʃeɪf] *vt* [rub] irritare.

chaffinch ['tʃæfɪntʃ] *n* fringuello *m*.

chain [tʃeɪn] ◇ *n* catena *f*; **chain of events** concatenazione *f* di eventi. ◇ *vt* [person, object] legare con la catena.

chain reaction *n* reazione *f* a catena.

chain saw *n* motosega *f*.

chain-smoke *vi* fumare una sigaretta dopo l'altra.

chain smoker *n* fumatore *m*, -trice *f* incallito, -a *f*.

chain store *n* negozio *m* di una catena.

chair [tʃeər] ◇ *n* - 1. [for sitting in] sedia *f* - 2. [university post] cattedra *f* - 3. [of meeting] presidenza *f*. ◇ *vt* [meeting, discussion] presiedere.

chair lift *n* seggiovia *f*.

chairman ['tʃeəmən] (*pl* -**men**) *n* presidente *m*.

chairperson ['tʃeə,pɜːsn] (*pl* -**s**) *n* presidente *mf*.

chalet ['ʃæleɪ] *n* chalet *m inv*.

chalk [tʃɔːk] *n* - 1. (U) [type of rock] gesso *m* - 2. [for drawing] gesso *m*, gessetto *m*.

chalkboard ['tʃɔːkbɔːd] *n US* lavagna *f*.

challenge ['tʃælɪndʒ] ◇ *n* - 1. [invitation to compete, difficulty] sfida *f* - 2. [questioning] contestazione *f*. ◇ *vt* - 1. [to fight, competition]: **to challenge sb (to sthg)** sfidare qn (a qc); **to challenge sb to do sthg** sfidare qn a fare qc - 2. [question] mettere in dubbio.

challenging ['tʃælɪndʒɪŋ] *adj* - 1. [difficult] impegnativo(a); [stimulating] stimolante - 2. [aggressive] provocatorio(a).

chamber ['tʃeɪmbər] *n* - 1. [room] sala *f*; **the upper/lower chamber** la camera alta/bassa - 2. TECH camera *f*.

chambermaid ['tʃeɪmbəmeɪd] *n* cameriera *f*.

chamber music *n* (U) musica *f* da camera.

chamber of commerce *n* camera *f* di commercio.

chameleon [kə'miːljən] *n* camaleonte *m*.

champagne [,ʃæm'peɪn] *n* (U) champagne *m inv*.

champion ['tʃæmpjən] *n* - 1. [of competition] campione *m*, -essa *f* - 2. [of cause] paladino *m*, -a *f*.

championship ['tʃæmpjənʃɪp] *n* - 1. [competition] campionato *m* - 2. [title] titolo *m* di campione.

chance [tʃɑːns] ◇ *n* - 1. (U) [luck] fortuna *f*; **by (any) chance** per caso - 2. [likelihood] possibilità *f inv*; **not to stand a chance (of doing sthg)** non avere alcuna possibilità (di fare qc); **on the off chance** non si sa mai; **we went along on the off chance that they'd still be there** siamo andati lo stesso, casomai fossero ancora lì - 3. [opportunity] occasione *f* - 4. [risk] rischio *m*; **to take a chance (on sthg)** rischiare (qc); **the burglar took a chance on there being no one in the house** il ladro ha rischiato, sperando che non ci fosse nessuno in casa. ◇ *adj* casuale. ◇ *vt* [risk] rischiare; **to chance one's luck** tentare la sorte.

chancellor ['tʃɑːnsələr] *n* - 1. [chief minister] cancelliere *m* - 2. UNIV rettore *m*.

Chancellor of the Exchequer *n UK* Cancelliere *m* dello Scacchiere, ≃ ministro *m* di Economia e Finanze.

chandelier [,ʃændə'lɪər] *n* lampadario *m* (di cristallo).

change [tʃeɪndʒ] ◇ n - **1.** [alteration, difference] cambiamento m; **change in sb/sthg** cambiamento in qn/qc - **2.** [contrast] novità f inv; **for a change** (tanto) per cambiare - **3.** [switch, replacement] cambio m; **change of clothes** cambio m d'abiti - **4.** (U) [money returned after payment] resto m - **5.** (U) [coins] spiccioli mpl - **6.** [smaller units of money]: **have you got change for a £5 note?** hai da cambiare (una banconota da) 5 sterline? ◇ vt - **1.** [gen] cambiare; **to change sthg into sthg** cambiare qc in qc; **to change one's mind** cambiare idea; **to get changed** [person] cambiarsi; **a lot of money changed hands** c'è stato un grosso movimento di denaro - **2.** [provide with clean linen] cambiare le lenzuola di; [provide with clean nappy] cambiare. ◇ vi - **1.** [appearance, train] cambiare; **to change into sthg** trasformarsi in - **2.** [put on different clothes] cambiarsi. ◆ **change over** vi: **to change over to sthg** passare a qc.

changeable ['tʃeɪndʒəbl] adj - **1.** [mood] incostante - **2.** [weather] variabile.

change machine n distributore m di monete.

changeover ['tʃeɪndʒ,əʊvər] n: **changeover (to sthg)** transizione f (verso qc).

changing ['tʃeɪndʒɪŋ] adj in piena trasformazione.

changing room n SPORT spogliatoio m.

channel ['tʃænl] (UK & US) ◇ n - **1.** TV canale m; RADIO stazione f - **2.** [for irrigation, drainage] canale m - **3.** [route] letto m, alveo m. ◇ vt canalizzare. ◆ **Channel** n: **the (English) Channel** la Manica. ◆ **channels** npl: **to go through the proper channels** seguire le vie ufficiali.

Channel Islands npl: **the Channel Islands** le Isole Normanne OR del Canale.

Channel Tunnel n: **the Channel Tunnel** il tunnel della Manica.

chant [tʃɑːnt] n - **1.** RELIG [song] canto m - **2.** [repeated words] coro m.

chaos ['keɪɒs] n caos m.

chaotic [keɪ'ɒtɪk] adj caotico(a).

chap [tʃæp] n UK inf tipo m.

chapel ['tʃæpl] n cappella f.

chaplain ['tʃæplɪn] n cappellano m.

chapped [tʃæpt] adj screpolato(a).

chapter ['tʃæptər] n lit & fig capitolo m.

char [tʃɑːr] vt [burn] carbonizzare.

character ['kærəktər] n - **1.** [nature, symbol, letter] carattere m; **her behaviour is quite out of character** comportarsi così non è da lei

- **2.** (U) [unusual quality, style] carattere m - **3.** [in film, book, play] personaggio m - **4.** inf [unusual person] elemento m.

characteristic [,kærəktə'rɪstɪk] ◇ adj [typical] caratteristico(a). ◇ n [attribute] caratteristica f.

characterize, -ise UK ['kærəktəraɪz] vt - **1.** [typify] caratterizzare - **2.** [portray]: **to characterize sthg as** descrivere qc come.

charade [ʃə'rɑːd] n farsa f. ◆ **charades** n (U): **a game of charades** gioco m dei mimi.

charcoal ['tʃɑːkəʊl] n [for drawing] carboncino m; [for barbecue] carbonella f.

charge [tʃɑːdʒ] ◇ n - **1.** [cost] spese fpl; **free of charge** gratuito(a); **there is no charge for delivery** la consegna è gratuita - **2.** LAW accusa f - **3.** [command, control]: **to be in charge of sthg** OR **to have charge of sthg** essere a capo di qc; **to take charge (of sthg)** assumersi la responsabilità (di qc); **to be in charge** essere responsabile - **4.** ELEC & MIL carica f. ◇ vt - **1.** [customer] far pagare a; [sum of money] far pagare; **to charge sthg to sb/sthg** addebitare qc a qn/qc - **2.** [suspect, criminal] accusare; **to charge sb with sthg** accusare qn di qc - **3.** ELEC & MIL caricare. ◇ vi - **1.** [rush] precipitarsi - **2.** [attack] caricare.

charge card n carta f di addebito.

chargé d'affaires [,ʃɑːʒeɪdæ'feər] (pl chargés d'affaires) n incaricato m d'affari.

charger ['tʃɑːdʒər] n [for batteries] caricabatteria m inv.

chariot ['tʃærɪət] n biga f.

charisma [kə'rɪzmə] n carisma m.

charity ['tʃærətɪ] n - **1.** (U) [gen] carità f - **2.** [organization] organizzazione f non lucrativa.

charm [tʃɑːm] ◇ n - **1.** (U) [appeal, attractiveness] fascino m - **2.** [spell] incantesimo m - **3.** [on bracelet] ciondolo m. ◇ vt conquistare.

charming ['tʃɑːmɪŋ] adj incantevole.

chart [tʃɑːt] ◇ n - **1.** [diagram] grafico m - **2.** [map] carta f; **weather chart** carta f meteorologica. ◇ vt - **1.** [map] rappresentare su carta; [diagram] fare un grafico di; [movements] tracciare - **2.** fig [record] ripercorrere. ◆ **charts** npl: **the charts** la hit-parade.

charter ['tʃɑːtər] ◇ n [document] carta f. ◇ vt [plane, boat] noleggiare.

chartered accountant ['tʃɑːtəd ə'kaʊntənt] n UK ≃ commercialista mf.

charter flight n volo m charter inv.

charter plane n charter m inv.

chase [tʃeɪs] ⬦ n [pursuit] inseguimento m; [hunt] caccia f. ⬦ vt - 1. [pursue] inseguire - 2. [drive away] cacciare. ⬦ vi: **to chase after sb/sthg** correre dietro a qn/qc.

chasm ['kæzm] n - 1. [deep crack] burrone m - 2. fig [divide] abisso m.

chassis ['ʃæsɪ] (pl chassis) n telaio m.

chat [tʃæt] ⬦ n - 1. [talk] chiacchiera f; **to have a chat** fare due chiacchiere - 2. COMPUT chat f inv. ⬦ vi - 1. [talk] chiacchierare - 2. COMPUT chattare. ⬦ **chat up** vt sep UK inf abbordare.

chatiquette ['tʃtɪkɛt] n COMPUT chatiquette f, galateo m di chat.

chat room n COMPUT chat room f inv.

chat show n UK talk show m inv.

chatter ['tʃætər] ⬦ n - 1. [of person] chiacchiere fpl - 2. [of bird] cinguettio m; [of monkey] schiamazzi mpl. ⬦ vi - 1. [person] chiacchierare - 2. [bird] cinguettare; [monkey] schiamazzare - 3. [teeth]: **my teeth are chattering** mi battono i denti.

chatterbox ['tʃætəbɒks] n inf chiacchierone m, -a f.

chatty ['tʃætɪ] adj - 1. [person] loquace - 2. [letter] informale.

chauffeur ['ʃəʊfər] n autista mf.

chauvinist ['ʃəʊvɪnɪst] n - 1. [sexist] maschilista mf - 2. [nationalist] sciovinista mf.

cheap [tʃiːp] ⬦ adj - 1. [inexpensive, cut-price] economico(a) - 2. [poor-quality] da poco - 3. [despicable, vulgar] di cattivo gusto. ⬦ adv a buon mercato.

cheapen ['tʃiːpn] vt [degrade] avvilire.

cheaply ['tʃiːplɪ] adv a buon mercato.

cheat [tʃiːt] ⬦ n imbroglione m, -a f. ⬦ vt imbrogliare; **to cheat sb out of sthg** defraudare qn di qc. ⬦ vi [in exam] copiare; [at cards] barare. ⬦ **cheat on** vt insep inf tradire.

check [tʃek] ⬦ n - 1. [inspection, test]: **check (on sthg)** controllo m (su qc); **to keep a check on sthg** controllare qc - 2. [restraint]: **check (on sthg)** freno m (a qc); **in check** sotto controllo - 3. US [bill] conto m - 4. [pattern] scacchi mpl, quadretti mpl; **check trousers/tablecloth** pantaloni/tovaglia a scacchi - 5. US = **cheque**. ⬦ vt - 1. [test, verify] controllare - 2. [restrain] contenere; [stop] fermare. ⬦ vi verificare; **to check for** OR **on sthg** verificare qc. ⬦ **check in** ⬦ vt sep [luggage] registrare; [coat] consegnare. ⬦ vi - 1. [at hotel] registrarsi - 2. [at airport] fare il check-in. ⬦ **check out** ⬦ vt sep - 1. [luggage, coat] ritirare - 2. [investigate] verificare. ⬦ vi [from hotel] lasciare l'albergo. ⬦ **check up** vi: **to check up on sb/sthg** prendere informazioni su qn/qc.

checkbook n US = **chequebook**.

checked [tʃekt] adj a scacchi, a quadretti.

checkered adj US = **chequered**.

checkers ['tʃekəz] n (U) US dama f.

check (guarantee) card n US = **cheque (guarantee) card**.

check-in n check-in m.

checking account ['tʃekɪŋ-] n US conto m corrente.

checkmate ['tʃekmeɪt] n scacco m matto.

checkout ['tʃekaʊt] n [in supermarket] cassa f.

checkpoint ['tʃekpɔɪnt] n posto m di controllo.

checkup ['tʃekʌp] n visita f di controllo.

Cheddar (cheese) ['tʃedər tʃiːz] n formaggio tipico inglese a pasta dura.

cheek [tʃiːk] n - 1. [of face] guancia f - 2. UK inf [impudence] faccia tosta f.

cheekbone ['tʃiːkbəʊn] n zigomo m.

cheeky ['tʃiːkɪ] adj UK sfacciato(a).

cheer [tʃɪər] ⬦ n [shout] acclamazione f. ⬦ vt - 1. [shout approval, encouragement at] acclamare - 2. [gladden] sollevare. ⬦ vi acclamare. ⬦ **cheers** excl - 1. [said before drinking] salute! - 2. UK inf [goodbye] ciao! - 3. UK inf [thank you] grazie! ⬦ **cheer up** ⬦ vt sep tirare su. ⬦ vi tirarsi su.

cheerful ['tʃɪəfʊl] adj allegro(a).

cheerio [,tʃɪərɪ'əʊ] excl UK inf ciao!

cheese [tʃiːz] n formaggio m.

cheeseboard ['tʃiːzbɔːd] n - 1. [board] tagliere m per formaggi - 2. [on menu] formaggi mpl.

cheeseburger ['tʃiːz,bɜːgər] n cheeseburger m inv.

cheesecake ['tʃiːzkeɪk] n cheesecake m inv, dolce m al formaggio.

cheetah ['tʃiːtə] n ghepardo m.

chef [ʃef] n chef m inv.

chemical ['kemɪkl] ⬦ adj chimico(a). ⬦ n sostanza f chimica.

chemist ['kemɪst] n - 1. UK [pharmacist] farmacista mf; **chemist's (shop)** farmacia f - 2. [scientist] chimico m, -a f.

chemistry ['kemɪstrɪ] n [science] chimica f.

cheque UK, **check** US [tʃek] n assegno m.

chequebook UK, **checkbook** US ['tʃekbʊk] n libretto m degli assegni.

cheque (guarantee) card UK, **check (guarantee) card** US n carta f assegni.

chequered UK, **checkered** US ['tʃekəd] adj [varied] movimentato(a).

cherish ['tʃerɪʃ] vt [memory] conservare; [hope] nutrire; [privilege, person, thing] tenere molto a.

cherry ['tʃerɪ] n - **1.** [fruit] ciliegia f - **2.**: **cherry (tree)** ciliegio m.

chess [tʃes] n scacchi mpl.

chessboard ['tʃesbɔ:d] n scacchiera f.

chest [tʃest] n - **1.** ANAT petto m, torace m - **2.** [box, trunk] baule m.

chestnut ['tʃesnʌt] ⬦ adj castano(a). ⬦ n - **1.** [nut] castagna f - **2.**: **chestnut (tree)** castagno m.

chest of drawers (pl chests of drawers) n cassettone m.

chew [tʃu:] ⬦ n [sweet] caramella f. ⬦ vt - **1.** [food] masticare - **2.** [carpet] rosicchiare. ◆ **chew up** vt sep [food] masticare; [slippers] rosicchiare.

chewing gum ['tʃu:ɪŋ-] n chewing gum m inv, gomma f (da masticare).

chic [ʃi:k] adj elegante.

chick [tʃɪk] n pulcino m.

chicken ['tʃɪkɪn] n - **1.** [bird, food] pollo m - **2.** inf [coward] fifone m, -a f, coniglio m. ◆ **chicken out** vi inf: **to chicken out (of sthg/of doing sthg)** tirarsi indietro (da qc/dal fare qc).

chickenpox ['tʃɪkɪnpɒks] n varicella f.

chickpea ['tʃɪkpi:] n cece m.

chicory ['tʃɪkərɪ] n indivia f, insalata f belga.

chief [tʃi:f] ⬦ adj - **1.** [most important] principale - **2.** [head] capo inv. ⬦ n capo m.

chief executive n direttore m, -trice f generale.

chiefly ['tʃi:flɪ] adv [mainly] principalmente; [above all] soprattutto.

chiffon ['ʃɪfɒn] n chiffon m.

chilblain ['tʃɪlbleɪn] n gelone m.

child [tʃaɪld] (pl children) n - **1.** [boy, girl] bambino m, -a f - **2.** [son, daughter] figlio m, -a f.

child benefit n UK ≃ assegni mpl familiari.

childhood ['tʃaɪldhʊd] n infanzia f.

childish ['tʃaɪldɪʃ] adj pej infantile.

childlike ['tʃaɪldlaɪk] adj da bambino, innocente.

childminder ['tʃaɪld,maɪndər] n UK bambinaia f.

childproof ['tʃaɪldpru:f] adj a prova di bambino.

children ['tʃɪldrən] pl ⬭ **child**.

children's home n istituto m per l'infanzia.

Chile ['tʃɪlɪ] n Cile.

chili ['tʃɪlɪ] n US = **chilli**.

chill [tʃɪl] ⬦ adj gelido(a). ⬦ n - **1.** [illness] infreddatura f, colpo m di freddo - **2.** [in temperature]: **a chill in the air** un'aria fredda - **3.** [feeling of fear] brivido m. ⬦ vt - **1.** [drink, food] mettere in fresco, raffreddare - **2.** [person] gelare. ⬦ vi [drink, food] raffreddarsi.

chilli (pl -ies) UK, **chili** US ['tʃɪlɪ] n peperoncino m.

chilling ['tʃɪlɪŋ] adj - **1.** [very cold] gelido(a) - **2.** [frightening] agghiacciante.

chilly ['tʃɪlɪ] adj freddo(a).

chime [tʃaɪm] ⬦ n rintocco m. ⬦ vt & vi suonare. ◆ **chime in** vi intervenire.

chimney ['tʃɪmnɪ] n [of factory] ciminiera f; [of house] camino m.

chimneypot ['tʃɪmnɪpɒt] n comignolo m.

chimneysweep ['tʃɪmnɪswi:p] n spazzacamino m.

chimp [,tʃɪmp] n inf scimpanzè m inv.

chimpanzee [,tʃɪmpən'zi:] n scimpanzè m inv.

chin [tʃɪn] n mento m.

china ['tʃaɪnə] n (U) - **1.** [substance] porcellana f - **2.** [crockery] porcellane fpl.

China ['tʃaɪnə] n Cina.

Chinese [,tʃaɪ'ni:z] ⬦ adj cinese. ⬦ n [language] cinese m. ⬦ npl: **the Chinese** i cinesi.

chink [tʃɪŋk] n - **1.** [narrow opening] fessura f; **a chink of light** uno spiraglio di luce - **2.** [sound] tintinnio m.

chip [tʃɪp] ⬦ n - **1.** UK [French fry] patatina f fritta - **2.** US [potato crisp] patatina f (confezionata) - **3.** [fragment - of wood] truciolo m; [- of stone, metal] scheggia f - **4.** [flaw] sbeccatura f, scheggiatura f - **5.** [microchip] chip m inv - **6.** [token] fiche f inv. ⬦ vt [damage] sbeccare, scheggiare. ◆ **chip in** inf vi - **1.** [contribute] contribuire - **2.** [interrupt] intervenire. ◆ **chip off** vt sep staccare.

chipboard ['tʃɪpbɔ:d] n truciolato m.

chip shop n UK friggitoria f.

chiropodist [kɪ'rɒpədɪst] n esp UK pedicure mf inv.

chirp [tʃɜ:p] vi [bird] cinguettare; [cricket] cantare.

chirpy ['tʃɜ:pɪ] adj inf pimpante.

chisel ['tʃɪzl] (UK & US) ⬦ n scalpello m, cesello m. ⬦ vt cesellare.

chit [tʃɪt] n nota f.

chitchat ['tʃɪttʃæt] n (U) inf chiacchiere fpl.

chivalry ['ʃɪvlrɪ] n liter cavalleria f.

chives [tʃaɪvz] npl erba f cipollina.

chlorine ['klɔ:ri:n] n cloro m.

chock [tʃɒk] n cuneo m.

chock-a-block, chock-full *adj inf*: chock-a-block (with) pieno(a) zeppo(a) (di).

chocolate ['tʃɒkələt] <> *n* - 1. [food] cioccolato *m* - 2. [sweet] cioccolatino *m* - 3. [drink] cioccolata *f*. <> *comp* [made of chocolate] al cioccolato.

choice [tʃɔɪs] <> *n* - 1. [act of choosing, decision, variety] scelta *f* - 2. [thing chosen] scelta *f*; [person chosen] prescelto *m*, -a *f* - 3. [option] possibilità *f*. <> *adj* di prima scelta.

choir ['kwaɪər] *n* coro *m*.

choirboy ['kwaɪəbɔɪ] *n* corista *m*.

choke [tʃəʊk] <> *n* AUT starter *m inv*. <> *vt* - 1. [strangle] soffocare - 2. [block] bloccare, intasare. <> *vi* strozzarsi, soffocare.

cholera ['kɒlərə] *n* colera *m*.

choose [tʃuːz] (*pt* chose, *pp* chosen) *vt* & *vi* scegliere; **to choose to do sthg** scegliere di fare qc; **to choose (from sthg)** scegliere (tra qc).

choos(e)y ['tʃuːzɪ] (*comp* -ier, *superl* -iest) *adj* difficile.

chop [tʃɒp] <> *n* [meat] braciola *f*, costoletta *f*. <> *vt* - 1. [wood] spaccare; [vegetables] tagliare - 2. *inf* [reduce] tagliare; **to chop and change** continuare a cambiare, passare da una cosa all'altra. ◆ **chop down** *vt sep* abbattere. ◆ **chop up** *vt sep* tagliare a pezzi.

chopper ['tʃɒpər] *n* - 1. [axe] ascia *f*, scure *f* - 2. *inf* [helicopter] elicottero *m*.

choppy ['tʃɒpɪ] *adj* mosso(a), agitato(a).

chopsticks ['tʃɒpstɪks] *npl* bastoncini *mpl* cinesi.

chord [kɔːd] *n* MUS accordo *m*.

chore [tʃɔːr] *n* lavoro *m*; **household chores** faccende *fpl* domestiche.

chorus ['kɔːrəs] *n* - 1. [part of song] ritornello *m* - 2. [choir, non-soloists, refrain] coro *m*.

chose [tʃəʊz] *pt* ⊳ **choose**.

chosen ['tʃəʊzn] *pp* ⊳ **choose**.

Christ [kraɪst] <> *n* Cristo *m*. <> *excl* offens Cristo!

christen ['krɪsn] *vt* battezzare.

christening ['krɪsnɪŋ] *n* battesimo *m*.

Christian ['krɪstʃən] <> *adj* cristiano(a). <> *n* cristiano *m*, -a *f*.

Christianity [ˌkrɪstɪ'ænətɪ] *n* cristianesimo *m*.

Christian name *n esp UK* nome *m* di battesimo.

Christmas ['krɪsməs] *n* Natale *m*; **Happy OR Merry Christmas!** Buon Natale!

Christmas card *n* biglietto *m* di auguri di Natale.

Christmas Day *n* giorno *m* di Natale.

Christmas Eve *n* vigilia *f* di Natale.

Christmas pudding *n UK* dolce a base di frutta secca e spezie che viene servito caldo al termine del pranzo natalizio.

Christmas tree *n* albero *m* di Natale.

chrome [krəʊm], **chromium** ['krəʊmɪəm] <> *n* cromo *m*. <> *comp* cromato(a).

chronic ['krɒnɪk] *adj* - 1. [long-lasting] cronico(a) - 2. [habitual] incallito(a).

chronicle ['krɒnɪkl] *n* cronaca *f*.

chronological [ˌkrɒnə'lɒdʒɪkl] *adj* cronologico(a).

chrysanthemum [krɪ'sænθəməm] (*pl* -s) *n* crisantemo *m*.

chubby ['tʃʌbɪ] *adj inf* paffuto(a).

chuck [tʃʌk] *vt inf* - 1. [throw] tirare, buttare; **we got chucked out of the pub** ci hanno buttato fuori dal pub - 2. [give up] mollare, piantare. ◆ **chuck away, chuck out** *vt sep inf* buttare via.

chuckle ['tʃʌkl] *vi* ridacchiare.

chug [tʃʌg] *vi* sbuffare.

chum [tʃʌm] *n inf* amicone *m*, -a *f*.

chunk [tʃʌŋk] *n* - 1. [piece] pezzo *m* - 2. *inf* [large amount] grossa porzione *f*; **taxes take a big chunk out of her salary** le tasse si mangiano una bella fetta del suo stipendio.

church [tʃɜːtʃ] *n* chiesa *f*; **to go to church** andare in chiesa.

Church of England *n*: the Church of England la Chiesa anglicana.

churchyard ['tʃɜːtʃjɑːd] *n* cimitero *m (nei pressi di una chiesa)*.

churlish ['tʃɜːlɪʃ] *adj* sgarbato(a).

churn [tʃɜːn] <> *n* - 1. [for making butter] zangola *f* - 2. [for transporting milk] bidone *m*. <> *vt* [stir up] agitare, sconvolgere. ◆ **churn out** *vt sep inf* sfornare.

chute [ʃuːt] *n* [for water] scivolo *m*; [for rubbish] canale *m* di scarico.

chutney ['tʃʌtnɪ] *n (U) salsa piccante e agrodolce a base di frutta e spezie*.

CIA (*abbr of* Central Intelligence Agency) *n* CIA *f*.

CID (*abbr of* Criminal Investigation Department) *n in Gran Bretagna, reparto di polizia investigativa*.

cider ['saɪdər] *n* sidro *m*.

cigar [sɪ'gɑːr] *n* sigaro *m*.

cigarette [ˌsɪgə'ret] *n* sigaretta *f*.

cinder ['sɪndər] *n* cenere *f*.

Cinderella [ˌsɪndə'relə] *n* Cenerentola *f*.

cinecamera ['sɪnɪˌkæmərə] *n UK* cinepresa *f*.

cinefilm ['sɪnɪfɪlm] *n UK* pellicola *f*.

cinema ['sɪnəmə] *n esp UK* cinema *m inv*.

cinnamon ['sɪnəmən] n cannella f.

cipher ['saɪfər] n codice m.

circa ['sɜːkə] prep intorno al.

circle ['sɜːkl] ◇ n - 1. [figure, shape] cerchio m; **to go around in circles** girare a vuoto - 2. [group] cerchia f; **we move in different circles** frequentiamo ambienti diversi - 3. UK [seats in theatre, cinema] galleria f. ◇ vt - 1. [draw a circle around] cerchiare - 2. [move around] girare intorno a. ◇ vi girare intorno.

circuit ['sɜːkɪt] n - 1. ELEC [series of venues] circuito m - 2. [lap] giro m; [of moon, earth] rivoluzione f - 3. [path, track] pista f, circuito m.

circuitous [səˈkjuːɪtəs] adj tortuoso(a).

circular ['sɜːkjʊlər] ◇ adj [gen] circolare. ◇ n circolare f.

circulate ['sɜːkjʊleɪt] ◇ vi - 1. [gen] circolare - 2. [socialize] girare tra gli invitati. ◇ vt far circolare.

circulation [,sɜːkjʊˈleɪʃn] n - 1. [gen] circolazione f; **in circulation** in circolazione - 2. [of magazine, newspaper] tiratura f.

circumcision [,sɜːkəmˈsɪʒn] n circoncisione f.

circumference [səˈkʌmfərəns] n circonferenza f.

circumflex ['sɜːkəmfleks] n: **circumflex (accent)** accento m circonflesso.

circumspect ['sɜːkəmspekt] adj circospetto(a).

circumstances ['sɜːkəmstənsɪz] npl circostanze fpl; **they are living in reduced circumstances** si trovano in difficoltà economiche; **under** OR **no circumstances** in nessun caso, per nessuna ragione; **under** OR **in the circumstances** date le circostanze.

circumvent [,sɜːkəmˈvent] vt fml aggirare.

circus ['sɜːkəs] n - 1. [for entertainment] circo m - 2. UK [in place names] piazza f (di forma circolare).

CIS (abbr of Commonwealth of Independent States) n CSI f.

cistern ['sɪstən] n - 1. UK [in roof] cisterna f - 2. [in toilet] vaschetta f.

cite [saɪt] vt citare.

citizen ['sɪtɪzn] n cittadino m, -a f.

Citizens' Advice Bureau n UK organizzazione che fornisce gratuitamente consigli in materia legale, finanziaria e sociale.

Citizens' Band n (U) banda f cittadina (radiofrequenze assegnate ad un uso pubblico per comunicazioni private).

citizenship ['sɪtɪznʃɪp] n cittadinanza f.

citrus fruit ['sɪtrəs fruːt] n agrume m.

city ['sɪtɪ] n città f inv. ◆ **City** n UK: **the City** la City.

city centre n UK centro m.

city hall n US ≃ Comune m.

city technology college n UK istituto a indirizzo tecnico finanziato dall'industria.

civic ['sɪvɪk] adj - 1. [leader, event] comunale - 2. [duty, pride] civico(a).

civil ['sɪvl] adj - 1. [ceremony, aviation] civile; [strife, disorder] sociale - 2. [polite] civile, educato(a).

civil engineering n ingegneria f civile.

civilian [sɪˈvɪljən] ◇ n civile mf. ◇ comp civile.

civilization [,sɪvɪlaɪˈzeɪʃn] n civiltà f inv.

civilized ['sɪvɪlaɪzd] adj - 1. [highly developed] civilizzato(a) - 2. [polite, reasonable] civile.

civil law n (U) diritto m inv civile.

civil liberties npl libertà fpl civili.

civil rights npl diritti mpl civili.

civil servant n funzionario m, -a f statale.

civil service n amministrazione f pubblica.

civil war n guerra f civile.

CJD (abbr of Creutzfeldt-Jakob disease) n CJD f (malattia di Creutzfeldt-Jakob).

cl (abbr of centilitre) n cl. m

clad [klæd] adj liter: **clad in sthg** vestito(a) di qc.

claim [kleɪm] ◇ n - 1. [demand] rivendicazione f; **to lay claim to sthg** rivendicare qc - 2. [financial] richiesta f - 3. [assertion] affermazione f. ◇ vt - 1. [apply for] reclamare - 2. [assert one's right to] rivendicare - 3. [assert, maintain] sostenere, affermare; **to claim that** sostenere che - 4. [take]: **the earthquake claimed 50 lives** il terremoto ha fatto 50 vittime. ◇ vi: **to claim on one's insurance** fare richiesta di risarcimento alla propria assicurazione; **to claim for sthg** [expenses, postage] chiedere il rimborso di qc; [damage] chiedere il risarcimento di qc.

claimant ['kleɪmənt] n [of benefit] richiedente mf; [to throne] pretendente mf al trono.

clairvoyant [kleəˈvɔɪənt] n chiaroveggente mf.

clam [klæm] n vongola f.

clamber ['klæmbər] vi arrampicarsi.

clammy ['klæmɪ] adj inf appiccicoso(a).

clamour UK, **clamor** US ['klæmər] ◇ n [noise] clamore m. ◇ vi: **to clamour for sthg** chiedere a gran voce qc.

clamp [klæmp] ◇ n - 1. [fastener] morsetto m - 2. MED clamp f inv - 3. UK TECH bloccaruote m inv. ◇ vt - 1. [with fastener] stringere con un morsetto - **2.** *UK* [parked car] mettere i bloccaruote a. ◆ **clamp down** *vi*: **to clamp down (on sthg)** mettere un freno (a qc).

clan [klæn] *n* clan *m inv*.

clandestine [klæn'destɪn] *adj* clandestino(a).

clang [klæŋ] *n* fragore *m*.

clap [klæp] ◇ *vt* [person, performance] applaudire; **to clap one's hands** applaudire, battere le mani. ◇ *vi* applaudire.

clapping ['klæpɪŋ] *n* (U) applausi *mpl*.

claret ['klærət] *n* - **1.** [wine] Bordeaux *m inv* - **2.** [colour] bordò *m*.

clarify ['klærɪfaɪ] *vt* chiarire.

clarinet [,klærə'net] *n* clarinetto *m*.

clarity ['klærətɪ] *n* (U) chiarezza *f*.

clash [klæʃ] ◇ *n* - **1.** [incompatibility] conflitto *m* - **2.** [fight] scontro *m* - **3.** [noise] fragore *m*. ◇ *vi* - **1.** [be incompatible - ideas, beliefs] contrastare, essere in conflitto; [- colours]: **orange clashes with red** l'arancione fa a pugni col rosso - **2.** [fight, disagree] scontrarsi - **3.** [coincide] sovrapporsi, coincidere.

clasp [klɑːsp] ◇ *n* [on necklace] fermaglio *m*; [on belt] fibbia *f*; [on bra] gancio *m*. ◇ *vt* [hold tight] stringere.

class [klɑːs] ◇ *n* - **1.** [of students, social group, category] classe *f* ; - **2.** [lesson] corso *m*, lezione *f* - **3.** (U) *inf* [style] classe *f*, stile *m*. ◇ *vt* classificare; **to class sb as sthg** considerare qn come qc.

classic ['klæsɪk] ◇ *adj* classico(a). ◇ *n* classico *m*.

classical ['klæsɪkl] *adj* classico(a).

classified ['klæsɪfaɪd] *adj* segreto(a), riservato(a).

classified ad *n* inserzione *f*.

classify ['klæsɪfaɪ] *vt* classificare.

classmate ['klɑːsmeɪt] *n* compagno *m*, -a *f* di classe.

classroom ['klɑːsrʊm] *n* aula *f*.

classy ['klɑːsɪ] *adj inf* di classe.

clatter ['klætər] *n* [of dishes, pans] tintinnio *m*; [of typewriter] ticchettio *m*; [of hooves] scalpitio *m*.

clause [klɔːz] *n* - **1.** [in legal document] clausola *f* - **2.** GRAM proposizione *f*.

claw [klɔː] ◇ *n* - **1.** [of bird, cat] artiglio *m* - **2.** [of insect, sea creature] chela *f*. ◇ *vt* graffiare. ◇ *vi*: **to claw at sthg** aggrapparsi a qc.

clay [kleɪ] *n* argilla *f*.

clean [kliːn] ◇ *adj* - **1.** [not dirty, honourable] pulito(a) - **2.** [blank]: **a clean sheet of paper** un foglio bianco - **3.** [inoffensive] pulito(a), innocente - **4.** [outline] nitido(a); [movement] armo-

nioso(a) - **5.** [cut, break] netto(a). ◇ *vt* pulire; **to clean one's teeth** lavarsi i denti. ◇ *vi* fare le pulizie. ◆ **clean out** *vt sep* [clear out] ripulire. ◆ **clean up** *vt sep* [clear up] pulire.

cleaner ['kliːnər] *n* - **1.** [person] uomo *m*/donna *f* delle pulizie - **2.** [substance] detersivo *m*; **oven cleaner** prodotto *m* per la pulizia del forno.

cleaning ['kliːnɪŋ] *n* (U) pulizia *f*.

cleanliness ['klenlɪnɪs] *n* (U) pulizia *f*.

cleanse [klenz] *vt* - **1.** [make clean] pulire a fondo - **2.** [make pure] purificare.

cleanser ['klenzər] *n* - **1.** [for skin] detergente *m* - **2.** [detergent] detersivo *m*.

clean-shaven [-'ʃeɪvn] *adj* sbarbato(a).

clear [klɪər] ◇ *adj* - **1.** [eyes, colour, light] chiaro(a), luminoso(a); [sky, day] sereno(a) - **2.** [easy to understand, audible, free from doubt] chiaro(a); **to make sthg clear (to sb)** chiarire bene qc (a qn); **to make it clear that** precisare che; **to make o.s. clear** spiegarsi bene; **I'm not clear about your reasons** i tuoi motivi non mi sono chiari; **a clear head** una mente lucida - **3.** [obvious, unmistakable] chiaro(a), evidente - **4.** [transparent] trasparente - **5.** [skin] puro(a) - **6.** [free from commitments, unobstructed] libero(a); **a clear view** una vista sgombra - **7.** [entire] intero(a); **we have two clear days to do the work** abbiamo due giorni interi per questo lavoro. ◇ *adv* [out of the way] lontano, distante; **to stay** OR **steer clear of sb/sthg** stare OR tenersi alla larga da qn/qc. ◇ *vt* - **1.** [pipe] sbloccare; [table] sparecchiare; [way, path] sgombrare - **2.** [remove] rimuovere - **3.** [jump] saltare - **4.** [pay] liquidare, pagare - **5.** [authorize] approvare - **6.** [prove not guilty] scagionare; **to clear sb's name** riabilitare qn; **to be cleared of sthg** essere assolto(a) da qc. ◇ *vi* - **1.** [disperse, diminish] diradarsi; **my headache's starting to clear** mi sta passando il mal di testa - **2.** [brighten up] rasserenarsi. ◆ **clear away** *vt sep* [plates] sparecchiare; [books] mettere via. ◆ **clear off** *vi* *UK inf*: **clear off!** togliti dai piedi! ◆ **clear out** ◇ *vt sep* [tidy up] ripulire. ◇ *vi inf* [leave] andarsene. ◆ **clear up** ◇ *vt sep* - **1.** [tidy] mettere a posto - **2.** [solve, settle] chiarire. ◇ *vi* - **1.** [weather] rasserenarsi - **2.** [tidy up] mettere a posto.

clearance ['klɪərəns] *n* (U) - **1.** [removal] sgombero *m*, rimozione *f* - **2.** [permission] autorizzazione *f*.

clear-cut *adj* ben definito(a).

clearing ['klɪərɪŋ] *n* [in forest] radura *f*.

clearing bank *n* UK *banca associata alla stanza di compensazione*.

clearly ['klɪəlɪ] *adv* - **1.** [distinctly, lucidly] chiaramente - **2.** [obviously] chiaramente, ovviamente.

clearway ['klɪəweɪ] *n* UK AUT strada dove è consentita la sosta dei veicoli solo in caso di emergenza.

cleavage ['kli:vɪdʒ] *n* [between breasts] scollatura *f*.

cleaver ['kli:vər] *n* mannaia *f*.

clef [klef] *n* MUS chiave *f*.

cleft [kleft] *n* fenditura *f*.

clench [klentʃ] *vt* stringere.

clergy ['klɜ:dʒɪ] *npl*: **the clergy** il clero.

clergyman ['klɜ:dʒɪmən] (*pl* -men) *n* ecclesiastico *m*.

clerical ['klerɪkl] *adj* - **1.** [in office] d'ufficio; **the clerical staff** il personale amministrativo - **2.** [in church] clericale.

clerk [UK klɑ:k, US klɜ:rk] *n* - **1.** [in office] impiegato *m*, -a *f* - **2.** [in court] cancelliere *m* - **3.** US [shop assistant] commesso *m*, -a *f*.

clever ['klevər] *adj* - **1.** [intelligent] intelligente - **2.** [ingenious] geniale - **3.** [skilful] abile.

click [klɪk] ⋄ *n* [of lock, heels] scatto *m*; [of tongue] schiocco *m*. ⋄ *vt* far schioccare. ⋄ *vi* - **1.** [heels] battere; [camera] scattare, fare clic; **the door clicked shut** la porta si è chiusa con uno scatto - **2.** COMPUT cliccare.

client ['klaɪənt] *n* [of business, solicitor] cliente *mf*; [of psychiatrist] paziente *mf*; [of social worker] assistito *m*, -a *f*.

cliff [klɪf] *n* [by sea] scogliera *f*; [of mountain] precipizio *m*.

climate ['klaɪmɪt] *n* lit & fig clima *m*.

climate change *n* mutamento *m* climatico.

climax ['klaɪmæks] *n* [culmination] punto *m* culminante.

climb [klaɪm] ⋄ *n* salita *f*, scalata *f*. ⋄ *vt* [stairs] salire; [mountain, wall] scalare; [tree] arrampicarsi su. ⋄ *vi* - **1.** [person]: **she climbed into the car** è salita in macchina; **they climbed over the fence** hanno scavalcato la recinzione - **2.** [plant] arrampicarsi - **3.** [road, plane, prices] salire.

climb-down *n* UK marcia *f* indietro.

climber ['klaɪmər] *n* [person] alpinista *mf*.

climbing ['klaɪmɪŋ] *n* (U) alpinismo *m*.

clinch [klɪntʃ] *vt* [deal] concludere.

cling [klɪŋ] (*pt & pp* clung) *vi* - **1.** [hold tightly]: **to cling to sb/sthg** aggrapparsi a qn/qc - **2.** [clothes]: **to cling (to sb)** aderire (a qn).

clingfilm ['klɪŋfɪlm] *n* (U) UK pellicola *f* (trasparente).

clinic ['klɪnɪk] *n* ambulatorio *m*.

clinical ['klɪnɪkl] *adj* - **1.** MED clinico(a) - **2.** [coldly rational] distaccato(a) - **3.** [functional] freddo(a).

clink [klɪŋk] *vi* tintinnare.

clip [klɪp] ⋄ *n* - **1.** [for paper] graffetta *f*; [for hair] fermaglio *m*; [on earring] clip *f inv* - **2.** [excerpt] clip *f inv*, scena *f*. ⋄ *vt* - **1.** [fasten] fissare - **2.** [lawn, nails] tagliare; [newspaper] ritagliare.

clipboard ['klɪpbɔ:d] *n* blocco *m* a molla.

clippers ['klɪpəz] *npl* - **1.** [for hair] macchinetta *f* (*singolare*) per i capelli - **2.** [for nails] tagliaunghie *m inv* (*singolare*) - **3.** [for plants, hedges] cesoie *fpl*.

clipping ['klɪpɪŋ] *n* [newspaper cutting] ritaglio *m*.

cloak [kləʊk] *n* [garment] mantello *m*.

cloakroom ['kləʊkrʊm] *n* - **1.** [for clothes] guardaroba *m inv* - **2.** UK [toilets] toilette *f inv*.

clock [klɒk] *n* - **1.** [timepiece] orologio *m*; **around the clock** ventiquattr'ore su ventiquattro - **2.** [mileometer] contachilometri *m inv* - **3.** [timing device] timer *m inv*. ◆ **clock in, clock on** *vi* [at work] timbrare il cartellino d'entrata. ◆ **clock off, clock out** *vi* [at work] timbrare il cartellino d'uscita.

clockwise ['klɒkwaɪz] *adj & adv* in senso orario.

clockwork ['klɒkwɜ:k] ⋄ *n* (U): **to go like clockwork** andare liscio(a) come l'olio. ⋄ *comp* a molla.

clog [klɒg] *vt* otturare, intasare. ◆ **clogs** *npl* zoccoli *mpl*. ◆ **clog up** ⋄ *vt sep* otturare, intasare. ⋄ *vi* intasarsi.

close[1] [kləʊs] ⋄ *adj* - **1.** [near] vicino(a); **close to sb/sthg** vicino(a) a qn/qc; **to have a close call** OR **shave** UK OR **thing** UK scamparla bella; **close up, close to** da vicino; **close by, close at hand** molto vicino - **2.** [relationship, friend] intimo(a); **close to sb** vicino(a) a qn - **3.** [resemblance] forte; [link, relative, cooperation] stretto(a) - **4.** [careful] accurato(a); **to keep a close watch on sb/sthg** tenere sotto stretta sorveglianza qn/qc; **to pay close; attention to sthg** fare molta attenzione a qc; **to have a close look at sthg** esaminare qc da vicino - **5.** [weather] afoso(a); [air in room] pesante - **6.** [contest, election, race] serrato(a). ⋄ *adv* vicino. ◆ **close on, close to** *prep* [almost] quasi.

close[2] [kləʊz] ⋄ *vt* chiudere. ⋄ *vi* - **1.** [shut, shut down] chiudere - **2.** [end] chiudersi. ⋄ *n* [end] termine *m*, fine *f*. ◆ **close down** *vt sep & vi* [shut, shut down] chiudere.

closed [kləʊzd] *adj* chiuso(a).

close-knit [kləʊs-] *adj* molto unito(a).

closely ['kləʊslɪ] *adv* - **1.** [in degree of connection] da vicino; [resemble] fortemente; **to be closely related to sb** essere parente stretto di qn; **to work closely with sb** lavorare in stretta collaborazione con qn - **2.** [carefully] attentamente.

closet ['klɒzɪt] ◇ *adj inf* segreto(a). ◇ *n US* armadio *m*.

close-up [kləʊs-] *n* primo piano *m*.

closure ['kləʊʒəʳ] *n* chiusura *f*.

clot [klɒt] ◇ *n* - **1.** [mass, lump] grumo *m* - **2.** *UK inf* [fool] scemo *m*, -a *f*. ◇ *vi* [blood] coagularsi.

cloth [klɒθ] *n* - **1.** [material] stoffa *f* - **2.** [for cleaning] panno *m* - **3.** [tablecloth] tovaglia *f*.

clothe [kləʊð] *vt fml* vestire.

clothes [kləʊðz] *npl* vestiti *mpl*, indumenti *mpl*; **to put one's clothes on** vestirsi; **to take one's clothes off** spogliarsi.

clothes brush *n* spazzola *f* per abiti.

clothesline ['kləʊðzlaɪn] *n* corda *f* per il bucato.

clothes peg *UK*, **clothespin** *US* ['kləʊðzpɪn] *n* molletta *f* per il bucato.

clothing ['kləʊðɪŋ] *n (U)* abbigliamento *m*.

cloud [klaʊd] *n* nuvola *f*. ◆ **cloud over** *vi* [sky] rannuvolarsi.

cloudy ['klaʊdɪ] *adj* - **1.** [overcast] nuvoloso(a) - **2.** [murky] torbido(a).

clout [klaʊt] *inf* ◇ *n* - **1.** [blow] botta *f* - **2.** *(U)* [influence] influenza *f*. ◇ *vt* [hit] dare una botta a.

clove [kləʊv] *n*: **a clove of garlic** uno spicchio *m* d'aglio. ◆ **cloves** *npl* [spice] chiodi *mpl* di garofano.

clover ['kləʊvəʳ] *n (U)* trifoglio *m*.

clown [klaʊn] ◇ *n* clown *m inv*, pagliaccio *m*. ◇ *vi* fare il pagliaccio.

cloying ['klɔɪɪŋ] *adj* stucchevole.

club [klʌb] ◇ *n* - **1.** [association] club *m inv*, circolo *m* - **2.** [nightclub] locale *m* notturno - **3.** [weapon] randello *m* - **4.** [stick for playing golf] mazza *f* da golf. ◇ *vt* [hit] bastonare. ◆ **clubs** *npl* [playing cards] fiori *mpl*. ◆ **club together** *vi* mettersi insieme *(per raccogliere fondi, soldi)*.

clubhouse ['klʌbhaʊs] *n* sede *f* del club.

cluck [klʌk] *vi* - **1.** [hen] chiocciare - **2.** [person] emettere un suono di disapprovazione.

clue [kluː] *n* - **1.** [in crime] indizio *m*; **not to have (got) a clue (about sthg)** non avere la più pallida idea (di qc) - **2.** [hint] indicazione *f* - **3.** [in crossword] definizione *f*.

clued-up [kluːd-] *adj inf* ben informato(a).

clump [klʌmp] *n* [of trees, bushes] gruppo *m*; [of flowers] cespo *m*.

clumsy ['klʌmzɪ] *adj* - **1.** [awkward] maldestro(a), goffo(a) - **2.** [tactless] privo(a) di tatto.

clung [klʌŋ] *pt & pp* ▷ **cling**.

cluster ['klʌstəʳ] ◇ *n* [group - of people, houses, trees] gruppo *m*; [- of grapes] grappolo *m*; [- of flowers] mazzetto *m*. ◇ *vi* - **1.** [people] raggrupparsi - **2.** [things] essere raggruppato(a).

clutch [klʌtʃ] ◇ *n* AUT frizione *f*. ◇ *vt* stringere forte, tenere stretto(a). ◇ *vi*: **to clutch at sb/sthg** stringersi a qn/qc.

clutter ['klʌtəʳ] ◇ *n* disordine *m*. ◇ *vt* ingombrare.

cm *(abbr of centimetre)* cm.

c/o *(abbr of care of)* c/o.

Co. [kəʊ] - **1.** *(abbr of Company)* C.ia - **2.** *(abbr of County)* contea *f*.

coach [kəʊtʃ] ◇ *n* - **1.** *UK* [bus] pullman *m inv* - **2.** *UK* RAIL carrozza *f*, vettura *f* - **3.** [horsedrawn] carrozza *f* - **4.** [SPORT - in football] allenatore *m*, -trice *f*; [- in tennis, skiing] istruttore *m*, -trice *f* - **5.** [tutor] insegnante *mf*. ◇ *vt* - **1.** SPORT allenare - **2.** [tutor] dare lezioni a.

coach station *n UK* stazione *f* dei pullman.

coal [kəʊl] *n (U)* [mineral] carbone *m*.

coalfield ['kəʊlfiːld] *n* bacino *m* carbonifero.

coalition [,kəʊə'lɪʃn] *n* coalizione *f*.

coalmine ['kəʊlmaɪn] *n* miniera *f* di carbone.

coarse [kɔːs] *adj* - **1.** [skin, fabric] ruvido(a); [salt] grosso(a) - **2.** [vulgar] volgare.

coast [kəʊst] ◇ *n* costa *f*. ◇ *vi* [car] andare a motore spento.

coastal ['kəʊstl] *adj* costiero(a).

coaster ['kəʊstəʳ] *n* sottobicchiere *m*.

coastguard ['kəʊstgɑːd] *n* - **1.** [person] guardacoste *m inv* - **2.** [organization]: **the coastguard** la guardia costiera.

coastline ['kəʊstlaɪn] *n* litorale *m*.

coat [kəʊt] ◇ *n* - **1.** [garment] cappotto *m* - **2.** [of animal] pelo *m*, manto *m* - **3.** [layer] strato *m*. ◇ *vt*: **to coat sthg (with sthg)** ricoprire qc (di qc).

coat hanger *n* gruccia *f*.

coating ['kəʊtɪŋ] *n* strato *m*.

coat of arms *(pl coats of arms)* *n* stemma *m*, blasone *m*.

coax [kəʊks] *vt*: **to coax sb (to do OR into doing sthg)** convincere qn con le buone (a fare qc).

cob [kɒb] *n* = **corn on the cob**.

cobble ['kɒbl] ◆ **cobble together** vt sep raffazzonare.

cobbles ['kɒblz], **cobblestones** ['kɒblstəʊnz] npl ciottoli mpl.

cobweb ['kɒbweb] n ragnatela f.

cocaine [kəʊ'keɪn] n (U) cocaina f.

cock [kɒk] ◇ n - 1. [male chicken] gallo m - 2. [male bird] maschio m - 3. vulg [penis] cazzo m. ◇ vt - 1. [gun] armare - 2. [head] inclinare. ◆ **cock up** vt sep UK inf incasinare.

cockerel ['kɒkrəl] n galletto m.

cockle ['kɒkl] n [shellfish] cardio m.

Cockney ['kɒknɪ] (pl Cockneys) n - 1. [person] Cockney mf inv ,persona nata nell'East End di Londra - 2. [dialect, accent] Cockney m inv, dialetto e accento tipico dell'East End di Londra.

cockpit ['kɒkpɪt] n cabina f di pilotaggio.

cockroach ['kɒkrəʊtʃ] n scarafaggio m.

cocktail ['kɒkteɪl] n cocktail m inv.

cocktail party n cocktail m inv.

cock-up n UK inf casino m.

cocky ['kɒkɪ] adj inf impertinente.

cocoa ['kəʊkəʊ] n (U) - 1. [powder] cacao m - 2. [drink] cioccolata f calda.

coconut ['kəʊkənʌt] n - 1. [nut] noce f di cocco - 2. [flesh] cocco m.

COD - 1. (abbr of cash on delivery) pagamento m alla consegna - 2. (abbr of collect on delivery) pagamento m alla consegna.

cod [kɒd] (pl cod OR -s) n merluzzo m.

code [kəʊd] ◇ n - 1. [gen] codice m - 2. TELEC prefisso m. ◇ vt codificare.

cod-liver oil n (U) olio m di fegato di merluzzo.

coerce [kəʊ'ɜːs] vt: to coerce sb (into doing sthg) costringere qn (a fare qc).

C of E (abbr of Church of England) n Chiesa f anglicana.

coffee ['kɒfɪ] n caffè m.

coffee bar n bar m inv, caffè m inv.

coffee break n pausa f caffè.

coffee morning n UK riunione a scopo di beneficenza durante la quale viene servito del caffè.

coffeepot ['kɒfɪpɒt] n caffettiera f.

coffee shop n - 1. UK [café] bar m inv, caffè m inv - 2. US [restaurant] tavola f calda - 3. [shop selling coffee] negozio m di caffè.

coffee table n tavolino m.

coffin ['kɒfɪn] n bara f.

cog [kɒg] n [tooth on wheel] dente m; [wheel] ruota f dentata, rotella f.

coherent [kəʊ'hɪərənt] adj coerente.

cohesive [kəʊ'hiːsɪv] adj [group] unito(a), compatto(a).

coil [kɔɪl] ◇ n - 1. [of wire, rope] rotolo m; [of smoke] voluta f; [of hair] crocchia f - 2. ELEC bobina f - 3. [contraceptive device] spirale f. ◇ vt attorcigliare, avvolgere. ◇ vi attorcigliarsi. ◆ **coil up** vt sep arrotolare, avvolgere.

coin [kɔɪn] ◇ n moneta f. ◇ vt [invent] coniare.

coincide [,kəʊɪn'saɪd] vi: to coincide (with sthg) coincidere (con qc).

coincidence [kəʊ'ɪnsɪdəns] n coincidenza f.

coincidental [kəʊ,ɪnsɪ'dentl] adj casuale.

coke [kəʊk] n - 1. [fuel] carbone m coke, coke m inv - 2. inf [cocaine] coca f.

Coke® [kəʊk] n coca f.

cola ['kəʊlə] n coca f.

colander ['kʌləndər] n colapasta m inv.

cold [kəʊld] ◇ adj freddo(a); it's so cold in here fa così freddo qui; I'm cold ho freddo; to get cold [person] infreddolirsi; [hot food] freddarsi. ◇ n - 1. [illness] raffreddore m; to catch (a) cold prendere il raffreddore, raffreddarsi - 2. (U) [low temperature] freddo m.

cold-blooded [-'blʌdɪd] adj fig spietato(a).

cold sore n herpes m inv, febbre f.

Cold War n: the Cold War la guerra fredda.

coleslaw ['kəʊlslɔː] n (U) insalata di cavolo bianco e maionese.

collaborate [kə'læbəreɪt] vi: to collaborate (with sb) collaborare (con qn).

collapse [kə'læps] ◇ n (U) - 1. [gen] crollo m - 2. [of marriage] fallimento m; [of government] caduta f - 3. MED collasso m. ◇ vi - 1. [house, bridge] crollare; [lung] collassare - 2. [marriage, company] fallire; [government] cadere - 3. MED avere un collasso - 4. [folding table, chair] piegarsi.

collapsible [kə'læpsəbl] adj pieghevole.

collar ['kɒlər] ◇ n - 1. [on clothes] colletto m - 2. [for dog, on pipe, machine part] collare m. ◇ vt inf [detain] acchiappare.

collarbone ['kɒləbəʊn] n clavicola f.

collate [kə'leɪt] vt - 1. [compare] collazionare, confrontare - 2. [put in order] ordinare.

collateral [kɒ'lætərəl] n (U) garanzia f.

colleague ['kɒliːg] n collega mf.

collect [kə'lekt] ◇ vt - 1. [gen] raccogliere; to collect o.s. riprendersi - 2. [as a hobby] collezionare - 3. [go to get - person] andare a prendere; [- parcel] ritirare - 4. [taxes] riscuotere. ◇ vi - 1. [crowd, people] raccogliersi, radunarsi - 2. [dust, dirt] accumularsi - 3. [for charity, gift] fare una colletta. <> adv US TELEC: **to call (sb) collect** telefonare (a qn) con addebito al destinatario.

collection [kə'lekʃn] n - 1. [of objects] collezione f - 2. [anthology] raccolta f - 3. (U) [act of collecting - of tax] riscossione f; [- of rubbish] raccolta f, rimozione f; [- of mail] levata f - 4. [of money] colletta f.

collective [kə'lektɪv] <> adj collettivo(a). <> n cooperativa f.

collector [kə'lektər] n - 1. [as a hobby] collezionista mf - 2. [of taxes, debts, rent] esattore m.

college [ˈkɒlɪdʒ] n - 1. [for further education] ≈ istituto m superiore - 2. [of university] college m inv - 3. [organized body] collegio m.

college of education n istituto superiore che si occupa della formazione professionale degli insegnanti.

collide [kə'laɪd] vi: **to collide (with sb/sthg)** scontrarsi (con qn/qc).

colliery [ˈkɒljərɪ] n miniera f di carbone.

collision [kə'lɪʒn] n [crash]: **collision (with/between)** scontro m (con/tra), collisione f (con/tra); **to be on a collision course (with sb/sthg)** fig essere in rotta di collisione (con qn/qc).

colloquial [kə'ləʊkwɪəl] adj colloquiale, familiare.

collude [kə'luːd] vi: **to collude with sb** accordarsi segretamente con qn.

Colombia [kə'lɒmbɪə] n Colombia f.

colon [ˈkəʊlən] n - 1. ANAT colon m - 2. [punctuation mark] due punti mpl.

colonel [ˈkɜːnl] n colonnello m.

colonial [kə'ləʊnjəl] adj coloniale.

colonize, -ise UK [ˈkɒlənaɪz] vt colonizzare.

colony [ˈkɒlənɪ] n colonia f.

color etc US = **colour** etc.

colossal [kə'lɒsl] adj colossale.

colour UK, **color** US [ˈkʌlər] <> n colore m; **in colour** a colori. <> adj [not black and white] a colori. <> vt - 1. [gen] colorare - 2. [dye] tingere - 3. fig [affect] influenzare. <> vi [blush] arrossire.

colour bar UK, **color bar** US n discriminazione f razziale.

colour-blind UK, **color-blind** US adj daltonico(a).

coloured UK, **colored** US [ˈkʌləd] adj - 1. [gen] colorato(a); **maroon-coloured curtains** tende fpl color granata; **a brightly-coloured shirt** una camicia dai colori vivaci - 2. offens [person] di colore.

colourful UK, **colorful** US [ˈkʌləfʊl] adj - 1. [brightly coloured] dal colore vivace, dai colori vivaci - 2. [story] colorito(a) - 3. [person] interessante.

colouring UK, **coloring** US [ˈkʌlərɪŋ] n - 1. [dye] colorante m - 2. (U) [complexion] colorito m; [hair, eye] colore m - 3. [colours] colorazione f.

colour scheme UK, **color scheme** US n combinazione f di colori.

colt [kəʊlt] n [young horse] puledro m.

column [ˈkɒləm] n - 1. [gen] colonna f - 2. [of people, vehicles] colonna f, fila f - 3. [journalistic article] rubrica f.

columnist [ˈkɒləmnɪst] n giornalista mf (che tiene una rubrica).

coma [ˈkəʊmə] n coma m.

comb [kəʊm] <> n [for hair] pettine m. <> vt - 1. [hair] pettinare - 2. [area] setacciare.

combat [ˈkɒmbæt] <> n combattimento m. <> vt combattere.

combination [ˌkɒmbɪ'neɪʃn] n combinazione f.

combine <> vt [kəm'baɪn] [join together] mettere insieme; **to combine sthg with sthg** [two substances] mescolare qc con qc; [two qualities, activities] combinare qc a qc, unire qc a qc. <> vi [kəm'baɪn] [businesses, political parties]: **to combine (with sb/sthg)** unirsi (a qn/qc), fondersi (con qn/qc). <> n [ˈkɒmbaɪn] [group] gruppo m.

combined [kəm'baɪnd] adj: **combined (with sb/sthg)** combinato(a) (con qn/qc).

come [kʌm] (pt came, pp come) vi - 1. [move] venire; **come with me!** vieni con me!; **some friends came to dinner** sono venuti alcuni amici a cena - 2. [arrive] arrivare; **when summer comes** quando arriva l'estate; **coming!** arrivo!; **he doesn't know whether he's coming or going** fig non sa più da che parte girarsi; **the news came as a shock** la notizia è stata uno shock - 3. [reach]: **to come up to/down to** arrivare a; **her hair comes down to her shoulders** i capelli le arrivano alle spalle - 4. [happen]: **come what may** qualunque cosa capiti - 5. [become]: **to come true** realizzarsi; **to come undone** sciogliersi; **to come unstuck** staccarsi - 6. [be placed in order] arrivare; **he came first/last in the race** è arrivato primo/ultimo nella gara; **P comes before Q** la P viene prima della Q; **come to think of it** ora che ci penso. ◆ **to come** adv a venire; **in (the) days/years to come** nei giorni/anni a venire. ◆ **come about** vi [happen] accadere; **how did the idea come about?** da dove viene l'idea?; **how did it come about that... ?** com'è che... ? ◆ **come across** vt insep [letter, fact]

trovare; **to come across sb** imbattersi in qn.
◆ **come along** *vi* - **1.** [arrive by chance - opportunity] capitare; [- bus] arrivare - **2.** [improve - student] fare progressi; [- work] andare.
◆ **come apart** *vi* - **1.** [fall to pieces] andare in pezzi - **2.** [come off] staccarsi. ◆ **come around** *vi* [regain consciousness] rinvenire.
◆ **come at** *vt insep* [attack] aggredire.
◆ **come back** *vi* - **1.** [in talk, writing]: **to come back to sthg** tornare su qc - **2.** [memory]: **to come back (to sb)** tornare in mente (a qn).
◆ **come by** *vt insep* [tickets] procurarsi; [idea] pescare. ◆ **come down** *vi* - **1.** [decrease] scendere - **2.** [descend] venir giù.
◆ **come down to** *vt insep* ridursi a.
◆ **come down with** *vt insep* [cold, flu] prendersi. ◆ **come forward** *vi* farsi avanti.
◆ **come from** *vi* venire da; **where do you come from?** da dove vieni? ◆ **come in** *vi* [enter] entrare. ◆ **come in for** *vt insep* [criticism] ricevere. ◆ **come into** *vt insep* - **1.** [inherit] ereditare - **2.** [begin to be]: **to come into being** nascere. ◆ **come off** ◇ *vi* - **1.** [button, label, lid, stain] venir via - **2.** [attempt, joke] riuscire - ◇ *vt*: **come off it!** *inf* ma va! ◆ **come on** *vi* - **1.** [winter] arrivare; **I feel a headache coming on** mi sa che mi sta venendo il mal di testa - **2.** [light, heating] accendersi - **3.** [student] fare progressi; [work] andare; **come on!** [expressing encouragement] dai!; [hurry up] sbrigati!; [expressing disbelief] ma va!
◆ **come out** *vi* - **1.** [become known] venir fuori - **2.** [be launched] uscire - **3.** [go on strike] mettersi in sciopero - **4.** [declare publicly]: **to come out for/against sthg** dichiararsi a favore di/contro qc - **5.** [appear in sky] spuntare.
◆ **come out with** *vt insep* [remark] venir fuori con. ◆ **come round** *vi UK* = **come around**. ◆ **come through** *vt insep* [survive] sopravvivere a. ◆ **come to** ◇ *vt insep* - **1.** [reach]: **to come to an end** avere fine; **to come to a decision** arrivare a una decisione - **2.** [amount to] ammontare a. ◇ *vi* [regain consciousness] rinvenire. ◆ **come under** *vt insep* - **1.** [be governed by] essere soggetto(a) a - **2.** [suffer]: **to come under attack (from)** essere oggetto di attacchi (da parte di). ◆ **come up** *vi* - **1.** [be mentioned] venir fuori - **2.** [be imminent] avvicinarsi - **3.** [happen unexpectedly] capitare - **4.** [sun, moon] sorgere. ◆ **come up against** *vt insep* incontrare.
◆ **come up to** *vt insep* [in space, time] avvicinarsi a. ◆ **come up with** *vt insep* [answer, idea, solution] venir fuori con.

comeback ['kʌmbæk] *n* [return] ritorno *m*; **to make a comeback** tornare alla ribalta.

comedian [kə'miːdjən] *n* [comic] comico *m*, -a *f*.

comedown ['kʌmdaʊn] *n inf* [anticlimax] passo *m* indietro.

comedy ['kɒmədɪ] *n* commedia *f*.

comet ['kɒmɪt] *n* cometa *f*.

come-uppance [ˌkʌm'ʌpəns] *n inf*: **to get one's come-uppance** avere quello che ci si merita.

comfort ['kʌmfət] ◇ *n* - **1.** (U) [ease] benessere *m* - **2.** [luxury] lusso *m* - **3.** [solace] conforto *m*. ◇ *vt* confortare.

comfortable ['kʌmftəbl] *adj* - **1.** [chair, room] comodo(a) - **2.** [at ease]: **I'm not comfortable** [physically] non sono comodo; [emotionally] non sono a mio agio - **3.** [financially secure] senza problemi economici - **4.** [after operation, accident] senza dolori - **5.** [ample - lead] rassicurante; [- win, margin] largo(a).

comfortably ['kʌmftəblɪ] *adv* - **1.** [sit, sleep] comodamente - **2.** [without financial difficulty] confortevolmente - **3.** [win] agevolmente.

comfort station *n US euph* gabinetti *mpl* pubblici.

comic ['kɒmɪk] ◇ *adj* [amusing] comico(a). ◇ *n* - **1.** [comedian] comico *m*, -a *f* - **2.** [magazine] giornaletto *m* (a fumetti).

comical ['kɒmɪkl] *adj* divertente.

comic strip *n* striscia *f* (a fumetti).

coming ['kʌmɪŋ] ◇ *adj* [future] prossimo(a). ◇ *n*: **comings and goings** viavai *m inv*.

comma ['kɒmə] *n* virgola *f*.

command [kə'mɑːnd] ◇ *n* - **1.** [order] ordine *m* - **2.** (U) COMPUT comando *m* - **3.** [mastery] padronanza *f*; **at one's command** a propria disposizione. ◇ *vt* - **1.** [order] ordinare, comandare; **to command sb to do sthg** ordinare a qn di fare qc - **2.** MIL comandare - **3.** [respect, attention] suscitare; [price] riuscire a raggiungere.

commandeer [ˌkɒmən'dɪər] *vt* MIL requisire.

commander [kə'mɑːndər] *n* comandante *m*.

commando [kə'mɑːndəʊ] (*pl* -s *OR* -es) *n* - **1.** [soldier] membro *m* di un commando - **2.** [unit] commando *m inv*.

commemorate [kə'meməreɪt] *vt* commemorare.

commemoration [kəˌmemə'reɪʃn] *n* commemorazione *f*; **in commemoration of** in commemorazione di.

commence [kə'mens] *fml* ◇ *vt* iniziare, cominciare; **to commence doing sthg** iniziare a fare qc. ◇ *vi* iniziare, cominciare.

commend [kə'mend] *vt* - **1.** [praise]: **to commend sb (on** OR **for sthg)** elogiare qn (per qc) - **2.** [recommend]: **to commend sthg (to sb)** raccomandare qc (a qn).

commensurate [kə'menʃərət] *adj fml*: **commensurate with sthg** commisurato(a) a qc.

comment ['kɒment] ⬦ *n* commento *m*; **no comment** no comment. ⬦ *vt*: **to comment that...** commentare che... ⬦ *vi*: **to comment (on sthg)** fare commenti (su qc).

commentary ['kɒməntrɪ] *n* - **1.** RADIO & TV cronaca *f* - **2.** [written explanation, comment] commento *m*.

commentator ['kɒmənteɪtəʳ] *n* - **1.** RADIO & TV cronista *mf* - **2.** [expert] commentatore *m*, -trice *f*.

commerce ['kɒmɜːs] *n (U)* commercio *m*.

commercial [kə'mɜːʃl] ⬦ *adj* commerciale. ⬦ *n* pubblicità *f inv*, spot *m inv*.

commercial break *n* interruzione *f* pubblicitaria.

commiserate [kə'mɪzəreɪt] *vi*: **to commiserate (with sb)** offrire tutta la propria comprensione(a qn).

commission [kə'mɪʃn] ⬦ *n* - **1.** [money, investigative body] commissione *f* - **2.** [piece of work] incarico *m*. ⬦ *vt* [work] commissionare; **to commission sb (to do sthg)** dare incarico a qn (di fare qc).

commissionaire [kə,mɪʃə'neəʳ] *n UK* portiere *m (in livrea)*.

commissioner [kə'mɪʃnəʳ] *n* [of police] commissario *m*.

commit [kə'mɪt] *vt* - **1.** [carry out] commettere - **2.** [promise] impegnare; **to commit o.s. (to sthg/to doing sthg)** impegnarsi (in qc/a fare qc) - **3.** [consign] mandare; **to commit sthg to memory** mandare qc a memoria.

commitment [kə'mɪtmənt] *n* impegno *m*.

committee [kə'mɪtɪ] *n* comitato *m*.

commodity [kə'mɒdətɪ] *n* prodotto *m*, merce *f*.

common ['kɒmən] ⬦ *adj* - **1.** [gen] comune; **common to** comune a - **2.** UK pej [vulgar] ordinario(a). ⬦ *n* [land] parco *m* pubblico.
◆ **in common** *adv* in comune.

commonly ['kɒmənlɪ] *adv* [generally] comunemente.

commonplace ['kɒmənpleɪs] *adj* comune.

common room *n* [for students] sala *f* di ritrovo; [for teachers] sala *f* professori.

Commons ['kɒmənz] *npl UK*: **the Commons** la Camera dei Comuni.

common sense *n (U)* buonsenso *m*.

Commonwealth ['kɒmənwelθ] *n*: **the Commonwealth** il Commonwealth.

Commonwealth of Independent States *n*: **the Commonwealth of Independent States** la Comunità degli Stati Indipendenti.

commotion [kə'məʊʃn] *n* trambusto *m*.

communal ['kɒmjʊnl] *adj* [shared] comune.

commune ⬦ *n* ['kɒmjuːn] [group of people] comune *f*. ⬦ *vi* [kə'mjuːn]: **to commune with** essere in comunione con.

communicate [kə'mjuːnɪkeɪt] ⬦ *vt* comunicare. ⬦ *vi*: **to communicate (with)** comunicare (con).

communication [kə,mjuːnɪ'keɪʃn] *n* - **1.** *(U)* [contact] contatto *m* - **2.** [letter, phone call] comunicazione *f*.

communication cord *n UK* segnale *m* d'allarme.

communications technology *n* tecnologia *f* delle comunicazioni.

Communism ['kɒmjʊnɪzm] *n (U)* comunismo *m*.

Communist ['kɒmjʊnɪst] ⬦ *adj* comunista. ⬦ *n* comunista *mf*.

community [kə'mjuːnətɪ] *n* comunità *f inv*.

community centre UK, **community center** US *n* centro *m* sociale.

commutation ticket [,kɒmjuː'teɪʃn 'tɪkɪt] *n US* abbonamento *m*.

commute [kə'mjuːt] ⬦ *vt* LAW commutare. ⬦ *vi* [to work] fare il pendolare.

commuter [kə'mjuːtəʳ] *n* pendolare *mf*.

compact ⬦ *adj* [kəm'pækt] compatto(a). ⬦ *n* ['kɒmpækt] - **1.** [for face powder] portacipria *m inv* - **2.** *US* AUT: **compact (car)** utilitaria *f*.

compact disc [,kɒmpækt-] *n* compact disc *m inv*.

compact disc player *n* lettore *m* di compact disc.

companion [kəm'pænjən] *n* - **1.** [gen] compagno *m*, -a *f* - **2.** [book] manuale *m*.

companionship [kəm'pænjənʃɪp] *n (U)* compagnia *f*.

company ['kʌmpənɪ] *n* - **1.** [business] compagnia *f*, società *f inv* - **2.** [of actors, soldiers] compagnia *f* - **3.** [companionship]: **to keep sb company** fare compagnia a qn - **4.** [of sailors] equipaggio *m* - **5.** [guests] ospiti *mpl*.

comparable ['kɒmprəbl] *adj*: **comparable (to** OR **with)** paragonabile (a).

comparative [kəm'pærətɪv] *adj* - **1.** [relative] relativo(a) - **2.** [study, literature] comparato(a) - **3.** GRAM comparativo(a).

comparatively [kəm'pærətɪvlɪ] *adv* [relatively] relativamente.

compare [kəm'peəʳ] <> *vt* paragonare; **to compare sb/sthg with/to** paragonare qn/qc con/a; **compared with** OR **to** paragonato(a) a, in confronto a. <> *vi*: **to compare (with sb/sthg)** essere paragonato(a) (a qn/qc).

comparison [kəm'pærɪsn] *n* paragone *m*, confronto *m*; **in comparison (with** OR **to)** in confronto (a), rispetto (a).

compartment [kəm'pɑːtmənt] *n* - **1.** [in fridge, desk, drawer] scomparto *m* - **2.** RAIL scompartimento *m*, compartimento *m*.

compass ['kʌmpəs] *n* [for finding direction] bussola *f*. ◆ **compasses** *npl* compasso *m* *(sing)*.

compassion [kəm'pæʃn] *n (U)* compassione *f*.

compassionate [kəm'pæʃənət] *adj* compassionevole.

compatible [kəm'pætəbl] *adj*: **compatible (with sb/sthg)** compatibile (con qn/qc).

compel [kəm'pel] *vt* [force] costringere; **to compel sb to do sthg** costringere qn a fare qc.

compelling [kəm'pelɪŋ] *adj* convincente.

compensate ['kɒmpenseɪt] <> *vt*: **to compensate sb for sthg** risarcire qn per qc. <> *vi*: **to compensate for sthg** compensare qc.

compensation [,kɒmpen'seɪʃn] *n* - **1.** [payment]: **compensation (for sthg)** risarcimento *m* (per qc) - **2.** [recompense]: **compensation (for sthg)** contropartita *f* (per qc).

compete [kəm'piːt] *vi* - **1.** [vie]: **to compete (for sthg)** competere (per qc); **to compete with** OR **against sb (for sthg)** fare a gara con OR contro qn (per qc) - **2.** COMM: **to compete (with sb/sthg)** competere (con qn/qc); **to compete for sthg** contendersi qc - **3.** [take part] concorrere.

competence ['kɒmpɪtəns] *n (U)* competenza *f*.

competent ['kɒmpɪtənt] *adj* competente.

competition [,kɒmpɪ'tɪʃn] *n* - **1.** *(U)* [rivalry] rivalità *f inv* - **2.** *(U)* COMM concorrenza *f* - **3.** [race, contest] competizione *f*, gara *f*.

competitive [kəm'petətɪv] *adj* competitivo(a); **competitive exam** concorso *m*.

competitor [kəm'petɪtəʳ] *n* concorrente *mf*.

compile [kəm'paɪl] *vt* compilare.

complacency [kəm'pleɪsnsɪ] *n (U)* compiacimento *m*.

complain [kəm'pleɪn] *vi* - **1.** [moan]: **to complain (about sthg)** lamentarsi (di qc) - **2.** MED: **to complain of sthg** lamentarsi di qc.

complaint [kəm'pleɪnt] *n* - **1.** [gen] lamentela *f* - **2.** MED disturbo *m*.

complement <> *vt* ['kɒmplɪ,ment] [gen] fare da complemento a; [food] accompagnarsi bene a. <> *n* ['kɒmplɪmənt] - **1.** [accompaniment] accompagnamento *m* - **2.** [number] organico *m* - **3.** GRAM complemento *m*.

complementary [,kɒmplɪ'mentərɪ] *adj* [colour] complementare; **complementary medicine** medicina *f* alternativa.

complete [kəm'pliːt] <> *adj* - **1.** [total, entire] completo(a); **complete with** completo(a) di - **2.** [finished, ended] completato(a). <> *vt* - **1.** [make whole, finish] completare - **2.** [fill in] completare, riempire.

completely [kəm'pliːtlɪ] *adv* completamente.

completion [kəm'pliːʃn] *n (U)* [of work] completamento *m*.

complex ['kɒmpleks] <> *adj* [complicated] complesso(a). <> *n* complesso *m*.

complexion [kəm'plekʃn] *n* - **1.** [of face] carnagione *f* - **2.** [aspect] aspetto *m*.

compliance [kəm'plaɪəns] *n (U)*: **compliance (with sthg)** osservanza (di qc).

complicate ['kɒmplɪkeɪt] *vt* complicare.

complicated ['kɒmplɪkeɪtɪd] *adj* complicato(a).

complication [,kɒmplɪ'keɪʃn] *n* complicazione *f*.

compliment <> *n* ['kɒmplɪmənt] complimento *m*. <> *vt* ['kɒmplɪment]: **to compliment sb (on sthg)** complimentarsi con qn (per qc). ◆ **compliments** *npl fml* rispetti *mpl*.

complimentary [,kɒmplɪ'mentərɪ] *adj* - **1.** [admiring] pieno(a) di ammirazione - **2.** [free] in omaggio.

complimentary ticket *n* biglietto *m* omaggio.

comply [kəm'plaɪ] *vi*: **to comply with sthg** osservare qc.

component [kəm'pəʊnənt] *n* componente *m*.

compose [kəm'pəʊz] *vt* - **1.** [gen] comporre; **to be composed of sthg** essere composto(a) di OR da qc - **2.** [make calm]: **to compose o.s.** ricomporsi.

composed [kəm'pəʊzd] *adj* [calm] calmo(a).

composer [kəm'pəʊzəʳ] *n* compositore *m*, -trice *f*.

composition [,kɒmpə'zɪʃn] *n* - **1.** [gen] composizione *f* - **2.** [essay] composizione *f*, componimento *m*.

compost [UK 'kɒmpɒst, US 'kɒmpəʊst] *n (U)* concime *m*.

composure [kəm'pəʊʒəʳ] n (U) calma f.

compound n ['kɒmpaʊnd] - **1.** CHEM & GRAM composto m - **2.** [mixture] miscela f - **3.** [enclosed area] area f (recintata).

comprehend [ˌkɒmprɪ'hend] vt comprendere.

comprehension [ˌkɒmprɪ'henʃn] n comprensione f.

comprehensive [ˌkɒmprɪ'hensɪv] <> adj - **1.** [wide-ranging] ampio(a) - **2.** [insurance] kasko (inv), onnicomprensivo(a). <> n UK [school] = **comprehensive school**.

comprehensive school n in UK, scuola secondaria a cui possono accedere, senza selezione, studenti di varia abilità.

compress <> n ['kɒmpres] MED impacco m. <> vt [kəm'pres] - **1.** [squeeze, press] comprimere - **2.** [condense] condensare.

comprise [kəm'praɪz] vt - **1.** [consist of]: **to be comprised of** essere costituito(a) da - **2.** [constitute] costituire.

compromise ['kɒmprəmaɪz] <> n compromesso m. <> vt [undermine integrity of] compromettere. <> vi [make concessions] venire a un compromesso.

compulsion [kəm'pʌlʃn] n - **1.** [strong desire] forte impulso m - **2.** (U) [force] costrizione f.

compulsive [kəm'pʌlsɪv] adj - **1.** [behaviour] incontrollabile; [gambler, liar] inguaribile - **2.** [book, programme] avvincente.

compulsory [kəm'pʌlsərɪ] adj obbligatorio(a).

computer [kəm'pju:təʳ] <> n computer m inv. <> comp di computer; **computer program** programma m per computer.

computer game n gioco m per computer, computer game m inv.

computer graphics npl grafica f (sing) su computer.

computerized, -ised UK [kəm'pju:təraɪzd] adj computerizzato(a).

computer science n informatica f.

computing [kəm'pju:tɪŋ] n (U) informatica f.

comrade ['kɒmreɪd] n - **1.** POL compagno m, -a f - **2.** [companion] compagno m, -a f, camerata mf.

con [kɒn] inf <> n [trick] truffa f. <> vt [trick] truffare; **to con sb out of sthg** sottrarre qc a qn con l'inganno; **to con sb into doing sthg** spingere qn con l'inganno a fare qc.

concave [ˌkɒn'keɪv] adj concavo(a).

conceal [kən'si:l] vt nascondere; **to conceal sthg from sb** nascondere qc a qn.

concede [kən'si:d] <> vt riconoscere. <> vi arrendersi.

conceit [kən'si:t] n (U) presunzione f.

conceited [kən'si:tɪd] adj presuntuoso(a).

conceive [kən'si:v] <> vt [plan, child] concepire. <> vi - **1.** MED rimanere incinta - **2.** [imagine]: **to conceive of sthg** concepire qc.

concentrate ['kɒnsəntreɪt] <> vt concentrare. <> vi: **to concentrate (on sthg)** concentrarsi (su qc).

concentration [ˌkɒnsən'treɪʃn] n concentrazione f.

concentration camp n campo m di concentramento.

concept ['kɒnsept] n concetto m.

concern [kən'sɜ:n] <> n - **1.** [worry, anxiety] preoccupazione f - **2.** COMM [company] azienda f. <> vt - **1.** [worry]: **to be concerned (about sb/sthg)** essere preoccupato(a) (per qn/qc) - **2.** [involve] riguardare; **to be concerned with sthg** avere a che fare con qc; **to concern o.s. with sthg** occuparsi di qc; **as far as... is concerned** per quanto riguarda... - **3.** [subj: book, report, film] trattare di.

concerning [kən'sɜ:nɪŋ] prep riguardo a.

concert ['kɒnsət] n concerto m.

concerted [kən'sɜ:tɪd] adj [effort] concertato(a).

concert hall n sala f (da) concerti.

concertina [ˌkɒnsə'ti:nə] n concertina f.

concerto [kən'tʃeətəʊ] (pl -s) n concerto m.

concession [kən'seʃn] n - **1.** [gen] concessione f - **2.** esp UK [special price] riduzione f.

conciliatory [kən'sɪlɪətrɪ] adj conciliante.

concise [kən'saɪs] adj conciso(a).

conclude [kən'klu:d] <> vt concludere; **to conclude (that)** concludere che. <> vi terminare.

conclusion [kən'klu:ʒn] n conclusione f.

conclusive [kən'klu:sɪv] adj conclusivo(a).

concoct [kən'kɒkt] vt - **1.** [story, excuse, alibi] escogitare - **2.** [mixture, drink] confezionare.

concoction [kən'kɒkʃn] n miscuglio m.

concourse ['kɒŋkɔ:s] n atrio m.

concrete ['kɒŋkri:t] <> adj concreto(a). <> n calcestruzzo m. <> comp di calcestruzzo.

concur [kən'kɜ:ʳ] vi: **to concur (with sthg)** concordare (con qc).

concurrently [kən'kʌrəntlɪ] adv in concomitanza.

concussion [kən'kʌʃn] n commozione f cerebrale.

condemn [kən'dem] vt - **1.** [gen] condannare; **to condemn sb for sthg** condannare qn per qc; **to condemn sb to sthg/to do sthg** condannare qn a qc/a fare qc; **to condemn sb to sthg** LAW condannare qn a qc - **2.** [building] dichiarare inagibile.

condensation [,kɒnden'seɪʃn] n condensazione f.

condense [kən'dens] <> vt condensare. <> vi condensarsi.

condensed milk [kən'denst-] n latte m condensato.

condescending [,kɒndɪ'sendɪŋ] adj con un'aria di condiscendenza.

condition [kən'dɪʃn] <> n - **1.** [gen] condizione f; **out of condition** fuori forma - MED [disease, complaint] disturbo m. <> vt - **1.** [determine & PSYCHOL] condizionare - **2.** [hair] mettere un balsamo su.

conditional [kən'dɪʃənl] <> adj condizionato(a). <> n GRAM condizionale m.

conditioner [kən'dɪʃnər] n - **1.** [for hair] balsamo m - **2.** [for clothes] ammorbidente m.

condolences [kən'dəʊlənsɪz] npl condoglianze fpl.

condom ['kɒndəm] n preservativo m.

condominium [,kɒndə'mɪnɪəm] n US - **1.** [apartment] appartamento m - **2.** [apartment building] condominio m.

condone [kən'dəʊn] vt giustificare.

conducive [kən'djuːsɪv] adj: **conducive to sthg/to doing sthg** favorevole a qc/a fare qc.

conduct <> n ['kɒndʌkt] (U) - **1.** [behaviour] condotta f - **2.** [carrying out] conduzione f. <> vt [kən'dʌkt] - **1.** PHYS [carry out] condurre - **2.** [behave]: **to conduct o.s. well/badly** comportarsi bene/male - **3.** MUS [orchestra, choir] dirigere.

conducted tour [kən'dʌktɪd-] n visita f guidata.

conductor [kən'dʌktər] n - **1.** [of orchestra, choir] direttore m d'orchestra - **2.** [on bus] bigliettaio m, -a f - **3.** [on train] controllore m.

cone [kəʊn] n - **1.** [shape, for ice cream] cono m - **2.** [from tree] pigna f - **3.** UK [on roads] birillo m spartitraffico.

confectioner [kən'fekʃnər] n confettiere m, -a f; **confectioner's (shop)** confetteria f.

confectionery [kən'fekʃnərɪ] n (U) confetteria f.

confederation [kən,fedə'reɪʃn] n confederazione f.

confer [kən'fɜːr] <> vt fml: **to confer sthg (on sb)** conferire qc (a qn). <> vi: **to confer (with sb on OR about sthg)** conferire (con qn su qc).

conference ['kɒnfərəns] n conferenza f.

confess [kən'fes] <> vt confessare; **to confess (that)** confessare che. <> vi confessare; **to confess to sthg** confessare qc, ammettere qc.

confession [kən'feʃn] n confessione f.

confetti [kən'fetɪ] n (U) coriandoli mpl.

confide [kən'faɪd] vi: **to confide in sb** confidarsi con qn.

confidence ['kɒnfɪdəns] n - **1.** [self-assurance] sicurezza f (di sé) - **2.** [trust] fiducia f; **to have confidence in sb** avere fiducia in qn - **3.** [secret, secrecy] confidenza f; **in confidence** in confidenza.

confidence trick n truffa f.

confident ['kɒnfɪdənt] adj - **1.** [self-assured] sicuro(a) di sé; **a confident smile** un sorriso che esprime sicurezza - **2.** [sure] fiducioso(a); **confident of sthg** fiducioso in qc.

confidential [,kɒnfɪ'denʃl] adj confidenziale.

confine [kən'faɪn] vt - **1.** [limit, restrict] limitare; **to be confined to** essere limitato(a) a; **to confine o.s. to sthg/to doing sthg** limitarsi a qc/a fare qc - **2.** [shut up] confinare, rinchiudere. ← **confines** ['kɒnfaɪnz] npl confini mpl.

confined [kən'faɪnd] adj [space, area] limitato(a).

confinement [kən'faɪnmənt] n (U) [imprisonment] reclusione f.

confirm [kən'fɜːm] vt - **1.** [appointment, report] confermare; [desire] rafforzare - **2.** RELIG cresimare.

confirmation [,kɒnfə'meɪʃn] n - **1.** [ratification] conferma f - **2.** RELIG cresima f.

confirmed [kən'fɜːmd] adj convinto(a).

confiscate ['kɒnfɪskeɪt] vt confiscare.

conflict <> n ['kɒnflɪkt] conflitto m. <> vi [kən'flɪkt] essere in conflitto; **to conflict with sb/sthg** essere in contraddizione con qn/qc.

conflicting [kən'flɪktɪŋ] adj contraddittorio(a).

conform [kən'fɔːm] vi - **1.** [behave as expected] conformarsi - **2.** [be in accordance]: **to conform to OR with sthg** essere conforme a qc.

confound [kən'faʊnd] vt sconcertare.

confront [kən'frʌnt] vt - **1.** [face] affrontare - **2.** [challenge]: **the magnitude of the task confronting us** la portata del compito da affrontare - **3.** [present]: **to confront sb with sthg** mettere qn di fronte a qc.

confrontation [,kɒnfrʌn'teɪʃn] n scontro m, prova f di forza.

confuse [kən'fjuːz] vt confondere; **to confuse sb/sthg (with)** confondere qn/qc (con).

confused [kən'fjuːzd] adj confuso(a).

confusing [kən'fju:zɪŋ] *adj* poco chiaro(a).

confusion [kən'fju:ʒn] *n* confusione *f*.

congeal [kən'dʒi:l] *vi* congelarsi.

congenial [kən'dʒi:njəl] *adj* piacevole.

congested [kən'dʒestɪd] *adj* congestionato(a).

congestion [kən'dʒestʃn] *n* congestione *f*.

conglomerate [kən'glɒmərət] *n* COMM conglomerato *m*.

congratulate [kən'grætʃuleɪt] *vt*: to congratulate sb (on sthg/on doing sthg) congratularsi con qn (per qc/per aver fatto qc).

congratulations [kən,grætʃu'leɪʃənz] *npl* & *excl* congratulazioni *fpl*.

congregate ['kɒŋgrɪgeɪt] *vi* radunarsi.

congregation [,kɒŋgrɪ'geɪʃn] *n* RELIG congregazione *f*.

congress ['kɒŋgres] *n* congresso *m*. ◆ **Congress** *n* US POL Congresso *m*.

congressman ['kɒŋgresmən] (*pl* -men) *n* US POL membro *m* del Congresso.

conifer ['kɒnɪfər] *n* conifera *f*.

conjugation [,kɒndʒu'geɪʃn] *n* GRAM coniugazione *f*.

conjunction [kən'dʒʌŋkʃn] *n* - 1. GRAM congiunzione *f* - 2. [combination] combinazione *f*.

conjunctivitis [kən,dʒʌŋktɪ'vaɪtɪs] *n* congiuntivite *f*.

conjure ['kʌndʒər] *vi* fare giochi di prestigio. ◆ **conjure up** *vt sep* evocare.

conjurer, conjuror ['kʌndʒərər] *n* prestigiatore *m*, -trice *f*.

conjuring trick ['kʌndʒərɪŋ-] *n* gioco *m* di prestigio.

conjuror ['kʌndʒərər] *n* = **conjurer**.

conker ['kɒŋkər] *n* UK castagna *f* (d'ippocastano).

conman ['kɒnmæn] (*pl* -men) *n* truffatore *m*.

connect [kə'nekt] ◇ *vt* - 1. [gen] collegare; to connect sthg (to sthg) collegare qc (a qc); to connect sb/sthg to/with sthg collegare qn/qc a/con qc; to connect sthg to sthg ELEC collegare qc a qc - 2. [on telephone] passare la comunicazione a. ◇ *vi* [train, plane, bus]: to connect (with sthg) fare coincidenza (con qc).

connected [kə'nektɪd] *adj* connesso(a); connected with connesso(a) con.

connection [kə'nekʃn] *n* - 1. [relationship] connessione *f*, rapporto *m*; connection between/with sthg rapporto tra/con qc; in connection with in rapporto a - 2. ELEC [tele-

phone] collegamento *m* - 3. [plane, train, bus] coincidenza *f*. ◆ **connections** *npl* conoscenze *fpl*.

connive [kə'naɪv] *vi* - 1. [plot]: to connive (with sb) complottare (con qn) - 2.: to connive at sthg essere connivente in qc.

connoisseur [,kɒnə'sɜ:r] *n* conoscitore *m*, -trice *f*.

conquer ['kɒŋkər] *vt* - 1. [take by force] conquistare - 2. *fig* [overcome] sconfiggere.

conqueror ['kɒŋkərər] *n* conquistatore *m*, -trice *f*.

conquest ['kɒŋkwest] *n* conquista *f*.

cons [kɒnz] *npl* - 1. UK *inf* (*abbr of* conveniences); all mod cons tutti i comfort moderni - 2. ⊳ **pro**.

conscience ['kɒnʃəns] *n* coscienza *f*.

conscientious [,kɒnʃɪ'enʃəs] *adj* coscienzioso(a).

conscious ['kɒnʃəs] *adj* - 1. [awake, capable of thought] cosciente - 2. [aware]: conscious of sthg consapevole di qc, conscio(a) di qc; fashion-conscious attento(a) alla moda - 3. [intentional] consapevole.

consciousness ['kɒnʃəsnɪs] *n* (U) - 1. [state of being awake] conoscenza *f*, coscienza *f* - 2. [awareness] coscienza *f*.

conscript *n* ['kɒnskrɪpt] MIL recluta *f*.

conscription [kən'skrɪpʃn] *n* MIL coscrizione *f*.

consecutive [kən'sekjutɪv] *adj* consecutivo(a).

consent [kən'sent] ◇ *n* (U) [permission] consenso *m*. ◇ *vi*: to consent (to sthg) acconsentire (a qc).

consequence ['kɒnsɪkwəns] *n* - 1. [result] conseguenza *f*; in consequence di conseguenza - 2. [importance] rilievo *m*.

consequently ['kɒnsɪkwəntlɪ] *adv* conseguentemente.

conservation [,kɒnsə'veɪʃn] *n* [of energy] conservazione *f*; [of historic buildings] tutela *f*; [of nature] difesa *f*, protezione *f*.

conservative [kən'sɜ:vətɪv] *adj* - 1. [traditional] conservatore(trice) - 2. [cautious] prudente. ◆ **Conservative** ◇ *adj* UK POL conservatore(trice). ◇ *n* UK POL conservatore *m*, -trice *f*.

Conservative Party *n*: the Conservative Party UK il partito conservatore.

conservatory [kən'sɜ:vətrɪ] *n* veranda *f* (con tetto e pareti di vetro).

conserve ◇ *n* ['kɒnsɜ:v, kən'sɜ:v] conserva *f* di frutta. ◇ *vt* [kən'sɜ:v] [energy] conservare; [nature] proteggere.

consider [kən'sɪdər] *vt* considerare; **all things considered** tutto considerato.

considerable [kən'sɪdrəbl] *adj* considerevole.

considerably [kən'sɪdrəblɪ] *adv* considerevolmente.

considerate [kən'sɪdərət] *adj* sensibile.

consideration [kən,sɪdə'reɪʃn] *n* - 1. [thought] considerazione *f*; **to take sthg into consideration** prendere in considerazione qc - 2. [thoughtfulness] riguardo *m* - 3. [factor] fattore *m* - 4. [discussion]: **under consideration** in esame.

considering [kən'sɪdərɪŋ] <> *prep* considerando. <> *conj* considerando che. <> *adv* tutto considerato.

consign [kən'saɪn] *vt*: **to consign sb to sthg** ridurre qn a qc; **to consign sthg to sthg** destinare qc a qc.

consignment [kən'saɪnmənt] *n* carico *m*.

consist [kən'sɪst] ◆ **consist in** *vt insep*: **to consist in sthg/in doing sthg** consistere in qc/nel fare qc. ◆ **consist of** *vt insep* consistere di.

consistency [kən'sɪstənsɪ] *n* - 1. [coherence] coerenza *f* - 2. [texture] consistenza *f*.

consistent [kən'sɪstənt] *adj* - 1. [constant, steady] costante - 2. [coherent]: **consistent (with)** corrispondente (a).

consolation [,kɒnsə'leɪʃn] *n* consolazione *f*.

console <> *n* ['kɒnsəʊl] console *f inv*. <> *vt* [kən'səʊl] consolare.

consonant ['kɒnsənənt] *n* consonante *f*.

consortium [kən'sɔ:tjəm] (*pl* -tiums OR -tia) *n* consorzio *m*.

conspicuous [kən'spɪkjʊəs] *adj* vistoso(a).

conspiracy [kən'spɪrəsɪ] *n* complotto *m*.

conspire [kən'spaɪər] *vt*: **to conspire to do sthg** tramare di fare qc.

constable ['kʌnstəbl] *n UK* agente *mf* di polizia.

constant ['kɒnstənt] *adj* costante.

constantly ['kɒnstəntlɪ] *adv* costantemente.

consternation [,kɒnstə'neɪʃn] *n* costernazione *f*.

constipated ['kɒnstɪpeɪtɪd] *adj* stitico(a).

constipation [,kɒnstɪ'peɪʃn] *n* stitichezza *f*.

constituency [kən'stɪtjʊənsɪ] *n* collegio *m* elettorale.

constituent [kən'stɪtjʊənt] *n* - 1. [voter] elettore *m*, -trice *f* - 2. [element] elemento *m* costitutivo.

constitute ['kɒnstɪtjuːt] *vt* costituire.

constitution [,kɒnstɪ'tjuːʃn] *n* costituzione *f*.

constraint [kən'streɪnt] *n* - 1. [restriction] restrizione *f*; **constraint on sthg** restrizione su qc - 2. (*U*) [uneasiness] imbarazzo *m* - 3. [coercion] coercizione *f*.

construct [kən'strʌkt] *vt* costruire.

construction [kən'strʌkʃn] *n* - 1. [act of building, structure] costruzione *f* - 2. (*U*) [building industry] edilizia *f*.

constructive [kən'strʌktɪv] *adj* costruttivo(a).

construe [kən'struː] *vt fml*: **to construe sthg as** interpretare qc come.

consul ['kɒnsəl] *n* console *m*.

consulate ['kɒnsjʊlət] *n* consolato *m*.

consult [kən'sʌlt] <> *vt* consultare. <> *vi*: **to consult with sb** consultarsi con qn.

consultant [kən'sʌltənt] *n* - 1. [expert] consulente *mf* - 2. *UK* [hospital doctor] specialista *mf*.

consultation [,kɒnsəl'teɪʃn] *n* - 1. [meeting] incontro *m* - 2. (*U*) [discussion, reference] consultazione *f*.

consulting room [kən'sʌltɪŋ-] *n UK* ambulatorio *m*.

consume [kən'sjuːm] *vt* consumare.

consumer [kən'sjuːmər] *n* consumatore *m*, -trice *f*.

consumer goods *npl* beni *mpl* di consumo.

consumer society *n* società *f inv* dei consumi.

consummate *vt* ['kɒnsəmeɪt] - 1. [marriage] consumare - 2. [complete] completare.

consumption [kən'sʌmpʃn] *n* (*U*) consumo *m*.

cont. (*abbr of* continued) continua.

contact ['kɒntækt] <> *n* contatto *m*; **to lose contact with sb** perdere contatto con qn; **to make contact with sb** prendere contatto con qn; **in contact** in contatto; **in contact with sb** in contatto con qn. <> *vt* contattare.

contact lens *n* lente *f* a contatto.

contagious [kən'teɪdʒəs] *adj lit* & *fig* contagioso(a).

contain [kən'teɪn] *vt* contenere.

container [kən'teɪnər] *n* - 1. [box, bottle] contenitore *m* - 2. COMM [for transporting goods] container *m inv*.

contaminate [kən'tæmɪneɪt] *vt* contaminare.

cont'd (*abbr of* continued) continua.

contemplate ['kɒntempleɪt] ◇ vt - 1. [consider] prendere in considerazione - 2. *liter* [look at] contemplare. ◇ vi [meditate] meditare.

contemporary [kən'tempərərɪ] ◇ adj contemporaneo(a). ◇ n contemporaneo m, -a f.

contempt [kən'tempt] n - 1. [scorn] disprezzo m; **contempt for sb/sthg** disprezzo per qn/qc - 2. LAW: **contempt (of court)** oltraggio m alla corte.

contemptuous [kən'temptʃʊəs] adj sprezzante; **contemptuous of sthg** sprezzante verso OR nei confronti di qc.

contend [kən'tend] ◇ vi - 1. [deal]: **to contend with sthg** lottare con qc - 2. [compete]: **to contend for sthg** essere in lizza per qc; **to contend against sb** lottare contro qn. ◇ vt fml [claim]: **to contend that** asserire che.

contender [kən'tendər] n contendente mf.

content ◇ adj [kən'tent] contento(a); **content with sthg** soddisfatto(a) di qc; **to be content to do sthg**: **he is content to play a minor role** occupare un ruolo secondario gli va benissimo. ◇ n ['kɒntent] contenuto m. ◇ vt [kən'tent]: **to content o.s. with sthg/with doing sthg** accontentarsi di qc/di fare qc.
  ◆ **contents** npl - 1. [of container, document] contenuto m (sing) - 2. [at front of book] indice m (sing).

contented [kən'tentɪd] adj soddisfatto(a).

contention [kən'tenʃn] n - 1. [argument, assertion] tesi f inv - 2. [disagreement] disaccordo m.

contest ◇ n ['kɒntest] - 1. [competition] contesa f, gara f - 2. [for power, control] contesa f. ◇ vt [kən'test] - 1. [compete for] contendere per; **to contest a seat** candidarsi per un seggio - 2. [dispute] contestare.

contestant [kən'testənt] n [in race, quiz show] concorrente mf; [in match, election] contendente mf.

context ['kɒntekst] n contesto m.

continent ['kɒntɪnənt] n GEOG continente m. ◆ **Continent** n UK: **the Continent** l'Europa f continentale.

continental [,kɒntɪ'nentl] adj GEOG continentale.

continental breakfast n colazione f leggera.

continental quilt n UK piumino m.

contingency [kən'tɪndʒənsɪ] n eventualità f inv.

contingency plan n piano m d'emergenza.

continual [kən'tɪnjʊəl] adj continuo(a).

continually [kən'tɪnjʊəlɪ] adv continuamente.

continuation [kən,tɪnjʊ'eɪʃn] n - 1. [act of extending] prolungamento m - 2. [sequel] continuazione f.

continue [kən'tɪnjuː] ◇ vt continuare; **to continue doing** OR **to do sthg** continuare a fare qc. ◇ vi continuare; **to continue with sthg** continuare qc.

continuous [kən'tɪnjʊəs] adj continuo(a).

continuously [kən'tɪnjʊəslɪ] adv continuamente.

contort [kən'tɔːt] vt contorcere.

contortion [kən'tɔːʃn] n contorsione f.

contour ['kɒn,tʊər] n - 1. [outline] profilo m - 2. [on map] curva f di livello.

contraband ['kɒntrəbænd] ◇ adj di contrabbando. ◇ n contrabbando m.

contraception [,kɒntrə'sepʃn] n contraccezione f.

contraceptive [,kɒntrə'septɪv] ◇ adj contraccettivo(a). ◇ n contraccettivo m.

contract ◇ n ['kɒntrækt] contratto m. ◇ vt [kən'trækt] - 1. LAW & MED contrarre - 2. COMM: **to contract sb (to do sthg)** dare a qn l'appalto (per fare qc). ◇ vi [decrease in size, length] contrarsi.

contraction [kən'trækʃn] n contrazione f.

contractor [kən'træktər] n appaltatore m, -trice f.

contradict [,kɒntrə'dɪkt] vt contraddire.

contradiction [,kɒntrə'dɪkʃn] n contraddizione f.

contraflow ['kɒntrəfləʊ] n UK circolazione f a senso unico alternato.

contraption [kən'træpʃn] n marchingegno m.

contrary ['kɒntrərɪ] ◇ adj - 1. [opposing]: **contrary (to sthg)** contrario(a) (a qc) - 2. [kən'treərɪ] [stubborn] ostinato(a). ◇ n contrario m; **on the contrary** al contrario. ◆ **contrary to** prep contrariamente a.

contrast ◇ n ['kɒntrɑːst] - 1. [difference]: **contrast (between/with)** contrasto m (tra/con); **by** OR **in contrast** al contrario; **in contrast with** OR **to sthg** in contrasto con qc - 2. [something different]: **to be a contrast to sb/sthg** essere diametralmente opposto(a) a qn/qc. ◇ vt [kən'trɑːst]: **to contrast sthg with sthg** contrapporre qc con qc. ◇ vi [kən'trɑːst]: **to contrast (with sthg)** fare contrasto (con qc).

contravene [,kɒntrə'viːn] vt violare.

contribute [kən'trɪbjuːt] ◇ vt [give] dare. ◇ vi - 1. [give money]: **to contribute (to sthg)** contribuire (a qc) - 2. [be part of cause]: **to con-**

tribute to sthg contribuire a qc - **3.** [write material]: **to contribute to sthg** collaborare con qc.

contribution [,kɒntrɪˈbjuːʃn] n - **1.** [of money, help, service]: **contribution (to sthg)** contributo m (a qc) - **2.** [written article] articolo m.

contributor [kənˈtrɪbjʊtər] n - **1.** [of money] donatore m, -trice f - **2.** [to magazine, newspaper] collaboratore m, -trice f.

contrive [kənˈtraɪv] fml vt - **1.** [plan] architettare; [meeting] organizzare - **2.** [manage]: **to contrive to do sthg** fare in modo di fare qc.

contrived [kənˈtraɪvd] adj artificioso(a).

control [kənˈtrəʊl] ◇ n - **1.** [gen] controllo m; **to be in control of sthg** avere qc sotto controllo; **to lose control** [of emotions] perdere il controllo (di sé); **under control** sotto controllo - **2.** COMPUT tasto m control (inv). ◇ vt - **1.** [company, country] avere il controllo su; [crowds, rioters] tenere sotto controllo; [traffic] regolare - **2.** [machine, car] controllare; [heating] regolare - **3.** [disease, inflation] tenere sotto controllo - **4.** [emotions] controllare, dominare; **to control o.s.** controllarsi, dominarsi. ◆ **controls** npl [of machine, vehicle] comandi mpl.

control panel n plancia f di comando.

control tower n torre f di controllo.

controversial [,kɒntrəˈvɜːʃl] adj controverso(a).

controversy [ˈkɒntrəvɜːsɪ, UK kənˈtrɒvəsɪ] n controversia f.

convalesce [,kɒnvəˈles] vi rimettersi (in salute).

convene [kənˈviːn] ◇ vt convocare. ◇ vi riunirsi.

convenience [kənˈviːnjəns] n [ease of use, benefit] comodità f inv; **do it at your convenience** fallo quando ti è più comodo; **a telephone is provided for your convenience** c'è un telefono a vostra disposizione; **please reply at your earliest convenience** vi preghiamo di rispondere non appena possibile.

convenient [kənˈviːnjənt] adj - **1.** [date, place] comodo(a); **is Monday convenient?** va bene lunedì? - **2.** [size, position] comodo(a), pratico(a); **convenient for sthg** [well-situated] a poca distanza da qc.

convent [ˈkɒnvənt] n convento m.

convention [kənˈvenʃn] n - **1.** [practice, agreement] convenzione f - **2.** [assembly] congresso m.

conventional [kənˈvenʃənl] adj - **1.** [method, education] tradizionale; [weapons] convenzionale - **2.** pej [dull, boring] convenzionale.

converge [kənˈvɜːdʒ] vi - **1.** [come together]: **to converge (on sb/sthg)** convergere (su qn/ qc) - **2.** [become similar] convergere.

convergence [kənˈvɜːdʒəns] n [in EU] convergenza f.

conversant [kənˈvɜːsənt] adj fml: **conversant with sthg** pratico(a) di qc.

conversation [,kɒnvəˈseɪʃn] n conversazione f.

converse ◇ n [ˈkɒnvɜːs] [opposite]: **the converse** il contrario. ◇ vi [kənˈvɜːs] fml [talk]: **to converse (with sb)** conversare (con qn).

conversely [kənˈvɜːslɪ] adv fml per contro.

conversion [kənˈvɜːʃn] n - **1.** [gen] conversione f - **2.** [building] edificio m ristrutturato; **loft conversion** loft m inv ristrutturato - **3.** [in rugby] trasformazione f.

convert ◇ vt [kənˈvɜːt] - **1.** [change]: **to convert sthg (in)to sthg** convertire qc in qc - **2.** fig & RELIG: **to convert sb (to sthg)** convertire qn (a qc) - **3.** [building, room, ship]: **to convert sthg (in)to sthg** ristrutturare qc in qc. ◇ vi [kənˈvɜːt] [change]: **to convert from sthg to sthg** passare da qc a qc. ◇ n [ˈkɒnvɜːt] convertito m, -a f.

convertible [kənˈvɜːtəbl] n [car] cabriolet f inv.

convex [kɒnˈveks] adj convesso(a).

convey [kənˈveɪ] vt - **1.** fml [people, cargo] trasportare - **2.** [feelings, ideas] comunicare; **to convey sthg to sb** comunicare qc a qn.

conveyer belt, conveyor belt [kənˈveɪər belt] n nastro m trasportatore.

convict ◇ n [ˈkɒnvɪkt] detenuto m, -a f. ◇ vt [kənˈvɪkt]: **to convict sb of sthg** riconoscere qn colpevole di qc.

conviction [kənˈvɪkʃn] n - **1.** [belief] convinzione f - **2.** LAW [of criminal] condanna f.

convince [kənˈvɪns] vt [persuade] convincere; **to convince sb of sthg** convincere qn di qc; **to convince sb to do sthg** convincere qn a fare qc.

convincing [kənˈvɪnsɪŋ] adj - **1.** [argument, speech] convincente; [person] persuasivo(a) - **2.** [resounding] netto(a).

convoluted [ˈkɒnvəluːtɪd] adj contorto(a).

convoy [ˈkɒnvɔɪ] n convoglio m.

convulse [kənˈvʌls] vt: **to be convulsed with laughter/pain** contorcersi dalle risa/per il dolore.

convulsion [kənˈvʌlʃn] n MED convulsione f.

cook [kʊk] ◇ n cuoco m, -a f. ◇ vt - **1.** [food, meal] cucinare; **to cook dinner** preparare la cena - **2.** *inf* [books, accounts] ritoccare. ⟷ *vi* - **1.** [person] cucinare - **2.** [food] cuocere.

cookbook ['kʊk,bʊk] *n* = **cookery book**.

cooker ['kʊkər] *n UK* [stove] cucina *f*.

cookery ['kʊkərɪ] *n (U)* cucina *f*.

cookery book *n UK* libro *m* di cucina.

cookie ['kʊkɪ] *n* - **1.** *esp US* [biscuit] biscotto *m* - **2.** COMPUT cookie *m inv*.

cooking ['kʊkɪŋ] *n (U)* - **1.** [activity]: **do you like cooking?** ti piace cucinare? - **2.** [food] cucina *f*.

cool [ku:l] ⟷ *adj* - **1.** [not warm] fresco(a) - **2.** [calm] calmo(a) - **3.** [unfriendly] freddo(a) - **4.** *inf* [excellent] fantastico(a) - **5.** *inf* [trendy] fico(a). ⟷ *vt* raffreddare. ⟷ *vi* [become less warm] raffreddarsi. ⟷ *n* [calm]: **to keep one's cool** mantenere la calma; **to lose one's cool** perdere la testa. ⟷ **cool down** *vi* [person, weather] rinfrescarsi; [food] raffreddarsi.

cool bag *n* borsa *f* termica.

cool box *UK*, **cooler** *US* ['ku:lər] *n* borsa *f* termica.

coop [ku:p] *n* stia *f*. ⟷ **coop up** *vt sep inf* rinchiudere.

co-op ['kəʊ,ɒp] *(abbr of cooperative) n inf* cooperativa *f*.

cooperate [kəʊ'ɒpəreɪt] *vi:* **to cooperate (with sb/sthg)** cooperare (con qn/qc), collaborare (con qn/qc).

cooperation [kəʊ,ɒpə'reɪʃn] *n (U)* - **1.** [collaboration] cooperazione *f*, collaborazione *f* - **2.** [assistance] collaborazione *f*.

cooperative [kəʊ'ɒpərətɪv] ⟷ *adj* cooperativo(a). ⟷ *n* cooperativa *f*.

coordinate ⟷ *n* [kəʊ'ɔ:dɪnət] [on map, graph] coordinata *f*. ⟷ *vt* [kəʊ'ɔ:dɪneɪt] coordinare. ⟷ **coordinates** *npl* [clothes] coordinati *mpl*.

coordination [kəʊ,ɔ:dɪ'neɪʃn] *n (U)* coordinazione *f*.

cop [kɒp] *n inf* sbirro *m*, -a *f*.

cope [kəʊp] *vi* farcela; **to cope with sthg** farcela con qc.

Copenhagen [,kəʊpən'heɪgən] *n* Copenhagen *f*.

copier ['kɒpɪər] *n* [photocopier] fotocopiatrice *f*.

cop-out *n inf* fuga *f* dalle responsabilità.

copper ['kɒpər] *n* - **1.** *(U)* [metal] rame *m* - **2.** *UK inf* [police officer] sbirro *m*, -a *f*.

coppice ['kɒpɪs], **copse** [kɒps] *n* bosco *m* ceduo.

copy ['kɒpɪ] ⟷ *n* copia *f*. ⟷ *vt* & *vi* copiare.

copyright ['kɒpɪraɪt] *n (U)* copyright *m inv*, diritti *mpl* d'autore.

coral ['kɒrəl] *n (U)* corallo *m*.

cord [kɔ:d] *n* - **1.** [string] corda *f*; [for clothes] cordoncino *m* - **2.** [wire] filo *m* - **3.** [fabric] velluto *m* a coste. ⟷ **cords** *npl inf* pantaloni *mpl* di velluto a coste.

cordial ['kɔ:djəl] ⟷ *adj* cordiale. ⟷ *n UK* bevanda a base di succo di frutta.

cordon ['kɔ:dn] *n* [barrier] cordone *m*. ⟷ **cordon off** *vt sep* fare cordone intorno a.

corduroy ['kɔ:dərɔɪ] *n* velluto *m* a coste.

core [kɔ:r] ⟷ *n* - **1.** [of apple] torsolo *m* - **2.** [of cable] parte *f* centrale; [of nuclear reactor] nocciolo *m* - **3.** [of earth, group of people] nucleo *m* - **4.** [of argument, policy] nocciolo *m*, fulcro *m*; **to the core** fino al midollo. ⟷ *vt* privare del torsolo.

Corfu [kɔ:'fu:] *n* Corfù *f*.

coriander [,kɒrɪ'ændər] *n (U) UK* coriandolo *m*.

cork [kɔ:k] *n* - **1.** *(U)* [material] sughero *m* - **2.** [stopper] tappo *m* (di sughero).

corkscrew ['kɔ:kskru:] *n* cavatappi *m inv*.

corn [kɔ:n] *n* - **1.** *(U) UK* [wheat, barley, oats] cereale *m* - **2.** *(U) esp US* [maize] granturco *m* - **3.** [callus] callo *m*.

corned beef [kɔ:nd-] *n (U)* carne *f* di manzo in scatola.

corner ['kɔ:nər] ⟷ *n* - **1.** [gen] angolo *m*; **to cut corners** fare le cose alla buona *(per guadagnare tempo)*; **from all four corners of the earth** da ogni parte del mondo - **2.** FTBL calcio *m* d'angolo. ⟷ *vt* - **1.** [trap - animal] intrappolare; [- person] bloccare - **2.** [monopolize] monopolizzare, accaparrare.

corner shop *UK*, **corner store** *US n* piccolo negozio di alimentari e prodotti per la casa.

cornerstone ['kɔ:nəstəʊn] *n fig* pietra *f* angolare.

corner store *n US* = **corner shop**.

cornet ['kɔ:nɪt] *n* - **1.** [instrument] cornetta *f* - **2.** *UK* [ice-cream cone] cono *m* *(per il gelato)*.

cornflakes ['kɔ:nfleɪks] *npl* cornflakes *mpl*, fiocchi *mpl* di granturco.

cornflour ['kɔ:nflaʊər] *UK*, **cornstarch** ['kɔ:nstɑ:tʃ] *US n (U)* maizena® *f*, fecola di mais.

corn on the cob *n* pannocchia *f*.

cornstarch ['kɔ:nstɑ:tʃ] *n US* = **cornflour**.

Cornwall ['kɔ:nwɔ:l] *n* Cornovaglia *f*.

corny ['kɔ:nɪ] *adj inf* poco originale.

coronary ['kɒrənrɪ] *n* infarto *m* cardiaco.

coronary thrombosis [-θrʌm'bəʊsɪs] (*pl* **coronary thromboses**) *n* trombosi *f inv* coronaria.

coronation [ˌkɒrə'neɪʃn] *n* incoronazione *f*.

coroner ['kɒrənə'] *n* ufficiale incaricato delle indagini in casi di morte non naturale.

corporal ['kɔːpərəl] *n* caporale *m*.

corporal punishment *n* (U) punizione *f* corporale.

corporate ['kɔːpərət] *adj* - 1. [business] corporativo(a) - 2. [collective] collettivo(a).

corporation [ˌkɔːpə'reɪʃn] *n* - 1. UK [council] amministrazione *f* comunale - 2. [large company] gruppo *m* industriale.

corps [kɔː'] (*pl* **corps**) *n* corpo *m*.

corpse [kɔːps] *n* cadavere *m*.

correct [kə'rekt] ⬦ *adj* - 1. [answer, time, amount] giusto(a), esatto(a); **you're correct** hai ragione - 2. [behaviour, strategy] corretto(a); [dress] adatto(a). ⬦ *vt* [rectify - mistake, proofs, homework, eyesight] correggere; [- imbalance, injustice] rimediare a.

correction [kə'rekʃn] *n* correzione *f*.

correlation [ˌkɒrə'leɪʃn] *n*: **correlation (between)** correlazione *f* (tra).

correspond [ˌkɒrɪ'spɒnd] *vi* - 1. [be equivalent]: **to correspond (with** OR **to sthg)** corrispondere (a qc) - 2. [tally]: **to correspond (with** OR **to sthg)** corrispondere (con qc) - 3. [write letters]: **to correspond (with sb)** essere in corrispondenza (con qn).

correspondence [ˌkɒrɪ'spɒndəns] *n* - 1. [letters] corrispondenza *f* - 2. [letter-writing]: **correspondence with/between sb** rapporto *m* epistolare con/tra qn - 3. [relationship, similarity]: **correspondence with sthg** corrispondenza *f* con qc.

correspondence course *n* corso *m* per corrispondenza.

correspondent [ˌkɒrɪ'spɒndənt] *n* [reporter] corrispondente *mf*.

corridor ['kɒrɪdɔː'] *n* corridoio *m*.

corroborate [kə'rɒbəreɪt] *vt* confermare.

corrode [kə'rəʊd] ⬦ *vt* corrodere. ⬦ *vi* corrodersi.

corrosion [kə'rəʊʒn] *n* (U) corrosione *f*.

corrupt [kə'rʌpt] ⬦ *adj* - 1. [gen & COMPUT] corrotto(a) - 2. [depraved] degenere. ⬦ *vt* [gen & COMPUT] corrompere.

corruption [kə'rʌpʃn] *n* (U) corruzione *f*.

corset ['kɔːsɪt] *n* corsetto *m*.

Corsica ['kɔːsɪkə] *n* Corsica *f*.

cosh [kɒʃ] ⬦ *n* randello *m*. ⬦ *vt* randellare.

cosmetic [kɒz'metɪk] ⬦ *n* cosmetico *m*. ⬦ *adj fig* [superficial] superficiale.

cosmopolitan [ˌkɒzmə'pɒlɪtn] *adj* [city, person, place] cosmopolita.

cosset ['kɒsɪt] *vt fml* coccolare.

cost [kɒst] ⬦ *n lit* & *fig* costo *m*; **at all costs** a tutti i costi. ⬦ *vt* - 1. [gen] costare; **how much does it cost?** quanto costa?; **it cost him £10** gli è costato 10 sterline; **it cost us a lot of effort** c'è costato molti sforzi - 2. COMM [estimate] calcolare il costo di. ➡ **costs** *npl* LAW spese *fpl* legali.

co-star ['kəʊ-] ⬦ *n* coprotagonista *mf*. ⬦ *vt*: **a film co-starring Brad Pitt and Jennifer Aniston** un film con Brad Pitt e Jennifer Aniston come coprotagonisti. ⬦ *vi*: **to co-star (with)** avere un ruolo da coprotagonista (con).

Costa Rica [ˌkɒstə'riːkə] *n* Costa Rica *f*.

cost-effective *adj* redditizio(a).

costing ['kɒstɪŋ] *n* stima *f* dei costi.

costly ['kɒstlɪ] *adj* costoso(a), caro(a).

cost of living *n*: **the cost of living** il costo della vita.

cost price *n* prezzo *m* di costo.

costume ['kɒstjuːm] *n* - 1. [gen] costume *m* - 2. [swimming costume] costume *m* (da bagno).

costume jewellery UK, **costume jewelry** US *n* (U) bigiotteria *f*.

cosy UK, **cozy** US ['kəʊzɪ] ⬦ *adj* [house, room, flat] accogliente; **to be cosy** [person] stare al calduccio. ⬦ *n* [for teapot] copriteiera *m inv*.

cot [kɒt] *n* - 1. UK [for child] culla *f* - 2. US [folding bed] branda *f*.

cottage ['kɒtɪdʒ] *n* casetta *f* di campagna.

cottage cheese *n* (U) fiocchi *mpl* di formaggio.

cottage pie *n* UK sformato di carne macinata ricoperta di purè di patate.

cotton ['kɒtn] ⬦ *n* (U) - 1. [fabric, plant] cotone *m* - 2. [thread] filo *m*. ⬦ *comp* [fabric, dress, shirt] di cotone; [industry] del cotone; **cotton mill** cotonificio *m*. ➡ **cotton on** *vi inf*: **to cotton on (to sthg)** afferrare (qc).

cotton bud UK, **cotton swab** US *n* cotton fioc® *m inv*.

cotton candy US *n* zucchero *m* filato.

cotton wool *n* (U) UK cotone *m* idrofilo.

couch [kaʊtʃ] *n* - 1. [sofa] divano *m* - 2. [at psychiatrist's] lettino *m*.

cough [kɒf] ⬦ *n* - 1. [noise] colpo *m* di tosse - 2. [illness] tosse *f*. ⬦ *vi* tossire.

cough drop, cough sweet *UK n* caramella *f* per la tosse.

cough mixture *UK*, **cough syrup** *US n* sciroppo *m* per la tosse.

cough sweet *n UK* = **cough drop**.

cough syrup *n US* = **cough mixture**.

could [kʊd] *pt* ▷ **can2**.

couldn't ['kʊdnt] *cont abbr of* **could not**.

could've ['kʊdəv] *cont abbr of* **could have**.

council ['kaʊnsl] *n* - **1.** [local authority] amministrazione *f* comunale - **2.** [group, organization] ente *m* - **3.** [meeting] consiglio *m*.

council estate *n UK* complesso *m* di case popolari.

council house *n UK* casa *f* popolare.

councillor *UK*, **councilor** *US* ['kaʊnsələ'] *n* consigliere *m*, -a *f*.

council tax *n UK* tasse *fpl* comunali.

counsel ['kaʊnsəl] (*UK*) (*US*) *n* - **1.** (*U*) *fml* [advice] consiglio *m* - **2.** [lawyer] avvocato *m*, -essa *f*; **counsel for the defence** difensore *m*, la difesa; **counsel for the prosecution** pubblico ministero *m*, pubblica accusa *f*.

counsellor *UK*, **counselor** *US* ['kaʊnsələ'] *n* - **1.** [for student, couple] consulente *mf*; [for alcoholic, drug addict] terapeuta *mf* - **2.** *US* [lawyer] avvocato *m*.

count [kaʊnt] ◇ *n* - **1.** [total] conto *m*; **to keep/lose count of sthg** tenere/perdere il conto di qc - **2.** [aristocrat] conte *m*. ◇ *vt* - **1.** [add up] contare - **2.** [consider, include]: **to count sb/sthg as sthg** considerare qn/qc qc. ◇ *vi*: **to count (up) to** contare fino a; **to count as sthg** valere come qc. ◆ **count against** *vt insep* essere a sfavore di. ◆ **count on** *vt insep* - **1.** [rely on] contare su - **2.** [expect] aspettarsi. ◆ **count up** *vt insep* sommare. ◆ **count upon** *vt insep* = **count on**.

countdown ['kaʊntdaʊn] *n* conto *m* alla rovescia.

counter ['kaʊntə'] ◇ *n* - **1.** [in shop] banco *m* - **2.** [in board game] gettone *m* - **3.** *US* [in kitchen] piano *m* di lavoro. ◇ *vt*: **to counter sthg with sthg** [respond to] controbattere a qc con qc. ◇ *vi*: **to counter with sthg/by doing sthg** rispondere con qc/facendo qc. ◆ **counter to** *adv* contrariamente a; **to run counter to sthg** andare contro a qc.

counteract [,kaʊntə'rækt] *vt* neutralizzare.

counterattack [,kaʊntərə'tæk] *vt* & *vi* contrattaccare.

counterclockwise [,kaʊntə'klɒkwaɪz] *US* ◇ *adj* antiorario(a). ◇ *adv* in senso antiorario.

counterfeit ['kaʊntəfɪt] ◇ *adj* falsificato(a). ◇ *vt* falsificare.

counterfoil ['kaʊntəfɔɪl] *n* matrice *f*.

counterpart ['kaʊntəpɑ:t] *n* omologo *m*, -a *f*.

counterproductive [,kaʊntəprə'dʌktɪv] *adj* controproducente.

countess ['kaʊntɪs] *n* contessa *f*.

countless ['kaʊntlɪs] *adj* innumerevole.

country ['kʌntrɪ] *n* - **1.** [nation] paese *m* - **2.** [countryside]: **the country** la campagna; **we're going to the country** andiamo in campagna - **3.** [area of land, region] terreno *m*.

country house *n esp UK* casa *f* di campagna.

countryman ['kʌntrɪmən] (*pl* -men) *n* [from same country] connazionale *m*.

countryside ['kʌntrɪsaɪd] *n* (*U*) campagna *f*.

county ['kaʊntɪ] *n* contea *f*.

county council *n UK* amministrazione locale di una contea.

coup [ku:] *n* - **1.** [rebellion]: **coup (d'état)** colpo *m* di stato - **2.** [masterstroke] bel colpo *m*.

couple ['kʌpl] ◇ *n* - **1.** [in relationship] coppia *f* - **2.** [small number]: **a couple** due; **a couple of** un paio di. ◇ *vt*: **to couple sthg (to sthg)** attaccare qc (a qc).

coupon ['ku:pɒn] *n* - **1.** [voucher] buono *m* - **2.** [form] tagliando *m*.

courage ['kʌrɪdʒ] *n* (*U*) coraggio *m*; **to take courage (from sthg)** rincuorarsi (grazie a qc).

courgette [kɔː'ʒet] *n UK* zucchino *m*.

courier ['kʊrɪə'] *n* - **1.** *UK* [on holiday tour] accompagnatore *m*, -trice *f* - **2.** [to deliver letters, packages] corriere *m*.

course [kɔːs] *n* - **1.** [gen] corso *m* - **2.** [of lectures] serie *f* - **3.** MED corso *m* - **4.** [path, route] rotta *f*; **to be on course** [ship, plane] seguire la rotta; **off course** fuori rotta - **5.** [plan]: **course (of action)** linea *f* (d'azione) - **6.** [of time]: **in due course** a tempo debito; **in the course of** nel corso di - **7.** [in meal] portata *f* - **8.** SPORT campo *m*. ◆ **of course** *adv* - **1.** [inevitably, not surprisingly] naturalmente - **2.** [certainly] certo; **of course not** certo che no.

coursebook ['kɔːsbʊk] *n UK* libro *m* di testo.

coursework ['kɔːswɜːk] *n* (*U*) esercitazioni *fpl*.

court [kɔːt] ◇ *n* - **1.** [place of trial] tribunale *m*; **to take sb to court** citare qn in giudizio - **2.** [judge, jury *etc*]: **the court** la corte - **3.** SPORT campo *m* - **4.** [courtyard] cortile *m* - **5.** [of king, queen *etc*] corte *f*. <> *vi dated* [go out together] stare insieme; **courting couples** coppie *fpl* di innamorati.

courteous ['kɜːtjəs] *adj* cortese.

courtesy ['kɜːtɪsɪ] *n (U)* cortesia *f*. ➡ **(by) courtesy of** *prep* [thanks to] per gentile concessione di.

courthouse ['kɔːthaus] *n esp US* tribunale *m*.

court-martial (*pl* court-martials OR courts-martial) (*UK*) (*US*) *n* corte *f* marziale.

courtroom ['kɔːtrum] *n* aula *f* (del tribunale).

courtyard ['kɔːtjɑːd] *n* cortile *m*.

cousin ['kʌzn] *n* cugino *m*, -a *f*.

cove [kəuv] *n* [bay] insenatura *f*.

covenant ['kʌvənənt] *n* [promise of money] impegno *m* legale a pagare.

cover ['kʌvər] <> *n* - **1.** [of seat, cushion, typewriter] fodera *f*; [of machine] telone *m* - **2.** [of pan] coperchio *m* - **3.** [of book, magazine] copertina *f* - **4.** [blanket] coperta *f* - **5.** *UK* [insurance] copertura *f* - **6.** [disguise, front]: **to be a cover for sthg** essere una copertura per qc - **7.** [shelter] riparo *m*; **to take cover** [from weather] cercare riparo; [from gunfire] mettersi al riparo; **under cover** [from weather] al riparo; **under cover of darkness** col favore delle tenebre. <> *vt* - **1.** [gen] coprire; **to cover one's face** coprirsi; **to cover sthg with sthg** coprire qc con qc; **we covered 20 miles a day** abbiamo percorso 20 miglia al giorno; **£50 should cover expenses** 50 sterline dovrebbero coprire le spese - **2.** [cushion, chair] rivestire - **3.** [include, apply to] includere - **4.** [insure]: **to cover sb against sthg** assicurare qn contro qc - **5.** [report on] fare un reportage su - **6.** [deal with] riguardare. ➡ **cover up** *vt sep fig* [in order to conceal] mascherare.

coverage ['kʌvərɪdʒ] *n (U)* - **1.** [of news] servizio *m* - **2.** *US* [insurance] copertura *f*.

cover charge *n* (prezzo *m* del) coperto *m*.

covering ['kʌvərɪŋ] *n* [of floor] rivestimento *m*; [of snow, dust] strato *m*.

covering letter *UK*, **cover letter** *US n* lettera *f* di accompagnamento.

cover note *n UK* polizza *f* provvisoria.

covert ['kʌvət] *adj* [operation] segreto(a); [look] furtivo(a).

cover-up *n* occultamento *m*.

covet ['kʌvɪt] *vt fml* agognare.

cow [kau] <> *n* - **1.** [female type of cattle] mucca *f*, vacca *f* - **2.** [female elephant, whale, seal] femmina *f*. <> *vt* intimidire.

coward ['kauəd] *n* vigliacco *m*, -a *f*.

cowardly ['kauədlɪ] *adj* vigliacco(a).

cowboy ['kaubɔɪ] *n* [cattlehand] cowboy *m inv*.

cower ['kauər] *vi* acquattarsi (*per paura*).

cox [kɒks], **coxswain** ['kɒksən] *n* timoniere *m*, -a *f*.

coy [kɔɪ] *adj* finto(a) timido(a).

cozy *adj* & *n US* = **cosy**.

crab [kræb] *n* granchio *m*.

crack [kræk] <> *n* - **1.** [fault - in cup, glass, mirror] incrinatura *f*; [- in wall, ceiling, ground] crepa *f*; [- in varnish, enamel] scheggiatura *f*; [- in skin] spaccatura *f*, screpolatura *f* - **2.** [small opening, gap] fessura *f* - **3.** [sharp noise] schiocco *m* - **4.** *inf* [attempt]: **to have a crack at sthg** tentare (di fare) qc - **5.** [cocaine] crac *m*. <> *adj* eccellente. <> *vt* - **1.** [damage - glass, wall, ground] incrinare; [- varnish, enamel] scheggiare; [- skin] spaccare, screpolare - **2.** [cause to make sharp noise] schioccare - **3.** [bang, hit] sbattere - **4.** [solve] trovare la chiave di - **5.** *inf* [make]: **to crack a joke** raccontare una barzelletta. <> *vi* - **1.** [split - cup, glass, mirror] spaccarsi, incrinarsi; [- wall, ceiling, ground] spaccarsi, creparsi; [- varnish, enamel] scheggiarsi; [- skin] spaccarsi, screpolarsi - **2.** [give way, collapse] crollare. ➡ **crack down** *vi*: **to crack down (on sb/sthg)** prendere severe misure (contro qn/qc). ➡ **crack up** *vi* crollare.

cracker ['krækər] *n* - **1.** [biscuit] cracker *m inv* - **2.** *UK* [for Christmas] mortaretto *m* con sorpresa.

crackers ['krækəz] *adj UK inf* [mad] tocca-to(a).

crackle ['krækl] *vi* [fire] crepitare; [microphone, radio] gracchiare; [food cooking] sfrigolare.

cradle ['kreidl] <> *n* culla *f*. <> *vt* tenere (tra le braccia).

craft [krɑːft] *n* - **1.** [trade, skill] mestiere *m* - **2.** [boat] imbarcazione *f*.

craftsman ['krɑːftsmən] (*pl* -men) *n* artigiano *m*.

craftsmanship ['krɑːftsmənʃɪp] *n* maestria *f*.

crafty ['krɑːftɪ] *adj* astuto(a).

crag [kræg] *n* rupe *f*.

cram [kræm] <> *vt* [stuff] stipare; **to cram sthg into sthg** stipare qc in qc; **to cram sthg with sthg** stipare qc di qc; **to be crammed (with sthg)** essere pieno(a) zeppo(a) (di qc). <> *vi UK inf* [study hard] sgobbare.

cramp [kræmp] <> *n* crampo *m*. <> *vt* [restrict, hinder] ostacolare.

cranberry ['krænbərɪ] *n* mirtillo *m* rosso.

crane [krein] *n* [machine, bird] gru *f inv*.

crank [kræŋk] ⬦ n - 1. TECH manovella f - 2. inf [eccentric] fissato m, -a f. ⬦ vt [handle] girare; [engine] mettere in moto a manovella.

crankshaft ['kræŋkʃɑːft] n albero m a gomito.

cranny ['krænɪ] n ⊳ **nook**.

crap [kræp] n (U) vulg - 1. [excrement] merda f - 2. [rubbish] cagata f; **it's a load of crap** sono tutte stronzate.

crash [kræʃ] ⬦ n - 1. [accident] incidente m - 2. [loud noise] fracasso m. ⬦ vt [plane] fare precipitare; **to crash one's car** avere un incidente con la macchina. ⬦ vi - 1. [collide] scontrarsi; **to crash into sthg** schiantarsi contro qc - 2. FIN [collapse] crollare - 3. COMPUT piantarsi.

crash course n corso m intensivo.

crash helmet n casco m (da motociclista OR pilota).

crash-land vi fare un atterraggio di fortuna.

crass [kræs] adj grossolano(a).

crate [kreɪt] n cassa f, cassetta f.

crater ['kreɪtər] n cratere m.

cravat [krə'væt] n fazzoletto m da collo.

crave [kreɪv] ⬦ vt [affection] desiderare ardentemente; [chocolate] avere una gran voglia di. ⬦ vi: **to crave for sthg** [affection] desiderare ardentemente qc; [chocolate] avere una gran voglia di qc.

crawl [krɔːl] ⬦ vi - 1. [on hands and knees] andare carponi - 2. [move slowly] avanzare lentamente - 3. inf [be covered]: **to be crawling with sthg** pullulare di qc. ⬦ n [slow pace]: **at a crawl** a passo d'uomo; (U) [swimming stroke]: **the crawl** lo stile libero.

crayfish ['kreɪfɪʃ] (pl crayfish OR -es) n gambero m (d'acqua dolce).

crayon ['kreɪɒn] n pastello m.

craze [kreɪz] n [fashion] mania f.

crazy ['kreɪzɪ] adj inf - 1. [mad] pazzo(a); **to drive sb crazy** far impazzire qn; **to go crazy** impazzire - 2. [enthusiastic]: **to be crazy about sb/sthg** andare matto(a) per qn/qc.

creak [kriːk] vi cigolare.

cream [kriːm] ⬦ adj [in colour] color panna (inv), color crema (inv). ⬦ n - 1. [gen] crema f; **chocolate creams** cioccolatini mpl ripieni - 2. (U) [dairy product] panna f.

cream cake n UK torta o pasta alla panna.

cream cheese n (U) formaggio m fresco cremoso.

cream cracker n UK biscotto m salato (da mangiare col formaggio).

cream tea n UK merenda a base di tè e pasticcini serviti con panna e marmellata.

crease [kriːs] ⬦ n [in fabric - deliberate] piega f; [- accidental] grinza f. ⬦ vt [deliberately] fare la piega in; [accidentally] sgualcire. ⬦ vi [fabric] raggrinzire.

create [kriː'eɪt] vt creare.

creation [kriː'eɪʃn] n (U) [gen] creazione f.

creative [kriː'eɪtɪv] adj creativo(a).

creature ['kriːtʃər] n [animal] organismo m.

crèche [kreʃ] n UK asilo m nido (spesso sul posto di lavoro dei genitori).

credence ['kriːdns] n (U) fml: **to give credence to sthg** prestar fede a qc; **to lend credence to sthg** dare credito a qc.

credentials [krɪ'denʃlz] npl credenziali fpl.

credibility [ˌkredə'bɪlətɪ] n (U) credibilità f.

credit ['kredɪt] ⬦ n - 1. (U) [financial aid] credito m; **to be in credit** essere in attivo; **to be £250 in credit** essere in attivo di 250 sterline; **on credit** a credito - 2. (U) [praise] merito m; **to give sb credit for sthg** riconoscere a qn il merito di qc - 3. SCH & UNIV credito m (per corso scolastico o universitario completato) - 4. FIN accredito m. ⬦ vt - 1. FIN accreditare - 2. inf [believe] credere a - 3. [attribute]: **to credit sb with sthg** riconoscere qc a qn. ⬦ **credits** npl [CIN - at beginning] titoli mpl di testa; [- at end] titoli mpl di coda.

credit card n carta f di credito.

credit note n UK COMM nota f di accredito.

creditor ['kredɪtər] n creditore m, -trice f.

creed [kriːd] n credo m.

creek [kriːk] n - 1. [inlet] insenatura f - 2. US [stream] ruscello m.

creep [kriːp] (pt & pp crept) ⬦ vi - 1. [move slowly] avanzare lentamente - 2. [move stealthily] avanzare furtivamente. ⬦ n inf [person] essere m viscido. ⬦ **creeps** npl: **to give sb the creeps** inf far venire la pelle d'oca a qn.

creeper ['kriːpər] n [plant] rampicante m.

creeping ['kriːpɪŋ] adj strisciante.

creepy ['kriːpɪ] adj inf [story, place] raccapricciante; [person] viscido(a).

creepy-crawly [-'krɔːlɪ] (pl creepy-crawlies) n inf insetto m (raccapricciante).

cremate [krɪ'meɪt] vt cremare.

cremation [krɪ'meɪʃn] n (U) cremazione f.

crematorium [ˌkremə'tɔːrɪəm] (pl -riums OR -ria), **crematory** US ['kremətrɪ] n crematorio m.

crepe [kreɪp] n - 1. (U) [cloth] crespo m - 2. (U) [rubber] para f - 3. [thin pancake] crêpe f inv.

crepe bandage n UK fascia f elastica.

crepe paper n (U) carta f crespa.

crept [krept] pt & pp ⊳ **creep**.

crescent ['kresnt] n - **1.** [shape] mezzaluna f - **2.** [street] strada f a semicerchio.

cress [kres] n (U) crescione m.

crest [krest] n - **1.** [of bird, hill, wave] cresta f - **2.** [on coat of arms] cimiero m.

crestfallen ['krest,fɔ:ln] adj avvilito(a).

Crete [kri:t] n Creta f.

cretin ['kretɪn] n inf offens [idiot] cretino m, -a f.

crevice ['krevɪs] n fessura f.

crew [kru:] n - **1.** [of ship, plane, ambulance] equipaggio m - **2.** CIN & TV troupe f inv - **3.** inf [gang] ghenga f.

crew cut n taglio m a spazzola.

crew-neck n [sweater] girocollo m inv.

crew-neck(ed) [-nek(t)] adj a girocollo.

crib [krɪb] ◇ n US [cot] lettino m. ◇ vt inf [copy]: **to crib sthg off** OR **from sb** scopiazzare qc a OR da qn.

crick [krɪk] n [in neck] torcicollo m.

cricket ['krɪkɪt] n - **1.** (U) [game] cricket m - **2.** [insect] grillo m.

crime [kraɪm] n - **1.** (U) [criminal behaviour] criminalità f - **2.** [illegal act] reato m, crimine m - **3.** fig [shameful act] crimine m.

criminal ['krɪmɪnl] ◇ adj - **1.** [LAW - act, offence, behaviour] criminale; [- law] penale; **criminal lawyer** penalista mf - **2.** inf [shameful] vergognoso(a). ◇ n criminale mf.

crimson ['krɪmzn] ◇ adj - **1.** [in colour] cremisi (inv) - **2.** [with embarrassment] paonazzo(a). ◇ n cremisi m inv.

cringe [krɪndʒ] vi - **1.** [out of fear] rannicchiarsi - **2.** inf [with embarrassment]: **to cringe (at sthg)** farsi piccolo(a) (davanti a qc).

crinkle ['krɪŋkl] vt [clothes] spiegazzare; [nose] arricciare.

cripple ['krɪpl] ◇ n offens zoppo m, -a f. ◇ vt - **1.** MED menomare - **2.** [put out of action] mettere fuori uso - **3.** fig [bring to a halt] paralizzare.

crisis ['kraɪsɪs] (pl crises) n crisi f inv.

crisp [krɪsp] adj - **1.** [pastry, bacon, apple] croccante; [banknote] frusciante; [snow] friabile - **2.** [weather, day] tonificante - **3.** [manner, tone] brusco(a). ◆ **crisps** npl UK patatine fpl (confezionate).

crisscross ['krɪskrɒs] ◇ adj [pattern] a linee incrociate. ◇ vt [subj: roads] tagliare in tutte le direzioni.

criterion [kraɪ'tɪərɪən] (pl -rions OR -ria) n criterio m.

critic ['krɪtɪk] n critico m, -a f.

critical ['krɪtɪkl] adj critico(a); **to be critical of sb/sthg** criticare qn/qc.

critically ['krɪtɪklɪ] adv - **1.** [ill] gravemente - **2.** [important]: **critically important** di importanza capitale - **3.** [study, assess, speak, write] in modo critico.

criticism ['krɪtɪsɪzm] n - **1.** (U) [analysis, unfavourable comment] critica f - **2.** (U) [negative judgment] critiche fpl.

criticize, -ise UK ['krɪtɪsaɪz] vt & vi criticare.

croak [krəʊk] vi - **1.** [raven] gracchiare; [frog] gracidare - **2.** [person] parlare con voce rauca.

Croat ['krəʊæt] ◇ adj croato(a). ◇ n - **1.** [person] croato m, -a f - **2.** [language] croato m.

Croatia [krəʊ'eɪʃə] n Croazia f.

Croatian [krəʊ'eɪʃn] adj & n = **Croat**.

crochet ['krəʊʃeɪ] n (U) (lavoro m all') uncinetto m.

crockery ['krɒkərɪ] n (U) stoviglie fpl.

crocodile ['krɒkədaɪl] (pl crocodile OR -s) n [animal] coccodrillo m.

crocus ['krəʊkəs] (pl -cuses) n croco m.

crony ['krəʊnɪ] n inf amico m, -a f intimo, -a f.

crook [krʊk] n - **1.** inf [criminal] delinquente mf - **2.** [angle] angolo m - **3.** [shepherd's staff] bastone m.

crooked ['krʊkɪd] adj - **1.** [not straight - path, teeth] storto(a); [- smile] sbilenco(a) - **2.** inf [dishonest] disonesto(a).

crop [krɒp] n - **1.** [kind of plant] coltura f - **2.** [harvested produce] raccolto m - **3.** [whip] frustino m - **4.** [of bird] gozzo m - **5.** [haircut] taglio m cortissimo. ◆ **crop up** vi saltar fuori.

croquette [krɒ'ket] n crocchetta f.

cross [krɒs] ◇ adj [angry] arrabbiato(a). ◇ n - **1.** [X-shape] croce f - **2.** RELIG crocifisso m, croce f - **3.** [hybrid]: **cross (between)** incrocio m (tra). ◇ vt - **1.** [gen] incrociare - **2.** [move across] attraversare - **3.** UK [cheque] barrare. ◇ vi [intersect] incrociarsi. ◆ **cross off** vt sep depennare. ◆ **cross out** vt sep cancellare.

crossbar ['krɒsbɑ:r] n - **1.** [of goal] traversa f - **2.** [of bicycle] canna f.

cross-Channel adj attraverso la Manica.

cross-country ◇ adj [run] campestre; [route] attraverso la campagna; **cross-country skiing** sci m di fondo. ◇ n corsa f campestre.

cross-examine vt - **1.** LAW fare il controinterrogatorio a - **2.** fig [question closely] fare il terzo grado a.

cross-eyed ['krɒsaɪd] adj strabico(a).

crossfire ['krɒs,faɪər] n (U) fuoco m incrociato.

crossing ['krɒsɪŋ] n - 1. [safe place to cross – on road] passaggio m pedonale; [- on railway] passaggio m a livello - 2. [sea journey] traversata f.

cross-legged [krɒs'legɪd] adv a gambe incrociate.

cross-purposes npl: **to talk at cross-purposes** fraintendersi.

cross-reference n rimando m.

crossroads ['krɒsrəʊdz] (pl **crossroads**) n incrocio m.

cross-section n - 1. [drawing] sezione f trasversale - 2. [of population] campione m.

crosswalk ['krɒswɔːk] n US passaggio m pedonale.

crossways ['krɒsweɪz] adv = **crosswise**.

crosswise ['krɒswaɪz] adv di traverso.

crossword (puzzle) ['krɒswɜːd 'pʌzl] n cruciverba m inv.

crotch [krɒtʃ] n - 1. [of person] inforcatura f - 2. [of clothes] cavallo m.

crotchet ['krɒtʃɪt] n UK seminimina f.

crotchety ['krɒtʃɪtɪ] adj inf irritabile.

crouch [kraʊtʃ] vi accovacciarsi.

crow [krəʊ] ◇ n [bird] cornacchia f; **as the crow flies** in linea d'aria. ◇ vi - 1. [cock] cantare - 2. inf [gloat] vantarsi.

crowbar ['krəʊbɑː] n palanchino m.

crowd [kraʊd] ◇ n [mass of people] folla f. ◇ vi ammassarsi. ◇ vt - 1. [fill] affollare - 2. [force into small space] ammassare.

crowded ['kraʊdɪd] adj - 1. [street, bar] affollato(a); **crowded with** pieno(a) zeppo(a) di - 2. [timetable] fitto(a).

crown [kraʊn] ◇ n - 1. [worn by royalty] corona f - 2. [top] cima f - 3. [on tooth] capsula f. ◇ vt - 1. [king, queen] incoronare - 2. [tooth] incapsulare - 3. [cover top of] ricoprire la cima di. ◆ **Crown** n: **the Crown** [monarchy] la Corona.

crown jewels npl gioielli mpl della Corona.

crow's feet npl zampe fpl di gallina.

crucial ['kruːʃl] adj cruciale.

crucifix ['kruːsɪfɪks] n crocifisso m.

Crucifixion [ˌkruːsɪ'fɪkʃn] n: **the Crucifixion** la Crocifissione.

crude [kruːd] adj - 1. [raw] grezzo(a) - 2. [vulgar] volgare - 3. [imprecise] approssimativo(a).

crude oil n (U) greggio m.

cruel [krʊəl] (UK & US) adj - 1. [sadistic] crudele - 2. [painful, harsh] tremendo(a); [winter, wind] rigido(a).

cruelty ['krʊəltɪ] n (U) crudeltà f inv.

cruet ['kruːɪt] n - 1. UK [for salt and pepper] portasale-pepe m inv - 2. US [for vinegar or oil] ampolliera f.

cruise [kruːz] ◇ n crociera f. ◇ vi - 1. [sail] fare una crociera - 2. [drive, fly] viaggiare.

cruiser ['kruːzə] n - 1. [warship] incrociatore m - 2. [cabin cruiser] cabinato m.

crumb [krʌm] n [of food] briciola f.

crumble ['krʌmbl] ◇ n UK dolce a base di frutta ricoperta da un impasto sbriciolato di farina, burro e zucchero cotto in forno. ◇ vt sbriciolare. ◇ vi [bread] sbriciolarsi; [building, relationship, hopes] sgretolarsi.

crumbly ['krʌmblɪ] adj friabile.

crumpet ['krʌmpɪt] n UK focaccina da tostare e imburrare.

crumple ['krʌmpl] vt [clothes] spiegazzare; [paper] accartocciare.

crunch [krʌntʃ] ◇ n [sound] scricchiolio m; **if/when it comes to the crunch** inf quando si arriva al dunque. ◇ vt - 1. [food] sgranocchiare; [bone] rosicchiare - 2. [snow, gravel] far scricchiolare.

crunchy ['krʌntʃɪ] adj [food] croccante.

crusade [kruː'seɪd] n lit & fig crociata f.

crush [krʌʃ] ◇ n - 1. [crowd] calca f - 2. [infatuation]: **to have a crush on sb** avere una cotta per qn. ◇ vt schiacciare.

crust [krʌst] n crosta f.

crutch [krʌtʃ] n - 1. [stick] stampella f - 2. fig [support] sostegno m.

crux [krʌks] n nocciolo m (di questione).

cry [kraɪ] ◇ n - 1. [shout] grido m - 2. [of bird] verso m. ◇ vi - 1. [weep] piangere - 2. [shout] gridare; **to cry for help** gridare aiuto. ◆ **cry off** vi inf tirarsi indietro. ◆ **cry out** vt & vi gridare.

cryptic ['krɪptɪk] adj ermetico(a).

crystal ['krɪstl] n cristallo m.

CTC (abbr of **city technology college**) n istituto britannico di formazione professionale finanziato dall'industria.

cub [kʌb] n - 1. [young animal] cucciolo m - 2. UK [boy scout] lupetto m.

Cuba ['kjuːbə] n Cuba f.

Cuban ['kjuːbən] ◇ adj cubano(a). ◇ n cubano m, -a f.

cubbyhole ['kʌbɪhəʊl] n sgabuzzino m.

cube [kjuːb] ◇ n cubo m. ◇ vt MATHS elevare al cubo.

cubic ['kjuːbɪk] adj cubico(a); **cubic metre/centimetre** etc metro/centimetro etc cubo; **cubic capacity** cilindrata f.

cubicle ['kjuːbɪkl] n cabina f.

Cub Scout n lupetto m.

cuckoo ['kʊku:] *n* cuculo *m*.

cuckoo clock *n* orologio *m* a cucù.

cucumber ['kju:kʌmbər] *n* cetriolo *m*.

cuddle ['kʌdl] ⟨ *n* abbraccio *m*. ⟨ *vt* abbracciare. ⟨ *vi* abbracciarsi.

cuddly toy *n* UK peluche *m inv*.

cue [kju:] *n* - **1**. RADIO, THEAT & TV battuta *f* d'entrata; **on cue** al momento giusto - **2**. [in snooker, pool] stecca *f*.

cuff [kʌf] *n* - **1**. [of sleeve] polsino *m* - **2**. US [of trouser] risvolto *m* - **3**. [blow] scappellotto *m*.

cuff link *n* gemello *m (da polso)*.

cul-de-sac ['kʌldəsæk] *n* vicolo *m* cieco.

cull [kʌl] ⟨ *n* [kill] decimazione *f (per tenere sotto controllo la popolazione di certe specie animali)*. ⟨ *vt* - **1**. [kill] decimare *(per tenere sotto controllo la popolazione di certe specie animali)* - **2**. *fml* [gather] raccogliere.

culminate ['kʌlmɪneɪt] *vi*: **to culminate in sthg** culminare in qc.

culmination [,kʌlmɪ'neɪʃn] *n* culmine *m*.

culottes [kju:'lɒts] *npl* gonna *f* pantalone *(inv)*.

culpable ['kʌlpəbl] *adj fml* [person] colpevole; LAW colposo(a).

culprit ['kʌlprɪt] *n* colpevole *mf*.

cult [kʌlt] ⟨ *n* culto *m*. ⟨ *comp* [book, film] culto *(inv)*.

cultivate ['kʌltɪveɪt] *vt* - **1**. [gen] coltivare - **2**. [get to know] coltivarsi.

cultural ['kʌltʃərəl] *adj* culturale.

culture ['kʌltʃər] *n* - **1**. [gen] cultura *f* - **2**. [of bacteria] coltura *f*.

cultured ['kʌltʃəd] *adj* colto(a).

cumbersome ['kʌmbəsəm] *adj* [object] ingombrante.

cunning ['kʌnɪŋ] ⟨ *adj* astuto(a). ⟨ *n* astuzia *f*.

cup [kʌp] *n* - **1**. [container, cupful, measurement] tazza *f* - **2**. [prize, of bra] coppa *f*.

cupboard ['kʌbəd] *n* armadio *m*.

Cup Final *n*: **the Cup Final** UK la finale di Coppa.

cup tie *n* UK partita *f* eliminatoria.

curate ['kjʊərət] *n* curato *m*.

curator [kjʊə'reɪtər] *n* direttore *m*, -trice *f*.

curb [kɜ:b] ⟨ *n* - **1**. [control]: **curb (on sthg)** freno *m* a qc - **2**. US [of road] bordo *m* del marciapiede. ⟨ *vt* contenere.

curdle ['kɜ:dl] *vi* cagliare.

cure [kjʊər] ⟨ *n* - **1**. MED: **cure (for sthg)** cura *f (per qc)* - **2**. [solution]: **cure (for sthg)** rimedio *m (a qc)*. ⟨ *vt* - **1**. MED curare, guarire - **2**. [solve] eliminare - **3**. [rid]: **to cure sb of sthg**

fig guarire qn da qc - **4**. [meat, fish - by salting] salare; [- by smoking] affumicare; [- by drying] essiccare; [tobacco] conciare.

cure-all *n* panacea *f*.

curfew ['kɜ:fju:] *n* coprifuoco *m*.

curio ['kjʊərɪəʊ] *(pl* -s*) n* curiosità *f inv*.

curiosity [,kjʊərɪ'ɒsətɪ] *n* curiosità *f inv*.

curious ['kjʊərɪəs] *adj* curioso(a); **curious about sb/sthg** curioso riguardo a qn/qc.

curl [kɜ:l] ⟨ *n* [of hair] ricciolo *m*. ⟨ *vt* - **1**. [hair] arricciare - **2**. [ribbon] arrotolare. ⟨ *vi* - **1**. [gen] arricciarsi - **2**. [road, smoke, snake] avvolgersi. ◆ **curl up** *vi* [person, animal] raggomitolarsi.

curler ['kɜ:lər] *n* bigodino *m*.

curly ['kɜ:lɪ] *adj* riccio(a).

currant ['kʌrənt] *n* uvetta *f*.

currency ['kʌrənsɪ] *n* - **1**. [type of money] moneta *f* - **2**. (*U*) [money] valuta *f* - **3**. *fml* [acceptability]: **to gain currency** diffondersi.

current ['kʌrənt] ⟨ *adj* attuale. ⟨ *n* ELEC [flow] corrente *f*.

current account *n* UK conto *m* corrente.

current affairs *npl* attualità *f (sing)*.

currently ['kʌrəntlɪ] *adv* attualmente.

curriculum [kə'rɪkjələm] *(pl* -lums OR -la*) n* programma *m*.

curriculum vitae [-'vi:taɪ] *(pl* curricula vitae*) n* UK curriculum vitae *m inv*.

curry ['kʌrɪ] *n* piatto *m* al curry.

curse [kɜ:s] ⟨ *n* - **1**. [gen]: **curse (on sb/sthg)** maledizione *f (su qn/qc)* - **2**. [swearword] imprecazione *f*. ⟨ *vt* maledire. ⟨ *vi* [swear] imprecare.

cursor ['kɜ:sər] *n* COMPUT cursore *m*.

cursory ['kɜ:sərɪ] *adj* superficiale.

curt [kɜ:t] *adj* brusco(a).

curtail [kɜ:'teɪl] *vt* [cut short] abbreviare.

curtain ['kɜ:tn] *n* - **1**. [at window] tenda *f* - **2**. [in theatre] sipario *m*.

curts(e)y ['kɜ:tsɪ] ⟨ *n* riverenza *f*. ⟨ *vi* fare una riverenza.

curve [kɜ:v] ⟨ *n* [bend] curva *f*. ⟨ *vi* [road, river] fare una curva.

cushion ['kʊʃn] ⟨ *n* cuscino *m*; **cushion of air** cuscino d'aria. ⟨ *vt* attutire.

cushy ['kʊʃɪ] *adj inf* comodo(a).

custard ['kʌstəd] *n* crema *f (pasticciera)*.

custody ['kʌstədɪ] *n (U)* - **1**. [of child] affidamento *m* - **2**. [of suspect]: **in custody** in arresto.

custom ['kʌstəm] *n* - **1**. [tradition] usanza *f*; [habit] consuetudine *f* - **2**. (*U*) COMM [trade] clientela *f*. ◆ **customs** *n (U)* dogana *f*.

customary ['kʌstəmrɪ] *adj* abituale.

customer ['kʌstəmər] n - **1.** [client] cliente mf - **2.** inf [person] tipo m.

customize, -ise UK ['kʌstəmaɪz] vt - **1.** [make] fare su misura - **2.** [modify] personalizzare.

Customs and Excise n (U) UK ≃ Agenzia f delle Dogane.

customs duty n (U) dazio m doganale.

customs officer n doganiere m, -a f.

cut [kʌt] (pt & pp cut) ⇔ n - **1.** [gen] taglio m - **2.** [reduction]: **cut (in sthg)** [salary, tax] riduzione f (di qc); [article, film] taglio m (in qc). ⇔ vt - **1.** [gen] tagliare; **I cut my finger** mi sono tagliato un dito - **2.** [reduce] ridurre - **3.** inf [miss] saltare. ⇔ vi - **1.** [knife, scissors] tagliare; [fabric, meat]: **silk cuts easily** la seta si taglia facilmente - **2.** [intersect] incrociarsi - **3.** [edit] tagliare. ◆ **cut back** ⇔ vt sep - **1.** [prune] potare - **2.** [reduce] ridurre. ⇔ vi: **to cut back (on sthg)** [spending, production] operare tagli (a qc); [staff] operare tagli (di qc). ◆ **cut down** ⇔ vt sep - **1.** [chop down] abbattere - **2.** [reduce] ridurre. ⇔ vi: **to cut down on smoking/eating/spending** etc fumare/mangiare/spendere etc di meno. ◆ **cut in** vi: **to cut in (on sb)** [interrupt] interrompere (qn); [in car] tagliare la strada (a qn). ◆ **cut off** vt sep - **1.** [crust, piece] tagliare; [finger, leg, arm] amputare - **2.** [disconnect – electricity, gas] staccare; [-on phone]: **I got cut off** è caduta la linea - **3.** [isolate]: **to be cut off (from sb/sthg)** rimanere isolato (da qn/qc); **he's quite cut off in his house in the country** in quella casa in campagna vive isolato dal mondo - **4.** [discontinue] tagliare. ◆ **cut out** vt sep - **1.** [photo, review] ritagliare - **2.** SEW tagliare - **3.** [stop] eliminare; **cut it out!** piantala! - **4.** [exclude - light] non far passare; [- from will] escludere. ◆ **cut up** vt sep tagliare.

cutback ['kʌtbæk] n: **cutback (in sthg)** taglio m (a qc).

cute [kjuːt] adj [appealing] carino(a).

cuticle ['kjuːtɪkl] n cuticola f.

cutlery ['kʌtləri] n (U) esp UK posate fpl.

cutlet ['kʌtlɪt] n cotoletta f.

cutout ['kʌtaʊt] n - **1.** [on machine] interruttore m automatico - **2.** [shape] ritaglio m.

cut-price UK, **cut-rate** US adj a prezzo ridotto.

cut-throat adj accanito(a).

cutting ['kʌtɪŋ] ⇔ adj mordace. ⇔ n - **1.** [of plant] talea f - **2.** UK [from newspaper] ritaglio m - **3.** UK [for road, railway] trincea f.

CV (abbr of **curriculum vitae**) n UK cv m inv.

cwt. abbr of **hundredweight**.

cyanide ['saɪənaɪd] n cianuro m.

cybercafé ['saɪbəˌkæfeɪ] n COMPUT Internet café m inv.

cyberspace ['saɪbəspeɪs] n COMPUT ciberspazio m.

cycle ['saɪkl] ⇔ n - **1.** [series] ciclo m - **2.** [bicycle] bicicletta f. ⇔ comp [path, track] ciclabile; [race] ciclistico(a); [shop] di biciclette. ⇔ vi esp UK andare in bici.

cycling ['saɪklɪŋ] n esp UK ciclismo m; **to go cycling** andare in bicicletta.

cyclist ['saɪklɪst] n esp UK ciclista mf.

cylinder ['sɪlɪndər] n - **1.** [shape] cilindro m - **2.** [gas container] bombola f - **3.** [in engine] cilindro m.

cymbals ['sɪmblz] npl piatti mpl.

cynic ['sɪnɪk] n cinico m, -a f.

cynical ['sɪnɪkl] adj cinico(a).

cynicism ['sɪnɪsɪzm] n cinismo m.

Cypriot ['sɪprɪət] ⇔ adj cipriota. ⇔ n cipriota mf.

Cyprus ['saɪprəs] n Cipro f.

cyst [sɪst] n cisti f inv.

czar [zɑːr] n zar m inv.

Czech [tʃek] ⇔ adj ceco(a). ⇔ n - **1.** [person] ceco m, -a f - **2.** [language] ceco m.

Czech Republic n: **the Czech Republic** la Repubblica Ceca.

d (pl **d's** OR **ds**), **D** (pl **D's** OR **Ds**) [diː] n [letter] d m o f inv, D m o f inv. ◆ **D** n - **1.** MUS re m - **2.** SCH [mark] ≃ cinque m inv.

DA (abbr of **district attorney**) n magistrato preposto alla pubblica accusa in un distretto statunitense, ≃ PG m.

dab [dæb] ⇔ n: **a dab (of sthg)** un po' (di qc). ⇔ vt - **1.** [skin, wound] tamponare - **2.** [cream, ointment]: **to dab sthg on(to) sthg** applicare qc su qc con tocchi leggeri.

dabble ['dæbl] vi: **to dabble (in sthg)** dilettarsi (di qc).

dachshund ['dækshʊnd] n bassotto m.

dad [dæd], **daddy** ['dædɪ] n inf papà m inv.

daddy longlegs [-'lɒŋlegz] (pl **daddy longlegs**) n - **1.** UK zanzarone m - **2.** US opilione m.

daffodil ['dæfədɪl] n giunchiglia f.

daft [dɑ:ft] *adj esp UK inf* sciocco(a).

dagger ['dægər] *n* pugnale *m*.

daily ['deɪlɪ] ◇ *adj* - 1. [newspaper, occurrence] quotidiano(a) - 2. [rate, output] giornaliero(a). ◇ *adv* quotidianamente. ◇ *n* [newspaper] quotidiano *m*.

dainty ['deɪntɪ] *adj* delicato(a).

dairy ['deərɪ] *n* - 1. [on farm] caseificio *m* - 2. [shop] latteria *f*.

dairy products *npl* latticini *mpl*.

dais ['deɪɪs] *n* pedana *f*.

daisy ['deɪzɪ] *n* margherita *f*.

dam [dæm] ◇ *n* diga *f*. ◇ *vt* costruire una diga su.

damage ['dæmɪdʒ] ◇ *n*: **damage (to sthg)** danno *m* (a qc). ◇ *vt* danneggiare.
◆ **damages** *npl* LAW danni *mpl*.

damn [dæm] ◇ *adj inf* maledetto(a); **it's a damn nuisance** è una bella rottura. ◇ *adv inf*: **you know damn well that...** sai perfettamente che... ◇ *n inf*: **not to give** OR **care a damn (about sthg)** fregarsene (di qc); **I don't give a damn about it** non me ne importa un accidente. ◇ *vt* RELIG [condemn] dannare. ◇ *excl inf* accidenti!

damned [dæmd] *inf* ◇ *adj* maledetto(a); **well I'll be** OR **I'm damned!** questa, poi! ◇ *adv* = **damn**.

damning ['dæmɪŋ] *adj* [evidence] schiacciante; [criticism] spietato(a).

damp [dæmp] ◇ *adj* umido(a). ◇ *n* umidità *f*. ◇ *vt* [make wet] inumidire.

dampen ['dæmpən] *vt* - 1. [make wet] inumidire - 2. *fig* [emotion] smorzare.

damson ['dæmzn] *n* - 1. [fruit] susina *f* selvatica - 2. [tree] susino *m* selvatico.

dance [dɑ:ns] ◇ *n* - 1. [gen] ballo *m* - 2. [art form] danza *f*. ◇ *vi* - 1. [person] ballare - 2. [shadows, light, flames] ondeggiare.

dancer ['dɑ:nsər] *n* ballerino *m*, -a *f*.

dancing ['dɑ:nsɪŋ] *n* ballo *m*; **to go dancing** andare a ballare; **dancing lessons** lezioni *fpl* di ballo.

dandelion ['dændɪlaɪən] *n* dente di leone *m*.

dandruff ['dændrʌf] *n* forfora *f*.

Dane [deɪn] *n* danese *mf*.

danger ['deɪndʒər] *n* pericolo *m*; **in danger** in pericolo; **out of danger** fuori pericolo; **danger to sb/sthg** pericolo per qn/qc; **to be in danger of doing sthg** rischiare di fare qc.

dangerous ['deɪndʒərəs] *adj* pericoloso(a).

dangle ['dæŋgl] ◇ *vt* [gen] dondolare. ◇ *vi* [object, part of body] penzolare.

Danish ['deɪnɪʃ] ◇ *adj* danese. ◇ *n* - 1. [language] danese *m* - 2. = **Danish pastry**. ◇ *npl*: **the Danish** i danesi.

Danish pastry, Danish *n* dolce di pasta sfoglia con noci, frutta e cannella.

dank [dæŋk] *adj* freddo(a) e umido(a).

dapper ['dæpər] *adj* agghindato(a).

dappled ['dæpld] *adj* - 1. [animal] con il pelo chiazzato - 2. [shade] a chiazze.

dare [deər] ◇ *vt* - 1. [be brave enough]: **to dare to do sthg** osare fare qc - 2. [challenge]: **to dare sb to do sthg** sfidare qn a fare qc; **I dare say** suppongo. ◇ *vi* osare; **how dare you!** come ti permetti! ◇ *modal vb*: **to dare do sthg** osare fare qc; **how dare you treat me like that!** come ti permetti di trattarmi così! ◇ *n* sfida *f*; **he did it for a dare** l'ha fatto per sfida.

daredevil ['deə,devl] *n* scavezzacollo *mf*.

daring ['deərɪŋ] ◇ *adj* audace. ◇ *n* audacia *f*.

dark [dɑ:k] ◇ *adj* - 1. [lacking light] buio(a); **to get dark** farsi buio - 2. [in colour] scuro(a) - 3. [dark-haired] dai capelli scuri; [dark-skinned] di carnagione scura. ◇ *n* - 1. [darkness]: **the dark** il buio; **to be in the dark about sthg** essere all'oscuro di qc - 2. [night]: **before dark** prima che faccia notte; **after dark** a notte fatta.

darken ['dɑ:kn] ◇ *vt* - 1. [sky, colour] scurire - 2. [room] rendere buio. ◇ *vi* - 1. [sky] scurirsi - 2. [room] diventare buio.

dark glasses *npl* occhiali *mpl* scuri.

darkness ['dɑ:knɪs] *n* buio *m*.

darkroom ['dɑ:krʊm] *n* camera *f* oscura.

darling ['dɑ:lɪŋ] ◇ *adj* [dear] adorato(a). ◇ *n* - 1. [gen] tesoro *m* - 2. [favourite] beniamino *m*, -a *f*.

darn [dɑ:n] ◇ *adj inf* maledetto(a). ◇ *adv inf*: **we came darn close to an accident** per un pelo non abbiamo avuto un incidente. ◇ *vt* [repair] rammendare.

dart [dɑ:t] ◇ *n* [arrow] freccetta *f*. ◇ *vi* [move quickly] scagliarsi. ◆ **darts** *n (U)* [game] freccette *fpl*.

dartboard ['dɑ:tbɔ:d] *n* bersaglio *m* (per le freccette).

dash [dæʃ] ◇ *n* - 1. [of milk, wine] goccio *m*; [of paint, colour] tocco *m* - 2. [in punctuation] barra *f* - 3. [rush]: **to make a dash for sthg** precipitarsi verso qc; **it started to rain so we had to make a dash for it** è cominciato a piovere così siamo dovuti scappare di corsa. ◇ *vt* - 1. [throw] scagliare - 2. [hopes] infrangere. ◇ *vi* precipitarsi.

dashboard ['dæʃbɔ:d] *n* cruscotto *m*.

dashing ['dæʃɪŋ] *adj* prestante.

data ['deɪtə] n (U) dati mpl.

database ['deɪtəbeɪs] n database m inv, banca f dati.

data management n gestione f dati.

data processing n (U) elaborazione f (elettronica dei) dati.

data protection n protezione f dati (personali).

data recovery n recupero m dati.

date [deɪt] ◇ n - 1. [in time] data f; **what's today's date?** quanti ne abbiamo oggi?; **to bring sb up to date** aggiornare qn; **to bring sthg up to date** [dictionary, database] aggiornare qc; [dress] rendere più attuale qc; **to keep sb/sthg up to date** tenere qn/qc aggiornato; **to go out of date** [fashion] passare di moda; [passport] scadere; **to date** fino ad oggi - 2. [appointment] appuntamento m (galante) - 3. [person] la persona con cui si ha un appuntamento galante - 4. [fruit] dattero m. ◇ vt - 1. [gen] datare - 2. [go out with] uscire con. ◇ vi [go out of fashion] passare di moda.

datebook ['deɪtbʊk] n US agenda f.

dated ['deɪtɪd] adj datato(a).

date of birth n data f di nascita.

daub [dɔ:b] vt: **to daub sthg with sthg** ricoprire qc di qc; **to daub sthg on sthg** passare qc su qc.

daughter ['dɔ:tər] n figlia f.

daughter-in-law (pl **daughters-in-law**) n nuora f.

daunting ['dɔ:ntɪŋ] adj scoraggiante.

dawdle ['dɔ:dl] vi gingillarsi.

dawn [dɔ:n] ◇ n - 1. [of day] alba f - 2. fig [of era, period] albori mpl. ◇ vi - 1. [day] spuntare - 2. fig [era, period] nascere. ◆ **dawn (up)on** vt insep apparire chiaro(a) a.

day [deɪ] n - 1. [gen] giorno m; **the day before/after** il giorno prima/dopo; **the day before yesterday** l'altro ieri; **the day after tomorrow** dopodomani; **any day now** da un giorno all'altro; **we're expecting him home any day now** dovrebbe tornare da un giorno all'altro; **to make sb's day** far felice qn; **we spent a lovely day together** abbiamo passato una bella giornata insieme - 2. [period in past]: **in my day** ai miei tempi; **one day** OR **some day** OR **one of these days** un giorno OR un giorno o l'altro OR uno di questi giorni. ◆ **days** adv di giorno.

daybreak ['deɪbreɪk] n alba f; **at daybreak** all'alba.

daycentre ['deɪsentər] n UK centro diurno di accoglienza per bambini o anziani.

daydream ['deɪdri:m] vi sognare ad occhi aperti.

daylight ['deɪlaɪt] n - 1. [light] luce f del giorno - 2. [dawn] alba f.

day off (pl **days off**) n giorno m libero.

day return n UK biglietto m di andata e ritorno (in giornata).

daytime ['deɪtaɪm] ◇ n giorno m. ◇ comp di giorno, diurno(a).

day-to-day adj - 1. [routine, life] quotidiano(a) - 2. [taking one day at a time] giorno per giorno.

daytrader ['deɪtreɪdər] n FIN daytrader mf inv (chi compra e vende azioni nello stesso giorno).

day trip n gita f (di un giorno).

daze [deɪz] ◇ n: **to be in a daze** essere stordito(a). ◇ vt stordire.

dazzle ['dæzl] vt - 1. [blind] abbagliare - 2. [impress] fare colpo su.

DC n (abbr of direct current) c.c.

D-day ['di:deɪ] fig n giorno m x.

deacon ['di:kn] n diacono m.

deactivate [di:'æktɪ,veɪt] vt disinnescare.

dead [ded] ◇ adj - 1. [not alive] morto(a); **to shoot sb dead** colpire qn a morte - 2. [numb] intorpidito(a) - 3. ELEC fuori uso; [battery] scarico(a); [telephone line]: **the line went dead** la linea è caduta - 4. [complete] completo(a); [silence] assoluto(a) - 5. [not lively] privo(a) di vita. ◇ adv - 1. [directly, precisely] proprio - 2. inf [completely, very] assolutamente - 3. [suddenly]: **to stop dead** fermarsi di colpo. ◇ npl: **the dead** i morti.

deaden ['dedn] vt attenuare.

dead end n liter & fig vicolo m cieco.

dead heat n assoluta parità f.

deadline ['dedlaɪn] n termine m ultimo.

deadlock ['dedlɒk] n punto m morto.

dead loss n UK inf: **to be a dead loss** [person] essere un peso m morto; [thing] non valere niente.

deadly ['dedlɪ] ◇ adj - 1. [gen] mortale - 2. [precise] perfetto(a); **deadly aim** mira infallibile. ◇ adv mortalmente.

deadpan ['dedpæn] ◇ adj imperturbabile; **deadpan humour** umorismo all'inglese. ◇ adv in modo imperturbabile.

deaf [def] ◇ adj sordo(a); **to be deaf to sthg** essere sordo a qc. ◇ npl: **the deaf** i sordi.

deaf-aid n UK apparecchio m acustico.

deaf-and-dumb adj offens sordomuto(a).

deafen [defn] vt assordare.

deafness ['defnɪs] n sordità f.

deal [di:l] (*pt & pp* **dealt**) ⋄ *n* - **1.** [quantity]: **a good** OR **great deal** molto; **a good** OR **great deal of** un bel po' di - **2.** [business agreement] affare *m*; **to do** OR **strike a deal with sb** stringere un accordo con qn - **3.** *inf* [treatment] trattamento *m*. ⋄ *vt* - **1.** [strike]: **to deal sb/sthg a blow** OR **to deal a blow to sb/sthg** assestare un colpo a qn/qc - **2.** [cards] dare, fare. ⋄ *vi* - **1.** [in cards] dare OR fare le carte - **2.** [trade] trafficare. ◆ **deal in** *vt insep* COMM commerciare. ◆ **deal out** *vt sep* distribuire. ◆ **deal with** *vt insep* - **1.** [handle, cope with] affrontare - **2.** [be concerned with] trattare di - **3.** [be faced with] avere a che fare con.

dealer ['di:lər] *n* - **1.** [trader] commerciante *mf*; **drug dealer** trafficante *mf* di droga - **2.** [in cards] chi fa le carte.

dealing ['di:lɪŋ] *n* commercio *m*. ◆ **dealings** *npl* rapporti *mpl* (d'affari); **dealings with sb** rapporti con qn.

dealt [delt] *pt & pp* ▷ **deal**.

dean [di:n] *n* - **1.** [of university] preside *m* di facoltà - **2.** [of church, cathedral] decano *m*.

dear [dɪər] ⋄ *adj* - **1.** [loved] caro(a); **dear to sb** caro a qn - **2.** *esp UK* [expensive] caro(a) - **3.** [in letter]: **Dear Sir/Madam** Gentile Signore/Signora. ⋄ *n* [beloved]: **my dear** mio caro *m*, mia cara *f*. ⋄ *excl*: **oh dear!** oddio!

dearly ['dɪəlɪ] *adv* ardentemente.

death [deθ] *n* morte *f*; **to frighten/worry sb to death** spaventare/preoccupare qn a morte; **to be sick to death of sthg/of doing sthg** non poterne più di qc/di fare qc.

death certificate *n* certificato *m* di morte.

death duty *UK*, **death tax** *US n* tassa *f* di successione.

deathly ['deθlɪ] *adj* mortale.

death penalty *n* pena *f* di morte.

death rate *n* tasso *m* di mortalità.

death tax *n US* = **death duty**.

death trap *n inf* trappola *f* mortale.

debar [di:'bɑːr] *vt*: **to debar sb (from a place)** escludere qn (da un luogo); **to debar sb from doing sthg** impedire a qn di fare qc.

debase [dɪ'beɪs] *vt* degradare; **to debase o.s.** umiliarsi.

debate [dɪ'beɪt] ⋄ *n* - **1.** [gen] discussione *f*; **open to debate** discutibile - **2.** [meeting] dibattito *m*. ⋄ *vt* - **1.** [issue] dibattere - **2.** [what to do] considerare; **to debate whether to do sthg** considerare se fare qc. ⋄ *vi* discutere.

debauchery [dɪ'bɔːtʃərɪ] *n* dissolutezza *f*.

debit ['debɪt] ⋄ *n* debito *m*. ⋄ *vt* addebitare.

debit note *n* nota *f* di addebito.

debris ['deɪbriː, *UK*] *n* - **1.** [of building] macerie *fpl*; [of vehicle, machinery] rottami *mpl* - **2.** GEOL detriti *mpl*.

debt [det] *n* - **1.** [gen] debito *m*; **to be in sb's debt** essere in debito con qn - **2.** [state of owing money]: **to be in debt** essere indebitato(a); **to get into debt** indebitarsi.

debt collector *n* agente *mf* di recupero crediti.

debtor ['detər] *n* debitore *m*, -trice *f*.

debug [,di:'bʌg] *vt* COMPUT [program] eliminare errori in.

debunk [,di:'bʌŋk] *vt* ridimensionare.

debut ['deɪbjuː] *n* debutto *m*.

decade ['dekeɪd] *n* decennio *m*.

decadence ['dekədəns] *n* decadenza *f*.

decadent ['dekədənt] *adj* decadente.

decaffeinated [dɪ'kæfɪneɪtɪd] *adj* decaffeinato(a).

decanter [dɪ'kæntər] *n* caraffa *f*.

decathlon [dɪ'kæθlɒn] *n* decathlon *m*.

decay [dɪ'keɪ] ⋄ *n* - **1.** [of body, plant, wood] decomposizione *f*; **tooth decay** carie *f* - **2.** *fig* [of building, society] stato *m* di rovina. ⋄ *vi* - **1.** [body] decomporsi; [plant, wood] marcire; [tooth] cariarsi - **2.** *fig* [building, society] andare in rovina.

deceased [dɪ'siːst] *fml* ⋄ *adj* deceduto(a). ⋄ *n*: **the deceased** i defunti.

deceit [dɪ'siːt] *n* inganno *m*.

deceitful [dɪ'siːtfʊl] *adj* [thing] ingannevole; [person] falso(a), subdolo(a).

deceive [dɪ'siːv] *vt* ingannare; **to deceive o.s.** illudersi.

December [dɪ'sembər] *n* dicembre *m*, *see also* **September**.

decency ['diːsnsɪ] *n* decenza *f*; **to have the decency to do sthg** avere la decenza di fare qc.

decent ['diːsnt] *adj* - **1.** [gen] decente; **decent people** persone ammodo; **are you decent?** sei presentabile? - **2.** [honest, kind] gentile.

deception [dɪ'sepʃn] *n* inganno *m*.

deceptive [dɪ'septɪv] *adj* ingannevole.

decide [dɪ'saɪd] *vt & vi* decidere; **to decide to do sthg** decidere di fare qc; **to decide that** decidere che. ◆ **decide on** *vt insep* scegliere.

decided [dɪ'saɪdɪd] *adj* - **1.** [distinct] netto(a) - **2.** [resolute] deciso(a).

decidedly [dɪ'saɪdɪdlɪ] *adv* - **1.** [distinctly] nettamente - **2.** [resolutely] decisamente.

deciduous [dɪ'sɪdjʊəs] *adj* deciduo(a).

decimal ['desɪml] ⋄ *adj* decimale. ⋄ *n* decimale *m*.

decimal point *n* ≃ virgola *f (per i decimali)*.

decimate ['desɪmeɪt] *vt* decimare.

decipher [dɪ'saɪfər] *vt* decifrare.

decision [dɪ'sɪʒn] *n* decisione *f*.

decisive [dɪ'saɪsɪv] *adj* - **1.** [character] deciso(a) - **2.** [factor, event] decisivo(a).

deck [dek] *n* - **1.** [of ship] ponte *m* - **2.** [of bus] piano *m* - **3.** *esp US* [of cards] mazzo *m* - **4.** *esp US* [of house] *piattaforma rialzata, generalmente in legno, per l'accesso ad una casa.*

deckchair ['dektʃeər] *n* sedia *f* a sdraio, sdraio *f inv*.

decking ['dekɪŋ] *n esp UK* pavimentazione a listoni per esterni.

declaration [,deklə'reɪʃn] *n* dichiarazione *f*.

Declaration of Independence *n*: the Declaration of Independence la Dichiarazione d'Indipendenza.

declare [dɪ'kleər] *vt* dichiarare.

decline [dɪ'klaɪn] <> *n* declino *m*; to be in decline essere in declino; on the decline in declino. <> *vt* [refuse] declinare; to decline to do sthg declinare di fare qc. <> *vi* - **1.** [deteriorate] peggiorare - **2.** [reduce] diminuire - **3.** [refuse] declinare.

decode [,di:'kəʊd] *vt* [message] decifrare; COMPUT decodificare.

decompose [,di:kəm'pəʊz] *vi* decomporsi.

decongestant [,di:kən'dʒestənt] *n* decongestionante *m*.

decorate ['dekəreɪt] *vt* - **1.** [make pretty – cake, dessert] decorare; [- with balloons, streamers, flags] addobbare - **2.** [with paint] dipingere, tinteggiare; [with wallpaper] tappezzere - **3.** [with medal] decorare.

decoration [,dekə'reɪʃn] *n* decorazione *f*.

decorator ['dekəreɪtər] *n* [with paint] imbianchino *m*, -a *f*; [with wallpaper] tappezziere *m*, -a *f*.

decoy <> *n* ['di:kɔɪ] - **1.** [for hunting] richiamo *m* - **2.** [person] esca *f*. <> *vt* [dɪ'kɔɪ] adescare.

decrease <> *n* ['di:kri:s] calo *m*, diminuzione *f*; decrease in sthg calo di qc. <> *vt & vi* [dɪ'kri:s] diminuire.

decree [dɪ'kri:] <> *n* - **1.** [order, decision] decreto *m* - **2.** [judgment] sentenza *f*. <> *vt* decretare; to decree that decretare che.

decree nisi [-'naɪsaɪ] *(pl decrees nisi)* *n UK* LAW sentenza *f* interlocutoria di divorzio.

decrepit [dɪ'krepɪt] *adj* [person] decrepito(a); [house] fatiscente.

dedicate ['dedɪkeɪt] *vt* dedicare; to dedicate sthg to sb dedicare qc a qn.

dedication [,dedɪ'keɪʃn] *n* - **1.** [commitment] dedizione *f* - **2.** [in book] dedica *f*.

deduce [dɪ'dju:s] *vt* dedurre; to deduce sthg from sthg dedurre qc da qc.

deduct [dɪ'dʌkt] *vt* detrarre; to deduct sthg from sthg detrarre qc da qc.

deduction [dɪ'dʌkʃn] *n* deduzione *f*.

deed [di:d] *n* - **1.** [action] azione *f* - **2.** LAW atto *m*.

deem [di:m] *vt fml* giudicare; to deem it wise to do sthg giudicare saggio fare qc.

deep [di:p] <> *adj* - **1.** [gen] profondo(a) - **2.** [colour] intenso(a). <> *adv* in profondità; deep down *fig* nel profondo dell'animo.

deepen ['di:pn] *vi* farsi più profondo(a).

deep freeze *n* surgelatore *m*.

deep-fry *vt* friggere *(in olio abbondante)*.

deeply ['di:plɪ] *adv* - **1.** [gen] profondamente - **2.** [dig] in profondità.

deep-sea *adj* d'alto mare.

deer [dɪər] *(pl deer)* *n* cervo *m*.

deface [dɪ'feɪs] *vt* deturpare.

defamatory [dɪ'fæmətrɪ] *adj fml* diffamatorio(a).

default [dɪ'fɔ:lt] <> *n* - **1.** [failure – to appear in court] contumacia *f*; [- to pay] inadempienza *f (di pagamento)*; judgment by default sentenza in contumacia - **2.** COMPUT default *m inv*. <> *vi* essere inadempiente.

defeat [dɪ'fi:t] <> *n* sconfitta *f*; to admit defeat ammettere la sconfitta. <> *vt* sconfiggere.

defeatist [dɪ'fi:tɪst] <> *adj* disfattista. <> *n* disfattista *mf*.

defect <> *n* ['di:fekt] difetto *m*. <> *vi* [dɪ'fekt] POL: to defect (from sthg) (to sthg) defezionare (da qc) (passando a qc).

defective [dɪ'fektɪv] *adj* difettoso(a).

defence *UK*, **defense** *US* [dɪ'fens] *n* difesa *f*; defence against sb/sthg difesa contro qn/qc; the defence LAW & SPORT la difesa.

defenceless *UK*, **defenseless** *US* [dɪ'fensləs] *adj* indifeso(a).

defend [dɪ'fend] *vt* difendere; to defend sb/ sthg against sb/sthg difendere qn/qc da qn/ qc.

defendant [dɪ'fendənt] *n* imputato *m*, -a *f*.

defender [dɪ'fendər] *n* - **1.** [gen] difensore *m*, sostenitore *m*, -trice *f* - **2.** [SPORT - defending player] difensore *m*; [- of title] detentore *m*, -trice *f* del titolo.

defense *n US* = defence.

defenseless *adj US* = defenceless.

defensive [dɪ'fensɪv] ◇ adj - 1. [weapons, tactics] difensivo(a) - 2. [person] pronto(a) a difendersi. ◇ n: **on the defensive** sulla difensiva.

defer [dɪ'fɜːr] ◇ vt rinviare. ◇ vi: **to defer to sb** rimettersi a qn.

deferential [ˌdefə'renʃl] adj deferente.

defiance [dɪ'faɪəns] n sfida f; **in defiance of sb/sthg** a dispetto di qn/qc.

defiant [dɪ'faɪənt] adj [action, gesture] di sfida; [person] bellicoso(a).

deficiency [dɪ'fɪʃnsɪ] n carenza f.

deficient [dɪ'fɪʃnt] adj - 1. [lacking]: **deficient in sthg** carente di qc - 2. [inadequate] inadeguato(a).

deficit ['defɪsɪt] n deficit m inv.

defile [dɪ'faɪl] vt deturpare.

define [dɪ'faɪn] vt definire.

definite ['defɪnɪt] adj - 1. [fixed] fissato(a) - 2. [noticeable, decided] deciso(a) - 3. [unambiguous] chiaro(a).

definitely ['defɪnɪtlɪ] adv - 1. [precisely] in modo definitivo - 2. [certainly] certamente.

definition [defɪ'nɪʃn] n definizione f.

deflate [dɪ'fleɪt] ◇ vt [balloon, tyre] sgonfiare. ◇ vi [balloon, tyre] sgonfiarsi.

deflation [dɪ'fleɪʃn] n ECON deflazione f.

deflect [dɪ'flekt] vt deviare.

defogger [ˌdiː'fɒɡər] n US AUT sbrinatore m.

deformed [dɪ'fɔːmd] adj deforme.

defraud [dɪ'frɔːd] vt frodare.

defrost [ˌdiː'frɒst] ◇ vt - 1. [fridge] sbrinare - 2. [frozen food] scongelare - 3. US [car - de-ice] liberare dal ghiaccio; [- demist] sbrinare. ◇ vi - 1. [fridge] sbrinarsi - 2. [frozen food] scongelarsi.

deft [deft] adj - 1. [nimble] agile - 2. [skilful, adept] abile.

defunct [dɪ'fʌŋkt] adj - 1. [person] defunto(a) - 2. [authority, organization] soppresso(a).

defuse [ˌdiː'fjuːz] vt disinnescare.

defy [dɪ'faɪ] vt - 1. [disobey] rifiutarsi di obbedire a - 2. [challenge]: **to defy sb to do sthg** sfidare qn a fare qc - 3. fig: **to defy efforts** eludere gli sforzi; **to defy description** essere impossibile da descrivere.

degenerate ◇ adj [dɪ'dʒenərət] degenere. ◇ vi [dɪ'dʒenəreɪt] degenerare; **to degenerate into sthg** degenerare in qc.

degrading [dɪ'greɪdɪŋ] adj degradante.

degree [dɪ'ɡriː] n - 1. [unit of measurement, amount] grado m; **to a certain degree** OR **to some degree** in una certa misura; **by degrees**

per gradi - 2. [qualification] laurea f; **to have/take a degree (in sthg)** avere/prendere una laurea (in qc).

dehydrated [ˌdiːhaɪ'dreɪtɪd] adj disidratare.

de-ice [diː'aɪs] vt liberare dal ghiaccio.

deign [deɪn] vi: **to deign to do sthg** degnarsi di fare qc.

deity ['diːɪtɪ] n divinità f inv.

dejected [dɪ'dʒektɪd] adj avvilito(a).

delay [dɪ'leɪ] ◇ n ritardo m. ◇ vt - 1. [cause to be late] ritardare - 2. [postpone] rimandare, rinviare; **to delay doing sthg** aspettare a fare qc. ◇ vi indugiare; **to delay in doing sthg** indugiare a fare qc.

delayed [dɪ'leɪd] adj: **to be delayed** [plane, train] essere in ritardo; [person] essere trattenuto(a).

delectable [dɪ'lektəbl] adj - 1. [food] delizioso(a) - 2. [person] attraente.

delegate ◇ n ['delɪɡət] delegato m, -a f. ◇ vt ['delɪɡeɪt] delegare; **to delegate sb to do sthg** delegare qn a fare qc; **to delegate sthg to sb** delegare qc a qn.

delegation [ˌdelɪ'ɡeɪʃn] n - 1. [group of people] delegazione f - 2. [act of delegating] delega f.

delete [dɪ'liːt] vt cancellare.

deli ['delɪ] (abbr of delicatessen) n inf negozio m di specialità alimentari.

deliberate ◇ adj [dɪ'lɪbərət] - 1. [intentional] deliberato(a) - 2. [slow] misurato(a). ◇ vi [dɪ'lɪbəreɪt] fml deliberare.

deliberately [dɪ'lɪbərətlɪ] adv [on purpose] di proposito.

delicacy ['delɪkəsɪ] n delicatezza f.

delicate ['delɪkət] adj delicato(a).

delicatessen [ˌdelɪkə'tesn] n negozio m di specialità alimentari.

delicious [dɪ'lɪʃəs] adj delizioso(a).

delight [dɪ'laɪt] ◇ n piacere m; **to take delight in doing sthg** provare piacere nel fare qc. ◇ vt deliziare. ◇ vi: **to delight in sthg/in doing sthg** divertirsi con qc/a fare qc.

delighted [dɪ'laɪtɪd] adj felice; **delighted by** OR **with sthg** felice per qc; **to be delighted to do sthg** essere felice di fare qc.

delightful [dɪ'laɪtfl] adj incantevole.

delinquent [dɪ'lɪŋkwənt] ◇ adj criminale. ◇ n delinquente mf.

delirious [dɪ'lɪrɪəs] adj delirante.

deliver [dɪ'lɪvər] vt - 1. [distribute]: **to deliver sthg (to sb)** consegnare qc (a qn) - 2. [give - speech, lecture] tenere; [- message, warning] mandare - 3. [strike] assestare - 4. [baby - mother] partorire; [- doctor] far nascere - 5. *fml* [liberate]: **to deliver sb (from sthg)** liberare qn (da qc) - 6. *esp US* POL [votes] procurare.

delivery [dɪ'lɪvərɪ] *n* - 1. [gen] consegna *f* - 2. [way of speaking] presentazione *f* (di un discorso, di battute) - 3. [birth] parto *m*.

delude [dɪ'lu:d] *vt* illudere; **to delude o.s.** illudersi.

delusion [dɪ'lu:ʒn] *n* illusione *f*.

delve [delv] *vi* - 1. [into mystery]: **to delve (into sthg)** scavare a fondo (in qc) - 2. [in bag, cupboard]: **to delve (into OR inside sthg)** frugare (in OR dentro qc).

demand [dɪ'mɑ:nd] ◇ *n* - 1. [claim, firm request] richiesta *f*; **it makes great demands on my time** mi richiede molto tempo; **on demand** su richiesta - 2. *(U)* COMM [need]: **demand for sthg** richiesta *f* di qc; **in demand: this product is very much in demand** è un articolo molto richiesto. ◇ *vt* - 1. [gen] chiedere; **to demand to do sthg** chiedere di fare qc - 2. [necessitate, require] richiedere.

demanding [dɪ'mɑ:ndɪŋ] *adj* - 1. [exhausting] impegnativo(a) - 2. [not easily satisfied] esigente.

demean [dɪ'mi:n] *vt* sminuire.

demeaning [dɪ'mi:nɪŋ] *adj* umiliante, degradante.

demeanour *UK*, **demeanor** *US* [dɪ'mi:nər] *n fml* contegno *m*.

demented [dɪ'mentɪd] *adj* demente.

demise [dɪ'maɪz] *n fml* - 1. [death] decesso *m* - 2. *fig* [end] fine *f*.

demister [dɪ'mɪstər] *n UK* AUT dispositivo *m* per disappannare i vetri.

demo ['deməʊ] *(pl* -s) *(abbr of* demonstration) *n inf* manifestazione *f*.

democracy [dɪ'mɒkrəsɪ] *n* democrazia *f*.

democrat ['deməkræt] *n* democratico *m*, -a *f*. ◆ **Democrat** *n US* democratico *m*, -a *f*.

democratic [,demə'krætɪk] *adj* democratico(a). ◆ **Democratic** *adj US* democratico(a).

Democratic Party *n US*: **the Democratic Party** il partito *m* democratico.

demolish [dɪ'mɒlɪʃ] *vt* [gen] demolire.

demonstrate ['demənstreɪt] ◇ *vt* - 1. [prove] dimostrare - 2. [appliance, machine] fare una dimostrazione di - 3. [ability, talent] mostrare. ◇ *vi* manifestare; **to demonstrate for/against sthg** manifestare a favore/contro qc.

demonstration [,demən'streɪʃn] *n* [public meeting] manifestazione *f*.

demonstrator ['demənstreɪtər] *n* - 1. [protester] manifestante *mf*, dimostrante *mf* - 2. [of machine, product] dimostratore *m*, -trice *f*.

demoralized, -ised *UK* [dɪ'mɒrəlaɪzd] *adj* demoralizzato(a).

demote [,di:'məʊt] *vt* far retrocedere.

demure [dɪ'mjʊər] *adj* schivo(a).

den [den] *n* tana *f*.

denial [dɪ'naɪəl] *n* - 1. [refutation] smentita *f* - 2. [refusal] negazione *f*.

denier ['denɪər, də'nɪər] *n* denari *mpl*.

denigrate ['denɪgreɪt] *vt fml* [person] denigrare; [efforts, attempts] svilire.

denim ['denɪm] *n* tela *f* jeans. ◆ **denims** *npl* jeans *mpl*.

denim jacket *n* giubbotto *m* di jeans.

Denmark ['denmɑ:k] *n* Danimarca *f*.

denomination [dɪ,nɒmɪ'neɪʃn] *n* - 1. RELIG setta *f* - 2. FIN taglio *m*.

denounce [dɪ'naʊns] *vt* denunciare.

dense [dens] *adj* - 1. [thick] fitto(a) - 2. *inf* [stupid] ottuso(a).

dent [dent] ◇ *n* ammaccatura *f*. ◇ *vt* ammaccare.

dental ['dentl] *adj* dentario(a); **a dental appointment** un appuntamento dal dentista.

dental floss *n (U)* filo *m* interdentale.

dental surgeon *n fml* dentista *mf*.

dentist ['dentɪst] *n* dentista *mf*; **to go to the dentist's** andare dal dentista.

dentures ['dentʃəz] *npl* dentiera *f (sing)*.

deny [dɪ'naɪ] *vt* negare; **she denies writing the letter** nega di avere scritto la lettera; **to deny sb sthg** negare qc a qn.

deodorant [di:'əʊdərənt] *n* deodorante *m*.

depart [dɪ'pɑ:t] *vi fml* - 1. [leave] partire; **to depart from sthg** partire da qc - 2. [differ]: **to depart from sthg** allontanarsi da qc.

department [dɪ'pɑ:tmənt] *n* - 1. [in organization] reparto *m*, ufficio *m* - 2. [in shop] reparto *m* - 3. SCH & UNIV dipartimento *m* - 4. [in government] ministero *m*.

department store *n* grande magazzino *m*.

departure [dɪ'pɑ:tʃər] *n* - 1. [leaving] partenza *f* - 2. [variation]: **departure (from sthg)** abbandono *m* (di qc) - 3. [orientation] nuovo inizio *m*.

departure lounge *n* sala *f* d'imbarco.

depend [dɪ'pend] *vi* - 1. [rely]: **to depend on sb/sthg** [financially] dipendere da qn/qc; [emotionally] contare su qn/qc - 2. [be determined]: **it depends** dipende; **it depends on** dipende da; **depending on** a seconda di.

dependable [dɪ'pendəbl] *adj* affidabile.

dependant *UK*, **dependent** *US* [dɪ'pendənt] *n* persona *f* a carico.

dependent [dɪ'pendənt] ◇ *adj* - 1. [gen] poco autonomo(a); **dependent children** figli *mpl* a carico; **to be dependent on sb/sthg** dipendere da qn/qc - 2. [addicted] dipendente. ◇ *n US* = **dependant**.

depict [dɪ'pɪkt] *vt* - 1. [show in picture] rappresentare - 2. [describe]: **to depict sb/sthg as sthg** descrivere qn/qc come qc.

deplete [dɪ'pli:t] *vt* esaurire.

deplorable [dɪ'plɔ:rəbl] *adj* deplorevole.

deplore [dɪ'plɔ:r] *vt* deplorare.

deploy [dɪ'plɔɪ] *vt* impiegare.

deport [dɪ'pɔ:t] *vt* deportare.

depose [dɪ'pəʊz] *vt* deporre.

deposit [dɪ'pɒzɪt] ◇ *n* - 1. GEOL [of gold, oil] giacimento *m* - 2. [sediment, returnable payment] deposito *m* - 3. [payment into bank] deposito *m*, versamento *m*; **to make a deposit** eseguire un versamento - 4. [down payment] acconto *m*. ◇ *vt* depositare.

deposit account *n esp UK* conto *m* di risparmio.

depot ['depəʊ] *n* - 1. [storage facility] deposito *m* - 2. *US* [bus or train terminus] deposito *m*, rimessa *f*.

depreciate [dɪ'pri:ʃɪeɪt] *vi* svalutare.

depress [dɪ'pres] *vt* - 1. [sadden] deprimere - 2. [economy] indebolire; [prices] fare abbassare - 3. [slow down] rallentare.

depressed [dɪ'prest] *adj* depresso(a).

depressing [dɪ'presɪŋ] *adj* deprimente.

depression [dɪ'preʃn] *n* - 1. [gen] depressione *f* - 2. *fml* [hollow] depressione *f*, avvallamento *m*.

deprivation [,deprɪ'veɪʃn] *n* privazione *f*.

deprive [dɪ'praɪv] *vt*: **to deprive sb of sthg** privare qn di qc.

depth [depθ] *n* profondità *f inv*; **to be out of one's depth** [in water] essere dove non si tocca; *fig* [unable to cope] non essere all'altezza della situazione; **in depth** a fondo. ◆ **depths** *npl*: **the depths** [of sea] gli abissi; **in the depths of winter** nel cuore dell'inverno; **to be in the depths of despair** essere nella più profonda disperazione.

deputize, -ise *UK* ['depjʊtaɪz] *vi*: **to deputize (for sb)** fare le veci (di qn).

deputy ['depjʊtɪ] ◇ *adj*: **deputy chairman** vicepresidente *mf*; **deputy head** *UK* SCH vicepreside *mf*. ◇ *n* - 1. [second-in-command] vice *mf* - 2. *US* [deputy sheriff] vicesceriffo *m*.

derail [dɪ'reɪl] *vt* far deragliare.

deranged [dɪ'reɪndʒd] *adj* squilibrato(a).

derby [*UK* 'dɑ:bɪ, *US* 'dɜ:bɪ] *n* - 1. [sports event] derby *m inv* - 2. *US* [hat] bombetta *f*.

derelict ['derəlɪkt] *adj* abbandonato(a).

deride [dɪ'raɪd] *vt* ridicolizzare.

derisory [də'raɪzərɪ] *adj* - 1. [ridiculous] irrisorio(a) - 2. [scornful] sprezzante.

derivative [dɪ'rɪvətɪv] ◇ *adj pej* privo(a) di originalità. ◇ *n* derivato *m*.

derive [dɪ'raɪv] ◇ *vt* - 1. [pleasure]: **to derive sthg from sthg** trarre qc da qc - 2. [word, expression]: **to be derived from sthg** derivare da qc. ◇ *vi* [word, expression]: **to derive from sthg** derivare da qc.

derogatory [dɪ'rɒgətrɪ] *adj* spregiativo(a).

derv [dɜ:v] *n UK* gasolio *m*.

descend [dɪ'send] ◇ *vi* - 1. *fml* [go down] scendere - 2. [fall, invade]: **to descend (on sb/sthg)** calare (su qn/qc) - 3. [stoop, lower o.s.]: **to descend to sthg/to doing sthg** abbassarsi a qc/a fare qc. ◇ *vt fml* [go down] scendere.

descendant [dɪ'sendənt] *n* discendente *mf*.

descended [dɪ'sendɪd] *adj*: **to be descended from sb** discendere da qn.

descent [dɪ'sent] *n* - 1. [downwards movement] discesa *f* - 2. (*U*) [origin] origine *f*, provenienza *f*.

describe [dɪ'skraɪb] *vt* descrivere.

description [dɪ'skrɪpʃn] *n* - 1. [account] descrizione *f* - 2. [type] genere *m*, tipo *m*.

desecrate ['desɪkreɪt] *vt* profanare.

desert ◇ *n* ['dezət] deserto *m*. ◇ *vt* [dɪ'zɜ:t] [abandon] abbandonare. ◇ *vi* [dɪ'zɜ:t] MIL disertare. ◆ **deserts** *npl*: **to get one's just deserts** avere ciò che ci si merita.

deserted [dɪ'zɜ:tɪd] *adj* deserto(a).

deserter [dɪ'zɜ:tər] *n* disertore *m*, -trice *f*.

desert island ['dezət-] *n* isola *f* deserta.

deserve [dɪ'zɜ:v] *vt* meritare; **to deserve to do sthg** meritare di fare qc.

deserving [dɪ'zɜ:vɪŋ] *adj* meritevole.

design [dɪ'zaɪn] ◇ *n* - 1. [plan, drawing] piano *m*, progetto *m* - 2. (*U*) [art] design *m inv* - 3. [pattern, motif] motivo *m* - 4. [structure, shape] modello *m*, design *m inv* - 5. *fml* [intention] proposito *m*; **by design** di proposito; **to have designs on sb/sthg** avere delle mire su qn/qc. ◇ *vt* - 1. [building, car] progettare; [dress] disegnare - 2. [plan] ideare; **to be designed for sthg/to do sthg** essere concepito(a) per qc/per fare qc.

designate ◇ *adj* ['dezɪgnət] designato(a). ◇ *vt* ['dezɪgneɪt] designare.

designer [dɪ'zaɪnər] ◇ *adj* [jeans, glasses] firmato(a). ◇ *n* [of building, machine] progettista *mf*; [in theatre] scenografo *m*, -a *f*; [of clothes] stilista *mf*.

desirable [dɪ'zaɪərəbl] *adj* - **1.** [appropriate] auspicabile - **2.** [attractive] attraente - **3.** [sexually attractive] desiderabile.

desire [dɪ'zaɪəʳ] ⬦ *n* - **1.** [wish] desiderio *m*, voglia *f*; **desire for sthg/to do sthg** voglia di qc/di fare qc - **2.** [sexual longing] desiderio *m*. ⬦ *vt* desiderare.

desist [dɪ'zɪst] *vi fml*: **to desist (from sthg/ from doing sthg)** desistere (da qc/dal fare qc).

desk [desk] *n* - **1.** [office] scrivania *f*; [pupil's] banco *m*; [teacher's] cattedra *f* - **2.** [service point] banco *m*; **information desk** banco *m* informazioni; **reception desk** reception *f inv*.

desk diary *n* agenda *f* da tavolo.

desktop ['desktɒp] ⬦ *n* COMPUT [computer] computer *m inv* da tavolo, desktop *m inv*; [screen] desktop *m inv*. ⬦ *adj* [computer] da tavolo.

desktop publishing *n* desktop publishing *m inv*.

desolate ['desələt] *adj* - **1.** [place] desolato(a) - **2.** [person] sconsolato(a).

despair [dɪ'speəʳ] ⬦ *n* disperazione *f*. ⬦ *vi* disperare; **to despair of sb/sthg** disperare di qn/qc; **to despair of doing sthg** disperare di riuscire a fare qc.

despairing [dɪ'speərɪŋ] *adj* disperato(a).

despatch [dɪ'spætʃ] *n* & *vt* = **dispatch**.

desperate ['desprət] *adj* - **1.** [attempt, measures] estremo(a); [criminal] pronto(a) a tutto - **2.** [hopeless, despairing] disperato(a) - **3.** [in great need]: **to be desperate for sthg** avere assolutamente bisogno di qc.

desperately ['desprətli] *adv* - **1.** [poor] terribilmente; [ill] gravemente - **2.** [busy, sorry] terribilmente; [love, want] disperatamente.

desperation [,despə'reɪʃn] *n* disperazione *f*; **in desperation** in preda alla disperazione.

despicable [dɪ'spɪkəbl] *adj* ignobile.

despise [dɪ'spaɪz] *vt* disprezzare.

despite [dɪ'spaɪt] *prep* nonostante, malgrado.

despondent [dɪ'spɒndənt] *adj* sconsolato(a), avvilito(a).

dessert [dɪ'zɜ:t] *n* dessert *m inv*, dolce *m*.

dessertspoon [dɪ'zɜ:tspu:n] *n* [spoon] cucchiaio *m* da dessert.

destination [,destɪ'neɪʃn] *n* destinazione *f*.

destined ['destɪnd] *adj* - **1.** [intended]: **destined for sthg/to do sthg** destinato(a) a qc/a fare qc - **2.** [bound]: **destined for** diretto(a) a.

destiny ['destɪnɪ] *n* destino *m*.

destitute ['destɪtju:t] *adj* indigente.

destroy [dɪ'strɔɪ] *vt* [ruin] distruggere.

destruction [dɪ'strʌkʃn] *n* distruzione *f*.

detach [dɪ'tætʃ] *vt* - **1.** [remove] staccare; **to detach sthg from sthg** staccare qc da qc - **2.** [dissociate]: **to detach o.s. from sthg** [proceedings, discussions] dissociarsi da qc; [reality] prendere le distanze da qc.

detached [dɪ'tætʃt] *adj* distaccato(a).

detached house *n* villa *f* unifamiliare.

detachment [dɪ'tætʃmənt] *n* - **1.** (U) [aloofness] distacco *m* - **2.** MIL distaccamento *m*.

detail [UK 'di:teɪl, US dɪ'teɪl] ⬦ *n* - **1.** [gen] dettaglio *m*; **to go into detail** entrare nei dettagli; **in detail** dettagliatamente, nei particolari - **2.** MIL distaccamento *m*. ⬦ *vt* [list] specificare. ◆ **details** *npl* - **1.** [information] dettagli *mpl* - **2.** [personal information] dati *mpl*.

detailed [UK 'di:teɪld, US dɪ'teɪld] *adj* dettagliato(a).

detain [dɪ'teɪn] *vt* trattenere.

detect [dɪ'tekt] *vt* percepire.

detection [dɪ'tekʃn] *n* - **1.** (U) [discovery - of crime, drug] scoperta *f*; [- of aircraft, submarine] individuazione *f* - **2.** [investigation] indagine *f*.

detective [dɪ'tektɪv] *n* detective *mf inv*, investigatore *m*, -trice *f*.

detective novel *n* romanzo *m* poliziesco.

detention [dɪ'tenʃn] *n* - **1.** (U) [of suspect, criminal] detenzione *f* - **2.** [at school] *castigo che consiste nel doversi trattenere a scuola oltre la fine delle lezioni*.

deter [dɪ'tɜ:ʳ] *vt* dissuadere; **to deter sb from doing sthg** dissuadere qn dal fare qc.

detergent [dɪ'tɜ:dʒənt] *n* detersivo *m*.

deteriorate [dɪ'tɪərɪəreɪt] *vi* deteriorarsi, peggiorare.

determination [dɪ,tɜ:mɪ'neɪʃn] *n* determinazione *f*.

determine [dɪ'tɜ:mɪn] *vt* - **1.** [establish, find out, control] determinare - **2.** *fml* [resolve]: **to determine to do sthg** decidere di fare qc - **3.** [fix, settle] stabilire.

determined [dɪ'tɜ:mɪnd] *adj* - **1.** [person]: **determined (to do sthg)** determinato(a) (a fare qc) - **2.** [effort] deciso(a).

deterrent [dɪ'terənt] *n* deterrente *m*.

detest [dɪ'test] *vt* detestare.

detonate ['detəneɪt] ⬦ *vt* far esplodere. ⬦ *vi* esplodere.

detour ['di:,tʊəʳ] *n* deviazione *f*.

detract [dɪ'trækt] *vi*: **to detract from sthg** sminuire qc.

detriment ['detrɪmənt] *n*: **to the detriment of sb/sthg** a detrimento di qn/qc.

detrimental [,detrɪ'mentl] *adj* dannoso(a).

deuce [dju:s] n [in tennis] parità f (a quaranta punti).

devaluation [ˌdi:væljʊˈeɪʃn] n FIN svalutazione f.

devastated [ˈdevəsteɪtɪd] adj - 1. [area, city] devastato(a) - 2. fig [person] sconvolto(a).

devastating [ˈdevəsteɪtɪŋ] adj - 1. [disastrous] devastante, sconvolgente - 2. [very effective] di grande effetto - 3. [stunningly attractive] irresistibile.

develop [dɪˈveləp] <> vt - 1. [gen] sviluppare - 2. [acquire] contrarre. <> vi - 1. [evolve] svilupparsi - 2. [appear] manifestarsi.

developing country n paese m in via di sviluppo.

development [dɪˈveləpmənt] n - 1. [gen] sviluppo - 2. [developed land]: **property development** area f di sviluppo edilizio.

deviate [ˈdi:vɪeɪt] vi: **to deviate (from sthg)** deviare (da qc).

device [dɪˈvaɪs] n - 1. [apparatus] congegno m - 2. [plan, method] stratagemma m - 3. [bomb]: **(incendiary) device** bomba f (incendiaria).

devil [ˈdevl] n - 1. [evil spirit] diavolo m, demonio m - 2. inf [person]: **you poor devil!** povero(a) diavolo(a) !; **you lucky devil!** hai una fortuna sfacciata! - 3. [for emphasis]: **who/ where/why the devil...?** chi/dove/perché diavolo...? ◆ **Devil** n: **the Devil** il Diavolo.

devious [ˈdi:vjəs] adj - 1. [dishonest] subdolo(a) - 2. [tortuous] tortuoso(a).

devise [dɪˈvaɪz] vt escogitare, architettare.

devoid [dɪˈvɔɪd] adj fml: **devoid of sthg** privo(a) di qc.

devolution [ˌdi:vəˈlu:ʃn] n POL decentramento m, devolution f inv.

devote [dɪˈvəʊt] vt: **to devote sthg to sthg** [time, energy] dedicare qc a qc; [money] destinare qc a qc.

devoted [dɪˈvəʊtɪd] adj [faithful] devoto(a); [dedicated] impegnato(a); **devoted to sb/sthg** dedito(a) a qn/qc.

devotion [dɪˈvəʊʃn] n: **devotion (to sb/ sthg)** devozione f (a qn/qc).

devour [dɪˈvaʊər] vt divorare.

devout [dɪˈvaʊt] adj RELIG devoto(a).

dew [dju:] n rugiada f.

diabetes [ˌdaɪəˈbi:ti:z] n diabete m.

diabetic [ˌdaɪəˈbetɪk] <> adj [person] diabetico(a). <> n diabetico m, -a f.

diabolic [ˌdaɪəˈbɒlɪk] adj [evil] diabolico(a).

diabolical [ˌdaɪəˈbɒlɪkl] adj - 1. esp UK inf [very bad] pessimo(a) - 2. = **diabolic**.

diagnose [ˈdaɪəɡnəʊz] vt diagnosticare.

diagnosis [ˌdaɪəɡˈnəʊsɪs] (pl -oses) n diagnosi f inv.

diagonal [daɪˈæɡənl] <> adj diagonale. <> n diagonale f.

diagram [ˈdaɪəɡræm] n diagramma m.

dial [ˈdaɪəl] (UK & US) <> n - 1. [of watch, clock, meter] quadrante m - 2. [of radio] scala f delle frequenze - 3. [of telephone] disco m (combinatore). <> vt [number] chiamare, digitare.

dialect [ˈdaɪəlekt] n dialetto m.

dialling code [ˈdaɪəlɪŋ-] n UK prefisso m (telefonico).

dialling tone [ˈdaɪəlɪŋ-] UK, **dial tone** US n segnale m di libero.

dialog box, dialogue box n finestra f di dialogo.

dialogue, dialog US [ˈdaɪəlɒɡ] n dialogo m.

dial tone n US = **dialling tone**.

dialysis [daɪˈælɪsɪs] n (U) dialisi f inv.

diameter [daɪˈæmɪtər] n diametro m.

diamond [ˈdaɪəmənd] n - 1. [gem] diamante m - 2. [shape] rombo m. ◆ **diamonds** npl quadri mpl.

diaper [ˈdaɪəpər] n US pannolino m.

diaphragm [ˈdaɪəfræm] n diaframma m.

diarrhoea UK, **diarrhea** US [ˌdaɪəˈrɪə] n (U) diarrea f.

diary [ˈdaɪərɪ] n - 1. esp UK [appointment book] agenda f - 2. [personal record] diario m.

dice [daɪs] (pl dice) <> n [for games] dado m. <> vt tagliare a dadini.

dictate <> vt [dɪkˈteɪt] dettare. <> n [ˈdɪkteɪt] dettame m.

dictation [dɪkˈteɪʃn] n - 1. [to secretary] dettatura f; **to take** OR **do dictation** scrivere sotto dettatura - 2. [at school] dettato m.

dictator [dɪkˈteɪtər] n POL dittatore m, -trice f.

dictatorship [dɪkˈteɪtəʃɪp] n dittatura f.

dictionary [ˈdɪkʃənrɪ] n dizionario m.

did [dɪd] pt ▷ **do**.

diddle [ˈdɪdl] vt inf [cheat] fregare.

didn't [ˈdɪdnt] abbr of **did not**.

die [daɪ] (pt & pp died, cont dying) <> vi - 1. [person, animal, plant] morire; **he's dying** sta morendo; **to be dying for sthg/to do sthg** inf morire dalla voglia di qc/di fare qc - 2. fig [love, memory] morire; [anger] venir meno. <> n ▷ **dice**. ◆ **die away** vi [sound] smorzarsi; [wind] calmarsi. ◆ **die down** vi [wind] affievolirsi; [sound, fire] smorzarsi. ◆ **die out** vi estinguersi, scomparire.

diehard [ˈdaɪhɑ:d] n reazionario m, -a f.

diesel ['di:zl] n diesel m inv.

diesel engine n - 1. AUT motore m diesel (inv) - 2. RAIL locomotiva f diesel (inv).

diesel fuel, diesel oil n gasolio m.

diet ['daɪət] ◇ n - 1. [gen] dieta f; **to be/go on a diet** essere/mettersi a dieta - 2. [eating pattern] alimentazione f. ◇ comp [low-calorie] dietetico(a). ◇ vi [in order to lose weight] essere a dieta.

differ ['dɪfə'] vi - 1. [be different] differire, essere diverso(a); **to differ from sb/sthg** differire da qn/qc - 2. [disagree]: **to differ with sb (about sthg)** dissentire da qn (su qc).

difference ['dɪfrəns] n - 1. [gen] differenza f; **it doesn't make any difference** non fa differenza - 2. [disagreement] divergenza f.

different ['dɪfrənt] adj diverso(a); **different from** diverso(a) da.

differentiate [,dɪfə'renʃɪeɪt] ◇ vt: **to differentiate (sthg from sthg)** differenziare (qc da qc). ◇ vi: **to differentiate (between)** fare differenza (tra).

difficult ['dɪfɪkəlt] adj difficile.

difficulty ['dɪfɪkəltɪ] n difficoltà f inv; **to have difficulty in doing sthg** avere difficoltà a fare qc.

diffident ['dɪfɪdənt] adj diffidente.

diffuse vt [dɪ'fju:z] diffondere.

dig [dɪg] (pt & pp dug) ◇ n - 1. fig [unkind remark] frecciata f - 2. ARCHAEOL scavo m. ◇ vt [hole] scavare; [garden] vangare. ◇ vi - 1. [in ground] scavare - 2. [press]: **to dig into sthg** conficcarsi in qc; **my strap's digging into me** la bretella mi sta segando la spalla. ◆ **dig up** vt sep - 1. [tree] sradicare; [potatoes] cavare; [coal] estrarre - 2. inf [information] scovare.

digest ◇ n ['daɪdʒest] [of book, report] sunto m. ◇ vt [dɪ'dʒest] - 1. [food] digerire - 2. fig [information] assimilare.

digestion [dɪ'dʒestʃn] n digestione f.

digestive biscuit n UK biscotto di farina integrale.

digestive system n apparato m digerente.

digger ['dɪgə'] n escavatore m.

digit ['dɪdʒɪt] n - 1. [figure] cifra f - 2. [finger, toe] dito m.

digital ['dɪdʒɪtl] adj digitale.

digital camera n macchina f fotografica digitale.

digital radio n radio f inv digitale.

digital television, digital TV n televisione f digitale.

digital watch n orologio m digitale.

dignified ['dɪgnɪfaɪd] adj dignitoso(a).

dignity ['dɪgnətɪ] n dignità f.

digress [daɪ'gres] vi: **to digress (from sthg)** divagare (da qc).

digs [dɪgz] npl esp UK dated alloggio m (sing).

dike [daɪk] n - 1. [wall] diga f; [bank] argine m - 2. inf offens [lesbian] lesbica f.

dilapidated [dɪ'læpɪdeɪtɪd] adj [house, castle] fatiscente; [sofa, bicycle] decrepito(a).

dilemma [dɪ'lemə] n dilemma m.

diligent ['dɪlɪdʒənt] adj meticoloso(a).

dilute [daɪ'lu:t] ◇ adj diluito(a). ◇ vt: **to dilute sthg (with sthg)** diluire qc (con qc); **to dilute wine with water** annacquare il vino.

dim [dɪm] ◇ adj - 1. [light] fioco(a); [room] semibuio(a) - 2. [indistinct] vago(a) - 3. [weak] debole - 4. inf [stupid] tonto(a). ◇ vt [light] abbassare. ◇ vi [light] affievolirsi; [beauty] sbiadire; [memory, hope] svanire.

dime [daɪm] n US moneta da dieci centesimi.

dimension [daɪ'menʃn] n - 1. [measurement] dimensione f - 2. [aspect] aspetto m. ◆ **dimensions** npl dimensioni fpl.

diminish [dɪ'mɪnɪʃ] ◇ vt [make less important] sminuire. ◇ vi diminuire.

diminutive [dɪ'mɪnjʊtɪv] ◇ adj fml minuscolo(a). ◇ n GRAM diminutivo m.

dimmer ['dɪmə'] n [switch] dimmer m inv. ◆ **dimmers** npl US - 1. [dipped headlights] anabbaglianti mpl - 2. [parking lights] luci fpl di posizione.

dimmer switch n = dimmer.

dimple ['dɪmpl] n fossetta f.

din [dɪn] n inf baccano m.

dine [daɪn] vi fml cenare. ◆ **dine out** vi cenare fuori.

diner ['daɪnə'] n - 1. [person] cliente mf (di ristorante) - 2. US [restaurant] ≈ tavola f calda.

dinghy ['dɪŋgɪ] n [for sailing] dinghy m inv; [for rowing] canotto m.

dingy ['dɪndʒɪ] adj squallido(a).

dining car ['daɪnɪŋ-] n vagone m ristorante.

dining room ['daɪnɪŋ-] n sala f da pranzo.

dinner ['dɪnə'] n cena f.

dinner jacket n smoking m inv.

dinner party n cena f tra amici.

dinnertime ['dɪnətaɪm] n ora f di cena.

dinosaur ['daɪnəsɔ:'] n dinosauro m.

dint [dɪnt] n fml: **by dint of** grazie a.

dip [dɪp] ◇ n - 1. [in road, ground] avvallamento m - 2. [sauce] salsa f - 3. [swim] tuffo m; **to go for a dip** fare un tuffo. ◇ vt - 1. [into liquid]: **to dip sthg in(to) sthg** immergere qc in

qc - 2. UK [headlights] abbassare. ◇ vi
- 1. [sun] calare; [wing] abbassarsi - 2. [road,
ground] digradare.

diploma [dɪ'pləʊmə] (pl -s) n diploma m.

diplomacy [dɪ'pləʊməsɪ] n diplomazia f.

diplomat ['dɪpləmæt] n diplomatico m, -a f.

diplomatic [ˌdɪplə'mætɪk] adj diplomati-
co(a).

dipstick ['dɪpstɪk] n AUT astina f dell'olio.

dire ['daɪər] adj [warning] serio(a); [con-
sequences] disastroso(a).

direct [dɪ'rekt] ◇ adj - 1. [route, answer,
consequence] diretto(a) - 2. [opposite] esat-
to(a); [quotation] pari pari. ◇ vt - 1. [aim]: **to
direct sthg at sb** [attention, question, remark] rivolgere qc a qn; [money, aid] destinare qc a
qn; **the campaign is directed at teenagers** la
campagna si rivolge agli adolescenti - 2. [give
directions to] indicare la strada a - 3. [manage,
be in charge of] dirigere - 4. [film, play, TV pro-
gramme] curare la regia di - 5. [order]: **to
direct sb to do sthg** ordinare a qn di fare qc. ◇ adv
direttamente.

direct current n corrente f continua.

direct debit n UK addebito m diretto sul
conto.

direction [dɪ'rekʃn] n - 1. [gen] direzione f;
under the direction of sotto la direzione di
- 2. [of play, film, TV programme] regia f.
➡ **directions** npl - 1. [instructions to place]
indicazioni fpl - 2. [instructions for use] istruzioni fpl.

directly [dɪ'rektlɪ] adv - 1. [in straight line] direttamente; **he's directly descended from Nelson** discende in linea diretta da Nelson
- 2. [frankly, openly] francamente - 3. [exactly]
esattamente - 4. [immediately, very soon] subito.

director [dɪ'rektər] n - 1. [of company] direttore m, -trice f - 2. [of film, play, TV programme]
regista mf.

directory [dɪ'rektərɪ] n - 1. [book, list] elenco m - 2. COMPUT directory f inv.

directory enquiries n UK servizio m informazioni elenco abbonati.

dire straits npl: **to be in dire straits** avere
grosse difficoltà.

dirt [dɜːt] n - 1. [mud, dust] sporco m
- 2. [earth] terra f.

dirt cheap inf ◇ adj a prezzi stracciati.
◇ adv per quattro soldi.

dirty ['dɜːtɪ] ◇ adj - 1. [gen] sporco(a)
- 2. [unfair] sleale. ◇ vt sporcare.

disability [ˌdɪsə'bɪlətɪ] n handicap m inv.

disabled [dɪs'eɪbld] ◇ adj portatore(trice)
di handicap. ◇ npl: **the disabled** i disabili.

disadvantage [ˌdɪsəd'vɑːntɪdʒ] n svantaggio m; **to be at a disadvantage** essere svan-
taggiato(a).

disagree [ˌdɪsə'griː] vi - 1. [have different
opinions] non essere d'accordo; **to disagree
with sb/sthg** non essere d'accordo con qn/
qc - 2. [differ] non coincidere; **the accounts
disagree** i conti non tornano - 3. [subj: food,
drink]: **to disagree with sb** far star male qn;
that ice cream disagreed with me non ho di-
gerito il gelato.

disagreeable [ˌdɪsə'griəbl] adj - 1. [smell]
sgradevole; [job] odioso(a) - 2. [person] antipa-
tico(a).

disagreement [ˌdɪsə'griːmənt] n - 1. [of
opinions] disaccordo m - 2. [argument] diverbio m.

disallow [ˌdɪsə'laʊ] vt - 1. [appeal, claim] respingere - 2. [goal] annullare.

disappear [ˌdɪsə'pɪər] vi sparire.

disappearance [ˌdɪsə'pɪərəns] n - 1. [of person, object] scomparsa f - 2. [of species, civiliza-
tion] estinzione f.

disappoint [ˌdɪsə'pɔɪnt] vt deludere.

disappointed [ˌdɪsə'pɔɪntɪd] adj deluso(a);
I'm disappointed with this job questo lavoro
mi ha deluso.

disappointing [ˌdɪsə'pɔɪntɪŋ] adj deluden-
te.

disappointment [ˌdɪsə'pɔɪntmənt] n delusione f.

disapproval [ˌdɪsə'pruːvl] n disapprovazione f.

disapprove [ˌdɪsə'pruːv] vi: **to disapprove
(of sb/sthg)** disapprovare (qn/qc).

disarm [dɪs'ɑːm] ◇ vt disarmare. ◇ vi ridurre gli armamenti.

disarmament [dɪs'ɑːməmənt] n disarmo m.

disarray [ˌdɪsə'reɪ] n: **in disarray** fml [clothes,
room, hair] in disordine; [government, organiza-
tion] nel caos.

disaster [dɪ'zɑːstər] n - 1. [catastrophic event]
catastrofe f - 2. (U) [misfortune] disastro m
- 3. inf [failure] disastro m.

disastrous [dɪ'zɑːstrəs] adj disastroso(a).

disband [dɪs'bænd] ◇ vt sciogliere. ◇ vi
sciogliersi.

disbelief [ˌdɪsbɪ'liːf] n: **in** OR **with disbelief**
con incredulità.

disc UK, **disk** US [dɪsk] n - 1. [gen] disco m
- 2. MED vertebra f.

discard [dɪ'skɑːd] vt scartare.

discern [dɪ'sɜːn] vt - 1. [see] distinguere
- 2. [detect] percepire.

discerning [dɪ'sɜːnɪŋ] *adj* [person, eye, taste] raffinato(a); **a discerning reader** un lettore perspicace.

discharge ⬦ *n* ['dɪstʃɑːdʒ] - **1.** [of patient] autorizzazione *f* a lasciare l'ospedale; [of prisoner, defendant] rilascio *m*; [from armed forces] congedo *m* - **2.** [of smoke] emissione *f*; [of sewage] scarico *m* - **3.** MED secrezione *f*. ⬦ *vt* [dɪs'tʃɑːdʒ] - **1.** [patient] dimettere; [prisoner, defendant] rilasciare; [from armed forces] congedare - **2.** *fml* [duty] adempiere a - **3.** [smoke] emettere; [sewage] scaricare.

disciple [dɪ'saɪpl] *n* - **1.** RELIG discepolo *m*, -a *f* - **2.** *fig* [follower] seguace *mf*.

discipline ['dɪsɪplɪn] ⬦ *n* - **1.** [control] disciplina *f* - **2.** [subject] materia *f*. ⬦ *vt* - **1.** [punish] punire - **2.** [train] educare.

disc jockey *n* disc jockey *mf inv*.

disclose [dɪs'kləʊz] *vt* rivelare.

disclosure [dɪs'kləʊʒər] *n* rivelazione *f*.

disco ['dɪskəʊ] (*pl* -s) (*abbr of* discotheque) *n* discoteca *f*.

discomfort [dɪs'kʌmfət] *n* - **1.** [physical pain] malessere *m* - **2.** (*U*) [uncomfortable condition, embarrassment] disagio *m*.

disconcert [ˌdɪskən'sɜːt] *vt* disorientare.

disconnect [ˌdɪskə'nekt] *vt* staccare; **we've been disconnected** [gas] ci hanno staccato il gas; [electricity] ci hanno staccato la luce; [phone] è caduta la linea.

disconsolate [dɪs'kɒnsələt] *adj* sconsolato(a).

discontent [ˌdɪskən'tent] *n*: **discontent (with sthg)** malcontento *m* (per qc).

discontented [ˌdɪskən'tentɪd] *adj*: **discontented (with sthg)** scontento(a) (per qc).

discontinue [ˌdɪskən'tɪnjuː] *vt* sospendere.

discord ['dɪskɔːd] *n* - **1.** (*U*) *fml* [conflict] discordia *f* - **2.** MUS dissonanza *f*.

discotheque ['dɪskəʊtek] *n* discoteca *f*.

discount ⬦ *n* ['dɪskaʊnt] sconto *m*. ⬦ *vt* ['dɪskaʊnt, dɪs'kaʊnt] - **1.** [disregard] non tener conto di - **2.** [goods] fare uno sconto su; [prices] abbassare.

discount store *n* discount *m inv*.

discourage [dɪs'kʌrɪdʒ] *vt* scoraggiare; **to discourage sb from doing sthg** dissuadere qn dal fare qc.

discover [dɪs'kʌvər] *vt* scoprire.

discovery [dɪs'kʌvərɪ] *n* scoperta *f*.

discredit [dɪs'kredɪt] ⬦ *n* (*U*) [shame] disonore *m*. ⬦ *vt* - **1.** [person] screditare - **2.** [idea, belief, theory] confutare.

discreet [dɪs'kriːt] *adj* discreto(a).

discrepancy [dɪ'skrepənsɪ] *n*: **discrepancy (in** OR **between)** discrepanza *f* (tra).

discretion [dɪ'skreʃn] *n* - **1.** [tact] discrezione *f* - **2.** [judgment] giudizio *m*; **at the discretion of** a discrezione di.

discriminate [dɪ'skrɪmɪneɪt] *vi* - **1.** [distinguish] distinguere; **to discriminate between** distinguere tra - **2.** [treat unfairly]: **to discriminate against sb** discriminare qn.

discriminating [dɪ'skrɪmɪneɪtɪŋ] *adj* perspicace.

discrimination [dɪˌskrɪmɪ'neɪʃn] *n* (*U*) - **1.** [prejudice] discriminazione *f* - **2.** [good judgment] capacità *f inv* di giudizio.

discus ['dɪskəs] (*pl* -es) *n* disco *m*.

discuss [dɪ'skʌs] *vt* discutere; **to discuss sthg with sb** discutere qc con qn.

discussion [dɪ'skʌʃn] *n* discussione *f*; **under discussion** all'esame.

disdain [dɪs'deɪn] *fml n* disprezzo *m*; **disdain for sb/sthg** disdegno *m* per qn/qc.

disease [dɪ'ziːz] *n* [illness] malattia *f*.

disembark [ˌdɪsɪm'bɑːk] *vi* sbarcare.

disenchanted [ˌdɪsɪn'tʃɑːntɪd] *adj*: **disenchanted with sthg** deluso(a) da qc.

disengage [ˌdɪsɪn'geɪdʒ] *vt* - **1.** [release]: **to disengage sthg (from sthg)** staccare qc (da qc) - **2.** TECH disinnestare.

disfigure [dɪs'fɪgər] *vt* sfigurare.

disgrace [dɪs'greɪs] ⬦ *n* - **1.** (*U*) [shame] disonore *m*; **to fall into disgrace** cadere in disgrazia - **2.** [cause of shame] vergogna *f*. ⬦ *vt* disonorare; **to disgrace o.s.** rovinarsi la reputazione.

disgraceful [dɪs'greɪsfʊl] *adj* vergognoso(a).

disgruntled [dɪs'grʌntld] *adj* scontento(a).

disguise [dɪs'gaɪz] ⬦ *n* travestimento *m*; **in disguise** travestito(a). ⬦ *vt* - **1.** [dress up] travestire - **2.** [voice, handwriting] contraffare - **3.** [feelings, unpleasant state] mascherare.

disgust [dɪs'gʌst] ⬦ *n* disgusto *m*; **disgust at sthg** disgusto per qc. ⬦ *vt* disgustare.

disgusting [dɪs'gʌstɪŋ] *adj* disgustoso(a).

dish [dɪʃ] *n* - **1.** [bowl] ciotola *f* - **2.** [plate, food] piatto *m*. ◆ **dishes** *npl* piatti *mpl*; **to do** OR **wash the dishes** lavare i piatti. ◆ **dish out** *vt sep inf* distribuire. ◆ **dish up** *vt sep inf* servire.

dish aerial UK, **dish antenna** US *n* antenna *f* parabolica.

dishcloth ['dɪʃklɒθ] *n* strofinaccio *m*.

disheartened [dɪs'hɑːtnd] *adj* scoraggiato(a).

dishevelled UK, **disheveled** US [dɪ'ʃevld] adj scompigliato(a).

dishonest [dɪs'ɒnɪst] adj disonesto(a).

dishonor n & vt US = **dishonour**.

dishonorable adj US = **dishonourable**.

dishonour UK, **dishonor** US [dɪs'ɒnə'] ◇ n disonore m. ◇ vt disonorare.

dishonourable UK, **dishonorable** US [dɪs'ɒnrəbl] adj [person] indegno(a); [behaviour] disonorevole.

dish towel n esp US strofinaccio m.

dishwasher ['dɪʃ,wɒʃə'] n lavastoviglie f inv.

disillusioned [,dɪsɪ'luːʒnd] adj disilluso(a); to be disillusioned with sb/sthg non farsi illusioni su qn/qc.

disincentive [,dɪsɪn'sentɪv] n deterrente m.

disinclined [,dɪsɪn'klaɪnd] adj: to be disinclined to do sthg essere poco incline a fare qc.

disinfect [,dɪsɪn'fekt] vt disinfettare.

disinfectant [,dɪsɪn'fektənt] n disinfettante m.

disintegrate [dɪs'ɪntɪgreɪt] vi [object] disintegrarsi.

disinterested [,dɪs'ɪntrəstɪd] adj - 1. [objective] disinteressato(a) - 2. inf [uninterested]: disinterested (in sb/sthg) indifferente (a qn/qc).

disjointed [dɪs'dʒɔɪntɪd] adj sconnesso(a).

disk [dɪsk] n - 1. [COMPUT - hard] disco m; [- floppy] dischetto m - 2. US = **disc**.

disk drive, diskette drive US n COMPUT disk drive m inv.

diskette [dɪs'ket] n COMPUT dischetto m.

diskette drive n US = **disk drive**.

dislike [dɪs'laɪk] ◇ n (U) antipatia f; to take a dislike to sb prendere in antipatia qn; dislike of sb/sthg avversione f per qn/qc. ◇ vt detestare.

dislocate ['dɪsləkeɪt] vt - 1. MED slogarsi - 2. fml [disrupt] intralciare.

dislodge [dɪs'lɒdʒ] vt: to dislodge sb/sthg (from sthg) rimuovere qn/qc (da qc).

disloyal [,dɪs'lɔɪəl] adj: disloyal (to sb) sleale (nei confronti di qn).

dismal ['dɪzml] adj - 1. [gloomy, depressing] deprimente - 2. [attempt, failure] misero(a).

dismantle [dɪs'mæntl] vt [machine, structure] smontare; [power plant, nuclear weapons] smantellare.

dismay [dɪs'meɪ] ◇ n costernazione f. ◇ vt costernare.

dismiss [dɪs'mɪs] vt - 1. [from job] licenziare; to dismiss sb (from sthg) mandar via qn (da qc) - 2. [idea, plan] scartare - 3. [troops] congedare - 4. LAW [case] archiviare; [jury] sciogliere.

dismissal [dɪs'mɪsl] n - 1. [from job] licenziamento m - 2. [refusal to take seriously] rifiuto m - 3. LAW non luogo m a procedere.

dismount [,dɪs'maʊnt] vi: to dismount (from sthg) smontare (da qc).

disobedience [,dɪsə'biːdjəns] n disubbidienza f.

disobedient [,dɪsə'biːdjənt] adj disubbidiente.

disobey [,dɪsə'beɪ] vt disubbidire a.

disorder [dɪs'ɔːdə'] n - 1. [gen] disordine m; in disorder in disordine - 2. MED disturbo m.

disorderly [dɪs'ɔːdəlɪ] adj - 1. [untidy] disordinato(a) - 2. [unruly] indisciplinato(a).

disorganized, -ised UK [dɪs'ɔːgənaɪzd] adj [person] disorganizzato(a); [system] caotico(a).

disoriented [dɪs'ɔːrɪəntɪd], **disorientated** [dɪs'ɔːrɪənteɪtɪd] UK adj disorientato(a).

disown [dɪs'əʊn] vt rinnegare.

disparaging [dɪ'spærɪdʒɪŋ] adj sprezzante.

dispassionate [dɪ'spæʃnət] adj imparziale.

dispatch, despatch [dɪ'spætʃ] ◇ n messaggio m. ◇ vt inviare.

dispel [dɪ'spel] vt allontanare.

dispense [dɪ'spens] vt [justice, advice] amministrare. ◆ **dispense with** vt insep - 1. [do without] fare a meno di - 2. [make unnecessary] rendere superfluo(a).

dispensing chemist UK [dɪ'spensɪŋ 'kemɪst], **dispensing pharmacist** US [dɪ'spensɪŋ 'fɑːməsɪst] n farmacista mf.

disperse [dɪ'spɜːs] ◇ vt - 1. [crowd] disperdere - 2. [knowledge, news] diffondere - 3. [substance, gas, oil slick] spargere. ◇ vi [crowd] disperdersi.

dispirited [dɪ'spɪrɪtɪd] adj scoraggiato(a).

displace [dɪs'pleɪs] vt - 1. [supplant] rimpiazzare - 2. PHYS spostare.

display [dɪ'spleɪ] ◇ n - 1. [of goods, merchandise, ornaments] esposizione f; window display merce f in vetrina - 2. [of feeling, courage, skill] dimostrazione f - 3. [performance] spettacolo m - 4. COMPUT display m inv. ◇ vt - 1. [goods, merchandise, ornaments] esporre - 2. [feeling, courage, skill] dimostrare.

displease [dɪs'pliːz] vt contrariare.

displeasure [dɪs'pleʒə'] n dispiacere m.

disposable [dɪ'spəʊzəbl] adj - 1. [razor, lighter, camera] usa e getta; **disposable nappy** UK, **disposable diaper** US pannolino m usa e getta - 2. [income] disponibile.

disposal [dɪ'spəʊzl] n (U) - **1.** [removal] smaltimento m - **2.** [availability]: **at sb's disposal** a disposizione di qn.

dispose [dɪ'spəʊz] ◆ **dispose of** vt insep [rubbish] smaltire; [problem] risolvere.

disposed [dɪ'spəʊzd] adj - **1.** [willing]: **to be disposed to do sthg** essere disposto(a) a fare qc - **2.** [friendly]: **to be well disposed to** OR **towards sb** essere ben disposto(a) verso qn.

disposition [ˌdɪspə'zɪʃn] n - **1.** [temperament] carattere m - **2.** [willingness, tendency]: **disposition to do sthg** disponibilità f a fare qc.

disprove [ˌdɪs'pruːv] vt confutare.

dispute [dɪ'spjuːt] <> n - **1.** [quarrel] disputa f - **2.** (U) [disagreement] diverbio m - **3.** INDUST vertenza f. <> vt - **1.** [question, challenge] contestare - **2.** [fight for] contendere.

disqualify [ˌdɪs'kwɒlɪfaɪ] vt - **1.** [subj: authority, illness, criminal record]: **to disqualify sb (from doing sthg)** vietare a qn (di fare qc) - **2.** SPORT squalificare - **3.** UK [from driving] ritirare la patente a.

disquiet [dɪs'kwaɪət] n (U) fml inquietudine f.

disregard [ˌdɪsrɪ'gɑːd] <> n: **disregard (for sthg)** indifferenza (a qc). <> vt ignorare.

disrepair [ˌdɪsrɪ'peər] n (U) sfacelo m; **to fall into disrepair** andare in rovina.

disreputable [dɪs'repjʊtəbl] adj poco raccomandabile.

disrepute [ˌdɪsrɪ'pjuːt] n: **to bring sthg into disrepute** screditare qc; **to fall into disrepute** rovinarsi la reputazione.

disrupt [dɪs'rʌpt] vt interrompere.

dissatisfaction ['dɪsˌsætɪs'fækʃn] n insoddisfazione f.

dissatisfied [ˌdɪs'sætɪsfaɪd] adj scontento(a); **dissatisfied with sthg** scontento di qc.

dissect [dɪ'sekt] vt - **1.** MED sezionare - **2.** fig [poem, novel, idea, argument] analizzare minuziosamente.

dissent [dɪ'sent] <> n dissenso m. <> vi: **to dissent (from sthg)** dissentire (da qc).

dissertation [ˌdɪsə'teɪʃn] n dissertazione f.

disservice [ˌdɪs'sɜːvɪs] n: **to do sb a disservice** non fare un favore a qn.

dissimilar [ˌdɪ'sɪmɪlər] adj dissimile; **dissimilar to** dissimile da.

dissipate ['dɪsɪpeɪt] vt - **1.** [heat] disperdere - **2.** [money] dissipare; [efforts] sprecare.

dissociate [dɪ'səʊʃɪeɪt] vt dissociare; **to dissociate o.s. from sthg** dissociarsi da qc.

dissolute ['dɪsəluːt] adj dissoluto(a).

dissolve [dɪ'zɒlv] <> vt - **1.** [substance] sciogliere - **2.** fml [organization] smantellare. <> vi - **1.** [substance] sciogliersi - **2.** fig [disappear] dissolversi.

dissuade [dɪ'sweɪd] vt: **to dissuade sb (from doing sthg)** dissuadere qn (dal fare qc).

distance ['dɪstəns] n - **1.** [between two places] distanza f - **2.** [distant point]: **at a distance** molto lontano; **from a distance** da lontano; **in the distance** in lontananza.

distant ['dɪstənt] adj - **1.** [place] distante; **distant from** distante da - **2.** [time, relative] lontano(a) - **3.** [manner] freddo(a).

distaste [dɪs'teɪst] n avversione f; **distaste for sthg** avversione per qc.

distasteful [dɪs'teɪstfʊl] adj odioso(a).

distended [dɪ'stendɪd] adj dilatato(a).

distil UK, **distill** US [dɪ'stɪl] vt - **1.** [liquid] distillare - **2.** fig [information] estrarre.

distillery [dɪ'stɪlərɪ] n distilleria f.

distinct [dɪ'stɪŋkt] adj - **1.** [different] diverso(a); **distinct from** diverso da; **as distinct from** a differenza di - **2.** [clear] netto(a).

distinction [dɪ'stɪŋkʃn] n - **1.** [difference] differenza f; **to draw** OR **make a distinction between** distinguere tra - **2.** (U) [excellence] classe f; **wines of distinction** vini di gran classe - **3.** [in exam result] lode f.

distinctive [dɪ'stɪŋktɪv] adj inconfondibile.

distinguish [dɪ'stɪŋgwɪʃ] <> vt - **1.** [gen] distinguere; **to distinguish sthg from sthg** distinguere qc da qc - **2.** [discern, perceive] riconoscere. <> vi: **to distinguish between** distinguere tra.

distinguished [dɪ'stɪŋgwɪʃt] adj illustre.

distinguishing [dɪ'stɪŋgwɪʃɪŋ] adj [feature] distintivo(a); **distinguishing marks** [on passport] segni mpl particolari.

distort [dɪ'stɔːt] vt - **1.** [shape] deformare; [sound] distorcere - **2.** [truth, facts] travisare.

distract [dɪ'strækt] vt: **to distract sb/sthg from sthg** distogliere qn/qc da qc.

distracted [dɪ'stræktɪd] adj assente.

distraction [dɪ'strækʃn] n [gen] distrazione f.

distraught [dɪ'strɔːt] adj disperato(a).

distress [dɪ'stres] <> n [suffering – mental] angoscia f; [- physical] sofferenza f. <> vt [upset] turbare.

distressing [dɪ'stresɪŋ] adj angosciante.

distribute [dɪ'strɪbjuːt] vt - **1.** [gen] distribuire - **2.** [share out] ripartire.

distribution [ˌdɪstrɪ'bjuːʃn] n - 1. [gen] distribuzione f - 2. [of wealth, money] ripartizione f.

distributor [dɪ'strɪbjʊtər] n - 1. COMM distributore m, -trice f - 2. AUT spinterogeno m.

district ['dɪstrɪkt] n - 1. [of country] regione f; [of city] quartiere m - 2. [administrative area - of country] distretto m; [- of city] circoscrizione f.

district nurse n UK infermiere o infermiera che esegue visite a domicilio ai malati di un quartiere.

distrust [dɪs'trʌst] ⟨⟩ n diffidenza f. ⟨⟩ vt diffidare di.

disturb [dɪ'stɜːb] vt - 1. [interrupt] disturbare - 2. [upset, worry] turbare - 3. [cause to change] spostare.

disturbance [dɪ'stɜːbəns] n - 1. [fight] disordini mpl - 2. [interruption, disruption]: **disturbance of the peace** LAW disturbo m della quiete pubblica - 3. [distress] disturbo m.

disturbed [dɪ'stɜːbd] adj - 1. [upset, ill] affetto(a) da turbe psichiche; **emotionally disturbed** con disturbi psichici - 2. [worried] preoccupato(a).

disturbing [dɪ'stɜːbɪŋ] adj allarmante.

disuse [ˌdɪs'juːs] n: **to fall into disuse** [building, mine] essere abbandonato(a); [regulation] cadere in disuso.

disused [ˌdɪs'juːzd] adj abbandonato(a).

ditch [dɪtʃ] ⟨⟩ n fosso m. ⟨⟩ vt inf - 1. [boyfriend, girlfriend] mollare - 2. [plan, old car] abbandonare - 3. [clothes] buttar via.

dither ['dɪðər] vi tentennare.

ditto ['dɪtəʊ] adv idem.

dive [daɪv] (UK pt & pp -d) (US pt & pp -d OR **dove**) ⟨⟩ vi - 1.: **to dive (into sthg)** [person] tuffarsi (in qc); [submarine] immergersi (in qc); [bird, aircraft] scendere in picchiata (in qc) - 2. [as sport - from board] tuffarsi; [- underwater] immergersi - 3. [rush] farsi largo; **he dived for his camera** si è precipitato a prendere la macchina fotografica - 4. [into pocket, bag]: **to dive into sthg** cacciare la mano in qc. ⟨⟩ n - 1. [of person] tuffo m - 2. [of bird, aircraft] picchiata f - 3. inf pej [bar, restaurant] bettola f.

diver ['daɪvər] n [from board] tuffatore m, -trice f; [underwater] subacqueo m, -a f.

diverge [daɪ'vɜːdʒ] vi divergere; **to diverge from sthg** essere differente da qc.

diversify [daɪ'vɜːsɪfaɪ] ⟨⟩ vt [products] diversificare. ⟨⟩ vi [in industry] diversificarsi.

diversion [daɪ'vɜːʃn] n - 1. [distraction] diversivo m, distrazione f - 2. [of traffic] deviazione f.

diversity [daɪ'vɜːsətɪ] n diversità f inv.

divert [daɪ'vɜːt] vt - 1. [person, forces]: **to divert sb/sthg from sthg** distogliere qn/qc da qc - 2. [traffic] deviare - 3. [attention] sviare.

divide [dɪ'vaɪd] ⟨⟩ vt - 1. [gen] dividere; **to divide sthg into sthg** dividere qc in qc - 2. MATHS: **to divide sthg by sthg** dividere qc per qc; **to divide sthg into sthg: divide 3 into 89** dividi 89 per 3 - 3. [share out, distribute] ripartire. ⟨⟩ vi - 1. [class] dividersi; [road] biforcarsi - 2. [disagree, split up] dividersi.

dividend ['dɪvɪdend] n dividendo m.

divine [dɪ'vaɪn] adj - 1. [holy] divino(a) - 2. inf [wonderful] splendido(a).

diving ['daɪvɪŋ] n (U) [from board] tuffi mpl; [underwater] immersioni fpl.

diving board n trampolino m.

divinity [dɪ'vɪnətɪ] n - 1. (U) [godliness] santità f - 2. (U) [study] teologia f - 3. [god, goddess] divinità f inv.

division [dɪ'vɪʒn] n - 1. [gen] divisione f - 2. [sharing out, distribution] ripartizione f - 3. [disagreement] frattura f - 4. UK [in football league] serie f.

divorce [dɪ'vɔːs] ⟨⟩ n LAW divorzio m. ⟨⟩ vt LAW [husband, wife] divorziare da.

divorced [dɪ'vɔːst] adj - 1. LAW divorziato(a) - 2. fig [separated]: **to be divorced from sthg** essere avulso(a) da qc.

divorcee [dɪvɔː'siː] n divorziato m, -a f.

divulge [daɪ'vʌldʒ] vt divulgare.

DIY (abbr of do-it-yourself) n UK fai da te m.

dizzy ['dɪzɪ] adj [giddy]: **I feel dizzy** mi gira la testa.

DJ n (abbr of disc jockey) DJ mf inv.

DNA (abbr of deoxyribonucleic acid) n DNA m inv.

DNS [ˌdiːen'es] (abbr of Domain Name System) n COMPUT DNS m.

do [duː] (pt did, pp done, pl dos OR do's) ⟨⟩ aux vb - 1. (in negatives): **don't leave it there** non lasciarlo lì; **I didn't want to see him** non volevo vederlo - 2. (in questions): **what did he want?** che cosa voleva?; **do you think she'll come?** pensi che verrà? - 3. (referring back to previous verb): **she reads more than I do** legge più di me; **I like reading – so do I** mi piace leggere – anche a me - 4. (in question tags): **you know her, don't you?** la conosci, non è vero?; **he told you, didn't he?** te lo ha detto, no?; **so you think you can dance, do you?** così, credi di saper ballare, vero? - 5. (for emphasis): **I did tell you, but you've forgotten** te l'ho detto, ma te ne sei dimenticato; **do come in** entra pure. ⟨⟩ vt - 1. [perform an activity] fare; **to do aerobics/gym-**

nastics fare aerobica/ginnastica; **to do the housework/cleaning** fare i lavori di casa/le pulizie; **to do the cooking** cucinare; **to do one's hair** pettinarsi; **to do one's teeth** lavarsi i denti; **to do one's duty** fare il proprio dovere - **2.** [take action] fare; **what are you doing here?** cosa ci fai qui?; **there's nothing I can do about it** non ci posso fare niente; **we'll have to do something about that tree** dovremo fare qualcosa per quell'albero; **to do one's best (to do sthg)** fare del proprio meglio (per fare qc); **I'll do my best to help** farò del mio meglio per aiutare - **3.** [have particular effect] fare; **to do more harm than good** fare più danno che altro - **4.** [referring to job]: **what do you do?** cosa fai nella vita?; **what do you want to do when you leave school?** cosa vuoi fare quando finisci la scuola? - **5.** [perform a service] fare; **what can I do for you?** cosa posso fare per lei?; **we do trips to Ireland** organizziamo viaggi per l'Irlanda; **we're not doing hot food today** oggi non serviamo pasti caldi - **6.** [study] fare; **I did physics at school** ho fatto fisica a scuola; **she's doing Spanish/Law at Oxford** studia spagnolo/fa legge a Oxford - **7.** [travel at a particular speed] fare; **the car can do 110 mph** la macchina può fare fino a 110 miglia all'ora - **8.** [be good enough for] andare bene a; **that'll do me nicely** mi va benissimo. ◇ *vi* - **1.** [act] fare; **do as I tell you** fai come ti dico; **you would do well to reconsider** faresti bene a ripensarci - **2.** [perform in a particular way]: **they're doing really well** [in business] le cose gli stanno andando molto bene; [at school] vanno molto bene; **he could do better** potrebbe fare meglio; **how did you do in the exam?** come ti è andato l'esame? - **3.** [be good enough, be sufficient] andare bene; **will £6 do?** vanno bene 6 sterline?; **that will do** (nicely) andrà benone; **that will do!** basta così! ◇ *n inf esp UK* [party] festa *f*. ◆ **do's** *npl*: **do's and don'ts** cose da fare e da non fare. ◆ **do away with** *vt insep* abolire. ◆ **do out of** *vt sep*: **to do sb out of sthg** portare via qc a qn. ◆ **do up** *vt sep* - **1.** *esp UK* [shoelaces, dress] allacciare; [shirt, coat] abbottonare; [tie] fare il nodo a; **to do one's shoes up** allacciarsi le scarpe; **to do one's jacket up** abbottonarsi la giacca; **your shirt's not done up** hai la camicia sbottonata - **2.** *UK* [building, room, area] rifare - **3.** *UK* [parcel, package] avvolgere. ◆ **do with** *vt insep* - **1.** [need] aver bisogno di; **the house could do with a spring-clean** la casa avrebbe bisogno di una bella ripulita; **I could do with a new car** mi ci vorrebbe una macchina nuova - **2.** [have connection with]: **I had nothing to do with it** io non c'entravo niente; **that has nothing to do with it** questo non c'entra niente; **it's something to do with**

the way he speaks si tratta del suo modo di parlare. ◆ **do without** ◇ *vt insep* fare a meno di. ◇ *vi* farne a meno.

docile [*UK* 'dəʊsaɪl, *US* 'dɒsəl] *adj* docile.

dock [dɒk] ◇ *n* - **1.** [in harbour] dock *m inv*, bacino *m*; [wharf] molo *m*, banchina *f* - **2.** [in court] banco *m* degli imputati. ◇ *vi* [ship] attraccare.

docker ['dɒkər] *n esp UK* portuale *mf*.

dockyard ['dɒkjɑːd] *n* cantiere *m* navale.

doctor ['dɒktər] ◇ *n* - **1.** [of medicine] medico *m*; **to go to the doctor's** andare dal medico - **2.** [holder of PhD] dottore ricercatore *m*, dottoressa ricercatrice *f*. ◇ *vt* [results] manipolare; [text] rimaneggiare; [food, wine] adulterare.

doctorate ['dɒktərət], **doctor's degree** *n* dottorato *m* di ricerca.

doctrine ['dɒktrɪn] *n* dottrina *f*.

document ['dɒkjʊmənt] *n* documento *m*.

documentary [,dɒkjʊ'mentərɪ] ◇ *adj* documentario(a). ◇ *n* documentario *m*.

dodge [dɒdʒ] ◇ *n inf* stratagemma *m*. ◇ *vt* [car] schivare; [question, responsibility] scansare. ◇ *vi* scansarsi.

dodgy ['dɒdʒɪ] *adj UK inf* poco raccomandabile.

doe [dəʊ] *n* - **1.** [female deer] cerva *f* - **2.** [female rabbit] coniglia *f*.

does [dʌz] *vb* ▷ **do**.

doesn't ['dʌznt] *abbr of* **does not**.

dog [dɒg] ◇ *n* [animal] cane *m*. ◇ *vt* - **1.** [follow closely] stare alle calcagna di qn - **2.** [subj: problems, bad luck] perseguitare.

dog collar *n* - **1.** [of dog] collare *m* per cani - **2.** [of clergyman] colletto *m* da prete.

dog-eared [-ɪəd] *adj* con le orecchie.

dog food *n* cibo *m* per cani.

dogged ['dɒgɪd] *adj* tenace.

dogsbody ['dɒgz,bɒdɪ] *n UK inf* factotum *mf inv*.

doing ['duːɪŋ] *n*: **is this your doing?** è opera tua? ◆ **doings** *npl* azioni *fpl*.

do-it-yourself *n* fai da te *m*.

doldrums ['dɒldrəmz] *npl*: **to be in the doldrums** *fig* [industry] essere in stagnazione; [person] essere depresso(a).

dole [dəʊl] *n UK* indennità *f inv* di disoccupazione; **to be on the dole** percepire l'indennità di disoccupazione. ◆ **dole out** *vt sep* distribuire.

doll [dɒl] *n* bambola *f*.

dollar ['dɒlər] *n* dollaro *m*.

dollop ['dɒləp] *n inf* cucchiaiata *f*.

dolphin ['dɒlfɪn] *n* delfino *m*.

domain [də'meɪn] n - **1.** [sphere of interest] settore m - **2.** [land] possedimenti mpl.

domain name n COMPUT nome m di dominio.

dome [dəʊm] n ARCHIT cupola f.

domestic [də'mestɪk] ◇ adj - **1.** [internal, not foreign - policy] interno(a); [- flight] nazionale - **2.** [animal, chores, duty] domestico(a) - **3.** [home-loving] casalingo(a). ◇ n domestico m, -a f.

domestic science n dated economia f domestica.

dominant ['dɒmɪnənt] adj dominante.

dominate ['dɒmɪneɪt] vt dominare.

domineering [,dɒmɪ'nɪərɪŋ] adj prepotente.

domino ['dɒmɪnəʊ] (pl **-es**) n tessera f del domino. ◆ **dominoes** npl domino m.

don [dɒn] n UK UNIV docente mf universitario, -a f.

donate [də'neɪt] vt donare.

done [dʌn] ◇ pp ⊳ **do**. ◇ adj - **1.** [finished] finito(a); **I'm nearly done** ho quasi finito - **2.** [cooked] cotto(a). ◇ excl affare fatto!

donkey ['dɒŋkɪ] (pl **donkeys**) n asino m.

donor ['dəʊnər] n donatore m, -trice f.

donor card n tessera f di donatore (di organi).

don't [dəʊnt] abbr of **do not**.

doodle ['du:dl] ◇ n scarabocchio m. ◇ vi fare scarabocchi.

doom [du:m] n destino m.

doomed [du:md] adj: **to be doomed to sthg/ to do sthg** essere destinato(a) a qc/a fare qc.

door [dɔ:r] n - **1.** [of building, room, train] porta f - **2.** [of car] portiera f; [of cupboard] sportello m.

doorbell ['dɔ:bel] n campanello m (della porta).

doorknob ['dɔ:nɒb] n maniglia f.

doorman ['dɔ:mən] (pl **-men**) n portiere m.

doormat ['dɔ:mæt] n - **1.** [mat] zerbino m - **2.** fig [person] pezza f da piedi.

doorstep ['dɔ:step] n soglia f.

doorway ['dɔ:weɪ] n vano m della porta.

dope [dəʊp] ◇ n - **1.** inf [cannabis] fumo m - **2.** [for athlete, horse] sostanza f dopante - **3.** inf [fool] imbecille mf. ◇ vt [drug] dopare.

dopey ['dəʊpɪ] (comp **-ier**, superl **-iest**) adj inf - **1.** [groggy] intontito(a) - **2.** [stupid] stupido(a).

dormant ['dɔ:mənt] adj - **1.** [volcano] quiescente - **2.** [law] in quiescenza.

dormitory ['dɔ:mətrɪ] n - **1.** [room] dormitorio m - **2.** US [in university] collegio m universitario.

DOS [dɒs] (abbr of **disk operating system**) n DOS m.

dose [dəʊs] n - **1.** [of medicine, drug] dose f - **2.** [of illness] attacco m.

dot [dɒt] ◇ n - **1.** [on material] pois m inv - **2.** [in punctuation] puntino m. ◇ vt [scatter] sparpagliare. ◆ **on the dot** adv [arrive] all'ora precisa; [pay] puntualmente; **at ten o'clock on the dot** alle dieci in punto.

dotcom ['dɒtkɒm] ◇ n azienda f operante in Internet. ◇ adj operante in Internet.

dote [dəʊt] ◆ **dote upon** vt insep stravedere per.

dot-matrix printer n stampante f ad aghi.

dotted line ['dɒtɪd-] n linea f tratteggiata.

double ['dʌbl] ◇ adj doppio(a). ◇ adv - **1.** [gen] due volte tanto, il doppio; **to see double** vederci doppio - **2.** [in two] in due; **to bend double** piegarsi in due. ◇ n - **1.** [gen] doppio m; **I earn double what he does** guadagno il doppio di lui - **2.** [look-alike] sosia mf inv - **3.** CIN controfigura f. ◇ vt & vi [increase twofold] raddoppiare. ◆ **doubles** n [in tennis] doppio m (sing).

double-barrelled UK, **double-barreled** US [-'bærəld] adj - **1.** [shotgun] a doppia canna - **2.** UK [name] doppio(a).

double bass [-beɪs] n contrabbasso m.

double bed n letto m matrimoniale, letto m a due piazze.

double-breasted [-'brestɪd] adj a doppio petto.

double-check vt & vi ricontrollare.

double chin n doppio mento m.

double-click ◇ n COMPUT doppio clic m inv. ◇ vt COMPUT cliccare due volte su. ◇ vi COMPUT cliccare due volte.

double cream n UK doppia panna f.

double-cross vt fare il doppio gioco con.

double-decker [-'dekər] n autobus m inv a due piani.

double-dutch n inf arabo; **to talk double-dutch** parlare arabo.

double fault n [in tennis] doppio fallo m.

double-glazing [-'gleɪzɪŋ] n (U) UK doppi vetri mpl.

double-park vi AUT parcheggiare in doppia fila.

double room n camera f doppia.

double vision n: **to suffer from double vision** vederci doppio.

doubly ['dʌblɪ] adv doppiamente.

doubt [daʊt] <> *n* dubbio *m*; **there is no doubt that** non ci sono dubbi che; **to cast doubt on sthg** mettere in dubbio qc; **no doubt** senza dubbio; **without (a) doubt** senza alcun dubbio; **in doubt** in dubbio, in forse. <> *vt* **- 1.** [distrust] dubitare di **- 2.** [consider unlikely] dubitare; **to doubt whether** OR **if** dubitare che; **I doubt whether he even noticed it** dubito che se ne sia accorto.

doubtful ['daʊtfʊl] *adj* **- 1.** [unlikely] poco probabile **- 2.** [uncertain] incerto(a) **- 3.** [dubious] dubbio(a).

doubtless ['daʊtlɪs] *adv* senza dubbio.

dough [dəʊ] *n* (U) **- 1.** [for baking] pasta *f* **- 2.** *inf* [money] grana *f*.

doughnut ['dəʊnʌt] *n* krapfen *m* inv.

douse [daʊs] *vt* **- 1.** [put out] spegnere **- 2.** [drench] bagnare.

dove[1] [dʌv] *n* colomba *f*.

dove[2] [dəʊv] *pt US* ⊳ **dive**.

dowdy ['daʊdɪ] *adj* dimesso(a).

down [daʊn] <> *adv* **- 1.** [downwards] giù **- 2.** [along]: **we went down to the park** siamo andati giù al parco **- 3.** [southwards] giù **- 4.** [reduced, lower]: **prices are coming down** i prezzi stanno andando giù; **down to the last detail** fin nei minimi particolari. <> *prep* **- 1.** [lower on] giù per **- 2.** [along] lungo; **we walked down the street** siamo venuti giù per la strada. <> *adj* **- 1.** *inf* [depressed] giù **- 2.** [not in operation] fuori uso; **the computer is down** il computer si è impallato. <> *n* **- 1.** (U) [feathers] piumino *m* d'oca; [hair] peluria *f* **- 2.** *US* [in American football] *una delle quattro possibilità di gioco che ha una squadra di far avanzare la palla.* <> *vt* **- 1.** [knock over] abbattere **- 2.** [swallow] ingollare. ◆ **downs** *npl UK* colline *fpl*. ◆ **down with** *excl* abbasso!

down-and-out <> *adj* spiantato(a). <> *n* barbone *m*, -a *f*.

down-at-heel *adj* malconcio(a).

downbeat ['daʊnbiːt] *adj inf* [gloomy] deprimente.

downcast ['daʊnkɑːst] *adj fml* [sad] sconsolato(a).

downfall ['daʊnfɔːl] *n* **- 1.** (U) [ruin - of dictator] caduta *f*; [- of business] tracollo *m* **- 2.** [cause of ruin] rovina *f*.

downhearted [ˌdaʊn'hɑːtɪd] *adj* scoraggiato(a).

downhill [ˌdaʊn'hɪl] <> *adj* [path] in discesa. <> *adv* **- 1.** [downwards] verso il basso; **to walk downhill** scendere **- 2.** *fig* [from bad to worse]: **to go downhill** andare peggiorando. <> *n* [ski] discesa *f* libera.

Downing Street ['daʊnɪŋ-] *n* Downing Street *f* (*il governo britannico*).

download [ˌdaʊn'ləʊd] *vt* COMPUT scaricare.

down payment *n* caparra *f*.

downpour ['daʊnpɔː] *n* acquazzone *m*.

downright ['daʊnraɪt] <> *adj* [lie] bello(a) e buono(a); [fool] vero(a). <> *adv* veramente.

downstairs [ˌdaʊn'steəz] <> *adj* al piano di sotto. <> *adv* giù; **they live downstairs** abitano al piano di sotto.

downstream [ˌdaʊn'striːm] *adv* verso valle.

down-to-earth *adj* pratico(a).

downtown [ˌdaʊn'taʊn] *esp US* <> *adj* del centro. <> *adv* in centro.

downturn ['daʊntɜːn] *n* calo *m*; **downturn in sthg** calo di qc.

down under *adv inf* in Australia o Nuova Zelanda.

downward ['daʊnwəd] <> *adj* **- 1.** [towards ground - movement] verso il basso; [- glance] in basso **- 2.** [decreasing] al ribasso. <> *adv US* = **downwards**.

downwards ['daʊnwədz] *adv* [move] verso il basso; [look] in basso.

dowry ['daʊərɪ] *n* dote *f*.

doz. (*abbr of* **dozen**) dozzina *f*.

doze [dəʊz] <> *n* pisolino *m*. <> *vi* dormicchiare. ◆ **doze off** *vi* appisolarsi.

dozen ['dʌzn] <> *num adj*: **a dozen eggs** una dozzina di uova. <> *n* dozzina *f*. ◆ **dozens** *npl inf*: **dozens of** dozzine *fpl* di.

dozy ['dəʊzɪ] *adj* **- 1.** [sleepy] assonnato(a) **- 2.** *UK inf* [stupid] tardo(a).

Dr. - 1. (*abbr of* **Drive**), viale d'accesso **- 2.** (*abbr of* **Doctor**) dott. *m*, dott.ssa *f*.

drab [dræb] *adj* **- 1.** [colour] smorto(a); [building] grigio(a) **- 2.** [life] monotono(a).

draft [drɑːft] <> *n* **- 1.** [early version] bozza *f* **- 2.** [money order] assegno *m* circolare **- 3.** *US* MIL: **the draft** la coscrizione **- 4.** *US* = **draught**. <> *vt* **- 1.** [write] scrivere la bozza di **- 2.** *US* MIL chiamare alle armi. ◆ **draft in** *vi* distaccare.

draft beer *n US* = **draught beer**.

draftsman *n US* = **draughtsman**.

drafty *adj US* = **draughty**.

drag [dræg] <> *vt* **- 1.** [pull] trascinare **- 2.** [search] dragare. <> *vi* **- 1.** [trail] strascicare **- 2.** [pass slowly] scorrere lentamente. <> *n* **- 1.** *inf* [bore] noia *f* **- 2.** *inf* [on cigarette] tiro *m* **- 3.** [cross-dressing]: **to be in drag** indossare abiti da donna. ◆ **drag on** *vi* andare per le lunghe.

dragon ['drægǝn] *n* - 1. [beast] drago *m* - 2. *inf* [woman] megera *f*.

dragonfly ['drægǝnflaɪ] *n* libellula *f*.

drain [dreɪn] ◇ *n* - 1. [for waste] tubo *m* di scarico; [grating in street] tombino *m* - 2. [depletion]: **drain on sthg** dispendio *m* di qc. ◇ *vt* - 1. [oil] sgocciolare; [vegetables] scolare; [marsh, field] bonificare - 2. [deplete] esaurire; **to feel drained** essere esausto(a) - 3. [drink, glass] scolarsi. ◇ *vi* [dry] scolare.

drainage ['dreɪnɪdʒ] *n* drenaggio *m*.

draining board UK ['dreɪnɪŋ bɔːd], **drainboard** US ['dreɪnbɔːd] *n* scolapiatti *m inv*.

drainpipe ['dreɪnpaɪp] *n* pluviale *m*.

drama ['drɑːmǝ] *n* - 1. [gen] dramma *m* - 2. (*U*) [art] arte *f* drammatica.

dramatic [drǝ'mætɪk] *adj* - 1. [concerned with theatre] teatrale - 2. [exciting] drammatico(a) - 3. [sudden, noticeable] straordinario(a).

dramatist ['dræmǝtɪst] *n* drammaturgo *m*, -a *f*.

dramatize, -ise UK ['dræmǝtaɪz] *vt* - 1. [rewrite as play] fare l'adattamento teatrale di - 2. *pej* [make exciting] drammatizzare.

drank [dræŋk] *pt* ▷ **drink**.

drape [dreɪp] *vt* drappeggiare; **to be draped with** OR **in sthg** essere drappeggiato(a) di qc. ◆ **drapes** *npl* US tende *fpl*.

drastic ['dræstɪk] *adj* drastico(a).

draught UK, **draft** US [drɑːft] *n* - 1. [air current] corrente *f* d'aria - 2. [from barrel]: **on draught** [beer] alla spina. ◆ **draughts** *n* UK dama *f*.

draught beer UK, **draft beer** US *n* birra *f* alla spina.

draughtsman UK (*pl* -men), **draftsman** US (*pl* -men) ['drɑːftsmǝn] *n* disegnatore *m* tecnico, disegnatrice *f* tecnica.

draughty UK, **drafty** US ['drɑːftɪ] *adj* pieno(a) di correnti d'aria.

draw [drɔː] (*pt* drew, *pp* drawn) ◇ *vt* - 1. [sketch] disegnare - 2. [pull] tirare - 3. [breath]: **to draw breath** inspirare - 4. [pull out] estrarre - 5. [arrive at, form] trarre - 6. [formulate] fare - 7. [attract] attirare; **to draw sb's attention to sthg** richiamare l'attenzione di qn su qc. ◇ *vi* - 1. [sketch] disegnare - 2. [move]: **to draw near** avvicinarsi; **to draw away** allontanarsi - 3. UK SPORT pareggiare; **to draw with sb** pareggiare con qn. ◇ *n* - 1. *esp* UK SPORT pareggio *m* - 2. [lottery] lotteria *f* - 3. [attraction] attrazione *f*. ◆ **draw out** *vt sep* - 1. [encourage] far uscire dal guscio - 2. [prolong] prolungare - 3. [withdraw] prelevare. ◆ **draw up** ◇ *vt sep* preparare la bozza di. ◇ *vi* fermarsi.

drawback ['drɔːbæk] *n* inconveniente *m*.

drawbridge ['drɔːbrɪdʒ] *n* ponte *m* levatoio.

drawer [drɔːr] *n* cassetto *m*.

drawing ['drɔːɪŋ] *n* - 1. [picture] disegno *m* - 2. (*U*) [skill, act]: **he loves drawing** gli piace molto disegnare.

drawing pin *n* UK puntina *f* da disegno.

drawing room *n* salotto *m*.

drawl [drɔːl] ◇ *n* cadenza *f* strascicata. ◇ *vi* strascicare le parole.

drawn [drɔːn] *pp* ▷ **draw**.

dread [dred] ◇ *n* terrore *m*. ◇ *vt* aver terrore di; **to dread doing sthg** aver terrore di fare qc.

dreadful ['dredfʊl] *adj* - 1. [terrible] terribile - 2. [unpleasant] orrendo(a) - 3. [ill]: **I feel dreadful** mi sento malissimo - 4. [embarrassed]: **to feel dreadful about sthg/doing sthg** sentirsi malissimo al pensiero di qc/di fare qc - 5. [poor] penoso(a) - 6. [for emphasis] spaventoso(a).

dreadfully ['dredfʊlɪ] *adv* - 1. [badly] malissimo - 2. [extremely] incredibilmente.

dream [driːm] (*pt* & *pp* -ed OR dreamt) ◇ *n* sogno *m*; **to have a dream** sognare; **I had a bad dream** ho fatto un brutto sogno. ◇ *adj* [holiday, car] da sogno; **my dream job/house** il lavoro/la casa dei miei sogni. ◇ *vt* & *vi*: **to dream (that)** sognare che; **to dream (about sthg)** sognare (qc); **to dream of sthg/of doing sthg** sognare qc/di fare qc; **I wouldn't dream of it** *fig* non ci penso neppure lontanamente. ◆ **dream up** *vt sep* inventare.

dreamt [dremt] *pt* & *pp* ▷ **dream**.

dreamy ['driːmɪ] *adj* - 1. [distracted] sognante - 2. [languorous] struggente.

dreary ['drɪǝrɪ] *adj* - 1. [gloomy, depressing] uggioso(a) - 2. [dull, boring] monotono(a).

dredge [dredʒ] *vt* dragare. ◆ **dredge up** *vt sep* - 1. [with dredger] riportare in superficie - 2. *fig* [past, scandals] rivangare.

dregs [dregz] *npl* - 1. [of coffee] fondi *mpl*; [of tea] deposito *m* - 2. *fig* [of society] feccia *f*.

drench [drentʃ] *vt* infradiciare; **to be drenched in** OR **with sthg** essere madido(a) di qc.

dress [dres] ◇ *n* - 1. [frock] abito *m* - 2. [type of clothing] costume *m* - 3. *(U)* [clothe] vestire; **to be dressed (in)** essere vestito(a) (di); **to get dressed** vestirsi - 2. [bandage] fasciare - 3. CULIN condire. ◇ *vi* vestirsi. ◆ **dress up** *vi* - 1. [in costume] travestirsi - 2. [in best clothes] vestirsi elegante.

dress circle *n* THEAT prima galleria *f*.

dresser ['dresər] n - 1. UK [for dishes] credenza f - 2. US [chest of drawers] toilette f inv - 3. THEAT costumista mf.

dressing ['dresɪŋ] n - 1. [bandage] fasciatura f - 2. [for salad] condimento m (per l'insalata) - 3. US [for turkey etc] ripieno m.

dressing gown n vestaglia f.

dressing room n - 1. SPORT spogliatoio m - 2. THEAT camerino m.

dressing table n toilette f inv.

dressmaker ['dres,meɪkər] n sarta f.

dress rehearsal n prova f generale.

dressy ['dresɪ] adj elegante.

drew [druː] pt ⊳ **draw**.

dribble ['drɪbl] ⟨⟩ n - 1. (U) [saliva] bava f - 2. [trickle] filo m. ⟨⟩ vt SPORT dribblare. ⟨⟩ vi - 1. [drool] sbavare - 2. [spill] sgocciolare.

dried [draɪd] ⟨⟩ pt & pp ⊳ **dry**. ⟨⟩ adj [food, flowers] secco(a); [milk, eggs] in polvere.

drier ['draɪər] n = **dryer**.

drift [drɪft] ⟨⟩ n - 1. [of current] moto m; [of people] flusso m; **a drift back to sthg** un lento ritorno a qc; **continental drift** deriva f dei continenti - 2. [of snow, leaves, sand] cumulo m - 3. inf [meaning] senso m. ⟨⟩ vi - 1. [boat] andare alla deriva - 2. [snow, sand, leaves] accumularsi.

drill [drɪl] ⟨⟩ n - 1. [for wood, metal, dentist's] trapano m; [in oilfield] trivella f; [in mine, quarry] perforatrice f - 2. [exercise, training] esercitazione f. ⟨⟩ vt - 1. [metal, wood, tooth] trapanare; [oil well] trivellare - 2. [instruct] addestrare. ⟨⟩ vi trapanare.

drink [drɪŋk] (pt drank, pp drunk) ⟨⟩ n - 1. [non-alcoholic beverage] bibita f; **a drink of water** un sorso d'acqua - 2. [alcoholic beverage] bevanda f alcolica; **to have a drink** andare a bere qualcosa - 3. (U) [alcohol] alcolici mpl; **to smell of drink** puzzare d'alcol. ⟨⟩ vt bere. ⟨⟩ vi - 1. [take non-alcoholic liquid] bere - 2. [take alcohol] bere (alcolici).

drink-driving UK, **drunk-driving** esp US n (U) guida f in stato di ebbrezza.

drinker ['drɪŋkər] n bevitore m, -trice f.

drinking ['drɪŋkɪŋ] n (U): **drinking is one of his vices** l'alcol è uno dei suoi vizi; **to go drinking with sb** andare a bere con qn.

drinking water n acqua f potabile.

drip [drɪp] ⟨⟩ n - 1. [drop] goccia f - 2. MED flebo f inv. ⟨⟩ vi - 1. [liquid] sgocciolare - 2. [tap, nose] gocciolare.

drip-dry adj: **drip-dry shirt** camicia che non si stira.

drive [draɪv] (pt drove, pp driven) ⟨⟩ n - 1. [journey] giro m in macchina; **it's a 60 km drive** è a 60 km da qui; **an hour's drive** un'ora

di macchina - 2. [urge] impulso m - 3. [campaign] campagna f - 4. (U) [energy] grinta f - 5. [road to house] vialetto m d'accesso (ad una casa) - 6. SPORT & COMPUT drive m inv - 7. US AUT [in automatic car] trasmissione f avanti. ⟨⟩ vt - 1. [gen] spingere; **to drive sb to sthg/to do sthg** spingere qn a qc/a fare qc; **to drive sb mad OR crazy** far impazzire qn - 2. [vehicle] guidare; [passenger] portare - 3. TECH azionare - 4. [hammer] conficcare a martellate. ⟨⟩ vi - 1. [be driver] guidare - 2. [travel by car] andare in macchina.

drivel ['drɪvl] n (U) inf scemenze fpl.

driven ['drɪvn] pp ⊳ **drive**.

driver ['draɪvər] n [of vehicle] conducente mf.

driver's license n US = **driving licence**.

driveway ['draɪvweɪ] n vialetto m d'accesso (ad una casa).

driving ['draɪvɪŋ] ⟨⟩ adj [rain] torrenziale; [wind] impetuoso(a). ⟨⟩ n (U) guida f; **driving is a great pleasure to him** guidare gli piace molto.

driving instructor n istruttore m, -trice f di guida.

driving lesson n lezione f di guida.

driving licence UK, **driver's license** US n patente f di guida.

driving school n scuola f guida (inv).

driving test n esame m per la patente di guida.

drizzle ['drɪzl] ⟨⟩ n pioggerella f. ⟨⟩ impers vb piovigginare.

drone [drəʊn] n - 1. [of plane] rombo m; [of insect] ronzio m - 2. [male bee] fuco m.

drool [druːl] vi - 1. [dribble] sbavare - 2. fig [admire]: **to drool over sb/sthg** sbavare per qn/qc.

droop [druːp] vi [head] penzolare; [shoulders] curvarsi; [flower] avvizzire; [eyelids] chiudersi.

drop [drɒp] ⟨⟩ n - 1. [of water, blood, rain] goccia f; [of coffee, whisky, milk] goccio m - 2. [sweet] caramella f - 3. [decrease] diminuzione f; **drop in sthg** [in price, salary] diminuzione di qc; [in temperature, demand] calo di qc - 4. [vertical distance]: **a sheer drop** uno strapiombo; **a 200 m drop** un dislivello di 200 m. ⟨⟩ vt - 1. [ball, glass, stitch] lasciar cadere; **let's drop the subject** cambiamo discorso - 2. [bomb] sganciare - 3. [decrease, lower] ridurre - 4. [voice] abbassare - 5. [abandon - course] abbandonare; [- charges] ritirare; [- lover] mollare - 6. [leave out] escludere - 7. [let out of car] far scendere - 8. [remark]: **to drop a hint** fare un'allusione - 9. [write]: **to drop sb a line OR note** scrivere due righe a qn.

◇ *vi* - **1.** [fall] cadere; **drop dead!** crepa!; **we walked until we dropped** abbiamo camminato fino a crollare dalla stanchezza - **2.** [ground, seabed] scendere a strapiombo - **3.** [decrease] diminuire - **4.** [voice] abbassarsi. ◆ **drops** *npl* MED gocce *fpl*. ◆ **drop in** *vi inf* passare; **to drop in on sb** passare da qn. ◆ **drop off** ◇ *vt sep* [person] lasciare; [package] portare. ◇ *vi* - **1.** [fall asleep] addormentarsi - **2.** [grow less] diminuire. ◆ **drop out** [withdraw] ritirarsi; **to drop out of** OR **from sthg** [school] ritirarsi da qc; [society] emarginarsi da qc.

dropout ['drɒpaʊt] *n* - **1.** [from society] emarginato(a) - **2.** [from university] studente *m*, -essa *f* che ha abbandonato gli studi.

droppings ['drɒpɪŋz] *npl* escrementi *mpl*.

drought [draʊt] *n* siccità *f*.

drove [drəʊv] *pt* ⫐ **drive**.

drown [draʊn] ◇ *vt* [animal] annegare; [person] far annegare. ◇ *vi* annegare.

drowsy ['draʊzɪ] *adj* [person] insonnolito(a); **this drug may make you drowsy** questo farmaco può indurre sonnolenza.

drudgery ['drʌdʒərɪ] *n* (U) sgobbata *f*.

drug [drʌg] ◇ *n* - **1.** [medication] medicinale *m* - **2.** [illegal substance] droga *f*. ◇ *vt* drogare.

drug abuse *n* (U) abuso *m* di stupefacenti.

drug addict *n* drogato *m*, -a *f*.

druggist ['drʌgɪst] *n* US farmacista *mf*.

drugstore ['drʌgstɔːr] *n* US drugstore *m inv*.

drug trade *n* narcotraffico *m*.

drum [drʌm] ◇ *n* - **1.** [instrument] tamburo *m* - **2.** [container, cylinder] bidone *m*. ◇ *vt* [fingers]: **to drum one's fingers** tamburellare con le dita. ◇ *vi* - **1.** [on drums] suonare il tamburo - **2.** [rain, fingers] tamburellare. ◆ **drums** *npl* batteria *f (sing)*. ◆ **drum up** *vt sep* procurarsi.

drummer ['drʌmər] *n* batterista *mf*.

drumstick ['drʌmstɪk] *n* - **1.** [for drum] bacchetta *f* - **2.** [food] coscia *f*.

drunk [drʌŋk] ◇ *pp* ⫐ **drink**. ◇ *adj* [on alcohol] ubriaco(a); **to get drunk** ubriacarsi. ◇ *n* ubriacone *m*, -a *f*.

drunkard ['drʌŋkəd] *n* ubriacone *m*, -a *f*.

drunk-driving *n esp US* = **drink-driving**.

drunken ['drʌŋkn] *adj* [person] ubriaco(a); [talk, steps] da ubriachi.

dry [draɪ] ◇ *adj* - **1.** [gen] secco(a) - **2.** [paint, clothing] asciutto(a) - **3.** [river, lake, well] prosciugato(a); [earth, soil] arido(a) - **4.** [sense of humour] cinico(a). ◇ *vt* asciugare; **to dry o. s.** asciugarsi. ◇ *vi* asciugarsi. ◆ **dry up**

◇ *vt sep* [dishes] asciugare. ◇ *vi* - **1.** [river, lake, well] prosciugarsi - **2.** [supplies, inspiration] esaurirsi - **3.** [actor, speaker] impaperarsi - **4.** [dry dishes] asciugare i piatti.

dry cleaner's *n* tintoria *f*.

dryer, drier ['draɪər] *n* asciugabiancheria *m inv*.

dry land *n* terraferma *f*.

dry rot *n* (U) muffa *f* del legno.

dry ski slope *n* pista *f* artificiale.

DSS (*abbr of* Department of Social Security) *n in Gran Bretagna,* ufficio governativo preposto all'assistenza sociale.

DTI (*abbr of* Department of Trade and Industry) *n* ministero britannico per l'industria e il commercio.

DTP (*abbr of* desktop publishing) *n* DTP *m*.

dual ['dju:əl] *adj* doppio(a).

dual carriageway *n* UK strada *f* a due carreggiate.

dual-purpose *adj* a doppio uso.

Dubai [ˌduː'baɪ] *n* Dubai *f*.

dubbed [dʌbd] *adj* - **1.** CIN doppiato(a) - **2.** [nicknamed] detto(a).

dubious ['dju:bjəs] *adj* - **1.** [suspect, questionable] sospetto(a) - **2.** [uncertain, undecided]: **to be dubious about doing sthg** essere in dubbio sul fare qc.

Dublin ['dʌblɪn] *n* Dublino *f*.

duchess ['dʌtʃɪs] *n* duchessa *f*.

duck [dʌk] ◇ *n* [bird] anatra *f*. ◇ *vt* - **1.** [lower] abbassare - **2.** [try to avoid] evitare. ◇ *vi* [lower head] abbassare la testa.

duckling ['dʌklɪŋ] *n* anatroccolo *m*.

duct [dʌkt] *n* - **1.** [pipe] tubatura *f* - **2.** ANAT canale *m*.

dud [dʌd] *adj* - **1.** [coin, note] falso(a); [cheque] a vuoto - **2.** [machine, video] scassato(a) - **3.** [bomb, shell, bullet] inesploso(a).

dude [dju:d] *n US inf* [man] tipo *m*.

due [dju:] ◇ *adj* - **1.** [expected] previsto(a); **the book's due out in May** il libro dovrebbe uscire a maggio - **2.** [proper] dovuto(a); **with all due respect** con il dovuto rispetto; **in due course** a tempo debito - **3.** [owed, owing]: **to be due** [rent] scadere; **she's due a pay rise** le spetta un aumento di stipendio. ◇ *n* [deserts]: **to give him his due,...** bisogna dargliene atto,... ◇ *adv*: **due north/south** etc diretto(a) a nord/sud etc. ◆ **dues** *npl* quota *f* associativa. ◆ **due to** *prep* [owing to] dovuto(a) a; [because of] a causa di.

duel ['dju:əl] *n* duello *m*.

duet [dju:'et] *n* duetto *m*.

dye

duffel bag ['dʌfl bæg] n sacca f da marinaio.

duffel coat ['dʌfl kəʊt] n montgomery m
inv.

dug [dʌg] pt & pp ⊳ **dig**.

duke [dju:k] n duca m.

dull [dʌl] ⇔ adj - 1. [boring] noioso(a)
- 2. [colour, light] spento(a) - 3. [day, weather]
uggioso(a) - 4. [noise, ache] sordo(a). ⇔ vt
- 1. [memory] offuscare; [pain] alleviare
- 2. [make less bright] opacizzare.

duly ['dju:lɪ] adv - 1. [properly] debitamente
- 2. [as expected] come previsto.

dumb [dʌm] adj - 1. offens [unable to speak]
muto(a) - 2. esp US inf [stupid] stupido(a).

dumbfound [dʌm'faʊnd] vt sbalordire; to
be dumbfounded essere sbalordito(a).

dummy ['dʌmɪ] ⇔ adj [fake] finto(a). ⇔ n
- 1. [model of human figure] manichino m
- 2. [copy, fake object] facsimile m - 3. UK [for
baby] ciuccio m - 4. SPORT finta f.

dump [dʌmp] ⇔ n - 1. [for rubbish] discarica f - 2. [for ammunition] deposito m munizioni. ⇔ vt - 1. COMPUT scaricare - 2. [dispose of
- rubbish] gettar via; [- old car] abbandonare
- 3. inf [jilt] mollare.

dumper (truck) ['dʌmpə-] UK, **dump
truck** US n camion m inv con cassone ribal-
tabile.

dumping ['dʌmpɪŋ] n (U) scarico m; 'no
dumping' 'divieto di discarica'.

dumpling ['dʌmplɪŋ] n CULIN specie di gnoc-
co bollito che viene servito con stufati e verdure.

dump truck n US = **dumper (truck)**.

dumpy ['dʌmpɪ] adj inf tarchiato(a).

dunce [dʌns] n [stupid person] somaro m, -a f.

dune [dju:n] n duna f.

dung [dʌŋ] n (U) sterco m.

dungarees [ˌdʌŋgə'ri:z] npl UK salopette f
inv.

dungeon ['dʌndʒən] n prigione f sotterra-
nea.

duo ['dju:əʊ] n - 1. MUS & THEAT duo m inv
- 2. [couple] coppia f.

duplex ['dju:pleks] n - 1. [apartment] appartamento m su due piani - 2. US [house] casa f
bifamiliare.

duplicate ⇔ adj ['dju:plɪkət]: a duplicate
document una copia del documento; a duplicate key un doppione della chiave. ⇔ n
['dju:plɪkət] copia f; in duplicate in duplice
copia. ⇔ vt ['dju:plɪkeɪt] [copy] copiare.

durable ['djʊərəbl] adj resistente.

duration [djʊ'reɪʃn] n (U) durata f; for the
duration of per la durata di.

duress [djʊ'res] n (U) fml: under duress sotto coercizione.

during ['djʊərɪŋ] prep - 1. [all through] durante - 2. [at some point in] nel corso di.

dusk [dʌsk] n (U) crepuscolo m.

dust [dʌst] ⇔ n (U) polvere f. ⇔ vt
- 1. [clean] spolverare - 2. [sprinkle]: to dust sthg
with sthg spolverizzare qc di qc.

dustbin ['dʌstbɪn] n UK pattumiera f.

dustcart ['dʌstkɑ:t] n UK camion m inv della
nettezza urbana.

duster ['dʌstər] n [cloth] straccio m per spolverare.

dust jacket n foderina f.

dustman ['dʌstmən] (pl -men) n UK nettur-
bino m.

dustpan ['dʌstpæn] n paletta f.

dusty ['dʌstɪ] adj impolverato(a).

Dutch [dʌtʃ] ⇔ adj olandese. ⇔ n [lan-
guage] olandese m. ⇔ npl: the Dutch gli
olandesi. ⇔ adv: to go Dutch fare alla romana.

dutiful ['dju:tɪfʊl] adj devoto(a).

duty ['dju:tɪ] n - 1. (U) [moral, legal responsib-
ility] dovere m; to do one's duty fare il proprio
dovere - 2. (U) [work] servizio m; to be on/
off duty [soldier] essere/non essere di servizio; [doctor] essere/non essere di guardia
- 3. [tax] tassa f; customs duty dazio m doganale. ◆ duties npl [tasks, part of job] compiti mpl.

duty-free ⇔ n [goods] articolo m duty free
(inv). ⇔ adj [whisky, cigarettes] duty free (inv).

duvet ['du:veɪ] n esp UK piumino m.

duvet cover n esp UK copripiumino m.

DVD (abbr of Digital Versatile Disk) n DVD m
inv.

DVD player n lettore m di DVD.

DVD recorder n registratore m DVD.

DVD ROM (abbr of Digital Versatile Disk
read only memory) n DVD ROM m inv.

dwarf [dwɔ:f] ⇔ n nano m, -a f. ⇔ vt
[tower over] far scomparire.

dwell [dwel] (pt & pp dwelt OR -ed) vi liter
[live] abitare. ◆ dwell on vt insep [past, prob-
lem] rimuginare su.

dwelling ['dwelɪŋ] n liter abitazione f.

dwelt [dwelt] pt & pp ⊳ **dwell**.

dwindle ['dwɪndl] vi diminuire.

DWP (abbr of Department for Work and Pensions) n ministero britannico per la previdenza sociale.

dye [daɪ] ⇔ n colorante m. ⇔ vt tingere.

dying ['daɪɪŋ] ⬦ *cont* ▷ **die**. ⬦ *adj* - **1.** [about to die] moribondo(a) - **2.** *fig* [declining] morente.

dyke [daɪk] *n* = **dike**.

dynamic [daɪ'næmɪk] *adj* [energetic] dinamico(a).

dynamite ['daɪnəmaɪt] *n* (U) - **1.** [explosive] dinamite *f* - **2.** *inf* [person, story, news] bomba *f* - **3.** *inf* [excellent thing] cannonata *f*.

dynamo ['daɪnəməʊ] (*pl* -s) *n* TECH dinamo *f inv*.

dynasty [*UK* 'dɪnəstɪ, *US* 'daɪnəstɪ] *n* dinastia *f*.

dyslexia [dɪs'leksɪə] *n* (U) dislessia *f*.

dyslexic [dɪs'leksɪk] *adj* dislessico(a).

e (*pl* **e's** *OR* **es**), **E** (*pl* **E's** *OR* **Es**) [iː] *n* [letter] e *m* o *f inv*, E *m* o *f inv*. ➤ **E** *n* - **1.** MUS mi *m inv* - **2.** (*abbr of east*) E - **3.** (*abbr of ecstasy*) ecstasy *f*.

each [iːtʃ] ⬦ *adj* [every] ogni, ciascuno(a). ⬦ *pron* [every one] ciascuno(a); **each of them/us** ciascuno di loro/noi; **each other** l'un(a) l'altro(a); **they love each other** si amano; **they've known each other for years** si conoscono da anni; **they kissed each other on the cheek** si sono dati un bacio sulla guancia.

eager ['iːgər] *adj* [keen, enthusiastic] appassionato(a); **to be eager for sthg** essere avido(a) di qc; **to be eager to do sthg** non vedere l'ora di fare qc.

eagle ['iːgl] *n* [bird] aquila *f*.

ear [ɪər] *n* - **1.** [of person, animal] orecchio *m*; **to play it by ear** *fig* decidere lì per lì - **2.** [of corn] spiga *f*.

earache ['ɪəreɪk] *n* mal *m* d'orecchi.

eardrum ['ɪədrʌm] *n* timpano *m*.

earl [ɜːl] *n* conte *m*.

earlier ['ɜːlɪə] ⬦ *adj* - **1.** [occasion] precedente - **2.: an earlier train/flight** un treno/un aereo che parte prima. ⬦ *adv* [previously] in precedenza; **earlier that day** quel giorno qualche ora prima; **earlier on** prima.

earliest ['ɜːlɪəst] ⬦ *adj* primo(a). ⬦ *adv*: **at the earliest** al più presto.

earlobe ['ɪələʊb] *n* lobo *m* dell'orecchio.

early ['ɜːlɪ] ⬦ *adj* - **1.** [before expected time] in anticipo - **2.** [in the morning]: **at an early hour** di buon'ora; **to have an early breakfast** far colazione presto; **to take the early train** prendere il treno del mattino presto; **to make an early start** iniziare presto - **3.** [film, chapter] primo(a); **in the early morning** di primo mattino; **in the early fifties** all'inizio degli anni cinquanta. ⬦ *adv* - **1.** [before expected time] in anticipo - **2.** [in the morning] presto - **3.** [of the beginning of a period of time]: **early in the year** all'inizio dell'anno; **as early as** già da; **early on** dall'inizio.

early closing day *n* giorno *m* di chiusura pomeridiana.

early retirement *n* prepensionamento *m*.

earmark ['ɪəmɑːk] *vt*: **to be earmarked for sthg** essere destinato(a) a qc.

earn [ɜːn] *vt* - **1.** [as salary] guadagnare - **2.** COMM fruttare - **3.** *fig* [respect, praise] guadagnarsi.

earnest ['ɜːnɪst] *adj* [serious, sincere] serio(a). ➤ **in earnest** ⬦ *adj* sul serio; **to be in earnest** dire sul serio. ⬦ *adv*: **to begin in earnest** cominciare per davvero.

earnings ['ɜːnɪŋz] *npl* [of person] guadagni *mpl*; [of business] utili *mpl*.

earphones ['ɪəfəʊnz] *npl* cuffie *fpl*.

earpiece ['ɪəpiːs] *n* auricolare *m*.

earplugs ['ɪəplʌgz] *npl* tappi *mpl* per le orecchie.

earring ['ɪərɪŋ] *n* orecchino *m*.

earshot ['ɪəʃɒt] *n*: **within/out of earshot** a portata/non a portata di voce.

earth [ɜːθ] ⬦ *n* - **1.** [gen] terra *f*; **how/what/where/why on earth...?** come/cosa/dove/perché diavolo...?; **to cost the earth** *UK* costare un occhio della testa - **2.** *UK* [in electric plug, appliance] terra *f*. ⬦ *vt UK*: **to be earthed** avere la messa a terra.

earthenware ['ɜːθnweər] *n* (U) vasellame *m* di terracotta.

earthquake ['ɜːθkweɪk] *n* terremoto *m*.

earthy ['ɜːθɪ] *adj* - **1.** [humour, person] grossolano(a) - **2.** [taste, smell] di terra.

ease [iːz] ⬦ *n* (U) - **1.** [lack of difficulty] facilità *f*; **to do sthg with ease** fare qc con facilità - **2.** [comfort] comodità *f*; **at ease** a proprio agio; **ill at ease** a disagio. ⬦ *vt* - **1.** [make less severe - pain] alleviare; [- restrictions, problem] ridurre - **2.** [move carefully]: **to ease sthg in/out** far entrare/far uscire qc con cautela; **to ease o.s. out of sthg** sollevarsi da qc con cautela; **to ease o.s. into sthg** entrare con cautela in qc. ⬦ *vi* [become less severe] diminuire.

ease off *vi* diminuire. **ease up** *vi* - 1. [rain] diminuire - 2. [relax] prendersela con calma.

easel ['i:zl] *n* cavalletto *m*.

easily ['i:zɪlɪ] *adv* - 1. [without difficulty] facilmente - 2. [undoubtedly] senza dubbio - 3. [in a relaxed manner] con disinvoltura.

east [i:st] ◇ *adj* - 1. [in the east] est; [facing the east] orientale; **east London** la zona est di Londra - 2. [from the east] dell'est. ◇ *adv* verso est; **east of** a est di. ◇ *n* - 1. [direction] est *m* - 2. [region]: **the east** l'est. **East** *n*: **the East** [Asia] l'Oriente *m*; POL l'Est *m*.

East End *n*: **the East End** *i quartieri nella zona est di Londra*.

Easter ['i:stər] *n* Pasqua *f*.

Easter egg *n* uovo *m* di Pasqua.

easterly ['i:stəlɪ] *adj* - 1. [in the east] a est - 2. [towards the east] verso est - 3. [from the east] dell'est.

eastern ['i:stən] *adj* - 1. [part of country, continent] orientale - 2. [town, customs] dell'est. **Eastern** *adj* - 1. [from Asia] orientale - 2. [from Eastern Europe and the former USSR] dell'Europa orientale.

eastward ['i:stwəd] ◇ *adj* [direction] est. ◇ *adv* = **eastwards**.

eastwards ['i:stwədz] *adv* a est.

easy ['i:zɪ] ◇ *adj* - 1. [gen] facile - 2. [relaxed] disinvolto(a). ◇ *adv*: **to take it** OR **things easy** *inf* prendere le cose con calma.

easy chair *n* poltrona *f*.

easygoing [,i:zɪ'gəʊɪŋ] *adj* [person] accomodante; [manner] tollerante.

eat [i:t] (*pt* ate, *pp* eaten) *vt & vi* mangiare. **eat away**, **eat into** *vt sep* - 1. [corrode] corrodere - 2. [deplete] intaccare.

eaten ['i:tn] *pp* ⊳ **eat**.

eaves ['i:vz] *npl* [of house] gronda *f*.

eavesdrop ['i:vzdrɒp] *vi* origliare; **to eavesdrop on sb** ascoltare di nascosto qn.

ebb [eb] ◇ *n* riflusso *m*. ◇ *vi* [tide] rifluire; [sea] ritirarsi.

ebony ['ebənɪ] ◇ *adj liter* [colour] d'ebano. ◇ *n (U)* [wood] ebano *m*.

e-business *n* - 1. [company] azienda *f* che opera in Internet - 2. [electronic commerce] e-business *m*.

e-cash ['i:-] *n* COMPUT denaro *m* elettronico.

ECB (*abbr of* European Central Bank) *n* BCE *f*.

eccentric [ɪk'sentrɪk] ◇ *adj* eccentrico(a). ◇ *n* eccentrico *m*, -a *f*.

echo ['ekəʊ] (*pl* -es) ◇ *n* - 1. [sound] eco *m* o *f* - 2. [reminder] reminiscenza *f*. ◇ *vt* [repeat - words] ripetere; [- opinion] riferire. ◇ *vi* echeggiare.

eclipse [ɪ'klɪps] ◇ *n* - 1. [of sun, moon] eclissi *f inv* - 2. *fig* [decline] declino *m*. ◇ *vt fig* [overshadow] eclissare.

eco-friendly [,i:kəʊ-] *adj* [washing powder, tourism] ecologico(a).

ecological [,i:kə'lɒdʒɪkl] *adj* [balance] ecologico(a); [impact] ambientale; [damage] all'ambiente; [group, movement] di ecologisti.

ecology [ɪ'kɒlədʒɪ] *n (U)* - 1. [study of environment] ecologia *f* - 2. [balance of environment] equilibrio *m* ambientale.

e-commerce [,i:-] *n* e-commerce *m*.

economic [,i:kə'nɒmɪk] *adj* - 1. [growth, system, policy] economico(a) - 2. [business] redditizio(a).

economical [,i:kə'nɒmɪkl] *adj* - 1. [product, machine] economico(a); [method] vantaggioso(a) - 2. [person] parsimonioso(a).

Economic and Monetary Union *n* Unione *f* Economica e Monetaria.

economics [,i:kə'nɒmɪks] ◇ *n (U)* [study] economia *f*. ◇ *npl* [of plan, business, trade] aspetto *m* economico.

economize, -ise UK [ɪ'kɒnəmaɪz] *vi* economizzare; **to economize on sthg** economizzare su qc.

economy [ɪ'kɒnəmɪ] *n* - 1. [system] economia *f* - 2. [saving] risparmio *m*; **economies of scale** economie di scala.

economy class *n* classe *f* turistica.

ecotourism [,i:kəʊ'tʊərɪzm] *n* ecoturismo *m*.

ecstasy ['ekstəsɪ] *n* - 1. *(U)* [great happiness] estasi *f* - 2. [drug] ecstasy *f*.

ecstatic [ek'stætɪk] *adj* estatico(a).

eczema [ɪg'zi:mə] *n (U)* eczema *m*.

edge [edʒ] ◇ *n* - 1. [of cliff] orlo *m*; [of table, coin] bordo *m*; [of blade] filo *m*; [of book, forest] margine *m*; **to be on the edge of sthg** [disaster, madness] essere sull'orlo di qc - 2. [advantage]: **to have an edge over sb/sth, to have the edge on sb/sthg** essere in vantaggio rispetto a qn/qc. ◇ *vi* avanzare lentamente. **on edge** *adj* teso(a).

edgeways ['edʒweɪz], **edgewise** ['edʒwaɪz] *adv* di fianco.

edgy ['edʒɪ] *adj* teso(a).

edible ['edɪbl] *adj* commestibile.

edict ['i:dɪkt] *n* editto *m*.

Edinburgh ['edɪnbrə] *n* Edimburgo *f*.

edit ['edɪt] *vt* - **1.** [correct] correggere - **2.** RADIO & TV realizzare; CIN montare - **3.** [newspaper, magazine] dirigere - **4.** COMPUT fare l'editing di.

edition [ɪ'dɪʃn] *n* edizione *f*.

editor ['edɪtə^r] *n* - **1.** [in charge of newspaper, magazine] direttore *m*, -trice *f* - **2.** [of section of newspaper, programme] caporedattore *m*, -trice *f* - **3.** RADIO & TV [copy editor] redattore *m*, -trice *f* - **4.** CIN montatore *m*, -trice *f* - **5.** COMPUT editor *m inv*.

editorial [,edɪ'tɔ:rɪəl] <> *adj* [content, policy] editoriale; [style] della redazione; **editorial staff/department** redazione *f*; **editorial manager** caporedattore *m*, -trice *f*. <> *n* editoriale *m*.

educate ['edʒʊkeɪt] *vt* - **1.** SCH & UNIV istruire - **2.** [inform] informare.

education [,edʒʊ'keɪʃn] *n (U)* - **1.** [activity, sector] istruzione *f* - **2.** [result of teaching] cultura *f*.

educational [,edʒʊ'keɪʃənl] *adj* - **1.** [establishment] educativo(a); [policy] in materia d'istruzione; [experience] istruttivo(a); **what's her educational background?** che livello di istruzione ha? - **2.** [toy] pedagogico(a).

eel [i:l] *n* anguilla *f*.

eerie ['ɪərɪ] *adj* sinistro(a).

efface [ɪ'feɪs] *vt* cancellare.

effect [ɪ'fekt] <> *n* [in film] [gen] effetto *m*; **to have an effect on sb/sthg** fare effetto su qn/qc; **to take effect** [law, rule] entrare in vigore; [drug] fare effetto; **to put sthg into effect** [policy] mettere in atto qc; [law, rule] applicare qc; **he just did it for effect** l'ha fatto solo per far colpo. <> *vt* [comeback, repairs, recovery] effettuare; [change] operare; [reconciliation] portare a. ◆ **effects** *npl* - **1.: (special) effects** effetti *mpl* speciali - **2.** [property] effetti *mpl* personali. ◆ **in effect** *adv* effettivamente.

effective [ɪ'fektɪv] *adj* - **1.** [successful] efficace - **2.** [actual, real] effettivo(a) - **3.** [in operation] in vigore.

effectively [ɪ'fektɪvlɪ] *adv* - **1.** [well, successfully] efficacemente - **2.** [in fact] in effetti.

effectiveness [ɪ'fektɪvnɪs] *n (U)* efficacia *f*.

effeminate [ɪ'femɪnət] *adj pej* effemminato(a).

effervescent [,efə'vesənt] *adj* effervescente.

efficiency [ɪ'fɪʃənsɪ] *n (U)* efficienza *f*.

efficient [ɪ'fɪʃənt] *adj* efficiente.

effluent ['efluənt] *n* effluente *m*.

effort ['efət] *n* - **1.** *(U)* [physical or mental exertion] sforzo *m*; **to be worth the effort** valere la pena; **to make the effort to do sthg** sfor-zarsi di fare qc; **with effort** a fatica - **2.** [attempt] tentativo *m*; **your test was a very poor effort** il tuo compito non è un buon lavoro; **to make an/no effort to do sthg** fare/non fare il tentativo di fare qc.

effortless ['efətlɪs] *adj* facile.

effusive [ɪ'fju:sɪv] *adj* [person] espansivo(a); [welcome] caloroso(a).

e.g. *(abbr of exempli gratia) adv* es.

egg [eg] *n* - **1.** [of bird, reptile] uovo *m* - **2.** [of woman] ovulo *m*. ◆ **egg on** *vt sep* incitare.

eggcup ['egkʌp] *n* portauovo *m inv*.

eggplant ['egplɑ:nt] *n US* melanzana *f*.

eggshell ['egʃel] *n* guscio *m* d'uovo.

egg white *n* albume *m*.

egg yolk [-jəʊk] *n* tuorlo *m*.

ego ['i:gəʊ] *(pl* -s*) n* ego *m inv*.

egoism ['i:gəʊɪzm] *n (U)* egoismo *m*.

egoistic [,i:gəʊ'ɪstɪk] *adj* [person] egoista; [behaviour] da egoista.

egotistic(al) [,i:gə'tɪstɪk(l)] *adj* [person] egotista; [behaviour] da egotista.

Egypt ['i:dʒɪpt] *n* Egitto *m*.

Egyptian [ɪ'dʒɪpʃn] <> *adj* egiziano(a). <> *n* egiziano *m*, -a *f*.

eiderdown ['aɪdədaʊn] *n esp UK* [bed cover] trapunta *f*.

eight [eɪt] *num* otto, *see also* **six**.

eighteen [,eɪ'ti:n] *num* diciotto, *see also* **six**.

eighth [eɪtθ] *num* ottavo(a), *see also* **sixth**.

eighty ['eɪtɪ] *num* ottanta, *see also* **sixty**.

Eire ['eərə] *n* Eire *f*.

either [*esp UK* 'aɪðə^r, *esp US* 'i:ðə^r] <> *adj* - **1.** [one or the other] l'uno(a) o l'altro(a); **she couldn't find either sweater** non riusciva a trovare nessuno dei due maglioni; **either way** in ogni caso - **2.** [each] tutti(e) e due, entrambi(e); **on either side** su tutti e due i lati. <> *pron*: **either (of them)** l'uno(a) o l'altro(a); **I don't like either (of them)** non mi piace nessuno dei due. <> *adv (in negatives)* nemmeno; **he can't speak French and I can't either** non parla francese e nemmeno io. <> *conj*: **either... or...** o... o...; *[after a negative]* né... né...; **either he leaves or I do** o va via lui o vado via io; **I don't like either him or his wife** non mi piacciono né lui né la moglie.

eject [ɪ'dʒekt] *vt* [object, person] buttar fuori; **to eject sb from a club** espellere qn da un club.

eke ◆ **eke out** *vt sep* far durare.

elaborate [ɪ'læbrət, ɪ'læbəreɪt] <> *adj* [ɪ'læbrət] elaborato(a). <> *vi* [ɪ'læbəreɪt]: **to elaborate (on sthg)** fornire dettagli (su qc).

elapse [ɪ'læps] *vi* trascorrere.

elastic [ɪ'læstɪk] <> *adj* elastico(a). <> *n* (U) elastico *m*.

elasticated [ɪ'læstɪkeɪtɪd] *adj UK* elastico(a).

elastic band *n UK* elastico *m*.

elated [ɪ'leɪtɪd] *adj* esultante.

elbow ['elbəʊ] *n* gomito *m*.

elder [ɪ'lekt] <> *adj* [older] maggiore. <> *n* - 1. [older person] anziano *m*, -a *f*; **the elders of the tribe** gli anziani della tribù - 2. BOT: **elder (tree)** sambuco *m*.

elderly ['eldəlɪ] <> *adj* [person] anziano(a); [car] vecchio(a). <> *npl*: **the elderly** gli anziani.

eldest ['eldɪst] *adj* [oldest] maggiore; **his eldest brother** il maggiore dei suoi fratelli.

elect [ɪ'lekt] <> *adj* designato(a). <> *vt* - 1. [by voting] eleggere; **to elect sb (as) sthg** eleggere qn qc - 2. *fml* [choose]: **to elect to do sthg** decidere di fare qc.

election [ɪ'lekʃn] *n* elezione *f*; **to have** OR **hold an election** indire un'elezione.

elector [ɪ'lektər] *n* elettore *m*, -trice *f*.

electorate [ɪ'lektərət] *n* elettorato *m*.

electric [ɪ'lektrɪk] *adj lit* & *fig* elettrico(a). ◆ **electrics** *npl UK inf* [in car, machine] impianto *m* elettrico.

electrical [ɪ'lektrɪkl] *adj* elettrico(a).

electric blanket *n* termocoperta *f*.

electric chair *n*: **the electric chair** la sedia elettrica.

electric cooker *n UK* cucina *f* elettrica.

electric fire *n UK* stufa *f* elettrica.

electrician [ˌɪlek'trɪʃn] *n* elettricista *mf*.

electricity [ˌɪlek'trɪsətɪ] *n* elettricità *f*.

electric shock *n* scossa *f* (elettrica).

electrify [ɪ'lektrɪfaɪ] *vt* - 1. *lit* elettrificare - 2. *fig* elettrizzare.

electrocute [ɪ'lektrəkjuːt] *vt*: **to electrocute o.s.** prendere la scossa; **to be electrocuted** [by accident] rimanere folgorato(a); [as official punishment] essere giustiziato(a) sulla sedia elettrica.

electrolysis [ˌɪlek'trɒləsɪs] *n* (U) [hair removal] depilazione *f* con l'elettrolisi.

electron [ɪ'lektrɒn] *n* elettrone *m*.

electronic [ˌɪlek'trɒnɪk] *adj* elettronico(a). ◆ **electronics** <> *n* (U) elettronica *f*. <> *npl* equipaggiamento *m* elettronico.

electronic banking *n* banca *f* online (*inv*).

electronic data processing *n* (U) elaborazione *f* dati elettronica.

electronic organizer *n* agenda *f* elettronica.

elegant ['elɪgənt] *adj* - 1. [stylish, beautiful] elegante - 2. [clever, neat] raffinato(a).

element ['elɪmənt] *n* - 1. [gen] elemento *m* - 2. [in heater, kettle] resistenza *f*. ◆ **elements** *npl* - 1. [basics] nozioni *fpl* - 2. [weather]: **the elements** gli elementi.

elementary [ˌelɪ'mentərɪ] *adj* elementare.

elementary school *n US* scuola *f* elementare.

elephant ['elɪfənt] (*pl* **elephant** OR **-s**) *n* elefante *m*, -essa *f*.

elevate ['elɪveɪt] *vt* - 1. [give importance to, promote]: **to elevate sb/sthg (in)to sthg** elevare qn/qc al rango di qc - 2. [raise physically] sollevare.

elevator ['elɪveɪtər] *n US* ascensore *m*.

eleven [ɪ'levn] *num* undici, *see also* **six**.

eleventh [ɪ'levnθ] *num* undicesimo(a), *see also* **sixth**.

elicit [ɪ'lɪsɪt] *vt fml*: **to elicit sthg from sb** [reaction] suscitare qc in qn; [response, information] ottenere qc da qn.

eligible ['elɪdʒəbl] *adj* [suitable, qualified] idoneo(a); **to be eligible for sthg/to do sthg** avere diritto a qc/a fare qc.

eliminate [ɪ'lɪmɪneɪt] *vt* - 1. [gen] eliminare; **to eliminate sb/sthg (from)** [disease, hunger, poverty] eliminare qn/qc (da) - 2. [in sport, competition]: **to be eliminated from sthg** essere eliminato(a) da qc.

elite [ɪ'liːt] <> *adj* d'elite. <> *n* elite *f inv*.

elitist [ɪ'liːtɪst] *pej* <> *adj* elitario(a). <> *n* elitista *mf*.

elk [elk] (*pl* **elk** OR **-s**) *n* alce *m*.

elm [elm] *n*: **elm (tree)** olmo *m*.

elongated ['iːlɒŋgeɪtɪd] *adj* allungato(a).

elope [ɪ'ləʊp] *vi*: **to elope (with sb)** fare una fuga d'amore (con qn).

eloquent ['eləkwənt] *adj* eloquente.

else [els] *adv*: **anything else?** altro?; **he doesn't need anything else** non ha bisogno d'altro; **everyone else** tutti gli altri; **nothing else** nient'altro; **someone else** qualcun altro; **something else** qualcos'altro; **somewhere else** da un'altra parte; **who/what else?** chi/cos'altro?; **where else?** in quale altro posto? ◆ **or else** *conj* [or if not] altrimenti.

elsewhere [els'weər] *adv* altrove.

elude [ɪ'luːd] *vt* sfuggire a.

elusive [ɪ'luːsɪv] *adj* [quality] indefinibile; [success] irraggiungibile; [person] inafferrabile.

emaciated [ɪ'meɪsɪeɪtɪd] *adj* emaciato(a).

e-mail ⟺ *n* e-mail *f inv.* ⟺ *vt* [person] inviare un'e-mail a; [details] inviare per e-mail; **to e-mail sb sthg, to e-mail sthg to sb** inviare qc a qn per e-mail.

e-mail address *n* indirizzo *m* e-mail *(inv).*

emanate ['eməneɪt] *fml vi*: **to emanate from** emanare da.

emancipate [ɪ'mænsɪpeɪt] *vt*: **to emancipate sb (from sthg)** emancipare qn (da qc).

embankment [ɪm'bæŋkmənt] *n* - 1. [along railway, road] massicciata *f* - 2. [along river] argine *m*.

embark [ɪm'bɑːk] *vi* - 1. [board ship]: **to embark (on)** imbarcarsi (su) - 2. [start]: **to embark (up)on sthg** [journey, career] intraprendere qc; [project] imbarcarsi in qc.

embarrass [ɪm'bærəs] *vt* [person] mettere in imbarazzo; [government] essere causa di imbarazzo per.

embarrassed [ɪm'bærəst] *adj* imbarazzato(a).

embarrassing [ɪm'bærəsɪŋ] *adj* imbarazzante.

embarrassment [ɪm'bærəsmənt] *n* - 1. *(U)* [feeling] imbarazzo *m* - 2. [embarrassing person] persona *f* imbarazzante; **to be an embarrassment** essere motivo d'imbarazzo.

embassy ['embəsɪ] *n* ambasciata *f*.

embedded [ɪm'bedɪd] *adj* - 1. [buried]: **embedded in sthg** piantato(a) in qc - 2. *fig* [ingrained] radicato(a).

embellish [ɪm'belɪʃ] *vt* - 1. [decorate]: **to embellish sthg with sthg** decorare qc con qc - 2. *fig* [add detail to] abbellire.

embers ['embəz] *npl* braci *fpl*.

embezzle [ɪm'bezl] *vt* appropriarsi indebitamente di.

embittered [ɪm'bɪtəd] *adj* amareggiato(a).

emblem ['embləm] *n* emblema *m*.

embody [ɪm'bɒdɪ] *vt* - 1. [epitomize] impersonare - 2. [include]: **to be embodied in sthg** essere racchiuso(a) in qc.

embossed [ɪm'bɒst] *adj* - 1. [material] goffrato(a) - 2. [design, lettering]: **embossed (on sthg)** in rilievo (su qc).

embrace [ɪm'breɪs] ⟺ *n* abbraccio *m.* ⟺ *vt* [hug] abbracciare. ⟺ *vi* abbracciarsi.

embroider [ɪm'brɔɪdər] ⟺ *vt* - 1. SEW ricamare - 2. *pej* [embellish] abbellire. ⟺ *vi* SEW ricamare.

embroidery [ɪm'brɔɪdərɪ] *n (U)* ricamo *m.*

embroil [ɪm'brɔɪl] *vt*: **to get/be embroiled (in sthg)** invischiarsi/restare invischiato(a) (in qc).

embryo ['embrɪəʊ] *(pl -s) n* [gen] embrione *m.*

emerald ['emərəld] ⟺ *adj* [colour] verde smeraldo *(inv).* ⟺ *n* [stone] smeraldo *m.*

emerge [ɪ'mɜːdʒ] ⟺ *vi* - 1. [come out]: **to emerge (from sthg)** spuntare (fuori da qc) - 2. [from experience, situation]: **to emerge from sthg** venir fuori da qc - 3. [become known - facts, truth] emergere; [- poet, writer] affermarsi - 4. [movement, organization] nascere. ⟺ *vt*: **it emerges that** è venuto fuori che.

emergency [ɪ'mɜːdʒənsɪ] ⟺ *adj* [action] d'emergenza; [supplies] di riserva; [accommodation] di fortuna. ⟺ *n* emergenza *f.*

emergency brake *n US* freno *m* a mano.

emergency exit *n* uscita *f* di sicurezza.

emergency landing *n* atterraggio *m* di fortuna.

emergency number *n* numero *m* d'emergenza.

emergency room *n US* pronto soccorso *m.*

emergency services *npl* servizi *mpl* di pronto intervento.

emigrant ['emɪgrənt] *n* emigrante *mf.*

emigrate ['emɪgreɪt] *vi*: **to emigrate (to/from)** emigrare (in/da).

eminent ['emɪnənt] *adj* eminente.

emit [ɪ'mɪt] *vt fml* emettere.

emotion [ɪ'məʊʃn] *n* - 1. [particular feeling] sentimento *m* - 2. *(U)* [strength of feeling] emozione *f.*

emotional [ɪ'məʊʃənl] *adj* - 1. [charged with emotion] commovente - 2. [appealing to the emotions] sentimentale - 3. [governed by the emotions] emotivo(a); **to get emotional** commuoversi.

emperor ['empərər] *n* imperatore *m.*

emphasis ['emfəsɪs] *(pl -ases) n*: **emphasis (on sthg)** accento *m* (su qc); **with great emphasis** con grande enfasi; **to lay** OR **place emphasis on sthg** dare importanza a qc.

emphasize, -ise UK ['emfəsaɪz] *vt* sottolineare.

emphatic [ɪm'fætɪk] *adj* categorico(a).

emphatically [ɪm'fætɪklɪ] *adv* - 1. [with emphasis] in modo categorico - 2. [definitely] in modo assoluto.

empire ['empaɪər] *n* impero *m.*

employ [ɪm'plɔɪ] *vt* - 1. [give work to] impiegare; **to be employed as sthg** lavorare come qc - 2. *fml* [use] fare ricorso a; **to employ sthg as sthg/to do sthg** utilizzare qc per qc/per fare qc.

employee [ɪm'plɔɪiː] *n* impiegato *m*, -a *f.*

employer [ɪm'plɔɪər] *n* datore *m*, -trice *f* di lavoro.

employment [ɪm'plɔɪmənt] *n* impiego *m*; **to be in employment** avere un impiego.

employment agency *n* agenzia *f* di collocamento.

empower [ɪm'paʊəʳ] *vt fml:* **to be empowered to do sthg** essere autorizzato(a) a fare qc.

empress ['emprɪs] *n* imperatrice *f*.

empty ['emptɪ] ⟨⟩ *adj* - **1.** [containing nothing] vuoto(a) - **2.** *pej* [words] vuoto(a); [threat, promise] vano(a). ⟨⟩ *vt* - **1.** [make empty] svuotare - **2.** [remove from container] togliere; **to empty sthg into sthg** vuotare qc in qc; **to empty sthg out of sthg** svuotare qc da qc. ⟨⟩ *vi* [become empty] svuotarsi. ⟨⟩ *n inf* vuoto *m*.

empty-handed [-'hændɪd] *adv* a mani vuote.

EMS (*abbr of* European Monetary System) *n* SME *m*.

EMU (*abbr of* Economic and Monetary Union) *n* UEM *f*.

emulate ['emjʊleɪt] *vt* emulare.

emulsion [ɪ'mʌlʃn] *n:* **emulsion (paint)** pittura *f* a emulsione.

enable [ɪ'neɪbl] *vt:* **to enable sb to do sthg** permettere a qn di fare qc.

enact [ɪ'nækt] *vt* - **1.** LAW promulgare - **2.** [act] rappresentare.

enamel [ɪ'næml] *n* (U) smalto *m*.

encapsulate [ɪn'kæpsjʊleɪt] *vt fig:* **to encapsulate sthg (in)** riassumere qc (in).

enchanting [ɪn't ʃɑ:ntɪŋ] *adj* incantevole.

encircle [ɪn'sɜ:kl] *vt* circondare.

enclose [ɪn'kləʊz] *vt* - **1.** [surround, contain] circondare; **enclosed by** *or* **with sthg** circondato(a) da qc - **2.** [put in envelope] allegare; **please find enclosed...** le invio in allegato...

enclosure [ɪn'kləʊʒəʳ] *n* - **1.** [place] recinto *m* - **2.** [in letter] allegato *m*.

encompass [ɪn'kʌmpəs] *vt fml* - **1.** [include] comprendere - **2.** [surround] circondare.

encore ['ɒŋkɔ:ʳ] ⟨⟩ *n* [by singer, performer] bis *m inv.* ⟨⟩ *excl* bis!

encounter [ɪn'kaʊntəʳ] ⟨⟩ *n* - **1.** [meeting] incontro *m* - **2.** [experience] contatto *m* - **3.** [battle] scontro *m*. ⟨⟩ *vt* - **1.** *fml* [meet] incontrare - **2.** [experience] scontrarsi con.

encourage [ɪn'kʌrɪdʒ] *vt* - **1.** [give confidence to]: **to encourage sb (to do sthg)** incoraggiare qn (a fare qc) - **2.** [activity, fraternization] promuovere; [racism, prejudice] alimentare.

encouragement [ɪn'kʌrɪdʒmənt] *n* (U) incoraggiamento *m*.

encroach [ɪn'krəʊtʃ] *vi:* **to encroach (up)on sthg** [territory, land] invadere qc; [on time] abusare di qc.

encrypt [en'krɪpt] *vt* COMPUT criptare.

encyclop(a)edic [ɪn,saɪklə'pi:dɪk] *adj* enciclopedico(a).

end [end] ⟨⟩ *n* - **1.** [last part, finish] fine *f*; **to be at an end** essere concluso(a); **to come to an end** finire; **to put an end to sthg** porre fine a qc; **at the end of the day** *fig* alla fin fine; **in the end** [finally] alla fine - **2.** [of stick, table] estremità *f inv;* [of rope] capo *m;* [of street] parte *f;* **to make ends meet** sbarcare il lunario - **3.** [leftover part] avanzo *m;* **a cigarette end** un mozzicone di sigaretta - **4.** *fml* [purpose] fine *m*, scopo *m* - **5.** *liter* [death] fine *f*. ⟨⟩ *vt* [war, strike] porre fine a; [journey, day] concludere; **to end sthg with sthg** concludere qc con qc. ⟨⟩ *vi* [finish] finire; **to end in sthg** finire con qc; **to end with sthg** chiudersi con qc. ◆ **on end** *adv* - **1.** [upright] in posizione verticale - **2.** [continuously]: **for days on end** per giorni e giorni. ◆ **end up** *vi* finire; **to end up doing sthg** finire col fare qc.

endanger [ɪn'deɪndʒəʳ] *vt* mettere a repentaglio.

endearing [ɪn'dɪərɪŋ] *adj* simpatico(a).

endeavour *UK*, **endeavor** *US* [ɪn'devəʳ] *fml* ⟨⟩ *n* tentativo *m*. ⟨⟩ *vt:* **to endeavour to do sthg** cercare di fare qc.

ending ['endɪŋ] *n* - **1.** [of story, film, play] finale *m* - **2.** GRAM desinenza *f*.

endive ['endaɪv] *n* - **1.** [salad vegetable] indivia *f* riccia - **2.** *US* [chicory] indivia *f* belga.

endless ['endlɪs] *adj* - **1.** [journey] interminabile; [possibilities] illimitato(a); [patience] infinito(a); [complaining] eterno(a) - **2.** [desert, wastes] sconfinato(a).

endorse [ɪn'dɔ:s] *vt* - **1.** [approve] approvare - **2.** [cheque] girare.

endorsement [ɪn'dɔ:smənt] *n* - **1.** (U) [approval] approvazione *f* - **2.** *UK* [on driving licence] infrazione *f* annotata.

endow [ɪn'daʊ] *vt* - **1.** [equip]: **to be endowed with sthg** essere dotato(a) di qc - **2.** [donate money to] fare una donazione a.

endurance [ɪn'djʊərəns] *n* (U) resistenza *f*.

endure [ɪn'djʊəʳ] ⟨⟩ *vt* sopportare. ⟨⟩ *vi fml* resistere.

endways ['endweɪz], **endwise** ['endwaɪz] *US adv* - **1.** [lengthways] per il lungo - **2.** [end to end] un'estremità contro l'altra.

enemy ['enɪmɪ] ⟨⟩ *n* - **1.** [person] nemico *m*, -a *f* - **2.** MIL: **the enemy** il nemico. ⟨⟩ *comp* nemico(a).

energetic [,enə'dʒetɪk] *adj* - **1.** [lively] pieno(a) di energia - **2.** [physically taxing] vigoroso(a) - **3.** [enthusiastic] energico(a).

energy ['enədʒɪ] *n* (U) energia *f*; **to put one's energies into sthg** impegnarsi in qc.

enforce [ɪn'fɔːs] *vt* far osservare.

enforced [ɪn'fɔːst] *adj* forzato(a).

engage [ɪn'geɪdʒ] ⟨> *vt* - **1.** [attention, interest] attirare - **2.** [wheel, clutch, gear] ingranare - **3.** *fml* [staff] impiegare; **to be engaged in** OR **on sthg** essere impegnato(a) in qc. ⟨> *vi* [be involved]: **to engage in** occuparsi di.

engaged [ɪn'geɪdʒd] *adj* - **1.** [couple] fidanzato(a); **engaged to sb** fidanzato con qn; **to get engaged** fidanzarsi - **2.** [busy, occupied] impegnato(a); **engaged in sthg** impegnato in qc - **3.** UK [phone line, phone number, toilet] occupato(a).

engaged tone *n* UK segnale *m* di occupato.

engagement [ɪn'geɪdʒmənt] *n* - **1.** [of couple] fidanzamento *m* - **2.** [appointment] impegno *m*.

engagement ring *n* anello *m* di fidanzamento.

engaging [ɪn'geɪdʒɪŋ] *adj* [smile, manner] accattivante; [personality] piacevole.

engender [ɪn'dʒendər] *vt fml* generare.

engine ['endʒɪn] *n* - **1.** [of car, plane, ship] motore *m* - **2.** RAIL locomotiva *f*.

engine driver *n* UK macchinista *mf*.

engineer [,endʒɪ'nɪər] *n* - **1.** [of roads, machines, bridges] ingegnere *m* - **2.** [on ship] macchinista *mf* - **3.** US [engine driver] macchinista *mf*.

engineering [,endʒɪ'nɪərɪŋ] *n* ingegneria *f*.

England ['ɪŋglənd] *n* Inghilterra *f*.

English ['ɪŋglɪʃ] ⟨> *adj* [gen] inglese; [class, teacher] d'inglese - *n* [language] inglese *m*. ⟨> *npl*: **the English** gli inglesi.

English breakfast *n* colazione *f* all'inglese.

English Channel *n*: **the English Channel** la Manica, il canale della Manica.

Englishman ['ɪŋglɪʃmən] (*pl* -men) *n* inglese *m*.

Englishwoman ['ɪŋglɪʃ,wʊmən] (*pl* -women) *n* inglese *f*.

engrave [ɪn'greɪv] *vt* - **1.** [metal, glass] incidere - **2.** [design]: **to engrave sthg (on sthg)** incidere qc (su qc) - **3.** *fig* [on memory] imprimere.

engraving [ɪn'greɪvɪŋ] *n* incisione *f*.

engrossed [ɪn'grəʊst] *adj*: **to be engrossed (in sthg)** essere assorto(a) in qc.

engulf [ɪn'gʌlf] *vt* - **1.** [cover, surround] inghiottire - **2.** *fig* [overwhelm] assalire.

enhance [ɪn'hɑːns] *vt* [chances, value] aumentare; [beauty] accentuare.

enjoy [ɪn'dʒɔɪ] *vt* - **1.** [like]: **he enjoyed the film/trip** il film/il viaggio gli è piaciuto; **I/you enjoy doing sthg** mi/ti piace fare qc; **to enjoy o.s.** divertirsi - **2.** *fml* [possess] godere di.

enjoyable [ɪn'dʒɔɪəbl] *adj* piacevole.

enjoyment [ɪn'dʒɔɪmənt] *n* - **1.** (U) [pleasure] piacere *m* - **2.** [pleasurable activity, object] divertimento *m*.

enlarge [ɪn'lɑːdʒ] *vt* - **1.** [make bigger] ampliare - **2.** PHOT ingrandire. ◆ **enlarge (up)on** *vt insep* dilungarsi su.

enlargement [ɪn'lɑːdʒmənt] *n* - **1.** (U) [expansion] ampliamento *m* - **2.** PHOT ingrandimento *m*.

enlighten [ɪn'laɪtn] *vt fml* illuminare.

enlightened [ɪn'laɪtnd] *adj* illuminato(a).

enlist [ɪn'lɪst] ⟨> *vt* - **1.** MIL arruolare - **2.** [support, help] ricorrere a. ⟨> *vi* MIL: **to enlist (in)** arruolarsi (in).

enmity ['enmətɪ] *n* - **1.** (U) [feeling] inimicizia *f* - **2.** [conflict] conflitto *m*.

enormity [ɪ'nɔːmətɪ] *n* (U) [extent] gravità *f*.

enormous [ɪ'nɔːməs] *adj* - **1.** [very large] enorme - **2.** [for emphasis] immenso(a).

enough [ɪ'nʌf] ⟨> *adj* abbastanza. ⟨> *pron* abbastanza; **that's enough, thanks** basta così, grazie; **to have had enough (of sthg)** [expressing annoyance] averne avuto abbastanza (di qc); **more than enough** più che abbastanza. ⟨> *adv* abbastanza; **to be good enough to do sthg** *fml* essere così gentile da fare qc; **strangely enough** stranamente.

enquire [ɪn'kwaɪər] *vt* & *vi* = **inquire**.

enquiry [ɪn'kwaɪərɪ] *n* = **inquiry**.

enraged [ɪn'reɪdʒd] *adj* furioso(a).

enrol UK, **enroll** US [ɪn'rəʊl] ⟨> *vt* iscrivere. ⟨> *vi*: **to enrol (on** OR **in sthg)** iscriversi (a qc).

ensue [ɪn'sjuː] *vi fml* seguire.

ensure [ɪn'ʃʊər] *vt* garantire; **to ensure (that)** assicurarsi che.

ENT (*abbr of* Ear, Nose & Throat) *n* ORL *f*.

entail [ɪn'teɪl] *vt* [involve] comportare.

enter ['entər] ⟨> *vt* - **1.** [come or go into] entrare in - **2.** [competition] partecipare a; [university] iscriversi a; [navy, army] arruolarsi in; [politics] darsi a; [profession] intraprendere; **to enter the church** prendere i voti - **3.** [register]: **to enter sb/sthg for sthg** iscrivere qn/qc a qc - **4.** [write down] scrivere - **5.** COMPUT inserire. ⟨> *vi* - **1.** [come or go in] entrare - **2.** [register]: **to enter (for sthg)** iscriversi (a qc). ◆ **enter**

into vt insep - 1. [negotiations] avviare; **enter into correspondence with sb** iniziare a corrispondere con qn - 2. [agreement] concludere.

enter key n COMPUT (tasto m di) invio m.

enterprise ['entəpraiz] n - 1. [company, venture] impresa f - 2. (U) [initiative] iniziativa f - 3. (U) [business] imprenditoria f.

enterprise zone n zona depressa oggetto di agevolazioni statali per incentivare gli investimenti.

enterprising ['entəpraiziŋ] adj intraprendente.

entertain [,entə'tein] vt - 1. [amuse] intrattenere - 2. [invite] invitare - 3. fml [harbour] nutrire; [consider] prendere in considerazione.

entertainer [,entə'teinər] n intrattenitore m, -trice f.

entertaining [,entə'teiniŋ] adj divertente.

entertainment [,entə'teinmənt] n - 1. (U) [amusement] divertimento m - 2. [show] spettacolo m.

enthral UK, **enthrall** US [in'θrɔːl] vt affascinare.

enthusiasm [in'θjuːziæzm] n - 1. (U) [passion, eagerness] entusiasmo m; **enthusiasm for sthg** entusiasmo per qc - 2. [interest, hobby] passione f.

enthusiast [in'θjuːziæst] n [fan] appassionato m, -a f.

enthusiastic [in,θjuːzi'æstik] adj [response, reception] entusiastico(a); [person] entusiasta.

entice [in'tais] vt allettare; **to entice sb away from sthg/into sthg** persuadere qn a lasciare qc/a fare qc.

entire [in'taiər] adj tutto(a).

entirely [in'taiəli] adv completamente; **I agree entirely** sono assolutamente d'accordo.

entirety [in'tairəti] n (U) fml: **in its entirety** nella sua interezza.

entitle [in'taitl] vt [allow]: **to entitle sb to sthg** dare a qn il diritto di qc; **to entitle sb to do sthg** autorizzare qn a fare qc.

entitled [in'taitld] adj - 1. [allowed] autorizzato(a); **to be entitled to sthg/to do sthg** avere diritto a qc/a fare qc - 2. [called] intitolato(a).

entitlement [in'taitlmənt] n - 1. (U) [eligibility] diritto m - 2. [money or thing due] beneficio m.

entrance ⋄ n ['entrəns] - 1. [way in]: **entrance (to sthg)** ingresso m (di qc), entrata f (di qc) - 2. [arrival] ingresso m - 3. (U) [entry]: **to gain entrance to sthg** fml [building] riuscire ad entrare in qc; [society, university] essere ammesso(a) a qc. ⋄ vt [in'trɑːns] incantare.

entrance examination n esame m d'ammissione.

entrance fee n ingresso m.

entrant ['entrənt] n [in competition, race] concorrente mf; [in exam] iscritto m, -a f.

entreat [in'triːt] vt: **to entreat sb (to do sthg)** supplicare qn (di fare qc).

entrenched [in'trentʃt] adj radicato(a).

entrepreneur [,ɒntrəprə'nɜːr] n imprenditore m, -trice f.

entrust [in'trʌst] vt: **to entrust sthg to sb, to entrust sb with sthg** affidare qc a qn.

entry ['entri] n - 1. [gen] ingresso m; **entry into** ingresso in; **entry to** accesso a; **to gain entry to** riuscire ad entrare in; **'no entry'** [to room, building] 'ingresso vietato'; [for vehicles] 'senso vietato' - 2. [to competition] iscrizione f - 3. [in diary, ledger] annotazione f.

entry form n modulo m d'iscrizione.

entry phone n UK citofono m.

envelop [in'veləp] vt: **to envelop sb/sthg in sthg** avvolgere qn/qc in qc.

envelope ['envələup] n [for letter] busta f.

envious ['enviəs] adj: **envious (of sb/sthg)** invidioso(a) (di qn/qc).

environment [in'vaiərənmənt] n ambiente m.

environmental [in,vaiərən'mentl] adj ambientale.

environmentally [in,vaiərən'mentəli] adv: **environmentally friendly** [product] biologico(a).

envisage [in'vizidʒ], **envision** [in'viʒn] US vt prevedere.

envoy ['envɔi] n inviato m, -a f.

envy ['envi] ⋄ n (U) invidia f. ⋄ vt invidiare; **to envy sb sthg** invidiare qc a qn.

eon ['iːən] n US = aeon.

epic ['epik] ⋄ adj epico(a). ⋄ n epopea f.

epidemic [,epi'demik] n epidemia f.

epileptic [,epi'leptik] ⋄ adj [person] epilettico(a); [fit] d'epilessia. ⋄ n epilettico m, -a f.

episode ['episəud] n episodio m.

epitaph ['epitɑːf] n epitaffio m.

epitome [i'pitəmi] n: **to be the epitome of sb/sthg** essere la personificazione di qn/qc.

epitomize, -ise UK [i'pitəmaiz] vt simboleggiare.

epoch ['iːpɒk] n epoca f.

equal ['iːkwəl] (UK & US) ⋄ adj - 1. [in size, amount, degree] uguale; **equal to sthg** [sum] pari a qc - 2. [in status] pari; **on equal terms** da pari a pari - 3. [capable]: **equal to sthg** all'altezza di qc. ⋄ n [person] pari mf inv. ⋄ vt - 1. MATHS fare - 2. [in standard] uguagliare.

equality [iːˈkwɒlətɪ] n (U) parità f.

equalize, -ise UK [ˈiːkwəlaɪz] <> vt livellare. <> vi UK SPORT pareggiare.

equalizer, -iser [ˈiːkwəlaɪzəʳ] n UK SPORT gol m inv del pareggio.

equally [ˈiːkwəlɪ] adv - 1. [to the same extent] allo stesso modo - 2. [in equal amounts] in parti uguali - 3. [by the same token] ugualmente.

equal opportunities npl parità f di diritti.

equate [ɪˈkweɪt] vt: to equate sthg with sthg far corrispondere qc a qc.

equation [ɪˈkweɪʒn] n MATHS equazione f.

equator [ɪˈkweɪtəʳ] n: the equator l'equatore m.

equilibrium [ˌiːkwɪˈlɪbrɪəm] n equilibrio m.

equip [ɪˈkwɪp] vt - 1. [provide with equipment] attrezzare; to equip sb with sthg equipaggiare qn di qc; to equip sthg with sthg attrezzare qc con qc - 2. [prepare mentally]: to equip sb for sthg preparare qn a qc.

equipment [ɪˈkwɪpmənt] n (U) equipaggiamento m.

equity [ˈekwɪtɪ] n FIN valore di mercato di un immobile rispetto al mutuo fondiario acceso per acquistarlo. ◆ **equities** npl [stock exchange] azioni fpl ordinarie.

equivalent [ɪˈkwɪvələnt] <> adj equivalente; to be equivalent to sthg equivalere a qc. <> n equivalente m.

equivocal [ɪˈkwɪvəkl] adj - 1. [statement, remark] equivoco(a) - 2. [behaviour, event] ambiguo(a).

er [ɜːʳ] excl - 1. [hesitation] mmm! - 2. [to attract attention] ehi!

era [ˈɪərə] (pl -s) n era f.

eradicate [ɪˈrædɪkeɪt] vt sradicare.

erase [ɪˈreɪz] vt - 1. [rub out] cancellare - 2. fig [memory] cancellare; [hunger, poverty] eliminare.

eraser [ɪˈreɪzəʳ] n esp US gomma f (per cancellare).

erect [ɪˈrekt] <> adj - 1. [person, posture] diritto(a) - 2. [penis] in erezione. <> vt - 1. [statue] erigere; [building] costruire - 2. [tent] drizzare; [roadblock] impiantare.

erection [ɪˈrekʃn] n - 1. [gen] erezione f - 2. [of building] costruzione f.

ERM (abbr of Exchange Rate Mechanism) n meccanismo del tasso di cambio nello SME.

erode [ɪˈrəʊd] <> vt - 1. GEOL erodere - 2. fig [destroy] minare. <> vi lit & fig [be destroyed] sgretolarsi.

erosion [ɪˈrəʊʒn] n - 1. GEOL erosione f - 2. fig [destruction] sgretolamento m.

erotic [ɪˈrɒtɪk] adj erotico(a).

err [ɜːʳ] vi errare.

errand [ˈerənd] n commissione f; to go on OR run an errand (for sb) fare una commissione (per qn).

erratic [ɪˈrætɪk] adj [movement] irregolare; [performance] discontinuo(a).

error [ˈerəʳ] n errore m; error of judgment errore di valutazione; in error per errore.

erupt [ɪˈrʌpt] vi - 1. [volcano] eruttare - 2. fig [war] scoppiare; [violence] esplodere.

eruption [ɪˈrʌpʃn] n - 1. [of volcano] eruzione f - 2. [of war] scoppio m; [of violence] esplosione f.

escalate [ˈeskəleɪt] vi - 1. [conflict, violence] intensificarsi - 2. [costs] aumentare.

escalator [ˈeskəleɪtəʳ] n scala f mobile.

escapade [ˌeskəˈpeɪd] n scappatella f.

escape [ɪˈskeɪp] <> n - 1. [from person, place, situation]: escape (from sb/sthg) fuga f (da qn/qc); to make an OR one's escape (from) fuggire (da) - 2. [from danger]: to have a lucky/narrow escape cavarsela per un pelo - 3. [of gas] fuga f, perdita f - 4. COMPUT escape m inv, tasto m escape (inv). <> vt - 1. [death] sfuggire a; [responsibilities] evitare; to escape injury rimanere illeso(a) - 2. [subj: fact, name] sfuggire a. <> vi - 1. [from person, place, situation]: to escape (from sb/sthg) fuggire (da qn/qc); to escape from prison evadere (di prigione) - 2. [from danger] cavarsela - 3. [leak] fuoriuscire.

escapism [ɪˈskeɪpɪzm] n (U) fuga f dalla realtà.

escort <> n [ˈeskɔːt] - 1. [guard] scorta f; under escort sotto scorta - 2. [companion] accompagnatore m, -trice f. <> vt [ɪˈskɔːt] [accompany] accompagnare.

Eskimo [ˈeskɪməʊ] (pl -s) n dated [person] eschimese mf.

especially [ɪˈspeʃəlɪ] adv - 1. [in particular] specialmente - 2. [more than usually] particolarmente - 3. [specifically] espressamente.

espionage [ˈespɪəˌnɑːʒ] n (U) spionaggio m.

Esquire [ɪˈskwaɪəʳ] n: James Smith, Esquire Egregio signor James Smith.

essay [ˈeseɪ] n - 1. SCH componimento m; UNIV dissertazione f - 2. LIT saggio m.

essence [ˈesns] n - 1. [nature] essenza f; in essence sostanzialmente - 2. CULIN essenza f.

essential [ɪˈsenʃl] adj - 1. [absolutely necessary]: essential (to OR for sthg) essenziale (per qc) - 2. [basic] fondamentale. ◆ **essentials** npl - 1. [basic commodities]: the essentials l'essenziale m (sing) - 2. [most important elements] rudimenti mpl.

essentially [ɪ'senʃəlɪ] *adv* fondamentalmente.

essential oil *n* olio *m* essenziale.

establish [ɪ'stæblɪʃ] *vt* - 1. [company, organization] costituire - 2. [initiate]: **to establish contact with sb** prendere contatto con qn - 3. [facts, cause] stabilire - 4. [reputation] affermare.

establishment [ɪ'stæblɪʃmənt] *n* - 1. (U) [creation, foundation] fondazione *f* - 2. [shop, business] ditta *f*. ← **Establishment** *n* [status quo]: **the Establishment** l'Establishment *m*.

estate [ɪ'steɪt] *n* - 1. [land, property] tenuta *f* - 2. UK [for housing] complesso *m* di case popolari - 3. UK [for industry] zona *f* industriale - 4. LAW patrimonio *m*.

estate agent *n* UK agente *mf* immobiliare; **estate agent's** agenzia *f* immobiliare.

estate car *n* UK station wagon *f inv*.

esteem [ɪ'sti:m] ⬦ *n* stima *f*. ⬦ *vt* stimare.

esthetic *etc adj* US = **aesthetic** *etc* .

estimate ⬦ *n* ['estɪmət] - 1. [calculation, reckoning] stima *f* - 2. COMM preventivo *m*. ⬦ *vt* ['estɪmeɪt] [cost, value] stimare; [arrival, time] calcolare.

estimation [,estɪ'meɪʃn] *n* - 1. [opinion] stima *f*; **in my estimation** a mio giudizio - 2. [calculation] calcolo *m* approssimativo.

Estonia [e'stəʊnjə] *n* Estonia *f*.

estranged [ɪ'streɪndʒd] *adj* separato(a).

estuary ['estjʊərɪ] *n* estuario *m*.

e-tailer ['i:teɪləʳ] *n* dettagliante *mf* on-line.

etc. (*abbr of* etcetera) ecc.

etching ['etʃɪŋ] *n* (incisione *f* all') acquaforte *f*.

eternal [ɪ'tɜ:nl] *adj* - 1. [life, truth] eterno(a) - 2. *fig* [complaints, whining] continuo(a).

eternity [ɪ'tɜ:nətɪ] *n* eternità *f*.

ethic ['eθɪk] *n* etica *f*. ← **ethics** ⬦ *n* (U) [study] etica *f*. ⬦ *npl* [morals] etica *f* (*sing*).

ethical ['eθɪkl] *adj* etico(a).

Ethiopia [,i:θɪ'əʊpjə] *n* Etiopia *f*.

ethnic cleansing ['eθnɪk klenzɪŋ] *n* pulizia *f* etnica.

etiquette ['etɪket] *n* etichetta *f*.

EU (*abbr of* European Union) *n*: **the EU** l'UE *f*.

euphemism ['ju:fəmɪzm] *n* eufemismo *m*.

euphoria [ju:'fɔ:rɪə] *n* euforia *f*.

euro ['jʊərəʊ] (*pl* -**s**) *n* euro *m inv*.

Eurocheque ['jʊərəʊ,tʃek] *n* UK eurochèque *m inv*.

Euroland ['jʊərəʊ,lænd] *n* Eurolandia *f*.

Euro MP *n* eurodeputato *m*, -a *f*.

Europe ['jʊərəp] *n* Europa *f*.

European [,jʊərə'pɪən] ⬦ *adj* europeo(a). ⬦ *n* europeo *m*, -a *f*.

European Central Bank *n*: **the European Central Bank** la Banca Centrale Europea.

European Monetary System *n*: **the European Monetary System** il Sistema Monetario Europeo.

European Parliament *n*: **the European Parliament** il Parlamento Europeo.

European Union *n*: **the European Union** l'Unione *f* Europea.

Eurosceptic ['jʊərəʊ,skeptɪk] ⬦ *adj* euroscettico(a). ⬦ *n* euroscettico *m*, -a *f*.

Eurostar ['jʊərəʊstɑ:ʳ] *n* l'Eurostar *m inv*.

euro zone *n* zona *f* euro.

euthanasia [,ju:θə'neɪzjə] *n* eutanasia *f*.

evacuate [ɪ'vækjʊeɪt] *vt* - 1. [in case of fire] evacuare - 2. [during wartime] sfollare.

evade [ɪ'veɪd] *vt* - 1. [pursuers, capture] sfuggire a - 2. [issue, question] evitare - 3. [subj: love, success]: **success has always evaded him** non ha mai raggiunto il successo.

evaluate [ɪ'væljʊeɪt] *vt* valutare.

evaporate [ɪ'væpəreɪt] *vi* - 1. [liquid] evaporare - 2. *fig* [feeling] svanire.

evaporated milk [ɪ'væpəreɪtɪd-] *n* latte *m* condensato.

evasion [ɪ'veɪʒn] *n* - 1. (U) [of responsibility, payment]: **evasion of responsibility** lo sfuggire alle (proprie) responsabilità; **tax evasion** evasione *f* fiscale - 2. [lie] risposta *f* evasiva.

evasive [ɪ'veɪsɪv] *adj* - 1. [person, answer] evasivo(a) - 2. [intended to avoid being hit]: **to take evasive action** fare un'azione evasiva.

eve [i:v] *n liter* vigilia *f*.

even ['i:vn] ⬦ *adj* - 1. [regular] costante - 2. [calm] equilibrato(a) - 3. [flat, level] piano(a); [smooth] liscio(a) - 4. [teams, players] in parità; [scores] pari (*inv*); [contest] equilibrato(a); **to get even with sb** farla pagare a qn - 5. [not odd] pari (*inv*). ⬦ *adv* - 1. [for emphasis] persino; **not even he/she** neppure lui/lei; **even now** ancor oggi; **even then** [at that time] anche allora; [in those circumstances] anche così - 2. [in comparisons] ancora; **even better/bigger** ancor meglio/più grande - 3. [indeed] addirittura. ← **even if** *conj* anche se. ← **even so** *adv* [in spite of that] nonostante ciò. ← **even though** *conj* anche se. ← **even out** ⬦ *vt sep* [discrepancies] appianare; [prices] livellare. ⬦ *vi* [discrepancies] appianarsi; [prices] livellarsi.

evening ['i:vnɪŋ] *n* - 1. [end of day] sera *f*; **in the evening** di sera - 2. [event, entertainment] serata *f*. ← **evenings** *adv esp* US di sera.

evening class n corso m serale.

evening dress n abito m da sera.

event [ɪ'vent] n - 1. [happening] avvenimento m - 2. SPORT gara f - 3. [case] caso m; **in the event of** in caso di; **in the event that** nel caso che (+ subjunctive). ◆ **in any event** adv ad ogni modo. ◆ **in the event** adv UK in realtà.

eventful [ɪ'ventful] adj [life] movimentato(a); [day] ricco(a) di avvenimenti.

eventual [ɪ'ventʃuəl] adj finale.

eventuality [ɪ,ventʃu'ælətɪ] n eventualità f inv.

eventually [ɪ'ventʃuəlɪ] adv alla fine.

ever ['evər] adv - 1. [at any time] mai; **hardly ever** quasi mai - 2. [all the time] sempre; **as ever** come sempre; **for ever** per sempre - 3. [for emphasis] why/how **ever**...? perché/come mai...?; **ever so kind** gentilissimo(a); **ever such a mess** un tale pasticcio. ◆ **ever since** ◇ adv da allora. ◇ conj da quando. ◇ prep a partire da.

evergreen ['evərgriːn] ◇ adj sempreverde. ◇ n sempreverde m o f.

everlasting [,evə'lɑːstɪŋ] adj eterno(a).

every ['evrɪ] adj [each] ogni; **every three months** ogni tre mesi. ◆ **every now and then, every so often** adv di tanto in tanto. ◆ **every other** adj: **every other day** ogni due giorni; **every other child** un bambino su due. ◆ **every which way** adv US [in all directions] in tutte le direzioni; [by all available means] in ogni modo.

everybody ['evrɪ,bɒdɪ] pron = **everyone**.

everyday ['evrɪdeɪ] adj di tutti giorni.

everyone ['evrɪwʌn] pron ciascuno(a), tutti(e).

everyplace ['evrɪ,pleɪs] adv US = **everywhere**.

everything ['evrɪθɪŋ] pron tutto; **everything's all right** è tutto a posto; **money isn't everything** i soldi non sono tutto; **he's everything to me** lui per me è tutto.

everywhere ['evrɪweər], **everyplace** US adv dovunque.

evict [ɪ'vɪkt] vt: **to evict sb (from)** sfrattare qn (da).

evidence ['evɪdəns] n (U) prove fpl; **to give evidence** deporre.

evident ['evɪdənt] adj evidente.

evidently ['evɪdəntlɪ] adv evidentemente.

evil ['iːvl] ◇ adj cattivo(a). ◇ n - 1. (U) [wickedness] malvagità f - 2. [harmful, wicked thing] male m.

evoke [ɪ'vəʊk] vt - 1. [call up, summon] evocare - 2. [elicit, provoke] suscitare.

evolution [,iːvə'luːʃn] n evoluzione f.

evolve [ɪ'vɒlv] ◇ vt [develop] ideare. ◇ vi - 1. BIOL: **to evolve (into/from)** evolvere (in/da) - 2. [society] evolversi; [system, style] svilupparsi.

ewe [juː] n pecora f.

ex- [eks] prefix ex-.

exacerbate [ɪg'zæsəbeɪt] vt [feelings] esacerbare; [problems] aggravare.

exact [ɪg'zækt] ◇ adj [precise] esatto(a); **to be exact** per essere precisi. ◇ vt: **to exact sthg (from sb)** esigere qc (da qn).

exacting [ɪg'zæktɪŋ] adj - 1. [demanding, tiring] impegnativo(a) - 2. [rigorous] esigente.

exactly [ɪg'zæktlɪ] ◇ adv [precisely] esattamente; **at ten o'clock exactly** alle dieci precise; **not exactly** [not really, as reply] non proprio. ◇ excl esatto!

exaggerate [ɪg'zædʒəreɪt] vt & vi esagerare.

exaggeration [ɪg,zædʒə'reɪʃn] n esagerazione f.

exalted [ɪg'zɔːltɪd] adj altolocato(a).

exam [ɪg'zæm] (abbr of examination) n esame m; **to take** OR **sit** UK **an exam** fare un esame.

examination [ɪg,zæmɪ'neɪʃn] n - 1. [test, consideration, inspection] esame m - 2. MED visita f; **to give sb an examination** visitare qn - 3. LAW interrogatorio m.

examine [ɪg'zæmɪn] vt - 1. [passport, proposal] esaminare - 2. MED visitare - 3. [student, witness] interrogare.

examiner [ɪg'zæmɪnər] n esaminatore m, -trice f.

example [ɪg'zɑːmpl] n esempio m; **for example** per esempio.

exasperate [ɪg'zæspəreɪt] vt esasperare.

exasperation [ɪg,zæspə'reɪʃn] n (U) esasperazione f.

excavate ['ekskəveɪt] vt - 1. [site] fare degli scavi in; [pottery, bones] portare alla luce - 2. CONSTR scavare.

exceed [ɪk'siːd] vt - 1. [amount, number] superare - 2. [limit, expectations] andare oltre.

exceedingly [ɪk'siːdɪŋlɪ] adv estremamente.

excel [ɪk'sel] ◇ vi: **to excel (in** OR **at sthg)** eccellere (in qc). ◇ vt: **to excel o.s.** superare se stesso(a).

excellence ['eksələns] n (U) eccellenza f.

excellent ['eksələnt] ◇ adj eccellente. ◇ excl ottimo!

except [ɪk'sept] ⬦ *prep* eccetto. ⬦ *conj*: **except (that)** tranne (che). ⬦ *vt*: **to except sb (from sthg)** escludere qn (da qc). ➡ **except for** *prep* eccetto.

excepting [ɪk'septɪŋ] *prep* = **except**.

exception [ɪk'sepʃn] *n* - 1. [exclusion] eccezione *f*; **an exception to the rule** un'eccezione alla regola; **with the exception of** ad eccezione di - 2. [offence]: **to take exception to sthg** offendersi per qc.

exceptional [ɪk'sepʃənl] *adj* eccezionale.

excerpt ['eksɜ:pt] *n*: **excerpt (from sthg)** [from book] estratto *m* (di qc); [from film] spezzone *m* (di qc); [piece of music] brano *m* (tratto da qc).

excess ⬦ *adj* ['ekses] in eccesso. ⬦ *n* [ɪk'ses] eccesso *m*.

excess baggage ['ekses-] *n* bagaglio *m* in eccedenza.

excess fare ['ekses-] *n* supplemento *m*.

excessive [ɪk'sesɪv] *adj* eccessivo(a).

exchange [ɪks'tʃeɪndʒ] ⬦ *n* - 1. (U) [act of swapping] scambio *m*; **in exchange (for)** in cambio (di) - 2. [swap] cambio *m* - 3. TELEC: **(telephone) exchange** centralino *m* - 4. [educational visit] (viaggio *m* di) scambio *m*. ⬦ *vt* [addresses] scambiare; [seats] fare cambio di; [in shop] cambiare; **to exchange sthg for sthg** cambiare qc con qc; **to exchange sthg with sb** scambiarsi qc con qn.

exchange rate *n* FIN tasso *m* di cambio.

Exchequer [ɪks'tʃekər] *n* UK: **the Exchequer** lo Scacchiere.

excise ['eksaɪz] *n* (U) dazio *m*.

excite [ɪk'saɪt] *vt* - 1. [person] eccitare - 2. [interest, suspicion] suscitare.

excited [ɪk'saɪtɪd] *adj* eccitato(a).

excitement [ɪk'saɪtmənt] *n* (U) [state] eccitazione *f*.

exciting [ɪk'saɪtɪŋ] *adj* eccitante.

exclaim [ɪk'skleɪm] ⬦ *vt* esclamare. ⬦ *vi*: **to exclaim (at sthg)** prorompere in esclamazioni (davanti a qc).

exclamation mark, exclamation point US *n* punto *m* esclamativo.

exclude [ɪk'sklu:d] *vt*: **to exclude sb/sthg (from sthg)** escludere qn/qc (da qc).

excluding [ɪk'sklu:dɪŋ] *prep*: **excluding meals** pasti esclusi; **excluding Sundays** esclusa la domenica.

exclusive [ɪk'sklu:sɪv] ⬦ *adj* - 1. [high-class, sole] esclusivo(a) - 2. PRESS in esclusiva. ⬦ *n* PRESS esclusiva *f*. ➡ **exclusive of** *prep*: **exclusive of VAT** IVA esclusa; **exclusive of breakfast** colazione esclusa.

excrement ['ekskrɪmənt] *n* fml escremento *m*.

excruciating [ɪk'skru:ʃɪeɪtɪŋ] *adj* atroce.

excursion [ɪk'skɜ:ʃn] *n* escursione *f*.

excuse ⬦ *n* [ɪk'skju:s] - 1. [reason, explanation] scusa *f* - 2. [justification]: **excuse (for sthg)** scusante *f* (per qc). ⬦ *vt* [ɪk'skju:z] - 1. [gen] scusare; **to excuse sb for sthg** perdonare qc a qn; **to excuse sb for doing sthg** perdonare qn per aver fatto qc - 2. [let off, free]: **to excuse sb (from sthg)** esonerare qn (da qc); **excuse me** scusi.

ex-directory *adj* UK fuori elenco.

execute ['eksɪkju:t] *vt* - 1. [kill] giustiziare - 2. fml [order, movement, manoeuvre] eseguire; [plan] attuare.

execution [,eksɪ'kju:ʃn] *n* [of person, order] esecuzione *f*; [of plan] attuazione *f*.

executive [ɪg'zekjʊtɪv] ⬦ *adj* [power, board] esecutivo(a). ⬦ *n* - 1. COMM dirigente *mf* - 2. [of government] esecutivo *m* - 3. [of political party] comitato *m* centrale.

executive director *n* direttore *m* generale.

executor [ɪg'zekjʊtər] *n* [of will] esecutore *m* testamentario, esecutrice *f* testamentaria.

exemplify [ɪg'zemplɪfaɪ] *vt* - 1. [typify] rappresentare - 2. [give example of] spiegare con un esempio.

exempt [ɪg'zempt] ⬦ *adj*: **to be exempt (from sthg)** [from tax] essere esente (da qc); [from military service] essere esonerato(a) (da qc). ⬦ *vt*: **to exempt sb/sthg (from sthg)** [from tax] esentare qn/qc (da qc); **to exempt sb (from sthg)** [from military service] esonerare qn (da qc).

exercise ['eksəsaɪz] ⬦ *n* - 1. [gen] esercizio *m* - 2. (U) [physical training] moto *m*. ⬦ *vt* - 1. [horse] far esercizio a; [dog] portare a passeggio - 2. fml [use, practise] esercitare. ⬦ *vi* fare moto.

exercise book *n* - 1. [for notes] quaderno *m* - 2. [published book] eserciziario *m*.

exert [ɪg'zɜ:t] *vt* esercitare; **to exert o.s.** fare sforzi.

exertion [ɪg'zɜ:ʃn] *n* - 1. (U) [of influence, power] esercizio *m* - 2. [effort] sforzo *m*.

exhale [eks'heɪl] *vt & vi* espirare.

exhaust [ɪg'zɔ:st] ⬦ *n* - 1. [fumes] gas *mpl* di scarico - 2. [tube]: **exhaust (pipe)** tubo *m* di scappamento. ⬦ *vt* - 1. [tire] sfiancare - 2. [use up] esaurire.

exhausted [ɪg'zɔ:stɪd] *adj* sfinito(a).

exhausting [ɪg'zɔ:stɪŋ] *adj* sfiancante.

exhaustion [ɪg'zɔ:stʃn] *n* (U) sfinimento *m*.

exhaustive [ɪg'zɔ:stɪv] *adj* esauriente.

exhaust pipe *n* tubo *m* di scappamento.

exhibit   118

exhibit [ɪgˈzɪbɪt] ⇔ n - **1.** ART [object] oggetto m esposto - **2.** US ART [exhibition] mostra f - **3.** LAW mezzo m probatorio. ⇔ vt - **1.** fml [feeling] mostrare; [skill] dimostrare - **2.** ART esporre.

exhibition [ˌeksɪˈbɪʃn] n - **1.** ART mostra f - **2.** [demonstration] dimostrazione f; **to make an exhibition of o.s.** UK dare spettacolo.

exhilarating [ɪgˈzɪləreɪtɪŋ] adj emozionante.

exile [ˈeksaɪl] ⇔ n - **1.** [condition] esilio m; **in exile** in esilio - **2.** [person] esule mf. ⇔ vt: **to exile sb (from/to)** esiliare qn (da/in).

exist [ɪgˈzɪst] vi esistere.

existence [ɪgˈzɪstəns] n esistenza f; **to be in existence** esistere; **to come into existence** nascere.

existing [ɪgˈzɪstɪŋ] adj esistente.

exit [ˈeksɪt] ⇔ n - **1.** [way out] uscita f - **2.** [departure]: **to make an exit** uscire. ⇔ vi fml uscire.

exodus [ˈeksədəs] n esodo m.

exonerate [ɪgˈzɒnəreɪt] vt fml: **to exonerate sb (from sthg)** discolpare qn (da qc).

exorbitant [ɪgˈzɔːbɪtənt] adj esorbitante.

exotic [ɪgˈzɒtɪk] adj esotico(a).

expand [ɪkˈspænd] ⇔ vt ampliare. ⇔ vi [population] aumentare; [market, business] essere in espansione; [metal] dilatarsi. ◆ **expand (up)on** vt insep fornire maggiori dettagli su.

expanse [ɪkˈspæns] n distesa f.

expansion [ɪkˈspænʃn] n (U) [of department] ampliamento m; [of business] espansione f; [of population] aumento m, crescita f; [of metal] dilatazione f.

expect [ɪkˈspekt] ⇔ vt - **1.** [anticipate] aspettarsi; **to expect to do sthg** pensare di fare qc; **to expect sb to do sthg** aspettarsi che qn faccia qc - **2.** [wait for] aspettare - **3.** [demand] esigere; **to expect sb to do sthg** esigere che qn faccia qc; **to expect sthg from sb** esigere qc da qn - **4.** [suppose]: **to expect (that)** pensare che; **I expect so** penso di sì - **5.** [be pregnant with]: **to be expecting a baby** aspettare un bambino. ⇔ vi [be pregnant]: **to be expecting** essere incinta.

expectancy [ɪkˈspektənsɪ] n abbr of **life expectancy**.

expectant [ɪkˈspektənt] adj in attesa.

expectant mother n futura mamma f.

expectation [ˌekspekˈteɪʃn] n [hope] aspettativa f; **it's my expectation that...** mi aspetto che...; **against** OR **contrary to all expectation(s)** contro ogni aspettativa.

expedient [ɪkˈspiːdjənt] fml ⇔ adj conveniente. ⇔ n espediente m.

expedition [ˌekspɪˈdɪʃn] n spedizione f.

expel [ɪkˈspel] vt: **to expel sb/sthg (from)** espellere qn/qc (da).

expend [ɪkˈspend] vt: **to expend sthg (on sthg)** impiegare qc (per qc).

expendable [ɪkˈspendəbl] adj non indispensabile.

expenditure [ɪkˈspendɪtʃər] n - **1.** [of money] spesa f - **2.** [of energy, resource] consumo m.

expense [ɪkˈspens] n - **1.** [amount spent] spesa f - **2.** (U) [cost] spesa f, costo m; **at the expense of** a spese di; **at sb's expense** lit & fig a spese di qn. ◆ **expenses** npl COMM spese fpl.

expense account n conto m spese.

expensive [ɪkˈspensɪv] adj caro(a).

experience [ɪkˈspɪərɪəns] ⇔ n esperienza f. ⇔ vt [difficulty, disappointment] provare; [loss, change] subire.

experienced [ɪkˈspɪərɪənst] adj: **experienced (at** OR **in sthg)** pratico(a) (di qc).

experiment [ɪkˈsperɪmənt] ⇔ n esperimento m; **to carry out an experiment** condurre un esperimento. ⇔ vi - **1.** [science] sperimentare; **to experiment (with sthg)** sperimentare (qc) - **2.** [explore]: **to experiment (with sthg)** provare (qc).

expert [ˈekspɜːt] ⇔ adj esperto(a). ⇔ n esperto m, -a f.

expertise [ˌekspɜːˈtiːz] n (U) esperienza f.

expiration [ˈekspɪˈreɪʃn] n US = **expiry**.

expiration date n US = **expiry date**.

expire [ɪkˈspaɪər] vi [run out] scadere.

expiry [ɪkˈspaɪərɪ] UK, **expiration** US n (U) scadenza f.

expiry date UK, **expiration date** US n data f di scadenza.

explain [ɪkˈspleɪn] ⇔ vt spiegare; **to explain sthg to sb** spiegare qc a qn. ⇔ vi spiegare; **to explain to sb (about sthg)** spiegare (qc) a qn.

explanation [ˌekspləˈneɪʃn] n: **explanation (for sthg)** spiegazione f (per qc).

explicit [ɪkˈsplɪsɪt] adj esplicito(a).

explode [ɪkˈspləʊd] ⇔ vt [blow up] far esplodere OR scoppiare. ⇔ vi esplodere, scoppiare.

exploit ⇔ n [ˈeksplɔɪt] exploit m inv, prodezza f. ⇔ vt [ɪkˈsplɔɪt] sfruttare.

exploitation [ˌeksplɔɪˈteɪʃn] n (U) sfruttamento m.

exploration [ˌeksplə'reɪʃn] *n* esplorazione *f*.

explore [ɪk'splɔːr] *vt* & *vi* esplorare.

explorer [ɪk'splɔːrər] *n* esploratore *m*, -trice *f*.

explosion [ɪk'spləʊʒn] *n* esplosione *f*.

explosive [ɪk'spləʊsɪv] <> *adj* esplosivo(a). <> *n* esplosivo *m*.

export <> *n* ['ekspɔːt] *(U)* esportazione *f*. <> *comp* d' esportazione. <> *vt* [ɪk'spɔːt] esportare.

exporter [ek'spɔːtər] *n* esportatore *m*, -trice *f*.

expose [ɪk'spəʊz] *vt* - **1.** [uncover, make visible] esporre, scoprire; **to be exposed to sthg** essere esposto(a) a qc - **2.** [unmask - corruption] rivelare, denunciare; [- person] smascherare - **3.** PHOT esporre.

exposed [ɪk'spəʊzd] *adj* [unsheltered] esposto(a).

exposure [ɪk'spəʊʒər] *n* - **1.** [to light, radiation]: **exposure (to)** esposizione *f* (a) - **2.** [hypothermia] ipotermia *f* - **3.** [PHOT - time] (tempo *m* di) esposizione *f*; [- photograph] posa *f*, foto *f inv* - **4.** [publicity] pubblicità *f inv*.

exposure meter *n* esposimetro *m*.

expound [ɪk'spaʊnd] *fml* <> *vt* esporre. <> *vi*: **to expound on sthg** esporre qc.

express [ɪk'spres] <> *adj* - **1.** [letter, parcel, train, coach] espresso *inv* - **2.** *fml* [wish, permission] esplicito(a); [purpose] preciso(a). <> *adv* per espresso. <> *n*: **express (train)** treno *m* espresso, espresso *m*. <> *vt* esprimere.

expression [ɪk'spreʃn] *n* [gen] espressione *f*.

expressive [ɪk'spresɪv] *adj* espressivo(a).

expressly [ɪk'spreslɪ] *adv* [specifically] espressamente.

expressway [ɪk'spresweɪ] *n US* superstrada *f*.

exquisite [ɪk'skwɪzɪt] *adj* - **1.** [beautiful] splendido(a) - **2.** [very pleasing] squisito(a).

ext., extn. *(abbr of extension)* interno *m*.

extend [ɪk'stend] <> *vt* - **1.** [building, law, power] ampliare - **2.** [road, visit, visa] prolungare - **3.** [deadline] prorogare, estendere - **4.** *fml* [arm, hand] tendere - **5.** [welcome, help] porgere; [credit] concedere. <> *vi* - **1.** [stretch, reach - in space] estendersi; [- in time] protrarsi, continuare - **2.** [rule, law]: **to extend to sb/sthg** includere qn/qc.

extension [ɪk'stenʃn] *n* - **1.** [new room, building] annesso *m* - **2.** [of visit, visa] prolungamento *m* - **3.** [of deadline] proroga *f* - **4.** [of law,

power] ampliamento *m* - **5.** TELEC interno *m* - **6.** ELEC prolunga *f* - **7.** COMPUT: **filename extension** estensione *f* del file.

extension lead *UK*, **extension cord** *US n* ELEC prolunga *f*.

extensive [ɪk'stensɪv] *adj* - **1.** [damage] ingente; [coverage] ampio(a) - **2.** [lands, grounds] vasto(a) - **3.** [discussions, tests] approfondito(a); [changes, use] grande.

extensively [ɪk'stensɪvlɪ] *adv* - **1.** [in amount] ampiamente - **2.** [in range] abbondantemente.

extent [ɪk'stent] *n* - **1.** [physical size] estensione *f* - **2.** [scale - of problem, damage] entità *f inv*; [- of knowledge] portata *f* - **3.** [degree]: **to what extent...?** in che misura...?; **to the extent that** al punto che; **to a certain extent** fino a un certo punto; **to a large** OR **great extent** in gran parte; **to some extent** in parte.

extenuating circumstances [ɪk'stenjʊeɪtɪŋ 'sɜːkəmstənsɪz] *npl* attenuanti *fpl*.

exterior [ɪk'stɪərɪər] <> *adj* esterno(a). <> *n* - **1.** [outer surface] esterno *m* - **2.** [outer self] apparenza *f* esterna.

exterminate [ɪk'stɜːmɪneɪt] *vt* sterminare.

external [ɪk'stɜːnl] *adj* - **1.** [outside] esterno(a) - **2.** [foreign] estero(a).

extinct [ɪk'stɪŋkt] *adj* - **1.** [species] estinto(a) - **2.** [volcano] estinto(a), spento(a).

extinguish [ɪk'stɪŋgwɪʃ] *vt fml* [put out] spegnere.

extinguisher [ɪk'stɪŋgwɪʃər] *n*: **(fire) extinguisher** estintore *m*.

extn. = **ext.**

extol, extoll [ɪk'stəʊl] *US vt* decantare.

extort [ɪk'stɔːt] *vt*: **to extort sthg from sb** estorcere qc da qn.

extortionate [ɪk'stɔːʃnət] *adj* [price] esorbitante; [demands] eccessivo(a).

extra ['ekstrə] <> *adj* [item] in più, extra *inv*; [charge, time] supplementare; [care] ultra *inv*; **the wine is extra** il vino è a parte. <> *n* - **1.** [addition] extra *m inv* - **2.** CIN & THEAT comparsa *f*. <> *adv* in più; **to pay extra** pagare un supplemento; **to charge extra** richiedere un pagamento supplementare. ◆ **extras** *npl* [in price] extra *mpl*.

extra- ['ekstrə] *prefix* extra-.

extract <> *n* ['ekstrækt] - **1.** [excerpt - from book, music] brano *m*; [- from film] spezzone *m* - **2.** CHEM estratto *m*, essenza *f*. <> *vt* [ɪk'strækt] - **1.** [tooth, coal, oil]: **to extract sthg (from sthg)** estrarre qc (da qc) - **2.** [confession, information]: **to extract sthg (from sb)** estorcere qc (da qn).

extradite ['ekstrədaɪt] *vt*: to extradite sb (from/to) estradare qn (da/in).

extramural [,ekstrə'mjʊərəl] *adj* UK UNIV [course] *organizzato da un'università per studenti esterni*; **extramural studies** corsi *mpl* liberi.

extraordinary [ɪk'strɔːdnrɪ] *adj* - 1. [special] straordinario(a) - 2. [strange] strano(a), singolare.

extraordinary general meeting *n* assemblea *f* straordinaria.

extravagance [ɪk'strævəgəns] *n* - 1. *(U)* [excessive spending] sperpero *m* - 2. [luxury] lusso *m*.

extravagant [ɪk'strævəgənt] *adj* - 1. [person] spendaccione(a); [tastes] dispendioso(a) - 2. [present, behaviour] stravagante; [claim, expectation] eccessivo(a).

extreme [ɪk'striːm] ◇ *adj* - 1. [gen] estremo(a) - 2. [extremist] estremista. ◇ *n* [furthest limit] estremo *m*.

extremely [ɪk'striːmlɪ] *adv* estremamente.

extreme sports *npl* sport *mpl* estremi.

extremist [ɪk'striːmɪst] ◇ *adj* estremista. ◇ *n* estremista *mf*.

extricate ['ekstrɪkeɪt] *vt*: to extricate sthg (from) districare OR liberare qc (da); to extricate o.s. (from) districarsi OR liberarsi (da).

extrovert ['ekstrəvɜːt] ◇ *adj* estroverso(a). ◇ *n* estroverso *m*, -a *f*.

exuberance [ɪg'zjuːbərəns] *n (U)* esuberanza *f*.

exultant [ɪg'zʌltənt] *adj* esultante.

eye [aɪ] *(cont eyeing OR eying)* ◇ *n* - 1. [for seeing, on potato] occhio *m*; to cast OR run one's eye over sthg dare un'occhiata a qc; a red dress in the window caught my eye un vestito rosso in vetrina ha attirato il mio sguardo; to have one's eye on sb/sthg tenere d'occhio qn/qc; to keep one's eyes open (for), to keep an eye out (for) tenere gli occhi aperti (per); to keep an eye on sb/sthg tenere d'occhio qn/qc - 2. [of needle] cruna *f*. ◇ *vt* guardare.

eyeball ['aɪbɔːl] *n* bulbo *m* oculare.

eyebath ['aɪbɑːθ] UK, **eyecup** ['aɪkʌp] US *n* UK occhiera *f*.

eyebrow ['aɪbraʊ] *n* sopracciglio *m*.

eyebrow pencil *n* matita *f* per le sopracciglia.

eyecup *n* US = **eyebath**.

eyedrops ['aɪdrɒps] *npl* gocce *fpl* per gli occhi, collirio *m (singolare)*.

eyeglasses ['aɪglɑːsiːz] *npl* US occhiali *mpl*.

eyelash ['aɪlæʃ] *n* ciglio *m*.

eyelid ['aɪlɪd] *n* palpebra *f*.

eyeliner ['aɪ,laɪnəʳ] *n* eyeliner *m inv*.

eye-opener *n inf* rivelazione *f*.

eye shadow *n* ombretto *m*.

eyesight ['aɪsaɪt] *n* vista *f*.

eyesore ['aɪsɔːʳ] *n* obbrobrio *m*.

eyestrain ['aɪstreɪn] *n* affaticamento *m* degli occhi.

eyewitness [,aɪ'wɪtnɪs] *n* testimone *mf* oculare.

e-zine ['iːziːn] *n* rivista diffusa tramite Internet, e-zine *f inv*.

f *(pl* **f's** OR **fs**), **F** *(pl* **F's** OR **Fs**) [ef] *n* [letter] f *m* o *f inv*, F *m* o *f inv*. ◆ **F** *n* - 1. MUS fa *m inv* - 2. *(abbr of* **Fahrenheit**) F.

fable ['feɪbl] *n* favola *f*.

fabric ['fæbrɪk] *n* - 1. [cloth] tessuto *m*, stoffa *f* - 2. [of building, society] struttura *f*.

fabrication [,fæbrɪ'keɪʃn] *n* - 1. [lying, lie] invenzione *f* - 2. *(U)* [manufacture] fabbricazione *f*, costruzione *f*.

fabulous ['fæbjʊləs] *adj* - 1. *inf* [excellent] favoloso(a), fantastico(a) - 2. *fml* [unbelievable] favoloso(a) - 3. *fml* [fairy-tale] fantastico(a).

facade [fə'sɑːd] *n* facciata *f*.

face [feɪs] ◇ *n* - 1. [front of head, expression] faccia *f*, viso *m*; face to face faccia a faccia; to make OR pull UK a face fare boccacce OR smorfie; to say sthg to sb's face dire qc in faccia a qn - 2. [of cliff, mountain] parete *f*; [of coin, shape] faccia *f*; [of building] facciata *f* - 3. [of clock, watch] quadrante *m* - 4. [appearance, nature] aspetto *m* - 5. [surface] faccia *f*, superficie *f*; on the face of it a giudicare dalle apparenze - 6. [respect]: to lose face perdere la faccia; to save face salvare la faccia. ◇ *vt* - 1. [look towards] mettersi di fronte a; my house faces south la mia casa è rivolta a sud - 2. [problems, danger] affrontare - 3. [facts, truth] affrontare, accettare - 4. *inf* [cope with] affrontare. ◆ **face down** *adv* [person] a faccia in giù, bocconi; [object] a faccia in giù. ◆ **face up** *adv* [person, object] a faccia in su. ◆ **in the face of** *prep* [in spite of] malgrado, nonostante. ◆ **face up to** *vt insep* far fronte a, affrontare.

facecloth ['feɪsklɒθ] *n UK* ≃ guanto *m* di spugna.

face cream *n (U)* crema *f* per il viso.

face-lift *n* - **1.** [for face] lifting *m inv* - **2.** *fig* [for building] restauro *m*.

face-saving [-'seɪvɪŋ] *adj*: **a face-saving agreement** un accordo per salvare la faccia.

facet ['fæsɪt] *n* sfaccettatura *f*.

facetious [fə'siːʃəs] *adj* spiritoso(a).

face value *n* [of coin, stamp] valore *m* nominale; **to take sthg at face value** *fig* prendere qc alla lettera.

facility [fə'sɪlətɪ] *n* [feature] funzione *f*. ◆ **facilities** *npl* [amenities] impianti *mpl*, attrezzature *fpl*.

facing ['feɪsɪŋ] *adj* [opposite] opposto(a).

facsimile [fæk'sɪmɪlɪ] *n* - **1.** [message, system] fax *m inv* - **2.** [exact copy] facsimile *m inv*.

fact [fækt] *n* - **1.** [true piece of information] fatto *m*; **it's a fact that...** è un dato di fatto che... - **2.** *(U)* [reality] fatto *m*, realtà *f inv*; **a story based on fact** una storia basata sui fatti; **to know sthg for a fact** sapere qc per certo. ◆ **in fact** *adv* - **1.** [really] in effetti - **2.** [indeed] anzi.

fact of life *n* dato *m* di fatto. ◆ **facts of life** *npl euph*: **to explain/know the facts of life** spiegare/sapere come nascono i bambini.

factor ['fæktər] *n* fattore *m*.

factory ['fæktərɪ] *n* fabbrica *f*.

fact sheet *n* scheda *f* informativa.

factual ['fæktʃʊəl] *adj* basato(a) sui fatti.

faculty ['fækltɪ] *n* - **1.** [ability, part of university] facoltà *f inv* - **2.** *US* [teaching staff]: **the faculty** il corpo insegnante.

fad [fæd] *n* mania *f*.

fade [feɪd] ◇ *vi* - **1.** [jeans, curtains, paint] scolorire, sbiadire; [flower] appassire - **2.** [light, sound, memory, interest] affievolirsi, svanire. ◇ *vt* [jeans, curtains, paint] scolorire, sbiadire.

faeces *UK*, **feces** *US* ['fiːsiːz] *npl* feci *fpl*.

fag [fæg] *n* - **1.** *UK inf* [cigarette] sigaretta *f* - **2.** *US inf offens* [homosexual] frocio *m*.

Fahrenheit ['færənhaɪt] *adj* Fahrenheit (*inv*).

fail [feɪl] ◇ *vt* - **1.** [not succeed in]: **to fail to do sthg** non riuscire a fare qc - **2.** SCH & UNIV [- exam, test] non passare; [- candidate] bocciare, respingere - **3.** [neglect]: **to fail to do sthg** mancare di fare qc. ◇ *vi* - **1.** [not succeed] non riuscire, fallire - **2.** SCH & UNIV essere bocciato - **3.** [engine] guastarsi; [lights] mancare - **4.** [health, eyesight] peggiorare; [daylight] affievolirsi.

failing ['feɪlɪŋ] ◇ *n* [weakness] difetto *m*. ◇ *prep* in mancanza di; **failing that** se ciò non fosse possibile.

failure ['feɪljər] *n* - **1.** *(U)* [gen] fallimento *m* - **2.** [person] fallito *m*, -a *f* - **3.** [of engine, brakes] guasto *m*; [of crop] perdita *f*; **heart ~** arresto *m* cardiaco.

faint [feɪnt] ◇ *adj* - **1.** [hope, memory, chance] vago(a); [smell] leggero(a); [sound, glow, smile] debole; **I haven't the faintest idea** non ne ho la più pallida idea - **2.** [dizzy]: **to feel faint** sentirsi svenire. ◇ *vi* svenire.

fair [feər] ◇ *adj* - **1.** [just] giusto(a); **it's not fair!** non è giusto! - **2.** [quite large, good] discreto(a); **to have a fair idea of** OR **about sthg** avere un'idea abbastanza chiara di qc - **3.** [hair, person] biondo(a) - **4.** [skin, complexion] chiaro(a) - **5.** [weather] bello(a). ◇ *n* - **1.** [funfair] luna park *m inv* - **2.** [trade fair] fiera *f*. ◇ *adv* [play, fight] lealmente. ◆ **fair enough** *excl inf* va bene!, d'accordo!

fair-haired [-'heəd] *adj* biondo(a).

fairly ['feəlɪ] *adv* - **1.** [rather] piuttosto - **2.** [treat, distribute] in modo imparziale; [fight, play] lealmente.

fairy ['feərɪ] *n* [imaginary creature] fata *f*.

fairy tale, fairy story *n* fiaba *f*.

faith [feɪθ] *n* - **1.** *(U)* [trust] fiducia *f* - **2.** [particular religion] fede *f*, religione *f* - **3.** *(U)* [religious belief] fede *f*.

faithful ['feɪθfʊl] *adj* fedele.

faithfully ['feɪθfʊlɪ] *adv* [support] fedelmente; [promise] solennemente; **Yours faithfully** *esp UK* [in letter] distinti saluti.

fake [feɪk] ◇ *adj* [painting, jewellery, passport] falso(a); [gun] finto(a). ◇ *n* - **1.** [object, painting] falso *m* - **2.** [person] impostore *m*, -a *f*. ◇ *vt* - **1.** [falsify] falsificare - **2.** [simulate] fingere. ◇ *vi* [pretend] fingere.

falcon ['fɔːlkən] *n* falco *m*, falcone *m*.

fall [fɔːl] (*pt* fell, *pp* fallen) ◇ *vi* - **1.** [from height, from upright position] cadere; **to fall flat** [joke] fare cilecca - **2.** [decrease] calare - **3.** [become]: **to fall ill** OR **sick** ammalarsi; **to fall asleep** addormentarsi; **to fall in love** innamorarsi - **4.** [occur]: **to fall on** cadere di; **Christmas falls on a Monday this year** quest'anno Natale cade di lunedì. ◇ *n* - **1.** [gen] caduta *f* - **2.** [of snow] nevicata *f* - **3.** [decrease]: **fall (in sthg)** calo *m* (in qc) - **4.** *US* [autumn] autunno *m*. ◆ **falls** *npl* [waterfall] cascate *fpl*. ◆ **fall apart** *vi* - **1.** [book, chair] andare a pezzi - **2.** *fig* [country, person] andare in rovina. ◆ **fall back** *vi* arretrare. ◆ **fall back on** *vt insep* [resort to] ripiegare su. ◆ **fall behind** *vi* - **1.** [in race] rimanere indietro - **2.** [with rent, with work] essere in arretrato. ◆ **fall**

for vt insep - **1.** inf [fall in love with] prendersi una cotta per - **2.** [be deceived by] credere a. ◆ **fall in** vi - **1.** [roof, ceiling] crollare, cedere - **2.** MIL allinearsi. ◆ **fall off** vi - **1.** [drop off] staccarsi, cadere - **2.** [diminish] diminuire. ◆ **fall out** vi - **1.** [drop out] cadere - **2.** [quarrel]: **to fall out (with sb)** litigare (con qn) - **3.** MIL rompere le righe. ◆ **fall over** ⇔ vt insep inciampare in. ⇔ vi [lose balance] cadere. ◆ **fall through** vi [plan, deal] fallire.

fallacy ['fæləsɪ] n convinzione f errata.

fallen ['fɔ:ln] pp ▷ **fall**.

fallible ['fæləbl] adj inaffidabile.

fallout ['fɔ:laʊt] n (U) [radiation] fallout m inv, ricaduta f radioattiva.

fallout shelter n rifugio m antiatomico.

fallow ['fæləʊ] adj [land] a maggese; **to lie fallow** essere a maggese.

false [fɔ:ls] adj - **1.** [gen] falso(a); **a false passport** un passaporto falso; **under false pretences** con l'inganno - **2.** [eyelashes, ceiling] finto(a).

false alarm n falso allarme m.

falsely ['fɔ:lslɪ] adv - **1.** [wrongly] erroneamente - **2.** [insincerely] falsamente.

false teeth npl denti mpl finti.

falsify ['fɔ:lsɪfaɪ] vt [facts, accounts] falsificare.

falter ['fɔ:ltər] vi - **1.** [move unsteadily] vacillare - **2.** [become weaker] affievolirsi - **3.** [hesitate, lose confidence] esitare.

fame [feɪm] n (U) fama f.

familiar [fə'mɪljər] adj - **1.** [known] familiare - **2.** [conversant]: **to be familiar with sthg** avere familiarità con qc - **3.** pej [too informal] familiare.

familiarity [fə,mɪlɪ'ærətɪ] n [gen]: **familiarity (with sthg)** familiarità f (con qc).

familiarize, -ise UK [fə'mɪljəraɪz] vt: **to familiarize o.s. with sthg** familiarizzarsi con qc; **to familiarize sb with sthg** familiarizzare qn con qc.

family ['fæmlɪ] n famiglia f.

family credit n (U) UK sussidio dato dal governo a famiglie di modeste condizioni economiche.

family planning n (U) pianificazione f familiare.

famine ['fæmɪn] n carestia f.

famished ['fæmɪʃt] adj inf affamato(a).

famous ['feɪməs] adj: **famous (for sthg)** famoso(a) (per qc).

fan [fæn] ⇔ n - **1.** [of paper, silk] ventaglio m - **2.** [electric or mechanical] ventilatore m - **3.** [enthusiast - of football] tifoso m, -a f; [- of pop star] fan mf inv; [- of classical music] appassionato m, -a f. ⇔ vt - **1.** [cool] fare vento a - **2.** [stimulate – fire] attizzare; [- feelings, fears] alimentare; **to fan the flames** soffiare sul fuoco. ◆ **fan out** vi [army, search party] aprirsi a ventaglio.

fanatic [fə'nætɪk] n fanatico m, -a f.

fan belt n cinghia f del ventilatore.

fanciful ['fænsɪfʊl] adj - **1.** [odd] strampalato(a) - **2.** [elaborate] fantasioso(a).

fancy ['fænsɪ] ⇔ adj - **1.** [hat, clothes] fantasioso(a); [food, cakes] elaborato(a) - **2.** [restaurant, hotel] di lusso; [prices] esorbitante. ⇔ n - **1.** [liking] attrazione f; **to take a fancy to sb/sthg** sentire un'attrazione per qn/qc; **to catch OR take UK sb's fancy** attirare qn - **2.** [whim] capriccio m. ⇔ vt - **1.** esp UK inf [want] avere voglia di; **to fancy doing sthg** avere voglia di fare qc - **2.** UK [like] essere attratto(a) da; **do you fancy him?** ti piace?

fancy dress n (U) maschera f, costume m.

fancy-dress party n festa f mascherata.

fanfare ['fænfeər] n fanfara f.

fang [fæŋ] n - **1.** [of snake, vampire] dente m - **2.** [of wolf] zanna f.

fan heater n UK termoventilatore m.

fanny ['fænɪ] n US inf [buttocks] sedere m.

fantasize, -ise UK ['fæntəsaɪz] vi: **to fantasize (about sthg/about doing sthg)** fantasticare (su qc/di fare qc).

fantastic [fæn'tæstɪk] adj - **1.** inf [wonderful] fantastico(a) - **2.** [very large] enorme.

fantasy ['fæntəsɪ] n fantasia f.

fao (abbr of for the attention of) c.a.

far [fɑ:r] ⇔ (comp farther OR further, superl farthest OR furthest) ⇔ adv - **1.** [in distance, time] lontano; **how far is it?** quanto dista?; **far away OR off** lontano; **to travel far and wide** viaggiare in lungo e in largo; **as far as** fino a; **so far** finora - **2.** [in degree or extent] molto; **far better/worse** molto meglio/peggio; **how far have you got?** fino a che punto sei arrivato?; **as far as I know** per quel che ne so; **as far as I'm concerned** per quel che mi riguarda; **as far as possible** per quanto possibile; **far and away, by far** di gran lunga; **far from it** al contrario. ⇔ adj - **1.** [more distant]: **the far end of the street** l'altro capo della strada - **2.** [extreme] estremo(a).

faraway ['fɑ:rəweɪ] adj - **1.** [place] lontano(a) - **2.** [look] distante.

farce [fɑ:s] n fig & THEAT farsa f.

farcical ['fɑ:sɪkl] adj farsesco(a).

fare [feər] n - **1.** [payment] tariffa f (per un viaggio) - **2.** fml [food] cibo m.

Far East n: **the Far East** l'Estremo Oriente m.

farewell [ˌfeə'wel] <> n dated addio m; **to say one's farewells** accomiatarsi. <> excl dated addio!

farm [fɑːm] <> n fattoria f, azienda f agricola; **pig farm** allevamento m di maiali; **fish farm** vivaio m di pesci. <> vt [land] coltivare; [animals] allevare.

farmer ['fɑːməʳ] n [of land] agricoltore m, -trice f; [of animals] allevatore m, -trice f.

farmhouse ['fɑːmhaʊs] n casa f colonica.

farming ['fɑːmɪŋ] n (U) [of land] coltivazione f; [of animals] allevamento m.

farmland ['fɑːmlænd] n (U) terreno m coltivo.

farmstead ['fɑːmsted] n US casa f colonica.

farmyard ['fɑːmjɑːd] n cortile m.

far-reaching [-'riːtʃɪŋ] adj di grande portata.

farsighted [ˌfɑː'saɪtɪd] adj - 1. [person] lungimirante; [plan] lungimirante, di largo respiro - 2. US [longsighted] presbite.

fart [fɑːt] vulg <> n [air] scoreggia f. <> vi scoreggiare.

farther ['fɑːðəʳ] compar ⊳ **far**.

farthest ['fɑːðɪst] superl ⊳ **far**.

fascinate ['fæsɪneɪt] vt affascinare.

fascinating ['fæsɪneɪtɪŋ] adj affascinante.

fascination [ˌfæsɪ'neɪʃn] n fascino m.

fascism ['fæʃɪzm] n (U) fascismo m.

fashion ['fæʃn] <> n - 1. [current style] moda f; **in/out of fashion** di/fuori moda - 2. [manner] maniera f; **after a fashion** per così dire. <> vt fml [shape] modellare.

fashionable ['fæʃnəbl] adj di moda.

fashion show n sfilata f di moda.

fast [fɑːst] <> adj - 1. [rapid] veloce - 2. [ahead of time]: **my watch is five minutes fast** il mio orologio va avanti di cinque minuti - 3. [dye] resistente. <> adv - 1. [rapidly] velocemente; **how fast does this car go?** a che velocità va questa macchina? - 2. [firmly] saldamente; **to hold fast to sthg** [rope] tenere saldamente qc; [belief] essere tenacemente attaccato(a) a qc; **fast asleep** profondamente addormentato(a). <> n digiuno m. <> vi digiunare.

fasten ['fɑːsn] <> vt - 1. [close - jacket] abbottonare; [- bag] chiudere; [- seat belt] allacciare - 2. [attach]: **to fasten sthg to sthg** attaccare qc a qc. <> vi: **to fasten on to sb/sthg** concentrarsi su qn/qc.

fastener ['fɑːsnəʳ] n fermaglio m.

fastening ['fɑːsnɪŋ] n chiusura f.

fast food n (U) fast food m inv.

fastidious [fə'stɪdɪəs] adj pignolo(a).

fat [fæt] <> adj - 1. [person, meat] grasso(a); **to get fat** ingrassare - 2. [book, profit] grosso(a). <> n grasso m.

fatal ['feɪtl] adj fatale.

fatality [fə'tælətɪ] n [accident victim] vittima f.

fate [feɪt] n - 1. (U) [destiny] fato m, destino m; **to tempt fate** sfidare il destino - 2. [person, thing] sorte f, destino m.

fateful ['feɪtfʊl] adj fatidico(a).

father ['fɑːðəʳ] n padre m.

Father Christmas n UK Babbo m Natale.

father-in-law (pl **father-in-laws** OR **fathers-in-law**) n suocero m.

fathom ['fæðəm] <> n braccio m (misura di profondità, equivalente a circa 1,8 metri). <> vt: **to fathom sthg (out)** [meaning, mystery] decifrare qc; **I can't fathom her out at all** non riesco proprio a capire che tipo sia.

fatigue [fə'tiːg] n (U) fatica f.

fatten ['fætn] vt ingrassare.

fattening ['fætnɪŋ] adj ipercalorico(a).

fatty ['fætɪ] <> adj - 1. [food] grasso(a) - 2. BIOL [tissue] adiposo(a). <> n inf pej grassone m, -a f.

fatuous ['fætjʊəs] adj fatuo(a).

fatwa ['fætwə] n fatwa f inv.

faucet ['fɔːsɪt] n US rubinetto m.

fault [fɔːlt] <> n - 1. [responsibility] colpa f - 2. [mistake, imperfection] difetto m; **to find fault with sb/sthg** avere da ridire su qn/qc; **at fault** in colpa - 3. GEOL faglia f - 4. [in tennis] fallo m. <> vt: **to fault sb (on sthg)** trovare da ridire su qn (per qc).

faultless ['fɔːltlɪs] adj impeccabile.

faulty ['fɔːltɪ] adj difettoso(a).

fauna ['fɔːnə] n fauna f.

favorites ['feɪvrɪts] npl COMPUT preferiti mpl.

favour UK, **favor** US ['feɪvəʳ] <> n - 1. [gen] favore m; **to do sb a favour** fare un favore a qn; **in sb's favour** in favore di qn; **in/out of favour (with sb)** in auge/in disgrazia (presso qn); **to curry favour with sb** ingraziarsi qn - 2. (U) [favouritism] preferenza f. <> vt - 1. [show preference for] preferire - 2. [benefit] favorire. ◆ **in favour** adv [in agreement] a favore. ◆ **in favour of** prep - 1. [in preference to] a favore di - 2. [in agreement with]: **to be in favour of sthg/of doing sthg** essere a favore di qc/di fare qc.

favourable UK, **favorable** US ['feɪvrəbl] adj favorevole.

favourite UK, **favorite** US ['feɪvrɪt] <> adj [preferred] preferito(a). <> n favorito m, -a f.

favouritism UK, **favoritism** US ['feɪvrɪtɪzm] n (U) favoritismo m.

fawn [fɔːn] ◇ adj fulvo chiaro (inv). ◇ n [animal] cerbiatto m. ◇ vi: **to fawn on sb** mostrarsi servile con qn.

fax [fæks] ◇ n fax m inv. ◇ vt - 1. [send fax to] mandare un fax a - 2. [send by fax] faxare.

fax machine n fax m inv.

FBI (abbr of Federal Bureau of Investigation) n: **the FBI** l'FBI m o f.

fear [fɪər] ◇ n - 1. [gen] paura f, timore m; **for fear of** per paura OR timore di - 2. [risk] timore m. ◇ vt - 1. [be afraid of] aver paura di, temere - 2. [anticipate] temere; **to fear (that)** temere che (+ subjunctive), temere di (+ infinitive).

fearful ['fɪəfʊl] adj - 1. fml [frightened]: **fearful (of sthg/of doing sthg)** timoroso(a) (di qc/di fare qc) - 2. [frightening] pauroso(a).

fearless ['fɪəlɪs] adj impavido(a).

feasible ['fiːzəbl] adj [plan] fattibile.

feast [fiːst] ◇ n banchetto m. ◇ vi: **to feast on** OR **off sthg** banchettare con qc.

feat [fiːt] n impresa f.

feather ['feðər] n penna f, piuma f.

feature ['fiːtʃər] ◇ n - 1. [characteristic] caratteristica f - 2. [facial] lineamento m; **her eyes are her best feature** gli occhi sono la cosa più bella che ha - 3. [article] articolo m - 4. RADIO & TV programma m - 5. CIN film m inv (principale). ◇ vt [subj: film, exhibition] presentare. ◇ vi: **to feature (in sthg)** [appear, figure] comparire (in qc).

feature film n film m inv, lungometraggio m.

February ['februərɪ] n febbraio m, see also **September**.

feces npl US = faeces.

fed [fed] pt & pp ⊳ feed.

federal ['fedrəl] adj federale.

federation [,fedə'reɪʃn] n federazione f.

fed up adj: **fed up (with sb/sthg)** inf stufo(a) (di qn/qc).

fee [fiː] n [of doctor] onorario m; **membership fee** quota f d'iscrizione; **legal fees** spese fpl legali; **school fees** tasse fpl scolastiche.

feeble ['fiːbəl] adj debole.

feed [fiːd] (pt & pp fed [fed]) ◇ vt - 1. [give food to] dar da mangiare a - 2. fig [fuel] alimentare - 3. [put, insert]: **to feed sthg into sthg** inserire qc in qc. ◇ vi [take food]: **to feed (on** OR **off sthg)** nutrirsi (di qc). ◇ n - 1. [for baby] poppata f - 2. (U) [animal food] cibo m (per animali).

feedback ['fiːdbæk] n (U) feedback m inv.

feeding bottle ['fiːdɪŋ-] n esp UK biberon m inv.

feel [fiːl] (pt & pp felt [felt]) ◇ vt - 1. [touch] toccare, sentire - 2. [be aware of] sentire - 3. [believe, think] pensare; **to feel (that)** pensare che - 4. [experience] sentire, provare; **to feel o.s. doing sthg** accorgersi di fare qc; **I'm not feeling myself today** non mi sento in forma oggi. ◇ vi - 1. [have sensation, emotion] sentirsi; **to feel ill/a fool** sentirsi male/uno stupido; **to feel cold/sleepy** avere freddo/sonno; **to feel like sthg/like doing sthg** [be in mood for] aver voglia di qc/di fare qc - 2. [seem] sembrare; **it feels strange** sembra strano; **it feels good** che bella sensazione - 3. [by touch]: **to feel for sthg** cercare qc (tastando tutt'intorno). ◇ n - 1. [sensation, touch] sensazione f - 2. [atmosphere] atmosfera f.

feeler ['fiːlər] n [of insect, snail] antenna f.

feeling ['fiːlɪŋ] n - 1. [gen] sensazione f - 2. [understanding] sensibilità f inv. ◆ **feelings** npl sentimenti mpl; **to hurt sb's feelings** ferire i sentimenti di qn.

feet [fiːt] pl ⊳ foot.

feign [feɪn] vt fml fingere, simulare.

fell [fel] ◇ pt ⊳ fall. ◇ vt - 1. [tree] abbattere - 2. [person] atterrare. ◆ **fells** npl GEOG tipo di colline o alture, specialmente nel Nord Ovest dell'Inghilterra.

fellow ['feləʊ] ◇ adj: **fellow student/traveller** compagno m, -a f di studi/di viaggio. ◇ n - 1. dated [man] tipo m - 2. [comrade, peer] compagno m, -a f - 3. [of society] membro m - 4. [of college] docente mf.

fellowship ['feləʊʃɪp] n - 1. (U) [comradeship] cameratismo m - 2. [organization] compagnia f, associazione f - 3. [UNIV - scholarship] borsa f di studio per ricercatori; [- post] alta carica universitaria.

felt [felt] ◇ pt & pp ⊳ feel. ◇ n (U) feltro m.

felt-tip pen [felttɪp-] n pennarello m.

female ['fiːmeɪl] ◇ adj [figure, sex] femminile; [person, animal, plant] femmina. ◇ n - 1. [female animal] femmina f - 2. inf pej [woman] femmina f.

feminine ['femɪnɪn] ◇ adj femminile. ◇ n femminile m.

feminist ['femɪnɪst] n femminista mf.

fence [fens] ◇ n [barrier] recinzione f; **to sit on the fence** fig evitare di schierarsi, restare alla finestra. ◇ vt recintare.

fencing ['fensɪŋ] n (U) - 1. SPORT scherma f - 2. [fences] recinzione f.

fend [fend] *vi*: to fend for o.s. badare a se stesso. ◆ **fend off** *vt sep* schivare.

fender ['fendər] *n* - **1.** [around fireplace] parafuoco *m inv* - **2.** [on boat] parabordo *m inv* - **3.** *esp US* [on car] parafango *m*.

ferment ◇ *n* ['fɜ:ment] *(U)* [unrest] fermento *m*. ◇ *vi* [fə'ment] [change chemically] fermentare.

fern [fɜ:n] *n* felce *f*.

ferocious [fə'rəʊʃəs] *adj* feroce.

ferret ['ferɪt] *n* furetto *m*. ◆ **ferret around, ferret about** *UK vi inf* frugare.

ferry ['ferɪ] ◇ *n* traghetto *m*. ◇ *vt* trasportare.

fertile ['fɜ:taɪl] *adj* - **1.** [land, imagination] fertile - **2.** [inventive] fertile; [woman] fecondo(a).

fertilizer, -iser *UK* ['fɜ:tɪlaɪzər] *n* fertilizzante *m*.

fervent ['fɜ:vənt] *adj* fervente.

fester ['festər] *vi* [become infected] andare in suppurazione.

festival ['festəvl] *n* - **1.** [series of organized events] festival *m inv* - **2.** [holiday] festività *f inv*.

festive ['festɪv] *adj* festivo(a).

festive season *n*: the festive season le feste *fpl* natalizie.

festivities [fes'tɪvətɪz] *npl* festeggiamenti *mpl*.

festoon [fe'stu:n] *vt* ornare *(di festoni)*; to be festooned with sthg essere ornato(a) di qc.

fetch [fetʃ] *vt* - **1.** [go and get] andare a prendere - **2.** [sell for] essere venduto(a) per.

fetching ['fetʃɪŋ] *adj dated* attraente.

fete, fête [feɪt] ◇ *n* festa *f*. ◇ *vt* festeggiare.

fetish ['fetɪʃ] *n* feticcio *m*.

fetus ['fi:təs] *n esp US* = **foetus**.

feud [fju:d] ◇ *n* faida *f*. ◇ *vi* essere in lotta.

feudal ['fju:dl] *adj* feudale.

fever ['fi:vər] *n* febbre *f*.

feverish ['fi:vərɪʃ] *adj* - **1.** MED febbricitante - **2.** [frenzied] febbrile.

few [fju:] ◇ *adj* [not many] pochi(e); few visitors pochi visitatori; few people poca gente; a few alcuni(e), qualche *(+ singular)*; quite a few, a good few un bel po' di; few and far between pochi(e) e radi(e). ◇ *pron* pochi(e); a few alcuni(e); quite a few, a good few un bel po'.

fewer ['fju:ər] ◇ *adj* più pochi(e), meno. ◇ *pron* più pochi(e), meno.

fewest ['fju:ɪst] *adj* il minor numero di.

fiancé [fɪ'ɒnseɪ] *n* fidanzato *m*.

fiancée [fɪ'ɒnseɪ] *n* fidanzata *f*.

fiasco [fɪ'æskəʊ] *(pl* **-s** *OR* **-es)** *n* fiasco *m*.

fib [fɪb] *inf* ◇ *n* frottola *f*. ◇ *vi* raccontare frottole.

fibre *UK*, **fiber** *US* ['faɪbər] *n* fibra *f*.

fibreglass *UK*, **fiberglass** *US* ['faɪbəɡlɑ:s] *n (U)* fibra *f* di vetro.

fickle ['fɪkl] *adj* volubile.

fiction ['fɪkʃn] *n* - **1.** *(U)* LIT narrativa *f* - **2.** [fabrication, lie] finzione *f*.

fictional ['fɪkʃənl] *adj* - **1.** [literary] romanzato(a); a fictional work un'opera narrativa - **2.** [invented] immaginario(a).

fictitious [fɪk'tɪʃəs] *adj* fittizio(a).

fiddle ['fɪdl] ◇ *n inf* - **1.** [violin] violino *m* - **2.** [fraud] truffa *f*. ◇ *vt inf* manipolare. ◇ *vi* - **1.** [fidget]: to fiddle (around OR about *UK*) giocherellare; to fiddle (around OR about *UK*) with sthg giocherellare con qc - **2.** [waste time]: to fiddle around OR about *UK* cincischiare.

fiddly ['fɪdlɪ] *adj esp UK inf* [job] rognoso(a); [gadget] complicato(a).

fidget ['fɪdʒɪt] *vi* agitarsi.

field [fi:ld] ◇ *n* campo *m*; in the field [real environment] sul campo. ◇ *vt* [answer] rispondere a.

field day *n US* [for sport] giornata *f* di sport all'aperto; to have a field day *fig* divertirsi un mondo.

field marshal *n* feldmaresciallo *m*.

field trip *n* gita *f* di studio.

fieldwork ['fi:ldwɜ:k] *n (U)* ricerca *f* sul campo.

fiend [fi:nd] *n* - **1.** [cruel person] persona *f* malvagia - **2.** *inf* [fanatic] fanatico *m*, -a *f*.

fiendish ['fi:ndɪʃ] *adj* diabolico(a).

fierce [fɪəs] *adj* - **1.** [dog, person] feroce - **2.** [storm, temper] violento(a) - **3.** [competition, battle, criticism] accanito(a); [heat] torrido(a).

fiery ['faɪərɪ] *adj* - **1.** [burning] ardente - **2.** [speech] infocato(a); [person, temper] irascibile.

fifteen [fɪf'ti:n] *num* quindici, *see also* **six**.

fifteenth [fɪf'ti:nθ] *num* quindicesimo(a), *see also* **sixth**.

fifth [fɪfθ] *num* quinto(a), *see also* **sixth**.

Fifth Amendment *n*: the Fifth Amendment il Quinto Emendamento *(della Costituzione degli Stati Uniti)*.

fiftieth ['fɪftɪəθ] *num* cinquantesimo(a), *see also* **sixth**.

fifty ['fɪftɪ] *(pl* **-ies)** *num* cinquanta, *see also* **sixty**.

fifty-fifty ⬦ *adj* a metà, fifty-fifty; **there's a fifty-fifty chance** le possibilità sono al cinquanta per cento. ⬦ *adv* a metà, fifty-fifty.

fig [fɪg] *n* fico *m*.

fight [faɪt] (*pt & pp* **fought** [fɔ:t]) ⬦ *n* - **1.** [physical] rissa *f*; **a fight broke out** è scoppiata una rissa; **to have a fight (with sb)** venire alle mani (con qn); **to put up a fight** battersi - **2.** *fig* [battle, struggle] lotta *f* - **3.** [argument] lite *f*; **to have a fight (with sb)** litigare (con qn). ⬦ *vt* - **1.** [physically] lottare contro - **2.** [enemy, war, battle] combattere - **3.** [racism, drugs] lottare contro, combattere. ⬦ *vi* - **1.** [physically] battersi; [in war] combattere - **2.** *fig* [battle, struggle]: **to fight for/against sthg** lottare per/contro qc - **3.** [argue]: **to fight (about OR over sthg)** litigare (per qc). ◆ **fight back** ⬦ *vt insep* reprimere. ⬦ *vi* difendersi.

fighter ['faɪtər] *n* - **1.** [plane] caccia *m inv* - **2.** [soldier] combattente *mf* - **3.** [combative person] persona *f* combattiva.

fighting ['faɪtɪŋ] *n (U)* [in war] combattimenti *mpl*; [in streets] scontri *mpl*; [punch-up] rissa *f*.

figment ['fɪgmənt] *n*: **a figment of sb's imagination** il frutto della fantasia di qn.

figurative ['fɪgərətɪv] *adj* - **1.** [language] figurato(a) - **2.** ART figurativo(a).

figure [*UK* 'fɪgər, *US* 'fɪgjər] ⬦ *n* - **1.** [statistic] cifra *f* - **2.** [symbol of number] cifra *f*, numero *m*; **in single/double figures** a una/due cifre - **3.** [shape, diagram, person] figura *f*; **she has a good figure** ha un bel personale; **a leading figure in politics** una figura di spicco nel panorama politico; **see figure 2** vedi figura 2. ⬦ *vt esp US inf* [suppose] pensare, supporre. ⬦ *vi* [feature] figurare. ◆ **figure out** *vt sep* [answer] cercare di indovinare; [problem, puzzle] risolvere.

figurehead ['fɪgəhed] *n* - **1.** [on ship] polena *f* - **2.** [leader without real power] prestanome *mf inv*.

figure of speech *n* figura *f* retorica.

file [faɪl] ⬦ *n* - **1.** [folder] cartella *f* - **2.** [report] pratica *f*; **on file** in archivio - **3.** COMPUT file *m inv* - **4.** [tool] lima *f* - **5.** [line]: **in single file** in fila indiana. ⬦ *vt* - **1.** [put in folder] schedare, archiviare - **2.** [LAW - accusation, complaint] presentare; [- lawsuit] intentare - **3.** [shape, smooth] limare. ⬦ *vi* - **1.** [walk in single file] procedere in fila indiana - **2.** LAW: **to file for divorce** presentare istanza di divorzio.

filet *n* = **fillet**.

filing cabinet ['faɪlɪŋ-] *n* schedario *m*, classificatore *m*.

fill [fɪl] ⬦ *vt* - **1.** [gen]: **to fill sthg (with sthg)** riempire qc (con qc) - **2.** [fulfil - role, vacancy] coprire; [- need] soddisfare - **3.** [tooth] otturare. ⬦ *vi* riempirsi. ⬦ *n*: **to eat one's fill** mangiare a sazietà. ◆ **fill in** ⬦ *vt sep* - **1.** [complete] compilare - **2.** *inf* [inform]: **to fill sb in (on sthg)** mettere al corrente qn (di qc). ⬦ *vi* [substitute]: **to fill in for sb** sostituire qn. ◆ **fill out** ⬦ *vt sep* [complete] compilare. ⬦ *vi* [get fatter] arrotondarsi. ◆ **fill up** ⬦ *vt sep* riempire. ⬦ *vi* riempirsi.

fillet ['fɪlɪt, *UK* 'fɪlei, *US*], **filet** ['fɪlei] *n* filetto *m*.

fillet steak *n* bistecca *f* di filetto.

filling ['fɪlɪŋ] ⬦ *adj* [satisfying] sostanzioso(a). ⬦ *n* - **1.** [in tooth] otturazione *f* - **2.** [in cake, sandwich] ripieno *m*.

filling station *n* stazione *f* di servizio.

film [fɪlm] ⬦ *n* - **1.** [movie] film *m inv* - **2.** PHOT pellicola *f*; **a roll of film** un rullino fotografico - **3.** *(U)* [footage] riprese *fpl* - **4.** [layer] velo *m*. ⬦ *vt & vi* filmare.

film star *n* UK divo *m*, -a *f* del cinema.

Filofax® ['faɪləʊfæks] *n* organizer *m inv*.

filter ['fɪltər] ⬦ *n* filtro *m*. ⬦ *vt* [coffee, water, petrol] filtrare.

filter coffee *n* caffè *m* fatto con il filtro.

filter lane *n* UK corsia *f* di svincolo.

filter-tipped [-'tɪpt] *adj* con filtro.

filth [fɪlθ] *n (U)* - **1.** [dirt] sporcizia *f*, sudiciume *m* - **2.** [obscenity] oscenità *fpl*.

filthy ['fɪlθɪ] *adj* - **1.** [very dirty] sudicio(a) - **2.** [obscene] osceno(a).

fin [fɪn] *n* - **1.** [on fish] pinna *f* - **2.** *US* [for swimmer] pinna *f*.

final ['faɪnl] ⬦ *adj* - **1.** [last in order] ultimo(a) - **2.** [at end] finale - **3.** [definitive] definitivo(a). ⬦ *n* finale *f*. ◆ **finals** *npl* UK UNIV esami *mpl* finali; **to sit one's finals** dare gli esami finali.

finale [fɪ'nɑːlɪ] *n* finale *m*.

finalize, -ise *UK* ['faɪnəlaɪz] *vt* mettere a punto.

finally ['faɪnəlɪ] *adv* - **1.** [at last] finalmente - **2.** [lastly] infine.

finance ⬦ *n* ['faɪnæns] *(U)* - **1.** [money] finanziamento *m* - **2.** [money management] finanza *f*. ⬦ *vt* [faɪ'næns] finanziare. ◆ **finances** *npl* finanze *fpl*.

financial [faɪ'nænʃl] *adj* finanziario(a).

find [faɪnd] (*pt & pp* **found**) ⬦ *vt* - **1.** [gen] trovare - **2.** [realize, discover]: **to find (that)** scoprire che, rendersi conto che - **3.** LAW: **to be found guilty/not guilty of sthg** essere riconosciuto(a) colpevole/non colpevole di qc.

◇ n scoperta f. ◆ **find out** ◇ vi scoprire. ◇ vt insep [information, truth] scoprire. ◇ vt sep [person] scoprire, smascherare.

findings ['faɪndɪŋz] npl conclusioni fpl.

fine [faɪn] ◇ adj - **1.** [food, work] ottimo(a); [building, weather] bello(a) - **2.** [satisfactory]: **that's ~** va bene - **3.** [healthy]: **how are you? - I'm fine, thanks** come stai? – bene, grazie - **4.** [hair, slice, distinction] sottile - **5.** [smooth] fine - **6.** [adjustment, tuning] piccolo(a). ◇ adv [quite well] bene; **to get on fine** andare d'accordo. ◇ n multa f. ◇ vt multare; **I was fined £50** mi hanno dato una multa di 50 sterline.

fine arts npl belle arti fpl.

fine-tune ['faɪntjuːn] vt mettere a punto.

finger ['fɪŋɡər] ◇ n dito m; **to slip through sb's fingers** sfuggire di mano a qn. ◇ vt [feel] tastare.

fingernail ['fɪŋɡəneɪl] n unghia f.

fingerprint ['fɪŋɡəprɪnt] n impronta f digitale.

fingertip ['fɪŋɡətɪp] n punta f del dito; **at one's fingertips** sulla punta delle dita.

finicky ['fɪnɪkɪ] adj pej [eater, person] esigente; [task] minuzioso(a).

finish ['fɪnɪʃ] ◇ n - **1.** [end] fine f; [of race, match] finale m - **2.** [texture] finitura f. ◇ vt [conclude, complete] finire; **to finish doing sthg** finire di fare qc. ◇ vi - **1.** [gen] finire, terminare - **2.** [in race, competition] arrivare. ◆ **finish off** vt sep finire. ◆ **finish up** vi finire.

finishing line esp UK ['fɪnɪʃɪŋ-], **finish line** US n (linea f del) traguardo m.

finishing school ['fɪnɪʃɪŋ-] n scuola privata femminile per ragazze di buona famiglia, che prepara le alunne alla vita in alta società.

finish line n US = **finishing line**.

finite ['faɪnaɪt] adj - **1.** [limited] limitato(a) - **2.** GRAM finito(a).

Finland ['fɪnlənd] n Finlandia f.

Finn [fɪn] n [inhabitant of Finland] finlandese mf.

Finnish ['fɪnɪʃ] ◇ adj finlandese. ◇ n [language] finlandese m.

fir [fɜːr], **firtree** ['fɜːtriː] n abete m.

fire ['faɪər] ◇ n - **1.** (U) [gen] fuoco m; **on fire** in fiamme; **to catch fire** prendere fuoco; **to set fire to sthg** dare fuoco a qc, incendiare qc - **2.** [blaze, conflagration] incendio m - **3.** UK [heater, apparatus] stufa f - **4.** (U) [shooting] spari mpl, colpi mpl di arma da fuoco; **to open fire (on sb)** aprire il fuoco (su qn). ◇ vt - **1.** [shoot - bullet] sparare; [- gun, rifle] sparare

con - **2.** esp US [employee] licenziare. ◇ vi: **to fire (on OR at sb/sthg)** sparare (su OR contro qn/qc).

fire alarm n allarme m antincendio (inv).

firearm ['faɪərɑːm] n arma f da fuoco.

firebomb ['faɪəbɒm] ◇ n bomba f incendiaria. ◇ vt lanciare bombe incendiarie su.

fire brigade UK, **fire department** US n vigili mpl del fuoco.

fire engine n autopompa f.

fire escape n scala f antincendio (inv).

fire extinguisher n estintore m.

firefighter ['faɪəˌfaɪtər] n vigile m del fuoco, pompiere m.

fireguard esp UK ['faɪəɡɑːd], **fire screen** esp US n parafuoco m inv.

firelighter ['faɪəˌlaɪtər] n UK accendifuoco m inv.

fireman ['faɪəmən] (pl -men) n vigile m del fuoco, pompiere m.

fireplace ['faɪəpleɪs] n caminetto m.

fireproof ['faɪəpruːf] adj ininfiammabile, resistente al fuoco.

fire screen n esp US = **fireguard**.

fireside ['faɪəsaɪd] n: **by the fireside** davanti al caminetto.

fire station n caserma f dei pompieri.

firewall ['faɪəwɔːl] n COMPUT firewall m inv.

firewood ['faɪəwʊd] n (U) legna f.

firework ['faɪəwɜːk] n fuoco m d'artificio.

firing ['faɪərɪŋ] n (U) MIL spari mpl.

firing squad n plotone m d'esecuzione.

firm [fɜːm] ◇ adj - **1.** [texture, fruit] sodo(a), compatto(a) - **2.** [structure] solido(a) - **3.** [push, control, voice, opinion] fermo(a); **to stand firm** resistere, tenere duro - **4.** [answer, decision] definitivo(a); [evidence, news] certo(a) - **5.** FIN stabile. ◇ n ditta f, impresa f.

first [fɜːst] ◇ adj primo(a); **for the first time** per la prima volta; **first thing in the morning** al mattino presto. ◇ adv - **1.** [before anyone else] primo - **2.** [before anything else] per prima cosa; **first of all** prima di tutto - **3.** [for the first time] per la prima volta - **4.** [firstly, in list of points] primo. ◇ n - **1.** [person] primo m, -a f - **2.** [unprecedented event] novità f inv assoluta - **3.** UK UNIV laurea f con lode - **4.** AUT: **first (gear)** prima f. ◆ **at first** adv sulle prime. ◆ **at first hand** adv direttamente.

first aid n (U) pronto soccorso m.

first-aid kit n cassetta f del pronto soccorso.

first-class *adj* - **1.** [excellent] eccellente - **2.** [ticket, compartment] di prima classe; [mail] prioritario(a).

first course *n* primo *m* (piatto).

first floor *n* - **1.** *UK* [above ground level] primo piano *m* - **2.** *US* [at ground level] pianterreno *m*.

firsthand [fɜːstˈhænd] ◇ *adj* diretto(a). ◇ *adv* direttamente.

first lady *n UK* POL first lady *f inv*.

firstly [ˈfɜːstlɪ] *adv* in primo luogo.

first name *n* nome *m* (di battesimo).

first-rate *adj* ottimo(a).

fish [fɪʃ] (*pl* fish) ◇ *n* pesce *m*. ◇ *vt* pescare in. ◇ *vi* [try to catch fish] pescare; **to fish for sthg** andare a pesca di qc.

fish and chips *npl UK* pesce *m (sing)* fritto con patate fritte.

fish and chip shop *n UK* locale dove viene preparato e venduto il pesce con patate fritte.

fishcake [ˈfɪʃkeɪk] *n* crocchetta *f* di pesce.

fisherman [ˈfɪʃəmən] (*pl* -men) *n* pescatore *m*.

fish fingers *UK*, **fish sticks** *US npl* bastoncini *mpl* di pesce.

fishing [ˈfɪʃɪŋ] *n (U)* pesca *f*; **to go fishing** andare a pesca.

fishing boat *n* peschereccio *m*.

fishing rod *n* canna *f* da pesca.

fishmonger [ˈfɪʃˌmʌŋgər] *n esp UK* pescivendolo *m*, -a *f*; **fishmonger's (shop)** pescheria *f*.

fish shop *n* pescheria *f*.

fish sticks *npl US* = **fish fingers**.

fish tank *n* vasca *f* per i pesci.

fishy [ˈfɪʃɪ] *adj* - **1.** [like fish] di pesce - **2.** *fig* [suspicious] equivoco(a).

fist [fɪst] *n* pugno *m*.

fit [fɪt] ◇ *adj* - **1.** [suitable] adatto(a); **to be fit for sthg** essere adatto a qc; **to be fit to do sthg** essere in grado di fare qc - **2.** [healthy] in forma; **to keep fit** tenersi in forma. ◇ *n* - **1.** [of clothes, shoes etc]: **to be a good fit** andare a pennello; **to be a tight fit** stare stretto(a) - **2.** [epileptic seizure] attacco *m* epilettico; **to have a fit** MED avere un attacco epilettico; *fig* [be angry] andare su tutte le furie - **3.** [bout] accesso *m*; **in fits and starts** a singhiozzo. ◇ *vt* - **1.** [be correct size for] stare a, andare bene a - **2.** [place]: **to fit sthg into sthg** inserire qc in qc - **3.** [provide]: **to fit sthg with sthg** munire qc di qc - **4.** [be suitable for] corrispondere a. ◇ *vi* - **1.** [be correct size] stare, andare bene - **2.** [go] andare - **3.** [into container] entrare. ◆ **fit in** ◇ *vt sep* [accom-

modate] trovare un buco per. ◇ *vi* adattarsi; **to fit in with sb** adattarsi a qn; **to fit in with sthg** concordare con qc.

fitness [ˈfɪtnɪs] *n (U)* - **1.** [health] forma *f* fisica - **2.** [suitability]: **fitness (for sthg)** idoneità *f* (a qc).

fitter [ˈfɪtər] *n UK* installatore *m*, -trice *f*.

fitting [ˈfɪtɪŋ] ◇ *adj fml* appropriato(a). ◇ *n* - **1.** [part] accessorio *m* - **2.** [for clothing] prova *f*. ◆ **fittings** *npl* accessori *mpl*.

fitting room *n* camerino *m*.

five [faɪv] *num* cinque; *see also* **six**.

fiver [ˈfaɪvər] *n inf* - **1.** *UK* [amount] cinque sterline *fpl*; [note] banconota *f* da cinque sterline - **2.** *US* [amount] cinque dollari *mpl*; [note] banconota *f* da cinque dollari.

fix [fɪks] ◇ *vt* - **1.** [gen] fissare; **to fix sthg to sthg** fissare qc a qc - **2.** [set, arrange] fissare, stabilire - **3.** [repair] riparare - **4.** *inf* [race, fight] truccare - **5.** *esp US* [food, drink] preparare. ◇ *n* - **1.** *inf* [difficult situation]: **to be in a fix** essere nei guai - **2.** *drug sl* pera *f*. ◆ **fix up** *vt sep* - **1.** [provide]: **to fix sb up with sthg** procurare qc a qn - **2.** [arrange] organizzare.

fixation [fɪkˈseɪʃn] *n*: **fixation (on OR about sb/sthg)** fissazione *f* (per qn/qc).

fixed [fɪkst] *adj* - **1.** [attached] fissato(a) - **2.** [set, immovable] fisso(a).

fixture [ˈfɪkstʃər] *n* - **1.** [in building] impianto *m* fisso - **2.** *fig* [permanent feature] presenza *f* fissa - **3.** [sports event] incontro *m*.

fizz [fɪz] *vi* [drink] frizzare.

fizzle [ˈfɪzl] ◆ **fizzle out** *vi* smorzarsi.

fizzy [ˈfɪzɪ] *adj* gassato(a), frizzante.

flabbergasted [ˈflæbəgɑːstɪd] *adj* esterrefatto(a).

flabby [ˈflæbɪ] *adj* flaccido(a).

flag [flæg] ◇ *n* bandiera *f*. ◇ *vi* [person, enthusiasm] afflosciarsi; [conversation] languire. ◆ **flag down** *vt sep*: **to flag sb/sthg down** segnalare a qn/qc di fermarsi.

flagpole [ˈflægpəʊl] *n* asta *f* della bandiera.

flagrant [ˈfleɪgrənt] *adj* flagrante, palese.

flagstone [ˈflægstəʊn] *n* pietra *f* per lastricare.

flair [fleər] *n* - **1.** [talent] talento *m* - **2.** *(U)* [stylishness] stile *m*.

flak [flæk] *n (U)* - **1.** [gunfire] fuoco *m* antiaereo - **2.** *inf* [criticism] critiche *fpl*.

flake [fleɪk] ◇ *n* [of snow] fiocco *m*; [of paint, plaster] scaglia *f*; [of skin] squama *f*. ◇ *vi* [skin] squamarsi; [paint, plaster] sfaldarsi.

flamboyant [flæmˈbɔɪənt] *adj* - **1.** [person, behaviour] stravagante - **2.** [clothes, design] vistoso(a).

flame [fleɪm] *n* fiamma *f*; **to go up in flames** andare in fiamme; **to burst into flames** prendere fuoco.

flamingo [flə'mɪŋgəʊ] (*pl* -s *OR* -es) *n* fenicottero *m*.

flammable ['flæməbl] *adj* infiammabile.

flan [flæn] *n* - 1. *UK* [filled pastry case] sformato *m (di frutta, verdura o formaggio)* - 2. *US* [crème caramel] crème caramel *m inv*.

flank [flæŋk] ⬦ *n* fianco *m*. ⬦ *vt*: **to be flanked by sb/sthg** essere affiancato(a) da qn/qc.

flannel ['flænl] *n* - 1. *(U)* [fabric] flanella *f* - 2. *UK* [facecloth] ≈ guanto *m* di spugna.

flap [flæp] ⬦ *n* - 1. [of skin] lembo *m*; [of pocket] patta *f*; [of envelope] linguetta *f* - 2. *inf* [state of panic]: **in a flap** in panico. ⬦ *vt* sbattere. ⬦ *vi* [wave] sbattere.

flapjack ['flæpdʒæk] *n* - 1. *UK* [biscuit] biscotto *m* d'avena - 2. *US* [pancake] crêpe *f inv*.

flare [fleər] ⬦ *n* [distress signal] razzo *m* di segnalazione. ⬦ *vi* - 1. [fire]: **to flare (up)** fare una vampata - 2.: **to flare (up)** [dispute, violence] scoppiare; [temper, person] infiammarsi; [disease] avere una recrudescenza - 3. [trousers, skirt] essere svasato(a) - 4. [nostrils] dilatarsi. ⬦ **flares** *npl* pantaloni *mpl* svasati.

flash [flæʃ] ⬦ *n* - 1. [of light, inspiration] lampo *m*; **in a flash** in un attimo - 2. *PHOT* flash *m inv*. ⬦ *vt* - 1. [light, torch] far lampeggiare - 2. [look, smile, glance] lanciare - 3. [information] trasmettere velocemente; [picture, passport] mostrare velocemente. ⬦ *vi* - 1. [torch] lampeggiare - 2. [light, eyes] brillare - 3. [move fast] balenare; **the car flashed by** l'auto è passata come un razzo.

flashback ['flæʃbæk] *n* flashback *m inv*.

flashbulb ['flæʃbʌlb] *n* (lampadina *f* per il) flash *m inv*.

flashgun ['flæʃgʌn] *n* flash *m inv*.

flashlight ['flæʃlaɪt] *n esp US* torcia *f* (elettrica).

flashy ['flæʃɪ] *adj inf* vistoso(a).

flask [flɑːsk] *n* - 1. *UK* [to keep drinks hot] thermos® *m inv* - 2. [used in chemistry] beuta *f* - 3. [hip flask] fiaschetta *f*.

flat [flæt] ⬦ *adj* - 1. [gen] piatto(a); [land] pianeggiante - 2. [shoes] basso(a) - 3. [tyre] a terra, sgonfio(a) - 4. [refusal, denial] netto(a) - 5. [business, trade] stagnante - 6. [MUS - lower than correct note] stonato(a); [- lower than stated note] bemolle *(inv)* - 7. *COMM* [fare, fee] fisso(a) - 8. [no longer fizzy] sgassato(a) - 9. [battery] scarico(a). ⬦ *adv* - 1. [level] di piatto - 2. *inf* [exactly] esattamente; **in five minutes flat** in cinque minuti esatti. ⬦ *n* - 1. *UK* [apartment] appartamento *m* - 2. *MUS* bemolle *m*. ⬦ **flat out** *adv inf* a tutta velocità.

flatly ['flætlɪ] *adv* - 1. [absolutely] categoricamente - 2. [dully] in modo piatto.

flatmate ['flætmeɪt] *n UK*: **Anna's my flatmate** Anna divide l'appartamento con me.

flat rate *n* tariffa *f* unica.

flatscreen television, flatscreen TV ['flæt,skriːn-] *n* televisore *m* a schermo piatto.

flatten ['flætn] *vt* - 1. [steel, paper] appiattire; [wrinkles, bumps] spianare - 2. [destroy] radere al suolo. ⬦ **flatten out** ⬦ *vi* appiattirsi. ⬦ *vt sep* spianare.

flatter ['flætər] *vt* - 1. [compliment] lusingare - 2. [suit] donare a; **that colour flatters you** quel colore ti dona.

flattering ['flætərɪŋ] *adj* [remark, offer] lusinghiero(a); [dress, colour, neckline] che dona.

flattery ['flætərɪ] *n (U)* lusinga *f*.

flaunt [flɔːnt] *vt* ostentare.

flavour *UK*, **flavor** *US* ['fleɪvər] ⬦ *n* - 1. [taste] sapore *m*, gusto *m* - 2. *fig* [atmosphere] tocco *m*. ⬦ *vt* [food, drink] aromatizzare.

flavouring *UK*, **flavoring** *US* ['fleɪvərɪŋ] *n* aromatizzante *m*.

flaw [flɔː] *n* [fault]: **flaw (in sthg)** [in material, character] difetto *m* (in qc); [in plan, argument] errore *m* (in qc).

flawless ['flɔːlɪs] *adj* perfetto(a).

flax [flæks] *n* lino *m*.

flea [fliː] *n* pulce *f*.

flea market *n* mercato *m* delle pulci.

fleck [flek] ⬦ *n* [of paint, colour] macchiolina *f*; [of dust] granello *m*. ⬦ *vt*: **flecked with sthg** screziato(a) di qc.

fled [fled] *pt* & *pp* ⇨ **flee**.

flee [fliː] (*pt* & *pp* **fled**) ⬦ *vt* fuggire da. ⬦ *vi* fuggire.

fleece [fliːs] ⬦ *n* - 1. [sheep's coat] vello *m*; [wool] lana *f* - 2. *UK* [garment] pile *m inv*. ⬦ *vt inf* [cheat] spellare.

fleet [fliːt] *n* - 1. [of ships] flotta *f* - 2. [of cars, buses] parco *m*.

fleeting ['fliːtɪŋ] *adj* [glimpse, moment] fugace; [visit] breve.

Flemish ['flemɪʃ] ⬦ *adj* fiammingo(a). ⬦ *n* [language] fiammingo *m*. ⬦ *npl*: **the Flemish** i fiamminghi.

flesh [fleʃ] *n* - 1. [of body] carne *f*; **flesh and blood** [family]' il sangue del proprio sangue - 2. [of fruit, vegetable] polpa *f*.

flesh wound *n* ferita *f* superficiale.

flew [flu:] *pt* ▭ **fly**.

flex [fleks] ⬦ *n* UK ELEC filo *m*. ⬦ *vt* [bend] flettere.

flexible ['fleksəbl] *adj* flessibile.

flexitime ['fleksıtaım], **flextime** US ['flekstaım] *n* (U) orario *m* flessibile.

flick [flık] ⬦ *n* schiocco *m*. ⬦ *vt* [switch] premere. ◆ **flick through** *vt insep* sfogliare.

flicker ['flıkər] *vi* - **1.** [candle, light] tremolare - **2.** [shadow] guizzare; [eyelids] sbattere.

flick knife *n* UK coltello *m* a serramanico.

flight [flaıt] *n* - **1.** [gen] volo *m* - **2.** [of steps, stairs] rampa *f* - **3.** [escape] fuga *f*.

flight attendant *n* assistente *mf* di volo.

flight deck *n* - **1.** [of aircraft carrier] ponte *m* di volo - **2.** [of aircraft] cabina *f* di pilotaggio.

flight recorder *n* registratore *m* di volo.

flimsy ['flımzı] *adj* - **1.** [material, clothes, shoes] leggero(a); [paper, structure] fragile - **2.** [excuse, argument] debole.

flinch [flıntʃ] *vi* fremere; **to flinch from sthg/from doing sthg** tirarsi indietro di fronte a qc/al fare qc.

fling [flıŋ] (*pt & pp* flung) ⬦ *n* avventura *f (amorosa)*. ⬦ *vt* [throw] lanciare; **she flung her arms around his neck** gli ha buttato le braccia al collo.

flint [flınt] *n* - **1.** (U) [rock] selce *f* - **2.** [in lighter] pietrina *f*.

flip [flıp] ⬦ *vt* - **1.** [pancake, omelette] rivoltare; [record] girare; **to flip a coin** lanciare la moneta; **to flip sthg open** aprire qc di scatto; **to flip through sthg** sfogliare qc - **2.** [switch] premere. ⬦ *vi inf* [become angry] dare i numeri. ⬦ *n* - **1.** [of coin] lancio *m* - **2.** [somersault] capriola *f*; **at the flip of a switch** semplicemente premendo un interruttore.

flip-flop *n* infradito *m* o *f inv*.

flippant ['flıpənt] *adj* impertinente.

flipper ['flıpər] *n* pinna *f*.

flirt [flɜ:t] ⬦ *n* [man] farfallone *m*; [woman] civetta *f*. ⬦ *vi* [with person] flirtare; **to flirt with sb** flirtare con qn.

flirtatious [flɜ:'teıʃəs] *adj* civettuolo(a).

flit [flıt] *vi* [move quickly - bird] svolazzare.

float [fləut] ⬦ *n* - **1.** [on fishing line, net] galleggiante *m* - **2.** [in procession] carro *m* - **3.** [money] riserva *f* di cassa. ⬦ *vt* [on water] far galleggiare. ⬦ *vi* - **1.** [on water] galleggiare - **2.** [through air] librarsi, fluttuare.

flock [flɒk] *n* - **1.** [of birds] stormo *m*; [of sheep] gregge *m* - **2.** *fig* [of people] folla *f*.

flog [flɒg] *vt* - **1.** [whip] frustare - **2.** *esp UK inf* [sell] rifilare.

flood [flʌd] ⬦ *n* - **1.** [of water] allagamento *m*, alluvione *f* - **2.** [great amount] valanga *f*. ⬦ *vt* - **1.** [with water] inondare, allagare - **2.** [with goods, light]: **to flood sthg (with sthg)** inondare qc (di qc) - **3.** AUT [engine] ingolfare.

flooding ['flʌdıŋ] *n* (U) alluvione *f*, inondazione *f*.

floodlight ['flʌdlaıt] *n* riflettore *m*.

floor [flɔ:r] ⬦ *n* - **1.** [of room] pavimento *m* - **2.** [of valley, sea] fondo *m*; [of forest] suolo *m* - **3.** [storey] piano *m* - **4.** [at meeting, debate] auditorio *m* - **5.** [for dancing] pista *f*. ⬦ *vt* - **1.** [knock down] stendere - **2.** [baffle] spiazzare.

floorboard ['flɔ:bɔ:d] *n* asse *m* del pavimento.

floor show *n* spettacolo *m* di cabaret.

flop [flɒp] *inf n* fiasco *m*, flop *m inv*.

floppy ['flɒpı] *adj* floscio(a).

floppy (disk) *n* floppy *m inv* (disk *m inv*).

flora ['flɔ:rə] *n* flora *f*.

florid ['flɒrıd] *adj* - **1.** [face, complexion] florido(a) - **2.** [style] fiorito(a).

florist ['flɒrıst] *n* fioraio *m*, -a *f*; **florist's (shop)** fioraio *m*.

flotsam ['flɒtsəm] *n* (U): **flotsam and jetsam** [debris] relitti *mpl* di naufragio; [people] relitti *mpl* umani.

flounder ['flaundər] *vi* annaspare.

flour ['flauər] *n* farina *f*.

flourish ['flʌrıʃ] ⬦ *vi* - **1.** [grow healthily – plant, flower] fiorire; [- children] crescere bene - **2.** [be successful] fiorire, prosperare. ⬦ *vt* sventolare. ⬦ *n*: **to do sthg with a flourish** far qc con un gesto plateale.

flout [flaut] *vt* sfidare.

flow [fləu] ⬦ *n* [gen] flusso *m*; [of river] corso *m*. ⬦ *vi* - **1.** [gen] scorrere - **2.** [hair, dress] ricadere.

flowchart ['fləutʃɑ:t], **flow diagram** *n* diagramma *m* di flusso.

flower ['flauər] ⬦ *n* BOT fiore *m*; **in flower** in fiore. ⬦ *vi* fiorire.

flowerbed ['flauəbed] *n* aiuola *f*.

flowerpot ['flauəpɒt] *n* vaso *m* (da fiori).

flowery ['flauərı] *adj* - **1.** [patterned] a fiori - **2.** *pej* [elaborate] fiorito(a).

flown [fləun] *pp* ▭ **fly**.

flu [flu:] *n* (U) influenza *f*.

fluctuate ['flʌktʃueıt] *vi* [prices, demand] fluttuare; [mood, opinion] variare.

fluency ['flu:ənsɪ] *n (U)* - **1.** [in a foreign language] padronanza *f*, scioltezza *f* - **2.** [in speaking, writing] scioltezza *f*.

fluent ['flu:ənt] *adj* - **1.** [in a foreign language]: **he is fluent in French** OR **he speaks fluent French** parla correntemente il francese - **2.** [writing] scorrevole; [speaker] eloquente.

fluffy ['flʌfɪ] *adj* [jumper, kitten] morbido(a); [toy] di peluche.

fluid ['flu:ɪd] <> *n* liquido *m*. <> *adj* - **1.** [flowing] fluido(a) - **2.** [unfixed] incerto(a).

fluid ounce *n* oncia *f* fluida.

fluke [flu:k] *n inf* [chance] colpo *m* di fortuna.

flummox ['flʌməks] *vt inf* sconcertare.

flung [flʌŋ] *pt & pp* ▷ **fling**.

flunk [flʌŋk] *esp US inf vt* [exam, test] cannare; [student] bocciare.

fluorescent [fluə'resənt] *adj* fluorescente.

fluoride ['fluəraɪd] *n* fluoruro *m*.

flurry ['flʌrɪ] *n* - **1.** [gen] turbine *m* - **2.** [of rain] scroscio *m*.

flush [flʌʃ] <> *adj* [level]: **flush with sthg** a livello di qc. <> *n* - **1.** [in toilet] sciacquone *m* - **2.** [blush] rossore *m* - **3.** [sudden feeling] accesso *m*. <> *vt* [with water]: **to flush the toilet** tirare l'acqua. <> *vi* - **1.** [toilet]: **the toilet won't flush** lo sciacquone non funziona - **2.** [blush] arrossire.

flushed [flʌʃt] *adj* - **1.** [red-faced] rosso(a) - **2.** [excited]: **flushed with sthg** esaltato(a) da qc.

flustered ['flʌstəd] *adj* agitato(a).

flute [flu:t] *n* MUS flauto *m*.

flutter ['flʌtər] <> *n* - **1.** [of wings] battito *m* - **2.** *inf* [sudden feeling] fremito *m*. <> *vi* - **1.** [bird, insect] svolazzare; [wings] sbattere - **2.** [flag, dress] sventolare.

flux [flʌks] *n (U)* [change]: **to be in a state of flux** essere in continuo mutamento.

fly [flaɪ] *(pt flew, pp flown)* <> *n* - **1.** [insect] mosca *f* - **2.** *esp US* [of trousers] patta *f*. <> *vt* - **1.** [plane] pilotare; [kite, model aircraft] far volare - **2.** [transport by air] trasportare in aereo - **3.** [flag] sventolare. <> *vi* - **1.** [gen] volare - **2.** [pilot] pilotare un aereo - **3.** [travel by plane] viaggiare in aereo - **4.** [flag] sventolare.
◆ **fly away** *vi* volare via. ◆ **flies** *npl UK* patta *f (singolare)*.

fly-fishing *n* pesca *f* con la mosca.

flying ['flaɪɪŋ] <> *adj* - **1.** [able to fly] volante - **2.** [running]: **a ~ leap** un salto con rincorsa. <> *n* - **1.** [plane travel]: **I hate ~** odio viaggiare in aereo - **2.** SPORT aviazione *f*.

flying colours *npl*: **with flying colours** brillantemente.

flying saucer *n* disco *m* volante.

flying start *n*: **to get off to a flying start** partire nel migliore dei modi, iniziare brillantemente.

flying visit *n* visita *f* lampo *(inv)*.

flyover ['flaɪ,əʊvər] *n UK* [road] cavalcavia *m inv*.

flysheet ['flaɪʃi:t] *n* doppio telo *m*.

fly spray *n* insetticida *m*.

FM *(abbr of frequency modulation)* FM *f*.

foal [fəʊl] *n* puledro *m*.

foam [fəʊm] <> *n* - **1.** [bubbles] schiuma *f* - **2.** [material]: **foam (rubber)** gommapiuma® *f*. <> *vi* fare schiuma; **to ~ at the mouth** avere la schiuma alla bocca.

fob [fɒb] ◆ **fob off** *vt*: **to fob sthg off on sb** rifilare qc a qn; **to fob sb off with sthg** liquidare qn con qc.

focal point ['fəʊkl pɔɪnt] *n* punto *m* centrale.

focus ['fəʊkəs] *(pl -cuses OR -ci, pt & pp -cussed)* <> *n* - **1.** PHOT fuoco *m*; **out of focus** sfocato(a); **in focus** a fuoco - **2.** [of rays] fuoco *m* - **3.** [centre of interest]: **the focus this week is on inflation** questa settimana l'obiettivo sarà puntato sull'inflazione. <> *vt* - **1.** [lens, camera] mettere a fuoco, puntare - **2.** [mentally]: **to focus one's attention on sb/ sthg** concentrarsi su qn/qc. <> *vi* - **1.** [eyes] mettersi a fuoco; [with camera, lens] puntare; **to focus on sb/sthg/sthg** puntare su qn/qc - **2.** [mentally]: **to focus on sthg** concentrarsi su qc.

focussed ['fəʊkəst] *adj* concentrato(a).

fodder ['fɒdər] *n* foraggio *m*.

foe [fəʊ] *n liter* nemico *m*, -a *f*.

foetus, fetus *esp US* ['fi:təs] *n* feto *m*.

fog [fɒg] *n* nebbia *f*.

foggy ['fɒgɪ] *adj* nebbioso(a).

foghorn ['fɒghɔ:n] *n* sirena *f* da nebbia.

fog light, fog lamp *UK n* faro *m* antinebbia.

foible ['fɔɪbl] *n* mania *f*.

foil [fɔɪl] <> *n* - **1.** *(U)* [metal sheet] lamina *f* - **2.** *(U)* [for wrapping food] carta *f* d'alluminio. <> *vt* bloccare.

fold [fəʊld] <> *vt* - **1.** [sheet, blanket, paper] piegare; [wings] ripiegare; **to fold one's arms** incrociare le braccia - **2.** [table, chair, bed] ripiegare, richiudere - **3.** [wrap] avvolgere. <> *vi* - **1.** [bed, chair] essere pieghevole, ripiegarsi; [petals, leaves] richiudersi - **2.** *inf* [business, newspaper, play] chiudere. <> *n* - **1.** [in material, paper] piega *f* - **2.** [for sheep] ovile *m* - **3.** *fig* [spiritual home]: **the fold** l'ovile.
◆ **fold up** <> *vt sep* - **1.** [sheet, blanket, pa-

per] piegare - **2.** [table, chair, bed] ripiegare. ⬦ *vi* - **1.** [sheet, blanket, paper] piegarsi - **2.** [table, chair, bed] ripiegarsi; [petals, leaves] richiudersi - **3.** *inf* [business, newspaper, play] chiudere.

folder ['fəʊldə'] *n* [for papers] cartelletta *f.*

folding ['fəʊldɪŋ] *adj* pieghevole.

foliage ['fəʊlɪdʒ] *n* fogliame *m.*

folk [fəʊk] ⬦ *adj* popolare. ⬦ *npl* [people] gente *f (sing).* ◆ **folks** *npl inf esp US* [relatives] genitori *mpl.*

folklore ['fəʊklɔ:'] *n* (U) folclore *m.*

folk music *n* musica *f* folk *(inv),* musica *f* popolare.

folk song *n* canto *m* popolare.

folksy ['fəʊksɪ] *adj esp US inf* alla buona.

follow ['fɒləʊ] ⬦ *vt* - **1.** [come after] seguire - **2.** [logically]: **it follows that** ne consegue che. ⬦ *vi* - **1.** [come after – person, letter] seguire; [- days, weeks] susseguirsi - **2.** [happen as result] derivare - **3.** [be logical] essere logico(a) - **4.** [understand] seguire. ◆ **follow up** *vt sep* - **1.** [pursue] seguire - **2.** [supplement]: **to follow sthg up with sthg** far seguire qc da qc.

follower ['fɒləʊə'] *n* seguace *mf.*

following ['fɒləʊɪŋ] ⬦ *adj* - **1.** [next] successivo(a) - **2.** [about to be described] seguente. ⬦ *n* [group of supporters, fans] seguito *m.* ⬦ *prep* [after] in seguito a.

folly ['fɒlɪ] *n* (U) follia *f.*

fond [fɒnd] *adj* [affectionate] affettuoso(a); **to be fond of sb** voler bene a qn; **I'm very fond of chocolate** mi piace molto la cioccolata; **he's fond of travelling** gli piace viaggiare.

fondle ['fɒndl] *vt* accarezzare.

font [fɒnt] *n* - **1.** [in church] fonte *f* battesimale - **2.** COMPUT & TYPO carattere *m.*

food [fu:d] *n* cibo *m.*

food mixer *n* mixer *m inv.*

food poisoning [-'pɔɪznɪŋ] *n* (U) intossicazione *f* alimentare.

food processor [-,prəʊsesə'] *n* robot *m inv* da cucina.

foodstuffs ['fu:dstʌfs] *npl* generi *mpl* alimentari.

fool [fu:l] ⬦ *n* - **1.** [idiot] sciocco *m,* -a *f* - **2.** [dessert] *frullato di frutta cotta con aggiunta di panna.* ⬦ *vt* ingannare; **to fool sb into doing sthg** persuadere qn con l'inganno a fare qc. ⬦ *vi* scherzare. ◆ **fool around, fool about** *UK vi* - **1.** [behave foolishly]: **to fool around (with sthg)** fare lo(la) scemo(a) (con qc) - **2.** [be unfaithful]: **to fool around (with sb)** avere una storia (con qn) - **3.** [tamper]: **to fool around with sthg** giocherellare con qc.

foolhardy ['fu:l,hɑ:dɪ] *adj* avventato(a).

foolish ['fu:lɪʃ] *adj* - **1.** [unwise, silly] sciocco(a) - **2.** [laughable, undignified] idiota *(inv).*

foolproof ['fu:lpru:f] *adj* infallibile.

foot [fʊt] (*pl* **feet**) ⬦ *n* - **1.** [gen] piede *m;* **to be on one's feet** essere in piedi; **to get to one's feet** alzarsi; **on foot** a piedi; **to have** OR **get cold feet** avere paura; **to put one's foot in it** *UK* OR **in one's mouth** *US* fare una gaffe; **to put one's feet up** riposare - **2.** [bottom] fondo *m.* ⬦ *vt inf:* **to foot the bill (for sthg)** pagare il conto (per qc).

footage ['fʊtɪdʒ] *n* (U) sequenze *fpl.*

football ['fʊtbɔ:l] *n* - **1.** *UK* [soccer] calcio *m* - **2.** *US* [American football] football *m inv* americano - **3.** [ball] pallone *m.*

footballer ['fʊtbɔ:lə'] *n UK* calciatore *m,* -trice *f,* giocatore *m,* -trice *f* di calcio.

football player *n* - **1.** *UK* [soccer] calciatore *m,* -trice *f,* giocatore *m,* -trice *f* di calcio - **2.** *US* [American football] giocatore *m,* -trice *f* di football americano.

footbridge ['fʊtbrɪdʒ] *n* ponte *m* pedonale.

foothills ['fʊthɪlz] *npl* colline *fpl* pedemontane.

foothold ['fʊthəʊld] *n* punto *m* d'appoggio.

footing ['fʊtɪŋ] *n* - **1.** [foothold] punto *m* d'appoggio; **to lose one's footing** mettere un piede in fallo - **2.** [basis] condizione *f;* **on a war footing** sul piede di guerra.

footlights ['fʊtlaɪts] *npl* luci *fpl* della ribalta.

footnote ['fʊtnəʊt] *n* nota *f* a piè di pagina.

footpath ['fʊtpɑ:θ] *n* sentiero *m.*

footprint ['fʊtprɪnt] *n* orma *f.*

footstep ['fʊtstep] *n* passo *m.*

footwear ['fʊtweə'] *n* (U) calzature *fpl.*

for [fɔ:'] *prep* - **1.** [indicating intention, destination, purpose] per; **this is for you** questo è per te; **the plane for Paris** l'aereo per Parigi; **let's meet for a drink** troviamoci per bere insieme qualcosa; **we did it for a laugh** OR **for fun** l'abbiamo fatto per scherzo OR divertimento; **what's it for?** a cosa serve? - **2.** [representing, on behalf of] per; **he works for the government** lavora per il governo; **she plays for England** gioca nella nazionale inglese; **the MP for Barnsley** il deputato di Barnsley; **I'll speak to him for you** gli parlerò io per te; **let me do that for you** lascia che te lo faccia io - **3.** [because of] per; **for various reasons** per varie ragioni; **it's famous for its cathedral** è famosa per la sua cattedrale - **4.** [with regard to] per; **to be ready for sthg** essere pronto(a) per qc; **it's too difficult for me** è troppo difficile per me; **it's not for me to say** non sta a me dirlo; **to feel sorry/glad for sb** essere dispiaciuto(a)/

contento(a) per qn; **to be young for one's age** essere giovane per la propria età - **5.** [indicating amount of time, space] per; **there's no time for that now** non c'è tempo per questo ora; **there's room for another person** c'è posto per un'altra persona - **6.** [indicating period of time] per; **we talked for hours** abbiamo parlato per ore; **she'll be away for a month** starà via un mese; **I've lived here for three years** ci ho vissuto tre anni; **he said he'd do it for tomorrow** ha detto che l'avrebbe fatto per domani - **7.** [indicating distance] per; **for 50 feet/miles** per 50 piedi/miglia - **8.** [indicating particular occasion] per; **what did you get for Christmas?** cosa ti hanno regalato per Natale?; **the meeting scheduled for the 30th** la riunione prevista per il 30 - **9.** [indicating amount of money, price] per; **I bought/sold it for £10** l'ho comprato/venduto per 10 sterline - **10.** [in favour of, in support of] a favore di; **to vote for sthg** votare a favore di qc; **to be all for sthg** essere totalmente favorevole a qc - **11.** [in ratios] per - **12.** [indicating meaning]: **P for Peter** P di Peter; **what's the Greek for "mother"?** come si dice in greco "madre"?

forage ['fɒrɪdʒ] *vi*: **to forage (for sthg)** andare alla ricerca (di qc).

foray ['fɒreɪ] *n* - **1.** [raid] incursione *f* - **2.** *fig* [excursion] puntata *f*; **foray into sthg** incursione in qc.

forbad [fə'bæd], **forbade** [fə'beɪd] *pt* ⊳ **forbid**.

forbid [fə'bɪd] (*pt* **-bade** OR **-bad**, *pp* **-bidden**) *vt* proibire, vietare; **to forbid sb to do sthg** proibire OR vietare a qn di fare qc.

forbidden [fə'bɪdn] ⊳ *pp* ⊳ **forbid**. ⊳ *adj* proibito(a), vietato(a).

forbidding [fə'bɪdɪŋ] *adj* minaccioso(a), cupo(a).

force [fɔːs] ⊳ *n* - **1.** [gen] forza *f*; **by force** con la forza - **2.** [effect]: **to be in/come into force** essere in/entrare in vigore. ⊳ *vt* - **1.** [compel] costringere; **to force sb to do sthg** costringere qn a fare qc; **to force sthg on sb** imporre qc a qn - **2.** [break open, push] forzare.

◆ **forces** *npl*: **the forces** le forze armate; **to join forces (with sb)** unire le forze (con qn).

force-feed *vt* alimentare forzatamente.

forceful ['fɔːsful] *adj* deciso(a).

forceps ['fɔːseps] *npl* [gen] pinza *f*; [to deliver baby] forcipe *m*.

forcibly ['fɔːsəblɪ] *adv* - **1.** [using physical force] a forza - **2.** [powerfully] con forza.

ford [fɔːd] *n* guado *m*.

fore [fɔːr] ⊳ *adj* NAUT di prua. ⊳ *n*: **to come to the fore** *fig* venire in primo piano.

forearm ['fɔːr,ɑːm] *n* avambraccio *m*.

foreboding [fɔː'bəudɪŋ] *n* cattivo presentimento *m*.

forecast ['fɔːkɑːst] (*pt & pp* **forecast** OR **-ed**) ⊳ *n* previsione *f*; **weather forecast** previsioni *fpl* del tempo. ⊳ *vt* prevedere.

foreclose [fɔː'kləuz] ⊳ *vt* pignorare. ⊳ *vi*: **to foreclose on sb** pignorare i beni di qn; **to foreclose on sthg** pignorare qc.

forecourt ['fɔːkɔːt] *n* piazzale *m* anteriore.

forefront ['fɔːfrʌnt] *n*: **in** OR **at the forefront of sthg** all'avanguardia *f* di qc.

forego [fɔː'gəu] *vt* = **forgo**.

foregone conclusion ['fɔːgɒn-] *n*: **it's a foregone conclusion** è una conclusione scontata.

foreground ['fɔːgraund] *n* primo piano *m*.

forehand ['fɔːhænd] *n* diritto *m*.

forehead ['fɔːhed] *n* fronte *f*.

foreign ['fɒrən] *adj* - **1.** [from abroad – people] straniero(a); [- country, language] estero(a), straniero(a); **foreign holiday** UK OR **vacation** US vacanza *f* all'estero - **2.** [external] estero(a).

foreign affairs *npl* affari *mpl* esteri.

foreign currency *n* valuta *f* estera.

foreigner ['fɒrənər] *n* straniero *m*, -a *f*.

foreign minister *n* ministro *m* degli esteri.

Foreign Office *n* UK: **the Foreign Office** il Ministero degli Esteri.

Foreign Secretary *n* UK Ministro *m* degli Esteri.

foreman ['fɔːmən] (*pl* **-men** [-mən]) *n* - **1.** [of workers] caposquadra *m* - **2.** [of jury] primo giurato *m*.

foremost ['fɔːməust] ⊳ *adj* principale. ⊳ *adv*: **first and foremost** anzitutto.

forensic [fə'rensɪk] *adj* [examination] medico-legale (*inv*); **forensic department** (polizia *f*) scientifica *f*.

forerunner ['fɔː,rʌnər] *n* precursore *m*, precorritrice *f*.

foresaw [fɔː'sɔː] *pt* ⊳ **foresee**.

foresee [fɔː'siː] (*pt* **-saw**, *pp* **-seen**) *vt* prevedere.

foreseeable [fɔː'siːəbl] *adj* prevedibile; **for/ in the foreseeable future** per l'/nell'immediato futuro.

foreseen [fə'siːn] *pp* ⊳ **foresee**.

foreshadow [fɔː'ʃædəu] *vt* preannunciare.

foresight ['fɔːsaɪt] *n* previdenza *f*.

forest ['fɒrɪst] *n* foresta *f*.

forestall [fɔː'stɔːl] *vt* prevenire.

forestry ['fɒrɪstrɪ] *n* selvicoltura *f*.

foretaste ['fɔːteɪst] *n* assaggio *m*.

foretell [fɔː'tel] (*pt & pp* **-told**) *vt* predire.

foretold [fɔː'təʊld] *pt* & *pp* ▷ **foretell**.

forever [fə'revər] *adv* [eternally] per sempre.

forewarn [fɔː'wɔːn] *vt* avvisare.

foreword ['fɔːwɜːd] *n* prefazione *f*.

forfeit ['fɔːfɪt] ◇ *n* penalità *f inv.* ◇ *vt* perdere.

forgave [fə'geɪv] *pt* ▷ **forgive**.

forge [fɔːdʒ] ◇ *n* fucina *f.* ◇ *vt* - **1.** INDUST forgiare - **2.** *fig* [create] costruire - **3.** [make illegal copy of] falsificare. ◆ **forge ahead** *vi* avanzare speditamente.

forger ['fɔːdʒər] *n* falsario *m*, -a *f*.

forgery ['fɔːdʒərɪ] *n* - **1.** (U) [crime] falsificazione *f* - **2.** [forged article] falso *m*.

forget [fə'get] (*pt* -**got**, *pp* -**gotten**) ◇ *vt* - **1.** [gen] dimenticare; **to forget to do sthg** dimenticare di fare qc - **2.** [give up] lasciar perdere. ◇ *vi*: **to forget (about sthg)** dimenticarsi (di qc).

forgetful [fə'getfʊl] *adj* smemorato(a).

forgive [fə'gɪv] (*pt* -**gave**, *pp* -**given**) *vt* perdonare; **to forgive sb for sthg** perdonare a qn qc; **to forgive sb for doing sthg** perdonare a qn di aver fatto qc.

forgiveness [fə'gɪvnɪs] *n* (U) perdono *m*.

forgo [fɔː'gəʊ] (*pt* -**went**, *pp* -**gone**) *vt* rinunciare a.

forgot [fə'gɒt] *pt* ▷ **forget**.

forgotten [fə'gɒtn] *pp* ▷ **forget**.

fork [fɔːk] ◇ *n* - **1.** [for food] forchetta *f* - **2.** [for gardening] forcone *m* - **3.** [in road, river] biforcazione *f.* ◇ *vi* biforcarsi. ◆ **fork out** *inf* ◇ *vt insep* sganciare. ◇ *vi*: **to fork out (for sthg)** cacciar fuori i soldi (per qc).

forklift truck ['fɔːklɪft trʌk] *n* elevatore *m* a forca.

forlorn [fə'lɔːn] *adj* - **1.** [gen] sconsolato(a) - **2.** [place] desolato(a) - **3.** [hope, attempt] disperato(a).

form [fɔːm] ◇ *n* - **1.** [gen] forma *f*; **in the form of** sotto forma di; **in** OR **on** UK **form** in forma; **off form** fuori forma - **2.** [questionnaire] modulo *m* - **3.** [figure] figura *f* - **4.** UK SCH [class] classe *f.* ◇ *vt* formare. ◇ *vi* formarsi.

formal ['fɔːml] *adj* formale.

formality [fɔː'mælətɪ] *n* formalità *f inv.*

format ['fɔːmæt] ◇ *n* - **1.** [gen] formato *m* - **2.** [of meeting] struttura *f.* ◇ *vt* COMPUT formattare.

formation [fɔː'meɪʃn] *n* formazione *f*.

formative ['fɔːmətɪv] *adj* formativo(a).

former ['fɔːmər] ◇ *adj* - **1.** [prime minister, husband] ex *inv*, precedente; [occasion] precedente - **2.** [first] primo(a). ◇ *pron*: **the former** il primo, la prima.

formerly ['fɔːməlɪ] *adv* precedentemente.

formidable ['fɔːmɪdəbl] *adj* - **1.** [frightening] terribile - **2.** [impressive] formidabile.

formula ['fɔːmjʊlə] (*pl* -**as** OR -**ae**) *n* formula *f.*

formulate ['fɔːmjʊleɪt] *vt* formulare.

forsake [fə'seɪk] (*pt* -**sook**, *pp* -**saken**) *vt* abbandonare.

forsaken [fə'seɪkn] *adj* abbandonato(a).

forsook [fə'sʊk] *pt* ▷ **forsake**.

fort [fɔːt] *n* forte *m*.

forth [fɔːθ] *adv liter* [outwards, onwards] innanzi.

forthcoming [fɔːθ'kʌmɪŋ] *adj* - **1.** [imminent - election, events] prossimo(a); [- book] di prossima pubblicazione - **2.** [helpful, available] disponibile.

forthright ['fɔːθraɪt] *adj* schietto(a).

forthwith [ˌfɔːθ'wɪθ] *adv fml* immediatamente.

fortieth ['fɔːtɪɪθ] *num* quarantesimo(a), *see also* **sixth**.

fortified wine ['fɔːtɪfaɪd-] *n* vino *m* liquoroso.

fortify ['fɔːtɪfaɪ] *vt* - **1.** [place] fortificare - **2.** *fig* [person, resolve] rafforzare.

fortnight ['fɔːtnaɪt] *n* UK due settimane *fpl.*

fortnightly ['fɔːtˌnaɪtlɪ] ◇ *adj* UK quindicinale, bimensile. ◇ *adv* UK ogni due settimane.

fortress ['fɔːtrɪs] *n* fortezza *f*.

fortunate ['fɔːtʃnət] *adj* fortunato(a); **it's fortunate that we arrived** è una fortuna che siamo arrivati.

fortunately ['fɔːtʃnətlɪ] *adv* fortunatamente.

fortune ['fɔːtʃuːn] *n* - **1.** [gen] fortuna *f* - **2.** [future]: **to tell sb's fortune** predire la sorte a qn.

fortune-teller [-ˌtelər] *n* indovino *m*, -a *f*.

forty ['fɔːtɪ] *num* quaranta, *see also* **sixty**.

forward ['fɔːwəd] ◇ *adj* - **1.** [movement] in avanti - **2.** [at the front] anteriore - **3.** [advanced] progredito(a); **forward planning** programmazione a lungo termine - **4.** [impudent] sfrontato(a). ◇ *adv* - **1.** [in space] avanti - **2.** [to earlier time]: **to bring a meeting forward** anticipare una riunione. ◇ *n* SPORT attaccante *mf.* ◇ *vt* [send on] inoltrare.

forwarding address ['fɔːwədɪŋ-] *n* nuovo indirizzo *m* (dove inoltrare la posta).

forwards ['fɔːwədz] *adv* = **forward**.

forward slash *n* COMPUT barra *f* obliqua (in avanti).

forwent [fɔː'went] *pt* ▷ **forgo**.

fossil ['fɒsl] *n* GEOL fossile *m*.

foster ['fɒstər] ⟨⟩ *adj* [mother, family] affidatario(a). ⟨⟩ *vt* - **1**. [child] avere in affido - **2**. [idea, hope] coltivare.

foster child *n* bambino *m*, -a *f* in affidamento.

foster parent *n* genitore *m* affidatario.

fought [fɔːt] *pt* & *pp* ⟹ **fight**.

foul [faʊl] ⟨⟩ *adj* - **1**. [dirty - water] sporco(a), inquinato(a); [- air] pesante, viziato(a) - **2**. [food, taste] disgustoso(a); [smell, breath] cattivo(a) - **3**. [very unpleasant] orribile - **4**. [obscene] sconcio(a). ⟨⟩ *n* SPORT fallo *m*. ⟨⟩ *vt* - **1**. [make dirty] sporcare - **2**. SPORT commettere fallo su.

found [faʊnd] ⟨⟩ *pt* & *pp* ⟹ **find**. ⟨⟩ *vt* - **1**. [provide funds for] sovvenzionare - **2**. [start building] fondare - **3**. [base]: **to found sthg on sthg** fondare qc su qc.

foundation [faʊn'deɪʃn] *n* - **1**. *(U)* [gen] fondazione *f* - **2**. [basis] fondamento *m* - **3**. *(U)* [cosmetic]: **foundation (cream)** fondotinta *m inv*. ◆ **foundations** *npl* CONSTR fondamenta *fpl*.

founder ['faʊndər] ⟨⟩ *n* fondatore *m*, -trice *f*. ⟨⟩ *vi* [sink] affondare.

foundry ['faʊndrɪ] *n* fonderia *f*.

fountain ['faʊntɪn] *n* [man-made] fontana *f*.

fountain pen *n* penna *f* stilografica.

four [fɔːr] *num* quattro; **on all fours** a quattro zampe *see also* **six**.

four-letter word *n* parolaccia *f*.

four-poster (bed) *n* letto *m* a baldacchino.

foursome ['fɔːsəm] *n* gruppo *m* di quattro persone.

fourteen [ˌfɔː'tiːn] *num* quattordici, *see also* **six**.

fourteenth [ˌfɔː'tiːnθ] *num* quattordicesimo(a), *see also* **sixth**.

fourth [fɔːθ] *num* quarto(a), *see also* **sixth**.

Fourth of July *n*: **the Fourth of July** il quattro luglio *(festa dell'indipendenza degli Stati Uniti)*.

four-wheel drive *n* - **1**. [vehicle] auto *f inv* a trazione integrale, quattro per quattro *f inv* - **2**. [system] trazione *f* a quattro ruote.

fowl [faʊl] *(pl* fowl *OR* -s) *n* - **1**. CULIN pollo *m* - **2**. [bird] volatile *m*.

fox [fɒks] ⟨⟩ *n* volpe *f*. ⟨⟩ *vt* - **1**. [outwit] ingannare - **2**. [baffle] confondere.

foyer ['fɔɪeɪ] *n* - **1**. [of hotel] atrio *m*; [of theatre] foyer *m inv*, ridotto *m* - **2**. *US* [of house] ingresso *m*.

fracas [*UK* 'frækɑː, *US* 'freɪkæs] *(UK pl* fracas, *US pl* fracases) *n* lite *f*.

fraction ['frækʃn] *n* frazione *f*; **can you lift it up a fraction?** puoi sollevarlo leggermente?

fractionally ['frækʃnəlɪ] *adv* leggermente.

fracture ['fræktʃər] ⟨⟩ *n* frattura *f*. ⟨⟩ *vt* fratturare; **to fracture one's arm** fratturarsi un braccio.

fragile [*UK* 'frædʒaɪl, *US* 'frædʒl] *adj* - **1**. [easily shattered] fragile - **2**. [person, health] delicato(a).

fragment *n* ['frægmənt] frammento *m*.

fragrance ['freɪgrəns] *n* fragranza *f*.

fragrant ['freɪgrənt] *adj* fragrante, profumato(a).

frail [freɪl] *adj* - **1**. [person, health] gracile - **2**. [structure] debole.

frame [freɪm] ⟨⟩ *n* - **1**. [of picture] cornice *f*; [of glasses] montatura *f* - **2**. [support, structure] telaio *m* - **3**. [physique] costituzione *f*. ⟨⟩ *vt* - **1**. [put in a frame, surround] incorniciare - **2**. [formulate, express] formulare - **3**. *inf* [falsely incriminate] incastrare; **I've been framed!** mi vogliono incastrare!

frame of mind *n* stato *m* d'animo.

framework ['freɪmwɜːk] *n* - **1**. [physical structure] struttura *f* - **2**. [basis] base *f*.

France [frɑːns] *n* Francia *f*.

franchise ['fræntʃaɪz] *n* - **1**. POL [right to vote] diritto *m* di voto - **2**. COMM [right to sell goods] concessione *f*.

frank [fræŋk] ⟨⟩ *adj* franco(a). ⟨⟩ *vt* affrancare.

frankly ['fræŋklɪ] *adv* - **1**. [candidly] apertamente - **2**. [to be honest] francamente.

frantic ['fræntɪk] *adj* - **1**. [very upset] disperato(a) - **2**. [very busy] frenetico(a).

fraternity [frə'tɜːnətɪ] *n* - **1**. [community] comunità *f inv* - **2**. *US* [of students] associazione *f* studentesca *(maschile)* - **3**. *(U)* [friendship] fratellanza *f*.

fraternize, -ise *UK* ['frætənaɪz] *vi*: **to fraternize (with sb)** fraternizzare (con qn).

fraud [frɔːd] *n* - **1**. *(U)* [crime] frode *f* - **2**. [deceitful act] inganno *m* - **3**. *pej* [impostor] imbroglione *m*, -a *f*.

fraught [frɔːt] *adj* - **1**. [full]: **fraught with sthg** pieno(a) di qc - **2**. *esp UK* [frantic] teso(a).

fray [freɪ] ⟨⟩ *vi* - **1**. [clothing, fabric, rope] sfilacciarsi - **2**. *fig* [nerves, temper] cedere. ⟨⟩ *n liter* contesa *f*.

frayed [freɪd] *adj* - **1**. [clothing, fabric, rope] sfilacciato(a) - **2**. *fig* [nerves, temper] logoro(a).

freak [friːk] ⟨⟩ *adj* insolito(a). ⟨⟩ *n* - **1**. [strange creature - in appearance] specie *f* di mostro; [- in behaviour] tipo *m* strano - **2**. [unusual event] fenomeno *m* anormale

- **3.** inf [fanatic] fanatico m, -a f. ◆ **freak out** vi inf - **1.** [get angry] perdere le staffe - **2.** [panic] perdere la testa.

freckle ['frekl] n lentiggine f.

free [fri:] (comp **freer**, superl **freest**, pt & pp **freed**) ⬦ adj - **1.** [gen] libero(a); **to be free to do sthg** essere libero di fare qc; **feel free!** fa' pure!; **to set sb/sthg free** liberare qn/qc - **2.** [not paid for] gratuito(a), gratis (inv); **I lived there rent free** ci ho abitato senza pagare l'affitto; **free of charge** gratuito(a). ⬦ adv - **1.** [without payment] gratuitamente, gratis; **for free** gratis - **2.** [without restraint] liberamente; **she shook herself free** si liberò con uno strattone. ⬦ vt liberare; **to free sb from sthg** liberare qn da qc.

freedom ['fri:dəm] n libertà f inv; **freedom from sthg** libertà da qc.

Freefone® ['fri:fəʊn] n UK (U) ≃ numero m verde®.

free-for-all n - **1.** [brawl] mischia f - **2.** [argument] disputa f generalizzata.

free gift n omaggio m.

freehand ['fri:hænd] ⬦ adj a mano libera. ⬦ adv a mano libera.

free house n UK pub m inv (non vincolato a uno specifico produttore di birra).

free kick n calcio m di punizione.

freelance ['fri:lɑ:ns] ⬦ adj freelance inv. ⬦ n freelance mf inv, lavoratore m, -trice f autonomo, -a f.

freely ['fri:lɪ] adv - **1.** [without constraint] liberamente - **2.** [generously] generosamente.

Freemason ['fri:meɪsn] n massone m.

Freepost® ['fri:pəʊst] n (U) affrancatura f a carico del destinatario.

free-range adj proveniente da allevamento all'aperto; **free-range chicken** pollo m ruspante.

freestyle ['fri:staɪl] n stile m libero.

free time n tempo m libero.

free trade n (U) libero scambio m.

freeway ['fri:weɪ] n US superstrada f.

freewheel [,fri:'wi:l] vi - **1.** [cyclist] andare a ruota libera - **2.** [motorist] andare in folle.

free will n (U) libero arbitrio m; **to do sthg of one's own free will** fare qc di propria spontanea volontà.

freeze [fri:z] (pt **froze**, pp **frozen**) ⬦ vt - **1.** [make into ice] gelare, ghiacciare - **2.** [engine, lock, pipes] gelare - **3.** [preserve] surgelare - **4.** [assets, prices] congelare. ⬦ vi - **1.** [become ice] gelare, ghiacciare - **2.** METEOR gelare - **3.** [stop moving] bloccarsi - **4.** inf [be cold] ge-

lare, congelarsi. ⬦ n - **1.** [cold weather] gelo m - **2.** [of wages, prices] blocco m, congelamento m.

freezer ['fri:zər] n congelatore m, freezer m inv.

freezing ['fri:zɪŋ] ⬦ adj gelido(a); **it's freezing in here** si gela qui dentro. ⬦ n congelamento m; **above freezing** sopra lo zero.

freezing point n punto m di congelamento.

freight [freɪt] n (U) merci fpl.

freight train n treno m merci.

French [frentʃ] ⬦ adj [gen] francese; [class, teacher] di francese. ⬦ n [language] francese m. ⬦ npl: **the French** i francesi.

French bean n fagiolino m.

French bread n (U) filoncino m, bastone m (di pane).

French doors npl = **French windows**.

French dressing n - **1.** [with oil and vinegar] condimento per insalata a base di olio e aceto, vinaigrette f inv - **2.** US [with mayonnaise and ketchup] condimento per insalata a base di maionese e ketchup.

French fries npl esp US patatine fpl fritte.

Frenchman ['frentʃmən] (pl -**men**) n francese m.

French stick n UK bastone m (di pane).

French windows npl portafinestra f.

Frenchwoman ['frentʃ,wʊmən] (pl -**women**) n francese f.

frenetic [frə'netɪk] adj frenetico(a).

frenzy ['frenzɪ] n frenesia f.

frequency ['fri:kwənsɪ] n frequenza f.

frequent ⬦ adj ['fri:kwənt] frequente. ⬦ vt [frɪ'kwent] fml frequentare.

frequently ['fri:kwəntlɪ] adv frequentemente.

fresh [freʃ] adj - **1.** [food, paint, air] fresco(a) - **2.** [water] dolce - **3.** [another] nuovo(a) - **4.** [original] nuovo(a), innovativo(a) - **5.** inf dated [cheeky] sfacciato(a).

freshen ['freʃn] ⬦ vt rinfrescare. ⬦ vi [wind] rinfrescarsi. ◆ **freshen up** vi [person] rinfrescarsi.

fresher ['freʃər] n UK inf matricola f.

freshly ['freʃlɪ] adv [recently] di recente, appena; **freshly squeezed orange juice** spremuta f d'arancia; **freshly ground coffee** caffè macinato al momento.

freshman ['freʃmən] (pl -**men**) n US matricola f.

freshness ['freʃnɪs] n - **1.** [gen] freschezza f - **2.** [originality] originalità f.

freshwater ['freʃ,wɔːtər] *adj* d'acqua dolce.

fret [fret] *vi* preoccuparsi.

friction ['frɪkʃn] *n (U)* - **1.** [force, conflict] attrito *m* - **2.** [rubbing] sfregamento *m*.

Friday ['fraɪdeɪ] *n* venerdì *m inv, see also* **Saturday**.

fridge [frɪdʒ] *n* frigo *m*.

fridge-freezer *n UK* frigocongelatore *m*.

fried [fraɪd] ◇ *pt & pp* ▷ **fry**. ◇ *adj* fritto(a).

friend [frend] *n* - **1.** [intimate acquaintance] amico *m*, -a *f*; **to be friends with sb** essere amico di qn; **to be friends** essere amici; **to make friends (with sb)** fare amicizia (con qn) - **2.** [supporter, ally] sostenitore *m*, -trice *f*.

friendly ['frendlɪ] *adj* - **1.** [gen] amichevole; **to be friendly with sb** essere amico(a) di qn - **2.** [not enemy] amico(a).

friendship ['frendʃɪp] *n* amicizia *f*.

fries [fraɪz] *npl* = **French fries**.

frieze [friːz] *n* fregio *m*.

fright [fraɪt] *n* spavento *m*; **to take fright** spaventarsi; **to give sb a fright** fare spaventare qn.

frighten ['fraɪtn] *vt* spaventare; **to frighten sb into doing sthg** far fare qc a qn intimidendolo.

frightened ['fraɪtnd] *adj* spaventato(a); **to be frightened of sthg/of doing sthg** aver paura di qc/di fare qc.

frightening ['fraɪtnɪŋ] *adj* spaventoso(a).

frightful ['fraɪtfʊl] *adj dated* terribile.

frigid ['frɪdʒɪd] *adj* [sexually cold] frigido(a).

frill [frɪl] *n* - **1.** [decoration] volant *m inv* - **2.** *inf* [extra] optional *m inv*.

fringe [frɪndʒ] *n* - **1.** [decoration] frange *fpl* - **2.** *UK* [of hair] frangia *f* - **3.** [edge] margine *m* - **4.** *fig* [extreme] frangia *f*.

fringe benefit *n* beneficio *m* accessorio.

frisk [frɪsk] *vt* [search] perquisire.

frisky ['frɪskɪ] *adj inf* vivace.

fritter ['frɪtər] *n* CULIN frittella *f*. ◆ **fritter away** *vt sep* sprecare.

frivolous ['frɪvələs] *adj* frivolo(a).

frizzy ['frɪzɪ] *adj* crespo(a).

fro [frəʊ] ▷ **to**.

frock [frɒk] *n dated* vestito *m*.

frog [frɒg] *n* [animal] rana *f*; **to have a frog in one's throat** avere la raucedine.

frolic ['frɒlɪk] (*pt & pp* **-ked**, *cont* **-king**) *vi* giocherellare.

from (*weak form* [frəm], *strong form* [frɒm]) *prep* - **1.** [indicating source, origin] da; **I got a letter from her today** ho ricevuto una lettera da

lei oggi; **where are you from?** di dove sei?; **a flight from Paris** un volo da Parigi; **we moved from Glasgow to London** ci siamo trasferiti da Glasgow a Londra; **to translate from Spanish into English** tradurre dallo spagnolo all'inglese; **the man from the tax office** l'impiegato dell'ufficio delle imposte - **2.** [indicating removal] da; **he took a notebook from his pocket** ha tirato fuori un taccuino dalla tasca; **to take sthg (away) from sb** togliere qc a qn - **3.** [indicating a deduction] da; **to deduct sthg from sthg** dedurre qc da qc - **4.** [indicating escape, separation] da; **he ran away from home** è scappato da casa - **5.** [after] da; **he's not back from work yet** non è ancora rientrato dal lavoro - **6.** [indicating position] da; **from the top** dall'alto; **from the bottom** dal basso; **seen from above/below** visto da sopra/ sotto - **7.** [indicating distance] da; **it's 60 km from here** è a 60 km da qui; **how far is it from Paris to London?** quanto dista Parigi da Londra? - **8.** [indicating material object is made out of] di; **it's made from wood/plastic** è (fatto) di legno/plastica - **9.** [starting at a particular time] da; **from birth** dalla nascita; **from the moment I saw him** (fin) dal momento in cui l'ho visto - **10.** [indicating difference] da; **to be different from sb/sthg** essere diverso(a) da qn/qc; **to distinguish sthg from sthg** distinguere qc da qc - **11.** [indicating change]: **from... to...** da... a...; **the price went up from £100 to £150** il prezzo è salito da 100 a 150 sterline - **12.** [because of, as a result]: **to die from sthg** morire di qc; **to suffer from cold/hunger** soffrire il freddo/la fame - **13.** [on the evidence of] da; **to speak from personal experience** parlare per esperienza personale; **I could see from her face she was upset** ho capito dalla sua faccia che era turbata; **from what you're saying** da quello che dici - **14.** [indicating lowest amount] da; **prices range from £5 to £500** i prezzi variano da 5 a 500 sterline.

front [frʌnt] ◇ *n* - **1.** [most forward part - of house] facciata *f*; [- of car, dress] davanti *m inv*; [- of book] copertina *f* - **2.** MIL & METEOR fronte *m* - **3.** [promenade]: **(sea)front** lungomare *m* - **4.** [outward appearance]: **to put on a brave front** fare mostra di coraggio; **to be a front for sthg** fare da copertura a qc. ◇ *adj* [tooth] davanti; [garden] sul davanti; [row, page] primo(a); **front cover** copertina *f*. ◆ **in front** *adv* - **1.** [further forward] davanti - **2.** [winning]: **to be in front** essere in testa. ◆ **in front of** *prep* davanti a.

frontbench [,frʌnt'bentʃ] *n* nel Parlamento britannico, la prima fila di posti occupati dai ministri e dai principali leader dell'opposizione.

front door n porta f d'ingresso.

frontier [UK 'frʌn,tɪər, US frʌn'tɪər] n frontiera f.

front room n esp UK soggiorno m.

front-runner n favorito m, -a f.

frost [frɒst] n - 1. (U) [layer of ice] gelo m, brina f - 2. [weather] gelata f.

frostbite ['frɒstbaɪt] n (U) congelamento m.

frosted ['frɒstɪd] adj - 1. [opaque] smerigliato(a) - 2. US CULIN glassato(a).

frosting ['frɒstɪŋ] n (U) US CULIN glassa f.

frosty ['frɒstɪ] adj - 1. [morning, welcome] gelido(a) - 2. [covered with frost] coperto(a) di ghiaccio.

froth [frɒθ] n (U) schiuma f.

frown [fraʊn] vi aggrottare le sopracciglia. ◆ **frown (up)on** vt insep disapprovare.

froze [frəʊz] pt ▷▷ **freeze**.

frozen ['frəʊzn] ▷ pp ▷▷ **freeze**. ▷ adj - 1. [ground, lake, pipes] ghiacciato(a) - 2. [preserved] surgelato(a) - 3. [very cold] gelato(a) - 4. [prices, salaries, assets] congelato(a).

frugal ['fru:gl] adj frugale.

fruit [fru:t] (pl fruit OR fruits) n - 1. [food] frutta f; **citrus fruits** agrumi mpl - 2. fig [result] frutto m.

fruitcake ['fru:tkeɪk] n torta f di frutta secca.

fruiterer ['fru:tərər] n UK dated fruttivendolo m, -a f; **fruiterer's (shop)** fruttivendolo.

fruitful ['fru:tfʊl] adj [successful] fruttuoso(a).

fruition [fru:'ɪʃn] n (U) fml: **to come to fruition** realizzarsi.

fruit juice n succo m di frutta.

fruitless ['fru:tlɪs] adj [wasted] vano(a).

fruit machine n UK slot-machine f inv.

fruit salad n macedonia f (di frutta).

frumpy ['frʌmpɪ] adj inf sciatto(a).

frustrate [frʌ'streɪt] vt - 1. [person] frustrare - 2. [plan, attempt] vanificare.

frustrated [frʌ'streɪtɪd] adj - 1. [person] frustrato(a) - 2. [poet, artist] mancato(a) - 3. [plan, attempt] fallito(a).

frustration [frʌ'streɪʃn] n frustrazione f.

fry [fraɪ] vt & vi [egg] friggere; [onions] soffriggere.

frying pan ['fraɪŋ-] n padella f.

ft. abbr of **foot, feet**.

FTP [,efti:'pi:] (abbr of File Transfer Protocol) n COMPUT FTP m (protocollo di trasferimento file).

FTSE 100 (abbr of Financial Times Stock Exchange 100 Index) n FTSE 100 m.

fuck [fʌk] vulg ▷ vt [have sex with] scoparsi. ▷ vi scopare. ◆ **fuck off** excl vaffanculo!

fudge [fʌdʒ] n (U) [sweet] caramella f (al) mou (inv).

fuel [fjʊəl] (UK & US) ▷ n carburante m. ▷ vt alimentare.

fuel cell n cella f a combustione.

fuel tank n serbatoio m (del carburante).

fugitive ['fju:dʒətɪv] n fuggitivo m, -a f.

fulfil UK, **fulfill** US [fʊl'fɪl] vt - 1. [promise, threat] mantenere; [prophecy] far avverare - 2. [need, requirement] soddisfare; [ambition, hope] realizzare.

fulfilment, fulfillment US [fʊl'fɪlmənt] n (U) - 1. [satisfaction] soddisfazione f - 2. [carrying through] realizzazione f.

full [fʊl] ▷ adj - 1. [completely filled]: **full (of)** pieno(a) (di) - 2. [with food] sazio(a) - 3. [complete] completo(a) - 4. [maximum] intero(a); [impact, control] totale; [volume] massimo(a) - 5. [busy] intenso(a), pieno(a) - 6. [sound, flavour] intenso(a) - 7. [plump - figure] rotondetto(a); [- mouth] carnoso(a) - 8. [ample, wide] ampio(a). ▷ adv [very]: **to know full well that...** sapere molto bene che... ▷ n: **in full** [write] per esteso; [pay] per intero.

full-blown [-'bləʊn] adj [AIDS] conclamato(a); [war] a tutti gli effetti.

full board n (U) esp UK pensione f completa.

full-fledged adj US = **fully-fledged**.

full moon n luna f piena.

full-scale adj - 1. [life-size] a grandezza naturale - 2. [thorough] su vasta scala.

full stop n UK punto m.

full time n UK SPORT fine f del tempo regolamentare. ◆ **full-time** adj & adv a tempo pieno.

full up adj - 1. [after meal] sazio(a) - 2. [bus, train] al completo.

fully ['fʊlɪ] adv - 1. [completely] completamente; **to be fully booked** essere al completo - 2. [in detail] dettagliatamente.

fully-fledged UK, **full-fledged** US [-'fledʒd] adj fig [doctor, lawyer] a tutti gli effetti.

fumble ['fʌmbl] vi frugare; **to fumble for sthg** cercare qc.

fume [fju:m] vi [with anger] essere furibondo(a). ◆ **fumes** npl esalazioni fpl.

fumigate ['fju:mɪgeɪt] vt disinfestare irrorando.

fun [fʌn] n (U) - 1. [pleasure, amusement] divertimento m; **for fun, for the fun of it** per divertimento - 2. [playfulness]: **to be full of fun**

essere una persona divertente - **3.** [ridicule]: **to make fun of sb**, **to poke fun at sb** prendere in giro qn.

function ['fʌŋkʃn] ⬦ n - **1.** [role] funzione f - **2.** (U) [way of working] funzioni fpl - **3.** [formal social event] ricevimento m. ⬦ vi - **1.** [work] funzionare - **2.** [serve] fungere; **to function as sthg** avere la funzione di qc.

functional ['fʌŋkʃnəl] adj - **1.** [practical] funzionale - **2.** [operational] operativo(a).

fund [fʌnd] ⬦ n - **1.** [amount of money] fondo m - **2.** fig [reserve] miniera f. ⬦ vt finanziare. ◆ **funds** npl fondi mpl.

funding ['fʌndɪŋ] n (U) finanziamento m.

funeral ['fju:nərəl] n funerale m.

funeral parlour UK, **funeral parlor** US n impresa f di pompe funebri.

funfair ['fʌnfeəʳ] n UK luna-park m inv.

fungus ['fʌŋgəs] (pl -gi OR -guses) n BOT fungo m.

funnel ['fʌnl] (UK & US) n - **1.** [tube] imbuto m - **2.** [on ship] fumaiolo m.

funny ['fʌnɪ] adj - **1.** [amusing] divertente - **2.** [odd] strano(a) - **3.**: **to feel funny** [ill] sentirsi male. ◆ **funnies** npl US fumetti mpl.

fur [fɜ:ʳ] n - **1.** [on animal] pelo m, pelame m - **2.** [garment] pelliccia f.

fur coat n pelliccia f.

furious ['fjʊərɪəs] adj - **1.** [very angry] furioso(a) - **2.** [storm, battle] violento(a); [pace, speed] forsennato(a).

furlong ['fɜ:lɒŋ] n ≈ 201,17 metri.

furnace ['fɜ:nɪs] n fornace f.

furnish ['fɜ:nɪʃ] vt - **1.** [room, house] arredare - **2.** fml [proof, goods, explanation] fornire; **to furnish sb with sthg** fornire qc a qn.

furnished ['fɜ:nɪʃt] adj [fitted out] arredato(a).

furnishings ['fɜ:nɪʃɪŋz] npl mobili mpl.

furniture ['fɜ:nɪtʃəʳ] n (U) mobili mpl.

furrow ['fʌrəu] n - **1.** [in field] solco m - **2.** [on forehead] ruga f profonda.

furry ['fɜ:rɪ] adj - **1.** [animal] peloso(a) - **2.** [material, toy] di peluche.

further ['fɜ:ðəʳ] ⬦ compar ▷ **far.** ⬦ adv - **1.** [in distance, time] più lontano; **how much further is it?** quanto manca ancora?; **further on** più avanti - **2.** [more] oltre - **3.** [in addition] in più. ⬦ adj [additional] ulteriore; **until further notice** fino a nuova comunicazione. ⬦ vt promuovere.

further education n UK istruzione f postscolastica (non universitaria).

furthermore [,fɜ:ðə'mɔ:ʳ] adv fml inoltre.

furthest ['fɜ:ðɪst] ⬦ superl ▷ **far.** ⬦ adj - **1.** [in distance] più lontano(a) - **2.** [greatest] massimo(a). ⬦ adv - **1.** [in distance] più lontano - **2.** [to greatest degree, extent] al massimo.

furtive ['fɜ:tɪv] adj furtivo(a).

fury ['fjʊərɪ] n furia f.

fuse [fju:z] ⬦ n - **1.** ELEC fusibile m - **2.** [of bomb, firework] miccia f. ⬦ vt UK fondere; **I've fused the lights** sono saltate le valvole. ⬦ vi - **1.** UK ELEC saltare - **2.** [metal, ideas, systems] fondersi.

fusebox ['fju:zbɒks] n cassetta f dei fusibili.

fused [fju:zd] adj ELEC [fitted with a fuse] con fusibile.

fuselage ['fju:zəlɑ:ʒ] n fusoliera f.

fuss [fʌs] ⬦ n [bother, agitation] trambusto m; **to make a fuss** fare storie. ⬦ vi [become agitated] agitarsi.

fussy ['fʌsɪ] adj - **1.** [fastidious] esigente - **2.** [over-ornate] troppo elaborato(a).

futile [UK 'fju:taɪl, US 'fju:tl] adj vano(a).

futon ['fu:tɒn] n futon m inv.

future ['fju:tʃəʳ] ⬦ n - **1.** [time ahead] futuro m; **in future** in futuro; **in the future** nel futuro - **2.** GRAM: **future (tense)** futuro m. ⬦ adj futuro(a).

fuze [fju:z] n US [of bomb, firework] miccia f.

fuzzy ['fʌzɪ] adj - **1.** [hair] crespo(a) - **2.** [image, photo] sfocato(a) - **3.** [ideas] confuso(a).

g[1] (pl **g's** OR **gs**), **G** (pl **G's** OR **Gs**) [dʒi:] n [letter] g m o f inv, G m o f inv. ◆ **G** ⬦ n MUS sol m inv. ⬦ (abbr of **good**) B.

g[2] (abbr of **gram**) g.

gab [gæb] n ▷ **gift.**

gabble ['gæbl] ⬦ vt dire molto in fretta. ⬦ vi parlare molto in fretta. ⬦ n parlata f veloce e incomprensibile.

gable ['geɪbl] n frontone m.

gadget ['gædʒɪt] n aggeggio m.

Gaelic ['geɪlɪk] ⬦ adj gaelico(a). ⬦ n [language] gaelico m.

gag [gæg] ◇ *n* - **1.** [for mouth] bavaglio *m* - **2.** *inf* [joke] gag *f inv.* ◇ *vt* [put gag on] imbavagliare.

gage [geɪdʒ] *n* & *vt US* = **gauge**.

gaiety ['geɪətɪ] *n (U)* gaiezza *f.*

gaily ['geɪlɪ] *adv* - **1.** [cheerfully] gaiamente - **2.** [brightly] vivacemente - **3.** [thoughtlessly] spensieratamente.

gain [geɪn] ◇ *n* - **1.** [profit] guadagno *m* - **2.** *(U)* [making a profit] lucro *m* - **3.** [increase] aumento *m.* ◇ *vt* - **1.** [earn, win, obtain] guadagnare - **2.** [confidence, speed, weight] acquistare. ◇ *vi* - **1.** [increase]: **to gain in sthg** acquistare qc - **2.** [profit] guadagnare; **to gain from/by sthg** guadagnare da qc - **3.** [watch, clock] andare avanti. ◆ **gain on** *vt insep* accorciare le distanze da.

gait [geɪt] *n* andatura *f.*

gal. *abbr of* **gallon**.

gala ['gɑːlə] *n* [celebration] gala *m inv.*

galaxy ['gæləksɪ] *n* galassia *f.*

gale [geɪl] *n* vento *m* forte.

gall [gɔːl] *n (U)* [nerve]: **to have the gall to do sthg** avere la sfacciataggine di fare qc.

gallant ['gælənt] *adj* - **1.** [courageous] valoroso(a) - **2.** [polite to women] galante.

gall bladder *n* cistifellea *f.*

gallery ['gælərɪ] *n* - **1.** [for collections, exhibitions] museo *m*; [for selling] galleria *f* d'arte - **2.** [for spectators] tribuna *f* - **3.** THEAT galleria *f.*

galley ['gælɪ] (*pl* **galleys**) *n* - **1.** [ship] galea *f* - **2.** [kitchen] cambusa *f* - **3.** PRESS: **galley (proof)** bozza *f* in colonna.

Gallic ['gælɪk] *adj* gallico(a).

galling ['gɔːlɪŋ] *adj* - **1.** [annoying] esasperante - **2.** [humiliating] umiliante.

gallivant [,gælɪ'vænt] *vi inf* bighellonare.

gallon ['gælən] *n* gallone *m* (4,546 litri).

gallop ['gæləp] ◇ *n* - **1.** [pace of horse] galoppo *m* - **2.** [horse ride] galoppata *f.* ◇ *vi* [horse] galoppare.

gallows ['gæləʊz] (*pl* **gallows**) *n* forca *f* (sing).

gallstone ['gɔːlstəʊn] *n* calcolo *m* biliare.

galore [gə'lɔːr] *adv* a volontà.

galvanize, -ise *UK* ['gælvənaɪz] *vt* - **1.** TECH galvanizzare - **2.** [impel]: **to galvanize sb into action** spronare qn all'azione.

gambit ['gæmbɪt] *n* tattica *f.*

gamble ['gæmbl] ◇ *n* [calculated risk] rischio *m.* ◇ *vi* - **1.** [bet] giocare d'azzardo; **to gamble on sthg** scommettere su qc - **2.** [take risk]: **to gamble on sthg** puntare su qc.

gambler ['gæmblər] *n* giocatore *m*, -trice *f* d'azzardo.

gambling ['gæmblɪŋ] *n (U)* gioco *m* d'azzardo.

game [geɪm] ◇ *n* - **1.** [gen] gioco *m* - **2.** [contest, match] partita *f* - **3.** [division of match - in tennis] game *m inv* - **4.** *(U)* [hunted animals] selvaggina *f*; **the game's up** non c'è più niente da fare; **to give the game away** tradirsi. ◇ *adj* - **1.** [brave] pronto(a) a tutto - **2.** [willing]: **game for sthg/to do sthg** pronto(a) a qc/a fare qc. ◆ **games** ◇ *n (U) UK* SCH [physical education] attività *fpl* sportive. ◇ *npl* [sporting contest] giochi *mpl.*

gamekeeper ['geɪm,kiːpər] *n* guardacaccia *mf inv.*

game reserve *n* riserva *f* di caccia.

gammon ['gæmən] *n (U)* prosciutto *m.*

gamut ['gæmət] *n* gamma *f.*

gang [gæŋ] *n* banda *f.* ◆ **gang up** *vi inf*: **to gang up (on sb)** far comunella (contro qn).

gangrene ['gæŋgriːn] *n (U)* cancrena *f.*

gangster ['gæŋstər] *n* gangster *mf inv.*

gangway ['gæŋweɪ] *n* - **1.** *UK* [aisle] corridoio *m* - **2.** [gangplank] passerella *f.*

gaol [dʒeɪl] *n* & *vt UK* = **jail**.

gap [gæp] *n* - **1.** [empty space] spazio *m* - **2.** [time] intervallo *m* - **3.** *fig* [omission] lacuna *f* - **4.** *fig* [disparity] differenza *f.*

gape [geɪp] *vi* - **1.** [person]: **to gape (at sb/sthg)** guardare a bocca aperta (qn/qc) - **2.** [hole, shirt] essere aperto(a).

gaping ['geɪpɪŋ] *adj* - **1.** [open-mouthed] stupito(a) - **2.** [wide open] aperto(a).

garage [*UK* 'gærɑːʒ, 'gærɪdʒ, *US* gə'rɑːʒ] *n* - **1.** [for keeping car] garage *m inv* - **2.** [for fuel] stazione *f* di servizio - **3.** [for car repair] officina *f* meccanica - **4.** *UK* [for selling cars] (auto) salone *m.*

garbage ['gɑːbɪdʒ] *n (U) esp US* - **1.** [refuse] immondizia *f* - **2.** *inf* [nonsense] sciocchezze *fpl.*

garbage can *n US* bidone *m* dell'immondizia.

garbage truck *n US* camion *m inv* della nettezza urbana.

garbled ['gɑːbld] *adj* ingarbugliato(a).

garden ['gɑːdn] ◇ *n* - **1.** [private] giardino *m* - **2.** [public] giardini *mpl* pubblici. ◇ *vi* fare giardinaggio.

garden centre *UK*, **garden center** *US n* centro *m* per il giardinaggio.

gardener ['gɑːdnər] *n* - **1.** [professional] giardiniere *m*, -a *f* - **2.** [amateur] appassionato *m*, -a *f* di giardinaggio.

gardening ['gɑːdnɪŋ] *n (U)* giardinaggio *m.*

gargle ['gɑːgl] *vi* fare gargarismi.

gargoyle ['gɑːgɔɪl] n doccione m, gargouille f inv.

garish ['geərɪʃ] adj sgargiante.

garland ['gɑːlənd] n ghirlanda f.

garlic ['gɑːlɪk] n aglio m.

garlic bread n pane caldo spalmato di burro all'aglio.

garment ['gɑːmənt] n fml capo m di vestiario.

garnish ['gɑːnɪʃ] ⟨⟩ n CULIN guarnizione f. ⟨⟩ vt CULIN guarnire.

garrison ['gærɪsn] n guarnigione f.

garter ['gɑːtəʳ] n giarrettiera f.

gas [gæs] (pl gases OR gasses) ⟨⟩ n - 1. [gen] gas m inv - 2. US [fuel for vehicle] benzina f; **to step on the gas** inf accelerare. ⟨⟩ vt [poison] gassare.

gas cooker n UK cucina f a gas.

gas fire n UK stufa f a gas.

gas gauge n US indicatore m della benzina.

gash [gæʃ] ⟨⟩ n taglio m profondo. ⟨⟩ vt: **to gash one's face/leg** farsi un taglio profondo al viso/alla gamba.

gasket ['gæskɪt] n guarnizione f.

gas mask n maschera f antigas.

gas meter n contatore m del gas.

gasoline ['gæsəliːn] n US (U) benzina f.

gasp [gɑːsp] ⟨⟩ n: **a gasp of horror** un'esclamazione di terrore. ⟨⟩ vi - 1. [breathe quickly] ansimare - 2. [in shock, surprise] esclamare.

gas pedal n US acceleratore m.

gas station n US stazione f di servizio.

gas stove n = gas cooker.

gas tank n US serbatoio m.

gastroenteritis [,gæstrəʊ,entə'raɪtɪs] n (U) gastroenterite f.

gastronomy [gæs'trɒnəmɪ] n (U) fml gastronomia f.

gasworks ['gæswɜːks] (pl gasworks) n stabilimento m del gas.

gate [geɪt] n - 1. [in wall, fence] cancello m - 2. [at airport] uscita f.

gatecrash ['geɪtkræʃ] inf ⟨⟩ vt imbucarsi a. ⟨⟩ vi andare senza essere invitati.

gateway ['geɪtweɪ] n - 1. [entrance] entrata f - 2. fig: **gateway to** [country, region] porta f di; [career, success] strada f di.

gather ['gæðəʳ] ⟨⟩ vt - 1. [gen] raccogliere; **to gather together** radunare - 2. [speed, momentum] prendere - 3. [understand]: **to gather (that)** dedurre che. ⟨⟩ vi [people, crowd] radunarsi; [clouds] addensarsi.

gathering ['gæðərɪŋ] n riunione f.

gaudy ['gɔːdɪ] adj vistoso(a).

gauge, gage US [geɪdʒ] ⟨⟩ n - 1. [measuring instrument] indicatore m - 2. [calibre] calibro m - 3. RAIL scartamento m. ⟨⟩ vt - 1. [measure] misurare - 2. [evaluate] valutare.

gaunt [gɔːnt] adj - 1. [thin] smunto(a) - 2. [desolate] desolato(a).

gauntlet ['gɔːntlɪt] n [for motorcyclist] guanto m di protezione; [medieval glove] guanto m; **to run the gauntlet of sthg** esporsi a qc; **to throw down the gauntlet (to sb)** gettare il guanto (a qn).

gauze [gɔːz] n (U) garza f.

gave [geɪv] pt ⟩⟩ **give**.

gawk [gɔːk] vi esp US ⟩⟩ **gawp**.

gawky ['gɔːkɪ] adj goffo(a).

gawp UK [gɔːp], **gawk** esp US [gɔːk] vi inf guardare imbambolato(a); **to gawp at sb/ sthg** guardare imbambolato(a) qn/qc.

gay [geɪ] ⟨⟩ adj - 1. [homosexual] gay (inv) - 2. dated [cheerful, lively] allegro(a). ⟨⟩ n [homosexual] gay mf inv.

gaze [geɪz] ⟨⟩ n sguardo m (fisso). ⟨⟩ vi: **to gaze (at sb/sthg)** guardare fisso (qn/qc).

GB n - 1. (abbr of Great Britain) GB - 2. COMPUT (abbr of gigabyte) GB m.

GCSE (abbr of General Certificate of Secondary Education) n esame intermedio nella scuola superiore britannica.

GDP (abbr of gross domestic product) n PIL m.

gear [gɪəʳ] ⟨⟩ n - 1. TECH [mechanism] cambio m - 2. [on car, bicycle] marcia f; **in gear** con la marcia innestata; **out of gear** in folle - 3. (U) [equipment, clothes] attrezzatura f. ⟨⟩ vt: **to gear sthg to sb/sthg** destinare qc a qn/qc. ◆ **gear up** ⟨⟩ vi: **to gear up for sthg/to do sthg** prepararsi per qc/per fare qc. ⟨⟩ vt: **to gear sb/sthg up for sthg/to do sthg** preparare qn/qc per qc/per fare qc.

gearbox ['gɪəbɒks] n esp UK scatola f del cambio.

gear lever UK, **gear stick** UK, **gear shift** US n leva f del cambio.

geese [giːs] pl ⟩⟩ **goose**.

gel [dʒel] ⟨⟩ n [for hair] gel m inv. ⟨⟩ vi - 1. fig [idea, plan] prendere forma - 2. [thicken] gelatinizzarsi.

gelatin ['dʒelətɪn], **gelatine** UK [,dʒelə'tiːn] n gelatina f.

gelignite ['dʒelɪgnaɪt] n (U) gelignite f.

gem [dʒem] n - 1. [jewel] gemma f - 2. fig [person, thing] perla f.

Gemini ['dʒemɪnaɪ] n [astrology] [sign] Gemelli mpl; **to be (a) Gemini** essere dei Gemelli.

gender ['dʒendər] n - **1.** [sex] sesso m - **2.** GRAM genere m.

gene [dʒi:n] n gene m.

general ['dʒenərəl] <> adj - **1.** [gen] generale - **2.** [store] di generi vari. <> n MIL generale m. ◆ **in general** adv - **1.** [as a whole] nel complesso - **2.** [usually] in genere.

general anaesthetic UK, **general anesthetic** US n anestesia f totale.

general delivery n (U) US fermoposta m inv.

general election n elezioni fpl politiche.

generalization, -isation UK [,dʒenərəlaɪ'zeɪʃn] n generalizzazione f.

general knowledge n (U) cultura f generale.

generally ['dʒenərəlɪ] adv - **1.** [gen] generalmente - **2.** [in a general way] genericamente.

general practitioner n medico m generico.

general public n: the general public il grande pubblico.

general strike n sciopero m generale.

generate ['dʒenəreɪt] vt - **1.** [energy, power, heat] generare, produrre - **2.** [interest, excitement] suscitare; [jobs, employment] creare.

generation [,dʒenə'reɪʃn] n - **1.** [gen] generazione f - **2.** (U) [of interest, excitement, jobs] creazione f - **3.** (U) [of energy, power, heat] produzione f.

generator ['dʒenəreɪtər] n generatore m.

generosity [,dʒenə'rɒsətɪ] n generosità f inv.

generous ['dʒenərəs] adj generoso(a).

genetic [dʒɪ'netɪk] adj genetico(a). ◆ **genetics** n (U) genetica f.

genetically modified [dʒɪ'netɪkəlɪ'mɒdɪfaɪd] adj transgenico(a), modificato(a) geneticamente.

Geneva [dʒɪ'ni:və] n Ginevra f.

genial ['dʒi:njəl] adj cordiale.

genitals ['dʒenɪtlz] npl genitali mpl.

genius ['dʒi:njəs] (pl -es) n genio m.

gent [dʒent] n UK inf signore m. ◆ **gents** n UK bagno m degli uomini.

genteel [dʒen'ti:l] adj - **1.** [refined] distinto(a) - **2.** [affected] affettato(a).

gentle ['dʒentl] adj - **1.** [kind] gentile - **2.** [soft, light] lieve - **3.** [gradual] dolce - **4.** [discreet] discreto(a).

gentleman ['dʒentlmən] (pl -men) n - **1.** [well-bred man] gentiluomo m - **2.** [man] signore m.

gently ['dʒentlɪ] adv - **1.** [kindly] in modo gentile - **2.** [softly, lightly] lievemente - **3.** [gradually] dolcemente - **4.** [slowly] delicatamente.

genuine ['dʒenjuɪn] adj - **1.** [antique, work of art] autentico(a) - **2.** [person, feeling] sincero(a) - **3.** [mistake] in buona fede.

geography [dʒɪ'ɒgrəfɪ] n - **1.** [science] geografia f - **2.** [layout] conformazione f.

geology [dʒɪ'ɒlədʒɪ] n geologia f.

geometric(al) [,dʒɪə'metrɪk(l)] adj geometrico(a).

geometry [dʒɪ'ɒmətrɪ] n (U) geometria f.

geranium [dʒɪ'reɪnjəm] (pl -s) n geranio m.

geriatric [,dʒerɪ'ætrɪk] adj - **1.** [of old people] geriatrico(a) - **2.** pej [very old, inefficient] decrepito(a).

germ [dʒɜ:m] n germe m.

German ['dʒɜ:mən] <> adj tedesco(a). <> n - **1.** [person] tedesco m, -a f - **2.** [language] tedesco m.

German measles n (U) rosolia f.

Germany ['dʒɜ:mənɪ] n Germania f.

germinate ['dʒɜ:mɪneɪt] vi germinare.

gesticulate [dʒe'stɪkjuleɪt] vi gesticolare.

gesture ['dʒestʃər] <> n gesto m. <> vi: to gesture to OR towards sb far segno a qn.

get [get] (UK pt & pp got; US pt got, pp gotten) <> vt - **1.** [cause to do]: to get sb to do sthg far fare qc a qn; I'll get my sister to help you ti faccio aiutare da mia sorella - **2.** [cause to be done]: to get sthg done far fare qc; I get the car fixed ho fatto riparare la macchina - **3.** [cause to become]: to get sthg ready preparare qc; to get sb pregnant mettere incinta qn; I can't get the car started non riesco a far partire la macchina; they finally got the computer working again alla fine, sono riusciti a far ripartire il computer - **4.** [cause to move]: to get sb/sthg through sthg far passare qn/qc attraverso qc; to get sb/sthg out of sthg tirar fuori qn/qc da qc - **5.** [bring] portare; [fetch] prendere; can you get it to me by five o'clock? me lo puoi portare entro le cinque?; can I get you something to eat/drink? posso offrirti qualcosa da mangiare/bere?; I'll get my coat vado a prendere il cappotto - **6.** [obtain] ottenere; he can't get a job anywhere non trova lavoro da nessuna parte - **7.** [receive] ricevere; what did you get for your birthday? cos'hai ricevuto per il tuo compleanno?; she gets a good salary prende un buono stipendio; when did you get the news? quando hai ricevuto la notizia?; I only got £5 for it non ho ricavato solo 5 sterline - **8.** [time, opportunity] avere; to get the chance/opportunity (to do sthg) avere l'occasione/l'opportunità (di fare qc); **have you got a moment?** hai un minuto?; **I haven't got (the) time** non ho tempo - 9. [experience a sensation] avere; **do you get the feeling he doesn't like us?** hai l'impressione che non gli siamo simpatici?; **I got the impression she was quite unhappy** ho avuto l'impressione che non fosse molto contenta; **I get a real thrill out of driving fast** la velocità in macchina mi fa provare emozioni forti - 10. [become infected with, suffer from] prendere; **to get a cold** prendere il raffreddore - 11. *inf* [understand] capire; **I don't get it** non capisco; **she never gets my jokes** non capisce mai le mie battute; **he didn't seem to get the point/idea** non mi è sembrato che abbia afferrato il concetto - 12. [bus, train, plane] prendere; **where do you get the bus?** dove prendi l'autobus?; **you can get a train at seven o'clock** puoi prendere un treno alle sette - 13. [capture] prendere; **the police have got the killer now** la polizia ora ha preso l'assassino - 14. [find]: **you get a lot of artists here** ci sono molti artisti qui. ⬦ *vi* - 1. [become] diventare; **to get suspicious** diventare sospettoso(a); **things can only get better** le cose possono solo migliorare; **I'm getting cold** mi sta venendo freddo; **I'm getting bored** comincio ad annoiarmi; **it's getting late** si sta facendo tardi - 2. [arrive] arrivare; **when do we get to Rome?** quando arriviamo a Roma?; **how do I get there?** come ci arrivo? - 3. [eventually succeed in]: **to get to do sthg** finire per fare qc; **did you get to see him?** sei riuscito a vederlo?; **she got to enjoy the classes** le lezioni hanno finito per piacerle; **I never got to visit Beijing** non ho mai avuto l'occasione di visitare Pechino - 4. [progress] arrivare; **how far have you got?** a che punto sei?; **I got to the point where I didn't care any more** sono arrivato al punto di infischiarmene; **now we're getting somewhere** adesso stiamo concludendo qualcosa. ⬦ *aux vb*: **someone could get hurt** qualcuno potrebbe farsi male; **we got dressed up especially** ci siamo vestiti bene per l'occasione; **I got beaten up** mi hanno pestato; **let's get going** *OR* **moving** diamoci una mossa. ◆ **get about** *vi UK* - 1. [person] muoversi; **I don't get about much any more** non mi muovo più molto; **he certainly gets about a bit** certo, è spesso in giro - 2. [news, rumour] spargersi. ◆ **get along** *vi* - 1. [manage] cavarsela; **to get along without sb/sthg** cavarsela senza qn/qc - 2. [progress]: **how are you getting along?** come te la cavi?; **we're getting along pretty well** stiamo facendo dei progressi - 3. [have a good relationship]: **to get along (with sb)** andare d'accordo (con qn) - 4. [leave] andare. ◆ **get around** ⬦ *vt insep*

[problem, obstacle] aggirare. ⬦ *vi* - 1. [person] muoversi; **I don't get around much any more** non mi muovo più molto; **he certainly gets around a bit** certo, è spesso in giro - 2. [news, rumour] spargersi - 3. [eventually do]: **to get around to sthg/to doing sthg** trovare il tempo per qc/per fare qc. ◆ **get at** *vt insep* - 1. [reach] arrivare a; **he's determined to get at the truth** è determinato a scoprire la verità - 2. [imply]: **what are you getting at?** dove vuoi arrivare?; **I see what you're getting at** capisco cosa vuoi dire - 3. *UK inf* [nag] criticare; **stop getting at me!** smettila di criticarmi! ◆ **get away** ⬦ *vt sep* [remove] portare via; **get him away from here** portalo via di qui. ⬦ *vi* - 1. [leave] andare via - 2. [go on holiday] partire - 3. [escape] scappare. ◆ **get away with** *vt insep* [crime] non essere punito(a) per; **he got away with it** l'ha fatta franca; **to let sb get away with sthg** passare qc a qn; **she lets him get away with murder** *inf* gliele passa proprio tutte. ◆ **get back** ⬦ *vt sep* - 1. [recover, regain] recuperare - 2. [take revenge on]: **to get sb back (for sthg)** farla pagare a qn (per qc). ⬦ *vi* - 1. [move away] indietreggiare; **get back!** indietro! - 2. [return] tornare; **when did you get back from your holidays?** quando sei tornato dalle vacanze? ◆ **get back to** *vt insep* - 1. [return to previous state, activity] tornare a; **to get back to sleep** riaddormentarsi; **to get back to normal** tornare alla normalità; **let's get back to the way things were** torniamo a com'era prima; **to get back to what I was saying...** per tornare a quello che stavo dicendo...; **to get back to work** tornare al lavoro - 2. *inf* [phone back] richiamare. ◆ **get by** *vi* [manage, survive] tirare avanti. ◆ **get down** *vt sep* - 1. [depress] abbattere; **don't let it get you down** non lasciarti abbattere; **it really gets me down** mi deprime molto - 2. [fetch from higher level] tirare giù. ◆ **get down to** *vt insep* cominciare; **to get down to work** mettersi al lavoro; **to get down to doing sthg** mettersi a fare qc. ◆ **get in** *vi* - 1. [enter] entrare - 2. [arrive] arrivare; [come home] rientrare. ◆ **get into** *vt insep* - 1. [car] salire in - 2. [politics, advertising] entrare in - 3. [enter into a particular situation, state]: **to get into a panic** farsi prendere dal panico; **to get into an argument (with sb)** mettersi a litigare (con qn); **to get into trouble** finire nei guai; **to get into the habit of doing sthg** prendere l'abitudine di fare qc. ◆ **get off** ⬦ *vt sep* [remove] togliere; **get your hands off!** giù le mani!; **get your shirt off!** togliti la camicia!; **I can't get this stain off** non riesco a togliere questa macchia. ⬦ *vt insep* - 1. [go away from] andare via da; **get off my land!** fuori dalla mia proprietà! - **2.** [train, bus, plane, bicycle] scendere da. ⬦ *vi* - **1.** [leave bus, train] scendere - **2.** [escape punishment] cavarsela; **she got off with a warning** se l'è cavata con un avvertimento; **he got off lightly** se l'è cavata con poco - **3.** [depart] andare. ◆ **get on** ⬦ *vt insep* - **1.** [bus, train, plane] salire su - **2.** [horse] montare a. ⬦ *vi* - **1.** [enter bus, train] salire - **2.** *UK* [have good relationship]**: to get on (with sb)** andare d'accordo (con qn) - **3.** *UK* [progress]**: how are you getting on?** come vanno le cose? - **4.** *UK* [proceed]**: to get on (with sthg)** andare avanti (con qc); **get on with your work now** rimettiti a lavorare ora - **5.** *UK* [be successful professionally] riuscire. ◆ **get out** ⬦ *vt sep* - **1.** [take out] tirare fuori; **she got a pen out of her bag** ha tirato fuori dalla borsa una penna - **2.** [stain] mandare via. ⬦ *vi* - **1.** [become known]**: word got out that he was leaving** si è sparsa la voce che se ne stava andando; **if this gets out, we're in trouble** se si viene a sapere, siamo nei guai - **2.** [leave car, bus, train] scendere. ◆ **get out of** *vt insep* - **1.** [car] scendere da - **2.** [escape from] scappare da - **3.** [avoid] evitare; **to get out of (doing) sthg** evitare (di fare) qc. ◆ **get over** *vt insep* - **1.** [recover from] rimettersi da - **2.** [overcome] superare - **3.** *UK* [communicate] riuscire a trasmettere. ◆ **get round** *vt insep & vi UK* = **get around.** ◆ **get through** ⬦ *vt insep* - **1.** [job, task, food] finire - **2.** [exam, test] passare - **3.** [survive] superare. ⬦ *vi* - **1.** [make o.s. understood]**: to get through (to sb)** farsi capire (da qn) - **2.** TELEC prendere la linea. ◆ **get to** *vt insep inf* [annoy] dare sui nervi a. ◆ **get together** ⬦ *vt sep* - **1.** [report] preparare; [team, band] mettere su - **2.** [possessions] riunire. ⬦ *vi* trovarsi; **let's get together for lunch one day** troviamoci per pranzo uno di questi giorni. ◆ **get up** ⬦ *vi* alzarsi; **she got up from her chair/the floor** si è alzata dalla sedia/da terra; **I get up at seven** mi alzo alle sette. ⬦ *vt insep UK* [demonstration, petition] organizzare. ◆ **get up to** *vt insep inf* combinare; **we got up to all kinds of things** ne abbiamo combinate di tutti i colori; **don't get up to any mischief** non fare niente di male.

get-together *n inf* riunione *f (tra amici).*

ghastly ['gɑːstlɪ] *adj* - **1.** *inf* [very bad, unpleasant] orribile - **2.** [horrifying, macabre] orrendo(a).

gherkin ['gɜːkɪn] *n* cetriolino *m.*

ghetto ['getəʊ] (*pl* -s OR -es) *n* ghetto *m.*

ghetto blaster [-ˌblɑːstəʳ] *n inf* stereo *m inv* portatile *(di grande potenza).*

ghost [gəʊst] *n* fantasma *m.*

giant ['dʒaɪənt] ⬦ *adj* gigante; **a giant corporation** un grande colosso finanziario. ⬦ *n* [gen] gigante *m.*

gibberish ['dʒɪbərɪʃ] *n (U)* vaneggiamento *m.*

gibe [dʒaɪb] *n* frecciata *f.*

Gibraltar [dʒɪ'brɔːltəʳ] *n* Gibilterra *f.*

giddy ['gɪdɪ] *adj* stordito(a); **I feel giddy** ho il capogiro.

gift [gɪft] *n* - **1.** [present] regalo *m* - **2.** [talent] dote *f*; **to have a gift for sthg/for doing sthg** essere portato(a) per qc/per fare qc; **the gift of the gab** *inf* il dono della parlantina.

gift certificate *n US* = **gift token.**

gifted ['gɪftɪd] *adj* dotato(a).

gift token *UK*, **gift voucher** *UK*, **gift certificate** *US n* buono *m* (acquisto).

gift wrap *n* carta *f* da regalo.

gig [gɪg] *n inf* concerto *m.*

gigabyte ['gɪgəbaɪt] *n* COMPUT gigabyte *m inv.*

gigantic [dʒaɪ'gæntɪk] *adj* gigantesco(a).

giggle ['gɪgl] ⬦ *n* - **1.** [laugh] risatina *f* - **2.** *UK inf* [fun] spasso *m*; **to have a giggle** farsi una risata. ⬦ *vi* [laugh] ridacchiare.

gilded ['gɪldɪd] *adj* = **gilt.**

gills [gɪlz] *npl* branchie *fpl.*

gilt [gɪlt] ⬦ *adj* dorato. ⬦ *n (U)* doratura *f.*

gimmick ['gɪmɪk] *n pej* espediente *m.*

gin [dʒɪn] *n* gin *m inv*; **gin and tonic** gin tonic *m inv.*

ginger ['dʒɪndʒəʳ] ⬦ *adj UK* rossiccio(a), fulvo(a); **a ginger cat** un gatto rosso. ⬦ *n (U)* zenzero *m.*

ginger ale *n* ginger *m inv.*

ginger beer *n* ginger *m inv (leggermente alcolico).*

gingerbread ['dʒɪndʒəbred] *n (U)* - **1.** [cake] pan *m* di zenzero, panpepato *m* - **2.** [biscuit] biscotto *m* allo zenzero.

gingerly ['dʒɪndʒəlɪ] *adv* con cautela.

gipsy ['dʒɪpsɪ] *adj & n UK* = **gypsy.**

giraffe [dʒɪ'rɑːf] (*pl* giraffe OR -s) *n* giraffa *f.*

girder ['gɜːdəʳ] *n* trave *f.*

girdle ['gɜːdl] *n* busto *m.*

girl [gɜːl] *n* - **1.** [young female child] bambina *f* - **2.** [young woman] ragazza *f* - **3.** [daughter] figlia *f* - **4.** [female friend]**: the girls** le ragazze.

girlfriend ['gɜːlfrend] *n* - **1.** [female lover] ragazza *f* - **2.** [female friend] amica *f.*

girl guide *UK*, **girl scout** *US n* giovane esploratrice *f.*

giro ['dʒaɪrəʊ] (*pl* -s) *n* UK - **1.** (U) [system - bank] bancogiro *m*; [- post] postagiro *m* - **2.**: **giro(cheque)** sussidio *m* (dato dal governo in caso di disoccupazione o malattia).

gist [dʒɪst] *n* senso *m*, sostanza *f*; **to get the gist (of sthg)** cogliere il senso (di qc).

give [gɪv] (*pt* **gave**, *pp* **given**) <> *vt* - **1.** [gen] dare; **to give (sb) sthg** [look, push, headache] dare qc (a qn); [smile, frown, surprise] fare qc (a qn); **just thinking about it gives me a headache** il solo pensiero mi fa venire il mal di testa; **it gives me great pleasure to be here tonight** mi fa molto piacere essere qui questa sera; **to give sb/sthg sthg** OR **to give sthg to sb/sthg** dare qc a qn/qc; **to give sthg (for sthg)** [pay] dare qc (per qc) - **2.** [host]: **to give a press conference** tenere una conferenza stampa - **3.** [thought, attention, time]: **to give sthg to sthg** OR **to give sthg sthg** dedicare qc a qc - **4.** [as present] dare, regalare; **to give sb sthg** OR **to give sthg to sb** dare qc a qn. <> *vi* [collapse, break] cedere. <> *n* (U) [elasticity] elasticità *f inv*. ◆ **give or take** *prep*: **give or take a mile** miglio più, miglio meno. ◆ **give away** *vt sep* - **1.** [get rid of] dare via - **2.** [reveal] rivelare. ◆ **give back** *vt sep* restituire. ◆ **give in** *vi* - **1.** [admit defeat] arrendersi - **2.** [agree unwillingly]: **to give in to sthg** cedere a qc. ◆ **give off** *vt insep* emettere. ◆ **give out** <> *vt sep* [distribute] distribuire. <> *vi* [fail] venire meno. ◆ **give up** <> *vt sep* - **1.** [stop, abandon - smoking] smettere; [- hope] abbandonare; [- chocolate] rinunciare a; [- job] lasciare - **2.** [surrender]: **to give o.s. up (to sb)** arrendersi (a qn). <> *vi* [admit defeat] arrendersi.

given ['gɪvn] <> *adj* - **1.** [set, fixed] stabilito(a) - **2.** [prone]: **to be given to sthg/to doing sthg** essere incline a qc/a fare qc. <> *prep* [taking into account] dato(a); **given that** dato che.

given name *n esp* US nome *m* di battesimo.

glacier ['glæsjər] *n* ghiacciaio *m*.

glad [glæd] *adj* - **1.** [happy, pleased] contento(a); **to be glad about sthg** essere contento(a) di qc - **2.** [willing]: **to be glad to do sthg** essere felice di fare qc - **3.** [grateful]: **to be glad of sthg** essere felice di qc.

gladly ['glædlɪ] *adv* - **1.** [happily, eagerly] con piacere - **2.** [willingly] volentieri.

glamor *n* US = **glamour**.

glamorous ['glæmərəs] *adj* [person, place] affascinante; [job] prestigioso(a).

glamour UK, **glamor** US ['glæmər] *n* (U) [of person, place] fascino *m*; [of job] prestigio *m*.

glance [glɑːns] <> *n* occhiata *f*, sguardo *m*; **at a glance** a colpo d'occhio; **at first glance** al primo sguardo. <> *vi* [look quickly]: **to glance at sb/sthg** gettare uno sguardo a qn/qc. ◆ **glance off** *vt insep* rimbalzare.

gland [glænd] *n* ghiandola *f*.

glandular fever ['glændjʊlər-] *n* (U) UK mononucleosi *f*.

glare [gleər] <> *n* - **1.** [scowl] sguardo *m* truce - **2.** (U) [blaze, dazzle] bagliore *m* - **3.** [of publicity] riflettori *mpl*. <> *vi* - **1.** [scowl]: **to glare at sb/sthg** lanciare uno sguardo truce a qn/qc - **2.** [blaze, dazzle] abbagliare.

glaring ['gleərɪŋ] *adj* - **1.** [very obvious] lampante - **2.** [blazing, dazzling] abbagliante, accecante.

glass [glɑːs] <> *n* - **1.** (U) [material] vetro *m* - **2.** [container for drink, glassful] bicchiere *m* - **3.** (U) [glassware] vetri *mpl*. <> *comp* di vetro. ◆ **glasses** *npl* [spectacles] occhiali *mpl*; [binoculars] binocolo *m* (*sing*).

glaze [gleɪz] <> *n* - **1.** [on pottery] smalto *m* (trasparente) - **2.** [CULIN - on meat] gelatina *f*; [- on cake] glassa *f*. <> *vt* - **1.** [pottery] smaltare a vetro - **2.** [CULIN - meat] ricoprire di gelatina; [- cake, fruit] glassare.

glazier ['gleɪzjər] *n* vetraio *m*, -a *f*.

gleam [gliːm] <> *n* - **1.** [glow - gold, candle] luccichio *m*, bagliore *m*; [- sunset] fulgore *m*, bagliori *mpl* - **2.** [fleeting expression] accenno *m*. <> *vi* - **1.** [surface, object] luccicare - **2.** [light] brillare - **3.** [eyes] lampeggiare.

gleaming ['gliːmɪŋ] *adj* - **1.** [surface, object] luccicante - **2.** [light] sfavillante - **3.** [face, eyes] raggiante.

glean [gliːn] *vt* raccogliere poco a poco.

glee [gliː] *n* [joy, delight] allegria *f*, gioia *f*; [gloating] esultanza *f*.

glen [glen] *n Scotland* valle *f*.

glib [glɪb] *adj pej* - **1.** [answer, excuse] sbrigativo(a) - **2.** [person] abile con le parole.

glide [glaɪd] *vi* - **1.** [move smoothly] scivolare - **2.** [fly] librarsi.

glider ['glaɪdər] *n* aliante *m*.

gliding ['glaɪdɪŋ] *n* (U) volo *m* a vela.

glimmer ['glɪmər] *n* barlume *m*.

glimpse [glɪmps] <> *n* - **1.** [sight, look] sguardo *m* di sfuggita - **2.** [perception, idea, insight] intuizione *f*, percezione *f*. <> *vt* - **1.** [catch sight of] intravedere - **2.** [perceive] intuire, percepire.

glint [glɪnt] <> *n* - **1.** [of metal, sunlight] scintillio *m*, sfavillio *m* - **2.** [in eyes] lampo *m*. <> *vi* scintillare, sfavillare.

glisten ['glɪsn] *vi* - **1.** [surface, object] luccicare - **2.** [eyes] luccicare, essere lucido(a).

glitter ['glɪtəʳ] ⟨⟩ n - 1. [of object, light] scintillio m, sfavillio m - 2. [of eyes] lampo m - 3. (U) [decoration, make-up] lustrini mpl. ⟨⟩ vi - 1. [object, light] scintillare, sfavillare - 2. [eyes] lampeggiare, sfavillare.

gloat [gləʊt] vi: **to gloat (over sthg)** gongolare (per qc).

global ['gləʊbl] adj globale.

globalization, -isation UK [,gləʊbəlaɪ'zeɪʃn] n globalizzazione f.

global warming [-'wɔ:mɪŋ] n (U) riscaldamento m del globo.

globe [gləʊb] n - 1. [Earth]: **the globe** il globo (terrestre) - 2. [map] mappamondo m - 3. [spherical shape] globo m, sfera f.

gloom [glu:m] n - 1. [darkness] oscurità f - 2. [unhappiness] depressione f.

gloomy ['glu:mɪ] adj - 1. [place, landscape] opprimente - 2. [weather] cupo(a) - 3. [person] triste - 4. [outlook, news] fosco(a).

glorious ['glɔ:rɪəs] adj - 1. [illustrious] glorioso(a), illustre - 2. [wonderful] magnifico(a), splendido(a).

glory ['glɔ:rɪ] n - 1. (U) [fame, honour] gloria f - 2. (U) [splendour] magnificenza f.

gloss [glɒs] n - 1. (U) [shine] lucentezza f - 2.: **gloss (paint)** vernice f brillante. ◆ **gloss over** vt insep ignorare.

glossary ['glɒsərɪ] n glossario m.

glossy ['glɒsɪ] adj [gen] lucido(a).

glove [glʌv] n guanto m.

glove compartment n vano m portaoggetti (inv) (in un'auto).

glow [gləʊ] ⟨⟩ n [light] bagliore m. ⟨⟩ vi [fire, sky, light] mandare bagliori.

glower ['glaʊəʳ] vi: **to glower (at sb/sthg)** guardare male (qn/qc).

glucose ['glu:kəʊs] n (U) glucosio m.

glue [glu:] (cont glueing OR gluing) ⟨⟩ n (U) colla f. ⟨⟩ vt [stick with glue] incollare; **to glue sthg to sthg** incollare qc a qc.

glum [glʌm] adj cupo(a).

glut [glʌt] n eccedenza f.

glutton ['glʌtn] n goloso m, -a f; **to be a glutton for punishment** essere un masochista(una masochista).

GM [,dʒi:'em] (abbr of genetically modified) adj geneticamente modificato(a).

GM foods npl cibi mpl transgenici.

GMO (abbr of genetically modified organism) ⟨⟩ adj OGM (inv). ⟨⟩ n OGM m inv.

gnarled [nɑ:ld] adj nodoso(a).

gnat [næt] n moscerino m.

gnaw [nɔ:] ⟨⟩ vt [bone, furniture] rodere, rosicchiare. ⟨⟩ vi [worry] assillare; **to gnaw (away) at sb** assillare qn.

gnome [nəʊm] n gnomo m.

GNP (abbr of gross national product) n PNL m.

GNVQ (abbr of General National Vocational Qualification) n SCH (titolo di studio britannico a conclusione di) un corso per studenti dai 16 anni in su.

go [gəʊ] (pt went, pp gone, pl goes) ⟨⟩ vi - 1. [move, travel] andare; **where are you going?** dove stai andando?; **he's gone to Portugal** è andato in Portogallo; **let's go into the lounge** andiamo in salotto; **we went by bus/train** ci siamo andati in autobus/treno; **where does this road go?** dove va questa strada?; **to go and do sthg** andare a fare qc; **go and see if he's ready** vai a vedere se è pronto; **to go swimming/shopping/jogging** andare a nuotare/fare spese/correre; **to go for a walk** andare a fare una passeggiata - 2. [depart] andare; **I must go, I have to go** devo andare; **what time does the bus go?** a che ora parte l'autobus?; **it's time we went** è ora di andare; **he's gone** se n'è andato; **let's go!** andiamo! - 3. [attend] andare; **to go to church/school/university** andare in chiesa/a scuola/all'università; **are you going to Phil's party?** vai alla festa di Phil?; **I can't go** non ci posso andare; **to go to work** andare a lavorare - 4. [become] diventare; **they've gone bankrupt** sono falliti; **you're going grey** ti stanno venendo i capelli bianchi; **to go mad** impazzire - 5. [indicating intention, certainty, expectation]: **what are you going to do now?** cosa farai adesso?; **he said he was going to be late** ha detto che sarebbe arrivato tardi; **we're going to go to America in June** andiamo in America a giugno; **it's going to rain** pioverà; **it's going to snow** nevicherà; **I feel as if I'm going to be sick** mi viene da vomitare; **she's going to have a baby** aspetta un bambino; **it's not going to be easy** non sarà facile; **I don't know how we're going to manage** non so come faremo - 6. [pass] passare; **the time went slowly/quickly** il tempo è passato lentamente/velocemente; **the years go very fast** gli anni passano molto velocemente - 7. [progress] andare; **the conference went very smoothly** la conferenza si è svolta senza intoppi; **how did work go today?** com'è andato il lavoro oggi?; **to go well/badly** andare bene/male; **how's it going?** [job etc] come sta andando?; inf [how are you?] come va? - 8. [function, work] funzionare; **the car won't go** la macchina non parte; **is the tape recorder still going?** [still in working order] funziona ancora il registratore?; [still on] è ancora acceso il registratore? - **9.** [bell] suonare; [alarm] scattare - **10.** [stop working] saltare - **11.** [deteriorate] andare via; **her sight/hearing is going** le sta andando via la vista/l'udito - **12.** [match, be compatible]: **this blouse goes well with the skirt** questa camicia sta bene con la gonna; **those colours don't really go** questi colori non stanno molto bene insieme; **chocolate and cheese don't really go** il cioccolato e il formaggio non vanno molto bene insieme; **red wine goes well with meat** il vino rosso si accompagna bene con la carne - **13.** [fit, belong] andare; **where does this bit go?** dove va questo pezzo?; **that goes at the bottom** questo va in fondo; **the plates go in the top cupboard** i piatti vanno nel mobile in alto - **14.** MATHS: **10 goes into 50 five times** 10 sta cinque volte in 50; **three into two won't go** due non si può dividere per tre - **15.** inf [expressing irritation, surprise]: **to go and do sthg** andare a fare qc; **now what's he gone and done?** e ora cosa è andato a fare?; **she's gone and bought a new car!** è andata a comprarsi una macchina nuova!; **you've gone and done it now!** l'hai fatta proprio bella! - **16.** [illustrates]: **it just goes to show (that)...** questo dimostra che...; **it just goes to show that none of us is perfect** ciò dimostra che nessuno è perfetto. ◇ n - **1.** [turn] turno m; **it's my go** next dopo tocca a me - **2.** inf [attempt]: **to have a go (at sthg)** provare (a fare qc); **all right, I'll have a go** va bene, ci provo; **to have a go at sb** UK inf fare una sfuriata a qn. ◆ **to go** adv - **1.** [remaining]: **there are only three days to go** mancano solo tre giorni; **five down and six to go** cinque sono fatti e sei restano da fare - **2.** [to take away] da portare via; **two pizzas/hamburgers to go** due pizze/hamburger da portare via. ◆ **go about** ◇ vt insep [perform]: **to go about one's business** dedicarsi alle proprie occupazioni. ◇ vi UK = **go around. ◆ go ahead** vi - **1.** [begin]: **to go ahead (with sthg)** iniziare (qc); **go ahead!** fai pure!; **we can go ahead with our plans now** ora possiamo mettere in atto i nostri piani - **2.** [take place] aver luogo. ◆ **go along** vi [proceed] andare avanti; **he made it up as he went along** inventava man mano che parlava. ◆ **go along with** vt insep [suggestion, idea] sostenere; **I'm happy to go along with everyone else** sarò felice di seguire il volere generale. ◆ **go around** vi - **1.** [frequent]: **to go around with sb** andare in giro con qn - **2.** [rumour, illness] circolare - **3.** [revolve] girare. ◆ **go away** vi andare via. ◆ **go back** vi - **1.** [to place] tornare - **2.** [to activity]: **to go back to (doing) sthg** rimettersi a (fare) qc - **3.** [to time]: **to go back to**

sthg risalire a qc. ◆ **go back on** vt insep rimangiarsi; **to go back on one's word/promise** rimangiarsi la parola/una promessa. ◆ **go by** ◇ vt insep - **1.** [be guided by] basarsi su - **2.** [judge from] giudicare da. ◇ vi [time] passare; **as time goes by** con il passar del tempo. ◆ **go down** ◇ vi - **1.** [get lower] diminuire; **she's gone down in my opinion** è scaduta nella mia opinione - **2.** [be accepted]: **to go down well/badly** essere accolto(a) bene/male - **3.** [sun] tramontare - **4.** [deflate] sgonfiarsi. ◇ vt insep [steps, hill] scendere giù da. ◆ **go for** vt insep - **1.** [choose] scegliere - **2.** [be attracted to]: **what sort of books do you go for?** quale genere di libri ti piace di più?; **I don't really go for men like him** gli uomini come lui non mi dicono molto - **3.** [attack] saltare addosso a - **4.** [try to obtain] mirare a; **to go for it** buttarsi. ◆ **go in** vi [enter] entrare. ◆ **go in for** vt insep - **1.** [competition] partecipare a; [exam] dare - **2.** inf [activity]: **she goes in for sports in a big way** le piace moltissimo fare sport; **I don't really go in for classical music** la musica classica non mi dice molto. ◆ **go into** vt insep - **1.** [investigate] esaminare - **2.** [take up as a profession - television, advertising] entrare in; [- law, theatre] intraprendere una carriera in. ◆ **go off** ◇ vi - **1.** [bomb] esplodere - **2.** [alarm] suonare - **3.** UK [milk, cheese] andare a male - **4.** [light] spegnersi. ◇ vt insep UK inf [lose interest in]: **I've gone off the idea** l'idea non mi va più; **he's gone off drink/tea/sports** l'alcol/il tè/lo sport non gli va più; **I've gone off him lately** ultimamente, ha smesso di piacermi. ◆ **go on** ◇ vi - **1.** [take place] succedere; **what's going on?** cosa succede?; **there was a party going on next door** c'era una festa dai vicini; **he began to suspect something was going on** ha cominciato a sospettare che ci fosse sotto qualcosa - **2.** [switch on] accendersi - **3.** [continue]: **to go on (doing sthg)** continuare (a fare qc) - **4.** [proceed to further activity]: **to go on to sthg** passare a qc; **she went on to win the gold medal** dopo, ha vinto la medaglia d'oro; **I hope to go on to a master's degree** spero di continuare con un master - **5.** [talk for too long] farla lunga; **to go on about sthg** parlare per ore di qc; **don't go on about it** non farla lunga. ◇ vt insep [be guided by] basarsi su. ◆ **go on at** vt insep inf [nag] stare addosso a. ◆ **go out** vi - **1.** [person] uscire; **to go out with sb** uscire con qn - **2.** [light, fire, cigarette] spegnersi. ◆ **go over** vt insep - **1.** [examine] esaminare; **to go over sthg in one's mind** riconsiderare qc attentamente - **2.** [repeat, review] rivedere. ◆ **go round** vi UK = **go around.** ◆ **go through** vt insep - **1.** [experience] vivere, passare - **2.** [study] esaminare;

goad

[search through] frugare. ◆ **go through with** vt insep portare avanti; **do you think he'll go through with it?** pensi che andrà fino in fondo?; **she went through with the marriage** ha portato avanti il suo matrimonio. ◆ **go toward, go towards** UK vt insep [contribute] contribuire a. ◆ **go under** vi - **1.** [ship] affondare; [swimmer] immergersi, andare sott'acqua - **2.** fig [fail] fallire. ◆ **go up** <> vi [increase in level, altitude] salire. <> vt insep salire su. ◆ **go without** <> vt insep fare a meno di. <> vi farne a meno.

goad [gəʊd] vt pungolare.

go-ahead <> adj dinamico(a). <> n benestare m inv, via libera m inv.

goal [gəʊl] n - **1.** [area between goalposts] porta f; [point scored] goal m inv, rete f - **2.** [aim] scopo m.

goalkeeper ['gəʊl,ki:pə°] n portiere m.

goalpost ['gəʊlpəʊst] n palo m.

goat [gəʊt] n capra f.

goat's cheese n formaggio m di capra.

gob [gɒb] UK v inf <> n bocca f. <> vi sputare.

gobble ['gɒbl] vt ingurgitare.

go-between n intermediario m, -a f.

gobsmacked ['gɒbsmækt] adj UK v inf sbalordito(a).

go-cart n US = **go-kart**.

god [gɒd] n dio m, divinità f inv. ◆ **God** <> n Dio m; **God knows** Dio solo (lo) sa; **for God's sake!** per amor di Dio!; **thank God** grazie a Dio. <> excl: **(my) God!** (mio) Dio!, Dio (mio)!

godchild ['gɒdtʃaɪld] (pl **-children**) n figlioccio m, -a f.

goddaughter ['gɒd,dɔːtə°] n figlioccia f.

goddess ['gɒdɪs] n dea f.

godfather ['gɒd,fɑːðə°] n padrino m.

godforsaken ['gɒdfə,seɪkn] adj dimenticato(a) da Dio.

godmother ['gɒd,mʌðə°] n madrina f.

godsend ['gɒdsend] n regalo m della provvidenza.

godson ['gɒdsʌn] n figlioccio m.

goes [gəʊz] vb ▷ **go**.

goggles ['gɒglz] npl occhiali mpl (di protezione).

going ['gəʊɪŋ] <> adj - **1.** [rate, salary] corrente - **2.** [available, in existence] in circolazione. <> n - **1.** [progress] andatura f - **2.** [condition of ground] condizione f del terreno; **this novel is heavy going** questo romanzo è un mattone.

go-kart UK, **go-cart** US [-kɑːt] n go-kart m inv.

gold [gəʊld] <> adj dorato(a). <> n - **1.** (U) [gen] oro m - **2.** (U) [gold jewellery, ornaments, coins] oggetti mpl in oro. <> comp [made of gold] d'oro.

golden ['gəʊldən] adj - **1.** [made of gold] d'oro - **2.** [gold-coloured] dorato(a).

goldfish ['gəʊldfɪʃ] (pl **goldfish**) n pesce m rosso.

gold leaf n (U) lamina f d'oro.

gold medal n medaglia f d'oro.

goldmine ['gəʊldmaɪn] n miniera f d'oro.

gold-plated [-'pleɪtɪd] adj placcato(a) d'oro.

goldsmith ['gəʊldsmɪθ] n orefice mf.

golf [gɒlf] n golf m inv.

golf ball n palla f da golf.

golf club n - **1.** [society] club m inv di golf, associazione f golfistica - **2.** [place] circolo m di golf, golf club m inv - **3.** [stick] mazza f da golf.

golf course n campo m da golf.

golfer ['gɒlfə°] n giocatore m, -trice f di golf.

gone [gɒn] <> pp ▷ **go**. <> adj: **I'll be gone for a couple of hours** starò via un paio d'ore. <> prep UK inf: **it's just gone twelve (o' clock)** sono appena passate le dodici.

gong [gɒŋ] n gong m inv.

good [gʊd] (comp **better**, superl **best**) <> adj - **1.** [gen] buono(a); **it's good to see you again** è bello rivederti; **to feel good** sentirsi bene; **it's good that** è bello che (+ congiuntivo); **it's good that you're here** è bello che tu sia qui; **business is good** gli affari vanno bene - **2.** [skilful, clever] bravo(a); **to be good at sthg** essere bravo in qc; **to be good with sb/sthg** saperci fare con qn/qc - **3.** [kind] gentile; **it's very good of you** è molto gentile da parte tua; **to be good to sb** essere gentile con qn; **to be good enough to do sthg** essere così gentile da fare qc - **4.** [well-behaved] bravo(a), buono(a); **be good!** fa' il(la) bravo(a) !, fa' il(la) buono(a) ! - **5.** [beneficial]: **it's good for you** ti fa bene - **6.** [considerable] buono(a), notevole; **a good many people** un bel po' di gente; **it's a good way back to the car** è un bel pezzo fino alla macchina - **7.** [proper, thorough] bello(a); **to give sthg a good clean** dare una bella pulita a qc; **to have a good look at sthg** guardare bene qc. <> n - **1.** (U) [gen] bene m; **it will do him good** gli farà bene; **to be up to no good** non fare nulla di buono - **2.** [use]: **it's no good** non serve a niente; **what's the good of...?** a che serve...? <> excl bene! ◆ **goods** npl [merchandise] articoli mpl, merci fpl. ◆ **as good as** adv come; as good as new come nuovo, come se fosse nuovo. ◆ **for good** adv per sempre. ◆ **good afternoon** excl buon pomeriggio! ◆ **good evening** excl buonasera! ◆ **good morning** excl buongiorno! ◆ **good night** excl buonanotte!

good behaviour UK, **good behavior** US n buona condotta f.

goodbye [,gʊd'baɪ] ◇ excl arrivederci. ◇ n arrivederci m.

good deed n buona azione f.

good fortune n fortuna f, buona sorte f.

Good Friday n Venerdì m Santo.

good-humoured UK, **good-humored** US [-'hju:məd] adj amichevole.

good-looking [-'lʊkɪŋ] adj bello(a).

good-natured [-'neɪtʃəd] adj [person] amichevole; [rivalry, argument] senza cattiveria.

goodness ['gʊdnɪs] ◇ n bontà f. ◇ excl: **(my) goodness!** santo cielo!; **for goodness sake!** per amor del cielo!; **thank goodness!** grazie al cielo!

goods train [gʊdz-] n UK treno m merci.

goodwill [,gʊd'wɪl] n (U) - **1.** [kind feelings] buona volontà f - **2.** COMM avviamento m.

goody ['gʊdɪ] ◇ n inf [good person] buono m, -a f. ◇ excl bello! ◆ **goodies** npl inf - **1.** [delicious food] cose fpl buone - **2.** [desirable objects] cose fpl belle.

goose [gu:s] (pl geese) n oca f.

gooseberry ['gʊzbərɪ] n - **1.** [fruit] uva f spina - **2.** UK inf [unwanted person]: **to play gooseberry** reggere il moccolo.

goose pimples, goosebumps ['gu:sbʌmps] US npl pelle f (sing) d'oca.

gore [gɔːr] ◇ n liter sangue m (rappreso). ◇ vt incornare.

gorge [gɔːdʒ] ◇ n gola f. ◇ vt: **to gorge o.s. on** OR **with sthg** rimpinzarsi di qc.

gorgeous ['gɔːdʒəs] adj magnifico(a), stupendo(a).

gorilla [gə'rɪlə] n gorilla m.

gormless ['gɔːmlɪs] adj UK inf stupido(a).

gory ['gɔːrɪ] adj cruento(a).

gosh [gɒʃ] excl inf dated accidenti!

go-slow n UK sciopero m bianco.

gospel ['gɒspl] n [doctrine] principio m, vangelo m. ◆ **Gospel** n [in Bible] Vangelo m.

gossip ['gɒsɪp] ◇ n - **1.** (U) [information] pettegolezzo m - **2.** [occasion]: **to have a gossip** fare un po' di pettegolezzi - **3.** [person] pettegolo m, -a f. ◇ vi spettegolare.

gossip column n rubrica f di cronaca mondana.

got [gɒt] pt & pp ▷ **get**.

gotten ['gɒtn] pp US ▷ **get**.

goulash ['gu:læʃ] n gulasch m inv.

gourmet ['gʊəmeɪ] ◇ n buongustaio m, -a f. ◇ comp [cibo, ristorante] da gourmet.

gout [gaʊt] n gotta f.

govern ['gʌvən] ◇ vt governare. ◇ vi POL governare.

governess ['gʌvənɪs] n governante f.

government ['gʌvnmənt] n governo m.

governor ['gʌvənər] n - **1.** POL governatore m, -trice f - **2.** [of bank, prison] direttore m, -trice f; [of school] ≃ membro m del consiglio di istituto.

gown [gaʊn] n - **1.** [dress] abito m - **2.** SCH, UNIV & LAW toga f - **3.** MED camice m.

GP (abbr of general practitioner) n medico m generico.

grab [græb] ◇ vt - **1.** [with hands] afferrare - **2.** fig [opportunity] afferrare; [sandwich] farsi; **to grab a few hours' sleep** dormire qualche ora - **3.** inf [appeal to] prendere. ◇ vi: **to grab at sthg** [with hands] cercare di afferrare qc.

grace [greɪs] ◇ n - **1.** (U) [elegance] grazia f - **2.** (U) [extra time] proroga f - **3.** [prayer] preghiera f (di ringraziamento). ◇ vt - **1.** fml [honour] onorare - **2.** [adorn] abbellire.

graceful ['greɪsfʊl] adj - **1.** [beautiful] aggraziato(a) - **2.** [gracious] cortese.

gracious ['greɪʃəs] ◇ adj [polite] cortese. ◇ excl dated: **(good) gracious!** santo cielo!

grade [greɪd] ◇ n - **1.** [level, quality – at work] grado m, livello m; [- of eggs, paper] qualità f inv - **2.** US [class] classe f - **3.** [mark] voto m - **4.** US [gradient] pendenza f. ◇ vt - **1.** [classify] classificare - **2.** [mark, assess] valutare, assegnare un voto a.

grade crossing n US passaggio m a livello.

grade school n US ≃ scuola f elementare.

gradient ['greɪdjənt] n pendenza f.

gradual ['grædʒʊəl] adj graduale.

gradually ['grædʒʊəlɪ] adv gradualmente.

graduate ◇ n ['grædʒʊət] - **1.** [person with a degree] laureato m, -a f - **2.** US [of high school] diplomato m, -a f. ◇ vi ['grædjʊeɪt] - **1.** [with a degree]: **to graduate (from)** laurearsi (a) - **2.** US [from high school]: **to graduate (from)** diplomarsi (a).

graduation [,grædʒʊ'eɪʃn] n [ceremony – at university] cerimonia f di laurea; US [- at high school] consegna f dei diplomi.

graffiti [grə'fi:tɪ] n (U) scritte fpl sui muri, graffiti mpl.

graft [grɑːft] ◇ n - **1.** [gen] innesto m - **2.** UK inf [hard work] fatica f - **3.** US inf [corruption] corruzione f. ◇ vt [gen] innestare.

grain [greɪn] n - **1.** [of corn, rice] chicco m - **2.** (U) [crops] cereali mpl - **3.** [of salt, sand] grano m - **4.** (U) [pattern] venatura f.

gram [græm] n grammo m.

grammar ['græmər] n grammatica f.

grammar school n - **1.** [in UK] scuola f secondaria (ad accesso selettivo) - **2.** [in US] ≃ scuola f elementare.

grammatical [grə'mætɪkl] adj - **1.** [referring to grammar] grammaticale - **2.** [grammatically correct] grammaticalmente corretto(a); **it's not grammatical** è sgrammaticato(a).

gramme [græm] n UK = **gram.**

gramophone ['græməfəʊn] n dated grammofono m.

gran [græn] n esp UK inf nonna f.

Granary® **bread** n UK pane m integrale (a chicchi interi).

grand [grænd] (pl **grand**) ◇ adj - **1.** [impressive, imposing] imponente - **2.** [ambitious, large-scale] grandioso(a) - **3.** [socially important] prestigioso(a) - **4.** inf dated [excellent] superbo(a). ◇ n inf [thousand pounds] mille sterline fpl; [thousand dollars] mille dollari mpl.

grandad, granddad esp US ['grændæd] n inf nonno m.

grandchild ['græntʃaɪld] (pl **-children**) n nipote mf.

granddad ['grændæd] n esp US inf = **grandad.**

granddaughter ['græn,dɔːtər] n nipote f.

grandeur ['grændʒər] n grandiosità f inv.

grandfather ['grænd,fɑːðər] n nonno m.

grandma ['grænmɑː] n inf nonna f.

grandmother ['græn,mʌðər] n nonna f.

grandpa ['grænpɑː] n inf nonno m.

grandparents ['græn,peərənts] npl nonni mpl.

grand piano n pianoforte m a coda.

grand slam n [SPORT - in tennis] grande slam m inv; [- in other sports] vittoria in tutte le gare di una stessa stagione.

grandson ['grænsʌn] n nipote m.

grandstand ['grændstænd] n tribuna f.

grand total n totale m complessivo.

granite ['grænɪt] n granito m.

granny ['grænɪ] n inf nonna f.

grant [grɑːnt] ◇ n [money - for home improvement] sovvenzione f; [- for study] borsa f di studio. ◇ vt fml - **1.** [request] accogliere; [permission] accordare - **2.** [accept as true] ricono-

noscere; **to take sthg for granted** dare qc per scontato; **to take sb for granted** dare per scontato che qn sia sempre a disposizione.

granule ['grænjuːl] n granello m.

grape [greɪp] n acino m d'uva; **grapes** uva f (sing).

grapefruit ['greɪpfruːt] (pl **-s** OR **grapefruit**) n pompelmo m.

grapevine ['greɪpvaɪn] n - **1.** [plant] vite f - **2.** fig [information channel]: **we heard on the grapevine that...** gira voce che...

graph [grɑːf] n grafico m.

graphic ['græfɪk] adj - **1.** [vivid] vivido(a) - **2.** ART grafico(a). ◆ **graphics** npl [pictures] grafica f (sing).

graphic artist n grafico m, -a f.

graphite ['græfaɪt] n grafite f.

graph paper n carta f millimetrata.

grapple ['græpl] ◆ **grapple with** vt insep - **1.** [physically] venire alle mani con - **2.** fig [mentally] essere alle prese con.

grasp [grɑːsp] ◇ n - **1.** [grip] presa f - **2.** [understanding - of situation] comprensione f; [- of language, subject] conoscenza f; **to have a good grasp of sthg** avere una buona conoscenza di qc. ◇ vt afferrare.

grasping ['grɑːspɪŋ] adj pej avido(a).

grass [grɑːs] ◇ n erba f. ◇ vi UK crime sl: **to grass (on sb)** fare una soffiata (su qn).

grasshopper ['grɑːs,hɒpər] n cavalletta f.

grass roots ◇ npl [ordinary people - in society, country] gente f (sing) comune; [- in political party] base f (sing). ◇ comp [of society, country] della gente comune; [of political party] della base.

grass snake n biscia f.

grate [greɪt] ◇ n grata f. ◇ vt CULIN grattugiare. ◇ vi [irritate] dare sui nervi.

grateful ['greɪtfʊl] adj riconoscente; **to be grateful to sb (for sthg)** essere riconoscente a qn (per qc).

grater ['greɪtər] n grattugia f.

gratify ['grætɪfaɪ] vt - **1.** [please]: **to be gratified** essere compiaciuto(a) - **2.** [satisfy] soddisfare.

grating ['greɪtɪŋ] ◇ adj stridente. ◇ n [grille] grata f.

gratitude ['grætɪtjuːd] n (U) gratitudine f; **gratitude to sb (for sthg)** gratitudine a qn (per qc).

gratuitous [grə'tjuːɪtəs] adj fml gratuito(a).

grave[1] [greɪv] ◇ adj grave. ◇ n tomba f.

grave[2] [grɑːv] adj LING: **grave accent** accento grave.

gravel ['grævl] n (U) ghiaia f.

gravestone ['greɪvstəʊn] n lapide f.

graveyard ['greɪvjɑːd] n cimitero m.

gravity ['grævətɪ] n [gen] gravità f.

gravy ['greɪvɪ] n [sauce] salsa a base di sugo di carne e farina.

gray adj & n US = **grey**.

graze [greɪz] ◇ vt - 1. [cause to feed] fare pascolare - 2. [break surface of] scorticare - 3. [touch lightly] sfiorare. ◇ vi [animals] pascolare. ◇ n [wound] escoriazione f.

grease [griːs] ◇ n - 1. [gen] grasso m - 2. [dirt] unto m. ◇ vt [engine, machine] ingrassare; [baking tray] ungere.

greaseproof paper [ˌgriːspruːf 'peɪpər] n (U) carta f oleata.

greasy ['griːsɪ] adj [food, hands, clothes] unto(a); [tools] sporco(a) di grasso; [hair, skin] grasso(a).

great [greɪt] ◇ adj - 1. [gen] grande - 2. inf [term of approval] magnifico; **a great guy** un tipo eccezionale. ◇ excl magnifico!

Great Britain n Gran Bretagna f.

great-grandchild n pronipote mf.

great-grandfather n bisnonno m.

great-grandmother n bisnonna f.

greatly ['greɪtlɪ] adv molto.

greatness ['greɪtnɪs] n (U) grandezza f.

Greece [griːs] n Grecia f.

greed [griːd] n - 1. [for food] ingordigia f - 2. fig [for money, power] **greed (for sthg)** avidità f (di qc).

greedy ['griːdɪ] adj - 1. [for food] ingordo(a) - 2. fig [for money, power] **greedy for sthg** avido(a) di qc.

Greek [griːk] ◇ adj greco(a). ◇ n - 1. [person] greco m, -a f - 2. [language] greco m.

green [griːn] ◇ adj - 1. [gen] verde; **green (with envy)** inf verde (d'invidia) - 2. inf [pale] sbiancato(a) - 3. inf [inexperienced] acerbo(a). ◇ n - 1. [colour] verde m - 2. [in village] area erbosa destinata a uso pubblico, tradizionalmente in un villaggio - 3. GOLF green m inv.
➤ **Green** n POL verde mf; **the Greens** i Verdi.
➤ **greens** npl [vegetables] verdura f (sing).

greenback ['griːnbæk] n US inf [banknote] dollaro m.

green belt n esp UK zona f verde (che circonda una città).

green card n - 1. UK [for insuring vehicle] carta f verde - 2. US [resident's permit] permesso m di soggiorno.

greenfly ['griːnflaɪ] (pl greenfly OR -ies) n afide m.

greengrocer ['griːnˌgrəʊsər] n esp UK fruttivendolo m, -a f; **greengrocer's (shop)** negozio m di frutta verdura.

greenhouse ['griːnhaʊs] n serra f.

greenhouse effect n: **the greenhouse effect** l'effetto serra.

Greenland ['griːnlənd] n Groenlandia f.

green salad n insalata f verde.

greet [griːt] vt [say hello to] salutare.

greeting ['griːtɪŋ] n [salutation] saluto m.
➤ **greetings** npl [on card] auguri mpl.

greetings card ['griːtɪŋz-] UK, **greeting card** US n biglietto m d'auguri.

grenade [grə'neɪd] n: **(hand) grenade** bomba f (a mano).

grew [gruː] pt ▷ **grow**.

grey UK, **gray** US [greɪ] ◇ adj [in colour] grigio(a); **to go grey** [hair] diventare bianco(a). ◇ n grigio m.

grey-haired UK, **gray-haired** US [-'heəd] adj dai capelli grigi.

greyhound ['greɪhaʊnd] n levriero m.

grid [grɪd] n - 1. [grating] grata f - 2. [system of squares] reticolato m - 3. ELEC rete f.

griddle ['grɪdl] n piastra f.

gridlock ['grɪdlɒk] n ingorgo m.

grief [griːf] n - 1. [sorrow] afflizione f - 2. inf [trouble] scocciatura f; **to come to grief** [fail] fare fiasco; [have an accident] farsi male; **good grief!** santo cielo!

grievance ['griːvns] n lamentela f.

grieve [griːv] vi: **to grieve (for sb/sthg)** angustiarsi (per qn/qc).

grievous ['griːvəs] adj fml grave.

grill [grɪl] ◇ n - 1. UK [part of cooker] grill m inv, griglia f - 2. [metal frame over fire] griglia f. ◇ vt - 1. [cook on grill] cuocere alla griglia - 2. inf [interrogate] torchiare.

grille [grɪl] n griglia f.

grim [grɪm] adj - 1. [stern] duro(a) - 2. [gloomy] cupo(a).

grimace [grɪ'meɪs] ◇ n smorfia f. ◇ vi fare una smorfia.

grime [graɪm] n sudiciume m.

grimy ['graɪmɪ] adj sudicio(a).

grin [grɪn] ◇ n (largo) sorriso m. ◇ vi: **to grin (at sb/sthg)** fare un grande sorriso (a qn/qc).

grind [graɪnd] (pt & pp ground) ◇ vt [coffee, pepper, flour] macinare. ◇ vi [scrape] grattare. ◇ n inf [hard, boring work] fatica f.
➤ **grind down** vt sep opprimere.
➤ **grind up** vt sep macinare.

grinder ['graɪndər] n macinino m.

grip [grɪp] <> n - 1. [physical hold]: **grip on sb/ sthg** presa f su qn/qc - 2. [control, domination, adhesion] controllo m; **grip on sb/sthg** controllo su qn/qc; **to get to grips with sthg** affrontare risolutamente qc; **to get a grip on o.s.** controllarsi - 3. [handle] impugnatura f - 4. dated [bag] borsa f da viaggio. <> vt - 1. [grasp] afferrare - 2. [subj: tyres] fare presa su - 3. [imagination, attention] catturare; [subj: panic, pain] attanagliare.

gripe [graɪp] inf <> n lamentela f. <> vi: **to gripe (about sthg)** lamentarsi (di qc).

gripping ['grɪpɪŋ] adj avvincente.

grisly ['grɪzlɪ] adj orripilante.

gristle ['grɪsl] n (U) cartilagine f.

grit [grɪt] <> n - 1. [stones, sand] sabbia f (grossolana) - 2. inf [courage] fegato m. <> vt UK [road, steps] gettare sabbia su; **to grit one's teeth** liter & fig stringere i denti.

groan [grəʊn] <> n gemito m. <> vi - 1. [moan] gemere - 2. [creak] scricchiolare - 3. [complain] lamentarsi.

grocer ['grəʊsə'] n droghiere m, -a f; **grocer's (shop)** UK drogheria f, negozio m di alimentari.

groceries ['grəʊsərɪz] npl spesa f (sing).

grocery ['grəʊsərɪ] n US drogheria f, negozio m di alimentari.

groggy ['grɒgɪ] adj intontito(a).

groin [grɔɪn] n ANAT inguine m.

groom [gru:m] <> n - 1. [of horses] stalliere m - 2. [bridegroom] sposo m. <> vt - 1. [horse] governare; [dog] pulire - 2. [candidate]: **to groom sb (for sthg)** preparare qn (per qc).

groomed [gru:md] adj: **well/badly groomed** molto/poco curato(a).

groove [gru:v] n solco m.

grope [grəʊp] vi: **to grope (around) for sthg** cercare qc a tastoni.

gross [grəʊs] (pl gross OR -es) <> adj - 1. [total] lordo(a) - 2. fml [serious, inexcusable] grave - 3. inf [coarse, vulgar] rozzo(a) - 4. inf [obese] grasso(a). <> n grossa f (dodici dozzine).

grossly ['grəʊslɪ] adv enormemente.

grotesque [grəʊ'tesk] adj grottesco(a).

grotto ['grɒtəʊ] (pl -es OR -s) n grotta f.

grotty ['grɒtɪ] adj UK inf squallido(a).

ground [graʊnd] <> pt & pp ▷ **grind**. <> n - 1. [surface of earth] terra f, suolo m; **above ground** [on the surface] in superficie; [in the air] dal suolo; **below ground** sotto terra; **on the ground** [area of land] terreno m; **to gain/lose ground** fig guadagnare/perdere terreno - 3. [subject area] terre-

no m, campo m. <> vt - 1. [base]: **to be grounded on** OR **in sthg** essere fondato(a) su qc - 2. [aircraft, pilot] costringere a terra - 3. inf [child] mettere in punizione (proibendo di uscire) - 4. US ELEC: **to be grounded** avere la messa a terra. ◆ **grounds** npl - 1. [reasons] motivi mpl; **grounds for sthg/for doing sthg** motivi per qc/per fare qc - 2. [land round building] terreno m (sing) (appartenente a un complesso edilizio), giardini mpl - 3. [of coffee] deposito m (sing).

ground cloth n US = **groundsheet**.

ground crew n personale m di terra.

ground floor n UK pianterreno m.

grounding ['graʊndɪŋ] n: **grounding (in sthg)** basi fpl (in qc).

groundless ['graʊndlɪs] adj immotivato(a).

groundsheet ['graʊndʃiːt], **ground cloth** US n telo m impermeabile.

ground staff n - 1. [at airport] personale m di terra - 2. UK [at sports ground] addetti mpl alla manutenzione (di un impianto sportivo).

groundwork ['graʊndwɜːk] n (U) lavoro m preparatorio.

group [gru:p] <> n gruppo m. <> vt raggruppare. <> vi: **to group (together)** raggruppare (insieme).

groupie ['gru:pɪ] n inf fan che segue un complesso o un cantante pop ovunque e cerca di incontrarli durante i concerti.

grouse [graʊs] <> n (pl **grouse**) [bird] gallo m cedrone. <> vi inf brontolare.

grove [grəʊv] n boschetto m.

grovel ['grɒvl] (UK) (US) vi pej [humble o.s.] prostrarsi; **to grovel to sb** prostrarsi di fronte a qn.

grow [grəʊ] (pt **grew**, pp **grown**) <> vi - 1. [gen] crescere - 2. [become] farsi, diventare; **to grow tired of sthg** stancarsi di qc. <> vt - 1. [plants] coltivare - 2. [hair, beard] farsi crescere. ◆ **grow on** vt insep inf: **this record has really grown on me** questo disco mi piace sempre di più; **it'll grow on you** finirà per piacerti. ◆ **grow out of** vt insep - 1. [clothes, shoes] non entrare più in - 2. [habit] perdere. ◆ **grow up** vi - 1. [person] crescere - 2. [feeling, friendship, city, custom] crescere, svilupparsi.

grower ['grəʊə'] n coltivatore m, -trice f.

growl [graʊl] vi - 1. [animal] ringhiare - 2. [engine] fare un rumore sordo - 3. [person] brontolare.

grown [grəʊn] <> pp ▷ **grow**. <> adj cresciuto(a); **a grown man** un uomo fatto.

grown-up <> adj - 1. [fully grown] grande - 2. [mature] adulto(a). <> n inf adulto m, -a f.

growth [grəʊθ] n - 1. (U) [development, increase] crescita f - 2. MED [lump] tumore m.

grub [grʌb] n - 1. [insect] larva f - 2. (U) inf [food] roba f da mangiare.

grubby ['grʌbɪ] adj sudicio(a).

grudge [grʌdʒ] ◇ n rancore m; **to bear sb a grudge** OR **to bear a grudge against sb** portare rancore a qn, avercela con qn. ◇ vt: **to grudge sb sthg** invidiare qc a qn.

gruelling UK, **grueling** US ['grʊəlɪŋ] adj sfibrante.

gruesome ['gru:səm] adj macabro(a).

gruff [grʌf] adj - 1. [hoarse] roco(a) - 2. [rough, unfriendly] rude.

grumble ['grʌmbl] vi - 1. [complain] avere da ridire; **to grumble about sthg** avere da ridire su qc - 2. [rumble - thunder, stomach] brontolare; [- train] sferragliare.

grumpy ['grʌmpɪ] adj inf ingrugnato(a).

grunt [grʌnt] ◇ n grugnito m. ◇ vi grugnire.

G-string n [clothing] perizoma m.

guarantee [,gærən'ti:] ◇ n garanzia f. ◇ vt garantire.

guard [gɑ:d] ◇ n - 1. [gen] guardia f; **to be on guard** essere di guardia; **to catch sb off guard** cogliere qn di sorpresa - 2. UK RAIL capotreno mf - 3. [protective device] protezione f. ◇ vt - 1. [protect] proteggere; **a closely-guarded secret** un segreto ben custodito - 2. [prevent from escaping] sorvegliare.

guard dog n cane m da guardia.

guarded ['gɑ:dɪd] adj guardingo(a).

guardian ['gɑ:djən] n - 1. LAW tutore m, -trice f - 2. [protector] custode mf.

guardrail ['gɑ:dreɪl] n guardrail m inv.

guard's van n UK vagone m del capotreno.

guerilla n = **guerrilla**.

Guernsey ['gɜ:nzɪ] n [place] Guernsey f.

guerrilla [gə'rɪlə] n guerrigliero m, -a f; **urban guerrilla** guerrigliero urbano.

guerrilla warfare n (U) guerriglia f.

guess [ges] ◇ n - 1. [at facts, figures] congettura f - 2. [hypothesis] ipotesi f inv. ◇ vt [assess correctly] indovinare; **guess what!** indovina un po'! ◇ vi - 1. [attempt to answer] provare a indovinare; **to guess at sthg** provare a indovinare qc - 2. inf [think, suppose]: **I guess (so)** immagino (di sì).

guesswork ['geswɜ:k] n (U) congettura f.

guest [gest] n - 1. [visitor - at home] ospite mf; [- at club, restaurant, concert] invitato m, -a f - 2. [at hotel] cliente mf.

guesthouse ['gesthaʊs] n pensione f.

guestroom ['gestrʊm] n camera f degli ospiti.

guffaw [gʌ'fɔ:] ◇ n sonora risata f. ◇ vi ridere sonoramente.

guidance ['gaɪdəns] n - 1. [help] assistenza f - 2. [leadership] guida f.

guide [gaɪd] ◇ n - 1. [person] guida f - 2. [guide book] guida f (turistica) - 3. [manual] manuale m - 4. [indication] indicazione f - 5. UK = **girl guide**. ◇ vt - 1. [show by leading] condurre - 2. [plane, missile] guidare - 3. [influence]: **to be guided by sb/sthg** essere guidato(a) da qn/qc.

Guide Association n: **the Guide Association** UK le guide (scout).

guide book n guida f (turistica).

guide dog n UK cane m guida.

guided tour ['gaɪdɪd-] n visita f guidata.

guidelines ['gaɪdlaɪnz] npl direttive fpl.

guild [gɪld] n - 1. HIST gilda f, corporazione f - 2. [association] associazione f.

guile [gaɪl] n (U) liter scaltrezza f.

guillotine ['gɪlə,ti:n] ◇ n - 1. [for executions] ghigliottina f - 2. [for paper] taglierina f. ◇ vt [execute] ghigliottinare.

guilt [gɪlt] n - 1. [remorse] colpa f - 2. LAW colpevolezza f.

guilty ['gɪltɪ] adj - 1. [gen] colpevole; **to be found guilty/not guilty** essere giudicato(a) colpevole/non colpevole - 2. fig [culpable] colpevole, responsabile; **to be guilty of sthg** essere colpevole di qc.

guinea pig n - 1. [animal] porcellino m d'India - 2. [subject of experiment] cavia f.

guise [gaɪz] n fml guisa f.

guitar [gɪ'tɑ:r] n chitarra f.

guitarist [gɪ'tɑ:rɪst] n chitarrista mf.

gulf [gʌlf] n - 1. [sea] golfo m - 2. [deep hole] voragine f, abisso m - 3. fig [separation] abisso m. ◆ **Gulf** n: **the Gulf** il Golfo.

gull [gʌl] n gabbiano m.

gullet ['gʌlɪt] n gola f, esofago m.

gullible ['gʌləbl] adj credulone(a), ingenuo(a).

gully ['gʌlɪ] n - 1. [valley] gola f - 2. [ditch] canale m (di scolo).

gulp [gʌlp] ◇ n [of drink] sorso m; [of air] boccata f. ◇ vt mandar giù. ◇ vi deglutire. ◆ **gulp down** vt sep mandar giù.

gum [gʌm] ◇ n - 1. (U) [chewing gum] gomma f (da masticare) - 2. UK [adhesive] colla f - 3. ANAT gengiva f. ◇ vt - 1. UK [cover with adhesive] ricoprire di colla - 2. [stick] incollare.

gun [gʌn] n - 1. [weapon] arma f da fuoco; [revolver] pistola f; [rifle, shotgun] fucile m

- **2.** [tool] pistola f; **spray gun** pistola a spruzzo. ◆ **gun down** vt sep uccidere a colpi d'arma da fuoco.

gunfire ['gʌnfaɪəʳ] n (U) sparatoria f.

gunman ['gʌnmən] (pl -men) n individuo m armato.

gunpoint ['gʌnpɔɪnt] n: **at gunpoint** sotto la minaccia di un'arma.

gunpowder ['gʌn,paʊdəʳ] n (U) polvere f da sparo.

gunshot ['gʌnʃɒt] n colpo m d'arma da fuoco.

gurgle ['gɜːgl] vi - **1.** [water] gorgogliare - **2.** [baby] fare i versi.

guru ['gʊruː] n guru m inv.

gush [gʌʃ] ◇ n getto m. ◇ vi - **1.** [flow out] sgorgare - **2.** pej [enthuse] smaniare.

gust [gʌst] n raffica f.

gusto ['gʌstəʊ] n (U): **with gusto** con entusiasmo.

gut [gʌt] ◇ n - **1.** MED intestino m - **2.** inf [stomach] pancia f, stomaco m. ◇ vt - **1.** [remove organs from] togliere le interiora a - **2.** [destroy] sventrare. ◆ **guts** npl inf - **1.** [intestines] budella fpl; **to hate sb's guts** avere sullo stomaco qn - **2.** [courage] fegato m (sing).

gutter ['gʌtəʳ] n - **1.** [ditch] canaletto m di scolo - **2.** [on roof] grondaia f.

guy [gaɪ] n - **1.** inf [man] tipo m - **2.** esp US [person] ragazzo m, -a f; **come on, you guys!** forza, ragazzi! - **3.** UK [dummy] fantoccio che rappresenta Guy Fawkes bruciato sui falò il 5 novembre.

Guy Fawkes Night n festa che si celebra il 5 novembre in cui si brucia il fantoccio di Guy Fawkes.

guzzle ['gʌzl] ◇ vt inf pej trangugiare. ◇ vi inf pej [eat] mangiare smodatamente; [drink] bere smodatamente.

gym [dʒɪm] n inf - **1.** [gymnasium] palestra f - **2.** (U) [exercises] ginnastica f.

gymnasium [dʒɪm'neɪzjəm] (pl -iums OR -ia) n palestra f.

gymnast ['dʒɪmnæst] n ginnasta mf.

gymnastics [dʒɪm'næstɪks] n (U) ginnastica f.

gym shoes npl UK scarpe fpl da ginnastica.

gynaecologist UK, **gynecologist** US [,gaɪnə'kɒlədʒɪst] n ginecologo m, -a f.

gynaecology UK, **gynecology** US [,gaɪnə'kɒlədʒɪ] n (U) ginecologia f.

gypsy, gipsy UK ['dʒɪpsɪ] ◇ adj di zingari, zingaro(a); **a gypsy dance** una danza gitana. ◇ n zingaro m, -a f.

gyrate [dʒaɪ'reɪt] vi volteggiare.

h (pl h's OR hs), **H** (pl H's OR Hs) [eɪtʃ] n [letter] h m o f inv, H m o f inv.

habit ['hæbɪt] n - **1.** [customary practice] abitudine f; **to make a habit of sthg/of doing sthg** prendere l'abitudine di qc/di fare qc - **2.** [drug addiction] assuefazione f - **3.** [garment] abito m.

habitat ['hæbɪtæt] n habitat m inv.

habitual [hə'bɪtʃʊəl] adj abituale; **habitual offender** recidivo m, -a f.

hack [hæk] ◇ n pej [writer] scribacchino m, -a f. ◇ vt - **1.** [cut] tagliare a pezzi; **to hack sthg to pieces** fare a pezzi qc - **2.** inf [cope with]: **he can't hack it** non ce la fa. ◆ **hack into** vt insep COMPUT inserirsi illecitamente in.

hacker ['hækəʳ] n COMPUT: **(computer) hacker** pirata m informatico, pirata f informatica.

hackneyed ['hæknɪd] adj pej trito(a) e ritrito(a).

hacksaw ['hæksɔː] n sega f per metalli.

had (weak form [həd], strong form [hæd]) pt & pp ⊳ **have**.

haddock ['hædək] (pl haddock) n eglefino m.

hadn't ['hædnt] abbr di **had not**.

haemorrhage UK, **hemorrhage** US ['hemərɪdʒ] ◇ n emorragia f. ◇ vi avere un'emorragia.

haemorrhoids UK, **hemorrhoids** US ['hemərɔɪdz] npl emorroidi fpl.

haggard ['hægəd] adj tirato(a).

haggis ['hægɪs] n piatto tipico scozzese a base di frattaglie di pecora e avena.

haggle ['hægl] vi contrattare; **to haggle over** OR **about sthg** tirare sul prezzo di qc.

Hague [heɪg] n: **The Hague** L'Aia f.

hail [heɪl] ◇ n - **1.** (U) METEOR grandine f - **2.** fig [of bullets, criticism] pioggia f. ◇ vt - **1.** [call] chiamare - **2.** [acclaim]: **to hail sb/sthg as sthg** salutare qn/qc come qc. ◇ impers vb METEOR grandinare.

hailstone ['heɪlstəʊn] n chicco m di grandine.

hailstorm ['heɪlstɔːm] n grandinata f.

hair [heəʳ] ◇ n - **1.** (U) [on human head] capelli mpl; **to do one's hair** farsi i capelli - **2.** [on animal, insect, plant] pelo m - **3.** [on human skin] peli mpl. ◇ comp per capelli.

hairbrush ['heəbrʌʃ] *n* spazzola *f*.

haircut ['heəkʌt] *n* taglio *m*.

hairdo ['heədu:] *(pl* **-s)** *n inf* acconciatura *f*.

hairdresser ['heə,dresə^r] *n* parrucchiere *m*, -a *f*; **hairdresser's (salon)** parrucchiere *m*.

hairdryer ['heə,draɪə^r] *n* [handheld] fon *m inv*; [with hood] casco *m* (asciugacapelli *(inv)*).

hair gel *n (U)* gel *m inv* per capelli.

hairgrip ['heəgrɪp] *n* UK molletta *f* per capelli.

hairpin ['heəpɪn] *n* forcina *f*.

hairpin bend UK, **hairpin curve** US *n* tornante *m*.

hair-raising [-,reɪzɪŋ] *adj* da far rizzare i capelli, spaventoso(a).

hair remover [-rɪ,mu:və^r] *n* crema *f* depilatoria.

hairspray ['heəspreɪ] *n* lacca *f*.

hairstyle ['heəstaɪl] *n* acconciatura *f*.

hairy ['heərɪ] *adj* - **1.** [covered in hair] peloso(a) - **2.** *inf* [dangerous] pericoloso(a).

half [UK hɑːf, US hæf] <> *adj* mezzo(a); **half an hour** mezz'ora; **half the boys are here** metà dei ragazzi è qui. <> *adv* - **1.** [partly, almost]: **half cooked/empty/asleep** mezzo(a) cotto(a)/vuoto(a)/addormentato(a); **I half expected it** me lo aspettavo quasi - **2.** [by half]: **half as big** grande la metà - **3.** [in equal measure]: **she was half pleased, half angry** era metà contenta, metà arrabbiata; **half-and-half** metà e metà - **4.** [in telling the time]: **half past ten, half after ten** US le dieci e mezzo; **the ferry leaves at half past** il traghetto parte ai trenta. <> *n* - **1.** [one of two equal parts] metà *f inv*; **in half** a metà, in due; **to go halves (with sb)** fare a metà (con qn) - **2.** [fraction] mezzo *m* - **3.** [of sports match] tempo *m* - **4.** [halfback] mediano *m* - **5.** UK [of beer] mezza pinta *f* - **6.** UK [child's ticket] biglietto *m* ridotto. <> *pron* [one of two equal parts] metà *f*; **half of** metà di.

half board *n (U) esp* UK mezza pensione *f*.

half-caste [-kɑːst] <> *adj offens* mezzosangue *(inv)*. <> *n offens* mezzosangue *mf inv*.

half-fare *n* tariffa *f* ridotta.

half-hearted [-'hɑːtɪd] *adj* [effort, attempt] timido(a); [smile] senza entusiasmo.

half hour *n* mezz'ora *f*.

half-mast *n*: **at half-mast** [flag] a mezz'asta.

half moon *n* mezzaluna *f*.

half note *n* US MUS minima *f*.

halfpenny ['heɪpnɪ] *(pl* **-pennies** OR **-pence)** *n* mezzo penny *m inv*.

half-price *adj* a metà prezzo.

half term *n* UK vacanze *fpl* di metà trimestre.

half time *n (U)* intervallo *m (fra primo e secondo tempo di una partita)*.

halfway [hɑːf'weɪ] <> *adj* intermedio(a). <> *adv* - **1.** [in space] a metà strada - **2.** [in time] a metà.

hall [hɔːl] *n* - **1.** [in house] ingresso *m*, corridoio *m* - **2.** [meeting room] sala *f* - **3.** [public building, country house] palazzo *m* - **4.** UK UNIV collegio *m* universitario.

hallmark ['hɔːlmɑːk] *n* marchio *m*.

hallo [hə'ləʊ] *excl* UK = hello.

hall of residence *(pl* **halls of residence)** *n* UK UNIV casa *f* dello studente.

Hallowe'en, Halloween [,hæləʊ'iːn] *n* Halloween *f (31 ottobre)*.

hallucinate [hə'luːsɪneɪt] *vi* avere le allucinazioni.

hallway ['hɔːlweɪ] *n* corridoio *m*.

halo ['heɪləʊ] *(pl* **-es** OR **-s)** *n* [of angel] aureola *f*.

halt [hɔːlt] <> *n* [stop]: **to come to a halt** [vehicle, horse] fermarsi; [development, activity] cessare; **to call a halt to sthg** mettere fine a qc. <> *vt* [stop - person] fermare; [- development, activity] bloccare. <> *vi* [stop - person, train] fermarsi; [- development, activity] bloccarsi.

halve [UK hɑːv, US hæv] *vt* - **1.** [reduce by half] dimezzare - **2.** [divide into two] tagliare in due.

halves [UK hɑːvz, US hævz] *pl* ▷ half.

ham [hæm] <> *n* [meat] prosciutto *m*. <> *comp* al prosciutto.

hamburger ['hæmbɜːgə^r] *n* - **1.** [burger] hamburger *m inv* - **2.** *(U)* US [mince] carne *f* macinata.

hamlet ['hæmlɪt] *n* borgo *m*.

hammer ['hæmə^r] <> *n* [tool] martello *m*. <> *vt* - **1.** [with tool] dare martellate a - **2.** [with fist] tempestare di pugni - **3.** *inf fig* [defeat] stracciare. <> *vi* [with fist]: **to hammer on sthg** battere coi pugni su qc. ◆ **hammer out** <> *vt insep* [solution, agreement] elaborare a fatica. <> *vt sep* [with tool] raddrizzare a colpi di martello.

hammock ['hæmək] *n* amaca *f*.

hamper ['hæmpə^r] <> *n* - **1.** UK [for picnic] cestino *m* da picnic - **2.** US [for laundry] cesto *m* della biancheria. <> *vt* [impede] ostacolare.

hamster ['hæmstə^r] *n* criceto *m*.

hand [hænd] <> *n* - **1.** [gen] mano *f*; **by hand** a mano; **to hold hands** tenersi per mano; **to get** OR **lay one's hands on sb** mettere le mani addosso a qn; **to get** OR **lay one's hands on sthg** mettere le mani su qc; **to give** OR **lend sb**

a hand (with sthg) dare una mano a qn (con qc); **to have one's hands full** avere molto da fare; **to try one's hands at sthg** cimentarsi in qc - **2.** [worker] lavoratore *m*, -trice *f*; [on farm] bracciante *m* agricolo, bracciante *f* agricola; [on ship] marinaio *m* - **3.** [of clock, watch] lancetta *f* - **4.** *liter* [handwriting] scrittura *f*, calligrafia *f* - **5.** [of cards] mano *f*. ⋄ *vt*: **to hand sthg to sb, to hand sb sthg** passare qc a qn. ⬥ **(close) at hand** *adv* vicino. ⬥ **in hand** *adv* - **1.** [time, money]: **to have sthg in hand** avere qc a disposizione - **2.** [problem, situation]: **to have sb/sthg in hand** avere in pugno qn/qc. ⋄ **on hand** *adv* a disposizione. ⬥ **on the one hand** *adv* da un lato, da una parte. ⬥ **on the other hand** *adv* dall'altro lato, d'altra parte. ⬥ **out of hand** ⋄ *adj* [situation]: **to get out of hand** sfuggire di mano. ⋄ *adv* [completely] d'acchito. ⬥ **to hand** *adv* sottomano. ⬥ **hand down** *vt sep* [to next generation] tramandare. ⬥ **hand in** *vt sep* consegnare. ⬥ **hand out** *vt sep* distribuire. ⬥ **hand over** ⋄ *vt sep* - **1.** [baton, money] consegnare - **2.** [responsibility, power] cedere - **3.** TELEC passare; **I'll hand you over to her** te la passo. ⋄ *vi* [government minister, chairman]: **to hand over (to sb)** passare le consegne (a qn).

handbag ['hændbæg] *n* borsa *f*.

handball ['hændbɔːl] *n (U)* [game] pallamano *f*.

handbook ['hændbʊk] *n* manuale *m*.

handbrake ['hændbreɪk] *n UK* freno *m* a mano.

handcuffs ['hændkʌfs] *npl* manette *fpl*.

handful ['hændful] *n* - **1.** [of sand, grass, stones] pugno *m*, manciata *f* - **2.** [small number] gruppetto *m*.

handgun ['hændgʌn] *n* pistola *f*.

handheld PC ['hændheld piːsiː] *n* palmare *m*.

handicap ['hændɪkæp] ⋄ *n dated* handicap *m inv*. ⋄ *vt* [hinder] ostacolare.

handicapped ['hændɪkæpt] ⋄ *adj dated* handicappato(a). ⋄ *npl*: **the handicapped** *dated* gli handicappati.

handicraft ['hændɪkrɑːft] *n* abilità *f inv* manuale.

handiwork ['hændɪwɜːk] *n (U)* lavoro *m*.

handkerchief ['hæŋkətʃɪf] (*pl* -chiefs OR -chieves) *n* fazzoletto *m*.

handle ['hændl] ⋄ *n* [for opening and closing] maniglia *f*; [for holding, carrying] manico *m*. ⋄ *vt* - **1.** [with hands] maneggiare - **2.** [control, operate] manovrare - **3.** [manage, process] occuparsi di - **4.** [cope with] far fronte a.

handlebars ['hændlbɑːz] *npl* manubrio *m* (*sing*).

handler ['hændlə] *n* - **1.** [of animal] addestratore *m*, -trice *f* - **2.** [of luggage]: **(baggage) handler** facchino *m*, -a *f* - **3.** [of stolen goods] ricettatore *m*, -trice *f*.

hand luggage *n* bagaglio *m* a mano.

handmade [ˌhænd'meɪd] *adj* fatto(a) a mano.

handout ['hændaʊt] *n* - **1.** [gift] dono *m* - **2.** [leaflet] volantino *m* - **3.** [for lecture, discussion] prospetto *m*.

handrail ['hændreɪl] *n* ringhiera *f*.

handset ['hændset] *n* TELEC cornetta *f*, ricevitore *m*.

handshake ['hændʃeɪk] *n* stretta *f* di mano.

handsome ['hænsəm] *adj* bello(a).

handstand ['hændstænd] *n* verticale *f*.

hand towel *n* asciugamano *m*.

handwriting ['hændˌraɪtɪŋ] *n* scrittura *f*.

handy ['hændɪ] *adj inf* - **1.** [useful] pratico(a); **to come in handy** tornare utile - **2.** [skilful] abile - **3.** [near] a portata di mano.

handyman ['hændɪmæn] (*pl* -men) *n* tuttofare *m inv*.

hang [hæŋ] ⋄ *vt* - **1.** (*pt & pp* hung) [suspend] appendere - **2.** (*pt & pp* hanged) [execute] impiccare. ⋄ *vi* - **1.** (*pt & pp* hung) [be suspended] essere appeso(a) - **2.** (*pt & pp* hanged) [be executed] morire impiccato(a). ⋄ *n*: **to get the hang of sthg** *inf* prendere la mano con qc. ⬥ **hang about** *UK*, **hang around** *vi* - **1.** [loiter] bighellonare - **2.** [wait] aspettare. ⬥ **hang down** *vi* pendere. ⬥ **hang on** *vi* - **1.** [keep hold]: **to hang on (to sb/sthg)** aggrapparsi a qn/qc - **2.** *inf* [continue waiting] aspettare - **3.** [persevere] tenere duro. ⬥ **hang out** *vi inf* [spend time] bazzicare. ⬥ **hang round** *vi UK* = **hang about**. ⬥ **hang up** ⋄ *vt sep* [suspend] appendere. ⋄ *vi* [on telephone] riattaccare. ⬥ **hang up on** *vt insep* TELEC buttare giù il telefono a.

hangar ['hæŋə] *n* hangar *m inv*.

hanger ['hæŋə] *n* gruccia *f* (per abiti).

hanger-on (*pl* hangers-on) *n* scroccone *m*, -a *f*.

hang gliding *n (U)* deltaplano *m*.

hangover ['hæŋˌəʊvə] *n* [from drinking] postumi *mpl* di una sbornia.

hang-up *n inf* PSYCHOL complesso *m*.

hanker ['hæŋkə] ⬥ **hanker after, hanker for** *vt insep* desiderare ardentemente.

hankie, hanky *n inf* fazzolettino *m*.

haphazard [ˌhæp'hæzəd] *adj* casuale.

happen ['hæpən] *vi* - **1.** [occur] accadere, succedere; **to happen to sb** succedere a qn - **2.** [chance]: **to happen to do sthg** fare qc per caso; **if you happen to see him...** se ti capita di vederlo...; **as it happens** guarda caso.

happening ['hæpənɪŋ] *n* evento *m*.

happily ['hæpɪlɪ] *adv* - **1.** [contentedly]: **to be happily doing sthg** stare facendo qc tranquillamente - **2.** [fortunately] fortunatamente - **3.** [willingly] volentieri.

happiness ['hæpɪnɪs] *n* (U) felicità *f*.

happy ['hæpɪ] *adj* - **1.** [contented, causing contentment] felice; **Happy Christmas/New Year/Birthday!** Buon Natale/anno/compleanno! - **2.** [satisfied] contento(a); **to be happy with** OR **about sthg** essere contento(a) di qc - **3.** [willing]: **to be happy to do sthg** essere contento(a) di fare qc.

happy-go-lucky *adj* spensierato(a).

harangue [həˈræŋ] ◇ *n* arringa *f*. ◇ *vt* arringare.

harass ['hærəs] *vt* [with questions, problems] tormentare; [sexually] molestare.

harbour UK, **harbor** US ['hɑːbəʳ] ◇ *n* porto *m*. ◇ *vt* - **1.** [feeling] covare - **2.** [person] dare ricetto a.

hard [hɑːd] ◇ *adj* - **1.** [gen] duro(a); **to be hard on sb** essere duro(a) con qn; **to be hard on sthg** danneggiare qc - **2.** [exam, question] difficile - **3.** [push, kick] forte - **4.** [winter] rigido(a); [frost] forte - **5.** [fact, evidence] concreto(a); [news] serio(a) - **6.** *esp* UK POL [extreme]: **hard left/right** estrema sinistra/destra. ◇ *adv* - **1.** [try, work, concentrate] duro - **2.** [push, kick, rain, snow] forte; **to be hard pushed** OR **put** OR **pressed to do sthg** trovarsi in grande difficoltà nel fare qc; **to feel hard done by** sentirsi trattato(a) ingiustamente.

hardback ['hɑːdbæk] ◇ *adj* rilegato(a). ◇ *n* libro *m* rilegato.

hardboard ['hɑːdbɔːd] *n* (U) cartone *m* di fibra compressa.

hard-boiled [-'bɔɪld] *adj* [egg] sodo(a).

hard cash *n* (U) denaro *m* liquido.

hard copy *n* COMPUT copia *f* cartacea.

hard disk *n* disco *m* fisso.

harden ['hɑːdn] ◇ *vt* - **1.** [steel, person, arteries] indurire - **2.** [attitude, ideas, opinion] irrigidire. ◇ *vi* - **1.** [glue, concrete, arteries, person] indurirsi - **2.** [attitude, ideas, opinion] irrigidirsi.

hard-headed [-'hedɪd] *adj* pratico(a).

hard-hearted [-'hɑːtɪd] *adj* duro(a).

hard labour UK, **hard labor** US *n* (U) lavori *mpl* forzati.

hard-liner *n* intransigente *mf*.

hardly ['hɑːdlɪ] *adv* - **1.** [scarcely, not really] a malapena; **hardly ever/anything** quasi mai/niente; **I can hardly move** riesco a malapena a muovermi; **I can hardly wait** non vedo l'ora - **2.** [only just] appena; **the film had hardly started when...** il film era appena iniziato quando...

hardship ['hɑːdʃɪp] *n* - **1.** (U) [difficult conditions] stenti *mpl* - **2.** [difficult circumstance] avversità *fpl*.

hard shoulder *n* UK AUT corsia *f* di emergenza.

hard up *adj inf* al verde; **hard up for sthg** a corto di qc.

hardware ['hɑːdweəʳ] *n* - **1.** [tools, equipment] articoli *mpl* di ferramenta - **2.** COMPUT hardware *m*.

hardware shop UK, **hardware store** US *n* negozio *m* di ferramenta.

hardwearing [ˌhɑːd'weərɪŋ] *adj* UK resistente.

hardworking [ˌhɑːd'wɜːkɪŋ] *adj* industrioso(a).

hardy ['hɑːdɪ] *adj* - **1.** [person, animal] robusto(a) - **2.** [plant] resistente.

hare [heəʳ] *n* lepre *f*.

haricot (bean) ['hærɪkəʊ-] *n* fagiolo *m* bianco.

harm [hɑːm] ◇ *n* [to person, animal] male *m*; **to do harm to sb**, **to do sb harm** fare male a qn; [to reputation, clothes] danno *m*; **to do harm to sthg**, **to do sthg harm** danneggiare qc; **to be out of harm's way** essere al sicuro; **it'll come to no harm** non gli succederà niente. ◇ *vt* [person, animal - physically] fare male a; [- psychologically] fare del male a; [reputation, clothes] danneggiare.

harmful ['hɑːmfʊl] *adj* nocivo(a).

harmless ['hɑːmlɪs] *adj* innocuo(a).

harmonica [hɑːˈmɒnɪkə] *n* armonica *f*.

harmonize, -ise UK ['hɑːmənaɪz] ◇ *vt* [views, policies] armonizzare. ◇ *vi* - **1.** [sounds, colours] armonizzarsi; **to harmonize with sthg** armonizzarsi con qc - **2.** [MUS - play] suonare in armonia; [- sing] cantare in armonia.

harmony ['hɑːmənɪ] *n* armonia *f*.

harness ['hɑːnɪs] ◇ *n* - **1.** [for horse] bardatura *f* - **2.** [for child] briglie *fpl* - **3.** [for person] imbracatura *f*. ◇ *vt* - **1.** [horse] bardare - **2.** [energy, solar power] sfruttare.

harp [hɑːp] *n* MUS arpa *f*. ◆ **harp on** *vi inf*: **to harp on (about sthg)** continuare a battere (su qc).

harpoon [hɑːˈpuːn] ◇ *n* arpione *m*. ◇ *vt* arpionare.

harpsichord ['hɑːpsɪkɔːd] *n* arpicordo *m*.

harrowing ['hærəʊɪŋ] *adj* sconvolgente.

harsh [hɑːʃ] *adj* - **1.** [person, treatment, conditions] duro(a) - **2.** [weather] rigido(a) - **3.** [cry, voice, landscape] aspro(a) - **4.** [colour, light, taste] forte.

harvest ['hɑːvɪst] <> *n* raccolto *m*. <> *vt* [crops] fare la raccolta di.

has *(weak form* [həz], *strong form* [hæz]) *vb* ⊳ **have**.

has-been ['hæzbiːn] *n inf pej* ex personalità *f inv*.

hash [hæʃ] *n* - **1.** (U) [meat] piatto a base di carne tritata e patate - **2.** *inf* [mess]: **to make a hash of sthg** combinare un pasticcio con qc - **3.** *UK* [symbol] cancelletto *m*.

hashish ['hæʃiːʃ] *n* hashish *m*.

hasn't ['hæznt] *abbr of* **has not**.

hassle ['hæsl] *inf* <> *n* scocciatura *f*; **to give sb hassle** scocciare qn. <> *vt* scocciare.

haste [heɪst] *n* (U) fretta *f*; **to do sthg in haste** fare qc di fretta.

hasten ['heɪsn] <> *vt* affrettare. <> *vi liter* affrettarsi; **to hasten to do sthg** affrettarsi a fare qc.

hastily ['heɪstɪlɪ] *adv* in fretta.

hasty ['heɪstɪ] *adj* frettoloso(a).

hat [hæt] *n* cappello *m*; **that's old hat** è una vecchia storia.

hatch [hætʃ] <> *vt* - **1.** [chick]: **to be hatched** nascere - **2.** [egg] covare - **3.** *fig* [scheme, plot] tramare. <> *vi* - **1.** [chick] nascere - **2.** [egg] schiudersi. <> *n* [for serving food] passavivande *m inv*.

hatchback ['hætʃbæk] *n* auto *f inv* a tre o cinque porte.

hatchet ['hætʃɪt] *n* accetta *f*.

hate [heɪt] <> *n* [emotion] odio *m*; **my pet hate** *UK* la cosa che odio di più. <> *vt* odiare; **I hate to bother you, but...** mi dispiace disturbarti, ma...; **to hate doing sthg** odiare fare qc.

hateful ['heɪtfʊl] *adj* odioso(a).

hatred ['heɪtrɪd] *n* (U) odio *m*.

hat trick *n* SPORT tripletta *f*.

haughty ['hɔːtɪ] *adj* altero(a).

haul [hɔːl] <> *n* - **1.** [of stolen goods] bottino *m*; [of drugs] partita *f* - **2.** [distance]: **long haul** lungo percorso *m*. <> *vt* [pull] tirare.

haulage ['hɔːlɪdʒ] *n* trasporto *m*.

haulier ['hɔːljər] *UK*, **hauler** ['hɔːlər] *US n* autotrasportatore *m*, -trice *f*.

haunch [hɔːntʃ] *n* - **1.** [of person] anca *f* - **2.** [of animal] coscia *f*.

haunt [hɔːnt] <> *n*: **one of my regular haunts** uno dei posti che frequento regolarmente; **a favourite haunt of artists/journalists** uno dei ritrovi preferiti da artisti/giornalisti. <> *vt* - **1.** [subj: ghost] abitare - **2.** [subj: memory, fear, problem] tormentare.

have [hæv] *(pt & pp* **had,** *cont* **having)** <> *aux vb (to form perfect tenses)* [gen] avere; [with many intransitive verbs] essere; **have you eaten yet?** hai già mangiato?; **I've been on holiday** sono stato in vacanza; **we've never met before** non ci siamo mai incontrati prima; **she hasn't gone yet, has she?** non è ancora andata via, vero?; **I would never have gone if I'd known** non ci sarei mai andato se lo avessi saputo; **I was out of breath, having run all the way** ero senza fiato per aver corso tutto il tragitto. <> *vt* - **1.** [possess]: **to have (got)** avere; **I have no money, I haven't got any money** non ho soldi; **you have no right to say that** non hai nessun diritto di dire questo; **she's got lots of imagination** ha moltissima immaginazione - **2.** [experience illness] avere; **to have a cold** avere il raffreddore - **3.** [need to deal with]: **to have (got)** avere; **I've got things to do** ho delle cose da fare - **4.** [receive] avere; **I had some bad news today** ho ricevuto delle brutte notizie oggi - **5.** [referring to an action, instead of another verb]: **to have a look/read** dare un'occhiata/una lettura; **to have a swim/walk/talk** fare una nuotata/passeggiata/chiacchierata; **to have a bath/shower** *UK* farsi il bagno/la doccia; **to have breakfast** fare colazione; **to have lunch/dinner** pranzare/cenare; **to have a meeting** fare una riunione; **to have a cigarette** fumare una sigaretta; **to have no choice** non avere scelta - **6.** [give birth to] avere; **to have a baby** avere un bambino - **7.** [cause to be done]: **to have sb do sthg** far fare qc a qn; **I'm having my car repaired** mi sto facendo riparare la macchina; **to have one's hair cut** farsi tagliare i capelli - **8.** [be treated in a certain way]: **to have sthg done** farsi fare qc; **I had my car stolen** mi sono fatto rubare la macchina - **9.** [experience, suffer] avere; **to have an accident** avere un incidente; **I had a nasty surprise** ho avuto una brutta sorpresa; **to have a good time** divertirsi - **10.** *inf* [cheat]: **to be had** farsi fregare; **to have it in for sb** *inf* avercela con qn; **to have had it** *inf* [car, machine, clothes] essere da buttare; **I've had it!** *inf* non ne posso più! <> *modal vb* [be obliged]: **to have (got) to do sthg** dover fare qc; **do you have to, have you got to go?** devi andare?; **I've got to go to work** devo andare a lavorare;

I just have to finish this essay devo proprio finire questo tema. ◆ **have on** vt sep - **1.** [be wearing] portare, avere addosso; **she had a red sweater on** portava una maglia rossa; **to have nothing on** non avere niente addosso - **2.** UK inf [tease] prendere in giro. ◆ **have out** vt sep - **1.** [have removed] farsi togliere - **2.** [discuss frankly]: **to have it out with sb** chiarire le cose con qn.

haven ['heɪvn] n rifugio m.

haven't ['hævnt] abbr of **have not**.

havoc ['hævək] n (U) rovina f; **to play havoc with sthg** rovinare qc.

Hawaii [hə'waɪɪ] n Hawaii fpl; **in Hawaii** alle Hawaii.

hawk [hɔːk] n falco m.

hawker ['hɔːkər] n - **1.** [street vendor] venditore m, -trice f ambulante - **2.** [door-to-door] venditore m, -trice f porta a porta.

hay [heɪ] n (U) fieno m.

hay fever n (U) raffreddore m da fieno.

haystack ['heɪˌstæk] n pagliaio m.

haywire ['heɪˌwaɪər] adj inf: **to go haywire** dare i numeri.

hazard ['hæzəd] ◇ n pericolo m. ◇ vt - **1.** [life, reputation] mettere in pericolo - **2.** [guess, suggestion] azzardare.

hazardous ['hæzədəs] adj pericoloso(a).

hazard (warning) lights npl luci fpl di emergenza.

haze [heɪz] n - **1.** [mist] foschia f - **2.** [state of confusion] disorientamento m.

hazelnut ['heɪzlˌnʌt] n nocciola f.

hazy ['heɪzɪ] adj - **1.** [misty] nebbioso(a) - **2.** [vague, confused] confuso(a).

he [hiː] pers pron lui; **he's tall** è alto; **he can't do it** lui non può farlo; **he and I went out together last night** io e lui siamo usciti insieme ieri sera; **if I were** OR **was he** fml se fossi in lui; **there he is** eccolo; **a judge must do as he thinks fit** [referring to man or woman] un giudice deve fare quello che ritiene giusto; **he's a lovely dog/cat** è un cane/gatto adorabile.

head [hed] ◇ n - **1.** [gen] testa f; **a** OR **per head** a testa; **to sing/shout one's head off** cantare/urlare a squarciagola; **to laugh one's head off** ridere a crepapelle; **to have a good head for sthg** essere portato(a) per qc; **to be off one's head** UK OR **to be out of one's head** US inf essere fuori di testa; **to go to one's head** dare alla testa a qn; **to keep one's head** mantenere il sangue freddo; **to lose one's head** perdere la testa; **to be soft in the head** essere scemo(a) - **2.** [of stairs, queue, page] cima f; [of nail, hammer, bed] testa f; **at the head**

of the table a capotavola - **3.** [of cabbage] cespo m; [of flower] cima f - **4.** [of company, family] capo m; [of department] responsabile mf - **5.** [head teacher] preside mf - **6.** ELECTRON testina f. ◇ vt - **1.** [be at front or top of] essere in cima a - **2.** [be in charge of] essere a capo di - **3.** FTBL colpire di testa. ◇ vi dirigersi; **where are you heading?** dove sei diretto? ◆ **heads** npl testa f (sing); **heads or tails?** testa o croce? ◆ **head for** vt insep - **1.** [place] dirigersi verso - **2.** fig [trouble, disaster] andare incontro a.

headache ['hedeɪk] n mal di testa m; **to have a headache** avere mal di testa.

headband ['hedbænd] n fascia f per capelli.

headdress ['hedˌdres] n acconciatura f.

header ['hedər] n - **1.** FTBL colpo m di testa - **2.** [at top of page] intestazione f.

headfirst [ˌhed'fɜːst] adv [fall] a testa in giù; [dive] di testa.

heading ['hedɪŋ] n titolo m.

headlamp ['hedlæmp] n UK = **headlight**.

headland ['hedlənd] n promontorio m.

headlight ['hedlaɪt], **headlamp** UK n faro m.

headline ['hedlaɪn] n titolo m. ◆ **headlines** npl titoli mpl principali.

headlong ['hedlɒŋ] adv - **1.** [gen] a capofitto - **2.** [at great speed] precipitosamente.

headmaster [ˌhed'mɑːstər] n UK preside m.

headmistress [ˌhed'mɪstrɪs] n UK preside f.

head office n sede f centrale.

head-on ◇ adj frontale. ◇ adv frontalmente.

headphones ['hedfəʊnz] npl cuffie fpl.

headquarters [ˌhed'kwɔːtəz] npl [of business, organization] sede f (sing) centrale; MIL quartier m (sing) generale.

headrest ['hedrest] n poggiatesta m inv.

headroom ['hedrʊm] n (U) [below bridge] altezza f; [in car] spazio m sopra la testa.

headscarf ['hedskɑːf] (pl -scarves OR -scarfs) n foulard m inv.

headset ['hedset] n cuffie fpl.

head start n vantaggio m; **head start on** OR **over sb** vantaggio su qn.

headstrong ['hedstrɒŋ] adj testardo(a).

head waiter n capo cameriere m.

headway ['hedweɪ] n: **to make headway** fare progressi.

headword ['hedwɜːd] n lemma m.

heady ['hedɪ] adj - **1.** [exciting] eccitante - **2.** [causing giddiness]: **a heady perfume** un profumo che dà alla testa.

heal [hi:l] <> vt - 1. [mend, cure] guarire - 2. fig [breach, division] sanare. <> vi guarire.

healing ['hi:lɪŋ] <> adj curativo(a). <> n (U) guarigione f.

health [helθ] n (U) - 1. [condition of body] salute f - 2. fig [of country, organization] condizioni fpl.

health centre UK, **health center** US n poliambulatorio m.

health food n alimenti mpl macrobiotici.

health food shop n negozio m di macrobiotica.

health service n sistema m sanitario.

healthy ['helθɪ] adj - 1. [gen] sano(a) - 2. fig [thriving] florido(a) - 3. [substantial] buono(a).

heap [hi:p] <> n mucchio m. <> vt [pile up] ammucchiare; **to heap sthg on(to) sthg** ammucchiare qc su qc. ◆ **heaps** npl UK inf: **heaps of** un mucchio di.

hear [hɪəʳ] (pt & pp heard) <> vt - 1. [perceive] sentire; **to hear (that)** sentire che; **I hear (that) you've got a new boyfriend** ho sentito che hai un nuovo ragazzo - 2. LAW esaminare. <> vi - 1. [perceive sound, know] sentire; **to hear about sthg** sentire di qc - 2. [receive news] sapere; **to hear about sthg** sapere di qc; **to hear from sb** avere notizie di qn; **I won't hear of it!** non ne voglio sapere!

hearing ['hɪərɪŋ] n - 1. (U) [sense] udito m; **hard of hearing** duro(a) d'orecchio - 2. LAW [trial] udienza f.

hearing aid n apparecchio m acustico.

hearsay ['hɪəseɪ] n (U) dicerie fpl.

hearse [hɜ:s] n carro m funebre.

heart [hɑ:t] n - 1. [gen] cuore m; **from the heart** dal cuore; **to break sb's heart** spezzare il cuore a qn - 2. [courage] coraggio m; **to lose heart** perdersi d'animo. ◆ **hearts** npl [cards] cuori mpl. ◆ **at heart** adv in fondo; **she's sorry at heart** le dispiace di cuore; **to be young at heart** essere giovane di spirito. ◆ **by heart** adv a memoria.

heartache ['hɑ:teɪk] n sofferenza f (morale).

heart attack n infarto m.

heartbeat ['hɑ:bi:t] n battito m cardiaco.

heartbroken ['hɑ:t,brəʊkn] adj sconsolato(a).

heartburn ['hɑ:tbɜ:n] n (U) bruciore m di stomaco.

heart failure n (U) arresto m cardiaco.

heartfelt ['hɑ:tfelt] adj sentito(a).

hearth [hɑ:θ] n focolare m.

heartless ['hɑ:tlɪs] adj senza cuore.

heartwarming ['hɑ:t,wɔ:mɪŋ] adj confortante.

hearty ['hɑ:tɪ] adj - 1. [loud, energetic] caloroso(a) - 2. [meal] abbondante; [appetite] grande.

heat [hi:t] <> n - 1. (U) [warmth] calore m - 2. (U) [specific temperature] temperatura f - 3. (U) [fire, source of heat] fuoco m - 4. (U) [hot weather] caldo m - 5. (U) fig [pressure] eccitazione f - 6. [eliminating round] eliminatoria f - 7. ZOOL: **on** UK **or in** US **heat** in calore. <> vt scaldare. ◆ **heat up** <> vt sep [make warm] scaldare. <> vi [become warm] scaldarsi.

heated ['hi:tɪd] adj - 1. [room, swimming pool] riscaldato(a) - 2. [argument, person] accalorato(a).

heater ['hi:təʳ] n [in room] termosifone m; [in car] riscaldamento m.

heath [hi:θ] n landa f.

heathen ['hi:ðn] <> adj pagano(a). <> n pagano m, -a f.

heather ['heðəʳ] n erica f.

heating ['hi:tɪŋ] n riscaldamento m.

heatstroke ['hi:tstrəʊk] n (U) colpo m di calore.

heat wave n ondata f di caldo.

heave [hi:v] <> vt - 1. [pull] trascinare con forza; [push] spingere con forza - 2. [throw] gettare con forza - 3. [give out]: **to heave a sigh** tirare un sospiro. <> vi - 1. [pull] tirare (con uno strattone) - 2. [rise and fall] sollevarsi - 3. [retch]: **my stomach was heaving** mi si stava rivoltando lo stomaco.

heaven ['hevn] n [Paradise] paradiso m. ◆ **heavens** <> npl: **the heavens** liter il cielo. <> excl: **(good) heavens!** santo cielo!

heavenly ['hevnlɪ] adj inf dated [delightful] meraviglioso(a).

heavily ['hevɪlɪ] adv - 1. [for emphasis – rain] forte; [- smoke, drink] molto; [- dependent, populated] fortemente; **to be heavily in debt** essere carico(a) di debiti - 2. [solidly] solidamente - 3. [noisily] forte - 4. [ponderously] pesantemente - 5. [deeply] profondamente.

heavy ['hevɪ] adj - 1. [gen] pesante; **how heavy is it?** quanto pesa? - 2. [in quantity, using large quantities – rain] forte; [- traffic, concentration] intenso(a); [- casualties] numeroso(a); [- losses, expenses] ingente; **to be a heavy drinker/smoker** bere/fumare molto - 3. [person] robusto(a) - 4. [ponderous - step, movement] pesante; [- sigh] profondo(a); [- breathing, fall] rumoroso(a); [- blow] violento(a); [- irony] estremo(a) - 5. [busy] pieno(a).

heavy cream n US panna f densa.

heavy goods vehicle n UK veicolo m per trasporto pesante.

heavyweight ['hevɪweɪt] ⬦ *adj* SPORT [match] di pesi massimi; **a heavyweight boxer** un peso massimo. ⬦ *n* - **1.** SPORT [competitor] peso *m* massimo - **2.** [intellectual] figura *f* di spicco.

Hebrew ['hi:bru:] ⬦ *adj* ebreo(a). ⬦ *n* - **1.** [person] ebreo *m*, -a *f* - **2.** [language] ebraico *m*.

heck [hek] *excl inf* cavolo!; **what/where/ why the heck...?** cosa/dove/perché cavolo...?; **a heck of a nice guy** un tipo veramente simpatico; **a heck of a lot of people** una marea di gente.

heckle ['hekl] *vt* & *vi* interrompere continuamente.

hectic ['hektɪk] *adj* frenetico(a).

he'd [hi:d] *abbr* of **he had, he would**.

hedge [hedʒ] ⬦ *n* siepe *f*. ⬦ *vi* essere evasivo(a).

hedgehog ['hedʒhɒg] *n* riccio *m*.

heed [hi:d] ⬦ *n*: **to take heed of sthg** dare ascolto a qc. ⬦ *vt fml* [advice, warning, lesson] tenere conto di.

heedless ['hi:dlɪs] *adj liter*: **heedless of sthg** noncurante di qc.

heel [hi:l] *n* - **1.** [of foot] tallone *m* - **2.** [of shoe] tacco *m*.

hefty ['heftɪ] *adj* - **1.** [person] robusto(a) - **2.** [salary, fee, fine] grosso(a).

heifer ['hefər] *n* giovenca *f*.

height [haɪt] *n* - **1.** [gen] altezza *f*; **5 metres in height** alto 5 metri; **what height is it/are you?** quanto è/sei alto? - **2.** [zenith] culmine *m*; **the height of stupidity/ignorance** il colmo della stupidità/dell'ignoranza; **at the height of the season** in piena stagione.

heighten ['haɪtn] *vt* & *vi* aumentare.

heir [eər] *n* erede *mf*.

heiress ['eərɪs] *n* ereditiera *f*.

heirloom ['eəlu:m] *n* cimelio *m* di famiglia.

heist [haɪst] *n inf* rapina *f*.

held [held] *pt* & *pp* ⬦ **hold**.

helicopter ['helɪkɒptər] *n* elicottero *m*.

hell [hel] ⬦ *n* - **1.** [gen] inferno *m* - **2.** *inf* [for emphasis]: **what/where/why etc the hell...?** cosa/dove/perché diavolo...?; **one OR a hell of a mess** un casino tremendo; **he's one hell of a nice guy** è un tipo simpaticissimo; **to do sthg for the hell of it** *inf* fare qc tanto per fare qualcosa; **to give sb hell** *inf* [verbally] rendere la vita impossibile a qn; **go to hell!** *v inf* vai al diavolo! ⬦ *excl inf* porca miseria!

he'll [hi:l] *abbr* of **he will**.

hellish ['helɪʃ] *adj inf* infernale.

hello [hə'ləʊ] *excl* - **1.** [greeting – to friends, family] ciao!; [- more formal] buongiorno!; [- on answering telephone] pronto! - **2.** [to attract attention] ehi!

helm [helm] *n* timone *m*.

helmet ['helmɪt] *n* casco *m*.

help [help] ⬦ *n* aiuto *m*; **to be of help** essere d'aiuto; **with the help of** con l'aiuto di; **to be a help** essere d'aiuto. ⬦ *vt* - **1.** [gen] aiutare; **to help sb (to) do sthg** aiutare qn a fare qc; **to help sb with sthg** aiutare qn con qc; **can I help you?** [in shop, at reception] desidera? - **2.** [avoid]: **I can't help doing sthg** non posso fare a meno di fare qc; **I can't help it** non ci posso fare niente; **to help o.s. (to sthg)** servirsi (di qc). ⬦ *vi* - **1.** [assist] aiutare; **to help with sthg** aiutare con qc - **2.** [make things easier] essere d'aiuto. ⬦ *excl* aiuto! ◆ **help out** *vt sep* & *vi* aiutare.

helper ['helpər] *n* - **1.** [gen] aiutante *mf* - **2.** *US* [to do housework] persona *f* di servizio.

helpful ['helpfʊl] *adj* - **1.** [willing to help] disponibile; **you've been most helpful** mi sei stato di grande aiuto - **2.** [useful] utile.

helping ['helpɪŋ] *n* porzione *f*; **would you like a second helping?** ne vuoi ancora?

helpless ['helplɪs] *adj* - **1.** [powerless - person] impotente; [- look, gesture] disperato(a) - **2.** [defenceless - child] indifeso(a); [- victim] inerme.

helpline ['helplaɪn] *n UK* linea *f* di assistenza telefonica.

Helsinki ['helsɪŋkɪ] *n* Helsinki *f*.

hem [hem] ⬦ *n* orlo *m*. ⬦ *vt* fare l'orlo a. ◆ **hem in** *vt sep* intrappolare.

hemisphere ['hemɪˌsfɪər] *n* emisfero *m*.

hemline ['hemlaɪn] *n* orlo *m*.

hemorrhage ['hemərɪdʒ] *n US* = **haemorrhage**.

hemorrhoids ['hemərɔɪdz] *npl US* = **haemorrhoids**.

hen [hen] *n* - **1.** [female chicken] gallina *f* - **2.** [female bird] femmina *f*.

hence [hens] *adv fml* - **1.** [therefore] ecco perché - **2.** [from now]: **ten years hence** da qui a dieci anni.

henceforth [ˌhens'fɔ:θ] *adv fml* d'ora in poi.

henchman ['hentʃmən] (*pl* -**men**) *n pej* tirapiedi *m inv*.

henna ['henə] ⬦ *n* (*U*) henné *m inv*. ⬦ *vt* tingere con l'henné.

henpecked ['henpekt] *adj pej* dominato(a) dalla moglie.

her [hɜ:r] ⬦ *pers pron* - **1.** (*direct: unstressed*) la; **I know her** la conosco; **I like her**

mi è simpatica; **it's her** è lei - **2.** *(direct: stressed)* lei; **you can't expect her to do it** non puoi aspettarti che lo faccia lei - **3.** *(direct)* [referring to animal, car, ship *etc*] lo(la) - **4.** *(indirect)* le; **we spoke to her** le abbiamo parlato; **he sent her a letter** le ha mandato una lettera; **I gave it to her** gliel'ho dato - **5.** *(after prep, in comparisons etc)* lei; **we went with/without her** siamo andati insieme a/senza di lei; **I'm shorter than her** sono più bassa di lei. ◇ *poss adj* [referring to woman, girl] suo(sua, suoi, sue); **her father/mother** suo padre/sua madre; **her children** i suoi figli; **her shoes** le sue scarpe; **her coat** il suo cappotto; **her bedroom** la sua camera da letto; **her name is Sarah** si chiama Sarah; **it was her fault** è stata sua la colpa.

herald ['herəld] ◇ *vt fml* - **1.** [signify, usher in] annunciare - **2.** [proclaim] acclamare. ◇ *n* [messenger] araldo *m*.

herb [hə:b, *US* ɜ:rb] *n* erba *f* aromatica.

herd [hə:d] ◇ *n* - **1.** [of cattle] mandria *f*; [of wild animals] branco *m* - **2.** [of people] massa *f*. ◇ *vt* - **1.** [drive] guidare - **2.** *fig* [push] ammassare.

here [hɪə*r*] *adv* - **1.** [in, at this place] qui; **here he is/they are** eccolo/eccoli; **here it is** eccolo/eccola; **here is/are** ecco; **here and there** qui e là - **2.** [present]: **to be/get here** arrivare; **he's not here today** oggi non c'è.

hereabouts ['hɪərə,baʊts], **hereabout** ['hɪərə,baʊt] *US adv* nei paraggi.

hereafter [,hɪər'ɑ:ftə*r*] ◇ *adv fml* qui di seguito. ◇ *n*: **the hereafter** *liter* l'aldilà *m*.

hereby [,hɪə'baɪ] *adv fml* [in document] con la presente; [in formal speech]: **I hereby declare this theatre open** con questo dichiaro aperto il teatro.

hereditary [hɪ'redɪtrɪ] *adj* ereditario(a).

heresy ['herəsɪ] *n lit* & *fig* eresia *f*.

herewith [,hɪə'wɪð] *adv fml* in allegato.

heritage ['herɪtɪdʒ] *n (U)* patrimonio *m*.

hermit ['hə:mɪt] *n* eremita *m*.

hernia ['hə:nɪə] *n* ernia *f*.

hero ['hɪərəʊ] *(pl* -es*)* *n* eroe *m*.

heroic [hɪ'rəʊɪk] *adj* eroico(a). ◆ **heroics** *npl pej* inutili eroismi *mpl*.

heroin ['herəʊɪn] *n* eroina *f*.

heroine ['herəʊɪn] *n* eroina *f*.

heron ['herən] *(pl* heron *OR* -s*)* *n* airone *m*.

herring ['herɪŋ] *(pl* herring *OR* -s*)* *n* aringa *f*.

hers [hə:z] *poss pron* il suo(la sua, i suoi, le sue); **my house and hers** la mia casa e la sua; **hers is broken** il suo è guasto; **that money is**

hers questi soldi sono suoi; **a friend of hers** un suo amico; **it wasn't my fault: it was hers** non è stata mia la colpa, ma sua.

herself [hə:'self] *pron* - **1.** *(reflexive)* si; **she made herself comfortable** si è messa a suo agio; **she hates herself for what she did** si detesta per quello che ha fatto - **2.** *(after prep)* sé, se stessa; **she should take better care of herself** dovrebbe prendersi più cura di sé; **she was annoyed with herself** ce l'aveva con se stessa - **3.** *(stressed)* lei stessa; **she did it herself** lo ha fatto lei stessa; **I didn't speak to the nurse herself** non ho parlato con l'infermiera in persona *OR* direttamente con l'infermiera.

he's [hi:z] *abbr of* **he is**, **he has**.

hesitant ['hezɪtənt] *adj* incerto(a).

hesitate ['hezɪteɪt] *vi* esitare; **to hesitate to do sthg** esitare a fare qc.

hesitation [,hezɪ'teɪʃn] *n* esitazione *f*.

heterosexual [,hetərə'sekʃʊəl] ◇ *adj* eterosessuale. ◇ *n* eterosessuale *mf*.

het up [het-] *adj inf* agitato(a).

hexagon ['heksəgən] *n* esagono *m*.

hey [heɪ] *excl* ehi!

heyday ['heɪdeɪ] *n* tempi *mpl* d'oro.

HGV *(abbr of* **heavy goods vehicle***) n UK* veicolo *m* per trasporto pesante.

hi [haɪ] *excl inf* [hello] ciao!

hiatus [haɪ'eɪtəs] *(pl* -es*)* *n fml* pausa *f*.

hibernate ['haɪbəneɪt] *vi* andare in letargo.

hiccough, hiccup ['hɪkʌp] ◇ *n* - **1.** [sound] singhiozzo *m*; **to have hiccoughs** avere il singhiozzo - **2.** *fig* [difficulty] intoppo *m*. ◇ *vi* avere il singhiozzo.

hid [hɪd] *pt* ▷ **hide**.

hidden ['hɪdn] ◇ *pp* ▷ **hide**. ◇ *adj* nascosto(a).

hide [haɪd] *(pt* hid, *pp* hidden, *cont* hiding*)* ◇ *vt* [conceal, cover] nascondere; **to hide sthg (from sb)** nascondere qc (a qn). ◇ *vi* [conceal o.s.] nascondersi. ◇ *n* - **1.** [animal skin] pelle *f* - **2.** *UK* [for watching birds, animals] postazione *f* nascosta *(per osservare degli animali)*.

hide-and-seek *n (U)* nascondino *m*.

hideaway ['haɪdəweɪ] *n inf* nascondiglio *m*.

hideous ['hɪdɪəs] *adj* orribile.

hiding ['haɪdɪŋ] *n* - **1.** *(U)* [concealment]: **in hiding** nascosto(a) - **2.** *inf* [beating]: **to give sb/get a (good) hiding** darle a qn/prendersele di santa ragione.

hiding place *n* nascondiglio *m*.

hierarchy ['haɪərɑ:kɪ] *n* gerarchia *f*.

hi-fi ['haɪfaɪ] *n* hi-fi *m inv*.

high [haɪ] ◇ *adj* - **1.** [gen] alto(a); **how high is it?** quanto è alto? - **2.** [greater than normal –

prices, speeds] alto(a); [- unemployment, wind] forte; [altitude] grande; **temperatures in the high twenties** temperature poco sotto i trenta gradi - **3.** *inf* [on drugs] fatto(a); **high on cocaine** fatto(a) di cocaina - **4.** *inf* [drunk] sbronzo(a). ◇ *adv* in alto; **to aim high** mirare in alto. ◇ *n* [highest point] massimo *m*.

highbrow ['haɪbraʊ] *adj* intellettuale.

high chair *n* seggiolone *m*.

high-class *adj* di alto livello.

high commission *n* alta commissione *f*.

High Court *n* - **1.** [in UK] ≃ Corte *f* di cassazione - **2.** [in US] ≃ Corte *f* suprema.

higher ['haɪə*r*] *adj* superiore. ◆ **Higher** *n*: **Higher (Grade)** SCH *esame sostenuto al termine della scuola secondaria superiore in Scozia*.

higher education *n* istruzione *f* universitaria.

high jump *n* SPORT salto *m* in alto.

Highlands ['haɪləndz] *npl*: **the Highlands** le Highlands *(regione montagnosa del nord della Scozia)*.

highlight ['haɪlaɪt] ◇ *n* momento *m* clou *(inv)*. ◇ *vt* evidenziare. ◆ **highlights** *npl* [in hair] colpi *mpl* di luce.

highlighter (pen) ['haɪlaɪtə*r*-] *n* evidenziatore *m*.

highly ['haɪlɪ] *adv* - **1.** [very, extremely] estremamente - **2.** [very well, favourably] molto bene - **3.** [at an important level]: **highly placed** altolocato(a); **to be highly connected** conoscere le persone giuste.

highly-strung *adj* nervoso(a).

Highness ['haɪnɪs] *n*: **His/Her/Your (Royal) Highness** Sua Altezza (Reale); **Their (Royal) Highnesses** le Loro Altezze (Reali).

high-pitched [-'pɪtʃt] *adj* acuto(a).

high point *n* momento *m* culminante.

high-powered [-'paʊəd] *adj* - **1.** [powerful] potente - **2.** [dynamic - job, university] prestigioso(a); [- person] dinamico(a).

high-ranking [-'ræŋkɪŋ] *adj* di alto rango.

high-rise *adj*: **high-rise building** palazzo *m* di molti piani.

high school *n* UK scuola *f* superiore *(dagli 11 ai 18 anni)*; US scuola *f* superiore *(dai 15 ai 18 anni)*.

high season *n* (U) alta stagione *f*.

high spot *n* evento *m* culminante.

high street *n* UK via *f* principale.

high-tech [-'tek] *adj* high-tech *(inv)*.

high tide *n* (U) alta marea *f*.

highway ['haɪweɪ] *n* - **1.** US [main road between cities] autostrada *f* - **2.** UK LAW [any main road] strada *f* principale.

Highway Code *n* UK: **the Highway Code** il codice stradale.

hijack ['haɪdʒæk] ◇ *n* dirottamento *m*. ◇ *vt* dirottare.

hijacker ['haɪdʒækə*r*] *n* dirottatore *m*, -trice *f*.

hike [haɪk] ◇ *n* escursione *f* a piedi. ◇ *vi* fare un'escursione a piedi.

hiker ['haɪkə*r*] *n* escursionista *mf*.

hiking ['haɪkɪŋ] *n* (U) escursioni *fpl* a piedi; **to go hiking** fare delle escursioni a piedi.

hilarious [hɪ'leərɪəs] *adj* esilarante.

hill [hɪl] *n* - **1.** [mound] collina *f* - **2.** [slope - up] salita *f*; [- down] discesa *f*.

hillside ['hɪl,saɪd] *n* fianco *m* di collina.

hilly ['hɪlɪ] *adj* collinoso(a).

hilt [hɪlt] *n* elsa *f*; **to support/defend sb to the hilt** sostenere/difendere qn a spada tratta; **to be mortgaged to the hilt** essere indebitato(a) fino al collo.

him [hɪm] *pers pron* - **1.** *(direct: unstressed)* lo; **I know him** lo conosco; **I like him** mi è simpatico; **it's him** è lui - **2.** *(direct: stressed)* lui; **you can't expect him to do it** non puoi aspettarti che lo faccia lui - **3.** [referring to animal] lo(la) - **4.** *(indirect)* gli; **we spoke to him** gli abbiamo parlato; **she sent him a letter** gli ha mandato una lettera; **I gave it to him** gliel'ho dato - **5.** *(after prep, in comparisons etc)* lui; **we went with/without him** siamo andati insieme a/senza di lui; **I'm shorter than him** sono più basso di lui.

Himalayas [,hɪmə'leɪəz] *npl*: **the Himalayas** l'Himalaia *m*.

himself [hɪm'self] *pron* - **1.** *(reflexive)* si; **he made himself comfortable** si è messo a suo agio; **he hates himself for what he did** si detesta per quello che ha fatto - **2.** *(after prep)* sé, se stesso; **he should take better care of himself** dovrebbe prendersi più cura di sé; **he was annoyed with himself** ce l'aveva con se stesso - **3.** *(stressed)* lui stesso; **he did it himself** lo ha fatto lui stesso; **I didn't speak to the manager himself** non ho parlato con il direttore in persona OR direttamente con il direttore.

hind [haɪnd] *(pl* **hind** OR **-s)** ◇ *adj* posteriore. ◇ *n* cerva *f*.

hinder ['hɪndə*r*] *vt* ostacolare.

hindrance ['hɪndrəns] *n* ostacolo *m*.

hindsight ['haɪndsaɪt] *n* (U): **with the benefit of hindsight** con il senno del poi.

Hindu ['hɪnduː] *(pl* **-s)** ◇ *adj* indù *(inv)*. ◇ *n* indù *mf inv*.

hinge [hɪndʒ] *n* cardine *m*. ◆ **hinge (up)on** *vt insep* dipendere da.

hint [hɪnt] <> n - **1.** [indirect suggestion] allusione f; **to drop a hint** far capire - **2.** [useful suggestion, tip] consiglio m - **3.** [small amount, trace] accenno m. <> vi: **to hint at sthg** alludere a qc. <> vt: **to hint that** suggerire che.

hip [hɪp] n [part of body] fianco m; [bone] anca f.

hippie ['hɪpɪ] n hippy mf inv.

hippo ['hɪpəʊ] (pl **-s**) n inf ippopotamo m.

hippopotamus [ˌhɪpə'pɒtəməs] (pl **-muses** OR **-mi**) n ippopotamo m.

hippy ['hɪpɪ] n = **hippie**.

hire [haɪər] <> n (U) [UK] [of car, equipment] noleggio m; **for hire** [bicycles, cars] a noleggio; [taxi] libero. <> vt - **1.** [UK] [rent] noleggiare - **2.** [employ] ingaggiare. ◆ **hire out** vt sep [UK] dare a noleggio; **to hire out one's services** vendere le proprie prestazioni.

hire car n UK autonoleggio m.

hire purchase n (U) UK acquisto m a rate.

his [hɪz] <> poss adj (unstressed) [referring to man, boy] suo(sua, suoi, sue); **his father/mother** suo padre/sua madre; **his children** i suoi figli; **his shoes** le sue scarpe; **his coat** il suo cappotto; **his bedroom** la sua camera da letto; **his name is Joe** si chiama Joe; **it was his fault** è stata sua la colpa. <> poss pron [with singular] il suo(la sua, i suoi, le sue); **my house and his** la mia casa e la sua; **his is broken** il suo è guasto; **that money is his** questi soldi sono suoi; **a friend of his** un suo amico; **it wasn't my fault: it was his** non è stata mia la colpa, ma sua.

hiss [hɪs] <> n [of snake, cat, steam] sibilo m; [of audience, crowd] fischio m. <> vi sibilare.

historic [hɪ'stɒrɪk] adj storico(a).

historical [hɪ'stɒrɪkəl] adj storico(a).

history ['hɪstərɪ] n - **1.** [gen] storia f - **2.** [past record] storia f, precedenti mpl; **medical history** anamnesi f; **employment history** esperienza f professionale.

hit [hɪt] (pt & pp hit) <> n - **1.** [blow] colpo m - **2.** [successful strike]: **to take a direct hit** essere colpito(a) in pieno; **to score a hit** fare centro - **3.** [success] successo m; **she was a big hit** ha avuto un successo strepitoso - **4.** COMPUT visita f. <> comp di successo. <> vt - **1.** [strike a blow at, affect badly] colpire - **2.** [crash into - vehicle] sbattere contro; [- stone, ball] colpire - **3.** [reach - place] raggiungere; [- level, record] toccare; **to hit it off (with sb)** inf andare d'accordo (con qn).

hit-and-miss adj = **hit-or-miss**.

hit-and-run <> n incidente m con omissione di soccorso. <> adj: **hit-and-run driver** pirata mf della strada; **hit-and-run accident** incidente m con omissione di soccorso.

hitch [hɪtʃ] <> n contrattempo m. <> vt - **1.** inf [in vehicle]: **to hitch a lift** fare l'autostop; **can I hitch a lift with you to the station?** mi dai uno strappo alla stazione? - **2.** [fasten]: **to hitch sthg on(to) sthg** attaccare qc a qc. <> vi inf [hitchhike] fare l'autostop. ◆ **hitch up** vt sep tirare su.

hitchhike ['hɪtʃhaɪk] vi fare l'autostop.

hitchhiker ['hɪtʃhaɪkər] n autostoppista mf.

hi-tech [ˌhaɪ'tek] adj = **high-tech**.

hitherto [ˌhɪðə'tuː] adv fml fino ad ora.

hit-or-miss adj casuale.

HIV (abbr of human immunodeficiency virus) n (U) HIV m; **to be HIV-positive** essere sieropositivo(a).

hive [haɪv] n alveare m; **to be a hive of activity** fig fervere di attività. ◆ **hive off** vt sep separare; **to hive off sthg to sthg** trasferire qc a qc.

hoard [hɔːd] <> n [of food] scorte fpl; [of money] gruzzolo m. <> vt [collect, save] accumulare.

hoarding ['hɔːdɪŋ] n UK cartellone m pubblicitario.

hoarse [hɔːs] adj rauco(a).

hoax [həʊks] n burla f; **hoax call** falso allarme m.

hob [hɒb] n UK [on cooker] fornello m.

hobble ['hɒbl] vi camminare a fatica.

hobby ['hɒbɪ] n hobby m inv.

hobbyhorse ['hɒbɪhɔːs] n - **1.** [toy] giocattolo costituito da una testa di cavallo montata su un bastone - **2.** [favourite topic] argomento m preferito.

hobo ['həʊbəʊ] (pl **-es** OR **-s**) n US vagabondo m, -a f.

hockey ['hɒkɪ] n - **1.** [on grass] hockey m (su prato) - **2.** US [ice hockey] hockey m (su ghiaccio).

hockey stick n mazza f da hockey.

hoe [həʊ] <> n zappa f. <> vt zappare.

hog [hɒg] <> n - **1.** [pig] maiale m - **2.** inf [greedy person] ingordo m, -a f; **to go the whole hog** andare fino in fondo. <> vt inf [monopolize] monopolizzare.

Hogmanay ['hɒgməneɪ] n il 31 dicembre e le celebrazioni di fine anno in Scozia.

hoist [hɔɪst] <> n paranco m. <> vt issare.

hold [həʊld] (pt & pp held) <> vt - **1.** [gen] tenere; **to hold sb prisoner/hostage** tenere qn prigioniero(a)/in ostaggio - **2.** [have, possess] avere - **3**. [conduct, stage - conversation] avere; [- elections] indire; [- meeting] tenere; [- party] dare - **4**. *fml* [consider] ritenere; **to hold (that)** ritenere che; **to hold sb responsible for sthg** ritenere qn responsabile di qc - **5**. [on telephone]: **please hold the line** resti in linea, per favore - **6**. [keep, sustain] mantenere - **7**. [MIL - defend] difendere; [- control] occupare - **8**. [support] reggere - **9**. [contain - object] contenere; [- subj: future] riservare - **10**. [have space for] poter contenere; **hold it!** aspetta! *OR* aspettate!; **hold everything!** ferma *OR* fermate tutto!; **to hold one's own** cavarsela bene. ⬦ *vi* - **1**. [promise, objection] rimanere valido(a); [weather] reggere; [luck] continuare; **to hold still** *OR* **steady** stare fermo(a) - **2**. [on phone] rimanere in linea. ⬦ *n* - **1**. [grasp, grip] presa *f*; **to keep hold of sthg** [with hand] tenere qc; [save] conservare qc; **to take** *OR* **lay hold of sthg** afferrare qc; **to get hold of sthg** [obtain] procurarsi qc; **to get hold of sb** [contact] contattare qn - **2**. [of ship, aircraft] stiva *f* - **3**. [control, influence] influsso *m*. ◆ **hold back** *vt sep* - **1**. [repress] trattenere - **2**. [keep secret] nascondere. ◆ **hold down** *vt sep* tenersi. ◆ **hold off** *vt sep* [fend off] respingere. ◆ **hold on** *vi* - **1**. [wait] aspettare; [on phone] rimanere in linea - **2**. [grip]: **to hold on (to sthg)** tenersi (a qc). ◆ **hold out** ⬦ *vt sep* [hand, arms] tendere. ⬦ *vi* - **1**. [last] durare - **2**. [resist]: **to hold out (against sb/ sthg)** resistere (a qn/qc). ◆ **hold up** *vt sep* - **1**. [raise] alzare - **2**. [delay] rallentare; **I was held up at work** sono stato trattenuto al lavoro.

holdall ['həʊldɔ:l] *n UK* borsone *m*.

holder ['həʊldər] *n* - **1**. [container] contenitore *m*; **a cigarette holder** un portasigarette - **2**. [of licence, passport] titolare *mf*; [of title] detentore *m*, -trice *f*.

holding ['həʊldɪŋ] *n* - **1**. [investment] capitale *m* azionario - **2**. [farm] podere *m*.

holdup ['həʊldʌp] *n* - **1**. [robbery] assalto *m* - **2**. [delay] ritardo *m*.

hole [həʊl] *n* - **1**. [gen] buco *m* - **2**. GOLF buca *f*; **to get a hole in one** fare buca al primo colpo - **3**. *inf* [predicament] casino *m*.

holiday ['hɒlɪdeɪ] *n* - **1**. *UK* [vacation] vacanza *f*; **to be/go on holiday** essere/andare in vacanza - **2**. [public holiday] giorno *m* festivo.

holiday camp *n UK* villaggio *m* turistico.

holidaymaker ['hɒlɪdeɪ,meɪkər] *n UK* vacanziere *m*, -a *f*.

holiday pay *n UK* ferie *fpl* pagate.

holiday resort *n UK* luogo *m* di villeggiatura.

holistic [həʊ'lɪstɪk] *adj* olistico(a).

Holland ['hɒlənd] *n* Olanda *f*.

holler ['hɑ:lr] *vt* & *vi esp US inf* urlare.

hollow ['hɒləʊ] ⬦ *adj* - **1**. [not solid] cavo(a) - **2**. [gaunt] incavato(a) - **3**. [resonant] rimbombante - **4**. [empty of meaning or value - laugh] forzato(a); [- promise, victory, success] vano(a). ⬦ *n* - **1**. [in tree] cavità *f inv* - **2**. [in ground] fossa *f* - **3**. [of hand, back] incavo *m*. ◆ **hollow out** *vt sep* scavare.

holly ['hɒlɪ] *n (U)* agrifoglio *m*.

holocaust ['hɒləkɔ:st] *n* disastro *m*. ◆ **Holocaust** *n*: **the Holocaust** l'Olocausto *m*.

holster ['həʊlstər] *n* fondina *f*.

holy ['həʊlɪ] *adj* - **1**. [sacred] sacro(a) - **2**. [pure and good] santo(a).

Holy Ghost *n*: **the Holy Ghost** lo Spirito Santo.

Holy Land *n*: **the Holy Land** la Terra Santa.

Holy Spirit *n*: **the Holy Spirit** lo Spirito Santo.

home [həʊm] ⬦ *n* - **1**. [one's house, flat] casa *f*; **when did you get home?** quando sei rientrato?; **to make one's home** stabilirsi - **2**. [place of origin] [country] patria *f*; [city] città *f inv* natale; **Manchester's my home now** ora Manchester è la mia città - **3**. [family]: **to leave home** andarsene da casa; **a broken home** una famiglia separata - **4**. [institution] istituto *m*; [- for elderly] ospizio *m*; [- for children] orfanotrofio *m*. ⬦ *adj* - **1**. [not foreign] nazionale - **2**. SPORT [game, win] in casa; [team] di casa. ⬦ *adv* [to or at one's house] a casa. ◆ **at home** *adv* - **1**. [in one's house, flat] a casa - **2**. [comfortable]: **to feel at home** sentirsi a casa; **at home with sthg** a proprio agio con qc; **to make o.s. at home** fare come a casa propria - **3**. [in one's own country] da noi.

home address *n* indirizzo *m* di casa.

home brew *n (U)* birra *f* fatta in casa.

home cooking *n* cucina *f* casalinga.

Home Counties *npl UK*: **the Home Counties** le contee circostanti Londra.

home help *n UK* aiuto *m* domestico.

homeland ['həʊmlænd] *n* - **1**. [country of birth] patria *f* - **2**. [in South Africa] *zona riservata alla popolazione nera nel regime dell'apartheid*.

homeless ['həʊmlɪs] ⬦ *adj* senza dimora fissa. ⬦ *npl*: **the homeless** i senzatetto.

homely ['həʊmlɪ] *adj* - **1**. *UK* [pleasant] accogliente - **2**. *US* [ugly] brutto(a).

homemade [,həʊm'meɪd] *adj* fatto(a) in casa.

Home Office *n UK*: **the Home Office** ≃ il ministero dell'Interno.

homeopathy [ˌhəʊmɪˈɒpəθɪ] *n (U)* omeopatia *f*.

home page *n* COMPUT home page *f inv*, pagina *f* iniziale.

Home Secretary *n UK* ≃ ministro *m* dell'Interno.

homesick ['həʊmsɪk] *adj*: to be OR feel homesick avere nostalgia di casa; he's homesick for Italy ha nostalgia dell'Italia.

hometown ['həʊmtaʊn] *n* città *f inv* natale.

homework ['həʊmwɜːk] *n (U)* - 1. SCH compiti *mpl* (per casa) - 2. *inf* [preparation]: I can see you've really done your homework vedo che ti sei davvero preparato.

homey, homy ['həʊɪ] *adj US* accogliente.

homicide ['hɒmɪsaɪd] *n* omicidio *m*.

homogeneous [ˌhɒməˈdʒiːnjəs] *adj* omogeneo(a).

homophobia [ˌhəʊməʊˈfəʊbɪə] *n* omofobia *f*.

homophobic [ˌhəʊməʊˈfəʊbɪk] *adj* omofobo(a).

homosexual [ˌhɒməˈseksʊəl] ◇ *adj* omosessuale. ◇ *n* omosessuale *mf*.

homy *adj US* = **homey**.

hone [həʊn] *vt* - 1. [knife, sword] affilare - 2. [intellect, wit] affinare.

honest ['ɒnɪst] ◇ *adj* onesto(a); to be honest,... a dire il vero,... ◇ *adv inf* [really, honestly] davvero.

honestly ['ɒnɪstlɪ] ◇ *adv* onestamente. ◇ *excl* insomma!

honesty ['ɒnɪstɪ] *n (U)* onestà *f*.

honey ['hʌnɪ] *n* - 1. *(U)* [food] miele *m* - 2. *esp US* [dear] tesoro *m*.

honeycomb ['hʌnɪkəʊm] *n* - 1. [in wax] favo *m* - 2. [pattern] nido *m* d'ape.

honeymoon ['hʌnɪmuːn] ◇ *n lit* & *fig* luna *f* di miele. ◇ *vi* andare in luna di miele.

Hong Kong [ˌhɒŋˈkɒŋ] *n* Hong Kong *f*.

honk [hɒŋk] ◇ *vi* - 1. [motorist] suonare il clacson - 2. [goose] starnazzare. ◇ *vt*: to honk the horn suonare il clacson.

honor *n* & *vt US* = **honour**.

honorable *adj US* = **honourable**.

honorary [UK 'ɒnərərɪ, US ɒnə'reərɪ] *adj* onorario(a).

honour *UK*, **honor** *US* ['ɒnər] ◇ *n (U)* onore *m*; in honour of sb/sthg in onore di qn/qc; to be an honour to sthg fare onore a qc. ◇ *vt* onorare; she honoured us with her presence ci ha onorati della sua presenza. ◆ **honours** *npl* - 1. [tokens of respect] onori *mpl* - 2. UNIV: to graduate with honours laurearsi con lode.

honourable *UK*, **honorable** *US* ['ɒnrəbl] *adj* degno(a) di rispetto. ◆ **Honourable** *UK*, **Honorable** *US* *adj*: the Honourable... [politician] l'onorevole...; *UK* [minor noble] *titolo che spetta ai figli di alcuni nobili inglesi*; the Honourable Mr Justice... [judge] il giudice...

honours degree *n UK* laurea con lode.

Hon. Sec. *(abbr of* honorary secretary*)* segretario *m* onorario.

hood [hʊd] *n* - 1. [on cloak, jacket] cappuccio *m* - 2. [on cooker] cappa *f*; [on pram, car] tettuccio *m*, capote *f inv* - 3. *US* [car bonnet] cofano *m*.

hoodlum ['huːdləm] *n* [youth] teppista *mf*; [gangster] malvivente *mf*.

hoof [huːf, hʊf] *(pl* -s *OR* hooves*)* *n* zoccolo *m*.

hook [hʊk] ◇ *n* - 1. [gen] gancio *m* - 2. [for catching fish] amo *m*. ◇ *vt* - 1. [fasten with hook] agganciare - 2. [fish] prendere all'amo. ◆ **off the hook** *adv* - 1. TELEC staccato(a) - 2. *inf* [out of trouble] fuori dai guai. ◆ **hook up** *vt sep*: to hook sthg up to sthg COMPUT & TELEC collegare qc a qc.

hooked [hʊkt] *adj* - 1. [shaped like a hook] uncinato(a) - 2. *inf*: to be hooked on sthg essere impallinato(a) di qc; to be hooked on drugs/TV essere tossicodipendente/teledipendente.

hook(e)y ['hʊkɪ] *n (U) esp US inf*: to play hookey marinare la scuola.

hooligan ['huːlɪgən] *n* teppista *mf*.

hoop [huːp] *n* cerchio *m*.

hooray [hʊˈreɪ] *excl* = **hurray**.

hoot [huːt] ◇ *n* - 1. [of owl] canto *m* della civetta - 2. [of horn] colpo *m* di clacson - 3. *inf* [amusing, person] spasso *m*; what a hoot! che spasso! ◇ *vi* - 1. [owl] cantare - 2. [horn] suonare il clacson. ◇ *vt* [horn] suonare.

hooter ['huːtər] *n* [horn - of car] clacson *m inv*; [- of factory] sirena *f*.

Hoover® ['huːvər] *n* aspirapolvere *m inv*. ◆ **hoover** *vt UK* [room, flat] passare l'aspirapolvere in; [carpet] passare l'aspirapolvere su.

hooves [huːvz] *pl* ▷ **hoof**.

hop [hɒp] ◇ *n* [gen] saltello *m*. ◇ *vi* - 1. [jump on one leg] saltare su un piede - 2. [small animal, bird] saltellare - 3. *inf* [move nimbly] saltare. ◇ *vt inf*: hop it! fila via! ◆ **hops** *npl* [for making beer] luppolo *m (sing)*.

hope [həʊp] ◇ *vi* sperare; to hope for sthg sperare qc; let's hope for good weather speriamo che il tempo sia bello; we're still hoping for good news speriamo ancora di ricevere buone notizie; **I hope so/not** spero di sì/no. ◇ *vt*: **to hope (that)** sperare che; **to hope to do sthg** sperare di fare qc. ◇ *n* speranza *f*; **in the hope of** nella speranza di.

hopeful ['hǝupfʊl] *adj* - 1. [full of hope] fiducioso(a); **to be hopeful of sthg/of doing sthg** essere fiducioso(a) in qc/nella possibilità di fare qc - 2. [encouraging] promettente.

hopefully ['hǝupfǝlɪ] *adv* - 1. [in a hopeful way] con ottimismo - 2. [with luck]: **hopefully there won't be any problem** speriamo che non ci siano problemi.

hopeless ['hǝuplɪs] *adj* - 1. [gen] disperato(a); **it's hopeless!** è inutile! - 2. *inf* [useless] senza speranza.

hopelessly ['hǝuplɪslɪ] *adv* - 1. [despairingly] disperatamente - 2. [completely] irrimediabilmente.

horizon [hǝ'raɪzn] *n* orizzonte *m*; **on the horizon** [ship, figure] all'orizzonte; *fig* [prospect, opportunity] in vista.

horizontal [,hɒrɪ'zɒntl] ◇ *adj* orizzontale. ◇ *n*: **the horizontal** la posizione orizzontale.

hormone ['hɔːmǝun] *n* ormone *m*.

horn [hɔːn] *n* - 1. [gen] corno *m* - 2. [on car] clacson *m inv*; [on ship] sirena *f*.

hornet ['hɔːnɪt] *n* calabrone *m*.

horny ['hɔːnɪ] *adj* - 1. [scale, body] corneo(a); [hand] calloso(a) - 2. *inf* [sexually excited] arrapato(a).

horoscope ['hɒrǝskǝup] *n* oroscopo *m*.

horrendous [hɒ'rendǝs] *adj* - 1. [horrific] orrendo(a) - 2. *inf* [unpleasant] tremendo(a).

horrible ['hɒrǝbl] *adj* orribile.

horrid ['hɒrɪd] *adj* orribile; **don't be so horrid** non fare l'antipatico(a).

horrific [hɒ'rɪfɪk] *adj* sconvolgente.

horrify ['hɒrɪfaɪ] *vt* fare inorridire.

horror ['hɒrǝʳ] *n* orrore *m*.

horror film *UK*, **horror movie** *esp US n* film *m inv* dell'orrore.

horse [hɔːs] *n* cavallo *m*.

horseback ['hɔːsbæk] ◇ *adj* a cavallo. ◇ *n*: **on horseback** a cavallo.

horseback riding *n US* = **horse riding**.

horse chestnut *n* - 1. [tree] ippocastano *m* - 2. [nut] castagna *f* d'India.

horseman ['hɔːsmǝn] (*pl* -men) *n* cavaliere *m*.

horsepower ['hɔːs,pauǝʳ] *n (U)* cavallo *m* (vapore).

horse racing *n (U)* ippica *f*.

horseradish ['hɔːs,rædɪʃ] *n (U)* rafano *m*.

horse riding *esp UK*, **horseback riding** *US n (U)* equitazione *f*; **to go horse riding** fare equitazione.

horseshoe ['hɔːsʃuː] *n* ferro *m* di cavallo; **in a horseshoe** [shape, design] a ferro di cavallo.

horsewoman ['hɔːs,wʊmǝn] (*pl* -women) *n* cavallerizza *f*.

horticulture ['hɔːtɪkʌltʃǝʳ] *n (U)* orticoltura *f*.

hose [hǝuz] ◇ *n* tubo *m* dell'acqua. ◇ *vt* annaffiare con il tubo dell'acqua.

hosepipe ['hǝuzpaɪp] *n* tubo *m* dell'acqua.

hosiery ['hǝuzɪǝrɪ] *n (U)* maglieria *f*.

hospitable [hɒ'spɪtǝbl] *adj* ospitale.

hospital ['hɒspɪtl] *n* ospedale *m*; **to go into hospital** *UK OR* **the hospital** *US* andare all'ospedale.

hospitality [,hɒspɪ'tælǝtɪ] *n* ospitalità *f*.

host [hǝust] ◇ *n* - 1. [at party] padrone *m* di casa - 2. [place, organization] ospite *mf* - 3. [compere] presentatore *m*, -trice *f* - 4. [large number]: **a host of sthg** una multitudine di qc. ◇ *vt* presentare.

hostage ['hɒstɪdʒ] *n* ostaggio *m*.

hostel ['hɒstl] *n* [for student, workers] pensionato *m*; [for homeless] ricovero *m*; **(youth) hostel** ostello *m* della gioventù.

hostess ['hǝustes] *n* [at party] padrona *f* di casa.

hostile [*UK* 'hɒstaɪl, *US* 'hɒstl] *adj* - 1. [gen] ostile; **hostile to sb/sthg** ostile a qn/qc - 2. MIL [enemy] nemico(a).

hostility [hɒ'stɪlǝtɪ] *n (U)* ostilità *f*.
➤ **hostilities** *npl* ostilità *fpl*.

hot [hɒt] *adj* - 1. [gen] caldo(a); **I'm hot** ho caldo; **it's hot** fa caldo; **Rome is very hot in August** a Roma fa molto caldo d'agosto - 2. [spicy] piccante - 3. *inf* [expert] bravo(a); **to be hot on** *OR* **at sthg** essere bravo(a) in qc - 4. *inf* [recent] fresco(a).

hot-air balloon *n* mongolfiera *f*.

hotbed ['hɒtbed] *n fig* [centre] focolaio *m*.

hot-cross bun *n* panino dolce pasquale con uvetta.

hot dog *n* hot dog *m inv*.

hotel [hǝu'tel] *n* albergo *m*, hotel *m inv*.

hot flush *UK*, **hot flash** *US n* caldana *f*.

hotheaded [,hɒt'hedɪd] *adj* impulsivo(a).

hothouse ['hɒthaus] *n* serra *f*.

hot line *n* - 1. [between government heads] hot line *f inv* - 2. [24-hour phone line] linea *f* (telefonica) per le emergenze.

hotly ['hɒtlɪ] *adv* - 1. [argue, debate, deny] con trasporto - 2. [closely]: **to be hotly pursued by sb** avere qn alle calcagna.

hotplate ['hɒtpleɪt] n piastra f di cottura.

hot-tempered adj: to be hot-tempered scaldarsi facilmente.

hot-water bottle n borsa f dell'acqua calda.

hound [haʊnd] ◇ n cane m da caccia. ◇ vt stare addosso a; **to hound sb out (of sthg)** costringere qn ad andarsene (da qc).

hour ['aʊər] n [gen] ora f; **half an hour** mezz'ora f; **per** OR **an hour** all'ora; **on the hour** all'ora esatta. ◆ **hours** npl - 1. [of business] orario m (sing) di lavoro - 2. [routine] orari mpl; **to work long hours** fare degli orari pesanti; **to keep late hours** andare a letto tardi.

hourly ['aʊəlɪ] ◇ adj orario(a). ◇ adv - 1. [every hour] ogni ora - 2. [per hour] all'ora.

house ◇ n [haʊs] (pl houses) - 1. [gen] casa f; **it's on the house** offre la casa - 2. POL camera f - 3. [in debates] assemblea f - 4. [audience in theatre] sala f; **to play to full houses** fare il tutto esaurito; **to bring the house down** inf entusiasmare la sala - 5. (U) MUS = **house music** - 6. UK [in school] casa f (in cui vengono suddivisi gli alunni per partecipare a gare o giochi). ◇ vt [haʊz] [person - permanently] alloggiare; [- temporarily] ospitare; [department, library] ospitare. ◇ adj [haʊs] - 1. COMM aziendale - 2. [wine] della casa.

houseboat ['haʊsbəʊt] n house boat f inv, casa f galleggiante.

household ['haʊshəʊld] ◇ adj - 1. [domestic] domestico(a) - 2. [familiar] noto(a). ◇ n famiglia f.

housekeeper ['haʊsˌkiːpər] n governante f.

housekeeping ['haʊsˌkiːpɪŋ] n - 1. [work] gestione f della casa - 2. [budget]: **housekeeping (money)** soldi mpl per le spese di casa.

house music n (U) musica f house.

House of Commons n UK: **the House of Commons** la Camera dei Comuni.

House of Lords n UK: **the House of Lords** la Camera dei Lord.

House of Representatives n US: **the House of Representatives** la Camera dei Rappresentanti.

houseplant ['haʊsplɑːnt] n pianta f da appartamento.

Houses of Parliament npl UK: **the Houses of Parliament** sede del Parlamento a Londra.

housewarming (party) ['haʊsˌwɔːmɪŋ-] n festa f di inaugurazione della casa nuova.

housewife ['haʊswaɪf] (pl -wives) n casalinga f.

housework ['haʊswɜːk] n (U) lavori mpl di casa.

housing ['haʊzɪŋ] n (U) [accommodation] alloggi mpl.

housing association n UK cooperativa f edilizia.

housing benefit n UK contributo statale alle spese d'affitto versato alle persone con reddito basso.

housing estate UK, **housing project** US n case fpl popolari.

hovel ['hɒvl] n catapecchia f.

hover ['hɒvər] vi [fly] planare.

hovercraft ['hɒvəkrɑːft] (pl hovercraft OR -s) n hovercraft m inv.

how [haʊ] adv - 1. [gen] come; **how do you do it?** come fai?; **how are you?** come stai?; **how do you do?** [when introduced to someone] molto piacere; **how's work?** come va il lavoro?; **how was the film?** com'era il film? - 2. [referring to degree, amount]: **how long have you been waiting?** quanto hai aspettato?; **how many people came?** quante persone sono venute?; **how old are you?** quanti anni hai? - 3. [in exclamations]: **how nice!** che bello!; **how pretty you look!** come stai bene!; **how slow you are!** quanto sei lento!; **how I hate washing dishes!** quanto detesto lavare i piatti! ◆ **how about** adv: **how about a drink?** e se andassimo a bere qualcosa?; **I feel like a night off; how about you?** mi andrebbe una serata libera; e a te? ◆ **how much** ◇ pron quanto; **how much does it cost?** quanto costa? ◇ adj quanto(a); **how much bread do we have?** quanto pane abbiamo?

however [haʊ'evər] ◇ conj [in whatever way] in qualunque modo (+ congiuntivo). ◇ adv - 1. [nevertheless] comunque - 2. [no matter how] per quanto; **however difficult it is** per quanto sia difficile; **however many/much** a prescindere da quanti/quanto - 3. [how] come mai.

howl [haʊl] ◇ n urlo m; **a howl of laughter** una sonora risata. ◇ vi - 1. [animal, wind] ululare - 2. [person] urlare; **to howl with laughter** farsi una sonora risata.

hp (abbr of horsepower) n cv m.

HP n - 1. UK (abbr of hire purchase) acquisto m rateale; **to buy sthg on HP** comprare qc a rate - 2. = **hp**.

HQ (abbr of headquarters) n QG m.

hr (abbr of hour) h.

hrs (abbr of hours) h.

hub [hʌb] n - 1. [of wheel] mozzo m - 2. [of activity] fulcro m.

hubbub ['hʌbʌb] n baccano m.

hubcap ['hʌbkæp] n cerchione m.

huddle ['hʌdl] ⟨ *vi* - **1.** [crouch, curl up] rannicchiarsi - **2.** [crowd together] stringersi l'uno all'altro. ⟨ *n* [of people] gruppetto *m*.

hue [hju:] *n* tinta *f*.

huff [hʌf] *n*: **in a huff** indispettito(a).

hug [hʌg] ⟨ *n* abbraccio *m*; **to give sb a hug** abbracciare qn. ⟨ *vt* - **1.** [embrace, hold] abbracciare - **2.** [coast, kerb] restare accostato(a) a; [ground] aderire a.

huge [hju:dʒ] *adj* - **1.** [in size, degree, volume] enorme - **2.** [in extent] vasto(a).

hulk [hʌlk] *n* - **1.** [of ship] carcassa *f* - **2.** [person] marcantonio *m*.

hull [hʌl] *n* scafo *m*.

hullo [hə'ləʊ] *excl UK* = **hello**.

hum [hʌm] ⟨ *vi* - **1.** [buzz] ronzare - **2.** [sing] canticchiare - **3.** [be busy] essere in piena attività. ⟨ *vt* [tune] canticchiare.

human ['hju:mən] ⟨ *adj* umano(a). ⟨ *n*: **human (being)** essere *m* umano.

humane [hju:'meɪn] *adj* umano(a).

humanitarian [hju:,mænɪ'teərɪən] *adj* umanitario(a).

humanity [hju:'mænətɪ] *n* umanità *f*. ➠ **humanities** *npl*: **the humanities** le scienze umane.

human race *n*: **the human race** la razza umana.

human resources *npl* risorse *fpl* umane.

human rights *npl* diritti *mpl* dell'uomo.

humble ['hʌmbl] ⟨ *adj* umile. ⟨ *vt* umiliare.

humbug ['hʌmbʌg] *n* - **1.** (U) [hypocrisy] ipocrisia *f* - **2.** *UK* [sweet] caramella dura alla menta.

humdrum ['hʌmdrʌm] *adj* monotono(a).

humid ['hju:mɪd] *adj* umido(a).

humidity [hju:'mɪdətɪ] *n* umidità *f*.

humiliate [hju:'mɪlɪeɪt] *vt* umiliare.

humiliation [hju:,mɪlɪ'eɪʃn] *n* umiliazione *f*.

humility [hju:'mɪlətɪ] *n* umiltà *f*.

humor *n* & *vt US* = **humour**.

humorous ['hju:mərəs] *adj* umoristico(a).

humour *UK*, **humor** *US* ['hju:mər] ⟨ *n* - **1.** (U) [wit, fun] umorismo *m* - **2.** *dated* [mood] umore *m*. ⟨ *vt* assecondare.

hump [hʌmp] *n* - **1.** [hill] cresta *f*; [in road] dosso *m* - **2.** [on back of animal, person] gobba *f*.

hunch [hʌntʃ] *n* inf presentimento *m*.

hunchback ['hʌntʃbæk] *n* offens gobbo *m*, -a *f*.

hunched [hʌntʃt] *adj* curvo(a).

hundred ['hʌndrəd] *num* cento; **a** *OR* **one hundred** cento *see also* **six**. ➠ **hundreds** *npl* centinaia *fpl*.

hundredth ['hʌndrətθ] *num* centesimo(a), *see also* **sixth**.

hundredweight ['hʌndrədweɪt] *n* - **1.** [in UK] peso corrispondente a 112 libbre (= 50,8 kg) - **2.** [in US] peso corrispondente a 100 libbre (= 45,3 kg).

hung [hʌŋ] *pt* & *pp* ➪ **hang**.

Hungarian [hʌŋ'geərɪən] ⟨ *adj* ungherese. ⟨ *n* - **1.** [person] ungherese *mf* - **2.** [language] ungherese *m*.

Hungary ['hʌŋgərɪ] *n* Ungheria *f*.

hunger ['hʌŋgər] *n* - **1.** [desire for food, starvation] fame *f* - **2.** liter [strong desire] smania *f*.

hunger strike *n* sciopero *m* della fame.

hung over *adj inf*: **to be hung over** sentire i postumi della sbornia.

hungry ['hʌŋgrɪ] *adj* - **1.** [for food] affamato(a); **to be hungry** aver fame - **2.** liter [eager]: **to be hungry for sthg** bramare qc.

hung up *adj inf*: **to be hung up about sb/ sthg** avere un problema con qn/qc; **to be hung up on sb** essere infatuato(a) di qn.

hunk [hʌŋk] *n* - **1.** [large piece] grosso pezzo *m* - **2.** inf [attractive man] bel fusto *m*.

hunt [hʌnt] ⟨ *n* - **1.** [SPORT - activity] caccia *f*; [- hunters] società *f inv* di caccia alla volpe - **2.** [search] ricerche *fpl*; **treasure hunt** caccia al tesoro. ⟨ *vi* - **1.** [for food, sport] andare a caccia - **2.** *UK* [for foxes] andare a caccia alla volpe - **3.** [search]: **to hunt (for sthg)** cercare (qc) ovunque. ⟨ *vt* - **1.** [animals, birds] andare a caccia di - **2.** [person] ricercare.

hunter ['hʌntər] *n* [of animals, birds] cacciatore *m*, -trice *f*.

hunting ['hʌntɪŋ] *n* - **1.** [gen] caccia *f* - **2.** *UK* [foxhunting] caccia *f* alla volpe.

hurdle ['hɜ:dl] ⟨ *n* ostacolo *m*. ⟨ *vt* saltare. ➠ **hurdles** *npl SPORT* corsa *f* a ostacoli.

hurl [hɜ:l] *vt* - **1.** [throw] lanciare - **2.** [shout] urlare.

hurray [hʊ'reɪ] *excl* urrà!

hurricane ['hʌrɪkən] *n* uragano *m*.

hurried ['hʌrɪd] *adj* frettoloso(a).

hurriedly ['hʌrɪdlɪ] *adv* frettolosamente.

hurry ['hʌrɪ] ⟨ *vt* [person] mettere fretta a; **to hurry to do sthg** affrettarsi a fare qc; [process] affrettare. ⟨ *vi* affrettarsi, sbrigarsi. ⟨ *n* [rush] fretta *f*; **to be in a hurry** essere di fretta; **to do sthg in a hurry** fare qc di fretta. ➠ **hurry up** *vi* sbrigarsi.

hurt [hɜ:t] (*pt* & *pp* **hurt**) ⟨ *vt* - **1.** [cause physical pain to] fare male a; **to hurt o.s.** farsi male - **2.** [injure, upset] ferire; **ten people were**

hurt in the crash dieci persone sono rimaste ferite nell'incidente - **3.** [be detrimental to] nuocere a. <> *vi* [gen] fare male; **my leg hurts** mi fa male la gamba. <> *adj* ferito(a).

hurtful ['hɜːtfʊl] *adj* che ferisce.

hurtle ['hɜːtl] *vi* precipitare.

husband ['hʌzbənd] *n* marito *m*.

hush [hʌʃ] <> *n* silenzio *m*. <> *excl* silenzio! ◆ **hush up** *vt sep* - **1.** [affair] mettere a tacere - **2.** [noisy person] far tacere.

husk [hʌsk] *n* buccia *f*.

husky ['hʌskɪ] <> *adj* [voice] roco(a). <> *n* [dog] husky *m inv*.

hustle ['hʌsl] <> *vt* [hurry] spingere. <> *n*: **hustle and bustle** trambusto *m*.

hut [hʌt] *n* - **1.** [rough house] baracca *f* - **2.** [shed] capanno *m*.

hutch [hʌtʃ] *n* gabbia *f*.

hyacinth ['haɪəsɪnθ] *n* giacinto *m*.

hydrant ['haɪdrənt] *n* idrante *m*.

hydraulic [haɪ'drɔːlɪk] *adj* idraulico(a).

hydroelectric [,haɪdrəʊ'lektrɪk] *adj* idroelettrico(a).

hydrofoil ['haɪdrəfɔɪl] *n* aliscafo *m*.

hydrogen ['haɪdrədʒən] *n* idrogeno *m*.

hyena [haɪ'iːnə] *n* iena *f*.

hygiene ['haɪdʒiːn] *n* igiene *f*.

hygienic [haɪ'dʒiːnɪk] *adj* igienico(a).

hymn [hɪm] *n* inno *m*.

hype [haɪp] *inf* <> *n* (U) pubblicità *f* martellante. <> *vt* pubblicizzare moltissimo.

hyperactive [,haɪpər'æktɪv] *adj* iperattivo(a).

hypermarket [,haɪpə'mɑːkɪt] *n* ipermercato *m*.

hyphen ['haɪfn] *n* trattino *m*.

hypnosis [hɪp'nəʊsɪs] *n* ipnosi *f*.

hypnotic [hɪp'nɒtɪk] *adj* ipnotico(a).

hypnotize, -ise UK ['hɪpnətaɪz] *vt* ipnotizzare.

hypocrisy [hɪ'pɒkrəsɪ] *n* (U) ipocrisia *f*.

hypocrite ['hɪpəkrɪt] *n* ipocrita *mf*.

hypocritical [,hɪpə'krɪtɪkl] *adj* ipocrita.

hypothesis [haɪ'pɒθɪsɪs] (*pl* -theses) *n* ipotesi *f inv*.

hypothetical [,haɪpə'θetɪkl] *adj* ipotetico(a).

hysteria [hɪs'tɪərɪə] *n* isterismo *m*.

hysterical [hɪs'terɪkl] *adj* - **1.** [gen] isterico(a) - **2.** *inf* [very funny] divertentissimo(a).

hysterics [hɪs'terɪks] *npl* - **1.** [panic, excitement] attacco *m* isterico - **2.** *inf* [fits of laughter] attacco *m* di ridarella; **he had us in hysterics** ci ha fatto schiantare dalle risate.

i (*pl* **i's** OR **is**), **I** (*pl* **I's** OR **Is**) [aɪ] *n* [letter] i *m* o *f inv*, I *m* o *f inv*.

I [aɪ] *pers pron* io; **I'm happy** sono contento; **she and I were at university together** io e lei eravamo all'università insieme; **I can't do it** io non posso farlo.

ice [aɪs] <> *n* - **1.** (U) [gen] ghiaccio *m* - **2.** UK [ice cream] gelato *m*. <> *vt esp* UK [cover with icing] glassare. ◆ **ice over, ice up** *vi* coprirsi di ghiaccio.

iceberg ['aɪsbɜːg] *n* iceberg *m inv*.

icebox ['aɪsbɒks] *n* - **1.** UK [in refrigerator] celletta *f* freezer (*inv*) - **2.** US dated [refrigerator] frigorifero *m*.

ice cream *n* gelato *m*.

ice cream bar *n* US ricoperto *m*.

ice cube *n* cubetto *m* di ghiaccio.

ice hockey *n* (U) hockey *m* su ghiaccio.

Iceland ['aɪslənd] *n* Islanda *f*.

Icelandic [aɪs'lændɪk] <> *adj* islandese. <> *n* [language] islandese *m*.

ice lolly *n* UK ghiacciolo *m*.

ice pick *n* piccozza *f*.

ice rink *n* pista *f* per il pattinaggio su ghiaccio.

ice skate *n* pattino *m* da ghiaccio. ◆ **ice-skate** *vi* pattinare sul ghiaccio.

ice-skating *n* pattinaggio *m* su ghiaccio; **to go ice-skating** andare a pattinare sul ghiaccio.

icicle ['aɪsɪkl] *n* ghiacciolo *m*.

icing ['aɪsɪŋ] *n* (U) glassa *f*.

icing sugar *n* UK zucchero *m* a velo.

icon ['aɪkɒn] *n* icona *f*.

icy ['aɪsɪ] *adj* - **1.** *liter* & *fig* gelido(a) - **2.** [covered in ice] ghiacciato(a).

ID *n* (*abbr of* **identification**) documento *m* d'identità.

I'd [aɪd] *cont abbr of* **I would, I had**.

idea [aɪ'dɪə] *n* - **1.** [gen] idea *f*; **to get the idea** *inf* afferrare il concetto; **to have the idea (that)** avere l'impressione che; **to have no idea** non averne idea - **2.** [suspicion] impressione *f*.

ideal [aɪ'dɪəl] <> *adj* ideale. <> *n* ideale *m*.

ideally [aɪˈdɪəlɪ] *adv* - **1.** [perfectly] perfettamente - **2.** [preferably] preferibilmente; **ideally, I'd like to leave tomorrow** l'ideale per me sarebbe partire domani.

identical [aɪˈdentɪkl] *adj* identico(a).

identification [aɪˌdentɪfɪˈkeɪʃn] *n (U)* - **1.** [gen] identificazione *f*; **identification with sb/sthg** identificazione con qn/qc - **2.** [documentation] documenti *mpl*.

identify [aɪˈdentɪfaɪ] ◇ *vt* identificare; **to identify sb with sthg** identificare qn con qc. ◇ *vi*: **to identify with sb/sthg** identificarsi con qn/qc.

identity [aɪˈdentətɪ] *n* identità *f inv*.

identity card *n* carta *f* d'identità.

ideology [ˌaɪdɪˈɒlədʒɪ] *n* ideologia *f*.

idiom [ˈɪdɪəm] *n* - **1.** [phrase] espressione *f* idiomatica - **2.** *fml* [style, language] linguaggio *m*.

idiomatic [ˌɪdɪəˈmætɪk] *adj* idiomatico(a).

idiosyncrasy [ˌɪdɪəˈsɪŋkrəsɪ] *n* particolarità *f inv*.

idiot [ˈɪdɪət] *n* idiota *mf*.

idiotic [ˌɪdɪˈɒtɪk] *adj* idiota.

idle [ˈaɪdl] ◇ *adj* - **1.** [person - inactive] fermo(a), inattivo(a); [- lazy] pigro(a) - **2.** [not in use] inattivo(a) - **3.** [empty] vano(a) - **4.** [casual - curiosity] ozioso(a); [- glance] vuoto(a) - **5.** [futile] inutile. ◇ *vi* [engine] girare al minimo. ◆ **idle away** *vt sep* sprecare.

idol [ˈaɪdl] *n* idolo *m*.

idolize, -ise *UK* [ˈaɪdəlaɪz] *vt* adorare.

idyllic [ɪˈdɪlɪk] *adj* idilliaco(a).

i.e. (*abbr of* **id est**) cioè.

if [ɪf] *conj* - **1.** [provided that] se; **if I were you** se fossi in te - **2.** [though] anche se. ◆ **if not** *conj* se non. ◆ **if only** ◇ *conj* - **1.** [providing a reason] anche solo - **2.** [expressing regret] se solo. ◇ *excl* magari.

igloo [ˈɪɡluː] (*pl* -s) *n* igloo *m inv*.

ignite [ɪɡˈnaɪt] ◇ *vt* [firework] accendere; [fuel] dare fuoco a. ◇ *vi* prendere fuoco.

ignition [ɪɡˈnɪʃn] *n* accensione *f*.

ignition key *n* chiave *f* d'accensione.

ignorance [ˈɪɡnərəns] *n* ignoranza *f*.

ignorant [ˈɪɡnərənt] *adj* - **1.** [gen] ignorante - **2.** *fml* [unaware]: **to be ignorant of sthg** ignorare qc.

ignore [ɪɡˈnɔːr] *vt* ignorare.

ilk [ɪlk] *n*: **of that ilk** di quella specie.

ill [ɪl] ◇ *adj* - **1.** [sick, unwell] malato(a); **to feel ill** sentirsi male; **to be taken ill** OR **to fall ill** ammalarsi - **2.** [bad, unfavourable] cattivo(a). ◇ *adv* [badly, unfavourably] male; **to speak/ think ill of sb** parlare/pensare male di qn.

I'll [aɪl] *cont abbr of* **I will**, **I shall**.

ill-advised [-ədˈvaɪzd] *adj* imprudente.

ill at ease *adj* a disagio.

illegal [ɪˈliːɡl] *adj* illegale, illecito(a).

illegible [ɪˈledʒəbl] *adj* illeggibile.

illegitimate [ˌɪlɪˈdʒɪtɪmət] *adj* illegittimo(a).

ill-equipped [-ɪˈkwɪpt] *adj*: **to be ill-equipped to do sthg** [without the equipment] essere male attrezzato(a) per fare qc; [unsuited] non essere idoneo(a) a fare qc.

ill-fated [-ˈfeɪtɪd] *adj* sfortunato(a).

ill feeling *n (U)* risentimento *m*.

ill health *n* cattiva salute *f*.

illicit [ɪˈlɪsɪt] *adj* illecito(a).

illiteracy [ɪˈlɪtərəsɪ] *n* analfabetismo *m*.

illiterate [ɪˈlɪtərət] ◇ *adj* - **1.** [unable to read] analfabeta - **2.** [uneducated] ignorante. ◇ *n* - **1.** [person unable to read] analfabeta *mf* - **2.** [ignorant person] ignorante *mf*.

illness [ˈɪlnɪs] *n* malattia *f*.

illogical [ɪˈlɒdʒɪkl] *adj* illogico(a).

ill-suited *adj* poco adatto(a); **an ill-suited couple** una coppia male assortita; **to be ill-suited to sthg** essere inadatto(a) a qc.

ill-timed [-ˈtaɪmd] *adj* inopportuno(a).

ill-treat *vt* maltrattare.

illuminate [ɪˈluːmɪneɪt] *vt* - **1.** [light up] illuminare - **2.** [explain] chiarire.

illumination [ɪˌluːmɪˈneɪʃn] *n* illuminazione *f*. ◆ **illuminations** *npl* UK luci *fpl*.

illusion [ɪˈluːʒn] *n* illusione *f*; **to have no illusions about sb/sthg** non farsi illusioni su qn/qc; **to be under the illusion that** illudersi che.

illustrate [ˈɪləstreɪt] *vt* illustrare.

illustration [ˌɪləˈstreɪʃn] *n* illustrazione *f*.

illustrious [ɪˈlʌstrɪəs] *adj fml* illustre.

ill will *n* rancore *m*.

I'm [aɪm] *abbr of* **I am**.

image [ˈɪmɪdʒ] *n* immagine *f*; **she's the image of her mother** è tutta sua madre.

imagery [ˈɪmɪdʒrɪ] *n (U)* immagini *fpl*.

imaginary [ɪˈmædʒɪnrɪ] *adj* immaginario(a).

imagination [ɪˌmædʒɪˈneɪʃn] *n* immaginazione *f*; **it's all in her imagination** è solo nella sua testa.

imaginative [ɪˈmædʒɪnətɪv] *adj* fantasioso(a).

imagine [ɪˈmædʒɪn] *vt* immaginare; **to imagine doing sthg** immaginare di fare qc; **imagine (that)!** immaginati!

imbalance [ˌɪmˈbæləns] *n* squilibrio *m*.

imbecile ['ɪmbɪsiːl] *n* imbecille *mf*.

IMF (*abbr of* International Monetary Fund) *n* FMI *m*.

imitate ['ɪmɪteɪt] *vt* imitare.

imitation [,ɪmɪ'teɪʃn] ⟨⟩ *n* imitazione *f*. ⟨⟩ *adj* finto(a); **imitation jewellery** UK OR **jewelry** US bigiotteria *f*; **imitation leather** similpelle *f*.

immaculate [ɪ'mækjʊlət] *adj* perfetto(a).

immaterial [,ɪmə'tɪərɪəl] *adj* senza importanza.

immature [,ɪmə'tjʊəʳ] *adj* - 1. [childish] immaturo(a) - 2. BOT & ZOOL non completamente sviluppato(a).

immediate [ɪ'miːdjət] *adj* - 1. [gen] immediato(a) - 2. [closest in relationship] stretto(a).

immediately [ɪ'miːdjətlɪ] ⟨⟩ *adv* - 1. [at once] immediatamente, subito - 2. [directly, closely] direttamente - 3. [just] subito. ⟨⟩ *conj* [as soon as] (non) appena.

immense [ɪ'mens] *adj* immenso(a).

immerse [ɪ'mɜːs] *vt* - 1. [plunge into liquid]: **to immerse sthg in sthg** immergere qc in qc - 2. *fig* [involve]: **to immerse o.s. in sthg** immergersi in qc.

immersion heater [ɪ'mɜːʃn-] *n* boiler *m inv* elettrico.

immigrant ['ɪmɪgrənt] *n* immigrato *m*, -a *f*.

immigration [,ɪmɪ'greɪʃn] *n* (U) immigrazione *f*.

imminent ['ɪmɪnənt] *adj* imminente.

immobilize, -ise UK [ɪ'məʊbɪlaɪz] *vt* - 1. [machine, process] bloccare - 2. [person] immobilizzare.

immoral [ɪ'mɒrəl] *adj* immorale.

immortal [ɪ'mɔːtl] ⟨⟩ *adj* - 1. [eternal] immortale - 2. [remembered forever] indimenticabile. ⟨⟩ *n* immortale *mf*.

immortalize, -ise UK [ɪ'mɔːtəlaɪz] *vt* immortalare.

immovable [ɪ'muːvəbl] *adj* - 1. [fixed] fisso(a) - 2. [obstinate] irremovibile.

immune [ɪ'mjuːn] *adj* - 1. [gen] immune; **to be immune to a disease** essere immune da una malattia; **to be immune from attack** essere immune da un attacco - 2. [impervious]: **to be immune to sthg** essere indifferente a qc.

immunity [ɪ'mjuːnətɪ] *n* - 1. (U) MED: **immunity (to a disease)** immunità *f* (da una malattia); **immunity from attack** immunità *f* da un attacco - 2. (U) *fig* [imperviousness]: **immunity to sthg** indifferenza a qc.

immunize, -ise UK [ɪ'mjuːnaɪz] *vt*: **to immunize sb (against sthg)** MED immunizzare qn (da qc).

impact ⟨⟩ *n* ['ɪmpækt] impatto *m*; **to make an impact on sb/sthg** avere un impatto su qn/qc. ⟨⟩ *vt* [ɪm'pækt] - 1. [collide with] urtare - 2. [influence] avere un impatto su.

impair [ɪm'peəʳ] *vt* [sight, hearing] indebolire; [efficiency] danneggiare.

impart [ɪm'pɑːt] *vt fml*: **to impart sthg (to sb/sthg)** trasmettere qc (a qn/qc).

impartial [ɪm'pɑːʃl] *adj* imparziale.

impassable [ɪm'pɑːsəbl] *adj* impraticabile.

impassive [ɪm'pæsɪv] *adj* impassibile.

impatience [ɪm'peɪʃns] *n* - 1. [gen] impazienza *f* - 2. [irritability] insofferenza *f*.

impatient [ɪm'peɪʃnt] *adj* impaziente; **to be impatient to do sthg** essere impaziente di fare qc; **to be impatient for sthg** aspettare impazientemente qc; **to become impatient** spazientirsi.

impeccable [ɪm'pekəbl] *adj* impeccabile.

impede [ɪm'piːd] *vt* ostacolare.

impediment [ɪm'pedɪmənt] *n* - 1. [obstacle] ostacolo *m* - 2. [disability] difetto *m*.

impel [ɪm'pel] *vt*: **to impel sb to do sthg** spingere qn a fare qc.

impending [ɪm'pendɪŋ] *adj* imminente.

imperative [ɪm'perətɪv] ⟨⟩ *adj* indispensabile. ⟨⟩ *n* - 1. [necessity] necessità *f inv* - 2. GRAM imperativo *m*.

imperfect [ɪm'pɜːfɪkt] ⟨⟩ *adj* imperfetto(a). ⟨⟩ *n* GRAM: **imperfect (tense)** imperfetto *m*.

imperial [ɪm'pɪərɪəl] *adj* - 1. [of an empire or emperor] imperiale - 2. [system of measurement] conforme agli standard britannici.

imperil [ɪm'perɪl] (*UK & US*) *vt fml* mettere in pericolo.

impersonal [ɪm'pɜːsnl] *adj* impersonale.

impersonate [ɪm'pɜːsəneɪt] *vt* - 1. [mimic, imitate] imitare - 2. [pretend to be] spacciarsi per.

impersonation [ɪm,pɜːsə'neɪʃn] *n* - 1. [by mimic] imitazione *f*; **to do impersonations (of sb)** fare le imitazioni (di qn) - 2. (U) [pretence of being] sostituzione *f* di persona.

impertinent [ɪm'pɜːtɪnənt] *adj* impertinente.

impervious [ɪm'pɜːvjəs] *adj*: **impervious to sthg** indifferente a qc.

impetuous [ɪm'petʃʊəs] *adj* impulsivo(a).

impetus ['ɪmpɪtəs] *n* - 1. [momentum] impeto *m* - 2. [stimulus] slancio *m*.

impinge [ɪm'pɪndʒ] *vi*: **to impinge on sb/sthg** influire su qn/qc.

implant ◇ n ['ɪmplɑ:nt] impianto m. ◇ vt [ɪm'plɑ:nt] - 1. [instil]: **to implant sthg in(to) sb** instillare qc in qn - 2. MED: **to implant sthg in(to) sb** impiantare qc in qn.

implausible [ɪm'plɔ:zəbl] adj implausibile.

implement ◇ n ['ɪmplɪmənt] arnese m. ◇ vt ['ɪmplɪment] mettere in pratica.

implication [ˌɪmplɪ'keɪʃn] n implicazione f; **by implication** implicitamente.

implicit [ɪm'plɪsɪt] adj - 1. [gen] implicito(a) - 2. [complete] assoluto(a).

implore [ɪm'plɔ:r] vt: **to implore sb (to do sthg)** implorare qn (di fare qc).

imply [ɪm'plaɪ] vt - 1. [suggest] insinuare - 2. [involve] comportare.

impolite [ˌɪmpə'laɪt] adj maleducato(a).

import ◇ n ['ɪmpɔ:t] [product, action] importazione f. ◇ vt [ɪm'pɔ:t] importare.

importance [ɪm'pɔ:tns] n importanza f.

important [ɪm'pɔ:tnt] adj importante; **to be important to sb** essere importante per qn.

importer [ɪm'pɔ:tər] n importatore m, -trice f.

impose [ɪm'pəʊz] ◇ vt: **to impose sthg (on sb/sthg)** imporre qc (a qn/su qc). ◇ vi: **to impose (on sb)** dare fastidio (a qn).

imposing [ɪm'pəʊzɪŋ] adj imponente.

imposition [ˌɪmpə'zɪʃn] n imposizione f.

impossible [ɪm'pɒsəbl] adj impossibile.

impostor, imposter [ɪm'pɒstər] n impostore m, -a f.

impotent ['ɪmpətənt] adj impotente.

impound [ɪm'paʊnd] vt confiscare.

impoverished [ɪm'pɒvərɪʃt] adj liter & fig impoverito(a).

impractical [ɪm'præktɪkl] adj poco pratico(a).

impregnable [ɪm'pregnəbl] adj - 1. [impenetrable] inespugnabile - 2. fig [in very strong position] imbattibile.

impregnate ['ɪmpregneɪt] vt - 1. [introduce substance into]: **to impregnate sthg with sthg** impregnare qc di qc - 2. fml [fertilize] fecondare.

impress [ɪm'pres] vt - 1. [influence, affect] colpire - 2. [make clear]: **to impress sthg on sb** inculcare qc in qn.

impression [ɪm'preʃn] n - 1. [gen] impressione f; **to make an impression** fare effetto; **to be under the impression (that)** avere l'impressione che - 2. [impersonation] imitazione f - 3. [of stamp, book] stampa f.

impressive [ɪm'presɪv] adj formidabile.

imprint ◇ n ['ɪmprɪnt] - 1. [mark] impronta f, marchio m - 2. [publisher's name] sigla f editoriale. ◇ vt [ɪm'prɪnt] [mark] imprimere.

imprison [ɪm'prɪzn] vt incarcerare.

improbable [ɪm'prɒbəbl] adj improbabile.

impromptu [ɪm'prɒmptju:] adj improvvisato(a).

improper [ɪm'prɒpər] adj - 1. [unsuitable] inappropriato(a) - 2. [dishonest] irregolare - 3. [rude, shocking] sconveniente.

improve [ɪm'pru:v] vi & vt migliorare; **to improve o.s.** migliorarsi; **to improve (up)on sthg** migliorare qc; **to improve on an offer** rilanciare l'offerta.

improvement [ɪm'pru:vmənt] n - 1. (U) [in situation, conditions, relations] miglioramento m; **improvement in OR on sthg** miglioramento in qc - 2. [in house] miglioria f.

improvise ['ɪmprəvaɪz] vt & vi improvvisare.

impudence ['ɪmpjʊdəns] n sfacciataggine f.

impudent ['ɪmpjʊdənt] adj sfacciato(a).

impulse ['ɪmpʌls] n impulso m; **on impulse** d'impulso.

impulsive [ɪm'pʌlsɪv] adj impulsivo(a).

impunity [ɪm'pju:nətɪ] n fml: **with impunity** impunemente.

impurity [ɪm'pjʊərətɪ] n impurità f inv.

in [ɪn] ◇ prep - 1. [indicating place, position] in; **in a box/bag/drawer** in una scatola/una borsa/un cassetto; **in the room** nella stanza; **in the garden/lake** nel giardino/lago; **in Rome** a Roma; **in Belgium** in Belgio; **in the United States** negli Stati Uniti; **in the country** in campagna; **to be in hospital** UK OR **the hospital** US essere in ospedale; **to be in prison** essere in prigione; **in here/there** qui/lì dentro - 2. [wearing] con; **dressed in a suit** vestito con un completo; **she was still in her nightdress** era ancora in camicia da notte - 3. [at a particular time, season] in; **in the afternoon** nel pomeriggio; **at four o'clock in the afternoon** alle quattro del pomeriggio; **in 2006** nel 2006; **in May** a maggio; **in (the) spring** in primavera; **in (the) winter** d'inverno - 4. [period of time – within] in; [- after] tra; **he learned to type in two weeks** ha imparato a battere a macchina in due settimane; **I'll be ready in five minutes** sono pronta tra cinque minuti - 5. [during] da; **it's my first decent meal in weeks** è il primo pasto decente che faccio da settimane - 6. [indicating situation, circumstances]: **in the sun/rain** con il sole/la pioggia; **in these circumstances** in tali circostanze; **to live/die in poverty** vivere/morire in povertà; **in danger/difficulty** in pericolo/difficoltà - 7. [indicating manner, condition): **in a loud/soft voice** a voce alta/bassa; **to write in pencil/ink** scrivere a matita/inchiostro - **8.** [indicating emotional state] con; **in anger/joy/delight** con rabbia/gioia/grande piacere - **9.** [specifying area of activity] nel campo di; **he's in computers** lavora nel campo dell'informatica - **10.** [referring to quantity, numbers, age] in; **in large/small quantities** in grandi/piccole quantità; **in (their) thousands** a migliaia; **she's in her sixties** ha tra i 60 e i 70 anni - **11.** [describing arrangement] in; **in a line/row/circle** in fila/riga/cerchio - **12.** [indicating colour] di; **in red/yellow/pink** di rosso/giallo/rosa; **to be dressed in red** essere vestito di rosso - **13.** [as regards]: **to be 3 metres in length/width** essere lungo(a)/largo(a) 3 metri; **a change in direction** un cambiamento di direzione - **14.** [in ratios] su; **one in ten** uno su dieci; **5 pence in the pound** 5 pence per sterlina - **15.** (after superl) di; **the longest river in the world** il fiume più lungo del mondo - **16.** (+ present participle): **in doing sthg** facendo qc. ⬦ adv - **1.** [inside] dentro - **2.** [at home, work] in casa; **is Judith in?** è in casa Judith?; **I'm staying in tonight** stasera sto in OR a casa - **3.** [of train, boat, plane]: **the train's in** il treno è arrivato(a) - **4.** [of tide]: **the tide's in** c'è l'alta marea; **we're in for some bad weather** ci aspetta tempo brutto; **you're in for a shock** ti aspetta uno shock. ⬦ adj inf di moda. ⬥ **ins** npl: **the ins and outs** [of situation, deal] gli annessi e connessi.

in. abbr of **inch**.

inability [,ɪnə'bɪlətɪ] n incapacità f; **inability to do sthg** incapacità di fare qc.

inaccessible [,ɪnək'sesəbl] adj ⚬ - **1.** [place] inaccessibile - **2.** [book] incomprensibile.

inaccurate [ɪn'ækjurət] adj inesatto(a).

inadequate [ɪn'ædɪkwət] adj inadeguato(a).

inadvertently [,ɪnəd'vɜːtəntlɪ] adv inavvertitamente.

inadvisable [,ɪnəd'vaɪzəbl] adj sconsigliabile.

inane [ɪ'neɪn] adj banale.

inanimate [ɪn'ænɪmət] adj inanimato(a).

inappropriate [,ɪnə'prəuprɪət] adj [clothing, behaviour] inappropriato(a); [time, remark] inopportuno(a).

inarticulate [,ɪnɑː'tɪkjulət] adj - **1.** [person]: **to be inarticulate** esprimersi con difficoltà - **2.** [words, sounds] incomprensibile.

inasmuch [,ɪnəz'mʌtʃ] ⬥ **inasmuch as** conj fml [because] poiché; [to the extent that] nella misura in cui.

inaudible [ɪ'ɔːdɪbl] adj impercettibile; **she was almost inaudible** la si sentiva a malapena.

inaugural [ɪ'nɔːgjurəl] adj inaugurale.

inauguration [ɪ,nɔːgju'reɪʃn] n - **1.** [of leader, president] insediamento m - **2.** [of building, system] inaugurazione f.

in-between adj intermedio(a).

inborn [,ɪn'bɔːn] adj innato(a).

inbound ['ɪnbaund] adj diretto(a) in patria.

inbox ['ɪnbɒks] n - **1.** COMPUT posta f in arrivo - **2.** US [on desk] raccoglitore m per pratiche da evadere.

inbred [,ɪn'bred] adj - **1.** [family, group] con un gran numero di unioni fra consanguinei - **2.** [characteristic, quality] innato(a).

inbuilt ['ɪnbɪlt] adj [quality, defect] intrinseco(a).

inc. (abbr of **inclusive**) incluso(a).

Inc. [ɪŋk] (abbr of **incorporated**) US ≃ S.r.l. f inv

incapable [ɪn'keɪpəbl] adj incapace; **to be incapable of sthg/of doing sthg** essere incapace di qc/di fare qc.

incapacitated [,ɪnkə'pæsɪteɪtɪd] adj inabilitato(a).

incarcerate [ɪn'kɑːsəreɪt] vt fml incarcerare.

incendiary device [ɪn'sendjərɪ] n ordigno m incendiario.

incense ⬦ n ['ɪnsens] (U) incenso m. ⬦ vt [ɪn'sens] esasperare.

incentive [ɪn'sentɪv] n incentivo m.

incentive scheme n piano m di incentivi.

inception [ɪn'sepʃn] n fml inizio m.

incessant [ɪn'sesnt] adj continuo(a).

incessantly [ɪn'sesntlɪ] adv di continuo.

incest ['ɪnsest] n incesto m.

inch [ɪntʃ] ⬦ n pollice m (2,54 cm). ⬦ vi spostarsi poco a poco.

incidence ['ɪnsɪdəns] n incidenza f.

incident ['ɪnsɪdənt] n - **1.** [occurrence, event] avvenimento m; **without incident** senza intoppi - **2.** POL incidente m.

incidental [,ɪnsɪ'dentl] adj secondario(a).

incidentally [,ɪnsɪ'dentəlɪ] adv - **1.** [by chance] casualmente - **2.** [by the way] tra parentesi.

incinerate [ɪn'sɪnəreɪt] vt incenerire.

incipient [ɪn'sɪpɪənt] adj fml incipiente.

incisive [ɪn'saɪsɪv] adj incisivo(a).

incite [ɪn'saɪt] vt incitare; **to incite sb to do sthg** incitare qn a fare qc.

inclination [ˌɪnklɪ'neɪʃn] *n* - **1.** *(U)* [liking, preference] inclinazione *f* - **2.** [tendency]: **inclination to do sthg** tendenza a fare qc.

incline ⬦ *n* ['ɪnklaɪn] [slope] pendenza *f*. ⬦ *vt* [ɪn'klaɪn] [lean, bend] chinare.

inclined [ɪn'klaɪnd] *adj* - **1.** [tending] incline; **to be inclined to sthg** essere incline a qc; **to be inclined to do sthg** tendere a fare qc - **2.** [wanting]: **to be inclined to do sthg** essere propenso(a) a fare qc - **3.** [sloping] inclinato(a).

include [ɪn'klu:d] *vt* includere.

included [ɪn'klu:dɪd] *adj* incluso(a), compreso(a).

including [ɪn'klu:dɪŋ] *prep* incluso(a), compreso(a).

inclusive [ɪn'klu:sɪv] *adj* compreso(a); **£150 inclusive** £150 tutto compreso; **inclusive of** compreso.

incoherent [ˌɪnkəʊ'hɪərənt] *adj* incoerente.

income ['ɪŋkʌm] *n* reddito *m*.

income support *n* UK ≃ assegno *m* integrativo *(corrisposto a chi non ha né reddito né diritto al sussidio di disoccupazione)*.

income tax *n* imposta *f* sul reddito.

incompatible [ˌɪnkəm'pætɪbl] *adj* incompatibile; **incompatible with sb/sthg** incompatibile con qn/qc.

incompetent [ɪn'kɒmpɪtənt] *adj* incompetente.

incomplete [ˌɪnkəm'pli:t] *adj* [set, story, list] incompleto(a); [success, victory] parziale.

incomprehensible [ˌɪnkɒmprɪ'hensəbl] *adj* incomprensibile.

inconceivable [ˌɪnkən'si:vəbl] *adj* inconcepibile.

inconclusive [ˌɪnkən'klu:sɪv] *adj* non risolutivo(a).

incongruous [ɪn'kɒŋgruəs] *adj* fuori luogo.

inconsequential [ˌɪnkɒnsɪ'kwenʃl] *adj* irrilevante.

inconsiderate [ˌɪnkən'sɪdərət] *adj* sconsiderato(a).

inconsistency [ˌɪnkən'sɪstənsɪ] *n* - **1.** *(U)* [state of being inconsistent] incoerenza *f* - **2.** [contradictory point] contraddizione *f*, incoerenza *f*.

inconsistent [ˌɪnkən'sɪstənt] *adj* - **1.** [not agreeing, contradictory] incoerente; **inconsistent with sthg** non uniforme con qc - **2.** [erratic] non uniforme.

inconspicuous [ˌɪnkən'spɪkjʊəs] *adj* poco appariscente.

inconvenience [ˌɪnkən'vi:njəns] ⬦ *n* fastidio *m*. ⬦ *vt* disturbare.

inconvenient [ˌɪnkən'vi:njənt] *adj* scomodo(a).

incorporate [ɪn'kɔ:pəreɪt] *vt* accorpare; **to incorporate sb/sthg in(to) sthg** accorpare qn/qc in qc.

incorporated company [ɪn'kɔ:pəreɪtɪd-] *n* COMM società *f* inv registrata.

incorrect [ˌɪnkə'rekt] *adj* [assumption, answer] sbagliato(a); [behaviour] scorretto(a).

incorrigible [ɪn'kɒrɪdʒəbl] *adj* incorreggibile.

increase ⬦ *n* ['ɪnkri:s]: **increase (in sthg)** aumento *m* (di qc); **to be on the increase** essere in aumento. ⬦ *vt* & *vi* [ɪn'kri:s] aumentare.

increasing [ɪn'kri:sɪŋ] *adj* crescente.

increasingly [ɪn'kri:sɪŋlɪ] *adv* sempre più.

incredible [ɪn'kredəbl] *adj* incredibile.

incredulous [ɪn'kredjʊləs] *adj* incredulo(a).

increment ['ɪnkrɪmənt] *n* aumento *m*.

incriminating [ɪn'krɪmɪneɪtɪŋ] *adj* incriminante.

incubator ['ɪnkjʊbeɪtə'] *n* incubatrice *f*.

incur [ɪn'kɜ:'] *vt* [expenses, debts] incorrere in; [wrath, criticism] tirarsi addosso.

indebted [ɪn'detɪd] *adj* [grateful]: **indebted to sb** grato(a) a qn.

indecent [ɪn'di:snt] *adj* indecente.

indecisive [ˌɪndɪ'saɪsɪv] *adj* - **1.** [person] indeciso(a) - **2.** [result] incerto(a).

indeed [ɪn'di:d] *adv* - **1.** [gen] davvero; **are you coming? – indeed I am** vieni? – certo che vengo - **2.** [in fact] anzi.

indefinite [ɪn'defɪnɪt] *adj* - **1.** [indeterminate] indefinito(a) - **2.** [imprecise] vago(a).

indefinitely [ɪn'defɪnətlɪ] *adv* indefinitamente.

indent [ɪn'dent] *vt* - **1.** [text] far rientrare (dal margine) - **2.** [edge, surface] intaccare.

independence [ˌɪndɪ'pendəns] *n* indipendenza *f*.

Independence Day *n* il 4 luglio, giornata dell'anniversario della proclamazione dell'indipendenza americana.

independent [ˌɪndɪ'pendənt] *adj* indipendente; **independent of sb/sthg** indipendente da qn/qc.

independent school *n* UK scuola che non è finanziata né controllata dallo stato o dalle autorità locali.

in-depth *adj* approfondito(a).

indescribable [ˌɪndɪ'skraɪbəbl] *adj* indescrivibile.

indestructible [ˌɪndɪ'strʌktəbl] *adj* indistruttibile.

index ['ɪndeks] (*pl* -es *OR* indices) *n* - 1. [gen] indice *m* - 2. [in library] catalogo *m*.

index card *n* scheda *f*.

index finger *n* (dito *m*) indice *m*.

index-linked [-lɪŋkt] *adj* indicizzato(a).

India ['ɪndjə] *n* India *f*.

Indian ['ɪndjən] ◇ *adj* - 1. [from India] indiano(a) - 2. *offens* [from the Americas] indiano(a) d'America. ◇ *n* - 1. [from India] indiano *m*, -a *f* - 2. *offens* [from the Americas] indiano *m*, -a *f* d'America.

Indian Ocean *n*: the Indian Ocean l'Oceano *m* Indiano.

indicate ['ɪndɪkeɪt] ◇ *vt* indicare. ◇ *vi* UK mettere la freccia.

indication [ˌɪndɪ'keɪʃn] *n* indicazione *f*.

indicative [ɪn'dɪkətɪv] ◇ *adj fml*: indicative of sthg indicativo(a) di qc. ◇ *n* GRAM indicativo *m*.

indicator ['ɪndɪkeɪtər] *n* indicatore *m*.

indices ['ɪndɪsiːz] *pl* ▷ **index**.

indict [ɪn'daɪt] *vt* incriminare; to indict sb for sthg incriminare qn per qc.

indictment [ɪn'daɪtmənt] *n* accusa *f*.

indifference [ɪn'dɪfrəns] *n* (U) indifferenza *f*.

indifferent [ɪn'dɪfrənt] *adj* - 1. [uninterested] indifferente; indifferent to sthg indifferente a qc - 2. [mediocre] mediocre.

indigenous [ɪn'dɪdʒɪnəs] *adj* indigeno(a).

indigestion [ˌɪndɪ'dʒestʃn] *n* (U) cattiva digestione *f*.

indignant [ɪn'dɪɡnənt] *adj* indignato(a); to be indignant at sthg indignarsi per qc.

indignity [ɪn'dɪɡnəti] *n* umiliazione *f*.

indigo ['ɪndɪɡəʊ] ◇ *adj* indaco (inv). ◇ *n* indaco *m*.

indirect [ˌɪndɪ'rekt] *adj* indiretto(a).

indiscreet [ˌɪndɪ'skriːt] *adj* [person] indiscreto(a); [remark] poco delicato(a).

indiscriminate [ˌɪndɪ'skrɪmɪnət] *adj* indiscriminato(a).

indispensable [ˌɪndɪ'spensəbl] *adj* indispensabile.

indisputable [ˌɪndɪ'spjuːtəbl] *adj* indiscutibile.

indistinguishable [ˌɪndɪ'stɪŋɡwɪʃəbl] *adj* indistinguibile; indistinguishable from sb/sthg indistinguibile da qn/qc.

individual [ˌɪndɪ'vɪdʒʊəl] ◇ *adj* - 1. [single, separate] singolo(a) - 2. [for one person] individuale; individual tuition lezioni *fpl* private - 3. [distinctive] personale. ◇ *n* individuo *m*.

individually [ˌɪndɪ'vɪdʒʊəlɪ] *adv* individualmente.

indoctrination [ɪnˌdɒktrɪ'neɪʃn] *n* (U) indottrinamento *m*.

Indonesia [ˌɪndə'niːzjə] *n* Indonesia *f*.

indoor ['ɪndɔːr] *adj* [swimming pool] coperto(a); [plant] da appartamento; [shoes] da casa; [sports] indoor (inv).

indoors [ˌɪn'dɔːz] *adv* in casa; let's go indoors andiamo dentro.

induce [ɪn'djuːs] *vt* - 1. [persuade]: to induce sb to do sthg indurre qn a fare qc - 2. [cause] provocare.

inducement [ɪn'djuːsmənt] *n* incentivo *m*.

induction course [ɪn'dʌkʃn kɔːs] *n* UK corso *m* introduttivo.

indulge [ɪn'dʌldʒ] ◇ *vt* assecondare. ◇ *vi*: to indulge in sthg lasciarsi andare a qc.

indulgence [ɪn'dʌldʒəns] *n* - 1. (U) [tolerance, kindness] indulgenza *f* - 2. [special treat] lusso *m*.

indulgent [ɪn'dʌldʒənt] *adj* indulgente.

industrial [ɪn'dʌstrɪəl] *adj* industriale; industrial accident/safety incidente/sicurezza sul lavoro.

industrial action *n* (U) UK: to take industrial action entrare in sciopero.

industrial estate UK, **industrial park** US *n* zona *f* industriale.

industrialist [ɪn'dʌstrɪəlɪst] *n* industriale *mf*.

industrial relations *npl* relazioni *fpl* tra sindacati e datore di lavoro.

industrial revolution *n* rivoluzione *f* industriale.

industrious [ɪn'dʌstrɪəs] *adj* laborioso(a).

industry ['ɪndʌstrɪ] *n* - 1. [gen] industria *f* - 2. (U) [hard work] industriosità *f*.

inebriated [ɪ'niːbrɪeɪtɪd] *adj fml* in stato di ebbrezza.

inedible [ɪn'edɪbl] *adj* - 1. [unpleasant to eat] immangiabile - 2. [poisonous] non commestibile.

ineffective [ˌɪnɪ'fektɪv] *adj* inefficace.

ineffectual [ˌɪnɪ'fektʃʊəl] *adj* [person] incapace; [plan] inefficace.

inefficiency [ˌɪnɪ'fɪʃnsɪ] *n* (U) inefficienza *f*.

inefficient [ˌɪnɪ'fɪʃnt] *adj* inefficiente.

ineligible [ɪn'elɪdʒəbl] *adj* non idoneo(a); to be ineligible for sthg [benefits] non avere diritto a qc.

inept [ɪ'nept] *adj* - 1. [incompetent] inetto(a); inept at sthg inetto in *OR* per qc - 2. [clumsy] fuori luogo.

inequality [ˌɪnɪˈkwɒlətɪ] *n (U)* disuguaglianza *f*.

inert [ɪˈnɜːt] *adj* inerte.

inertia [ɪˈnɜːʃə] *n* inerzia *f*.

inescapable [ˌɪnɪˈskeɪpəbl] *adj* inesorabile.

inevitable [ɪnˈevɪtəbl] <> *adj* inevitabile. <> *n*: the inevitable l'inevitabile.

inevitably [ɪnˈevɪtəblɪ] *adv* inevitabilmente.

inexcusable [ˌɪnɪkˈskjuːzəbl] *adj* imperdonabile.

inexhaustible [ˌɪnɪgˈzɔːstəbl] *adj* inesauribile.

inexpensive [ˌɪnɪkˈspensɪv] *adj* economico(a).

inexperienced [ˌɪnɪkˈspɪərɪənst] *adj* inesperto(a).

inexplicable [ˌɪnɪkˈsplɪkəbl] *adj* inspiegabile.

infallible [ɪnˈfæləbl] *adj* infallibile.

infamous [ˈɪnfəməs] *adj* [criminal, liar] infame; [occasion] turpe.

infancy [ˈɪnfənsɪ] *n (U)* infanzia *f*; in its infancy *fig* agli inizi.

infant [ˈɪnfənt] *n* bambino *m*, -a *f*.

infantry [ˈɪnfəntrɪ] *n (U)* fanteria *f*.

infant school *n UK* scuola *f* materna.

infatuated [ɪnˈfætjʊeɪtɪd] *adj*: infatuated (with sb/sthg) infatuato(a) (di qn/qc).

infatuation [ɪnˌfætjʊˈeɪʃn] *n*: infatuation (with sb/sthg) infatuazione *f* (per qn/qc).

infect [ɪnˈfekt] *vt* - 1. [MED - wound] infettare; [- person, animal] contagiare, infettare; to infect sb with sthg trasmettere qc a qn - 2. *fig* [spread to] contagiare.

infection [ɪnˈfekʃn] *n* infezione *f*.

infectious [ɪnˈfekʃəs] *adj liter* & *fig* contagioso(a).

infer [ɪnˈfɜːr] *vt* - 1. [deduce]: to infer (that) dedurre che; to infer sthg (from sthg) dedurre qc (da qc) - 2. *inf* [imply] insinuare.

inferior [ɪnˈfɪərɪər] <> *adj* inferiore; inferior to sb/sthg inferiore a qn/qc. <> *n* inferiore *mf*.

inferiority [ɪnˌfɪərɪˈɒrətɪ] *n* inferiorità *f*.

inferiority complex *n* complesso *m* di inferiorità.

inferno [ɪnˈfɜːnəʊ] (*pl* -s) *n* incendio *m* indomabile.

infertile [ɪnˈfɜːtaɪl] *adj* sterile.

infested [ɪnˈfestɪd] *adj*: infested with sthg infestato(a) di qc.

infighting [ˈɪnˌfaɪtɪŋ] *n (U)* lotte *fpl* intestine.

infiltrate [ˈɪnfɪltreɪt] *vt* infiltrarsi in.

infinite [ˈɪnfɪnət] *adj* infinito(a).

infinitive [ɪnˈfɪnɪtɪv] *n* GRAM infinito *m*.

infinity [ɪnˈfɪnɪtɪ] *n* infinito *m*; into infinity all'infinito; an infinity of un'infinità di.

infirm [ɪnˈfɜːm] <> *adj* infermo(a). <> *npl*: the infirm gli infermi.

infirmary [ɪnˈfɜːmərɪ] *n* - 1. *UK* [hospital] ospedale *m* - 2. [room] infermeria *f*.

infirmity [ɪnˈfɜːmətɪ] *n* - 1. [individual weakness or illness] acciacchi *mpl* - 2. *(U)* [state of being weak or ill] infermità *f*.

inflamed [ɪnˈfleɪmd] *adj* MED infiammato(a).

inflammable [ɪnˈflæməbl] *adj* infiammabile.

inflammation [ˌɪnfləˈmeɪʃn] *n* MED infiammazione *f*.

inflatable [ɪnˈfleɪtəbl] *adj* gonfiabile.

inflate [ɪnˈfleɪt] *vt* gonfiare.

inflation [ɪnˈfleɪʃn] *n (U)* ECON inflazione *f*.

inflationary [ɪnˈfleɪʃnrɪ] *adj* ECON inflazionistico(a).

inflation rate *n* ECON tasso *m* d'inflazione.

inflict [ɪnˈflɪkt] *vt*: to inflict sthg on sb [pain, punishment] infliggere qc a qn; [responsibility, problem] addossare qc a qn.

influence [ˈɪnflʊəns] <> *n* - 1. [gen]: influence (on *OR* over sb/sthg) influenza *f* (su qn/qc); under the influence of [person, group] sotto l'influenza di; [alcohol, drugs] sotto l'effetto di - 2. [influential person, thing]: to be a good/bad influence (on sb/sthg) avere una buona/cattiva influenza (su qn/qc). <> *vt* influenzare.

influential [ˌɪnflʊˈenʃl] *adj* influente.

influenza [ˌɪnflʊˈenzə] *n (U)* *fml* influenza *f*.

influx [ˈɪnflʌks] *n* afflusso *m*.

inform [ɪnˈfɔːm] *vt* informare; to inform sb of *OR* about sthg informare qn di qc. ◆ **inform on** *vt insep* denunciare, passare informazioni su.

informal [ɪnˈfɔːml] *adj* informale.

informant [ɪnˈfɔːmənt] *n* informatore *m*, -trice *f*.

information [ˌɪnfəˈmeɪʃn] *n (U)* informazioni *fpl*, notizie *fpl*; a piece of information un'informazione; information on *OR* about sthg informazioni su qc; 'Information' 'Informazioni'; for your information COMM a titolo informativo.

information desk *n* banco *m* informazioni.

information technology *n* informatica *f*.

informative [ɪn'fɔːmətɪv] *adj* [book, film] istruttivo(a); **she's been very informative** ci ha fornito molte informazioni.

informer [ɪn'fɔːmər] *n* informatore *m*, -trice *f*.

infrared [,ɪnfrə'red] *adj* infrarosso(a).

infrastructure ['ɪnfrə,strʌktʃər] *n* infrastruttura *f*.

infringe [ɪn'frɪndʒ] ◇ *vt* violare. ◇ *vi*: **to infringe on sthg** violare qc.

infringement [ɪn'frɪndʒmənt] *n* violazione *f*.

infuriating [ɪn'fjʊərɪeɪtɪŋ] *adj* esasperante.

ingenious [ɪn'dʒiːnjəs] *adj* ingegnoso(a).

ingenuity [,ɪndʒɪ'njuːətɪ] *n* ingegnosità *f*.

ingot ['ɪŋgət] *n* lingotto *m*.

ingrained [,ɪn'greɪnd] *adj* - **1.** [ground in] incrostato(a) - **2.** [deeply rooted] radicato(a).

ingratiating [ɪn'greɪʃɪeɪtɪŋ] *adj* adulatorio(a).

ingredient [ɪn'griːdjənt] *n* ingrediente *m*.

inhabit [ɪn'hæbɪt] *vt* abitare.

inhabitant [ɪn'hæbɪtənt] *n* abitante *mf*.

inhale [ɪn'heɪl] ◇ *vt* inalare. ◇ *vi* [smoker] aspirare; [patient] inspirare.

inhaler [ɪn'heɪlər] *n* MED inalatore *m*.

inherent [ɪn'hɪərənt, ɪn'herənt] *adj* intrinseco(a); **inherent in sthg** inerente a qc.

inherently [ɪn'hɪərəntlɪ, ɪn'herəntlɪ] *adv* per natura, intrinsecamente.

inherit [ɪn'herɪt] *vt* & *vi*: **to inherit sthg (from sb)** ereditare qc (da qn).

inheritance [ɪn'herɪtəns] *n* eredità *f inv*.

inhibit [ɪn'hɪbɪt] *vt* - **1.** [restrict] limitare - **2.** PSYCHOL inibire.

inhibition [,ɪnhɪ'bɪʃn] *n* PSYCHOL inibizione *f*.

inhospitable [,ɪnhɒ'spɪtəbl] *adj* inospitale.

in-house ◇ *adj* interno(a). ◇ *adv* in ditta.

inhuman [ɪn'hjuːmən] *adj* disumano(a).

initial [ɪ'nɪʃl] (*UK & US*) ◇ *adj* iniziale. ◇ *vt* siglare. ◆ **initials** *npl* iniziali *fpl*.

initially [ɪ'nɪʃəlɪ] *adv* all'inizio.

initiate *vt* [ɪ'nɪʃɪeɪt] iniziare; **to initiate sb (into sthg)** iniziare qn (a qc).

initiative [ɪ'nɪʃətɪv] *n* - **1.** [gen] iniziativa *f* - **2.** [advantage]: **to have the initiative** avere il sopravvento.

inject [ɪn'dʒekt] *vt* - **1.** MED: **to inject sb with sthg** OR **to inject sthg into sb** fare un'iniezione di qc a qn - **2.** *fig* [add]: **to inject sthg into sthg** immettere qc in qc.

injection [ɪn'dʒekʃn] *n* - **1.** MED iniezione *f* - **2.** [investment] immissione *f*.

injure ['ɪndʒər] *vt* - **1.** [hurt physically] ferire, fare male a - **2.** [reputation, chances] danneggiare - **3.** [offend] ferire.

injured ['ɪndʒəd] ◇ *adj* [physically hurt] ferito(a), leso(a). ◇ *npl*: **the injured** i feriti.

injury ['ɪndʒərɪ] *n* - **1.** (U) [physical harm] lesioni *fpl* - **2.** [wound, to feelings] ferita *f*; **to do o.s. an injury** farsi del male - **3.** (U) [to one's reputation] danno *m*.

injury time *n* (U) minuti *mpl* di recupero.

injustice [ɪn'dʒʌstɪs] *n* ingiustizia *f*; **to do sb an injustice** essere ingiusto(a) con qn.

ink [ɪŋk] *n* inchiostro *m*.

ink-jet printer *n* stampante *f* a getto d'inchiostro.

inkling ['ɪŋklɪŋ] *n*: **to have an inkling of sthg** sospettare qc.

inkwell ['ɪŋkwel] *n* calamaio *m*.

inlaid [,ɪn'leɪd] *adj* intarsiato(a); **inlaid with sthg** intarsiato(a) di qc.

inland ◇ *adj* ['ɪnlənd] interno(a). ◇ *adv* [ɪn'lænd] nell'entroterra.

Inland Revenue *n* UK: **the Inland Revenue** il fisco *m*.

in-laws *npl inf* suoceri *mpl*.

inlet ['ɪnlet] *n* - **1.** [stretch of water] insenatura *f* - **2.** [way in] apertura *f*.

inmate ['ɪnmeɪt] *n* [of prison] detenuto *m*, -a *f*; [of mental hospital] internato *m*, -a *f*.

inn [ɪn] *n* locanda *f*.

innate [ɪ'neɪt] *adj* innato(a).

inner ['ɪnər] *adj* - **1.** [layer, ear] interno(a) - **2.** [London] centrale - **3.** [feelings, peace] interiore.

inner city *n*: **the inner city** i quartieri poveri vicini al centro città.

inner tube *n* camera *f* d'aria.

inning ['ɪnɪŋ] *n* [in baseball] inning *m inv*.

innings ['ɪnɪŋz] (*pl* **innings**) *n* UK [in cricket] turno *m* di battuta.

innocence ['ɪnəsəns] *n* (U) innocenza *f*.

innocent ['ɪnəsənt] ◇ *adj* innocente; **innocent of sthg** innocente di qc. ◇ *n* innocente *mf*.

innocuous [ɪ'nɒkjuəs] *adj* innocuo(a).

innovation [,ɪnə'veɪʃn] *n* innovazione *f*.

innovative ['ɪnəvətɪv] *adj* innovativo(a).

innuendo [,ɪnjuː'endəʊ] (*pl* **-es** OR **-s**) *n* - **1.** [individual remark] allusione *f* - **2.** (U) [style of speaking] allusioni *fpl*.

innumerable [ɪ'njuːmərəbl] *adj* innumerevole.

inoculate [ɪ'nɒkjʊleɪt] *vt* vaccinare; **to inoculate sb with sthg** vaccinare qn con qc.

inordinately [ɪnˈɔːdɪnətlɪ] *adv fml* estremamente.

in-patient *n* degente *mf*.

input [ˈɪnput] (*pt & pp* input *OR* -ted) <> *n* (U) - **1.** [contribution] contributo *m* - **2.** COMPUT input *m inv*, introduzione *f* - **3.** ELEC alimentazione *f*. <> *vt* COMPUT immettere.

inquest [ˈɪnkwest] *n* LAW inchiesta *f*.

inquire [ɪnˈkwaɪəʳ] <> *vt*: **to inquire when/ whether** *OR* **if/how** chiedere quando/se/come. <> *vi* [ask for information] informarsi; **to inquire about sthg** informarsi su qc. ◆ **inquire after** *vt insep* chiedere di. ◆ **inquire into** *vt insep* informarsi su.

inquiry [ɪnˈkwaɪərɪ, US ˈɪnkwərɪ] *n* - **1.** [question] domanda *f*; **'Inquiries'** '(Ufficio) informazioni' - **2.** [investigation] inchiesta *f*.

inquisitive [ɪnˈkwɪzətɪv] *adj* (troppo) curioso(a).

inroads [ˈɪnrəʊdz] *npl*: **to make inroads into sthg** intaccare qc.

insane [ɪnˈseɪn] *adj* - **1.** MED malato(a) di mente - **2.** *fig* [very stupid - idea, jealousy] folle; [- person] pazzo(a).

insanity [ɪnˈsænətɪ] *n* (U) - **1.** MED infermità *f* mentale - **2.** *fig* [great stupidity] follia *f*.

insatiable [ɪnˈseɪʃəbl] *adj* insaziabile.

inscription [ɪnˈskrɪpʃn] *n* - **1.** [on wall, headstone, plaque] iscrizione *f* (*su pietra, metallo*) - **2.** [in book] dedica *f*.

inscrutable [ɪnˈskruːtəbl] *adj* enigmatico(a).

insect [ˈɪnsekt] *n* insetto *m*.

insecticide [ɪnˈsektɪsaɪd] *n* insetticida *m*.

insect repellent *n* insettifugo *m*.

insecure [ˌɪnsɪˈkjʊəʳ] *adj* - **1.** [not confident] insicuro(a) - **2.** [not safe] precario(a).

insensitive [ɪnˈsensətɪv] *adj* insensibile; **insensitive to sthg** insensibile a qc.

inseparable [ɪnˈseprəbl] *adj* - **1.** [subjects, facts]: **inseparable (from sthg)** inseparabile (da qc) - **2.** [people] inseparabile.

insert <> *vt* [ɪnˈsɜːt]: **to insert sthg (in** *OR* **into sthg)** inserire qc (in qc). <> *n* [ˈɪnsɜːt] inserto *m*.

insertion [ɪnˈsɜːʃn] *n* - **1.** (U) [act of inserting] inserzione *f* - **2.** [thing inserted] inserto *m*.

in-service training *n* formazione *f* professionale sul posto di lavoro.

inshore <> *adj* [ˈɪnʃɔːʳ] costiero(a). <> *adv* [ɪnˈʃɔːʳ] [be] vicino alla costa; [sail, swim] verso la costa.

inside [ɪnˈsaɪd] <> *prep* - **1.** [place, object, building] dentro, all'interno di; [body, mind] dentro; **a feeling of despair was growing inside him** sentiva la disperazione crescere

dentro di sé; [group, organization] all'interno di - **2.** [time, limit] entro; **to be inside the record** battere il record. <> *adv* dentro; **inside she knew things could only get better** dentro di sé sapeva che le cose potevano solo migliorare. <> *adj* [interior, near centre] interno(a). <> *n* - **1.** [interior, inner part]: **the inside** l'interno *m*; **inside out** [clothes] al rovescio; **to know sthg inside out** *fig* conoscere qc a menadito; **to turn sthg inside out** [sweater] rivoltare qc; [room] mettere qc sottosopra - **2.** AUT: **on the inside** [in UK] a sinistra; [in Europe, US] a destra. ◆ **insides** *npl inf* [intestines - of animal] interiora *fpl*; [- of person] intestino *m* (*sing*), pancia *f* (*sing*). ◆ **inside of** *prep US* dentro.

inside lane *n* AUT [in UK] corsia *f* di sinistra; [in Europe, US] corsia *f* di destra.

insight [ˈɪnsaɪt] *n* - **1.** (U) [wisdom]: **insight (into sthg)** intuizione *f* (di qc) - **2.** [glimpse]: **insight (into sthg)** idea *f* (di qc).

insignificant [ˌɪnsɪɡˈnɪfɪkənt] *adj* insignificante.

insincere [ˌɪnsɪnˈsɪəʳ] *adj* falso(a).

insinuate [ɪnˈsɪnjʊeɪt] *vt pej* [imply]: **to insinuate (that)** insinuare che.

insipid [ɪnˈsɪpɪd] *adj pej* insipido(a).

insist [ɪnˈsɪst] <> *vt* [state firmly]: **to insist (that)** insistere che. <> *vi*: **to insist on sthg** esigere qc; **to insist on doing sthg** insistere per fare qc.

insistent [ɪnˈsɪstənt] *adj* insistente; **to be insistent on sthg** insistere su qc.

insofar [ˌɪnsəʊˈfɑːʳ] ◆ **insofar as** *conj* per quanto.

insole *n* soletta *f*.

insolent [ˈɪnsələnt] *adj* insolente.

insolvable [ɪnˈsɒlvəbl] *adj US* [impossible to solve] irrisolvibile.

insolvent [ɪnˈsɒlvənt] *adj* insolvente.

insomnia [ɪnˈsɒmnɪə] *n* (U) insonnia *f*.

inspect [ɪnˈspekt] *vt* - **1.** [letter, person] esaminare - **2.** [factory, troops] ispezionare.

inspection [ɪnˈspekʃn] *n* ispezione *f*.

inspector [ɪnˈspektəʳ] *n* ispettore *m*, -trice *f*; **ticket inspector** *UK* controllore *m*.

inspiration [ˌɪnspəˈreɪʃn] *n* ispirazione *f*; **inspiration for sthg** ispirazione per *OR* di qc.

inspire [ɪnˈspaɪəʳ] *vt*: **to inspire sb (to do sthg)** ispirare qn (a fare qc); **to inspire sb with sthg** *OR* **to inspire sthg in sb** infondere qc in qn.

install *UK*, **instal** *US* [ɪnˈstɔːl] *vt* [machinery, equipment] installare.

installation [ˌɪnstəˈleɪʃn] *n* installazione *f*.

installment *n US* = **instalment**.

installment plan n US pagamento m rateale.

instalment UK, **installment** US [ɪn'stɔ:lmənt] n - 1. [payment] rata f; **in instalments** a rate - 2. [episode] puntata f.

instance ['ɪnstəns] n caso m; **for instance** ad esempio.

instant ['ɪnstənt] <> adj istantaneo(a). <> n [moment] istante m; **the instant (that)**... appena...; **this instant** immediatamente.

instantly ['ɪnstəntlɪ] adv [recognize] all'istante; [die] sul colpo.

instead [ɪn'sted] adv invece. **instead of** prep invece di.

instep ['ɪnstep] n collo m (del piede).

instigate ['ɪnstɪgeɪt] vt [revolt] istigare a; [meeting] promuovere.

instil UK, **instill** US [ɪn'stɪl] vt: **to instil sthg in(to) sb** instillare qc in qn.

instinct ['ɪnstɪŋkt] n istinto m.

instinctive [ɪn'stɪŋktɪv] adj istintivo(a).

institute ['ɪnstɪtju:t] <> n istituto m. <> vt - 1. [establish] istituire - 2. [proceedings] intentare.

institution [,ɪnstɪ'tju:ʃn] n - 1. [gen] istituzione f - 2. [home] istituto m.

instruct [ɪn'strʌkt] vt - 1. [tell, order]: **to instruct sb to do sthg** dare a qn istruzioni di fare qc - 2. [teach]: **to instruct sb in sthg** insegnare qc a qn.

instruction [ɪn'strʌkʃn] n istruzione f. **instructions** npl istruzioni fpl.

instructor [ɪn'strʌktər] n - 1. [in driving, skiing, swimming] istruttore m, -trice f - 2. US SCH assistente mf.

instrument ['ɪnstrʊmənt] n lit & fig strumento m.

instrumental [,ɪnstrʊ'mentl] adj [important, helpful]: **to be instrumental in sthg** contribuire fattivamente a qc.

instrument panel n quadro m strumenti.

insubordinate [,ɪnsə'bɔ:dɪnət] adj fml insubordinato(a).

insubstantial [,ɪnsəb'stænʃl] adj - 1. [fragile] precario(a) - 2. [unsatisfying] di poca sostanza.

insufficient [,ɪnsə'fɪʃnt] adj insufficiente; **insufficient for sthg/to do sthg** insufficiente per qc/per fare qc.

insular ['ɪnsjʊlər] adj [narrow-minded] limitato(a).

insulate ['ɪnsjʊleɪt] vt - 1. [gen] isolare - 2. [protect] proteggere; **to insulate sb against OR from sthg** proteggere qn da qc.

insulating tape ['ɪnsjʊleɪtɪŋ-] n (U) UK nastro m isolante.

insulation [,ɪnsjʊ'leɪʃn] n (U) [material, substance] isolante m.

insulin ['ɪnsjʊlɪn] n (U) insulina f.

insult <> vt [ɪn'sʌlt] insultare. <> n ['ɪnsʌlt] insulto m.

insuperable [ɪn'su:prəbl] adj fml insormontabile.

insurance [ɪn'ʃɔ:rəns] n lit & fig assicurazione f; **insurance against sthg** assicurazione contro qc.

insurance policy n polizza f d'assicurazione.

insure [ɪn'ʃɔ:r] <> vt - 1. [against fire, accident, theft]: **to insure sb/sthg against sthg** assicurare qn/qc contro qc - 2. US = **ensure**. <> vi [protect]: **to insure against sthg** assicurarsi contro qn.

insurer [ɪn'ʃɔ:rər] n assicuratore m, -trice f.

insurmountable [,ɪnsə'maʊntəbl] adj fml insormontabile.

intact [ɪn'tækt] adj intatto(a).

intake ['ɪnteɪk] n - 1. [amount consumed] consumo m - 2. [people recruited] reclute fpl - 3. [inlet] entrata f; **air intake** presa f d'aria.

integral ['ɪntɪgrəl] adj integrante; **to be integral to sthg** essere parte integrante di qc.

integrate ['ɪntɪgreɪt] <> vi integrarsi. <> vt - 1. [gen] integrare - 2. [end segregation of] aprire a tutti.

integrity [ɪn'tegrətɪ] n (U) integrità f.

intellect ['ɪntəlekt] n intelligenza f.

intellectual [,ɪntə'lektjʊəl] <> adj intellettuale. <> n intellettuale mf.

intelligence [ɪn'telɪdʒəns] n (U) - 1. [ability to think and reason] intelligenza f - 2. [information service] servizi mpl segreti - 3. [information] informazioni fpl.

intelligent [ɪn'telɪdʒənt] adj intelligente.

intend [ɪn'tend] vt: **to intend doing sthg OR to do sthg** avere intenzione di fare qc; **to be intended for sb** essere destinato(a) a qn; **the bullet was intended for me** il proiettile era destinato a me; **to be intended as sthg**: **it wasn't intended as criticism** non voleva essere una critica; **it was intended to be a surprise** doveva essere una sorpresa.

intended [ɪn'tendɪd] adj [victim] predestinato(a); [result] voluto(a).

intense [ɪn'tens] adj - 1. [gen] intenso(a) - 2. [person - serious] serio(a); [- emotional] inteso(a).

intensely [ɪn'tenslɪ] adv estremamente.

intensify [ɪn'tensɪfaɪ] <> vt intensificare. <> vi aumentare.

intensity [ɪn'tensətɪ] n - **1.** [of competition, debate, concentration] intensità f inv - **2.** [of person - seriousness] serietà f; [- of emotional nature] intensità f.

intensive [ɪn'tensɪv] adj intensivo(a).

intensive care n (U) terapia f intensiva.

intent [ɪn'tent] ⇔ adj - **1.** [absorbed] intento(a) - **2.** [determined]: **to be intent (up)on doing sthg** essere deciso(a) a fare qc. ⇔ n fml intento m; **to all intents and purposes** a tutti gli effetti.

intention [ɪn'tenʃn] n intenzione f.

intentional [ɪn'tenʃənl] adj intenzionale.

intently [ɪn'tentlɪ] adv intentamente.

interact [,ɪntər'ækt] vi: **to interact (with sb/sthg)** interagire (con qn/qc).

intercede [,ɪntə'si:d] vi fml: **to intercede (with sb)** intercedere (presso qn).

intercept vt [,ɪntə'sept] intercettare.

interchange ⇔ n ['ɪntətʃeɪndʒ] - **1.** [exchange] scambio m - **2.** [road junction] interscambio m. ⇔ vt [,ɪntə'tʃeɪndʒ] scambiare; **to interchange sthg with sb/sthg** scambiare qc con qn/qc.

interchangeable [,ɪntə'tʃeɪndʒəbl] adj: **interchangeable (with sb/sthg)** intercambiabile (con qn/qc).

intercom ['ɪntəkɒm] n - **1.** [gen] interfono m; **on/over the intercom** all'/per interfono - **2.** [in flat] citofono m.

intercourse ['ɪntəkɔːs] n (U) rapporti mpl (sessuali).

interest ['ɪntrəst] ⇔ n - **1.** [gen] interesse m; **interest in sb/sthg** interesse per qn/qc - **2.** [share in company] interessi mpl; **business interests** interessi commerciali. ⇔ vt interessare; **can I interest you in a drink?** cosa ne dici di bere qualcosa?

interested ['ɪntrestɪd] adj interessato(a); **to be interested in sb/sthg** interessarsi di qn/qc; **to be interested in doing sthg** essere interessato a fare qc; **are you interested in going to see this film?** t'interessa andare a vedere questo film?; **I am interested in sport** m'interessa lo sport.

interesting ['ɪntrəstɪŋ] adj interessante.

interest rate n tasso m d'interesse.

interface n ['ɪntəfeɪs] interfaccia f.

interfere [,ɪntə'fɪər] vi - **1.** [meddle] intromettersi; **to interfere in sthg** intromettersi in qc - **2.** [cause disruption]: **to interfere with sthg** interferire con qc.

interference [,ɪntə'fɪərəns] n (U) - **1.** [meddling]: **interference (with/in sthg)** intromissio-

ne f (con/in qc); **state interference** ingerenze fpl del governo - **2.** RADIO & TV interferenza f.

interim ['ɪntərɪm] ⇔ adj provvisorio(a). ⇔ n: **in the interim** nel frattempo.

interior [ɪn'tɪərɪər] ⇔ adj - **1.** [inner] interno(a); **interior design** decorazione f d'interni - **2.** POL dell'interno. ⇔ n [inside] interno m.

interlock [,ɪntə'lɒk] vi - **1.** TECH asservire; **to interlock with sthg** asservire a qc - **2.** [entwine] intrecciarsi.

interlude ['ɪntəlu:d] n [pause] intervallo m.

intermediary [,ɪntə'mi:djərɪ] n intermediario m, -a f.

intermediate [,ɪntə'mi:djət] adj intermedio(a).

interminable [ɪn'tɜːmɪnəbl] adj interminabile.

intermission [,ɪntə'mɪʃn] n - **1.** [pause] pausa f - **2.** CIN & THEAT intervallo m.

intermittent [,ɪntə'mɪtənt] adj intermittente.

intern ⇔ vt [ɪn'tɜːn] internare. ⇔ n ['ɪntɜːn] esp US [trainee - teacher] stagista mf; [- doctor] tirocinante mf.

internal [ɪn'tɜːnl] adj interno(a).

internally [ɪn'tɜːnəlɪ] adv internamente.

Internal Revenue n US: **the Internal Revenue** il fisco.

international [,ɪntə'næʃənl] ⇔ adj internazionale. ⇔ n UK - **1.** SPORT [match] internazionale - **2.** SPORT [player] giocatore m, -trice f della nazionale.

Internet ['ɪntənet] n: **the Internet** Internet m.

Internet access n accesso m a Internet.

Internet café n caffè m inv Internet.

Internet connection n collegamento m a Internet.

Internet service provider n provider m inv.

Internet start-up company n Internet start-up company f inv.

Internet television, Internet TV n Internet-tv f.

interpret [ɪn'tɜːprɪt] ⇔ vt [understand, translate] interpretare; **to interpret sthg as sthg** interpretare qc come qc. ⇔ vi [translate] fare da interprete.

interpreter [ɪn'tɜːprɪtər] n interprete mf.

interpreting [ɪn'tɜːprɪtɪŋ] n interpretazione f, interpretariato m.

interrelate [,ɪntərɪ'leɪt] ⇔ vt collegare. ⇔ vi: **to interrelate (with sthg)** collegarsi (a qc).

interrogate [ɪn'terəgeɪt] *vt* interrogare.

interrogation [ɪnˌterə'geɪʃn] *n* - 1. (U) [questioning] interrogatorio *m* - 2. [interview] colloquio *m*.

interrogation mark *n* UK punto *m* interrogativo.

interrogative [ˌɪntə'rɒgətɪv] ⬦ *adj* GRAM interrogativo(a). ⬦ *n* - 1. GRAM [form]: **the interrogative** la forma interrogativa - 2. [GRAM - pronoun] pronome *m* interrogativo; [- adverb] avverbio *m* interrogativo.

interrupt [ˌɪntə'rʌpt] *vt* & *vi* interrompere.

interruption [ˌɪntə'rʌpʃn] *n* interruzione *f*.

intersect [ˌɪntə'sekt] ⬦ *vi* incrociarsi. ⬦ *vt* incrociare.

intersection [ˌɪntə'sekʃn] *n* incrocio *m*.

intersperse [ˌɪntə'spɜːs] *vt*: **to be interspersed with sthg** essere intervallato(a) da qc.

interstate (highway) *n* US autostrada che attraversa vari stati degli USA.

interval ['ɪntəvl] *n*: interval (between) intervallo *m* (fra); **at intervals** a intervalli; **at monthly/yearly intervals** a intervalli mensili/annuali.

intervene [ˌɪntə'viːn] *vi* - 1. [gen] intervenire; **to intervene in sthg** intervenire in qc - 2. [event] avvenire.

intervention [ˌɪntə'venʃn] *n* intervento *m*.

interview ['ɪntəvjuː] ⬦ *n* - 1. [for job] colloquio *m* - 2. PRESS intervista *f*. ⬦ *vt* - 1. [for job] sottoporre a un colloquio - 2. PRESS intervistare.

interviewer ['ɪntəvjuːəʳ] *n* - 1. [for job] persona *f* che tiene il colloquio - 2. PRESS intervistatore *m*, -trice *f*.

intestine [ɪn'testɪn] *n* intestino *m*.

intimacy ['ɪntɪməsɪ] *n* (U): intimacy (between/with) intimità *f* (tra/con). ◆ **intimacies** *npl* confidenze *fpl*.

intimate ⬦ *adj* ['ɪntɪmət] - 1. [gen] intimo(a) - 2. *fml* [sexually]: **to be intimate with sb** avere rapporti intimi con qn - 3. [thorough] profondo(a). ⬦ *vt* ['ɪntɪmeɪt] *fml* [hint, imply] suggerire; **to intimate that** lasciare intendere che.

intimately ['ɪntɪmətlɪ] *adv* - 1. [as close friends - know] intimamente; [- talk, discuss] confidenzialmente - 2. [thoroughly] dettagliatamente - 3. [linked] strettamente.

intimidate [ɪn'tɪmɪdeɪt] *vt* intimidire.

into ['ɪntʊ] *prep* - 1. [inside - referring to container] in, dentro (a); [- referring to place, vehicle] in; **to put sthg into sthg** mettere qc in qc; **to walk into a room** entrare in una stanza; **to get into a car** salire in macchina - 2. [against] contro; **to bump/crash into sb/sthg** andare a sbattere contro qn/qc - 3. [indicating transformation, change]: **to turn into sthg** trasformarsi in qc; **to develop into sthg** diventare qc; **to translate sthg into Spanish** tradurre qc in spagnolo; **to tear sthg into pieces** fare a pezzi qc; **to burst into tears** scoppiare a piangere; **she changed into another dress** s'è cambiata d'abito - 4. [concerning, about] su; **an investigation into corruption** un'indagine sulla corruzione - 5. MATHS: **3 into 2 won't go** il 3 non sta nel 2; **2 into 6 goes 3 times** il 2 sta 3 volte nel 6; **to divide 4 into 8** dividere 8 per 4 - 6. [indicating elapsed time] fino a; **we worked well into the night** abbiamo lavorato fino a notte fonda; **I was a week into my holiday when...** ero in vacanza da una settimana quando... - 7. *inf* [interested in]: **to be into sthg** essere appassionato(a) di qc.

intolerable [ɪn'tɒlrəbl] *adj* *fml* intollerabile.

intolerance [ɪn'tɒlərəns] *n* (U) intolleranza *f*.

intolerant [ɪn'tɒlərənt] *adj* intollerante.

intoxicated [ɪn'tɒksɪkeɪtɪd] *adj* - 1. *fml* [drunk] ubriaco(a) - 2. [excited]: **intoxicated by** OR **with sthg** inebriato(a) da qc.

intractable [ɪn'træktəbl] *adj* *fml* - 1. [person] intrattabile - 2. [problem] insolubile.

intramural [ˌɪntrə'mjʊərəl] *adj* interno(a).

Intranet ['ɪntrənet] *n* COMPUT Intranet *f inv*.

intransitive [ɪn'trænzətɪv] *adj* intransitivo(a).

intravenous [ˌɪntrə'viːnəs] *adj* endovenoso(a).

in-tray *n* esp UK raccoglitore *m* per pratiche da evadere.

intricate ['ɪntrɪkət] *adj* intricato(a).

intrigue [ɪn'triːg] ⬦ *n* intrigo *m*. ⬦ *vt* incuriosire, intrigare.

intriguing [ɪn'triːgɪŋ] *adj* intrigante, affascinante.

intrinsic [ɪn'trɪnsɪk] *adj* intrinseco(a).

introduce [ˌɪntrə'djuːs] *vt* - 1. [one person to another] presentare; **to introduce o.s.** presentarsi; **to introduce sb to sb** presentare qn a qn - 2. RADIO & TV annunciare - 3. [animal, plant, method]: **to introduce sthg (to** OR **into)** introdurre qc (in) - 4. [to new experience]: **to introduce sb to sthg** introdurre qn a qc, far conoscere qc a qn - 5. [signal start of] introdurre.

introduction [ˌɪntrə'dʌkʃn] *n* - 1. [implementation] introduzione *f* - 2. [to book]: **introduction (to sthg)** prefazione *f* (a qc) - 3. [of one person to another]: **introduction (to sb)** presentazione *f* (a qn).

introductory [ˌɪntrəˈdʌktrɪ] *adj* [remarks, speech, chapter] introduttivo(a); **introductory offer** offerta *f* di lancio.

introvert [ˈɪntrəvɜːt] *n* introverso *m*, -a *f*.

introverted [ˈɪntrəvɜːtɪd] *adj* introverso(a).

intrude [ɪnˈtruːd] *vi*: **to intrude (on sb)** disturbare (qn); **to intrude (on sthg)** intromettersi (in qc).

intruder [ɪnˈtruːdər] *n* intruso *m*, -a *f*.

intrusive [ɪnˈtruːsɪv] *adj* inopportuno(a).

intuition [ˌɪntjuːˈɪʃn] *n* intuizione *f*.

inundate [ˈɪnʌndeɪt] *vt* - 1. *fml* [flood] inondare - 2. [overwhelm]: **to inundate sb/sthg with sthg** inondare qn/qc di qc, sommergere qn/qc di qc.

invade [ɪnˈveɪd] *vt* invadere.

invalid ◇ *adj* [ɪnˈvælɪd] - 1. [ticket] non valido(a); [document, marriage, vote] invalido(a) - 2. [argument, theory] inefficace. ◇ *n* [ˈɪnvəlɪd] [ill person] invalido *m*, -a *f*.

invaluable [ɪnˈvæljʊəbl] *adj*: **invaluable (to sb/sthg)** [experience, advice] inestimabile (per qn/qc); [person, information] preziosissimo(a) (per qn/qc).

invariably [ɪnˈveərɪəblɪ] *adv* [always] immancabilmente.

invasion [ɪnˈveɪʒn] *n* invasione *f*.

invent [ɪnˈvent] *vt* inventare.

invention [ɪnˈvenʃn] *n* - 1. [gen] invenzione *f* - 2. (*U*) [creative imagination] inventiva *f*.

inventive [ɪnˈventɪv] *adj* ingegnoso(a).

inventor [ɪnˈventər] *n* inventore *m*, -trice *f*.

inventory [ˈɪnvəntrɪ] *n* - 1. [list] inventario *m* - 2. *US* [goods] stock *m inv*, scorte *fpl*.

invert *vt* [ɪnˈvɜːt] *fml* capovolgere.

inverted commas [ɪnˈvɜːtɪd-] *npl UK* virgolette *fpl*.

invest [ɪnˈvest] ◇ *vt* - 1. [money]: **to invest sthg (in sthg)** investire qc (in qc) - 2. [time, energy]: **to invest sthg in sthg/in doing sthg** impiegare qc in qc/facendo qc. ◇ *vi lit & fig*: **to invest (in sthg)** investire (in qc).

investigate [ɪnˈvestɪgeɪt] *vt* indagare (su), investigare (su).

investigation [ɪnˌvestɪˈgeɪʃn] *n*: **investigation (into sthg)** indagine *f* (su qc).

investment [ɪnˈvestmənt] *n* - 1. FIN investimento *m* - 2. [of time, energy] impiego *m*.

investor [ɪnˈvestər] *n* investitore *m*, -trice *f*.

inveterate [ɪnˈvetərət] *adj* - 1. [dislike, hatred] inveterato(a), radicato(a) - 2. [drinker, gambler, smoker] accanito(a); **an inveterate liar** un incorreggibile bugiardo, un'incorreggibile bugiarda.

invidious [ɪnˈvɪdɪəs] *adj* - 1. [unfair] ingiusto(a) - 2. [unpleasant] ingrato(a).

invigilate [ɪnˈvɪdʒɪleɪt] *UK vt & vi* sorvegliare.

invigorating [ɪnˈvɪgəreɪtɪŋ] *adj* [experience] stimolante; [bath, walk] tonificante, corroborante.

invincible [ɪnˈvɪnsɪbl] *adj* [army] invincibile; [record, champion] imbattibile.

invisible [ɪnˈvɪzɪbl] *adj* invisibile.

invitation [ˌɪnvɪˈteɪʃn] *n*: **invitation to sthg/to do sthg** invito *m* a qc/a fare qc.

invite *vt* [ɪnˈvaɪt] - 1. [gen] invitare; **to invite sb to sthg** invitare qn a qc; **to invite sb to do sthg** invitare qn a fare qc - 2. [trouble, criticism] suscitare.

inviting [ɪnˈvaɪtɪŋ] *adj* invitante.

invoice [ˈɪnvɔɪs] ◇ *n* fattura *f*. ◇ *vt* - 1. [customer] mandare la fattura a - 2. [goods] fatturare.

invoke [ɪnˈvəʊk] *vt fml* - 1. [quote as justification] invocare - 2. [cause] suscitare.

involuntary [ɪnˈvɒləntrɪ] *adj* involontario(a).

involve [ɪnˈvɒlv] *vt* - 1. [entail, require] richiedere; **to involve doing sthg** richiedere che si faccia qc - 2. [concern, affect] coinvolgere - 3. [make part of sthg]: **to involve sb in sthg** coinvolgere qn in qc.

involved [ɪnˈvɒlvd] *adj* - 1. [complex] intricato(a) - 2.: **to be involved in sthg** [work, politics] prendere parte a qc; [accident, scandal] essere coinvolto(a) in qc - 3. [in a relationship]: **to be/get involved with sb** essere legato(a)/legarsi (sentimentalmente) a qn - 4. [entailed]: **what is involved in this?** che cosa comporta questo?

involvement [ɪnˈvɒlvmənt] *n* (*U*) - 1. [participation]: **involvement (in sthg)** partecipazione *f* (a qc) - 2. [commitment]: **involvement (in sthg)** coinvolgimento *m* (in qc).

inward [ˈɪnwəd] ◇ *adj* - 1. [feelings, satisfaction] intimo(a) - 2. [flow, movement] verso l'interno. ◇ *adv esp US* = **inwards**.

inwards [ˈɪnwədz], **inward** *esp US adv* [turn, face] verso l'interno.

iodine [*UK* ˈaɪədiːn, *US* ˈaɪədaɪn] *n* (*U*) iodio *m*.

iota [aɪˈəʊtə] *n* [small amount] pizzico *m*.

IOU (*abbr of* I owe you) *n* pagherò *m inv*.

IQ (*abbr of* intelligence quotient) *n* QI *m*.

IRA *n* (*abbr of* Irish Republican Army); **the IRA** l'IRA *f*.

Iran [ɪˈrɑːn] *n* Iran *m*.

Iranian [ɪˈreɪnjən] ◇ *adj* iraniano(a). ◇ *n* [person] iraniano *m*, -a *f*.

Iraq [ɪ'rɑːk] n Iraq m.

Iraqi [ɪ'rɑːkɪ] ⟨⟩ adj iracheno(a). ⟨⟩ n [person] iracheno m, -a f.

irate [aɪ'reɪt] adj furibondo(a).

Ireland ['aɪələnd] n Irlanda f.

iris ['aɪərɪs] (pl -es) n - 1. [flower] iris f inv - 2. [of eye] iride f.

Irish ['aɪrɪʃ] ⟨⟩ adj irlandese. ⟨⟩ n [language] irlandese m. ⟨⟩ npl: the Irish gli irlandesi.

Irishman ['aɪrɪʃmən] (pl -men) n irlandese m.

Irish Sea n: the Irish Sea il mare d'Irlanda.

Irishwoman ['aɪrɪʃ,wʊmən] (pl -women) n irlandese f.

iron ['aɪən] ⟨⟩ adj - 1. [made of iron] di ferro m - 2. fig [very strict] di ferro, ferreo(a). ⟨⟩ n - 1. (U) [metal, golf club] ferro m - 2. [for clothes] ferro m (da stiro). ⟨⟩ vt stirare.
◆ **iron out** vt sep fig [problems, difficulties] appianare.

ironic(al) [aɪ'rɒnɪk(l)] adj ironico(a).

ironing ['aɪənɪŋ] n (U) - 1. [work] stiratura f - 2. [clothes to be ironed] roba f da stirare.

ironing board n asse m da stiro.

irony ['aɪərənɪ] n ironia f.

irrational [ɪ'ræʃənl] adj irrazionale.

irreconcilable [ɪ'rekənsaɪləbl] adj inconciliabile.

irregular [ɪ'regjʊləʳ] adj irregolare.

irrelevant [ɪ'reləvənt] adj irrilevante.

irreparable [ɪ'repərəbl] adj irreparabile.

irreplaceable [,ɪrɪ'pleɪsəbl] adj insostituibile.

irrepressible [,ɪrɪ'presəbl] adj irrefrenabile.

irresistible [,ɪrɪ'zɪstəbl] adj irresistibile.

irrespective [,ɪrɪ'spektɪv] ◆ **irrespective of** prep a prescindere da.

irresponsible adj irresponsabile.

irrigation [,ɪrɪ'geɪʃn] ⟨⟩ n (U) irrigazione f. ⟨⟩ comp d'irrigazione.

irritable ['ɪrɪtəbl] adj [person, mood] irritabile; [voice, reply] irritato(a).

irritate ['ɪrɪteɪt] vt irritare.

irritated ['ɪrɪteɪtɪd] adj irritato(a).

irritating ['ɪrɪteɪtɪŋ] adj irritante.

irritation [ɪrɪ'teɪʃn] n - 1. (U) [anger, soreness] irritazione f - 2. [cause of anger] fastidio m, seccatura f.

IRS (abbr of Internal Revenue Service) n US: the IRS il fisco.

is [ɪz] vb ⟹ be.

ISDN (abbr of Integrated Services Delivery Network) n COMPUT ISDN m.

Islam ['ɪzlɑːm] n (U) [religion] Islam m.

island ['aɪlənd] n - 1. [in water] isola f - 2. [in traffic] isola f spartitraffico.

islander ['aɪləndəʳ] n isolano m, -a f.

isle [aɪl] n isola f.

Isle of Man n: the Isle of Man l'isola f di Man.

Isle of Wight [-waɪt] n: the Isle of Wight l'isola f di Wight.

isn't ['ɪznt] abbr of is not.

isobar ['aɪsəbɑːʳ] n isobara f.

isolate ['aɪsəleɪt] vt: to isolate sb/sthg (from sb/sthg) isolare qn/qc (da qn/qc).

isolated ['aɪsəleɪtɪd] adj isolato(a).

Israel ['ɪzreɪəl] n Israele m.

Israeli [ɪz'reɪlɪ] ⟨⟩ adj israeliano(a). ⟨⟩ n israeliano m, -a f.

issue ['ɪʃuː] ⟨⟩ n - 1. [important subject] questione f, problema m; at issue in questione; to make an issue of sthg fare una questione di qc - 2. [edition] numero m - 3. [bringing out] emissione f. ⟨⟩ vt - 1. [statement, passport] rilasciare; [decree] emanare; [warning] lanciare - 2. [stamps, bank notes, shares] emettere - 3. [uniforms] assegnare.

it [ɪt] pron - 1. (subj) [referring to specific person or thing] esso(a); where is my book? – it is in the sitting room dov'è il mio libro? - è in sala - 2. (direct object) [referring to specific person or thing] lo(la); did you find it? l'hai trovato(a)?; give it to me at once dammelo(la) subito - 3. (indirect object) [referring to specific person or thing] gli(le); have a look at it dagli un'occhiata - 4. (with prepositions): did you talk about it? ne avete parlato?; a table with a chair beside it un tavolo con accanto una sedia; what did you learn from it? che lezione ne hai tirato?; what did you gain from it? cosa ci hai guadagnato?; put the vegetables in it mettici dentro le verdure; he's very proud of it ne è molto fiero; put your books on it mettici sopra i tuoi libri; have you been to it before? ci sei già stato? - 5. (impersonal use): it is cold today oggi fa freddo; it's two o'clock sono le due; who is it? - it's Mary/me chi è? – è Mary/sono io.

IT (abbr of information technology) n informatica f.

Italian [ɪ'tæljən] ⟨⟩ adj italiano(a). ⟨⟩ n - 1. [person] italiano m, -a f - 2. [language] italiano m.

italic [ɪ'tælɪk] adj corsivo(a). ◆ **italics** npl corsivo m (sing).

Italy ['ɪtəlɪ] n Italia f.

itch [ɪtʃ] ⬦ *n* prurito *m*. ⬦ *vi* - **1**. [be itchy - person] avere prurito; [- arm, leg] prudere - **2**. *fig* [be impatient]: **to be itching to do sthg** morire dalla voglia di fare qc.

itchy ['ɪtʃɪ] *adj*: **an itchy wool sweater** un maglione di lana che pizzica.

it'd ['ɪtəd] *abbr of* **it would**, **it had**.

item ['aɪtəm] *n* [on list] voce *f*; [in collection, newspaper] articolo *m*; [on agenda] punto *m*.

itemize, -ise UK ['aɪtəmaɪz] *vt* elencare.

itinerary [aɪ'tɪnərərɪ] *n* itinerario *m*.

it'll [ɪtl] *abbr of* **it will**.

its [ɪts] *poss adj* suo(sua, suoi, sue); **the house and its occupants** la casa e i suoi occupanti.

it's [ɪts] *abbr of* **it is**, **it has**.

itself [ɪt'self] *pron* - **1**. *(reflexive)* si; **the cat was licking itself** il gatto si stava leccando - **2**. *(stressed)*: **the town itself is lovely** la città è bellissima; **in itself** di per sé.

I've [aɪv] *abbr of* **I have**.

ivory ['aɪvərɪ] *n* (U) avorio *m*.

ivy ['aɪvɪ] *n* (U) edera *f*.

Ivy League *n* US gruppo di otto antiche e prestigiose università del nord-est degli Stati Uniti.

j (*pl* **j's** OR **js**), **J** (*pl* **J's** OR **Js**) [dʒeɪ] *n* [letter] j *m* o *f inv*, J *m* o *f inv*.

jab [dʒæb] ⬦ *n* - **1**. [push] colpo *m* - **2**. UK *inf* [injection] puntura *f*. ⬦ *vt*: **to jab sthg at sb/ sthg** punzecchiare qn/qc con qc; **to jab sthg into sb/sthg** conficcare qc in qn/qc.

jabber ['dʒæbər] *vt* & *vi* farfugliare.

jack [dʒæk] *n* - **1**. [for vehicle] cric *m inv* - **2**. [playing card] jack *m inv*, fante *m*. ◆ **jack up** *vt sep* - **1**. [car] sollevare con il cric - **2**. [prices] aumentare.

jackal ['dʒækəl] *n* sciacallo *m*.

jackdaw ['dʒækdɔ:] *n* taccola *f*.

jacket ['dʒækɪt] *n* - **1**. [garment] giacca *f* - **2**. UK [potato skin] buccia *f* - **3**. [book cover] sovraccoperta *f* - **4**. [of record] copertina *f* - **5**. [of boiler] camicia *f*.

jacket potato *n* UK patata intera cotta al forno con la buccia.

jack knife *n* [tool] coltello *m* a serramanico. ◆ **jack-knife** *vi* [truck, lorry] sbandare ripiegandosi su se stesso.

jack plug *n* presa *f* jack *(inv)*, jack *m inv*.

jackpot ['dʒækpɒt] *n* jackpot *m inv*, montepremi *m inv*.

jaded ['dʒeɪdɪd] *adj* sazio(a), nauseato(a).

jagged ['dʒægɪd] *adj* [edge, tear] dentellato(a); [rocks] frastagliato(a).

jail [dʒeɪl] ⬦ *n* prigione *f*, carcere *m*. ⬦ *vt* mandare in prigione.

jailer ['dʒeɪlər] *n* carceriere *m*, -a *f*.

jam [dʒæm] ⬦ *n* - **1**. (U) [preserve] marmellata *f* - **2**. [of traffic] ingorgo *m* - **3**. *inf* [difficult situation]: **to get into/be in a jam** finire in/essere in un casino. ⬦ *vt* - **1**. [place roughly]: **to jam sthg on/into sthg** ficcare qc su/in qc - **2**. [window, door] bloccare; [mechanism] fare inceppare - **3**. [streets, town] affollare, intasare - **4**. [switchboard] intasare - **5**. [radio, broadcast, signal] disturbare con interferenze. ⬦ *vi* [stick] bloccarsi. ◆ **jam on** *vt sep*: **to jam on the brakes** frenare di colpo.

Jamaica [dʒə'meɪkə] *n* Giamaica *f*.

jam-packed [-'pækt] *adj inf* strapieno(a).

jangle ['dʒæŋgl] ⬦ *vt* far tintinnare. ⬦ *vi* tintinnare.

janitor ['dʒænɪtər] *n* US & Scotland [caretaker] portiere *m*.

January ['dʒænjʊərɪ] *n* gennaio *m*, see also **September**.

Japan [dʒə'pæn] *n* Giappone *m*.

Japanese [,dʒæpə'ni:z] (*pl* **Japanese**) ⬦ *adj* giapponese. ⬦ *n* - **1**. [person] giapponese *mf* - **2**. [language] giapponese *m*. ⬦ *npl*: **the Japanese** i giapponesi.

jar [dʒɑ:r] ⬦ *n* barattolo *m*, vasetto *m*. ⬦ *vt* [shake] scuotere. ⬦ *vi* - **1**. [noise, voice]: **to jar (on sb)** dare sui nervi (a qn) - **2**. [colours] stonare; [opinions] contrastare.

jargon ['dʒɑ:gən] *n* (U) gergo *m*.

jaundice ['dʒɔ:ndɪs] *n* (U) itterizia *f*.

jaundiced ['dʒɔ:ndɪst] *adj fig* [attitude, view] cinico(a).

jaunt [dʒɔ:nt] *n* gita *f*.

jaunty ['dʒɔ:ntɪ] *adj* sbarazzino(a).

javelin ['dʒævlɪn] *n* giavellotto *m*.

jaw [dʒɔ:] *n* [of person, animal] mascella *f*; [of vice] ganascia *f*.

jawbone ['dʒɔ:bəʊn] *n* mandibola *f*.

jay [dʒeɪ] *n* ghiandaia *f*.

jaywalker ['dʒeɪwɔ:kər] *n* pedone *m* indisciplinato *(nell'attraversare la strada)*.

jazz [dʒæz] *n* MUS jazz *m inv.* ◆ **jazz up** *vt sep inf* ravvivare.

jazzy ['dʒæzɪ] *adj* [bright] vivace.

jealous ['dʒeləs] *adj* - 1. [envious]: **jealous (of sb/sthg)** invidioso(a) (di qn/qc) - 2. [possessive]: **jealous (of sb/sthg)** geloso(a) (di qn/qc).

jealousy ['dʒeləsɪ] *n. (U)* - 1. [envy] invidia *f* - 2. [resentment] gelosia *f.*

jeans [dʒiːnz] *npl* jeans *mpl.*

Jeep® [dʒiːp] *n* jeep® *f inv.*

jeer [dʒɪəʳ] ◇ *vt* sbeffeggiare. ◇ *vi* farsi beffe di; **to jeer at sb** sbeffeggiare qn.

Jehovah's Witness [dʒɪ'həʊvəz-] *n* testimone *mf* di Geova.

Jello® ['dʒeləʊ] *n (U)* US gelatina *f.*

jelly ['dʒelɪ] *n* - 1. UK [dessert] gelatina *f* - 2. [jam] marmellata *f.*

jellyfish ['dʒelɪfɪʃ] *(pl* **jellyfish** OR **-es**) *n* medusa *f.*

jeopardize, -ise UK ['dʒepədaɪz] *vt* compromettere, mettere a repentaglio.

jerk [dʒɜːk] ◇ *n* - 1. [movement] scatto *m*, movimento *m* brusco - 2. *inf pej* [fool] cretino *m*, -a *f.* ◇ *vi* [person] sussultare; [vehicle] sobbalzare.

jersey ['dʒɜːzɪ] *(pl* **jerseys**) *n* - 1. SPORT maglia *f* - 2. UK [sweater] maglione *m* - 3. *(U)* [cloth] maglina *f*, jersey *m inv.*

Jersey ['dʒɜːzɪ] *n* Jersey *m inv.*

jest [dʒest] *n dated* scherzo *m*; **in jest** per scherzo.

Jesus (Christ) ['dʒiːzəs kraɪst] ◇ *n* Gesù (Cristo) *m.* ◇ *excl inf* Cristo!

jet [dʒet] *n* - 1. [aircraft] jet *m inv* - 2. [stream] getto *m* - 3. [nozzle, outlet] ugello *m.*

jet-black *adj* corvino(a).

jet engine *n* motore *m* a reazione, reattore *m.*

jetfoil ['dʒetfɔɪl] *n* aliscafo *m.*

jet lag *n (U)* jet lag *m inv.*

jetsam ['dʒetsəm] *n* ⊳ **flotsam**.

jettison ['dʒetɪsən] *vt* - 1. [cargo, bombs] gettare, scaricare - 2. *fig* [idea, possession, hope] buttare a mare.

jetty ['dʒetɪ] *n* imbarcadero *m.*

Jew [dʒuː] *n* ebreo *m*, -a *f.*

jewel ['dʒuːəl] *n* - 1. [gemstone] pietra *f* preziosa - 2. [piece of jewellery] gioiello *m* - 3. [in watch] rubino *m.*

jeweller UK, **jeweler** US ['dʒuːələʳ] *n* gioielliere *m*, -a *f*; **jeweller's (shop)** gioielleria *f.*

jewellery UK, **jewelry** US ['dʒuːəlrɪ] *n (U)* gioielli *mpl.*

Jewess ['dʒuːɪs] *n dated* & *offens* ebrea *f.*

Jewish ['dʒuːɪʃ] *adj* [person] ebreo(a); [law, wedding] ebraico(a).

jibe [dʒaɪb] *n* malignità *f inv.*

jiffy ['dʒɪfɪ] *n inf*: **in a jiffy** in un batter d'occhi.

Jiffy bag® *n* UK busta *f* imbottita.

jig [dʒɪg] *n* [dance] giga *f.*

jigsaw (puzzle) ['dʒɪgsɔː 'pʌzl] *n* puzzle *m inv.*

jilt [dʒɪlt] *vt* piantare.

jingle ['dʒɪŋgl] ◇ *n* - 1. [sound] tintinnio *m* - 2. [song] jingle *m inv.* ◇ *vi* tintinnare.

jinx [dʒɪŋks] *n* [bad luck] iella *f*, iettatura *f*; [person] iettatore *m*, -trice *f*; [thing] oggetto *m* che porta iella.

jitters ['dʒɪtəz] *npl inf*: **the jitters** la fifa; **to have/get the jitters** avere/prendersi una fifa tremenda.

job [dʒɒb] *n* - 1. [paid employment] lavoro *m*, impiego *m* - 2. [task, piece of work] lavoro *m* - 3. UK *inf* [difficult time]: **we had a job doing it** è stato un'impresa farlo - 4. *inf* [crime] lavoretto *m*, colpo *m*; **that's just the job** UK *inf* è proprio quello che ci vuole.

job centre *n* UK ≃ ufficio *m* di collocamento.

jobless ['dʒɒblɪs] *adj* disoccupato(a).

Job Seekers Allowance *n* UK ≃ sussidio *m* di disoccupazione.

jobsharing ['dʒɒbʃeərɪŋ] *n (U)* condivisione di un posto di lavoro.

jockey ['dʒɒkɪ] *(pl* **jockeys**) ◇ *n* fantino *m*, -a *f.* ◇ *vi*: **to jockey for position** lottare per ottenere una posizione migliore.

jocular ['dʒɒkjʊləʳ] *adj* - 1. [person] scherzoso(a), gioviale - 2. [remark] spiritoso(a).

jodhpurs ['dʒɒdpəz] *npl* pantaloni *mpl* alla cavallerizza.

jog [dʒɒg] ◇ *n* [run] corsa *f* leggera; **to go for a jog** fare jogging. ◇ *vt* [nudge] urtare; **to jog sb's memory** risvegliare la memoria a qn. ◇ *vi* [run] fare jogging.

jogging ['dʒɒgɪŋ] *n* jogging *m inv.*

john [dʒɒn] *n* US *inf* [toilet] gabinetto *m.*

join [dʒɔɪn] ◇ *n* giuntura *f.* ◇ *vt* - 1. [connect] unire, congiungere - 2. [get together with] raggiungere - 3. [become a member of] iscriversi a; [army] entrare in, arruolarsi in - 4. [take part in] unirsi a; **to join a queue** UK, **to join a line** US mettersi in fila. ◇ *vi* - 1. [rivers] confluire; [edges, pieces] unirsi, congiungersi - 2. [become a member] iscriversi. ◆ **join in** ◇ *vt insep* prendere parte a. ◇ *vi* partecipare. ◆ **join up** *vi* MIL arruolarsi.

joiner ['dʒɔɪnəʳ] *n* falegname *m.*

joint [dʒɔɪnt] <> *adj* [effort, property] comune, collettivo(a); [responsibility] congiunto(a); **joint owner** comproprietario *m*, -a *f*. <> *n* - **1.** ANAT articolazione *f*, giuntura *f* - **2.** [where things are joined] giuntura *f* - **3.** [of meat] taglio *m* di carne *(per arrosto)* - **4.** *inf pej* [place] bettola *f*, locale *m* - **5.** *drug sl* [cannabis cigarette] joint *m inv*, spinello *m*.

joint account *n* conto *m* cointestato.

jointly ['dʒɔɪntlɪ] *adv* in comune, congiuntamente.

joke [dʒəʊk] <> *n* [funny action] scherzo *m*; [funny story] barzelletta *f*; **to tell a joke** raccontare una barzelletta; **to play a joke on sb** fare uno scherzo a qn; **it's no joke** [not easy] non è uno scherzo. <> *vi* scherzare; **you're joking** stai scherzando; **to joke about sthg** prendersi gioco di qc, scherzare su qc.

joker ['dʒəʊkər] *n* - **1.** [person] giocherellone *m*, -a *f*, burlone *m*, -a *f* - **2.** [playing card] jolly *m inv*.

jolly ['dʒɒlɪ] <> *adj* allegro(a). <> *adv UK inf dated* molto.

jolt [dʒəʊlt] <> *n* - **1.** [jerk] scossone *m*, sobbalzo *m* - **2.** [shock] schock *m inv*. <> *vt* - **1.** [jerk] scuotere - **2.** [shock] colpire.

jostle ['dʒɒsl] *vt* & *vi* spintonare.

jot [dʒɒt] *n dated* briciolo *m*. ◆ **jot down** *vt sep* annotare.

journal ['dʒɜːnl] *n* - **1.** [magazine] rivista *f (specializzata)* - **2.** [diary] diario *m*.

journalism ['dʒɜːnəlɪzm] *n* (U) giornalismo *m*.

journalist ['dʒɜːnəlɪst] *n* giornalista *mf*.

journey ['dʒɜːnɪ] *(pl* journeys) *n* viaggio *m*.

jovial ['dʒəʊvjəl] *adj* gioviale.

joy [dʒɔɪ] *n* gioia *f*.

joyful ['dʒɔɪfʊl] *adj* gioioso(a).

joystick ['dʒɔɪstɪk] *n* - **1.** [in aircraft] barra *f* di comando - **2.** [for computers, video games] joystick *m inv*.

Jr. *(abbr of* Junior) Jr.

jubilant ['dʒuːbɪlənt] *adj* giubilante.

jubilee ['dʒuːbɪliː] *n* giubileo *m*.

judge [dʒʌdʒ] <> *n* - **1.** [gen & LAW] giudice *m* - **2.** SPORT giudice *m* di gara. <> *vt* giudicare. <> *vi* giudicare; **to judge from** OR **by**, **judging from** OR **by** a giudicare da.

judg(e)ment ['dʒʌdʒmənt] *n* - **1.** LAW giudizio *m*, sentenza *f* - **2.** [opinion] giudizio *m* - **3.** (U) [ability to form opinion] giudizio *m*, parere *m* - **4.** [punishment] castigo *m*, punizione *f*.

judicial [dʒuː'dɪʃl] *adj* giudiziario(a).

judiciary [dʒuː'dɪʃərɪ] *n*: **the judiciary** la magistratura.

judicious [dʒuː'dɪʃəs] *adj* giudizioso(a).

judo ['dʒuːdəʊ] *n* (U) judo *m*.

jug [dʒʌg] *n esp UK* brocca *f*; **milk jug** bricco *m* del latte.

juggernaut ['dʒʌgənɔːt] *n* [truck] grosso camion *m inv*.

juggle ['dʒʌgl] <> *vt* - **1.** [throw] fare giochi di destrezza con - **2.** [rearrange] giostrare con. <> *vi* - **1.** [as entertainment] fare giochi di destrezza - **2.** [with figures, ideas] giostrare; **to juggle with sthg** giostrare con.

juggler ['dʒʌglər] *n* giocoliere *m*, -a *f*.

juice [dʒuːs] *n* [from fruit, vegetables] succo *m*.

juicy ['dʒuːsɪ] *adj* [fruit] succoso(a).

jukebox ['dʒuːkbɒks] *n* jukebox *m inv*.

July [dʒuː'laɪ] *n* luglio *m*, see also **September**.

jumble ['dʒʌmbl] <> *n* [mixture] miscuglio *m*. <> *vt*: **to jumble (up)** mischiare.

jumble sale *n UK* vendita *f* di beneficenza *(di articoli di seconda mano)*.

jumbo jet ['dʒʌmbəʊ-] *n* jumbo jet *m inv*.

jumbo-sized ['dʒʌmbəʊ-] *adj* formato gigante *(inv)*.

jump [dʒʌmp] <> *n* - **1.** [leap] salto *m* - **2.** [rapid increase] balzo *m*. <> *vt* - **1.** [cross by leaping] saltare - **2.** *inf* [attack] saltare addosso a. <> *vi* - **1.** [leap] saltare - **2.** [make a sudden movement] sobbalzare - **3.** [increase rapidly] aumentare rapidamente. ◆ **jump at** *vt insep fig* cogliere al volo. ◆ **jump in** *vi* [get in vehicle] salire. ◆ **jump out** *vi* [get out of vehicle] scendere. ◆ **jump up** *vi* [get up quickly] saltare in piedi.

jumper ['dʒʌmpər] *n* - **1.** *UK* [pullover] maglione *m*, pullover *m inv* - **2.** *US* [dress] scamiciato *m*.

jump leads *UK*, **jumper cables** *US npl* cavi *mpl* per batteria.

jump-start *vt* far partire con i cavi.

jumpsuit ['dʒʌmpsuːt] *n* tuta *f* intera.

jumpy ['dʒʌmpɪ] *adj* nervoso(a).

junction ['dʒʌŋkʃn] *n* [in road] incrocio *m*; [on railway] nodo *m*.

June [dʒuːn] *n* giugno *m*, see also **September**.

jungle ['dʒʌŋgl] *n lit* & *fig* giungla *f*.

junior ['dʒuːnjər] <> *adj* - **1.** [younger] minore - **2.** [lower in rank] subalterno(a), di grado inferiore - **3.** [after name] junior *(inv)*. <> *n* - **1.** [person of lower rank] subalterno *m*, -a *f* - **2.** [younger person] persona *f* più giovane - **3.** *US* SCH & UNIV *studente del penultimo anno*.

junior high school n US ≃ scuola secondaria di primo grado *(dai 12 a 15 anni)*.

junior school n UK ≃ scuola f elementare *(dai 7 agli 11 anni)*.

junk [dʒʌŋk] n - 1. *inf* [unwanted things] cianfrusaglie *fpl* - 2. [boat] giunca f.

junk food n *pej* schifezze *fpl*.

junkie ['dʒʌŋkɪ] n *inf* drogato m, -a f.

junk mail n *pej* posta spazzatura f *inv*.

junk shop n negozio m di rigattiere.

Jupiter ['dʒu:pɪtəʳ] n Giove m.

jurisdiction [,dʒʊərɪs'dɪkʃn] n *(U)* giurisdizione f.

juror ['dʒʊərəʳ] n giurato m, -a f.

jury ['dʒʊərɪ] n giuria f.

just [dʒʌst] ⋄ *adv* - 1. [gen] proprio; **I was just about to go out** stavo proprio per uscire; **I'm just going to do it now** lo faccio subito; **just then** proprio allora; **just here/there** proprio qui/là; **just as I was leaving** proprio mentre stavo andando via; **that's just what I need!** è proprio quello che mi ci vuole! - 2. [only, simply] solo; **she's just a baby** non è che una bambina; **just a minute** OR **moment** OR **second!** un attimo! - 3. [recently] appena; **he's just left** se n'è appena andato - 4. [barely, almost not] appena, a malapena; **I only just missed the train** ho perso il treno per pochissimo - 5. [for emphasis]: **just look at this mess!** ma guarda che disordine!; **I just know I'm right** sono sicuro di avere ragione; **I just can't believe it** non riesco proprio a crederci - 6. [in requests]: **could I just have the salt?** posso avere il sale?; **could you just move over, please?** le spiacerebbe spostarsi un po', per favore? ⋄ *adj* [fair] giusto(a). ◆ **just about** *adv* più o meno, quasi. ◆ **just as** *adv* [in comparisons] altrettanto; **just as... as...** tanto... quanto... ◆ **just now** *adv* - 1. [a short time ago] un attimo fa - 2. [at this moment] al momento.

justice ['dʒʌstɪs] n *(U)* - 1. [fairness, power of law] giustizia f - 2. [of a cause, claim] legittimità f.

justify ['dʒʌstɪfaɪ] *vt* [gen & COMPUT] giustificare.

justly ['dʒʌstlɪ] *adv* giustamente.

jut [dʒʌt] *vi*: **to jut (out)** sporgere.

juvenile ['dʒu:vənaɪl] ⋄ *adj* - 1. LAW minorile - 2. *pej* [childish] puerile, infantile. ⋄ n LAW minore mf.

juxtapose [,dʒʌkstə'pəʊz] *vt*: **to juxtapose sthg with sthg** giustapporre qc a qc.

k *(pl* k's OR ks*)*, **K** *(pl* K's OR Ks*)* [keɪ] ⋄ n [letter] k m of inv, K m of inv. ⋄ n - 1. *(abbr of kilobyte)* kbyte - 2. *(abbr of thousand)* [pounds] mille sterline; [dollars] mille dollari.

kabob [kə'bɒb] n US = kebab.

kaleidoscope [kə'laɪdəskəʊp] n *lit* & *fig* caleidoscopio m.

kangaroo [,kæŋgə'ru:] n canguro m.

kaput [kə'pʊt] *adj* *inf* andato(a), kaputt *(inv)*.

karaoke [,kærə'əʊkɪ] n karaoke m *inv*.

karat ['kærət] n US carato m.

karate [kə'rɑ:tɪ] n *(U)* karate m.

kayak ['kaɪæk] n kayak m *inv*.

KB *(abbr of kilobyte(s))* n COMPUT kbyte.

kcal *(abbr of kilocalorie)* kcal.

kebab UK [kɪ'bæb], **kabob** US n spiedino m.

keel [ki:l] n chiglia f; **on an even keel** in equilibrio stabile. ◆ **keel over** *vi* [ship] rovesciarsi; [person] cadere a terra.

keen [ki:n] *adj* - 1. *esp* UK [enthusiastic] appassionato(a); **to be keen on sthg** essere appassionato di qc; **she's very keen on you** le piaci molto; **to be keen to do** OR **on doing sthg** aver voglia di fare qc - 2. [interest, desire] vivo(a); [competition] accanito(a) - 3. [eyesight, mind] acuto(a); [ear, sense of smell] fino(a) - 4. [wind] tagliente.

keep [ki:p] *(pt* & *pp* **kept)** ⋄ *vt* - 1. [gen] tenere; **to keep sb waiting** fare aspettare qn; **keep the change** tenere il resto - 2. [continue]: **to keep doing sthg** continuare a fare qc - 3. [prevent]: **to keep sb/sthg from doing sthg** trattenere qn/qc dal fare qc - 4. [detain] tenere, trattenere; **to keep sb (from sthg)** trattenere qn (da qc) - 5. [promise, secret] mantenere; [appointment] rispettare - 6. [withhold news or fact of]: **to keep sthg from sb** nascondere qc a qn; **to keep sthg to o.s.** tenere qc per sé - 7. [in writing] tenere; **to keep a diary** tenere un diario; **to keep a record/an account of sthg** tenere un resoconto di qc - 8. [farm animals] tenere, allevare; **to keep o.s to o.s.** starsene per conto proprio. ⋄ *vi* - 1. [remain, stay] stare, restare; **to keep warm** tenersi caldo(a); **to keep quiet/calm** stare zitto(a)/calmo(a) - 2. [continue moving] continuare; **to keep to the left** tenere la sinistra - 3. [last, stay fresh] mantenersi, conservarsi - **4.** [in health] stare; **how are you keeping?** come stai? ⬦ *n (U)* [food, board]: **to earn one's keep** lavorare in cambio di vitto e alloggio. ◆ **for keeps** *adv inf* per sempre. ◆ **keep back** *vt sep* [information] non rivelare; [money] trattenere. ◆ **keep off** ⬦ *vt sep* [rain, sun] ripararsi da; [attacker, dog] difendersi da. ⬦ *vt insep* [avoid]: **'keep off the grass'** 'vietato calpestare l'erba'. ◆ **keep on** ⬦ *vi* - **1.** [continue] continuare - **2.** [talk incessantly]: **to keep on (about sthg)** non smettere di•parlare (di qc). ⬦ *vt* [continue]: **to keep on doing sthg** continuare a fare qc. ◆ **keep out** ⬦ *vt sep* tenere fuori. ⬦ *vi*: **'keep out'** 'vietato l'ingresso'. ◆ **keep to** *vt insep* - **1.** [deadline, rules, plan] rispettare, attenersi a - **2.** [point] attenersi a; [path] mantenere. ◆ **keep up** ⬦ *vt sep* - **1.** [prevent from falling] reggere, tenere su - **2.** [maintain, continue] mantenere; **keep up the good work** continua a lavorare così - **3.** [prevent from going to bed] non lasciare andare a dormire. ⬦ *vi* [maintain pace, level] tenere il passo; **to keep up with sb** mantenersi al passo con qn; **to keep up (with sthg)** tenersi aggiornato(a) (su qc).

keeper ['ki:pər] *n* - **1.** [in zoo] guardiano *m*, -a *f* - **2.** [curator] custode *mf* - **3.** UK *inf* SPORT portiere *m*.

keep-fit UK *n (U)* ginnastica *f*.

keeping ['ki:pɪŋ] *n* - **1.** [care] custodia *f* - **2.** [conformity, harmony]: **in/out of keeping with sthg** in/non in linea con qc.

keepsake ['ki:pseɪk] *n* ricordo *m*, souvenir *m inv*.

kennel ['kenl] *n* - **1.** [shelter for dog] cuccia *f* - **2.** [for boarding pets] = **kennels**. ◆ **kennels** *npl* UK [for boarding pets] canile *m (sing)*.

Kenya ['kenjə] *n* Kenia *m*.

Kenyan ['kenjən] ⬦ *adj* keniota. ⬦ *n* keniota *mf*.

kept [kept] *pt & pp* ▷ **keep**.

kerb [kɜ:b] *n* UK bordo *m* del marciapiede.

kernel ['kɜ:nl] *n* [of nut] gheriglio *m*.

kerosene ['kerəsi:n] *n (U)* esp US cherosene *m*.

ketchup ['ketʃəp] *n (U)* ketchup *m*.

kettle ['ketl] *n* bollitore *m*.

key [ki:] ⬦ *n* - **1.** [for lock, of piece of music] chiave *f* - **2.** [of keyboard] tasto *m* - **3.** [explanatory list] legenda *f* - **4.** [solution, answer]: **the key (to sthg)** la chiave (di qc). ⬦ *adj* [main] chiave (*inv*).

keyboard ['ki:bɔ:d] *n* tastiera *f*.

keyed up [ki:d-] *adj inf* teso(a).

keyhole ['ki:həʊl] *n* buco *m* della serratura.

keynote ['ki:nəʊt] ⬦ *n* [main point] nota *f* dominante. ⬦ *comp* principale.

keypad ['ki:pæd] *n* COMPUT tastierino *m* numerico.

key ring *n* portachiavi *m inv*.

kg (*abbr of* **kilogram**) kg.

khaki ['kɑ:kɪ] ⬦ *adj* cachi *inv*. ⬦ *n* [colour] cachi *m*.

kHz (*abbr of* **kilohertz**) *n* kHz.

kick [kɪk] ⬦ *n* - **1.** [with foot] calcio *m*, pedata *f* - **2.** *inf* [thrill]: **to do sthg for kicks** fare qc per divertimento; **to get a kick from sthg** trovare qc eccitante, provare gusto in qc. ⬦ *vt* - **1.** [with foot] dare un calcio a; **to kick o.s.** *fig* prendersi a schiaffi - **2.** *inf* [give up] perdere, smettere. ⬦ *vi* [person, baby, animal] dare un calcio, scalciare. ◆ **kick off** *vi* - **1.** FTBL dare il calcio d'inizio - **2.** *inf fig* [start] iniziare. ◆ **kick out** *vt sep inf* buttare fuori.

kid [kɪd] ⬦ *n* - **1.** *inf* [child, young person] bambino *m*, -a *f*, bimbo *m*, -a *f*; **I've got four kids** ho quattro figli - **2.** [young goat, leather] capretto *m*. ⬦ *comp inf* [brother, sister] minore. ⬦ *vt inf* - **1.** [tease] prendere in giro - **2.** [delude]: **to kid o.s.** farsi delle illusioni. ⬦ *vi inf*: **to be kidding** stare scherzando.

kidnap ['kɪdnæp] (*US pt & pp* **-ed**, *cont* **-ing**) *vt* rapire, sequestrare.

kidnapper, kidnaper US ['kɪdnæpər] *n* rapitore *m*, -trice *f*, sequestratore *m*, -trice *f*.

kidnapping, kidnaping US ['kɪdnæpɪŋ] *n* sequestro *m (di persona)*, rapimento *m*.

kidney ['kɪdnɪ] (*pl* **kidneys**) *n* - **1.** ANAT rene *m* - **2.** CULIN rognone *m*.

kidney bean *n* fagiolo *m* rosso.

kill [kɪl] ⬦ *vt* - **1.** [cause death of] uccidere; **to kill o.s.** uccidersi - **2.** [murder] uccidere, ammazzare - **3.** *inf fig* [cause pain to] far male a morire - **4.** *fig* [cause to end, fail] stroncare. ⬦ *vi* uccidere. ⬦ *n* [killing] uccisione *f*.

killer ['kɪlər] *n* [person] assassino *m*, -a *f*; [animal] predatore *m*, -trice *f*.

killing ['kɪlɪŋ] *n* - **1.** [murder] uccisione *f*, assassinio *m* - **2.** *inf* [profit]: **to make a killing** fare un colpo grosso.

killjoy ['kɪldʒɔɪ] *n* guastafeste *mf inv*.

kiln [kɪln] *n* forno *m* per ceramica.

kilo ['ki:ləʊ] (*pl* **-s**) (*abbr of* **kilogram**) *n* chilo *m*.

kilobyte ['kɪləbaɪt] *n* kilobyte *m inv*.

kilogram, kilogramme UK ['kɪləgræm] *n* kilogrammo *m*.

kilohertz ['kɪlə,hɜ:ts] (*pl* **kilohertz**) *n* kilohertz *m inv*.

kilometre *UK*, **kilometer** *US* [kɪ'lɒmɪtəʳ, 'kɪlə,miːtəʳ, *UK*] *n* kilometro *m*, chilometro *m*.

kilowatt ['kɪlə,wɒt] *n* kilowatt *m inv*.

kilt [kɪlt] *n* kilt *m inv*.

kin [kɪn] *n* ⊳ **kith**.

kind [kaɪnd] ⬦ *adj* gentile. ⬦ *n* tipo *m*, genere *m*; **a kind of** una specie di; **kind of** *inf* un po'; **in kind** [payment] in natura; **an agreement of a kind** un accordo di qualche tipo; **to be two of a kind** essere della stessa pasta.

kindergarten ['kɪndə,gɑːtn] *n* - 1. *UK* [nursery school] ≃ asilo *m* infantile - 2. *US* [for first year at school] *primo anno della scuola elementare per bambini di 5 o 6 anni.*

kind-hearted [-'hɑːtɪd] *adj* di buon cuore.

kindle ['kɪndl] *vt* - 1. [fire] accendere - 2. *fig* [idea, feeling] ispirare.

kindly ['kaɪndlɪ] ⬦ *adj* gentile. ⬦ *adv* - 1. [gently, favourably] gentilmente, amabilmente - 2. [please] per favore.

kindness ['kaɪndnɪs] *n* gentilezza *f*.

kindred ['kɪndrɪd] *adj* [similar] affine, simile; **kindred spirit** anima *f* gemella.

king [kɪŋ] *n* re *m inv*.

kingdom ['kɪŋdəm] *n* regno *m*.

kingfisher ['kɪŋ,fɪʃəʳ] *n* martin *m inv* pescatore.

king-size(d) [-saɪz(d)] *adj* [bed] gigante; [cigarette] extralungo(a).

kinky ['kɪŋkɪ] *adj inf* [idea, behaviour] eccentrico(a), stravagante; [sex] da pervertito.

kiosk ['kiːɒsk] *n* - 1. [small shop] chiosco *m* - 2. *UK dated* [telephone box] cabina *f* telefonica.

kip [kɪp] *UK inf* ⬦ *n* sonnellino *m*, pisolino *m*. ⬦ *vi* fare un sonnellino OR pisolino.

kipper ['kɪpəʳ] *n* aringa *f* affumicata.

kiss [kɪs] ⬦ *n* bacio *m*; **to give sb a kiss** dare un bacio a qn. ⬦ *vt* [person] baciare; **to kiss sb's cheek, to kiss sb on the cheek** baciare qn sulla guancia. ⬦ *vi* baciarsi.

kiss of life *n*: **the kiss of life** la respirazione bocca a bocca.

kit [kɪt] *n* - 1. [set] kit *m inv*, attrezzatura *f*; **tool kit** cassetta *f* degli attrezzi - 2. *(U) UK* [clothes] equipaggiamento *m* - 3. [to be assembled] kit *m inv*, scatola *f* di montaggio.

kitchen ['kɪtʃɪn] *n* cucina *f*.

kitchen roll *n UK* Scottex® *m inv*, carta *f* da cucina.

kitchen sink *n* lavello *f*.

kitchen unit *n* elemento *m* di cucina.

kite [kaɪt] *n* [toy] aquilone *m*.

kitesurfing ['kaɪtsɜːfɪŋ] *n* kitesurf *m inv*.

kith [kɪθ] *n*: **kith and kin** *dated* amici e parenti *mpl*.

kitten ['kɪtn] *n* gattino *m*, -a *f*, micino *m*, -a *f*.

kitty ['kɪtɪ] *n* [shared fund - for bills, drinks] cassa *f* comune; [- in card games] piatto *m*.

kiwi ['kiːwiː] *n* - 1. [bird] kiwi *m inv* - 2. *inf* [New Zealander] neozelandese *mf*.

kiwi fruit *n* kiwi *m inv*.

km (*abbr of* **kilometre**) km.

km/h (*abbr of* **kilometres per hour**) km/h.

knack [næk] *n inf* destrezza *f*, abilità *f inv*; **there's a knack to it** c'è il trucco; **to have the knack of doing sthg** avere il dono di fare qc; **to have a knack for doing sthg** avere il dono di fare qc.

knackered ['nækəd] *adj UK v inf* distrutto(a), a pezzi.

knapsack ['næpsæk] *n* zaino *m*.

knead [niːd] *vt* [dough, clay] impastare.

knee [niː] *n* ANAT ginocchio *m*.

kneecap ['niːkæp] *n* rotula *f*.

kneel [niːl] (*UK pt & pp* **knelt**; *US pt & pp* **knelt** OR **-ed**) *vi* inginocchiarsi.
◆ **kneel down** *vi* inginocchiarsi.

knelt [nelt] *pt & pp* ⊳ **kneel**.

knew [njuː] *pt* ⊳ **know**.

knickers ['nɪkəz] *npl* - 1. *UK* [underwear] slip *mpl* (da donna), mutandine *fpl* - 2. *US* [knickerbockers] pantaloni *mpl* alla zuava.

knick-knack ['nɪknæk] *n* ninnolo *m*.

knife [naɪf] (*pl* **knives**) ⬦ *n* coltello *m*. ⬦ *vt* accoltellare.

knight [naɪt] ⬦ *n* - 1. [man] cavaliere *m* - 2. [in chess] cavallo *m*. ⬦ *vt UK* fare cavaliere.

knighthood ['naɪthʊd] *n UK* titolo *m* di cavaliere.

knit [nɪt] (*pt & pp* **knit** OR **-ted**) ⬦ *adj*: **closely** OR **tightly knit** *fig* molto unito(a). ⬦ *vt* [make with wool] fare a maglia. ⬦ *vi* - 1. [with wool] lavorare a maglia - 2. [join] saldarsi.

knitting ['nɪtɪŋ] *n (U)* lavoro *m* a maglia.

knitting needle *n* ferro *m* da calza.

knitwear ['nɪtweəʳ] *n (U)* maglieria *f*.

knives [naɪvz] *pl* ⊳ **knife**.

knob [nɒb] *n* - 1. [on door, drawer, walking stick] pomo *m* - 2. [on TV, radio] manopola *f*.

knock [nɒk] ⬦ *n* - 1. [hit] colpo *m*, botta *f*; **they heard a knock at the door** sentirono bussare alla porta - 2. *inf* [piece of bad luck] mazzata *f*, brutto colpo *m*. ⬦ *vt* - 1. [head, table] urtare; [nail] battere; **to knock a hole in the wall** fare un buco nel muro - 2. *inf* [criticize] criticare. ◇ vi - 1. [on door]: **to knock at** OR **on sthg** bussare a qc - 2. [car engine] battere in testa. ◆ **knock down** vt sep - 1. [subj: car, driver] investire - 2. [building] buttare giù, abbattere. ◆ **knock off** vi inf [stop working] staccare. ◆ **knock out** vt sep - 1. [make unconscious] mettere fuori combattimento, stordire - 2. [from competition] mettere fuori combattimento, mettere k.o. ◆ **knock over** vt sep - 1. [push over - person] far cadere; [- glass, bottle] rovesciare - 2. UK [in car] investire.

knocker ['nɒkər] n [on door] battente m.

knock-on effect n UK reazione f a catena.

knockout ['nɒkaʊt] n - 1. [in boxing] knockout m inv, fuori combattimento m inv - 2. inf [sensation] schianto m.

knot [nɒt] ◇ n - 1. [gen] nodo m; **to tie/untie a knot** fare/disfare un nodo - 2. [of people] capannello m. ◇ vt [rope, string] annodare.

know [nəʊ] (pt knew, pp known) ◇ vt - 1. [person, place] conoscere; **to get to know sb** fare la conoscenza di qn - 2. [fact, information] conoscere, sapere; **to know (that)** sapere che; **to get to know sthg** venire a sapere qc - 3. [language, skill] sapere; **to know how to do sthg** sapere come si fa (a fare) qc - 4. [recognize] riconoscere - 5. [distinguish] sapere distinguere - 6. [nickname, call]: **to be known as** essere conosciuto(a) come. ◇ vi sapere; **to know of sb** aver sentito parlare di qn; **to know of sthg** sapere di qc; **to know about sthg** [be aware of] essere al corrente di qc; [be expert in] intendersi di qc; **you know** [for emphasis, to add information] sai. ◇ n: **to be in the know** essere al corrente.

know-all UK, **know-it-all** n inf sapientone m, -a f.

know-how n inf capacità f tecnica.

knowing ['nəʊɪŋ] adj [look, smile] complice, d'intesa.

knowingly ['nəʊɪŋlɪ] adv - 1. [look, smile] con complicità - 2. [act] consapevolmente.

know-it-all n inf = **know-all**.

knowledge ['nɒlɪdʒ] n - 1. [learning] conoscenza f - 2. [awareness] conoscenza f, consapevolezza f; **to (the best of) my knowledge** per quanto ne sappia; **without my knowledge** a mia insaputa.

knowledgeable ['nɒlɪdʒəbl] adj ben informato(a).

known [nəʊn] pp ▷ **know**.

knuckle ['nʌkl] n - 1. ANAT nocca f - 2. [of meat] stinco m.

koala (bear) [kəʊ'ɑːlə-] n koala m inv.

Koran [kɒ'rɑːn] n: **the Koran** il Corano.

Korea [kə'rɪə] n Corea f.

Korean [kə'rɪən] ◇ adj coreano(a). ◇ n - 1. [person] coreano m, -a f - 2. [language] coreano m.

kosher ['kəʊʃər] adj - 1. [meat] kasher (inv) - 2. inf [reputable] rispettabile.

Kosovo ['kɒsəvəʊ] n Kosovo m.

kung fu [ˌkʌŋ'fuː] n (U) kung fu m.

Kurd [kɜːd] n curdo m, -a f.

Kuwait [kʊ'weɪt] n - 1. [country] Kuwait m - 2. [city] Kuwait f.

l¹ (pl **l's** OR **ls**), **L** (pl **L's** OR **Ls**) [el] n [letter] l m o f inv, L m o f inv.

l² (abbr of litre) l.

L.A. ['eleɪ] n inf (abbr of Los Angeles) Los Angeles f.

lab [læb] n inf laboratorio m.

label ['leɪbl] (UK & US) ◇ n - 1. [identification] etichetta f - 2. [of record] casa f discografica. ◇ vt etichettare; **to label sb as sthg** etichettare qn come qc.

labor etc n US = **labour**.

laboratory [UK lə'bɒrətrɪ, US 'læbrə,tɔːrɪ] n laboratorio m.

laborious [lə'bɔːrɪəs] adj laborioso(a).

labor union n US sindacato m.

labour UK, **labor** US ['leɪbər] ◇ n - 1. [work] lavoro m - 2. (U) [workers] manodopera f - 3. MED travaglio m. ◇ vi - 1. [work] lavorare - 2. [struggle]: **to labour** at OR **over sthg** faticare su qc. ◆ **Labour** UK ◇ adj POL laburista. ◇ n POL partito m laburista.

laboured UK, **labored** US ['leɪbəd] adj [breathing, gait] affaticato(a); [style] pesante.

labourer UK, **laborer** US ['leɪbərər] n manovale mf.

Labour Party n UK: **the Labour Party** il partito laburista.

Labrador ['læbrədɔːr] n [dog] labrador m inv.

labyrinth ['læbərɪnθ] n labirinto m.

lace [leɪs] ◇ n - 1. (U) [fabric] pizzo m, merletto m - 2. [shoelace] laccio m. ◇ vt - 1. [shoe, boot] allacciare - 2. [drink, food] correggere. ◆ **lace up** vt sep allacciare.

lack [læk] ⬦ *n* mancanza *f*, carenza *f*; **for OR through lack of** per mancanza di; **no lack of** abbondanza *f* di. ⬦ *vt* mancare di; **I lack the time** mi manca il tempo. ⬦ *vi*: **to be lacking in sthg** mancare di qc; **to be lacking** venire a mancare.

lackadaisical [,lækə'deɪzɪkl] *adj pej* apatico(a).

lacklustre UK, **lackluster** US ['læk,lʌstər] *adj* fiacco(a), scialbo(a).

laconic [lə'kɒnɪk] *adj* laconico(a).

lacquer ['lækər] ⬦ *n* - 1. [for wood, metal] lacca *f* - 2. [for hair] lacca *f*. ⬦ *vt* - 1. [wood, metal] verniciare, laccare - 2. [hair] mettere la lacca su.

lacrosse [lə'krɒs] *n* (U) SPORT lacrosse *m inv*.

lad [læd] *n* UK - 1. *inf* [young boy] ragazzo *m* - 2. *inf* [male friend] amico *m*.

ladder ['lædər] ⬦ *n* - 1. [for climbing] scala *f* (a pioli) - 2. UK [in tights] smagliatura *f*. ⬦ *vt* UK [tights] smagliare. ⬦ *vi* UK [tights] smagliarsi.

laden ['leɪdn] *adj*: **laden (with sthg)** carico(a) (di qc).

ladies ['leɪdɪz] UK, **ladies room** US *n* toilette *f inv* per signore.

ladle ['leɪdl] ⬦ *n* mestolo *m*. ⬦ *vt* servire (con il mestolo).

lady ['leɪdɪ] ⬦ *n* [gen] signora *f*. ⬦ *comp dated*: **lady lawyer** avvocato *m* donna; **lady doctor** dottoressa *f*. ➽ **Lady** *n* [member of nobility] Lady *f inv*.

ladybird ['leɪdɪbɜːd] UK, **ladybug** US ['leɪdɪbʌg] *n* coccinella *f*.

ladylike ['leɪdɪlaɪk] *adj* da signora.

lag [læg] ⬦ *vi*: **to lag (behind)** andare a rilento. ⬦ *vt* UK [pipe, tank] isolare. ⬦ *n* [in time] lasso *m* di tempo.

lager ['lɑːgər] *n* birra *f* bionda.

lagoon [lə'guːn] *n* laguna *f*.

laid [leɪd] *pt & pp* ▷ **lay**.

laid-back *adj inf* rilassato(a).

lain [leɪn] *pp* ▷ **lie**.

lair [leər] *n* tana *f*.

lake [leɪk] *n* GEOG lago *m*.

Lake District *n*: **the Lake District** il distretto dei Laghi.

lamb [læm] *n* agnello *m*.

lambswool ['læmzwʊl] ⬦ *n* (U) lambswool *m inv*. ⬦ *comp* di lambswoool.

lame [leɪm] *adj* - 1. [person, horse] zoppo(a) - 2. [excuse, argument] zoppicante.

lament [lə'ment] ⬦ *n* lamento *m*. ⬦ *vt* lamentare.

lamentable ['læməntəbl] *adj* deplorevole, deprecabile.

laminated ['læmɪneɪtɪd] *adj* laminato(a).

lamp [læmp] *n* lampada *f*.

lampoon [læm'puːn] ⬦ *n* satira *f*. ⬦ *vt* fare la satira di.

lamppost ['læmppəʊst] *n* lampione *m*.

lampshade ['læmpʃeɪd] *n* paralume *m*.

lance [lɑːns] ⬦ *n* [spear] lancia *f*. ⬦ *vt* MED incidere.

land [lænd] ⬦ *n* - 1. *(U)* [not sea] terra *f* - 2. *(U)* [for farming, building] terra *f*, terreno *m* - 3. [property, estate] proprietà *f*, terre *fpl* - 4. [nation] paese *m*, terra *f*. ⬦ *vt* - 1. [plane] far atterrare - 2. [cargo] scaricare; [passengers] sbarcare - 3. [fish] prendere - 4. *inf* [job, contract] ottenere - 5. *inf* [put, place]: **to land sb in sthg** [debt, jail] far finire qn in qc; **to land sb in trouble** cacciare qn nei guai - 6. *inf* [encumber]: **to land sb with sb/sthg** affibbiare qn/qc a qn. ⬦ *vi* - 1. [plane, passenger] atterrare - 2. [fall] cadere. ➽ **land up** *vi inf* andare a finire.

landing ['lændɪŋ] *n* - 1. [of stairs] pianerottolo *m* - 2. [of aeroplane] atterraggio *m* - 3. [of goods from ship] sbarco *m*.

landing card *n* carta *f* di sbarco.

landlady ['lænd,leɪdɪ] *n* - 1. [in lodgings] padrona *f* di casa - 2. UK [in guesthouse, pub] proprietaria *f*.

landlord ['lændlɔːd] *n* - 1. [in lodgings] padrone *m* di casa - 2. UK [in guesthouse, pub] proprietario *m*.

landmark ['lændmɑːk] *n* - 1. [prominent feature] punto *m* di riferimento - 2. *fig* [in history] pietra *f* miliare.

landowner ['lænd,əʊnər] *n* proprietario *m* terriero, proprietaria *f* terriera.

landscape ['lændskeɪp] *n* paesaggio *m*.

landslide ['lændslaɪd] *n* - 1. [of earth, rocks] frana *f* - 2. POL vittoria *f* schiacciante.

lane [leɪn] *n* - 1. [road - in country] viottolo *m*; [- in street names] viuzza *f*, vicolo *m* - 2. [division of road, racetrack, swimming pool] corsia *f*; **'get in lane'** 'immettersi in corsia'; **'keep in lane'** 'restare nella stessa corsia' - 3. [for shipping, aircraft] rotta *f*.

language ['læŋgwɪdʒ] *n* - 1. [of country] lingua *f*; [faculty or style of communication] linguaggio *m*.

language laboratory *n* laboratorio *m* linguistico.

languid ['læŋgwɪd] *adj* languido(a).

languish ['læŋgwɪʃ] *vi* languire.

lank [læŋk] *adj* dritto(a).

lanky ['læŋkɪ] *adj* allampanato(a).

lantern ['læntən] *n* lanterna *f*.

lap [læp] ◇ *n* - **1.** [knees] ginocchia *fpl*; **to sit on sb's lap** sedersi sulle ginocchia di qn - **2.** SPORT giro *m*. ◇ *vt* - **1.** [gen] leccare; [subj: dog, cat] lappare - **2.** SPORT doppiare. ◇ *vi* [water, waves] sciabordare.

lapel [lə'pel] *n* risvolto *m* (*di giacca*).

lapse [læps] ◇ *n* - **1.** [failing] mancanza *f*, cedimento *m*; **lapse of memory** vuoto *m* di memoria - **2.** [in behaviour] mancanza *f*, scorrettezza *f* - **3.** [of time] lasso *m*, intervallo *m*. ◇ *vi* - **1.** [licence, passport] scadere; [law, right] decadere; [custom] estinguersi - **2.** [standards, quality] abbassarsi - **3.** [subj: person]: **to lapse into sthg** [coma] andare in qc; [silence] piombare in qc; [bad habit] cadere in qc.

lap-top (computer) *n* (computer *m inv*) portatile *m*, laptop *m inv*.

lard [lɑːd] *n* (*U*) lardo *m*.

larder ['lɑːdə^r] *n esp UK* dispensa *f*.

large [lɑːdʒ] *adj* [gen] grande; [person, animal, sum] grosso(a). ◆ **at large** ◇ *adj* [animal] in libertà; [escaped prisoner] latitante. ◇ *adv* [as a whole] nel complesso; **the public at large** il grande pubblico.

largely ['lɑːdʒlɪ] *adv* in gran parte.

lark [lɑːk] *n* - **1.** [bird] allodola *f* - **2.** *inf dated* [joke] gioco *m*, scherzo *m*. ◆ **lark about** *vi UK inf* spassarsela.

laryngitis [ˌlærɪn'dʒaɪtɪs] *n* (*U*) laringite *f*.

lasagne, lasagna *US* [lə'zænjə] *n* (*U*) lasagne *fpl*.

laser ['leɪzə^r] *n* laser *m inv*.

laser printer *n* stampante *f* laser (*inv*).

lash [læʃ] ◇ *n* - **1.** [eyelash] ciglio *m* - **2.** [blow with whip] frustata *f*. ◇ *vt* - **1.** [whip] frustare - **2.** [subj: wind, rain, waves] flagellare - **3.** [tie] legare; **to lash sthg to sthg** legare qc a qc. ◆ **lash out** *vi* - **1.** [physically, verbally]: **to lash out at** OR **against sb** scagliarsi contro qn - **2.** *UK inf* [spend money]: **to lash out (on sthg)** spendere un sacco di soldi (per qc).

lass [læs] *n Scotland inf* ragazza *f*.

lasso [læ'suː] (*pl* -s) ◇ *n* lazo *m inv*. ◇ *vt* prendere al lazo.

last [lɑːst] ◇ *adj* - **1.** [gen] ultimo(a); **last but one** penultimo(a) - **2.** [with dates, time of day] scorso(a); **last night** [evening] ieri sera; [night] ieri notte. ◇ *adv* - **1.** [finally] (per) ultimo(a) - **2.** [most recently] l'ultima volta. ◇ *pron* ultimo(a); **to leave sthg till last** lasciare qc per ultimo; **the Saturday/week before last** due sabati/settimane fa; **the last but one** il penultimo, la penultima. ◇ *n* [final thing]: **the last I saw/heard of him** l'ultima volta che l'ho visto/sentito. ◇ *vi* - **1.** [continue to exist or func-

tion] durare - **2.** [keep fresh] durare, conservarsi - **3.** [be enough for] bastare, durare. ◆ **at (long) last** *adv* finalmente.

last-ditch *adj* estremo(a).

lasting ['lɑːstɪŋ] *adj* duraturo(a).

lastly ['lɑːstlɪ] *adv* - **1.** [to conclude] in ultimo, per terminare - **2.** [at the end] infine.

last-minute *adj* dell'ultimo minuto.

last name *n* cognome *m*.

latch [lætʃ] *n* chiavistello *m*. ◆ **latch onto** *vt insep inf* attaccarsi a.

late [leɪt] ◇ *adj* - **1.** [not on time] in ritardo; **to be late for sthg** essere in ritardo per qc - **2.** [near end of] inoltrato(a), tardo(a); **it's getting late** si sta facendo tardi - **3.** [later than normal] tardivo(a); **to have a late breakfast** fare colazione tardi - **4.** [dead] defunto(a) - **5.** [former] ultimo(a), precedente. ◇ *adv* - **1.** [not on time] tardi, in ritardo; **to arrive 20 minutes late** arrivare con 20 minuti di ritardo - **2.** [later than normal] tardi; **to work late** lavorare fino a tardi - **3.** [near end of period]: **late in August** verso la fine di agosto. ◆ **of late** *adv* ultimamente.

latecomer ['leɪtˌkʌmə^r] *n* ritardatario *m*, -a *f*.

lately ['leɪtlɪ] *adv* ultimamente.

latent ['leɪtənt] *adj* latente.

later ['leɪtə^r] ◇ *adj* [date, edition] posteriore; [books, poems] più recente; [train] successivo(a). ◇ *adv* [at a later time]: **later (on)** più tardi.

lateral ['lætərəl] *adj* laterale.

latest ['leɪtɪst] ◇ *adj* [most recent] ultimo(a). ◇ *n*: **at the latest** al più tardi.

lather ['lɑːðə^r] ◇ *n* schiuma *f*. ◇ *vt* [hair] insaponare.

Latin ['lætɪn] ◇ *adj* - **1.** [temperament, blood] latino(a) - **2.** [studies, scholar] di latino. ◇ *n* [language] latino *m*.

Latin America *n* America *f* Latina.

Latin American ◇ *adj* latino-america-no(a). ◇ *n* [person] latino-americano *m*, -a *f*.

latitude ['lætɪtjuːd] *n* - **1.** GEOG latitudine *f* - **2.** *fml* [freedom] libertà *f* d'azione.

latter ['lætə^r] ◇ *adj* - **1.** [later] ultimo(a) - **2.** [second] secondo(a). ◇ *n*: **the latter** quest'ultimo, quest'ultima.

lattice ['lætɪs] *n* traliccio *m*.

Latvia ['lætvɪə] *n* Lettonia *f*.

laudable ['lɔːdəbl] *adj fml* lodevole.

laugh [lɑːf] ◇ *n* - **1.** [sound] risata *f*, riso *m* - **2.** *inf* [fun, joke]: **to have a laugh** divertirsi; **to be a (good) laugh** UK [person] essere un(a) tipo(a) divertente; [thing] essere davvero divertente; **to do sthg for laughs** OR **a laugh** far qc per divertimento. ⬦ *vi* ridere. ◆ **laugh at** *vt insep* [mock] ridere di. ◆ **laugh off** *vt sep* [dismiss] prendere sul ridere.

laughable ['lɑːfəbl] *adj pej* ridicolo(a).

laughing stock *n* zimbello *m*.

laughter ['lɑːftə] *n (U)* risata *f*.

launch [lɔːntʃ] ⬦ *n* - **1.** [of ship] varo *m* - **2.** [of rocket, campaign, product] lancio *m* - **3.** [boat] lancia *f*. ⬦ *vt* - **1.** [ship] varare - **2.** [rocket, campaign, product] lanciare.

launch(ing) pad ['lɔːntʃ(ɪŋ)-] *n* [for rocket, missile, satellite] rampa *f* di lancio.

launder ['lɔːndə] *vt* - **1.** [clothes] lavare e stirare - **2.** *inf* [money] riciclare.

laund(e)rette [lɔːn'dret], **Laundromat**® US ['lɔːndrəmæt] *n* lavanderia *f* a gettoni.

laundry ['lɔːndrɪ] *n* - **1.** *(U)* [clothes] bucato *m* - **2.** [business, room] lavanderia *f*.

laurel ['lɔrəl] *n* alloro *m*.

lava ['lɑːvə] *n (U)* lava *f*.

lavatory ['lævətrɪ] *n esp UK fml* - **1.** [receptacle] gabinetto *m* - **2.** [room] gabinetto *m*, toilette *f inv*.

lavender ['lævəndə] *n* [plant] lavanda *f*.

lavish ['lævɪʃ] ⬦ *adj* [amount, praise] generoso(a); [gift, decoration] sontuoso(a); **to be lavish with sthg** essere prodigo(a) di qc. ⬦ *vt*: **to lavish sthg on sb/sthg** elargire qc a qn/qc.

law [lɔː] *n* - **1.** [gen] legge *f*; **to break the law** infrangere la legge; **against the law** contro la legge; **law and order** ordine *m* pubblico - **2.** [system, subject] legge *f*, giurisprudenza *f*.

law-abiding [-ə,baɪdɪŋ] *adj* rispettoso(a) delle leggi.

law court *n* tribunale *m* di giustizia.

lawful ['lɔːfʊl] *adj fml* legale, lecito(a).

lawn [lɔːn] *n* [grass] prato *m*.

lawnmower ['lɔːn,məʊə] *n* tosaerba *m inv*.

lawn tennis *n* tennis *m* su prato.

law school *n US* facoltà *f inv* di legge.

lawsuit ['lɔːsuːt] *n* causa *f*, processo *m*.

lawyer ['lɔːjə] *n* [man] avvocato *m*.

lax [læks] *adj* [standards, morals, discipline] lassista; [behaviour] negligente.

laxative ['læksətɪv] *n* lassativo *m*.

lay [leɪ] *(pt & pp laid)* ⬦ *pt* ▷ **lie**. ⬦ *vt* - **1.** [put in specified position] posare, mettere - **2.** [prepare – trap, snare] tendere; [- plans] organizzare; **to lay the table** apparecchiare (la tavola) - **3.** [foundations] gettare, mettere - **4.** [egg] deporre - **5.** [assign]: **to lay the blame on sb** addossare la colpa a qn; **to lay the emphasis on sthg** porre l'accento su qc. ⬦ *adj* - **1.** RELIG laico(a) - **2.** [untrained, unqualified]

profano(a). ◆ **lay aside** *vt sep* - **1.** [save] mettere da parte - **2.** [put down] mettere via. ◆ **lay down** *vt sep* - **1.** [formulate] stabilire - **2.** [put down - arms] deporre; [- tools] mettere via. ◆ **lay off** ⬦ *vt sep* [make redundant] mettere in cassa integrazione. ⬦ *vt insep inf* - **1.** [leave alone] lasciare in pace - **2.** [stop, give up] mollare. ◆ **lay on** *vt sep UK* [provide, supply] offrire. ◆ **lay out** *vt sep* - **1.** [arrange, spread out] disporre - **2.** [plan, design] allestire; [town, house] ideare la disposizione di.

layabout ['leɪəbaʊt] *n inf* sfaticato *m*, -a *f*.

lay-by *(pl lay-bys)* *n UK* piazzola *f* di sosta.

layer ['leɪə] *n* - **1.** [of substance, material] strato *m* - **2.** *fig* [level] livello *m*.

layman ['leɪmən] *(pl -men)* *n* - **1.** [untrained, unqualified person] profano *m* - **2.** RELIG laico *m*.

layout ['leɪaʊt] *n* [of building, office] pianta *f*; [of rooms, garden] disposizione *f*; [of text, page] layout *m inv*, impaginazione *f*.

laze [leɪz] *vi*: **to laze (about** *UK* OR **around)** oziare.

lazy ['leɪzɪ] *adj* - **1.** [person] pigro(a) - **2.** [action] indolente.

lazybones ['leɪzɪbəʊnz] *(pl lazybones)* *n inf* pigrone *m*, -a *f (sing)*.

lb *abbr of* **pound**.

LCD *(abbr of liquid crystal display)* *n* LCD *m inv*.

lead[1] [liːd] *(pt & pp led)* ⬦ *n* - **1.** *(U)* [winning position]: **to be in** OR **have the lead** essere in testa - **2.** [amount ahead] vantaggio *m* - **3.** *(U)* [initiative, example]: **to take the lead** prendere l'iniziativa - **4.** *(U)* [most important role]: **the lead** il ruolo principale - **5.** [clue] indizio *m* - **6.** *esp UK* [for dog] guinzaglio *m* - **7.** *UK* [wire, cable] cavo *m*. ⬦ *adj* [most important] principale. ⬦ *vt* - **1.** [be at front of] essere in testa a - **2.** [conduct, guide] condurre - **3.** [head, be in charge of] dirigere - **4.** [organize] guidare - **5.** [life, existence] condurre, fare - **6.** [cause, influence]: **to lead sb to do sthg** portare qn a fare qc. ⬦ *vi* - **1.** [go] portare - **2.** [give access to]: **to lead to/into sthg** portare a/in qc - **3.** [be winning] essere in testa - **4.** [result in]: **to lead to sthg** portare a qc. ◆ **lead up to** *vt insep* - **1.** [precede] precedere - **2.** [in conversation] arrivare a.

lead[2] [led] ⬦ *n* - **1.** *(U)* [metal] piombo *m* - **2.** [in pencil] mina *f*. ⬦ *comp* [made of or with lead] di piombo.

leaded ['ledɪd] *adj* - **1.** [petrol] con piombo - **2.** [window] piombato(a).

leader ['liːdə] *n* - **1.** [head, chief] leader *mf inv* - **2.** [in race, competition] primo *m*, -a *f* - **3.** *UK* [in newspaper] editoriale *m*.

leadership ['li:dəʃɪp] n - 1. [people in charge]: **the leadership** la dirigenza - 2. [position of leader] direzione f.

lead-free [led-] adj senza piombo.

leading ['li:dɪŋ] adj - 1. [prominent] di spicco - 2. SPORT in testa.

leading light n luminare m.

leaf [li:f] (pl **leaves**) n - 1. [of tree, plant] foglia f - 2. [of table] ribalta f - 3. [of newspaper, book] foglio m, pagina f. ➤ **leaf through** vt insep sfogliare.

leaflet ['li:flɪt] n volantino m.

league [li:g] n - 1. [group] lega f; **to be in league with sb** [work with] essere in combutta con qn - 2. SPORT campionato m.

leak [li:k] ◇ n - 1. [in pipe, tank, roof] perdita f; [in boat] falla f - 2. [disclosure] fuga f. ◇ vt [make known] diffondere. ◇ vi [pipe, tank, roof] perdere; [boat] fare acqua; [gas, liquid] fuoriuscire; **to leak (out) from sthg** fuoriuscire da qc. ➤ **leak out** vi - 1. [liquid, gas] fuoriuscire - 2. [news, secret] trapelare.

lean [li:n] (pt & pp **leant** or **-ed**) ◇ adj magro(a). ◇ vt [support, prop]: **to lean sthg against sthg** appoggiare qc a qc. ◇ vi - 1. [bend, slope] piegarsi - 2. [rest]: **to lean on/against sthg** appoggiarsi a/contro qc. ➤ **lean back** vi appoggiarsi all'indietro.

leaning ['li:nɪŋ] n: **leaning (towards sthg)** inclinazione f (per qc).

leant [lent] pt & pp ⊳ **lean**.

lean-to (pl **lean-tos**) n dépendance contigua all'edificio principale.

leap [li:p] (pt & pp **leapt** or **-ed**) ◇ n - 1. [jump] salto m - 2. [increase] aumento m improvviso. ◇ vi - 1. [jump] saltare - 2. [increase] aumentare improvvisamente.

leapfrog ['li:pfrɒg] ◇ n (U) cavallina f. ◇ vt superare con un salto. ◇ vi - 1. [jump]: **to leapfrog over sthg** superare qc con un salto - 2. [prices] aumentare improvvisamente.

leapt [lept] pt & pp ⊳ **leap**.

leap year n anno m bisestile.

learn [lɜ:n] (pt & pp **-ed** or **learnt**) ◇ vt - 1. [acquire knowledge, skill of] imparare; **to learn (how) to do sthg** imparare a fare qc - 2. [memorize] imparare (a memoria) - 3. [hear] venire a sapere; **to learn that** venire a sapere che. ◇ vi - 1. [acquire knowledge, skill] imparare - 2. [hear]: **to learn of** or **about sthg** venire a sapere di qc.

learned ◇ pt & pp ['lɜ:nd] ⊳ **learn**. ◇ adj ['lɜ:nɪd] - 1. [person] erudito(a), colto(a) - 2. [journal, paper, book] erudito(a).

learner ['lɜ:nə'] n - 1. [gen] persona f che mira ad apprendere - 2. [beginner] principiante mf.

learner (driver) n guidatore m, -trice f principiante.

learning ['lɜ:nɪŋ] n (U) cultura f.

learnt [lɜ:nt] pt & pp ⊳ **learn**.

lease [li:s] ◇ n LAW locazione f. ◇ vt - 1. [premises] affittare, dare in locazione; **to lease sthg from sb** prendere in affitto qc da qn; **to lease sthg to sb** affittare qc a qn - 2. [car] noleggiare.

leasehold ['li:shəʊld] adj & adv in locazione.

leash [li:ʃ] n esp US [for dog] guinzaglio m.

least [li:st] (superl of little) ◇ adj [smallest in amount, degree]: **the least** il minore, la minore, il più piccolo, la più piccola; **he earns the least money of any of us** tra noi è quello che guadagna meno. ◇ pron [smallest amount]: **the least** il meno, il minimo; **it's the least (that) he can do** è il minimo che lui possa fare; **not in the least** per niente; **to say the least** a dir poco. ◇ adv [to the smallest amount, degree] meno. ➤ **at least** adv almeno. ➤ **least of all** adv meno di tutti. ➤ **not least** adv non ultimo.

leather ['leðə'] ◇ n (U) cuoio m, pelle f. ◇ comp di cuoio, di pelle.

leave [li:v] (pt & pp **left**) ◇ vt - 1. [gen] lasciare; **to leave sthg to** or **with sb** [entrust] lasciare qc a qn; **to leave sb sthg, to leave sthg to sb** [bequeath] lasciare qc a qn - 2. [depart from] lasciare - 3. [forget to take] dimenticare - 4. [stop discussing] abbandonare. ◇ vi - 1. [person, bus, train] partire - 2. [staff, personnel, lover] andarsene. ◇ n - 1. [time off] congedo m; **to be on leave** essere in congedo - 2. fml [permission] permesso m. ➤ **leave behind** vt sep - 1. [abandon] lasciare - 2. [forget] dimenticare. ➤ **leave out** vt sep [omit] escludere.

leave of absence n congedo m.

leaves [li:vz] pl ⊳ **leaf**.

Lebanon ['lebənən] n Libano m.

lecherous ['letʃərəs] adj lascivo(a).

lecture ['lektʃə'] ◇ n - 1. [at university] lezione f; [public talk] conferenza f - 2. [criticism, reprimand] ramanzina f. ◇ vt [scold] fare una ramanzina a. ◇ vi: **to lecture on sthg** tenere lezioni su qc; **to lecture in sthg** insegnare qc.

lecturer ['lektʃərə'] n - 1. UK [teacher] docente mf - 2. [speaker] conferenziere m, -a f.

led [led] pt & pp ⊳ **lead1**.

ledge [ledʒ] n - 1. [of window] davanzale m - 2. [of mountain] cornice f.

ledger ['ledʒər] *n* libro *m* mastro.

leek [li:k] *n* porro *m*.

leer [lɪər] ◇ *n* sguardo *m* lascivo. ◇ *vi*: to leer at sb guardare qn in modo lascivo.

leeway ['li:weɪ] *n* (U) [room to manoeuvre] libertà *f* inv d'azione.

left [left] ◇ *pt & pp* ▷ **leave**. ◇ *adj* - **1.** [remaining]: to be left rimanere; do you have any money left? ti sono rimasti dei soldi? - **2.** [side, hand, foot] sinistro(a). ◇ *adv* a sinistra. ◇ *n* (U) [direction]: on/to the left a sinistra. ◆ **Left** *n* POL: the Left la sinistra.

left-hand *adj* di sinistra; on the left-hand side sulla sinistra.

left-hand drive *adj* con guida a sinistra.

left-handed [-'hændɪd] *adj* - **1.** [person] mancino(a) - **2.** [implement] per mancini.

left luggage (office) *n* UK deposito *m* bagagli (inv).

leftover ['leftəʊvər] *adj* avanzato(a). ◆ **leftovers** *npl* avanzi *mpl*.

left wing *n* sinistra *f*. ◆ **left-wing** *adj* di sinistra.

leg [leg] *n* - **1.** [of person, trousers, table] gamba *f*; to pull sb's leg prendere in giro qn - **2.** [of animal] zampa *f* - **3.** CULIN coscia *f* - **4.** [of journey] tappa *f* - **5.** UK [of tournament] girone *m*.

legacy ['legəsɪ] *n* - **1.** [gift of money] lascito *m* - **2.** fig [consequence] retaggio *m*.

legal ['li:gl] *adj* legale.

legalize, -ise UK ['li:gəlaɪz] *vt* legalizzare.

legal tender *n* (U) moneta *f* legale.

legend ['ledʒənd] *n* lit & fig leggenda *f*.

leggings ['legɪŋz] *npl* pantacollant *m* inv (sing).

legible ['ledʒəbl] *adj* leggibile.

legislation [,ledʒɪs'leɪʃn] *n* (U) legislazione *f*.

legislature ['ledʒɪsleɪtʃər] *n* legislatura *f*.

legitimate *adj* [lɪ'dʒɪtɪmət] legittimo(a).

legroom ['legrʊm] *n* (U) spazio *m* per le gambe.

leisure [UK 'leʒər, US 'li:ʒər] *n* (U) tempo *m* libero; at (one's) leisure con comodo.

leisure centre *n* UK centro *m* sportivo e ricreativo.

leisurely [UK 'leʒəlɪ, US 'li:ʒərlɪ] ◇ *adj* tranquillo(a). ◇ *adv* senza fretta.

leisure time *n* tempo *m* libero.

lemon ['lemən] *n* [fruit] limone *m*.

lemonade [,lemə'neɪd] *n* - **1.** UK [fizzy] gazzosa *f* - **2.** [made with fresh lemons] limonata *f*.

lemon juice *n* succo *m* di limone.

lemon sole *n* sogliola *f* limanda.

lemon squash *n* UK limonata *f*.

lemon squeezer [-'skwi:zər] *n* spremilimoni *m* inv.

lemon tea *n* tè *m* inv al limone.

lend [lend] (pt & pp **lent**) *vt* - **1.** [money, book] prestare, dare in prestito; to lend sb sthg, to lend sthg to sb prestare qc a qn - **2.** [support, assistance]: to lend sthg (to sb) offrire qc (a qn) - **3.** [credibility, quality]: to lend sthg to sthg dare qc a qc.

lending rate ['lendɪŋ-] *n* tasso *m* d'interesse ufficiale.

length [leŋθ] *n* - **1.** [measurement] lunghezza *f*; it's 5 metres in length è lungo 5 metri - **2.** (U) [whole distance]: to walk the length of the street percorrere tutta la via - **3.** [of swimming pool] vasca *f* - **4.** [of string, wood, cloth] pezzo *m* - **5.** (U) [of event, activity] durata *f*; to go to great lengths to do sthg fare ogni sforzo possibile per fare qc. ◆ **at length** *adv* - **1.** [eventually] finalmente - **2.** [for a long time] a lungo.

lengthen ['leŋθən] ◇ *vt* [skirt] allungare; [life] prolungare. ◇ *vi* allungarsi.

lengthways ['leŋθweɪz] *adv* nel senso della lunghezza, per il lungo.

lengthy ['leŋθɪ] *adj* lungo(a).

lenient ['li:njənt] *adj* [judge, parent] indulgente; [law, sentence] clemente.

lens [lenz] *n* - **1.** [in camera] obiettivo *m* - **2.** [in glasses] lente *f* - **3.** [contact lens] lente *f* a contatto.

lent [lent] *pt & pp* ▷ **lend**.

Lent [lent] *n* (U) Quaresima *f*.

lentil ['lentɪl] *n* lenticchia *f*.

Leo ['li:əʊ] *n* [astrology] Leone *m*; to be (a) Leo essere del Leone.

leopard ['lepəd] *n* leopardo *m*.

leotard ['li:ətɑ:d] *n* body *m* inv.

leper ['lepər] *n* [person with leprosy] lebbroso *m*, -a *f*.

leprosy ['leprəsɪ] *n* (U) lebbra *f*.

lesbian ['lezbɪən] *n* lesbica *f*.

less [les] (compar of little) ◇ *adj* [not as much] meno; less... than meno... di; less and less sempre meno. ◇ *pron* [not as much] meno; less than meno di; the less... the less... meno... meno...; no less than non meno di. ◇ *adv* [to a smaller extent] meno; less and less sempre meno. ◇ *prep* [minus] meno.

lessen ['lesn] ◇ *vt* [risk, chances] ridurre; [pain] alleviare. ◇ *vi* diminuire.

lesser ['lesər] *adj* minore; to a lesser extent OR degree in misura minore.

lesson ['lesn] *n* lezione *f*; to teach sb a lesson [punish] dare una lezione a qn.

let [let] (*pt & pp* let) *vt* - **1.** [allow]: **to let sb do sthg** lasciar che qn faccia qc; **to let go of sb/ sthg** lasciar andare qn/qc; **to let sb/sthg go** [release] lasciare andare qn/qc; **to let sb know sthg** far sapere qc a qn - **2.** *(in verb forms)*: **let's go!** andiamo!; **let them wait!** lascia che aspettino! - **3.** *esp UK* [rent out] affittare; **'to let' 'affittasi'. ◆ let alone** *conj* [much less] tanto meno. **◆ let down** *vt sep* - **1.** [deflate] sgonfiare - **2.** [disappoint] deludere. **◆ let in** *vt sep* - **1.** [person, animal] far entrare - **2.** [air, water] lasciar passare. **◆ let off** *vt sep* - **1.** [excuse, allow not to do]: **to let sb off sthg** dispensare qn da qc - **2.** [criminal, pupil, child] risparmiare; **to let sb off with sthg** lasciare che qn se la cavi con qc - **3.** [bomb, explosive, firework] far esplodere. **◆ let on** *vi*: **not to let on** non dir niente. **◆ let out** *vt sep* - **1.** [person, animal] far uscire - **2.** [water, air] far passare - **3.** [sound, cry, laugh] emettere - **4.** [garment] allargare. **◆ let up** *vi* - **1.** [heat, rain] diminuire - **2.** [person] smettere.

letdown ['letdaʊn] *n inf* delusione *f*.

lethal ['liːθl] *adj* letale.

lethargic [ləˈθɑːdʒɪk] *adj* apatico(a).

let's [lets] *abbr of* **let us**.

letter ['letər] *n* lettera *f*.

letter bomb *n* lettera *f* esplosiva.

letterbox ['letəbɒks] *n UK* - **1.** [in door] cassetta *f* della posta - **2.** [in street] buca *f* delle lettere.

lettuce ['letɪs] *n* lattuga *f*.

letup ['letʌp] *n* diminuzione *f*.

leukaemia *UK*, **leukemia** *US* [luːˈkiːmɪə] *n* leucemia *f*.

level ['levl] (*UK & US*) ◇ *adj* - **1.** [equal in height]: **level (with sthg)** in piano (con qc) - **2.** [equal in standard] alla pari - **3.** [flat] piatto(a); **a level teaspoonful** un cucchiaino raso. ◇ *n* - **1.** [gen] livello *m* - **2.** *esp US* [spirit level] livella *f* a bolla d'aria - **3.** [storey] piano *m*; **to be on the level** *inf* essere a posto. ◇ *vt* - **1.** [make flat] livellare - **2.** [demolish] radere al suolo. **◆ level off, level out** *vi* - **1.** [unemployment, inflation] stabilizzarsi - **2.** AERON mettersi in assetto orizzontale. **◆ level with** *vt insep inf* [be honest with] essere onesto(a) con.

level crossing *n UK* passaggio *m* a livello.

level-headed [-ˈhedɪd] *adj* con la testa sulle spalle.

lever [*UK* 'liːvər, *US* 'levər] *n lit & fig* leva *f*.

leverage [*UK* 'liːvərɪdʒ, *US* 'levərɪdʒ] *n* (*U*) - **1.** [force] leva *f* - **2.** *fig* [influence] influenza *f*.

levy ['levɪ] ◇ *n*: **levy (on sthg)** imposta *f* (su qc). ◇ *vt* riscuotere.

lewd [ljuːd] *adj* [behaviour] osceno(a).

liability [ˌlaɪəˈbɪlətɪ] *n* - **1.** (*U*) LAW [legal responsibility]: **liability (for sthg)** responsabilità *f inv* (per qc) - **2.** [hindrance] peso *m*. **◆ liabilities** *npl* [debts] debiti *mpl*, passivo *m (sing)*.

liable ['laɪəbl] *adj* - **1.** [likely]: **to be liable to do sthg** rischiare di fare qc - **2.** [prone]: **to be liable to sthg** essere soggetto(a) a qc - **3.** LAW: **to be liable (for sthg)** [legally responsible] essere responsabile (di qc); **to be liable to sthg** [punishable] essere passibile di qc.

liaise [lɪˈeɪz] *vi*: **to liaise with** consultarsi con; **to liaise between** fare da collegamento tra.

liar ['laɪər] *n* bugiardo *m*, -a *f*.

libel ['laɪbl] (*UK & US*) ◇ *n* diffamazione *f*. ◇ *vt* diffamare.

liberal ['lɪbərəl] ◇ *adj* - **1.** [tolerant] liberale - **2.** [generous] generoso(a). ◇ *n* liberale *mf*. **◆ Liberal** ◇ *adj* POL liberale. ◇ *n* POL liberale *mf*.

Liberal Democrat ◇ *adj* liberaldemocratico(a). ◇ *n* liberaldemocratico *m*, -a *f*.

liberate ['lɪbəreɪt] *vt lit & fig* liberare.

liberation [ˌlɪbəˈreɪʃn] *n* (*U*) *lit & fig* liberazione *f*.

liberty ['lɪbətɪ] *n* [of person, country] libertà *f inv*; **at liberty** in libertà; **to be at liberty to do sthg** essere libero(a) di fare qc; **to take liberties (with sb)** prendersi delle libertà (con qn).

Libra ['liːbrə] *n* [astrology] Bilancia *f*; **to be (a) Libra** essere della Bilancia.

librarian [laɪˈbreərɪən] *n* bibliotecario *m*, -a *f*.

library ['laɪbrərɪ] *n* biblioteca *f*.

library book *n* libro *m* della biblioteca.

libretto [lɪˈbretəʊ] (*pl* -s) *n* libretto *m*.

Libya ['lɪbɪə] *n* Libia *f*.

lice [laɪs] *pl* ▷ **louse**.

licence *UK*, **license** *US* ['laɪsəns] *n* [for car] patente *f*; [for TV] abbonamento *m*; [for bar, export, trade] licenza *f*; [for pilot] brevetto *m*; [for gun] porto *m* d'armi; [for marriage] dispensa *f*; [for dog] permesso *m*.

license ['laɪsəns] ◇ *vt* COMM autorizzare. ◇ *n US* = **licence**.

licensed ['laɪsənst] *adj* - **1.** [person] autorizzato(a); **to be licensed to do sthg** avere l'autorizzazione di fare qc; **to be licensed to fly** avere il brevetto di pilota - **2.** [car] immatricolato(a); [gun] regolarmente denunciato(a); *UK* [TV] in regola con l'abbonamento - **3.** *UK* [premises] con licenza per la vendita di alcolici.

license plate *n US* targa *f*.

lick [lɪk] *vt* [with tongue] leccare.

licorice ['lɪkərɪs] n UK = **liquorice**.

lid [lɪd] n - **1.** [cover] coperchio m - **2.** [eyelid] palpebra f.

lie [laɪ] (pt lied OR lay, pp lied OR lain, cont lying) ⬦ n bugia f; **to tell lies** dire (le) bugie. ⬦ vi - **1.** [tell untruth] mentire; **to lie to sb** mentire a qn - **2.** [to be lying down] stare disteso(a) - **3.** [lie down] sdraiarsi - **4.** [be situated - object] trovarsi; [- city, town] essere situato(a) - **5.** fml [difficulty, answer, explanation] consistere; **to lie low** non farsi vedere. ⬤ **lie around, lie about** UK vi - **1.** [person] bighellonare - **2.** [object] essere in giro. ⬤ **lie down** vi sdraiarsi. ⬤ **lie in** vi UK restare a letto.

lie-down n UK riposino m.

lie-in n UK: **to have a lie-in** rimanere a letto più del solito.

lieutenant [UK lef'tenənt, US lu:'tenənt] n [in army] tenente m; [in navy] tenente m di vascello.

life [laɪf] (pl lives) n - **1.** [gen] vita f; **to come to life** animarsi; **for life** per tutta la vita; **to be full of life** essere pieno(a) di vita; **to scare the life out of sb** spaventare a morte qn; **that's life!** così è la vita! - **2.** (U) inf [life imprisonment] ergastolo m.

life assurance n UK = **life insurance**.

life belt n ciambella f di salvataggio.

lifeboat ['laɪfbəʊt] n nave f di salvataggio.

life buoy n ciambella f di salvataggio.

life cycle n ciclo m vitale.

life expectancy n aspettativa f di vita.

lifeguard ['laɪfɡɑːd] n bagnino m, -a f.

life insurance n (U) assicurazione f sulla vita.

life jacket n giubbotto m salvagente inv.

lifeless ['laɪflɪs] adj - **1.** [body] senza vita - **2.** [performance, voice] piatto(a).

lifelike ['laɪflaɪk] adj - **1.** [statue, doll] realistico(a) - **2.** [portrait] rassomigliante.

lifeline ['laɪflaɪn] n - **1.** NAUT sagola f di salvataggio - **2.** fig [with outside] ancora f di salvezza.

life preserver [-prɪˌzɜːvər] n US - **1.** [belt] ciambella f di salvataggio - **2.** [jacket] giubbotto m salvagente.

life raft n canotto m di salvataggio.

lifesaver ['laɪfˌseɪvər] n Australia [guard] bagnino m, -a f.

life sentence n ergastolo m.

life-size(d) [-saɪz(d)] adj a grandezza naturale.

lifespan ['laɪfspæn] n - **1.** [of person, animal, plant] durata f della vita - **2.** [of product, machine] durata f.

lifestyle ['laɪfstaɪl] n stile m di vita.

lifetime ['laɪftaɪm] n vita f.

lift [lɪft] ⬦ n - **1.** [in car] passaggio m - **2.** UK [elevator] ascensore m. ⬦ vt - **1.** [hand, arm, leg] alzare - **2.** [bag, baby, books] sollevare - **3.** [ban, embargo] revocare - **4.** [plagiarize] copiare - **5.** inf [steal] rubare. ⬦ vi - **1.** [lid, top] aprirsi - **2.** [mist, fog] alzarsi.

lift-off n lancio m.

light [laɪt] (pt & pp lit OR -ed) ⬦ adj - **1.** [bright] luminoso(a); **it's growing light** si fa giorno - **2.** [pale] chiaro(a) - **3.** [not heavy] leggero(a); **to be a light sleeper** avere il sonno leggero - **4.** [not numerous]: **light corrections/ responsibilities** poche correzioni/responsabilità - **5.** [traffic] scorrevole. ⬦ n - **1.** [gen] luce f - **2.** [flame]: **have you got a light?** hai da accendere?; **to set light to sthg** dare fuoco a qc - **3.** [perspective]: **in light of, in the light of** UK alla luce di; **to come to light** emergere. ⬦ vt - **1.** [cigarette, fire, candle] accendere - **2.** [stage, room] illuminare. ⬦ adv: **to travel light** viaggiare leggero(a). ⬤ **light up** ⬦ vt sep - **1.** [illuminate] illuminare - **2.** [start smoking] accendere. ⬦ vi - **1.** [look happy] illuminarsi - **2.** inf [start smoking] accendersi una sigaretta.

light bulb n lampadina f.

lighten ['laɪtn] ⬦ vt - **1.** [make brighter - room, ceiling] illuminare; [- hair] schiarire - **2.** [make less heavy] alleggerire. ⬦ vi - **1.** [sky] schiarirsi - **2.** [mood, atmosphere, expression] distendersi.

lighter ['laɪtər] n: **(cigarette) lighter** accendino m.

light-headed [-'hedɪd] adj stordito(a).

light-hearted [-'hɑːtɪd] adj - **1.** [mood] allegro(a) - **2.** [remark, comedy, approach] spensierato(a).

lighthouse ['laɪthaʊs] n faro m.

lighting ['laɪtɪŋ] n (U) illuminazione f.

light meter n esposimetro m.

lightning ['laɪtnɪŋ] n (U) lampo m.

lightweight ['laɪtweɪt] ⬦ adj [object] leggero(a). ⬦ n [boxer] peso m leggero.

likable, likeable ['laɪkəbl] adj simpatico(a).

like [laɪk] ⬦ prep - **1.** [gen] come; **subjects like physics or chemistry** materie come la fisica o la chimica; **to look like sb/sthg** assomigliare a qn/qc; **like this/that** così - **2.** [asking for opinion or description]: **what does it taste like?** che sapore ha?; **tell me what it's like** dimmi com'è. ⟨⟩ vt - 1. [enjoy, find pleasant, approve of]: **I like him** mi piace; **he likes skiing** OR **to ski** gli piace sciare - 2. [want, wish] volere; **I don't like to bother her** non vorrei disturbarla; **would you like some more?** ne vuoi ancora?; **I'd like to come tomorrow** vorrei venire domani; **we'd like you to come to dinner** vorremmo che veniste a cena. ⟨⟩ n: **the like (of it)** una cosa simile; **the likes of her** un'altra come lei. ◆ **likes** npl [things one likes] preferenze fpl.

likeable ['laɪkəbl] adj = **likable**.

likelihood ['laɪklɪhʊd] n (U) probabilità fpl.

likely ['laɪklɪ] adj - 1. [probable] probabile; **they're likely to win** hanno buone probabilità di vincere; **he's likely to get angry** è probabile che si arrabbi; **a likely story!** iro a chi la racconti? - 2. [candidate, recruit] adatto(a).

liken ['laɪkn] vt: **to liken sb/sthg to** paragonare qn/qc a.

likeness ['laɪknɪs] n - 1. [resemblance]: **likeness (to sb/sthg)** somiglianza f (con qn/qc) - 2. [portrait] ritratto m.

likewise ['laɪkwaɪz] adv allo stesso modo; **to do likewise** fare lo stesso.

liking ['laɪkɪŋ] n: **liking for sb** simpatia f per qn; **liking for sthg** preferenza f per qc; **to be to sb's liking** essere di gradimento di qn.

lilac ['laɪlək] ⟨⟩ adj [colour] lilla inv. ⟨⟩ n [flower] lillà m inv; [colour] lilla m inv.

Lilo® ['laɪləʊ] (pl -s) n UK materassino m gonfiabile.

lily ['lɪlɪ] n giglio m.

Lima ['liːmə] n Lima f.

limb [lɪm] n - 1. [of body] arto m - 2. [of tree] ramo m.

limber ['lɪmbər] ◆ **limber up** vi fare (esercizi di) riscaldamento.

limbo ['lɪmbəʊ] (pl -s) n (U): **to be in limbo** essere nel limbo.

lime [laɪm] n - 1. [fruit] lime m inv - 2. [drink]: **lime (juice)** succo m di lime - 3. [tree] tiglio m - 4. (U) [fertilizer] calcinare m.

limelight ['laɪmlaɪt] n: **to be in the limelight** essere in vista.

limerick ['lɪmərɪk] n limerick m inv.

limestone ['laɪmstəʊn] n (U) calcare m.

limit ['lɪmɪt] ⟨⟩ n limite m; **off limits** off limits; **within limits** entro certi limiti. ⟨⟩ vt limitare.

limitation [ˌlɪmɪ'teɪʃn] n - 1. (U) [restriction, control] limitazione f, restrizione f - 2. [shortcoming] limite m.

limited ['lɪmɪtɪd] adj [restricted] limitato(a).

limited company n esp UK società f inv per azioni.

limited liability company n = **limited company**.

limo ['lɪməʊ] n inf limousine f inv.

limousine ['lɪməziːn] n limousine f inv.

limp [lɪmp] ⟨⟩ adj - 1. [hand, handshake] molle - 2. [body] senza forze - 3. [lettuce] avvizzito(a) - 4. [excuse] magro(a). ⟨⟩ n: **to have a limp** zoppicare. ⟨⟩ vi zoppicare.

line [laɪn] ⟨⟩ n - 1. [mark] linea f, riga f; **to draw the line at sthg** mettere un limite a qc - 2. [row, queue] fila f; **to stand** OR **wait** esp US **in line** fare la fila - 3. MIL linea f - 4. [alignment]: **in line (with)** allineato(a) (con); **to step out of line** sgarrare - 5. RAIL linea f (ferroviaria) - 6. [of poem, song] verso m - 7. [of text] riga f - 8. [wrinkle] ruga f - 9. [rope, wire, string] corda f; **power line** linea f m dell'alta tensione - 10. TELEC linea f (telefonica); **hold the line, please** attenda in linea; **the line's busy** la linea è occupata; **it's a bad line** la linea è disturbata - 11. inf [short letter]: **to drop sb a line** scrivere due righe a qn - 12. inf [field of activity] settore m - 13. [type of product] linea f (di prodotti). ⟨⟩ vt [drawer] rivestire; [curtains, coat] foderare. ◆ **out of line** adj fuori luogo. ◆ **line up** ⟨⟩ vt sep - 1. [in rows] allineare - 2. inf [organize] avere in programma. ⟨⟩ vi - 1. [in a row] allinearsi - 2. [in a queue] mettersi in fila.

lined [laɪnd] adj - 1. [paper] a righe - 2. [face] rugoso(a).

linen ['lɪnɪn] (U) n - 1. [cloth] lino m - 2. [tablecloths, sheets] biancheria f.

liner ['laɪnər] n [ship] nave f di linea.

linesman ['laɪnzmən] (pl -men) n [in rugby, football] guardalinee m inv; [in tennis] giudice m di linea.

linger ['lɪŋgər] vi - 1. [dawdle] attardarsi - 2. [persist] durare.

lingo ['lɪŋgəʊ] (pl -es) n inf lingua f.

linguist ['lɪŋgwɪst] n - 1. [someone good at languages] persona f portata per le lingue - 2. [student or teacher of linguistics] linguista mf.

lining ['laɪnɪŋ] n - 1. [of coat, curtains] fodera f - 2. [of box] rivestimento m - 3. [of stomach, nose] mucosa f - 4. [of brakes] guarnizione f.

link [lɪŋk] ⟨⟩ n - 1. [of chain] anello m - 2. [connection]: **link (between/with)** collegamento m (tra/con). ⟨⟩ vt - 1. [relate] collegare; **to link sb/sthg with/to** collegare qn/qc con/a - 2. [connect physically]: **to link arms** prendersi sottobraccio. ◆ **link up** vt sep collegare; **to link sthg up with sthg** collegare qc a qc.

lino ['laɪnəʊ] n (U) UK linoleum m inv.

linoleum [lɪ'nəʊlɪəm] n (U) linoleum m inv.

lion ['laɪən] n leone m.

lioness ['laɪənes] n leonessa f.

lip [lɪp] n - 1. [of mouth] labbro m; **to keep a stiff upper lip** non scomporsi - 2. [of container] bordo m.

lip-read ['lɪpriːd] vi leggere le labbra.

lip salve [-sælv] n UK burro m di cacao.

lip service n: **to pay lip service to sthg** sostenere qc solo a parole.

lipstick ['lɪpstɪk] n rossetto m.

liqueur [lɪ'kjʊər] n liquore m.

liquid ['lɪkwɪd] ⟨⟩ adj liquido(a). ⟨⟩ n liquido m.

liquidation [ˌlɪkwɪ'deɪʃn] n (U) FIN liquidazione f.

liquidize, -ise UK ['lɪkwɪdaɪz] vt frullare.

liquidizer, -iser UK ['lɪkwɪdaɪzər] n UK frullatore m.

liquor ['lɪkər] n esp US alcolico m.

liquorice UK, **licorice** US ['lɪkərɪʃ, 'lɪkərɪs] n (U) liquirizia f.

liquor store n US negozio m di alcolici.

lira ['lɪərə] n lira f.

Lisbon ['lɪzbən] n Lisbona f.

lisp [lɪsp] ⟨⟩ n: **to speak with** OR **have a lisp** avere difficoltà a pronunciare la s e la z. ⟨⟩ vi avere difficoltà a pronunciare la s e la z.

list [lɪst] ⟨⟩ n lista f, elenco m. ⟨⟩ vt elencare.

listed building ['lɪstɪd-] n UK edificio di interesse storico o artistico.

listen ['lɪsn] vi ascoltare; **to listen to sb/ sthg** ascoltare qn/qc; **to listen for sthg** stare in ascolto per sentire qc.

listener ['lɪsnər] n - 1. RADIO ascoltatore m, -trice f - 2. [person listening to another]: **to be a good listener** sapere ascoltare.

listless ['lɪstlɪs] adj fiacco(a).

lit [lɪt] pt & pp ▷ **light**.

liter n US = **litre**.

literacy ['lɪtərəsɪ] n (U) livello m d'istruzione.

literal ['lɪtərəl] adj letterale.

literally ['lɪtərəlɪ] adv - 1. [gen] letteralmente; **to take sthg literally** prendere qc alla lettera - 2. [translate] alla lettera.

literary ['lɪtərɪ] adj letterario(a); **a literary man** un letterato.

literate ['lɪtərət] adj - 1. [able to read and write]: **to be literate** saper leggere e scrivere - 2. [well-read] colto(a).

literature ['lɪtrətʃər] n (U) - 1. [gen] letteratura f - 2. [printed information] documentazione f.

lithe [laɪð] adj agile.

Lithuania [ˌlɪθjʊ'eɪnjə] n Lituania f.

litigation [ˌlɪtɪ'geɪʃn] n (U) fml causa f giudiziaria.

litre UK, **liter** US ['liːtər] n litro m.

litter ['lɪtər] ⟨⟩ n - 1. (U) [waste material] rifiuti mpl - 2. [newborn animals] figliata f - 3. [for litter tray]: **(cat) litter** lettiera f (per gatti). ⟨⟩ vt: **to be littered with sthg** essere ricoperto(a) di qc.

litterbin ['lɪtəˌbɪn] n UK cestino m dei rifiuti.

little ['lɪtl] (comp **less**, superl **least**) ⟨⟩ adj - 1. [small, very young] piccolo(a); **a little boy** un bambino - 2. [younger] più piccolo(a); **my little brother** il mio fratellino - 3. [short] breve; **stay a little while** rimani un po' - 4. [not much] poco(a); **he speaks little English** parla poco l'inglese; **he speaks a little English** parla un po' di inglese. ⟨⟩ pron [small amount] poco; **I understood very little** ho capito pochissimo; **a little** un po'; **a little (bit)** un pochino. ⟨⟩ adv [to a limited extent] poco; **little by little** poco a poco; **as little as possible** il meno possibile.

little finger n mignolo m.

live[1] [lɪv] ⟨⟩ vi - 1. [gen] vivere - 2. [reside] abitare, vivere. ⟨⟩ vt vivere; **to live it up** inf spassarsela. ◆ **live down** vt sep far dimenticare (col tempo). ◆ **live off** vt insep vivere di. ◆ **live on** ⟨⟩ vt insep - 1. [money] vivere con - 2. [food] vivere di. ⟨⟩ vi [memory, feeling, works] sopravvivere. ◆ **live together** vi convivere. ◆ **live up to** vt insep essere all'altezza di. ◆ **live with** vt insep - 1. [cohabit with] convivere con - 2. inf [accept] accettare.

live[2] [laɪv] adj - 1. [living] vivo(a) - 2. [burning] acceso(a) - 3. [unexploded] carico(a) - 4. ELEC sotto tensione - 5. [broadcast] in diretta; [performance] dal vivo.

livelihood ['laɪvlɪhʊd] n mezzi mpl di sussistenza.

lively ['laɪvlɪ] adj - 1. [gen] vivace - 2. [debate, place] animato(a).

liven ['laɪvn] ◆ **liven up** ⟨⟩ vt sep - 1. [person] rallegrare - 2. [place] animare. ⟨⟩ vi [person] ravvivarsi.

liver ['lɪvər] n fegato m.

lives [laɪvz] pl ▷ **life**.

livestock ['laɪvstɒk] n (U) bestiame m.

livid ['lɪvɪd] adj - 1. inf [angry] furioso(a) - 2. [blue-grey] livido(a).

living ['lɪvɪŋ] ⟨⟩ adj - 1. [person] vivente - 2. [language] vivo(a). ⟨⟩ n - 1. [means of earning money]: **to earn a living** guadagnarsi da vivere; **what do you do for a living?** che lavoro fai? - **2.** (U) [lifestyle] vita f.

living conditions npl condizioni fpl di vita.

living room n soggiorno m.

living standards npl tenore m (sing) di vita.

living wage n salario m sufficiente per vivere.

lizard ['lɪzəd] n lucertola f.

llama ['lɑːmə] (pl **llama** OR **-s**) n lama m inv.

load [ləʊd] <> n - **1.** [something carried] carico m - **2.** [burden] peso m - **3.** [large amount]: **loads of, a load of** inf un sacco di; **a load of rubbish** esp UK OR **garbage** esp US inf un mucchio di sciocchezze. <> vt caricare; **to load sb/sthg with sthg** [person, container, vehicle] caricare qn/qc di qc; **to load sthg with sthg** [gun] caricare qc con qc; **to load a camera with a film** caricare un rullino in una macchina fotografica; **to load a video recorder with a tape** inserire una cassetta in un videoregistratore. **◆ load up** <> vt sep caricare. <> vi fare un carico.

loaded ['ləʊdɪd] adj - **1.** [question, statement] tendenzioso(a) - **2.** [gun, camera] carico(a) - **3.** inf [rich] ricco(a) sfondato(a).

loaf [ləʊf] (pl **loaves**) n [of bread] pagnotta f.

loan [ləʊn] <> n prestito m; **on loan** in prestito. <> vt prestare; **to loan sthg to sb, to loan sb sthg** prestare qc a qn.

loath [ləʊθ] adj: **to be loath to do sthg** essere riluttante a fare qc.

loathe [ləʊð] vt detestare; **to loathe doing sthg** detestare fare qc.

loaves [ləʊvz] pl ▷ **loaf**.

lob [lɒb] <> n TENNIS lob m inv. <> vt - **1.** inf [throw] lanciare - **2.** TENNIS rinviare con un lob.

lobby ['lɒbɪ] <> n - **1.** [in hotel] hall f inv; [in theatre] foyer m inv - **2.** [pressure group] lobby f inv, gruppo m di pressione. <> vt esercitare pressione su.

lobe [ləʊb] n lobo m.

lobster ['lɒbstər] n aragosta f.

local ['ləʊkl] <> adj [tradition, services, council] locale; [phone call] urbano(a); [hospital, shop, inhabitants] della zona. <> n inf - **1.** [person]: **the locals** la gente del posto - **2.** UK [pub] pub m inv sotto casa.

local authority n UK ente m locale.

local call n telefonata f urbana.

local government n (U) amministrazione f locale.

locality [lə'kælətɪ] n località f inv.

localized, -ised UK ['ləʊkəlaɪzd] adj circoscritto(a).

locally ['ləʊkəlɪ] adv [in region] localmente; [in neighbourhood] nella zona.

locate [UK ləʊ'keɪt, US 'ləʊkeɪt] vt - **1.** [find] individuare - **2.** [situate] situare.

location [ləʊ'keɪʃn] n - **1.** [place] luogo m - **2.** CIN: **on location** in esterni.

loch [lɒk, lɒx] n Scotland lago m.

lock [lɒk] <> n - **1.** [of door, window, box] serratura f - **2.** [on canal] chiusa f - **3.** AUT: **(steering) lock** raggio m di sterzata - **4.** [of hair] ciocca f. <> vt - **1.** [fasten securely] chiudere a chiave - **2.** [keep safely] chiudere sotto chiave - **3.** [immobilize] bloccare. <> vi - **1.** [fasten securely] chiudersi con la chiave - **2.** [become immobilized] bloccarsi. **◆ lock away** vt sep [valuables] chiudere sotto chiave. **◆ lock in** vt sep rinchiudere. **◆ lock out** vt sep - **1.** [accidentally]: **to lock o.s. out** chiudersi fuori - **2.** [deliberately] chiudere fuori. **◆ lock up** vt sep - **1.** [person] rinchiudere - **2.** [house] chiudere a chiave - **3.** [valuables] chiudere sotto chiave.

locker ['lɒkər] n [for clothes, luggage, books] armadietto m.

locker room n spogliatoio m.

locket ['lɒkɪt] n medaglione m.

locomotive [,ləʊkə'məʊtɪv] n locomotiva f.

locust ['ləʊkəst] n locusta f.

lodge [lɒdʒ] <> n - **1.** [caretaker's room] portineria f - **2.** [of manor house] casa f del custode - **3.** [of Freemasons] loggia f - **4.** [for hunting] padiglione m di caccia. <> vi - **1.** [stay, live]: **to lodge with sb** [paying rent] stare a pensione presso qn; [with friends] stare da qn - **2.** [become stuck - bone] conficcarsi; [- ball, rock] incastrarsi - **3.** fig [in mind] fissarsi. <> vt fml [complaint, protest] presentare.

lodger ['lɒdʒər] n esp UK pensionante mf.

lodging ['lɒdʒɪŋ] n ▷ **board**. **◆ lodgings** npl alloggio m (sing).

loft [lɒft] n soffitta f.

lofty ['lɒftɪ] adj - **1.** [noble] nobile - **2.** pej [haughty] altero(a) - **3.** [high] elevato(a).

log [lɒg] <> n - **1.** [of wood] ceppo m - **2.** [written record] giornale m di bordo. <> vt - **1.** [information] registrare - **2.** [speed] toccare; [distance, time] totalizzare. **◆ log in** vi collegarsi. **◆ log out** vi scollegarsi.

logbook ['lɒgbʊk] n - **1.** [of ship, plane] giornale m di bordo - **2.** UK [of car] libretto m di circolazione.

loggerheads ['lɒgəhedz] n: **at loggerheads** ai ferri corti.

logic ['lɒdʒɪk] n logica f.

logical ['lɒdʒɪkl] adj logico(a).

logistics [lə'dʒɪstɪks] <> n MIL logistica f. <> npl fig [organization] logistica f (sing).

logo ['ləʊgəʊ] (pl -s) n logo m inv.

loin [lɔɪn] n lombata f.

loiter ['lɔɪtər] vi - 1. [hang around] gironzolare - 2. [dawdle] trastullarsi.

loll [lɒl] vi - 1. [person] spaparacchiarsi - 2. [head] ciondolare - 3. [tongue] penzolare.

lollipop ['lɒlɪpɒp] n lecca-lecca m inv.

lollipop lady, lollipop man n UK persona che regola il traffico davanti alle scuole per aiutare i bambini ad attraversare.

lolly ['lɒlɪ] n UK inf - 1. [lollipop] lecca-lecca m inv - 2. [ice cream]: **(ice) lolly** ghiacciolo m.

London ['lʌndən] n Londra f.

Londoner ['lʌndənər] n londinese mf.

lone [ləʊn] adj solitario(a).

loneliness ['ləʊnlɪnɪs] n (U) [of person] solitudine f; [of place] isolamento m.

lonely ['ləʊnlɪ] adj - 1. [person] solo(a) - 2. [time, childhood] solitario(a) - 3. [place] isolato(a).

loner ['ləʊnər] n solitario m, -a f.

lonesome ['ləʊnsəm] adj US inf - 1. [person] solo(a) - 2. [place] solitario(a).

long [lɒŋ] <> adj lungo(a); **the journey is two days long** il viaggio dura due giorni; **his boat is three metres long** la sua barca è lunga tre metri. <> adv molto OR tanto (tempo); **how long will it take?** quanto tempo ci vuole?; **how long have you been waiting?** da quanto tempo aspetti?; **before long** tra poco; **no longer** non più; **so long!** inf ciao! <> vt: **to long to do sthg** desiderare moltissimo fare qc. ◆ **as long as, so long as** conj purché. ◆ **long for** vt insep desiderare ardentemente.

long-distance adj [race] di fondo; **long-distance runner** fondista mf; **long-distance lorry driver** UK camionista mf (a lunga percorrenza).

long-distance call n [within a country] interurbana f; [abroad] telefonata f internazionale.

longhand ['lɒŋhænd] n (U) scrittura f a mano.

long-haul adj a lungo raggio.

longing ['lɒŋɪŋ] <> adj pieno(a) di desiderio. <> n: **longing (for sthg)** [desire] (grande) desiderio m (di qc); [nostalgia] nostalgia f (di qc).

longitude ['lɒndʒɪtjuːd] n (U) longitudine f.

long jump n salto m in lungo.

long-life adj UK [milk] a lunga conservazione; [batteries] a lunga durata.

long-range adj - 1. [missile, bomber] a lunga gittata - 2. [plan, forecast] di lungo periodo.

long shot n fig rischio m.

longsighted [,lɒŋ'saɪtɪd] adj UK [vision] presbite.

long-standing adj di vecchia data.

longsuffering [,lɒŋ'sʌfərɪŋ] adj paziente.

long term n: **in the long term** alla lunga.

long wave n (U) onde fpl lunghe.

longwinded [,lɒŋ'wɪndɪd] adj [persona] logorroico(a); [speech] prolisso(a).

loo [luː] (pl -s) n UK inf gabinetto m.

look [lʊk] <> n - 1. [with eyes] sguardo m, occhiata f; **to give sb a look** lanciare un'occhiata a qn; **to take** OR **have a look (at sthg)** dare un'occhiata (a qc) - 2. [search]: **to have a look (for sthg)** cercare (qc) - 3. [appearance] aspetto m; **by the look(s) of things** OR **it** a quanto pare; **by the look(s) of him/her** a giudicare dal suo aspetto. <> vi - 1. [with eyes] guardare; **to look at sb/sthg** guardare qn/qc; **to look up (from sthg)** alzare lo sguardo (da qc) - 2. [search] guardare - 3. [building, window]: **my room looks over the river** la mia stanza guarda sul fiume - 4. [seem] sembrare; **to look like** OR **as if** sembrare che; **he looks as if he hasn't slept** ha l'aria di uno che non ha dormito; **it looks like rain** OR **as if it will rain** sembra che voglia piovere; **to look like sb** assomigliare a qn. ◆ **looks** npl [attractiveness] bellezza f (sing). ◆ **look after** vt insep - 1. [take care of] prendersi cura di - 2. [be responsible for] occuparsi di. ◆ **look around** <> vt insep [house, town] visitare; [shop] fare un giro per. <> vi - 1. [look at surroundings] guardarsi intorno - 2. [turn] girarsi. ◆ **look at** vt insep - 1. [examine] esaminare - 2. [view, consider] vedere. ◆ **look down on** vt insep [person] guardare dall'alto in basso; [attitude] disprezzare. ◆ **look for** vt insep cercare. ◆ **look forward to** vt insep aspettare con impazienza; **to look forward to doing sthg** non veder l'ora di fare qc. ◆ **look into** vt insep [examine] esaminare. ◆ **look on** vi [watch] guardare. ◆ **look out** vi [take care] stare attento(a); **look out!** (stai) attento(a) ! ◆ **look out for** vt insep [new product, book] (cercare di) non farsi sfuggire; [suspect packages, stolen cars] fare attenzione a; [person] cercare (di individuare). ◆ **look round** vt insep & vi UK = **look around**. ◆ **look to** vt insep - 1. [depend on] fare affidamento su - 2. [think about] guardare a. ◆ **look up** <> vt sep - 1. [in book] cercare - 2. [visit] andare

a trovare. ◇ *vi* [improve] andare meglio.
◆ **look up to** *vt insep* [admire] guardare con ammirazione.

lookout ['lʊkaʊt] *n* - 1. [place] posto *m* di osservazione - 2. [person] sentinella *f* - 3. [search]: **to be on the lookout for sthg** dare la caccia a qc.

loom [luːm] *vi* - 1. [rise up] stagliarsi - 2. *fig* [threat, prospect] incombere; [date] essere imminente.

loony ['luːnɪ] *inf offens* ◇ *adj* matto(a). ◇ *n* matto *m*, -a *f*.

loop [luːp] *n* - 1. [of rope] cappio *m* - 2. COMPUT loop *m* *inv*.

loophole ['luːphəʊl] *n* lacuna *f*.

loose [luːs] *adj* - 1. [not firmly fixed] lento(a) - 2. [unattached, unpackaged] sfuso(a) - 3. [not tight-fitting] largo(a) - 4. [free, not restrained - animal] libero(a); [- hair] sciolto(a) - 5. *pej* & *dated* [promiscuous] dissoluto(a) - 6. [inexact] impreciso(a).

loose change *n* (U) spiccioli *mpl*.

loose end *n* questione *f* in sospeso; **to tie up loose ends** risolvere gli ultimi problemi; **to be at a loose end** *UK*, **to be at loose ends** *US* non aver niente da fare, non sapere cosa fare.

loosely ['luːslɪ] *adv* - 1. [not firmly] non saldamente - 2. [inexactly - translated] liberamente; [- based on, associated] vagamente.

loosen ['luːsn] *vt* [make less tight] allentare.
◆ **loosen up** *vi* - 1. [before game, race] riscaldarsi - 2. *inf* [relax] rilassarsi.

loot [luːt] ◇ *n* (U) bottino *m*. ◇ *vt* saccheggiare.

looting ['luːtɪŋ] *n* (U) saccheggio *m*.

lop [lɒp] *vt* potare. ◆ **lop off** *vt sep* recidere.

lopsided [lɒp'saɪdɪd] *adj* [picture] storto(a); [table, gait] sbilenco(a); [load] sbilanciato(a).

lord [lɔːd] *n UK* [man of noble rank] nobile *m*.
◆ **Lord** *n* - 1. RELIG: **the Lord** il Signore; **good Lord!** mio Dio! - 2. *UK* [in titles] Lord; [as form of address]: **my Lord** [to judge] Vostro Onore; [to bishop] Vostra Eccellenza. ◆ **Lords** *npl UK*: **the (House of) Lords** la Camera dei Lord.

lorry ['lɒrɪ] *n UK* camion *m inv*.

lorry driver *n UK* camionista *mf*.

lose [luːz] (*pt* & *pp* lost) ◇ *vt* - 1. [gen] perdere; **to lose sight of sb/sthg** perdere di vista qn/qc; **to lose one's way** perdersi - 2. [subj: clock, watch]: **to lose time** essere indietro - 3. [elude, shake off] seminare. ◇ *vi* [fail to win] perdere.

loser ['luːzər] *n lit* & *fig* perdente *mf*.

loss [lɒs] *n* - 1. [gen] perdita *f*; **to make a loss** registrare una perdita - 2. [failure to win] sconfitta *f*; **to be at a loss to do sthg** non sapere come fare qc.

lost [lɒst] ◇ *pt* & *pp* ▷ **lose**. ◇ *adj* - 1. [unable to find way] perso(a); **to get lost** [lose way] perdersi; **get lost!** *inf* sparisci! - 2. [keys, wallet] smarrito(a).

lost-and-found office *n US* ufficio *m* oggetti smarriti.

lost property office *n UK* ufficio *m* oggetti smarriti.

lot [lɒt] *n* - 1. [large amount]: **a lot of, lots of** molto(a) - 2. *UK* [group of things]: **put this lot in my office** metti queste cose nel mio ufficio - 3. [destiny] destino *m* - 4. [at auction] lotto *m* - 5. *esp US* [entire amount]: **the lot** (il) tutto - 6. *US* [of land] appezzamento *m*; [car park] parcheggio *m*; **to draw lots** estrarre a sorte.
◆ **a lot** *adv* molto.

lotion ['ləʊʃn] *n* lozione *f*.

lottery ['lɒtərɪ] *n* lotteria *f*.

loud [laʊd] ◇ *adj* [voice, music, television] alto(a); [bang] forte; [person, colour, clothes] chiassoso(a). ◇ *adv* [shout, speak] forte; [play music] ad alto volume; **out loud** [think, say] a voce alta; [laugh] forte.

loudhailer [ˌlaʊd'heɪlər] *n UK* megafono *m*.

loudly ['laʊdlɪ] *adv* - 1. [noisily] forte - 2. [garishly] in maniera vistosa.

loudspeaker [ˌlaʊd'spiːkər] *n* [on wall] altoparlante *m*; *dated* [on stereo] cassa *f*.

lounge [laʊndʒ] ◇ *n* - 1. *UK* [in house] salotto *m* - 2. [in airport] sala *f*; **departure lounge** sala partenze - 3. *UK* = **lounge bar**. ◇ *vi* starsene in panciolle.

lounge bar *n UK* sala confortevole all'interno di un pub.

louse [laʊs] *n* - 1. (*pl* lice) [insect] pidocchio *m* - 2. (*pl* -s) *inf pej* [person] verme *m*.

lousy ['laʊzɪ] *adj inf* [gen] schifoso(a).

lout [laʊt] *n pej* - 1. [uncouth male] zoticone *m* - 2. [aggressive male] teppista *m*.

lovable ['lʌvəbl] *adj* amabile.

love [lʌv] ◇ *n* - 1. [gen] amore *m*; **give her my love** salutamela tanto; **love from** [at end of letter] con affetto; **to be in love (with sb)** essere innamorato(a) (di qn); **to fall in love (with sb)** innamorarsi (di qn); **to make love** fare l'amore - 2. *UK inf* [term of address] tesoro *m* - 3. (U) TENNIS zero *m*. ◇ *vt* [gen] amare; [one's country, relative] voler bene a; **to love doing** OR **to do sthg** amare fare qc.

love affair *n* relazione *f* (amorosa).

love life *n* vita *f* sentimentale.

lovely ['lʌvlɪ] *adj* - **1.** [gen] bello(a) - **2.** [in character] amabile.

lover ['lʌvər] *n* - **1.** [sexual partner] amante *mf* - **2.** [enthusiast] appassionato *m*, -a *f*.

loving ['lʌvɪŋ] *adj* affettuoso(a).

low [ləʊ] <> *adj* - **1.** [gen] basso(a) - **2.** [in level, amount, value, intelligence] scarso(a); **cook over a low heat** cuocere a fuoco lento - **3.** [esteem] poco(a) - **4.** [opinion] cattivo(a) - **5.** [standard, quality] scadente - **6.** [neckline] profondo(a) - **7.** [depressed] giù; **to feel low** sentirsi giù - **8.** [common, mean] basso(a); **of low birth** di umili origini; **a low trick** uno scherzo di cattivo gusto. <> *adv* - **1.** [in height] (in) basso; **to bend low** piegarsi a terra; **to fly low** volare a bassa quota - **2.** [in value, amount, degree]: **a low-paid job** un lavoro malpagato; **to run low** scarseggiare - **3.** [morally]: **to sink low** abbassarsi. <> *n* - **1.** [low point] minimo *m* - **2.** METEOR minima *f*.

low-calorie *adj* a basso contenuto calorico.

low-cut *adj* scollato(a).

lower ['ləʊər] <> *adj* - **1.** [of a pair] inferiore - **2.** [in bottom part] più basso(a). <> *vt* - **1.** [eyes, voice] abbassare - **2.** [reduce] diminuire.

low-fat *adj* [yoghurt] magro(a); [milk] scremato(a); [crisps] povero(a) di grassi.

low-key *adj* discreto(a).

low-lying *adj* [land] pianeggiante.

loyal ['lɔɪəl] *adj* leale.

loyalty ['lɔɪəltɪ] *n* lealtà *f inv*.

loyalty card *n* carta *f* fedeltà *(inv)*.

lozenge ['lɒzɪndʒ] *n* - **1.** [tablet] pastiglia *f* - **2.** [shape] rombo *m*.

LP *(abbr of long-playing record)* *n* LP *m inv*.

L-plate *n* UK targa affissa su una vettura per indicare che chi guida non ha ancora la patente.

Ltd, ltd *(abbr of limited)* ≃ S.r.l. *f inv*

lubricant ['lu:brɪkənt] *n* lubrificante *m*.

lubricate ['lu:brɪkeɪt] *vt* lubrificare.

luck [lʌk] *n* (U) fortuna *f*; **good luck** (buona) fortuna; **bad luck** [misfortune] sfortuna *f*; **bad OR hard luck!** [said to commiserate] peccato!; **to be in luck** avere fortuna; **with (any) luck** con un po' di fortuna.

luckily ['lʌkɪlɪ] *adv* fortunatamente.

lucky ['lʌkɪ] *adj* - **1.** [fortunate] fortunato(a) - **2.** [bringing good luck - number] fortunato(a); [- object] portafortuna *inv*.

lucrative ['lu:krətɪv] *adj* redditizio(a).

ludicrous ['lu:dɪkrəs] *adj* ridicolo(a).

lug [lʌg] *vt inf* trascinare.

luggage ['lʌgɪdʒ] *n* (U) bagagli *mpl*.

luggage rack *n* - **1.** [in train, bus] portabagagli *m inv* - **2.** US [on car] portabagagli *m inv*.

lukewarm ['lu:kwɔ:m] *adj* tiepido(a).

lull [lʌl] <> *n*: **lull (in sthg)** [in activity] pausa *f* (in qc); [in fighting] tregua *f* (in qc). <> *vt* - **1.** [make sleepy]: **to lull sb to sleep** far addormentare qn cullandolo - **2.** [reassure]: **to lull sb into a false sense of security** infondere a qn un falso senso di sicurezza.

lullaby ['lʌləbaɪ] *n* ninnananna *f*.

lumber ['lʌmbər] *n* - **1.** US [timber] legname *m* - **2.** UK dated [bric-a-brac] cianfrusaglie *fpl*. ◆ **lumber with** *vt sep esp UK inf*: **I was lumbered with the whole job** mi hanno appioppato tutto il lavoro.

lumberjack ['lʌmbədʒæk] *n* taglialegna *m inv*.

luminous ['lu:mɪnəs] *adj* fosforescente.

lump [lʌmp] <> *n* - **1.** [of coal] pezzo *m*; [of earth] zolla *f*; [of sugar] zolletta *f*; [in sauce] grumo *m* - **2.** [on body - bump] bozzo *m*; [- tumour] nodulo *m*. <> *vt*: **to lump sthg together** mettere insieme qc; **to lump it** *inf* ingoiare.

lump sum *n* compenso *m* forfettario.

lunacy ['lu:nəsɪ] *n* (U) pazzia *f*.

lunar ['lu:nər] *adj* lunare.

lunatic ['lu:nətɪk] <> *adj pej* folle. <> *n* - **1.** *pej* [fool] pazzo *m*, -a *f* - **2.** *dated & offens* [insane person] malato *m*, -a *f* di mente.

lunch [lʌntʃ] <> *n* pranzo *m*. <> *vi* pranzare.

luncheon meat *n* (U) carne di maiale in scatola.

luncheon voucher *n* UK buono *m* pasto *inv*.

lunch hour *n* pausa *f* pranzo.

lunchtime ['lʌntʃtaɪm] *n* ora *f* di pranzo.

lung [lʌŋ] *n* polmone *m*.

lunge [lʌndʒ] *vi*: **to lunge forward** lanciarsi in avanti; **to lunge at sb** avventarsi su qn.

lurch [lɜ:tʃ] <> *n* sobbalzo *m*; **to leave sb in the lurch** lasciare qn nei pasticci. <> *vi* [person] barcollare; [vehicle] sbandare.

lure [ljʊər] <> *n* fascino *m*. <> *vt* attirare.

lurid ['ljʊərɪd] *adj* - **1.** [brightly coloured] sgargiante - **2.** [shockingly unpleasant] ripugnante.

lurk [lɜ:k] *vi* - **1.** [person] stare in agguato - **2.** [memory, danger, fear] celarsi.

luscious ['lʌʃəs] *adj* - **1.** [fruit] prelibato(a) - **2.** *fig* [woman] attraente.

lush [lʌʃ] *adj* - **1.** [vegetation] rigoglioso(a) - **2.** *inf* [surroundings] lussuoso(a).

lust [lʌst] *n* - **1.** (U) [sexual desire] libidine *f* - **2.** [greed]: **lust for sth** brama *f* di qc. ◆ **lust after, lust for** *vt insep* - **1.** [money, power] bramare - **2.** [person] desiderare.

Luxembourg ['lʌksəmbɜ:g] *n* Lussemburgo *m*.

luxurious [lʌg'ʒʊərɪəs] *adj* - **1.** [expensive] di lusso - **2.** [voluptuous] voluttuoso(a).

luxury ['lʌkʃərɪ] <> *n* lusso *m*. <> *comp* [hotel, holiday] di lusso; [chocolate] finissimo(a).

LW (*abbr of* long wave) OL.

Lycra® ['laɪkrə] <> *n* (U) Lycra® *f inv*. <> *comp* di Lycra®.

lying ['laɪɪŋ] <> *adj* [dishonest] bugiardo(a). <> *n*: **to accuse sb of lying** accusare qn di mentire.

lynch [lɪntʃ] *vt* linciare.

lyric ['lɪrɪk] *adj* lirico(a). ◆ **lyrics** *npl* parole *fpl*.

lyrical ['lɪrɪkl] *adj* - **1.** [poetic] lirico(a) - **2.** [enthusiastic]: **to wax lyrical about sth** fare della poesia su qc.

m¹ (*pl* **m's** OR **ms**), **M**¹ (*pl* **M's** OR **Ms**) [em] *n* [letter] m *m* o *f inv*, M *m* o *f inv*.

m² - **1.** (*abbr of* metre) m - **2.** (*abbr of* million) milione *m* - **3.** (*abbr of* mile) miglio *m*.

M² UK (*abbr of* motorway) ≃ A.

MA *n* (*abbr of* Master of Arts), (chi possiede un) master in materie letterarie.

mac [mæk] (*abbr of* mackintosh) *n* UK *inf* [coat] impermeabile *m*.

macaroni [ˌmækə'rəʊnɪ] *n* (U) maccheroni *mpl*.

machine [mə'ʃi:n] <> *n* macchina *f*. <> *vt* - **1.** SEW cucire a macchina - **2.** TECH fare a macchina.

machinegun [mə'ʃi:ngʌn] *n* mitragliatrice *f*.

machinery [mə'ʃi:nərɪ] *n* (U) - **1.** [machines] macchinario *m* - **2.** *fig* [system] macchina *f*.

macho ['mætʃəʊ] *adj* *inf* macho *inv*.

mackerel ['mækrəl] (*pl* mackerel OR -s) *n* sgombro *m*.

mackintosh ['mækɪntɒʃ] *n* UK *dated* impermeabile *m*.

mad [mæd] *adj* - **1.** *offens* [insane] matto(a); **to go mad** impazzire - **2.** *pej* [foolish] folle - **3.** [furious] (pazzo) furioso, (pazza) furiosa; **to get mad at sb** infuriarsi con qn - **4.** [hectic] folle - **5.** [very enthusiastic]: **to be mad about sb/ sth** andare matto(a) per qn/qc.

madam ['mædəm] *n* *fml* [form of address] signora *f*.

madden ['mædn] *vt* fare impazzire.

made [meɪd] *pt* & *pp* ▷ **make**.

made-to-measure *adj* su misura.

made-up *adj* - **1.** [with make-up] truccato(a) - **2.** [invented] inventato(a).

madly ['mædlɪ] *adv* [frantically] freneticamente; **madly in love** perdutamente innamorato(a).

madman ['mædmən] (*pl* -men) *n* *lit* & *fig* pazzo *m*.

madness ['mædnɪs] *n* (U) *lit* & *fig* pazzia *f*.

Mafia ['mæfɪə] *n*: **the Mafia** la Mafia.

magazine [ˌmægə'zi:n] *n* - **1.** [periodical] rivista *f* - **2.** [news programme] programma *m* d'attualità - **3.** [on a gun] caricatore *m*.

maggot ['mægət] *n* verme *m*.

magic ['mædʒɪk] <> *adj* - **1.** [spell, forest, moment, feeling] magico(a) - **2.** [trick, show] di magia. <> *n* (U) magia *f*.

magical ['mædʒɪkl] *adj* magico(a).

magician [mə'dʒɪʃn] *n* - **1.** [conjurer] prestigiatore *m*, -trice *f* - **2.** [wizard] mago *m*, -a *f*.

magistrate ['mædʒɪstreɪt] *n* magistrato *m*.

magnanimous [mæg'nænɪməs] *adj* magnanimo(a).

magnate ['mægneɪt] *n* magnate *m*.

magnesium [mæg'ni:zɪəm] *n* (U) magnesio *m*.

magnet ['mægnɪt] *n* *lit* & *fig* calamita *f*.

magnetic [mæg'netɪk] *adj* *lit* & *fig* magnetico(a).

magnificent [mæg'nɪfɪsənt] *adj* magnifico(a).

magnify ['mægnɪfaɪ] *vt* *lit* & *fig* ingrandire.

magnifying glass ['mægnɪfaɪɪŋ-] *n* lente *f* d'ingrandimento.

magnitude ['mægnɪtju:d] *n* - **1.** [size] grandezza *f* - **2.** [importance] ampiezza *f*.

magpie ['mægpaɪ] *n* gazza *f*.

mahogany [mə'hɒgənɪ] *n* mogano *m*.

maid [meɪd] *n* domestica *f*.

maiden ['meɪdn] <> *adj* [voyage] inaugurale. <> *n* *dated* fanciulla *f*.

maiden name *n* nome *m* da nubile.

mail [meɪl] <> *n* posta *f*. <> *vt* *esp* US spedire (per posta).

mailbox ['meɪlbɒks] *n* - **1.** *US* [for letters] cassetta *f* delle lettere - **2.** COMPUT casella *f* di posta.

mailing list ['meɪlɪŋ] *n* mailing list *f inv*.

mailman ['meɪlmən] (*pl* -men) *n US* postino *m*.

mail order *n (U)* vendita *f* per corrispondenza.

mailshot ['meɪlʃɒt] *n UK* - **1.** [material] volantini *mpl* pubblicitari via posta - **2.** [activity] pubblicità *f* via posta.

maim [meɪm] *vt* mutilare.

main [meɪn] <> *adj* principale. <> *n* [pipe] conduttura *f*. ◆ **mains** *npl*: the mains le condutture; **to turn off the gas at the mains** staccare il gas. ◆ **in the main** *adv* nel complesso.

main course *n* piatto *m* principale.

mainframe (computer) ['meɪnfreɪm-] *n* mainframe *m inv*.

mainland ['meɪnlənd] <> *adj* continentale. <> *n*: the mainland la terraferma.

mainly ['meɪnlɪ] *adv* principalmente.

main road *n* strada *f* principale.

mainstay ['meɪnsteɪ] *n* sostegno *m* principale.

mainstream ['meɪnstriːm] <> *adj* tradizionale. <> *n*: the mainstream la corrente principale.

maintain [meɪn'teɪn] *vt* - **1.** [gen] mantenere - **2.** [look after] avere cura di - **3.** [assert]: **to maintain (that)** sostenere che.

maintenance ['meɪntənəns] *n (U)* - **1.** [care] manutenzione *f* - **2.** [money] alimenti *mpl* - **3.** [of law and order] mantenimento *m*.

maize [meɪz] *n UK* mais *m*.

majestic [mə'dʒestɪk] *adj* maestoso(a).

majesty ['mædʒəstɪ] *n* grandiosità *f inv*. ◆ **Majesty** *n*: His/Her/Your Majesty Sua/Vostra Maestà.

major ['meɪdʒər] <> *adj* - **1.** [important] di primo piano - **2.** [main] principale - **3.** MUS maggiore. <> *n* MIL maggiore *m*.

majority [mə'dʒɒrətɪ] *n* maggioranza *f*; **in a** OR **the majority** in maggioranza.

make [meɪk] (*pt & pp* made) <> *vt* - **1.** [produce] fare; **to make a cake** fare un dolce; **don't make so much noise** non fare tutto questo rumore; **she makes all her own clothes** si fa da sé tutti i vestiti - **2.** [perform an action] fare; **to make a mistake** fare un errore; **to make a decision** prendere una decisione - **3.** [cause to be] fare; **he made her (a) manager** l'ha fatta direttrice; **to make sb ill/angry** fare ammalare/arrabbiare qn; **to make sb happy/sad** rendere

qn felice/triste - **4.** [force, cause to do]: **to make sb/sthg do sthg** far fare qc a qn/qc; **to make sb laugh/cry** far ridere/piangere qn - **5.** [be constructed]: **to be made of sthg** essere fatto(a) di qc - **6.** [add up to] fare; **2 and 2 make 4** 2 più 2 fa 4 - **7.** [calculate] fare; **I make it six o'clock** faccio le sei; **I make it 50** mi viene 50 - **8.** [earn] guadagnare; **to make a profit** riportare un utile; **to make a loss** essere in perdita - **9.** [reach]: **we'll never make the airport in time** non ce la faremo mai ad arrivare all'aeroporto in tempo; **I can't make lunch tomorrow** non ce la faccio a venire a pranzo domani - **10.** [gain] farsi; **I made several new friends** mi sono fatto diversi nuovi amici; **to make friends (with sb)** fare amicizia (con qn); **to make it** [reach in time] farcela; [be a success] sfondare; [be able to attend] farcela a venire; **to make do with sthg** accontentarsi di qc. <> *n* [brand] marca *f*. ◆ **make for** *vt insep* - **1.** [move towards] dirigersi verso - **2.** [contribute to, be conducive to] contribuire a. ◆ **make of** *vt sep* - **1.** [understand]: **to make sthg of sthg** capire qc di qc; **what do you make of that?** come lo interpreti? - **2.** [have opinion of] pensare di. ◆ **make off** *vi inf* filarsela. ◆ **make out** <> *vt sep* - **1.** *inf* [see] distinguere; [hear, understand] capire - **2.** [complete] compilare; [write] scrivere. <> *vt insep* [pretend, claim]: **to make out (that)** pretendere che. ◆ **make up** <> *vt sep* - **1.** [compose, constitute] costituire - **2.** [invent] inventare; **she made it up** se l'è inventato - **3.** [apply cosmetics to] truccare - **4.** [prepare] [package, bed] fare; [prescription] preparare - **5.** [make complete]: **to make up the difference** aggiungere la differenza; **they made up the amount to £50** hanno aggiunto quello che mancava per arrivare a 50 sterline. <> *vi* [become friends again]: **to make up (with sb)** riconciliarsi (con qn).

make-up *n (U)* - **1.** [cosmetics] trucco *m*; **make-up remover** lozione *f* struccante - **2.** [person's character] personalità *f inv* - **3.** [composition] composizione *f*.

making ['meɪkɪŋ] *n* [of cake] preparazione *f*; [of film] lavorazione *f*; **in the making** in via di formazione; **his problems are of his own making** i problemi se li crea da sé; **to have the makings of** avere le qualità di.

malaria [mə'leərɪə] *n (U)* malaria *f*.

Malaya [mə'leɪə] *n* Malesia *f*.

Malaysia [mə'leɪzɪə] *n* Malaysia *f*.

male [meɪl] <> *adj* - **1.** [animal] maschio *inv* - **2.** [human] di sesso maschile - **3.** [concerning men] maschile. <> *n* maschio *m*.

malevolent [mə'levələnt] *adj* malevolo(a).

malfunction [mæl'fʌŋkʃn] <> *n* malfunzionamento *m*. <> *vi* funzionare male.

malice ['mælɪs] n (U) malanimo m.

malicious [mə'lɪʃəs] adj malevolo(a).

malign [mə'laɪn] ⬦ adj liter malefico(a). ⬦ vt malignare su.

malignant [mə'lɪgnənt] adj MED maligno(a).

mall [mɔːl] n: (shopping) mall centro m acquisti.

mallet ['mælɪt] n mazzuolo m.

malnutrition [,mælnjuː'trɪʃn] n (U) malnutrizione f.

malpractice [,mæl'præktɪs] n (U) negligenza f professionale.

malt [mɔːlt] n (U) [grain] malto m.

mammal ['mæml] n mammifero m.

mammoth ['mæməθ] ⬦ adj colossale. ⬦ n mammut m inv.

man [mæn] (pl men) ⬦ n - 1. [gen] uomo m; the man in the street l'uomo della strada - 2. inf [as form of address] amico m. ⬦ vt [ship, spaceship] fornire di equipaggio; [telephone] rispondere a; [switchboard] assicurare il servizio di.

manage ['mænɪdʒ] ⬦ vi - 1. [cope] farcela - 2. [financially] cavarsela. ⬦ vt - 1. [succeed]: to manage to do sthg riuscire a fare qc - 2. [be responsible for, control] gestire - 3. [be available for] disporre di.

management ['mænɪdʒmənt] n - 1. (U) [control, running] gestione f - 2. [people in control] direzione f.

manager ['mænɪdʒər] n [of company, shop] direttore m, -trice f; [of popstar, team] manager mf inv.

managerial [,mænɪ'dʒɪərɪəl] adj manageriale.

mandate n ['mændeɪt] mandato m.

mane [meɪn] n criniera f.

maneuver n, vt & vi US = manoeuvre.

mangle ['mæŋgl] ⬦ n mangano m. ⬦ vt [body] straziare; [car] sfasciare.

mango ['mæŋgəʊ] (pl -es OR -s) n mango m.

manhandle ['mæn,hændl] vt maltrattare.

manhole ['mænhəʊl] n tombino m.

mania ['meɪnjə] n - 1. [excessive liking]: mania (for sthg) fissazione f (per qc) - 2. (U) PSYCHOL mania f.

maniac ['meɪnɪæk] n maniaco m, -a f.

manic ['mænɪk] adj - 1. [overexcited] frenetico(a) - 2. PSYCHOL maniacale.

manicure ['mænɪ,kjʊər] n manicure f inv.

manifest ['mænɪfest] fml ⬦ adj palese. ⬦ vt manifestare.

manifesto [,mænɪ'festəʊ] (pl -s OR -es) n manifesto m, programma m politico.

manipulate [mə'nɪpjʊleɪt] vt - 1. [control for personal benefit] manipolare - 2. [operate] azionare.

manipulative [mə'nɪpjʊlətɪv] adj manipolatore(trice).

mankind [mæn'kaɪnd] n (U) umanità f.

manly ['mænlɪ] adj virile.

man-made adj [environment, fibre] artificiale; [problem, disaster] creato(a) dall'uomo.

manner ['mænər] n - 1. [method] maniera f - 2. [bearing, attitude] atteggiamento m. ◆ **manners** npl maniere fpl.

manoeuvre UK, **maneuver** US [mə'nuːvər] ⬦ n lit & fig manovra f. ⬦ vt manovrare. ⬦ vi fare manovra.

manor ['mænər] n maniero m.

manpower ['mæn,paʊər] n (U) manodopera f.

mansion ['mænʃn] n palazzo m.

manslaughter ['mæn,slɔːtər] n (U) omicidio m colposo.

manual ['mænjʊəl] ⬦ adj manuale. ⬦ n manuale m.

manufacture [,mænjʊ'fæktʃər] ⬦ n (U) fabbricazione f. ⬦ vt fabbricare.

manufacturer [,mænjʊ'fæktʃərər] n fabbricante mf.

manure [mə'njʊər] n (U) concime m (di origine animale).

manuscript ['mænjʊskrɪpt] n manoscritto m.

many ['menɪ] (comp more, superl most) ⬦ adj [a lot of, plenty of] molti(e); how many...? quanti(e)...; too many... troppi(e)...; as many... as tanti(e)... quanti(e); so many... tanti(e)...; so many people tanta gente; a good OR great many... un buon numero di... ⬦ pron [a lot, plenty] molti(e); how many? quanti(e) ?; too many troppi(e); as many as tanti(e) quanti(e); so many tanti(e).

map [mæp] n carta f.

maple ['meɪpl] n acero m.

marathon ['mærəθn] ⬦ adj lunghissimo(a); a marathon speech un discorso fiume. ⬦ n maratona f.

marble ['mɑːbl] n - 1. (U) [stone] marmo m - 2. [for game] biglia f.

march [mɑːtʃ] ⬦ n - 1. [by soldiers, demonstrators] marcia f - 2. [steady progress] avanzata f. ⬦ vi - 1. [in formation] marciare - 2. [in protest] sfilare - 3. [walk briskly] avanzare con fare deciso.

March [mɑːtʃ] n marzo m, see also **September**.

marcher ['mɑːtʃər] n dimostrante mf.

mare [meǝ^r] *n* cavalla *f*.

margarine [,mɑ:dʒǝ'ri:n] *n (U)* margarina *f*.

margin ['mɑ:dʒɪn] *n* - **1**. [gen] margine *m* - **2**. [of group, activity] margini *mpl*.

marginal ['mɑ:dʒɪnl] *adj* - **1**. [unimportant] marginale - **2**. *UK* POL: **marginal seat** OR **constituency** *collegio elettorale conquistato con uno stretto margine di voti*.

marigold ['mærɪgǝʊld] *n* calendola *f*.

marijuana [,mærɪ'wɑ:nǝ] *n (U)* marijuana *f*.

marine [mǝ'ri:n] ◇ *adj* marino(a). ◇ *n* - **1**. *UK* [in Royal Marines] marinaio *m* - **2**. *US* [in the Marine Corps] marine *m inv*.

marital ['mærɪtl] *adj* matrimoniale.

marital status *n* stato *m* civile.

maritime ['mærɪtaɪm] *adj* [nation, climate] marittimo(a).

mark [mɑ:k] ◇ *n* - **1**. [gen] segno *m* - **2**. [stain] macchia *f* - **3**. [in exam] voto *m* - **4**. [stage] punto *m*; [level] livello *m* - **5**. [currency] marco *m* - **6**. CULIN: **(gas) mark 4** temperatura di 180 gradi. ◇ *vt* - **1**. [stain] macchiare; [scratch] segnare - **2**. [label] contrassegnare - **3**. [exam, essay] dare il voto a - **4**. [identify - place] indicare; [- point in time] segnare - **5**. [commemorate] celebrare - **6**. SPORT [player] marcare.

marked [mɑ:kt] *adj* [noticeable] marcato(a).

market ['mɑ:kɪt] ◇ *n* - **1**. [gen] mercato *m* - **2**. [stock exchange] borsa *f*. ◇ *vt* offrire sul mercato.

marketing ['mɑ:kɪtɪŋ] *n* marketing *m*.

marketplace ['mɑ:kɪtpleɪs] *n* mercato *m*.

marmalade ['mɑ:mǝleɪd] *n (U)* marmellata *f (di agrumi)*.

marriage ['mærɪdʒ] *n* - **1**. [wedding] nozze *fpl* - **2**. [state, institution] matrimonio *m*.

marrow ['mærǝʊ] *n* - **1**. *UK* [vegetable] zucca *f* - **2**. *(U)* [in bones] midollo *m*.

marry ['mærɪ] ◇ *vt* sposare; **to get married** sposarsi. ◇ *vi* sposarsi.

Mars [mɑ:z] *n* Marte *m*.

marsh [mɑ:ʃ] *n* palude *f*.

marshal ['mɑ:ʃl] *(UK & US)* ◇ *n* - **1**. MIL alto ufficiale *m* - **2**. [steward] membro *m* del servizio d'ordine - **3**. *US* [law officer] funzionario *m*, -a *f* di polizia giudiziaria. ◇ *vt* - **1**. [people] disporre ordinatamente - **2**. [support, thoughts] organizzare.

martial arts [,mɑ:ʃl-] *npl* arti *fpl* marziali.

martial law [,mɑ:ʃl-] *n (U)* legge *f* marziale.

martyr ['mɑ:tǝ^r] *n* martire *mf*.

marvel ['mɑ:vl] *(UK & US)* ◇ *n* - **1**. [achievement] meraviglia *f* - **2**. [surprise, miracle] miracolo *m* - **3**. [person] portento *m*. ◇ *vi*: **to marvel (at sthg)** meravigliarsi (di qc).

marvellous *UK*, **marvelous** *US* ['mɑ:vǝlǝs] *adj* meraviglioso(a).

Marxism ['mɑ:ksɪzm] *n (U)* marxismo *m*.

Marxist ['mɑ:ksɪst] ◇ *adj* marxista. ◇ *n* marxista *mf*.

masculine ['mæskjʊlɪn] *adj* - **1**. [male] maschile; **masculine gender** GRAM genere maschile - **2**. [mannish] mascolino(a).

mash [mæʃ] *vt* schiacciare.

mashed potatoes [mæʃt-] *npl* purè *m inv* di patate.

mask [mɑ:sk] ◇ *n* lit & fig maschera *f*. ◇ *vt* - **1**. [face] nascondere - **2**. [truth, feelings, smell] mascherare.

masochist ['mæsǝkɪst] *n* masochista *mf*.

mason ['meɪsn] *n* - **1**. [stonemason] muratore *m* - **2**. [Freemason] massone *m*, -a *f*.

mass [mæs] ◇ *n* - **1**. [gen] massa *f* - **2**. [of books, papers] cumulo *m*. ◇ *adj* di massa. ◇ *vi* ammassarsi. ➤ **Mass** *n* RELIG messa *f*.

massacre ['mæsǝkǝ^r] ◇ *n* massacro *m*. ◇ *vt* massacrare.

massage [*UK* 'mæsɑ:ʒ, *US* mǝ'sɑ:ʒ] ◇ *n* massaggio *m*. ◇ *vt* massaggiare.

massive ['mæsɪv] *adj* enorme.

mass media *n & npl*: **the mass media** i mass media.

mast [mɑ:st] *n* - **1**. [on boat] albero *m* - **2**. RADIO & TV antenna *f*.

master ['mɑ:stǝ^r] ◇ *n* - **1**. dated [of servants] padrone *m* - **2**. [of subject, situation] padrone *m* - **3**. *UK* dated [teacher - at primary school] maestro *m*; [- at secondary school] professore *m* - **4**. [of ship] capitano *m* - **5**. [original copy] originale *m*. ◇ *adj* - **1**. [expert]: **master baker** mastro *m* fornaio; **master builder** capomastro *m* - **2**. [tape, copy] originale. ◇ *vt* padroneggiare.

Master of Arts *(pl* **Masters of Arts***) n* - **1**. [degree] master *m inv* in lettere - **2**. [person] laureato *m*, -a *f* con master in lettere.

Master of Science *(pl* **Masters of Science***) n* - **1**. [degree] master *m inv* in scienze - **2**. [person] laureato *m*, -a *f* con master in scienze.

masterpiece ['mɑ:stǝpi:s] *n* capolavoro *m*.

master's degree *n* master *m inv*.

mat [mæt] *n* - **1**. [on table] sottopiatto *m* - **2**. [on floor - at door] stuoino *m*; [- in sport] tappeto *m*.

match [mætʃ] ◇ *n* - **1**. *esp UK* [game] partita *f* - **2**. [of tennis] partita *f* - **3**. [for lighting] fiammifero *m* - **4**. [equal]: **to be no match for**

mayor

sb non reggere il confronto con qn. ◇ *vt* - **1.** [be the same as] rispecchiare - **2.** [coordinate with] intonarsi con - **3.** [connect] accoppiare - **4.** [equal] uguagliare. ◇ *vi* - **1.** [be the same] corrispondere - **2.** [go together well] intonarsi bene.

matchbox ['mætʃbɒks] *n* scatola *f* di fiammiferi.

matching ['mætʃɪŋ] *adj* intonato(a).

mate [meɪt] ◇ *n* - **1.** UK inf [friend] amico *m*, -a *f* - **2.** UK inf [form of address] amico *m* - **3.** [of animal] compagno *m*, -a *f* - **4.** NAUT: **(first) mate** (primo) aiutante *m*. ◇ *vi* [animals]: **to mate (with)** accoppiarsi (con).

material [mə'tɪərɪəl] ◇ *adj* - **1.** [physical] materiale - **2.** [important] essenziale. ◇ *n* - **1.** [gen] materiale *m* - **2.** (*U*) [fabric] stoffa *f* - **3.** [type of fabric] tessuto *m*. ◆ **materials** *npl* occorrente *m* (*sing*).

materialistic [mə,tɪərɪə'lɪstɪk] *adj* materialistico(a).

materialize, -ise UK [mə'tɪərɪəlaɪz] *vi* materializzarsi.

maternal [mə'tɜːnl] *adj* materno(a).

maternity [mə'tɜːnəti] *n* (*U*) maternità *f*.

maternity dress *n* abito *m* pré-maman (*inv*).

maternity hospital *n* clinica *f* di maternità.

maternity leave *n* congedo *m* per maternità.

maternity ward *n* reparto *m* maternità (*inv*).

math [mæθ] *n* US = **maths**.

mathematical [,mæθə'mætɪkl] *adj* matematico(a).

mathematics [,mæθə'mætɪks] *n* (*U*) matematica *f*.

maths UK, **math** US (*abbr of* **mathematics**) *inf n* (*U*) [subject] matematica *f*.

matinée ['mætɪneɪ] *n* matinée *f inv*.

matriculation [mə,trɪkju'leɪʃn] *n* (*U*) immatricolazione *f*.

matrimonial [,mætrɪ'məʊnjəl] *adj fml* coniugale.

matrimony ['mætrɪmənɪ, US 'mætrɪməʊnɪ] *n* (*U*) *fml* matrimonio *m*.

matron ['meɪtrən] *n* - **1.** UK dated [in hospital] caposala *f inv* - **2.** UK [in school] infermiera *f* - **3.** US dated [in prison] guardiana *f (addetta a donne e bambini in carcere)*.

matte, matt [mæt] *adj* opaco(a).

matted ['mætɪd] *adj* arruffato(a).

matter ['mætər] ◇ *n* - **1.** [question, situation] questione *f*; **that's another** OR **a different matter** questa è tutta un'altra faccenda; **a matter of opinion** una questione d'opinione; **to make matters worse** peggiorare le cose; **and to make matters worse,...** e come se non bastasse,...; **as a matter of course** come un fatto scontato - **2.** [trouble, cause of pain] problema *m*; **what's the matter?** che problema c'è?; **what's the matter with her?** che cos'ha che non va? - **3.** (*U*) PHYS materia *f*. ◇ *vi* [be important] importare; **it doesn't matter** non importa. ◆ **as a matter of fact** *adv* a dire il vero. ◆ **for that matter** *adv* quanto a questo. ◆ **no matter** *adv*: **no matter how hard I try** per quanto mi sforzi; **we must win, no matter what** dobbiamo vincere, costi quel che costi.

Matterhorn ['mætəhɔːn] *n*: **the Matterhorn** il Cervino.

matter-of-fact *adj* [person] pratico(a); [voice] piatto(a).

mattress ['mætrɪs] *n* materasso *m*.

mature [mə'tjʊər] ◇ *adj* - **1.** [person, behaviour] maturo(a) - **2.** [cheese, wine] stagionato(a). ◇ *vi* - **1.** [child, animal] svilupparsi - **2.** [person, insurance policy] maturare - **3.** [cheese, wine, spirit] stagionare.

mature student *n* UK studente che inizia gli studi universitari dopo i 25 anni.

maul [mɔːl] *vt* dilaniare.

mauve [məʊv] ◇ *adj* malva *inv*. ◇ *n* (*U*) malva *m inv*.

max. [mæks] (*abbr of* **maximum**) max.

maxim ['mæksɪm] *n* massima *f*.

maximum ['mæksɪməm] (*pl* **-ima** OR **-s**) ◇ *adj* [highest, largest] massimo(a). ◇ *n* [upper limit] massimo *m*.

may [meɪ] *modal vb* potere; **I may come** può darsi che (io) venga; **it may rain** può darsi che piova; **try some: you may like it** assaggiane un po', può darsi che ti piaccia; **may I come in?** posso entrare?; **may I?** posso?, permette?; **it may be cheap, but it's good** magari costa poco, ma è buono; **may all your dreams come true** *fml* vi auguro ogni felicità; **be that as it may** comunque stiano le cose; **come what may** succeda quel che succeda.

May [meɪ] *n* maggio *m*, see also **September**.

maybe ['meɪbiː] *adv* - **1.** [perhaps, possibly] forse - **2.** [roughly, approximately] circa.

May Day *n* primo *m* maggio.

mayhem ['meɪhem] *n* (*U*) pandemonio *m*.

mayonnaise [,meɪə'neɪz] *n* (*U*) maionese *f*.

mayor [meər] *n* sindaco *m*.

mayoress ['meərıs] n [woman mayor] sindaco m (donna); [mayor's wife] moglie f del sindaco.

maze [meız] n - 1. [system of paths] labirinto m - 2. [of back streets] dedalo m; [of ideas] intreccio m.

MB (abbr of megabyte) MB.

MD n - 1. (abbr of Doctor of Medicine), (chi possiede un) dottorato in medicina - 2. UK inf (abbr of managing director) amministratore m delegato, amministratrice f delegata.

me [mi:] pers pron - 1. (direct: unstressed) mi; can you hear me? mi senti?; it's me sono io - 2. (direct: stressed) me; you can't expect me to do it non puoi aspettarti che lo faccia io - 3. (indirect) mi; they spoke to me mi hanno parlato; he sent me a letter mi ha mandato una lettera; she gave it to me me lo ha dato - 4. (after prep, in comparisons etc) me; it's for me è per me; she's shorter than me è più bassa di me.

meadow ['medəʊ] n prato m.

meagre UK, **meager** US ['mi:gəʳ] adj magro(a).

meal [mi:l] n pasto m; to go out for a meal andare a mangiar fuori.

mealtime ['mi:ltaɪm] n ora f dei pasti.

mean [mi:n] (pt & pp meant [ment]) <> vt - 1. [signify, represent] significare; it means nothing to me non significa niente per me - 2. [have in mind, intend, entail] voler dire; what do you mean? cosa vuoi dire?; to mean to do sthg avere l'intenzione di fare qc; to be meant for sb/sthg essere destinato(a) a qn/qc; to be meant to do sthg dover fare qc; you were meant to be here at six dovevi essere qui alle sei; to mean well avere buone intenzioni - 3. [be serious about]: I mean it - stop it! dico sul serio - smettila!; she meant every word diceva sul serio; I mean [as explanation] voglio dire; [as correction] cioè, cioè. <> adj - 1. [miserly]: mean (with sthg) avaro(a) (con qc) - 2. [unkind]: mean (to sb) sgarbato(a) (con qn) - 3. [average] medio(a). <> n [average] media f.

meander [mı'ændəʳ] vi - 1. [river, road] snodarsi - 2. [person] girovagare.

meaning ['mi:nɪŋ] n significato m.

meaningful ['mi:nɪŋfʊl] adj significativo(a).

meaningless ['mi:nɪŋlɪs] adj - 1. [devoid of sense] senza senso - 2. [futile] inutile.

means [mi:nz] (pl means) <> n [method, way] mezzo m; by means of per mezzo di. <> npl [money] mezzi mpl. ◆ by all means adv senz'altro. ◆ by no means adv per nient'affatto.

meant [ment] pt & pp ⊏> mean.

meantime ['mi:n,taɪm] n: in the meantime frattanto.

meanwhile ['mi:n,waɪl] adv - 1. [at the same time] intanto - 2. [between two events] nel frattempo.

measles ['mi:zlz] n (U): (the) measles il morbillo.

measly ['mi:zlɪ] adj inf misero(a).

measure ['meʒəʳ] <> n - 1. [step, action] misura f - 2. [of alcohol] dose f - 3. [indication] indice m - 4. [device] misura f. <> vt & vi misurare.

measurement ['meʒəmənt] n - 1. [figure, amount] misura f - 2. (U) [act of measuring] misurazione f. ◆ **measurements** npl [of sb's body] misure fpl.

meat [mi:t] n (U) carne f.

meatball ['mi:tbɔ:l] n polpetta f.

meat pie n UK pasticcio di carne in crosta.

meaty ['mi:tɪ] adj - 1. [containing meat] di carne - 2. [full of ideas] denso(a) di contenuti.

Mecca ['mekə] n [city] La Mecca.

mechanic [mı'kænɪk] n meccanico m. ◆ **mechanics** <> n (U) [study] meccanica f. <> npl [way sthg works] meccanismo m (sing).

mechanical [mı'kænɪkl] adj - 1. [device, response, smile] meccanico(a) - 2. [person, mind] portato(a) per la meccanica.

mechanism ['mekənɪzm] n meccanismo m.

medal ['medl] n medaglia f.

medallion [mı'dæljən] n medaglione m.

meddle ['medl] vi immischiarsi; to meddle in/with sthg immischiarsi in qc.

media ['mi:djə] <> pl ⊏> medium. <> n & npl: the media i media.

mediaeval [,medɪ'i:vl] adj = medieval.

median ['mi:djən] n US [of road] spartitraffico m inv.

mediate ['mi:dɪeɪt] <> vt mediare. <> vi: to mediate (for/between) mediare (per/tra).

mediator ['mi:dɪeɪtəʳ] n mediatore m, -trice f.

Medicaid ['medɪkeɪd] n (U) negli USA, assistenza sanitaria statale per i non abbienti.

medical ['medɪkl] <> adj [treatment, problem, profession] medico(a); medical student studente m, -essa f di medicina. <> n esp UK check-up m inv.

Medicare ['medɪkeəʳ] n (U) negli USA, assistenza sanitaria statale per le persone oltre i 65 anni.

medicated ['medɪkeɪtɪd] adj medicato(a).

medicine ['medsɪn] n medicina f.

medieval [,medɪ'i:vl] adj medievale.

mediocre [ˌmiːdɪˈəʊkəʳ] *adj* mediocre.

meditate [ˈmedɪteɪt] *vi* - **1.** [reflect, ponder] meditare; **to meditate (up)on sthg** meditare su qc - **2.** [practise meditation] fare meditazione.

Mediterranean [ˌmedɪtəˈreɪnjən] *<>* n - **1.** [sea]: **the Mediterranean (Sea)** il (Mar) Mediterraneo - **2.** [area around sea]: **the Mediterranean** il bacino mediterraneo. *<>* adj mediterraneo(a).

medium [ˈmiːdjəm] *<>* adj [middle, average] medio(a). *<>* n - **1.** (pl -**dia**) [way of communicating] mezzo *m* di comunicazione - **2.** (pl -**diums**) [spiritualist] medium *mf inv*.

medium-size(d) [-saɪz(d)] *adj* di misura media.

medium wave *n* (U) onde *fpl* medie.

medley [ˈmedlɪ] (pl **medleys**) *n* - **1.** [mixture] mescolanza *f* - **2.** [selection of music] medley *m inv*.

meek [miːk] *adj* mite.

meet [miːt] (pt & pp **met**) *<>* vt - **1.** [gen] incontrare - **2.** [make acquaintance of] conoscere - **3.** [wait for - person] venire incontro a; [- train, plane, bus, boat] aspettare l'arrivo di - **4.** [fulfil, satisfy] soddisfare - **5.** [deal with, pay] fare fronte a. *<>* vi - **1.** [gen] incontrarsi - **2.** [committee] riunirsi - **3.** [become acquainted] conoscersi - **4.** [collide] scontrarsi. *<>* n esp US meeting *m inv (sportivo).* ◆ **meet up** vi: **to meet up (with sb)** incontrarsi (con qn). ◆ **meet with** vt insep - **1.** [refusal, failure] andare incontro a; [success] ottenere - **2.** esp US [by arrangement] incontrarsi con.

meeting [ˈmiːtɪŋ] *n* - **1.** [for discussion, business] riunione *f* - **2.** [coming together] incontro *m*.

megabyte [ˈmegəbaɪt] *n* COMPUT megabyte *m inv*.

megaphone [ˈmegəfəʊn] *n* megafono *m*.

melancholy [ˈmelənkəlɪ] *<>* adj malinconico(a). *<>* n (U) malinconia *f*.

mellow [ˈmeləʊ] *<>* adj - **1.** [golden, glowing] dai toni caldi - **2.** [smooth, pleasant] morbido(a) - **3.** [gentle, relaxed] rilassato(a). *<>* vi ammorbidirsi.

melody [ˈmelədɪ] *n* melodia *f*.

melon [ˈmelən] *n* melone *m*.

melt [melt] *<>* vt [make liquid] sciogliere. *<>* vi - **1.** [become liquid] sciogliersi - **2.** fig [soften] ammorbidirsi - **3.** fig [disappear]: **to melt away** dissolversi. ◆ **melt down** vt sep fondere.

meltdown [ˈmeltdaʊn] *n* fusione *f* del nocciolo *(di un reattore nucleare).*

melting pot [ˈmeltɪŋ-] *n* fig crogiolo *m*.

member [ˈmembəʳ] *n* membro *m*.

Member of Congress (pl **Members of Congress**) *n* US membro *m* del Congresso.

Member of Parliament (pl **Members of Parliament**) *n* UK parlamentare *mf*, deputato *m*, -a *f*.

membership [ˈmembəʃɪp] *n* - **1.** [fact of belonging] iscrizione *f* - **2.** [number of members] iscritti *mpl*, -e *fpl* - **3.** [people themselves]: **the membership** i membri.

membership card *n* tessera *f* (d'iscrizione).

memento [mɪˈmentəʊ] (pl -**s**) *n* ricordo *m*.

memo [ˈmeməʊ] (pl -**s**) *n* nota *f*.

memoirs [ˈmemwɑːz] *npl* memorie *fpl*.

memorandum [ˌmeməˈrændəm] (pl -**da** OR -**dums**) *n fml* promemoria *m inv*.

memorial [mɪˈmɔːrɪəl] *<>* adj commemorativo(a). *<>* n monumento *m*.

memorize, -ise UK [ˈmeməraɪz] *vt* memorizzare.

memory [ˈmemərɪ] *n* - **1.** [gen] memoria *f*; **from memory** a memoria - **2.** [thing remembered] ricordo *m*.

men [men] *pl* ⊳ **man**.

menace [ˈmenəs] *<>* n - **1.** [gen] minaccia *f* - **2.** inf [nuisance, pest] incubo *m*. *<>* vt minacciare.

menacing [ˈmenəsɪŋ] *adj* minaccioso(a).

mend [mend] *<>* n (U) inf: **to be on the mend** essere in fase di recupero. *<>* vt [repair] riparare.

menial [ˈmiːnjəl] *adj* umile.

meningitis [ˌmenɪnˈdʒaɪtɪs] *n* (U) meningite *f*.

menopause [ˈmenəpɔːz] *n* (U): **the menopause** la menopausa.

men's room *n* US: **the men's room** la toilette per uomini.

menstruation [ˌmenstrʊˈeɪʃn] *n* (U) fml mestruazione *f*.

menswear [ˈmenzweəʳ] *n* (U) abbigliamento *m* da uomo.

mental [ˈmentl] *adj* mentale; **mental patient** malato *m*, -a *f* di mente.

mental hospital *n dated* ospedale *m* psichiatrico.

mentality [menˈtælətɪ] *n* (U) mentalità *f inv*.

mentally handicapped *npl dated*: **the mentally handicapped** i disabili (mentali).

mention [ˈmenʃn] *<>* vt [say, talk about] menzionare; **to mention sthg to sb** accennare qc a qn; **not to mention** per non parlare di; **don't mention it!** non c'è di che! <> *n* menzione *f*.

menu ['menju:] *n* menu *m inv*.

meow [mi:'au] *n* & *vi US* = **miaow**.

MEP (*abbr of* **Member of the European Parliament**) *n* eurodeputato *m*, -a *f*.

mercenary ['mɜ:sɪnrɪ] <> *adj* - **1**. [only interested in money] venale - **2**. MIL mercenario(a). <> *n* [soldier] mercenario *m*.

merchandise ['mɜ:tʃəndaɪz] *n* (U) merce *f*.

merchant ['mɜ:tʃənt] *n* commerciante *mf*.

merchant bank *n* banca *f* d'affari.

merchant navy *UK*, **merchant marine** *US n* marina *f* mercantile.

merciful ['mɜ:sɪfʊl] *adj* - **1**. [person] compassionevole - **2**. [death, release] misericordioso(a).

merciless ['mɜ:sɪlɪs] *adj* spietato(a).

mercury ['mɜ:kjʊrɪ] *n* (U) mercurio *m*.

Mercury ['mɜ:kjʊrɪ] *n* Mercurio *m*.

mercy ['mɜ:sɪ] *n* - **1**. (U) [kindness, pity] pietà *f*; **at the mercy of** *fig* alla mercé di - **2**. [blessing] fortuna *f*.

mere [mɪər] *adj* - **1**. [just, no more than]: **she's a mere child** è soltanto una bambina - **2**. [for emphasis] semplice - **3**. [amount, quantity]: **a mere £10** soltanto 10 sterline.

merely ['mɪəlɪ] *adv* - **1**. [simply, just, only] semplicemente - **2**. [in amount, quantity] soltanto.

merge [mɜ:dʒ] <> *vt* - **1**. [companies, branches] fondere - **2**. [files, documents] unire. <> *vi* - **1**. [companies, branches, colours]: **to merge (with sthg)** fondersi (con qc); **to merge into sthg** [darkness, background] fondersi in qc - **2**. [roads, lines] unirsi. <> *n* COMPUT unione *f*.

merger ['mɜ:dʒər] *n* fusione *f*.

meringue [mə'ræŋ] *n* meringa *f*.

merit ['merɪt] <> *n* (U) [value] merito *m*. <> *vt* meritare. ◆ **merits** *npl* [advantages, qualities] meriti *mpl*.

mermaid ['mɜ:meɪd] *n* sirena *f*.

merry ['merɪ] *adj* allegro(a); **Merry Christmas!** Buon Natale!

merry-go-round *n* giostra *f*.

mesh [meʃ] <> *n* (U) rete *f*. <> *vi* incastrarsi.

mesmerize, -ise *UK* ['mezməraɪz] *vt*: **to be mesmerized by sb/sthg** essere ammaliato(a) da qn/qc.

mess [mes] *n* - **1**. [untidy state] caos *m* - **2**. [sthg spilt, knocked over] sporcizia *f* - **3**. [muddle, problematic situation] pasticcio *m* - **4**. MIL mensa *f*. ◆ **mess around, mess**

about *UK inf* <> *vt sep* trattare male. <> *vi* - **1**. [fool around, waste time] bighellonare - **2**. [interfere]: **to mess around with sthg** armeggiare con qc. ◆ **mess up** *vt sep inf* - **1**. [make untidy] buttare all'aria; [make dirty] sporcare - **2**. [spoil] rovinare.

message ['mesɪdʒ] *n* [gen] messaggio *m*.

messenger ['mesɪndʒər] *n* messaggero *m*, -a *f*.

Messrs, Messrs. ['mesəz] (*abbr of* **messieurs**) Sigg.

messy ['mesɪ] *adj* - **1**. [dirty] sporco(a); [untidy] disordinato(a) - **2**. [complicated, confused] caotico(a).

met [met] *pt* & *pp* ▷ **meet**.

metal ['metl] <> *n* metallo *m*. <> *adj* di metallo.

metallic [mɪ'tælɪk] *adj* metallico(a).

metalwork ['metəlwɜ:k] *n* (U) [craft] lavorazione *f* dei metalli.

metaphor ['metəfər] *n* metafora *f*.

mete [mi:t] ◆ **mete out** *vt sep*: **to mete sthg out to sb** infliggere qc a qn.

meteor ['mi:tɪər] *n* meteora *f*.

meteorology [,mi:tɪə'rɒlədʒɪ] *n* (U) meteorologia *f*.

meter ['mi:tər] <> *n* - **1**. [device] contatore *m* - **2**. *US* = **metre**. <> *vt* misurare *(con un contatore)*.

method ['meθəd] *n* metodo *m*.

methodical [mɪ'θɒdɪkl] *adj* metodico(a).

Methodist ['meθədɪst] <> *adj* metodista. <> *n* metodista *mf*.

meths [meθs] *n* (U) *UK inf* alcol *m* denaturato.

methylated spirits ['meθɪleɪtɪd] *n* (U) alcol *m* denaturato.

meticulous [mɪ'tɪkjʊləs] *adj* meticoloso(a).

metre *UK*, **meter** *US* ['mi:tər] *n* metro *m*.

metric ['metrɪk] *adj* metrico(a).

metronome ['metrənəum] *n* metronomo *m*.

metropolitan [,metrə'pɒlɪtn] *adj* metropolitano(a).

mettle ['metl] *n* (U): **to be on one's mettle** impegnarsi a fondo; **to show** OR **prove one's mettle** dimostrare il proprio valore.

mew [mju:] *n* & *vi* = **miaow**.

mews [mju:z] (*pl* **mews**) *n esp UK* stradina *f (con case che una volta erano scuderie)*.

Mexican ['meksɪkn] <> *adj* messicano(a). <> *n* messicano *m*, -a *f*.

Mexico ['meksɪkəu] *n* Messico *m*.

MI5 (*abbr of* **Military Intelligence 5**) *n servizio di controspionaggio britannico*.

miaow *UK*, **meow** *US* [mɪ'aʊ] ◇ *n* miagolio *m*. ◇ *vi* miagolare.

mice [maɪs] *pl* ▷ **mouse**.

mickey ['mɪkɪ] *n*: to take the mickey out of sb *UK inf* sfottere qn.

microchip ['maɪkrəʊtʃɪp] *n* microchip *m inv*.

microcomputer [,maɪkrəʊkəm'pju:tər] *n* microcomputer *m inv*.

microfilm ['maɪkrəʊfɪlm] *n* microfilm *m inv*.

microphone ['maɪkrəfəʊn] *n* microfono *m*.

micro scooter *n* monopattino *m* (pieghevole).

microscope ['maɪkrəskəʊp] *n* microscopio *m*.

microscopic [,maɪkrə'skɒpɪk] *adj* - **1.** [very small] microscopico(a) - **2.** [detailed] al microscopio.

microwave (oven) [,maɪkrəʊ'weɪv] *n* (forno *m* a) microonde *m inv*.

mid- [mɪd] *prefix*: in mid-winter a metà dell'inverno; mid-life crisis crisi di mezza età.

midair [mɪd'eər] ◇ *adj* [collision] in volo. ◇ *n (U)*: in midair a mezz'aria.

midday ['mɪddeɪ] *n (U)* mezzogiorno *m*.

middle ['mɪdl] ◇ *adj* [gen] centrale. ◇ *n* - **1.** [centre] parte *f* centrale; in the middle (of sthg) [room, street] nel centro (di qc); [dinner, speech] a metà (di qc); I was in the middle of making lunch when the doorbell went stavo giusto preparando il pranzo quando hanno suonato alla porta; in the middle of the night nel cuore della notte - **2.** [waist] vita *f*.

middle-aged *adj* di mezza età.

Middle Ages *npl*: the Middle Ages il Medioevo.

middle-class *adj* borghese.

middle classes *npl*: the middle classes la borghesia.

Middle East *n*: the Middle East il Medio Oriente.

middleman ['mɪdlmæn] (*pl* **-men**) *n* - **1.** COMM intermediario *m*, -a *f* - **2.** [in negotiations] mediatore *m*, -trice *f*.

middle name *n* secondo nome *m*.

Mideast [,mɪd'i:st] *n US*: the Mideast il Medio Oriente.

midfield [,mɪd'fi:ld] *n* centrocampo *m*.

midge [mɪdʒ] *n* moscerino *m*.

midget ['mɪdʒɪt] *n offens* nano *m*, -a *f*.

midi system ['mɪdɪ-] *n* stereo *m inv* compatto.

Midlands ['mɪdləndz] *npl*: the Midlands l'Inghilterra *f* centrale.

midnight ['mɪdnaɪt] *n (U)* mezzanotte *f*.

midriff ['mɪdrɪf] *n* stomaco *m*.

midst [mɪdst] *n*: in the midst of nel mezzo di.

midsummer ['mɪd,sʌmər] *n (U)* piena estate *f*.

midway [,mɪd'weɪ] *adv* - **1.** [in space]: midway (between) a mezza strada (tra) - **2.** [in time]: midway (through) a metà (di).

midweek ◇ *adj* ['mɪdwi:k] di metà settimana. ◇ *adv* [mɪd'wi:k] a metà settimana.

midwife ['mɪdwaɪf] (*pl* **-wives**) *n* levatrice *f*.

might [maɪt] ◇ *modal vb* potere; he might be armed potrebbe essere armato; I might do it può darsi che lo faccia; we might have been killed avremmo potuto morire; you might have told me! avresti potuto dirmelo!; it might be better to wait forse sarebbe meglio aspettare; he asked if he might leave *fml* chiese se poteva uscire; you might well be right, but... potresti anche aver ragione, ma...; I might have known OR guessed avrei dovuto immaginarlo. ◇ *n* [of person, army] forza *f*; [of nation] potenza *f*.

mighty ['maɪtɪ] ◇ *adj* [powerful] potente. ◇ *adv US inf* straordinariamente.

migraine ['maɪgreɪn, *UK* 'mi:greɪn] *n* emicrania *f*.

migrant ['maɪgrənt] ◇ *adj* - **1.** [bird, animal] migratore(trice) - **2.** [worker] emigrante. ◇ *n* - **1.** [bird, animal] migratore *m*, -trice *f* - **2.** [person] emigrante *mf*.

migrate [*UK* maɪ'greɪt, *US* 'maɪgreɪt] *vi* - **1.** [bird, animal] migrare - **2.** [person] emigrare.

mike [maɪk] (*abbr of* **microphone**) *n inf* microfono *m*.

mild [maɪld] *adj* - **1.** [soap] delicato(a) - **2.** [cheese] dolce; [curry] non forte - **3.** [sedative] blando(a) - **4.** [weather, person, manner] mite - **5.** [surprise, criticism, illness] leggero(a).

mildew ['mɪldju:] *n (U)* muffa *f*.

mildly ['maɪldlɪ] *adv* - **1.** [complain, criticize] leggermente, dolcemente; to put it mildly per non dir di peggio - **2.** [interesting, amusing] vagamente.

mile [maɪl] *n* miglio *m*; to be miles away *fig* avere la testa altrove. ◆ **miles** *adv inf* (*in comparisons*) mille volte.

mileage ['maɪlɪdʒ] *n* - **1.** [distance travelled] distanza *f* in miglia - **2.** (U) *inf* [advantage] guadagno *m*.

mileometer [maɪ'lɒmɪtər] *n UK* contamiglia *m inv*.

milestone ['maɪlstəʊn] *n lit* & *fig* pietra *f* miliare.

militant ['mɪlɪtənt] ◇ *adj* militante. ◇ *n* militante *mf*.

military ['mɪlɪtrɪ] ◇ *adj* militare. ◇ *n*: **the military** i militari *mpl*.

militia [mɪ'lɪʃə] *n* milizia *f*.

milk [mɪlk] ◇ *n* latte *m*. ◇ *vt* - **1.** [cow, goat] mungere - **2.** *fig* [situation, company] sfruttare.

milk chocolate *n* (*U*) cioccolato *m* al latte.

milkman ['mɪlkmən] (*pl* -**men**) *n* lattaio *m*.

milk shake *n* frappé *m inv*.

milky ['mɪlkɪ] *adj* - **1.** *UK* [with milk] al latte - **2.** [pale white] latteo(a).

Milky Way *n*: **the Milky Way** la Via Lattea.

mill [mɪl] ◇ *n* - **1.** [flour mill] mulino *m* - **2.** [factory] stabilimento *m* - **3.** [grinder] macinino *m*. ◇ *vt* [grain] macinare. ◆ **mill about** *UK*, **mill around** *vi* aggirarsi.

millennium [mɪ'lenɪəm] (*pl* -**nnia**) *n* millennio *m*.

millet ['mɪlɪt] *n* miglio *m*.

milligram, milligramme *UK* ['mɪlɪɡræm] *n* milligrammo *m*.

millimetre *UK*, **millimeter** *US* ['mɪlɪ,miːtər] *n* millimetro *m*.

million ['mɪljən] *n* - **1.** [1,000,000] milione *m* - **2.** [enormous number]: **a million times** un milione di volte; **millions of people** milioni di persone.

millionaire [,mɪljə'neər] *n* milionario *m*, -a *f*.

milometer [maɪ'lɒmɪtər] *n UK* = **mileometer**.

mime [maɪm] ◇ *n* - **1.** (*U*) [acting] mimica *f* - **2.** [act] imitazione *f*. ◇ *vt* mimare.

mimic ['mɪmɪk] (*pt & pp* -**ked**, *cont* -**king**) ◇ *n* imitatore *m*, -trice *f*. ◇ *vt* [person, voice, gestures] imitare.

min. [mɪn] - **1.** (*abbr of* minute) min. - **2.** (*abbr of* minimum) min.

mince [mɪns] ◇ *n* (*U*) *UK* carne *f* tritata. ◇ *vt* tritare; **not to mince one's words** non usare mezzi termini. ◇ *vi* muoversi a passettini.

mincemeat ['mɪnsmiːt] *n* (*U*) - **1.** [fruit] *ripieno per dolci fatto di frutta secca e spezie* - **2.** [minced meat] carne *f* tritata.

mince pie *n pasticcino farcito di frutta secca e spezie mangiato specialmente a Natale*.

mincer ['mɪnsər] *n UK* tritacarne *m inv*.

mind [maɪnd] ◇ *n* - **1.** [gen] mente *f*; **to bear sthg in mind** tenere qc a mente; **to come into sb's mind** venire in mente a qn; **to cross sb's mind** sfiorare la mente a qn; **to have sthg on one's mind** essere preoccupato(a) per qc; to

keep one's mind on sthg mantenere la propria concentrazione su qc; **to put one's mind to sthg** impegnarsi in qc; **state of mind** stato *m* d'animo - **2.** [opinion]: **to change one's mind** cambiare parere; **to be in two minds about sthg** sentirsi combattuto(a) a proposito di qc; **to keep an open mind** non pronunciarsi; **to make one's mind up** decidersi; **to speak one's mind** dire quello che si pensa; **to my mind** a mio parere - **3.** [intention]: **to have sthg in mind** avere in mente qc; **to have a mind to do sthg** avere l'intenzione di fare qc. ◇ *vi* - **1.** [object]: **do you mind if...?** ti dispiace se...? - **2.** [care, worry]: **I don't mind if...** non mi importa se...; **never mind** [don't worry] non c'è da preoccuparsi; [it's not important] non fa niente. ◇ *vt* - **1.** [object to]: **I don't mind waiting** non mi dà fastidio aspettare; **I wouldn't mind a...** mi andrebbe un... - **2.** [bother about]: **I really don't mind what he says** davvero non m'importa quello che dice - **3.** *esp UK* [pay attention to]: **fare attenzione a** - **4.** *UK* [take care of] badare a. ◆ **mind you** *adv* a dir la verità.

minder ['maɪndər] *n UK* [bodyguard] guardia *f* del corpo.

mindful ['maɪndful] *adj*: **mindful of sthg** conscio(a) di qc.

mindless ['maɪndlɪs] *adj* - **1.** [violence, act] insensato(a) - **2.** [job, work] meccanico(a).

mine[1] [maɪn] ◇ *n* - **1.** [for excavating minerals] miniera *f* - **2.** [bomb] mina *f*. ◇ *vt* - **1.** [excavate] estrarre - **2.** [lay mines in] minare.

mine[2] [maɪn] *poss pron* il mio(la mia, i miei, le mie) ; **his house and mine** la sua casa e la mia; **mine is broken** il mio è guasto; **that money is mine** questi soldi sono miei; **a friend of mine** un mio amico; **it wasn't your fault: it was mine** la colpa non è stata tua, ma mia.

minefield ['maɪnfiːld] *n lit & fig* campo *m* minato.

miner ['maɪnər] *n* minatore *m*.

mineral ['mɪnərəl] ◇ *adj* minerale. ◇ *n* minerale *m*.

mineral water *n* (*U*) acqua *f* minerale.

mingle ['mɪŋɡl] *vi*: **to mingle (with)** mescolarsi (a).

miniature ['mɪnətʃər] ◇ *adj* [reduced-scale] in miniatura. ◇ *n* - **1.** [painting] miniatura *f* - **2.** [of alcohol] bottiglietta *f* mignon (*inv*) - **3.** [small scale]: **in miniature** in miniatura.

minibus ['mɪnɪbʌs] (*pl* -**es**) *n* pulmino *m*.

minicab ['mɪnɪkæb] *n UK taxi m inv (da prenotare telefonicamente)*.

MiniDisc® ['mɪnɪdɪsk] *n* minidisc® *m inv*.

MiniDisc® player n lettore m di minidisc®.

minidish ['mɪnɪdɪʃ] n mini-antenna f satellitare.

minima ['mɪnɪmə] pl ▷ **minimum**.

minimal ['mɪnɪml] adj minimo(a).

minimum ['mɪnɪməm] (pl -mums OR -ma) ◇ adj minimo(a). ◇ n minimo m.

mining ['maɪnɪŋ] ◇ n industria f mineraria. ◇ adj minerario(a).

miniskirt ['mɪnɪskɜːt] n minigonna f.

minister ['mɪnɪstə*] n - 1. POL: **minister (for** sthg) ministro m (di qc) - 2. RELIG ministro m.
◆ **minister to** vt insep prendersi cura di.

ministerial [,mɪnɪ'stɪərɪəl] adj ministeriale.

minister of state n UK: **minister of state (for** sthg) sottosegretario m di stato (per qc).

ministry ['mɪnɪstrɪ] n - 1. POL ministero m; **Ministry of Defence** UK Ministero m della Difesa - 2. [clergy]: **the ministry** il clero.

mink [mɪŋk] (pl mink) n visone m.

minor ['maɪnə*] ◇ adj - 1. [details, injuries] secondario(a) - 2. MUS minore. ◇ n [in age] minorenne mf.

minority [maɪ'nɒrətɪ] n minoranza f.

mint [mɪnt] ◇ n - 1. [herb, sweet] menta f - 2. [for coins]: **the Mint** la zecca. ◇ adj: **in mint condition** in perfette condizioni. ◇ vt [coins] coniare.

minus ['maɪnəs] (pl -es) ◇ prep meno; **four minus two is two** quattro meno due fa due; **it's minus five (degrees)** ci sono cinque gradi sotto zero. ◇ adj - 1. MATHS negativo(a) - 2. SCH meno inv; **a B minus** un B meno. ◇ n - 1. MATHS meno m - 2. [disadvantage] svantaggio m.

minus sign n segno m meno inv.

minute[1] ['mɪnɪt] n minuto m; **at any minute** ad ogni momento; **this minute** in quest'istante. ◆ **minutes** npl [of meeting] verbale m (sing).

minute[2] [maɪ'njuːt] adj minuscolo(a).

miracle ['mɪrəkl] n lit & fig miracolo m.

miraculous [mɪ'rækjʊləs] adj lit & fig miracoloso(a).

mirage [mɪ'rɑːʒ] n lit & fig miraggio m.

mire [maɪə*] n (U) pantano m.

mirror ['mɪrə*] ◇ n specchio m. ◇ vt [gen] rispecchiare.

misadventure [,mɪsəd'ventʃə*] n disavventura f; **death by misadventure** LAW morte f accidentale.

misapprehension ['mɪs,æprɪ'henʃn] n fraintendimento m.

misbehave [,mɪsbɪ'heɪv] vi comportarsi male.

miscalculate [,mɪs'kælkjʊleɪt] ◇ vt - 1. [amount, time, distance] sbagliare a calcolare - 2. fig [misjudge] valutare male. ◇ vi - 1. MATHS sbagliare i calcoli - 2. fig [misjudge] fare male i calcoli.

miscarriage [,mɪs'kærɪdʒ] n aborto m spontaneo.

miscarriage of justice n errore m giudiziario.

miscellaneous [,mɪsə'leɪnɪəs] adj di vario tipo.

mischief ['mɪstʃɪf] n (U) - 1. [playfulness] malizia f - 2. [naughty behaviour] diavoleria f - 3. [harm] danno m.

mischievous ['mɪstʃɪvəs] adj - 1. [playful] malizioso(a) - 2. [naughty] birichino(a).

misconception [,mɪskən'sepʃn] n convinzione f errata.

misconduct n [,mɪs'kɒndʌkt] violazione m della deontologia professionale.

miscount [,mɪs'kaʊnt] ◇ vt contare male. ◇ vi sbagliare i conti.

misdemeanour UK, **misdemeanor** US [,mɪsdɪ'miːnə*] n trasgressione f.

miser ['maɪzə*] n avaro m, -a f.

miserable ['mɪzrəbl] adj - 1. [unhappy] triste - 2. [depressing] penoso(a) - 3. [failure] miserevole.

miserly ['maɪzəlɪ] adj avaro(a).

misery ['mɪzərɪ] n - 1. [unhappiness] infelicità f inv - 2. [poverty] miseria f.

misfire [,mɪs'faɪə*] vi - 1. [gun] incepparsi - 2. [car engine] perdere colpi - 3. [plan] fallire.

misfit ['mɪsfɪt] n disadattato m, -a f.

misfortune [mɪs'fɔːtʃuːn] n - 1. (U) [bad luck] sfortuna f - 2. [piece of bad luck] sventura f.

misgivings [mɪs'gɪvɪŋz] npl dubbi mpl.

misguided [,mɪs'gaɪdɪd] adj [person] fuorviato(a); [attempt, opinion] erroneo(a).

mishandle [,mɪs'hændl] vt - 1. [person, animal] maltrattare - 2. [negotiations, business] condurre male.

mishap ['mɪshæp] n [unfortunate event] disgrazia f.

misinterpret [,mɪsɪn'tɜːprɪt] vt fraintendere.

misjudge [,mɪs'dʒʌdʒ] vt - 1. [calculate wrongly] valutare male - 2. [appraise wrongly] malgiudicare.

mislay [,mɪs'leɪ] (pt & pp -laid [-'leɪd]) vt smarrire.

mislead [,mɪs'liːd] (pt & pp -led) vt fuorviare.

misleading [,mɪs'liːdɪŋ] adj fuorviante.

misled [,mɪs'led] pt & pp ▷ **mislead**.

misplace [,mɪs'pleɪs] vt mettere fuori posto.

misprint n ['mɪsprɪnt] errore m di stampa.

miss [mɪs] ◇ vt - 1. [gen - person in crowd, error, opportunity] lasciarsi sfuggire; [- TV programme, train, flight] perdere - 2. [target, ball] mancare - 3. [feel absence of] sentire la mancanza di - 4. [turning] saltare - 5. [meeting, school] mancare a - 6. [escape] evitare. ◇ vi [fail to hit] mancare (il bersaglio). ◇ n: to give sthg a miss inf saltare qc. ◆ miss out ◇ vt sep lasciare fuori. ◇ vi perdere un'occasione; you'll miss out on all the fun ti perderai tutto il divertimento.

Miss [mɪs] n signorina f.

misshapen [,mɪs'ʃeɪpn] adj [hands, fingers] deforme.

missile [UK 'mɪsaɪl, US 'mɪsəl] n - 1. [weapon] missile m - 2. [thrown object] oggetto m (lanciato).

missing ['mɪsɪŋ] adj - 1. [lost - person] disperso(a); [- pet, wallet] smarrito(a) - 2. [not present] mancante; who's missing? chi manca?

mission ['mɪʃn] n missione f.

missionary ['mɪʃənrɪ] n missionario m, -a f.

misspend [,mɪs'spend] (pt & pp -spent) vt [money, talent, youth] sprecare.

mist [mɪst] n foschia f. ◆ mist over, mist up vi appannarsi.

mistake [mɪ'steɪk] (pt -took, pp -taken) ◇ n errore m, sbaglio m; to make a mistake fare un errore; by mistake per errore. ◇ vt - 1. [meaning, intention] fraintendere - 2. [fail to distinguish]: to mistake sb/sthg for prendere qn/qc per.

mistaken [mɪ'steɪkn] ◇ pp ▷ **mistake**. ◇ adj - 1. [person] fuori strada; to be mistaken about sb/sthg sbagliarsi su qn/qc - 2. [belief, idea] erroneo(a).

mistletoe ['mɪsltəʊ] n (U) vischio m.

mistook [mɪ'stʊk] pt ▷ **mistake**.

mistreat [,mɪs'triːt] vt maltrattare.

mistress ['mɪstrɪs] n - 1. [female lover] amante f - 2. [of situation] padrona f - 3. dated [of house] padrona f - 4. UK dated [schoolteacher] insegnante f.

mistrust [,mɪs'trʌst] ◇ n (U) diffidenza f. ◇ vt diffidare di.

misty ['mɪstɪ] adj nebbioso(a).

misunderstand [,mɪsʌndə'stænd] (pt & pp -stood) vt & vi capire male.

misunderstanding [,mɪsʌndə'stændɪŋ] n malinteso m.

misunderstood [,mɪsʌndə'stʊd] pt & pp ▷ **misunderstand**.

misuse ◇ n [,mɪs'juːs] - 1. (U) [bad use] abuso m - 2. [example of bad use] uso m improprio. ◇ vt [,mɪs'juːz] - 1. [position, power, funds] abusare di - 2. [time, resources] usare male.

mitigate ['mɪtɪgeɪt] vt fml mitigare.

mitten ['mɪtn] n [with fingers joined] muffola f; [with fingers cut off] mezzo guanto m.

mix [mɪks] ◇ vt - 1. [combine – substances] mescolare; [- activities] mettere insieme; to mix sthg with sthg mischiare qc con qc - 2. [make by mixing - drink] preparare; [- cement] impastare. ◇ vi - 1. [combine - substances] mischiarsi; [- activities] andare bene insieme - 2. [socially] legare; to mix with sb frequentare qn. ◇ n - 1. [combination - of substances] miscela f; [- of things, people] mescolanza f - 2. MUS remix m inv. ◆ mix up vt sep - 1. [confuse] confondere - 2. [disorder] mettere in disordine.

mixed [mɪkst] adj [gen] misto(a); [feelings] contrastante.

mixed grill n UK grigliata f di carne mista.

mixed up adj - 1. [confused] confuso(a) - 2. [involved]: to be mixed up in sthg essere coinvolto(a) in qc.

mixer ['mɪksər] n - 1. [device - for food] frullatore m; [- for drinks] mixer m inv; [- for cement] impastatrice f - 2. [soft drink] acqua tonica, soda o simili, da miscelare a superalcolici.

mixture ['mɪkstʃər] n - 1. [substance] miscela f - 2. [combination of different kinds] mescolanza f.

mix-up n inf confusione f.

ml (abbr of millilitre) n ml.

mm (abbr of millimetre) mm.

MMR [,emem'ɑːr] (abbr of Measles, Mumps and Rubella) vaccinazione trivalente contro morbillo, orecchioni e rosolia.

moan [məʊn] ◇ n [of pain, sadness] lamento m. ◇ vi - 1. [in pain, sadness] lamentarsi - 2. inf [complain]: to moan (about sb/sthg) lamentarsi (di qn/qc).

moat [məʊt] n fossato m.

mob [mɒb] ◇ n massa f (di gente). ◇ vt fare ressa intorno a.

mobile ['məʊbaɪl] ◇ adj - 1. [able to move - person] capace di muoversi; [- shop] ambulante; [- troops] mobile - 2. inf [having transport] motorizzato(a) - 3. UK TELEC della telefonia mobile; mobile communications telefonia f mobile. ◇ n - 1. UK [phone] cellulare m - 2. [decoration] mobile m inv.

mobile home n - 1. UK [caravan] roulotte f inv - 2. US [house] casa f mobile.

mobile phone *n esp UK* telefono *m* cellulare.

mobilize, -ise *UK* ['məʊbɪlaɪz] ⟨⟩ *vt* mobilitare. ⟨⟩ *vi* mobilitarsi.

mock [mɒk] ⟨⟩ *adj* finto(a). ⟨⟩ *vt* schernire. ⟨⟩ *vi* prendere in giro.

mockery ['mɒkəri] *n* - **1.** (U) [scorn] scherno *m* - **2.** [travesty] farsa *f*.

mod cons [-kɒnz] (*abbr of* **modern conveniences**) *npl UK inf:* **all mod cons** tutti i comfort.

mode [məʊd] *n* modo *m*.

model ['mɒdl] (*UK & US*) ⟨⟩ *n* - **1.** [gen] modello *m* - **2.** [copy] modellino *m* - **3.** [for painter, photographer] modello *m*, -a *f* - **4.** [fashion model] indossatore *m*, -trice *f*. ⟨⟩ *adj* - **1.** [miniature]: **model aircraft** modellino *m* di aereo - **2.** [exemplary] modello *inv*. ⟨⟩ *vt* - **1.** [shape] modellare - **2.** [in fashion show] indossare - **3.** [copy]: **to model o.s. on sb** prendere qn a modello. ⟨⟩ *vi* [in fashion show] fare l'indossatore *m*, -trice *f*.

modem ['məʊdem] *n* modem *m inv*.

moderate ⟨⟩ *adj* ['mɒdərət] - **1.** [gen] moderato(a) - **2.** [success, ability] modesto(a). ⟨⟩ *n* ['mɒdərət] POL moderato *m*, -a *f*. ⟨⟩ *vt* ['mɒdəreɪt] moderare. ⟨⟩ *vi* ['mɒdəreɪt] moderarsi.

moderation [,mɒdə'reɪʃn] *n* moderazione *f*; **in moderation** con moderazione.

modern ['mɒdən] *adj* moderno(a).

modernize, -ise *UK* ['mɒdənaɪz] ⟨⟩ *vt* modernizzare. ⟨⟩ *vi* modernizzarsi.

modern languages *npl* lingue *fpl* moderne.

modest ['mɒdɪst] *adj* modesto(a).

modesty ['mɒdɪstɪ] *n* (U) modestia *f*.

modicum ['mɒdɪkəm] *n fml* minimo *m*.

modify ['mɒdɪfaɪ] *vt* - **1.** [alter] modificare - **2.** [tone down] moderare.

module ['mɒdjuːl] *n* modulo *m*.

mogul ['məʊgl] *n* magnate *m*.

mohair ['məʊheəʳ] *n* mohair *m*.

moist [mɔɪst] *adj* umido(a).

moisten ['mɔɪsn] *vt* inumidire.

moisture ['mɔɪstʃəʳ] *n* (U) umidità *f*.

moisturizer, -iser *UK* ['mɔɪstʃəraɪzəʳ] *n* crema *f* idratante.

molar ['məʊləʳ] *n* molare *m*.

molasses [mə'læsɪz] *n* (U) melassa *f*.

mold *etc n & vt US* = **mould**.

mole [məʊl] *n* - **1.** [animal, spy] talpa *f* - **2.** [on skin] neo *m*.

molecule ['mɒlɪkjuːl] *n* molecola *f*.

molest [mə'lest] *vt* - **1.** [child] molestare - **2.** [sheep] aggredire.

mollusc *UK*, **mollusk** *US* ['mɒləsk] *n* mollusco *m*.

mollycoddle ['mɒlɪ,kɒdl] *vt inf* vezzeggiare.

molt *vt & vi US* = **moult**.

molten ['məʊltn] *adj* fuso(a).

mom [mɑːm] *n US inf* mamma *f*.

moment ['məʊmənt] *n* - **1.** [very short period of time] attimo *m* - **2.** [particular point in time] momento *m*; **at any moment** da un momento all'altro; **at the moment** al momento; **for the moment** per il momento.

momentarily [*UK* 'məʊməntərɪlɪ, ,məʊmen'terɪlɪ] *adv* - **1.** [for a short time] momentaneamente - **2.** *US* [very soon] a momenti.

momentary ['məʊməntrɪ] *adj* momentaneo(a).

momentous [mə'mentəs] *adj* di rilievo.

momentum [mə'mentəm] *n* - **1.** PHYS quantità *f inv* di moto - **2.** *fig* [speed, force] slancio *m*.

momma ['mɒmə], **mommy** ['mɒmɪ] *n US inf* mamma *f*.

Monaco ['mɒnəkəʊ] *n* Monaco *f*.

monarch ['mɒnək] *n* monarca *mf*.

monarchy ['mɒnəkɪ] *n* - **1.** [system, country] monarchia *f* - **2.** [royal family]: **the monarchy** la famiglia reale.

monastery ['mɒnəstrɪ] *n* monastero *m*.

Monday ['mʌndeɪ] *n* lunedì *m inv*, *see also* **Saturday**.

monetary ['mʌnɪtrɪ] *adj* monetario(a).

money ['mʌnɪ] *n* (U) soldi *mpl*, denaro *m*; **to make money** far soldi; **to get one's money's worth** non sprecare i soldi.

moneybox ['mʌnɪbɒks] *n esp UK* salvadanaio *m*.

money order *n* vaglia *m inv*.

mongrel ['mʌŋgrəl] *n* [dog] bastardo *m*.

monitor ['mɒnɪtəʳ] ⟨⟩ *n* - **1.** TV schermo *m* - **2.** MED & COMPUT monitor *m inv*. ⟨⟩ *vt* monitorare.

monk [mʌŋk] *n* monaco *m*.

monkey ['mʌŋkɪ] (*pl* **-s**) *n* scimmia *f*.

mono ['mɒnəʊ] ⟨⟩ *adj* mono *inv*. ⟨⟩ *n inf* [sound] mono *m inv*.

monochrome ['mɒnəkrəʊm] *adj* TV & PHOT monocromatico(a).

monocle ['mɒnəkl] *n* monocolo *m*.

monologue, monolog *US* ['mɒnəlɒg] *n* [gen] monologo *m*.

monopolize, -ise *UK* [mə'nɒpəlaɪz] *vt* monopolizzare.

monopoly [məˈnɒpəlɪ] n: **monopoly (on OR of sthg)** monopolio m (di qc).

monotonous [məˈnɒtənəs] adj [voice, job, life] monotono(a).

monotony [məˈnɒtənɪ] n (U) monotonia f.

monsoon [mɒnˈsuːn] n [period] stagione f dei monsoni.

monster [ˈmɒnstər] n - 1. [creature, person] mostro m - 2. [something huge] cosa f smisurata.

monstrosity [mɒnˈstrɒsətɪ] n mostruosità f inv.

monstrous [ˈmɒnstrəs] adj - 1. [appalling] mostruoso(a) - 2. [hideous] orribile - 3. [huge] enorme.

month [mʌnθ] n mese m.

monthly [ˈmʌnθlɪ] <> adj mensile. <> adv mensilmente. <> n [publication] mensile m.

Montreal [ˌmɒntrɪˈɔːl] n Montreal f.

monument [ˈmɒnjumənt] n monumento m.

monumental [ˌmɒnjuˈmentl] adj - 1. [building, sculpture] monumentale - 2. [book, work] colossale - 3. [error, mistake] madornale.

moo [muː] (pl -s) <> n muggito m. <> vi muggire.

mood [muːd] n umore m; **in a (bad) mood** di cattivo umore; **in a good mood** di buon umore.

moody [ˈmuːdɪ] adj pej - 1. [changeable] lunatico(a) - 2. [bad-tempered] scontroso(a).

moon [muːn] n luna f.

moonlight [ˈmuːnlaɪt] (pt & pp -ed) <> n (U) chiaro m di luna. <> vi inf lavorare in nero.

moonlighting [ˈmuːnlaɪtɪŋ] n (U) inf lavoro m nero.

moonlit [ˈmuːnlɪt] adj illuminato(a) dalla luna.

moor [muə] <> vt ormeggiare. <> vi attraccare.

moorland [ˈmɔːlənd] n (U) esp UK brughiera f.

moose [muːs] (pl moose) n [North American] alce m.

mop [mɒp] <> n - 1. [for cleaning] spazzolone m - 2. inf [of hair] massa f. <> vt - 1. [floor] passare lo straccio su - 2. [sweat, brow, face] asciugarsi. ◆ **mop up** vt sep asciugare (con spugna, straccio).

mope [məup] vi pej autocommiserarsi.

moped [ˈməuped] n motorino m.

moral [ˈmɒrəl] <> adj - 1. [relating to morals] morale - 2. [behaving correctly] retto(a). <> n [lesson] morale f. ◆ **morals** npl [principles] morale f (sing).

morale [məˈrɑːl] n (U) morale m.

morality [məˈrælətɪ] n moralità f.

morbid [ˈmɔːbɪd] adj morboso(a).

more [mɔːr] <> adv - 1. (with adj and adv) più; **more important/quickly (than)** [+ noun, pronoun] più importante/velocemente (di); [+ adjective, clause] più importante/velocemente (che); **much more** molto più - 2. [to a greater degree] più; **to eat/drink more** mangiare/bere di più; **I couldn't agree more** non potrei essere più d'accordo; **she's more like a mother to me than a sister** per me, è più una madre che una sorella; **we were more hurt than angry** eravamo più offesi che arrabbiati; **I'm more than happy to help** sono più che lieto di aiutare; **he's little more than a child** è poco più che un bambino; **more than ever** più che mai - 3. [another time] ancora; **once/twice more** ancora una volta/due volte. <> adj - 1. [larger number, amount of] più inv; **there are more trains in the morning** ci sono più treni al mattino; **more than** più di; **more than 70 people died** sono morte più di 70 persone; **many more** molti(e) più - 2. [an extra amount of, additional]: **have some more tea** prendi ancora del tè; **I finished two more chapters today** ho finito altri due capitoli oggi; **we need more money/time** abbiamo bisogno di più soldi/tempo. <> pron - 1. [larger number, amount] più; **he's got more than I have** ha più di quello che ho io - 2. [extra amount]: **can I have some more?** posso averne ancora?; **there's no more (left)** non ce n'è più; **if you want to know more, write to...** se volete saperne di più, scrivete a...; **(and) what's more** (e) per di più; **the more... the more...** più... più... ◆ **any more** adv: **not... any more** non... più. ◆ **more and more** <> adv [complicated, impatient] sempre più; [use, affect, find] sempre di più. <> adj sempre più inv. <> pron sempre di più. ◆ **more or less** adv più o meno.

moreover [mɔːˈrəuvər] adv fml per giunta.

morgue [mɔːg] n obitorio m.

morning [ˈmɔːnɪŋ] n - 1. [first part of day] mattina f; **in the morning** [before lunch] di mattina; [tomorrow morning] domani mattina - 2. [between midnight and noon] mattino m. ◆ **mornings** adv la mattina.

Morocco [məˈrɒkəu] n Marocco m.

moron [ˈmɔːrɒn] n offens cretino m, -a f.

morose [məˈrəus] adj tetro(a).

morphine [ˈmɔːfiːn] n (U) morfina f.

morphing ['mɔːfɪŋ] n morphing m inv.

Morse (code) [mɔːs kəʊd] n (U) alfabeto m Morse.

morsel ['mɔːsl] n boccone m.

mortal ['mɔːtl] ◇ adj mortale. ◇ n mortale mf.

mortality [mɔːˈtælətɪ] n (U) mortalità f.

mortar ['mɔːtəʳ] n - **1.** (U) [cement mixture] malta f - **2.** [gun, bowl] mortaio m.

mortgage ['mɔːgɪdʒ] ◇ n mutuo m ipotecario. ◇ vt ipotecare.

mortified ['mɔːtɪfaɪd] adj mortificato(a).

mortuary ['mɔːtʃʊərɪ] n UK [morgue] obitorio m.

mosaic [məʊˈzeɪɪk] n mosaico m.

Moscow ['mɒskəʊ] n Mosca f.

Moslem ['mɒzləm] dated adj & n = Muslim.

mosque [mɒsk] n moschea f.

mosquito [məˈskiːtəʊ] (pl -es OR -s) n zanzara f.

moss [mɒs] n (U) muschio m.

most [məʊst] ◇ adj (superl of "many" & "much") - **1.** [largest in number] la maggior parte di - **2.** [largest in amount]: **(the) most** più; **who's got the most money?** chi ha più soldi? ◇ pron (superl of "many" & "much") - **1.** [the majority]: **most (of)** la maggior parte (di) - **2.** [largest amount]: **(the) most** il massimo; **at most** tutt'al più; **to make the most of sthg** approfittare al massimo di qc. ◇ adv - **1.** [to the greatest extent]: **(the) most** [like, fear, value] più di tutto; **(the) most** [most difficult/interesting/important] il(la) più difficile/interessante/importante - **2.** fml [very] molto - **3.** US inf [almost] quasi.

mostly ['məʊstlɪ] adv per lo più.

MOT n UK (abbr of Ministry of Transport (test)) revisione f (della macchina).

motel [məʊˈtel] n motel m inv.

moth [mɒθ] n falena f.

mothball ['mɒθbɔːl] n pallina f di naftalina.

mother ['mʌðəʳ] ◇ n madre f. ◇ vt trattare come un bambino.

motherhood ['mʌðəhʊd] n (U) maternità f.

mother-in-law (pl **mothers-in-law** OR **mother-in-laws**) n suocera f.

motherly ['mʌðəlɪ] adj materno(a).

mother-of-pearl n (U) madreperla f.

mother-to-be (pl **mothers-to-be**) n futura mamma f.

mother tongue n madrelingua f.

motif [məʊˈtiːf] n motivo m.

motion ['məʊʃn] ◇ n - **1.** [gen] movimento m; **to set sthg in motion** mettere in moto

qc - **2.** [proposal] mozione f. ◇ vt: **to motion sb to do sthg** fare cenno a qn di fare qc. ◇ vi: **to motion to sb** fare cenno a qn.

motionless ['məʊʃənlɪs] adj immobile.

motion picture n esp US film m inv.

motivated ['məʊtɪveɪtɪd] adj motivato(a).

motivation [ˌməʊtɪˈveɪʃn] n motivazione f.

motive ['məʊtɪv] n motivo m.

motor ['məʊtəʳ] ◇ adj esp UK [relating to cars] automobilistico(a). ◇ n [engine] motore m.

motorbike ['məʊtəbaɪk] n UK inf moto f inv.

motorboat ['məʊtəbəʊt] n motoscafo m.

motorcar ['məʊtəkɑːʳ] n UK dated automobile f.

motorcycle ['məʊtəˌsaɪkl] n motocicletta f.

motorcyclist ['məʊtəˌsaɪklɪst] n motociclista mf.

motoring ['məʊtərɪŋ] ◇ adj dated automobilistico(a); **motoring offence** infrazione f del codice stradale. ◇ n (U) dated automobilismo m.

motorist ['məʊtərɪst] n automobilista mf.

motor racing n (U) corse fpl automobilistiche.

motor scooter n scooter m inv.

motor vehicle n fml autoveicolo m.

motorway ['məʊtəweɪ] n UK autostrada f.

mottled ['mɒtld] adj a chiazze.

motto ['mɒtəʊ] (pl -s OR -es) n motto m.

mould UK, **mold** US [məʊld] ◇ n - **1.** (U) [growth] muffa f - **2.** [shape] stampo m. ◇ vt - **1.** [influence] formare - **2.** [shape physically] modellare.

mouldy UK, **moldy** US ['məʊldɪ] adj ammuffito(a).

moult UK, **molt** US [məʊlt] vi far la muta.

mound [maʊnd] n - **1.** [small hill] montagnola f - **2.** [untidy pile] mucchio m.

mount [maʊnt] ◇ n - **1.** [support, frame] montatura f - **2.** fml [horse, pony] cavalcatura f - **3.** [mountain] monte m. ◇ vt - **1.** [horse] montare a; [bicycle] montare in - **2.** fml [hill, stairs] montare su - **3.** [campaign, operation, exhibition] organizzare; [attack, challenge] lanciare - **4.** [jewel, photograph] montare. ◇ vi - **1.** [increase] crescere - **2.** [climb on horse] montare a cavallo.

mountain ['maʊntɪn] n lit & fig montagna f.

mountain bike n mountain bike f inv.

mountaineer [ˌmaʊntɪˈnɪəʳ] n alpinista mf.

mountaineering [ˌmaʊntɪˈnɪərɪŋ] n (U) alpinismo m.

mountainous ['mauntɪnəs] adj montagno-so(a).

mourn [mɔːn] vt piangere, lamentare.

mourner ['mɔːnər] n partecipante mf a un funerale.

mournful ['mɔːnful] adj mesto(a).

mourning ['mɔːnɪŋ] n lutto m; **in mourning** in lutto.

mouse [maus] (pl **mice**) n - 1. [animal] topo m - 2. COMPUT mouse m inv.

mouse mat UK, **mouse pad** US n COMPUT tappetino m (per il mouse).

mousetrap ['maustræp] n trappola f per topi.

mousse [muːs] n mousse f inv.

moustache [mə'staːʃ] UK, **mustache** ['mʌstæʃ] US n baffi mpl.

mouth n [mauθ] - 1. ANAT bocca f - 2. [of cave, hole] imboccatura f; [of river] foce f.

mouthful ['mauθful] n [of food] boccone m; [of drink] sorsata f.

mouthorgan ['mauθ,ɔːgən] n armonica f a bocca.

mouthpiece ['mauθpiːs] n - 1. [of telephone] cornetta f - 2. [of musical instrument] imboccatura f - 3. [spokesperson] portavoce mf inv.

mouth ulcer n afta f.

mouthwash ['mauθwɒʃ] n collutorio m.

mouth-watering [mauθ-'wɔːtərɪŋ] adj stuzzicante.

movable ['muːvəbl] adj mobile.

move [muːv] <> n - 1. [movement] movimento m; **to get a move on** inf darsi una mossa - 2. [to new place] trasloco m - 3. [to new job] cambiamento m - 4. [in board game - turn to play] turno m; [- action] mossa f - 5. [course of action] passo m, mossa f. <> vt - 1. [shift - bed, car] spostare; [- chesspiece] muovere - 2. [house, job] cambiare - 3. [affect emotionally] commuovere - 4. [propose]: **to move that...** proporre che... - 5. fml [cause]: **to move sb to do sthg** indurre qn a fare qc. <> vi - 1. [shift] muoversi - 2. [act] agire - 3. [to new house] trasferirsi; [to new job] cambiare lavoro.
◆ **move about** vi UK = **move around**.
◆ **move along** <> vt sep fare spostare. <> vi muoversi. ◆ **move around** vi - 1. [fidget] agitarsi - 2. [travel] andare in giro.
◆ **move away** vi allontanarsi. ◆ **move in** vi - 1. [to new house] traslocare - 2. [troops, army] intervenire - 3. [business competitors] entrare in campo. ◆ **move on** vi - 1. [to new place] spostarsi - 2. [in discussion] passare oltre. ◆ **move out** vi [from house] traslocare.
◆ **move over** vi spostarsi. ◆ **move up** vi [on seat] far posto.

moveable ['muːvəbl] adj = **movable**.

movement ['muːvmənt] n - 1. [gen] movimento m - 2. [trend] tendenza f.

movie ['muːvɪ] n esp US film m inv.

movie camera n US cinepresa f.

moving ['muːvɪŋ] adj - 1. [touching] commovente - 2. [not fixed] mobile.

mow [məu] (pt -ed, pp -ed OR mown) vt falciare. ◆ **mow down** vt sep [people] falciare.

mower ['məuər] n falciatrice f.

mown [məun] pp ⊳ **mow**.

MP n - 1. (abbr of Military Police) PM - 2. UK (abbr of Member of Parliament) parlamentare mf, deputato m, -a f.

MP3 [,empiː'θriː] (abbr of MPEG-1 Audio Layer-3) n COMPUT MP3 m.

MPEG ['empeg] (abbr of Moving Pictures Experts Group) n COMPUT MPEG m, sistema di compressione audio e video.

mpg (abbr of miles per gallon) n miglia fpl a gallone.

mph (abbr of miles per hour) n miglia fpl all'ora.

Mr UK, **Mr.** US ['mɪstər] n sig.

Mrs UK, **Mrs.** US ['mɪsɪz] n sig.ra.

MRSA [,emɑː'resɛɪ] n MED (abbr of methicillin resistant Staphylococcus aureus) MRSA m inv (Staphylococcus aureus meticillino-resistente).

Ms UK, **Ms.** US [mɪz] n abbreviazione usata davanti a nomi di donna quando si preferisce non specificarne lo stato civile di nubile o coniugata.

MS n (abbr of multiple sclerosis) sclerosi f multipla.

MSc (abbr of Master of Science) n (chi possiede un) master in scienze presso un'università britannica.

much [mʌtʃ] (comp **more**, superl **most**) <> adj molto(a); **as much... as** tanto(a)... quanto(a); **how much...?** quanto(a)...?; **too much...** troppo(a)... <> pron molto(a); **have you got much?** ne hai per molto?; **I don't see much of him** non lo vedo molto; **I don't think much of it** non mi sembra un granché; **as much as** tanto(a) quanto(a); **how much?** quanto(a) ?; **too much** troppo(a); **it's not much of a party** non è un granché come festa; **so much for:** I have to work late again: so much for our night out devo lavorare di nuovo fino a tardi: addio serata fuori; **I thought as much** me l'aspettavo. <> adv molto; **much too cold** decisamente troppo freddo; **very much** moltissimo; **thank you very much** molte grazie, grazie mille; **how much?** quanto?; **so much** tanto; **he's not so**

much stupid as lazy più che stupido, è pigro; too much troppo; without so much as... senza nemmeno...; much as proprio come; nothing much niente di particolare.

muck [mʌk] n inf - **1.** [dirt] sporcizia f - **2.** [manure] letame m. ◆ **muck about, muck around** UK inf ◇ vt sep menare per il naso. ◇ vi gingillarsi. ◆ **muck up** vt sep inf mandare a rotoli.

mucky ['mʌkɪ] adj inf sudicio(a).

mucus ['mju:kəs] n (U) muco m.

mud [mʌd] n (U) fango m.

muddle ['mʌdl] ◇ n - **1.** [disorder] disordine m - **2.** [confusion] confusione f. ◇ vt - **1.** [put into disorder] mettere in disordine - **2.** [confuse] confondere. ◆ **muddle along** vi tirare a campare. ◆ **muddle through** vi cavarsela alla meno peggio. ◆ **muddle up** vt sep - **1.** [put into disorder] mettere in disordine - **2.** [confuse] confondere.

muddy ['mʌdɪ] ◇ adj [floor, boots] infangato(a); [river] fangoso(a). ◇ vt fig [issue, situation] confondere.

mudguard ['mʌdgɑ:d] n - **1.** UK [on bike] parafango m - **2.** US [on vehicle] paraspruzzi m inv.

muesli ['mju:zlɪ] n muesli m inv.

muff [mʌf] ◇ n - **1.** [for hands] manicotto m; [for ears] paraorecchie m inv. ◇ vt inf mancare.

muffin ['mʌfɪn] n - **1.** UK [bread roll] tipo di focaccina tonda e schiacciata - **2.** [cake] dolcetto, spesso con pezzi di frutta.

muffle ['mʌfl] vt attutire.

muffler ['mʌflər] n US [for car] marmitta f.

mug [mʌg] ◇ n - **1.** [cup, cupful] tazza f (alta) - **2.** inf [fool] semplicciotto m, -a f. ◇ vt rapinare.

mugging ['mʌgɪŋ] n rapina f.

muggy ['mʌgɪ] adj afoso(a).

mule [mju:l] n - **1.** [animal] mulo m - **2.** [slipper] sabot m inv.

mull [mʌl] ◆ **mull over** vt sep riflettere su.

mulled ['mʌld] adj: mulled wine vin brûlé m inv.

multicoloured UK, **multicolored** US ['mʌltɪ,kʌləd] adj multicolore.

multiethnic [,mʌltɪ'eθnɪk] adj multietnico(a).

multilateral [,mʌltɪ'lætərəl] adj multilaterale.

multilingual [,mʌltɪ'lɪŋgwəl] adj multilingue.

multinational [,mʌltɪ'næʃənl] n multinazionale f.

multiple ['mʌltɪpl] ◇ adj multiplo(a). ◇ n multiplo m.

multiple sclerosis ['mʌltɪpl sklɪ'rəʊsɪs] n (U) sclerosi f multipla.

multiplex ['mʌltɪpleks] n multisala m o f inv; multiplex cinema UK cinema m inv multisala (inv).

multiplication [,mʌltɪplɪ'keɪʃn] n (U) moltiplicazione f.

multiply ['mʌltɪplaɪ] ◇ vt moltiplicare. ◇ vi - **1.** MATHS moltiplicare - **2.** [increase] moltiplicarsi.

multistorey UK, **multistory** US [,mʌltɪ'stɔ:rɪ] ◇ adj [car park] multipiano inv; [building] di più piani. ◇ n parcheggio m multipiano (inv).

multitude ['mʌltɪtju:d] n - **1.** [large number] moltitudine f - **2.** [crowd] massa.

mum [mʌm] inf ◇ n UK mamma f. ◇ adj: to keep mum non aprir bocca.

mumble ['mʌmbl] vt & vi borbottare.

mummy ['mʌmɪ] n - **1.** UK inf [mother] mamma f - **2.** [preserved body] mummia f.

mumps [mʌmps] n (U) orecchioni mpl.

munch [mʌntʃ] vt & vi sgranocchiare.

mundane [mʌn'deɪn] adj banale.

municipal [mju:'nɪsɪpl] adj municipale, comunale.

municipality [mju:,nɪsɪ'pælətɪ] n comune m.

mural ['mjʊərəl] n dipinto m murale.

murder ['mɜ:dər] ◇ n omicidio m. ◇ vt assassinare.

murderer ['mɜ:dərər] n assassino m, -a f.

murderous ['mɜ:dərəs] adj omicida.

murky ['mɜ:kɪ] adj - **1.** [place] buio(a); [water] torbido(a) - **2.** [secret, past] poco pulito(a).

murmur ['mɜ:mər] ◇ n - **1.** [low sound] mormorio m - **2.** [of heart] soffio m. ◇ vt & vi mormorare.

muscle ['mʌsl] n - **1.** [organ] muscolo m - **2.** (U) [tissue] tessuto m muscolare - **3.** (U) fig [power] potenza f. ◆ **muscle in** vi immischiarsi.

muscular ['mʌskjʊlər] adj - **1.** [person, physique] muscoloso(a) - **2.** [pain] muscolare.

muse [mju:z] ◇ n musa f. ◇ vi meditare.

museum [mju:'zi:əm] n museo m.

mushroom ['mʌʃrʊm] ◇ n fungo m. ◇ vi [organization, village] espandersi; [houses, factories] spuntare come funghi.

music ['mju:zɪk] n (U) - **1.** [gen] musica f - **2.** [score] spartito m.

musical ['mju:zɪkl] ◇ adj musicale. ◇ n musical m inv, commedia f musicale.

musical instrument n strumento m musicale.

music centre n UK [piece of equipment] impianto m stereo (inv).

music hall n UK - **1.** [theatre] music hall m inv, teatro m di varietà - **2.** (U) [entertainment] varietà m.

musician [mjuːˈzɪʃn] n musicista mf.

Muslim [ˈmʊzlɪm] ◇ adj musulmano(a). ◇ n musulmano m, -a f.

mussel [ˈmʌsl] n cozza f.

must (weak form [məs] [məst], strong form [mʌst]) ◇ modal vb dovere; **I must go** devo andare; **you must see that film** devi vedere quel film; **you must have seen it** devi averlo visto; **you must be joking!** stai scherzando! ◇ n (U) inf: **a must** un must.

mustache [ˈmʌstæʃ] n US = **moustache**.

mustard [ˈmʌstəd] n (U) senape f.

muster [ˈmʌstər] ◇ vt - **1.** [strength, energy, support] fare appello a - **2.** [soldiers, volunteers] radunare. ◇ vi radunarsi.

mustn't [mʌsnt] abbr of **must not**.

must've [ˈmʌstəv] abbr of **must have**.

musty [ˈmʌstɪ] adj [smell] di muffa; **musty books** libri che sanno di muffa; **a musty room** una stanza che sa di chiuso.

mute [mjuːt] ◇ adj muto(a). ◇ n offens muto m, -a f.

muted [ˈmjuːtɪd] adj - **1.** [sound] attutito(a); [colour] tenue - **2.** [reaction, protest] moderato(a).

mutilate [ˈmjuːtɪleɪt] vt mutilare.

mutiny [ˈmjuːtɪnɪ] ◇ n ammutinamento m. ◇ vi ammutinarsi.

mutter [ˈmʌtər] ◇ vt borbottare; **to mutter sthg to sb** borbottare qc a qn. ◇ vi borbottare.

mutton [ˈmʌtn] n (U) carne f di montone.

mutual [ˈmjuːtʃʊəl] adj - **1.** [respect, assistance] reciproco(a) - **2.** [interest, friend] comune.

mutually [ˈmjuːtʃʊəlɪ] adv [beneficial] per entrambi(e).

muzzle [ˈmʌzl] ◇ n - **1.** [dog's nose and jaws] muso m - **2.** [wire guard] museruola f - **3.** [of gun] bocca f. ◇ vt lit & fig mettere la museruola a.

MW (abbr of medium wave) OM.

my [maɪ] ◇ poss adj (unstressed) [referring to o.s.] mio(mia, miei, mie); **my father/mother** mio padre/mia madre; **my children** i miei figli; **my shoes** le mie scarpe; **my coat** il mio cappotto; **my bedroom** la mia camera da letto; **my Lord/Lady** [in titles] mio Signore/mia

Signora; **my name is Joe** mi chiamo Joe; **it was my fault** è stata mia la colpa. ◇ excl caspita!

myself [maɪˈself] pron - **1.** (reflexive) mi; **I made myself comfortable** mi sono messo(a) a mio agio; **I hate myself for what I did** mi detesto per quello che ho fatto - **2.** (after prep) me, me stesso(a); **I don't like to talk about myself** non mi piace parlare di me; **I should take better care of myself** dovrei prendermi più cura di me stesso - **3.** (stressed) io stesso(a); **I did it myself** l'ho fatto io stesso(a).

mysterious [mɪˈstɪərɪəs] adj misterioso(a).

mystery [ˈmɪstərɪ] n mistero m.

mystical [ˈmɪstɪkl] adj mistico(a).

mystified [ˈmɪstɪfaɪd] adj sconcertato(a).

mystifying [ˈmɪstɪfaɪɪŋ] adj sconcertante.

mystique [mɪˈstiːk] n (U) fascino m misterioso.

myth [mɪθ] n mito m.

mythical [ˈmɪθɪkl] adj mitico(a).

mythology [mɪˈθɒlədʒɪ] n mitologia f.

n (pl n's or ns), **N** (pl N's or Ns) [en] n [letter] n m o f inv, N m o f inv. ◆ **N** (abbr of north) N.

n/a, N/A - 1. (abbr of not applicable) non pertinente - **2.** (abbr of not available) non disponibile.

nab [næb] vt inf - **1.** [arrest] beccare - **2.** [claim quickly] prendere.

nag [næg] ◇ vt [pester, find fault with] assillare; **to nag sb to do sthg/into doing sthg** assillare qn perché faccia qc. ◇ n inf pej dated [horse] ronzino m.

nagging [ˈnægɪŋ] adj assillante.

nail [neɪl] ◇ n - **1.** [for fastening] chiodo m - **2.** [of finger, toe] unghia f. ◇ vt: **to nail sthg to sthg** inchiodare qc a qc. ◆ **nail down** vt sep lit & fig inchiodare.

nailbrush [ˈneɪlbrʌʃ] n spazzolino m da unghie.

nail clippers npl tronchesina f (sing).

nail file n limetta f (da unghie).

nail polish n (U) smalto m (per unghie).

nail polish remover [-rɪˈmuːvər] n (U) acetone m.

nail scissors *npl* forbicine *fpl* da unghie.

nail varnish *n* (*U*) UK smalto *m* (per unghie).

nail varnish remover [-rɪ'mu:vər] *n* (*U*) UK acetone *m*.

naive, naïve [naɪ'i:v] *adj* ingenuo(a).

naked ['neɪkɪd] *adj* - 1. [gen] nudo(a); **with the naked eye** a occhio nudo - 2. [greed, hostility] manifesto(a); [truth] nudo(a) e crudo(a).

name [neɪm] ⋄ *n* - 1. [gen] nome *m*; **what's your name?** come ti chiami?; **my name is Robert** mi chiamo Robert; **by name** per nome; **in the name of** in nome di; **in my/his name** a mio/suo nome; **to call sb names** dirne di tutti i colori a qn - 2. [celebrity]: **a big/famous name** un grande nome. ⋄ *vt* - 1. [christen] dare un nome a; **to name sb/sthg sthg** chiamare qn/qc qc; **to name sb/sthg after** OR **for** US **sb/sthg** dare a qn/qc il nome di qn/qc; **to be named after** OR **for** US **sb/sthg** portare il nome di qn/qc - 2. [reveal identity of] nominare - 3. [date] annunciare; [price] proporre.

namely ['neɪmlɪ] *adv* cioè.

namesake ['neɪmseɪk] *n* omonimo *m*, -a *f*.

nanny ['nænɪ] *n* bambinaia *f*.

nap [næp] ⋄ *n* [sleep] pisolino *m*; **to take** OR **have a nap** fare un pisolino. ⋄ *vi* dormicchiare; **to be caught napping** *inf* essere preso(a) alla sprovvista.

nape [neɪp] *n*: **nape (of the neck)** nuca *f*.

napkin ['næpkɪn] *n* tovagliolo *m*.

nappy ['næpɪ] *n* UK pannolino *m*.

narcotic [nɑ:'kɒtɪk] *n* narcotico *m*.

narrative ['nærətɪv] ⋄ *adj* narrativo(a). ⋄ *n* - 1. [account] narrazione *f* - 2. (*U*) [art of narrating] tecnica *f* narrativa.

narrator [UK nə'reɪtər, US 'næreɪtər] *n* narratore *m*, -trice *f*.

narrow ['nærəʊ] ⋄ *adj* - 1. [road, gap] stretto(a) - 2. [attitudes, beliefs] limitato(a); [ideas, mind] ristretto(a) - 3. [majority, margin] esiguo(a); [victory, defeat] di (stretta) misura; **to have a narrow escape** cavarsela per un pelo. ⋄ *vt* - 1. [eyes] socchiudere - 2. [difference, gap] ridurre. ⋄ *vi* - 1. [road] restringersi - 2. [eyes] socchiudersi - 3. [difference, gap] ridursi. ◆ **narrow down** *vt sep* [choice, possibilities] limitare.

narrowly ['nærəʊlɪ] *adv* [win, escape] per poco.

narrow-minded [-'maɪndɪd] *adj* [person] di vedute strette; [attitude, behaviour] da persona di vedute strette.

nasal ['neɪzl] *adj* nasale.

nasty ['nɑ:stɪ] *adj* - 1. [person - unkind] cattivo(a); [- unpleasant] antipatico(a) - 2. [remark, behaviour, smell, weather] cattivo(a) - 3. [problem, question, injury] brutto(a).

nation ['neɪʃn] *n* nazione *f*.

national ['næʃənl] ⋄ *adj* nazionale. ⋄ *n* cittadino *m*, -a *f*.

national anthem *n* inno nazionale.

national curriculum *n*: **the national curriculum** *programma scolastico di tutte le scuole d'Inghilterra e Galles*.

national dress *n* (*U*) costume *m* nazionale.

National Health Service *n* (*U*): **the National Health Service** *servizio sanitario nazionale britannico*.

National Insurance *n* (*U*) UK - 1. [system] *previdenza sociale britannica* - 2. [payments] contributi *mpl* (previdenziali).

nationalism ['næʃnəlɪzm] *n* (*U*) nazionalismo *m*.

nationalist ['næʃnəlɪst] ⋄ *adj* nazionalista. ⋄ *n* nazionalista *mf*.

nationality [,næʃə'nælətɪ] *n* - 1. (*U*) [membership of nation] nazionalità *f inv* - 2. [people] etnia *f*.

nationalize, -ise UK ['næʃnəlaɪz] *vt* [company, industry] nazionalizzare.

national service *n* (*U*) UK servizio *m* militare.

National Trust *n* (*U*) UK: **the National Trust** ≃ soprintendenza ai beni culturali e ambientali.

nationwide ['neɪʃənwaɪd] ⋄ *adj* su scala nazionale. ⋄ *adv* sul territorio nazionale.

native ['neɪtɪv] ⋄ *adj* - 1. [country, area] natale; **native language** lingua *f* madre; **English native speaker** madrelingua *mf* inglese - 2. [plant, animal] indigeno(a); **native to** originario(a) di. ⋄ *n* - 1. [person born in area, country] indigeno *m*, -a *f* - 2. *offens* [original inhabitant] indigeno *m*, -a *f*.

Native American *n* indiano *m*, -a *f* d'America.

Nativity [nə'tɪvətɪ] *n*: **the Nativity** la Natività.

NATO ['neɪtəʊ] (*abbr of* **North Atlantic Treaty Organization**) *n* NATO *f*.

natural ['nætʃrəl] *adj* - 1. [gen] naturale - 2. [footballer, comedian] nato(a).

natural gas *n* (*U*) gas *m inv* naturale.

naturalize, -ise UK ['nætʃrəlaɪz] *vt* naturalizzare; **to be naturalized** naturalizzarsi.

naturally ['nætʃrəlɪ] *adv* - 1. [gen] naturalmente - 2. [unaffectedly] con naturalezza.

natural wastage *n* riduzione *f* naturale (del personale).

natural yoghurt *esp UK*, **natural yogurt** *esp US n* yogurt *m inv* al naturale.

nature ['neɪtʃər] *n* natura *f*; **by nature** [by disposition] di natura; [basically] di per sé.

nature reserve *n* riserva *f* naturale.

naughty ['nɔːtɪ] *adj* - **1.** [child, dog] birichino(a) - **2.** [word, joke] spinto(a).

nausea ['nɔːsjə] *n (U)* nausea *f*.

nauseating ['nɔːsɪeɪtɪŋ] *adj lit & fig* nauseabondo(a).

nautical ['nɔːtɪkl] *adj* nautico(a).

naval ['neɪvl] *adj* navale.

nave [neɪv] *n* navata *f* centrale.

navel ['neɪvl] *n* ombelico *m*.

navigate ['nævɪgeɪt] ◇ *vt* - **1.** [plane, ship] pilotare - **2.** [ocean, river] navigare. ◇ *vi* navigare.

navigation [,nævɪ'geɪʃn] *n (U)* navigazione *f*.

navigator ['nævɪgeɪtər] *n* navigatore *m*, -trice *f*.

navvy ['nævɪ] *n UK inf dated* manovale *m*.

navy ['neɪvɪ] ◇ *n* - **1.** [armed force] Marina *f* militare - **2.** = **navy blue**. ◇ *adj* = **navy blue**.

navy blue ◇ *adj* blu scuro *inv*. ◇ *n* blu *m inv* scuro.

Nazi ['nɑːtsɪ] *(pl* -s*)* ◇ *adj* nazista. ◇ *n* nazista *mf*.

NB *(abbr of* nota bene*)* NB.

near [nɪər] ◇ *adj* - **1.** [in space, time] vicino(a); **in the near future** in un futuro prossimo - **2.** [chaos, disaster] scampato(a) per poco; **it was a near thing** *UK* c'è mancato poco. ◇ *adv* - **1.** [in space, time] vicino - **2.** [almost] quasi; **to be nowhere near ready/enough** essere ben lungi dall'essere pronto/sufficiente. ◇ *prep* - **1.** [in space, time]: **near (to) sb/sthg** vicino a qn/qc - **2.** [on the point of]: **near (to) sthg** [despair] sull'orlo di qc; [death] in punto di qc; **near (to) tears** sul punto di piangere - **3.** [similar to]: **near (to) sthg** simile a qc. ◇ *vt* [in space, time] avvicinarsi a. ◇ *vi* avvicinarsi.

nearby [nɪə'baɪ] *adj & adv* [near here] qui vicino; [near there] lì vicino.

nearly ['nɪəlɪ] *adv* quasi; **he nearly died/fell** per poco non moriva/cadeva; **this one's not nearly as good as the other** questo è molto peggio dell'altro; **it's not nearly enough** non è affatto sufficiente.

near miss *n* - **1.** SPORT tiro *m* mancato di poco - **2.** [nearly a collision] collisione *f* sfiorata; **to have a near miss** rasentare la collisione.

nearside ['nɪəsaɪd] *n UK* lato *m* guidatore.

nearsighted [,nɪə'saɪtɪd] *adj US* miope.

neat [niːt] *adj* - **1.** [room, house] ordinato(a); [work, appearance] curato(a) - **2.** [solution, manoeuvre] indovinato(a) - **3.** [alcohol] liscio(a) - **4.** *US inf* [very good] fantastico(a).

neatly ['niːtlɪ] *adv* - **1.** [arrange, put away] in modo ordinato; [write, dress] in modo curato - **2.** [skilfully] abilmente.

nebulous ['nebjʊləs] *adj fml* vago(a).

necessarily [,nesə'serɪlɪ] *adv* necessariamente.

necessary ['nesəsrɪ] *adj* - **1.** [required] necessario(a) - **2.** [inevitable] inevitabile.

necessity [nɪ'sesətɪ] *n* necessità *f inv*; **of necessity** *fml* necessariamente.

neck [nek] ◇ *n* collo *m*. ◇ *vi inf* pomiciare. ◆ **neck and neck** *adj* testa a testa.

necklace ['neklɪs] *n* collana *f*.

neckline ['neklaɪn] *n* scollatura *f*.

necktie ['nektaɪ] *n US fml* cravatta *f*.

nectarine ['nektərɪn] *n* nettarina *f*.

need [niːd] ◇ *n* bisogno *m*; **need for sthg/to do sthg** bisogno di qc/di fare qc; **to be in** OR **have need of sthg** avere bisogno di qc; **there is no need for sthg/to do sthg** non c'è bisogno di qc/di fare qc; **if need be** in caso di bisogno; **in need** nel bisogno. ◇ *vt* - **1.** [money, food, advice] avere bisogno di; **to need to do sthg** avere bisogno di fare qc - **2.** [be obliged]: **you don't need to wait for me** non c'è bisogno che mi aspetti. ◇ *modal vb*: **to need to do sthg** dover fare qc.

needle ['niːdl] ◇ *n* - **1.** [gen] ago *m* - **2.** [for knitting] ferro *m* (da calza) - **3.** [stylus] puntina *f*. ◇ *vt inf* punzecchiare.

needless ['niːdlɪs] *adj* inutile; **needless to say (that)...** inutile dire che...

needlework ['niːdlwɜːk] *n (U)* [sewing] cucito *m*; [embroidery] ricamo *m*.

needn't [niːdnt] *abbr of* **need not**.

needy ['niːdɪ] *adj* bisognoso(a).

negative ['negətɪv] ◇ *adj* negativo(a). ◇ *n* - **1.** PHOT negativo *m* - **2.** LING negazione *f*; **to answer in the negative** rispondere negativamente.

neglect [nɪ'glekt] ◇ *n (U)* [of work, duty] negligenza *f*; [of garden, children] incuria *f*; **in a state of neglect** [garden, building] in abbandono. ◇ *vt* trascurare; **to neglect to do sthg** trascurare di fare qc.

negligee ['neglɪʒeɪ] *n* négligé *m inv*.

negligence ['neglɪdʒəns] *n (U)* negligenza *f*.

negligible ['neglɪdʒəbl] *adj* trascurabile.

negotiate [nɪ'gəʊʃɪeɪt] ◇ vt - **1.** [agreement, deal] negoziare - **2.** [obstacle] riuscire a superare. ◇ vi negoziare; **to negotiate with sb for sthg** negoziare qc con qn.

negotiation [nɪ,gəʊʃɪ'eɪʃn] n (U) negoziato m. ◆ **negotiations** npl negoziati mpl.

neigh [neɪ] vi nitrire.

neighbor etc n US = **neighbour**.

neighbour UK, **neighbor** US ['neɪbər] n vicino m, -a f.

neighbourhood UK, **neighborhood** US ['neɪbəhʊd] n - **1.** [of town] zona f - **2.** [approximate area]: **in the neighbourhood of** intorno a.

neighbouring UK, **neighboring** US ['neɪbərɪŋ] adj vicino(a).

neighbourly UK, **neighborly** US ['neɪbəlɪ] adj [relations] di buon vicinato; **to be neighbourly** comportarsi da buon(a) vicino(a).

neither [esp UK 'naɪðər, esp US 'niːðər] ◇ adv nemmeno; **neither... nor...** né... né...; **that's neither here nor there** questo non ha nessuna importanza. ◇ adj: **neither solution seemed satisfactory** nessuna delle due soluzioni sembrava soddisfacente. ◇ pron nessuno (dei due), nessuna (delle due). ◇ conj nemmeno.

neon light n neon m inv.

nephew ['nefjuː] n nipote m.

Neptune ['neptjuːn] n Nettuno m.

nerve [nɜːv] n - **1.** ANAT nervo m - **2.** [courage] sangue m freddo; **to lose one's nerve** perdere il sangue freddo - **3.** [cheek] faccia f tosta. ◆ **nerves** npl nervi mpl; **to get on sb's nerves** dare sui nervi a qn.

nerve-racking [-,rækɪŋ] adj snervante.

nervous ['nɜːvəs] adj nervoso(a); **to be nervous of (doing) sthg** aver paura di (fare) qc; **to be nervous about sthg** essere nervoso per qc.

nervous breakdown n esaurimento m nervoso.

nest [nest] ◇ n - **1.** [gen] nido m - **2.** [set]: **nest of tables** tavolini mpl a scomparsa. ◇ vi fare il nido.

nest egg n gruzzolo m.

nestle ['nesl] vi - **1.** [make o.s. comfortable] accoccolarsi - **2.** [be sheltered] essere annidato(a).

net [net] ◇ adj - **1.** [amount, pay, weight] netto(a) - **2.** [result] finale. ◇ n - **1.** [gen] rete f - **2.** [type of fabric] tulle m inv. ◇ vt - **1.** [catch] prendere (con una rete) - **2.** fig [acquire through skill] procurarsi - **3.** [subj: person] ottenere; [subj: deal] fruttare un utile netto di. ◆ **Net** n: **the Net** Internet f.

netball ['netbɔːl] n (U) gioco simile alla pallacanestro.

net curtains npl tendine fpl di velo.

Netherlands ['neðələndz] npl: **the Netherlands** i Paesi Bassi.

netiquette ['netiket] n netiquette f, galateo m di Internet.

net profit n utile m netto.

net revenue n reddito m netto.

nett [net] adj UK = **net**.

netting ['netɪŋ] n (U) - **1.** [of metal, plastic] reticolato m - **2.** [fabric] tulle m.

nettle ['netl] n ortica f.

network ['netwɜːk] ◇ n rete f. ◇ vt RADIO & TV trasmettere a reti unificate.

neurosis [,njʊə'rəʊsɪs] (pl **-ses**) n nevrosi f inv.

neurotic [,njʊə'rɒtɪk] ◇ adj nevrotico(a); **to be neurotic about sthg** avere l'ossessione di qc. ◇ n nevrotico m, -a f.

neuter ['njuːtər] ◇ adj neutro(a). ◇ vt [male] castrare; [female] sterilizzare.

neutral ['njuːtrəl] ◇ adj - **1.** POL neutrale - **2.** [inexpressive] inespressivo(a) - **3.** [in colour] neutro(a) - **4.** ELEC neutro(a). ◇ n - **1.** (U) AUT: **in neutral** in folle - **2.** [country] paese m neutrale; [person] persona f neutrale.

neutrality [njuː'trælətɪ] n (U) neutralità f.

neutralize, -ise UK ['njuːtrəlaɪz] vt [effects] neutralizzare.

never ['nevər] adv - **1.** [at no time] non... mai; **never ever** mai e poi mai - **2.** inf [in surprise, disbelief]: **you never did!** ma va!; **you never asked him to dinner!** non ci credo che l'hai invitato a cena!; **well I never!** questa poi!

never-ending adj infinito(a).

nevertheless [,nevəðə'les] adv ciononostante.

new [njuː] adj nuovo(a); **a new baby** un neonato m, una neonata f; **as good as new** come nuovo(a). ◆ **news** n (U) - **1.** [information] novità fpl, notizie fpl; **a piece of news** una novità, una notizia; **that's news to me** questa mi giunge nuova - **2.** TV telegiornale m; RADIO giornale m radio inv.

newborn ['njuːbɔːn] adj neonato(a).

newcomer ['njuː,kʌmər] n: **newcomer (to sthg)** nuovo arrivato m (in qc), nuova arrivata f (in qc).

newfangled [,njuː'fæŋgld] adj inf pej ultramoderno(a).

new-found adj nuovo(a).

newly ['njuːlɪ] adv di recente.

newlyweds ['njuːlɪwedz] npl sposini mpl (novelli).

new moon n luna f nuova.

news agency n agenzia f di stampa.

newsagent ['nju:z,eɪdʒənt] UK, **news-dealer** US n [person] giornalaio m, -a f; **news-agent's (shop)** UK edicola f.

newsflash ['nju:zflæʃ] n notiziario m flash (inv).

newsletter ['nju:z,letər] n newsletter f inv, bollettino m.

newspaper ['nju:z,peɪpər] n giornale m.

newsreader ['nju:z,ri:dər] n UK TV conduttore m, -trice f del telegiornale; RADIO conduttore m, -trice f del giornale radio.

newsreel ['nju:zri:l] n cinegiornale m.

newsstand ['nju:zstænd] n edicola f.

newt [nju:t] n tritone m.

New Year n anno nuovo m; **Happy New Year!** Buon anno (nuovo)!

New Year's Day n capodanno m.

New Year's Eve n vigilia f di capodanno.

New York [-'jɔːk] n - 1. [city]: **New York (City)** (la città di) New York f - 2. [state]: **New York (State)** lo Stato di New York.

New Zealand [-'zi:lənd] n Nuova Zelanda f.

New Zealander [-'zi:ləndər] n neozelandese mf.

next [nekst] <> adj - 1. [in future] prossimo(a); [in past] successivo(a), seguente; **next week** la settimana prossima; **the next week** la settimana seguente; **the day after next** dopodomani; **the week after next** tra due settimane - 2. [room] accanto inv; [page] seguente; [bus stop, turning, street] prossimo(a). <> n prossimo m, -a f; **next please!** avanti il prossimo!; **who's next?** chi è il prossimo? <> adv - 1. [afterwards] dopo - 2. [next time - in future] la prossima volta; [- in past] la volta successiva - 3. (with superlatives): **if you can't be there, the next best thing would be to talk by phone** se non puoi andarci, la cosa migliore sarebbe parlare al telefono; **John's room was huge, but I got the next biggest** la stanza di John era enorme, ma io ho preso quella più grande dopo la sua. <> prep US vicino a. ◆ **next to** prep - 1. [physically near] vicino a - 2. (in comparisons) dopo - 3. [almost] quasi; **next to nothing** quasi niente.

next door adv accanto. ◆ **next-door** adj [neighbour] della porta accanto.

next of kin n parente m prossimo, parente f prossima.

NHS (abbr of National Health Service) n servizio sanitario nazionale britannico, ≃ SSN m.

NI n (abbr of National Insurance) la previdenza sociale britannica, ≃ INPS m.

nib [nɪb] n pennino m.

nibble ['nɪbl] vt - 1. [subj: person] sgranocchiare; [subj: rodent, caterpillar] rodere; [subj: goat, sheep] brucare - 2. [playfully] mordicchiare.

nice [naɪs] adj - 1. [expressing approval] bello(a) - 2. [person – kind] gentile; [- pleasant] simpatico(a); **to be nice to sb** essere gentile con qn.

nice-looking [-'lʊkɪŋ] adj bello(a).

nicely ['naɪslɪ] adv - 1. [gen] bene; **that will do nicely** andrà benissimo - 2. [politely] gentilmente.

niche [ni:ʃ] n - 1. [in wall] nicchia f - 2. [in life] posticino m.

nick [nɪk] <> n - 1. [cut] taglietto m - 2. UK inf [condition]: **in good/bad nick** in buono/cattivo stato; **in the nick of time** appena in tempo. <> vt - 1. [cut] fare un taglietto su - 2. UK inf [steal] fregare - 3. UK inf [arrest] beccare.

nickel ['nɪkl] n - 1. (U) [metal] nichel m - 2. US [coin] moneta f da cinque centesimi.

nickname ['nɪkneɪm] <> n soprannome m. <> vt soprannominare.

nicotine ['nɪkəti:n] n (U) nicotina f.

niece [ni:s] n nipote f.

niggle ['nɪgl] vt - 1. UK [worry] preoccupare - 2. [criticize] trovare da ridire su.

night [naɪt] n - 1. [not day] notte f; **at night** di notte - 2. [evening] sera f; **at night** di sera; **to have an early/a late night** andare a letto presto/tardi. ◆ **nights** adv di notte; **to work nights** lavorare di notte.

nightcap ['naɪtkæp] n [drink] bevanda alcolica presa prima di andare a dormire.

nightclub ['naɪtklʌb] n night(club) m inv.

nightdress ['naɪtdres] n camicia f da notte.

nightfall ['naɪtfɔːl] n (U) crepuscolo m.

nightgown ['naɪtgaʊn] n camicia f da notte.

nightie ['naɪtɪ] n inf camicia f da notte.

nightingale ['naɪtɪŋgeɪl] n usignolo m.

nightlife ['naɪtlaɪf] n (U) vita f notturna.

nightly ['naɪtlɪ] <> adj notturno(a). <> adv [every evening] tutte le sere; [every night] tutte le notti.

nightmare ['naɪtmeər] n lit & fig incubo m.

night porter n portiere m di notte.

night school n (U) corsi mpl serali.

night shift n [period] turno m di notte.

nightshirt ['naɪtʃɜːt] n camicia f da notte (da uomo).

nighttime ['naɪttaɪm] *n (U)* notte *f*; **at nighttime** di notte.

nil [nɪl] *n (U)* - **1.** [nothing] nulla *m* - **2.** *UK* SPORT zero *m*.

Nile [naɪl] *n*: **the Nile** il Nilo.

nimble ['nɪmbl] *adj* svelto(a).

nine [naɪn] *num* nove, *see also* **six**.

nineteen [ˌnaɪn'tiːn] *num* diciannove, *see also* **six**.

nineteenth [ˌnaɪn'tiːnθ] *num* diciannovesi-mo(a), *see also* **sixth**.

ninetieth ['naɪntɪəθ] *num* novantesimo(a), *see also* **sixth**.

ninety ['naɪntɪ] *num* novanta, *see also* **sixty**.

ninth [naɪnθ] *num* nono(a), *see also* **sixth**.

nip [nɪp] ⬦ *n* - **1.** [pinch] pizzicotto *m*; [bite] morsetto *m* - **2.** [of drink] cicchetto *m*. ⬦ *vt* [pinch] pizzicare; [bite] mordicchiare.

nipple ['nɪpl] *n* - **1.** [of breast] capezzolo *m* - **2.** *US* [of baby's bottle] tettarella *f*.

nit [nɪt] *n* - **1.** [in hair] lendine *f* - **2.** *UK inf* [idiot] cretino *m*, -a *f*.

nitpicking ['nɪtpɪkɪŋ] *n (U) inf* pignoleria *f*.

nitrogen ['naɪtrədʒən] *n (U)* azoto *m*.

nitty-gritty [ˌnɪtɪ'grɪtɪ] *n inf*: **to get down to the nitty-gritty** venire al sodo.

no [nəu] (*pl* **-es**) ⬦ *adv* - **1.** [gen] no; **no, thanks** no, grazie; **to say no to sthg** dire di no a qc - **2.** [not any] non; **he's no taller than 1.60 m** non è più alto di 1,60 m. ⬦ *adj* - **1.** [not one, not any]: **there are no taxis available** non ci sono taxi liberi - **2.** [for emphasis]: **it's no surprise** non è certo una sorpresa; **he's no fool** è tutt'altro che scemo - **3.** [in warnings, on signs]: **'no smoking'** 'vietato fumare'. ⬦ *n* **no** *m inv*; **she won't take no for an answer** non accetta che le si dica di no.

No., no. (*abbr of* **number**) *n*.

nobility [nə'bɪlətɪ] *n* - **1.** [aristocracy]: **the nobility** la nobiltà - **2.** *(U)* [nobleness] nobiltà *f*.

noble ['nəubl] ⬦ *adj* nobile. ⬦ *n* nobi-le *mf*.

nobody ['nəubədɪ] ⬦ *pron* nessuno. ⬦ *n pej* [insignificant person] nullità *f inv*.

no-claim(s) bonus *n UK* bonus malus *m inv*, riduzione del premio assicurativo per assenza di incidenti.

nocturnal [nɒk'tɜːnl] *adj* notturno(a).

nod [nɒd] ⬦ *vt* [indicating agreement]: **to nod one's head** fare cenno di sì con la testa. ⬦ *vi* - **1.** [in agreement] fare cenno di sì con la testa - **2.** [to indicate sthg] fare un cenno con la testa - **3.** [as greeting]: **to nod to sb** salutare qn con un cenno del capo. ◆ **nod off** *vi inf* appisolarsi.

noise [nɔɪz] *n* rumore *m*.

noisy ['nɔɪzɪ] *adj* rumoroso(a).

nominal ['nɒmɪnl] *adj* - **1.** [in name only] nominale - **2.** [very small] simbolico(a).

nominate ['nɒmɪneɪt] *vt* - **1.** [propose]: **to nominate sb (for/as sthg)** proporre qn (per/come qc) - **2.** [appoint] nominare; **to nominate sb as sthg** nominare qn qc; **to nominate sb to sthg** nominare qn membro di qc.

nominee [ˌnɒmɪ'niː] *n* candidato *m*, -a *f*.

non- [nɒn] *prefix* [not] non.

nonalcoholic [ˌnɒnælkə'hɒlɪk] *adj* analco-lico(a).

nonaligned [ˌnɒnə'laɪnd] *adj* non allinea-to(a).

nonchalant [*UK* 'nɒnʃələnt, *US* ˌnɒnʃə'lɑːnt] *adj* noncurante.

noncommittal [ˌnɒnkə'mɪtl] *adj* evasi-vo(a).

nonconformist [ˌnɒnkən'fɔːmɪst] ⬦ *adj* anticonformista. ⬦ *n* anticonformista *mf*.

nondescript [*UK* 'nɒndɪskrɪpt, *US* ˌnɒndɪ'skrɪpt] *adj* qualsiasi *inv*, qualun-que *inv*.

none [nʌn] ⬦ *pron* - **1.** [not any]: **I've got none** non ne ho; **there was none left** non ce n'era più; **it's none of your business** non sono fatti tuoi - **2.** [not one] nessuno(a); **none of us knew the answer** nessuno di noi sapeva la risposta. ⬦ *adv*: **to be none the worse/better** non stare peggio/meglio di prima; **to be none the wiser** non saperne più di prima. ◆ **none too** *adv* per niente.

nonentity [nɒn'entətɪ] *n* persona *f* insignificante.

nonetheless [ˌnʌnðə'les] *adv* ciononostante.

non-event *n* delusione *f*.

nonexistent [ˌnɒnɪg'zɪstənt] *adj* inesistente.

nonfiction [ˌnɒn'fɪkʃn] *n (U)* opere che riguardano personaggi e fatti reali e non immaginari.

no-nonsense *adj* diretto(a).

nonpayment [ˌnɒn'peɪmənt] *n (U)* mancato pagamento *m*.

nonplussed, nonplused *US* [ˌnɒn'plʌst] *adj* perplesso(a).

nonreturnable [ˌnɒnrɪ'tɜːnəbl] *adj*: **nonre-turnable bottle** vuoto *m* a perdere.

nonsense ['nɒnsəns] ⬦ *n (U)* - **1.** [meaningless words] assurdità *f inv* - **2.** [foolish idea] sciocchezza *f* - **3.** [foolish behaviour] sciocchezze *fpl*; **to make (a) nonsense of sthg** privare qc di senso. ⬦ *excl* sciocchezze!

nonsensical [nɒn'sensɪkl] *adj* assurdo(a).

nonsmoker [ˌnɒn'sməʊkər] *n* non fumatore *m*, -trice *f*.

nonstick [ˌnɒn'stɪk] *adj* antiaderente.

nonstop [ˌnɒn'stɒp] <> *adj* [flight] senza scalo; [activity, rain] ininterrotto(a). <> *adv* [fly] senza scalo; [talk, rain] ininterrottamente.

noodles ['nu:dlz] *npl* taglierini *mpl*.

nook [nʊk] *n* angolo *m*; **every nook and cranny** ogni angolo.

noon [nu:n] *n* (U) mezzogiorno *m*.

no one *pron* = **nobody**.

noose [nu:s] *n* cappio *m*.

no-place *adv* US *inf* = **nowhere**.

nor [nɔ:r] *conj* - 1. ⊏> **neither** - 2. [and not]: **nor do I** nemmeno io.

norm [nɔ:m] *n* norma *f*.

normal ['nɔ:ml] *adj* normale.

normality [nɔ:'mælətɪ], **normalcy** ['nɔ:mlsɪ] US *n* (U) normalità *f*.

normally ['nɔ:məlɪ] *adv* normalmente.

north [nɔ:θ] <> *adj* settentrionale, del nord; **north London** la zona nord di Londra. <> *adv* verso nord; **north of** a nord di. <> *n* nord *m*; **the north** il nord.

North Africa *n* Nord Africa *m*.

North America *n* America *f* del Nord OR settentrionale.

North American <> *adj* nordamericano(a). <> *n* nordamericano *m*, -a *f*.

northeast [ˌnɔ:θ'i:st] <> *n* nordest *m*; **the northeast** il nordest. <> *adj* nordorientale, del nordest. <> *adv* verso nordest; **northeast of** a nordest di.

northerly ['nɔ:ðəlɪ] *adj* - 1. [area] settentrionale; **in a northerly direction** verso nord - 2. [wind] settentrionale, del nord.

northern ['nɔ:ðən] *adj* settentrionale, del nord.

Northern Ireland *n* Irlanda *f* del Nord.

northernmost ['nɔ:ðənməʊst] *adj* il(la) più a nord.

North Pole *n*: **the North Pole** il Polo Nord.

North Sea *n*: **the North Sea** il Mare del Nord.

northward ['nɔ:θwəd] <> *adj* verso nord. <> *adv* = **northwards**.

northwards ['nɔ:θwədz] *adv* verso nord.

northwest [ˌnɔ:θ'west] <> *n* nordovest *m*; **the northwest** il nordovest. <> *adj* nordoccidentale, del nordovest. <> *adv* verso nordovest; **northwest of** a nordovest di.

Norway ['nɔ:weɪ] *n* Norvegia *f*.

Norwegian [nɔ:'wi:dʒən] <> *adj* norvegese. <> *n* - 1. [person] norvegese *mf* - 2. [language] norvegese *m*.

nose [nəʊz] *n* naso *m*; **to keep one's nose out of sthg** non mettere il naso in qc; **to look down one's nose at sb/sthg** *fig* guardare qn/qc dall'alto in basso; **to poke** OR **stick one's nose into sthg** *inf* mettere OR ficcare il naso in qc; **to turn up one's nose at sthg** storcere il naso davanti a qc. ◆ **nose about** UK, **nose around** *vi* curiosare.

nosebleed ['nəʊzbli:d] *n*: **to have a nosebleed** perdere sangue dal naso.

nose ring *n* anellino *m* da naso.

nose stud *n* orecchino *m* da naso.

nosey ['nəʊzɪ] *adj* = **nosy**.

nostalgia [nɒ'stældʒə] *n* (U): **nostalgia (for sthg)** nostalgia *f* (di qc).

nostril ['nɒstrɪl] *n* narice *f*.

nosy ['nəʊzɪ] *adj* curioso(a).

not [nɒt] *adv* non; **I'm not interested** sono non interessato(a); **this isn't the first time** questa non è la prima volta; **it's green, isn't it?** è verde, non è vero?; **I think not** non credo; **I'm afraid not** no, mi dispiace; **there wasn't a sound to be heard** non si sentiva volare una mosca; **not all/every** non tutti(e); **not always** non sempre; **not that...** non che...

notable ['nəʊtəbl] *adj* notevole; **notable for sthg** noto(a) per qc.

notably ['nəʊtəblɪ] *adv* - 1. [in particular] particolarmente - 2. [noticeably] notevolmente.

notary ['nəʊtərɪ] *n*: **notary (public)** notaio *m*.

notch [nɒtʃ] *n* - 1. [cut] tacca *f* - 2. *fig* [on scale] gradino *m*.

note [nəʊt] <> *n* - 1. [short letter] biglietto *m* - 2. [written reminder, record] appunto *m*; **to take note of sthg** prendere nota di qc - 3. *esp* UK [paper money] banconota *f* - 4. MUS nota *f*; **on a lighter note** *fig* in modo meno serio. <> *vt fml* - 1. [observe] notare - 2. [mention] far notare. ◆ **notes** *npl* [in book] note *fpl*. ◆ **note down** *vt sep* annotare.

notebook ['nəʊtbʊk] *n* - 1. [for writing in] taccuino *m* - 2. COMPUT notebook *m inv*.

noted ['nəʊtɪd] *adj*: **noted (for sthg)** celebre (per qc).

notepad ['nəʊtpæd] *n* - 1. [for writing in] bloc-notes *m inv* - 2. COMPUT notepad *m inv*.

notepaper ['nəʊtpeɪpər] *n* (U) carta *f* da lettera.

noteworthy ['nəʊtˌwɜ:ðɪ] *adj* notevole.

nothing ['nʌθɪŋ] <> *pron* niente; **I've got nothing to do** non ho niente da fare; **for nothing** [free] gratis; [for no purpose] per niente; **she's nothing if not generous** è a dir poco generosa; **nothing but** solo; **there's nothing for it (but to do sthg)** UK non c'è nient'altro da fare (che fare qc). ⬦ *adv*: **you're nothing like your brother** non assomigli affatto a tuo fratello; **I'm nothing like finished** sono lontano(a) dall'aver finito; **there were nothing like a hundred people** c'erano molto meno di 100 persone.

notice ['nəʊtɪs] ⬦ *n* - **1.** [written announcement] avviso *m* - **2.** *(U)* [attention] attenzione *f*; **to take notice of sb/sthg** notare qn/qc; **to take no notice of sb/sthg** non badare a qn/qc - **3.** *(U)* [warning] preavviso *m*; **at short notice** con poco preavviso; **until further notice** fino a nuovo avviso - **4.** *(U)* [at work]: **to be given one's notice** essere licenziato(a); **to hand in one's notice** dare le dimissioni. ⬦ *vt* & *vi* notare.

noticeable ['nəʊtɪsəbl] *adj* evidente.

noticeboard ['nəʊtɪsbɔːd] *n esp UK* bacheca *f*.

notify ['nəʊtɪfaɪ] *vt*: **to notify sb (of sthg)** avvisare qn (di qc).

notion ['nəʊʃn] *n* [concept, idea] nozione *f*. ➤ **notions** *npl US* [haberdashery] merceria *f*.

notorious [nəʊ'tɔːrɪəs] *adj*: **notorious (for sthg)** famigerato(a) (per qc).

notwithstanding [ˌnɒtwɪθ'stændɪŋ] *fml* ⬦ *prep* malgrado. ⬦ *adv* ciononostante.

nought [nɔːt] *num* zero *m*; **noughts and crosses** *UK* tris *m inv*.

noun [naʊn] *n* sostantivo *m*, nome *m*.

nourish ['nʌrɪʃ] *vt* [gen] nutrire.

nourishing ['nʌrɪʃɪŋ] *adj* nutriente.

nourishment ['nʌrɪʃmənt] *n (U)* nutrimento *m*.

novel ['nɒvl] ⬦ *adj* nuovo(a). ⬦ *n* romanzo *m*.

novelist ['nɒvəlɪst] *n* romanziere *m*, -a *f*.

novelty ['nɒvltɪ] *n* - **1.** [gen] novità *f inv* - **2.** [cheap object] gadget *m inv*.

November [nə'vembər] *n* novembre *m*, *see also* **September**.

novice ['nɒvɪs] *n* novizio *m*, -a *f*.

now [naʊ] ⬦ *adv* - **1.** [at this time] ora, adesso; **any day/time now** da un giorno/da un momento all'altro; **by now** ormai; **from now on** d'ora in avanti; **now and then** OR **again** ogni tanto; **up to** OR **until now** finora - **2.** [at a particular time in the past] in quel momento - **3.** [to introduce statement] ora. ⬦ *conj*: **now (that)** ora che.

nowadays ['naʊədeɪz] *adv* al giorno d'oggi.

nowhere ['nəʊweər] *adv* da nessuna parte; **to be getting nowhere** non concludere niente.

nozzle ['nɒzl] *n* bocchetta *f*.

nuance [nju:'ɑːns] *n* [of word, meaning] sfumatura *f*.

nuclear ['nju:klɪər] *adj* nucleare.

nuclear bomb *n* bomba *f* atomica.

nuclear disarmament *n (U)* disarmo *m* nucleare.

nuclear energy *n (U)* energia *f* nucleare.

nuclear power *n (U)* energia *f* nucleare.

nuclear power station *esp UK*, **nuclear power plant** *esp US n* centrale *f* nucleare.

nuclear reactor *n* reattore *m* nucleare.

nuclear war *n* guerra *f* nucleare.

nucleus ['nju:klɪəs] *(pl* **-lei)** *n* nucleo *m*.

nude [nju:d] ⬦ *adj* nudo(a). ⬦ *n* [figure, painting] nudo *m*; **in the nude** nudo(a).

nudge [nʌdʒ] *vt* - **1.** [with elbow] dare una gomitata a - **2.** *fig* [in encouragement]: **to nudge sb into doing sthg** spronare qn a fare qc.

nudist ['nju:dɪst] ⬦ *adj* di nudisti. ⬦ *n* nudista *mf*.

nugget ['nʌgɪt] *n* - **1.** [of gold] pepita *f* - **2.** *fig* [valuable piece]: **a nugget of information** un'informazione preziosa; **a nugget of wisdom** un consiglio prezioso.

nuisance ['nju:sns] *n* - **1.** [annoying thing, situation] seccatura *f* - **2.** [annoying person] rompiscatole *mf inv*; **to make a nuisance of o.s.** rompere le scatole.

null [nʌl] *adj*: **null and void** nullo(a).

numb [nʌm] ⬦ *adj* [shoulder, hand] insensibile; [person]: **numb (with sthg)** paralizzato(a) (da qc). ⬦ *vt* [subj: cold, anaesthetic] rendere insensibile.

number ['nʌmbər] ⬦ *n* - **1.** [gen] numero *m*; **a number of** diversi(e); **any number of** svariati(e) - **2.** [of car] targa *f* - **3.** [song] pezzo *m*. ⬦ *vt* - **1.** [amount to] contare - **2.** [give a number to] numerare - **3.** [include]: **to number sb/sthg among** annoverare qn/qc tra.

number one ⬦ *adj* [main] numero uno *(inv)*. ⬦ *n inf* [oneself]: **to look after number one** pensare prima a sé stesso.

numberplate ['nʌmbəpleɪt] *n UK* targa *f*.

Number Ten *n*: **Number Ten (Downing Street)** residenza ufficiale del primo ministro britannico.

numeral ['nju:mərəl] *n* cifra *f*, numero *m*.

numerate ['nju:mərət] *adj*: **to be numerate** saper contare.

numerical [nju:'merɪkl] *adj* numerico(a).

numerous ['nju:mərəs] *adj* numeroso(a).

nun [nʌn] *n* suora *f*.

nurse [nɜːs] ⬦ *n* infermiere *m*, -a *f*. ⬦ *vt* - **1.** [patient, invalid] curare - **2.** [desire, feelings] nutrire - **3.** [breast-feed] allattare.

nursery ['nɜːsərɪ] n - 1. [for children] asilo m nido - 2. [for plants, trees] vivaio m.

nursery rhyme n filastrocca f.

nursery school n ≃ scuola f materna.

nursery slope n UK pista f per principianti.

nursing ['nɜːsɪŋ] n - 1. [profession] professione f di infermiere - 2. [care] assistenza f di un infermiere.

nursing home n [for old people] casa f di riposo.

nurture ['nɜːtʃər] vt [children] allevare; [plants, hope, desire, plan] coltivare.

nut [nʌt] n - 1. [from tree, bush] frutto f secco - 2. TECH dado m - 3. inf offens [mad person] pazzo m, -a f. ➤ **nuts** inf offens ◇ adj: **to be nuts** essere fuori di testa. ◇ excl US inf al diavolo!

nutcracker ['nʌtˌkrækə] n schiaccianoci m inv.

nutcrackers UK ['nʌtˌkrækəz] npl = **nutcracker**.

nutmeg ['nʌtmeg] n (U) noce f moscata.

nutritious [njuː'trɪʃəs] adj nutriente.

nutshell ['nʌtʃel] n guscio m di noce; **in a nutshell** fig in poche parole.

nuzzle ['nʌzl] ◇ vt [with nose] strusciare il naso contro. ◇ vi [nestle]: **to nuzzle (up) against sb/sthg** strusciarsi contro qn/qc.

NVQ (abbr of National Vocational Qualification) n titolo di studio britannico rilasciato da istituti tecnici.

nylon ['naɪlɒn] ◇ n (U) [fabric] nylon m inv. ◇ comp di nylon.

o (pl o's OR os), **O** (pl O's OR Os) [əʊ] n - 1. [letter] o m o f inv, O m o f inv - 2. [zero] zero m.

oak [əʊk] ◇ n - 1. [tree]: **oak (tree)** quercia f - 2. (U) [wood] quercia f. ◇ comp di quercia.

OAP (abbr of old age pensioner) n UK pensionato m, -a f.

oar [ɔːʳ] n remo m.

oasis [əʊ'eɪsɪs] (pl oases) n lit & fig oasi f inv.

oath [əʊθ] n - 1. [promise] giuramento m; **on** OR **under oath** sotto giuramento - 2. [swearword] imprecazione f.

oatmeal ['əʊtmiːl] n [food] fiocchi mpl d'avena.

oats [əʊts] npl avena f (sing).

obedience [ə'biːdjəns] n (U): **obedience (to sb)** ubbidienza f (a qn).

obedient [ə'biːdjənt] adj ubbidiente.

obese [əʊ'biːs] adj obeso(a).

obey [ə'beɪ] ◇ vt ubbidire a. ◇ vi ubbidire.

obituary [ə'bɪtʃʊərɪ] n necrologio f.

object ◇ n ['ɒbdʒɪkt] - 1. [gen] oggetto m - 2. GRAM complemento m oggetto. ◇ vt [ɒb'dʒekt]: **to object (that)...** obiettare che... ◇ vi [ɒb'dʒekt]: **to object (to sthg)** contestare (qc); **I object to being spoken to like that** non accetto che mi si parli in questo modo.

objection [əb'dʒekʃn] n obiezione f; **to have no objection to (doing) sthg** non avere nulla contro (il fatto di fare) qc.

objectionable [əb'dʒekʃnəbl] adj sgradevole.

objective [əb'dʒektɪv] ◇ adj obiettivo(a). ◇ n obiettivo m.

obligation [ˌɒblɪ'geɪʃn] n obbligo m.

obligatory [ə'blɪgətrɪ] adj obbligatorio(a).

oblige [ə'blaɪdʒ] vt - 1. [force]: **to oblige sb to do sthg** obbligare qn a fare qc - 2. fml [do a favour to] fare una cortesia a.

obliging [ə'blaɪdʒɪŋ] adj gentile.

oblique [ə'bliːk] ◇ adj - 1. [indirect] indiretto(a) - 2. [slanting] obliquo(a). ◇ n UK barra f.

obliterate [ə'blɪtəreɪt] vt [town] rasare al suolo.

oblivion [ə'blɪvɪən] n (U) oblio m.

oblivious [ə'blɪvɪəs] adj: **oblivious (to** OR **of sthg)** inconsapevole (di qc).

oblong ['ɒblɒŋ] ◇ adj rettangolare. ◇ n rettangolo m.

obnoxious [əb'nɒkʃəs] adj [person, remark] odioso(a); [smell] ripugnante.

oboe ['əʊbəʊ] n oboe m.

obscene [əb'siːn] adj osceno(a).

obscure [əb'skjʊəʳ] ◇ adj - 1. [gen] oscuro(a) - 2. [difficult to see] non distinguibile. ◇ vt - 1. [make difficult to understand] rendere oscuro(a) - 2. [hide] nascondere.

observance [əb'zɜːvəns] n - 1. (U) [adherence] osservanza f - 2. [practice] precetto m.

observant [əb'zɜːvnt] adj attento(a).

observation [ˌɒbzə'veɪʃn] n osservazione f.

observatory [əb'zɜːvətrɪ] n osservatorio m.

observe [əb'zɜːv] vt - 1. [notice, watch] osservare - 2. [obey] rispettare - 3. [remark] commentare.

observer [əb'zɜːvəʳ] n osservatore m, -trice f.

obsess [əb'ses] vt ossessionare; **to be obsessed by** OR **with sb/sthg** essere ossessionato(a) da qn/qc.

obsessive [əb'sesɪv] adj [need, interest] ossessivo(a); **to be obsessive about sthg** avere l'ossessione di qc.

obsolete ['ɒbsəliːt] adj antiquato(a).

obstacle ['ɒbstəkl] n ostacolo m.

obstetrics [ɒb'stetrɪks] n (U) ostetricia f.

obstinate ['ɒbstənət] adj ostinato(a).

obstruct [əb'strʌkt] vt - 1. [road, path] ostruire; [traffic] bloccare - 2. [progress, justice] ostacolare.

obstruction [əb'strʌkʃn] n ostruzione f.

obtain [əb'teɪn] vt ottenere.

obtainable [əb'teɪnəbl] adj disponibile.

obtrusive [əb'truːsɪv] adj [object] imponente; [person] invadente; [smell] fastidioso(a); [colour] vistoso(a).

obtuse [əb'tjuːs] adj ottuso(a).

obvious ['ɒbvɪəs] adj - 1. [evident] ovvio(a) - 2. [unsubtle] chiaro(a).

obviously ['ɒbvɪəslɪ] adv - 1. [of course] ovviamente - 2. [clearly] chiaramente.

occasion [ə'keɪʒn] <> n - 1. [gen] occasione f; **to rise to the occasion** dimostrarsi all'altezza della situazione - 2. fml [reason, motive] motivo m. <> vt fml [cause] dare luogo a.

occasional [ə'keɪʒənl] adj occasionale.

occasionally [ə'keɪʒnəlɪ] adv occasionalmente.

occult [ɒ'kʌlt] adj occulto(a).

occupant ['ɒkjupənt] n [of building, chair, vehicle] occupante mf.

occupation [,ɒkjʊ'peɪʃn] n occupazione f.

occupational hazard n rischio m del mestiere.

occupier ['ɒkjupaɪəʳ] n occupante mf.

occupy ['ɒkjupaɪ] vt - 1. [gen] occupare - 2. [keep busy]: **to occupy o.s.** tenersi occupato(a).

occur [ə'kɜːʳ] vi - 1. [event, episode, attack] avvenire - 2. [difficulty, disease] insorgere - 3. [plant, animal] trovarsi - 4. [come to mind]: **to occur to sb** venire in mente a qn.

occurrence [ə'kʌrəns] n [sthg that occurs] avvenimento m.

ocean ['əʊʃn] n - 1. [in names] oceano m - 2. US [sea] mare m.

ochre UK, **ocher** US ['əʊkəʳ] adj ocra inv.

o'clock [ə'klɒk] adv: **it's one o'clock** è l'una; **it's two/three o'clock** sono le due/le tre; **at one/two o'clock** all'una/alle due.

octave ['ɒktɪv] n ottava f.

October [ɒk'təʊbəʳ] n ottobre m, see also **September**.

octopus ['ɒktəpəs] (pl **-puses** OR **-pi**) n polpo m.

OD <> (abbr of **overdrawn**) scoperto(a). <> n inf (abbr of **overdose**) overdose f inv. <> vi inf (abbr of **overdose**) prendere un'overdose.

odd [ɒd] adj - 1. [strange] strano(a) - 2. [not part of pair] spaiato(a) - 3. [number] dispari inv - 4. [leftover] rimanente; **odd bits/parts** resti mpl - 5. [occasional] occasionale - 6. inf [in approximations]: **20 odd years** circa 20 anni, 20 anni circa. ➔ **odds** npl - 1. [probability] previsioni fpl; **the odds are that...** è probabile che...; **against the odds** contro tutte le previsioni - 2. [bits]: **odds and ends** cose varie fpl; **to be at odds with sb/sthg** essere in disaccordo con qn/qc.

oddity ['ɒdɪtɪ] n [strange person] originale mf; [strange thing, quality] stranezza f.

odd jobs npl lavoretti mpl occasionali.

oddly ['ɒdlɪ] adv stranamente; **oddly enough** per quanto strano.

oddments ['ɒdmənts] npl esp UK rimanenze fpl.

odds-on ['ɒdz-] adj inf: **the odds-on favourite** il favorito, la favorita.

odometer [əʊ'dɒmɪtəʳ] n esp US contachilometri m inv.

odour UK, **odor** US ['əʊdəʳ] n odore m.

of (weak form [əv], strong form [ɒv]) prep - 1. [expressing quantity] di; **thousands of people** migliaia di persone; **a litre of petrol** un litro di benzina; **a piece of cake** una fetta di torta - 2. [referring to container] di; **a cup of coffee** una tazza di caffè - 3. [indicating number, amount, age] di; **an increase of 6%** un aumento del 6%; **a child of five** un bambino di cinque anni - 4. [characterized by, consisting of] di; **feelings of love/hatred** sentimenti d'amore/di odio - 5. [made from] di; **made of wood** fatto(a) di legno - 6. [referring to part of a group] di; **one of us** uno(a) di noi; **both of them** tutti(e) e due, entrambi(e); **a range of goods** una gamma di prodotti - 7. [belonging to] di; **the cover of a book** la copertina di un libro; **the King of Spain** il re di Spagna; **the University of Leeds** l'Università di Leeds - 8. [describing, depicting] di; **a map of France** una cartina della Francia - 9. [indicating object of, reason for emotion] di; **a fear of ghosts/flying** la paura dei fantasmi/di volare - 10. [on the part of] da parte di; **it was very kind of you** è stato molto gentile da parte sua - **11.** [indicating membership] di; **the president of the company** il presidente della società - **12.** [indicating relation to] di; **cancer of the prostate** un cancro alla prostata; **the cause of the trouble** la causa dei problemi; **hopes of recovery** le speranze di una ripresa - **13.** [referring to place names] di; **the city of Edinburgh** la città di Edimburgo - **14.** [indicating subject of action] di; **the ringing of the bells** il suono delle campane; **the arrival/departure of the train** l'arrivo/la partenza del treno - **15.** [indicating object of action] di; **the organization of the conference** l'organizzazione della conferenza - **16.** [indicating resemblance]: **it was the size of a pea** era grande come un pisello - **17.** [made by] di; **the art of Picasso** l'arte di Picasso - **18.** [with dates, periods of time] di; **the 12th of February** il 12 febbraio; **the night of the disaster** la notte del disastro - **19.** [indicating cause of death]: **to die of sthg** morire di qc.

off [ɒf] <> adv - **1.** [away]: **to drive off** andarsene via (in macchina); **to be off** andarsene - **2.** [at a particular distance in time]: **Christmas is two days off** mancano due giorni a Natale; **to be a long time off** essere ancora lontano(a) - **3.** [at a particular distance in space]: **to be far off** essere lontano(a); **10 miles off** a 10 miglia - **4.** [indicating removal]: **to take sthg off** [clothing] togliersi qc; **to come off** [button] staccarsi; **to cut off** tagliare; **could you help me off with my coat?** mi aiuti a togliermi il cappotto? - **5.** [indicating completion]: **to finish off** terminare; **to kill off** eliminare - **6.** [indicating electrical disconnection]: **to switch** OR **turn sthg off** spegnere qc; **leave the lamp off** lascia la lampada spenta - **7.** [not at work]: **to be off** essere assente; **a day/week off** un giorno/una settimana di ferie; **time off** un permesso - **8.** [indicating price reduction]: **£10 off** uno sconto di 10 sterline; **she gave me 10% off** mi ha fatto uno sconto di 10%. <> prep - **1.** [indicating movement away from]: **to get off a bus/train/bike** scendere da un autobus/un treno/una bici; **to jump off a wall** saltar giù da un muro; **to keep off a subject** evitare un argomento - **2.** [indicating location]: **off the coast of** di fronte alla costa; **it's just off Oxford Street** [near] è poco distante da Oxford Street; [leading away from] è in una traversa di Oxford Street - **3.** [absent from]: **to be off school/work** essere assente da scuola/dal lavoro - **4.** inf [no longer liking or needing]: **to be off coffee** aver smesso di bere caffè; **to be off one's food** non avere appetito - **5.** [deducted from]: **there's 10% off the price** c'è uno sconto del 10% sul prezzo - **6.** inf [from]: **I bought it off him** l'ho

comprato da lui. <> adj - **1.** esp UK [not good to eat or drink] andato(a) a male - **2.** [not operating] spento(a) - **3.** [cancelled] annullato(a) - **4.** [not at work, at school] assente - **5.** UK inf [offhand] sgarbato(a).

offal ['ɒfl] n (U) frattaglie fpl.

off-chance n: **on the off-chance** sperando nella sorte; **to do sthg on the off-chance that...** fare qc nella speranza che...

off colour adj UK: **to feel off colour** sentirsi poco bene.

off duty adv fuori servizio. ◆ **off-duty** adj fuori servizio.

offence UK, **offense** US [ə'fens] n - **1.** [crime] reato m - **2.** [displeasure, hurt]: **to cause sb offence** offendere qn; **to give offence** offendere; **to take offence** offendersi.

offend [ə'fend] vt [upset] offendere.

offender [ə'fendər] n - **1.** [criminal] criminale mf - **2.** [culprit] colpevole mf.

offense n US - **1.** [ə'fens] = **offence** - **2.** ['ɒfens] SPORT attacco m.

offensive [ə'fensiv] <> adj offensivo(a). <> n offensiva f.

offer ['ɒfər] <> n offerta f; **on offer** UK [available] disponibile; [at a special price] in offerta. <> vt - **1.** [present, give] offrire; **to offer sthg to sb, to offer sb sthg** offrire qc a qn - **2.** [propose]: **to offer to do sthg** offrirsi di fare qc. <> vi offrirsi.

offering ['ɒfərɪŋ] n offerta f.

off guard adv: **to be off guard** non stare all'erta; **to catch sb off guard** cogliere qn di sorpresa.

offhand [,ɒf'hænd] <> adj [unfriendly] sgarbato(a). <> adv [at this moment] su due piedi.

office ['ɒfɪs] n - **1.** [gen] ufficio m - **2.** [government department] ministero m - **3.** [position of authority] carica f; **in office** [person] in carica; [political party] al governo; **to take office** assumere una carica.

office block n UK palazzo m di uffici.

office hours npl orario m d'ufficio.

officer ['ɒfɪsər] n - **1.** [in army, police] ufficiale m - **2.** [in organization] funzionario m, -a f.

office worker n impiegato m, -a f.

official [ə'fɪʃl] <> adj ufficiale. <> n [of government] pubblico ufficiale m, funzionario m, -a f; [of union, organization] funzionario m, -a f; SPORT ufficiale m di gara.

offing ['ɒfɪŋ] n: **in the offing** in vista.

off-licence n UK negozio m autorizzato alla vendita di alcolici da asporto.

off-line <> adj COMPUT non connesso(a). <> adv COMPUT non in linea.

off-peak *adj* [period] di bassa affluenza; [fares] per i periodi di basso consumo; [electricity] nei periodi di basso consumo.

off-putting [-ˌpʊtɪŋ] *adj esp UK* scostante.

off season *n*: **the off season** la bassa stagione.

offset [ˈɒfset] (*pt & pp* offset) *vt* compensare.

offshore [ˈɒfʃɔːr] ◇ *adj* - **1.** [oil terminal, oilrig] offshore *inv* - **2.** [fishing, shipping] costiero(a); [island] vicino(a) alla costa. ◇ *adv* - **1.** [out at sea] al largo - **2.** [near coast] vicino alla costa.

offside ◇ *adj* - **1.** [ˌɒfˈsaɪd] SPORT fuorigioco *inv* - **2.** [ˈɒfsaɪd] UK [part of vehicle] lato guidatore (*inv*). ◇ *adv* [ˌɒfˈsaɪd] SPORT in fuorigioco. ◇ *n* [ˈɒfsaɪd] UK [of vehicle] lato *m* guidatore.

offspring [ˈɒfsprɪŋ] (*pl* offspring) *n* - **1.** *fml* [of person] prole *f* - **2.** [of animal] piccolo *m*, -a *f*.

offstage [ˌɒfˈsteɪdʒ] *adj & adv* dietro le quinte.

off-the-cuff ◇ *adj* spontaneo(a). ◇ *adv* senza riflettere.

off-the-peg *UK*, **off-the-rack** *US adj* prêt-à-porter (*inv*).

off-the-record ◇ *adj* ufficioso(a). ◇ *adv* in via ufficiosa.

off-white *adj* bianco sporco (*inv*).

often [ˈɒfn, ˈɒftn] *adv* spesso. ◆ **as often as not** *adv* la maggior parte del tempo. ◆ **every so often** *adv* di tanto in tanto. ◆ **more often than not** *adv* la maggior parte del tempo.

ogle [ˈəʊgl] *vt* lanciare occhiate ammiccanti a.

oh [əʊ] *excl* oh!; **oh no!** oh no!

oil [ɔɪl] ◇ *n* - **1.** [gen] olio *m* - **2.** (*U*) [for heating] gasolio *m* - **3.** (*U*) [petroleum] petrolio *m*. ◇ *vt* oliare.

oilcan [ˈɔɪlkæn] *n* latta *f* d'olio.

oilfield [ˈɔɪlfiːld] *n* giacimento *m* petrolifero.

oil filter *n* filtro *m* dell'olio.

oil-fired [-ˌfaɪəd] *adj* a gasolio.

oil painting *n* pittura *f* a olio.

oilrig [ˈɔɪlrɪg] *n* [at sea] piattaforma *f* petrolifera; [on land] impianto *m* petrolifero.

oil slick *n* chiazza *f* di petrolio.

oil tanker *n* - **1.** [ship] petroliera *f* - **2.** [lorry] carro *m* cisterna.

oil well *n* pozzo *m* petrolifero.

oily [ˈɔɪlɪ] *adj lit & fig* untuoso(a).

ointment [ˈɔɪntmənt] *n* unguento *m*.

OK (*pt & pp* OKed, *cont* OKing), **okay** *inf* [ˌəʊˈkeɪ] ◇ *adj* O.K., okay; **are you OK?** tutto O.K.?; **to be OK with** *OR* **by sb** andare bene a qn. ◇ *adv* [well] bene. ◇ *excl* - **1.** [asking for, expressing agreement] d'accordo! - **2.** [to introduce new topic] bene! ◇ *vt* dare l'okay a.

old [əʊld] ◇ *adj* - **1.** [gen] vecchio(a); **his old girlfriend** [former] la sua ex ragazza - **2.** [referring to age]: **how old are you?** quanti anni hai?; **I'm 20 years old** ho 20 anni - **3.** *inf* [for emphasis]: **any old** qualsiasi *inv*. ◇ *npl*: **the old** i vecchi.

old age *n* (*U*) vecchiaia *f*.

old age pensioner *n* UK pensionato *m*, -a *f*.

old-fashioned [-ˈfæʃnd] *adj* - **1.** [outmoded] superato(a) - **2.** [traditional] all'antica.

old people's home *n* casa *f* di riposo.

olive [ˈɒlɪv] ◇ *adj* [colour] verde oliva (*inv*). ◇ *n* [fruit] oliva *f*.

olive green *adj* verde oliva (*inv*).

olive oil *n* olio *m* d'oliva.

Olympic [əˈlɪmpɪk] *adj* olimpico(a). ◆ **Olympics** *npl*: **the Olympics** le Olimpiadi.

Olympic Games *npl*: **the Olympic Games** i giochi olimpici.

omelette, omelet *US* [ˈɒmlɪt] *n* frittata *f*.

omen [ˈəʊmen] *n* auspicio *m*.

ominous [ˈɒmɪnəs] *adj* [look, cloud] minaccioso(a); [sign, event] di malaugurio.

omission [əˈmɪʃn] *n* omissione *f*.

omit [əˈmɪt] *vt* omettere; **to omit to do sthg** tralasciare di fare qc.

on [ɒn] ◇ *prep* - **1.** [indicating position, location] su; **on the chair/wall** sulla sedia/sul muro; **on the ground** per terra; **they live on Cambridge Street** vivono in Cambridge Street; **he works on a building site** lavora in un cantiere edile; **on the left/right** a sinistra/destra - **2.** [supported by or touching part of body] su; **to stand on one leg** stare in piedi su una gamba; **he was lying on his side** era sdraiato su un fianco - **3.** [indicating means] a; **to be shown on TV** essere trasmesso(a) alla tv; **I heard it on the radio** l'ho sentito alla radio; **she's on the telephone** è al telefono; **he lives on fruit and yoghurt** vive di frutta e yogurt; **to hurt/cut o.s. on sthg** farsi male/tagliarsi con qc - **4.** [indicating mode of transport] su; **to travel on a bus/train/ship** viaggiare su un autobus/un treno/una nave; **I was on the bus** ero sull'autobus; **on foot** a piedi - **5.** [carried, stored] su; **I haven't got any money on me** non ho soldi con me; **the information is on disk/tape** le informazioni sono su dischetto/cassetta - **6.** [concerning] su; **a book/talk on astronomy** un libro/discorso sull'astronomia - **7.** [according to]: **on a rota** a turno; **on a long-term basis** a lungo termine; **I have it on good authority** lo so da fonte sicura; **on this evidence** in base a queste prove; **on this evidence** in base a queste prove; **on Thursday** giovedì; **on my birthday** il giorno del mio compleanno; **on the 10th of February** il 10 (di) febbraio; **on my return, on returning** al mio ritorno; **on business** per affari; **on holiday** in vacanza; **to be on (the) night shift** fare il turno di notte; **what are you working on now?** a cosa stai lavorando ora? - **9.** [indicating influence] su; **the impact on the environment** l'impatto sull'ambiente - **10.** [using, supported by]: **to be on social security** ricevere un sussidio statale; **to be on tranquillizers** prendere tranquillanti; **to be on drugs** drogarsi - **11.** [earning]: **to be on £25,000 a year** prendere 25.000 sterline all'anno; **to be on a low income** avere un reddito basso - **12.** [referring to musical instrument] a; **on the violin/flute** al violino/flauto - **13.** *inf* [paid by]: **the drinks are on me** offro io (da bere). ⬥ *adv* - **1.** [indicating covering]: **put the lid on** mettici il coperchio - **2.** [being shown]: **what's on at the cinema?** cosa danno al cinema?; **there's nothing on TV** non c'è niente alla tv - **3.** [working]: **to be on** [machine, TV, light] essere acceso(a); [tap] essere aperto(a); [brakes] essere in funzione; **you left the lights on** hai lasciato i fari accesi; **turn on the power** attacca la corrente - **4.** [indicating continuing action]: **we talked on into the night** abbiamo parlato fino a tarda notte; **he kept on walking** ha continuato a camminare - **5.** [forward]: **send my mail on (to me)** inoltrami la mia posta; **earlier on** prima; **later on** più tardi - **6.** [indicating clothing] addosso; **what did she have on?** cosa indossava?; **she had nothing on** non aveva niente addosso; **he put a sweater on** si è messo una maglia - **7.** [of transport]: **to get on** salire - **8.** *UK inf* [referring to behaviour]: **it's just not on!** non esiste! ⬥ **from... on** *adv* da... in poi; **from that time/moment on** da allora/quel momento in poi; **from now on** d'ora in poi; **from then on** da allora in poi. ⬥ **on and off** *adv* di tanto in tanto. ⬥ **on to** *prep* - **1.** [to a position on top of] sopra a; **she jumped on to the chair** è saltata sopra alla sedia - **2.** [to a position on a vehicle] su; **she got on to the bus** è salita sull'autobus; **he jumped on to his bicycle** è saltato sulla bici - **3.** [to a position attached to] su; **stick the photo on to the page with glue** incolla la foto sulla pagina - **4.** *(only written as "onto")* [aware of wrongdoing]: **the police are onto him** la polizia sa che il colpevole è lui - **5.** *(only written as "onto")* [into contact with]: **get onto the factory about the late order** contatta la fabbrica per il ritardo nella consegna.

once [wʌns] ⬥ *adv* - **1.** [on one occasion] una volta; **once a week** una volta alla settimana; **once again** OR **more** [one more time] ancora (una volta); [yet again] ancora una volta; **once and for all** una volta per tutte; **once in a while** una volta ogni tanto; **once or twice** qualche volta; **for once** per una volta, una volta tanto - **2.** [previously, formerly] una volta, un tempo; **once upon a time there was...** c'era una volta... ⬥ *conj* (non) appena. ⬥ **at once** *adv* - **1.** [immediately] subito, immediatamente - **2.** [at the same time] contemporaneamente; **all at once** [suddenly] all'improvviso.

oncoming ['ɒn,kʌmɪŋ] *adj* - **1.** [traffic, vehicle] proveniente dalla direzione opposta - **2.** [danger] imminente.

one [wʌn] ⬥ *num* [the number 1] uno(una); **I only want one** ne voglio solo uno; **one hundred** cento; **one thousand** mille; **page one** pagina uno; **one-fifth** un quinto; **one or two** uno o due; **in ones and twos** pochi per volta. ⬥ *adj* - **1.** [only] unico(a); **it's her one ambition** è la sua unica ambizione - **2.** [indefinite] uno(una); **one day** un giorno - **3.** *fml* [a certain] un(una); **one James Smith** un tale James Smith. ⬥ *pron* - **1.** [referring to a particular thing or person] uno(una); **may I borrow one?** posso prenderne in prestito uno?; **which one do you want?** quale vuoi?; **I want the red one** voglio quello rosso; **this is the biggest one** questo è il più grande; **this one** questo(a); **that one** quello(a); **one of my friends** uno dei miei amici; **one of these days** uno di questi giorni; **she's the one I told you about** è quella di cui ti ho parlato - **2.** *fml* [you, anyone]: **one can always leave early** si può sempre andare via presto. ⬥ **for one** *adv*: **I for one remain unconvinced** dal canto mio, non sono convinto(a).

one-armed bandit *n inf* macchinetta *f* mangiasoldi *(inv)*, slot-machine *f inv*.

one-man *adj* [performance, show] condotto(a) da un unico artista; [business] diretto(a) da un solo individuo.

one-off *inf* ⬥ *adj* unico(a). ⬥ *n* [event] evento *m* unico OR irripetibile; [person] persona *f* unica nel suo genere; [product] esemplare *m* unico.

one-on-one *adj esp US* = **one-to-one**.

one-parent family *n esp UK* famiglia *f* monoparentale.

oneself [wʌn'self] *pron fml* - **1.** *(reflexive)* si; **to make oneself comfortable** mettersi a proprio agio; **to hate oneself** detestarsi - **2.** *(after* *prep]* sé, se stesso(a); **to talk about oneself** parlare di sé; **to take care of oneself** avere cura di sé - **3.** *(stressed)* da sé; **to do sthg oneself** fare qc da sé.

one-sided [-'saɪdɪd] *adj* - **1.** [unequal] impari - **2.** [biased] parziale.

one-to-one *UK*, **one-on-one** *esp US adj* [relationship] tra due persone; [discussion] tra due persone, a quattr'occhi; [tuition] individuale.

one-touch dialling *UK*, **one-touch dialing** *US n* selezione *f* automatica *(con un tasto)*.

one-upmanship [-'ʌpmənʃɪp] *n (U)* arte *f* di primeggiare.

one-way *adj* - **1.** [street, traffic] a senso unico - **2.** [ticket, journey] di sola andata.

ongoing ['ɒn,gəʊɪŋ] *adj* attuale, in corso.

onion ['ʌnjən] *n* cipolla *f*.

online ['ɒnlaɪn] *adj* & *adv* COMPUT on-line *(inv)*.

online banking *n* banking *m* online.

online shopping *n* shopping *m* online.

onlooker ['ɒn,lʊkə*r*] *n* spettatore *m*, -trice *f*.

only ['əʊnlɪ] <> *adj* solo(a), unico(a); **he's an only child** è figlio unico. <> *adv* - **1.** [gen] solo, soltanto - **2.** [for emphasis] solo; **I only wish I could!** se solo potessi!; **I was only too willing to help** ero più che felice di aiutare; **it's only natural** è del tutto naturale; **not only... but** non solo... ma; **only just** appena. <> *conj* solo (che); **he looks like his brother, only smaller** somiglia al fratello, solo (che è) un po' più basso.

onset ['ɒn,set] *n* inizio *m*.

onshore ['ɒn'ʃɔ:*r*] <> *adj* - **1.** [oil production] a terra - **2.** [wind] di mare. <> *adv* - **1.** [work] a terra - **2.** [blow] verso terra.

onslaught ['ɒn,slɔ:t] *n lit* & *fig* attacco *m*.

onto ['ɒntu:] *prep* ⊳ **on**.

onus ['əʊnəs] *n* onere *m*.

onward ['ɒnwəd] <> *adj* [in time] progressivo(a); [in space] in avanti. <> *adv* = **onwards**.

onwards ['ɒnwədz] *adv* [in space] in avanti; [in time]: **from now onwards** d'ora in poi.

ooze [u:z] <> *vt* - **1.** [liquid]: **the cut was oozing blood** dalla ferita colava il sangue - **2.** *fig* [charm] trasudare. <> *vi* [liquid]: **to ooze (from** *OR* **out of sthg)** colare (da qc).

opaque [əʊ'peɪk] *adj* - **1.** [not transparent] opaco(a) - **2.** *fig* [obscure] oscuro(a).

open ['əʊpn] <> *adj* - **1.** [gen] aperto(a); **to be open to sthg** [ready to accept] essere aperto(a) a qc; [susceptible] essere esposto(a) a qc - **2.** [frank] franco(a) - **3.** [road, passage] libero(a) - **4.** [unfastened] sbottonato(a) - **5.** [meet-

ing] aperto(a) al pubblico; [competition, invitation] aperto(a) a tutti - **6.** [admiration, hostility] dichiarato(a). <> *n*: **in the open** [in the fresh air] all'aperto; **to bring sthg out into the open** rendere noto qc. <> *vt* - **1.** [gen] aprire; [lid] togliere - **2.** [inaugurate, start] aprire, inaugurare. <> *vi* - **1.** [door, window, eyes] aprirsi - **2.** [begin business] aprire - **3.** [start] iniziare - **4.** [flower, petals] schiudersi. ◆ **open on to** *vt insep* [subj: room, door] dare su. ◆ **open up** <> *vt sep* aprire. <> *vi* - **1.** [become available] aprirsi, offrirsi - **2.** [for business] aprire - **3.** [become less reserved] aprirsi.

opener ['əʊpnə*r*] *n* [for tins] apriscatole *m inv*; [for bottles] apribottiglie *m inv*.

opening ['əʊpnɪŋ] <> *adj* [item, scene, remarks] iniziale, primo(a); [ceremony] inaugurale; [address] d'apertura. <> *n* - **1.** [beginning] inizio *m* - **2.** [gap] apertura *f* - **3.** [opportunity] occasione *f* - **4.** [possibility of business]: **opening (for sthg)** opportunità *f inv* (di qc) - **5.** [job vacancy] posto *m* vacante.

opening hours *npl* orario *m* d'apertura.

opening night *n* prima *f*.

openly ['əʊpnlɪ] *adv* apertamente.

open-minded [-'maɪndɪd] *adj* aperto(a).

open-plan *adj* open space *inv*.

Open University *n UK*: **the Open University** corsi universitari per corrispondenza operanti attraverso televisione, radio e Internet.

opera ['ɒpərə] *n* opera *f*.

opera house *n* teatro *m* dell'opera, teatro *m* lirico.

operate ['ɒpəreɪt] <> *vt* - **1.** [cause to function] azionare, far funzionare - **2.** COMM gestire. <> *vi* - **1.** [function] funzionare - **2.** COMM operare - **3.** MED: **to operate (on sb/sthg)** operare (qn/qc); **to operate on sb's leg** operare qn alla gamba.

operating theatre *UK*, **operating room** *US* ['ɒpəreɪtɪŋ-] *n* sala *f* operatoria.

operation [,ɒpə'reɪʃn] *n* - **1.** [planned activity] operazione *f* - **2.** [management] gestione *f* - **3.** [company, business] impresa *f* - **4.** *(U)* [functioning] funzionamento *m*; **in operation** [machine, device] in funzione; [law, system] in vigore - **5.** MED operazione *f* (chirurgica), intervento *m* (chirurgico); **to have an operation (for/on sthg)** essere operato(a) (di/a qc).

operational [,ɒpə'reɪʃənl] *adj* [ready for use] pronto(a) per l'uso; [in use] in funzione, operativo(a).

operator ['ɒpəreɪtə*r*] *n* - **1.** TELEC & COMM operatore *m*, -trice *f* - **2.** [technician] operatore *m* addetto, operatrice *f* addetta.

opinion [ə'pınjən] n - 1. [of individual] opinione f; **to be of the opinion that...** essere del parere che...; **in my opinion** a mio avviso, secondo me - 2. MED parere m - 3. (U) [general view] opinione f, parere m.

opinionated [ə'pınjəneɪtɪd] adj pej dogmatico(a).

opinion poll n sondaggio m d'opinione.

opponent [ə'pəʊnənt] n - 1. POL & SPORT avversario m, -a f - 2. [of idea, theory] oppositore m, -trice f.

opportune ['ɒpətjuːn] adj opportuno(a).

opportunist [,ɒpə'tjuːnɪst] n opportunista mf.

opportunity [,ɒpə'tjuːnətɪ] n opportunità f inv, occasione f; **to take the opportunity to do** OR **of doing sthg** cogliere l'opportunità per fare qc.

oppose [ə'pəʊz] vt contrastare, opporsi a.

opposed [ə'pəʊzd] adj opposto(a), contrario(a); **to be opposed to sthg** essere contrario(a) a qc; **as opposed to** anziché, piuttosto che.

opposing [ə'pəʊzɪŋ] adj opposto(a).

opposite ['ɒpəzɪt] <> adj - 1. [side, house] di fronte - 2. [result, views, direction]: **opposite (to sthg)** opposto(a) (a qc). <> adv di fronte. <> prep di fronte a. <> n contrario m, opposto m.

opposite number n omologo m, -a f.

opposition [,ɒpə'zɪʃn] n - 1. (U) [disapproval] opposizione f - 2. [opposing group] gruppo m in opposizione - 3. [opposing team] avversario m, -a f. ◆ **Opposition** n UK POL: **the Opposition** l'Opposizione f.

oppress [ə'pres] vt opprimere.

oppressive [ə'presɪv] adj - 1. [regime, government, society] oppressivo(a) - 2. [heat, situation, silence] opprimente.

opt [ɒpt] <> vt: **to opt to do sthg** decidere di fare qc. <> vi: **to opt for sthg** optare per qc. ◆ **opt in** vi: **to opt in (to sthg)** scegliere di partecipare (a qc). ◆ **opt out** vi: **to opt out (of sthg)** scegliere di non partecipare (a qc).

optical ['ɒptɪkl] adj ottico(a).

optician [ɒp'tɪʃn] n ottico m, -a f; **optician's** UK negozio m di ottica.

optimist ['ɒptɪmɪst] n ottimista mf.

optimistic [,ɒptɪ'mɪstɪk] adj: **optimistic (about sthg)** ottimista (riguardo a qc).

optimum ['ɒptɪməm] adj ottimale.

option ['ɒpʃn] n [choice] scelta f, possibilità f inv; **to have the option to do** OR **of doing sthg** avere la possibilità di fare qc.

optional ['ɒpʃənl] adj facoltativo(a); **optional extra** optional m inv.

or [ɔːr] conj - 1. [linking alternatives] o, oppure - 2. [in approximations] o; **he'll be back in a day or two** sarà di ritorno tra un giorno o due - 3. [after negative] né; **he can't read or write** non sa né leggere né scrivere - 4. [otherwise] se no, altrimenti - 5. [as correction] o meglio.

oral ['ɔːrəl] <> adj - 1. [exam, test] orale; [agreement] a voce - 2. [health, hygiene] della bocca; [medicine, vaccine] per bocca, per via orale. <> n (esame m) orale m.

orally ['ɔːrəlɪ] adv - 1. [in spoken form] oralmente - 2. [via the mouth] per via orale, per bocca.

orange ['ɒrɪndʒ] <> adj [colour] arancione. <> n - 1. [fruit] arancia f; [tree]: **orange (tree)** arancio m - 2. (U) [colour] arancione m.

orator ['ɒrətər] n oratore m, -trice f.

orbit ['ɔːbɪt] <> n orbita f. <> vt orbitare attorno a.

orchard ['ɔːtʃəd] n frutteto m.

orchestra ['ɔːkɪstrə] n orchestra f.

orchid ['ɔːkɪd] n orchidea f.

ordain [ɔː'deɪn] vt - 1. fml [decree] decretare - 2. RELIG: **to be ordained** essere ordinato, -a f sacerdote m, -essa f.

ordeal [ɔː'diːl] n traversia f.

order ['ɔːdər] <> n - 1. [gen] ordine m; **in order** [in sequence] in ordine; [valid, correct] in regola; **in alphabetical order** in ordine alfabetico; **in working order** funzionante; **to be out of order** [machine, device] essere guasto(a); [lift, telephone] essere fuori servizio; [remark] non essere ammissibile; UK [behaviour] essere fuori luogo; **to be under orders to do sthg** avere l'ordine di fare qc - 2. COMM ordinazione f, ordine m; **to place an order with sb for sthg** ordinare qc a qn; **on/to order** in/su ordinazione - 3. (U) [in classroom] disciplina f - 4. [system] assetto m - 5. esp US [portion] porzione f. <> vt - 1. [gen] ordinare; **to order sb to do sthg** ordinare a qn di fare qc; **to order that...** ordinare che... - 2. [taxi] chiamare. ◆ **in the order of** UK, **on the order of** US prep circa, nell'ordine di. ◆ **in order that** conj affinché. ◆ **in order to** conj per. ◆ **order about** UK, **order around** vt sep comandare.

order form n modulo m d'ordinazione.

orderly ['ɔːdəlɪ] <> adj [person, room] ordinato(a); [crowd] disciplinato(a). <> n [in hospital] inserviente mf.

ordinarily ['ɔːdənrəlɪ, ,ɔːdn'erəlɪ] adv [normally] di solito.

ordinary ['ɔːdənrɪ] <> adj - **1.** [normal] comune, normale - **2.** pej [unexceptional] ordinario(a). <> n: **out of the ordinary** straordinario(a).

ore [ɔːr] n minerale m grezzo.

oregano [UK ,ɒrɪ'gɑːnəʊ, US ə'regənəʊ] n (U) origano m.

organ ['ɔːgən] n organo m.

organic [ɔː'gænɪk] adj - **1.** [life, remains, disease] organico(a) - **2.** [farming, vegetables] biologico(a).

organization, -isation UK [,ɔːgənaɪ'zeɪʃn] n organizzazione f.

organize, -ise UK ['ɔːgənaɪz] vt organizzare.

organizer, -iser UK ['ɔːgənaɪzər] n [person] organizzatore m, -trice f.

orgasm ['ɔːgæzm] n orgasmo m.

orgy ['ɔːdʒɪ] n lit & fig orgia f.

oriental [,ɔːrɪ'entl] adj orientale.

origami [,ɒrɪ'gɑːmɪ] n (U) origami m.

origin ['ɒrɪdʒɪn] n - **1.** [gen] origine f; **country of origin** paese m d'origine - **2.** [of river] sorgente f, origine f. ◆ **origins** npl origini fpl.

original [ɒ'rɪdʒɪnl] <> adj - **1.** [first] originario(a), primo(a) - **2.** [genuine, new, unusual] originale. <> n originale m.

originally [ə'rɪdʒənəlɪ] adv [initially] in origine.

originate [ə'rɪdʒəneɪt] <> vt ideare. <> vi: **to originate (in)** avere origine (in); **to originate from** derivare da.

ornament n ['ɔːnəmənt] - **1.** [decorative object] soprammobile m - **2.** (U) [decoration] ornamento m.

ornamental [,ɔːnə'mentl] adj ornamentale.

ornate [ɔː'neɪt] adj [decoration] elaborato(a); [piece of writing & LING] ornato(a).

ornithology [,ɔːnɪ'θɒlədʒɪ] n (U) ornitologia f.

orphan ['ɔːfn] <> n orfano m, -a f. <> vt: **to be orphaned** rimanere orfano(a).

orphanage ['ɔːfənɪdʒ] n orfanotrofio m.

orthodox ['ɔːθədɒks] adj ortodosso(a).

orthopaedic UK, **orthopedic** US [,ɔːθə'piːdɪk] adj ortopedico(a).

Oslo ['ɒzləʊ] n Oslo f.

ostensible [ɒ'stensəbl] adj apparente.

ostentatious [,ɒstən'teɪʃəs] adj [wealth, lifestyle, behaviour] ostentato(a); [person] pomposo(a).

osteopath ['ɒstɪəpæθ] n osteopata mf.

ostracize, -ise UK ['ɒstrəsaɪz] vt mettere al bando.

ostrich ['ɒstrɪtʃ] n struzzo m.

other ['ʌðər] <> adj [gen] altro(a); **the other one** l'altro; **the other day** l'altro giorno. <> adv: **other than** tranne che, a parte; **none other than** nientedimeno che. <> pron - **1.** [different one]: **others** altri(e) - **2.** [remaining, alternative one]: **the other** l'altro(a); **the others** gli altri, le altre; **one after the other** uno(a) dopo l'altro(a); **one or other** o l'uno(a) o l'altro(a). ◆ **somehow or other** adv in un modo o nell'altro. ◆ **something or other** pron qualcosa.

otherwise ['ʌðəwaɪz] <> adv - **1.** [apart from that] a parte ciò - **2.** [differently, in a different way] altrimenti, diversamente; **deliberately or otherwise** volutamente o meno. <> conj [or else] altrimenti, se no.

otter ['ɒtər] n lontra f.

ouch [aʊtʃ] excl ahi!

ought [ɔːt] modal vb dovere; **I ought to go** dovrei andare; **you ought not to have done that** non avresti dovuto farlo; **she ought to pass her exam** dovrebbe passare l'esame.

ounce [aʊns] n - **1.** [unit of measurement] oncia f - **2.** fig [small amount] briciolo m.

our ['aʊər] poss adj nostro(a) (with plural), nostri(e); **our father/mother** nostro padre/nostra madre; **our children** i nostri figli; **our shoes** le nostre scarpe; **our flat** il nostro appartamento; **our bedroom** la nostra camera da letto; **it wasn't our fault** non è stata nostra la colpa.

ours ['aʊəz] poss pron il nostro(la nostra, i nostri, le nostre); **his house and ours** la sua casa e la nostra; **ours is broken** il nostro è guasto; **that money is ours** questi soldi sono nostri; **a friend of ours** un nostro amico; **it wasn't their fault: it was ours** non è stata loro la colpa, è stata nostra.

ourselves [aʊə'selvz] pl pron - **1.** (reflexive) ci; **we made ourselves comfortable** ci siamo messi(e) a nostro agio; **we hate ourselves for what we did** ci detestiamo per quello che abbiamo fatto - **2.** (after prep) noi, noi stessi(e); **we need to take great care of ourselves** dobbiamo avere molta cura di noi stessi(e) - **3.** (stressed) noi stessi(e); **we did it ourselves** lo abbiamo fatto noi stessi(e).

oust [aʊst] vt fml: **to oust sb (from sthg)** estromettere qn (da qc).

out [aʊt] adv - **1.** [not inside, out of doors] fuori; **we all got out** [of car] siamo scesi tutti; **I'm going out for a walk** esco a fare una passeggiata; **out here/there** qui/lì fuori; **out you go!** fuori! - **2.** [away from home, office] fuori; **John's out at the moment** John è fuori in questo momento; **don't stay out too late** non stare fuori fino a tardi; **she's out at the supermarket** è andata al supermercato; **let's have an afternoon out** usciamo questo pomeriggio **- 3.** [extinguished] spento(a); **to go out** spegnersi **- 4.** [of tides]: **the tide has gone out** c'è la bassa marea **- 5.** [out of fashion] passato(a) di moda **- 6.** [in flower] sbocciato(a) **- 7.** [new book, record]: **to be out** essere uscito(a) **- 8.** *esp UK inf* [on strike]: **to be out** essere in sciopero **- 9.** [determined]: **to be out to do sthg** essere deciso(a) a fare qc. ◆ **out of** *prep* **- 1.** [outside] fuori da; **to be out of the country/room** essere fuori dal paese/dalla stanza; **to go out of the house** uscire dalla casa **- 2.** [indicating cause] per; **out of spite/love/boredom** per dispetto/amore/noia **- 3.** [indicating origin, source]: **a page out of a book** una pagina di un libro; **to drink out of a glass** bere da un bicchiere; **to get information out of sb** ottenere delle informazioni da qn; **it's made out of plastic** è (fatto) di plastica; **we can pay for it out of petty cash** possiamo pagarlo con la piccola cassa **- 4.** [without]: **we're out of sugar/money** abbiamo finito lo zucchero/i soldi **- 5.** [sheltered from] al riparo da; **we're out of the wind here** siamo al riparo dal vento qui **- 6.** [to indicate proportion] su; **one out of ten people** una persona su dieci; **ten out of ten** dieci su dieci. ◆ **out of doors** *adv* all'aria aperta.

out-and-out *adj* vero(a) e proprio(a).

outback ['aʊtbæk] *n*: **the outback** l'entroterra *m* (australiano).

outboard (motor) ['aʊtbɔːd 'məʊtər] *n* fuoribordo *m inv*.

outbox ['aʊtbɒks] *n* **- 1.** [for e-mail] posta *f* in uscita **- 2.** *US* [on office desk] raccoglitore *m* per pratiche evase.

outbreak ['aʊtbreɪk] *n* [of war] scoppio *m*; [of disease] insorgenza *f*; [of spots] eruzione *f*.

outburst ['aʊtbɜːst] *n* scoppio *m*.

outcast ['aʊtkɑːst] *n* emarginato *m*, -a *f*.

outcome ['aʊtkʌm] *n* risultato *m*.

outcry ['aʊtkraɪ] *n* clamore *m*, grido *m* di protesta.

outdated [,aʊt'deɪtɪd] *adj* antiquato(a).

outdid [,aʊt'dɪd] *pt* ▷ **outdo**.

outdo [,aʊt'duː] (*pt* **-did**, *pp* **-done**) *vt* superare.

outdoor ['aʊtdɔːr] *adj* [life, activities, swimming pool] all'aperto; [clothes] per attività all'aperto.

outdoors [aʊt'dɔːz] *adv* fuori, all'aria aperta.

outer ['aʊtər] *adj* esterno(a); **the outer suburbs** l'estrema periferia; **Outer London** la grande periferia di Londra.

outer space *n (U)* spazio *m* cosmico.

outfit ['aʊtfɪt] *n* **- 1.** [clothes] completo *m*, abito *m*; [fancy dress] vestito *m*; **cowboy outfit** completo *m* da cowboy **- 2.** *inf* [organization] organizzazione *f*.

outgoing ['aʊt,gəʊɪŋ] *adj* **- 1.** [chairman] uscente **- 2.** [mail, train] in partenza **- 3.** [friendly, sociable] estroverso(a). ◆ **outgoings** *npl esp UK* spese *fpl*.

outgrow [,aʊt'grəʊ] (*pt* **-grew**, *pp* **-grown**) *vt* **- 1.** [grow too big for] crescere troppo per **- 2.** [grow too old for - toy] diventare troppo grande per; [- habit] perdere.

outhouse ['aʊthaʊs] *n* fabbricato *m* annesso.

outing ['aʊtɪŋ] *n* [trip] gita *f*.

outlandish [aʊt'lændɪʃ] *adj* bizzarro(a).

outlaw ['aʊtlɔː] ◇ *n* fuorilegge *mf inv*. ◇ *vt* [activity] dichiarare illegale.

outlay *n* ['aʊtleɪ] spesa *f*.

outlet ['aʊtlet] *n* **- 1.** [for feelings] sfogo *m* **- 2.** [hole, pipe] sbocco *m* **- 3.** [shop] punto *m* vendita **- 4.** *esp US* ELEC presa *f* di corrente.

outline ['aʊtlaɪn] ◇ *n* **- 1.** [brief description] abbozzo *m*, schizzo *m*; **in outline** a grandi linee **- 2.** [silhouette] sagoma *f*. ◇ *vt* [describe briefly] esporre a grandi linee.

outlive [,aʊt'lɪv] *vt lit* & *fig* sopravvivere a.

outlook ['aʊtlʊk] *n* **- 1.** [attitude, disposition] visione *f* **- 2.** [prospect] prospettive *fpl*.

outlying ['aʊt,laɪŋ] *adj* [districts, suburbs] periferico(a); [villages] fuori mano.

outmoded [,aʊt'məʊdəd] *adj* sorpassato(a).

outnumber [,aʊt'nʌmbər] *vt* superare in numero.

out-of-date *adj* [passport, ticket] scaduto(a); [clothes] fuori moda; [belief] superato(a).

out of doors *adv* fuori, all'aperto.

out-of-the-way *adj* fuori mano.

outpatient ['aʊt,peɪʃnt] *n* paziente *mf* esterno, -a *f*.

output ['aʊtpʊt] *n* **- 1.** [production] produzione *f* **- 2.** [COMPUT - printing out] stampa *f*; [- printout] stampato *m*.

outrage ['aʊtreɪdʒ] ◇ *n* **- 1.** *(U)* [anger, shock] indignazione *f* **- 2.** [atrocity] oltraggio *m*. ◇ *vt* indignare.

outrageous [aʊt'reɪdʒəs] *adj* **- 1.** [offensive, shocking] oltraggioso(a) **- 2.** [extravagant, wild] stravagante.

outright ⟨⟩ *adj* ['aʊtraɪt] - **1.** [condemnation] aperto(a); [denial] netto(a) - **2.** [disaster] totale; [victory, winner] assoluto(a). ⟨⟩ *adv* [aʊt'raɪt] - **1.** [ask] apertamente; [deny] categoricamente - **2.** [win] nettamente; [fail] completamente.

outset ['aʊtset] *n*: **at the outset** all'inizio; **from the outset** fin dall'inizio.

outside ⟨⟩ *adj* ['aʊtsaɪd] - **1.** [exterior, from elsewhere] esterno(a) - **2.** [unlikely] remoto(a). ⟨⟩ *adv* [aʊt'saɪd] fuori; **to go/run/look outside** andare/correre/guardare fuori. ⟨⟩ *prep* ['aʊtsaɪd] - **1.** [place] fuori da; **to live outside town** abitare fuori città; **we live half an hour outside London** stiamo a mezz'ora da Londra - **2.** [family, work] al di fuori di. ⟨⟩ *n* ['aʊtsaɪd] [exterior] esterno *m*. ◆ **outside of** *prep esp US* [apart from] all'infuori di, a parte.

outside lane *n UK* corsia *f* esterna.

outside line *n* linea *f* esterna.

outsider [aʊt'saɪdər] *n* - **1.** SPORT outsider *m inv* - **2.** [from outside social group] estraneo *m*, -a *f*.

outsize ['aʊtsaɪz], **outsized** ['aʊtsaɪzd] *adj* - **1.** [book] di grandi dimensioni; [portion] enorme - **2.** [clothes] grandi taglie *inv*.

outskirts ['aʊtskɜːts] *npl*: **the outskirts** la periferia *(singolare)*.

outsource ['aʊtsɔːs] *vt* affidare in outsourcing.

outsourcing ['aʊtsɔːsɪŋ] *n* outsourcing *m*.

outspoken [ˌaʊt'spəʊkn] *adj* franco(a).

outstanding [ˌaʊt'stændɪŋ] *adj* - **1.** [person, performance, achievement] eccezionale - **2.** [example] notevole - **3.** [money, bill] insoluto(a) - **4.** [problem] irrisolto(a); [work] in sospeso.

outstay [ˌaʊt'steɪ] *vt*: **to outstay one's welcome with sb** abusare dell'ospitalità di qn.

outstretched [ˌaʊt'stretʃt] *adj* [arms, hands] teso(a); [wings] spiegato(a).

outstrip [ˌaʊt'strɪp] *vt* superare.

out-tray *n UK* raccoglitore *m* per pratiche evase.

outward ['aʊtwəd] ⟨⟩ *adj* - **1.** [journey] di andata - **2.** [sign, shape] esteriore; [happiness, sympathy] apparente. ⟨⟩ *adv* = **outwards**.

outwardly ['aʊtwədlɪ] *adv* apparentemente.

outwards ['aʊtwədz], **outward** *adv* verso l'esterno.

outweigh [aʊt'weɪ] *vt* superare.

outwit [ˌaʊt'wɪt] *vt* superare in astuzia.

oval ['əʊvl] ⟨⟩ *adj* ovale. ⟨⟩ *n* ovale *m*.

Oval Office *n*: **the Oval Office** lo Studio Ovale.

ovary ['əʊvərɪ] *n* ovaia *f*.

ovation [əʊ'veɪʃn] *n* ovazione *f*; **a standing ovation** un lungo applauso *(con il pubblico in piedi)*.

oven ['ʌvn] *n* [for cooking] forno *m*.

ovenproof ['ʌvnpruːf] *adj* da forno.

over ['əʊvər] ⟨⟩ *prep* - **1.** [directly above] su, sopra; **fog hung over the river** sul fiume incombeva la nebbia - **2.** [on top of, covering] su; **put your coat over the chair** metti il cappotto sulla sedia; **she wore a veil over her face** portava un velo sul viso - **3.** [on the far side of] dall'altra parte di; **to live over the road** abitare dall'altra parte della strada - **4.** [across the surface of]: **to sail over the ocean** attraversare l'oceano; **to walk over the lawn** camminare sul prato; **over land and sea** per mare e per terra - **5.** [across the top or edge of] al di là di; **to jump over sthg** saltare qc; **to go over sthg** [border, bridge, river] attraversare qc - **6.** [more than] più di; **over and above sthg** oltre (a) qc - **7.** [concerning] a proposito di - **8.** [during] durante - **9.** [recovered from]: **to be over sthg** essersi ripreso(a) da qc - **10.** [by means of] per; **to talk about sthg over the telephone** parlare di qc per telefono. ⟨⟩ *adv* - **1.** [distance away] laggiù; **over here/there** qui/lì - **2.** [across]: **we went over to Glasgow for the day** siamo andati a Glasgow in giornata; **over at sb's** a casa di qn - **3.** [to face a different way]: **to roll over** rigirarsi; **to turn sthg over** girare qc - **4.** [more] più - **5.** [remaining]: **(left) over** avanzato(a) - **6.** RADIO passo; **over and out!** passo e chiudo! - **7.** [involving repetitions]: **(all) over again** (tutto) da capo; **over and over (again)** tante volte. ⟨⟩ *adj* [finished] finito(a).

overall ⟨⟩ *adj* ['əʊvərɔːl] - **1.** [total] totale - **2.** [general] generale. ⟨⟩ *adv* [ˌəʊvər'ɔːl] - **1.** [in total] in totale - **2.** [in general] in generale. ⟨⟩ *n* ['əʊvərɔːl] *UK* [coat] camice *m*. ◆ **overalls** *npl* - **1.** *UK* [with long sleeves] tuta *f* da lavoro - **2.** *US* [with bib] salopette *f inv*.

overawe [ˌəʊvər'ɔː] *vt* intimidire.

overbalance [ˌəʊvə'bæləns] *vi* sbilanciare.

overbearing [ˌəʊvə'beərɪŋ] *adj pej* prepotente.

overboard ['əʊvəbɔːd] *adv* [gen]: **to fall overboard** cadere in mare.

overcame [ˌəʊvə'keɪm] *pt* ⊳ **overcome**.

overcast *adj* ['əʊvəkɑːst] nuvoloso(a).

overcharge [ˌəʊvə'tʃɑːdʒ] *vt*: **to overcharge sb (for sthg)** far pagare (qc) più del dovuto a qn.

overcoat ['əʊvəkəʊt] *n* cappotto *m*.

overcome [,əʊvə'kʌm] (*pt* -came, *pp* -come) *vt* - 1. [control, deal with] superare - 2. [overwhelm]: **to be overcome by** OR **with sthg** essere sopraffatto(a) da qc.

overcrowded [,əʊvə'kraʊdɪd] *adj* sovraffollato(a).

overcrowding [,əʊvə'kraʊdɪŋ] *n* (U) sovraffollamento *m*.

overdo [,əʊvə'duː] (*pt* -did, *pp* -done) *vt* - 1. [compliments, welcome, exercises, sunbathing] esagerare con; **to overdo it** strapazzarsi - 2. [food] cuocere troppo.

overdone [-'dʌn] ◇ *pp* ▷ **overdo**. ◇ *adj* [food] stracotto(a).

overdose *n* ['əʊvədəʊs] overdose *f inv*.

overdraft ['əʊvədrɑːft] *n* scoperto *m*.

overdrawn [-'drɔːn] *adj* scoperto(a), in rosso.

overdue [,əʊvə'djuː] *adj* - 1. [late] in ritardo; **to be overdue (for sthg)** essere in ritardo (con qc) - 2. [needed, awaited]: **(long) overdue** atteso(a) da troppo tempo - 3. [unpaid] arretrato(a).

overestimate [,əʊvər'estɪmeɪt] *vt* sopravvalutare.

overflow ◇ *vi* [,əʊvə'fləʊ] - 1. [river, bath] straripare - 2. [people]: **to overflow (into sthg)** riversarsi (in qc) - 3. [place, container]: **to be overflowing (with sthg)** traboccare (di qc). ◇ *n* ['əʊvəfləʊ] [pipe, hole] scarico *m*.

overgrown [,əʊvə'grəʊn] *adj* [garden, path] invaso(a) dalla vegetazione.

overhaul ◇ *n* ['əʊvəhɔːl] revisione *f*. ◇ *vt* [,əʊvə'hɔːl] - 1. [car, engine] revisionare - 2. [method] rivedere.

overhead ◇ *adj* ['əʊvəhed] [light] da soffitto; [cable] aereo(a). ◇ *adv* [,əʊvə'hed] in alto. ◇ *n* ['əʊvəhed] US spese *fpl* generali.
◆ **overheads** *npl* UK spese *fpl* generali.

overhead projector *n* lavagna *f* luminosa.

overhear [,əʊvə'hɪər] (*pt* & *pp* -heard) *vt* sentire per caso.

overheat [,əʊvə'hiːt] ◇ *vt* surriscaldare. ◇ *vi* surriscaldarsi.

overjoyed [,əʊvə'dʒɔɪd] *adj*: **overjoyed (at sthg)** felicissimo(a) (di qc).

overkill ['əʊvəkɪl] *n* (U) eccesso *m*.

overladen [,əʊvə'leɪdn] ◇ *pp* ▷ **overload**. ◇ *adj* sovraccarico(a).

overland ['əʊvəlænd] *adj* & *adv* via terra.

overlap [,əʊvə'læp] *vi* - 1. [cover each other] sovrapporsi - 2. [be similar] sovrapporsi, coincidere in parte; **to overlap (with sthg)** coincidere in parte (con qc).

overleaf [,əʊvə'liːf] *adv* sul retro.

overload [,əʊvə'ləʊd] (*pp* -loaded OR -laden) *vt* - 1. [car, washing machine, circuit] sovraccaricare - 2. [with work, problems]: **to be overloaded (with sthg)** essere sovraccarico(a) (di qc).

overlook [,əʊvə'lʊk] *vt* - 1. [have view over] dare su - 2. [disregard, miss] trascurare - 3. [excuse] passare sopra.

overnight ◇ *adj* ['əʊvənaɪt] - 1. [clothes, guest] per la notte; [parking] notturno(a); [journey] di notte; **overnight stay** pernottamento *m* - 2. [very sudden] istantaneo(a). ◇ *adv* [,əʊvə'naɪt] - 1. [soak] per tutta la notte; [travel] di notte; **to stay overnight** fermarsi a dormire - 2. [very suddenly] dalla sera al mattino.

overpass ['əʊvəpɑːs] *n* US cavalcavia *m inv*.

overpower [,əʊvə'paʊər] *vt lit* & *fig* sopraffare.

overpowering [,əʊvə'paʊərɪŋ] *adj* - 1. [desire, feeling] irresistibile - 2. [heat, smell] soffocante - 3. [personality] dominante.

overran [,əʊvə'ræn] *pt* ▷ **overrun**.

overrated [,əʊvə'reɪtɪd] *adj* sopravvalutato(a).

override [,əʊvə'raɪd] (*pt* -rode, *pp* -ridden) *vt* - 1. [gen] prevalere su - 2. [decision] annullare.

overriding [,əʊvə'raɪdɪŋ] *adj* [importance, concern] primario(a).

overrode [-'rəʊd] *pt* ▷ **override**.

overrule [,əʊvə'ruːl] *vt* [person] prevalere su; [decision] annullare; [objection] respingere.

overrun [,əʊvə'rʌn] (*pt* -ran, *pp* -run) ◇ *vt* - 1. MIL [occupy] occupare - 2. *fig*: **to be overrun with sthg** [rats, weeds] essere infestato(a) da qc; [visitors, tourists] essere invaso(a) da qc. ◇ *vi* [last too long] protrarsi.

oversaw [,əʊvə'sɔː] *pt* ▷ **oversee**.

overseas ◇ *adj* ['əʊvəsiːz] - 1. [sales, branches] all'estero; [market, network] estero(a); [aid] ai paesi stranieri - 2. [student, visitor] straniero(a). ◇ *adv* [,əʊvə'siːz] all'estero.

oversee [,əʊvə'siː] (*pt* -saw, *pp* -seen) *vt* sorvegliare.

overshadow [,əʊvə'ʃædəʊ] *vt* - 1. [make darker] fare ombra su - 2. *fig* [outweigh, eclipse]: **to be overshadowed by sb/sthg** essere eclissato(a) da qn/qc - 3. *fig* [mar, cloud]: **to be overshadowed by sthg** essere offuscato(a) da qc.

overshoot [,əʊvə'ʃuːt] (*pt* & *pp* -shot) *vt* superare.

oversight ['əʊvəsaɪt] *n* svista *f*.

oversleep [,əʊvə'sliːp] (*pt* & *pp* -slept) *vi* non svegliarsi in tempo.

overspill ['əʊvəspɪl] *n (U) esp UK* popolazione *f* in eccesso.

overstep [,əʊvə'step] *vt* oltrepassare; **to overstep the mark** oltrepassare il limite.

overt ['əʊvɜːt, əʊ'vɜːt] *adj* [hostility, intention] dichiarato(a); [operation] pubblico(a).

overtake [,əʊvə'teɪk] (*pt* -**took**, *pp* -**taken**) ⬦ *vt* - 1. *UK* AUT sorpassare - 2. [subj: disaster, misfortune] sorprendere. ⬦ *vi UK* AUT sorpassare.

overthrow (*pt* -**threw**, *pp* -**thrown**) ⬦ *n* ['əʊvəθrəʊ] [of government, president] rovesciamento *m*. ⬦ *vt* [,əʊvə'θrəʊ] [government, president] rovesciare.

overtime ['əʊvətaɪm] ⬦ *n (U)* - 1. [extra time worked] straordinario *m* - 2. *US* SPORT tempi *mpl* supplementari. ⬦ *adv*: **to work overtime** fare gli straordinari.

overtones ['əʊvətəʊnz] *npl* sfumatura *f* (*sing*).

overtook [-'tʊk] *pt* ⬦ **overtake**.

overture ['əʊvə,tjʊəʳ] *n* MUS ouverture *f inv*.

overturn [,əʊvə'tɜːn] ⬦ *vt* - 1. [table, lamp, government] rovesciare - 2. [decision] annullare. ⬦ *vi* [boat, lorry] ribaltarsi.

overweight *adj* [,əʊvə'weɪt] sovrappeso (*inv*).

overwhelm [,əʊvə'welm] *vt* - 1. [make helpless] sopraffare - 2. MIL schiacciare.

overwhelming [,əʊvə'welmɪŋ] *adj* - 1. [desire] irresistibile; [despair] opprimente; [happiness, kindness] travolgente - 2. [victory, defeat, majority] schiacciante.

overwork ⬦ *n* ['əʊvə,wɜːk] *(U)* lavoro *m* in eccesso. ⬦ *vt* [,əʊvə'wɜːk] [give too much work to] sovraccaricare di lavoro.

owe [əʊ] *vt*: **to owe sthg to sb, to owe sb sthg** dovere qc a qn.

owing ['əʊɪŋ] *adj* [amount] dovuto(a). ◆ **owing to** *prep* a causa di.

owl [aʊl] *n* gufo *m*.

own [əʊn] ⬦ *adj*: **my/your own...** il mio/il tuo (proprio)..., la mia/la tua (propria) etc...; **I have my own car** ho la mia macchina; **she has her own style** ha un suo stile personale. ⬦ *pron* [indicating possession]: **my/your own** il mio/il tuo (proprio) *etc*..., la mia/la tua (propria) *etc*...; **I'd love a house of my own** mi piacerebbe avere una casa mia; **the city has a special atmosphere of its own** la città ha un' atmosfera tutta sua particolare; **on one's own** da solo(a), per conto proprio; **to get one's own back** prendersi la rivincita. ⬦ *vt* avere, possedere. ◆ **own up** *vi*: **to own up to sthg** ammettere qc.

owner ['əʊnəʳ] *n* proprietario *m*, -a *f*.

ownership ['əʊnəʃɪp] *n (U)* proprietà *f*.

ox [ɒks] (*pl* **oxen**) *n* bue *m*.

Oxbridge ['ɒksbrɪdʒ] *n le Università di Oxford e Cambridge*.

oxen ['ɒksn] *pl* ⬦ **ox**.

oxtail soup ['ɒksteɪl-] *n (U)* minestra *f* di coda di bue.

oxygen ['ɒksɪdʒən] *n (U)* ossigeno *m*.

oxygen mask *n* maschera *f* a ossigeno.

oyster ['ɔɪstəʳ] *n* ostrica *f*.

oz. *abbr of* **ounce**.

ozone ['əʊzəʊn] *n* ozono *m*.

ozone-friendly *adj*: **an ozone-friendly product** un prodotto che non danneggia lo strato di ozono.

ozone layer *n* strato *m* di ozono.

p¹ (*pl* **p's** OR **ps**), **P** (*pl* **P's** OR **Ps**) [piː] *n* [letter] p *m* o *f inv*, P *m* o *f inv*.

p² - 1. (*abbr of* **page**) p. - 2. *abbr of* **pence** - 3. *abbr of* **penny**.

P45 *n UK* ≃ CUD *m*.

p & p (*abbr of* **postage and packing**) *n UK* spese *fpl* di spedizione.

pa [pɑː] *n esp US inf* papà *m inv*.

p.a. (*abbr of* **per annum**) all'anno.

PA *n* - 1. (*abbr of* **personal assistant**) assistente *mf* personale - 2. (*abbr of* **public address system**) impianto *m* di amplificazione.

pace [peɪs] ⬦ *n* - 1. *(U)* [speed, rate] ritmo *m*; **to keep pace (with sb)** tenere il passo (di qn); **to keep pace (with sthg)** stare al passo (con qc) - 2. [step] passo *m*. ⬦ *vi* camminare su e giù.

pacemaker ['peɪs,meɪkəʳ] *n* - 1. MED pacemaker *m inv* - 2. SPORT lepre *f*.

Pacific [pə'sɪfɪk] ⬦ *adj* del Pacifico. ⬦ *n*: **the Pacific** il Pacifico; **the Pacific Ocean** l'oceano *m* Pacifico.

pacifier ['pæsɪfaɪəʳ] *n US* [for child] ciuccio *m*.

pacifist ['pæsɪfɪst] *n* pacifista *mf*.

pacify ['pæsɪfaɪ] *vt* - 1. [person] calmare - 2. [country, region] pacificare.

pack [pæk] ⬦ *n* - 1. [bag] zaino *m* - 2. *esp US* [of washing powder, tissues] pacchetto *m*, confezione *f*; [of cigarettes] pacchetto *m* - 3. *esp UK* [of cards] mazzo *m* - 4. [of dogs] muta *f*; [of wolves] branco *m*; [of thieves] banda *f*. ◇ *vt* - 1. [for journey, holiday] mettere in valigia; **to pack one's bag** fare la valigia - 2. [put in container, parcel] impacchettare, imballare - 3. [crowd into] riempire; **to be packed into sthg** essere ammucchiato(a) in qc. ◇ *vi* [for journey, holiday] fare le valigie. ◆ **pack in** *UK inf* ◇ *vt sep* [job, boyfriend] mollare; [smoking] smettere; **pack it in!** [stop annoying me] piantala !; [shut up] ma piantala! ◇ *vi* [break down] scassarsi. ◆ **pack off** *vt sep inf* [send away] spedire.

package ['pækɪdʒ] ◇ *n* - 1. [parcel] pacco *m* - 2. *US* [of washing powder, tissues] pacchetto *m*, confezione *f*; [of cigarettes] pacchetto *m* - 3. [of proposals, spending cuts] pacchetto *m*; [of ideas] insieme *m*; [of benefits] serie *f inv* - 4. COMPUT pacchetto *m* software (*inv*). ◇ *vt* confezionare.

package deal *n* accordo *m* globale.

package tour *n* viaggio *m* organizzato.

packaging ['pækɪdʒɪŋ] *n* (*U*) confezione *f*.

packed [pækt] *adj* [place]: **packed (with)** pieno(a) (di).

packed lunch *n UK* cestino *m* pranzo.

packet ['pækɪt] *n* - 1. [box, bag] pacchetto *m*, confezione *f* - 2. *UK* [of cigarettes] pacchetto *m* - 3. [parcel] pacco *m*.

packing ['pækɪŋ] *n* (*U*) - 1. [protective material] imballaggio *m* - 2. [for journey, holiday]: **to do one's packing** fare le valigie.

packing crate, packing case *UK n* cassa *f* di imballaggio.

pact [pækt] *n* patto *m*.

pad [pæd] ◇ *n* - 1. [for garment, protection] imbottitura *f* - 2. [notepad] blocco *m* (per appunti) - 3. [for absorbing liquid] tampone *m*; **a pad of cotton wool** un batuffolo di cotone - 4. [for space rocket]: **(launch) pad** piattaforma *f* di lancio - 5. [of animal's foot] cuscinetto *m* - 6. *inf dated* [home] casa *f*. ◇ *vt* - 1. [clothing, furniture] imbottire - 2. [wound] tamponare. ◇ *vi* [walk softly] camminare con passo felpato.

padding ['pædɪŋ] *n* (*U*) - 1. [protective material] imbottitura *f* - 2. [in speech, essay, letter] infarcimento *m*.

paddle ['pædl] ◇ *n* - 1. [for canoe, dinghy] pagaia *f* - 2. *UK* [wade]: **to have a paddle** sguazzare nell'acqua. ◇ *vi* - 1. [in canoe, dinghy] pagaiare - 2. *UK* [wade] sguazzare.

paddle boat, paddle steamer *n* battello *m* a ruote.

paddling pool ['pædlɪŋ-] *n UK* - 1. [in park] piscina *f* per bambini - 2. [inflatable] piscina *f* gonfiabile.

paddock ['pædək] *n* - 1. [small field] recinto *m* - 2. [at racecourse] paddock *m inv*.

padlock ['pædlɒk] ◇ *n* lucchetto *m*. ◇ *vt* mettere il lucchetto a.

paediatrics *UK*, **pediatrics** *US* [,piːdɪ'ætrɪks] *n* (*U*) pediatria *f*.

pagan ['peɪgən] ◇ *adj* pagano(a). ◇ *n* pagano *m*, -a *f*.

page [peɪdʒ] ◇ *n* pagina *f*. ◇ *vt* far chiamare (con altoparlante, cercapersone).

pageant ['pædʒənt] *n* [play] ricostruzione *f* storica; [parade] sfilata *f* in costumi d'epoca.

pageantry ['pædʒəntrɪ] *n* (*U*) cerimoniale *m*.

page break *n* salto *m* pagina (*inv*).

paid [peɪd] ◇ *pt & pp* ▷ **pay**. ◇ *adj* [holidays, staff] pagato(a), rimunerato(a).

pail [peɪl] *n* secchio *m*.

pain [peɪn] *n* - 1. [physical]: **pain (in sthg)** dolore *m* (a qc); **to be in pain** soffrire - 2. (*U*) [mental] sofferenza *f* - 3. *inf* [nuisance]: **pain (in the neck)** [person] rompiscatole *mf*; [situation] rottura *f* di scatole. ◆ **pains** *npl* [effort, care]: **to be at pains to do sthg** affannarsi per fare qc; **to take pains to do sthg** darsi una gran pena per fare qc.

pained [peɪnd] *adj* addolorato(a).

painful ['peɪnfʊl] *adj* - 1. [back, eyes] dolorante - 2. [illness, exercise, memory, experience] doloroso(a).

painfully ['peɪnfʊlɪ] *adv* - 1. [aware] dolorosamente - 2. [obvious] terribilmente.

painkiller ['peɪn,kɪlə*r*] *n* calmante *m*, analgesico *m*.

painless ['peɪnlɪs] *adj* indolore.

painstaking ['peɪnz,teɪkɪŋ] *adj* minuzioso(a).

paint [peɪnt] ◇ *n* - 1. ART pittura *f*, colore *m* - 2. [for walls, wood] vernice *f*, pittura *f*, tinta *f*. ◇ *vt* - 1. ART [decorate] dipingere, pitturare. ◇ *vi* ART dipingere.

paintbrush ['peɪntbrʌʃ] *n* pennello *m*.

painter ['peɪntə*r*] *n* - 1. ART pittore *m*, -trice *f* - 2. [decorator] imbianchino *m*, -a *f*.

painting ['peɪntɪŋ] *n* - 1. [picture] quadro *m*, dipinto *m* - 2. (*U*) [art form] pittura *f* - 3. (*U*) [trade] pittura *f*, tinteggiatura *f*.

paint stripper *n* (*U*) sverniciante *m*.

paintwork ['peɪntwɜːk] *n* (*U*) [on wall] pittura *f*; [on car] vernice *f*.

pair [peə*r*] *n* [gen] paio *m*; [of people, cards] coppia *f*.

pajamas [pə'dʒɑːməz] *npl US* = **pyjamas**.

Pakistan [*UK* ˌpɑːkɪ'stɑːn, *US* 'pækɪstæn] *n* Pakistan *m*.

Pakistani [*UK* ˌpɑːkɪ'stɑːnɪ, *US* ˌpækɪ'stænɪ] ◇ *adj* pakistano(a). ◇ *n* pakistano *m*, -a *f*.

pal [pæl] *n inf* - 1. [friend] amico *m*, -a *f* - 2. [as term of address] bello *m*, -a *f*.

palace ['pælɪs] *n* palazzo *m*.

palatable ['pælətəbl] *adj* - 1. [pleasant to taste] gradevole (al palato) - 2. [acceptable] accettabile.

palate ['pælət] *n* palato *m*.

palaver [pə'lɑːvər] *n inf* - 1. [fuss] storie *fpl* - 2. *dated* [talk] tiritera *f*.

pale [peɪl] *adj* - 1. [colour, clothes, light] tenue - 2. [face, complexion]: **pale (with sthg)** pallido(a) (per qc).

Palestine ['pælɪˌstaɪn] *n* Palestina *f*.

Palestinian [ˌpælə'stɪnɪən] ◇ *adj* palestinese. ◇ *n* palestinese *mf*.

palette ['pælət] *n* tavolozza *f*.

pall [pɔːl] ◇ *n* - 1. [of smoke] nube *f* - 2. [coffin] bara *f*. ◇ *vi* venire a noia.

pallet ['pælɪt] *n* paletta *f*.

palm [pɑːm] *n* - 1. [tree] palma *f* - 2. [of hand] palmo *m*. ◆ **palm off** *vt sep inf*: **to palm sthg off on sb** rifilare qc a qn; **to palm sb off with sthg** affibbiare qc a qn.

Palm Sunday *n* domenica *f* delle Palme.

palmtop ['pɑːmtɒp] *n* COMPUT palmare *m*.

palm tree *n* palma *f*.

palpable ['pælpəbl] *adj* palpabile.

paltry ['pɔːltrɪ] *adj* misero(a).

pamper ['pæmpər] *vt* coccolare.

pamphlet ['pæmflɪt] *n* [providing information, publicity] dépliant *m inv*; [political] pamphlet *m inv*.

pan [pæn] ◇ *n* - 1. [for frying] padella *f*; [for boiling] pentola *f*, tegame *m* - 2. *US* [for baking] teglia *f* - 3. [of scales] piatto *m* - 4. *UK* [of toilet] tazza *f*. ◇ *vt inf* [criticize] stroncare. ◇ *vi* CIN fare una panoramica.

panacea [ˌpænə'sɪə] *n*: **panacea (for sthg)** panacea *f* (per qc).

panama ['pænəˌmɑː] *n*: **panama (hat)** panama *m inv*.

Panama Canal *n*: **the Panama Canal** il canale di Panama.

pancake ['pæŋkeɪk] *n* crêpe *f inv*, frittella *f*.

Pancake Day *n UK* martedì grasso *m inv*.

panda ['pændə] (*pl* **panda** OR **-s**) *n* panda *m inv*.

pandemonium [ˌpændɪ'məʊnjəm] *n (U)* pandemonio *m*.

pander ['pændər] *vi*: **to pander to sb/sthg** assecondare qn/qc.

pane [peɪn] *n* vetro *m*, pannello *m*.

panel ['pænl] *n* - 1. [of experts, interviewers] gruppo *m*; **panel of judges** giuria *f* - 2. [of a material] pannello *m* - 3. [of a machine] quadro *m*.

panelling *UK*, **paneling** *US* ['pænəlɪŋ] *n (U)* rivestimento *m* a pannelli.

pang [pæŋ] *n* fitta *f*; **pangs of guilt/regret** rimorsi *mpl* di coscienza; **hunger pangs** morsi *mpl* della fame.

panic ['pænɪk] (*pt & pp* **-ked**, *cont* **-king**) ◇ *n* panico *m*. ◇ *vi* farsi prendere dal panico.

panicky ['pænɪkɪ] *adj* [person] preso(a) dal panico; [feeling] di panico.

panic-stricken *adj* in preda al panico.

panorama [ˌpænə'rɑːmə] *n* panorama *m*.

pansy ['pænzɪ] *n* - 1. [flower] viola *f* del pensiero - 2. *inf offens* [man] frocio *m*.

pant [pænt] *vi* ansimare. ◆ **pants** *npl* - 1. *UK* [underpants] mutande *fpl* - 2. *US* [trousers] pantaloni *mpl*.

panther ['pænθər] (*pl* **panther** OR **-s**) *n* pantera *f*.

panties ['pæntɪz] *npl inf* mutandine *fpl*.

pantihose ['pæntɪhəʊz] *npl esp US* = **pantyhose**.

pantomime ['pæntəmaɪm] *n UK* commedia musicale per bambini basata su una favola e rappresentata nel periodo natalizio.

pantry ['pæntrɪ] *n* dispensa *f*.

pantyhose ['pæntɪhəʊz] *npl esp US* collant *m inv*.

papa [pə'pɑː] *n esp US* papà *m inv*.

paper ['peɪpər] ◇ *n* - 1. *(U)* [material] carta *f*; **on paper** [written down] per iscritto; [in theory] sulla carta; **a piece of paper** [sheet] un foglio; [scrap] un foglietto - 2. [newspaper] giornale *m* - 3. [in exam] prova *f* - 4. [essay] saggio *m* - 5. [at conference] relazione *f*. ◇ *adj* - 1. [cup, napkin, hat] di carta - 2. [profits] teorico(a); **paper qualifications** *UK* un pezzo di carta. ◇ *vt* tappezzare. ◆ **papers** *npl* documenti *mpl*.

paperback ['peɪpəbæk] *n*: **paperback (book)** edizione *f* tascabile.

paper bag *n* sacchetto *m* di carta.

paper clip *n* graffetta *f*.

paper handkerchief *n* fazzolettino *m* di carta.

paper shop *n UK* giornalaio *m*.

paperweight ['peɪpəweɪt] *n* fermacarte *m inv*.

paperwork ['peɪpəwɜ:k] n (U) [work] lavoro m d'ufficio; [documents] pratiche fpl.

paprika [pə'priːkə, UK 'pæprɪkə] n (U) paprica f.

par [pɑːr] n - 1. [parity]: **on a par with sb/sthg** alla pari con qn/qc - 2. (U) GOLF par m inv - 3. [good health]: **to feel below** OR **under par** sentirsi giù di forma - 4. FIN valore m nominale.

parable ['pærəbl] n parabola f.

parachute ['pærəʃuːt] <> n paracadute m inv. <> vi paracadutarsi.

parade [pə'reɪd] <> n - 1. [procession] sfilata f - 2. MIL parata f - 3. UK [street] viale m. <> vt - 1. [people] far sfilare - 2. [medal, knowledge, girlfriend] mettere in mostra. <> vi sfilare.

paradise ['pærədaɪs] n paradiso m.
➤ **Paradise** n paradiso m.

paradox ['pærədɒks] n paradosso m.

paradoxically [,pærə'dɒksɪklɪ] adv paradossalmente.

paraffin ['pærəfɪn] n (U) UK [fuel] cherosene m.

paragliding ['pærə,glaɪdɪŋ] n parapendio m.

paragon ['pærəgən] n modello m.

paragraph ['pærəgrɑːf] n paragrafo m.

parallel ['pærəlel] (UK & US) <> adj: **parallel (to** OR **with sthg)** parallelo(a) (a qc). <> n - 1. [parallel line, surface] parallela f - 2. [similar person, fact, event]: **to have no parallel** non avere equivalente - 3. [similarity] analogia f - 4. GEOG parallelo m.

paralyse UK, **paralyze** US ['pærəlaɪz] vt lit & fig paralizzare.

paralysis [pə'rælɪsɪs] (pl -lyses) n lit & fig paralisi f inv.

paralyze vt US = **paralyse**.

paramedic [,pærə'medɪk] n paramedico m.

parameter [pə'ræmɪtər] n parametro m.

paramount ['pærəmaʊnt] adj fondamentale; **of paramount importance** di vitale importanza.

paranoid ['pærənɔɪd] adj paranoico(a).

paraphernalia [,pærəfə'neɪljə] n (U) armamentario m.

parascending ['pærə,sendɪŋ] n paracadutismo m ascensionale.

parasite ['pærəsaɪt] n - 1. [plant, animal] parassita m - 2. fig [person] parassita mf.

parasol ['pærəsɒl] n parasole m.

paratrooper ['pærətruːpər] n paracadutista mf.

parcel ['pɑːsl] n esp UK pacco m, pacchetto m. ➤ **parcel up** vt sep UK mettere in un pacco.

parched [pɑːtʃt] adj - 1. [very dry - grass, plain] inaridito(a); [- throat, lips] secco(a) - 2. inf [very thirsty] assetato(a).

parchment ['pɑːtʃmənt] n pergamena f.

pardon ['pɑːdn] <> n - 1. LAW grazia f, condono m - 2. (U) [forgiveness] perdono m; **I beg your pardon?** [showing surprise or offence] scusi?; [what did you say?] scusi (, come dice)?; **I beg your pardon!** [to apologize] scusi tanto! <> vt - 1. LAW graziare - 2. [forgive] perdonare; **to pardon sb for sthg** perdonare qc a qn; **pardon?** chiedo scusa?; **pardon me!** scusate!

parent ['peərənt] n genitore m.

parental [pə'rentl] adj dei genitori.

parenthesis [pə'renθɪsɪs] (pl -theses) n parentesi f inv.

Paris ['pærɪs] n Parigi f.

parish ['pærɪʃ] n - 1. [of church] parrocchia f - 2. UK [area of local government] comune m.

parity ['pærətɪ] n (U): **parity (with/between)** parità f (con/tra).

park [pɑːk] <> n - 1. [public] parco m, giardino m pubblico - 2. [private] parco m - 3. US [in automatic car] posizione f di stazionamento. <> vt & vi parcheggiare.

parking ['pɑːkɪŋ] n (U) parcheggio m; **I find parking very difficult** per me parcheggiare è difficilissimo; **'no parking'** 'sosta vietata'.

parking lot n US parcheggio m.

parking meter n parchimetro m.

parking ticket n multa f per sosta vietata.

parlance ['pɑːləns] n (U) fml: **in common/legal parlance** nel linguaggio comune/legale.

parliament ['pɑːləmənt] n - 1. [assembly, institution] parlamento m - 2. [session] legislatura f.

parliamentary [,pɑːlə'mentərɪ] adj parlamentare.

parlour UK, **parlor** US ['pɑːlər] n - 1. dated [in house] salottino m - 2. [cafe]: **ice cream parlour** gelateria f.

parochial [pə'rəʊkjəl] adj pej campanilista.

parody ['pærədɪ] <> n parodia f. <> vt fare una parodia di.

parole [pə'rəʊl] n (U) libertà f condizionale; **on parole** in libertà condizionale.

parrot ['pærət] n pappagallo m.

parry ['pærɪ] vt - 1. [blow] parare, schivare - 2. [question] eludere.

parsley ['pɑːslɪ] n (U) prezzemolo m.

parsnip ['pɑːsnɪp] n pastinaca f.

parson ['pɑːsn] n parroco m.

part [pɑːt] ◇ *n* - **1.** [gen & MUS] parte *f*; **the best** OR **better part of** la maggior parte di; **for the better part of two hours** per quasi due ore; **for the most part** per la maggior parte - **2.** [of radio, TV series] episodio *m* - **3.** [component] pezzo *m* - **4.** [acting role] parte *f*, ruolo *m* - **5.** [involvement]: **part in sthg** partecipazione *f* a qc; **to play an important part in sthg** giocare un ruolo importante in qc; **to take part in sthg** prendere parte a qc; **for my/his** *etc* **part** da parte mia/sua ecc - **6.** US [in hair] riga *f*, scriminatura *f*. ◇ *adv* in parte. ◇ *vt* - **1.** [separate] separare - **2.** [move apart, open] aprire - **3.** [hair]: **to part one's hair** farsi la riga. ◇ *vi* - **1.** [leave one another] separarsi, lasciarsi - **2.** [move apart, open] aprirsi. ◆ **parts** *npl* [places] luoghi *mpl*; **in these parts** da queste parti. ◆ **part with** *vt insep* separarsi da.

part exchange *n* UK permuta *f*; **in part exchange** in permuta.

partial [ˈpɑːʃl] *adj* - **1.** [incomplete, biased] parziale - **2.** [fond]: **to be partial to sthg** avere un debole per qc.

participant [pɑːˈtɪsɪpənt] *n* partecipante *mf*.

participate [pɑːˈtɪsɪpeɪt] *vi*: **to participate (in sthg)** partecipare (a qc).

participation [pɑːˌtɪsɪˈpeɪʃn] *n* (U): **participation (in sthg)** partecipazione *f* (a qc).

participle [ˈpɑːtɪsɪpl] *n* participio *m*.

particle [ˈpɑːtɪkl] *n* particella *f*.

parti-coloured UK, **parti-colored** US [ˈpɑːtɪ-] *adj* variopinto(a).

particular [pəˈtɪkjʊlər] *adj* - **1.** [specific, unique] particolare, specifico(a) - **2.** [extra, greater] particolare - **3.** [fussy] esigente. ◆ **particulars** *npl* [details] particolari *mpl*, dettagli *mpl*; [personal details] dati *mpl* personali. ◆ **in particular** *adv* in particolare.

particularly [pəˈtɪkjʊlǝlɪ] *adv* - **1.** [in particular] in particolare - **2.** [very] particolarmente.

parting [ˈpɑːtɪŋ] *n* - **1.** [act or instance of saying goodbye] separazione *f* - **2.** UK [in hair] riga *f*, scriminatura *f*.

partisan [ˌpɑːtɪˈzæn] ◇ *adj* [biased] fazioso(a). ◇ *n* [freedom fighter] partigiano *m*, -a *f*.

partition [pɑːˈtɪʃn] ◇ *n* [wall, screen] divisorio *m*. ◇ *vt* dividere.

partly [ˈpɑːtlɪ] *adv* in parte.

partner [ˈpɑːtnǝr] ◇ *n* - **1.** [in relationship, activity] partner *mf inv*, compagno *m*, -a *f* - **2.** [in business] socio *m*, -a *f*. ◇ *vt* fare da partner a.

partnership [ˈpɑːtnǝʃɪp] *n* - **1.** (U) [relationship] associazione *f* - **2.** [business] società *f inv*.

partridge [ˈpɑːtrɪdʒ] (*pl* **partridge** OR **-s**) *n* pernice *f*.

part-time ◇ *adj* part-time *inv*. ◇ *adv* part-time.

party [ˈpɑːtɪ] ◇ *n* - **1.** POL partito *m* - **2.** [social gathering] festa *f* - **3.** [group] gruppo *m* - **4.** [LAW - individual] parte *f*. ◇ *vi inf* fare una festa.

party line *n* - **1.** POL linea *f* di partito - **2.** TELEC duplex *m inv*.

pass [pɑːs] ◇ *n* - **1.** SPORT passaggio *m* - **2.** MIL lasciapassare *m inv* - **3.** [transport] abbonamento *m*, tessera *f* - **4.** [in exam] sufficienza *f* - **5.** [route between mountains] passo *m*; **to make a pass at sb** inf provarci con qn. ◇ *vt* - **1.** [gen & SPORT] passare; **to pass sthg to sb**, **to pass sb sthg** passare qc a qn; **to pass an exam** passare un esame - **2.** [move past] passare davanti a - **3.** [overtake] sorpassare - **4.** [exceed] superare - **5.** [life, time] trascorrere, passare - **6.** [candidate] ammettere - **7.** [law, motion] approvare, far passare - **8.** [opinion, judgment] esprimere. ◇ *vi* - **1.** [gen & SPORT] passare - **2.** [overtake] sorpassare - **3.** [run, extend] passare, estendersi - **4.** [elapse] trascorrere, passare - **5.** [succeed] passare, essere promosso(a). ◆ **pass as** *vt insep* passare per. ◆ **pass away** *vi euph* morire. ◆ **pass by** ◇ *vt sep fig* [subj: news, events] scivolare via su. ◇ *vi* [move past] passare. ◆ **pass for** *vt insep* = **pass as.** ◆ **pass on** ◇ *vt sep* - **1.** [object]: **to pass sthg on (to sb)** passare qc (a qn) - **2.** [characteristic, tradition, information]: **to pass sthg on (to sb)** trasmettere qc (a qn). ◇ *vi* - **1.** [move on]: **to pass on (to sthg)** passare (a qc) - **2.** *euph* [die] = **pass away.** ◆ **pass out** *vi* - **1.** [faint] svenire - **2.** UK MIL ≈ finire l'Accademia. ◆ **pass over** *vt insep* [overlook] passare sopra. ◆ **pass up** *vt sep inf* trascurare.

passable [ˈpɑːsǝbl] *adj* - **1.** [satisfactory] passabile - **2.** [not blocked] praticabile.

passage [ˈpæsɪdʒ] *n* - **1.** [between rooms] corridoio *m*; [between houses] passaggio *m* - **2.** [clear path] passaggio *m*, varco *m* - **3.** ANAT condotto *m* - **4.** [part of book, piece of music] passaggio *m*, brano *m* - **5.** (U) *fml* [passing, advance] passaggio *m*; **the passage of time** il passare del tempo - **6.** [sea journey] traversata *f*.

passageway [ˈpæsɪdʒweɪ] *n* [between rooms] corridoio *m*; [between houses] passaggio *m*.

passbook [ˈpɑːsbʊk] *n* UK ≈ libretto *m* di risparmio.

passenger [ˈpæsɪndʒǝr] *n* passeggero *m*, -a *f*.

passerby [ˌpɑːsəˈbaɪ] (pl **passersby**) n passante mf.

passing [ˈpɑːsɪŋ] adj [transient] passeggero(a). ◆ **in passing** adv di sfuggita.

passion [ˈpæʃn] n: **passion (for sthg)** passione f (per qc). ◆ **passions** npl [strong feelings] emozioni fpl; **passions were running high** l'atmosfera era carica di tensione.

passionate [ˈpæʃənət] adj - 1. [person, embrace, kiss] appassionato(a) - 2. [speech, campaigner] infervorato(a).

passive [ˈpæsɪv] adj passivo(a).

Passover [ˈpɑːsˌəʊvəʳ] n: **(the) Passover** la Pasqua ebraica.

passport [ˈpɑːspɔːt] n [document] passaporto m.

passport control n esp UK controllo m passaporti (inv).

password [ˈpɑːswɜːd] n [in computing, games] password f inv; [in espionage, military] parola f d'ordine.

past [pɑːst] ◇ adj - 1. [former] passato(a) - 2. [last] scorso(a); **the past week** la settimana scorsa; **the past five years** gli ultimi cinque anni - 3. [finished] finito(a). ◇ adv - 1. [telling the time]: **it's ten past** sono e dieci - 2. [by]: **to walk/run past** passare/correre davanti. ◇ n - 1. [time]: **the past** il passato; **in the past** in passato - 2. [personal history] passato m. ◇ prep - 1. [telling the time]: **it's half past eight** sono le otto e mezza; **at five past nine** alle nove e cinque - 2. [by] davanti a; **to drive past sthg** passare in macchina davanti a qc - 3. [beyond] oltre; **it's just past the bank** è appena oltre la banca.

pasta [ˈpæstə] n (U) pasta f (alimentare).

paste [peɪst] ◇ n - 1. [smooth mixture] impasto m - 2. (U) CULIN pâté m inv - 3. (U) [glue] colla f. ◇ vt [label, stamp] incollare; [surface] spalmare di colla; COMPUT incollare.

pastel [ˈpæstl] ◇ adj [colour, tone] pastello inv. ◇ n pastello m.

pasteurize, -ise UK [ˈpɑːstʃəraɪz] vt pastorizzare.

pastille [ˈpæstɪl] n pasticca f.

pastime [ˈpɑːstaɪm] n passatempo m.

pastor [ˈpɑːstəʳ] n RELIG pastore m.

past participle n participio m passato.

pastry [ˈpeɪstrɪ] n - 1. (U) [mixture] impasto m - 2. [cake] pasticcino m, pasta f.

past tense n passato m.

pasture [ˈpɑːstʃəʳ] n pascolo m.

pasty [ˈpæstɪ] n UK CULIN pasticcio m di carne e verdure.

pat [pæt] (pt & pp **-ted**, cont **-ting**) ◇ adv: **to have sthg off pat** sapere qc a menadito.

◇ n - 1. [light stroke] colpetto m; **a pat on the shoulder** una pacca sulla spalla - 2. [small portion]: **a pat of butter** un panetto di burro. ◇ vt [dog, surface] accarezzare; [hand, shoulder] dare un colpetto a.

patch [pætʃ] ◇ n - 1. [piece of material] toppa f - 2. [to cover eye] benda f - 3. [of ice] lastra f; [of oil] macchia f; [of skin]: **a bald patch** una pelata - 4. [of land] pezzo m; **vegetable patch** orticello m - 5. [period of time] momento m. ◇ vt [hole, trousers] rattoppare, rappezzare. ◆ **patch up** vt sep - 1. [mend] riparare - 2. fig [quarrel] comporre; [relationship] ricucire.

patchy [ˈpætʃɪ] adj - 1. [colour] non uniforme; **patchy fog** piccoli banchi di nebbia - 2. [knowledge] frammentario(a) - 3. [performance, quality] irregolare.

pâté [ˈpæteɪ] n pâté m inv.

patent [UK ˈpeɪtənt, US ˈpætənt] ◇ adj [obvious] evidente, palese. ◇ n [on invention] brevetto m. ◇ vt brevettare.

patent leather n (U) pelle f verniciata.

paternal [pəˈtɜːnl] adj paterno(a).

path [pɑːθ] n - 1. [track] sentiero m - 2. [way ahead] strada f - 3. [trajectory] traiettoria f; **flight path** rotta f di volo - 4. [course of action] via f.

pathetic [pəˈθetɪk] adj - 1. [creature, character] patetico(a); [sight] toccante - 2. [useless] penoso(a).

pathological [ˌpæθəˈlɒdʒɪkl] adj patologico(a).

pathology [pəˈθɒlədʒɪ] n (U) patologia f.

pathos [ˈpeɪθɒs] n (U) pathos m inv.

pathway [ˈpɑːθweɪ] n sentiero m.

patience [ˈpeɪʃns] n (U) - 1. [quality] pazienza f - 2. UK [card game] solitario m.

patient [ˈpeɪʃnt] ◇ adj paziente. ◇ n paziente mf.

patio [ˈpætɪəʊ] (pl **-s**) n terrazza f.

patriotic [UK ˌpætrɪˈɒtɪk, US ˌpeɪtrɪˈɒtɪk] adj patriottico(a).

patrol [pəˈtrəʊl] ◇ n - 1. [of police, soldiers] pattuglia f - 2. [act of patrolling] perlustrazione f. ◇ vt [area, streets] perlustrare, pattugliare.

patrol car n volante f.

patrolman [pəˈtrəʊlmən] (pl **-men**) n US ≃ poliziotto m di quartiere.

patron [ˈpeɪtrən] n - 1. [of arts] mecenate mf - 2. [of charity, campaign] patrono m, -essa f - 3. fml [customer] cliente mf.

patronize, -ise UK [UK ˈpætrənaɪz, US ˈpeɪtrənaɪz] vt - 1. pej [talk down to] trattare con condiscendenza - 2. fml [be a customer of] frequentare abitualmente - **3.** *fml* [back financially - arts] promuovere; [- artist, musician] sostenere.

patronizing, -ising *UK* [*UK* 'pætrənaizɪŋ, *US* 'peɪtrənaizɪŋ] *adj pej* condiscendente.

patter ['pætər] ◇ *n* - **1.** [of raindrops] picchiettio *m*; [of feet] scalpiccio *m* - **2.** [talk] imbonimento *m*. ◇ *vi* [rain] picchiettare; [dog, feet] zampettare.

pattern ['pætən] *n* - **1.** [gen] modello *m* - **2.** [design] motivo *m*, disegno *m* - **3.** [of distribution, population] schema *m*.

paunch [pɔ:ntʃ] *n* pancia *f*, trippa *f*.

pauper ['pɔ:pər] *n dated* indigente *mf*.

pause [pɔ:z] ◇ *n* pausa *f*; **without a pause** senza interruzione. ◇ *vi* - **1.** [stop speaking] fare una pausa - **2.** [stop moving, doing sthg] fermarsi.

pave [peɪv] *vt* lastricare; **to pave the way for sb/sthg** spianare la strada a qn/qc.

pavement ['peɪvmənt] *n* - **1.** *UK* [at side of road] marciapiede *m* - **2.** *US* [roadway] carreggiata *f*.

pavilion [pə'vɪljən] *n* - **1.** [at sports field] *luogo di ristoro e spogliatoi* - **2.** [at exhibition] padiglione *m*.

paving stone ['peɪvɪŋ-] *n* lastra *f* da pavimentazione.

paw [pɔ:] *n* zampa *f*.

pawn [pɔ:n] ◇ *n* - **1.** [chesspiece] pedone *m* - **2.** [unimportant person] pedina *f*. ◇ *vt* [watch, ring] dare in pegno.

pawnbroker ['pɔ:n,brəukər] *n* gestore *m*, -trice *f* di banco dei pegni.

pawnshop ['pɔ:nʃɒp] *n* banco *m* dei pegni.

pay [peɪ] (*pt & pp* **paid**) ◇ *vt* - **1.** [gen] pagare; **to pay sb for sthg** pagare qn per qc; **to pay sthg for sthg** pagare qc per qc; **how much did you pay for it?** quanto l'hai pagato? - **2.** *UK* [into bank account]: **to pay sthg into sthg** versare qc su qc; **I paid £50 into my account** ho versato 50 sterline sul mio conto - **3.** [be advantageous to]: **it pays to do sthg** conviene a qn fare qc - **4.** [give, make]: **to pay sb a compliment** fare un complimento a qn; **to pay attention** fare attenzione; **to pay sb a visit** fare visita a qn. ◇ *vi* - **1.** [for services, work, goods] pagare; **to pay for sthg** pagare per qc - **2.** [be profitable] rendere; **the work pays well** il lavoro è ben retribuito - **3.** *fig* [suffer] pagare; **she'll pay for that** questa me la paga; **to pay dearly for sthg** pagare caro qc. ◇ *n* [salary] paga *f*. ◆ **pay back** *vt sep* - **1.** [after borrowing – money] restituire; [- person] restituire i soldi a; **to pay sb sthg back** restituire qc a qn - **2.** [revenge o.s. on]: **to pay sb back (for**

sthg) farla pagare a qn (per qc). ◆ **pay off** ◇ *vt sep* - **1.** [debt, loan] estinguere - **2.** [worker, employee] liquidare, dare il benservito a - **3.** [informer] comprare il silenzio di. ◇ *vi* [be successful] dare frutti. ◆ **pay up** *vi* pagare completamente.

payable ['peɪəbl] *adj* - **1.** [debt, loan] dovuto(a) - **2.** [on cheque]: **payable to sb** pagabile a qn.

pay-as-you-go *n UK* sistema in cui si paga un servizio man mano che lo si utilizza.

pay cheque *UK*, **paycheck** *US* ['peɪtʃek] *n* [cheque] assegno *m* paga (*inv*); [money] paga *f*.

payday ['peɪdeɪ] *n (U)* giorno *m* di paga.

payee [peɪ'i:] *n* beneficiario *m*, -a *f*.

pay envelope *n US* busta *f* paga.

payment ['peɪmənt] *n* pagamento *m*.

pay packet *n UK* - **1.** [envelope] busta *f* paga (*inv*) - **2.** [wages] paga *f*.

pay-per-view ◇ *adj* [channel] pay-per-view (*inv*). ◇ *n* (tv *f inv*)pay-per-view *f inv*.

pay phone, pay station *US n* telefono *m* pubblico.

payroll ['peɪrəul] *n* libro *m* paga (*inv*).

payslip *UK* ['peɪslɪp], **paystub** *US* ['peɪstʌb] *n* cedolino *m* dello stipendio.

pay station *n US =* **pay phone**.

paystub ['peɪstʌb] *n US =* **payslip**.

PC ◇ *n* (*abbr of* **personal computer**) PC *m inv*. ◇ *adj* (*abbr of* **politically correct**) politicamente corretto(a).

PDA (*abbr of* **personal digital assistant**) *n* COMPUT PDA *m inv*.

PDF (*abbr of* **portable document format**) *n* COMPUT PDF *m*.

PE (*abbr of* **physical education**) *n* Ed. fis.

pea [pi:] *n* pisello *m*.

peace [pi:s] *n (U)* - **1.** [gen] pace *f*; **peace of mind** serenità *f inv*; **to make (one's) peace with sb/sthg** fare la pace con qn/qc - **2.** [law and order] quiete *f* pubblica.

peaceful ['pi:sful] *adj* - **1.** [atmosphere, scene, place] tranquillo(a) - **2.** [demonstration] pacifico(a).

peacetime ['pi:staɪm] *n (U)* tempo *m* di pace.

peach [pi:tʃ] ◇ *adj* [in colour] color pesca (*inv*). ◇ *n* - **1.** [fruit] pesca *f* - **2.** [colour] (color *m*) pesca *m inv*.

peacock ['pi:kɒk] *n* pavone *m*.

peak [pi:k] ◇ *n* - **1.** [mountain top] cima *f*, vetta *f* - **2.** [highest point] picco *m*, punta *f* - **3.** [of cap] visiera *f*. ◇ *adj* [hour, time] di punta; [condition] eccellente; [productivity] massimo(a). <> vi [unemployment, sales] raggiungere un picco.

peaked [pi:kt] adj [cap] con visiera.

peak hour n [for telecommunications, electricity] ora f di carico massimo; [for traffic] ora f di punta.

peak period n [for traffic] ora f di punta; [for electricity] ora f di carico; [for customers] periodo m di punta.

peak rate n [of telephone charges] tariffa f intera.

peal [pi:l] <> n - 1. [of bells] scampanio m - 2. [of thunder] fragore m; **peals of laughter** scrosci mpl di risa. <> vi [bells] suonare a distesa.

peanut ['pi:nʌt] n arachide f, nocciolina f americana.

peanut butter n (U) burro m d'arachidi.

pear [peər] n pera f.

pearl [pɜ:l] n perla f.

peasant ['peznt] n [in countryside] contadino m, -a f.

peat [pi:t] n (U) torba f.

pebble ['pebl] n ciottolo m.

peck [pek] <> n - 1. [with beak] beccata f - 2. [kiss] bacetto m. <> vt - 1. [with beak] beccare - 2. [kiss]: **to peck sb on the cheek** dare un bacetto sulla guancia a qn.

peckish ['pekɪʃ] adj UK inf: **to feel peckish** sentire un certo languorino.

peculiar [pɪ'kju:ljər] adj, - 1. [odd, ill] strano(a), singolare; **to feel peculiar** sentirsi strano(a) - 2. [characteristic]: **to be peculiar to sb/sth** essere caratteristico(a) di qn/qc.

peculiarity [pɪ,kju:lɪ'ærətɪ] n - 1. [strange habit] stranezza f - 2. [individual characteristic] peculiarità f inv - 3. [oddness] bizzarria f.

pedal ['pedl] (UK & US) <> n pedale m. <> vi pedalare.

pedal bin n UK pattumiera f a pedale.

pedantic [pɪ'dæntɪk] adj pej pedante.

peddle ['pedl] vt - 1. [drugs] spacciare - 2. [information, rumour] diffondere.

peddler ['pedlər] n - 1. [drug dealer] spacciatore m, -trice f - 2. US = **pedlar**.

pedestal ['pedɪstl] n piedistallo m.

pedestrian [pɪ'destrɪən] <> adj pej [ideas, performance] pedestre. <> n pedone m.

pedestrian crossing n UK attraversamento m pedonale.

pedestrian precinct UK, **pedestrian mall** US n zona f pedonale.

pediatrics [,pi:dɪ'ætrɪks] n US = **paediatrics**.

pedigree ['pedɪgri:] <> adj [dog, cat] di razza. <> n - 1. [of animal] pedigree m inv - 2. [of person] lignaggio m.

pedlar UK, **peddler** US ['pedlər] n venditore m, -trice f ambulante.

pee [pi:] inf <> n - 1. [act of urinating] pisciata f; **to have a pee** fare (la) pipì - 2. (U) [urine] pipì f. <> vi fare (la) pipì.

peek [pi:k] inf <> n sbirciatina f; **to take** OR **have a peek at sth** dare una sbirciatina a qc. <> vi sbirciare.

peel [pi:l] <> n (U) [of apple, potato] buccia f. <> vt [fruit, vegetables] sbucciare. <> vi [paint, wallpaper] scrostarsi; [skin] squamarsi; [nose, back] spellarsi.

peelings ['pi:lɪŋz] npl bucce fpl.

peep [pi:p] <> n - 1. [look] occhiata f - 2. inf [sound]: **I haven't heard a peep from them** non li ho sentiti fiatare. <> vi [look] dare un'occhiata.

peephole ['pi:phəʊl] n spioncino m.

peer [pɪər] <> n - 1. [noble] pari m inv - 2. [equal] pari mf inv. <> vi scrutare.

peer group n gruppo m dei coetanei.

peeved [pi:vd] adj inf scocciato(a).

peevish ['pi:vɪʃ] adj stizzoso(a).

peg [peg] <> n - 1. [hook] gancio m - 2. UK [for washing line] molletta f da bucato - 3. [for tent] picchetto m. <> vt [price, increase] stabilizzare.

pejorative [pɪ'dʒɒrətɪv] adj peggiorativo(a).

pekinese [,pi:kə'ni:z] (pl pekinese OR -s), **pekingese** [,pi:kɪŋ'i:z] (pl pekingese OR -s) n [dog] pechinese m.

Peking [,pi:'kɪŋ] n Pechino f.

pelican ['pelɪkən] (pl pelican OR -s) n pellicano m.

pelican crossing n UK attraversamento pedonale regolato da semaforo azionato dai pedoni.

pellet ['pelɪt] n - 1. [of food, paper] pallottolina f - 2. [for gun] pallottola f.

pelt [pelt] <> n [animal skin] pelle f. <> vt: **to pelt sb with sth** colpire qn con una raffica di qc. <> vi - 1. [rain] picchiare - 2. [run very fast] correre a rotta di collo; **she came pelting down the stairs** si è precipitata giù per le scale.

pelvis ['pelvɪs] (pl -vises) n pelvi f inv.

pen [pen] <> n - 1. [for writing] penna f - 2. [enclosure] recinto m. <> vt [enclose - livestock] chiudere in un recinto; [- people] rinchiudere.

penal ['pi:nl] adj [system, reform] penale; [institution] di pena.

penalize, -ise UK ['pi:nəlaɪz] vt - 1. [put at a disadvantage] penalizzare - 2. [punish] punire.

penalty ['penltɪ] n - 1. [punishment] punizione f; **to pay the penalty (for sthg)** fig pagare lo scotto (di qc) - 2. [fine] multa f - 3. SPORT punizione f; **penalty kick** FTBL calcio m di rigore m; RUGBY (calcio m di) piazzato m.

penance ['penəns] n (U) - 1. RELIG penitenza f - 2. fig [punishment] punizione f.

pence [pens] UK pl ▷ **penny**.

penchant [UK pɑ̃ʃɑ̃, US 'pentʃənt] n: **to have a penchant for sthg/for doing sthg** avere propensione per qc/a fare qc.

pencil ['pensl] (UK & US) ◇ n matita f; **in pencil** a matita. ◇ vt scrivere a matita.
◆ **pencil in** vt sep [name, date] stabilire provvisoriamente.

pencil case n portapenne m inv, astuccio m.

pencil sharpener n temperamatite m inv.

pendant ['pendənt] n ciondolo m.

pending ['pendɪŋ] fml ◇ adj - 1. [exams, elections] imminente - 2. [court case, lawsuit] in sospeso. ◇ prep in attesa di.

pendulum ['pendjʊləm] (pl -s) n pendolo m.

penetrate ['penɪtreɪt] vt - 1. [get through - subj: person] passare attraverso; [- subj: wind, rain, light] penetrare in; [- subj: sharp object, bullet] perforare - 2. [spy ring, terrorist group] infiltrarsi in.

pen friend n UK amico m, -a f di penna.

penguin ['peŋgwɪn] n pinguino m.

penicillin [ˌpenɪ'sɪlɪn] n (U) penicillina f.

peninsula [pə'nɪnsjʊlə] (pl -s) n penisola f.

penis ['pi:nɪs] (pl penises) n pene m.

penitentiary [ˌpenɪ'tenʃərɪ] n US penitenziario m, carcere m.

penknife ['pennaɪf] (pl -knives) n temperino m, coltellino m.

pen name n pseudonimo m.

pennant ['penənt] n [in sports, competitions] gagliardetto m; [on ship] fiamma f.

penniless ['penɪlɪs] adj squattrinato(a), spiantato(a); **to leave sb penniless** lasciare qn al verde.

penny ['penɪ] (pl -ies OR pence) n - 1. UK [coin] penny m inv - 2. US [coin] cent m inv - 3. UK [value] soldo m; **you won't get a penny from her** da lei non vedrai un soldo.

pen pal n inf amico m, -a f di penna.

pension ['penʃn] n pensione f.

pensioner ['penʃənər] n UK: **(old-age) pensioner** pensionato m, -a f.

pensive ['pensɪv] adj pensieroso(a).

pentagon ['pentəgən] n pentagono m.
◆ **Pentagon** n US: **the Pentagon** il Pentagono.

Pentecost ['pentɪkɒst] n Pentecoste f.

penthouse ['penthaʊs] n attico m.

pent-up ['pent-] adj [feelings, emotions] represso(a); [energy] soffocato(a).

penultimate [pe'nʌltɪmət] adj penultimo(a).

people ['pi:pl] ◇ n [nation, race] popolo m.
◇ npl - 1. [persons] gente f (sing); **this table seats eight people** questo è un tavolo da otto persone; **people say that...** si dice che..., dicono che... - 2. [inhabitants] abitanti mpl - 3. POL: **the people** il popolo. ◇ vt: **to be peopled by** OR **with** essere popolato(a) da.

people carrier n UK monovolume f inv.

pep [pep] n inf dinamismo m. ◆ **pep up** vt sep - 1. [person] tirare su - 2. [party, event] animare.

pepper ['pepər] n - 1. (U) [spice] pepe m - 2. [vegetable] peperone m.

pepperbox ['pepəbɒks] n US = **pepper pot**.

peppermint ['pepəmɪnt] n - 1. [sweet] caramella f alla menta - 2. (U) [herb] menta f piperita.

pepper pot UK, **pepperbox** US n pepaiola f.

pep talk n inf discorso m d'incoraggiamento.

per [pɜːr] prep a; **£10 per hour** dieci sterline all'ora; **as per instructions** come da vostre istruzioni.

per annum [pər'ænəm] adv all'anno.

per capita [pə'kæpɪtə] adj & adv pro capite.

perceive [pə'si:v] vt - 1. [see] percepire - 2. [notice, realize] notare - 3. [conceive, consider]: **to perceive sb/sthg as** vedere qn/qc come.

per cent UK, **percent** US [pə'sent] adv per cento.

percentage [pə'sentɪdʒ] n percentuale f.

perception [pə'sepʃn] n - 1. (U) [of colour, sound, time] percezione f - 2. (U) [insight, understanding] intuizione f.

perceptive [pə'septɪv] adj perspicace.

perch [pɜːtʃ] (pl -es) ◇ n - 1. [for bird] trespolo m - 2. [high position] piedistallo m - 3. (pl perch) [fish] (pesce m) persico m. ◇ vi [bird, person]: **to perch (on sthg)** appollaiarsi (su qc).

percolator ['pɜːkəleɪtər] n caffettiera f per caffè all'americana.

percussion [pə'kʌʃn] n (U) percussione f.

perennial [pə'renjəl] <> *adj* - **1.** [problem, feature] ricorrente - **2.** BOT perenne. <> *n* BOT pianta *f* perenne.

perfect <> *adj* ['pɜːfɪkt] - **1.** [ideal, faultless] perfetto(a); **that will be perfect!** questo andrà benissimo! - **2.** [for emphasis] vero(a); **perfect strangers** perfetti sconosciuti. <> *n* ['pɜːfɪkt] GRAM: **the perfect (tense)** il perfetto. <> *vt* [pə'fekt] perfezionare.

perfection [pə'fekʃn] *n* - **1.** *(U)* [act of making perfect] perfezionamento *m* - **2.** [faultlessness] perfezione *f*; **to perfection** alla perfezione.

perfectionist [pə'fekʃənɪst] *n* perfezionista *mf*.

perfectly ['pɜːfɪktlɪ] *adv* - **1.** [for emphasis] molto; **you know perfectly well that...** sai perfettamente che... - **2.** [to perfection] perfettamente.

perforate ['pɜːfəreɪt] *vt* perforare.

perforations [,pɜːfə'reɪʃnz] *npl* perforazioni *fpl*.

perform [pə'fɔːm] <> *vt* [operation, dance, piece of music] eseguire; [miracle] fare; [function] adempiere; [service] effettuare; [play] mettere in scena. <> *vi* - **1.** [car, team]: **to perform well/badly** offrire una buona/cattiva prestazione; **how did the team perform this week?** com'è andata la squadra questa settimana? - **2.** [actor] recitare; [musician] suonare.

performance [pə'fɔːməns] *n* - **1.** [of task, duty] esecuzione *f* - **2.** [show] spettacolo *m* - **3.** [by actor, singer] interpretazione *f* - **4.** *(U)* [of car, engine] prestazione *f*.

performer [pə'fɔːmər] *n* [actor, singer, musician] interprete *mf*, artista *mf*.

perfume ['pɜːfjuːm] *n* profumo *m*.

perfunctory [pə'fʌŋktərɪ] *adj* superficiale.

perhaps [pə'hæps] *adv* forse; **perhaps so/not** forse sì/no.

peril ['perɪl] *n liter* pericolo *m*.

perimeter [pə'rɪmɪtər] *n* [of area, land] perimetro *m*; **perimeter fence/wall** staccionata *f*/muro *m* di recinzione.

period ['pɪərɪəd] <> *n* - **1.** [gen] periodo *m* - **2.** SCH ora *f (di lezione)*; **to have a free period** avere un'ora buca - **3.** [menstruation] mestruazioni *fpl* - **4.** *US* [full stop] punto *m*. <> *comp* [dress, furniture] d'epoca.

periodic [,pɪərɪ'ɒdɪk] *adj* periodico(a).

periodical [,pɪərɪ'ɒdɪkl] <> *adj* = **periodic**. <> *n* periodico *m*.

peripheral [pə'rɪfərəl] <> *adj* - **1.** [aspect, subject] secondario(a) - **2.** [vision, region] periferico(a). <> *n* COMPUT periferica *f*.

perish ['perɪʃ] *vi* - **1.** *liter* [die] perire - **2.** [decay] deteriorarsi.

perishable ['perɪʃəbl] *adj* deperibile.
◆ **perishables** *npl* beni *mpl* deperibili.

perjury ['pɜːdʒərɪ] *n* falsa testimonianza *f*.

perk [pɜːk] *n inf* beneficio *m* accessorio.
◆ **perk up** *vi* tirarsi su *(di morale)*.

perky ['pɜːkɪ] *adj inf* allegro(a).

perm [pɜːm] *n* permanente *f*.

permanent ['pɜːmənənt] <> *adj* - **1.** [not temporary - job] fisso(a); [- damage] permanente; [- feature] stabile - **2.** [continuous, constant] continuo(a). <> *n US* permanente *f*.

permeate ['pɜːmɪeɪt] *vt* - **1.** [subj: liquid] penetrare in - **2.** [subj: smell, feeling, idea] permeare.

permissible [pə'mɪsəbl] *adj* ammissibile.

permission [pə'mɪʃn] *n*: **permission (to do sthg)** permesso *m* (di fare qc).

permit <> *vt* [pə'mɪt] permettere; **to permit sb to do sthg** permettere a qn di fare qc; **to permit sb sthg** concedere qc a qn. <> *n* ['pɜːmɪt] [for work, travel] permesso *m*; [for fishing, exporting, importing] licenza *f*; **parking permit** parcheggio *m* consentito.

perpendicular [,pɜːpən'dɪkjʊlər] <> *adj* - **1.** [line, wall]: **perpendicular (to sthg)** pependicolare (a qc) - **2.** [cliff] a strapiombo. <> *n* MATHS perpendicolare *f*.

perpetrate ['pɜːpɪtreɪt] *vt fml* perpetrare.

perpetual [pə'petʃʊəl] *adj* - **1.** *pej* [continuous] incessante - **2.** [everlasting] perpetuo(a).

perplexing [pə'pleksɪŋ] *adj* [behaviour] sconcertante; [problem] disorientante.

persecute ['pɜːsɪkjuːt] *vt* perseguitare.

persevere [,pɜːsɪ'vɪər] *vi*: **to persevere (with sthg/in doing sthg)** perseverare (in qc/nel fare qc).

Persian ['pɜːʃn] *adj* persiano(a).

persist [pə'sɪst] *vi* - **1.** [problem, situation, rain] persistere - **2.** [person]: **to persist in doing sthg** insistere nel fare qc.

persistence [pə'sɪstəns] *n* - **1.** [continuation] persistenza *f* - **2.** [determination] perseveranza *f*.

persistent [pə'sɪstənt] *adj* - **1.** [noise, rain] incessante; [problem] costante - **2.** [person] perseverante.

person ['pɜːsn] *(pl* people OR persons) *fml n* - **1.** [gen & GRAM] persona *f*; **in person** in persona - **2.** [body]: **about one's person** su di sé.

personable ['pɜːsnəbl] *adj* di bell'aspetto.

personal ['pɜːsənl] *adj* - **1.** [gen] personale - **2.** [life] privato(a); [friend] intimo(a) - **3.** *pej* [rude]: **to be personal** andare sul personale.

personal assistant *n* segretario *m*, -a *f* particolare.

personal column n rubrica f degli annunci personali.

personal computer n personal computer m inv.

personality [,pɜːsə'nælətɪ] n - **1.** [character, nature] personalità f inv - **2.** [famous person] personaggio m.

personally ['pɜːsnəlɪ] adv - **1.** [speaking for o.s., individually] personalmente; **to take sthg personally** prendere qc come offesa personale - **2.** [in person, directly] di persona.

personal organizer, personal organiser UK n organizer m inv.

personal property n patrimonio m personale.

personal stereo n walkman® m inv.

personify [pə'sɒnɪfaɪ] vt personificare.

personnel [,pɜːsə'nel] ⟨⟩ n (U) [in firm, organization] ufficio m del personale. ⟨⟩ npl [staff] personale m (sing), dipendenti mpl.

perspective [pə'spektɪv] n prospettiva f.

Perspex® ['pɜːspeks] n UK perspex® m.

perspiration [,pɜːspə'reɪʃn] n - **1.** [sweat] sudore m - **2.** [act of perspiring] sudorazione f.

persuade [pə'sweɪd] vt persuadere; **to persuade sb to do sthg** persuadere qn a fare qc; **to persuade sb that...** convincere qn che...; **to persuade sb of sthg** convincere qn di qc.

persuasion [pə'sweɪʒn] n - **1.** [act of persuading] persuasione f - **2.** [belief - religious] fede f; [- political] convinzione f politica.

persuasive [pə'sweɪsɪv] adj persuasivo(a).

pertain [pə'teɪn] vi fml: **to pertain to sb/sthg** essere relativo a qn/qc.

pertinent ['pɜːtɪnənt] adj fml pertinente.

perturb [pə'tɜːb] vt turbare.

peruse [pə'ruːz] vt fml leggere.

pervade [pə'veɪd] vt pervadere.

perverse [pə'vɜːs] adj [delight, behaviour] perverso(a); **don't be so perverse!** non fare il bastian contrario!

perversion [UK pə'vɜːʃn, US pə'vɜːrʒn] n - **1.** [sexual deviation] perversione f - **2.** [of justice, truth, meaning] travisamento m.

pervert ⟨⟩ n ['pɜːvɜːt] pervertito m, -a f. ⟨⟩ vt [pə'vɜːt] - **1.** [meaning, truth] travisare; **to pervert the course of justice** esp UK ostacolare il corso della giustizia - **2.** [person, mind] corrompere.

pessimist ['pesɪmɪst] n pessimista mf.

pessimistic [,pesɪ'mɪstɪk] adj [person] pessimista; [forecast, opinion] pessimistico(a).

pest [pest] n - **1.** [animal] animale m nocivo; [insect] insetto m nocivo - **2.** inf [annoying person, thing] rottura f di scatole.

pester ['pestər] vt importunare, assillare.

pet [pet] ⟨⟩ adj [favourite] preferito(a). ⟨⟩ n - **1.** [domestic animal] animale m (da compagnia) - **2.** [favourite person] cocco m, -a f. ⟨⟩ vt [stroke] accarezzare. ⟨⟩ vi [caress sexually] pomiciare.

petal ['petl] n petalo m.

peter ['piːtər] ➡ **peter out** vi [path] finire; [food, supplies, interest] esaurirsi.

petite [pə'tiːt] adj minuto(a).

petition [pɪ'tɪʃn] ⟨⟩ n - **1.** [supporting campaign] petizione f - **2.** LAW istanza f. ⟨⟩ vt presentare una petizione a.

petrified ['petrɪfaɪd] adj impietrito(a).

petrol ['petrəl] n UK benzina f.

petrol bomb n UK bomba f molotov (inv).

petrol can n UK tanica f della benzina.

petrol pump n UK pompa f della benzina.

petrol station n UK distributore m di benzina.

petrol tank n UK serbatoio m della benzina.

petticoat ['petɪkəʊt] n sottoveste f.

petty ['petɪ] adj - **1.** [small-minded] meschino(a) - **2.** [trivial] insignificante.

petty cash n (U) piccola cassa f.

petty crime n reato m minore.

petulant ['petjʊlənt] adj petulante.

pew [pjuː] n banco m (di chiesa).

pewter ['pjuːtər] n (U) peltro m.

phantom ['fæntəm] ⟨⟩ adj [imaginary] fantasma (inv). ⟨⟩ n [ghost] fantasma m.

pharmaceutical [,fɑːmə'sjuːtɪkl] adj farmaceutico(a).

pharmacist ['fɑːməsɪst] n farmacista mf.

pharmacy ['fɑːməsɪ] n farmacia f.

phase [feɪz] n fase f. ➡ **phase in** vt sep introdurre gradualmente. ➡ **phase out** vt sep eliminare gradualmente.

PhD (abbr of **Doctor of Philosophy**) n dottorato in filosofia.

pheasant ['feznt] (pl **pheasant** OR **-s**) n fagiano m.

phenomena [fɪ'nɒmɪnə] pl ▷ **phenomenon**.

phenomenal [fɪ'nɒmɪnl] adj fenomenale.

phenomenon [fɪ'nɒmɪnən] (pl **-mena**) n fenomeno m.

philanthropist [fɪ'lænθrəpɪst] n filantropo m, -a f.

philosopher [fɪ'lɒsəfər] n filosofo m, -a f.

philosophical [,fɪlə'sɒfɪkl] adj - **1.** [of or relating to philosophy] filosofico(a) - **2.** [stoical]: **to be philosophical about sthg** prendere qc con filosofia.

philosophy [fɪ'lɒsəfɪ] *n* filosofia f.

phlegm [flem] *n (U)* - **1.** [mucus] catarro *m* - **2.** [calmness] flemma f.

phobia ['fəʊbjə] *n* fobia f.

phone [fəʊn] <> *n* telefono *m*; **to be on the phone** [speaking] essere al telefono; [connected to network] avere il telefono. <> *comp* del telefono. <> *vt* telefonare a. <> *vi* telefonare. ◆ **phone back** *vt sep* & *vi* richiamare. ◆ **phone up** <> *vt sep* telefonare a. <> *vi* telefonare.

phone book *n* elenco *m* (abbonati).

phone booth *n US* cabina f telefonica.

phone box *n UK* cabina f telefonica.

phone call *n* telefonata f; **to make a phone call** fare una telefonata.

phonecard ['fəʊnkɑːd] *n* scheda f telefonica.

phone-in *n UK* RADIO & TV trasmissione con telefonate del pubblico in diretta.

phone number *n* numero *m* di telefono.

phonetics [fə'netɪks] *n (U)* fonetica f.

phoney *UK*, **phony** *esp US inf* ['fəʊnɪ] <> *adj* falso(a). <> *n* [person] venditore *m*, -trice f di fumo.

photo ['fəʊtəʊ] *(pl -s)* *n* foto f inv; **to take a photo (of sb/sthg)** fare una foto (a qn/qc).

photocopier ['fəʊtəʊ,kɒpɪər] *n* fotocopiatrice f.

photocopy ['fəʊtəʊ,kɒpɪ] <> *n* fotocopia f. <> *vt* fotocopiare.

photograph ['fəʊtəgrɑːf] <> *n* fotografia f; **to take a photograph (of sb/sthg)** fare una fotografia (a qn/qc). <> *vt* fotografare.

photographer [fə'tɒgrəfər] *n* fotografo *m*, -a f.

photography [fə'tɒgrəfɪ] *n (U)* fotografia f.

phrasal verb ['freɪzl-] *n* verbo *m* frasale.

phrase [freɪz] <> *n* - **1.** [part of sentence] frase f - **2.** [expression] espressione f. <> *vt* esprimere.

phrasebook ['freɪzbʊk] *n* manuale *m* di conversazione.

physical ['fɪzɪkl] <> *adj* fisico(a). <> *n* visita f medica.

physical education *n (U)* educazione f fisica.

physically ['fɪzɪklɪ] *adv* fisicamente.

physically handicapped <> *adj dated* portatore *m*, -trice f di handicap fisico. <> *npl dated*: **the physically handicapped** i portatori di handicap fisico.

physical therapy *n US* = **physiotherapy**.

physician [fɪ'zɪʃn] *n* medico *m*.

physicist ['fɪzɪsɪst] *n* fisico *m*, -a f.

physics ['fɪzɪks] *n (U)* fisica f.

physiotherapy *UK* [,fɪzɪəʊ'θerəpɪ], **physical therapy** *US n (U)* fisioterapia f.

physique [fɪ'ziːk] *n* fisico *m*.

pianist ['pɪənɪst] *n* pianista mf.

piano [pɪ'ænəʊ] *(pl -s)* *n* [instrument] piano *m*.

pick [pɪk] <> *n* - **1.** [tool] piccone *m* - **2.** [selection]: **to take one's pick** scegliere - **3.** [best]: **the pick of** il meglio di. <> *vt* - **1.** [select, choose] scegliere - **2.** [gather] raccogliere - **3.** [remove] togliere - **4.** [nose, teeth]: **to pick one's nose** mettersi le dita nel naso; **to pick one's teeth** stuzzicarsi i denti - **5.** [argument, quarrel] scatenare; **to pick a fight (with sb)** attaccare briga (con qn) - **6.** [lock] scassinare. ◆ **pick on** *vt insep* prendersela con. ◆ **pick out** *vt sep* - **1.** [recognize] riconoscere - **2.** [select, choose] scegliere. ◆ **pick up** <> *vt sep* - **1.** [lift up] raccogliere - **2.** [collect] andare a prendere - **3.** [acquire – skill, language] imparare; [habit, tip] prendere; [bargain] fare; **to pick up speed** prendere velocità - **4.** *inf* [start relationship with] rimorchiare - **5.** RADIO & TELEC captare - **6.** [resume] riprendere. <> *vi* - **1.** [improve] essere in ripresa - **2.** [resume] riprendere.

pickaxe *UK*, **pickax** *US* ['pɪkæks] *n* piccone *m*.

picket ['pɪkɪt] <> *n* [person] picchetto *m*; [instance of picketing] picchettaggio *m*. <> *vt* [place of work] picchettare.

picket line *n* picchetto *m*.

pickle ['pɪkl] <> *n* - **1.** *esp US* [cucumber] sottaceto *m* - **2.** *UK* [chutney] ≃ mostarda f di Cremona - **3.** *inf dated* [difficult situation]: **to be in a pickle** essere nei pasticci. <> *vt* conservare sott'aceto.

pickpocket ['pɪk,pɒkɪt] *n* borseggiatore *m*, -trice f.

pick-up *n* [truck, of record player] pick-up *m* inv.

picnic ['pɪknɪk] *(pt & pp -ked, cont -king)* <> *n* picnic *m* inv. <> *vi* fare un picnic.

pictorial [pɪk'tɔːrɪəl] *adj* [magazine, article] illustrato(a).

picture ['pɪktʃər] <> *n* - **1.** [painting, drawing] dipinto *m* - **2.** [photograph] foto f inv - **3.** [on TV, in one's mind] immagine f - **4.** [movie] film *m* inv - **5.** [prospect] situazione f; **to get the picture** *inf* capire la faccenda; **to put sb in the picture** mettere qn al corrente. <> *vt* - **1.** [in mind] immaginare - **2.** [in photo] fotografare - **3.** [in painting, drawing] ritrarre.

picture book *n* libro *m* illustrato.

picturesque [ˌpɪktʃə'resk] *adj* pittoresco(a).

pie [paɪ] *n* - **1.** [sweet] torta *f* - **2.** [savoury] pasticcio *m* in crosta.

piece [pi:s] *n* - **1.** [gen] pezzo *m*; **to fall to pieces** cadere a pezzi; **to take sthg to pieces** smontare qc; **in pieces** a pezzi; **in one piece** [intact] intero(a); [unharmed] sano(a) e salvo(a) - **2.** [individual item]: **a piece of furniture** un mobile; **a piece of clothing** un capo d'abbigliamento; **a piece of advice** un consiglio; **a piece of news** una notizia; **a piece of luck** una botta di fortuna - **3.** [coin] moneta *f*.
◆ **piece together** *vt sep* [story, facts] ricostruire.

piecemeal ['pi:smi:l] ◇ *adj* frammentario(a). ◇ *adv* poco a poco.

piecework ['pi:swɜ:k] *n (U)* lavoro *m* a cottimo.

pier [pɪər] *n* [at seaside] molo *m*.

pierce [pɪəs] *vt* - **1.** [subj: bullet, needle, cold, light] penetrare; **to have one's ears pierced** farsi fare i buchi alle orecchie - **2.** [subj: cry] squarciare.

piercing ['pɪəsɪŋ] ◇ *adj* - **1.** [sound] lacerante - **2.** [wind] pungente - **3.** [look, eyes] penetrante. ◇ *n* piercing *m inv*.

pig [pɪg] *n* - **1.** [animal] maiale *m* - **2.** *inf pej* [greedy eater] maiale *m* - **3.** *inf pej* [unpleasant person] porco *m*.

pigeon ['pɪdʒɪn] (*pl* **pigeon** *OR* **-s**) *n* [bird] piccione *m*.

pigeonhole ['pɪdʒɪnhəʊl] ◇ *n* casella *f*. ◇ *vt* classificare.

piggybank ['pɪgɪbæŋk] *n* porcellino *m* salvadanaio.

pigheaded [ˌpɪg'hedɪd] *adj* testardo(a).

pigment *n* ['pɪgmənt] pigmento *m*.

pigpen ['pɪgpen] *n US* = **pigsty**.

pigskin ['pɪgskɪn] *n (U)* pelle *f* di cinghiale.

pigsty ['pɪgstaɪ], **pigpen** *US n lit* & *fig* porcile *m*.

pigtail ['pɪgteɪl] *n* [hair] codino *m*.

pilchard ['pɪltʃəd] *n* sardina *f*.

pile [paɪl] ◇ *n* - **1.** [heap] mucchio *m*; **a pile** *OR* **piles of sthg** *inf* un mucchio di qc - **2.** [neat stack] pila *f* - **3.** [of carpet, fabric] pelo *m*. ◇ *vt* impilare; **to be piled with sthg** essere pieno(a) di qc. ◆ **piles** *npl* MED emorroidi *fpl*.
◆ **pile into** *vt insep* *inf* ammassarsi in.
◆ **pile up** ◇ *vt sep* [books, papers] impilare; [snow] ammucchiare. ◇ *vi* accumularsi.

pile-up *n* [of vehicles] tamponamento *m*.

pilfer ['pɪlfər] ◇ *vt*: **to pilfer sthg (from)** rubare qc (a). ◇ *vi*: **to pilfer (from)** rubare (a).

pilgrim ['pɪlgrɪm] *n* pellegrino *m*, -a *f*.

pilgrimage ['pɪlgrɪmɪdʒ] *n* pellegrinaggio *m*.

pill [pɪl] *n* - **1.** [gen] pillola *f* - **2.** [contraceptive]: **the pill** la pillola; **to be on the pill** prendere la pillola.

pillage ['pɪlɪdʒ] *vt* saccheggiare.

pillar ['pɪlər] *n* - **1.** ARCHIT pilastro *m* - **2.** [important person]: **to be a pillar of sthg** essere il pilastro di qc.

pillar box *n UK* buca *f* della posta *(a colonnina)*.

pillion ['pɪljən] *n* sellino *m* posteriore; **to ride pillion** sedersi dietro *(sulla moto)*.

pillow ['pɪləʊ] *n* - **1.** [for bed] cuscino *m*, guanciale *m* - **2.** *US* [on sofa, chair] cuscino *m*.

pillowcase ['pɪləʊkeɪs], **pillowslip** ['pɪləʊslɪp] *n* federa *f*.

pilot ['paɪlət] ◇ *n* - **1.** AERON pilota *mf* - **2.** NAUT timoniere *m*, -a *f* - **3.** TV trasmissione *f* pilota *(inv)*. ◇ *comp* [scheme, show] pilota *(inv)*. ◇ *vt* - **1.** AERON pilotare - **2.** NAUT manovrare - **3.** [bill] far passare - **4.** [scheme] testare.

pilot light *n* [on gas appliance] fiamma *f* pilota *(inv)*.

pimp [pɪmp] *n inf* protettore *m*.

pimple ['pɪmpl] *n* brufolo *m*.

pin [pɪn] ◇ *n* - **1.** [for sewing] spillo *m*; **to have pins and needles** *fig* avere il formicolio - **2.** [drawing pin] puntina *f* da disegno - **3.** [safety pin] spilla *f* - **4.** [of plug] spina *f* - **5.** TECH copiglia *m* - **6.** *US* [brooch, badge] spilla *f*. ◇ *vt* - **1.** [attach]: **to pin sthg to** *OR* **on sthg** appuntare qc a *OR* su qc - **2.** [immobilize]: **to pin sb against** *OR* **to sthg** immobilizzare qn contro qc - **3.** [apportion]: **to pin sthg on sb** [blame] dare qc a qn; [crime] incolpare qn di qc. ◆ **pin down** *vt sep* - **1.** [identify] definire - **2.** [force to make a decision]: **to pin sb down** costringere qn a prendere una decisione.

pinafore ['pɪnəfɔ:r] *n* - **1.** [apron] grembiule *m* - **2.** *UK* [dress] scamiciato *m*.

pinball ['pɪnbɔ:l] *n (U)* flipper *m*.

pincers ['pɪnsəz] *npl* - **1.** [tool] tenaglie *fpl* - **2.** [front claws] chele *fpl*.

pinch [pɪntʃ] ◇ *n* pizzico *m*. ◇ *vt* - **1.** [nip] pizzicare; [subj: shoes] stringere - **2.** *UK inf* [steal] fregare. ◆ **at a pinch** *UK*, **in a pinch** *US adv* al limite.

pincushion ['pɪnˌkʊʃn] *n* puntaspilli *m inv*.

pine [paɪn] ◇ *n* pino *m*. ◇ *vi*: **to pine for sb/sthg** languire per qn/qc.

pineapple ['paɪnˌæpl] *n* ananas *m inv*.

ping [pɪŋ] *n* tintinnio *m*.

pink [pɪŋk] <> adj - **1.** [in colour] rosa *(inv)* - **2.** [with embarrassment] rosso(a). <> n [colour] rosa *m inv.*

pink pound *UK*, **pink dollar** *US* n: **the pink pound** il potere d'acquisto della comunità gay.

pinnacle ['pɪnəkl] n - **1.** fig [of career, success] apice *m* - **2.** [mountain peak] picco *m* - **3.** [spire] pinnacolo *m.*

pinpoint ['pɪnpɔɪnt] vt - **1.** [difficulty, cause] individuare - **2.** [position, target, leak] localizzare.

pin-striped [-'straɪpt] adj gessato(a).

pint [paɪnt] n - **1.** *UK* [unit of measurement] pinta *f (= 0,568 litri)* - **2.** *US* [unit of measurement] pinta *f (= 0,473 litri)* - **3.** *UK* [beer] birra *f.*

pioneer [,paɪə'nɪər] <> n pioniere *m*, -a *f.* <> vt sperimentare.

pious ['paɪəs] adj - **1.** [religious] pio(a) - **2.** pej [sanctimonious] bacchettone(a).

pip [pɪp] n *UK* - **1.** [seed] seme *m* - **2.** [bleep] segnale *m* acustico.

pipe [paɪp] <> n - **1.** [for gas, water] tubo *m* - **2.** [for smoking] pipa *f.* <> vt [liquid, gas] convogliare; [music] diffondere. ◆ **pipes** *npl* [bagpipes] cornamusa *f (sing).* ◆ **pipe down** vi inf fare silenzio. ◆ **pipe up** vi inf alzare la voce.

pipe cleaner n scovolino *m.*

pipeline ['paɪplaɪn] n: gas pipeline gasdotto *m*; oil pipeline oleodotto *m.*

piper ['paɪpər] n MUS suonatore *m*, -trice *f* di cornamusa.

piping hot ['paɪpɪŋ-] adj bollente.

pirate ['paɪrət] <> adj [copy, CD, DVD] pirata *(inv).* <> n - **1.** [sailor] pirata *m* - **2.** [illegal copy] copia *f* pirata *(inv).* <> vt [CD, DVD] piratare.

pirouette [,pɪru'et] <> n piroetta *f.* <> vi piroettare.

Pisces ['paɪsi:z] n [astrology] Pesci *mpl*; **to be (a) Pisces** essere dei Pesci.

piss [pɪs] vulg <> n [urine] piscio *m.* <> vi [urinate] pisciare.

pissed [pɪst] adj vulg - **1.** *UK* [drunk] sbronzo(a) - **2.** esp *US* [annoyed] incazzato(a).

pissed off adj vulg incazzato(a).

pistol ['pɪstl] n pistola *f.*

piston ['pɪstən] n pistone *m.*

pit [pɪt] <> n - **1.** [large hole] fossa *f* - **2.** [small, shallow hole] buca *f* - **3.** [for orchestra] golfo *m* mistico - **4.** [mine] miniera *f* - **5.** *US* [of fruit] nocciolo *m.* <> vt: **to be pitted against sb** essere messo(a) a (combattere) contro qn. ◆ **pits** *npl* [in motor racing]: **the pits** i box.

pitch [pɪtʃ] <> n - **1.** *UK* SPORT campo *m* - **2.** MUS tonalità *f inv* - **3.** (U) [level, degree] grado *m* - **4.** *UK* [street vendor's place] posteggio *m* - **5.** inf [spiel] imbonimento *m* - **6.** [of slope, roof] pendenza *f.* <> vt - **1.** [throw] lanciare - **2.** [set - price] fissare; [- speech] adattare - **3.** [tent] piantare; **to pitch camp** campeggiare. <> vi - **1.** [fall over] cadere; **to pitch forward** cadere in avanti - **2.** [ship, plane] beccheggiare.

pitch-black adj buio(a); **it's pitch-black outside** fuori è buio pesto.

pitched battle [pɪtʃt-] n battaglia *f* campale.

pitcher ['pɪtʃər] n - **1.** *US* [one-handled jug] caraffa *f* - **2.** *UK* [two-handled jug] brocca *f* - **3.** [in baseball] lanciatore *m*, -trice *f.*

pitchfork ['pɪtʃfɔ:k] n forcone *m.*

pitfall ['pɪtfɔ:l] n insidia *f.*

pith [pɪθ] n (U) [of fruit] albedo *f inv.*

pithy ['pɪθɪ] adj [comment, writing] incisivo(a).

pitiful ['pɪtɪfʊl] adj - **1.** [arousing pity] pietoso(a) - **2.** [arousing contempt] meschino(a).

pitiless ['pɪtɪlɪs] adj spietato(a).

pit stop n [in motor racing] pit stop *m inv.*

pittance ['pɪtəns] n: **to earn a pittance** guadagnare una miseria.

pity ['pɪtɪ] <> n - **1.** [sympathy, sorrow] pietà *f*; **to take OR have pity on sb** avere pietà di qn - **2.** [shame] peccato *m*; **what a pity!** che peccato! <> vt compiangere.

pivot ['pɪvət] n lit & fig perno *m.*

pizza ['pi:tsə] n pizza *f.*

placard ['plækɑ:d] n cartellone *m.*

placate [plə'keɪt] vt placare.

place [pleɪs] <> n - **1.** [gen] posto *m*; **place of birth** luogo *m* di nascita - **2.** [suitable occasion] momento *m* - **3.** [home] casa *f* - **4.** [role, function] ruolo *m* - **5.** [in book] segno *m* - **6.** MATHS: **to work out the answer to two decimal places** calcolare i decimali fino alla seconda cifra - **7.** [instance]: **in the first place** innanzitutto; **in the first place..., and in the second place...** in primo luogo..., e in secondo luogo...; **to take place** avere luogo, svolgersi; **to take the place of sb/sthg** sostituire qn/qc. <> vt - **1.** [position, put] mettere - **2.** [lay, apportion]: **to place responsibility for sthg on sb** ritenere qn responsabile di qc - **3.** [identify]: **I can't place her** non ricordo dove l'ho vista - **4.** [make]: **to place an order (for sthg)** ordinare (qc); **to place a bet** fare una scommessa - **5.** [situate] situare - **6.** [in race]: **to be placed** piazzarsi. ◆ **all over the place** adv dappertutto. ◆ **in place** adv - **1.** [in proper position] a posto - **2.** [established, set up]: **to be in place** essere operativo(a). ⬥ **in place of** prep al posto di. ⬥ **out of place** adv fuori posto.

place mat n tovaglietta f all'americana.

placement ['pleɪsmənt] n - **1.** (U) [positioning] collocazione f - **2.** esp UK [work experience] stage m inv.

placid ['plæsɪd] adj placido(a).

plagiarize, -ise UK ['pleɪdʒəraɪz] vt plagiare.

plague [pleɪg] ⬦ n - **1.** [attack of disease] pestilenza f - **2.** (U) [disease] peste f - **3.** [of rats, locusts] invasione f. ⬦ vt: **to plague sb with sthg** tempestare qn di qc; **to be plagued by sthg** essere tormentato(a) da qc.

plaice [pleɪs] (pl **plaice**) n platessa f.

plaid [plæd] n (U) tessuto m scozzese.

plain [pleɪn] ⬦ adj - **1.** [fabric, sweater] in tinta unita; [notepaper] non rigato(a) - **2.** [food, architecture, style] semplice - **3.** [fact, truth] chiaro(a) - **4.** [statement, speaking] franco(a) - **5.** [madness, stupidity] puro(a) - **6.** [woman] insignificante. ⬦ adv inf [completely] del tutto. ⬦ n GEOG pianura f.

plain chocolate n UK cioccolato m fondente.

plain-clothes adj in borghese.

plain flour n UK farina f.

plainly ['pleɪnlɪ] adv - **1.** [upset, angry, visible, audible] chiaramente - **2.** [say, speak] francamente - **3.** [dressed, decorated] in modo semplice.

plaintiff ['pleɪntɪf] n querelante mf.

plait [plæt] esp UK ⬦ n treccia f. ⬦ vt intrecciare.

plan [plæn] ⬦ n - **1.** [strategy] piano m, programma f; **to go according to plan** andare secondo i piani - **2.** [outline] schema m - **3.** [diagram, map] pianta f. ⬦ vt - **1.** [organize] pianificare - **2.** [intend]: **to plan to do sthg** avere intenzione di fare qc - **3.** [design, devise] progettare. ⬦ vi fare progetti; **to plan for sthg** fare progetti per OR in vista di qc. ⬥ **plans** npl [arrangements] programmi mpl; **to have plans for** avere programmi per. ⬥ **plan on** vt insep: **to plan on doing sthg** avere in programma di fare qc.

plane [pleɪn] ⬦ adj GEOM piano(a). ⬦ n - **1.** [aircraft] aereo m - **2.** fig & GEOM piano m - **3.** [tool] pialla f - **4.** [tree] platano m.

planet ['plænɪt] n pianeta m.

plank [plæŋk] n - **1.** [piece of wood] asse f - **2.** [main policy] caposaldo m.

planning ['plænɪŋ] n (U) - **1.** [of town, city] urbanistica f - **2.** [of concert, conference] organizzazione f - **3.** [of economy, production] pianificazione f.

planning permission n UK licenza f edilizia.

plant [plɑːnt] ⬦ n - **1.** BOT pianta f - **2.** [factory] stabilimento m - **3.** (U) [heavy machinery] impianti mpl. ⬦ vt - **1.** [gen] piantare - **2.** [kiss] stampare - **3.** [bomb, microphone, spy] piazzare - **4.** [thought, idea] far nascere.

plantation [plæn'teɪʃn] n piantagione f.

plaque [plɑːk] n - **1.** [commemorative plate] targa f - **2.** (U) [deposit on teeth] placca f.

plaster ['plɑːstər] ⬦ n - **1.** (U) [for wall, ceiling] intonaco m - **2.** [for broken bones] gesso m - **3.** UK [for cut]: **(sticking) plaster** cerotto m. ⬦ vt - **1.** [put plaster on] intonacare - **2.** [cover]: **to plaster sthg with sthg** ricoprire qc di qc.

plaster cast n - **1.** [for broken bones] ingessatura f - **2.** [model, statue] modello m in gesso.

plastered ['plɑːstəd] adj inf sbronzo(a).

plasterer ['plɑːstərər] n intonacatore m, -trice f.

plaster of Paris n scagliola f.

plastic ['plæstɪk] ⬦ adj di plastica. ⬦ n [gen] plastica f.

Plasticine® ['plæstɪsiːn] UK n (U) plastilina® f.

plastic surgery n (U) chirurgia f plastica.

plastic wrap n US pellicola f trasparente.

plate [pleɪt] ⬦ n - **1.** [for food, in baseball] piatto m - **2.** [sheet of metal] lamina f - **3.** [plaque] targa f - **4.** (U) [metal covering] placcatura f - **5.** [in book] tavola f fuori testo - **6.** [in dentistry] protesi f inv (dentaria). ⬦ vt: **to be plated (with sthg)** essere placcato(a) (in qc).

plateau ['plætəʊ] (pl -s OR -x) n - **1.** GEOG altopiano m - **2.** fig [steady level] livello m stabile.

plate-glass adj di vetro.

platform ['plætfɔːm] n - **1.** [gen] piattaforma f - **2.** [for speaker, for giving opinion] tribuna f - **3.** [for performer] palco m - **4.** RAIL binario m.

platform ticket n UK biglietto di accesso al binario.

platinum ['plætɪnəm] n platino m.

platoon [plə'tuːn] n plotone m.

platter ['plætər] n piatto m da portata.

plausible ['plɔːzəbl] adj [reason, excuse] plausibile; [person] credibile.

play [pleɪ] ⬦ n - **1.** (U) [amusement] gioco m - **2.** [piece of drama] dramma m - **3.** [pun]: **play on words** gioco m di parole - **4.** TECH gioco m, agio m. ⬦ vt - **1.** [gen] giocare - **2.** [opposing player or team) giocare contro - **3.** CIN & THEAT interpretare; **to play a part** OR **role in sthg** *fig* giocare un ruolo in qc - **4.** [instrument, tune] suonare - **5.** [CD, DVD, tape] mettere - **6.** [pretend to be]: **to play the fool** fare il finto tonto, fare la finta tonta. ◇ *vi* - **1.** [gen]: **to play (with/for/against)** giocare (con/per/contro) - **2.** CIN & THEAT: **to play in sthg** recitare in qc - **3.** [person, music] suonare; **music was playing in the background** si sentiva la musica in sottofondo; **to play safe** agire con prudenza. ◆ **play along** *vi*: **to play along (with sb)** stare al gioco (di qn). ◆ **play down** *vt sep* minimizzare. ◆ **play up** ◇ *vt sep* [emphasize] gonfiare. ◇ *vi* - **1.** [cause problems - machine] fare le bizze; [- part of body] dare fastidio - **2.** [misbehave] fare i capricci.

play-act *vi* fare finta.

playboy ['pleɪbɔɪ] *n* playboy *m inv*.

Play-Doh® ['pleɪ,dəʊ] *n* plastilina® *f*.

player ['pleɪər] *n* - **1.** [of game, sport] giocatore *m*, -trice *f* - **2.** MUS suonatore *m*, -trice *f* - **3.** *dated* & THEAT attore *m*, -trice *f*.

playful ['pleɪfʊl] *adj* - **1.** [person, mood] allegro(a); [action, remark] scherzoso(a) - **2.** [animal] giocherellone(a).

playground ['pleɪgraʊnd] *n* [at school] cortile *m* per la ricreazione; [in park] parco *m* giochi.

playgroup ['pleɪgru:p] *n UK* ≃ asilo *m* nido *(inv)*.

playing card ['pleɪɪŋ-] *n* carta *f* da gioco.

playing field ['pleɪɪŋ-] *n* campo *m* da gioco.

playmate ['pleɪmeɪt] *n* compagno *m*, -a *f* di giochi.

play-off *n* spareggio *m*.

playpen ['pleɪpen] *n* box *m inv (per bambini)*.

playschool ['pleɪsku:l] *n UK* ≃ asilo *m* nido *(inv)*.

plaything ['pleɪθɪŋ] *n lit* & *fig* giocattolo *m*.

playtime ['pleɪtaɪm] *n (U)* ricreazione *f*.

playwright ['pleɪraɪt] *n* drammaturgo *m*, -a *f*.

plc *(abbr of public limited company) UK* ≃ S.p.A. *f inv*

plea [pli:] *n* - **1.** [appeal] supplica *f* - **2.** LAW: **to enter a plea of guilty/not guilty** dichiararsi colpevole/innocente.

plead [pli:d] *(pt & pp* **-ed** OR **pled)** ◇ *vt* - **1.** [LAW - cause, case] perorare; [- insanity] invocare - **2.** [give as excuse] addurre come pretesto. ◇ *vi* - **1.** [beg] supplicare; **to plead with sb to do sthg** supplicare qn di fare qc; **to**

plead for sthg implorare qc - **2.** LAW: **to plead guilty/not guilty** dichiararsi colpevole/innocente.

pleasant ['pleznt] *adj* - **1.** [smell, view, surprise] piacevole; [news] bello(a) - **2.** [person, smile, face] affabile.

pleasantry ['plezntrɪ] *n*: **to exchange pleasantries** scambiarsi complimenti.

please [pli:z] ◇ *vt* fare piacere a; **he is hard to please** è difficile accontentarlo; **to please o.s.** fare quello che si vuole; **please yourself!** fai quello che ti pare! ◇ *vi* - **1.** [give satisfaction] far piacere - **2.** [choose]: **to do as one pleases** fare come si vuole. ◇ *adv* - **1.** [in polite requests] per piacere - **2.** [in polite acceptance] grazie.

pleased [pli:zd] *adj* compiaciuto(a); **pleased about/with** contento(a) di; **pleased to meet you!** piacere!

pleasing ['pli:zɪŋ] *adj* gradevole.

pleasure ['pleʒər] *n* piacere *m*; **with pleasure** con piacere; **it's a pleasure!** è un piacere!; **my pleasure!** piacere mio!

pleat [pli:t] ◇ *n* piega *f*. ◇ *vt* pieghettare.

pled [pled] *pt & pp* ▷ **plead**.

pledge [pledʒ] ◇ *n* - **1.** [promise] promessa *f* solenne - **2.** [token] prova *f*. ◇ *vt* - **1.** [promise to provide] promettere - **2.** [commit]: **to be pledged to sthg** essersi impegnato(a) in qc; **to pledge o.s. to sthg** dedicarsi a qc - **3.** [pawn] impegnare.

plentiful ['plentɪfʊl] *adj* abbondante.

plenty ['plentɪ] ◇ *n (U)* abbondanza *f*. ◇ *pron* molto(a); **plenty of** molto(a). ◇ *adv US* molto.

pliable ['plaɪəbl], **pliant** ['plaɪənt] *adj* - **1.** [supple] flessibile - **2.** [adaptable] docile.

pliers ['plaɪəz] *npl* pinze *fpl*.

plight [plaɪt] *n* situazione *f* difficile.

plimsoll ['plɪmsəl] *n UK* scarpa *f* da tennis.

plinth [plɪnθ] *n* plinto *m*.

plod [plɒd] *vi* - **1.** [walk slowly] camminare con passo pesante - **2.** [work slowly] andare avanti a fatica.

plonk [plɒŋk] *n UK inf* vino *m* dozzinale. ◆ **plonk down** *vt sep esp UK inf* mollare; **to plonk o.s. down** crollare pesantemente.

plot [plɒt] ◇ *n* - **1.** [conspiracy] complotto *m* - **2.** [story] trama *f* - **3.** [of land] appezzamento *m*. ◇ *vt* - **1.** [conspire] complottare; **to plot to do sthg** complottare per fare qc - **2.** [course, route, coordinates] tracciare. ◇ *vi*: **to plot (against sb)** complottare (contro qn).

plough *UK*, **plow** *US* [plaʊ] ◇ *n* aratro *m*. ◇ *vt* - **1.** AGRIC arare - **2.** [invest]: **to plough**

money into sthg investire soldi in qc. <> vi [crash]: **to plough into** sthg schiantarsi contro qc.

ploughman's ['plaumənz] (pl **ploughman's**) n UK: **ploughman's (lunch)** piatto composto da pane, formaggio e sottaceti.

plow US = **plough**.

ploy [plɔɪ] n stratagemma m.

pluck [plʌk] <> vt - 1. [flower, fruit] cogliere - 2. [pull] strappare - 3. [chicken] spiumare - 4. [eyebrows] depilare - 5. [string] pizzicare - 6. [musical instrument] suonare. <> n (U) dated coraggio m. ◆ **pluck up** vt insep: to **pluck up the courage to do** sthg trovare il coraggio di fare qc.

plug [plʌg] <> n - 1. [on electrical equipment] spina f; [socket] presa f di corrente - 2. [for bath or sink] tappo m. <> vt - 1. [block] tappare - 2. inf [advertise] pubblicizzare. ◆ **plug in** vt sep ELEC attaccare.

plughole ['plʌghəʊl] n UK scarico m.

plum [plʌm] <> adj - 1. [colour] prugna inv - 2. [choice]: **a plum job** un lavoro favoloso. <> n [fruit] prugna f, susina f.

plumb [plʌm] <> adv inf - 1. [exactly] esattamente - 2. US dated [completely] del tutto. <> vt: **to plumb the depths of** sthg toccare il fondo di qc.

plumber ['plʌmər] n idraulico m.

plumbing ['plʌmɪŋ] n (U) - 1. [fittings] impianto m idraulico - 2. [work] mestiere m di idraulico.

plume [plu:m] n - 1. [on bird] piuma f - 2. [on hat, helmet] pennacchio m - 3. [column]: **a plume of smoke** un pennacchio di fumo.

plummet ['plʌmɪt] vi - 1. [bird, plane] scendere in picchiata - 2. [price, value, sales] crollare.

plump [plʌmp] <> adj [person, arm] ciccottello(a); [chicken] bello(a) in carne. <> vi: **to plump for** sthg scegliere qc. ◆ **plump up** vt sep sprimacciare.

plum pudding n dolce a base di frutta secca e spezie.

plunder ['plʌndər] <> n - 1. [pillaging] saccheggio m - 2. [booty] bottino m. <> vt saccheggiare.

plunge [plʌndʒ] <> n - 1. [in price, rate, amount] crollo m - 2. [into water] tuffo f; **to take the plunge** fig saltare il fosso. <> vt - 1. [immerse]: **to plunge** sthg **into** sthg immergere qc in qc - 2. [thrust]: **to plunge** sthg **into** sthg conficcare qc in qc - 3. fig: **the room was plungeed into darkness** la stanza sprofondò nel buio. <> vi - 1. [dive, throw o.s.] tuffarsi - 2. [decrease rapidly] crollare.

plunger ['plʌndʒər] n [for sinks, drains] sturalavandini m inv.

pluperfect [,plu:'pɜ:fɪkt] n: **the pluperfect (tense)** il trapassato prossimo.

plural ['plʊərəl] <> adj - 1. GRAM plurale - 2. [society] pluralista. <> n plurale m.

plus [plʌs] (pl **-es** OR **-ses**) <> adj - 1. [over, more than]: **35 plus** più di 35 - 2. [in school marks] più (inv); **B plus** B più. <> n - 1. [MATHS - sign] più m inv - 2. inf [bonus] vantaggio m. <> prep più. <> conj più.

plush [plʌʃ] adj sontuoso(a).

plus sign n segno m più (inv)

Pluto ['plu:təʊ] n Plutone m.

plutonium [plu:'təʊnɪəm] n (U) plutonio m.

ply [plaɪ] vt - 1. [work at] esercitare - 2. [supply, provide]: **to ply** sb **with** sthg [drink, food] offrire con insistenza qc a qn; **to ply** sb **with questions** assillare qn con domande.

-ply [plaɪ] adj: **four-ply wool** lana a quattro capi; **four-ply wood** legno a quattro strati.

plywood ['plaɪwʊd] n (U) compensato m.

p.m., pm (abbr of post meridiem) p.m.

PM (abbr of prime minister) n UK inf primo ministro m.

PMS (abbr of premenstrual syndrome) n SPM f.

PMT (abbr of premenstrual tension) n UK TPM f.

pneumatic [nju:'mætɪk] adj pneumatico(a).

pneumatic drill n UK martello m pneumatico.

pneumonia [nju:'məʊnjə] n (U) polmonite f.

poach [pəʊtʃ] <> vt - 1. [hunt illegally - animals] cacciare di frodo; [- fish] pescare di frodo - 2. [idea] rubare - 3. [CULIN - egg] cuocere in camicia; [- fish] cuocere in bianco. <> vi [hunt illegally - for animals] cacciare di frodo; [- for fish] pescare di frodo.

poacher ['pəʊtʃər] n [illegal hunter - of animals] cacciatore m, -trice f di frodo; [- of fish] pescatore m, -trice f di frodo.

poaching ['pəʊtʃɪŋ] n (U) [illegal hunting - of animals] caccia f di frodo; [- of fish] pesca f di frodo.

PO Box (abbr of Post Office Box) n C.P.

pocket ['pɒkɪt] <> n - 1. [in clothing, car door] tasca f; **back pocket** tasca f di dietro; **to be out of pocket** rimetterci; **to pick** sb's **pocket** rubare il portafoglio a qn - 2. [of resistance, warm air] sacca f - 3. [of snooker, pool table] buca f. <> adj tascabile. <> vt - 1. [place in pocket] mettersi in tasca - 2. [steal] intascare.

pocketbook ['pɒkɪtbʊk] *n* - **1.** [notebook] taccuino *m* - **2.** US [handbag] busta *f.*

pocketknife ['pɒkɪtnaɪf] *(pl -knives)* *n* coltellino *m.*

pocket money *n* UK paghetta *f.*

pod [pɒd] *n* - **1.** [of plant] baccello *m* - **2.** [of spacecraft] modulo *m.*

podgy ['pɒdʒɪ] *adj* UK *inf* grassoccio(a).

podiatrist [pə'daɪətrɪst] *n* esp US podologo *m*, -a *f.*

podium ['pəʊdɪəm] *(pl -diums OR -dia)* *n* podio *m.*

poem ['pəʊɪm] *n* poesia *f.*

poet ['pəʊɪt] *n* poeta *m*, -a *f.*

poetic [pəʊ'etɪk] *adj* poetico(a).

poetry ['pəʊɪtrɪ] *n (U)* lit & fig poesia *f.*

poignant ['pɔɪnjənt] *adj* toccante.

point [pɔɪnt] ⋄ *n* - **1.** [gen] punto *m*; **to have a point** [be right] avere ragione; **to make a point** fare una considerazione; **to make a point of doing sthg** non mancare di fare qc; **to make one's point** dire la propria opinione; **to get** OR **come to the point** venire al dunque; **that's beside the point** questo non c'entra; **from all points of the compass** da tutte le direzioni - **2.** [tip] punta *f* - **3.** [feature, characteristic] lato *m*; **he has his good points** ha i suoi lati positivi - **4.** [purpose] motivo *m*; **what's the point?** a che scopo?, per quale motivo?; **there's no point in it** non ce n'è motivo - **5.** MATHS ≈ virgola *f*; **two point six** ≈ due virgola sei - **6.** UK ELEC presa *f* - **7.** US [full stop] punto *m.* ⋄ *vt*: **to point sthg (at sb/sthg)** [gun] puntare qc (contro qn/qc); [camera, hose] puntare qc (verso qn/qc); **to point one's finger at sb/sthg** mostrare qn/qc col dito; **to point a finger at sb** fig puntare il dito contro qn. ⋄ *vi* - **1.** [person] indicare (col dito); **to point at** OR **to sb/sthg** indicare qn/qc (col dito) - **2.** fig [evidence, facts]: **to point to sb/sthg** far pensare a qn/qc. ➤ **points** *npl* UK RAIL ago *m (sing)* dello scambio. ➤ **up to a point** *adv* fino a un certo punto. ➤ **on the point of** *prep* sul punto di. ➤ **point out** *vt sep* - **1.** [person, building] indicare - **2.** [fact, mistake] far notare.

point-blank *adv* [shoot, ask] a bruciapelo; [refuse, deny] categoricamente; [accuse] di punto in bianco.

pointed ['pɔɪntɪd] *adj* - **1.** [nose, hat] a punta - **2.** [remark, question] mirato(a).

pointer ['pɔɪntər] *n* - **1.** *inf* [tip, hint] indicazione *f* - **2.** [needle on dial] lancetta *f* - **3.** [stick] bacchetta *f* - **4.** COMPUT puntatore *m.*

pointless ['pɔɪntlɪs] *adj* inutile.

point of view *(pl* **points of view)** *n* punto *m* di vista.

poise [pɔɪz] *n* padronanza *f* di sé.

poised [pɔɪzd] *adj* - **1.** [ready]: **poised (for sthg/to do sthg)** pronto(a) (a qc/a fare qc) - **2.** [calm and dignified] padrone(a) di sé.

poison ['pɔɪzn] ⋄ *n* lit & fig veleno *m.* ⋄ *vt* lit & fig avvelenare.

poisoning ['pɔɪznɪŋ] *n (U)* avvelenamento *m.*

poisonous ['pɔɪznəs] *adj* lit & fig velenoso(a).

poke [pəʊk] ⋄ *vt* - **1.** [prod, jab] dare dei colpetti a; **to poke sb's eye out** cavare un occhio a qn; **he poked his elbow into her ribs** le ha dato una gomitata nelle costole - **2.** [stick, thrust] infilare; **to poke a hole in sthg** fare un buco in qc - **3.** [fire] attizzare. ⋄ *vi* spuntare. ➤ **poke about** UK, **poke around** *vi inf* frugare.

poker ['pəʊkər] *n* - **1.** [game] poker *m inv* - **2.** [for fire] attizzatoio *m.*

poker-faced [-'feɪst] *adj* impassibile.

poky ['pəʊkɪ] *adj pej* [room, apartment] angusto(a).

Poland ['pəʊlənd] *n* Polonia *f.*

polar ['pəʊlər] *adj* polare.

Polaroid® ['pəʊlərɔɪd] *n* polaroid® *f inv.*

pole [pəʊl] *n* - **1.** [rod, post] palo *m* - **2.** GEOG & ELEC polo *m.*

Pole [pəʊl] *n* polacco *m*, -a *f.*

pole vault *n*: **the pole vault** il salto con l'asta.

police [pə'liːs] ⋄ *npl* - **1.** [police force]: **the police** la polizia *(singolare)* - **2.** [policemen, policewomen] poliziotti *mpl.* ⋄ *vt* [area] sorvegliare.

police car *n* auto *f inv* della polizia.

police constable *n* UK agente *mf* di polizia.

police force *n* corpo *m* di polizia.

policeman [pə'liːsmən] *(pl -men)* *n* poliziotto *m.*

police officer *n* agente *mf* di polizia.

police station *n* posto *m* di polizia.

policewoman [pə'liːswʊmən] *(pl -women)* *n* donna *f* poliziotto *(inv).*

policy ['pɒləsɪ] *n* - **1.** [plan, practice] politica *f* - **2.** [document, agreement] polizza *f.*

polio ['pəʊlɪəʊ] *n (U)* polio *f.*

polish ['pɒlɪʃ] ⋄ *n* - **1.** [cleaning material] lucido *m* - **2.** [shine] lucentezza *f* - **3.** fig [refinement] raffinatezza *f.* ⋄ *vt* - **1.** [shoes, floor, table, mirror, car] lucidare; [glass] pulire - **2.** fig [perfect]: **to polish sthg (up)** rifinire qc. ◆ **polish off** vt sep inf - **1.** [meal] spolverare - **2.** [job, book] finire in fretta.

Polish ['pəʊlɪʃ] ◇ adj polacco(a). ◇ n [language] polacco m. ◇ npl: **the Polish** i polacchi.

polished ['pɒlɪʃt] adj - **1.** [surface] lucidato(a) - **2.** [person, manners] raffinato(a) - **3.** [performer, performance] perfetto(a).

polite [pə'laɪt] adj [person, remark] educato(a).

political [pə'lɪtɪkl] adj - **1.** [concerning politics] politico(a) - **2.** [interested in politics] appassionato(a) di politica.

politically correct adj politicamente corretto(a).

politician [,pɒlɪ'tɪʃn] n politico m, -a f.

politics ['pɒlətɪks] ◇ n - **1.** [profession] politica f - **2.** [subject of study] scienze fpl politiche. ◇ npl - **1.** [personal beliefs] idee fpl politiche - **2.** [of a group, area] politica f (sing).

poll [pəʊl] ◇ n - **1.** [election] elezioni fpl - **2.** [survey] sondaggio m. ◇ vt - **1.** [people] intervistare (per un sondaggio) - **2.** [votes] ottenere. ◆ **polls** npl: **to go to the polls** andare alle urne.

pollen ['pɒlən] n (U) polline m.

polling booth n UK cabina f elettorale.

polling day n UK giorno m delle elezioni.

polling station n seggio m elettorale.

pollute [pə'lu:t] vt inquinare.

pollution [pə'lu:ʃn] n (U) inquinamento m.

polo ['pəʊləʊ] n SPORT polo m.

polo neck n UK - **1.** [collar] collo m dolcevita (inv) - **2.** [garment] dolcevita m o f inv.

polo shirt n polo f inv.

polyethylene n US = **polythene**.

Polynesia [,pɒlɪ'ni:zjə] n Polinesia f.

polystyrene [,pɒlɪ'staɪri:n] n (U) polistirolo m.

polytechnic [,pɒlɪ'teknɪk] n UK dated politecnico m.

polythene ['pɒlɪθi:n] UK, **polyethylene** [,pɒlɪ'eθɪli:n] US n (U) polietilene m.

polythene bag n UK sacchetto m di plastica.

pomegranate ['pɒmɪ,grænɪt] n melagrana f.

pomp [pɒmp] n (U) pompa f.

pompom ['pɒmpɒm] n pompon m inv.

pompous ['pɒmpəs] adj pomposo(a).

pond [pɒnd] n stagno m.

ponder ['pɒndər] vt riflettere su.

ponderous ['pɒndərəs] adj [speech, architecture] pesante.

pong [pɒŋ] UK inf n puzza f.

pontoon [pɒn'tu:n] n - **1.** [bridge] pontone m - **2.** UK [game] ventuno m.

pony ['pəʊnɪ] n pony m inv.

ponytail ['pəʊnɪteɪl] n coda f di cavallo.

poodle ['pu:dl] n barboncino m.

pool [pu:l] ◇ n - **1.** [of water, blood] pozza f - **2.** [swimming pool] piscina f - **3.** [of workers, cars, talent] pool m inv - **4.** (U) SPORT pool m. ◇ vt mettere in comune. ◆ **pools** npl UK: **the pools** ≃ la schedina (singolare).

poor [pʊər] ◇ adj - **1.** [impoverished, unfortunate] povero(a) - **2.** [not very good - result, pay] scadente; [- weather, health] cattivo(a). ◇ npl: **the poor** i poveri.

poorly ['pʊəlɪ] ◇ adj UK inf malaticcio(a). ◇ adv male.

pop [pɒp] ◇ n - **1.** (U) [music] pop m - **2.** (U) inf [fizzy drink] bibita f gassata - **3.** esp US inf [father] pa' m inv - **4.** [noise] scoppio m. ◇ vt - **1.** [burst] far scoppiare - **2.** [put quickly] ficcare. ◇ vi - **1.** [balloon] scoppiare - **2.** [cork, button] saltare - **3.** [eyes] uscire dalle orbite. ◆ **pop in** vi fare un salto. ◆ **pop up** vi sbucare.

pop concert n concerto m pop (inv).

popcorn ['pɒpkɔ:n] n (U) popcorn m inv.

pope [pəʊp] n papa m.

pop group n gruppo m musicale.

poplar ['pɒplər] n pioppo m.

poppy ['pɒpɪ] n papavero m.

Popsicle® ['pɒpsɪkl] n US ghiacciolo m.

popular ['pɒpjʊlər] adj popolare; **she was very popular at school** a scuola stava simpatica a tutti.

popularize, -ise UK ['pɒpjʊləraɪz] vt - **1.** [make popular] diffondere - **2.** [simplify] rendere accessibile.

population [,pɒpjʊ'leɪʃn] n - **1.** [total of inhabitants] popolazione f - **2.** [particular group] comunità f inv.

porcelain ['pɔ:səlɪn] n (U) porcellana f.

porch [pɔ:tʃ] n - **1.** [entrance] portico m (d'ingresso) - **2.** US [veranda] veranda f.

porcupine ['pɔ:kjʊpaɪn] n porcospino m.

pore [pɔ:r] n poro m. ◆ **pore over** vt insep studiare attentamente.

pork [pɔ:k] n (U) carne f di maiale.

pork pie n UK tortino m di maiale.

pornography [pɔ:'nɒgrəfɪ] n (U) pornografia f.

porous ['pɔ:rəs] adj poroso(a).

porridge ['pɒrɪdʒ] n (U) UK porridge m inv.

port [pɔ:t] n - **1.** [town, harbour, drink] porto m - **2.** (U) NAUT babordo m - **3.** COMPUT porta f.

portable ['pɔːtəbl] *adj* portatile.

porter ['pɔːtər] *n* - **1.** UK [at door] portiere *m* - **2.** [for luggage] facchino *m* - **3.** US dated [on train] cuccettista *mf*.

portfolio [,pɔːt'fəʊljəʊ] (*pl* -s) *n* - **1.** [case] cartella *f* - **2.** [sample of work] portfolio *m inv* - **3.** FIN portafoglio *m*.

porthole ['pɔːthəʊl] *n* oblò *m inv*.

portion ['pɔːʃn] *n* - **1.** [part, share] porzione *f*, parte *f* - **2.** [set amount of food] porzione *f*.

portrait ['pɔːtreɪt] *n* ritratto *m*.

portray [pɔː'treɪ] *vt* - **1.** [subj: actor] interpretare - **2.** [subj: writer, artist] ritrarre.

Portugal ['pɔːtʃʊgl] *n* Portogallo *m*.

Portuguese [,pɔːtʃʊ'giːz] (*pl* **Portuguese**) ⋄ *adj* portoghese. ⋄ *n* - **1.** [person] portoghese *mf*; **the Portuguese** i portoghesi - **2.** [language] portoghese *m*.

pose [pəʊz] ⋄ *n* posa *f*. ⋄ *vt* - **1.** [problem, danger, threat] rappresentare - **2.** [question] sollevare. ⋄ *vi* - **1.** [model, behave affectedly] posare - **2.** [pretend to be]: **to pose as sb/sthg** spacciarsi per qn/qc.

posh [pɒʃ] *adj inf* - **1.** [hotel, clothes] molto elegante - **2.** [upper-class - person] bene *(inv)*; [- accent] della gente bene.

position [pə'zɪʃn] ⋄ *n* posizione *f*; **position on sthg** posizione riguardo a qc. ⋄ *vt* piazzare.

positive ['pɒzətɪv] *adj* - **1.** [gen]: **positive (about sthg)** positivo(a) (riguardo a qc) - **2.** [sure, irrefutable]: **positive (about sthg)** certo(a) (di qc) - **3.** [for emphasis] vero(a) e proprio(a).

possess [pə'zes] *vt* - **1.** [gen] possedere - **2.** [subj: emotion] prendere; **what possessed him?** cosa gli è preso?

possession [pə'zeʃn] *n* (U) possesso *m*. ◆ **possessions** *npl* beni *mpl*.

possessive [pə'zesɪv] ⋄ *adj* possessivo(a). ⋄ *n* [pronoun] pronome *m* possessivo; [adjective] aggettivo *m* possessivo.

possibility [,pɒsə'bɪlətɪ] *n* possibilità *f inv*.

possible ['pɒsəbl] *adj* possibile; **as soon as possible** appena possibile; **as much as possible** il più possibile.

possibly ['pɒsəblɪ] *adv* - **1.** [perhaps, maybe] forse - **2.** [within one's power]: **I'll do all I possibly can** farò tutto il possibile; **could you possibly help me?** per caso potresti aiutarmi? - **3.** [to show surprise]: **how could he possibly do that?** come potrebbe farlo? - **4.** [for emphasis]: **I can't possibly take the money!** non posso assolutamente accettare i soldi!

post [pəʊst] ⋄ *n* - **1.** UK [mail service]: **the post** la posta; **by post** per posta - **2.** UK [letters,

delivery] posta *f* - **3.** UK [collection of letters] levata *f* - **4.** [pole] palo *m* - **5.** [position, job] posto *m* - **6.** MIL posto *m*. ⋄ *vt* - **1.** UK [letter, parcel] impostare, spedire - **2.** [employee] trasferire - **3.** [COMPUT - message, query] inviare.

postage ['pəʊstɪdʒ] *n* (U) tariffa *f* postale; **postage and packing** UK OR **handling** US spese *fpl* di spedizione.

postal ['pəʊstl] *adj* postale.

postal order *n* UK vaglia *m* postale.

postbox ['pəʊstbɒks] *n* UK cassetta *f* delle lettere.

postcard ['pəʊstkɑːd] *n* cartolina *f*.

postcode ['pəʊstkəʊd] *n* UK codice *m* postale.

postdate [,pəʊst'deɪt] *vt* postdatare.

poster ['pəʊstər] *n* [for information, advertising] manifesto *m*; [for decoration] poster *m inv*.

poste restante [,pəʊst'restɑːnt] *n* UK fermo posta *m inv*.

posterior [pɒ'stɪərɪər] ⋄ *adj* posteriore. ⋄ *n hum* didietro *m inv*.

postgraduate [,pəʊst'grædʒʊət] ⋄ *adj* - **1.** UK [after first degree] post-laurea *(inv)* - **2.** US [after higher degree] post-dottorato *(inv)*. ⋄ *n* - **1.** UK [after first degree] *studente di corso di specializzazione post-laurea* - **2.** US [after higher degree] *studente di corso di specializzazione post-dottorato*.

posthumous ['pɒstjʊməs] *adj* postumo(a).

postman ['pəʊstmən] (*pl* -men) *n* postino *m*.

postmark ['pəʊstmɑːk] ⋄ *n* timbro *m* postale. ⋄ *vt*: **the letter was postmarked Berlin** la lettera aveva il timbro postale di Berlino.

postmortem [,pəʊst'mɔːtəm] *n* - **1.** [autopsy] autopsia *f* - **2.** fig [analysis] analisi *f* a posteriori.

post office *n* - **1.** [organization]: **the Post Office** le poste - **2.** [building] posta *f*, ufficio *m* postale.

post office box *n* casella *f* postale.

postpone [,pəʊst'pəʊn] *vt* rinviare.

postscript ['pəʊsskrɪpt] *n* - **1.** [to letter] post scriptum *m inv* - **2.** fig [additional information] seguito *m*.

posture ['pɒstʃər] *n* - **1.** (U) [way of standing, sitting] postura *f* - **2.** fig [attitude]: **posture (on sthg)** posizione *f* (verso OR riguardo a qc).

postwar [,pəʊst'wɔːr] *adj* del dopoguerra.

posy ['pəʊzɪ] *n* mazzolino *m* di fiori.

pot [pɒt] ⋄ *n* - **1.** [for cooking] pentola *f* - **2.** [for tea] teiera *f* - **3.** [for coffee] caffettiera *f*

- 4. [for paint, jam] barattolo m **- 5.** [flowerpot] vaso m **- 6.** (U) inf [cannabis] erba f. ◇ **vt** [plant] mettere in un vaso.

potassium [pəˈtæsɪəm] n (U) potassio m.

potato [pəˈteɪtəʊ] (pl **-es**) n patata f.

potato peeler [-,piːlər] n pelapatate m inv.

potent [ˈpəʊtənt] adj **- 1.** [argument] convincente **- 2.** [drink, drug] forte **- 3.** [virile] virile.

potential [pəˈtenʃl] ◇ adj potenziale. ◇ n [of person] potenziale m; **to have potential** avere del potenziale.

potentially [pəˈtenʃəlɪ] adv potenzialmente.

pothole [ˈpɒthəʊl] n **- 1.** [in road] buca f **- 2.** [underground] marmitta f dei giganti.

potholing [ˈpɒtˌhəʊlɪŋ] n UK speleologia f; **to go potholing** fare spedizioni speleologiche.

potion [ˈpəʊʃn] n pozione f.

potluck [,pɒtˈlʌk] n: **to take potluck** accontentarsi.

potshot [ˈpɒtˌʃɒt] n: **to take a potshot (at sthg)** tirare a caso (su qc).

potted [ˈpɒtɪd] adj **- 1.** [plant] in vaso **- 2.** UK [meat, fish] in scatola.

potter [ˈpɒtər] n vasaio m, -a f. ◆ **potter about, potter around** vi UK lavoricchiare.

pottery [ˈpɒtərɪ] n **- 1.** (U) [clay objects] ceramiche fpl **- 2.** (U) [craft] ceramica f **- 3.** [factory] fabbrica f di ceramiche.

potty [ˈpɒtɪ] inf ◇ adj UK matto(a); **to be potty about sb/sthg** andare matto(a) per qn/qc. ◇ n [for child] vasino m.

pouch [paʊtʃ] n **- 1.** [small bag] borsa f **- 2.** [pocket of skin] marsupio m.

poultry [ˈpəʊltrɪ] ◇ n (U) [meat] pollame m. ◇ npl [birds] volatili mpl.

pounce [paʊns] vi **- 1.** [subj: animal, bird]: **to pounce on** OR **upon sthg** balzare su qc **- 2.** [subj: person, police]: **to pounce on** OR **upon sb** balzare addosso a qn.

pound [paʊnd] ◇ n **- 1.** [unit of money] sterlina f **- 2.** [currency system]: **the pound** la sterlina **- 3.** [unit of weight] libbra f ,= 454 grammi **- 4.** [for cars] deposito m (auto inv) **- 5.** [for dogs] canile m (municipale). ◇ vt **- 1.** [strike loudly] battere su **- 2.** [pulverize] pestare. ◇ vi **- 1.** [strike loudly]: **to pound on sthg** battere su qc **- 2.** [beat, throb] battere.

pound coin n moneta f da una sterlina.

pound sterling n lira f sterlina.

pour [pɔːr] ◇ vt [cause to flow] versare; **to pour sthg into sthg** versare qc in qc; **to pour sb a drink, to pour a drink for sb** versare da bere a qn. ◇ vi **- 1.** [liquid, sweat, blood] sgorgare **- 2.** [smoke] uscire **- 3.** fig [people, animals,

cars] riversarsi. ◇ **impers vb** [rain hard] piovere a dirotto. ◆ **pour in** vi [messages, letters] piovere. ◆ **pour out** vt sep **- 1.** [empty] svuotare, far uscire **- 2.** [serve] versare.

pouring [ˈpɔːrɪŋ] adj [rain] scrosciante.

pout [paʊt] vi fare il broncio.

poverty [ˈpɒvətɪ] n (U) [gen] povertà f.

poverty-stricken adj poverissimo(a).

powder [ˈpaʊdər] ◇ n polvere f. ◇ vt [with make-up] incipriare.

powder compact n portacipria m inv.

powdered [ˈpaʊdəd] adj **- 1.** [milk, eggs] in polvere **- 2.** [face] incipriato(a).

powder puff n piumino m da cipria.

powder room n dated toilette f inv delle signore.

power [ˈpaʊər] ◇ n **- 1.** (U) [control, influence] potere m; **to be in/come to power** essere/salire al potere; **to take power** prendere il potere **- 2.** [ability, capacity] capacità f inv, potere m; **it is (with)in my/his etc power to do sthg** ho/ha etc il potere di fare qc **- 3.** [legal authority] autorità f, potere m; **to have the power to do sthg** avere l'autorità per fare qc **- 4.** [strength, powerful person or thing] potenza f **- 5.** (U) [TECH - energy] energia f **- 6.** (U) [electricity] corrente f (elettrica). ◇ vt alimentare.

powerboat [ˈpaʊəbəʊt] n fuoribordo m inv.

power failure, power cut UK n interruzione f di corrente.

powerful [ˈpaʊəfʊl] adj **- 1.** [gen] potente **- 2.** [writing, speech] di forte impatto **- 3.** [smell] forte.

powerless [ˈpaʊəlɪs] adj impotente; **to be powerless to help sb/avoid sthg** non poter fare niente per aiutare qn/evitare qc.

power outage n US interruzione f di corrente.

power plant, power station UK n centrale f elettrica.

power point n UK presa m (di corrente).

power station n UK = **power plant**.

power steering n (U) servosterzo m.

pp (abbr of per procurationem) p.p.

PR n **- 1.** (abbr of proportional representation) sistema f proporzionale **- 2.** (abbr of public relations) relazioni fpl pubbliche.

practicable [ˈpræktɪkəbl] adj attuabile.

practical [ˈpræktɪkl] ◇ adj **- 1.** [gen] pratico(a) **- 2.** [practicable] attuabile. ◇ n UK prova f pratica.

practicality [,præktɪˈkælətɪ] n (U) attuabilità f.

practical joke n scherzo m.

practically ['præktıklı] *adv* - **1.** [sensibly] in modo pratico - **2.** [almost] praticamente.

practice ['præktıs] ◇ *n* - **1.** *(U)* [training] pratica *f*, esercizio *m*; **to be out of practice** essere fuori esercizio - **2.** [training session - for sport] allenamenti *mpl*; [- for music, drama] prove *fpl* - **3.** *(U)* [implementation]: **to put sthg into practice** mettere in pratica qc; **in practice** [in fact] in pratica - **4.** [habit, regular activity] abitudine *f* - **5.** *(U)* [carrying out of profession] esercizio *m* - **6.** [business] studio *m*. ◇ *vt* & *vi US* = **practise**.

practicing *adj US* = **practising**.

practise *UK*, **practice** *US* ['præktıs] ◇ *vt* [musical instrument, sport, foreign language] esercitarsi in. ◇ *vi* - **1.** [train] esercitarsi - **2.** [professional] esercitare.

practising *UK*, **practicing** *US* ['præktısıŋ] *adj* [Christian, Catholic] praticante; [homosexual] sessualmente attivo(a); **a practising doctor/ lawyer** un medico/avvocato che esercita la professione.

Prague [prɑːg] *n* Praga *f*.

prairie ['preərı] *n* prateria *f*.

praise [preız] ◇ *n* - **1.** *(U)* [commendation] elogio *m*, lode *f* - **2.** RELIG gloria *f*. ◇ *vt* lodare.

praiseworthy ['preız,wɜːðı] *adj* degno(a) di lode.

pram [præm] *n UK* carrozzina *f*.

prance [prɑːns] *vi* - **1.** [person] camminare impettito(a) - **2.** [horse] impennarsi.

prank [præŋk] *n* burla *f*.

prawn [prɔːn] *n* gamberetto *m*.

pray [preı] *vi* [gen]: **to pray (to sb)** pregare (qn).

prayer [preəʳ] *n* preghiera *f*.

prayer book *n* libro *m* di preghiere.

preach [priːtʃ] ◇ *vt* predicare; **to preach a sermon** fare una predica. ◇ *vi* - **1.** RELIG: **to preach (to sb)** predicare (a qn) - **2.** *pej* [pontificate]: **to preach (at sb)** fare la predica (a qn).

preacher ['priːtʃəʳ] *n* predicatore *m*.

precarious [prı'keərıəs] *adj* precario(a).

precaution [prı'kɔːʃn] *n* precauzione *f*.

precede [prı'siːd] *vt* precedere.

precedence ['presıdəns] *n*: **to take precedence over sb/sthg** avere la precedenza su qn/ qc.

precedent ['presıdənt] *n* precedente *m*.

precinct ['priːsıŋkt] *n* - **1.** *UK* [shopping area] zona *f*; **pedestrian precinct** zona pedonale - **2.** *US* [district] distretto *m*. ◆ **precincts** *npl UK* [around building] confini *mpl*.

precious ['preʃəs] *adj* - **1.** [gen] prezioso(a) - **2.** *inf iro* [damned] amato(a) - **3.** [affected] affettato(a).

precipice ['presıpıs] *n* precipizio *m*.

precise [prı'saıs] *adj* preciso(a).

precisely [prı'saıslı] *adv* precisamente.

precision [prı'sıʒn] *n (U)* precisione *f*.

preclude [prı'kluːd] *vt fml* impedire; **to preclude sb/sthg from doing sthg** impedire a qn/ qc di fare qc.

precocious [prı'kəʊʃəs] *adj* precoce.

preconceived [,priːkən'siːvd] *adj* preconcetto(a).

precondition [,priːkən'dıʃn] *n fml*: **precondition (for OR of sthg)** requisito *m* essenziale (per OR di qc).

predator ['predətəʳ] *n* - **1.** [animal, bird] predatore *m* - **2.** [person] profittatore *m*, -trice *f*.

predecessor ['priːdısesəʳ] *n* predecessore *m*, -a *f*.

predicament [prı'dıkəmənt] *n* situazione *f* difficile; **to be in a predicament** trovarsi in una situazione difficile.

predict [prı'dıkt] *vt* predire.

predictable [prı'dıktəbl] *adj* prevedibile.

prediction [prı'dıkʃn] *n* - **1.** [something foretold] previsione *f* - **2.** *(U)* [foretelling] predizione *f*.

predispose [,priːdıs'pəʊz] *vt* - **1.** [gen]: **to be predisposed to (do) sthg** avere predisposizione a (fare) qc - **2.** MED: **to be predisposed to sthg** essere predisposto(a) a qc.

predominant [prı'dɒmınənt] *adj* predominante.

predominantly [prı'dɒmınəntlı] *adv* per lo più.

pre-empt [,priː'empt] *vt* prevenire.

pre-emptive [,priː'emptıv] *adj* preventivo(a).

preen [priːn] *vt* - **1.** [subj: bird] pulire - **2.** *fig* [subj: person]: **to preen o.s.** lisciarsi le penne.

prefab ['priːfæb] *n UK inf* prefabbricato *m*.

preface ['prefıs] *n* [in book] prefazione *f*; **preface to sthg** [to text] prefazione a qc; [to speech] preambolo *m* a qc, prefazione a qc.

prefect ['priːfekt] *n UK* studente più grande incaricato di mantenere la disciplina.

prefer [prı'fɜːʳ] *vt* preferire; **to prefer sthg to sthg** preferire qc a qc; **to prefer to do sthg** preferire fare qc.

preferable ['prefrəbl] *adj*: **preferable (to sthg)** preferibile (a qc).

preferably ['prefrəblı] *adv* preferibilmente.

preference ['prefərəns] n - 1. [liking]: **preference (for sthg)** preferenza f (per qc); **to have a preference for (doing) sthg** preferire (fare) qc - 2. (U) [precedence]: **to give sb/sthg preference, to give preference to sb/sthg** dare la preferenza a qn/qc.

preferential [,prefə'renʃl] adj preferenziale.

prefix ['pri:fɪks] n prefisso m.

pregnancy ['pregnənsɪ] n gravidanza f.

pregnant ['pregnənt] adj [woman, female animal] incinta.

prehistoric [,pri:hɪ'stɒrɪk] adj preistorico(a).

prejudice ['predʒʊdɪs] <> n - 1. [bias]: **prejudice (against sb/sthg)** pregiudizio m (verso qn/qc) - 2. [harm] danno m. <> vt - 1. [bias] influenzare; **to prejudice sb in favour of/ against sthg** influenzare qn positivamente/ negativamente nei confronti di qc - 2. [jeopardize] pregiudicare.

prejudiced ['predʒʊdɪst] adj: **prejudiced (against sb/sthg)** prevenuto(a) (verso qn/qc).

prejudicial [,predʒʊ'dɪʃl] adj: **prejudicial to sb/sthg** deleterio(a) per qn/qc.

preliminary [prɪ'lɪmɪnərɪ] adj preliminare.

prelude ['prelju:d] n: **prelude to sthg** preludio m a qc.

premarital [,pri:'mærɪtl] adj prematrimoniale.

premature ['premə,tjʊəʳ] adj - 1. [gen] prematuro(a) - 2. [ageing, baldness] precoce.

premeditated [,pri:'medɪteɪtɪd] adj premeditato(a).

premenstrual syndrome [prɪ'menstrʊəl-] n sindrome f premestruale.

premenstrual tension UK [prɪ'menstrʊəl-] n tensione f premestruale.

premier ['premjəʳ] <> adj primario(a). <> n [prime minister] premier m inv.

premiere ['premɪeəʳ] n prima f.

premise ['premɪs] n premessa f. ◆ **premises** npl locali mpl; **on the premises** sul posto.

premium ['pri:mjəm] n [gen] premio m; **to be at a premium** [above usual value] essere sopra la pari; [in great demand] valere oro; **to put** OR **place a high premium on sthg** dare grande importanza a qc.

premium bond n UK titolo m di risparmio a premi.

premonition [,premə'nɪʃn] n premonizione f.

preoccupied [pri:'ɒkjʊpaɪd] adj: **preoccupied (with sthg)** preoccupato(a) (per qc).

prepaid ['pri:peɪd] adj prepagato(a).

preparation [,prepə'reɪʃn] n - 1. (U) [act of preparing] preparazione f - 2. [prepared mixture] preparato m. ◆ **preparations** npl [plans] preparativi mpl; **to make preparations for sthg** fare i preparativi per qc.

preparatory [prɪ'pærətrɪ] adj preparatorio(a).

preparatory school n - 1. [in UK] ≃ scuola f elementare privata - 2. [in US] scuola privata che prepara agli studi universitari.

prepare [prɪ'peəʳ] <> vt preparare; **to prepare to do sthg** prepararsi a fare qc. <> vi: **to prepare for sthg** prepararsi a OR per qc.

prepared [prɪ'peəd] adj - 1. [organized, done beforehand] preparato(a) - 2. [willing]: **to be prepared to do sthg** essere preparato(a) a fare qc - 3. [ready]: **to be prepared for sthg** essere pronto(a) a OR per qc.

preposition [,prepə'zɪʃn] n preposizione f.

preposterous [prɪ'pɒstərəs] adj assurdo(a).

prerequisite [,pri:'rekwɪzɪt] n: **prerequisite (of** OR **for sthg)** prerequisito m (di OR per qc).

prerogative [prɪ'rɒgətɪv] n prerogativa f.

preschool [,pri:'sku:l] <> adj prescolare. <> n US ≃ scuola f materna.

prescribe [prɪ'skraɪb] vt ordinare.

prescription [prɪ'skrɪpʃn] n ricetta f.

presence ['prezns] n presenza f; **in the presence of sb** in presenza di qn.

presence of mind n presenza f di spirito.

present <> adj ['preznt] - 1. [current] presente, attuale - 2. [in attendance] presente; **to be present at sthg** essere presente a qc. <> n ['preznt] - 1. [current time]: **the present** il presente; **at present** al momento - 2. [gift] regalo m - 3. GRAM: **present (tense)** (tempo m) presente m. <> vt [prɪ'zent] - 1. [gen] presentare; **to present sb with sthg, to present sthg for sb** [challenge, opportunity] rappresentare qc per qn - 2. [give] consegnare; **to present sb with sthg, to present sthg to sb** consegnare qc a qn - 3. [arrive, go]: **to present o.s.** presentarsi - 4. [perform] rappresentare.

presentable [prɪ'zentəbl] adj presentabile.

presentation [,prezn'teɪʃn] n - 1. [gen] presentazione f - 2. [ceremony] consegna f - 3. [performance] rappresentazione f.

present day n: **at the present day** al giorno d'oggi. ◆ **present-day** adj attuale.

presenter [prɪ'zentəʳ] n UK presentatore m, -trice f.

presently ['prezntlɪ] adv - 1. [soon] tra poco - 2. [now] in questo momento.

preservation [,prezə'veɪʃn] n (U) - 1. [of wildlife] salvaguardia f - 2. [of furniture, building, food] conservazione f; [of peace, situation] mantenimento m.

preservative [prɪ'zɜːvətɪv] n conservante m.

preserve [prɪ'zɜːv] <> vt - 1. [furniture, building, food] conservare - 2. [peace, situation] mantenere - 3. [wildlife] salvaguardare. <> n conserva f di frutta.

preset [,priː'set] (pt & pp preset) vt programmare.

president ['prezɪdənt] n - 1. POL presidente m - 2. [of club, organization] presidente m, -essa f - 3. US [of company] direttore m, -trice f generale.

presidential [,prezɪ'denʃl] adj presidenziale.

press [pres] <> n - 1. [push] pressione f - 2. [journalism]: **the press** [newspapers, reporters] la stampa - 3. [printing machine] macchina f tipografica - 4. [pressing machine] pressa f. <> vt - 1. [push firmly] premere, schiacciare; **to press sthg against sthg** premere OR schiacciare qc contro qc - 2. [arm, hand] stringere - 3. [flowers] comprimere - 4. [grapes] pigiare - 5. [garment] stirare - 6. [urge, force] sollecitare; **to press sb to do sthg** OR **into doing sthg** spingere qn a fare qc - 7. [pursue] insistere con OR su. <> vi - 1. [push hard]: **to press (on sthg)** premere (su qc) - 2. [surge] spingere. ◆ **press on** vi: **to press on (with sthg)** continuare (con qc).

press agency n agenzia f di stampa.

press conference n conferenza f stampa (inv).

pressed [prest] adj: **to be pressed (for time/money)** avere poco tempo/pochi soldi.

pressing ['presɪŋ] adj urgente.

press officer n addetto m, -a f stampa (inv).

press release n comunicato m stampa (inv).

press-stud n UK automatico m.

press-up n UK flessione f sulle braccia.

pressure ['preʃər] n (U) pressione f; **to put pressure on sb (to do sthg)** fare pressione su qn (perché faccia qc).

pressure cooker n pentola f a pressione.

pressure gauge n manometro m.

pressure group n gruppo m di pressione.

pressurize, -ise UK ['preʃəraɪz] vt - 1. TECH pressurizzare - 2. UK [force]: **to pressurize sb to do** OR **into doing sthg** spingere qn a fare qc.

prestige [pre'stiːʒ] n (U) prestigio m.

presumably [prɪ'zjuːməblɪ] adv presumibilmente; **presumably he left early** suppongo che sia uscito presto.

presume [prɪ'zjuːm] vt supporre; **to presume (that)...** supporre che...

presumption [prɪ'zʌmpʃn] n - 1. [assumption] presunzione f, congettura f - 2. (U) [audacity] presunzione f.

presumptuous [prɪ'zʌmptʃʊəs] adj presuntuoso(a).

pretence UK, **pretense** US [prɪ'tens] n simulazione f; **to make no pretence of sthg** non fare finta di qc; **under false pretences** con l'inganno.

pretend [prɪ'tend] <> vt - 1. [make believe]: **to pretend to do sthg** fingere di fare qc; **to pretend (that)...** fare finta che... - 2. [claim]: **to pretend to do sthg** pretendere di fare qc. <> vi [feign] fare finta.

pretense n US = **pretence**.

pretension [prɪ'tenʃn] n pretesa f.

pretentious [prɪ'tenʃəs] adj pretenzioso(a).

pretext ['priːtekst] n pretesto m; **on** OR **under the pretext that/of doing sthg** con la scusa che/di fare qc.

pretty ['prɪtɪ] <> adj carino(a), bello(a). <> adv abbastanza; **pretty much** OR **well** praticamente.

prevail [prɪ'veɪl] vi - 1. [be widespread] predominare - 2. [triumph]: **to prevail (over sb/sthg)** prevalere (su qn/qc) - 3. [persuade]: **to prevail (up)on sb to do sthg** persuadere qn a fare qc.

prevailing [prɪ'veɪlɪŋ] adj - 1. [belief, opinion, fashion] predominante - 2. [wind] prevalente.

prevalent ['prevələnt] adj molto comune.

prevent [prɪ'vent] vt prevenire; **to prevent sb/sthg (from) doing sthg** impedire a qn/qc di fare qc.

preventive [prɪ'ventɪv] adj preventivo(a).

preview ['priːvjuː] n - 1. [early showing] anteprima f - 2. [trailer] trailer m inv.

previous ['priːvjəs] adj precedente.

previously ['priːvjəslɪ] adv prima.

prewar [,priː'wɔːr] adj prebellico(a).

prey [preɪ] n (U) preda f. ◆ **prey on** vt insep - 1. [live off] cacciare - 2. [trouble]: **to prey on sb's mind** rodere la mente a qn.

price [praɪs] <> n [gen] prezzo m; **at any price** ad ogni costo. <> vt fissare il prezzo di.

priceless ['praɪslɪs] adj - 1. [very valuable] inestimabile - 2. inf [funny] spassosissimo(a).

price list n listino m prezzi.

price tag n cartellino m del prezzo.

pricey ['praɪsɪ] (comp -ier, superl -iest) adj inf caro(a), salato(a).

prick [prɪk] ⬦ n - 1. [scratch, wound] puntura f - 2. vulg [penis] cazzo m - 3. vulg [stupid person] coglione m. ⬦ vt - 1. [finger] pungere, pungersi - 2. [balloon] forare - 3. [eyes, throat] far pizzicare. ⬥ **prick up** vt insep: **to prick up one's/its ears** drizzare le orecchie.

prickle ['prɪkl] ⬦ n - 1. [thorn] spina f - 2. [of fear, pleasure] punta f. ⬦ vi: **his skin prickled** gli è venuta la pelle d'oca.

prickly ['prɪklɪ] adj - 1. [thorny] spinoso(a) - 2. fig [touchy] permaloso(a).

pride [praɪd] ⬦ n (U) orgoglio m; **to take pride in (doing) sthg** essere orgoglioso(a) di (fare) qc. ⬦ vt: **to pride o.s. on sthg** essere orgoglioso(a) di qc.

priest [priːst] n - 1. [Christian] prete m - 2. [non-Christian] sacerdote m.

priestess ['priːstɪs] n sacerdotessa f.

priesthood ['priːsthʊd] n (U) - 1. [position, office]: **the priesthood** il sacerdozio - 2. [priests collectively]: **the priesthood** il clero.

prig [prɪg] n pedante mf.

prim [prɪm] adj perbenino (inv).

primarily ['praɪmərɪlɪ, praɪ'merəlɪ] adv essenzialmente.

primary ['praɪmərɪ] ⬦ adj - 1. [main] principale - 2. esp UK SCH ≃ elementare. ⬦ n - 1. esp UK SCH ≃ scuola f elementare - 2. US POL primarie fpl.

primary school n esp UK ≃ scuola f elementare.

primary teacher n esp UK ≃ insegnante mf delle elementari.

primate ['praɪmeɪt] n primate m.

prime [praɪm] ⬦ adj - 1. [main] principale - 2. [excellent] ottimo(a). ⬦ n apice m; **to be in one's prime** essere nel fiore degli anni. ⬦ vt - 1. [inform]: **to prime sb about sthg** preparare qn riguardo a qc - 2. [paint] passare una vernice di fondo su - 3. [make ready] caricare.

prime minister n primo ministro m.

primer ['praɪmər] n - 1. [paint] vernice f di fondo - 2. [US 'prɪmər] [textbook] testo m elementare.

primitive ['prɪmɪtɪv] adj primitivo(a).

primrose ['prɪmrəʊz] n primula f.

prince [prɪns] n principe m.

princess [prɪn'ses] n principessa f.

principal ['prɪnsəpl] ⬦ adj principale. ⬦ n - 1. UK [of college] preside mf - 2. US [of school] preside mf.

principle ['prɪnsəpl] n [strong belief] principio m; **(to do sthg) on principle** OR **as a matter of principle** (fare qc) per principio OR per questione di principio. ⬥ **in principle** adv in linea di principio.

print [prɪnt] ⬦ n - 1. (U) [type] caratteri mpl; **to be in/out of print** [book] essere in/fuori commercio; **to see one's name in print** vedere il proprio nome stampato - 2. ART & PHOT stampa f - 3. [fabric] (tessuto m) stampato m - 4. [footprint, fingerprint] impronta f. ⬦ vt - 1. [gen] stampare - 2. [publish] pubblicare - 3. [write clearly] scrivere in stampatello. ⬦ vi [printer] stampare. ⬥ **print out** vt sep COMPUT stampare.

printed matter n (U) stampe fpl.

printer ['prɪntər] n - 1. [person] tipografo m, -a f - 2. [firm] tipografia f - 3. [machine, device] stampante f.

printing ['prɪntɪŋ] n (U) - 1. [act of printing] stampa f - 2. [trade] industria f tipografica.

printout ['prɪntaʊt] n stampato m.

prior ['praɪər] ⬦ adj - 1. [previous] precedente - 2. [more important] prioritario(a). ⬦ n [monk] priore m. ⬥ **prior to** prep prima; **prior to doing sthg** prima di fare qc.

priority [praɪ'ɒrətɪ] n - 1. [immediate concern] priorità f inv - 2. (U) [precedence]: **to have** OR **take priority (over sthg)** avere la priorità (su qc).

prise [praɪz] vt UK: **to prise sthg open** aprire qc facendo leva; **to prise sthg away from sb** estrarre qc di mano a qn.

prison ['prɪzn] n prigione f, carcere m.

prisoner ['prɪznər] n prigioniero m, -a f.

prisoner of war (pl prisoners of war) n prigioniero m, -a f di guerra.

privacy [UK 'prɪvəsɪ, US 'praɪvəsɪ] n privacy f.

private ['praɪvɪt] ⬦ adj - 1. [gen] privato(a) - 2. [confidential] personale - 3. [secluded] appartato(a) - 4. [reserved] riservato(a). ⬦ n - 1. [soldier] soldato m, -essa f [semplice] - 2. [secrecy]: **(to do sthg) in private** (fare qc) in privato.

private enterprise n (U) iniziativa f privata.

private eye n inf investigatore m privato, investigatrice f privata.

privately ['praɪvɪtlɪ] adv - 1. [not by the state]: **privately owned** privato(a); **to be privately educated** frequentare una scuola privata - 2. [confidentially] in privato - 3. [personally] dentro di sé.

private property n proprietà f privata.

private school n scuola f privata.

privatize, -ise UK ['praivitaiz] vt privatizzare.

privet ['privit] n (U) ligustro m.

privilege ['privilidʒ] n privilegio m.

privy ['privi] adj: **to be privy to sthg** fml essere a conoscenza di qc.

prize [praiz] <> adj - 1. [bull, essay] premiato(a) - 2. [example, idiot] perfetto(a); [pupil] eccellente - 3. [possession] prezioso(a). <> n premio m. <> vt [value] apprezzare.

prize-giving [-,givɪŋ] n UK premiazione f.

prizewinner ['praizwinər] n vincitore m, -trice f.

pro [prəʊ] n - 1. inf [professional] professionista mf - 2. [advantage]: **the pros and cons** i pro e i contro.

probability [,prɒbə'bilɪti] n - 1. [likelihood] probabilità f - 2. [probable thing, event] eventualità f inv probabile.

probable ['prɒbəbl] adj probabile.

probably ['prɒbəbli] adv probabilmente.

probation [prə'beɪʃn] n (U) - 1. [of prisoner] libertà f vigilata; **to put sb on probation** mettere qn in libertà vigilata - 2. [trial period] periodo m di prova; **to be on probation** essere in prova.

probe [prəʊb] <> n - 1. [investigation]: **probe (into sthg)** inchiesta f (su qc) - 2. MED & TECH sonda f. <> vt - 1. [investigate] indagare su - 2. [prod] sondare.

problem ['prɒbləm] <> n problema m; **no problem!** inf nessun problema! <> comp problematico(a).

procedure [prə'siːdʒər] n procedura f.

proceed [prə'siːd] <> vt [do subsequently]: **to proceed to do sthg** mettersi a fare qc. <> vi - 1. [continue]: **to proceed (with sthg)** procedere (a qc) - 2. fml [go, advance] procedere. ◆ **proceeds** npl ['prəʊsiːdz] proventi mpl.

proceedings [prə'siːdɪŋz] npl - 1. [series of events] eventi mpl - 2. [legal action] procedimento m (sing).

process [UK 'prəʊses, US 'prɒses] <> n processo m; **in the process** nel far ciò; **to be in the process of doing sthg** stare facendo qc. <> vt - 1. [raw materials] lavorare; [food] trattare - 2. [information] elaborare - 3. [application] vagliare.

processing ['prəʊsesɪŋ] n (U) - 1. [of raw materials] lavorazione f; [of food] trattamento m - 2. [of information] elaborazione f - 3. [of application] vaglio m.

procession [prə'seʃn] n corteo m.

proclaim [prə'kleɪm] vt proclamare.

procure [prə'kjʊər] vt procurare; **to procure sthg for sb** procurare qc a qn; **to procure sthg for o.s.** procurarsi qc.

prod [prɒd] vt [push, poke] dare dei colpetti a.

prodigy ['prɒdɪdʒi] n prodigio m; **child prodigy** bambino m, -a f prodigio (inv).

produce <> n [UK 'prɒdjuːs, US 'prɒduːs] - 1. [goods] prodotti mpl - 2. [fruit and vegetables] frutta e verdura f. <> vt [prə'djuːs] - 1. [gen] produrre - 2. [bring about - agreement] concludersi in; [- results] dare; [- disaster] causare - 3. [give birth to] avere - 4. THEAT mettere in scena.

producer [prə'djuːsər] n - 1. CIN, THEAT & TV produttore m, -trice f - 2. [manufacturer] produttore m.

product ['prɒdʌkt] n [gen] prodotto m.

production [prə'dʌkʃn] n - 1. [gen] produzione f - 2. THEAT rappresentazione f.

production line n catena f di montaggio.

productive [prə'dʌktɪv] adj produttivo(a).

productivity [,prɒdʌk'tɪvəti] n (U) produttività f.

profane [prə'feɪn] adj profano(a).

profession [prə'feʃn] n - 1. [career] professione f; **she is a doctor by profession** di professione fa il medico - 2. [body of people] categoria f (professionale).

professional [prə'feʃənl] <> adj - 1. [gen] professionale; **professional person** professionista mf - 2. [actor, sportsperson] professionista. <> n professionista mf.

professor [prə'fesər] n - 1. UK [head of department] professore m (universitario), professoressa f (universitaria) - 2. US [teacher, lecturer] professore m, -essa f.

proficiency [prə'fɪʃənsi] n (U): **proficiency (in sthg)** competenza f (in qc).

profile ['prəʊfaɪl] n profilo m; **to keep a low profile** fig cercare di non farsi notare.

profit ['prɒfit] <> n - 1. [financial gain] profitto m; **to make a profit** ricavare un profitto - 2. (U) [advantage] beneficio m. <> vi: **to profit (from OR by sthg)** [financially] ricavare un profitto (da qc); [obtain advantage] trarre profitto (da qc).

profitability [,prɒfɪtə'bilɪti] n (U) redditività f.

profitable ['prɒfɪtəbl] adj - 1. [business, deal] redditizio(a) - 2. [meeting, day, visit] fruttuoso(a).

profound [prə'faʊnd] adj profondo(a).

profuse [prəˈfjuːs] *adj* - **1.** [sweating, bleeding] abbondante - **2.** [generous, extravagant]: **he made profuse apologies** si profuse in scuse.

profusely [prəˈfjuːslɪ] *adv* - **1.** [sweat, bleed] abbondantemente - **2.** [generously, extravagantly]: **to thank sb profusely** ringraziare qn profusamente; **to apologize profusely** profondersi in scuse.

profusion [prəˈfjuːʒn] *n* profusione *f*.

prognosis [prɒgˈnəʊsɪs] (*pl* -**noses**) *n* prognosi *f inv*.

program [ˈprəʊgræm] (*pt & pp* -med *OR* -ed, *cont* -ming *OR* -ing) ⟨⟩ *n* - **1.** COMPUT programma *m* - **2.** *US* = **programme**. ⟨⟩ *vt* - **1.** COMPUT programmare - **2.** *US* [machine, system] = **programme**.

programme *UK*, **program** *US* [ˈprəʊgræm] ⟨⟩ *n* [broadcast, schedule, booklet] programma *m*. ⟨⟩ *vt* [machine, system] programmare; **to programme sthg to do sthg** programmare qc perché faccia qc.

programmer, programer *US* [ˈprəʊgræmər] *n* COMPUT programmatore *m*, -trice *f*.

programming [ˈprəʊgræmɪŋ] *n* COMPUT programmazione *f*.

progress ⟨⟩ *n* [*UK* ˈprəʊgres, *US* ˈprɒgres] - **1.** [gen] progresso *m*; **to make progress (in sthg)** fare progressi (in qc); **in progress** in corso - **2.** [physical movement] avanzamento *m*; **to make progress** avanzare. ⟨⟩ *vi* [prəˈgres] - **1.** [improve] progredire - **2.** [continue] andare avanti.

progressive [prəˈgresɪv] *adj* progressivo(a).

prohibit [prəˈhɪbɪt] *vt* proibire; **to prohibit sb from doing sthg** proibire a qn di fare qc.

project ⟨⟩ *n* [ˈprɒdʒekt] - **1.** [plan, idea] progetto *m* - **2.** [study]: **project (on sthg)** ricerca *f* (su qc). ⟨⟩ *vt* [prəˈdʒekt] - **1.** [plan, estimate] prevedere - **2.** [film, light] proiettare - **3.** [present] proporre. ⟨⟩ *vi* [prəˈdʒekt] [jut out] sporgere.

projectile [*UK* prəˈdʒektaɪl, *US* prəˈdʒektɪl] *n* proiettile *m*.

projection [prəˈdʒekʃn] *n* - **1.** [estimate] proiezione *f*, previsione *f* - **2.** [protrusion] sporgenza *f* - **3.** (*U*) [of film, light] proiezione *f*.

projector [prəˈdʒektər] *n* proiettore *m*.

proletariat [ˌprəʊlɪˈteərɪət] *n* proletariato *m*.

prolific [prəˈlɪfɪk] *adj* prolifico(a).

prologue, prolog *US* [ˈprəʊlɒg] *n lit & fig*: **prologue (to sthg)** prologo *m* (di qc).

prolong [prəˈlɒŋ] *vt* prolungare.

prom [prɒm] *n* - **1.** *UK inf* [at seaside] (*abbr of* **promenade**) lungomare *m inv* - **2.** *US* [ball] ballo studentesco di fine anno scolastico nelle scuole superiori - **3.** *UK inf* (*abbr of* **promenade concert**), concerto di musica classica a cui una parte del pubblico assiste in piedi.

promenade [ˌprɒməˈnɑːd] *n UK* [at seaside] lungomare *m inv*.

promenade concert *n UK* concerto di musica classica a cui una parte del pubblico assiste in piedi.

prominent [ˈprɒmɪnənt] *adj* - **1.** [politician, activist] di spicco; [role, part] preminente - **2.** [building, landmark] in vista; [nose, cheekbones] prominente.

promiscuous [prəˈmɪskjʊəs] *adj* promiscuo(a).

promise [ˈprɒmɪs] ⟨⟩ *n* - **1.** [vow] promessa *f* - **2.** (*U*) [hope, prospect] prospettiva *f*. ⟨⟩ *vt*: **to promise (sb) sthg** promettere qc (a qn); **to promise (sb) to do sthg** promettere (a qn) di fare qc. ⟨⟩ *vi* promettere; **I promise** lo prometto.

promising [ˈprɒmɪsɪŋ] *adj* promettente.

promontory [ˈprɒməntrɪ] *n* promontorio *m*.

promote [prəˈməʊt] *vt* [gen] promuovere; **to be promoted to Head of Department** essere promosso(a) capo del dipartimento; **to be promoted to the First Division** SPORT essere promosso(a) in prima divisione.

promoter [prəˈməʊtər] *n* promotore *m*, -trice *f*.

promotion [prəˈməʊʃn] *n* - **1.** (*U*) [gen] promozione *f* - **2.** [campaign] campagna *f* promozionale.

prompt [prɒmpt] ⟨⟩ *adj* - **1.** [action, reaction, service] rapido(a); [reply, payment] sollecito(a) - **2.** [punctual] puntuale. ⟨⟩ *adv*: **at nine o'clock prompt** alle nove in punto. ⟨⟩ *vt* - **1.** [provoke, persuade]: **to prompt sb (to do sthg)** [subj: person] sollecitare qn (a fare qc); [subj: thing] spingere qn (a fare qc) - **2.** THEAT suggerire a. ⟨⟩ *n* - **1.** THEAT suggerimento *m* - **2.** COMPUT prompt *m inv*.

prompter [ˈprɒmptər] *n* THEAT suggeritore *m*, -trice *f*.

promptly [ˈprɒmptlɪ] *adv* - **1.** [quickly] prontamente - **2.** [punctually] puntualmente.

prone [prəʊn] *adj* - **1.** [susceptible]: **to be prone to sthg** essere soggetto(a) a qc; **to be prone to do *OR* to doing sthg** avere tendenza a fare qc - **2.** [lying flat] prono(a).

prong [prɒŋ] *n* dente *m*.

pronoun ['prəʊnaʊn] *n* pronome *m*.

pronounce [prə'naʊns] ◇ *vt* - 1. [word, name] pronunciare - 2. *fml* [opinion, decision] dichiarare; [verdict, judgement] emettere. ◇ *vi*: **to pronounce on sthg** pronunciarsi su qc.

pronounced [prə'naʊnst] *adj* [noticeable] spiccato(a).

pronouncement [prə'naʊnsmənt] *n fml* dichiarazione *f*.

pronunciation [prə,nʌnsɪ'eɪʃn] *n* pronuncia *f*.

proof [pruːf] *n* - 1. [evidence] prove *fpl* - 2. PRESS bozza *f* - 3. (*U*) [of alcohol]: **to be 10% proof** avere 10 gradi.

prop [prɒp] ◇ *n* - 1. [support] sostegno *m* - 2. RUGBY pilone *m*. ◇ *vt*: **to prop sthg against sthg** appoggiare qc a qc. ◆ **props** *npl* [in film, play] accessori *mpl* di scena. ◆ **prop up** *vt sep* - 1. [support physically] sostenere - 2. *fig* [sustain] tenere in piedi.

propaganda [,prɒpə'gændə] *n* (*U*) propaganda *f*.

propel [prə'pel] *vt* - 1. [vehicle, boat] azionare; [rocket] propellere - 2. *fig* [urge] spingere.

propeller [prə'pelər] *n* elica *f*.

propelling pencil [prə'pelɪŋ-] *n UK* portamine *m inv*.

propensity [prə'pensətɪ] *n fml*: **propensity for** OR **to sthg** propensione *f* per qc; **propensity to do sthg** propensione a fare qc.

proper ['prɒpər] *adj* - 1. [real] vero(a) - 2. [correct] giusto(a) - 3. [decent] decente.

properly ['prɒpəlɪ] *adv* come si deve.

proper noun *n* nome *m* proprio.

property ['prɒpətɪ] *n* - 1. [gen] proprietà *f inv* - 2. (*U*) [buildings, land] bene *m* immobile.

property owner *n* proprietario *m*, -a *f* (di beni immobili).

prophecy ['prɒfɪsɪ] *n* profezia *f*.

prophesy ['prɒfɪsaɪ] *vt* profetizzare.

prophet ['prɒfɪt] *n lit* & *fig* profeta *m*.

proportion [prə'pɔːʃn] *n* - 1. [part] percentuale *f* - 2. [ratio, comparison] proporzione *f* - 3. (*U*) ART: **to be in proportion** essere proporzionato(a); **to be out of proportion** essere sproporzionato(a); **a sense of proportion** *fig* il senso della misura.

proportional [prə'pɔːʃənl] *adj*: **proportional (to sthg)** proporzionale (a qc).

proportional representation *n* (*U*) sistema *m* proporzionale.

proportionate [prə'pɔːʃnət] *adj*: **proportionate (to sthg)** proporzionato(a) (a qc).

proposal [prə'pəʊzl] *n* - 1. [plan, suggestion] proposta *f* - 2. [offer of marriage] proposta *f* di matrimonio.

propose [prə'pəʊz] ◇ *vt* - 1. [gen] proporre; **to propose marriage to sb** fare una proposta di matrimonio a qn - 2. [intend]: **to propose doing** OR **to do sthg** proporsi di fare qc. ◇ *vi* [make offer of marriage]: **to propose (to sb)** fare una proposta di matrimonio (a qn).

proposition [,prɒpə'zɪʃn] *n* - 1. [statement of theory] asserzione *f* - 2. [suggestion] proposta *f*.

proprietor [prə'praɪətər] *n* titolare *mf*.

propriety [prə'praɪətɪ] *n* (*U*) *fml* decenza *f*.

pro rata [,prəʊ'rɑːtə] *adj* & *adv* pro rata.

prose [prəʊz] *n* (*U*) prosa *f*.

prosecute ['prɒsɪkjuːt] ◇ *vt* intentare un processo a; **to be prosecuted for sthg** essere sottoposto(a) a giudizio per qc. ◇ *vi* - 1. [bring a charge] intentare un'azione legale - 2. [represent in court] rappresentare l'accusa.

prosecution [,prɒsɪ'kjuːʃn] *n* - 1. [criminal charge] imputazione *f* - 2. [lawyers]: **the prosecution** l'accusa *f*.

prosecutor ['prɒsɪkjuːtər] *n* ≃ Pubblico Ministero *m*.

prospect ◇ *n* ['prɒspekt] prospettiva *f*. ◇ *vi* [prə'spekt]: **to prospect (for sthg)** fare delle perlustrazioni (alla ricerca di qc). ◆ **prospects** *npl* [chances of success]: **prospects (for sthg)** prospettive *fpl* (di qc).

prospective [prə'spektɪv] *adj* potenziale.

prospectus [prə'spektəs] (*pl* -es) *n* prospetto *m*.

prosper ['prɒspər] *vi* prosperare.

prosperity [prɒ'sperətɪ] *n* (*U*) prosperità *f*.

prosperous ['prɒspərəs] *adj* prospero(a).

prostitute ['prɒstɪtjuːt] *n* prostituto *m*, -a *f*.

prostrate *adj* ['prɒstreɪt] *lit* & *fig* prostrato(a).

protagonist [prə'tægənɪst] *n* protagonista *mf*.

protect [prə'tekt] *vt*: **to protect sb/sthg (from** OR **against)** proteggere qn/qc (da).

protection [prə'tekʃn] *n* (*U*): **protection (from** OR **against sb/sthg)** protezione *f* (da qn/qc).

protective [prə'tektɪv] *adj*: **protective (towards sb)** protettivo(a) (nei confronti di qn).

protein ['prəʊtiːn] *n* (*U*) proteina *f*.

protest ◇ *n* ['prəʊtest] protesta *f*. ◇ *vt* [prə'test] - 1. [state] protestare - 2. *US* [protest against] protestare contro. ◇ *vi* [pro'test] [complain]: **to protest (about/against sthg)** protestare (contro qc).

Protestant ['prɒtɪstənt] ◇ *adj* protestante. ◇ *n* protestante *mf*.

protester [prə'testər] *n* manifestante *mf*.

protest march *n* marcia *f* di protesta.

protocol ['prəʊtəkɒl] *n (U)* protocollo *m*.

prototype ['prəʊtətaɪp] *n* prototipo *m*.

protracted [prə'træktɪd] *adj* prolungato(a).

protrude [prə'truːd] *vi*: **to protrude (from sthg)** sporgere (da qc).

protuberance [prə'tjuːbərəns] *n fml* protuberanza *f*.

proud [praʊd] *adj* - **1.** [glad, satisfied] orgoglioso(a), fiero(a); **to be proud of sb/sthg** essere orgoglioso di qn/qc - **2.** [dignified, arrogant] orgoglioso(a).

prove [pruːv] (*pp* **-d** OR **proven**) *vt* - **1.** [show to be true] provare, dimostrare; **to prove sb wrong/innocent** dimostrare che qn ha torto/è innocente - **2.** [show o.s. to be]: **to prove (to be) sthg** dimostrarsi qc; **to prove o.s. to be sthg** dimostrare di essere qc.

proven ['pruːvn] ◇ *pp* ⊳ **prove**. ◇ *adj* dimostrato(a).

proverb ['prɒvɜːb] *n* proverbio *m*.

provide [prə'vaɪd] *vt* fornire; **to provide sb with sthg, to provide sthg for sb** fornire qc a qn. ◆ **provide for** *vt insep* - **1.** [support] mantenere - **2.** [make arrangements for] provvedere a.

provided [prə'vaɪdɪd] ◆ **provided (that)** *conj* a condizione che.

providing [prə'vaɪdɪŋ] ◆ **providing (that)** *conj* a condizione che.

province ['prɒvɪns] *n* - **1.** [part of country] provincia *f* - **2.** [area of knowledge or responsibility] area *f* di competenza.

provincial [prə'vɪnʃl] *adj* provinciale.

provision [prə'vɪʒn] *n* - **1.** *(U)* [act of supplying] fornitura *f* - **2.** *(U)* [arrangement]: **to make provision for sb/sthg** provvedere a qn/qc - **3.** [in agreement, law] disposizione *f*. ◆ **provisions** *npl* [supplies] provviste *fpl*.

provisional [prə'vɪʒənl] *adj* provvisorio(a).

proviso [prə'vaɪzəʊ] (*pl* **-s**) *n* condizione *f*; **with the proviso that...** a condizione che...

provocative [prə'vɒkətɪv] *adj* - **1.** [controversial] provocatorio(a) - **2.** [sexy] provocante.

provoke [prə'vəʊk] *vt* provocare.

prow [praʊ] *n* prua *f*.

prowess ['praʊɪs] *n (U) fml* bravura *f*.

prowl [praʊl] ◇ *n*: **on the prowl** [person] a caccia; [animal] a caccia di prede. ◇ *vt* [subj: animal, burglar] aggirarsi per. ◇ *vi* andare in giro.

prowler ['praʊlər] *n* malintenzionato *m*, -a *f*.

proxy ['prɒksɪ] *n*: **by proxy** per procura.

prudent ['pruːdnt] *adj* prudente.

prudish ['pruːdɪʃ] *adj* prude.

prune [pruːn] ◇ *n* [fruit] prugna *f* secca. ◇ *vt* [hedge, tree] potare.

pry [praɪ] *vi* ficcanasare; **to pry into sthg** ficcanasare in qc; **prying eyes** sguardi curiosi.

PS (*abbr of* postscript) *n* PS *m inv*.

psalm [sɑːm] *n* salmo *m*.

pseudonym ['sjuːdənɪm] *n* pseudonimo *m*.

psyche ['saɪkɪ] *n* psiche *f inv*.

psychiatric [ˌsaɪkɪ'ætrɪk] *adj* psichiatrico(a).

psychiatrist [saɪ'kaɪətrɪst] *n* psichiatra *mf*.

psychiatry [saɪ'kaɪətrɪ] *n (U)* psichiatria *f*.

psychic ['saɪkɪk] ◇ *adj* - **1.** [powers] paranormale; **to be psychic** [person] avere poteri paranormali - **2.** [disorder, damage] psichico(a). ◇ *n* medium *mf inv*.

psychoanalysis [ˌsaɪkəʊə'næləsɪs] *n (U)* psic(o)analisi *f inv*.

psychoanalyst [ˌsaɪkəʊ'ænəlɪst] *n* psic(o)analista *mf*.

psychological [ˌsaɪkə'lɒdʒɪkl] *adj* psicologico(a).

psychologist [saɪ'kɒlədʒɪst] *n* psicologo *m*, -a *f*.

psychology [saɪ'kɒlədʒɪ] *n (U)* psicologia *f*.

psychopath ['saɪkəpæθ] *n* psicopatico *m*, -a *f*.

psychotic [saɪ'kɒtɪk] ◇ *adj* psicotico(a). ◇ *n* psicotico *m*, -a *f*.

pt - **1.** (*abbr of* pint) pinta *f* - **2.** (*abbr of* point) punto *m*.

PTO (*abbr of* please turn over) v.r.

pub [pʌb] *n* pub *m inv*.

puberty ['pjuːbətɪ] *n (U)* pubertà *f*.

pubic ['pjuːbɪk] *adj* pubico(a).

public ['pʌblɪk] ◇ *adj* [gen] pubblico(a); **to go public on sthg** *inf* far sapere qc. ◇ *n* [people in general]: **the public** il pubblico; **in public** in pubblico.

public-address system *n* impianto *m* di amplificazione.

publican ['pʌblɪkən] *n UK* [owner] proprietario *m*, -a *f* di un pub; [manager] gestore *m*, -trice *f* di un pub.

publication [ˌpʌblɪ'keɪʃn] *n* pubblicazione *f*.

public company n società f inv quotata in Borsa.

public convenience n UK fml gabinetti mpl pubblici.

public holiday n giorno m festivo.

public house n UK fml pub m inv.

publicity [pʌb'lɪsɪtɪ] n (U) pubblicità f.

publicize, -ise UK ['pʌblɪsaɪz] vt pubblicizzare.

public limited company n UK ≃ società f inv per azioni.

public opinion n (U) opinione f pubblica.

public relations n & npl pubbliche relazioni fpl.

public school n - 1. UK [private school] scuola f privata - 2. US & Scotland [state school] scuola f pubblica.

public transport UK, **public transportation** US n (U) trasporti mpl pubblici.

publish ['pʌblɪʃ] vt - 1. [gen] pubblicare - 2. [make known] rendere pubblico(a).

publisher ['pʌblɪʃər] n - 1. [company] editore m - 2. [person] editore m, -trice f.

publishing ['pʌblɪʃɪŋ] n (U) editoria f.

pub lunch n UK pranzo m al pub.

pucker ['pʌkər] vt arricciare.

pudding ['pudɪŋ] n - 1. [food – sweet, cold] budino m; [- sweet, hot] dolce servito caldo a base di frutta, latte o pasta; UK [- savoury] pasticcio a base di carne o verdura - 2. (U) UK [part of meal] dolce m, dessert m inv.

puddle ['pʌdl] n pozzanghera f.

pudgy ['pʌdʒɪ] adj inf = podgy.

puff [pʌf] ⋄ n - 1. [of cigarette, pipe] tirata f - 2. [of air, smoke] boccata f. ⋄ vt tirare boccate da. ⋄ vi - 1. [smoke]: to puff at OR on sthg tirare boccate da qc - 2. [pant] sbuffare. ◆ **puff out** vt sep gonfiare.

puffed [pʌft] adj [swollen]: **puffed (up)** gonfio(a).

puff pastry n (U) pasta f sfoglia.

puffy ['pʌfɪ] adj gonfio(a).

pull [pul] ⋄ vt - 1. [gen] tirare; **to pull sthg to pieces** fare a pezzi qc tirando - 2. [trigger] premere - 3. [cork, tooth] estrarre - 4. [muscle, hamstring] stirarsi - 5. [crowd, votes] attirare. ⋄ vi tirare. ⋄ n - 1. [tug with hand] tirata f - 2. [influence] influenza f. ◆ **pull apart** vt sep smontare. ◆ **pull at** vt insep tirare. ◆ **pull away** vi - 1. [from roadside]: **to pull away (from)** partire (da) - 2. [in race]: **to pull away from sb** distaccare qn. ◆ **pull down** vt sep [building] buttare giù. ◆ **pull in** vi [vehicle] accostare. ◆ **pull off** vt sep - 1. [clothes, shoes] togliersi - 2. [deal, coup] riu-

scire in; **she pulled it off** c'è riuscita, ce l'ha fatta. ◆ **pull out** ⋄ vt sep [withdraw] ritirare. ⋄ vi - 1. [train] partire - 2. [vehicle - into road] immettersi; [- into another part of road] cambiare corsia - 3. [withdraw] ritirarsi. ◆ **pull over** vi [vehicle, driver] accostare. ◆ **pull through** vi [patient] farcela. ◆ **pull together** vt sep: **to pull o.s. together** ricomporsi. ◆ **pull up** ⋄ vt sep - 1. [raise] tirare su - 2. [move closer] accostare. ⋄ vi fermarsi.

pulley ['pulɪ] (pl pulleys) n carrucola f.

pullover ['pul,əuvər] n pullover m inv.

pulp [pʌlp] ⋄ adj [novel, magazine] di serie B. ⋄ n - 1. [soft mass] poltiglia f - 2. [of fruit] polpa f - 3. [of wood] pasta f.

pulpit ['pulpɪt] n pulpito m.

pulsate [pʌl'seɪt] vi pulsare.

pulse [pʌls] ⋄ n - 1. [in body] polso m - 2. TECH impulso m. ⋄ vi [throb] pulsare. ◆ **pulses** npl [food] legumi mpl.

puma ['pju:mə] (pl puma OR -s) n puma m inv.

pummel ['pʌml] (UK & US) vt prendere a pugni.

pump [pʌmp] ⋄ n pompa f. ⋄ vt - 1. [convey by pumping] pompare - 2. inf [interrogate]: **to pump sb for information** cercare di estorcere delle informazioni a qn. ⋄ vi [person, machine] pompare; [heart] battere. ◆ **pumps** npl - 1. UK [for exercise] scarpe fpl da ginnastica; [for dancing] scarpe fpl da danza - 2. US [plain shoes] (scarpe fpl) decolleté mpl.

pumpkin ['pʌmpkɪn] n zucca f.

pun [pʌn] n gioco m di parole.

punch [pʌntʃ] ⋄ n - 1. [blow] pugno m - 2. [tool] punteruolo m - 3. (U) [drink] punch m inv. ⋄ vt - 1. [hit] dare un pugno a - 2. [paper] perforare; [ticket] obliterare; **to punch a hole** fare un foro.

Punch-and-Judy show [-'dʒu:dɪ-] n spettacolo m di burattini.

punch line n battuta f finale (di una barzelletta).

punch-up n UK inf rissa f.

punchy ['pʌntʃɪ] adj inf incisivo(a).

punctual ['pʌŋktʃuəl] adj puntuale.

punctuation [,pʌŋktʃu'eɪʃn] n (U) punteggiatura f.

punctuation mark n segno m d'interpunzione.

puncture ['pʌŋktʃər] ⋄ n [in tyre, ball] foro m. ⋄ vt - 1. [tyre, ball] forare - 2. [lung, skin] perforare.

pundit ['pʌndɪt] n esperto m, -a f.

pungent ['pʌndʒənt] *adj* [smell, criticism, remark] pungente; [taste] forte.

punish ['pʌnɪʃ] *vt* [person, crime] punire; **to punish sb for (doing) sthg** punire qn per (aver fatto) qc.

punishing ['pʌnɪʃɪŋ] *adj* [work, schedule] spossante.

punishment ['pʌnɪʃmənt] *n* [for wrong] punizione *f*; [for crime] pena *f*.

punk [pʌŋk] <> *adj* punk *(inv)*. <> *n* - **1.** (U) [music]: **punk (rock)** punk *m* - **2.** [person]: **punk (rocker)** punk *mf inv* - **3.** US *inf* [lout] teppista *mf*.

punt [pʌnt] *n* barca a fondo piatto spinta grazie a una pertica.

punter ['pʌntə'] *n* UK *inf* - **1.** [someone who bets] scommettitore *m*, -trice *f* - **2.** [customer] cliente *mf*.

puny ['pju:nɪ] *adj* [person, limbs] smilzo(a); [effort] misero(a).

pup [pʌp] *n* - **1.** [dog] cagnolino *m*, -a *f* - **2.** [seal, otter] cucciolo *m*, -a *f*.

pupil ['pju:pl] *n* - **1.** [person] allievo *m*, -a *f* - **2.** [of eye] pupilla *f*.

puppet ['pʌpɪt] *n* - **1.** [string puppet] marionetta *f* - **2.** [glove puppet] burattino *m* - **3.** *pej* [person, country] burattino *m*, marionetta *f*.

puppy ['pʌpɪ] *n* cagnolino *m*, -a *f*.

purchase ['pɜːtʃəs] *fml* <> *n* - **1.** [gen] acquisto *m* - **2.** [grip] presa *f*. <> *vt* acquistare.

purchaser ['pɜːtʃəsə'] *n fml* acquirente *mf*.

pure [pjuə'] *adj* puro(a).

purée [UK 'pjuəreɪ, US 'puəreɪ] *n* purè *m inv*.

purely ['pjuəlɪ] *adv* puramente.

purge [pɜːdʒ] <> *n* POL epurazione *f*. <> *vt* - **1.** POL epurare - **2.** [rid]: **to purge sthg (of sthg)** liberare qc (da qc); **to purge o.s. of sthg** liberarsi di qc.

purify ['pjuərɪfaɪ] *vt* purificare.

purist ['pjuərɪst] *n* purista *mf*.

purity ['pjuərətɪ] *n* (U) purezza *f*.

purple ['pɜːpl] <> *adj* viola *(inv)*. <> *n* viola *m inv*.

purport [pə'pɔːt] *vi fml*: **to purport to do/be sthg** pretendere di fare/essere qc.

purpose ['pɜːpəs] *n* - **1.** [objective, reason] scopo *m* - **2.** [use]: **to no purpose** inutilmente; **to be of no purpose** essere inutile - **3.** [determination]: **a sense of purpose** uno scopo. ◆ **on purpose** *adv* apposta.

purposeful ['pɜːpəsful] *adj* determinato(a).

purr [pɜːr] *vi* - **1.** [cat] fare le fusa - **2.** [engine, machine] emettere un ronzio - **3.** [person] dire con voce sensuale.

purse [pɜːs] <> *n* - **1.** [for money] portamonete *m inv* - **2.** US [handbag] borsetta *f*. <> *vt* arricciare.

purser ['pɜːsə'] *n* commissario *m* di bordo.

pursue [pə'sju:] *vt* - **1.** [person, animal, vehicle] inseguire - **2.** [hobby, interest] dedicarsi a; [aim] perseguire - **3.** [topic, question] portare avanti, proseguire.

pursuer [pə'sju:ə'] *n* inseguitore *m*, -trice *f*.

pursuit [pə'sju:t] *n* - **1.** (U) [attempt to obtain, achieve] ricerca *f* - **2.** [chase] inseguimento *m* - **3.** SPORT [gara *f* a) inseguimento *m* - **4.** [occupation, activity] attività *f inv*.

pus [pʌs] *n* (U) pus *m inv*.

push [puʃ] <> *vt* - **1.** [person, bicycle] spingere; [button] premere - **2.** [encourage] esortare; **to push sb to do sthg** esortare qn a fare qc - **3.** [force] costringere; **to push sb into doing sthg** costringere qn a fare qc - **4.** *inf* [promote] fare pubblicità a. <> *vi* - **1.** [shove] spingere - **2.** [on button, bell] premere - **3.** [campaign]: **to push for sthg** fare pressione per ottenere qc. <> *n* - **1.** [shove] spinta *f* - **2.** [on button, bell] pressione *f* - **3.** [effort] sforzo *m*; **to have a big push to do sthg** fare un grosso sforzo per fare qc. ◆ **push around** *vt sep inf* [bully] dare ordini a. ◆ **push in** *vi* [in queue] passare davanti. ◆ **push off** *vi UK inf* [go away] togliersi dai piedi. ◆ **push on** *vi* [continue] andare avanti. ◆ **push through** *vt sep* [force to be accepted] fare approvare.

pushchair ['puʃtʃeə'] *n* UK passeggino *m*.

pushed [puʃt] *adj inf*: **to be pushed for sthg** essere a corto di qc; **to be hard pushed to do sthg** far fatica a fare qc.

pusher ['puʃə'] *n inf* spacciatore *m*, -trice *f*.

pushover ['puʃ,əuvə'] *n inf* pollo *m*, -a *f*.

push-up *n esp US* flessione *f* sulle braccia.

pushy ['puʃɪ] *adj pej* troppo intraprendente.

puss [pus], **pussy (cat)** ['pusɪ kæt] *n inf* micio *m*, -a *f*.

put [put] *(pt & pp put) vt* - **1.** [gen] mettere - **2.** [express] esprimere - **3.** [question] fare - **4.** [estimate]: **to put sthg at sthg** stimare qc a qc - **5.** [invest]: **to put sthg into sthg** mettere qc in qc - **6.** [apply]: **to put sthg on sthg** [pressure, tax] mettere qc a qn/qc; [strain] provocare qc a qn/qc; [responsibility] attribuire qc a qn/qc; [blame] dare qc a qn/qc. ◆ **put across** *vt sep* [ideas] comunicare. ◆ **put away** *vt sep* - **1.** [tidy away] mettere via - **2.** *inf* [lock up] rinchiudere. ◆ **put back** *vt sep* - **1.** [book, plate] rimettere a posto; **put it back on the shelf** rimettilo sullo scaffale - **2.** [meeting] rimandare - **3.** [clock, watch] spostare indietro. ◆ **put by** *vt sep* [money] mettere via.

put down vt sep - **1.** [lay down] posare - **2.** [quell] reprimere - **3.** [write down] annotare; **to put sthg down in writing** mettere qc per iscritto - **4.** [kill] abbattere. ➠ **put down to** vt sep: **to put sthg down to sthg** attribuire qc a qc. ➠ **put forward** vt sep - **1.** [plan, proposal, theory] avanzare - **2.** [meeting] anticipare - **3.** [clock, watch] spostare avanti. ➠ **put in** vt sep - **1.** [time] metterci - **2.** [request, offer, claim] presentare. ➠ **put off** vt sep - **1.** [meeting, decision] rimandare - **2.** [radio, light] spegnere - **3.** [cause to wait] fare aspettare - **4.** [discourage] dissuadere - **5.** [disturb]: **to put sb off (sthg)** distrarre qn (da qc) - **6.** [cause to dislike]: **to put sb off sthg** far passare l'entusiasmo per qc a qn. ➠ **put on** vt sep - **1.** [clothes, shoes, hat] mettersi, indossare - **2.** [show, exhibition, play] organizzare - **3.** [weight] prendere - **4.** [radio, light] accendere; [brakes] premere - **5.** [CD, tape] mettere - **6.** [food, lunch] mettere al fuoco - **7.** [accent, air] assumere - **8.** [bet]: **to put sthg on (sthg)** scommettere qc (su qc) - **9.** [add]: **to put sthg on (sthg)** aggiungere qc (a qc). ➠ **put out** vt sep - **1.** [place outside] mettere fuori - **2.** [statement, announcement] rendere pubblico(a); [book] pubblicare; [CD] fare uscire - **3.** [fire, cigarette, light] spegnere - **4.** [hand, leg] tendere; [tongue] tirar fuori - **5.** [annoy, upset]: **to be put out** essere contrariato(a) - **6.** [inconvenience] disturbare. ➠ **put through** vt sep [call] trasferire; **I'll put you through to Mr Smith** le passo il Signor Smith. ➠ **put up** ◇ vt sep - **1.** [wall, fence] erigere; [tent] montare - **2.** [umbrella] aprire; [flag] alzare - **3.** [poster, shelf] appendere - **4.** [money] versare - **5.** [candidate] presentare - **6.** [price, cost] aumentare - **7.** [guest] ospitare. ◇ vt insep [resistance] opporre; **to put up a fight/struggle** lottare. ➠ **put up with** vt insep sopportare.

putrid ['pju:trɪd] adj fml putrefatto(a).

putt [pʌt] ◇ n putt m inv. ◇ vt & vi pattare.

putty ['pʌtɪ] n (U) stucco m.

puzzle ['pʌzl] ◇ n - **1.** [game] rompicapo m - **2.** [mystery] enigma m. ◇ vt lasciare perplesso(a). ◇ vi: **to puzzle over sthg** spremersi le meningi su qc. ➠ **puzzle out** vt sep riuscire a capire.

puzzling ['pʌzlɪŋ] adj sconcertante.

pyjamas UK, **pajamas** US [pə'dʒɑːməz] npl pigiama m (sing).

pylon ['paɪlən] n traliccio m.

pyramid ['pɪrəmɪd] n piramide f.

Pyrex® ['paɪreks] n (U) pyrex® m.

python ['paɪθn] (pl python OR -s) n pitone m.

q (pl q's OR qs), **Q** (pl Q's OR Qs) [kju:] n [letter] q m o f inv, Q m o f inv.

quack [kwæk] n - **1.** [noise] qua qua m inv - **2.** inf pej [doctor] medico m da strapazzo.

quad n inf (abbr of quadrangle) cortile m interno.

quadrangle ['kwɒdræŋgl] n - **1.** [figure] quadrilatero m - **2.** [courtyard] cortile m interno.

quadruple [kwɒ'dru:pl] ◇ adj quadruplo(a). ◇ vt & vi quadruplicare.

quadruplets ['kwɒdruplɪts] npl quattro gemelli mpl.

quail [kweɪl] (pl quail OR -s) ◇ n quaglia f. ◇ vi liter tremare.

quaint [kweɪnt] adj dal fascino antico.

quake [kweɪk] ◇ n inf (abbr of earthquake) terremoto m. ◇ vi tremare.

qualification [,kwɒlɪfɪ'keɪʃn] n - **1.** UK [examination, certificate] qualifica f - **2.** [quality, skill] competenza f - **3.** [qualifying statement] riserva f.

qualified ['kwɒlɪfaɪd] adj - **1.** [trained] qualificato(a) - **2.** [able]: **to be qualified to do sthg** essere qualificato(a) per fare qc - **3.** [limited] con riserva.

qualify ['kwɒlɪfaɪ] ◇ vt - **1.** [modify] fare una precisazione su - **2.** [entitle]: **to qualify sb to do sthg** abilitare qn a fare qc. ◇ vi - **1.** UNIV & SPORT qualificarsi - **2.** [be entitled]: **to qualify for sthg** avere diritto a qc.

quality ['kwɒlətɪ] ◇ n qualità f inv. ◇ comp di qualità.

qualms [kwɑːmz] npl scrupoli mpl.

quandary ['kwɒndərɪ] n: **to be in a quandary (about OR over sthg)** trovarsi di fronte ad un dilemma (riguardo a qc).

quantify ['kwɒntɪfaɪ] vt fml quantificare.

quantity ['kwɒntətɪ] n [gen] quantità f inv.

quarantine ['kwɒrəntiːn] ◇ n quarantena f. ◇ vt mettere in quarantena.

quarrel ['kwɒrəl] (UK & US) ◇ n litigio m. ◇ vi: **to quarrel (with sb)** litigare (con qn); **to quarrel with sthg** avere da ridire su qc.

quarrelsome ['kwɒrəlsəm] adj litigioso(a).

quarry ['kwɒrɪ] n - **1.** [place] cava f - **2.** [prey] preda f.

quart [kwɔːt] n - **1.** UK [unit of measurement] ≃ 1,14 litri - **2.** US [unit of measurement] ≃ 0,94 litri.

quarter ['kwɔːtəʳ] *n* - **1.** [gen] quarto *m*; **a quarter past two** *esp UK*, **a quarter after two** *US* le due e un quarto; **a quarter to two** *esp UK*, **a quarter of two** *US* le due meno un quarto - **2.** [of year] trimestre *m* - **3.** *US* [coin] 25 centesimi *mpl* - **4.** *UK* [four ounces] ≃ 100 grammi - **5.** [area in town] quartiere *m* - **6.** [direction]: **from all quarters** da tutti i lati; **from all quarters of the globe** da tutti gli angoli del mondo. ◆ **quarters** *npl* [rooms] alloggi *mpl*. ◆ **at close quarters** *adv* da vicino.

quarterfinal [ˌkwɔːtə'faɪnl] *n* partita *f* dei quarti di finale; **the quarterfinals** i quarti di finale.

quarterly ['kwɔːtəlɪ] ⟨⟩ *adj* trimestrale. ⟨⟩ *adv* ogni trimestre. ⟨⟩ *n* trimestrale *m*.

quartet [kwɔː'tet] *n* quartetto *m*.

quartz [kwɔːts] *n (U)* quarzo *m*.

quash [kwɒʃ] *vt* - **1.** [reject] annullare - **2.** [quell] reprimere.

quasi- ['kweɪzaɪ] *prefix* semi-.

quaver ['kweɪvəʳ] ⟨⟩ *n* - **1.** *esp UK* MUS croma *f* - **2.** [in voice] tremolio *m*. ⟨⟩ *vi* [voice] tremare.

quay [kiː] *n* molo *m*.

quayside ['kiːsaɪd] *n* banchina *f*.

queasy ['kwiːzɪ] *adj*: **to feel** OR **be queasy** avere la nausea.

Quebec [kwɪ'bek] *n* Québec *m*.

queen [kwiːn] *n* - **1.** [woman, bee, chess piece] regina *f* - **2.** [playing card] donna *f*.

queen mother *n*: **the queen mother** la regina madre.

queer [kwɪəʳ] ⟨⟩ *adj* [odd] strano(a). ⟨⟩ *n inf offens* [gay man] finocchio *m*; [lesbian] lesbica *f*.

quell [kwel] *vt* reprimere.

quench [kwentʃ] *vt*: **to quench sb's thirst** dissetare qn; **to quench one's thirst** dissetarsi.

query ['kwɪərɪ] ⟨⟩ *n* [question] domanda *f*; COMPUT query *f inv*, interrogazione *f*. ⟨⟩ *vt* mettere in questione.

quest [kwest] *n liter*: **quest (for sthg)** ricerca *f* (di qc).

question ['kwestʃn] ⟨⟩ *n* - **1.** [query] domanda *f*; **to ask (sb) a question** fare una domanda (a qn) - **2.** [issue, doubt] questione *f*; **to bring** OR **call sthg into question** mettere in questione qc; **beyond question** indubbiamente; **to be beyond question** essere fuori dubbio; **without question** senza dubbio - **3.** [in exam] quesito *m*; **there's no question of...** è fuori discussione che... ⟨⟩ *vt* - **1.** [interrogate] interrogare - **2.** [express doubt about] mettere in questione. ◆ **in question** *adv*:

the person/matter in question la persona/faccenda in questione. ◆ **out of the question** *adj* fuori discussione.

questionable ['kwestʃənəbl] *adj* discutibile.

question mark *n* punto *m* interrogativo.

questionnaire [ˌkwestʃə'neəʳ] *n* questionario *m*.

queue [kjuː] *esp UK* ⟨⟩ *n* coda *f*, fila *f*. ⟨⟩ *vi* fare la coda; **to queue (up) for sthg** fare la coda per qc.

quibble ['kwɪbl] *pej* ⟨⟩ *n* sottigliezza *f*. ⟨⟩ *vi*: **to quibble (over** OR **about sthg)** sottilizzare (su qc).

quiche [kiːʃ] *n* quiche *f inv*, torta *f* (salata).

quick [kwɪk] ⟨⟩ *adj* - **1.** [movement, worker, journey, look] rapido(a) - **2.** [reply, decision] pronto(a). ⟨⟩ *adv inf* rapidamente.

quicken ['kwɪkn] *vt* & *vi* accelerare.

quickly ['kwɪklɪ] *adv* - **1.** [rapidly] rapidamente - **2.** [without delay] prontamente.

quicksand ['kwɪksænd] *n* sabbie *fpl* mobili.

quick-witted [-'wɪtɪd] *adj* sveglio(a).

quid [kwɪd] *n (pl* quid*)* *UK inf* sterlina *f*.

quiet ['kwaɪət] ⟨⟩ *adj* - **1.** [not noisy - place, children] tranquillo(a); [- engine] silenzioso(a) - **2.** [not talkative, silent] silenzioso(a); **to keep quiet about sthg** tenersi qc per sé; **be quiet!** sta' zitto!, silenzio! - **3.** [tranquil - person, confidence] pacato(a); [- evening, day, life] tranquillo(a) - **4.** [dull] calmo(a) - **5.** [discreet - clothes, colour] discreto(a); **to have a quiet word with sb** parlare con qn in privato - **6.** [intimate] intimo(a). ⟨⟩ *n (U)* calma *f*, tranquillità *f*; **on the quiet** *inf* di nascosto. ⟨⟩ *vt esp US* calmare. ◆ **quiet down** ⟨⟩ *vt sep esp US* [animal, person] calmare. ⟨⟩ *vi* calmarsi.

quieten ['kwaɪətn] *vt esp UK* calmare. ◆ **quieten down** *esp UK* ⟨⟩ *vt sep* calmare. ⟨⟩ *vi* calmarsi.

quietly ['kwaɪətlɪ] *adv* - **1.** [without noise - move] silenziosamente, senza fare rumore; [- say] piano - **2.** [without excitement] tranquillamente - **3.** [without fuss - get married] con una cerimonia intima; [- leave] senza far storie.

quilt [kwɪlt] *n* trapunta *f*.

quintet [kwɪn'tet] *n* quintetto *m*.

quintuplets [kwɪn'tjuːplɪts] *npl* cinque gemelli *mpl*.

quip [kwɪp] ⟨⟩ *n* battuta *f* di spirito. ⟨⟩ *vi* fare una battuta di spirito.

quirk [kwɜːk] *n* - **1.** [habit] vezzo *m* - **2.** [event] capriccio *m*; **a quirk of fate** uno scherzo del destino.

quit [kwɪt] (*UK pt & pp* quit) (*US pt & pp* quit) ⬦ *vt* - **1.** [job, army] abbandonare - **2.** [stop]: **to quit smoking/drinking** smettere di fumare/bere. ⬦ *vi* - **1.** [resign] dimettersi - **2.** [give up] smettere.

quite [kwaɪt] *adv* - **1.** [completely – different] del tutto, completamente; [- simple, still] assolutamente; **I quite agree** sono completamente d'accordo - **2.** [fairly] abbastanza, piuttosto; **quite a lot of, quite a few** molti(e), parecchi(e) - **3.** [after negative]: **not quite big enough** per niente grande; **I don't quite understand** non capisco bene - **4.** [for emphasis]: **it was quite a shock** è stato proprio uno bello shock; **she's quite a singer** è una cantante davvero straordinaria - **5.** *UK* [to express agreement]: **quite (so)** già!, proprio così!

quits [kwɪts] *adj inf*: **to be quits (with sb)** essere pari (*inv*) (con qn); **to call it quits** finirla lì.

quiver [ˈkwɪvər] ⬦ *n* - **1.** [shiver] tremito *m* - **2.** [for arrows] faretra *f*. ⬦ *vi* tremare.

quiz [kwɪz] (*pl* -zes) ⬦ *n* - **1.** [competition, game] quiz *m inv* - **2.** *US* SCH interrogazione *f*. ⬦ *vt*: **to quiz sb (about sthg)** interrogare qn (su qc).

quizzical [ˈkwɪzɪkl] *adj* interrogativo(a).

quota [ˈkwəʊtə] *n* quota *f*.

quotation [kwəʊˈteɪʃn] *n* - **1.** [citation] citazione *f* - **2.** COMM preventivo *m*.

quotation marks *npl* virgolette *fpl*; **in quotation marks** tra virgolette.

quote [kwəʊt] ⬦ *n* - **1.** [citation] citazione *f* - **2.** COMM preventivo *m*. ⬦ *vt* - **1.** [person, proverb] citare - **2.** COMM fare un preventivo di. ⬦ *vi* - **1.** [cite]: **to quote (from sthg)** fare citazioni (da qc) - **2.** COMM: **to quote for sthg** fare un preventivo di qc.

quotient [ˈkwəʊʃnt] *n* quoziente *m*.

r (*pl* r's OR rs), **R** (*pl* R's OR Rs) [ɑːr] *n* [letter] r *m o f inv*, R *m o f inv*.

R & D (*abbr of* research and development) *n* ricerca *f* e sviluppo *m*.

rabbi [ˈræbaɪ] *n* rabbino *m*.

rabbit [ˈræbɪt] *n* coniglio *m*.

rabbit hutch *n* conigliera *f*.

rabble [ˈræbl] *n* - **1.** [disorderly crowd] folla *f*, ressa *f* - **2.** [riffraff] marmaglia *f*.

rabies [ˈreɪbiːz] *n (U)* rabbia *f*, idrofobia *f*.

RAC (*abbr of* Royal Automobile Club) *n* automobile club britannico, ≃ ACI *m*.

race [reɪs] ⬦ *n* - **1.** [competition] gara *f*, corsa *f* - **2.** *fig* [for power, control] corsa *f*; **arms race** corsa *f* agli armamenti - **3.** [people] stirpe *f* - **4.** *(U)* [descent, ethnic background] razza *f*. ⬦ *vt* - **1.** [compete against] gareggiare con - **2.** [animal, vehicle] fare partecipare a una gara. ⬦ *vi* - **1.** [compete]: **to race against sb** gareggiare contro qn - **2.** [rush] precipitarsi - **3.** [heart, pulse] battere forte - **4.** [engine] girare a vuoto, imballarsi.

race car *n US* = racing car.

racecourse [ˈreɪskɔːs] *n esp UK* [for horses] ippodromo *m*.

race driver *n US* = racing driver.

racehorse [ˈreɪshɔːs] *n* cavallo *m* da corsa.

racetrack [ˈreɪstræk] *n* [for cars] pista *f*, circuito *m*; *US* [for horses] ippodromo *m*.

racial [ˈreɪʃl] *adj* razziale.

racial discrimination *n (U)* discriminazione *f* razziale.

racing [ˈreɪsɪŋ] *n (U)* [with cars] automobilismo *m*; *(U)* [with horses] ippica *f*, corse *fpl* dei cavalli.

racing car *UK*, **race car** *US n* macchina *f* da corsa.

racing driver *UK*, **race driver** *US n* pilota *mf* da corsa.

racism [ˈreɪsɪzm] *n (U)* razzismo *m*.

racist [ˈreɪsɪst] ⬦ *adj* razzista. ⬦ *n* razzista *mf*.

rack [ræk] *n* - **1.** [for plates] scolapiatti *m inv*; [for wine, bottles] rastrelliera *f* portabottiglie (*inv*) - **2.** [for luggage] portabagagli *m inv*.

racket [ˈrækɪt] *n* - **1.** *inf* [noise] baccano *m*, chiasso *m* - **2.** *inf* [illegal activity] racket *m inv* - **3.** SPORT racchetta *f*.

racquet [ˈrækɪt] *n* racchetta *f*.

racy [ˈreɪsɪ] *adj* [style] brioso(a); [novel, story] spinto(a).

radar [ˈreɪdɑːr] *n (U)* radar *m*.

radiant [ˈreɪdjənt] *adj* - **1.** [smile, person] raggiante - **2.** *liter* [light] fulgido(a).

radiate [ˈreɪdɪeɪt] ⬦ *vt* - **1.** [heat, light] irradiare - **2.** *fig* [confidence, health] emanare. ⬦ *vi* - **1.** [heat, light] irradiarsi - **2.** *fig* [confidence, health]: **to radiate from sb** emanare da qn - **3.** [roads, lines] partire a raggiera, irraggiarsi.

radiation [ˌreɪdɪˈeɪʃn] *n* radiazione *f*.

radiator [ˈreɪdɪeɪtər] *n* - **1.** [in house] termosifone *m*, radiatore *m* - **2.** AUT radiatore *m*.

radical [ˈrædɪkl] ⬦ *adj* radicale. ⬦ *n* radicale *mf*.

radically [ˈrædɪklɪ] *adv* radicalmente.

radii ['reɪdɪaɪ] *pl* ⊳ **radius**.

radio ['reɪdɪəʊ] (*pl* -s) ⬦ *n* radio *f inv*; **on the radio** alla radio. ⬦ *comp* [wave, station, link] radio *inv*; [communication] via radio. ⬦ *vt* [information] trasmettere via radio; [person] chiamare via radio.

radioactive [,reɪdɪəʊ'æktɪv] *adj* radioattivo(a).

radio alarm *n* radiosveglia *f*.

radio-controlled [-kən'trəʊld] *adj* radiocomandato(a).

radiology [,reɪdɪ'ɒlədʒɪ] *n (U)* radiologia *f*.

radish ['rædɪʃ] *n* ravanello *m*.

radius ['reɪdɪəs] (*pl* radii) *n* - **1.** MATHS raggio *m* - **2.** ANAT radio *m*.

RAF [ɑːreɪ'ef, ræf] (*abbr of* Royal Air Force) *n* RAF *f* (forze aeree britanniche).

raffle ['ræfl] ⬦ *n* lotteria *f*. ⬦ *vt* mettere in palio in una lotteria.

raffle ticket *n* biglietto *m* della lotteria.

raft [rɑːft] *n* - **1.** [of wood] zattera *f* - **2.** [of rubber, plastic] gommone *m*.

rafter ['rɑːftər] *n* travicello *m*, travetto *m*.

rag [ræg] *n* - **1.** [piece of cloth] straccio *m*, cencio *m* - **2.** *inf pej* [newspaper] giornalaccio *m*. ◆ **rags** *npl* [clothes] stracci *mpl*.

rag doll *n* bambola *f* di pezza.

rage [reɪdʒ] ⬦ *n* - **1.** [fury] rabbia *f* - **2.** *inf* [fashion]: **it's all the rage** fa furore. ⬦ *vi* - **1.** [person] essere in collera - **2.** [storm, argument] infuriare.

ragged ['rægɪd] *adj* - **1.** [man, woman] vestito(a) di stracci, cencioso(a) - **2.** [clothes] stracciato(a) - **3.** [coastline, line] frastagliato(a) - **4.** [performance] discontinuo(a).

raid [reɪd] ⬦ *n* - **1.** MIL raid *m inv*, incursione *f* - **2.** [forced entry - on bank] assalto *m*; [- by police] irruzione *f*. ⬦ *vt* - **1.** MIL fare un raid su - **2.** [enter by force - bank] assaltare; [- club, headquarters] fare irruzione in.

raider ['reɪdər] *n* - **1.** [attacker] predone *m* - **2.** [thief] rapinatore *m*, -trice *f*.

rail [reɪl] ⬦ *n* - **1.** [fence - on ship] parapetto *m*; [- on staircase] corrimano *m*, ringhiera *f* - **2.** [bar] bacchetta *f* - **3.** [of railway line] rotaia *f* - **4.** *(U)* [form of transport] ferrovia *f*; **by rail** per ferrovia. ⬦ *comp* [transport, union] ferroviario(a); [strike] dei treni; [travel] in treno.

railcard ['reɪlkɑːd] *n UK* tessera d'abbonamento per pensionati o studenti che dà diritto a biglietti a prezzi ridotti.

railing ['reɪlɪŋ] *n* [round basement] cancellata *f*; [round balcony] ringhiera *f*; [on ship] parapetto *m*; [on staircase] corrimano *m*.

railroad ['reɪlrəʊd] *n US* = **railway**.

railroad crossing *n US* passaggio *m* a livello.

railroad line *n US* linea *f* ferroviaria.

railroad station *n US* = **railway station**.

railroad track *n US* binario *m*.

railway ['reɪlweɪ] *UK*, **railroad** *US n* - **1.** [track] binario *m* - **2.** [company] ferrovie *fpl* - **3.** [system] ferrovia *f*.

railway line *n UK* - **1.** [route] linea *f* ferrovia-ria - **2.** [track] binario *m*.

railwayman ['reɪlweɪmən] (*pl* -men) *n UK* ferroviere *m*.

railway station *UK*, **railroad station** *US n* stazione *f* (ferroviaria).

railway track *n UK* binario *m*.

rain [reɪn] ⬦ *n (U)* pioggia *f*; **in the rain** sotto la pioggia. ⬦ *impers vb* piovere. ⬦ *vi* [fall like rain - ash] piovere; [- tears] scorrere.

rainbow ['reɪnbəʊ] *n* arcobaleno *m*.

rain check *n esp US*: **to take a rain check on sthg** tenere buono qc per un'altra volta.

raincoat ['reɪnkəʊt] *n* impermeabile *m*.

raindrop ['reɪndrɒp] *n* goccia *f* di pioggia.

rainfall ['reɪnfɔːl] *n (U)* livello *m* delle precipitazioni.

rain forest *n* foresta *f* tropicale.

rainy ['reɪnɪ] *adj* [afternoon, climate, weather] piovoso(a); [season] delle pioggie.

raise [reɪz] ⬦ *vt* - **1.** [lift up] sollevare; **to raise o.s.** alzarsi - **2.** [increase] aumentare; **to raise one's voice** [make louder] parlare più forte; [in protest] alzare la voce - **3.** [improve] migliorare - **4.** [obtain - from donations] raccogliere; [- by selling, borrowing] trovare - **5.** [evoke - memory] evocare; [- doubts, thoughts] suscitare - **6.** [child] tirare su - **7.** [crop] fare crescere - **8.** [animals] allevare - **9.** [objection, question, issues] sollevare - **10.** [build] erigere. ⬦ *n US* [in salary] aumento *m*.

raisin ['reɪzn] *n* uva *f* passa, uvetta *f*.

rake [reɪk] ⬦ *n* - **1.** [implement] rastrello *m* - **2.** *dated & liter* [immoral man] libertino *m*. ⬦ *vt* - **1.** [earth, ground] rastrellare - **2.** [leaves] raccogliere.

rally ['rælɪ] ⬦ *n* - **1.** [meeting] raduno *m* - **2.** [car race] rally *m inv* - **3.** [in tennis] scambio *m* di passaggi. ⬦ *vt* [supporters] radunare; [support] raccogliere. ⬦ *vi* - **1.** [supporters] radunarsi - **2.** [patient] ristabilirsi; [prices] recuperare. ◆ **rally around** ⬦ *vt insep* sostenere. ⬦ *vi* offrire aiuto.

ram [ræm] ⬦ *n* [animal] ariete *m*. ⬦ *vt* - **1.** [crash into] sbattere contro - **2.** [force] ficcare.

RAM [ræm] (*abbr of* random access memory) *n* RAM *f*.

ramble ['ræmbl] <> n escursione f. <> vi
- 1. [walk] fare escursioni - 2. [talk] divagare.

rambler ['ræmblər] n escursionista mf.

rambling ['ræmblɪŋ] adj - 1. [building] a
struttura irregolare - 2. [conversation, book]
sconclusionato(a).

ramp [ræmp] n - 1. [slope] rampa f - 2. [stairs]
scaletta f - 3. UK [on road] dosso m di rallentamento - 4. US [road] bretella f.

rampage [ræm'peɪdʒ] n: **to go on the rampage** scatenarsi.

rampant ['ræmpənt] adj dilagante.

ramparts ['ræmpɑːts] npl bastioni mpl, ba-
luardi mpl.

ramshackle ['ræm,ʃækl] adj [building] sul
punto di crollare; [car] sgangherato(a).

ran [ræn] pt ⊳ **run**.

ranch [rɑːntʃ] n ranch m inv.

rancher ['rɑːntʃər] n [owner] proprietario m,
-a f di un ranch; [worker] cowboy m inv.

rancid ['rænsɪd] adj rancido(a).

rancour UK, **rancor** US ['ræŋkər] n (U) rancore m.

random ['rændəm] <> adj casuale. <> n: **at
random** a caso.

random access memory n (U) memoria f
ad accesso casuale.

randy ['rændɪ] adj esp UK inf arrapato(a),
allupato(a).

rang [ræŋ] pt ⊳ **ring**.

range [reɪndʒ] <> n - 1. [distance covered]
portata f; **at close range** a distanza ravvicina-
ta - 2. [of goods, designs, prices] gamma f - 3. [of
age, salaries] fascia f - 4. [of mountains, hills] catena f - 5. [shooting area] poligono m (di tiro)
- 6. [of singing voice] estensione f. <> vt [place
in row] disporre. <> vi - 1. [vary]: **to range
from... to..., to range between... and...** andare
da... a... - 2. [deal with, include]: **to range over
sthg** [subj: speech, text] coprire qc.

ranger ['reɪndʒər] n guardia f forestale.

rank [ræŋk] <> adj [utter, absolute - disgrace,
bad luck] vero(a) e proprio(a); [- injustice]
bell'e buono(a); [- stupidity] totale; [smell,
taste] disgustoso(a). <> n - 1. [in army, police]
grado m; **the rank and file** MIL la truppa; [of
political party, organization] la base - 2. [social
class] rango m - 3. [row, line] fila f. <> vt [put
in order] classificare. <> vi classificarsi; **to
rank as/among** essere considerato(a) come/
tra. ◆ **ranks** npl - 1. MIL: **the ranks** la truppa
(singolare) - 2. fig [members]: **the ranks** le fila.

rankle ['ræŋkl] vi [behaviour, remarks] bruciare.

ransack ['rænsæk] vt - 1. [plunder] sacheg-
giare - 2. [search] rovistare.

ransom ['rænsəm] n riscatto m; **to hold sb
to ransom** [keep prisoner] tenere qn in ostaggio (per chiederne il riscatto); fig [put in impossible position] ricattare qn.

rant [rænt] vi fare una tirata.

rap [ræp] <> n - 1. [knock] colpetto m - 2. MUS
rap m. <> vt [on door] bussare a; [on table] battere colpetti su. <> vi - 1. [knock]: **to rap on
sthg** [on door] bussare a qc; [on table] battere
colpetti su qc - 2. MUS fare rap.

rape [reɪp] <> n - 1. [of person] stupro m
- 2. (U) [plant] colza f. <> vt violentare, stuprare.

rapid ['ræpɪd] adj rapido(a). ◆ **rapids** npl
rapide fpl.

rapidly ['ræpɪdlɪ] adv rapidamente.

rapist ['reɪpɪst] n stupratore m.

rapport [ræ'pɔːr] n rapporti mpl; **a rapport
with/between** un feeling con/tra.

rapture ['ræptʃər] n estasi f.

rapturous ['ræptʃərəs] adj [feeling] d'estasi;
[welcome, applause] caloroso(a).

rare [reər] adj - 1. [species, book] raro(a)
- 2. [occurrence, visit] insolito(a) - 3. [beauty, tal-
ent] eccezionale - 4. [steak, meat] al sangue.

rarely ['reəlɪ] adv raramente.

raring ['reərɪŋ] adj: **to be raring to go** essere
impaziente di cominciare.

rarity ['reərətɪ] n - 1. [unusual object, person]
rarità f inv - 2. (U) [scarcity] scarsità f.

rascal ['rɑːskl] n bricconcello m, -a f.

rash [ræʃ] <> adj [person, decision] avventa-
to(a). <> n - 1. MED eruzione f cutanea - 2. [of
events, occurrences] ondata f.

rasher ['ræʃər] n [of bacon] fetta f.

raspberry ['rɑːzbərɪ] n - 1. [fruit] lampone m
- 2. [rude noise]: **to blow a raspberry** fare una
pernacchia.

rat [ræt] n - 1. [animal] ratto m - 2. pej [person]
verme m.

rate [reɪt] <> n - 1. [speed] ritmo m; **at this
rate** di questo passo - 2. [ratio, proportion] tasso m - 3. [price] tariffa f, prezzo m; **rate of interest** tasso m di interesse. <> vt - 1. [con-
sider]: **how do you rate the film?** come trovi il
film?; **to rate sb very highly** apprezzare qn
moltissimo; **to rate sb/sthg as** reputare qn/qc
come; **to rate sb/sthg among** annoverare qn/
qc tra - 2. [deserve] meritare. ◆ **at any rate**
adv a ogni modo.

rather ['rɑːðər] adv - 1. [slightly] piuttosto, alquanto; **rather too much** un po' troppo
- 2. [for emphasis] abbastanza; **I rather thought
so** ho proprio avuto l'impressione di sì
- 3. [expressing a preference]: **I would rather
wait** preferirei aspettare; **I'd rather not** pre-

ferirei di no - **4.** [more exactly]: **or rather...** o meglio - **5.** [on the contrary]: **(but) rather...** anzi. ◆ **rather than** *conj* piuttosto che.

ratify ['rætɪfaɪ] *vt* ratificare.

rating ['reɪtɪŋ] *n* [gen] valutazione *f*; **popularity rating** indice *m* di popolarità.

ratio ['reɪʃɪəʊ] (*pl* -s) *n* rapporto *m*; **the ratio of teachers to pupils** il numero di insegnanti per allievi.

ration ['ræʃn] ⟨⟩ *n* [of food, goods] razione *f*. ⟨⟩ *vt* [goods] razionare. ◆ **rations** *npl* razioni *fpl*.

rational ['ræʃənl] *adj* - **1.** [behaviour, action] razionale - **2.** [being] provvisto(a) di ragione.

rationale [,ræʃə'nɑːl] *n* giustificazione *f* logica.

rationalize, -ise *UK* ['ræʃənəlaɪz] *vt* - **1.** [behaviour, decision] giustificare - **2.** [industry, system] razionalizzare.

rat race *n* corsa *f* al successo.

rattle ['rætl] ⟨⟩ *n* - **1.** [noise - of engine] sferragliamento *m*; [- of typewriter keys] ticchettio *m*; [- of bottles] tintinnio *m*; [- of bullets] crepitio *m* - **2.** [toy] sonaglio *m*. ⟨⟩ *vt* - **1.** [bottles, keys] fare tintinnare; [windows] fare sbatacchiare - **2.** *inf* [person] innvervosire. ⟨⟩ *vi* [bottles, keys] tintinnare; [gunfire] crepitare; [machine, engine] sferragliare.

rattlesnake ['rætlsneɪk], **rattler** *US* ['rætlər] *n* serpente *m* a sonagli.

raucous ['rɔːkəs] *adj* [voice, laughter] rauco(a); [behaviour] sguaiato(a).

ravage ['rævɪdʒ] *vt* devastare. ◆ **ravages** *npl* danni *mpl*.

rave [reɪv] ⟨⟩ *adj* [review] sperticato(a). ⟨⟩ *n inf* [party] festa *f* rave *(inv)*, rave *m inv*. ⟨⟩ *vi* - **1.** [talk angrily]: **to rave about** *OR* **at** *OR* **against sb** inveire contro qn; **to rave about** *OR* **at** *OR* **against sthg** inveire con forza contro qc - **2.** [talk enthusiastically]: **to rave about sthg** parlare entusiasticamente di qc.

raven ['reɪvn] *n* corvo *m*.

ravenous ['rævənəs] *adj* [animal, person] famelico(a); [appetite] feroce; **I'm ravenous** ho una fame da lupi!

ravine [rə'viːn] *n* burrone *m*.

raving ['reɪvɪŋ] *adj* [for emphasis]: **a raving beauty** uno schianto; **a raving lunatic** un pazzo furioso.

ravioli [,rævɪ'əʊlɪ] *n (U)* ravioli *mpl*.

ravishing ['rævɪʃɪŋ] *adj* incantevole.

raw [rɔː] *adj* - **1.** [meat, food] crudo(a) - **2.** [cotton, rubber, silk] greggio(a); [sugar] non raffinato(a); [sewage] non trattato(a); [data, statistics]

non elaborato(a) - **3.** [skin] scorticato(a); [wound] aperto(a) - **4.** [person, recruit] inesperto(a) - **5.** [weather, wind] gelido(a).

raw deal *n*: **to get a raw deal** essere trattato(a) ingiustamente.

raw material *n lit* & *fig* materia *f* prima.

ray [reɪ] *n* - **1.** [of heat, light] raggio *m* - **2.** *fig* [glimmer]: **a ray of hope** un barlume di speranza; **a ray of comfort** un po' di conforto.

rayon ['reɪɒn] *n (U)* raion *m*.

raze [reɪz] *vt* [town, building] distruggere completamente.

razor ['reɪzər] *n* razoio *m*.

razor blade *n* lametta *f* (da barba).

RC (*abbr of* **Roman Catholic**) *adj* cattolico(a) romano(a).

Rd (*abbr of* **Road**) ≃ Via *f*.

re [riː] *prep* oggetto; **re your invoice of...** in riferimento alla vostra fattura del...

RE *n UK* (*abbr of* **religious education**) religione *f*.

reach [riːtʃ] ⟨⟩ *vt* - **1.** [place, object] arrivare a - **2.** [person] contattare - **3.** [point, level] raggiungere - **4.** [agreement, decision, stage] giungere a, arrivare a. ⟨⟩ *vi* - **1.** [person]: **to reach out for sthg** allungare la mano per prendere qc; **he reached down to pick the baby up** si è abbassato per prendere in braccio il bimbo - **2.** [area of land] estendersi. ⟨⟩ *n* [of arm, boxer] allungo *m*; **within (sb's) reach** [easily touched] a portata di mano (di qn); [easily travelled to] a poca distanza (da qn); **out of** *OR* **beyond sb's reach** [not easily touched] fuori dalla portata di qn; [not easily travelled to] irraggiungibile per qn.

react [rɪ'ækt] *vi* - **1.** [respond]: **to react (to sthg)** reagire (a qc) - **2.** [rebel]: **to react against sthg** ribellarsi a qc - **3.** CHEM: **to react with sthg** reagire con qc.

reaction [rɪ'ækʃn] *n* - **1.** [gen]: **reaction (to sthg)** reazione *f* (a qc) - **2.** [rebellion]: **reaction (against sthg)** ribellione *f* (contro qc).

reactionary [rɪ'ækʃənrɪ] ⟨⟩ *adj* reazionario(a). ⟨⟩ *n* reazionario *m*, -a *f*.

reactor [rɪ'æktər] *n* reattore *m*.

read [riːd] (*pt* & *pp* **read** [red]) ⟨⟩ *vt* - **1.** [book, music, meter] leggere - **2.** [subj: sign, notice] dire; [subj: gauge, meter, barometer] segnare - **3.** [interpret] spiegare; **to read sb's mind** *OR* **thoughts** leggere nei pensieri di qn - **4.** *UK dated* & *UNIV* studiare. ⟨⟩ *vi* - **1.** [person] leggere; **to read to sb** leggere a qn - **2.** [text]: **it reads well/badly** si legge bene/male. ◆ **read out** *vt sep* leggere a voce alta. ◆ **read up on** *vt insep* documentarsi su.

readable ['riːdəbl] *adj* leggibile.

reader ['riːdər] n [person] lettore m, -trice f.

readership ['riːdəʃɪp] n lettori mpl.

readily ['redɪlɪ] adv - 1. [willingly] volentieri - 2. [easily] facilmente.

reading ['riːdɪŋ] n - 1. (U) [gen] lettura f - 2. [reading material] letture fpl.

readjust [ˌriːə'dʒʌst] ⬦ vt [instrument, mechanism, mirror] regolare nuovamente; [one's stance, policy] riadattare. ⬦ vi: **to readjust (to sthg)** riadattarsi (a qc).

readout ['riːdaʊt] n schermata f.

ready ['redɪ] ⬦ adj - 1. [gen] pronto(a); **to be ready for sthg/to do sthg** essere pronto per qc/per fare qc; **to get ready** prepararsi; **to get sthg ready** preparare qc - 2. [willing]: **to be ready to do sthg** essere propenso(a) a fare qc - 3. [in need of]: **to be ready for sthg** avere bisogno di qc - 4. [likely]: **to be ready to do sthg** essere sul punto di fare qc. ⬦ vt preparare.

ready cash n (U) contanti mpl.

ready-made adj - 1. [clothes, products] confezionato(a) - 2. fig [excuse, reply] bell'e pronto(a).

ready money n (U) denaro m contante, contanti mpl.

ready-to-wear adj [clothes] confezionato(a), prêt-à-porter inv.

real [rɪəl] ⬦ adj - 1. [authentic, utter] vero(a); **the real thing** l'originale; **this is the real thing!** questa volta è per davvero!; **she's a real pain** è una vera rompiscatole; **for real** davvero, sul serio - 2. [actual] reale; **in real terms** in termini reali. ⬦ adv US inf veramente, davvero.

real estate n (U) esp US beni mpl immobiliari.

real estate agent n US agente mf immobiliare.

realign [ˌriːə'laɪn] vt - 1. POL riallineare - 2. [brakes, wheels] riassettare.

realism ['rɪəlɪzm] n (U) realismo m.

realistic [ˌrɪə'lɪstɪk] adj [person, attitude]: **realistic (about sthg)** realistico(a) (riguardo a qc).

reality [rɪ'ælətɪ] n realtà f inv.

reality TV n (U) reality mpl.

realization, -isation UK [ˌrɪəlaɪ'zeɪʃn] n (U) - 1. [awareness, recognition] consapevolezza f - 2. [achievement] realizzazione f.

realize, -ise UK ['rɪəlaɪz] vt - 1. [become aware, understand] rendersi conto di - 2. [hopes, ambitions, profit] realizzare - 3. [assets] liquidare.

really ['rɪəlɪ] ⬦ adv - 1. [for emphasis] veramente, davvero - 2. [actually] in effetti, in realtà - 3. [honestly] davvero - 4. [to reduce force of negative statements] esattamente, propriamente. ⬦ excl - 1. [expressing doubt]: **really? davvero?** - 2. [expressing surprise, disbelief]: **really? sul serio?** - 3. [expressing disapproval]: **really!** insomma!

realm [relm] n regno m.

realtor ['rɪəltər] n US agente mf immobiliare.

reap [riːp] vt - 1. [harvest] raccogliere, mietere - 2. [benefits, rewards] trarre.

reappear [ˌriːə'pɪər] vi riapparire.

rear [rɪər] ⬦ adj [door, wheel] posteriore; [window] sul retro. ⬦ n - 1. [back – of building] retro m; [– of vehicle] parte f posteriore; **to bring up the rear** MIL formare la retroguardia; SPORT essere in coda - 2. inf [buttocks] deretano m, didietro m. ⬦ vt [children] tirare su; [animals] allevare; [plants] coltivare. ⬦ vi: **to rear (up)** [horse] impennarsi.

rearm [riː'ɑːm] ⬦ vt riarmare. ⬦ vi riarmarsi.

rearrange [ˌriːə'reɪndʒ] vt - 1. [furniture, room] risistemare - 2. [appointment, meeting] riprogrammare.

rearview mirror ['rɪəvjuː-] n specchietto m retrovisore (interno).

reason ['riːzn] ⬦ n - 1. [cause] causa f, ragione f; **reason for sthg** motivo m di qc; **for some reason** per qualche motivo - 2. (U) [justification]: **to have reason to do sthg** avere dei motivi per fare qc - 3. (U) [rationality, common sense] ragione f; **to listen to reason** sentire ragione; **it stands to reason** non si può negare. ⬦ vt [conclude] dedurre. ⬦ vi ragionare.

➤ **reason with** vt insep ragionare con.

reasonable ['riːznəbl] adj [person, attitude, price, explanation] ragionevole; [quality, work] passabile; [number, amount] discreto(a).

reasonably ['riːznəblɪ] adv - 1. [quite] abbastanza - 2. [sensibly] ragionevolmente.

reasoned ['riːznd] adj ragionato(a).

reasoning ['riːznɪŋ] n (U) ragionamento m.

reassess [ˌriːə'ses] vt [position, opinion] riesaminare.

reassurance [ˌriːə'ʃɔːrəns] n - 1. (U) [comfort] rassicurazione f - 2. [promise] garanzia f.

reassure [ˌriːə'ʃɔːr] vt rassicurare.

reassuring [ˌriːə'ʃɔːrɪŋ] adj rassicurante.

rebate ['riːbeɪt] n rimborso m.

rebel n ['rebl] ribelle mf. ⬦ vi [rɪ'bel]: **to rebel (against sb/sthg)** ribellarsi (contro qn/qc).

rebellion [rɪ'beljən] n - 1. [armed revolt, nonconformity] ribellione f - 2. [opposition] rivolta f.

rebellious [rɪ'beljəs] adj ribelle.

rebound ◇ n ['ri:baʊnd]: **on the rebound** [ball] di rimbalzo; [person] per ripicca. ◇ vi [rɪ'baʊnd] [ball] rimbalzare.

rebuff [rɪ'bʌf] n secco rifiuto m.

rebuild [,ri:'bɪld] (pt & pp -built) vt - **1.** [town, building] ricostruire - **2.** [business, economy] riorganizzare.

rebuke [rɪ'bju:k] ◇ n rimprovero m. ◇ vt: **to rebuke sb (for sthg)** rimproverare qn (per qc).

recall ◇ n ['ri:kɔ:l] (U) [memory] memoria f. ◇ vt [rɪ'kɔ:l] - **1.** [the past, an event] ricordare - **2.** [ambassador] richiamare; [Parliament] convocare.

recap inf ◇ n ['ri:kæp] riepilogo m. ◇ vt [ri:'kæp] [summarize] riepilogare. ◇ vi [ri:'kæp] fare un riepilogo.

recapitulate [,ri:kə'pɪtjʊleɪt] ◇ vt riepilogare. ◇ vi fare un riepilogo.

recd, rec'd (abbr of received) ricevuto(a).

recede [ri:'si:d] vi - **1.** [move away - person, car] indietreggiare; [- coastline] ritirarsi - **2.** fig [disappear, fade] svanire.

receding [rɪ'si:dɪŋ] adj [chin] sfuggente; **he has a receding hairline** è un po' stempiato.

receipt [rɪ'si:t] n - **1.** [piece of paper] ricevuta f - **2.** (U) [act of receiving] ricevimento m. ◆ **receipts** npl introiti mpl.

receive [rɪ'si:v] vt - **1.** [gift, letter, news] ricevere - **2.** [setback, criticism, injury] subire - **3.** [visitor, guest] ricevere, accogliere - **4.** [react to]: **to be well/badly received** essere accolto(a) favorevolmente/sfavorevolmente.

receiver [rɪ'si:vər] n - **1.** [of telephone] cornetta f - **2.** [radio, TV set] ricevitore m - **3.** [criminal] ricettatore m, -trice f (di merci rubate) - **4.** FIN curatore m, -trice f fallimentare.

recent ['ri:snt] adj recente.

recently ['ri:sntlɪ] adv recentemente, di recente.

receptacle [rɪ'septəkl] n ricettacolo m.

reception [rɪ'sepʃn] n - **1.** (U) [department, desk - in hotel, office] reception f inv; [- in hospital] accettazione f - **2.** [party, ceremony] ricevimento m - **3.** [reaction, welcome] accoglienza f - **4.** (U) [quality of picture, sound] ricezione f.

reception desk n (banco m della) reception f inv.

receptionist [rɪ'sepʃənɪst] n receptionist mf inv.

recess ['ri:ses, rɪ'ses] n - **1.** [vacation] vacanza f; **to be in/go into recess** essere/andare in vacanza - **2.** [in room] rientranza f - **3.** [of mind, memory] recesso m - **4.** US SCH intervallo m.

recession [rɪ'seʃn] n recessione f.

recharge vt [,ri:'tʃɑ:dʒ] [battery] ricaricare.

recipe ['resɪpɪ] n - **1.** CULIN ricetta f - **2.** fig [formula]: **a recipe for disaster** una strada che conduce al disastro; **a recipe for success** la chiave del successo.

recipient [rɪ'sɪpɪənt] n [of letter] destinatario m, -a f; [of cheque] beneficiario m, -a f; [of award] assegnatario m, -a f.

reciprocal [rɪ'sɪprəkl] adj reciproco(a).

recital [rɪ'saɪtl] n [of poetry, music] recital m inv; **organ recital** concerto m organistico.

recite [rɪ'saɪt] vt - **1.** [poem, piece of writing] recitare - **2.** [facts, details] enumerare.

reckless ['reklɪs] adj [person, action] avventato(a); [driving, driver] spericolato(a); **reckless behaviour** incoscienza f.

reckon ['rekn] vt - **1.** inf [think] pensare, credere - **2.** [consider, judge]: **to be reckoned to be sthg** essere ritenuto(a) qc - **3.** [calculate] calcolare. ◆ **reckon on** vt insep contare su. ◆ **reckon with** vt insep [expect] fare i conti con.

reckoning ['rekənɪŋ] n calcolo m; **by my reckoning** secondo i miei calcoli.

reclaim [rɪ'kleɪm] vt - **1.** [luggage] ritirare; [money] reclamare - **2.** [land] bonificare.

recline [rɪ'klaɪn] vi [person] appoggiarsi all'indietro; [seat, chair] essere reclinabile.

reclining [rɪ'klaɪnɪŋ] adj [seat, chair] reclinabile.

recluse [rɪ'klu:s] n eremita mf.

recognition [,rekəg'nɪʃn] n - **1.** [identification] riconoscimento m, identificazione f; **to change beyond** OR **out of all recognition** diventare irriconoscibile; **it has improved beyond** OR **out of all recognition** è migliorato tanto che non lo riconosceresti - **2.** [acknowledgment] riconoscimento m; **in recognition of** come riconoscimento per, in riconoscimento di.

recognizable, -isable UK ['rekəgnaɪzəbl] adj riconoscibile.

recognize, -ise UK ['rekəgnaɪz] vt riconoscere.

recoil ◇ vi [rɪ'kɔɪl] - **1.** [draw back] indietreggiare, ritrarsi - **2.** fig [shrink from]: **to recoil from/at sthg** rifuggire da qc. ◇ n ['ri:kɔɪl] [of gun] rinculo m.

recollect [,rekə'lekt] vt ricordare.

recollection [,rekə'lekʃn] n ricordo m; **to the best of my recollection** per quanto ricordo.

recommend [,rekə'mend] vt - **1.** [commend, speak in favour of]: **to recommend sb/sthg (to sb)** raccomandare qn/qc (a qn) - **2.** [advise] consigliare.

recompense ['rekəmpens] <> n: recompense (for sthg) ricompensa f (per qc). <> vt: to recompense sb (for sthg) ricompensare qn (per qc).

reconcile ['rekənsaɪl] vt - 1. [beliefs, ideas] conciliare; to reconcile sthg with sthg conciliare qc con qc - 2. [people] riconciliare - 3. [resign o.s.]: to reconcile o.s. to sthg rassegnarsi a qc.

reconditioned [,ri:kən'dɪʃnd] adj rimesso(a) a nuovo.

reconnaissance [rɪ'kɒnɪsəns] n (U) ricognizione f.

reconsider [,ri:kən'sɪdər] <> vt riconsiderare. <> vi ripensare.

reconstruct [,ri:kən'strʌkt] vt ricostruire.

record <> n ['rekɔ:d] - 1. [written account] resoconto m; off the record ufficiosamente; on record [on file] agli atti; [ever recorded] (mai) registrato(a) - 2. [vinyl disc] disco m - 3. [best achievement] record m inv - 4. [history] precedenti mpl. <> adj [level, time, score] record (inv). <> vt [rɪ'kɔ:d] - 1. [write down] prendere nota di - 2. [put on tape etc] registrare.

recorded delivery [rɪ'kɔ:dɪd-] n (U) UK dated: to send sthg by recorded delivery mandare qc per raccomandata.

recorder [rɪ'kɔ:dər] n - 1. [machine] registratore m - 2. [musical instrument] flauto m dolce.

record holder n detentore m, -trice f di un record.

recording [rɪ'kɔ:dɪŋ] n registrazione f.

record player n giradischi m inv.

recount <> n ['ri:,kaʊnt] [of votes] nuovo conteggio m. <> vt [rɪ'kaʊnt] - 1. [narrate] narrare - 2. [count again] ricontare.

recoup [rɪ'ku:p] vt [money, losses] recuperare, farsi risarcire di.

recourse [rɪ'kɔ:s] n (U) fml: to have recourse to sthg fare ricorso a qc.

recover [rɪ'kʌvər] <> vt - 1. [stolen goods, money] recuperare; to recover sthg (from) recuperare qc (da) - 2. [consciousness, one's breath] riprendere. <> vi - 1. [from illness, accident]: to recover (from sthg) rimettersi (da qc), ristabilirsi (da qc) - 2. [from shock, setback, sb's death]: to recover (from sthg) riprendersi (da qc) - 3. fig [currency, economy]: to recover (from sthg) recuperare (dopo qc).

recovery [rɪ'kʌvərɪ] n - 1. [from illness]: recovery (from sthg) guarigione f (dopo qc) - 2. fig [of currency, economy] ripresa f - 3. (U) [of stolen goods, money] recupero m.

recreation [,rekrɪ'eɪʃn] n (U) ricreazione f, svaghi mpl.

recrimination [rɪ,krɪmɪ'neɪʃn] n recriminazione f.

recruit [rɪ'kru:t] <> n [in armed forces] recluta f; [in company, organization] neoassunto m, -a f. <> vt [soldiers, sailors, members] reclutare; [staff, graduates] assumere; to recruit sb (for sthg/to do sthg) reclutare qn (per qc/per fare qc). <> vi COMM procedere alle assunzioni.

recruitment [rɪ'kru:tmənt] n (U) reclutamento m.

rectangle ['rek,tæŋgl] n rettangolo m.

rectangular [rek'tæŋgjʊlər] adj rettangolare.

rectify ['rektɪfaɪ] vt rettificare.

rector ['rektər] n - 1. [priest] pastore m anglicano - 2. Scotland [head - of school] preside mf; [- of college, university] rettore m.

rectory ['rektərɪ] n presbiterio m (anglicano).

recuperate [rɪ'ku:pəreɪt] <> vi [person]: to recuperate (from sthg) ristabilirsi (da qc), rimettersi (da qc). <> vt fml [losses] recuperare.

recur [rɪ'kɜ:r] vi [error, problem, nightmare] ricorrere, ripetersi; [pain] ricomparire.

recurrence [rɪ'kʌrəns] n: if there's a recurrence... se ciò dovesse ripetersi...

recurrent [rɪ'kʌrənt] adj ricorrente.

recycle [,ri:'saɪkl] vt riciclare.

recycle bin n COMPUT cestino m.

red [red] <> adj rosso(a); red in the face rosso in viso. <> n (U) [colour] rosso m; to be in the red inf essere in rosso.

red card n FTBL: to be shown the red card, to get a red card ricevere un cartellino rosso.

red carpet n: to roll out the red carpet for sb riservare a qn un trattamento d'onore.

Red Cross n: the Red Cross la Croce Rossa.

redcurrant ['redkʌrənt] n ribes m rosso.

redden ['redn] <> vt [make red] arrossare. <> vi [flush] arrossire, diventare rosso(a).

redecorate [,ri:'dekəreɪt] <> vt ridecorare. <> vi fare lavori di ridecorazione.

redeem [rɪ'di:m] vt riscattare.

redeeming [rɪ'di:mɪŋ] adj [quality, feature] positivo(a); that woman has no redeeming features di quella donna non si salva nulla.

redeploy [,ri:dɪ'plɔɪ] vt [troops] ridistribuire; [teachers, staff] reimpiegare.

red-faced [-'feɪst] adj - 1. [after exercise, with heat] rosso(a) in viso - 2. [with embarrassment] imbarazzato(a).

red-haired [-,heəd] adj rosso(a) (di capelli).

red-handed [-'hændɪd] adj: to catch sb red-handed cogliere qn in flagrante.

redhead ['redhed] n rosso m, -a f.

red herring n fig depistaggio m.

red-hot adj - 1. [extremely hot] rovente, arroventato(a) - 2. [very enthusiastic] ardente - 3. inf [very good] formidabile.

redid [,ri:'dɪd] pt ⊳ **redo**.

redirect [,ri:dɪ'rekt] vt - 1. [mail, people] rindirizzare; [traffic, aircraft] dirottare - 2. [one's energies, money, aid] rivolgere.

rediscover [,ri:dɪ'skʌvər] vt - 1. [re-experience] riscoprire - 2. [make popular, famous again]: **to be rediscovered** essere riscoperto(a).

red light n [traffic signal] semaforo m rosso.

red-light district n quartiere m a luci rosse.

redo [,ri:'du:] (pt -did, pp -done) vt [do again] rifare.

redolent ['redələnt] adj liter - 1. [reminiscent]: **to be redolent of sthg** richiamare alla mente qc - 2. [smelling]: **to be redolent of sthg** profumare di qc.

redone [-'dʌn] pp ⊳ **redo**.

redouble [,ri:'dʌbl] vt: **to redouble one's efforts (to do sthg)** raddoppiare gli sforzi (per fare qc).

redraft vt [,ri:'drɑːft] [letter, speech] redigere di nuovo.

red tape n (U) fig lungaggini fpl burocratiche.

reduce [rɪ'djuːs] ◇ vt - 1. [gen] ridurre; **to reduce sthg to a pulp** ridurre qc in poltiglia - 2. [force, bring]: **to be reduced to (doing) sthg** essere ridotto(a) a (fare) qc. ◇ vi US [lose weight] calare (di peso).

reduction [rɪ'dʌkʃn] n: **reduction (in/of sthg)** riduzione f (di qc).

redundancy [rɪ'dʌndənsɪ] n UK - 1. [job loss] licenziamento m (per esubero di personale) - 2. (U) [jobless state] ≈ cassa integrazione.

redundant [rɪ'dʌndənt] adj - 1. UK [jobless]: **to be made redundant** essere licenziato(a) (per esubero di personale) - 2. [superfluous - equipment, factory] inutilizzato(a); [- phrase, comment] superfluo(a).

reed [riːd] n - 1. [plant] canna f - 2. [of musical instrument] ancia f.

reef [riːf] n scogliera f; **coral reef** barriera f corallina.

reek [riːk] ◇ n tanfo m. ◇ vi: **to reek (of sthg)** puzzare (di qc).

reel [riːl] ◇ n - 1. [roll] bobina f - 2. [on fishing rod] mulinello m. ◇ vi [person] barcollare.

◆ **reel in** vt sep [fish] tirare su col mulinello.

◆ **reel off** vt sep [names, dates] snocciolare.

reenact [,ri:ɪ'nækt] vt [play] rappresentare di nuovo; [scene] ricostruire.

ref [ref] n - 1. inf SPORT (abbr of referee) arbitro m - 2. ADMIN (abbr of reference) rif.

refectory [rɪ'fektərɪ] n refettorio m.

refer [rɪ'fɜːr] vt - 1. [person]: **to refer sb to sthg** indirizzare qn a qc; **to be referred to a consultant** essere mandato(a) da uno specialista - 2. [report, case, decision]: **to refer sthg to sb/sthg** sottoporre qc a qn/qc. ◆ **refer to** vt insep - 1. [mention, speak about] riferirsi a - 2. [apply to, concern] rivolgersi a, riguardare - 3. [consult] consultare.

referee [,refə'riː] ◇ n - 1. SPORT arbitro m - 2. UK [for job application] referenza f. ◇ vt & vi SPORT arbitrare.

reference ['refrəns] n - 1. (U) [gen] riferimento m; **to make reference to sb/sthg** fare riferimento a qn/qc; **with reference to** fml in riferimento a - 2. [mention]: **reference (to sb/sthg)** accenno m (a qn/qc) - 3. (U) [for advice, information]: **reference (to sb/sthg)** consultazione f (di qn/qc) - 4. [in catalogue, on map] rimando m; **map reference** coordinate fpl - 5. [for job application] referenza f.

reference book n opera f di consultazione.

reference number n numero m di riferimento.

referendum [,refə'rendəm] (pl -dums OR -da) n referendum m inv.

refill ◇ n ['ri:fɪl] - 1. [for pen] cartuccia f; [for lighter] ricarica f - 2. inf [drink]: **would you like a refill?** ne vuoi ancora un po'? ◇ vt [,ri:'fɪl] [glass, petrol tank] riempire di nuovo.

refine [rɪ'faɪn] vt - 1. [oil, food] raffinare - 2. [details, speech] perfezionare.

refined [rɪ'faɪnd] adj - 1. [person, oil, food] raffinato(a) - 2. [theory, equipment] perfezionato(a).

refinement [rɪ'faɪnmənt] n - 1. [improvement]: **refinement (on sthg)** raffinamento m (di qc) - 2. (U) [gentility] raffinatezza f.

reflect [rɪ'flekt] ◇ vt - 1. [show, be a sign of] riflettere, rispecchiare - 2. [throw back] riflettere - 3. [think, consider]: **to reflect that...** pensare che... ◇ vi [think, consider]: **to reflect (on OR upon sthg)** riflettere (su qc).

reflection [rɪ'flekʃn] n - 1. [gen] riflesso m - 2. [comment]: **reflection on sthg** riflessione f su qc - 3. (U) liter [thinking] riflessione f, pensiero m; **on reflection** riflettendoci (bene).

reflector [rɪ'flektər] n catarifrangente m.

reflex ['ri:fleks] n: **reflex (action)** (atto m) riflesso m.

reflexive [rɪ'fleksɪv] adj riflessivo(a).

reform [rɪ'fɔːm] ⬦ *n* riforma *f*. ⬦ *vt* - **1.** [change] riformare - **2.** [improve behaviour of] correggere. ⬦ *vi* [behave better] correggersi.

Reformation [ˌrefə'meɪʃn] *n*: the Reformation la Riforma.

reformatory [rɪ'fɔːmətrɪ] *n US dated* riformatorio *m*.

reformer [rɪ'fɔːmər] *n* riformatore *m*, -trice *f*.

refrain [rɪ'freɪn] ⬦ *n* ritornello *m*. ⬦ *vi fml*: to refrain from doing sthg trattenersi dal fare qc.

refresh [rɪ'freʃ] *vt* rinfrescare.

refreshed [rɪ'freʃt] *adj* rinfrescato(a).

refresher course [rɪ'freʃər-] *n* corso *m* di aggiornamento.

refreshing [rɪ'freʃɪŋ] *adj* - **1.** [change, honesty] piacevole - **2.** [drink] dissetante; [nap] ristoratore(trice).

refreshments [rɪ'freʃmənts] *npl* rinfreschi *mpl*.

refrigerator [rɪ'frɪdʒəreɪtər] *n* frigorifero *m*.

refuel [ˌriː'fjʊəl] *(UK & US)* ⬦ *vt* rifornire di carburante. ⬦ *vi* rifornirsi di carburante.

refuge ['refjuːdʒ] *n* - **1.** [place of safety] rifugio *m* - **2.** *(U)* [safety]: to seek OR take refuge [hide] mettersi al riparo; to seek OR take refuge in sthg *fig* rifugiarsi in qc.

refugee [ˌrefjʊ'dʒiː] *n* rifugiato *m*, -a *f*, profugo *m*, -a *f*.

refund ⬦ *n* ['riːfʌnd] rimborso *m*. ⬦ *vt* [rɪ'fʌnd]: to refund sthg to sb, to refund sb sthg rimborsare qc a qn.

refurbish [ˌriː'fɜːbɪʃ] *vt* rinnovare.

refusal [rɪ'fjuːzl] *n*: refusal (to do sthg) rifiuto *m* (di fare qc).

refuse¹ [rɪ'fjuːz] ⬦ *vt* - **1.** [withhold, deny]: to refuse sb sthg, to refuse sthg to sb rifiutare qc a qn - **2.** [decline] rifiutare; to refuse to do sthg rifiutare di fare qc. ⬦ *vi* rifiutare.

refuse² ['refjuːs] *n (U) fml* [rubbish] rifiuti *mpl*, spazzatura *f*.

refuse collection ['refjuːs] *n UK fml* raccolta *f* rifiuti *(inv)*.

refute [rɪ'fjuːt] *vt fml* confutare.

regain [rɪ'geɪn] *vt* [health] recuperare; [composure] ritrovare; [first place, leadership] riconquistare.

regal ['riːgl] *adj* regale.

regard [rɪ'gɑːd] ⬦ *n* - **1.** *(U)* [respect, esteem]: regard (for sb/sthg) riguardo *m* (per qn/qc); to hold sb/sthg in high/low regard avere molta/poca stima di qn/qc - **2.** [aspect]: in this/that regard a questo/quel riguardo. ⬦ *vt*: to regard o.s./sb/sthg as considerarsi/considerare qn/qc (come); to be highly regarded essere molto apprezzato(a). ➡ regards *npl* [in greetings] saluti *mpl*. ➡ as regards *prep* per quanto riguarda. ➡ in regard to, with regard to *prep* riguardo a.

regarding [rɪ'gɑːdɪŋ] *prep* riguardo a.

regardless [rɪ'gɑːdlɪs] *adv* malgrado tutto. ➡ regardless of *prep* senza badare a.

regime [reɪ'ʒiːm] *n* regime *m*.

regiment *n* ['redʒɪmənt] reggimento *m*.

region ['riːdʒən] *n* - **1.** [of country, body] regione *f* - **2.** [range]: in the region of intorno a, all'incirca.

regional ['riːdʒənl] *adj* regionale.

register ['redʒɪstər] ⬦ *n* [record] registro *m*. ⬦ *vt* - **1.** [gen] registrare - **2.** [car] immatricolare - **3.** [disapproval, surprise] esprimere. ⬦ *vi* - **1.** [enroll]: to register for sthg far domanda per ottenere qc - **2.** [book in] registrarsi - **3.** *inf* [be properly understood]: it didn't seem to register (with him) non è sembrato farci caso.

registered ['redʒɪstəd] *adj* - **1.** [officially listed - car] immatricolato(a); [- charity] riconosciuto(a); [- office] registrato(a); [- blind] ufficialmente riconosciuto(a) - **2.** [letter, parcel] raccomandato(a).

registered trademark *n* marchio *m* registrato.

registrar [ˌredʒɪ'strɑːr] *n* - **1.** [keeper of records] ufficiale *mf* dell'anagrafe - **2.** [university administrator] responsabile *mf* della segreteria - **3.** *UK* [doctor] (medico *m*) specializzando *m*.

registration [ˌredʒɪ'streɪʃn] *n* - **1.** [on course] iscrizione *f*; [of births, marriages] registrazione *f* - **2.** AUT = **registration number**.

registration number *n* AUT numero *m* di targa.

registry ['redʒɪstrɪ] *n* ufficio *m* dei registri.

registry office *n UK* (ufficio *m* dell')anagrafe *m*.

regret [rɪ'gret] ⬦ *n* - **1.** *(U)* [sorrow] rammarico *m* - **2.** [sad feeling] rimpianto *m*. ⬦ *vt*: to regret (doing) sthg rimpiangere (di aver fatto) qc; we regret to announce... siamo spiacenti di dover annunciare...

regretfully [rɪ'gretfʊlɪ] *adv* con rimpianto.

regrettable [rɪ'gretəbl] *adj* deplorevole.

regroup [ˌriː'gruːp] *vi* raggrupparsi.

regular ['regjʊlər] ⬦ *adj* - **1.** [gen] regolare; at regular intervals a intervalli regolari - **2.** [visits, performances] abituale - **3.** [customer, visitor] fisso(a) - **4.** [time, place] solito(a)

- **5.** [brand, fries] normale - **6.** *US* [guy] simpatico(a). ⬦ *n* [customer, client] cliente *m* fisso, cliente *f* fissa.

regularly ['regjʊləlɪ] *adv* regolarmente.

regulate ['regjʊleɪt] *vt* - **1.** [spending] controllare; [traffic] regolamentare - **2.** [volume] regolare; [machine] mettere a punto.

regulation [,regjʊ'leɪʃn] ⬦ *adj* regolamentare. ⬦ *n* - **1.** [rule] regolamento *m* - **2.** *(U)* [control] regolamentazione *f*.

rehabilitate [,ri:ə'bɪlɪteɪt] *vt* - **1.** [convict, addict] reinserire - **2.** [patient, invalid] rieducare.

rehearsal [rɪ'hɜ:sl] *n* prova *f*.

rehearse [rɪ'hɜ:s] ⬦ *vt* [play, speech] provare. ⬦ *vi*: to rehearse (for sthg) fare le prove (per qc).

reheat [,ri:'hi:t] *vt* riscaldare.

reign [reɪn] ⬦ *n lit & fig* regno *m*. ⬦ *vi lit & fig*: to reign (over sb/sthg) regnare (su qn/qc).

reimburse [,ri:ɪm'bɜ:s] *vt*: to reimburse sb (for sthg) rimborsare qn (per qc).

rein [reɪn] *n fig*: to give (a) free rein to sb, to give sb free rein lasciare libero sfogo a qn. ⬦ reins *npl* [for horse] redini *mpl*.

reindeer ['reɪn,dɪəʳ] (*pl* reindeer) *n* renna *f*.

reinforce [,ri:ɪn'fɔ:s] *vt* - **1.** [ceiling, frame, cover]: to reinforce sthg (with sthg) rinforzare qc (con qc) - **2.** [dislike, prejudice] rafforzare - **3.** [argument, claim, opinion] avvalorare.

reinforced concrete [,ri:ɪn'fɔ:st-] *n (U)* cemento *m* armato.

reinforcement [,ri:ɪn'fɔ:smənt] *n* - **1.** *(U)* [strengthening] rafforzamento *m* - **2.** [strengthener] rinforzo *m*. ⬦ reinforcements *npl* rinforzi *mpl*.

reinstate [,ri:ɪn'steɪt] *vt* - **1.** [employee] reintegrare, riassumere - **2.** [payment, idea, policy] ripristinare.

reissue [ri:'ɪʃu:] ⬦ *n* riedizione *f*. ⬦ *vt* [book, record] ristampare; [film] ridistribuire.

reiterate [ri:'ɪtə,reɪt] *vt fml* reiterare.

reject ⬦ *n* ['ri:dʒekt] [in factory, shop] scarto *m* di produzione. ⬦ *vt* [rɪ'dʒekt] - **1.** [not agree to] respingere, rifiutare - **2.** [dismiss, not accept] rifiutare - **3.** [for job] respingere.

rejection [rɪ'dʒekʃn] *n* rifiuto *m*.

rejoice [rɪ'dʒɔɪs] *vi*: to rejoice (at *OR* in sthg) gioire (di qc).

rejuvenate [rɪ'dʒu:vəneɪt] *vt* - **1.** [person] ringiovanire - **2.** [system, organization] rimodernare.

rekindle [,ri:'kɪndl] *vt fig* riaccendere.

relapse [rɪ'læps] ⬦ *n* ricaduta *f*. ⬦ *vi*: to relapse into sthg ricadere in qc.

relate [rɪ'leɪt] ⬦ *vt* - **1.** [connect]: to relate sthg (to sthg) collegare qc (a qc) - **2.** *fml* [tell] raccontare. ⬦ *vi* - **1.** [connect]: to relate to sthg essere collegato(a) a qc - **2.** [concern]: to relate to sthg riferirsi a qc - **3.** [empathize]: to relate (to sb/sthg) intendersi (con qn/qc). ⬦ relating to *prep* relativo(a) a.

related [rɪ'leɪtɪd] *adj* - **1.** [in same family] imparentato(a); to be related to sb essere parente di qn - **2.** [connected] collegato(a), connesso(a).

relation [rɪ'leɪʃn] *n* - **1.** *(U)* [connection]: relation (to/between) relazione *f* (con/tra) - **2.** [family member] parente *mf*. ⬦ relations *npl* [relationship]: relations (between/with) relazioni *fpl* (tra/con).

relationship [rɪ'leɪʃnʃɪp] *n* - **1.** [between groups, countries] relazione *f*, rapporto *m* - **2.** [between lovers, objects, events] relazione *f*.

relative ['relətɪv] ⬦ *adj* relativo(a). ⬦ *n* parente *mf*. ⬦ relative to *prep fml* - **1.** [compared to] in relazione a - **2.** [connected with] relativo(a) a.

relatively ['relətɪvlɪ] *adv* relativamente.

relax [rɪ'læks] ⬦ *vt* - **1.** [person, mind, discipline] rilassare - **2.** [muscle, body] rilassare, distendere - **3.** [grip] allentare. ⬦ *vi* - **1.** [person, muscle, body] rilassarsi - **2.** [grip] allentarsi.

relaxation [,ri:læk'seɪʃn] *n (U)* - **1.** [rest] relax *m* - **2.** [of rule, discipline, regulation] rilassamento *m*.

relaxed [rɪ'lækst] *adj* rilassato(a).

relaxing [rɪ'læksɪŋ] *adj* rilassante.

relay ['ri:leɪ] ⬦ *n* - **1.** SPORT: relay (race) (corsa *f* a) staffetta *f*; in relays fig a turno - **2.** RADIO & TV relè *m inv*. ⬦ *vt* [signal, programme, message, news]: to relay sthg (to sb/sthg) trasmettere qc (a qn/qc).

release [rɪ'li:s] ⬦ *n* - **1.** *(U)* [from captivity - of prisoner, hostage] rilascio *m*; [- of animal] liberazione *f* - **2.** *(U)* [from pain, suffering] sollievo *m* - **3.** [statement] comunicato *m* - **4.** *(U)* [of gas, fumes] scarico *m* - **5.** *(U)* [of film, DVD, CD] distribuzione *f* - **6.** [film, DVD, CD]: new release nuova uscita *f*. ⬦ *vt* - **1.** [set free - prisoner, hostage] rilasciare; [- animal] liberare; to release sb from prison scarcerare qn; to release sb from captivity rilasciare qn; to release sb from sthg [promise, contract] sciogliere qn da qc - **2.** [make available] distribuire - **3.** [from control, grasp] allentare, mollare - **4.** [brake, lever, handle] togliere; [safety catch, mechanism] sganciare - **5.** [fumes, heat]: to be released (from/into sthg) essere rilasciato(a) (da/in qc) - **6.** [film, DVD, CD] fare uscire; [statement, news story] diffondere.

relegate ['religeit] *vt* - 1. [demote]: **to relegate sb/sthg (to)** relegare qn/qc (a) - 2. SPORT: **to be relegated** UK essere retrocesso(a).

relent [rɪ'lent] *vi* [person] cedere; [wind, storm] placarsi.

relentless [rɪ'lentlɪs] *adj* [person] accanito(a); [rain] incessante; [criticism, mockery] implacabile.

relevant ['reləvənt] *adj* - 1. [connected, appropriate]: **relevant (to sb/sthg)** pertinente (a qn/qc) - 2. [significant]: **relevant (to sb/sthg)** importante (per qn/qc).

reliable [rɪ'laɪəbl] *adj* - 1. [person, car, service] affidabile - 2. [information] attendibile.

reliably [rɪ'laɪəblɪ] *adv* - 1. [dependably] in modo affidabile - 2. [correctly, truly] correttamente.

reliant [rɪ'laɪənt] *adj*: **reliant on sb/sthg** dipendente da qn/qc.

relic ['relɪk] *n* - 1. [old object, custom] cimelio *m* - 2. RELIG reliquia *f*.

relief [rɪ'li:f] *n* - 1. [comfort] sollievo *m* - 2. *(U)* [for poor, refugees] aiuto *m*, soccorso *m* - 3. *US dated* [social security] pubblica assistenza *f*.

relieve [rɪ'li:v] *vt* - 1. [ease, lessen] alleviare, attenuare; **to relieve sb of sthg** [burden, trouble] alleggerire qn di qc - 2. [take over from] dare il cambio a - 3. [give help to] venire in aiuto di.

religion [rɪ'lɪdʒn] *n* religione *f*.

religious [rɪ'lɪdʒəs] *adj* [belief, service, person] religioso(a); [book] sacro(a).

religious education, religious instruction *n* UK religione *f*.

relinquish [rɪ'lɪŋkwɪʃ] *vt* [power, post] cedere; [claim] rinunciare a.

relish ['relɪʃ] <> *n* - 1. *(U)* [enjoyment]: **with (great) relish** di (gran) gusto - 2. [pickle] condimento *m*. <> *vt* [sight] apprezzare; [task, opportunity] provare piacere in; **to relish the thought/idea/prospect of doing sthg** entusiasmarsi al pensiero/all'idea/alla prospettiva di fare qc.

relocate [,ri:ləʊ'keɪt] <> *vt* trasferire. <> *vi* trasferirsi.

reluctance [rɪ'lʌktəns] *n (U)* riluttanza *f*.

reluctant [rɪ'lʌktənt] *adj* riluttante; **to be reluctant to do sthg** essere restio(a) a fare qc.

reluctantly [rɪ'lʌktəntlɪ] *adv* controvoglia.

rely [rɪ'laɪ] ◆ **rely on** *vt insep* - 1. [count on]: **to rely on sb/sthg (to do sthg)** contare su qn/qc (per fare qc) - 2. [be dependent on]: **to rely on sb/sthg (for sthg)** dipendere da qn/qc (per qc).

remain [rɪ'meɪn] <> *vt*: **to remain to be done** restare da fare. <> *vi* restare, rimanere. ◆ **remains** *npl* - 1. [gen] resti *mpl* - 2. [of ancient civilization] vestigia *fpl*.

remainder [rɪ'meɪndər] *n* - 1. [rest]: **the remainder** il resto - 2. MATHS resto *m*.

remaining [rɪ'meɪnɪŋ] *adj* rimanente, restante.

remand [rɪ'mɑ:nd] <> *n*: **on remand** in custodia cautelare. <> *vt* [prisoner, criminal] rinviare a giudizio; **to be remanded in custody** essere rinviato(a) a giudizio con provvedimento di custodia cautelare.

remark [rɪ'mɑ:k] <> *n* osservazione *f*. <> *vt*: **to remark (that)...** osservare che...

remarkable [rɪ'mɑ:kəbl] *adj* notevole.

remarry [,ri:'mærɪ] *vi* risposarsi.

remedial [rɪ'mi:djəl] *adj* - 1. *dated* [class] di recupero - 2. [action] riparatorio(a); [exercise] correttivo(a); [therapy] curativo(a).

remedy ['remədɪ] <> *n* - 1. [for ill health]: **remedy (for sthg)** rimedio *m* (contro qc) - 2. *fig* [solution]: **remedy (for sthg)** rimedio *m* (a qc). <> *vt* rimediare a.

remember [rɪ'membər] <> *vt* [gen] ricordare; **to remember doing sthg** ricordare di aver fatto qc; **to remember to do sthg** ricordarsi di fare qc. <> *vi* ricordarsi.

remembrance [rɪ'membrəns] *n (U) fml*: **in remembrance of** in ricordo di.

Remembrance Day *n* la domenica più vicina all'11 novembre, giornata di commemorazione dei caduti in Gran Bretagna e Canada.

remind [rɪ'maɪnd] *vt* - 1. [tell]: **to remind sb (about sthg/to do sthg)** ricordare a qn (qc/di fare qc) - 2. [be reminiscent of]: **to remind sb of sb/sthg** ricordare qn/qc a qn.

reminder [rɪ'maɪndər] *n* - 1. [to jog memory]: **as a reminder of sthg** per ricordare qc; **to give sb a reminder to do sthg** ricordare a qn di fare qc - 2. [for bill, membership, licence] sollecito *m*.

reminisce [,remɪ'nɪs] *vi*: **to reminisce (about sthg)** lasciarsi andare ai ricordi (di qc).

reminiscent [,remɪ'nɪsnt] *adj*: **to be reminiscent of sb/sthg** ricordare qn/qc.

remiss [rɪ'mɪs] *adj* negligente.

remit *fml* <> *n* ['ri:mɪt] UK competenze *fpl*, compito *m*; **that's outside my remit** questo è al di fuori della mia giurisdizione. <> *vt* [rɪ'mɪt] [money, payment] inviare, rimettere.

remittance [rɪ'mɪtns] *n fml* - 1. [payment] rimessa *f* - 2. [settlement of invoice] saldo *m*.

remnant ['remnənt] *n* [of cloth] scampolo *m*. ◆ **remnants** *npl* [of beauty, culture, meal] resti *mpl*.

remorse [rɪ'mɔːs] *n (U)* rimorso *m*.

remorseful [rɪ'mɔːsful] *adj* pieno(a) di rimorso.

remorseless [rɪ'mɔːslɪs] *adj* - 1. [pitiless] spietato(a) - 2. [unstoppable] inesorabile.

remote [rɪ'məʊt] <> *adj* - 1. [place] remoto(a), isolato(a); [time] lontano(a) - 2. [aloof, detached]: **remote (from)** distante (da) - 3. [unconnected, irrelevant]: **remote from** estraneo(a) a - 4. [slight] minimo(a). <> *n* [machine, device] telecomando *m*.

remote control *n* - 1. (*U*) [system] comando *m* a distanza - 2. [machine, device] telecomando *m*.

remotely [rɪ'məʊtlɪ] *adv* - 1. [slightly] minimamente - 2. [distantly] lontanamente.

remould ['riːməʊld] *n* UK pneumatico *m* ricostruito.

removable [rɪ'muːvəbl] *adj* rimovibile.

removal [rɪ'muːvl] *n* - 1. UK [change of house] trasloco *m* - 2. (*U*) [act of removing] rimozione *f*; **stain removal** smacchiatura *f*.

removal van *n* UK camion *m inv* per traslochi.

remove [rɪ'muːv] *vt* - 1. [gen]: **to remove sthg (from)** togliere qc (da) - 2. [from a job, post]: **to remove sb (from)** licenziare qn (da) - 3. [solve, get rid of - problem, difficulty] rimuovere, eliminare; [- suspicion] dissipare.

remuneration [rɪˌmjuːnə'reɪʃn] *n fml* rimunerazione *f*.

render ['rendər] *vt* - 1. [make] rendere; **to render sthg useless** rendere inutilizzabile qc - 2. [give - service] rendere; [- help, assistance] prestare.

rendezvous ['rɒndɪvuː] (*pl* rendezvous) *n* - 1. [meeting] appuntamento *m* - 2. [place] luogo *m* d'incontro.

renegade ['renɪgeɪd] *n* rinnegato *m*, -a *f*.

renew [rɪ'njuː] *vt* - 1. [gen] rinnovare - 2. [strength] recuperare; [enthusiasm, interest] riaccendere.

renewable [rɪ'njuːəbl] *adj* [energy sources] rinnovabile.

renewal [rɪ'njuːəl] *n* - 1. [of activity] rinnovamento *m* - 2. (*U*) [of contract, licence, membership] rinnovo *m* - 3. [of interest]: **a renewal of interest in sthg** un rinnovato interesse in qc.

renounce [rɪ'naʊns] *vt* - 1. [belief, values] rinnegare - 2. [post, title] rinunciare a.

renovate ['renəveɪt] *vt* [house] ristrutturare.

renown [rɪ'naʊn] *n* (*U*) rinomanza *f*.

renowned [rɪ'naʊnd] *adj*: **renowned (for sthg)** rinomato(a) (per qc).

rent [rent] <> *n* affitto *m*. <> *vt* - 1. [subj: tenant, hirer] affittare, prendere in affitto - 2. [subj: owner] affittare, dare in affitto.

rental ['rentl] <> *adj* [agreement, company] di locazione. <> *n* affitto *m*.

renunciation [rɪˌnʌnsɪ'eɪʃn] *n* (*U*) *fml* - 1. [of belief, values] rinnegamento *m* - 2. [of post, title] rinuncia *f*.

reorganize, -ise UK [ˌriː'ɔːgənaɪz] *vt* riorganizzare

rep [rep] *n inf* - 1. (*abbr of* representative) [of company, organization, group] rappresentante *mf*; **(sales) rep** agente *mf* di commercio - 2. (*abbr of* repertory (company)) compagnia *f* (di un teatro) stabile.

Rep. US - 1. (*abbr of* Representative) ≃ deputato *m*, -a *f* - 2. (*abbr of* Republican) repubblicano *m*, -a *f*.

repaid [riː'peɪd] *pt* & *pp* ▷ **repay**.

repair [rɪ'peər] <> *n* riparazione *f*; **to be beyond repair** essere irreparabile; **in good/bad repair** in buono/cattivo stato. <> *vt* - 1. [fix, mend] riparare, aggiustare - 2. [make amends for - harm, omission, fault] rimediare a; [- relationship] ricucire.

repair kit *n* kit *m inv* di riparazione.

repartee [ˌrepɑː'tiː] *n* (*U*) scambio *m* di battute.

repatriate *vt* [UK ˌriː'pætrɪeɪt, US ˌriː'peɪtrɪeɪt] rimpatriare.

repay [riː'peɪ] (*pt* & *pp* repaid) *vt* - 1. [money] ripagare; **to repay sb sthg, to repay sthg to sb** rimborsare qc a qn - 2. [favour] ricambiare.

repayment [riː'peɪmənt] *n* - 1. (*U*) [act of paying back] rimborso *m* - 2. [sum] pagamento *m*.

repeal [rɪ'piːl] <> *n* abrogazione *f*. <> *vt* abrogare.

repeat [rɪ'piːt] <> *vt* - 1. [say again] ripetere - 2. [do again] rifare - 3. RADIO & TV replicare. <> *n* RADIO & TV replica *f*.

repeatedly [rɪ'piːtɪdlɪ] *adv* ripetutamente.

repel [rɪ'pel] *vt* - 1. [disgust] ripugnare, disgustare - 2. [drive away] respingere.

repellent [rɪ'pelənt] <> *adj* [person, sight] ripugnante. <> *n* sostanza *f* repellente.

repent [rɪ'pent] <> *vt* pentirsi di. <> *vi*: **to repent of sthg** pentirsi di qc.

repentance [rɪ'pentəns] *n* (*U*) pentimento *m*.

repercussions [ˌriːpə'kʌʃnz] *npl* ripercussioni *fpl*.

repertoire ['repətwɑːr] *n* repertorio *m*.

repertory ['repətrɪ] *n* (*U*) repertorio *m*.

repetition [ˌrepɪ'tɪʃn] *n* ripetizione *f*.

repetitious [,repɪ'tɪʃəs], **repetitive** [rɪ'petɪtɪv] *adj* ripetitivo(a).

replace [rɪ'pleɪs] *vt* - 1. [take the place of, supply another] sostituire - 2. [change for sb, sthg else]: **to replace sb (with sb)** rimpiazzare qn (con qn); **to replace sthg (with sthg)** sostituire qc (con qc) - 3. [put back] rimettere.

replacement [rɪ'pleɪsmənt] *n* - 1. *(U)* [act of replacing] sostituzione *f* - 2. [new person]: **replacement (for sb)** sostituto *m*, -a *f* (di qn) - 3. [new object]: **replacement (for sthg)** rimpiazzo *m* (di qc).

replay <> *n* ['ri:pleɪ] - 1. [recording] replay *m* - 2. [match, game] partita *f* rigiocata. <> *vt* [,ri:'pleɪ] - 1. [match, game] rigiocare - 2. [goal, highlights] trasmettere il replay di; [film, tape] rivedere.

replenish [rɪ'plenɪʃ] *vt fml*: **to replenish sthg (with sthg)** riempire qc (di qc).

replica ['replɪkə] *n* replica *f*.

reply [rɪ'plaɪ] <> *n*: **reply (to sthg)** risposta *f* (a qc). <> *vt* rispondere; **to reply that...** rispondere che... <> *vi*: **to reply to sb/sthg** rispondere a qn/qc.

reply coupon *n* coupon *m inv* di risposta.

report [rɪ'pɔ:t] <> *n* - 1. [description, account] resoconto *m*, rapporto *m* - 2. PRESS servizio *m*, reportage *m inv* - 3. UK SCH pagella *f* (scolastica). <> *vt* - 1. [news, crime] riferire - 2. [make known]: **to report that...** rendere noto che...; **to report sthg (to sb)** segnalare qc (a qn) - 3. [complain about]: **to report sb (to sb)** denunciare qn (a qn); **to report sb for sthg** fare rapporto contro qn per qc. <> *vi* - 1. [give account] fare un rapporto; **to report on sthg** fare un resoconto di qc - 2. PRESS fare la cronaca; **to report on sthg** fare un servizio su qc - 3. [present o.s.]: **to report to** presentarsi a; **to report for work/duty** presentarsi al lavoro/in servizio.

report card *n US & Scotland* pagella *f* (scolastica).

reportedly [rɪ'pɔ:tɪdlɪ] *adv* stando a quel che si dice.

reporter [rɪ'pɔ:tər] *n* reporter *mf inv*.

repossess [,ri:pə'zes] *vt* rientrare in possesso di.

reprehensible [,reprɪ'hensəbl] *adj fml* riprovevole.

represent [,reprɪ'zent] *vt* [gen] rappresentare.

representation [,reprɪzen'teɪʃn] *n* - 1. *(U)* POL rappresentanza *f* - 2. [depiction] rappresentazione *f*. ◆ **representations** *npl fml*: **to make representations to sb** fare delle rimostranze a qn.

representative [,reprɪ'zentətɪv] <> *adj*: **representative (of sb/sthg)** rappresentativo(a) (di qn/qc). <> *n* - 1. [of company, organization, group] rappresentante *mf* - 2. COMM: **(sales) representative** agente *mf* di commercio - 3. *US* POL deputato *m*, -a *f*.

repress [rɪ'pres] *vt* [smile, urge, uprising] reprimere.

repression [rɪ'preʃn] *n* *(U)* repressione *f*.

reprieve [rɪ'pri:v] <> *n* - 1. [of death sentence] sospensione *f* della pena - 2. [respite] tregua *f*. <> *vt* sospendere la pena a.

reprimand ['reprɪmɑ:nd] <> *n* rimprovero *m*. <> *vt* rimproverare.

reprisal [rɪ'praɪzl] *n* - 1. [counterblow] rappresaglia *f* - 2. *(U)* [revenge] rivalsa *f*.

reproach [rɪ'prəʊtʃ] <> *n* - 1. *(U)* [disapproval] biasimo *m* - 2. [words of blame] rimprovero *m*. <> *vt*: **to reproach sb (for OR with sthg)** rimproverare qn (per OR di qc).

reproduce [,ri:prə'dju:s] <> *vt* riprodurre. <> *vi* BIOL riprodursi.

reproduction [,ri:prə'dʌkʃn] *n* riproduzione *f*.

reprove [rɪ'pru:v] *vt*: **to reprove sb (for sthg)** rimproverare qn (per qc).

reptile [*UK* 'reptaɪl, *US* 'reptɪl] *n* rettile *m*.

republic [rɪ'pʌblɪk] *n* repubblica *f*.

republican [rɪ'pʌblɪkən] <> *adj* repubblicano(a). <> *n* repubblicano *m*, -a *f*. ◆ **Republican** *adj* [in USA, Northern Ireland] repubblicano(a); **the Republican Party** il partito repubblicano.

repulse [rɪ'pʌls] *vt* respingere.

repulsive [rɪ'pʌlsɪv] *adj* ripugnante.

reputable ['repjʊtəbl] *adj* affidabile.

reputation [,repjʊ'teɪʃn] *n* reputazione *f*.

repute [rɪ'pju:t] *n* *(U)* *fml* [reputation]: **of good/ill repute** di buona reputazione/dubbia fama.

reputed [rɪ'pju:tɪd] *adj*: **to be reputed to be/do sthg** essere rinomato(a) per essere/fare qc.

reputedly [rɪ'pju:tɪdlɪ] *adv* a quanto pare.

request [rɪ'kwest] <> *n*: **request (for sthg)** richiesta *f* (di qc); **on request** su richiesta. <> *vt* richiedere; **to request sb to do sthg** chiedere a qn di fare qc.

require [rɪ'kwaɪər] *vt* - 1. [attention, care] avere bisogno di - 2. [qualifications, skill] richiedere; **to be required to do sthg** dover fare qc.

requirement [rɪ'kwaɪəmənt] *n* - 1. [condition] requisito *m* - 2. [need] bisogno *m*.

reran [,ri:'ræn] *pt* ⊳ **rerun**.

rerun (*pt* reran, *pp* rerun) ◇ *n* [ˈriːrʌn] - **1.** [film, programme] replica *f* - **2.** [similar situation] ripetizione *f*. ◇ *vt* [ˌriːˈrʌn] - **1.** [race, competition] ripetere - **2.** [film, programme] ridare, ritrasmettere - **3.** [tape] rimettere.

resat [ˌriːˈsæt] *pt* & *pp* ⊳ **resit**.

rescind [rɪˈsɪnd] *vt fml* [contract] rescindere; [law] abrogare.

rescue [ˈreskjuː] ◇ *n* - **1.** [help] soccorso *m*, aiuto *m* - **2.** [successful attempt] salvataggio *m*. ◇ *vt*: **to rescue sb/sthg (from sb/sthg)** salvare qn/qc (da qn/qc).

rescuer [ˈreskjʊəʳ] *n* soccorritore *m*, -trice *f*.

research [rɪˈsɜːtʃ] ◇ *n* (*U*): **research (on** OR **into sthg)** ricerca *f* (su qc); **research and development** ricerca e sviluppo. ◇ *vt* [project, article] fare delle ricerche per; [possibility] valutare.

researcher [rɪˈsɜːtʃəʳ] *n* ricercatore *m*, -trice *f*.

resemblance [rɪˈzembləns] *n*: **resemblance (to/between)** somiglianza *f* (con/tra).

resemble [rɪˈzembl] *vt* assomigliare a.

resent [rɪˈzent] *vt* risentirsi per.

resentful [rɪˈzentful] *adj* risentito(a).

resentment [rɪˈzentmənt] *n* (*U*) risentimento *m*.

reservation [ˌrezəˈveɪʃn] *n* - **1.** [booking] prenotazione *f* - **2.** (*U*) [doubt]: **without reservation** senza riserve - **3.** [for Native Americans] riserva *f*. ◆ **reservations** *npl* [doubts] riserve *fpl*.

reserve [rɪˈzɜːv] ◇ *n* - **1.** [supply] riserva *f*, scorta *f*; **in reserve** di riserva - **2.** [substitute, sanctuary] riserva *f* - **3.** (*U*) [restraint, shyness] riserbo *m*. ◇ *vt* - **1.** [keep for particular purpose]: **to reserve sthg for sb/sthg** riservare qc per qn/qc - **2.** [book] prenotare - **3.** [retain]: **to reserve the right to do sthg** riservarsi il diritto di fare qc.

reserved [rɪˈzɜːvd] *adj* - **1.** [shy] riservato(a) - **2.** [booked] prenotato(a).

reservoir [ˈrezəvwɑːʳ] *n* [gen] bacino *m* idrico.

reset [ˌriːˈset] (*pt* & *pp* reset) *vt* - **1.** [clock, meter, controls] regolare; **to reset sthg to zero** azzerare qc - **2.** COMPUT resettare.

reshape [ˌriːˈʃeɪp] *vt* [policy, thinking] ristrutturare.

reshuffle [ˌriːˈʃʌfl] ◇ *n* rimpasto *m*; **cabinet reshuffle** rimpasto di governo. ◇ *vt* [management, department] riorganizzare; [cabinet] rimpastare.

reside [rɪˈzaɪd] *vi fml* - **1.** [live] risiedere - **2.** [be located, found]: **to reside in sthg** risiedere in qc.

residence [ˈrezɪdəns] *n fml* [house] residenza *f*, abitazione *f*.

residence permit *n* permesso *m* di residenza.

resident [ˈrezɪdənt] ◇ *adj* - **1.** [settled, living] residente - **2.** [on-site, live-in]: **to be resident** vivere sul luogo di lavoro. ◇ *n* [of town, street] abitante *mf*; [of hotel] cliente *mf*.

residential [ˌrezɪˈdenʃl] *adj* [course] residenziale; **residential care** assistenza *f* in istituto (*per anziani o disabili*); **residential institution** istituto *m* assistenziale (*per anziani o disabili*).

residential area *n* zona *f* residenziale.

residue [ˈrezɪdjuː] *n* residuo *m*.

resign [rɪˈzaɪn] ◇ *vt* - **1.** [job, post] dimettersi da - **2.** [accept calmly]: **to resign o.s. to sthg** rassegnarsi a qc. ◇ *vi* [quit]: **to resign (from sthg)** dimettersi (da qc).

resignation [ˌrezɪgˈneɪʃn] *n* - **1.** [from job] dimissioni *fpl* - **2.** (*U*) [calm acceptance] rassegnazione *f*.

resigned [rɪˈzaɪnd] *adj*: **resigned (to sthg)** rassegnato(a) (a qc).

resilient [rɪˈzɪliənt] *adj* - **1.** [rubber, metal] elastico(a) - **2.** [person] con grande capacità di recupero.

resist [rɪˈzɪst] *vt* - **1.** [enemy, attack, infection, offer] resistere a - **2.** [change, proposal, attempt] resistere a, opporsi a.

resistance [rɪˈzɪstəns] *n* (*U*) - **1.** [to enemy, attack, infection] resistenza *f* - **2.** [to change, proposal, attempt]: **resistance (to sthg)** resistenza *f* (a qc), opposizione *f* (a qc).

resit (*pt* & *pp* resat) *UK* ◇ *n* [ˈriːsɪt] esame *m* di recupero. ◇ *vt* [ˌriːˈsɪt] [exam] ridare.

resolute [ˈrezəluːt] *adj* risoluto(a).

resolution [ˌrezəˈluːʃn] *n* - **1.** [motion, decision] delibera *f* - **2.** [vow, promise] proposito *m* - **3.** (*U*) [determination] risolutezza *f*, determinazione *f* - **4.** (*U*) [solution] risoluzione *f*.

resolve [rɪˈzɒlv] ◇ *n* (*U*) risolutezza *f*, determinazione *f*. ◇ *vt* - **1.** [vow, promise]: **to resolve that...** decidere che...; **to resolve to do sthg** decidere di fare qc - **2.** [solve] risolvere.

resort [rɪˈzɔːt] *n* - **1.** [for holidays] luogo *m* di villeggiatura - **2.** [solution]: **as a last resort** come ultima risorsa; **in the last resort** in ultima analisi. ◆ **resort to** *vt insep* ricorrere a.

resound [rɪˈzaʊnd] *vi* - **1.** [noise] risonare - **2.** [place]: **to resound with** risonare di.

resounding [rɪˈzaʊndɪŋ] *adj* - **1.** [loud] fragoroso(a) - **2.** [unequivocal] strepitoso(a).

resource [rɪˈsɔːs] *n* risorsa *f*.

resourceful [rɪ'sɔːsfʊl] *adj* pieno(a) di risorse.

respect [rɪ'spekt] ◇ *n* - 1. *(U)* [admiration]: **respect (for sb/sthg)** rispetto *m* (per qn/qc); **with respect...** con tutto il rispetto... - 2. *(U)* [observance]: **respect for sthg** rispetto *m* di qc - 3. [aspect] aspetto *m*; **in this/that respect** sotto questo/quell' aspetto. ◇ *vt* rispettare; **to respect sb for sthg** rispettare qn per qc.
◆ **respects** *npl* omaggi *mpl*, ossequi *mpl*.
◆ **with respect to** *prep* rispetto a.

respectable [rɪ'spektəbl] *adj* - 1. [morally correct] rispettabile - 2. [adequate, quite good] discreto(a).

respectful [rɪ'spektfʊl] *adj* rispettoso(a).

respective [rɪ'spektɪv] *adj* rispettivo(a).

respectively [rɪ'spektɪvlɪ] *adv* rispettivamente.

respite ['respaɪt] *n* - 1. [pause] respiro *m* - 2. [delay] proroga *f*.

resplendent [rɪ'splendənt] *adj liter* radioso(a).

respond [rɪ'spɒnd] *vi*: **to respond (to sthg)** rispondere (a qc); **to respond by doing sthg** reagire facendo qc.

response [rɪ'spɒns] *n* risposta *f*.

responsibility [rɪ,spɒnsə'bɪlətɪ] *n*: **responsibility (for sthg/to sb)** responsabilità *f inv* (di qc/verso qn).

responsible [rɪ'spɒnsəbl] *adj* - 1. [gen]: **responsible (for sthg)** responsabile (di qc) - 2. [answerable]: **to be responsible to sb (for sthg)** rispondere (di qc) a qn - 3. [job, task, position] di responsabilità.

responsibly [rɪ'spɒnsəblɪ] *adv* in modo responsabile.

responsive [rɪ'spɒnsɪv] *adj* attento(a); **responsive to sthg** attento(a) *OR* sensibile a qc.

rest [rest] ◇ *n* - 1. [remainder]: **the rest (of)** il resto (di) - 2. *(U)* [relaxation] riposo *m* - 3. [break] pausa *f*; **to have a rest** riposarsi - 4. [support] appoggio *m*, sostegno *m*. ◇ *vt* - 1. [relax] riposare - 2. [support, lean]: **to rest sthg on/against sthg** appoggiare qc a/contro qc. ◇ *vi* - 1. [relax, be still] riposare - 2. [depend]: **to rest (up)on sb/sthg** dipendere da qn/qc - 3. [be supported]: **to rest on/against sthg** appoggiarsi a/contro qc; **rest assured (that)** stai tranquillo(a) che.

restaurant ['restərɒnt] *n* ristorante *m*.

restful ['restfʊl] *adj* riposante.

rest home *n dated* casa *f* di riposo.

restive ['restɪv] *adj* irrequieto(a).

restless ['restlɪs] *adj* - 1. [bored, dissatisfied] scontento(a) - 2. [fidgety] irrequieto(a) - 3. [sleepless] agitato(a).

restoration [,restə'reɪʃn] *n* *(U)* - 1. [of law and order] ripristino *m*; [of monarchy] restaurazione *f* - 2. [of building, painting] restauro *m*.

restore [rɪ'stɔːr] *vt* - 1. [confidence, stolen goods] restituire; [law and order] ripristinare; [monarchy] restaurare; **to restore sb to sthg** [to power] riportare qn a qc; [to health] rimettere qn in qc; **to restore sthg to sb/sthg** restituire qc a qn/qc - 2. [painting, building] restaurare.

restrain [rɪ'streɪn] *vt* - 1. [hold back, prevent, repress] trattenere; **to restrain o.s. from doing sthg** trattenersi dal fare qc - 2. [overpower, bring under control] contenere.

restrained [rɪ'streɪnd] *adj* - 1. [person] compassato(a) - 2. [tone] contenuto(a).

restraint [rɪ'streɪnt] *n* - 1. [rule, check] restrizione *f* - 2. *(U)* [control] controllo *m*.

restrict [rɪ'strɪkt] *vt* [limit] limitare; **to restrict sb to sthg** limitare qn a qc; **to restrict sthg to sb/sthg** limitare qc a qn/qc.

restriction [rɪ'strɪkʃn] *n* - 1. [limitation, regulation] restrizione *f* - 2. *(U)* [impediment, hindrance] impedimento *m*.

restrictive [rɪ'strɪktɪv] *adj* [rules] restrittivo(a); [parents, discipline] repressivo(a).

rest room *n US* toilette *f inv*.

result [rɪ'zʌlt] ◇ *n* - 1. [consequence] risultato *m*, conseguenza *f*; **as a result** di conseguenza; **as a result of sthg** in seguito a qc - 2. [of match, election, test, calculation] risultato *m*. ◇ *vi* - 1. **to result in sthg** avere come risultato qc; **to result from sthg** essere il risultato di qc.

resume [rɪ'zjuːm] ◇ *vt* - 1. [activity] riprendere - 2. [place, position] riassumere. ◇ *vi* riprendere.

résumé ['rezjuːmeɪ] *n* - 1. [summary] riassunto *m* - 2. *US* [of career, qualifications] curriculum vitae *m inv*.

resumption [rɪ'zʌmpʃn] *n* *(U)* ripresa *f*.

resurgence [rɪ'sɜːdʒəns] *n* *(U)* rinascita *f*.

resurrection [,rezə'rekʃn] *n* *(U)* [of policy, festival] rinascita *f*; [of legal case] riapertura *f*.
◆ **Resurrection** *n* RELIG: **the Resurrection** la Risurrezione.

resuscitation [rɪ,sʌsɪ'teɪʃn] *n* *(U)* rianimazione *f*.

retail ['riːteɪl] ◇ *n* *(U)* vendita *f* al dettaglio. ◇ *adv* al dettaglio. ◇ *vi*: **to retail at** essere venduto(a) a.

retailer ['riːteɪlər] *n* venditore *m*, -trice *f* al dettaglio.

retail price *n* prezzo *m* al dettaglio.

retain [rɪ'teɪn] *vt* - 1. [power, independence, heat] mantenere, conservare - 2. [water] conservare.

retainer [rɪ'teɪnəʳ] n [fee] anticipo m, acconto m.

retaliate [rɪ'tælɪeɪt] vi vendicarsi, fare una rappresaglia.

retaliation [rɪ,tælɪ'eɪʃn] n rappresaglia f.

retarded [rɪ'tɑːdɪd] adj dated & offens ritardato(a).

retch [retʃ] vi avere un conato di vomito.

reticent ['retɪsənt] adj reticente.

retina ['retɪnə] (pl -nas OR -nae) n retina f.

retinue ['retɪnjuː] n seguito m.

retire [rɪ'taɪəʳ] vi - 1. [from work] andare in pensione - 2. fml [to another place] ritirarsi - 3. fml [to bed] andare a letto.

retired [rɪ'taɪəd] adj [from job] in pensione.

retirement [rɪ'taɪəmənt] n - 1. [act of retiring] pensionamento m - 2. [life after work] pensione f.

retiring [rɪ'taɪərɪŋ] adj [shy] schivo(a).

retort [rɪ'tɔːt] ◇ n risposta f secca. ◇ vt: **to retort (that)...** replicare seccamente che...

retrace [rɪ'treɪs] vt: **to retrace one's steps** tornare sui propri passi.

retract [rɪ'trækt] ◇ vt - 1. [statement, accusation] ritrattare - 2. [wheels, undercarriage] fare rientrare; [claws] ritrarre. ◇ vi [wheels, undercarriage] rientrare; [claws] ritrarsi.

retrain [,riː'treɪn] ◇ vt riaddestrare. ◇ vi riaddestrarsi.

retreat [rɪ'triːt] ◇ n - 1. [withdrawal]: **retreat (from)** ritirata f (da) - 2. [refuge] rifugio m. ◇ vi lit & fig: **to retreat (from/to)** ritirarsi (da/in).

retribution [,retrɪ'bjuːʃn] n (U) castigo m.

retrieval [rɪ'triːvl] n (U) recupero m.

retrieve [rɪ'triːv] vt - 1. [gloves, book, data] recuperare - 2. [situation] recuperare, salvare.

retriever [rɪ'triːvəʳ] n [hunting dog] cane m da riporto; [dog of specific breed] retriever m inv.

retrospect ['retrəspekt] n (U): **in retrospect** in retrospettiva.

retrospective [,retrə'spektɪv] adj - 1. [exhibition, look] retrospettivo(a) - 2. [law, pay rise] retroattivo(a).

return [rɪ'tɜːn] ◇ n - 1. (U) [arrival back]: **return (to/from)** ritorno m (a/da); **return to sthg** fig ritorno a qc - 2. [giving back] restituzione f - 3. TENNIS rinvio m - 4. UK [ticket] andata e ritorno f inv; **a return to London, please** un'andata e ritorno per Londra, per favore - 5. [profit] profitto m - 6. [on keyboard] invio m. ◇ vt - 1. [give back] restituire, rendere - 2. [visit, compliment, feelings] contraccambiare - 3. [replace] rimettere a posto - 4. [verdict] pronunciare - 5. POL eleggere.

◇ vi [come back, go back] tornare, ritornare; **to return from/to** tornare da/a. ◆ **returns** npl - 1. COMM profitti mpl - 2. [on birthday]: **many happy returns (of the day)!** cento di questi giorni! ◆ **in return** adv in cambio. ◆ **in return for** prep in cambio di.

return key n tasto m d'invio.

return ticket n UK biglietto m di andata e ritorno.

reunification [,riːjuːnɪfɪ'keɪʃn] n (U) riunificazione f.

reunion [,riː'juːnjən] n - 1. [party] riunione f, raduno m - 2. (U) [meeting again] ricongiungimento m.

reunite [,riːjuː'naɪt] vt [people] riunire, radunare; [factions, parts] ricongiungere; **to be reunited with sb/sthg** ricongiungersi a qn/qc.

rev [rev] inf ◇ n (abbr of **revolution**) rotazione f. ◇ vt: **to rev the engine (up)** imballare il motore. ◇ vi: **to rev (up)** imballarsi.

revamp [,riː'væmp] vt inf rinnovare.

reveal [rɪ'viːl] vt - 1. [show visually] mostrare - 2. [make known, divulge] rivelare.

revealing [rɪ'viːlɪŋ] adj - 1. [dress, blouse] scollato(a) - 2. [comment] rivelatore(trice).

revel ['revl] (UK & US) vi: **to revel in sthg** bearsi di qc.

revelation [,revə'leɪʃn] n rivelazione f.

revenge [rɪ'vendʒ] ◇ n (U) vendetta f; **to take revenge (on sb)** vendicarsi (di qn). ◇ vt vendicare; **to revenge o.s. on sb/sthg** vendicarsi di qn/qc.

revenue ['revənjuː] n reddito m, entrate fpl.

reverberate [rɪ'vɜːbəreɪt] vi - 1. [reecho] rimbombare - 2. [have repercussions] ripercuotersi.

reverberations [rɪ,vɜːbə'reɪʃnz] npl - 1. [echoes] rimbombo m (singolare) - 2. [repercussions] ripercussioni fpl.

revere [rɪ'vɪəʳ] vt fml riverire.

Reverend ['revərənd] n reverendo m.

reversal [rɪ'vɜːsl] n - 1. [of trend, policy, decision] capovolgimento m - 2. [of roles, order, position] inversione f - 3. [piece of bad luck] contrattempo m.

reverse [rɪ'vɜːs] ◇ adj [order, process] inverso(a); [side] opposto(a). ◇ n - 1. AUT: **reverse (gear)** retromarcia f, marcia f indietro - 2. [opposite]: **the reverse** il contrario - 3. [back]: **the reverse** [gen] il retro; [of coin] il rovescio. ◇ vt - 1. AUT far fare retromarcia a - 2. [trend, policy, decision] capovolgere - 3. [roles, order, position] invertire - 4. [turn over] rovesciare - **5.** UK TELEC: **to reverse the charges** fare una telefonata a carico del destinatario. <> *vi* AUT fare retromarcia.

reverse-charge call *n* UK chiamata *f* a carico del destinatario.

reversing light UK [rɪ'vɜ:sɪŋ], **reverse light** US *n* luce *f* di retromarcia.

revert [rɪ'vɜ:t] *vi*: **to revert to sthg** tornare a qc.

review [rɪ'vju:] <> *n* - **1.** [of salary, expenditure] revisione *f*; [of situation] riesame *m* - **2.** [critique] recensione *f*. <> *vt* - **1.** [reassess] riesaminare - **2.** [write an article on] recensire - **3.** [troops] passare in rassegna - **4.** US [study] ripassare. <> *vi* US: **to revise (for sthg)** ripassare (per qc).

reviewer [rɪ'vju:əʳ] *n* critico *m*.

revile [rɪ'vaɪl] *vt liter* detestare.

revise [rɪ'vaɪz] <> *vt* - **1.** [reconsider] riesaminare - **2.** [rewrite] rivedere - **3.** UK [study] ripassare. <> *vi* UK: **to revise (for sthg)** ripassare (per qc).

revision [rɪ'vɪʒn] *n* - **1.** [alteration] revisione *f* - **2.** (U) UK [study] ripasso *m*.

revitalize, -ise UK [,ri:'vaɪtəlaɪz] *vt* rivitalizzare.

revival [rɪ'vaɪvl] *n* - **1.** [of person] rianimazione *f* - **2.** [of economy] ripresa *f*; [of interest, hopes, tradition] rinascita *f* - **3.** [of musical, play] rimessa *f* in scena.

revive [rɪ'vaɪv] <> *vt* - **1.** [person] rianimare - **2.** [interest, hopes] far rinascere; [plant] aiutare a riprendersi; [economy] rilanciare - **3.** [tradition, memories] far rivivere; [musical, play] rimettere in scena. <> *vi* - **1.** [person] rinvenire - **2.** [plant, economy] riprendersi; [hopes, interest] rinascere.

revolt [rɪ'vəʊlt] <> *n* rivolta *f*. <> *vt* disgustare. <> *vi*: **to revolt (against sb/sthg)** ribellarsi (contro qn/qc).

revolting [rɪ'vəʊltɪŋ] *adj* disgustoso(a).

revolution [,revə'lu:ʃn] *n* - **1.** *lit* & *fig* rivoluzione *f*; **revolution in sthg** *fig* rivoluzione in qc - **2.** [circular movement] rotazione *f*.

revolutionary [,revə'lu:ʃnərɪ] <> *adj lit* & *fig* rivoluzionario(a). <> *n* POL rivoluzionario *m*, -a *f*.

revolve [rɪ'vɒlv] *vi* - **1.** [go around]: **to revolve (around sthg)** girare (intorno a qc) - **2.** *fig* [be based]: **to revolve around sb/sthg** ruotare intorno a qn/qc.

revolver [rɪ'vɒlvəʳ] *n* rivoltella *f*.

revolving [rɪ'vɒlvɪŋ] *adj* girevole.

revolving door *n* porta *f* girevole.

revue [rɪ'vju:] *n* rivista *f*.

revulsion [rɪ'vʌlʃn] *n* (U) disgusto *m*.

reward [rɪ'wɔ:d] <> *n* ricompensa *f*. <> *vt* ricompensare, premiare; **to reward sb for/ with sthg** premiare qn per/con qc.

rewarding [rɪ'wɔ:dɪŋ] *adj* [job, career] gratificante; **a rewarding book** un libro che vale la pena di leggere.

rewind [,ri:'waɪnd] (*pt* & *pp* **rewound**) *vt* [tape] riavvolgere.

rewire [,ri:'waɪəʳ] *vt* [house] rifare l'impianto elettrico di.

reword [,ri:'wɜ:d] *vt* riformulare.

rewound [,ri:'waʊnd] *pt* & *pp* ⊳ **rewind**.

rewrite [,ri:'raɪt] (*pt* **rewrote**, *pp* **rewritten**) *vt* riscrivere.

rhapsody ['ræpsədɪ] *n* - **1.** MUS rapsodia *f* - **2.** [expression of approval] lode *f*.

rhetoric ['retərɪk] *n* (U) retorica *f*.

rhetorical question [rɪ'tɒrɪkl-] *n* domanda *f* retorica.

rheumatism ['ru:mətɪzm] *n* (U) reumatismo *m*.

Rhine [raɪn] *n*: **the Rhine** il Reno.

rhino ['raɪnəʊ] (*pl* **rhino** OR **-s**) *n inf* rinoceronte *m*.

rhinoceros [raɪ'nɒsərəs] (*pl* **rhinoceros** OR **-es**) *n* rinoceronte *m*.

Rhodes [rəʊdz] *n* Rodi *f*.

rhododendron [,rəʊdə'dendrən] *n* rododendro *m*.

rhubarb ['ru:bɑ:b] *n* (U) rabarbaro *m*.

rhyme [raɪm] <> *n* - **1.** [word, technique] rima *f* - **2.** [poem] poesia *f*. <> *vi*: **to rhyme (with sthg)** rimare (con qc).

rhythm ['rɪðm] *n* ritmo *m*.

rib [rɪb] *n* - **1.** ANAT costola *f* - **2.** [of support, framework] nervatura *f*; [of umbrella] stecca *f*.

ribbon ['rɪbən] *n* nastro *m*.

rice [raɪs] *n* (U) riso *m*.

rice pudding *n* budino *m* di riso.

rich [rɪtʃ] <> *adj* - **1.** [gen]: **rich (in sthg)** ricco(a) (di qc) - **2.** [soil, land] fertile - **3.** [food, meal, cake] sostanzioso(a). <> *npl*: **the rich** i ricchi. ◆ **riches** *npl* - **1.** [natural resources] ricchezze *fpl* - **2.** [wealth] ricchezza *f* (*singolare*).

richly ['rɪtʃlɪ] *adv* - **1.** [deserved, rewarded, earned] ampiamente - **2.** [provided, equipped] abbondantemente - **3.** [decorated, dressed] riccamente.

richness ['rɪtʃnɪs] *n* (U) - **1.** [gen] ricchezza *f* - **2.** [of food] sostanziosità *f*.

rickety ['rɪkətɪ] *adj* [table, stairs, bridge] traballante.

ricochet ['rɪkəʃeɪ] (*pt & pp* -ed *OR* -ted, *cont* -ing *OR* -ting) <> *n* rimbalzo *m*. <> *vi*: **to ricochet (off sthg)** rimbalzare (contro qc).

rid [rɪd] (*pt* rid *OR* -ded, *pp* rid) *vt*: **to rid sb/ sthg of sthg** liberare qn/qc da qc; **to rid o.s. of sthg** sbarazzarsi di qc; **to get rid of sb/sthg** sbarazzarsi di qn/qc.

ridden ['rɪdn] *pp* ⊏⊐ ride.

riddle ['rɪdl] *n* - **1.** [verbal puzzle] indovinello *m* - **2.** [mystery] mistero *m*.

riddled ['rɪdld] *adj*: **to be riddled with sthg** [bullet holes] essere crivellato(a) di qc; [errors] essere zeppo(a) di qc.

ride [raɪd] (*pt* rode, *pp* ridden) <> *n* - **1.** [on horseback] cavalcata *f*; **to go for a ride** andare a fare una cavalcata - **2.** [in car, on bicycle, motorbike] giro *m*; **to go for a ride** andare a fare un giro; **to take sb for a ride** *inf* [trick] prendere in giro qn. <> *vt* - **1.** [horse] montare - **2.** [travel on]: **to ride a bicycle/motorbike** andare in bici/moto - **3.** [distance] percorrere - **4.** *US* [bus, train, elevator] prendere. <> *vi* - **1.** [on horseback] andare a cavallo - **2.** [on bicycle] andare in bici; [on motobike] andare in moto - **3.** [in car, bus]: **to ride in a car/bus** andare in macchina/autobus.

rider ['raɪdər] *n* - **1.** [on horseback] cavallerizzo *m*, -a *f* - **2.** [on bicycle] ciclista *mf*; [on motorbike] motociclista *mf*.

ridge [rɪdʒ] *n* - **1.** [on mountain] cresta *f* - **2.** [on flat surface] linea *f* in rilievo.

ridicule ['rɪdɪkjuːl] <> *n* (U) ridicolo *m*. <> *vt* mettere in ridicolo.

ridiculous [rɪ'dɪkjʊləs] *adj* ridicolo(a).

riding ['raɪdɪŋ] *n* (U) equitazione *f*; **to go riding** andare a cavallo.

riding school *n* scuola *f* di equitazione.

rife [raɪf] *adj* dilagante.

riffraff ['rɪfræf] *n* (U) marmaglia *f*, gentaglia *f*.

rifle ['raɪfl] *n* [gun] fucile *m*.

rifle range *n* poligono *m* di tiro.

rift [rɪft] *n* - **1.** [in rocks] crepaccio *m*; [in clouds] squarcio *m* - **2.** [quarrel] spaccatura *f*, rottura *f*; **rift between/in** spaccatura tra/in.

rig [rɪg] <> *n* piattaforma *f* petrolifera. <> *vt* truccare, pilotare. ◆ **rig up** *vt sep* [structure] montare; [device] mettere insieme.

rigging ['rɪgɪŋ] *n* (U) sartiame *m*.

right [raɪt] <> *adj* - **1.** [gen] giusto(a); **have you got the right time?** hai l'ora esatta?; **to be right about sthg** aver ragione su qc; **to get the right answer** rispondere correttamente - **2.** [going well]: **things are not right between them** le cose non vanno bene fra

loro; **a good rest will put you right** un po' di riposo ti rimetterà in sesto - **3.** [not left] destro(a) - **4.** *UK inf* [complete] vero(a). <> *n* - **1.** (U) [moral correctness] bene *m*; **to be in the right** essere nel giusto - **2.** [entitlement, claim] diritto *m*; **by rights** di diritto - **3.** [right-hand side] destra *f*; **on the right** a destra. <> *adv* - **1.** [correctly] bene, correttamente - **2.** [not left] a destra - **3.** [emphatic use] proprio; **go right to the end of the street** vai proprio alla fine della strada; **stay right here** stai qui e non ti muovere - **4.** [immediately] subito; **right now** [immediately] immediatamente; [at this very moment] proprio adesso; **right away** immediatamente. <> *vt* - **1.** [correct] correggere; [injustice] riparare - **2.** [make upright] raddrizzare. <> *excl* d'accordo! ◆ **Right** *n* POL: **the Right** la destra.

right angle *n* angolo *m* retto; **at right angles to sthg** ad angolo retto con qc.

righteous ['raɪtʃəs] *adj* [person] retto(a), virtuoso(a); [anger, indignation] giustificato(a).

rightful ['raɪtfʊl] *adj* legittimo(a).

right-hand *adj* destro(a); **right-hand page** pagina di destra; **right-hand lane** corsia di destra.

right-hand drive *adj* con la guida a destra.

right-handed *adj* destrimano(a).

right-hand man *n* braccio *m* destro.

rightly ['raɪtlɪ] *adv* - **1.** [correctly, justifiably] giustamente - **2.** [appropriately, aptly] correttamente.

right of way *n* - **1.** AUT (diritto *m* di) precedenza *f* - **2.** [access] diritto *m* di accesso.

right-on *adj inf* con idee alla moda, liberali e tendenzialmente di sinistra.

right wing *n* destra *f*. ◆ **right-wing** *adj* di destra.

rigid ['rɪdʒɪd] *adj* - **1.** [substance, object] rigido(a) - **2.** [rules, discipline] severo(a) - **3.** [person] inflessibile.

rigor ['rɪgər] *n US* = rigour.

rigorous ['rɪgərəs] *adj* rigoroso(a).

rigour *UK*, **rigor** *US* ['rɪgər] *n* (U) rigore *m*. ◆ **rigours** *npl* rigori *mpl*.

rile [raɪl] *vt* irritare.

rim [rɪm] *n* - **1.** [of container] bordo *m* - **2.** [of spectacles] montatura *f* - **3.** [of wheel] cerchione *m*.

rind [raɪnd] *n* - **1.** [of citrus fruit] scorza *f* - **2.** [of cheese] crosta *f* - **3.** [of bacon] cotenna *f*.

ring [rɪŋ] <> *n* - **1.** *UK* [telephone call]: **to give sb a ring** dare un colpo di telefono a qn - **2.** [sound of bell] squillo *m* - **3.** [quality, tone]: **a familiar ring** un qualcosa di familiare; **there's a ring of truth about it** sembra plau-

sibile - **4.** [circular object] anello m, cerchio m;
curtain ring anello per tenda - **5.** [piece of jewellery] anello m - **6.** [of people, trees] cerchio m - **7.** [for boxing] ring m inv, quadrato m - **8.** [gang] giro m. ⬦ vt (pt **rang**, pp **rung**, pt & pp **ringed**) - **1.** (pt **rang**, pp **rung**) UK TELEC [person] telefonare a - **2.** (pt **rang**, pp **rung**) [bell, doorbell] suonare - **3.** (pt & pp **ringed**) [draw a circle around] cerchiare - **4.** (pt & pp **ringed**) [surround] circondare; **to be ringed with sthg** essere circondato(a) da qc. ⬦ vi (pt **rang**, pp **rung**) - **1.** UK TELEC [person] telefonare; [phone] squillare - **2.** [bell, doorbell] suonare - **3.** [resound]: **to ring with sthg** risuonare di qc. ➤ **ring back** UK vt sep & vi richiamare. ➤ **ring off** vi UK riattaccare, mettere giù. ➤ **ring up** vt sep UK telefonare a.

ring binder n quaderno m ad anelli.

ringing ['rɪŋɪŋ] n (U) squillo m, suono m.

ringing tone n UK segnale m di libero.

ringleader ['rɪŋ,li:dər] n capobanda m.

ringlet ['rɪŋlɪt] n ricciolo m.

ring road n UK circonvallazione f.

ring tone n suoneria f.

rink [rɪŋk] n pista f di pattinaggio.

rinse [rɪns] vt - **1.** [clothes, hands, food] sciacquare; **to rinse one's mouth out** sciacquarsi la bocca - **2.** [soap, sand, dirt] risciacquare.

riot ['raɪət] ⬦ n disordini mpl; **to run riot** scatenarsi. ⬦ vi causare disordini.

rioter ['raɪətər] n facinoroso m, -a f.

riotous ['raɪətəs] adj sfrenato(a).

riot police npl reparti mpl antisommossa.

rip [rɪp] ⬦ n strappo m. ⬦ vt & vi strappare.

RIP (abbr of rest in peace) RIP.

ripe [raɪp] adj maturo(a); **to be ripe (for sthg)** fig essere maturo(a) (per qc).

ripen ['raɪpn] vt & vi maturare.

rip-off n inf fregatura f.

ripple ['rɪpl] ⬦ n - **1.** [in water] increspatura f - **2.** [of laughter, applause] accenno m. ⬦ vt increspare.

rise [raɪz] (pt **rose**) (pp **risen**) ⬦ n - **1.** [increase in amount] aumento m - **2.** UK [increase in salary] aumento m - **3.** [to power, fame] ascesa f - **4.** [slope] salita f; **to give rise to sthg** dare origine a qc. ⬦ vi - **1.** [gen] salire - **2.** [sun, moon] sorgere - **3.** [increase] aumentare, salire - **4.** [get up] alzarsi - **5.** [mountain] innalzarsi, sorgere - **6.** [become louder] diventare più forte - **7.** [become higher in pitch] alzarsi di tono - **8.** [to a situation]: **to rise to sthg** dimostrarsi

all'altezza di qc - **9.** [rebel] insorgere - **10.** [in status] fare carriera; **to rise to sthg** assurgere a qc - **11.** [bread, soufflé] lievitare.

rising ['raɪzɪŋ] ⬦ adj - **1.** [sloping upwards] in salita - **2.** [increasing] in aumento - **3.** [increasingly successful] in ascesa - **4.** [tide] crescente. ⬦ n rivolta f.

risk [rɪsk] ⬦ n rischio m; **to run the risk of doing sthg** correre il rischio di fare qc; **to take a risk** correre un rischio; **at one's own risk** a proprio rischio e pericolo; **at risk** in pericolo. ⬦ vt - **1.** [put in danger] rischiare, mettere a repentaglio - **2.** [take the chance of]: **to risk doing sthg** rischiare di fare qc.

risky ['rɪskɪ] adj rischioso(a).

risqué ['ri:skeɪ] adj spinto(a).

rite [raɪt] n rito m.

ritual ['rɪtʃʊəl] ⬦ adj rituale. ⬦ n rituale m.

rival ['raɪvl] (UK & US) ⬦ adj rivale. ⬦ n rivale mf. ⬦ vt essere pari a.

rivalry ['raɪvlrɪ] n rivalità f inv.

river ['rɪvər] n fiume m.

river bank n sponda f del fiume.

riverbed ['rɪvəbed] n letto m del fiume.

riverside ['rɪvəsaɪd] n: **the riverside** il lungofiume.

rivet ['rɪvɪt] ⬦ n rivetto m. ⬦ vt - **1.** [gen] rivettare - **2.** fig [fascinate]: **to be riveted by sthg** essere affascinato(a) da qc.

road [rəʊd] n strada f, via f; **by road** su strada; **on the road to** fig sulla via di.

roadblock ['rəʊdblɒk] n posto m di blocco.

road map n carta f stradale.

road safety n (U) sicurezza f stradale.

roadside ['rəʊdsaɪd] n: **the roadside** il ciglio della strada.

road sign n segnale m stradale.

road tax n UK tassa f di circolazione.

roadway ['rəʊdweɪ] n carreggiata f.

roadwork n US = **roadworks**.

roadworks UK ['rəʊd,wɜ:ks] npl lavori mpl stradali.

roam [rəʊm] ⬦ vt vagare per. ⬦ vi vagare.

roar [rɔ:r] ⬦ vi - **1.** [lion] ruggire - **2.** [traffic, plane, engine] rombare - **3.** [person] urlare; **to roar with laughter** sbellicarsi dalle risa - **4.** [wind] ruggire. ⬦ vt urlare. ⬦ n - **1.** [of lion] ruggito m - **2.** [of traffic, plane, engine, wind] rombo m - **3.** [of person] urlo m; [of laughter] scroscio m.

roaring ['rɔ:rɪŋ] ⬦ adj - **1.** [loud] fragoroso(a) - **2.** [fire] scoppiettante - **3.** [for emphasis] completo(a); **a roaring success** UK un successo travolgente; **to do a roaring trade** fare affari d'oro. ◇ adv UK inf completamente.

roast [rəʊst] ◇ adj arrosto (inv). ◇ n arrosto m. ◇ vt - **1.** [meat, potatoes] arrostire - **2.** [coffee beans, nuts] tostare.

roast beef n (U) arrosto m di manzo.

rob [rɒb] vt: **to rob sb (of sthg)** [of money, goods] derubare qn (di qc); fig [of opportunity, glory] privare qn (di qc).

robber ['rɒbə'] n rapinatore m, -trice f.

robbery ['rɒbəri] n rapina f.

robe [rəʊb] n - **1.** [of priest, monarch] abito m - **2.** [of judge] toga f - **3.** esp US [dressing gown] vestaglia f.

robin ['rɒbɪn] n pettirosso m.

robot ['rəʊbɒt] n robot m inv.

robust [rəʊ'bʌst] adj [person, health] robusto(a); [criticism, defence] vigoroso(a); [economy] solido(a).

rock [rɒk] ◇ n - **1.** (U) [substance] roccia f - **2.** [boulder] masso m, macigno m - **3.** US [pebble] sasso m - **4.** (U) [music] rock m inv - **5.** (U) UK [sweet] caramella a forma di bastoncino. ◇ comp MUS rock (inv). ◇ vt - **1.** [boat] scuotere; [baby] cullare; [cradle] dondolare - **2.** [shock] scioccare. ◇ vi [boat, cradle] oscillare; [person] dondolarsi. ◆ **on the rocks** adv - **1.** [drink] on the rocks - **2.** [marriage, relationship] in crisi.

rock bottom n (U) fondo m; **to hit rock bottom** toccare il fondo. ◆ **rock-bottom** adj [price] stracciato(a).

rockery ['rɒkəri] n UK giardino m giapponese (con rocce).

rocket ['rɒkɪt] ◇ n - **1.** [spaceship, firework] razzo m - **2.** [missile] missile m. ◇ vi impennarsi.

rocket launcher [-'lɔːntʃə'] n lanciarazzi m inv.

rock garden n giardino m giapponese (con rocce).

rocking chair ['rɒkɪŋ-] n sedia f a dondolo.

rocking horse ['rɒkɪŋ-] n cavallo m a dondolo.

rocky ['rɒkɪ] adj - **1.** [full of rocks] roccioso(a) - **2.** [unsteady] incerto(a).

Rocky Mountains npl: **the Rocky Mountains** le Montagne Rocciose.

rod [rɒd] n asta f, sbarra f; **fishing rod** canna f da pesca.

rode [rəʊd] pt ▷ **ride**.

rodent ['rəʊdənt] n roditore m.

roe [rəʊ] n uova fpl di pesce.

rogue [rəʊg] n - **1.** [likable rascal] canaglia f - **2.** dated [dishonest person] mascalzone m.

role [rəʊl] n - **1.** [position, function] ruolo m - **2.** CIN & THEAT ruolo m, parte f.

roll [rəʊl] ◇ n - **1.** [of material, paper] rotolo m; [of film] rullino m - **2.** [bread] panino m - **3.** [list] lista f - **4.** [of thunder] rombo m; [of drums] rullo m. ◇ vt - **1.** [turn over] (far) rotolare - **2.** [make into cylinder] arrotolare; **rolled into one** fig allo stesso tempo. ◇ vi - **1.** [round object] rotolare - **2.** [person, animal] rotolarsi - **3.** [machine, camera] girare. ◆ **roll about** UK, **roll around** vi rotolarsi. ◆ **roll over** vi girarsi su un fianco. ◆ **roll up** ◇ vt sep arrotolare. ◇ vi inf arrivare.

roll call n appello m; **to take the roll call** fare l'appello.

roller ['rəʊlə'] n - **1.** [cylinder] rullo m - **2.** [curler] bigodino m.

Rollerblades® ['rəʊlə,bleɪdz] npl Rollerblades® mpl, pattini mpl in linea.

rollerblading ['rəʊləbleɪdɪŋ] n pattinaggio m in linea; **to go rollerblading** andare a pattinare.

roller coaster n montagne fpl russe.

roller skate n pattino m a rotelle.

rolling ['rəʊlɪŋ] adj [undulating] ondulato(a); **to be rolling in it** inf nuotare nell'oro.

rolling pin n matterello m.

roll-on adj roll-on (inv).

ROM [rɒm] (abbr of read only memory) n ROM f.

Roman ['rəʊmən] ◇ adj romano(a). ◇ n romano m, -a f.

Roman Catholic ◇ adj cattolico(a) romano(a). ◇ n cattolico m romano, cattolica f romana.

romance [rəʊ'mæns] n - **1.** (U) [romantic quality] romanticismo m - **2.** [love affair] storia f (d'amore) - **3.** [type of fiction] romanzo m.

Romania [ruː'meɪnjə] n Romania f.

Romanian [ruː'meɪnjən] ◇ adj rumeno(a). ◇ n - **1.** [person] rumeno m, -a f - **2.** [language] rumeno m.

romantic [rəʊ'mæntɪk] adj romantico(a).

Rome [rəʊm] n Roma f.

romp [rɒmp] ◇ n gioco m scalmanato. ◇ vi giocare in modo scalmanato.

rompers ['rɒmpəz] npl tutina f (sing).

romper suit UK n = **rompers**.

roof [ruːf] n - **1.** [gen] tetto m; **to go through** OR **hit the roof** andare su tutte le furie - **2.** [upper part - of cave] volta f; [- of mouth] palato m.

roofing ['ruːfɪŋ] n (U) materiale m da costruzione per tetti.

roof rack n UK portabagagli m inv.

rooftop ['ru:ftɒp] n tetto m.

rook [rʊk] n - **1.** [bird] corvo m - **2.** [chess piece] torre f.

rookie ['rʊkɪ] n esp US inf novellino m, -a f.

room [ru:m, rʊm] n - **1.** [in building] stanza f - **2.** [bedroom] camera f - **3.** (U) [space] spazio m, posto m; **to make room for sb/sthg** fare posto a qn/qc - **4.** (U) [opportunity, possibility] possibilità f.

roommate ['ru:mmeɪt] n [sharing room] compagno m, -a f di stanza; esp US [sharing apartment, house] persona con cui si divide una casa.

room service n (U) servizio m in camera.

roomy ['ru:mɪ] adj [house, car] spazioso(a); [garment] ampio(a).

roost [ru:st] ⬦ n posatoio m. ⬦ vi appollaiarsi.

rooster ['ru:stər] n esp US gallo m.

root [ru:t] ⬦ n - **1.** [gen] radice f; **to take root** [plant, idea] attecchire - **2.** fig [underlying cause] radice f, origine f. ⬦ vi [search] frugare. ◆ **roots** npl radici fpl. ◆ **root for** vt insep esp US inf fare il tifo per. ◆ **root out** vt sep [corruption, wrong-doing] sradicare; [person] scovare, stanare.

rope [rəʊp] ⬦ n corda f, fune f; **to know the ropes** essere pratico(a) del mestiere. ⬦ vt legare. ◆ **rope in** vt sep inf coinvolgere.

rosary ['rəʊzərɪ] n rosario m.

rose [rəʊz] ⬦ pt ▷ **rise**. ⬦ adj [pink] rosa inv. ⬦ n [flower] rosa f.

rosé ['rəʊzeɪ] n (U) rosé m inv.

rose bush n roseto m.

rosemary ['rəʊzmərɪ] n rosmarino m.

rosette [rəʊ'zet] n coccarda f.

roster ['rɒstər] n ruolino m di servizio.

rostrum ['rɒstrəm] (pl -trums OR -tra) n podio m.

rosy ['rəʊzɪ] adj rosa inv.

rot [rɒt] ⬦ n - **1.** [decay - of wood, food] marcio m, marciume m; [- in society, organization] marcio m - **2.** UK inf dated [nonsense] sciocchezze fpl; **don't talk rot!** non dire sciocchezze! ⬦ vt fare marcire. ⬦ vi marcire.

rota ['rəʊtə] n UK ruolino m dei turni di servizio.

rotary ['rəʊtərɪ] ⬦ adj [movement, action] rotatorio(a); [engine] rotativo(a). ⬦ n US rotatoria f.

rotate [rəʊ'teɪt] ⬦ vt [gen] ruotare. ⬦ vi [gen] ruotare.

rotation [rəʊ'teɪʃn] n rotazione f; **in rotation** a rotazione.

rote [rəʊt] n (U): **by rote** a memoria.

rotten ['rɒtn] adj - **1.** [decayed] marcio(a) - **2.** inf [poor-quality, unskilled] da poco - **3.** inf [unpleasant, nasty] orribile - **4.** inf [unenjoyable] spiacevole - **5.** inf [unwell]: **to feel rotten** sentirsi da cani.

rouge [ru:ʒ] n (U) dated belletto m.

rough [rʌf] ⬦ adj - **1.** [gen] ruvido(a); [road, terrain] accidentato(a) - **2.** [game, treatment] violento(a) - **3.** [manners] rude - **4.** [shelter, conditions] spartano(a) - **5.** [estimate, idea] approssimativo(a) - **6.** [area, neighbourhood] pericoloso(a) - **7.** [stormy] burrascoso(a). ⬦ adv: **to sleep rough** dormire all'aperto. ⬦ n - **1.** GOLF: **the rough** il rough - **2.** [undetailed form]: **in rough** in brutta copia. ⬦ vt: **to rough it** inf vivere senza comodità.

rough and ready adj sommario(a).

roughen ['rʌfn] vt irruvidire.

roughly ['rʌflɪ] adv - **1.** [not gently] sgarbatamente - **2.** [crudely] rozzamente - **3.** [approximately] circa.

roulette [ru:'let] n (U) roulette f.

round [raʊnd] ⬦ adj - **1.** [gen] rotondo(a) - **2.** [spherical, whole] tondo(a); **a round sum** una cifra tonda. ⬦ prep UK intorno a; **all round the country/world** in tutto il paese/mondo; **round the corner** dietro l'angolo; **to go round sthg** [obstacle] aggirare qc; **to go round a museum** visitare un museo. ⬦ adv UK - **1.** [surrounding]: **all round** tutto intorno - **2.** [near]: **round here** qui intorno; **round about** [in distance] intorno; [approximately] circa - **3.** [in measurements]: **2 metres round** 2 metri di circonferenza - **4.** [to other side]: **to go round** fare il giro; **to turn round** voltarsi; **to look round** voltarsi a guardare - **5.** [at or to nearby place]: **you must come round and see us** devi venire a trovarci; **I'm just going round to the shops** faccio un salto ai negozi. ⬦ n - **1.** [gen] giro m; **a round of applause** un applauso; **it's my round** offro io - **2.** [of competition] turno m - **3.** [of ammunition] carica f - **4.** [in boxing] round m inv. ⬦ vt girare. ◆ **round off** vt sep chiudere. ◆ **round up** vt sep - **1.** [gather together] radunare - **2.** MATHS arrotondare.

roundabout ['raʊndəbaʊt] ⬦ adj indiretto(a). ⬦ n UK - **1.** [on road] isola f rotazionale - **2.** [at fairground, playground] giostra f.

rounders ['raʊndəz] n (U) UK gioco simile al baseball.

roundly ['raʊndlɪ] adv [criticize] con decisione; [defeat] pesantemente.

round trip n viaggio m di andata e ritorno.

roundup ['raʊndʌp] n sommario m.

rouse [raʊz] vt - **1.** [wake up] svegliare - **2.** [impel]: **to rouse sb to do sthg** incitare qn a fare qc; **to rouse o.s.to do sthg** sforzarsi di fare qc - **3.** [excite] far agitare - **4.** [give rise to] suscitare.

rousing ['raʊzɪŋ] adj [speech] entusiasmante; [welcome] emozionante.

rout [raʊt] <> n disfatta f. <> vt mettere in rotta.

route [ru:t, US raʊt] <> n - **1.** [of journey] itinerario m; [of procession, bus, train] percorso m; [of plane, ship] rotta f - **2.** fig [to achievement] strada f. <> vt [goods, traffic] istradare; [flight] indirizzare la rotta di.

route map n piantina f.

routine [ru:'ti:n] <> adj - **1.** [normal] di routine - **2.** pej [humdrum, uninteresting] monotono(a). <> n - **1.** [normal pattern of activity] routine f inv - **2.** pej [boring repetition] tran tran m inv.

row[1] [raʊ] <> n - **1.** [of people, objects] fila f; [in table] riga f - **2.** [succession] serie f inv; **in a row** di seguito. <> vt - **1.** [boat] portare a remi - **2.** [person] trasportare in una barca a remi. <> vi [in boat] remare.

row[2] [raʊ] <> n - **1.** [quarrel] lite f - **2.** inf [noise] baccano m. <> vi [quarrel] litigare.

rowboat ['raʊbəʊt] n US = **rowing boat**.

rowdy ['raʊdɪ] adj [person] turbolento(a); [party] chiassoso(a); [atmosphere] burrascoso(a).

row house [raʊ-] n US villetta f a schiera.

rowing ['raʊɪŋ] n (U) canottaggio m.

rowing boat UK, **rowboat** ['raʊbəʊt] n barca f a remi.

royal ['rɔɪəl] <> adj reale. <> n inf membro m della famiglia reale; **the royals** i reali.

Royal Air Force n UK: **the Royal Air Force** l'aeronautica militare britannica.

royal family n famiglia f reale.

Royal Mail n UK: **the Royal Mail** le poste britanniche.

Royal Navy n UK: **the Royal Navy** la marina militare britannica.

royalty ['rɔɪəltɪ] n (U) reali mpl. ◆ **royalties** npl diritti mpl d'autore.

rpm (abbr of **revolutions per minute**) npl giri/min.

RSPCA (abbr of **Royal Society for the Prevention of Cruelty to Animals**) n società britannica per la protezione degli animali, ≃ SPA f.

RSVP (abbr of **répondez s'il vous plaît**) RSVP.

rub [rʌb] <> vt sfregare; **to rub one's eyes** stropicciarsi gli occhi; **to rub one's hands together** fregarsi le mani; **to rub sthg in(to) sthg** far penetrare qc in qc massaggiando; **to rub sb up the wrong way** UK, **to rub sb the wrong**

way US fig dare sui nervi a qn. <> vi: **to rub (against** OR **on sthg)** sfregare (contro qc); **to rub (together)** sfregare (uno contro l'altro), sfregare (una contro l'altra). ◆ **rub off on** vt insep [subj: quality] contagiare. ◆ **rub out** vt sep [erase] cancellare.

rubber ['rʌbər] <> adj di gomma. <> n - **1.** (U) [substance] gomma f - **2.** UK [eraser] gomma f - **3.** UK [in bridge] rubber m inv, partita f - **4.** esp US inf [condom] preservativo m.

rubber band n elastico m.

rubber plant n ficus m inv.

rubber stamp n timbro m. ◆ **rubber-stamp** vt approvare ufficialmente.

rubbish ['rʌbɪʃ] <> n esp UK - **1.** [refuse] spazzatura f - **2.** inf fig [worthless matter] schifezza f - **3.** inf [nonsense] sciocchezze fpl. <> vt UK inf demolire. <> excl esp UK schiocchezze!

rubbish bag n UK sacchetto m della spazzatura.

rubbish bin n UK pattumiera f.

rubbish dump, rubbish tip n UK discarica f.

rubble ['rʌbl] n (U) macerie fpl.

ruby ['ru:bɪ] n rubino m.

rucksack ['rʌksæk] n zaino m.

rudder ['rʌdər] n timone m.

ruddy ['rʌdɪ] adj - **1.** [reddish] rubicondo(a) - **2.** UK inf dated [for emphasis] dannato(a).

rude [ru:d] adj - **1.** [impolite] maleducato(a) - **2.** [dirty, naughty – joke] spinto(a); [- language, noise] volgare; **a rude word** una parolaccia - **3.** [unexpected]: **a rude shock** un brutto colpo; **a rude awakening** un brusco risveglio.

rudimentary [,ru:dɪ'mentərɪ] adj rudimentale.

rueful ['ru:fʊl] adj pieno(a) di rammarico.

ruffian ['rʌfjən] n dated malvivente m.

ruffle ['rʌfl] vt - **1.** [hair, fur] arruffare; [water] far increspare - **2.** [pride] ferire; [composure] far perdere.

rug [rʌg] n - **1.** [carpet] tappeto m - **2.** [blanket] coperta f.

rugby ['rʌgbɪ] n (U) rugby m.

rugged ['rʌgɪd] adj - **1.** [cliffs, coastline, terrain] irregolare - **2.** [vehicle] solido(a) - **3.** [roughly handsome]: **rugged good looks** una bellezza dai tratti decisi.

rugger ['rʌgər] n (U) UK inf rugby m.

ruin ['ru:ɪn] <> n rovina f. <> vt - **1.** [spoil] rovinare - **2.** [bankrupt] mandare in rovina. ◆ **in ruin(s)** adv - **1.** [town, country, building] in rovina - **2.** fig [life, plans] rovinato(a).

rule [ru:l] <> n - **1.** [gen] regola f; **school rules** il regolamento scolastico - **2.** [norm]: **the rule**

la regola; **as a rule** di regola - 3. *(U)* [control] dominio *m*; **the rule of law** l'autorità *f* della legge. ⟨⟩ *vt* - 1. [control, guide] dominare - 2. [govern] governare - 3. [decide]: **to rule that...** stabilire che... ⟨⟩ *vi* - 1. [give decision] decidere - 2. *fml* [be paramount] avere il sopravvento - 3. [king, queen] regnare; [government] governare. ➤ **rule out** *vt sep* - 1. [reject as unsuitable] scartare - 2. [prevent, make impossible] rendere impossibile.

ruled [ru:ld] *adj* [paper] a righe.

ruler ['ru:ləʳ] *n* - 1. [for measurement] righello *m* - 2. [political] governante *mf*; [monarch] sovrano *m*, -a *f*; **military rulers** i militari al potere.

ruling ['ru:lɪŋ] ⟨⟩ *adj* al governo. ⟨⟩ *n* decisione *f*.

rum [rʌm] *n (U)* rum *m inv*.

Rumania [ru:'meɪnjə] *n* = **Romania**.

Rumanian [ru:'meɪnjən] *adj & n* = **Romanian**.

rumble ['rʌmbl] ⟨⟩ *n* [of thunder, engine] rombo *m*; [of train, traffic] rumore *m*; [of stomach] brontolio *m*. ⟨⟩ *vi* [thunder] rimbombare; [train] sferragliare; [stomach] brontolare.

rummage ['rʌmɪdʒ] *vi* frugare.

rumour *UK*, **rumor** *US* ['ru:məʳ] *n* diceria *f*.

rumoured *UK*, **rumored** *US* ['ru:məd] *adj*: **she is rumoured to be very rich** si dice che sia molto ricca.

rump [rʌmp] *n* - 1. [of animal] groppa *f* - 2. *inf* [of person] sedere *m*.

rump steak *n* bistecca *f* di scamone.

rumpus ['rʌmpəs] *n inf* putiferio *m*.

run [rʌn] *(pt ran, pp run)* ⟨⟩ *n* - 1. [on foot] corsa *f*; **to go for a run** andare a fare una corsa; **to be on the run** essere evaso(a) - 2. [in car - for pleasure] giro *m*; [- journey] viaggio *m* - 3. [series] serie *f inv*; **a run of good luck** un periodo fortunato - 4. THEAT: **the play had an eight-week run** la commedia ha tenuto il cartellone per otto settimane - 5. [great demand]: **run on sthg** corsa *f* all'acquisto di qc - 6. [in tights] smagliatura *f* - 7. [in cricket, baseball] punto *m* - 8. [sports track] pista *f* - 9. [term, period]: **in the short/long run** a breve/lungo termine. ⟨⟩ *vt* - 1. [on foot] correre - 2. [manage, control - business, organization] dirigere; [- event, course, life] organizzare - 3. [machine] far funzionare; [tape, film] far partire; [computer program] usare; [experiment] fare - 4. [car] avere - 5. [water] far scorrere; [tap] aprire; **to run a bath** riempire la vasca - 6. [publish] pubblicare - 7. *inf* [take in car] portare - 8. [move, pass]: **to run sthg along/over sthg** passare qc su qc; **to run one's eye over sthg** dare una

scorsa a qc. ⟨⟩ *vi* - 1. [gen] correre - 2. [in election]: **to run (for sthg)** candidarsi (a qc) - 3. [progress, develop] andare - 4. [factory, machine] essere in funzione; [engine] essere acceso(a); **to run on sthg** andare a qc; **to run off sthg** essere alimentato(a) a qc - 5. [bus] passare; **how often does the train run from here?** ogni quanto c'è un treno da qui? - 6. [liquid, river] scorrere - 7. [nose] colare; [tap] essere aperto(a); [eyes] lacrimare; [sore] spurgare - 8. [colour, dye] stingere; [ink] sbavare - 9. [continue - contract] essere valido(a); [- play] tenere il cartellone. ➤ **run about** *vi UK* = **run around**. ➤ **run across** *vt insep* [meet] imbattersi in. ➤ **run around** *vi* - 1. [from place to place] correre qua e là - 2. [associate]: **to run around (with sb)** andare in giro (con qn). ➤ **run away** *vi* [flee] scappare; **to run away from sb/sthg** scappare da qn/qc; **to run away from home** scappare di casa. ➤ **run down** ⟨⟩ *vt sep* - 1. [in vehicle] investire - 2. [criticize] stroncare - 3. *UK* [allow to decline] ridimensionare. ⟨⟩ *vi* - 1. [clock, battery] scaricarsi - 2. *UK* [activity, business] cessare gradualmente. ➤ **run into** *vt insep* - 1. [encounter - problem] incontrare; [- person] imbattersi in; **to run into debt** trovarsi pieno(a) *OR* coperto(a) di debiti - 2. [in vehicle] andare a sbattere contro. ➤ **run off** ⟨⟩ *vt sep* [copy] fare. ⟨⟩ *vi* [abscond, elope]: **to run off (with sb)** scappare (con qn); **to run off (with sthg)** scappare (portandosi via qc). ➤ **run out** *vi* - 1. [supplies, time, money] esaurirsi - 2. [licence, permission, contract] scadere. ➤ **run out of** *vt insep* [supplies, time, money] esaurire; **we've run out of petrol** siamo rimasti senza benzina. ➤ **run over** *vt sep* [knock down] investire. ➤ **run through** *vt insep* - 1. [practise - performance] provare; [- speech] ripetere - 2. [read through] leggere velocemente. ➤ **run to** *vt insep* [amount to] ammontare a. ➤ **run up** *vt insep* [amass] accumulare. ➤ **run up against** *vt insep* incontrare.

runaway ['rʌnəweɪ] ⟨⟩ *adj* [train] impazzito(a); [horse] imbizzarrito(a); [inflation] galoppante; [victory] travolgente. ⟨⟩ *n* fuggiasco *m*, -a *f*.

rundown ['rʌndaʊn] *n* - 1. [report] riepilogo *m* - 2. *UK* [decline] riduzione *f* dell'attività. ➤ **run-down** *adj* - 1. [dilapidated] in stato di abbandono - 2. [tired and unhealthy] spossato(a).

rung [rʌŋ] ⟨⟩ *pp* ⟶ **ring**. ⟨⟩ *n* - 1. [of ladder] piolo *m* - 2. *fig* [of career] livello *m*.

runner ['rʌnəʳ] *n* - 1. [athlete] corridore *m* - 2. [smuggler] contrabbandiere *m*, -a *f* - 3. [wood or metal strip - of sledge, ice skate] pattino *m*; [- of front car seat, drawer] guida *f*.

runner bean n UK fagiolino m.

runner-up (pl runners-up) n secondo classificato m, seconda classificata f.

running ['rʌnɪŋ] ⬦ adj - **1.** [continuous] continuo(a) - **2.** [consecutive] di seguito - **3.** [water] corrente. ⬦ n - **1.** (U) SPORT corsa f - **2.** [management, control] gestione f - **3.** [of machine] funzionamento m; **to be in/out of the running (for sthg)** essere/non essere in lizza (per qc).

runny ['rʌnɪ] adj - **1.** [food] liquido(a) - **2.** [nose]: **I've got a runny nose** mi cola il naso.

run-of-the-mill adj banale.

runt [rʌnt] n - **1.** [animal] l'animale più piccolo di una cucciolata - **2.** pej [person] nanerottolo m, -a f.

run-up n - **1.** [preceding time]: **in the run-up to sthg** nel periodo che precede qc - **2.** SPORT rincorsa f.

runway ['rʌnweɪ] n pista f.

rupture ['rʌptʃər] n - **1.** MED perforazione f - **2.** [of relationship] rottura f.

rural ['ruərəl] adj rurale.

ruse [ru:z] n stratagemma m.

rush [rʌʃ] ⬦ n - **1.** [hurry] fretta f; **to make a rush for sthg** precipitarsi verso qc - **2.** [demand]: **rush (for OR on sthg)** assalto m (a qc) - **3.** [busiest period] ora f di punta; **the Christmas rush** la corsa agli acquisti prima di Natale - **4.** [surge - of air] folata f; [- of emotion] impeto m; **he had a rush of blood to the head** ha avuto un afflusso di sangue alla testa. ⬦ vt - **1.** [hurry - work] fare in fretta; [- meal] buttar giù di corsa; [- operation] fare d'urgenza; [- person] mettere fretta a - **2.** [send quickly - people] portare d'urgenza; [- supplies] inviare d'urgenza - **3.** [attack suddenly] lanciarsi contro. ⬦ vi - **1.** [hurry] affrettarsi; **to rush into sthg** precipitare qc - **2.** [crowd] precipitarsi; [water, blood] affluire. ➡ **rushes** npl BOT giunchi mpl.

rush hour n ora f di punta.

rusk [rʌsk] n UK fetta f biscottata.

Russia ['rʌʃə] n Russia f.

Russian ['rʌʃn] ⬦ adj russo(a). ⬦ n - **1.** [person] russo m, -a f - **2.** [language] russo m.

rust [rʌst] ⬦ n (U) ruggine f. ⬦ vi arrugginirsi.

rustle ['rʌsl] ⬦ vt - **1.** [paper, leaves] far frusciare - **2.** [cattle] rubare. ⬦ vi [paper, leaves] frusciare.

rusty ['rʌstɪ] adj [metal, French] arrugginito(a); **to be rusty** [person] essere fuori esercizio.

rut [rʌt] n [furrow] solco m; **to get into a rut** piombare nel tran tran quotidiano; **to be in a rut** essere prigioniero(a) del tran tran quotidiano.

ruthless ['ru:θlɪs] adj spietato(a).

RV n US (abbr of recreational vehicle) camper m inv.

rye [raɪ] n (U) [grain] segale f.

rye bread n (U) pane m di segale.

s¹ (pl s's OR ss), **S** (pl S's OR Ss) [es] n [letter] s m o f inv, S m o f inv.

S² (abbr of south) S.

Sabbath ['sæbəθ] n: **the Sabbath** dated [Christian] la domenica; [Jewish] il sabato.

sabotage ['sæbətɑ:ʒ] ⬦ n (U) sabotaggio m. ⬦ vt sabotare.

saccharin ['sækərɪn] n (U) saccarina f.

saccharine ['sækərɪn] adj sdolcinato(a).

sachet ['sæʃeɪ] n bustina f.

sack [sæk] ⬦ n - **1.** [bag] sacco m - **2.** UK inf [dismissal]: **to get OR be given the sack** essere licenziato(a). ⬦ vt UK inf [employee] licenziare.

sacred ['seɪkrɪd] adj sacro(a).

sacrifice ['sækrɪfaɪs] ⬦ n lit & fig sacrificio m. ⬦ vt lit & fig sacrificare.

sacrilege ['sækrɪlɪdʒ] n (U) lit & fig sacrilegio m.

sad [sæd] adj - **1.** [person, look, news] triste - **2.** [regrettable, unfortunate] spiacevole.

sadden ['sædn] vt rattristare.

saddle ['sædl] ⬦ n - **1.** [for horse] sella f - **2.** [of bicycle, motorcycle] sellino m. ⬦ vt - **1.** [put saddle on] sellare - **2.** fig [burden]: **to saddle sb with sthg** affibbiare qc a qn.

saddlebag ['sædlbæg] n - **1.** [for horse] bisaccia f - **2.** [on bicycle] borsa f.

sadistic [sə'dɪstɪk] adj sadico(a).

sadly ['sædlɪ] adv - **1.** [sorrowfully] tristemente - **2.** [regrettably] sfortunatamente.

sadness ['sædnɪs] n (U) tristezza f.

sadomasochism ['seɪdəʊˌmæsə'kɪzəm] n sadomasochismo m.

s.a.e., sae (abbr of stamped addressed envelope) n UK busta affrancata e indirizzata per la risposta.

safari [sə'fɑːrɪ] n safari m inv.

safe [seɪf] <> adj - 1. [place, bet, investment, method] sicuro(a); [product] non pericoloso(a); [delivery of objects] senza intoppi; [driver, player] prudente; **to be on the safe side**... per precauzione... - 2. [not in danger] al sicuro; **safe and sound** sano(a) e salvo(a) - 3. [subject] non problematico(a); **it's safe to say (that)**... si può dire con certezza che... <> n cassaforte f.

safe-conduct [-'kɒndʌkt] n - 1. [document giving protection] salvacondotto m - 2. (U) [protection] garanzia f di incolumità.

safe-deposit box n esp US = **safety-deposit box**.

safeguard ['seɪfgɑːd] <> n: **safeguard (against sthg)** salvaguardia f (contro qc). <> vt: **to safeguard sb/sthg (against sthg)** salvaguardare qn/qc (da qc).

safekeeping [ˌseɪfˈkiːpɪŋ] n (U) custodia f.

safely ['seɪflɪ] adv - 1. [without danger] senza rischi - 2. [securely] al sicuro - 3. [unharmed]: **to arrive safely** [person] arrivare sano(a) e salvo(a); [goods] arrivare intatto(a) - 4. [for certain]: **I can safely say (that)**... posso dire con certezza che...

safe sex n (U) sesso m sicuro.

safety ['seɪftɪ] n (U) sicurezza f.

safety belt n cintura f di sicurezza.

safety-deposit box esp UK, **safe-deposit box** esp US n cassetta f di sicurezza.

safety pin n spilla f di sicurezza OR da balia.

sag [sæg] vi [sink downwards - branch] incurvarsi; [- bed] affossarsi; [- pie crust] afflosciarsi.

sage [seɪdʒ] <> adj liter [wise] saggio(a). <> n - 1. (U) [herb] salvia f - 2. liter [wise man] saggio m.

Sagittarius [ˌsædʒɪ'teərɪəs] n [astrology] Sagittario m; **to be (a) Sagittarius** essere del Sagittario.

Sahara [sə'hɑːrə] n: **the Sahara (Desert)** il (deserto del) Sahara.

said [sed] pt & pp ▷ **say**.

sail [seɪl] <> n - 1. [of boat] vela f; **to set sail** salpare - 2. [journey by boat] giro m in barca. <> vt - 1. [boat] pilotare - 2. [sea] solcare. <> vi - 1. [person - travel] andare in nave; [- leave] salpare; [- for sport] andare in barca a vela - 2. [boat - move] navigare; [- leave] salpa-

re - 3. fig [through air] volare. ◆ **sail through** vt insep [exam] superare senza problemi.

sailboat ['seɪlbəʊt] n US = **sailing boat**.

sailing ['seɪlɪŋ] n - 1. (U) SPORT vela f; **to go sailing** fare vela; **it should be plain sailing from now on** d'ora in poi dovrebbe essere tutta discesa - 2. [trip by ship] traghetto m; [departure by ship] partenza f.

sailing boat UK, **sailboat** US ['seɪlbəʊt] n barca f a vela.

sailing ship n veliero m.

sailor ['seɪlər] n marinaio m, -a f.

saint [seɪnt] n lit & fig santo m, -a f.

saintly ['seɪntlɪ] adj [person] santo(a); [life] da santo.

sake [seɪk] n - 1. [benefit, advantage]: **for the sake of** per il bene di - 2. [purpose]: **for the sake of** per amore di; **for the sake of argument** tanto per dire; **for God's/Heaven's sake!** per amor di Dio/del cielo!

salad ['sæləd] n insalata f.

salad bowl n insalatiera f.

salad cream n (U) UK salsa per l'insalata simile alla maionese.

salad dressing n (U) condimento m per l'insalata.

salami [sə'lɑːmɪ] n (U) salame m.

salary ['sælərɪ] n stipendio m.

sale [seɪl] n - 1. [gen] vendita f; **on sale** [available to buy] in vendita; **(up) for sale** in vendita; **'for sale'** 'vendesi' - 2. [at reduced prices] svendita f; **on sale** US [available at reduced price] in svendita - 3. [auction] asta f. ◆ **sales** npl - 1. [quantity sold] vendite fpl - 2. [at reduced prices]: **the sales** i saldi.

saleroom ['seɪlrʊm] UK, **salesroom** US ['seɪlzrʊm] n sala f di vendite all'asta.

sales assistant UK ['seɪlz-], **salesclerk** US ['seɪlzklɜːrk] n commesso m, -a f.

salesman ['seɪlzmən] (pl -men) n [in shop] commesso m; [representative] rappresentante m.

sales rep n inf rappresentante mf.

salesroom ['seɪlzrʊm] n US = **saleroom**.

saleswoman ['seɪlzˌwʊmən] (pl -women) n [in shop] commessa f; [representative] rappresentante f.

saliva [sə'laɪvə] n (U) saliva f.

salmon ['sæmən] (pl salmon OR -s) n salmone m.

salmonella [ˌsælmə'nelə] n (U) salmonella f.

salon ['sælɒn] n - 1. [hairdresser's] parrucchiere m - 2. [clothes shop] boutique f inv.

saloon [sə'lu:n] *n* - **1**. UK [car] berlina *f* - **2**. US [bar] saloon *m inv* - **3**. UK [in pub]: **saloon (bar)** saletta *f* interna - **4**. [on ship] salone *m*.

salt [sɔ:lt, sɒlt] <> *n* [gen] sale *m*. <> *vt* - **1**. [food] salare - **2**. [roads] spargere il sale su.
◆ **salt away** *vt sep inf* mettere da parte.

saltcellar UK [''sɔ:lt,selə'], **salt shaker** US [-,ʃeɪkə'] *n* saliera *f*.

saltwater ['sɔ:lt,wɔ:tə'] <> *n (U)* acqua *f* salata. <> *adj* di mare.

salty ['sɔ:ltɪ] *adj* salato(a).

salute [sə'lu:t] <> *n* - **1**. [with hand] saluto *m* - **2**. [firing of guns] salva *f* - **3**. [formal acknowledgment] omaggio *m*. <> *vt* - **1**. [with hand] salutare - **2**. [acknowledge formally, honour] rendere onore a. <> *vi* [with hand] salutare.

salvage ['sælvɪdʒ] <> *n* - **1**. [rescue of ship] salvataggio *m* - **2**. [property rescued] oggetti *mpl* recuperati. <> *vt* - **1**. [rescue]: **to salvage sthg (from)** recuperare qc (da) - **2**. *fig* [gain from failure] salvare.

salvation [sæl'veɪʃn] *n (U)* - **1**. [saviour] salvezza *f* - **2**. RELIG salvazione *f*.

Salvation Army *n*: **the Salvation Army** l'Esercito *m* della Salvezza.

same [seɪm] <> *adj* stesso(a); **at the same time** [simultaneously] contemporaneamente; [nonetheless] al tempo stesso; **to be one and the same** [person] essere una persona sola; [thing] essere una cosa sola. <> *pron* [unchanged]: **the same** [thing, person] lo stesso, la stessa; **I'll have the same as you** prendo quello che prendi tu; **the hats they were wearing were the same** i cappelli che indossavano erano identici; **do the same as me** fai quello che faccio io; **she earns the same as I do** guadagna quanto me; **all** OR **just the same** [nevertheless, anyway] lo stesso; **it's all the same to me** per me fa lo stesso; **it's not the same** non è più la stessa cosa. <> *adv* [identically]: **the same** allo stesso modo.

sample ['sɑ:mpl] <> *n* - **1**. [gen] campione *m* - **2**. [of work] saggio *m*. <> *vt* - **1**. [food, wine] assaggiare - **2**. [experience] provare.

sanatorium [,sænə'tɔ:rɪəm] (*pl* -riums OR -ria), **sanitarium** US [,sænɪ'teɪrɪəm] (*pl* -riums OR -ria) *n* casa *f* di cura.

sanctimonious [,sæŋktɪ'məʊnjəs] *adj pej* [person] moralista; [tone of voice] moraleggiante.

sanction ['sæŋkʃn] <> *n (U)* sanzione *f*. <> *vt* sanzionare.

sanctuary ['sæŋktʃʊərɪ] *n* - **1**. [for wildlife] riserva *f* - **2**. [place of safety] rifugio *m* - **3**. *(U)* [safety, refuge] asilo *m*.

sand [sænd] <> *n (U)* sabbia *f*. <> *vt* cartavetrare.

sandal ['sændl] *n* sandalo *m*.

sandalwood ['sændlwʊd] *n (U)* legno *m* di sandalo.

sandbox ['sændbɒks] *n* US = **sandpit**.

sandcastle ['sænd,kɑ:sl] *n* castello *m* di sabbia.

sand dune *n* duna *f*.

sandpaper ['sænd,peɪpə'] <> *n (U)* carta *f* vetrata. <> *vt* cartavetrare.

sandpit ['sændpɪt] UK, **sandbox** ['sændbɒks] US *n* vasca *f* per giocare con la sabbia.

sandwich ['sænwɪdʒ] <> *n* panino *m* (imbottito). <> *vt fig*: **to be sandwiched between** essere intrappolato(a) tra.

sandwich board *n* cartellone *m* pubblicitario *(portato in giro da un uomo sandwich)*.

sandwich course *n* UK corso universitario con stage presso aziende.

sandy ['sændɪ] *adj* - **1**. [beach] sabbioso(a) - **2**. [hair] biondo(a) scuro(a).

sane [seɪn] *adj* - **1**. [person] sano(a) di mente - **2**. [course of action] ragionevole.

sang [sæŋ] *pt* ▷ **sing**.

sanitarium [,sænɪ'teɪrɪəm] *n* US = **sanatorium**.

sanitary ['sænɪtrɪ] *adj* - **1**. [connected with health] sanitario(a) - **2**. [clean, hygienic] igienico(a).

sanitary towel UK, **sanitary napkin** US *n* assorbente *m* (igienico).

sanitation [,sænɪ'teɪʃn] *n (U)* impianti *mpl* igienici.

sanity ['sænɪtɪ] *n* - **1**. [saneness] sanità *f* mentale - **2**. [good sense] buon senso *m*.

sank [sæŋk] *pt* ▷ **sink**.

Santa (Claus) ['sæntə (,klɔ:z)] *n* Babbo *m* Natale.

sap [sæp] <> *n (U)* [of plant] linfa *f*. <> *vt* minare.

sapling ['sæplɪŋ] *n* alberello *m*.

sapphire ['sæfaɪə'] *n* zaffiro *m*.

sarcastic [sɑ:'kæstɪk] *adj* sarcastico(a).

sardine [sɑ:'di:n] *n* sardina *f*.

Sardinia [sɑ:'dɪnjə] *n* Sardegna *f*.

sardonic [sɑ:'dɒnɪk] *adj* sardonico(a).

SAS *(abbr of* **Special Air Service***) n* unità delle forze armate britanniche specializzata in operazioni clandestine.

SASE *(abbr of* self-addressed stamped envelope*) n* US busta affrancata e indirizzata per la risposta.

sash [sæʃ] *n* fascia *f*.

sat [sæt] *pt* & *pp* ⊳ **sit**.

SAT [sæt] *n* - **1.** (*abbr of* Standard Assessment Test) *ciascuno di una serie di esami nelle scuole inglesi e gallesi, sostenuti a 7, 11 e 14 anni d'età* - **2.** (*abbr of* Scholastic Aptitude Test) *esame di ammissione all'università negli Stati Uniti.*

Satan ['seɪtn] *n* Satana *m*.

satchel ['sætʃəl] *n* cartella *f*.

satellite ['sætəlaɪt] ⟨⟩ *n* - **1.** ASTRON & TELEC satellite *m* - **2.** *fig* [dependent country] stato *m* satellite. ⟨⟩ *comp* - **1.** TELEC satellitare - **2.** [dependent] satellite.

satellite dish *n* antenna *f* satellitare.

satellite TV *n* TV *f* via satellite.

satin ['sætɪn] ⟨⟩ *n* (U) satin *m inv.* ⟨⟩ *comp* - **1.** [made of satin] di satin - **2.** [smooth] satinato(a).

satire ['sætaɪə'] *n* satira *f*.

satisfaction [ˌsætɪs'fækʃn] *n* (U) soddisfazione *f*.

satisfactory [ˌsætɪs'fæktərɪ] *adj* [performance, result] soddisfacente; [reason] plausibile.

satisfied ['sætɪsfaɪd] *adj* [happy]: **satisfied (with sthg)** soddisfatto(a) (di qc).

satisfy ['sætɪsfaɪ] *vt* - **1.** [make happy] accontentare; **to satisfy sb's curiosity** appagare la curiosità di qn - **2.** [convince] convincere; **to satisfy sb that** convincere qn che - **3.** [fulfil] soddisfare.

satisfying ['sætɪsfaɪɪŋ] *adj* [feeling] di soddisfazione; [experience] gratificante.

satsuma [ˌsæt'suːmə] *n* satsuma *m inv*.

saturate ['sætʃəreɪt] *vt* - **1.** [drench] inzuppare; **to saturate sthg with sthg** inzuppare qc di qc - **2.** [swamp] allagare; [fill completely]: **to be saturated with sthg** essere gremito(a) di qc.

saturated ['sætʃəreɪtɪd] *adj* - **1.** [gen] inzuppato(a) - **2.** [fat] saturo(a).

Saturday ['sætədeɪ] ⟨⟩ *n* sabato *m*; **I was born on a Saturday** sono nato di sabato; **what day is it?** - **it's Saturday** che giorno è? - sabato; **on Saturday** sabato; **on Saturdays** il sabato; **this Saturday** questo sabato; **last/ next Saturday** sabato scorso/prossimo; **every Saturday** tutti i sabati; **every other Saturday** un sabato sì, un sabato no; **the Saturday before** sabato prima; **the Saturday before last** sabato di due settimane fa; **the Saturday after next, Saturday week** *UK*, **a week on** *UK* OR **from** *US* **Saturday** sabato tra otto giorni. ⟨⟩ *comp* [meeting, appointment] di sabato; [newspaper, TV programme] del sabato; **Saturday morning/afternoon/evening/night** sabato mattina/pomeriggio/sera/notte.

sauce [sɔːs] *n* CULIN salsa *f*.

saucepan ['sɔːspən] *n* pentola *f*.

saucer ['sɔːsə'] *n* piattino *m*.

saucy ['sɔːsɪ] *adj inf dated* [postcard] sconcio(a); [person, comment] sfacciato(a).

Saudi Arabia ['saʊdɪ] *n* Arabia *f* Saudita.

sauna ['sɔːnə] *n* sauna *f*; **to have a sauna** fare una sauna.

saunter ['sɔːntə'] *vi* camminare con disinvoltura.

sausage ['sɒsɪdʒ] *n* [gen] salsiccia *f*.

sausage roll *n UK* salsiccia *f* in crosta di pasta sfoglia.

sauté [*UK* 'səʊteɪ, *US* səʊ'teɪ] (*pt* & *pp* **sautéed** OR **sautéd**) ⟨⟩ *adj* [potatoes] saltato(a); [onions] soffritto(a). ⟨⟩ *vt* [potatoes, meat] far saltare; [onions] soffriggere.

savage ['sævɪdʒ] ⟨⟩ *adj* [dog] feroce; [person] selvaggio(a); [attack, criticism] violento(a). ⟨⟩ *n* selvaggio *m*, -a *f*. ⟨⟩ *vt* [attack physically] sbranare.

save [seɪv] ⟨⟩ *vt* - **1.** [gen] salvare; **to save sb from sthg** salvare qn da qc; **to save sb from doing sthg** [from falling, drowning] impedire a qn di fare qc; **to save sb's life** salvare la vita a qn - **2.** [prevent waste of] risparmiare - **3.** [set aside] mettere da parte - **4.** [make unnecessary] evitare; **to save sb sthg** [trouble, worry, effort] evitare qc a qn; **to save sb from having to do sthg** evitare a qn di dover fare qc - **5.** SPORT parare. ⟨⟩ *vi* [save money] risparmiare. ⟨⟩ *n* SPORT parata *f*. ⟨⟩ *prep fml*: **save (for)** ad eccezione di. ◆ **save up** *vi* risparmiare.

savings ['seɪvɪŋz] *npl* risparmi *mpl*.

savings account *n* conto *m* di risparmio.

savings and loan association *n US* istituto *m* di credito immobiliare.

savings bank *n* cassa *f* di risparmio.

saviour *UK*, **savior** *US* ['seɪvjə'] *n* salvatore *m*, -trice *f*.

savour *UK*, **savor** *US* ['seɪvə'] *vt* - **1.** [enjoy taste of] gustare - **2.** *fig* [enjoy greatly] assaporare.

savoury *UK*, **savory** *US* ['seɪvərɪ] ⟨⟩ *adj* - **1.** *esp UK* [not sweet] salato(a) - **2.** [respectable, pleasant] rispettabile. ⟨⟩ *n* salatino *m*.

saw [sɔː] (*UK pt* **-ed**, *pp* **sawn**) (*US pt* & *pp* **-ed**) ⟨⟩ *pt* ⊳ **see**. ⟨⟩ *n* sega *f*. ⟨⟩ *vt* segare.

sawdust ['sɔːdʌst] *n* (U) segatura *f*.

sawed-off shotgun [sɔːd-] *n US* = **sawn-off shotgun**.

sawmill ['sɔːmɪl] *n* segheria *f*.

sawn [sɔːn] *pp UK* ⊳ **saw**.

sawn-off shotgun *UK*, **sawed-off shotgun** *US* [sɔːd-] *n* fucile *f* a canne mozze.

saxophone ['sæksəfəʊn] *n* sassofono *m*.

say [seɪ] (*pt & pp* **said** [sed]) ⬥ *vt* - **1.** [gen] dire; **to say (that)...** dire che...; **my watch says two** il mio orologio fa le due; **he's said to be the best** si dice che sia il migliore - **2.** [assume, suppose] ammettere; **that goes without saying** va da sé; **it has a lot to be said for it** la cosa ha diversi vantaggi. ⬥ *n* [power of decision]: **to have a/no say (in sthg)** avere/non avere voce in capitolo (in qc); **to have one's say** dire la propria. ➡ **that is to say** *adv* cioè, vale a dire.

saying ['seɪɪŋ] *n* detto *m*.

scab [skæb] *n* - **1.** [of wound] crosta *f* - **2.** *offens* [non-striker] crumiro *m*, -a *f*.

scaffold ['skæfəʊld] *n* - **1.** [frame] impalcatura *f* - **2.** [for executions] patibolo *m*.

scaffolding ['skæfəldɪŋ] *n (U)* impalcatura *f*.

scald [skɔːld] ⬥ *n* scottatura *f*. ⬥ *vt* scottare.

scale [skeɪl] ⬥ *n* - **1.** [gen] scala *f*; **pay scale** scala degli stipendi; **to scale** in scala - **2.** [size, extent] dimensioni *fpl*; **on a large scale** di grandi dimensioni - **3.** [of fish, snake] scaglia *f* - **4.** *US* [for weighing] = **scales**. ⬥ *vt* - **1.** [climb] scalare - **2.** [remove scales from] togliere le scaglie a. ➡ **scales** *npl* bilancia *f* (singolare). ➡ **scale down** *vt insep* ridurre.

scallop ['skɒləp] ⬥ *n* [shellfish] capasanta *f*. ⬥ *vt* [pastry] striare con la forchetta.

scalp [skælp] ⬥ *n* - **1.** ANAT cuoio *m* capelluto - **2.** [removed from head] scalpo *m*. ⬥ *vt* scotennare.

scalpel ['skælpəl] *n* bisturi *m inv*.

scamper ['skæmpər] *vi* sgambettare.

scampi ['skæmpɪ] *n (U) UK* scampi *mpl*.

scan [skæn] ⬥ *n* MED & TECH tomografia *f*; [during pregnancy] ecografia *f*. ⬥ *vt* - **1.** [area] studiare attentamente; [crowd] scrutare - **2.** [glance at] scorrere - **3.** MED & TECH fare lo scanning di; [with laser] leggere; [with radar] perlustrare; [subj: sonar] scandagliare - **4.** COMPUT fare la scansione di.

scandal ['skændl] *n* scandalo *m*.

scandalize, -ise *UK* ['skændəlaɪz] *vt* scandalizzare.

Scandinavia [ˌskændɪ'neɪvjə] *n* Scandinavia *f*.

Scandinavian [ˌskændɪ'neɪvjən] ⬥ *adj* scandinavo(a). ⬥ *n* [person] scandinavo *m*, -a *f*.

scant [skænt] *adj* scarso(a).

scanty ['skæntɪ] *adj* [amount, resources] scarso(a); [dress] succinto(a).

scapegoat ['skeɪpgəʊt] *n* capro *m* espiatorio.

scar [skɑːr] *n* cicatrice *f*.

scarce ['skeəs] *adj* scarso(a).

scarcely ['skeəslɪ] *adv* a malapena; **there was scarcely anyone** non c'era quasi nessuno; **I scarcely ever go there** non ci vado quasi mai; **the prospects were scarcely promising** le prospettive non erano certo promettenti.

scare [skeər] ⬥ *n* - **1.** [sudden fright] spavento *m*; **to give sb a scare** far spaventare qn - **2.** [public panic] spauracchio *m*; **a bomb scare** un allarme bomba. ⬥ *vt* [frighten] spaventare. ➡ **scare away**, **scare off** *vt sep* far scappare.

scarecrow ['skeəkrəʊ] *n* spaventapasseri *m inv*.

scared ['skeəd] *adj* - **1.** [very frightened] spaventato(a); **to be scared stiff** OR **to death** essere morto(a) di paura - **2.** [nervous, worried]: **to be scared (that)...** aver paura che...

scarey ['skeərɪ] *adj* = **scary**.

scarf [skɑːf] (*pl* -**s** OR **scarves**) *n* [long] sciarpa *f*; [square] foulard *m inv*.

scarlet ['skɑːlət] ⬥ *adj* scarlatto(a). ⬥ *n* scarlatto *m*.

scarves [skɑːvz] *pl* ⯈ **scarf**.

scathing ['skeɪðɪŋ] *adj* [glance, reply] severo(a); [criticism] spietato(a).

scatter ['skætər] ⬥ *vt* [gen] sparpagliare; [seeds] spargere. ⬥ *vi* [crowd] disperdere.

scatterbrained ['skætəbreɪnd] *adj inf* sconclusionato(a).

scenario [sɪ'nɑːrɪəʊ] (*pl* -**s**) *n* scenario *m*.

scene [siːn] *n* - **1.** [gen] scena *f*; **behind the scenes** dietro le quinte - **2.** [picture of place] veduta *f* - **3.** [location] luogo *m* - **4.** [embarrassing fuss] scenata *f*; **to set the scene** [for person] descrivere la situazione; [for event] preparare il terreno.

scenery ['siːnərɪ] *n (U)* scenario *m*; **what beautiful scenery!** che panorama fantastico!

scenic ['siːnɪk] *adj* panoramico(a).

scent [sent] *n* - **1.** [gen] profumo *m* - **2.** [of animal] odore *m*.

scepter *n US* = **sceptre**.

sceptic *UK*, **skeptic** *US* ['skeptɪk] *n* scettico *m*, -a *f*.

sceptical *UK*, **skeptical** *US* ['skeptɪkl] *adj*: **sceptical (about sthg)** scettico(a) (su qc).

sceptre *UK*, **scepter** *US* ['septər] *n* scettro *m*.

schedule [UK 'ʃedjuːl, esp US 'skedʒʊl] ⬦ n - **1.** [plan] programma m; **ahead of schedule** in anticipo rispetto ai tempi previsti; **behind schedule** in ritardo sui tempi previsti; **on schedule** entro i tempi previsti - **2.** [written list] tabella f. ⬦ vt: **to schedule sthg (for)** fissare qc (per).

scheduled flight [UK 'ʃedjuːld-, esp US 'skedʒʊld-] n volo m di linea.

scheme [skiːm] ⬦ n - **1.** [plan] programma m; **pension scheme** UK fondo m pensione - **2.** pej [dishonest plan] pensata f - **3.** [arrangement, decoration] sistemazione f; **colour scheme** combinazione f di colori. ⬦ vi pej tramare.

scheming ['skiːmɪŋ] adj intrigante.

schizophrenic [ˌskɪtsə'frenɪk] ⬦ adj schizofrenico(a). ⬦ n schizofrenico m, -a f.

scholar ['skɒlər] n - **1.** [expert] studioso m, -a f - **2.** dated [student] studente m, -essa f - **3.** [holder of scholarship] borsista mf.

scholarship ['skɒləʃɪp] n - **1.** [grant] borsa f di studio - **2.** (U) [learning] erudizione f.

school [skuːl] n - **1.** [place of education] scuola f - **2.** [hours spent in school] lezioni fpl - **3.** [university department] facoltà f inv - **4.** US [university] università f inv - **5.** [group of fish, dolphins] banco m.

schoolbook ['skuːlbʊk] n libro m di scuola.

schoolboy ['skuːlbɔɪ] n scolaro m.

schoolchild ['skuːltʃaɪld] (pl **-children**) n scolaro m, -a f.

schooldays ['skuːldeɪz] npl anni mpl della scuola.

schoolgirl ['skuːlɡɜːl] n scolara f.

schooling ['skuːlɪŋ] n (U) istruzione f.

school-leaver [-ˌliːvər] n UK neodiplomato m, -a f.

schoolmaster ['skuːlˌmɑːstər] n dated maestro m.

schoolmistress ['skuːlˌmɪstrɪs] n dated maestra f.

schoolteacher ['skuːlˌtiːtʃər] n insegnante mf.

school year n anno m scolastico.

sciatica [saɪ'ætɪkə] n (U) sciatica f.

science ['saɪəns] n (U) scienza f.

science fiction n (U) fantascienza f.

scientific [ˌsaɪən'tɪfɪk] adj scientifico(a).

scientist ['saɪəntɪst] n scienziato m, -a f.

scintillating ['sɪntɪleɪtɪŋ] adj brillante.

scissors ['sɪzəz] npl forbici fpl.

sclerosis [sklə'rəʊsɪs] n ▷ **multiple sclerosis**.

scoff [skɒf] ⬦ vt UK inf [eat] spazzolare. ⬦ vi [mock]: **to scoff at sb/sthg** burlarsi di qn/qc.

scold [skəʊld] vt sgridare.

scone [skɒn] n focaccina dolce che si mangia con burro e marmellata.

scoop [skuːp] ⬦ n - **1.** [for ice cream] porzionatore m; [for sugar] sessola f - **2.** [scoopful] porzione f - **3.** [news report] scoop m inv. ⬦ vt - **1.** [with hands] scodellare con le mani - **2.** [with implement] prendere con la sessola.

◆ **scoop out** vt sep fare porzioni di.

scooter ['skuːtər] n - **1.** [toy] monopattino m - **2.** [motorcycle] motorino m.

scope [skəʊp] n (U) - **1.** [opportunity] possibilità f inv di riuscita - **2.** [of report] limiti mpl; [of course] obiettivi mpl.

scorch [skɔːtʃ] vt bruciare.

scorching ['skɔːtʃɪŋ] adj inf infuocato(a).

score [skɔːr] ⬦ n - **1.** [gen] punteggio m - **2.** dated [twenty] venti - **3.** MUS partitura f - **4.** [subject]: **on that score** in merito. ⬦ vt - **1.** SPORT segnare - **2.** [achieve] mettere a segno - **3.** [win in an argument]: **to score a point over sb** segnare un punto a proprio favore su qn - **4.** [cut] incidere. ⬦ vi SPORT segnare.

◆ **score out** vt sep UK cancellare.

scoreboard ['skɔːbɔːd] n tabellone m.

scorer ['skɔːrər] n - **1.** [player] marcatore m, -trice f - **2.** [official] segnapunti mf inv.

scorn [skɔːn] ⬦ n (U) disprezzo m. ⬦ vt - **1.** [despise] disdegnare - **2.** fml [refuse to accept] rifiutare.

scornful ['skɔːnfʊl] adj sprezzante; **to be scornful of sthg** disdegnare qc.

Scorpio ['skɔːpɪəʊ] (pl **-s**) n [astrology] Scorpione m; **to be (a) Scorpio** essere dello Scorpione.

scorpion ['skɔːpjən] n scorpione m.

Scot [skɒt] n scozzese mf.

scotch [skɒtʃ] vt [rumour] mettere a tacere; [idea] bloccare.

Scotch [skɒtʃ] ⬦ adj scozzese. ⬦ n [whisky] scotch m inv.

Scotch (tape)® n US scotch® m inv.

scot-free adj inf: **to get off scot-free** passarla liscia.

Scotland ['skɒtlənd] n Scozia f.

Scots [skɒts] ⬦ adj scozzese. ⬦ n (U) [dialect] scozzese m.

Scotsman ['skɒtsmən] (pl **-men**) n scozzese m.

Scotswoman ['skɒtswʊmən] (pl **-women**) n scozzese f.

Scottish ['skɒtɪʃ] adj scozzese.

scoundrel ['skaʊndrəl] n dated furfante mf.

scour ['skaʊər] vt - 1. [clean] pulire strofinando - 2. [search] perlustrare.

scourge [skɜːdʒ] n flagello m.

scout [skaʊt] n MIL ricognitore m. ◆ **Scout** n [boy scout] scout mf inv. ◆ **scout around** vi: to scout around for sthg andare alla ricerca di qc.

scowl [skaʊl] ⬦ n sguardo m di disapprovazione. ⬦ vi: to scowl at sb guardare qn con disapprovazione.

scrabble ['skræbl] vi - 1. [scramble] arrampicarsi - 2. [scrape]: to scrabble at sthg grattare a qc - 3. [feel around]: to scrabble around for sthg cercare qc a tastoni.

scramble ['skræmbl] ⬦ n [rush] pigia pigia m inv. ⬦ vi - 1. [climb] arrampicarsi - 2. [move clumsily] muoversi goffamente; she scrambled to her feet si alzò in piedi in modo goffo; to scramble for sthg accapigliarsi per qc.

scrambled eggs ['skræmbld-] npl uova fpl strapazzate.

scrap [skræp] ⬦ n - 1. [small piece or amount – of paper] pezzetto m; [- of material] brandello m; [- of information, conversation] frammento m - 2. (U) [metal] rottami mpl - 3. inf [fight, quarrel] zuffa f. ⬦ vt [plan] scartare; [car] rottamare. ◆ **scraps** npl [food] avanzi mpl.

scrapbook ['skræpbʊk] n album m inv (per la raccolta di foto e ritagli di giornale).

scrape [skreɪp] ⬦ n - 1. [scraping noise] strascichio m - 2. inf dated [difficult situation]: to get into a scrape cacciarsi nei guai. ⬦ vt - 1. [remove]: to scrape sthg off sthg grattar via qc da qc - 2. [peel] pelare - 3. [scratch - knee, elbow] sbucciarsi; [- car, bumper] graffiare. ⬦ vi [rub]: to scrape against OR on sthg sfregare contro qc. ◆ **scrape through** vt insep [just pass] superare per il rotto della cuffia.

scraper ['skreɪpər] n raschietto m.

scrap merchant n UK rottamaio m.

scrap paper, scratch paper US n (U) carta f da scrivere usata.

scrapyard ['skræpjɑːd] n deposito m di rottami.

scratch [skrætʃ] ⬦ n [slight cut] graffio m; to do sthg from scratch fare qc da zero; to be up to scratch essere all'altezza. ⬦ vt - 1. [cut slightly] graffiare - 2. [one's head] grattarsi. ⬦ vi - 1. [branch, knife, thorn]: to scratch at OR against sthg sfregare contro qc - 2. [person, animal] grattarsi.

scratch paper n US = scrap paper.

scrawl [skrɔːl] ⬦ n scrittura f illeggibile. ⬦ vt scarabocchiare.

scrawny ['skrɔːnɪ] adj [legs, arms] scheletrico(a); [person, animal] pelle e ossa (inv).

scream [skriːm] ⬦ n [of person] grido m; screams of laughter scoppi di risa. ⬦ vt gridare. ⬦ vi [person] gridare.

scree [skriː] n (U) ghiaione m.

screech [skriːtʃ] ⬦ n - 1. [of person] strillo m; [of bird] strido m - 2. [of tyres, brakes, car] stridore m. ⬦ vt strillare. ⬦ vi [person] strillare; [bird, tyres, brakes, car] stridere.

screen [skriːn] ⬦ n - 1. [viewing surface] schermo m - 2. CIN: the (big) screen il grande schermo - 3. [panel - dividing] paravento m; [- protective] schermo m. ⬦ vt - 1. [show in cinema] dare - 2. [broadcast on TV] mandare in onda - 3. [hide] nascondere - 4. [shield]: to screen sb/sthg (from sb/sthg) proteggere qn/qc (da qn/qc) - 5. [questions] selezionare - 6. [phone calls] filtrare.

screening ['skriːnɪŋ] n - 1. [in cinema] proiezione f - 2. [on TV] messa f in onda - 3. (U) [for security] controllo m - 4. (U) MED [examination] screening m inv.

screenplay ['skriːnpleɪ] n sceneggiatura f.

screw [skruː] ⬦ n vite f. ⬦ vt - 1. [fix with screws]: to screw sthg to sthg avvitare qc a qc - 2. [twist] avvitare - 3. vulg [have sex with] chiavare. ⬦ vi [fix together] avvitarsi. ◆ **screw up** vt sep - 1. [crumple up] accartocciare - 2. [contort, twist - eyes] strizzare; [- face] storcere - 3. v inf [ruin] rovinare.

screwdriver ['skruːˌdraɪvər] n cacciavite m inv.

scribble ['skrɪbl] ⬦ n [writing] scrittura f illeggibile; [scrawl] scarabocchio m. ⬦ vt & vi scarabocchiare.

script [skrɪpt] n - 1. [of play, film] sceneggiatura f - 2. [writing, characters] scrittura f.

scriptwriter ['skrɪptˌraɪtər] n sceneggiatore m, -trice f.

scroll [skrəʊl] ⬦ n [roll of paper] rotolo m. ⬦ vt & vi COMPUT far scorrere. ◆ **scroll down** vi COMPUT far scorrere verso il basso. ◆ **scroll up** vi COMPUT far scorrere verso l'alto.

scrounge [skraʊndʒ] inf vt: to scrounge sthg (off sb) scroccare qc (a qn).

scrounger ['skraʊndʒər] n inf scroccone m, -a f.

scrub [skrʌb] ⬦ n - 1. [rub] fregata f - 2. (U) [undergrowth] sterpaglia f. ⬦ vt [saucepan] raschiare; [floor, stain, hands] pulire strofinando.

scruff [skrʌf] n: by the scruff of the neck per la collottola.

scruffy ['skrʌfɪ] *adj* [person, clothes] sciatto(a); [district] fatiscente.

scrum(mage) ['skrʌmɪdʒ] *n* RUGBY mischia *f*.

scrunchy ['skrʌntʃɪ] *n* [for hair] fermacoda *m inv* in tessuto.

scruples ['skru:plz] *npl* scrupoli *mpl*.

scrutinize, -ise UK ['skru:tɪnaɪz] *vt* [face] scrutare; [book, report] esaminare attentamente.

scrutiny ['skru:tɪnɪ] *n* (U) esame *m* attento.

scuff [skʌf] *vt* - 1. [drag] strascicare - 2. [damage] graffiare.

scuffle ['skʌfl] *n* zuffa *f*.

scullery ['skʌlərɪ] *n* locale adiacente alla cucina adibito a lavori domestici.

sculptor ['skʌlptər] *n* scultore *m*, -trice *f*.

sculpture ['skʌlptʃər] ⟨⟩ *n* scultura *f*. ⟨⟩ *vt* scolpire.

scum [skʌm] *n* - 1. [froth] schiuma *f* - 2. *inf pej* [worthless people] feccia *f*.

scupper ['skʌpər] *vt* - 1. NAUT affondare (di proposito) - 2. UK *inf* [ruin] far naufragare.

scurrilous ['skʌrələs] *adj fml* calunnioso(a).

scurry ['skʌrɪ] *vi* schizzare.

scuttle ['skʌtl] ⟨⟩ *n* [for coal] secchio *m* ⟨⟩ *vi* [rush] correre.

scythe [saɪð] *n* falce *f*.

SDLP (*abbr of* Social Democratic and Labour Party) *n partito politico nordirlandese*.

sea [si:] ⟨⟩ *n* [gen] mare *m*; **to be at sea** [ship, sailor] essere in mare; **to be all at sea** *fig* [person] essere confuso(a); **by sea** per mare; **by the sea** in riva al mare; **out to sea** [drift] verso il largo; **to stare out to sea** fissare il mare. ⟨⟩ *comp* [animal] marino(a); [voyage] per mare.

seabed ['si:bed] *n*: **the seabed** il fondale marino.

seafood ['si:fu:d] *n* (U) frutti *mpl* di mare.

seafront ['si:frʌnt] *n* lungomare *m*.

seagull ['si:gʌl] *n* gabbiano *m*.

seal [si:l] ⟨⟩ *n* (*pl* -s) - 1. (*pl* -s *OR* seal) [animal] foca *f* - 2. [official mark] sigillo *m* - 3. [on bottle] piombino *m*; [on letter] sigillo *m* di ceralacca. ⟨⟩ *vt* - 1. [close - envelope] incollare; [- document, letter] sigillare - 2. [block up - opening, tube] chiudere ermeticamente; [- crack] stuccare. ◆ **seal off** *vt sep* [area] transennare; [entrance, exit] bloccare.

sea level *n* (U) livello *m* del mare.

sea lion (*pl* sea lion *OR* -s) *n* leone *m* marino.

seam [si:m] *n* - 1. SEW cucitura *f* - 2. [of coal] filone *m*.

seaman ['si:mən] (*pl* -men) *n* marinaio *m*.

seamy ['si:mɪ] *adj* sordido(a).

séance ['seɪɑːns] *n* seduta *f* spiritica.

seaplane ['si:pleɪn] *n* idrovolante *m*.

seaport ['si:pɔ:t] *n* porto *m* marittimo.

search [sɜ:tʃ] ⟨⟩ *n* - 1. [for lost person, object] ricerca *f*; **search for sthg** ricerca di qc; **in search of** in cerca di - 2. [of person, luggage, house] perquisizione *f*. ⟨⟩ *vt* [city] perlustrare; [person, house, room] perquisire; [drawer, memory] rovistare in. ⟨⟩ *vi* - 1. [gen]: **to search (for sb/sthg)** cercare (qn/qc) - 2. [try to recall]: **to search for sthg** cercare di ricordare qc.

search engine *n* COMPUT motore *m* di ricerca.

searching ['sɜ:tʃɪŋ] *adj* [look, question, interview] penetrante; [examination] approfondito(a).

searchlight ['sɜ:tʃlaɪt] *n* riflettore *m*.

search party *n* squadra *f* di soccorso.

search warrant *n* mandato *m* di perquisizione.

seashell ['si:ʃel] *n* conchiglia *f*.

seashore ['si:ʃɔ:r] *n*: **the seashore** la riva del mare.

seasick ['si:sɪk] *adj*: **to feel** *OR* **be seasick** avere il mal di mare.

seaside ['si:saɪd] *n*: **the seaside** il mare.

season ['si:zn] ⟨⟩ *n* - 1. [gen] stagione *f*; **in season** di stagione; **out of season** fuori stagione - 2. [of films, concerts] ciclo *m*. ⟨⟩ *vt* [food] condire.

seasonal ['si:zənl] *adj* stagionale.

seasoned ['si:znd] *adj* [experienced] esperto(a).

seasoning ['si:znɪŋ] *n* condimento *m*.

season ticket *n* abbonamento *m*.

seat [si:t] ⟨⟩ *n* - 1. [gen] sedile *m*; [in theatre] poltrona *f*; **to take a seat** accomodarsi - 2. [part of chair] seduta *f* - 3. [place to sit] posto *m* - 4. [of trousers] fondo *m* - 5. POL seggio *m*. ⟨⟩ *vt* [subj: person] far sedere; **please be seated** si accomodi prego.

seat belt *n* cintura *f* di sicurezza.

seawater ['si:,wɔ:tər] *n* (U) acqua *f* di mare.

seaweed ['si:wi:d] *n* (U) alghe *fpl*.

seaworthy ['si:,wɜ:ðɪ] *adj* in grado di navigare.

sec. (*abbr of* second) *n* sec.

secede [sɪ'si:d] *vi fml*: **to secede from sthg** separarsi da qc.

secluded [sɪ'klu:dɪd] *adj* isolato(a).

seclusion [sɪ'klu:ʒn] *n* (U) isolamento *m*.

secondary ['sekəndrı] *adj* - 1. SCH secondario(a) - 2. [less important] di secondaria importanza; **to be secondary to sthg** essere meno importante di qc.

secondary school *n* scuola *f* secondaria.

second-class ['sekənd-] *adj* - 1. [ticket] di seconda (classe); [postage] ordinario(a) - 2. *pej* [product] scadente; [citizen] di serie B - 3. UK UNIV: **second-class degree** laurea *f* con votazione media.

second hand ['sekənd-] *n* lancetta *f* dei secondi.

second-hand ['sekənd-] ⬦ *adj* - 1. [gen] di seconda mano - 2. [shop] dell'usato. ⬦ *adv* [not new] di seconda mano.

secondly ['sekəndlı] *adv* in secondo luogo.

secondment [sı'kɒndmənt] *n* UK distaccamento *m* temporaneo.

second-rate ['sekənd-] *adj pej* mediocre.

second thought ['sekənd-] *n* ripensamento *m*; **I'm having second thoughts about it** ci sto ripensando; **on second thoughts** UK, **on second thought** US ripensandoci.

secrecy ['si:krəsı] *n* (U) segretezza *f*.

secret ['si:krıt] ⬦ *adj* segreto(a). ⬦ *n* segreto *m*; **in secret** in segreto.

secretarial [,sekrə'teərıəl] *adj* [course] per segretario; [staff] di segreteria.

secretary [UK 'sekrıtrı, US 'sekrə,terı] *n* - 1. [gen] segretario *m*, -a *f* - 2. [government minister] ministro *m*.

Secretary of State *n* - 1. UK [minister]: **Secretary of State (for sthg)** ministro *m* (di qc) - 2. US [in charge of foreign affairs] Segretario *m* di Stato.

secretive ['si:krətıv] *adj* [person] riservato(a); [group, organization] segreto(a).

secretly ['si:krıtlı] *adv* segretamente.

sect [sekt] *n* setta *f*.

sectarian [sek'teərıən] *adj* di carattere religioso.

section ['sekʃn] ⬦ *n* - 1. [of exam, train] parte *f*; [of organization] reparto *m*; [of newspaper] rubrica *f*; [of pipe] tratto *m*; [of road] tronco *m*; **the violin section** i violini - 2. GEOM sezione *f*. ⬦ *vt* - 1. GEOM disegnare la sezione di - 2. *fml* [cut] sezionare.

sector ['sektər] *n* - 1. [gen] settore *m* - 2. [of group] sezione *f*.

secular ['sekjulər] *adj* [music] profano(a); [life] secolare; [education] laico(a).

secure [sı'kjuər] ⬦ *adj* - 1. [house, building] ben chiuso(a) - 2. [connection, object] fissato(a) - 3. [future, job, relationship, person] sicuro(a) - 4. [base, basis] solido(a). ⬦ *vt* - 1. [ob-

tain] assicurarsi - 2. [make safe] rendere sicuro(a) - 3. [fasten - object, luggage] fissare bene; [- door, lid] chiudere bene.

security [sı'kjuərətı] *n* (U) - 1. [gen] sicurezza *f* - 2. [legal protection] garanzia *f*. ⬦ **securities** *npl* FIN titoli *mpl*.

security guard *n* guardia *f* giurata.

sedan [sı'dæn] *n* US berlina *f*.

sedate [sı'deıt] ⬦ *adj* posato(a). ⬦ *vt* dare sedativi a; **he was heavily sedated** lo avevano riempito di sedativi.

sedation [sı'deıʃn] *n* (U): **under sedation** sotto sedativi.

sedative ['sedətıv] *n* sedativo *m*.

sediment ['sedımənt] *n* sedimento *m*.

seduce [sı'dju:s] *vt* sedurre; **to seduce sb into doing sthg** indurre qn a fare qc.

seductive [sı'dʌktıv] *adj* - 1. [attractive - prospect] allettante; [- argument] convincente - 2. [sexually alluring] seducente.

see [si:] (*pt* saw, *pp* seen) ⬦ *vt* - 1. [gen] vedere; **to see the doctor** andare dal dottore; **see you!** ci vediamo!; **see you soon/later/tomorrow!** a presto/a più tardi/a domani! - 2. [realize, understand]: **to see (that)...** capire che... - 3. [accompany] accompagnare - 4. [make sure]: **to see (that)...** accertarsi che... - 5. [judge, consider] considerare. ⬦ *vi* - 1. [gen] vedere; **let's see, let me see** vediamo - 2. [understand] capire; **I see** capisco; **you see,...** sai,... ⬦ **seeing as, seeing that** *conj inf* visto che. ⬦ **see about** *vt insep* - 1. [organize] occuparsi di - 2. [think about] vedere. ⬦ **see off** *vt sep* - 1. [say goodbye to] salutare - 2. [chase away] cacciare. ⬦ **see through** ⬦ *vt insep* [not be deceived by] non lasciarsi ingannare da. ⬦ *vt sep* [to conclusion] portare a termine. ⬦ **see to** *vt insep* [attend to] occuparsi di.

seed [si:d] *n* - 1. [of plant] seme *m* - 2. SPORT testa *f* di serie. ⬦ **seeds** *npl fig* [beginnings] germe *m* (*sing*); **to sow the seeds of doubt in sb's mind** insinuare dei dubbi in qn.

seedling ['si:dlıŋ] *n* semenzale *m*.

seedy ['si:dı] *adj* squallido(a).

seek [si:k] (*pt & pp* sought) *fml vt* - 1. [gen] cercare; **to seek to do sthg** cercare di fare qc - 2. [request] chiedere.

seem [si:m] ⬦ *vi* sembrare; **he seems like a nice guy** sembra un tipo simpatico; **to seem bored/tired** avere l'aria annoiata/stanca; **they seem to be saying that...** credo che vogliano dire che... ⬦ *impers vb*: **it seems (that)...** sembra che...

seemingly ['si:mıŋlı] *adv* apparentemente.

seen [si:n] *pp* ⬦ see.

seep [si:p] *vi* infiltrarsi; **to seep through sthg** filtrare attraverso qc.

seesaw ['si:sɔ:] *n* altalena *f* (a bilico).

seethe [si:ð] *vi* - 1. [person]: **to be seething (with rage)** bollire di rabbia - 2. [place]: **to be seething with sthg** brulicare di qc.

see-through *adj* trasparente.

segment ['segmənt] *n* - 1. [of audience, report] parte *f* - 2. [of market] segmento *m* - 3. [of fruit] spicchio *m*.

segregate ['segrɪgeɪt] *vt* separare.

Seine [seɪn] *n*: **the (River) Seine** la Senna.

seize [si:z] *vt* - 1. [grab] afferrare - 2. [win, capture] prendere - 3. [arrest] arrestare - 4. [take advantage of] prendere al volo. ◆ **seize (up)on** *vt insep* prendere al volo. ◆ **seize up** *vi* - 1. [body] anchilosarsi - 2. [engine] grippare.

seizure ['si:ʒəʳ] *n* - 1. MED attaco *m* - 2. *(U)* [taking, capturing] presa *f*.

seldom ['seldəm] *adv* raramente.

select [sɪ'lekt] ◇ *adj* - 1. [carefully chosen] scelto(a); **a select group** un ristretto gruppo - 2. [exclusive] esclusivo(a). ◇ *vt* [candidate, TV channel, option] selezionare; [object] scegliere.

selection [sɪ'lekʃn] *n* - 1. [choice] selezione *f* - 2. [set, assortment] raccolta *f* - 3. [range of goods] scelta *f*.

selective [sɪ'lektɪv] *adj* - 1. [not general, limited] selettivo(a) - 2. [choosy] difficile.

self [self] *(pl* selves) *n* [individual being, nature] io *m*; **she's her old self again** è tornata ad essere quella di prima.

self-addressed envelope [-ə'drest-], **self-addressed stamped envelope** *US* [-ə,drest'stæmpt-] *n* busta affrancata e indirizzata per la risposta.

self-assured *adj* sicuro(a) di sé.

self-catering *adj UK* [holiday] fai da te; [flat, villa] con formula fai da te.

self-centred *UK,* **self-centered** *US* [-'sentəd] *adj* egocentrico(a).

self-confessed [-kən'fest] *adj* dichiarato(a).

self-confidence *n* sicurezza *f* di sé.

self-confident *adj* sicuro(a) di sé.

self-conscious *adj* impacciato(a).

self-contained [-kən'teɪnd] *adj* indipendente.

self-control *n (U)* autocontrollo *m*.

self-defence *UK,* **self-defense** *US* n *(U)* autodifesa *f*.

self-discipline *n (U)* autodisciplina *f*.

self-employed [-ɪm'plɔɪd] *adj*: **to be self-employed** lavorare in proprio.

self-esteem *n (U)* autostima *f*.

self-explanatory *adj*: **to be self-explanatory** non necessitare spiegazioni.

self-important *adj pej* arrogante.

self-indulgent *adj pej* [film] realizzato(a) per il proprio piacere; [book] scritto(a) per il proprio piacere; **to be self-indulgent** [person] non farsi mancare nulla.

self-interest *n (U) pej* interesse *m* personale.

selfish ['selfɪʃ] *adj* egoista.

selfishness ['selfɪʃnɪs] *n (U)* egoismo *m*.

selfless ['selflɪs] *adj* disinteressato(a).

self-made *adj*: **a self-made person** una persona che si è fatta da sé.

self-opinionated *adj pej* dogmatico(a).

self-pity *n (U) pej* autocommiserazione *f*.

self-portrait *n* autoritratto *m*.

self-possessed [-pə'zest] *adj* controllato(a).

self-preservation *n* autoconservazione *f*.

self-raising flour [-,reɪzɪŋ-] *UK,* **self-rising flour** *US* [-'raɪzɪŋ] *n (U)* farina *f* con il lievito incorporato.

self-reliant *adj* indipendente.

self-respect *n (U)* autostima *f*.

self-respecting [-rɪ'spektɪŋ] *adj*: **no self-respecting manager...** nessun manager che si rispetti...

self-restraint *n (U)* autocontrollo *m*.

self-righteous *adj pej* pieno(a) di sé.

self-rising flour *n US* = **self-raising flour**.

self-satisfied *adj pej* [smile] di autocompiacimento; **a self-satisfied person** una persona che si compiace di sé.

self-service *n (U)* self-service *m inv*.

self-sufficient *adj* autosufficiente; **to be self-sufficient (in sthg)** provvedere al proprio fabbisogno (di qc).

self-taught *adj* autodidatta.

sell [sel] *(pt & pp* sold) ◇ *vt* - 1. [goods] vendere; **to sell sthg to sb, to sell sb sthg** vendere qc a qn; **to sell sthg for sthg** vendere qc per qc - 2. [promote] far vendere - 3. *fig* [make enthusiastic about] far accettare; **to be sold on sthg** essere entusiasta di qc; **to sell sthg to sb, to sell sb sthg** far accettare qc a qn. ◇ *vi* - 1. [person] vendere - 2. [product] vendersi; **to sell for/at sthg** essere venduto per/a qc. ◆ **sell off** *vt sep* liquidare. ◆ **sell out** ◇ *vt sep* [performance]: **to be sold out** far registrare il tutto esaurito. ◇ *vi* - 1. [shop, ticket office]: **to sell out (of sthg)** avere finito (qc) - 2. [betray one's principles] vendersi.

sell-by date n UK data f di scadenza.

seller ['selər] n venditore m, -trice f.

selling price ['selɪŋ-] n prezzo m di vendita.

Sellotape® ['seləteɪp] n UK scotch® m inv.

sell-out n: to be a sell-out far registrare il tutto esaurito.

selves [selvz] pl ▷ **self**.

semaphore ['seməfɔːr] n (U) segnalazione f a bandiere.

semblance ['sembləns] n fml parvenza f.

semen ['siːmen] n (U) sperma m.

semester [sɪ'mestər] n semestre m.

semicircle ['semɪ,sɜːkl] n semicerchio m.

semicolon [,semɪ'kəʊlən] n punto e e virgola.

semidetached [,semɪdɪ'tætʃt] ◇ adj a schiera. ◇ n villetta f a schiera.

semifinal [,semɪ'faɪnl] n semifinale f.

seminar ['semɪnɑːr] n seminario m.

seminary ['semɪnəri] n RELIG seminario m.

semiskilled [,semɪ'skɪld] adj parzialmente qualificato(a).

semolina [,semə'liːnə] n (U) semolino m.

Senate ['senɪt] n POL: the Senate il senato; the United States Senate il Senato degli Stati Uniti.

senator ['senətər] n senatore m, -trice f.

send [send] (pt & pp sent) vt - 1. [gen] mandare; to send sb sthg, to send sthg to sb mandare qc a qn; send her my love falle i miei saluti; to send sb to sthg mandare qn a qc; to send sb for sthg mandare qn a prendere qc - 2. [letter] spedire - 3. [into specific state]: to send sb mad far impazzire qn; to send sb to sleep far addormentare qn. ◆ **send back** vt sep [person] rimandare; [letter] rispedire. ◆ **send for** vt insep - 1. [person] mandare a chiamare - 2. [by post] ordinare per posta. ◆ **send in** vt sep - 1. [visitor] far entrare - 2. [troops, police, form, application] inviare - 3. [resignation] rassegnare. ◆ **send off** vt sep - 1. [by post] inviare per posta - 2. UK SPORT espellere. ◆ **send off for** vt insep [by post] richiedere per posta. ◆ **send up** vt sep inf [imitate] fare la parodia di.

sender ['sendər] n mittente mf.

send-off n inf festa f d'addio.

senile ['siːnaɪl] adj senile.

senior ['siːnjər] ◇ adj - 1. [highest-ranking - police officer, nurse] capo; [- job] più alto(a) - 2. [higher-ranking]: **to be senior to sb** avere un grado più alto di qn - 3. [pupils, classes] degli ultimi anni. ◇ n - 1. [older person]: **I'm five**

years his senior ho cinque anni più di lui - 2. SCH & UNIV studente m, -essa f dell'ultimo anno.

senior citizen n anziano m, -a f.

sensation [sen'seɪʃn] n - 1. [gen] sensazione f - 2. [cause of excitement] scalpore m.

sensational [sen'seɪʃənl] adj - 1. [gen] sensazionale - 2. inf [wonderful] fantastico(a).

sense [sens] ◇ n - 1. [gen] senso m; the sense of smell l'olfatto; **to make sense** [have clear meaning] avere un senso compiuto; [be logical] essere sensato(a) - 2. [feeling, sensation - of honour, duty, justice] senso m; [- of guilt, terror] sensazione f - 3. (U) [wisdom, reason] buon senso m; **to come to one's senses** [be sensible again] rinsavire; [regain consciousness] riprendere conoscenza. ◇ vt [feel] intuire; **to sense (that)...** intuire che... ◆ **in a sense** adv in un certo senso.

senseless ['senslɪs] adj - 1. [stupid] insensato(a) - 2. [unconscious] privo(a) di sensi; **to knock sb senseless** picchiare qn fino a fargli perdere i sensi.

sensibilities [,sensɪ'bɪlətɪz] npl sensibilità f (sing).

sensible ['sensəbl] adj [person, decision] ragionevole; [idea] sensato(a); [clothes, shoes] pratico(a).

sensitive ['sensɪtɪv] adj - 1. [suffering unpleasant effects]: **to be sensitive to sthg** [eyes, skin] essere sensibile a qc; [person] soffrire qc - 2. [understanding, aware]: **sensitive (to sthg)** attento(a) a qc) - 3. [easily hurt, touchy] suscettibile - 4. [controversial] delicato(a) - 5. [instrument] sensibile.

sensual ['sensjʊəl] adj - 1. [sexually arousing] sensuale - 2. [of the senses] dei sensi.

sensuous ['sensjʊəs] adj voluttuoso(a).

sent [sent] pt & pp ▷ **send**.

sentence ['sentəns] ◇ n - 1. [group of words] frase f - 2. LAW condanna f. ◇ vt: **to sentence sb (to sthg)** condannare qn (a qc).

sentiment ['sentɪmənt] n - 1. fml [opinion] opinione f - 2. (U) pej [sentimentality] sentimentalismo m.

sentimental [,sentɪ'mentl] adj sentimentale.

sentry ['sentrɪ] n sentinella f.

separate ◇ adj ['seprət] - 1. [not joined, apart]: separate (from sthg) separato(a) (da qc) - 2. [individual, distinct] diverso(a); **it's a separate problem** è un altro problema. ◇ vt ['sepəreɪt] - 1. [gen] separare; **to separate sb/sthg from sthg** separare qn/qc da; **to separate sb/sthg into** dividere qn/qc in - 2. [distinguish] distinguere; **to separate sb/sthg from** distinguere qn/qc da. ◇ *vi* ['sepəreɪt]: **to separate (from sb/sthg)** separarsi (da qn/qc).

separately ['seprətlɪ] *adv* separatamente.

separation [,sepə'reɪʃn] *n* - **1.** [gen]: **separation (from sb/sthg)** separazione *f* (da qn/qc) - **2.** *(U)* [division] suddivisione *f*.

September [sep'tembər] *n* settembre *m*; **in September** in settembre; **last September** lo scorso settembre; **this September** a settembre (di quest'anno); **next September** a settembre dell'anno prossimo; **by September** entro settembre; **every September** ogni anno a settembre; **during September** in settembre; **at the beginning/end of September** all'inizio/alla fine di settembre; **in the middle of September** a metà settembre.

septic ['septɪk] *adj* infetto(a).

septic tank *n* fossa *f* settica.

sequel ['si:kwəl] *n* - **1.** [book, film]: **sequel (to sthg)** seguito *m* (di qc) - **2.** [consequence]: **sequel (to sthg)** conseguenza *f* (di qc).

sequence ['si:kwəns] *n* - **1.** [series] serie *f inv* - **2.** *(U)* [order] successione *f* - **3.** [of film] sequenza *f*.

Serbia ['sɜ:bjə] *n* Serbia *f*.

serene [sɪ'ri:n] *adj* sereno(a).

sergeant ['sɑ:dʒənt] *n* - **1.** [in army] sergente *m* - **2.** [in police] brigadiere *m*.

sergeant major *n* sergente *m* maggiore.

serial ['sɪərɪəl] *n* serial *f inv*.

series ['sɪəri:z] (*pl* series) *n* serie *f inv*.

serious ['sɪərɪəs] *adj* [gen] serio(a); [very bad] grave.

seriously ['sɪərɪəslɪ] *adv* - **1.** [earnestly] seriamente; **to take sb/sthg seriously** prendere qn/qc sul serio - **2.** [very badly - ill] gravemente; [- wrong] del tutto.

seriousness ['sɪərɪəsnɪs] *n (U)* - **1.** [gen] serietà *f* - **2.** [of illness, situation, loss] gravità *f*.

sermon ['sɜ:mən] *n* sermone *m*.

serrated [sɪ'reɪtɪd] *adj* seghettato(a).

servant ['sɜ:vənt] *n* domestico *m*, -a *f*.

serve [sɜ:v] ◇ *vt* - **1.** [gen] servire - **2.** [have effect]: **to serve to do sthg** servire a fare qc; **to serve a purpose** essere adatto(a) allo scopo - **3.** [provide - with utilities] rifornire; [- with transport services] collegare - **4.** [food or drink]: **to serve sthg to sb, to serve sb sthg** servire qc a qn - **5.** LAW: **to serve sb with sthg, to serve sthg on sb** notificare qc a qn - **6.** [complete, carry out - prison sentence] scontare; [- apprenticeship, term of office] portare a temine - **7.** SPORT servire; **it serves you right** ti sta bene. ◇ *vi* - **1.** [gen] servire; **to serve as sthg** servire da qc - **2.** [be employed] prestare servi-

zio; [be on committee] prestare la propria opera. ◇ *n* SPORT servizio *m*. ◆ **serve out, serve up** *vt sep* [food] servire.

service ['sɜ:vɪs] ◇ *n* - **1.** [gen] servizio *m* - **2.** [mechanical check] revisione *f*; [of car] tagliando *m* - **3.** RELIG funzione *f* - **4.** *(U)* [operation] circolazione *f*; **in service** [machinery, equipment] in uso; [car] in circolazione; **out of service** fuori servizio - **5.** [use, help]: **to be of service (to sb)** essere utile (a qn). ◇ *vt* [car] fare il tagliando a; [machine] revisionare. ◆ **services** ◇ *npl* - **1.** [armed forces]: **the services** le forze armate - **2.** [help] servizi *mpl*. ◇ *n* UK [on motorway] area *f* di servizio.

serviceable ['sɜ:vɪsəbl] *adj* pratico(a).

service area *n* UK area *f* di servizio.

service charge *n* servizio *m*.

serviceman ['sɜ:vɪsmən] (*pl* -men) *n* MIL militare *m*.

service provider *n* COMPUT provider *m inv*.

service station *n* stazione *f* di servizio.

serviette [,sɜ:vɪ'et] *n* UK tovagliolo *m*.

session ['seʃn] *n* - **1.** [of court, parliament] sessione *f* - **2.** [interview, meeting, sitting] incontro *m* - **3.** *esp US* [school year] anno *m* scolastico.

set [set] (*pt & pp* set) ◇ *adj* - **1.** [specified, prescribed] preciso(a); **set book** *esp UK* libro *m* di testo; **set time** ora *f* stabilita - **2.** [fixed, rigid - phrase, expression] fisso(a); [- ideas] radicato(a); [- routine] rigido(a) - **3.** [ready] pronto(a); **to be set for sthg/to do sthg** essere pronto per qc/per fare qc - **4.** [determined]: **to be set on (doing) sthg** essere deciso(a) a fare qc; **to be dead set against sthg** essere del tutto contrario(a) a qc. ◇ *n* - **1.** [collection, group – of golf clubs] completo *m*; [- of keys] mazzo *m*; [- of stamps] raccolta *f*; [- of crockery, cutlery] servizio *m*; [- of saucepans] batteria *f*; [- of tyres] treno *m*; **set of teeth** [natural] dentatura *f*; [false] dentiera *f* - **2.** [apparatus] apparecchio *m*; **a television set** un televisore - **3.** [of film, play] set *m inv* - **4.** TENNIS set *m inv*. ◇ *vt* - **1.** [put in specified position, place] mettere - **2.** [fix, insert]: **to set sthg in(to) sthg** [jewel] incastonare qc in qc; [post, statue] piantare qc in qc - **3.** [indicating change of state or activity] mettere; **to set sb free** liberare qn; **to set sb's mind at rest** tranquillizzare qn; **to set sthg in motion** far scattare qc; **to set sthg right** risolvere qc; **to set sthg on fire** appiccare fuoco a qc; **her remark set me thinking** la sua osservazione mi ha fatto riflettere - **4.** [prepare in advance - trap] mettere; [- table] preparare - **5.** [adjust - alarm] puntare; [- meter] settare - **6.** [decide on] fissare - **7.** [establish, create - example] dare; [- precedent] creare; [- trend] lanciare; [- record] stabilire - **8.** [assign - target] fissare; [- problem] porre; [- homework] dare - **9.** [bone] immobilizzare - **10.** [story] ambientare - **11.** [hair] mettere in piega. ◇ *vi* - **1.** [sun] tramontare - **2.** [solidify - jelly] solidificarsi; [- glue, cement] far presa. ◆ **set about** *vt insep* [start] affrontare; **to set about doing sthg** mettersi a fare qc. ◆ **set aside** *vt sep* - **1.** [keep, save] mettere da parte - **2.** [enmity, distrust] accantonare; [decision] ignorare. ◆ **set back** *vt sep* [delay] far ritardare. ◆ **set off** ◇ *vt sep* - **1.** [initiate, cause - chain of events, discussion] dare l'avvio a; [- increase] causare - **2.** [ignite] far esplodere. ◇ *vi* [on journey] partire. ◆ **set out** ◇ *vt sep* - **1.** [arrange, spread out] disporre - **2.** [clarify, explain] esporre. ◇ *vt insep* [intend]: **to set out to do sthg** mettersi a fare qc. ◇ *vi* [on journey] partire. ◆ **set up** *vt sep* - **1.** [establish, arrange - fund] costituire; [- organization] fondare; [- committee] creare; [- procedure] instaurare; [- meeting] organizzare - **2.** [erect] erigere; **to set up camp** accamparsi - **3.** [install] installare - **4.** *inf* [make appear guilty] incastrare.

setback ['setbæk] *n* contrattempo *m*.

settee [se'ti:] *n UK* divano *m*.

setting ['setɪŋ] *n* - **1.** [surroundings] cornice *f* - **2.** [of dial, control] regolazione *f*.

settle ['setl] ◇ *vt* - **1.** [conclude] definire - **2.** [decide] decidere - **3.** [pay] saldare - **4.** [make comfortable] mettere comodo(a) - **5.** [calm] calmare. ◇ *vi* - **1.** [go to live] stabilirsi - **2.** [make o.s. comfortable] mettersi comodo(a) - **3.** [come to rest] depositarsi; **to settle on sthg** posarsi su qc. ◆ **settle down** *vi* - **1.** [give one's attention]: **to settle down (to sthg/to doing sthg)** concentrarsi (su qc/a fare qc) - **2.** [become stable] stabilirsi in un posto - **3.** [make o.s. comfortable] sistemarsi; **to settle down (for sthg)** sistemarsi (per qc) - **4.** [become calm] calmarsi. ◆ **settle for** *vt insep* accontentarsi di. ◆ **settle in** *vi* ambientarsi. ◆ **settle on** *vt insep* [choose] decidere per. ◆ **settle up** *vi* [financially]: **to settle up (with sb)** fare i conti (con qn).

settlement ['setlmənt] *n* - **1.** [agreement] accordo *m* - **2.** [village] insediamento *m* - **3.** [payment] saldo *m*.

settler ['setlə'] *n* colono *m*, -a *f*.

set-up *n inf* - **1.** [system, organization] sistema *m* - **2.** [attempt to incriminate] truffa *m*.

seven ['sevn] *num* sette, *see also* **six**.

seventeen [,sevn'ti:n] *num* diciassette, *see also* **six**.

seventeenth [,sevn'ti:nθ] *num* diciassettesimo(a), *see also* **sixth**.

seventh ['sevnθ] *num* settimo(a), *see also* **sixth**.

seventieth ['sevntjəθ] *num* settantesimo(a), *see also* **sixth**.

seventy ['sevntɪ] *num* settanta, *see also* **sixty**.

sever ['sevə'] *vt* - **1.** [rope, limb] recidere - **2.** [relationship] troncare.

several ['sevrəl] *adj* & *pron* parecchi(e).

severance ['sevrəns] *n* (*U*) *fml* [of relationship] rottura *f*.

severe [sɪ'vɪə'] *adj* - **1.** [extreme, bad - shock] grosso(a); [- weather] rigido(a); [- pain] forte; [- illness, injury] grave - **2.** [person] severo(a); [criticism] duro(a).

severity [sɪ'verətɪ] *n* (*U*) - **1.** [strength, seriousness] gravità *f* - **2.** [sternness] severità *f*.

sew [səu] (*pp* sewn; *US pp* sewed) *vt* & *vi* cucire. ◆ **sew up** *vt sep* [join] ricucire.

sewage ['su:ɪdʒ] *n* (*U*) acque *fpl* di scarico.

sewer ['suə'] *n* fogna *f*.

sewing ['səuɪŋ] *n* (*U*) - **1.** [activity] cucito *m* - **2.** [items] cose *fpl* da cucire.

sewing machine *n* macchina *f* da cucire.

sewn [səun] *pp* ▷ **sew**.

sex [seks] *n* sesso *m*; **to have sex (with sb)** avere rapporti sessuali (con qn).

sexist ['seksɪst] ◇ *adj* sessista. ◇ *n* sessista *mf*.

sexual ['sekʃuəl] *adj* [gen] sessuale; [differences] tra i sessi.

sexual discrimination *n* (*U*) discriminazione *f* sessuale.

sexual harassment *n* (*U*) molestie *fpl* sessuali.

sexual intercourse *n* (*U*) rapporti *m* sessuali.

sexually transmitted disease *n* malattia *f* sessualmente trasmissibile.

sexy ['seksɪ] *adj inf* sexy (*inv*).

sh [ʃ] *excl* sst!

shabby ['ʃæbɪ] *adj* - **1.** [in bad condition] malandato(a); [clothes] trasandato(a) - **2.** [wearing old clothes] trasandato(a) - **3.** [mean] meschino(a).

shack [ʃæk] *n* baracca *f*.

shackle ['ʃækl] *vt* - **1.** [chain] incatenare - **2.** *liter* [restrict] ostacolare.

shade [ʃeɪd] ◇ *n* - **1.** (*U*) [shadow] ombra *f* - **2.** [lampshade] paralume *m* - **3.** [colour] tonalità *f inv* - **4.** [nuance] sfumatura *f*. ◇ *vt* - **1.** [from light] fare ombra a - **2.** [by drawing lines] ombreggiare. ◆ **shades** *npl inf* [sunglasses] occhiali *mpl* da sole.

shadow ['ʃædəʊ] *n* - **1.** [gen] ombra *f* - **2.** [under eyes] occhiaia *f*; **without** OR **beyond a shadow of a doubt** senz'ombra di dubbio.

shadow cabinet *n* UK gabinetto *m* ombra *(inv)*.

shadowy ['ʃædəʊɪ] *adj* - **1.** [dark] buio(a) - **2.** [unknown, sinister] oscuro(a).

shady ['ʃeɪdɪ] *adj* - **1.** [gen] ombroso(a) - **2.** *inf* [dishonest, sinister] equivoco(a).

shaft [ʃɑːft] *n* - **1.** [vertical passage - gen] pozzo *m*; [- of lift] tromba *f* - **2.** [rod] albero *m* - **3.** [of light] raggio *m*.

shagged, shagged out [ʃægd] *adj* UK *v inf* a pezzi.

shaggy ['ʃægɪ] *adj* ispido(a).

shake [ʃeɪk] *(pt* shook, *pp* shaken) ◇ *vt* - **1.** [gen] scuotere; **to shake sb's hand** stringere la mano a qn; **to shake hands** darsi la mano; **to shake one's head** [saying no] scuotere la testa - **2.** [belief, confidence] far vacillare. ◇ *vi* tremare. ◇ *n* scossa *f*; **to give sthg a shake** dare uno scossone a qc. ◆ **shake off** *vt sep* [get rid of] sbarazzarsi di. ◆ **shake up** *vt sep* [upset] scuotere.

shaken ['ʃeɪkn] *pp* ⮕ **shake**.

shaky ['ʃeɪkɪ] *adj* - **1.** [unsteady - chair, table] traballante; [- hand, writing, voice] tremante; [- person] debole - **2.** [weak, uncertain] vacillante.

shall (weak form [ʃəl], strong form [ʃæl]) *aux vb* - **1.** *(1st person sg & 1st person pl)* UK *fml* [to express future tense]: **we shall be in Scotland in June** saremo in Scozia in giugno; **I shan't be home till nine o'clock** non sarò di ritorno prima delle nove; **I shall ring next week** ti chiamo la settimana prossima - **2.** *(esp 1st person sg & 1st person pl)* [in questions]: **shall we have a break now?** facciamo una pausa adesso?; **where shall I put this?** dove lo metto? - **3.** *fml* [must]: **payment shall be made within a week** il pagamento dev'essere effettuato nel giro di una settimana.

shallow ['ʃæləʊ] *adj* - **1.** [gen] poco profondo(a) - **2.** *pej* [superficial] superficiale.

sham [ʃæm] ◇ *adj* falso(a). ◇ *n* [piece of deceit] farsa *f*.

shambles ['ʃæmblz] *n* - **1.** [disorder] finimondo *m* - **2.** [fiasco] disastro *m*.

shame [ʃeɪm] ◇ *n* - **1.** *(U)* [remorse] vergogna *f* - **2.** *(U)* [dishonour]: **to bring shame (up)on sb** disonorare qn - **3.** [pity]: **it's a shame (that...)** è un peccato (che...); **what a shame!** che peccato! ◇ *vt* - **1.** [fill with shame] far vergognare - **2.** [force by making ashamed]: **to shame sb into doing sthg** obbligare qn a fare qc facendolo vergognare.

shameful ['ʃeɪmfʊl] *adj* [action, attitude] vergognoso(a); [experience] di cui vergognarsi.

shameless ['ʃeɪmlɪs] *adj* svergognato(a).

shampoo [ʃæm'puː] *(pl* -s, *pt & pp* -ed, *cont* -ing) ◇ *n* shampoo *m inv*. ◇ *vt* fare lo shampoo a.

shamrock ['ʃæmrɒk] *n (U)* trifoglio *m*.

shandy ['ʃændɪ] *n* birra *f* con gassosa.

shan't [ʃɑːnt] *abbr of* **shall not**.

shantytown ['ʃæntɪtaʊn] *n* baraccopoli *f inv*.

shape [ʃeɪp] ◇ *n* - **1.** [gen] forma *f*; **to take shape** prendere forma - **2.** [figure, silhouette, geometrical figure] figura *f* - **3.** [form, health]: **to be in good/bad shape** [person] essere in forma/fuori forma; [business] essere in buone condizioni/essere malandato(a). ◇ *vt* - **1.** [gen] formare; **to shape clay (into sthg)** modellare la creta (a forma di qc); **shaped like a strawberry** a forma di fragola - **2.** [influence - ideas] condizionare; [- events, future] influenzare. ◆ **shape up** *vi* [develop - plans] prendere forma; [- person, business] svilupparsi.

-shaped [-ʃeɪpd] *suffix* a forma di.

shapeless ['ʃeɪplɪs] *adj* [mass, heap] informe; [garment] sformato(a).

shapely ['ʃeɪplɪ] *adj* ben fatto(a).

share [ʃeəʳ] ◇ *vt* - **1.** [gen] dividere - **2.** [have in common] condividere; **to share sthg (with sb)** condividere qc (con qn). ◇ *vi* [have, use jointly]: **do you mind sharing?** ti dispiace se dividiamo?; **to share in sthg** [responsibility] avere la propria parte di qc; [success] partecipare a qc. ◆ **shares** *npl* FIN azioni *fpl*. ◆ **share out** *vt sep* distribuire.

shareholder ['ʃeə,həʊldəʳ] *n esp* UK azionista *mf*.

shark [ʃɑːk] *(pl* shark OR -s) *n* ZOOL squalo *m*.

sharp [ʃɑːp] ◇ *adj* - **1.** [not blunt - teeth] aguzzo(a); [- pencil, needle] appuntito(a); [- knife] affilato(a) - **2.** [well-defined] nitido(a) - **3.** [intelligent, keen - person] perspicace; [- mind] vivace; [- eyesight] acuto(a); [- hearing] fino(a) - **4.** [abrupt, sudden] improvviso(a) - **5.** [angry, severe] aspro(a) - **6.** [piercing, loud] penetrante - **7.** [acute, painful] pungente - **8.** [bitter] asprigno(a) - **9.** MUS diesis *(inv)*. ◇ *adv* - **1.** [punctually] in punto - **2.** [quickly, suddenly] bruscamente; **turn sharp left at the church** svolta a sinistra immediatamente dopo la chiesa. ◇ *n* MUS diesis *m inv*.

sharpen ['ʃɑːpn] *vt* [make sharp - knife, tool] affilare; [- pencil] temperare.

sharpener ['ʃɑːpnəʳ] *n* [for pencil] temperamatite *m inv*; [for knife] affilacoltelli *m inv*.

sharply ['ʃɑːplɪ] *adv* - **1.** [distinctly] nettamente - **2.** [suddenly - turn, stop] bruscamente; [- change, increase, fall] improvvisamente - **3.** [harshly] duramente.

shatter ['ʃætər] <> *vt* - **1.** [gen] frantumare - **2.** *fig* [beliefs, hopes, dreams] distruggere. <> *vi* frantumarsi.

shattered ['ʃætəd] *adj* - **1.** [shocked, upset] sconvolto(a) - **2.** *esp UK inf* [very tired] a pezzi.

shave [ʃeɪv] <> *n* [with razor]: **to have a shave** farsi la barba. <> *vt* - **1.** [gen] radere - **2.** [wood] piallare. <> *vi* radersi.

shaver ['ʃeɪvər] *n* rasoio *m* elettrico.

shaving brush ['ʃeɪvɪŋ-] *n* pennello *m* da barba.

shaving cream ['ʃeɪvɪŋ-] *n (U)* crema *f* da barba.

shaving foam ['ʃeɪvɪŋ-] *n (U)* schiuma *f* da barba.

shawl [ʃɔːl] *n* scialle *m*.

she [ʃiː] <> *pers pron* lei; **she's tall** è alta; **she can't do it** lei non può farlo; **she and I went out together last night** io e lei siamo usciti insieme ieri sera; **there she is** eccola; **if I were** OR **was she** *fml* se fossi in lei; **she's a fine ship** è un'ottima imbarcazione; **she's a lovely dog/cat** è una cagna/gatta adorabile. <> *comp* femmina; **a she-elephant** un'elefantessa.

sheaf [ʃiːf] (*pl* **sheaves**) *n* - **1.** [of papers, letters] fascio *m* - **2.** [of corn, grain] covone *m*.

shear [ʃɪər] (*pt* -ed, *pp* -ed OR **shorn**) *vt* tosare. ◆ **shears** *npl* cesoie *fpl*.

sheath [ʃiːθ] (*pl* -s) *n* [gen] guaina *f*.

sheaves [ʃiːvz] *pl* ▷ **sheaf**.

shed [ʃed] (*pt & pp* **shed**) <> *n* casotto *m*. <> *vt* - **1.** [gen] perdere - **2.** [discard, get rid of] liberarsi di - **3.** [tears, blood] versare.

she'd (*weak form* [ʃɪd], *strong form* [ʃiːd]) *abbr of* **she had, she would**.

sheen [ʃiːn] *n* lucentezza *f*.

sheep [ʃiːp] (*pl* **sheep**) *n lit & fig* pecora *f*.

sheepdog ['ʃiːpdɒg] *n* cane *m* da pastore.

sheepish ['ʃiːpɪʃ] *adj* imbarazzato(a); **to look sheepish** avere l'aria imbarazzata.

sheepskin ['ʃiːpskɪn] *n (U)* pelle *f* di pecora.

sheer [ʃɪər] *adj* - **1.** [absolute] puro(a) - **2.** [very steep] a strapiombo; **a sheer drop** uno strapiombo - **3.** [delicate] finissimo(a).

sheet [ʃiːt] *n* - **1.** [for bed] lenzuolo *m* - **2.** [of paper] foglio *m* - **3.** [of metal, wood] lamina *f*; [of glass] lastra *f*.

shelf [ʃelf] (*pl* **shelves**) *n* scaffale *m*.

shell [ʃel] <> *n* - **1.** [of egg, nut, snail] guscio *m* - **2.** [of tortoise, crab] carapace *m* - **3.** [on beach] conchiglia *f* - **4.** [of building] scheletro *m*; [of boat] scheletro *m*, carcassa *f*; [of car] carcassa *f* - **5.** MIL granata *f*. <> *vt* - **1.** [remove covering of] sbucciare - **2.** MIL bombardare.

she'll [ʃiːl] *abbr of* **she shall, she will**.

shellfish ['ʃelfɪʃ] (*pl* **shellfish**) *n* - **1.** [creature] crostaceo *m* - **2.** *(U)* [food] frutti *mpl* di mare.

shell suit *n UK* tuta *f* in acetato.

shelter ['ʃeltər] <> *n* - **1.** [from air raid, on mountain] rifugio *m* - **2.** *(U)* [cover, protection] riparo *m* - **3.** *(U)* [accommodation] asilo *m*. <> *vt* - **1.** [from rain, sun, bombs]: **to be sheltered by/from sthg** essere protetto(a) da qc - **2.** [give asylum to] dare asilo a. <> *vi*: **to shelter from sthg** ripararsi da qc.

sheltered ['ʃeltəd] *adj* - **1.** [place] riparato(a) - **2.** [life, childhood] protetto(a) - **3.** [supervised]: **sheltered accommodation** OR **housing** *UK* residenza *f* protetta.

shelve [ʃelv] *vt* accantonare.

shelves [ʃelvz] *pl* ▷ **shelf**.

shepherd ['ʃepəd] <> *n* pastore *m*. <> *vt fig* accompagnare.

shepherd's pie ['ʃepədz-] *n (U)* tortino di carne macinata ricoperto di purè di patate.

sheriff ['ʃerɪf] *n* - **1.** *US* [law officer] sceriffo *m* - **2.** *Scotland* [judge] giudice *mf*.

sherry ['ʃerɪ] *n* sherry *m inv*.

she's [ʃiːz] *abbr of* **she has, she is**.

shield [ʃiːld] <> *n* - **1.** [armour] scudo *m* - **2.** [protection]: **shield against sthg** protezione *f* contro qc - **3.** [sports trophy] scudetto *m*. <> *vt*: **to shield sb (from sthg)** proteggere qn (da qc).

shift [ʃɪft] <> *n* - **1.** [slight change] cambiamento *m* - **2.** [period of work, workers] turno *m*. <> *vt* - **1.** [move, put elsewhere] spostare - **2.** [change slightly] cambiare - **3.** *US* AUT cambiare. <> *vi* - **1.** [move] spostarsi - **2.** [change slightly] cambiare - **3.** *US* AUT: **to shift into first/ second** mettere la prima/la seconda.

shifty ['ʃɪftɪ] *adj inf* [person] losco(a); [look] sfuggente; [behaviour] sospetto(a).

shimmer ['ʃɪmər] <> *n* luce *m* tremula. <> *vi* tremolare.

shin [ʃɪn] *n* stinco *m*.

shinbone ['ʃɪnbəʊn] *n* tibia *f*.

shine [ʃaɪn] <> *n* lucentezza *f*. <> *vt* - **1.** (*pt & pp* **shone**) [focus]: **to shine a torch/ lamp on/at** puntare una torcia/lampada su/ verso - **2.** (*pt & pp* **shined**) [polish] lucidare. <> *vi* (*pt & pp* **shone**) [give out light] splendere.

shingle ['ʃɪŋgl] *n (U)* [on beach] ciottoli *mpl*. ◆ **shingles** *n* MED fuoco *m* di Sant'Antonio.

shiny ['ʃaɪnɪ] *adj* lucido(a).

ship [ʃɪp] ⬦ n nave f. ⬦ vt [send by ship] spedire via nave.

shipbuilding ['ʃɪp,bɪldɪŋ] n (U) industria f cantieristica.

shipment ['ʃɪpmənt] n - 1. [cargo] carico m - 2. (U) [act of shipping] spedizione f.

shipping ['ʃɪpɪŋ] n (U) - 1. [transport] spedizione f - 2. [ships] navi fpl.

shipshape ['ʃɪpʃeɪp] adj in perfetto ordine.

shipwreck ['ʃɪprek] ⬦ n - 1. [destruction of ship] naufragio m - 2. [wrecked ship] relitto m. ⬦ vt: to be shipwrecked naufragare.

shipyard ['ʃɪpjɑːd] n cantiere m navale.

shirk [ʃɜːk] vt sottrarsi a.

shirt [ʃɜːt] n camicia f.

shirtsleeves ['ʃɜːtsliːvz] npl: in (one's) shirtsleeves in maniche di camicia.

shit [ʃɪt] (pt & pp shit, -ted OR shat) vulg ⬦ n - 1. [excrement, person] merda f - 2. (U) [nonsense] stronzate fpl. ⬦ vi cagare. ⬦ excl merda!

shiver ['ʃɪvər] ⬦ n brivido m. ⬦ vi: to shiver (with sthg) tremare (di OR per qc).

shoal [ʃəʊl] n banco m.

shock [ʃɒk] ⬦ n - 1. PSYCHOL & MED shock m inv; to be suffering from shock, to be in (a state of) shock essere in stato di shock - 2. [impact] colpo m - 3. ELEC scossa f. ⬦ vt - 1. [upset] scioccare - 2. [offend] scandalizzare.

shock absorber [-əb,zɔːbər] n ammortizzatore m.

shocking ['ʃɒkɪŋ] adj - 1. [very bad] terribile - 2. [scandalous] scandaloso(a) - 3. [horrifying] scioccante.

shod [ʃɒd] pt & pp ▷ shoe.

shoddy ['ʃɒdɪ] adj - 1. [work, goods] scadente - 2. fig [treatment, response] indegno(a).

shoe [ʃuː] (pt & pp -ed OR shod) ⬦ n [gen] scarpa f. ⬦ vt ferrare.

shoebrush ['ʃuːbrʌʃ] n spazzola f per le scarpe.

shoehorn ['ʃuːhɔːn] n calzascarpe m inv.

shoelace ['ʃuːleɪs] n laccio m (per scarpe).

shoe polish n (U) lucido m per scarpe.

shoe shop UK, **shoe store** US n negozio m di scarpe.

shoestring ['ʃuːstrɪŋ] n fig: on a shoestring con quattro soldi.

shone [ʃɒn] pt & pp ▷ shine.

shoo [ʃuː] ⬦ vt scacciare. ⬦ excl sciò!

shook [ʃʊk] pt ▷ shake.

shoot [ʃuːt] (pt & pp shot [ʃɒt]) ⬦ vt - 1. [fire gun at] sparare a; to shoot o.s. spararsi - 2. [hunt] cacciare - 3. [arrow] tirare - 4. CIN gi-

rare. ⬦ vi - 1. [fire gun]: to shoot (at sb/sthg) sparare (a qn/qc) - 2. [hunt] andare a caccia - 3. [move quickly]: she shot into/out of the room entrò nella/uscì dalla stanza come un fulmine; the car shot past us la macchina ci sfrecciò accanto - 4. CIN girare - 5. SPORT tirare. ⬦ n - 1. [new growth] germoglio m - 2. [hunting expedition] partita f di caccia. ◆ **shoot down** vt sep [person] uccidere con un colpo di arma da fuoco; [plane, pilot] abbattere. ◆ **shoot up** vi - 1. [grow quickly] crescere tutto d'un colpo - 2. [increase quickly] salire alle stelle.

shooting ['ʃuːtɪŋ] n - 1. [killing] uccisione f - 2. (U) [hunting] caccia f.

shooting star n stella f cadente.

shop [ʃɒp] ⬦ n - 1. esp UK [store] negozio m - 2. UK inf [workshop] officina f. ⬦ vi fare la spesa; to go shopping andare a far compere.

shop assistant n UK commesso m, -a f.

shop floor n: the shop floor gli operai.

shopkeeper ['ʃɒp,kiːpər] n esp UK negoziante mf.

shoplifting ['ʃɒp,lɪftɪŋ] n (U) taccheggio m.

shopper ['ʃɒpər] n acquirente mf.

shopping ['ʃɒpɪŋ] n (U) spesa f.

shopping bag n borsa f per la spesa.

shopping basket n UK - 1. [in supermarket] cestino m (per la spesa) - 2. [for online shopping] carrello m.

shopping cart n US - 1. [in supermarket] carrello m (della spesa) - 2. [for online shopping] carrello m.

shopping centre UK, **shopping center** US, **shopping mall**, **shopping plaza** US n centro m commerciale.

shopping trolley n UK [in supermarket] carrello m (della spesa).

shop steward n rappresentante mf sindacale.

shopwindow [,ʃɒp'wɪndəʊ] n UK vetrina f.

shore [ʃɔːr] n - 1. [land by water] riva f - 2. (U) [not at sea]: on shore a terra. ◆ **shore up** vt sep - 1. [prop up] puntellare - 2. fig [sustain] sostenere.

shorn [ʃɔːn] ⬦ pp ▷ shear. ⬦ adj [grass, hair] molto corto(a); [head] rasato(a); shorn of sthg fig spogliato(a) di qc.

short [ʃɔːt] ⬦ adj - 1. [hair, dress] corto(a); [speech, letter, route, visit] breve; in two short days/years fra meno di due giorni/anni - 2. [in height] basso(a) - 3. [curt]: to be short (with sb) essere brusco(a) con qn - 4. [lacking] scarso(a); money's always short mancano sempre i soldi; we're a chair short manca una sedia; to be short on sthg aver poco qc; to be short of

sthg [money] essere a corto di qc; [staff, time] avere poco qc - **5.** [abbreviated]: **to be short for sthg** essere l'abbreviazione di qc; **«Bob» is short for «Robert»** «Bob» è il diminutivo di «Robert». ◇ *adv* - **1.** [lacking]: **to run short of sthg** stare per finire qc - **2.** [suddenly, abruptly]: **to cut sthg short** interrompere qc; **to stop short** fermarsi di colpo. ◇ *n* - **1.** *UK* [alcoholic drink] bicchierino *m* - **2.** CIN cortometraggio *m*. ◆ **shorts** *npl* - **1.** [short trousers] pantaloncini *mpl* - **2.** *esp US* [underwear] boxer *m inv*. ◆ **for short** *adv*: **he's called «Bob» for short** è noto col diminutivo di «Bob». ◆ **in short** *adv* a farla breve. ◆ **nothing short of** *prep* niente meno che. ◆ **short of** *prep* [apart from]: **short of doing sthg** a meno di non fare qc.

shortage ['ʃɔːtɪdʒ] *n* scarsità *f*.

shortbread ['ʃɔːtbred] *n (U)* frollini *mpl*.

short-change *vt* - **1.** [in shop, restaurant] dare il resto sbagliato a - **2.** *fig* [reward unfairly] truffare.

short circuit *n* cortocircuito *m*.

shortcomings ['ʃɔːtˌkʌmɪŋz] *npl* difetti *mpl*.

short cut *n* scorciatoia *f*.

shorten ['ʃɔːtn] ◇ *vt* accorciare; **"Robert" is often shortened to "Bob"** "Robert" viene spesso abbreviato in "Bob". ◇ *vi* accorciarsi.

shortfall ['ʃɔːtfɔːl] *n*: **shortfall (in/of sthg)** deficit *m inv* (in/di qc).

shorthand ['ʃɔːthænd] *n (U)* [writing method] stenografia *f*.

shorthand typist *n UK* stenodattilografo *m*, -a *f*.

short list *n* rosa *f* di candidati.

shortly ['ʃɔːtlɪ] *adv* [soon] tra poco; **shortly before/after** poco prima/dopo.

shortsighted [ˌʃɔːt'saɪtɪd] *adj lit & fig* miope.

short-staffed [-'stɑːft] *adj*: **to be short-staffed** essere a corto di personale.

short-stay *adj* per sosta breve.

short story *n* racconto *m*.

short-tempered [-'tempəd] *adj* irritabile.

short-term *adj* a breve termine.

short wave *n* onde *fpl* corte.

shot [ʃɒt] ◇ *pt & pp* ▷ **shoot**. ◇ *n* - **1.** [gunshot] sparo *m*; **to fire a shot** sparare un colpo (di pistola); **like a shot** *inf* [quickly] in un baleno - **2.** [marksman] tiratore *m*, -trice *f* - **3.** [in football] tiro *m*; [in tennis, golf] colpo *m* - **4.** [photograph] foto *f inv* - **5.** CIN ripresa *f* - **6.** *inf* [try, go] tentativo *m* - **7.** [injection] iniezione *f*.

shotgun ['ʃɒtɡʌn] *n* fucile *m* da caccia.

should [ʃʊd] *aux vb* - **1.** [indicating duty, necessity]: **we should leave now** ora dovremmo andare - **2.** [seeking advice, permission]: **should I go too?** dovrei andare anch'io? - **3.** [as suggestion]: **I should deny everything** negherei tutto - **4.** [indicating probability]: **she should be home soon** dovrebbe rientrare a momenti - **5.** [was or were expected to]: **they should have won the match** avrebbero dovuto vincere la partita - **6.** [as conditional]: **I should like to come with you** mi piacerebbe venire con voi; **how should I know?** e io come faccio a saperlo?; **should you be interested...** se per caso tu fossi interessato... - **7.** [in subordinate clauses]: **we decided that you should meet him** abbiamo deciso che lo incontrerai - **8.** [expressing uncertain opinion]: **I should think he's about 50 (years old)** direi che ha una cinquantina d'anni - **9.** *(after "who" or "what")* [expressing surprise]: **and who should I see but Ann!** e chi ti vedo? Ann!

shoulder ['ʃəʊldə] ◇ *n* spalla *f*. ◇ *vt* - **1.** [load] mettersi in spalla - **2.** [responsibility] addossarsi.

shoulder blade *n* scapola *f*.

shoulder strap *n* - **1.** [on dress] bretellina *f* - **2.** [on bag] tracolla *f*.

shouldn't ['ʃʊdnt] *abbr of* **should not**.

should've ['ʃʊdəv] *abbr of* **should have**.

shout [ʃaʊt] ◇ *n* [cry] grido *m*. ◇ *vt* gridare. ◇ *vi* gridare; **to shout at sb** [tell off] sgridare qn. ◆ **shout down** *vt sep* zittire a suon di urla.

shouting ['ʃaʊtɪŋ] *n (U)* grida *fpl*.

shove [ʃʌv] *inf* ◇ *n*: **to give sb/sthg a shove** dare una spinta a qn/qc. ◇ *vt* [push] spingere; [put roughly] ficcare. ◆ **shove off** *vi* - **1.** [in boat] allontanarsi dalla riva - **2.** *inf* [go away] sparire.

shovel ['ʃʌvl] *(UK & US)* ◇ *n* pala *f*. ◇ *vt* - **1.** [earth, coal, snow] spalare - **2.** *fig* [food, meal] trangugiare.

show [ʃəʊ] *(pt* -ed, *pp* shown OR -ed) ◇ *n* - **1.** [piece of entertainment] spettacolo *m* - **2.** [exhibition] mostra *f* - **3.** [display – of strength] dimostrazione *f*; [- of temper] prova *f*. ◇ *vt* - **1.** [display, present] mostrare, far vedere; **to show sb sthg, to show sthg to sb** mostrare OR far vedere qc a qn - **2.** [depict, reveal] mostrare; **to show sb affection** dimostrare affetto a qn; **to show sb mercy/respect** mostrare compassione/rispetto per qn - **3.** [point out, demonstrate] indicare, far vedere - **4.** [escort]: **to show sb to sthg** accompagnare qn a qc - **5.** [broadcast] dare - **6.** [register, read] segnare - **7.** [profit, loss] indicare - **8.** [work of art, produce] esporre. ◇ *vi* - **1.** [indicate, make clear] dimostrare - **2.** [be visible] vedersi - **3.** CIN dare; **what's showing tonight?** cosa danno stasera? ◆ **show off** ◇ *vt sep* [new car] sfoggiare. ◇ *vi* mettersi in mostra. ◆ **show up** ◇ *vt sep* [embarrass] far fare brutta figura a. ◇ *vi* - **1.** [stand out - stain] vedersi; [- feature, colour] risaltare - **2.** [arrive] farsi vivo(a).

show business *n* (U) mondo *m* dello spettacolo.

showdown ['ʃəʊdaʊn] *n*: **to have a showdown with sb** arrivare alla resa dei conti con qn.

shower ['ʃaʊər] ◇ *n* - **1.** [device] doccia *f* - **2.** [wash]: **to have** UK OR **take a shower** farsi la doccia - **3.** [of rain] acquazzone *m* - **4.** [of confetti, sparks] pioggia *f*; [of insults, abuse] valanga *f*. ◇ *vt* - **1.** [sprinkle]: **to shower sb/sthg with sthg, to shower sthg (up)on sb/sthg** cospargere qn/qc di qc - **2.** [bestow]: **to shower sb with sthg, to shower sthg (up)on sb** coprire qn di qc. ◇ *vi* [wash] farsi la doccia.

shower cap *n* cuffia *f* da bagno.

showing ['ʃəʊɪŋ] *n* CIN spettacolo *m*.

show jumping [-'dʒʌmpɪŋ] *n* (U) salto *m* agli ostacoli.

shown [ʃəʊn] *pp* ▷ **show**.

show-off *n inf* spaccone *m*, -a *f*.

showpiece ['ʃəʊpiːs] *n* pezzo *m* forte.

showroom ['ʃəʊrʊm] *n* salone *m* (d'esposizione).

shrank [ʃræŋk] *pt* ▷ **shrink**.

shrapnel ['ʃræpnl] *n* (U) shrapnel *m inv*.

shred [ʃred] ◇ *n* - **1.** [small piece] brandello *m* - **2.** *fig* [of evidence] straccio *m*; [of truth] briciolo *f*. ◇ *vt* tagliare a striscioline.

shredder ['ʃredər] *n* - **1.** [for documents] distruttore *m* di documenti - **2.** [in food processor] tritaverdure *m inv*.

shrewd [ʃruːd] *adj* astuto(a).

shriek [ʃriːk] ◇ *n* urlo *m*; **a shriek of laughter** una sonora risata. ◇ *vi*: **to shriek (with/in)** urlare (per).

shrill [ʃrɪl] *adj* acuto(a).

shrimp [ʃrɪmp] *n* gamberetto *m*.

shrine [ʃraɪn] *n* santuario *m*.

shrink [ʃrɪŋk] (*pt* shrank, *pp* shrunk) ◇ *vt* (fare) restringere. ◇ *vi* - **1.** [become smaller - cloth, piece of clothing] restringersi; [- person] rimpicciolire; [- meat] ritirarsi - **2.** *fig* [contract, diminish] avere un calo - **3.** [recoil]: **to shrink (away) from sb/sthg** ritrarsi davanti a qn/qc - **4.** [be reluctant]: **to shrink from sthg** sottrarsi

a qc; **to shrink from doing sthg** rifuggire dal fare qc. ◇ *n inf* [psychoanalyst] strizzacervelli *mf inv*.

shrink-wrap *vt* confezionare con pellicola termoretraibile.

shrivel ['ʃrɪvl] (UK & US) *vt* & *vi*: **to shrivel (up)** avvizzire.

shroud [ʃraʊd] ◇ *n* sudario *m*. ◇ *vt*: **to be shrouded in sthg** essere avvolto(a) in qc.

Shrove Tuesday [ʃrəʊv-] *n* UK martedì *m* grasso.

shrub [ʃrʌb] *n* arbusto *m*.

shrubbery ['ʃrʌbərɪ] *n* arbusti *mpl*.

shrug [ʃrʌg] ◇ *vt* [shoulders] scrollare. ◇ *vi* scrollare le spalle. ◆ **shrug off** *vt sep* [criticism, problem] non dare importanza a.

shrunk [ʃrʌŋk] *pp* ▷ **shrink**.

shudder ['ʃʌdər] ◇ *n* brivido *m*. ◇ *vi* - **1.** [person]: **to shudder (with sthg)** rabbrividire (di qc) - **2.** [machine, vehicle] sussultare.

shuffle ['ʃʌfl] *vt* - **1.** [feet] strascicare - **2.** [cards, papers] mescolare.

shun [ʃʌn] *vt* evitare.

shunt [ʃʌnt] *vt* RAIL smistare.

shut [ʃʌt] (*pt* & *pp* shut) ◇ *adj* chiuso(a). ◇ *vt* chiudere. ◇ *vi* - **1.** [window, door, eyes] chiudersi - **2.** [shop, pub, office] chiudere. ◆ **shut away** *vt sep* - **1.** [criminal] rinchiudere - **2.** [valuables] mettere sotto chiave. ◆ **shut down** *vt sep* & *vi* [factory, business] chiudere. ◆ **shut out** *vt sep* [of building, room - person, cat] chiudere fuori; [- light, noise] non far entrare. ◆ **shut up** ◇ *vt sep* - **1.** [shop, factory] chiudere - **2.** *inf* [person] chiudere la bocca a. ◇ *vi* - **1.** *inf* [be quiet] chiudere la bocca - **2.** [close shop] chiudere. ◇ *excl* chiudi la bocca!

shutter ['ʃʌtər] *n* - **1.** [on window] persiana *f* - **2.** [in camera] otturatore *m*.

shuttle ['ʃʌtl] ◇ *adj*: **shuttle service** servizio *m* navetta (*inv*). ◇ *n* [plane] aereo *m* navetta (*inv*); [train] treno *m* navetta (*inv*); [bus] bus *m inv* navetta (*inv*).

shuttlecock ['ʃʌtlkɒk] *n esp* UK volano *m*.

shy [ʃaɪ] ◇ *adj* timido(a). ◇ *vi* fare uno scarto.

Siberia [saɪ'bɪərɪə] *n* Siberia.

sibling ['sɪblɪŋ] *n fml* fratello *m*, sorella *f*.

Sicilian [sɪ'sɪljən] ◇ *adj* siciliano(a). ◇ *n* [person] siciliano *m*, -a *f*.

Sicily ['sɪsɪlɪ] *n* Sicilia *f*.

sick [sɪk] *adj* - **1.** [unwell] malato(a); **to be off sick** essere in malattia - **2.** [nauseous]: **to feel sick** avere la nausea - **3.** [vomiting]: **to be sick**

UK vomitare - **4.** [fed up]: **to be sick of (doing) sthg** essere stufo(a) di (fare) qc - **5.** [story, joke] di cattivo gusto.

sicken ['sɪkn] <> vt [disgust] nauseare. <> vi UK: **he's sickening for something/a cold** gli sta per venire qualcosa/il raffreddore.

sickening ['sɪknɪŋ] adj - **1.** [disgusting] ripugnante - **2.** hum [infuriating] insopportabile.

sickle ['sɪkl] n falce f.

sick leave n (U) congedo m per malattia.

sickly ['sɪklɪ] adj - **1.** [unhealthy] malaticcio(a) - **2.** [nauseating] rivoltante.

sickness ['sɪknɪs] n - **1.** [illness] malattia f - **2.** (U) [nausea] nausea f; [vomiting] vomito m.

sick pay n (U) indennità f di malattia.

side [saɪd] <> n - **1.** [gen] lato m; **on every side, on all sides** da tutti i lati; **from side to side** da una parte all'altra - **2.** [of person, animal] fianco m; **at** or **by sb's side** al fianco di qn; **side by side** fianco a fianco - **3.** [outer surface - of cube, pyramid] faccia f; [- of sheet of paper] facciata f; [- of coin, record, tape, cloth] lato m - **4.** [inner surface] parete f - **5.** [of lake] riva f - **6.** [of hill, valley] fianco m, lato m - **7.** [in sport, game] squadra f; [in war] schieramento m; [in debate] parte f; **to take sb's side** prendere le parti di qn - **8.** [of character, personality, situation] lato m; **to be on the safe side** per (maggior) sicurezza. <> adj [situated on side] laterale. ◆ **side with** vt insep schierarsi dalla parte di.

sideboard ['saɪdbɔːd] n credenza f.

sideburns ['saɪdbɜːnz], **sideboards** UK ['saɪdbɔːdz] npl basette fpl.

side effect n - **1.** MED effetto m collaterale - **2.** [unplanned result] effetto secondario m.

sidelight ['saɪdlaɪt] n UK luce f laterale.

sideline ['saɪdlaɪn] n - **1.** [extra business] attività f inv secondaria - **2.** [SPORT - painted line] linea f laterale.

sidelong ['saɪdlɒŋ] <> adj laterale. <> adv: **to look sidelong at sb/sthg** guardare lateralmente qn/qc.

sidesaddle ['saɪd,sædl] adv: **to ride sidesaddle** cavalcare all'amazzone.

sideshow ['saɪdʃəʊ] n [at fair] attrazione f.

sidestep ['saɪdstep] vt - **1.** [step to one side to avoid] scansare - **2.** fig [problem, question] evitare.

side street n traversa f.

sidetrack ['saɪdtræk] vt: **to be sidetracked** essere sviato(a).

sidewalk ['saɪdwɔːk] n US marciapiede m.

sideways ['saɪdweɪz] <> adj [movement] di lato; [look] di sbieco, di traverso. <> adv [move] di lato, di fianco; [look] di sbieco, di traverso.

siding ['saɪdɪŋ] n binario di raccordo m.

siege [siːdʒ] n - **1.** [by army] assedio m - **2.** [by police] accerchiamento m.

sieve [sɪv] <> n [utensil] setaccio m. <> vt [flour, sugar] passare a setaccio; [soup] filtrare.

sift [sɪft] <> vt lit & fig setacciare. <> vi: **to sift through sthg** passare a setaccio qc.

sigh [saɪ] <> n sospiro m. <> vi sospirare.

sight [saɪt] <> n - **1.** (U) [vision] vista f - **2.** [act of seeing] visione f; **in sight** in vista; **out of sight** non in vista; **at first sight** a prima vista - **3.** [spectacle] spettacolo m - **4.** [on gun] mirino m. <> vt [see] avvistare. ◆ **sights** npl [on tour] attrazioni turistiche fpl.

sightseeing ['saɪt,siːɪŋ] n (U) giro m turistico; **to go sightseeing** fare un giro turistico.

sightseer ['saɪt,siːər] n turista mf.

sign [saɪn] <> n - **1.** [gen] segno m - **2.** [notice] cartello m; [outside shop] insegna f. <> vt [document] firmare; **to sign one's name** mettere la propria firma. ◆ **sign on** vi - **1.** [enrol]: **to sign on (for sthg)** [for course] iscriversi (a qc); MIL arruolarsi (in qc) - **2.** UK [register as unemployed] iscriversi alle liste di collocamento. ◆ **sign up** <> vt sep reclutare. <> vi [enrol]: **to sign up (for sthg)** [for course] iscriversi (a qc); MIL arruolarsi (in qc).

signal ['sɪgnl] (UK & US) <> n segnale m. <> vt - **1.** [send signals to] mandare segnali a - **2.** [indicate] segnalare; **to signal sb (to do sthg)** fare segno a qn (di fare qc) - **3.** fig [herald] segnalare, annunciare. <> vi - **1.** AUT segnalare - **2.** [indicate]: **to signal to sb (to do sthg)** far segno a qn (di fare qc).

signature ['sɪgnətʃər] n [name] firma f.

significance [sɪg'nɪfɪkəns] n (U) - **1.** [importance] importanza f - **2.** [meaning] significato m.

significant [sɪg'nɪfɪkənt] adj - **1.** [amount, increase] notevole - **2.** [event, decision, gesture, look] significativo(a).

signify ['sɪgnɪfaɪ] vt indicare.

signpost ['saɪnpəʊst] n cartello m stradale.

Sikh [siːk] <> adj sikh (inv). <> n sikh mf inv.

silence ['saɪləns] <> n silenzio m. <> vt zittire, far tacere.

silencer ['saɪlənsər] n - **1.** [on gun] silenziatore m - **2.** UK [on vehicle] marmitta f.

silent ['saɪlənt] adj - **1.** [speechless, noiseless] silenzioso(a); **to fall silent** zittirsi - **2.** [taciturn] taciturno(a) - **3.** CIN & LING muto(a).

silhouette [,sɪlu:'et] n silhouette f inv.

silicon chip ['sɪlɪkən-] n chip m inv.

silk [sɪlk] <> n (U) seta f. <> comp di seta.

silky ['sɪlkɪ] adj [hair, dress, skin] setoso(a); [voice] suadente.

sill [sɪl] n [of window] davanzale m.

silly ['sɪlɪ] adj - 1. [foolish] stupido(a) - 2. [comical] buffo(a).

silo ['saɪləʊ] (pl -s) n silo m.

silt [sɪlt] n (U) limo m.

silver ['sɪlvər] <> adj [hair, paint] argento (inv). <> n (U) - 1. [metal] argento m - 2. [coins] moneta f - 3. [silverware] argenteria f. <> comp [made of silver] d'argento.

silver foil, silver paper n (U) UK stagnola f.

silver-plated [-'pleɪtɪd] adj placcato(a) argento (inv).

silverware ['sɪlvəweər] n (U) - 1. [objects made of silver] argenteria f - 2. US [cutlery] posate fpl.

similar ['sɪmɪlər] adj: similar (to sthg) simile (a qc).

similarly ['sɪmɪləlɪ] adv - 1. [in similar way] ugualmente - 2. [also] in modo analogo.

simmer ['sɪmər] vt & vi bollire lentamente, sobbollire.

simple ['sɪmpl] adj - 1. [gen] semplice; it's the simple truth è la pura verità; it's a simple fact è la realtà - 2. dated [mentally] lento(a).

simple-minded adj ingenuo(a).

simplicity [sɪm'plɪsətɪ] n (U) semplicità f.

simplify ['sɪmplɪfaɪ] vt semplificare.

simply ['sɪmplɪ] adv - 1. [gen] semplicemente - 2. [for emphasis] proprio; simply awful/wonderful semplicemente orribile/meraviglioso(a).

simulate ['sɪmjʊleɪt] vt - 1. [feign & COMPUT] simulare - 2. [produce effect, appearance of] imitare.

simultaneous [UK ,sɪməl'teɪnjəs, US ,saɪməl'teɪnjəs] adj simultaneo(a).

sin [sɪn] <> n peccato m. <> vi: to sin (against sth/sb) peccare (contro qn/qc).

since [sɪns] <> adv: since (then) da allora. <> prep da. <> conj - 1. [in time] da quando - 2. [because] poiché, dato che.

sincere [sɪn'sɪər] adj sincero(a).

sincerely [sɪn'sɪəlɪ] adv sinceramente; Yours sincerely [at end of letter] Distinti saluti.

sincerity [sɪn'serətɪ] n (U) sincerità f.

sinew ['sɪnju:] n tendine m.

sinful ['sɪnfʊl] adj - 1. [guilty of sin]: sinful person peccatore m, -trice f - 2. [wicked, immoral] peccaminoso(a).

sing [sɪŋ] (pt sang, pp sung) vt & vi cantare.

Singapore [,sɪŋə'pɔ:r] n Singapore f.

singe [sɪndʒ] vt bruciacchiare.

singer ['sɪŋər] n cantante mf.

singing ['sɪŋɪŋ] n (U) canto m.

single ['sɪŋgl] <> adj - 1. [sole] solo(a); every single ogni singolo(a) - 2. [unmarried] single (inv) - 3. UK [one-way]: single fare tariffa f di corsa semplice; single journey viaggio m di sola andata. <> n - 1. UK [one-way ticket] biglietto m di sola andata - 2. MUS single m inv. ◆ **singles** n TENNIS singolo m, singolare m. ◆ **single out** vt sep: to single sb out (for sthg) scegliere qn (per qc).

single bed n letto singolo m.

single-breasted [-'brestɪd] adj a un petto.

single cream n (U) UK panna con un contenuto di grassi relativamente limitato.

single file n: in single file in fila indiana.

single-handed [-'hændɪd] adv [gen] da solo(a); [sail] in solitaria.

single-minded [-'maɪndɪd] adj focalizzato(a).

single parent n padre m single (inv), madre f single (inv).

single-parent family n [with mother only] famiglia f con madre single; [with father only] famiglia f con padre single.

single room n stanza f singola.

singlet ['sɪŋglɪt] n UK canottiera f.

singular ['sɪŋgjʊlər] <> adj singolare. <> n singolare m.

sinister ['sɪnɪstər] adj sinistro(a).

sink [sɪŋk] (pt sank, pp sunk) <> n - 1. [in kitchen] lavello m, acquaio m - 2. [in bathroom] lavandino m. <> vt - 1. [cause to go underwater] affondare - 2. [cause to penetrate]: to sink sthg into sthg affondare qc in qc. <> vi - 1. [in water - ship, car] affondare; [- person] andare sotto - 2. [below ground] affondare, sprofondare - 3. [sun] tramontare - 4. [slump] lasciarsi cadere; to sink to one's knees cadere in ginocchio - 5. fig [lose courage]: his heart/spirits sank si è scoraggiato - 6. [subside - level, water] calare, abbassarsi; [- building, ground] sprofondare - 7. [decrease - profits] calare, diminuire; [- voice] abbassarsi - 8. fig [slip]: to sink into sthg [poverty, depression, coma] sprofondare in qc; to sink into despair lasciarsi prendere dalla disperazione. ◆ **sink in** vi essere pienamente capito(a).

sinner ['sɪnər] n peccatore m, -trice f.

sinus ['saɪnəs] (pl -es) n seno m.

sip [sɪp] <> n sorso m. <> vt sorseggiare.

siphon ['saɪfn] ⬥ n sifone m. ⬥ vt - 1. [liquid] aspirare - 2. fig [money, resources] dirottare. ➡ **siphon off** vt sep - 1. [liquid] aspirare - 2. fig [money, resources] dirottare.

sir [sɜːr] n - 1. [form of address] signore m - 2. UK [in titles] Sir m.

siren ['saɪərən] n sirena f.

sirloin (steak) ['sɜːlɔɪn steɪk] n lombata f.

sissy ['sɪsɪ] n inf offens donnicciola f, femminuccia f.

sister ['sɪstər] n - 1. [sibling] sorella f - 2. [nun] suora f, sorella f - 3. UK [senior nurse] capo infermiera f, caposala f inv.

sister-in-law (pl sisters-in-law OR sister-in-laws) n cognata f.

sit [sɪt] (pt & pp sat) ⬥ vt - 1. [place] sedere - 2. UK [examination] dare. ⬥ vi - 1. [be seated] sedere, essere OR stare seduto(a) - 2. [seat o.s.] sedersi - 3. [be member]: **to sit on sthg** [committee, council] far parte di qc - 4. [be in session] riunirsi. ➡ **sit about** UK, **sit around** vi poltrire. ➡ **sit down** vi sedersi, mettersi a sedere. ➡ **sit in on** vt insep assistere a. ➡ **sit through** vt insep restare fino alla fine di. ➡ **sit up** vi - 1. [from lying] drizzarsi a sedere; [from slouching] stare seduto dritto(a) - 2. [stay up] rimanere su.

sitcom ['sɪtkɒm] n inf sitcom f inv.

site [saɪt] ⬥ n - 1. [piece of land] area f; [building site] cantiere m - 2. [location, place] posto m. ⬥ vt situare.

sit-in n sit-in m inv.

sitting ['sɪtɪŋ] n - 1. [session] seduta f - 2. [serving of meal] turno m.

sitting room n esp UK salotto m.

situated ['sɪtjueɪtɪd] adj: **to be situated** [in place] essere situato(a); [in position] essere sistemato(a).

situation [ˌsɪtjuˈeɪʃn] n - 1. [general circumstances] situazione f - 2. [personal circumstances] situazione f, posizione f - 3. [location] posizione f - 4. [job] impiego m; **"situations vacant"** UK "offerte di impiego".

six [sɪks] ⬥ num adj - 1. [in number] sei inv - 2. [in age]: **she's six (years old)** ha sei anni. ⬥ num pron sei; **I want six** ne voglio sei; **there were six of us** eravamo in sei; **groups of six** gruppi di sei. ⬥ num n - 1. [number] sei m inv; **two hundred and six** duecentosei; **six comes before seven** il sei viene prima del sette - 2. [in time]: **it's six** sono le sei; **we arrived at six** siamo arrivati alle sei - 3. [in addresses]: **six Park Road** 6, Park Road - 4. [group, set] gruppo m di sei - 5. [in scores, cards] sei m inv; **six-nil** sei a zero; **the six of hearts** il sei di cuori.

sixteen [sɪksˈtiːn] num sedici, see also **six**.

sixteenth [sɪksˈtiːnθ] num sedicesimo(a), see also **sixth**.

sixth [sɪksθ] ⬥ num adj sesto(a). ⬥ num adv: **to come sixth** arrivare sesto(a). ⬥ num pron sesto m, -a f. ⬥ n [fraction, date]: **one sixth** un sesto; **the sixth of September** il sei settembre.

sixth form n UK SCH in Inghilterra e Galles, il biennio conclusivo della scuola superiore che prepara agli esami di A-level.

sixth form college n UK in Inghilterra e Galles, scuola per studenti dai 16 ai 18 anni che prepara agli esami di A-level.

sixty ['sɪksti] num sessanta, see also **six**. ➡ **sixties** npl - 1. [decade]: **the sixties** gli anni sessanta - 2. [in ages]: **to be in one's sixties** essere oltre i sessanta.

size [saɪz] n - 1. (U) [degree of largeness or smallness - of person, place, company] dimensione f; [- of problem] entità f; **an organization of that size** un'organizzazione di quelle dimensioni - 2. (U) [largeness] mole f - 3. [of clothes, shoes, hat] misura f, taglia f. ➡ **size up** vt sep soppesare.

sizeable ['saɪzəbl] adj notevole.

sizzle ['sɪzl] vi sfrigolare.

skate [skeɪt] ⬥ n - 1. SPORT pattino m - 2. [fish] razza f. ⬥ vi SPORT pattinare.

skateboard ['skeɪtbɔːd] n skateboard m inv.

skater ['skeɪtər] n pattinatore m, -trice f.

skating ['skeɪtɪŋ] n (U) pattinaggio m; **to go skating** andare a pattinare.

skeleton ['skelɪtn] n scheletro m.

skeleton key n passe-partout m inv.

skeptic etc n US = **sceptic**.

sketch [sketʃ] ⬥ n - 1. [drawing] schizzo m - 2. [brief description] abbozzo m - 3. [on TV, radio, stage] sketch m inv. ⬥ vt - 1. [draw] fare uno schizzo di - 2. [describe] tratteggiare.

sketchbook ['sketʃbuk] n album m inv per schizzi.

sketchpad ['sketʃpæd] n blocco m per schizzi.

sketchy ['sketʃi] adj vago(a), approssimato(a).

skewer ['skjuər] ⬥ n spiedo m. ⬥ vt infilzare sullo spiedo.

ski [skiː] (pt & pp skied, cont skiing) ⬥ n sci m inv. ⬥ vi sciare.

ski boots npl scarponi mpl da sci.

skid [skɪd] ⬥ n slittata f. ⬥ vi slittare.

skier ['skiːər] n sciatore m, -trice f.

skiing ['ski:ɪŋ] n (U) sci m inv; **to go skiing** andare a sciare.

ski jump n - 1. [slope] trampolino m - 2. [sporting event] (gara f di) salto m dal trampolino.

skilful UK, **skillful** US ['skɪlfʊl] adj [person] abile, esperto(a); [action, use] efficace.

ski lift n sciovia f, ski lift m inv.

skill [skɪl] n - 1. (U) [expertise] abilità f, capacità f - 2. [craft, technique] abilità f inv.

skilled [skɪld] adj - 1. [skilful]: **skilled (in OR at doing sthg)** abile (a fare qc) - 2. [trained] specializzato(a).

skillful adj US = **skilful**.

skim [skɪm] ⬦ vt - 1. [cream] scremare; [grease] sgrassare - 2. [glide over] sfiorare. ⬦ vi - 1.: **to skim over sthg** [bird] sfiorare qc, volare rasente a qc; [stone] passare rasente a qc - 2.: **to skim through sthg** [article] dare un'occhiata a qc, scorrere qc.

skimmed milk [skɪmd-], **skim milk** US n (U) latte m scremato.

skimp [skɪmp] ⬦ vt risparmiare, economizzare. ⬦ vi: **to skimp on sthg** economizzare su qc.

skimpy ['skɪmpɪ] adj [meal] scarso(a); [clothes, facts] succinto(a).

skin [skɪn] ⬦ n - 1. (U) [of person, animal] pelle f - 2. [of fruit, vegetable] buccia f - 3. [on surface of liquid] pellicola f. ⬦ vt - 1. [animal] spellare, scuoiare; [fruit] sbucciare - 2. [graze] sbucciarsi, scorticarsi.

skin-deep adj superficiale.

skinny ['skɪnɪ] adj inf magro(a).

skin-tight adj attillato(a).

skip [skɪp] ⬦ n - 1. [little jump] saltello m - 2. UK [large container] grosso contenitore di metallo per rifiuti che si può prendere a nolo. ⬦ vt [miss] saltare. ⬦ vi - 1. [move in little jumps] saltellare - 2. UK [jump over rope] saltare la corda.

ski pants npl pantaloni mpl da sci.

ski pole n bastoncino m da sci, racchetta f da sci.

skipper ['skɪpər] n inf - 1. [of boat, ship] capitano m, comandante m - 2. UK [of sports team] capitano m.

skipping rope ['skɪpɪŋ-] n UK corda f per saltare.

skirmish ['skɜːmɪʃ] n - 1. MIL schermaglia f, scaramuccia f - 2. fig [disagreement] schermaglia f.

skirt [skɜːt] ⬦ n gonna f. ⬦ vt aggirare.

ski tow n ski lift m inv, sciovia f.

skittle ['skɪtl] n UK birillo m. ⬦ **skittles** n (U) UK birilli mpl.

skive [skaɪv] vi UK inf: **to skive (off)** [gen] fare lo(a) scansafatiche; [from school] fare sega.

skulk [skʌlk] vi - 1. [hide] rintanarsi - 2. [prowl] aggirarsi furtivamente.

skull [skʌl] n cranio m, teschio m.

skunk [skʌŋk] n moffetta f.

sky [skaɪ] n cielo m.

skylight ['skaɪlaɪt] n lucernario m, abbaino m.

skyscraper ['skaɪ,skreɪpər] n grattacielo m.

slab [slæb] n - 1. [of concrete, stone] lastrone m; [of wood] tavola f - 2. [of meat, cake] fetta f; [of chocolate] tavoletta f.

slack [slæk] ⬦ adj - 1. [rope] allentato(a) - 2. [business] fiacco(a) - 3. [not efficient] trascurato(a). ⬦ n (U) [in rope] allentamento m.

slacken ['slækn] ⬦ vt - 1. [speed, pace] rallentare - 2. [rope] allentare. ⬦ vi - 1. [speed, pace] rallentare - 2. [rope] allentarsi.

slagheap ['slæghi:p] n cumulo m di detriti.

slam [slæm] ⬦ vt - 1. [shut] sbattere - 2. [place roughly]: **to slam sthg on(to) sthg** sbattere qc su qc. ⬦ vi [shut] sbattere.

slander ['slɑːndər] ⬦ n (U) calunnia f, diffamazione f. ⬦ vt calunniare, diffamare.

slang [slæŋ] n (U) gergo m, slang m.

slant [slɑːnt] ⬦ n - 1. [diagonal angle] inclinazione f, pendenza f - 2. [point of view] punto m di vista. ⬦ vt [bias] distorcere. ⬦ vi [slope] pendere, essere inclinato(a).

slanting ['slɑːntɪŋ] adj inclinato(a).

slap [slæp] ⬦ n [in face] schiaffo m; [on back] pacca f. ⬦ vt - 1. [person] dare uno schiaffo a - 2. [put]: **to slap sthg on(to) sthg** sbattere qc su qc. ⬦ adv inf [directly] dritto; **to go slap into a wall** finire dritto contro un muro.

slapdash ['slæpdæʃ] adj inf frettoloso(a).

slaphappy ['slæp,hæpɪ] adj inf svampito(a).

slapstick ['slæpstɪk] n (U) slapstick m inv.

slap-up adj UK inf [meal] coi fiocchi.

slash [slæʃ] ⬦ n - 1. [long cut] squarcio m - 2. [oblique stroke] barra f. ⬦ vt - 1. [cut] squarciare; [person] dare uno squarcio a - 2. inf [reduce drastically] tagliare.

slat [slæt] n stecca f.

slate [sleɪt] ⬦ n - 1. (U) [rock] ardesia f - 2. [on roof] tegola f (d'ardesia). ⬦ vt UK inf [criticize] stroncare.

slaughter ['slɔːtər] ⬦ n - 1. [of animals] macellazione f - 2. [of people] massacro m. ⬦ vt - 1. [animals] macellare - 2. [people] massacrare.

slaughterhouse ['slɔːtəhaʊs] n mattatoio m.

slave [sleɪv] <> n [servant] schiavo m, -a f. <> vi [work hard]: **to slave (over sthg)** sudare sangue (su qc).

slavery ['sleɪvərɪ] n (U) schiavitù f.

sleaze [sli:z] n depravazione f.

sleazy ['sli:zɪ] adj [place] squallido(a); [person] losco(a).

sledge [sledʒ] UK, **sled** [sled] US n slitta f.

sledgehammer ['sledʒ,hæmər] n mazza f (per pietra, metallo).

sleek [sli:k] adj - 1. [hair, fur] lucente - 2. [animal] dal pelo lucente - 3. [car, plane] dalla linea slanciata - 4. [person] tirato(a) a lustro.

sleep [sli:p] (pt & pp slept) <> n - 1. (U) [rest] sonno m; **to go to sleep** [doze off, go numb] addormentarsi - 2. [period of sleeping] dormita f. <> vi dormire. ◆ **sleep in** vi dormire fino a tardi. ◆ **sleep with** vt insep euph andare a letto con.

sleeper ['sli:pər] n - 1. [person]: **to be a heavy/light sleeper** avere il sonno pesante/leggero - 2. [sleeping compartment] vagone m letto (inv) - 3. [train] treno m con vagoni letto - 4. UK [on railway track] traversina f.

sleeping bag ['sli:pɪŋ-] n sacco m a pelo.

sleeping car ['sli:pɪŋ-] n vagone m letto (inv).

sleeping pill ['sli:pɪŋ-] n sonnifero m.

sleepless ['sli:plɪs] adj insonne.

sleepwalk ['sli:pwɔ:k] vi camminare nel sonno.

sleepy ['sli:pɪ] adj [person] assonnato(a).

sleet [sli:t] <> n (U) nevischio m. <> impers vb nevischiare.

sleeve [sli:v] n - 1. [of garment] manica f - 2. [for record] copertina f.

sleigh [sleɪ] n slitta f (trainata da animali).

slender ['slendər] adj - 1. [thin] snello(a) - 2. [scarce] esiguo(a).

slept [slept] pt & pp ▷ **sleep**.

S level ['eslevl] n UK (abbr of Special level), esame scolastico finale supplementare di livello superiore all'A level.

slice [slaɪs] <> n - 1. [thin piece] fetta f - 2. [proportion] parte f - 3. SPORT tiro m tagliato. <> vt - 1. [cut into slices] affettare - 2. SPORT tagliare. ◆ **slice off** vt sep [sever] tagliare (via).

slick [slɪk] <> adj - 1. [smoothly efficient] ingegnoso(a) - 2. pej [glib] furbo(a). <> n chiazza f di petrolio.

slide [slaɪd] (pt & pp slid) <> n - 1. PHOT diapositiva f - 2. [in playground] scivolo m - 3. UK [for hair] fermacapelli m inv - 4. [decline] declino m; **a slide in prices** un calo dei prezzi. <> vt [move smoothly] far scivolare; **he slid his**

hand along the table passò la mano sul tavolo. <> vi - 1. [on ice, slippery surface] sdrucciolare - 2. [move quietly] scivolare; **to slide out of the room** sgusciare fuori dalla stanza - 3. [decline gradually] cadere.

sliding door ['slaɪdɪŋ-] n porta f scorrevole.

slight [slaɪt] <> adj - 1. [minor] lieve; **not in the slightest** per niente - 2. [slender] esile. <> n [insult] affronto m. <> vt [offend] offendere.

slightly ['slaɪtlɪ] adv [not very much] leggermente.

slim [slɪm] <> adj - 1. [person] snello(a) - 2. [volume] sottile - 3. [chance, possibility] scarso(a). <> vi UK [lose weight] dimagrire; [diet]: **to be slimming** essere a dieta.

slime [slaɪm] n (U) melma f.

slimming ['slɪmɪŋ] UK <> n (U) dimagrimento. <> adj dimagrante; **slimming club** centro m dimagrimento.

sling [slɪŋ] (pt & pp slung) <> n - 1. [for injured arm] fascia f; **to have one's arm in a sling** avere il braccio al collo - 2. [for carrying things] imbraca f. <> vt - 1. [hang roughly]: **to sling one's bag over one's shoulder** mettersi la borsa a tracolla - 2. inf [throw] lanciare - 3. [hang by both ends] sospendere.

slip [slɪp] <> n - 1. [mistake] svista f; **slip of the pen** errore m di distrazione; **slip of the tongue** lapsus m inv - 2. [form] modulo m - 3. [of paper] foglietto m - 4. [for undergarment] sottoveste f; **to give sb the slip** inf seminare qn. <> vt - 1. [slide] infilare - 2. [clothes]: **to slip sthg on/off** infilarsi/sfilarsi qc - 3. [escape]: **to slip sb's mind** passare di mente a qn. <> vi - 1. [on slippery surface] scivolare - 2. [move unexpectedly] sfuggire - 3. [move gradually, discreetly – in] infilarsi; [- out] sgusciare; **to slip into/out of sthg** [clothes] mettersi/togliersi qc - 4. [prices, standards] calare; [person] perder colpi - 5. [clutch] slittare. ◆ **slip away** vi [leave] svignarsela. ◆ **slip on** vt sep [clothes, shoes] infilarsi. ◆ **slip up** vi inf [make a mistake] fare uno sbaglio.

slipped disc [,slɪpt-] n ernia f del disco.

slipper ['slɪpər] n pantofola f.

slippery ['slɪpərɪ] adj - 1. [surface, soap] scivoloso(a) - 2. [person] sfuggente.

slip road n UK bretella f.

slip-up n inf svista f.

slit [slɪt] (pt & pp slit) <> n fessura f. <> vt tagliare.

slither ['slɪðər] vi - 1. [car, person] scivolare - 2. [snake] strisciare.

sliver ['slɪvər] n - 1. [of glass, wood] scheggia f - 2. [of soap] scaglia f; [of food] fettina f.

slob [slɒb] *n inf* porcello *m*, -a *f.*

slog [slɒg] *inf* ⬦ *n* [tiring work] lavoraccio *m.* ⬦ *vi* [work]: **to slog (away) at sthg** sgobbare su qc.

slogan ['sləʊgən] *n* slogan *m inv.*

slop [slɒp] ⬦ *n* brodaglia *f.* ⬦ *vt* versare. ⬦ *vi* traboccare.

slope [sləʊp] ⬦ *n* [of land] pendio *m.* ⬦ *vi* pendere.

sloping ['sləʊpɪŋ] *adj* inclinato(a).

sloppy ['slɒpɪ] *adj* [careless, untidy] sciatto(a).

slot [slɒt] *n* - **1.** [opening] fessura *f* - **2.** [groove] scanalatura *f* - **3.** [in radio, TV] spazio *m.*

slot machine *n* - **1.** UK [vending machine] distributore *m* automatico - **2.** [arcade machine] slot-machine *f inv.*

slouch [slaʊtʃ] *vi* stare scomposto(a).

Slovakia [sləˈvækɪə] *n* Slovacchia *f.*

slovenly ['slʌvnlɪ] *adj* sciatto(a).

slow [sləʊ] ⬦ *adj* - **1.** [not fast] lento(a) - **2.** [clock, watch]: **to be slow** essere indietro - **3.** [not intelligent] non molto sveglio(a). ⬦ *adv*: **to go slow** [driver] andare piano; [workers] fare lo sciopero bianco. ⬦ *vt & vi* rallentare. ◆ **slow down, slow up** *vt sep & vi* rallentare.

slowdown ['sləʊdaʊn] *n* rallentamento *m.*

slowly ['sləʊlɪ] *adv* lentamente.

slow motion *n* (U) rallentatore *m*; **in slow motion** al rallentatore.

sludge [slʌdʒ] *n* - **1.** [mud] melma *f* - **2.** [sediment] deposito *m.*

slug [slʌg] *n* - **1.** ZOOL lumaca *f* - **2.** *inf* [of alcohol] sorso *m* - **3.** *inf* [bullet] pallottola *f.*

sluggish ['slʌgɪʃ] *adj* fiacco(a).

sluice [sluːs] *n* canale *m* con chiusa.

slum [slʌm] *n* quartiere *m* povero.

slumber ['slʌmbər] *liter* ⬦ *n* (U) sonno *m.* ⬦ *vi* dormire.

slump [slʌmp] ⬦ *n* - **1.** [decline]: **slump (in sthg)** crollo *m* (di qc) - **2.** [period of economic depression] crisi *f inv*, recessione *f.* ⬦ *vi* - **1.** [prices, market] crollare - **2.** [person] accasciarsi.

slung [slʌŋ] *pt & pp* ▷ **sling.**

slur [slɜːr] ⬦ *n* [insult]: **slur (on sb/sthg)** onta *f* (per qn/qc). ⬦ *vt* [speech, words] strascicare.

slush [slʌʃ] *n* (U) neve *f* sciolta.

slut [slʌt] *n inf offens* - **1.** [dirty or untidy woman] sciattona *f* - **2.** [sexually immoral woman] puttana *f.*

sly [slaɪ] (*comp* **slyer** OR **slier**) (*superl* **slyest** OR **sliest**) *adj* - **1.** [look, smile, grin] di chi la sa lunga - **2.** [cunning] furbo(a).

smack [smæk] ⬦ *n* - **1.** [slap - on face, wrist] schiaffo *m*; [- on bottom] sculaccione *m* - **2.** [impact] colpo *m* - **3.** *inf* [heroin] eroina *f.* ⬦ *vt* - **1.** [child] menare; **to smack sb's bottom** sculacciare qn - **2.** [put] sbattere.

small [smɔːl] *adj* - **1.** [gen] piccolo(a) - **2.** [profit, importance] scarso(a); [matter] di poca importanza.

small ads *npl* UK piccoli annunci *mpl.*

small change *n* (U) spiccioli *mpl.*

smallholder ['smɔːlˌhəʊldər] *n esp* UK piccolo proprietario *m* terriero, piccola proprietaria *f* terriera.

small hours *npl* ore *fpl* piccole.

smallpox ['smɔːlpɒks] *n* (U) vaiolo *m.*

small print *n*: **the small print** i dettagli.

small talk *n* (U) chiacchiere *fpl.*

smarmy ['smɑːmɪ] *adj* untuoso(a).

smart [smɑːt] ⬦ *adj* - **1.** [elegant] elegante - **2.** [clever] intelligente - **3.** *esp* UK [fashionable, exclusive] alla moda - **4.** [rapid] rapido(a). ⬦ *vi* - **1.** [sting] bruciare - **2.** [feel anger and humiliation] sentirsi ferito(a).

smarten ['smɑːtn] ◆ **smarten up** *vt sep* riordinare; **to smarten o.s. up** *esp* UK mettersi elegante.

smash [smæʃ] ⬦ *n* - **1.** [sound] fracasso *m* - **2.** *inf* [car crash] scontro *m* - **3.** TENNIS schiacciata *f.* ⬦ *vt* - **1.** [break into pieces] spaccare - **2.** [hit, crash] sbattere - **3.** *fig* [defeat] schiacciare. ⬦ *vi* - **1.** [break into pieces] spaccarsi - **2.** [crash, collide]: **to smash through/into sthg** andare a sbattere contro/in qc.

smashing ['smæʃɪŋ] *adj* UK *inf dated* fantastico(a).

smattering ['smætərɪŋ] *n* infarinatura *f.*

smear [smɪər] ⬦ *n* - **1.** [dirty mark] macchia *f* - **2.** UK MED striscio *m* (vaginale) - **3.** [slander] diffamazione. ⬦ *vt* - **1.** [smudge] imbrattare - **2.** [spread]: **to smear sthg onto sthg** stendere qc su qc; **to smear sthg with sthg** spalmare qc di qc - **3.** [slander] diffamare.

smell [smel] (*pt & pp* **-ed** OR **smelt**) ⬦ *n* - **1.** [odour] odore *m*; [unpleasant odour] puzza *f* - **2.** (U) [sense of smell] olfatto *m.* ⬦ *vt* - **1.** [notice an odour of] sentire odore di - **2.** [sniff at] annusare - **3.** *fig* [sense] sentire puzza di. ⬦ *vi* - **1.** [have sense of smell]: **I can't smell** non sento gli odori - **2.** [have particular smell]: **to smell of sthg** odorare di qc; **it smells like sthg** c'è odore di qc; **to smell good/bad** profumare/puzzare - **3.** [smell unpleasantly] puzzare.

smelly ['smelɪ] *adj* puzzolente.

smelt [smelt] ⬦ *pt & pp* ▷ **smell.** ⬦ *vt* TECH fondere.

smile [smaɪl] ◇ n sorriso m. ◇ vi sorridere.

smiley ['smaɪlɪ] n COMPUT smiley m inv, faccina f (che ride).

smirk [smɜːk] n ghigno m compiaciuto.

smock [smɒk] n UK [loose shirt] blusa f; [protective garment] grembiule m.

smog [smɒg] n (U) smog m.

smoke [sməʊk] ◇ n (U) [product of burning] fumo m. ◇ vt - 1. [cigarette, cigar] fumare - 2. [fish, meat, cheese] affumicare. ◇ vi fumare.

smoked [sməʊkt] adj affumicato(a).

smoker ['sməʊkər] n - 1. [person] fumatore m, -trice f - 2. RAIL scompartimento m fumatori (inv).

smoke shop n US negozio di articoli per fumatori.

smoking ['sməʊkɪŋ] n (U) fumo m; 'no smoking' 'vietato fumare'.

smoky ['sməʊkɪ] adj - 1. [full of smoke] fumoso(a) - 2. [colour] fumo (inv); [flavour] affumicato(a).

smolder vi US = smoulder.

smooth [smuːð] ◇ adj - 1. [surface] liscio(a) - 2. CULIN omogeneo(a) - 3. [flow, pace, supply] regolare - 4. [wine] amabile - 5. [flight, progress, operation] tranquillo(a); [engine] to be smooth girare bene - 6. pej [person, manner] mellifluo(a). ◇ vt - 1. [hair, skirt, tablecloth] lisciare - 2. [rub] applicare. ◆ smooth out vt sep - 1. [skirt] lisciare; [crease, sheet, wrinkles] stendere - 2. [difficulties] appianare.

smother ['smʌðər] vt - 1. [gen] soffocare - 2. [cover thickly] to smother sthg in OR with sthg ricoprire qc di qc.

smoulder UK, **smolder** US ['sməʊldər] vi - 1. [fire] covare sotto la cenere - 2. fig [feelings] covare.

SMS (abbr of short message service) n COMPUT SMS m inv.

smudge [smʌdʒ] ◇ n macchia f. ◇ vt sbaffare.

smug [smʌg] adj pej compiaciuto(a).

smuggle ['smʌgl] vt [between countries - goods] contrabbandare; [- people] to smuggle sb in/out far entrare/uscire qn clandestinamente.

smuggler ['smʌglər] n [of drugs, arms] trafficante mf; [of cigarettes] contrabbandiere m, -a f.

smuggling ['smʌglɪŋ] n (U) [of drugs, arms] traffico m clandestino; [of cigarettes] contrabbando m.

smutty ['smʌtɪ] adj inf pej sconcio(a).

snack [snæk] n spuntino m.

snack bar n snack-bar m inv.

snag [snæg] ◇ n intoppo m. ◇ vi: to snag (on sthg) impigliarsi (in qc).

snail [sneɪl] n lumaca f.

snail mail n posta f.

snake [sneɪk] n serpente m.

snap [snæp] ◇ adj repentino(a). ◇ n - 1. [act or sound of snapping] schiocco m - 2. UK inf [photograph] foto f inv - 3. [card game] gioco simile al rubamazzo. ◇ vt - 1. [break] spezzare - 2. [make cracking sound with] to snap sthg open/shut aprire/chiudere qc con uno scatto; to snap one's fingers schioccare le dita - 3. [speak sharply] dire in tono seccato. ◇ vi - 1. [break] spezzarsi - 2. [attempt to bite] to snap (at sb/sthg) cercare di mordere (qn/qc) - 3. [speak sharply] scattare; to snap at sb rispondere male a qn. ◆ snap up vt sep prendere al volo.

snappy ['snæpɪ] adj inf - 1. [quick] make it snappy! sbrigati! - 2. inf dated [stylish] alla moda.

snapshot ['snæpʃɒt] n foto f inv.

snare [sneər] ◇ n laccio m (per animali). ◇ vt prendere al laccio.

snarl [snɑːl] ◇ n ringhio m. ◇ vi - 1. [animal] ringhiare - 2. [person] parlare con rabbia.

snatch [snætʃ] ◇ n [fragment] pezzetto m. ◇ vt [grab] afferrare.

sneak [sniːk] (pt & pp -ed OR snuck; esp US) ◇ n inf spione m, -a f. ◇ vt: to sneak sb/ sthg into sthg portare qc/qn di nascosto in OR a qc; to sneak a look at sb/sthg dare una sbirciata a qn/qc. ◇ vi [move quietly]: to sneak up on sb avvicinarsi a qn di soppiatto.

sneakers ['sniːkəz] npl esp US scarpe fpl da ginnastica.

sneaky ['sniːkɪ] adj inf subdolo(a).

sneer [snɪər] ◇ n sogghigno m. ◇ vi [smile] sogghignare.

sneeze [sniːz] ◇ n starnuto m. ◇ vi starnutire.

snicker ['snɪkər] n & vi US = snigger.

snide [snaɪd] adj maligno(a).

sniff [snɪf] ◇ vt - 1. [smell] annusare - 2. [drug] sniffare. ◇ vi [clearing nose] tirare su col naso.

snigger ['snɪgər] UK, **snicker** ['snɪkər] US ◇ n risolino m. ◇ vi ridacchiare.

snip [snɪp] ◇ n UK inf [bargain] affare m. ◇ vt [cut] tagliare.

sniper ['snaɪpər] n cecchino m.

snippet ['snɪpɪt] n [of information, news] frammento m; a snippet of gossip un pettegolezzo.

snob [snɒb] n snob mf inv.

snobbish ['snɒbɪʃ], **snobby** ['snɒbɪ] *adj* snob *(inv)*.

snooker ['snuːkəʳ] *n* (U) biliardo *m*.

snoop [snuːp] *vi inf* curiosare.

snooty ['snuːtɪ] *adj inf* con la puzza sotto il naso.

snooze [snuːz] *inf* ⬦ *n* pisolino *m*; **to have a snooze** fare un pisolino. ⬦ *vi* sonnecchiare.

snore [snɔːʳ] ⬦ *n*: **his snores became louder** il suo russare si fece più forte. ⬦ *vi* russare.

snoring ['snɔːrɪŋ] *n* russamento *m*; **I can't sleep with his snoring** non riesco a dormire quando russa.

snorkel ['snɔːkl] *n* boccaglio *m*.

snort [snɔːt] ⬦ *n* - **1.** [of person] grugnito *m* - **2.** [of horse, bull] sbuffo *m*. ⬦ *vi* - **1.** [person] grugnire - **2.** [horse, bull] sbuffare.

snout [snaʊt] *n* muso *m*.

snow [snəʊ] ⬦ *n* (U) neve *f*. ⬦ *impers vb* nevicare.

snowball ['snəʊbɔːl] ⬦ *n* palla *f* di neve. ⬦ *vi* crescere a valanga.

snowboard ['snəʊˌbɔːd] *n* snowboard *m inv*.

snowboarding ['snəʊˌbɔːdɪŋ] *n* snowboard *m*; **to go snowboarding** fare snowboard.

snowdrift ['snəʊdrɪft] *n* cumulo *m* di neve.

snowdrop ['snəʊdrɒp] *n* bucaneve *m inv*.

snowfall ['snəʊfɔːl] *n* - **1.** [fall of snow] nevicata *f* - **2.** [amount of snow over time] nevosità *f*.

snowflake ['snəʊfleɪk] *n* fiocco *m* di neve.

snowman ['snəʊmæn] (*pl* **-men**) *n* pupazzo *m* di neve.

snowplough UK, **snowplow** US ['snəʊplaʊ] *n* spazzaneve *m inv*.

snowstorm ['snəʊstɔːm] *n* bufera *f* di neve.

SNP (*abbr of Scottish National Party*) *n* partito *m* nazionalista scozzese.

Snr, snr (*abbr of senior*) sr.

snub [snʌb] ⬦ *n* affronto *m*. ⬦ *vt* snobbare.

snuck [snʌk] *pt US* ⊳ **sneak**.

snug [snʌg] *adj* - **1.** [person, feeling] confortevole - **2.** [place] intimo(a) - **3.** [close-fitting] aderente.

snuggle ['snʌgl] *vi* raggomitolarsi.

so [səʊ] ⬦ *adv* - **1.** [to such a degree] così; **so difficult (that)** così difficile che; **don't be so stupid!** non essere così stupido!; **he's not so stupid as he looks** non è stupido come sembra; **we're so glad you could come** siamo così contenti che tu sia potuta venire; **he's so sweet/kind** è così dolce/gentile; **I've never seen so much money/many cars** non ho mai visto così tanti soldi/tante macchine - **2.** [in referring back to previous statement, event *etc*]: **so what's the point then?** che senso ha allora?; **so you knew already?** quindi, lo sapevi già?; **I don't think so** non credo; **I'm afraid so** sì, mi dispiace; **if so** se è così; **is that so?** è vero?; **the area has always been very poor and remains so to this day** la regione è sempre stata molto povera e lo è ancora oggi - **3.** [to introduce a statement] allora; **so what have you been up to?** allora, cos'hai fatto di bello?; **so that's who she is!** ecco chi è!; **so what?** *inf* e basta?; **so there!** *inf* punto e basta! - **4.** [also]: **so do/am/can/will I** anch'io; **she speaks French and so does her husband** parla francese e suo marito anche - **5.** [in this way] così; **like so** così - **6.** [unspecified amount, limit]: **I can only put up with so much** posso sopportare solo fino a un certo punto; **to pay so much a week** pagare un tanto alla settimana; **a year/week or so ago** suppergiù un anno/una settimana fa. ⬦ *conj* - **1.** [with the result that] e così; **he said yes, so we got married** ha detto di sì e così ci siamo sposati - **2.** [therefore] quindi; **I'm away next week so I can't come** sono via la settimana prossima, quindi non posso venire. ⬥ **and so on, and so forth** *adv* e così via. ⬥ **so as** *conj* per; **we didn't knock so as not to disturb them** non abbiamo bussato per non disturbarli. ⬥ **so that** *conj* [for the purpose that] affinché (+ congiuntivo).

soak [səʊk] ⬦ *vt* - **1.** [leave immersed] mettere a mollo - **2.** [wet thoroughly] inzuppare; **to be soaked with sthg** essere inzuppato(a) di qc. ⬦ *vi* - **1.** [become thoroughly wet]: **to leave sthg to soak, to let sthg soak** lasciare qc a mollo - **2.** [spread]: **to soak into sthg** impregnare qc; **to soak through (sthg)** infiltrarsi (attraverso qc). ⬥ **soak up** *vt sep* [liquid] asciugare.

soaking ['səʊkɪŋ] *adj* zuppo(a).

so-and-so *n inf* - **1.** [to replace a name] tal dei tali *mf inv* - **2.** [annoying person] essere *m* sgradevole.

soap [səʊp] *n* - **1.** (U) [for washing] sapone *m* - **2.** TV soap *f inv*.

soap dish *n* portasapone *m inv*.

soap opera *n* soap opera *f inv*.

soap powder *n* (U) detersivo *m* in polvere.

soapy ['səʊpɪ] *adj* - **1.** [full of soap] insaponato(a) - **2.** [resembling soap] di sapone.

soar [sɔːʳ] *vi* - **1.** [bird] librarsi in volo - **2.** [rise into the sky] innalzarsi - **3.** [increase rapidly] essere in rapida ascesa.

sob [spb] <> *n* singhiozzo *m.* <> *vi* singhiozzare.

sober ['səʊbəʳ] *adj* - **1.** [gen] sobrio(a) - **2.** [serious] serio(a). ◆ **sober up** *vi* smaltire la sbornia.

sobering ['səʊbərɪŋ] *adj*: **a sobering thought** un pensiero che fa riflettere.

so-called [-kɔːld] *adj* cosiddetto(a).

soccer ['sɒkəʳ] *n (U)* calcio *m.*

sociable ['səʊʃəbl] *adj* socievole.

social ['səʊʃl] *adj* - **1.** [behaviour, background, conditions] sociale - **2.** [drinking] in compagnia - **3.** [animals, insects] gregario(a).

social club *n* circolo *m* sociale.

socialism ['səʊʃəlɪzm] *n (U)* socialismo *m.*

socialist ['səʊʃəlɪst] <> *adj* socialista. <> *n* socialista *mf.*

socialize, -ise UK ['səʊʃəlaɪz] *vi*: **to socialize (with sb)** socializzare (con qn).

social life *n* vita *f* di società.

social security *n (U)* sistema statale di previdenza per chi è senza lavoro.

social services *npl* servizi *mpl* sociali.

social worker *n* assistente *mf* sociale.

society [sə'saɪətɪ] *n* - **1.** [gen] società *f inv* - **2.** [club, organization] associazione *f.*

sociology [,səʊsɪ'ɒlədʒɪ] *n (U)* sociologia *f.*

sock [sɒk] *n* calzino *m.*

socket ['sɒkɪt] *n* - **1.** [for plug] presa *f* (di corrente); [for light bulb] portalampada *m inv* - **2.** [in body] cavità *f inv.*

sod [sɒd] *n* - **1.** [of turf] zolla *f* erbosa - **2.** UK vulg [person] stronzo *m,* -a *f.*

soda ['səʊdə] *n* - **1.** CHEM soda *f* - **2.** [soda water] soda *f,* seltz *m inv* - **3.** US [fizzy drink] gassosa *f.*

soda water *n* soda *f,* seltz *m inv.*

sodden ['sɒdn] *adj* fradicio(a).

sodium ['səʊdɪəm] *n (U)* sodio *m.*

sofa ['səʊfə] *n* divano *m.*

soft [sɒft] *adj* - **1.** [mattress, skin, leather, light] morbido(a); [ground, cheese, butter] molle; [wool, hair] soffice - **2.** [gentle, quiet] delicato(a) - **3.** [kind, caring] tenero(a) - **4.** [not strict] flessibile.

softball ['sɒftbɔːl] *n* softball *m.*

soft drink *n* bibita *f.*

soften ['sɒfn] <> *vt* - **1.** [gen] ammorbidire - **2.** [blow, impact, effect] attutire. <> *vi* ammorbidirsi.

softhearted [,sɒft'hɑːtɪd] *adj* dal cuore tenero.

softly ['sɒftlɪ] *adv* - **1.** [gently, without violence] delicatamente - **2.** [quietly] con dolcezza - **3.** [dimly] debolmente - **4.** [fondly] teneramente.

software ['sɒftweəʳ] *n (U)* software *m.*

soggy ['sɒgɪ] *adj* molle.

soil [sɔɪl] <> *n* - **1.** [earth] terreno *m* - **2.** *fig* [territory] suolo *m.* <> *vt fml* sporcare.

soiled [sɔɪld] *adj fml* sporco(a).

solar ['səʊləʳ] *adj* solare.

solar energy *n* energia *f* solare.

solar power *n* energia *f* solare.

sold [səʊld] *pt & pp* ▷ **sell.**

solder ['səʊldəʳ] <> *n (U)* lega *f.* <> *vt* saldare.

soldier ['səʊldʒəʳ] *n* [man] soldato *m;* [woman] donna *f* soldato *(inv).*

sold out *adj* esaurito(a); **the concert was sold out** i biglietti del concerto erano esauriti.

sole [səʊl] <> *adj* - **1.** [only] solo(a) - **2.** [exclusive] esclusivo(a). <> *n (pl* **-s)** - **1.** [of foot] pianta *f* - **2.** *(pl* **sole)** [fish] sogliola *f.*

solemn ['sɒləm] *adj* solenne.

solicit [sə'lɪsɪt] <> *vt fml* [request] sollecitare. <> *vi* [prostitute] adescare.

solicitor [sə'lɪsɪtəʳ] *n* UK avvocato *m.*

solid ['sɒlɪd] <> *adj* - **1.** [gen] solido(a) - **2.** [not hollow] pieno(a) - **3.** [of one substance] massiccio(a) - **4.** [reliable, respectable] affidabile - **5.** [sound, considerable - support, evidence] consistente; [- experience] valido(a) - **6.** [unbroken, continuous] ininterrotto(a). <> *adv*: **to be packed solid** essere stracolmo(a). <> *n* [not liquid or gas] solido *m.* ◆ **solids** *npl* [food] cibo *m (sing)* solido.

solidarity [,sɒlɪ'dærətɪ] *n (U)* solidarietà *f.*

solitaire [,sɒlɪ'teəʳ] *n* solitario *m.*

solitary ['sɒlɪtrɪ] *adj* - **1.** [gen] solitario(a) - **2.** [single – person] appartato(a).

solitary confinement *n (U)* isolamento *m.*

solitude ['sɒlɪtjuːd] *n (U)* solitudine *f.*

solo ['səʊləʊ] *(pl* **-s)** <> *adj* - **1.** MUS solista - **2.** [flight] solitario(a); [performance, goal] individuale. <> *n* MUS assolo *m inv.* <> *adv* - **1.** MUS da solo(a) - **2.** [fly, climb] in solitario.

soloist ['səʊləʊɪst] *n* solista *mf.*

soluble ['sɒljʊbl] *adj* - **1.** [substance] solubile - **2.** [problem] risolvibile.

solution [sə'luːʃn] *n* - **1.** [to problem, puzzle]: **solution (to sthg)** soluzione *f* (di qc) - **2.** [liquid] soluzione *f.*

solve [sɒlv] *vt* risolvere.

solvent ['sɒlvənt] <> *adj* FIN solvente. <> *n* [substance] solvente *m.*

Somalia [sə'mɑːlɪə] n Somalia f.

sombre UK, **somber** US ['sɒmbər] adj tetro(a).

some [sʌm] ⟨⟩ adj - 1. [a certain amount, number of]: **would you like some coffee?** vuoi del caffè?; **some friends are staying with me** sto ospitando alcuni amici - 2. [fairly large number or quantity of]: **I've known him for some years** lo conosco da diversi anni; **I had some difficulty finding the place** ho fatto una certa fatica a trovare il posto; **she remained silent for some time** rimase in silenzio per un po' - 3. *(contrastive use)* [certain] certi(e); **some jobs are better paid than others** certi lavori sono pagati meglio di altri - 4. [in imprecise statements]: **she married some writer or other** si è sposata con uno scrittore; **there must be some mistake** ci dev'essere qualche errore; **there's some man at the door for you** c'è un tale alla porta per te - 5. inf [not very good]: **some help you are!** bell'aiuto stai dando! ⟨⟩ pron - 1. [a certain amount]: **some of it is mine** una parte è mia; **can I have some?** [money, milk, coffee] posso prenderne un po'? - 2. [a certain number] alcuni(e); **can I have some?** [books, pens] posso prenderne alcuni?; [potatoes] posso prenderne un po'?; **some (of them) left early** alcuni (di loro) se ne sono andati presto; **some (of them) are mine** alcuni (di questi) sono miei - 3. [some people] alcuni. ⟨⟩ adv circa; **there were some 7,000 people there** c'erano circa 7.000 persone.

somebody ['sʌmbədɪ] pron qualcuno; **somebody else** qualcun altro.

someday ['sʌmdeɪ] adv un giorno.

somehow ['sʌmhaʊ] adv - 1. [by some action] in qualche modo - 2. [for some reason] per qualche ragione.

someone ['sʌmwʌn] pron = **somebody**.

someplace ['sʌmpleɪs] adv US da qualche parte; **someplace else** da qualche altra parte.

somersault ['sʌməsɔːlt] ⟨⟩ n capriola f. ⟨⟩ vi fare una capriola.

something ['sʌmθɪŋ] ⟨⟩ pron [unspecified thing] qualcosa; **something beautiful/new** qualcosa di bello/nuovo; **something odd happened to me** mi è successa una cosa strana; **something else** qualcos'altro; **or something** inf o qualcosa del genere. ⟨⟩ adv [in approximations]: **something like OR in the region of** qualcosa come.

sometime ['sʌmtaɪm] ⟨⟩ adj fml ex inv. ⟨⟩ adv uno di questi giorni; **he'll turn up sometime** si farà vivo prima o poi; **sometime last week/year** la settimana scorsa/l'anno scorso.

sometimes ['sʌmtaɪmz] adv a volte, qualche volta.

someway ['sʌmweɪ] adv US inf in qualche modo.

somewhat ['sʌmwɒt] adv piuttosto.

somewhere ['sʌmweər] adv - 1. [unknown place] da qualche parte; **somewhere else** da qualche altra parte - 2. [in approximations]: **somewhere between five and ten people** tra cinque e dieci persone.

son [sʌn] n figlio m.

song [sɒŋ] n - 1. [piece of music] canzone f - 2. [act of singing, birdsong] canto m.

sonic ['sɒnɪk] adj sonico(a).

son-in-law (pl **sons-in-law** OR **son-in-laws**) n genero m.

sonny ['sʌnɪ] n inf dated giovanotto m.

soon [suːn] adv - 1. [gen] presto; **write back soon** scrivi presto; **the doctor will be here soon** il dottore sarà qui tra poco; **soon afterwards** poco dopo; **as soon as** (non) appena - 2. [early] presto - 3. [expressing preference]: **I'd just as soon...** preferirei (piuttosto)...

sooner ['suːnər] adv - 1. [earlier] prima; **no sooner had I sat down than...** mi ero appena seduto che...; **sooner or later** prima o poi; **the sooner the better** prima è meglio è - 2. [expressing preference]: **I would sooner stay in tonight** preferirei restare a casa stasera.

soot [sʊt] n (U) fuliggine f.

soothe [suːð] vt - 1. [relieve] alleviare - 2. [calm] placare.

sophisticated [sə'fɪstɪkeɪtɪd] adj sofisticato(a).

sophomore ['sɒfəmɔːr] n US studente di secondo anno in un istituto di istruzione superiore negli Stati Uniti.

soporific [ˌsɒpə'rɪfɪk] adj fml soporifero(a).

sopping ['sɒpɪŋ] adj inf: **sopping wet** bagnato(a) fradicio(a).

soppy ['sɒpɪ] adj inf pej [book, film] sdolcinato(a); [person] pieno(a) di sentimentalismo.

soprano [sə'prɑːnəʊ] (pl **-s**) n - 1. [person] soprano mf - 2. [voice] voce f da soprano; **to sing soprano** cantare da soprano.

sorbet ['sɔːbeɪ] n sorbetto m.

sordid ['sɔːdɪd] adj - 1. [base, loathsome] sordido(a) - 2. [dirty, unpleasant] squallido(a).

sore [sɔːr] ⟨⟩ adj - 1. [painful] dolorante; **a sore throat** una gola irritata - 2. esp US inf [angry] seccato(a). ⟨⟩ n MED piaga f.

sorely ['sɔːlɪ] adv disperatamente.

sorority [sə'rɒrətɪ] (pl **-ies**) n US associazione di studentesse universitarie.

sorrow ['sɒrəu] n - 1. (U) [feeling of sadness] tristezza f - 2. [cause of sadness] dolore m.

sorry ['sɒrɪ] ◇ adj - 1. [expressing apology] spiacente; **to be sorry about sthg** essere spiacente per qc; **I'm sorry about the mess** mi dispiace per il disordine; **to be sorry for sthg** essere dispiaciuto(a) per qc; **to be sorry to do sthg** essere spiacente di fare qc; **I'm sorry to bother you** mi dispiace disturbarti - 2. [expressing disappointment]: **to be sorry (that)** essere dispiaciuto(a) che (+ subjunctive); **I'm sorry (that) you couldn't come** mi dispiace che tu non sia potuto venire; **to be sorry about sthg** essere dispiaciuto(a) di qc - 3. [expressing regret] rammaricato(a) - 4. [expressing sympathy]: **to be** or **feel sorry for sb** rammaricarsi per qn - 5. [expressing polite disagreement]: **I'm sorry, but...** mi dispiace, ma... - 6. [poor, pitiable] penoso(a). ◇ excl - 1. [expressing apology - to one person] scusa!; [- to one person, formal] scusi!; [- to one or more, formal] scusate! - 2. [asking for repetition] prego! - 3. [to correct oneself] chiedo scusa!

sort [sɔ:t] ◇ n [kind, type] tipo m; **a sort of** una specie di. ◇ vt [classify, separate] riordinare. ◆ **sort of** adv inf [rather] piuttosto. ◆ **sort out** vt sep - 1. [into groups] riordinare - 2. [room, papers, ideas] mettere in ordine - 3. [problem] risolvere - 4. [arrangements] definire.

SOS (abbr of **save our souls**) n SOS m inv.

so-so inf ◇ adj così così inv. ◇ adv così così.

sought [sɔ:t] pt & pp ⊳ **seek**.

soul [səul] n - 1. [gen & RELIG] anima f - 2. [perfect example] quintessenza f - 3. (U) MUS soul m.

soul-destroying [-dɪ,strɔɪŋ] adj [boring] disumanizzante; [discouraging] avvilente.

sound [saund] ◇ adj - 1. [healthy] sano(a) - 2. [sturdy] solido(a) - 3. [reliable - advice] sensato(a); [- investment] sicuro(a); [- supporter] fidato(a); [- information] valido(a) - 4. [thorough] completo(a). ◇ adv: **to be sound asleep** dormire profondamente. ◇ n - 1. [particular noise] rumore m - 2. (U) [noise in general] suono m - 3. (U) [volume] volume m - 4. [impression, idea]: **I don't like the sound of it** non mi ispira per niente; **by the sound of it** a quanto pare. ◇ vt [alarm, bell, horn] suonare. ◇ vi - 1. [make a noise] suonare; **to sound like sthg** suonare come qc - 2. [seem] sembrare; **to sound like sthg** dare l'impressione di qc. ◆ **sound out** vt sep: **to sound sb out (on** or **about sthg)** sondare gli umori di qn (riguardo a qc).

sound barrier n muro m del suono.

sound effects npl effetti mpl sonori.

soundly ['saundlɪ] adv - 1. [thoroughly - beat, defeat] sonoramente; [- reject] integralmente; [- punish] severamente - 2. [sleep] profondamente.

soundproof ['saundpru:f] adj insonorizzato(a).

soundtrack ['saundtræk] n colonna f sonora.

soup [su:p] n minestra f.

soup plate n piatto m fondo.

soup spoon n cucchiaio m da minestra.

sour ['sauər] ◇ adj - 1. [acidic] aspro(a) - 2. [milk, person, look] acido(a). ◇ vt [person, relationship] inacerbire.

source [sɔ:s] n - 1. [gen] fonte f - 2. [cause] origine f - 3. [of river] sorgente f.

south [sauθ] ◇ adj - 1. [in the south, facing the south] meridionale - 2. [from the south] del sud. ◇ adv verso sud; **south of** a sud di. ◇ n - 1. [direction] sud m - 2. [region]: **the south** il sud, il meridione.

South Africa n Sudafrica m.

South African ◇ adj sudafricano(a). ◇ n sudafricano m, -a f.

South America n Sudamerica m.

South American ◇ adj sudamericano(a). ◇ n sudamericano m, -a f.

southeast [,sauθ'i:st] ◇ adj - 1. [in the southeast, facing the southeast] sudorientale - 2. [from the southeast] di sud-est. ◇ adv verso sud-est; **southeast of** a sud-est di. ◇ n - 1. [direction] sud-est m - 2. [region]: **the southeast** il sud-est.

southerly ['sʌðəlɪ] adj - 1. [towards the south] verso sud; [in the south] meridionale - 2. [from the south] del sud.

southern ['sʌðən] adj meridionale.

South Korea n Corea f del Sud.

South Pole n: **the South Pole** il polo Sud.

southward ['sauθwəd] ◇ adj verso sud; **in a southward direction** in direzione sud. ◇ adv = **southwards**.

southwards ['sauθwədz] adv verso sud.

southwest [,sauθ'west] ◇ adj - 1. [in the southwest, facing the southwest] sudoccidentale - 2. [from the southwest] di sud-ovest. ◇ adv verso sud-ovest; **southwest of** a sud-ovest di. ◇ n - 1. [direction] sud-ovest m - 2. [region]: **the southwest** il sud-ovest.

souvenir [,su:və'nɪər] n souvenir m inv.

sovereign ['sɒvrɪn] ◇ adj sovrano(a). ◇ n - 1. [ruler] sovrano m, -a f - 2. [coin] sovrana f.

soviet ['səʊvɪət] n soviet m inv. ◆ **Soviet** ◇ adj sovietico(a). ◇ n sovietico m, -a f.

Soviet Union n: the (former) Soviet Union l'(ex) Unione f Sovietica.

sow[1] [səʊ] (pt -ed, pp sown OR -ed) vt seminare.

sow[2] [saʊ] n scrofa f.

sown [səʊn] pp ⊳ **sow**[1].

soya ['sɔɪə], **soy** [sɔɪ] n (U) soia f.

soya bean, soybean US ['sɔɪbi:n] n soia f.

spa [spɑ:] n terme fpl.

space [speɪs] ◇ n - 1. (U) [gen] spazio m; **a parking space** un parcheggio - 2. [seat, place] posto m. ◇ comp spaziale. ◇ vt distanziare. ◆ **space out** vt sep distanziare.

spacecraft ['speɪskrɑ:ft] (pl spacecraft) n veicolo m spaziale.

spaceman ['speɪsmæn] (pl -men) n inf astronauta mf.

spaceship ['speɪsʃɪp] n astronave f.

space shuttle n navetta f spaziale.

spacesuit ['speɪssu:t] n tuta f spaziale.

spacious ['speɪʃəs] adj spazioso(a).

spade [speɪd] n - 1. [tool] vanga f - 2. [playing card] carta f di picche. ◆ **spades** npl picche fpl.

spaghetti [spə'getɪ] n (U) spaghetti mpl.

Spain [speɪn] n Spagna f.

spam [spæm] ◇ n (U) COMPUT spam m. ◇ vt COMPUT mandare spam a.

span [spæn] ◇ n - 1. [in time] periodo m; **attention span** capacità f di concentrazione - 2. [range] gamma f - 3. [of hands, arms, wings] apertura f - 4. [of bridge, arch] campata f. ◇ vt - 1. [encompass] abbracciare - 2. [cross] attraversare.

Spaniard ['spænjəd] n spagnolo m, -a f.

spaniel ['spænjəl] n spaniel m inv.

Spanish ['spænɪʃ] ◇ adj spagnolo(a). ◇ n [language] spagnolo m. ◇ npl: **the Spanish** gli spagnoli.

spank [spæŋk] vt sculacciare.

spanner ['spænər] n UK chiave f inglese.

spar [spɑ:r] vi [in boxing] allenarsi.

spare [speər] ◇ adj - 1. [surplus] in più; [replacement] di riserva - 2. [available for use] libero(a). ◇ n inf [part] parte f di ricambio. ◇ vt - 1. [put aside, make available] avere; **I can't spare the time** non ho tempo; **with ten minutes to spare** con dieci minuti d'anticipo - 2. [not harm, economize] risparmiare; **to spare sb sthg** risparmiare qc a qn; **to spare no expense** non badare a spese.

spare part n AUT parte f di ricambio.

spare time n (U) tempo m libero.

spare wheel n ruota f di scorta.

sparing ['speərɪŋ] adj: **to be sparing with** OR **of sthg** essere parsimonioso(a) con qc.

sparingly ['speərɪŋlɪ] adv con parsimonia.

spark [spɑ:k] n - 1. [from fire] favilla f - 2. [from electricity] scintilla f - 3. fig [flash, trace] barlume m.

sparkle ['spɑ:kl] ◇ n [gen] scintillio m. ◇ vi [gen] scintillare.

sparkling ['spɑ:klɪŋ] adj - 1. [mineral water] frizzante, effervescente - 2. [wit] frizzante.

sparkling wine n spumante m.

spark plug n candela f (d'accensione).

sparrow ['spærəʊ] n passero m, -a f.

sparse [spɑ:s] adj [population, vegetation, rainfall] sparso(a); [crops] rado(a).

spasm ['spæzm] n spasmo m.

spastic ['spæstɪk] offens n spastico m, -a f.

spat [spæt] pt & pp ⊳ **spit**.

spate [speɪt] n ondata f.

spatter ['spætər] vt & vi schizzare.

spawn [spɔ:n] ◇ n (U) [of frogs, fish] uova fpl. ◇ vt fig [produce] dare origine a. ◇ vi ZOOL deporre le uova.

speak [spi:k] (pt spoke, pp spoken) ◇ vt - 1. [say] dire - 2. [language] parlare. ◇ vi parlare; **to speak to** OR **with sb** parlare a OR con qn; **to speak to sb about sthg** parlare a qn di qc; **to speak on sthg** parlare di qc; **to speak about sb/sthg** parlare di qn/qc. ◆ **so to speak** adv per così dire. ◆ **speak for** vt insep [represent] parlare per (conto di). ◆ **speak up** vi - 1. [say something]: **to speak up (for sb/sthg)** parlare (a favore di qn/qc) - 2. [speak louder] parlare più forte.

speaker ['spi:kər] n - 1. [person talking] persona f che sta parlando - 2. [in lecture] oratore m, -trice f - 3. [of a language]: **a German speaker** una persona che parla tedesco - 4. [loudspeaker] altoparlante m - 5. [in stereo system] cassa f. ◆ **Speaker** n - 1. UK [in House of Commons] presidente mf della Camera dei Comuni - 2. US [in House of Representatives] presidente mf della Camera dei Rappresentanti.

spear [spɪər] ◇ n [weapon] lancia f. ◇ vt [person] trafiggere con la lancia; [food] infilzare.

spearhead ['spɪəhed] ◇ n [part of spear] punta f di lancia; fig [leader] punta f di diamante. ◇ vt guidare.

spec [spek] n UK inf: **on spec** tanto per provare.

special ['speʃl] adj - 1. [gen] speciale - 2. [valued] caro(a), speciale.

special delivery n (U) ≃ posta f celere.

specialist ['speʃəlıst] ⟨⟩ adj [vocabulary] specialistico(a); [literature] specializzato(a); [advice, knowledge] da esperto(a). ⟨⟩ n specialista mf.

speciality UK [,speʃɪ'ælətɪ], **specialty** esp US ['speʃltɪ] n - 1. [field of knowledge] specializzazione f - 2. [service, product] specialità f inv.

specialize, -ise UK ['speʃəlaɪz] vi: to specialize (in sthg) essere specializzato(a) (in qc).

specially ['speʃəlɪ] adv - 1. [on purpose, specifically] specialmente - 2. [really] particolarmente.

specialty ['speʃltɪ] n esp US = **speciality**.

species ['spi:ʃi:z] (pl species) n specie f inv.

specific [spə'sıfık] adj specifico(a); **specific to sb/sthg** relativo(a) a qn/qc.

specifically [spə'sıfıklı] adv - 1. [explicitly] in modo specifico - 2. [particularly, precisely] in particolare.

specify ['spesıfaɪ] vt specificare; **to specify that** specificare che.

specimen ['spesımən] n - 1. [example] esemplare m - 2. [sample] campione m.

speck [spek] n - 1. [small stain] macchiolina f - 2. [small particle] granello m.

speckled ['spekld] adj screziato(a); **speckled with sthg** punteggiato(a) di qc.

specs [speks] npl inf occhiali mpl.

spectacle ['spektəkl] n spettacolo m. ◆ **spectacles** npl fml occhiali mpl.

spectacular [spek'tækjʊləʳ] adj spettacolare.

spectator [spek'teɪtəʳ] n spettatore m, -trice f.

spectre UK, **specter** US ['spektəʳ] n spettro m.

speculation [,spekjʊ'leɪʃn] n speculazione f.

sped [sped] pt & pp ▷ **speed**.

speech [spi:tʃ] n - 1. (U) [ability to speak] parola f, linguaggio m - 2. [formal talk & GRAM] discorso m - 3. THEAT monologo m - 4. [manner of speaking, dialect] linguaggio m.

speechless ['spi:tʃlıs] adj: **to be speechless (with sthg)** essere senza parole (per qc).

speed [spi:d] (pt & pp -ed OR sped) ⟨⟩ n - 1. [gen] velocità f inv - 2. [gear] marcia f - 3. [PHOT - of shutter] tempo m d'esposizione; [- of film] sensibilità f inv. ⟨⟩ vi - 1. [move fast]: **to speed along/by** passare a tutta velocità; **to speed (away)** sfrecciare (via) - 2. AUT superare il limite di velocità. ◆ **speed up** vt sep & vi accelerare.

speedboat ['spi:dbəʊt] n motoscafo m.

speed dating n speed dating m inv.

speed-dial button n tasto m di selezione automatica.

speeding ['spi:dıŋ] n (U) eccesso m di velocità.

speed limit n limite m di velocità.

speedometer [spɪ'dɒmɪtəʳ] n tachimetro m.

speedway ['spi:dweɪ] n [sport] speedway m; [racetrack] pista f da speedway.

speedy ['spi:dɪ] adj rapido(a), veloce.

spell [spel] (UK & US pt & pp spelt OR -ed) (US pt & pp -ed) ⟨⟩ n - 1. [period of time] periodo m - 2. [enchantment] incantesimo m - 3. [magic words] formula f magica. ⟨⟩ vt - 1. [write] scrivere (lettera per lettera), fare lo spelling di - 2. fig [signify] significare. ⟨⟩ vi scrivere correttamente. ◆ **spell out** vt sep - 1. [pronounce spelling of] pronunciare lettera per lettera - 2. [explain]: **to spell sthg out (for OR to sb)** spiegare in dettaglio qc (a qn).

spellbound ['spelbaʊnd] adj affascinato(a).

spellcheck ['speltʃek] vt COMPUT fare il controllo ortografico di.

spellchecker ['speltʃekəʳ] n COMPUT controllore m ortografia e grammatica.

spelling ['spelıŋ] n - 1. (U) [ability to spell] ortografia f - 2. [order of letters] scomposizione f in lettere.

spelt [spelt] pt & pp UK ▷ **spell**.

spend [spend] (pt & pp spent) vt - 1. [money] spendere; **to spend sthg on sb/sthg** spendere qc per qn/qc - 2. [time, life] passare; [energy] consumare.

spent [spent] ⟨⟩ pt & pp ▷ **spend**. ⟨⟩ adj [match] usato(a); [ammunition] esploso(a); [force, patience, energy] esaurito(a).

sperm [spɜ:m] (pl sperm OR -s) n - 1. [cell] spermatozoo m - 2. [fluid] sperma m.

spew [spju:] ⟨⟩ vt [flames, fumes] emettere; [lava] eruttare; [water] riversare. ⟨⟩ vi - 1. [flow, spread]: **to spew (out) from sthg** prorompere da qc - 2. inf [vomit]: **to spew (up)** vomitare.

sphere [sfıəʳ] n sfera f.

spice [spaɪs] n - 1. CULIN spezia f - 2. (U) fig [excitement] vivacità f.

spick-and-span ['spıkən,spæn] adj tirato(a) a lucido.

spicy ['spaɪsı] adj piccante.

spider ['spaɪdəʳ] n ragno m.

spike [spaɪk] ⟨⟩ n - 1. [on railings] spuntone m; [on shoe] chiodo m - 2. [on plant] spiga f - 3. [of hair] punta f. ⟨⟩ vt [drink - with alcohol] correggere; [- with drug] drogare.

spill [spɪl] (*UK pt & pp* spilt *OR* -ed) (*US pt & pp* -ed) ⬦ *vt* versare. ⬦ *vi* [gen] versarsi.

spilt [spɪlt] *pt & pp UK* ▷ **spill**.

spin [spɪn] (*pt & pp* spun) ⬦ *n* - **1.** [turn] rotazione *f* - **2.** AERON avvitamento *m*; **the plane went into a spin** l'aereo cadde avvitandosi - **3.** *inf* [in car] giretto *m* - **4.** [on ball] effetto *m*. ⬦ *vt* - **1.** [cause to rotate] far girare - **2.** [in spin-dryer] centrifugare - **3.** [thread, cloth, wool] filare - **4.** [ball] dare l'effetto a. ⬦ *vi* - **1.** [rotate] girare, ruotare - **2.** [make thread] filare - **3.** [in spin-dryer] venire centrifugato. ◆ **spin out** *vt sep* [food, money] far durare; [story, explanation] tirare per le lunghe.

spinach [ˈspɪnɪdʒ] *n* (*U*) spinaci *mpl*.

spinal column [ˈspaɪnl-] *n* colonna *f* vertebrale, spina *f* dorsale.

spinal cord [ˈspaɪnl-] *n* midollo *m* spinale.

spindly [ˈspɪndlɪ] *adj* esile.

spin-dryer *n UK* centrifuga *f*.

spine [spaɪn] *n* - **1.** ANAT spina *f* dorsale, colonna *f* vertebrale - **2.** [of book] dorso *m* - **3.** [on plant] spina *f*; [on hedgehog] aculeo *m*.

spin-off *n* derivato *m*.

spinster [ˈspɪnstər] *n dated* zitella *f*.

spiral [ˈspaɪərəl] (*UK & US*) ⬦ *adj* a spirale. ⬦ *n* - **1.** [curve, increase] spirale *f* - **2.** [decrease] caduta *f* (a spirale). ⬦ *vi* [rise in spiral curve - staircase] avere forma di spirale; [- aircraft] muoversi a spirale; [- smoke] alzarsi a spirale.

spiral staircase *n* scala *f* a chiocciola.

spire [spaɪər] *n* guglia *f*.

spirit [ˈspɪrɪt] *n* - **1.** [gen] spirito *m* - **2.** (*U*) [vigour] forza *f* d'animo. ◆ **spirits** *npl* - **1.** [mood] umore *m* (*sing*); **to be in high/low spirits** essere di buon/cattivo umore - **2.** [alcohol] superalcolici *mpl*.

spirited [ˈspɪrɪtɪd] *adj* vivace.

spirit level *n esp UK* livella *f* a bolla d'aria.

spiritual [ˈspɪrɪtʃʊəl] *adj* spirituale.

spit [spɪt] (*pt & pp* spat; *US pt & pp* spit) ⬦ *n* - **1.** (*U*) [saliva] sputo *m* - **2.** [skewer] spiedo *m*. ⬦ *vi* [from mouth] sputare. ⬦ *impers vb UK* [rain lightly] piovigginare.

spite [spaɪt] ⬦ *n* (*U*) dispetto *m*. ⬦ *vt* fare dispetto a, contrariare. ◆ **in spite of** *prep* nonostante.

spiteful [ˈspaɪtfʊl] *adj* astioso(a).

spittle [ˈspɪtl] *n* (*U*) *dated* saliva *f*.

splash [splæʃ] ⬦ *n* - **1.** [sound] tonfo *m* - **2.** [patch] macchia *f*. ⬦ *vt* - **1.** [subj: person] schizzare - **2.** [subj: water] rovesciarsi su - **3.** [apply haphazardly] spargere senza cura.

⬦ *vi* - **1.** [person]: **to splash about** *UK OR* **around** sguazzare - **2.** [water, liquid]: **to splash on/against sthg** rovesciarsi su/contro qc.

spleen [spliːn] *n* - **1.** ANAT milza *f* - **2.** (*U*) *fig* [anger] bile *f*.

splendid [ˈsplendɪd] *adj* splendido(a).

splint [splɪnt] *n* stecca *f*.

splinter [ˈsplɪntər] ⬦ *n* scheggia *f*. ⬦ *vi* frantumarsi.

split [splɪt] (*pt & pp* split, *cont* -ting) ⬦ *n* - **1.** [crack]: **split (in sthg)** fessura *f* (in qc) - **2.** [tear]: **split (in sthg)** strappo *m* (in qc) - **3.** [division, schism]: **split (in/between sthg)** scissione *f* (in/tra qc). ⬦ *vt* - **1.** [crack] spezzare - **2.** [tear] strappare - **3.** [divide] spaccare - **4.** [share] dividere; **to split the difference** fare a metà. ⬦ *vi* - **1.** [crack] spezzarsi - **2.** [tear] strapparsi - **3.** [divide] dividersi. ◆ **split up** *vi* - **1.** [go in different directions] dividersi - **2.** [end relationship] separarsi; **to split up with sb** separarsi da qn.

split second *n* frazione *f* di secondo.

splutter [ˈsplʌtər] *vi* - **1.** [stutter - person] farfugliare; [- engine] scoppiettare - **2.** [spit] sputare.

spoil [spɔɪl] (*pt & pp* -ed; *UK pt & pp* spoilt [spɔɪlt]) *vt* - **1.** [ruin] rovinare - **2.** [pamper] viziare. ◆ **spoils** *npl* spoglie *fpl*.

spoiled [spɔɪld] *adj* = **spoilt**.

spoilsport [ˈspɔɪlspɔːt] *n* guastafeste *mf inv*.

spoilt [spɔɪlt] *UK* ⬦ *pt & pp* ▷ **spoil**. ⬦ *adj* - **1.** [child] viziato(a) - **2.** [food] andato(a) a male; [dinner] rovinato(a).

spoke [spəʊk] ⬦ *pt* ▷ **speak**. ⬦ *n* [of wheel] raggio *m*.

spoken [ˈspəʊkn] *pp* ▷ **speak**.

spokesman [ˈspəʊksmən] (*pl* -men) *n* portavoce *m inv*.

spokeswoman [ˈspəʊks,wʊmən] (*pl* -women) *n* portavoce *f inv*.

sponge [spʌndʒ] (*UK cont* -ing; *US cont* sponging) ⬦ *n* - **1.** [for cleaning, washing] spugna *f* - **2.** *UK* [cake] pan *m* di Spagna. ⬦ *vt* lavare con la spugna. ⬦ *vi inf*: **to sponge off sb** scroccare da qn.

sponge bag *n UK* nécessaire *m inv* per il bagno.

sponge cake *n* pan *m* di Spagna.

sponsor [ˈspɒnsər] ⬦ *n* - **1.** [provider of finance] sponsor *mf inv* - **2.** [for charity] patrocinatore *m*, -trice *f*. ⬦ *vt* - **1.** [gen] sponsorizzare - **2.** [bill, appeal, proposal] presentare - **3.** [artist, writer]: **to be sponsored by sb** essere sotto il patrocinio di qn.

sponsored walk ['spɒnsəd-] *n* marcia *f* sponsorizzata.

sponsorship ['spɒnsəʃɪp] *n (U)* sponsorizzazione *f*.

spontaneous [spɒn'teɪnjəs] *adj* spontaneo(a).

spooky ['spu:kɪ] *adj inf* [place, house] spettrale; [film] da brividi.

spool [spu:l] *n* - 1. [of thread, tape, film] bobina *f* - 2. COMPUT archivio *m* di attesa.

spoon [spu:n] *n* - 1. [piece of cutlery] cucchiaio *m* - 2. [spoonful] cucchiaio *m*, cucchiaiata *f*.

spoon-feed *vt* - 1. [feed with spoon] imboccare - 2. *fig* [present in simple form] scodellare la pappa pronta a.

spoonful ['spu:nful] (*pl* -s OR **spoonsful**) *n* cucchiaio *m*, cucchiaiata *f*.

sporadic [spə'rædɪk] *adj* sporadico(a).

sport [spɔ:t] *n* - 1. [game] sport *m inv* - 2. *inf* [nice person] tipo *m* simpatico, tipa *f* simpatica.

sporting ['spɔ:tɪŋ] *adj* sportivo(a).

sports car *n* auto *f inv* sportiva.

sportsman ['spɔ:tsmən] (*pl* -men) *n* atleta *m*.

sportsmanship ['spɔ:tsmənʃɪp] *n (U)* sportività *f*.

sportswear ['spɔ:tsweə'] *n (U)* abbigliamento *m* sportivo.

sportswoman ['spɔ:ts,wʊmən] (*pl* -women) *n* atleta *f*.

sporty ['spɔ:tɪ] *adj inf* [person] sportivo(a).

spot [spɒt] *n* - 1. [mark, dot] macchia *f* - 2. UK [pimple] brufolo *m* - 3. *inf* [small amount] po' *m*; **a spot of milk** un goccio di latte - 4. [place] posto *m*; **on the spot** sul posto; **to do sthg on the spot** fare qc lì per lì - 5. RADIO & TV spazio *m*. ⟨⟩ *vt* [notice] individuare.

spot check *n* controllo *m* a caso.

spotless ['spɒtlɪs] *adj* immacolato(a).

spotlight ['spɒtlaɪt] *n* [in home] faretto *m*; [in theatre] riflettore *m*; **to be in the spotlight** *fig* stare sotto i riflettori.

spotted ['spɒtɪd] *adj* a pois.

spotty ['spɒtɪ] *adj UK* brufoloso(a).

spouse [spaʊs] *n* consorte *mf*.

spout [spaʊt] ⟨⟩ *n* - 1. [of kettle, watering can, carton] becco *m* - 2. [from fountain, whale] getto *m*. ⟨⟩ *vi*: **to spout from** OR **out of sthg** [liquid] sgorgare da OR fuori da qc; [flame] divampare da qc.

sprain [spreɪn] ⟨⟩ *n* [of ankle, wrist] slogatura *f*; [of ligament] distorsione *f*. ⟨⟩ *vt* [ankle, wrist] slogare; [ligament] procurare una distorsione a.

sprang [spræŋ] *pt* ⊳ **spring**.

sprawl [sprɔ:l] *vi* - 1. [person] stravaccarsi - 2. [city, suburbs] estendersi in modo incontrollato.

spray [spreɪ] ⟨⟩ *n* - 1. *(U)* [droplets] spruzzi *mpl* - 2. [pressurized liquid] spray *m inv* - 3. [can, container] spruzzatore *m* - 4. [of flowers] ramoscello *m*. ⟨⟩ *vt* - 1. [treat - crops, plants, field] irrorare; [- hair] spruzzare - 2. [apply] spruzzare.

spread [spred] (*pt & pp* **spread**) ⟨⟩ *n* - 1. CULIN crema *f* - 2. [diffusion, growth] propagazione *f* - 3. [range] gamma *f* - 4. US [bedspread] copriletto *m*. ⟨⟩ *vt* - 1. [open out, unfold] stendere - 2. [apply - butter, jam] spalmare; [- glue] spargere; **to spread sthg over sthg** spargere qc su qc - 3. [diffuse, disseminate] propagare - 4. [distribute evenly] distribuire. ⟨⟩ *vi* - 1. [extend - disease, fire, infection] propagarsi; [- fighting] estendersi - 2. [cloud] diffondersi. ◆ **spread out** *vi* [disperse] sparpagliarsi.

spread-eagled [-,i:gld] *adj* a braccia e gambe aperte.

spreadsheet ['spredʃi:t] *n* COMPUT foglio *m* di calcolo elettronico.

spree [spri:] *n* folleggiamento *m*; **to go on a spending spree** darsi a pazze spese.

sprightly ['spraɪtlɪ] *adj* arzillo(a).

spring [sprɪŋ] (*pt* **sprang**, *pp* **sprung**) ⟨⟩ *n* - 1. [season] primavera *f*; **in spring** in primavera - 2. [coil] molla *f* - 3. [water source] sorgente *f*. ⟨⟩ *vi* - 1. [leap] scattare; **to spring to life** rianimarsi; **the engine sprang to life** il motore si avviò di colpo - 2. [be released]: **to spring shut/open** chiudersi/aprirsi di scatto - 3. [originate]: **to spring from sthg** scaturire da qc. ◆ **spring up** *vi* - 1. [get up] alzarsi di scatto - 2. [grow in size, height] svilupparsi - 3. [appear - building] spuntare; [- wind] alzarsi; [- problem, friendship] sorgere.

springboard ['sprɪŋbɔ:d] *n* - 1. SPORT trampolino *m* - 2. *fig* [launch pad]: **springboard for/to sthg** trampolino per/verso qc.

spring-clean UK *vt* pulire da cima a fondo.

spring onion *n* UK cipollina *f*.

springtime ['sprɪŋtaɪm] *n (U)*: **in (the) springtime** in primavera.

springy ['sprɪŋɪ] *adj* [ground, rubber, carpet] elastico(a); [mattress] molleggiato(a).

sprinkle ['sprɪŋkl] *vt* spargere; **to sprinkle sthg over** OR **on sthg** spargere qc su qc; **to sprinkle sthg with sthg** spruzzare qc di qc.

sprinkler ['sprɪŋklər] n - 1. [for garden] irrigatore m - 2. [for extinguishing fire] sprinkler m inv.

sprint [sprɪnt] ⟨⟩ n sprint m inv. ⟨⟩ vi fare una volata.

sprout [spraʊt] ⟨⟩ n - 1. CULIN: (brussels) sprouts cavoletti mpl di Bruxelles - 2. [shoot] germoglio m. ⟨⟩ vt - 1. [germinate] far germogliare - 2. [grow] far crescere. ⟨⟩ vi - 1. [germinate] germogliare - 2. [grow] spuntare.

spruce [spruːs] ⟨⟩ adj lindo(a). ⟨⟩ n abete m. ◆ **spruce up** vt sep agghindare.

sprung [sprʌŋ] pp ▷ **spring**.

spry [spraɪ] adj arzillo(a).

spun [spʌn] pt & pp ▷ **spin**.

spur [spɜːr] ⟨⟩ n - 1. [incentive]: spur (to sthg) sprone m (per qc) - 2. [on rider's boot] sperone m. ⟨⟩ vt spronare; to spur sb to do sthg spronare qn a fare qc. ◆ **on the spur of the moment** adv d'impulso. ◆ **spur on** vt sep [encourage] spronare.

spurn [spɜːn] vt [offer, help] disdegnare; [lover] respingere.

spurt [spɜːt] ⟨⟩ n - 1. [of steam, water] getto m; [of flame] vampata f - 2. [of activity, energy] accesso m - 3. [burst of speed] scatto m. ⟨⟩ vi [steam, water, flame]: to spurt (from or out of sthg) prorompere (da or fuori da qc).

spy [spaɪ] ⟨⟩ n spia f. ⟨⟩ vt liter scorgere. ⟨⟩ vi - 1. [work as spy] fare la spia - 2. [watch secretly]: to spy on sb spiare qn.

spying ['spaɪɪŋ] n (U) spionaggio m.

Sq., sq. (abbr of square) P.zza.

squabble ['skwɒbl] ⟨⟩ n bisticcio m. ⟨⟩ vi: to squabble (about or over sthg) bisticciare (per or su qc).

squad [skwɒd] n - 1. [gen] squadra f - 2. MIL plotone m.

squadron ['skwɒdrən] n squadriglia f.

squalid ['skwɒlɪd] adj squallido(a).

squall [skwɔːl] n [storm] burrasca f.

squalor ['skwɒlər] n (U) squallore m.

squander ['skwɒndər] vt sperperare.

square [skweər] ⟨⟩ adj - 1. [gen] quadrato(a) - 2. inf [not owing money] pari (inv). ⟨⟩ n - 1. [shape] quadrato m - 2. [in town, city] piazza f - 3. inf [unfashionable person] tipo m, -a f d'altri tempi. ⟨⟩ vt - 1. MATHS elevare al quadrato - 2. [balance, reconcile]: to square sthg with sthg conciliare qc con qc. ◆ **square up** vi [settle up]: to square up with sb saldare il conto con qn.

squarely ['skweəlɪ] adv - 1. [directly] esattamente - 2. [honestly] francamente.

squash [skwɒʃ] ⟨⟩ n - 1. (U) SPORT squash m - 2. UK [drink]: lemon/orange squash spremuta f di limone/d'arancia - 3. esp US [vegetable] zucca f. ⟨⟩ vt [squeeze, flatten] schiacciare.

squat [skwɒt] ⟨⟩ adj tozzo(a). ⟨⟩ vi [crouch]: to squat (down) accovacciarsi.

squatter ['skwɒtər] n occupante m abusivo, occupante f abusiva.

squawk [skwɔːk] ⟨⟩ n strido m (roco). ⟨⟩ vi [bird] lanciare strida.

squeak [skwiːk] ⟨⟩ n - 1. [of mouse] squittio f - 2. [of door, hinge] cigolio m. ⟨⟩ vi - 1. [mouse] squittire - 2. [floorboard, bed, hinge] cigolare.

squeal [skwiːl] vi [person, animal] strillare.

squeamish ['skwiːmɪʃ] adj delicato(a).

squeeze [skwiːz] ⟨⟩ n [pressure] stretta f. ⟨⟩ vt - 1. [press firmly] stringere - 2. [extract, press out] spremere - 3. [cram]: to squeeze sthg into sthg infilare (a forza) qc in qc.

squeezebox ['skwiːzbɒks] n inf dated fisarmonica f.

squelch [skweltʃ] vi sguazzare.

squid [skwɪd] (pl squid or -s) n calamaro m.

squiggle ['skwɪɡl] n scarabocchio m.

squint [skwɪnt] ⟨⟩ n MED strabismo m. ⟨⟩ vi - 1. MED essere strabico(a) - 2. [half-close one's eyes]: to squint at sthg guardare qc di sottecchi.

squirm [skwɜːm] vi [wriggle] divincolarsi.

squirrel [UK 'skwɪrəl, US 'skwɜːrəl] n scoiattolo m.

squirt [skwɜːt] ⟨⟩ vt [force out] spremere. ⟨⟩ vi: to squirt (out of sthg) sprizzare (fuori da qc).

Sr (abbr of senior) sr.

Sri Lanka [ˌsriː'læŋkə] n Sri Lanka m.

St - 1. (abbr of saint) S. - 2. abbr of **Street**.

stab [stæb] ⟨⟩ n - 1. [with knife] pugnalata f, coltellata f - 2. inf [attempt]: to have UK or make or take a stab (at sthg) fare un tentativo (di qc) - 3. [twinge of pain] fitta f; [- of alarm, guilt] acuta sensazione f. ⟨⟩ vt - 1. [with knife] pugnalare, accoltellare - 2. [jab] infilzare.

stable ['steɪbl] ⟨⟩ adj stabile. ⟨⟩ n [building] stalla f; [horses] scuderia f.

stack [stæk] ⟨⟩ n [pile] pila f. ⟨⟩ vt [pile up] ammucchiare.

stadium ['steɪdjəm] (pl -diums or -dia) n stadio m.

staff [stɑːf] ⟨⟩ n personale m. ⟨⟩ vt dotare di personale; to be staffed by essere formato(a) da.

stag [stæɡ] (pl stag or -s) n ZOOL cervo m.

stage [steɪdʒ] ◇ n - **1.** [period, phase - of operation, negotiations, disease] stadio m; [- of journey, race] tappa f - **2.** [platform – in hall] palco m; [- in theatre] palcoscenico m - **3.** [acting profession]: **the stage** il teatro. ◇ vt - **1.** THEAT mettere in scena - **2.** [organize] organizzare.

stagecoach ['steɪdʒkəʊtʃ] n diligenza f.

stage fright n (U) panico m prima di entrare in scena.

stagger ['stægər] ◇ vt - **1.** [astound] sconcertare - **2.** [arrange at different times] scaglionare. ◇ vi [totter] barcollare.

stagnant ['stægnənt] adj stagnante.

stagnate [stæg'neɪt] vi ristagnare.

stag night, stag party n UK festa f di addio al celibato.

staid [steɪd] adj compassato(a).

stain [steɪn] ◇ n macchia f. ◇ vt macchiare.

stained glass [steɪnd-] n (U) vetro m colorato.

stainless steel ['steɪnlɪs-] n (U) acciaio m inossidabile.

stain remover n smacchiatore m.

stair [steər] n [step] gradino m, scalino m. ◆ **stairs** npl [flight] scale fpl.

staircase ['steəkeɪs] n scala f.

stairway ['steəweɪ] n scale fpl, scalinata f.

stairwell ['steəwel] n tromba f delle scale.

stake [steɪk] ◇ n - **1.** [share]: **to have a stake in sthg** avere un interesse in qc - **2.** [wooden post] palo m - **3.** [in gambling] posta f. ◇ vt - **1.** [risk]: **to stake sthg (on OR upon sthg)** mettere in gioco qc (su qc) - **2.** [in gambling] puntare. ◆ **at stake** adv in palio, in gioco.

stale [steɪl] adj [food] raffermo(a); [air] viziato(a); [breath] pesante(a).

stalemate ['steɪlmeɪt] n - **1.** [deadlock] situazione f di stallo - **2.** CHESS stallo m.

stalk [stɔːk] ◇ n - **1.** [of flower, plant] gambo m - **2.** [of leaf, fruit] picciolo m. ◇ vt [hunt - person] pedinare; [- wild animal] inseguire con circospezione. ◇ vi [walk] camminare a gran passi.

stall [stɔːl] ◇ n - **1.** [table - in market, street] bancarella f; [- at exhibition] banco m - **2.** [in stable] box m inv. ◇ vt AUT far spegnere. ◇ vi - **1.** AUT spegnersi - **2.** [delay] prender tempo. ◆ **stalls** npl UK platea f (sing).

stallion ['stæljən] n stallone m.

stamina ['stæmɪnə] n (U) capacità f di resistenza.

stammer ['stæmər] ◇ n balbuzie f. ◇ vi balbettare.

stamp [stæmp] ◇ n - **1.** [postage stamp] francobollo m - **2.** [rubber stamp] timbro m - **3.** fig [hallmark] marchio m. ◇ vt - **1.** [mark by stamping] marcare - **2.** fig [with characteristic quality] segnare - **3.** [stomp]: **to stamp one's foot** battere il piede. ◇ vi - **1.** [walk] muoversi pestando i piedi - **2.** [with one foot]: **to stamp on sthg** calpestare qc.

stamp album n album m inv per francobolli.

stamp-collecting n (U) filatelia f.

stamped addressed envelope n UK busta affrancata e indirizzata.

stampede [stæm'piːd] n - **1.** [of animals] fuga f precipitosa - **2.** [of people] ressa f.

stance [stæns] n - **1.** [posture] posizione f - **2.** [attitude]: **stance (on sthg)** posizione f (su qc).

stand [stænd] (pt & pp **stood**) ◇ n - **1.** [stall] chiosco m - **2.** [frame, support] sostegno m - **3.** SPORT tribuna f - **4.** MIL resistenza f; **to make a stand** opporre resistenza - **5.** [position] posizione f - **6.** esp US LAW banco m dei testimoni. ◇ vt - **1.** [place] mettere (in piedi) - **2.** [withstand] reggere - **3.** [put up with] sopportare. ◇ vi - **1.** [be on one's feet] stare (in piedi); **stand still!** sta' fermo! - **2.** [rise to one's feet] alzarsi (in piedi) - **3.** [be located] stare - **4.** [be left undisturbed]: **leave the marinade to stand** lasciate riposare la marinata - **5.** [be valid] essere valido(a) - **6.** [indicating current situation]: **as things stand...** per come stanno le cose...; **unemployment stands at three million** i disoccupati sono tre milioni - **7.** UK POL candidarsi - **8.** US [stop]: **'no standing'** 'divieto di fermata'. ◆ **stand back** vt farsi indietro. ◆ **stand by** ◇ vt insep - **1.** [person] appoggiare - **2.** [promise, decision, offer] ribadire. ◇ vi - **1.** [in readiness]: **to stand by (for sthg/to do sthg)** essere pronto(a) (per qc/a fare qc) - **2.** [not intervene] rimanere a guardare. ◆ **stand down** vi [resign] dare le dimissioni. ◆ **stand for** vt insep - **1.** [signify] stare per - **2.** [support] credere in - **3.** [tolerate] sopportare. ◆ **stand in** vi: **to stand in (for sb)** sostituire (qn). ◆ **stand out** vi - **1.** [be clearly visible] risaltare - **2.** [be distinctive] emergere. ◆ **stand up** ◇ vt sep inf [miss appointment with] fare un bidone a. ◇ vi - **1.** [be on one's feet] stare in piedi - **2.** [rise to one's feet] alzarsi (in piedi) - **3.** [be upright] stare dritto(a). ◆ **stand up for** vt insep battersi per. ◆ **stand up to** vt insep - **1.** [weather, heat, bad treatment] resistere a - **2.** [person, boss] tener testa a.

standard ['stændəd] ◇ adj - **1.** [gen] standard (inv) - **2.** [spelling, pronunciation] ufficiale - **3.** [text, work] autorevole. ◇ n - **1.** [level]

standard *m inv* - **2.** [point of reference] modello *m* - **3.** [flag] stendardo *m*. ◆ **standards** *npl* [principles] valori *mpl*.

standard lamp *n UK* lampada *f* a stelo.

standard of living (*pl* standards of living) *n* tenore *m* di vita.

standby ['stændbaɪ] (*pl* standbys) ◇ *n* riserva *f*; **on standby** pronto(a) ad ogni evenienza. ◇ *comp* stand by (*inv*).

stand-in *n* - **1.** [replacement] sostituto *m*, -a *f* - **2.** [stunt person] controfigura *f*.

standing ['stændɪŋ] ◇ *adj* [invitation, army] permanente; [joke] costante. ◇ *n* - **1.** [reputation] reputazione *f* - **2.** [duration] durata *f*; **friends of twenty years' standing** amici da vent'anni.

standing order *n UK* FIN ordine *m* permanente.

standing room *n* (*U*) posti *mpl* in piedi.

standoffish [,stænd'ɒfɪʃ] *adj* scostante.

standpoint ['stændpɔɪnt] *n* punto *m* di vista.

standstill ['stændstɪl] *n*: **at a standstill** [traffic] ad un blocco totale; [work, negotiations] ad un punto morto; **to come to a standstill** [vehicle] arrestarsi; [work, negotiations] arrivare a un punto morto.

stand-up *adj*: **stand-up comedian** cabarettista *mf*.

stank [stæŋk] *pt* ▷ **stink**.

staple ['steɪpl] ◇ *adj* [principal] principale. ◇ *n* - **1.** [for paper] graffetta *f* - **2.** [principal commodity] prodotto *m* di prima necessità. ◇ *vt* pinzare.

stapler ['steɪplə'] *n* pinzatrice *f*.

star [stɑː'] ◇ *n* - **1.** [gen] stella *f* - **2.** [celebrity - film] stella *f*, star *f inv*, divo *m*, -a *f*; [- pop] idolo *m*; [- sports] fuoriclasse *mf*. ◇ *comp* di valore assoluto. ◇ *vi* [actor]: **to star (in** sthg) essere l'interprete principale (di qc). ◆ **stars** *npl UK inf* [horoscope] stelle *fpl*.

starboard ['stɑːbəd] ◇ *adj* di dritta. ◇ *n* (*U*): **to starboard** a dritta.

starch [stɑːtʃ] *n* amido *m*.

stardom ['stɑːdəm] *n* (*U*) celebrità *f*.

stare [steə'] ◇ *n* sguardo *m* fisso. ◇ *vi*: **to stare (at** sb/sthg) fissare (qn/qc).

stark [stɑːk] ◇ *adj* - **1.** [bare, bleak] spoglio(a) - **2.** [harsh] crudo(a). ◇ *adv*: **stark naked** completamente nudo(a).

starling ['stɑːlɪŋ] *n* storno *m*.

starry ['stɑːrɪ] *adj* stellato(a).

Stars and Stripes *n*: **the Stars and Stripes** la bandiera a stelle e strisce.

start [stɑːt] ◇ *n* - **1.** [beginning] inizio *m* - **2.** [jump] sussulto *m* - **3.** SPORT partenza *f* - **4.** [lead] vantaggio *m*. ◇ *vt* - **1.** [begin] cominciare, iniziare; **to start doing** OR **to do sthg** cominciare a fare qc, mettersi a fare qc - **2.** [turn on] avviare - **3.** [set up] metter su - **4.** [initiate, instigate] dare inizio a. ◇ *vi* - **1.** [begin] cominciare, avere inizio; **to start with** sb/sthg cominciare con qn/qc; **to start with,...** [at first] per cominciare,... - **2.** [in life, career] cominciare - **3.** [car, engine, tape] avviarsi - **4.** [set out] muoversi - **5.** [in surprise, alarm] sussultare. ◆ **start off** ◇ *vt sep* [cause to start - person] avviare; [- meeting, rumour, discussion] dare inizio a. ◇ *vi* - **1.** [begin] cominciare; **to start off by doing sthg** cominciare col fare qc - **2.** [set out] muoversi. ◆ **start out** *vi* - **1.** [in life, career] cominciare - **2.** [set out] muoversi. ◆ **start up** ◇ *vt sep* - **1.** [business, group] metter su - **2.** [engine, machine] avviare. ◇ *vi* [gen] avviarsi; [music, noise] cominciare; [guns] cominciare a sparare.

starter ['stɑːtə'] *n* - **1.** *esp UK* [hors d'oeuvre] prima portata *f* - **2.** AUT motorino *m* d'avviamento - **3.** [sports official] starter *m inv*; [competitor] partente *mf*.

starting point ['stɑːtɪŋ-] *n* punto *m* di partenza.

startle ['stɑːtl] *vt* spaventare.

startling ['stɑːtlɪŋ] *adj* sconvolgente.

starvation [stɑːˈveɪʃn] *n* (*U*) fame *f*.

starve [stɑːv] ◇ *vt* [deprive of food] affamare. ◇ *vi* essere affamato(a); **to starve to death** morire di fame.

state [steɪt] ◇ *n* [condition, political entity] stato *m*; **to be in a state** essere agitato(a). ◇ *comp* [ceremony] di stato; [control, ownership] statale. ◇ *vt* [gen] specificare; [reason, policy] esporre; [preference] esprimere; **to state that** affermare che. ◆ **State** *n* [government]: **the State** lo stato. ◆ **States** *npl inf* [USA]: **the States** gli Stati Uniti.

State Department *n US*: **the State Department** il Dipartimento di Stato.

stately ['steɪtlɪ] *adj* maestoso(a).

statement ['steɪtmənt] *n* - **1.** [gen] dichiarazione *f* - **2.** [from bank] estratto *m* conto.

state of mind (*pl* states of mind) *n* stato *m* d'animo.

statesman ['steɪtsmən] (*pl* -men) *n* statista *m*.

static ['stætɪk] ◇ *adj* statico(a). ◇ *n* (*U*) ELEC scariche *fpl*.

static electricity *n* (*U*) elettricità *f* statica.

station ['steɪʃn] ◇ *n* - **1.** [gen] stazione *f*; **fire station** caserma *f* dei pompieri; **polling**

station seggio *m* elettorale - **2.** [position] postazione *f* - **3.** *fml* [rank] rango *m*. ⟨⟩ *vt* - **1.** [position] collocare - **2.** MIL mettere di stanza; **to be stationed** essere di stanza.

stationary ['steɪʃnərɪ] *adj* stazionario(a).

stationer ['steɪʃnər] *n* cartolaio *m*, -a *f*; **stationer's (shop)** *UK* cartoleria *f*.

stationery ['steɪʃnərɪ] *n* (U) articoli *mpl* di cancelleria.

stationmaster ['steɪʃn,mɑːstər] *n* capostazione *mf*.

station wagon *n* US station wagon *f inv*.

statistic [stə'tɪstɪk] *n* dato *m* statistico. ➤ **statistics** *n* (U) statistica *f* (*sing*).

statistical [stə'tɪstɪkl] *adj* statistico(a).

statue ['stætʃuː] *n* statua *f*.

stature ['stætʃər] *n* (U) statura *f*.

status ['steɪtəs, *US* 'stætəs] *n* (U) - **1.** [legal position] stato *m* (giuridico); [social position] posizione *f* - **2.** [prestige] prestigio *m*.

status bar *n* COMPUT barra *f* di stato.

status symbol *n* status symbol *m inv*.

statute ['stætjuːt] *n* statuto *m*.

statutory ['stætjʊtrɪ] *adj* statutario(a).

staunch [stɔːntʃ] ⟨⟩ *adj* deciso(a). ⟨⟩ *vt* arrestare.

stave [steɪv] (*pt & pp -d OR* **stove**) *n* MUS pentagramma *m*. ➤ **stave off** *vt sep* [hunger] allontanare; [disaster, defeat] evitare.

stay [steɪ] ⟨⟩ *vi* - **1.** [remain] rimanere, restare - **2.** [reside temporarily] stare - **3.** [continue to be] rimanere. ⟨⟩ *n* [visit] soggiorno *m*. ➤ **stay in** *vi* [stay at home] non uscire. ➤ **stay on** *vi* rimanere. ➤ **stay out** *vi* - **1.** [not come home] star fuori - **2.** [not get involved]: **to stay out of sthg** tenersi fuori da qc. ➤ **stay up** *vi* - **1.** [not go to bed] rimanere in piedi - **2.** [not fall] star su.

stead [sted] *n*: **to stand sb in good stead** tornare di grande utilità a qn.

steadfast ['stedfɑːst] *adj* - **1.** [supporter] risoluto(a) - **2.** [resolve] irremovibile - **3.** [gaze] fermo(a).

steadily ['stedɪlɪ] *adv* - **1.** [gradually] costantemente - **2.** [regularly] con regolarità - **3.** [calmly] con fermezza.

steady ['stedɪ] ⟨⟩ *adj* - **1.** [gen] costante - **2.** [not shaking or flinching] fermo(a) - **3.** [stable] fisso(a) - **4.** [sensible] con la testa sulle spalle. ⟨⟩ *vt* - **1.** [stabilize - boat] stabilizzare; [- camera] tenere fermo(a) - **2.** [calm] calmare.

steak [steɪk] *n* - **1.** (U) [meat] spezzatino *m* - **2.** [piece of meat] bistecca *f*; [piece of fish] trancia *f*.

steal [stiːl] (*pt* **stole**, *pp* **stolen**) ⟨⟩ *vt* rubare; **to steal a glance at sb/sthg** guardare furtivamente qn/qc. ⟨⟩ *vi* [move stealthily] muoversi furtivamente.

stealthy ['stelθɪ] *adj* furtivo(a).

steam [stiːm] ⟨⟩ *n* (U) vapore *m*. ⟨⟩ *vt* CULIN cuocere a vapore. ⟨⟩ *vi* [soup, kettle, wet clothes] fumare. ➤ **steam up** *vt sep* [mist up] appannare. ⟨⟩ *vi* [window, glasses] appannarsi.

steamboat ['stiːmbəʊt] *n* battello *m* a vapore.

steam engine *n* locomotiva *f* a vapore.

steamroller ['stiːm,rəʊlər] *n* schiacciasassi *m inv*.

steamy ['stiːmɪ] *adj* - **1.** [full of steam] pieno(a) di vapore - **2.** *inf* [erotic] molto sensuale.

steel [stiːl] ⟨⟩ *n* (U) acciaio *m*. ⟨⟩ *comp* d'acciaio.

steelworks ['stiːlwɜːks] (*pl* **steelworks**) *n* acciaieria *f*.

steep [stiːp] ⟨⟩ *adj* - **1.** [hill, road] ripido(a) - **2.** [increase, fall] vertiginoso(a) - **3.** *inf* [expensive] esorbitante. ⟨⟩ *vt* [soak] mettere a bagno.

steeple ['stiːpl] *n* campanile *m*.

steer ['stɪər] ⟨⟩ *n* [bullock] manzo *m*. ⟨⟩ *vt* - **1.** [gen] guidare; [ship] governare; [aircraft] pilotare - **2.** [conversation] indirizzare; [project, bill] portare avanti. ⟨⟩ *vi* sterzare; **to steer clear (of sb/sthg)** *fig* stare alla larga (da qn/qc).

steering ['stɪərɪŋ] *n* (U) AUT (meccanismo *m* di) sterzo *m*.

steering wheel *n* volante *m*, sterzo *m*.

stem [stem] ⟨⟩ *n* - **1.** [of plant] stelo *m* - **2.** [of glass] gambo *m* - **3.** [of pipe] cannuccia *f* - **4.** GRAM radice *f*. ⟨⟩ *vt* [stop] arrestare. ➤ **stem from** *vt insep* provenire da.

stench [stentʃ] *n* fetore *m*.

stencil ['stensl] (*UK & US*) ⟨⟩ *n* mascherina *f*. ⟨⟩ *vt* riprodurre con una mascherina.

step [step] ⟨⟩ *n* - **1.** [gen] passo *m*; **in/out of step with** *fig* in/fuori sintonia con; **step by step** [in detail] passo passo; [gradually] un passo per volta - **2.** [stair] gradino *m* - **3.** [rung] piolo *m*. ⟨⟩ *vi* - **1.** [take single step] fare un passo; **watch where you step** bada dove metti i piedi; **she stepped off the bus** scese dall'autobus; **he stepped over the puddle** scavalcò la pozzanghera - **2.** [put foot down]: **to step on/in sthg** mettere il piede su/in qc. ➤ **steps** *npl* - **1.** [stairs] scala *f* - **2.** *UK* [stepladder] scala *f* a libretto. ➤ **step down** *vi* [resign] dimettersi. ➤ **step in** *vi* [intervene] intervenire. ➤ **step up** *vt sep* [increase] aumentare.

stepbrother ['step,brʌðər] n fratello m acquisito.

stepdaughter ['step,dɔːtər] n figliastra f.

stepfather ['step,fɑːðər] n patrigno m.

stepladder ['step,lædər] n scala f a libretto.

stepmother ['step,mʌðər] n matrigna f.

stepping-stone ['stepɪŋ-] n - 1. [in river] pietra f di un guado - 2. fig [way to success] gradino m.

stepsister ['step,sɪstər] n sorella f acquisita.

stepson ['stepsʌn] n figliastro m.

stereo ['sterɪəʊ] (pl -s) <> adj stereo (inv). <> n stereo m inv.

stereotype ['sterɪətaɪp] n stereotipo m.

sterile ['steraɪl] adj sterile.

sterilize, -ise UK ['sterəlaɪz] vt sterilizzare.

sterling ['stɜːlɪŋ] <> adj - 1. FIN: pound sterling lira f sterlina - 2. [excellent] pregevole. <> n (U) sterlina f.

sterling silver n (U) argento m sterling (inv).

stern [stɜːn] <> adj severo(a). <> n poppa f.

steroid ['stɪərɔɪd] n steroide m.

stethoscope ['steθəskəʊp] n stetoscopio m.

stew [stjuː] <> n stufato m. <> vt stufare.

steward ['stjʊəd] n - 1. [on ship, train] assistente m di bordo - 2. [on plane] assistente m di volo - 3. [at event] membro m del servizio d'ordine.

stewardess ['stjʊədɪs] n dated [on plane] assistente f di volo; [on ship, train] assistente f di bordo.

stick [stɪk] (pt & pp stuck) <> n - 1. [piece of wood] bastone m, stecco m - 2. [of liquorice] bastoncino m; [of dynamite] candelotto m; [of celery] gambo m; [of chewing gum] stecca f - 3. [walking stick] bastone m - 4. SPORT mazza f. <> vt - 1. [jab]: **to stick sthg in(to)** sthg infilare qc in qc - 2. [with adhesive] incollare; **to stick sthg on** OR **to sthg** incollare qc su OR a qc - 3. inf [put - into something] ficcare; [- on something] mettere - 4. UK inf [tolerate] reggere. <> vi - 1. [arrow, dart, spear] infilarsi - 2. [adhere]: **to stick (to sthg)** attaccarsi (a qc) - 3. [become jammed] incastrarsi. ◆ **stick out** <> vt sep - 1. [extend - head, hand] allungare; [- tongue] tirar fuori - 2. inf [endure]: **to stick it out** reggere. <> vi - 1. [protrude] sporgere - 2. inf [be noticeable] spiccare. ◆ **stick to** vt insep - 1. [person, path] non abbandonare - 2. [principles, decision, promise] tener fede a. ◆ **stick up** vi spuntare. ◆ **stick up for** vt insep inf difendere.

sticker ['stɪkər] n adesivo m.

sticking plaster ['stɪkɪŋ-] n UK cerotto m.

stick shift n US [gear lever] cambio m manuale; [car] automobile f con cambio manuale.

stick-up n esp US inf rapina f a mano armata.

sticky ['stɪkɪ] adj - 1. [tacky] appiccicoso(a) - 2. [adhesive] adesivo(a) - 3. inf [awkward] difficoltoso(a).

stiff [stɪf] <> adj - 1. [gen] rigido(a) - 2. [drawer, door] duro(a) - 3. [difficult to stir] denso(a) - 4. [aching] indolenzito(a); **stiff neck** torcicollo m - 5. [formal - behaviour, manner, person] sostenuto(a); [- smile] forzato(a) - 6. [severe - penalties] severo(a); [- resistance] ostinato(a) - 7. [difficult - exam] impegnativo(a); [- competition] agguerrito(a). <> adv inf [for emphasis] a morte.

stiffen ['stɪfn] <> vt rinforzare. <> vi - 1. [tense up] irrigidirsi - 2. [become difficult to move] diventare resistente - 3. [become more severe, intense] rinforzarsi.

stifle ['staɪfl] vt & vi soffocare.

stifling ['staɪflɪŋ] adj soffocante.

stigma ['stɪgmə] n stigma m.

stile [staɪl] n scaletta f.

stiletto (heel) [stɪ'letəʊ-] n tacco m a spillo.

still [stɪl] <> adv - 1. [gen] ancora - 2. [all the same] ad ogni modo - 3. [motionless] fermo(a). <> adj - 1. [not moving] fermo(a) - 2. [calm, quiet] tranquillo(a) - 3. [not windy] calmo(a) - 4. esp UK [not fizzy] non effervescente. <> n - 1. PHOT posa f - 2. [for making alcohol] distillatore m.

stillborn ['stɪlbɔːn] adj nato(a) morto(a).

still life (pl -s) n natura f morta.

stilted ['stɪltɪd] adj affettato(a).

stilts [stɪlts] npl - 1. [for person] trampoli mpl - 2. [for building] palafitta f (sing).

stimulate ['stɪmjʊleɪt] vt stimolare.

stimulating ['stɪmjʊleɪtɪŋ] adj stimolante.

stimulus ['stɪmjʊləs] (pl -li) n stimolo m.

sting [stɪŋ] (pt & pp stung) <> n - 1. [wound, pain, mark] puntura f - 2. UK [part of bee, wasp, scorpion] pungiglione m. <> vt & vi [gen] pungere; [subj: smoke, acid] bruciare.

stinger ['stɪŋər] n US [part of bee, wasp, scorpion] pungiglione m.

stingy ['stɪndʒɪ] adj inf tirato(a).

stink [stɪŋk] (pt stank OR stunk, pp stunk) <> n puzzo m. <> vi [smell] puzzare.

stint [stɪnt] <> n periodo m di lavoro. <> vi: **to stint on sthg** risparmiare su qc.

stipulate ['stɪpjʊleɪt] vt stabilire.

stir [stɜːr] ⟨> n [public excitement] fermento m. ⟨> vt -1. [mix] mescolare -2. [move physically] muovere -3. [rouse, excite] stimolare. ⟨> vi -1. [move gently] muoversi -2. [awaken] risvegliarsi. ◆ **stir up** vt sep -1. [dust, mud] sollevare -2. [trouble, dissent] fomentare; [feelings] suscitare; [memories] rinfocolare.

stirrup [ˈstɪrəp] n staffa f.

stitch [stɪtʃ] ⟨> n -1. SEW & MED punto m -2. [in knitting] maglia f, punto m -3. [pain]: **to have a stitch** avere una fitta. ⟨> vt -1. SEW cucire -2. MED suturare.

stoat [stəʊt] n ermellino m.

stock [stɒk] ⟨> n -1. [supply] scorta f -2. (U) COMM scorte fpl; **in stock** in magazzino, disponibile; **out of stock** esaurito(a), non disponibile -3. FIN titolo m; **stocks and shares** titoli e azioni -4. (U) [ancestry] ceppo m -5. CULIN brodo m -6. (U) [livestock] bestiame m -7. [of gun] calcio m; **to take stock (of sthg)** fare il punto (di qc). ⟨> adj [typical] abituale. ⟨> vt -1. COMM avere -2. [fill] rifornire. ◆ **stock up** vi: **to stock up (on** OR **with sthg)** fare provvista di qc.

stockbroker [ˈstɒkˌbrəʊkər] n operatore m, -trice f di borsa.

stock cube n dado m da brodo.

stock exchange n borsa f valori.

stockholder [ˈstɒkˌhəʊldər] n US azionista mf.

Stockholm [ˈstɒkhəʊm] n Stoccolma f.

stocking [ˈstɒkɪŋ] n calza f.

stock market n mercato m azionario.

stockpile [ˈstɒkpaɪl] ⟨> n scorta f. ⟨> vt accumulare scorte di.

stocktaking [ˈstɒkˌteɪkɪŋ] n (U) inventario m.

stocky [ˈstɒkɪ] adj tarchiato(a).

stodgy [ˈstɒdʒɪ] adj pesante.

stoical [ˈstəʊɪkl] adj stoico(a).

stoke [stəʊk] vt alimentare.

stole [stəʊl] ⟨> pt ▷ **steal**. ⟨> n [shawl] stola f.

stolen [ˈstəʊln] pp ▷ **steal**.

stolid [ˈstɒlɪd] adj compassato(a).

stomach [ˈstʌmək] ⟨> n -1. [organ] stomaco m -2. [abdomen] pancia f. ⟨> vt [tolerate] mandar giù.

stomachache [ˈstʌməkeɪk] n [in organ] mal m di stomaco; [in abdomen] mal m di pancia.

stomach upset n stomaco m in disordine.

stone [stəʊn] ⟨> n (pl -s) -1. [gen] pietra f -2. [in fruit] nocciolo m -3. (pl stone OR -s) UK [unit of measurement] misura di peso equivalente a circa kg 6,35. ⟨> comp di pietra. ⟨> vt lanciare pietre contro.

stone-cold adj freddo(a) come il marmo.

stonewashed [ˈstəʊnwɒʃt] adj stonewashed (inv).

stonework [ˈstəʊnwɜːk] n (U) muratura f di pietra.

stood [stʊd] pt & pp ▷ **stand**.

stool [stuːl] n [seat] sgabello m.

stoop [stuːp] ⟨> n [bent back]: **to walk with a stoop** camminare curvo(a). ⟨> vi -1. [bend forwards and down] chinarsi -2. [hunch shoulders] curvarsi.

stop [stɒp] ⟨> n -1. [of bus, train] fermata f -2. [break] sosta f -3. [end]: **to put a stop to sthg** mettere (la parola) fine a qc -4. UK [in punctuation] punto m. ⟨> vt -1. [end] mettere fine a; **to stop doing sthg** smettere di fare qc -2. [prevent] bloccare; **to stop sb/sthg from doing sthg** impedire a qn/qc di fare qc -3. [cause to halt, pause] fermare -4. [hole, gap] tappare. ⟨> vi -1. [come to an end] finire -2. [halt, pause, stay] fermarsi. ◆ **stop off** vi fare una sosta. ◆ **stop up** vt sep [block] tappare.

stopgap [ˈstɒpgæp] n soluzione f temporanea.

stopover [ˈstɒpˌəʊvər] n sosta f, tappa f.

stoppage [ˈstɒpɪdʒ] n -1. [strike] interruzione f del lavoro -2. UK [deduction] detrazione f.

stopper [ˈstɒpər] n tappo m.

stopwatch [ˈstɒpwɒtʃ] n cronometro m.

storage [ˈstɔːrɪdʒ] n (U) -1. [act of storing] immagazzinamento m -2. COMPUT memoria f.

store [stɔːr] ⟨> n -1. esp US [shop] negozio m -2. [supply] scorta f -3. [storage place] deposito m. ⟨> vt -1. [keep, save] mettere da parte -2. COMPUT memorizzare. ◆ **store up** vt sep [keep in reserve] accumulare.

store card n carta di credito per acquisti in un grande magazzino.

storekeeper [ˈstɔːˌkiːpər] n US negoziante mf.

storeroom [ˈstɔːrʊm] n magazzino m.

storey (pl storeys) UK, **story** (pl -ies) US [ˈstɔːrɪ] n piano m.

stork [stɔːk] n cicogna f.

storm [stɔːm] ⟨> n -1. [bad weather] temporale m, tempesta f -2. [outburst - of abuse] pioggia f; [- of protest] uragano m; [- of tears] fiume m; [- of laughter] scoppio m; [- of applause] scroscio m. ⟨> vt -1. MIL prendere d'assalto -2. [say angrily] gridare infuriato(a).

◇ *vi* [go angrily] andare come una furia; **he stormed into/out of the room** entrò/uscì come una furia.

stormy ['stɔːmɪ] *adj* **- 1.** [weather, sea] tempestoso(a) **- 2.** *fig* [relationship, meeting] burrascoso(a).

story ['stɔːrɪ] *n* **- 1.** [gen] storia *f*, racconto *m* **- 2.** *US* = **storey**.

stout [staʊt] ◇ *adj* **- 1.** [corpulent] corpulento(a) **- 2.** [strong] robusto(a) **- 3.** [brave] accanito(a). ◇ *n* (U) birra *f* scura.

stove [staʊv] ◇ *pt* & *pp* ▷ **stave**. ◇ *n* **- 1.** [for cooking] cucina *f* **- 2.** [for heating] stufa *f*.

stow [staʊ] *vt*: **to stow sthg (away)** metter via qc.

stowaway ['staʊaweɪ] *n* passeggero *m* clandestino, passeggera *f* clandestina.

straddle ['strædl] *vt* **- 1.** [subj: person] stare a cavalcioni di **- 2.** [subj: bridge, town] andare da una parte all'altra di.

straggle ['strægl] *vi* **- 1.** [buildings, hair, plant] venir su in modo disordinato **- 2.** [person, group] rimanere indietro.

straggler ['stræglə'] *n* persona *f* rimasta indietro.

straight [streɪt] ◇ *adj* **- 1.** [gen] diritto(a) **- 2.** [not curly] liscio(a) **- 3.** [honest, frank - person] sincero(a); [- question, answer] franco(a) **- 4.** [tidy] in ordine **- 5.** [simple - choice] chiaro(a); [- fight, exchange] diretto(a) **- 6.** [undiluted] liscio(a); **to get something straight** mettere bene in chiaro qc. ◇ *adv* **- 1.** [in a straight line] dritto **- 2.** [upright] in modo diritto **- 3.** [directly, immediately] direttamente **- 4.** [honestly, frankly] francamente **- 5.** [undiluted] liscio(a). ◆ **straight off** *adv* immediatamente. ◆ **straight out** *adv* senza mezzi termini.

straightaway [,streɪtə'weɪ] *adv* subito.

straighten ['streɪtn] *vt* **- 1.** [tidy] riordinare **- 2.** [make straight, level] raddrizzare. ◆ **straighten out** *vt sep* [sort out] mettere a posto.

straightforward [,streɪt'fɔːwəd] *adj* **- 1.** [easy] semplice **- 2.** [honest, frank] diretto(a).

strain [streɪn] ◇ *n* **- 1.** [mental] tensione *f* **- 2.** [of muscle, back] stiramento *m*, strappo *m*; **eye strain** affaticamento *m* degli occhi **- 3.** TECH sollecitazione *f*. ◇ *vt* **- 1.** [tire] affaticare **- 2.** [injure] stirare, strappare **- 3.** [overtax - resources, budget] sottoporre a eccessive richieste; [- enthusiasm, patience] abusare di **- 4.** [drain - vegetables] scolare; [- tea] filtrare

- 5. TECH sottoporre a sollecitazione. ◇ *vi* [try very hard]: **to strain to do sthg** sforzarsi di fare qc. ◆ **strains** *npl liter* [of music] note *fpl*.

strained [streɪnd] *adj* **- 1.** [forced] forzato(a) **- 2.** [tense] teso(a) **- 3.** [sprained - ankle, shoulder] slogato(a); [- muscle] stirato(a) **- 4.** [CULIN - liquid] filtrato(a); [- vegetables] sgocciolato(a).

strainer ['streɪnə'] *n* [for tea, coffee] colino *m*; [for vegetables, pasta] colapasta *m inv*.

strait [streɪt] *n* GEOG stretto *m*. ◆ **straits** *npl*: **in dire** OR **desperate straits** in una situazione disperata.

straitjacket ['streɪt,dʒækɪt] *n* camicia *f* di forza.

straitlaced [,streɪt'leɪst] *adj pej* rigido(a).

strand [strænd] *n* **- 1.** [of cotton, wool] filo *m*; **a strand of hair** una ciocca di capelli **- 2.** [of story, argument, plot] elemento *m*.

stranded ['strændɪd] *adj* [person, car, boat] rimasto(a) bloccato(a).

strange [streɪndʒ] *adj* **- 1.** [unusual, unexpected] strano(a) **- 2.** [unfamiliar] sconosciuto(a).

stranger ['streɪndʒə'] *n* **- 1.** [unknown person] estraneo *m*, -a *f*, sconosciuto *m*, -a *f* **- 2.** [person from elsewhere] forestiero *m*, -a *f*.

strangle ['stræŋgl] *vt* **- 1.** [kill - person] strangolare; [- chicken] tirare il collo a **- 2.** *fig* [stifle] soffocare.

strap [stræp] ◇ *n* **- 1.** [for carrying] tracolla *f* **- 2.** [for fastening - of watch] cinturino *m*; [- of case] linguetta *f*; [- of dress] spallina *f*; [- of bra, swimsuit] bretella *f*. ◇ *vt* [fasten] assicurare (con una cinghia).

strapping ['stræpɪŋ] *adj* robusto(a).

strategic [strə'tiːdʒɪk] *adj* strategico(a).

strategy ['strætɪdʒɪ] *n* strategia *f*.

straw [strɔː] *n* **- 1.** (U) [from grain crop] paglia *f* **- 2.** [for drinking] cannuccia *f*.

strawberry ['strɔːbərɪ] ◇ *n* fragola *f*. ◇ *comp* di fragola.

stray [streɪ] ◇ *adj* **- 1.** [lost] randagio(a) **- 2.** [random] vagante. ◇ *vi* **- 1.** [person, animal] deviare **- 2.** [thoughts, mind] divagare.

streak [striːk] ◇ *n* **- 1.** [mark, line - of grease] striscia *f*; [- in hair] colpo *m* di sole; [- of lightning] bagliore *m* **- 2.** [in character] vena *f*. ◇ *vi* [move quickly] sfrecciare.

stream [striːm] ◇ *n* **- 1.** [brook] ruscello *m* **- 2.** [flood - of water, people, traffic] flusso *m*; [- of tears] fiume *m*; [- of lava] torrente *m*; [- of blood, light] fiotto *m*; [- of air] corrente *m* **- 3.** [of abuse, queries, complaints, books] mare *m* **- 4.** *UK* SCH gruppo *m* (*di studenti dello stesso livello di abilità*). ◇ *vt UK* SCH raggruppare in base all'abilità. ⬦ *vi* [liquid, traffic] scorrere; [air, light] riversarsi; [people] muoversi in un flusso continuo.

streamer ['striːməʳ] *n* festone *m*.

streamlined ['striːmlaɪnd] *adj* - **1.** [aerodynamic] aerodinamico(a) - **2.** [efficient] snellito(a).

street [striːt] *n* via *f*, strada *f*.

streetcar ['striːtkɑːʳ] *n* US tram *m inv*.

street lamp, street light *n* lampione *m*.

street plan *n* pianta *f* stradale.

strength [streŋθ] *n* - **1.** *(U)* [gen] forza *f* - **2.** [quality, ability] forza *f* - **3.** *(U)* [solidity] resistenza *f* - **4.** *(U)* [of earthquake, wind, light, feeling] intensità *f inv*; [of current] forza *f*; [of sound, voice, drug] potenza *f*; [of alcohol] gradazione *f* (alcolica).

strengthen ['streŋθn] *vt* - **1.** [muscle] potenziare; [body] fortificare - **2.** [person, team, resolve, opposition, currency] rafforzare - **3.** [sales, economy, industry] consolidare - **4.** [argument, case, evidence] dare forza a - **5.** [friendship, foundation, structure] rinforzare.

strenuous ['strenjʊəs] *adj* faticoso(a).

stress [stres] ⬦ *n* - **1.** [emphasis]: **stress (on sthg)** enfasi *f* (su qc) - **2.** [tension, anxiety] stress *m inv* - **3.** TECH: **stress (on sthg)** sollecitazione *f* (su qc) - **4.** [on word, syllable] accento *m*. ⬦ *vt* - **1.** [emphasize] mettere l'accento su - **2.** [word, syllable] accentare.

stressful ['stresfʊl] *adj* stressante.

stretch [stretʃ] ⬦ *n* - **1.** [of land, water] distesa *f*; [of river] tratto *m* - **2.** [of time] periodo *m*. ⬦ *vt* - **1.** [garment] allargare; [elastic, rope, cable] tendere - **2.** [arms, hands, legs] distendere; [wings] spiegare - **3.** [meaning, truth] distorcere; [rules] fare uno strappo a - **4.** [budget, resources] sfruttare al massimo - **5.** [challenge] mettere alla prova. ⬦ *vi* - **1.** [area]: **to stretch over** estendersi su; **to stretch from... to** estendersi da... a - **2.** [person, animal - from tiredness] stirarsi, distendersi; [- to reach sthg] allungarsi - **3.** [elastic] allungarsi; [material] cedere. ➧ **stretch out** ⬦ *vt sep* [hand, leg, arm] stendere, allungare. ⬦ *vi* [lie down] distendersi, allungarsi.

stretcher ['stretʃəʳ] *n* barella *f*.

strew [struː] (*pt* -**ed**, *pp* **strewn** [struːn] OR -**ed**) *vt* [scatter untidily]: **to be strewn with sthg** essere coperto(a) di qc.

stricken ['strɪkn] *adj*: **to be stricken by** OR **with sthg** [with doubts] essere attanagliato(a) da qc; [with panic] essere in preda a qc; [rheumatism] essere affetto(a) da qc.

strict [strɪkt] *adj* - **1.** [parents, teacher] severo(a); [discipline, upbringing, interpretation] rigido(a) - **2.** [sense of a word] stretto(a).

strictly ['strɪktlɪ] *adv* - **1.** [severely] severamente - **2.** [rigidly, absolutely] strettamente; **this is strictly between ourselves** che resti tra noi - **3.** [precisely, exactly] del tutto; **strictly speaking** in senso stretto - **4.** [exclusively] esclusivamente.

stride [straɪd] (*pt* **strode**, *pp* **stridden**) ⬦ *n* [step] passo *m* lungo, falcata *f*; **to take sthg in one's stride** *fig* accettare qc senza fare una piega. ⬦ *vi* camminare a passi lunghi.

strident ['straɪdnt] *adj* - **1.** [voice, sound] stridente, stridulo(a) - **2.** [demand] vibrato(a).

strike [straɪk] (*pt & pp* **struck**) ⬦ *n* - **1.** [refusal to work, to do sthg] sciopero *m*; **to be (out) on strike** essere in sciopero; **to go on strike** fare sciopero, mettersi in sciopero - **2.** MIL attacco *m* - **3.** [find] scoperta *f* (di un giacimento). ⬦ *vt* - **1.** [gen] colpire - **2.** [accidentally] urtare - **3.** [subj: thought] venire in mente a; **to strike sb as sthg** sembrare qc a qn - **4.** [bargain, deal] concludere - **5.** [match] accendere - **6.** [subj: clock] battere. ⬦ *vi* - **1.** [stop working] fare sciopero, scioperare - **2.** [hit accidentally]: **to strike against sthg** urtare qc - **3.** [hurricane, disaster] abbattersi - **4.** [person, animal] attaccare - **5.** [clock, time] battere. ➧ **strike down** *vt sep* abbattere. ➧ **strike out** ⬦ *vt sep* depennare, cancellare. ⬦ *vi* - **1.** [head out]: **to strike out for sthg** dirigersi verso qc - **2.** [do sthg different]: **to strike out on one's own** mettersi in proprio. ➧ **strike up** *vt insep* - **1.** [friendship] stringere; [conversation] cominciare - **2.** [music] intonare.

striker ['straɪkəʳ] *n* - **1.** [person on strike] scioperante *mf* - **2.** FTBL attaccante *mf*.

striking ['straɪkɪŋ] *adj* - **1.** [appearance, design] di grande impatto; [difference] notevole - **2.** [woman, man] attraente.

string [strɪŋ] (*pt & pp* **strung**) *n* - **1.** [gen] corda *f*; **to pull strings** manovrare nell'ombra - **2.** [row, chain - of pearls] filo *m*; [- of beads] collana *f*; [- of onions] treccia *f* - **3.** [series - of visitors, cars] sfilza *f*; [- of incidents, phone calls] serie *f*; [- of racehorses] scuderia *f*. ➧ **strings** *npl* MUS: **the strings** gli archi. ➧ **string out** *vt sep* [disperse]: **to be strung out** essere in fila. ➧ **string together** *vt sep* *fig* [words, sentences] mettere in fila.

string bean *n* UK [runner bean] fagiolo *m* bianco di Spagna; US [green bean] fagiolino *m*.

stringent ['strɪndʒənt] *adj* rigoroso(a).

strip [strɪp] ⬦ *n* - **1.** [of fabric, paper, carpet] striscia *f* - **2.** [of land, water, forest] lingua *f* - **3.** UK SPORT tenuta *f* sportiva. ⬦ *vt* - **1.** [person] svestire - **2.** [paint, wallpaper] togliere. <> vi [undress] svestirsi. ◆ **strip off** vi svestirsi.

strip cartoon n UK fumetto m.

stripe [straɪp] n - **1.** [band of colour] riga f, striscia f - **2.** [sign of rank] gallone m.

striped [straɪpt] adj a righe, rigato(a).

stripper ['strɪpər] n - **1.** [performer of striptease] spogliarellista mf - **2.** [tool] raschietto m; [liquid] sverniciante m.

striptease ['striptiːz] n spogliarello m, strip m inv, strip-tease m inv.

strive [straɪv] (pt strove, pp striven) vi fml: **to strive for sthg/to do sthg** impegnarsi per qc/per fare qc.

strode [strəʊd] pt ▷ **stride.**

stroke [strəʊk] <> n - **1.** MED colpo m apoplettico - **2.** [of pen] tratto m; [of brush] pennellata f - **3.** [in swimming - movement] bracciata f; [- style] nuoto m - **4.** [movement in rowing] colpo m di remi - **5.** [in tennis, golf] colpo m - **6.** [of clock, bell] rintocco m - **7.** UK TYPO barra f obliqua - **8.** [piece]: **a stroke of genius/luck** un colpo di genio/fortuna; **at a stroke** in un colpo solo. <> vt accarezzare.

stroll [strəʊl] <> n passeggiata f. <> vi passeggiare, andare a spasso.

stroller ['strəʊlər] n US passeggino m.

strong [strɒŋ] adj - **1.** [gen] forte; **strong point** (punto m) forte m - **2.** [table, material] robusto(a) - **3.** [argument] solido(a); [case, evidence] valido(a) - **4.** [in number]: **the crowd was 2,000 strong** c'era una folla di 2.000 persone - **5.** [ties, bond, friendship] forte, solido(a).

stronghold ['strɒŋhəʊld] n fig roccaforte f.

strongly ['strɒŋli] adv - **1.** [sturdily, solidly] solidamente - **2.** [in degree or intensity] vivamente - **3.** [fervently, very definitely] fortemente.

strong room n camera f blindata.

strove [strəʊv] pt ▷ **strive.**

struck [strʌk] pt & pp ▷ **strike.**

structure ['strʌktʃər] n struttura f.

struggle ['strʌgl] <> n - **1.** [great effort]: **struggle (for sthg/to do sthg)** lotta f (per qc/per fare qc) - **2.** [fight] rissa f. <> vi - **1.** [try hard, strive]: **to struggle (for sthg/to do sthg)** lottare (per qc/per fare qc) - **2.** [fight]: **to struggle (with sb)** lottare (con qn).

strum [strʌm] vt strimpellare.

strung [strʌŋ] pt & pp ▷ **string.**

strut [strʌt] <> n CONSTR puntone m. <> vi pavoneggiarsi.

stub [stʌb] <> n - **1.** [of cigarette, pencil] mozzicone m - **2.** [of ticket, cheque] matrice f. <> vt: **to stub one's toe** urtare il dito del piede. ◆ **stub out** vt sep [cigarette] spegnere.

stubble ['stʌbl] n (U) - **1.** [in field] stoppia f - **2.** [on chin] barba f di alcuni giorni.

stubborn ['stʌbən] adj - **1.** [person] testardo(a), cocciuto(a) - **2.** [stain] ostinato(a).

stuck [stʌk] <> pt & pp ▷ **stick.** <> adj - **1.** [gen] bloccato(a); **she's stuck at home with the flu** è bloccata a casa con l'influenza - **2.** [stumped] in difficoltà.

stuck-up adj inf pej montato(a).

stud [stʌd] n - **1.** [metal decoration] borchia f - **2.** [earring] orecchino f a perno - **3.** UK [on boot, shoe] chiodo m - **4.** (U) [of horses] monta f.

studded ['stʌdɪd] adj: **studded (with sthg)** tempestato(a) (di qc).

student ['stjuːdnt] <> n - **1.** [at college, university] studente m, -essa f - **2.** [scholar] studioso m, -a f. <> comp [lifestyle] da studente; [disco] per studenti; [nurse, teacher] tirocinante.

student loan n prestito m bancario per studenti universitari.

studio ['stjuːdɪəʊ] (pl -s) n - **1.** [artist's workroom] atelier m inv, studio m - **2.** CIN, RADIO & TV studio m - **3.** [apartment] monolocale m.

studio apartment, studio flat UK n monolocale m.

studious ['stjuːdjəs] adj studioso(a).

study ['stʌdi] <> n - **1.** [gen] studio m - **2.** [piece of research] studio m, ricerca f. <> vt & vi studiare.

stuff [stʌf] <> n (U) inf - **1.** [matter, things] roba f, cose fpl - **2.** [substance] roba f, sostanza f - **3.** [belongings] robe fpl, cose fpl. <> vt - **1.** [push, put] ficcare, infilare - **2.** [fill, cram]: **to stuff sthg (with sthg)** riempire qc (di qc) - **3.** CULIN farcire.

stuffed [stʌft] adj - **1.** [filled, crammed]: **stuffed with sthg** pieno(a) zeppo(a) di qc - **2.** inf [with food] strapieno(a) - **3.** [tomatoes, peppers] ripieno(a); [olives] farcito(a) - **4.** [animal] impagliato(a).

stuffing ['stʌfɪŋ] n (U) - **1.** [for furniture, toys] imbottitura f - **2.** CULIN farcia f, ripieno m.

stuffy ['stʌfi] adj - **1.** [room]: **it's stuffy in here** qui non si respira - **2.** [person, club, tradition] antiquato(a).

stumble ['stʌmbl] vi - **1.** [trip] inciampare - **2.** [hesitate, make mistake] impappinarsi. ◆ **stumble across, stumble on** vt insep imbattersi in.

stumbling block ['stʌmblɪŋ-] *n* ostacolo *m*.

stump [stʌmp] ⬧ *n* [of tree] ceppo *m*; [of arm, leg] moncone *m*. ⬧ *vt inf* [subj: question, problem] sconcertare.

stun [stʌn] *vt* - **1.** [knock unconscious] stordire - **2.** [shock, surprise] sbalordire.

stung [stʌŋ] *pt & pp* ▷ **sting**.

stunk [stʌŋk] *pt & pp* ▷ **stink**.

stunning ['stʌnɪŋ] *adj* - **1.** [very beautiful] faloso(a), stupendo(a) - **2.** [very shocking, surprising] scioccante, sbalorditivo(a).

stunt [stʌnt] ⬧ *n* - **1.** [for publicity] trovata *f* - **2.** CIN scena *f* pericolosa. ⬧ *vt* [growth] bloccare; [development] inibire.

stunted ['stʌntɪd] *adj* striminzito(a).

stunt man *n* cascatore *m*.

stupefy ['stjuːpɪfaɪ] *vt* - **1.** [subj: drink, drug, lecture] intorpidire - **2.** [subj: news, event, fact] stupefare.

stupendous [stjuːˈpendəs] *adj inf* - **1.** [wonderful] stupendo(a) - **2.** [very large] enorme.

stupid ['stjuːpɪd] *adj* stupido(a).

stupidity [stjuːˈpɪdətɪ] *n* (U) stupidaggine *f*.

sturdy ['stɜːdɪ] *adj* [person] forte; [furniture, bridge] robusto(a).

stutter ['stʌtər] *vi* balbettare.

sty [staɪ] *n* [pigsty] stalla *f*.

stye [staɪ] *n* [in eye] orzaiolo *m*.

style [staɪl] ⬧ *n* - **1.** [gen] stile *m* - **2.** (U) [smartness, elegance] classe *f*, stile *m*. ⬧ *vt* [hair] acconciare.

stylish ['staɪlɪʃ] *adj* alla moda, elegante.

stylist ['staɪlɪst] *n* parrucchiere *m*, -a *f*.

stylus ['staɪləs] (*pl* **-es**) *n* [on record player] puntina *f*.

suave [swɑːv] *adj* mellifluo(a).

sub [sʌb] *n inf* - **1.** SPORT (*abbr of* **substitute**) riserva *f* - **2.** (*abbr of* **submarine**) sottomarino *m* - **3.** UK (*abbr of* **subscription**) quota *f* associativa - **4.** UK (*abbr of* **subeditor**) redattore *m*, -trice *f*.

subconscious [,sʌbˈkɒnʃəs] ⬧ *adj* subconscio(a). ⬧ *n*: **the subconscious** il subconscio.

subcontract [,sʌbkən'trækt] *vt* subappaltare.

subdue [səbˈdjuː] *vt* - **1.** [enemy, rioters, crowds] sottomettere - **2.** [feelings, passions] controllare.

subdued [səbˈdjuːd] *adj* - **1.** [person] sottomesso(a) - **2.** [sound] sommesso(a); [feelings] controllato(a) - **3.** [light, lighting] soffuso(a); [colour] attenuato(a).

subject ⬧ *adj* ['sʌbdʒekt] - **1.** [subordinate] sottomesso(a); **subject to sthg** soggetto(a) a qc - **2.** [liable]: **subject to sthg** [to tax] assoggettabile a qc; [to change, heart attacks, storms] soggetto(a) a qc. ⬧ *n* ['sʌbdʒekt] - **1.** [topic, person under consideration] argomento *m* - **2.** GRAM soggetto *m* - **3.** SCH & UNIV materia *f* - **4.** [citizen] suddito *m*, -a *f*. ⬧ *vt* [səbˈdʒekt] - **1.** [bring under strict control] sottomettere - **2.** [force to experience]: **to subject sb to sthg** esporre qn a qc. ⬥ **subject to** *prep*: **subject to sb's approval** su approvazione di qn; **subject to availability** [flights, tickets] in base alla disponibilità; [goods] salvo venduto.

subjective [səbˈdʒektɪv] *adj* soggettivo(a).

subject matter *n* (U) argomento *m*, tema *m*.

subjunctive [səbˈdʒʌŋktɪv] *n*: **subjunctive (mood)** (modo *m*) congiuntivo *m*.

sublet [,sʌbˈlet] (*pt & pp* **sublet**) *vt* subaffittare.

sublime [səˈblaɪm] *adj* sublime.

submachine gun [,sʌbməˈʃiːn-] *n* mitra *m inv*.

submarine [,sʌbməˈriːn] *n* sottomarino *m*.

submerge [səbˈmɜːdʒ] ⬧ *vt* - **1.** [flood] sommergere - **2.** [plunge into liquid] immergere. ⬧ *vi* immergersi.

submission [səbˈmɪʃn] *n* - **1.** (U) [obedience, capitulation] sottomissione *f* - **2.** [of request, proposal] presentazione *f*.

submissive [səbˈmɪsɪv] *adj* sottomesso(a), remissivo(a).

submit [səbˈmɪt] ⬧ *vt* sottoporre. ⬧ *vi*: **to submit (to sb)** sottostare (a qn); **to submit (to sthg)** sottomettersi (a qc).

subordinate ⬧ *adj* [səˈbɔːdɪnət] [less important]: **subordinate (to sthg)** secondario(a) (rispetto a qc). ⬧ *n* [səˈbɔːdɪnət] subalterno *m*, -a *f*.

subpoena [səˈpiːnə] (*pt & pp* **-ed**) ⬧ *n* LAW mandato *m* di comparizione. ⬧ *vt* LAW emanare un mandato di comparizione nei confronti di.

subscribe [səbˈskraɪb] *vi* - **1.** [to magazine, newspaper]: **to subscribe (to sthg)** abbonarsi (a qc) - **2.** [to view, belief]: **to subscribe to sthg** aderire a qc.

subscriber [səbˈskraɪbər] *n* [to newspaper, magazine] abbonato *m*, -a *f*.

subscription [səbˈskrɪpʃn] *n* [to newspaper, magazine] abbonamento *m*; [to club, organization] quota *f* associativa.

subsequent ['sʌbsɪkwənt] *adj* successivo(a).

subsequently ['sʌbsɪkwəntlɪ] *adv* successivamente.

subservient [səb'sɜːvjənt] *adj* - 1. [servile]: **subservient (to sb)** servile (verso qn) - 2. [less important]: **subservient (to sthg)** secondario(a) (rispetto a qc).

subside [səb'saɪd] *vi* - 1. [anger, pain, grief] placarsi - 2. [noise, scream] diminuire, attenuarsi - 3. [building, ground] cedere; [river] calare.

subsidence [səb'saɪdns, 'sʌbsɪdns] *n (U)* CONSTR subsidenza *f*.

subsidiary [səb'sɪdjərɪ] <> *adj* secondario(a). <> *n*: **subsidiary (company)** consociata *f*.

subsidize, -ise UK ['sʌbsɪdaɪz] *vt* sovvenzionare.

subsidy ['sʌbsɪdɪ] *n* sovvenzione *f*, sussidio *m*.

substance ['sʌbstəns] *n* - 1. [material, stuff] sostanza *f* - 2. *(U)* [tangibility] consistenza *f* - 3. [essence, gist] essenza *f* - 4. *(U)* [importance]: **he said nothing of any substance** non ha detto nulla di importante.

substantial [səb'stænʃl] *adj* - 1. [difference, pay rise, effect] considerevole; [meal] sostanzioso(a) - 2. [house, building, furniture] solido(a).

substantially [səb'stænʃəlɪ] *adv* - 1. [decrease, improve] considerevolmente; [better, bigger] decisamente, nettamente - 2. [true, complete] sostanzialmente, in gran parte.

substitute ['sʌbstɪtjuːt] <> *n* - 1. [replacement]: **substitute (for sb/sthg)** sostituto *m*, -a *f* (di qn/qc) - 2. SPORT riserva *f*. <> *vt*: **to substitute sb for sb** rimpiazzare qn con qn; **to substitute sthg for sthg** sostituire qc con qc.

subtitle ['sʌb,taɪtl] *n* [of book] sottotitolo *m*. ◆ **subtitles** *npl* CIN sottotitoli *mpl*.

subtle ['sʌtl] *adj* - 1. [nuance, difference] sottile, leggero(a) - 2. [person, comment, tactics] sottile.

subtlety ['sʌtltɪ] *n* - 1. [of music, skill] delicatezza *f* - 2. [of person, plan] sottigliezza *f* - 3. [detail, intricacy] complessità *f*.

subtotal ['sʌb,təʊtl] *n* subtotale *m*.

subtract [səb'trækt] *vt*: **to subtract sthg (from sthg)** sottrarre qc (da qc).

subtraction [səb'trækʃn] *n* sottrazione *f*.

suburb ['sʌbɜːb] *n* sobborgo *m*. ◆ **suburbs** *npl*: **the suburbs** la periferia *(singolare)*.

suburban [sə'bɜːbn] *adj* - 1. [street, shop, train] di periferia - 2. *pej* [conventional] piccoloborghese.

suburbia [sə'bɜːbɪə] *n (U)* periferia *f*.

subversive [səb'vɜːsɪv] <> *adj* sovversivo(a). <> *n* sovversivo *m*, -a *f*.

subway ['sʌbweɪ] *n* - 1. *UK* [underground walkway] sottopassaggio *m* - 2. *US* [underground railway] metropolitana *f*.

succeed [sək'siːd] <> *vt* - 1. [person] succedere a - 2. *fml* [thing, event] seguire. <> *vi* - 1. [achieve desired result]: **to succeed in sthg/in doing sthg** riuscire in qc/a fare qc - 2. [work well, come off] riuscire - 3. [go far in life] avere successo.

succeeding [sək'siːdɪŋ] *adj fml* seguente, successivo(a).

success [sək'ses] *n* successo *m*.

successful [sək'sesful] *adj* - 1. [attempt] riuscito(a) - 2. [film, book, person] di successo; **to be successful** avere successo.

succession [sək'seʃn] *n* - 1. [series] serie *f inv*, successione *f* - 2. *(U) fml* [to high position] successione *f*.

successive [sək'sesɪv] *adj* successivo(a).

succinct [sək'sɪŋkt] *adj* succinto(a).

succumb [sə'kʌm] *vi* - 1. [to a bad influence]: **to succumb (to sthg)** soccombere (a qc) - 2. [to illness]: **to succumb (to sthg)** morire (di qc).

such [sʌtʃ] <> *adj* - 1. [referring back] tale - 2. [referring forward] simile, come; **have you got such a thing as a tin opener?** hai per caso un apriscatole?; **such as** come (per esempio) - 3. [whatever]: **I've spent such money as I had** ho speso tutti i soldi che avevo - 4. [so great, so extreme]: **there are such differences that...** ci sono differenze tali che... <> *adv* - 1. [for emphasis] così; **such nice people** persone così simpatiche; **such a long time** così tanto tempo; **such a lot of books** così tanti libri - 2. [in comparisons] tale; **I wish I had such a big car as his** magari avessi un macchinone come il suo. <> *pron* [referring back]: **and such (like)** e così via. ◆ **as such** *adv* come tale, in sé. ◆ **such and such** *adj* tale; **at such and such a time** all'ora tale.

suck [sʌk] *vt* - 1. [by mouth] succhiare - 2. [draw in] aspirare.

sucker ['sʌkəʳ] *n* - 1. [suction pad] ventosa *f* - 2. *inf* [gullible person] gonzo *m*, -a *f*.

suction ['sʌkʃn] *n (U)* - 1. [drawing in] aspirazione *f* - 2. [adhesion] suzione *f*.

Sudan [suːˈdɑːn] *n*: **(the) Sudan** il Sudan.

sudden ['sʌdn] *adj* improvviso(a); **all of a sudden** all'improvviso.

suddenly ['sʌdnlɪ] *adv* improvvisamente, all'improvviso.

sue [suː] *vt*: **to sue sb (for sthg)** citare qn (per qc).

suede [sweɪd] *n (U)* pelle *f* scamosciata.

suet ['suɪt] *n* (U) grasso *m* (di rognone).

suffer ['sʌfər] ◇ *vt* - **1.** [pain, stress] soffrire, patire - **2.** [consequences, setback] subire. ◇ *vi* - **1.** [medical condition]: **to suffer (from sthg)** soffrire (di qc) - **2.** [get worse] risentire, soffrire.

sufferer ['sʌfrər] *n* malato *m*, -a *f*; **asthma sufferer** asmatico *m*, -a *f*.

suffering ['sʌfrɪŋ] *n* sofferenza *f*.

suffice [sə'faɪs] *vi fml* bastare.

sufficient [sə'fɪʃnt] *adj* sufficiente.

sufficiently [sə'fɪʃntlɪ] *adv* sufficientemente.

suffocate ['sʌfəkeɪt] *vt & vi* soffocare.

suffuse [sə'fjuːz] *vt* pervadere.

sugar ['ʃʊgər] ◇ *n* (U) zucchero *m*. ◇ *vt* zuccherare.

sugar beet *n* (U) barbabietola *f* da zucchero.

sugarcane ['ʃʊgəkeɪn] *n* (U) canna *f* da zucchero.

sugary ['ʃʊgərɪ] *adj* [containing sugar] zuccherino(a).

suggest [sə'dʒest] *vt* - **1.** [propose] suggerire - **2.** [imply] lasciare intendere, insinuare.

suggestion [sə'dʒestʃn] *n* - **1.** [proposal, idea] suggerimento *m* - **2.** (U) [implication] insinuazione *f*.

suggestive [sə'dʒestɪv] *adj* - **1.** [implying sexual connotation] provocante - **2.** [implying particular conclusion]: **suggestive (of sthg)** indicativo(a) (di qc) - **3.** [reminiscent]: **to be suggestive of sthg** evocare qc.

suicide ['suːɪsaɪd] *n* suicidio *m*; **to commit suicide** suicidarsi.

suit [suːt] ◇ *n* - **1.** [of matching clothes - for man] completo *m*, abito *m* da uomo; [- for woman] tailleur *m inv* - **2.** [in cards] seme *m*, colore *m* - **3.** LAW azione *f* legale. ◇ *vt* - **1.** [look attractive on] stare bene a, addirsi a - **2.** [be convenient or agreeable to] andare bene a - **3.** [be appropriate to] essere adatto(a) a. ◇ *vi* [be convenient or agreeable] andare bene.

suitable ['suːtəbl] *adj* adatto(a).

suitably ['suːtəblɪ] *adv* [dressed] adeguatamente; [impressed] dovutamente.

suitcase ['suːtkeɪs] *n* valigia *f*.

suite [swiːt] *n* - **1.** [of rooms] suite *f inv* - **2.** [of furniture] mobilia *f*.

suited ['suːtɪd] *adj* - **1.** [suitable]: **suited to/ for sthg** adatto(a) a/per qc - **2.** [compatible]: **well/ideally suited** ben/veramente ben assortito(a).

sulfur *n US* = **sulphur**.

sulk [sʌlk] *vi* tenere il broncio.

sulky ['sʌlkɪ] *adj* imbronciato(a).

sullen ['sʌlən] *adj* [expression] imbronciato(a); [attitude] astioso(a).

sulphur, sulfur *US* ['sʌlfər] *n* (U) zolfo *m*.

sultana [səl'tɑːnə] *n* uvetta *f*; **sultanas** uva *f* (sing) sultanina.

sultry ['sʌltrɪ] *adj* - **1.** [day] caldo(a); [weather] afoso(a); [heat] soffocante - **2.** [woman, look] sensuale.

sum [sʌm] *n* - **1.** [amount of money] somma *f*, importo *m* - **2.** [calculation] aritmetica *f*, calcolo *m*. ◆ **sum up** ◇ *vt sep* riassumere. ◇ *vi* fare un riepilogo.

summarize, -ise *UK* ['sʌməraɪz] ◇ *vt* riassumere. ◇ *vi* fare un riassunto.

summary ['sʌmərɪ] *n* riassunto *m*.

summer ['sʌmər] ◇ *n* estate *f*; **in summer** in estate, d'estate. ◇ *comp* estivo(a).

summerhouse ['sʌməhaʊs] *n* chiosco *m*.

summer school *n* corso *m* estivo.

summertime ['sʌmətaɪm] *n*: **(the) summertime** (l')estate *f*.

summit ['sʌmɪt] *n* - **1.** [mountain top] cima *f*, vetta *f* - **2.** [meeting] summit *m*, vertice *m*.

summon ['sʌmən] *vt* convocare. ◆ **summon up** *vt sep* [courage, energy] fare appello a.

summons ['sʌmənz] (*pl* **summonses**) ◇ *n* LAW citazione *f*. ◇ *vt* LAW citare.

sumptuous ['sʌmptʃʊəs] *adj* sontuoso(a).

sun [sʌn] *n* sole *m*.

sunbathe ['sʌnbeɪð] *vi* prendere il sole.

sunbed ['sʌnbed] *n* lettino *m* abbronzante.

sunburn ['sʌnbɜːn] *n* (U) scottatura *f*.

sunburned ['sʌnbɜːnd], **sunburnt** ['sʌnbɜːnt] *adj* ustionato(a) dal sole.

Sunday ['sʌndeɪ] *n* domenica *f*; **Sunday lunch** pranzo della domenica, *see also* **Saturday**.

Sunday school *n* scuola *f* domenicale.

sundial ['sʌndaɪəl] *n* meridiana *f*.

sundown ['sʌndaʊn] *n* (U) *esp US* tramonto *m*.

sundry ['sʌndrɪ] *adj fml* vari(e), diversi(e); **all and sundry** tutti quanti. ◆ **sundries** *npl fml* articoli *mpl* vari.

sunflower ['sʌn,flaʊər] *n* girasole *m*.

sung [sʌŋ] *pp* ▷ **sing**.

sunglasses ['sʌn,glɑːsɪz] *npl* occhiali *mpl* da sole.

sunk [sʌŋk] *pp* ▷ **sink**.

sunlight ['sʌnlaɪt] *n* (U) luce *f* del sole.

sunny ['sʌnɪ] *adj* - **1.** [day, place] soleggiato(a) - **2.** [mood, atmosphere] allegro(a); [personality] solare.

sunrise ['sʌnraɪz] *n* alba *f*.

sunroof ['sʌnruːf] *n* tettuccio *m* apribile.

sunset ['sʌnset] *n* tramonto *m*.

sunshade ['sʌnʃeɪd] *n* parasole *m*.

sunshine ['sʌnʃaɪn] *n* (U) luce *f* del sole.

sunstroke ['sʌnstrəʊk] *n* (U) colpo *m* di sole, insolazione *f*.

suntan ['sʌntæn] ⬦ *n* abbronzatura *f*. ⬦ *comp* solare.

super ['suːpər] *adj inf dated* [wonderful] stupendo(a); **we had a super time** ci siamo divertiti un mondo.

superb [suːˈpɜːb] *adj* superbo(a).

supercilious [ˌsuːpəˈsɪlɪəs] *adj* altezzoso(a).

superficial [ˌsuːpəˈfɪʃl] *adj* superficiale.

superfluous [suːˈpɜːfluəs] *adj* superfluo(a).

superhuman [ˌsuːpəˈhjuːmən] *adj* sovrumano(a).

superimpose [ˌsuːpərɪmˈpəʊz] *vt*: to superimpose sthg on sthg sovrapporre qc a qc.

superintendent [ˌsuːpərɪnˈtendənt] *n* soprintendente *mf*.

superior [suːˈpɪərɪər] ⬦ *adj* - 1. [gen]: **superior (to sb/sthg)** superiore (a qn/qc) - 2. *pej* [person] borioso(a); [attitude] di superiorità. ⬦ *n* [senior] superiore *m*.

superlative [suːˈpɜːlətɪv] ⬦ *adj* eccellente. ⬦ *n* GRAM superlativo *m*.

supermarket ['suːpəˌmɑːkɪt] *n* supermercato *m*.

supernatural [ˌsuːpəˈnætʃrəl] *adj* soprannaturale.

superpower ['suːpəˌpaʊər] *n* superpotenza *f*.

supersede [ˌsuːpəˈsiːd] *vt* rimpiazzare, sostituire.

supersonic [ˌsuːpəˈsɒnɪk] *adj* supersonico(a).

superstitious [ˌsuːpəˈstɪʃəs] *adj* superstizioso(a).

superstore ['suːpəstɔːr] *n* ipermercato *m*.

supervise ['suːpəvaɪz] *vt* [children] sorvegliare; [activity, work, research] supervisionare.

supervisor ['suːpəvaɪzər] *n* [on building site] capomastro *m*; [in shop] capocommesso *m*, -a *f*; UK [of university students] relatore *m*, -trice *f*.

supper ['sʌpər] *n* - 1. [main evening meal] cena *f* - 2. UK [snack before bedtime] spuntino *m* serale.

supple ['sʌpl] *adj* - 1. [person] agile - 2. [material] duttile.

supplement ⬦ *n* ['sʌplɪmənt] - 1. [gen] supplemento *m* - 2. [to diet] integratore *m*. ⬦ *vt* ['sʌplɪment] [diet] integrare; [income] arrotondare.

supplementary [ˌsʌplɪˈmentərɪ] *adj* supplementare.

supplementary benefit *n* UK HIST assegno *m* integrativo.

supplier [səˈplaɪər] *n* fornitore *m*, -trice *f*.

supply [səˈplaɪ] ⬦ *n* - 1. [store, reserve] scorta *f*, provvista *f* - 2. (U) [act of providing] erogazione *f* - 3. (U) ECON offerta *f*. ⬦ *vt* [provide]: **to supply sthg (to sb)** fornire qc (a qn); **to supply sb (with sthg)** rifornire qn (di qc); **to supply sthg with sthg** approvvigionare qc di qc. ◆ **supplies** *npl* viveri *mpl*, provviste *fpl*.

support [səˈpɔːt] ⬦ *n* - 1. (U) [physical] sostegno *m*, appoggio *m* - 2. (U) [emotional, moral] supporto *m* - 3. (U) [financial] supporto *m*, sostegno *m* - 4. (U) [for political party, candidate] appoggio *m* - 5. [object, person] sostegno *m*. ⬦ *vt* - 1. [physically] sostenere, reggere - 2. [emotionally, morally] appoggiare - 3. [financially] mantenere - 4. [theory] sostenere - 5. [political party, candidate] appoggiare - 6. *esp* UK SPORT tifare per.

supporter [səˈpɔːtər] *n* - 1. [of person, plan] sostenitore *m*, -trice *f*; [of politician, policy] simpatizzante *mf* - 2. *esp* UK SPORT tifoso *m*, -a *f*.

suppose [səˈpəʊz] ⬦ *vt* supporre. ⬦ *vi* - 1. [assume] supporre; **I suppose (so)** immagino di sì; **I suppose not** immagino di no - 2. [admit] supporre; **I suppose so** suppongo di sì; **I suppose not** suppongo di no.

supposed [səˈpəʊzd] *adj* - 1. [doubtful] presunto(a) - 2. [intended]: **to be supposed to do sthg** dover fare qc; **you're not supposed to be outside** non sei autorizzato a stare fuori - 3. [reputed]: **to be supposed to do sthg** essere ritenuto(a) fare qc.

supposedly [səˈpəʊzɪdlɪ] *adv* presumibilmente.

supposing [səˈpəʊzɪŋ] *conj* e se.

suppress [səˈpres] *vt* - 1. [uprising, revolt] reprimere - 2. [information, report] celare, nascondere - 3. [emotion] trattenere.

supreme [sʊˈpriːm] *adj* supremo(a).

surcharge ['sɜːtʃɑːdʒ] *n*: **surcharge (on sthg)** supplemento *m* (su qc).

sure [ʃʊər] ⬦ *adj* - 1. [reliable] sicuro(a) - 2. [certain] sicuro(a), certo(a); **to be sure of (doing)** sthg essere sicuro(a) di (fare) qc; **to make sure (that)...** assicurarsi che...; **to be sure (that)...** essere sicuro(a) che... - 3. [confident]: **to be sure of o.s.** essere sicuro(a) di se stesso(a). ◇ adv inf - **1.** [yes] certo, sicuro - **2.** esp US [really] sicuramente, certamente. ◆ **for sure** adv di sicuro. ◆ **sure enough** adv effettivamente, infatti.

surely ['ʃʊəlɪ] adv sicuramente, certamente; **surely you can't be serious?** non dici sul serio, vero?

surf [sɜːf] ◇ n (U) [foam] schiuma f. ◇ vi - **1.** SPORT fare surf - **2.** COMPUT navigare in rete. ◇ vt: **to surf the Net** navigare in rete.

surface ['sɜːfɪs] ◇ n [gen] superficie f; **on the surface** fig in superficie; **to scratch the surface** fig sfiorare appena il problema. ◇ vi - **1.** [diver, swimmer] salire in superficie; [submarine] riemergere - **2.** [problem, feeling] manifestarsi; [rumour] emergere.

surface mail n posta f via terra o mare.

surfboard ['sɜːfbɔːd] n tavola f da surf.

surfeit ['sɜːfɪt] n fml eccesso m.

surfing ['sɜːfɪŋ] n (U) surf m.

surge [sɜːdʒ] ◇ n - **1.** [gen] ondata f - **2.** [of electricity] sovratensione f - **3.** [of anger] accesso m - **4.** [of interest, support] slancio m; [of sales, applications] picco m. ◇ vi [people] riversarsi; [electricity] aumentare di tensione; [vehicles] partire come un razzo; [water] sollevarsi.

surgeon ['sɜːdʒən] n chirurgo m, -a f.

surgery ['sɜːdʒərɪ] n - **1.** (U) [performing of operations] chirurgia f - **2.** UK [place] studio m (medico).

surgical ['sɜːdʒɪkl] adj - **1.** [gen] chirurgico(a) - **2.** [stocking] contenitivo(a); [boot] ortopedico(a).

surgical spirit n (U) UK alcol m denaturato.

surly ['sɜːlɪ] adj scontroso(a).

surmount [sɜːˈmaʊnt] vt fml [difficulty, disadvantage] superare; [problem] risolvere.

surname ['sɜːneɪm] n cognome m.

surpass [səˈpɑːs] vt fml superare.

surplus ['sɜːpləs] ◇ adj in più, in eccedenza; **surplus to requirements** più del necessario. ◇ n surplus m inv, sovrappiù m inv.

surprise [səˈpraɪz] ◇ n (U) sorpresa f. ◇ vt sorprendere, stupire.

surprised [səˈpraɪzd] adj sorpreso(a).

surprising [səˈpraɪzɪŋ] adj sorprendente.

surprisingly [səˈpraɪzɪŋlɪ] adv sorprendentemente.

surrender [səˈrendər] ◇ n resa f, capitolazione f. ◇ vi - **1.** [stop fighting] **to surrender (to sb)** arrendersi (a qn) - **2.** fig [give in]: **to surrender (to sthg)** cedere (a qc).

surreptitious [ˌsʌrəpˈtɪʃəs] adj furtivo(a).

surrogate ['sʌrəgeɪt] ◇ adj surrogato(a). ◇ n sostituto m, -a f.

surrogate mother n madre f surrogata.

surround [səˈraʊnd] vt - **1.** [encircle] circondare, attorniare - **2.** [trap] accerchiare, circondare - **3.** fig [be associated with] circondare.

surrounding [səˈraʊndɪŋ] adj circostante. ◆ **surroundings** npl dintorni mpl, vicinanze fpl.

surveillance [sɜːˈveɪləns] n (U) sorveglianza f.

survey ◇ n ['sɜːveɪ] - **1.** [statistical investigation] sondaggio m - **2.** [inspection - of land] rilevamento m topografico; UK [- of building] perizia f. ◇ vt [səˈveɪ] - **1.** [contemplate] contemplare - **2.** [investigate statistically] fare un sondaggio su - **3.** [examine, assess - land] fare il rilevamento topografico di; UK [- building] fare una perizia di.

surveyor [səˈveɪər] n [of land] topografo m, -a f; UK [of building] perito m (edile).

survival [səˈvaɪvl] n (U) [act of surviving] sopravvivenza f.

survive [səˈvaɪv] ◇ vt sopravvivere a. ◇ vi - **1.** [continue to exist - person] sopravvivere; [- object, company, project] rimanere - **2.** inf [cope successfully] sopravvivere.

survivor [səˈvaɪvər] n - **1.** [person who escapes death] sopravvissuto m, -a f, superstite mf - **2.** fig [fighter] persona f di grandi risorse.

susceptible [səˈseptəbl] adj - **1.** [likely to be influenced]: **susceptible (to sthg)** sensibile (a qc) - **2.** MED: **susceptible (to sthg)** predisposto(a) (a qc).

suspect ◇ adj ['sʌspekt] sospetto(a). ◇ n ['sʌspekt] sospetto m, -a f. ◇ vt [səˈspekt] sospettare; **to suspect sb (of sthg)** sospettare qn (di qc).

suspend [səˈspend] vt - **1.** [hang] appendere - **2.** [temporarily discontinue or exclude] sospendere.

suspender belt [səˈspendər-] n UK reggicalze m inv.

suspenders [səˈspendəz] npl - **1.** UK [for stockings] giarrettiera f - **2.** US [for trousers] bretelle fpl.

suspense [səˈspens] n (U) suspence f.

suspension [səˈspenʃn] n - **1.** [temporary discontinuation] sospensione f, interruzione f - **2.** [exclusion] sospensione f - **3.** AUT sospensione f (elastica).

suspension bridge n ponte m sospeso.

suspicion [səˈspɪʃn] n sospetto m.

suspicious [sə'spɪʃəs] *adj* - **1.** [having suspicions] sospettoso(a), diffidente - **2.** [causing suspicion] sospetto(a).

sustain [sə'steɪn] *vt* - **1.** [maintain, prolong] mantenere - **2.** [nourish - physically] sostenere; [- spiritually] dare forza a, sostenere - **3.** [suffer] subire - **4.** [withstand] sostenere, sopportare.

sustenance ['sʌstɪnəns] *n (U) fml* sostentamento *m*, nutrimento *m*.

SW (*abbr of* short wave) OC.

swab [swɒb] *n* tampone *m*.

swagger ['swægər] *vi* camminare con aria spavalda.

swallow ['swɒləʊ] ◇ *n* - **1.** [bird] rondine *f* - **2.** [of drink] sorso *m*; [of food] boccone *m*. ◇ *vt* - **1.** [food] inghiottire, ingoiare; [drink] mandare giù - **2.** [accept] buttare giù - **3.** [hold back - anger] reprimere; [- pride] rinunciare a; [- tears, remark] ingoiare. ◇ *vi* inghiottire.

swam [swæm] *pt* ▷ **swim.**

swamp [swɒmp] ◇ *n* palude *f*. ◇ *vt* - **1.** [flood] sommergere - **2.** [overwhelm]: **to swamp sb/sthg (with sthg)** inondare qn/qc (con qc).

swan [swɒn] *n* cigno *m*.

swap [swɒp] *vt*: **to swap sthg (with sb)** scambiare qc (con qc); **to swap sthg (over** OR **around)** scambiarsi qc; **to swap sthg for sthg** scambiare qc con qc.

swarm [swɔːm] ◇ *n fig* [of people] frotta *f*. ◇ *vi fig* [place]: **to be swarming (with)** brulicare (di).

swarthy ['swɔːðɪ] *adj* scuro(a) di carnagione.

swastika ['swɒstɪkə] *n* svastica *f*.

swat [swɒt] *vt* schiacciare.

sway [sweɪ] ◇ *vt* [influence] influenzare. ◇ *vi* [swing] oscillare.

swear [sweər] (*pt* swore, *pp* sworn) ◇ *vt* giurare; **to swear to do sthg** giurare di fare qc. ◇ *vi* - **1.** [state emphatically] giurare - **2.** [use swearwords] bestemmiare, imprecare.

swearword ['sweəwɜːd] *n* bestemmia *f*, parolaccia *f*.

sweat [swet] ◇ *n (U)* [perspiration] sudore *m*. ◇ *vi* sudare.

sweater ['swetər] *n* pullover *m inv*, golf *m inv*.

sweatshirt ['swetʃɜːt] *n* felpa *f*.

sweaty ['swetɪ] *adj* [skin] sudato(a); [clothes] bagnato(a) di sudore.

swede [swiːd] *n UK* rapa *f* svedese.

Swede [swiːd] *n* svedese *mf*.

Sweden ['swiːdn] *n* Svezia *f*.

Swedish ['swiːdɪʃ] ◇ *adj* svedese. ◇ *n* [language] svedese *m*. ◇ *npl*: **the Swedish** gli Svedesi.

sweep [swiːp] (*pt & pp* swept) ◇ *n* - **1.** [sweeping movement] ampio movimento *m* - **2.** [with brush] scopata *f*, spazzata *f* - **3.** [chimneysweep] spazzacamino *m*. ◇ *vt* - **1.** [with brush] scopare, spazzare - **2.** [scan - with light beam] perlustrare; [- with eyes] scrutare - **3.** [spread through] dilagare in. ◆ **sweep up** ◇ *vt sep* [with brush] scopare, spazzare. ◇ *vi* scopare.

sweeping ['swiːpɪŋ] *adj* - **1.** [effect] radicale - **2.** [statement] generico(a).

sweet [swiːt] ◇ *adj* - **1.** [gen] dolce - **2.** [gentle, kind] dolce, gentile; **that's very sweet of you** è molto gentile da parte tua - **3.** [attractive] dolce, tenero(a). ◇ *n UK* - **1.** [candy] caramella *f* - **2.** [dessert] dolce *m*.

sweet corn *n (U)* mais *m* dolce.

sweeten ['swiːtn] *vt* dolcificare, addolcire.

sweetheart ['swiːthɑːt] *n* - **1.** [term of endearment] tesoro *m*, caro *m*, -a *f* - **2.** [boyfriend or girlfriend] amore *m*.

sweetness ['swiːtnɪs] *n (U)* - **1.** [gen] dolcezza *f* - **2.** [gentleness] dolcezza *f*, gentilezza *f* - **3.** [attractiveness] dolcezza *f*, tenerezza *f*.

sweet pea *n* pisello *m* odoroso.

swell [swel] (*pt* -ed, *pp* swollen OR -ed) ◇ *vi* - **1.** [become larger]: **to swell (up)** gonfiare, gonfiarsi - **2.** [fill with air, pride] gonfiarsi - **3.** [number, population, membership] crescere, aumentare - **4.** [sound, voices] diventare più forte. ◇ *vt* [number, membership] aumentare; [crowd] ingrossare. ◇ *n* [of sea] onda *f* morta. ◇ *adj US inf dated* meraviglioso(a).

swelling ['swelɪŋ] *n* - **1.** *(U)* [swollenness] gonfiore *m* - **2.** [swollen area] tumefazione *f*.

sweltering ['sweltərɪŋ] *adj* - **1.** [weather] torrido(a); **it's sweltering in here** qui dentro si soffoca - **2.** [person]: **I'm sweltering** sto morendo dal caldo.

swept [swept] *pt & pp* ▷ **sweep.**

swerve [swɜːv] *vi* deviare, curvare.

swift [swɪft] ◇ *adj* - **1.** [fast] veloce - **2.** [prompt, ready] rapido(a), celere. ◇ *n* [bird] rondone *m*.

swig [swɪg] *inf n* sorsata *f*.

swill [swɪl] ◇ *n (U)* [pig food] pastone *m*. ◇ *vt* [wash] sciacquare.

swim [swɪm] (*pt* swam, *pp* swum) ◇ *n* nuotata *f*; **to have a swim** *UK* fare una nuotata; **to go for a swim** andare a fare una nuotata. ◇ *vi* - **1.** [move through water] nuotare - **2.** [feel dizzy]: **my head was swimming** mi girava la testa.

swimmer ['swɪmər] n nuotatore m, -trice f.

swimming ['swɪmɪŋ] n nuoto m; **to go swimming** andare a nuotare.

swimming cap n cuffia f (da bagno).

swimming costume n UK costume m da bagno.

swimming pool n piscina f.

swimming trunks npl UK calzoncini mpl da bagno.

swimsuit ['swɪmsu:t] n costume m intero.

swindle ['swɪndl] ⟨⟩ n truffa f. ⟨⟩ vt fregare; **to swindle sb out of sthg** fregare qc a qn.

swine [swaɪn] n inf pej [person] porco m.

swing [swɪŋ] (pt & pp swung) ⟨⟩ n - 1. [child's toy] altalena f - 2. [change] mutamento m; **a swing to the right** una svolta a destra - 3. [of hips] ancheggiamento m; **to be in full swing** essere in pieno svolgimento. ⟨⟩ vt - 1. [move back and forth] dondolare - 2. [turn] girare; **he swung the car to the left** sterzò a sinistra. ⟨⟩ vi - 1. [move back and forth] oscillare - 2. [turn] girare; **the door swung open** la porta si spalancò; **he swung round** si girò di scatto - 3. [change] avere una svolta.

swing bridge n UK ponte m girevole.

swing door, swinging door US ['swɪŋɪŋ-] n porta f a vento.

swingeing ['swɪndʒɪŋ] adj UK [cuts] drastico(a); [criticism] violento(a).

swinging door ['swɪŋɪŋ-] n US = **swing door**.

swipe [swaɪp] ⟨⟩ vt - 1. inf [steal] fregare - 2. [plastic card] strisciare. ⟨⟩ vi [lunge]: **to swipe at sb/sthg** cercare di colpire qn/qc.

swirl [swɜ:l] ⟨⟩ n - 1. [of skirt] svolazzo m - 2. [of dust] turbine m - 3. [of water] vortice m. ⟨⟩ vi [dust, water] turbinare; [skirt] svolazzare.

swish [swɪʃ] ⟨⟩ adj inf [posh] alla moda. ⟨⟩ vt [tail] muovere.

Swiss [swɪs] ⟨⟩ adj svizzero(a). ⟨⟩ n [person] svizzero m, -a f. ⟨⟩ npl: **the Swiss** gli svizzeri.

switch [swɪtʃ] ⟨⟩ n - 1. [control device - of light, fuse box] interruttore m; [- on radio, stereo] tasto m - 2. [change] cambiamento m. ⟨⟩ vt - 1. [transfer] spostare - 2. [swap, exchange] cambiare. ◆ **switch off** vt sep [device] spegnere. ◆ **switch on** vt sep [device] accendere.

Switch® n UK carta di addebito a circuito nazionale.

switchboard ['swɪtʃbɔ:d] n centralino m.

Switzerland ['swɪtsələnd] n Svizzera f.

swivel ['swɪvl] (UK & US) vt & vi girare.

swivel chair n sedia f girevole.

swollen ['swəʊln] ⟨⟩ pp ▷ **swell**. ⟨⟩ adj gonfio(a).

swoop [swu:p] ⟨⟩ n [raid] blitz m inv. ⟨⟩ vi - 1. [fly downwards] scendere in picchiata - 2. [pounce] fare un blitz.

swop [swɒp] n, vt & vi = **swap**.

sword [sɔ:d] n spada f.

swordfish ['sɔ:dfɪʃ] (pl swordfish OR -es) n pescespada m inv.

swore [swɔ:r] pt ▷ **swear**.

sworn [swɔ:n] ⟨⟩ pp ▷ **swear**. ⟨⟩ adj LAW giurato(a).

swot [swɒt] UK inf ⟨⟩ n pej secchione m, -a f. ⟨⟩ vi: **to swot (for sthg)** studiare sodo (per qc).

swum [swʌm] pp ▷ **swim**.

swung [swʌŋ] pt & pp ▷ **swing**.

sycamore ['sɪkəmɔ:r] n sicomoro m.

syllable ['sɪləbl] n sillaba f.

syllabus ['sɪləbəs] (pl -buses OR -bi) n programma m.

symbol ['sɪmbl] n simbolo m.

symbolize, -ise UK ['sɪmbəlaɪz] vt simboleggiare.

symmetry ['sɪmətrɪ] n (U) simmetria f.

sympathetic [ˌsɪmpə'θetɪk] adj - 1. [understanding] comprensivo(a) - 2. [willing to support] bendisposto(a), favorevole; **sympathetic to sthg** bendisposto(a) verso qc.

sympathize, -ise UK ['sɪmpəθaɪz] vi - 1. [feel sorry]: **to sympathize (with sb)** compiangere (qn) - 2. [understand]: **to sympathize (with sthg)** comprendere (qc) - 3. [support]: **to sympathize with sthg** simpatizzare con qc.

sympathizer, -iser UK ['sɪmpəθaɪzər] n simpatizzante mf.

sympathy ['sɪmpəθɪ] n - 1. [understanding] comprensione f; **a message of sympathy** un messaggio di cordoglio; **sympathy for sb** comprensione per qn - 2. [agreement] affinità f.

symphony ['sɪmfənɪ] n sinfonia f.

symposium [sɪm'pəʊzjəm] (pl -siums OR -sia) n simposio m.

symptom ['sɪmptəm] n sintomo m.

synagogue ['sɪnəgɒg] n sinagoga f.

syndicate n ['sɪndɪkət] associazione f.

syndrome ['sɪndrəʊm] n sindrome f.

synonym ['sɪnənɪm] n: **synonym (for OR of sthg)** sinonimo m (di qc).

synopsis [sɪ'nɒpsɪs] (pl -ses) n sinossi f inv.

syntax ['sɪntæks] n sintassi f inv.

synthetic [sɪn'θetɪk] adj - 1. [man-made] sintetico(a) - 2. pej [insincere] artificiale.

syphilis ['sıfılıs] *n (U)* sifilide *f.*

syphon ['saıfn] *n* & *vt* = **siphon**.

Syria ['sırıə] *n* Siria *f.*

syringe [sı'rındʒ] *n* siringa *f.*

syrup ['sırəp] *n (U)* sciroppo *m.*

system ['sıstəm] *n* - **1.** [gen] sistema *m* - **2.** [equipment] impianto *m.*

systematic [,sıstə'mætık] *adj* sistematico(a).

systems analyst ['sıstəmz-] *n* COMPUT analista *mf* di sistemi.

t *(pl* t's *OR* ts**), T** *(pl* T's *OR* Ts) [ti:] *n* [letter] t *m* o *f inv,* T *m* o *f inv.*

ta [tɑː] *excl UK inf* grazie.

tab [tæb] *n* - **1.** [of cloth] etichetta *f* - **2.** [of metal] linguetta *f* - **3.** [bill] conto *m*; **to pick up the tab** pagare; **to keep tabs on sb** tenere d'occhio qn.

tabby ['tæbı] *n*: **tabby (cat)** gatto *m* tigrato.

table ['teıbl] <> *n* - **1.** [piece of furniture] tavolo *m*, tavola *f* - **2.** [diagram] tabella *f.* <> *vt* - **1.** UK [propose] presentare - **2.** US [postpone] rinviare.

tablecloth ['teıblklɒθ] *n* tovaglia *f.*

table football *n* UK calcio-balilla *m.*

table lamp *n* lampada *f* da tavolo.

tablemat ['teıblmæt] *n* UK [for hot dishes] sottopentola *f*; [place mat] tovaglietta *f.*

tablespoon ['teıblspuːn] *n* cucchiaio *m.*

tablet ['tæblıt] *n* - **1.** [pill] compressa *f* - **2.** [of clay, stone] tavoletta *f* - **3.** [of soap]: **a tablet of soap** una saponetta.

table tennis *n (U)* tennis *m* da tavolo, ping-pong® *m.*

tabloid ['tæblɔıd] *n*: **tabloid (newspaper)** giornale *m* scandalistico; **the tabloid press** la stampa scandalistica.

tacit ['tæsıt] *adj fml* tacito(a).

taciturn ['tæsıtɜːn] *adj fml* taciturno(a).

tack [tæk] <> *n* - **1.** [nail] bulletta *f* - **2.** NAUT bordata *f* - **3.** *fig* [course of action] tattica *f.* <> *vt* - **1.** [fasten with nail] imbullettare - **2.** [in sewing] imbastire. <> *vi* NAUT virare di bordo.

tackle ['tækl] <> *n* - **1.** [in soccer, American football] tackle *m inv* - **2.** [in rugby] placcag-

gio *m* - **3.** [equipment, gear] attrezzatura *f* - **4.** [for lifting] paranco *m.* <> *vt* - **1.** [deal with] affrontare - **2.** [in soccer, American football] contrastare - **3.** [in rugby] placcare - **4.** [attack] confrontare.

tacky ['tækı] *adj* - **1.** *inf* [jewellery, clothes] pacchiano(a) - **2.** *inf* [remark] di cattivo gusto - **3.** [sticky] ancora fresco(a).

tact [tækt] *n (U)* tatto *m.*

tactful ['tæktfʊl] *adj* discreto(a).

tactic ['tæktık] *n* tattica *f.* ◆ **tactics** *n (U)* MIL tattica *f (singolare).*

tactical ['tæktıkl] *adj* tattico(a).

tactile ['tæktaıl] *adj* - **1.** [person]: **a tactile person** una persona espansiva a livello gestuale - **2.** [fabric] piacevole al tatto - **3.** PSYCHOL tattile.

tactless ['tæktlıs] *adj* [person] senza tatto; [behaviour, remark] indelicato(a).

tadpole ['tædpəʊl] *n* girino *m.*

tag [tæg] *n* [label] etichetta *f.* ◆ **tag along** *vi inf* [go too] andare dietro; [come too] venire dietro.

tail [teıl] <> *n* - **1.** [gen] coda *f* - **2.** [of shirt] dietro *m (parte che si infila nei pantaloni).* <> *vt inf* [follow] pedinare. ◆ **tails** <> *adv* [side of coin] croce *f.* <> *npl* [formal dress] frac *m inv.* ◆ **tail off** *vi* calare.

tailback ['teılbæk] *n* UK [of traffic] coda *f* di auto.

tailcoat [,teıl'kəʊt] *n* frac *m inv.*

tail end *n* finale *m.*

tailgate ['teılgeıt] *n esp* US portellone *m* posteriore.

tailor ['teılə'] <> *n* sarto *m.* <> *vt* adattare.

tailor-made *adj* su misura.

tailwind ['teılwınd] *n* vento *m* a favore.

tainted ['teıntıd] *adj* - **1.** [reputation] infangato(a) - **2.** [money] sporco(a) - **3.** [food] avariato(a).

Taiwan [,taı'wɑːn] *n* Taiwan *m.*

take [teık] *(pt* took, *pp* taken) <> *vt* - **1.** [gen] prendere; **to take sthg seriously** prendere qc seriamente; **to take it badly** prenderla male; **to take offence** offendersi; **I take the view that...** penso que...; **what batteries does it take?** che pile ci vogliono? - **2.** [to somewhere else] portare - **3.** [receive] ricevere - **4.** [accept] accettare - **5.** [contain] contenere - **6.** [bear] sopportare; **I can't take any more** non ne posso più - **7.** [require]: **how long will it take to get there?** quanto ci vorrà ad arrivarci? - **8.** [holiday, test] fare; **to take a walk/bath** fare una passeggiata/il bagno; **to take a photo** fare una foto - **9.** [risk] correre - **10.** [measure - pulse] prendere; [- temperature] misurare - **11.** [wear as a particular size] portare - **12.** [assume]: **I take it (that)...** suppongo che... - **13.** CHESS mangiare, prendere. ◇ *n* CIN ripresa *f.* ◆ **take after** *vt insep* [parent] prendere da. ◆ **take apart** *vt sep* [dismantle] smontare. ◆ **take away** *vt sep* - **1.** [remove] portare via - **2.** [deduct] sottrarre; **take five away from seven** sottrai cinque da sette. ◆ **take back** *vt sep* - **1.** [return] riportare - **2.** [accept] riprendere - **3.** [statement, accusation] ritirare. ◆ **take down** *vt sep* - **1.** [dismantle] smontare - **2.** [write down] prendere nota di - **3.** [lower] abbassare; **to take down one's trousers** abbassarsi i pantaloni. ◆ **take in** *vt sep* - **1.** [deceive] ingannare - **2.** [understand, include] comprendere - **3.** [provide accommodation for] accogliere. ◆ **take off** ◇ *vt sep* - **1.** [remove] togliersi, togliere - **2.** [have as holiday]: **to take two days/the afternoon off** prendersi due giorni/un pomeriggio di ferie - **3.** *inf* [imitate] fare il verso a. ◇ *vi* - **1.** [plane] decollare - **2.** *inf* [go away suddenly] andarsene. ◆ **take on** *vt sep* - **1.** [work, job] accettare - **2.** [responsibility] prendersi - **3.** [employee] assumere - **4.** [adversary] affrontare. ◆ **take out** *vt sep* - **1.** [from container] estrarre - **2.** [go out with] portare fuori. ◆ **take over** ◇ *vt sep* - **1.** [company, business] rilevare - **2.** [country, government] assumere il controllo di - **3.** [job, role] prendere. ◇ *vi* - **1.** [take control] assumere il comando - **2.** [in job]: **to take over from sb** subentrare a qn. ◆ **take to** *vt insep* - **1.** [feel a liking for]: **I took to her at once** mi è piaciuta subito; **I never really took to aerobics** non sono mai riuscito, -a *f* a farmi piacere l'aerobica - **2.** [begin]: **to take to doing sthg** prendere a fare qc. ◆ **take up** *vt sep* - **1.** [begin] cominciare - **2.** [use up] prendere. ◆ **take up on** *vt sep* [an offer]: **to take sb up on his/her offer/invitation** accettare l'offerta/invito di qn.

takeaway *UK* ['teɪkə,weɪ], **takeout** *US* ['teɪkaʊt] ◇ *n* [food] piatti *mpl* da asporto. ◇ *comp* da asporto.

taken ['teɪkən] *pp* ▷ **take**.

takeoff ['teɪkɒf] *n* decollo *m.*

takeout *n & comp US* = **takeaway**.

takeover ['teɪk,əʊvər] *n* - **1.** [of company] rilevamento *m* - **2.** [of government] presa *f* di potere.

takings *npl* incassi *mpl.*

talc [tælk] *n* (U) *inf* talco *m.*

talcum (powder) ['tælkəm-] *n* (U) talco *m.*

tale [teɪl] *n* storia *f.*

talent ['tælənt] *n*: **talent (for sthg)** talento *m* (per qc).

talented ['tæləntɪd] *adj* di talento.

talk [tɔːk] ◇ *n* - **1.** [conversation] conversazione *f* - **2.** (U) [gossip] voci *fpl* - **3.** [lecture] lezione *f.* ◇ *vi* [speak] parlare; **to talk to sb** parlare a OR con qn; **to talk about sb/sthg** parlare di qn/qc; **talking of sb/sthg,...** a proposito di qn/qc,... ◇ *vt* - **1.** [politics, business] parlare di - **2.** [nonsense] dire. ◆ **talks** *npl* [discussions] negoziati *mpl.* ◆ **talk into** *vt sep*: **to talk sb into (doing) sthg** convincere qn a fare qc. ◆ **talk out of** *vt sep*: **to talk sb out of (doing) sthg** dissuadere qn dal fare qc. ◆ **talk over** *vt sep* parlare di.

talkative ['tɔːkətɪv] *adj* loquace.

talk show *US n* talk show *m inv.*

talk time *n* [on mobile phone] autonomia *f* in conversazione.

tall [tɔːl] *adj* alto(a); **it's two metres tall** è alto due metri.

tally ['tælɪ] ◇ *n* [record] conto *m*; **to keep a tally of sthg** tenere il conto di qc. ◇ *vi* [correspond] concordare.

talon ['tælən] *n* artiglio *m.*

tambourine [,tæmbə'riːn] *n* tamburello *m.*

tame [teɪm] ◇ *adj* - **1.** [animal] domato(a) - **2.** *pej* [person] sottomesso(a) - **3.** *pej* [unexciting] noioso(a). ◇ *vt* - **1.** [wild animal] domare - **2.** [person] soggiogare.

tamper ['tæmpər] ◆ **tamper with** *vt insep* manomettere.

tampon ['tæmpɒn] *n* tampone *m.*

tan [tæn] ◇ *adj* - **1.** [material] color cuoio (*inv*) - **2.** *US* [person, skin] abbronzato(a). ◇ *n* abbronzatura *f*; **to get a tan** abbronzarsi. ◇ *vi* abbronzarsi.

tangent ['tændʒənt] *n* GEOM tangente *f*; **to go off at a tangent** *fig* partire per la tangente.

tangerine [,tændʒə'riːn] *n* agrume simile al mandarino.

tangible ['tændʒəbl] *adj* tangibile.

Tangier [tæn'dʒɪər] *n* Tangeri *f.*

tangle ['tæŋgl] *n* groviglio *m*; **to get into a tangle** *fig* mettersi nei pasticci.

tank [tæŋk] *n* - **1.** [container] cisterna *f*; **petrol** *UK* OR **gas** *US* **tank** serbatoio *m*; **fish tank** acquario *m* - **2.** MIL carro *m* armato.

tanker ['tæŋkər] *n* - **1.** [ship] nave *f* cisterna; **oil tanker** petroliera - **2.** [truck] autocisterna *f* - **3.** [train wagon] vagone *m* cisterna.

tanned [tænd] *adj UK* abbronzato(a).

Tannoy® ['tænɔɪ] *n UK* altoparlante *m.*

tantalizing, -ising *UK* ['tæntəlaɪzɪŋ] *adj* stuzzicante.

tantamount ['tæntəmaʊnt] *adj*: **to be tantamount to sthg** equivalere a qc.

tantrum ['tæntrəm] (*pl* **-s**) *n*: **to have/throw a tantrum** fare i capricci.

Tanzania [ˌtænzə'nɪə] n Tanzania f.

tap [tæp] ◇ n - **1.** [device] rubinetto m; UK [for water] rubinetto m - **2.** [light blow] colpetto m. ◇ vt - **1.** [knock] dare un colpetto a; **to tap one's fingers on the table** tamburellare le dita sul tavolo - **2.** [make use of] sfruttare - **3.** [telephone] mettere sotto controllo.

tap dance n tip tap m inv.

tape [teɪp] ◇ n - **1.** [gen] nastro m - **2.** [cassette] cassetta f - **3.** [adhesive material] Scotch® m inv, nastro m adesivo. ◇ vt - **1.** [record] registrare - **2.** [fasten with adhesive tape] fissare con il nastro adesivo.

tape measure n metro m a nastro.

taper ['teɪpər] vi stringersi verso la fine.

tape recorder n registratore m.

tapestry ['tæpɪstrɪ] n [piece of fabric] arazzo m.

tar [tɑːr] n (U) catrame m.

target ['tɑːgɪt] ◇ n - **1.** [gen] bersaglio m - **2.** fig [goal] obiettivo m. ◇ vt - **1.** [aim weapon at] prendere come bersaglio - **2.** [channel resources towards] mirare a.

tariff ['tærɪf] n - **1.** [tax] tariffa f doganale - **2.** UK [price list] tariffa f.

Tarmac® ['tɑːmæk] n UK [material] macadam m all'asfalto. ◆ **tarmac** n AERON: **the tarmac** la pista.

tarnish ['tɑːnɪʃ] vt - **1.** [make dull] ossidare - **2.** fig [reputation, name] infangare.

tarpaulin [tɑː'pɔːlɪn] n - **1.** (U) [material] tela f cerata - **2.** [sheet] telo m impermeabilizzato.

tart [tɑːt] ◇ adj - **1.** [bitter-tasting] aspro(a) - **2.** [sarcastic] acido(a). ◇ n - **1.** [sweet pastry - large] crostata f; [- small] crostatina f - **2.** inf offens [woman, prostitute] puttanella f. ◆ **tart up** vt sep UK inf [person]: **to tart o.s. up** agghindarsi; [building, room] risistemare.

tartan ['tɑːtn] ◇ n - **1.** [pattern] quadri mpl scozzesi, scozzese m - **2.** (U) [cloth] tartan m inv, scozzese m. ◇ comp a quadri scozzesi.

task [tɑːsk] n compito m.

task force n - **1.** MIL task force f inv - **2.** [group of helpers] gruppo m.

tassel ['tæsl] n nappa f.

taste [teɪst] ◇ n - **1.** (U) [sense of taste, discernment] gusto m; **for my taste** per i miei gusti; **in bad/good taste** senza/con gusto - **2.** [flavour] sapore m, gusto m - **3.** [try, experience] assaggio m; **to have a taste of sthg** assaggiare qc - **4.** fig [liking, preference]: **taste (for sthg)** predilezione f (per qc), gusto m (per qc). ◇ vt [food - experience flavour of] sentire;

[- test, try, experience] assaggiare. ◇ vi: **to taste nice/horrible** avere un sapore buono/schifoso; **to taste of/like sthg** sapere di qc.

tasteful ['teɪstful] adj di buongusto.

tasteless ['teɪstlɪs] adj - **1.** [decor, remark, joke] di cattivo gusto - **2.** [food, drink] insipido(a).

tasty ['teɪstɪ] adj gustoso(a).

tatters ['tætəz] npl: **in tatters** [clothes] a brandelli; fig [confidence, reputation] rovinato(a).

tattoo [tə'tuː] (pl -s) ◇ n - **1.** [design] tatuaggio m - **2.** [military display] parata f militare. ◇ vt tatuare.

tatty ['tætɪ] adj inf pej scalcinato(a).

taught [tɔːt] pt & pp ▷ **teach**.

taunt [tɔːnt] ◇ vt schernire. ◇ n scherno m.

Taurus ['tɔːrəs] n [astrology] Toro m; **to be (a) Taurus** essere del Toro.

taut [tɔːt] adj teso(a).

tawdry ['tɔːdrɪ] adj pej pacchiano(a).

tax [tæks] ◇ n [money paid to government] tassa f, imposta f. ◇ vt - **1.** [gen] tassare - **2.** [strain, test] mettere a dura prova.

taxable ['tæksəbl] adj imponibile.

tax allowance n detrazione f d'imposta.

taxation [tæk'seɪʃn] n (U) - **1.** [system] tassazione f - **2.** [amount] imposte fpl.

tax collector n esattore m, -trice f.

tax disc n UK bollo m di circolazione.

tax-free adj esentasse (inv).

taxi ['tæksɪ] ◇ n taxi m inv. ◇ vi rullare.

taxi driver n tassista mf.

tax inspector n agente mf del fisco.

taxi rank UK, **taxi stand** US n posteggio m di taxi.

taxpayer ['tæks,peɪər] n contribuente mf.

tax return n denuncia f dei redditi.

TB (abbr of tuberculosis) n TBC f.

tea [tiː] n - **1.** [drink, leaves] tè m inv - **2.** UK [afternoon meal] tè m inv - **3.** UK [evening meal] cena f.

teabag ['tiːbæg] n bustina f di tè.

tea break n UK ≃ pausa f caffè.

teach [tiːtʃ] (pt & pp taught) ◇ vt [person] insegnare a; [subject, skill, quality] insegnare; **to teach sb sthg, teach sthg to sb** insegnare qc a qn; **to teach sb to do sthg** insegnare a qn a fare qc; **to teach (sb) that...** insegnare (a qn) che... ◇ vi insegnare.

teacher ['tiːtʃər] n insegnante mf.

teaching ['tiːtʃɪŋ] n insegnamento m.

tea cloth n UK dated strofinaccio m.

tea cosy UK, **tea cozy** US n copriteiera f.

teacup ['ti:kʌp] n tazza f da tè.

teak [ti:k] n (U) tek m.

team [ti:m] n - **1.** SPORT squadra f - **2.** [group] équipe f inv.

teammate ['ti:meɪt] n compagno m, -a f di squadra.

teamwork ['ti:mwɜ:k] n (U) [in group] lavoro m d'équipe; SPORT lavoro m di squadra.

teapot ['ti:pɒt] n teiera f.

tear[1] [tɪəʳ] n [when crying] lacrima f.

tear[2] [teəʳ] (pt tore, pp torn) <> n [rip] strappo m. <> vt [rip] strappare. <> vi - **1.** [rip] strapparsi - **2.** inf [move quickly] sfrecciare.
◆ **tear apart** vt sep - **1.** [rip up] strappare - **2.** fig [disrupt greatly] fare a pezzi - **3.** [upset greatly] dilaniare. ◆ **tear down** vt sep - **1.** [building] abbattere - **2.** [poster] staccare. ◆ **tear up** vt sep [letter] strappare.

teardrop ['tɪədrɒp] n lacrima f.

tearful ['tɪəfʊl] adj [person] in lacrime.

tear gas n (U) gas m lacrimogeno.

tearoom ['ti:rum] n sala f da tè.

tease [ti:z] <> n inf - **1.** [joker] burlone m, -a f - **2.** [sexually] persona che provoca sessualmente senza concedersi. <> vt [mock]: **to tease sb (about sthg)** prendere in giro qn (per qc).

tea service, tea set n servizio m da tè.

teaspoon ['ti:spu:n] n cucchiaino m.

teat [ti:t] n - **1.** [of animal] capezzolo m - **2.** UK [of bottle] tettarella f.

teatime ['ti:taɪm] n (U) UK [in afternoon] ora f del tè; [in evening] ora f di cena.

tea towel n UK strofinaccio m.

technical ['teknɪkl] adj tecnico(a).

technical college n istituto m tecnico.

technicality [,teknɪ'kælətɪ] n - **1.** [intricacy] tecnicismo m - **2.** [petty rule] dettaglio m tecnico.

technically ['teknɪklɪ] adv tecnicamente.

technician [tek'nɪʃn] n [worker] tecnico m, -a f.

technique [tek'ni:k] n tecnica f.

techno ['teknəʊ] n (musica f) techno f.

technological [,teknə'lɒdʒɪkl] adj tecnologico(a).

technology [tek'nɒlədʒɪ] n tecnologia f.

teddy ['tedɪ] n: **teddy (bear)** orsacchiotto m (di peluche).

tedious ['ti:djəs] adj noioso(a).

tee [ti:] n GOLF tee m inv.

teem [ti:m] vi - **1.** [rain] diluviare - **2.** [be busy, full]: **to be teeming with** brulicare di.

teenage ['ti:neɪdʒ] adj [child] adolescente; [fashion] giovane (inv), degli adolescenti; [music] giovane (inv); [problems] adolescenziale.

teenager ['ti:n,eɪdʒəʳ] n adolescente mf.

teens [ti:nz] npl adolescenza f; **in one's late/early teens** nella tarda/prima adolescenza.

tee shirt n T-shirt f inv, maglietta f.

teeter ['ti:təʳ] vi - **1.** [wobble] traballare - **2.** fig [be in danger]: **to be teetering on the brink of sthg** essere sull'orlo di qc.

teeth [ti:θ] pl ⊳ **tooth**.

teethe [ti:ð] vi mettere i denti.

teething problems, teething troubles ['ti:ðɪŋ-] npl fig difficoltà fpl iniziali.

teetotaller UK, **teetotaler** US [ti:'təʊtləʳ] n astemio m, -a f.

tel. (abbr of telephone) tel.

telecommunications ['te-lɪkə,mju:nɪ'keɪʃnz] npl telecomunicazioni fpl.

telegram ['telɪgræm] n telegramma m.

telegraph ['telɪgrɑ:f] <> n telegrafo m. <> vt [person] telegrafare a; [message] telegrafare.

telegraph pole, telegraph post n UK palo m del telefono.

telepathy [tɪ'lepəθɪ] n (U) telepatia f.

telephone ['telɪfəʊn] <> n telefono m; **to be on the telephone** [be a subscriber] avere il telefono; [be speaking] essere al telefono. <> vt telefonare a. <> vi telefonare.

telephone banking n banca f telefonica.

telephone book n elenco m del telefono.

telephone box UK, **telephone booth** US n cabina f telefonica.

telephone call n telefonata f.

telephone directory n elenco m del telefono.

telephone number n numero m di telefono.

telephone pole n US palo m del telefono.

telephonist [tɪ'lefənɪst] n UK centralinista mf.

telescope ['telɪskəʊp] n telescopio m.

teletext® ['telɪtekst] n (U) [gen] teletext m; [on Italian TV] televideo m.

televise ['telɪvaɪz] vt trasmettere per televisione.

television ['telɪ,vɪʒn] n - **1.** (U) [medium, industry] televisione f; **on television** alla televisione - **2.** [apparatus] televisione f, televisore m.

television set n televisione f, televisore m.

teleworker ['telɪwɜ:kəʳ] n telelavoratore m, -trice f.

telex ['teleks] <> n telex m inv. <> vt [person] mandare un telex a; [message] mandare via telex.

tell [tel] (pt & pp **told**) <> vt - **1.** [news, secret, lie] dire; [person] dire a; **to tell sb sthg, to tell sthg to sb** dire qc a qn; **to tell sb (that)...** dire a qn che...; **to tell sb to do sthg** dire a qn di fare qc - **2.** [story, joke] raccontare. <> vi - **1.** [speak] parlare - **2.** [judge] dire - **3.** [have effect] farsi sentire. **◆ tell apart** vt sep distinguere. **◆ tell off** vt sep rimproverare.

telling ['telɪŋ] adj - **1.** [relevant] significativo(a) - **2.** [revealing] rivelatore(trice).

telly ['telɪ] n UK inf TV f inv; **on (the) telly** alla TV.

temp [temp] inf <> n (abbr of **temporary (employee)**) impiegato m temporaneo, impiegata f temporanea. <> vi fare un lavoro temporaneo.

temper ['tempər] <> n - **1.** [state of mind, mood] umore m; **to be in a good/bad temper** essere di buon/cattivo umore; **to lose one's temper** perdere le staffe - **2.** [angry state]: **to be in a temper** essere in collera - **3.** [temperament] carattere m. <> vt fml [moderate] moderare.

temperament ['temprəmənt] n temperamento m.

temperamental [,temprə'mentl] adj capriccioso(a).

temperature ['temprətʃər] n [of person, place, thing] temperatura f; **to have a temperature** avere la febbre.

tempestuous [tem'pestjʊəs] adj - **1.** [seas, meeting, love affair] tempestoso(a) - **2.** [person] impetuoso(a).

template, templet ['templɪt] n modello m.

temple ['templ] n - **1.** RELIG tempio m - **2.** ANAT tempia f.

temporarily [,tempə'rerəlɪ, 'tempərərəlɪ, UK] adv temporaneamente.

temporary ['tempərərɪ] adj provvisorio(a).

tempt [tempt] vt tentare; **to tempt sb to do sthg** invogliare qn a fare qc.

temptation [temp'teɪʃn] n tentazione f.

tempting ['temptɪŋ] adj invitante.

ten [ten] num dieci, see also **six**.

tenable ['tenəbl] adj [gen] sostenibile.

tenacious [tɪ'neɪʃəs] adj tenace.

tenancy ['tenənsɪ] n - **1.** [period] (contratto m d')affitto m - **2.** (U) [possession] affitto m.

tenant ['tenənt] n affittuario m, -a f.

tend [tend] vt - **1.** [have tendency]: **to tend to do sthg** tendere a fare qc - **2.** [look after] badare a.

tendency ['tendənsɪ] n: **tendency (towards sthg/to do sthg)** tendenza f (a qc/a fare qc).

tender ['tendər] <> adj - **1.** [gen] tenero(a); **at a tender age** in tenera età - **2.** [sore] dolorante. <> n COMM offerta f (di appalto). <> vt fml [money, apology] offrire; [resignation] rassegnare.

tendon ['tendən] n tendine m.

tenement ['tenəmənt] n casa f popolare.

tennis ['tenɪs] n (U) tennis m.

tennis ball n palla f da tennis.

tennis court n campo m da tennis.

tennis player n tennista mf.

tennis racket n racchetta f da tennis.

tenor ['tenər] n [singer] tenore m.

tense [tens] <> adj teso(a). <> n GRAM tempo m. <> vt [muscles] tendere.

tension ['tenʃn] n (U) tensione f.

tent [tent] n tenda f.

tentacle ['tentəkl] n tentacolo m.

tentative ['tentətɪv] adj - **1.** [unconfident, hesitant] esitante - **2.** [temporary, not final] provvisorio(a).

tenterhooks ['tentəhʊks] npl: **to be on tenterhooks** stare sulle spine.

tenth [tenθ] num decimo(a), see also **sixth**.

tent peg n picchetto m (da tenda).

tent pole n paletto m (da tenda).

tenuous ['tenjʊəs] adj [argument] debole; [connection] sottile.

tepid ['tepɪd] adj tiepido(a).

term [tɜːm] <> n - **1.** [word, expression] termine m - **2.** SCH & UNIV trimestre m - **3.** [stretch of time] periodo m; **in the long/short term** a lungo/breve termine. <> vt definire. **◆ terms** npl - **1.** [of contract, agreement] termini mpl - **2.** [conditions]: **in international/economic terms** in termini internazionali/economici; **in real terms** in pratica - **3.** [of relationship]: **to be on good terms (with sb)** essere in buoni rapporti (con qn); **to come to terms with sthg** accettare qc. **◆ in terms of** prep in termini di.

terminal ['tɜːmɪnl] <> adj [illness, patient] terminale. <> n - **1.** AERON & RAIL terminal m inv - **2.** COMPUT & ELEC terminale m.

terminate ['tɜːmɪneɪt] <> vt fml porre fine a. <> vi - **1.** [bus, train]: **to terminate at sthg** fare capolinea a qc - **2.** [contract] terminare.

terminus ['tɜːmɪnəs] (pl -ni OR -nuses) n capolinea m inv.

terrace ['terəs] n - **1.** esp UK [of houses] case fpl a schiera - **2.** [patio, on hillside] terrazza f. **◆ terraces** npl UK FTBL: **the terraces** le gradinate.

terraced house *n* UK casa *f* a schiera.

terrain [te'reɪn] *n* (U) terreno *m*.

terrible ['terəbl] *adj* - **1.** [gen] terribile - **2.** [unwell, unhappy]: **to feel terrible** stare malissimo.

terribly ['terəblɪ] *adv* - **1.** [very badly] malissimo - **2.** [extremely] tremendamente.

terrier ['terɪər] *n* terrier *m inv*.

terrific [tə'rɪfɪk] *adj* - **1.** [wonderful] fantastico(a) - **2.** [enormous] spaventoso(a).

terrified ['terɪfaɪd] *adj*: **terrified (of sb/sthg)** terrorizzato(a) (da qn/qc).

terrifying ['terɪfaɪɪŋ] *adj* terrificante.

territory ['terətrɪ] *n* - **1.** [political area, terrain] territorio *m* - **2.** [area of knowledge] terreno *m*.

terror ['terər] *n* - **1.** (U) [fear] terrore *m* - **2.** [something feared] orrore *m* - **3.** *inf* [rascal] peste *f*.

terrorism ['terərɪzm] *n* (U) terrorismo *m*.

terrorist ['terərɪst] *n* terrorista *mf*.

terrorize, -ise UK ['terəraɪz] *vt* terrorizzare.

terse [tɜːs] *adj* laconico(a).

Terylene® ['terəliːn] *n* (U) UK terital® *m*.

test [test] <> *n* test *m inv*; **eye test** visita *f* oculistica. <> *vt* - **1.** [car] collaudare; [water] controllare; [product, method] testare - **2.** [friendship, courage] mettere alla prova - **3.** [student, eyes] esaminare; **to test sb on sthg** fare a qn domande su qc.

test-drive *vt* collaudare.

testicles ['testɪklz] *npl* testicoli *mpl*.

testify ['testɪfaɪ] <> *vt*: **to testify that** attestare che. <> *vi* - **1.** LAW testimoniare - **2.** [be proof]: **to testify to sthg** dimostrare qc.

testimony [UK 'testɪmənɪ, US 'testəmoʊnɪ] *n* (U) LAW deposizione *f*.

testing ['testɪŋ] *adj* difficile.

test match *n* UK incontro *m* internazionale (di cricket).

test tube *n* provetta *f*.

test-tube baby *n* bambino *m* in provetta.

tetanus ['tetənəs] *n* (U) tetano *m*.

tether ['teðər] <> *vt* legare. <> *n*: **to be at the end of one's tether** essere allo stremo.

text [tekst] <> *n* - **1.** [gen] testo *m* - **2.** [text message] sms *m inv*. <> *vt* mandare un sms a; **to text sb sthg** mandare per sms qc a qn. <> *vi* mandare sms.

textbook ['tekstbʊk] *n* libro *m* di testo.

textile ['tekstaɪl] *n* materiale *m* tessile, tessuto *m*.

texting ['tekstɪŋ] *n inf* invio *m* di sms.

text message *n* sms *m inv*.

text messaging [tekst 'mesɪdʒɪŋ] *n* invio *m* di sms.

texture ['tekstʃər] *n* consistenza *f*.

Thai [taɪ] <> *adj* tailandese. <> *n* - **1.** [person] tailandese *mf* - **2.** [language] tailandese *m*.

Thailand ['taɪlænd] *n* Tailandia *f*.

Thames [temz] *n*: **the Thames** il Tamigi.

than (*weak form* [ðən], *strong form* [ðæn]) *conj* [gen] che; [before numbers, pronouns, names] di; **you're older than me** sei più vecchio di me; **more than three days/50 people** più di tre giorni/50 persone; **better than ever** meglio che mai.

thank [θæŋk] *vt*: **to thank sb (for sthg)** ringraziare qn (di qc); **thank God OR goodness OR heavens!** grazie a Dio OR al cielo! **◆ thanks** <> *npl* ringraziamenti *mpl*. <> *excl* grazie! **◆ thanks to** *prep* grazie a.

thankful ['θæŋkfʊl] *adj* - **1.** [grateful]: **thankful (for sthg)** grato(a) (di qc) - **2.** [relieved] sollevato(a).

thankless ['θæŋklɪs] *adj* ingrato(a).

thanksgiving ['θæŋks,gɪvɪŋ] *n* ringraziamento *m*. **◆ Thanksgiving (Day)** *n* festa *f* del Ringraziamento.

thank you <> *excl* grazie!; **thank you for** grazie di. <> *n* grazie *m inv*.

that (*pl* **those**) (*weak form of rel pron and conj* [ðət], *strong form* [ðæt]) <> *pron* - **1.** (*demonstrative use*) quello(a); **is that the woman you were telling me about?** è quella la donna di cui mi parlavi?; **I would like to thank all those who helped me** vorrei ringraziare tutti coloro che mi hanno aiutato; **which shoes are you going to wear, these or those?** quali scarpe ti metti, queste o quelle?; **who's that?** chi è?; **what's that?** cos'è?; **that's a shame** è un peccato; **is that Maureen?** [asking person in question] sei Maureen?; [asking someone else] è quella Maureen? - **2.** (*to introduce relative clauses*) che; **we came to a path that led into the woods** siamo arrivati ad un sentiero che portava nel bosco; **show me the book that you bought** fammi vedere il libro che hai comprato; **on the day that we left** il giorno in cui siamo partiti. <> *adj* (*demonstrative use*) quello(a); **I prefer that book** preferisco quel libro; **I'll have that one** prendo quello; **those chocolates are delicious** quei cioccolatini sono squisiti; **later that day** quel giorno, più tardi. <> *adv* così; **it wasn't that bad/good** non era poi così male/bello. <> *conj* che; **tell him that the children aren't coming** digli che i bambini non vengono; **he recommended that I phone you** mi ha raccomandato di telefonarti. **◆ that is (to say)** *adv* cioè.

thatched [θætʃt] *adj* [cottage] col tetto di paglia; [roof] di paglia.

that's *abbr of* **that is**.

thaw [θɔ:] ◇ *vt* [ice, snow] sciogliere; [frozen food] scongelare. ◇ *vi* - 1. [ice, snow] sciogliersi - 2. [frozen food] scongelarsi - 3. *fig* [people, relations] distendersi. ◇ *n* [warm spell] disgelo *m*.

the *(weak form* [ðə], *before vowel* [ðɪ], *strong form* [ði:]) *def art* - 1. [gen] il(la, i, le) *(also, il changes to* **lo** *(pl* **gli***) before s+consonant, gn, ps, pn, x and z; l' is used before a vowel for both masculine and feminine nouns)*; **the sea** il mare; **the man** l'uomo; **the mirror** lo specchio; **the Queen** la regina; **the island** l'isola; **the books** i libri; **the men** gli uomini; **the women** le donne; **the highest mountain in the world** la montagna più alta del mondo; **has the postman been?** è già passato il postino?; **the monkey is a primate** la scimmia è un primate; **to play the piano** suonare il pianoforte - 2. *(with names)*: **the Joneses are coming to supper** i Jones vengono a cena; **you're not the Jack Smith, are you?** non sei tu il famoso Jack Smith, vero? - 3. *(with an adj to form a noun)*: **the impossible** l'impossibile; **the British** i Britannici; **the old/young** i vecchi/giovani - 4. [in dates]: **the twelfth of May** il dodici maggio; **the forties** gli anni Quaranta - 5. [most popular, important]: **it's the place to go to in Rome** è il posto più alla moda di Roma; **it's the play to see** è una commedia da non perdere - 6. [in comparisons]: **the more..., the less...** più..., meno...; **the sooner the better** prima è, meglio è - 7. [in titles]: **Alexander the Great** Alessandro Magno; **George the First** Giorgio Primo.

theatre *UK*, **theater** *US* [ˈθɪətər] *n* - 1. [building] teatro *m* - 2. [art, industry]: **the theatre** il teatro - 3. *UK* [in hospital] sala *f* operatoria - 4. *US* [cinema] cinema *m inv*.

theatregoer *UK*, **theatergoer** *US* [ˈθɪətəˌɡəʊər] *n* habitué *mf inv* del teatro.

theatrical [θɪˈætrɪkl] *adj* teatrale.

theft [θeft] *n* furto *f*.

their *(weak form* [ðər], *strong form* [ðeər]) *poss adj* il loro(la loro, i loro, le loro); **their house/sister** la loro casa/sorella; **their money/children** i loro soldi/figli; **they washed their hair** si sono lavati i capelli; **it wasn't their fault** non è stata colpa loro.

theirs [ðeəz] *poss pron* il loro(la loro, i loro, le loro); **our house and theirs** la nostra casa e la loro; **theirs is broken** il loro è guasto; **that money is theirs** questi soldi sono loro; a

friend of theirs un loro amico; **it wasn't our fault: it was theirs** non è stata nostra la colpa, è stata loro.

them *(weak form* [ðəm], *strong form* [ðem])] *pers pron* - 1. *(direct)* [people] li(le); **I know them** li conosco; **I like them** mi sono simpatici; **it's them** sono loro; **if I were** *OR* **was them** se fossi in loro; **you can't expect them to do it** non puoi aspettarti che lo facciano loro - 2. *(direct)* [animals, things] li(le); **I put them on the table** li ho messi sul tavolo - 3. *(indirect)* [people] gli, loro *fml*; **I spoke to them** gli ho parlato; **she sent them a letter** gli ha mandato una lettera; **I gave it to them** gliel'ho dato - 4. *(indirect)* [animals, things] gli - 5. *(after prep, in comparisons etc)* loro; **we went with/without them** siamo andati con/senza di loro; **we're not as wealthy as them** non siamo ricchi come loro; **one/none of them** uno/nessuno di loro; **all of them** tutti loro; **some/a few of them** alcuni di loro; **either/neither of them** nessuno dei due.

theme [θi:m] *n* - 1. [gen] tema *m* - 2. [signature tune] tema *m* (musicale).

theme tune *n* tema *m* (musicale).

themselves [ðəmˈselvz] *pron* - 1. *(reflexive)* si; **they made themselves comfortable** si sono messi a loro agio; **they hate themselves for what they did** si detestano per quello che hanno fatto - 2. *(after prep)* sé, se stessi(e); **they should take better care of themselves** dovrebbero prendersi più cura di sé - 3. *(stressed)* loro stessi(e); **they did it themselves** lo hanno fatto loro stessi.

then [ðen] ◇ *adv* - 1. [gen] allora - 2. [next, afterwards, also] poi. ◇ *adv* allora *inv*.

theoretical [θɪəˈretɪkl] *adj* teorico(a).

theorize, -ise *UK* [ˈθɪəraɪz] *vi*: **to theorize (about sthg)** formulare teorie (su qc).

theory [ˈθɪərɪ] *n* teoria *f*; **in theory** in teoria.

therapist [ˈθerəpɪst] *n* terapeuta *mf*.

therapy [ˈθerəpɪ] *n (U)* terapia *f*.

there *(weak form* [ðər], *strong form* [ðeər]) ◇ *pron* [indicating existence of sthg]: **there is** c'è; **there are** ci sono; **there's someone at the door** c'è qualcuno alla porta; **there must be some mistake** ci dev'essere un errore. ◇ *adv* - 1. [in existence, available]: **is anybody there?** c'è qualcuno?; **is John there, please?** [when telephoning] c'è John, per favore?; **it's there for everybody to use** è a disposizione di chiunque lo voglia usare - 2. [referring to place] lì; **I want that book there** voglio quel libro lì; **I'm going there next week** ci vado la prossima settimana; **the people there were very friendly** la gente lì era molto accogliente; **it's 6 miles there and back** sono 6 miglia tra andata e ritorno; **there it/he is** eccolo; **over there** là. ⋄ *excl* ecco!; **there, I knew he'd turn up** ecco, lo sapevo che sarebbe venuto; **there, there** su, dai. ◆ **there and then, then and there** *adv* subito.

thereabouts ['ðeərəbauts], **thereabout** ['ðeərəbaut] *adv*: **or thereabouts** [approximately] o giù di lì.

thereafter [,ðeər'ɑ:ftər] *adv fml* in seguito.

thereby [,ðeər'baɪ] *adv fml* quindi.

therefore ['ðeəfɔ:ʳ] *adv* quindi.

there's *abbr of* **there is**.

thermal ['θɜ:ml] *adj* termico(a).

thermometer [θə'mɒmɪtəʳ] *n* termometro *m*.

Thermos® ['θɜ:məs], **Thermos® flask** UK *n* thermos® *m inv*.

thermostat ['θɜ:məstæt] *n* termostato *m*.

thesaurus [θɪ'sɔ:rəs] (*pl* -es) *n* dizionario *m* tematico.

these [ði:z] *pl* ⊳ **this**.

thesis ['θi:sɪs] (*pl* theses) *n* tesi *f inv*.

they [ðeɪ] *pers pron* - **1.** [specific people, things, animals] loro; **they're pleased** sono soddisfatti; **they're pretty earrings** sono degli orecchini carini; **they can't do it** loro non lo possono fare; **there they are!** eccoli! - **2.** [unspecified people]: **they say it's going to snow** dicono che nevicherà.

they'd [ðeɪd] *abbr of* **they had, they would**.

they'll [ðeɪl] *abbr of* **they shall, they will**.

they're [ðeəʳ] *abbr of* **they are**.

they've [ðeɪv] *abbr of* **they have**.

thick [θɪk] ⋄ *adj* - **1.** [wall, book, wool] spesso(a); **it's three centimetres thick** è spesso tre centimetri; **how thick is it?** che spessore ha? - **2.** [forest, hedge, smoke, fog] fitto(a) - **3.** [hair] folto(a) - **4.** *inf* [stupid] duro(a) - **5.** [viscous] denso(a) - **6.** [voice - with emotion] rotto(a); [- with drink] impastato(a). ⋄ *n*: **to be in the thick of sthg** essere nel bel mezzo di qc.

thicken ['θɪkn] ⋄ *vt* addensare. ⋄ *vi* - **1.** [smoke, fog, crowd] addensarsi - **2.** [sauce] rapprendersi.

thickness ['θɪknɪs] *n* - **1.** [width, depth] spessore *m* - **2.** [density] foltezza *f* - **3.** [viscosity] densità *f*.

thickset [,θɪk'set] *adj* tarchiato(a).

thick-skinned [θɪk-'skɪnd] *adj* dalla pelle dura.

thief [θi:f] (*pl* thieves) *n* ladro *m*, -a *f*; **petty thief** ladruncolo(a).

thieves [θi:vz] *pl* ⊳ **thief**.

thigh [θaɪ] *n* coscia *f*.

thimble ['θɪmbl] *n* ditale *m*.

thin [θɪn] *adj* - **1.** [in width, depth] sottile - **2.** [skinny] magro(a) - **3.** [watery] acquoso(a) - **4.** [sparse] rado(a) - **5.** [poor] debole. ◆ **thin down** *vt sep* [dilute] diluire.

thing [θɪŋ] *n* - **1.** [affair, item, subject] cosa *f*; **the (best) thing to do would be...** la miglior cosa da fare sarebbe...; **the thing is...** il fatto è... - **2.** [anything]: **not a thing** niente - **3.** [object] cosa *f*, coso *m* - **4.** [creature]: **you poor thing!** poverino! ◆ **things** *npl* cose *fpl*.

think [θɪŋk] (*pt & pp* thought) ⋄ *vt* - **1.** [believe]: **to think (that)...** pensare che...; **I think so** penso di sì; **I don't think so** penso di no - **2.** [have in mind, imagine, remember] pensare a - **3.** [in polite requests]: **do you think you could help me?** potresti aiutarmi? ⋄ *vi* - **1.** [use mind] pensare - **2.** [have stated opinion]: **what do you think of** OR **about this new film?** cosa ne pensi del nuovo film?; **I don't think much of them/it** non mi piacciono/piace molto; **to think a lot of sb/sthg** avere una buona opinione di qn/qc; **to think twice** pensarci due volte. ◆ **think about** *vt insep* [consider] pensare a; **to think about doing sthg** pensare di fare qc. ◆ **think of** *vt insep* pensare a; **to think of doing sthg** pensare di fare qc, avere l'idea di fare qc; **I can't think of her name** non mi ricordo come si chiama. ◆ **think over** *vt sep* riflettere su. ◆ **think up** *vt sep* escogitare.

think tank *n* gruppo *m* di esperti.

third [θɜ:d] ⋄ *num* terzo(a). ⋄ *n* - **1.** [fraction] terzo *m* - **2.** UK UNIV laurea ottenuta con il minimo dei voti, *see also* **sixth**.

thirdly ['θɜ:dlɪ] *adv* in terzo luogo.

third-rate *adj pej* di terz'ordine.

Third World *n offens*: **the Third World** il Terzo Mondo.

thirst [θɜ:st] *n*: **thirst (for sthg)** sete *f* (di qc).

thirsty ['θɜ:stɪ] *adj* - **1.** [parched]: **to be** OR **feel thirsty** avere sete - **2.** [causing thirst]: **it's thirsty work** è un lavoro che fa venir sete.

thirteen [,θɜ:'ti:n] *num* tredici, *see also* **six**.

thirteenth [,θɜ:'ti:nθ] *num* tredicesimo(a), *see also* **sixth**.

thirtieth ['θɜ:tɪəθ] *num* trentesimo(a), *see also* **sixth**.

thirty ['θɜ:tɪ] *num* trenta, *see also* **sixty**.

this [ðɪs] (*pl* these) ⋄ *pron (demonstrative use)* questo(a); **this is for you** questo è per te; **these are the children I was telling you about** questi sono i bambini di cui ti parlavo; **which shoes are you going to wear, these or those?** quali scarpe ti metti, queste o quelle?; **who's this?** chi è?; **what's this?** cos'è?; **this is Jane**

Logan [introducing another person] questa è Jane Logan; [introducing o.s. on phone] sono Jane Logan. ◇ adj - 1. *(demonstrative use)* questo(a); **I prefer this book** preferisco questo libro; **I'll have this one** prendo questo; **these chocolates are delicious** questi cioccolatini sono squisiti; **this morning** stamattina; **this afternoon** oggi pomeriggio; **this week** questa settimana; **this Sunday** domenica prossima; **this summer** la prossima estate - 2. *inf* [a certain] uno(a) tale. ◇ adv così; **it was this big** era grande così; **you'll need about this much** te ne serve più o meno tanto così.

thistle ['θɪsl] n cardo m.

thorn [θɔːn] n - 1. [prickle] spina f - 2. [bush, tree] rovo m.

thorny ['θɔːnɪ] adj spinoso(a).

thorough ['θʌrə] adj - 1. [exhaustive, full] approfondito(a) - 2. [meticulous] meticoloso(a) - 3. [complete, utter] totale.

thoroughbred ['θʌrəbred] n purosangue mf inv.

thoroughfare ['θʌrəfeər] n fml strada f.

thoroughly ['θʌrəlɪ] adv - 1. [fully, in detail] a fondo - 2. [completely, utterly] assolutamente.

those [ðəʊz] pl ▷ **that**.

though [ðəʊ] ◇ conj sebbene, benché. ◇ adv comunque.

thought [θɔːt] ◇ pt & pp ▷ **think**. ◇ n - 1. [gen] pensiero m; **after much thought** dopo aver riflettuto a lungo - 2. [notion] pensiero m, idea f. ◆ **thoughts** npl - 1. [reflections] pensieri mpl - 2. [views] idee fpl.

thoughtful ['θɔːtfʊl] adj - 1. [pensive] pensieroso(a) - 2. [considerate] premuroso(a).

thoughtless ['θɔːtlɪs] adj: **to be thoughtless** mancare di riguardo.

thousand ['θaʊznd] num mille; **thousands of** migliaia di, see also **six**.

thousandth ['θaʊzntθ] ◇ num millesimo(a). ◇ n [fraction] millesimo m, see also **sixth**.

thrash [θræʃ] vt - 1. [beat, hit] picchiare - 2. inf [trounce] battere. ◆ **thrash about** UK, **thrash around** vi agitarsi. ◆ **thrash out** vt sep [problem] risolvere; [solution, idea] trovare.

thread [θred] ◇ n - 1. [gen] filo m - 2. [of screw] filetto m. ◇ vt [pass thread through] infilare.

threadbare ['θredbeər] adj [clothes, carpets] logoro(a); [argument, joke] trito(a).

threat [θret] n minaccia f; **threat to sb/sthg** minaccia per qn/qc; **threat of sthg** minaccia di qc.

threaten ['θretn] ◇ vt - 1. [gen] minacciare; **to threaten sb (with sthg)** [with gun, knife] minacciare qn (con qc); [with redundancy] minacciare qn (di fare qc); **to threaten to do sthg** minacciare di fare qc - 2. [endanger] minacciare, mettere a rischio. ◇ vi minacciare.

three [θriː] num tre, see also **six**.

three-dimensional adj tridimensionale.

threefold ['θriːfəʊld] ◇ adj triplo(a); **a threefold increase** un aumento di tre volte. ◇ adv: **to increase threefold** triplicare.

three-piece adj: **three-piece suit** completo m giacca, pantaloni e gilè; **three-piece suite** esp UK divano più due poltrone coordinate.

three-ply adj [wool, rope] a tre capi; [wood] a tre strati.

thresh [θreʃ] vt trebbiare.

threshold ['θreʃhəʊld] n soglia f; **to be on the threshold of sthg** fig essere alle soglie di qc.

threw [θruː] pt ▷ **throw**.

thrift institution n US cassa f di risparmio.

thrift shop, thrift store n US negozio di occasioni con fini caritativi.

thrifty ['θrɪftɪ] adj frugale.

thrill [θrɪl] ◇ n - 1. [sudden feeling] brivido m - 2. [exciting experience] esperienza f emozionante. ◇ vt entusiasmare.

thrilled [θrɪld] adj: **thrilled (with sthg/to do sthg)** emozionato(a) (da qc/all'idea di fare qc).

thriller ['θrɪlər] n thriller m inv.

thrilling ['θrɪlɪŋ] adj emozionante.

thrive [θraɪv] (pt -d OR throve, pp -d) vi prosperare.

thriving ['θraɪvɪŋ] adj [plant] rigoglioso(a); [business, community] fiorente.

throat [θrəʊt] n gola f.

throb [θrɒb] vi - 1. [beat - heart, blood] pulsare; [- engine, machine] vibrare; [- music, drums] risuonare - 2. [be painful] martellare.

throes [θrəʊz] npl: **to be in the throes of sthg** essere nel bel mezzo di qc.

throne [θrəʊn] n trono m; **the throne** [position of monarch] il trono.

throng [θrɒŋ] ◇ n liter massa f. ◇ vt affollare.

throttle ['θrɒtl] ◇ n - 1. [valve, lever] manetta f - 2. [pedal] pedale m. ◇ vt [strangle] strozzare.

through [θruː] ◇ adj [finished]: **are you through?** hai finito?; **to be through with sthg** avere finito (con) qc. ◇ adv - 1. [from one end to another]: **to let sb through** far passare qn;

to read sthg through leggere qc da cima a fondo - 2. [until]: **to sleep through till ten** dormire fino alle dieci. ◇ *prep* - 1. [from one side to another] attraverso; **to travel through sthg** attraversare qc - 2. [during, throughout] durante - 3. [because of] a causa di - 4. [by means of] per mezzo di - 5. *US* [up till and including]: **Monday through Friday** da lunedì a venerdì. ◆ **through and through** *adv* - 1. [completely] fino al midollo - 2. [thoroughly] alla perfezione.

throughout [θruː'aʊt] ◇ *prep* - 1. [during] per tutto(a) - 2. [everywhere in] in tutto(a). ◇ *adv* - 1. [all the time] tutto il tempo - 2. [everywhere] dappertutto.

throve [θrəʊv] *pt* ▷ **thrive**.

throw [θrəʊ] (*pt* threw, *pp* thrown) ◇ *vt* - 1. [propel through air] lanciare, tirare - 2. [put forcefully or carelessly] gettare - 3. [move suddenly]: **to throw o.s.** gettarsi - 4. [rider] disarcionare - 5. *fig* [force into]: **to throw sb into chaos/confusion** gettare qn nel caos/nello sconcerto - 6. *fig* [confuse] sconcertare. ◇ *n* [toss, pitch] tiro *m*, lancio *m*. ◆ **throw away** *vt sep lit* & *fig* buttare via. ◆ **throw out** *vt sep* - 1. [discard] buttare via - 2. *fig* [reject] cestinare - 3. [force to leave] buttare fuori. ◆ **throw up** *vi inf* [vomit] vomitare.

throwaway ['θrəʊə,weɪ] *adj* - 1. [disposable] usa e getta *(inv)* - 2. [casual] buttato(a) là.

throw-in *n* FTBL rimessa *f* in gioco.

thrown [θrəʊn] *pp* ▷ **throw**.

thru [θruː] *adj, adv* & *prep esp US inf* = **through**.

thrush [θrʌʃ] *n* - 1. [bird] tordo *m* - 2. MED candida *f*.

thrust [θrʌst] (*pt* & *pp* thrust) ◇ *n* - 1. [forward movement, force] spinta *f* - 2. [of knife, sword] colpo *m* - 3. [main aspect] idea *f* principale. ◇ *vt* [shove, jab] spingere.

thud [θʌd] ◇ *n* tonfo *m*. ◇ *vi* [gen] cadere con un tonfo; [guns] emettere un rumore sordo.

thug [θʌg] *n* teppista *m*.

thumb [θʌm] ◇ *n* pollice *m*. ◇ *vt inf* [hitch]: **to thumb a lift** fare l'autostop. ◆ **thumb through** *vt insep* sfogliare.

thumbs down *n*: **to get** OR **be given the thumbs down** essere bocciato(a).

thumbs up *n*: **to get** OR **be given the thumbs up** essere approvato(a).

thumbtack ['θʌmtæk] *n US* puntina *f* da disegno.

thump [θʌmp] ◇ *n* - 1. [blow] colpo *m* - 2. [thud] tonfo *m*. ◇ *vt* [punch] dare un pugno a. ◇ *vi* [heart, head] martellare.

thunder ['θʌndər] ◇ *n (U)* - 1. METEOR tuono *m* - 2. *fig* [loud sound] fragore *m*; **a thunder of applause** uno scroscio di applausi. ◇ *impers vb* METEOR tuonare.

thunderbolt ['θʌndəbəʊlt] *n* fulmine *m*.

thunderclap ['θʌndəklæp] *n* tuono *m*.

thunderstorm ['θʌndəstɔːm] *n* temporale *m*.

Thursday ['θɜːzdeɪ] *n* giovedì *m inv, see also* **Saturday**.

thus [ðʌs] *adv fml* così.

thwart [θwɔːt] *vt* ostacolare.

thyme [taɪm] *n (U)* timo *m*.

tiara [tɪ'ɑːrə] *n* diadema *f*.

Tibet [tɪ'bet] *n* Tibet *m*.

tic [tɪk] *n* tic *m inv*.

tick [tɪk] ◇ *n* - 1. *UK* [written mark] segno *m* (di spunta) - 2. [sound] tic tac *m inv* - 3. [insect] zecca *f*. ◇ *vt UK* [box, answer] fare un segno di spunta a; [name] spuntare. ◇ *vi* [make ticking sound] ticchettare. ◆ **tick off** *vt sep* - 1. *UK* [mark off] spuntare - 2. *UK* [tell off]: **to tick sb off (for sthg)** rimproverare qn (per qc); *US inf* [annoy] seccare. ◆ **tick over** *vi* - 1. [engine] girare - 2. [business, organization] andare avanti.

ticket ['tɪkɪt] *n* - 1. [for entry, access] biglietto *m*; [for library] tessera *f* - 2. [label on product] cartellino *m* - 3. [notice of traffic offence] multa *f*.

ticket collector *n UK* controllore *m*.

ticket inspector *n UK* controllore *m*.

ticket machine *n* biglietteria *f* automatica.

ticket office *n* biglietteria *f*.

tickle ['tɪkl] ◇ *vt* - 1. [person, baby] fare il solletico a; [skin] pizzicare - 2. *fig* [amuse] divertire. ◇ *vi* pizzicare.

ticklish ['tɪklɪʃ] *adj* [person]: **to be ticklish** soffrire il solletico.

tidal ['taɪdl] *adj* [force, flow] della marea; [river] soggetto(a) a maree; [barrier] contro la marea.

tidal wave *n* raz de marée *m inv*.

tidbit ['tɪdbɪt] *n US* = **titbit**.

tiddlywinks ['tɪdlɪwɪŋks], **tiddledywinks** *US* ['tɪdldɪwɪŋks] *n (U)* gioco *m* delle pulci.

tide [taɪd] *n* - 1. [of sea] marea *f* - 2. *fig* [trend, large quantity] ondata *m*.

tidy ['taɪdɪ] ◇ *adj* - 1. [gen] ordinato(a) - 2. *esp UK* [hair, dress, appearance] in ordine. ◇ *vt* mettere in ordine. ◆ **tidy up** ◇ *vt sep* riordinare. ◇ *vi* mettere in ordine.

tie [taɪ] (*pt* & *pp* tied, *cont* tying) ◇ *n* - 1. [necktie] cravatta *f* - 2. [in game, competition] pareggio *m*. ◇ *vt* - 1. [attach]: **to tie sthg (on)to sthg** legare qc (a qc); **to tie sthg around sthg** allacciare qc attorno a qc; **to tie sthg with sthg** legare qc con qc - 2. [shoelaces, ribbon] fare il nodo a, annodare; **to tie a knot/bow** fare un nodo/un fiocco - 3. *fig* [link]: **to be tied to sb/sthg** essere legato(a) a qn/qc. ◇ *vi* [draw]: **to tie (with sb)** pareggiare (con qn). ◆ **tie down** *vt sep fig* [restrict] vincolare. ◆ **tie in with** *vt insep* combaciare con. ◆ **tie up** *vt sep* - 1. [person, animal] legare; [parcel] legare (con uno spago) - 2. [shoelaces] annodare, fare il nodo a - 3. *fig* [money, resources] immobilizzare - 4. *fig* [link]: **to be tied up with sthg** essere collegato(a) con qc.

tiebreak(er) ['taɪbreɪk(ə')] *n* - 1. TENNIS tiebreak *m inv*, tiebreaker *m inv* - 2. [extra question] domanda *f* di spareggio.

tiepin ['taɪpɪn] *UK*, **tie tack** *US n* spilla *f* da cravatta.

tier [tɪə'] *n* [of seats] fila *f*; [of cake] strato *m*; [of shelves] ripiano *m*.

tie tack *n US* = **tiepin**.

tiff [tɪf] *n inf* battibecco *m*.

tiger ['taɪgə'] *n* tigre *f*.

tight [taɪt] ◇ *adj* - 1. [clothes] attillato(a); [shoes, screw, knot] stretto(a); [lid] chiuso(a) bene - 2. [skin, cloth, string] tirato(a) - 3. [bunch] folto(a); [group of people, objects] ammassato(a) - 4. [time, plan] serrato(a); [schedule] fitto(a) - 5. [rule, system] rigido(a); [control] severo(a) - 6. [bend, turn, corner] stretto(a) - 7. [match, finish] combattuto(a) - 8. *inf* [drunk] sbronzo(a) - 9. *inf* [miserly] taccagno(a). ◇ *adv* - 1. [firmly, securely] stretto; **to hold tight** tenersi forte; **to shut** OR **close sthg tight** chiudere bene qc - 2. [stretch] bene; [pull] forte. ◆ **tights** *npl* collant *m inv*.

tighten ['taɪtn] ◇ *vt* - 1. [knot, belt, screw] stringere - 2. [rope, chain] tendere - 3. [strengthen]: **to tighten one's hold** OR **grip on sthg** stringere la presa su qc - 4. [security, system] rafforzare; [rule, control] inasprire. ◇ *vi* [grip, hold] stringersi; [rope, chain] tendersi.

tightfisted [,taɪt'fɪstɪd] *adj inf pej* taccagno(a).

tight'y ['taɪtlɪ] *adv* [hold, grip] stretto; [fasten, tie] strettamente.

tightrope ['taɪtrəʊp] *n* fune *f*.

tile [taɪl] *n* - 1. [on roof] tegola *f* - 2. [on floor, wall] piastrella *f*.

tiled [taɪld] *adj* [floor, surface] piastrellato(a); [roof] coperto(a) di tegole.

till [tɪl] ◇ *prep* fino a. ◇ *conj* finché. ◇ *n* cassa *f*.

tilt [tɪlt] ◇ *vt* inclinare. ◇ *vi* inclinarsi.

timber ['tɪmbə'] *n* - 1. (*U*) [wood] legname *m* - 2. [beam] trave *f*.

time [taɪm] ◇ *n* - 1. (*U*) [general measurement] tempo *m*; **to take time** richiedere tempo; **to have no time for sb/sthg** non avere tempo per qn/qc; **to pass the time** passare il tempo; **to play for time** cercare di guadagnare tempo - 2. [as measured by clock] ora *f*; **what time is it?**, **what's the time?** che ora è?, che ore sono?; **in a week's/year's time** tra una settimana/un anno; **to tell time** *US* OR **the time** *UK* leggere l'ora - 3. [while, spell] tempo *m*; **a long time** molto tempo; **in a short time** tra poco; **for a time** per un po' - 4. [point in past] periodo *m* - 5. [era] epoca *f*; **before one's time** prima del tempo, prematuramente - 6. [appropriate moment] momento *m*; **it's time that you sorted yourself out** è ora che tu ti rimetta in sesto - 7. [occasion] volta *f*; **from time to time** di tanto in tanto; **time after time**, **time and again** in continuazione, continuamente - 8. [experience]: **we had a good time** ci siamo divertiti; **we had a terrible time at the party** non ci siamo divertiti affatto alla festa; **I had a hard time trying to make myself understood** ho fatto molta fatica a cercare di farmi capire - 9. [degree of lateness]: **in good time**, **ahead of time** in anticipo; **on time** puntuale, in orario - 10. MUS tempo *m*. ◇ *vt* - 1. [schedule] programmare - 2. [measure duration, speed of] cronometrare - 3. [choose appropriate moment for] scegliere il momento adatto per. ◆ **times** ◇ *npl* volte *fpl*. ◇ *prep* MATHS: **ten times four is forty** dieci per quattro fa quaranta. ◆ **about time** *adv*: **it's about time (that)...** è ora che...; **about time too!** alla buonora! ◆ **at a time** *adv* alla volta. ◆ **at times** *adv* a volte. ◆ **at the same time** *adv* - 1. [simultaneously] nello stesso tempo, contemporaneamente - 2. [equally] allo stesso tempo. ◆ **for the time being** *adv* per il momento, per ora. ◆ **in time** *adv* - 1. [not late]: **in time (for sthg)** in tempo (per qc) - 2. [eventually] con l'andar del tempo.

time bomb *n* - 1. [bomb] bomba *f* a orologeria - 2. *fig* [dangerous situation] bomba *f*.

time lag *n* scarto *m* (temporale).

timeless ['taɪmlɪs] *adj* senza tempo.

time limit *n* limite *m* di tempo.

timely ['taɪmlɪ] *adj* tempestivo(a).

time off *n* (*U*) tempo *m* libero; **to take some time off** prendere un permesso.

time-out (*pl* **time-outs** OR **times-out**) *n* - 1. [break] pausa *f*; **to take time-out to do sthg** prendersi una pausa per di fare qc - 2. SPORT time out *m inv*.

timer ['taɪmə'] *n* timer *m inv*.

time scale n lasso m di tempo.

time-share n multiproprietà f inv.

time switch n interruttore m a tempo.

timetable ['taɪm,teɪbl] n - 1. [transport] orario m - 2. esp UK SCH orario m - 3. [schedule - of conference] programma m; [- for negotiations] calendario m.

time zone n fuso m orario.

timid ['tɪmɪd] adj timido(a).

timing ['taɪmɪŋ] n (U) - 1. [of actor, musician, tennis player] tempismo m; **a good sense of timing** un buon sincronismo - 2. [of arrival, remark, election] momento m - 3. [of race] cronometraggio m.

tin [tɪn] n - 1. (U) [metal] stagno m - 2. UK [can] barattolo m - 3. [for storing] scatola f.

tin can n lattina f.

tinfoil ['tɪnfɔɪl] n (U) foglio m d'alluminio.

tinge [tɪndʒ] n - 1. [of colour] tocco m, sfumatura f - 2. [of feeling] pizzico m, punta f.

tinged [tɪndʒd] adj - 1. [colour]: **tinged with sthg** sfumato(a) di qc - 2. [feeling]: **tinged with sthg** permeato(a) di qc.

tingle ['tɪŋgl] vi pizzicare.

tinker ['tɪŋkər] ◇ n pej zingaro m, -a f. ◇ vi trafficare, armeggiare; **to tinker with sthg** cercare di riparare qc.

tinned [tɪnd] adj UK in scatola.

tin opener n UK apriscatole m inv.

tinsel ['tɪnsl] n (U) decorazioni fpl luccicanti.

tint [tɪnt] n tinta f.

tinted ['tɪntɪd] adj [glass, glasses] affumicato(a), fumé (inv).

tiny ['taɪnɪ] adj [hand, insect, room] piccino(a); [gap, difference, profit] molto ridotto(a).

tip [tɪp] ◇ n - 1. [end] punta f - 2. UK [dump] discarica f - 3. [gratuity] mancia f - 4. [piece of advice] consiglio m, suggerimento m. ◇ vt - 1. [tilt] inclinare - 2. [spill] rovesciare - 3. [give gratuity to] dare la mancia a. ◇ vi - 1. [tilt] inclinarsi - 2. [spill] rovesciarsi. ◆ **tip over** ◇ vt sep rovesciare. ◇ vi rovesciarsi.

tip-off n inf soffiata f.

-tipped [tɪpd] adj: **poison-tipped arrows** frecce con la punta avvelenata.

tipsy ['tɪpsɪ] adj inf brillo(a).

tiptoe ['tɪptəʊ] ◇ n: **on tiptoe** in punta di piedi. ◇ vi camminare in punta di piedi.

tire ['taɪər] ◇ n US = **tyre**. ◇ vt stancare. ◇ vi - 1. [get tired] stancarsi - 2. [get fed up]: **to tire of sb/sthg** stancarsi di qn/qc.

tired ['taɪəd] adj - 1. [sleepy] stanco(a) - 2. [fed up]: **tired of (doing) sthg** stufo(a) di (fare) qc.

tireless ['taɪələs] adj instancabile.

tiresome ['taɪəsəm] adj fastidioso(a).

tiring ['taɪərɪŋ] adj stancante.

tissue ['tɪʃuː] n - 1. [paper handkerchief] fazzolettino m di carta - 2. (U) BIOL tessuto m.

tissue paper n (U) carta f velina.

tit [tɪt] n - 1. [bird] cincia f - 2. vulg [breast] tetta f, poppa f.

titbit UK ['tɪtbɪt], **tidbit** US ['tɪdbɪt] n - 1. [of food] leccornia f, prelibatezza f - 2. fig [of news] primizia f.

tit for tat n inf pan per focaccia.

titillate ['tɪtɪleɪt] vt titillare.

title ['taɪtl] n titolo m.

titter ['tɪtər] vi ridacchiare.

TM abbr of **trademark**.

to (strong form [tuː], weak form before vowel [tʊ], weak form before consonant [tə]) ◇ prep - 1. [indicating place, direction] a; **to go to Liverpool/school** andare a Liverpool/scuola; **to go to Italy** andare in Italia; **the road to Edinburgh** la strada per Edimburgo; **to go to the butcher's** andare dal macellaio; **I pointed to an old house** ho indicato una vecchia casa; **I nailed it to the wall** l'ho inchiodato al muro; **to the left/right** a sinistra/destra; **to one side** da un lato - 2. (to express indirect obj) a; **to give sthg to sb** dare qc a qn; **to listen to the radio** ascoltare la radio - 3. [indicating sb's reaction] con; **to my delight/surprise** con mio grande piacere/mia sorpresa - 4. [in stating opinion] secondo; **it seemed quite unnecessary to me/him** etc mi/gli etc è sembrato piuttosto inutile - 5. [indicating state, process] a; **to drive sb to drink** spingere qn a bere; **it could lead to trouble** potrebbe causare dei guai - 6. [as far as] a; **to count to ten** contare fino a dieci; **we work from nine to five** lavoriamo dalle nove alle cinque - 7. [in telling the time]: **it's ten to three** sono le tre meno dieci - 8. [per]: **40 miles to the gallon** 40 miglia con un gallone - 9. [of, for] di; **the key to the car** la chiave della macchina; **the personal assistant to the sales manager** l'assistente personale del direttore vendite; **a letter to my daughter** una lettera per mia figlia. ◇ with inf - 1. (forming simple infin): **to walk** camminare; **to laugh** ridere; **to eat** mangiare - 2. (following another vb): **to begin to do sthg** cominciare a fare qc; **to try/want/hate to do sthg** provare a/volere/detestare fare qc - 3. (following an adj) da; **difficult/easy to do** difficile/facile da fare; **ready to go** pronto ad andare - 4. (indicating purpose) per; **he worked hard to pass his exam** ha lavorato duro per riuscire all'esame; **we went to London to see a play** siamo andati a Londra a vedere una commedia - **5.** *(substituting for a relative clause)*: **the important thing is to win** quello che conta è vincere; **I don't know who to invite** non so chi invitare; **I have a lot to do** ho molto da fare; **he told me to leave** mi ha detto di andarmene - **6.** *(to avoid repetition of infin)*: **I meant to call him but I forgot to** volevo telefonargli, ma me ne sono dimenticata - **7.** [in comments] per; **to be honest/frank...** per essere sincero/franco,...; **to sum up...** per riassumere,... ◆ *adv* [shut]: **push the door to** chiudi la porta. ◆ **to and fro** *adv* avanti e indietro.

toad [təʊd] *n* rospo *m*.

toadstool ['təʊdstu:l] *n* fungo *m* velenoso.

toast [təʊst] ◇ *n* - **1.** *(U)* [bread] pane *m* tostato - **2.** [drink] brindisi *m inv.* ◇ *vt* - **1.** [bread] tostare - **2.** [person] fare un brindisi a.

toasted sandwich ['təʊstɪd-] *n* toast *m inv.*

toaster ['təʊstər] *n* tostapane *m inv.*

tobacco [tə'bækəʊ] *n (U)* tabacco *m.*

tobacconist [tə'bækənɪst] *n* tabaccaio *m*, -a *f*; **tobacconist's (shop)** tabaccheria *f.*

toboggan [tə'bɒgən] *n* toboga *m.*

today [tə'deɪ] ◇ *n (U)* [gen] oggi *m inv.* ◇ *adv* - **1.** [this day] oggi - **2.** [nowadays] oggi, oggigiorno.

toddler ['tɒdlər] *n* bambino *m*, -a *f* che muove i primi passi.

to-do *(pl* -s*)* *n inf dated* trambusto *m.*

toe [təʊ] ◇ *n* - **1.** [of foot] dito *m* - **2.** [of sock, shoe] punta *f.* ◇ *vt*: **to toe the line** rigare diritto.

toenail ['təʊneɪl] *n* unghia *f* dei piedi.

toffee ['tɒfɪ] *n* - **1.** [sweet] caramella *f* mou *(inv)* - **2.** *(U)* [substance] mou *f inv.*

together [tə'geðər] *adv* insieme; **to go together** andare bene insieme. ◆ **together with** *prep* insieme a.

toil [tɔɪl] *fml* ◇ *n* fatica *f*, duro lavoro *m.* ◇ *vi* faticare.

toilet ['tɔɪlɪt] *n* gabinetto *m*; **to go to the toilet** andare al gabinetto.

toilet bag *n* trousse *f inv* (da toilette), pochette *f inv* (da toilette).

toilet paper *n (U)* carta *f* igienica.

toiletries ['tɔɪlɪtrɪz] *npl* articoli *mpl* da toilette.

toilet roll *n UK* - **1.** *(U)* [paper] carta *f* igienica - **2.** [roll] rotolo *m* di carta igienica.

token ['təʊkn] ◇ *adj* simbolico(a). ◇ *n* - **1.** [disc] buono *m*; **laundry token** gettone per

la biancheria - **2.** *UK* [voucher] buono *m* - **3.** [symbol] segno *m.* ◆ **by the same token** *adv* per la stessa ragione.

told [təʊld] *pt* & *pp* ▷ **tell**.

tolerable ['tɒlərəbl] *adj* accettabile.

tolerance ['tɒlərəns] *n* tolleranza *f.*

tolerant ['tɒlərənt] *adj* - **1.** [not bigoted]: **tolerant (of sb/sthg)** tollerante (nei confronti di qn/qc) - **2.** [resistant]: **tolerant to sthg** resistente a qc.

tolerate ['tɒləreɪt] *vt* - **1.** [put up with] sopportare - **2.** [permit] tollerare.

toll [təʊl] ◇ *n* - **1.** [number] numero *m* - **2.** [fee] pedaggio *m*; **to take its toll** costare caro. ◇ *vt* & *vi* [bell] suonare a morto.

tomato [*UK* tə'mɑːtəʊ, *US* tə'meɪtəʊ] *(pl* -es*)* *n* pomodoro *m.*

tomb [tuːm] *n* tomba *f.*

tomboy ['tɒmbɔɪ] *n* maschiaccio *m.*

tombstone ['tuːmstəʊn] *n* pietra *f* tombale.

tomcat ['tɒmkæt] *n* gatto *m* (maschio).

tomorrow [tə'mɒrəʊ] ◇ *n* domani *m inv.* ◇ *adv* domani.

ton [tʌn] *(pl* ton *OR* -s*)* *n* - **1.** *UK* [imperial unit of measurement] *unità di misura equivalente a 1,016 kg* - **2.** *US* [unit of measurement] *unità di misura equivalente a 907,2 kg* - **3.** [metric unit of measurement] tonnellata *f.* ◆ **tons** *npl inf*: **tons (of)** una montagna (di).

tone [təʊn] *n* - **1.** [gen] tono *m* - **2.** TELEC bip *m inv*; **dialling** *UK OR* **dial** *US* **tone** segnale *m* di libero - **3.** [shade] tono *m*, tonalità *f inv.* ◆ **tone down** *vt sep* moderare. ◆ **tone up** *vt sep* tonificare.

tone-deaf *adj*: **to be tone-deaf** non avere orecchio.

tongs [tɒŋz] *npl* - **1.** [for sugar] mollette *fpl* - **2.** *UK* [for hair] arricciacapelli *m inv.*

tongue [tʌŋ] *n* - **1.** [gen] lingua *f*; **to hold one's tongue** *fig* tenere a freno la lingua - **2.** [of shoe] linguetta *f.*

tongue-in-cheek *adj* scherzoso(a), ironico(a).

tongue-tied *adj* ammutolito(a).

tonic ['tɒnɪk] *n* - **1.** *(U)* [tonic water] (acqua *f*) tonica *f*; **a gin and tonic** un gin tonic - **2.** [medicine] tonico *m*, ricostituente *m* - **3.** [for skin, hair] tonico *m.*

tonic water *n (U)* acqua *f* tonica.

tonight [tə'naɪt] ◇ *n* [evening] questa sera *f*; [night] questa notte *f*; **tonight's television** i programmi televisivi di questa sera. ◇ *adv* [evening] stasera; [night] stanotte.

tonne [tʌn] *(pl* tonne *OR* -s*)* *n* tonnellata *f.*

tonsil ['tɒnsl] *n* tonsilla *f.*

tonsillitis [ˌtɒnsɪˈlaɪtɪs] *n (U)* tonsillite *f.*

too [tuː] *adv* - 1. [also] anche - 2. [excessively] troppo; **all too...** fin troppo...; **only too...** anche troppo... - 3. *(with negatives):* **not too...** non tanto...

took [tʊk] *pt* ⇒ **take.**

tool [tuːl] *n* - 1. [implement] attrezzo *m*, utensile *m* - 2. *fig* [means] strumento *m.*

tool box *n* cassetta *f* per gli attrezzi.

tool kit *n* kit *m inv* degli attrezzi.

toot [tuːt] ⟨> *n* colpo *m* di clacson. ⟨> *vi* suonare il clacson.

tooth [tuːθ] *(pl* **teeth)** *n* dente *m.*

toothache [ˈtuːθeɪk] *n (U)* mal *m* di denti.

toothbrush [ˈtuːθbrʌʃ] *n* spazzolino *m* da denti.

toothpaste [ˈtuːθpeɪst] *n (U)* dentifricio *m.*

toothpick [ˈtuːθpɪk] *n* stuzzicadenti *m inv.*

top [tɒp] ⟨> *adj* - 1. [highest – step] più alto(a); [- floor] ultimo(a); **at the top end of the street** in cima alla strada - 2. [most important, successful – official, executive] alto(a); [- footballer, pop singer] di prim'ordine; **she came top in the exam** è arrivata prima all'esame - 3. [maximum] massimo(a). ⟨> *n* - 1. [highest point] cima *f*; **on top** in cima; **at the top of one's voice** a squarciagola - 2. [lid, cap – of bottle, tube] tappo *m*; [- of pen] cappuccio *m*; [- of jar] coperchio *m* - 3. [upper side – of table] piano *m*; [- of box] lato *m* alto - 4. [clothing] top *m inv* - 5. [toy] trottola *f* - 6. [highest rank] vertice *m.* ⟨> *vt* - 1. [be first in] essere in testa a - 2. [better] superare - 3. [exceed] oltrepassare - 4. [put on top of] ricoprire. ◆ **on top of** *prep* - 1. [in space] in cima a - 2. [in addition to]: **on top of than...** per di più... ◆ **top up** *esp UK*, **top off** *esp US vt sep* riempire (di nuovo).

top floor *n* ultimo piano *m.*

top hat *n* cappello *m* a cilindro, tuba *f.*

top-heavy *adj* - 1. [object, structure] sbilanciato(a) - 2. [organization] con troppi dirigenti.

topic [ˈtɒpɪk] *n* argomento *m.*

topical [ˈtɒpɪkl] *adj* attuale.

topless [ˈtɒplɪs] *adj* in topless.

topmost [ˈtɒpməʊst] *adj* più alto(a).

topping [ˈtɒpɪŋ] *n* strato *m.*

topple [ˈtɒpl] ⟨> *vt* rovesciare, fare cadere. ⟨> *vi* [person] cadere; [pile] rovesciarsi, cadere.

top-secret *adj* top secret *(inv).*

topspin [ˈtɒpspɪn] *n (U)* top spin *m inv.*

topsy-turvy [ˌtɒpsɪˈtɜːvɪ] *adj inf* - 1. [messy]: **to be topsy-turvy** essere sottosopra - 2. [haywire]: **to go topsy-turvy** impazzire, andare in tilt.

top-up card *n UK* ricarica *f.*

torch [tɔːtʃ] *n* - 1. *UK* [electric] torcia *f* (elettrica) - 2. [flaming stick] fiaccola *f.*

tore [tɔːr] *pt* ⇒ **tear²**.

torment ⟨> *n* [ˈtɔːment] - 1. *(U)* [agony] tormento *m* - 2. [source of agony] pena *f.* ⟨> *vt* [tɔːˈment] - 1. [worry greatly] tormentare - 2. [annoy] dare fastidio a, tormentare.

torn [tɔːn] *pp* ⇒ **tear²**.

tornado [tɔːˈneɪdəʊ] *(pl* **-es** OR **-s)** *n* tornado *m inv.*

torpedo [tɔːˈpiːdəʊ] *(pl* **-es)** *n* siluro *m.*

torrent [ˈtɒrənt] *n* - 1. [of water] torrente *m* - 2. [of words] fiume *m.*

torrid [ˈtɒrɪd] *adj* - 1. [hot] torrido(a) - 2. *fig* [passionate] passionale.

tortoise [ˈtɔːtəs] *n* tartaruga *f.*

tortoiseshell [ˈtɔːtəʃel] ⟨> *adj*: **a tortoiseshell cat** un gatto della varietà scaglia di tartaruga. ⟨> *n (U)* tartaruga *f.*

torture [ˈtɔːtʃər] ⟨> *n (U)* tortura *f.* ⟨> *vt* torturare.

Tory [ˈtɔːrɪ] *UK* ⟨> *adj* conservatore(trice). ⟨> *n* conservatore *m*, -trice *f.*

toss [tɒs] ⟨> *vt* - 1. [throw carelessly] gettare - 2. [head] scrollare - 3. [salad, pasta] mescolare - 4. [coin] lanciare (in aria) - 5. [boat, passenger] sballottare. ⟨> *vi* [move around]: **to toss and turn** girarsi e rigirarsi. ◆ **toss up** *vi* fare a testa o croce.

tot [tɒt] *n* - 1. *inf* [small child] bimbo *m*, -a *f* - 2. *esp UK* [of drink] goccio *m.*

total [ˈtəʊtl] *(UK & US)* ⟨> *adj* totale. ⟨> *n* totale *m.* ⟨> *vt* - 1. [add up] sommare - 2. [amount to] ammontare a.

totally [ˈtəʊtəlɪ] *adv* totalmente.

totter [ˈtɒtər] *vi* - 1. [walk unsteadily] barcollare - 2. *fig* [government] vacillare.

touch [tʌtʃ] ⟨> *n* - 1. *(U)* [sense] tatto *m* - 2. [detail, personal style] tocco *m* - 3. [contact]: **to get/keep in touch (with sb)** mettersi/mantenersi in contatto (con qn); **to lose touch (with sb)** perdersi di vista (con qn); **to be out of touch with sthg** non essere aggiornato(a) su qc - 4. [small amount]: **a touch (of sthg)** [of milk] un goccio (di qc); [of paint, lipstick] una traccia (di qc); [of humour, irony, sarcasm] una punta (di qc) - 5. SPORT: **into touch** in fallo laterale. ⟨> *vt* toccare. ⟨> *vi* - 1. [make contact] toccare - 2. [be in contact] toccarsi. ◆ **touch down** *vi* [plane] atterrare. ◆ **touch on** *vt insep* toccare.

touch-and-go adj incerto(a); **it was touch-and-go** la situazione era molto incerta.

touchdown ['tʌtʃdaʊn] n - 1. [on land] atterraggio m; [on sea] ammaraggio m - 2. [in American football] meta f.

touched [tʌtʃt] adj toccato(a).

touching ['tʌtʃɪŋ] adj toccante.

touchline ['tʌtʃlaɪn] n linea f laterale.

touchscreen ['tʌtʃskriːn] n touchscreen m inv, schermo m tattile.

touchy ['tʌtʃɪ] adj - 1. [person]: **touchy (about sthg)** suscettibile (riguardo a qc) - 2. [subject, question] delicato(a).

tough [tʌf] adj - 1. [gen] duro(a) - 2. [person, character] forte - 3. [material] resistente - 4. [decision] arduo(a) - 5. [criminal, neighbourhood] violento(a).

toughen ['tʌfn] vt - 1. [character] indurire - 2. [material] rendere più resistente.

toupee [UK 'tuːpeɪ, US tuːˈpeɪ] n parrucchino m.

tour [tʊər] ⟨⟩ n - 1. [of region, country] giro m - 2. [of building, town, museum] visita f - 3. [official journey] tournée f inv. ⟨⟩ vt - 1. [visit] visitare - 2. SPORT & THEAT fare una tournée in.

touring ['tʊərɪŋ] n (U) viaggi mpl turistici.

tourism ['tʊərɪzm] n (U) turismo m.

tourist ['tʊərɪst] n turista mf.

tourist (information) office n ufficio m turistico.

tournament ['tɔːnəmənt] n CHESS & SPORT torneo m.

tour operator n tour operator m inv.

tout [taʊt] ⟨⟩ n UK [for tickets] bagarino m, -a f. ⟨⟩ vt UK [tickets] fare bagarinaggio di. ⟨⟩ vi: **to tout for sthg** cercare di procacciarsi qc.

tow [təʊ] ⟨⟩ n rimorchio m; **to give sb a tow** rimorchiare qn; **on tow** UK a rimorchio. ⟨⟩ vt rimorchiare.

towards [təˈwɔːdz], **toward** [təˈwɔːd] prep - 1. [in the direction of] verso - 2. [indicating attitude] nei confronti di - 3. [near in time, space] verso - 4. [as contribution to] per.

towel ['taʊəl] n asciugamano m.

towelling UK, **toweling** US ['taʊəlɪŋ] n (U) spugna f.

towel rail n portasciugamano m.

tower ['taʊər] ⟨⟩ n torre f. ⟨⟩ vi torreggiare; **to tower over sb/sthg** torreggiare su qn/qc.

tower block n UK palazzone m.

town [taʊn] n (U) città f inv; **to go out on the town** fare baldoria; **to go to town** inf metterci la massima cura.

town centre n UK centro m.

town council n consiglio m comunale.

town hall n - 1. [building] municipio m - 2. (U) fig [council] comune m.

town planning n (U) - 1. [study] urbanistica f - 2. [practice] attività f inv urbanistica.

towpath ['təʊpɑːθ] n alzaia f.

towrope ['təʊrəʊp] n cavo m da traino.

tow truck n US carro m attrezzi (inv).

toxic ['tɒksɪk] adj tossico(a).

toy [tɔɪ] n giocattolo m. ◆ **toy with** vt insep - 1. [idea, plan] accarezzare - 2. [food, object] giocherellare con.

toy shop, toy store US n negozio m di giocattoli.

trace [treɪs] ⟨⟩ n traccia f. ⟨⟩ vt - 1. [person, source, origins] rintracciare - 2. [history] ripercorrere - 3. [mark outline of] tracciare; [with tracing paper] ricalcare.

tracing paper ['treɪsɪŋ-] n (U) carta f da ricalco.

track [træk] ⟨⟩ n - 1. [path] sentiero m - 2. SPORT pista f - 3. RAIL binario m - 4. [mark, trace] traccia f - 5. [on record, tape, CD] brano m; **to lose track of** [gen] perdere il contatto con; [of numbers] perdere il conto di; **to be on the right/wrong track** essere sulla buona strada/sulla strada sbagliata. ⟨⟩ vt [follow] seguire le tracce di. ◆ **track down** vt sep rintracciare.

track record n trascorsi mpl.

tracksuit ['træk,suːt] n tuta f (da ginnastica).

traction ['trækʃn] n (U): **in traction** in trazione.

tractor ['træktər] n trattore m.

trade [treɪd] ⟨⟩ n - 1. (U) [commerce] commercio m - 2. [job] mestiere m; **by trade** di mestiere. ⟨⟩ vt [exchange] scambiare; **to trade sthg for sthg** scambiare qc per qc. ⟨⟩ vi [do business] avere scambi commerciali; **to trade with sb** fare scambi commerciali con qn. ◆ **trade in** vt sep [part exchange] dare in permuta.

trade fair n esp UK fiera f campionaria.

trade-in n oggetto m dato in permuta.

trademark ['treɪdmɑːk] n - 1. COMM marchio m depositato - 2. fig [characteristic] tratto m distintivo.

trade name n COMM nome m commerciale.

trader ['treɪdər] n commerciante mf.

tradesman ['treɪdzmən] (pl -men) n UK dated commerciante m.

Trades Union Congress n UK: the Trades Union Congress la confederazione dei sindacati.

trade union n UK sindacato m.

trading ['treɪdɪŋ] n (U) commercio m.

trading estate n UK zona f industriale.

tradition [trə'dɪʃn] n tradizione f.

traditional [trə'dɪʃənl] adj tradizionale.

traffic ['træfɪk] (pt & pp -ked, cont -king) ◇ n (U) traffico m; **traffic in sthg** traffico di qc. ◇ vi: **to traffic in sthg** trafficare in qc.

traffic circle n US rotatoria f.

traffic jam n ingorgo m (di traffico).

trafficker ['træfɪkər] n: **trafficker (in sthg)** trafficante mf (di qc).

traffic lights npl semaforo m (sing).

traffic warden n UK vigile mf.

tragedy ['trædʒədɪ] n tragedia f.

tragic ['trædʒɪk] adj tragico(a).

trail [treɪl] ◇ n - 1. [path] sentiero m - 2. [traces] tracce fpl. ◇ vt - 1. [drag behind, tow - bag, toy] tirarsi dietro; [- scarf] lasciar penzolare - 2. [lag behind] essere in svantaggio con. ◇ vi - 1. [drag behind - bag, toy] essere tirato(a) dietro; [- scarf] penzolare - 2. [move slowly] arrancare - 3. SPORT essere in svantaggio. ◆ **trail away, trail off** vi andare spegnendosi.

trailer ['treɪlər] n - 1. [for transporting things] rimorchio m - 2. US [for living in] roulotte f inv - 3. CIN trailer m inv.

train [treɪn] ◇ n - 1. RAIL treno m - 2. [of dress] strascico m - 3. [connected sequence]: **train of thought** filo m dei pensieri. ◇ vt - 1. [teach] educare; **to train sb to do sthg** abituare qn a fare qc; **to train sthg to do sthg** [animal] addestrare qc a fare qc; **to train sb in sthg** addestrare qn in qc - 2. [for job] addestrare; **to train sb as sthg** addestrare qn come qc - 3. SPORT allenare; **to train sb for sthg** allenare qn per qc - 4. [gun, camera] puntare. ◇ vi - 1. [for job] fare tirocinio; **to train as sthg** fare tirocinio come qc - 2. SPORT allenarsi; **to train for sthg** allenarsi per qc.

train driver n UK macchinista mf.

trained [treɪnd] adj ben preparato(a).

trainee [treɪ'ni:] n tirocinante mf.

trainer ['treɪnər] n - 1. [of animals] addestratore m, -trice f - 2. SPORT allenatore m, -trice f. ◆ **trainers** npl UK scarpe fpl da ginnastica.

training ['treɪnɪŋ] n (U) - 1. [for job]: **training (in sthg)** tirocinio m (in qc) - 2. SPORT allenamento m.

training shoes npl UK scarpe fpl da ginnastica.

traipse [treɪps] vi vagare.

trait [treɪt] n tratto m.

traitor ['treɪtər] n traditore m, -trice f.

trajectory [trə'dʒektərɪ] n traiettoria f.

tram [træm] n tram m inv.

tramp [træmp] ◇ n [homeless person] barbone m, -a f. ◇ vi camminare pesantemente.

trample ['træmpl] vt calpestare.

trampoline ['træmpəli:n] n trampolino m.

trance [trɑ:ns] n trance f inv.

tranquil ['træŋkwɪl] adj liter tranquillo(a).

tranquillizer UK, **-iser** UK, **tranquilizer** US ['træŋkwɪlaɪzər] n tranquillante m.

transaction [træn'zækʃn] n transazione f.

transcend [træn'send] vt fml trascendere.

transcript ['trænskrɪpt] n trascrizione f.

transfer ◇ n ['trænsfɜ:r] - 1. (U) [gen] trasferimento m - 2. [design] decalcomania f. ◇ vt [træns'fɜ:r] trasferire. ◇ vi [træns'fɜ:r] trasferirsi.

transfix [træns'fɪks] vt impietrire.

transform [træns'fɔ:m] vt trasformare; **to transform sb/sthg into sthg** trasformare qn/qc in qc.

transfusion [træns'fju:ʒn] n trasfusione f.

transistor [træn'zɪstər] n ELECTRON transistor m inv.

transistor radio n dated radio f inv a transistor.

transit ['trænsɪt] n: **in transit** in transito.

transition [træn'zɪʃn] n - 1. [change] mutamento m - 2. (U) [changing] transizione f; **transition from sthg to sthg** transizione da qc a qc.

transitive ['trænzɪtɪv] adj GRAM transitivo(a).

transitory ['trænzɪtrɪ] adj transitorio(a).

translate [træns'leɪt] vt tradurre; **to translate sthg into sthg** tradurre qc in qc.

translation [træns'leɪʃn] n traduzione f.

translator [træns'leɪtər] n traduttore m, -trice f.

transmission [trænz'mɪʃn] n trasmissione f.

transmit [trænz'mɪt] vt trasmettere.

transmitter [trænz'mɪtər] n ELECTRON trasmettitore m.

transparency [træns'pærənsɪ] n - 1. PHOT diapositiva f - 2. [for overhead projector] lucido m.

transparent [træns'pærənt] adj - 1. [see-through] trasparente - 2. [obvious] evidente.

transpire [træn'spaɪər] fml ◇ vt: **it transpires that...** emerge che... ◇ vi accadere.

transplant ⟨⟩ n ['træns,plɑːnt] [operation] trapianto m; [organ] organo m trapiantato; [tissue] tessuto m trapiantato. ⟨⟩ vt [træns'plɑːnt] MED & BOT trapiantare.

transport ⟨⟩ n ['trænspɔːt] trasporto m. ⟨⟩ vt [træn'spɔːt] trasportare.

transportation [,trænspɔː'teɪʃn] n (U) = transport.

transpose [træns'pəʊz] vt trasporre.

trap [træp] ⟨⟩ n trappola f. ⟨⟩ vt - 1. [animal, bird] prendere in trappola - 2. fig [trick] raggirare - 3. [immobilize, catch] bloccare - 4. [retain] imprigionare.

trapdoor [,træp'dɔːr] n botola f.

trapeze [trə'piːz] n trapezio m.

trappings ['træpɪŋz] npl tratti mpl distintivi.

trash [træʃ] n (U) - 1. US [refuse] rifiuti mpl - 2. inf pej [sthg of poor quality] robaccia f.

trashcan ['træʃkæn] n US bidone m della spazzatura.

traumatic [trɔː'mætɪk] adj traumatico(a).

travel ['trævl] (UK & US) ⟨⟩ n (U) viaggi mpl. ⟨⟩ vt percorrere. ⟨⟩ vi viaggiare.

travel agency n agenzia f di viaggi.

travel agent n agente mf di viaggi; travel agent's UK agenzia f di viaggi.

travelcard ['trævlkɑːd] n UK [daily] biglietto m giornaliero; [monthly] abbonamento m mensile.

traveller UK, **traveler** US ['trævlər] n - 1. [gen] viaggiatore m, -trice f - 2. [itinerant] nomade mf.

traveller's cheque UK, **traveler's check** US n traveller's cheque m inv.

travelling UK, **traveling** US ['trævlɪŋ] adj - 1. [itinerant] itinerante - 2. [portable] portatile - 3. [of travel] di viaggio.

travelsick ['trævlsɪk] adj: to get travelsick [in car] avere il mal d'auto; [on plane] avere il mal d'aria.

travesty ['trævəstɪ] n parodia f.

trawler ['trɔːlər] n peschereccio m (con rete a strascico).

tray [treɪ] n - 1. [for carrying] vassoio m - 2. [for papers, mail] raccoglitore m.

treacherous ['tretʃərəs] adj - 1. [disloyal] perfido(a) - 2. [dangerous] pericoloso(a).

treachery ['tretʃərɪ] n (U) perfidia f.

treacle ['triːkl] n (U) UK melassa f.

tread [tred] (pt trod, pp trodden) ⟨⟩ n - 1. [on tyre] battistrada m inv; [on shoe] suola f - 2. [sound or way of walking] passo m. ⟨⟩ vi [place foot]: to tread on sthg calpestare qc.

treason ['triːzn] n (U) tradimento m.

treasure ['treʒər] ⟨⟩ n tesoro m. ⟨⟩ vt avere a cuore.

treasurer ['treʒərər] n tesoriere m, -a f.

treasury ['treʒərɪ] n stanza f del tesoro.
➤ **Treasury** n: the Treasury il Tesoro.

treat [triːt] ⟨⟩ vt - 1. [handle, deal with] trattare - 2. [give sthg special]: to treat sb to sthg offrire qc a qn - 3. MED curare - 4. [process] trattare. ⟨⟩ n [sthg special] delizia f; this is my treat pago io.

treatment ['triːtmənt] n - 1. MED cura f - 2. [way of dealing with sb or sthg] trattamento m.

treaty ['triːtɪ] n trattato m.

treble ['trebl] ⟨⟩ adj - 1. [with numbers] triplo(a) - 2. MUS di soprano. ⟨⟩ n - 1. [musical range] soprano m - 2. [boy singer] voce f bianca - 3. [on audio equipment] acuto m. ⟨⟩ vt triplicare. ⟨⟩ vi triplicarsi.

treble clef n chiave f di violino.

tree [triː] n albero m.

treetop ['triːtɒp] n cima f di un albero.

tree-trunk n tronco m d'albero.

trek [trek] n - 1. [long journey] camminata f - 2. inf [tiring walk] scarpinata f.

tremble ['trembl] vi tremare.

tremendous [trɪ'mendəs] adj - 1. [impressive, large - noise] terribile; [- sight] stupendo(a); [- success, difference] enorme - 2. inf [really good] stupendo(a).

tremor ['tremər] n - 1. [gen] tremito m - 2. [small earthquake] scossa f.

trench [trentʃ] n - 1. [narrow channel] fossato m - 2. MIL trincea f.

trend [trend] n tendenza f.

trendy ['trendɪ] adj inf alla moda.

trepidation [,trepɪ'deɪʃn] n (U) fml: in OR with trepidation con trepidazione.

trespass ['trespəs] vi sconfinare; 'no trespassing' 'divieto d'accesso'.

trespasser ['trespəsər] n trasgressore m, trasgreditrice f (di un divieto d' accesso); 'trespassers will be prosecuted' 'i trasgressori verranno perseguiti penalmente'.

trial ['traɪəl] n - 1. LAW processo m; to be on trial (for sthg) essere sotto processo (per qc) - 2. [test, experiment] prova f; on trial in prova; by trial and error per tentativi - 3. [unpleasant experience] fatica f.

triangle ['traɪæŋgl] n [gen] triangolo m.

tribe [traɪb] n tribù f inv.

tribunal [traɪ'bjuːnl] n tribunale m.

tributary ['trɪbjʊtrɪ] n affluente m.

tribute ['trɪbjuːt] n - **1.** [gen] tributo m; **to be a tribute to sb/sthg** fare onore a qn/qc - **2.** [evidence] dimostrazione f.

trice [traɪs] n: **in a trice** in un baleno.

trick [trɪk] ◇ n - **1.** [attempt to deceive] scherzo m; **to play a trick on sb** fare uno scherzo a qn - **2.** [attempt to entertain] trucco m - **3.** [ability, knack]: **to have a trick of doing sthg** avere l'abitudine di fare qc; **to do the trick** funzionare. ◇ vt ingannare; **to trick sb into sthg/into doing sthg** convincere qn di qc/a fare qc con l'inganno.

trickery ['trɪkərɪ] n (U) inganno m.

trickle ['trɪkl] ◇ n [of liquid] rivolo m. ◇ vi - **1.** [liquid] gocciolare - **2.** [people, things] muoversi alla spicciolata.

tricky ['trɪkɪ] adj complicato(a).

tricycle ['traɪsɪkl] n triciclo m.

tried [traɪd] adj: **tried and tested** ben sperimentato(a).

trifle ['traɪfl] n - **1.** esp UK CULIN zuppa f inglese - **2.** dated [unimportant thing] inezia f. ◆ **a trifle** adv fml vagamente.

trifling ['traɪflɪŋ] adj pej insignificante.

trigger ['trɪgər] n grilletto m.

trill [trɪl] n trillo m.

trim [trɪm] ◇ adj - **1.** [neat and tidy] ben curato(a) - **2.** [slim] snello(a). ◇ n [cut] spuntatina f. ◇ vt - **1.** [cut] dare una spuntata a - **2.** [decorate] guarnire; **to trim sthg with sthg** guarnire qc con qc.

trinket ['trɪŋkɪt] n gingillo m.

trio ['triːəʊ] (pl -s) n trio m.

trip [trɪp] ◇ n - **1.** [journey] viaggio m - **2.** inf [drug experience] trip m inv. ◇ vt [make stumble] far inciampare. ◇ vi [stumble]: **to trip (over)** inciampare; **to trip over sthg** inciampare in qc. ◆ **trip up** vt sep [make stumble] far inciampare.

tripe [traɪp] n (U) - **1.** CULIN trippa f - **2.** inf [nonsense] stupidaggini fpl.

triple ['trɪpl] ◇ adj - **1.** [in three parts] triplice - **2.** [treble] triplo(a). ◇ vt triplicare. ◇ vi triplicarsi.

triple jump n: **the triple jump** il salto triplo.

triplets ['trɪplɪts] npl tre gemelli mpl.

tripod ['traɪpɒd] n treppiede m.

trite [traɪt] adj pej trito(a).

triumph ['traɪəmf] ◇ n trionfo m. ◇ vi: **to triumph (over sb/sthg)** trionfare (su qn/qc).

trivia ['trɪvɪə] n (U) cose fpl di poco conto.

trivial ['trɪvɪəl] adj insignificante.

trod [trɒd] pt ▷ **tread**.

trodden ['trɒdn] pp ▷ **tread**.

trolley ['trɒlɪ] (pl trolleys) n - **1.** UK [for shopping, luggage, drinks] carrello m - **2.** US [vehicle] tram m inv.

trombone [trɒm'bəʊn] n trombone m.

troop [truːp] ◇ n [of schoolchildren, tourists] stuolo m; [of animals] branco m; [of scouts] drappello m. ◇ vi [march] sfilare. ◆ **troops** npl MIL truppe fpl.

trophy ['trəʊfɪ] n SPORT trofeo m.

tropical ['trɒpɪkl] adj tropicale.

tropics ['trɒpɪks] npl: **the tropics** i tropici.

trot [trɒt] ◇ n [of horse] trotto m. ◇ vi [horse] trottare. ◆ **on the trot** adv UK inf di fila.

trouble ['trʌbl] ◇ n - **1.** (U) [difficulty] guai mpl; **to be in trouble** [having problems] essere nei guai - **2.** [bother, pain, illness] disturbo m; **to take the trouble to do sthg** prendersi il disturbo di fare qc - **3.** (U) [fighting] scontri mpl - **4.** (U) POL disordini mpl. ◇ vt - **1.** [worry, upset] turbare - **2.** [interrupt, disturb] disturbare - **3.** [cause pain to] dare problemi a. ◆ **troubles** npl - **1.** [worries] preoccupazioni fpl - **2.** POL disordini mpl.

troubled ['trʌbld] adj - **1.** [worried, upset] turbato(a) - **2.** [disturbed - sleep] agitato(a); [- life, place, time] travagliato(a).

troublemaker ['trʌbl,meɪkər] n provocatore m, -trice f.

troublesome ['trʌblsəm] adj [neighbours, knee, cold] fastidioso(a); [car, job] pieno(a) di problemi; **to be troublesome** dare problemi.

trough [trɒf] n - **1.** [for animals] mangiatoia f - **2.** [low point] punto m più basso.

troupe [truːp] n troupe f inv.

trousers ['traʊzəz] npl esp UK pantaloni mpl.

trout [traʊt] (pl trout OR -s) n trota f.

trowel ['traʊəl] n - **1.** [for garden] paletta f - **2.** [for cement, plaster] cazzuola f.

truant ['truːənt] n [child] scolaro m, -a f che marina la scuola; **to play truant** UK marinare la scuola.

truck [trʌk] n - **1.** esp US [lorry] camion m inv - **2.** RAIL carro m merci.

truck driver n esp US camionista mf.

trucker ['trʌkər] n US camionista mf.

truck farm n US azienda f agricola di prodotti ortofrutticoli.

trudge [trʌdʒ] vi camminare a fatica.

true [truː] adj - **1.** [gen] vero(a); **to come true** realizzarsi - **2.** [faithful] fedele - **3.** [precise, exact] accurato(a).

truffle ['trʌfl] n tartufo m.

truly ['truːlɪ] *adv* - **1.** [in fact] realmente - **2.** [sincerely] sinceramente - **3.** [for emphasis] veramente; **yours truly** [at end of letter] distinti saluti; *hum* [me] il sottoscritto, la sottoscritta.

trump [trʌmp] *n* atout *m inv*.

trumped-up [trʌmpt-] *adj pej* inventato(a).

trumpet ['trʌmpɪt] *n* MUS tromba *f*.

truncheon ['trʌntʃən] *n esp UK* manganello *m*.

trundle ['trʌndl] *vi* rotolare.

trunk [trʌŋk] *n* - **1.** [gen] tronco *m* - **2.** [of elephant] proboscide *f* - **3.** [box] baule *m* - **4.** *US* [of car] bagagliaio *m*. ➤ **trunks** *npl* [for swimming] pantaloncini *mpl* da bagno.

trunk road *n UK* superstrada *f*.

truss [trʌs] *n* MED cinto *m* erniario.

trust [trʌst] ◇ *vt* - **1.** [have confidence in] fidarsi di; **to trust sb to do sthg** essere certo, -a *f* che qn farà qc; **can he be trusted to be discreet?** si può contare sul fatto che manterrà la discrezione? - **2.** [entrust]: **to trust sb with sthg** affidare qc a qn - **3.** *fml* [hope]: **to trust (that)...** sperare che... ◇ *n* - **1.** (U) [faith]: **trust (in sb/sthg)** fiducia *f* (in qn/qc) - **2.** (U) [responsibility] responsabilità *f* - **3.** FIN amministrazione *f* fiduciaria; **in trust** in amministrazione fiduciaria - **4.** *esp US* COMM trust *m inv*.

trusted ['trʌstɪd] *adj* [friend] fidato(a); [method] sicuro(a).

trustee [trʌs'tiː] *n* - **1.** [gen] amministratore *m* fiduciario, amministratrice *f* fiduciaria - **2.** [of institution] amministratore *m*, -trice *f*.

trust fund *n* fondo *m* fiduciario.

trusting ['trʌstɪŋ] *adj* fiducioso(a).

trustworthy ['trʌst,wɜːðɪ] *adj* degno(a) di fiducia.

truth [truːθ] *n* verità *f*; **to tell the truth,...** a dire la verità,...; **in (all) truth** in verità.

truthful ['truːθfʊl] *n* - **1.** [person] sincero(a) - **2.** [story] veritiero(a).

try [traɪ] ◇ *vt* - **1.** [gen] provare; **to try to do sthg** cercare di fare qc, tentare di fare qc - **2.** [LAW - case] giudicare; [- criminal] processare - **3.** [tax, strain] mettere alla prova. ◇ *vi* provare; **to try for sthg** [job, prize] provare a ottenere qc. ◇ *n* - **1.** [attempt] tentativo *m*, prova *f*; **to give sthg a try** provare qc; **have a try!** provaci! - **2.** RUGBY meta *f*. ➤ **try on** *vt sep* [clothes] provare. ➤ **try out** *vt sep* provare.

trying ['traɪɪŋ] *adj* difficile.

T-shirt *n* T-shirt *f inv*, maglietta *f*.

tub [tʌb] *n* - **1.** [container] vaschetta *f* - **2.** *inf* [bath] vasca *f* da bagno.

tubby ['tʌbɪ] *adj inf* tracagnotto(a).

tube [tjuːb] *n* - **1.** [gen] tubo *m*; **bronchial tubes** canali *mpl* bronchiali - **2.** [container] tubetto *m* - **3.** UK [underground train] metropolitana *f*; [underground system]: **the tube** la metropolitana; **by tube** in metropolitana.

tuberculosis [tjuː,bɜːkjʊ'ləʊsɪs] *n* (U) tubercolosi *f*.

tubular ['tjuːbjʊlər] *adj* tubolare.

TUC (*abbr of* Trades Union Congress) *n UK*: **the TUC** la confederazione dei sindacati.

tuck [tʌk] *vt* [place neatly] infilare. ➤ **tuck away** *vt sep* [money] mettere da parte. ➤ **tuck in** ◇ *vt sep* - **1.** [child, patient] rimboccare le coperte a - **2.** [clothes] mettere dentro. ◇ *vi UK inf* fare una scorpacciata. ➤ **tuck up** *vt sep* rimboccare le coperte a.

Tuesday ['tjuːzdeɪ] *n* martedì *m inv*, *see also* **Saturday**.

tuft [tʌft] *n* ciuffo *m*.

tug [tʌg] ◇ *n* - **1.** [pull] strattone *m* - **2.** [boat] rimorchiatore *m*. ◇ *vt* strattonare. ◇ *vi*: **to tug (at sthg)** dare uno strattone (a qc).

tug-of-war *n* tiro *m* alla fune.

tuition [tjuː'ɪʃn] *n* (U) insegnamento *m*.

tulip ['tjuːlɪp] *n* tulipano *m*.

tumble ['tʌmbl] ◇ *vi* - **1.** [person] ruzzolare - **2.** [water] cadere - **3.** *fig* [prices] crollare. ◇ *n* caduta *f*.

tumbledown ['tʌmbldaʊn] *adj* cadente.

tumble-dryer *n UK* asciugabiancheria *f inv*.

tumbler ['tʌmblər] *n* [glass] bicchiere *m* (*senza piede*).

tummy ['tʌmɪ] *n inf* pancia *f*.

tumour *UK*, **tumor** *US* ['tjuːmər] *n* tumore *m*.

tuna [*UK* 'tjuːnə, *US* 'tuːnə] (*pl* tuna *OR* -s), **tuna fish** (*pl* tuna fish) *n* tonno *m*.

tune [tjuːn] ◇ *n* motivo *m*. ◇ *vt* - **1.** MUS accordare - **2.** RADIO & TV sintonizzare - **3.** [engine] mettere a punto. ➤ **tune up** *vi* MUS accordare gli strumenti. ➤ **in tune** ◇ *adj* MUS accordato(a). ◇ *adv* - **1.** MUS in tono - **2.** [in agreement]: **to be in tune with sb/sthg** essere in sintonia con qn/qc. ➤ **out of tune** ◇ *adj* MUS scordato(a). ◇ *adv* - **1.** MUS fuori tono - **2.** [not in agreement]: **to be out of tune with sb/sthg** non essere in sintonia con qn/qc. ➤ **tune in** *vi* RADIO & TV: **to tune in (to sthg)** sintonizzarsi (su qc).

tuneful ['tjuːnfʊl] *adj* armonioso(a).

tuner ['tjuːnər] *n* - **1.** RADIO & TV sintonizzatore *m* - **2.** [MUS - person] accordatore *m*, -trice *f*.

tunic ['tjuːnɪk] *n* tunica *f*.

tuning fork ['tjuːnɪŋ-] *n* diapason *m inv*.

Tunisia [tjuː'nɪzɪə] *n* Tunisia *f*.

tunnel ['tʌnl] *(UK & US)* ◇ *n* galleria f. ◇ *vi* aprire una galleria.

turban ['tɜːbən] *n* turbante *m*.

turbine ['tɜːbaɪn] *n* turbina f.

turbocharged ['tɜːbəʊtʃɑːdʒd] *adj* turbo-compresso(a).

turbulence ['tɜːbjʊləns] *n (U)* turbolenza f.

turbulent ['tɜːbjʊlənt] *adj* - **1.** [air] turbolento(a); [water] agitato(a) - **2.** *fig* [disorderly] turbolento(a).

tureen [tə'riːn] *n* zuppiera f.

turf [tɜːf] *(pl* -**s** *OR* **turves)** ◇ *n* - **1.** *(U)* [grass surface] manto *m* erboso - **2.** [clod] zolla f erbosa. ◇ *vt* [with grass] coprire d'erba. ◆ **turf out** *vt sep UK inf* gettar fuori.

Turk [tɜːk] *n* turco *m*, -a *f*.

turkey ['tɜːkɪ] *(pl* **turkeys)** *n* tacchino *m*.

Turkey ['tɜːkɪ] *n* Turchia f.

Turkish ['tɜːkɪʃ] ◇ *adj* turco(a). ◇ *n* [language] turco *m*. ◇ *npl*: **the Turkish** i turchi.

Turkish delight *n (U)* dolce a cubetti di gelatina cosparsi di zucchero.

turmoil ['tɜːmɔɪl] *n (U)* subbuglio *m*.

turn [tɜːn] ◇ *n* - **1.** [in road, river] curva f - **2.** [revolution, twist] giro *m* - **3.** [change] svolta f - **4.** [in game, order] turno *m*; **in turn** a turno - **5.** [performance] numero *m* - **6.** *UK inf dated & MED* crisi f *inv*; **to do sb a good turn** fare a qn un buon servizio. ◇ *vt* - **1.** [gen] girare - **2.** [direct]: **to turn sthg to sb/sthg** volgere qc a qn/qc - **3.** [change]: **to turn sthg into sthg** trasformare qc in qc - **4.** [make, cause to become] far diventare; **to turn sthg inside out** rivoltare qc. ◇ *vi* - **1.** [change direction] girare; **to turn to sb/sthg** rivolgersi a qn/qc - **2.** [rotate, move around - wheel, knob, head] girare; [- person] girarsi - **3.** [in book]: **turn to page 239** andate a pagina 239 - **4.** [for consolation]: **to turn to sb** rivolgersi a qn; **to turn to sthg** darsi a qc - **5.** [become] diventare; **to turn into sthg** trasformarsi in qc. ◆ **turn around**, **turn round** *UK* ◇ *vt sep* - **1.** [rotate] girare - **2.** [words, sentence] rigirare - **3.** [quantity of work] completare. ◇ *vi* [person] girarsi. ◆ **turn away** ◇ *vt sep* [refuse entry to] mandare via. ◇ *vi* voltarsi. ◆ **turn back** ◇ *vt sep* - **1.** [force to return] far tornare indietro - **2.** [fold back] ripiegare. ◇ *vi* [return] tornare indietro. ◆ **turn down** *vt sep* - **1.** [reject] respingere - **2.** [heating, lighting, sound] abbassare. ◆ **turn in** *vi* [go to bed] mettersi a letto. ◆ **turn off** ◇ *vt insep* [leave] abbandonare. ◇ *vt sep* [switch off - gen] spegnere; [- gas, tap] chiudere. ◇ *vi* [leave path, road] girare. ◆ **turn on** ◇ *vt sep* - **1.** [make work - gen] accendere; [- gas, tap] aprire - **2.** *inf* [excite sexually] eccitare.

◇ *vt insep* [attack] rigirarsi contro. ◆ **turn out** ◇ *vt sep* - **1.** [switch off] spegnere - **2.** [empty] svuotare. ◇ *vt insep*: **to turn out to be sthg** [be in the end] finire per essere qc; [transpire to be] risultare essere qc; **it turns out (that)...** è venuto fuori che... ◇ *vi* - **1.** [end up] andare a finire; **it all turned out well** è andato tutto a finire bene - **2.** [attend]: **to turn out (for sthg)** presentarsi (per qc). ◆ **turn over** ◇ *vt sep* - **1.** [playing card, stone, page] voltare, girare - **2.** [consider] rigirare - **3.** [hand over] consegnare; **to turn sthg over to sb** consegnare qn/qc a qn. ◇ *vi* - **1.** [roll over] rigirarsi - **2.** *UK* TV cambiare stazione. ◆ **turn round** *vt sep* & *vi UK* = **turn round**. ◆ **turn up** ◇ *vt sep* [heat, lighting, radio, TV] alzare. ◇ *vi inf* - **1.** [appear, arrive] comparire - **2.** [be found] sbucar fuori - **3.** [happen] venir fuori.

turning ['tɜːnɪŋ] *n UK* traversa f.

turning point *n* svolta f cruciale.

turnip ['tɜːnɪp] *n* rapa f.

turnout ['tɜːnaʊt] *n* affluenza f.

turnover ['tɜːnˌəʊvə'] *n (U)* - **1.** [of personnel] turnover *m inv*, avvicendamento *m* - **2.** FIN fatturato *m*.

turnpike ['tɜːnpaɪk] *n US* autostrada f a pedaggio.

turn signal *n US* AUT freccia f (di direzione).

turnstile ['tɜːnstaɪl] *n* cancello *m* girevole.

turntable ['tɜːnˌteɪbl] *n* giradischi *m inv*.

turn-up *n UK* - **1.** [on trousers] risvolto *m* - **2.** *inf* [surprise]: **a turn-up for the books** *inf* un fatto inaudito.

turpentine ['tɜːpəntaɪn] *n (U)* trementina f.

turquoise ['tɜːkwɔɪz] ◇ *adj* turchese. ◇ *n* - **1.** *(U)* [mineral] turchese f - **2.** [gem, colour] turchese *m*.

turret ['tʌrɪt] *n* torretta f.

turtle ['tɜːtl] *n* tartaruga f acquatica.

turtleneck ['tɜːtlnek] *n UK* - **1.** [garment] pullover *m inv* a collo alto - **2.** [neck] collo *m* alto.

turves [tɜːvz] *pl* ▷ **turf**.

tusk [tʌsk] *n* zanna f.

tussle ['tʌsl] ◇ *n* zuffa f. ◇ *vi*: **to tussle (over sthg)** azzuffarsi (su qc).

tutor ['tjuːtə'] *n* - **1.** [private] insegnante *mf* - **2.** UNIV tutor *mf inv (docente che assiste un gruppo di studenti)*.

tutorial [tjuː'tɔːrɪəl] *n* lezione f con il tutor.

tuxedo [tʌk'siːdəʊ] *(pl* -**s)** *n esp US* smoking *m inv*.

TV *(abbr of* **television)** *n* - **1.** *(U)* [medium, industry] TV f - **2.** [apparatus] TV f *inv*.

twang [twæŋ] *n* - **1.** [sound] vibrazione f - **2.** [accent] tono *m* nasale.

tweed [twi:d] *n (U)* tweed *m*.

tweezers ['twi:zəz] *npl* pinzette *fpl*.

twelfth [twelfθ] *num* dodicesimo(a), *see also* **sixth**.

twelve [twelv] *num* dodici, *see also* **six**.

twentieth ['twentiəθ] *num* ventesimo(a), *see also* **sixth**.

twenty ['twenti] *num* venti, *see also* **sixty**.

twice [twais] *adv* due volte; **he earns twice as much as me** guadagna il doppio di me; **twice as big** grande il doppio.

twiddle ['twidl] ⬥ *vt* girare. ⬥ *vi:* **to twiddle with sthg** giocherellare con qc.

twig [twig] *n* ramoscello *m*.

twilight ['twailait] *n* crepuscolo *m*.

twin [twin] ⬥ *adj* gemello(a). ⬥ *n* gemello *m*, -a *f*.

twine [twain] ⬥ *n (U)* cordicella *f*. ⬥ *vt:* **to twine sthg around sthg** intrecciare qc intorno a qc.

twinge [twindʒ] *n* [of pain] fitta *f*; [of guilt, fear] acuta sensazione *f*.

twinkle ['twiŋkl] ⬥ *n* scintillio *m*. ⬥ *vi* scintillare, brillare.

twin room *n* camera *f* a due letti.

twin town *n UK* città *f inv* gemellata.

twirl [twɜ:l] ⬥ *vt* - 1. [spin] rigirare - 2. [twist] arricciarsi. ⬥ *vi* volteggiare.

twist [twist] ⬥ *n* - 1. [in road, staircase] curva *f* stretta; [in river] ansa *f*; [in rope] torsione *f* - 2. *fig* [in plot] colpo *m* di scena; **a twist of fate** uno scherzo del destino. ⬥ *vt* - 1. [twine] attorcigliare - 2. [contort] storcere; **to twist one's head around** girare completamente la testa - 3. [turn] girare - 4. [sprain] distorcersi - 5. [words, meaning] distorcere. ⬥ *vi* - 1. [road, river] distendersi tortuosamente - 2. [person, body] contorcersi.

twit [twit] *n inf* tonto *m*, -a *f*.

twitch [twitʃ] ⬥ *n* contrazione *f*. ⬥ *vi* contrarsi.

two [tu:] *num* due; **in two** in due, *see also* **six**.

twofaced *adj pej* a doppia faccia.

twofold ['tu:fəʊld] ⬥ *adj* duplice. ⬥ *adv:* **to increase twofold** raddoppiare.

two-piece *adj* due pezzi *(inv)*.

twosome ['tu:səm] *n inf* coppia *f*.

two-way *adj* [gen] a due sensi.

tycoon [tai'ku:n] *n* pezzo *m* grosso.

type [taip] ⬥ *n* - 1. [gen] tipo *m*; **he's/she's not my type** *inf* non è il mio tipo - 2. *(U)* TYPO carattere *m*. ⬥ *vt* - 1. [on computer] scrivere - 2. [on typewriter] scrivere a macchina. ⬥ *vi* [on computer] scrivere al computer; [on typewriter] scrivere a macchina.

typecast ['taipkɑ:st] *(pt & pp* **typecast***) vt* dare sempre lo stesso ruolo a; **to be typecast as sthg** recitare sempre il ruolo di qc.

typeface ['taipfeis] *n* carattere *m* (di stampa).

typescript ['taipskript] *n* dattiloscritto *m*.

typewriter ['taip,raitər] *n* macchina *f* da scrivere.

typhoid (fever) ['təifɔid 'fi:vər] *n (U)* (febbre *f*) tifoide *f*.

typhoon [tai'fu:n] *n* tifone *m*.

typical ['tipikl] *adj* tipico(a); **that's just typical!** è la solita storia!; **typical of sb/sthg** tipico(a) di qn/qc, caratteristico(a) di qn/qc.

typing ['taipiŋ] *n (U)* dattilografia *f*.

typist ['taipist] *n* dattilografo *m*, -a *f*.

typography [tai'pɒgrəfi] *n* - 1. *(U)* [gen] tipografia *f* - 2. [format] veste *f* tipografica.

tyranny ['tirəni] *n (U)* tirannia *f*.

tyrant ['tairənt] *n* tiranno *m*, -a *f*.

tyre *UK*, **tire** *US* ['taiər] *n* pneumatico *m*, gomma *f*.

tyre pressure *UK*, **tire pressure** *US n (U)* pressione *f* delle gomme.

u *(pl* **u's** *OR* **us***)*, **U** *(pl* **U's** *OR* **Us***)* [ju:] *n* [letter] u *m* o *f inv*, U *m* o *f inv*.

U-bend *n* sifone *m*.

udder ['ʌdər] *n* mammella *f (di animale)*.

UFO [,ju:ef'əʊ, 'ju:fəʊ] *(abbr of* **unidentified flying object***) n* UFO *m inv*.

Uganda [ju:'gændə] *n* Uganda *m*.

ugly ['ʌgli] *adj* - 1. [unattractive] brutto(a) - 2. *fig* [unpleasant - scene] sgradevole; [- fight] violento(a).

UHF *(abbr of* **ultra-high frequency***) n* UHF *f*.

UK *(abbr of* **United Kingdom***) n* RU *m*; **the UK** il Regno Unito.

Ukraine [ju:'krein] *n:* **the Ukraine** l'Ucraina *f*.

ulcer ['ʌlsər] *n* ulcera *f*.

Ulster ['ʌlstər] *n* Ulster *m*.

ulterior [ʌl'tiəriər] *adj:* **ulterior motive** secondo fine *m*.

ultimata [,ʌlti'meitə] *pl* ⬥ **ultimatum**.

ultimate ['ʌltɪmət] <> *adj* - **1.** [final, long-term] definitivo(a) - **2.** [most powerful] supremo(a). <> *n:* **the ultimate in sthg** l'ultimo grido in fatto di qc.

ultimately ['ʌltɪmətlɪ] *adv* alla fin fine.

ultimatum [,ʌltɪ'meɪtəm] (*pl* -**tums** OR -**ta**) *n* ultimatum *m inv.*

ultrasound ['ʌltrəsaʊnd] *n* (U) ultrasuono *m.*

ultraviolet [,ʌltrə'vaɪələt] *adj* ultravioletto(a).

umbilical cord [ʌm'bɪlɪkl-] *n* cordone *m* ombelicale.

umbrella [ʌm'brelə] *n* - **1.** [portable] ombrello *m* - **2.** [fixed] ombrellone *m.*

umpire ['ʌmpaɪər] <> *n* giudice *mf* di gara. <> *vt* arbitrare.

umpteen [ʌmp'ti:n] *num adj inf* innumerevole.

umpteenth [ʌmp'ti:nθ] *num adj inf* ennesimo(a).

UN (*abbr of* United Nations) *n:* **the UN** l'ONU *f.*

unabated [,ʌnə'beɪtɪd] *adj* costante; **the rain continued unabated** la pioggia continuava senza sosta.

unable [ʌn'eɪbl] *adj:* **to be unable to do sthg** essere incapace di fare qc.

unacceptable [,ʌnək'septəbl] *adj* inaccettabile.

unaccompanied [,ʌnə'kʌmpənɪd] *adj* - **1.** [child, luggage] non accompagnato(a) - **2.** [song] senza accompagnamento.

unaccountably [,ʌnə'kaʊntəblɪ] *adv* inspiegabilmente.

unaccounted [,ʌnə'kaʊntɪd] *adj:* **to be unaccounted for** mancare.

unaccustomed [,ʌnə'kʌstəmd] *adj* [unused]: **to be unaccustomed to (doing) sthg** non essere abituato(a) a (fare) qc.

unadulterated [,ʌnə'dʌltəreɪtɪd] *adj* - **1.** [unspoiled] genuino(a) - **2.** [absolute] assoluto(a).

unanimous [ju:'nænɪməs] *adj* unanime.

unanimously [ju:'nænɪməslɪ] *adv* unanimemente.

unanswered [,ʌn'ɑ:nsəd] *adj* senza risposta.

unappetizing, -ising UK [,ʌn'æpɪtaɪzɪŋ] *adj* [food] poco appetitoso(a); [sight, thought] sgradevole.

unarmed [,ʌn'ɑ:md] *adj* disarmato(a).

unashamed [,ʌnə'ʃeɪmd] *adj* sfacciato(a).

unassuming [,ʌnə'sju:mɪŋ] *adj* modesto(a).

unattached [,ʌnə'tætʃt] *adj* - **1.** [not fastened, linked]: **unattached (to sthg)** staccato(a) (da qc) - **2.** [without partner] senza legami sentimentali.

unattended [,ʌnə'tendɪd] *adj* incustodito(a).

unattractive [,ʌnə'træktɪv] *adj* poco attraente.

unauthorized, -ised UK [,ʌn'ɔ:θəraɪzd] *adj* non autorizzato(a).

unavailable [,ʌnə'veɪləbl] *adj* indisponibile.

unavoidable [,ʌnə'vɔɪdəbl] *adj* inevitabile.

unaware [,ʌnə'weər] *adj:* **unaware (of sthg)** ignaro(a) (di qc).

unawares [,ʌnə'weəz] *adv:* **to catch** OR **take sb unawares** cogliere OR prendere qn alla sprovvista.

unbalanced [,ʌn'bælənst] *adj* - **1.** [biased] non equilibrato(a) - **2.** [deranged] squilibrato(a).

unbearable [ʌn'beərəbl] *adj* insopportabile.

unbeatable [,ʌn'bi:təbl] *adj* insuperabile.

unbeknown(st) [,ʌnbɪ'nəʊn(st)] *adv:* **unbeknownst to** all'insaputa di.

unbelievable [,ʌnbɪ'li:vəbl] *adj* - **1.** [amazing] incredibile - **2.** [not believable] poco credibile.

unbias(s)ed [,ʌn'baɪəst] *adj* imparziale.

unborn [,ʌn'bɔ:n] *adj* non ancora nato(a).

unbreakable [,ʌn'breɪkəbl] *adj* infrangibile.

unbridled [,ʌn'braɪdld] *adj* sfrenato(a).

unbutton [,ʌn'bʌtn] *vt* sbottonare.

uncalled-for [,ʌn'kɔ:ld-] *adj* gratuito(a).

uncanny [ʌn'kænɪ] *adj* [resemblance] prodigioso(a); [silence] innaturale.

unceasing [,ʌn'si:sɪŋ] *adj fml* assiduo(a).

unceremonious ['ʌn,serɪ'məʊnjəs] *adj* brusco(a).

uncertain [ʌn'sɜ:tn] *adj* incerto(a); **in no uncertain terms** a chiare lettere.

unchanged [,ʌn'tʃeɪndʒd] *adj* immutato(a).

unchecked [,ʌn'tʃekt] <> *adj* [unrestrained] incontrollato(a). <> *adv* [unrestrainedly] in modo incontrollato.

uncivilized, -ised UK [,ʌn'sɪvɪlaɪzd] *adj* [barbaric] incivile.

uncle ['ʌŋkl] *n* zio *m.*

unclear [,ʌn'klɪər] *adj* - **1.** [meaning, instructions, motives, details] poco chiaro(a) - **2.** [future] vago(a) - **3.** [person] confuso(a); **I'm unclear about what I have to do** non mi è chiaro che cosa devo fare.

uncomfortable [ˌʌnˈkʌmftəbl] *adj* - **1.** [giving discomfort - shoes, clothes] scomodo(a); [- furniture, room] poco confortevole - **2.** *fig* [fact, truth] sgradevole - **3.** [person - in physical discomfort] sofferente; [- ill at ease] a disagio.

uncommon [ʌnˈkɒmən] *adj* - **1.** [unusual] insolito(a) - **2.** [infrequent] raro(a) - **3.** [exceptional] fuori del comune.

uncompromising [ˌʌnˈkɒmprəmaɪzɪŋ] *adj* intransigente.

unconcerned [ˌʌnkənˈsɜːnd] *adj* noncurante.

unconditional [ˌʌnkənˈdɪʃənl] *adj* incondizionato(a).

unconscious [ʌnˈkɒnʃəs] <> *adj* - **1.** [having lost consciousness] privo(a) di sensi - **2.** *fig* [unaware]: **to be unconscious of sthg** essere inconsapevole di qc - **3.** PSYCHOL inconscio(a). <> *n* PSYCHOL: **the unconscious** l'inconscio *m*.

unconsciously [ʌnˈkɒnʃəslɪ] *adv* inconsciamente.

uncontrollable [ˌʌnkənˈtrəʊləbl] *adj* - **1.** [irrepressible] irrefrenabile - **2.** [inflation, growth, epidemic] incontenibile - **3.** [child, animal] incontrollabile.

unconventional [ˌʌnkənˈvenʃənl] *adj* poco convenzionale.

unconvinced [ˌʌnkənˈvɪnst] *adj* poco convinto(a).

uncouth [ʌnˈkuːθ] *adj* rozzo(a).

uncover [ʌnˈkʌvəʳ] *vt* scoprire.

undecided [ˌʌndɪˈsaɪdɪd] *adj* - **1.** [person] indeciso(a) - **2.** [issue] irrisolto(a).

undeniable [ˌʌndɪˈnaɪəbl] *adj* innegabile.

under [ˈʌndəʳ] <> *prep* - **1.** [beneath, below] sotto - **2.** [less than] meno di; **not suitable for children under five** non adatto ai bambini al di sotto dei cinque anni - **3.** [conditions, circumstances] in; [influence, obligation, sedation, stress] sotto - **4.** [review, discussion] in - **5.** [manager, ruler] sotto - **6.** [law, agreement] in base a - **7.** [in classification, name, title] sotto. <> *adv* - **1.** [beneath] sotto; **to go under** [business] fallire - **2.** [less] di meno.

underage [ˌʌndərˈeɪdʒ] *adj* minorenne.

undercarriage [ˈʌndəˌkærɪdʒ] *n* carrello *m*.

undercharge [ˌʌndəˈtʃɑːdʒ] *vt* far pagare meno del normale a.

underclothes [ˈʌndəkləʊðz] *npl* biancheria *f (sing)* intima.

undercoat [ˈʌndəkəʊt] *n* mano *f* di fondo.

undercover [ˈʌndəˌkʌvəʳ] *adj* segreto(a).

undercurrent [ˈʌndəˌkʌrənt] *n* *fig* [tendency] tendenza *f* nascosta.

undercut [ˌʌndəˈkʌt] *(pt & pp undercut) vt* [in price] vendere a un prezzo inferiore a.

underdeveloped [ˌʌndədɪˈveləpt] *adj* - **1.** [country, society] sottosviluppato(a) - **2.** [child] non ben sviluppato(a).

underdog [ˈʌndədɒg] *n*: **the underdog** il/la più debole.

underdone [ˌʌndəˈdʌn] *adj* poco cotto(a).

underestimate *vt* [ˌʌndərˈestɪmeɪt] - **1.** [gen] valutare in modo inadeguato - **2.** [person, ability] sottovalutare.

underfoot [ˌʌndəˈfʊt] *adv* sotto i piedi.

undergo [ˌʌndəˈgəʊ] *(pt -went, pp -gone) vt* [gen] subire; [training] sottoporsi a.

undergraduate [ˌʌndəˈgrædʒʊət] *n* studente *m* universitario, studentessa *f* universitaria.

underground <> *adj* [ˈʌndəgraʊnd] - **1.** [gen] sotterraneo(a) - **2.** *fig* [secret, illegal] clandestino(a). <> *adv* [ˌʌndəˈgraʊnd]: **to go/be forced underground** darsi/essere costretto(a) alla clandestinità. <> *n* [ˈʌndəgraʊnd] - **1.** UK [transport system] metropolitana *f* - **2.** [activist movement] movimento *m* clandestino.

undergrowth [ˈʌndəgrəʊθ] *n (U)* sottobosco *m*.

underhand [ˌʌndəˈhænd] *adj* subdolo(a).

underline [ˌʌndəˈlaɪn] *vt* sottolineare.

underlying [ˌʌndəˈlaɪɪŋ] *adj* [cause, motivation] di fondo; [structure, basis] sottostante.

undermine [ˌʌndəˈmaɪn] *vt* minare.

underneath [ˌʌndəˈniːθ] <> *prep* sotto. <> *adv* - **1.** [beneath] sotto - **2.** *fig* [within oneself] nell'intimo. <> *adj* di sotto. <> *n* [underside]: **the underneath** la parte di sotto.

underpaid [ˈʌndəpeɪd] *adj* sottopagato(a).

underpants [ˈʌndəpænts] *npl* mutande *fpl*.

underpass [ˈʌndəpɑːs] *n* sottopassaggio *m*.

underprivileged [ˌʌndəˈprɪvɪlɪdʒd] *adj* diseredato(a).

underrated [ˌʌndəˈreɪtɪd] *adj* sottovalutato(a).

undershirt [ˈʌndəʃɜːt] *n* US maglia *f*.

underside [ˈʌndəsaɪd] *n*: **the underside** la parte di sotto.

understand [ˌʌndəˈstænd] *(pt & pp -stood)* <> *vt* - **1.** [gen] capire - **2.** *fml* [believe]: **to understand that** credere che *(+ subjunctive)*. <> *vi* capire.

understandable [ˌʌndəˈstændəbl] *adj* comprensibile.

understanding [ˌʌndə'stændɪŋ] ⬦ n - **1.** [knowledge, sympathy] comprensione f - **2.** [interpretation, conception] interpretazione f; **it was my understanding (that)...** avevo capito che... - **3.** [informal agreement] intesa f. ⬦ adj [sympathetic] comprensivo(a).

understated [ˌʌndə'steɪtɪd] adj sobrio(a).

understatement [ˌʌndə'steɪtmənt] n understatement m inv, eufemismo m.

understood ['ʌndə'stʊd] pt & pp ▷ **understand**.

understudy ['ʌndə,stʌdɪ] n sostituto m, -a f.

undertake [ˌʌndə'teɪk] (pt -took, pp -taken) vt - **1.** [take on] assumere - **2.** [promise]: **to undertake to do sthg** impegnarsi a fare qc.

undertaker ['ʌndə,teɪkər] n impresario m, -a f di pompe funebri.

undertaking [ˌʌndə'teɪkɪŋ] n - **1.** [task] impresa f - **2.** [promise] impegno m.

undertone ['ʌndətəʊn] n - **1.** [quiet voice] tono m sommesso - **2.** [vague feeling] sottofondo m.

undertook ['ʌndə'tʊk] pt ▷ **undertake**.

underwater [ˌʌndə'wɔːtər] ⬦ adj subacqueo(a). ⬦ adv sott'acqua.

underwear ['ʌndəweər] n (U) biancheria f intima.

underwent ['ʌndə'went] pt ▷ **undergo**.

underwriter ['ʌndə,raɪtər] n assicuratore m, -trice f.

undid [ˌʌn'dɪd] pt ▷ **undo**.

undies ['ʌndɪz] npl inf biancheria f (sing) intima.

undisputed [ˌʌndɪ'spjuːtɪd] adj indiscusso(a).

undistinguished [ˌʌndɪ'stɪŋgwɪʃt] adj mediocre.

undo [ˌʌn'duː] (pt -did, pp -done) vt - **1.** [unfasten] slacciare - **2.** [nullify] vanificare.

undoing [ˌʌn'duːɪŋ] n (U) fml rovina f.

undone ['ʌn'dʌn] ⬦ pp ▷ **undo**. ⬦ adj - **1.** [unfastened] slacciato(a) - **2.** [not done] non fatto(a).

undoubted [ʌn'daʊtɪd] adj indubbio(a).

undoubtedly [ʌn'daʊtɪdlɪ] adv fml indubbiamente.

undress [ˌʌn'dres] ⬦ vt svestire, spogliare. ⬦ vi svestirsi, spogliarsi.

undue [ˌʌn'djuː] adj fml eccessivo(a).

undulate ['ʌndjʊleɪt] vi fml - **1.** [move in curves - snake] muoversi sinuosamente; [- road] serpeggiare; [- sea, treetops] ondeggiare - **2.** [have a wavy outline] essere ondulato(a).

unduly [ˌʌn'djuːlɪ] adv fml eccessivamente.

unearth [ˌʌn'ɜːθ] vt - **1.** [dig up] dissotterrare - **2.** fig [discover] scoprire.

unease [ʌn'iːz] n (U) disagio m.

uneasy [ʌn'iːzɪ] adj - **1.** [troubled] inquieto(a) - **2.** [embarrassed] imbarazzato(a); **to feel uneasy** sentirsi a disagio - **3.** [uncertain] instabile.

uneconomic ['ʌn,iːkə'nɒmɪk] adj non redditizio(a).

uneducated [ˌʌn'edjʊkeɪtɪd] adj - **1.** [person] poco istruito(a) - **2.** [behaviour, manners, speech] rozzo(a).

unemployed [ˌʌnɪm'plɔɪd] ⬦ adj disoccupato(a). ⬦ npl: **the unemployed** i disoccupati.

unemployment [ˌʌnɪm'plɔɪmənt] n disoccupazione f.

unemployment compensation US n (U) sussidio m di disoccupazione.

unerring [ˌʌn'ɜːrɪŋ] adj infallibile.

uneven [ˌʌn'iːvn] adj - **1.** [not flat] irregolare - **2.** [inconsistent] discontinuo(a) - **3.** [unfair] impari inv.

unexpected [ˌʌnɪk'spektɪd] adj inaspettato(a).

unexpectedly [ˌʌnɪk'spektɪdlɪ] adv inaspettatamente.

unfailing [ʌn'feɪlɪŋ] adj incrollabile.

unfair [ˌʌn'feər] adj ingiusto(a).

unfaithful [ˌʌn'feɪθfʊl] adj [sexually] infedele.

unfamiliar [ˌʌnfə'mɪljər] adj - **1.** [not well-known] poco familiare - **2.** [not acquainted]: **to be unfamiliar with sb/sthg** non avere familiarità con qn/qc.

unfashionable [ˌʌn'fæʃnəbl] adj fuori moda.

unfasten [ˌʌn'fɑːsn] vt [garment, buttons] slacciare; [rope] slegare; [door] aprire.

unfavourable UK, **unfavorable** US [ˌʌn'feɪvrəbl] adj sfavorevole.

unfeeling [ʌn'fiːlɪŋ] adj insensibile.

unfinished [ˌʌn'fɪnɪʃt] adj non finito, -a f.

unfit [ˌʌn'fɪt] adj - **1.** [not in good shape] fuori forma - **2.** [not suitable]: **unfit (for sthg)** non adatto(a) (a qc).

unfold [ʌn'fəʊld] ⬦ vt [open out] spiegare. ⬦ vi [become clear - story] svolgersi; [- truth] rivelarsi; [- plot] svilupparsi.

unforeseen [ˌʌnfɔː'siːn] adj imprevisto(a).

unforgettable [ˌʌnfəˈgetəbl] *adj* indimenticabile.

unforgivable [ˌʌnfəˈgɪvəbl] *adj* imperdonabile.

unfortunate [ʌnˈfɔːtʃnət] *adj* - **1.** [unlucky] sfortunato(a) - **2.** [regrettable] infelice.

unfortunately [ʌnˈfɔːtʃnətlɪ] *adv* sfortunatamente.

unfounded [ˌʌnˈfaʊndɪd] *adj* infondato(a).

unfriendly [ˌʌnˈfrendlɪ] *adj* poco amichevole.

unfurnished [ˌʌnˈfɜːnɪʃt] *adj* non ammobiliato(a).

ungainly [ʌnˈgeɪnlɪ] *adj* goffo(a).

ungrateful [ʌnˈgreɪtful] *adj* ingrato(a).

unhappy [ʌnˈhæpɪ] *adj* - **1.** [gen] infelice - **2.** [uneasy]: **to be unhappy (with** OR **about** sthg) essere scontento(a) (di OR per qc).

unharmed [ˌʌnˈhɑːmd] *adj* incolume.

unhealthy [ʌnˈhelθɪ] *adj* - **1.** [in bad health] [person, appearance] malaticcio(a); [organ] malandato(a); [skin] rovinato(a) - **2.** [causing bad health] malsano(a) - **3.** *fig* [undesirable] morboso(a).

unheard-of *adj* - **1.** [unknown, completely absent] sconosciuto(a) - **2.** [unprecedented] inaudito(a).

unhook [ˌʌnˈhʊk] *vt* - **1.** [unfasten hooks of] slacciare - **2.** [remove from hook] sganciare.

unhurt [ˌʌnˈhɜːt] *adj* illeso(a).

unhygienic [ˌʌnhaɪˈdʒiːnɪk] *adj* poco igienico(a).

unidentified flying object *n* oggetto *m* volante non identificato.

unification [ˌjuːnɪfɪˈkeɪʃn] *n (U)* unificazione *f*.

uniform [ˈjuːnɪfɔːm] ◇ *adj* uniforme. ◇ *n* uniforme *f*.

unify [ˈjuːnɪfaɪ] *vt* unificare.

unilateral [ˌjuːnɪˈlætərəl] *adj* unilaterale.

unimportant [ˌʌnɪmˈpɔːtənt] *adj* privo(a) di importanza.

uninhabited [ˌʌnɪnˈhæbɪtɪd] *adj* disabitato(a).

uninjured [ʌnˈɪndʒəd] *adj* illeso(a).

unintelligent [ˌʌnɪnˈtelɪdʒənt] *adj* poco intelligente.

unintentional [ˌʌnɪnˈtenʃənl] *adj* non intenzionale.

union [ˈjuːnjən] ◇ *n* - **1.** [trade union] sindacato *m* - **2.** [alliance] unione *f*. ◇ *comp* sindacale.

Union Jack *n*: **the Union Jack** la bandiera del Regno Unito.

unique [juːˈniːk] *adj* - **1.** [unparalleled] unico(a) - **2.** [peculiar, exclusive]: **unique to sb/sthg** esclusivo(a) di qn/qc.

unison [ˈjuːnɪzn] *n (U)* [agreement] accordo *m*; **in unison** [simultaneously] all'unisono.

unit [ˈjuːnɪt] *n* - **1.** [gen] unità *f inv* - **2.** [of medication] dose *f* - **3.** [part of machine, system, piece of furniture] elemento *m* - **4.** [department] reparto *m*.

unite [juːˈnaɪt] ◇ *vt* unire. ◇ *vi* unirsi.

united [juːˈnaɪtɪd] *adj* unito(a).

United Kingdom *n*: **the United Kingdom** il Regno Unito.

United Nations *n*: **the United Nations** le Nazioni Unite.

United States *n*: **the United States (of America)** gli Stati Uniti (d'America).

unity [ˈjuːnətɪ] *n* - **1.** [union] unità *f inv* - **2.** [harmony] armonia *f*.

universal [ˌjuːnɪˈvɜːsl] *adj* universale.

universe [ˈjuːnɪvɜːs] *n* universo *m*.

university [ˌjuːnɪˈvɜːsətɪ] ◇ *n* università *f inv*. ◇ *comp* universitario(a); **university student** studente *m* universitario, studentessa *f* universitaria.

unjust [ˌʌnˈdʒʌst] *adj* ingiusto(a).

unkempt [ˌʌnˈkempt] *adj* arruffato(a).

unkind [ʌnˈkaɪnd] *adj* [gen] sgarbato(a).

unknown [ˌʌnˈnəʊn] *adj* sconosciuto(a).

unlawful [ˌʌnˈlɔːful] *adj* illegale.

unleaded [ˌʌnˈledɪd] *adj* senza piombo.

unleash [ˌʌnˈliːʃ] *vt* scatenare.

unless [ənˈles] *conj* a meno che (+ *subjunctive*), se non.

unlike [ˌʌnˈlaɪk] *prep* - **1.** [different from]: **to be unlike sb/sthg** essere diverso(a) da qn/qc - **2.** [in contrast to] a differenza di - **3.** [not typical of]: **it's unlike you to complain** non è da te lamentarti.

unlikely [ʌnˈlaɪklɪ] *adj* - **1.** [not probable] improbabile - **2.** [bizarre] assurdo(a).

unlisted [ʌnˈlɪstɪd] *adj esp US* [telephone number] non sull'elenco.

unload [ˌʌnˈləʊd] *vt* [gen] scaricare.

unlock [ˌʌnˈlɒk] *vt* aprire *(con la chiave)*.

unlucky [ʌnˈlʌkɪ] *adj* - **1.** [unfortunate] sfortunato(a) - **2.** [bringing bad luck]: **to be unlucky** portare sfortuna.

unmarried [ˌʌnˈmærɪd] *adj* non sposato(a).

unmistakable [ˌʌnmɪˈsteɪkəbl] *adj* inconfondibile.

unmitigated [ʌnˈmɪtɪgeɪtɪd] *adj* assoluto(a).

unnatural [ʌnˈnætʃrəl] *adj* innaturale.

unnecessary [ʌnˈnesəsərɪ] *adj* non necessario(a).

unnerving [ˌʌnˈnɜːvɪŋ] *adj* sconcertante.

unnoticed [ˌʌnˈnəʊtɪst] *adj* inosservato(a).

unobtainable [ˌʌnəbˈteɪnəbl] *adj* [commodity] introvabile; [phone number] non disponibile.

unofficial [ˌʌnəˈfɪʃl] *adj* ufficioso(a).

unorthodox [ʌnˈɔːθədɒks] *adj* poco ortodosso(a).

unpack [ʌnˈpæk] <> *vt* - **1.** [bag, suitcase] disfare - **2.** [clothes, books, shopping] tirar fuori. <> *vi* disfare i bagagli.

unparalleled [ʌnˈpærəleld] *adj* senza pari.

unpleasant [ʌnˈpleznt] *adj* sgradevole.

unplug [ʌnˈplʌg] *vt* ELEC staccare.

unpopular [ˌʌnˈpɒpjʊləʳ] *adj* impopolare.

unprecedented [ʌnˈpresɪdəntɪd] *adj* senza precedenti.

unpredictable [ˌʌnprɪˈdɪktəbl] *adj* imprevedibile.

unprofessional [ˌʌnprəˈfeʃənl] *adj* non professionale.

unqualified [ˌʌnˈkwɒlɪfaɪd] *adj* - **1.** [not qualified] non qualificato(a) - **2.** [total, complete] incondizionato(a).

unquestionable [ʌnˈkwestʃənəbl] *adj* indiscutibile.

unquestioning [ʌnˈkwestʃənɪŋ] *adj* [acceptance, belief] cieco(a); [attitude] acritico(a).

unravel [ʌnˈrævl] (*UK & US*) *vt* - **1.** [knitting, threads] disfare - **2.** *fig* [mystery] risolvere.

unreal [ˌʌnˈrɪəl] *adj* irreale.

unrealistic [ˌʌnrɪəˈlɪstɪk] *adj* [person] poco realista; [idea, plan] irrealistico(a).

unreasonable [ʌnˈriːznəbl] *adj* irragionevole.

unrelated [ˌʌnrɪˈleɪtɪd] *adj*: to be unrelated (to sthg) non essere connesso(a) (a qc).

unrelenting [ˌʌnrɪˈlentɪŋ] *adj* incessante.

unreliable [ˌʌnrɪˈlaɪəbl] *adj* inaffidabile.

unremitting [ˌʌnrɪˈmɪtɪŋ] *adj* continuo(a).

unrequited [ˌʌnrɪˈkwaɪtɪd] *adj* [love] non corrisposto(a).

unreserved [ˌʌnrɪˈzɜːvd] *adj* [admiration, support, approval] senza riserve.

unresolved [ˌʌnrɪˈzɒlvd] *adj* irrisolto(a).

unrest [ˌʌnˈrest] *n* (U) disordini *mpl*.

unrivalled *UK*, **unrivaled** *US* [ʌnˈraɪvld] *adj* senza rivali.

unroll [ˌʌnˈrəʊl] *vt* srotolare.

unruly [ʌnˈruːlɪ] *adj* - **1.** [wayward] indisciplinato(a) - **2.** [untidy] ribelle.

unsafe [ˌʌnˈseɪf] *adj* - **1.** [gen] pericoloso(a) - **2.** [person] insicuro(a).

unsaid [ˌʌnˈsed] *adj*: to leave sthg unsaid tacere qc.

unsatisfactory [ˈʌnˌsætɪsˈfæktərɪ] *adj* insoddisfacente.

unsavoury *UK*, **unsavory** *US* [ʌnˈseɪvərɪ] *adj* - **1.** [behaviour, person, habits] poco raccomandabile - **2.** [smell] nauseante.

unscathed [ˌʌnˈskeɪðd] *adj* indenne.

unscrew [ˌʌnˈskruː] *vt* svitare.

unscrupulous [ʌnˈskruːpjʊləs] *adj* privo(a) di scrupoli.

unseemly [ʌnˈsiːmlɪ] *adj* sconveniente.

unselfish [ˌʌnˈselfɪʃ] *adj* altruista.

unsettled [ˌʌnˈsetld] *adj* - **1.** [unstable - person] scombussolato(a); [- weather] instabile - **2.** [unfinished, unresolved] irrisolto(a) - **3.** [account, bill] non pagato(a) - **4.** [area, region] disabitato(a).

unshak(e)able [ʌnˈʃeɪkəbl] *adj* incrollabile.

unshaven [ˌʌnˈʃeɪvn] *adj* non rasato(a).

unsightly [ʌnˈsaɪtlɪ] *adj* brutto(a) da vedere.

unskilled [ˌʌnˈskɪld] *adj* non specializzato(a).

unsociable [ʌnˈsəʊʃəbl] *adj* poco socievole.

unsocial [ˌʌnˈsəʊʃl] *adj* [hours] antisociale.

unsound [ˌʌnˈsaʊnd] *adj* - **1.** [based on false ideas] inaccettabile - **2.** [in poor condition] pericolante.

unspeakable [ʌnˈspiːkəbl] *adj* [pain] indicibile; [crime, behaviour] orribile.

unstable [ˌʌnˈsteɪbl] *adj* instabile.

unsteady [ˌʌnˈstedɪ] *adj* - **1.** [person, step, voice] malfermo(a) - **2.** [chair, ladder] traballante.

unstoppable [ˌʌnˈstɒpəbl] *adj* inarrestabile.

unstuck [ˌʌnˈstʌk] *adj*: to come unstuck [notice, stamp, label] staccarsi; *fig* [person] fallire.

unsuccessful [ˌʌnsəkˈsesfʊl] *adj* [person, attempt, marriage] fallito(a); [candidate] scartato(a); to be unsuccessful in doing sthg non riuscire a fare qc.

unsuccessfully [ˌʌnsəkˈsesfʊlɪ] *adv* senza successo.

unsuitable [ˌʌnˈsuːtəbl] *adj* [clothes] non adatto(a); [time] inopportuno(a); [person] non idoneo(a); to be unsuitable for sthg non essere idoneo a qc.

unsure [ˌʌnˈʃɔːʳ] *adj* - **1.** [not confident]: to be unsure (of o.s.) non essere sicuro(a) (di sé)

- 2. [not certain]: **to be unsure (about sthg)** essere incerto(a) (su qc); **to be unsure (of sthg)** avere dubbi (su qc).

unsuspecting [ˌʌnsə'spektɪŋ] *adj* ignaro(a).

unsympathetic ['ʌn,sɪmpə'θetɪk] *adj* poco comprensivo(a).

untangle [ˌʌn'tæŋgl] *vt* sbrogliare.

untapped [ˌʌn'tæpt] *adj* non sfruttato(a).

untenable [ˌʌn'tenəbl] *adj* insostenibile.

unthinkable [ʌn'θɪŋkəbl] *adj* inconcepibile.

untidy [ʌn'taɪdɪ] *adj esp UK* - 1. [cupboard, desk, room] in disordine; [appearance] trasandato(a); [work] impreciso(a) - 2. [person, handwriting] disordinato(a).

untie [ˌʌn'taɪ] (*cont* untying) *vt* slegare.

until [ən'tɪl] <> *prep* - 1. [up to, till] fino a; **I worked until four o'clock** ho lavorato fino alle quattro; **until now** fino ad ora - 2. (*after negative*) prima di; **not until tomorrow** non prima di domani. <> *conj* [up to, till] finché.

untimely [ʌn'taɪmlɪ] *adj* - 1. [inopportune - remark] fuori luogo; [- moment] inopportuno(a) - 2. [premature - arrival] anticipato(a); [- death] prematuro(a).

untold [ˌʌn'təʊld] *adj* [amount, wealth] inestimabile; [suffering, joy] indicibile.

untoward [ˌʌntə'wɔːd] *adj* indesiderato(a).

untrue [ˌʌn'truː] *adj* [false] falso(a).

unused *adj* - 1. [ˌʌn'juːzd] [new] nuovo(a) - 2. [ʌn'juːst] [unaccustomed]: **to be unused to (doing) sthg** non essere abituato(a) a (fare) qc.

unusual [ʌn'juːʒl] *adj* insolito(a); **it's unusual for him to be on time** non è da lui essere puntuale.

unusually [ʌn'juːʒəlɪ] *adv* insolitamente.

unveil [ˌʌn'veɪl] *vt* - 1. [remove covering from] scoprire - 2. *fig* [reveal, divulge] svelare.

unwanted [ˌʌn'wɒntɪd] *adj* [clothes, furniture] scartato(a); [child, pregnancy] non voluto(a); **to feel unwanted** sentirsi rifiutato(a).

unwelcome [ʌn'welkəm] *adj* - 1. [news, experience] spiacevole - 2. [visitor] indesiderato(a).

unwell [ˌʌn'wel] *adj*: **to be/feel unwell** stare/sentirsi poco bene.

unwieldy [ʌn'wiːldɪ] *adj* - 1. [cumbersome - gen] poco maneggevole; [- piece of furniture] ingombrante - 2. *fig* [inefficient - system, method] complesso(a); [- organization] lento(a).

unwilling [ʌn'wɪlɪŋ] *adj* riluttante; **to be unwilling to do sthg** non voler fare qc.

unwind [ʌn'waɪnd] (*pt & pp* -wound) <> *vt* srotolare. <> *vi fig* rilassarsi.

unwise [ˌʌn'waɪz] *adj* avventato(a).

unworkable [ˌʌn'wɜːkəbl] *adj* non attuabile.

unworthy [ʌn'wɜːðɪ] *adj*: **to be unworthy of sb/sthg** non essere degno(a) di qn/qc.

unwound [ˌʌn'waʊnd] *pt & pp* ▷ **unwind**.

unwrap [ˌʌn'ræp] *vt* scartare.

up [ʌp] <> *adv* - 1. [towards or in a higher position] su; **she's up in her bedroom** è su in camera sua; **up here** quassù; **up there** lassù; **we walked up to the top** siamo saliti fino in cima - 2. [into an upright position] su; **she stood up** si è alzata; **help me up, will you?** ti dispiace aiutarmi ad alzarmi? - 3. [northwards]: **up north** su al nord; **I'm coming up to York next week** vengo a York la settimana prossima - 4. [along a road or river]: **their house is a little further up** la loro casa è un po' più lontano - 5. [increase]: **prices are going up** i prezzi stanno salendo. <> *prep* - 1. [towards or in a higher position on]: **to go up a hill/ladder/mountain** salire su una collina/scala/montagna; **to go up the stairs** salire su per le scale - 2. [at far end of]: **it's only just up the road** è un po' più avanti su questa strada; **they live up the road from us** vivono un po' più in là sulla nostra stessa strada - 3. [against current of]: **to sail up the Amazon** risalire il Rio delle Amazzoni. <> *adj* - 1. [out of bed] alzato(a), in piedi; **I was up at six today** oggi mi sono alzato alle sei; **we've been up half the night** siamo stati in piedi quasi tutta la notte - 2. [at an end] finito(a); **time's up** il tempo è scaduto - 3. *inf* [wrong]: **is something up?** c'è qualcosa che non va?; **what's up?** cosa c'è che non va? <> *n*: **ups and downs** alti e bassi *mpl*. ◆ **up and down** <> *adv* - 1. [higher and lower] su e giù - 2. [backwards and forwards] avanti e indietro. <> *prep* [backwards and forwards]: **we walked up and down the avenue** abbiamo camminato su e giù per il corso. ◆ **up to** *prep* - 1. [indicating level, time] fino a; **it could take up to six weeks** potrebbero volerci fino a sei settimane; **they weigh up to 100 kilos** possono pesare fino a 100 chili; **it's not up to standard** è sotto il livello qualitativo richiesto; **up to 2006/last month** fino al 2006/mese scorso - 2. [well or able enough for]: **to be up to doing sthg** essere in grado di fare qc; **my French isn't up to much** il mio francese non è un granché - 3. *inf* [secretly doing sthg]: **what are you up to?** cosa stai combinando?; **they're up to something** stanno combinando qualcosa - 4. [indicating responsibility]: **it's not up to me to decide** non sta a me decidere; **it's up to you** dipende da te. ◆ **up until** *prep* fino a.

up-and-coming *adj* promettente.

upbringing [ˈʌpˌbrɪŋɪŋ] *n* (U) educazione *f*.

update [ˌʌpˈdeɪt] *vt* [file] aggiornare; [equipment] modernizzare.

upheaval [ʌpˈhiːvl] *n* sconvolgimento *m*.

upheld [ʌpˈheld] *pt* & *pp* ⊳ **uphold**.

uphill [ˌʌpˈhɪl] ⟨⟩ *adj* - **1.** [rising] in salita - **2.** *fig* [difficult] arduo(a). ⟨⟩ *adv* in salita.

uphold [ʌpˈhəʊld] (*pt* & *pp* -held) *vt* [law] difendere; [decision] appoggiare; [system] conservare.

upholstery [ʌpˈhəʊlstərɪ] *n* (U) [of sofa, chair] imbottitura *f*; [in car] tappezzeria *f*.

upkeep [ˈʌpkiːp] *n* (U) manutenzione *f*.

uplifting [ʌpˈlɪftɪŋ] *adj* entusiasmante.

up-market *adj* esp UK di lusso.

upon [əˈpɒn] *prep fml* - **1.** [on, on top of] su; **summer is upon us** l'estate si avvicina - **2.** [when]: **upon hearing she had arrived...** avendo saputo che era arrivata...

upper [ˈʌpər] ⟨⟩ *adj* superiore. ⟨⟩ *n* [of shoe] tomaia *f*.

upper class *n*: **the upper class** i ceti abbienti. ◆ **upper-class** *adj* [person] abbiente; [accent] aristocratico(a); [district] elegante.

upper-crust *adj inf* benestante.

upper hand *n*: **to have the upper hand** avere la meglio; **to gain** OR **get the upper hand** prendere il sopravvento.

Upper House *n* POL: **the Upper House** la Camera Alta.

uppermost [ˈʌpəməʊst] *adj* - **1.** [highest] più alto(a) - **2.** [most important]: **to be uppermost in sb's mind** essere la principale preoccupazione di qn.

upright [ˈʌpraɪt] ⟨⟩ *adj* - **1.** [erect - person] diritto(a); [- freezer] verticale - **2.** *fig* [honest] onesto(a). ⟨⟩ *adv* diritto. ⟨⟩ *n* montante *m*.

uprising [ˈʌpˌraɪzɪŋ] *n* rivolta *f*.

uproar [ˈʌprɔːr] *n* - **1.** [commotion] tumulto *m* - **2.** [protest] ondata *f* di proteste.

uproot [ʌpˈruːt] *vt* sradicare; **to uproot o.s.** abbandonare le proprie radici.

upset (*pt* & *pp* upset) ⟨⟩ *adj* [ʌpˈset] - **1.** [distressed] sconvolto(a); [offended] offeso(a) - **2.** MED: **to have an upset stomach** avere lo stomaco in disordine. ⟨⟩ *n* [ˈʌpset] - **1.** MED: **to have a stomach upset** avere lo stomaco in disordine - **2.** [surprise result] risultato *m* a sorpresa. ⟨⟩ *vt* [ʌpˈset] - **1.** [distress] mettere in agitazione - **2.** [mess up - plans] scombussolare; [- state of affairs] turbare - **3.** [overturn, knock over] capovolgere.

upshot [ˈʌpʃɒt] *n* risultato *m*.

upside down [ˈʌpsaɪd-] ⟨⟩ *adj* capovolto(a). ⟨⟩ *adv* sottosopra; **to turn sthg upside down** [object] capovolgere qc; *fig* [room, drawer] mettere a soqquadro qc.

upstairs [ˌʌpˈsteəz] ⟨⟩ *adj* al piano di sopra. ⟨⟩ *adv* di sopra. ⟨⟩ *n* piano *m* di sorpa.

upstart [ˈʌpstɑːt] *n* arrivista *mf*.

upstream [ˌʌpˈstriːm] ⟨⟩ *adj*: **upstream (from sthg)** a monte (di qc). ⟨⟩ *adv* controcorrente.

upsurge [ˈʌpsɜːdʒ] *n*: **upsurge of sthg** [hatred/unrest] ondata *f* di qc; **upsurge in sthg** [unemployment] aumento *m* di qc.

uptake [ˈʌpteɪk] *n*: **to be quick on the uptake** *inf* capire le cose al volo; **to be slow on the uptake** *inf* essere duro(a) di comprendonio.

uptight [ʌpˈtaɪt] *adj inf* nervoso(a).

up-to-date *adj* - **1.** [machinery, methods] moderno(a) - **2.** [news, information] attuale; **to keep up-to-date with sthg** tenersi al corrente di qc.

upturn [ˈʌptɜːn] *n*: **upturn (in sthg)** ripresa *f* (in qc).

upward [ˈʌpwəd] ⟨⟩ *adj* ascendente. ⟨⟩ *adv* = **upwards**.

upwards [ˈʌpwədz], **upward** [ˈʌpwəd] *adv* verso l'alto. ◆ **upwards of** *prep* più di.

uranium [jʊˈreɪnjəm] *n* (U) uranio *m*.

urban [ˈɜːbən] *adj* urbano(a).

urbane [ɜːˈbeɪn] *adj* garbato(a).

Urdu [ˈʊəduː] *n* (U) urdu *m*.

urge [ɜːdʒ] ⟨⟩ *n* voglia *f*; **to have an urge to do sthg** avere una gran voglia di fare qc. ⟨⟩ *vt* sollecitare; **to urge sb to do sthg** sollecitare qn a fare qc.

urgency [ˈɜːdʒənsɪ] *n* (U) urgenza *f*.

urgent [ˈɜːdʒənt] *adj* - **1.** [pressing] urgente - **2.** [desperate] disperato(a).

urinal [ˈjʊərɪnl] *n* [receptacle] orinatoio *m*; [room] vespasiano *m*.

urinate [ˈjʊərɪneɪt] *vi* orinare.

urine [ˈjʊərɪn] *n* (U) urina *f*.

URL (*abbr of* uniform resource locator) *n* COMPUT URL *f inv*.

urn [ɜːn] *n* - **1.** [for ashes] urna *f* - **2.** [for tea, coffee] contenitore munito di cannella per preparare grandi quantità di tè o caffè.

Uruguay [ˈjʊərəgwaɪ] *n* Uruguay *m*.

us [ʌs] *pers pron* - **1.** (*direct: unstressed*) ci; **can you hear us?** ci senti?; **they know us** ci conoscono; **they like us** gli siamo simpatici; **it's us** siamo noi - **2.** (*direct: stressed*) noi; **you can't expect us to do it** non puoi aspettarti che lo facciamo noi - **3.** (*indirect*) ci; **they**

spoke to us ci hanno parlato; **he sent us a letter** ci ha mandato una lettera; **she gave it to us** ce lo ha dato - 4. *(after prep, in comparisons etc)* noi; **it's for us** è per noi; **they are more wealthy than us** sono più ricchi di noi; **one/none of us** uno/nessuno di noi; **all of us** tutti noi; **some/a few of us** alcuni di noi; **either/neither of us** nessuno di noi due.

US *(abbr of United States)* n: **the US** gli USA.

USA n *(abbr of United States of America)*; **the USA** gli USA.

usage ['ju:zɪdʒ] n - 1. *(U)* [gen] uso m - 2. [meaning] significato m.

USB *(abbr of Universal Serial Bus)* n COMPUT USB f inv.

USB port n COMPUT porta f USB.

use ◇ n [ju:s] - 1. [gen] uso m; **to be in use** essere in uso; **to be out of use** essere fuori uso; **to make use of sthg** far uso di qc; **I let him have the use of my car** gli lascio usare la mia macchina - 2. [purpose, usefulness] utilizzo m; **to be of use** essere utile; **to be no use** non servire a niente; **what's the use (of doing sthg)?** a cosa serve (fare qc)? ◇ aux vb [ju:s]: **I used to go for a run every day** una volta andavo a correre tutti i giorni; **he didn't use to be so fat** una volta non era così grasso; **there used to be a tree here** una volta qui c'era un albero; **I used to live in London** un tempo abitavo a Londra. ◇ vt [ju:z] - 1. [utilize] usare - 2. pej [exploit] sfruttare.

◆ **use up** vt sep finire.

used [ju:zd] adj - 1. [dirty, second-hand] usato(a) - 2. [accustomed]: **to be used to (doing) sthg** essere abituato(a) a (fare) qc; **to get used to sthg** abituarsi a qc.

useful ['ju:sful] adj utile.

useless ['ju:slɪs] adj - 1. [gen] inutile; **to be useless trying to do sthg** non servire a nulla cercare di fare qc - 2. inf [hopeless]: **the telephone company is completely useless!** la compagnia telefonica è assolutamente inutile!; **you're useless!** sei un buono a nulla!

user ['ju:zər] n [of service] utente mf; [of product] consumatore m, -trice f; [of machine] utilizzatore m, -trice f; **drug user** drogato mf; **road user** automobilista mf.

user-friendly adj facile da usare.

usher ['ʌʃər] ◇ n [at wedding] valletto m che accompagna ai posti; [at concert] maschera f. ◇ vt accompagnare.

usherette [,ʌʃəˈret] n dated maschera f.

USSR *(abbr of Union of Soviet Socialist Republics)* n: **the (former) USSR** l'(ex) URSS f.

usual ['ju:ʒəl] adj solito(a); **as usual** [as normal] come sempre; [as often happens] come al solito.

usually ['ju:ʒəlɪ] adv di solito.

utensil [ju:'tensl] n utensile m.

uterus ['ju:tərəs] (pl **-ruses**) n utero m.

utility [ju:'tɪlətɪ] n - 1. *(U)* [usefulness] utilità f - 2. [public service]: **(public) utility** servizio m pubblico - 3. COMPUT utility m inv.

utility room n lavanderia f.

utilize, -ise UK ['ju:tɪlaɪz] vt fml utilizzare.

utmost ['ʌtməʊst] ◇ adj massimo(a). ◇ n - 1. [best effort]: **to do one's utmost (to do sthg)** fare del proprio meglio (nel fare qc) - 2. [maximum] massimo m; **to do sthg to the utmost of one's abilities** fare qc al massimo delle proprie capacità; **her endurance was tested to the utmost** la sua resistenza è stata provata al massimo.

utter ['ʌtər] ◇ adj assoluto(a). ◇ vt emettere.

utterly ['ʌtəlɪ] adv assolutamente.

U-turn n - 1. [turning movement] inversione f a U - 2. fig [complete change] inversione f di rotta.

v[1] *(pl* **v's** OR **vs**)*,* **V** *(pl* **V's** OR **Vs**) [vi:] n [letter] v m o f inv, V m o f inv.

v[2] - 1. *(abbr of verse)* v. - 2. [cross-reference] *(abbr of vide)* v. - 3. *(abbr of versus)* v. - 4. *(abbr of volt)* V.

vacancy ['veɪkənsɪ] n - 1. [job, position] posto m vacante - 2. [room available] camera f disponibile; **'vacancies'** 'camere disponibili'; **'no vacancies'** 'completo'.

vacant ['veɪkənt] adj - 1. [empty] libero(a) - 2. [available] vacante - 3. [blank] assente.

vacant lot n esp US terreno non occupato.

vacate [vəˈkeɪt] vt - 1. [give up, resign] lasciare - 2. [leave empty, stop using] lasciare libero(a).

vacation [vəˈkeɪʃn] n - 1. UNIV vacanze fpl - 2. US [holiday] ferie fpl.

vacationer [vəˈkeɪʃənər] n US vacanziere m, -a f.

vaccinate ['væksɪneɪt] vt: **to vaccinate sb (against sthg)** vaccinare qn (contro qc).

vaccine [UK 'væksi:n, US væk'si:n] n vaccino m.

vacuum ['vækjʊəm] ◇ *n* vuoto *m*. ◇ *vt* pulire con l'aspirapolvere.

vacuum cleaner *n* aspirapolvere *m inv*.

vacuum-packed *adj* confezionato(a) sotto-vuoto *(inv)*.

vagina [və'dʒaɪnə] *n* vagina *f*.

vagrant ['veɪgrənt] *n fml* vagabondo *m*, -a *f*.

vague [veɪg] *adj* - **1.** [imprecise, evasive] vago(a) - **2.** [slight] lieve - **3.** [absent-minded] distratto(a) - **4.** [indistinct] indistinto(a).

vaguely ['veɪglɪ] *adv* - **1.** [imprecisely] vagamente - **2.** [slightly, not very] leggermente - **3.** [absent-mindedly] distrattamente - **4.** [indistinctly] appena; **I could vaguely see it** riuscivo appena a vederlo.

vain [veɪn] *adj* - **1.** *pej* [conceited] vanitoso(a) - **2.** [futile, worthless] vano(a). ◆ **in vain** *adv* invano.

valentine (card) ['væləntaɪn-] *n* biglietto *m* di auguri per San Valentino.

Valentine's Day *n*: **(St) Valentine's Day** San Valentino *m*.

valet ['vælɪt, 'væleɪ] *n* - **1.** [servant] cameriere *m* particolare - **2.** *UK* [for clothes] guardaroba *m (in albergo)* - **3.** *US* [for parking] *incaricato di parcheggiare l'auto dei clienti di alberghi e ristoranti*.

valid ['vælɪd] *adj* - **1.** [gen] valido(a) - **2.** [decision] fondato(a).

valley ['vælɪ] *(pl* **valleys)** *n* valle *f*.

valour *UK*, **valor** *US* ['vælər] *n (U) fml* coraggio *m*.

valuable ['væljʊəbl] *adj* - **1.** [useful, helpful] prezioso(a) - **2.** [costly, expensive] di valore. ◆ **valuables** *npl* oggetti *mpl* di valore.

valuation [,vælju'eɪʃn] *n* - **1.** *(U)* [pricing] stima *f* - **2.** [estimated price] valore *m* stimato.

value ['vælju:] ◇ *n* valore *m*; **to be good value** essere conveniente; **to be value for money** avere un buon rapporto prezzo qualità. ◇ *vt* - **1.** [estimate price of] stimare - **2.** [cherish] tenere molto a. ◆ **values** *npl* [morals] valori *mpl*.

value-added tax *n* imposta *m* sul valore aggiunto.

valued ['vælju:d] *adj* stimato(a).

valve [vælv] *n* valvola *f*.

van [væn] *n* - **1.** AUT furgone *m* - **2.** *UK* RAIL vagone *m*.

vandal ['vændl] *n* vandalo *m*, -a *f*.

vandalism ['vændəlɪzm] *n (U)* vandalismo *m*.

vandalize, -ise *UK* ['vændəlaɪz] *vt* vandalizzare.

vanguard ['vængɑ:d] *n* avanguardia *f*; **to be in the vanguard of sthg** [of industrial development] essere all'avanguardia in qc; [of movement] essere le avanguardie di qc.

vanilla [və'nɪlə] *n (U)* vaniglia *f*.

vanish ['vænɪʃ] *vi* - **1.** [no longer be visible] sparire - **2.** [no longer exist - species] estinguersi; [- hopes, chances] svanire.

vanity ['vænətɪ] *n (U)* vanità *f inv*.

vapour *UK*, **vapor** *US* ['veɪpər] *n (U)* vapore *m*.

variable ['veərɪəbl] *adj* - **1.** [changeable] variabile - **2.** [uneven] discontinuo(a).

variance ['veərɪəns] *n fml*: **to be at variance with sthg** essere inconciliabile con qc.

variation [,veərɪ'eɪʃn] *n*: **variation in/on sthg** variazione *f* di/su qc.

varicose veins ['værɪkəʊs veɪnz] *npl* vene *fpl* varicose.

varied ['veərɪd] *adj* [life] movimentato(a); [group] eterogeneo(a); [reasons] diverso(a); **a varied diet** una dieta variata.

variety [və'raɪətɪ] *n* - **1.** *(U)* [difference in type] varietà *f* - **2.** [selection] assortimento *m* - **3.** [type] tipo *m* - **4.** *(U)* THEAT varietà *m inv*.

various ['veərɪəs] *adj* - **1.** [several] vario(a) - **2.** [different] diverso(a).

varnish ['vɑ:nɪʃ] ◇ *n* [for wood] flatting *m inv*; *UK* [for nails] smalto *m*. ◇ *vt* [wood] dare il flatting a; *UK* [nails] smaltare.

vary ['veərɪ] ◇ *vt* [route] cambiare; [methods] variare. ◇ *vi* [differ] differire; [fluctuate] variare; **to vary in sthg** differire in qc; **to vary with sthg** cambiare a seconda di qc.

vase [*UK* vɑ:z, *US* veɪs] *n* vaso *m*.

vast [vɑ:st] *adj* [building] vasto(a); [popularity] grande; [expense] ingente; [difference] enorme.

vat [væt] *n* tino *m*.

VAT [,vi:eɪ'ti:, væt] *(abbr of* value added tax) *n* IVA *f*.

Vatican ['vætɪkən] *n*: **the Vatican** il Vaticano.

vault [vɔ:lt] ◇ *n* - **1.** [in bank] caveau *m inv* - **2.** [in church] cripta *f* - **3.** [roof] volta *f*. ◇ *vt* superare con un salto. ◇ *vi*: **to vault over sthg** superare qc con un salto.

VCR *(abbr of* video cassette recorder) *n esp US* VCR *m inv*.

VD *(abbr of* venereal disease) *n dated* malattia *f* venerea.

VDU *(abbr of* visual display unit) *n* monitor *m inv*.

veal [vi:l] *n (U)* vitello *m*.

veer [vɪəʳ] vi - 1. [change direction - vehicle] sbandare; [- road] curvare; [- wind] girare - 2. fig [conversation] spostarsi; [mood] oscillare.

vegan ['vi:gən] ◇ adj vegetaliano(a). ◇ n vegetaliano m, -a f.

vegetable ['vedʒtəbl] ◇ n verdura f. ◇ adj [protein] vegetale; [soup, casserole] di verdura.

vegetarian [,vedʒɪ'teərɪən] ◇ adj vegetariano(a). ◇ n vegetariano m, -a f.

vegetation [,vedʒɪ'teɪʃn] n (U) vegetazione f.

vehement ['vi:ɪmənt] adj [denial, attack] veemente; [gesture, person] impetuoso(a).

vehicle ['vi:ɪkl] n - 1. [for transport] veicolo m - 2. fig [medium]: **vehicle for sthg** mezzo m per qc.

veil [veɪl] n - 1. [for face] velo m - 2. fig [obscuring thing] cortina f.

vein [veɪn] n - 1. [gen] vena f - 2. [of leaf] venatura f.

velocity [vɪ'lɒsətɪ] n velocità f inv.

velvet ['velvɪt] n (U) velluto m.

vendetta [ven'detə] n faida f.

vending machine ['vendɪŋ-] n distributore m automatico.

vendor ['vendɔ:ʳ] n - 1. [in street] venditore m, -trice f ambulante - 2. fml [seller] venditore m, -trice f.

veneer [və'nɪəʳ] n - 1. (U) [of wood] impiallicciatura f - 2. fig [appearance] patina f.

venereal disease [vɪ'nɪərɪəl-] n dated malattia f venerea.

venetian blind [vɪ'ni:ʃn-] n veneziana f.

Venezuela [,venɪ'zweɪlə] n Venezuela f.

vengeance ['vendʒəns] n (U) vendetta f; **it was raining with a vengeance** pioveva come Dio la mandava.

venison ['venɪzn] n (U) (carne f di) cervo m.

venom ['venəm] n (U) lit & fig veleno m.

vent [vent] ◇ n sfiatatoio m; **to give vent to sthg** dare sfogo a qc. ◇ vt [express] sfogare; **to vent sthg on sb/sthg** sfogare qc su qn/qc.

ventilate ['ventɪleɪt] vt aerare.

ventilator ['ventɪleɪtəʳ] n - 1. [in room, building] condotto m di aerazione - 2. MED respiratore m.

ventriloquist [ven'trɪləkwɪst] n ventriloquo m, -a f.

venture ['ventʃəʳ] ◇ n iniziativa f. ◇ vt [proffer] azzardare; **to venture to do sthg** azzardarsi a fare qc. ◇ vi - 1. [go somewhere dangerous] avventurarsi - 2. [embark]: **to venture into sthg** lanciarsi in qc.

venue ['venju:] n luogo m.

veranda(h) [və'rændə] n veranda f.

verb [vɜ:b] n verbo m.

verbal ['vɜ:bl] adj verbale.

verbatim [vɜ:'beɪtɪm] ◇ adj testuale. ◇ adv testualmente.

verbose [vɜ:'bəʊs] adj fml verboso(a).

verdict ['vɜ:dɪkt] n - 1. LAW verdetto m - 2. [opinion]: **verdict (on sthg)** parere m (su qc).

verge [vɜ:dʒ] n - 1. [edge, side] bordo m - 2. [brink]: **on the verge of sthg** sull'orlo di qc; **on the verge of doing sthg** sul punto di fare qc. ◆ **verge (up)on** vt insep rasentare.

verify ['verɪfaɪ] vt verificare.

veritable ['verɪtəbl] adj fml & hum vero(a).

vermin ['vɜ:mɪn] npl - 1. [rodents] animali mpl nocivi; [insects] parassiti mpl - 2. pej [people] feccia f (sing).

vermouth ['vɜ:məθ] n (U) vermut m.

versa ▷ vice versa.

versatile ['vɜ:sətaɪl] adj versatile.

verse [vɜ:s] n - 1. (U) [poetry] versi mpl - 2. [stanza] verso m - 3. [in Bible] versetto m.

version ['vɜ:ʃn] n versione f; **the film version** l'adattamento m cinematografico.

versus ['vɜ:səs] prep - 1. SPORT contro - 2. [as opposed to] in contrapposizione a.

vertebra ['vɜ:tɪbrə] (pl -brae) n vertebra f.

vertical ['vɜ:tɪkl] adj verticale.

vertigo ['vɜ:tɪgəʊ] n (U) vertigine f; **to suffer from vertigo** soffrire di vertigini.

verve [vɜ:v] n (U) brio m.

very ['verɪ] ◇ adv - 1. [for emphasis] molto; **very much** molto; **at the very least** come minimo - 2. [as euphemism]: **not very** non molto; **he's not very intelligent** non è molto intelligente. ◇ adj: **my very words** le mie precise parole; **the very man/book I've been looking for!** proprio l'uomo/il libro che cercavo!; **of my very own** tutto(a) mio(a). ◆ **very well** adv benissimo; **I can't very well tell him we don't want him at the party!** non posso mica dirgli che non lo vogliamo alla festa!

vessel ['vesl] n fml - 1. [boat] nave f - 2. [container] recipiente m.

vest [vest] n - 1. UK [undershirt] canottiera f - 2. US [waistcoat] gilet m inv.

vestibule ['vestɪbju:l] n fml [in building] vestibolo m.

vestige ['vestɪdʒ] n fml vestigio m.

vestry ['vestrɪ] n sagrestia f.

vet [vet] <> *n* - 1. *UK* (*abbr of* **veterinary surgeon**) veterinario *m*, -a *f* - 2. *US* (*abbr of* **veteran**) reduce *mf*. <> *vt* [candidate] valutare l'idoneità di.

veteran ['vetrən] <> *adj* [experienced]: **a veteran politician** un(a) veterano(a) della politica. <> *n* - 1. MIL reduce *mf* - 2. [experienced person] veterano *m*, -a *f*.

veterinarian [,vetərɪ'neərɪən] *n US* veterinario *m*, -a *f*.

veterinary surgeon *n UK fml* veterinario *m*, -a *f*.

veto ['vi:təʊ] (*pl* -es, *pt* & *pp* -ed, *cont* -ing) <> *n* - 1. (U) [power to forbid] (diritto *m* di) veto *m* - 2. [act of forbidding] veto *m*. <> *vt* porre il veto a.

vex [veks] *vt dated* irritare.

VGA (*abbr of* **video graphics array**) *n* COMPUT VGA *f inv*.

VHF (*abbr of* **very high frequency**) *n* VHF *f inv*.

VHS (*abbr of* **video home system**) *n* VHS *m inv*.

via ['vaɪə] *prep* - 1. [travelling through] via - 2. [by means of] tramite; **via satellite** via satellite.

viable ['vaɪəbl] *adj* - 1. [plan, programme, scheme] fattibile - 2. [company, economy, state] produttivo(a).

vibrate [vaɪ'breɪt] *vi* vibrare.

vicar ['vɪkə^r] *n* parroco *m* (*di chiesa anglicana*).

vicarage ['vɪkərɪdʒ] *n* canonica *f*.

vicarious [vɪ'keərɪəs] *adj* di riflesso.

vice [vaɪs] *n* - 1. [immorality, moral fault] vizio *m* - 2. *UK* [tool] morsa *f*.

vice-chairman *n* vicepresidente *m*.

vice-chancellor *n* UNIV vicerettore *m*, -trice *f*.

vice-president *n* vicepresidente *mf*.

vice versa [,vaɪs'vɜːsə, ,vaɪsɪ'vɜːsə] *adv* viceversa.

vicinity [vɪ'sɪnətɪ] *n* - 1. [neighbourhood] vicinanze *fpl*; **in the vicinity (of)** nei dintorni (di) - 2. [approximate figures]: **in the vicinity of** intorno a.

vicious ['vɪʃəs] *adj* - 1. [attack, blow] brutale - 2. [person, gossip] maligno(a) - 3. [dog] pericoloso(a).

vicious circle *n* circolo *m* vizioso.

victim ['vɪktɪm] *n lit* & *fig* vittima *f*.

victimize, -ise *UK* ['vɪktɪmaɪz] *vt* vittimizzare.

victor ['vɪktə^r] *n* vincitore *m*, -trice *f*.

victorious [vɪk'tɔːrɪəs] *adj* vittorioso(a).

victory ['vɪktərɪ] *n*: **victory (over sb/sthg)** vittoria *f* (su qn/qc).

video ['vɪdɪəʊ] (*pl* -s, *pt* & *pp* -ed, *cont* -ing) <> *n* - 1. (U) [medium] video *m* - 2. [recording] filmato *m*, video *m inv* - 3. [machine] videoregistratore *m* - 4. [cassette] videocassetta *f*. <> *comp* video. <> *vt esp UK* - 1. [using videorecorder] registrare - 2. [using camera] filmare.

video camera *n* videocamera *f*.

video cassette *n* videocassetta *f*.

video cassette recorder *n esp US* videoregistratore *m*.

videoconference ['vɪdɪəʊ,kɒnfərəns] *n* videoconferenza *f*.

videoconferencing ['vɪdɪəʊ,kɒnfərənsɪŋ] *n* (U) videoconferenza *f*.

video game *n* videogioco *m*.

videorecorder ['vɪdɪəʊrɪ,kɔːdə^r] *n esp UK* videoregistratore *m*.

video shop *esp UK*, **video store** *esp US n* videonoleggio *m*.

videotape ['vɪdɪəʊteɪp] <> *n* - 1. [cassette] videocassetta *f* - 2. (U) [ribbon] nastro *m* di videocassetta. <> *vt* registrare.

vie [vaɪ] (*pt* & *pp* vied, *cont* vying) *vi*: **to vie for sthg** fare a gara per qc; **to vie with sb (for sthg/to do sthg)** fare a gara con qn (per qc/ per fare qc).

Vienna [vɪ'enə] *n* Vienna *f*.

Vietnam [*UK* ,vjet'næm, *US* ,vjet'nɑːm] *n* Vietnam *m*.

Vietnamese [,vjetnə'miːz] <> *adj* vietnamita. <> *n* [language] vietnamita *m*. <> *npl*: **the Vietnamese** i vietnamiti.

view [vjuː] <> *n* - 1. [opinion] opinione *f*; **in my view** a mio parere - 2. [vista, ability to see] vista *f*; **to obstruct sb's view** bloccare la visuale di qn; **to come into view** apparire. <> *vt* vedere. ◆ **in view of** *prep*: **in view of the current economic climate** considerato l'attuale clima economico. ◆ **with a view to** *conj*: **with a view to doing sthg** con l'idea di fare qc.

viewer ['vjuːə^r] *n* - 1. [person] telespettatore *m*, -trice *f* - 2. [apparatus] visore *m*.

viewfinder ['vjuː,faɪndə^r] *n* mirino *m*.

viewpoint ['vjuːpɔɪnt] *n* - 1. [opinion] punto *m* di vista - 2. [place] belvedere *m inv*.

vigilante [,vɪdʒɪ'læntɪ] *n* vigilante *mf*.

vigorous ['vɪgərəs] *adj* vigoroso(a).

vile [vaɪl] *adj* [person, act] ignobile; [food, mood] pessimo(a).

villa ['vɪlə] *n* villa *f*.

village ['vɪlɪdʒ] *n* paese *m*.

villager ['vɪlɪdʒə'] n paesano m, -a f.

villain ['vɪlən] n - 1. [of film, book, play] cattivo m, -a f - 2. UK inf [criminal] delinquente mf.

vindicate ['vɪndɪkeɪt] vt [confirm] confermare; [justify] giustificare.

vindictive [vɪn'dɪktɪv] adj vendicativo(a).

vine [vaɪn] n vite f.

vinegar ['vɪnɪgə'] n aceto m.

vineyard ['vɪnjəd] n vigna f.

vintage ['vɪntɪdʒ] <> adj fig [performance] d'annata. <> n [of wine] annata f.

vintage wine n vino m d'annata.

vinyl ['vaɪnɪl] n [plastic] polivinile m; [record] vinile m.

viola [vɪ'əʊlə] n MUS & BOT viola f.

violate ['vaɪəleɪt] vt - 1. [law, human rights] violare - 2. [peace, privacy] disturbare - 3. [grave] profanare.

violence ['vaɪələns] n (U) violenza f.

violent ['vaɪələnt] adj violento(a).

violet ['vaɪələt] <> adj violetto(a). <> n - 1. [flower] violetta f - 2. (U) [colour] violetto m.

violin [ˌvaɪə'lɪn] n violino m.

violinist [ˌvaɪə'lɪnɪst] n violinista mf.

VIP (abbr of very important person) n VIP mf inv.

viper ['vaɪpə'] n vipera f.

virgin ['vɜːdʒɪn] <> adj liter vergine. <> n vergine mf.

Virgo ['vɜːgəʊ] (pl -s) n [astrology] Vergine f; to be (a) Virgo essere della Vergine.

virile ['vɪraɪl, 'vɪrəl, US] adj virile.

virtual ['vɜːtʃʊəl] adj - 1. [gen] effettivo(a) - 2. COMPUT virtuale.

virtually ['vɜːtʃʊəlɪ] adv quasi.

virtual reality n realtà f inv virtuale.

virtue ['vɜːtjuː] n: virtue (in sthg) virtù f inv (di qc). ➡ by virtue of prep fml in virtù di.

virtuous ['vɜːtʃʊəs] adj virtuoso(a).

virus ['vaɪrəs] n virus m inv.

visa ['viːzə] n visto m.

vis-à-vis [ˌviːzɑː'viː] prep fml riguardo a.

viscose ['vɪskəʊs] n (U) viscosa f.

visibility [ˌvɪzɪ'bɪlətɪ] n visibilità f.

visible ['vɪzəbl] adj visibile.

vision ['vɪʒn] n - 1. (U) [ability to see] vista f - 2. (U) fig [foresight] lungimiranza f - 3. [impression, dream] visione f.

visit ['vɪzɪt] <> n [to person, museum] visita f; [to city, country] soggiorno m; on a visit to the USA durante un soggiorno negli Stati Uniti. <> vt - 1. [friend, relative] andare a trovare - 2. [doctor] andare da - 3. [place] visitare.

visiting hours ['vɪzɪtɪŋ-] npl ore fpl di visita.

visitor ['vɪzɪtə'] n - 1. [to person, hotel] ospite mf - 2. [to museum] visitatore m, -trice f.

visitors' book n libro m delle firme.

visitor's passport n UK passaporto m con visto turistico.

visor ['vaɪzə'] n visiera f.

vista ['vɪstə] n [view from place] vista f.

visual ['vɪʒʊəl] adj visivo(a).

visual display unit n monitor m inv.

visualize, -ise UK ['vɪʒʊəlaɪz] vt immaginarsi; to visualize (sb) doing sthg immaginarsi (qn) mentre fa qc.

vital ['vaɪtl] adj vitale.

vitally ['vaɪtəlɪ] adv: vitally important di vitale importanza.

vitamin [UK 'vɪtəmɪn, US 'vaɪtəmɪn] n vitamina f.

vivacious [vɪ'veɪʃəs] adj vivace.

vivid ['vɪvɪd] adj - 1. [colour] vivace - 2. [memory, description] vivido(a).

vividly ['vɪvɪdlɪ] adv - 1. [brightly] vivacemente - 2. [clearly] in modo vivido.

vixen ['vɪksn] n volpe f femmina.

VLF (abbr of very low frequency) n bassissima frequenza f.

V-neck n - 1. [sweater] maglione m con scollo a V; [dress] vestito m con scollo a V - 2. [neck] scollo m a V.

vocabulary [və'kæbjʊlərɪ] n vocabolario m.

vocal ['vəʊkl] adj - 1. [range, skills] vocale - 2. [outspoken] schietto(a); to be vocal on sthg farsi sentire su qc; to be a vocal critic of sthg criticare qc apertamente.

vocal cords npl corde fpl vocali.

vocation [vəʊ'keɪʃn] n vocazione f.

vocational [vəʊ'keɪʃənl] adj professionale.

vociferous [və'sɪfərəs] adj fml veemente.

vodka ['vɒdkə] n vodka f inv.

vogue [vəʊg] n: in vogue alla moda.

voice [vɔɪs] <> n voce f. <> vt [opinion, emotion] esprimere.

void [vɔɪd] <> adj - 1. [invalid] nullo(a) - 2. fml [empty]: void of sthg privo(a) di qc. <> n vuoto m.

volatile [UK 'vɒlətaɪl, US 'vɒlətl] adj [situation] imprevedibile; [person] volubile; [market] instabile.

volcano [vɒl'keɪnəʊ] (pl -es OR -s) n vulcano m.

volition [və'lɪʃn] n fml: of one's own volition di propria volontà.

volley ['vɒlɪ] (*pl* **volleys**) <> *n* - **1.** [of gunfire, questions, blows] raffica *f* - **2.** [in tennis] volée *f inv*; [in football] tiro *m* al volo. <> *vt* [in tennis] colpire di volée; [in football] colpire al volo.

volleyball ['vɒlɪbɔːl] *n (U)* pallavolo *f*.

volt [vəʊlt] *n* volt *m inv*.

voltage ['vəʊltɪdʒ] *n* voltaggio *m*.

voluble ['vɒljʊbl] *adj fml* volubile.

volume ['vɒljuːm] *n* volume *m*.

voluntarily [*UK* 'vɒləntrɪlɪ, *US* ˌvɒlən'terəlɪ] *adv* volontariamente.

voluntary ['vɒləntrɪ] *adj* volontario(a).

voluntary work *n (U)* volontariato *m*.

volunteer [ˌvɒlən'tɪər] <> *n* volontario *m*, -a *f*. <> *vt* - **1.** [offer of one's free will]: **to volunteer to do sthg** offrirsi di fare qc - **2.** [information, advice] offrire. <> *vi* - **1.** [freely offer one's services]: **to volunteer (for sthg)** offrirsi (per qc) - **2.** MIL arruolarsi come volontario(a).

vomit ['vɒmɪt] <> *n (U)* vomito *m*. <> *vi* vomitare.

vote [vəʊt] <> *n* - **1.** [gen]: **vote (for/against sb/sthg)** voto *m* (per/contro qn/qc); **to put sthg to the vote** mettere qc ai voti - **2.** [result of ballot]: **the vote** la votazione. <> *vt* - **1.** [declare, elect] eleggere - **2.** [choose in ballot] votare; **to vote to do sthg** votare di fare qc - **3.** [suggest] proporre. <> *vi* [express one's choice]: **to vote (for/against sb/sthg)** votare (per/contro qn/qc).

voter ['vəʊtər] *n* [in election] elettore *m*, -trice *f*; [on motion, proposal] votante *mf*.

voting ['vəʊtɪŋ] *n (U)* votazione *f*.

vouch [vaʊtʃ] ◆ **vouch for** *vt insep* - **1.** [take responsibility for] rispondere di - **2.** [declare belief in] testimoniare.

voucher ['vaʊtʃər] *n* buono *m*.

vow [vaʊ] <> *n* voto *m*. <> *vt*: **to vow to do sthg** giurare di fare qc; **to vow (that)...** giurare che...

vowel ['vaʊəl] *n* vocale *f*.

voyage ['vɔɪɪdʒ] *n* viaggio *m*.

vs (*abbr of* versus) contro.

VSO (*abbr of* Voluntary Service Overseas) *n* associazione britannica di volontariato a sostegno dei paesi in via di sviluppo.

vulgar ['vʌlgər] *adj* volgare.

vulnerable ['vʌlnərəbl] *adj*: **vulnerable (to sthg)** vulnerabile (a qc).

vulture ['vʌltʃər] *n lit & fig* avvoltoio *m*.

w¹(*pl* **w's** *OR* **ws**), **W** (*pl* **W's** *OR* **Ws**) ['dʌblju] *n* [letter] v doppia *m* o *f inv*, V doppia *m* o *f inv*.

W² - **1.** (*abbr of* west) O - **2.** (*abbr of* watt) W.

wad [wɒd] *n* - **1.** [of cotton wool] batuffolo *m*; [of paper] fascio *m*; [of tobacco, chewing gum] cicca *f* - **2.** [of bank notes] rotolo *m*; [of documents] plico *m*.

waddle ['wɒdl] *vi* camminare dondolando.

wade [weɪd] *vi*: **to wade across a stream** attraversare un ruscello a piedi; **to wade through the water** camminare nell'acqua. ◆ **wade through** *vt insep fig* leggere faticosamente.

wading pool ['weɪdɪŋ-] *n US* piscina *f* per bambini.

wafer ['weɪfər] *n* cialda *f*.

waffle ['wɒfl] <> *n* - **1.** CULIN cialda *f* - **2.** (*U*) *UK inf* [vague talk] sproloquio *m*. <> *vi UK inf* blaterare.

wag [wæg] <> *vt* [head] scrollare; [finger, pencil] agitare; **the dog was wagging its tail** il cane scodinzolava. <> *vi* [tail] scodinzolare.

wage [weɪdʒ] <> *n* salario *m*. <> *vt*: **to wage war against sb/sthg** combattere qn/qc. ◆ **wages** *npl* [of worker] salario *m*.

wage packet *n UK* busta *f* paga.

wager ['weɪdʒər] *n* scommessa *f*.

waggle ['wægl] *vt inf* [tail] dimenare; [ears] muovere.

wagon, waggon *UK* ['wægən] *n* - **1.** [horse-drawn vehicle] carro *m* - **2.** *UK* RAIL carro *m* merci.

wail [weɪl] <> *n* gemito *m*. <> *vi* [person, baby] gemere.

waist [weɪst] *n* vita *f*.

waistcoat ['weɪskəʊt] *n UK* gilet *m inv*.

waistline ['weɪstlaɪn] *n* girovita *m*.

wait [weɪt] <> *n* attesa *f*. <> *vi* [person, task] aspettare; **to wait and see** stare a vedere; **wait and see!** aspetta e vedrai! <> *vt* [person]: **I/he couldn't wait to do sthg** non vedevo/vedeva l'ora di fare qc. ◆ **wait for** *vt insep* aspettare; **to wait for sb to do sthg** aspettare che qn faccia qc. ◆ **wait on** *vt insep* [serve food to] servire. ◆ **wait up** *vi* - **1.** [stay up] aspettare alzato(a) - **2.** *esp US inf* [stop] aspettare.

waiter ['weɪtər] *n* cameriere *m*, -a *f*.

waiting list ['weitiŋ-] n lista f d'attesa.

waiting room ['weitiŋ-] n sala f d'attesa.

waitress ['weitris] n cameriera f.

waive [weiv] vt fml [right] rinunciare a; [fee] soppримere; [rule] derogare a.

wake [weik] (pt woke OR -d, pp woken OR -d) ⟨⟩ n [of ship, boat] scia f. ⟨⟩ vt svegliare. ⟨⟩ vi svegliarsi. ◆ **wake up** ⟨⟩ vt sep svegliare. ⟨⟩ vi [gen] svegliarsi.

waken ['weikən] fml ⟨⟩ vt svegliare. ⟨⟩ vi svegliarsi.

Wales [weilz] n Galles m.

walk [wɔːk] ⟨⟩ n - 1. [stroll, path] passeggiata f - 2. [gait] andatura f. ⟨⟩ vt - 1. [escort] accompagnare - 2. [take out for exercise] portare a spasso - 3. [cover on foot] fare a piedi. ⟨⟩ vi camminare. ◆ **walk out** vi - 1. [leave suddenly] andarsene - 2. [go on strike] scioperare. ◆ **walk out on** vt insep piantare.

walker ['wɔːkər] n camminatore m, -trice f.

walkie-talkie [,wɔːkɪ'tɔːkɪ] n walkietalkie m inv.

walking ['wɔːkɪŋ] n (U) camminate fpl.

walking shoes npl scarpe fpl da escursionismo.

walking stick n bastone m da passeggio.

Walkman® ['wɔːkmən] n walkman® m inv.

walkout ['wɔːkaut] n [of members, spectators] abbandono m; [of workers] sciopero m.

walkover ['wɔːk,əuvər] n esp UK inf walkover m inv, vittoria f facile.

walkway ['wɔːkwei] n passaggio m.

wall [wɔːl] n - 1. [of building – outer] muro m; [- inner] parete f - 2. [free-standing] muro m - 3. ANAT parete f.

wallchart ['wɔːltʃɑːt] n cartellone m.

walled [wɔːld] adj cinto(a) di mura.

wallet ['wɒlit] n [for money] portafoglio m; [for documents] portadocumenti m inv.

wallop ['wɒləp] inf vt [child] menare; [ball] colpire.

wallow ['wɒləu] vi [in mud] rotolarsi.

wallpaper ['wɔːl,peipər] ⟨⟩ n carta f da parati. ⟨⟩ vt tappezzare.

Wall Street n Wall Street f.

wally ['wɒli] n UK inf scemo m, -a f.

walnut ['wɔːlnʌt] n noce f.

walrus ['wɔːlrəs] (pl walrus OR -es) n tricheco m.

waltz [wɔːls] ⟨⟩ n valzer m inv. ⟨⟩ vi [dance] ballare il valzer.

wan [UK wɒn, US wɑːn] adj pallido(a).

wand [wɒnd] n bacchetta f magica.

wander ['wɒndər] vi girovagare.

wane [wein] vi [moon] calare.

wangle ['wæŋgl] vt inf rimediare.

want [wɒnt] ⟨⟩ n - 1. [need] bisogno m - 2. [lack] mancanza f; **for want of sthg** per mancanza di qc; **for want of anything better** in mancanza di meglio - 3. (U) [deprivation] povertà f. ⟨⟩ vt - 1. [desire] volere; **to want to do sthg** voler fare qc; **to want sb to do sthg** volere che qn faccia qc - 2. inf [need] avere bisogno di; **you want to be more careful** devi stare più attento.

wanted ['wɒntid] adj: **to be wanted by the police** essere ricercato(a) dalla polizia.

wanton ['wɒntən] adj fml [malicious] gratuito(a).

WAP [wæp] (abbr of wireless application protocol) n WAP m.

WAP phone n cellulare m WAP.

war [wɔːr] n guerra f; **at war** in guerra.

ward [wɔːd] n - 1. [room] corsia f; [department] reparto m - 2. UK POL circoscrizione f elettorale - 3. LAW pupillo m, -a f. ◆ **ward off** vt insep tenere lontano(a).

warden ['wɔːdn] n - 1. [of park] guardiano m, -a f - 2. UK [of youth hostel, hall of residence] direttore m, -trice f - 3. US [prison governor] direttore m, -trice f di istituto penale.

warder ['wɔːdər] n UK dated guardia f carceraria.

wardrobe ['wɔːdrəub] n - 1. [piece of furniture] armadio m, guardaroba m inv - 2. [collection of clothes] guardaroba m inv.

warehouse ['weəhaus] n deposito m.

warfare ['wɔːfeər] n (U) - 1. [war] guerra f - 2. [technique] strategie fpl belliche.

warhead ['wɔːhed] n testata f.

warily ['weərəli] adj in modo guardingo.

warm [wɔːm] ⟨⟩ adj - 1. [gen] caldo(a) - 2. [friendly] cordiale. ⟨⟩ vt [heat gently] riscaldare. ◆ **warm to** vt insep prendere in simpatia. ◆ **warm up** ⟨⟩ vt sep riscaldare. ⟨⟩ vi riscaldarsi.

warm-hearted [-'hɑːtid] adj caloroso(a).

warmly ['wɔːmli] adv - 1. [in warm clothes]: **to dress warmly** mettersi abiti caldi - 2. [in a friendly way] calorosamente.

warmth [wɔːmθ] n (U) calore m.

warn [wɔːn] vt - 1. [advise] avvertire; **to warn sb of OR about sthg** mettere in guardia qn da OR contro qc; **to warn sb not to do sthg** avvertire qn di non fare qc - 2. [inform] avvisare.

warning ['wɔːnɪŋ] n - 1. [cautionary advice] avvertimento m - 2. [from police, judge] diffida f - 3. [notice] preavviso m.

warning light n spia f luminosa.

warp [wɔːp] ◇ vt - **1.** [wood] incurvare - **2.** [personality, mind, judgement] distorcere. ◇ vi [wood] incurvarsi.

warrant ['wɒrənt] ◇ n LAW mandato m. ◇ vt giustificare.

warranty ['wɒrəntɪ] n garanzia f.

warren ['wɒrən] n tana f.

warrior ['wɒrɪər] n liter guerriero m, -a f.

Warsaw ['wɔːsɔː] n Varsavia f; **the Warsaw Pact** il Patto di Varsavia.

warship ['wɔːʃɪp] n nave f da guerra.

wart [wɔːt] n verruca f.

wartime ['wɔːtaɪm] n tempo m di guerra; **in wartime** in tempo di guerra.

wary ['weərɪ] adj: **wary (of sthg/of doing sthg)** guardingo(a) (riguardo a qc/a fare qc).

was (weak form [wəz], strong form [wɒz]) pt ⊳ **be**.

wash [wɒʃ] ◇ n - **1.** [act of washing] lavata f; **to have a wash** UK lavarsi; **to give sthg a wash** lavare qc - **2.** [clothes to be washed] panni mpl da lavare - **3.** [from boat] scia f. ◇ vt [clean] lavare. ◇ vi [clean o.s.] lavarsi.
◆ **wash away** vt sep portare via. ◆ **wash up** ◇ vt sep UK [dishes] lavare. ◇ vi - **1.** UK [wash the dishes] lavare i piatti - **2.** US [wash o.s.] lavarsi.

washable ['wɒʃəbl] adj lavabile.

washbasin esp UK ['wɒʃ,beɪsn], **washbowl** US ['wɒʃbəʊl] n lavandino m.

washcloth ['wɒʃ,klɒθ] n US ≃ guanto m di spugna.

washer ['wɒʃər] n - **1.** [TECH - as seal] guarnizione f; [- to spread pressure] rondella f - **2.** inf [washing machine] lavatrice f.

washing ['wɒʃɪŋ] n (U) - **1.** [act] lavaggio m - **2.** UK [clothes] bucato m; **to do the washing** fare il bucato.

washing line n UK filo m della biancheria.

washing machine n lavatrice f.

washing powder n (U) UK detersivo m in polvere.

Washington ['wɒʃɪŋtən] n [city]: **Washington (D.C.)** Washington.

washing-up n UK rigovernatura f.

washing-up liquid n UK detersivo m liquido per i piatti.

washout ['wɒʃaʊt] n inf fiasco m.

washroom ['wɒʃrʊm] n esp US toilette f inv.

wasn't [wɒznt] abbr of **was not**.

wasp [wɒsp] n vespa f.

wastage ['weɪstɪdʒ] n spreco m.

waste [weɪst] ◇ adj [material] di scarto; [land] abbandonato(a). ◇ n - **1.** [misuse] spre-

co m; **a waste of time** una perdita di tempo - **2.** [refuse] scarti mpl. ◇ vt [misuse] sprecare; **to be wasted on sb** essere sprecato(a) per qn; **such subtle distinctions are wasted on him** lui non le afferra queste sottigliezze.

wastebasket ['weɪst,bɑːskɪt] n US cestino m della carta.

waste disposal unit n tritarifiuti m inv.

wasteful ['weɪstfʊl] adj [person] sprecone(a); [activity] poco economico(a); **it's very wasteful to throw them away** è uno spreco buttarli via.

waste ground n (U) terreno m abbandonato.

wastepaper basket, **wastepaper bin** [,weɪst'peɪpər-] n cestino m della carta.

watch [wɒtʃ] ◇ n - **1.** [timepiece] orologio m - **2.** [act of guarding]: **to keep watch** stare di guardia; **to keep watch on sb/sthg** sorvegliare qn/qc - **3.** [guard - person] vedetta f; [- group] guardie fpl di quarto. ◇ vt - **1.** [look at] guardare - **2.** [spy on] sorvegliare - **3.** [be careful about] stare attento(a) a. ◇ vi [observe] guardare. ◆ **watch for** vt insep cercare di scorgere; **you stand here and watch for a taxi** tu fermati qua e guarda se arriva un taxi. ◆ **watch out** vi: **to watch out (for sthg)** fare attenzione a qc; **watch out!** attento, -a f!

watchdog ['wɒtʃdɒg] n - **1.** [dog] cane m da guardia - **2.** fig [organization] organismo m di controllo.

watchful ['wɒtʃfʊl] adj attento(a).

watchmaker ['wɒtʃ,meɪkər] n orologiaio m, -a f.

watchman ['wɒtʃmən] (pl -men) n guardiano m.

water ['wɔːtər] ◇ n [gen] acqua f. ◇ vt [plants, soil] annaffiare. ◇ vi - **1.** [eyes] lacrimare - **2.** [mouth]: **my mouth was watering** avevo l'acquolina in bocca. ◆ **waters** npl acque fpl. ◆ **water down** vt sep - **1.** [dilute] annacquare - **2.** [moderate] smorzare.

water bottle n borraccia f.

watercolour UK, **watercolor** US ['wɔːtə,kʌlər] n acquarello m.

watercress ['wɔːtəkres] n (U) crescione m.

waterfall ['wɔːtəfɔːl] n cascata f.

water heater n scaldabagno m.

waterhole ['wɔːtəhəʊl] n pozza f d'acqua.

watering can ['wɔːtərɪŋ-] n annaffiatoio m.

water lily n ninfea f.

waterline ['wɔːtəlaɪn] n linea f di galleggiamento.

waterlogged ['wɔːtəlɒgd] adj - **1.** [land] fradicio(a) - **2.** [vessel] pieno(a) d'acqua.

water main n conduttura f dell'acqua.

watermark ['wɔ:təmɑ:k] n - 1. [in paper] filigrana f - 2. [tidemark] linea f di marea.

watermelon ['wɔ:tə,melən] n cocomero m, anguria f.

water polo n (U) pallanuoto f.

waterproof ['wɔ:təpru:f] <> adj impermeabile. <> n UK [coat] impermeabile m; [jacket] giacca f impermeabile; **waterproofs** abiti mpl impermeabili.

watershed ['wɔ:təʃed] n fig spartiacque m inv.

water skiing n (U) sci m d'acqua.

water tank n cisterna f dell'acqua.

watertight ['wɔ:tətaɪt] adj - 1. [waterproof] stagno(a) - 2. fig [faultless] incontestabile.

waterworks ['wɔ:təwɜ:ks] (pl waterworks) n impianto m idrico.

watery ['wɔ:tərɪ] adj - 1. [food, drink] acquoso(a) - 2. [light, sun, moon] pallido(a).

watt [wɒt] n watt m inv.

wave [weɪv] <> n - 1. [gesture] cenno f; to give sb a wave salutare qc con la mano - 2. [in sea, hair] onda f - 3. fig ondata f. <> vt [brandish] agitare. <> vi - 1. [with hand] fare un cenno con la mano; to wave at or to sb fare un cenno con la mano a qn - 2. [flag, tree] ondeggiare - 3. [hair] essere ondulato(a).

wavelength ['weɪvleŋθ] n lunghezza f d'onda; to be on the same wavelength fig essere sulla stessa lunghezza d'onda.

waver ['weɪvə'] vi - 1. [gen] vacillare - 2. [voice] tremare.

wavy ['weɪvɪ] adj ondulato(a).

wax [wæks] <> n - 1. [in candles, polish] cera f; [for skis] sciolina f - 2. [in ears] cerume m. <> vt - 1. [floor, table] lucidare; [skis] sciolinare - 2. [legs] fare la ceretta a. <> vi [moon] crescere.

wax museum n US museo m delle cere.

wax paper n US carta f cerata.

waxworks ['wækswɜ:ks] (pl waxworks) n UK museo m delle cere.

way [weɪ] <> n - 1. [gen] modo m; she wants to have everything her own way vuole sempre fare a modo suo; I feel the same way mi sento così anch'io; in the same way allo stesso modo; this/that way in tal modo; in a way in un certo senso - 2. [thoroughfare, path] passaggio m; 'give way' UK AUT 'dare la precedenza' - 3. [route leading to a specified place] strada f; to lose one's way perdersi; to be out of sb's way tenere essere sulla strada di qn; on the OR sb's way home andando a casa; to get under way [ship] mettersi in rotta; [project, meeting] avere inizio; to be under way [project, meeting] essere in corso; to be in the way essere nel mezzo; to go out of one's way to do sthg farsi in quattro per fare qc; to keep out of sb's way stare alla larga da qc; keep out of the way! stai lontano!; to make way for sb/sthg fare posto a qn/qc; to stand in sb's way fig ostacolare qn - 4. [route leading in a specified direction] direzione f, parte f; to come/look this way venire/guardare da questa parte; way in entrata f; way out uscita f - 5. [side] parte f; the wrong way around all'incontrario; to turn sthg the right way up raddrizzare qc; the wrong way all'incontrario - 6. [distance]: all the way fino in fondo; a long way molto lontano; to give way cedere; no way! inf neanche per sogno! <> adv inf [far] molto. ◆ **ways** npl [customs, habits] abitudini fpl. ◆ **by the way** adv a proposito.

waylay [,weɪ'leɪ] (pt & pp -laid) vt fermare.

wayward ['weɪwəd] adj difficile.

WC (abbr of water closet) n esp UK WC m inv.

we [wi:] pers pron noi; we're pleased siamo soddisfatti; we can't do it noi non possiamo farlo; as we say in Italy come diciamo in Italia; we British noi Britannici.

weak [wi:k] adj - 1. [gen] debole; to be weak on sthg essere debole in qc - 2. [sound, light] lieve - 3. [tea, coffee, drink] leggero(a).

weaken ['wi:kn] <> vt indebolire. <> vi - 1. [person - physically] indebolirsi; [- morally] perdere vigore - 2. [influence, power] perdere vigore - 3. [structure, currency] indebolirsi.

weakling ['wi:klɪŋ] n pej smidollato m, -a f.

weakness ['wi:knɪs] n (U) debolezza f.

wealth [welθ] n - 1. (U) [riches] ricchezza f - 2. [abundance]: a wealth of sthg una ricchezza di qc.

wealthy ['welθɪ] adj ricco(a), benestante.

weapon ['wepən] n arma f.

weaponry ['wepənrɪ] n (U) armi fpl.

wear [weə'] (pt wore, pp worn) <> n (U) - 1. [type of clothes] indumenti mpl - 2. [damage] logoramento m; wear and tear logorio m - 3. [use] uso m. <> vt - 1. [gen] indossare, portare - 2. [hair] portare - 3. [damage] consumare; to wear a hole in sthg fare un buco in qc. <> vi - 1. [deteriorate] logorarsi - 2. [last]: to wear well/badly durare molto/poco. ◆ **wear away** <> vt sep consumare. <> vi consumarsi. ◆ **wear down** vt sep - 1. [reduce size of] consumare - 2. [weaken] indebolire. ◆ **wear off** vi passare. ◆ **wear out** <> vt sep - 1. [clothing, machinery] consumare - 2. [patience, strength, reserves] esaurire - 3. [person] spossare. <> vi [clothing, shoes] consumarsi.

weary ['wɪərɪ] adj - **1.** [exhausted] stanco(a) - **2.** [fed up]: **to be weary of (doing) sthg** essere stanco(a) di (fare) qc.

weasel ['wɪːzl] n donnola f.

weather ['weðər] ◇ n tempo m; **what's the weather like?** che tempo fa?; **to be under the weather** inf sentirsi poco bene. ◇ vt [survive] superare.

weather-beaten adj [face, skin] segnato(a) dalle intemperie.

weather forecast n previsioni fpl del tempo.

weatherman ['weðəmæn] (pl -men) n meteorologo m.

weather vane n banderuola f.

weave [wiːv] ◇ vt (pt **wove**, pp **woven**) [using loom] tessere. ◇ vi (pt & pp **weaved**) [move]: **to weave in and out of the traffic** zigzagare nel traffico.

weaver ['wiːvər] n tessitore m, -trice f.

web [web] n - **1.** [of spider] tela f - **2.** fig [of lies, intrigue] groviglio m. ◆ **Web** n COMPUT: **the Web** la Rete, il Web.

web browser n browser m inv.

webcam ['webkæm] n webcam f inv.

webcast ['webkɑːst] n webcast m inv.

web designer n grafico m, -a f di siti Web.

web page n pagina f Web.

webphone ['webfəʊn] n webphone m inv.

wed [wed] (pt & pp **wed** OR **-ded**) liter ◇ vt sposare. ◇ vi sposarsi.

we'd [wiːd] cont abbr of **we had**; **we would**.

wedding ['wedɪŋ] n matrimonio m.

wedding anniversary n anniversario m di matrimonio.

wedding cake n torta f nuziale.

wedding dress n abito m da sposa.

wedding ring n fede f (nuziale).

wedge [wedʒ] ◇ n - **1.** [under door, wheel] zeppa f - **2.** [for splitting] cuneo m - **3.** [of cheese, cake, pie] fetta f. ◇ vt - **1.** [make fixed or steady] fermare (con una zeppa) - **2.** [squeeze, push] infilare.

Wednesday ['wenzdɪ] n mercoledì m inv, see also **Saturday**.

wee [wiː] ◇ adj Scotland piccolo(a); **a wee girl** una bambina. ◇ n inf pipì f inv. ◇ vi inf fare la pipì.

weed [wiːd] ◇ n - **1.** [wild plant] erbaccia f - **2.** UK inf pej [feeble person] persona f mingherlina - **3.** inf [cannabis] erba f. ◇ vt ripulire dalle erbacce.

weedkiller ['wiːdˌkɪlər] n diserbante m.

weedy ['wiːdɪ] adj UK inf pej [feeble] mingherlino(a).

week [wiːk] n settimana f; **a week last Saturday** una settimana sabato scorso.

weekday ['wiːkˌdeɪ] n giorno m feriale.

weekend [ˌwiːk'end] n fine settimana m inv, week-end m inv; **at** UK OR **on** US **the weekend** il fine settimana.

weekly ['wiːklɪ] ◇ adj settimanale. ◇ adv settimanalmente. ◇ n settimanale m.

weep [wiːp] (pt & pp **wept**) vt & vi piangere.

weeping willow ['wiːpɪŋ-] n salice m piangente.

weigh [weɪ] ◇ vt - **1.** [find weight of] pesare - **2.** [consider carefully] ponderare - **3.** [raise]: **to weigh anchor** levare l'ancora. ◇ vi [have specific weight] pesare. ◆ **weigh down** vt sep - **1.** [physically]: **to be weighed down with sthg** essere stracarico(a) di qc - **2.** [mentally]: **to be weighed down by** OR **with sthg** essere oppresso(a) da qc. ◆ **weigh up** vt sep valutare.

weight [weɪt] n peso m; **to put on** OR **gain weight** ingrassare; **to lose weight** dimagrire; **to pull one's weight** fare la propria parte.

weighted ['weɪtɪd] adj: **to be weighted in favour of/against sb/sthg** essere a netto vantaggio/svantaggio di qn/qc.

weighting ['weɪtɪŋ] n (U) UK indennità fpl.

weightlifting ['weɪtˌlɪftɪŋ] n (U) sollevamento m pesi.

weighty ['weɪtɪ] adj [serious, important] importante.

weir [wɪər] n diga f.

weird [wɪəd] adj strano(a).

welcome ['welkəm] ◇ adj - **1.** [guest] benvenuto(a) - **2.** [free]: **to be welcome to do sthg** essere libero(a) di fare qc - **3.** [pleasant, desirable] gradito(a) - **4.** [in reply to thanks]: **you're welcome** prego. ◇ n benvenuto m. ◇ vt - **1.** [receive] dare il benvenuto a - **2.** [approve, support] accogliere favorevolmente. ◇ excl benvenuto(a) !

weld [weld] ◇ n saldatura f. ◇ vt saldare.

welfare ['welfeər] ◇ adj di previdenza sociale. ◇ n - **1.** [state of wellbeing] benessere m - **2.** esp US [income support] sussidio m.

well [wel] (comp **better**, superl **best**) ◇ adj: **to be/feel well** stare/sentirsi bene; **to get well** guarire; **all is well** va tutto bene; **just as well** meno male. ◇ adv - **1.** [gen] bene; **to go well** andare bene; **well done!** bravo(a) !; **well and truly** completamente - **2.** [definitely, certainly]: **it was well worth the effort** ne valeva proprio la pena; **you know perfectly well (that)**... sai

benissimo che...; **well over sthg** ben oltre qc
- 3. [easily, possibly] benissimo. ◇ n - 1. [water source] pozzo m - 2. [oil well] pozzo m di petrolio. ◇ excl - 1. [in hesitation, to correct o.s.] beh! - 2. [to express resignation]: **oh well!** va beh! - 3. [in surprise] bene! ◆ **as well** adv [in addition] anche; **I/you etc might as well (do sthg)** potrei/potresti etc anche (fare qc). ◆ **as well as** conj oltre a. ◆ **well up** vi: **tears welled up in his eyes** gli vennero le lacrime agli occhi.

we'll [wi:l] abbr of **we shall, we will.**

well-advised adj: **he/you would be well-advised to do sthg** farebbe/faresti bene a fare qc.

well-behaved [-bɪ'heɪvd] adj beneducato(a).

wellbeing [,wel'bi:ɪŋ] n (U) benessere m.

well-built adj [person] ben piantato(a).

well-done adj [thoroughly cooked] bencotto(a).

well-dressed adj ben vestito(a).

well-earned [-3:nd] adj meritato(a).

wellington (boot) ['welɪŋtən-] n UK stivale m di gomma.

well-kept adj - 1. [garden, village] curato(a) - 2. [secret] ben custodito(a).

well-known adj noto(a).

well-mannered adj educato(a).

well-meaning adj in buona fede.

well-nigh adv [impossible] pressoché.

well-off adj benestante.

well-read [-red] adj colto(a).

well-rounded adj [education] completo(a).

well-timed [-'taɪmd] adj tempestivo(a).

well-to-do adj agiato(a).

well-wisher [-,wɪʃər] n sostenitore m, -trice f.

Welsh [welʃ] ◇ adj gallese. ◇ n (U) [language] gallese m. ◇ npl: **the Welsh** i gallesi.

Welshman ['welʃmən] (pl -men) n gallese m.

Welshwoman ['welʃ,wumən] (pl -women) n gallese f.

went [went] pt ▷ **go.**

wept [wept] pt & pp ▷ **weep.**

were [wɜ:r] vb ▷ **be.**

we're [wɪər] abbr of **we are.**

weren't [wɜ:nt] abbr of **were not.**

west [west] ◇ n - 1. [direction] ovest m, occidente m - 2. [region]: **the west** l'ovest. ◇ adj [in the west, facing the west, from the west] occidentale. ◇ adv a OR verso ovest; **west of** a ovest di. ◆ **West** n POL: **the West** l'Occidente m.

West Bank n: **the West Bank** la Cisgiordania.

West Country n: **the West Country** il sud-ovest dell'Inghilterra.

westerly ['westəlɪ] adj - 1. [towards the west]: **in a westerly direction** verso ovest - 2. [in the west, from the west] occidentale.

western ['westən] ◇ adj occidentale. ◇ n [book, film] western m inv.

West Indian ◇ adj delle Indie Occidentali. ◇ n abitante mf delle Indie Occidentali.

West Indies npl: **the West Indies** le Indie Occidentali.

Westminster ['westmɪnstər] n - 1. [area] area amministrativa londinese che comprende il Parlamento e molti uffici governativi - 2. fig [British parliament] il Parlamento britannico.

westward ['westwəd] ◇ adj [journey] verso ovest; [direction] ovest. ◇ adv = **westwards.**

westwards ['westwədz] adv a ovest.

wet [wet] (pt & pp **wet** OR **-ted**) ◇ adj - 1. [gen] bagnato(a) - 2. [weather, climate] piovoso(a); **it's always wet in Glasgow!** piove sempre a Glasgow! - 3. [paint, concrete] fresco(a) - 4. UK inf pej [weak, feeble] rammollito(a). ◇ vt - 1. [gen] bagnare - 2. [bed, pants] fare la pipì in.

wet blanket n inf pej guastafeste mf inv.

wet suit n muta f da sub.

we've [wi:v] abbr of **we have.**

whack [wæk] inf ◇ n - 1. [hit] colpo m - 2. [share] fetta f. ◇ vt [person, child] menare; [ball] colpire.

whale [weɪl] n balena f.

wharf [wɔ:f] (pl -s OR wharves) n pontile m.

what [wɒt] ◇ adj - 1. (in direct, indirect questions) che inv, quale; **what shape is it?** che forma ha?; **what colour is it?** di che colore è?; **what books do you need?** quali libri ti servono?; **he asked me what books I needed** mi ha chiesto quali libri mi servivano - 2. (in exclamations) che (inv); **what a surprise!** che sorpresa! - 3. (paint, concrete) fresco(a). ◇ pron - 1. (interrogative: subject, object, after prep) (che) cosa (inv); **what are they doing?** (che) cosa stanno facendo?; **what is going on?** (che) cosa succede?; **what are they talking about?** (che) cosa stanno parlando?; **what about another drink?** ti va di bere ancora qualcosa?; **what about going out for a meal?** e se andassimo a mangiare fuori?; **what about me?** e io?; **what if nobody comes?** e se non venisse nessuno? - 2. (relative: subject, object) quello che, cosa; **what you're doing is illegal** quello che stai facendo è illegale; **I saw what happened** ho visto quello che è successo; **he asked me what I was talking about** mi ha chiesto di cosa stessi parlando; **tell me what was in the bag** dimmi cosa c'era nella borsa. ⬦ *excl* [expressing disbelief] cosa?

whatever [wɒt'evər] ⬦ *adj* qualsiasi *(inv)*; **nothing whatever** niente. ⬦ *pron* - **1.** [gen] qualunque cosa *(inv)*; **or whatever** o qualcosa del genere - **2.** [indicating surprise] cosa mai *(inv)*. ⬦ *excl* [as dismissive reply]: **I'll give you a ring later – whatever** ti chiamo dopo – come ti pare.

what's-her-name *n inf* cosa *f.*

what's-his-name *n inf* coso *m.*

whatsit ['wɒtsɪt] *n UK inf* coso *m.*

whatsoever [,wɒtsəʊ'evər] *adj*: **I had no interest whatsoever** non avevo alcun interesse; **nothing whatsoever** niente del genere.

wheat [wi:t] *n* grano *m.*

wheedle ['wi:dl] *vt*: **to wheedle sb into doing sthg** convincere qn a fare qc con le moine; **to wheedle sthg out of sb** strappare qc a qn con le moine.

wheel [wi:l] ⬦ *n* - **1.** [of bicycle, car, train] ruota *f* - **2.** [steering wheel] volante *m.* ⬦ *vt* [bicycle] spingere. ⬦ *vi* [turn around]: **to wheel around** voltarsi di scatto.

wheelbarrow ['wi:l,bærəʊ] *n* carriola *f.*

wheelchair ['wi:l,tʃeər] *n* sedia *f* a rotelle.

wheel clamp *UK n* ceppo *m* bloccaruota *(inv).* ➡ **wheel-clamp** *vt* mettere il ceppo bloccaruota a.

wheeze [wi:z] ⬦ *n* sibilo *m.* ⬦ *vi* respirare sibilando.

whelk [welk] *n* buccino *m.*

when [wen] ⬦ *adv (in direct, indirect questions)* quando; **when does the plane arrive?** quando arriva l'aereo?; **he asked me when I would be in London** mi ha chiesto quando sarei stato a Londra. ⬦ *conj* - **1.** [referring to time] quando; **I was reading when he came in** stavo leggendo quando è entrato; **one day when I was on my own** un giorno in cui ero da solo; **that was when it all started** è allora che è cominciato tutto - **2.** [whereas] mentre - **3.** [considering that] dal momento che.

whenever [wen'evər] ⬦ *conj* - **1.** [every time that] ogni volta che, quando - **2.** [at whatever time] quando. ⬦ *adv* - **1.** [indicating surprise] quando mai - **2.** [indicating lack of precision]: **or whenever** non importa quando.

where [weər] ⬦ *adv (in direct, indirect questions)* dove; **where do you live?** dove abiti?; **do you know where he lives?** sai dove abita?; **where is all this arguing getting us?**

cosa concludiamo a forza di litigare?; **that's where I don't agree** è su questo che non sono d'accordo. ⬦ *conj* - **1.** [referring to place, situation] dove; **go where you like** vai dove vuoi; **this is where it happened** è qui che è successo; **the school where I used to go** la scuola in cui andavo - **2.** [whereas] mentre.

whereabouts ⬦ *adv* [,weərə'baʊts] dove. ⬦ *npl* ['weərəbaʊts]: **their whereabouts are still unknown** non si sa ancora dove siano.

whereas [weər'æz] *conj* mentre.

whereby [weə'baɪ] *conj fml* per cui.

whereupon [,weərə'pɒn] *conj fml* dopo di che.

wherever [weər'evər] ⬦ *conj* dovunque; **sit wherever you want** siediti dove vuoi. ⬦ *adv* - **1.** [indicating surprise] dove mai - **2.** [indicating lack of precision] dovunque.

whet [wet] *vt*: **to whet sb's appetite (for sthg)** stuzzicare la voglia di qn (di qc).

whether ['weðər] *conj* - **1.** [indicating choice, doubt] se - **2.** [no matter if]: **whether you want it or not** che tu lo voglia o meno.

which [wɪtʃ] ⬦ *adj* - **1.** *(in direct, indirect questions)* quale; **which house is yours?** qual è la tua casa?; **I asked you which house was yours** ti ho chiesto qual era la tua casa - **2.** [to refer back to sthg]: **in which case** nel qual caso. ⬦ *pron* - **1.** *(in direct, indirect questions)* quale; **which do you prefer?** quale preferisci?; **I asked you which you prefer** ti ho chiesto quale preferisci - **2.** *(in relative clauses: subject, object, after prep)* che *(inv)*; **take the slice which is nearer to you** prendi la fetta che è più vicina a te; **the television which we bought** la televisione che abbiamo comprato; **the couch on which I am sitting** il divano sul quale sono seduto; **the film of which we spoke** il film di cui abbiamo parlato.

whichever [wɪtʃ'evər] ⬦ *adj* qualunque *(inv)*. ⬦ *pron* - **1.** [the one which] quello(a) che - **2.** [no matter which one] qualunque *(inv)*.

whiff [wɪf] *n* [smell]: **a whiff of tobacco** un leggero odore di tabacco.

while [waɪl] ⬦ *n*: **a while** un po'; **for a while** (per) un po'; **after a while** dopo un po'. ⬦ *conj* - **1.** [gen] mentre - **2.** [as long as] finché. ➡ **while away** *vt sep* far passare.

whilst [waɪlst] *conj UK fml* = **while**.

whim [wɪm] *n* capriccio *m.*

whimper ['wɪmpər] ⬦ *vt* mugolare. ⬦ *vi* [child] mugolare; [animal] guaire.

whimsical ['wɪmzɪkl] *adj* bizzarro(a).

whine [waɪn] *vi* [child] piagnucolare; [dog] guaire; [engine] sibilare.

whinge [wɪndʒ] *vi UK inf*: to whinge (about sb/sthg) lagnarsi (di qn/qc).

whip [wɪp] ◇ *n* - 1. [for hitting] frusta *f* - 2. *UK* POL capogruppo *mf*. ◇ *vt* - 1. [gen] frustare - 2. [take quickly]: **to whip sthg out/off** sfilare qc velocemente - 3. CULIN montare.

whipped cream [wɪpt-] *n* panna *f* montata.

whip-round *n UK inf*: **to have a whip-round** fare una colletta.

whirl [wɜːl] ◇ *n* - 1. [rotating movement] turbine *m* - 2. *fig* [flurry, round] turbinio *m*. ◇ *vt*: **to whirl sb/sthg around** far roteare qn/qc. ◇ *vi* - 1. [move around] turbinare - 2. *fig* [be confused, excited] girare.

whirlpool [ˈwɜːlpuːl] *n* mulinello *m*.

whirlwind [ˈwɜːlwɪnd] *n* tromba *m* d'aria.

whirr [wɜːr] *vi* ronzare.

whisk [wɪsk] ◇ *n* CULIN frusta *f*. ◇ *vt* - 1. [put or take quickly]: **to whisk sb away** portar via qn a tutta velocità; **to whisk sthg out of one's pocket** tirar fuori qc di tasca rapidamente - 2. CULIN sbattere.

whisker [ˈwɪskər] *n* [of animal] baffo *m*. ◆ **whiskers** *npl* [of man] baffi *mpl*.

whiskey [ˈwɪskɪ] (*pl* whiskeys) *n* whisky *m inv*.

whisky [ˈwɪskɪ] *n* Scotch (whisky) *m inv*.

whisper [ˈwɪspər] *vt & vi* bisbigliare, sussurrare.

whistle [ˈwɪsl] ◇ *n* fischio *m*. ◇ *vt & vi* fischiare.

white [waɪt] ◇ *adj* - 1. [gen] bianco(a) - 2. [coffee] con latte. ◇ *n* - 1. [colour] bianco *m* - 2. [person] bianco *m*, -a *f*.

white-collar *adj* impiegatizio(a); **white-collar worker** impiegato *m*, -a *f*.

white-hot *adj* incandescente.

White House *n*: **the White House** la Casa Bianca.

white lie *n* bugia *f* pietosa.

whiteness [ˈwaɪtnɪs] *n* (U) bianchezza *f*.

white paper *n* POL rapporto *m* governativo ufficiale.

white sauce *n* (U) besciamella *f*.

white spirit *n* (U) *UK* acquaragia *f*.

white trash *n esp US offens* persone di razza bianca, povere e non istruite.

whitewash [ˈwaɪtwɒʃ] ◇ *n* - 1. (U) [paint] calce *f* - 2. *pej* [cover-up] copertura *f*. ◇ *vt* [paint] dare la calce a.

Whitsun [ˈwɪtsn] *n* Pentecoste *f*.

whittle [ˈwɪtl] *vt*: **to whittle sthg away** OR **down** ridurre qc.

whiz, whizz [wɪz] *vi* sfrecciare.

whiz(z) kid *n inf* ragazzo *m*, -a *f* prodigio (*inv*).

who [huː] *pron* - 1. (*in direct, indirect questions*) chi; **who are you?** chi sei?; **I didn't know who she was** non sapevo chi fosse - 2. (*in relative clauses*) che; **he's the doctor who treated me** è il medico che mi ha curata; **I know someone who can help** conosco qualcuno che può essere d'aiuto.

who'd [huːd] *abbr of* **who had, who would**.

whodu(n)nit [ˌhuːdʌnɪt] *n inf* giallo *m*.

whoever [huːˈevər] *pron* - 1. [gen] chiunque - 2. [indicating surprise] chi mai.

whole [həʊl] ◇ *adj* - 1. [entire, complete] intero(a) - 2. [for emphasis] tutto(a); **there are a whole lot of questions** c'è tutta una serie di domande; **a whole lot bigger** assai più grande. ◇ *adv* [for emphasis]: **a whole new idea** un'idea del tutto nuova. ◇ *n* - 1. [all, entirely]: **the whole of the school** tutta la scuola - 2. [unit, complete thing] tutto *m*. ◆ **as a whole** *adv* nel complesso. ◆ **on the whole** *adv* nel complesso.

whole-hearted *adj* totale.

wholemeal *UK* [ˈhəʊlmiːl], **whole wheat** *US adj* integrale.

wholesale [ˈhəʊlseɪl] ◇ *adj* - 1. [bulk] all'ingrosso - 2. *pej* [excessive] indiscriminato(a). ◇ *adv* - 1. [in bulk] all'ingrosso - 2. *pej* [excessively] indiscriminatamente.

wholesaler [ˈhəʊlˌseɪlər] *n* commerciante *mf* all'ingrosso.

wholesome [ˈhəʊlsəm] *adj* sano(a).

whole wheat *adj US* = **wholemeal**.

who'll [huːl] *abbr of* **who will**.

wholly [ˈhəʊlɪ] *adv* totalmente.

whom [huːm] *pron fml* - 1. (*in direct, indirect questions*) chi; **whom did you invite?** chi hai invitato?; **to whom am I speaking?** con chi parlo? - 2. (*in relative clauses*) che; **the girl whom he married** la ragazza che ha sposato; **the man of whom you speak** l'uomo del quale parli; **the man to whom you were speaking** l'uomo al quale stavi parlando; **several people came, none of whom I knew** sono venute diverse persone, delle quali non ne conoscevo nessuna.

whooping cough [ˈhuːpɪŋ-] *n* (U) pertosse *f*.

whopping [ˈwɒpɪŋ] *inf* ◇ *adj* enorme. ◇ *adv*: **a whopping great truck** un camion gigantesco.

whore [hɔːr] *n offens* puttana *f*.

who're [ˈhuːər] *abbr of* **who are**.

who's [huːz] *abbr of* **who has, who is**.

whose [hu:z] ⟨⟩ *pron* (in direct, indirect questions) di chi; **whose is this?** di chi è questo?; **tell me whose this is** dimmi di chi è questo. ⟨⟩ *adj* - **1.** (in direct, indirect questions) di chi; **whose car is that?** di chi è quella macchina? - **2.** (in relative clauses) il cui (la cui); [with plural] i cui (le cui); **that's the boy whose father's an MP** questo è il ragazzo il cui padre è deputato.

who've [hu:v] *abbr of* **who have**.

why [waɪ] ⟨⟩ *adv* perché; **why did you lie to me?** perché mi hai mentito?; **why not?** perché no?; **why don't you all come?** perché non venite tutti? ⟨⟩ *conj* perché (+ congiuntivo); **I don't know why he said that** non so perché l'abbia detto. ⟨⟩ *pron* per cui, per il quale(la quale, i quali, le quali); **there are several reasons why he left** ci sono varie ragioni per le quali se n'è andato; **I don't know the reason why** non so perché. ⟨⟩ *excl* ma guarda! ◆ **why ever** *adv* perché mai.

wick [wɪk] *n* [of candle] stoppino *m*.

wicked ['wɪkɪd] *adj* - **1.** [evil] malvagio(a) - **2.** [mischievousness, devilish] malizioso(a).

wicker ['wɪkər] *adj* di vimini.

wicket ['wɪkɪt] *n* - **1.** CRICKET [stumps] wicket *m inv* - **2.** CRICKET [pitch] campo *m*.

wide [waɪd] ⟨⟩ *adj* - **1.** [gen] largo(a) - **2.** [variety, coverage, knowledge, implications] ampio(a) - **3.** [gap, difference] grosso(a). ⟨⟩ *adv* - **1.** [as far as possible]: **open wide!** [at dentist's] apra bene! - **2.** [off-target] lontano dal bersaglio.

wide-awake *adj* completamente sveglio(a).

widely ['waɪdlɪ] *adv* - **1.** [broadly]: **he smiled/yawned widely** fece un grande sorriso/sbadiglio - **2.** [extensively, considerably] molto.

widen ['waɪdn] ⟨⟩ *vt* ampliare. ⟨⟩ *vi* - **1.** [gen] ampliarsi - **2.** [eyes] spalancarsi.

wide open *adj* - **1.** [window, door] spalancato(a) - **2.** [eyes] sgranato(a).

wide-ranging [-'reɪndʒɪŋ] *adj* vasto(a).

widescreen TV ['waɪdskri:n ti:vi:] *n* TV widescreen *f inv*.

widespread ['waɪdspred] *adj* diffuso(a).

widow ['wɪdəʊ] *n* vedova *f*.

widowed ['wɪdəʊd] *adj* vedovo(a).

widower ['wɪdəʊər] *n* vedovo *m*.

width [wɪdθ] *n* larghezza *f*; **in width** di larghezza.

wield [wi:ld] *vt* - **1.** [weapon] brandire - **2.** [power] esercitare.

wife [waɪf] (*pl* **wives**) *n* moglie *f*.

wig [wɪg] *n* parrucca *f*.

wiggle ['wɪgl] *inf vt* muovere.

wild [waɪld] *adj* - **1.** [state, attack, scenery] selvaggio(a); [plant, animal] selvatico(a) - **2.** [weather, sea] burrascoso(a) - **3.** [laughter, crowd, applause] sfrenato(a) - **4.** [dream, plan, guess] assurdo(a). ◆ **wilds** *npl*: **in the wilds** in un posto sperduto.

wilderness ['wɪldənɪs] *n* - **1.** [barren land] terre *fpl* desolate - **2.** [overgrown land] giungla *f* - **3.** *fig* [unimportant place]: **in the political wilderness** lontano dalla scena politica.

wild-goose chase *n inf* ricerca *f* inutile.

wildlife ['waɪldlaɪf] *n* (U) fauna *f*.

wildly ['waɪldlɪ] *adv* - **1.** [enthusiastically, fanatically] sfrenatamente - **2.** [at random] a casaccio - **3.** [extremely] estremamente.

wilful *UK*, **willful** *US* ['wɪlfʊl] *adj* - **1.** [determined] caparbio(a) - **2.** [deliberate] intenzionale.

will[1] [wɪl] ⟨⟩ *n* - **1.** (U) [gen] volontà *f*, desiderio *m*; **against one's will** contro la propria volontà - **2.** [document] testamento *m*. ⟨⟩ *vt*: **to will sthg to happen** volere ardentemente che qc accada; **to will sb to do sthg** volere ardentemente che qn faccia qc.

will[2] [wɪl] *modal vb* - **1.** [to express future tense]: **when will we get paid?** quando saremo pagati?; **they will never agree** non acconsentiranno mai; **will you be here next week? –yes I will/no I won't** ci sarai la prossima settimana – sì/no; **when will you have finished it?** quando l'avrai finito? - **2.** [indicating willingness]: **will you have some more tea?** prendi ancora un po' di tè?; **I won't do it** non intendo farlo - **3.** [in commands, requests]: **you will leave this house at once** te ne devi andare subito da questa casa; **close that window, will you?** chiudi la finestra; **will you be quiet?** vuoi stare zitto? - **4.** [indicating possibility]: **the hall will hold up to 1,000 people** la sala può contenere fino a 1.000 persone; **this will stop any draughts** questo impedirà le correnti d'aria - **5.** [indicating what usually happens]: **pensions will be paid monthly** le pensioni sono pagate mensilmente - **6.** [expressing an assumption]: **that'll be your father** sarà tuo padre; **as you'll have gathered, I'm not keen on the idea** come avrai intuito, non sono entusiasta dell'idea - **7.** [indicating irritation]: **well, if you will leave your toys everywhere...** insomma, se continui a lasciare i tuoi giocattoli dappertutto...; **she will keep phoning me** non la smette di telefonarmi.

willful *adj US* = **wilful**.

willing ['wɪlɪŋ] *adj* - **1.** [prepared]: **willing (to do sthg)** disposto(a) (a fare qc) - **2.** [eager] volenteroso(a).

willingly ['wɪlɪŋlɪ] *adv* volentieri.

willow (tree) ['wɪləʊ-] n salice m.

willpower ['wɪl,paʊər] n (U) forza f di volontà.

willy-nilly [,wɪlɪ'nɪlɪ] adv - 1. [at random] a casaccio - 2. [wanting to or not] volente o nolente.

wilt [wɪlt] vi - 1. [plant] appassire - 2. fig [person] sentirsi venir meno le forze.

wily ['waɪlɪ] adj astuto(a).

wimp [wɪmp] n inf pej fifone m, -a f.

win [wɪn] (pt & pp won) ◇ n vittoria f. ◇ vt - 1. [gen] vincere - 2. [support, approval] conquistare. ◇ vi vincere. ◆ **win over, win round** vt sep convincere.

wince [wɪns] vi: to wince (at/with sthg) trasalire (a/per qc).

winch [wɪntʃ] n argano m.

wind[1] [wɪnd] ◇ n - 1. METEOR vento m - 2. (U) [breath] fiato m - 3. (U) UK [in stomach] aria f. ◇ vt [knock breath out of] togliere il fiato a.

wind[2] [waɪnd] (pt & pp wound) ◇ vt - 1. [string, thread] avvolgere - 2. [clock] caricare. ◇ vi [river, road] snodarsi. ◆ **wind down** ◇ vt sep - 1. UK [car window] abbassare - 2. [business] diminuire. ◇ vi [relax] rilassarsi. ◆ **wind up** vt sep - 1. [meeting] chiudere - 2. UK [company] chiudere, concludere - 3. [clock] caricare - 4. UK [car window] alzare - 5. UK inf [deliberately annoy] prendere in giro - 6. inf [end up]: to wind up doing sthg finire per fare qc.

windfall ['wɪndfɔːl] n [unexpected gift] dono m inaspettato.

wind farm [wɪnd-] n centrale f eolica.

winding ['waɪndɪŋ] adj tortuoso(a).

wind instrument [wɪnd-] n strumento m a fiato.

windmill ['wɪndmɪl] n mulino m a vento.

window ['wɪndəʊ] n - 1. [gen] finestra f - 2. [in car] finestrino m - 3. [of shop] vetrina f - 4. [free time] buco m.

window box n fioriera f da davanzale.

window cleaner n lavavetri mf inv.

window ledge n davanzale m.

windowpane ['wɪndəʊpeɪn] n vetro m (di finestra).

windowsill ['wɪndəʊsɪl] n davanzale m.

windpipe ['wɪndpaɪp] n trachea f.

windscreen ['wɪndskriːn] UK, **windshield** ['wɪndʃiːld] US n parabrezza m inv.

windscreen washer UK, **windshield washer** US n lavacristallo m.

windscreen wiper UK, **windshield wiper** US n tergicristallo m.

windsurfing ['wɪnd,sɜːfɪŋ] n (U) windsurf m.

windswept ['wɪndswept] adj [scenery] ventoso(a).

wind turbine [wɪnd-] n aeroturbina f.

windy ['wɪndɪ] adj ventoso(a).

wine [waɪn] n vino m.

wine bar n enoteca f.

wineglass ['waɪnglɑːs] n bicchiere m da vino.

wine list n carta f dei vini.

wine tasting [-,teɪstɪŋ] n (U) degustazione f di vini.

wine waiter n sommelier mf inv.

wing [wɪŋ] n - 1. [gen] ala f - 2. [of car] parafango m. ◆ **wings** npl THEAT: the wings le quinte.

winger ['wɪŋər] n SPORT ala f.

wink [wɪŋk] ◇ n [of eye] strizzatina f d'occhi. ◇ vi [person] ammicare; to wink at sb fare l'occhiolino a qn.

winkle ['wɪŋkl] n litorina f. ◆ **winkle out** vt sep UK inf - 1. [remove] tirare fuori - 2. fig [extract]: to winkle sthg out of sb tirare fuori qc da qn.

winner ['wɪnər] n [person] vincitore m, -trice f.

winning ['wɪnɪŋ] adj [victorious] vincente. ◆ **winnings** npl vincite fpl.

winning post n UK traguardo m.

winter ['wɪntər] ◇ n inverno m; in winter d'inverno. ◇ comp invernale.

winter sports npl sport mpl invernali.

wintertime ['wɪntətaɪm] n (U) inverno m.

wint(e)ry ['wɪntrɪ] adj invernale.

wipe [waɪp] ◇ n [clean] pulita f. ◇ vt - 1. [in order to clean] pulire - 2. [in order to dry] asciugare. ◆ **wipe out** vt sep - 1. [erase] cancellare - 2. [eradicate] sterminare. ◆ **wipe up** vt sep pulire.

wiper n tergicristallo m.

wire ['waɪər] ◇ n - 1. (U) [metal] filo m di ferro - 2. ELEC filo m - 3. US inf [telegram] telegramma m. ◇ vt - 1. [house] fare l'impianto elettrico di - 2. [plug] collegare - 3. esp US [send telegram to] mandare un telegramma a.

wireless ['waɪəlɪs] n esp UK dated radio f inv.

wiring ['waɪərɪŋ] n (U) impianto m elettrico.

wiry ['waɪərɪ] adj - 1. [hair] ispido(a) - 2. [body, man] snello(a) e muscoloso(a).

wisdom ['wɪzdəm] n (U) saggezza f.

wisdom tooth n dente m del giudizio.

wise [waɪz] adj saggio(a).

wish [wɪʃ] ◇ *n* desiderio *m*; **a wish to do sthg** un desiderio di fare qc; **a wish for sthg** un desiderio di qc. ◇ *vt* **- 1.** [want]: **to wish to do sthg** *fml* desiderare fare qc; **to wish (that)...** desiderare che... **- 2.** [desire, request by magic]: **to wish (that)...** volere che...; **I wish (that) he'd come** vorrei venisse **- 3.** [in greeting]: **to wish sb sthg** augurare qc a qn. ◇ *vi* [by magic]: **to wish for sthg** chiedere qc. ◆ **wishes** *npl*: **best wishes** tanti auguri; **(with) best wishes** [at end of letter] cordiali saluti.

wishy-washy [ˈwɪʃɪˌwɒʃɪ] *adj inf* insulso(a).

wisp [wɪsp] *n* **- 1.** [tuft] ciocca *f* **- 2.** [of smoke] filo *m*.

wistful [ˈwɪstful] *adj* malinconico(a).

wit [wɪt] *n* **- 1.** (U) [humour] arguzia *f* **- 2.** [intelligence]: **to have the wit to do sthg** avere l'intelligenza per fare qc. ◆ **wits** *npl* [intelligence, mind]: **to have OR keep one's wits about one** stare all'erta.

witch [wɪtʃ] *n* strega *f*.

with [wɪð] *prep* **- 1.** [in the company of] con; **I play tennis with his wife** gioco a tennis con sua moglie; **we stayed with them for a week** abbiamo passato una settimana da loro **- 2.** [indicating opposition] con; **I was always arguing with my brother** litigavo sempre con mio fratello; **the war with Germany** la guerra con la Germania **- 3.** [indicating means, manner, feelings] con; **I washed it with detergent** l'ho lavato con del detersivo; **she pushed back her fringe with her hand** si è tolta la frangia dagli occhi con la mano; **the room was hung with balloons** la stanza era decorata con dei palloncini appesi; **with care** con attenzione; **"all right", he said with a smile** "d'accordo", disse con un sorriso; **she was trembling with fright** tremava dalla paura **- 4.** [having] con; **a man with a beard** un uomo con la barba; **a city with many churches** una città con molte chiese; **the computer comes with a printer** il computer è venduto con una stampante **- 5.** [regarding] con; **what will you do with the house?** cosa farete con la casa?; **the trouble with her is that...** il suo problema è che...; **he's very mean with money** è molto avaro **- 6.** [indicating simultaneity]: **I can't do it with you watching me** non posso farlo mentre mi guardi **- 7.** [because of] con; **with the weather as it is, we decided to stay at home** visto il tempo, abbiamo deciso di rimanere a casa; **with my luck, I'll probably lose** con la fortuna che mi ritrovo, è probabile che perda; **I'm with you** [I understand] ti seguo; [I'm on your side] sono dalla tua parte; [I agree] sono d'accordo con te.

withdraw [wɪðˈdrɔː] (*pt* **-drew**, *pp* **-drawn**) ◇ *vt* ritirare; **to withdraw sthg from sthg** ritirare qc da qc. ◇ *vi* ritirarsi; **to withdraw from** [gen] ritirarsi da; *fml* [from room] uscire da; **to withdraw to** MIL ritirarsi in; *fml* andare in.

withdrawal [wɪðˈdrɔːəl] *n* **- 1.** [gen]: **withdrawal (from sthg)** ritiro *m* (da qc) **- 2.** (U) [removal] sospensione *f* **- 3.** FIN prelievo *m*.

withdrawal symptoms *npl* crisi *f inv* (*sing*) da astinenza.

withdrawn [wɪðˈdrɔːn] ◇ *pp* ▷ **withdraw.** ◇ *adj* introverso(a).

withdrew [wɪðˈdruː] *pt* ▷ **withdraw.**

wither [ˈwɪðər] *vi* **- 1.** [dry up] appassire **- 2.** [become weak] intiepidirsi.

withhold [wɪðˈhəʊld] (*pt* & *pp* **-held**) *vt* [services] negare; [salary] trattenere; [information] nascondere.

within [wɪˈðɪn] ◇ *prep* **- 1.** [inside] dentro **- 2.** [not more than] entro **- 3.** [less than] meno di. ◇ *adv* dentro.

without [wɪˈðaʊt] ◇ *prep* senza; **without doing sthg** senza fare qc. ◇ *adv*: **to go OR do without (sthg)** fare senza (qc).

withstand [wɪðˈstænd] (*pt* & *pp* **-stood**) *vt* resistere a.

witness [ˈwɪtnɪs] ◇ *n* **- 1.** [gen] testimone *mf* **- 2.** (U) [testimony]: **to bear witness to sthg** testimoniare qc. ◇ *vt* **- 1.** [see] essere testimone di **- 2.** [countersign] fare da testimone a.

witness box *UK*, **witness stand** *US n* banco *m* dei testimoni.

witticism [ˈwɪtɪsɪzm] *n* arguzia *f*.

witty [ˈwɪtɪ] *adj* arguto(a).

wives [waɪvz] *pl* ▷ **wife.**

wizard [ˈwɪzəd] *n* mago *m*.

wobble [ˈwɒbl] *vi* [chair, plane] traballare; [hand] tremare.

woe [wəʊ] *n liter* pena *f*.

woke [wəʊk] *pt* ▷ **wake.**

woken [ˈwəʊkn] *pp* ▷ **wake.**

wolf [wʊlf] (*pl* **wolves** [wʊlvz]) *n* **- 1.** [animal] lupo *m* **- 2.** [man] donnaiolo *m*.

woman [ˈwʊmən] (*pl* **women**) ◇ *n* donna *f*. ◇ *comp* [prime minister] donna; **woman doctor** dottoressa *f*; **woman driver** automobilista *f*.

womanly [ˈwʊmənlɪ] *adj* femminile.

womb [wuːm] *n* utero *m*.

women [ˈwɪmɪn] *pl* ▷ **woman.**

women's lib *n inf dated* **- 1.** [aim] emancipazione *f* della donna **- 2.** [movement] movimento *m* femminista.

women's liberation *n dated* - **1.** [aim] emancipazione *f* della donna - **2.** [movement] movimento *m* femminista.

won [wʌn] *pt* & *pp* ▷ **win**.

wonder ['wʌndər] ◇ *n* - **1.** *(U)* [amazement] meraviglia *f*, stupore *m* - **2.** [cause for surprise]: **it's a wonder (that)...** è un miracolo che...; **it's no** OR **little** OR **small wonder** non c'è da stupirsi - **3.** [amazing thing, person] meraviglia *f*. ◇ *vt* - **1.** [speculate] domandarsi; **to wonder if** OR **whether** domandarsi se - **2.** [in polite requests]: **I wonder whether you would mind...?** mi chiedevo se potesse...? ◇ *vi* [speculate] chiedersi; **why did you ask? - oh, I just wondered** perchè lo hai chiesto? - così, tanto per sapere; **to wonder about sthg** pensare a qc.

wonderful ['wʌndəfʊl] *adj* meraviglioso(a).

wonderfully ['wʌndəfʊlɪ] *adv* - **1.** [very well] meravigliosamente - **2.** [for emphasis] incredibilmente.

won't [wəʊnt] *abbr of* **will not**.

woo [wuː] *vt* corteggiare.

wood [wʊd] ◇ *n* - **1.** [gen] legno *m* - **2.** [group of trees] bosco *m*. ◇ *comp* di legno. ◆ **woods** *npl* [forest] boschi *mpl*.

wooded ['wʊdɪd] *adj* [forested] boscoso(a).

wooden ['wʊdn] *adj* - **1.** [of wood] di legno - **2.** *pej* [actor] legnoso(a).

woodpecker ['wʊd,pekər] *n* picchio *m*.

woodwind ['wʊdwɪnd] *n*: **the woodwind** i legni.

woodwork ['wʊdwɜːk] *n* *(U)* - **1.** [wooden objects] oggetti *mpl* in legno - **2.** [craft] falegnameria *f*.

wool [wʊl] *n* [gen] lana *f*; **to pull the wool over sb's eyes** *inf* gettare fumo negli occhi a qn.

woollen UK, **woolen** US ['wʊlən] *adj* di lana. ◆ **woollens** UK, **woolens** US *npl* indumenti *mpl* di lana.

woolly UK, **wooly** US ['wʊlɪ] *adj* - **1.** [woollen] di lana - **2.** *inf* [fuzzy, unclear] confuso(a).

word [wɜːd] ◇ *n* - **1.** [gen] parola *f*; **word for word** parola per parola; **in other words** in altre parole; **in a word** insomma; **too... for words** veramente troppo...; **to have a word (with sb)** parlare (a OR con qn); **she doesn't mince her words** non va tanto per il sottile; **I couldn't get a word in edgeways** non sono riuscito a dire neanche mezza parola - **2.** *(U)* [news] notizie *fpl* - **3.** [promise] parola *f*; **to give sb one's word** dare a qn la propria parola. ◇ *vt* formulare.

wording ['wɜːdɪŋ] *n* *(U)* formulazione *f*.

word processing *n* *(U)* videoscrittura *f*, word processing *m*.

word processor *n* word processor *m inv*.

wore [wɔːr] *pt* ▷ **wear**.

work [wɜːk] ◇ *n* - **1.** *(U)* [gen] lavoro *m*; **in/out of work** occupato(a)/disoccupato(a); **haven't you got any work to do?** non hai niente da fare?; **at work** al lavoro - **2.** ART & LIT opera *f*. ◇ *vt* - **1.** [person, staff] far lavorare - **2.** [machine] far funzionare - **3.** [land, clay, metal] lavorare. ◇ *vi* - **1.** [do job] lavorare - **2.** [function, be successful] funzionare - **3.** [gradually become] diventare; **the screw is working loose** la vite si sta allentando. ◆ **works** ◇ *n* [factory] stabilimento *m*. ◇ *npl* - **1.** [mechanism] meccanismo *m* (*singolare*) - **2.** [digging, building] lavori *mpl*. ◆ **work on** *vt insep* - **1.** [concentrate on] lavorare a - **2.** [try to improve] lavorare su - **3.** [try to persuade]: **to work on sb** lavorarsi qn. ◆ **work out** ◇ *vt sep* - **1.** [formulate] elaborare - **2.** [calculate] trovare, elaborare. ◇ *vi* - **1.** [figure, total]: **to work out at** ammontare a - **2.** [turn out] riuscire - **3.** [be successful] andare bene - **4.** [train, exercise] allenarsi. ◆ **work up** *vt sep* - **1.** [excite]: **to work o.s. up into a frenzy** agitarsi - **2.** [generate]: **to work up enthusiasm** entusiasmarsi; **to work up an appetite** farsi venire l'appetito.

workable ['wɜːkəbl] *adj* realizzabile.

workaholic [,wɜːkə'hɒlɪk] *n* stacanovista *mf*.

worked up [,wɜːkt-] *adj inf* agitato(a).

worker ['wɜːkər] *n* lavoratore *m*, -trice *f*, operaio *m*, -a *f*; **office worker** impiegato *m*, -a *f*.

workforce ['wɜːkfɔːs] *n* manodopera *f*.

working ['wɜːkɪŋ] *adj* - **1.** [in operation] funzionante - **2.** [having employment] occupato(a) - **3.** [relating to work] lavorativo(a); **working clothes** abiti *mpl* da lavoro. ◆ **workings** *npl* [of system, machine, mind] meccanismo *m* (*singolare*).

working class *n*: **the working class** la classe operaia. ◆ **working-class** *adj* [person] appartenente alla classe operaia; [family, background] operaio(a); [culture, area] popolare.

working order *n* *(U)*: **in working order** funzionante.

workload ['wɜːkləʊd] *n* carico *m* di lavoro.

workman ['wɜːkmən] (*pl* **-men**) *n* lavoratore *m*.

workmanship ['wɜːkmənʃɪp] *n* *(U)* [of person] abilità *f* professionale; [of object] fattura *f*.

workmate ['wɜːkmeɪt] *n* collega *mf* di lavoro.

work permit [-ˌpɜːmɪt] *n* permesso *m* di lavoro.

workplace ['wɜːkpleɪs] *n* posto *m* di lavoro.

workshop ['wɜːkʃɒp] *n* - 1. [place] laboratorio *m* - 2. [discussion] seminario *m*.

workstation ['wɜːkˌsteɪʃn] *n* postazione *f* di lavoro.

worktop ['wɜːktɒp] *n UK* piano *m* di lavoro.

world [wɜːld] ⋄ *n* - 1. [gen]: **the world** il mondo; **the next world** [the afterlife] l'aldilà *m* - 2. [great deal]: **to think the world of sb** pensare tutto il bene possibile di qn; **a world of difference** un'immensa differenza. ⋄ *comp* [power] mondiale; [champion, tour] del mondo.

world-class *adj* a livello mondiale.

world-famous *adj* famoso(a) in tutto il mondo.

worldly ['wɜːldlɪ] *adj* [not spiritual] di questo mondo.

World War I *n* prima guerra *f* mondiale.

World War II *n* seconda guerra *f* mondiale.

worldwide ['wɜːldwaɪd] ⋄ *adj* mondiale. ⋄ *adv* in tutto il mondo.

worm [wɜːm] *n* verme *m*.

worn [wɔːn] ⋄ *pp* ▷ **wear**. ⋄ *adj* - 1. [threadbare] consumato(a) - 2. [tired] stanco(a).

worn-out *adj* - 1. [old, threadbare] molto consumato(a), finito(a) - 2. [tired] esausto(a).

worried ['wʌrɪd] *adj*: **worried (about sb/ sthg)** preoccupato(a) (per qn/qc).

worry ['wʌrɪ] ⋄ *n* preoccupazione *f*. ⋄ *vt* preoccupare. ⋄ *vi*: **to worry (about sb/sthg)** preoccuparsi (per qn/qc); **not to worry!** *UK* niente paura!

worrying ['wʌrɪɪŋ] *adj* preoccupante.

worse [wɜːs] ⋄ *adj* peggiore; **to get worse** peggiorare. ⋄ *adv* peggio; **to be worse off** [having less money] stare peggio; [in a more unpleasant situation] essere in peggiori condizioni. ⋄ *n* peggio *m*; **for the worse** in peggio.

worsen ['wɜːsn] *vt & vi* peggiorare.

worship ['wɜːʃɪp] (*UK & US*) ⋄ *vt* - 1. RELIG venerare - 1. [admire, adore] adorare. ⋄ *n* - 1. (*U*) RELIG culto *m* - 2. (*U*) [admiration, adoration] venerazione *f*. ◆ **Worship** *n UK*: **Her/ His Worship** Sua Signoria; **Your Worship** Vostro Onore.

worst [wɜːst] ⋄ *adj* peggiore. ⋄ *adv* peggio; **the worst affected area** la zona più colpita. ⋄ *n*: **the worst** il peggio; **if the worst comes to the worst** nel peggiore dei casi. ◆ **at (the) worst** *adv* al peggio.

worth [wɜːθ] ⋄ *prep* - 1. [having the value of]: **to be worth sthg** valere qc; **how much is**

it worth? quanto vale? - 2. [deserving of]: **to be worth sthg** meritare qc; **it is worth doing sthg** vale la pena (di) fare qc. ⋄ *n* - 1. [value] valore *m*; **a hundred pounds' worth of sthg** qc per un valore di cento sterline - 2. [supply]: **a week's worth of groceries** il fabbisogno di cibarie per una settimana.

worthless ['wɜːθlɪs] *adj* - 1. [object] senza valore - 2. [person] ignobile.

worthwhile [ˌwɜːθ'waɪl] *adj* utile; **it is worthwhile doing sthg** vale la pena (di) fare qc.

worthy ['wɜːðɪ] *adj* - 1. [gen] degno(a) - 2. [deserving]: **to be worthy of sthg** essere meritevole di qc.

would [wʊd] *modal vb* - 1. [in reported speech]: **she said she would come** ha detto che sarebbe venuta; **he promised he would help me** ha promesso che mi avrebbe aiutato - 2. [indicating likely result]: **I would be most grateful...** le sarei molto grato...; **if he had lost, he would have resigned** se avesse perso, si sarebbe dimesso - 3. [indicating willingness] volere *(nel passato e nel condizionale)*; **she wouldn't come with us** non ha voluto accompagnarci; **he would do anything for her** avrebbe fatto qualsiasi cosa per lei - 4. [in polite questions]: **would you like a drink?** vuole/ vuoi qualcosa da bere?; **would you mind closing the window?** ti dispiace chiudere la finestra?; **help me shut the case, would you?** mi aiuteresti a chiudere la valigia? - 5. [indicating inevitability]: **he would say that** lo sapevo che avrebbe detto così - 6. [expressing opinions]: **I would have thought she'd be pleased** pensavo che sarebbe stata contenta - 7. [in giving advice]: **I would report it, if I were you** io lo denuncerei, se fossi in te - 8. [describing habitual past actions]: **we would meet and he would say...** ci incontravamo e lui diceva...

would-be *adj* aspirante.

wouldn't ['wʊdnt] *abbr of* **would not**.

would've ['wʊdəv] *abbr of* **would have**.

wound[1] [wuːnd] ⋄ *n* ferita *f*. ⋄ *vt* ferire.

wound[2] [waʊnd] *pt & pp* ▷ **wind**[2].

wove [wəʊv] *pt* ▷ **weave**.

woven ['wəʊvn] *pp* ▷ **weave**.

WP *n* - 1. (*abbr of* word processing) videoscrittura *f*, word processing *m* - 2. (*abbr of* word processor) word processor *m inv*.

wrangle ['ræŋgl] ⋄ *n* disputa *f*. ⋄ *vi* bisticciare; **to wrangle with sb (over sthg)** discutere animatamente con qn (di qc).

wrap [ræp] ⋄ *vt* [gen] avvolgere; **to wrap sthg in sthg** avvolgere qc in qc; **to wrap sthg around sthg** avvolgere qc attorno a qc; **to wrap a present** incartare un regalo. ⋄ *n* [garment] scialle *m*. ◆ **wrap up** ◇ *vt sep* [gen]: **to wrap sthg up in sthg** avvolgere qc in qc; **to wrap up a present** incartare un regalo. ◇ *vi* [put warm clothes on]: **wrap up well** OR **warmly!** copriti bene!

wrapper ['ræpər] *n* involucro *m*, carta *f*.

wrapping ['ræpɪŋ] *n* imballaggio *m*.

wrapping paper *n* (U) carta *f* da regalo.

wreak [riːk] *vt* provocare; **to wreak revenge** fare vendetta.

wreath [riːθ] *n* corona *f*.

wreck [rek] ◇ *n* - 1. [gen] rottame *m* - 2. [ship] relitto *m*. ◇ *vt* - 1. [gen] distruggere - 2. [ship] far naufragare - 3. [spoil, ruin] rovinare; **his health is wrecked** ha la salute rovinata.

wreckage ['rekɪdʒ] *n* [of plane,car] rottami *mpl*; [of building] rovine *fpl*.

wren [ren] *n* scricciolo *m*.

wrench [rentʃ] ◇ *n* esp US [tool] chiave *f*. ◇ *vt* - 1. [pull violently] strappare; **to wrench sthg open** aprire violentemente qc - 2. [injure, twist] slogarsi - 3. [force away] distogliere.

wrestle ['resl] *vi*: **to wrestle (with sb/sthg)** lottare (con qn/qc).

wrestler ['reslər] *n* lottatore *m*, -trice *f*.

wrestling ['reslɪŋ] *n* (U) lotta *f*.

wretch [retʃ] *n* poveretto *m*, -a *f*.

wretched ['retʃɪd] *adj* - 1. [miserable] infelice, disgraziato(a) - 2. *inf* [damned] dannato(a).

wriggle ['rɪgl] *vi* - 1. [move about] dimenarsi - 2. [twist]: **he wriggled under the fence** strisciò sotto il recinto; **I wriggled free** mi sono liberato contorcendomi.

wring [rɪŋ] (*pt & pp* **wrung**) *vt* [wet clothing] strizzare.

wringing ['rɪŋɪŋ] *adj*: **wringing (wet)** [person] fradicio(a); [clothes] inzuppato(a).

wrinkle ['rɪŋkl] ◇ *n* - 1. [on skin] ruga *f* - 2. [in cloth] piega *f*. ◇ *vt* [forehead, brow] aggrottare; [nose] arricciare. ◇ *vi* [crease] sgualcirsi.

wrist [rɪst] *n* polso *m*.

wristwatch ['rɪstwɒtʃ] *n* orologio *m* da polso.

writ [rɪt] *n* mandato *m*.

write [raɪt] (*pt* **wrote**, *pp* **written**) ◇ *vt* - 1. [gen] scrivere - 2. *esp US* [person] scrivere a - 3. [cheque] compilare. ◇ *vi* [gen] scrivere. ◆ **write down** *vt sep* annotarsi. ◆ **write off** *vt sep* - 1. [project, debt] cancellare; [investment] considerare perso(a) - 2. [person]: **to write sb off (as a failure)** liquidare qn (come un incapace) - 3. *UK inf* [vehicle] distruggere. ◆ **write up** *vt sep* [notes] trascrivere.

write-off *n* *UK inf* rottame *m*.

writer ['raɪtər] *n* - 1. [as profession] scrittore *m*, -trice *f* - 2. [of letter, article, story] autore *m*, -trice *f*.

writhe [raɪð] *vi* contorcersi.

writing ['raɪtɪŋ] *n* - 1. [handwriting] scrittura *f*, calligrafia *f* - 2. [something written] scritta *f*; **in writing** per iscritto - 3. [activity]: **he's taken up writing as a career** ha intrapreso la carriera di scrittore.

writing paper *n* (U) carta *f* da lettere.

written ['rɪtn] ◇ *pp* ▷ **write**. ◇ *adj* scritto(a).

wrong [rɒŋ] ◇ *adj* - 1. [gen] sbagliato(a); **to be wrong (to do sthg)** [person] avere torto (a fare qc); **I was wrong to ask them** ho sbagliato a chiedere a loro; **it's wrong to steal** rubare è sbagliato - 2. [amiss]: **what's wrong?** c'è qualcosa che non va? ◇ *adv* [incorrectly] in modo sbagliato; **to get sthg wrong** sbagliare qc; **to go wrong** [make a mistake] sbagliare; [stop functioning] funzionare male. ◇ *n* torto *m*; **to tell the difference between right and wrong** distinguere il bene dal male; **to be in the wrong** avere torto. ◇ *vt liter* trattare ingiustamente.

wrongful ['rɒŋfʊl] *adj* illegale.

wrongly ['rɒŋlɪ] *adv* - 1. [unsuitably] in modo sbagliato - 2. [mistakenly] a torto.

wrong number *n* numero *m* sbagliato.

wrote [rəʊt] *pt* ▷ **write**.

wrung [rʌŋ] *pt & pp* ▷ **wring**.

wry [raɪ] *adj* - 1. [amused] ironico(a) - 2. [displeased]: **a wry face/expression** una smorfia.

x (*pl* **x's** OR **xs**), **X** (*pl* **X's** OR **Xs**) [eks] *n* - 1. [letter] **x** *m* o *f inv*, **X** *m* o *f inv* - 2. MATHS **x**; **x number of people** un numero **x** di persone - 3. [at end of letter] bacio *m*.

Xmas ['eksməs] *n* (U) *inf* Natale *m*.

X-ray ◇ *n* - 1. [ray] raggio *m* X (*inv*) - 2. [picture] radiografia *f*. ◇ *vt* fare una radiografia a.

xylophone ['zaɪləfəʊn] *n* xilofono *m*.

y (pl y's or ys), Y (pl Y's or Ys) [waɪ] n [letter] y m o f inv, Y m o f inv.

yacht [jɒt] n yacht m inv.

yachting ['jɒtɪŋ] n (U) navigazione f da diporto.

yachtsman ['jɒtsmən] (pl -men) n diportista m.

Yank [jæŋk] n inf pej [American] yankee mf inv.

Yankee ['jæŋkɪ] n inf pej [American] yankee mf inv.

yap [jæp] vi [dog] guaire.

yard [jɑːd] n - 1. [unit of measurement] iarda f - 2. [walled area] cortile m - 3. [place of work] cantiere m - 4. US [garden of house] giardino m.

yardstick ['jɑːdstɪk] n - 1. [for measuring] stecca f lunga una iarda - 2. fig parametro m.

yarn [jɑːn] n (U) [thread] filato m.

yawn [jɔːn] <> n [from tiredness] sbadiglio m. <> vi [from tiredness] sbadigliare.

yd abbr of yard.

yeah [jeə] adv inf sì.

year [jɪər] n anno m; all (the) year round (per) tutto l'anno. ◆ years npl [long time] anni mpl.

yearly ['jɪəlɪ] <> adj - 1. [event, report] annuale - 2. [income, salary] annuo(a). <> adv - 1. [once a year] annualmente - 2. [every year] all'anno.

yearn [jɜːn] vi: to yearn for sthg/to do sthg agognare qc/di fare qc.

yearning ['jɜːnɪŋ] n brama f; yearning for sthg desiderio ardente di qc.

yeast [jiːst] n (U) lievito m.

yell [jel] <> n urlo m, grido m. <> vt & vi urlare, gridare.

yellow ['jeləʊ] <> adj [colour] giallo(a). <> n giallo m.

yellow card n FTBL cartellino m giallo.

yelp [jelp] vi guaire.

yes [jes] <> adv - 1. [gen] sì; yes, please sì, grazie; to say yes to sthg dire (di) sì a qc

- 2. [expressing disagreement] sì invece - 3. [to add sthg forgotten] già. <> n [vote in favour] sì m inv.

yesterday ['jestədɪ] <> n ieri m inv; the day before yesterday l'altro ieri m. <> adv ieri.

yet [jet] <> adv - 1. [gen] ancora; not yet non ancora; yet again di nuovo - 2. [up until now, so far] già; as yet finora. <> conj tuttavia.

yew [juː] n tasso m.

yield [jiːld] <> n [from crop] raccolto m; [from investment] rendita f. <> vt - 1. [crop, profit] produrre; [answer, clue] fornire - 2. [ground, control] cedere. <> vi - 1. [lock, shelf, beam] cedere - 2. fml [to opposing forces] arrendersi; [to pressure] cedere - 3. US AUT dare la precedenza.

YMCA (abbr of Young Men's Christian Association) n associazione giovanile cristiana per ragazzi.

yoga ['jəʊgə] n (U) yoga m.

yoghurt, yogurt [UK 'jɒgət, US 'jəʊgərt] n yogurt m inv.

yoke [jəʊk] n giogo m.

yolk [jəʊk] n tuorlo m.

you [juː] pers pron - 1. (subject) [sg] tu; [pl] voi; [sg] lei fml; [pl] loro fml; are you happy? sei contento/siete contenti?; you're a good cook sei un bravo cuoco; are you Italian? sei italiano/siete italiani?; you Italians voi italiani; you idiot! che scemo!; it's you sei tu/siete voi; if I were or was you se fossi in te/voi; there you are [you've appeared] eccoti/eccovi; [have this] ecco; you know sai; that jacket isn't really you questa giacca non ti si addice molto - 2. (direct object) [sg] ti; [pl] vi; [sg] la fml; [pl] loro fml; I know you ti/vi conosco; I like you mi sei simpatico/siete simpatici; I don't expect you to do it non mi aspetto che lo faccia tu/lo facciate voi - 3. (indirect object) [sg] ti; [pl] vi; [sg] le fml; [pl] loro fml; I spoke to you ti/vi ho parlato; she sent you a letter ti/vi ha mandato una lettera; I gave it to you te/ve l'ho dato - 4. (after prep, in comparisons etc) [sg] te; [pl] voi; [sg] lei fml; [pl] loro fml; it's for you è per te/voi; I'm shorter than you sono più basso di te/voi - 5. [anyone, one]: you have to be careful bisogna stare attenti; exercise is good for you l'esercizio fisico fa bene.

you'd [juːd] abbr of you had, you would.

you'll [juːl] abbr of you will.

young [jʌŋ] <> adj giovane. <> npl - 1. [young people]: the young i giovani - 2. [baby animals] piccoli mpl.

younger ['jʌŋgər] adj minore; **the younger generation** le nuove generazioni; **Pitt the Younger** Pitt il Giovane.

youngster ['jʌŋstər] n inf dated - **1.** [child] ragazzo m, -a f - **2.** [young person] giovane mf.

your [jɔːr] poss adj - **1.** [referring to one person] tuo(tua, tuoi, tue), suo(sua, suoi, sue) fml; [referring to more than one person] vostro(vostra, vostri, vostre), il loro(la loro, i loro, le loro) fml; **your brother/father** tuo/vostro fratello/padre; **your flat** il tuo/vostro appartamento; **your bedroom** la tua/vostra camera da letto; **your children** i tuoi/vostri figli; **your shoes** le tue/vostre scarpe; **Your Lordship** Vostra Signoria; **it wasn't your fault** non è stata tua/vostra la colpa; **what's your name?** come ti chiami? - **2.** [anyone's, one's]: **your attitude changes as you get older** gli atteggiamenti cambiano con l'età; **it's good for your teeth/hair** fa bene ai denti/capelli; **your average Englishman** l'inglese tipico.

you're [jɔːr] abbr of **you are**.

yours [jɔːz] poss pron [referring to one person] il tuo(la tua, i tuoi, le tue), il suo(la sua, i suoi, le sue) fml; [referring to more than one person] il vostro(la vostra, i vostri, le vostre), il loro(la loro, i loro, le loro) fml; **my house and yours** la mia casa e la tua/vostra; **yours is broken** il tuo/vostro è guasto; **that money is yours** questi soldi sono tuoi/vostri; **a friend of yours** un tuo/vostro amico; **it wasn't her fault: it was yours** non è stata sua la colpa, è stata tua/vostra.

yourself [jɔː'self] (pl -selves) pron - **1.** (reflexive) [sg] ti; [pl] vi; [sg] si fml; [pl] si fml; **make yourselves comfortable** mettetevi a vostro agio; **do you hate yourself for what you did?** ti detesti per quello che hai fatto? - **2.** (after prep) [sg] te, te stesso(a); [pl] voi, voi stessi(e); [sg] lei fml, lei stesso(a) fml; [pl] loro fml, loro stessi(e) fml; **tell me about yourself** parlami di te; **you should take better care of yourself** dovresti avere più cura di te stesso - **3.** (stressed) [] tu stesso(a); [pl] voi stessi(e); [sg] lei stesso(a) fml; [pl] loro stessi(e) fml; **you did it yourself** lo hai fatto tu stesso.

youth [juːθ] n - **1.** (U) [period of life, young people] gioventù f - **2.** (U) [quality] giovinezza f - **3.** [boy, young man] giovane m.

youth club n associazione f giovanile.

youthful ['juːθfʊl] adj - **1.** [eager, innocent] giovanile - **2.** [young-looking] giovane.

youth hostel n ostello m della gioventù.

you've [juːv] abbr of **you have**.

Yugoslavia [ˌjuːgəʊ'slɑːvɪə] n Iugoslavia f.

Yugoslavian [ˌjuːgəʊ'slɑːvɪən] ◇ adj iugoslavo(a). ◇ n iugoslavo m, -a f.

yuppie, yuppy ['jʌpɪ] n yuppie mf inv.

YWCA (abbr of **Young Women's Christian Association**) n associazione giovanile cristiana per ragazze.

Z

z (pl z's OR zs), **Z** (pl Z's OR Zs) [UK zed, US ziː] n [letter] z m o f inv, Z m o f inv.

zany ['zeɪnɪ] adj inf strambo(a).

zeal [ziːl] n (U) fml zelo m.

zebra ['ziːbrə, 'zebrə, UK] (pl zebra OR -s) n zebra f.

zebra crossing n UK passaggio m pedonale.

zenith ['zenɪθ, 'ziːnəθ, US] n - **1.** ASTRON zenit m inv - **2.** fig [highest point] culmine m, apice m.

zero [UK 'zɪərəʊ, US 'ziːrəʊ] (pl -s OR -es) ◇ adj zero. ◇ n zero m.

zest [zest] n (U) - **1.** [excitement] sapore m - **2.** [eagerness] entusiasmo m - **3.** [of orange, lemon] scorza f.

zigzag ['zɪgzæg] vi zigzagare.

Zimbabwe [zɪm'bɑːbwɪ] n Zimbabwe.

zinc [zɪŋk] n (U) zinco m.

zip [zɪp] ◇ n UK [fastener] cerniera f lampo (inv), zip m inv. ◇ vt - **1.** [garment, bag] chiudere (con cerniera lampo) - **2.** COMPUT zippare. ◇ vi [go quickly] sfrecciare. ◆ **zip up** vt sep chiudere la cerniera di.

zip code n US codice m di avviamento postale, C.A.P. m

Zip disk® n COMPUT disco m zip (inv).

Zip drive® n COMPUT zip drive m inv.

zip fastener n UK fml = **zip**.

zipper ['zɪpər] n US = **zip**.

zodiac ['zəʊdɪæk] n: **the zodiac** lo zodiaco.

zone [zəʊn] n zona f; **time zone** fuso m orario.

zoo [zuː] n zoo m inv.

zoom [zuːm] vi inf [move quickly] sfrecciare, rombare. ◆ **zoom off** vi inf schizzare via.

zoom lens n zoom m inv.

zucchini [zuː'kiːnɪ] (pl zucchini OR -s) n US zucchino m.

coniugazione dei verbi italiani
verbi irregolari inglesi

Italian verbs
English irregular verbs

	1 essere	2 avere	3 dovere
Indicativo presente ✓	sono sei è siamo siete sono	ho hai ha abbiamo avete hanno	devo o debbo devi deve dobbiamo dovete devono o debbono
Imperfetto ✓	ero eri era eravamo eravate erano	avevo avevi aveva avevamo avevate avevano	dovevo dovevi doveva dovevamo dovevate dovevano
Passato remoto	fui fosti fu fummo foste furono	ebbi avesti ebbe avemmo aveste ebbero	dovei o dovetti dovesti dové o dovette dovemmo doveste doverono o dovettero
Futuro	sarò sarai sarà saremo sarete saranno	avrò avrai avrà avremo avrete avranno	dovrò dovrai dovrà dovremo dovrete dovranno
Condizionale presente ✓	sarei saresti sarebbe saremmo sareste sarebbero	avrei avresti avrebbe avremmo avreste avrebbero	dovrei dovresti dovrebbe dovremmo dovreste dovrebbero
Congiuntivo presente	sia sia sia siamo siate siano	abbia abbia abbia abbiamo abbiate abbiano	deva o debba deva o debba deva o debba dobbiamo dobbiate devano o debbano
Congiuntivo imperfetto	fossi fossi fosse fossimo foste fossero	avessi avessi avesse avessimo aveste avessero	dovessi dovessi dovesse dovessimo doveste dovessero
Imperativo	sii sia siamo siate siano	abbi abbia abbiamo abbiate abbiano	-
Gerundio	essendo	avendo	dovendo
Part. passato ✓	stato	avuto	dovuto

	4 potere	5 volere	6 parlare
Indicativo presente	posso	voglio	parlo
	puoi	vuoi	parli
	può	vuole	parla
	possiamo	vogliamo	parliamo
	potete	volete	parlate
	possono	vogliono	parlano
Imperfetto	potevo	volevo	parlavo
	potevi	volevi	parlavi
	poteva	voleva	parlava
	potevamo	volevamo	parlavamo
	potevate	volevate	parlavate
	potevano	volevano	parlavano
Passato remoto	potei o potetti	volli	parlai
	potesti	volesti	parlasti
	poté o potette	volle	parlò
	potemmo	volemmo	parlammo
	poteste	voleste	parlaste
	poterono o potettero	vollero	parlarono
Futuro	potrò	vorrò	parlerò
	potrai	vorrai	parlerai
	potrà	vorrà	parlerà
	potremo	vorremo	parleremo
	potrete	vorrete	parlerete
	potranno	vorranno	parleranno
Condizionale presente	potrei	vorrei	parlerei
	potresti	vorresti	parleresti
	potrebbe	vorrebbe	parlerebbe
	potremmo	vorremmo	parleremmo
	potreste	vorreste	parlereste
	potrebbero	vorrebbero	parlerebbero
Congiuntivo presente	possa	voglia	parli
	possa	voglia	parli
	possa	voglia	parli
	possiamo	vogliamo	parliamo
	possiate	vogliate	parliate
	possano	vogliano	parlino
Congiuntivo imperfetto	potessi	volessi	parlassi
	potessi	volessi	parlassi
	potesse	volesse	parlasse
	potessimo	volessimo	parlassimo
	poteste	voleste	parlaste
	potessero	volessero	parlassero
Imperativo	-	vogli	parla
		voglia	parli
		vogliamo	parliamo
		vogliate	parlate
		vogliano	parlino
Gerundio	potendo	volendo	parlando
Part. passato	potuto	voluto	parlato

	7 credere	8 partire	9 capire
Indicativo presente	credo	parto	capisco
	credi	parti	capisci
	crede	parte	capisce
	crediamo	partiamo	capiamo
	credete	partite	capite
	credono	partono	capiscono
Imperfetto	credevo	partivo	capivo
	credevi	partivi	capivi
	credeva	partiva	capiva
	credevamo	partivamo	capivamo
	credevate	partivate	capivate
	credevano	partivano	capivano
Passato remoto	credei o credetti	partii	capii
	credesti	partisti	capisti
	credé o credette	partì	capì
	credemmo	partimmo	capimmo
	credeste	partiste	capiste
	crederono o credettero	partirono	capirono
Futuro	crederò	partirò	capirò
	crederai	partirai	capirai
	crederà	partirà	capirà
	crederemo	partiremo	capiremo
	crederete	partirete	capirete
	crederanno	partiranno	capiranno
Condizionale presente	crederei	partirei	capirei
	crederesti	partiresti	capiresti
	crederebbe	partirebbe	capirebbe
	crederemmo	partiremmo	capiremmo
	credereste	partireste	capireste
	crederebbero	partirebbero	capirebbero
Congiuntivo presente	creda	parta	capisca
	creda	parta	capisca
	creda	parta	capisca
	crediamo	partiamo	capiamo
	crediate	partiate	capiate
	credano	partano	capiscano
Congiuntivo imperfetto	credessi	partissi	capissi
	credessi	partissi	capissi
	credesse	partisse	capisse
	credessimo	partissimo	capissimo
	credeste	partiste	capiste
	credessero	partissero	capissero
Imperativo	credi	parti	capisci
	creda	parta	capisca
	crediamo	partiamo	capiamo
	credete	partite	capite
	credano	partano	capiscano
Gerundio	credendo	partendo	capendo
Part. passato	creduto	partito	capito

N.B. *inferire*, nelle accezioni 1 & 2 al pass. rem. *infersi, inferisti, inferse, infersero* e al part. passato *inferto*

	10 applaudire	11 andare	12 dare
Indicativo presente	applaud(isc)o	vado	do
	applaud(isc)i	vai	dai
	applaud(isc)e	va	dà
	applaudiamo	andiamo	diamo
	applaudite	andate	date
	applaud(isc)ono	vanno	danno
Imperfetto	applaudivo	andavo	davo
	applaudivi	andavi	davi
	applaudiva	andava	dava
	applaudivamo	andavamo	davamo
	applaudivate	andavate	davate
	applaudivano	andavano	davano
Passato remoto	applaudii	andai	diedi o detti
	applaudisti	andasti	desti
	applaudì	andò	diede o dette
	applaudimmo	andammo	demmo
	applaudiste	andaste	deste
	applaudirono	andarono	diedero o dettero
Futuro	applaudirò	andrò	darò
	applaudirai	andrai	darai
	applaudirà	andrà	darà
	applaudiremo	andremo	daremo
	applaudirete	andrete	darete
	applaudiranno	andranno	daranno
Condizionale presente	applaudirei	andrei	darei
	applaudiresti	andresti	daresti
	applaudirebbe	andrebbe	darebbe
	applaudiremmo	andremmo	daremmo
	applaudireste	andreste	dareste
	applaudirebbero	andrebbero	darebbero
Congiuntivo presente	applaud(isc)a	vada	dia
	applaud(isc)a	vada	dia
	applaud(isc)a	vada	dia
	applaudiamo	andiamo	diamo
	applaudiate	andiate	diate
	applaud(isc)ano	vadano	diano
Congiuntivo imperfetto	applaudissi	andassi	dessi
	applaudissi	andassi	dessi
	applaudisse	andasse	desse
	applaudissimo	andassimo	dessimo
	applaudiste	andaste	deste
	applaudissero	andassero	dessero
Imperativo	applaud(isc)i	va o vai o va'	dà o dai o da'
	applaud(isc)a	vada	dia
	applaudiamo	andiamo	diamo
	applaudite	andate	date
	applaud(isc)ano	vadano	diano
Gerundio	applaudendo	andando	dando
Part. passato	applaudito	andato	dato

	13 fare	14 stare	15 cercare
Indicativo presente	faccio	sto	cerco
	fai	stai	cerchi
	fa	sta	cerca
	facciamo	stiamo	cerchiamo
	fate	state	cercate
	fanno	stanno	cercano
Imperfetto	facevo	stavo	cercavo
	facevi	stavi	cercavi
	faceva	stava	cercava
	facevamo	stavamo	cercavamo
	facevate	stavate	cercavate
	facevano	stavano	cercavano
Passato remoto	feci	stetti	cercai
	facesti	stesti	cercasti
	fece	stette	cercò
	facemmo	stemmo	cercammo
	faceste	steste	cercaste
	fecero	stettero	cercarono
Futuro	farò	starò	cercherò
	farai	starai	cercherai
	farà	starà	cercherà
	faremo	staremo	cercheremo
	farete	starete	cercherete
	faranno	staranno	cercheranno
Condizionale presente	farei	starei	cercherei
	faresti	staresti	cercheresti
	farebbe	starebbe	cercherebbe
	faremmo	staremmo	cercheremmo
	fareste	stareste	cerchereste
	farebbero	starebbero	cercherebbero
Congiuntivo presente	faccia	stia	cerchi
	faccia	stia	cerchi
	faccia	stia	cerchi
	facciamo	stiamo	cerchiamo
	facciate	stiate	cerchiate
	facciano	stiano	cerchino
Congiuntivo imperfetto	facessi	stessi	cercassi
	facessi	stessi	cercassi
	facesse	stesse	cercasse
	facessimo	stessimo	cercassimo
	faceste	steste	cercaste
	facessero	stessero	cercassero
Imperativo	fa o fai o fa'	sta o stai o sta'	cerca
	faccia	stia	cerchi
	facciamo	stiamo	cerchiamo
	fate	state	cercate
	facciano	stiano	cerchino
Gerundio	facendo	stando	cercando
Part. passato	fatto	stato	cercato

N.B. *disfare* e *soddisfare* seguono la coniugazione regolare, salvo al pres. indic. e al cong. (*disfo*, *soddisfo*, ecc)

	16 pagare	17 cominciare	18 mangiare
Indicativo presente	pago	comincio	mangio
	paghi	cominci	mangi
	paga	comincia	mangia
	paghiamo	cominciamo	mangiamo
	pagate	cominciate	mangiate
	pagano	cominciano	mangiano
Imperfetto	pagavo	cominciavo	mangiavo
	pagavi	cominciavi	mangiavi
	pagava	cominciava	mangiava
	pagavamo	cominciavamo	mangiavamo
	pagavate	cominciavate	mangiavate
	pagavano	cominciavano	mangiavano
Passato remoto	pagai	cominciai	mangiai
	pagasti	cominciasti	mangiasti
	pagò	cominciò	mangiò
	pagammo	cominciammo	mangiammo
	pagaste	cominciaste	mangiaste
	pagarono	cominciarono	mangiarono
Futuro	pagherò	comincerò	mangerò
	pagherai	comincerai	mangerai
	pagherà	comincerà	mangerà
	pagheremo	cominceremo	mangeremo
	pagherete	comincerete	mangerete
	pagheranno	cominceranno	mangeranno
Condizionale presente	pagherei	comincerei	mangerei
	pagheresti	cominceresti	mangeresti
	pagherebbe	comincerebbe	mangerebbe
	pagheremmo	cominceremmo	mangeremmo
	paghereste	comincereste	mangereste
	pagherebbero	comincerebbero	mangerebbero
Congiuntivo presente	paghi	cominci	mangi
	paghi	cominci	mangi
	paghi	cominci	mangi
	paghiamo	cominciamo	mangiamo
	paghiate	cominciate	mangiate
	paghino	comincino	mangino
Congiuntivo imperfetto	pagassi	cominciassi	mangiassi
	pagassi	cominciassi	mangiassi
	pagasse	cominciasse	mangiasse
	pagassimo	cominciassimo	mangiassimo
	pagaste	cominciaste	mangiaste
	pagassero	cominciassero	mangiassero
Imperativo	paga	comincia	mangia
	paghi	cominci	mangi
	paghiamo	cominciamo	mangiamo
	pagate	cominciate	mangiate
	paghino	comincino	mangino
Gerundio	pagando	cominciando	mangiando
Part. passato	pagato	cominciato	mangiato

	19 lasciare	20 cambiare	21 sbagliare
Indicativo presente	lascio	cambio	sbaglio
	lasci	cambi	sbagli
	lascia	cambia	sbaglia
	lasciamo	cambiamo	sbagliamo
	lasciate	cambiate	sbagliate
	lasciano	cambiano	sbagliano
Imperfetto	lasciavo	cambiavo	sbagliavo
	lasciavi	cambiavi	sbagliavi
	lasciava	cambiava	sbagliava
	lasciavamo	cambiavamo	sbagliavamo
	lasciavate	cambiavate	sbagliavate
	lasciavano	cambiavano	sbagliavano
Passato remoto	lasciai	cambiai	sbagliai
	lasciasti	cambiasti	sbagliasti
	lasciò	cambiò	sbagliò
	lasciammo	cambiammo	sbagliammo
	lasciaste	cambiaste	sbagliaste
	lasciarono	cambiarono	sbagliarono
Futuro	lascerò	cambierò	sbaglierò
	lascerai	cambierai	sbaglierai
	lascerà	cambierà	sbaglierà
	lasceremo	cambieremo	sbaglieremo
	lascerete	cambierete	sbaglierete
	lasceranno	cambieranno	sbaglieranno
Condizionale presente	lascerei	cambierei	sbaglierei
	lasceresti	cambieresti	sbaglieresti
	lascerebbe	cambierebbe	sbaglierebbe
	lasceremmo	cambieremmo	sbaglieremmo
	lascereste	cambiereste	sbagliereste
	lascerebbero	cambierebbero	sbaglierebbero
Congiuntivo presente	lasci	cambi	sbagli
	lasci	cambi	sbagli
	lasci	cambi	sbagli
	lasciamo	cambiamo	sbagliamo
	lasciate	cambiate	sbagliate
	lascino	cambino	sbaglino
Congiuntivo imperfetto	lasciassi	cambiassi	sbagliassi
	lasciassi	cambiassi	sbagliassi
	lasciasse	cambiasse	sbagliasse
	lasciassimo	cambiassimo	sbagliassimo
	lasciaste	cambiaste	sbagliaste
	lasciassero	cambiassero	sbagliassero
Imperativo	lascia	cambia	sbaglia
	lasci	cambi	sbagli
	lasciamo	cambiamo	sbagliamo
	lasciate	cambiate	sbagliate
	lascino	cambino	sbaglino
Gerundio	lasciando	cambiando	sbagliando
Part. passato	lasciato	cambiato	sbagliato

	22 inviare	23 accompagnare	24 creare
Indicativo presente	invio	accompagno	creo
	invii	accompagni	crei
	invia	accompagna	crea
	inviamo	accompagn(i)amo	creiamo
	inviate	accompagnate	create
	inviano	accompagnano	creano
Imperfetto	inviavo	accompagnavo	creavo
	inviavi	accompagnavi	creavi
	inviava	accompagnava	creava
	inviavamo	accompagnavamo	creavamo
	inviavate	accompagnavate	creavate
	inviavano	accompagnavano	creavano
Passato remoto	inviai	accompagnai	creai
	inviasti	accompagnasti	creasti
	inviò	accompagnò	creò
	inviammo	accompagnammo	creammo
	inviaste	accompagnaste	creaste
	inviarono	accompagnarono	crearono
Futuro	invierò	accompagnerò	creerò
	invierai	accompagnerai	creerai
	invierà	accompagnerà	creerà
	invieremo	accompagneremo	creeremo
	invierete	accompagnerete	creerete
	invieranno	accompagneranno	creeranno
Condizionale presente	invierei	accompagnerei	creerei
	invieresti	accompagneresti	creeresti
	invierebbe	accompagnerebbe	creerebbe
	invieremmo	accompagneremmo	creeremmo
	inviereste	accompagnereste	creereste
	invierebbero	accompagnerebbero	creerebbero
Congiuntivo presente	invii	accompagni	crei
	invii	accompagni	crei
	invii	accompagni	crei
	inviamo	accompagn(i)amo	creiamo
	inviate	accompagniate	creiate
	inviino	accompagnino	creino
Congiuntivo imperfetto	inviassi	accompagnassi	creassi
	inviassi	accompagnassi	creassi
	inviasse	accompagnasse	creasse
	inviassimo	accompagnassimo	creassimo
	inviaste	accompagnaste	creaste
	inviassero	accompagnassero	creassero
Imperativo	invia	accompagna	crea
	invii	accompagni	crei
	inviamo	accompagn(i)amo	creiamo
	inviate	accompagnate	create
	inviino	accompagnino	creino
Gerundio	inviando	accompagnando	creando
Part. passato	inviato	accompagnato	creato

	25 torcere	26 vincere	27 conoscere
Passato remoto	torsi	vinsi	conobbi
	torcesti	vincesti	conoscesti
	torse	vinse	conobbe
	torcemmo	vincemmo	conoscemmo
	torceste	vinceste	conosceste
	torsero	vinsero	conobbero
Participio passato	torto	vinto	conosciuto

	28 nascere	29 chiedere	30 decidere
Passato remoto	nacqui	chiesi	decisi
	nascesti	chiedesti	decidesti
	nacque	chiese	decise
	nascemmo	chiedemmo	decidemmo
	nasceste	chiedeste	decideste
	nacquero	chiesero	decisero
Participio passato	nato	chiesto	deciso

	31 chiudere	32 dissuadere	33 perdere
Passato remoto	chiusi	dissuasi	persi
	chiudesti	dissuadesti	perdesti
	chiuse	dissuase	perse
	chiudemmo	dissuademmo	perdemmo
	chiudeste	dissuadeste	perdeste
	chiusero	dissuasero	persero
Participio passato	chiuso	dissuaso	perso o perduto

	34 mordere	35 radere	36 rodere
Passato remoto	morsi	rasi	rosi
	mordesti	radesti	rodesti
	morse	rase	rose
	mordemmo	rademmo	rodemmo
	mordeste	radeste	rodeste
	morsero	rasero	rosero
Participio passato	morso	raso	roso

	37 esplodere	38 invadere	40 concedere
Passato remoto	esplosi	invasi	concessi
	esplodesti	invadesti	concedesti
	esplose	invase	concesse
	esplodemmo	invademmo	concedemmo
	esplodeste	invadeste	concedeste
	esplosero	invasero	concessero
Participio passato	esploso	invaso	concesso

N.B. *succedere* presenta doppia forma al part. passato: [accadere] *successo*; [venire dopo] *succeduto*

	41 espandere	42 rispondere	43 prendere
Passato remoto	espansi	risposi	presi
	espandesti	rispondesti	prendesti
	espanse	rispose	prese
	espandemmo	rispondemmo	prendemmo
	espandeste	rispondeste	prendeste
	espansero	risposero	presero
Participio passato	espanso	risposto	preso

	44 fondere	45 prescindere	46 porgere
Passato remoto	fusi	prescindei	porsi
	fondesti	prescindesti	porgesti
	fuse	prescindé	porse
	fondemmo	prescindemmo	porgemmo
	fondeste	prescindeste	porgeste
	fusero	prescinderono	porsero
Participio passato	fuso	prescisso	porto

	48 volgere	49 fingere	50 leggere
Passato remoto	volsi	finsi	lessi
	volgesti	fingesti	leggesti
	volse	finse	lesse
	volgemmo	fingemmo	leggemmo
	volgeste	fingeste	leggeste
	volsero	finsero	lessero
Participio passato	volto	finto	letto

	51 affiggere	52 emergere	53 spargere
Passato remoto	affissi	emersi	sparsi
	affiggesti	emergesti	spargesti
	affisse	emerse	sparse
	affiggemmo	emergemmo	spargemmo
	affiggeste	emergeste	spargeste
	affissero	emersero	sparsero
Participio passato	affisso	emerso	sparso

	55 esigere	56 dirigere	57 stringere
Passato remoto	esigei o esigetti	diressi	strinsi
	esigesti	dirigesti	stringesti
	esigé o esigette	diresse	strinse
	esigemmo	dirigemmo	stringemmo
	esigeste	dirigeste	stringeste
	esigerono o esigettero	diressero	strinsero
Participio passato	esatto	diretto	stretto

N.B. *restringere* al part. passato: *ristretto*

	59 eccellere	60 espellere	61 assumere
Passato remoto	eccelsi	espulsi	assunsi
	eccellesti	espellesti	assumesti
	eccelse	espulse	assunse
	eccellemmo	espellemmo	assumemmo
	eccelleste	espelleste	assumeste
	eccelsero	espulsero	assunsero
Participio passato	eccelso	espulso	assunto

	63 esprimere	64 rompere	65 correre
Passato remoto	espressi	ruppi	corsi
	esprimesti	rompesti	corresti
	espresse	ruppe	corse
	esprimemmo	rompemmo	corremmo
	esprimeste	rompeste	correste
	espressero	ruppero	corsero
Participio passato	espresso	rotto	corso

	66 assistere	67 connettere	68 flettere
Passato remoto	assistei	connessi	flettei o flessi
	assistesti	connettesti	flettesti
	assistette	connesse	fletté o flesse
	assistemmo	connettemmo	flettemmo
	assisteste	connetteste	fletteste
	assistettero	connessero	fletterono o flessero
Participio passato	assistito	connesso	flesso
			N.B. *riflettere* presenta doppia forma al part. passato a seconda del significato: [luce, suono] *riflesso*; [pensato] *riflettuto*

	69 discutere	70 scuotere	71 mettere
Passato remoto	discussi	scossi	misi
	discutesti	scuotesti	mettesti
	discusse	scosse	mise
	discutemmo	scuotemmo	mettemmo
	discuteste	scuoteste	metteste
	discussero	scossero	misero
Participio passato	discusso	scosso	messo

	72 distinguere	73 scrivere	74 assolvere
Passato remoto	distinsi	scrissi	assolsi o assolvei o assolvetti
	distinguesti	scrivesti	assolvesti
	distinse	scrisse	assolse o assolvé o assolvette
	distinguemmo	scrivemmo	assolvemmo
	distingueste	scriveste	assolveste
	distinsero	scrissero	assolsero o assolverono o assolvettero
Participio passato	distinto	scritto	assolto

	75 evolvere	76 muovere	77 sedere
Passato remoto	evolvei O evolvetti	mossi	sedei O sedetti
	evolvesti	m(u)ovesti	sedesti
	evolvé O evolvette	mosse	sedé O sedette
	evolvemmo	m(u)ovemmo	sedemmo
	evolveste	m(u)oveste	sedeste
	evolverono O evolvettero	mossero	sederono ó sedettero
Participio passato	evoluto	mosso	seduto

	78 godere	79 bere	80 sapere
Passato remoto	godei O godetti	bevvi O bevetti	seppi
	godesti	bevesti	sapesti
	godé O godette	bevve O bevette	seppe
	godemmo	bevemmo	sapemmo
	godeste	beveste	sapeste
	goderono O godettero	bevvero O bevettero	seppero
Participio passato	goduto	bevuto	saputo

	81 vedere	82 prevedere	83 vivere
Passato remoto	vidi	previdi	vissi
	vedesti	prevedesti	vivesti
	vide	previde	visse
	vedemmo	prevedemmo	vivemmo
	vedeste	prevedeste	viveste
	videro	previdero	vissero
Participio passato	visto O veduto	previsto O preveduto	vissuto

	84 cadere	85 spegnere	86 togliere
Passato remoto	caddi	spensi	tolsi
	cadesti	spegnesti	togliesti
	cadde	spense	tolse
	cademmo	spegnemmo	togliemmo
	cadeste	spegneste	toglieste
	caddero	spensero	tolsero
Participio passato	caduto	spento	tolto

	87 piacere	88 nuocere	89 cuocere
Indicativo presente	piaccio	n(u)occio	cuocio
	piaci	nuoci	cuoci
	piace	nuoce	cuoce
	piacciamo	nociamo	c(u)ociamo
	piacete	nocete	c(u)ocete
	piacciono	n(u)occiono	cuociono
Imperfetto	piacevo	n(u)ocevo	cuocevo
	piacevi	n(u)ocevi	cuocevi
	piaceva	n(u)oceva	cuoceva
	piacevamo	n(u)ocevamo	cuocevamo
	piacevate	n(u)ocevate	cuocevate
	piacevano	n(u)ocevano	cuocevano
Passato remoto	piacqui	nocqui	cossi
	piacesti	nocesti	c(u)ocesti
	piacque	nocque	cosse
	piacemmo	nocemmo	c(u)ocemmo
	piaceste	noceste	c(u)oceste
	piacquero	nocquero	cossero
Futuro	piacerò	n(u)ocerò	cuocerò
	piacerai	n(u)ocerai	cuocerai
	piacerà	n(u)ocerà	cuocerà
	piaceremo	n(u)oceremo	cuoceremo
	piacerete	n(u)ocerete	cuocerete
	piaceranno	n(u)oceranno	cuoceranno
Condizionale presente	piacerei	n(u)ocerei	cuocerei
	piaceresti	n(u)oceresti	cuoceresti
	piacerebbe	n(u)ocerebbe	cuocerebbe
	piaceremmo	n(u)oceremmo	cuoceremmo
	piacereste	n(u)ocereste	cuocereste
	piacerebbero	n(u)ocerebbero	cuocerebbero
Congiuntivo presente	piaccia	n(u)occia	cuocia
	piaccia	n(u)occia	cuocia
	piaccia	n(u)occia	cuocia
	piacciamo	nociamo	c(u)ociamo
	piacciate	nociate	c(u)ociate
	piacciano	n(u)occiano	cuociano
Congiuntivo imperfetto	piacessi	n(u)ocessi	cuocessi
	piacessi	n(u)ocessi	cuocessi
	piacesse	n(u)ocesse	cuocesse
	piacessimo	n(u)ocessimo	cuocessimo
	piaceste	n(u)oceste	cuoceste
	piacessero	n(u)ocessero	cuocessero
Imperativo	piaci	nuoci	cuoci
	piaccia	n(u)occia	cuocia
	piacciamo	nociamo	c(u)ociamo
	piacete	nocete	c(u)ocete
	piacciano	n(u)occiano	cuociano
Gerundio	piacendo	n(u)ocendo	cuocendo
Part. passato	piaciuto	nociuto	cotto

	90 rimanere	91 valere	93 tenere
Indicativo presente	rimango	valgo	tengo
	rimani	vali	tieni
	rimane	vale	tiene
	rimaniamo	valiamo	teniamo
	rimanete	valete	tenete
	rimangono	valgono	tengono
Imperfetto	rimanevo	valevo	tenevo
	rimanevi	valevi	tenevi
	rimaneva	valeva	teneva
	rimanevamo	valevamo	tenevamo
	rimanevate	valevate	tenevate
	rimanevano	valevano	tenevano
Passato remoto	rimasi	valsi	tenni
	rimanesti	valesti	tenesti
	rimase	valse	tenne
	rimanemmo	valemmo	tenemmo
	rimaneste	valeste	teneste
	rimasero	valsero	tennero
Futuro	rimarrò	varrò	terrò
	rimarrai	varrai	terrai
	rimarrà	varrà	terrà
	rimarremo	varremo	terremo
	rimarrete	varrete	terrete
	rimarranno	varranno	terranno
Condizionale presente	rimarrei	varrei	terrei
	rimarresti	varresti	terresti
	rimarrebbe	varrebbe	terrebbe
	rimarremmo	varremmo	terremmo
	rimarreste	varreste	terreste
	rimarrebbero	varrebbero	terrebbero
Congiuntivo presente	rimanga	valga	tenga
	rimanga	valga	tenga
	rimanga	valga	tenga
	rimaniamo	valiamo	teniamo
	rimaniate	valiate	teniate
	rimangano	valgano	tengano
Congiuntivo imperfetto	rimanessi	valessi	tenessi
	rimanessi	valessi	tenessi
	rimanesse	valesse	tenesse
	rimanessimo	valessimo	tenessimo
	rimaneste	valeste	teneste
	rimanessero	valessero	tenessero
Imperativo	rimani	vali	tieni
	rimanga	valga	tenga
	rimaniamo	valiamo	teniamo
	rimanete	valete	tenete
	rimangano	valgano	tengano
Gerundio	rimanendo	valendo	tenendo
Part. passato	rimasto	valso	tenuto

	94 parere	95 condurre	96 proporre
Indicativo presente	paio	conduco	propongo
	pari	conduci	proponi
	pare	conduce	propone
	paiamo	conduciamo	proponiamo
	parete	conducete	proponete
	paiono	conducono	propongono
Imperfetto	parevo	conducevo	proponevo
	parevi	conducevi	proponevi
	pareva	conduceva	proponeva
	parevamo	conducevamo	proponevamo
	parevate	conducevate	proponevate
	parevano	conducevano	proponevano
Passato remoto	parvi	condussi	proposi
	paresti	conducesti	proponesti
	parve	condusse	propose
	paremmo	conducemmo	proponemmo
	pareste	conduceste	proponeste
	parvero	condussero	proposero
Futuro	parrò	condurrò	proporrò
	parrai	condurrai	proporrai
	parrà	condurrà	proporrà
	parremo	condurremo	proporremo
	parrete	condurrete	proporrete
	parranno	condurranno	proporranno
Condizionale presente	parrei	condurrei	proporrei
	parresti	condurresti	proporresti
	parrebbe	condurrebbe	proporrebbe
	parremmo	condurremmo	proporremmo
	parreste	condurreste	proporreste
	parrebbero	condurrebbero	proporrebbero
Congiuntivo presente	paia	conduca	proponga
	paia	conduca	proponga
	paia	conduca	proponga
	paiamo	conduciamo	proponiamo
	paiate	conduciate	proponiate
	paiano	conducano	propongano
Congiuntivo imperfetto	paressi	conducessi	proponessi
	paressi	conducessi	proponessi
	paresse	conducesse	proponesse
	paressimo	conducessimo	proponessimo
	pareste	conduceste	proponeste
	paressero	conducessero	proponessero
Gerundio	parendo	conducendo	proponendo
Part. passato	parso	condotto	proposto

	97 trarre	98 aprire
Indicativo presente	traggo	apro
	trai	apri
	trae	apre
	traiamo	apriamo
	traete	aprite
	traggono	aprono
Imperfetto	traevo	aprivo
	traevi	aprivi
	traeva	apriva
	traevamo	aprivamo
	traevate	aprivate
	traevano	aprivano
Passato remoto	trassi	aprii
	traesti	apristi
	trasse	aprì
	traemmo	aprimmo
	traeste	apriste
	trassero	aprirono
Futuro	trarrò	aprirò
	trarrai	aprirai
	trarrà	aprirà
	trarremo	apriremo
	trarrete	aprirete
	trarranno	apriranno
Condizionale presente	trarrei	aprirei
	trarresti	apriresti
	trarrebbe	aprirebbe
	trarremmo	apriremmo
	trarreste	aprireste
	trarrebbero	aprirebbero
Congiuntivo presente	tragga	apra
	tragga	apra
	tragga	apra
	traiamo	apriamo
	traiate	apriate
	traggano	aprano
Congiuntivo imperfetto	traessi	aprissi
	traessi	aprissi
	traesse	aprisse
	traessimo	aprissimo
	traeste	apriste
	traessero	aprissero
Imperativo	trai	apri
	tragga	apra
	traiamo	apriamo
	traete	aprite
	traggano	aprano
Gerundio	traendo	aprendo
Part. passato	tratto	aperto

	99 cucire	100 dire
Indicativo presente	cucio	dico
	cuci	dici
	cuce	dice
	cuciamo	diciamo
	cucite	dite
	cuciono	dicono
Imperfetto	cucivo	dicevo
	cucivi	dicevi
	cuciva	diceva
	cucivamo	dicevamo
	cucivate	dicevate
	cucivano	dicevano
Passato remoto	cucii	dissi
	cucisti	dicesti
	cucì	disse
	cucimmo	dicemmo
	cuciste	diceste
	cucirono	dissero
Futuro	cucirò	dirò
	cucirai	dirai
	cucirà	dirà
	cuciremo	diremo
	cucirete	direte
	cuciranno	diranno
Condizionale presente	cucirei	direi
	cuciresti	diresti
	cucirebbe	direbbe
	cuciremmo	diremmo
	cucireste	direste
	cucirebbero	direbbero
Congiuntivo presente	cucia	dica
	cucia	dica
	cucia	dica
	cuciamo	diciamo
	cuciate	diciate
	cuciano	dicano
Congiuntivo imperfetto	cucissi	dicessi
	cucissi	dicessi
	cucisse	dicesse
	cucissimo	dicessimo
	cuciste	diceste
	cucissero	dicessero
Imperativo	cuci	di' o dì
	cucia	dica
	cuciamo	diciamo
	cucite	dite
	cuciano	dicano
Gerundio	cucendo	dicendo
Part. passato	cucito	detto

N.B. *addirsi* è usato solo alla 3 pers. sing. e plurale

101 benedire	102 contraddire
N.B. Si coniuga come *dire* [100], a parte la seconda persona sing dell'imperativo: *benedici*	N.B. Si coniuga come *dire* [100], a parte la seconda persona sing dell'imperativo: *contraddici*

	103 morire	104 salire	105 scomparire
Indicativo presente	muoio	salgo	scompaio
	muori	sali	scompari
	muore	sale	scompare
	moriamo	saliamo	scompariamo
	morite	salite	scomparite
	muoiono	salgono	scompaiono
Futuro	morirò	salirò	scomparirò
	morirai	salirai	scomparirai
	morirà	salirà	scomparirà
	moriremo	saliremo	scompariremo
	morirete	salirete	scomparete
	moriranno	saliranno	scompariranno
Congiuntivo presente	muoia	salga	scompaia
	muoia	salga	scompaia
	muoia	salga	scompaia
	moriamo	saliamo	scompariamo
	moriate	saliate	scompariate
	muoiano	salgano	scompaiano
Participio passato	morto	salito	scomparso
			N.B. *trasparire* alla prima persona sing del pass. rem. fa *trasparii* e al part. pass. *trasparito*

	106 seppellire	107 udire	108 uscire
Indicativo presente	seppellisco	odo	esco
	seppellisci	odi	esci
	seppellisce	ode	esce
	seppelliamo	udiamo	usciamo
	seppellite	udite	uscite
	seppelliscono	odono	escono
Futuro	seppellirò	ud(i)rò	uscirò
	seppellirai	ud(i)rai	uscirai
	seppellirà	ud(i)rà	uscirà
	seppelliremo	ud(i)remo	usciremo
	seppellirete	ud(i)rete	uscirete
	seppelliranno	ud(i)ranno	usciranno
Congiuntivo presente	seppellisca	oda	esca
	seppellisca	oda	esca
	seppellisca	oda	esca
	seppelliamo	udiamo	usciamo
	seppelliate	udiate	usciate
	seppelliscano	odano	escano
Participio passato	sepolto o seppellito	udito	uscito

109 venire	110 adempiere · adempire
Indicativo presente	vengo	adempio
	vieni	adempi
	viene	adempie
	veniamo	adempiamo
	venite	adempite
	vengono	adempiono
Futuro	verrò	adempirò
	verrai	adempirai
	verrà	adempirà
	verremo	adempiremo
	verrete	adempirete
	verranno	adempiranno
Congiuntivo presente	venga	adempia
	venga	adempia
	venga	adempia
	veniamo	adempiamo
	veniate	adempiate
	vengano	adempiano
Gerundio	venendo	adempiendo
Participio passato	venuto	adempi(u)to

N.B. *riempire* si coniuga come *adempiere*, ma al part. pass. si ha solo *riempito*

111 bisognare	112 diluviare	113 ghiacciare
N.B. Si coniuga come *accompagnare* [23], ma non ha part. pass.	N.B. Si coniuga come *iniziare* [20]	N.B. Si coniuga come *cominciare* [17]

114 grandinare	116 lampeggiare	117 nevicare
N.B. Si coniuga come *parlare* [6]. *Gelare* ha anche una costruzione personale, non riferita però ai fenomeni metereologici	N.B. Si coniuga come *mangiare* [18]	N.B. Si coniuga come *cercare* [15]

118 piovere	
Indicativo presente	piove, piovono
Imperfetto	pioveva, piovevano
Passato remoto	piovve, piovvero
Futuro	pioverà, pioveranno
Condizionale presente	pioverebbe, pioverebbero
Congiuntivo presente	piova, piovano
Congiuntivo imperfetto	piovesse, piovessero
Gerundio	piovendo
Part. passato	piovuto

N.B. *piovere* in senso figurato ha costruzione personale e si usa anche alla terza persona plurale

119 benvolere

N.B. Usato solo al part. pass. *benvoluto* e all'inf. presente

123 competere

N.B. Non ha participio passato, né tempi composti. Per il resto si coniuga come *credere* [7]

124 distare

N.B. Non ha participio passato, né tempi composti. Per il resto si coniuga come *stare* [14]

125 convergere

N.B. Si coniuga come *emergere* [52], ma il participio passato e i tempi composti sono rari

Infinitive	Past Tense	Past Participle
arise	arose	arisen
awake	awoke	awoken
be	was, were	been
bear	bore	born(e)
beat	beat	beaten
become	became	become
begin	began	begun
bend	bent	bent
beseech	besought	besought
bet	bet (*also* betted)	bet (*also* betted)
bid	bid (*also* bade)	bid (*also* bidden)
bind	bound	bound
bite	bit	bitten
bleed	bled	bled
blow	blew	blown
break	broke	broken
breed	bred	bred
bring	brought	brought
build	built	built
burn	burnt (*also* burned)	burnt (*also* burned)
burst	burst	burst
buy	bought	bought
can	could	-
cast	cast	cast
catch	caught	caught
choose	chose	chosen
cling	clung	clung
come	came	come
cost	cost	cost
creep	crept	crept
cut	cut	cut
deal	dealt	dealt
dig	dug	dug
do	did	done
draw	drew	drawn
dream	dreamed (*also* dreamt)	dreamed (*also* dreamt)
drink	drank	drunk
drive	drove	driven
dwell	dwelt	dwelt
eat	ate	eaten
fall	fell	fallen
feed	fed	fed

Infinitive	Past Tense	Past Participle
feel	felt	felt
fight	fought	fought
find	found	found
flee	fled	fled
fling	flung	flung
fly	flew	flown
forbid	forbade	forbidden
forget	forgot	forgotten
forsake	forsook	forsaken
freeze	froze	frozen
get	got	got (*US* gotten)
give	gave	given
go	went	gone
grind	ground	ground
grow	grew	grown
hang	hung (*also* hanged)	hung (*also* hanged)
have	had	had
hear	heard	heard
hide	hid	hidden
hit	hit	hit
hold	held	held
hurt	hurt	hurt
keep	kept	kept
kneel	knelt (*also* kneeled)	knelt (*also* kneeled)
know	knew	known
lay	laid	laid
lead	led	led
lean	leant (*also* leaned)	leant (*also* leaned)
leap	leapt (*also* leaped)	leapt (*also* leaped)
learn	learnt (*also* learned)	learnt (*also* learned)
leave	left	left
lend	lent	lent
let	let	let
lie	lay	lain
light	lit (*also* lighted)	lit (*also* lighted)
lose	lost	lost
make	made	made
may	might	-
mean	meant	meant
meet	met	met
mistake	mistook	mistaken
mow	mowed	mown (*also* mowed)

Infinitive	Past Tense	Past Participle
pay	paid	paid
put	put	put
quit	quit (*also* quitted)	quit (*also* quitted)
read	read	read
rend	rent	rent
rid	rid	rid
ride	rode	ridden
ring	rang	rung
rise	rose	risen
run	ran	run
saw	sawed	sawn
say	said	said
see	saw	seen
seek	sought	sought
sell	sold	sold
send	sent	sent
set	set	set
shake	shook	shaken
shall	should	-
shear	sheared	shorn (*also* sheared)
shed	shed	shed
shine	shone	shone
shoot	shot	shot
show	showed	shown
shrink	shrank	shrunk
shut	shut	shut
sing	sang	sung
sink	sank	sunk
sit	sat	sat
slay	slew	slain
sleep	slept	slept
slide	slid	slid
sling	slung	slung
slit	slit	slit
smell	smelt (*also* smelled)	smelt (*also* smelled)
sow	sowed	sown (*also* sowed)
speak	spoke	spoken
speed	sped (*also* speeded)	sped (*also* speeded)
spell	spelt (*also* spelled)	spelt (*also* spelled)
spend	spent	spent
spill	spilt (*also* spilled)	spilt (*also* spilled)
spin	spun	spun

Infinitive	Past Tense	Past Participle
spit	spat	spat
split	split	split
spoil	spoiled (*also* spoilt)	spoiled (*also* spoilt)
spread	spread	spread
spring	sprang	sprung
stand	stood	stood
steal	stole	stolen
stick	stuck	stuck
sting	stung	stung
stink	stank	stunk
stride	strode	stridden
strike	struck	struck (*also* stricken)
strive	strove	striven
swear	swore	sworn
sweep	swept	swept
swell	swelled	swollen (*also* swelled)
swim	swam	swum
swing	swung	swung
take	took	taken
teach	taught	taught
tear	tore	torn
tell	told	told
think	thought	thought
throw	threw	thrown
thrust	thrust	thrust
tread	trod	trodden
wake	woke (*also* waked)	woken (*also* waked)
wear	wore	worn
weave	wove (*also* weaved)	woven (*also* weaved)
wed	wedded	wedded
weep	wept	wept
win	won	won
wind	wound	wound
wring	wrung	wrung
write	wrote	written